CODICE CIVILE
E
E LEGGI COMPLEMENTARI

CODICE CIVILE
E LEGGI COMPLEMENTARI

a cura di
FRANCESCO BARTOLINI

38ª EDIZIONE

La Tribuna

La Tribuna Srl | www.latribuna.it
29121 Piacenza – Via Campo della Fiera, 4
Tel. 0523.46311 – Fax 0523.757219

Finito di stampare nel mese di settembre 2019 - L.E.G.O. S.p.A., stabilimento di Lavis (TN)

PRESENTAZIONE

L'Opera è aggiornata con:

– il D.M. 22 luglio 2019, di aggiornamento degli importi per il risarcimento del danno biologico per lesioni di lieve entità;

– la L. 28 giugno 2019, n. 58 ("Legge crescita") di conversione, con modificazioni, del D.L. 30 aprile 2019, n. 34, recante diverse modifiche alle disposizioni contenute in questo volume, con particolare riguardo per le norme sulle locazioni;

– la L. 14 giugno 2019, n. 55, ("Legge sblocca cantieri"), di conversione, con modificazioni, del D.L. 18 aprile 2019, n. 32, di modifica, fra l'altro, dell'art. 2477 c.c.

L'Editore

AVVERTENZA

L'elaborazione redazionale e tipografica di una raccolta normativa può comportare errori, inesattezze od omissioni.

L'Autore e l'Editore ringraziano fin d'ora i lettori che provvederanno a segnalare eventuali manchevolezze riscontrate all'interno dell'Opera.

I suggerimenti possono essere trasmessi al seguente indirizzo:
Casa Editrice La Tribuna, Via Campo della Fiera, 4
29121 Piacenza – Fax 0523.757219
oppure all'indirizzo di posta elettronica *redazione@latribuna.it*

ABBREVIAZIONI

art., artt.	=	articolo, articoli
att.	=	disposizioni di attuazione
c.c.	=	codice civile
circ.	=	circolare
c.n.	=	codice della navigazione
C.C.N.L.	=	contratto collettivo nazionale di lavoro
CEE	=	Comunità Economica Europea
conv.	=	convenzione
coord.	=	disposizioni di coordinamento
Cost.	=	Costituzione
c.p.	=	codice penale
c.p.c.	=	codice di procedura civile
c.p.m.g.	=	codice penale militare di guerra
c.p.m.p.	=	codice penale militare di pace
c.p.p.	=	codice di procedura penale
c.s.	=	codice della strada
Delib. C.C./D.C.C.	=	Deliberazione Corte costituzionale
Delib.C.D./D.C.D.	=	Deliberazione Camera dei deputati
D.C.G.	=	decreto del Capo del governo
D.C.P.S.	=	decreto del Capo provvisorio dello Stato
D.Dirig.	=	decreto dirigenziale
decis.	=	decisione
delib.	=	deliberazione
dir.	=	direttiva
D.D.L.	=	disegno di legge
D.L.	=	decreto legge
D.Lgt.	=	decreto luogotenenziale
D.L.Lgt.	=	decreto legge luogotenenziale
D.L.vo C.P.S./D.L.C.P.S.	=	decreto legislativo del Capo provvisorio dello Stato
D.L.vo/D.L.G.	=	decreto legislativo
D.L.vo Lgt.	=	decreto legislativo luogotenenziale
D.L.vo Pres./D.L.P.	=	decreto legislativo presidenziale
D.M.	=	decreto ministeriale
D.P.C.M.	=	decreto del presidente del Consiglio dei ministri

D.P.C.C.	= decreto del presidente della Corte dei conti
D.P.R.	= decreto del presidente della Repubblica
Delib.S.R.	= deliberazione del Senato della Repubblica
Dir.P.C.M.	= direttiva del presidente del Consiglio dei ministri
G.U.	= Gazzetta Ufficiale
L.	= legge
l. ass.	= legge sugli assegni
L.C./L. cost.	= legge costituzionale
l. camb.	= legge cambiaria
l. fall.	= legge fallimentare
L.P. (+ località)	= legge provinciale
L.R. (+ località)	= legge regionale
min.	= ministeriale
n., nn.	= numero, numeri
O.M.	= ordinanza ministeriale
ord.	= ordinanza
P.G.	= polizia giudiziaria
P.M.	= pubblico ministero
prel.	= disposizioni sulla legge in generale (preleggi)
P.S.	= pubblica sicurezza
Reg. C.C.	= regolamento della Corte costituzionale
R.D.	= regio decreto
R.D.L.	= regio decreto legge
R.D.L.vo	= regio decreto legislativo
reg.	= regolamento
ris.	= risoluzione
R.M.	= risoluzione ministeriale
ss.	= seguenti
tel.	= telegramma
trans.	= disposizioni transitorie
T.U.	= testo unico
T.U. di P.S.	= testo unico di pubblica sicurezza

N.B. – Nell'articolato di ciascun codice, i numeri tra parentesi richiamano articoli del medesimo testo di legge. Qualora siano richiamati articoli di testi di legge diversi, al numero si accompagna la relativa abbreviazione. Il numero esponente indica il comma dell'articolo cui è apposto.

INDICE SOMMARIO

INDICE SOMMARIO

Libro Secondo
Delle successioni

Libro Terzo
Della proprietà

Libro Quarto

Delle obbligazioni

Libro Quinto
Del lavoro

Libro Sesto
Della tutela dei diritti

LEGGI COMPLEMENTARI

Fallimento e riforma della crisi d'impresa

Locazioni

Matrimonio

Negoziazione assistita

COSTITUZIONE DELLA REPUBBLICA ITALIANA

1.

Delib.ne Assemblea Costituente 22 dicembre 1947. Costituzione della Repubblica Italiana (*Gazzetta Ufficiale* n. 298 del 27 dicembre 1947), entrata in vigore il 1° gennaio 1948.

PRINCIPI FONDAMENTALI

1. L'Italia è una Repubblica democratica, fondata sul lavoro.

La sovranità appartiene al popolo, che la esercita nelle forme e nei limiti della Costituzione.

2. La Repubblica riconosce e garantisce i diritti inviolabili dell'uomo, sia come singolo sia nelle formazioni sociali ove si svolge la sua personalità, e richiede l'adempimento dei doveri inderogabili di solidarietà politica, economica e sociale.

3. ([1]) Tutti i cittadini hanno pari dignità sociale e sono eguali davanti alla legge, senza distinzione di sesso, di razza, di lingua, di religione, di opinioni politiche, di condizioni personali e sociali.

È compito della Repubblica rimuovere gli ostacoli di ordine economico e sociale, che, limitando di fatto la libertà e l'eguaglianza dei cittadini, impediscono il pieno sviluppo della persona umana e l'effettiva partecipazione di tutti i lavoratori all'organizzazione politica, economica e sociale del Paese.

([1]) *In attuazione di questo articolo si veda la L. 2 dicembre 1991, n. 390, contenente norme sul diritto agli studi universitari.*

4. La Repubblica riconosce a tutti i cittadini il diritto al lavoro e promuove le condizioni che rendano effettivo questo diritto.

Ogni cittadino ha il dovere di svolgere, secondo le proprie possibilità e la propria scelta, un'attività o una funzione che concorra al progresso materiale o spirituale della società.

5. La Repubblica, una e indivisibile, riconosce e promuove le autonomie locali; attua nei servizi che dipendono dallo Stato il più ampio decentramento amministrativo; adegua i principi ed i metodi della sua legislazione alle esigenze dell'autonomia e del decentramento.

6. La Repubblica tutela con apposite norme le minoranze linguistiche.

7. Lo Stato e la Chiesa cattolica sono, ciascuno nel proprio ordine, indipendenti e sovrani.

I loro rapporti sono regolati dai Patti Lateranensi. Le modificazioni dei Patti, accettate dalle due parti, non richiedono procedimento di revisione costituzionale.

8. Tutte le confessioni religiose sono egualmente libere davanti alla legge.

Le confessioni religiose diverse dalla cattolica hanno diritto di organizzarsi secondo i propri statuti, in quanto non contrastino con l'ordinamento giuridico italiano.

I loro rapporti con lo Stato sono regolati per legge sulla base di intese con le relative rappresentanze.

9. ([1]) La Repubblica promuove lo sviluppo della cultura e la ricerca scientifica e tecnica.

Tutela il paesaggio e il patrimonio storico e artistico della Nazione.

([1]) *In attuazione di questo articolo si veda la L. 6 dicembre 1991, n. 394, recante legge quadro sulle aree protette, e il D.L.vo 22 gennaio 2004, n. 42, recante il Codice dei beni culturali e del paesaggio.*

10. L'ordinamento giuridico italiano si conforma alle norme del diritto internazionale generalmente riconosciute.

La condizione giuridica dello straniero è regolata dalla legge in conformità delle norme e dei trattati internazionali.

Lo straniero, al quale sia impedito nel suo paese l'effettivo esercizio delle libertà democratiche garantite dalla Costituzione italiana, ha diritto d'asilo nel territorio della Repubblica, secondo le condizioni stabilite dalla legge.

Non è ammessa l'estradizione dello straniero per reati politici.

11. L'Italia ripudia la guerra come strumento di offesa alla libertà degli altri popoli e come mezzo di risoluzione delle controversie internazionali; consente, in condizioni di parità con gli altri Stati, alle limitazioni di sovranità necessarie ad un ordinamento che assicuri la pace e la giustizia fra le Nazioni; promuove e favorisce le organizzazioni internazionali rivolte a tale scopo.

12. La bandiera della Repubblica è il tricolore italiano: verde, bianco e rosso, a tre bande verticali di eguali dimensioni (1).

(1) *Si veda la L. 5 febbraio 1998, n. 22, recante disposizioni generali sull'uso della bandiera della Repubblica italiana e di quella dell'Unione europea.*

Parte I
Diritti e doveri dei cittadini

Titolo I
Rapporti civili

13. La libertà personale è inviolabile.

Non è ammessa forma alcuna di detenzione, di ispezione o perquisizione personale, né qualsiasi altra restrizione della libertà personale, se non per atto motivato dell'autorità giudiziaria e nei soli casi e modi previsti dalla legge.

In casi eccezionali di necessità ed urgenza, indicati tassativamente dalla legge, l'autorità di pubblica sicurezza può adottare provvedimenti provvisori, che devono essere comunicati entro quarantotto ore all'autorità giudiziaria e, se questa non li convalida nelle successive quarantotto ore, si intendono revocati e restano privi di ogni effetto.

È punita ogni violenza fisica e morale sulle persone comunque sottoposte a restrizioni di libertà.

La legge stabilisce i limiti massimi della carcerazione preventiva (1).

(1) *L'art. 11 della L. 28 luglio 1984, n. 398, recante nuove norme in tema di diminuzione dei termini di carcerazione cautelare, prescrive che le espressioni «carcerazione preventiva» e «custodia preventiva» siano sostituite dalla locuzione «custodia cautelare».*

14. Il domicilio è inviolabile.

Non vi si possono eseguire ispezioni o perquisizioni o sequestri, se non nei casi e modi stabiliti dalla legge secondo le garanzie prescritte per la tutela della libertà personale.

Gli accertamenti e le ispezioni per motivi di sanità e di incolumità pubblica o a fini economici e fiscali sono regolati da leggi speciali.

15. La libertà e la segretezza della corrispondenza e di ogni altra forma di comunicazione sono inviolabili.

La loro limitazione può avvenire soltanto per atto motivato dell'autorità giudiziaria con le garanzie stabilite dalla legge.

16. Ogni cittadino può circolare e soggiornare liberamente in qualsiasi parte del territorio nazionale, salvo le limitazioni che la legge stabilisce in via generale per motivi di sanità o di sicurezza. Nessuna restrizione può essere determinata da ragioni politiche.

Ogni cittadino è libero di uscire dal territorio della Repubblica e di rientrarvi, salvo gli obblighi di legge.

17. I cittadini hanno diritto di riunirsi pacificamente e senz'armi.

Per le riunioni, anche in luogo aperto al pubblico, non è richiesto preavviso.

Delle riunioni in luogo pubblico deve essere dato preavviso alle autorità, che possono vietarle soltanto per comprovati motivi di sicurezza o di incolumità pubblica.

18. I cittadini hanno diritto di associarsi liberamente, senza autorizzazione, per fini che non sono vietati ai singoli dalla legge penale.

Sono proibite le associazioni segrete e quelle che perseguono, anche indirettamente, scopi politici mediante organizzazioni di carattere militare.

19. Tutti hanno diritto di professare liberamente la propria fede religiosa in qualsiasi forma, individuale o associata, di farne propaganda e di esercitarne in privato o in pubblico il culto, purché non si tratti di riti contrari al buon costume.

20. Il carattere ecclesiastico e il fine di religione o di culto d'una associazione od istituzione non possono essere causa di speciali limitazioni legislative, né di speciali gravami fiscali per la sua costituzione, capacità giuridica e ogni forma di attività.

21. Tutti hanno diritto di manifestare liberamente il proprio pensiero con la parola, lo scritto e ogni altro mezzo di diffusione.

La stampa non può essere soggetta ad autorizzazioni o censure.

Si può procedere a sequestro soltanto per atto motivato dell'autorità giudiziaria nel caso di delitti, per i quali la legge sulla stampa espressamente lo autorizzi, o nel caso di violazione delle norme che la legge stessa prescriva per l'indicazione dei responsabili.

In tali casi, quando vi sia assoluta urgenza e non sia possibile il tempestivo intervento dell'autorità giudiziaria, il sequestro della stampa periodica può essere eseguito da ufficiali di polizia giudiziaria, che devono immediatamente, e non mai oltre ventiquattro ore, fare denunzia all'autorità giudiziaria. Se questa non lo convalida nelle ventiquattro ore successive, il sequestro s'intende revocato e privo d'ogni effetto.

La legge può stabilire, con norme di carattere generale, che siano resi noti i mezzi di finanziamento della stampa periodica.

Sono vietate le pubblicazioni a stampa, gli spettacoli e tutte le altre manifestazioni contrarie al buon costume. La legge stabilisce provvedimenti adeguati a prevenire e a reprimere le violazioni.

22. Nessuno può essere privato, per motivi politici, della capacità giuridica, della cittadinanza, del nome.

23. Nessuna prestazione personale o patrimoniale può essere imposta se non in base alla legge.

24. Tutti possono agire in giudizio per la tutela dei propri diritti e interessi legittimi.

La difesa è diritto inviolabile in ogni stato e grado del procedimento.

Sono assicurati ai non abbienti, con appositi istituti, i mezzi per agire e difendersi davanti ad ogni giurisdizione.

La legge determina le condizioni e i modi per la riparazione degli errori giudiziari.

25. Nessuno può essere distolto dal giudice naturale precostituito per legge.

Nessuno può essere punito se non in forza di una legge che sia entrata in vigore prima del fatto commesso.

Nessuno può essere sottoposto a misure di sicurezza se non nei casi previsti dalla legge.

26. L'estradizione del cittadino può essere consentita soltanto ove sia espressamente prevista dalle convenzioni internazionali.

Non può in alcun caso essere ammessa per reati politici.

27. La responsabilità penale è personale.

L'imputato non è considerato colpevole sino alla condanna definitiva.

Le pene non possono consistere in trattamenti contrari al senso di umanità e devono tendere alla rieducazione del condannato.

Non è ammessa la pena di morte [, se non nei casi previsti dalle leggi militari di guerra] (1).

(1) *Le parole tra parentesi quadrate sono state soppresse dall'art. 1, comma 1, della L. cost. 2 ottobre 2007, n. 1. L'art. 1 della L. 13 ottobre 1994, n. 589, ha sostituito la pena di morte prevista dal codice penale militare di guerra e dalle leggi militari di guerra con la pena massima prevista dal codice penale.*

28. I funzionari e i dipendenti dello Stato e degli enti pubblici sono direttamente responsabili, secondo le leggi penali, civili e amministrative, degli atti compiuti in violazione di diritti. In tali casi la responsabilità civile si estende allo Stato e agli enti pubblici.

Titolo II
Rapporti etico-sociali

29. La Repubblica riconosce i diritti della famiglia come società naturale fondata sul matrimonio.

Il matrimonio è ordinato sulla eguaglianza morale e giuridica dei coniugi, con i limiti stabiliti dalla legge a garanzia dell'unità familiare.

30. È dovere e diritto dei genitori mantenere, istruire ed educare i figli, anche se nati fuori dal matrimonio.

Nei casi di incapacità dei genitori, la legge provvede a che siano assolti i loro compiti.

La legge assicura ai figli nati fuori dal matrimonio ogni tutela giuridica e sociale, compatibile con i diritti dei membri della famiglia legittima.

La legge detta le norme e i limiti per la ricerca della paternità.

31. La Repubblica agevola con misure economiche e altre provvidenze la formazione della famiglia e l'adempimento dei compiti relativi, con particolare riguardo alle famiglie numerose.

Protegge la maternità, l'infanzia e la gioventù, favorendo gli istituti necessari a tale scopo.

32. La Repubblica tutela la salute come fondamentale diritto dell'individuo e interesse della collettività, e garantisce cure gratuite agli indigenti.

Nessuno può essere obbligato a un determinato trattamento sanitario se non per disposizione di legge. La legge non può in nessun caso violare i limiti imposti dal rispetto della persona umana.

33. L'arte e la scienza sono libere e libero ne è l'insegnamento.

La Repubblica detta le norme generali sull'istruzione ed istituisce scuole statali per tutti gli ordini e gradi.

Enti e privati hanno il diritto di istituire scuole ed istituti di educazione, senza oneri per lo Stato.

La legge, nel fissare i diritti e gli obblighi delle scuole non statali che chiedono la parità, deve assicurare ad esse piena libertà e ai loro alunni un trattamento scolastico equipollente a quello degli alunni di scuole statali.

È prescritto un esame di Stato per l'ammissione ai vari ordini e gradi di scuole o per la conclusione di essi e per l'abilitazione all'esercizio professionale.

Le istituzioni di alta cultura, università ed accademie, hanno il diritto di darsi ordinamenti autonomi nei limiti stabiliti dalle leggi dello Stato.

34. La scuola è aperta a tutti.

L'istruzione inferiore, impartita per almeno otto anni, è obbligatoria e gratuita.

I capaci e meritevoli, anche se privi di mezzi, hanno diritto di raggiungere i gradi più alti degli studi.

La Repubblica rende effettivo questo diritto con borse di studio, assegni alle famiglie ed altre provvidenze, che devono essere attribuite per concorso.

Titolo III
Rapporti economici

35. La Repubblica tutela il lavoro in tutte le sue forme ed applicazioni.

Cura la formazione e l'elevazione professionale dei lavoratori.

Promuove e favorisce gli accordi e le organizzazioni internazionali intesi ad affermare e regolare i diritti del lavoro.

Riconosce la libertà di emigrazione, salvo gli obblighi stabiliti dalla legge nell'interesse generale, e tutela il lavoro italiano all'estero.

36. Il lavoratore ha diritto ad una retribuzione proporzionata alla quantità e qualità del suo lavoro e in ogni caso sufficiente ad assicurare a sé e alla famiglia una esistenza libera e dignitosa.

La durata massima della giornata lavorativa è stabilita dalla legge.

Il lavoratore ha diritto al riposo settimanale e a ferie annuali retribuite, e non può rinunziarvi.

37. La donna lavoratrice ha gli stessi diritti e, a parità di lavoro, le stesse retribuzioni che spettano al lavoratore. Le condizioni di lavoro devono consentire l'adempimento della sua essenziale funzione familiare e assicurare alla madre e al bambino una speciale adeguata protezione.

La legge stabilisce il limite minimo di età per il lavoro salariato.

La Repubblica tutela il lavoro dei minori con speciali norme e garantisce ad essi, a parità di lavoro, il diritto alla parità di retribuzione.

38. Ogni cittadino inabile al lavoro e sprovvisto dei mezzi necessari per vivere ha diritto al mantenimento e all'assistenza sociale.

I lavoratori hanno diritto che siano preveduti ed assicurati mezzi adeguati alle loro esigenze di vita in caso di infortunio, malattia, invalidità e vecchiaia, disoccupazione involontaria.

Gli inabili ed i minorati hanno diritto all'educazione e all'avviamento professionale.

Ai compiti previsti in questo articolo provvedono organi ed istituti predisposti o integrati dallo Stato.

L'assistenza privata è libera.

39. L'organizzazione sindacale è libera.

Ai sindacati non può essere imposto altro obbligo se non la loro registrazione presso uffici locali o centrali, secondo le norme di legge.

È condizione per la registrazione che gli statuti dei sindacati sanciscano un ordinamento interno a base democratica.

I sindacati registrati hanno personalità giuridica. Possono, rappresentati unitariamente in proporzione dei loro iscritti, stipulare contratti collettivi di lavoro con efficacia obbligatoria per tutti gli appartenenti alle categorie alle quali il contratto si riferisce.

40. Il diritto di sciopero si esercita nell'ambito delle leggi che lo regolano.

41. L'iniziativa economica privata è libera.

Non può svolgersi in contrasto con l'utilità sociale o in modo da recare danno alla sicurezza, alla libertà, alla dignità umana.

La legge determina i programmi e i controlli opportuni perchè l'attività economica pubblica e privata possa essere indirizzata e coordinata a fini sociali.

42. La proprietà è pubblica o privata. I beni economici appartengono allo Stato, ad enti o a privati.

La proprietà privata è riconosciuta e garantita dalla legge, che ne determina i modi di acquisto, di godimento e i limiti allo scopo di assicurarne la funzione sociale e di renderla accessibile a tutti.

La proprietà privata può essere, nei casi preveduti dalla legge, e salvo indennizzo, espropriata per motivi d'interesse generale.

La legge stabilisce le norme ed i limiti della successione legittima e testamentaria e i diritti dello Stato sulle eredità.

43. A fini di utilità generale la legge può riservare originariamente o trasferire, mediante espropriazione e salvo indennizzo, allo Stato, ad enti pubblici o a comunità di lavoratori o di utenti determinate imprese o categorie di imprese, che si riferiscano a servizi pubblici essenziali o a fonti di energia o a situazioni di monopolio ed abbiano carattere di preminente interesse generale.

44. Al fine di conseguire il razionale sfruttamento del suolo e di stabilire equi rapporti sociali, la legge impone obblighi e vincoli alla proprietà terriera privata, fissa limiti alla sua estensione secondo le regioni e le zone agrarie, promuove ed impone la bonifica delle terre, la trasformazione del latifondo e la ricostituzione delle unità produttive; aiuta la piccola e la media proprietà.

La legge dispone provvedimenti a favore delle zone montane.

45. La Repubblica riconosce la funzione sociale della cooperazione a carattere di mutualità e senza fini di speculazione privata. La legge ne promuove e favorisce l'incremento con i mezzi più idonei e ne assicura, con gli opportuni controlli, il carattere e le finalità.

La legge provvede alla tutela e allo sviluppo dell'artigianato.

46. Ai fini della elevazione economica e sociale del lavoro e in armonia con le esigenze della produzione, la Repubblica riconosce il diritto dei lavoratori a collaborare, nei modi e nei limiti stabiliti dalle leggi, alla gestione delle aziende.

47. La Repubblica incoraggia e tutela il risparmio in tutte le sue forme; disciplina, coordina e controlla l'esercizio del credito.

Favorisce l'accesso del risparmio popolare alla proprietà dell'abitazione, alla proprietà diretta coltivatrice e al diretto e indiretto investimento azionario nei grandi complessi produttivi del Paese.

Titolo IV
Rapporti politici

48. Sono elettori tutti i cittadini, uomini e donne, che hanno raggiunto la maggiore età.

Il voto è personale ed eguale, libero e segreto. Il suo esercizio è dovere civico.

La legge stabilisce requisiti e modalità per l'esercizio del diritto di voto dei cittadini residenti all'estero e ne assicura l'effettività. A tale fine è istituita una circoscrizione Estero per l'elezione delle Camere, alla quale sono assegnati seggi nel numero stabilito da norma costituzionale e secondo criteri determinati dalla legge ([1]).

Il diritto di voto non può essere limitato se non per incapacità civile o per effetto di sentenza penale irrevocabile o nei casi di indegnità morale indicati dalla legge.

([1]) *Questo comma è stato inserito dall'art. 1 della L. cost. 17 gennaio 2000, n. 1.*

49. Tutti i cittadini hanno diritto di associarsi liberamente in partiti per concorrere con metodo democratico a determinare la politica nazionale.

50. Tutti i cittadini possono rivolgere petizioni alle Camere per chiedere provvedimenti legislativi o esporre comuni necessità.

51. Tutti i cittadini dell'uno o dell'altro sesso possono accedere agli uffici pubblici e alle cariche elettive in condizioni di eguaglianza, secondo i requisiti stabiliti dalla legge. A tale fine la Repubblica promuove con appositi provvedimenti le pari opportunità tra donne e uomini (1).

La legge può, per l'ammissione ai pubblici uffici e alle cariche elettive, parificare ai cittadini gli italiani non appartenenti alla Repubblica.

Chi è chiamato a funzioni pubbliche elettive ha diritto di disporre del tempo necessario al loro adempimento e di conservare il suo posto di lavoro.

(1) *L'ultimo periodo di questo comma è stato aggiunto dall'art. 1 della L. cost. 30 maggio 2003, n. 1.*

52. La difesa della Patria è sacro dovere del cittadino.

Il servizio militare è obbligatorio nei limiti e modi stabiliti dalla legge. Il suo adempimento non pregiudica la posizione di lavoro del cittadino, né l'esercizio dei diritti politici.

L'ordinamento delle Forze armate si informa allo spirito democratico della Repubblica.

53. Tutti sono tenuti a concorrere alle spese pubbliche in ragione della loro capacità contributiva.

Il sistema tributario è informato a criteri di progressività.

54. Tutti i cittadini hanno il dovere di essere fedeli alla Repubblica e di osservare la Costituzione e le leggi.

I cittadini cui sono affidate funzioni pubbliche hanno il dovere di adempierle con disciplina ed onore, prestando giuramento nei casi stabiliti dalla legge.

Parte II
Ordinamento della Repubblica

Titolo I
Il Parlamento

Sezione I
Le Camere

55. Il Parlamento si compone della Camera dei deputati e del Senato della Repubblica.

Il Parlamento si riunisce in seduta comune dei membri delle due Camere nei soli casi stabiliti dalla Costituzione.

56. (1) La Camera dei deputati è eletta a suffragio universale e diretto.

Il numero dei deputati è di seicentotrenta, dodici dei quali eletti nella circoscrizione Estero (2).

Sono eleggibili a deputati tutti gli elettori che nel giorno delle elezioni hanno compiuto i venticinque anni di età.

La ripartizione dei seggi tra le circoscrizioni, fatto salvo il numero dei seggi assegnati alla circoscrizione Estero, si effettua dividendo il numero degli abitanti della Repubblica, quale risulta dall'ultimo censimento generale della popolazione, per seicentodiciotto (3) e distribuendo i seggi in proporzione alla popolazione di ogni circoscrizione, sulla base dei quozienti interi e dei più alti resti.

(1) *Questo articolo è stato dapprima sostituito dall'art. 1 della L. cost. 9 febbraio 1963, n. 2, e poi modificato dalla L. cost. 23 gennaio 2001, n. 1.*

(2) *Questo comma è stato così sostituito dall'art. 1, comma 1, della L. cost. 23 gennaio 2001, n. 1.*

(3) *Le parole: «si effettua dividendo il numero degli abitanti della Repubblica, quale risulta dall'ultimo censimento generale della popolazione, per seicentotrenta» sono state così sostituite dalle attuali: «fatto salvo il numero dei seggi assegnati alla circoscrizione Estero, si effettua dividendo il numero degli abitanti della Repubblica, quale risulta dall'ultimo censimento generale della popolazione, per seicentodiciotto» dall'art. 1, comma 2, della L. cost. 23 gennaio 2001, n. 1.*

57. (1) Il Senato della Repubblica è eletto a base regionale, salvi i seggi assegnati alla circoscrizione Estero (2).

Il numero dei senatori elettivi è di trecentoquindici, sei dei quali eletti nella circoscrizione Estero (3).

Nessuna Regione può avere un numero di senatori inferiore a sette; il Molise ne ha due, la Valle d'Aosta uno.

La ripartizione dei seggi tra le Regioni, fatto salvo il numero dei seggi assegnati alla circoscrizione Estero, (4) previa applicazione delle disposizioni del precedente comma, si effettua in proporzione alla popolazione delle Regioni quale risulta dall'ultimo censimento generale, sulla base dei quozienti interi e dei più alti resti.

(1) *Questo articolo è stato dapprima sostituito dalla L. cost. 9 febbraio 1963, n. 2 e poi modificato dalla L. cost. 27 dicembre 1963, n. 3.*

(2) *Questo comma è stato così sostituito dall'art. 2, comma 1, della L. cost. 23 gennaio 2001, n. 1.*

(3) *Questo comma è stato così sostituito dall'art. 2, comma 2, della L. cost. 23 gennaio 2001, n. 1.*

(4) *Le parole: «fatto salvo il numero dei seggi assegnati alla circoscrizione Estero,» sono state inserite dall'art. 2, comma 3, della L. cost. 23 gennaio 2001, n. 1.*

58. I senatori sono eletti a suffragio universale e diretto dagli elettori che hanno superato il venticinquesimo anno di età.

Sono eleggibili a senatori gli elettori che hanno compiuto il quarantesimo anno.

59. È senatore di diritto e a vita, salvo rinunzia, chi è stato Presidente della Repubblica.

Il Presidente della Repubblica può nominare senatori a vita cinque cittadini che hanno illustrato la Patria per altissimi meriti nel campo sociale, scientifico, artistico e letterario.

60. (1) La Camera dei deputati e il Senato della Repubblica sono eletti per cinque anni.

La durata di ciascuna Camera non può essere prorogata se non per legge e soltanto in caso di guerra.

(1) *Questo articolo è stato così modificato dalla L. cost. 9 febbraio 1963, n. 2, contenente modifiche alla Costituzione.*

61. Le elezioni delle nuove Camere hanno luogo entro settanta giorni dalla fine delle precedenti. La prima riunione ha luogo non oltre il ventesimo giorno dalle elezioni.

Finché non siano riunite le nuove Camere sono prorogati i poteri delle precedenti.

62. Le Camere si riuniscono di diritto il primo giorno non festivo di febbraio e di ottobre.

Ciascuna Camera può essere convocata in via straordinaria per iniziativa del suo Presidente o del Presidente della Repubblica o di un terzo dei suoi componenti.

Quando si riunisce in via straordinaria una Camera, è convocata di diritto anche l'altra.

63. Ciascuna Camera elegge fra i suoi componenti il Presidente e l'Ufficio di presidenza.

Quando il Parlamento si riunisce in seduta comune, il Presidente e l'Ufficio di presidenza sono quelli della Camera dei deputati.

64. Ciascuna Camera adotta il proprio regolamento a maggioranza assoluta dei suoi componenti.

Le sedute sono pubbliche; tuttavia ciascuna delle due Camere e il Parlamento a Camere riunite possono deliberare di adunarsi in seduta segreta.

Le deliberazioni di ciascuna Camera e del Parlamento non sono valide se non è presente la maggioranza dei loro componenti, e se non sono adottate a maggioranza dei presenti, salvo che la Costituzione prescriva una maggioranza speciale.

I membri del Governo, anche se non fanno parte delle Camere, hanno diritto, e se richiesti obbligo, di assistere alle sedute. Devono essere sentiti ogni volta che lo richiedono.

65. La legge determina i casi di ineleggibilità e di incompatibilità con l'ufficio di deputato e di senatore.

Nessuno può appartenere contemporaneamente alle due Camere.

66. Ciascuna Camera giudica dei titoli di ammissione dei suoi componenti e delle cause sopraggiunte di ineleggibilità e di incompatibilità.

67. Ogni membro del Parlamento rappresenta la Nazione ed esercita le sue funzioni senza vincolo di mandato.

68. ([1]) ([2]) I membri del Parlamento non possono essere chiamati a rispondere delle opinioni espresse e dei voti dati nell'esercizio delle loro funzioni.

Senza autorizzazione della Camera alla quale appartiene, nessun membro del Parlamento può essere sottoposto a perquisizione personale o domiciliare, né può essere arrestato o altrimenti privato della libertà personale, o mantenuto in detenzione, salvo che in esecuzione di una sentenza irrevocabile di condanna, ovvero se sia colto nell'atto di commettere un delitto per il quale è previsto l'arresto obbligatorio in flagranza.

Analoga autorizzazione è richiesta per sottoporre i membri del Parlamento ad intercettazioni, in qualsiasi forma, di conversazioni o comunicazioni e a sequestro di corrispondenza.

([1]) *Questo articolo è stato così sostituito dall'art. 1 della L. cost. 29 ottobre 1993, n. 3.*

([2]) *Si veda la L. 20 giugno 2003, n. 140, recante disposizioni per l'attuazione di questo articolo nonché in materia di processi penali nei confronti delle alte cariche dello Stato.*

69. I membri del Parlamento ricevono una indennità stabilita dalla legge.

Sezione II
La formazione delle leggi

70. La funzione legislativa è esercitata collettivamente dalle due Camere.

71. L'iniziativa delle leggi appartiene al Governo, a ciascun membro delle Camere ed agli organi ed enti ai quali sia conferita da legge costituzionale.

Il popolo esercita l'iniziativa delle leggi, mediante la proposta, da parte di almeno cinquantamila elettori, di un progetto redatto in articoli.

72. Ogni disegno di legge, presentato ad una Camera è, secondo le norme del suo regolamento, esaminato da una commissione e poi dalla Camera stessa, che lo approva articolo per articolo e con votazione finale.

Il regolamento stabilisce procedimenti abbreviati per i disegni di legge dei quali è dichiarata l'urgenza.

Può altresì stabilire in quali casi e forme l'esame e l'approvazione dei disegni di legge sono deferiti a commissioni, anche permanenti, composte in modo da rispecchiare la proporzione dei gruppi parlamentari. Anche in tali casi, fino al momento della sua approvazione definitiva, il disegno di legge è rimesso alla Camera, se il Governo o un decimo dei componenti della Camera o un quinto della commissione richiedono che sia discusso o votato dalla Camera stessa oppure che sia sottoposto alla sua approvazione finale con sole dichiarazioni di voto. Il regolamento determina le forme di pubblicità dei lavori delle commissioni.

La procedura normale di esame e di approvazione diretta da parte della Camera è sempre adottata per i disegni di legge in materia costituzionale ed elettorale e per quelli di delegazione legislativa, di autorizzazione a ratificare trattati internazionali, di approvazione di bilanci e consuntivi.

73. Le leggi sono promulgate dal Presidente della Repubblica entro un mese dall'approvazione.

Se le Camere, ciascuna a maggioranza assoluta dei propri componenti, ne dichiarano l'urgenza, la legge è promulgata nel termine da essa stabilito.

Le leggi sono pubblicate subito dopo la promulgazione ed entrano in vigore il quindicesimo giorno successivo alla loro pubblicazione, salvo che le leggi stesse stabiliscano un termine diverso.

74. Il Presidente della Repubblica, prima di promulgare la legge, può con messaggio motivato alle Camere chiedere una nuova deliberazione.

Se le Camere approvano nuovamente la legge, questa deve essere promulgata.

75. È indetto «referendum» popolare per deliberare la abrogazione, totale o parziale, di una legge o di un atto avente valore di legge, quando lo richiedono cinquecentomila elettori o cinque Consigli regionali.

Non è ammesso il «referendum» per le leggi tributarie e di bilancio, di amnistia e di indulto, di autorizzazione a ratificare trattati internazionali.

Hanno diritto di partecipare al «referendum» tutti i cittadini chiamati ad eleggere la Camera dei deputati.

La proposta soggetta a «referendum» è approvata se ha partecipato alla votazione la maggioranza degli aventi diritto, e se è raggiunta la maggioranza dei voti validamente espressi.

La legge determina le modalità di attuazione del «referendum».

76. L'esercizio della funzione legislativa non può essere delegato al Governo se non con determinazione di principi e criteri direttivi e soltanto per tempo limitato e per oggetti definiti.

77. Il Governo non può, senza delegazione delle Camere, emanare decreti che abbiano valore di legge ordinaria.

Quando, in casi straordinari di necessità e d'urgenza, il Governo adotta, sotto la sua responsabilità, provvedimenti provvisori con forza di legge, deve il giorno stesso presentarli per la conversione alle Camere che, anche se sciolte, sono appositamente convocate e si riuniscono entro cinque giorni.

I decreti perdono efficacia sin dall'inizio, se non sono convertiti in legge entro sessanta giorni dalla loro pubblicazione. Le Camere possono tuttavia regolare con legge i rapporti giuridici sorti sulla base dei decreti non convertiti.

78. Le Camere deliberano lo stato di guerra e conferiscono al Governo i poteri necessari.

79. (1) L'amnistia e l'indulto sono concessi con legge deliberata a maggioranza dei due terzi dei componenti di ciascuna Camera, in ogni suo articolo e nella votazione finale.

La legge che concede l'amnistia o l'indulto stabilisce il termine per la loro applicazione.

In ogni caso l'amnistia e l'indulto non possono applicarsi ai reati commessi successivamente alla presentazione del disegno di legge.

(1) *Questo articolo è stato così sostituito dall'art. 1 della L. cost. 6 marzo 1992, n. 1.*

80. Le Camere autorizzano con legge la ratifica dei trattati internazionali che sono di natura politica, o prevedono arbitrati o regolamenti giudiziari, o importano variazioni del territorio od oneri alle finanze o modificazioni di leggi.

81. (1) Lo Stato assicura l'equilibrio tra le entrate e le spese del proprio bilancio, tenendo conto delle fasi avverse e delle fasi favorevoli del ciclo economico.

Il ricorso all'indebitamento è consentito solo al fine di considerare gli effetti del ciclo economico e, previa autorizzazione delle Camere adottata a maggioranza assoluta dei rispettivi componenti, al verificarsi di eventi eccezionali.

Ogni legge che importi nuovi o maggiori oneri provvede ai mezzi per farvi fronte.

Le Camere ogni anno approvano con legge il bilancio e il rendiconto consuntivo presentati dal Governo.

L'esercizio provvisorio del bilancio non può essere concesso se non per legge e per periodi non superiori complessivamente a quattro mesi.

Il contenuto della legge di bilancio, le norme fondamentali e i criteri volti ad assicurare l'equilibrio tra le entrate e le spese dei bilanci e la sostenibilità del debito del complesso delle pubbliche amministrazioni sono stabiliti con legge approvata a maggioranza assoluta dei componenti di ciascuna Camera, nel rispetto dei principi definiti con legge costituzionale (2).

(1) Questo articolo è stato così sostituito dall'art. 1 della L. cost. 20 aprile 2012, n. 1.

A norma dell'art. 6 della medesima legge tali disposizioni si applicano a decorrere dall'esercizio finanziario relativo all'anno 2014.

Si riporta il testo previgente:

«Le Camere approvano ogni anno i bilanci e il rendiconto consuntivo presentati dal Governo.

L'esercizio provvisorio del bilancio non può essere concesso se non per legge e per periodi non superiori complessivamente a quattro mesi.

Con la legge di approvazione del bilancio non si possono stabilire nuovi tributi e nuove spese.

Ogni altra legge che importi nuove e maggiori spese deve indicare i mezzi per farvi fronte.».

(2) Si veda la L. 24 dicembre 2012, n. 243, recante attuazione del principio del pareggio di bilancio. Tali disposizioni si applicano a decorrere dal 1° gennaio 2014, ad eccezione del capo IV e dell'articolo 15, che si applicano a decorrere dal 1° gennaio 2016.

82. Ciascuna Camera può disporre inchieste su materie di pubblico interesse.

A tale scopo nomina fra i propri componenti una commissione formata in modo da rispecchiare la proporzione dei vari gruppi. La commissione d'inchiesta procede alle indagini e agli esami con gli stessi poteri e le stesse limitazioni dell'autorità giudiziaria.

Titolo II
Il Presidente della Repubblica

83. Il Presidente della Repubblica è eletto dal Parlamento in seduta comune dei suoi membri.

All'elezione partecipano tre delegati per ogni Regione eletti dal Consiglio regionale in modo che sia assicurata la rappresentanza delle minoranze. La Valle d'Aosta ha un solo delegato.

L'elezione del Presidente della Repubblica ha luogo per scrutinio segreto a maggioranza di due terzi dell'assemblea. Dopo il terzo scrutinio è sufficiente la maggioranza assoluta.

84. Può essere eletto Presidente della Repubblica ogni cittadino che abbia compiuto cinquanta anni d'età e goda dei diritti civili e politici.

L'ufficio di Presidente della Repubblica è incompatibile con qualsiasi altra carica.

L'assegno e la dotazione del Presidente sono determinati per legge.

85. Il Presidente della Repubblica è eletto per sette anni.

Trenta giorni prima che scada il termine il Presidente della Camera dei deputati convoca in seduta comune il Parlamento e i delegati regionali, per eleggere il nuovo Presidente della Repubblica.

Se le Camere sono sciolte, o manca meno di tre mesi alla loro cessazione, la elezione ha luogo entro quindici giorni dalla riunione delle Camere nuove. Nel frattempo sono prorogati i poteri del Presidente in carica.

86. Le funzioni del Presidente della Repubblica, in ogni caso che egli non possa adempierle, sono esercitate dal Presidente del Senato.

In caso di impedimento permanente o di morte o di dimissioni del Presidente della Repubblica, il Presidente della Camera dei deputati indice la elezione del nuovo Presidente della Repubblica entro quindici giorni, salvo il maggior termine previsto se le Camere sono sciolte o manca meno di tre mesi alla loro cessazione.

87. Il Presidente della Repubblica è il capo dello Stato e rappresenta l'unità nazionale.

Può inviare messaggi alle Camere.

Indice le elezioni delle nuove Camere e ne fissa la prima riunione.

Autorizza la presentazione alle Camere dei disegni di legge di iniziativa del Governo.

Promulga le leggi ed emana i decreti aventi valore di legge e i regolamenti.

Indice il «referendum» popolare nei casi previsti dalla Costituzione.

Nomina, nei casi indicati dalla legge, i funzionari dello Stato.

Accredita e riceve i rappresentanti diplomatici, ratifica i trattati internazionali, previa, quando occorra, l'autorizzazione delle Camere.

Ha il comando delle Forze Armate, presiede il Consiglio supremo di difesa costituito secondo la legge, dichiara lo stato di guerra deliberato dalle Camere.

Presiede il Consiglio superiore della magistratura.

Può concedere grazia e commutare le pene.

Conferisce le onorificenze della Repubblica.

88. Il Presidente della Repubblica può, sentiti i loro Presidenti, sciogliere le Camere o anche una sola di esse.

Non può esercitare tale facoltà negli ultimi sei mesi del suo mandato, salvo che essi coincidano in tutto o in parte con gli ultimi sei mesi della legislatura ([1]).

([1]) *Questo comma è stato così sostituito dall'art. 1 della L. cost. 4 novembre 1991, n. 1, recante modifiche a questo articolo della Costituzione.*

89. Nessun atto del Presidente della Repubblica è valido se non è controfirmato dai ministri proponenti, che ne assumono la responsabilità.

Gli atti che hanno valore legislativo e gli altri indicati dalla legge sono controfirmati anche dal Presidente del Consiglio dei ministri.

90. Il Presidente della Repubblica non è responsabile degli atti compiuti nell'esercizio delle sue funzioni, tranne che per alto tradimento o per attentato alla Costituzione.

In tali casi è messo in stato di accusa dal Parlamento in seduta comune, a maggioranza assoluta dei suoi membri.

91. Il Presidente della Repubblica, prima di assumere le sue funzioni, presta giuramento di fedeltà alla Repubblica e di osservanza della Costituzione dinanzi al Parlamento in seduta comune.

Titolo III
Il Governo

Sezione I
Il Consiglio dei ministri

92. Il Governo della Repubblica è composto del Presidente del Consiglio e dei ministri, che costituiscono insieme il Consiglio dei ministri.

Il Presidente della Repubblica nomina il Presidente del Consiglio dei ministri e, su proposta di questo, i ministri.

93. Il Presidente del Consiglio dei ministri e i ministri, prima di assumere le funzioni, prestano giuramento nelle mani del Presidente della Repubblica.

94. Il Governo deve avere la fiducia delle due Camere.

Ciascuna Camera accorda o revoca la fiducia mediante mozione motivata e votata per appello nominale.

Entro dieci giorni dalla sua formazione il Governo si presenta alle Camere per ottenerne la fiducia.

Il voto contrario di una o entrambe le Camere su una proposta del Governo non importa obbligo di dimissioni.

La mozione di sfiducia deve essere firmata da almeno un decimo dei componenti della Camera e non può essere messa in discussione prima di tre giorni dalla sua presentazione.

95. Il Presidente del Consiglio dei ministri dirige la politica generale del Governo e ne è responsabile. Mantiene l'unità di indirizzo politico ed amministrativo, promuovendo e coordinando l'attività dei ministri.

I ministri sono responsabili collegialmente degli atti del Consiglio dei ministri, e individualmente degli atti dei loro dicasteri.

La legge provvede all'ordinamento della Presidenza del Consiglio e determina il numero, le attribuzioni e l'organizzazione dei ministeri.

96. ([1]) Il Presidente del Consiglio dei ministri ed i ministri, anche se cessati dalla carica, sono sottoposti, per i reati commessi nell'esercizio delle loro funzioni, alla giurisdizione ordinaria, previa autorizzazione del Senato della Repubblica o della Camera dei deputati, secondo le norme stabilite con legge costituzionale.

([1]) *Questo articolo è stato così sostituito dalla L. cost. 16 gennaio 1989, n. 1, recante modifiche alla Costituzione.*

Sezione II
La Pubblica Amministrazione

97. ([1]) Le pubbliche amministrazioni, in coerenza con l'ordinamento dell'Unione europea, assicurano l'equilibrio dei bilanci e la sostenibilità del debito pubblico ([2]).

I pubblici uffici sono organizzati secondo disposizioni di legge, in modo che siano assicurati il buon andamento e l'imparzialità dell'amministrazione.

Nell'ordinamento degli uffici sono determinate le sfere di competenza, le attribuzioni e le responsabilità proprie dei funzionari.

Agli impieghi nelle pubbliche amministrazioni si accede mediante concorso, salvo i casi stabiliti dalla legge.

([1]) *A norma dell'art. 18, comma 4, del D.L. 22 giugno 2012, n. 83, convertito, con modificazioni, nella L. 7 agosto 2012, n. 134, le disposizioni del predetto articolo costituiscono diretta attuazione dei princìpi di legalità, buon andamento e imparzialità sanciti dall'articolo 97 della Costituzione, e ad esse si conformano entro il 31 dicembre 2012, ai sensi dell'articolo 117, comma 2, lettere* g), h), l), m), r) *della Costituzione, tutte le pubbliche amministrazioni centrali, regionali e locali, le aziende speciali e le società* in house *delle pubbliche amministrazioni. Le regioni ad autonomia speciale vi si conformano entro il medesimo termine secondo le previsioni dei rispettivi Statuti.*

([2]) *Questo comma è stato premesso dall'art. 2 della L. cost. 20 aprile 2012, n. 1. A norma dell'art. 6 della medesima legge tali disposizioni si applicano a decorrere dall'esercizio finanziario relativo all'anno 2014.*

98. I pubblici impiegati sono al servizio esclusivo della Nazione.

Se sono membri del Parlamento, non possono conseguire promozioni se non per anzianità.

Si possono con legge stabilire limitazioni al diritto d'iscriversi ai partiti politici per i magistrati, i militari di carriera in servizio attivo, i funzionari ed agenti di polizia, i rappresentanti diplomatici e consolari all'estero.

Sezione III
Gli organi ausiliari

99. Il Consiglio nazionale della economia e del lavoro è composto, nei modi stabiliti dalla legge, di esperti e di rappresentanti delle categorie produttive, in misura che tenga conto della loro importanza numerica e qualitativa.

È organo di consulenza delle Camere e del Governo per le materie e secondo le funzioni che gli sono attribuite dalla legge.

Ha l'iniziativa legislativa e può contribuire alla elaborazione della legislazione economica e sociale secondo i principi ed entro i limiti stabiliti dalla legge.

100. Il Consiglio di Stato è organo di consulenza giuridico-amministrativa e di tutela della giustizia nell'amministrazione.

La Corte dei conti esercita il controllo preventivo di legittimità sugli atti del Governo, e anche quello successivo sulla gestione del bilancio dello Stato. Partecipa, nei casi e nelle forme stabiliti dalla legge, al controllo sulla gestione finanziaria degli enti a cui lo Stato contribuisce in via ordinaria. Riferisce direttamente alle Camere sul risultato del riscontro eseguito.

La legge assicura l'indipendenza dei due Istituti e dei loro componenti di fronte al Governo.

Titolo IV
La magistratura

Sezione I
Ordinamento giurisdizionale

101. La giustizia è amministrata in nome del popolo.

I giudici sono soggetti soltanto alla legge.

102. La funzione giurisdizionale è esercitata da magistrati ordinari istituiti e regolati dalle norme sull'ordinamento giudiziario.

Non possono essere istituiti giudici straordinari o giudici speciali. Possono soltanto istituirsi presso gli organi giudiziari ordinari sezioni specializzate per determinate materie, anche con la partecipazione di cittadini idonei estranei alla magistratura.

La legge regola i casi e le forme della partecipazione diretta del popolo all'amministrazione della giustizia.

103. Il Consiglio di Stato e gli altri organi di giustizia amministrativa hanno giurisdizione per la tutela nei confronti della pubblica amministrazione degli interessi legittimi e, in particolari materie indicate dalla legge, anche dei diritti soggettivi.

La Corte dei conti ha giurisdizione nelle materie di contabilità pubblica e nelle altre specificate dalla legge.

I tribunali militari in tempo di guerra hanno la giurisdizione stabilita dalla legge. In tempo di pace hanno giurisdizione soltanto per i reati militari commessi da appartenenti alle Forze Armate.

104. La magistratura costituisce un ordine autonomo e indipendente da ogni altro potere.

Il Consiglio superiore della magistratura è presieduto dal Presidente della Repubblica.

Ne fanno parte di diritto il primo presidente e il procuratore generale della Corte di cassazione.

Gli altri componenti sono eletti per due terzi da tutti i magistrati ordinari tra gli appartenenti alle varie categorie, e per un terzo dal Parlamento in seduta comune tra professori ordinari di università in materie giuridiche ed avvocati dopo quindici anni di esercizio.

Il Consiglio elegge un vice presidente fra i componenti designati dal Parlamento.

I membri elettivi del Consiglio durano in carica quattro anni e non sono immediatamente rieleggibili.

Non possono, finché sono in carica, essere iscritti negli albi professionali, né far parte del Parlamento o di un Consiglio regionale.

105. Spettano al Consiglio superiore della magistratura, secondo le norme dell'ordinamento giudiziario, le assunzioni, le assegnazioni ed i trasferimenti, le promozioni e i provvedimenti disciplinari nei riguardi dei magistrati.

106. Le nomine dei magistrati hanno luogo per concorso.

La legge sull'ordinamento giudiziario può ammettere la nomina, anche elettiva, di magistrati onorari per tutte le funzioni attribuite a giudici singoli.

Su designazione del Consiglio superiore della magistratura possono essere chiamati all'ufficio di consiglieri di cassazione, per meriti insigni, professori ordinari di università in materie giuridiche e avvocati che abbiano quindici anni di esercizio e siano iscritti negli albi speciali per le giurisdizioni superiori.

107. I magistrati sono inamovibili. Non possono essere dispensati o sospesi dal servizio né destinati ad altre sedi o funzioni se non in seguito a decisione del Consiglio superiore della magistratura, adottata o per i motivi e con le garanzie di difesa stabilite dall'ordinamento giudiziario o con il loro consenso.

Il ministro della giustizia ha facoltà di promuovere l'azione disciplinare.

I magistrati si distinguono fra loro soltanto per diversità di funzioni.

Il pubblico ministero gode delle garanzie stabilite nei suoi riguardi dalle norme sull'ordinamento giudiziario.

108. Le norme sull'ordinamento giudiziario e su ogni magistratura sono stabilite con legge.

La legge assicura l'indipendenza dei giudici delle giurisdizioni speciali, del pubblico ministero presso di esse, e degli estranei che partecipano all'amministrazione della giustizia.

109. L'autorità giudiziaria dispone direttamente della polizia giudiziaria.

110. Ferme le competenze del Consiglio superiore della magistratura, spettano al Ministro della giustizia l'organizzazione e il funzionamento dei servizi relativi alla giustizia.

Sezione II
Norme sulla giurisdizione

111. La giurisdizione si attua mediante il giusto processo regolato dalla legge (1).

Ogni processo si svolge nel contraddittorio tra le parti, in condizioni di parità, davanti a giudice terzo e imparziale. La legge ne assicura la ragionevole durata (1).

Nel processo penale, la legge assicura che la persona accusata di un reato sia, nel più breve tempo possibile, informata riservatamente della natura e dei motivi dell'accusa elevata a suo carico; disponga del tempo e delle condizioni necessari per preparare la sua difesa; abbia la facoltà, davanti al giudice, di interrogare o di far interrogare le persone che rendono dichiarazioni a suo carico, di ottenere la convocazione e l'interrogatorio di persone a sua difesa nelle stesse condizioni dell'accusa e l'acquisizione di ogni altro mezzo di prova a suo favore; sia assistita da un interprete se non comprende o non parla la lingua impiegata nel processo (1).

Il processo penale è regolato dal principio del contraddittorio nella formazione della prova. La colpevolezza dell'imputato non può essere provata sulla base di dichiarazioni rese da chi, per libera scelta, si è sempre volontariamente sottratto all'interrogatorio da parte dell'imputato o del suo difensore (1).

La legge regola i casi in cui la formazione della prova non ha luogo in contraddittorio per consenso dell'imputato o per accertata impossibilità di natura oggettiva o per effetto di provata condotta illecita (1).

Tutti i provvedimenti giurisdizionali devono essere motivati.

Contro le sentenze e contro i provvedimenti sulla libertà personale, pronunciati dagli organi giurisdizionali ordinari o speciali, è sempre ammesso ricorso in Cassazione per violazione di legge. Si può derogare a tale norma soltanto per le sentenze dei tribunali militari in tempo di guerra.

Contro le decisioni del Consiglio di Stato e della Corte dei conti il ricorso in cassazione è ammesso per i soli motivi inerenti alla giurisdizione.

(1) Questo comma è stato inserito dalla L. cost. 23 novembre 1999, n. 2. Si vedano inoltre il D.L. 7 gennaio 2000, n. 2, convertito, con modificazioni, nella L. 25 febbraio 2000, n. 35, e gli artt. 2 ss. della L. 24 marzo 2001, n. 89.

112. Il Pubblico ministero ha l'obbligo di esercitare l'azione penale.

113. Contro gli atti della pubblica amministrazione è sempre ammessa la tutela giurisdizionale dei diritti e degli interessi legittimi dinanzi agli organi di giurisdizione ordinaria o amministrativa.

Tale tutela giurisdizionale non può essere esclusa o limitata a particolari mezzi di impugnazione o per determinate categorie di atti.

La legge determina quali organi di giurisdizione possono annullare gli atti della pubblica amministrazione nei casi e con gli effetti previsti dalla legge stessa.

Titolo V
Le Regioni, le Province, i Comuni (1)

(1) Si veda la L. 5 giugno 2003, n. 131. Disposizioni per l'adeguamento dell'ordinamento della Repubblica alla legge costituzionale 18 ottobre 2001, n. 3.

114. (1) La Repubblica è costituita dai Comuni, dalle Province, dalle Città metropolitane, dalle Regioni e dallo Stato.

I Comuni, le Province, le Città metropolitane e le Regioni sono enti autonomi con propri statuti, poteri e funzioni secondo i principi fissati dalla Costituzione.

Roma è la capitale della Repubblica. La legge dello Stato disciplina il suo ordinamento.

(1) Questo articolo è stato così sostituito dall'art. 1 della L. cost. 18 ottobre 2001, n. 3.

115. (1) [Le Regioni sono costituite in enti autonomi con propri poteri e funzioni secondo i principî fissati nella Costituzione].

(1) Questo articolo è stato abrogato dall'art. 9, comma 2, della L. cost. 18 ottobre 2001, n. 3.

116. (1) Il Friuli Venezia Giulia, la Sardegna, la Sicilia, il Trentino-Alto Adige/Südtirol e la Valle d'Aosta/Vallee d'Aoste dispongono di forme e condizioni particolari di autonomia, secondo i rispettivi statuti speciali adottati con legge costituzionale.

La Regione Trentino-Alto Adige/Südtirol è costituita dalle Province autonome di Trento e di Bolzano.

Ulteriori forme e condizioni particolari di autonomia, concernenti le materie di cui al terzo comma dell'articolo 117 e le materie indicate dal secondo comma del medesimo articolo alle lettere *l*), limitatamente all'organizzazione della giustizia di pace, *n*) e *s*), possono essere attribuite ad altre Regioni, con legge dello Stato, su iniziativa della Regione interessata, sentiti gli enti locali, nel rispetto dei principi di cui all'articolo 119. La legge è approvata dalle Camere a maggioranza assoluta dei componenti, sulla base di intesa fra lo Stato e la Regione interessata.

(1) *Questo articolo è stato così sostituito dall'art. 2 della L. cost. 18 ottobre 2001, n. 3.*

117. (1) La potestà legislativa è esercitata dallo Stato e dalle Regioni nel rispetto della Costituzione, nonché dei vincoli derivanti dall'ordinamento comunitario e dagli obblighi internazionali.

Lo Stato ha legislazione esclusiva nelle seguenti materie:

a) politica estera e rapporti internazionali dello Stato; rapporti dello Stato con l'Unione europea; diritto di asilo e condizione giuridica dei cittadini di Stati non appartenenti all'Unione europea;

b) immigrazione;

c) rapporti tra la Repubblica e le confessioni religiose;

d) difesa e Forze armate; sicurezza dello Stato; armi, munizioni ed esplosivi;

e) moneta, tutela del risparmio e mercati finanziari; tutela della concorrenza; sistema valutario; sistema tributario e contabile dello Stato; armonizzazione dei bilanci pubblici; (2) perequazione delle risorse finanziarie;

f) organi dello Stato e relative leggi elettorali; referendum statali; elezione del Parlamento europeo;

g) ordinamento e organizzazione amministrativa dello Stato e degli enti pubblici nazionali;

h) ordine pubblico e sicurezza, ad esclusione della polizia amministrativa locale;

i) cittadinanza, stato civile e anagrafi;

l) giurisdizione e norme processuali; ordinamento civile e penale; giustizia amministrativa;

m) determinazione dei livelli essenziali delle prestazioni concernenti i diritti civili e sociali che devono essere garantiti su tutto il territorio nazionale;

n) norme generali sull'istruzione;

o) previdenza sociale;

p) legislazione elettorale, organi di governo e funzioni fondamentali di Comuni, Province e Città metropolitane;

q) dogane, protezione dei confini nazionali e profilassi internazionale;

r) pesi, misure e determinazione del tempo; coordinamento informativo statistico e informatico dei dati dell'amministrazione statale, regionale e locale; opere dell'ingegno;

s) tutela dell'ambiente, dell'ecosistema e dei beni culturali.

Sono materie di legislazione concorrente quelle relative a: rapporti internazionali e con l'Unione europea delle Regioni; commercio con l'estero; tutela e sicurezza del lavoro; istruzione, salva l'autonomia delle istituzioni scolastiche e con esclusione della istruzione e della formazione professionale; professioni; ricerca scientifica e tecnologica e sostegno all'innovazione per i settori produttivi; tutela della salute; alimentazione; ordinamento sportivo; protezione civile; governo del territorio; porti e aeroporti civili; grandi reti di trasporto e di navigazione; ordinamento della comunicazione; produzione, trasporto e distribuzione nazionale dell'energia; previdenza complementare e integrativa; [armonizzazione dei bilanci pubblici e] (3) coordinamento della finanza pubblica e del sistema tributario; valorizzazione dei beni culturali e ambientali e promozione e organizzazione di attività culturali; casse di risparmio, casse rurali, aziende di credito a carattere regionale; enti di credito fondiario e agrario a carattere regionale. Nelle materie di legislazione concorrente spetta alle Regioni la potestà legislativa, salvo che per la determinazione dei principi fondamentali, riservata alla legislazione dello Stato.

Spetta alle Regioni la potestà legislativa in riferimento ad ogni materia non espressamente riservata alla legislazione dello Stato.

Le Regioni e le Province autonome di Trento e di Bolzano, nelle materie di loro competenza, partecipano alle decisioni dirette alla formazione degli atti normativi comunitari e provvedono all'attuazione e all'esecuzione degli accordi internazionali e degli atti dell'Unione europea, nel rispetto delle norme di procedura stabilite da legge dello Stato, che disciplina le modalità di esercizio del potere sostitutivo in caso di inadempienza.

La potestà regolamentare spetta allo Stato nelle materie di legislazione esclusiva, salva delega alle Regioni. La potestà regolamentare spetta alle Regioni in ogni altra materia. I Comuni, le Province e le Città metropolitane hanno potestà regolamentare in ordine alla disciplina dell'organizzazione e dello svolgimento delle funzioni loro attribuite.

Le leggi regionali rimuovono ogni ostacolo che impedisce la piena parità degli uomini e delle donne nella vita sociale, culturale ed economica e promuovono la parità di accesso tra donne e uomini alle cariche elettive.

La legge regionale ratifica le intese della Regione con altre Regioni per il migliore esercizio delle proprie funzioni, anche con individuazione di organi comuni.

Nelle materie di sua competenza la Regione può concludere accordi con Stati e intese con enti territoriali interni ad altro Stato, nei casi e con le forme disciplinati da leggi dello Stato.

(1) *Questo articolo è stato così sostituito dall'art. 3 della L. cost. 18 ottobre 2001, n. 3.*

(2) *Le parole: «armonizzazione dei bilanci pubblici;» sono state inserite dall'art. 3, comma 1, lett.* a), *della L. cost. 20 aprile 2012, n. 1. A norma dell'art. 6 della medesima legge tali disposizioni si applicano a decorrere dall'esercizio finanziario relativo all'anno 2014.*

(3) *Le parole fra parentesi quadrate sono state soppresse dall'art. 3, comma 1, lett.* b), *della L. cost. 20 aprile 2012, n. 1. A norma dell'art. 6 della medesima legge tali disposizioni si applicano a decorrere dall'esercizio finanziario relativo all'anno 2014.*

118. (1) Le funzioni amministrative sono attribuite ai Comuni salvo che, per assicurarne l'esercizio unitario, siano conferite a Province, Città metropolitane, Regioni e Stato, sulla base dei principi di sussidiarietà, differenziazione ed adeguatezza.

I Comuni, le Province e le Città metropolitane sono titolari di funzioni amministrative proprie e di quelle conferite con legge statale o regionale, secondo le rispettive competenze.

La legge statale disciplina forme di coordinamento fra Stato e Regioni nelle materie di cui alle lettere *b*) e *h*) del secondo comma dell'articolo 117, e disciplina inoltre forme di intesa e coordinamento nella materia della tutela dei beni culturali.

Stato, Regioni, Città metropolitane, Province e Comuni favoriscono l'autonoma iniziativa dei cittadini, singoli e associati, per lo svolgimento di attività di interesse generale, sulla base del principio di sussidiarietà.

(1) *Questo articolo è stato così sostituito dall'art. 4 della L. cost. 18 ottobre 2001, n. 3.*

119. (1) I Comuni, le Province, le Città metropolitane e le Regioni hanno autonomia finanziaria di entrata e di spesa, nel rispetto dell'equilibrio dei relativi bilanci, e concorrono ad assicurare l'osservanza dei vincoli economici e finanziari derivanti dall'ordinamento dell'Unione europea (2).

I Comuni, le Province, le Città metropolitane e le Regioni hanno risorse autonome. Stabiliscono e applicano tributi ed entrate propri, in armonia con la Costituzione e secondo i principi di coordinamento della finanza pubblica e del sistema tributario. Dispongono di compartecipazioni al gettito di tributi erariali riferibile al loro territorio.

La legge dello Stato istituisce un fondo perequativo, senza vincoli di destinazione, per i territori con minore capacità fiscale per abitante.

Le risorse derivanti dalle fonti di cui ai commi precedenti consentono ai Comuni, alle Province, alle Città metropolitane e alle Regioni di finanziare integralmente le funzioni pubbliche loro attribuite.

Per promuovere lo sviluppo economico, la coesione e la solidarietà sociale, per rimuovere gli squilibri economici e sociali, per favorire l'effettivo esercizio dei diritti della persona, o per provvedere a scopi diversi dal normale esercizio delle loro funzioni, lo Stato destina risorse aggiuntive ed effettua interventi speciali in favore di determinati Comuni, Province, Città metropolitane e Regioni.

I Comuni, le Province, le Città metropolitane e le Regioni hanno un proprio patrimonio, attribuito secondo i principi generali determinati dalla legge dello Stato. Possono ricorrere all'indebitamento solo per finanziare spese di investimento, con la contestuale definizione di piani di ammortamento e a condizione che per il complesso degli enti di ciascuna Regione sia rispettato l'equilibrio di bilancio ([3]). È esclusa ogni garanzia dello Stato sui prestiti dagli stessi contratti.

([1]) *Questo articolo è stato così sostituito dall'art. 5 della L. cost. 18 ottobre 2001, n. 3.*

([2]) *Le parole: «, nel rispetto dell'equilibrio dei relativi bilanci, e concorrono ad assicurare l'osservanza dei vincoli economici e finanziari derivanti dall'ordinamento dell'Unione europea» sono state aggiunte dall'art. 4, comma 1, lett.* a)*, della L. cost. 20 aprile 2012, n. 1. A norma dell'art. 6 della medesima legge tali disposizioni si applicano a decorrere dall'esercizio finanziario relativo all'anno 2014.*

([3]) *Le parole: «, con la contestuale definizione di piani di ammortamento e a condizione che per il complesso degli enti di ciascuna Regione sia rispettato l'equilibrio di bilancio» sono state aggiunte dall'art. 4, comma 1, lett.* b)*, della L. cost. 20 aprile 2012, n. 1. A norma dell'art. 6 della medesima legge tali disposizioni si applicano a decorrere dall'esercizio finanziario relativo all'anno 2014.*

120. ([1]) La Regione non può istituire dazi di importazione o esportazione o transito tra le Regioni, né adottare provvedimenti che ostacolino in qualsiasi modo la libera circolazione delle persone e delle cose tra le Regioni, né limitare l'esercizio del diritto al lavoro in qualunque parte del territorio nazionale.

Il Governo può sostituirsi a organi delle Regioni, delle Città metropolitane, delle Province e dei Comuni nel caso di mancato rispetto di norme e trattati internazionali o della normativa comunitaria oppure di pericolo grave per l'incolumità e la sicurezza pubblica, ovvero quando lo richiedono la tutela dell'unità giuridica o dell'unità economica e in particolare la tutela dei livelli essenziali delle prestazioni concernenti i diritti civili e sociali, prescindendo dai confini territoriali dei governi locali. La legge definisce le procedure atte a garantire che i poteri sostitutivi siano esercitati nel rispetto del principio di sussidiarietà e del principio di leale collaborazione.

([1]) *Questo articolo è stato così sostituito dall'art. 6 della L. cost. 18 ottobre 2001, n. 3.*

121. Sono organi della Regione: il Consiglio regionale, la Giunta e il suo presidente.

Il Consiglio regionale esercita le potestà legislative [e regolamentari] ([1]) attribuite alla Regione e le altre funzioni conferitegli dalla Costituzione e dalle leggi. Può fare proposte di legge alle Camere.

La giunta regionale è l'organo esecutivo delle Regioni.

Il Presidente della Giunta rappresenta la Regione; dirige la politica della Giunta e ne è responsabile; promulga le leggi ed emana i regolamenti regionali; dirige le funzioni amministrative delegate dallo Stato alla Regione, conformandosi alle istruzioni del Governo della Repubblica.

([1]) *Le parole tra parentesi quadre sono state soppresse dall'art. 1, lett.* a), *della L. cost. 22 novembre 1999, n. 1.*

122. ([1]) Il sistema di elezione e i casi di ineleggibilità e di incompatibilità del Presidente e degli altri componenti della Giunta regionale nonché dei consiglieri regionali sono disciplinati con legge della Regione nei limiti dei principi fondamentali stabiliti con legge della Repubblica, che stabilisce anche la durata degli organi elettivi ([2]).

Nessuno può appartenere contemporaneamente a un Consiglio o a una Giunta regionale e ad una delle Camere del Parlamento, ad un altro Consiglio o ad altra Giunta regionale, ovvero al Parlamento europeo.

Il Consiglio elegge tra i suoi componenti un Presidente e un ufficio di presidenza.

I consiglieri regionali non possono essere chiamati a rispondere delle opinioni espresse e dei voti dati nell'esercizio delle loro funzioni.

Il Presidente della Giunta regionale, salvo che lo statuto regionale disponga diversamente, è eletto a suffragio universale e diretto. Il Presidente eletto nomina e revoca i componenti della Giunta.

([1]) *Questo articolo è stato così sostituito dall'art. 2 della L. cost. 22 novembre 1999, n. 1.*
([2]) *Si veda la L. 2 luglio 2004, n. 165, recante disposizioni di attuazione di questo comma.*

123. ([1]) Ciascuna Regione ha uno statuto che, in armonia con la Costituzione, ne determina la forma di governo e i principi fondamentali di organizzazione e funzionamento. Lo statuto regola l'esercizio del diritto di iniziativa e del *referendum* su leggi e provvedimenti amministrativi della Regione e la pubblicazione delle leggi e dei regolamenti regionali.

Lo statuto è approvato e modificato dal Consiglio regionale con legge approvata a maggioranza assoluta dei suoi componenti, con due deliberazioni successive adottate ad intervallo non minore di due mesi. Per tale legge non è richiesta l'apposizione del visto da parte del Commissario del Governo. Il Governo della Repubblica può promuovere la questione di legittimità costituzionale sugli statuti regionali dinanzi alla Corte costituzionale entro trenta giorni dalla loro pubblicazione.

Lo statuto è sottoposto a *referendum* popolare qualora entro tre mesi dalla sua pubblicazione ne faccia richiesta un cinquantesimo degli elettori della Regione o un quinto dei componenti il Consiglio regionale. Lo statuto sottoposto a *referendum* non è promulgato se non è approvato dalla maggioranza dei voti validi.

In ogni Regione, lo statuto disciplina il Consiglio delle autonomie locali, quale organo di consultazione fra la Regione e gli enti locali (2).

(1) *Questo articolo è stato così sostituito dall'art. 3 della L. cost. 22 novembre 1999, n. 1.*

(2) *Questo comma è stato aggiunto dall'art. 7 della L. cost. 18 ottobre 2001, n. 3.*

124. (1) [Un commissario del Governo, residente nel capoluogo della Regione, sopraintende alle funzioni amministrative esercitate dallo Stato e le coordina con quelle esercitate dalla Regione].

(1) *Questo articolo è stato abrogato dall'art. 9, comma 2, della L. cost. 18 ottobre 2001, n. 3.*

125. [Il controllo di legittimità sugli atti amministrativi della Regione è esercitato, in forma decentrata, da un organo dello Stato, nei modi e nei limiti stabiliti da leggi della Repubblica. La legge può in determinati casi ammettere il controllo di merito, al solo effetto di promuovere, con richiesta motivata, il riesame della deliberazione da parte del Consiglio regionale] (1).

Nella Regione sono istituiti organi di giustizia amministrativa di primo grado, secondo l'ordinamento stabilito da legge della Repubblica. Possono istituirsi sezioni con sede diversa dal capoluogo della Regione.

(1) *Questo comma è stato abrogato dall'art. 9, comma 2, della L. cost. 18 ottobre 2001, n. 3.*

126. (1) Con decreto motivato del Presidente della Repubblica sono disposti lo scioglimento del Consiglio regionale e la rimozione del Presidente della Giunta che abbiano compiuto atti contrari alla Costituzione o gravi violazioni di legge. Lo scioglimento e la rimozione possono altresì essere disposti per ragioni di sicurezza nazionale. Il decreto è adottato sentita una Commissione di deputati e senatori costituita, per le questioni regionali, nei modi stabiliti con legge della Repubblica.

Il Consiglio regionale può esprimere la sfiducia nei confronti del Presidente della Giunta mediante mozione motivata, sottoscritta da almeno un quinto dei suoi componenti e approvata per appello nominale a maggioranza assoluta dei componenti. La mozione non può essere messa in discussione prima di tre giorni dalla presentazione.

L'approvazione della mozione di sfiducia nei confronti del Presidente della Giunta eletto a suffragio universale e diretto, nonché la rimozione, l'impedimento permanente, la morte o le dimissioni volontarie dello stesso comportano le dimissioni della Giunta e lo scioglimento del Consiglio. In ogni caso i medesimi effetti conseguono alle dimissioni contestuali della maggioranza dei componenti il Consiglio.

(1) *Questo articolo è stato così sostituito dall'art. 4 della L. cost. 22 novembre 1999, n. 1.*

127. (1) Il Governo, quando ritenga che una legge regionale ecceda la competenza della Regione, può promuovere la questione di legittimità costituzionale dinanzi alla Corte costituzionale entro sessanta giorni dalla sua pubblicazione.

La Regione, quando ritenga che una legge o un atto avente valore di legge dello Stato o di un'altra Regione leda la sua sfera di competenza, può promuovere la questione di legittimità costituzionale dinanzi alla Corte costituzionale entro sessanta giorni dalla pubblicazione della legge o dell'atto avente valore di legge.

(1) *Questo articolo è stato così sostituito dall'art. 8 della L. cost. 18 ottobre 2001, n. 3.*

128. (1) [Le Province e i Comuni sono enti autonomi nell'ambito dei principi fissati da leggi generali della Repubblica, che ne determinano le funzioni].

(1) *Questo articolo è stato abrogato dall'art. 9, comma 2, della L. cost. 18 ottobre 2001, n. 3.*

129. (1) [Le Province e i Comuni sono anche circoscrizioni di decentramento statale e regionale.

Le circoscrizioni provinciali possono essere suddivise in circondari con funzioni esclusivamente amministrative per un ulteriore decentramento].

(1) *Questo articolo è stato abrogato dall'art. 9, comma 2, della L. cost. 18 ottobre 2001, n. 3.*

130. ([1]) [Un organo della Regione, costituito nei modi stabiliti da legge della Repubblica, esercita, anche in forma decentrata, il controllo di legittimità sugli atti delle Province, dei Comuni e degli altri enti locali.

In casi determinati dalla legge può essere esercitato il controllo di merito, nella forma di richiesta motivata agli enti deliberanti di riesaminare la loro deliberazione].

([1]) *Questo articolo è stato abrogato dall'art. 9, comma 2, della L. cost. 18 ottobre 2001, n. 3.*

131. ([1]) Sono costituite le seguenti Regioni: Piemonte; Valle d'Aosta; Lombardia; Trentino-Alto Adige; Veneto; Friuli-Venezia Giulia; Liguria; Emilia-Romagna; Toscana; Umbria; Marche; Lazio; Abruzzi; Molise; Campania; Puglia; Basilicata; Calabria; Sicilia; Sardegna.

([1]) *Questo articolo è stato così modificato dalla L. cost. 27 dicembre 1963, n. 3, contenente modifiche alla Costituzione.*

132. Si può, con legge costituzionale, sentiti i Consigli regionali, disporre la fusione di Regioni esistenti o la creazione di nuove Regioni con un minimo di un milione d'abitanti, quando ne facciano richiesta tanti Consigli comunali che rappresentino almeno un terzo delle popolazioni interessate, e la proposta sia approvata con «*referendum*» dalla maggioranza delle popolazioni stesse.

Si può, con l'approvazione della maggioranza delle popolazioni della Provincia o delle Province interessate e del Comune o dei Comuni interessati espressa mediante ([1]) «*referendum*» e con legge della Repubblica, sentiti i Consigli regionali, consentire che Province e Comuni, che ne facciano richiesta, siano staccati da una Regione ed aggregati ad un'altra.

([1]) *Le parole: «l'approvazione della maggioranza delle popolazioni della Provincia o delle Province interessate e del Comune o dei Comuni interessati espressa mediante» sono state inserite dall'art. 9, comma 1, della L. cost. 18 ottobre 2001, n. 3.*

133. Il mutamento delle circoscrizioni provinciali e la istituzione di nuove Province nell'ambito di una Regione sono stabiliti con leggi della Repubblica, su iniziative dei Comuni, sentita la stessa Regione.

La Regione, sentite le popolazioni interessate, può con sue leggi istituire nel proprio territorio nuovi Comuni e modificare le loro circoscrizioni e denominazioni.

Titolo VI
Garanzie costituzionali

Sezione I
La Corte costituzionale

134. La Corte costituzionale giudica:

sulle controversie relative alla legittimità costituzionale delle leggi e degli atti, aventi forza di legge, dello Stato e delle Regioni;

sui conflitti di attribuzione tra i poteri dello Stato e su quelli tra lo Stato e le Regioni, e tra le Regioni;

sulle accuse promosse contro il Presidente della Repubblica [ed i Ministri] (1), a norma della Costituzione.

(1) Queste parole sono state soppresse dall'art. 2 della L. cost. 16 gennaio 1989, n. 1, contenente modifiche alla Costituzione.

135. (1) La Corte costituzionale è composta di quindici giudici nominati per un terzo dal Presidente della Repubblica, per un terzo dal Parlamento in seduta comune e per un terzo dalle supreme magistrature ordinaria ed amministrativa.

I giudici della Corte costituzionale sono scelti tra i magistrati anche a riposo delle giurisdizioni superiori ordinaria ed amministrative, i professori ordinari di università in materie giuridiche e gli avvocati dopo venti anni d'esercizio.

I giudici della Corte costituzionale sono nominati per nove anni, decorrenti per ciascuno di essi dal giorno del giuramento, e non possono essere nuovamente nominati.

Alla scadenza del termine il giudice costituzionale cessa dalla carica e dall'esercizio delle funzioni.

La Corte elegge tra i suoi componenti, secondo le norme stabilite dalla legge, il presidente, che rimane in carica per un triennio, ed è rieleggibile, fermi in ogni caso i termini di scadenza dall'ufficio di giudice.

L'ufficio di giudice della Corte è incompatibile con quello di membro del Parlamento o d'un Consiglio regionale, con l'esercizio della professione d'avvocato, e con ogni carica ed ufficio indicati dalla legge.

Nei giudizi d'accusa contro il Presidente della Repubblica [e contro i Ministri] (2) intervengono, oltre i giudici ordinari della Corte, sedici membri tratti a sorte da un elenco di cittadini aventi i requisiti per l'eleggibilità a senatore, che il Parlamento compila ogni nove anni mediante elezione con le stesse modalità stabilite per la nomina dei giudici ordinari.

([1]) *Questo articolo è stato così modificato dall'art. 1 della L. cost. 22 novembre 1967, n. 2, contenente modifiche alla Costituzione.*

([2]) *Queste parole sono state soppresse dall'art. 2 della L. cost. 16 gennaio 1989, n. 1, contenente modifiche alla Costituzione.*

136. Quando la Corte dichiara la illegittimità costituzionale di una norma di legge o di atto avente forza di legge, la norma cessa di avere efficacia dal giorno successivo alla pubblicazione della decisione.

La decisione della Corte è pubblicata e comunicata alle Camere ed ai Consigli regionali interessati, affinché, ove lo ritengano necessario, provvedano nelle forme costituzionali.

137. Una legge costituzionale stabilisce le condizioni, le forme, i termini di proponibilità dei giudizi di legittimità costituzionale, e le garanzie di indipendenza dei giudici della Corte.

Con legge ordinaria sono stabilite le altre norme necessarie per la costituzione e il funzionamento della Corte.

Contro le decisioni della Corte costituzionale non è ammessa alcuna impugnazione.

Sezione II
Revisione della Costituzione
Leggi costituzionali

138. Le leggi di revisione della Costituzione e le altre leggi costituzionali sono adottate da ciascuna Camera con due successive deliberazioni ad intervallo non minore di tre mesi, e sono approvate a maggioranza assoluta dei componenti di ciascuna Camera nella seconda votazione.

Le leggi stesse sono sottoposte a «referendum» popolare quando, entro tre mesi dalla loro pubblicazione, ne facciano domanda un quinto dei membri di una Camera o cinquecentomila elettori o cinque Consigli regionali. La legge sottoposta a «referendum» non è promulgata, se non è approvata dalla maggioranza dei voti validi.

Non si fa luogo a «referendum» se la legge è stata approvata nella seconda votazione da ciascuna delle Camere a maggioranza di due terzi dei suoi componenti.

139. La forma repubblicana non può essere oggetto di revisione costituzionale.

DISPOSIZIONI TRANSITORIE E FINALI

I. Con l'entrata in vigore della Costituzione il Capo provvisorio dello Stato esercita le attribuzioni di Presidente della Repubblica e ne assume il titolo.

II. Se alla data della elezione del Presidente della Repubblica non sono costituiti tutti i Consigli regionali, partecipano alla elezione soltanto i componenti delle due Camere.

III. Per la prima composizione del Senato della Repubblica sono nominati senatori, con decreto del Presidente della Repubblica, i deputati dell'Assemblea Costituente che posseggono i requisiti di legge per essere senatori e che:

sono stati presidenti del Consiglio dei Ministri o di Assemblee legislative;

hanno fatto parte del disciolto Senato;

hanno avuto almeno tre elezioni, compresa quella all'Assemblea costituente;

sono stati dichiarati decaduti nella seduta della Camera dei deputati del 9 novembre 1926;

hanno scontato la pena della reclusione non inferiore a cinque anni in seguito a condanna del tribunale speciale fascista per la difesa dello Stato.

Sono nominati altresì senatori con decreto del Presidente della Repubblica, i membri del disciolto Senato che hanno fatto parte della Consulta Nazionale.

Al diritto di essere nominati senatori si può rinunciare prima della firma del decreto di nomina. L'accettazione della candidatura alle elezioni politiche implica rinuncia al diritto di nomina a senatore.

IV. Per la prima elezione del Senato il Molise è considerato come Regione a sé stante, con il numero dei senatori che gli compete in base alla sua popolazione.

V. La disposizione dell'articolo 80 della Costituzione, per quanto concerne i trattati internazionali che importano oneri alle finanze o modificazioni di legge, ha effetto dalla data di convocazione delle Camere.

VI. Entro cinque anni dall'entrata in vigore della Costituzione si procede alla revisione degli organi speciali di giurisdizione attualmente esistenti, salvo le giurisdizioni del Consiglio di Stato, della Corte dei conti e dei tribunali militari.

Entro un anno dalla stessa data si provvede con legge al riordinamento del Tribunale supremo militare in relazione all'articolo 111.

VII. Fino a quando non sia emanata la nuova legge sull'ordinamento giudiziario in conformità con la Costituzione, continuano ad osservarsi le norme dell'ordinamento vigente.

Fino a quando non entri in funzione la Corte costituzionale, la decisione delle controversie indicate nell'articolo 134 ha luogo nelle forme e nei limiti delle norme preesistenti all'entrata in vigore della Costituzione.

(*Omissis*) ([1]).

([1]) *Seguiva un terzo comma che è stato abrogato dall'art. 7 della L. cost. 22 novembre 1967, n. 2, contenente modifiche alla Costituzione.*

VIII. Le elezioni dei Consigli regionali e degli organi elettivi delle amministrazioni provinciali sono indette entro un anno dall'entrata in vigore della Costituzione.

Leggi della Repubblica regolano per ogni ramo della pubblica amministrazione il passaggio delle funzioni statali attribuite alle Regioni. Fino a quando non sia provveduto al riordinamento e alla distribuzione delle funzioni amministrative fra gli enti locali restano alle Province ed ai Comuni le funzioni che esercitano attualmente e le altre di cui le Regioni deleghino loro l'esercizio.

Leggi della Repubblica regolano il passaggio alle Regioni di funzionari e dipendenti dello Stato, anche delle amministrazioni centrali, che sia reso necessario dal nuovo ordinamento. Per la formazione dei loro uffici le Regioni devono, tranne che in casi di necessità, trarre il proprio personale da quello dello Stato e degli enti locali.

IX. La Repubblica, entro tre anni dall'entrata in vigore della Costituzione, adegua le sue leggi alle esigenze delle autonomie locali e alla competenza legislativa attribuita alle Regioni.

X. Alla Regione del Friuli-Venezia Giulia, di cui all'articolo 116, si applicano provvisoriamente le norme generali del Titolo V della parte seconda, ferma restando la tutela delle minoranze linguistiche in conformità con l'articolo 6.

XI. Fino a cinque anni dall'entrata in vigore della Costituzione si possono, con leggi costituzionali, formare altre Regioni a modificazione dell'elenco di cui all'articolo 131, anche senza il concorso delle condizioni richieste dal primo comma dell'articolo 132, fermo rimanendo tuttavia l'obbligo di sentire le popolazioni interessate.

XII. È vietata la riorganizzazione, sotto qualsiasi forma, del disciolto partito fascista.

In deroga all'articolo 48, sono stabilite con leggi, per non oltre un quinquennio dalla entrata in vigore della Costituzione, limitazioni temporanee al diritto di voto e alla eleggibilità per i capi responsabili del regime fascista.

XIII. I membri e i discendenti di Casa Savoia non sono elettori e non possono ricoprire uffici pubblici né cariche elettive ([1]).

Agli *ex* re di Casa Savoia, alle loro consorti e ai loro discendenti maschi sono vietati l'ingresso e il soggiorno nel territorio nazionale ([1]).

I beni esistenti nel territorio nazionale, degli *ex* re di Casa Savoia, delle loro consorti e dei loro discendenti maschi, sono avocati allo Stato. I trasferimenti e le costituzioni di diritti reali sui beni stessi, che siano avvenuti dopo il 2 giugno 1946, sono nulli.

([1]) *Questo comma ha esaurito i suoi effetti, ai sensi dell'art. 1 della L. cost. 23 ottobre 2002, n. 1.*

XIV. I titoli nobiliari non sono riconosciuti.

I predicati di quelli esistenti prima del 28 ottobre 1922, valgono come parte del nome.

L'Ordine mauriziano è conservato come ente ospedaliero e funziona nei modi stabiliti dalla legge.

La legge regola la soppressione della Consulta araldica.

XV. Con l'entrata in vigore della Costituzione si ha per convertito in legge il decreto legislativo 25 giugno 1944, n. 151, sull'ordinamento provvisorio dello Stato.

XVI. Entro un anno dall'entrata in vigore della Costituzione si procede alla revisione e al coordinamento con essa delle precedenti leggi costituzionali che non siano state finora esplicitamente o implicitamente abrogate.

XVII. L'Assemblea Costituente sarà convocata dal suo Presidente per deliberare, entro il 31 gennaio 1948, sulla legge per la elezione del Senato della Repubblica, sugli statuti regionali speciali e sulla legge per la stampa.

Fino al giorno delle elezioni delle nuove Camere, l'Assemblea Costituente può essere convocata, quando vi sia necessità di deliberare nelle materie attribuite alla sua competenza dagli articoli 2, primo e secondo comma, e 3, comma primo e secondo, del decreto legislativo 16 marzo 1946, n. 98.

In tale periodo le Commissioni permanenti restano in funzione. Quelle legislative rinviano al Governo i disegni di legge, ad esse trasmessi, con eventuali osservazioni e proposte di emendamenti.

I deputati possono presentare al Governo interrogazioni con richiesta di risposta scritta.

L'Assemblea Costituente, agli effetti di cui al secondo comma del precedente articolo, è convocata dal suo presidente su richiesta motivata del Governo o di almeno duecento deputati.

XVIII. La presente Costituzione è promulgata dal Capo provvisorio dello Stato entro cinque giorni dalla sua approvazione da parte dell'Assemblea Costituente, ed entra in vigore il 1° gennaio 1948.

Il testo della Costituzione è depositato nella sala comunale di ciascun Comune della Repubblica per rimanervi esposto, durante tutto l'anno 1948, affinché ogni cittadino possa prenderne cognizione.

La Costituzione, munita del sigillo dello Stato, sarà inserita nella Raccolta ufficiale delle leggi e dei decreti della Repubblica.

La Costituzione dovrà essere fedelmente osservata come Legge fondamentale della Repubblica da tutti i cittadini e dagli organi dello Stato.

CODICE CIVILE

R.D. 16 marzo 1942, n. 262. Approvazione del testo del Codice civile (Pubblicato nella edizione straordinaria della *Gazzetta Ufficiale* n. 79 del 4 aprile 1942).

VITTORIO EMANUELE III
PER GRAZIA DI DIO
E PER VOLONTÀ
DELLA NAZIONE
RE D'ITALIA E DI ALBANIA
IMPERATORE D'ETIOPIA

Visti i Regi decreti 12 dicembre 1938, n. 1852, 26 ottobre 1939, n. 1586, 30 gennaio 1941, n. 15, 30 gennaio 1941, n. 17 e 30 gennaio 1941, n. 18, che danno facoltà al Governo di provvedere alla riunione ed al coordinamento dei libri del Codice civile delle persone, delle successioni per causa di morte e delle donazioni, della proprietà, delle obbligazioni, del lavoro e della tutela dei diritti, approvati con gli stessi Regi decreti;

Udito il Consiglio dei Ministri;

Sulla proposta del Nostro Guardasigilli, Ministro Segretario di Stato per la grazia e giustizia;

Abbiamo decretato e decretiamo:

1. È approvato il testo del Codice civile, il quale, preceduto dalle Disposizioni sulla legge in generale, avrà esecuzione a cominciare dal 21 aprile 1942, sostituendo da questa data i libri del Codice stesso, approvati con i Regi decreti 12 dicembre 1938, n. 1852, 26 ottobre 1939, n. 1586, 30 gennaio 1941, n. 15, 30 gennaio 1941, n. 16, 30 gennaio 1941, n. 17, e 30 gennaio 1941, n. 18.

2. Un esemplare del testo del Codice civile, firmato da Noi e contrassegnato dal Nostro Ministro Segretario di Stato per la grazia e giustizia, servirà di originale e sarà depositato e custodito nell'Archivio del Regno.

Ordiniamo che il presente decreto, munito del sigillo dello Stato, sia inserito nella Raccolta ufficiale delle leggi e dei decreti del Regno d'Italia, mandando a chiunque spetti di osservarlo e di farlo osservare.

Dato a Roma, addì 16 marzo 1942.

VITTORIO EMANUELE
Mussolini - Grandi

Visto, il Guardasigilli: Grandi.

Registrato alla Corte dei Conti, addì 16 marzo 1942 - Atti del Governo, registro n. 443, foglio n. 53.

MANCINI

Capo I
Delle fonti del diritto

1. Indicazione delle fonti. – Sono fonti (70, 87, 121, 138, Cost.) del diritto:
1) le leggi (2, 10 ss.);
2) i regolamenti (3, 4);
3) le norme corporative;
4) gli usi (8 ss.).

2. Leggi. – La formazione delle leggi (1, n. 1) e l'emanazione degli atti del Governo aventi forza di legge sono disciplinate da leggi di carattere costituzionale (70 ss., 87, 128 Cost.).

3. Regolamenti. – Il potere regolamentare del Governo è disciplinato da leggi di carattere costituzionale.

Il potere regolamentare di altre autorità è esercitato nei limiti delle rispettive competenze, in conformità delle leggi particolari (4, 77, 87 Cost.).

4. Limiti della disciplina regolamentare. – I regolamenti non possono contenere norme contrarie alle disposizioni delle leggi.

I regolamenti emanati a norma del secondo comma dell'art. 3 non possono nemmeno dettare norme contrarie a quelle dei regolamenti emanati dal Governo.

5 - 7. (*Omissis*) [1].

[1] *Articoli riguardanti le norme corporative, abrogati dal R.D.L. 9 agosto 1943, n. 721.*

8. Usi. – Nelle materie regolate dalle leggi (1, n. 1) e dai regolamenti (1, n. 2) gli usi hanno efficacia solo in quanto sono da essi richiamati (1, n. 4, 9).

Le norme corporative prevalgono sugli usi, anche se richiamati dalle leggi e dai regolamenti, salvo che in esse sia diversamente disposto [1].

[1] *Comma da ritenere abrogato a seguito della soppressione dell'ordinamento corporativo fascista disposta dal R.D.L. 9 agosto 1943, n. 721.*

9. Raccolte di usi. – Gli usi pubblicati nelle raccolte ufficiali degli enti e degli organi a ciò autorizzati si presumono esistenti fino a prova contraria.

Capo II
Dell'applicazione
della legge in generale

10. Inizio dell'obbligatorietà delle leggi e dei regolamenti. – Le leggi (1, n. 1) e i regolamenti (1, n. 2) divengono obbligatori nel decimoquinto giorno successivo a quello della loro pubblicazione (73 Cost.), salvo che sia altrimenti disposto.

Le norme corporative divengono obbligatorie nel giorno successivo a quello della pubblicazione, salvo che in esse sia altrimenti disposto ([1]).

([1]) *Comma da ritenere abrogato a seguito della soppressione dell'ordinamento corporativo fascista, disposta dal R.D.L. 9 agosto 1943, n. 721.*

11. Efficacia della legge nel tempo. – La legge non dispone che per l'avvenire: essa non ha effetto retroattivo (25 Cost.; 2 c.p.).

I contratti collettivi di lavoro (2067 ss. c.c.) possono stabilire per la loro efficacia una data anteriore alla pubblicazione, purché non preceda quella della stipulazione (2074 c.c.).

12. Interpretazione della legge. – Nell'applicare la legge non si può ad essa attribuire altro senso che quello fatto palese dal significato proprio delle parole secondo la connessione di esse, e dalla intenzione del legislatore (1362, 1363 c.c.).

Se una controversia non può essere decisa con una precisa disposizione, si ha riguardo alle disposizioni che regolano casi simili o materie analoghe; se il caso rimane ancora dubbio, si decide secondo i principi generali dell'ordinamento giuridico dello Stato.

13. Esclusione dell'applicazione analogica delle norme corporative. – (*Omissis*) ([1]).

([1]) *L'ordinamento corporativo fascista è stato soppresso dal R.D.L. 9 agosto 1943, n. 721.*

14. Applicazione delle leggi penali ed eccezionali. – Le leggi penali e quelle che fanno eccezione a regole generali o ad altre leggi non si applicano oltre i casi e i tempi in esse considerati (25 Cost.; 1, 2 c.p.).

15. Abrogazione delle leggi. – Le leggi non sono abrogate che da leggi posteriori per dichiarazione espressa del legislatore, o per incompatibilità tra le nuove disposizioni e le precedenti o perchè la nuova legge regola l'intera materia già regolata dalla legge anteriore (75 Cost.).

16. Trattamento dello straniero. – Lo straniero è ammesso a godere dei diritti civili attribuiti al cittadino a condizione di reciprocità e salve le disposizioni contenute in leggi speciali (29).

Questa disposizione vale anche per le persone giuridiche straniere (29; 10 Cost.; 2508 ss. c.c.).

17 - 31. (*Omissis*) ([1]).

([1]) *Articoli abrogati dall'art. 73 della L. 31 maggio 1995, n. 218, a decorrere dall'1 settembre 1995. Si vedano ora gli artt. 33-41 della citata legge n. 218/1995.*

Codice Civile

Libro I
Delle persone e della famiglia

Titolo I
Delle persone fisiche

1. Capacità giuridica. – La capacità giuridica si acquista dal momento della nascita (22 Cost.).

I diritti che la legge riconosce a favore del concepito sono subordinati all'evento della nascita (320, 462, 687, 715).

(*Omissis*) ([1]).

([1]) *Seguiva un terzo comma abrogato dall'art. 1 del R.D.L.vo 20 gennaio 1944, n. 25 e dall'art. 3 del D.L.vo Lgt. 14 settembre 1944, n. 287.*

2. Maggiore età. Capacità di agire. – La maggiore età è fissata al compimento del diciottesimo anno. Con la maggiore età si acquista la capacità di compiere tutti gli atti per i quali non sia stabilita una età diversa.

Sono salve le leggi speciali che stabiliscono un'età inferiore in materia di capacità a prestare il proprio lavoro. In tal caso il minore è abilitato all'esercizio dei diritti e delle azioni che dipendono dal contratto di lavoro.

3. [**Capacità in materia di lavoro.** – (*Omissis*)] ([1]).

([1]) *Articolo abrogato dall'art. 2, L. 8 marzo 1975, n. 39, attribuzione della maggiore età.*

4. Commorienza. – Quando un effetto giuridico dipende dalla sopravvivenza di una persona a un'altra (462, 791) e non consta quale di esse sia morta prima, tutte si considerano morte nello stesso momento (61, 69, 2697, 2728).

5. Atti di disposizione del proprio corpo. – Gli atti di disposizione del proprio corpo sono vietati quando cagionino una diminuizione permanente dell'integrità fisica, o quando siano altrimenti contrari alla legge, all'ordine pubblico o al buon costume (1343, 1354, 1418; 32 Cost.) ([1]).

([1]) *A norma dell'art. 1 della L. 19 settembre 2012, n. 167, in deroga al divieto di cui a questo articolo è ammesso disporre a titolo gratuito di parti di polmone, pancreas e intestino al fine esclusivo del trapianto tra persone viventi.*

6. Diritto al nome. – Ogni persona ha diritto al nome (22 Cost.) che le è per legge attribuito.

Nel nome si comprendono il prenome e il cognome (602^2).

Non sono ammessi cambiamenti, aggiunte o rettifiche al nome, se non nei casi e con le formalità dalla legge indicati (149).

7. Tutela del diritto al nome. – La persona, alla quale si contesti il diritto all'uso del proprio nome o che possa risentire pregiudizio dall'uso che altri indebitamente ne faccia, può chiedere giudizialmente (8, 9, 2563 ss.; 9 c.p.c.) la cessazione del fatto lesivo, salvo il risarcimento dei danni.

L'autorità giudiziaria può ordinare che la sentenza sia pubblicata in uno o più giornali (120 c.p.c.).

8. Tutela del nome per ragioni familiari. – Nel caso previsto dall'articolo precedente, l'azione può essere promossa anche da chi, pur non portando il nome contestato o indebitamente usato, abbia alla tutela del nome un interesse (100 c.p.c.) fondato su ragioni familiari degne d'essere protette.

9. Tutela dello pseudonimo. – Lo pseudonimo, usato da una persona in modo che abbia acquistato l'importanza del nome (602), può essere tutelato ai sensi dell'art. 7.

10. Abuso dell'immagine altrui. – Qualora l'immagine di una persona o dei genitori, del coniuge o dei figli sia stata esposta o pubblicata fuori dei casi in cui l'esposizione o la pubblicazione è dalla legge consentita, ovvero con pregiudizio al decoro o alla reputazione della persona stessa o dei detti congiunti, l'autorità giudiziaria, su richiesta dell'interessato, può disporre che cessi l'abuso, salvo il risarcimento dei danni.

Titolo II
Delle persone giuridiche

Capo I
Disposizioni generali

11. Persone giuridiche pubbliche. - Le province e i comuni, nonché gli enti pubblici riconosciuti come persone giuridiche godono dei diritti secondo le leggi e gli usi osservati come diritto pubblico (822, 824, 826, 828, 830, 831, 862^4, 863^2, 2093, 2201; 115, 128 Cost.).

12. ([1]) [**Persone giuridiche private.** - Le associazioni, le fondazioni e le altre istituzioni di carattere privato acquistano la personalità giuridica mediante il riconoscimento concesso con decreto del Presidente della Repubblica.

Per determinate categorie di enti che esercitano la loro attività nell'ambito della provincia, il Governo può delegare ai prefetti la facoltà di riconoscerli con loro decreto].

([1]) *Questo articolo è stato abrogato dall'art. 11, comma 1, lett.* a), *del D.P.R. 10 febbraio 2000, n. 361. Il riconoscimento avviene mediante l'iscrizione nel registro apposito istituito presso le Prefetture. Il registro è istituito presso la regione se la persona giuridica opera nelle materie attribuite alla competenza delle regioni dall'art. 14 del D.P.R. 24 luglio 1977, n. 616.*

13. Società. - Le società sono regolate dalle disposizioni contenute nel libro V (2200, 2247 ss., 2642; 99 ss. att.).

Capo II
Delle associazioni
e delle fondazioni

14. Atto costitutivo. - Le associazioni e le fondazioni (12) devono essere costituite (16, 33) con atto pubblico (1350, 2643 n. 10, 2699).

La fondazione può essere disposta anche con testamento (587, 600, 786; 3 att.).

15. Revoca dell'atto costitutivo della fondazione. - L'atto di fondazione può essere revocato dal fondatore fino a quando non sia intervenuto il riconoscimento (12) ovvero il fondatore non abbia fatto iniziare l'attività dell'opera da lui disposta (555, 786, 2331).

La facoltà di revoca non si trasmette agli eredi.

16. Atto costitutivo e statuto. Modificazioni. - L'atto costitutivo e lo statuto devono contenere la denominazione dell'ente, l'indicazione dello scopo, del patrimonio e della sede (33, 34, 46), nonché le norme sull'ordinamento e sull'amministrazione (25). Devono anche determinare, quando trattasi di associazioni, i diritti e gli obblighi degli associati e le condizioni della loro ammissione; e, quando trattasi di fondazioni, i criteri e le modalità di erogazione delle rendite.

L'atto costitutivo e lo statuto possono inoltre contenere le norme relative alla estinzione dell'ente (27) e alla devoluzione del patrimonio (21³, 31, 32), e, per le fondazioni, anche quelle relative alla loro trasformazione (28).

[Le modificazioni dell'atto costitutivo e dello statuto devono essere approvate dall'autorità governativa nelle forme indicate nell'art. 12] (1).

(1) *Questo comma è stato abrogato dall'art. 11, comma 1, lett.* b), *del D.P.R. 10 febbraio 2000, n. 361.*

17. (1) [**Acquisto di immobili e accettazione di donazioni, eredità e legati.** – La persona giuridica non può acquistare beni immobili (812), né accettare donazioni (782) o eredità (473), né conseguire legati (649) senza l'autorizzazione governativa.

Senza questa autorizzazione l'acquisto e l'accettazione non hanno effetto (5, 6, 7 att.)].

(1) *Questo articolo è stato abrogato dall'art. 13, comma 1, della L. 15 maggio 1997, n. 127. Le disposizioni previste dall'art. 13, comma 1, si applicano anche alle acquisizioni deliberate o verificatesi in data anteriore a quella di entrata in vigore della citata L. n. 127/1997, a norma dell'art. 13, comma 2, medesima legge.*

18. Responsabilità degli amministratori. – Gli amministratori sono responsabili (22, 25, 29, 33) verso l'ente secondo le norme del mandato (1710, 2260, 2392). È però esente da responsabilità quello degli amministratori il quale non abbia partecipato all'atto che ha causato il danno, salvo il caso in cui, essendo a cognizione che l'atto si stava per compiere, egli non abbia fatto constare del proprio dissenso (9 att.).

19. Limitazioni del potere di rappresentanza. – Le limitazioni del potere di rappresentanza (25), che non risultano dal registro indicato nell'art. 33, non possono essere opposte ai terzi, salvo che si provi che essi ne erano a conoscenza (34, 1396, 2193, 2207, 2298, 2384).

20. Convocazione dell'assemblea delle associazioni. – L'assemblea delle associazioni deve essere convocata dagli amministratori una volta l'anno per l'approvazione del bilancio (2364²).

L'assemblea deve essere inoltre convocata quando se ne ravvisa la necessità o quando ne è fatta richiesta motivata da almeno un decimo degli associati. In quest'ultimo caso, se gli amministratori non vi provvedono, la convocazione può essere ordinata dal presidente del tribunale (2367; 8 att.).

21. Deliberazioni dell'assemblea. - Le deliberazioni dell'assemblea sono prese a maggioranza di voti e con la presenza di almeno la metà degli associati. In seconda convocazione la deliberazione è valida qualunque sia il numero degli intervenuti. Nelle deliberazioni di approvazione del bilancio e in quelle che riguardano la loro responsabilità (22) gli amministratori non hanno voto.

Per modificare l'atto costitutivo e lo statuto, se in essi non è altrimenti disposto, occorrono la presenza di almeno tre quarti degli associati e il voto favorevole della maggioranza dei presenti (16, 34; 4 att.).

Per deliberare lo scioglimento dell'associazione (29, 30; 11 att.) e la devoluzione del patrimonio (16, 28^2, 31, 32, 34) occorre il voto favorevole di almeno tre quarti degli associati (11 att.).

22. Azioni di responsabilità contro gli amministratori. – Le azioni di responsabilità contro gli amministratori delle associazioni per fatti da loro compiuti (18) sono deliberate dall'assemblea (21) e sono esercitate dai nuovi amministratori o dai liquidatori (25^3).

23. Annullamento e sospensione delle deliberazioni. – Le deliberazioni dell'assemblea contrarie alla legge, all'atto costitutivo o allo statuto (16) possono essere annullate su istanza degli organi dell'ente, di qualunque associato o del pubblico ministero (25, 2377^2; 69 c.p.c.).

L'annullamento della deliberazione non pregiudica i diritti acquistati dai terzi di buona fede in base ad atti compiuti in esecuzione della deliberazione medesima (25^2, 1445, 2377, 2391^3).

Il presidente del tribunale o il giudice istruttore (175 ss. c.p.c.), sentiti gli amministratori dell'associazione, può sospendere, su istanza di colui che ha proposto l'impugnazione, l'esecuzione della deliberazione impugnata, quando sussistono gravi motivi. Il decreto di sospensione deve essere motivato ed è notificato agli amministratori (2378^4; 10 att.).

L'esecuzione delle deliberazioni contrarie all'ordine pubblico o al buon costume (5, 25^1) può essere sospesa anche dall'autorità governativa (9 att.).

24. Recesso ed esclusione degli associati. – La qualità di associato non è trasmissibile, salvo che la trasmissione sia consentita dall'atto costitutivo o dallo statuto (2284, 2322).

L'associato può sempre recedere dall'associazione se non ha assunto l'obbligo di farne parte per un tempo determinato. La dichiarazione di recesso deve essere comunicata per iscritto agli amministratori e ha effetto con lo scadere dell'anno in corso, purché sia fatta almeno tre mesi prima (2285).

L'esclusione d'un associato non può essere deliberata dall'assemblea che per gravi motivi; l'associato può ricorrere all'autorità giudiziaria entro sei mesi dal giorno in cui gli è stata notificata la deliberazione (2286).

Gli associati, che abbiano receduto o siano stati esclusi o che comunque abbiano cessato di appartenere all'associazione, non possono ripetere i contributi versati, né hanno alcun diritto sul patrimonio dell'associazione (37).

25. Controllo sull'amministrazione delle fondazioni. – L'autorità governativa esercita il controllo e la vigilanza sull'amministrazione delle fondazioni; provvede alla nomina e alla sostituzione degli amministratori (18) o dei rappresentanti, quando le disposizioni contenute nell'atto di fondazione non possono attuarsi; annulla, sentiti gli amministratori, con provvedimento definitivo, le deliberazioni contrarie a norme imperative, all'atto di fondazione, all'ordine pubblico o al buon costume (5, 23[4]); può sciogliere l'amministrazione e nominare un commissario straordinario, qualora gli amministratori non agiscano in conformità dello statuto o dello scopo della fondazione o della legge.

L'annullamento della deliberazione non pregiudica i diritti acquistati dai terzi di buona fede in base ad atti compiuti in esecuzione della deliberazione medesima (23[2], 2377[3], 2391[3]).

Le azioni contro gli amministratori per fatti riguardanti la loro responsabilità devono essere autorizzate dall'autorità governativi e sono esercitate dal commissario straordinario, dai liquidatori o dai nuovi amministratori (18, 22).

26. Coordinamento di attività e unificazione di amministrazione. – L'autorità governativa può disporre il coordinamento dell'attività di più fondazioni ovvero l'unificazione della loro amministrazione, rispettando, per quanto è possibile, la volontà del fondatore (28).

27. Estinzione della persona giuridica. – Oltre che per le cause previste nell'atto costitutivo e nello statuto (16), la persona giuridica si estingue quando lo scopo è stato raggiunto o è divenuto impossibile (2272 n. 2).

Le associazioni si estinguono inoltre quando tutti gli associati sono venuti a mancare (2272 n. 4).

[L'estinzione è dichiarata dall'autorità governativa, su istanza di qualunque interessato o anche d'ufficio] ([1]).

([1]) *Questo comma è stato abrogato dall'art. 11, comma 1, lett. c), del D.P.R. 10 febbraio 2000, n. 361.*

28. Trasformazione delle fondazioni. – Quando lo scopo è esaurito o divenuto impossibile o di scarsa utilità, o il patrimonio è divenuto insufficiente, l'autorità governativa, anziché dichiarare estinta la fondazione, può provvedere alla sua trasformazione, allontanandosi il meno possibile dalla volontà del fondatore (16, 26, 32; 10 att.).

La trasformazione non è ammessa quando i fatti che vi darebbero luogo sono considerati nell'atto di fondazione (16) come causa di estinzione della persona giuridica e di devoluzione dei beni a terze persone (31, 32).

Le disposizioni del primo comma di questo articolo e dell'articolo 26 non si applicano alle fondazioni destinate a vantaggio soltanto di una o più famiglie determinate.

29. Divieto di nuove operazioni. – Gli amministratori non possono compiere nuove operazioni, appena è stato loro comunicato il provvedimento che dichiara l'estinzione della persona giuridica (27) o il provvedimento con cui l'autorità, a norma di legge, ha ordinato lo scioglimento dell'associazione, o appena è stata adottata dall'assemblea la deliberazione di scioglimento dell'associazione medesima (21). Qualora trasgrediscano a questo divieto, assumono responsabilità personale e solidale (18, 22, 34, 1292 ss., 2279, 2449).

30. Liquidazione. – Dichiarata l'estinzione della persona giuridica (27) o disposto lo scioglimento dell'associazione (21^3), si procede alla liquidazione del patrimonio secondo le norme di attuazione del codice (11 ss. att.).

31. Devoluzione dei beni. – I beni della persona giuridica, che restano dopo esaurita la liquidazione (30), sono devoluti (21^3, 28^2) in conformità dell'atto costitutivo o dello statuto (16).

Qualora questi non dispongano, se trattasi di fondazione, provvede l'autorità governativa, attribuendo i beni ad altri enti che hanno fini analoghi (32); se trattasi di associazione, si osservano le deliberazioni dell'assemblea che ha stabilito lo scioglimento (21^3) e, quando anche queste mancano, provvede nello stesso modo l'autorità governativa (42).

I creditori che durante la liquidazione non hanno fatto valere il loro credito possono chiedere il pagamento a coloro ai quali i beni sono stati devoluti, entro l'anno dalla chiusura della liquidazione (2964 ss.), in proporzione e nei limiti di ciò che hanno ricevuto (2312^2, 2324, 2456^2).

32. Devoluzione dei beni con destinazione particolare. – Nel caso di trasformazione o di scioglimento di un ente, al quale sono stati donati o lasciati beni con destinazione a scopo diverso da quello proprio dell'ente, l'autorità governativa devolve tali beni, con lo stesso onere, ad altre persone giuridiche che hanno fini analoghi (28, 31, 42).

33. ([1]) [**Registrazione delle persone giuridiche.** – In ogni provincia è istituito un pubblico registro delle persone giuridiche.

Nel registro devono indicarsi la data dell'atto costitutivo e quella del decreto di riconoscimento, la denominazione, lo scopo, il patrimonio, la durata, qualora sia stata determinata, la sede della persona giuridica e il cognome e il nome degli amministratori con la menzione di quelli ai quali è attribuita la rappresentanza.

La registrazione può essere disposta anche d'ufficio.

Gli amministratori di un'associazione o di una fondazione non registrata, benché riconosciuta, rispondono personalmente e solidalmente, insieme con la persona giuridica, delle obbligazioni assunte].

([1]) *Questo articolo è stato abrogato dall'art. 11, comma 1, lett. d), del D.P.R. 10 febbraio 2000, n. 361. L'art. 9 del decreto dispone che le nuove norme da esso dettate si applicano anche ai procedimenti di riconoscimento delle associazioni previste dall'articolo 10 della legge 20 maggio 1985, n. 222 (Disposizioni sugli enti e beni ecclesiastici in Italia e per il sostentamento del clero cattolico in servizio nelle diocesi), salvo quanto disposto dal secondo e terzo comma del detto art. 10.*

34. ([1]) [**Registrazione di atti.** – Nel registro devono iscriversi anche le modificazioni dell'atto costitutivo e dello statuto, dopo che sono state approvate dall'autorità governativa, il trasferimento della sede e l'istituzione di sedi secondarie, la sostituzione degli amministratori con indicazione di quelli ai quali spetta la rappresentanza, le deliberazioni di scioglimento, i provvedimenti che ordinano lo scioglimento o dichiarano l'estinzione, il cognome e il nome dei liquidatori.

Se l'iscrizione non ha avuto luogo, i fatti indicati non possono essere opposti ai terzi, a meno che si provi che questi ne erano a conoscenza].

([1]) *Questo articolo è stato abrogato dall'art. 11, comma 1, lett. a), del D.P.R. 10 febbraio 2000, n. 361.*

35. Disposizione penale. – Gli amministratori e i liquidatori che non richiedono le iscrizioni prescritte [dagli articoli 33 e 34, nel termine e secondo le modalità stabiliti dalle norme di attuazione del codice] ([1]), sono puniti con la sanzione amministrativa del pagamento di una somma da € 10 a € 516 ([2]).

([1]) *Le parole fra parentesi quadre sono state abrogate dall'art. 11, comma 1, lett. e), del D.P.R. 10 febbraio 2000, n. 361.*

([2]) *Ammenda originaria da lire 100 a lire 5.000; moltiplicata per 40 ai sensi art. 3 L. 12 luglio 1961, n. 603, poi quintuplicata dagli artt. 113, 114 L. 24 novembre 1981, n. 689. Depenalizzata dalla L. 24 dicembre 1975, n. 706, poi sostituita dalla L. n. 689/1981.*

Capo III
Delle associazioni non riconosciute e dei comitati

36. Ordinamento e amministrazione delle associazioni non riconosciute. – L'ordinamento interno e l'amministrazione delle associazioni non riconosciute come persone giuridiche (12) sono regolati dagli accordi degli associati.

Le dette associazioni possono stare in giudizio nella persona di coloro ai quali, secondo questi accordi, è conferita la presidenza o la direzione (41^2; 19, 75, 78, 145 c.p.c.).

37. Fondo comune. – I contributi degli associati e i beni acquistati con questi contributi costituiscono il fondo comune dell'associazione (38). Finché questa dura, i singoli associati non possono chiedere la divisione del fondo comune, né pretenderne la quota in caso di recesso (24).

38. Obbligazioni. – Per le obbligazioni assunte dalle persone che rappresentano l'associazione i terzi possono far valere i loro diritti sul fondo comune (37). Delle obbligazioni stesse rispondono anche personalmente e solidalmente (1292 ss.) le persone che hanno agito in nome e per conto dell'associazione (33^4, 41^1, 2267, 2317^2, 2320^1, 2331^2, 2508, 2615).

39. Comitati. – I comitati di soccorso o di beneficenza e i comitati promotori di opere pubbliche, monumenti, esposizioni, mostre, festeggiamenti e simili sono regolati dalle disposizioni seguenti, salvo quanto è stabilito nelle leggi speciali.

40. Responsabilità degli organizzatori. – Gli organizzatori e coloro che assumono la gestione dei fondi raccolti sono responsabili personalmente e solidalmente (1292 ss.) della conservazione dei fondi e della loro destinazione allo scopo annunziato.

41. Responsabilità dei componenti. Rappresentanza in giudizio. – Qualora il comitato non abbia ottenuto la personalità giuridica (12), i suoi componenti rispondono personalmente e solidalmente (1292 ss.) delle obbligazioni assunte (33^4, 38, 2267, 2291, 2317^2, 2320^1, 2331^2, 2508, 2615). I sottoscrittori sono tenuti soltanto a effettuare le oblazioni promesse.

Il comitato può stare in giudizio nella persona del presidente (36^2; 75, 78 c.p.c.).

42. Diversa destinazione dei fondi. – Qualora i fondi raccolti siano insufficienti allo scopo, o questo non sia più attuabile, o, raggiunto lo scopo, si abbia un residuo di fondi, l'autorità governativa stabilisce la devoluzione dei beni, se questa non è stata disciplinata al momento della costituzione (31, 32).

42 *bis*. ([1]) **Trasformazione, fusione e scissione.** – Se non è espressamente escluso dall'atto costitutivo o dallo statuto, le associazioni riconosciute e non riconosciute e le fondazioni di cui al presente titolo possono operare reciproche trasformazioni, fusioni o scissioni.

La trasformazione produce gli effetti di cui all'articolo 2498. L'organo di amministrazione deve predisporre una relazione relativa alla situazione patrimoniale dell'ente in via di trasformazione contenente l'elenco dei creditori, aggiornata a non più di centoventi giorni precedenti la delibera di trasformazione, nonché la relazione di cui all'articolo 2500 *sexies*, secondo comma. Si applicano inoltre gli articoli 2499, 2500, 2500 *bis*, 2500 *ter*, secondo comma, 2500 *quinquies* e 2500 *nonies*, in quanto compatibili.

Alle fusioni e alle scissioni si applicano, rispettivamente, le disposizioni di cui alle sezioni II e III del capo X, titolo V, libro V, in quanto compatibili.

Gli atti relativi alle trasformazioni, alle fusioni e alle scissioni per i quali il libro V prevede l'iscrizione nel Registro delle imprese sono iscritti nel Registro delle Persone Giuridiche ovvero, nel caso di enti del Terzo settore, nel Registro unico nazionale del Terzo settore.

([1]) *Questo articolo è stato inserito dall'art. 98 del D.L.vo 3 luglio 2017, n. 117.*

Titolo III
Del domicilio e della residenza

43. Domicilio e residenza. – Il domicilio di una persona è nel luogo in cui essa ha stabilito la sede principale dei suoi affari e interessi (45, 46).

La residenza è nel luogo in cui la persona ha la dimora abituale (144; 49 l. fall.).

44. Trasferimento della residenza e del domicilio. – Il trasferimento della residenza non può essere opposto ai terzi di buona fede, se non è stato denunciato nei modi prescritti dalla legge (31 att.).

Quando una persona ha nel medesimo luogo il domicilio e la residenza e trasferisce questa altrove, di fronte ai terzi di buona fede si considera trasferito pure il domicilio, se non si è fatta una diversa dichiarazione nell'atto in cui è stato denunciato il trasferimento della residenza.

45. Domicilio dei coniugi, del minore e dell'interdetto. – Ciascuno dei coniugi ha il proprio domicilio nel luogo in cui ha stabilito la sede principale dei propri affari o interessi (43) ([1]).

Il minore (2) ha il domicilio nel luogo di residenza della famiglia o quello del tutore (343). Se i genitori sono separati (150) o il loro matrimonio è stato annullato (117 ss.) o sciolto o ne sono cessati gli effetti civili o comunque non hanno la stessa residenza, il minore ha il domicilio del genitore con il quale convive.

L'interdetto ha il domicilio del tutore (424).

(¹) *La Corte costituzionale, con sentenza n. 171 del 14 luglio 1976, ha dichiarato l'illegittimità dell'art. 45 primo comma, in riferimento agli artt. 3 e 29 Cost., nella parte in cui, in caso di separazione di fatto dei coniugi ed ai fini della competenza per territorio nel giudizio di separazione, prevede che la moglie, la quale abbia fissato altrove la propria residenza, conservi legalmente il domicilio del marito.*

46. Sede delle persone giuridiche. – Quando la legge fa dipendere determinati effetti dalla residenza o dal domicilio, per le persone giuridiche (11 ss.) si ha riguardo al luogo in cui è stabilita la loro sede.

Nei casi in cui la sede stabilita ai sensi dell'articolo 16 o la sede risultante dal registro (34) è diversa da quella effettiva, i terzi possono considerare come sede della persona giuridica anche quest'ultima (33, 34).

47. Elezione di domicilio. – Si può eleggere domicilio speciale per determinati atti o affari (30, 139, 141, 170, 366, 480, 543 c.p.c.).

Questa elezione deve farsi espressamente per iscritto (1350 n. 13).

Titolo IV
Dell'assenza e della dichiarazione di morte presunta

Capo I
Dell'assenza

48. Curatore dello scomparso. – Quando una persona non è più comparsa nel luogo del suo ultimo domicilio o dell'ultima residenza e non se ne hanno più notizie, il tribunale dell'ultimo domicilio o dell'ultima residenza (43), su istanza degli interessati o dei presunti successori legittimi (565 ss.) o del pubblico ministero, può nominare un curatore che rappresenti la persona in giudizio (¹) o nella formazione degli inventari e dei conti e nelle liquidazioni o divisioni in cui sia interessata, e può dare gli altri provvedimenti necessari alla conservazione del patrimonio dello scomparso (65; 721 ss. c.p.c.; 206 ss., 834 ss. c.n.).

Se vi è un legale rappresentante, non si fa luogo alla nomina del curatore. Se vi è un procuratore, il tribunale provvede soltanto per gli atti che il medesimo non può fare.

(¹) *La Corte costituzionale, con sentenza n. 220 del 16 ottobre 1986, ha dichiarato illegittimi gli artt. 75 e 300 c.p.c. nella parte in cui non prevedono, ove emerga una situazione di scomparsa del convenuto, l'interruzione del processo e la segnalazione, ad opera del giudice, del caso al pubblico ministero perchè promuova la nomina di un curatore nei cui confronti l'attore debba riassumere il giudizio.*

49. Dichiarazione di assenza. – Trascorsi due anni dal giorno a cui risale l'ultima notizia (58), i presunti successori legittimi (565 ss.) e chiunque ragionevolmente creda di avere sui beni dello scomparso diritti dipendenti dalla morte di lui possono domandare al tribunale competente, secondo l'articolo precedente, che ne sia dichiarata l'assenza (722 ss. c.p.c.).

50. Immissione nel possesso temporaneo dei beni. – Divenuta eseguibile la sentenza che dichiara l'assenza (730 c.p.c.), il tribunale, su istanza di chiunque vi abbia interesse o del pubblico ministero, ordina l'apertura degli atti di ultima volontà dell'assente (587, 620³), se vi sono.

Coloro che sarebbero eredi testamentari (592) o legittimi (565), se l'assente fosse morto nel giorno a cui risale l'ultima notizia di lui, o i loro rispettivi eredi (479) possono domandare l'immissione nel possesso temporaneo dei beni (52; 725 c.p.c.).

I legatari (588), i donatari (769) e tutti quelli ai quali spetterebbero diritti dipendenti dalla morte dell'assente possono domandare di essere ammessi all'esercizio temporaneo di questi diritti.

Coloro che per effetto della morte dell'assente sarebbero liberati da obbligazioni possono essere temporaneamente esonerati dall'adempimento di esse, salvo che si tratti delle obbligazioni alimentari previste dall'art. 434 (63³).

Per ottenere l'immissione nel possesso, l'esercizio temporaneo dei diritti o la liberazione temporanea dalle obbligazioni si deve dare cauzione nella somma determinata dal tribunale (119 c.p.c.); se taluno non sia in grado di darla, il tribunale può stabilire altre cautele (725 c.p.c.), avuto riguardo alla qualità delle persone e alla loro parentela con l'assente (63⁴).

51. Assegno alimentare a favore del coniuge dell'assente. – Il coniuge dell'assente (117), oltre ciò che gli spetta per effetto del regime patrimoniale dei coniugi (159) e per titolo di successione (540 ss., 581 ss.), può ottenere dal tribunale, in caso di bisogno, un assegno alimentare (433) da determinarsi secondo le condizioni della famiglia e l'entità del patrimonio dell'assente (438).

52. Effetti della immissione nel possesso temporaneo. – L'immissione nel possesso temporaneo dei beni (50) deve essere preceduta dalla formazione dell'inventario dei beni (769 ss. c.p.c.).

Essa attribuisce a coloro che l'ottengono e ai loro successori l'amministrazione dei beni dell'assente, la rappresentanza di lui in giudizio e il godimento delle rendite dei beni nei limiti stabiliti nell'articolo seguente (64; 725 c.p.c.).

53. Godimento dei beni. – Gli ascendenti, i discendenti e il coniuge immessi nel possesso temporaneo dei beni ritengono a loro profitto la totalità delle rendite. Gli altri devono riservare all'assente il terzo delle rendite (55, 56; 725 c.p.c.).

54. Limiti alla disponibilità dei beni. – Coloro che hanno ottenuto l'immissione nel possesso temporaneo dei beni (50) non possono alienarli, ipotecarli (2808 ss.) o sottoporli a pegno (2784 ss.), se non per necessità o utilità evidente riconosciuta dal tribunale (56, 63, 66[1]).

Il tribunale nell'autorizzare questi atti dispone circa l'uso e l'impiego delle somme ricavate (725, 737 c.p.c.).

55. Immissione di altri nel possesso temporaneo. – Se durante il possesso temporaneo taluno prova di avere avuto, al giorno a cui risale l'ultima notizia dell'assente, un diritto prevalente o uguale a quello del possessore, può escludere questo dal possesso o farvisi associare; ma non ha diritto ai frutti se non dal giorno della domanda giudiziale (53, 535, 820, 821, 1148).

56. Ritorno dell'assente o prova della sua esistenza. – Se durante il possesso temporaneo l'assente ritorna o è provata l'esistenza di lui, cessano gli effetti della dichiarazione di assenza, salva, se occorre, l'adozione di provvedimenti per la conservazione del patrimonio a norma dell'art. 48.

I possessori temporanei dei beni devono restituirli; ma fino al giorno della loro costituzione in mora (71, 1219) continuano a godere i vantaggi attribuiti dagli articoli 52 e 53, e gli atti compiuti ai sensi dell'articolo 54 restano irrevocabili.

Se l'assenza è stata volontaria e non è giustificata, l'assente perde il diritto di farsi restituire le rendite riservategli dalla norma dell'art. 53 (57[2]).

57. Prova della morte dell'assente. – Se durante il possesso temporaneo è provata la morte dell'assente, la successione si apre a vantaggio di coloro che al momento della morte erano suoi eredi o legatari (456, 588).

Si applica anche in questo caso la disposizione del secondo comma dell'articolo precedente.

Codice Civile

Capo II
Della dichiarazione di morte presunta

58. Dichiarazione di morte presunta dell'assente. – Quando sono trascorsi dieci anni dal giorno a cui risale l'ultima notizia dell'assente (49), il tribunale competente secondo l'articolo 48, su istanza del pubblico ministero o di taluna delle persone indicate nei capoversi dell'art. 50, può con sentenza (56) dichiarare presunta la morte dell'assente nel giorno a cui risale l'ultima notizia (66, 620^3).

In nessun caso la sentenza può essere pronunziata se non sono trascorsi nove anni dal raggiungimento della maggiore età dell'assente (2).

Può essere dichiarata la morte presunta anche se sia mancata la dichiarazione di assenza (49, 60, 62^3; 726 ss. c.p.c.).

59. Termine per la rinnovazione dell'istanza. – L'istanza, quando è stata rigettata, non può essere riproposta prima che siano decorsi almeno due anni.

60. Altri casi di dichiarazione di morte presunta. – Oltre che nel caso indicato nell'articolo 58, può essere dichiarata la morte presunta nei casi seguenti:

1) quando alcuno è scomparso in operazioni belliche alle quali ha preso parte, sia nei corpi armati, sia al seguito di essi, o alle quali si è comunque trovato presente, senza che si abbiano più notizie di lui, e sono trascorsi due anni dall'entrata in vigore del trattato di pace o, in mancanza di questo, tre anni dalla fine dell'anno in cui sono cessate le ostilità;

2) quando alcuno è stato fatto prigioniero dal nemico, o da questo internato o comunque trasportato in paese straniero, e sono trascorsi due anni dall'entrata in vigore del trattato di pace, o, in mancanza di questo, tre anni dalla fine dell'anno in cui sono cessate le ostilità, senza che si siano avute notizie di lui dopo l'entrata in vigore del trattato di pace ovvero dopo la cessazione delle ostilità;

3) quando alcuno è scomparso per un infortunio e non si hanno più notizie di lui, dopo due anni dal giorno dell'infortunio o, se il giorno non è conosciuto, dopo due anni dalla fine del mese o, se neppure il mese è conosciuto, dalla fine dell'anno in cui l'infortunio è avvenuto (61).

61. Data della morte presunta. – Nei casi previsti dai numeri 1 e 3 dell'articolo precedente, la sentenza (729 c.p.c.) determina il giorno e possibilmente l'ora a cui risale la scomparsa nell'operazione bellica o nell'infortunio, e nel caso indicato dal n. 2 il giorno a cui risale l'ultima notizia (66).

Qualora non possa determinarsi l'ora, la morte presunta si ha per avvenuta alla fine del giorno indicato (4, 66^3).

62. Condizioni e forme della dichiarazione di morte presunta. – La dichiarazione di morte presunta nei casi indicati dall'articolo 60 può essere domandata quando non si è potuto procedere agli accertamenti richiesti dalla legge per la compilazione dell'atto di morte.

Questa dichiarazione è pronunziata con sentenza del tribunale su istanza del pubblico ministero o di alcuna delle persone indicate nei capoversi dell'articolo 50 (726 c.p.c.).

Il tribunale, qualora non ritenga di accogliere l'istanza di dichiarazione di morte presunta, può dichiarare l'assenza dello scomparso (49 ss.).

63. Effetti della dichiarazione di morte presunta dell'assente. – Divenuta eseguibile la sentenza indicata nell'articolo 58 (730 c.p.c.), coloro che ottennero l'immissione nel possesso temporaneo dei beni dell'assente (50 ss.) o i loro successori possono disporre liberamente dei beni (54, 72).

Coloro ai quali fu concesso l'esercizio temporaneo dei diritti o la liberazione temporanea dalle obbligazioni di cui all'articolo 50 conseguono l'esercizio definitivo dei diritti o la liberazione definitiva dalle obbligazioni (66).

Si estinguono inoltre le obbligazioni alimentari indicate nel quarto comma dell'articolo 50.

In ogni caso cessano le cauzioni e le altre cautele che sono state imposte (50^5, 73; 119 c.p.c.).

64. Immissione nel possesso e inventario. – Se non v'è stata immissione nel possesso temporaneo dei beni (52), gli aventi diritto indicati nei capoversi dell'art. 50 o i loro successori conseguono il pieno esercizio dei diritti loro spettanti, quando è diventata eseguibile la sentenza menzionata nell'art. 58 (730 c.p.c.).

Coloro che prendono possesso dei beni devono fare precedere l'inventario dei beni (72; 769 ss. c.p.c.).

Parimenti devono far precedere l'inventario dei beni coloro che succedono per effetto della dichiarazione di morte presunta nei casi indicati dall'art. 60 (72).

65. Nuovo matrimonio del coniuge. – Divenuta eseguibile la sentenza (730 c.p.c.) che dichiara la morte presunta, il coniuge può contrarre nuovo matrimonio (68, 117, 149).

66. Prova dell'esistenza della persona di cui è stata dichiarata la morte presunta. – La persona di cui è stata dichiarata la morte presunta (58), se ritorna o ne è provata l'esistenza, ricupera i beni nello stato in cui si trovano e ha diritto di conseguire il prezzo di quelli alienati, quando esso sia tuttora dovuto (535), o i beni nei quali sia stato investito (54, 73).

Essa ha altresì diritto di pretendere l'adempimento delle obbligazioni considerate estinte ai sensi del secondo comma dell'art. 63.

Se è provata la data della sua morte (61^2), il diritto previsto nel primo comma di questo articolo compete a coloro che a quella data sarebbero stati suoi eredi o legatari. Questi possono inoltre pretendere l'adempimento delle obbligazioni considerate estinte ai sensi del secondo comma dell'art. 63 per il tempo anteriore alla data della morte.

Sono salvi in ogni caso gli effetti delle prescrizioni (2934 ss.) e delle usucapioni (1158 ss.).

67. Dichiarazione di esistenza o accertamento della morte. – La dichiarazione di esistenza della persona di cui è stata dichiarata la morte presunta e l'accertamento della morte (66) possono essere sempre fatti, su richiesta del pubblico ministero o di qualunque interessato, in contradditorio di tutti coloro che furono parti nel giudizio in cui fu dichiarata la morte presunta (62; 726 c.p.c.).

68. Nullità del nuovo matrimonio. – Il matrimonio contratto a norma dell'art. 65 è nullo, qualora la persona della quale fu dichiarata la morte presunta ritorni o ne sia accertata l'esistenza (117).

Sono salvi gli effetti civili del matrimonio dichiarato nullo (128).

La nullità non può essere pronunziata nel caso in cui è accertata la morte (66, 67, 149), anche se avvenuta in una data posteriore a quella del matrimonio (117^4).

Capo III
Delle ragioni eventuali che competono alla persona di cui si ignora l'esistenza o di cui è stata dichiarata la morte presunta

69. Diritti spettanti alla persona di cui si ignora l'esistenza. – Nessuno è ammesso a reclamare un diritto in nome della persona di cui si ignora l'esistenza, se non prova che la persona esisteva quando il diritto è nato (4, 58, 60 ss., 66).

70. Successione alla quale sarebbe chiamata la persona di cui si ignora l'esistenza. – Quando s'apre una successione alla quale sarebbe chiamata in tutto o in parte una persona di cui s'ignora l'esistenza, la successione è devoluta a coloro ai quali sarebbe spettata in mancanza della detta persona, salvo il diritto di rappresentazione (467 ss.).

Coloro ai quali è devoluta la successione devono innanzi tutto procedere all'inventario dei beni (769 ss. c.p.c.), e devono dare cauzione (1179; 119, 725 c.p.c.).

71. Estinzione dei diritti spettanti alla persona di cui si ignora l'esistenza. – Le disposizioni degli articoli precedenti non pregiudicano la petizione di eredità (73, 533 ss.) né gli altri diritti spettanti alla persona di cui s'ignora l'esistenza o ai suoi eredi o aventi causa, salvi gli effetti della prescrizione (2934 ss.) o dell'usucapione (1158 ss.).

La restituzione dei frutti (1148) non è dovuta se non dal giorno della costituzione in mora (53, 56^2, 73, 1219).

72. Successione a cui sarebbe chiamata la persona della quale è stata dichiarata la morte presunta. – Quando s'apre una successione (456) alla quale sarebbe chiamata in tutto o in parte una persona di cui è stata dichiarata la morte presunta (58 ss.), coloro ai quali, in sua mancanza, è devoluta la successione devono innanzi tutto procedere all'inventario dei beni (64^2, 70^2; 769 ss. c.p.c.).

73. Estinzione dei diritti spettanti alla persona di cui è stata dichiarata la morte presunta. – Se la persona di cui è stata dichiarata la morte presunta (58 ss.) ritorna o ne è provata l'esistenza (66) al momento dell'apertura della successione (456), essa o i suoi eredi o aventi causa possono esercitare la petizione di eredità (71, 533) e far valere ogni altro diritto, ma non possono recuperare i beni se non nello stato in cui si trovano, e non possono ripetere che il prezzo di quelli alienati, quando è ancora dovuto (535), o i beni nei quali esso è stato investito (66), salvi gli effetti della prescrizione (2934) o della usucapione (1158).

S'applica la disposizione del secondo comma dell'art. 71.

Titolo V
Della parentela
e dell'affinità

74. ([1]) **Parentela.** – La parentela è il vincolo tra le persone che discendono da uno stesso stipite (77), sia nel caso in cui la filiazione è avvenuta all'interno del matrimonio, sia nel caso in cui è avvenuta al di fuori di esso, sia nel caso in cui il figlio è adottivo. Il vincolo di parentela non sorge nei casi di adozione di persone maggiori di età, di cui agli articoli 291 e seguenti.

([1]) *Questo articolo è stato così sostituito dall'art. 1, comma 1, della L. 10 dicembre 2012, n. 219. Per le disposizioni transitorie si veda l'art. 104 del D.L.vo 28 dicembre 2013, n. 154.*

75. Linee della parentela. – Sono parenti in linea retta le persone di cui l'una discende dall'altra; in linea collaterale quelle che, pur avendo uno stipite comune, non discendono l'una dall'altra.

76. Computo dei gradi. – Nella linea retta si computano altrettanti gradi quante sono le generazioni, escluso lo stipite.

Nella linea collaterale i gradi si computano dalle generazioni, salendo da uno dei parenti fino allo stipite comune e da questo discendendo all'altro parente, sempre restando escluso lo stipite.

77. Limite della parentela. – La legge non riconosce il vincolo di parentela oltre il sesto grado (572), salvo che per alcuni effetti specialmente determinati (87, 583).

78. Affinità. – L'affinità è il vincolo tra un coniuge e i parenti dell'altro coniuge (76).

Nella linea e nel grado in cui taluno è parente d'uno dei coniugi, egli è affine dell'altro coniuge.

L'affinità non cessa per la morte, anche senza prole, del coniuge da cui deriva, salvo che per alcuni effetti specialmente determinati (434 n. 2). Cessa se il matrimonio è dichiarato nullo, salvi gli effetti di cui all'art. 87, n. 4 (117 ss.).

Titolo VI
Del matrimonio

Capo I
Della promessa di matrimonio

79. Effetti. – La promessa di matrimonio non obbliga a contrarlo né ad eseguire ciò che si fosse convenuto per il caso di non adempimento (80, 81).

80. Restituzione dei doni. – Il promittente può domandare la restituzione dei doni fatti a causa della promessa di matrimonio, se questo non è stato contratto (785, 2058).

La domanda non è proponibile dopo un anno dal giorno in cui s'è avuto il rifiuto di celebrare il matrimonio o dal giorno della morte di uno dei promittenti (2964 ss.).

81. Risarcimento di danni. – La promessa di matrimonio fatta vicendevolmente per atto pubblico (2699 ss.) o per scrittura privata (2702 ss.) da una persona maggiore di età (2) o dal minore ammesso a contrarre matrimonio a norma dell'art. 84, oppure risultante dalla richiesta della pubblicazione (96), obbliga il promittente che senza giusto motivo ricusi di eseguirla a risarcire il danno (1223) cagionato all'altra parte per le spese fatte e per le obbligazioni contratte a causa di quella promessa. Il danno è risarcito entro il limite in cui le spese e le obbligazioni corrispondono alla condizione delle parti.

Lo stesso risarcimento è dovuto dal promittente che con la propria colpa ha dato giusto motivo al rifiuto dell'altro.

La domanda non è proponibile dopo un anno dal giorno del rifiuto di celebrare il matrimonio (2964 ss.).

Capo II
Del matrimonio celebrato davanti a ministri del culto cattolico e del matrimonio celebrato davanti a ministri dei culti ammessi nello Stato

82. Matrimonio celebrato davanti a ministri del culto cattolico. – Il matrimonio celebrato davanti a un ministro del culto cattolico è regolato in conformità del Concordato con la Santa Sede e delle leggi speciali sulla materia.

83. Matrimonio celebrato davanti a ministri dei culti ammessi nello Stato. – Il matrimonio celebrato davanti a ministri dei culti ammessi nello Stato è regolato dalle disposizioni del capo seguente, salvo quanto è stabilito nella legge speciale concernente tale matrimonio.

Capo III
Del matrimonio celebrato davanti all'ufficiale dello stato civile

Sezione I
Delle condizioni necessarie per contrarre matrimonio

84. Età. – I minori di età (2) non possono contrarre matrimonio (117).

Il tribunale, su istanza dell'interessato, accertata la sua maturità psico-fisica e la fondatezza delle ragioni addotte, sentito il pubblico ministero, i genitori o il tutore, può con decreto emesso in camera di consiglio ammettere per gravi motivi al matrimonio chi abbia compiuto i sedici anni (90, 165, 390; 737 ss. c.p.c.).

Il decreto è comunicato al pubblico ministero, agli sposi, ai genitori o al tutore.

Contro il decreto può essere proposto reclamo, con ricorso alla corte d'appello (38 att.), nel termine perentorio di dieci giorni dalla comunicazione (737-739 c.p.c.).

La corte d'appello decide con ordinanza non impugnabile, emessa in camera di consiglio.

Il decreto acquista efficacia quando è decorso il termine previsto nel quarto comma, senza che sia stato proposto reclamo (741 c.p.c.).

85. Interdizione per infermità di mente. – Non può contrarre matrimonio l'interdetto per infermità di mente (102^5, 116, 119, 414).

Se l'istanza di interdizione è soltanto promossa (417), il pubblico ministero può chiedere che si sospenda la celebrazione del matrimonio; in tal caso la celebrazione non può aver luogo finché la sentenza che ha pronunciato sull'istanza non sia passata in giudicato (324 c.p.c.).

86. Libertà di stato. – Non può contrarre matrimonio chi è vincolato da un matrimonio o da un'unione civile tra persone dello stesso sesso (1) precedente (65, 68, 102, 116, 117, 124, 149; 556, 562 c.p.).

(1) *Le parole: «o da un'unione civile tra persone dello stesso sesso» sono state inserite dall'art. 1, comma 32, della L. 20 maggio 2016, n. 76.*

87. Parentela, affinità, adozione [e affiliazione](1). – Non possono contrarre matrimonio fra loro:

1) gli ascendenti e i discendenti in linea retta [, legittimi o naturali] (2) (75, 116, 117);

2) i fratelli o le sorelle germani, consanguinei o uterini;

3) lo zio e la nipote, la zia e il nipote;

4) gli affini in linea retta (78); il divieto sussiste anche nel caso in cui l'affinità deriva da matrimonio dichiarato nullo o sciolto o per il quale è stata pronunziata la cessazione degli effetti civili;

5) gli affini in linea collaterale in secondo grado;

6) l'adottante, l'adottato e i suoi discendenti (291 ss.);

7) i figli adottivi della stessa persona;

8) l'adottato e i figli dell'adottante;

9) l'adottato e il coniuge dell'adottante, l'adottante e il coniuge dell'adottato (300).

[I divieti contenuti nei numeri 6, 7, 8 e 9 sono applicabili all'affiliazione (409, 413)] (3).

[I divieti contenuti nei numeri 2 e 3 si applicano anche se il rapporto dipende da filiazione naturale (250 ss.)] (4).

Il tribunale, su ricorso degli interessati, con decreto emesso in camera di consiglio (38[2,3] att.), sentito il pubblico ministero, può autorizzare il matrimonio nei casi indicati dai numeri 3 e 5, anche se si tratti di affiliazione [o di filiazione naturale] (5). L'autorizzazione può essere accordata anche nel caso indicato dal numero 4, quando l'affinità derivava da matrimonio dichiarato nullo.

Il decreto è notificato agli interessati e al pubblico ministero.

Si applicano le disposizioni dei commi quarto, quinto e sesto dell'art. 84.

(1) *Le parole fra parentesi quadrate sono state soppresse dall'art. 1, comma 1, lett.* a), *del D.L.vo 28 dicembre 2013, n. 154, a decorrere dal trentesimo giorno successivo a quello della sua pubblicazione nella* Gazzetta Ufficiale (G.U. *n. 5 dell'8 gennaio 2014*).

(2) *Le parole fra parentesi quadrate sono state soppresse dall'art. 1, comma 1, lett.* b), *del D.L.vo 28 dicembre 2013, n. 154, a decorrere dal trentesimo giorno successivo a quello della sua pubblicazione nella* Gazzetta Ufficiale (G.U. *n. 5 dell'8 gennaio 2014*).

(3) *Questo comma è stato abrogato dall'art. 1, comma 1, lett.* c), *del D.L.vo 28 dicembre 2013, n. 154, a decorrere dal trentesimo giorno successivo a quello della sua pubblicazione nella* Gazzetta Ufficiale (G.U. *n. 5 dell'8 gennaio 2014*).

(4) *Questo comma è stato abrogato dall'art. 1, comma 1, lett.* d), *del D.L.vo 28 dicembre 2013, n. 154, a decorrere dal trentesimo giorno successivo a quello della sua pubblicazione nella* Gazzetta Ufficiale (G.U. *n. 5 dell'8 gennaio 2014*).

(5) *Le parole fra parentesi quadrate sono state soppresse dall'art. 1, comma 1, lett.* e), *del D.L.vo 28 dicembre 2013, n. 154, a decorrere dal trentesimo giorno successivo a quello della sua pubblicazione nella* Gazzetta Ufficiale (G.U. *n. 5 dell'8 gennaio 2014*).

88. Delitto. – Non possono (116, 117) contrarre matrimonio tra loro le persone delle quali l'una è stata condannata per omicidio consumato o tentato sul coniuge dell'altra (56, 575 ss. c.p.).

Se ebbe luogo soltanto rinvio a giudizio ovvero fu ordinata la cattura, si sospende la celebrazione del matrimonio fino a quando non è pronunziata sentenza di proscioglimento.

89. Divieto temporaneo di nuove nozze. – Non può contrarre matrimonio (116, 140) la donna, se non dopo trecento giorni dallo scioglimento, dall'annullamento o dalla cessazione degli effetti civili del precedente matrimonio. Sono esclusi dal divieto i casi in cui lo scioglimento o la cessazione degli effetti civili del precedente matrimonio siano stati pronunciati in base all'art. 3, numero 2, lettere *b*) ed *f*), della legge 1 dicembre 1970, n. 898, e nei casi in cui il matrimonio sia stato dichiarato nullo per impotenza, anche soltanto a generare, di uno dei coniugi.

Il tribunale con decreto emesso in camera di consiglio (38[2,3], att.), sentito il pubblico ministero, può autorizzare il matrimonio quando è inequivocabilmente escluso lo stato di gravidanza o se risulta da sentenza passata in giudicato che il marito non ha convissuto con la moglie nei trecento giorni precedenti lo scioglimento, l'annullamento o la cessazione degli effetti civili del matrimonio. Si applicano le disposizioni dei commi quarto, quinto e sesto dell'articolo 84 e del comma quinto dell'articolo 87.

Il divieto cessa dal giorno in cui la gravidanza è terminata.

90. Assistenza del minore. – Con il decreto di cui all'art. 84 il tribunale (38 att.) o la corte d'appello nominano, se le circostanze lo esigono (165), un curatore speciale che assista il minore nella stipulazione delle convenzioni matrimoniali (159 ss.).

91. [Diversità di razza o di nazionalità. – (*Omissis*)] (1).

(1) *Articolo abrogato dall'art. 1, L. 20 gennaio 1944, n. 25 e dall'art. 3 del D.L.vo Lgt. 14 settembre 1944, n. 287.*

92. [Matrimonio del Re Imperatore e dei Principi reali. – (*Omissis*)] (1).

(1) *Articolo abrogato, per effetto della caduta della monarchia.*

Sezione II
Delle formalità preliminari del matrimonio

93. Pubblicazione. – La celebrazione del matrimonio dev'essere preceduta dalla pubblicazione fatta a cura dell'ufficiale dello stato civile (100, 101, 115^2, 116^3, 134, 135).

[La pubblicazione consiste nell'affissione alla porta della casa comunale di un atto dove si indica il nome, il cognome, la professione, il luogo di nascita e la residenza degli sposi, se essi siano maggiori o minori di età, nonché il luogo dove intendono celebrare il matrimonio. L'atto deve anche indicare il nome del padre e il nome e il cognome della madre degli sposi, salvi i casi in cui la legge vieta questa menzione] ([1]).

([1]) *Questo comma è stato abrogato dall'art. 110, comma 3, del D.P.R. 3 novembre 2000, n. 396, a decorrere dal 30 marzo 2001.*

94. Luogo della pubblicazione. – La pubblicazione deve essere richiesta (96) all'ufficiale dello stato civile del comune dove uno degli sposi ha la residenza (43, 106) ed è fatta nei comuni di residenza degli sposi.

[Se la residenza non dura da un anno, la pubblicazione deve farsi anche nel comune della precedente residenza] ([1]).

[L'ufficiale dello stato civile cui si domanda la pubblicazione provvede a chiederla agli ufficiali degli altri comuni nei quali la pubblicazione deve farsi. Essi devono trasmettere all'ufficiale dello stato civile richiedente il certificato dell'eseguita pubblicazione] ([1]).

([1]) *Questo comma è stato abrogato dall'art. 110, comma 3, del D.P.R. 3 novembre 2000, n. 396, a decorrere dal 30 marzo 2001.*

95. ([1]) [**Durata della pubblicazione.** – L'atto di pubblicazione resta affisso alla porta della casa comunale almeno per otto giorni, comprendenti due domeniche successive].

([1]) *Questo articolo è stato abrogato dall'art. 110, comma 3, del D.P.R. 3 novembre 2000, n. 396, a decorrere dal 30 marzo 2001.*

96. Richiesta della pubblicazione. – La richiesta della pubblicazione (94) deve farsi da ambedue gli sposi o da persona che ne ha da essi ricevuto speciale incarico (135).

97. ([1]) [**Documenti per la pubblicazione.** – Chi richiede la pubblicazione deve presentare all'ufficiale di stato civile un estratto per riassunto dell'atto di nascita di entrambi gli sposi, nonché ogni altro documento necessario a provare la libertà degli sposi.

Coloro che esercitano o hanno esercitato la potestà debbono dichiarare all'ufficiale di stato civile al quale viene rivolta la richiesta di pubblicazione, sotto la propria personale responsabilità, che gli sposi non si trovano in alcuna delle condizioni che impediscono il matrimonio a norma dell'art. 87, di cui debbono prendere conoscenza attraverso la lettura chiara e completa fatta dall'ufficiale di stato civile, con ammonizione delle conseguenze penali delle dichiarazioni mendaci.

La dichiarazione prevista al comma precedente è resa e sottoscritta dinanzi all'ufficiale di stato civile ed autenticata dallo stesso. Si applicano le disposizioni degli artt. 20, 24 e 26 della legge 4 gennaio 1968, n. 15.

In difetto della dichiarazione prevista nel secondo comma, l'ufficiale di stato civile accerta d'ufficio, esclusivamente mediante esame dell'atto integrale di nascita, l'assenza di impedimento di parentela o di affinità a termini e per gli effetti di cui all'art. 87.

Qualora i richiedenti non presentino i documenti necessari, l'ufficiale di stato civile provvede su loro domanda a richiederli].

(¹) *Questo articolo è stato abrogato dall'art. 110, comma 3, del D.P.R. 3 novembre 2000, n. 396, a decorrere dal 30 marzo 2001.*

98. Rifiuto della pubblicazione. – L'ufficiale dello stato civile che non crede di poter procedere alla pubblicazione rilascia un certificato coi motivi del rifiuto (112, 136, 138).

Contro il rifiuto è dato ricorso al tribunale, che provvede in camera di consiglio, sentito il pubblico ministero (112; 737 c.p.c.).

99. Termine per la celebrazione del matrimonio. – Il matrimonio non può essere celebrato prima del quarto giorno dopo compiuta la pubblicazione (95, 109, 138).

Se il matrimonio non è celebrato nei centottanta giorni successivi, la pubblicazione si considera come non avvenuta (111⁵).

100. Riduzione del termine e omissione della pubblicazione. – Il tribunale (38 att.), su istanza degli interessati, con decreto non impugnabile emesso in camera di consiglio, sentito il pubblico ministero, può ridurre, per gravi motivi, il termine della pubblicazione (95). In quel caso la riduzione del termine è dichiarata nella pubblicazione.

Può anche autorizzare, con le stesse modalità, per cause gravissime, l'omissione della pubblicazione, quando gli sposi davanti al cancelliere dichiarano sotto la propria responsabilità che nessuno degli impedimenti stabiliti dagli articoli 85, 86, 87, 88 e 89 si oppone al matrimonio.

Il cancelliere deve far precedere alla dichiarazione la lettura di detti articoli e ammonire i dichiaranti sull'importanza della loro attestazione e sulla gravità delle possibili conseguenze.

[Quando è stata autorizzata l'omissione della pubblicazione, gli sposi, per essere ammessi alla celebrazione del matrimonio, devono presentare all'ufficiale dello stato civile, insieme col decreto di autorizzazione, gli atti previsti dall'articolo 97] ([1]).

([1]) *Questo comma è stato abrogato dall'art. 110, comma 3, del D.P.R. 3 novembre 2000, n. 396, a decorrere dal 30 marzo 2001.*

101. Matrimonio in imminente pericolo di vita. – Nel caso di imminente pericolo di vita di uno degli sposi, l'ufficiale dello stato civile del luogo può procedere alla celebrazione del matrimonio senza pubblicazione (93) e senza l'assenso al matrimonio, se questo è richiesto, purché gli sposi prima giurino che non esistono tra loro impedimenti non suscettibili di dispensa (84 ss., 86, 87 nn. 1, 2-4, 88).

L'ufficiale dello stato civile dichiara nell'atto di matrimonio il modo con cui ha accertato l'imminente pericolo di vita (204, 834 c.n.).

Sezione III
Delle opposizioni al matrimonio

102. Persone che possono fare opposizione. – I genitori e, in mancanza loro, gli altri ascendenti e i collaterali entro il terzo grado (76) possono fare opposizione al matrimonio dei loro parenti per qualunque causa che osti alla sua celebrazione (84-90).

Se uno degli sposi è soggetto a tutela (343 ss.) o a curatela (392, 424), il diritto di fare opposizione compete anche al tutore o al curatore.

Il diritto di opposizione compete anche al coniuge della persona che vuole contrarre un altro matrimonio (86).

Quando si tratta di matrimonio in contravvenzione all'art. 89, il diritto di opposizione spetta anche, se il precedente matrimonio fu sciolto (149), ai parenti del precedente marito e, se il matrimonio fu dichiarato nullo (17 ss.), a colui col quale il matrimonio era stato contratto e ai parenti di lui.

Il pubblico ministero deve sempre fare opposizione al matrimonio, se sa che vi osta un impedimento (84 ss.) o se gli consta l'infermità di mente di uno degli sposi, nei confronti del quale, a causa dell'età, non possa essere promossa l'interdizione (85, 120, 414, 416, 424).

103. Atto di opposizione. – L'atto di opposizione deve dichiarare la qualità che attribuisce all'opponente il diritto di farla (102), le cause dell'opposizione, e contenere l'elezione di domicilio (47) nel comune dove siede il tribunale nel cui territorio si deve celebrare il matrimonio.

[L'atto deve essere notificato nella forma della citazione agli sposi e all'ufficiale dello stato civile del comune nel quale il matrimonio deve essere celebrato] (1).

(1) *Questo comma è stato abrogato dall'art. 110, comma 3, del D.P.R. 3 novembre 2000, n. 396, a decorrere dal 30 marzo 2001.*

104. Effetti dell'opposizione. – [L'opposizione fatta da chi ne ha facoltà, per causa ammessa dalla legge, sospende la celebrazione del matrimonio sino a che con sentenza passata in giudicato sia rimossa l'opposizione] (1).

Se l'opposizione è respinta, l'opponente, che non sia un ascendente o il pubblico ministero, può essere condannato al risarcimento dei danni.

(1) *Questo comma è stato abrogato dall'art. 110, comma 3, del D.P.R. 3 novembre 2000, n. 396, a decorrere dal 30 marzo 2001.*

105. [**Matrimonio del Re Imperatore e dei Principi reali.** – (*Omissis*)] (1).

(1) *Articolo abrogato, per effetto della caduta della monarchia.*

Sezione IV
Della celebrazione del matrimonio

106. Luogo della celebrazione. – Il matrimonio deve essere celebrato pubblicamente nella casa comunale (110) davanti all'ufficiale dello stato civile (113, 136) al quale fu fatta la richiesta di pubblicazione (94, 109, 137, 138; 116 trans.).

107. Forma della celebrazione. – Nel giorno indicato dalle parti l'ufficiale dello stato civile, alla presenza di due testimoni (110, 137; 116 trans.), anche se parenti (74), dà lettura agli sposi degli articoli 143, 144 e 147; riceve da ciascuna delle parti personalmente (111), l'una dopo l'altra, la dichiarazione che esse si vogliono prendere rispettivamente in marito e in moglie, e di seguito dichiara che esse sono unite in matrimonio (109[2]).

L'atto di matrimonio deve essere compilato immediatamente dopo la celebrazione (109, 130 ss., 138).

108. Inapponibilità di termini e condizioni. – La dichiarazione degli sposi di prendersi rispettivamente in marito e in moglie non può essere sottoposta né a termine (1184) né a condizione (1353 ss.).

Se le parti aggiungono un termine o una condizione, l'ufficiale dello stato civile non può procedere alla celebrazione del matrimonio. Se ciò nonostante il matrimonio è celebrato, il termine e la condizione si hanno per non apposti (138).

109. Celebrazione in un comune diverso. – Quando vi è necessità o convenienza di celebrare il matrimonio in un comune diverso da quello indicato nell'art. 106, l'ufficiale dello stato civile, trascorso il termine stabilito nel primo comma dell'articolo 99, richiede per iscritto l'ufficiale del luogo dove il matrimonio si deve celebrare.

La richiesta è menzionata nell'atto di celebrazione (107) e in esso inserita. Nel giorno successivo alla celebrazione del matrimonio, l'ufficiale davanti al quale esso fu celebrato invia, per la trascrizione, copia autentica dell'atto all'ufficiale da cui fu fatta la richiesta (131, 138).

110. Celebrazione fuori della casa comunale. – Se uno degli sposi, per infermità o per altro impedimento giustificato all'ufficio dello stato civile, è nell'impossibilità di recarsi alla casa comunale (106), l'ufficiale si trasferisce col segretario nel luogo in cui si trova lo sposo impedito, e ivi, alla presenza di quattro testimoni, procede alla celebrazione del matrimonio secondo l'articolo 107 (137, 138).

111. Celebrazione per procura. – I militari e le persone che per ragioni di servizio si trovano al seguito delle forze armate possono, in tempo di guerra, celebrare il matrimonio per procura (287).

La celebrazione del matrimonio per procura può anche farsi se uno degli sposi risiede all'estero e concorrono gravi motivi da valutarsi dal tribunale ($38^{2,3}$ att.) nella cui circoscrizione risiede l'altro sposo. L'autorizzazione è concessa con decreto non impugnabile emesso in camera di consiglio, sentito il pubblico ministero (737 c.p.c.).

La procura deve contenere l'indicazione della persona con la quale il matrimonio si deve contrarre (287).

La procura deve essere fatta per atto pubblico (2699); i militari e le persone al seguito delle forze armate, in tempo di guerra, possono farla nelle forme speciali ad essi consentite.

Il matrimonio non può essere celebrato quando sono trascorsi centottanta giorni da quello in cui la procura è stata rilasciata (99^{2}).

La coabitazione, anche temporanea, dopo la celebrazione del matrimonio, elimina gli effetti della revoca della procura, ignorata dall'altro coniuge al momento della celebrazione (1396).

112. Rifiuto della celebrazione. – L'ufficiale dello stato civile non può rifiutare la celebrazione del matrimonio se non per una causa ammessa dalla legge (84 ss., 93 ss., 98, 138).

Se la rifiuta, deve rilasciare un certificato con l'indicazione dei motivi (98).

Contro il rifiuto è dato ricorso al tribunale, che provvede in camera di consiglio, sentito il pubblico ministero (737 ss. c.p.c.).

113. Matrimonio celebrato davanti a un apparente ufficiale dello stato civile. – Si considera celebrato davanti all'ufficiale dello stato civile il matrimonio che sia stato celebrato dinanzi a persona la quale, senza avere la qualità di ufficiale dello stato civile, ne esercita pubblicamente le funzioni, a meno che entrambi gli sposi, al momento della celebrazione, abbiano saputo che la detta persona non aveva tale qualità (116 trans.).

114. [Matrimonio del Re Imperatore e dei Principi reali. – (*Omissis*)] (1).

(1) *Articolo abrogato in conseguenza della caduta della monarchia.*

Sezione V
Del matrimonio dei cittadini in Paese straniero e degli stranieri nella Repubblica

115. Matrimonio del cittadino all'estero. – Il cittadino è soggetto alle disposizioni contenute nella sezione prima di questo capo (84 ss.), anche quando contrae matrimonio in paese straniero secondo le forme ivi stabilite.

[La pubblicazione deve anche farsi nella Repubblica a norma degli articoli 93, 94 e 95. Se il cittadino non risiede nella Repubblica, la pubblicazione si fa nel comune dell'ultimo domicilio] (1).

(1) *Questo comma è stato abrogato dall'art. 110, comma 3, del D.P.R. 3 novembre 2000, n. 396.*

116. Matrimonio dello straniero nella Repubblica. – Lo straniero che vuole contrarre matrimonio nella Repubblica deve presentare all'ufficiale dello stato civile una dichiarazione dell'autorità competente del proprio paese, dalla quale risulti che giusta le leggi a cui è sottoposto nulla osta al matrimonio nonché un documento attestante la regolarità del soggiorno nel territorio italiano (1) (2).

Anche lo straniero è tuttavia soggetto alle disposizioni contenute negli articoli 85, 86, 87, numeri 1, 2 e 4, 88 e 89.

Lo straniero che ha domicilio o residenza (43) nella Repubblica deve inoltre far fare la pubblicazione secondo le disposizioni di questo codice (93 ss.).

(¹) *Le parole: «nonché un documento attestante la regolarità del soggiorno nel territorio italiano» sono state aggiunte dall'art. 1, comma 15, della L. 15 luglio 2009, n. 94.*

(²) *La Corte costituzionale, con sentenza n. 245 del 25 luglio 2011, ha dichiarato l'illegittimità costituzionale di questo comma, come modificato dall'art. 1, comma 15, della legge 15 luglio 2009, n. 94, limitatamente alle parole «nonché un documento attestante la regolarità del soggiorno nel territorio italiano».*

Sezione VI
Della nullità del matrimonio

117. Matrimonio contratto con violazione degli articoli 84, 86, 87 e 88. – Il matrimonio contratto con violazione degli articoli 86, 87 e 88 può essere impugnato dai coniugi (124), dagli ascendenti prossimi, dal pubblico ministero (125) e da tutti coloro che abbiano per impugnarlo un interesse legittimo e attuale (127; 100 c.p.c.).

Il matrimonio contratto in violazione dell'articolo 84 può essere impugnato dai coniugi, da ciascuno dei genitori e dal pubblico ministero. La relativa azione di annullamento può essere proposta personalmente dal minore non oltre un anno dal raggiungimento della maggiore età. La domanda, proposta dal genitore o dal pubblico ministero, deve essere respinta ove, anche in pendenza del giudizio, il minore abbia raggiunto la maggiore età ovvero vi sia stato concepimento o procreazione e in ogni caso sia stata accertata la volontà del minore di mantenere in vita il vincolo matrimoniale.

Il matrimonio contratto dal coniuge dell'assente non può essere impugnato finché dura l'assenza (56, 65, 68).

Nei casi in cui si sarebbe potuta accordare l'autorizzazione ai sensi del quarto comma dell'articolo 87, il matrimonio non può essere impugnato dopo un anno dalla celebrazione.

La disposizione del primo comma del presente articolo si applica anche nel caso di nullità del matrimonio previsto dall'articolo 68 (69, 70, 100).

118. [Difetto di età. – (*Omissis*)] (¹).

(¹) *Articolo abrogato dall'art. 13, L. 19 maggio 1975, n. 151, riforma del diritto di famiglia.*

119. Interdizione. – Il matrimonio di chi è stato interdetto per infermità di mente (85, 414) può essere impugnato dal tutore, dal pubblico ministero (125) e da tutti coloro che abbiano un interesse legittimo se, al tempo del matrimonio, vi era già sentenza di interdizione passata in giudicato, ovvero se la interdizione (421) è stata pronunziata posteriormente ma l'infermità esisteva al tempo del matrimonio (427). Può essere impugnato, dopo revocata l'interdizione (429), anche dalla persona che era interdetta.

L'azione non può essere proposta se, dopo revocata l'interdizione, vi è stata coabitazione per un anno (69, 70 c.p.c.).

120. Incapacità di intendere o di volere. – Il matrimonio può essere impugnato da quello dei coniugi che, quantunque non interdetto (102^5), provi di essere stato incapace di intendere o di volere, per qualunque causa, anche transitoria, al momento della celebrazione del matrimonio (428).

L'azione non può essere proposta se vi è stata coabitazione per un anno dopo che il coniuge incapace ha recuperato la pienezza delle facoltà mentali (119^2).

121. [**Mancanza di assenso.** – (*Omissis*)] ([1]).

([1]) *Articolo abrogato dall'art. 16, L. 19 maggio 1975, n. 151, riforma del diritto di famiglia.*

122. Violenza ed errore. – Il matrimonio può essere impugnato da quello dei coniugi il cui consenso è stato estorto con violenza (1434) o determinato da timore di eccezionale gravità (1437) derivante da cause esterne allo sposo.

Il matrimonio può altresì essere impugnato da quello dei coniugi il cui consenso è stato dato per effetto di errore sull'identità della persona o di errore essenziale su qualità personali dell'altro coniuge.

L'errore sulle qualità personali è essenziale qualora, tenute presenti le condizioni dell'altro coniuge, si accerti che lo stesso non avrebbe prestato il suo consenso se le avesse esattamente conosciute e purché l'errore riguardi:

1) l'esistenza di una malattia fisica o psichica o di una anomalia o deviazione sessuale, tali da impedire lo svolgimento della vita coniugale;

2) l'esistenza di una sentenza di condanna per delitto non colposo alla reclusione non inferiore a cinque anni, salvo il caso di intervenuta riabilitazione prima della celebrazione del matrimonio. L'azione di annullamento non può essere proposta prima che la sentenza sia divenuta irrevocabile;

3) la dichiarazione di delinquenza abituale o professionale (102, 105 c.p.);

4) la circostanza che l'altro coniuge sia stato condannato per delitti concernenti la prostituzione a pena non inferiore a due anni. L'azione di annullamento non può essere proposta prima che la condanna sia divenuta irrevocabile;

5) lo stato di gravidanza causato da persona diversa dal soggetto caduto in errore, purché vi sia stato disconoscimento ai sensi dell'articolo 233, se la gravidanza è stata portata a termine.

L'azione non può essere proposta se vi è stata coabitazione per un anno dopo che siano cessate la violenza o le cause che hanno determinato il timore ovvero sia stato scoperto l'errore (119, 120, 123).

123. Simulazione. – Il matrimonio può essere impugnato da ciascuno dei coniugi quando gli sposi abbiano convenuto di non adempiere agli obblighi e di non esercitare i diritti da esso discendenti.

L'azione non può essere proposta decorso un anno dalla celebrazione del matrimonio ovvero nel caso in cui i contraenti abbiano convissuto come coniugi successivamente alla celebrazione medesima.

124. Vincolo di precedente matrimonio. – Il coniuge può in qualunque tempo impugnare il matrimonio o l'unione civile tra persone dello stesso sesso (1) dell'altro coniuge (86, 117); se si oppone la nullità del primo matrimonio, tale questione deve essere preventivamente giudicata (34, 295, 337 c.p.c.).

(1) *Le parole: «o l'unione civile tra persone dello stesso sesso» sono state inserite dall'art. 1, comma 33, della L. 20 maggio 2016, n. 76.*

125. Azione del pubblico ministero. – L'azione di nullità non può essere promossa dal pubblico ministero dopo la morte di uno dei coniugi (69, 70 c.p.c.).

126. Separazione dei coniugi in pendenza del giudizio. – Quando è proposta domanda di nullità del matrimonio, il tribunale può, su istanza di uno dei coniugi, ordinare la loro separazione temporanea durante il giudizio (150 ss.); può ordinarla anche d'ufficio, se ambedue i coniugi o uno di essi sono minori o interdetti (2, 414).

127. Intrasmissibilità dell'azione. – L'azione per impugnare il matrimonio non si trasmette agli eredi se non quando il giudizio è già pendente alla morte dell'attore.

128. Matrimonio putativo. – Se il matrimonio è dichiarato nullo (68, 117-127), gli effetti del matrimonio valido si producono, in favore dei coniugi, fino alla sentenza che pronunzia la nullità, quando i coniugi stessi lo hanno contratto in buona fede, oppure quando il loro consenso è stato estorto con violenza o determinato da timore di eccezionale gravità derivante da cause esterne agli sposi (122, 584, 785).

Il matrimonio dichiarato nullo ha gli effetti del matrimonio valido rispetto ai figli ([1]).

Se le condizioni indicate nel primo comma si verificano per uno solo dei coniugi (139), gli effetti valgono soltanto in favore di lui e dei figli (129, 129 *bis*, 139).

Il matrimonio dichiarato nullo, contratto in malafede da entrambi i coniugi, ha gli effetti del matrimonio valido rispetto ai figli nati o concepiti durante lo stesso, salvo che la nullità dipenda da [bigamia o] ([2]) incesto.

Nell'ipotesi di cui al quarto comma, rispetto ai figli si applica l'articolo 251 ([3]).

([1]) *Questo comma è stato così sostituito dall'art. 2, comma 1, lett.* a), *del D.L.vo 28 dicembre 2013, n. 154, a decorrere dal trentesimo giorno successivo a quello della sua pubblicazione nella* Gazzetta Ufficiale (G.U. *n. 5 dell'8 gennaio 2014*).

([2]) *Le parole fra parentesi quadrate sono state soppresse dall'art. 2, comma 1, lett.* b), *del D.L.vo 28 dicembre 2013, n. 154, a decorrere dal trentesimo giorno successivo a quello della sua pubblicazione nella* Gazzetta Ufficiale (G.U. *n. 5 dell'8 gennaio 2014*).

([3]) *Questo comma è stato così sostituito dall'art. 2, comma 1, lett.* c), *del D.L.vo 28 dicembre 2013, n. 154, a decorrere dal trentesimo giorno successivo a quello della sua pubblicazione nella* Gazzetta Ufficiale (G.U. *n. 5 dell'8 gennaio 2014*).

129. Diritti dei coniugi in buona fede. – Quando le condizioni del matrimonio putativo (128) si verificano rispetto ad ambedue i coniugi, il giudice può disporre a carico di uno di essi e per un periodo non superiore a tre anni l'obbligo di corrispondere somme periodiche di denaro, in proporzione alle sue sostanze, a favore dell'altro, ove questi non abbia adeguati redditi propri e non sia passato a nuove nozze.

Per i provvedimenti che il giudice adotta riguardo ai figli, si applica l'art. 155.

129 *bis*. Responsabilità del coniuge in mala fede e del terzo. – Il coniuge al quale sia imputabile la nullità del matrimonio (117 ss.) è tenuto a corrispondere all'altro coniuge in buona fede, qualora il matrimonio sia annullato, una congrua indennità, anche in mancanza di prova del danno sofferto. L'indennità deve comunque comprendere una somma corrispondente al mantenimento per tre anni. È tenuto altresì a prestare gli alimenti al coniuge in buona fede, sempre che non vi siano altri obbligati (433).

Il terzo al quale sia imputabile la nullità del matrimonio è tenuto a corrispondere al coniuge in buona fede, se il matrimonio è annullato, l'indennità prevista nel comma precedente.

In ogni caso il terzo che abbia concorso con uno dei coniugi nel determinare la nullità del matrimonio è solidalmente responsabile (1292 ss.) con lo stesso per il pagamento dell'indennità.

Sezione VII
Delle prove della celebrazione del matrimonio

130. Atto di celebrazione del matrimonio. – Nessuno può reclamare il titolo di coniuge e gli effetti del matrimonio, se non presenta l'atto di celebrazione estratto dai registri dello stato civile (107, 109).

Il possesso di stato (131), quantunque allegato da ambedue i coniugi, non dispensa dal presentare l'atto di celebrazione (132).

131. Possesso di stato. – Il possesso di stato, conforme all'atto di celebrazione del matrimonio, sana ogni difetto di forma (107, 132).

132. Mancanza dell'atto di celebrazione. – Nel caso di distruzione o di smarrimento dei registri dello stato civile l'esistenza del matrimonio può essere provata a norma dell'articolo 452.

Quando vi sono indizi che per dolo o per colpa del pubblico ufficiale o per un caso di forza maggiore l'atto di matrimonio non è stato inserito nei registri a ciò destinati, la prova dell'esistenza del matrimonio è ammessa, sempre che risulti in modo non dubbio un conforme possesso di stato (131).

133. Prova della celebrazione risultante da sentenza penale. – Se la prova della celebrazione del matrimonio risulta da sentenza penale, l'iscrizione della sentenza nel registro dello stato civile assicura al matrimonio, dal giorno della sua celebrazione, tutti gli effetti riguardo tanto ai coniugi quanto ai figli.

Sezione VIII
Disposizioni penali

134. Omissione di pubblicazione. – Sono puniti con la sanzione amministrativa del pagamento di una somma da € 41 a € 206 gli sposi e l'ufficiale dello stato civile che hanno celebrato matrimonio senza che la celebrazione sia stata preceduta dalla prescritta pubblicazione (93 ss.).

135. Pubblicazione senza richiesta o senza documenti. – È punito con la sanzione amministrativa del pagamento di una somma da € 20 a € 103 l'ufficiale dello stato civile che ha proceduto alla pubblicazione di un matrimonio senza la richiesta di cui all'articolo 96 o quando manca alcuno dei documenti prescritti dal primo comma dell'articolo 97.

136. Impedimenti conosciuti dall'ufficiale dello stato civile. – L'ufficiale dello stato civile che procede alla celebrazione del matrimonio, quando vi osta qualche impedimento o divieto di cui egli ha notizia (98), è punito con la sanzione amministrativa del pagamento di una somma da € 51 a € 309.

137. Incompetenza dell'ufficiale dello stato civile. Mancanza dei testimoni. – È punito con la sanzione amministrativa del pagamento di una somma da € 30 a € 206 l'ufficiale dello stato civile che ha celebrato un matrimonio per cui non era competente (106, 109).

La stessa pena si applica all'ufficiale dello stato civile che ha proceduto alla celebrazione di un matrimonio senza la presenza dei testimoni (107, 110; 116 trans.).

138. Altre infrazioni. – È punito con la sanzione amministrativa del pagamento di una somma stabilita nell'articolo 135 l'ufficiale dello stato civile che in qualunque modo contravviene alle disposizioni degli articoli 93, 95, 98, 99, 106, 107, 108, 109, 110 e 112 o commette qualsiasi altra infrazione per cui non sia stabilita una pena speciale in questa sezione.

139. (1) **Cause di nullità note a uno dei coniugi.** – Il coniuge il quale, conoscendo prima della celebrazione una causa di nullità del matrimonio (84-90), l'abbia lasciata ignorare all'altro, è punito, se il matrimonio è annullato, con la sanzione amministrativa del pagamento di una somma da € 41 a € 206.

(1) *Ammenda originaria: da L. 40.000 a L. 200.000; moltiplicata per quaranta dall'art. 3, L. 12 luglio 1961, n. 603 e poi quintuplicata dagli artt. 113 e 114, L. 24 novembre 1981, n. 689. La violazione è stata depenalizzata dalla L. 24 dicembre 1975, n. 706.*

140. Inosservanza del divieto temporaneo di nuove nozze. – La donna che contrae matrimonio contro il divieto dell'articolo 89, l'ufficiale che lo celebra e l'altro coniuge sono puniti con la sanzione amministrativa del pagamento di una somma (1) da € 20 a € 82.

(1) *Ammenda originaria: da L. 20.000 a L. 80.000; moltiplicata per quaranta dall'art. 3, L. 12 luglio 1961, n. 603 e poi quintuplicata dagli artt. 113 e 114, L. 24 novembre 1981, n. 689. La violazione è stata depenalizzata dalla L. 24 dicembre 1975, n. 706.*

141. Competenza. – I reati previsti nei precedenti articoli sono di competenza del tribunale.

142. Limiti d'applicazione delle precedenti disposizioni. – Le disposizioni della presente sezione si applicano quando i fatti ivi contemplati non costituiscono reato [più grave] (1).

(1) *Da coordinare con la depenalizzazione delle contravvenzioni conseguente alla L. 24 dicembre 1975, n. 706, e alla L. 24 novembre 1981, n. 689.*

Capo IV
Dei diritti e dei doveri che nascono dal matrimonio

143. Diritti e doveri reciproci dei coniugi. – Con il matrimonio il marito e la moglie acquistano gli stessi diritti e assumono i medesimi doveri (Cost. 29, 30).

Dal matrimonio deriva l'obbligo reciproco alla fedeltà, all'assistenza morale e materiale, alla collaborazione nell'interesse della famiglia e alla coabitazione (146).

Entrambi i coniugi sono tenuti, ciascuno in relazione alle proprie sostanze e alla propria capacità di lavoro professionale o casalingo, a contribuire ai bisogni della famiglia (193).

143 *bis*. Cognome della moglie. – La moglie aggiunge al proprio cognome quello del marito e lo conserva durante lo stato vedovile, fino a che passi a nuove nozze (156 *bis*).

143 *ter*. (1) [**Cittadinanza della moglie.** – La moglie conserva la cittadinanza italiana, salvo sua espressa rinunzia (36 att.), anche se per effetto del matrimonio o del mutamento di cittadinanza da parte del marito assume una cittadinanza straniera].

(1) *Questo articolo è stato abrogato dall'art. 26 della L. 5 febbraio 1992, n. 91, recante norme sulla cittadinanza, a decorrere dal 17 agosto 1992.*

144. Indirizzo della vita familiare e residenza della famiglia. – I coniugi concordano tra loro l'indirizzo della vita familiare e fissano la residenza della famiglia secondo le esigenze di entrambi e quelle preminenti della famiglia stessa.

A ciascuno dei coniugi spetta il potere di attuare l'indirizzo concordato.

145. Intervento del giudice. – In caso di disaccordo ciascuno dei coniugi può chiedere, senza formalità, l'intervento del giudice il quale, sentite le opinioni espresse dai coniugi e, per quanto opportuno, dai figli conviventi che abbiano compiuto il sedicesimo anno, tenta di raggiungere una soluzione concordata (316[3]; 41 att.).

Ove questa non sia possibile e il disaccordo concerna la fissazione della residenza o altri affari essenziali (144), il giudice, qualora ne sia richiesto espressamente e congiuntamente dai coniugi, adotta, con provvedimento non impugnabile (737 c.p.c.), la soluzione che ritiene più adeguata alle esigenze dell'unità e della vita della famiglia.

146. Allontanamento dalla residenza familiare. – Il diritto all'assistenza morale e materiale previsto dall'articolo 143 è sospeso nei confronti del coniuge che, allontanatosi senza giusta causa dalla residenza familiare (144), rifiuta di tornarvi.

La proposizione della domanda di separazione (150 ss.), o di annullamento (117 ss), o di scioglimento o di cessazione degli effetti civili del matrimonio costituisce giusta causa di allontanamento dalla residenza familiare.

Il giudice ($38^{2\text{-}3}$ att.) può, secondo le circostanze, ordinare il sequestro (670 c.p.c.) dei beni del coniuge allontanatosi, nella misura atta a garantire l'adempimento degli obblighi previsti dagli articoli 143, terzo comma, e 147.

147. (1) **Doveri verso i figli.** – Il matrimonio impone ad ambedue i coniugi l'obbligo di mantenere, istruire, educare e assistere moralmente i figli, nel rispetto delle loro capacità, inclinazioni naturali e aspirazioni, secondo quanto previsto dall'articolo 315 *bis* (30 Cost.).

(1) *Questo articolo è stato così, da ultimo, sostituito dall'art. 3 del D.L.vo 28 dicembre 2013, n. 154, a decorrere dal trentesimo giorno successivo a quello della sua pubblicazione nella* Gazzetta Ufficiale *(G.U. n. 5 dell'8 gennaio 2014).*

148. (1) **Concorso negli oneri.** – I coniugi devono adempiere l'obbligo di cui all'articolo 147, secondo quanto previsto dall'articolo 316 *bis*.

(1) *Questo articolo è stato così, da ultimo, sostituito dall'art. 4 del D.L.vo 28 dicembre 2013, n. 154, a decorrere dal trentesimo giorno successivo a quello della sua pubblicazione nella* Gazzetta Ufficiale *(G.U. n. 5 dell'8 gennaio 2014).*

Capo V
Dello scioglimento del matrimonio e della separazione dei coniugi

149. Scioglimento del matrimonio. – Il matrimonio si scioglie con la morte di uno dei coniugi e negli altri casi previsti dalla legge.

Gli effetti civili del matrimonio celebrato con rito religioso, ai sensi dell'articolo 82, o dell'articolo 83, e regolarmente trascritto, cessano alla morte di uno dei coniugi e negli altri casi previsti dalla legge.

150. Separazione personale. – È ammessa la separazione personale dei coniugi.

La separazione può essere giudiziale (151) o consensuale (158).

Il diritto di chiedere la separazione giudiziale (706 c.p.c.) o l'omologazione di quella consensuale (711 c.p.c.) spetta esclusivamente ai coniugi.

151. Separazione giudiziale. – La separazione (150) può essere chiesta quando si verificano, anche indipendentemente dalla volontà di uno o di entrambi i coniugi, fatti tali da rendere intollerabile la prosecuzione della convivenza o da recare grave pregiudizio alla educazione della prole.

Il giudice, pronunziando la separazione, dichiara, ove ne ricorrano le circostanze e ne sia richiesto, a quale dei coniugi sia addebitabile la separazione, in considerazione del suo comportamento contrario ai doveri che derivano dal matrimonio.

152 - 153. (*Omissis*) ([1]).

([1]) *Articoli riguardanti: separazione per condanna penale e separazione per non fissata residenza; abrogati dall'art. 34, L. 19 maggio 1975, n. 151, riforma del diritto di famiglia.*

154. Riconciliazione. – La riconciliazione tra i coniugi comporta l'abbandono della domanda di separazione personale già proposta (157; 708 c.p.c.).

155. ([1]) **Provvedimenti riguardo ai figli.** – In caso di separazione, riguardo ai figli, si applicano le disposizioni contenute nel Capo II del titolo IX.

([1]) *Questo articolo è stato così, da ultimo, sostituito dall'art. 5 del D.L.vo 28 dicembre 2013, n. 154, a decorrere dal trentesimo giorno successivo a quello della sua pubblicazione nella* Gazzetta Ufficiale *(G.U. n. 5 dell'8 gennaio 2014).*

155 *bis*. ([1]) [**Affidamento a un solo genitore e opposizione all'affidamento condiviso.** – Il giudice può disporre l'affidamento dei figli ad uno solo dei genitori qualora ritenga con provvedimento motivato che l'affidamento all'altro sia contrario all'interesse del minore.

Ciascuno dei genitori può, in qualsiasi momento, chiedere l'affidamento esclusivo quando sussistono le condizioni indicate al primo comma. Il giudice, se accoglie la domanda, dispone l'affidamento esclusivo al genitore istante, facendo salvi, per quanto possibile, i diritti del minore previsti dal primo comma dell'articolo 155. Se la domanda risulta manifestamente infondata, il giudice può considerare il comportamento del genitore istante ai fini della determinazione dei provvedimenti da adottare nell'interesse dei figli, rimanendo ferma l'applicazione dell'articolo 96 del codice di procedura civile].

([1]) *Questo articolo, inserito dall'art. 1, comma 2, della L. 8 febbraio 2006, n. 54, è stato abrogato dall'art. 106, comma 1, lett. a), del D.L.vo 28 dicembre 2013, n. 154, a decorrere dal trentesimo giorno successivo a quello della sua pubblicazione nella* Gazzetta Ufficiale *(G.U. n. 5 dell'8 gennaio 2014).*

155 *ter*. ([1]) [**Revisione delle disposizioni concernenti l'affidamento dei figli.** – I genitori hanno diritto di chiedere in ogni tempo la revisione delle disposizioni concernenti l'affidamento dei figli, l'attribuzione dell'esercizio della potestà su di essi e delle eventuali disposizioni relative alla misura e alla modalità del contributo].

(1) *Questo articolo, inserito dall'art. 1, comma 2, della L. 8 febbraio 2006, n. 54, è stato abrogato dall'art. 106, comma 1, lett.* a), *del D.L.vo 28 dicembre 2013, n. 154, a decorrere dal trentesimo giorno successivo a quello della sua pubblicazione nella* Gazzetta Ufficiale *(G.U. n. 5 dell'8 gennaio 2014).*

155 *quater*. (1) [**Assegnazione della casa familiare e prescrizioni in tema di residenza.** – Il godimento della casa familiare è attribuito tenendo prioritariamente conto dell'interesse dei figli. Dell'assegnazione il giudice tiene conto nella regolazione dei rapporti economici tra i genitori, considerato l'eventuale titolo di proprietà. Il diritto al godimento della casa familiare viene meno nel caso che l'assegnatario non abiti o cessi di abitare stabilmente nella casa familiare o conviva more uxorio o contragga nuovo matrimonio. Il provvedimento di assegnazione e quello di revoca sono trascrivibili e opponibili a terzi ai sensi dell'articolo 2643.

Nel caso in cui uno dei coniugi cambi la residenza o il domicilio, l'altro coniuge può chiedere, se il mutamento interferisce con le modalità dell'affidamento, la ridefinizione degli accordi o dei provvedimenti adottati, ivi compresi quelli economici].

(1) *Questo articolo, inserito dall'art. 1, comma 2, della L. 8 febbraio 2006, n. 54, è stato abrogato dall'art. 106, comma 1, lett.* a), *del D.L.vo 28 dicembre 2013, n. 154, a decorrere dal trentesimo giorno successivo a quello della sua pubblicazione nella* Gazzetta Ufficiale *(G.U. n. 5 dell'8 gennaio 2014).*

155 *quinquies*. (1) [**Disposizioni in favore dei figli maggiorenni.** – Il giudice, valutate le circostanze, può disporre in favore dei figli maggiorenni non indipendenti economicamente il pagamento di un assegno periodico. Tale assegno, salvo diversa determinazione del giudice, è versato direttamente all'avente diritto.

Ai figli maggiorenni portatori di handicap grave ai sensi dell'articolo 3, comma 3, della legge 5 febbraio 1992, n. 104, si applicano integralmente le disposizioni previste in favore dei figli minori].

(1) *Questo articolo, inserito dall'art. 1, comma 2, della L. 8 febbraio 2006, n. 54, è stato abrogato dall'art. 106, comma 1, lett.* a), *del D.L.vo 28 dicembre 2013, n. 154, a decorrere dal trentesimo giorno successivo a quello della sua pubblicazione nella* Gazzetta Ufficiale *(G.U. n. 5 dell'8 gennaio 2014).*

155 *sexies*. (1) [**Poteri del giudice e ascolto del minore.** – Prima dell'emanazione, anche in via provvisoria, dei provvedimenti di cui all'articolo 155, il giudice può assumere, ad istanza di parte o d'ufficio, mezzi di prova. Il giudice dispone, inoltre, l'audizione del figlio minore che abbia compiuto gli anni dodici e anche di età inferiore ove capace di discernimento.

Qualora ne ravvisi l'opportunità, il giudice, sentite le parti e ottenuto il loro consenso, può rinviare l'adozione dei provvedimenti di cui all'articolo 155 per consentire che i coniugi, avvalendosi di esperti, tentino una mediazione per raggiungere un accordo, con particolare riferimento alla tutela dell'interesse morale e materiale dei figli].

(¹) *Questo articolo, inserito dall'art. 1, comma 2, della L. 8 febbraio 2006, n. 54, è stato abrogato dall'art. 106, comma 1, lett.* a), *del D.L.vo 28 dicembre 2013, n. 154, a decorrere dal trentesimo giorno successivo a quello della sua pubblicazione nella* Gazzetta Ufficiale (G.U. *n. 5 dell'8 gennaio 2014*).

156. Effetti della separazione sui rapporti patrimoniali tra i coniugi. – Il giudice (38 att.), pronunziando la separazione, stabilisce a vantaggio del coniuge cui non sia addebitabile la separazione il diritto di ricevere dall'altro coniuge quanto è necessario al suo mantenimento, qualora egli non abbia adeguati redditi propri (548, 585).

L'entità di tale somministrazione è determinata in relazione alle circostanze e ai redditi dell'obbligato.

Resta fermo l'obbligo di prestare gli alimenti di cui agli artt. 433 e seguenti.

Il giudice che pronunzia la separazione può imporre al coniuge di prestare idonea garanzia reale (2784, 2808) o personale (1936) se esiste il pericolo che egli possa sottrarsi all'adempimento degli obblighi previsti dai precedenti commi e dall'art. 155.

La sentenza costituisce titolo per l'iscrizione dell'ipoteca giudiziale ai sensi dell'art. 2818.

In caso di inadempienza, su richiesta dell'avente diritto, il giudice può disporre il sequestro (671) di parte dei beni del coniuge obbligato e ordinare ai terzi, tenuti a corrispondere anche periodicamente somme di denaro all'obbligato, che una parte di esse venga versata direttamente agli aventi diritto (¹) (²).

Qualora sopravvengano giustificati motivi il giudice, su istanza di parte, può disporre la revoca o la modifica dei provvedimenti di cui ai commi precedenti (³).

(¹) *La Corte costituzionale, con sentenza n. 144 del 31 maggio 1983, ha dichiarato l'illegittimità costituzionale di questo comma, nella parte in cui non prevede che le disposizioni ivi contenute si applichino a favore dei figli di coniugi consensualmente separati.*

La Corte costituzionale, con sentenza n. 278 del 6 luglio 1994, ha dichiarato l'illegittimità costituzionale di questo comma, nella parte in cui non prevede che il giudice istruttore possa adottare nel corso della causa di separazione il provvedimento di ordinare ai terzi debitori del coniuge obbligato al mantenimento di versare una parte delle somme direttamente agli aventi diritto.

(2) *La Corte costituzionale, con sentenza n. 258 del 19 luglio 1996, ha dichiarato l'illegittimità costituzionale di questo comma, nella parte in cui non prevede che il giudice istruttore possa adottare, nel corso della causa di separazione, il provvedimento di sequestro di parte dei beni del coniuge obbligato al mantenimento.*

(3) *La Corte costituzionale, con sentenza n. 5 del 19 gennaio 1987, ha dichiarato l'illegittimità costituzionale del sesto comma, nella parte in cui non prevede che le disposizioni ivi contenute si applichino ai coniugi separati consensualmente.*

156 *bis*. (1) **Cognome della moglie.** – Il giudice può vietare alla moglie l'uso del cognome del marito (143 *bis*), quando tale uso sia a lui gravemente pregiudizievole e può parimenti autorizzare la moglie a non usare il cognome stesso, qualora dall'uso possa derivarle grave pregiudizio.

(1) *Articolo aggiunto dall'art. 38, L. 19 maggio 1975, n. 151, riforma del diritto di famiglia.*

157. Cessazione degli effetti della separazione. – I coniugi possono di comune accordo far cessare gli effetti della sentenza di separazione, senza che sia necessario l'intervento del giudice, con una espressa dichiarazione o con un comportamento non equivoco che sia incompatibile con lo stato di separazione (154).

La separazione può essere pronunziata nuovamente soltanto in relazione a fatti e comportamenti intervenuti dopo la riconciliazione.

158. Separazione consensuale. – La separazione per il solo consenso dei coniugi non ha effetto senza l'omologazione del giudice (711 c.p.c.) (1).

Quando l'accordo dei coniugi relativamente all'affidamento e al mantenimento dei figli è in contrasto con l'interesse di questi il giudice riconvoca i coniugi indicando ad essi le modificazioni da adottare nell'interesse dei figli e, in caso di inidonea soluzione, può rifiutare allo stato l'omologazione.

(1) *La Corte costituzionale, con sentenza n. 186 del 18 febbraio 1988, ha dichiarato l'illegittimità costituzionale di questo articolo, nella parte in cui non prevede che il decreto di omologazione della separazione consensuale costituisce titolo per l'iscrizione dell'ipoteca giudiziale ai sensi dell'art. 2818 del codice civile.*

Capo VI
Del regime patrimoniale della famiglia

Sezione I
Disposizioni generali

159. Del regime patrimoniale legale tra i coniugi. – Il regime patrimoniale legale della famiglia, in mancanza di diversa convenzione stipulata a norma dell'art. 162, è costituito dalla comunione dei beni, regolata dalla sezione III del presente capo (177-197).

160. Diritti inderogabili. – Gli sposi non possono derogare né ai diritti né ai doveri previsti dalla legge per effetto del matrimonio (143 ss.).

161. Riferimento generico a leggi o agli usi. – Gli sposi non possono pattuire in modo generico che i loro rapporti patrimoniali siano in tutto o in parte regolati da leggi alle quali non sono sottoposti o dagli usi, ma devono enunciare in modo concreto il contenuto dei patti con i quali intendono regolare questi loro rapporti.

162. Forma delle convenzioni matrimoniali. – Le convenzioni matrimoniali (159, 167 ss., 210 ss., 215 ss.) debbono essere stipulate per atto pubblico (2699) sotto pena di nullità (1350, 1418 ss., 2725; 34 *bis* att.).

La scelta del regime di separazione (215 ss.) può anche essere dichiarata nell'atto di celebrazione del matrimonio (107).

Le convenzioni possono essere stipulate in ogni tempo, ferme restando le disposizioni dell'art. 194.

Le convenzioni matrimoniali non possono essere opposte ai terzi quando a margine dell'atto di matrimonio non risultano annotati la data del contratto, il notaio rogante e le generalità dei contraenti, ovvero la scelta di cui al secondo comma.

163. Modifica delle convenzioni. – Le modifiche delle convenzioni matrimoniali (167 ss., 210 ss., 215 ss.), anteriori o successive al matrimonio, non hanno effetto se l'atto pubblico (2699) non è stipulato col consenso di tutte le persone che sono state parti nelle convenzioni medesime, o dei loro eredi.

Se uno dei coniugi muore dopo aver consentito con atto pubblico alla modifica delle convenzioni, questa produce i suoi effetti se le altre parti esprimono anche successivamente il loro consenso, salva l'omologazione del giudice. L'omologazione può essere chiesta da tutte le persone che hanno partecipato alla modificazione delle convenzioni o dai loro eredi.

Le modifiche convenute e la sentenza di omologazione hanno effetto rispetto ai terzi solo se ne è fatta annotazione in margine all'atto del matrimonio.

L'annotazione deve inoltre essere fatta a margine della trascrizione delle convenzioni matrimoniali ove questa sia richiesta a norma degli artt. 2643 ss. (2647; 34 *bis* att.).

164. Simulazione delle convenzioni matrimoniali. – È consentita ai terzi la prova della simulazione (1414 ss.) delle convenzioni matrimoniali (167 ss., 210 ss., 215 ss.).

Le controdichiarazioni scritte possono aver effetto nei confronti di coloro tra i quali sono intervenute, solo se fatte con la presenza ed il simultaneo consenso di tutte le persone che sono state parti nelle convenzioni matrimoniali.

165. Capacità del minore. – Il minore ammesso a contrarre matrimonio (84^2) è pure capace di prestare il consenso per tutte le relative convenzioni matrimoniali (162), le quali sono valide se egli è assistito dai genitori esercenti la responsabilità genitoriale ([1]) su di lui o dal tutore o dal curatore speciale nominato a norma dell'art. 90.

([1]) *La parola: «potestà» è stata così sostituita dalle parole: «responsabilità genitoriale» dall'art. 6 del D.L.vo 28 dicembre 2013, n. 154, a decorrere dal trentesimo giorno successivo a quello della sua pubblicazione nella* Gazzetta Ufficiale *(G.U. n. 5 dell'8 gennaio 2014).*

166. Capacità dell'inabilitato. – Per la validità delle stipulazioni e delle donazioni, fatte nel contratto di matrimonio dall'inabilitato (415, 774) o da colui contro il quale è stato promosso giudizio di inabilitazione (417), è necessaria l'assistenza del curatore già nominato (424; 712 c.p. c.). Se questi non è stato ancora nominato, si provvede alla nomina di un curatore speciale (732 c.p.c.).

166 *bis*. Divieto di costituzione di dote. – È nulla ogni convenzione che comunque tenda alla costituzione di beni in dote.

Sezione II
Del fondo patrimoniale

167. Costituzione del fondo patrimoniale. – Ciascuno o ambedue i coniugi, per atto pubblico (2699), o un terzo, anche per testamento (587, 601), possono costituire un fondo patrimoniale, destinando determinati beni, immobili o mobili iscritti in pubblici registri o titoli di credito, a far fronte ai bisogni della famiglia (32 att.).

La costituzione del fondo patrimoniale per atto tra vivi, effettuata dal terzo, si perfeziona con l'accettazione dei coniugi. L'accettazione può essere fatta con atto pubblico posteriore.

La costituzione può essere fatta anche durante il matrimonio.

I titoli di credito devono essere vincolati rendendoli nominativi (2021 ss.) con annotazione del vincolo o in altro modo idoneo.

168. Impiego ed amministrazione del fondo. – La proprietà dei beni costituenti il fondo patrimoniale spetta ad entrambi i coniugi, salvo che sia diversamente stabilito nell'atto di costituzione.

I frutti dei beni costituenti il fondo patrimoniale sono impiegati per i bisogni della famiglia.

L'amministrazione dei beni costituenti il fondo patrimoniale è regolata dalle norme relative all'amministrazione della comunione legale (180 ss.).

169. Alienazione dei beni del fondo. – Se non è stato espressamente consentito nell'atto di costituzione, non si possono alienare, ipotecare, dare in pegno o comunque vincolare beni del fondo patrimoniale se non con il consenso di entrambi i coniugi e, se vi sono figli minori, con l'autorizzazione concessa dal giudice (38^{2-3} att.), con provvedimento emesso in camera di consiglio, nei soli casi di necessità od utilità evidente (32 att.).

170. Esecuzione sui beni e sui frutti. – L'esecuzione sui beni del fondo e sui frutti di essi non può avere luogo per debiti che il creditore conosceva essere stati contratti per scopi estranei ai bisogni della famiglia.

171. Cessazione del fondo. – La destinazione del fondo termina a seguito dell'annullamento (117) o dello scioglimento (149) o della cessazione degli effetti civili del matrimonio.

Se vi sono figli minori il fondo dura fino al compimento della maggiore età dell'ultimo figlio. In tale caso il giudice può dettare, su istanza di chi vi abbia interesse, norme per l'amministrazione del fondo (168).

Considerate le condizioni economiche dei genitori e dei figli ed ogni altra circostanza, il giudice può altresì attribuire ai figli, in godimento o in proprietà, una quota dei beni del fondo (32 att.).

Se non vi sono figli, si applicano le disposizioni sullo scioglimento della comunione legale (191, 192).

172 - 176. (*Omissis*) ([1]).

([1]) *Articoli riguardanti: riduzione, amministrazione, sostituzione del coniuge amministratore, cessazione del vincolo, amministrazione dopo lo scioglimento del matrimonio. Abrogati dall'art. 54, L. 19 maggio 1975, n. 151, riforma del diritto di famiglia.*

Sezione III
Della comunione legale

177. Oggetto della comunione. – Costituiscono oggetto della comunione:

a) gli acquisti compiuti dai due coniugi insieme o separatamente durante il matrimonio, ad esclusione di quelli relativi ai beni personali (179);

b) i frutti dei beni propri di ciascuno dei coniugi, percepiti e non consumati allo scioglimento della comunione (191);

c) i proventi dell'attività separata di ciascuno dei coniugi se, allo scioglimento della comunione, non siano stati consumati;

d) le aziende gestite da entrambi i coniugi e costituite dopo il matrimonio.

Qualora si tratti di aziende appartenenti ad uno dei coniugi anteriormente al matrimonio ma gestite da entrambi, la comunione concerne solo gli utili e gli incrementi.

178. Beni destinati all'esercizio di impresa. – I beni destinati all'esercizio dell'impresa di uno dei coniugi costituita dopo il matrimonio e gli incrementi dell'impresa costituita anche precedentemente si considerano oggetto della comunione solo se sussistono al momento dello scioglimento di questa (191).

179. Beni personali. – Non costituiscono oggetto della comunione e sono beni personali del coniuge (185, 217):

a) i beni di cui, prima del matrimonio, il coniuge era proprietario o rispetto ai quali era titolare di un diritto reale di godimento;

b) i beni acquisiti successivamente al matrimonio per effetto di donazione (769) o successione (456), quando nell'atto di liberalità (782) o nel testamento (587) non è specificato che essi sono attribuiti alla comunione;

c) i beni di uso strettamente personale di ciascun coniuge ed i loro accessori (210);

d) i beni che servono all'esercizio della professione (2094, 2222) del coniuge, tranne quelli destinati alla conduzione di un'azienda facente parte della comunione (177, 210);

e) i beni ottenuti a titolo di risarcimento del danno nonché la pensione attinente alla perdita parziale o totale della capacità lavorativa;

f) i beni acquisiti con il prezzo del trasferimento dei beni personali sopraelencati o col loro scambio, purché ciò sia espressamente dichiarato all'atto dell'acquisto.

L'acquisto di beni immobili, o di beni mobili elencati nell'art. 2683, effettuato dopo il matrimonio, è escluso dalla comunione, ai sensi delle lettere *c*), *d*) ed *f*) del precedente comma, quando tale esclusione risulti dall'atto di acquisto se di esso sia stato parte anche l'altro coniuge.

180. Amministrazione dei beni della comunione. – L'amministrazione dei beni della comunione (177) e la rappresentanza in giudizio per gli atti ad essa relativi spettano disgiuntamente ad entrambi i coniugi.

Il compimento degli atti eccedenti l'ordinaria amministrazione, nonché la stipula dei contratti con i quali si concedono o si acquistano diritti personali di godimento e la rappresentanza in giudizio per le relative azioni spettano congiuntamente ad entrambi i coniugi (181, 210).

181. Rifiuto di consenso. – Se uno dei coniugi rifiuta il consenso per la stipulazione di un atto di straordinaria amministrazione o per gli altri atti per cui il consenso è richiesto, l'altro coniuge può rivolgersi al giudice (38^{2-3} att.) per ottenere l'autorizzazione nel caso in cui la stipulazione dell'atto è necessaria nell'interesse della famiglia o dell'azienda che a norma della lettera *d*) dell'art. 177 fa parte della comunione.

182. Amministrazione affidata ad uno solo dei coniugi. – In caso di lontananza o di altro impedimento di uno dei coniugi l'altro, in mancanza di procura del primo risultante da atto pubblico (2699) o da scrittura privata autenticata (2703), può compiere, previa autorizzazione del giudice (38^{2-3} att.) e con le cautele eventualmente da questo stabilite, gli atti necessari per i quali è richiesto, a norma dell'art. 180, il consenso di entrambi i coniugi.

Nel caso di gestione comune di azienda (177), uno dei coniugi può essere delegato dall'altro al compimento di tutti gli atti necessari all'attività dell'impresa (2204).

183. Esclusione dall'amministrazione. – Se uno dei coniugi è minore (2) o non può amministrare ovvero se ha male amministrato, l'altro coniuge può chiedere al giudice (38^{2-3} att.) di escluderlo dall'amministrazione (33 att.).

Il coniuge privato dell'amministrazione può chiedere al giudice (38[2-3] att.) di esservi reintegrato, se sono venuti meno i motivi che hanno determinato l'esclusione.

La esclusione opera di diritto riguardo al coniuge interdetto (414 ss.) e permane sino a quando non sia cessato lo stato di interdizione (429).

184. Atti compiuti senza il necessario consenso. – Gli atti compiuti da un coniuge senza il necessario consenso (180) dell'altro coniuge e da questo non convalidati (1444) sono annullabili (1441 ss.) se riguardano beni immobili o beni mobili elencati nell'art. 2683.

L'azione può essere proposta dal coniuge il cui consenso era necessario entro un anno dalla data in cui ha avuto conoscenza dell'atto (2935) e in ogni caso entro un anno dalla data di trascrizione (2643 ss.). Se l'atto non sia stato trascritto e quando il coniuge non ne abbia avuto conoscenza prima dello scioglimento della comunione (191) l'azione non può essere proposta oltre l'anno dallo scioglimento stesso.

Se gli atti riguardano beni mobili diversi da quelli indicati nel primo comma, il coniuge che li ha compiuti senza il consenso dell'altro è obbligato su istanza di quest'ultimo a ricostruire la comunione nello stato in cui era prima del compimento dell'atto (2058) o, qualora ciò non sia possibile, al pagamento dell'equivalente secondo i valori correnti all'epoca della ricostruzione della comunione.

185. Amministrazione dei beni personali del coniuge. – All'amministrazione dei beni che non rientrano nella comunione o nel fondo patrimoniale (167-171) si applicano le disposizioni dei commi secondo, terzo e quarto dell'art. 217.

186. Obblighi gravanti sui beni della comunione. – I beni della comunione rispondono:

a) di tutti i pesi ed oneri gravanti su di essi al momento dell'acquisto;

b) di tutti i carichi dell'amministrazione;

c) delle spese per il mantenimento della famiglia e per l'istruzione e l'educazione dei figli (143 ss.) e di ogni obbligazione contratta dai coniugi, anche separatamente, nell'interesse della famiglia;

d) di ogni obbligazione contratta congiuntamente dai coniugi.

187. Obbligazioni contratte dai coniugi prima del matrimonio. – I beni della comunione, salvo quanto disposto nell'art. 189, non rispondono delle obbligazioni contratte da uno dei coniugi prima del matrimonio.

188. Obbligazioni derivanti da donazioni o successioni. – I beni della comunione (177), salvo quanto disposto nell'art. 189, non rispondono delle obbligazioni da cui sono gravate le donazioni (437 ss.) e le successioni (752 ss.) conseguite dai coniugi durante il matrimonio e non attribuite alla comunione (179).

189. Obbligazioni contratte separatamente dai coniugi. – I beni della comunione (177), fino al valore corrispondente alla quota del coniuge obbligato, rispondono, quando i creditori non possono soddisfarsi sui beni personali (179), delle obbligazioni contratte, dopo il matrimonio, da uno dei coniugi per il compimento di atti eccedenti l'ordinaria amministrazione senza il necessario consenso dell'altro (180, 184).

I creditori particolari di uno dei coniugi, anche se il credito è sorto anteriormente al matrimonio (187), possono soddisfarsi in via sussidiaria (190) sui beni della comunione, fino al valore corrispondente alla quota del coniuge obbligato. Ad essi, se chirografari, sono preferiti i creditori della comunione (192).

190. Responsabilità sussidiaria dei beni personali. – I creditori possono agire in via sussidiaria (189) sui beni personali di ciascuno dei coniugi, nella misura della metà del credito, quando i beni della comunione non sono sufficienti a soddisfare i debiti su di essa gravanti.

191. Scioglimento della comunione. – La comunione si scioglie per la dichiarazione di assenza (49) o di morte presunta (58, 60) di uno dei coniugi, per l'annullamento (117, 119-129 *bis*), per lo scioglimento (149) o per la cessazione degli effetti civili del matrimonio, per la separazione personale (151-158), per la separazione giudiziale dei beni (193), per mutamento convenzionale del regime patrimoniale (210), per il fallimento di uno dei coniugi.

Nel caso di separazione personale, la comunione tra i coniugi si scioglie nel momento in cui il presidente del tribunale autorizza i coniugi a vivere separati, ovvero alla data di sottoscrizione del processo verbale di separazione consensuale dei coniugi dinanzi al presidente, purché omologato. L'ordinanza con la quale i coniugi sono autorizzati a vivere separati è comunicata all'ufficiale dello stato civile ai fini dell'annotazione dello scioglimento della comunione ([1]).

Nel caso di azienda di cui alla lettera *d*) dell'art. 177, lo scioglimento della comunione può essere deciso, per accordo dei coniugi, osservata la forma prevista dall'art. 162.

([1]) *Questo comma è stato inserito dall'art. 2 della L. 6 maggio 2015, n. 55. A norma dell'art. 3 della medesima legge tali disposizioni si applicano ai procedimenti in corso alla data di entrata in vigore della presente legge* (G.U. *Serie gen. - n. 107 dell'11 maggio 2015*), *anche nei casi in cui il procedimento di separazione che ne costituisce il presupposto risulti ancora pendente alla medesima data.*

192. Rimborsi e restituzioni. – Ciascuno dei coniugi è tenuto a rimborsare alla comunione le somme prelevate dal patrimonio comune per fini diversi dall'adempimento delle obbligazioni previste dall'art. 186.

È tenuto altresì a rimborsare il valore dei beni di cui all'art. 189, a meno che, trattandosi di atto di straordinaria amministrazione da lui compiuto, dimostri che l'atto stesso sia stato vantaggioso per la comunione o abbia soddisfatto una necessità della famiglia.

Ciascuno dei coniugi può richiedere la restituzione delle somme prelevate dal patrimonio personale ed impiegate in spese ed investimenti del patrimonio comune.

I rimborsi e le restituzioni si effettuano al momento dello scioglimento della comunione; tuttavia il giudice (38^{2-3} att.) può autorizzarli in un momento anteriore se l'interesse della famiglia lo esige o lo consente.

Il coniuge che risulta creditore può chiedere di prelevare beni comuni sino a concorrenza del proprio credito. In caso di dissenso si applica il quarto comma. I prelievi si effettuano sul denaro, quindi sui mobili e infine sugli immobili.

193. Separazione giudiziale dei beni. – La separazione giudiziale dei beni può essere pronunziata in caso di interdizione (414 ss.) o di inabilitazione (415 ss.) di uno dei coniugi o di cattiva amministrazione della comunione (183).

Può altresì essere pronunziata quando il disordine degli affari di uno dei coniugi o la condotta da questi tenuta nell'amministrazione dei beni (183) mette in pericolo gli interessi dell'altro o della comunione o della famiglia, oppure quando uno dei coniugi non contribuisce ai bisogni di questa in misura proporzionale alle proprie sostanze e capacità di lavoro (143, 148).

La separazione può essere chiesta da uno dei coniugi o dal suo legale rappresentante.

La sentenza che pronunzia la separazione retroagisce al giorno in cui è stata proposta la domanda ed ha l'effetto di instaurare il regime di separazione dei beni regolato nella sezione V del presente capo (215-219), salvi i diritti dei terzi.

La sentenza è annotata a margine dell'atto di matrimonio e sull'originale delle convenzioni matrimoniali (2647).

194. Divisione dei beni della comunione. – La divisione dei beni della comunione legale si effettua ripartendo in parti eguali l'attivo e il passivo (210^{3}).

Il giudice, in relazione alle necessità della prole e all'affidamento di essa, può costituire a favore di uno dei coniugi l'usufrutto su una parte dei beni spettanti all'altro coniuge.

195. Prelevamento dei beni mobili.– Nella divisione i coniugi o i loro eredi hanno diritto di prelevare i beni mobili che appartenevano ai coniugi stessi prima della comunione (179) o che sono ad essi pervenuti durante la medesima per successione o donazione. In mancanza di prova contraria si presume (2727) che i beni mobili facciano parte della comunione (177).

196. Ripetizione del valore in caso di mancanza delle cose da prelevare. – Se non si trovano i beni mobili che il coniuge o i suoi eredi hanno diritto di prelevare a norma dell'articolo precedente essi possono ripeterne il valore, provandone l'ammontare anche per notorietà, salvo che la mancanza di quei beni sia dovuta a consumazione per uso o perimento o per altra causa non imputabile all'altro coniuge.

197. Limiti al prelevamento nei riguardi dei terzi. – Il prelevamento autorizzato dagli articoli precedenti non può farsi, a pregiudizio dei terzi, qualora la proprietà individuale dei beni non risulti da atto avente data certa. È fatto salvo al coniuge o ai suoi eredi il diritto di regresso sui beni della comunione spettanti all'altro coniuge nonché sugli altri beni di lui.

198 - 209. (*Omissis*) [1].

[1] *Articoli riguardanti i frutti della dote e la separazione della dote dai beni del marito abrogati dall'art. 77, L. 19 maggio 1975, n. 151, riforma del diritto di famiglia.*

Premesso che l'art. 227 della legge citata ha stabilito che le doti e i patrimoni familiari costituiti prima dell'entrata in vigore della novella continuano ad essere disciplinati dalle norme anteriori, la Corte costituzionale con sentenza 19 gennaio 1987, n. 6, ha dichiarato l'illegittimità costituzionale dell'art. 202[1] del cod. civ. nella parte in cui non prevede la separazione della dote dai beni del marito, su domanda della moglie, quando la separazione personale sia stata pronunciata senza che sia addebitabile all'uno o all'altro dei coniugi.

Sezione IV
Della comunione convenzionale

210. Modifiche convenzionali alla comunione legale dei beni. – I coniugi possono, mediante convenzione (2647) stipulata a norma dell'articolo 162, modificare il regime della comunione legale dei beni purché i patti non siano in contrasto con le disposizioni dell'articolo 161.

I beni indicati alle lettere *c*), *d*) ed *e*) dell'articolo 179 non possono essere compresi nella comunione convenzionale.

Non sono derogabili le norme della comunione legale relative all'amministrazione dei beni della comunione e all'uguaglianza delle quote limitatamente ai beni che formerebbero oggetto della comunione legale.

211. Obbligazioni dei coniugi contratte prima del matrimonio. – I beni della comunione rispondono delle obbligazioni contratte da uno dei coniugi prima del matrimonio limitatamente al valore dei beni di proprietà del coniuge stesso prima del matrimonio che, in base a convenzione stipulata a norma dell'articolo 162, sono entrati a far parte della comunione dei beni.

212 - 214. (*Omissis*) (1).

(1) *Articoli riguardanti i beni parafernali ora abrogati dall'art. 81, L. 19 maggio 1975, n. 151, riforma del diritto di famiglia.*

Sezione V
Del regime di separazione dei beni

215. Separazione dei beni. – I coniugi possono convenire che ciascuno di essi conservi la titolarità esclusiva dei beni acquistati durante il matrimonio.

216. [Fonti del regolamento della comunione. – (*Omissis*)] (1).

(1) *Articolo abrogato dall'art. 84, L. 19 maggio 1975, n. 151, riforma del diritto di famiglia.*

217. Amministrazione e godimento dei beni. – Ciascun coniuge ha il godimento e l'amministrazione dei beni di cui è titolare esclusivo (179, 185).

Se ad uno dei coniugi è stata conferita la procura ad amministrare i beni dell'altro con l'obbligo di rendere conto dei frutti, egli è tenuto verso l'altro coniuge secondo le regole del mandato (1703 ss.).

Se uno dei coniugi ha amministrato i beni dell'altro con procura senza l'obbligo di rendere conto dei frutti, egli e i suoi eredi, a richiesta dell'altro coniuge o allo scioglimento o alla cessazione degli effetti civili del matrimonio (149), sono tenuti a consegnare i frutti esistenti e non rispondono per quelli consumati.

Se uno dei coniugi, nonostante l'opposizione dell'altro, amministra i beni di questo o comunque compie atti relativi a detti beni risponde dei danni e della mancata percezione dei frutti.

218. Obbligazioni del coniuge che gode dei beni dell'altro coniuge. – Il coniuge che gode i beni dell'altro coniuge (217) è soggetto a tutte le obbligazioni dell'usufruttuario (1001 ss.).

219. Prova della proprietà dei beni. – Il coniuge può provare con ogni mezzo nei confronti dell'altro la proprietà esclusiva di un bene (179, 197).

I beni di cui nessuno dei coniugi può dimostrare la proprietà esclusiva sono (2728) di proprietà indivisa per pari quota di entrambi i coniugi.

220 - 230. (*Omissis*) ([1]).

([1]) *Articoli riguardanti la comunione dei beni tra i coniugi; abrogati dall'art. 88, L. 19 maggio 1975, n. 151, riforma del diritto di famiglia.*

Sezione VI
Dell'impresa familiare

230 *bis*. Impresa familiare. – Salvo che sia configurabile un diverso rapporto (2094, 2222, 2251 ss., 2291 ss., 2549) il familiare che presta in modo continuativo la sua attività di lavoro nella famiglia o nell'impresa familiare ha diritto al mantenimento secondo la condizione patrimoniale della famiglia e partecipa agli utili dell'impresa familiare ed ai beni acquistati con essi nonché agli incrementi dell'azienda, anche in ordine all'avviamento, in proporzione alla quantità e qualità del lavoro prestato. Le decisioni concernenti l'impiego degli utili e degli incrementi nonché quelle inerenti alla gestione straordinaria, agli indirizzi produttivi e alla cessazione dell'impresa sono adottate, a maggioranza, dai familiari che partecipano alla impresa stessa. I familiari partecipanti alla impresa che non hanno la piena capacità di agire sono rappresentati nel voto da chi esercita la responsabilità genitoriale ([1]) su di essi (316 ss.).

Il lavoro della donna è considerato equivalente a quello dell'uomo.

Ai fini della disposizione di cui al primo comma si intende come familiare il coniuge, i parenti entro il terzo grado (74 ss.); gli affini entro il secondo (78); per impresa familiare quella cui collaborano il coniuge, i parenti entro il terzo grado, gli affini entro il secondo.

Il diritto di partecipazione di cui al primo comma è intrasferibile, salvo che il trasferimento avvenga a favore di familiari indicati nel comma precedente col consenso di tutti i partecipi (2284). Esso può essere liquidato in danaro alla cessazione, per qualsiasi causa, della prestazione del lavoro, ed altresì in caso di alienazione dell'azienda. Il pagamento può avvenire in più annualità, determinate, in difetto di accordo, dal giudice (38 att.).

In caso di divisione ereditaria (713 ss.) o di trasferimento dell'azienda (2557 ss.) i partecipi di cui al primo comma hanno diritto di prelazione sulla azienda. Si applica, nei limiti in cui è compatibile, la disposizione dell'articolo 732.

Le comunioni tacite familiari nell'esercizio dell'agricoltura sono regolate dagli usi che non contrastino con le precedenti norme.

(¹) *La parola: «potestà» è stata così sostituita dalle attuali: «responsabilità genitoriale» dall'art. 105, comma 1, del D.L.vo 28 dicembre 2013, n. 154, a decorrere dal trentesimo giorno successivo a quello della sua pubblicazione nella* Gazzetta Ufficiale *(G.U. n. 5 dell'8 gennaio 2014).*

230 *ter*. (¹) **Diritti del convivente.** – Al convivente di fatto che presti stabilmente la propria opera all'interno dell'impresa dell'altro convivente spetta una partecipazione agli utili dell'impresa familiare ed ai beni acquistati con essi nonché agli incrementi dell'azienda, anche in ordine all'avviamento, commisurata al lavoro prestato. Il diritto di partecipazione non spetta qualora tra i conviventi esista un rapporto di società o di lavoro subordinato.

(¹) *Questo articolo è stato aggiunto dall'art. 1, comma 46, della L. 20 maggio 2016, n. 76.*

Titolo VII
Dello stato di figlio (1)

(1) *La rubrica: «Della filiazione» è stata così sostituita dall'attuale dall'art. 7, comma 1, del D.L.vo 28 dicembre 2013, n. 154, a decorrere dal trentesimo giorno successivo a quello della sua pubblicazione nella* Gazzetta Ufficiale *(G.U. n. 5 dell'8 gennaio 2014).*

Capo I
Della presunzione di paternità (1)

(1) *La rubrica: «Della filiazione legittima» è stata così sostituita dall'attuale dall'art. 7, comma 2, del D.L.vo 28 dicembre 2013, n. 154, a decorrere dal trentesimo giorno successivo a quello della sua pubblicazione nella* Gazzetta Ufficiale *(G.U. n. 5 dell'8 gennaio 2014). La Sezione I -* Dello stato di figlio legittimo *- contenuta nel Capo I è stata soppressa dall'art. 7, comma 3, dello stesso provvedimento.*

231. (1) **Paternità del marito.** – Il marito è padre del figlio concepito (232) o nato durante il matrimonio (243, 253, 280).

(1) *Questo articolo è stato così sostituito dall'art. 8 del D.L.vo 28 dicembre 2013, n. 154, a decorrere dal trentesimo giorno successivo a quello della sua pubblicazione nella* Gazzetta Ufficiale *(G.U. n. 5 dell'8 gennaio 2014).*

232. Presunzione di concepimento durante il matrimonio. – Si presume concepito durante il matrimonio il figlio nato quando non sono ancora trascorsi trecento giorni dalla data dell'annullamento (117 ss.), dello scioglimento (149) o della cessazione degli effetti civili del matrimonio (1).

La presunzione non opera decorsi trecento giorni dalla pronuncia di separazione giudiziale (151), o dalla omologazione di separazione consensuale (158), ovvero dalla data della comparizione dei coniugi avanti al giudice (708 c.p.c.) quando gli stessi sono stati autorizzati a vivere separatamente nelle more del giudizio di separazione o dei giudizi previsti nel comma precedente (126).

(1) *Questo comma è stato così sostituito dall'art. 9 del D.L.vo 28 dicembre 2013, n. 154, a decorrere dal trentesimo giorno successivo a quello della sua pubblicazione nella* Gazzetta Ufficiale *(G.U. n. 5 dell'8 gennaio 2014).*

233. (1) [**Nascita del figlio prima dei centottanta giorni.** – Il figlio nato prima che siano trascorsi centottanta giorni dalla celebrazione del matrimonio è reputato legittimo se uno dei coniugi, o il figlio stesso, non ne disconoscono la paternità (235, 238)].

(1) *Questo articolo è stato abrogato dall'art. 106, comma 1, lett.* a)*, del D.L.vo 28 dicembre 2013, n. 154, a decorrere dal trentesimo giorno successivo a quello della sua pubblicazione nella* Gazzetta Ufficiale *(G.U. n. 5 dell'8 gennaio 2014).*

234. Nascita del figlio dopo i trecento giorni. – Ciascuno dei coniugi e i loro eredi possono provare che il figlio, nato dopo i trecento giorni dall'annullamento (117 ss.), dallo scioglimento o dalla cessazione degli effetti civili del matrimonio (149), è stato concepito durante il matrimonio (232).

Possono analogamente provare il concepimento durante la convivenza quando il figlio sia nato dopo i trecento giorni dalla pronuncia di separazione giudiziale (151), o dalla omologazione di separazione consensuale (158), ovvero dalla data di comparizione dei coniugi avanti al giudice (708 c.p.c.) quando gli stessi sono stati autorizzati a vivere separatamente nelle more del giudizio di separazione o dei giudizi previsti nel comma precedente (126).

In ogni caso il figlio può provare di essere stato concepito durante il matrimonio ([1]).

([1]) *Questo comma è stato così sostituito dall'art. 10 del D.L.vo 28 dicembre 2013, n. 154, a decorrere dal trentesimo giorno successivo a quello della sua pubblicazione nella* Gazzetta Ufficiale *(G.U. n. 5 dell'8 gennaio 2014).*

235. ([1]) [**Disconoscimento di paternità.** – L'azione per il disconoscimento di paternità (244 ss.) del figlio concepito durante il matrimonio è consentita solo nei casi seguenti:

1) se i coniugi non hanno coabitato nel periodo compreso fra il trecentesimo ed il centottantesimo giorno prima della nascita;

2) se durante il tempo predetto il marito era affetto da impotenza, anche se soltanto di generare (122);

3) se nel detto periodo la moglie ha commesso adulterio o ha tenuto celata al marito la propria gravidanza e la nascita del figlio. In tali casi il marito è ammesso a provare che il figlio presenta caratteristiche genetiche o del gruppo sanguigno incompatibili con quelle del presunto padre, o ogni altro fatto tendente ad escludere la paternità.

La sola dichiarazione della madre non esclude la paternità (231).

L'azione di disconoscimento può essere esercitata anche dalla madre o dal figlio che ha raggiunto la maggiore età in tutti i casi in cui può essere esercitata dal padre].

([1]) *Questo articolo è stato abrogato dall'art. 106, comma 1, lett. a), del D.L.vo 28 dicembre 2013, n. 154, a decorrere dal trentesimo giorno successivo a quello della sua pubblicazione nella* Gazzetta Ufficiale *(G.U. n. 5 dell'8 gennaio 2014).*

Capo II
Delle prove della filiazione

236. Atto di nascita e possesso di stato. – La filiazione [legittima] (1) si prova con l'atto di nascita (452) iscritto nei registri dello stato civile (238, 240, 241, 451).

Basta, in mancanza di questo titolo, il possesso continuo dello stato (131) di figlio [legittimo] (1) (237, 240).

(1) *Le parole fra parentesi quadrate sono state soppresse dall'art. 11 del D.L.vo 28 dicembre 2013, n. 154, a decorrere dal trentesimo giorno successivo a quello della sua pubblicazione nella* Gazzetta Ufficiale (G.U. *n. 5 dell'8 gennaio 2014*).

237. (1) **Fatti costitutivi del possesso di stato.** – Il possesso di stato (131) risulta da una serie di fatti che nel loro complesso valgano a dimostrare le relazioni di filiazione (231) e di parentela (74) fra una persona e la famiglia a cui essa pretende di appartenere (131).

In ogni caso devono concorrere i seguenti fatti:

che il genitore abbia trattato la persona come figlio ed abbia provveduto in questa qualità al mantenimento, alla educazione e al collocamento di essa;

che la persona sia stata costantemente considerata come tale nei rapporti sociali;

che sia stata riconosciuta in detta qualità dalla famiglia (2).

(1) *La Corte costituzionale, con sentenza n. 286 del 21 dicembre 2016, ha dichiarato l'illegittimità costituzionale della norma desumibile dagli artt. 237, 262 e 299 c.c.; 72, primo comma, del R.D. 9 luglio 1939, n. 1238 e 33 e 34 del D.P.R. 3 novembre 2000, n. 396, nella parte in cui non consente ai coniugi, di comune accordo, di trasmettere ai figli, al momento della nascita, anche il cognome materno.*

(2) *Questo comma è stato così sostituito dall'art. 12 del D.L.vo 28 dicembre 2013, n. 154, a decorrere dal trentesimo giorno successivo a quello della sua pubblicazione nella* Gazzetta Ufficiale (G.U. *n. 5 dell'8 gennaio 2014*).

238. Irreclamabilità di uno stato di figlio contrario a quello attribuito dall'atto di nascita (1). – Salvo quanto disposto dagli articoli 128, 234, 239, 240 e 244 (2), nessuno può reclamare uno stato contrario a quello che gli attribuiscono l'atto di nascita di figlio nato nel matrimonio (3) e il possesso di stato conforme all'atto stesso (131, 236, 237).

[Parimenti non si può contestare la legittimità di colui il quale ha un possesso di stato conforme all'atto di nascita] (253) (4).

(1) *La rubrica:* «Atto di nascita conforme al possesso di stato» *è stata così sostituita dall'attuale dall'art. 13, comma 1, lett.* a), *del D.L.vo 28 dicembre 2013, n. 154, a decorrere*

dal trentesimo giorno successivo a quello della sua pubblicazione nella Gazzetta Ufficiale *(G.U. n. 5 dell'8 gennaio 2014).*

(2) *Le parole: «233, 234, 235 e 239» sono state così sostituite dalle attuali: «234, 239, 240 e 244» dall'art. 13, comma 1, lett.* b), *del D.L.vo 28 dicembre 2013, n. 154, a decorrere dal trentesimo giorno successivo a quello della sua pubblicazione nella* Gazzetta Ufficiale *(G.U. n. 5 dell'8 gennaio 2014).*

(3) *Le parole: «figlio legittimo» sono state così sostituite dalle attuali: «figlio nato nel matrimonio» dall'art. 105, comma 2, del D.L.vo 28 dicembre 2013, n. 154, a decorrere dal trentesimo giorno successivo a quello della sua pubblicazione nella* Gazzetta Ufficiale *(G.U. n. 5 dell'8 gennaio 2014).*

(4) *Questo comma è stato abrogato dall'art. 13, comma 1, lett.* c), *del D.L.vo 28 dicembre 2013, n. 154, a decorrere dal trentesimo giorno successivo a quello della sua pubblicazione nella* Gazzetta Ufficiale *(G.U. n. 5 dell'8 gennaio 2014).*

239. (1) **Reclamo dello stato di figlio.** – Qualora si tratti di supposizione di parto (566 c.p.) o di sostituzione di neonato (567 c.p.), il figlio può reclamare uno stato diverso.

L'azione di reclamo dello stato di figlio può essere esercitata anche da chi è nato nel matrimonio ma fu iscritto come figlio di ignoti, salvo che sia intervenuta sentenza di adozione.

L'azione può inoltre essere esercitata per reclamare uno stato di figlio conforme alla presunzione di paternità da chi è stato riconosciuto in contrasto con tale presunzione e da chi fu iscritto in conformità di altra presunzione di paternità.

L'azione può, altresì, essere esercitata per reclamare un diverso stato di figlio quando il precedente è stato comunque rimosso.

(1) *Questo articolo è stato così sostituito dall'art. 14 del D.L.vo 28 dicembre 2013, n. 154, a decorrere dal trentesimo giorno successivo a quello della sua pubblicazione nella* Gazzetta Ufficiale *(G.U. n. 5 dell'8 gennaio 2014).*

240. (1) **Contestazione dello stato di figlio.** – Lo stato di figlio può essere contestato nei casi di cui al primo e secondo comma dell'articolo 239.

(1) *Questo articolo è stato così sostituito dall'art. 15 del D.L.vo 28 dicembre 2013, n. 154, a decorrere dal trentesimo giorno successivo a quello della sua pubblicazione nella* Gazzetta Ufficiale *(G.U. n. 5 dell'8 gennaio 2014).*

241. Prova in giudizio (1). – Quando mancano l'atto di nascita e il possesso di stato (236, 237), la prova della filiazione può darsi in giudizio con ogni mezzo (239; 244 c.p.c.) (2).

[Questa prova non può essere ammessa che quando vi è un principio di prova per iscritto (242, 2724), ovvero quando le presunzioni (2727, 2728) e gli indizi sono abbastanza gravi da determinare l'ammissione della prova] (3).

([1]) *La precedente rubrica:* «Prova con testimoni» *è stata così sostituita dall'attuale dall'art. 16, comma 1, lett.* a)*, del D.L.vo 28 dicembre 2013, n. 154, a decorrere dal trentesimo giorno successivo a quello della sua pubblicazione nella* Gazzetta Ufficiale (G.U. *n. 5 dell'8 gennaio 2014*).

([2]) *Questo comma è stato così sostituito dall'art. 16, comma 1, lett.* b)*, del D.L.vo 28 dicembre 2013, n. 154, a decorrere dal trentesimo giorno successivo a quello della sua pubblicazione nella* Gazzetta Ufficiale (G.U. *n. 5 dell'8 gennaio 2014*).

([3]) *Questo comma è stato abrogato dall'art. 16, comma 1, lett.* c)*, del D.L.vo 28 dicembre 2013, n. 154, a decorrere dal trentesimo giorno successivo a quello della sua pubblicazione nella* Gazzetta Ufficiale (G.U. *n. 5 dell'8 gennaio 2014*).

242. ([1]) [**Principio di prova per iscritto.** – Il principio di prova per iscritto (241, 2724 n. 1) risulta dai documenti di famiglia, dai registri e dalle carte private del padre o della madre, dagli atti pubblici e privati provenienti da una delle parti che sono impegnate nella controversia o da altra persona, che, se fosse in vita, avrebbe interesse nella controversia].

([1]) *Questo articolo è stato abrogato dall'art. 106, comma 1, lett.* a)*, del D.L.vo 28 dicembre 2013, n. 154, a decorrere dal trentesimo giorno successivo a quello della sua pubblicazione nella* Gazzetta Ufficiale (G.U. *n. 5 dell'8 gennaio 2014*).

243. ([1]) [**Prova contraria.** – La prova contraria può darsi con tutti i mezzi atti a dimostrare che il reclamante (249) non è figlio della donna che egli pretende di avere per madre, oppure che non è figlio del marito della madre (231 ss.), quando risulta provata la maternità].

([1]) *Questo articolo è stato abrogato dall'art. 106, comma 1, lett.* a)*, del D.L.vo 28 dicembre 2013, n. 154, a decorrere dal trentesimo giorno successivo a quello della sua pubblicazione nella* Gazzetta Ufficiale (G.U. *n. 5 dell'8 gennaio 2014*).

243 *bis*. ([1]) **Disconoscimento di paternità.** – L'azione di disconoscimento di paternità del figlio nato nel matrimonio può essere esercitata dal marito, dalla madre e dal figlio medesimo.

Chi esercita l'azione è ammesso a provare che non sussiste rapporto di filiazione tra il figlio e il presunto padre.

La sola dichiarazione della madre non esclude la paternità.

([1]) *Questo articolo è stato inserito dall'art. 17 del D.L.vo 28 dicembre 2013, n. 154, a decorrere dal trentesimo giorno successivo a quello della sua pubblicazione nella* Gazzetta Ufficiale (G.U. *n. 5 dell'8 gennaio 2014*).

Capo III
Dell'azione di disconoscimento e delle azioni di contestazione e di reclamo dello stato di figlio (1)

(1) *A norma dell'art. 7, comma 5, del D.L.vo 28 dicembre 2013, n. 154, a decorrere dal trentesimo giorno successivo a quello della sua pubblicazione nella* Gazzetta Ufficiale *(G.U. n. 5 dell'8 gennaio 2014), la Sezione III -* Dell'azione di disconoscimento e delle azioni di contestazione e di reclamo di legittimità *- del capo I del titolo VII del libro primo c.c. è sostituita dalla seguente: «Capo III - Dell'azione di disconoscimento e delle azioni di contestazione e di reclamo dello stato di figlio».*

244. (1) **Termini dell'azione di disconoscimento.** – L'azione di disconoscimento della paternità da parte della madre deve essere proposta nel termine di sei mesi dalla nascita del figlio ovvero dal giorno in cui è venuta a conoscenza dell'impotenza di generare del marito al tempo del concepimento.

Il marito può disconoscere il figlio nel termine di un anno che decorre dal giorno della nascita quando egli si trovava al tempo di questa nel luogo in cui è nato il figlio; se prova di aver ignorato la propria impotenza di generare ovvero l'adulterio della moglie al tempo del concepimento, il termine decorre dal giorno in cui ne ha avuto conoscenza.

Se il marito non si trovava nel luogo in cui è nato il figlio il giorno della nascita il termine, di cui al secondo comma, decorre dal giorno del suo ritorno o dal giorno del ritorno nella residenza familiare se egli ne era lontano. In ogni caso, se egli prova di non aver avuto notizia della nascita in detti giorni, il termine decorre dal giorno in cui ne ha avuto notizia.

Nei casi previsti dal primo e dal secondo comma l'azione non può essere, comunque, proposta oltre cinque anni dal giorno della nascita.

L'azione di disconoscimento della paternità può essere proposta dal figlio che ha raggiunto la maggiore età. L'azione è imprescrittibile riguardo al figlio.

L'azione può essere altresì promossa da un curatore speciale nominato dal giudice, assunte sommarie informazioni, su istanza del figlio minore che ha compiuto i quattordici anni ovvero del pubblico ministero o dell'altro genitore, quando si tratti di figlio di età inferiore.

(1) *Questo articolo è stato, da ultimo, così sostituito dall'art. 18 del D.L.vo 28 dicembre 2013, n. 154, a decorrere dal trentesimo giorno successivo a quello della sua pubblicazione nella* Gazzetta Ufficiale *(G.U. n. 5 dell'8 gennaio 2014). Per le disposizioni transitorie si veda l'art. 104 del D.L.vo 28 dicembre 2013, n. 154.*

245. (1) **Sospensione del termine.** – Se la parte interessata a promuovere l'azione di disconoscimento di paternità si trova in stato di interdizione per infermità di mente ovvero versa in condizioni di abituale grave infermità di mente, che lo renda incapace di provvedere ai propri interessi, la decorrenza del termine indicato nell'articolo 244 è sospesa nei suoi confronti, sino a che duri lo stato di interdizione o durino le condizioni di abituale grave infermità di mente.

Quando il figlio si trova in stato di interdizione ovvero versa in condizioni di abituale grave infermità di mente, che lo renda incapace di provvedere ai propri interessi, l'azione può essere altresì promossa da un curatore speciale nominato dal giudice, assunte sommarie informazioni, su istanza del pubblico ministero, del tutore, o dell'altro genitore. Per gli altri legittimati l'azione può essere proposta dal tutore o, in mancanza di questo, da un curatore speciale, previa autorizzazione del giudice.

(1) *Questo articolo è stato, da ultimo, così sostituito dall'art. 19 del D.L.vo 28 dicembre 2013, n. 154, a decorrere dal trentesimo giorno successivo a quello della sua pubblicazione nella* Gazzetta Ufficiale *(G.U. n. 5 dell'8 gennaio 2014).*

246. (1) **Trasmissibilità dell'azione.** – Se il presunto padre o la madre titolari dell'azione di disconoscimento di paternità sono morti senza averla promossa, ma prima che sia decorso il termine previsto dall'articolo 244, sono ammessi ad esercitarla in loro vece i discendenti o gli ascendenti; il nuovo termine decorre dalla morte del presunto padre o della madre, o dalla nascita del figlio se si tratta di figlio postumo o dal raggiungimento della maggiore età da parte di ciascuno dei discendenti.

Se il figlio titolare dell'azione di disconoscimento di paternità è morto senza averla promossa sono ammessi ad esercitarla in sua vece il coniuge o i discendenti nel termine di un anno che decorre dalla morte del figlio o dal raggiungimento della maggiore età da parte di ciascuno dei discendenti.

Si applicano il sesto comma dell'articolo 244 e l'articolo 245.

(1) *Questo articolo è stato così sostituito dall'art. 19 del D.L.vo 28 dicembre 2013, n. 154, a decorrere dal trentesimo giorno successivo a quello della sua pubblicazione nella* Gazzetta Ufficiale *(G.U. n. 5 dell'8 gennaio 2014).*

247. Legittimazione passiva. – Il presunto padre, la madre ed il figlio sono litisconsorti necessari (102 c.p.c.) nel giudizio di disconoscimento.

Se una delle parti è minore o interdetta (414), l'azione è proposta in contraddittorio con un curatore (78 c.p.c.) nominato dal giudice davanti al quale il giudizio deve essere promosso.

Se una delle parti è un minore emancipato (390) o un maggiore inabilitato (415 ss.), l'azione è proposta contro la stessa assistita da un curatore (78 c.p.c.) parimenti nominato dal giudice.

Se il presunto padre o la madre o il figlio sono morti, l'azione si propone nei confronti delle persone indicate nell'articolo precedente o, in loro mancanza, nei confronti di un curatore (78 c.p.c.) parimenti nominato dal giudice.

248. Legittimazione all'azione di contestazione dello stato di figlio. Imprescrittibilità ([1]). – L'azione di contestazione dello stato di figlio spetta a chi dall'atto di nascita del figlio risulti suo genitore e a chiunque vi abbia interesse ([2]).

L'azione è imprescrittibile (2934).

Quando l'azione è proposta nei confronti di persone premorte o minori o altrimenti incapaci, si osservano le disposizioni dell'articolo precedente.

Nel giudizio devono essere chiamati entrambi i genitori (102 c.p.c.).

Si applicano il sesto comma dell'articolo 244 e il secondo comma dell'articolo 245 ([3]).

([1]) *La precedente rubrica:* «Legittimazione all'azione di contestazione della legittimità. Imprescrittibilità» *è stata così sostituita dall'attuale dall'art. 20, comma 1, lett.* a), *del D.L.vo 28 dicembre 2013, n. 154, a decorrere dal trentesimo giorno successivo a quello della sua pubblicazione nella* Gazzetta Ufficiale (G.U. *n. 5 dell'8 gennaio 2014*).

([2]) *Questo comma è stato così sostituito dall'art. 20, comma 1, lett.* b), *del D.L.vo 28 dicembre 2013, n. 154, a decorrere dal trentesimo giorno successivo a quello della sua pubblicazione nella* Gazzetta Ufficiale (G.U. *n. 5 dell'8 gennaio 2014*).

([3]) *Questo comma è stato aggiunto dall'art. 20, comma 1, lett.* c), *del D.L.vo 28 dicembre 2013, n. 154, a decorrere dal trentesimo giorno successivo a quello della sua pubblicazione nella* Gazzetta Ufficiale (G.U. *n. 5 dell'8 gennaio 2014*).

249. ([1]) **Legittimazione all'azione di reclamo dello stato di figlio. Imprescrittibilità.** – L'azione per reclamare lo stato di figlio spetta al medesimo.

L'azione è imprescrittibile.

Quando l'azione è proposta nei confronti di persone premorte o minori o altrimenti incapaci, si osservano le disposizioni dell'articolo 247.

Nel giudizio devono essere chiamati entrambi i genitori.

Si applicano il sesto comma dell'articolo 244 e il secondo comma dell'articolo 245.

([1]) *Questo articolo è stato così sostituito dall'art. 21 del D.L.vo 28 dicembre 2013, n. 154, a decorrere dal trentesimo giorno successivo a quello della sua pubblicazione nella* Gazzetta Ufficiale (G.U. *n. 5 dell'8 gennaio 2014*).

Capo IV
Del riconoscimento dei figli nati fuori del matrimonio ([1])

([1]) *A norma dell'art. 7, comma 8, del D.L.vo 28 dicembre 2013, n. 154, a decorrere dal trentesimo giorno successivo a quello della sua pubblicazione nella* Gazzetta Ufficiale (G.U. *n. 5 dell'8 gennaio 2014), la rubrica del paragrafo 1* - Del riconoscimento dei figli naturali - *della Sezione I del capo II del libro primo del codice civile è sostituita dalla seguente: «Capo IV* - Del riconoscimento dei figli nati fuori del matrimonio».

250. Riconoscimento. – Il figlio nato fuori del matrimonio può essere riconosciuto, nei modi previsti dall'articolo 254, dalla madre e dal padre, anche se già uniti in matrimonio con altra persona all'epoca del concepimento. Il riconoscimento può avvenire tanto congiuntamente quanto separatamente (235) ([1]).

Il riconoscimento del figlio che ha compiuto i quattordici anni ([2]) non produce effetto senza il suo assenso.

Il riconoscimento del figlio che non ha compiuto i quattordici anni ([3]) non può avvenire senza il consenso dell'altro genitore che abbia già effettuato il riconoscimento.

Il consenso non può essere rifiutato se risponde all'interesse del figlio. Il genitore che vuole riconoscere il figlio, qualora il consenso dell'altro genitore sia rifiutato, ricorre al giudice competente, che fissa un termine per la notifica del ricorso all'altro genitore. Se non viene proposta opposizione entro trenta giorni dalla notifica, il giudice decide con sentenza che tiene luogo del consenso mancante; se viene proposta opposizione, il giudice, assunta ogni opportuna informazione, dispone l'audizione del figlio minore che abbia compiuto i dodici anni, o anche di età inferiore, ove capace di discernimento, e assume eventuali provvedimenti provvisori e urgenti al fine di instaurare la relazione, salvo che l'opposizione non sia palesemente fondata. Con la sentenza che tiene luogo del consenso mancante, il giudice assume i provvedimenti opportuni in relazione all'affidamento e al mantenimento del minore ai sensi dell'articolo 315 *bis* e al suo cognome ai sensi dell'articolo 262 ([4]).

Il riconoscimento non può essere fatto dai genitori che non abbiano compiuto il sedicesimo anno di età, salvo che il giudice li autorizzi, valutate le circostanze e avuto riguardo all'interesse del figlio ([5]).

([1]) *Questo comma è stato così sostituito dall'art. 1, comma 2, lett.* a), *della L. 10 dicembre 2012, n. 219.*

([2]) *Le parole*: «*sedici anni*» *sono state così sostituite dalle attuali*: «*quattordici anni*» *dall'art. 1, comma 2, lett.* b), *della L. 10 dicembre 2012, n. 219.*

([3]) *Le parole*: «*sedici anni*» *sono state così sostituite dalle attuali*: «*quattordici anni*» *dall'art. 1, comma 2, lett.* c), *della L. 10 dicembre 2012, n. 219.*

([4]) *Questo comma è stato così sostituito dall'art. 1, comma 2, lett.* d), *della L. 10 dicembre 2012, n. 219.*

([5]) *Le parole: «, salvo che il giudice li autorizzi, valutate le circostanze e avuto riguardo all'interesse del figlio» sono state aggiunte dall'art. 1, comma 2, lett.* e), *della L. 10 dicembre 2012, n. 219.*

251. ([1]) **Autorizzazione al riconoscimento.** – Il figlio nato da persone, tra le quali esiste un vincolo di parentela in linea retta all'infinito o in linea collaterale nel secondo grado, ovvero un vincolo di affinità in linea retta, può essere riconosciuto previa autorizzazione del giudice avuto riguardo all'interesse del figlio e alla necessità di evitare allo stesso qualsiasi pregiudizio.

Il riconoscimento di una persona minore di età è autorizzato dal giudice ([2]).

([1]) *Questo articolo è stato da ultimo così sostituito dall'art. 1, comma 3, della L.10 dicembre 2012, n. 219.*

([2]) *Le parole: «tribunale per i minorenni» sono state così sostituite dall'attuale: «giudice» dall'art. 22 del D.L.vo 28 dicembre 2013, n. 154, a decorrere dal trentesimo giorno successivo a quello della sua pubblicazione nella* Gazzetta Ufficiale (G.U. *n. 5 dell'8 gennaio 2014).*

252. Affidamento del figlio nato fuori del matrimonio e suo inserimento nella famiglia del genitore ([1]). – Qualora il figlio nato fuori del matrimonio ([2]) di uno dei coniugi sia riconosciuto durante il matrimonio il giudice, valutate le circostanze, decide in ordine all'affidamento del minore e adotta ogni altro provvedimento a tutela del suo interesse morale e materiale.

L'eventuale inserimento del figlio nato fuori del matrimonio ([3]) nella famiglia legittima di uno dei genitori può essere autorizzato dal giudice (38 att.) qualora ciò non sia contrario all'interesse del minore e sia accertato il consenso dell'altro coniuge convivente e degli altri figli ([4]) che abbiano compiuto il sedicesimo anno di età e siano conviventi, nonché dell'altro genitore ([5]) che abbia effettuato il riconoscimento (250, 317 *bis*). In questo caso il giudice (38 att.) stabilisce le condizioni cui ciascun genitore deve attenersi ([6]).

Qualora il figlio [naturale] ([7]) sia riconosciuto anteriormente al matrimonio, il suo inserimento nella famiglia [legittima] ([7]) è subordinato al consenso dell'altro coniuge, a meno che il figlio fosse già convivente con il genitore all'atto del matrimonio o l'altro coniuge conoscesse l'esistenza del figlio [naturale] ([7]).

È altresì richiesto il consenso dell'altro genitore [naturale] ([8]) che abbia effettuato il riconoscimento.

In caso di disaccordo tra i genitori, ovvero di mancato consenso degli altri figli conviventi, la decisione è rimessa al giudice tenendo conto dell'interesse dei minori. Prima dell'adozione del provvedimento, il giudice dispone l'ascolto dei figli minori che abbiano compiuto gli anni dodici e anche di età inferiore ove capaci di discernimento ([9]).

([1]) *La precedente rubrica:* «Affidamento del figlio naturale e suo inserimento nella famiglia legittima» *è stata così sostituita dall'attuale dall'art.* 23, *comma 1, lett.* a), *del*

D.L.vo 28 dicembre 2013, n. 154, a decorrere dal trentesimo giorno successivo a quello della sua pubblicazione nella Gazzetta Ufficiale *(G.U. n. 5 dell'8 gennaio 2014).*

(²) *La parola: «naturale» è stata così sostituita dalle attuali: «nato fuori del matrimonio» dall'art. 23, comma 1, lett.* b), *del D.L.vo 28 dicembre 2013, n. 154, a decorrere dal trentesimo giorno successivo a quello della sua pubblicazione nella* Gazzetta Ufficiale *(G.U. n. 5 dell'8 gennaio 2014).*

(³) *La parola: «naturale» è stata così sostituita dalle attuali: «nato fuori del matrimonio» dall'art. 23, comma 1, lett.* c), *del D.L.vo 28 dicembre 2013, n. 154, a decorrere dal trentesimo giorno successivo a quello della sua pubblicazione nella* Gazzetta Ufficiale *(G.U. n. 5 dell'8 gennaio 2014).*

(⁴) *Le parole: «e dei figli legittimi» sono state così sostituite dalle attuali: «convivente e degli altri figli» dall'art. 23, comma 1, lett.* c), *del D.L.vo 28 dicembre 2013, n. 154, a decorrere dal trentesimo giorno successivo a quello della sua pubblicazione nella* Gazzetta Ufficiale *(G.U. n. 5 dell'8 gennaio 2014).*

(⁵) *Le parole: «genitore naturale» sono state così sostituite dall'attuale: «genitore» dall'art. 23, comma 1, lett.* c), *del D.L.vo 28 dicembre 2013, n. 154, a decorrere dal trentesimo giorno successivo a quello della sua pubblicazione nella* Gazzetta Ufficiale *(G.U. n. 5 dell'8 gennaio 2014).*

(⁶) *Questo periodo è stato così sostituito dall'art. 23, comma 1, lett.* c), *del D.L.vo 28 dicembre 2013, n. 154, a decorrere dal trentesimo giorno successivo a quello della sua pubblicazione nella* Gazzetta Ufficiale *(G.U. n. 5 dell'8 gennaio 2014).*

(⁷) *Le parole fra parentesi quadrate sono state soppresse dall'art. 23, comma 1, lett.* d), *del D.L.vo 28 dicembre 2013, n. 154, a decorrere dal trentesimo giorno successivo a quello della sua pubblicazione nella* Gazzetta Ufficiale *(G.U. n. 5 dell'8 gennaio 2014).*

(⁸) *La parola fra parentesi quadrata è stata soppressa dall'art. 23, comma 1, lett.* e), *del D.L.vo 28 dicembre 2013, n. 154, a decorrere dal trentesimo giorno successivo a quello della sua pubblicazione nella* Gazzetta Ufficiale *(G.U. n. 5 dell'8 gennaio 2014).*

(⁹) *Questo comma è stato inserito dall'art. 23, comma 1, lett.* f), *del D.L.vo 28 dicembre 2013, n. 154, a decorrere dal trentesimo giorno successivo a quello della sua pubblicazione nella* Gazzetta Ufficiale *(G.U. n. 5 dell'8 gennaio 2014).*

253. Inammissibilità del riconoscimento. – In nessun caso è ammesso un riconoscimento in contrasto con lo stato di figlio [legittimo o legittimato] (¹) in cui la persona si trova.

(¹) *Le parole fra parentesi quadrate sono state soppresse dall'art. 24 del D.L.vo 28 dicembre 2013, n. 154, a decorrere dal trentesimo giorno successivo a quello della sua pubblicazione nella* Gazzetta Ufficiale *(G.U. n. 5 dell'8 gennaio 2014).*

254. Forma del riconoscimento. – Il riconoscimento del figlio nato fuori del matrimonio (¹) è fatto nell'atto di nascita, oppure con una apposita dichiarazione, posteriore alla nascita o al concepimento, davanti ad un ufficiale dello stato civile [o davanti al giudice tutelare] (²) (344) o in un atto pubblico (2699) o in un testamento (256, 587) qualunque sia la forma di questo (601).

[La domanda di legittimazione di un figlio naturale presentata al giudice (284, 288) o la dichiarazione della volontà di legittimarlo espressa dal genitore in un atto pubblico o in un testamento importa riconoscimento, anche se la legittimazione non abbia luogo] (3).

(1) *La parola: «naturale» è stata così sostituita dalle attuali: «nato fuori del matrimonio» dall'art. 25, comma 1, lett.* a), *del D.L.vo 28 dicembre 2013, n. 154, a decorrere dal trentesimo giorno successivo a quello della sua pubblicazione nella* Gazzetta Ufficiale *(G.U. n. 5 dell'8 gennaio 2014).*

(2) *Le parole: «o davanti al giudice tutelare» sono state soppresse dall'art. 138 del D.L.vo 19 febbraio 1998, n. 51, recante l'istituzione del giudice unico, a decorrere dal 2 giugno 1999.*

(3) *Questo comma è stato abrogato dall'art. 25, comma 1, lett.* b), *del D.L.vo 28 dicembre 2013, n. 154, a decorrere dal trentesimo giorno successivo a quello della sua pubblicazione nella* Gazzetta Ufficiale *(G.U. n. 5 dell'8 gennaio 2014).*

255. Riconoscimento di un figlio premorto. – Può anche aver luogo il riconoscimento del figlio premorto, in favore dei suoi discendenti [legittimi e dei suoi figli naturali riconosciuti] (1) (254, 282).

(1) *Le parole fra parentesi quadrate sono state soppresse dall'art. 26 del D.L.vo 28 dicembre 2013, n. 154, a decorrere dal trentesimo giorno successivo a quello della sua pubblicazione nella* Gazzetta Ufficiale *(G.U. n. 5 dell'8 gennaio 2014).*

256. Irrevocabilità del riconoscimento. – Il riconoscimento è irrevocabile. Quando è contenuto in un testamento (254, 587 ss.) ha effetto dal giorno della morte del testatore, anche se il testamento è stato revocato (679 ss.).

257. Clausole limitatrici. – È nulla ogni clausola diretta a limitare gli effetti del riconoscimento.

258. Effetti del riconoscimento. – Il riconoscimento produce effetti riguardo al genitore da cui fu fatto (261, 262, 317 *bis*, 578, 687) e riguardo ai parenti di esso (1).

L'atto di riconoscimento di uno solo dei genitori non può contenere indicazioni relative all'altro genitore. Queste indicazioni, qualora siano state fatte, sono senza effetto.

Il pubblico ufficiale che le riceve e l'ufficiale dello stato civile che le riproduce sui registri dello stato civile (449 ss.) sono puniti con la sanzione amministrativa del pagamento di una somma da € 20 a € 82. Le indicazioni stesse devono essere cancellate.

(1) *Questo comma è stato così sostituito dall'art. 1, comma 4, della L. 10 dicembre 2012, n. 219.*

259 - 260. (*Omissis*) ([1]).

([1]) *Articoli riguardanti l'introduzione del figlio naturale nella casa coniugale e i poteri dei genitori; abrogati dall'art. 109, L. 19 maggio 1975, n. 151, riforma del diritto di famiglia.*

261. ([1]) [**Diritti e doveri derivanti al genitore dal riconoscimento.** – Il riconoscimento (250) comporta da parte del genitore l'assunzione di tutti i doveri e di tutti i diritti che egli ha nei confronti dei figli (143 ss., 317 *bis*)].

([1]) *Questo articolo è stato abrogato dall'art. 106, comma 1, lett. a), del D.L.vo 28 dicembre 2013, n. 154, a decorrere dal trentesimo giorno successivo a quello della sua pubblicazione nella* Gazzetta Ufficiale *(G.U. n. 5 dell'8 gennaio 2014).*

262. ([1]) ([2]) **Cognome del figlio nato fuori del matrimonio** ([3]). – Il figlio [naturale] ([4]) assume il cognome del genitore che per primo lo ha riconosciuto. Se il riconoscimento è stato effettuato contemporaneamente da entrambi i genitori il figlio [naturale] ([4]) assume il cognome del padre ([5]).

Se la filiazione nei confronti del padre è stata accertata o riconosciuta successivamente al riconoscimento da parte della madre, il figlio può assumere il cognome del padre aggiungendolo, anteponendolo o sostituendolo a quello della madre ([6]).

Se la filiazione nei confronti del genitore è stata accertata o riconosciuta successivamente all'attribuzione del cognome da parte dell'ufficiale dello stato civile, si applica il primo e il secondo comma del presente articolo; il figlio può mantenere il cognome precedentemente attribuitogli, ove tale cognome sia divenuto autonomo segno della sua identità personale, aggiungendolo, anteponendolo o sostituendolo al cognome del genitore che per primo lo ha riconosciuto o al cognome dei genitori in caso di riconoscimento da parte di entrambi ([7]).

Nel caso di minore età del figlio, il giudice decide circa l'assunzione del cognome del genitore, previo ascolto del figlio minore, che abbia compiuto gli anni dodici e anche di età inferiore ove capace di discernimento ([8]).

([1]) *La Corte costituzionale, con sentenza n. 297 del 23 luglio 1996, ha dichiarato l'illegittimità costituzionale di questo articolo, nella parte in cui non prevede che il figlio naturale, nell'assumere il cognome del genitore che lo ha riconosciuto, possa ottenere dal giudice il riconoscimento del diritto a mantenere, anteponendolo o, a sua scelta, aggiungendolo a questo, il cognome precedentemente attribuitogli con atto formalmente legittimo, ove tale cognome sia divenuto autonomo segno distintivo della sua identità personale.*

([2]) *La Corte costituzionale, con sentenza n. 286 del 21 dicembre 2016, ha dichiarato l'illegittimità costituzionale della norma desumibile dagli artt. 237, 262 e 299 c.c.; 72, primo comma, del R.D. 9 luglio 1939, n. 1238 e 33 e 34 del D.P.R. 3 novembre 2000, n. 396, nella parte in cui non consente ai coniugi, di comune accordo, di trasmettere ai figli, al momento della nascita, anche il cognome materno.*

(3) *Le parole: «nato fuori del matrimonio» sono state aggiunte dall'art. 27, comma 1, lett.* a), *del D.L.vo 28 dicembre 2013, n. 154, a decorrere dal trentesimo giorno successivo a quello della sua pubblicazione nella* Gazzetta Ufficiale (G.U. *n. 5 dell'8 gennaio 2014*).

(4) *La parola fra parentesi quadrate è stata soppressa dall'art. 27, comma 1, lett.* b), *del D.L.vo 28 dicembre 2013, n. 154, a decorrere dal trentesimo giorno successivo a quello della sua pubblicazione nella* Gazzetta Ufficiale (G.U. *n. 5 dell'8 gennaio 2014*).

(5) *La Corte costituzionale, con sentenza n. 286 del 21 dicembre 2016, ha dichiarato l'illegittimità costituzionale di questo comma nella parte in cui non consente ai genitori, di comune accordo, di trasmettere al figlio, al momento della nascita, anche il cognome materno.*

(6) *Questo comma è stato così sostituito dall'art. 27, comma 1, lett.* c), *del D.L.vo 28 dicembre 2013, n. 154, a decorrere dal trentesimo giorno successivo a quello della sua pubblicazione nella* Gazzetta Ufficiale (G.U. *n. 5 dell'8 gennaio 2014*).

(7) *Questo comma è stato aggiunto dall'art. 27, comma 1, lett.* d), *del D.L.vo 28 dicembre 2013, n. 154, a decorrere dal trentesimo giorno successivo a quello della sua pubblicazione nella* Gazzetta Ufficiale (G.U. *n. 5 dell'8 gennaio 2014*).

(8) *Le parole: «l'assunzione del cognome del padre» sono state così sostituite dalle attuali: «l'assunzione del cognome del genitore, previo ascolto del figlio minore, che abbia compiuto gli anni dodici e anche di età inferiore ove capace di discernimento» dall'art. 27, comma 1, lett.* e), *del D.L.vo 28 dicembre 2013, n. 154, a decorrere dal trentesimo giorno successivo a quello della sua pubblicazione nella* Gazzetta Ufficiale (G.U. *n. 5 dell'8 gennaio 2014*).

263. (1) **Impugnazione del riconoscimento per difetto di veridicità.** – Il riconoscimento (250) può essere impugnato (268) per difetto di veridicità dall'autore del riconoscimento, da colui che è stato riconosciuto e da chiunque vi abbia interesse (100 c.p.c.).

L'azione è imprescrittibile riguardo al figlio (248, 249, 2934).

L'azione di impugnazione da parte dell'autore del riconoscimento deve essere proposta nel termine di un anno che decorre dal giorno dell'annotazione del riconoscimento sull'atto di nascita. Se l'autore del riconoscimento prova di aver ignorato la propria impotenza al tempo del concepimento, il termine decorre dal giorno in cui ne ha avuto conoscenza; nello stesso termine, la madre che abbia effettuato il riconoscimento è ammessa a provare di aver ignorato l'impotenza del presunto padre. L'azione non può essere comunque proposta oltre cinque anni dall'annotazione del riconoscimento.

L'azione di impugnazione da parte degli altri legittimati deve essere proposta nel termine di cinque anni che decorrono dal giorno dall'annotazione del riconoscimento sull'atto di nascita. Si applica l'articolo 245.

(1) *Questo articolo è stato così sostituito dall'art. 28 del D.L.vo 28 dicembre 2013, n. 154, a decorrere dal trentesimo giorno successivo a quello della sua pubblicazione nella* Gazzetta Ufficiale (G.U. *n. 5 dell'8 gennaio 2014*). *Per le disposizioni transitorie si veda l'art. 104 del D.L.vo 28 dicembre 2013, n. 154.*

264. ([1]) **Impugnazione da parte del figlio minore.** – L'impugnazione del riconoscimento per difetto di veridicità può essere altresì promossa da un curatore speciale nominato dal giudice, assunte sommarie informazioni, su istanza del figlio minore che ha compiuto quattordici anni, ovvero del pubblico ministero o dell'altro genitore che abbia validamente riconosciuto il figlio, quando si tratti di figlio di età inferiore.

([1]) *Questo articolo è stato così, da ultimo, sostituito dall'art. 29 del D.L.vo 28 dicembre 2013, n. 154, a decorrere dal trentesimo giorno successivo a quello della sua pubblicazione nella* Gazzetta Ufficiale (G.U. *n. 5 dell'8 gennaio 2014*).

265. Impugnazione per violenza. – Il riconoscimento (250) può essere impugnato per violenza (1434 ss.) dall'autore del riconoscimento entro un anno dal giorno in cui la violenza è cessata.

Se l'autore del riconoscimento è minore, l'azione può essere promossa entro un anno dal conseguimento dell'età maggiore (2, 267, 2964).

266. Impugnazione del riconoscimento per effetto di interdizione giudiziale. – Il riconoscimento può essere impugnato per l'incapacità che deriva da interdizione giudiziale (414) dal rappresentante dell'interdetto e, dopo la revoca dell'interdizione (429), dall'autore del riconoscimento, entro un anno dalla data della revoca (267).

267. Trasmissibilità dell'azione. – Nei casi indicati dagli articoli 265 e 266, se l'autore del riconoscimento è morto senza aver promosso l'azione, ma prima che sia scaduto il termine, l'azione può essere promossa dai discendenti, dagli ascendenti o dagli eredi (246, 270).

Nel caso indicato dal primo comma dell'articolo 263, se l'autore del riconoscimento è morto senza aver promosso l'azione, ma prima che sia decorso il termine previsto dal terzo comma dello stesso articolo, sono ammessi ad esercitarla in sua vece i discendenti o gli ascendenti, entro un anno decorrente dalla morte dell'autore del riconoscimento o dalla nascita del figlio se si tratta di figlio postumo o dal raggiungimento della maggiore età da parte di ciascuno dei discendenti ([1]).

Se il figlio riconosciuto è morto senza aver promosso l'azione di cui all'articolo 263, sono ammessi ad esercitarla in sua vece il coniuge o i discendenti nel termine di un anno che decorre dalla morte del figlio riconosciuto o dal raggiungimento della maggiore età da parte di ciascuno dei discendenti ([1]).

La morte dell'autore del riconoscimento o del figlio riconosciuto non impedisce l'esercizio dell'azione da parte di coloro che ne hanno interesse, nel termine di cui al quarto comma dell'articolo 263 ([1]).

Si applicano il sesto comma dell'articolo 244 e l'articolo 245 ([1]).

(¹) *Questo comma è stato aggiunto dall'art. 30, comma 1, del D.L.vo 28 dicembre 2013, n. 154, a decorrere dal trentesimo giorno successivo a quello della sua pubblicazione nella* Gazzetta Ufficiale *(G.U. n. 5 dell'8 gennaio 2014). Per le disposizioni transitorie si veda l'art. 104 del D.L.vo 28 dicembre 2013, n. 154.*

268. Provvedimenti in pendenza del giudizio. – Quando è impugnato il riconoscimento (263 ss.), il giudice può dare, in pendenza del giudizio, i provvedimenti che ritenga opportuni nell'interesse del figlio.

Capo V
Della dichiarazione giudiziale della paternità e della maternità (¹)

(¹) *A norma dell'art. 7, comma 9, del D.L.vo 28 dicembre 2013, n. 154, a decorrere dal trentesimo giorno successivo a quello della sua pubblicazione nella* Gazzetta Ufficiale *(G.U. n. 5 dell'8 gennaio 2014), la rubrica del paragrafo 2 - Della dichiarazione giudiziale della paternità e della maternità naturale - della sezione I del capo II del libro primo c.c. è sostituita dalla seguente: «Capo V -* Della dichiarazione giudiziale della paternità e della maternità*».*

269. Dichiarazione giudiziale di paternità e maternità. – La paternità e la maternità [naturale] (¹) possono essere giudizialmente dichiarate (30 Cost.) nei casi in cui il riconoscimento è ammesso (250, 251, 253).

La prova della paternità e della maternità può essere data con ogni mezzo.

La maternità è dimostrata provando la identità di colui che si pretende essere figlio e di colui che fu partorito dalla donna, la quale si assume essere madre.

La sola dichiarazione della madre e la sola esistenza di rapporti tra la madre e il preteso padre all'epoca del concepimento non costituiscono prova della paternità [naturale] (¹).

(¹) *La parola fra parentesi quadrate è stata soppressa dall'art. 30, comma 2, del D.L.vo 28 dicembre 2013, n. 154, a decorrere dal trentesimo giorno successivo a quello della sua pubblicazione nella* Gazzetta Ufficiale *(G.U. n. 5 dell'8 gennaio 2014).*

270. Legittimazione attiva e termine. – L'azione per ottenere che sia dichiarata giudizialmente la paternità o la maternità [naturale] (¹) è imprescrittibile (2934) riguardo al figlio.

Se il figlio muore prima di avere iniziato l'azione, questa può essere promossa dai discendenti [legittimi, legittimati o naturali riconosciuti] (²), entro due anni dalla morte.

L'azione promossa dal figlio, se egli muore, può essere proseguita dai discendenti [legittimi, legittimati o naturali riconosciuti] (³).

Si applica l'articolo 245 (⁴).

(¹) *La parola fra parentesi quadrate è stata soppressa dall'art. 31, comma 1, lett.* a), *del D.L.vo 28 dicembre 2013, n. 154, a decorrere dal trentesimo giorno successivo a quello della sua pubblicazione nella* Gazzetta Ufficiale (G.U. *n. 5 dell'8 gennaio 2014*).

(²) *Le parole fra parentesi quadrate sono state soppresse dall'art. 31, comma 1, lett.* b), *del D.L.vo 28 dicembre 2013, n. 154, a decorrere dal trentesimo giorno successivo a quello della sua pubblicazione nella* Gazzetta Ufficiale (G.U. *n. 5 dell'8 gennaio 2014*).

(³) *L'art. 31 del D.L.vo 28 dicembre 2013, n. 154, recante modifiche a questo articolo non ricomprende fra le modifiche anche l'abrogazione delle parole: «legittimi, legittimati o naturali riconosciuti» riportate al terzo comma. Si ritiene però che si tratti di un errore e lo si segnala in attesa di* errata corrige.

(⁴) *Questo comma è stato inserito dall'art. 31, comma 1, lett.* c), *del D.L.vo 28 dicembre 2013, n. 154, a decorrere dal trentesimo giorno successivo a quello della sua pubblicazione nella* Gazzetta Ufficiale (G.U. *n. 5 dell'8 gennaio 2014*).

271 - 272. (*Omissis*) (¹).

(¹) *Articoli riguardanti la legittimazione attiva e il termine per la dichiarazione giudiziale della paternità e la dichiarazione giudiziale di maternità; abrogati dall'art. 115, L. 19 maggio 1975, n. 151, riforma del diritto di famiglia.*

273. Azione nell'interesse del minore o dell'interdetto. – L'azione per ottenere che sia giudizialmente dichiarata la paternità o la maternità [naturale] (¹) (269, 271, 272) può essere promossa, nell'interesse del minore, dal genitore che esercita la responsabilità genitoriale (²) prevista dall'art. 316 o dal tutore (357). Il tutore però deve chiedere l'autorizzazione del giudice (374; 38 att.), il quale può anche nominare un curatore speciale.

Occorre il consenso del figlio per promuovere o per proseguire l'azione se egli ha compiuto l'età di quattordici (³) anni.

Per l'interdetto l'azione può essere promossa dal tutore (424) previa autorizzazione del giudice.

(¹) *La parola fra parentesi quadrate è stata soppressa dall'art. 32, comma 1, lett.* a), *del D.L.vo 28 dicembre 2013, n. 154, a decorrere dal trentesimo giorno successivo a quello della sua pubblicazione nella* Gazzetta Ufficiale (G.U. *n. 5 dell'8 gennaio 2014*).

(²) *La parola: «potestà» è stata così sostituita dalle attuali: «responsabilità genitoriale» dall'art. 32, comma 1, lett.* a), *del D.L.vo 28 dicembre 2013, n. 154, a decorrere dal trentesimo giorno successivo a quello della sua pubblicazione nella* Gazzetta Ufficiale (G.U. *n. 5 dell'8 gennaio 2014*).

(³) *La parola: «sedici» è stata così sostituita dall'attuale: «quattordici» dall'art. 32, comma 1, lett.* b), *del D.L.vo 28 dicembre 2013, n. 154, a decorrere dal trentesimo giorno successivo a quello della sua pubblicazione nella* Gazzetta Ufficiale (G.U. *n. 5 dell'8 gennaio 2014*).

274. (¹) **Ammissibilità dell'azione. –** L'azione per la dichiarazione giudiziale di paternità o di maternità naturale è ammessa solo quando concorrono specifiche circostanze tali da farla apparire giustificata.

Sull'ammissibilità il tribunale (38 att.) decide in camera di consiglio con decreto motivato (737 c.p.c.), su ricorso di chi intende promuovere l'azione (270 ss.), sentiti il pubblico ministero e le parti e assunte le informazioni del caso. Contro il decreto si può proporre reclamo con ricorso alla corte d'appello, che pronuncia anch'essa in camera di consiglio.

L'inchiesta sommaria compiuta dal tribunale ha luogo senza alcuna pubblicità e deve essere mantenuta segreta. Al termine dell'inchiesta gli atti e i documenti della stessa sono depositati in cancelleria ed il cancelliere deve darne avviso alle parti le quali, entro quindici giorni dalla comunicazione di detto avviso, hanno facoltà di esaminarli e di depositare memorie illustrative.

Il tribunale, anche prima di ammettere l'azione, può, se trattasi di minore o d'altra persona incapace (414 ss.), nominare un curatore speciale (78 c.p.c.) che la rappresenti in giudizio.

(1) *La Corte costituzionale, con sentenza n. 50 del 10 febbraio 2006, ha dichiarato l'illegittimità costituzionale di questo articolo.*

275. [Pena in caso di inammissibilità. – (*Omissis*)] (1).

(1) *Articolo abrogato dall'art. 118, L. 19 maggio 1975, n. 151, riforma del diritto di famiglia.*

276. (1) **Legittimazione passiva.** – La domanda per la dichiarazione di paternità o di maternità [naturale] (2) deve essere proposta nei confronti del presunto genitore o, in sua mancanza, nei confronti dei suoi eredi (247). In loro mancanza, la domanda deve essere proposta nei confronti di un curatore nominato dal giudice davanti al quale il giudizio deve essere promosso.

Alla domanda può contraddire chiunque vi abbia interesse (100 c.p.c.).

(1) *Questo articolo è stato così sostituito dall'art. 1, comma 5, della L. 10 dicembre 2012, n. 219.*

(2) *La parola fra parentesi quadrate è stata soppressa dall'art. 33 del D.L.vo 28 dicembre 2013, n. 154, a decorrere dal trentesimo giorno successivo a quello della sua pubblicazione nella* Gazzetta Ufficiale *(G.U. n. 5 dell'8 gennaio 2014).*

277. Effetti della sentenza. – La sentenza che dichiara la filiazione [naturale] (1) produce gli effetti del riconoscimento (258).

Il giudice può anche dare i provvedimenti che stima utili per l'affidamento, (2) il mantenimento, l'istruzione e l'educazione del figlio e per la tutela degli interessi patrimoniali di lui.

(1) *La parola fra parentesi quadrate è stata soppressa dall'art. 34, comma 1, lett. a), del D.L.vo 28 dicembre 2013, n. 154, a decorrere dal trentesimo giorno successivo a quello della sua pubblicazione nella* Gazzetta Ufficiale *(G.U. n. 5 dell'8 gennaio 2014).*

([2]) *Le parole: «l'affidamento,» sono state inserite dall'art. 34, comma 1, lett.* b), *del D.L.vo 28 dicembre 2013, n. 154, a decorrere dal trentesimo giorno successivo a quello della sua pubblicazione nella* Gazzetta Ufficiale (G.U. *n. 5 dell'8 gennaio 2014*).

278. ([1]) **Autorizzazione all'azione.** – Nei casi di figlio nato da persone, tra le quali esiste un vincolo di parentela in linea retta all'infinito o in linea collaterale nel secondo grado, ovvero un vincolo di affinità in linea retta, l'azione per ottenere che sia giudizialmente dichiarata la paternità o la maternità non può essere promossa senza previa autorizzazione ai sensi dell'articolo 251.

([1]) *Questo articolo è stato così, da ultimo, sostituito dall'art. 35 del D.L.vo 28 dicembre 2013, n. 154, a decorrere dal trentesimo giorno successivo a quello della sua pubblicazione nella* Gazzetta Ufficiale (G.U. *n. 5 dell'8 gennaio 2014*).

279. Responsabilità per il mantenimento e l'educazione. – In ogni caso in cui non può proporsi l'azione per la dichiarazione giudiziale di paternità o di maternità (269), il figlio nato fuori del matrimonio ([1]) può agire per ottenere il mantenimento, l'istruzione e l'educazione. Il figlio nato fuori del matrimonio ([1]) se maggiorenne e in stato di bisogno può agire per ottenere gli alimenti (433 ss.) a condizione che il diritto al mantenimento di cui all'articolo 315 *bis*, sia venuto meno ([2]).

L'azione è ammessa previa autorizzazione del giudice ai sensi dell'articolo 251 ([3]).

L'azione può essere promossa nell'interesse del figlio minore da un curatore speciale (78 c.p.c.) nominato dal giudice su richiesta del pubblico ministero o del genitore che esercita la responsabilità genitoriale ([4]) (316, 317 *bis*).

([1]) *La parola: «naturale» è stata così sostituita dalle attuali: «nato fuori del matrimonio» dall'art. 36, comma 1, lett.* a), *del D.L.vo 28 dicembre 2013, n. 154, a decorrere dal trentesimo giorno successivo a quello della sua pubblicazione nella* Gazzetta Ufficiale (G.U. *n. 5 dell'8 gennaio 2014*).

([2]) *Le parole: «a condizione che il diritto al mantenimento di cui all'articolo 315* bis, *sia venuto meno» sono state inserite dall'art. 36, comma 1, lett.* a), *del D.L.vo 28 dicembre 2013, n. 154, a decorrere dal trentesimo giorno successivo a quello della sua pubblicazione nella* Gazzetta Ufficiale (G.U. *n. 5 dell'8 gennaio 2014*).

([3]) *Questo comma è stato così sostituito dall'art. 36, comma 1, lett.* b), *del D.L.vo 28 dicembre 2013, n. 154, a decorrere dal trentesimo giorno successivo a quello della sua pubblicazione nella* Gazzetta Ufficiale (G.U. *n. 5 dell'8 gennaio 2014*).

([4]) *La parola: «potestà» è stata così sostituita dalle attuali: «responsabilità genitoriale» dall'art. 36, comma 1, lett.* c), *del D.L.vo 28 dicembre 2013, n. 154, a decorrere dal trentesimo giorno successivo a quello della sua pubblicazione nella* Gazzetta Ufficiale (G.U. *n. 5 dell'8 gennaio 2014*).

Sezione II
Della legittimazione dei figli naturali (¹)

(¹) *Questa sezione, originariamente appartenente al Capo II, del Titolo VII del Libro primo c.c., è stata abrogata dall'art. 1, comma 10, della L. 10 dicembre 2012, n. 219. Si riporta dopo il Capo V per rispettare la numerazione degli articoli.*

280. [**Legittimazione.** – La legittimazione attribuisce a colui che è nato fuori del matrimonio la qualità di figlio legittimo (231 ss., 283).

Essa avviene per susseguente matrimonio dei genitori del figlio naturale (283) o per provvedimento del giudice] (284).

281. [**Divieto di legittimazione.** – Non possono essere legittimati i figli che non possono essere riconosciuti (250, 251, 253)].

282. [**Legittimazione dei figli premorti.** – La legittimazione dei figli premorti può anche aver luogo in favore dei loro discendenti legittimi e dei loro figli naturali riconosciuti] (255).

283. [**Effetti e decorrenza della legittimazione per susseguente matrimonio.** – I figli legittimati per susseguente matrimonio (280) acquistano i diritti dei figli legittimi dal giorno del matrimonio, se sono stati riconosciuti da entrambi i genitori nell'atto di matrimonio o anteriormente, oppure dal giorno del riconoscimento se questo è avvenuto dopo il matrimonio].

284. [**Legittimazione per provvedimento del giudice.** – La legittimazione può essere concessa con provvedimento del giudice (288) soltanto se corrisponde agli interessi del figlio ed inoltre se concorrono le seguenti condizioni:

1) che sia domandata dai genitori stessi o da uno di essi e che il genitore abbia compiuto l'età indicata nel quinto comma dell'articolo 250;

2) che per il genitore vi sia l'impossibilità o un gravissimo ostacolo a legittimare il figlio per susseguente matrimonio;

3) che vi sia l'assenso dell'altro coniuge se il richiedente è unito in matrimonio e non è legalmente separato;

4) che vi sia il consenso del figlio legittimando se ha compiuto gli anni sedici, o dell'altro genitore o del curatore speciale, se il figlio è minore degli anni sedici, salvo che il figlio sia già riconosciuto (250).

La legittimazione può essere chiesta anche in presenza di figli legittimi o legittimati. In tal caso il presidente del tribunale deve ascoltare i figli legittimi o legittimati, se di età superiore ai sedici anni].

285. [**Condizioni per la legittimazione dopo la morte dei genitori.** – Se uno dei genitori ha espresso in un testamento (587 ss.) o in un atto pubblico

(2699) la volontà di legittimare (254) i figli naturali, questi possono, dopo la morte di lui, domandare la legittimazione se sussisteva la condizione prevista nel numero 2 dell'articolo precedente.

In questo caso la domanda deve essere comunicata agli ascendenti, discendenti e coniuge o, in loro mancanza, a due tra i prossimi parenti del genitore entro il quarto grado].

286. [**Legittimazione domandata dall'ascendente.** – La domanda di legittimazione di un figlio naturale riconosciuto (254) può in caso di morte del genitore essere fatta da uno degli ascendenti legittimi di lui, se il genitore non ha comunque espressa una volontà in contrasto con quella di legittimare (285, 289)].

287. [**Legittimazione in base alla procura per il matrimonio.** – Nei casi in cui è consentito di celebrare matrimonio per procura (111), quando concorrono le condizioni per la legittimazione per susseguente matrimonio (281) la legittimazione dei figli naturali con provvedimento del giudice può essere domandata in base alla procura a contrarre il matrimonio, se questo non potè essere celebrato per la sopravvenuta morte del mandante (285).

Quando i figli non sono stati riconosciuti, per domandarne la legittimazione è necessario che dalla procura risulti la volontà di riconoscerli (254) o di legittimarli] (289).

288. [**Procedura.** – La domanda di legittimazione accompagnata dai documenti giustificativi deve essere diretta al presidente del tribunale nella cui circoscrizione il richiedente ha la residenza (35 att.).

Il tribunale, sentito il pubblico ministero, accerta la sussistenza delle condizioni stabilite negli articoli precedenti e delibera, in camera di consiglio (737 c.p.c.), sulla domanda di legittimazione.

Il pubblico ministero e la parte possono, entro venti giorni dalla comunicazione, proporre reclamo (739 c.p.c.) alla corte d'appello. Questa, richiamati gli atti dal tribunale, delibera in camera di consiglio, sentito il pubblico ministero.

In ogni caso la sentenza che accoglie la domanda è annotata in calce all'atto di nascita del figlio].

289. [**Azioni esperibili dopo la legittimazione.** – La legittimazione per provvedimento del giudice non impedisce l'azione ordinaria per la contestazione dello stato di figlio legittimato per la mancanza delle condizioni indicate nel numero 1 dell'articolo 284, negli artt. 285, 286 e 287, ferma restando la disposizione dell'articolo 263.

Se manca la condizione indicata nel numero 3 dell'articolo 284 la contestazione può essere promossa soltanto dal coniuge del quale è mancato l'assenso].

290. [Effetti e decorrenza della legittimazione per provvedimento del giudice. – La legittimazione per provvedimento del giudice produce gli stessi effetti della legittimazione per susseguente matrimonio (280, 283), ma soltanto dalla data del provvedimento (288) e nei confronti del genitore riguardo al quale la legittimazione è stata concessa (252[4]).

Se il provvedimento interviene dopo la morte del genitore, gli effetti risalgono alla data della morte, purché la domanda di legittimazione non sia stata presentata dopo un anno da tale data].

Titolo VIII
Dell'adozione di persone maggiori di età

Capo I
Dell'adozione di persone maggiori di età e dei suoi effetti

291. Condizioni. – L'adozione è permessa alle persone che non hanno discendenti legittimi (231 ss.) o [legittimati] (1) (280 ss.), che hanno compiuto gli anni trentacinque e che superano almeno di diciotto anni l'età di coloro che intendano adottare.

Quando eccezionali circostanze lo consigliano, il tribunale (312) può autorizzare l'adozione se l'adottante ha raggiunto almeno l'età di trenta anni, ferma restando la differenza di età di cui al comma precedente (2) (3).

(1) *La parola: «legittimati» è stata soppressa dall'art. 105, comma 4, del D.L.vo 28 dicembre 2013, n. 154, a decorrere dal trentesimo giorno successivo a quello della sua pubblicazione nella* Gazzetta Ufficiale *(G.U. n. 5 dell'8 gennaio 2014).*

(2) *La Corte costituzionale, con sentenza n. 557 del 19 maggio 1988, ha dichiarato l'illegittimità costituzionale di questo articolo, nella parte in cui non consente l'adozione a persone che abbiano discendenti legittimi o legittimati maggiorenni e consenzienti.*

Il contenuto precettivo residuo della disposizione è pressoché nullo: essa è applicabile esclusivamente all'adozione di maggiorenni e pertanto non ha più significato il riferimento all'età minima di 35 anni e il secondo comma è da ritenere implicitamente abrogato.

(3) *La Corte costituzionale, con sentenza n. 245 del 20 luglio 2004, ha dichiarato l'illegittimità costituzionale di questo articolo, nella parte in cui non prevede che l'adozione di maggiorenni non possa essere pronunciata in presenza di figli naturali, riconosciuti dall'adottante, minorenni o, se maggiorenni, non consenzienti.*

292. [Divieto di adozione per diversità di razza. – (*Omissis*)] (1).

(1) *Articolo abrogato dall'art. 1, R.D.L. 20 gennaio 1944, n. 25 e dall'art. 3, D.L.vo Lgt. 14 settembre 1944, n. 287, provvedimenti relativi alla riforma della legislazione civile.*

293. (1) **Divieto d'adozione dei figli [nati fuori del matrimonio]**(2). – I figli [nati fuori del matrimonio] (2) non possono essere adottati dai loro genitori.

(*Omissis*).

(¹) *Articolo così sostituito dall'art. 131, L. 19 maggio 1975, n. 151, riforma del diritto di famiglia. I due commi successivi sono stati abrogati dall'art. 67, L. 4 maggio 1983, n. 184, disciplina dell'adozione e dell'affidamento dei minori.*

(²) *Le parole fra parentesi quadrate sono state soppresse dall'art. 37, comma 1, del D.L.vo 28 dicembre 2013, n. 154, a decorrere dal trentesimo giorno successivo a quello della sua pubblicazione nella* Gazzetta Ufficiale *(G.U. n. 5 dell'8 gennaio 2014).*

294. Pluralità di adottati o di adottanti. – È ammessa l'adozione di più persone, anche con atti successivi (87 n. 7).

Nessuno può essere adottato da più d'una persona, salvo che i due adottanti siano marito e moglie (299³, 303).

295. Adozione da parte del tutore. – Il tutore (357) non può adottare la persona della quale ha avuto la tutela, se non dopo che sia stato approvato il conto della sua amministrazione (385 ss.), sia stata fatta la consegna dei beni e siano state estinte le obbligazioni risultanti a suo carico o data idonea garanzia (1179) per il loro adempimento.

296. Consenso per l'adozione. – Per l'adozione si richiede il consenso dell'adottante e dell'adottando (298, 311).

(*Omissis*) (¹).

(¹) *Due successivi commi sono stati abrogati dall'art. 67, L. 4 maggio 1983, n. 184, disciplina dell'adozione e dell'affidamento dei minori.*

297. Assenso del coniuge e dei genitori. – Per l'adozione è necessario l'assenso dei genitori dell'adottando e l'assenso del coniuge dell'adottante e dell'adottando, se coniugati e non legalmente separati (150, 311).

Quando è negato l'assenso previsto dal primo comma, il tribunale (35 att.), sentiti gli interessati, su istanza dell'adottante, può, ove ritenga il rifiuto ingiustificato o contrario all'interesse dell'adottando, pronunziare ugualmente l'adozione, salvo che si tratti dell'assenso dei genitori esercenti la responsabilità genitoriale (¹) (316 ss.) o del coniuge, se convivente, dell'adottante o dell'adottando. Parimenti il tribunale può pronunziare l'adozione quando è impossibile ottenere l'assenso per incapacità (414) o irreperibilità delle persone chiamate ad esprimerlo.

(¹) *La parola: «potestà» è stata così sostituita dalle attuali: «responsabilità genitoriale» dall'art. 37, comma 2, del D.L.vo 28 dicembre 2013, n. 154, a decorrere dal trentesimo giorno successivo a quello della sua pubblicazione nella* Gazzetta Ufficiale *(G.U. n. 5 dell'8 gennaio 2014).*

298. Decorrenza degli effetti dell'adozione. – L'adozione produce i suoi effetti dalla data del decreto che la pronunzia (290, 313, 314; 35 att.).

Finché il decreto non è emanato, tanto l'adottante quanto l'adottando possono revocare il loro consenso.

Se l'adottante muore dopo la prestazione del consenso e prima dell'emanazione del decreto, si può procedere al compimento degli atti necessari per l'adozione.

Gli eredi dell'adottante possono presentare al tribunale ([1]) memorie e osservazioni per opporsi all'adozione.

Se l'adozione è ammessa, essa produce i suoi effetti (87, 299 ss.) dal momento della morte dell'adottante.

([1]) *La competenza è stata così determinata dall'art. 3 della L. 5 giugno 1967, n. 431, sull'adozione speciale (poi abrogata).*

299. ([1]) ([2]) **Cognome dell'adottato.** – L'adottato assume il cognome dell'adottante e lo antepone al proprio (6).

Nel caso in cui la filiazione sia stata accertata o riconosciuta successivamente all'adozione si applica il primo comma ([3]).

Se l'adozione è compiuta da coniugi (294 ss.), l'adottato assume il cognome del marito.

Se l'adozione è compiuta da una donna maritata (297), l'adottato, che non sia figlio del marito, assume il cognome della famiglia di lei ([4]).

([1]) *Articolo così sostituito dall'art. 61, L. 4 maggio 1983, n. 184, disciplina dell'adozione e dell'affidamento dei minori.*

([2]) *La Corte costituzionale, con sentenza n. 286 del 21 dicembre 2016, ha dichiarato l'illegittimità costituzionale della norma desumibile dagli artt. 237, 262 e 299 c.c.; 72, primo comma, del R.D. 9 luglio 1939, n. 1238 e 33 e 34 del D.P.R. 3 novembre 2000, n. 396, nella parte in cui non consente ai coniugi, di comune accordo, di trasmettere ai figli, al momento della nascita, anche il cognome materno.*

([3]) *Questo comma è stato così sostituito dall'art. 38 del D.L.vo 28 dicembre 2013, n. 154, a decorrere dal trentesimo giorno successivo a quello della sua pubblicazione nella* Gazzetta Ufficiale *(G.U. n. 5 dell'8 gennaio 2014).*

([4]) *La Corte costituzionale, con sentenza n. 286 del 21 dicembre 2016, ha dichiarato l'illegittimità costituzionale di questo comma nella parte in cui non consente ai coniugi, in caso di adozione compiuta da entrambi, di attribuire, di comune accordo, anche il cognome materno al momento dell'adozione.*

300. Diritti e doveri dell'adottato. – L'adottato conserva tutti i diritti (147) e i doveri (315 ss.) verso la sua famiglia di origine, salve le eccezioni stabilite dalla legge.

L'adozione non induce alcun rapporto civile tra l'adottante e la famiglia dell'adottato né tra l'adottato e i parenti dell'adottante, salve le eccezioni stabilite dalla legge (87, 433, 436, 468, 567).

301 - 303. (*Omissis*) ([1]).

([1]) *Articoli riguardanti la patria potestà e l'amministrazione di beni dell'adottato, l'inventario, la cessazione della patria potestà dell'adottante; ora abrogati dall'art. 67 della L. 4 maggio 1983, n. 184, disciplina dell'adozione e dell'affidamento dei minori.*

304. Diritti di successione. – L'adozione non attribuisce all'adottante alcun diritto di successione.

I diritti dell'adottato nella successione dell'adottante sono regolati dalle norme contenute nel libro II (468, 536, 567).

305. Revoca dell'adozione. – L'adozione si può revocare soltanto nei casi preveduti dagli articoli seguenti (314[2]; 35 att.).

306. Revoca per indegnità dell'adottato. – La revoca dell'adozione (307) può essere pronunziata dal tribunale (35 att.) su domanda dell'adottante, quando l'adottato abbia attentato alla vita di lui o del suo coniuge, dei suoi discendenti o ascendenti, ovvero si sia reso colpevole verso loro di delitto punibile con pena restrittiva della libertà personale (18 c.p.) non inferiore nel minimo a tre anni (314).

Se l'adottante muore in conseguenza dell'attentato, la revoca dell'adozione può essere chiesta da coloro ai quali si devolverebbe l'eredità in mancanza dell'adottato e dei suoi discendenti (309, 463, 536).

307. Revoca per indegnità dell'adottante. – Quando i fatti previsti nell'articolo precedente sono stati compiuti dall'adottante contro l'adottato, oppure contro il coniuge o i discendenti o gli ascendenti di lui, la revoca può essere pronunziata su domanda dell'adottato.

308. [Revoca promossa dal pubblico ministero. – (*Omissis*)] ([1]).

([1]) *Articolo abrogato dall'art. 67, L. 4 maggio 1983, n. 184, disciplina dell'adozione e dell'affidamento dei minori.*

309. Decorrenza degli effetti della revoca. – Gli effetti dell'adozione (298 ss.) cessano quando passa in giudicato la sentenza di revoca (324 c.p.c.).

Se tuttavia la revoca è pronunziata dopo la morte dell'adottante per fatto imputabile all'adottato, l'adottato e i suoi discendenti sono esclusi dalla successione dell'adottante (463 ss., 567).

310. [Cessazione degli effetti dell'adozione. – (*Omissis*)] ([1]).

([1]) *Articolo abrogato dall'art. 67, L. 4 maggio 1983, n. 184, disciplina dell'adozione e dell'affidamento dei minori.*

Capo II
Delle forme dell'adozione di persone di maggiore età

311. Manifestazione del consenso. – Il consenso dell'adottante e dell'adottato o del legale rappresentante di questo deve essere manifestato personalmente al presidente del tribunale nel cui circondario l'adottante ha la residenza (43; 35 att.).

L'assenso delle persone indicate negli articoli 296 e 297 può essere dato da persona munita di procura speciale rilasciata per atto pubblico (2699) o per scrittura privata autenticata (2703).

312. Accertamenti del tribunale. – Il tribunale, assunte le opportune informazioni, verifica:

1) se tutte le condizioni della legge sono state adempiute (291 ss.);

2) se l'adozione conviene all'adottando (291 ss; 35 att.).

313. (1) **Provvedimento del tribunale.** – Il tribunale, in camera di consiglio (737 c.p.c.), sentito il pubblico ministero e omessa ogni altra formalità di procedura, provvede con sentenza decidendo di far luogo o non far luogo alla adozione (298).

L'adottante, il pubblico ministero, l'adottando, entro trenta giorni dalla comunicazione, possono proporre impugnazione avanti la corte d'appello, che decide in camera di consiglio, sentito il pubblico ministero.

(1) *Questo articolo è stato così sostituito dall'art. 30 della L. 28 marzo 2001, n. 149.*

314. (1) **Pubblicità.** – La sentenza definitiva che pronuncia l'adozione è trascritta a cura del cancelliere del tribunale competente, entro il decimo giorno successivo a quello della relativa comunicazione, da effettuarsi non oltre cinque giorni dal deposito, da parte del cancelliere del giudice dell'impugnazione, su apposito registro e comunicata all'ufficiale di stato civile per l'annotazione a margine dell'atto di nascita dell'adottato.

Con la procedura di cui al primo comma deve essere altresì trascritta ed annotata la sentenza di revoca della adozione, passata in giudicato.

L'autorità giudiziaria può inoltre ordinare la pubblicazione della sentenza che pronuncia l'adozione o della sentenza di revoca nei modi che ritiene opportuni.

(1) *Questo articolo è stato così sostituito dall'art. 31 della L. 28 marzo 2001, n. 149.*

Codice Civile

Capo III
[Dell'adozione speciale] ([1])

([1]) *Questo capo era stato inserito dall'art. 4, L. 5 giugno 1967, n. 431, adozione speciale, e successivamente è stato abrogato dall'art. 67, L. 4 maggio 1983, n. 184, disciplina dell'adozione e dell'affidamento dei minori* (*suppl. ord. alla* G.U. *n. 133 del 17 maggio 1983*).

Titolo IX
Della responsabilità genitoriale
e dei diritti e doveri del figlio ([1])

([1]) *La precedente intestazione: «Della potestà dei genitori» è stata sostituita dalla seguente: «Della potestà dei genitori e dei diritti e doveri del figlio» dall'art. 1, comma 6, della L. 10 dicembre 2012, n. 219. Successivamente l'art. 7, comma 10, del D.L.vo 28 dicembre 2013, n. 154, a decorrere dal trentesimo giorno successivo a quello della sua pubblicazione nella* Gazzetta Ufficiale (G.U. *n. 5 dell'8 gennaio 2014*)*, ha sostituito le parole: «potestà dei genitori» con le attuali: «responsabilità genitoriale».*

Capo I
Dei diritti e doveri del figlio ([1])

([1]) *Questo capo è stato inserito dall'art. 11 del D.L.vo 28 dicembre 2013, n. 154, a decorrere dal trentesimo giorno successivo a quello della sua pubblicazione nella* Gazzetta Ufficiale (G.U. *n. 5 dell'8 gennaio 2014*).

315. ([1]) **Stato giuridico della filiazione.** – Tutti i figli hanno lo stesso stato giuridico.

([1]) *Questo articolo è stato così sostituito dall'art. 1, comma 7, della L. 10 dicembre 2012, n. 219.*

315 *bis*. ([1]) **Diritti e doveri del figlio.** – Il figlio ha diritto di essere mantenuto, educato, istruito e assistito moralmente dai genitori, nel rispetto delle sue capacità, delle sue inclinazioni naturali e delle sue aspirazioni.

Il figlio ha diritto di crescere in famiglia e di mantenere rapporti significativi con i parenti.

Il figlio minore che abbia compiuto gli anni dodici, e anche di età inferiore ove capace di discernimento, ha diritto di essere ascoltato in tutte le questioni e le procedure che lo riguardano.

Il figlio deve rispettare i genitori e deve contribuire, in relazione alle proprie capacità, alle proprie sostanze e al proprio reddito, al mantenimento della famiglia finché convive con essa.

([1]) *Questo articolo è stato inserito dall'art. 1, comma 8, della L. 10 dicembre 2012, n. 219.*

316. (1) **Responsabilità genitoriale.** – Entrambi i genitori hanno la responsabilità genitoriale che è esercitata di comune accordo tenendo conto delle capacità, delle inclinazioni naturali e delle aspirazioni del figlio. I genitori di comune accordo stabiliscono la residenza abituale del minore.

In caso di contrasto su questioni di particolare importanza ciascuno dei genitori può ricorrere senza formalità al giudice indicando i provvedimenti che ritiene più idonei.

Il giudice, sentiti i genitori e disposto l'ascolto del figlio minore che abbia compiuto gli anni dodici e anche di età inferiore ove capace di discernimento, suggerisce le determinazioni che ritiene più utili nell'interesse del figlio e dell'unità familiare. Se il contrasto permane il giudice attribuisce il potere di decisione a quello dei genitori che, nel singolo caso, ritiene il più idoneo a curare l'interesse del figlio.

Il genitore che ha riconosciuto il figlio esercita la responsabilità genitoriale su di lui. Se il riconoscimento del figlio, nato fuori del matrimonio, è fatto dai genitori, l'esercizio della responsabilità genitoriale spetta ad entrambi.

Il genitore che non esercita la responsabilità genitoriale vigila sull'istruzione, sull'educazione e sulle condizioni di vita del figlio.

(1) *Questo articolo è stato così sostituito dall'art. 39 del D.L.vo 28 dicembre 2013, n. 154, a decorrere dal trentesimo giorno successivo a quello della sua pubblicazione nella* Gazzetta Ufficiale *(G.U. n. 5 dell'8 gennaio 2014).*

316 *bis*. (1) **Concorso nel mantenimento.** – I genitori devono adempiere i loro obblighi nei confronti dei figli in proporzione alle rispettive sostanze e secondo la loro capacità di lavoro professionale o casalingo. Quando i genitori non hanno mezzi sufficienti, gli altri ascendenti, in ordine di prossimità, sono tenuti a fornire ai genitori stessi i mezzi necessari affinché possano adempiere i loro doveri nei confronti dei figli.

In caso di inadempimento il presidente del tribunale, su istanza di chiunque vi ha interesse, sentito l'inadempiente ed assunte informazioni, può ordinare con decreto che una quota dei redditi dell'obbligato, in proporzione agli stessi, sia versata direttamente all'altro genitore o a chi sopporta le spese per il mantenimento, l'istruzione e l'educazione della prole.

Il decreto, notificato agli interessati ed al terzo debitore, costituisce titolo esecutivo, ma le parti ed il terzo debitore possono proporre opposizione nel termine di venti giorni dalla notifica.

L'opposizione è regolata dalle norme relative all'opposizione al decreto di ingiunzione, in quanto applicabili.

Le parti ed il terzo debitore possono sempre chiedere, con le forme del processo ordinario, la modificazione e la revoca del provvedimento.

(1) *Questo articolo è stato inserito dall'art. 40 del D.L.vo 28 dicembre 2013, n. 154, a decorrere dal trentesimo giorno successivo a quello della sua pubblicazione nella* Gazzetta Ufficiale *(G.U. n. 5 dell'8 gennaio 2014).*

317. Impedimento di uno dei genitori. – Nel caso di lontananza, di incapacità (414) o di altro impedimento che renda impossibile ad uno dei genitori l'esercizio della responsabilità genitoriale (1), questa è esercitata in modo esclusivo dall'altro.

La responsabilità genitoriale di entrambi i genitori non cessa a seguito di separazione, scioglimento, cessazione degli effetti civili, annullamento, nullità del matrimonio; il suo esercizio, in tali casi, è regolato dal capo II del presente titolo (2).

(1) *La parola: «potestà» è stata così sostituita dalle attuali: «responsabilità genitoriale» dall'art. 41, comma 1, lett.* a), *del D.L.vo 28 dicembre 2013, n. 154, a decorrere dal trentesimo giorno successivo a quello della sua pubblicazione nella* Gazzetta Ufficiale *(G.U. n. 5 dell'8 gennaio 2014).*

(2) *Questo comma è stato così sostituito dall'art. 41, comma 1, lett.* b), *del D.L.vo 28 dicembre 2013, n. 154, a decorrere dal trentesimo giorno successivo a quello della sua pubblicazione nella* Gazzetta Ufficiale *(G.U. n. 5 dell'8 gennaio 2014).*

317 *bis*. (1) Rapporti con gli ascendenti. – Gli ascendenti hanno diritto di mantenere rapporti significativi con i nipoti minorenni.

L'ascendente al quale è impedito l'esercizio di tale diritto può ricorrere al giudice del luogo di residenza abituale del minore affinché siano adottati i provvedimenti più idonei nell'esclusivo interesse del minore. Si applica l'articolo 336, secondo comma.

(1) *Questo articolo, aggiunto dall'art. 140, L. 19 maggio 1975, n. 151, riforma del diritto di famiglia, è stato, da ultimo, così sostituito dall'art. 42 del D.L.vo 28 dicembre 2013, n. 154, a decorrere dal trentesimo giorno successivo a quello della sua pubblicazione nella* Gazzetta Ufficiale *(G.U. n. 5 dell'8 gennaio 2014).*

318. Abbandono della casa del genitore. – Il figlio, sino alla maggiore età o all'emancipazione, (1) non può abbandonare la casa dei genitori o del genitore che esercita su di lui la responsabilità genitoriale (2) né la dimora da essi assegnatagli. Qualora se ne allontani senza permesso, i genitori possono richiamarlo ricorrendo, se necessario, al giudice tutelare (344).

(1) *Le parole: «, sino alla maggiore età o all'emancipazione,» sono state inserite dall'art. 43, comma 1, lett.* a), *del D.L.vo 28 dicembre 2013, n. 154, a decorrere dal trente-*

simo giorno successivo a quello della sua pubblicazione nella Gazzetta Ufficiale (G.U. *n. 5 dell'8 gennaio 2014).*

(²) *La parola: «potestà» è stata così sostituita dalle attuali: «responsabilità genitoriale» dall'art. 43, comma 1, lett.* b), *del D.L.vo 28 dicembre 2013, n. 154, a decorrere dal trentesimo giorno successivo a quello della sua pubblicazione nella* Gazzetta Ufficiale (G.U. *n. 5 dell'8 gennaio 2014).*

319. [Cattiva condotta del figlio. – (*Omissis*)] (¹).

(¹) *Articolo abrogato dall'art. 142, L. 19 maggio 1975, n. 151, riforma del diritto di famiglia.*

320. Rappresentanza e amministrazione. – I genitori congiuntamente (316), o quello di essi che esercita in via esclusiva la responsabilità genitoriale (¹) (155, 317, 317 *bis*), rappresentano i figli nati e nascituri, fino alla maggiore età o all'emancipazione, (²) in tutti gli atti civili e ne amministrano i beni. Gli atti di ordinaria amministrazione, esclusi i contratti con i quali si concedono o si acquistano diritti personali di godimento (1380, 1571, 1615), possono essere compiuti disgiuntamente da ciascun genitore.

Si applicano, in caso di disaccordo o di esercizio difforme dalle decisioni concordate, le disposizioni di cui all'articolo 316.

I genitori non possono alienare (777), ipotecare o dare in pegno (2784, 2806) i beni pervenuti al figlio a qualsiasi titolo, anche a causa di morte, accettare o rinunziare ad eredità (471, 519) o legati, accettare donazioni (356, 782, 784), procedere allo scioglimento di comunioni (713 ss., 1111 ss.), contrarre mutui (1813) o locazioni ultranovennali (1572) o compiere altri atti eccedenti la ordinaria amministrazione né promuovere, transigere (1965 ss.) o compromettere in arbitri (806 c.p.c.) giudizi relativi a tali atti, se non per necessità o utilità evidente del figlio dopo autorizzazione del giudice tutelare (322, 344; 45 att.).

I capitali non possono essere riscossi senza autorizzazione del giudice tutelare, il quale ne determina l'impiego (322; 45 att.).

L'esercizio di una impresa commerciale (2195, 2198) non può essere continuato se non con l'autorizzazione del tribunale (38 att.) su parere del giudice tutelare (344). Questi può consentire l'esercizio provvisorio dell'impresa, fino a quando il tribunale abbia deliberato sulla istanza (2198, 2294).

Se sorge conflitto di interessi patrimoniali tra i figli soggetti alla stessa responsabilità genitoriale (¹), o tra essi e i genitori o quello di essi che esercita in via esclusiva la responsabilità genitoriale (¹), il giudice tutelare nomina ai figli un curatore speciale (78 c.p.c.). Se il conflitto sorge tra i figli e uno solo dei genitori esercenti la responsabilità genitoriale (¹), la rappresentanza dei figli spetta esclusivamente all'altro genitore.

(¹) *La parola: «potestà» è stata così sostituita dalle attuali: «responsabilità genitoriale» dall'art. 44, comma 1, lett.* a), *del D.L.vo 28 dicembre 2013, n. 154, a decorrere dal trentesimo giorno successivo a quello della sua pubblicazione nella* Gazzetta Ufficiale (G.U. *n. 5 dell'8 gennaio 2014*).

(²) *Le parole: «, fino alla maggiore età o all'emancipazione,» sono state inserite dall'art. 44, comma 1, lett.* b), *del D.L.vo 28 dicembre 2013, n. 154, a decorrere dal trentesimo giorno successivo a quello della sua pubblicazione nella* Gazzetta Ufficiale (G.U. *n. 5 dell'8 gennaio 2014*).

321. Nomina di un curatore speciale. – In tutti i casi in cui i genitori congiuntamente (316), o quello di essi che esercita in via esclusiva la responsabilità genitoriale (¹) (155, 317, 317 *bis*), non possono o non vogliono compiere uno o più atti di interesse del figlio, eccedente l'ordinaria amministrazione, il giudice (38[2,3]), su richiesta del figlio stesso, del pubblico ministero o di uno dei parenti (77) che vi abbia interesse, e sentiti i genitori, può nominare al figlio un curatore speciale (78 c.p.c.) autorizzandolo al compimento di tali atti (45 att.).

(¹) *La parola: «potestà» è stata così sostituita dalle attuali: «responsabilità genitoriale» dall'art. 45 del D.L.vo 28 dicembre 2013, n. 154, a decorrere dal trentesimo giorno successivo a quello della sua pubblicazione nella* Gazzetta Ufficiale (G.U. *n. 5 dell'8 gennaio 2014*).

322. Inosservanza delle disposizioni precedenti. – Gli atti compiuti senza osservare le norme dei precedenti articoli del presente titolo possono essere annullati su istanza dei genitori esercenti la responsabilità genitoriale (¹) o del figlio o dei suoi eredi o aventi causa (323², 1425, 1441).

(¹) *La parola: «potestà» è stata così sostituita dalle attuali: «responsabilità genitoriale» dall'art. 46 del D.L.vo 28 dicembre 2013, n. 154, a decorrere dal trentesimo giorno successivo a quello della sua pubblicazione nella* Gazzetta Ufficiale (G.U. *n. 5 dell'8 gennaio 2014*).

323. Atti vietati ai genitori. – I genitori esercenti la responsabilità genitoriale (¹) sui figli non possono, neppure all'asta pubblica (503, 733 c. p.c.), rendersi acquirenti direttamente o per interposta persona dei beni e dei diritti del minore (1471, n. 3).

Gli atti compiuti in violazione del divieto previsto nel comma precedente possono essere annullati su istanza del figlio, o dei suoi eredi o aventi causa (322, 1425, 1441).

I genitori esercenti la responsabilità genitoriale (¹) non possono diventare cessionari di alcuna ragione o credito verso il minore (1261).

(¹) *La parola: «potestà» è stata così sostituita dalle attuali: «responsabilità genitoriale» dall'art. 47 del D.L.vo 28 dicembre 2013, n. 154, a decorrere dal trentesimo giorno successivo a quello della sua pubblicazione nella* Gazzetta Ufficiale (G.U. *n. 5 dell'8 gennaio 2014*).

324. Usufrutto legale. – I genitori esercenti la responsabilità genitoriale (¹) hanno in comune l'usufrutto dei beni del figlio, fino alla maggiore età o all'emancipazione (²) (978, 1002).

I frutti percepiti sono destinati al mantenimento della famiglia e all'istruzione ed educazione dei figli (147, 315).

Non sono soggetti ad usufrutto legale:

1) i beni acquistati dal figlio con i proventi del proprio lavoro;

2) i beni lasciati o donati (769 ss.) al figlio per intraprendere una carriera, un'arte o una professione;

3) i beni lasciati o donati con la condizione (633, 1353) che i genitori esercenti la responsabilità genitoriale ([1]) o uno di essi non ne abbiano l'usufrutto: la condizione però non ha effetto per i beni spettanti al figlio a titolo di legittima (536 ss.);

4) i beni pervenuti al figlio per eredità (456 ss.), legato (649 ss.) o donazione (769 ss.) e accettati nell'interesse del figlio (321) contro la volontà dei genitori esercenti la responsabilità genitoriale ([1]). Se uno solo di essi era favorevole all'accettazione, l'usufrutto legale spetta esclusivamente a lui.

([1]) *La parola: «potestà» è stata così sostituita dalle attuali: «responsabilità genitoriale» dall'art. 48, comma 1, lett.* a), *del D.L.vo 28 dicembre 2013, n. 154, a decorrere dal trentesimo giorno successivo a quello della sua pubblicazione nella* Gazzetta Ufficiale *(G.U. n. 5 dell'8 gennaio 2014).*

([2]) *Le parole: «, fino alla maggiore età o all'emancipazione» sono state inserite dall'art. 48, comma 1, lett.* b), *del D.L.vo 28 dicembre 2013, n. 154, a decorrere dal trentesimo giorno successivo a quello della sua pubblicazione nella* Gazzetta Ufficiale *(G.U. n. 5 dell'8 gennaio 2014).*

325. Obblighi inerenti all'usufrutto legale. – Gravano sull'usufrutto legale gli obblighi propri dell'usufruttuario (1001 ss.).

326. Inalienabilità dell'usufrutto legale. Esecuzione sui frutti. – L'usufrutto legale non può essere oggetto di alienazione, di pegno (2784) o di ipoteca (2808, 2810) né di esecuzione (2910) da parte dei creditori.

L'esecuzione sui frutti dei beni del figlio da parte dei creditori dei genitori o di quello di essi che ne è titolare esclusivo non può aver luogo per debiti che il creditore conosceva essere stati contratti per scopi estranei ai bisogni della famiglia (170).

327. Usufrutto legale di uno solo dei genitori. – Il genitore che esercita in modo esclusivo (155, 317, 317 *bis*) la responsabilità genitoriale ([1]) è il solo titolare dell'usufrutto legale (324).

([1]) *La parola: «potestà» è stata così sostituita dalle attuali: «responsabilità genitoriale» dall'art. 49 del D.L.vo 28 dicembre 2013, n. 154, a decorrere dal trentesimo giorno successivo a quello della sua pubblicazione nella* Gazzetta Ufficiale *(G.U. n. 5 dell'8 gennaio 2014).*

328. Nuove nozze. – Il genitore che passa a nuove nozze conserva l'usufrutto legale, con l'obbligo tuttavia di accantonare in favore del figlio quanto risulti eccedente rispetto alle spese per il mantenimento, l'istruzione e l'educazione di quest'ultimo (147).

329. Godimento dei beni dopo la cessazione dell'usufrutto legale. – Cessato l'usufrutto legale, se il genitore ha continuato a godere i beni del figlio convivente con esso senza procura ma senza opposizione, o anche con procura ma senza l'obbligo di rendere conto dei frutti, egli o i suoi eredi non sono tenuti che a consegnare i frutti esistenti al tempo della domanda (217, 1148).

330. (1) **Decadenza dalla responsabilità genitoriale** (2) **sui figli.** – Il giudice può pronunziare la decadenza dalla responsabilità genitoriale (2) quando il genitore viola o trascura i doveri (320, 324) ad essa inerenti o abusa dei relativi poteri con grave pregiudizio del figlio (332 ss.; 51 att.).

In tale caso, per gravi motivi, il giudice può ordinare l'allontanamento del figlio dalla residenza familiare (333) ovvero l'allontanamento del genitore o convivente che maltratta o abusa del minore (3).

(1) *Articolo così sostituito dall'art. 152, L. 19 maggio 1975, n. 151, riforma del diritto di famiglia.*

Si vedano gli artt. 19, 32, 34 c.p., per la disciplina dei casi di decadenza o sospensione dalla responsabilità genitoriale come pena accessoria.

(2) *La parola: «potestà» è stata così sostituita dalle attuali: «responsabilità genitoriale» dall'art. 50 del D.L.vo 28 dicembre 2013, n. 154, a decorrere dal trentesimo giorno successivo a quello della sua pubblicazione nella* Gazzetta Ufficiale *(G.U. n. 5 dell'8 gennaio 2014).*

(3) *Le parole da: «ovvero l'allontanamento ...» sino alla fine del comma sono state aggiunte dall'art. 37, comma 1, della L. 28 marzo 2001, n. 149.*

331. [Passaggio della patria potestà alla madre. – (*Omissis*)] (1).

(1) *Articolo abrogato dall'art. 153, L. 19 maggio 1975, n. 151, riforma del diritto di famiglia.*

332. Reintegrazione nella responsabilità genitoriale (1). – Il giudice può reintegrare nella responsabilità genitoriale (1) il genitore che ne è decaduto, quando, cessate le ragioni per le quali la decadenza è stata pronunciata, è escluso ogni pericolo di pregiudizio per il figlio (330, 336).

(1) *La parola: «potestà» è stata così sostituita dalle attuali: «responsabilità genitoriale» dall'art. 51 del D.L.vo 28 dicembre 2013, n. 154, a decorrere dal trentesimo giorno successivo a quello della sua pubblicazione nella* Gazzetta Ufficiale *(G.U. n. 5 dell'8 gennaio 2014).*

333. (1) **Condotta del genitore pregiudizievole ai figli.** – Quando la condotta di uno o di entrambi i genitori non è tale da dare luogo alla pronuncia di decadenza prevista dall'articolo 330, ma appare comunque pregiudizievole al figlio, il giudice (²), secondo le circostanze, può adottare i provvedimenti convenienti e può anche disporre l'allontanamento di lui dalla residenza familiare (330, 336; 51 att.) ovvero l'allontanamento del genitore o convivente che maltratta o abusa del minore (³).

Tali provvedimenti sono revocabili in qualsiasi momento (742 c.p.c.).

(¹) *Articolo così sostituito dall'art. 155, L. 19 maggio 1975, n. 151, riforma del diritto di famiglia.*

(²) *A norma dell'art. 38, primo comma, att., la competenza appartiene al tribunale per i minorenni. L'art. 38 att. stabilisce che per i procedimenti di cui a questo articolo resta esclusa la competenza del tribunale per i minorenni nell'ipotesi in cui sia in corso, tra le stesse parti, giudizio di separazione o divorzio o giudizio ai sensi dell'articolo 316 c.c; in tale ipotesi per tutta la durata del processo la competenza, anche per i provvedimenti contemplati dalle disposizioni richiamate nel primo periodo, spetta al giudice ordinario.*

(³) *Le parole da: «ovvero l'allontanamento» sino alla fine del comma sono state aggiunte dall'art. 37, comma 2, della L. 28 marzo 2001, n. 149.*

334. Rimozione dall'amministrazione. – Quando il patrimonio del minore è male amministrato, il tribunale (38¹, 51 att.) può stabilire le condizioni a cui i genitori devono attenersi nell'amministrazione (337) o può rimuovere entrambi o uno solo di essi dall'amministrazione stessa e privarli, in tutto o in parte, dell'usufrutto legale (324).

L'amministrazione è affidata ad un curatore (78 c.p.c.), se è disposta la rimozione di entrambi i genitori.

335. Riammissione nell'esercizio dell'amministrazione. – Il genitore rimosso dall'amministrazione ed eventualmente privato dell'usufrutto legale (324, 334) può essere riammesso dal tribunale (38¹, 51 att.) nell'esercizio dell'una e nel godimento dell'altro, quando sono cessati i motivi che hanno provocato il provvedimento (336).

336. (¹) **Procedimento.** – I provvedimenti indicati negli articoli precedenti (330, 332, 333, 334, 335) sono adottati su ricorso (125, 737 c.p.c.) dell'altro genitore, dei parenti o del pubblico ministero e, quando si tratta di revocare deliberazioni anteriori, anche del genitore interessato.

Il tribunale provvede in camera di consiglio, assunte informazioni e sentito il pubblico ministero; dispone, inoltre, l'ascolto del figlio minore che abbia compiuto gli anni dodici e anche di età inferiore ove capace di discernimento. Nei casi in cui il provvedimento è richiesto contro il genitore, questi deve essere sentito (²).

In caso di urgente necessità il tribunale può adottare, anche d'ufficio, provvedimenti temporanei nell'interesse del figlio (330, 333).

Per i provvedimenti di cui ai commi precedenti, i genitori e il minore sono assistiti da un difensore, [anche a spese dello Stato nei casi previsti dalla legge] (3) (4).

(1) *Articolo così sostituito dall'art. 157, L. 19 maggio 1975, n. 151, riforma del diritto di famiglia.*

(2) *Questo comma è stato così sostituito dall'art. 52 del D.L.vo 28 dicembre 2013, n. 154, a decorrere dal trentesimo giorno successivo a quello della sua pubblicazione nella* Gazzetta Ufficiale *(G.U. n. 5 dell'8 gennaio 2014).*

(3) *Questo comma è stato aggiunto dall'art. 37, comma 3, della L. 28 marzo 2001, n. 149.*

(4) *Le parole fra parentesi quadrate sono state abrogate dall'art. 299 del D.P.R. 30 maggio 2002, n. 115.*

336 *bis*. (1) Ascolto del minore. – Il minore che abbia compiuto gli anni dodici e anche di età inferiore ove capace di discernimento è ascoltato dal presidente del tribunale o dal giudice delegato nell'ambito dei procedimenti nei quali devono essere adottati provvedimenti che lo riguardano. Se l'ascolto è in contrasto con l'interesse del minore, o manifestamente superfluo, il giudice non procede all'adempimento dandone atto con provvedimento motivato.

L'ascolto è condotto dal giudice, anche avvalendosi di esperti o di altri ausiliari. I genitori, anche quando parti processuali del procedimento, i difensori delle parti, il curatore speciale del minore, se già nominato, ed il pubblico ministero, sono ammessi a partecipare all'ascolto se autorizzati dal giudice, al quale possono proporre argomenti e temi di approfondimento prima dell'inizio dell'adempimento.

Prima di procedere all'ascolto il giudice informa il minore della natura del procedimento e degli effetti dell'ascolto. Dell'adempimento è redatto processo verbale nel quale è descritto il contegno del minore, ovvero è effettuata registrazione audio video.

(1) *Questo articolo è stato inserito dall'art. 53 del D.L.vo 28 dicembre 2013, n. 154, a decorrere dal trentesimo giorno successivo a quello della sua pubblicazione nella* Gazzetta Ufficiale *(G.U. n. 5 dell'8 gennaio 2014).*

337. Vigilanza del giudice tutelare. – Il giudice tutelare (344) deve vigilare sull'osservanza delle condizioni che il tribunale abbia stabilito per l'esercizio della responsabilità genitoriale (1) (333) e per l'amministrazione dei beni (334; 43 ss. att.).

(1) *La parola: «potestà» è stata così sostituita dalle attuali: «responsabilità genitoriale» dall'art. 54 del D.L.vo 28 dicembre 2013, n. 154, a decorrere dal trentesimo giorno successivo a quello della sua pubblicazione nella* Gazzetta Ufficiale *(G.U. n. 5 dell'8 gennaio 2014).*

Capo II
Esercizio della responsabilità genitoriale a seguito di separazione, scioglimento, cessazione degli effetti civili, annullamento, nullità del matrimonio ovvero all'esito di procedimenti relativi ai figli nati fuori del matrimonio (1)

(1) *Questo Capo è stato inserito dall'art. 7, comma 12, del D.L.vo 28 dicembre 2013, n. 154, a decorrere dal trentesimo giorno successivo a quello della sua pubblicazione nella* Gazzetta Ufficiale (G.U. *n. 5 dell'8 gennaio 2014*).

337 *bis*. (1) **Ambito di applicazione.** – In caso di separazione, scioglimento, cessazione degli effetti civili, annullamento, nullità del matrimonio e nei procedimenti relativi ai figli nati fuori del matrimonio si applicano le disposizioni del presente capo.

(1) *Questo articolo è stato inserito dall'art. 55 del D.L.vo 28 dicembre 2013, n. 154, a decorrere dal trentesimo giorno successivo a quello della sua pubblicazione nella* Gazzetta Ufficiale (G.U. *n. 5 dell'8 gennaio 2014*).

337 *ter*. (1) **Provvedimenti riguardo ai figli.** – Il figlio minore ha il diritto di mantenere un rapporto equilibrato e continuativo con ciascuno dei genitori, di ricevere cura, educazione, istruzione e assistenza morale da entrambi e di conservare rapporti significativi con gli ascendenti e con i parenti di ciascun ramo genitoriale.

Per realizzare la finalità indicata dal primo comma, nei procedimenti di cui all'articolo 337 *bis*, il giudice adotta i provvedimenti relativi alla prole con esclusivo riferimento all'interesse morale e materiale di essa. Valuta prioritariamente la possibilità che i figli minori restino affidati a entrambi i genitori oppure stabilisce a quale di essi i figli sono affidati, determina i tempi e le modalità della loro presenza presso ciascun genitore, fissando altresì la misura e il modo con cui ciascuno di essi deve contribuire al mantenimento, alla cura, all'istruzione e all'educazione dei figli. Prende atto, se non contrari all'interesse dei figli, degli accordi intervenuti tra i genitori. Adotta ogni altro provvedimento relativo alla prole, ivi compreso, in caso di temporanea impossibilità di affidare il minore ad uno dei genitori, l'affidamento familiare. All'attuazione dei provvedimenti relativi all'affidamento della prole provvede il giudice del merito e, nel caso di affidamento familiare, anche d'ufficio. A tal fine copia del provvedimento di affidamento è trasmessa, a cura del pubblico ministero, al giudice tutelare.

La responsabilità genitoriale è esercitata da entrambi i genitori. Le decisioni di maggiore interesse per i figli relative all'istruzione, all'educazione, alla salute e alla scelta della residenza abituale del minore sono assunte di comune accordo tenendo conto delle capacità, dell'inclinazione naturale e delle aspirazioni dei figli. In caso di disaccordo la decisione è rimessa al giudice. Limitatamente alle decisioni su questioni di ordinaria amministrazione, il giudice può stabilire che i genitori esercitino la responsabilità genitoriale separatamente. Qualora il genitore non si attenga alle condizioni dettate, il giudice valuterà detto comportamento anche al fine della modifica delle modalità di affidamento.

Salvo accordi diversi liberamente sottoscritti dalle parti, ciascuno dei genitori provvede al mantenimento dei figli in misura proporzionale al proprio reddito; il giudice stabilisce, ove necessario, la corresponsione di un assegno periodico al fine di realizzare il principio di proporzionalità, da determinare considerando:

1) le attuali esigenze del figlio.

2) il tenore di vita goduto dal figlio in costanza di convivenza con entrambi i genitori.

3) i tempi di permanenza presso ciascun genitore.

4) le risorse economiche di entrambi i genitori.

5) la valenza economica dei compiti domestici e di cura assunti da ciascun genitore.

L'assegno è automaticamente adeguato agli indici ISTAT in difetto di altro parametro indicato dalle parti o dal giudice.

Ove le informazioni di carattere economico fornite dai genitori non risultino sufficientemente documentate, il giudice dispone un accertamento della polizia tributaria sui redditi e sui beni oggetto della contestazione, anche se intestati a soggetti diversi.

(¹) *Questo articolo è stato inserito dall'art. 55 del D.L.vo 28 dicembre 2013, n. 154, a decorrere dal trentesimo giorno successivo a quello della sua pubblicazione nella* Gazzetta Ufficiale (G.U. *n. 5 dell'8 gennaio 2014*).

337 *quater*. (¹) **Affidamento a un solo genitore e opposizione all'affidamento condiviso.** – Il giudice può disporre l'affidamento dei figli ad uno solo dei genitori qualora ritenga con provvedimento motivato che l'affidamento all'altro sia contrario all'interesse del minore.

Ciascuno dei genitori può, in qualsiasi momento, chiedere l'affidamento esclusivo quando sussistono le condizioni indicate al primo comma. Il giudice, se accoglie la domanda, dispone l'affidamento esclusivo al genitore istante, facendo salvi, per quanto possibile, i diritti del minore previsti dal primo comma dell'articolo 337 *ter*. Se la domanda risulta manifestamente infondata, il giudice può considerare il comportamento del genitore istante ai fini della determinazione dei provvedimenti da adottare nell'interesse dei figli, rimanendo ferma l'applicazione dell'articolo 96 del codice di procedura civile.

Il genitore cui sono affidati i figli in via esclusiva, salva diversa disposizione del giudice, ha l'esercizio esclusivo della responsabilità genitoriale su di essi; egli deve attenersi alle condizioni determinate dal giudice. Salvo che non sia diversamente stabilito, le decisioni di maggiore interesse per i figli sono adottate da entrambi i genitori. Il genitore cui i figli non sono affidati ha il diritto ed il dovere di vigilare sulla loro istruzione ed educazione e può ricorrere al giudice quando ritenga che siano state assunte decisioni pregiudizievoli al loro interesse.

(1) *Questo articolo è stato inserito dall'art. 55 del D.L.vo 28 dicembre 2013, n. 154, a decorrere dal trentesimo giorno successivo a quello della sua pubblicazione nella* Gazzetta Ufficiale (G.U. *n. 5 dell'8 gennaio 2014*).

337 *quinquies*. (1) **Revisione delle disposizioni concernenti l'affidamento dei figli.** – I genitori hanno diritto di chiedere in ogni tempo la revisione delle disposizioni concernenti l'affidamento dei figli, l'attribuzione dell'esercizio della responsabilità genitoriale su di essi e delle eventuali disposizioni relative alla misura e alla modalità del contributo.

(1) *Questo articolo è stato inserito dall'art. 55 del D.L.vo 28 dicembre 2013, n. 154, a decorrere dal trentesimo giorno successivo a quello della sua pubblicazione nella* Gazzetta Ufficiale (G.U. *n. 5 dell'8 gennaio 2014*).

337 *sexies*. (1) **Assegnazione della casa familiare e prescrizioni in tema di residenza.** – Il godimento della casa familiare è attribuito tenendo prioritariamente conto dell'interesse dei figli. Dell'assegnazione il giudice tiene conto nella regolazione dei rapporti economici tra i genitori, considerato l'eventuale titolo di proprietà. Il diritto al godimento della casa familiare viene meno nel caso che l'assegnatario non abiti o cessi di abitare stabilmente nella casa familiare o conviva *more uxorio* o contragga nuovo matrimonio. Il provvedimento di assegnazione e quello di revoca sono trascrivibili e opponibili a terzi ai sensi dell'articolo 2643.

In presenza di figli minori, ciascuno dei genitori è obbligato a comunicare all'altro, entro il termine perentorio di trenta giorni, l'avvenuto cambiamento di residenza o di domicilio. La mancata comunicazione obbliga al risarcimento del danno eventualmente verificatosi a carico del coniuge o dei figli per la difficoltà di reperire il soggetto.

(1) *Questo articolo è stato inserito dall'art. 55 del D.L.vo 28 dicembre 2013, n. 154, a decorrere dal trentesimo giorno successivo a quello della sua pubblicazione nella* Gazzetta Ufficiale (G.U. *n. 5 dell'8 gennaio 2014*).

337 *septies*. ([1]) **Disposizioni in favore dei figli maggiorenni.** – Il giudice, valutate le circostanze, può disporre in favore dei figli maggiorenni non indipendenti economicamente il pagamento di un assegno periodico. Tale assegno, salvo diversa determinazione del giudice, è versato direttamente all'avente diritto.

Ai figli maggiorenni portatori di handicap grave si applicano integralmente le disposizioni previste in favore dei figli minori.

([1]) *Questo articolo è stato inserito dall'art. 55 del D.L.vo 28 dicembre 2013, n. 154, a decorrere dal trentesimo giorno successivo a quello della sua pubblicazione nella* Gazzetta Ufficiale (G.U. *n. 5 dell'8 gennaio 2014*).

Codice Civile

337 *octies*. ([1]) **Poteri del giudice e ascolto del minore.** – Prima dell'emanazione, anche in via provvisoria, dei provvedimenti di cui all'articolo 337 *ter*, il giudice può assumere, ad istanza di parte o d'ufficio, mezzi di prova. Il giudice dispone, inoltre, l'ascolto del figlio minore che abbia compiuto gli anni dodici e anche di età inferiore ove capace di discernimento. Nei procedimenti in cui si omologa o si prende atto di un accordo dei genitori, relativo alle condizioni di affidamento dei figli, il giudice non procede all'ascolto se in contrasto con l'interesse del minore o manifestamente superfluo.

Qualora ne ravvisi l'opportunità, il giudice, sentite le parti e ottenuto il loro consenso, può rinviare l'adozione dei provvedimenti di cui all'articolo 337 *ter* per consentire che i coniugi, avvalendosi di esperti, tentino una mediazione per raggiungere un accordo, con particolare riferimento alla tutela dell'interesse morale e materiale dei figli.

([1]) *Questo articolo è stato inserito dall'art. 55 del D.L.vo 28 dicembre 2013, n. 154, a decorrere dal trentesimo giorno successivo a quello della sua pubblicazione nella* Gazzetta Ufficiale (G.U. *n. 5 dell'8 gennaio 2014*).

338 - 341. (*Omissis*) ([1]).

([1]) *Articoli riguardanti le condizioni imposte alla madre superstite, il curatore del nascituro, le nuove nozze della madre, la responsabilità del nuovo marito, ora abrogati dall'art. 159, L. 19 maggio 1975, n. 151, riforma del diritto di famiglia.*

342. [**Nuove nozze del genitore non ariano.** – (*Omissis*)] ([1]).

([1]) *Articolo abrogato dall'art. 1, R.D.L. 20 gennaio 1944, n. 25 e dall'art. 3, D.L.vo Lgt. 14 settembre 1944, n. 287, provvedimenti relativi alla riforma della legislazione civile.*

Titolo IX *bis*
Ordini di protezione contro gli abusi familiari (1)

(1) *Questo titolo è stato inserito dall'art. 2 della L. 4 aprile 2001, n. 154. Si vedano gli artt. 5 e 8 della predetta legge, che così dispongono:*

«5. (Pericolo determinato da altri familiari). *1. Le norme di cui alla presente legge si applicano, in quanto compatibili, anche nel caso in cui la condotta pregiudizievole sia stata tenuta da altro componente del nucleo familiare diverso dal coniuge o dal convivente, ovvero nei confronti di altro componente del nucleo familiare diverso dal coniuge o dal convivente. In tal caso l'istanza è proposta dal componente del nucleo familiare in danno del quale è tenuta la condotta pregiudizievole».*

«8. (Ambito di applicazione). *1. Le disposizioni degli articoli 2 e 3 della presente legge non si applicano quando la condotta pregiudizievole è tenuta dal coniuge che ha proposto o nei confronti del quale è stata proposta domanda di separazione personale ovvero di scioglimento o di cessazione degli effetti civili del matrimonio se nel relativo procedimento si è svolta l'udienza di comparizione dei coniugi davanti al presidente prevista dall'articolo 706 del codice di procedura civile ovvero, rispettivamente, dall'articolo 4 della legge 1° dicembre 1970, n. 898, e successive modificazioni. In tal caso si applicano le disposizioni contenute, rispettivamente, negli articoli 706 e seguenti del codice di procedura civile e nella legge 1° dicembre 1970, n. 898, e successive modificazioni, e nei relativi procedimenti possono essere assunti provvedimenti aventi i contenuti indicati nell'articolo 342* ter *del codice civile.*

«2. L'ordine di protezione adottato ai sensi degli articoli 2 e 3 perde efficacia qualora sia successivamente pronunciata, nel procedimento di separazione personale o di scioglimento o cessazione degli effetti civili del matrimonio promosso dal coniuge istante o nei suoi confronti, l'ordinanza contenente provvedimenti temporanei ed urgenti prevista, rispettivamente, dall'articolo 708 del codice di procedura civile e dall'articolo 4 della legge 1° dicembre 1970, n. 898 e successive modificazioni».

342 *bis*. Ordini di protezione contro gli abusi familiari. – Quando la condotta del coniuge o di altro convivente è causa di grave pregiudizio all'integrità fisica o morale ovvero alla libertà dell'altro coniuge o convivente, il giudice, [qualora il fatto non costituisca reato perseguibile d'ufficio,] (1) su istanza di parte, può adottare con decreto uno o più dei provvedimenti di cui all'articolo 342 *ter*.

(1) *Le parole: «qualora il fatto non costituisca reato perseguibile d'ufficio,» sono state soppresse dall'art. 1 della L. 6 novembre 2003, n. 304.*

342 *ter*. (1) **Contenuto degli ordini di protezione.** – Con il decreto di cui all'articolo 342 *bis* il giudice ordina al coniuge o convivente, che ha tenuto la condotta pregiudizievole, la cessazione della stessa condotta e dispone l'allontanamento dalla casa familiare del coniuge o del convivente che ha tenuto la condotta pregiudizievole prescrivendogli altresì, ove occorra, di non avvicinarsi ai luoghi abitualmente frequentati dall'istante, ed in particolare al luogo di lavoro, al domicilio della famiglia d'origine, ovvero al domicilio di altri prossimi congiunti o di altre persone ed in prossimità dei luoghi di istruzione dei figli della coppia, salvo che questi non debba frequentare i medesimi luoghi per esigenze di lavoro.

Il giudice può disporre, altresì, ove occorra l'intervento dei servizi sociali del territorio o di un centro di mediazione familiare, nonché delle associazioni che abbiano come fine statutario il sostegno e l'accoglienza di donne e minori o di altri soggetti vittime di abusi e maltrattati; il pagamento periodico di un assegno a favore delle persone conviventi che, per effetto dei provvedimenti di cui al primo comma, rimangono prive di mezzi adeguati, fissando modalità e termini di versamento e prescrivendo, se del caso, che la somma sia versata direttamente all'avente diritto dal datore di lavoro dell'obbligato, detraendola dalla retribuzione allo stesso spettante.

Con il medesimo decreto il giudice, nei casi di cui ai precedenti commi, stabilisce la durata dell'ordine di protezione, che decorre dal giorno dell'avvenuta esecuzione dello stesso. Questa non può essere superiore a un anno (2) e può essere prorogata, su istanza di parte, soltanto se ricorrano gravi motivi per il tempo strettamente necessario.

Con il medesimo decreto il giudice determina le modalità di attuazione. Ove sorgano difficoltà o contestazioni in ordine all'esecuzione, lo stesso giudice provvede con decreto ad emanare i provvedimenti più opportuni per l'attuazione, ivi compreso l'ausilio della forza pubblica e dell'ufficiale sanitario.

(1) *Si veda l'art. 6 della L. 4 aprile 2001, n. 154, che si riporta*:

«6. (Sanzione penale). *1. Chiunque elude l'ordine di protezione previsto dall'articolo 342* ter *del codice civile, ovvero un provvedimento di eguale contenuto assunto nel procedimento di separazione personale dei coniugi o nel procedimento di scioglimento o di cessazione degli effetti civili del matrimonio è punito con la pena stabilita dall'articolo 388, primo comma, del codice penale. Si applica altresì l'ultimo comma del medesimo articolo 388 del codice penale*».

(2) *Le parole:«sei mesi» sono state così sostituite dalle attuali: «un anno» dall'art. 10 del D.L. 23 febbraio 2009, n. 11, convertito, con modificazioni, nella L. 23 aprile 2009, n. 38.*

Titolo X
Della tutela e dell'emancipazione

Capo I
Della tutela dei minori

343. Apertura della tutela. – Se entrambi i genitori sono morti o per altre cause (48 ss., 330) non possono esercitare la responsabilità genitoriale (1) dei genitori, si apre la tutela presso il tribunale del circondario dove è la sede principale degli affari e interessi del minore (43, 354).

Se il tutore è domiciliato o trasferisce il domicilio in altro circondario, la tutela può essere ivi trasferita (45) con decreto del tribunale (38, 46 att.).

(1) *La parola: «potestà» è stata così sostituita dalle attuali: «responsabilità genitoriale» dall'art. 56 del D.L.vo 28 dicembre 2013, n. 154, a decorrere dal trentesimo giorno successivo a quello della sua pubblicazione nella* Gazzetta Ufficiale *(G.U. n. 5 dell'8 gennaio 2014).*

Sezione I
Del giudice tutelare

344. Funzioni del giudice tutelare. – Presso ogni tribunale il giudice tutelare soprintende alle tutele e alle curatele ed esercita le altre funzioni affidategli dalla legge (43 ss. att.; 739 ss. c.p.c.).

Il giudice tutelare può chiedere l'assistenza degli organi della pubblica amministrazione e di tutti gli enti i cui scopi corrispondono alle sue funzioni (43 ss. att.).

Sezione II
Del tutore e del protutore

345. Denunzie al giudice tutelare. – L'ufficiale dello stato civile, che riceve la dichiarazione di morte di una persona la quale ha lasciato figli in età minore ovvero la dichiarazione di nascita di un figlio di genitori ignoti, e il notaio, che procede alla pubblicazione di un testamento (620, 621) contenente la designazione di un tutore (348) o di un protutore (360), devono darne notizia al giudice tutelare entro dieci giorni.

Il cancelliere, entro quindici giorni dalla pubblicazione o dal deposito in cancelleria, deve dare notizia al giudice tutelare delle decisioni dalle quali derivi l'apertura di una tutela.

I parenti entro il terzo grado (76) devono denunziare al giudice tutelare il fatto da cui deriva l'apertura della tutela entro dieci giorni da quello in cui ne hanno avuto notizia. La denunzia deve essere fatta anche dalla persona designata quale tutore (348) o protutore (360) entro dieci giorni da quello in cui ha avuto notizia della designazione.

346. Nomina del tutore e del protutore. – Il giudice tutelare (344), appena avuta notizia del fatto da cui deriva l'apertura della tutela (345), procede alla nomina del tutore e del protutore (348, 350, 354, 360, 361, 384, 389).

347. Tutela di più fratelli. – È nominato un solo tutore (348) a più fratelli e sorelle, salvo che particolari circostanze consiglino la nomina di più tutori. Se vi è conflitto di interessi tra minori soggetti alla stessa tutela, il giudice tutelare nomina ai minori un curatore speciale (78 c.p.c.).

348. Scelta del tutore. – Il giudice tutelare nomina tutore la persona designata dal genitore che ha esercitato per ultimo la responsabilità genitoriale (1) (316, 330, 331). La designazione può essere fatta per testamento (424[3], 587), per atto pubblico (2699) o per scrittura privata autenticata (2703).

Se manca la designazione ovvero se gravi motivi si oppongono alla nomina della persona designata, la scelta del tutore avviene preferibilmente tra gli ascendenti o tra gli altri prossimi parenti (74, 77) o affini (78) del minore, i quali, in quanto sia opportuno, devono essere sentiti (424).

Il giudice, prima di procedere alla nomina del tutore, dispone l'ascolto del minore che abbia compiuto gli anni dodici e anche di età inferiore ove capace di discernimento (2).

In ogni caso la scelta deve cadere su persona idonea all'ufficio, di ineccepibile condotta, la quale dia affidamento di educare e istruire il minore conformemente a quanto è prescritto nell'art. 147.

(*Omissis*) (3).

(1) *Le parole: «potestà dei genitori» sono state così sostituite dalle attuali: «responsabilità genitoriale» dall'art. 57, comma 1, lett.* a), *del D.L.vo 28 dicembre 2013, n. 154, a decorrere dal trentesimo giorno successivo a quello della sua pubblicazione nella* Gazzetta Ufficiale (G.U. *n. 5 dell'8 gennaio 2014).*

(2) *Questo comma è stato così sostituito dall'art. 57, comma 1, lett.* b), *del D.L.vo 28 dicembre 2013, n. 154, a decorrere dal trentesimo giorno successivo a quello della sua pubblicazione nella* Gazzetta Ufficiale (G.U. *n. 5 dell'8 gennaio 2014).*

(3) *Seguiva un ultimo comma, concernente la tutela dei cittadini di razza ariana, abrogato dall'art. 1, del R.D.L. 20 gennaio 1944, n. 25, riguardante i cittadini di razza ebraica, e dall'art. 3, D.L.vo Lgt. 14 settembre 1944, n. 287, provvedimenti relativi alla riforma della legislazione civile.*

349. Giuramento del tutore. – Il tutore, prima di assumere l'ufficio, presta davanti al giudice tutelare giuramento di esercitarlo con fedeltà e diligenza (353).

350. Incapacità all'ufficio tutelare. – Non possono essere nominati tutori (407) e, se sono stati nominati, devono cessare dall'ufficio (393):

1) coloro che non hanno la libera amministrazione del proprio patrimonio;

2) coloro che sono stati esclusi dalla tutela per disposizione scritta del genitore il quale per ultimo ha esercitato la responsabilità genitoriale (348) (1);

3) coloro che hanno o sono per avere o dei quali gli ascendenti, i discendenti o il coniuge hanno o sono per avere col minore una lite, per effetto della quale può essere pregiudicato lo stato del minore o una parte notevole del patrimonio di lui;

4) coloro che sono incorsi nella perdita (19, 32, 34, 541, 569 c.p.) della responsabilità genitoriale (1) o nella decadenza (330) da essa, o sono stati rimossi da altra tutela (384);

5) il fallito che non è stato cancellato dal registro dei falliti (50, 142 l. fall.).

(1) *Le parole: «potestà dei genitori» sono state così sostituite dalle attuali: «responsabilità genitoriale» dall'art. 58 del D.L.vo 28 dicembre 2013, n. 154, a decorrere dal trentesimo giorno successivo a quello della sua pubblicazione nella* Gazzetta Ufficiale *(G.U. n. 5 dell'8 gennaio 2014).*

351. Dispensa dall'ufficio tutelare. – Sono dispensati dall'ufficio di tutore:

1) (*Omissis*) (1);

2) il Presidente del Consiglio dei ministri;

3) i membri del Sacro Collegio;

4) i Presidenti delle Assemblee legislative;

5) i Ministri Segretari di Stato.

Le persone indicate nei numeri 2, 3, 4 e 5 possono far noto al giudice tutelare che non intendono valersi della dispensa.

(1) *Il n. 1) è implicitamente abrogato a seguito della caduta della monarchia; si riferiva ai Principi della famiglia reale.*

352. Dispensa su domanda. – Hanno diritto di essere dispensati su loro domanda (353) dall'assumere o dal continuare l'esercizio della tutela:

1) i grandi ufficiali dello Stato non compresi nell'articolo precedente;

2) gli arcivescovi, i vescovi e i ministri del culto aventi cura d'anime;

3) [le donne] (1);

4) i militari in attività di servizio;

5) chi ha compiuto gli anni sessantacinque;

6) chi ha più di tre figli minori;

7) chi esercita altra tutela;

8) chi è impedito di esercitare la tutela da infermità permanente;

9) chi ha missione dal Governo fuori della Repubblica o risiede per ragioni di pubblico servizio fuori della circoscrizione del tribunale dove è costituita la tutela.

(¹) *Numero abrogato dall'art. 161, L. 19 maggio 1975, n. 151, riforma del diritto di famiglia.*

353. Domanda di dispensa. – La domanda di dispensa per le cause indicate nell'articolo precedente deve essere presentata al giudice tutelare (344) prima della prestazione del giuramento (349), salvo che la causa di dispensa sia sopravvenuta.

Il tutore è tenuto ad assumere e a mantenere l'ufficio fino a quando la tutela non sia stata conferita ad altra persona (360).

354. Tutela affidata a enti di assistenza. – La tutela dei minori, che non hanno nel luogo del loro domicilio parenti conosciuti o capaci di esercitare l'ufficio del tutore, può essere deferita dal giudice tutelare (344; 43 att.) a un ente di assistenza nel comune dove ha domiciliato il minore (43) o all'ospizio in cui questi è ricoverato. L'amministrazione dell'ente o dell'ospizio delega uno dei propri membri a esercitare le funzioni di tutela (402).

È tuttavia in facoltà del giudice tutelare (344) di nominare un tutore al minore quando la natura o l'entità dei beni o altre circostanze lo richiedano (346 ss. 43 att.).

355. Protutore. – Sono applicabili al protutore le disposizioni stabilite per il tutore in questa sezione (360).

Non si nomina il protutore nei casi contemplati nel primo comma dell'art. 354.

356. Donazione o disposizione testamentaria a favore del minore. – Chi fa una donazione (769) o dispone con testamento (587) a favore di un minore, anche se questi è soggetto alla responsabilità genitoriale (¹), può nominargli un curatore speciale per l'amministrazione dei beni donati o lasciati (366).

Se il donante o il testatore non ha disposto altrimenti, il curatore speciale deve osservare le forme stabilite dagli articoli 374 e 375 per il compimento di atti eccedenti l'ordinaria amministrazione (1572).

Si applica in ogni caso al curatore speciale l'art. 384 (78 ss. c.p.c.).

(¹) *Le parole: «potestà dei genitori» sono state così sostituite dalle attuali: «responsabilità genitoriale» dall'art. 59 del D.L.vo 28 dicembre 2013, n. 154, a decorrere dal trentesimo giorno successivo a quello della sua pubblicazione nella* Gazzetta Ufficiale *(G.U. n. 5 dell'8 gennaio 2014).*

Sezione III
Dell'esercizio della tutela

357. Funzioni del tutore. – Il tutore ha la cura della persona del minore (45, 2048), lo rappresenta in tutti gli atti civili e ne amministra i beni (362, 372, 379, 381; 46 att.).

358. Doveri del minore. – Il minore deve rispetto e obbedienza al tutore. Egli non può abbandonare la casa o l'istituto al quale è stato destinato, senza il permesso del tutore (318).

Qualora se ne allontani senza permesso, il tutore ha diritto di richiamarvelo, ricorrendo, se è necessario, al giudice tutelare (344; 43, 45 att.).

359. [**Cattiva condotta del minore.** – (*Omissis*)] ([1]).

([1]) *Articolo abrogato dall'art. 162, L. 19 maggio 1975, n. 151, riforma del diritto di famiglia.*

360. Funzioni del protutore. – Il protutore (346, 355, 363, 371) rappresenta il minore nei casi in cui l'interesse di questo è in opposizione con l'interesse del tutore (320^{6}, 380, 382, 386).

Se anche il protutore si trova in opposizione d'interessi col minore, il giudice tutelare nomina un curatore speciale (360; 78 c.p.c.).

Il protutore è tenuto a promuovere la nomina di un nuovo tutore nel caso in cui il tutore è venuto a mancare o ha abbandonato l'ufficio. Frattanto egli ha cura della persona del minore, lo rappresenta (357) e può fare tutti gli atti conservativi (669 *bis* ss. c.p.c.) e gli atti urgenti di amministrazione (371 ss.).

361. Provvedimenti urgenti. – Prima che il tutore o il protutore abbia assunto le proprie funzioni, spetta al giudice tutelare (344) di dare, sia d'ufficio sia su richiesta del pubblico ministero, di un parente (74) o di un affine (78) del minore, i provvedimenti urgenti che possono occorrere per la cura del minore o per conservare e amministrare il patrimonio (369^{2}, 370, 375). Il giudice può procedere, occorrendo, all'apposizione dei sigilli, nonostante qualsiasi dispensa (43, 45 att.; 752 c.p.c.).

362. Inventario. – Il tutore, nei dieci giorni successivi a quello in cui ha avuto legalmente notizia della sua nomina, deve procedere all'inventario (363 ss.) dei beni del minore, nonostante qualsiasi dispensa (370; 46 att.).

L'inventario deve essere compiuto nel termine di trenta giorni, salva al giudice tutelare la facoltà di prorogare il termine se le circostanze lo esigono.

363. Formazione dell'inventario. – L'inventario si fa col ministero del cancelliere del tribunale o di un notaio a ciò delegato dal giudice tutelare (344), con l'intervento del protutore (360) e, se è possibile, anche del minore che abbia compiuto gli anni sedici, e con l'assistenza di due testimoni scelti preferibilmente fra i parenti o gli amici della famiglia (769 c.p.c.; 46 att.).

Il giudice (344) può consentire che l'inventario sia fatto senza ministero di cancelliere o di notaio, se il valore presumibile del patrimonio non eccede gli € 7,75 (367²).

L'inventario è depositato presso il tribunale.

Nel verbale di deposito il tutore e il protutore ne dichiarano con giuramento la sincerità.

364. Contenuto dell'inventario. – Nell'inventario si indicano gli immobili, i mobili (812 ss.), i crediti e i debiti e si descrivono le carte, note e scritture relative allo stato attivo e passivo del patrimonio, osservando le formalità stabilite nel codice di procedura civile (389; 769 ss. c.p.c.).

365. Inventario di aziende. – Se nel patrimonio del minore esistono aziende commerciali (2195, 2555) o agricole (2135), si procede con le forme usate nel commercio o nell'economia agraria alla formazione dell'inventario (366) dell'azienda (2214 ss.), con l'assistenza e l'intervento delle persone indicate nell'art. 363. Questi particolari inventari sono pure depositati presso il tribunale e il loro riepilogo è riportato nell'inventario generale (371 n. 3, 389).

366. Beni amministrati da curatore speciale. – Il tutore deve comprendere nell'inventario generale del patrimonio del minore anche i beni, la cui amministrazione è stata deferita a un curatore speciale (356; 78 c.p.c.). Se questi ha formato un inventario particolare di tali beni, deve rimetterne copia al tutore, il quale lo unirà all'inventario generale.

Il curatore deve anche comunicare al tutore copia dei conti periodici della sua amministrazione, salvo che il disponente lo abbia esonerato.

367. Dichiarazione di debiti o crediti del tutore. – Il tutore, che ha debiti, crediti o altre ragioni verso il minore, deve esattamente dichiararli prima della chiusura dell'inventario. Il cancelliere o il notaio hanno l'obbligo di interpellarlo al riguardo (368).

Nel caso d'inventario senza opera di cancelliere o di notaio (363²), il tutore è interpellato dal giudice tutelare (344) all'atto del deposito.

In ogni caso si fa menzione dell'interpellazione e della dichiarazione del tutore nell'inventario o nel verbale di deposito (368).

368. Omissione della dichiarazione. – Se il tutore, conoscendo il suo credito o le sue ragioni, espressamente interpellato non li ha dichiarati (367), decade da ogni suo diritto.

Qualora, sapendo di essere debitore, non abbia dichiarato fedelmente il proprio debito, può essere rimosso dalla tutela (384).

369. Deposito di titoli e valori. – Il tutore deve depositare il denaro, i titoli di credito al portatore (2003) e gli oggetti preziosi esistenti nel patrimonio del minore presso un istituto di credito designato dal giudice tutelare (344), salvo che questi disponga diversamente per la loro custodia.

Non è tenuto a depositare le somme occorrenti per le spese urgenti di mantenimento e di educazione del minore e per le spese di amministrazione (361).

370. Amministrazione prima dell'inventario. – Prima che sia compiuto l'inventario (362 ss.), l'amministrazione del tutore deve limitarsi agli affari che non ammettono dilazione (361).

371. Provvedimenti circa l'educazione e l'amministrazione. – Compiuto l'inventario, il giudice tutelare (344), su proposta del tutore e sentito il protutore (360), delibera (38, 43 att.):

1) sul luogo dove il minore deve essere cresciuto e sul suo avviamento agli studi o all'esercizio di un'arte, mestiere o professione, disposto l'ascolto dello stesso minore che abbia compiuto gli anni dieci e anche di età inferiore ove capace di discernimento e richiesto, quando opportuno, l'avviso dei parenti prossimi (1);

2) sulla spesa annua occorrente per il mantenimento e l'istruzione del minore e per l'amministrazione del patrimonio, fissando i modi di impiego del reddito eccedente;

3) sulla convenienza di continuare ovvero alienare o liquidare le aziende commerciali (2195, 2555), che si trovano nel patrimonio del minore (365), e sulle relative modalità e cautele (2294).

Nel caso in cui il giudice stimi evidentemente utile per il minore la continuazione dell'esercizio dell'impresa, il tutore deve domandare l'autorizzazione del tribunale (38[1] att.). In pendenza della deliberazione del tribunale il giudice tutelare (344) può consentire l'esercizio provvisorio dell'impresa (2198; 208 trans.; 90 l. fall.).

(1) *Questo numero è stato così sostituito dall'art. 60 del D.L.vo 28 dicembre 2013, n. 154, a decorrere dal trentesimo giorno successivo a quello della sua pubblicazione nella Gazzetta Ufficiale (G.U. n. 5 dell'8 gennaio 2014).*

372. Investimento di capitali. – I capitali del minore devono, previa autorizzazione del giudice tutelare (344; 43, 45 att.), essere dal tutore investiti:

1) in titoli dello Stato o garantiti dallo Stato;

2) nell'acquisto di beni immobili posti nella Repubblica;

3) in mutui (1813) garantiti da idonea ipoteca (2808) sopra beni posti nella Repubblica, o in obbligazioni emesse da pubblici istituti autorizzati a esercitare il credito fondiario;

4) in depositi (1834) fruttiferi presso le casse postali o presso altre casse di risparmio o monti di credito su pegno. Il giudice, sentito il tutore e il protutore, può autorizzare il deposito presso altri istituti di credito, ovvero, per motivi particolari, un investimento diverso da quelli sopra indicati (43, 45 att.).

373. Titoli al portatore. – Se nel patrimonio del minore si trovano titoli al portatore (2003), il tutore deve farli convertire in nominativi (1999, 2021), salvo che il giudice tutelare (344) disponga che siano depositati in cauta custodia (369; 45 att.).

374. Autorizzazione del giudice tutelare. – Il tutore non può senza l'autorizzazione del giudice tutelare (344, 377; 43, 45 att.):

1) acquistare beni, eccettuati i mobili necessari per l'uso del minore, per l'economia domestica e per l'amministrazione del patrimonio;

2) riscuotere capitali, consentire alla cancellazione di ipoteche (2883, 2885) o allo svincolo di pegni (2794), assumere obbligazioni, salvo che queste riguardino le spese necessarie per il mantenimento del minore e per l'ordinaria amministrazione del suo patrimonio;

3) accettare eredità (471) o rinunciarvi (519 ss.), accettare donazioni (782 ss., 793 ss.) o legati (649^1, 671) soggetti a pesi o a condizioni (668, 671);

4) fare contratti di locazione d'immobili oltre il novennio (1572) o che in ogni caso si prolunghino oltre un anno dopo il raggiungimento della maggiore età;

5) promuovere giudizi, salvo che si tratti di denunzie di nuova opera (1171; 688 ss. c.p.c.) o di danno temuto (1172; 688 ss. c.p.c.), di azioni possessorie (1168 ss.) o di sfratto (657 ss. c.p.c.) e di azioni per riscuotere frutti o per ottenere provvedimenti conservativi (669 *bis* ss. c.p.c.).

375. Autorizzazione del tribunale. - Il tutore (394) non può senza l'autorizzazione del tribunale (732 c.p.c.; 38 att.):

1) alienare beni, eccettuati i frutti (820) e i mobili soggetti a facile deterioramento;

2) costituire pegni (2784) o ipoteche (2808, 2821, 2860);

3) procedere a divisioni o promuovere i relativi giudizi (713 ss., 1111; 784 c.p.c.);

4) fare compromessi (806 c.p.c.) e transazioni (1965) o accettare concordati (127, 128, 160 l. fall.).

L'autorizzazione è data su parere del giudice tutelare (344, 377; 732 c.p.c.).

376. Vendita di beni. – Nell'autorizzare la vendita di beni (375 n. 1), il tribunale determina se debba farsi all'incanto o a trattative private, fissandone in ogni caso il prezzo minimo (38, 45 att.; 733, 734 c.p.c.).

Quando nel dare l'autorizzazione il tribunale non ha stabilito il modo di erogazione o di reimpiego del prezzo, lo stabilisce il giudice tutelare (344).

377. Atti compiuti senza l'osservanza delle norme dei precedenti articoli. – Gli atti compiuti senza osservare le norme dei precedenti articoli possono essere annullati su istanza del tutore o del minore o dei suoi eredi o aventi causa (799, 1425, 1441).

378. Atti vietati al tutore e al protutore. – Il tutore o il protutore (360) non possono (396^2), neppure all'asta pubblica (503 c.p.c.), rendersi acquirenti direttamente o per interposta persona (599) dei beni e dei diritti del minore (1471 n. 3).

Non possono prendere in locazione (1571 ss.) i beni del minore senza l'autorizzazione e le cautele fissate dal giudice tutelare (344; 43, 45 att.).

Gli atti compiuti in violazione di questi divieti possono essere annullati (1441 ss.) su istanza delle persone indicate nell'articolo precedente, ad eccezione del tutore e del protutore che li hanno compiuti (387, 388, 1425).

Il tutore e il protutore non possono neppure diventare cessionari di alcuna ragione o credito verso il minore (596, 1268).

379. Gratuità della tutela. – L'ufficio tutelare è gratuito (381).

Il giudice tutelare (344) tuttavia, considerando l'entità del patrimonio e le difficoltà dell'amministrazione, può assegnare al tutore un'equa indennità. Può altresì, se particolari circostanze lo richiedono, sentito il protutore (360), autorizzare il tutore a farsi coadiuvare nell'amministrazione, sotto la sua personale responsabilità, da una o più persone stipendiate (43 att.).

380. Contabilità dell'amministrazione. – Il tutore deve tenere regolare contabilità della sua amministrazione e renderne conto ogni anno al giudice tutelare (344, 385; 46 att.).

Il giudice può sottoporre il conto annuale all'esame del protutore (360) e di qualche prossimo parente (74 ss.) o affine del minore (78).

381. Cauzione. – Il giudice tutelare, tenuto conto della particolare natura ed entità del patrimonio, può imporre al tutore di prestare una cauzione, determinandone l'ammontare e le modalità (357).

Egli può anche liberare il tutore in tutto o in parte dalla cauzione che avesse prestata.

382. Responsabilità del tutore e del protutore. – Il tutore deve amministrare il patrimonio del minore con la diligenza del buon padre di famiglia (384, 1176). Egli risponde verso il minore di ogni danno a lui cagionato violando i propri doveri (357).

Nella stessa responsabilità incorre il protutore (360) per ciò che riguarda i doveri del proprio ufficio (2941 n. 3).

Sezione IV
Della cessazione del tutore dall'ufficio

383. Esonero dall'ufficio. – Il giudice tutelare (344) può sempre esonerare il tutore dall'ufficio (43 att.), qualora l'esercizio di esso sia al tutore soverchiatamente gravoso e vi sia altra persona atta a sostituirlo (352).

384. Rimozione e sospensione del tutore. – Il giudice tutelare (344) può rimuovere dall'ufficio (368^2) il tutore che si sia reso colpevole di negligenza (382) o abbia abusato dei suoi poteri, o si sia dimostrato inetto all'adempimento di essi, o sia divenuto immeritevole dell'ufficio per atti anche estranei alla tutela, ovvero sia divenuto insolvente (350 nn. 4 e 5, 368, 402).

Il giudice non può rimuovere il tutore se non dopo averlo sentito o citato; può tuttavia sospenderlo dall'esercizio della tutela nei casi che non ammettono dilazione (43 att.).

Sezione V
Del rendimento del conto finale

385. Conto finale. – Il tutore che cessa dalle funzioni (383, 384) deve fare subito la consegna dei beni e deve presentare nel termine di due mesi il conto finale dell'amministrazione al giudice tutelare. Questi può concedere una proroga (263 c.p.c.; 46 att.).

386. Approvazione del conto. – Il giudice tutelare invita il protutore (360), il minore divenuto maggiore o emancipato (390 ss.), ovvero, secondo le circostanze, il nuovo rappresentante legale a esaminare il conto e a presentare le loro osservazioni (388).

Se non vi sono osservazioni, il giudice che non trova nel conto irregolarità o lacune lo approva (295); in caso contrario nega l'approvazione.

Qualora il conto non sia stato presentato o sia impugnata la decisione del giudice tutelare, provvede l'autorità giudiziaria nel contradditorio degli interessati (389; 38, 43, 45 att.).

387. Prescrizione delle azioni relative alla tutela. – Le azioni del minore contro il tutore e quelle del tutore contro il minore relative alla tutela si prescrivono (2941 n. 3, 2946) in cinque anni dal compimento della maggiore età (2) o dalla morte del minore. Se il tutore ha cessato dall'ufficio e ha presentato il conto prima della maggiore età o della morte del minore, il termine decorre dalla data del provvedimento col quale il giudice tutelare pronunzia sul conto stesso.

Le disposizioni di quest'articolo non si applicano all'azione per il pagamento del residuo che risulta dal conto definitivo (2946).

388. Divieto di convenzioni prima dell'approvazione del conto. – Nessuna convenzione tra il tutore e il minore divenuto maggiore può aver luogo prima che sia decorso un anno dall'approvazione ([1]) del conto (386) della tutela (295, 596, 779).

La convenzione può essere annullata su istanza del minore o dei suoi eredi o aventi causa (378, 1425, 1441 ss.).

([1]) *Le originarie parole: «prima dell'approvazione» sono state così sostituite dall'art. 3, comma 2, della L. 9 gennaio 2004, n. 6, a decorrere dal sessantesimo giorno dalla pubblicazione sulla* Gazzetta Ufficiale, *avvenuta il 19 gennaio 2004.*

389. Registro delle tutele. – Nel registro delle tutele (47, 48 att.), istituito presso ogni giudice tutelare (344), sono iscritti a cura del cancelliere l'apertura e la chiusura della tutela, la nomina, l'esonero e la rimozione del tutore e del protutore, le risultanze degli inventari (363, 365) e dei rendiconti (385) e tutti i provvedimenti che portano modificazione nello stato personale o patrimoniale del minore.

Dell'apertura e della chiusura della tutela il cancelliere dà comunicazione entro dieci giorni all'ufficiale dello stato civile per l'annotazione in margine all'atto di nascita del minore.

Capo II
Dell'emancipazione

390. Emancipazione di diritto. – Il minore è di diritto emancipato col matrimonio (84, 90, 165, 392).

391. [**Emancipazione con provvedimento del giudice tutelare.** – (*Omissis*)] (1).

(1) *Articolo abrogato dall'art. 6, L. 8 marzo 1975, n. 39, attribuzione della maggiore età.*

392. Curatore dell'emancipato. – Curatore del minore sposato con persona maggiore di età è il coniuge.

Se entrambi i coniugi sono minori di età (2), il giudice tutelare (344) può nominare un unico curatore, scelto preferibilmente fra i genitori.

Se interviene l'annullamento per una causa diversa dall'età (117 ss.), o lo scioglimento o la cessazione degli effetti civili del matrimonio (149) o la separazione personale (150 ss.), il giudice tutelare (344) nomina (43, 45 att.) curatore uno dei genitori, se idoneo all'ufficio, o, in mancanza, altra persona. Nel caso in cui il minore contrae successivamente matrimonio, il curatore lo assiste altresì negli atti previsti nell'articolo 165.

393. Incapacità o rimozione del curatore. – Sono applicabili al curatore le disposizioni degli articoli 348, ultimo comma (1), 350 e 384.

(1) *L'ultimo comma dell'art. 348 è stato abrogato dall'art. 1, R.D.L. 20 gennaio 1944, n. 25 e dall'art. 3, D.L.vo Lgt. 14 settembre 1944, n. 287.*

394. Capacità dell'emancipato. – L'emancipazione conferisce al minore la capacità di compiere gli atti che non eccedono l'ordinaria amministrazione (320, 374, 397, 472, 1572; 807^2 c.p.c.).

Il minore emancipato può con l'assistenza del curatore riscuotere i capitali sotto la condizione di un idoneo impiego e può stare in giudizio sia come attore sia come convenuto (75 c.p.c.).

Per gli altri atti eccedenti l'ordinaria amministrazione (374), oltre il consenso del curatore (395), è necessaria l'autorizzazione del giudice tutelare (344). Per gli atti indicati nell'art. 375 l'autorizzazione, se curatore non è il genitore, deve essere data dal tribunale (38^3 att.) su parere del giudice tutelare (397).

Qualora nasca conflitto di interessi fra il minore e il curatore, è nominato un curatore speciale a norma dell'ultimo comma dell'art. 320 (395, 396; 38, 45 att.; 732 c.p.c.).

395. Rifiuto del consenso da parte del curatore. – Nel caso in cui il curatore rifiuta il suo consenso, il minore può ricorrere al giudice tutelare (344), il quale, se stima ingiustificato il rifiuto, nomina un curatore speciale (320; 78 c.p.c.) per assistere il minore nel compimento dell'atto, salva, se occorre (394^3), l'autorizzazione del tribunale (38, 43, 45 att.).

396. Inosservanza delle precedenti norme. – Gli atti compiuti senza osservare le norme stabilite nell'art. 394 possono essere annullati su istanza del minore o dei suoi eredi o aventi causa (1441 ss.).

Sono applicabili al curatore le disposizioni dell'art. 378.

397. Emancipato autorizzato all'esercizio di un'impresa commerciale. – Il minore emancipato può esercitare un'impresa commerciale (2195) senza l'assistenza del curatore, se è autorizzato dal tribunale (38^3 att.), previo parere del giudice tutelare (344) e sentito il curatore (394, 2198; 38 att.).

L'autorizzazione può essere revocata dal tribunale su istanza del curatore o d'ufficio, previo, in entrambi i casi, il parere del giudice tutelare e sentito il minore emancipato.

Il minore emancipato, che è autorizzato all'esercizio di un'impresa commerciale, può compiere da solo gli atti che eccedono l'ordinaria amministrazione (374), anche se estranei all'esercizio dell'impresa (394, 774, 2294).

398 - 399. (*Omissis*) (1).

(1) *Articoli riguardanti la revoca dell'emancipazione e la pubblicità; ora abrogati dall'art. 6 L. 8 marzo 1975, n. 39, attribuzione della maggiore età.*

Titolo XI
Dell'affiliazione e dell'affidamento (1)

(1) *Gli originari artt. 404-413 riguardanti l'affidamento dei minori e l'affiliazione, sono stati abrogati dall'art. 77, L. 4 maggio 1983, n. 184, disciplina dell'adozione e dell'affidamento dei minori, che ha dettato anche le disposizioni transitorie.*

400. Norme regolatrici dell'assistenza dei minori. – L'assistenza dei minori è regolata, oltre che dalle leggi speciali, dalle norme del presente titolo (31 Cost.; 344[2]; 46 att.).

401. Limiti di applicazione delle norme. – Le disposizioni del presente titolo si applicano anche ai minori che sono figli di genitori non conosciuti, ovvero figli di genitori che si trovino (1) nell'impossibilità di provvedere al loro mantenimento (2).

Le stesse disposizioni si applicano ai minori ricoverati in un istituto di pubblica assistenza o assistiti da questo per il mantenimento, l'educazione o la rieducazione, ovvero in istato di abbandono materiale o morale.

(1) *Le parole: «figli naturali riconosciuti dalla sola madre che si trovi» sono state così sostituite dalle attuali: «figli di genitori che si trovino» dall'art. 61 del D.L.vo 28 dicembre 2013, n. 154, a decorrere dal trentesimo giorno successivo a quello della sua pubblicazione nella* Gazzetta Ufficiale (G.U. *n. 5 dell'8 gennaio 2014*).

(2) *La parola: «allevamento» è stata così sostituita dall'attuale: «mantenimento» dall'art. 61 del D.L.vo 28 dicembre 2013, n. 154, a decorrere dal trentesimo giorno successivo a quello della sua pubblicazione nella* Gazzetta Ufficiale (G.U. *n. 5 dell'8 gennaio 2014*).

402. Poteri tutelari spettanti agli istituti di assistenza. – L'istituto di pubblica assistenza esercita i poteri tutelari sul minore ricoverato o assistito, secondo le norme del titolo X, capo I di questo libro (343 ss.), fino a quando non si provveda alla nomina di un tutore (348), e in tutti i casi nei quali l'esercizio della responsabilità genitoriale (1) o della tutela sia impedito (317, 330, 384). Resta salva la facoltà del giudice tutelare di deferire la tutela all'ente di assistenza o all'ospizio, ovvero di nominare un tutore a norma dell'art. 354.

Nel caso in cui il genitore riprende l'esercizio della responsabilità genitoriale (1), l'istituto deve chiedere al giudice tutelare di fissare eventualmente limiti o condizioni a tale esercizio (332, 338[1], 406[2], 411).

(1) *Le parole: «potestà dei genitori» sono state così sostituite dalle attuali: «responsabilità genitoriale» dall'art. 62 del D.L.vo 28 dicembre 2013, n. 154, a decorrere dal trentesimo giorno successivo a quello della sua pubblicazione nella* Gazzetta Ufficiale (G.U. *n. 5 dell'8 gennaio 2014*).

403. Intervento della pubblica autorità a favore dei minori. – Quando il minore è moralmente o materialmente abbandonato o è allevato in locali insalubri o pericolosi, oppure da persone per negligenza, immoralità, ignoranza o per altri motivi incapaci di provvedere alla educazione di lui, la pubblica autorità, a mezzo degli organi di protezione dell'infanzia, lo colloca in luogo sicuro, sino a quando si possa provvedere in modo definitivo alla sua protezione.

Titolo XII
Delle misure di protezione delle persone prive in tutto od in parte di autonomia ([1]) ([2])

([1]) *Questa rubrica è stata così sostituita dall'art. 2 della L. 9 gennaio 2004, n. 6, a decorrere dal sessantesimo giorno dalla pubblicazione sulla* Gazzetta Ufficiale, *avvenuta il 19 gennaio 2004.*

([2]) *Si veda il* Capo *I della legge 9 gennaio 2004, n. 6 intitolato «FINALITÀ DELLA LEGGE», del cui art. 1 si riporta il testo:*

«Art. 1. *1. La presente legge ha la finalità di tutelare, con la minore limitazione possibile della capacità di agire, le persone prive in tutto o in parte di autonomia nell'espletamento delle funzioni della vita quotidiana, mediante interventi di sostegno temporaneo o permanente*».

Capo I
Dell'amministrazione di sostegno ([1])

([1]) *Questo capo è stato inserito dall'art. 3 della L. 9 gennaio 2004, n. 6, a decorrere dal sessantesimo giorno dalla pubblicazione sulla* Gazzetta Ufficiale, *avvenuta il 19 gennaio 2004. Gli originari artt. 404-413 erano stati abrogati dall'art. 77 della legge 4 maggio 1983, n. 184.*

404. ([1]) **Amministrazione di sostegno.** – La persona che, per effetto di una infermità ovvero di una menomazione fisica o psichica, si trova nella impossibilità, anche parziale o temporanea, di provvedere ai propri interessi, può essere assistita da un amministratore di sostegno, nominato dal giudice tutelare del luogo in cui questa ha la residenza o il domicilio.

([1]) *Si veda la nota* ([1]) *al Capo I.*

405. ([1]) **Decreto di nomina dell'amministratore di sostegno. Durata dell'incarico e relativa pubblicità.** – Il giudice tutelare provvede entro sessanta giorni dalla data di presentazione della richiesta alla nomina dell'amministratore di sostegno con decreto motivato immediatamente esecutivo, su ricorso di uno dei soggetti indicati nell'articolo 406.

Il decreto che riguarda un minore non emancipato può essere emesso solo nell'ultimo anno della sua minore età e diventa esecutivo a decorrere dal momento in cui la maggiore età è raggiunta.

Se l'interessato è un interdetto o un inabilitato, il decreto è esecutivo dalla pubblicazione della sentenza di revoca dell'interdizione o dell'inabilitazione.

Qualora ne sussista la necessità, il giudice tutelare adotta anche d'ufficio i provvedimenti urgenti per la cura della persona interessata e per la conservazione e l'amministrazione del suo patrimonio. Può procedere alla nomina di un amministratore di sostegno provvisorio indicando gli atti che è autorizzato a compiere.

Il decreto di nomina dell'amministratore di sostegno deve contenere l'indicazione:

1) delle generalità della persona beneficiaria e dell'amministratore di sostegno;

2) della durata dell'incarico, che può essere anche a tempo indeterminato;

3) dell'oggetto dell'incarico e degli atti che l'amministratore di sostegno ha il potere di compiere in nome e per conto del beneficiario;

4) degli atti che il beneficiario può compiere solo con l'assistenza dell'amministratore di sostegno;

5) dei limiti, anche periodici, delle spese che l'amministratore di sostegno può sostenere con utilizzo delle somme di cui il beneficiario ha o può avere la disponibilità;

6) della periodicità con cui l'amministratore di sostegno deve riferire al giudice circa l'attività svolta e le condizioni di vita personale e sociale del beneficiario.

Se la durata dell'incarico è a tempo determinato, il giudice tutelare può prorogarlo con decreto motivato pronunciato anche d'ufficio prima della scadenza del termine.

Il decreto di apertura dell'amministrazione di sostegno, il decreto di chiusura ed ogni altro provvedimento assunto dal giudice tutelare nel corso dell'amministrazione di sostegno devono essere immediatamente annotati a cura del cancelliere nell'apposito registro.

Il decreto di apertura dell'amministrazione di sostegno e il decreto di chiusura devono essere comunicati, entro dieci giorni, all'ufficiale dello stato civile per le annotazioni in margine all'atto di nascita del beneficiario. Se la durata dell'incarico è a tempo determinato, le annotazioni devono essere cancellate alla scadenza del termine indicato nel decreto di apertura o in quello eventuale di proroga.

(¹) *Si veda la nota* (¹) *al Capo I.*

406. ([1]) **Soggetti.** – Il ricorso per l'istituzione dell'amministrazione di sostegno può essere proposto dallo stesso soggetto beneficiario, anche se minore, interdetto o inabilitato, ovvero da uno dei soggetti indicati nell'articolo 417.

Se il ricorso concerne persona interdetta o inabilitata il medesimo è presentato congiuntamente all'istanza di revoca dell'interdizione o dell'inabilitazione davanti al giudice competente per quest'ultima.

I responsabili dei servizi sanitari e sociali direttamente impegnati nella cura e assistenza della persona, ove a conoscenza di fatti tali da rendere opportuna l'apertura del procedimento di amministrazione di sostegno, sono tenuti a proporre al giudice tutelare il ricorso di cui all'articolo 407 o a fornirne comunque notizia al pubblico ministero.

([1]) *Si veda la nota ([1]) al Capo I.*

407. ([1]) **Procedimento.** – Il ricorso per l'istituzione dell'amministrazione di sostegno deve indicare le generalità del beneficiario, la sua dimora abituale, le ragioni per cui si richiede la nomina dell'amministratore di sostegno, il nominativo ed il domicilio, se conosciuti dal ricorrente, del coniuge, dei discendenti, degli ascendenti, dei fratelli e dei conviventi del beneficiario.

Il giudice tutelare deve sentire personalmente la persona cui il procedimento si riferisce recandosi, ove occorra, nel luogo in cui questa si trova e deve tener conto, compatibilmente con gli interessi e le esigenze di protezione della persona, dei bisogni e delle richieste di questa.

Il giudice tutelare provvede, assunte le necessarie informazioni e sentiti i soggetti di cui all'articolo 406; in caso di mancata comparizione provvede comunque sul ricorso. Dispone altresì, anche d'ufficio, gli accertamenti di natura medica e tutti gli altri mezzi istruttori utili ai fini della decisione.

Il giudice tutelare può, in ogni tempo, modificare o integrare, anche d'ufficio, le decisioni assunte con il decreto di nomina dell'amministratore di sostegno.

In ogni caso, nel procedimento di nomina dell'amministratore di sostegno interviene il pubblico ministero.

([1]) *Si veda la nota ([1]) al Capo I.*

408. ([1]) **Scelta dell'amministratore di sostegno.** – La scelta dell'amministratore di sostegno avviene con esclusivo riguardo alla cura ed agli interessi della persona del beneficiario. L'amministratore di sostegno può essere designato dallo stesso interessato, in previsione della propria eventuale futura incapacità, mediante atto pubblico o scrittura privata autenticata. In mancanza, ovvero in presenza di gravi motivi, il giudice tutelare può designare con decreto motivato un amministratore di sostegno diverso. Nella scelta, il giudice tutelare preferisce, ove possibile, il coniuge che non sia separato legalmente, la persona stabilmente convivente, il padre, la madre, il figlio o il fratello o la sorella, il parente entro il quarto grado ovvero il soggetto designato dal genitore superstite con testamento, atto pubblico o scrittura privata autenticata.

Le designazioni di cui al primo comma possono essere revocate dall'autore con le stesse forme.

Non possono ricoprire le funzioni di amministratore di sostegno gli operatori dei servizi pubblici o privati che hanno in cura o in carico il beneficiario.

Il giudice tutelare, quando ne ravvisa l'opportunità, e nel caso di designazione dell'interessato quando ricorrano gravi motivi, può chiamare all'incarico di amministratore di sostegno anche altra persona idonea, ovvero uno dei soggetti di cui al titolo II al cui legale rappresentante ovvero alla persona che questi ha facoltà di delegare con atto depositato presso l'ufficio del giudice tutelare, competono tutti i doveri e tutte le facoltà previste nel presente capo.

(1) *Si veda la nota (1) al Capo I.*

409. (1) **Effetti dell'amministrazione di sostegno.** – Il beneficiario conserva la capacità di agire per tutti gli atti che non richiedono la rappresentanza esclusiva o l'assistenza necessaria dell'amministratore di sostegno.

Il beneficiario dell'amministrazione di sostegno può in ogni caso compiere gli atti necessari a soddisfare le esigenze della propria vita quotidiana.

(1) *Si veda la nota (1) al Capo I.*

410. (1) **Doveri dell'amministratore di sostegno.** – Nello svolgimento dei suoi compiti l'amministratore di sostegno deve tener conto dei bisogni e delle aspirazioni del beneficiario.

L'amministratore di sostegno deve tempestivamente informare il beneficiario circa gli atti da compiere nonché il giudice tutelare in caso di dissenso con il beneficiario stesso. In caso di contrasto, di scelte o di atti dannosi ovvero di negligenza nel perseguire l'interesse o nel soddisfare i bisogni o le richieste del beneficiario, questi, il pubblico ministero o gli altri soggetti di cui all'articolo 406 possono ricorrere al giudice tutelare, che adotta con decreto motivato gli opportuni provvedimenti.

L'amministratore di sostegno non è tenuto a continuare nello svolgimento dei suoi compiti oltre dieci anni, ad eccezione dei casi in cui tale incarico è rivestito dal coniuge, dalla persona stabilmente convivente, dagli ascendenti o dai discendenti.

(1) *Si veda la nota (1) al Capo I.*

411. (1) **Norme applicabili all'amministrazione di sostegno.** – Si applicano all'amministratore di sostegno, in quanto compatibili, le disposizioni di cui agli articoli da 349 a 353 e da 374 a 388. I provvedimenti di cui agli articoli 375 e 376 sono emessi dal giudice tutelare.

All'amministratore di sostegno si applicano altresì, in quanto compatibili, le disposizioni degli articoli 596, 599 e 779.

Sono in ogni caso valide le disposizioni testamentarie e le convenzioni in favore dell'amministratore di sostegno che sia parente entro il quarto grado del beneficiario, ovvero che sia coniuge o persona che sia stata chiamata alla funzione in quanto con lui stabilmente convivente.

Il giudice tutelare, nel provvedimento con il quale nomina l'amministratore di sostegno, o successivamente, può disporre che determinati effetti, limitazioni o decadenze, previsti da disposizioni di legge per l'interdetto o l'inabilitato, si estendano al beneficiario dell'amministrazione di sostegno, avuto riguardo all'interesse del medesimo ed a quello tutelato dalle predette disposizioni. Il provvedimento è assunto con decreto motivato a seguito di ricorso che può essere presentato anche dal beneficiario direttamente.

(1) *Si veda la nota (1) al Capo I.*

412. (1) **Atti compiuti dal beneficiario o dall'amministratore di sostegno in violazione di norme di legge o delle disposizioni del giudice.** – Gli atti compiuti dall'amministratore di sostegno in violazione di disposizioni di legge, od in eccesso rispetto all'oggetto dell'incarico o ai poteri conferitigli dal giudice, possono essere annullati su istanza dell'amministratore di sostegno, del pubblico ministero, del beneficiario o dei suoi eredi ed aventi causa.

Possono essere parimenti annullati su istanza dell'amministratore di sostegno, del beneficiario, o dei suoi eredi ed aventi causa, gli atti compiuti personalmente dal beneficiario in violazione delle disposizioni di legge o di quelle contenute nel decreto che istituisce l'amministrazione di sostegno.

Le azioni relative si prescrivono nel termine di cinque anni. Il termine decorre dal momento in cui è cessato lo stato di sottoposizione all'amministrazione di sostegno.

(1) *Si veda la nota (1) al Capo I.*

413. (1) **Revoca dell'amministrazione di sostegno.** – Quando il beneficiario, l'amministratore di sostegno, il pubblico ministero o taluno dei soggetti di cui all'articolo 406, ritengono che si siano determinati i presupposti per la cessazione dell'amministrazione di sostegno, o per la sostituzione dell'amministratore, rivolgono istanza motivata al giudice tutelare.

L'istanza è comunicata al beneficiario ed all'amministratore di sostegno.

Il giudice tutelare provvede con decreto motivato, acquisite le necessarie informazioni e disposti gli opportuni mezzi istruttori.

Il giudice tutelare provvede altresì, anche d'ufficio, alla dichiarazione di cessazione dell'amministrazione di sostegno quando questa si sia rivelata inidonea a realizzare la piena tutela del beneficiario. In tale ipotesi, se ritiene che si debba promuovere giudizio di interdizione o di inabilitazione, ne informa il pubblico ministero, affinché vi provveda. In questo caso l'amministrazione di sostegno cessa con la nomina del tutore o del curatore provvisorio ai sensi dell'articolo 419, ovvero con la dichiarazione di interdizione o di inabilitazione.

(1) *Si veda la nota (1) al Capo I.*

Capo II
Della interdizione, della inabilitazione e della incapacità naturale (1)

(1) *Le parole: «Capo II - Della interdizione, della inabilitazione e della incapacità naturale» sono state inserite dall'art. 4, comma 1, della L. 9 gennaio 2004, n. 6, a decorrere dal sessantesimo giorno dalla pubblicazione sulla* Gazzetta Ufficiale, *avvenuta il 19 gennaio 2004.*

414. (1) **Persone che possono essere interdette.** – Il maggiore di età e il minore emancipato, i quali si trovano in condizioni di abituale infermità di mente che li rende incapaci di provvedere ai propri interessi, sono interdetti quando ciò è necessario per assicurare la loro adeguata protezione.

(1) *Questo articolo è stato così sostituito dall'art. 4, comma 2, della L. 9 gennaio 2004, n. 6, a decorrere dal sessantesimo giorno dalla pubblicazione sulla* Gazzetta Ufficiale, *avvenuta il 19 gennaio 2004.*

415. Persone che possono essere inabilitate. – Il maggiore di età (416) infermo di mente, lo stato del quale non è talmente grave da far luogo all'interdizione (418), può essere inabilitato (166, 417, 432).

Possono anche essere inabilitati coloro che, per prodigalità (776²) o per abuso abituale di bevande alcooliche o di stupefacenti, espongono sé o la loro famiglia a gravi pregiudizi economici.

Possono infine essere inabilitati il sordomuto (1) e il cieco dalla nascita o dalla prima infanzia, se non hanno ricevuto un'educazione sufficiente, salvo l'applicazione dell'art. 414 quando risulta che essi sono del tutto incapaci di provvedere ai propri interessi (776).

(1) *A norma dell'art. 1 della L. 20 febbraio 2006, n. 95, in tutte le disposizioni legislative vigenti, il termine «sordomuto» è sostituito con l'espressione «sordo».*

416. Interdizione e inabilitazione nell'ultimo anno di minore età. – Il minore non emancipato può essere interdetto o inabilitato nell'ultimo anno della sua minore età (2). L'interdizione o l'inabilitazione ha effetto (421) dal giorno in cui il minore raggiunge l'età maggiore (40 att.).

417. Istanza d'interdizione o d'inabilitazione. – L'interdizione e l'inabilitazione possono essere promosse dalle persone indicate negli articoli 414 e 415, dal coniuge, dalla persona stabilmente convivente ([1]), dai parenti entro il quarto grado (76), dagli affini entro il secondo grado (78), dal tutore (357) o curatore (392) ovvero dal pubblico ministero (418; 69 c.p.c.).

Se l'interdicendo o l'inabilitando si trova sotto la responsabilità genitoriale ([2]) (155, 316, 317 *bis*) o ha per curatore uno dei genitori, l'interdizione o l'inabilitazione non può essere promossa che su istanza del genitore medesimo o del pubblico ministero (712 ss. c.p.c.).

([1]) *Le originarie parole: «possono essere promosse dal coniuge» sono state così sostituite dall'art. 5 della L. 9 gennaio 2004, n. 6, a decorrere dal sessantesimo giorno dalla pubblicazione sulla* Gazzetta Ufficiale, *avvenuta il 19 gennaio 2004.*

([2]) *Le parole: «potestà dei genitori» sono state così sostituite dalle attuali: «responsabilità genitoriale» dall'art. 63 del D.L.vo 28 dicembre 2013, n. 154, a decorrere dal trentesimo giorno successivo a quello della sua pubblicazione nella* Gazzetta Ufficiale (G.U. *n. 5 dell'8 gennaio 2014).*

418. Poteri dell'autorità giudiziaria. – Promosso il giudizio d'interdizione (712 ss. c.p.c.) può essere dichiarata anche d'ufficio l'inabilitazione per infermità di mente (432).

Se nel corso del giudizio d'inabilitazione si rivela l'esistenza delle condizioni richieste per l'interdizione (414), il pubblico ministero fa istanza al tribunale di pronunziare l'interdizione, e il tribunale provvede nello stesso giudizio, premessa l'istruttoria necessaria (40 att.; 69, 713, 714 c.p.c.).

Se nel corso del giudizio di interdizione o di inabilitazione appare opportuno applicare l'amministrazione di sostegno, il giudice, d'ufficio o ad istanza di parte, dispone la trasmissione del procedimento al giudice tutelare. In tal caso il giudice competente per l'interdizione o per l'inabilitazione può adottare i provvedimenti urgenti di cui al quarto comma dell'articolo 405 ([1]).

([1]) *Questo comma è stato aggiunto dall'art. 6 della L. 9 gennaio 2004, n. 6, a decorrere dal sessantesimo giorno dalla pubblicazione sulla* Gazzetta Ufficiale, *avvenuta il 19 gennaio 2004.*

419. Mezzi istruttori e provvedimenti provvisori. – Non si può pronunziare l'interdizione o l'inabilitazione senza che si sia proceduto all'esame dell'interdicendo o dell'inabilitando (713 ss. c.p.c.).

Il giudice può in questo esame farsi assistere da un consulente tecnico (61 c.p.c.). Può anche d'ufficio disporre i mezzi istruttori utili ai fini del giudizio, interrogare i parenti prossimi (77) dell'interdicendo o inabilitando e assumere le necessarie informazioni (40 att.).

Dopo l'esame, qualora sia ritenuto opportuno, può essere nominato un tutore provvisorio all'interdicendo o un curatore provvisorio all'inabilitando (422, 424, 776; 681, 717 ss. c.p.c.).

420. [Internamento definitivo in manicomio. – (*Omissis*)] (1).

(1) Articolo abrogato dall'art. 11, L. 13 maggio 1978, n. 180, accertamenti e trattamenti sanitari volontari e obbligatori.

La materia dei trattamenti sanitari volontari e obbligatori è poi stata ridisciplinata dagli artt. 34 e 35 della L. 23 dicembre 1978, n. 833, istituzione del servizio sanitario nazionale.

421. Decorrenza degli effetti dell'interdizione e dell'inabilitazione. – L'interdizione e l'inabilitazione producono i loro effetti dal giorno della pubblicazione della sentenza (427; 133 c.p.c.), salvo il caso previsto dall'art. 416.

422. Cessazione del tutore e del curatore provvisorio. – Nella sentenza che rigetta l'istanza d'interdizione o d'inabilitazione, può disporsi che il tutore o il curatore provvisorio (419[3]) rimanga in ufficio fino a che la sentenza non sia passata in giudicato (324 c.p.c.).

423. Pubblicità. – Il decreto di nomina del tutore o del curatore provvisorio (419[3]) e la sentenza d'interdizione o d'inabilitazione devono essere immediatamente annotati a cura del cancelliere nell'apposito registro (48, 49 att.) e comunicati (42 att.) entro dieci giorni all'ufficiale dello stato civile per le annotazioni in margine all'atto di nascita (430).

424. Tutela dell'interdetto e curatela dell'inabilitato. – Le disposizioni sulla tutela dei minori (343 ss.) e quelle sulla curatela dei minori emancipati (392 ss.) si applicano rispettivamente alla tutela degli interdetti e alla curatela degli inabilitati (2294; 100 att.).

Le stesse disposizioni si applicano rispettivamente anche nei casi di nomina del tutore provvisorio dell'interdicendo e del curatore provvisorio dell'inabilitando a norma dell'art. 419. Per l'interdicendo non si nomina il protutore provvisorio (355, 360).

Nella scelta del tutore dell'interdetto e del curatore dell'inabilitato il giudice tutelare individua di preferenza la persona più idonea all'incarico tra i soggetti, e con i criteri, indicati nell'articolo 408 (1).

(1) Questo comma è stato così sostituito dall'art. 7 della L. 9 gennaio 2004, n. 6, a decorrere dal sessantesimo giorno dalla pubblicazione sulla Gazzetta Ufficiale, *avvenuta il 19 gennaio 2004.*

425. Esercizio dell'impresa commerciale da parte dell'inabilitato. – L'inabilitato può continuare l'esercizio dell'impresa commerciale (2195) soltanto se autorizzato dal tribunale (38 att.) su parere del giudice tutelare (344; 43, 45 att.). L'autorizzazione può essere subordinata alla nomina di un institore (2198, 2203, 2294; 100 att.).

426. Durata dell'ufficio. – Nessuno è tenuto a continuare nella tutela dell'interdetto o nella curatela dell'inabilitato oltre dieci anni, ad eccezione del coniuge, della persona stabilmente convivente, (1) degli ascendenti o dei discendenti (424[3]).

(1) *Le parole: «della persona stabilmente convivente,» sono state inserite dall'art. 8 della L. 9 gennaio 2004, n. 6, a decorrere dal sessantesimo giorno dalla pubblicazione sulla* Gazzetta Ufficiale, *avvenuta il 19 gennaio 2004.*

427. Atti compiuti dall'interdetto e dall'inabilitato. – Nella sentenza che pronuncia l'interdizione o l'inabilitazione, o in successivi provvedimenti dell'autorità giudiziaria, può stabilirsi che taluni atti di ordinaria amministrazione possano essere compiuti dall'interdetto senza l'intervento ovvero con l'assistenza del tutore, o che taluni atti eccedenti l'ordinaria amministrazione possano essere compiuti dall'inabilitato senza l'assistenza del curatore (1).

Gli atti compiuti dall'interdetto dopo la sentenza di interdizione (421) possono essere annullati su istanza del tutore, dell'interdetto o dei suoi eredi o aventi causa (1425, 1441). Sono del pari annullabili gli atti compiuti dall'interdetto dopo la nomina del tutore provvisorio, qualora alla nomina segua la sentenza d'interdizione.

Possono essere annullati su istanza dell'inabilitato o dei suoi eredi o aventi causa gli atti eccedenti l'ordinaria amministrazione (374, 432, 1572) fatti dall'inabilitato, senza l'osservanza delle prescritte formalità, dopo la sentenza di inabilitazione o dopo la nomina del curatore provvisorio (419), qualora alla nomina sia seguita l'inabilitazione (377, 776).

Per gli atti compiuti dall'interdetto prima della sentenza di interdizione o prima della nomina del tutore provvisorio si applicano le disposizioni dell'articolo seguente.

(1) *Questo comma è stato inserito dall'art. 9 della L. 9 gennaio 2004, n. 6, a decorrere dal sessantesimo giorno dalla pubblicazione sulla* Gazzetta Ufficiale, *avvenuta il 19 gennaio 2004.*

428. Atti compiuti da persona incapace d'intendere o di volere. – Gli atti compiuti da persona che, sebbene non interdetta, si provi essere stata per qualsiasi causa, anche transitoria, incapace d'intendere o di volere al momento in cui gli atti sono stati compiuti (120, 591 n. 3, 775), possono essere annullati (1425, 1441) su istanza della persona medesima o dei suoi eredi o aventi causa (377, 775[1], 779), se ne risulta un grave pregiudizio all'autore.

L'annullamento dei contratti non può essere pronunziato se non quando, per il pregiudizio che sia derivato o possa derivare (1443) alla persona incapace d'intendere o di volere o per la qualità del contratto o altrimenti, risulta la malafede dell'altro contraente.

L'azione si prescrive nel termine di cinque anni dal giorno in cui l'atto o il contratto è stato compiuto (1442).

Resta salva ogni diversa disposizione di legge (482[2], 526[2]).

429. Revoca dell'interdizione e dell'inabilitazione. – Quando cessa la causa dell'interdizione o dell'inabilitazione, queste possono essere revocate (2942 n. 1) su istanza del coniuge, dei parenti entro il quarto grado (76) o degli affini entro il secondo grado (78), del tutore dell'interdetto, del curatore dell'inabilitato (424) o su istanza del pubblico ministero (42 att.; 720 c.p.c.).

Il giudice tutelare (344) deve vigilare per riconoscere se la causa dell'interdizione o dell'inabilitazione continui. Se ritiene che sia venuta meno, deve informarne il pubblico ministero (750 c.p.c.).

Se nel corso del giudizio per la revoca dell'interdizione o dell'inabilitazione appare opportuno che, successivamente alla revoca, il soggetto sia assistito dall'amministratore di sostegno, il tribunale, d'ufficio o ad istanza di parte, dispone la trasmissione degli atti al giudice tutelare (1).

(1) *Questo comma è stato aggiunto dell'art. 10 della L. 9 gennaio 2004, n. 6, a decorrere dal sessantesimo giorno dalla pubblicazione sulla* Gazzetta Ufficiale, *avvenuta il 19 gennaio 2004.*

430. Pubblicità. – Alla sentenza di revoca dell'interdizione o dell'inabilitazione si applica l'art. 423.

431. Decorrenza degli effetti della sentenza di revoca. – La sentenza che revoca l'interdizione o l'inabilitazione produce i suoi effetti appena passata in giudicato (432[1-2]; 324 c.p.c.).

Tuttavia gli atti compiuti dopo la pubblicazione della sentenza di revoca non possono essere impugnati se non quando la revoca è esclusa con sentenza passata in giudicato (421; 324 c.p.c.).

432. Inabilitazione nel giudizio di revoca dell'interdizione. – L'autorità giudiziaria che pur riconoscendo fondata l'istanza di revoca dell'interdizione, non crede che l'infermo abbia riacquistato la piena capacità, può revocare l'interdizione e dichiarare inabilitato l'infermo medesimo (415, 418).

Si applica anche in questo caso il primo comma dell'articolo precedente.

Gli atti non eccedenti l'ordinaria amministrazione (426), compiuti dall'inabilitato dopo la pubblicazione della sentenza che revoca l'interdizione (429), possono essere impugnati solo quando la revoca è esclusa con sentenza passata in giudicato (324 c.p.c.).

Titolo XIII
Degli alimenti

433. Persone obbligate. – All'obbligo di prestare gli alimenti (438, 2751, n. 4) sono tenuti, nell'ordine:

1) il coniuge (51, 129 *bis*, 156, 548, 585);

2) i figli, anche adottivi, e, in loro mancanza, i discendenti prossimi ([1]);

3) i genitori e, in loro mancanza, gli ascendenti prossimi; gli adottanti ([2]);

4) i generi e le nuore (434);

5) il suocero e la suocera;

6) i fratelli e le sorelle germani o unilaterali (439) con precedenza dei germani sugli unilaterali (279, 439, 801, 2948; 47 l. fall.).

([1]) *Questo numero è stato così sostituito dall'art. 64, comma 1, lett.* a), *del D.L.vo 28 dicembre 2013, n. 154, a decorrere dal trentesimo giorno successivo a quello della sua pubblicazione nella* Gazzetta Ufficiale (G.U. *n. 5 dell'8 gennaio 2014*).

([2]) *Questo numero è stato così sostituito dall'art. 64, comma 1, lett.* b), *del D.L.vo 28 dicembre 2013, n. 154, a decorrere dal trentesimo giorno successivo a quello della sua pubblicazione nella* Gazzetta Ufficiale (G.U. *n. 5 dell'8 gennaio 2014*).

434. Cessazione dell'obbligo tra affini. – L'obbligazione alimentare del suocero e della suocera e quella del genero e della nuora (433 nn. 4 e 5) cessano (50[4]):

1) quando la persona che ha diritto agli alimenti è passata a nuove nozze;

2) quando il coniuge, da cui deriva l'affinità, e i figli nati dalla sua unione con l'altro coniuge e i loro discendenti sono morti (78).

435. [Obbligo dei genitori e dei figli naturali. – (*Omissis*)] ([1]).

([1]) *Articolo abrogato dall'art. 169, L. 19 maggio 1975, n. 151, riforma del diritto di famiglia.*

436. Obbligo tra adottante e adottato. – L'adottante (291) deve gli alimenti al figlio adottivo con precedenza sui genitori [legittimi o naturali] ([1]) di lui.

([1]) *Le parole fra parentesi quadrate sono state soppresse dall'art. 65 del D.L.vo 28 dicembre 2013, n. 154, a decorrere dal trentesimo giorno successivo a quello della sua pubblicazione nella* Gazzetta Ufficiale (G.U. *n. 5 dell'8 gennaio 2014*).

437. Obbligo del donatario. – Il donatario (438[3], 769) è tenuto, con precedenza su ogni altro obbligato, a prestare gli alimenti al donante, a meno che si tratti di donazione fatta in riguardo di un matrimonio (785) o di una donazione rimuneratoria (770).

438. Misura degli alimenti. – Gli alimenti possono essere chiesti (445) solo da chi versa in istato di bisogno e non è in grado di provvedere al proprio mantenimento.

Essi devono essere assegnati in proporzione del bisogno di chi li domanda e delle condizioni economiche di chi deve somministrarli. Non devono tuttavia superare quanto sia necessario per la vita dell'alimentando, avuto però riguardo alla sua posizione sociale (51, 435, 439, 440, 446, 660).

Il donatario (437) non è tenuto oltre il valore della donazione tuttora esistente nel suo patrimonio (660).

439. Misura degli alimenti tra fratelli e sorelle. – Tra fratelli e sorelle gli alimenti sono dovuti nella misura dello stretto necessario.

Possono comprendere anche le spese per l'educazione e l'istruzione, se si tratta di minore.

440. Cessazione, riduzione e aumento. – Se dopo l'assegnazione degli alimenti mutano le condizioni economiche di chi li somministra o di chi li riceve (438), l'autorità giudiziaria provvede per la cessazione, la riduzione o l'aumento, secondo le circostanze. Gli alimenti possono pure essere ridotti per la condotta disordinata o riprovevole dell'alimentato.

Se, dopo assegnati gli alimenti, consta che uno degli obbligati di grado anteriore (433) è in condizione di poterli somministrare, l'autorità giudiziaria non può liberare l'obbligato di grado posteriore se non quando abbia imposto all'obbligato di grado anteriore di somministrare gli alimenti.

441. Concorso di obbligati. – Se più persone sono obbligate nello stesso grado (433 ss.) alla prestazione degli alimenti, tutte devono concorrere alla prestazione stessa, ciascuna in proporzione delle proprie condizioni economiche (438, 446).

Se le persone chiamate in grado anteriore alla prestazione non sono in condizioni di sopportare l'onere in tutto o in parte, l'obbligazione stessa è posta in tutto o in parte a carico delle persone chiamate in grado posteriore.

Se gli obbligati non sono concordi sulla misura (438), sulla distribuzione e sul modo (443) di somministrazione degli alimenti, provvede l'autorità giudiziaria secondo le circostanze (446).

442. Concorso di aventi diritto. – Quando più persone hanno diritto agli alimenti nei confronti di un medesimo obbligato (433), e questi non è in grado di provvedere ai bisogni di ciascuna di esse, l'autorità giudiziaria dà i provvedimenti opportuni, tenendo conto della prossimità della parentela (74) e dei rispettivi bisogni (438), e anche della possibilità che taluno degli aventi diritto abbia di conseguire gli alimenti da obbligati di grado ulteriore (433, 441, 446).

443. Modo di somministrazione degli alimenti. – Chi deve somministrare gli alimenti ha la scelta di adempiere questa obbligazione o mediante un assegno alimentare corrisposto in periodi anticipati (2948 n. 2), o accogliendo e mantenendo nella propria casa colui che vi ha diritto (1285).

L'autorità giudiziaria può però, secondo le circostanze, determinare il modo di somministrazione (441, 1287).

In caso di urgente necessità l'autorità giudiziaria può altresì porre temporaneamente (446) l'obbligazione degli alimenti a carico di uno solo tra quelli che vi sono obbligati, salvo il regresso verso gli altri (1299).

444. Adempimento della prestazione alimentare. – L'assegno alimentare prestato secondo le modalità stabilite non può essere nuovamente richiesto, qualunque uso l'alimentando ne abbia fatto.

445. Decorrenza degli alimenti. – Gli alimenti sono dovuti dal giorno della domanda giudiziale (163 c.p.c.) o dal giorno della costituzione in mora dell'obbligato (1219), quando questa costituzione sia entro sei mesi seguita dalla domanda giudiziale (2948, n. 2).

446. Assegno provvisorio. – Finché non sono determinati definitivamente il modo (443) e la misura (438) degli alimenti, [il pretore o] (1) il presidente del tribunale può, sentita l'altra parte, ordinare un assegno in via provvisoria ponendolo, nel caso di concorso di più obbligati (441, 1292), a carico anche di uno solo di essi, salvo il regresso verso gli altri (1299; 282 c.p.c.).

(1) *Le parole tra parentesi quadre sono state soppresse dall'art. 142 del D.L.vo 19 febbraio 1998, n. 51, recante l'istituzione del giudice unico, a decorrere dal 2 giugno 1999.*

447. Inammissibilità di cessione e di compensazione. – Il credito alimentare non può essere ceduto (1260).

L'obbligato agli alimenti non può opporre all'altra parte la compensazione (1241, 1246, n. 5), neppure quando si tratta di prestazioni arretrate (545 c.p.c.; 46 l. fall.).

448. Cessazione per morte dell'obbligato. – L'obbligo degli alimenti cessa con la morte dell'obbligato, anche se questi li ha somministrati in esecuzione di sentenza.

448 *bis*. (¹) **Cessazione per decadenza dell'avente diritto dalla responsabilità genitoriale** (²) **sui figli.** – Il figlio, anche adottivo, e, in sua mancanza, i discendenti prossimi non sono tenuti all'adempimento dell'obbligo di prestare gli alimenti al genitore nei confronti del quale è stata pronunciata la decadenza dalla responsabilità genitoriale (²) e, per i fatti che non integrano i casi di indegnità di cui all'articolo 463, possono escluderlo dalla successione.

(¹) *Questo articolo è stato inserito dall'art. 1, comma 9, della L. 10 dicembre 2012, n. 219.*

(²) *La parola: «potestà» è stata così sostituita dalle attuali: «responsabilità genitoriale» dall'art. 66 del D.L.vo 28 dicembre 2013, n. 154, a decorrere dal trentesimo giorno successivo a quello della sua pubblicazione nella* Gazzetta Ufficiale (G.U. *n. 5 dell'8 gennaio 2014*).

Titolo XIV
Degli atti dello stato civile

449. Registri dello stato civile. – I registri dello stato civile sono tenuti in ogni comune in conformità delle norme contenute nella legge sull'ordinamento dello stato civile.

450. Pubblicità dei registri dello stato civile. – I registri dello stato civile sono pubblici.

Gli ufficiali dello stato civile devono rilasciare gli estratti e i certificati che vengono loro domandati con le indicazioni dalla legge prescritte.

Essi devono altresì compiere negli atti affidati alla loro custodia le indagini domandate dai privati.

451. Forza probatoria degli atti. – Gli atti dello stato civile fanno prova, fino a querela di falso (221 c.p.c.), di ciò che l'ufficiale pubblico attesta essere avvenuto alla sua presenza o da lui compiuto (2700).

Le dichiarazioni dei comparenti fanno fede fino a prova contraria (2697).

Le indicazioni estranee all'atto non hanno alcun valore (2739).

452. Mancanza, distruzione o smarrimento di registri. – Se non si sono tenuti i registri o sono andati distrutti o smarriti o se, per qualunque altra causa, manca in tutto o in parte la registrazione dell'atto, la prova della nascita (236) o della morte può essere data con ogni mezzo (132, 241).

In caso di mancanza, di distruzione totale o parziale, di alterazione o di occultamento accaduti per dolo del richiedente, questi non è ammesso alla prova consentita nel comma precedente.

453. Annotazioni. – Nessuna annotazione può essere fatta sopra un atto già iscritto nei registri se non è disposta per legge ovvero non è ordinata dall'autorità giudiziaria.

454. ([1]) [**Rettificazioni.** – La rettificazione degli atti dello stato civile si fa in forza di sentenza del tribunale passata in giudicato, con la quale si ordina all'ufficiale dello stato civile di rettificare un atto esistente nei registri o di ricevere un atto omesso o di rinnovare un atto smarrito o distrutto.

Le sentenze devono essere trascritte nei registri].

([1]) Questo articolo è stato abrogato dall'art. 110, comma 3, del D.P.R. 3 novembre 2000, n. 396, a decorrere dal 30 marzo 2001.

455. Efficacia della sentenza di rettificazione. – La sentenza di rettificazione non può essere opposta a quelli che non concorsero a domandare la rettificazione, ovvero non furono parti in giudizio o non vi furono regolarmente chiamati (2909).

Libro II
Delle successioni

Titolo I
Disposizioni generali
sulle successioni

Capo I
Dell'apertura
della successione,
della delazione
e dell'acquisto dell'eredità

456. Apertura della successione. – La successione si apre al momento della morte (4, 58 ss.), nel luogo dell'ultimo domicilio (43) del defunto (52, 53 att.; 22 c.p.c.).

457. Delazione dell'eredità. – L'eredità si devolve per legge (565 ss.) o per testamento (587 ss.).

Non si fa luogo alla successione legittima se non quando manca, in tutto o in parte, quella testamentaria.

Le disposizioni testamentarie non possono pregiudicare i diritti che la legge riserva ai legittimari (536 ss.).

458. Divieto di patti successori. – Fatto salvo quanto disposto dagli articoli 768 *bis* e seguenti, (1) è nulla (1418) ogni convenzione con cui taluno dispone della propria successione. È del pari nullo ogni atto col quale taluno dispone dei diritti che gli possono spettare su una successione non ancora aperta, o rinunzia ai medesimi (557, 679, 2122[4]).

(1) *Le parole: «Fatto salvo quanto disposto dagli articoli 768* bis *e seguenti,» sono state premesse dall'art. 1 della L. 14 febbraio 2006, n. 55.*

459. Acquisto dell'eredità. – L'eredità si acquista con l'accettazione (470). L'effetto dell'accettazione (321, 460, 470 ss., 478, 485, 527, 586; 35 l. fall.) risale al momento nel quale si è aperta la successione (456, 1146).

460. Poteri del chiamato prima dell'accettazione. – Il chiamato alla eredità può esercitare le azioni possessorie (1168 ss.; 703 c.p.c.) a tutela dei beni ereditari, senza bisogno di materiale apprensione (486, 1146).

Egli inoltre può compiere atti conservativi (669 *bis* c.p.c.), di vigilanza e di amministrazione temporanea (486), e può farsi autorizzare dall'autorità giudiziaria a vendere i beni che non si possono conservare o la cui conservazione importa grave dispendio (747, 748 c.p.c.).

Non può il chiamato compiere gli atti indicati nei commi precedenti, quando si è provveduto alla nomina di un curatore dell'eredità a norma dell'art. 528.

461. Rimborso delle spese sostenute dal chiamato. – Se il chiamato rinunzia all'eredità (519), le spese sostenute per gli atti indicati dall'articolo precedente sono a carico dell'eredità (511).

Capo II
Della capacità di succedere

462. Capacità delle persone fisiche. – Sono capaci di succedere tutti coloro che sono nati o concepiti al tempo dell'apertura della successione (1, 592 ss., 600).

Salvo prova contraria, si presume concepito al tempo dell'apertura della successione chi è nato entro i trecento giorni dalla morte della persona della cui successione si tratta (232).

Possono inoltre ricevere per testamento i figli di una determinata persona vivente al tempo della morte del testatore, benché non ancora concepiti (643, 687, 715).

Capo III
Dell'indegnità

463. Casi d'indegnità. – È escluso dalla successione come indegno (468²):

1) chi ha volontariamente ucciso o tentato di uccidere (575 ss. c.p.) la persona della cui successione si tratta, o il coniuge, o un discendente, o un ascendente della medesima, purché non ricorra alcuna delle cause che escludono la punibilità a norma della legge penale (45 ss. c.p.);

2) chi ha commesso, in danno di una di tali persone, un fatto al quale la legge [penale] (¹) dichiara applicabili le disposizioni dell'omicidio (397, 579³, 580² c.p.);

3) chi ha denunciato una di tali persone per reato punibile [con la morte] (²), con l'ergastolo o con la reclusione per un tempo non inferiore nel

minimo a tre anni (21 ss. c.p.), se la denunzia è stata dichiarata calunniosa in giudizio penale (368 c.p.); ovvero ha testimoniato contro le persone medesime imputate dei predetti reati, se la testimonianza è stata dichiarata, nei confronti di lui, falsa in giudizio penale (372 c.p.);

3 *bis*) chi, essendo decaduto dalla responsabilità genitoriale ([3]) nei confronti della persona della cui successione si tratta a norma dell'articolo 330, non è stato reintegrato nella responsabilità genitoriale ([3]) alla data di apertura della successione della medesima ([4]);

4) chi ha indotto con dolo (1439) o violenza (1434 ss.) la persona, della cui successione si tratta, a fare, revocare o mutare il testamento, o ne l'ha impedita (679);

5) chi ha soppresso, celato o alterato il testamento dal quale la successione sarebbe stata regolata;

6) chi ha formato un testamento falso o ne ha fatto scientemente uso (491 c.p.).

([1]) *La parola: «penale» è stata soppressa dall'art. 1, comma 1, lett.* a), *della L. 8 luglio 2005, n. 137.*

([2]) *Le parole: «con la morte» sono state soppresse dall'art. 1, comma 1, lett.* b), *della L. 8 luglio 2005, n. 137.*

([3]) *La parola: «potestà» è stata così sostituita dalle attuali: «responsabilità genitoriale» dall'art. 105, comma 1, del D.L.vo 28 dicembre 2013, n. 154, a decorrere dal trentesimo giorno successivo a quello della sua pubblicazione nella* Gazzetta Ufficiale (G.U. *n. 5 dell'8 gennaio 2014).*

([4]) *Questo numero è stato inserito dall'art. 1, comma 1, lett.* c), *della L. 8 luglio 2005, n. 137.*

463 *bis*. ([1]) **Sospensione dalla successione.** – Sono sospesi dalla successione il coniuge, anche legalmente separato, nonché la parte dell'unione civile indagati per l'omicidio volontario o tentato nei confronti dell'altro coniuge o dell'altra parte dell'unione civile, fino al decreto di archiviazione o alla sentenza definitiva di proscioglimento. In tal caso si fa luogo alla nomina di un curatore ai sensi dell'articolo 528. In caso di condanna o di applicazione della pena su richiesta delle parti, ai sensi dell'articolo 444 del codice di procedura penale, il responsabile è escluso dalla successione ai sensi dell'articolo 463 del presente codice ([2]).

Le disposizioni di cui al primo comma si applicano anche nei casi di persona indagata per l'omicidio volontario o tentato nei confronti di uno o entrambi i genitori, del fratello o della sorella.

Il pubblico ministero, compatibilmente con le esigenze di segretezza delle indagini, comunica senza ritardo alla cancelleria del tribunale del circondario in cui si è aperta la successione l'avvenuta iscrizione nel registro delle notizie di reato, ai fini della sospensione di cui al presente articolo.

(1) *Questo articolo è stato inserito dall'art. 5, comma 1, della L. 11 gennaio 2018, n. 4.*

(2) *A norma dell'art. 537* bis *c.p.p., aggiunto dall'art. 5, comma 2, della L. 11 gennaio 2018, n. 4, quando pronuncia sentenza di condanna per uno dei fatti previsti dall'articolo 463 del codice civile, il giudice dichiara l'indegnità dell'imputato a succedere.*

464. Restituzione dei frutti. – L'indegno è obbligato a restituire (1148) i frutti (820) che gli sono pervenuti dopo l'apertura della successione (456, 535).

465. Indegnità del genitore. – Colui che è escluso per indegnità dalla successione (463) non ha sui beni della medesima, che siano devoluti ai suoi figli, i diritti di usufrutto (324) o di amministrazione (320) che la legge accorda ai genitori (467).

466. Riabilitazione dell'indegno. – Chi è incorso nell'indegnità (463) è ammesso a succedere quando la persona, della cui successione si tratta, ve lo ha espressamente abilitato con atto pubblico (2699) o con testamento (587 ss.).

Tuttavia l'indegno non espressamente abilitato, se è stato contemplato nel testamento quando il testatore conosceva la causa dell'indegnità, è ammesso a succedere nei limiti della disposizione testamentaria (1444).

Capo IV
Della rappresentazione

467. (1) **Nozione.** – La rappresentazione (70^1) fa subentrare i discendenti [legittimi o naturali] (2) nel luogo e nel grado del loro ascendente (564, 740), in tutti i casi (599^2) in cui questi non può (463) o non vuole (459, 470 ss., 519 ss.) accettare l'eredità o il legato (522, 523, 649 ss.).

Si ha rappresentazione nella successione testamentaria quando il testatore non ha provveduto (688) per il caso in cui l'istituito non possa o non voglia accettare l'eredità o il legato, e sempre che non si tratti di legato di usufrutto (678, 978) o di altro diritto di natura personale (70, 72, 463, 522).

(1) *Articolo così sostituito, con l'aggiunta dei discendenti naturali fra i soggetti legittimati, dall'art. 171, L. 19 maggio 1975, n. 151, riforma del diritto di famiglia. In precedenza la Corte costituzionale, con sentenza n. 79 del 14 aprile 1969, aveva dichiarato l'illegittimità costituzionale di questo e del successivo art. 468, limitatamente alla parte in cui escludevano dalla rappresentazione il figlio naturale di chi, figlio o fratello del* de cuius, *non potendo o non volendo accettare, non lasciasse o non avesse discendenti legittimi.*

(2) *Le parole fra parentesi quadrate sono state soppresse dall'art. 67 del D.L.vo 28 dicembre 2013, n. 154, a decorrere dal trentesimo giorno successivo a quello della sua pubblicazione nella* Gazzetta Ufficiale *(G.U. n. 5 dell'8 gennaio 2014).*

468. ([1]) **Soggetti.** – La rappresentazione ha luogo, nella linea retta (75), a favore dei discendenti dei figli (231 ss.), anche adottivi ([2]) (291 ss.), [nonché dei discendenti dei figli naturali del defunto,] ([3]) e, nella linea collaterale (75), a favore dei discendenti dei fratelli e delle sorelle del defunto.

I discendenti possono succedere per rappresentazione anche se hanno rinunziato (519 ss.) all'eredità della persona in luogo della quale subentrano (479), o sono incapaci (462) o indegni (463) di succedere rispetto a questa.

([1]) *Si veda la sentenza della Corte costituzionale 14 aprile 1969, n. 79 citata in nota* sub *art. precedente.*

([2]) *Le parole: «legittimi, legittimati e adottivi» sono state così sostituite dalle attuali: «anche adottivi» dall'art. 68 del D.L.vo 28 dicembre 2013, n. 154, a decorrere dal trentesimo giorno successivo a quello della sua pubblicazione nella* Gazzetta Ufficiale (G.U. *n. 5 dell'8 gennaio 2014*).

([3]) *Le parole fra parentesi quadrate sono state soppresse dall'art. 68 del D.L.vo 28 dicembre 2013, n. 154, a decorrere dal trentesimo giorno successivo a quello della sua pubblicazione nella* Gazzetta Ufficiale (G.U. *n. 5 dell'8 gennaio 2014*).

469. Estensione del diritto di rappresentazione. Divisione. – La rappresentazione ha luogo in infinito, siano uguali o disuguali il grado dei discendenti e il loro numero in ciascuna stirpe (731).

La rappresentazione ha luogo anche nel caso di unicità di stirpe (564).

Quando vi è rappresentazione, la divisione si fa per stirpi (726).

Se uno stipite ha prodotto più rami, la suddivisione avviene per stirpi anche in ciascun ramo, e per capi tra i membri del medesimo ramo.

Capo V
Dell'accettazione dell'eredità

Sezione I
Disposizioni generali

470. Accettazione pura e semplice e accettazione col beneficio d'inventario. – L'eredità può essere accettata (459, 2648, 2685) puramente e semplicemente (474, 475, 476) o col beneficio d'inventario (484 ss.).

L'accettazione col beneficio d'inventario può farsi nonostante qualunque divieto del testatore (634).

471. Eredità devolute a minori o interdetti. – Non si possono accettare le eredità devolute ai minori (320) e agli interdetti (414), se non col beneficio d'inventario (484 ss., 489), osservate le disposizioni degli articoli 321 e 374.

472. Eredità devolute a minori emancipati o a inabilitati. – I minori emancipati (390 ss.) e gli inabilitati (415 ss.) non possono accettare l'eredità, se non col beneficio d'inventario (489), osservate le disposizioni dell'art. 394.

473. Eredità devolute a persone giuridiche o ad associazioni, fondazioni ed enti non riconosciuti. – L'accettazione delle eredità devolute alle persone giuridiche o ad associazioni, fondazioni ed enti non riconosciuti non può farsi che col beneficio d'inventario.

Il presente articolo non si applica alle società.

474. Modi di accettazione. – L'accettazione può essere espressa (475) o tacita (476 ss.).

475. Accettazione espressa. – L'accettazione è espressa quando, in un atto pubblico (2699) o in una scrittura privata (2702), il chiamato all'eredità ha dichiarato di accettarla oppure ha assunto il titolo di erede (2648, 2685).

È nulla la dichiarazione di accettare sotto condizione (1353 ss.) o a termine (1184, 1326[5]).

Parimenti è nulla la dichiarazione di accettazione parziale di eredità (1326[5], 1419).

476. Accettazione tacita. – L'accettazione è tacita quando il chiamato all'eredità compie un atto che presuppone necessariamente la sua volontà di accettare e che non avrebbe il diritto di fare se non nella qualità di erede (460, 477, 478, 485, 527, 703[5], 2648).

477. Donazione, vendita e cessione dei diritti di successione. – La donazione (769), la vendita (1470, 1542) o la cessione (1260), che il chiamato all'eredità faccia dei suoi diritti di successione a un estraneo o a tutti gli altri chiamati o ad alcuno di questi, importa accettazione dell'eredità (476).

478. Rinunzia che importa accettazione. – La rinunzia ai diritti di successione, qualora sia fatta verso corrispettivo o a favore di alcuni soltanto dei chiamati, importa accettazione (459, 519 ss.).

479. Trasmissione del diritto di accettazione. – Se il chiamato all'eredità muore senza averla accettata, il diritto di accettarla si trasmette agli eredi (459).

Se questi non sono d'accordo per accettare o rinunziare, colui che accetta l'eredità acquista tutti i diritti e soggiace a tutti i pesi ereditari, mentre vi rimane estraneo chi ha rinunziato.

La rinunzia all'eredità propria del trasmittente include rinunzia all'eredità che al medesimo è devoluta (468, 519 ss.).

480. Prescrizione. – Il diritto di accettare l'eredità si prescrive in dieci anni (481, 485, 487, 525, 2946).

Il termine decorre dal giorno dell'apertura della successione (456) e, in caso d'istituzione condizionale (633 ss.), dal giorno in cui si verifica la condizione (1353, 1359, 2935). In caso di accertamento giudiziale della filiazione il termine decorre dal passaggio in giudicato della sentenza che accerta la filiazione stessa ([1]).

Il termine non corre per i chiamati ulteriori (688), se vi è stata accettazione da parte di precedenti chiamati e successivamente il loro acquisto ereditario è venuto meno (525).

([1]) *Questo periodo è stato aggiunto dall'art. 69 del D.L.vo 28 dicembre 2013, n. 154, a decorrere dal trentesimo giorno successivo a quello della sua pubblicazione nella* Gazzetta Ufficiale *(G.U. n. 5 dell'8 gennaio 2014).*

481. Fissazione di un termine per l'accettazione. – Chiunque vi ha interesse può chiedere che l'autorità giudiziaria fissi un termine (749 c. p.c.) entro il quale il chiamato dichiari se accetta o rinunzia all'eredità. Trascorso questo termine senza che abbia fatto la dichiarazione, il chiamato perde il diritto (2694) di accettare (488, 650).

482. Impugnazione per violenza o dolo. – L'accettazione dell'eredità si può impugnare (483, 1324) quando è effetto di violenza (1434 ss.) o di dolo (1439).

L'azione si prescrive in cinque anni dal giorno in cui è cessata la violenza o è stato scoperto il dolo (1442).

483. Impugnazione per errore. – L'accettazione dell'eredità (1324) non si può impugnare se è viziata da errore (482, 1427 ss.).

Tuttavia, se si scopre un testamento (587) del quale non si aveva notizia al tempo dell'accettazione, l'erede non è tenuto a soddisfare i legati (649, 662, 663) scritti in esso oltre il valore dell'eredità, o con pregiudizio della porzione legittima che gli è dovuta (536 ss.). Se i beni ereditari non bastano a soddisfare tali legati, si riducono proporzionalmente anche i legati scritti in altri testamenti. Se alcuni legatari sono stati già soddisfatti (649) per intero, contro di loro è data azione di regresso.

L'onere di provare il valore dell'eredità incombe all'erede (2697).

Sezione II
Del beneficio d'inventario

484. Accettazione col beneficio d'inventario. – L'accettazione col beneficio d'inventario (470, 490, 510, 511) si fa mediante dichiarazione, ricevuta da un notaio o dal cancelliere del tribunale del circondario in cui si è aperta la successione (456), e inserita nel registro delle successioni conservato nello stesso tribunale (52, 53 att.).

Entro un mese dall'inserzione, la dichiarazione deve essere trascritta, a cura del cancelliere, presso l'ufficio dei registri immobiliari del luogo in cui si è aperta la successione (456, 2648, 2830).

La dichiarazione deve essere preceduta o seguita dall'inventario, nelle forme prescritte dal codice di procedura civile (494; 769 ss. c.p.c.).

Se l'inventario è fatto prima della dichiarazione, nel registro deve pure menzionarsi la data in cui esso è stato compiuto.

Se l'inventario è fatto dopo la dichiarazione, l'ufficiale pubblico che lo ha redatto deve, nel termine di un mese, far inserire nel registro l'annotazione della data in cui esso è stato compiuto (495, 511).

485. Chiamato all'eredità che è nel possesso dei beni. – Il chiamato all'eredità, quando a qualsiasi titolo è nel possesso di beni ereditari, deve fare l'inventario entro tre mesi dal giorno dell'apertura della successione (456) o della notizia della devoluta eredità. Se entro questo termine lo ha cominciato ma non è stato in grado di completarlo, può ottenere dal tribunale del luogo in cui si è aperta la successione una proroga che, salvo gravi circostanze, non deve eccedere i tre mesi (487; 749, 774 c.p.c.).

Trascorso tale termine senza che l'inventario sia stato compiuto, il chiamato all'eredità è considerato erede puro e semplice.

Compiuto l'inventario, il chiamato che non abbia ancora fatto la dichiarazione a norma dell'art. 484 ha un termine di quaranta giorni da quello del compimento dell'inventario medesimo, per deliberare se accetta (470 ss.) o rinunzia (519 ss.) all'eredità. Trascorso questo termine senza che abbia deliberato, è considerato erede puro e semplice (476, 488).

486. Poteri. – Durante i termini stabiliti dall'articolo precedente per fare l'inventario e per deliberare, il chiamato, oltre che esercitare i poteri indicati nell'art. 460, può stare in giudizio come convenuto per rappresentare l'eredità.

Se non compare, l'autorità giudiziaria nomina un curatore all'eredità affinché la rappresenti in giudizio (529; 78 ss., 780 c.p.c.).

487. Chiamato all'eredità che non è nel possesso di beni. – Il chiamato all'eredità, che non è nel possesso di beni ereditari, può fare la dichiarazione di accettare con beneficio d'inventario (484) fino a che il diritto di accettare non è prescritto (480).

Quando ha fatto la dichiarazione, deve compiere l'inventario nel termine di tre mesi dalla dichiarazione, salva la proroga accordata dall'autorità giudiziaria a norma dell'art. 485; in mancanza, è considerato erede puro e semplice (476, 488).

Quando ha fatto l'inventario non preceduto da dichiarazione di accettazione, questa deve essere fatta nei quaranta giorni successivi al compimento dell'inventario; in mancanza, il chiamato perde il diritto di accettare l'eredità.

488. Dichiarazione in caso di termine fissato dall'autorità giudiziaria. – Il chiamato all'eredità, che non è nel possesso di beni ereditari, qualora gli sia stato assegnato un termine a norma dell'art. 481, deve, entro detto termine, compiere anche l'inventario; se fa la dichiarazione e non l'inventario, è considerato erede puro e semplice (487, 496, 500).

L'autorità giudiziaria può accordare una dilazione (749 c.p.c.).

489. Incapaci. – I minori (2), gli interdetti (414) e gli inabilitati (415) non si intendono decaduti dal beneficio d'inventario (471, 472), se non al compimento di un anno dalla maggiore età o dal cessare dello stato d'interdizione o d'inabilitazione (431), qualora entro tale termine non si siano conformati alle norme della presente sezione.

490. Effetti del beneficio d'inventario. – L'effetto del beneficio d'inventario consiste nel tener distinto il patrimonio del defunto da quello dell'erede (2830, 2941, n. 5).

Conseguentemente:

1) l'erede conserva verso l'eredità tutti i diritti e tutti gli obblighi che aveva verso il defunto, tranne quelli che si sono estinti per effetto della morte (448);

2) l'erede non è tenuto al pagamento dei debiti ereditari e dei legati oltre il valore dei beni a lui pervenuti (564, 586[2]; 11, 12 l. fall.);

3) i creditori dell'eredità e i legatari hanno preferenza sul patrimonio ereditario di fronte ai creditori dell'erede (495, 499, 502). Essi però non sono dispensati dal domandare la separazione dei beni, secondo le disposizioni del capo seguente (512 ss.), se vogliono conservare questa preferenza anche nel caso che l'erede decada dal beneficio d'inventario (493, 494, 505, 564) o vi rinunzi.

491. Responsabilità dell'erede nell'amministrazione. – L'erede con beneficio d'inventario non risponde dell'amministrazione dei beni ereditari se non per colpa grave (496, 531, 1176).

492. Garanzia. – Se i creditori o altri aventi interesse lo richiedono (750 c.p.c.), l'erede deve dare idonea garanzia per il valore dei beni mobili (812) compresi nell'inventario, per i frutti (820) degli immobili e per il prezzo dei medesimi che sopravanzi al pagamento dei creditori ipotecari (1179).

493. Alienazione dei beni ereditari senza autorizzazione. – L'erede decade dal beneficio d'inventario (494, 505, 509, 564), se aliena o sottopone a pegno (2784) o ipoteca (2808) beni ereditari, o transige (1965) relativamente a questi beni senza l'autorizzazione giudiziaria e senza osservare le forme prescritte dal codice di procedura civile (747, 748 c.p.c.).

Per i beni mobili l'autorizzazione non è necessaria trascorsi cinque anni dalla dichiarazione di accettare con beneficio d'inventario.

494. Omissioni o infedeltà nell'inventario. – Dal beneficio d'inventario decade l'erede (493, 505, 509, 564) che ha omesso in mala fede di denunziare nell'inventario beni appartenenti all'eredità (762), o che ha denunziato in mala fede, nell'inventario stesso, passività non esistenti (484, 527).

495. Pagamento dei creditori e legatari. – Trascorso un mese dalla trascrizione prevista nell'art. 484 o dall'annotazione disposta nello stesso articolo per il caso che l'inventario sia posteriore alla dichiarazione, l'erede, quando creditori o legatari non si oppongono (498) ed egli non intende promuovere la liquidazione a norma dell'art. 503, paga i creditori e i legatari (649 ss.) a misura che si presentano, salvi i loro diritti di poziorità (499, 503, 2741, 2830).

Esaurito l'asse ereditario, i creditori rimasti insoddisfatti hanno soltanto diritto di regresso contro i legatari, ancorché di cosa determinata appartenente al testatore (649), nei limiti del valore del legato.

Tale diritto si prescrive in tre anni dal giorno dell'ultimo pagamento, salvo che il credito sia anteriormente prescritto (2934 ss.).

496. Rendimento del conto. – L'erede ha l'obbligo di rendere conto (263 c.p.c.) della sua amministrazione ai creditori e ai legatari, i quali possono fare assegnare un termine all'erede (2946 ss.; 749 c.p.c.; 109, 178, att. c.p.c.).

497. Mora nel rendimento del conto. – L'erede non può essere costretto al pagamento con i propri beni, se non quando è stato costituito in mora (1219) a presentare il conto e non ha ancora soddisfatto a quest'obbligo (496).

Dopo la liquidazione del conto, non può essere costretto al pagamento con i propri beni se non fino alla concorrenza delle somme di cui è debitore (263 c.p.c.).

498. Liquidazione dell'eredità in caso di opposizione. – Qualora entro il termine indicato nell'art. 495 gli sia stata notificata opposizione da parte di creditori o di legatari (530, 2906), l'erede non può eseguire pagamenti (502), ma deve provvedere alla liquidazione dell'eredità nell'interesse di tutti i creditori e legatari (499 ss., 503).

A tal fine egli, non oltre un mese dalla notificazione dell'opposizione, deve, a mezzo di un notaio del luogo dell'aperta successione, invitare i creditori e i legatari a presentare, entro un termine stabilito dal notaio stesso e non inferiore a giorni trenta (504), le dichiarazioni di credito (505, 507).

L'invito è spedito per raccomandata ai creditori e ai legatari dei quali è noto il domicilio o la residenza ed è pubblicato nel foglio degli annunzi legali della provincia (1) (501, 505, 506³, 530).

(1) A norma dell'art. 31, comma 1, della L. 24 novembre 2000, n. 340, a decorrere dal novantesimo giorno successivo alla data di entrata in vigore della stessa legge sono aboliti i fogli degli annunzi legali delle province.

499. Procedura di liquidazione. – Scaduto il termine entro il quale devono presentarsi le dichiarazioni di credito (498), l'erede provvede, con l'assistenza del notaio, a liquidare le attività ereditarie facendosi autorizzare alle alienazioni necessarie (493; 747, 748 c.p.c.). Se l'alienazione ha per oggetto beni sottoposti a privilegio (2745 ss.) o a ipoteca (2808 ss.), i privilegi non si estinguono, e le ipoteche non possono essere cancellate (2882 ss.) sino a che l'acquirente non depositi il prezzo nel modo stabilito dal giudice o non provveda al pagamento dei creditori collocati nello stato di graduazione previsto dal comma seguente (2885).

L'erede forma, sempre con l'assistenza del notaio, lo stato di graduazione (506). I creditori sono collocati secondo i rispettivi diritti di prelazione (2741). Essi sono preferiti ai legatari. Tra i creditori non aventi diritto a prelazione l'attivo ereditario è ripartito in proporzione dei rispettivi crediti (495, 501).

Qualora, per soddisfare i creditori, sia necessario comprendere nella liquidazione anche l'oggetto di un legato di specie (649 ss.), sulla somma che residua dopo il pagamento dei creditori il legatario di specie è preferito agli altri legatari.

500. Termine per la liquidazione. – L'autorità giudiziaria, su istanza di alcuni dei creditori o legatari, può assegnare un termine all'erede per liquidare le attività ereditarie e per formare lo stato di graduazione (488, 496, 505; 749 c.p.c.).

501. Reclami. – Compiuto lo stato di graduazione (499), il notaio ne dà avviso con raccomandata ai creditori e legatari di cui è noto il domicilio o la residenza, e provvede alla pubblicazione di un estratto dello stato nel foglio degli annunzi legali della provincia ([1]). Trascorsi senza reclami (778 c.p.c) trenta giorni dalla data di questa pubblicazione, lo stato di graduazione diviene definitivo (502).

([1]) *A norma dell'art. 31, comma 1, della L. 24 novembre 2000, n. 340, a decorrere dal novantesimo giorno successivo alla data di entrata in vigore della stessa legge sono aboliti i fogli degli annunzi legali delle province.*

502. Pagamento dei creditori e dei legatari. – Divenuto definitivo lo stato di graduazione (501) o passata in giudicato (324 c.p.c.) la sentenza che pronunzia sui reclami, l'erede deve soddisfare i creditori e i legatari in conformità dello stato medesimo. Questo costituisce titolo esecutivo contro l'erede (474 c.p.c.).

La collocazione dei crediti condizionali non impedisce il pagamento dei creditori posteriori, sempre che questi diano cauzione (1179).

I creditori e i legatari che non si sono presentati hanno azione contro l'erede solo nei limiti della somma che residua dopo il pagamento dei creditori e dei legatari collocati nello stato di graduazione (508). Questa azione si prescrive (2934 ss.) in tre anni dal giorno in cui lo stato è divenuto definitivo o è passata in giudicato (324 c.p.c.) la sentenza che ha pronunziato sui reclami, salvo che il credito sia anteriormente prescritto (495, 2946 ss.).

503. Liquidazione promossa dall'erede. – Anche quando non vi è opposizione di creditori o di legatari, l'erede può valersi della procedura di liquidazione prevista dagli articoli precedenti (495, 504).

Il pagamento fatto a creditori privilegiati o ipotecari non impedisce all'erede di valersi di questa procedura (498, 505).

504. Liquidazione nel caso di più eredi. – Se vi sono più eredi con beneficio d'inventario (510), ciascuno può promuovere la liquidazione (503); ma deve convocare i propri coeredi davanti al notaio nel termine che questi ha stabilito per la dichiarazione dei crediti (498, 510). I coeredi che non si presentano sono rappresentati nella liquidazione dal notaio.

505. Decadenza dal beneficio. – L'erede che, in caso di opposizione, non osserva le norme stabilite dall'art. 498 o non compie la liquidazione o lo stato di graduazione nel termine stabilito dall'art. 500, decade dal beneficio d'inventario (490, 493, 494, 509).

Parimenti decade dal beneficio d'inventario l'erede che, nel caso previsto dall'art. 503, dopo l'invito ai creditori di presentare le dichiarazioni di credito, esegue pagamenti prima che sia definita la procedura di liquidazione o non osserva il termine che gli è stato prefisso a norma dell'art. 500.

La decadenza non si verifica quando si tratta di pagamenti a favore di creditori previlegiati o ipotecari.

In ogni caso la decadenza dal beneficio d'inventario può essere fatta valere solo dai creditori del defunto e dai legatari (509).

506. Procedure individuali. – Eseguita la pubblicazione prescritta dal terzo comma dell'art. 498, non possono essere promosse procedure esecutive a istanza dei creditori. Possono tuttavia essere continuate quelle in corso, ma la parte di prezzo che residua dopo il pagamento dei creditori privilegiati e ipotecari deve essere distribuita in base allo stato di graduazione previsto dall'art. 499.

I crediti a termine diventano esigibili (1186). Resta tuttavia il beneficio del termine, quando il credito è munito di garanzia reale su beni la cui alienazione non si renda necessaria ai fini della liquidazione, e la garanzia stessa è idonea ad assicurare il soddisfacimento integrale del credito.

Dalla data di pubblicazione dell'invito ai creditori previsto dal terzo comma dell'art. 498 è sospeso il decorso degli interessi dei crediti chirografari (1282). I creditori tuttavia hanno diritto, compiuta la liquidazione, al collocamento degli interessi sugli eventuali residui (51, 55 l. fall.).

507. Rilascio dei beni ai creditori e ai legatari. – L'erede, non oltre un mese dalla scadenza del termine stabilito per presentare le dichiarazioni di credito (498), se non ha provveduto ad alcun atto di liquidazione, può rilasciare tutti i beni ereditari a favore dei creditori e dei legatari (1977 ss.).

A tal fine l'erede deve, nelle forme indicate dall'articolo 498, dare avviso ai creditori e ai legatari dei quali è noto il domicilio o la residenza (43); deve iscrivere la dichiarazione di rilascio nel registro delle successioni (52, 53 att.), annotarla in margine alla trascrizione prescritta dal secondo comma dell'art. 484, e trascriverla presso gli uffici dei registri immobiliari dei luoghi in cui si trovano gli immobili ereditari (2643 ss.) e presso gli uffici dove sono registrati i beni mobili (2649, 2663, 2683, 2687).

Dal momento in cui è trascritta la dichiarazione di rilascio, gli atti di disposizione dei beni ereditari compiuti dall'erede sono senza effetto rispetto ai creditori e ai legatari (509, 2644, 2649).

L'erede deve consegnare i beni al curatore nominato secondo le norme dell'articolo seguente. Eseguita la consegna, egli resta liberato da ogni responsabilità per i debiti ereditari.

508. Nomina del curatore. – Trascritta la dichiarazione di rilascio, il tribunale del luogo dell'aperta successione (456), su istanza dell'erede o di uno dei creditori o legatari, o anche d'ufficio, nomina un curatore, perchè provveda alla liquidazione secondo le norme degli articoli 498 e seguenti.

Il decreto di nomina del curatore è iscritto nel registro delle successioni (52, 53 att.).

Le attività che residuano, pagate le spese della curatela e soddisfatti i creditori e i legatari collocati nello stato di graduazione (499[2], 501), spettano all'erede, salva l'azione dei creditori e legatari, che non si sono presentati, nei limiti determinati dal terzo comma dell'articolo 502.

509. Liquidazione proseguita su istanza dei creditori o legatari. – Se, dopo la scadenza del termine stabilito per presentare le dichiarazioni di credito (498), l'erede incorre nella decadenza dal beneficio d'inventario (493, 494, 505), ma nessuno dei creditori o legatari la fa valere, il tribunale del luogo dell'aperta successione (456), su istanza (779 c.p.c.) di uno dei creditori o legatari, sentiti l'erede e coloro che hanno presentato le dichiarazioni di credito (498 ss.), può nominare un curatore con l'incarico di provvedere alla liquidazione dell'eredità secondo le norme degli articoli 499 e seguenti. Dopo la nomina del curatore, la decadenza dal beneficio non può più essere fatta valere.

Il decreto di nomina del curatore è iscritto nel registro delle successioni (52, 53 att.), annotato a margine della trascrizione prescritta dal secondo comma dell'art. 484, e trascritto negli uffici dei registri immobiliari dei luoghi dove si trovano gli immobili ereditari (507[4], 2643) e negli uffici dove sono registrati i beni mobili (2649, 2663, 2683, 2687).

L'erede perde l'amministrazione dei beni ed è tenuto a consegnarli al curatore (507). Gli atti di disposizione che l'erede compie dopo trascritto il decreto di nomina del curatore sono senza effetto rispetto ai creditori e ai legatari (2644).

510. Accettazione o inventario fatti da uno dei chiamati. – L'accettazione con beneficio d'inventario (484) fatta da uno dei chiamati giova a tutti gli altri, anche se l'inventario è compiuto da un chiamato diverso da quello che ha fatto la dichiarazione (504).

511. Spese. – Le spese dell'apposizione dei sigilli, dell'inventario e di ogni altro atto dipendente dall'accettazione con beneficio d'inventario sono a carico dell'eredità (461, 484, 712).

Capo VI
Della separazione dei beni del defunto da quelli dell'erede

512. Oggetto della separazione. – La separazione dei beni del defunto da quelli dell'erede assicura il soddisfacimento, con i beni del defunto, dei creditori di lui e dei legatari che l'hanno esercitata (514), a preferenza dei creditori dell'erede (490).

Il diritto alla separazione spetta anche ai creditori o legatari che hanno altre garanzie sui beni del defunto.

La separazione non impedisce ai creditori e ai legatari che l'hanno esercitata, di soddisfarsi anche sui beni propri dell'erede (11 l. fall.).

513. Separazione contro i legatari di specie. – I creditori del defunto possono esercitare la separazione anche rispetto ai beni che formano oggetto di legato di specie (649 ss., 756).

514. Rapporti tra creditori separatisti e non separatisti. – I creditori e i legatari che hanno esercitato la separazione hanno diritto di soddisfarsi sui beni separati a preferenza dei creditori e dei legatari che non l'hanno esercitata, quando il valore della parte di patrimonio non separata sarebbe stato sufficiente a soddisfare i creditori e i legatari non separatisti.

Fuori di questo caso, i creditori e i legatari non separatisti possono concorrere con coloro che hanno esercitato la separazione; ma, se parte del patrimonio non è stata separata, il valore di questa si aggiunge al prezzo dei beni separati per determinare quanto spetterebbe a ciascuno dei concorrenti, e quindi si considera come attribuito integralmente ai creditori e ai legatari non separatisti (54 att.).

Quando la separazione è esercitata da creditori e legatari, i creditori sono preferiti ai legatari. La preferenza è anche accordata, nel caso previsto dal comma precedente, ai creditori non separatisti di fronte ai legatari separatisti (756).

Restano salve in ogni caso le cause di prelazione (2721, 2741 ss.).

515. Cessazione della separazione. – L'erede può impedire o far cessare la separazione pagando i creditori e i legatari, e dando cauzione (1179) per il pagamento di quelli il cui diritto è sospeso da condizione o sottoposto a termine, oppure è contestato (119, 750 c.p.c.; 11 l. fall.).

516. Termine per l'esercizio del diritto alla separazione. – Il diritto alla separazione deve essere esercitato entro il termine di tre mesi dall'apertura della successione (456, 518; 729 c.p.c.).

517. Separazione riguardo ai mobili. – Il diritto alla separazione riguardo ai mobili (812) si esercita mediante domanda giudiziale.

La domanda si propone con ricorso al tribunale del luogo dell'aperta successione (456), il quale ordina l'inventario (769 ss. c.p.c.) se non è ancora fatto, e dà le disposizioni necessarie per la conservazione dei beni stessi.

Riguardo ai mobili già alienati dall'erede, il diritto alla separazione comprende soltanto il prezzo non ancora pagato (518^2).

518. Separazione riguardo agli immobili. – Riguardo agli immobili (812) e agli altri beni capaci d'ipoteca (2810), il diritto alla separazione si esercita mediante l'iscrizione del credito o del legato sopra ciascuno dei beni stessi. L'iscrizione si esegue nei modi stabiliti per iscrivere le ipoteche (2827 ss.), indicando il nome del defunto e quello dell'erede, se è conosciuto, e dichiarando che l'iscrizione stessa viene presa a titolo di separazione dei beni. Per tale iscrizione non è necessario esibire il titolo (2839).

Le iscrizioni a titolo di separazione, anche se eseguite in tempi diversi, prendono tutte il grado (2852) della prima e prevalgono sulle trascrizioni ed iscrizioni contro l'erede o il legatario, anche se anteriori (517^3).

Alle iscrizioni a titolo di separazione sono applicabili le norme sulle ipoteche (2808 ss.).

Capo VII
Della rinunzia all'eredità

519. Dichiarazione di rinunzia. – La rinunzia all'eredità (320^2, 467, 468, 481, 524, 527, 552, 586, 683) deve farsi (374 n. 3) con dichiarazione, ricevuta da un notaio o dal cancelliere del tribunale del circondario in cui si è aperta la successione (456), e inserita nel registro delle successioni (52, 53, 133 att.).

La rinunzia fatta gratuitamente (461) a favore di tutti coloro ai quali si sarebbe devoluta la quota del rinunziante non ha effetto finché, a cura di alcuna delle parti, non siano osservate le forme indicate nel comma precedente (477, 478, 527, 674).

520. Rinunzia condizionata, a termine o parziale. – È nulla la rinunzia fatta sotto condizione (1353 ss.) o a termine (1184) o solo per parte (475).

521. Retroattività della rinunzia. – Chi rinunzia all'eredità è considerato come se non vi fosse mai stato chiamato (524 ss.).

Il rinunziante può tuttavia ritenere la donazione (769 ss.) o domandare il legato (649 ss.) a lui fatto sino alla concorrenza della porzione disponibile (536 ss.), salve le disposizioni degli articoli 551 e 552.

522. Devoluzione nelle successioni legittime. – Nelle successioni legittime (565 ss.) la parte di colui che rinunzia si accresce a coloro che avrebbero concorso col rinunziante, salvo il diritto di rappresentazione (467 ss.) e salvo il disposto dell'ultimo comma dell'art. 571. Se il rinunziante è solo, l'eredità si devolve a coloro ai quali spetterebbe nel caso egli mancasse.

523. Devoluzione nelle successioni testamentarie. – Nelle successioni testamentarie (587 ss.), se il testatore non ha disposto una sostituzione (688 ss.) e se non ha luogo il diritto di rappresentazione (467 ss.), la parte del rinunziante si accresce ai coeredi a norma dell'art. 674, ovvero si devolve agli eredi legittimi a norma dell'art. 677.

524. Impugnazione della rinunzia da parte dei creditori. – Se taluno rinunzia, benché senza frode, a un'eredità con danno dei suoi creditori, questi possono farsi autorizzare ad accettare l'eredità in nome e luogo del rinunziante (2652 n. 1), al solo scopo di soddisfarsi sui beni ereditari fino alla concorrenza dei loro crediti.

Il diritto dei creditori si prescrive in cinque anni dalla rinunzia (2934 ss.).

525. Revoca della rinunzia. – Fino a che il diritto di accettare l'eredità non è prescritto contro i chiamati che vi hanno rinunziato (480), questi possono sempre accettarla, se non è già stata acquistata da altro dei chiamati, senza pregiudizio delle ragioni acquistate da terzi sopra i beni dell'eredità.

526. Impugnazione per violenza o dolo. – La rinunzia all'eredità si può impugnare solo se è l'effetto di violenza o di dolo (482, 483, 1324, 1434, 1435, 1439).

L'azione si prescrive in cinque anni dal giorno in cui è cessata la violenza o è stato scoperto il dolo (428^3, 482^2, 1442, 2934).

527. Sottrazione di beni ereditari. – I chiamati all'eredità, che hanno sottratto o nascosto beni spettanti all'eredità stessa, decadono dalla facoltà di rinunziarvi e si considerano eredi puri e semplici, nonostante la loro rinunzia (476, 494).

Capo VIII
Dell'eredità giacente

528. Nomina del curatore. – Quando il chiamato non ha accettato l'eredità (460, 470 ss.) e non è nel possesso di beni ereditari (487), il tribunale del circondario in cui si è aperta la successione (456), su istanza delle persone interessate o anche d'ufficio, nomina un curatore dell'eredità (460, 529 ss.).

Il decreto di nomina del curatore, a cura del cancelliere, è pubblicato per estratto nel foglio degli annunzi legali della provincia ([1]) e iscritto nel registro delle successioni (52, 53 att.; 781 ss. c.p.c.; 193 att. c.p.c.).

([1]) *A norma dell'art. 31, comma 1, della L. 24 novembre 2000, n. 340, a decorrere dal novantesimo giorno successivo alla data di entrata in vigore della stessa legge sono aboliti i fogli degli annunzi legali delle province.*

529. Obblighi del curatore. – Il curatore è tenuto a procedere all'inventario dell'eredità (769 ss. c.p.c.), a esercitarne e promuoverne le ragioni, a rispondere alle istanze proposte contro la medesima, ad amministrarla, a depositare presso le casse postali o presso un istituto di credito designato dal tribunale il danaro che si trova nell'eredità o si ritrae dalla vendita dei mobili o degli immobili, e, da ultimo, a rendere conto della propria amministrazione (531; 263, 782 c.p.c.).

530. Pagamento dei debiti ereditari. – Il curatore può provvedere al pagamento dei debiti ereditari e dei legati, previa autorizzazione del tribunale (2830; 782 c.p.c.).

Se però alcuno dei creditori o dei legatari fa opposizione, il curatore non può procedere ad alcun pagamento, ma deve provvedere alla liquidazione dell'eredità secondo le norme degli articoli 498 e seguenti (782, 783 c.p.c.).

531. Inventario, amministrazione e rendimento dei conti. – Le disposizioni della sezione II del capo V di questo titolo, che riguardano l'inventario, l'amministrazione e il rendimento di conti da parte dell'erede con beneficio d'inventario (484 ss.), sono comuni al curatore dell'eredità giacente, esclusa la limitazione della responsabilità per colpa (491, 1176; 263 c.p.c.).

532. Cessazione della curatela per accettazione dell'eredità. – Il curatore cessa dalle sue funzioni quando l'eredità è stata accettata (470, 586).

Capo IX
Della petizione di eredità

533. Nozione. – L'erede può chiedere il riconoscimento della sua qualità ereditaria contro chiunque possiede tutti o parte dei beni ereditari a titolo di erede o senza titolo alcuno, allo scopo di ottenere la restituzione dei beni medesimi (71, 73, 534, 535, 2652, n. 7; 22 c.p.c.).

L'azione è imprescrittibile (948^3, 2934), salvi gli effetti della usucapione (1158 ss.) rispetto ai singoli beni.

534. Diritti dei terzi. – L'erede può agire anche contro gli aventi causa da chi possiede a titolo di erede o senza titolo.

Sono salvi i diritti acquistati, per effetto di convenzioni a titolo oneroso con l'erede apparente, dai terzi i quali provino di avere contrattato in buona fede (1147, 1153, 1189, 1396, 1415, 1445, 1729).

La disposizione del comma precedente non si applica ai beni immobili e ai beni mobili iscritti nei pubblici registri (2683), se l'acquisto a titolo di erede (2648) e l'acquisto dall'erede apparente non sono stati trascritti anteriormente alla trascrizione dell'acquisto da parte dell'erede o del legatario vero, o alla trascrizione della domanda giudiziale contro l'erede apparente (2652, n. 7).

535. Possessore di beni ereditari. – Le disposizioni in materia di possesso si applicano anche al possessore di beni ereditari, per quanto riguarda la restituzione dei frutti, le spese, i miglioramenti e le addizioni (1148 ss.).

Il possessore in buona fede, che ha alienato pure in buona fede una cosa dell'eredità (1153 ss., 1260), è solo obbligato a restituire all'erede il prezzo o il corrispettivo ricevuto. Se il prezzo o il corrispettivo è ancora dovuto, l'erede subentra nel diritto di conseguirlo (1203, n. 5, 2038).

È possessore in buona fede colui che ha acquistato il possesso dei beni ereditari, ritenendo per errore di essere erede. La buona fede non giova se l'errore dipende da colpa grave (1147).

Capo X
Dei legittimari

Sezione I
Dei diritti riservati ai legittimari

536. Legittimari. – Le persone, a favore delle quali la legge riserva una quota di eredità o altri diritti nella successione sono: il coniuge (548), i figli, (231 ss.) gli ascendenti (538) ([1]).

Ai figli [legittimi] ([2]) sono equiparati [i legittimati e] ([2]) gli adottivi (291 ss., 304).

A favore dei discendenti dei figli [legittimi o naturali] ([3]), i quali vengono alla successione in luogo di questi (467), la legge riserva gli stessi diritti che sono riservati ai figli [legittimi o naturali] ([3]).

([1]) *Le parole: «i figli legittimi, i figli naturali, gli ascendenti legittimi» sono state così sostituite dalle attuali: «i figli, gli ascendenti» dall'art. 70, comma 1, lett.* a), *del D.L.vo 28 dicembre 2013, n. 154, a decorrere dal trentesimo giorno successivo a quello della sua pubblicazione nella* Gazzetta Ufficiale *(G.U. n. 5 dell'8 gennaio 2014).*

([2]) *Le parole fra parentesi quadrate sono state soppresse dall'art. 70, comma 1, lett.* b), *del D.L.vo 28 dicembre 2013, n. 154, a decorrere dal trentesimo giorno successivo a quello della sua pubblicazione nella* Gazzetta Ufficiale *(G.U. n. 5 dell'8 gennaio 2014).*

([3]) *Le parole fra parentesi quadrate sono state soppresse dall'art. 70, comma 1, lett.* c), *del D.L.vo 28 dicembre 2013, n. 154, a decorrere dal trentesimo giorno successivo a quello della sua pubblicazione nella* Gazzetta Ufficiale *(G.U. n. 5 dell'8 gennaio 2014).*

537. Riserva a favore dei figli [legittimi e naturali]([1]). – Salvo quanto disposto dall'art. 542, se il genitore lascia un figlio solo, [legittimo o naturale,] ([2]) a questi è riservata la metà del patrimonio.

Se i figli sono più, è loro riservata la quota dei due terzi, da dividersi in parti uguali tra tutti i figli [, legittimi e naturali] ([3]).

[I figli legittimi possono soddisfare in denaro o in beni immobili ereditari la porzione spettante ai figli naturali che non vi si oppongano. Nel caso di opposizione decide il giudice (38 att.), valutate le circostanze personali e patrimoniali (542, 566)] ([4]).

([1]) *Le parole fra parentesi quadrate sono state soppresse dall'art. 71, comma 1, lett.* a), *del D.L.vo 28 dicembre 2013, n. 154, a decorrere dal trentesimo giorno successivo a quello della sua pubblicazione nella* Gazzetta Ufficiale *(G.U. n. 5 dell'8 gennaio 2014).*

([2]) *Le parole fra parentesi quadrate sono state soppresse dall'art. 71, comma 1, lett.* b), *del D.L.vo 28 dicembre 2013, n. 154, a decorrere dal trentesimo giorno successivo a quello della sua pubblicazione nella* Gazzetta Ufficiale *(G.U. n. 5 dell'8 gennaio 2014).*

(3) *Le parole fra parentesi quadrate sono state soppresse dall'art. 71, comma 1, lett. c), del D.L.vo 28 dicembre 2013, n. 154, a decorrere dal trentesimo giorno successivo a quello della sua pubblicazione nella* Gazzetta Ufficiale (G.U. *n. 5 dell'8 gennaio 2014*).

(4) *Questo comma è stato abrogato dall'art. 71, comma 1, lett. d), del D.L.vo 28 dicembre 2013, n. 154, a decorrere dal trentesimo giorno successivo a quello della sua pubblicazione nella* Gazzetta Ufficiale (G.U. *n. 5 dell'8 gennaio 2014*).

538. Riserva a favore degli ascendenti [legittimi](1). – Se chi muore non lascia figli [legittimi né naturali] (2) (250 ss.), ma ascendenti [legittimi] (2), a favore di questi è riservato un terzo del patrimonio, salvo quanto disposto dall'art. 544.

In caso di pluralità di ascendenti, la riserva è ripartita tra i medesimi secondo i criteri previsti dall'art. 569.

(1) *La parola fra parentesi quadrate è stata soppressa dall'art. 72, comma 1, lett. a), del D.L.vo 28 dicembre 2013, n. 154, a decorrere dal trentesimo giorno successivo a quello della sua pubblicazione nella* Gazzetta Ufficiale (G.U. *n. 5 dell'8 gennaio 2014*).

(2) *Le parole fra parentesi quadrate sono state soppresse dall'art. 72, comma 1, lett. b), del D.L.vo 28 dicembre 2013, n. 154, a decorrere dal trentesimo giorno successivo a quello della sua pubblicazione nella* Gazzetta Ufficiale (G.U. *n. 5 dell'8 gennaio 2014*).

539. [Riserva a favore dei figli naturali. – (*Omissis*)] (1).

(1) *Articolo abrogato dall'art. 175 della legge di riforma del diritto di famiglia, L. 19 maggio 1975, n. 151.*

540. Riserva a favore del coniuge. – A favore del coniuge è riservata la metà del patrimonio dell'altro coniuge, salve le disposizioni dell'art. 542 per il caso di concorso con i figli (548).

Al coniuge, anche quando concorra con altri chiamati, sono riservati i diritti di abitazione sulla casa adibita a residenza familiare (144) e di uso sui mobili che la corredano, se di proprietà del defunto o comuni. Tali diritti gravano sulla porzione disponibile (556) e, qualora questa non sia sufficiente, per il rimanente sulla quota di riserva del coniuge ed eventualmente sulla quota riservata ai figli (566).

541. [Concorso di figli legittimi e naturali. – (*Omissis*)] (1).

(1) *Articolo abrogato dall'art. 177 della legge di riforma del diritto di famiglia, L. 19 maggio 1975, n. 151.*

542. Concorso di coniuge e figli. – Se chi muore lascia, oltre al coniuge, un solo figlio, [legittimo o naturale,] (1) a quest'ultimo è riservato un terzo del patrimonio ed un altro terzo spetta al coniuge.

Quando i figli [, legittimi o naturali] (2), sono più di uno, ad essi è complessivamente riservata la metà del patrimonio e al coniuge spetta un quarto del patrimonio del defunto. La divisione tra tutti i figli [, legittimi e naturali] (2), è effettuata in parti uguali.

[Si applica il terzo comma dell'art. 537] (3).

(1) *Le parole fra parentesi quadrate sono state soppresse dall'art. 73, comma 1, lett.* a), *del D.L.vo 28 dicembre 2013, n. 154, a decorrere dal trentesimo giorno successivo a quello della sua pubblicazione nella* Gazzetta Ufficiale (G.U. *n. 5 dell'8 gennaio 2014*).

(2) *Le parole fra parentesi quadrate sono state soppresse dall'art. 73, comma 1, lett.* b), *del D.L.vo 28 dicembre 2013, n. 154, a decorrere dal trentesimo giorno successivo a quello della sua pubblicazione nella* Gazzetta Ufficiale (G.U. *n. 5 dell'8 gennaio 2014*).

(3) *Questo comma è stato abrogato dall'art. 73, comma 1, lett.* c), *del D.L.vo 28 dicembre 2013, n. 154, a decorrere dal trentesimo giorno successivo a quello della sua pubblicazione nella* Gazzetta Ufficiale (G.U. *n. 5 dell'8 gennaio 2014*).

543. [Concorso di coniuge e figli naturali. – (*Omissis*)] (1).

(1) *Articolo abrogato dall'art. 179 della legge di riforma del diritto di famiglia, L. 19 maggio 1975, n. 151.*

544. Concorso di ascendenti [legittimi](1) e coniuge. – Quando chi muore non lascia figli (2), ma ascendenti [legittimi] (3) e il coniuge, a quest'ultimo è riservata la metà del patrimonio, ed agli ascendenti un quarto.

In caso di pluralità di ascendenti, la quota di riserva ad essi attribuita ai sensi del precedente comma è ripartita tra i medesimi secondo i criteri previsti dall'art. 569.

(1) *La parola fra parentesi quadrate è stata soppressa dall'art. 74, comma 1, lett.* a), *del D.L.vo 28 dicembre 2013, n. 154, a decorrere dal trentesimo giorno successivo a quello della sua pubblicazione nella* Gazzetta Ufficiale (G.U. *n. 5 dell'8 gennaio 2014*).

(2) *Le parole: «né figli legittimi né figli naturali» sono state così sostituite dalle attuali: «figli» dall'art. 74, comma 1, lett.* b), *del D.L.vo 28 dicembre 2013, n. 154, a decorrere dal trentesimo giorno successivo a quello della sua pubblicazione nella* Gazzetta Ufficiale (G.U. *n. 5 dell'8 gennaio 2014*).

(3) *La parola fra parentesi quadrate è stata soppressa dall'art. 74, comma 1, lett.* b), *del D.L.vo 28 dicembre 2013, n. 154, a decorrere dal trentesimo giorno successivo a quello della sua pubblicazione nella* Gazzetta Ufficiale (G.U. *n. 5 dell'8 gennaio 2014*).

545 - 547. (*Omissis*) (1).

(1) *Articoli abrogati dall'art. 181 della legge di riforma del diritto di famiglia, L. 19 maggio 1975, n. 151. Riguardavano il concorso del coniuge con altri chiamati.*

548. Riserva a favore del coniuge separato. – Il coniuge cui non è stata addebitata la separazione con sentenza passata in giudicato, ai sensi del secondo comma dell'art. 151, ha gli stessi diritti successori del coniuge non separato (585).

Il coniuge cui è stata addebitata (151) la separazione con sentenza passata in giudicato ha diritto soltanto ad un assegno vitalizio se al momento dell'apertura della successione godeva degli alimenti a carico del coniuge deceduto. L'assegno è commisurato alle sostanze ereditarie e alla qualità e al numero degli eredi legittimi, e non è comunque di entità superiore a quella della prestazione alimentare goduta. La medesima disposizione si applica nel caso in cui la separazione sia stata addebitata ad entrambi i coniugi.

549. Divieto di pesi o condizioni sulla quota dei legittimari. – Il testatore non può imporre pesi (551, 647) o condizioni (634) sulla quota spettante ai legittimari, salva l'applicazione delle norme contenute nel titolo IV di questo libro (713 ss.).

550. Lascito eccedente la porzione disponibile. – Quando il testatore dispone di un usufrutto (978 ss.) o di una rendita vitalizia (1872) il cui reddito eccede quello della porzione disponibile (556), i legittimari (536), ai quali è stata assegnata la nuda proprietà della disponibile o di parte di essa, hanno la scelta o di eseguire tale disposizione o di abbandonare la nuda proprietà della porzione disponibile. Nel secondo caso il legatario, conseguendo la disponibile abbandonata, non acquista la qualità di erede.

La stessa scelta spetta ai legittimari quando il testatore ha disposto della nuda proprietà di una parte eccedente la disponibile.

Se i legittimari sono più, occorre l'accordo di tutti perchè la disposizione testamentaria abbia esecuzione.

Le stesse norme si applicano anche se dell'usufrutto (978 ss.), della rendita (1872) o della nuda proprietà è stato disposto con donazione (769).

551. Legato in sostituzione di legittima. – Se a un legittimario (536) è lasciato un legato in sostituzione della legittima, egli può rinunziare al legato (649, 650) e chiedere la legittima (521).

Se preferisce di conseguire il legato, perde il diritto di chiedere un supplemento, nel caso che il valore del legato sia inferiore a quello della legittima, e non acquista la qualità di erede. Questa disposizione non si applica quando il testatore ha espressamente attribuito al legittimario la facoltà di chiedere il supplemento.

Il legato in sostituzione della legittima grava sulla porzione indisponibile. Se però il valore del legato eccede quello della legittima spettante al legittimario, per l'eccedenza il legato grava sulla disponibile (556).

552. Donazione e legati in conto di legittima. – Il legittimario (536) che rinunzia all'eredità (519 ss.), quando non si ha rappresentazione (467 ss.), può sulla disponibile ritenere le donazioni (769 ss.) o conseguire i legati a lui fatti (521); ma quando non vi è stata espressa dispensa dall'imputazione (553, 564, 724), se per integrare la legittima spettante agli eredi è necessario ridurre (533 ss.) le disposizioni testamentarie o le donazioni (554), restano salve le assegnazioni, fatte dal testatore sulla disponibile, che non sarebbero soggette a riduzione se il legittimario accettasse l'eredità, e si riducono le donazioni e i legati fatti a quest'ultimo.

Sezione II
Della reintegrazione della quota riservata ai legittimari

553. Riduzione delle porzioni degli eredi legittimi in concorso con legittimari. – Quando sui beni lasciati dal defunto si apre in tutto o in parte la successione legittima (565 ss.), nel concorso di legittimari (536 ss.) con altri successibili, le porzioni che spetterebbero a questi ultimi si riducono proporzionalmente (558) nei limiti in cui è necessario per integrare la quota riservata ai legittimari, i quali però devono imputare a questa, ai sensi dell'art. 564, quanto hanno ricevuto dal defunto in virtù di donazioni o di legati (735, 746).

554. Riduzione delle disposizioni testamentarie. – Le disposizioni testamentarie eccedenti la quota di cui il defunto poteva disporre (556) sono soggette a riduzione nei limiti della quota medesima (558, 2652, n. 8, 2690, n. 5).

555. Riduzione delle donazioni. – Le donazioni (769 ss., 809), il cui valore eccede la quota della quale il defunto poteva disporre, sono soggette a riduzione (559) fino alla quota medesima.

Le donazioni non si riducono se non dopo esaurito il valore dei beni di cui è stato disposto per testamento (554, 1923^{2}).

556. Determinazione della porzione disponibile. – Per determinare l'ammontare della quota di cui il defunto poteva disporre si forma una massa di tutti i beni che appartenevano al defunto al tempo della morte, detraendone i debiti. Si riuniscono quindi fittiziamente i beni di cui sia stato disposto a titolo di donazione (562, 737 ss.), secondo il loro valore determinato in base alle regole dettate negli articoli 747 a 750, e sull'asse così formato si calcola la quota di cui il defunto poteva disporre (537 ss.).

557. Soggetti che possono chiedere la riduzione. – La riduzione delle donazioni e delle disposizioni lesive della porzione di legittima non può essere domandata (2652, n. 8, 2690, n. 5) che dai legittimari (536) e dai loro eredi o aventi causa.

Essi non possono rinunziare a questo diritto, finché vive il donante, né con dichiarazione espressa, né prestando il loro assenso alla donazione (458).

I donatari e i legatari non possono chiedere la riduzione, né approfittarne. Non possono chiederla né approfittarne nemmeno i creditori del defunto, se il legittimario avente diritto alla riduzione ha accettato con il beneficio di inventario (484 ss., 564, 2652, n. 8, 2690, n. 5).

558. Modo di ridurre le disposizioni testamentarie. – La riduzione delle disposizioni testamentarie avviene proporzionalmente, senza distinguere tra eredi e legatari (553, 554).

Se il testatore ha dichiarato che una sua disposizione deve avere effetto a preferenza delle altre, questa disposizione non si riduce, se non in quanto il valore delle altre non sia sufficiente a integrare la quota riservata ai legittimari (536).

559. Modo di ridurre le donazioni. – Le donazioni si riducono (555) cominciando dall'ultima e risalendo via via alle anteriori (562, 563).

560. Riduzione del legato o della donazione d'immobili. – Quando oggetto del legato (649) o della donazione (769) da ridurre è un immobile, la riduzione si fa separando dall'immobile medesimo la parte occorrente per integrare la quota riservata, se ciò può avvenire comodamente (720).

Se la separazione non può farsi comodamente e il legatario o il donatario ha nell'immobile un'eccedenza maggiore del quarto della porzione disponibile (556), l'immobile si deve lasciare per intero nell'eredità, salvo il diritto di conseguire il valore della porzione disponibile. Se l'eccedenza non supera il quarto, il legatario o il donatario può ritenere tutto l'immobile, compensando in danaro i legittimari.

Il legatario o il donatario che è legittimario può ritenere tutto l'immobile, purché il valore di esso non superi l'importo della porzione disponibile e della quota che gli spetta come legittimario (536).

561. Restituzione degli immobili. – Gli immobili restituiti in conseguenza della riduzione sono liberi da ogni peso o ipoteca (2808 ss.) di cui il legatario o il donatario può averli gravati, salvo il disposto del n. 8 dell'art. 2652. I pesi e le ipoteche restano efficaci se la riduzione è domandata dopo venti anni dalla trascrizione della donazione, salvo in questo caso l'obbligo del donatario di compensare in denaro i legittimari in ragione del conseguente minor valore dei beni, purché la domanda sia stata proposta entro dieci anni dall'apertura della successione ([1]). Le stesse disposizioni si applicano per i mobili iscritti in pubblici registri ([1]).

I frutti (820, 1284) sono dovuti a decorrere dal giorno della domanda giudiziale (1148).

([1]) *Il secondo periodo di questo comma è stato così sostituito dagli attuali secondo e terzo periodo dall'art. 2, comma 4* novies, *lett.* a), *n. 1), del D.L. 14 marzo 2005, n. 35, convertito, con modificazioni, nella L. 14 maggio 2005, n. 80.*

562. Insolvenza del donatario soggetto a riduzione. – Se la cosa donata è perita per causa imputabile al donatario o ai suoi aventi causa o se la restituzione della cosa donata non può essere richiesta contro l'acquirente (563), e il donatario è in tutto o in parte insolvente, il valore della donazione che non si può recuperare dal donatario si detrae dalla massa ereditaria (556), ma restano impregiudicate le ragioni di credito del legittimario e dei donatari antecedenti contro il donatario insolvente.

563. Azione contro gli aventi causa dai donatari soggetti a riduzione. – Se i donatari contro i quali è stata pronunziata la riduzione (559) hanno alienato a terzi gli immobili donati e non sono trascorsi venti anni dalla trascrizione della ([1]) donazione ([2]), il legittimario, premessa l'escussione dei beni del donatario, può chiedere ai successivi acquirenti, nel modo e nell'ordine in cui si potrebbe chiederla ai donatari medesimi (559), la restituzione degli immobili (2652, n. 8, 2690, n. 5).

L'azione per ottenere la restituzione deve proporsi secondo l'ordine di data delle alienazioni, cominciando dall'ultima. Contro i terzi acquirenti può anche essere richiesta, entro il termine di cui al primo comma, ([3]) la restituzione dei beni mobili, oggetto della donazione, salvi gli effetti del possesso di buona fede (1153 ss.).

Il terzo acquirente può liberarsi dall'obbligo di restituire in natura le cose donate pagando l'equivalente in danaro.

Salvo il disposto del numero 8) dell'articolo 2652, il decorso del termine di cui al primo comma e di quello di cui all'articolo 561, primo comma, è sospeso nei confronti del coniuge e dei parenti in linea retta del donante che abbiano notificato e trascritto, nei confronti del donatario e dei suoi aventi causa ([4]), un atto stragiudiziale di opposizione alla donazione. Il diritto dell'opponente è personale e rinunziabile. L'opposizione perde effetto se non è rinnovata prima che siano trascorsi venti anni dalla sua trascrizione ([5]).

(1) *Le parole: «trascrizione della» sono state inserite dall'art. 3, comma 1, lettera* a), *della L. 28 dicembre 2005, n. 263.*

(2) *Le parole: «e non sono trascorsi venti anni dalla donazione» sono state inserite dall'art. 2, comma 4* novies, *lett.* a), *n. 2), del D.L. 14 marzo 2005, n. 35, convertito, con modificazioni, nella L. 14 maggio 2005, n. 80.*

(3) *Le parole: «, entro il termine di cui al primo comma,» sono state inserite dall'art. 2, comma 4* novies, *lett.* a), *n. 3), del D.L. 14 marzo 2005, n. 35, convertito, con modificazioni, nella L. 14 maggio 2005, n. 80.*

(4) *Le parole: «e dei suoi aventi causa» sono state inserite dall'art. 3, comma 1, lettera* b), *della L. 28 dicembre 2005, n. 263.*

(5) *Questo comma è stato aggiunto dall'art. 2, comma 4* novies, *lett.* a), *n. 4), del D.L. 14 marzo 2005, n. 35, convertito, con modificazioni, nella L. 14 maggio 2005, n. 80.*

564. Condizioni per l'esercizio dell'azione di riduzione. – Il legittimario (536) che non ha accettato l'eredità col beneficio d'inventario (484 ss., 557) non può chiedere la riduzione delle donazioni e dei legati, salvo che le donazioni e i legati siano stati fatti a persone chiamate come coeredi, ancorché abbiano rinunziato all'eredità (519 ss.). Questa disposizione non si applica all'erede che ha accettato col beneficio d'inventario e che ne è decaduto (493 ss., 505).

In ogni caso il legittimario, che domanda la riduzione di donazione (555) o di disposizioni testamentarie (554), deve imputare alla sua porzione legittima le donazioni e i legati a lui fatti, salvo che ne sia stato espressamente dispensato (552, 553, 724).

Il legittimario che succede per rappresentazione (467 ss.) deve anche imputare le donazioni e i legati fatti, senza espressa dispensa, al suo ascendente (740).

La dispensa non ha effetto a danno dei donatari anteriori.

Ogni cosa, che, secondo le regole contenute nel capo II del titolo IV di questo libro, è esente da collazione, è pure esente da imputazione (737 ss.).

Titolo II
Delle successioni legittime

565. ([1]) **Categorie dei successibili.** – Nella successione legittima l'eredità si devolve al coniuge (581), ai discendenti [legittimi e naturali] ([2]), agli ascendenti [legittimi] ([2]), ai collaterali (570), agli altri parenti (572) e allo Stato (586), nell'ordine e secondo le regole stabilite nel presente titolo.

([1]) *La Corte costituzionale, con sentenza n. 55 del 4 luglio 1979, ha dichiarato l'illegittimità costituzionale di questo articolo nella parte in cui esclude dalla categoria dei chiamati alla successione legittima, in mancanza di altri successibili, e prima dello Stato, i fratelli e le sorelle naturali riconosciuti o dichiarati.*

La Corte costituzionale, con sentenza n. 184 del 12 aprile 1990, ha dichiarato l'illegittimità dell'articolo nella parte in cui, in mancanza di altri successibili all'infuori dello Stato, non prevede la successione legittima tra fratelli e sorelle naturali, dei quali sia legalmente accertato il rispettivo status di filiazione nei confronti del comune genitore.

([2]) *Le parole fra parentesi quadrate sono state soppresse dall'art. 75 del D.L.vo 28 dicembre 2013, n. 154, a decorrere dal trentesimo giorno successivo a quello della sua pubblicazione nella* Gazzetta Ufficiale (G.U. *n. 5 dell'8 gennaio 2014*).

Capo I
Della successione dei parenti

566. ([1]) **Successione dei figli.** – Al padre ed alla madre succedono i figli, in parti uguali.

([1]) *Questo articolo è stato, da ultimo, così sostituito dall'art. 76 del D.L.vo 28 dicembre 2013, n. 154, a decorrere dal trentesimo giorno successivo a quello della sua pubblicazione nella* Gazzetta Ufficiale (G.U. *n. 5 dell'8 gennaio 2014*).

567. Successione dei figli adottivi ([1]). – Ai figli (231 ss.) sono equiparati gli adottivi (291, 304, 309, 687) ([2]).

I figli adottivi sono estranei alla successione dei parenti dell'adottante (300).

([1]) *La precedente rubrica:* «Successione dei figli legittimati e adottivi» *è stata così sostituita dall'attuale dall'art. 77, comma 1, lett.* a), *del D.L.vo 28 dicembre 2013, n. 154, a decorrere dal trentesimo giorno successivo a quello della sua pubblicazione nella* Gazzetta Ufficiale (G.U. *n. 5 dell'8 gennaio 2014*).

([2]) *Questo comma è stato così sostituito dall'art. 77, comma 1, lett.* b), *del D.L.vo 28 dicembre 2013, n. 154, a decorrere dal trentesimo giorno successivo a quello della sua pubblicazione nella* Gazzetta Ufficiale (G.U. *n. 5 dell'8 gennaio 2014*).

568. Successione dei genitori. – A colui che muore senza lasciare prole, né fratelli o sorelle o loro discendenti (467 ss.), succedono il padre e la madre in eguali porzioni, o il genitore che sopravvive (538, 644).

569. Successione degli ascendenti. – A colui che muore senza lasciare prole, né genitori, né fratelli o sorelle o loro discendenti (467 ss.), succedono per una metà gli ascendenti della linea paterna e per l'altra metà gli ascendenti della linea materna (538, 644).

Se però gli ascendenti non sono di eguale grado (76), l'eredità è devoluta al più vicino senza distinzione di linea (75, 538, 571).

570. Successione dei fratelli e delle sorelle. – A colui che muore senza lasciare prole, né genitori, né altri ascendenti, succedono i fratelli e le sorelle in parti uguali.

I fratelli e le sorelle unilaterali conseguono però la metà della quota che conseguono i germani.

571. Concorso di genitori o ascendenti con fratelli e sorelle. – Se coi genitori o con uno soltanto di essi concorrono fratelli e sorelle germani del defunto, tutti sono ammessi alla successione del medesimo per capi, purché in nessun caso la quota, in cui succedono i genitori o uno di essi, sia minore della metà.

Se vi sono fratelli e sorelle unilaterali, ciascuno di essi consegue la metà della quota che consegue ciascuno dei germani o dei genitori, salva in ogni caso la quota della metà in favore di questi ultimi.

Se entrambi i genitori non possono (463) o non vogliono venire alla successione e vi sono ulteriori ascendenti, a questi ultimi si devolve, nel modo determinato dall'art. 569, la quota che sarebbe spettata a uno dei genitori in mancanza dell'altro (522, 582).

572. Successione di altri parenti. – Se alcuno muore senza lasciare prole, né genitori, né altri ascendenti (583), né fratelli o sorelle o loro discendenti, la successione si apre a favore del parente o dei parenti prossimi (76), senza distinzione di linea (75).

La successione non ha luogo tra i parenti oltre il sesto grado (77).

573. Successione dei figli nati fuori del matrimonio (1). – Le disposizioni relative alla successione dei figli nati fuori del matrimonio (1) si applicano quando la filiazione è stata riconosciuta (250 ss.) o giudizialmente dichiarata (269), salvo quanto è disposto dall'art. 580.

(1) *La parola: «naturali» è stata così sostituita dalle attuali: «nati fuori del matrimonio» dall'art. 78 del D.L.vo 28 dicembre 2013, n. 154, a decorrere dal trentesimo giorno successivo a quello della sua pubblicazione nella* Gazzetta Ufficiale *(G.U. n. 5 dell'8 gennaio 2014).*

574 - 576. (*Omissis*) ([1]).

([1]) *Articoli abrogati dall'art. 187 L. 19 maggio 1975, n. 151, riforma del diritto di famiglia. Riguardavano il concorso e la successione dei figli naturali.*

577. ([1]) **Successione del figlio naturale all'ascendente legittimo immediato del suo genitore.** – Il figlio naturale succede all'ascendente legittimo immediato del suo genitore che non può o non vuole accettare l'eredità, se l'ascendente non lascia né coniuge, né discendenti o ascendenti, né fratelli o sorelle o loro discendenti, né altri parenti legittimi entro il terzo grado.

([1]) *La Corte costituzionale, con sentenza n. 79 del 14 aprile 1969, ha dichiarato l'illegittimità costituzionale dell'intero articolo.*

578. ([1]) [**Successione dei genitori al figlio naturale.** – Se il figlio naturale muore senza lasciar prole né coniuge, la sua eredità è devoluta a quello dei genitori che lo ha riconosciuto (258) o del quale è stato dichiarato figlio (250 ss., 269).

Se è stato riconosciuto o dichiarato figlio di entrambi i genitori, l'eredità spetta per metà a ciascuno di essi.

Se uno solo dei genitori ha legittimato il figlio (280 ss.), l'altro è escluso dalla successione].

([1]) *Questo articolo è stato abrogato dall'art. 106, comma 1, lett.* a), *del D.L.vo 28 dicembre 2013, n. 154, a decorrere dal trentesimo giorno successivo a quello della sua pubblicazione nella* Gazzetta Ufficiale (*G.U. n. 5 dell'8 gennaio 2014*).

579. ([1]) [**Concorso del coniuge e dei genitori.** – Se al figlio naturale morto senza lasciare prole, né genitori, sopravvive il coniuge, l'eredità si devolve per intero al medesimo.

Se vi sono genitori, l'eredità è devoluta per due terzi al coniuge e per l'altro terzo ai genitori].

([1]) *Questo articolo è stato abrogato dall'art. 106, comma 1, lett.* a), *del D.L.vo 28 dicembre 2013, n. 154, a decorrere dal trentesimo giorno successivo a quello della sua pubblicazione nella* Gazzetta Ufficiale (*G.U. n. 5 dell'8 gennaio 2014*).

580. Diritti dei figli nati fuori del matrimonio ([1]) non riconoscibili. – Ai figli nati fuori del matrimonio ([1]) aventi diritto al mantenimento, all'istruzione e alla educazione, a norma dell'art. 279, spetta un assegno vitalizio pari all'ammontare della rendita della quota di eredità alla quale avrebbero diritto, se la filiazione fosse stata dichiarata (269 ss.) o riconosciuta (250 ss.).

I figli nati fuori del matrimonio ([1]) hanno diritto di ottenere su loro richiesta la capitalizzazione dell'assegno loro spettante a norma del comma precedente, in denaro, ovvero, a scelta degli eredi legittimi, in beni ereditari.

(1) *La parola: «naturali» è stata così sostituita dalle attuali: «nati fuori del matrimonio» dall'art. 79, comma 1, del D.L.vo 28 dicembre 2013, n. 154, a decorrere dal trentesimo giorno successivo a quello della sua pubblicazione nella* Gazzetta Ufficiale *(G.U. n. 5 dell'8 gennaio 2014).*

Capo II
Della successione del coniuge

581. Concorso del coniuge con i figli. – Quando con il coniuge concorrono figli [legittimi o figli naturali, o figli legittimi e naturali] (1), il coniuge ha diritto alla metà dell'eredità, se alla successione concorre un solo figlio, e ad un terzo negli altri casi.

(1) *Le parole fra parentesi quadrate sono state soppresse dall'art. 80 del D.L.vo 28 dicembre 2013, n. 154, a decorrere dal trentesimo giorno successivo a quello della sua pubblicazione nella* Gazzetta Ufficiale *(G.U. n. 5 dell'8 gennaio 2014).*

582. Concorso del coniuge con ascendenti [legittimi] (1), fratelli e sorelle. – Al coniuge sono devoluti i due terzi dell'eredità se egli concorre con ascendenti [legittimi] (1) o con fratelli e sorelle anche se unilaterali, ovvero con gli uni e con gli altri. In questo ultimo caso la parte residua è devoluta agli ascendenti, ai fratelli e alle sorelle, secondo le disposizioni dell'art. 571, salvo in ogni caso agli ascendenti il diritto a un quarto della eredità.

(1) *La parola fra parentesi quadrate è stata soppressa dall'art. 81 del D.L.vo 28 dicembre 2013, n. 154, a decorrere dal trentesimo giorno successivo a quello della sua pubblicazione nella* Gazzetta Ufficiale *(G.U. n. 5 dell'8 gennaio 2014).*

583. Successione del solo coniuge. – In mancanza di figli [legittimi o naturali] (1), di ascendenti, di fratelli o sorelle, al coniuge si devolve tutta l'eredità.

(1) *Le parole fra parentesi quadrate sono state soppresse dall'art. 82 del D.L.vo 28 dicembre 2013, n. 154, a decorrere dal trentesimo giorno successivo a quello della sua pubblicazione nella* Gazzetta Ufficiale *(G.U. n. 5 dell'8 gennaio 2014).*

584. Successione del coniuge putativo. – Quando il matrimonio è stato dichiarato nullo dopo la morte di uno dei coniugi, al coniuge superstite di buona fede (128) spetta la quota attribuita al coniuge dalle disposizioni che precedono. Si applica altresì la disposizione del secondo comma dell'art. 540.

Egli è però escluso dalla successione, quando la persona della cui eredità si tratta è legata da valido matrimonio al momento della morte.

585. Successione del coniuge separato. – Il coniuge cui non è stata addebitata la separazione con sentenza (151) passata in giudicato ha gli stessi diritti successori del coniuge non separato.

Codice Civile

Nel caso in cui al coniuge sia stata addebitata la separazione con sentenza passata in giudicato, si applicano le disposizioni del secondo comma dell'art. 548.

Capo III
Della successione dello Stato

586. Acquisto dei beni da parte dello Stato. – In mancanza di altri successibili, l'eredità è devoluta allo Stato (565). L'acquisto si opera di diritto senza bisogno di accettazione (459) e non può farsi luogo a rinunzia (519, 827).

Lo Stato non risponde dei debiti ereditari e dei legati oltre il valore dei beni acquistati (490 n. 2).

Titolo III
Delle successioni testamentarie

Capo I
Disposizioni generali

587. Testamento. – Il testamento è un atto revocabile (679 ss.) con il quale taluno dispone, per il tempo in cui avrà cessato di vivere, di tutte le proprie sostanze o di parte di esse (2821).

Le disposizioni di carattere non patrimoniale, che la legge consente siano contenute in un testamento, hanno efficacia, se contenute in un atto che ha la forma del testamento (601), anche se manchino disposizioni di carattere patrimoniale.

588. Disposizioni a titolo universale e a titolo particolare. – Le disposizioni testamentarie, qualunque sia l'espressione o la denominazione usata dal testatore, sono a titolo universale (637) e attribuiscono la qualità di erede (625 ss.), se comprendono l'universalità o una quota dei beni del testatore (674). Le altre disposizioni sono a titolo particolare (631) e attribuiscono la qualità di legatario (649 ss.).

L'indicazione di beni determinati o di un complesso di beni non esclude che la disposizione sia a titolo universale, quando risulta che il testatore ha inteso assegnare quei beni come quota del patrimonio (734).

589. Testamento congiuntivo o reciproco. – Non si può fare testamento da due o più persone nel medesimo atto, né a vantaggio di un terzo, né con disposizione reciproca (458, 635).

590. Conferma ed esecuzione volontaria di disposizioni testamentarie nulle. – La nullità della disposizione testamentaria (606), da qualunque causa dipenda, non può essere fatta valere da chi, conoscendo la causa della nullità, ha, dopo la morte del testatore, confermato la disposizione o dato ad essa volontaria esecuzione (627², 799, 2034).

Capo II
Della capacità
di disporre per testamento

591. Casi d'incapacità. – Possono disporre per testamento tutti coloro che non sono dichiarati incapaci dalla legge (32 c.p.).

Sono incapaci di testare:

1) coloro che non hanno compiuto la maggiore età (2);

2) gli interdetti per infermità di mente (414 ss.);

3) quelli che, sebbene non interdetti, si provi essere stati, per qualsiasi causa, anche transitoria, incapaci di intendere o di volere nel momento in cui fecero testamento (428).

Nei casi d'incapacità preveduti dal presente articolo il testamento può essere impugnato da chiunque vi ha interesse. L'azione si prescrive nel termine di cinque anni dal giorno in cui è stata data esecuzione alle disposizioni testamentarie.

Capo III
Della capacità
di ricevere per testamento

592. (¹) **Figli nati fuori del matrimonio** (²) **riconosciuti o riconoscibili.** – Se vi sono discendenti legittimi, i figli nati fuori del matrimonio (²), quando la filiazione è stata riconosciuta o dichiarata, non possono ricevere per testamento più di quanto avrebbero ricevuto se la successione si fosse devoluta in base alla legge.

I figli nati fuori del matrimonio (²) riconoscibili, quando la filiazione risulta nei modi indicati dall'art. 279, non possono ricevere più di quanto, secondo la disposizione del comma precedente, potrebbero conseguire se la filiazione fosse stata riconosciuta o dichiarata.

(¹) *La Corte costituzionale, con sentenza n. 205 del 18 dicembre 1970, ha dichiarato incostituzionale l'intero articolo.*

(²) *Le parole: «figli naturali» sono state così sostituite dalle seguenti: «figli nati fuori del matrimonio» dall'art. 105, comma 3, del D.L.vo 28 dicembre 2013, n. 154, a decorrere dal trentesimo giorno successivo a quello della sua pubblicazione nella* Gazzetta Ufficiale *(G.U. n. 5 dell'8 gennaio 2014).*

593. [Figli naturali non riconoscibili. – (*Omissis*)] (1).

(1) *Articolo abrogato dall'art. 194 L. 19 maggio 1975, n. 151, riforma del diritto di famiglia.*

594. Assegno ai figli nati fuori del matrimonio (1) **non riconoscibili. –** Gli eredi, i legatari e i donatari sono tenuti, in proporzione a quanto hanno ricevuto, a corrispondere ai figli nati fuori del matrimonio (1) di cui all'art. 279, un assegno vitalizio nei limiti stabiliti dall'art. 580, se il genitore non ha disposto per donazione o testamento in favore dei figli medesimi. Se il genitore ha disposto in loro favore, essi possono rinunziare alla disposizione e chiedere l'assegno.

(1) *La parola: «naturali» è stata così sostituita dalle attuali: «nati fuori del matrimonio» dall'art. 83 del D.L.vo 28 dicembre 2013, n. 154, a decorrere dal trentesimo giorno successivo a quello della sua pubblicazione nella* Gazzetta Ufficiale *(G.U. n. 5 dell'8 gennaio 2014).*

595. [Coniuge del binubo. – (*Omissis*)] (1).

(1) *Articolo abrogato dall'art. 196 della L. 19 maggio 1975, n. 151, riforma del diritto di famiglia. Il testo vigente prima dell'abrogazione era stato dichiarato incostituzionale con sentenza 20 dicembre 1979, n. 153 della Corte costituzionale.*

596. Incapacità del tutore e del protutore. – Sono nulle le disposizioni testamentarie della persona sottoposta a tutela in favore del tutore, se fatte dopo la nomina di questo (346) e prima che sia approvato il conto (386; 263 c.p.c.) o sia estinta l'azione per il rendimento del conto medesimo (387), quantunque il testatore sia morto dopo l'approvazione. Questa norma si applica anche al protutore, se il testamento è fatto nel tempo in cui egli sostituiva il tutore (360, 378[4], 599, 799).

Sono però valide le disposizioni fatte in favore del tutore o del protutore che è ascendente, discendente, fratello, sorella o coniuge del testatore.

597. Incapacità del notaio, dei testimoni e dell'interprete. – Sono nulle le disposizioni a favore del notaio o di altro ufficiale (609, 611, 616, 617) che ha ricevuto il testamento pubblico (603), ovvero a favore di alcuno dei testimoni o dell'interprete intervenuti al testamento medesimo (599).

598. Incapacità di chi ha scritto o ricevuto il testamento segreto. – Sono nulle le disposizioni a favore della persona che ha scritto il testamento segreto (604), salvo che siano approvate di mano dello stesso testatore o nell'atto della consegna. Sono pure nulle le disposizioni a favore del notaio a cui il testamento segreto è stato consegnato in plico non sigillato (599, 605).

599. Persone interposte. – Le disposizioni testamentarie a vantaggio delle persone incapaci indicate dagli artt. 592, 593, 595, 596, 597 e 598 sono nulle anche se fatte sotto nome d'interposta persona ([1]).

Sono reputate persone interposte il padre, la madre, i discendenti (467[1]) e il coniuge della persona incapace, anche se chiamati congiuntamente con l'incapace (323, 378, 738, 740, 779 ss., 2728).

([1]) *La Corte costituzionale, con sentenza n. 205 del 28 dicembre 1970, ha dichiarato l'illegittimità costituzionale nella parte in cui si riferisce agli artt. 592 e 593 cod. civ.; e con sentenza 20 dicembre 1979, n. 153 ha dichiarato l'illegittimità costituzionale nella parte in cui richiama l'art. 595.*

600. ([1]) [**Enti non riconosciuti.** – Le disposizioni a favore di un ente non riconosciuto (36) non hanno efficacia, se entro un anno dal giorno in cui il testamento è eseguibile (620 ss.) non è fatta l'istanza per ottenere il riconoscimento (12, 33, 786).

Fino a quando l'ente non è costituito possono essere promossi gli opportuni provvedimenti conservativi (715[4]; 3 att.; 670 c.p.c.)].

([1]) *Questo articolo è stato abrogato dall'art. 13, comma 1, della L. 15 maggio 1997, n. 127, così come sostituito dall'art. 1, comma 1, della L. 22 giugno 2000, n. 192. Le disposizioni previste dall'art. 13, comma 1, si applicano anche alle acquisizioni deliberate o verificatesi in data anteriore a quella di entrata in vigore della citata L. n. 127/1997, a norma dell'art. 13, comma 2, medesima legge.*

Capo IV
Della forma dei testamenti

Sezione I
Dei testamenti ordinari

601. Forme. – Le forme ordinarie di testamento sono il testamento olografo (602) e il testamento per atto di notaio.

Il testamento per atto di notaio è pubblico (603) o segreto (604 ss., 607, 685).

602. Testamento olografo. – Il testamento olografo deve essere scritto per intero, datato e sottoscritto di mano del testatore (606, 684, 685).

La sottoscrizione deve essere posta alla fine delle disposizioni. Se anche non è fatta indicando nome e cognome (6[2], 9), è tuttavia valida quando designa con certezza la persona del testatore.

La data deve contenere l'indicazione del giorno, mese e anno. La prova della non verità della data è ammessa soltanto quando si tratta di giudicare della capacità del testatore (591), della priorità di data tra più testamenti

(682) o di altra questione da decidersi in base al tempo del testamento (651, 656, 657, 687).

603. Testamento pubblico. – Il testamento pubblico è ricevuto dal notaio in presenza di due testimoni (597).

Il testatore, in presenza dei testimoni, dichiara al notaio la sua volontà, la quale è ridotta in iscritto a cura del notaio stesso. Questi dà lettura del testamento al testatore in presenza dei testimoni. Di ciascuna di tali formalità è fatta menzione nel testamento (606).

Il testamento deve indicare il luogo, la data del ricevimento e l'ora della sottoscrizione, ed essere sottoscritto dal testatore, dai testimoni e dal notaio. Se il testatore non può sottoscrivere, o può farlo solo con grave difficoltà, deve dichiararne la causa, e il notaio deve menzionare questa dichiarazione prima della lettura dell'atto (606, 609[2]).

Per il testamento del muto, sordo o sordomuto ([1]) si osservano le norme stabilite dalla legge notarile per gli atti pubblici di queste persone. Qualora il testatore sia incapace anche di leggere, devono intervenire quattro testimoni (605[5], 606[1]).

([1]) *A norma dell'art. 1 della L. 20 febbraio 2006, n. 95, in tutte le disposizioni legislative vigenti, il termine «sordomuto» è sostituito con l'espressione «sordo».*

604. Testamento segreto. – Il testamento segreto può essere scritto dal testatore o da un terzo (598). Se è scritto dal testatore, deve essere sottoscritto da lui alla fine delle disposizioni; se è scritto in tutto o in parte da altri, o se è scritto con mezzi meccanici, deve portare la sottoscrizione del testatore anche in ciascun mezzo foglio, unito o separato (607).

Il testatore che sa leggere ma non sa scrivere, o che non ha potuto apporre la sottoscrizione quando faceva scrivere le proprie disposizioni, deve altresì dichiarare al notaio, che riceve il testamento, di averlo letto ed aggiungere la causa che gli ha impedito di sottoscriverlo: di ciò si fa menzione nell'atto di ricevimento.

Chi non sa o non può leggere non può fare testamento segreto.

605. Formalità del testamento segreto. – La carta su cui sono stese le disposizioni o quella che serve da involto deve essere sigillata con un'impronta, in guisa che il testamento non si possa aprire né estrarre senza rottura o alterazione.

Il testatore, in presenza di due testimoni, consegna personalmente al notaio la carta così sigillata, o la fa sigillare nel modo sopra indicato in presenza del notaio e dei testimoni, e dichiara che in questa carta è contenuto il suo testamento. Il testatore, se è muto o sordomuto ([1]), deve scrivere tale dichiarazione in presenza dei testimoni e deve pure dichiarare per iscritto di aver letto il testamento, se questo è stato scritto da altri (604).

Sulla carta in cui dal testatore è scritto o involto il testamento, o su un ulteriore involto predisposto dal notaio e da lui debitamente sigillato, si scrive l'atto di ricevimento nel quale si indicano il fatto della consegna e la dichiarazione del testatore, il numero e l'impronta dei sigilli, e l'assistenza dei testimoni a tutte le formalità (606).

L'atto deve essere sottoscritto dal testatore, dai testimoni e dal notaio.

Se il testatore non può, per qualunque impedimento, sottoscrivere l'atto della consegna, si osserva quel che è stabilito circa il testamento per atto pubblico (603, 619). Tutto ciò deve essere fatto di seguito e senza passare ad altri atti (607, 608).

(¹) *A norma dell'art. 1 della L. 20 febbraio 2006, n. 95, in tutte le disposizioni legislative vigenti, il termine «sordomuto» è sostituito con l'espressione «sordo».*

606. Nullità del testamento per difetto di forma. – Il testamento è nullo quando manca l'autografia o la sottoscrizione nel caso di testamento olografo (602), ovvero manca la redazione per iscritto, da parte del notaio, delle dichiarazioni del testatore o la sottoscrizione dell'uno o dell'altro, nel caso di testamento per atto di notaio (603).

Per ogni altro difetto di forma il testamento può essere annullato su istanza di chiunque vi ha interesse. L'azione di annullamento si prescrive nel termine di cinque anni dal giorno in cui è stata data esecuzione alle disposizioni testamentarie (590).

607. Validità del testamento segreto come olografo. – Il testamento segreto, che manca di qualche requisito suo proprio (605), ha effetto come testamento olografo, qualora di questo abbia i requisiti (602, 685).

608. Ritiro di testamento segreto od olografo. – Il testamento segreto (604, 605) e il testamento olografo (602) che è stato depositato (620) possono dal testatore essere ritirati in ogni tempo dalle mani del notaio presso il quale si trovano (685).

A cura del notaio si redige verbale della restituzione; il verbale è sottoscritto dal testatore, da due testimoni e dal notaio; se il testatore non può sottoscrivere, se ne fa menzione.

Quando il testamento è depositato in un pubblico archivio, il verbale è redatto dall'archivista e sottoscritto dal testatore, dai testimoni e dall'archivista medesimo.

Della restituzione del testamento si prende nota in margine o in calce all'atto di consegna o di deposito.

Sezione II
Dei testamenti speciali

609. Malattie contagiose, calamità pubbliche o infortuni. – Quando il testatore non può valersi delle forme ordinarie (601), perchè si trova in luogo dove domina una malattia reputata contagiosa, o per causa di pubblica calamità o di infortunio, il testamento è valido se ricevuto da un notaio, [dal pretore o] (1) dal giudice di pace del luogo, dal sindaco o da chi ne fa le veci, o da un ministro di culto, in presenza di due testimoni di età non inferiore a sedici anni.

Il testamento è redatto e sottoscritto da chi lo riceve; è sottoscritto anche dal testatore e dai testimoni. Se il testatore o i testimoni non possono sottoscrivere, se ne indica la causa (603[3], 610, 619).

(1) *Le parole tra parentesi quadre sono state soppresse dall'art. 147 del D.L.vo 19 febbraio 1998, n. 51, recante l'istituzione del giudice unico, a decorrere dal 2 giugno 1999.*

610. Termine di efficacia. – Il testamento ricevuto nel modo indicato dall'articolo precedente perde la sua efficacia tre mesi dopo la cessazione della causa che ha impedito al testatore di valersi delle forme ordinarie (601 ss.).

Se il testatore muore nell'intervallo, il testamento deve essere depositato, appena è possibile, nell'archivio notarile del luogo in cui è stato ricevuto (608[3], 613, 614).

611. Testamento a bordo di nave. – Durante il viaggio per mare il testamento può essere ricevuto a bordo della nave dal comandante di essa (612, 615, 619; 296 c.n.).

Il testamento del comandante può essere ricevuto da colui che lo segue immediatamente in ordine di servizio (203, 296, 321, 322 c.n.).

612. Forme. – Il testamento indicato dall'articolo precedente è redatto in doppio originale alla presenza di due testimoni e deve essere sottoscritto dal testatore, dalla persona che lo ha ricevuto e dai testimoni (619); se il testatore o i testimoni non possono sottoscrivere, si deve indicare il motivo che ha impedito la sottoscrizione.

Il testamento è conservato tra i documenti di bordo ed è annotato sul giornale di bordo ovvero sul giornale nautico e sul ruolo d'equipaggio (203, 296, 321, 322 c.n.).

613. Consegna. – Se la nave approda a un porto estero in cui vi sia un'autorità consolare, il comandante è tenuto a consegnare all'autorità medesima uno degli originali del testamento e una copia dell'annotazione fatta sul giornale di bordo ovvero sul giornale nautico e sul ruolo d'equipaggio.

Al ritorno della nave nella Repubblica, i due originali del testamento, o quello non depositato durante il viaggio, devono essere consegnati all'autorità marittima locale insieme con la copia della predetta annotazione.

Della consegna si rilascia dichiarazione, di cui si fa cenno in margine all'annotazione sopraindicata.

614. Verbale di consegna. – L'autorità marittima o consolare locale deve redigere verbale della consegna del testamento e trasmettere il verbale e gli atti ricevuti al Ministro della difesa o al Ministero della marina mercantile, secondo che il testamento sia stato ricevuto a bordo di una nave della marina militare o di una nave della marina mercantile. Il Ministero ordina il deposito di uno degli originali nel suo archivio, e trasmette l'altro all'archivio notarile del luogo del domicilio o dell'ultima residenza (43) del testatore (608^3, 617^2).

615. Termine di efficacia. – Il testamento fatto durante il viaggio per mare, nella forma stabilita dagli artt. 611 e seguenti, perde la sua efficacia tre mesi dopo lo sbarco del testatore in luogo dove è possibile fare testamento nelle forme ordinarie (601 ss.).

616. Testamento a bordo di aeromobile. – Al testamento fatto a bordo di un aeromobile durante il viaggio si applicano le disposizioni degli artt. 611 a 615.

Il testamento è ricevuto dal comandante, in presenza di uno o, quando è possibile, di due testimoni (888 c.n.).

Le attribuzioni delle autorità marittime a norma degli artt. 613 e 614 spettano alle autorità aeronautiche.

Il testamento è annotato sul giornale di rotta (772 c.n.).

617. Testamento dei militari e assimilati. – Il testamento dei militari e delle persone al seguito delle forze armate dello Stato può essere ricevuto da un ufficiale o da un cappellano militare o da un ufficiale della Croce Rossa, in presenza di due testimoni; esso deve essere sottoscritto dal testatore, dalla persona che lo ha ricevuto e dai testimoni. Se il testatore o i testimoni non possono sottoscrivere, si deve indicare il motivo che ha impedito la sottoscrizione (619).

Il testamento deve essere al più presto trasmesso al quartiere generale e da questo al Ministero competente, che ne ordina il deposito nell'archivio notarile del luogo del domicilio o dell'ultima residenza (43) del testatore.

618. Casi e termini d'efficacia. – Nella forma speciale stabilita dall'articolo precedente possono testare soltanto coloro i quali, appartenendo a corpi o servizi mobilitati o comunque impegnati in guerra, si trovano in zona di operazioni belliche o sono prigionieri presso il nemico, e coloro che sono acquartierati o di presidio fuori della Repubblica o in luoghi dove siano interrotte le comunicazioni.

Il testamento perde la sua efficacia tre mesi dopo il ritorno del testatore in un luogo dove è possibile far testamento nelle forme ordinarie (601 ss., 615).

619. Nullità. – I testamenti previsti in questa sezione sono nulli quando manca la redazione in iscritto della dichiarazione del testatore ovvero la sottoscrizione della persona autorizzata a riceverla o del testatore.

Per gli altri difetti di forma si osserva il disposto del secondo comma dell'art. 606 (590).

Sezione III
Della pubblicazione dei testamenti olografi e dei testamenti segreti

620. Pubblicazione del testamento olografo. – Chiunque è in possesso di un testamento olografo (602) deve presentarlo a un notaio per la pubblicazione (608), appena ha notizia della morte del testatore.

Chiunque crede di avervi interesse può chiedere, con ricorso al tribunale del circondario in cui si è aperta la successione (456), che sia fissato un termine per la presentazione (621; 749 c.p.c.).

Il notaio procede alla pubblicazione del testamento (623) in presenza di due testimoni, redigendo nella forma degli atti pubblici un verbale nel quale descrive lo stato del testamento, ne riproduce il contenuto e fa menzione della sua apertura, se è stato presentato chiuso con sigillo. Il verbale è sottoscritto dalla persona che presenta il testamento, dai testimoni e dal notaio. Ad esso sono uniti la carta in cui è scritto il testamento, vidimata in ciascun mezzo foglio dal notaio e dai testimoni, e l'estratto dell'atto di morte del testatore o copia del provvedimento che ordina l'apertura degli atti di ultima volontà dell'assente (50) o della sentenza che dichiara la morte presunta (58, 63).

Nel caso in cui il testamento è stato depositato dal testatore presso un notaio, la pubblicazione è eseguita dal notaio depositario (685).

Avvenuta la pubblicazione, il testamento olografo ha esecuzione (623; 3, 7 att.).

Per giustificati motivi, su istanza di chiunque vi ha interesse, il tribunale può disporre che periodi o frasi di carattere non patrimoniale (587) siano cancellati dal testamento e omessi nelle copie che fossero richieste, salvo che l'autorità giudiziaria ordini il rilascio di copia integrale.

621. Pubblicazione del testamento segreto. – Il testamento segreto (604) deve essere aperto e pubblicato dal notaio appena gli perviene la notizia della morte del testatore. Chiunque crede di avervi interesse può chiedere, con ricorso al tribunale del circondario in cui si è aperta la successione, che sia fissato un termine per l'apertura e la pubblicazione (7 att.; 749 c.p.c.).

Si applicano le disposizioni del terzo comma dell'art. 620.

622. Comunicazione dei testamenti alla pretura. – Il notaio deve trasmettere alla cancelleria del tribunale, nella cui giurisdizione si è aperta la successione (456), copia in carta libera dei verbali previsti dagli artt. 620 e 621 e del testamento pubblico (603; 55 att.).

623. Comunicazione agli eredi e legatari. – Il notaio che ha ricevuto un testamento pubblico (603), appena gli è nota la morte del testatore, o, nel caso di testamento olografo (602) o segreto (604), dopo la pubblicazione (620, 621), comunica l'esistenza del testamento agli eredi e legatari di cui conosce il domicilio o la residenza (43).

Capo V
Dell'istituzione di erede e dei legati

Sezione I
Disposizioni generali

624. Violenza, dolo, errore. – La disposizione testamentaria può essere impugnata da chiunque vi abbia interesse quando è l'effetto di errore (625), di violenza o di dolo (1427 ss.).

L'errore sul motivo (626), sia esso di fatto o di diritto, è causa di annullamento della disposizione testamentaria, quando il motivo risulta dal testamento ed è il solo che ha determinato il testatore a disporre (634, 647, 648).

L'azione si prescrive in cinque anni dal giorno in cui si è avuta notizia della violenza, del dolo o dell'errore (2652, n. 7, 2690, n. 4, 2948).

625. Erronea indicazione dell'erede o del legatario o della cosa che forma oggetto della disposizione. – Se la persona dell'erede o del legatario è stata erroneamente indicata, la disposizione ha effetto, quando dal contesto del testamento o altrimenti risulta in modo non equivoco quale persona il testatore voleva nominare (628).

La disposizione ha effetto anche quando la cosa che forma oggetto della disposizione è stata erroneamente indicata o descritta, ma è certo a quale cosa il testatore intendeva riferirsi (632).

626. Motivo illecito. – Il motivo illecito rende nulla la disposizione testamentaria, quando risulta dal testamento ed è il solo che ha determinato il testatore a disporre (634, 647, 648).

627. Disposizione fiduciaria. – Non è ammessa azione in giudizio per accertare che le disposizioni fatte a favore di persona dichiarata nel testamento sono soltanto apparenti e che in realtà riguardano altra persona, anche se espressioni del testamento possono indicare o far presumere che si tratta di persona interposta.

Tuttavia la persona dichiarata nel testamento, se ha spontaneamente eseguito (590) la disposizione fiduciaria trasferendo i beni alla persona voluta dal testatore, non può agire per la ripetizione, salvo che sia un incapace (2034, 2039).

Le disposizioni di questo articolo non si applicano al caso in cui l'istituzione o il legato sono impugnati come fatti per interposta persona (599) a favore di incapaci a ricevere (462, 592 ss.).

628. Disposizioni a favore di persona incerta. – È nulla ogni disposizione fatta a favore di persona che sia indicata in modo da non poter essere determinata (625).

629. Disposizioni a favore dell'anima. – Le disposizioni a favore dell'anima sono valide qualora siano determinati i beni o possa essere determinata la somma da impiegarsi a tale fine.

Esse si considerano come un onere (647) a carico dell'erede o del legatario, e si applica l'art. 648.

Il testatore può designare una persona che curi l'esecuzione della disposizione, anche nel caso in cui manchi un interessato a richiedere l'adempimento (700 ss.).

630. Disposizioni a favore dei poveri. – Le disposizioni a favore dei poveri e altre simili, espresse genericamente, senza che si determini l'uso o il pubblico istituto a cui beneficio sono fatte, s'intendono fatte in favore dei poveri del luogo in cui il testatore aveva il domicilio (43) al tempo della sua morte, e i beni sono devoluti all'ente comunale per l'assistenza.

La precedente disposizione si applica anche quando la persona incaricata dal testatore di determinare l'uso o il pubblico istituto non può o vuole accettare l'incarico (631).

631. Disposizioni rimesse all'arbitrio del terzo. – È nulla ogni disposizione testamentaria con la quale si fa dipendere dall'arbitrio di un terzo l'indicazione dell'erede o del legatario (632, 664), ovvero la determinazione della quota di eredità.

Tuttavia è valida la disposizione a titolo particolare (588) in favore di persona da scegliersi dall'onerato o da un terzo tra più persone determinate dal testatore o appartenenti a famiglie o categorie di persone da lui determinate, ed è pure valida la disposizione a titolo particolare a favore di uno tra più enti (600) determinati del pari dal testatore. Se sono indicate più persone in modo alternativo e non è stabilito chi deve fare la scelta, questa si considera lasciata all'onerato (699, 778[2]).

Se l'onerato o il terzo non può o non vuole fare la scelta, questa è fatta con decreto dal presidente del tribunale del luogo in cui si è aperta la successione (456), dopo avere assunto le opportune informazioni (751 c.p.c.).

632. Determinazione di legato per arbitrio altrui. – È nulla la disposizione che lascia al mero arbitrio dell'onerato o di un terzo di determinare l'oggetto o la quantità del legato (664).

Sono validi i legati fatti a titolo di rimunerazione per i servizi prestati al testatore, anche se non ne sia indicato l'oggetto o la quantità.

Sezione II
Delle disposizioni condizionali, a termine e modali

633. Condizione sospensiva o risolutiva. – Le disposizioni a titolo universale o particolare (588) possono farsi sotto condizione sospensiva o risolutiva (480, 549, 638, 646).

634. Condizioni impossibili o illecite. – Nelle disposizioni testamentarie si considerano non apposte (647[3], 794) le condizioni impossibili e quelle contrarie a norme imperative, all'ordine pubblico o al buon costume, salvo quanto è stabilito dall'art. 626 (636, 692).

635. Condizione di reciprocità. – È nulla la disposizione a titolo universale o particolare (588) fatta dal testatore a condizione di essere a sua volta avvantaggiato nel testamento dell'erede o del legatario (458, 589).

636. Divieto di nozze. – È illecita la condizione (1353) che impedisce le prime nozze o le ulteriori (634).

Tuttavia il legatario di usufrutto (978 ss.) o di uso (1021), di abitazione (1022) o di pensione, o di altra prestazione periodica per il caso o per il tempo del celibato o della vedovanza, non può goderne che durante il celibato o la vedovanza.

637. Termine. – Si considera non apposto (634) a una disposizione a titolo universale (588) il termine dal quale l'effetto di essa deve cominciare o cessare (702[2]).

638. Condizione di non fare o di non dare. – Se il testatore ha disposto sotto la condizione che l'erede o il legatario non faccia o non dia qualche cosa per un tempo indeterminato, la disposizione si considera fatta sotto condizione risolutiva (633, 1353), salvo che dal testamento risulti una contraria volontà del testatore (639).

639. Garanzia in caso di condizione risolutiva. – Se la disposizione testamentaria è sottoposta a condizione risolutiva (633, 638, 1353), l'autorità giudiziaria, qualora ne ravvisi l'opportunità, può imporre all'erede o al legatario di prestare idonea garanzia (1179; 119 c.p.c.) a favore di coloro ai quali l'eredità o il legato dovrebbe devolversi nel caso che la condizione si avverasse (750 c.p.c.).

640. Garanzia in caso di legato sottoposto a condizione sospensiva o a termine. – Se a taluno è lasciato un legato sotto condizione sospensiva (633, 1353) o dopo un certo tempo (637), l'onerato può essere costretto a dare idonea garanzia (1179) al legatario, salvo che il testatore abbia diversamente disposto (641; 119, 750 c.p.c.).

La garanzia può essere imposta anche al legatario quando il legato è a termine finale (637, 707).

641. Amministrazione in caso di condizione sospensiva o di mancata prestazione di garanzia. – Qualora l'erede sia istituito sotto condizione sospensiva (633, 1353), finché questa condizione non si verifica o non è certo che non si può più verificare, è dato all'eredità un amministratore (642, 693).

Vale la stessa norma anche nel caso in cui l'erede o il legatario non adempie l'obbligo di prestare la garanzia prevista dai due articoli precedenti (643).

642. Persone a cui spetta l'amministrazione. – L'amministrazione spetta alla persona a cui favore è stata disposta la sostituzione (688), ovvero al coerede o ai coeredi, quando tra essi e l'erede condizionale vi è il diritto di accrescimento (674 ss.).

Se non è prevista la sostituzione o non vi sono coeredi a favore dei quali abbia luogo il diritto di accrescimento, l'amministrazione spetta al presunto erede legittimo (565 ss.).

In ogni caso l'autorità giudiziaria, quando concorrono giusti motivi, può provvedere altrimenti (643; 22 c.p.c.).

643. Amministrazione in caso di eredi nascituri. – Le disposizioni dei due precedenti articoli si applicano anche nel caso in cui sia chiamato a succedere un non concepito, figlio di una determinata persona vivente (462). A questa spetta la rappresentanza del nascituro, per la tutela dei suoi diritti successori, anche quando l'amministratore dell'eredità è una persona diversa.

Se è chiamato un concepito, l'amministrazione spetta al padre e alla madre (1).

(1) *Questo comma è stato così sostituito dall'art. 84 del D.L.vo 28 dicembre 2013, n. 154, a decorrere dal trentesimo giorno successivo a quello della sua pubblicazione nella* Gazzetta Ufficiale *(G.U. n. 5 dell'8 gennaio 2014).*

644. Obblighi e facoltà degli amministratori. – Agli amministratori indicati dai precedenti articoli sono comuni le regole che si riferiscono ai curatori dell'eredità giacente (528 ss.; 781 c.p.c.).

645. Condizione sospensiva potestativa senza termine. – Se la condizione apposta all'istituzione di erede o al legato è sospensiva potestativa (1355) e non è indicato il termine per l'adempimento, gli interessati possono adire l'autorità giudiziaria perchè fissi questo termine (749 c.p.c.).

646. Retroattività della condizione. – L'adempimento della condizione (633) ha effetto retroattivo (456, 1360); ma l'erede o il legatario, nel caso di condizione risolutiva, non è tenuto a restituire i frutti (820) se non dal giorno in cui la condizione si è verificata (1361). L'azione per la restituzione dei frutti si prescrive in cinque anni (2948).

647. Onere. – Tanto all'istituzione di erede quanto al legato può essere apposto un onere (549, 629, 671, 690).

Se il testatore non ha diversamente disposto, l'autorità giudiziaria, qualora ne ravvisi l'opportunità, può imporre all'erede o al legatario gravato dall'onere una cauzione (1179; 119, 750 c.p.c.).

L'onere impossibile o illecito si considera non apposto; rende tuttavia nulla la disposizione, se ne ha costituito il solo motivo determinante (626, 647).

648. Adempimento dell'onere. – Per l'adempimento dell'onere può agire qualsiasi interessato (629).

Nel caso d'inadempimento dell'onere, l'autorità giudiziaria può pronunziare la risoluzione della disposizione testamentaria (677), se la risoluzione è stata prevista dal testatore, o se l'adempimento dell'onere ha costituito il solo motivo determinante della disposizione (626, 647^2, 2652 n. 1).

Sezione III
Dei legati

649. Acquisto del legato. – Il legato si acquista (17, 483) senza bisogno di accettazione (470 ss.), salva la facoltà di rinunziare (519, 650).

Quando oggetto del legato è la proprietà di una cosa determinata o altro diritto appartenente al testatore (651), la proprietà o il diritto si trasmette dal testatore al legatario al momento della morte del testatore (2648).

Il legatario però deve domandare all'onerato il possesso (1140) della cosa legata, anche quando ne è stato espressamente dispensato dal testatore (622, 672).

650. Fissazione di un termine per la rinunzia. – Chiunque ha interesse può chiedere che l'autorità giudiziaria fissi un termine entro il quale il legatario dichiari se intende esercitare la facoltà di rinunziare (519, 645). Trascorso questo termine senza che abbia fatto alcuna dichiarazione, il legatario perde il diritto di rinunziare (749 c.p.c.).

651. Legato di cosa dell'onerato o di un terzo. – Il legato di cosa dell'onerato (649) o di un terzo (652, 686) è nullo (654, 673), salvo che dal testamento o da altra dichiarazione scritta dal testatore risulti che questi sapeva che la cosa legata apparteneva all'onerato o al terzo (656, 669, 673). In quest'ultimo caso l'onerato è obbligato ad acquistare la proprietà della cosa dal terzo e a trasferirla al legatario, ma è in sua facoltà di pagarne al legatario il suo giusto prezzo.

Se però la cosa legata, pur appartenendo ad altri al tempo del testamento, si trova in proprietà del testatore al momento della sua morte, il legato è valido (656, 657, 686).

652. Legato di cosa solo in parte del testatore. – Se al testatore appartiene una parte della cosa legata o un diritto sulla medesima, il legato è valido solo relativamente a questa parte o a questo diritto, salvo che risulti la volontà del testatore di legare la cosa per intero, in conformità dell'articolo precedente.

653. Legato di cosa genericamente determinata. – È valido il legato di cosa determinata solo nel genere, anche se nessuna del genere ve n'era nel patrimonio del testatore al tempo del testamento e nessuna se ne trova al tempo della morte (654, 664, 666).

654. Legato di cosa non esistente nell'asse. – Quando il testatore ha lasciato una sua cosa particolare (513, 649), o una cosa determinata soltanto nel genere da prendersi dal suo patrimonio, il legato non ha effetto se la cosa non si trova nel patrimonio del testatore al tempo della sua morte (651, 653).

Se la cosa si trova nel patrimonio del testatore al tempo della sua morte, ma non nella quantità determinata, il legato ha effetto per la quantità che vi si trova (652).

655. Legato di cosa da prendersi da certo luogo. – Il legato di cose da prendersi da certo luogo ha effetto soltanto se le cose vi si trovano, e per la parte che vi si trova; ha tuttavia effetto per l'intero quando, alla morte del testatore, le cose non vi si trovano, in tutto o in parte, perchè erano state rimosse temporaneamente dal luogo in cui di solito erano custodite.

656. Legato di cosa del legatario. – Il legato di cosa che al tempo in cui fu fatto il testamento era già di proprietà del legatario è nullo, se la cosa si trova in proprietà di lui anche al tempo dell'apertura della successione (456).

Se al tempo dell'apertura della successione la cosa si trova in proprietà del testatore, il legato è valido, ed è altresì valido se in questo tempo la cosa si trova in proprietà dell'onerato o di un terzo, e dal testamento risulta che essa fu legata in previsione di tale avvenimento (651).

657. Legato di cosa acquistata dal legatario. – Se il legatario, dopo la confezione del testamento, ha acquistato dal testatore, a titolo oneroso o a titolo gratuito, la cosa a lui legata, il legato è senza effetto in conformità dell'art. 686.

Se dopo la confezione del testamento la cosa legata è stata dal legatario acquistata, a titolo gratuito, dall'onerato o da un terzo, il legato è senza effetto; se l'acquisto ha avuto luogo a titolo oneroso, il legatario ha diritto al rimborso del prezzo, qualora ricorrano le circostanze indicate dall'art. 651.

658. Legato di credito o di liberazione da debito. – Il legato di un credito o di liberazione da un debito ha effetto per la sola parte del credito o del debito che sussiste al tempo della morte del testatore.

L'erede è soltanto tenuto a consegnare al legatario i titoli del credito legato che si trovavano presso il testatore (1237, 1262).

659. Legato a favore del creditore. – Se il testatore, senza far menzione del debito, fa un legato al suo creditore, il legato non si presume fatto per soddisfare il legatario del suo credito.

660. Legato di alimenti. – Il legato di alimenti, a favore di chiunque sia fatto, comprende le somministrazioni indicate dall'art. 438, salvo che il testatore abbia altrimenti disposto (670).

661. Prelegato. – Il legato a favore di uno dei coeredi e a carico di tutta l'eredità si considera come legato per l'intero ammontare.

662. Onere della prestazione del legato. – Il testatore può porre la prestazione del legato a carico degli eredi ovvero a carico di uno o più legatari (671). Quando il testatore non ha disposto, alla prestazione sono tenuti gli eredi.

Su ciascuno dei diversi onerati il legato grava in proporzione della rispettiva quota ereditaria o del legato, se il testatore non ha diversamente disposto (752).

663. Legato imposto a un solo erede. – Se l'obbligo di adempiere il legato è stato particolarmente imposto a uno degli eredi, questi solo è tenuto a soddisfarlo (483, 1315).

Se è stata legata una cosa propria di un coerede (651), i coeredi sono tenuti a compensarlo del valore di essa con danaro o con beni ereditari, in proporzione della loro quota ereditaria, quando non consta una contraria volontà del testatore (752).

664. Adempimento del legato di genere. – Nel legato di cosa determinata soltanto nel genere (653), la scelta, quando dal testatore non è affidata al legatario o a un terzo, spetta all'onerato. Questi è obbligato a dare cose di qualità non inferiore alla media (1178); ma se nel patrimonio ereditario vi è una sola delle cose appartenenti al genere indicato, l'onerato non ha facoltà né può essere obbligato a prestarne un'altra, salvo espressa disposizione contraria del testatore.

Se la scelta è lasciata dal testatore al legatario o a un terzo (631), questi devono scegliere una cosa di media qualità; ma se cose del genere indicato si trovano nell'eredità, il legatario può scegliere la migliore.

Se il terzo non può o non vuole fare la scelta, questa è fatta a norma del terzo comma dell'art. 631 (666; 751 c.p.c.).

665. Scelta nel legato alternativo. – Nel legato alternativo la scelta spetta all'onerato (666), a meno che il testatore l'abbia lasciata al legatario o a un terzo (1286).

666. Trasmissione all'erede della facoltà di scelta. – Tanto nel legato di genere (653) quanto in quello alternativo (665), se l'onerato o il legatario a cui compete la scelta non ha potuto farla, la facoltà di scegliere si trasmette al suo erede.

La scelta fatta è irretrattabile (1286).

667. Accessioni della cosa legata. – La cosa legata, con tutte le sue pertinenze (817 ss.), deve essere prestata al legatario (649) nello stato in cui si trova al tempo della morte del testatore.

Se è stato legato un fondo, sono comprese nel legato anche le costruzioni fatte nel fondo (934 ss.), sia che esistessero già al tempo della confezione del testamento, sia che non esistessero, salva in ogni caso l'applicabilità del secondo comma dell'art. 686.

Se il fondo legato è stato accresciuto con acquisti posteriori, questi sono dovuti al legatario, purché siano contigui al fondo e costituiscano con esso una unità economica (846).

668. Adempimento del legato. – Se la cosa legata è gravata da una servitù (1027 ss.), da un canone o da altro onere inerente al fondo, ovvero da una rendita fondiaria (1863, 1869), il peso ne è sopportato dal legatario.

Se la cosa legata è vincolata per una rendita semplice (1863 ss.), un censo o altro debito dell'eredità, o anche di un terzo, l'erede è tenuto al pagamento delle annualità o degli interessi e della somma principale, secondo la natura del debito, qualora il testatore non abbia diversamente disposto (374, 756).

669. Frutti della cosa legata. – Se oggetto del legato è una cosa fruttifera (820, 821), appartenente al testatore al momento della sua morte, i frutti o gli interessi sono dovuti al legatario da questo momento (820, 821).

Se la cosa appartiene all'onerato o a un terzo (651), ovvero se si tratta di cosa determinata per genere (653) o quantità, i frutti o gli interessi sono dovuti dal giorno della domanda giudiziale (163 c.p.c.) o dal giorno in cui la prestazione del legato è stata promessa, salvo che il testatore abbia diversamente disposto.

670. Legato di prestazioni periodiche. – Se è stata legata una somma di danaro o una quantità di altre cose fungibili, da prestarsi a termini periodici, il primo termine decorre dalla morte del testatore, e il legatario acquista il diritto a tutta la prestazione dovuta per il termine in corso, ancorché fosse in vita soltanto al principio di esso (1880). Il legato però non può esigersi se non dopo scaduto il termine.

Si può tuttavia esigere all'inizio del termine il legato a titolo di alimenti (445, 660).

671. Legati e oneri a carico del legatario. – Il legatario è tenuto all'adempimento del legato (662) e di ogni altro onere (647) a lui imposto entro i limiti del valore della cosa legata (793).

672. Spese per la prestazione del legato. – Le spese per la prestazione del legato sono a carico dell'onerato (662, 1196).

673. Perimento della cosa legata. Impossibilità della prestazione. – Il legato non ha effetto se la cosa legata è interamente perita durante la vita del testatore (651).

L'obbligazione dell'onerato si estingue se, dopo la morte del testatore, la prestazione è divenuta impossibile per causa a lui non imputabile (649, 1256 ss.).

Sezione IV
Del diritto di accrescimento

674. Accrescimento tra coeredi. – Quando più eredi sono stati istituiti con uno stesso testamento nell'universalità dei beni (588), senza determinazioni di parti o in parti uguali, anche se determinate, qualora uno di essi non possa (459, 462, 463) o non voglia (519) accettare, la sua parte si accresce agli altri (523, 642).

Se più eredi sono stati istituiti in una stessa quota, l'accrescimento ha luogo a favore degli altri istituiti nella quota medesima (588).

L'accrescimento non ha luogo quando dal testamento risulta una diversa volontà del testatore (523, 688 ss.).

È salvo in ogni caso il diritto di rappresentazione (467 ss.).

675. Accrescimento tra collegatari. – L'accrescimento ha luogo anche tra più legatari (649 ss.) ai quali è stato legato uno stesso oggetto, salvo che dal testamento risulti una diversa volontà (688) e salvo sempre il diritto di rappresentazione (467 ss.).

676. Effetti dell'accrescimento. – L'acquisto per accrescimento ha luogo di diritto.

I coeredi o i legatari, a favore dei quali si verifica l'accrescimento, subentrano negli obblighi a cui era sottoposto l'erede o il legatario mancante, salvo che si tratti di obblighi di carattere personale (572, 677).

677. Mancanza di accrescimento. – Se non ha luogo l'accrescimento, la porzione dell'erede mancante si devolve agli eredi legittimi (523, 565 ss.), e la porzione del legatario mancante va a profitto dell'onerato.

Gli eredi legittimi e l'onerato (662) subentrano negli obblighi che gravavano sull'erede o sul legatario mancante, salvo che si tratti di obblighi di carattere personale (676).

Le disposizioni precedenti si applicano anche nel caso di risoluzione di disposizioni testamentarie per inadempimento dell'onere (648).

678. Accrescimento nel legato di usufrutto. – Quando a più persone è legato un usufrutto (667, 698, 978 ss.) in modo che tra di loro vi sia il diritto di accrescimento, l'accrescimento ha luogo anche quando una di esse viene a mancare dopo conseguito il possesso della cosa su cui cade l'usufrutto.

Se non vi è diritto di accrescimento, la porzione del legatario mancante si consolida con la proprietà (1014).

Sezione V

Della revocazione delle disposizioni testamentarie

679. Revocabilità del testamento. – Non si può in alcun modo rinunziare alla facoltà di revocare (587) o mutare le disposizioni testamentarie: ogni clausola o condizione contraria non ha effetto (463, n. 4, 1412).

680. Revocazione espressa. – La revocazione può farsi soltanto con un nuovo testamento (587 ss.), o con un atto ricevuto da notaio in presenza di due testimoni, in cui il testatore personalmente dichiara di revocare, in tutto o in parte, la disposizione anteriore (681, 682, 684).

681. Revocazione della revocazione. – La revocazione totale o parziale di un testamento (680) può essere a sua volta revocata sempre con le forme stabilite dall'articolo precedente. In tal caso rivivono le disposizioni revocate.

682. Testamento posteriore. – Il testamento posteriore (602), che non revoca in modo espresso i precedenti (680), annulla in questi soltanto le disposizioni che sono con esso incompatibili.

683. Testamento posteriore inefficace. – La revocazione fatta con un testamento posteriore conserva la sua efficacia anche quando questo rimane senza effetto perchè l'erede istituito o il legatario è premorto al testatore, o è incapace (592 ss.) o indegno (463 ss.), ovvero ha rinunziato all'eredità o al legato (519, 649 ss.).

684. Distruzione del testamento olografo. – Il testamento olografo (602) distrutto, lacerato o cancellato, in tutto o in parte, si considera in tutto o in parte revocato, a meno che si provi che fu distrutto, lacerato o cancellato da persona diversa dal testatore, ovvero si provi che il testatore non ebbe l'intenzione di revocarlo (463 n. 5).

685. Effetti del ritiro del testamento segreto. – Il ritiro del testamento segreto (604, 608), a opera del testatore, dalle mani del notaio o dell'archivista presso cui si trova depositato, non importa revocazione del testamento quando la scheda testamentaria può valere come testamento olografo (607).

686. Alienazione e trasformazione della cosa legata. – L'alienazione che il testatore faccia della cosa legata (651) o di parte di essa, anche mediante vendita con patto di riscatto (1500 ss.), revoca il legato riguardo a ciò che è stato alienato, anche quando l'alienazione è annullabile per cause diverse dai vizi del consenso (1427 ss.), ovvero la cosa ritorna in proprietà del testatore (637, 651²).

Lo stesso avviene se il testatore ha trasformato la cosa legata in un'altra, in guisa che quella abbia perduto la precedente forma e la primitiva denominazione (667, 940).

È ammessa la prova di una diversa volontà del testatore.

687. Revocazione per sopravvenienza di figli. – Le disposizioni a titolo universale o particolare (588), fatte da chi al tempo del testamento non aveva o ignorava di aver figli o discendenti, sono revocate di diritto (566 ss.) per l'esistenza o la sopravvenienza di un figlio o discendente [legittimo] ([1]) del testatore, benché postumo (232, 234), anche ([2]) adottivo (291 ss.), ovvero per il riconoscimento di un figlio nato fuori del matrimonio ([3]) (250, 254).

La revocazione ha luogo anche se il figlio è stato concepito al tempo del testamento ([4]).

La revocazione non ha invece luogo qualora il testatore abbia provveduto al caso che esistessero o sopravvenissero figli o discendenti da essi.

Se i figli o discendenti non vengono alla successione (4, 463, 521) e non si fa luogo a rappresentazione (467 ss.), la disposizione ha il suo effetto.

([1]) *La parola fra parentesi quadrate è stata soppressa dall'art. 85, comma 1, lett.* a), *del D.L.vo 28 dicembre 2013, n. 154, a decorrere dal trentesimo giorno successivo a quello della sua pubblicazione nella* Gazzetta Ufficiale (G.U. *n. 5 dell'8 gennaio 2014*).

([2]) *Le parole: «o legittimato o» sono state così sostituite dall'attuale: «anche» dall'art. 85, comma 1, lett.* a), *del D.L.vo 28 dicembre 2013, n. 154, a decorrere dal trentesimo giorno successivo a quello della sua pubblicazione nella* Gazzetta Ufficiale (G.U. *n. 5 dell'8 gennaio 2014*).

([3]) *La parola: «naturale» è stata così sostituita dalle attuali: «nato fuori del matrimonio» dall'art. 85, comma 1, lett.* a), *del D.L.vo 28 dicembre 2013, n. 154, a decorrere dal trentesimo giorno successivo a quello della sua pubblicazione nella* Gazzetta Ufficiale (G.U. *n. 5 dell'8 gennaio 2014*).

([4]) *Questo comma è stato così sostituito dall'art. 85, comma 1, lett.* b), *del D.L.vo 28 dicembre 2013, n. 154, a decorrere dal trentesimo giorno successivo a quello della sua pubblicazione nella* Gazzetta Ufficiale (G.U. *n. 5 dell'8 gennaio 2014*).

Capo VI
Delle sostituzioni

Sezione I
Della sostituzione ordinaria

688. Casi di sostituzione ordinaria. – Il testatore può sostituire all'erede istituito (691) altra persona per il caso che il primo non possa o non voglia accettare l'eredità.

Se il testatore ha disposto per uno solo di questi casi, si presume che egli si sia voluto riferire anche a quello non espresso, salvo che consti una sua diversa volontà.

689. Sostituzione plurima. Sostituzione reciproca. – Possono sostituirsi più persone a una sola e una sola a più.

La sostituzione può anche essere reciproca tra i coeredi istituiti. Se essi sono stati istituiti in parti disuguali, la proporzione fra le quote fissate nella prima istituzione si presume ripetuta anche nella sostituzione. Se nella sostituzione insieme con gli istituiti è chiamata un'altra persona, la quota vacante viene divisa in parti uguali tra tutti i sostituiti.

690. Obblighi dei sostituiti. – I sostituiti devono adempiere gli obblighi imposti agli istituiti (647 ss.), a meno che una diversa volontà sia stata espressa dal testatore o si tratti di obblighi di carattere personale (676, 677).

691. Sostituzione ordinaria nei legati. – Le norme stabilite in questa sezione si applicano anche ai legati (649 ss.).

Sezione II
Della sostituzione fedecommissaria

692. Sostituzione fedecommissaria. – Ciascuno dei genitori o degli altri ascendenti in linea retta o il coniuge dell'interdetto (414) possono istituire rispettivamente il figlio, il discendente, o il coniuge con l'obbligo di conservare e restituire alla sua morte i beni anche costituenti la legittima (536 ss.), a favore della persona o degli enti che, sotto la vigilanza del tutore, hanno avuto cura dell'interdetto medesimo.

La stessa disposizione si applica nel caso del minore di età, se trovasi nelle condizioni di abituale infermità di mente tali da far presumere che nel termine indicato dall'art. 416 interverrà la pronuncia di interdizione.

Nel caso di pluralità di persone o enti di cui al primo comma i beni sono attribuiti proporzionalmente al tempo durante il quale gli stessi hanno avuto cura dell'interdetto.

La sostituzione è priva di effetto nel caso in cui l'interdizione sia negata o il relativo procedimento non sia iniziato entro due anni dal raggiungimento della maggiore età del minore abitualmente infermo di mente. È anche priva di effetto nel caso di revoca dell'interdizione (429) o rispetto alle persone o agli enti che abbiano violato gli obblighi di assistenza.

In ogni altro caso la sostituzione è nulla.

693. Diritti e obblighi dell'istituito. – L'istituito ha il godimento e la libera amministrazione dei beni che formano oggetto della sostituzione, e può stare in giudizio per tutte le azioni relative ai beni medesimi. Egli può altresì compiere tutte le innovazioni dirette ad una migliore utilizzazione dei beni.

All'istituito sono comuni, in quanto applicabili, le norme concernenti l'usufruttuario (981 ss.).

(*Omissis*) (1).

(1) Seguiva un terzo comma, abrogato dall'art. 198 L. 19 maggio 1975, n. 151, riforma del diritto di famiglia.

694. Alienazione dei beni. – L'autorità giudiziaria può consentire l'alienazione dei beni che formano oggetto della sostituzione in caso di utilità evidente, disponendo il reimpiego delle somme ricavate. Può anche essere consentita, con le necessarie cautele, la costituzione d'ipoteche sui beni medesimi a garanzia di crediti destinati a miglioramenti e trasformazioni fondiarie (692; 747, 748 c.p.c.).

695. Diritti dei creditori personali dell'istituito. – I creditori personali dell'istituito possono agire soltanto sui frutti (820) dei beni che formano oggetto della sostituzione.

696. Devoluzione al sostituito. – L'eredità si devolve al sostituito al momento della morte dell'istituito.

Se le persone o gli enti che hanno avuto cura dell'incapace muoiono o si estinguono prima della morte di lui, i beni o la porzione dei beni che spetterebbe loro è devoluta ai successori legittimi dell'incapace.

697. Sostituzione fedecommissaria nei legati. – Le norme stabilite in questa sezione sono applicabili anche ai legati (649 ss.).

698. Usufrutto successivo. – La disposizione, con la quale è lasciato a più persone successivamente l'usufrutto (978 ss.), una rendita (1872 ss.) o un'annualità (670), ha valore soltanto a favore di quelli che alla morte del testatore si trovano primi chiamati a goderne (678, 1014).

699. Premi di nuzialità, opere di assistenza e simili. – È valida la disposizione testamentaria avente per oggetto l'erogazione periodica, in perpetuo o a tempo, di somme determinate per premi di nuzialità o di natalità, sussidi per l'avviamento a una professione o a un'arte, opere di assistenza, o per altri fini di pubblica utilità, a favore di persone da scegliersi entro una determinata categoria o tra i discendenti di determinate famiglie (28[3], 631). Tali annualità possono riscattarsi secondo le norme dettate in materia di rendita (1865, 1879).

Capo VII
Degli esecutori testamentari

700. Facoltà di nomina e di sostituzione. – Il testatore può nominare uno o più esecutori testamentari (629[3]) e, per il caso che alcuni o tutti non vogliano o non possano accettare (702), altro o altri in loro sostituzione.

Se sono nominati più esecutori testamentari, essi devono agire congiuntamente (708), salvo che il testatore abbia diviso tra loro le attribuzioni, o si tratti di provvedimento urgente per la conservazione di un bene o di un diritto ereditario.

Il testatore può autorizzare l'esecutore testamentario a sostituire altri a se stesso, qualora egli non possa continuare nell'ufficio (710).

701. Persone capaci di essere nominate. – Non possono essere nominati esecutori testamentari coloro che non hanno la piena capacità di obbligarsi (2, 394, 424, 1425).

Anche un erede o un legatario può essere nominato esecutore testamentario.

702. Accettazione e rinunzia alla nomina. – L'accettazione della nomina di esecutore testamentario o la rinunzia alla stessa (700) deve risultare da dichiarazione fatta nella cancelleria del tribunale nella cui giurisdizione si è aperta la successione (456), e deve essere annotata nel registro delle successioni (52, 53 att.).

L'accettazione non può essere sottoposta a condizione (633, 1353) o a termine (637, 1184).

L'autorità giudiziaria, su istanza di qualsiasi interessato (749 c.p.c.), può assegnare all'esecutore un termine per l'accettazione, decorso il quale l'esecutore si considera rinunziante (481, 650, 1399[4]; 749 c.p.c.).

703. Funzioni dell'esecutore testamentario. – L'esecutore testamentario deve curare che siano esattamente eseguite le disposizioni di ultima volontà del defunto (706).

A tal fine, salvo contraria volontà del testatore, egli deve amministrare la massa ereditaria, prendendo possesso dei beni che ne fanno parte (709).

Il possesso non può durare più di un anno dalla dichiarazione di accettazione (702), salvo che l'autorità giudiziaria, per motivi di evidente necessità, sentiti gli eredi, ne prolunghi la durata, che non potrà mai superare un altro anno.

L'esecutore deve amministrare come un buon padre di famiglia (1176, 2030) e può compiere tutti gli atti di gestione occorrenti. Quando è necessario alienare beni dell'eredità, ne chiede l'autorizzazione all'autorità giudiziaria, la quale provvede sentiti gli eredi (747 c.p.c.).

Qualsiasi atto dell'esecutore testamentario non pregiudica (476) il diritto del chiamato a rinunziare all'eredità (519 ss.) o ad accettarla col beneficio d'inventario (484 ss.).

704. Rappresentanza processuale. – Durante la gestione dell'esecutore testamentario, le azioni relative all'eredità (533 ss.) devono essere proposte anche nei confronti dell'esecutore (102 c.p.c.). Questi ha facoltà d'intervenire (105 c.p.c.) nei giudizi promossi dall'erede e può esercitare le azioni relative all'esercizio del suo ufficio.

705. Apposizione di sigilli e inventario. – L'esecutore testamentario fa apporre i sigilli (752 ss. c.p.c.) quando tra i chiamati all'eredità vi sono minori (2), assenti (48 ss.), interdetti (414) o persone giuridiche (11 ss.).

Egli in tal caso fa redigere l'inventario dei beni dell'eredità in presenza dei chiamati all'eredità o dei loro rappresentanti, o dopo averli invitati (769 ss. c.p.c.).

706. Divisione da compiersi dall'esecutore testamentario. – Il testatore può disporre che l'esecutore testamentario, quando non è un erede o un legatario, proceda alla divisione (713) tra gli eredi dei beni dell'eredità. In questo caso si osserva il disposto dell'art. 733.

Prima di procedere alla divisione l'esecutore testamentario deve sentire gli eredi.

707. Consegna dei beni all'erede. – L'esecutore testamentario deve consegnare all'erede, che ne fa richiesta, i beni dell'eredità che non sono necessari all'esercizio del suo ufficio.

Egli non può rifiutare tale consegna a causa di obbligazioni che debba adempiere conformemente alla volontà del testatore, o di legati condizionali o a termine (633, 637), se l'erede dimostra di averli già soddisfatti, od offre idonea garanzia (640, 1179) per l'adempimento delle obbligazioni, dei legati o degli oneri.

708. Disaccordo tra più esecutori testamentari. – Se gli esecutori che devono agire congiuntamente (700) non sono d'accordo circa un atto del loro ufficio, provvede l'autorità giudiziaria, sentiti, se occorre, gli eredi.

709. Conto della gestione. – L'esecutore testamentario deve rendere il conto (263 ss. c.p.c.) della sua gestione al termine della stessa, e anche spirato l'anno dalla morte del testatore, se la gestione si prolunga oltre l'anno (703).

Egli è tenuto, in caso di colpa (710), al risarcimento dei danni verso gli eredi e verso i legatari (703, 2043 ss.).

Gli esecutori testamentari, quando sono più (700), rispondono solidalmente per la gestione comune (1292 ss.; 22 n. 4 c.p.c.).

Il testatore non può esonerare l'esecutore testamentario dall'obbligo di rendere il conto o dalla responsabilità della gestione (109 att. c.p.c.).

710. Esonero dell'esecutore testamentario. – Su istanza di ogni interessato, l'autorità giudiziaria può esonerare l'esecutore testamentario dal suo ufficio per gravi irregolarità nell'adempimento dei suoi obblighi (703, 709[2]), per inidoneità all'ufficio o per aver commesso azione che ne menomi la fiducia.

L'autorità giudiziaria, prima di provvedere, deve sentire l'esecutore e può disporre opportuni accertamenti (750[4] c.p.c.).

711. Retribuzione. – L'ufficio dell'esecutore testamentario è gratuito. Tuttavia il testatore può stabilire una retribuzione a carico dell'eredità.

712. Spese. – Le spese fatte dall'esecutore testamentario per l'esercizio del suo ufficio sono a carico dell'eredità (511).

Titolo IV
Della divisione

Capo I
Disposizioni generali

713. Facoltà di domandare la divisione. – I coeredi possono sempre domandare la divisione (1111, 1350 n. 11, 2646, 2685; 22, 784 ss. c.p.c.).

Quando però tutti gli eredi istituiti o alcuni di essi sono minori di età (2), il testatore può disporre che la divisione non abbia luogo prima che sia trascorso un anno dalla maggiore età dell'ultimo nato (715).

Egli può anche disporre che la divisione dell'eredità o di alcuni beni di essa non abbia luogo prima che sia trascorso dalla sua morte un termine non eccedente il quinquennio.

Tuttavia in ambedue i casi l'autorità giudiziaria, qualora gravi circostanze lo richiedano, può, su istanza di uno o più coeredi, consentire che la divisione si effettui senza indugio o dopo un termine minore di quello stabilito dal testatore.

714. Godimento separato di parte dei beni. – Può domandarsi la divisione anche quando uno o più coeredi hanno goduto separatamente parte dei beni ereditari, salvo che si sia verificata l'usucapione (1158 ss.) per effetto di possesso esclusivo (1102).

715. Casi d'impedimento alla divisione. – Se tra i chiamati alla successione vi è un concepito (462, 643), la divisione non può aver luogo prima della nascita del medesimo. Parimenti la divisione non può aver luogo durante la pendenza di un giudizio sulla filiazione (1) di colui che, in caso di esito favorevole del giudizio, sarebbe chiamato a succedere, né può aver luogo durante lo svolgimento della procedura amministrativa per l'ammissione del riconoscimento previsto dal quarto comma dell'art. 252 o per il riconoscimento dell'ente istituito erede (12, 600).

L'autorità giudiziaria può tuttavia autorizzare la divisione, fissando le opportune cautele.

La disposizione del comma precedente si applica anche se tra i chiamati alla successione vi sono nascituri non concepiti (462[3], 643).

Se i nascituri non concepiti sono istituiti senza determinazione di quote, l'autorità giudiziaria può attribuire agli altri coeredi tutti i beni ereditari o parte di essi, secondo le circostanze, disponendo le opportune cautele nell'interesse dei nascituri (600).

(¹) *Le parole: «sulla legittimità o sulla filiazione naturale» sono state così sostituite dalle attuali: «sulla filiazione» dall'art. 86 del D.L.vo 28 dicembre 2013, n. 154, a decorrere dal trentesimo giorno successivo a quello della sua pubblicazione nella* Gazzetta Ufficiale (G.U. *n. 5 dell'8 gennaio 2014*).

716. [Divisione di beni costituiti in patrimonio familiare. – (*Omissis*)] (¹).

(¹) *Articolo abrogato dall'art. 200, L. 19 maggio 1975, n. 151, riforma del diritto di famiglia.*

717. Sospensione della divisione per ordine del giudice. – L'autorità giudiziaria (786, 787 c.p.c.), su istanza di uno dei coeredi, può sospendere, per un periodo di tempo non eccedente i cinque anni, la divisione dell'eredità o di alcuni beni, qualora l'immediata sua esecuzione possa recare notevole pregiudizio al patrimonio ereditario (1111).

718. Diritto ai beni in natura. – Ciascun coerede può chiedere la sua parte in natura dei beni mobili e immobili dell'eredità (733, 734, 1114), salve le disposizioni degli articoli seguenti.

719. Vendita dei beni per il pagamento dei debiti ereditari. – Se i coeredi aventi diritto a più della metà dell'asse concordano nella necessità della vendita per il pagamento dei debiti (530) e pesi ereditari (752 ss.), si procede alla vendita all'incanto dei beni mobili (747 c.p.c.) e, se occorre, di quei beni immobili la cui alienazione rechi minor pregiudizio agli interessi dei condividenti (2646; 747, 787, 788 c.p.c.).

Quando concorre il consenso di tutte le parti, la vendita può seguire tra i soli condividenti e senza pubblicità, salvo che vi sia opposizione dei legatari o dei creditori.

720. Immobili non divisibili. – Se nell'eredità vi sono immobili non comodamente divisibili, o il cui frazionamento recherebbe pregiudizio alle ragioni della pubblica economia (722, 846) o dell'igiene, e la divisione dell'intera sostanza non può effettuarsi senza il loro frazionamento, essi devono preferibilmente essere compresi per intero, con addebito dell'eccedenza, nella porzione di uno dei coeredi aventi diritto alla quota maggiore, o anche nelle porzioni di più coeredi, se questi ne richiedono congiuntamente l'attribuzione. Se nessuno dei coeredi è a ciò disposto, si fa luogo alla vendita all'incanto (2646; 748, 788 c.p.c.).

721. Vendita degli immobili. – I patti e le condizioni della vendita degli immobili, qualora non siano concordati dai condividenti, sono stabiliti dall'autorità giudiziaria (788 c.p.c.).

722. Beni indivisibili nell'interesse della produzione nazionale. – In quanto non sia diversamente disposto dalle leggi speciali, le disposizioni dei due articoli precedenti si applicano anche nel caso in cui nell'eredità vi sono beni che la legge dichiara indivisibili nell'interesse della produzione nazionale (846 ss.).

723. Resa dei conti. – Dopo la vendita, se ha avuto luogo, dei mobili o degli immobili si procede ai conti che i condividenti si devono rendere, alla formazione dello stato attivo e passivo dell'eredità e alla determinazione delle porzioni ereditarie e dei conguagli (728) o rimborsi che si devono tra loro i condividenti (2817 n. 2; 263 ss. c.p.c.).

724. Collazione e imputazione. – I coeredi tenuti a collazione, a norma del capo II di questo titolo (737 ss.), conferiscono tutto ciò che è stato loro donato (747 ss., 750).

Ciascun erede deve imputare alla sua quota le somme di cui era debitore verso il defunto e quelle di cui è debitore verso i coeredi in dipendenza dei rapporti di comunione (725).

725. Prelevamenti. – Se i beni donati non sono conferiti in natura (746, 750), o se vi sono debiti da imputare alla quota di un erede a norma del secondo comma dell'articolo precedente, gli altri eredi prelevano dalla massa ereditaria beni in proporzione delle loro rispettive quote (1113).

I prelevamenti, per quanto è possibile, si formano con oggetti della stessa natura e qualità di quelli che non sono stati conferiti in natura.

726. Stima e formazione delle parti. – Fatti i prelevamenti, si provvede alla stima di ciò che rimane nella massa, secondo il valore venale dei singoli oggetti (753).

Eseguita la stima, si procede alla formazione di tante porzioni quanti sono gli eredi o le stirpi condividenti in proporzione delle quote (469, 727).

727. Norme per la formazione delle porzioni. – Salvo quanto è disposto dagli artt. 720 e 722, le porzioni devono essere formate, previa stima dei beni (726), comprendendo una quantità di mobili, immobili e crediti (760) di eguale natura e qualità, in proporzione dell'entità di ciascuna quota (718, 1114).

Si deve tuttavia evitare, per quanto è possibile, il frazionamento delle biblioteche, gallerie e collezioni che hanno un'importanza storica, scientifica o artistica (816).

728. Conguagli in danaro. – L'ineguaglianza in natura nelle quote ereditarie si compensa con un equivalente in danaro (723, 2817, n. 2, 2834).

729. Assegnazione o attribuzione delle porzioni. – L'assegnazione delle porzioni eguali è fatta mediante estrazione a sorte. Per le porzioni diseguali si procede mediante attribuzione. Tuttavia, rispetto a beni costituenti frazioni eguali di quote diseguali, si può procedere per estrazione a sorte (2646; 789 c.p.c.).

730. Deferimento delle operazioni a un notaio. – Le operazioni indicate negli articoli precedenti possono essere, col consenso di tutti i coeredi, deferite a un notaio. La nomina di questo, in mancanza di accordo, è fatta con decreto del tribunale del luogo dell'aperta successione (456; 786, 790, 791 c.p.c.).

Qualora sorgano contestazioni nel corso delle operazioni, esse sono riservate e rimesse tutte insieme alla cognizione dell'autorità giudiziaria competente (22 c.p.c.), che provvede con unica sentenza (789 c.p.c.).

731. Suddivisione tra stirpi. – Le norme sulle divisioni dell'intero asse si osservano anche nelle suddivisioni tra i componenti di ciascuna stirpe (469).

732. Diritto di prelazione. – Il coerede, che vuole alienare (1542 ss.) a un estraneo la sua quota o parte di essa, deve notificare la proposta di alienazione, indicandone il prezzo, agli altri coeredi, i quali hanno diritto di prelazione. Questo diritto deve essere esercitato nel termine di due mesi dall'ultima delle notificazioni. In mancanza della notificazione, i coeredi hanno diritto di riscattare la quota dall'acquirente e da ogni successivo avente causa, finché dura lo stato di comunione ereditaria (1502).

Se i coeredi che intendono esercitare il diritto di riscatto sono più, la quota è assegnata a tutti in parti uguali.

733. Norme date dal testatore per la divisione. – Quando il testatore ha stabilito particolari norme per formare le porzioni, queste norme sono vincolanti per gli eredi, salvo che l'effettivo valore dei beni non corrisponda alle quote stabilite dal testatore (718).

Il testatore può disporre che la divisione si effettui secondo la stima di persona da lui designata che non sia erede o legatario (706): la divisione proposta da questa persona non vincola gli eredi, se l'autorità giudiziaria, su istanza di taluno di essi, la riconosce contraria alla volontà del testatore o manifestamente iniqua (1349^2).

734. Divisione fatta dal testatore. - Il testatore può dividere i suoi beni tra gli eredi comprendendo nella divisione anche la parte non disponibile (536 ss., 556, 588^2).

Se nella divisione fatta dal testatore non sono compresi tutti i beni lasciati al tempo della morte (763), i beni in essa non compresi sono attribuiti conformemente alla legge (565 ss.), se non risulta una diversa volontà del testatore (566 ss., 713, 735).

735. Preterizione di eredi e lesione di legittima. – La divisione nella quale il testatore non abbia compreso qualcuno dei legittimari (536 ss.) o degli eredi istituiti è nulla.

Il coerede che è stato leso nella quota di riserva può esercitare l'azione di riduzione contro gli altri coeredi (554, 767).

736. Consegna dei documenti. – Compiuta la divisione, si devono rimettere a ciascuno dei condividenti i documenti relativi ai beni e diritti particolarmente loro assegnati (2646).

I documenti di una proprietà che è stata divisa rimangono a quello che ne ha la parte maggiore, con l'obbligo di comunicarli agli altri condividenti che vi hanno interesse, ogni qualvolta se ne faccia richiesta. Gli stessi documenti, se la proprietà è divisa in parti uguali, e quelli comuni all'intera eredità si consegnano alla persona scelta a tal fine da tutti gli interessati, la quale ha obbligo di comunicarli a ciascuno di essi, a ogni loro domanda. Se vi è contrasto nella scelta, la persona è determinata con decreto dal tribunale del luogo dell'aperta successione (456), su ricorso di alcuno degli interessati, sentiti gli altri.

Capo II
Della collazione

737. Soggetti tenuti alla collazione. – I figli [legittimi e naturali] (1) e i loro discendenti (740) [legittimi e naturali] (1) ed il coniuge che concorrono alla successione (565) devono conferire ai coeredi tutto ciò che hanno ricevuto dal defunto per donazione direttamente o indirettamente, salvo che il defunto non li abbia da ciò dispensati.

La dispensa da collazione non produce effetto se non nei limiti della quota disponibile (556).

(1) *Le parole fra parentesi quadrate sono state soppresse dall'art. 87 del D.L.vo 28 dicembre 2013, n. 154, a decorrere dal trentesimo giorno successivo a quello della sua pubblicazione nella* Gazzetta Ufficiale (G.U. *n. 5 dell'8 gennaio 2014*).

738. Limiti della collazione per il coniuge. – Non sono soggette a collazione le donazioni di modico valore fatte al coniuge (783).

739. Donazioni ai discendenti o al coniuge dell'erede. Donazioni a coniugi. – L'erede non è tenuto a conferire le donazioni (769 ss.) fatte ai suoi discendenti o al coniuge (599), ancorché succedendo a costoro ne abbia conseguito il vantaggio.

Se le donazioni sono state fatte congiuntamente ai coniugi di cui uno è discendente del donante, la sola porzione a questo donata è soggetta a collazione.

740. Donazioni fatte all'ascendente dell'erede. – Il discendente che succede per rappresentazione (467) deve conferire ciò che è stato donato all'ascendente, anche nel caso in cui abbia rinunziato all'eredità di questo (519 ss.).

741. Collazione di assegnazioni varie. – È soggetto a collazione ciò che il defunto ha speso a favore dei suoi discendenti per assegnazioni fatte a causa di matrimonio, per avviarli all'esercizio di una attività produttiva o professionale, per soddisfare premi relativi a contratti di assicurazione sulla vita a loro favore (1920, 1923) o per pagare i loro debiti.

742. Spese non soggette a collazione. – Non sono soggette a collazione le spese di mantenimento e di educazione (147) e quelle sostenute per malattia, né quelle ordinarie fatte per abbigliamento o per nozze (741, 809).

Le spese per il corredo nuziale e quelle per l'istruzione artistica o professionale sono soggette a collazione solo per quanto eccedono notevolmente la misura ordinaria, tenuto conto delle condizioni economiche del defunto (780[2]; 64 l. fall.).

Non sono soggette a collazione le liberalità previste dal secondo comma dell'art. 770.

743. Società contratta con l'erede. – Non è dovuta collazione di ciò che si è conseguito per effetto di società (2247 ss.) contratta senza frode (765) tra il defunto e alcuno dei suoi eredi, se le condizioni sono state regolate con atto di data certa (2704).

744. Perimento della cosa donata. – Non è soggetta a collazione la cosa perita per causa non imputabile al donatario (1256).

745. Frutti e interessi. – I frutti (820 ss.) delle cose e gli interessi sulle somme soggette a collazione non sono dovuti che dal giorno in cui si è aperta la successione (456).

746. Collazione d'immobili. – La collazione di un bene immobile si fa o col rendere il bene in natura (748) o con l'imputarne il valore alla propria porzione, a scelta di chi conferisce (747).

Se l'immobile è stato alienato o ipotecato, la collazione si fa soltanto con l'imputazione (747, 749).

747. Collazione per imputazione. – La collazione per imputazione (746) si fa avuto riguardo al valore dell'immobile al tempo dell'aperta successione (456, 556).

748. Miglioramenti, spese e deterioramenti. – In tutti i casi, si deve dedurre a favore del donatario il valore delle migliorie apportate al fondo nei limiti del loro valore al tempo dell'aperta successione (456).

Devono anche computarsi a favore del donatario le spese straordinarie da lui sostenute per la conservazione della cosa, non cagionate da sua colpa (1150, 1152)

Il donatario dal suo canto è obbligato per i deterioramenti che, per sua colpa, hanno diminuito il valore dell'immobile.

Il coerede che conferisce un immobile in natura (746) può ritenerne il possesso (1150) sino all'effettivo rimborso delle somme che gli sono dovute per spese e miglioramenti (556, 749).

749. Miglioramenti e deterioramenti dell'immobile alienato. – Nel caso in cui l'immobile è stato alienato dal donatario (746[2]), i miglioramenti e i deterioramenti fatti dall'acquirente devono essere computati a norma dell'articolo precedente (556).

750. Collazione di mobili. – La collazione dei mobili si fa soltanto per imputazione (747), sulla base del valore che essi avevano al tempo dell'aperta successione (456).

Se si tratta di cose delle quali non si può far uso senza consumarle, e il donatario le ha già consumate, si determina il valore che avrebbero avuto secondo il prezzo corrente al tempo dell'aperta successione.

Se si tratta di cose che con l'uso si deteriorano, il loro valore al tempo dell'aperta successione è stabilito con riguardo allo stato in cui si trovano.

La determinazione del valore dei titoli dello Stato, degli altri titoli di credito (1992 ss.) quotati in borsa e delle derrate e delle merci il cui prezzo corrente è stabilito dalle mercuriali, si fa in base ai listini di borsa e alle mercuriali del tempo dell'aperta successione (556).

751. Collazione del danaro. – La collazione del danaro donato si fa prendendo una minore quantità del danaro che si trova nell'eredità, secondo il valore legale della specie donata o di quella ad essa legalmente sostituita all'epoca dell'aperta successione (456).

Quando tale danaro non basta e il donatario non vuole conferire altro danaro o titoli dello Stato, sono prelevati mobili o immobili ereditari, in proporzione delle rispettive quote (725, 727).

Capo III
Del pagamento dei debiti

752. Ripartizione dei debiti ereditari tra gli eredi. – I coeredi contribuiscono tra loro (1295, 1315, 1318, 1319, 1546) al pagamento dei debiti e pesi ereditari in proporzione delle loro quote ereditarie (753, 754), salvo che il testatore abbia altrimenti disposto (662, 663).

753. Immobili gravati da rendita redimibile. – Ogni coerede, quando i beni immobili dell'eredità sono gravati con ipoteca da una prestazione di rendita redimibile (1865 ss., 1869), può chiedere che gli immobili ne siano affrancati e resi liberi prima che si proceda alla formazione delle quote ereditarie (726 ss.). Se uno dei coeredi si oppone, decide l'autorità giudiziaria. Se i coeredi dividono l'eredità nello stato in cui si trova, l'immobile gravato deve stimarsi con gli stessi criteri con cui si stimano gli altri beni immobili, detratto dal valore di esso il capitale corrispondente alla prestazione, secondo le norme relative al riscatto della rendita (1866), salvo che esista un patto speciale intorno al capitale da corrispondersi per l'affrancazione.

Alla prestazione della rendita è tenuto solo l'erede, nella cui quota cade detto immobile, con l'obbligo di garantire i coeredi.

754. Pagamento dei debiti e rivalsa. – Gli eredi sono tenuti verso i creditori al pagamento dei debiti e pesi ereditari personalmente in proporzione della loro quota ereditaria (1295, 1315, 1316, 1318) e ipotecariamente per l'intero (755, 2809). Il coerede che ha pagato oltre alla parte a lui incombente può ripetere dagli altri coeredi (1299) soltanto la parte per cui essi devono contribuire a norma dell'art. 752, quantunque si sia fatto surrogare nei diritti dei creditori (1201 ss.).

Il coerede conserva la facoltà di chiedere il pagamento del credito a lui personale e garantito da ipoteca, non diversamente da ogni altro creditore, detratta la parte che deve sopportare come coerede (752, 755).

755. Quota di debito ipotecario non pagata da un coerede. – In caso d'insolvenza di un coerede, la sua quota di debito ipotecario (754) è ripartita in proporzione tra tutti gli altri coeredi (759, 1299).

756. Esenzione del legatario dal pagamento dei debiti. – Il legatario non è tenuto a pagare i debiti ereditari (495, 668), salvo ai creditori l'azione ipotecaria sul fondo legato (2858; 602 c.p.c.) e l'esercizio del diritto di separazione (513); ma il legatario che ha estinto il debito di cui era gravato il fondo legato subentra nelle ragioni del creditore contro gli eredi (1203, 2866).

Capo IV
Degli effetti della divisione e della garanzia delle quote

757. Diritto dell'erede sulla propria quota. – Ogni coerede è reputato solo e immediato successore in tutti i beni componenti la sua quota o a lui pervenuti dalla successione, anche per acquisto all'incanto (719, 720), e si considera come se non avesse mai avuto la proprietà degli altri beni ereditari.

758. Garanzia tra coeredi. – I coeredi si devono vicendevole garanzia per le sole molestie ed evizioni (1483 ss.) derivanti da causa anteriore alla divisione (759, 760; 22 n. 1 c.p.c.).

La garanzia non ha luogo, se è stata esclusa con clausola espressa nell'atto di divisione, o se il coerede soffre l'evizione per propria colpa (1487^2).

759. Evizione subita da un coerede. – Se alcuno dei coeredi subisce evizione (1483 ss.), il valore del bene evitto, calcolato al momento dell'evizione, deve essere ripartito tra tutti i coeredi ai fini della garanzia stabilita dall'articolo precedente, in proporzione del valore che i beni attribuiti a ciascuno di essi hanno al tempo dell'evizione e tenuto conto dello stato in cui si trovano al tempo della divisione (754).

Se uno dei coeredi è insolvente, la parte per cui è obbligato deve essere egualmente ripartita tra l'erede che ha sofferto l'evizione e tutti gli eredi solventi (755).

760. Inesigibilità di crediti. – Non è dovuta garanzia per l'insolvenza del debitore di un credito assegnato a uno dei coeredi (727, 1267), se l'insolvenza è sopravvenuta soltanto dopo che è stata fatta la divisione.

La garanzia della solvenza del debitore di una rendita (1861 ss., 1868) è dovuta per i cinque anni successivi alla divisione (1267, 1864).

Capo V
Dell'annullamento e della rescissione in materia di divisione

761. Annullamento per violenza o dolo. – La divisione può essere annullata quando è l'effetto di violenza (1435 ss.) o di dolo (768, 1439).

L'azione si prescrive in cinque anni dal giorno in cui è cessata la violenza o in cui il dolo è stato scoperto (1442).

762. Omissione di beni ereditari. – L'omissione di uno o più beni dell'eredità non dà luogo a nullità della divisione, ma soltanto a un supplemento della divisione stessa (734, 494).

763. Rescissione per lesione. – La divisione può essere rescissa (1448) quando taluno dei coeredi prova di essere stato leso oltre il quarto.

La rescissione è ammessa anche nel caso di divisione fatta dal testatore (734, 735), quando il valore dei beni assegnati ad alcuno dei coeredi è inferiore di oltre un quarto all'entità della quota ad esso spettante (733, 767).

L'azione si prescrive in due anni dalla divisione (2652, n. 1; 22, n. 1 c.p.c.).

764. Atti diversi dalla divisione. – L'azione di rescissione è anche ammessa contro ogni altro atto che abbia per effetto di far cessare tra i coeredi la comunione dei beni ereditari (767).

L'azione non è ammessa contro la transazione con la quale si è posta fine alle questioni insorte a causa della divisione o dell'atto fatto in luogo della medesima, ancorché non fosse al riguardo incominciata alcuna lite (765, 1965 ss., 1970 ss.).

765. Vendita del diritto ereditario fatta al coerede. – L'azione di rescissione non è ammessa (764) contro la vendita del diritto ereditario (477, 1542 ss.) fatta senza frode (734, 2910; 66 ss. l. fall.) a uno dei coeredi, a suo rischio e pericolo, da parte degli altri coeredi o di uno di essi.

766. Stima dei beni. – Per conoscere se vi è lesione si procede alla stima dei beni secondo il loro stato e valore al tempo della divisione.

767. Facoltà del coerede di dare il supplemento. – Il coerede contro il quale è promossa l'azione di rescissione (763, 1448) può troncarne il corso e impedire una nuova divisione, dando il supplemento della porzione ereditaria, in danaro o in natura, all'attore e agli altri coeredi che si sono a lui associati (1450).

768. Alienazione della porzione ereditaria. – Il coerede che ha alienato la sua porzione o una parte di essa non è più ammesso a impugnare la divisione per dolo o violenza (1434 ss.), se l'alienazione è seguita quando il dolo era stato scoperto o la violenza era cessata (761).

Il coerede non perde il diritto di proporre l'impugnazione, se la vendita è limitata a oggetti di facile deterioramento o di valore minimo in rapporto alla quota.

Capo V *bis*
Del patto di famiglia ([1])

([1]) *Questo capo è stato aggiunto dall'art. 2 della L. 14 febbraio 2006, n. 55.*

768 *bis*. Nozione. – È patto di famiglia il contratto con cui, compatibilmente con le disposizioni in materia di impresa familiare e nel rispetto delle differenti tipologie societarie, l'imprenditore trasferisce, in tutto o in parte, l'azienda, e il titolare di partecipazioni societarie trasferisce, in tutto o in parte, le proprie quote, ad uno o più discendenti.

768 *ter*. Forma. – A pena di nullità il contratto deve essere concluso per atto pubblico.

768 *quater*. Partecipazione. – Al contratto devono partecipare anche il coniuge e tutti coloro che sarebbero legittimari ove in quel momento si aprisse la successione nel patrimonio dell'imprenditore.

Gli assegnatari dell'azienda o delle partecipazioni societarie devono liquidare gli altri partecipanti al contratto, ove questi non vi rinunzino in tutto o in parte, con il pagamento di una somma corrispondente al valore delle quote previste dagli articoli 536 e seguenti; i contraenti possono convenire che la liquidazione, in tutto o in parte, avvenga in natura.

I beni assegnati con lo stesso contratto agli altri partecipanti non assegnatari dell'azienda, secondo il valore attribuito in contratto, sono imputati alle quote di legittima loro spettanti; l'assegnazione può essere disposta anche con successivo contratto che sia espressamente dichiarato collegato al primo e purché vi intervengano i medesimi soggetti che hanno partecipato al primo contratto o coloro che li abbiano sostituiti.

Quanto ricevuto dai contraenti non è soggetto a collazione o a riduzione.

768 *quinquies*. Vizi del consenso. – Il patto può essere impugnato dai partecipanti ai sensi degli articoli 1427 e seguenti.

L'azione si prescrive nel termine di un anno.

768 *sexies*. Rapporti con i terzi. – All'apertura della successione dell'imprenditore, il coniuge e gli altri legittimari che non abbiano partecipato al contratto possono chiedere ai beneficiari del contratto stesso il pagamento della somma prevista dal secondo comma dell'articolo 768 *quater*, aumentata degli interessi legali.

L'inosservanza delle disposizioni del primo comma costituisce motivo di impugnazione ai sensi dell'articolo 768 *quinquies*.

768 *septies*. Scioglimento. – Il contratto può essere sciolto o modificato dalle medesime persone che hanno concluso il patto di famiglia nei modi seguenti:

1) mediante diverso contratto, con le medesime caratteristiche e i medesimi presupposti di cui al presente capo;

2) mediante recesso, se espressamente previsto nel contratto stesso e, necessariamente, attraverso dichiarazione agli altri contraenti certificata da un notaio.

768 *octies*. Controversie. – Le controversie derivanti dalle disposizioni di cui al presente capo sono devolute preliminarmente a uno degli organismi di conciliazione previsti dall'articolo 38 del decreto legislativo 17 gennaio 2003, n. 5.

Titolo V
Delle donazioni

Capo I
Disposizioni generali

769. Definizione. – La donazione è il contratto (1321) col quale, per spirito di liberalità (770, 809), una parte arricchisce l'altra, disponendo a favore di questa di un suo diritto o assumendo verso la stessa un'obbligazione (770, 771, 772).

770. Donazione rimuneratoria. – È donazione anche la liberalità fatta per riconoscenza o in considerazione dei meriti del donatario o per speciale rimunerazione (437, 632, 742, 797 n. 3, 805).

Non costituisce donazione la liberalità che si suole fare in occasione di servizi resi o comunque in conformità agli usi (809; 64 l. fall.).

771. Donazione di beni futuri. – La donazione non può comprendere che i beni presenti del donante. Se comprende beni futuri (1348), è nulla rispetto a questi (1419, 1421 ss.), salvo che si tratti di frutti non ancora separati (820).

Qualora oggetto della donazione sia un'universalità di cose (816) e il donante ne conservi il godimento trattenendola presso di sé, si considerano comprese nella donazione anche le cose che vi si aggiungono successivamente, salvo che dall'atto risulti una diversa volontà.

772. Donazione di prestazioni periodiche. – La donazione che ha per oggetto prestazioni periodiche si estingue alla morte del donante, salvo che risulti dall'atto una diversa volontà (769).

773. Donazione a più donatari. – La donazione fatta congiuntamente a favore di più donatari s'intende fatta per parti uguali, salvo che dall'atto risulti una diversa volontà.

È valida la clausola con cui il donante dispone che, se uno dei donatari non può o non vuole accettare, la sua parte si accresca agli altri (674 ss.).

Capo II
Della capacità di disporre e di ricevere per donazione

774. Capacità di donare. – Non possono fare donazione coloro che non hanno la piena capacità di disporre dei propri beni (2, 394, 424, 427). È tuttavia valida la donazione fatta dal minore e dall'inabilitato nel loro contratto di matrimonio a norma degli artt. 165 e 166 (776, 785).

Le disposizioni precedenti si applicano anche al minore emancipato autorizzato all'esercizio di un'impresa commerciale (397, 2195).

775. Donazione fatta da persona incapace d'intendere o di volere. – La donazione fatta da persona che, sebbene non interdetta (414), si provi essere stata per qualsiasi causa, anche transitoria, incapace di intendere o di volere al momento in cui la donazione è stata fatta (428, 591 n. 3), può essere annullata su istanza del donante, dei suoi eredi o aventi causa (377, 428, 799).

L'azione si prescrive in cinque anni dal giorno in cui la donazione è stata fatta (1442 ss.).

776. Donazione fatta dall'inabilitato. – La donazione fatta dall'inabilitato (415, 774), anche se anteriore alla sentenza d'inabilitazione (421) o alla nomina del curatore provvisorio (419), può essere annullata se fatta dopo che è stato promosso il giudizio d'inabilitazione (712 ss. c.p.c.).

Il curatore dell'inabilitato per prodigalità (415^2) può chiedere l'annullamento della donazione, anche se fatta nei sei mesi anteriori all'inizio del giudizio d'inabilitazione.

777. Donazioni fatte da rappresentanti di persone incapaci. – Il padre e il tutore non possono fare donazioni per la persona incapace da essi rappresentata (320, 374).

Sono consentite, con le forme abilitative richieste (375), le liberalità in occasione di nozze a favore dei discendenti dell'interdetto o dell'inabilitato (785).

778. Mandato a donare. – È nullo (1418) il mandato (1703) con cui si attribuisce ad altri la facoltà di designare la persona del donatario o di determinare l'oggetto della donazione.

È peraltro valida la donazione a favore di persona che un terzo sceglierà tra più persone designate dal donante o appartenenti a determinate categorie, o a favore di una persona giuridica tra quelle indicate dal donante stesso (631^2).

È del pari valida la donazione che ha per oggetto una cosa che un terzo determinerà tra più cose indicate dal donante o entro i limiti di valore dal donante stesso stabiliti (631).

779. Donazione a favore del tutore o protutore. – È nulla (1418) la donazione (799) a favore di chi è stato tutore o protutore del donante, se fatta prima che sia stato approvato il conto (386) o sia estinta l'azione per il rendimento del conto medesimo (323, 378, 387, 596, 1471).

Si applicano le disposizioni dell'art. 599.

780. [**Donazione al figlio naturale non riconoscibile.** – (*Omissis*)] ([1]).

([1]) *Articolo abrogato dall'art. 205, L. 19 maggio 1975, n. 151, riforma del diritto di famiglia.*

781. ([1]) **Donazione tra coniugi.** – I coniugi non possono, durante il matrimonio, farsi l'uno all'altro alcuna liberalità, salve quelle conformi agli usi.

([1]) *La Corte costituzionale, con sentenza n. 91 del 27 giugno 1973, ha dichiarato l'illegittimità costituzionale dell'intero articolo.*

Capo III
Della forma e degli effetti della donazione

782. Forma della donazione. – La donazione deve essere fatta per atto pubblico (2699), sotto pena di nullità (1350, 1875, 2725). Se ha per oggetto cose mobili, essa non è valida che per quelle specificate con indicazione del loro valore nell'atto medesimo della donazione, ovvero in una nota a parte sottoscritta dal donante, dal donatario e dal notaio (783).

L'accettazione può essere fatta nell'atto stesso o con atto pubblico posteriore (785). In questo caso la donazione non è perfetta (769) se non dal momento in cui l'atto di accettazione è notificato (1326, 1335; 137 c.p.c.) al donante (785).

Prima che la donazione sia perfetta, tanto il donante quanto il donatario possono revocare la loro dichiarazione (1328).

[Se la donazione è fatta a una persona giuridica, il donante non può revocare la sua dichiarazione dopo che gli è stata notificata la domanda diretta a ottenere dall'autorità governativa l'autorizzazione ad accettare (17, 473, 1329). Trascorso un anno dalla notificazione senza che l'autorizzazione sia stata concessa, la dichiarazione può essere revocata (17, 786, 1872)] ([1]).

([1]) *Questo comma è stato abrogato dall'art. 13, comma 1, della L. 15 maggio 1997, n. 127, così come sostituito dall'art. 1, comma 1, della L. 22 giugno 2000, n. 192. Le disposizioni previste dall'art. 13, comma 1, si applicano anche alle acquisizioni deliberate o verificatesi in data anteriore a quella di entrata in vigore della citata L. n. 127/1997, a norma dell'art. 13, comma 2, medesima legge.*

783. Donazioni di modico valore. – La donazione di modico valore che ha per oggetto beni mobili è valida anche se manca l'atto pubblico (782), purché vi sia stata la tradizione (781).

La modicità deve essere valutata anche in rapporto alle condizioni economiche del donante.

784. Donazione a nascituri. – La donazione può essere fatta anche a favore di chi è soltanto concepito (462), ovvero a favore dei figli di una determinata persona vivente al tempo della donazione, benché non ancora concepiti (463, 785).

L'accettazione della donazione a favore di nascituri, benché non concepiti, è regolata dalle disposizioni degli artt. 320 e 321.

Salvo diversa disposizione del donante, l'amministrazione dei beni donati spetta al donante o ai suoi eredi, i quali possono essere obbligati a prestare idonea garanzia (1179). I frutti maturati prima della nascita sono riservati al donatario se la donazione è fatta a favore di un nascituro già concepito. Se è fatta a favore di un non concepito, i frutti sono riservati al donante sino al momento della nascita del donatario (785[3]).

785. Donazione in riguardo di matrimonio. – La donazione fatta in riguardo di un determinato futuro matrimonio (165, 166, 774), sia dagli sposi tra loro (80), sia da altri a favore di uno o di entrambi gli sposi o dei figli nascituri da questi, si perfeziona senza bisogno che sia accettata (782), ma non produce effetto finché non segua il matrimonio (80, 805).

L'annullamento del matrimonio (117 ss.) importa la nullità della donazione. Restano tuttavia salvi i diritti acquistati dai terzi di buona fede (1445) tra il giorno del matrimonio e il passaggio in giudicato (324 c.p.c.) della sentenza che dichiara la nullità del matrimonio. Il coniuge di buona fede (128) non è tenuto a restituire i frutti (820) percepiti anteriormente alla domanda di annullamento del matrimonio (1148).

La donazione in favore di figli nascituri (784) rimane efficace per i figli rispetto ai quali si verificano gli effetti del matrimonio putativo (128).

786. ([1]) [**Donazione a ente non riconosciuto.** – La donazione a favore di un ente non riconosciuto (36 ss.) non ha efficacia, se entro un anno non è notificata al donante l'istanza per ottenere il riconoscimento (12; 2, 3 att.). La notificazione produce gli effetti indicati dall'ultimo comma dell'art. 782 (600).

Salvo diversa disposizione del donante, i frutti (820) maturati prima del riconoscimento sono riservati al donatario].

([1]) *Questo articolo è stato abrogato dall'art. 13, comma 1, della L. 15 maggio 1997, n. 127, così come sostituito dall'art. 1, comma 1, della L. 22 giugno 2000, n. 192. Le disposizioni previste dall'art. 13, comma 1, si applicano anche alle acquisizioni deliberate o veri-*

ficatesi in data anteriore a quella di entrata in vigore della citata L. n. 127/1997, a norma dell'art. 13, comma 2, medesima legge.

787. Errore sul motivo della donazione. – La donazione può essere impugnata per errore sul motivo, sia esso di fatto o di diritto, quando il motivo risulta dall'atto ed è il solo che ha determinato il donante a compiere la liberalità (624, 794, 1428 ss.).

788. Motivo illecito. – Il motivo illecito (626, 794, 1345) rende nulla la donazione quando risulta dall'atto ed è il solo che ha determinato il donante alla liberalità (634, 1418).

789. Inadempimento o ritardo nell'esecuzione. – Il donante, in caso di inadempimento o di ritardo nell'eseguire la donazione, è responsabile soltanto per dolo o per colpa grave (798).

790. Riserva di disporre di cose determinate. – Quando il donante si è riservata la facoltà di disporre di qualche oggetto compreso nella donazione o di una determinata somma (1355) sui beni donati, e muore senza averne disposto, tale facoltà non può essere esercitata dagli eredi (796).

791. Condizione di riversibilità. – Il donante può stipulare la riversibilità (792) delle cose donate, sia per il caso di premorienza del solo donatario, sia per il caso di premorienza del donatario e dei suoi discendenti.

Nel caso in cui la donazione è fatta con generica indicazione della riversibilità, questa riguarda la premorienza, non solo del donatario, ma anche dei suoi discendenti.

Non si fa luogo a riversibilità che a beneficio del solo donante. Il patto a favore di altri si considera non apposto.

792. Effetti della riversibilità. – Il patto di riversibilità produce l'effetto di risolvere tutte le alienazioni dei beni donati (1504) e di farli ritornare al donante liberi da ogni peso o ipoteca, ad eccezione dell'ipoteca iscritta a garanzia della dote (166 *bis*) o di altre convenzioni matrimoniali (162), quando gli altri beni del coniuge donatario non sono sufficienti (560 ss.), e nel caso soltanto in cui la donazione è stata fatta con lo stesso contratto matrimoniale da cui l'ipoteca risulta.

È valido il patto per cui la riversione non deve pregiudicare la quota di riserva spettante al coniuge superstite (540) sul patrimonio del donatario, compresi in esso i beni donati.

793. Donazione modale. – La donazione può essere gravata da un onere (794, 797).

Il donatario è tenuto all'adempimento dell'onere entro i limiti del valore della cosa donata.

Per l'adempimento dell'onere può agire, oltre il donante, qualsiasi interessato (1174), anche durante la vita del donante stesso.

La risoluzione per inadempimento (1453) dell'onere, se preveduta nell'atto di donazione, può essere domandata dal donante o dai suoi eredi (2652 n. 1).

794. Onere illecito o impossibile. – L'onere illecito o impossibile si considera non apposto; rende tuttavia nulla la donazione se ne ha costituito il solo motivo determinante (788, 793).

795. Divieto di sostituzione. – Nelle donazioni non sono permesse le sostituzioni se non nei casi e nei limiti stabiliti per gli atti di ultima volontà.

La nullità delle sostituzioni non importa nullità della donazione.

796. Riserva di usufrutto. – È permesso al donante di riservare (790) l'usufrutto (978 ss., 1002) dei beni donati a proprio vantaggio, e dopo di lui a vantaggio di un'altra persona o anche di più persone, ma non successivamente.

797. Garanzia per evizione. – Il donante è tenuto a garanzia verso il donatario, per l'evizione (1483 ss.) che questi può soffrire delle cose donate, nei casi seguenti:

1) se ha espressamente promesso la garanzia (758[2]);

2) se l'evizione dipende dal dolo o dal fatto personale di lui (1487[2]);

3) se si tratta di donazione che impone oneri al donatario (793), o di donazione rimuneratoria (770), nei quali casi la garanzia è dovuta fino alla concorrenza dell'ammontare degli oneri o dell'entità delle prestazioni ricevute dal donante.

798. Responsabilità per vizi della cosa. – Salvo patto speciale, la garanzia del donante non si estende ai vizi della cosa, a meno che il donante sia stato in dolo (789).

799. Conferma ed esecuzione volontaria di donazioni nulle. – La nullità della donazione, da qualunque causa dipenda, non può essere fatta valere dagli eredi o aventi causa (377, 428, 775[1]) dal donante che, conoscendo la causa della nullità, hanno, dopo la morte di lui, confermato la donazione o vi hanno dato volontaria esecuzione (1423, 1444, 2034).

Capo IV
Della revocazione
delle donazioni

800. Cause di revocazione. – La donazione può essere revocata (805, 806) per ingratitudine (801, 802) o per soppravenienza di figli (803).

801. Revocazione per ingratitudine. – La domanda di revocazione per ingratitudine non può essere proposta che quando il donatario ha commesso uno dei fatti previsti dai numeri 1, 2 e 3 dell'art. 463, ovvero si è reso colpevole d'ingiuria grave verso il donante o ha dolosamente arrecato grave pregiudizio al patrimonio di lui o gli ha rifiutato indebitamente gli alimenti dovuti ai sensi degli art. 433, 435 e 436 (802, 806).

802. Termini e legittimazione ad agire. – La domanda di revocazione per causa d'ingratitudine deve essere proposta dal donante o dai suoi eredi, contro il donatario o i suoi eredi, entro l'anno dal giorno in cui il donante è venuto a conoscenza del fatto che consente la revocazione (2652, n. 1, 2964).

Se il donatario si è reso responsabile di omicidio volontario (575 ss. c.p.) in persona del donante o gli ha dolosamente impedito di revocare la donazione, il termine per proporre l'azione è di un anno dal giorno in cui gli eredi hanno avuto notizia della causa di revocazione.

803. (1) **Revocazione per sopravvenienza di figli.** – Le donazioni fatte da chi non aveva o ignorava di avere figli o discendenti al tempo della donazione, possono essere revocate per la sopravvenienza o l'esistenza di un figlio o discendente del donante. Possono inoltre essere revocate per il riconoscimento di un figlio, salvo che si provi che al tempo della donazione il donante aveva notizia dell'esistenza del figlio.

La revocazione può essere domandata anche se il figlio del donante era già concepito al tempo della donazione. (462).

(1) *Questo articolo è stato così sostituito dall'art. 88 del D.L.vo 28 dicembre 2013, n. 154, a decorrere dal trentesimo giorno successivo a quello della sua pubblicazione nella* Gazzetta Ufficiale (G.U. *n. 5 dell'8 gennaio 2014*).

804. Termine per l'azione. – L'azione di revocazione per sopravvenienza di figli deve essere proposta entro cinque anni dal giorno della nascita dell'ultimo figlio nato nel matrimonio (1) o discendente [legittimo] (2) ovvero della notizia dell'esistenza del figlio o discendente, ovvero dell'avvenuto riconoscimento del figlio nato fuori del matrimonio (3) (250 ss., 803, 2964 ss.).

Il donante non può proporre o proseguire l'azione dopo la morte del figlio o del discendente.

([1]) *Le parole: «nato nel matrimonio» sono state aggiunte dall'art. 89 del D.L.vo 28 dicembre 2013, n. 154, a decorrere dal trentesimo giorno successivo a quello della sua pubblicazione nella* Gazzetta Ufficiale *(G.U. n. 5 dell'8 gennaio 2014).*

([2]) *La parola fra parentesi quadrate è stata soppressa dall'art. 89 del D.L.vo 28 dicembre 2013, n. 154, a decorrere dal trentesimo giorno successivo a quello della sua pubblicazione nella* Gazzetta Ufficiale *(G.U. n. 5 dell'8 gennaio 2014).*

([3]) *La parola: «naturale» è stata così sostituita dalle attuali: «nato fuori del matrimonio» dall'art. 89 del D.L.vo 28 dicembre 2013, n. 154, a decorrere dal trentesimo giorno successivo a quello della sua pubblicazione nella* Gazzetta Ufficiale *(G.U. n. 5 dell'8 gennaio 2014).*

805. Donazioni irrevocabili. – Non possono revocarsi per causa d'ingratitudine, né per sopravvenienza di figli, le donazioni rimuneratorie (770) e quelle fatte in riguardo di un determinato matrimonio (785).

806. Inammissibilità della rinunzia preventiva. – Non è valida la rinunzia preventiva alla revocazione della donazione per ingratitudine o per sopravvenienza di figli.

807. Effetti della revocazione. – Revocata la donazione per ingratitudine o sopravvenienza di figli, il donatario deve restituire i beni in natura, se essi esistono ancora, e i frutti (820) relativi, a partire dal giorno della domanda (1148).

Se il donatario ha alienato i beni, deve restituirne il valore, avuto riguardo al tempo della domanda, e i frutti relativi, a partire dal giorno della domanda stessa.

808. Effetti nei riguardi dei terzi. – La revocazione per ingratitudine o per sopravvenienza di figli non pregiudica i terzi che hanno acquistato diritti anteriormente alla domanda, salvi gli effetti della trascrizione di questa (2652, nn. 1, 5).

Il donatario, che prima della trascrizione della domanda di revocazione ha costituito sui beni donati diritti reali che ne diminuiscono il valore, deve indennizzare il donante della diminuzione di valore sofferta dai beni stessi.

809. Norme sulle donazioni applicabili ad altri atti di liberalità. – Le liberalità, anche se risultano da atti diversi da quelli previsti dall'art. 769, sono soggette alle stesse norme che regolano la revocazione delle donazioni per causa d'ingratitudine (801) e per sopravvenienza di figli (803), nonché a quelle sulla riduzione delle donazioni per integrare la quota dovuta ai legittimari (553 ss.).

Questa disposizione non si applica alle liberalità previste dal secondo comma dell'art. 770 e a quelle che a norma dell'art. 742 non sono soggette a collazione.

Libro III
Della proprietà

Titolo I
Dei beni

Capo I
Dei beni in generale

810. Nozione. – Sono beni le cose che possono formare oggetto di diritti.

Sezione I
Dei beni dell'ordine corporativo

811. (*Omissis*) ([1]).

([1]) *Articolo abrogato dall'art. 3, D.L.vo 14 settembre 1944, n. 287, provvedimenti relativi alla riforma della legislazione civile.*

Sezione II
Dei beni immobili e mobili

812. Distinzione dei beni. – Sono beni immobili il suolo, le sorgenti e i corsi d'acqua, gli alberi, gli edifici e le altre costruzioni, anche se unite al suolo a scopo transitorio, e in genere tutto ciò che naturalmente o artificialmente è incorporato al suolo.

Sono reputati immobili i mulini, i bagni e gli altri edifici galleggianti quando sono saldamente assicurati alla riva o all'alveo e sono destinati ad esserlo in modo permanente per la loro utilizzazione (1350, 2810).

Sono mobili tutti gli altri beni (814).

813. Distinzione dei diritti. – Salvo che dalla legge risulti diversamente, le disposizioni concernenti i beni immobili si applicano anche ai diritti reali che hanno per oggetto beni immobili e alle azioni relative (555 ss. c.p.c.); le disposizioni concernenti i beni mobili si applicano a tutti gli altri diritti.

814. Energie. – Si considerano beni mobili le energie naturali che hanno valore economico (624[2] c.p.).

815. Beni mobili iscritti in pubblici registri. – I beni mobili iscritti in pubblici registri sono soggetti alle disposizioni che li riguardano e, in mancanza, alle disposizioni relative ai beni mobili.

816. Universalità di mobili. – È considerata universalità di mobili la pluralità di cose che appartengono alla stessa persona e hanno una destinazione unitaria (727[2], 771, 994, 1010, 1156, 1160, 1170, 2784, 2914 n. 3).

Le singole cose componenti l'universalità possono formare oggetto di separati atti e rapporti giuridici (2555; 670 c.p.c.).

817. Pertinenze. – Sono pertinenze le cose destinate in modo durevole a servizio o ad ornamento di un'altra cosa.

La destinazione può essere effettuata dal proprietario della cosa principale o da chi ha un diritto reale sulla medesima (29, 246, 862 c.n.).

818. Regime delle pertinenze. – Gli atti e i rapporti giuridici che hanno per oggetto la cosa principale comprendono anche le pertinenze, se non è diversamente disposto (667, 1477, 1617, 2811, 2912).

Le pertinenze possono formare oggetto di separati atti o rapporti giuridici (816[2]; 515 c.p.c.).

La cessazione della qualità di pertinenza non è opponibile ai terzi i quali abbiano anteriormente acquistato diritti sulla cosa principale (819; 247, 862, 863 c.n.).

819. Diritti dei terzi sulle pertinenze. – La destinazione di una cosa al servizio o all'ornamento di un'altra non pregiudica i diritti preesistenti su di essa a favore dei terzi. Tali diritti non possono essere opposti ai terzi di buona fede se non risultano da scrittura avente data certa anteriore (2704), quando la cosa principale è un bene immobile (812) o un bene mobile iscritto in pubblici registri (815, 2683, 2762; 247, 263, 863 c.n.).

Codice Civile

Sezione III
Dei frutti

820. Frutti naturali e frutti civili. – Sono frutti naturali quelli che provengono direttamente dalla cosa, vi concorra o no l'opera dell'uomo, come i prodotti agricoli, la legna, i parti degli animali, i prodotti delle miniere, cave e torbiere.

Finché non avviene la separazione, i frutti formano parte della cosa (516 c.p.c.). Si può tuttavia disporre di essi come di cosa mobile futura (771, 1348, 1472; 531 c.p.c.).

Sono frutti civili quelli che si ritraggono dalla cosa come corrispettivo del godimento che altri ne abbia. Tali sono gli interessi dei capitali (1224, 1282 ss., 1815), i canoni enfiteutici (960 ss.), le rendite vitalizie (1861 ss., 1872) e ogni altra rendita, il corrispettivo delle locazioni (1571, 1587 n. 2).

821. Acquisto dei frutti. – I frutti naturali appartengono al proprietario della cosa che li produce (1477, 1775), salvo che la loro proprietà sia attribuita ad altri. In quest'ultimo caso la proprietà si acquista con la separazione.

Chi fa propri i frutti deve, nei limiti del loro valore, rimborsare colui che abbia fatto spese per la produzione e il raccolto (984, 1149, 2041).

I frutti civili si acquistano giorno per giorno, in ragione della durata del diritto (1263[3], 1531[1], 1880).

Capo II
Dei beni
appartenenti allo Stato,
agli enti pubblici
e agli enti ecclesiastici

822. Demanio pubblico. – Appartengono allo Stato e fanno parte del demanio pubblico il lido del mare, la spiaggia, le rade e i porti (28 ss., 692 ss. c.n.); i fiumi, i torrenti, i laghi e le altre acque definite pubbliche dalle leggi in materia; le opere destinate alla difesa nazionale (879).

Fanno parimenti parte del demanio pubblico, se appartengono allo Stato, le strade, le autostrade e le strade ferrate; gli aerodromi; gli acquedotti; gli immobili riconosciuti di interesse storico, archeologico e artistico a norma delle leggi in materia; le raccolte dei musei, delle pinacoteche, degli archivi, delle biblioteche; e infine gli altri beni che sono dalla legge assoggettati al regime proprio del demanio pubblico (942, 945; 247, 248, 863 c.n.).

823. Condizione giuridica del demanio pubblico. – I beni che fanno parte del demanio pubblico sono inalienabili e non possono formare oggetto di diritti a favore di terzi (1145), se non nei modi e nei limiti stabiliti dalle leggi che li riguardano (30 ss., 694 ss. c.n.).

Spetta all'autorità amministrativa la tutela dei beni che fanno parte del demanio pubblico. Essa ha facoltà sia di procedere in via amministrativa, sia di valersi dei mezzi ordinari a difesa della proprietà (948 ss.) e del possesso (1168 ss.) regolati dal presente codice.

824. Beni delle province e dei comuni soggetti al regime dei beni demaniali. – I beni della specie di quelli indicati dal secondo comma dell'art. 822, se appartengono alle province o ai comuni, sono soggetti al regime del demanio pubblico.

Allo stesso regime sono soggetti i cimiteri e i mercati comunali.

825. Diritti demaniali su beni altrui. – Sono parimenti soggetti al regime del demanio pubblico (823) i diritti reali che spettano allo Stato, alle province e ai comuni su beni appartenenti ad altri soggetti, quando i diritti stessi sono costituiti per l'utilità di alcuno dei beni indicati dagli articoli precedenti o per il conseguimento di fini di pubblico interesse corrispondenti a quelli a cui servono i beni medesimi.

826. Patrimonio dello Stato, delle province e dei comuni. – I beni appartenenti allo Stato, alle province e ai comuni, i quali non siano della specie di quelli indicati dagli articoli precedenti (829), costituiscono il patrimonio dello Stato o, rispettivamente, delle province e dei comuni (828).

Fanno parte del patrimonio indisponibile dello Stato le foreste che a norma delle leggi in materia costituiscono il demanio forestale dello Stato, le miniere, le cave e torbiere quando la disponibilità ne è sottratta al proprietario del fondo (840), le cose d'interesse storico, archeologico, paletnologico, paleontologico e artistico, da chiunque e in qualunque modo ritrovate nel sottosuolo (839, 840, 932), i beni costituenti la dotazione della Presidenza della Repubblica, le caserme, gli armamenti, gli aeromobili militari (745 c.n.) e le navi da guerra.

Fanno parte del patrimonio indisponibile dello Stato o, rispettivamente, delle province e dei comuni, secondo la loro appartenenza, gli edifici destinati a sede di uffici pubblici, con i loro arredi, e gli altri beni destinati a un pubblico servizio.

827. Beni immobili vacanti. – I beni immobili che non sono in proprietà di alcuno spettano al patrimonio dello Stato (923; 119 Cost.).

828. Condizione giuridica dei beni patrimoniali. – I beni che costituiscono il patrimonio dello Stato, delle province e dei comuni sono soggetti alle regole particolari che li concernono e, in quanto non è diversamente disposto, alle regole del presente codice.

I beni che fanno parte del patrimonio indisponibile non possono essere sottratti alla loro destinazione, se non nei modi stabiliti dalle leggi che li riguardano (830).

829. Passaggio di beni dal demanio al patrimonio. – Il passaggio dei beni dal demanio pubblico (822) al patrimonio dello Stato (826) dev'essere dichiarato dall'autorità amministrativa. Dell'atto deve essere dato annunzio nella *Gazzetta Ufficiale* della Repubblica.

Per quanto riguarda i beni delle province e dei comuni, il provvedimento che dichiara il passaggio al patrimonio dev'essere pubblicato nei modi stabiliti per i regolamenti comunali e provinciali.

830. Beni degli enti pubblici non territoriali. – I beni appartenenti agli enti pubblici non territoriali sono soggetti alle regole del presente codice, salve le disposizioni delle leggi speciali.

Ai beni di tali enti che sono destinati a un pubblico servizio si applica la disposizione del secondo comma dell'art. 828.

831. Beni degli enti ecclesiastici ed edifici di culto. – I beni degli enti ecclesiastici sono soggetti alle norme del presente codice, in quanto non è diversamente disposto dalle leggi speciali che li riguardano.

Gli edifici destinati all'esercizio pubblico del culto cattolico, anche se appartengono a privati, non possono essere sottratti alla loro destinazione neppure per effetto di alienazione, fino a che la destinazione stessa non sia cessata in conformità delle leggi che li riguardano.

Titolo II
Della proprietà

Capo I
Disposizioni generali

832. Contenuto del diritto. – Il proprietario ha diritto di godere (959) e disporre delle cose in modo pieno ed esclusivo, entro i limiti e con l'osservanza degli obblighi stabiliti dall'ordinamento giuridico (833, 838, 869; 42 ss. Cost.).

833. Atti d'emulazione. – Il proprietario non può fare atti i quali non abbiano altro scopo che quello di nuocere o recare molestia ad altri (844).

834. Espropriazione per pubblico interesse. – Nessuno può essere privato in tutto o in parte dei beni di sua proprietà, se non per causa di pubblico interesse, legalmente dichiarata, e contro il pagamento di giusta indennità (836, 838, 851, 865; 42^3, 43 Cost.).

Le norme relative all'espropriazione per causa di pubblico interesse sono determinate da leggi speciali.

835. Requisizioni. – Quando ricorrono gravi e urgenti necessità pubbliche, militari o civili, può essere disposta la requisizione dei beni mobili o immobili (812 ss.). Al proprietario è dovuta una giusta indennità.

Le norme relative alle requisizioni sono determinate da leggi speciali.

836. Vincoli e obblighi temporanei. – Per le cause indicate dall'articolo precedente l'autorità amministrativa, nei limiti e con le forme stabiliti da leggi speciali, può sottoporre a particolari vincoli od obblighi di carattere temporaneo le aziende commerciali (2195) e agricole (963^5, 2135; 44 Cost.).

837. Ammassi. – Allo scopo di regolare la distribuzione di determinati prodotti agricoli o industriali nell'interesse della produzione nazionale sono costituiti gli ammassi (2617).

Le norme per il conferimento dei prodotti negli ammassi sono contenute in leggi speciali.

838. Espropriazione di beni che interessano la produzione nazionale o di prevalente interesse pubblico. – Salve le disposizioni delle leggi penali (499 ss. c.p.) e di polizia, nonché le norme dell'ordinamento corporativo ([1]) e le disposizioni particolari concernenti beni determinati, quando il proprietario abbandona la conservazione, la coltivazione o l'esercizio di beni che interessano la produzione nazionale, in modo da nuocere gravemente alle esigenze della produzione stessa (811), può farsi luogo all'espropriazione dei beni da parte dell'autorità amministrativa, premesso il pagamento di una giusta indennità (56 att.).

La stessa disposizione si applica se il deperimento dei beni ha per effetto di nuocere gravemente al decoro delle città o alle ragioni dell'arte, della storia o della sanità pubblica.

(¹) *L'espressione «nonché le norme dell'ordinamento corporativo» è da ritenere abrogata dal R.D.L. 9 agosto 1943, n. 721.*

839. Beni d'interesse storico e artistico. – Le cose di proprietà privata, immobili o mobili, che presentano interesse artistico, storico, archeologico o etnografico, sono sottoposte alle disposizioni delle leggi speciali (826², 879¹).

Capo II
Della proprietà fondiaria

Sezione I
Disposizioni generali

840. Sottosuolo e spazio sovrastante al suolo. – La proprietà del suolo si estende al sottosuolo (955, 959), con tutto ciò che vi si contiene, e il proprietario può fare qualsiasi escavazione od opera che non rechi danno al vicino. Questa disposizione non si applica a quanto forma oggetto delle leggi sulle miniere, cave e torbiere. Sono del pari salve le limitazioni derivanti dalle leggi sulle antichità e belle arti (826), sulle acque, sulle opere idrauliche e da altre leggi speciali.

Il proprietario del suolo non può opporsi ad attività di terzi che si svolgano a tale profondità nel sottosuolo o tale altezza nello spazio sovrastante (934), che egli non abbia interesse ad escluderle (826, 833, 1174; 823 c.n.).

841. Chiusura del fondo. – Il proprietario può chiudere in qualunque tempo il fondo (842, 843, 1054, 1064).

842. Caccia e pesca. – Il proprietario di un fondo non può impedire che vi si entri per l'esercizio della caccia, a meno che il fondo sia chiuso nei modi stabiliti dalla legge sulla caccia o vi siano colture in atto suscettibili di danno.

Egli può sempre opporsi a chi non è munito della licenza rilasciata dall'autorità.

Per l'esercizio della pesca occorre il consenso del proprietario del fondo.

843. Accesso al fondo. – Il proprietario deve permettere l'accesso e il passaggio nel suo fondo, sempre che ne venga riconosciuta la necessità, al fine di costruire o riparare un muro o altra opera propria del vicino oppure comune.

Se l'accesso cagiona danno, è dovuta una adeguata indennità (924, 925, 1038, 1053).

Il proprietario deve parimenti permettere l'accesso a chi vuole riprendere la cosa sua che vi si trovi accidentalmente o l'animale che vi si sia riparato sfuggendo alla custodia (1053). Il proprietario può impedire l'accesso consegnando la cosa o l'animale (896, 924, 925).

844. Immissioni. – Il proprietario di un fondo non può impedire le immissioni di fumo o di calore, le esalazioni, i rumori, gli scuotimenti e simili propagazioni derivanti dal fondo del vicino, se non superano la normale tollerabilità (659 c.p.), avuto anche riguardo alla condizione dei luoghi (833; 674 c.p.).

Nell'applicare questa norma l'autorità giudiziaria deve contemperare le esigenze della produzione con le ragioni della proprietà (912). Può tener conto della priorità di un determinato uso (890).

845. Regole particolari per scopi di pubblico interesse. – La proprietà fondiaria è soggetta a regole particolari per il conseguimento di scopi di pubblico interesse nei casi previsti dalle leggi speciali e dalle disposizioni contenute nelle sezioni seguenti.

Sezione II
Del riordinamento della proprietà rurale

846. (1) [**Minima unità colturale.** – Nei trasferimenti di proprietà, nelle divisioni e nelle assegnazioni a qualunque titolo, aventi per oggetto terreni destinati a coltura o suscettibili di coltura, e nella costituzione o nei trasferimenti di diritti reali sui terreni stessi non deve farsi luogo a frazionamenti che non rispettino la minima unità colturale.

S'intende per minima unità colturale l'estensione di terreno necessaria e sufficiente per il lavoro di una famiglia agricola e, se non si tratta di terreno appoderato, per esercitare una conveniente coltivazione secondo le regole della buona tecnica agraria].

(1) *Questo articolo è stato abrogato dall'art. 5 bis, comma 10, del D.L.vo 18 maggio 2001, n. 228, così come inserito dall'art. 7 del D.L.vo 29 marzo 2004, n. 99.*

847. (1) [**Determinazione della minima unità colturale.** – L'estensione della minima unità colturale sarà determinata distintamente per zone, avuto riguardo all'ordinamento produttivo e alla situazione demografica locale, con provvedimento dell'autorità amministrativa, da adottarsi sentite le associazioni professionali].

(¹) *Questo articolo è stato abrogato dall'art. 5 bis, comma 10, del D.L.vo 18 maggio 2001, n. 228, così come inserito dall'art. 7 del D.L.vo 29 marzo 2004, n. 99.*

848. (¹) [**Sanzione dell'inosservanza.** – Gli atti compiuti contro il divieto dell'art. 846 possono essere annullati dall'autorità giudiziaria, su istanza del pubblico ministero. L'azione si prescrive in tre anni dalla data della trascrizione dell'atto].

(¹) *Questo articolo è stato abrogato dall'art. 5 bis, comma 10, del D.L.vo 18 maggio 2001, n. 228, così come inserito dall'art. 7 del D.L.vo 29 marzo 2004, n. 99.*

849. Fondi compresi entro maggiori unità fondiarie. – Indipendentemente dalla formazione del consorzio previsto dall'articolo seguente, il proprietario di terreni entro i quali sono compresi appezzamenti appartenenti ad altri, di estensione inferiore alla minima unità colturale (846), può domandare che gli sia trasferita la proprietà di questi ultimi (2932), pagandone il prezzo, allo scopo di attuare una migliore sistemazione delle unità fondiarie. In caso di contrasto decide l'autorità giudiziaria, sentite le associazioni professionali circa la sussistenza delle condizioni che giustificano la richiesta di trasferimento (57 att.) (¹).

(¹) *Le parole a partire da «sentite» fino alla fine dell'articolo sono da considerarsi inefficaci in forza della soppressione dell'ordinamento corporativo fascista disposta dall'art. 1 del D.L.vo Lgt. 23 novembre 1944, n. 369.*

850. Consorzi a scopo di ricomposizione fondiaria. – Quando più terreni contigui e inferiori alla minima unità colturale (846) appartengono a diversi proprietari, può, su istanza di alcuno degli interessati o per iniziativa dell'autorità amministrativa, essere costituito un consorzio tra gli stessi proprietari, allo scopo di provvedere a una ricomposizione fondiaria idonea alla migliore utilizzazione dei terreni stessi (851 ss.).

Per la costituzione del consorzio si applicano le norme stabilite per i consorzi di bonifica (851, 862 ss.).

851. Trasferimenti coattivi. – Il consorzio indicato dall'articolo precedente può predisporre il piano di riordinamento.

Per la migliore sistemazione delle unità fondiarie può procedersi a espropriazioni e a trasferimenti coattivi (852, 853); può anche procedersi a rettificazioni di confini e ad arrotondamento di fondi (856).

852. Terreni esclusi dai trasferimenti. – Dai trasferimenti coattivi previsti dall'articolo precedente sono esclusi:

1) gli appezzamenti forniti di casa di abitazione civile o colonica;

2) i terreni adiacenti ai fabbricati e costituenti dipendenze dei medesimi;

3) le aree fabbricabili;

4) gli orti, i giardini, i parchi;

5) i terreni necessari per piazzali o luoghi di deposito di stabilimenti industriali o commerciali;

6) i terreni soggetti a inondazioni, a scoscendimenti o ad altri gravi rischi;

7) i terreni che per la loro speciale destinazione, ubicazione o singolarità di coltura presentano caratteristiche di spiccata individualità (856).

853. Trasferimento dei diritti reali. – Nei trasferimenti coattivi (851) le servitù prediali (1027 ss.) sono abolite, conservate o create in relazione alle esigenze della nuova sistemazione (854, 1031).

Gli altri diritti reali di godimento (978 ss.) sono trasferiti sui terreni assegnati in cambio e, qualora non siano costituiti su tutti i terreni dello stesso proprietario, sono trasferiti soltanto su una parte determinata del fondo assegnato in cambio, che corrisponda in valore ai terreni su cui esistevano.

Le ipoteche (2808 ss.) che non siano costituite su tutti i terreni dello stesso proprietario sono trasferite sul fondo di nuova assegnazione per una quota corrispondente in valore ai terreni su cui erano costituite. In caso di espropriazione forzata dell'immobile gravato da ipoteca su una quota, l'immobile è espropriato per intero e il credito è collocato, secondo il grado dell'ipoteca (2852), sulla parte del prezzo corrispondente alla quota soggetta all'ipoteca medesima (2809).

854. Notifica e trascrizione del piano di riordinamento. – Il piano di riordinamento dev'essere preventivamente portato a cognizione degli interessati, e contro di esso è ammesso reclamo in via amministrativa, nelle forme e nei termini stabiliti da leggi speciali.

Il provvedimento amministrativo di approvazione definitiva del piano dev'essere trascritto presso l'ufficio dei registri immobiliari nella cui circoscrizione sono situati i beni (2645).

855. Effetti dell'approvazione del piano di riordinamento. – Con l'approvazione del piano di riordinamento si operano i trasferimenti di proprietà e degli altri diritti reali; sono anche costituite le servitù imposte nel piano stesso (853).

856. Competenza dell'autorità giudiziaria. – Nelle materie indicate dagli art. 850 e seguenti è salva la competenza dell'autorità giudiziaria per la tutela dei diritti degli interessati. L'autorità giudiziaria non può tuttavia con le sue decisioni provocare una revisione del piano di riordinamento, ma può procedere alla conversione e liquidazione in danaro dei diritti da essa accertati.

Il credito relativo è privilegiato a norma delle leggi speciali.

Sezione III
Della bonifica integrale

857. Terreni soggetti a bonifica. – Per il conseguimento di fini igienici, demografici, economici o di altri fini sociali possono essere dichiarati soggetti a bonifica i terreni che si trovano in un comprensorio, in cui sono laghi, stagni, paludi e terre paludose, ovvero costituito da terreni montani dissestati nei riguardi idrogeologici e forestali, o da terreni estensivamente coltivati per gravi cause di ordine fisico o sociale, i quali siano suscettibili di una radicale trasformazione dell'ordinamento produttivo (852, 947).

858. Comprensorio di bonifica e piano delle opere. – Il comprensorio di bonifica e il piano generale dei lavori e di attività coordinate sono determinati e pubblicati a norma della legge speciale (1044).

859. Opere di competenza dello Stato. – Il piano generale indicato dall'articolo precedente stabilisce quali opere di bonifica siano di competenza dello Stato.

860. Concorso dei proprietari nella spesa. – I proprietari dei beni situati entro il perimetro del comprensorio sono obbligati a contribuire nella spesa necessaria per l'esecuzione, la manutenzione e l'esercizio delle opere in ragione del beneficio che traggono dalla bonifica.

861. Opere di competenza dei privati. – I proprietari degli immobili indicati dall'articolo precedente sono obbligati a eseguire, in conformità del piano generale di bonifica e delle connesse direttive di trasformazione agraria, le opere di competenza privata che siano d'interesse comune a più fondi o d'interesse particolare a taluno di essi (865, 868).

862. Consorzi di bonifica. – All'esecuzione, alla manutenzione e all'esercizio delle opere di bonifica può provvedersi a mezzo di consorzi tra i proprietari interessati.

A tali consorzi possono essere anche affidati l'esecuzione, la manutenzione e l'esercizio delle altre opere d'interesse comune a più fondi o d'interesse particolare a uno di essi (850).

I consorzi sono costituiti per decreto del Presidente della Repubblica e, in mancanza dell'iniziativa privata, possono essere formati anche d'ufficio.

Essi sono persone giuridiche pubbliche (11) e svolgono la loro attività secondo le norme dettate dalla legge speciale (852).

863. Consorzi di miglioramento fondiario. – Nelle forme stabilite per i consorzi di bonifica (862) possono essere costituiti anche consorzi per l'esecuzione, la manutenzione e l'esercizio di opere di miglioramento fondiario comuni a più fondi e indipendenti da un piano generale di bonifica (914, 918 ss.).

Essi sono persone giuridiche private (12). Possono tuttavia assumere il carattere di persone giuridiche pubbliche (11) quando, per la loro vasta estensione territoriale o per la particolare importanza delle loro funzioni ai fini dell'incremento della produzione, sono riconosciuti d'interesse nazionale con provvedimento dell'autorità amministrativa.

864. Contributi consorziali. – I contributi dei proprietari nella spesa di esecuzione, manutenzione ed esercizio delle opere di bonifica e di miglioramento fondiario sono esigibili con le norme e i privilegi stabiliti per l'imposta fondiaria (852, 2775).

865. Espropriazione per inosservanza degli obblighi. – Quando l'inosservanza degli obblighi imposti ai proprietari risulta tale da compromettere l'attuazione del piano di bonifica, può farsi luogo all'espropriazione parziale o totale del fondo appartenente al proprietario inadempiente, osservate le disposizioni della legge speciale (834).

L'espropriazione ha luogo a favore del consorzio, se questo ne fa richiesta, o, in mancanza, a favore di altra persona che si obblighi ad eseguire le opere offrendo opportune garanzie (1179).

Sezione IV
Dei vincoli idrogeologici
e delle difese fluviali

866. Vincoli per scopi idrogeologici e per altri scopi. – Anche indipendentemente da un piano di bonifica (858), i terreni di qualsiasi natura e destinazione possono essere sottoposti a vincolo idrogeologico, osservate le forme e le condizioni stabilite dalla legge speciale, al fine di evitare che possano con danno pubblico subire denudazioni, perdere la stabilità o turbare il regime delle acque.

L'utilizzazione dei terreni e l'eventuale loro trasformazione, la qualità delle colture, il governo dei boschi e dei pascoli sono assoggettati, per effetto del vincolo, alle limitazioni stabilite dalle leggi in materia.

Parimenti, a norma della legge speciale, possono essere sottoposti a limitazione nella loro utilizzazione i boschi che per la loro speciale ubicazione difendono terreni o fabbricati dalla caduta di valanghe, dal rotolamento di sassi, dal sorrenamento e dalla furia dei venti, e quelli ritenuti utili per le condizioni igieniche locali.

867. Sistemazione e rimboschimento dei terreni vincolati. – Al fine del rimboschimento e del rinsaldamento i terreni vincolati possono essere assoggettati a espropriazione, a occupazione temporanea o a sospensione dell'esercizio del pascolo, nei modi e con le forme stabiliti dalle leggi in materia.

868. Regolamento protettivo dei corsi d'acqua. – I proprietari di immobili situati in prossimità di corsi d'acqua che arrecano o minacciano danni all'agricoltura, ad abitati o a manufatti d'interesse pubblico sono obbligati, anche indipendentemente da un piano di bonifica, a contribuire all'esecuzione delle opere necessarie per il regolamento del corso d'acqua nelle forme stabilite dalle leggi speciali.

Sezione V
Della proprietà edilizia

869. Piani regolatori. – I proprietari d'immobili nei comuni dove sono formati piani regolatori devono osservare le prescrizioni dei piani stessi nelle costruzioni e nelle riedificazioni o modificazioni delle costruzioni esistenti.

870. Comparti. – Quando è prevista la formazione di comparti, costituenti unità fabbricabili con speciali modalità di costruzione e di adattamento, gli aventi diritto sugli immobili compresi nel comparto devono regolare i loro reciproci rapporti in modo da rendere possibile l'attuazione del piano. Possono anche riunirsi in consorzio per l'esecuzione delle opere. In mancanza di accordo, può procedersi all'espropriazione a norma delle leggi in materia.

871. Norme di edilizia e di ornato pubblico. – Le regole da osservarsi nelle costruzioni sono stabilite dalla legge speciale e dai regolamenti edilizi comunali.

La legge speciale stabilisce altresì le regole da osservarsi per le costruzioni nelle località sismiche.

872. Violazione delle norme di edilizia. – Le conseguenze di carattere amministrativo della violazione delle norme indicate dall'articolo precedente sono stabilite da leggi speciali.

Colui che per effetto della violazione ha subito danno deve esserne risarcito, salva la facoltà di chiedere la riduzione in pristino (2933) quando si tratta della violazione delle norme contenute nella sezione seguente o da questa richiamate (873 ss., 2043).

Sezione VI
Delle distanze nelle costruzioni, piantagioni e scavi, e dei muri, fossi e siepi interposti tra i fondi

873. Distanze nelle costruzioni. – Le costruzioni su fondi finitimi, se non sono unite o aderenti, devono essere tenute a distanza non minore di tre metri (878). Nei regolamenti locali può essere stabilita una distanza maggiore.

874. Comunione forzosa del muro sul confine. – Il proprietario di un fondo contiguo al muro altrui può chiederne la comunione per tutta l'altezza o per parte di essa, purché lo faccia per tutta l'estensione della sua proprietà (876). Per ottenere la comunione (888) deve pagare la metà del valore del muro, o della parte di muro resa comune, e la metà del valore del suolo su cui il muro è costruito. Deve inoltre eseguire le opere che occorrono per non danneggiare il vicino (876, 885, 888, 904).

875. Comunione forzosa del muro che non è sul confine. – Quando il muro si trova a una distanza dal confine minore di un metro e mezzo ovvero a distanza minore della metà di quella stabilita dai regolamenti locali (873), il vicino può chiedere la comunione (874) del muro soltanto allo scopo di fabbricare contro il muro stesso, pagando, oltre il valore della metà del muro, il valore del suolo da occupare con la nuova fabbrica, salvo che il proprietario preferisca estendere il suo muro sino al confine (877, 882).

Il vicino che intende domandare la comunione deve interpellare preventivamente il proprietario se preferisca di estendere il muro al confine o di procedere alla sua demolizione. Questi deve manifestare la propria volontà entro il termine di giorni quindici e deve procedere alla costruzione o alla demolizione entro sei mesi dal giorno in cui ha comunicato la risposta (904).

876. Innesto nel muro sul confine. – Se il vicino vuole servirsi del muro esistente sul confine solo per innestarvi un capo del proprio muro, non ha l'obbligo di renderlo comune a norma dell'art. 874, ma deve pagare un'indennità per l'innesto.

877. Costruzioni in aderenza. – Il vicino, senza chiedere la comunione del muro posto sul confine, può costruire sul confine stesso in aderenza, ma senza appoggiare la sua fabbrica a quella preesistente.

Questa norma si applica anche nel caso previsto dall'art. 875; il vicino in tal caso deve pagare soltanto il valore del suolo (879, 904).

878. Muro di cinta. – Il muro di cinta e ogni altro muro isolato che non abbia un'altezza superiore ai tre metri non è considerato per il computo della distanza indicata dall'art. 873.

Esso, quando è posto sul confine, può essere reso comune (874) anche a scopo d'appoggio, purché non preesista al di là un edificio a distanza inferiore ai tre metri (886, 892).

879. Edifici non soggetti all'obbligo delle distanze o a comunione forzosa. – Alla comunione forzosa non sono soggetti gli edifici appartenenti al demanio pubblico (822) e quelli soggetti allo stesso regime (824, 825), né gli edifici che sono riconosciuti di interesse storico, archeologico o artistico, a norma delle leggi in materia (839). Il vicino non può neppure usare della facoltà concessa dall'art. 877.

Alle costruzioni che si fanno in confine con le piazze e le vie pubbliche non si applicano le norme relative alle distanze (873), ma devono osservarsi le leggi e i regolamenti che le riguardano.

880. Presunzione di comunione del muro divisorio. – Il muro che serve di divisione tra edifici si presume comune (874, 881) fino alla sua sommità e, in caso di altezze ineguali, fino al punto in cui uno degli edifici comincia ad essere più alto (882, 897, 903).

Si presume parimenti comune il muro che serve di divisione tra cortili, giardini e orti o tra recinti nei campi (881, 886).

881. Presunzione di proprietà esclusiva del muro divisorio. – Si presume che il muro divisorio tra i campi, cortili, giardini od orti appartenga al proprietario del fondo verso il quale esiste il piovente e in ragione del piovente medesimo (880).

Se esistono sporti, come cornicioni, mensole e simili, o vani che si addentrano oltre la metà della grossezza del muro, e gli uni e gli altri risultano costruiti col muro stesso, si presume che questo spetti al proprietario dalla cui parte gli sporti o i vani si presentano, anche se vi sia soltanto qualcuno di tali segni.

Se uno o più di essi sono da una parte, e uno o più dalla parte opposta, il muro è reputato comune: in ogni caso la positura del piovente prevale su tutti gli altri indizi (880, 897).

882. Riparazioni del muro comune. – Le riparazioni e le ricostruzioni necessarie del muro comune sono a carico di tutti quelli che vi hanno diritto (877, 880) e in proporzione del diritto di ciascuno (1104), salvo che la spesa sia stata cagionata dal fatto di uno dei partecipanti.

Il comproprietario di un muro comune può esimersi dall'obbligo di contribuire nelle spese di riparazione e ricostruzione, rinunziando al diritto di comunione (1350, n. 5, 2643, n. 5), purché il muro comune non sostenga un edificio di sua spettanza (1123).

La rinunzia non libera il rinunziante dall'obbligo delle riparazioni e ricostruzioni a cui abbia dato causa col fatto proprio (887).

883. Abbattimento di edificio appoggiato al muro comune. – Il proprietario che vuole atterrare un edificio sostenuto da un muro comune può rinunziare alla comunione di questo (882), ma deve farvi le riparazioni e le opere che la demolizione rende necessarie per evitare ogni danno al vicino.

884. Appoggio e immissione di travi e catene nel muro comune. – Il comproprietario di un muro comune può fabbricare appoggiandovi le sue costruzioni e può immettervi travi, purché le mantenga a distanza di cinque centimetri dalla superficie opposta, salvo il diritto dell'altro comproprietario di fare accorciare la trave fino alla metà del muro, nel caso in cui egli voglia collocare una trave nello stesso luogo, aprirvi un incavo o appoggiarvi un camino. Il comproprietario può anche attraversare il muro comune con chiavi e catene di rinforzo, mantenendo la stessa distanza. Egli è tenuto in ogni caso a riparare i danni causati dalle opere compiute.

Non può fare incavi nel muro comune, né eseguirvi altra opera che ne comprometta la stabilità o che in altro modo lo danneggi (1120, 1122).

885. Innalzamento del muro comune. – Ogni comproprietario può alzare il muro comune, ma sono a suo carico tutte le spese di costruzione e conservazione della parte sopraedificata (903). Anche questa può dal vicino essere resa comune a norma dell'art. 874.

Se il muro non è atto a sostenere la sopraedificazione, colui che l'esegue è tenuto a ricostruirlo o a rinforzarlo a sue spese. Per il maggiore spessore che sia necessario, il muro deve essere costruito sul suolo proprio, salvo che esigenze tecniche impongano di costruirlo su quello del vicino. In entrambi i casi il muro ricostruito o ingrossato resta di proprietà comune, e il vicino deve essere indennizzato di ogni danno prodotto dall'esecuzione delle opere. Nel secondo caso il vicino ha diritto di conseguire anche il valore della metà del suolo occupato per il maggiore spessore.

Qualora il vicino voglia acquistare la comunione della parte sopraelevata del muro, si tiene conto, nel calcolare il valore di questa, anche delle spese occorse per la ricostruzione o per il rafforzamento.

886. Costruzione del muro di cinta. – Ciascuno può costringere il vicino a contribuire per metà nella spesa di costruzione dei muri di cinta che separano le rispettive case, i cortili e i giardini posti negli abitati. L'altezza di essi, se non è diversamente determinata dai regolamenti locali o dalla convenzione, deve essere di tre metri (880, 888).

887. Fondi a dislivello negli abitati. – Se di due fondi posti negli abitati uno è superiore e l'altro inferiore, il proprietario del fondo superiore deve sopportare per intero le spese di costruzione e conservazione del muro dalle fondamenta all'altezza del proprio suolo, ed entrambi i proprietari devono contribuire per tutta la restante altezza.

Il muro deve essere costruito per metà sul terreno del fondo inferiore e per metà sul terreno del fondo superiore.

888. Esonero dal contributo nelle spese. – Il vicino si può esimere dal contribuire nelle spese di costruzione del muro di cinta (886) o divisorio, cedendo, senza diritto a compenso, la metà del terreno su cui il muro di separazione deve essere costruito (882). In tal caso il muro è di proprietà di colui che l'ha costruito, salva la facoltà del vicino di renderlo comune ai sensi dell'art. 874, senza l'obbligo però di pagare la metà del valore del suolo su cui il muro è stato costruito.

889. Distanze per pozzi, cisterne, fosse e tubi. – Chi vuole aprire pozzi, cisterne, fosse di latrina o di concime presso il confine, anche se su questo si trova un muro divisorio, deve osservare la distanza di almeno due metri tra il confine e il punto più vicino del perimetro interno delle opere predette.

Per i tubi d'acqua pura o lurida, per quelli di gas e simili e loro diramazioni deve osservarsi la distanza di almeno un metro dal confine.

Sono salve in ogni caso le disposizioni dei regolamenti locali.

890. Distanze per fabbriche e depositi nocivi o pericolosi. – Chi presso il confine, anche se su questo si trova un muro divisorio, vuole fabbricare forni, camini, magazzini di sale, stalle e simili, o vuol collocare materie umide o esplodenti o in altro modo nocive, ovvero impiantare macchinari, per i quali può sorgere pericolo di danni, deve osservare le distanze stabilite dai regolamenti e, in mancanza, quelle necessarie a preservare i fondi vicini da ogni danno alla solidità, salubrità e sicurezza (844).

891. Distanze per canali e fossi. – Chi vuole scavare fossi o canali presso il confine, se non dispongono in modo diverso i regolamenti locali, deve osservare una distanza eguale alla profondità del fosso o canale. La distanza si misura dal confine al ciglio della sponda più vicina, la quale deve essere a scarpa naturale ovvero munita di opere di sostegno. Se il confine si trova in fosso comune o in una via privata, la distanza si misura da ciglio a ciglio o dal ciglio al lembo esteriore della via (911).

892. Distanze per gli alberi. – Chi vuole piantare alberi presso il confine deve osservare le distanze stabilite dai regolamenti e, in mancanza, dagli usi locali. Se gli uni e gli altri non dispongono, devono essere osservate le seguenti distanze dal confine:

1) tre metri per gli alberi di alto fusto. Rispetto alle distanze, si considerano alberi di alto fusto quelli il cui fusto, semplice o diviso in rami, sorge ad altezza notevole, come sono i noci, i castagni, le querce, i pini, i cipressi, gli olmi, i pioppi, i platani e simili;

2) un metro e mezzo per gli alberi di non alto fusto. Sono reputati tali quelli il cui fusto, sorto ad altezza non superiore a tre metri, si diffonde in rami;

3) mezzo metro per le viti, gli arbusti, le siepi vive, le piante da frutto di altezza non maggiore di due metri e mezzo.

La distanza deve essere però di un metro, qualora le siepi siano di ontano, di castagno, o di altre piante simili che si recidono periodicamente vicino al ceppo, e di due metri per le siepi di robinie.

La distanza si misura dalla linea del confine alla base esterna del tronco dell'albero nel tempo della piantagione, o dalla linea stessa al luogo dove fu fatta la semina (894).

Le distanze anzidette non si devono osservare se sul confine esiste un muro divisorio, proprio o comune (878, 880), purché le piante siano tenute ad altezza che non ecceda la sommità del muro.

893. Alberi presso strade, canali e sul confine di boschi. – Per gli alberi che nascono o si piantano nei boschi, sul confine con terreni non boschivi, o lungo le strade o le sponde dei canali, si osservano, trattandosi di boschi, canali e strade di proprietà privata, i regolamenti e, in mancanza, gli usi locali. Se gli uni e gli altri non dispongono, si osservano le distanze prescritte dall'articolo precedente (894).

894. Alberi a distanza non legale. – Il vicino può esigere che si estirpino gli alberi e le siepi che sono piantati o nascono a distanza minore di quelle indicate dagli articoli precedenti.

895. Divieto di ripiantare alberi a distanza non legale. – Se si è acquistato il diritto di tenere alberi a distanza minore di quelle sopra indicate, e l'albero muore o viene reciso o abbattuto, il vicino non può sostituirlo, se non osservando la distanza legale (892).

La disposizione non si applica quando gli alberi fanno parte di un filare situato lungo il confine.

896. Recisione di rami protesi e di radici. – Quegli sul cui fondo si protendono i rami degli alberi del vicino può in qualunque tempo costringerlo a tagliarli, e può egli stesso tagliare le radici che si addentrano nel suo fondo, salvi però in ambedue i casi i regolamenti e gli usi locali.

Se gli usi locali non dispongono diversamente, i frutti naturalmente caduti dai rami protesi sul fondo del vicino appartengono al proprietario del fondo su cui sono caduti.

Se a norma degli usi locali i frutti appartengono al proprietario dell'albero, per la raccolta di essi si applica il disposto dell'art. 843.

896 *bis*. (1) **Distanze minime per gli apiari.** – Gli apiari devono essere collocati a non meno di dieci metri da strade di pubblico transito e a non meno di cinque metri dai confini di proprietà pubbliche o private.

Il rispetto delle distanze di cui al primo comma non è obbligatorio se tra l'apiario e i luoghi ivi indicati esistono dislivelli di almeno due metri o se sono interposti, senza soluzioni di continuità, muri, siepi o altri ripari idonei a non consentire il passaggio delle api. Tali ripari devono avere una altezza di almeno due metri. Sono comunque fatti salvi gli accordi tra le parti interessate.

Nel caso di accertata presenza di impianti industriali saccariferi, gli apiari devono rispettare una distanza minima di un chilometro dai suddetti luoghi di produzione.

(1) *Questo articolo è stato inserito dall'art. 8 della L. 24 dicembre 2004, n. 313.*

897. Comunione di fossi. – Ogni fosso interposto tra due fondi si presume comune.

Si presume che il fosso appartenga al proprietario che se ne serve per gli scoli delle sue terre, o al proprietario del fondo dalla cui parte è il getto della terra o lo spurgo ammucchiatovi da almeno tre anni (1095).

Se uno o più di tali segni sono da una parte e uno o più dalla parte opposta, il fosso si presume comune.

898. Comunione di siepi. – Ogni siepe tra due fondi si presume comune ed è mantenuta a spese comuni, salvo che vi sia termine di confine o altra prova in contrario (880, 897).

Se uno solo dei fondi è recinto, si presume che la siepe appartenga al proprietario del fondo recinto, ovvero di quello dalla cui parte si trova la siepe stessa in relazione ai termini di confine esistenti.

899. Comunione di alberi. – Gli alberi sorgenti nella siepe comune sono comuni.

Gli alberi sorgenti sulla linea di confine si presumono comuni, salvo titolo o prova in contrario (895, 898).

Gli alberi che servono di limite o che si trovano nella siepe comune non possono essere tagliati, se non di comune consenso o dopo che l'autorità giudiziaria abbia riconosciuto la necessità o la convenienza del taglio (1105).

Sezione VII
Delle luci e delle vedute

900. Specie di finestre. – Le finestre o altre aperture sul fondo del vicino sono di due specie: luci (901 ss.), quando danno passaggio alla luce e all'aria, ma non permettono di affacciarsi sul fondo del vicino; vedute o prospetti (905 ss.), quando permettono di affacciarsi e di guardare di fronte, obliquamente o lateralmente.

901. Luci. – Le luci che si aprono sul fondo del vicino devono:

1) essere munite di un'inferriata idonea a garantire la sicurezza del vicino e di una grata fissa in metallo le cui maglie non siano maggiori di tre centimetri quadrati;

2) avere il lato inferiore a un'altezza non minore di due metri e mezzo dal pavimento o dal suolo del luogo al quale si vuole dare luce e aria, se esse sono al piano terreno, e non minore di due metri, se sono ai piani superiori;

3) avere il lato inferiore a un'altezza non minore di due metri e mezzo dal suolo del fondo vicino, a meno che si tratti di locale che sia in tutto o in

parte a livello inferiore al suolo del vicino e la condizione dei luoghi non consenta di osservare l'altezza stessa.

902. Apertura priva dei requisiti prescritti per le luci. – L'apertura che non ha caratteri di veduta o di prospetto è considerata come luce, anche se non sono state osservate le prescrizioni indicate dall'art. 901.

Il vicino ha sempre il diritto di esigere che essa sia resa conforme alle prescrizioni dell'articolo predetto.

903. Luci nel muro proprio o nel muro comune. – Le luci possono essere aperte dal proprietario del muro contiguo al fondo altrui.

Se il muro è comune (880), nessuno dei proprietari può aprire luci senza il consenso dell'altro (1108); ma chi ha sopraelevato il muro comune (885) può aprirle nella maggiore altezza a cui il vicino non abbia voluto contribuire.

904. Diritto di chiudere le luci. – La presenza di luci in un muro non impedisce al vicino di acquistare la comunione del muro medesimo (874) né di costruire in aderenza (875, 877).

Chi acquista la comunione del muro non può chiudere le luci se ad esso non appoggia il suo edificio.

905. Distanza per l'apertura di vedute dirette e balconi. – Non si possono aprire vedute dirette (900) verso il fondo chiuso o non chiuso e neppure sopra il tetto del vicino, se tra il fondo di questo e la faccia esteriore del muro in cui si aprono le vedute dirette non vi è la distanza di un metro e mezzo (907).

Non si possono parimenti costruire balconi o altri sporti, terrazze, lastrici solari e simili, muniti di parapetto che permetta di affacciarsi sul fondo del vicino, se non vi è la distanza di un metro e mezzo tra questo fondo e la linea esteriore di dette opere.

Il divieto cessa allorquando tra i due fondi vicini vi è una via pubblica.

906. Distanze per l'apertura di vedute laterali od oblique. – Non si possono aprire vedute laterali od oblique sul fondo del vicino se non si osserva la distanza di settantacinque centimetri, la quale deve misurarsi dal più vicino lato della finestra o dal più vicino sporto.

907. Distanza delle costruzioni dalle vedute. – Quando si è acquistato il diritto di avere vedute dirette verso il fondo vicino, il proprietario di questo non può fabbricare a distanza minore di tre metri, misurata a norma dell'art. 905 (1027 ss.).

Se la veduta diretta forma anche veduta obliqua, la distanza di tre metri deve pure osservarsi dai lati della finestra da cui la veduta obliqua si esercita.

Se si vuole appoggiare la nuova costruzione al muro in cui sono le dette vedute dirette od oblique, essa deve arrestarsi almeno a tre metri sotto la loro soglia.

Sezione VIII
Dello stillicidio

908. Scarico delle acque piovane. – Il proprietario deve costruire i tetti in maniera che le acque piovane scolino sul suo terreno e non può farle cadere nel fondo del vicino.

Se esistono pubblici colatoi, deve provvedere affinché le acque piovane vi siano immesse con gronde o canali. Si osservano in ogni caso i regolamenti locali e le leggi sulla polizia idraulica.

Sezione IX
Delle acque

909. Diritto sulle acque esistenti nel fondo. – Il proprietario del suolo ha il diritto di utilizzare le acque in esso esistenti, salve le disposizioni delle leggi speciali per le acque pubbliche e per le acque sotterranee.

Egli può anche disporre a favore d'altri, qualora non osti il diritto di terzi (1094); ma, dopo essersi servito delle acque, non può divertirle in danno d'altri fondi.

910. (1) [**Uso delle acque che limitano o attraversano un fondo.** – Il proprietario di un fondo limitato o attraversato da un'acqua non pubblica, che corre naturalmente e sulla quale altri non ha diritto, può, mentre essa trascorre, farne uso per l'irrigazione dei suoi terreni e per l'esercizio delle sue industrie, ma deve restituire le colature e gli avanzi al corso ordinario (913, 1047)].

(1) Questo articolo è stato abrogato dall'art. 2 del D.P.R. 18 febbraio 1999, n. 238.

911. Apertura di nuove sorgenti e altre opere. – Chi vuole aprire sorgenti, stabilire capi o aste di fonte e in genere eseguire opere per estrarre acque dal sottosuolo o costruire canali o acquedotti, oppure scavarne, profondarne o allargarne il letto, aumentarne o diminuirne il pendio o variarne la forma, deve, oltre le distanze stabilite nell'art. 891, osservare le maggiori distanze ed eseguire le opere che siano necessarie per non recare pregiudizio ai fondi altrui, sorgenti, capi o aste di fonte, canali o acquedotti preesistenti e destinati all'irrigazione dei terreni o agli usi domestici o industriali.

912. Conciliazione di opposti interessi. – Se sorge controversia tra i proprietari a cui un'acqua non pubblica può essere utile, l'autorità giudiziaria deve valutare l'interesse dei singoli proprietari nei loro rapporti e rispetto ai vantaggi che possono derivare all'agricoltura o all'industria dall'uso a cui l'acqua è destinata o si vuol destinare (844, 1044).

L'autorità giudiziaria può assegnare un'indennità ai proprietari che sopportino diminuzione del proprio diritto.

In tutti i casi devono osservarsi le disposizioni delle leggi sulle acque e sulle opere idrauliche.

913. Scolo delle acque. – Il fondo inferiore è soggetto a ricevere le acque che dal fondo più elevato scolano naturalmente, senza che sia intervenuta l'opera dell'uomo (1094 ss.).

Il proprietario del fondo inferiore non può impedire questo scolo, né il proprietario del fondo superiore può renderlo più gravoso (1043).

Se per opere di sistemazione agraria dell'uno o dell'altro fondo si rende necessaria una modificazione del deflusso naturale delle acque, è dovuta un'indennità al proprietario del fondo a cui la modificazione stessa ha recato pregiudizio (1044).

914. Consorzi per regolare il deflusso delle acque. – Qualora per esigenze della produzione si debba provvedere a opere di sistemazione degli scoli, di soppressione di ristagni o di raccolta di acque, l'autorità amministrativa, su richiesta della maggioranza degli interessati o anche d'ufficio, può costituire un consorzio tra i proprietari dei fondi che traggono beneficio dalle opere stesse (863, 918 ss.).

Si applicano a tale consorzio le disposizioni del secondo e del terzo comma dell'art. 921 (865, 947).

915. Riparazione di sponde e argini. – Qualora le sponde o gli argini che servivano di ritegno alle acque siano stati in tutto o in parte distrutti o atterrati, ovvero per la naturale variazione del corso delle acque si renda necessario costruire nuovi argini o ripari, e il proprietario del fondo non provveda sollecitamente a ripararli o a costruirli, ciascuno dei proprietari che hanno sofferto o possono ricevere danno può provvedervi, previa autorizzazione del tribunale, che provvede in via d'urgenza (700 c.p.c.).

Le opere devono essere eseguite in modo che il proprietario del fondo, in cui esse si compiono, non ne subisca danno, eccetto quello temporaneo causato dall'esecuzione delle opere stesse (916, 917).

916. Rimozione degli ingombri. – Le disposizioni dell'articolo precedente si applicano anche quando si tratta di togliere un ingombro formatosi sulla superficie di un fondo o in un fosso, rivo, colatoio o altro alveo, a causa di materie in essi impigliate, in modo che le acque danneggino o minaccino di danneggiare i fondi vicini.

917. Spese per la riparazione, costruzione o rimozione. – Tutti i proprietari, ai quali torna utile che le sponde e gli argini siano conservati o costruiti e gli ingombri rimossi, devono contribuire nella spesa in proporzione del vantaggio che ciascuno ne ritrae.

Tuttavia, se la distruzione degli argini, la variazione delle acque o l'ingombro nei loro corsi deriva da colpa di alcuno dei proprietari, le spese di conservazione, di costruzione o di riparazione gravano esclusivamente su di lui, salvo in ogni caso il risarcimento dei danni (882).

918. Consorzi volontari. – Possono costituirsi in consorzio (921) i proprietari di fondi vicini che vogliono riunire e usare in comune le acque defluenti dal medesimo bacino di alimentazione o da bacini contigui.

L'adesione degli interessati e il regolamento del consorzio devono risultare da atto scritto (1350, 2725).

Il regolamento del consorzio è deliberato dalla maggioranza calcolata in base all'estensione dei terreni a cui serve l'acqua.

919. Scioglimento del consorzio. – Lo scioglimento del consorzio non ha luogo se non quando è deliberato da una maggioranza eccedente i tre quarti, o quando, potendosi la divisione effettuare senza grave danno, essa è domandata da uno degli interessati (1111).

920. Norme applicabili. – Salvo quanto è disposto dagli articoli precedenti, si applicano ai consorzi volontari ivi indicati le norme stabilite per la comunione (1100 ss.).

921. Consorzi coattivi. – Nel caso indicato dall'art. 918, il consorzio può anche essere costituito d'ufficio dall'autorità amministrativa, allo scopo di provvedere a una migliore utilizzazione delle acque.

Per le forme di costituzione e il funzionamento si osservano le norme stabilite per i consorzi di miglioramento fondiario (863).

Il consorzio può anche procedere all'espropriazione dei singoli diritti, mediante il pagamento delle dovute indennità (865, 914).

Capo III
Dei modi di acquisto
della proprietà

922. Modi di acquisto. – La proprietà si acquista per occupazione (923 ss.), per invenzione (927 ss.), per accessione (934 ss.), per specificazione (940), per unione o commistione (934 ss., 939), per usucapione (1158 ss.), per effetto di contratti (1321 ss., 1376 ss.), per successione a causa di morte (456 ss., 470 ss.) e negli altri modi stabiliti dalla legge (1153 ss.; 236, 240 c.p.).

Sezione I
Dell'occupazione
e dell'invenzione

923. Cose suscettibili di occupazione. – Le cose mobili (812) che non sono proprietà di alcuno si acquistano con l'occupazione.

Tali sono le cose abbandonate e gli animali che formano oggetto di caccia o di pesca (842).

924. Sciami di api. – Il proprietario di sciami di api ha diritto d'inseguirli sul fondo altrui, ma deve indennità per il danno cagionato al fondo; se non li ha inseguiti entro due giorni o ha cessato durante due giorni d'inseguirli, può prenderli e ritenerli il proprietario del fondo (843).

925. Animali mansuefatti. – Gli animali mansuefatti possono essere inseguiti dal proprietario nel fondo altrui, salvo il diritto del proprietario del fondo a indennità per il danno.

Essi appartengono a chi se ne è impossessato, se non sono reclamati entro venti giorni da quando il proprietario ha avuto conoscenza del luogo dove si trovano (843, 923, 926, 2045).

926. Migrazione di colombi, conigli e pesci. – I conigli o pesci che passano ad un'altra conigliera o peschiera si acquistano dal proprietario di queste, purché non vi siano stati attirati con arte o con frode (923).

La stessa norma si osserva per i colombi che passano ad altra colombaia, salve le diverse disposizioni di legge sui colombi viaggiatori.

927. Cose ritrovate. – Chi trova (1257) una cosa mobile deve restituirla al proprietario (931), e, se non lo conosce, deve consegnarla senza ritardo al sindaco del luogo in cui l'ha trovata, indicando le circostanze del ritrovamento (930; 501 ss. c.n.; 647, n. 1 c.p.).

928. Pubblicazione del ritrovamento. – Il sindaco rende nota la consegna per mezzo di pubblicazione nell'albo pretorio del comune, da farsi per due domeniche successive e da restare affissa per tre giorni ogni volta.

929. Acquisto di proprietà della cosa ritrovata. – Trascorso un anno dall'ultimo giorno della pubblicazione senza che si presenti il proprietario (931), la cosa oppure il suo prezzo, se le circostanze ne hanno richiesto la vendita, appartiene a chi l'ha trovata.

Così il proprietario come il ritrovatore, riprendendo la cosa o ricevendo il prezzo, devono pagare le spese occorse (1152).

930. Premio dovuto al ritrovatore. – Il proprietario deve pagare a titolo di premio al ritrovatore, se questi lo richiede, il decimo della somma o del prezzo della cosa ritrovata.

Se tale somma o prezzo eccede gli € 5,16, il premio per il sovrappiù è solo del ventesimo.

Se la cosa non ha valore commerciale, la misura del premio è fissata dal giudice secondo il suo prudente apprezzamento.

931. Equiparazione del possessore o detentore al proprietario. – Agli effetti delle disposizioni contenute negli articoli 927 e seguenti, al proprietario sono equiparati, secondo le circostanze, il possessore e il detentore (1140).

932. Tesoro. – Tesoro è qualunque cosa mobile di pregio, nascosta o sotterrata, di cui nessuno può provare d'essere proprietario.

Il tesoro appartiene al proprietario (959, 988) del fondo in cui si trova (647 c.p.). Se il tesoro è trovato nel fondo altrui, purché sia stato scoperto per solo effetto del caso, spetta per metà al proprietario del fondo e per metà al ritrovatore. La stessa disposizione si applica se il tesoro è scoperto in una cosa mobile altrui.

Per il ritrovamento degli oggetti d'interesse storico, archeologico, paletnologico, paleontologico e artistico si osservano le disposizioni delle leggi speciali.

933. Rigetti del mare e piante sul lido. Relitti aeronautici. – I diritti sopra le cose gettate in mare o sopra quelle che il mare rigetta e sopra le piante e le erbe che crescono lungo le rive del mare sono regolati dalle leggi speciali (510 ss. c.n.).

Parimenti si osservano le leggi speciali per il ritrovamento di aeromobili e di relitti di aeromobili (993 ss. c.n.).

Sezione II
Dell'accessione, della specificazione, dell'unione e della commistione

934. Opere fatte sopra o sotto il suolo. – Qualunque piantagione, costruzione od opera esistente sopra o sotto il suolo appartiene al proprietario di questo (667), salvo quanto è disposto dagli articoli 935, 936, 937 e 938 e salvo che risulti diversamente dal titolo o dalla legge (952, 959², 975, 986², 1150⁵, 1593, 2811, 2873).

935. Opere fatte dal proprietario del suolo con materiali altrui. – Il proprietario del suolo che ha fatto costruzioni, piantagioni od opere con materiali altrui deve pagarne il valore, se la separazione non è chiesta dal proprietario dei materiali, ovvero non può farsi senza che si rechi grave danno all'opera costruita o senza che perisca la piantagione. Deve inoltre, anche nel caso che si faccia la separazione, il risarcimento dei danni, se è in colpa grave (2043).

In ogni caso la rivendicazione dei materiali non è ammessa trascorsi sei mesi dal giorno in cui il proprietario ha avuto notizia dell'incorporazione (936⁵, 937², 948, 2964).

936. Opere fatte da un terzo con materiali propri. – Quando le piantagioni, costruzioni od opere sono state fatte da un terzo con suoi materiali, il proprietario del fondo ha diritto di ritenerle o di obbligare colui che le ha fatte a levarle.

Se il proprietario preferisce di ritenerle, deve pagare a sua scelta il valore dei materiali e il prezzo della mano d'opera oppure l'aumento di valore recato al fondo (1150, 2040).

Se il proprietario del fondo domanda che siano tolte, esse devono togliersi a spese di colui che le ha fatte (2933). Questi può inoltre essere condannato al risarcimento dei danni.

Il proprietario non può obbligare il terzo a togliere le piantagioni, costruzioni ed opere, quando sono state fatte a sua scienza e senza opposizione o quando sono state fatte dal terzo in buona fede (1147, 1148).

La rimozione non può essere domandata trascorsi sei mesi dal giorno in cui il proprietario ha avuto notizia dell'incorporazione (935², 937², 1150⁵, 2964 ss.).

937. Opere fatte da un terzo con materiali altrui. – Se le piantagioni, costruzioni o altre opere sono state fatte da un terzo con materiali altrui, il proprietario di questi può rivendicarli (948), previa separazione a spese del terzo, se la separazione può ottenersi senza grave danno delle opere e del fondo.

La rivendicazione non è ammessa trascorsi sei mesi dal giorno in cui il proprietario ha avuto notizia della incorporazione (936⁵, 955², 2964 ss.).

Nel caso che la separazione dei materiali non sia richiesta o che i materiali siano inseparabili, il terzo che ne ha fatto uso e il proprietario del suolo che sia stato in mala fede sono tenuti in solido (1292 ss.) al pagamento di un'indennità pari al valore dei materiali stessi. Il proprietario dei materiali può anche esigere tale indennità dal proprietario del suolo, ancorché in buona fede, limitatamente al prezzo che da questo fosse ancora dovuto. Può altresì chiedere il risarcimento dei danni, tanto nei confronti del terzo che ne abbia fatto uso senza il suo consenso, quanto nei confronti del proprietario del suolo che in mala fede abbia autorizzato l'uso.

938. Occupazione di porzione di fondo attiguo. – Se nella costruzione di un edificio si occupa in buona fede una porzione del fondo attiguo, e il proprietario di questo non fa opposizione entro tre mesi (2964) dal giorno in cui ebbe inizio la costruzione, l'autorità giudiziaria, tenuto conto delle circostanze, può attribuire al costruttore la proprietà dell'edificio e del suolo occupato (2932). Il costruttore è tenuto a pagare al proprietario del suolo il doppio del valore della superficie occupata, oltre il risarcimento dei danni.

939. Unione e commistione. – Quando più cose appartenenti a diversi proprietari sono state unite o mescolate in guisa da formare un sol tutto, ma sono separabili senza notevole deterioramento, ciascuno conserva la proprietà della cosa sua e ha diritto di ottenere la separazione. In caso diverso, la proprietà ne diventa comune in proporzione del valore delle cose spettanti a ciascuno.

Quando però una delle cose si può riguardare come principale o è di molto superiore per valore, ancorché serva all'altra di ornamento, il proprietario della cosa principale acquista la proprietà del tutto. Egli ha l'obbligo di pagare all'altro il valore della cosa che vi è unita o mescolata; ma se l'unione o la mescolanza è avvenuta senza il suo consenso ad opera del proprietario della cosa accessoria, egli non è obbligato a corrispondere che la somma minore tra l'aumento di valore apportato alla cosa principale e il valore della cosa accessoria (936).

È inoltre dovuto il risarcimento dei danni in caso di colpa grave (2043).

940. Specificazione. – Se taluno ha adoperato una materia che non gli apparteneva per formare una nuova cosa, possa o non possa la materia riprendere la sua prima forma, ne acquista la proprietà pagando al proprietario il prezzo della materia (939[3]), salvo che il valore della materia sorpassi notevolmente quello della mano d'opera. In quest'ultimo caso la cosa spetta al proprietario della materia, il quale deve pagare il prezzo della mano d'opera.

941. Alluvione. – Le unioni di terra e gli incrementi, che si formano successivamente e impercettibilmente nei fondi posti lungo le rive dei fiumi o torrenti, appartengono al proprietario del fondo, salvo quanto è disposto dalle leggi speciali (947).

942. Terreni abbandonati dalle acque correnti. – I terreni abbandonati dalle acque correnti, che insensibilmente si ritirano da una delle rive portandosi sull'altra, appartengono al demanio pubblico, senza che il confinante della riva opposta possa reclamare il terreno perduto.

Ai sensi del primo comma, si intendono per acque correnti i fiumi, i torrenti e le altre acque definite pubbliche dalle leggi in materia.

Quanto stabilito al primo comma vale anche per i terreni abbandonati dal mare, dai laghi, dalle lagune e dagli stagni appartenenti al demanio pubblico.

943. Laghi e stagni. – Il terreno che l'acqua copre quando essa è all'altezza dello sbocco del lago o dello stagno appartiene al proprietario del lago o dello stagno, ancorché il volume dell'acqua venga a scemare.

Il proprietario non acquista alcun diritto sopra la terra lungo la riva che l'acqua ricopre nei casi di piena straordinaria.

944. Avulsione. – Se un fiume o torrente stacca per forza istantanea una parte considerevole e riconoscibile di un fondo contiguo al suo corso e la trasporta verso un fondo inferiore o verso l'opposta riva, il proprietario del fondo al quale si è unita la parte staccata ne acquista la proprietà. Deve però pagare all'altro proprietario un'indennità nei limiti del maggior valore recato al fondo dall'avulsione.

945. Isole e unioni di terra. – Le isole e unioni di terra che si formano nel letto dei fiumi o torrenti appartengono al demanio pubblico (822).

[Se l'isola si è formata per avulsione (944), il proprietario del fondo da cui è avvenuto il distacco, ne conserva la proprietà] ([1]).

[La stessa regola si osserva se un fiume o un torrente, formando un nuovo corso, attraversa e circonda il fondo o parte del fondo di un proprietario confinante, facendone un'isola] (947) ([1]).

([1]) *Comma abrogato dall'art. 2 della L. 5 gennaio 1994, n. 37.*

946. Alveo abbandonato. – Se un fiume o un torrente si forma un nuovo letto, abbandonando l'antico, il terreno abbandonato rimane assoggettato al regime proprio del demanio pubblico.

947. Mutamenti del letto dei fiumi derivanti da regolamento del loro corso. – Le disposizioni degli articoli 942, 945 e 946 si applicano ai terreni comunque abbandonati sia a seguito di eventi naturali che per fatti artificiali indotti dall'attività antropica, ivi comprendendo anche i terreni abbandonati per i fenomeni di inalveamento.

La disposizione dell'art. 941 non si applica nel caso in cui le alluvioni derivano da regolamento del corso dei fiumi, da bonifiche o da altri fatti artificiali indotti dall'attività antropica.

In ogni caso è esclusa la sdemanializzazione tacita dei beni del demanio idrico.

Capo IV
Delle azioni a difesa della proprietà

948. Azione di rivendicazione. – Il proprietario (1706, 2789) può rivendicare la cosa (1994) da chiunque la possiede o detiene (1153, 1140) e può proseguire l'esercizio dell'azione anche se costui, dopo la domanda, ha cessato, per fatto proprio, di possedere o detenere la cosa. In tal caso il convenuto è obbligato a ricuperarla per l'attore a proprie spese, o, in mancanza, a corrispondergliene il valore, oltre a risarcigli il danno (15, 21 c.p.c.).

Il proprietario, se consegue direttamente dal nuovo possessore o detentore la restituzione della cosa, è tenuto a restituire al precedente possessore o detentore la somma ricevuta in luogo di essa.

L'azione di rivendicazione non si prescrive (2934), salvi gli effetti dell'acquisto della proprietà da parte di altri per usucapione (1158 ss., 2653, n. 1).

949. Azione negatoria. – Il proprietario (1012^2) può agire per far dichiarare l'inesistenza di diritti affermati da altri sulla cosa, quando ha motivo di temerne pregiudizio (2653, n. 1; 15 c.p.c.).

Se sussistono anche turbative o molestie, il proprietario può chiedere che se ne ordini la cessazione, oltre la condanna al risarcimento del danno (1170).

950. Azione di regolamento di confini. – Quando il confine tra due fondi è incerto, ciascuno dei proprietari può chiedere che sia stabilito giudizialmente.

Ogni mezzo di prova è ammesso.

In mancanza di altri elementi, il giudice si attiene al confine delineato dalle mappe catastali (15 c.p.c.).

951. Azione per apposizione di termini. – Se i termini tra fondi contigui mancano o sono diventati irriconoscibili, ciascuno dei proprietari ha diritto di chiedere che essi siano apposti o ristabiliti a spese comuni (7 c.p.c.).

Titolo III
Della superficie

952. Costituzione del diritto di superficie. – Il proprietario può costituire il diritto di fare e mantenere al disopra del suolo una costruzione a favore di altri, che ne acquista la proprietà (934, 955, 956, 2812[3]).

Del pari può alienare la proprietà della costruzione già esistente, separatamente dalla proprietà del suolo (1350, n. 2, 2643, n. 2, 2810, n. 3).

953. Costituzione a tempo determinato. – Se la costituzione del diritto è stata fatta per un tempo determinato, allo scadere del termine il diritto di superficie si estingue e il proprietario del suolo diventa proprietario della costruzione (934, 954).

954. Estinzione del diritto di superficie. – L'estinzione del diritto di superficie per scadenza del termine importa l'estinzione dei diritti reali imposti dal superficiario (953, 2816). I diritti gravanti sul suolo si estendono alla costruzione, salvo, per le ipoteche, il disposto del primo comma dell'articolo 2816.

I contratti di locazione (1571), che hanno per oggetto la costruzione, non durano, se non per l'anno in corso alla scadenza del termine (976, 999).

Il perimento della costruzione non importa, salvo patto contrario, l'estinzione del diritto di superficie.

Il diritto di fare la costruzione sul suolo altrui si estingue per prescrizione (2934 ss.) per effetto del non uso protratto per venti anni (970, 1014, n. 1, 1073, 2946 ss.).

955. Costruzioni al disotto del suolo. – Le disposizioni precedenti si applicano anche nel caso in cui è concesso il diritto di fare e mantenere costruzioni al disotto del suolo altrui (840, 934).

956. Divieto di proprietà separata delle piantagioni. – Non può essere costituita o trasferita la proprietà delle piantagioni separatamente dalla proprietà del suolo.

Titolo IV
Dell'enfiteusi

957. Disposizioni inderogabili. – L'enfiteusi, salvo che il titolo disponga altrimenti, è regolata dalle norme contenute negli articoli seguenti.

Il titolo (587, 1350, n. 2, 2643, n. 2) non può tuttavia derogare alle norme contenute negli articoli 958, secondo comma, 961, secondo comma, 962, 965, 968, 971 e 973.

958. Durata. – L'enfiteusi può essere perpetua o a tempo.

L'enfiteusi temporanea non può essere costituita per una durata inferiore ai venti anni (957^2, 971, 2815^2).

959. Diritti dell'enfiteuta. – L'enfiteuta ha gli stessi diritti che avrebbe il proprietario sui frutti del fondo (820, 832), sul tesoro (932) e relativamente alle utilizzazioni del sottosuolo (840) in conformità delle disposizioni delle leggi speciali (1077, 1078).

Il diritto dell'enfiteuta si estende alle accessioni (817 ss., 934 ss.).

960. Obblighi dell'enfiteuta. – L'enfiteuta ha l'obbligo di migliorare (975) il fondo e di pagare al concedente un canone periodico (820^3, 972; 13 c.p.c.). Questo può consistere in una somma di danaro ovvero in una quantità fissa di prodotti naturali (2763, 2948).

L'enfiteuta non può pretendere remissione o riduzione del canone per qualunque insolita sterilità del fondo o perdita di frutti (1635).

961. Pagamento del canone. – L'obbligo del pagamento del canone grava solidalmente (1292) su tutti i coenfiteuti e sugli eredi dell'enfiteuta finché dura la comunione.

Nel caso in cui segua la divisione e il fondo venga goduto separatamente dagli enfiteuti o dagli eredi, ciascuno risponde per gli obblighi inerenti all'enfiteusi proporzionalmente al valore della sua porzione (957).

962. [Revisione del canone. – (*Omissis*)] (1).

(1) *Articolo abrogato dall'art. 18, della L. 22 luglio 1966, n. 607, norme in materia di enfiteusi e prestazioni fondiarie perpetue.*

963. Perimento totale o parziale del fondo. – Quando il fondo enfiteutico perisce interamente, l'enfiteusi si estingue.

Se è perita una parte notevole del fondo e il canone risulta sproporzionato al valore della parte residua, l'enfiteuta, secondo le circostanze, può chiedere una congrua riduzione del canone, o rinunziare al suo diritto, restituendo il fondo al concedente, salvo il diritto al rimborso dei miglioramenti sulla parte residua (975).

La domanda di riduzione del canone e la rinunzia al diritto non sono ammesse, decorso un anno dall'avvenuto perimento (2964).

Qualora il fondo sia assicurato e l'assicurazione sia fatta anche nell'interesse del concedente, l'indennità è ripartita tra il concedente e l'enfiteuta in proporzione del valore dei rispettivi diritti (1891).

Nel caso di espropriazione per pubblico interesse (834), l'indennità si ripartisce a norma del comma precedente.

964. Imposte e altri pesi. – Le imposte e gli altri pesi che gravano sul fondo sono a carico dell'enfiteuta, salve le disposizioni delle leggi speciali (1009).

Se in virtù del titolo costitutivo sono a carico del concedente, tale obbligo non può eccedere l'ammontare del canone.

965. Disponibilità del diritto dell'enfiteuta. – L'enfiteuta può disporre del proprio diritto, sia per atto tra vivi (1350, 2643), sia per atto di ultima volontà (587).

Per l'alienazione del diritto dell'enfiteuta non è dovuta alcuna prestazione al concedente.

Nell'atto costitutivo può essere vietato all'enfiteuta di disporre per atto tra vivi, in tutto o in parte, del proprio diritto, per un tempo non maggiore di venti anni (958, 1379).

Nel caso di alienazione compiuta contro tale divieto, l'enfiteuta non è liberato dai suoi obblighi verso il concedente ed è tenuto a questi solidalmente (1292 ss.) con l'acquirente (957).

966. [Prelazione a favore del concedente. – (*Omissis*)] (1).

(1) *Articolo abrogato dall'art. 10, L. 18 dicembre 1970, n. 1138, nuove norme in materia di enfiteusi.*

967. Diritti e obblighi dell'enfiteuta e del concedente in caso di alienazione. – In caso di alienazione, il nuovo enfiteuta è obbligato solidalmente (1292) col precedente al pagamento dei canoni non soddisfatti (965).

Il precedente enfiteuta non è liberato dai suoi obblighi, prima che sia stato notificato l'atto di acquisto al concedente (1264).

In caso di alienazione del diritto del concedente, l'acquirente non può pretendere l'adempimento degli obblighi dell'enfiteuta prima che a questo sia stata notificata l'alienazione (137 c.p.c.).

968. Subenfiteusi. – La subenfiteusi non è ammessa (957^2, 965).

969. Ricognizione. – Il concedente può richiedere la ricognizione del proprio diritto da chi si trova nel possesso del fondo enfiteutico, un anno prima del compimento del ventennio (2720; 13 c.p.c.).

Per l'atto di ricognizione non è dovuta alcuna prestazione. Le spese dell'atto sono a carico del concedente (2720).

970. Prescrizione del diritto dell'enfiteuta. – Il diritto dell'enfiteuta si prescrive per effetto del non uso protratto per venti anni (954^{4}, 1014. n. 1, 1073, 1077, 2815, 2934).

971. Affrancazione. – (*Omissis*) (1).

Se più sono gli enfiteuti, l'affrancazione può promuoversi anche da uno solo di essi, ma per la totalità. In questo caso l'affrancante subentra nei diritti del concedente verso gli altri enfiteuti, salva, a favore di questi, una riduzione proporzionale del canone (2815).

Se più sono i concedenti, l'affrancazione può effettuarsi per la quota che spetta a ciascun concedente.

L'affrancazione si opera mediante il pagamento di una somma risultante dalla capitalizzazione del canone annuo sulla base dell'interesse legale (1284). Le modalità sono stabilite da leggi speciali (957; 58 att.).

(1) *I primi tre commi (omessi nel presente testo) sono stati abrogati dall'art. 10 della L. 18 dicembre 1970, n. 1138, nuove norme in materia di enfiteusi.*

972. Devoluzione. – Il concedente può chiedere la devoluzione (1077, 1078, 2653, n. 2) del fondo enfiteutico (2815^{2}):

1) se l'enfiteuta deteriora il fondo o non adempie all'obbligo di migliorarlo (960);

2) se l'enfiteuta è in mora nel pagamento di due annualità di canone (960, 1219). La devoluzione non ha luogo se l'enfiteuta ha effettuato il pagamento dei canoni maturati prima che sia intervenuta nel giudizio sentenza, ancorché di primo grado, che abbia accolto la domanda (1453^{3}).

La domanda di devoluzione non preclude all'enfiteuta il diritto di affrancare, sempre che ricorrano le condizioni previste dall'art. 971.

973. Clausola risolutiva espressa. – La dichiarazione del concedente di valersi della clausola risolutiva espressa (1456) non impedisce l'esercizio del diritto di affrancazione (971).

974. Diritti dei creditori dell'enfiteuta. – I creditori dell'enfiteuta possono intervenire nel giudizio di devoluzione (972, 2900; 105 c.p.c.) per conservare le loro ragioni, valendosi all'uopo anche del diritto di affrancazione (971) che spetti all'enfiteuta; possono offrire il risarcimento dei danni e dare cauzione per l'avvenire.

I creditori, che hanno iscritto ipoteca contro l'enfiteuta anteriormente alla trascrizione (2653, n. 2) della domanda di devoluzione (2815) e ai quali questa non è stata notificata in tempo utile per poter intervenire, conservano il diritto di affrancazione anche dopo avvenuta la devoluzione.

975. Miglioramenti e addizioni. – Quando cessa l'enfiteusi, all'enfiteuta spetta il rimborso dei miglioramenti (1078) nella misura dell'aumento di valore conseguito dal fondo per effetto dei miglioramenti stessi, quali sono accertati al tempo della riconsegna (958, 963, 970, 972, 1150, 2815).

Se in giudizio è stata fornita qualche prova della sussistenza in genere dei miglioramenti, all'enfiteuta compete la ritenzione del fondo fino a quando non è soddisfatto il suo credito (748, 985).

Per le addizioni fatte dall'enfiteuta, quando possono essere tolte senza nocumento del fondo, il concedente, se vuole ritenerle, deve pagarne il valore al tempo della riconsegna. Se le addizioni non sono separabili senza nocumento e costituiscono miglioramento, si applica la disposizione del primo comma di questo articolo (986, 1593).

976. Locazioni concluse dall'enfiteuta. – Per le locazioni concluse dall'enfiteuta si applicano le norme dell'art. 999 (1571, 1596, 1599[1]).

977. Enfiteusi costituite dalle persone giuridiche. – Le disposizioni contenute negli articoli precedenti si applicano anche alle enfiteusi costituite dalle persone giuridiche (11, 12), salvo che sia disposto diversamente dalle leggi speciali (979).

Titolo V
Dell'usufrutto, dell'uso e dell'abitazione

Capo I
Dell'usufrutto

Sezione I
Disposizioni generali

978. Costituzione. – L'usufrutto è stabilito dalla legge (324, 327, 329, 540) o dalla volontà dell'uomo (587, 649, 1350, n. 2, 2025, 2352, 2643, n. 2, 2684, n. 2, 2810). Può anche acquistarsi per usucapione (1158 ss.).

979. Durata. – La durata dell'usufrutto non può eccedere la vita dell'usufruttuario (678, 698, 796, 1014, 2814).

L'usufrutto costituito a favore di una persona giuridica (11 ss.) non può durare più di trent'anni.

980. Cessione dell'usufrutto. – L'usufruttuario può cedere il proprio diritto per un certo tempo o per tutta la sua durata, se ciò non è vietato dal titolo costitutivo (1002², 1350, n. 2, 2643, n. 2).

La cessione dev'essere notificata al proprietario; finché non sia stata notificata, l'usufruttuario è solidalmente obbligato con il cessionario verso il proprietario (1002, 1292; 137 c.p.c.).

Sezione II
Dei diritti nascenti dall'usufrutto

981. Contenuto del diritto di usufrutto. – L'usufruttuario ha diritto di godere della cosa, ma deve rispettarne la destinazione economica (986, 996, 1015, 1060, 2561).

Egli può trarre dalla cosa ogni utilità che questa può dare, fermi i limiti stabiliti in questo capo (1078, 1998, 2352).

982. Possesso della cosa. – L'usufruttuario ha il diritto di conseguire il possesso (1140 ss.) della cosa di cui ha l'usufrutto, salvo quanto è disposto dall'articolo 1002.

983. Accessioni. – L'usufrutto si estende a tutte le accessioni della cosa (817 ss., 934 ss., 1998).

Se il proprietario dopo l'inizio dell'usufrutto, con il consenso dell'usufruttuario, ha fatto nel fondo costruzioni o piantagioni, l'usufruttuario è tenuto a corrispondere gli interessi (1284) sulle somme impiegate (1005^3, 1009). La norma si applica anche nel caso in cui le costruzioni o piantagioni sono state fatte per disposizione della pubblica autorità.

984. Frutti. – I frutti naturali e i frutti civili (820 ss.) spettano all'usufruttuario per la durata del suo diritto.

Se il proprietario e l'usufruttuario si succedono nel godimento della cosa entro l'anno agrario o nel corso di un periodo produttivo di maggiore durata, l'insieme di tutti i frutti si ripartisce fra l'uno e l'altro in proporzione della durata del rispettivo diritto nel periodo stesso (199).

Le spese per la produzione e il raccolto sono a carico del proprietario e dell'usufruttuario nella proporzione indicata dal comma precedente ed entro i limiti del valore dei frutti (1821).

985. Miglioramenti. – L'usufruttuario ha diritto a un'indennità per i miglioramenti (1078) che sussistono al momento della restituzione della cosa.

L'indennità si deve corrispondere nella minor somma tra l'importo della spesa e l'aumento di valore conseguito dalla cosa per effetto dei miglioramenti (1150).

L'autorità giudiziaria, avuto riguardo alle circostanze, può disporre che il pagamento dell'indennità prevista dai commi precedenti sia fatto ratealmente, imponendo in questo caso idonea garanzia (975, 1151, 1176, 1179, 1592; 119 c.p.c.).

986. Addizioni. – L'usufruttuario può eseguire addizioni che non alterino la destinazione economica della cosa (981).

Egli ha diritto di toglierle alla fine dell'usufrutto, qualora ciò possa farsi senza nocumento della cosa, salvo che il proprietario preferisca ritenere le addizioni stesse. In questo caso deve essere corrisposta all'usufruttuario una indennità pari alla minor somma tra l'importo della spesa e il valore delle addizioni al tempo della riconsegna (975^3, 1593).

Se le addizioni non possono separarsi senza nocumento della cosa e costituiscono miglioramento di essa, si applicano le disposizioni relative ai miglioramenti (985).

987. Miniere, cave e torbiere. – L'usufruttuario gode delle cave e torbiere già aperte e in esercizio all'inizio dell'usufrutto. Non ha facoltà di aprirne altre senza il consenso del proprietario.

Per le ricerche e le coltivazioni minerarie, di cui abbia ottenuto il permesso, l'usufruttuario deve indennizzare il proprietario dei danni che saranno accertati alla fine dell'usufrutto.

Se il permesso è stato ottenuto dal proprietario o da un terzo, questi devono all'usufruttuario un'indennità corrispondente al diminuito godimento del fondo durante l'usufrutto.

988. Tesoro. – Il diritto dell'usufruttuario non si estende al tesoro che si scopra durante l'usufrutto, salve le ragioni che gli possono competere come ritrovatore (930, 932).

989. Boschi, filari e alberi sparsi di alto fusto. – Se nell'usufrutto sono compresi boschi o filari cedui ovvero boschi o filari di alto fusto (892) destinati alla produzione di legna, l'usufruttuario può procedere ai tagli ordinari, curando il mantenimento dell'originaria consistenza dei boschi o dei filari e provvedendo, se occorre, alla loro ricostituzione.

Circa il modo, l'estensione, l'ordine e l'epoca dei tagli, l'usufruttuario è tenuto a uniformarsi, oltre che alle leggi e ai regolamenti forestali, alla pratica costante della regione (992, 993).

Le stesse regole si applicano agli alberi di alto fusto sparsi per la campagna, destinati ad essere tagliati.

990. Alberi di alto fusto divelti, spezzati o periti. – Gli alberi di alto fusto divelti, spezzati o periti per accidente spettano al proprietario. L'usufruttuario può servirsi di essi soltanto per le riparazioni che sono a suo carico (1004, 1005).

991. Alberi fruttiferi. – Gli alberi fruttiferi che periscono e quelli divelti o spezzati per accidente appartengono all'usufruttuario, ma questi ha l'obbligo di sostituirne altri.

992. Pali per vigne e per altre coltivazioni. – L'usufruttuario può prendere nei boschi i pali occorrenti per le vigne e per le altre coltivazioni che ne abbisognano, osservando sempre la pratica costante della regione (989^2, 993).

993. Semenzai. – L'usufruttuario può servirsi dei piantoni dei semenzai, ma deve osservare la pratica costante della regione (989^2, 992) per il tempo e il modo dell'estrazione e per la rimessa dei virgulti.

994. Perimento delle mandre o dei greggi. – Se l'usufrutto è stabilito sopra una mandra o un gregge, l'usufruttuario è tenuto a surrogare gli animali periti, fino alla concorrente quantità dei nati, dopo che la mandra o il gregge ha cominciato ad essere mancante del numero primitivo (1645).

Se la mandra o il gregge perisce interamente per causa non imputabile all'usufruttuario, questi non è obbligato verso il proprietario che a rendere conto delle pelli o del loro valore.

995. Cose consumabili. – Se l'usufrutto comprende cose consumabili (750^2), l'usufruttuario ha diritto di servirsene e ha l'obbligo di pagarne il valore al termine dell'usufrutto secondo la stima convenuta.

Mancando la stima, è in facoltà dell'usufruttuario di pagare le cose secondo il valore che hanno al tempo in cui finisce l'usufrutto o di restituirne altre in eguale qualità e quantità (1001, 1258).

996. Cose deteriorabili. – Se l'usufrutto comprende cose che, senza consumarsi in un tratto, si deteriorano a poco a poco, l'usufruttuario ha diritto di servirsene secondo l'uso al quale sono destinate, e alla fine dell'usufrutto è soltanto tenuto a restituirle nello stato in cui si trovano (1001, 1003).

997. Impianti, opifici e macchinari. – Se l'usufrutto comprende impianti, opifici o macchinari, che hanno una destinazione produttiva, l'usufruttuario è tenuto a riparare e a sostituire durante l'usufrutto le parti che si logorano, in modo da assicurare il regolare funzionamento delle cose suddette. Se l'usufruttuario ha sopportato spese che eccedono quelle delle ordinarie riparazioni (1004), il proprietario, al termine dell'usufrutto, è tenuto a corrispondergli una congrua indennità.

998. Scorte vive e morte. – Le scorte vive e morte di un fondo devono essere restituite in eguale quantità e qualità (1640 ss., 2163, 2169). L'eccedenza o la deficienza di esse deve essere regolata in danaro, secondo il loro valore al termine dell'usufrutto.

999. Locazioni concluse dall'usufruttuario. – Le locazioni concluse dall'usufruttuario, in corso al tempo della cessazione dell'usufrutto, purché constino da atto pubblico (2699) o da scrittura privata di data certa anteriore (2704), continuano per la durata stabilita, ma non oltre il quinquennio dalla cessazione dell'usufrutto (954^2, 976, 1596, 1599^1).

Se la cessazione dell'usufrutto avviene per la scadenza del termine stabilito, le locazioni non durano in ogni caso se non per l'anno, e, trattandosi di fondi rustici dei quali il principale raccolto è biennale o triennale, se non per il biennio o triennio che si trova in corso al tempo in cui cessa l'usufrutto (976, 1078).

1000. Riscossione di capitali. – Per la riscossione di somme che rappresentano un capitale gravato d'usufrutto (1250, 1254, 1265²), è necessario il concorso del titolare del credito e dell'usufruttuario. Il pagamento fatto a uno solo di essi non è opponibile all'altro, salve in ogni caso le norme relative alla cessione dei crediti (1260 ss.).

Il capitale riscosso dev'essere investito in modo fruttifero e su di esso si trasferisce l'usufrutto. Se le parti non sono d'accordo sul modo d'investimento, provvede l'autorità giudiziaria (1998).

Sezione III

Degli obblighi nascenti dall'usufrutto

1001. Obbligo di restituzione. Misura della diligenza. – L'usufruttuario deve restituire le cose che formano oggetto del suo diritto, al termine dell'usufrutto, salvo quanto è disposto dall'art. 995.

Nel godimento della cosa egli deve usare la diligenza del buon padre di famiglia (192, 1176).

1002. Inventario e garanzia. – L'usufruttuario prende le cose nello stato in cui si trovano (982).

Egli è tenuto a fare a sue spese l'inventario dei beni (777 c.p.c.), previo avviso al proprietario (769 c.p.c.). Quando l'usufruttuario è dispensato dal fare l'inventario, questo può essere richiesto dal proprietario a sue spese.

L'usufruttuario deve inoltre dare idonea garanzia (1003, 1179). Dalla prestazione della garanzia sono dispensati i genitori che hanno l'usufrutto legale sui beni dei loro figli minori (324, 327). Sono anche dispensati il venditore e il donante con riserva d'usufrutto (796); ma, qualora questi cedano l'usufrutto, il cessionario è tenuto a prestare garanzia (980, 1015).

L'usufruttuario non può conseguire il possesso dei beni prima di avere adempiuto agli obblighi su indicati (982).

1003. Mancanza o insufficienza della garanzia. – Se l'usufruttuario non presta la garanzia a cui è tenuto (1002³), si osservano le disposizioni seguenti:

gli immobili sono locati o messi sotto amministrazione, salva la facoltà dell'usufruttuario di farsi assegnare per propria abitazione (1022) una casa compresa nell'usufrutto. L'amministrazione è affidata, con il consenso dell'usufruttuario, al proprietario o altrimenti a un terzo scelto di comune accordo tra proprietario e usufruttuario o, in mancanza di tale accordo, nominato dall'autorità giudiziaria (59 att.);

il danaro è collocato a interesse (1000);

i titoli al portatore (2003) si convertono in nominativi (2021) a favore del proprietario con il vincolo dell'usufrutto (1999, 2025), ovvero si depositano presso una terza persona, scelta dalle parti, o presso un istituto di credito, la cui designazione, in caso di dissenso, è fatta dall'autorità giudiziaria;

le derrate sono vendute e il loro prezzo è parimenti collocato a interesse (1000).

In questi casi appartengono all'usufruttuario gli interessi dei capitali, le rendite, le pigioni e i fitti.

Se si tratta di mobili i quali si deteriorano con l'uso (996), il proprietario può chiedere che siano venduti e ne sia impiegato il prezzo come quello delle derrate. L'usufruttuario può nondimeno domandare che gli siano lasciati i mobili necessari per il proprio uso (996).

1004. Spese a carico dell'usufruttuario. – Le spese e, in genere, gli oneri relativi alla custodia, amministrazione e manutenzione ordinaria della cosa sono a carico dell'usufruttuario (997).

Sono pure a suo carico le riparazioni straordinarie (1005) rese necessarie dall'inadempimento degli obblighi di ordinaria manutenzione (997, 1015).

1005. Riparazioni straordinarie. – Le riparazioni straordinarie sono a carico del proprietario (1004, 1150[1], 1576).

Riparazioni straordinarie sono quelle necessarie ad assicurare la stabilità dei muri maestri e delle volte, la sostituzione delle travi, il rinnovamento, per intero o per una parte notevole, dei tetti, solai, scale, argini, acquedotti, muri di sostegno o di cinta (1007).

L'usufruttuario deve corrispondere al proprietario, durante l'usufrutto, l'interesse (1284) delle somme spese per le riparazioni straordinarie (1009[1]).

1006. Rifiuto del proprietario alle riparazioni. – Se il proprietario rifiuta di eseguire le riparazioni poste a suo carico o ne ritarda l'esecuzione senza giusto motivo, è in facoltà dell'usufruttuario di farle eseguire a proprie spese. Le spese devono essere rimborsate alla fine dell'usufrutto senza interesse. A garanzia del rimborso l'usufruttuario ha diritto di ritenere l'immobile riparato (1011, 2756).

1007. Rovina parziale di edificio accessorio. – Le disposizioni dei due articoli precedenti si applicano anche nel caso in cui, per vetustà o caso fortuito, rovini soltanto in parte l'edificio che formava accessorio necessario del fondo soggetto a usufrutto.

1008. Imposte e altri pesi a carico dell'usufruttuario. – L'usufruttuario è tenuto, per la durata del suo diritto, ai carichi annuali, come le imposte, i canoni, le rendite fondiarie e gli altri pesi che gravano sul reddito.

Per l'anno in corso al principio e alla fine dell'usufrutto questi carichi si ripartiscono tra il proprietario e l'usufruttuario in proporzione della durata del rispettivo diritto (984).

1009. Imposte e altri pesi a carico del proprietario. – Al pagamento dei carichi imposti sulla proprietà durante l'usufrutto, salvo diverse disposizioni di legge, è tenuto il proprietario, ma l'usufruttuario gli deve corrispondere l'interesse (1284) della somma pagata (983[2], 1005[3]).

Se l'usufruttuario ne anticipa il pagamento, ha diritto di essere rimborsato del capitale alla fine dell'usufrutto (1010, 1011).

1010. Passività gravanti su eredità in usufrutto. – L'usufruttuario di un'eredità o di una quota di eredità (588) è obbligato a pagare per intero, o in proporzione della quota, le annualità e gli interessi dei debiti o dei legati da cui l'eredità stessa sia gravata.

Per il pagamento del capitale dei debiti o dei legati, che si renda necessario durante l'usufrutto, è in facoltà dell'usufruttuario di fornire la somma occorrente, che gli deve essere rimborsata senza interesse alla fine dell'usufrutto (1009, 1011).

Se l'usufruttuario non può o non vuole fare questa anticipazione, il proprietario può pagare tale somma, sulla quale l'usufruttuario deve corrispondergli l'interesse (1284) durante l'usufrutto, o può vendere una porzione dei beni soggetti all'usufrutto fino alla concorrenza della somma dovuta.

Se per il pagamento dei debiti si rende necessaria la vendita dei beni, questa è fatta d'accordo tra proprietario e usufruttuario, salvo ricorso all'autorità giudiziaria in caso di dissenso. L'espropriazione forzata deve seguire contro ambedue (102 c.p.c.).

1011. Ritenzione per le somme anticipate. – Nelle ipotesi contemplate dal secondo comma dell'articolo 1009 e dal secondo comma dell'articolo 1010, l'usufruttuario ha diritto di ritenzione sui beni che sono in suo possesso fino alla concorrenza della somma a lui dovuta (748[4], 1006).

1012. Usurpazioni durante l'usufrutto e azioni relative alle servitù. – Se durante l'usufrutto un terzo commette usurpazione sul fondo o altrimenti offende le ragioni del proprietario, l'usufruttuario è tenuto a fargliene denunzia e, omettendola, è responsabile dei danni che eventualmente siano derivati al proprietario (1168, 1586).

L'usufruttuario può far riconoscere l'esistenza delle servitù (1079) a favore del fondo o l'inesistenza di quelle che si pretende di esercitare sul fondo medesimo (949); egli deve in questi casi chiamare in giudizio il proprietario (102, 103, 106 c.p.c.).

1013. Spese per le liti. – Le spese delle liti che riguardano tanto la proprietà quanto l'usufrutto sono sopportate dal proprietario e dall'usufruttuario in proporzione del rispettivo interesse (90 c.p.c.).

Sezione IV
Estinzione e modificazioni dell'usufrutto

1014. Estinzione dell'usufrutto. – Oltre quanto è stabilito dall'art. 979, l'usufrutto si estingue (1350, n. 5, 2643, n. 5, 2814):

1) per prescrizione per effetto del non uso durato per venti anni (954[4], 970, 1073, 1158, 2934 ss.);

2) per la riunione dell'usufrutto e della proprietà nella stessa persona (1072, 1233);

3) per il totale perimento della cosa su cui è costituito (1016 ss.).

1015. Abusi dell'usufruttuario. – L'usufrutto può anche cessare per l'abuso (2814) che faccia l'usufruttuario del suo diritto alienando i beni o deteriorandoli o lasciandoli andare in perimento per mancanza di ordinarie riparazioni (981, 1004).

L'autorità giudiziaria può, secondo le circostanze, ordinare che l'usufruttuario dia garanzia (119 c.p.c.), qualora ne sia esente (1002[3]), o che i beni siano locati o posti sotto amministrazione a spese di lui, o anche dati in possesso al proprietario con l'obbligo di pagare annualmente all'usufruttuario, durante l'usufrutto, una somma determinata.

I creditori dell'usufruttuario possono intervenire nel giudizio per conservare le loro ragioni (2900; 105 c.p.c.), offrire il risarcimento dei danni e dare garanzia per l'avvenire.

1016. Perimento parziale della cosa. – Se una sola parte della cosa soggetta all'usufrutto perisce, l'usufrutto si conserva sopra ciò che rimane (1014, n. 3, 1018).

1017. Perimento della cosa per colpa o dolo di terzi. – Se il perimento della cosa non è conseguenza di caso fortuito (2050; 45 c.p.c.), l'usufrutto si trasferisce sull'indennità dovuta dal responsabile del danno (1000, 1019, 1020).

1018. Perimento dell'edificio. – Se l'usufrutto è stabilito sopra un fondo, del quale fa parte un edificio, e questo viene in qualsiasi modo a perire, l'usufruttuario ha diritto di godere dell'area e dei materiali (1016).

La stessa disposizione si applica se l'usufrutto è stabilito soltanto sopra un edificio. In tal caso, però, il proprietario, se intende costruire un altro edificio, ha il diritto di occupare l'area e di valersi dei materiali, pagando all'usufruttuario, durante l'usufrutto, gli interessi (1284) sulla somma corrispondente al valore dell'area e dei materiali.

1019. Perimento di cosa assicurata dall'usufruttuario. – Se l'usufruttuario ha provveduto all'assicurazione della cosa o al pagamento dei premi (1901) per la cosa già assicurata, l'usufrutto si trasferisce sull'indennità dovuta dall'assicuratore (1000, 1017, 1882).

Se è perito un edificio e il proprietario intende di ricostruirlo con la somma conseguita come indennità, l'usufruttuario non può opporsi. L'usufrutto in questo caso si trasferisce sull'edificio ricostruito. Se però la somma impiegata nella ricostruzione è maggiore di quella spettante in usufrutto, il diritto dell'usufruttuario sul nuovo edificio è limitato in proporzione di quest'ultima.

1020. Requisizione o espropriazione. – Se la cosa è requisita o espropriata per pubblico interesse (834), l'usufrutto si trasferisce sull'indennità relativa (1000, 1017, 1019).

Capo II
Dell'uso e dell'abitazione

1021. Uso. – Chi ha il diritto d'uso di una cosa può servirsi di essa (636^2) e, se è fruttifera, può raccogliere i frutti (821) per quanto occorre ai bisogni suoi e della sua famiglia (1023).

I bisogni si devono valutare secondo la condizione sociale del titolare del diritto (438, 1022, 1350, n. 4).

1022. Abitazione. – Chi ha il diritto di abitazione di una casa può abitarla (636^2) limitatamente ai bisogni suoi e della sua famiglia (1003, 1021, 1023).

1023. Ambito della famiglia. – Nella famiglia (1022) si comprendono anche i figli nati dopo che è cominciato il diritto d'uso o d'abitazione, quantunque nel tempo in cui il diritto è sorto la persona non avesse contratto matrimonio. Si comprendono inoltre i figli adottivi (291 ss.) e i figli riconosciuti (250 ss.), anche se l'adozione o il riconoscimento sono seguiti dopo che il diritto era già sorto ([1]). Si comprendono infine le persone che convivono con il titolare del diritto per prestare a lui o alla sua famiglia i loro servizi (2240).

([1]) *Questo periodo è stato così sostituito dall'art. 90 del D.L.vo 28 dicembre 2013, n. 154, a decorrere dal trentesimo giorno successivo a quello della sua pubblicazione nella* Gazzetta Ufficiale *(G.U. n. 5 dell'8 gennaio 2014).*

1024. Divieto di cessione. – I diritti di uso e di abitazione non si possono cedere o dare in locazione (965, 980, 999).

1025. Obblighi inerenti all'uso e all'abitazione. – Chi ha l'uso di un fondo e ne raccoglie tutti i frutti o chi ha il diritto di abitazione e occupa tutta la casa è tenuto alle spese di coltura, alle riparazioni ordinarie (1004 ss.) e al pagamento dei tributi come l'usufruttuario (1010).

Se non raccoglie che una parte dei frutti o non occupa che una parte della casa, contribuisce in proporzione di ciò che gode.

1026. Applicabilità delle norme sull'usufrutto. – Le disposizioni relative all'usufrutto (978 ss.) si applicano, in quanto compatibili, all'uso e all'abitazione.

Titolo VI
Delle servitù prediali

Capo I
Disposizioni generali

1027. Contenuto del diritto. – La servitù prediale consiste nel peso imposto sopra un fondo per l'utilità di un altro fondo appartenente a diverso proprietario (1072).

1028. Nozione dell'utilità. – L'utilità può consistere anche nella maggiore comodità o amenità del fondo dominante. Può del pari essere inerente alla destinazione industriale del fondo.

1029. Servitù per vantaggio futuro. – É ammessa la costituzione di una servitù per assicurare a un fondo un vantaggio futuro.

É ammessa altresì a favore o a carico di un edificio da costruire o di un fondo da acquistare; ma in questo caso la costituzione non ha effetto se non dal giorno in cui l'edificio è costruito o il fondo è acquistato (1472).

1030. Prestazioni accessorie. – Il proprietario del fondo servente non è tenuto a compiere alcun atto per rendere possibile l'esercizio della servitù da parte del titolare, salvo che la legge o il titolo disponga altrimenti (1069, 1070, 1090, 1091).

1031. Costituzione delle servitù. – Le servitù prediali possono essere costituite coattivamente (853, 1032 ss.) o volontariamente (1058 ss.). Possono anche essere costituite per usucapione (1061, 1065, 1158) o per destinazione del padre di famiglia (1062).

Capo II
Delle servitù coattive

1032. Modi di costituzione. – Quando, in forza di legge (1031), il proprietario di un fondo ha diritto di ottenere da parte del proprietario di un altro fondo la costituzione di una servitù, questa, in mancanza di contratto, è costituita con sentenza (2643, n. 14, 2932). Può anche essere costituita con atto dell'autorità amministrativa nei casi specialmente determinati dalla legge (853, 855).

La sentenza stabilisce le modalità della servitù e determina l'indennità dovuta (1038, 1039, 1047, 1049, 1053).

Prima del pagamento dell'indennità il proprietario del fondo servente può opporsi all'esercizio della servitù (1063 ss., 2742^{3}).

Sezione I
Dell'acquedotto e dello scarico coattivo

1033. Obbligo di dare passaggio alle acque. – Il proprietario è tenuto a dare passaggio per i suoi fondi alle acque di ogni specie che si vogliono condurre da parte di chi ha, anche solo temporaneamente, il diritto di utilizzarle per i bisogni della vita o per usi agrari o industriali.

Sono esenti da questa servitù le case, i cortili, i giardini e le aie ad esse attinenti (1046, 1051).

1034. Apertura di nuovo acquedotto. – Chi ha diritto di condurre acque per il fondo altrui (1033) deve costruire il necessario acquedotto, ma non può far defluire le acque negli acquedotti già esistenti e destinati al corso di altre acque (1035).

Il proprietario del fondo soggetto alla servitù può tuttavia impedire la costruzione, consentendo il passaggio nei propri acquedotti già esistenti, qualora ciò non rechi notevole pregiudizio alla condotta che si domanda. In tal caso al proprietario dell'acquedotto è dovuta un'indennità da determinarsi avuto riguardo all'acqua che s'introduce, al valore dell'acquedotto, alle opere che si rendono necessarie per il nuovo passaggio e alle maggiori spese di manutenzione.

La facoltà indicata dal comma precedente non è consentita al proprietario del fondo servente nei confronti della pubblica amministrazione (1037, 1046).

1035. Attraversamento di acquedotti. – Chi vuol condurre l'acqua per il fondo altrui può attraversare al disopra o al disotto gli acquedotti preesistenti, appartengano essi al proprietario del fondo o ad altri, purché esegua le opere necessarie a impedire ogni danno o alterazione degli acquedotti stessi (1046).

1036. Attraversamento di fiumi o di strade. – Se per la condotta delle acque occorre attraversare strade pubbliche o corsi di acque pubbliche, si osservano le leggi e i regolamenti sulle strade e sulle acque (1046).

1037. Condizioni per la costituzione della servitù. – Chi vuol far passare le acque sul fondo altrui deve dimostrare che può disporre dell'acqua durante il tempo per cui chiede il passaggio; che la medesima è sufficiente per l'uso al quale si vuol destinare; che il passaggio richiesto è il più conveniente e il meno pregiudizievole al fondo servente, avuto riguardo alle condizioni dei fondi vicini, al pendio e alle altre condizioni per la condotta, per il corso e lo sbocco delle acque.

1038. Indennità per l'imposizione della servitù. – Prima d'imprendere la costruzione dell'acquedotto, chi vuol condurre acqua per il fondo altrui deve pagare il valore, secondo la stima, dei terreni da occupare, senza detrazione delle imposte e degli altri carichi inerenti al fondo, oltre l'indennità (843[2], 1049, 1053, 2045) per i danni, ivi compresi quelli derivanti dalla separazione in due o più parti o da altro deterioramento del fondo da intersecare.

Per i terreni, però, che sono occupati soltanto per il deposito delle materie estratte e per il getto dello spurgo non si deve pagare che la metà del valore del suolo, e sempre senza detrazione delle imposte e degli altri carichi inerenti; ma nei terreni medesimi, il proprietario del fondo servente può fare piantagioni e rimuovere e trasportare le materie ammucchiate, purché tutto segua senza danno dell'acquedotto, del suo spurgo e della sua riparazione.

1039. Indennità per il passaggio temporaneo. – Qualora il passaggio delle acque sia domandato per un tempo non maggiore di nove anni, il pagamento dei valori e delle indennità indicati dall'articolo precedente è ristretto alla sola metà, ma con l'obbligo, scaduto il termine, di rimettere le cose nel primitivo stato.

Il passaggio temporaneo può essere reso perpetuo prima della scadenza del termine mediante il pagamento dell'altra metà con gli interessi legali (1284) dal giorno in cui il passaggio è stato praticato; scaduto il termine, non si tiene più conto di ciò che è stato pagato per la concessione temporanea.

1040. Uso dell'acquedotto. – Chi possiede un acquedotto nel fondo altrui non può immettervi maggiore quantità d'acqua, se l'acquedotto non ne è capace o ne può venir danno al fondo servente.

Se l'introduzione di una maggior quantità d'acqua esige nuove opere, queste non possono farsi, se prima non se ne determinano la natura e la qualità e non si paga la somma dovuta per il suolo da occupare e per i danni nel modo stabilito dall'articolo 1038.

La stessa disposizione si applica anche quando per il passaggio attraverso un acquedotto occorre sostituire una tomba a un ponte-canale o viceversa.

1041. Letto dell'acquedotto. – É sempre in facoltà del proprietario del fondo servente di far determinare stabilmente il letto dell'acquedotto con l'apposizione di capisaldi o soglie da riportarsi a punti fissi. Se però di tale facoltà egli non ha fatto uso al tempo della concessione dell'acquedotto, deve sopportare la metà delle spese occorrenti.

1042. Obblighi inerenti all'uso di corsi contigui a fondi altrui. – Se un corso d'acqua impedisce ai proprietari dei fondi contigui l'accesso ai medesimi, o la continuazione dell'irrigazione o dello scolo delle acque, coloro che si servono di quel corso sono obbligati, in proporzione del beneficio che ne ritraggono, a costruire e a mantenere i ponti e i loro accessi sufficienti per un comodo e sicuro transito, come pure le botti sotterranee, i ponti-canali o altre opere simili per continuare l'irrigazione o lo scolo, salvi i diritti derivanti dal titolo o dall'usucapione (1158).

1043. Scarico coattivo. – Le disposizioni contenute negli articoli precedenti per il passaggio delle acque si applicano anche se il passaggio è domandato al fine di scaricare acque sovrabbondanti che il vicino non consente di ricevere nel suo fondo (913).

Lo scarico può essere anche domandato per acque impure, purché siano adottate le precauzioni atte a evitare qualsiasi pregiudizio o molestia.

1044. Bonifica. – Ferme le disposizioni delle leggi sulla bonifica (858) e sul vincolo forestale, il proprietario che intende prosciugare o bonificare le sue terre con fognature, con colmate o altri mezzi ha diritto, premesso il pagamento dell'indennità e col minor danno possibile, di condurre per fogne o per fossi le acque di scolo attraverso i fondi che separano le sue terre da un corso d'acqua o da qualunque altro colatoio (913).

Se il prosciugamento risulta in contrasto con gli interessi di coloro che utilizzano le acque provenienti dal fondo paludoso, e se gli opposti interessi non si possono conciliare con opportune opere che importino una spesa proporzionata allo scopo, l'autorità giudiziaria dà le disposizioni per assicurare l'interesse prevalente, avuto in ogni caso riguardo alle esigenze generali della produzione (912). Se si fa luogo al prosciugamento, può essere assegnata una congrua indennità a coloro che al prosciugamento si sono opposti (858, 1046).

1045. Utilizzazione di fogne o di fossi altrui. – I proprietari dei fondi attraversati da fogne o da fossi altrui, o che altrimenti possono approfittare dei lavori fatti in forza dell'articolo precedente, hanno facoltà di servirsene per risanare i loro fondi, a condizione che non ne venga danno ai fondi già risanati e che essi sopportino le nuove spese occorrenti per modificare le opere già eseguite, affinché queste siano in grado di servire anche ai fondi attraversati, e inoltre sopportino una parte proporzionale delle spese già fatte e di quelle richieste per il mantenimento delle opere, le quali divengono comuni.

1046. Norme per l'esecuzione delle opere. – Nell'esecuzione delle opere indicate dagli articoli precedenti sono applicabili le disposizioni del secondo comma dell'articolo 1033 e degli articoli 1035 e 1036.

Sezione II
Dell'appoggio e dell'infissione di chiusa

1047. Contenuto della servitù. – Chi ha diritto di derivare acque da fiumi, torrenti, rivi, canali, laghi o serbatoi può, qualora sia necessario, appoggiare o infiggere una chiusa alle sponde, con l'obbligo però di pagare l'indennità e di fare e mantenere le opere atte ad assicurare i fondi da ogni danno.

1048. Obblighi degli utenti. – Nella derivazione e nell'uso delle acque a norma del precedente articolo, deve evitarsi tra gli utenti superiori e gli inferiori ogni vicendevole pregiudizio che possa provenire dallo stagnamento, dal rigurgito o dalla diversione delle acque medesime.

Sezione III
Della somministrazione
coattiva di acqua a un edificio
o a un fondo

1049. Somministrazione di acqua a un edificio. – Se a una casa o alle sue dipendenze manca l'acqua necessaria per l'alimentazione degli uomini o degli animali e per gli altri usi domestici, e non è possibile procurarla senza eccessivo dispendio, il proprietario del fondo vicino deve consentire che sia dedotta l'acqua di sopravanzo nella misura indispensabile per le necessità anzidette.

Prima che siano iniziati i lavori, deve pagarsi il valore dell'acqua, che si chiede di dedurre, calcolato per un'annualità. Si devono altresì sostenere tutte le spese per le opere di presa e di derivazione. Si applicano inoltre le disposizioni del primo comma dell'articolo 1038.

In mancanza di convenzione, la sentenza (1032) determina le modalità della derivazione e l'indennità dovuta (2643, n. 14, 2932).

Qualora si verifichi un mutamento nelle condizioni originarie, la derivazione può essere soppressa su istanza dell'una o dell'altra parte (1082 ss.).

1050. Somministrazione di acqua a un fondo. – Le norme stabilite dall'articolo precedente si applicano anche se il proprietario di un fondo non ha acqua per irrigarlo, quando le acque del fondo vicino consentono una parziale somministrazione, dopo soddisfatto ogni bisogno domestico, agricolo o industriale.

Le disposizioni di questo articolo e del precedente non si applicano nel caso in cui delle acque si dispone in forza di concessione amministrativa.

Sezione IV
Del passaggio coattivo

1051. Passaggio coattivo. – Il proprietario, il cui fondo è circondato da fondi altrui, e che non ha uscita sulla via pubblica né può procurarsela senza eccessivo dispendio o disagio, ha diritto di ottenere il passaggio sul fondo vicino per la coltivazione e il conveniente uso del proprio fondo (843, 1053).

Il passaggio si deve stabilire (1350, n. 4) in quella parte per cui l'accesso alla via pubblica è più breve e riesce di minore danno al fondo sul quale è consentito. Esso può essere stabilito anche mediante sottopassaggio, qualora ciò sia preferibile, avuto riguardo al vantaggio del fondo dominante e al pregiudizio del fondo servente (1055).

Le stesse disposizioni si applicano nel caso in cui taluno, avendo un passaggio sul fondo altrui, abbia bisogno ai fini suddetti di ampliarlo per il transito dei veicoli anche a trazione meccanica.

Sono esenti da questa servitù le case, i cortili, i giardini e le aie ad esse attinenti.

1052. Passaggio coattivo a favore di fondo non intercluso. – Le disposizioni dell'articolo precedente si possono applicare anche se il proprietario del fondo ha un accesso alla via pubblica, ma questo è inadatto o insufficiente ai bisogni del fondo e non può essere ampliato.

Il passaggio può essere concesso dall'autorità giudiziaria (1032, 2908) solo quando questa riconosce che la domanda risponde alle esigenze dell'agricoltura o dell'industria ([1]).

([1]) *La Corte costituzionale, con sentenza n. 167 del 10 maggio 1999, ha dichiarato l'illegittimità costituzionale di questo comma, nella parte in cui non prevede che il passaggio coattivo di cui al primo comma possa essere concesso dall'autorità giudiziaria quando questa riconosca che la domanda risponde alle esigenze di accessibilità - di cui alla legislazione relativa ai portatori di* handicap *- degli edifici destinati ad uso abitativo.*

1053. Indennità. – Nei casi previsti dai due articoli precedenti è dovuta un'indennità proporzionata al danno cagionato dal passaggio (843^2, 1038, 2045).

Qualora, per attuare il passaggio, sia necessario occupare con opere stabili o lasciare incolta una zona del fondo servente, il proprietario che lo domanda deve, prima d'imprendere le opere o d'iniziare il passaggio, pagare il valore della zona predetta nella misura stabilita dal primo comma dell'articolo 1038.

1054. Interclusione per effetto di alienazione o di divisione. – Se il fondo è divenuto da ogni parte chiuso per effetto di alienazione a titolo oneroso, il proprietario ha diritto di ottenere dall'altro contraente il passaggio senza alcuna indennità.

La stessa norma si applica in caso di divisione (1111).

1055. Cessazione dell'interclusione. – Se il passaggio cessa di essere necessario, può essere soppresso in qualunque tempo a istanza del proprietario del fondo dominante o del fondo servente. Quest'ultimo deve restituire il compenso ricevuto; ma l'autorità giudiziaria può disporre una riduzione della somma, avuto riguardo alla durata della servitù e al danno sofferto. Se l'indennità fu convenuta in annualità, la prestazione cessa dall'anno successivo.

Sezione V
Dell'elettrodotto coattivo e del passaggio coattivo di linee teleferiche

1056. Passaggio di condutture elettriche. – Ogni proprietario è tenuto a dare passaggio per i suoi fondi alle condutture elettriche, in conformità delle leggi in materia.

1057. Passaggio di vie funicolari. – Ogni proprietario è parimenti tenuto a lasciar passare sopra il suo fondo le gomene di vie funicolari aeree a uso agrario o industriale e a tollerare sul fondo le opere, i meccanismi e le occupazioni necessarie a tale scopo, in conformità delle leggi in materia.

Capo III
Delle servitù volontarie

1058. Modi di costituzione. – Le servitù prediali possono essere costituite con contratto (1321, 1350 n. 4, 2643 n. 4) o per testamento (587, 2648).

1059. Servitù concessa da uno dei comproprietari. – La servitù concessa da uno dei comproprietari di un fondo indiviso non è costituita se non quando gli altri l'hanno anch'essi concessa unitamente o separatamente (1073^5, 1108).

La concessione, però, fatta da uno dei comproprietari, (1103) indipendentemente dagli altri, obbliga il concedente e i suoi eredi o aventi causa a non porre impedimento all'esercizio del diritto concesso (1424).

1060. Servitù costituite dal nudo proprietario. – Il proprietario può, senza il consenso dell'usufruttuario (981), imporre sul fondo le servitù che non pregiudicano il diritto di usufrutto (978 ss., 1078).

Capo IV
Delle servitù acquistate per usucapione e per destinazione del padre di famiglia

1061. Servitù non apparenti. – Le servitù non apparenti non possono acquistarsi per usucapione (1031, 1158) o per destinazione del padre di famiglia (1062).

Non apparenti sono le servitù quando non si hanno opere visibili e permanenti destinate al loro esercizio (1095, 1489).

1062. Destinazione del padre di famiglia. – La destinazione del padre di famiglia (1031) ha luogo quando consta, mediante qualunque genere di prova, che due fondi, attualmente divisi, sono stati posseduti dallo stesso proprietario, e che questi ha posto o lasciato le cose nello stato dal quale risulta la servitù.

Se i due fondi cessarono di appartenere allo stesso proprietario, senza alcuna disposizione relativa alla servitù, questa s'intende stabilita attivamente e passivamente a favore e sopra ciascuno dei fondi separati (1072).

Capo V
Dell'esercizio delle servitù

1063. Norme regolatrici. – L'estensione e l'esercizio delle servitù sono regolati dal titolo e, in mancanza, dalle disposizioni seguenti.

1064. Estensione del diritto di servitù. – Il diritto di servitù comprende tutto ciò che è necessario per usarne.

Se il fondo viene chiuso (841), il proprietario deve lasciarne libero e comodo l'ingresso a chi ha un diritto di servitù che renda necessario il passaggio per il fondo stesso (843).

1065. Esercizio conforme al titolo o al possesso. – Colui che ha un diritto di servitù non può usarne se non a norma del suo titolo o del suo possesso. Nel dubbio circa l'estensione e le modalità di esercizio, la servitù deve ritenersi costituita in guisa da soddisfare il bisogno del fondo dominante col minor aggravio del fondo servente.

1066. Possesso delle servitù. – Nelle questioni di possesso delle servitù si ha riguardo alla pratica dell'anno antecedente e, se si tratta di servitù esercitate a intervalli maggiori di un anno, si ha riguardo alla pratica dell'ultimo godimento (1140).

1067. Divieto di aggravare o di diminuire l'esercizio della servitù. – Il proprietario del fondo dominante non può fare innovazioni che rendano più gravosa la condizione del fondo servente.

Il proprietario del fondo servente non può compiere alcuna cosa che tenda a diminuire l'esercizio della servitù o a renderlo più incomodo.

1068. Trasferimento della servitù in luogo diverso. – Il proprietario del fondo servente non può trasferire l'esercizio della servitù in luogo diverso da quello nel quale è stata stabilita originariamente.

Tuttavia, se l'originario esercizio è divenuto più gravoso per il fondo servente o se impedisce di fare lavori, riparazioni o miglioramenti, il proprietario del fondo servente può offrire al proprietario dell'altro fondo un luogo egualmente comodo per l'esercizio dei suoi diritti, e questi non può ricusarlo.

Il cambiamento di luogo per l'esercizio della servitù si può del pari concedere su istanza del proprietario del fondo dominante, se questi prova che il cambiamento riesce per lui di notevole vantaggio e non reca danno al fondo servente.

L'autorità giudiziaria può anche disporre che la servitù sia trasferita su altro fondo del proprietario del fondo servente o di un terzo che vi acconsenta, purché l'esercizio di essa riesca egualmente agevole al proprietario del fondo dominante (2643, n. 4).

1069. Opere sul fondo servente. – Il proprietario del fondo dominante, nel fare le opere necessarie per conservare la servitù, deve scegliere il tempo e il modo che siano per recare minore incomodo al proprietario del fondo servente (843, 1064, 1067).

Egli deve fare le opere a sue spese, salvo che sia diversamente stabilito dal titolo o dalla legge (1030).

Se però le opere giovano anche al fondo servente, le spese sono sostenute in proporzione dei rispettivi vantaggi.

1070. Abbandono del fondo servente. – Il proprietario del fondo servente, quando è tenuto in forza del titolo o della legge alle spese necessarie per l'uso o per la conservazione della servitù (1030), può sempre liberarsene, rinunziando alla proprietà del fondo servente a favore del proprietario del fondo dominante (1104, 1350, n. 5, 2643, n. 5).

Nel caso in cui l'esercizio della servitù sia limitato a una parte del fondo, la rinunzia può limitarsi alla parte stessa (1030, 1069).

1071. Divisione del fondo dominante o del fondo servente. – Se il fondo dominante viene diviso, la servitù è dovuta a ciascuna porzione, senza che però si renda più gravosa la condizione del fondo servente (1067).

Se il fondo servente viene diviso e la servitù ricade su una parte determinata del fondo stesso, le altre parti sono liberate.

Codice Civile

Capo VI
Dell'estinzione delle servitù

1072. Estinzione per confusione. – La servitù (1027) si estingue quando in una sola persona si riunisce la proprietà del fondo dominante con quella del fondo servente (1062, 1253, 2862).

1073. Estinzione per prescrizione. – La servitù si estingue per prescrizione quando non se ne usa per venti anni (1014, n. 1, 1158, 1166^2, 2934 ss.).

Il termine decorre dal giorno in cui si è cessato di esercitarla; ma, se si tratta di servitù negativa o di servitù per il cui esercizio non è necessario il fatto dell'uomo, il termine decorre dal giorno in cui si è verificato un fatto che ne ha impedito l'esercizio.

Nelle servitù che si esercitano a intervalli, il termine decorre dal giorno in cui la servitù si sarebbe potuta esercitare e non ne fu ripreso l'esercizio.

Agli effetti dell'estinzione si computa anche il tempo per il quale la servitù non fu esercitata dai precedenti titolari.

Se il fondo dominante appartiene a più persone in comune, l'uso della servitù fatto da una di esse impedisce l'estinzione riguardo a tutte (1059, 1102).

La sospensione (2941 ss.) o l'interruzione (2943 ss.) della prescrizione (2941 ss.) a vantaggio di uno dei comproprietari giova anche agli altri (1074 ss.).

1074. Impossibilità di uso e mancanza di utilità. – L'impossibilità di fatto di usare della servitù e il venir meno dell'utilità della medesima non fanno estinguere la servitù, se non è decorso il termine indicato dall'articolo precedente.

1075. Esercizio limitato della servitù. – La servitù esercitata in modo da trarne un'utilità minore di quella indicata dal titolo si conserva per intero.

1076. Esercizio della servitù non conforme al titolo o al possesso. – L'esercizio di una servitù in tempo diverso da quello determinato dal titolo o dal possesso non ne impedisce l'estinzione per prescrizione (1065, 1073, 1085 ss.).

1077. Servitù costituite sul fondo enfiteutico. – Le servitù costituite dall'enfiteuta sul fondo enfiteutico cessano quando l'enfiteusi si estingue per decorso del termine (958), per prescrizione (970) o per devoluzione (972).

1078. Servitù costituite a favore del fondo enfiteutico, dotale o in usufrutto. – Le servitù costituite dall'enfiteuta a favore del fondo enfiteutico (965) non cessano con l'estinguersi dell'enfiteusi (975). Lo stesso vale per le servitù costituite dall'usufruttuario a favore del fondo di cui ha l'usufrutto (981, 985) o dal marito a favore del fondo dotale (184).

Capo VII
Delle azioni a difesa
delle servitù

1079. Accertamento della servitù e altri provvedimenti di tutela. – Il titolare della servitù (1012[2]) può farne riconoscere in giudizio l'esistenza contro chi ne contesta l'esercizio (949) e può far cessare gli eventuali impedimenti e turbative (1168 ss.; 15 c.p.c.). Può anche chiedere la rimessione delle cose in pristino, oltre il risarcimento dei danni (2933; 15, 21 c.p.c.).

Capo VIII
Di alcune servitù
in materia di acque

Sezione I
Della servitù di presa
o di derivazione di acqua

1080. Presa d'acqua continua. – Il diritto alla presa d'acqua continua si può esercitare in ogni istante (1084 ss.).

1081. Modulo d'acqua. – Nelle servitù in cui è convenuta ed espressa una costante quantità di acqua, la quantità deve esprimersi in relazione al modulo.

Il modulo è l'unità di misura dell'acqua corrente.

Esso è un corpo d'acqua che scorre nella costante quantità di cento litri al minuto secondo e si divide in decimi, centesimi e millesimi.

1082. Forma della bocca e dell'edificio derivatore. – Quando, per la derivazione di una data e costante quantità di acqua corrente, è stata determinata la forma della bocca e dell'edificio derivatore, le parti non possono chiederne la modificazione per eccedenza o deficienza d'acqua, salvo che l'eccedenza o la deficienza provenga da variazioni seguite nel canale dispensatore o nel corso delle acque in esso correnti.

Se la forma non è stata determinata, ma la bocca e l'edificio derivatore sono stati costruiti e posseduti per cinque anni, non è neppure ammesso dopo tale tempo alcun reclamo delle parti per eccedenza o deficienza d'acqua, salvo nel caso di variazione seguita nel canale o nel corso delle acque.

In mancanza di titolo o di possesso, la forma è determinata dall'autorità giudiziaria (1082).

1083. Determinazione della quantità d'acqua. – Quando la quantità d'acqua non è stata determinata, ma la derivazione è stata fatta per un dato scopo, s'intende concessa la quantità necessaria per lo scopo medesimo, e chi vi ha interesse può in ogni tempo fare stabilire la forma della derivazione in modo che ne venga assicurato l'uso necessario e impedito l'eccesso.

Se però è stata determinata la forma della bocca e dell'edificio derivatore, o se, in mancanza di titolo, si è posseduta per cinque anni la derivazione in una data forma, non è ammesso reclamo delle parti, se non nel caso indicato dall'articolo precedente.

1084. Norme regolatrici della servitù. – Per l'esercizio della servitù di presa d'acqua, quando non dispone il titolo o non è possibile riferirsi al possesso, si osservano gli usi locali.

In mancanza di tali usi si osservano le disposizioni dei tre articoli seguenti.

1085. Tempo d'esercizio della servitù. – Il diritto alla presa d'acqua si esercita, per l'acqua estiva, dall'equinozio di primavera a quello d'autunno; per l'acqua iemale, dall'equinozio d'autunno a quello di primavera.

La distribuzione d'acqua per giorni e per notti si riferisce al giorno e alla notte naturali.

L'uso delle acque nei giorni festivi è regolato dalle feste di precetto vigenti al tempo in cui l'uso fu convenuto o in cui si è incominciato a possedere (1076).

1086. Distribuzione per ruota. – Nelle distribuzioni per ruota il tempo che impiega l'acqua per giungere alla bocca di derivazione dell'utente si consuma a suo carico, e la coda dell'acqua appartiene a quello di cui cessa il turno.

1087. Acque sorgenti o sfuggite. – Nei canali soggetti a distribuzione per ruota le acque sorgenti o sfuggite, ma contenute nell'alveo del canale, non possono trattenersi o derivarsi da un utente che al tempo del suo turno.

1088. Variazione del turno tra gli utenti. – Gli utenti dei medesimi canali possono variare o permutare tra loro il turno, purché tale cambiamento non rechi danno agli altri.

1089. Acqua impiegata come forza motrice. – Chi ha diritto di servirsi dell'acqua come forza motrice non può, senza espressa disposizione del titolo, impedirne o rallentarne il corso, procurandone il ribocco o ristagno.

1090. Manutenzione del canale. – Nella servitù di presa o di condotta d'acqua, quando il titolo non dispone altrimenti, il proprietario del fondo servente può domandare che il canale sia mantenuto convenientemente spurgato e le sue sponde siano tenute in istato di buona manutenzione a spese del proprietario del fondo dominante (916, 1069).

1091. Obblighi del concedente fino al luogo di consegna dell'acqua. – Se il titolo non dispone diversamente, il concedente dell'acqua di una fonte o di un canale è tenuto verso gli utenti a eseguire le opere ordinarie e straordinarie per la derivazione e condotta dell'acqua fino al punto in cui ne fa la consegna, a mantenere in buono stato gli edifici, a conservare l'alveo e le sponde della fonte o del canale, a praticare i consueti spurghi e a usare la dovuta diligenza, affinché la derivazione e la regolare condotta dell'acqua siano in tempi debiti effettuate (1030).

1092. Deficienza dell'acqua. – La deficienza dell'acqua deve essere sopportata da chi ha diritto di prenderla e di usarla nel tempo in cui la deficienza si verifica.

Tra diversi utenti la deficienza dell'acqua deve essere sopportata prima da quelli che hanno titolo o possesso più recente, e tra utenti in parità di condizione dall'ultimo utente.

Tuttavia l'autorità giudiziaria, con provvedimento in camera di consiglio (737 c.p.c.), sentiti gli uffici tecnici competenti (60 att.), può modificare o limitare i turni di utilizzazione e dare le altre disposizioni necessarie in relazione alla quantità di acqua disponibile, agli usi e alle colture a cui l'acqua è destinata.

Il concedente dell'acqua è tenuto a una proporzionale diminuzione del corrispettivo per la deficienza dell'acqua verificatasi per causa naturale o per fatto altrui. Parimenti si fa luogo alle dovute indennità in conseguenza delle modificazioni o limitazioni di turni, che siano state disposte dall'autorità giudiziaria (60 att.).

1093. Riduzione della servitù. – Se la servitù dà diritto di derivare acqua da un fondo e per fatti indipendenti dalla volontà del proprietario si verifica una diminuzione dell'acqua tale che essa non possa bastare alle esigenze del fondo servente, il proprietario di questo può chiedere una riduzione della servitù, avuto riguardo ai bisogni di ciascun fondo. In questo caso è dovuta una congrua indennità al proprietario del fondo dominante.

Sezione II
Della servitù degli scoli
e degli avanzi di acqua

1094. Servitù attiva degli scoli. – Gli scoli o acque colaticce derivanti dall'altrui fondo possono costituire oggetto di servitù a favore del fondo che li riceve, all'effetto di impedire la loro diversione (909).

1095. Usucapione della servitù attiva degli scoli. – Nella servitù attiva degli scoli il termine per l'usucapione (1061, 1158) comincia a decorrere dal giorno in cui il proprietario del fondo dominante ha fatto sul fondo servente opere visibili e permanenti destinate a raccogliere e condurre i detti scoli a vantaggio del proprio fondo.

Quando sul fondo servente è aperto un cavo destinato a raccogliere e condurre gli scoli, il regolare spurgo e la manutenzione delle sponde fanno presumere che il cavo sia opera del proprietario del fondo dominante, purché non vi sia titolo, segno o prova in contrario (897).

Si reputa segno contrario l'esistenza sul cavo di opere costruite o mantenute dal proprietario del fondo in cui il cavo è aperto.

1096. Diritti del proprietario del fondo servente. – La servitù degli scoli non toglie al proprietario del fondo servente il diritto di usare liberamente dell'acqua a vantaggio del suo fondo, di cambiare la coltivazione di questo e di abbandonarne in tutto o in parte l'irrigazione.

1097. Diritto agli avanzi d'acqua. – Quando l'acqua è concessa, riservata o posseduta per un determinato uso, con restituzione al concedente o ad altri di ciò che ne sopravanza, tale uso non può variarsi a danno del fondo a cui la restituzione è dovuta.

1098. Divieto di deviare acque di scolo o avanzi d'acqua. – Il proprietario del fondo vincolato alla restituzione degli scoli e degli avanzi d'acqua (910, 1094, 1097) non può deviarne una parte qualunque adducendo di avervi introdotto una maggiore quantità di acqua viva o un diverso corpo, ma deve lasciarli discendere nella totalità a favore del fondo dominante (1069).

1099. Sostituzione di acqua viva. – Il proprietario del fondo soggetto alla servitù degli scoli o degli avanzi d'acqua può sempre liberarsi da tale servitù mediante la concessione e l'assicurazione al fondo dominante di un corpo d'acqua viva, la cui quantità è determinata dall'autorità giudiziaria, tenuto conto di tutte le circostanze (912).

Titolo VII
Della comunione

Capo I
Della comunione in generale

1100. Norme regolatrici. – Quando la proprietà o altro diritto reale spetta in comune a più persone, se il titolo o la legge (177, 210; 258 ss., 872 ss. c.n.) non dispone diversamente, si applicano le norme seguenti (1350, n. 3, 2248).

1101. Quote dei partecipanti. – Le quote dei partecipanti alla comunione si presumono eguali (1103, 1118, 2248, 2728).

Il concorso dei partecipanti, tanto nei vantaggi quanto nei pesi della comunione, è in proporzione delle rispettive quote (1104, 1123; 68 att.).

1102. Uso della cosa comune. – Ciascun partecipante può servirsi della cosa comune, purché non ne alteri la destinazione e non impedisca agli altri partecipanti di farne parimenti uso secondo il loro diritto (1108, 2256). A tal fine può apportare a proprie spese le modificazioni necessarie per il miglior godimento della cosa.

Il partecipante non può estendere il suo diritto sulla cosa comune in danno degli altri partecipanti, se non compie atti idonei a mutare il titolo del suo possesso (714, 1164).

1103. Disposizione della quota. – Ciascun partecipante può disporre del suo diritto e cedere ad altri il godimento della cosa nei limiti della sua quota (1059, 1101, 1104^3, 1113, 2825; 873 c.n.).

Per le ipoteche costituite da uno dei partecipanti si osservano le disposizioni contenute nel capo IV del titolo III del libro VI (1108^4, 2808 ss., 2825; 263, 872 c.n.).

1104. Obblighi dei partecipanti. – Ciascun partecipante deve contribuire nelle spese necessarie per la conservazione e per il godimento della cosa comune e nelle spese deliberate dalla maggioranza a norma delle disposizioni seguenti (1105, 1106, 1107, 1108), salva la facoltà di liberarsene con la rinunzia al suo diritto (882, 888, 1070, 1118, 1128; 63 att.).

La rinunzia non giova al partecipante che abbia anche tacitamente approvato la spesa.

Il cessionario del partecipante è tenuto in solido (1292 ss.) con il cedente a pagare i contributi da questo dovuti e non versati.

1105. Amministrazione. – Tutti i partecipanti hanno diritto di concorrere nell'amministrazione della cosa comune (2257).

Per gli atti di ordinaria amministrazione le deliberazioni della maggioranza dei partecipanti, calcolata secondo il valore delle loro quote (918^{3}, 920), sono obbligatorie per la minoranza dissenziente (1109^{1}, 1137; 259, 872 c.n.).

Per la validità delle deliberazioni della maggioranza si richiede che tutti i partecipanti siano stati preventivamente informati dell'oggetto della deliberazione (1109, n. 2).

Se non si prendono i provvedimenti necessari per l'amministrazione della cosa comune o non si forma una maggioranza, ovvero se la deliberazione adottata non viene eseguita, ciascun partecipante può ricorrere all'autorità giudiziaria. Questa provvede in camera di consiglio (737 c.p.c.; 261, 872 c.n.) e può anche nominare un amministratore (1129^{3}, 2409).

1106. Regolamento della comunione e nomina di amministratore. – Con la maggioranza calcolata nel modo indicato dall'articolo precedente, può essere formato un regolamento per l'ordinaria amministrazione e per il miglior godimento della cosa comune (918^{3}, 1138).

Nello stesso modo l'amministrazione può essere delegata ad uno o più partecipanti, o anche a un estraneo, determinandosi i poteri e gli obblighi dell'amministratore (1129, 2257 ss.).

1107. Impugnazione del regolamento. – Ciascuno dei partecipanti dissenzienti può impugnare davanti all'autorità giudiziaria il regolamento della comunione entro trenta giorni dalla deliberazione che lo ha approvato (1138). Per gli assenti il termine decorre dal giorno in cui è stata loro comunicata la deliberazione. L'autorità giudiziaria decide con unica sentenza sulle opposizioni proposte (1109).

Decorso il termine indicato dal comma precedente senza che il regolamento sia stato impugnato, questo ha effetto anche per gli eredi e gli aventi causa dai singoli partecipanti.

1108. Innovazioni e altri atti eccedenti l'ordinaria amministrazione. – Con deliberazione della maggioranza dei partecipanti che rappresenti almeno due terzi del valore complessivo della cosa comune, si possono disporre tutte le innovazioni dirette al miglioramento della cosa o a renderne più comodo o redditizio il godimento, purché esse non pregiudichino il godimento di alcuno dei partecipanti e non importino una spesa eccessivamente gravosa (1109, n. 3, 1120, 1121; 260, 872 c.n.).

Nello stesso modo si possono compiere gli altri atti eccedenti l'ordinaria amministrazione, sempre che non risultino pregiudizievoli all'interesse di alcuno dei partecipanti (1109, n. 3).

È necessario il consenso di tutti i partecipanti per gli atti di alienazione o di costituzione di diritti reali sul fondo comune e per le locazioni di durata superiore a nove anni (1350, n. 8, 1572).

L'ipoteca può essere tuttavia consentita dalla maggioranza indicata dal primo comma, qualora abbia lo scopo di garantire la restituzione delle somme mutuate per la ricostruzione o per il miglioramento della cosa comune (1103[3], 2825; 262, 872 c.n.).

1109. Impugnazione delle deliberazioni. – Ciascuno dei componenti la minoranza dissenziente può impugnare davanti all'autorità giudiziaria (1107) le deliberazioni della maggioranza (23, 1137, 2377):

1) nel caso previsto dal secondo comma dell'articolo 1105, se la deliberazione è gravemente pregiudizievole alla cosa comune;

2) se non è stata osservata la disposizione del terzo comma dell'articolo 1105;

3) se la deliberazione relativa a innovazioni o ad altri atti eccedenti l'ordinaria amministrazione è in contrasto con le norme del primo e del secondo comma dell'articolo 1108 (1137).

L'impugnazione deve essere proposta, sotto pena di decadenza, entro trenta giorni dalla deliberazione (2964 ss.). Per gli assenti il termine decorre dal giorno in cui è stata loro comunicata la deliberazione. In pendenza del giudizio, l'autorità giudiziaria può ordinare la sospensione del provvedimento deliberato (23[3,4], 2378[4]).

1110. Rimborso di spese. – Il partecipante che, in caso di trascuranza degli altri partecipanti o dell'amministratore, ha sostenuto spese necessarie per la conservazione della cosa comune, ha diritto al rimborso (1104).

1111. Scioglimento della comunione. – Ciascuno dei partecipanti può sempre domandare (375, n. 3; 784 c.p.c.) lo scioglimento della comunione (1506, 2817, n. 2); l'autorità giudiziaria può stabilire una congrua dilazione, in ogni caso non superiore a cinque anni, se l'immediato scioglimento può pregiudicare gli interessi degli altri (717).

Il patto di rimanere in comunione per un tempo non maggiore di dieci anni è valido e ha effetto anche per gli aventi causa dai partecipanti. Se è stato stipulato per un termine maggiore, questo si riduce a dieci anni (713).

Se gravi circostanze lo richiedono, l'autorità giudiziaria può ordinare lo scioglimento della comunione prima del tempo convenuto (260, 872 c.n.; 23, 784 c.p.c.).

1112. Cose non soggette a divisione. – Lo scioglimento della comunione non può essere chiesto quando si tratta di cose che, se divise, cesserebbero di servire all'uso a cui sono destinate (720, 1114, 1119).

1113. Intervento nella divisione e opposizioni. – I creditori e gli aventi causa da un partecipante possono intervenire (105, 267 c.p.c.) nella divisione a proprie spese, ma non possono impugnare la divisione già eseguita, a meno che abbiano notificato un'opposizione anteriormente alla divisione stessa e salvo sempre ad essi l'esperimento dell'azione revocatoria (2901 ss.) o dell'azione surrogatoria (2900).

Nella divisione che ha per oggetto beni immobili (1350, n. 11), l'opposizione, per l'effetto indicato dal comma precedente, deve essere trascritta prima della trascrizione dell'atto di divisione e, se si tratta di divisione giudiziale, prima della trascrizione della relativa domanda (2646, 2685).

Devono essere chiamati (2844, 2845) a intervenire, perchè la divisione abbia effetto (2825) nei loro confronti, i creditori iscritti e coloro che hanno acquistato diritti sull'immobile in virtù di atti soggetti a trascrizione e trascritti prima della trascrizione dell'atto di divisione o della trascrizione della domanda di divisione giudiziale.

Nessuna ragione di prelevamento in natura per crediti nascenti dalla comunione (724, 725, 1153) può opporsi contro le persone indicate dal comma precedente, eccetto le ragioni di prelevamento nascenti da titolo anteriore alla comunione medesima, ovvero da collazione (737 ss.).

1114. Divisione in natura. – La divisione ha luogo in natura, se la cosa può essere comodamente divisa in parti corrispondenti alle quote dei partecipanti (718 ss., 1112, 1506[2]).

1115. Obbligazioni solidali dei partecipanti. – Ciascun partecipante può esigere che siano estinte le obbligazioni in solido (1292) contratte per la cosa comune (1108), le quali siano scadute o scadano entro l'anno dalla domanda di divisione (1108).

La somma per estinguere le obbligazioni si preleva dal prezzo di vendita della cosa comune, e, se la divisione ha luogo in natura, si procede alla vendita di una congrua frazione della cosa, salvo diverso accordo tra i condividenti (599 c.p.c.).

Il partecipante che ha pagato il debito in solido e non ha ottenuto rimborso concorre nella divisione per una maggiore quota corrispondente al suo diritto verso gli altri condividenti (1299).

1116. Applicabilità delle norme sulla divisione ereditaria. – Alla divisione delle cose comuni si applicano le norme sulla divisione dell'eredità, in quanto non siano in contrasto con quelle sopra stabilite (713 ss., 757 ss, 1350, n. 11).

Capo II
Del condominio negli edifici

1117. (1) **Parti comuni dell'edificio.** – Sono oggetto di proprietà comune dei proprietari delle singole unità immobiliari dell'edificio, anche se aventi diritto a godimento periodico e se non risulta il contrario dal titolo (61, 62 att.):

1) tutte le parti dell'edificio necessarie all'uso comune, come il suolo su cui sorge l'edificio, le fondazioni, i muri maestri, i pilastri e le travi portanti, i tetti e i lastrici solari, le scale, i portoni di ingresso, i vestiboli, gli anditi, i portici, i cortili e le facciate;

2) le aree destinate a parcheggio nonché i locali per i servizi in comune, come la portineria, incluso l'alloggio del portiere, la lavanderia, gli stenditoi e i sottotetti destinati, per le caratteristiche strutturali e funzionali, all'uso comune;

3) le opere, le installazioni, i manufatti di qualunque genere destinati all'uso comune, come gli ascensori, i pozzi, le cisterne, gli impianti idrici e fognari, i sistemi centralizzati di distribuzione e di trasmissione per il gas, per l'energia elettrica, per il riscaldamento ed il condizionamento dell'aria, per la ricezione radiotelevisiva e per l'accesso a qualunque altro genere di flusso informativo, anche da satellite o via cavo, e i relativi collegamenti fino al punto di diramazione ai locali di proprietà individuale dei singoli condomini, ovvero, in caso di impianti unitari, fino al punto di utenza, salvo quanto disposto dalle normative di settore in materia di reti pubbliche (1118, 1122, 1123, 1128[2], 1130, n. 2, 1131[2], 1134, 1138).

(1) *Questo articolo è stato così sostituito dall'art. 1 della L. 11 dicembre 2012, n. 220 (in vigore dal 18 giugno 2013). Si riporta il testo previgente:*

«1117. (Parti comuni dell'edificio) *Sono oggetto di proprietà comune dei proprietari dei diversi piani o porzioni di piani di un edificio, se il contrario non risulta dal titolo:*

1) il suolo su cui sorge l'edificio, le fondazioni, i muri maestri, i tetti e i lastrici solari, le scale, i portoni d'ingresso, i vestiboli, gli anditi, i portici, i cortili e in genere tutte le parti dell'edificio necessarie all'uso comune;

2) i locali per la portineria e per l'alloggio del portiere, per la lavanderia, per il riscaldamento centrale, per gli stenditoi e per altri simili servizi in comune;

3) le opere, le installazioni, i manufatti di qualunque genere che servono all'uso e al godimento comune, come gli ascensori, i pozzi, le cisterne, gli acquedotti e inoltre le fognature e i canali di scarico, gli impianti per l'acqua, per il gas, per l'energia elettrica, per il riscaldamento e simili, fino al punto di diramazione degli impianti ai locali di proprietà esclusiva dei singoli condomini.».

1117 *bis*. (1) **Ambito di applicabilità.** – Le disposizioni del presente capo si applicano, in quanto compatibili, in tutti i casi in cui più unità immobiliari o più edifici ovvero più condominii di unità immobiliari o di edifici abbiano parti comuni ai sensi dell'articolo 1117.

(1) Questo articolo è stato inserito dall'art. 2, comma 1, della L. 11 dicembre 2012, n. 220 (in vigore dal 18 giugno 2013).

1117 *ter*. (1) **Modificazioni delle destinazioni d'uso.** – Per soddisfare esigenze di interesse condominiale, l'assemblea, con un numero di voti che rappresenti i quattro quinti dei partecipanti al condominio e i quattro quinti del valore dell'edificio, può modificare la destinazione d'uso delle parti comuni.

La convocazione dell'assemblea deve essere affissa per non meno di trenta giorni consecutivi nei locali di maggior uso comune o negli spazi a tal fine destinati e deve effettuarsi mediante lettera raccomandata o equipollenti mezzi telematici, in modo da pervenire almeno venti giorni prima della data di convocazione.

La convocazione dell'assemblea, a pena di nullità, deve indicare le parti comuni oggetto della modificazione e la nuova destinazione d'uso.

La deliberazione deve contenere la dichiarazione espressa che sono stati effettuati gli adempimenti di cui ai precedenti commi.

Sono vietate le modificazioni delle destinazioni d'uso che possono recare pregiudizio alla stabilità o alla sicurezza del fabbricato o che ne alterano il decoro architettonico.

(1) Questo articolo è stato inserito dall'art. 2, comma 1, della L. 11 dicembre 2012, n. 220 (in vigore dal 18 giugno 2013).

1117 *quater*. (1) **Tutela delle destinazioni d'uso.** – In caso di attività che incidono negativamente e in modo sostanziale sulle destinazioni d'uso delle parti comuni, l'amministratore o i condomini, anche singolarmente, possono diffidare l'esecutore e possono chiedere la convocazione dell'assemblea per far cessare la violazione, anche mediante azioni giudiziarie. L'assemblea delibera in merito alla cessazione di tali attività con la maggioranza prevista dal secondo comma dell'articolo 1136.

(1) Questo articolo è stato inserito dall'art. 2, comma 1, della L. 11 dicembre 2012, n. 220 (in vigore dal 18 giugno 2013).

1118. ([1])**Diritti dei partecipanti sulle parti comuni.** - Il diritto di ciascun condomino sulle parti comuni, salvo che il titolo non disponga altrimenti, è proporzionale al valore dell'unità immobiliare che gli appartiene.

Il condomino non può rinunziare al suo diritto sulle parti comuni (1104, 1121, 1123 ss., 1138).

Il condomino non può sottrarsi all'obbligo di contribuire alle spese per la conservazione delle parti comuni, neanche modificando la destinazione d'uso della propria unità immobiliare, salvo quanto disposto da leggi speciali.

Il condomino può rinunciare all'utilizzo dell'impianto centralizzato di riscaldamento o di condizionamento, se dal suo distacco non derivano notevoli squilibri di funzionamento o aggravi di spesa per gli altri condomini. In tal caso il rinunziante resta tenuto a concorrere al pagamento delle sole spese per la manutenzione straordinaria dell'impianto e per la sua conservazione e messa a norma.

([1]) *Questo articolo è stato così sostituito dall'art. 3 della L. 11 dicembre 2012, n. 220 (in vigore dal 18 giugno 2013). Si riporta il testo precedente: «1118.* (Diritti dei partecipanti sulle cose comuni). *Il diritto di ciascun condomino sulle cose indicate dall'articolo precedente è proporzionato al valore del piano o porzione di piano che gli appartiene, se il titolo non dispone altrimenti.*

Il condomino non può, rinunziando al diritto sulle cose anzidette, sottrarsi al contributo nelle spese per la loro conservazione.».

1119. Indivisibilità. - Le parti comuni dell'edificio non sono soggette a divisione, a meno che la divisione possa farsi senza rendere più incomodo l'uso della cosa a ciascun condomino e con il consenso di tutti i partecipanti al condominio (1112, 1138; 61, 62 att.) ([1]).

([1]) *Le parole: «e con il consenso di tutti i partecipanti al condominio» sono state aggiunte dall'art. 4 della L. 11 dicembre 2012, n. 220 (in vigore dal 18 giugno 2013).*

1120. Innovazioni. - I condomini, con la maggioranza indicata dal quinto comma dell'art. 1136, possono disporre tutte le innovazioni dirette al miglioramento o all'uso più comodo o al maggior rendimento delle cose comuni (1108).

I condomini, con la maggioranza indicata dal secondo comma dell'articolo 1136, possono disporre le innovazioni che, nel rispetto della normativa di settore, hanno ad oggetto:

1) le opere e gli interventi volti a migliorare la sicurezza e la salubrità degli edifici e degli impianti;

2) le opere e gli interventi previsti per eliminare le barriere architettoniche, per il contenimento del consumo energetico degli edifici e per realizzare parcheggi destinati a servizio delle unità immobiliari o dell'edificio,

nonché per la produzione di energia mediante l'utilizzo di impianti di cogenerazione, fonti eoliche, solari o comunque rinnovabili da parte del condominio o di terzi che conseguano a titolo oneroso un diritto reale o personale di godimento del lastrico solare o di altra idonea superficie comune;

3) l'installazione di impianti centralizzati per la ricezione radiotelevisiva e per l'accesso a qualunque altro genere di flusso informativo, anche da satellite o via cavo, e i relativi collegamenti fino alla diramazione per le singole utenze, ad esclusione degli impianti che non comportano modifiche in grado di alterare la destinazione della cosa comune e di impedire agli altri condomini di farne uso secondo il loro diritto ([1]).

L'amministratore è tenuto a convocare l'assemblea entro trenta giorni dalla richiesta anche di un solo condomino interessato all'adozione delle deliberazioni di cui al precedente comma. La richiesta deve contenere l'indicazione del contenuto specifico e delle modalità di esecuzione degli interventi proposti. In mancanza, l'amministratore deve invitare senza indugio il condomino proponente a fornire le necessarie integrazioni ([1]).

Sono vietate le innovazioni che possano recare pregiudizio alla stabilità o alla sicurezza del fabbricato, che ne alterino il decoro architettonico o che rendano talune parti comuni dell'edificio (1117) inservibili all'uso o al godimento anche di un solo condomino (1108, 1121, 1123, 1136[5], 1138).

([1]) *Questo comma è stato inserito dall'art. 5 della L. 11 dicembre 2012, n. 220* (*in vigore dal 18 giugno 2013*).

1121. Innovazioni gravose o voluttuarie. – Qualora l'innovazione importi una spesa molto gravosa o abbia carattere voluttuario rispetto alle particolari condizioni e all'importanza dell'edificio, e consista in opere, impianti o manufatti suscettibili di utilizzazione separata, i condomini che non intendono trarne vantaggio sono esonerati da qualsiasi contributo nella spesa.

Se l'utilizzazione separata non è possibile, l'innovazione non è consentita, salvo che la maggioranza dei condomini che l'ha deliberata o accettata intenda sopportarne integralmente la spesa.

Nel caso previsto dal primo comma i condomini e i loro eredi o aventi causa possono tuttavia, in qualunque tempo, partecipare ai vantaggi dell'innovazione, contribuendo nelle spese di esecuzione e di manutenzione dell'opera (1108).

1122. ([1]) **Opere su parti di proprietà o uso individuale.** – Nell'unità immobiliare di sua proprietà ovvero nelle parti normalmente destinate all'uso comune, che siano state attribuite in proprietà esclusiva o destinate all'uso individuale, il condomino non può eseguire opere che rechino danno alle parti comuni ovvero determinino pregiudizio alla stabilità, alla sicurezza o al decoro architettonico dell'edificio (1117, 1120[2], 1121, 1123, 1138).

In ogni caso è data preventiva notizia all'amministratore che ne riferisce all'assemblea.

([1]) *Questo articolo è stato così sostituito dall'art. 6 della L. 11 dicembre 2012, n. 220 (in vigore dal 18 giugno 2013). Si riporta il testo precedente: «1122. (Opere sulle parti dell'edificio di proprietà comune) Ciascun condomino, nel piano o porzione di piano di sua proprietà, non può eseguire opere che rechino danno alle parti comuni dell'edificio».*

1122 *bis*. ([1]) **Impianti non centralizzati di ricezione radiotelevisiva e di produzione di energia da fonti rinnovabili.** – Le installazioni di impianti non centralizzati per la ricezione radiotelevisiva e per l'accesso a qualunque altro genere di flusso informativo, anche da satellite o via cavo, e i relativi collegamenti fino al punto di diramazione per le singole utenze sono realizzati in modo da recare il minor pregiudizio alle parti comuni e alle unità immobiliari di proprietà individuale, preservando in ogni caso il decoro architettonico dell'edificio, salvo quanto previsto in materia di reti pubbliche.

È consentita l'installazione di impianti per la produzione di energia da fonti rinnovabili destinati al servizio di singole unità del condominio sul lastrico solare, su ogni altra idonea superficie comune e sulle parti di proprietà individuale dell'interessato.

Qualora si rendano necessarie modificazioni delle parti comuni, l'interessato ne dà comunicazione all'amministratore indicando il contenuto specifico e le modalità di esecuzione degli interventi. L'assemblea può prescrivere, con la maggioranza di cui al quinto comma dell'articolo 1136, adeguate modalità alternative di esecuzione o imporre cautele a salvaguardia della stabilità, della sicurezza o del decoro architettonico dell'edificio e, ai fini dell'installazione degli impianti di cui al secondo comma, provvede, a richiesta degli interessati, a ripartire l'uso del lastrico solare e delle altre superfici comuni, salvaguardando le diverse forme di utilizzo previste dal regolamento di condominio o comunque in atto. L'assemblea, con la medesima maggioranza, può altresì subordinare l'esecuzione alla prestazione, da parte dell'interessato, di idonea garanzia per i danni eventuali.

L'accesso alle unità immobiliari di proprietà individuale deve essere consentito ove necessario per la progettazione e per l'esecuzione delle opere. Non sono soggetti ad autorizzazione gli impianti destinati alle singole unità abitative.

([1]) *Questo articolo è stato inserito dall'art. 7, comma 1, della L. 11 dicembre 2012, n. 220 (in vigore dal 18 giugno 2013).*

1122 *ter*. ([1]) **Impianti di videosorveglianza sulle parti comuni.** – Le deliberazioni concernenti l'installazione sulle parti comuni dell'edificio di impianti volti a consentire la videosorveglianza su di esse sono approvate dall'assemblea con la maggioranza di cui al secondo comma dell'articolo 1136.

([1]) *Questo articolo è stato inserito dall'art. 7, comma 1, della L. 11 dicembre 2012, n. 220 (in vigore dal 18 giugno 2013).*

1123. Ripartizione delle spese. – Le spese necessarie per la conservazione e per il godimento delle parti comuni (1117, 1130, n. 3) dell'edificio, per la prestazione dei servizi nell'interesse comune e per le innovazioni deliberate dalla maggioranza sono sostenute dai condomini in misura proporzionale al valore della proprietà di ciascuno, salvo diversa convenzione (1101[2], 1104, 1118).

Se si tratta di cose destinate a servire i condomini in misura diversa, le spese sono ripartite in proporzione dell'uso che ciascuno può farne.

Qualora un edificio abbia più scale, cortili, lastrici solari, opere o impianti destinati a servire una parte dell'intero fabbricato, le spese relative alla loro manutenzione sono a carico del gruppo di condomini che ne trae utilità (1134, 1135; 63, 68, 69 att.).

1124. Manutenzione e sostituzione delle scale e degli ascensori ([1]). – Le scale e gli ascensori sono mantenuti e sostituiti dai proprietari delle unità immobiliari a cui servono. La spesa relativa è ripartita tra essi, per metà in ragione del valore delle singole unità immobiliari e per l'altra metà esclusivamente in misura proporzionale all'altezza di ciascun piano dal suolo ([2]).

Al fine del concorso nella metà della spesa, che è ripartita in ragione del valore, si considerano come piani le cantine, i palchi morti, le soffitte o camere a tetto e i lastrici solari, qualora non siano di proprietà comune (68, 69 att.).

([1]) *La precedente rubrica:* «Manutenzione e ricostruzione delle scale» *è stata così sostituita dall'attuale:* «Manutenzione e sostituzione delle scale e degli ascensori» *dall'art. 8, comma 1, lett.* b), *della L. 11 dicembre 2012, n. 220 (in vigore dal 18 giugno 2013).*

([2]) *Questo comma è stato così sostituito dall'art. 8, comma 1, lett.* a), *della L. 11 dicembre 2012, n. 220 (in vigore dal 18 giugno 2013). Si riporta il testo precedente: «Le scale sono mantenute e ricostruite dai proprietari dei diversi piani a cui servono. La spesa relativa è ripartita tra essi, per metà in ragione del valore dei singoli piani o porzioni di piano, e per l'altra metà in misura proporzionale all'altezza di ciascun piano dal suolo.».*

1125. Manutenzione e ricostruzione dei soffitti, delle volte e dei solai. – Le spese per la manutenzione e ricostruzione dei soffitti, delle volte e dei solai sono sostenute in parti eguali dai proprietari dei due piani l'uno all'altro sovrastanti, restando a carico del proprietario del piano superiore la copertura del pavimento e a carico del proprietario del piano inferiore l'intonaco, la tinta e la decorazione del soffitto.

1126. Lastrici solari di uso esclusivo. – Quando l'uso dei lastrici solari o di una parte di essi non è comune a tutti i condomini, quelli che ne hanno l'uso esclusivo sono tenuti a contribuire per un terzo nella spesa delle riparazioni o ricostruzioni del lastrico: gli altri due terzi sono a carico di tutti i condomini dell'edificio o della parte di questo a cui il lastrico solare serve, in proporzione del valore del piano o della porzione di piano di ciascuno (68, 69 att.).

1127. Costruzione sopra l'ultimo piano dell'edificio. – Il proprietario dell'ultimo piano dell'edificio può elevare nuovi piani o nuove fabbriche, salvo che risulti altrimenti dal titolo (885). La stessa facoltà spetta a chi è proprietario esclusivo del lastrico solare.

La sopraelevazione non è ammessa se le condizioni statiche dell'edificio non la consentono.

I condomini possono altresì opporsi alla sopraelevazione, se questa pregiudica l'aspetto architettonico dell'edificio ovvero diminuisce notevolmente l'aria o la luce dei piani sottostanti.

Chi fa la sopraelevazione deve corrispondere agli altri condomini un'indennità pari al valore attuale dell'area da occuparsi con la nuova fabbrica, diviso per il numero dei piani, ivi compreso quello da edificare, e detratto l'importo della quota a lui spettante. Egli è inoltre tenuto a ricostruire il lastrico solare di cui tutti o parte dei condomini avevano il diritto di usare.

1128. Perimento totale o parziale dell'edificio. – Se l'edificio perisce interamente o per una parte che rappresenti i tre quarti del suo valore, ciascuno dei condomini può richiedere la vendita all'asta del suolo e dei materiali, salvo che sia stato diversamente convenuto.

Nel caso di perimento di una parte minore, l'assemblea dei condomini delibera circa la ricostruzione delle parti comuni dell'edificio (1117, 1136[4]), e ciascuno è tenuto a concorrervi in proporzione dei suoi diritti sulle parti stesse (1127).

L'indennità corrisposta per l'assicurazione relativa alle parti comuni è destinata alla ricostruzione di queste (1882).

Il condomino che non intende partecipare alla ricostruzione dell'edificio è tenuto a cedere agli altri condomini i suoi diritti, anche sulle parti di sua esclusiva proprietà, secondo la stima che ne sarà fatta, salvo che non preferisca cedere i diritti stessi ad alcuni soltanto dei condomini (2932).

1129. ([1]) **Nomina, revoca ed obblighi dell'amministratore.** – Quando i condomini sono più di otto, se l'assemblea non vi provvede, la nomina di un amministratore è fatta dall'autorità giudiziaria su ricorso di uno o più condomini o dell'amministratore dimissionario (1106, 1130, 1131).

Contestualmente all'accettazione della nomina e ad ogni rinnovo dell'incarico, l'amministratore comunica i propri dati anagrafici e professionali, il codice fiscale, o, se si tratta di società, anche la sede legale e la denominazione, il locale ove si trovano i registri di cui ai numeri 6) e 7) dell'articolo 1130, nonché i giorni e le ore in cui ogni interessato, previa richiesta all'amministratore, può prenderne gratuitamente visione e ottenere, previo rimborso della spesa, copia da lui firmata.

L'assemblea può subordinare la nomina dell'amministratore alla presentazione ai condomini di una polizza individuale di assicurazione per la responsabilità civile per gli atti compiuti nell'esercizio del mandato.

L'amministratore è tenuto altresì ad adeguare i massimali della polizza se nel periodo del suo incarico l'assemblea deliberi lavori straordinari. Tale adeguamento non deve essere inferiore all'importo di spesa deliberato e deve essere effettuato contestualmente all'inizio dei lavori. Nel caso in cui l'amministratore sia coperto da una polizza di assicurazione per la responsabilità civile professionale generale per l'intera attività da lui svolta, tale polizza deve essere integrata con una dichiarazione dell'impresa di assicurazione che garantisca le condizioni previste dal periodo precedente per lo specifico condominio.

Sul luogo di accesso al condominio o di maggior uso comune, accessibile anche ai terzi, è affissa l'indicazione delle generalità, del domicilio e dei recapiti, anche telefonici, dell'amministratore.

In mancanza dell'amministratore, sul luogo di accesso al condominio o di maggior uso comune, accessibile anche ai terzi, è affissa l'indicazione delle generalità e dei recapiti, anche telefonici, della persona che svolge funzioni analoghe a quelle dell'amministratore.

L'amministratore è obbligato a far transitare le somme ricevute a qualunque titolo dai condomini o da terzi, nonché quelle a qualsiasi titolo erogate per conto del condominio, su uno specifico conto corrente, postale o bancario, intestato al condominio; ciascun condomino, per il tramite dell'amministratore, può chiedere di prendere visione ed estrarre copia, a proprie spese, della rendicontazione periodica.

Alla cessazione dell'incarico l'amministratore è tenuto alla consegna di tutta la documentazione in suo possesso afferente al condominio e ai singoli condomini e ad eseguire le attività urgenti al fine di evitare pregiudizi agli interessi comuni senza diritto ad ulteriori compensi.

Salvo che sia stato espressamente dispensato dall'assemblea, l'amministratore è tenuto ad agire per la riscossione forzosa delle somme dovute dagli obbligati entro sei mesi dalla chiusura dell'esercizio nel quale il credito esigibile è compreso, anche ai sensi dell'articolo 63, primo comma, delle disposizioni per l'attuazione del presente codice.

L'incarico di amministratore ha durata di un anno e si intende rinnovato per eguale durata. L'assemblea convocata per la revoca o le dimissioni delibera in ordine alla nomina del nuovo amministratore.

La revoca dell'amministratore può essere deliberata in ogni tempo dall'assemblea, con la maggioranza prevista per la sua nomina oppure con le modalità previste dal regolamento di condominio. Può altresì essere disposta dall'autorità giudiziaria, su ricorso di ciascun condomino, nel caso previsto dal quarto comma dell'articolo 1131, se non rende il conto della gestione, ovvero in caso di gravi irregolarità. Nei casi in cui siano emerse gravi irregolarità fiscali o di non ottemperanza a quanto disposto dal numero 3) del dodicesimo comma del presente articolo, i condomini, anche singolarmente, possono chiedere la convocazione dell'assemblea per far cessare la violazione e revocare il mandato all'amministratore. In caso di mancata revoca da parte dell'assemblea, ciascun condomino può rivolgersi all'autorità giudiziaria; in caso di accoglimento della domanda, il ricorrente, per le spese legali, ha titolo alla rivalsa nei confronti del condominio, che a sua volta può rivalersi nei confronti dell'amministratore revocato.

Costituiscono, tra le altre, gravi irregolarità:

1) l'omessa convocazione dell'assemblea per l'approvazione del rendiconto condominiale, il ripetuto rifiuto di convocare l'assemblea per la revoca e per la nomina del nuovo amministratore o negli altri casi previsti dalla legge;

2) la mancata esecuzione di provvedimenti giudiziari e amministrativi, nonché di deliberazioni dell'assemblea;

3) la mancata apertura ed utilizzazione del conto di cui al settimo comma;

4) la gestione secondo modalità che possono generare possibilità di confusione tra il patrimonio del condominio e il patrimonio personale dell'amministratore o di altri condomini;

5) l'aver acconsentito, per un credito insoddisfatto, alla cancellazione delle formalità eseguite nei registri immobiliari a tutela dei diritti del condominio;

6) qualora sia stata promossa azione giudiziaria per la riscossione delle somme dovute al condominio, l'aver omesso di curare diligentemente l'azione e la conseguente esecuzione coattiva;

7) l'inottemperanza agli obblighi di cui all'articolo 1130, numeri 6), 7) e 9);

8) l'omessa, incompleta o inesatta comunicazione dei dati di cui al secondo comma del presente articolo.

In caso di revoca da parte dell'autorità giudiziaria, l'assemblea non può nominare nuovamente l'amministratore revocato.

L'amministratore, all'atto dell'accettazione della nomina e del suo rinnovo, deve specificare analiticamente, a pena di nullità della nomina stessa, l'importo dovuto a titolo di compenso per l'attività svolta.

Per quanto non disciplinato dal presente articolo si applicano le disposizioni di cui alla sezione I del capo IX del titolo III del libro IV.

Il presente articolo si applica anche agli edifici di alloggi di edilizia popolare ed economica, realizzati o recuperati da enti pubblici a totale partecipazione pubblica o con il concorso dello Stato, delle regioni, delle province o dei comuni, nonché a quelli realizzati da enti pubblici non economici o società private senza scopo di lucro con finalità sociali proprie dell'edilizia residenziale pubblica.

(1) *Questo articolo è stato così sostituito dall'art. 9 della L. 11 dicembre 2012, n. 220 (in vigore dal 18 giugno 2013). Si riporta il testo precedente: «1129.* (Nomina e revoca dell'amministratore) *Quando i condomini sono più di quattro, l'assemblea nomina un amministratore.*

Se l'assemblea non provvede, la nomina è fatta dall'autorità giudiziaria, su ricorso di uno o più condomini. L'amministratore dura in carica un anno e può essere revocato in ogni tempo dall'assemblea.

Può altresì essere revocato dall'autorità giudiziaria, su ricorso di ciascun condomino, oltre che nel caso previsto dall'ultimo comma dell'art. 1131, se per due anni non ha reso il conto della sua gestione, ovvero se vi sono fondati sospetti di gravi irregolarità. La nomina e la cessazione per qualunque causa dell'amministratore dall'ufficio sono annotate in apposito registro.».

1130. (1) **Attribuzioni dell'amministratore.** – L'amministratore, oltre a quanto previsto dall'articolo 1129 e dalle vigenti disposizioni di legge, deve:

1) eseguire le deliberazioni dell'assemblea (1135 ss.), convocarla annualmente per l'approvazione del rendiconto condominiale di cui all'articolo 1130 *bis* e curare l'osservanza del regolamento di condominio (1138);

2) disciplinare l'uso delle cose comuni e la fruizione dei servizi nell'interesse comune, in modo che ne sia assicurato il miglior godimento a ciascuno dei condomini (1117);

3) riscuotere i contributi (1123 ss.) ed erogare le spese occorrenti per la manutenzione ordinaria (1135, n. 4) delle parti comuni dell'edificio e per l'esercizio dei servizi comuni (63 att.);

4) compiere gli atti conservativi relativi alle parti comuni dell'edificio;

5) eseguire gli adempimenti fiscali;

6) curare la tenuta del registro di anagrafe condominiale contenente le generalità dei singoli proprietari e dei titolari di diritti reali e di diritti personali di godimento, comprensive del codice fiscale e della residenza o domicilio, i dati catastali di ciascuna unità immobiliare, nonché ogni dato relativo

alle condizioni di sicurezza delle parti comuni dell'edificio (²). Ogni variazione dei dati deve essere comunicata all'amministratore in forma scritta entro sessanta giorni. L'amministratore, in caso di inerzia, mancanza o incompletezza delle comunicazioni, richiede con lettera raccomandata le informazioni necessarie alla tenuta del registro di anagrafe. Decorsi trenta giorni, in caso di omessa o incompleta risposta, l'amministratore acquisisce le informazioni necessarie, addebitandone il costo ai responsabili;

7) curare la tenuta del registro dei verbali delle assemblee, del registro di nomina e revoca dell'amministratore e del registro di contabilità. Nel registro dei verbali delle assemblee sono altresì annotate: le eventuali mancate costituzioni dell'assemblea, le deliberazioni nonché le brevi dichiarazioni rese dai condomini che ne hanno fatto richiesta; allo stesso registro è allegato il regolamento di condominio, ove adottato. Nel registro di nomina e revoca dell'amministratore sono annotate, in ordine cronologico, le date della nomina e della revoca di ciascun amministratore del condominio, nonché gli estremi del decreto in caso di provvedimento giudiziale. Nel registro di contabilità sono annotati in ordine cronologico, entro trenta giorni da quello dell'effettuazione, i singoli movimenti in entrata ed in uscita. Tale registro può tenersi anche con modalità informatizzate;

8) conservare tutta la documentazione inerente alla propria gestione riferibile sia al rapporto con i condomini sia allo stato tecnico-amministrativo dell'edificio e del condominio;

9) fornire al condomino che ne faccia richiesta attestazione relativa allo stato dei pagamenti degli oneri condominiali e delle eventuali liti in corso;

10) redigere il rendiconto condominiale annuale della gestione e convocare l'assemblea per la relativa approvazione entro centottanta giorni.

(¹) *Questo articolo è stato così sostituito dall'art. 10 della L. 11 dicembre 2012, n. 220 (in vigore dal 18 giugno 2013). Si riporta il testo precedente*: «1130. (Attribuzioni dell'amministratore) *L'amministratore deve:*

1) eseguire le deliberazioni dell'assemblea dei condomini e curare l'osservanza del regolamento di condominio;

2) disciplinare l'uso delle cose comuni e la prestazione dei servizi nell'interesse comune, in modo che ne sia assicurato il miglior godimento a tutti i condomini;

3) riscuotere i contributi ed erogare le spese occorrenti per la manutenzione ordinaria delle parti comuni dell'edificio e per l'esercizio dei servizi comuni;

4) compiere gli atti conservativi dei diritti inerenti alle parti comuni dell'edificio.

Egli, alla fine di ciascun anno, deve rendere il conto della sua gestione.».

(²) *Le parole*: «*delle parti comuni dell'edificio*» *sono state inserite dall'art. 1, comma 9, lett. c), del D.L. 23 dicembre 2013, n. 145, convertito, con modificazioni, nella L. 21 febbraio 2014, n. 9.*

1130 *bis*. (1) **Rendiconto condominiale.** – Il rendiconto condominiale contiene le voci di entrata e di uscita ed ogni altro dato inerente alla situazione patrimoniale del condominio, ai fondi disponibili ed alle eventuali riserve, che devono essere espressi in modo da consentire l'immediata verifica. Si compone di un registro di contabilità, di un riepilogo finanziario, nonché di una nota sintetica esplicativa della gestione con l'indicazione anche dei rapporti in corso e delle questioni pendenti. L'assemblea condominiale può, in qualsiasi momento o per più annualità specificamente identificate, nominare un revisore che verifichi la contabilità del condominio. La deliberazione è assunta con la maggioranza prevista per la nomina dell'amministratore e la relativa spesa è ripartita fra tutti i condomini sulla base dei millesimi di proprietà. I condomini e i titolari di diritti reali o di godimento sulle unità immobiliari possono prendere visione dei documenti giustificativi di spesa in ogni tempo ed estrarne copia a proprie spese. Le scritture e i documenti giustificativi devono essere conservati per dieci anni dalla data della relativa registrazione.

L'assemblea può anche nominare, oltre all'amministratore, un consiglio di condominio composto da almeno tre condomini negli edifici di almeno dodici unità immobiliari. Il consiglio ha funzioni consultive e di controllo.

(1) *Questo articolo è stato inserito dall'art. 11, comma 1, della L. 11 dicembre 2012, n. 220 (in vigore dal 18 giugno 2013).*

1131. Rappresentanza. – Nei limiti delle attribuzioni stabilite dall'art. 1130 (1) o dei maggiori poteri conferitigli dal regolamento di condominio o dall'assemblea, l'amministratore ha la rappresentanza dei partecipanti e può agire in giudizio sia contro i condomini sia contro i terzi (1135, 1138).

Può essere convenuto in giudizio per qualunque azione concernente le parti comuni dell'edificio (1117); a lui sono notificati i provvedimenti dell'autorità amministrativa che si riferiscono allo stesso oggetto.

Qualora la citazione o il provvedimento abbia un contenuto che esorbita dalle attribuzioni dell'amministratore, questi è tenuto a darne senza indugio notizia all'assemblea dei condomini (1136[4]).

L'amministratore che non adempie a quest'obbligo può essere revocato (1129[3]) ed è tenuto al risarcimento dei danni (1138[4]; 64, 65 att.).

(1) *Le parole: «dall'articolo precedente» sono state così sostituite dalle attuali: «dall'art. 1130» dall'art. 12 della L. 11 dicembre 2012, n. 220. A norma dell'art. 32 della medesima legge tali disposizioni entrano in vigore dal 18 giugno 2013.*

1132. Dissenso dei condomini rispetto alle liti. – Qualora l'assemblea dei condomini abbia deliberato di promuovere una lite o di resistere a una domanda (1131[1-2], 1136[4]; 65 att.), il condomino dissenziente, con atto notificato (137 c.p.c.) all'amministratore, può separare la propria responsabilità in ordine alle conseguenze della lite per il caso di soccombenza. L'atto deve essere notificato entro trenta giorni da quello in cui il condomino ha avuto notizia della deliberazione.

Il condomino dissenziente ha diritto di rivalsa per ciò che abbia dovuto pagare alla parte vittoriosa.

Se l'esito della lite è stato favorevole al condominio, il condomino dissenziente che ne abbia tratto vantaggio è tenuto a concorrere nelle spese del giudizio che non sia stato possibile ripetere dalla parte soccombente (1138[4]; 90 ss. c.p.c.).

1133. Provvedimenti presi dall'amministratore. – I provvedimenti presi dall'amministratore nell'ambito dei suoi poteri sono obbligatori per i condomini (1130, 1131). Contro i provvedimenti dell'amministratore è ammesso ricorso all'assemblea, senza pregiudizio del ricorso all'autorità giudiziaria nei casi e nel termine previsti dall'articolo 1137.

1134. (¹) **Gestione di iniziativa individuale.** – Il condomino che ha assunto la gestione delle parti comuni (1117) senza autorizzazione dell'amministratore o dell'assemblea non ha diritto al rimborso, salvo che si tratti di spesa urgente (1110, 1135[2]).

(¹) *Questo articolo è stato così sostituito dall'art. 13, comma 1, della L. 11 dicembre 2012, n. 220 (in vigore dal 18 giugno 2013).*

Si riporta il testo precedente: «1134. (Spese fatte dal condomino) *Il condomino che ha fatto spese per le cose comuni senza autorizzazione dell'amministratore o dell'assemblea non ha diritto al rimborso, salvo che si tratti di spesa urgente.».*

1135. Attribuzioni dell'assemblea dei condomini. – Oltre a quanto è stabilito dagli articoli precedenti, l'assemblea dei condomini provvede (66, 67 att.):

1) alla conferma dell'amministratore e all'eventuale sua retribuzione (1292);

2) all'approvazione del preventivo delle spese occorrenti durante l'anno e alla relativa ripartizione tra i condomini (1123);

3) all'approvazione del rendiconto annuale dell'amministratore e all'impiego del residuo attivo della gestione (1130[2]);

4) alle opere di manutenzione straordinaria e alle innovazioni, costituendo obbligatoriamente un fondo speciale di importo pari all'ammontare dei lavori; se i lavori devono essere eseguiti in base a un contratto che ne prevede il pagamento graduale in funzione del loro progressivo stato di avanzamento, il fondo può essere costituito in relazione ai singoli pagamenti dovuti (¹) (²).

L'amministratore non può ordinare lavori di manutenzione straordinaria, salvo che rivestano carattere urgente, ma in questo caso deve riferirne nella prima assemblea (1134).

L'assemblea può autorizzare l'amministratore a partecipare e collaborare a progetti, programmi e iniziative territoriali promossi dalle istituzioni locali o da soggetti privati qualificati, anche mediante opere di risanamento di parti comuni degli immobili nonché di demolizione, ricostruzione e messa in sicurezza statica, al fine di favorire il recupero del patrimonio edilizio esistente, la vivibilità urbana, la sicurezza e la sostenibilità ambientale della zona in cui il condominio è ubicato (3).

(1) *Questo numero è stato così sostituito dall'attuale dall'art. 13, comma 2, lett.* a), *della L. 11 dicembre 2012, n. 220 (in vigore dal 18 giugno 2013). Si riporta il testo precedente: «4) alle opere di manutenzione straordinaria, costituendo, se occorre, un fondo speciale.».*

(2) *Il secondo periodo di questa lettera è stato aggiunto dall'art. 1, comma 9, lett.* d), *del D.L. 23 dicembre 2013, n. 145, convertito, con modificazioni, nella L. 21 febbraio 2014, n. 9.*

(3) *Questo comma è stato aggiunto dall'art. 13, comma 2, lett.* b), *della L. 11 dicembre 2012, n. 220 (in vigore dal 18 giugno 2013).*

1136. (1) **Costituzione dell'assemblea e validità delle deliberazioni.** – L'assemblea in prima convocazione è regolarmente costituita con l'intervento di tanti condomini che rappresentino i due terzi del valore dell'intero edificio e la maggioranza dei partecipanti al condominio.

Sono valide le deliberazioni approvate con un numero di voti che rappresenti la maggioranza degli intervenuti e almeno la metà del valore dell'edificio (2).

Se l'assemblea in prima convocazione non può deliberare per mancanza di numero legale, l'assemblea in seconda convocazione delibera in un giorno successivo a quello della prima e, in ogni caso, non oltre dieci giorni dalla medesima. L'assemblea in seconda convocazione è regolarmente costituita con l'intervento di tanti condomini che rappresentino almeno un terzo del valore dell'intero edificio e un terzo dei partecipanti al condominio. La deliberazione è valida se approvata dalla maggioranza degli intervenuti con un numero di voti che rappresenti almeno un terzo del valore dell'edificio.

Le deliberazioni che concernono la nomina e la revoca dell'amministratore o le liti attive e passive relative a materie che esorbitano dalle attribuzioni dell'amministratore medesimo, le deliberazioni che concernono la ricostruzione dell'edificio o riparazioni straordinarie di notevole entità e le deliberazioni di cui agli articoli 1117 *quater*, 1120, secondo comma, 1122 *ter* nonché 1135, terzo comma, devono essere sempre approvate con la maggioranza stabilita dal secondo comma del presente articolo.

Le deliberazioni di cui all'articolo 1120, primo comma, e all'articolo 1122 *bis*, terzo comma, devono essere approvate dall'assemblea con un numero di voti che rappresenti la maggioranza degli intervenuti ed almeno i due terzi del valore dell'edificio.

L'assemblea non può deliberare, se non consta che tutti gli aventi diritto sono stati regolarmente convocati.

Delle riunioni dell'assemblea si redige processo verbale da trascrivere nel registro tenuto dall'amministratore (1129, 1138[4]; 67, 68 att.).

(1) *Questo articolo è stato così sostituito dall'art. 14 della L. 11 dicembre 2012, n. 220 (in vigore dal 18 giugno 2013). Si riporta il testo precedente: «1136.* (Costituzione dell'assemblea e validità delle deliberazioni) *L'assemblea è regolarmente costituita con l'intervento di tanti condomini che rappresentino i due terzi del valore dell'intero edificio e i due terzi dei partecipanti al condominio.*

Sono valide le deliberazioni approvate con un numero di voti che rappresenti la maggioranza degli intervenuti e almeno la metà del valore dell'edificio.

Se l'assemblea non può deliberare per mancanza di numero, l'assemblea di seconda convocazione delibera in un giorno successivo a quello della prima e, in ogni caso, non oltre dieci giorni dalla medesima; la deliberazione è valida se riporta un numero di voti che rappresenti il terzo dei partecipanti al condominio e almeno un terzo del valore dell'edificio.

Le deliberazioni che concernono la nomina e la revoca dell'amministratore o le liti attive e passive relative a materie che esorbitano dalle attribuzioni dell'amministratore medesimo, nonché le deliberazioni che concernono la ricostruzione dell'edificio o riparazioni straordinarie di notevole entità devono essere sempre prese con la maggioranza stabilita dal secondo comma.

Le deliberazioni che hanno per oggetto le innovazioni previste dal primo comma dell'articolo 1120 devono essere sempre approvate con un numero di voti che rappresenti la maggioranza dei partecipanti al condominio e i due terzi del valore dell'edificio.

L'assemblea non può deliberare, se non consta che tutti i condomini sono stati invitati alla riunione.

Delle deliberazioni dell'assemblea si redige processo verbale da trascriversi in un registro tenuto dall'amministratore.».

(2) *A norma dell'art. 17* quinquies, *comma 2 e 3, del D.L. 22 giugno 2012, n. 83, convertito, con modificazioni, nella L. 7 agosto 2012, n. 134, fatto salvo il regime di cui all'articolo 1102 del codice civile, le opere edilizie per l'installazione delle infrastrutture di ricarica elettrica dei veicoli in edifici in condominio sono approvate dall'assemblea di condominio, in prima o in seconda convocazione, con le maggioranze previste da questo comma. Nel caso in cui il condominio rifiuti di assumere, o non assuma entro tre mesi dalla richiesta fatta per iscritto, le deliberazioni di cui al comma 2, il condomino interessato può installare, a proprie spese, i dispositivi di cui al citato comma 2, secondo le modalità ivi previste. Resta fermo quanto disposto dagli articoli 1120, secondo comma, e 1121, terzo comma, c.c.*

1137. (1) **Impugnazione delle deliberazioni dell'assemblea.** – Le deliberazioni prese dall'assemblea a norma degli articoli precedenti sono obbligatorie per tutti i condomini (1105).

Contro le deliberazioni contrarie alla legge o al regolamento di condominio ogni condomino assente, dissenziente o astenuto può adire l'autorità giudiziaria chiedendone l'annullamento nel termine perentorio di trenta giorni, che decorre dalla data della deliberazione per i dissenzienti o astenuti e dalla data di comunicazione della deliberazione per gli assenti.

L'azione di annullamento non sospende l'esecuzione della deliberazione, salvo che la sospensione sia ordinata dall'autorità giudiziaria (1138^4) (2).

L'istanza per ottenere la sospensione proposta prima dell'inizio della causa di merito non sospende né interrompe il termine per la proposizione dell'impugnazione della deliberazione. Per quanto non espressamente previsto, la sospensione è disciplinata dalle norme di cui al libro IV, titolo I, capo III, sezione I, con l'esclusione dell'articolo 669 octies, sesto comma, del codice di procedura civile.

(1) *Questo articolo è stato così sostituito dall'art. 15 della L. 11 dicembre 2012, n. 220 (in vigore dal 18 giugno 2013). Si riporta il testo precedente: «1137.* (Impugnazione delle deliberazioni dell'assemblea) *Le deliberazioni prese dall'assemblea a norma degli articoli precedenti sono obbligatorie per tutti i condomini. Contro le deliberazioni contrarie alla legge o al regolamento di condominio ogni condomino dissenziente può fare ricorso all'autorità giudiziaria, ma il ricorso non sospende l'esecuzione del provvedimento, salvo che la sospensione sia ordinata dall'autorità stessa.*

Il ricorso deve essere proposto, sotto pena di decadenza, entro trenta giorni, che decorrono dalla data della deliberazione per i dissenzienti e dalla data di comunicazione per gli assenti.».

(2) *La Corte costituzionale, con sentenza n. 49 del 2 febbraio 1990, ha dichiarato l'illegittimità costituzionale dell'art. 1 della legge 7 ottobre 1969, n. 742, nella parte in cui non dispone che la sospensione ivi prevista si applichi anche al termine di trenta giorni di cui all'art. 1137 del codice civile, per l'impugnazione delle delibere dell'assemblea di condominio.*

1138. Regolamento di condominio. – Quando in un edificio il numero dei condomini è superiore a dieci, deve essere formato un regolamento, il quale contenga le norme circa l'uso delle cose comuni (1117) e la ripartizione delle spese (1123), secondo i diritti e gli obblighi spettanti a ciascun condomino, nonché le norme per la tutela del decoro dell'edificio e quelle relative all'amministrazione (1106; 68, 70, 72 att.).

Ciascun condomino può prendere l'iniziativa per la formazione del regolamento di condominio o per la revisione di quello esistente.

Il regolamento deve essere approvato dall'assemblea con la maggioranza stabilita dal secondo comma dell'art. 1136 ed allegato al registro indicato dal numero 7) dell'articolo 1130. Esso può essere impugnato a norma dell'articolo 1107 (1).

Le norme del regolamento non possono in alcun modo menomare i diritti di ciascun condomino, quali risultano dagli atti di acquisto e dalle convenzioni, e in nessun caso possono derogare alle disposizioni degli articoli 1118, secondo comma, 1119, 1120, 1129, 1131, 1132, 1136 e 1137 (68, 70, 71, 72 att.).

Le norme del regolamento non possono vietare di possedere o detenere animali domestici (2).

(1) *Questo comma è stato così sostituito dall'art. 16, comma 1, lett.* a), *della L. 11 dicembre 2012, n. 220 (in vigore dal 18 giugno 2013).*

Si riporta il testo precedente: «Il regolamento deve essere approvato dall'assemblea con la maggioranza stabilita dal secondo comma dell'art. 1136 (918[3]) e trascritto nel registro indicato dall'ultimo comma dell'art. 1129. Esso può essere impugnato a norma dell'articolo 1107.».

(2) *Questo comma è stato aggiunto dall'art. 16, comma 1, lett.* b), *della L. 11 dicembre 2012, n. 220 (in vigore dal 18 giugno 2013).*

1139. Rinvio alle norme sulla comunione. – Per quanto non è espressamente previsto da questo capo si osservano le norme sulla comunione in generale (1100 ss.; 61 ss. att.).

Titolo VIII
Del possesso

Capo I
Disposizioni generali

1140. Possesso. – Il possesso è il potere sulla cosa che si manifesta in un'attività corrispondente all'esercizio della proprietà (832) o di altro diritto reale (1066).

Si può possedere direttamente o per mezzo di altra persona, che ha la detenzione della cosa.

1141. Mutamento della detenzione in possesso. – Si presume il possesso in colui che esercita il potere di fatto, quando non si prova che ha cominciato a esercitarlo semplicemente come detenzione (2728).

Se alcuno ha cominciato ad avere la detenzione, non può acquistare il possesso finché il titolo non venga a essere mutato per causa proveniente da un terzo o in forza di opposizione da lui fatta contro il possessore (1164). Ciò vale anche per i successori a titolo universale (588, 1146).

1142. Presunzione di possesso intermedio. – Il possessore attuale che ha posseduto in tempo più remoto si presume che abbia posseduto anche nel tempo intermedio (2728).

1143. Presunzione di possesso anteriore. – Il possesso attuale non fa presumere il possesso anteriore, salvo che il possessore abbia un titolo a fondamento del suo possesso; in questo caso si presume che egli abbia posseduto dalla data del titolo (2728).

1144. Atti di tolleranza. – Gli atti compiuti con l'altrui tolleranza non possono servire di fondamento all'acquisto del possesso.

1145. Possesso di cose fuori commercio. – Il possesso delle cose di cui non si può acquistare la proprietà è senza effetto.

Tuttavia nei rapporti tra privati è concessa l'azione di spoglio (1168) rispetto ai beni appartenenti al pubblico demanio (822) e ai beni delle province e dei comuni soggetti al regime proprio del demanio pubblico (824).

Se trattasi di esercizio di facoltà, le quali possono formare oggetto di concessione da parte della pubblica amministrazione, è data altresì l'azione di manutenzione (1170).

1146. Successione nel possesso. Accessione del possesso. – Il possesso continua nell'erede con effetto dall'apertura della successione (456, 460, 1141[2]).

Il successore a titolo particolare può unire al proprio possesso quello del suo autore per goderne gli effetti (649).

1147. Possesso di buona fede. – È possessore di buona fede chi possiede ignorando di ledere l'altrui diritto (535, 1153, 1159 ss.).

La buona fede non giova se l'ignoranza dipende da colpa grave.

La buona fede è presunta e basta che vi sia stata al tempo dell'acquisto (534, 1153, 1159, 1415, 1445, 2728).

Capo II
Degli effetti del possesso

Sezione I
Dei diritti e degli obblighi del possessore nella restituzione della cosa

1148. Acquisto dei frutti. – Il possessore di buona fede (1147) fa suoi i frutti naturali separati fino al giorno della domanda giudiziale (163 c.p.c.) e i frutti civili maturati fino allo stesso giorno (820, 821). Egli, fino alla restituzione della cosa, risponde verso il rivendicante (948) dei frutti percepiti dopo la domanda giudiziale (163 c.p.c.) e di quelli che avrebbe potuto percepire dopo tale data, usando la diligenza di un buon padre di famiglia (56, 71, 535, 561, 1147, 1176, 2033).

1149. Rimborso delle spese per la produzione e il raccolto dei frutti. – Il possessore che è tenuto a restituire i frutti (820) indebitamente percepiti (1148) ha diritto al rimborso delle spese a norma del secondo comma dell'art. 821 (1150[4], 1282, 2040).

1150. Riparazioni, miglioramenti e addizioni. – Il possessore, anche se di mala fede, ha diritto al rimborso delle spese fatte per le riparazioni straordinarie (748, 1005).

Ha anche diritto a indennità per i miglioramenti (985) recati alla cosa, purché sussistano al tempo della restituzione.

L'indennità si deve corrispondere nella misura dell'aumento di valore conseguito dalla cosa per effetto dei miglioramenti, se il possessore è di buona fede (1147, 1502); se il possessore è di mala fede, nella minor somma tra l'importo della spesa e l'aumento di valore (2040).

Se il possessore è tenuto alla restituzione dei frutti (1149), gli spetta anche il rimborso delle spese fatte per le riparazioni ordinarie, limitatamente al tempo per il quale la restituzione è dovuta.

Per le addizioni fatte dal possessore sulla cosa si applica il disposto dell'art. 936. Tuttavia, se le addizioni costituiscono miglioramento e il possessore è di buona fede, è dovuta un'indennità nella misura dell'aumento di valore conseguito dalla cosa (535, 1147, 2040).

1151. Pagamento delle indennità. – L'autorità giudiziaria, avuto riguardo alle circostanze, può disporre che il pagamento delle indennità previste dall'articolo precedente sia fatto ratealmente, ordinando, in questo caso, le opportune garanzie (1152[2], 1179, 2040; 119 c.p.c.).

1152. Ritenzione a favore del possessore di buona fede. – Il possessore di buona fede può ritenere la cosa finché non gli siano corrisposte le indennità dovute (2756), purché queste siano state domandate nel corso del giudizio di rivendicazione (948) e sia stata fornita una prova generica della sussistenza delle riparazioni e dei miglioramenti (748, 1006, 1011, 1502, 2756).

Egli ha lo stesso diritto finché non siano prestate le garanzie ordinate dall'autorità giudiziaria nel caso previsto dall'articolo precedente (2040, 2864).

Sezione II
Del possesso di buona fede
di beni mobili

1153. Effetti dell'acquisto del possesso. – Colui al quale sono alienati beni mobili da parte di chi non ne è proprietario, ne acquista la proprietà mediante il possesso (1994, 2920), purché sia in buona fede (1147) al momento della consegna e sussista un titolo idoneo al trasferimento della proprietà (1161, 1192, 1599[2]).

La proprietà si acquista libera da diritti altrui sulla cosa, se questi non risultano dal titolo e vi è la buona fede dell'acquirente.

Nello stesso modo si acquistano i diritti di usufrutto (978), di uso (1021) e di pegno (2784, 2913).

1154. Conoscenza dell'illegittima provenienza della cosa. – A colui che ha acquistato conoscendo l'illegittima provenienza della cosa non giova l'erronea credenza che il suo autore o un precedente possessore ne sia divenuto proprietario.

1155. Acquisto di buona fede e precedente alienazione ad altri. – Se taluno con successivi contratti aliena a più persone un bene mobile, quella tra esse che ne ha acquistato in buona fede (1147) il possesso è preferita alle altre, anche se il suo titolo è di data posteriore (1153, 1265, 1380).

1156. Universalità di mobili e mobili iscritti in pubblici registri. – Le disposizioni degli articoli precedenti non si applicano alle universalità di mobili (816) e ai beni mobili iscritti in pubblici registri (815, 816, 1162, 2683 ss.; 146, 753 c.n.).

1157. Possesso di titoli di credito. – Gli effetti del possesso di buona fede dei titoli di credito sono regolati dal titolo V del libro IV (1992 ss.).

Sezione III
Dell'usucapione

1158. Usucapione dei beni immobili e dei diritti reali immobiliari. – La proprietà dei beni immobili (812) e gli altri diritti reali di godimento (957, 970, 978, 1021, 1022, 1031) sui beni medesimi si acquistano in virtù del possesso continuato per venti anni (66 u.c., 1166).

1159. Usucapione decennale. – Colui che acquista in buona fede (1147) da chi non è proprietario un immobile (812), in forza di un titolo che sia idoneo a trasferire la proprietà (922) e che sia stato debitamente trascritto (2643, n. 1), ne compie l'usucapione in suo favore col decorso di dieci anni dalla data della trascrizione.

La stessa disposizione si applica nel caso di acquisto degli altri diritti reali di godimento sopra un immobile (1160).

1159 *bis*. Usucapione speciale per la piccola proprietà rurale. – La proprietà dei fondi rustici con annessi fabbricati situati in comuni classificati montani dalla legge si acquista in virtù del possesso continuato per quindici anni.

Colui che acquista in buona fede (1144) da chi non è proprietario, in forza di un titolo che sia idoneo a trasferire la proprietà e che sia debitamente trascritto (2643), un fondo rustico con annessi fabbricati, situati in comuni classificati montani dalla legge, ne compie l'usucapione in suo favore col decorso di cinque anni dalla data di trascrizione.

La legge speciale stabilisce la procedura, le modalità e le agevolazioni per la regolarizzazione del titolo di proprietà.

Le disposizioni di cui ai commi precedenti si applicano anche ai fondi rustici con annessi fabbricati, situati in comuni non classificati montani dalla legge, aventi un reddito non superiore ai limiti fissati dalla legge speciale.

1160. Usucapione delle universalità di mobili. – L'usucapione di un'universalità di mobili (816) o di diritti reali di godimento sopra la medesima si compie in virtù del possesso continuato per venti anni.

Nel caso di acquisto in buona fede (1147) da chi non è proprietario, in forza di titolo idoneo (922), l'usucapione si compie con il decorso di dieci anni (1159, 1163).

1161. Usucapione dei beni mobili. – In mancanza di titolo idoneo (922, 1153), la proprietà dei beni mobili e gli altri diritti reali di godimento sui beni medesimi si acquistano in virtù del possesso continuato per dieci anni, qualora il possesso sia stato acquistato in buona fede (1147).

Se il possessore è di mala fede, l'usucapione si compie con il decorso di venti anni (1163).

1162. Usucapione di beni mobili iscritti in pubblici registri. – Colui che acquista in buona fede (1147) da chi non è proprietario un bene mobile iscritto in pubblici registri (815, 1156, 2683 ss.; 146 ss., 753 ss. c.n.), in forza di un titolo che sia idoneo a trasferire la proprietà e che sia stato debitamente trascritto (922, 2683), ne compie in suo favore l'usucapione col decorso di tre anni dalla data della trascrizione.

Se non concorrono le condizioni previste dal comma precedente, l'usucapione si compie col decorso di dieci anni.

Le stesse disposizioni si applicano nel caso di acquisto degli altri diritti reali di godimento.

1163. Vizi del possesso. – Il possesso acquistato in modo violento o clandestino non giova per l'usucapione se non dal momento in cui la violenza o la clandestinità è cessata (1170).

1164. Interversione del possesso. – Chi ha il possesso corrispondente all'esercizio di un diritto reale su cosa altrui non può usucapire la proprietà della cosa stessa, se il titolo del suo possesso non è mutato per causa proveniente da un terzo o in forza di opposizione da lui fatta contro il diritto del proprietario (1141). Il tempo necessario per l'usucapione decorre dalla data in cui il titolo del possesso è stato mutato (1102^2, 1158 ss.).

1165. Applicazione di norme sulla prescrizione. – Le disposizioni generali sulla prescrizione (2934 ss.), quelle relative alle cause di sospensione (2941, 2942) e d'interruzione (1167, 2943) e al computo dei termini (2962, 2963) si osservano, in quanto applicabili, rispetto all'usucapione.

1166. Inefficacia delle cause d'impedimento e di sospensione rispetto al terzo possessore. – Nell'usucapione ventennale (1158, 1160) non hanno luogo, riguardo al terzo possessore di un immobile o di un diritto reale sopra un immobile, né l'impedimento derivante da condizione o da termine (2935), né le cause di sospensione indicate dall'art. 2942.

L'impedimento derivante da condizione o da termine e le cause di sospensione menzionate nel detto articolo non sono nemmeno opponibili al terzo possessore nella prescrizione per non uso (1073) dei diritti reali sui beni da lui posseduti (954, 970, 1014).

1167. Interruzione dell'usucapione per perdita di possesso. – L'usucapione è interrotta (2945) quando il possessore è stato privato del possesso per oltre un anno.

L'interruzione si ha come non avvenuta se è stata proposta l'azione diretta a ricuperare il possesso (1168) e questo è stato ricuperato.

Capo III
Delle azioni a difesa del possesso

1168. Azione di reintegrazione. – Chi è stato violentemente od occultamente spogliato del possesso (1140) può (374, n. 5), entro l'anno dal sofferto spoglio, chiedere contro l'autore di esso la reintegrazione del possesso medesimo (1246, n. 1; 703 ss. c.p.c.).

L'azione è concessa altresì a chi ha la detenzione (1141) della cosa, tranne il caso che l'abbia per ragioni di servizio o di ospitalità.

Se lo spoglio è clandestino, il termine per chiedere la reintegrazione decorre dal giorno della scoperta dello spoglio (1170^2).

La reintegrazione deve ordinarsi dal giudice (8, n. 1, 21, 703, 704 c.p.c.) sulla semplice notorietà del fatto, senza dilazione (1246, n. 1).

1169. Reintegrazione contro l'acquirente consapevole dello spoglio. – La reintegrazione si può domandare anche contro chi è nel possesso in virtù di un acquisto a titolo particolare, fatto con la conoscenza dell'avvenuto spoglio.

1170. Azione di manutenzione. – Chi è stato molestato nel possesso di un immobile, di un diritto reale sopra un immobile (812, 813) o di un'universalità di mobili (816) può, entro l'anno dalla turbativa, chiedere la manutenzione del possesso medesimo (8, n. 1, 703 ss. c.p.c.).

L'azione è data se il possesso dura da oltre un anno, continuo e non interrotto, e non è stato acquistato violentemente o clandestinamente. Qualora il possesso sia stato acquistato in modo violento o clandestino, l'azione può nondimeno esercitarsi, decorso un anno dal giorno in cui la violenza o la clandestinità è cessata (1168).

Anche colui che ha subito uno spoglio non violento o clandestino può chiedere di essere rimesso nel possesso, se ricorrono le condizioni indicate dal comma precedente (21, n. 8, 688, 703 c.p.c.).

Titolo IX
Della denunzia di nuova opera
e di danno temuto

1171. Denunzia di nuova opera. – Il proprietario (374, n. 5), il titolare di altro diritto reale di godimento (978, 1021, 1022, 1031) o il possessore (1140), il quale ha ragione di temere che da una nuova opera, da altri intrapresa sul proprio come sull'altrui fondo, sia per derivare danno alla cosa che forma l'oggetto del suo diritto o del suo possesso, può denunziare all'autorità giudiziaria (8, n. 1, 21, 688 ss. c.p.c.) la nuova opera, purché questa non sia terminata e non sia trascorso un anno dal suo inizio.

L'autorità giudiziaria, presa sommaria cognizione del fatto, può vietare la continuazione dell'opera, ovvero permetterla, ordinando le opportune cautele: nel primo caso, per il risarcimento del danno prodotto dalla sospensione dell'opera, qualora le opposizioni al suo proseguimento risultino infondate nella decisione del merito; nel secondo caso, per la demolizione o riduzione dell'opera e per il risarcimento del danno che possa soffrirne il denunziante, se questi ottiene sentenza favorevole, nonostante la permessa continuazione.

1172. Denunzia di danno temuto. – Il proprietario (374, n. 5), il titolare di altro diritto reale di godimento (978 ss.) o il possessore (1140 ss.), il quale ha ragione di temere che da qualsiasi edificio, albero o altra cosa sovrasti pericolo di un danno grave e prossimo alla cosa che forma l'oggetto del suo diritto o del suo possesso, può denunziare il fatto all'autorità giudiziaria (8, n. 1, 21, 688 ss. c.p.c.) e ottenere, secondo le circostanze, che si provveda per ovviare al pericolo.

L'autorità giudiziaria, qualora ne sia il caso, dispone idonea garanzia per i danni eventuali (1179; 119 c.p.c.).

Libro IV
Delle obbligazioni

Titolo I
Delle obbligazioni in generale

Capo I
Disposizioni preliminari

1173. Fonti delle obbligazioni. – Le obbligazioni derivano da contratto (1230, 1321 ss.), da fatto illecito (2043 ss.), o da ogni altro atto (1987 ss.) o fatto (433, 2028 ss.) idoneo a produrle in conformità dell'ordinamento giuridico (2033 ss.).

1174. Carattere patrimoniale della prestazione. – La prestazione che forma oggetto dell'obbligazione deve essere suscettibile di valutazione economica e deve corrispondere a un interesse (840, 1255, 1256, 1379, 1384, 1411, 1421, 1464), anche non patrimoniale (1324), del creditore (1411 ss.).

1175. Comportamento secondo correttezza. – Il debitore e il creditore devono comportarsi secondo le regole della correttezza, (1176, 1227, 1337, 1338, 1358, 1366, 1375, 1391, 1460, 2598, n. 3) [in relazione ai principi della solidarietà corporativa] (1).

(1) *Inciso soppresso dall'articolo 3 D.L.vo Lgt. 14 settembre 1944, n. 287, provvedimenti relativi alla riforma della legislazione civile.*

Capo II
Dell'adempimento delle obbligazioni

Sezione I
Dell'adempimento in generale

1176. Diligenza nell'adempimento. – Nell'adempiere l'obbligazione il debitore deve usare la diligenza del buon padre di famiglia.

Nell'adempimento delle obbligazioni inerenti all'esercizio di un'attività professionale, la diligenza deve valutarsi con riguardo alla natura dell'attività esercitata (1218).

1177. Obbligazione di custodire. – L'obbligazione di consegnare una cosa determinata include quella di custodirla fino alla consegna (1477, 1718, 1768, 1770, 1804).

1178. Obbligazione generica. – Quando l'obbligazione ha per oggetto la prestazione di cose determinate soltanto nel genere, il debitore deve prestare cose di qualità non inferiore alla media (664, 1378, 1465^{3}).

1179. Obbligo di garanzia. – Chi è tenuto a dare una garanzia, senza che ne siano determinati il modo e la forma, può prestare a sua scelta un'idonea garanzia reale (2784, 2808) o personale (1936), ovvero altra sufficiente cautela (1186, 1200, 1943, 2784).

1180. Adempimento del terzo. – L'obbligazione può essere adempiuta da un terzo, anche contro la volontà del creditore, se questi non ha interesse a che il debitore esegua personalmente la prestazione (2232).

Tuttavia il creditore può rifiutare l'adempimento offertogli dal terzo, se il debitore gli ha manifestato la sua opposizione (1936^{2}).

1181. Adempimento parziale. – Il creditore può rifiutare un adempimento parziale (1197) anche se la prestazione è divisibile (1314 ss., 1384), salvo che la legge (45 l. camb.; 37 l. ass.) o gli usi dispongano diversamente (1208, n. 3, 1258, 1285).

1182. Luogo dell'adempimento. – Se il luogo nel quale la prestazione deve essere eseguita non è determinato dalla convenzione o dagli usi e non può desumersi dalla natura della prestazione (1774) o da altre circostanze, si osservano le norme che seguono.

L'obbligazione di consegnare una cosa certa e determinata deve essere adempiuta nel luogo in cui si trovava la cosa quando l'obbligazione è sorta (1510, 1590^{4}, 1774).

L'obbligazione avente per oggetto una somma di danaro deve essere adempiuta al domicilio (43) che il creditore ha al tempo della scadenza (1498, 1834^{2}, 1843^{2}). Se tale domicilio è diverso da quello che il creditore aveva quando è sorta l'obbligazione e ciò rende più gravoso l'adempimento, il debitore, previa dichiarazione al creditore, ha diritto di eseguire il pagamento al proprio domicilio (1219, n. 3).

Negli altri casi l'obbligazione deve essere adempiuta al domicilio che il debitore ha al tempo della scadenza (1208, n. 6, 1245; 20 c.p.c.).

1183. Tempo dell'adempimento. – Se non è determinato il tempo in cui la prestazione deve essere eseguita, il creditore può esigerla immediatamente

(1219). Qualora tuttavia, in virtù degli usi o per la natura della prestazione ovvero per il modo o il luogo dell'esecuzione, sia necessario un termine, questo, in mancanza di accordo delle parti, è stabilito dal giudice (1331, 1482, 1771, 1810, 1817).

Se il termine per l'adempimento è rimesso alla volontà del debitore, spetta egualmente al giudice di stabilirlo secondo le circostanze; se è rimesso alla volontà del creditore, il termine può essere fissato su istanza del debitore che intende liberarsi (80 att.).

1184. Termine. – Se per l'adempimento è fissato un termine (520, 637, 702^2), questo si presume a favore del debitore (1186, 1286, 1371, 1771), qualora non risulti stabilito a favore del creditore (1185, 1208, n. 4, 1457) o di entrambi (1563, 1816; 46 l. camb.).

1185. Pendenza del termine. – Il creditore non può esigere la prestazione prima della scadenza, salvo che il termine sia stabilito esclusivamente a suo favore (1184).

Tuttavia il debitore non può ripetere ciò che ha pagato anticipatamente, anche se ignorava l'esistenza del termine (2033). In questo caso però egli può ripetere, nei limiti della perdita subita, ciò di cui il creditore si è arricchito per effetto del pagamento anticipato (2041).

1186. Decadenza dal termine. – Quantunque il termine sia stabilito a favore del debitore (1184), il creditore può esigere immediatamente la prestazione se il debitore è divenuto insolvente o ha diminuito, per fatto proprio, le garanzie che aveva date (2743, 2813) o non ha dato le garanzie che aveva promesse (506^2, 1179, 1461, 1626, 1819, 1822, 1844, 1850, 1867, n. 2; 625 c.n.; 55^2, 76, 150, 210^3 l. fall.).

1187. Computo del termine. – Il termine fissato per l'adempimento delle obbligazioni è computato secondo le disposizioni dell'art. 2963.

La disposizione relativa alla proroga del termine che scade in giorno festivo si osserva se non vi sono usi diversi.

È salva in ogni caso una diversa pattuizione (155 c.p.c.; 41, 96, 97 l. camb.; 78 l. ass.).

1188. Destinatario del pagamento. – Il pagamento deve essere fatto al creditore (1000, 1189, 1190) o al suo rappresentante (1387 ss.), ovvero alla persona indicata dal creditore (1269^2, 1744, 1777) o autorizzata dalla legge o dal giudice a riceverlo (1208, n. 1, 2726, 2883).

Il pagamento fatto a chi non era legittimato a riceverlo libera il debitore, se il creditore lo ratifica (1399) o se ne ha approfittato (1190, 1444).

1189. Pagamento al creditore apparente. – Il debitore che esegue il pagamento a chi appare (1835) legittimato a riceverlo in base a circostanze univoche, è liberato se prova di essere stato in buona fede (534, 1147, 1153, 1264, 1415, 1992[2], 2559).

Chi ha ricevuto il pagamento è tenuto alla restituzione verso il vero creditore (2019[1], 2027[3]), secondo le regole stabilite per la ripetizione dell'indebito (2033 ss.).

1190. Pagamento al creditore incapace. – Il pagamento fatto al creditore incapace di riceverlo non libera il debitore, se questi non prova che ciò che fu pagato è stato rivolto a vantaggio dell'incapace (1188[2], 1191, 1443, 2039, 2041).

1191. Pagamento eseguito da un incapace. – Il debitore che ha eseguito la prestazione dovuta non può impugnare il pagamento a causa della propria incapacità (1190, 1442, 1933[2], 1950, 2034).

1192. Pagamento eseguito con cose altrui. – Il debitore non può impugnare il pagamento eseguito con cose di cui non poteva disporre, salvo che offra di eseguire la prestazione dovuta con cose di cui può disporre.

Il creditore che ha ricevuto il pagamento in buona fede (1147, 1153, 1479) può impugnarlo, salvo il diritto al risarcimento del danno (1218).

1193. Imputazione del pagamento. – Chi ha più debiti della medesima specie verso la stessa persona può dichiarare, quando paga, quale debito intende soddisfare (1195).

In mancanza di tale dichiarazione, il pagamento deve essere imputato al debito scaduto; tra più debiti scaduti, a quello meno garantito; tra più debiti garantiti, al più oneroso per il debitore; tra più debiti ugualmente onerosi, al più antico. Se tali criteri non soccorrono, l'imputazione è fatta proporzionalmente ai vari debiti (1249).

1194. Imputazione del pagamento agli interessi. – Il debitore non può imputare il pagamento al capitale, piuttosto che agli interessi e alle spese, senza il consenso del creditore (1960).

Il pagamento fatto in conto di capitale e d'interessi deve essere imputato prima agli interessi (1199).

1195. Quietanza con imputazione. – Chi, avendo più debiti, accetta una quietanza (1199) nella quale il creditore ha dichiarato di imputare il pagamento a uno di essi, non può pretendere un'imputazione diversa, se non vi è stato dolo (1439, 1440) o sorpresa da parte del creditore (2726).

1196. Spese del pagamento. – Le spese del pagamento (1199) sono a carico del debitore (672, 1215, 1245, 1475, 1510^{2}, 1774^{2}).

1197. Prestazione in luogo dell'adempimento. – Il debitore non può liberarsi eseguendo una prestazione diversa da quella dovuta, anche se di valore uguale o maggiore, salvo che il creditore consenta. In questo caso l'obbligazione si estingue quando la diversa prestazione è eseguita (1198; 67^{1}, n. 2 l. fall.).

Se la prestazione consiste nel trasferimento della proprietà o di un altro diritto, il debitore è tenuto alla garanzia per l'evizione (1483 ss.) e per i vizi della cosa (1490 ss.) secondo le norme della vendita (1476), salvo che il creditore preferisca esigere la prestazione originaria e il risarcimento del danno.

In ogni caso non rivivono le garanzie prestate dai terzi (1251, 1276, 2881, 2926^{2}, 2927^{2}).

1198. Cessione di un credito in luogo dell'adempimento. – Quando in luogo dell'adempimento è ceduto un credito (1260 ss.), l'obbligazione si estingue con la riscossione del credito, se non risulta una diversa volontà delle parti.

È salvo quanto è disposto dal secondo comma dell'art. 1267.

1199. Diritto del debitore alla quietanza. – Il creditore che riceve il pagamento deve, a richiesta e a spese del debitore (1196), rilasciare quietanza (1195, 2213^{2}, 2704) e farne annotazione sul titolo, se questo non è restituito al debitore (2704^{3}, 2726).

Il rilascio di una quietanza per il capitale fa presumere il pagamento degli interessi (1194, 1195, 1311, n. 1).

1200. Liberazione dalle garanzie. – Il creditore che ha ricevuto il pagamento deve consentire la liberazione dei beni dalle garanzie reali (2784 ss.) date per il credito e da ogni altro vincolo che comunque ne limiti la disponibilità (1208^{2}, 2784).

Sezione II
Del pagamento con surrogazione

1201. Surrogazione per volontà del creditore. – Il creditore, ricevendo il pagamento da un terzo (1180), può surrogarlo (754[1]) nei propri diritti (2843). La surrogazione deve essere fatta in modo espresso e contemporaneamente al pagamento.

1202. Surrogazione per volontà del debitore. – Il debitore, che prende a mutuo (1813 ss.) una somma di danaro o altra cosa fungibile al fine di pagare il debito, può surrogare il mutuante nei diritti del creditore, anche senza il consenso di questo.

La surrogazione ha effetto quando concorrono le seguenti condizioni:

1) che il mutuo e la quietanza risultino da atto avente data certa (2704);

2) che nell'atto di mutuo sia indicata espressamente la specifica destinazione della somma mutuata;

3) che nella quietanza si menzioni la dichiarazione del debitore circa la provenienza della somma impiegata nel pagamento. Sulla richiesta del debitore, il creditore non può rifiutarsi di inserire nella quietanza tale dichiarazione.

1203. Surrogazione legale. – La surrogazione ha luogo di diritto nei seguenti casi:

1) a vantaggio di chi, essendo creditore, ancorché chirografario, paga un altro creditore che ha diritto di essergli preferito in ragione dei suoi privilegi (2745 ss.), del suo pegno (2784 ss.) o delle sue ipoteche (1955, 2808 ss., 2856);

2) a vantaggio dell'acquirente di un immobile che, fino alla concorrenza del prezzo di acquisto, paga uno o più creditori a favore dei quali l'immobile è ipotecato (2866);

3) a vantaggio di colui che, essendo tenuto con altri o per altri al pagamento del debito, aveva interesse di soddisfarlo (1180, 1292 ss., 1299, 1316, 1949, 2871);

4) a vantaggio dell'erede con beneficio d'inventario (484), che paga con danaro proprio i debiti ereditari (490, n. 2);

5) negli altri casi stabiliti dalla legge (756, 1259, 1762, 1776, 1780[2], 1796[2], 1916, 1949, 2036, 2038, 2856, 2866, 2869, 2871; 82 l. camb.; 792 c.p.c.).

1204. Terzi garanti. – La surrogazione contemplata nei precedenti articoli ha effetto anche contro i terzi che hanno prestato garanzia per il debitore.

Se il credito è garantito da pegno, si osserva la disposizione del secondo comma dell'art. 1263.

1205. Surrogazione parziale. – Se il pagamento è parziale (1181), il terzo surrogato e il creditore concorrono nei confronti del debitore in proporzione di quanto è loro dovuto, salvo patto contrario.

Sezione III
Della mora del creditore

1206. Condizioni. – Il creditore è in mora (1217) quando, senza motivo legittimo, non riceve il pagamento offertogli nei modi indicati dagli articoli seguenti o non compie quanto è necessario affinché il debitore possa adempiere l'obbligazione (1175).

1207. Effetti. – Quando il creditore è in mora, è a suo carico l'impossibilità della prestazione sopravvenuta per causa non imputabile al debitore (1256, 1673). Non sono più dovuti gli interessi (1282 ss.) né i frutti della cosa che non siano stati percepiti dal debitore (820; 446, 449 c.n.).

Il creditore è pure tenuto a risarcire i danni derivati dalla sua mora e a sostenere le spese per la custodia e la conservazione della cosa dovuta (391^2 c.n.).

Gli effetti della mora si verificano dal giorno dell'offerta (1208 ss.), se questa è successivamente dichiarata valida con sentenza passata in giudicato (324 c.p.c.) o se è accettata dal creditore.

1208. Requisiti per la validità dell'offerta. – Affinché l'offerta sia valida è necessario (1214, 1220):

1) che sia fatta al creditore capace di ricevere o a chi ha la facoltà di ricevere per lui (1188 ss.);

2) che sia fatta da persona che può validamente adempiere (1180, 1191, 1192);

3) che comprenda la totalità della somma o delle cose dovute, dei frutti o degli interessi e delle spese liquide, e una somma per le spese non liquide, con riserva di un supplemento, se è necessario (1181, 1182);

4) che il termine sia scaduto, se stipulato in favore del creditore (1184, 1816);

5) che si sia verificata la condizione dalla quale dipende l'obbligazione (1353);

6) che l'offerta sia fatta alla persona del creditore o nel suo domicilio (43, 1182);

7) che l'offerta sia fatta da un ufficiale pubblico a ciò autorizzato (73 att.).

Il debitore può subordinare l'offerta al consenso del creditore necessario per liberare i beni dalle garanzie reali (2784 ss.) o da altri vincoli che comunque ne limitino la disponibilità (1200, 687 c.p.c.).

1209. Offerta reale e offerta per intimazione. – Se l'obbligazione ha per oggetto danaro (1277 ss.; 48 l. camb.), titoli di credito (1992 ss.), ovvero cose mobili da consegnare al domicilio del creditore (1209), l'offerta deve essere reale (73, 74 att.).

Se si tratta invece di cose mobili da consegnare in luogo diverso (1182², 1510), l'offerta consiste nell'intimazione al creditore di riceverle (73, 75 att.), fatta mediante atto a lui notificato nelle forme prescritte per gli atti di citazione (1214, 1216, 1217; 126, 137, 163 c.p.c.).

1210. Facoltà di deposito e suoi effetti liberatori. – Se il creditore rifiuta di accettare l'offerta reale o non si presenta per ricevere le cose offertegli mediante intimazione, il debitore può eseguire il deposito (1514; 77 att.; 449, 450 c.n.).

Eseguito il deposito, quando questo è accettato dal creditore o è dichiarato valido con sentenza passata in giudicato (324 c.p.c.), il debitore non può più ritirarlo ed è liberato dalla sua obbligazione (1213; 78 att.).

1211. Cose deperibili o di dispendiosa custodia. – Se le cose non possono essere conservate o sono deteriorabili, oppure se le spese della loro custodia sono eccessive, il debitore, dopo l'offerta reale o l'intimazione di ritirarle, può farsi autorizzare dal tribunale a venderle nei modi stabiliti per le cose pignorate (529 ss., 576 c.p.c.) e a depositarne il prezzo (2797).

1212. Requisiti del deposito. – Per la validità del deposito (73 att.) è necessario:

1) che sia stato preceduto da un'intimazione notificata al creditore e contenente l'indicazione del giorno, dell'ora e del luogo in cui la cosa offerta sarà depositata (74 att.);

2) che il debitore abbia consegnato la cosa, con gli interessi e i frutti dovuti fino al giorno dell'offerta (1207, 1208³), nel luogo indicato dalla legge o, in mancanza, dal giudice;

3) che sia redatto dal pubblico ufficiale un processo verbale (126 c.p.c.) da cui risulti la natura delle cose offerte, il rifiuto di riceverle da parte del creditore o la sua mancata comparizione, e infine il fatto del deposito (78 att.);

4) che, in caso di non comparizione del creditore, il processo verbale di deposito gli sia notificato con l'invito a ritirare la cosa depositata.

Il deposito che ha per oggetto somme di danaro può eseguirsi anche presso un istituto di credito (76 att.; 48 l. camb.).

1213. Ritiro del deposito. – Il deposito non produce effetto se il debitore lo ritira prima che sia stato accettato dal creditore o prima che sia stato riconosciuto valido con sentenza passata in giudicato (1210; 324 c.p.c.).

Se, dopo l'accettazione del deposito o il passaggio in giudicato della sentenza che lo dichiara valido, il creditore consente che il debitore ritiri il deposito, egli non può più rivolgersi contro i condebitori e i fideiussori, né valersi dei privilegi, del pegno e delle ipoteche che garantivano il credito (1197[3], 1251, 1276, 2878).

1214. Offerta secondo gli usi e deposito. – Se il debitore ha offerto la cosa dovuta nelle forme d'uso anziché in quelle prescritte dagli articoli 1208 e 1209 (1217, 1517), gli effetti della mora si verificano dal giorno in cui egli esegue il deposito (1210; 73, 77 att.) a norma dell'art. 1212, se questo è accettato dal creditore o è dichiarato valido con sentenza passata in giudicato (1220; 324 c.p.c.).

1215. Spese. – Quando l'offerta reale e il deposito sono validi, le spese occorse sono a carico del creditore (1196).

1216. Intimazione di ricevere la consegna di un immobile. – Se deve essere consegnato un immobile, l'offerta consiste nell'intimazione al creditore di prenderne possesso. L'intimazione deve essere fatta nella forma prescritta dal secondo comma dell'art. 1209 (73, 75 att.).

Il debitore, dopo l'intimazione al creditore, può ottenere dal giudice (79 att.) la nomina di un sequestratario. In questo caso egli è liberato dal momento in cui ha consegnato al sequestratario la cosa dovuta (2905, 2906; 671 c.p.c.).

1217. Obbligazioni di fare. – Se la prestazione consiste in un fare, il creditore è costituito in mora (1206) mediante l'intimazione di ricevere la prestazione o di compiere gli atti che sono da parte sua necessari per renderla possibile.

L'intimazione può essere fatta nelle forme d'uso (1214; 80 att.).

Capo III
Dell'inadempimento delle obbligazioni

1218. Responsabilità del debitore. – Il debitore che non esegue esattamente la prestazione dovuta (1176, 1181, 1197) è tenuto al risarcimento del danno (1223 ss.), se non prova che l'inadempimento o il ritardo è stato determinato da impossibilità (1256 ss.) della prestazione derivante da causa a lui non imputabile.

1219. Costituzione in mora. – Il debitore (1218) è costituito in mora mediante intimazione o richiesta fatta per iscritto (1183, 1308, 2943).

Non è necessaria la costituzione in mora:

1) quando il debito deriva da fatto illecito (2043 ss.);

2) quando il debitore ha dichiarato per iscritto di non volere eseguire l'obbligazione (1460);

3) quando è scaduto il termine (1183 ss.), se la prestazione deve essere eseguita al domicilio (43) del creditore (1182[3]). Se il termine scade dopo la morte del debitore, gli eredi non sono costituiti in mora che mediante intimazione o richiesta fatta per iscritto, e decorsi otto giorni dall'intimazione o dalla richiesta (1334, 1335).

1220. Offerta non formale. – Il debitore non può essere considerato in mora, se tempestivamente ha fatto offerta della prestazione dovuta (1460), anche senza osservare le forme indicate nella sezione III del precedente capo (1208 ss.), a meno che il creditore l'abbia rifiutata per un motivo legittimo (1181).

1221. Effetti della mora sul rischio. – Il debitore che è in mora non è liberato per la sopravvenuta impossibilità della prestazione derivante da causa a lui non imputabile (1218, 1256), se non prova che l'oggetto della prestazione sarebbe ugualmente perito presso il creditore (1256, 1805, 2697).

In qualunque modo sia perita o smarrita (1257) una cosa illecitamente sottratta, la perdita di essa non libera chi l'ha sottratta dall'obbligo di restituirne il valore.

1222. Inadempimento di obbligazioni negative. – Le disposizioni sulla mora (1219 ss.) non si applicano alle obbligazioni di non fare; ogni fatto compiuto in violazione di queste costituisce di per sé inadempimento.

1223. Risarcimento del danno. – Il risarcimento del danno per l'inadempimento o per il ritardo (1218 ss., 1274) deve comprendere così la perdita subita dal creditore come il mancato guadagno (2056[2]), in quanto ne siano conseguenza immediata e diretta (1382, 1518, 1589, 1591, 1696, 1905, 2056 ss.).

1224. Danni nelle obbligazioni pecuniarie. – Nelle obbligazioni che hanno per oggetto una somma di danaro (1277 ss.), sono dovuti dal giorno della mora gli interessi legali (1284^{1}), anche se non erano dovuti precedentemente e anche se il creditore non prova di aver sofferto alcun danno (1282; 55, 56 l. camb.; 50, 51 l. ass.). Se prima della mora erano dovuti interessi in misura superiore a quella legale (1284^{3}), gli interessi moratori sono dovuti nella stessa misura (1950^{3}).

Al creditore che dimostra di aver subito un danno maggiore spetta l'ulteriore risarcimento. Questo non è dovuto se è stata convenuta la misura degli interessi moratori (1382).

1225. Prevedibilità del danno. – Se l'inadempimento o il ritardo non dipende da dolo del debitore, il risarcimento è limitato al danno che poteva prevedersi nel tempo in cui è sorta l'obbligazione.

1226. Valutazione equitativa del danno. – Se il danno non può essere provato nel suo preciso ammontare, è liquidato dal giudice con valutazione equitativa (2056).

1227. Concorso del fatto colposo del creditore. – Se il fatto colposo (2043) del creditore ha concorso a cagionare il danno, il risarcimento è diminuito secondo la gravità della colpa e l'entità delle conseguenze che ne sono derivate (2055^{2}, 2056; 484^{1}, 966^{1} c.n.).

Il risarcimento non è dovuto per i danni che il creditore avrebbe potuto evitare usando l'ordinaria diligenza (1176).

1228. Responsabilità per fatto degli ausiliari. – Salva diversa volontà delle parti, il debitore che nell'adempimento dell'obbligazione si vale dell'opera di terzi, risponde anche dei fatti dolosi o colposi di costoro (1229^{2}, 1717, 1785 *bis*, 2049).

1229. Clausole di esonero da responsabilità. – È nullo qualsiasi patto che esclude o limita preventivamente la responsabilità del debitore per dolo o per colpa grave (1341^{2}, 1490^{2}, 1579, 1681^{2}, 1694, 1713^{2}, 1785 *quater*, 1838, 1900, 1917).

È nullo altresì qualsiasi patto preventivo di esonero o di limitazione di responsabilità per i casi in cui il fatto del debitore (1579) o dei suoi ausiliari (1228) costituisca violazione di obblighi derivanti da norme di ordine pubblico (1580, 2087).

Capo IV
Dei modi di estinzione delle obbligazioni diversi dall'adempimento

Sezione I
Della novazione

1230. Novazione oggettiva. – L'obbligazione si estingue quando le parti sostituiscono all'obbligazione originaria una nuova obbligazione con oggetto o titolo (1173) diverso (1246, 1256[2], 1300, 1325, n. 2).

La volontà di estinguere l'obbligazione precedente deve risultare in modo non equivoco (1268[1], 1272[1], 1273[2], 1937; 66 l. camb.; 58 l. ass.).

1231. Modalità che non importano novazione. – Il rilascio di un documento o la sua rinnovazione, l'apposizione o l'eliminazione di un termine (1184 ss., 1823) e ogni altra modificazione accessoria dell'obbligazione non producono novazione.

1232. Privilegi, pegno e ipoteche. – I privilegi (2745 ss.), il pegno (2784 ss.) e le ipoteche (2808 ss.) del credito originario si estinguono, se le parti non convengono espressamente di mantenerli per il nuovo credito (1275, 2745, 2784, 2802, 2878).

1233. Riserva delle garanzie nelle obbligazioni solidali. – Se la novazione si effettua tra il creditore e uno dei debitori in solido (1292 ss.) con effetto liberatorio per tutti (1300), i privilegi, il pegno e le ipoteche del credito anteriore possono essere riservati soltanto sui beni del debitore che fa novazione (1232).

1234. Inefficacia della novazione. – La novazione è senza effetto, se non esisteva (1418 ss.) l'obbligazione originaria (2881).

Qualora l'obbligazione originaria derivi da un titolo annullabile (1425 ss.), la novazione è valida se il debitore ha assunto validamente il nuovo debito conoscendo il vizio del titolo originario (1442, 1444[2]).

1235. Novazione soggettiva. – Quando un nuovo debitore è sostituito a quello originario che viene liberato, si osservano le norme contenute nel capo VI di questo titolo (1268 ss.).

Sezione II
Della remissione

1236. Dichiarazione di remissione del debito. – La dichiarazione del creditore di rimettere il debito estingue l'obbligazione quando è comunicata al debitore (1334), salvo che questi dichiari in un congruo termine di non volerne profittare (649[1], 1301, 1320, 1333, 1411[2], 2113, 2726).

1237. Restituzione volontaria del titolo. – La restituzione volontaria del titolo originale del credito, fatta dal creditore al debitore, costituisce prova (52[4] l. camb.; 47[4] l. fall.) della liberazione (2726) anche rispetto ai condebitori in solido (648[2], 1292, 1301[1], 1701).

Se il titolo del credito è in forma pubblica (2699), la consegna volontaria della copia spedita in forma esecutiva (2714; 475 c.p.c.) fa presumere la liberazione, salva la prova contraria.

1238. Rinunzia alle garanzie. – La rinunzia alle garanzie dell'obbligazione non fa presumere la remissione del debito (1240).

1239. Fideiussori. – La remissione accordata al debitore principale libera i fideiussori (1247, 1253, 1936 ss., 1945).

La remissione accordata a uno dei fideiussori non libera gli altri che per la parte del fideiussore liberato. Tuttavia se gli altri fideiussori hanno consentito la liberazione, essi rimangono obbligati per l'intero (1301[1]).

1240. Rinunzia a una garanzia verso corrispettivo. – Il creditore che ha rinunziato, verso corrispettivo, alla garanzia prestata da un terzo (1238) deve imputare al debito principale quanto ha ricevuto, a beneficio del debitore e di coloro che hanno prestato garanzia per l'adempimento dell'obbligazione.

Sezione III
Della compensazione

1241. Estinzione per compensazione. – Quando due persone sono obbligate l'una verso l'altra, i due debiti si estinguono per le quantità corrispondenti, secondo le norme degli articoli che seguono (1252, 1302 ss., 1320, 1853, 1930, 1931, 2271; 35, 92 c.p.c.; 56 l. fall.).

1242. Effetti della compensazione. – La compensazione estingue i due debiti dal giorno della loro coesistenza. Il giudice non può rilevarla d'ufficio.

La prescrizione (2934 ss.) non impedisce la compensazione, se non era compiuta quando si è verificata la coesistenza dei due debiti (35 c.p.c.).

1243. Compensazione legale e giudiziale. – La compensazione si verifica solo tra due debiti che hanno per oggetto una somma di danaro o una quantità di cose fungibili dello stesso genere (1853) e che sono ugualmente liquidi ed esigibili (1244, 1248², 2805², 2917; 56 l. fall.).

Se il debito opposto in compensazione non è liquido ma è di facile e pronta liquidazione, il giudice può dichiarare la compensazione per la parte del debito che riconosce esistente, e può anche sospendere la condanna per il credito liquido fino all'accertamento del credito opposto in compensazione (35 c.p.c.).

1244. Dilazione. – La dilazione concessa gratuitamente dal creditore non è di ostacolo alla compensazione.

1245. Debiti non pagabili nello stesso luogo. – Quando i due debiti non sono pagabili nello stesso luogo, si devono computare le spese del trasporto al luogo del pagamento (1182, 1196).

1246. Casi in cui la compensazione non si verifica. – La compensazione si verifica qualunque sia il titolo (1230, 1256, 1325, n. 2) dell'uno o dell'altro debito, eccettuati i casi:

1) di credito per la restituzione di cose di cui il proprietario sia stato ingiustamente spogliato (1168 ss.);

2) di credito per la restituzione di cose depositate (1766 ss., 1853) o date in comodato (1803 ss.);

3) di credito dichiarato impignorabile (1881, 1923; 545 c.p.c.);

4) di rinunzia alla compensazione fatta preventivamente dal debitore;

5) di divieto stabilito dalla legge (447², 1248², 1272 ss., 2271; 56 l. fall.).

1247. Compensazione opposta da terzi garanti. – Il fideiussore (1936 ss.) può opporre in compensazione il debito che il creditore ha verso il debitore principale (1239, 1939, 1945).

Lo stesso diritto spetta al terzo che ha costituito un'ipoteca (2808²) o un pegno (2784, 2859, 2870).

1248. Inopponibilità della compensazione. – Il debitore, se ha accettato puramente e semplicemente la cessione (1260) che il creditore ha fatta delle sue ragioni a un terzo (1264), non può opporre al cessionario la compensazione che avrebbe potuto opporre al cedente (1272, 1409, 2805).

La cessione non accettata dal debitore, ma a questo notificata, impedisce la compensazione dei crediti sorti (1243¹) posteriormente alla notificazione (1265).

1249. Compensazione di più debiti. – Quando una persona ha verso un'altra più debiti compensabili, si osservano per la compensazione le disposizioni del secondo comma dell'art. 1193 (1246).

1250. Compensazione rispetto ai terzi. – La compensazione non si verifica (1830) in pregiudizio dei terzi che hanno acquistato diritti di usufrutto (1000) o di pegno su uno dei crediti (1254, 2800 ss., 2917).

1251. Garanzie annesse al credito. – Chi ha pagato un debito mentre poteva invocare la compensazione non può più valersi, in pregiudizio dei terzi, dei privilegi e delle garanzie a favore del suo credito, salvo che abbia ignorato l'esistenza di questo per giusti motivi (1213^2, 1276).

1252. Compensazione volontaria. – Per volontà delle parti può aver luogo compensazione anche se non ricorrono le condizioni previste dagli articoli precedenti.

Le parti possono anche stabilire preventivamente le condizioni di tale compensazione (1823 ss.).

Sezione IV
Della confusione

1253. Effetti della confusione. – Quando le qualità di creditore e di debitore si riuniscono nella stessa persona, l'obbligazione si estingue (1014, n. 2, 1072, 1303), e i terzi che hanno prestato garanzia per il debitore sono liberati (1239, 1247, 1320, 1939, 1945).

1254. Confusione rispetto ai terzi. – La confusione non opera in pregiudizio dei terzi che hanno acquistato diritti di usufrutto (1000) o di pegno (2800) sul credito (978 ss., 1250, 2917).

1255. Riunione delle qualità di fideiussore e di debitore. – Se nella medesima persona si riuniscono le qualità di fideiussore e di debitore principale, la fideiussione resta in vita (1945), purché il creditore vi abbia interesse (1955).

Sezione V
Dell'impossibilità sopravvenuta per causa non imputabile al debitore

1256. Impossibilità definitiva e impossibilità temporanea. – L'obbligazione si estingue quando, per una causa non imputabile al debitore, la prestazione diventa impossibile.

Se l'impossibilità è solo temporanea, il debitore, finché essa perdura, non è responsabile del ritardo nell'adempimento (1183, 1219). Tuttavia l'obbligazione si estingue se l'impossibilità perdura fino a quando, in relazione al titolo della obbligazione o alla natura dell'oggetto, il debitore non può essere ritenuto obbligato a eseguire la prestazione ovvero il creditore non ha più interesse a conseguirla (1174, 1288 ss.).

1257. Smarrimento di cosa determinata. – La prestazione che ha per oggetto una cosa determinata si considera divenuta impossibile anche quando la cosa è smarrita senza che possa esserne provato il perimento (1221).

In caso di successivo ritrovamento della cosa (927 ss.), si applicano le disposizioni del secondo comma dell'articolo precedente.

1258. Impossibilità parziale. – Se la prestazione è divenuta impossibile solo in parte, il debitore si libera dall'obbligazione eseguendo la prestazione per la parte che è rimasta possibile (1181, 1281, 1464, 2175).

La stessa disposizione si applica quando, essendo dovuta una cosa determinata, questa ha subito un deterioramento, o quando residua alcunché dal perimento totale della cosa (994, 996).

1259. Subingresso del creditore nei diritti del debitore. – Se la prestazione che ha per oggetto una cosa determinata è divenuta impossibile, in tutto o in parte, il creditore subentra nei diritti spettanti al debitore in dipendenza del fatto che ha causato l'impossibilità, e può esigere dal debitore la prestazione di quanto questi abbia conseguito a titolo di risarcimento (1203, 1780, 2742).

Capo V
Della cessione dei crediti

1260. Cedibilità dei crediti. – Il creditore può trasferire a titolo oneroso o gratuito il suo credito (1198), anche senza il consenso del debitore (1375), purché il credito non abbia carattere strettamente personale (447) o il trasferimento non sia vietato dalla legge (323, 378, 447, 1261, 1471, 1823).

Le parti possono escludere la cedibilità del credito (1379, 1823); ma il patto non è opponibile al cessionario, se non si prova che egli lo conosceva al tempo della cessione.

1261. Divieti di cessione. – I magistrati dell'ordine giudiziario (1471), i funzionari delle cancellerie e segreterie giudiziarie, gli ufficiali giudiziari, gli avvocati, i procuratori, i patrocinatori e i notai non possono, neppure per interposta persona, rendersi cessionari di diritti sui quali è sorta contestazione davanti l'autorità giudiziaria di cui fanno parte o nella cui giurisdizione esercitano le loro funzioni, sotto pena di nullità e dei danni.

La disposizione del comma precedente non si applica alle cessioni di azioni ereditarie tra coeredi, né a quelle fatte in pagamento di debiti o per difesa di beni posseduti dal cessionario.

1262. Documenti probatori del credito. – Il cedente deve consegnare al cessionario i documenti probatori del credito che sono in suo possesso (1477).

Se è stata ceduta solo una parte del credito, il cedente è tenuto a dare al cessionario una copia autentica (2703) dei documenti.

1263. Accessori del credito. – Per effetto della cessione, il credito è trasferito al cessionario con i privilegi (2745 ss.), con le garanzie personali (1936 ss.) e reali (2784 ss.) e con gli altri accessori (2843; 25 l. camb.).

Il cedente non può trasferire al cessionario, senza il consenso del costituente, il possesso della cosa ricevuta in pegno (2792); in caso di dissenso, il cedente rimane custode del pegno (1204).

Salvo patto contrario, la cessione non comprende i frutti scaduti (821, 1531[1]).

1264. Efficacia della cessione riguardo al debitore ceduto. – La cessione ha effetto nei confronti del debitore ceduto quando questi l'ha accettata o quando gli è stata notificata (967, 1248, 1407, 2914, n. 2; 137 c.p.c.).

Tuttavia, anche prima della notificazione, il debitore che paga al cedente non è liberato, se il cessionario prova che il debitore medesimo era a conoscenza dell'avvenuta cessione (1189, 1978, 2559).

1265. Efficacia della cessione riguardo ai terzi. – Se il medesimo credito ha formato oggetto di più cessioni a persone diverse (1605[1]), prevale la cessione notificata (137 c.p.c.) per prima al debitore, o quella che è stata prima accettata dal debitore con atto di data certa (2704), ancorché essa sia di data posteriore (1155, 1248, 1380, 2559).

La stessa norma si osserva quando il credito ha formato oggetto di costituzione di usufrutto (978, 1000) o di pegno (1978, 2800, 2914).

1266. Obbligo di garanzia del cedente. – Quando la cessione è a titolo oneroso, il cedente è tenuto a garantire l'esistenza del credito al tempo della cessione (1410). La garanzia può essere esclusa per patto, ma il cedente resta sempre obbligato per il fatto proprio (1487[2]).

Se la cessione è a titolo gratuito, la garanzia è dovuta solo nei casi e nei limiti in cui la legge pone a carico del donante la garanzia per l'evizione (797, 1410).

1267. Garanzia della solvenza del debitore. – Il cedente non risponde della solvenza del debitore (2255), salvo che ne abbia assunto la garanzia (760, 1198, 1829, 1858). In questo caso egli risponde nei limiti di quanto ha ricevuto; deve inoltre corrispondere gli interessi, rimborsare le spese della cessione e quelle che il cessionario abbia sopportate per escutere il debitore, e risarcire il danno (19 l. camb.; 21 l. ass.). Ogni patto diretto ad aggravare la responsabilità del cedente è senza effetto (1410, 1419).

Quando il cedente ha garantito la solvenza del debitore, la garanzia cessa, se la mancata realizzazione del credito per insolvenza del debitore è dipesa da negligenza del cessionario nell'iniziare o nel proseguire le istanze contro il debitore stesso (1198, 1957[2]).

Capo VI
Della delegazione, dell'espromissione e dell'accollo

1268. Delegazione cumulativa. – Se il debitore assegna al creditore un nuovo debitore, il quale si obbliga verso il creditore, il debitore originario non è liberato dalla sua obbligazione, salvo che il creditore dichiari espressamente (1230^2, 1272^1, 1273^2, 1937) di liberarlo (1274).

Tuttavia il creditore che ha accettato l'obbligazione del terzo non può rivolgersi al delegante, se prima non ha richiesto al delegato l'adempimento (1530, 1408).

1269. Delegazione di pagamento. – Se il debitore per eseguire il pagamento ha delegato un terzo (1272), questi può obbligarsi verso il creditore, salvo che il debitore l'abbia vietato.

Il terzo delegato per eseguire il pagamento non è tenuto ad accettare l'incarico, ancorché sia debitore del delegante (1188^1). Sono salvi gli usi diversi.

1270. Estinzione della delegazione. – Il delegante può revocare la delegazione, fino a quando il delegato non abbia assunto l'obbligazione in confronto del delegatario o non abbia eseguito il pagamento a favore di questo (1723).

Il delegato può assumere l'obbligazione o eseguire il pagamento a favore del delegatario anche dopo la morte o la sopravvenuta incapacità del delegante (1275, 1330, 1929).

1271. Eccezioni opponibili dal delegato. – Il delegato può opporre al delegatario le eccezioni relative ai suoi rapporti con questo.

Se le parti non hanno diversamente pattuito, il delegato non può opporre al delegatario, benché questi ne fosse stato a conoscenza, le eccezioni che avrebbe potuto opporre al delegante, salvo che sia nullo il rapporto tra delegante e delegatario (1409).

Il delegato non può neppure opporre le eccezioni relative al rapporto tra il delegante e il delegatario, se ad esso le parti non hanno fatto espresso riferimento (1530^2).

1272. Espromissione. – Il terzo che, senza delegazione del debitore (1180), ne assume verso il creditore il debito, è obbligato in solido (1292 ss.) col debitore originario, se il creditore non dichiara espressamente di liberare quest'ultimo (1230^2, 1268^1, 1273^2, 1937).

Se non si è convenuto diversamente, il terzo non può opporre al creditore le eccezioni relative ai suoi rapporti col debitore originario (1409, 1413).

Può opporgli invece le eccezioni che al creditore avrebbe potuto opporre il debitore originario, se non sono personali a quest'ultimo e non derivano da fatti successivi all'espromissione. Non può opporgli la compensazione (1241) che avrebbe potuto opporre il debitore originario, quantunque si sia verificata prima dell'espromissione (1248, 1275).

1273. Accollo. – Se il debitore e un terzo convengono che questi assuma il debito dell'altro, il creditore può aderire alla convenzione, rendendo irrevocabile la stipulazione a suo favore (1411).

L'adesione del creditore importa liberazione del debitore originario solo se ciò costituisce condizione espressa della stipulazione o se il creditore dichiara espressamente di liberarlo (1230^2, 1268^2, 1272^1, 1274, 1937).

Se non vi è liberazione del debitore, questi rimane obbligato in solido col terzo (1292).

In ogni caso il terzo è obbligato verso il creditore che ha aderito alla stipulazione nei limiti in cui ha assunto il debito, e può opporre al creditore le eccezioni fondate sul contratto in base al quale l'assunzione è avvenuta (1409, 1411, 1413).

1274. Insolvenza del nuovo debitore. – Il creditore che, in seguito a delegazione, ha liberato il debitore originario, non ha azione contro di lui se il delegato diviene insolvente, salvo che ne abbia fatto espressa riserva (1268).

Tuttavia, se il delegato era insolvente al tempo in cui assunse il debito in confronto del creditore, il debitore originario non è liberato (1276).

Le medesime disposizioni si osservano quando il creditore ha aderito all'accollo stipulato a suo favore e la liberazione del debitore originario era condizione espressa della stipulazione (1273^2).

1275. Estinzione delle garanzie. – In tutti i casi nei quali il creditore libera il debitore originario, si estinguono le garanzie annesse al credito, se colui che le ha prestate non consente espressamente a mantenerle (1232, 1276, 2878).

1276. Invalidità della nuova obbligazione. – Se l'obbligazione assunta dal nuovo debitore verso il creditore è dichiarata nulla (1418) o annullata (1425), e il creditore aveva liberato il debitore originario, l'obbligazione di questo rivive, ma il creditore non può valersi delle garanzie prestate da terzi (1197, 1213, 1418, 1425, 2881).

Capo VII
Di alcune specie di obbligazioni

Sezione I
Delle obbligazioni pecuniarie

1277. Debito di somma di danaro. – I debiti pecuniari si estinguono con moneta avente corso legale nello Stato al tempo del pagamento e per il suo valore nominale (1278).

Se la somma dovuta era determinata in una moneta che non ha più corso legale al tempo del pagamento, questo deve farsi in moneta legale ragguagliata per valore alla prima (1281).

1278. Debito di somma di monete non aventi corso legale. – Se la somma dovuta è determinata in una moneta non avente corso legale nello Stato, il debitore ha facoltà di pagare in moneta legale, al corso del cambio nel giorno della scadenza e nel luogo stabilito per il pagamento (1182, 1196, 1281; 47 l. camb.; 39 l. ass.).

1279. Clausola di pagamento effettivo in monete non aventi corso legale. – La disposizione dell'articolo precedente non si applica, se la moneta non avente corso legale nello Stato è indicata con la clausola «effettivo» o altra equivalente, salvo che alla scadenza dell'obbligazione non sia possibile procurarsi tale moneta (1281; 47 l. camb.; 39 l. ass.).

1280. Debito di specie monetaria avente valore intrinseco. – Il pagamento deve farsi con una specie di moneta avente valore intrinseco, se così è stabilito dal titolo costitutivo del debito, sempreché la moneta avesse corso legale al tempo in cui l'obbligazione fu assunta.

Se però la moneta non è reperibile, o non ha più corso, o ne è alterato il valore intrinseco, il pagamento si effettua con moneta corrente che rappresenti il valore intriseco che la specie monetaria dovuta aveva al tempo in cui l'obbligazione fu assunta.

1281. Leggi speciali. – Le norme che precedono si osservano in quanto non siano in contrasto con i principi derivanti da leggi speciali.

Sono salve le disposizioni particolari concernenti i pagamenti da farsi fuori del territorio dello Stato.

1282. Interessi nelle obbligazioni pecuniarie. – I crediti liquidi ed esigibili (1499) di somme di danaro producono interessi di pieno diritto (1224), salvo che la legge (506, 669, 1207, 1499, 1714, 1815[2], 2033, 2036, 2151, 2154) o il titolo stabiliscano diversamente (2948, n. 4; 5, 105 l. camb.; 7 l. ass.).

Salvo patto contrario, i crediti per fitti (1639) e pigioni (1587, n. 2) non producono interessi se non dalla costituzione in mora (1219).

Se il credito ha per oggetto rimborso di spese fatte per cose da restituire, non decorrono interessi per il periodo di tempo in cui chi ha fatto le spese abbia goduto della cosa senza corrispettivo e senza essere tenuto a render conto del godimento.

1283. ([1]) **Anatocismo.** – In mancanza di usi contrari (1834), gli interessi scaduti possono produrre interessi solo dal giorno della domanda giudiziale o per effetto di convenzione posteriore alla loro scadenza, e sempre che si tratti di interessi dovuti almeno per sei mesi.

([1]) *A norma dell'art. 37, comma 50, del D.L. 4 luglio 2006, n. 223, convertito, con modificazioni, nella L. 4 agosto 2006, n. 248, gli interessi previsti per il rimborso di tributi non producono in nessun caso interessi ai sensi di questo articolo.*

1284. ([1]) **Saggio degli interessi.** – Il saggio degli interessi legali è determinato in misura pari allo 0,8 per cento in ragione d'anno ([2]). Il Ministro del tesoro, con proprio decreto pubblicato nella *Gazzetta Ufficiale* della Repubblica italiana non oltre il 15 dicembre dell'anno precedente a quello cui il saggio si riferisce, può modificarne annualmente la misura, sulla base del rendimento medio annuo lordo dei titoli di Stato di durata non superiore a dodici mesi e tenuto conto del tasso di inflazione registrato nell'anno. Qualora entro il 15 dicembre non sia fissata una nuova misura del saggio, questo rimane invariato per l'anno successivo ([3]).

Allo stesso saggio si computano gli interessi convenzionali, se le parti non ne hanno determinato la misura.

Gli interessi superiori alla misura legale devono essere determinati per iscritto (2725); altrimenti sono dovuti nella misura legale (1815).

Se le parti non ne hanno determinato la misura, dal momento in cui è proposta domanda giudiziale il saggio degli interessi legali è pari a quello previsto dalla legislazione speciale relativa ai ritardi di pagamento nelle transazioni commerciali ([4]).

La disposizione del quarto comma si applica anche all'atto con cui si promuove il procedimento arbitrale ([4]).

([1]) *Articolo così sostituito dall'art. 1 della L. 26 novembre 1990, n. 353, provvedimenti urgenti per il processo civile, a far tempo dal 16 dicembre 1990. Si vedano: la L. 7 marzo 1996, n. 108 e il D.P.R. 11 giugno 1997, n. 315, in materia di usura.*

([2]) *Il saggio degli interessi legali è stato così determinato dal D.M. 12 dicembre 2018, con decorrenza 1° gennaio 2019. Il saggio degli interessi legali dal 1° gennaio 2018 al 31 dicembre 2018 era dello 0,3%; il saggio degli interessi legali dal 1° gennaio 2017 al 31 dicembre 2017 era dello 0,1%; dal 1° gennaio 2016 al 31 dicembre 2016 era dello 0,2%; dal 1° gennaio 2015 al 31 dicembre 2015 era dello 0,5%; dal 1° gennaio 2014 al 31 dicembre 2014 era dell'1%; dal 1° gennaio 2012 al 31 dicembre 2013 era del 2,5%; dal 1° gennaio 2011 al 31 dicembre 2011 era del 1,5%; dal 1° gennaio 2010 al 31 dicembre 2010 era del 1%; dal 1 gennaio 2008 al 31 dicembre 2009 era del 3 per cento; dal 1° gennaio 2004 al 31 dicembre 2007, era del 2,5 per cento annuo.*

(3) Questo comma è stato così sostituito dall'art. 2, comma 185, della L. 23 dicembre 1996, n. 662, a decorrere dal 1° gennaio 1997.

(4) Questo comma è stato aggiunto dall'art. 17, comma 1, del D.L. 12 settembre 2014, n. 132, convertito, con modificazioni, nella L. 10 novembre 2014, n. 162. Tali disposizioni producono effetti rispetto ai procedimenti iniziati a decorrere dal trentesimo giorno successivo all'entrata in vigore della legge di conversione del presente decreto (Suppl. ord. alla G.U. Serie gen. - n. 261 del 10 novembre 2014).

Sezione II
Delle obbligazioni alternative

1285. Obbligazione alternativa. – Il debitore di un'obbligazione alternativa si libera eseguendo una delle due prestazioni dedotte in obbligazione, ma non può costringere il creditore a ricevere parte dell'una e parte dell'altra (1181, 1291).

1286. Facoltà di scelta. – La scelta spetta al debitore (1184, 1287), se non è stata attribuita al creditore o ad un terzo (665).

La scelta diviene irrevocabile con l'esecuzione di una delle due prestazioni, ovvero con la dichiarazione di scelta, comunicata all'altra parte, o ad entrambe se la scelta è fatta da un terzo (1453^2, 1492^2).

Se la scelta deve essere fatta da più persone, il giudice può fissare loro un termine. Se la scelta non è fatta nel termine stabilito, essa è fatta dal giudice (1349; 81 att.; 749 c.p.c.).

1287. Decadenza dalla facoltà di scelta. – Quando il debitore, condannato alternativamente a due prestazioni, non ne esegue alcuna nel termine assegnatogli dal giudice, la scelta spetta al creditore.

Se la facoltà di scelta spetta al creditore e questi non l'esercita nel termine stabilito o in quello fissatogli dal debitore, la scelta passa a quest'ultimo.

Se la scelta è rimessa a un terzo e questi non la fa nel termine assegnatogli, essa è fatta dal giudice (631, 664, 1349; 81 att.).

1288. Impossibilità di una delle prestazioni. – L'obbligazione alternativa si considera semplice, se una delle due prestazioni non poteva formare oggetto di obbligazione o se è divenuta impossibile per causa non imputabile ad alcuna delle parti (1218, 1256, 1346, 1557).

1289. Impossibilità colposa di una delle prestazioni. – Quando la scelta spetta al debitore, l'obbligazione alternativa diviene semplice, se una delle due prestazioni diventa impossibile anche per causa a lui imputabile. Se una delle due prestazioni diviene impossibile per colpa del creditore, il debitore è liberato dall'obbligazione, qualora non preferisca eseguire l'altra prestazione e chiedere il risarcimento dei danni.

Quando la scelta spetta al creditore, il debitore è liberato dall'obbligazione, se una delle due prestazioni diviene impossibile per colpa del creditore, salvo che questi preferisca esigere l'altra prestazione e risarcire il danno. Se dell'impossibilità deve rispondere il debitore, il creditore può scegliere l'altra prestazione o esigere il risarcimento del danno.

1290. Impossibilità sopravvenuta di entrambe le prestazioni. – Qualora entrambe le prestazioni siano divenute impossibili e il debitore debba rispondere riguardo a una di esse, egli deve pagare l'equivalente di quella che è divenuta impossibile per l'ultima, se la scelta spettava a lui. Se la scelta spettava al creditore, questi può domandare l'equivalente dell'una o dell'altra.

1291. Obbligazione con alternativa multipla. – Le regole stabilite in questa sezione si osservano anche quando le prestazioni dedotte in obbligazione sono più di due.

Sezione III
Delle obbligazioni in solido

1292. Nozione della solidarietà. – L'obbligazione è in solido quando più debitori sono obbligati tutti per la medesima prestazione, in modo che ciascuno può essere costretto all'adempimento per la totalità e l'adempimento da parte di uno libera gli altri; oppure quando tra più creditori ciascuno ha diritto di chiedere l'adempimento dell'intera obbligazione (1840, 1854) e l'adempimento conseguito da uno di essi libera il debitore verso tutti i creditori (1296; 61 ss. l. fall.).

1293. Modalità varie dei singoli rapporti. – La solidarietà non è esclusa dal fatto che i singoli debitori siano tenuti ciascuno con modalità diverse, o il debitore comune sia tenuto con modalità diverse (1268, 1408, 1944, 2268) di fronte ai singoli creditori (1297).

1294. Solidarietà tra condebitori. – I condebitori sono tenuti in solido (1292), se dalla legge o dal titolo non risulta diversamente.

1295. Divisibilità tra gli eredi. – Salvo patto contrario, l'obbligazione si divide tra gli eredi di uno dei condebitori o di uno dei creditori in solido, in proporzione delle rispettive quote (752, 754, 1318, 1319, 1507[2], 1509[1]).

1296. Scelta del creditore per il pagamento. – Il debitore ha la scelta di pagare all'uno o all'altro dei creditori in solido (1292), quando non è stato prevenuto da uno di essi con domanda giudiziale (1301).

1297. Eccezioni personali. – Uno dei debitori in solido non può opporre al creditore le eccezioni personali agli altri debitori (1945).

A uno dei creditori in solido il debitore non può opporre le eccezioni personali agli altri creditori (1293).

1298. Rapporti interni tra debitori o creditori solidali. – Nei rapporti interni l'obbligazione in solido si divide tra i diversi debitori o tra i diversi creditori, salvo che sia stata contratta nell'interesse esclusivo di alcuno di essi (1299, 2263).

Le parti di ciascuno si presumono uguali, se non risulta diversamente (1301, 2055^{3}).

1299. Regresso tra condebitori. – Il debitore in solido che ha pagato l'intero debito (61^{2}, $62^{2\text{-}3}$ l. fall.) può ripetere (1203, n. 3) dai condebitori soltanto la parte di ciascuno di essi (1310^{2}, 1954).

Se uno di questi è insolvente, la perdita si ripartisce per contributo tra gli altri condebitori, compreso quello che ha fatto il pagamento (754, 755).

La stessa norma si applica qualora sia insolvente il condebitore nel cui esclusivo interesse l'obbligazione era stata assunta (1203, n. 3, 1298, 1313, 2871).

1300. Novazione. – La novazione (1230) tra il creditore e uno dei debitori in solido libera gli altri debitori (1233). Qualora però si sia voluto limitare la novazione a uno solo dei debitori, gli altri non sono liberati che per la parte di quest'ultimo.

Se convenuta tra uno dei creditori in solido e il debitore, la novazione ha effetto verso gli altri creditori solo per la parte del primo (1268, 1320).

1301. Remissione. – La remissione (1236 ss.) a favore di uno dei debitori in solido libera anche gli altri debitori (1237), salvo che il creditore abbia riservato il suo diritto verso gli altri, nel qual caso il creditore non può esigere il credito da questi, se non detratta la parte del debitore a favore del quale ha consentito la remissione (1311).

Se la remissione è fatta da uno dei creditori in solido, essa libera il debitore verso gli altri creditori solo per la parte spettante al primo (1239, 1320; 135, 184 l. fall.).

1302. Compensazione. – Ciascuno dei debitori in solido può opporre in compensazione (1241) il credito di un condebitore solo fino alla concorrenza della parte di quest'ultimo.

A uno dei creditori in solido il debitore può opporre in compensazione ciò che gli è dovuto da un altro dei creditori, ma solo per la parte di questo (1320).

1303. Confusione. – Se nella medesima persona si riuniscono le qualità di creditore e di debitore in solido, l'obbligazione degli altri debitori si estingue per la parte di quel condebitore.

Se nella medesima persona si riuniscono le qualità di debitore e di creditore in solido, l'obbligazione si estingue per la parte di questo (1253 ss., 1320).

1304. Transazione. – La transazione (1965 ss.) fatta dal creditore con uno dei debitori in solido non produce effetto nei confronti degli altri, se questi non dichiarano di volerne profittare (1411[2]).

Parimenti, se è intervenuta tra uno dei creditori in solido e il debitore, la transazione non ha effetto nei confronti degli altri creditori, se questi non dichiarano di volerne profittare (1320).

1305. Giuramento. – Il giuramento (2736 ss.; 233 ss. c.p.c.) sul debito e non sul vincolo solidale, deferito da uno dei debitori in solido al creditore o da uno dei creditori in solido al debitore, ovvero dal creditore a uno dei debitori in solido o dal debitore a uno dei creditori in solido, produce gli effetti seguenti:

il giuramento ricusato dal creditore o dal debitore, ovvero prestato dal condebitore o dal concreditore in solido, giova agli altri condebitori o concreditori;

il giuramento prestato dal creditore o dal debitore, ovvero ricusato dal condebitore o dal concreditore in solido, nuoce solo a chi lo ha deferito o a colui al quale è stato deferito (233 c.p.c.).

1306. Sentenza. – La sentenza pronunziata tra il creditore e uno dei debitori in solido, o tra il debitore e uno dei creditori in solido, non ha effetto contro gli altri debitori o contro gli altri creditori (2909).

Gli altri debitori possono opporla al creditore, salvo che sia fondata sopra ragioni personali al condebitore; gli altri creditori possono farla valere contro il debitore, salve le eccezioni personali che questi può opporre a ciascuno di essi.

1307. Inadempimento. – Se l'adempimento dell'obbligazione è divenuto impossibile per causa imputabile a uno o più condebitori, gli altri condebitori non sono liberati dall'obbligo solidale di corrispondere il valore della prestazione dovuta (1292). Il creditore può chiedere il risarcimento del danno ulteriore al condebitore o a ciascuno dei condebitori inadempienti (1218).

1308. Costituzione in mora. – La costituzione in mora di uno dei debitori in solido non ha effetto riguardo agli altri (1219), salvo il disposto dell'art. 1310.

La costituzione in mora del debitore da parte di uno dei creditori in solido giova agli altri.

1309. Riconoscimento del debito. - Il riconoscimento del debito fatto da uno dei debitori in solido non ha effetto riguardo agli altri; se è fatto dal debitore nei confronti di uno dei creditori in solido, giova agli altri (1870, 1988, 2720, 2944, 2966).

1310. Prescrizione. - Gli atti con i quali il creditore interrompe la prescrizione (2934, 2943 ss.) contro uno dei debitori in solido, oppure uno dei creditori in solido interrompe la prescrizione contro il comune debitore, hanno effetto riguardo agli altri debitori o agli altri creditori (1308; 95 l. camb.; 76 l. ass.).

La sospensione (2941, 2942) della prescrizione nei rapporti di uno dei debitori o di uno dei creditori in solido non ha effetto riguardo agli altri. Tuttavia il debitore che sia stato costretto a pagare ha regresso contro i condebitori liberati in conseguenza della prescrizione (1299).

La rinunzia alla prescrizione (2937) fatta da uno dei debitori in solido non ha effetto riguardo agli altri; fatta in confronto di uno dei creditori in solido, giova agli altri. Il condebitore che ha rinunziato alla prescrizione non ha regresso verso gli altri debitori liberati in conseguenza della prescrizione medesima.

1311. Rinunzia alla solidarietà. - Il creditore che rinunzia alla solidarietà a favore di uno dei debitori conserva l'azione in solido contro gli altri (1313).

Rinunzia alla solidarietà:

1) il creditore che rilascia a uno dei debitori quietanza (1199) per la parte di lui senza alcuna riserva;

2) il creditore che ha agito giudizialmente contro uno dei debitori per la parte di lui, se questi ha aderito alla domanda, o se è stata pronunciata una sentenza di condanna.

1312. Pagamento separato dei frutti o degli interessi. - Il creditore che riceve, separatamente e senza riserva, la parte dei frutti o degli interessi (1282) che è a carico di uno dei debitori perde contro di lui l'azione in solido per i frutti o per gli interessi scaduti, ma la conserva per quelli futuri.

1313. Insolvenza di un condebitore in caso di rinunzia alla solidarietà. - Nel caso di rinunzia del creditore alla solidarietà verso alcuno dei debitori (1311, 1312), se uno degli altri è insolvente, la sua parte di debito è ripartita per contributo tra tutti i condebitori, compreso quello che era stato liberato dalla solidarietà (1299).

Sezione IV
Delle obbligazioni
divisibili e indivisibili

1314. Obbligazioni divisibili. – Se più sono i debitori o i creditori di una prestazione divisibile e l'obbligazione non è solidale (1292 ss.), ciascuno dei creditori non può domandare il soddisfacimento del credito che per la sua parte, e ciascuno dei debitori non è tenuto a pagare il debito che per la sua parte (1295, 1509).

1315. Limiti alla divisibilità tra gli eredi del debitore. – Il beneficio della divisione non può essere opposto da quello tra gli eredi del debitore, che è stato incaricato (663) di eseguire la prestazione (752) o che è in possesso della cosa dovuta, se questa è certa e determinata.

1316. Obbligazioni indivisibili. – L'obbligazione è indivisibile, quando la prestazione ha per oggetto una cosa o un fatto che non è suscettibile di divisione per sua natura o per il modo in cui è stato considerato dalle parti contraenti (1317; 187 c.p.c.).

1317. Disciplina delle obbligazioni indivisibili. – Le obbligazioni indivisibili sono regolate dalle norme relative alle obbligazioni solidali (1292 ss.), in quanto applicabili, salvo quanto è disposto dagli articoli seguenti.

1318. Indivisibilità nei confronti degli eredi. – L'indivisibilità opera anche nei confronti degli eredi del debitore o di quelli del creditore (1295).

1319. Diritto di esigere l'intero. – Ciascuno dei creditori può esigere l'esecuzione dell'intera prestazione indivisibile (1772). Tuttavia l'erede del creditore, che agisce per il soddisfacimento dell'intero credito, deve dare cauzione a garanzia dei coeredi (1179, 1295; 119 c.p.c.).

1320. Estinzione parziale. – Se uno dei creditori ha fatto remissione del debito (1236 ss.) o ha consentito a ricevere un'altra prestazione in luogo di quella dovuta (1197, 1198), il debitore non è liberato verso gli altri creditori. Questi tuttavia non possono domandare la prestazione indivisibile se non addebitandosi ovvero rimborsando il valore della parte di colui che ha fatto la remissione o che ha ricevuto la prestazione diversa (1301^2).

La medesima disposizione si applica in caso di transazione (1304^2, 1965), novazione (1230, 1300^2), compensazione (1241, 1302^2) e confusione (1253, 1303^2).

Titolo II
Dei contratti in generale

Capo I
Disposizioni preliminari

1321. Nozione. – Il contratto è l'accordo di due o più parti (1420, 1446, 1459, 1466) per costituire, regolare o estinguere tra loro un rapporto giuridico patrimoniale (1174, 1325, 1326).

1322. Autonomia contrattuale. – Le parti possono liberamente determinare il contenuto del contratto nei limiti imposti dalla legge (1372; 5 prel.; 41 Cost.) e dalle norme corporative ([1]).

Le parti possono anche concludere contratti che non appartengano ai tipi (1323, 2249, 2437, 2498) aventi una disciplina particolare, purché siano diretti a realizzare interessi meritevoli di tutela secondo l'ordinamento giuridico (1343, 1411, 2035).

([1]) *L'espressione «e dalle norme corporative» è da ritenersi abrogata dal R.D.L. 9 agosto 1943, n. 721.*

Per alcune limitazioni legali all'autonomia contrattuale delle parti si veda il divieto di stipulare contratti atipici di concessione a terzi di fondi rustici (*art. 13 della L. 15 settembre 1964, n. 756*) *e la conversione* ex lege *in affitto dei contratti aventi ad oggetto la concessione a terzi dell'utilizzo di fondi rustici* (*art. 27 della L. 3 maggio 1982, n. 203*).

1323. Norme regolatrici dei contratti. – Tutti i contratti, ancorché non appartengano ai tipi (1322, 2249, 2437, 2498) che hanno una disciplina particolare, sono sottoposti alle norme generali contenute in questo titolo (1372).

1324. Norme applicabili agli atti unilaterali. – Salvo diverse disposizioni di legge, le norme che regolano i contratti si osservano, in quanto compatibili, per gli atti unilaterali tra vivi aventi contenuto patrimoniale (482[1], 483[1], 526, 1174, 1334, 1414[3], 1987 ss., 2732).

Capo II
Dei requisiti del contratto

1325. Indicazione dei requisiti. – I requisiti del contratto sono (1418):

1) l'accordo delle parti (1326 ss.);

2) la causa (1343 ss.);

3) l'oggetto (1346 ss.);

4) la forma, quando risulta che è prescritta dalla legge sotto pena di nullità (1350 ss.).

Sezione I
Dell'accordo delle parti

1326. Conclusione del contratto. – Il contratto è concluso nel momento in cui chi ha fatto la proposta ha conoscenza (1335) dell'accettazione dell'altra parte (163, 782[2], 1333, 1336).

L'accettazione deve giungere al proponente nel termine da lui stabilito o in quello ordinariamente necessario secondo la natura dell'affare o secondo gli usi (1328, 2964).

Il proponente può ritenere efficace l'accettazione tardiva, purché ne dia immediatamente avviso (1327[2]) all'altra parte (1175).

Qualora il proponente richieda per l'accettazione una forma determinata, l'accettazione non ha effetto se è data in forma diversa (1352).

Un'accettazione non conforme alla proposta equivale a nuova proposta (1333).

1327. Esecuzione prima della risposta dell'accettante. – Qualora, su richiesta del proponente o per la natura dell'affare o secondo gli usi, la prestazione debba eseguirsi senza una preventiva risposta, il contratto è concluso nel tempo e nel luogo in cui ha avuto inizio l'esecuzione.

L'accettante deve dare prontamente avviso (1175, 1326[3]) all'altra parte dell'iniziata esecuzione e, in mancanza, è tenuto al risarcimento del danno.

1328. Revoca della proposta e dell'accettazione. – La proposta può essere revocata finché il contratto non sia concluso (782[3,4], 1329, 1887). Tuttavia, se l'accettante ne ha intrapreso in buona fede (1335, 1337, 1366, 1375) l'esecuzione prima di avere notizia della revoca, il proponente è tenuto a indennizzarlo (843[2], 924, 925, 1038, 1053, 2045, 2047) delle spese e delle perdite subite per l'iniziata esecuzione del contratto.

L'accettazione può essere revocata, purché la revoca giunga a conoscenza (1335) del proponente prima dell'accettazione (1326, 1329).

1329. Proposta irrevocabile. – Se il proponente si è obbligato a mantenere ferma la proposta per un certo tempo, la revoca è senza effetto (1328, 1331, 1333).

Nell'ipotesi prevista dal comma precedente, la morte o la sopravvenuta incapacità (414, 1330) del proponente non toglie efficacia alla proposta, salvo che la natura dell'affare o altre circostanze escludano tale efficacia.

1330. Morte o incapacità dell'imprenditore. – La proposta o l'accettazione, quando è fatta dall'imprenditore nell'esercizio della sua impresa (2082), non perde efficacia se l'imprenditore muore o diviene incapace (414, 1425) prima della conclusione del contratto (1722, n. 4, 1270), salvo che si tratti di piccoli imprenditori (2083) o che diversamente risulti dalla natura dell'affare o da altre circostanze (1 l. fall.).

1331. Opzione. – Quando le parti convengono che una di esse rimanga vincolata alla propria dichiarazione e l'altra abbia facoltà di accettarla o meno, la dichiarazione della prima si considera quale proposta irrevocabile per gli effetti previsti dall'art. 1329 (1355).

Se per l'accettazione non è stato fissato un termine, questo può essere stabilito dal giudice (1183).

1332. Adesione di altre parti al contratto. – Se ad un contratto possono aderire altre parti e non sono determinate le modalità dell'adesione, questa deve essere diretta all'organo che sia stato costituito per l'attuazione del contratto o, in mancanza di esso, a tutti i contraenti originari (2525[1]).

1333. Contratto con obbligazioni del solo proponente. – La proposta diretta a concludere un contratto da cui derivino obbligazioni solo per il proponente è irrevocabile (1329) appena giunge a conoscenza (1335) della parte alla quale è destinata (1328).

Il destinatario può rifiutare la proposta nel termine richiesto dalla natura dell'affare o dagli usi (2964). In mancanza di tale rifiuto il contratto è concluso (1236, 1399[4], 1411[2], 1454[3]).

1334. Efficacia degli atti unilaterali. – Gli atti unilaterali (1324, 1414[3]) producono effetto dal momento in cui pervengono a conoscenza (1335) della persona alla quale sono destinati (1724).

1335. Presunzione di conoscenza. – La proposta, l'accettazione (1326), la loro revoca (1328) e ogni altra dichiarazione diretta a una determinata persona si reputano conosciute nel momento in cui giungono all'indirizzo del destinatario, se questi non prova di essere stato, senza sua colpa, nell'impossibilità di averne notizia.

1336. Offerta al pubblico. – L'offerta al pubblico, quando contiene gli estremi essenziali del contratto alla cui conclusione è diretta, vale come proposta, salvo che risulti diversamente dalle circostanze o dagli usi (1989).

La revoca dell'offerta, se è fatta nella stessa forma dell'offerta o in forma equipollente (1396[2], 1990), è efficace anche in confronto di chi non ne ha avuto notizia (1328).

1337. Trattative e responsabilità precontrattuale. – Le parti, nello svolgimento delle trattative e nella formazione del contratto, devono comportarsi secondo buona fede (1175, 1338, 1358, 1366, 1375, 1460; 88 c.p.c.).

1338. Conoscenza delle cause d'invalidità. – La parte che, conoscendo o dovendo conoscere l'esistenza di una causa d'invalidità del contratto (1418 ss.), non ne ha dato notizia all'altra parte è tenuta a risarcire il danno da questa risentito per avere confidato, senza sua colpa, nella validità del contratto (139, 1175, 1337, 1398, 1439, 1892).

1339. Inserzione automatica di clausole. – Le clausole, i prezzi di beni o di servizi, imposti dalla legge o da norme corporative (1), sono di diritto inseriti nel contratto, anche in sostituzione delle clausole difformi apposte dalle parti.

(1) *L'espressione «o da norme corporative» è da ritenersi abrogata dal R.D.L. 9 agosto 1943, n. 721.*

1340. Clausole d'uso. – Le clausole d'uso s'intendono inserite nel contratto, se non risulta che non sono state volute dalle parti (1368, 1374).

1341. Condizioni generali di contratto. – Le condizioni generali di contratto (1342, 1679, 2211) predisposte da uno dei contraenti sono efficaci nei confronti dell'altro, se al momento della conclusione (1326) del contratto questi le ha conosciute o avrebbe dovuto conoscerle usando l'ordinaria diligenza (1176, 1370).

In ogni caso non hanno effetto, se non sono specificatamente approvate per iscritto, le condizioni che stabiliscono, a favore di colui che le ha predisposte, limitazioni di responsabilità (1229), facoltà di recedere dal contratto (1373) o di sospenderne l'esecuzione (1461), ovvero sanciscono a carico dell'altro contraente decadenze (2964 ss.), limitazioni alla facoltà di opporre eccezioni (1462), restrizioni alla libertà contrattuale nei rapporti coi terzi (1379, 1566 ss., 2596[1]), tacita proroga o rinnovazione del contratto, clausole compromissorie (808 c.p.c.) o deroghe alla competenza (6, 28, 29 c.p.c.) dell'autorità giudiziaria.

1342. Contratto concluso mediante moduli o formulari. – Nei contratti conclusi mediante la sottoscrizione di moduli o formulari, predisposti per disciplinare in maniera uniforme determinati rapporti contrattuali, le clausole aggiunte al modulo o al formulario prevalgono su quelle del modulo o del formulario qualora siano incompatibili con esse, anche se queste ultime non sono state cancellate.

Si osserva inoltre la disposizione del secondo comma dell'articolo precedente.

Sezione II
Della causa del contratto

1343. Causa illecita. – La causa (1325, n. 2) è illecita (1322[2], 1418[2]) quando è contraria a norme imperative, all'ordine pubblico o al buon costume (5, 23, 25, 634, 1354, 2031, 2035).

1344. Contratto in frode alla legge. – Si reputa altresì illecita la causa quando il contratto costituisce il mezzo per eludere l'applicazione di una norma imperativa (166 *bis*, 743, 1418).

1345. Motivo illecito. – Il contratto è illecito quando le parti si sono determinate a concluderlo esclusivamente per un motivo illecito comune ad entrambe (626, 788, 1362, 1418, 2035, 2126).

Sezione III
Dell'oggetto del contratto

1346. Requisiti. – L'oggetto del contratto deve essere possibile, lecito, determinato o determinabile (1349, 1418, 1429).

1347. Possibilità sopravvenuta dell'oggetto. – Il contratto sottoposto a condizione sospensiva (1353 ss.) o a termine (1184 ss.) è valido, se la prestazione inizialmente impossibile diviene possibile prima dell'avveramento della condizione o della scadenza del termine (1354[2], 1465).

1348. Cose future. – La prestazione di cose future (820) può essere dedotta in contratto (1472), salvi i particolari divieti della legge (458, 771, 2823).

1349. Determinazione dell'oggetto. – Se la determinazione della prestazione dedotta in contratto è deferita a un terzo e non risulta che le parti vollero rimettersi al suo mero arbitrio, il terzo deve procedere con equo apprezzamento. Se manca la determinazione del terzo o se questa è manifestamente iniqua o erronea, la determinazione è fatta dal giudice (778, 1286, 1287, 1473, 2264, 2603).

La determinazione rimessa al mero arbitrio del terzo non si può impugnare se non provando la sua mala fede. Se manca la determinazione del terzo e le parti non si accordano per sostituirlo, il contratto è nullo (1418).

Nel determinare la prestazione il terzo deve tener conto anche delle condizioni generali della produzione a cui il contratto eventualmente abbia riferimento.

Sezione IV
Della forma del contratto

1350. Atti che devono farsi per iscritto. – Devono farsi per atto pubblico (2699 ss.) o per scrittura privata (2702 ss.), sotto pena di nullità (1325, 1351, 1392, 1403, 2725, 2806; 852, 857, 864 c.n.):

1) i contratti che trasferiscono la proprietà di beni immobili (769, 812, 1470, 1548, 1552, 1556, 1813, 2643, n. 1);

2) i contratti che costituiscono, modificano o trasferiscono il diritto di usufrutto su beni immobili (978), il diritto di superficie (952), il diritto del concedente (960) e dell'enfiteuta (957, 959, 2643, n. 2);

3) i contratti che costituiscono la comunione (1100) di diritti indicati dai numeri precedenti (2643, n. 3);

4) i contratti che costituiscono o modificano le servitù prediali (1027 ss., 1051, 1058, 1068), il diritto di uso (1021) su beni immobili e il diritto di abitazione (1022 ss., 2643, n. 4);

5) gli atti di rinunzia ai diritti indicati dai numeri precedenti (2643, n. 5);

6) i contratti di affrancazione del fondo enfiteutico (971, 2643, n. 7);

7) i contratti di anticresi (1960 ss., 2643, n. 12);

8) i contratti di locazione (1571, 1573) di beni immobili per una durata superiore a nove anni (1572, 2643, n. 8);

9) i contratti di società (2247 ss., 2251) o di associazione (2549) con i quali si conferisce il godimento di beni immobili o di altri diritti reali immobiliari per un tempo eccedente i nove anni o per un tempo indeterminato (2643, n. 10);

10) gli atti che costituiscono rendite perpetue (1861 ss.) o vitalizie (1872 ss.), salve le disposizioni relative alle rendite dello Stato (2645);

11) gli atti di divisione di beni immobili e di altri diritti reali immobiliari (713 ss., 1111 ss., 1116, 2646);

12) le transazioni (1965) che hanno per oggetto controversie relative ai rapporti giuridici menzionati nei numeri precedenti (1967, 2643, n. 13);

13) gli altri atti specialmente indicati dalla legge.

1351. Contratto preliminare. – Il contratto preliminare è nullo (1418), se non è fatto nella stessa forma che la legge prescrive per il contratto definitivo (1337, 1350, 1392, 1399, 1403, 2645 *bis*, 2725, 2806, 2932).

1352. Forme convenzionali. – Se le parti hanno convenuto per iscritto di adottare una determinata forma per la futura conclusione di un contratto, si presume (2728) che la forma sia stata voluta per la validità (1350, 1418) di questo (1326[4], 1362, 1367, 2725).

Capo III
Della condizione nel contratto

1353. Contratto condizionale. – Le parti possono subordinare l'efficacia o la risoluzione del contratto o di un singolo patto a un avvenimento futuro e incerto (108, 1359, 1360, 1757, 2010).

1354. Condizioni illecite o impossibili. – È nullo il contratto al quale è apposta una condizione, sospensiva o risolutiva, contraria a norme imperative, all'ordine pubblico o al buon costume (791, 1379).

La condizione impossibile rende nullo il contratto se è sospensiva (1347); se è risolutiva, si ha come non apposta.

Se la condizione illecita o impossibile è apposta a un patto singolo del contratto, si osservano, riguardo all'efficacia del patto, le disposizioni dei commi precedenti, fermo quanto è disposto dall'art. 1419 (1367).

1355. Condizione meramente potestativa. – É nulla l'alienazione di un diritto o l'assunzione di un obbligo subordinata a una condizione sospensiva che la faccia dipendere dalla mera volontà dell'alienante o, rispettivamente, da quella del debitore (1331).

1356. Pendenza della condizione. – In pendenza della condizione sospensiva l'acquirente di un diritto può compiere atti conservativi (2900).

L'acquirente di un diritto sotto condizione risolutiva può, in pendenza di questa, esercitarlo, ma l'altro contraente può compiere atti conservativi (669 *bis* ss. c.p.c.).

1357. Atti di disposizione in pendenza della condizione. – Chi ha un diritto subordinato a condizione sospensiva o risolutiva può disporne in pendenza di questa; ma gli effetti di ogni atto di disposizione sono subordinati alla stessa condizione (1361, 2852).

1358. Comportamento delle parti nello stato di pendenza. – Colui che si è obbligato o che ha alienato un diritto sotto condizione sospensiva, ovvero lo ha acquistato sotto condizione risolutiva, deve, in pendenza della condizione, comportarsi secondo buona fede (1175, 1337, 1366, 1375, 1391) per conservare integre le ragioni dell'altra parte.

1359. Avveramento della condizione. – La condizione si considera avverata qualora sia mancata per causa imputabile alla parte che aveva interesse contrario all'avveramento di essa (1503, 1749).

1360. Retroattività della condizione. – Gli effetti dell'avveramento della condizione retroagiscono al tempo in cui è stato concluso il contratto (1326), salvo che, per volontà delle parti o per la natura del rapporto, gli effetti del contratto o della risoluzione debbano essere riportati a un momento diverso (1757^{1}).

Se però la condizione risolutiva è apposta a un contratto ad esecuzione continuata o periodica (1467^{1}, 1655), l'avveramento di essa, in mancanza di patto contrario, non ha effetto riguardo alle prestazioni già eseguite (1361, 1373, 1458, 2126, 2332).

1361. Atti di amministrazione. – L'avveramento della condizione (1359) non pregiudica la validità degli atti di amministrazione compiuti dalla parte a cui, in pendenza della condizione stessa, spettava l'esercizio del diritto (1360).

Salvo diverse disposizioni di legge o diversa pattuizione, i frutti percepiti (1148) sono dovuti dal giorno in cui la condizione si è avverata.

Capo IV
Dell'interpretazione del contratto

1362. Intenzione dei contraenti. – Nell'interpretare il contratto si deve indagare quale sia stata la comune intenzione delle parti e non limitarsi al senso letterale delle parole (1365; 12 prel.).

Per determinare la comune intenzione delle parti, si deve valutare il loro comportamento complessivo anche posteriore alla conclusione del contratto (1326, 1366, 1371).

1363. Interpretazione complessiva delle clausole. – Le clausole del contratto si interpretano le une per mezzo delle altre, attribuendo a ciascuna il senso che risulta dal complesso dell'atto (1367 ss.; 12 prel.).

1364. Espressioni generali. – Per quanto generali siano le espressioni usate nel contratto, questo non comprende che gli oggetti sui quali le parti si sono proposte di contrattare (1369).

1365. Indicazioni esemplificative. – Quando in un contratto si è espresso un caso al fine di spiegare un patto, non si presumono esclusi i casi non espressi, ai quali, secondo ragione, può estendersi lo stesso patto (1362).

1366. Interpretazione di buona fede. – Il contratto deve essere interpretato secondo buona fede (1175, 1337, 1358, 1362, 1375, 1460).

1367. Conservazione del contratto. – Nel dubbio, il contratto o le singole clausole devono interpretarsi nel senso in cui possono avere qualche effetto, anziché in quello secondo cui non ne avrebbero alcuno (1371, 1424).

1368. Pratiche generali interpretative. – Le clausole ambigue s'interpretano secondo ciò che si pratica generalmente nel luogo in cui il contratto è stato concluso (1340, 1374, 1510).

Nei contratti in cui una delle parti è un imprenditore (2082), le clausole ambigue s'interpretano secondo ciò che si pratica generalmente nel luogo in cui è la sede dell'impresa (2196, 2197).

1369. Espressioni con più sensi. – Le espressioni che possono avere più sensi devono, nel dubbio, essere intese nel senso più conveniente alla natura e all'oggetto del contratto (1364).

1370. Interpretazione contro l'autore della clausola. – Le clausole inserite nelle condizioni generali di contratto (1341) o in moduli o formulari (1342) predisposti da uno dei contraenti s'interpretano, nel dubbio, a favore dell'altro (1366).

1371. Regole finali. – Qualora, nonostante l'applicazione delle norme contenute in questo capo, il contratto rimanga oscuro, esso deve essere inteso nel senso meno gravoso per l'obbligato (1184, 1286), se è a titolo gratuito, e nel senso che realizzi l'equo contemperamento degli interessi delle parti se è a titolo oneroso (1367, 1374).

(*Omissis*) ([1]).

([1]) *Seguiva un secondo comma abrogato dall'art. 3 del D.L.vo Lgt. 14 settembre 1944, n. 287, abrogazioni di norme del codice civile.*

Capo V
Degli effetti del contratto

Sezione I
Disposizioni generali

1372. Efficacia del contratto. – Il contratto ha forza di legge tra le parti (1321, 1374). Non può essere sciolto che per mutuo consenso o per cause ammesse dalla legge (1373, 1453, 1671, 2227).

Il contratto non produce effetto rispetto ai terzi che nei casi previsti dalla legge (1239, 1300, 1301, 1411 ss.).

1373. Recesso unilaterale. – Se a una delle parti è attribuita (1341²) la facoltà di recedere dal contratto (1453³), tale facoltà può essere esercitata finché il contratto non abbia avuto un principio di esecuzione (1385).

Nei contratti a esecuzione continuata o periodica, tale facoltà può essere esercitata anche successivamente, ma il recesso non ha effetto per le prestazioni già eseguite o in corso di esecuzione (1671, 2227).

Qualora sia stata stipulata la prestazione di un corrispettivo per il recesso, questo ha effetto quando la prestazione è eseguita (1386).

È salvo in ogni caso il patto contrario.

1374. Integrazione del contratto. – Il contratto obbliga le parti non solo a quanto è nel medesimo espresso, ma anche a tutte le conseguenze che ne derivano secondo la legge, o, in mancanza, secondo gli usi (2187; 8 prel.) e l'equità (1340, 1367 ss., 2154²).

1375. Esecuzione di buona fede. – Il contratto deve essere eseguito secondo buona fede (1175, 1337, 1358, 1366, 1391, 1460).

1376. Contratto con effetti reali. – Nei contratti che hanno per oggetto il trasferimento della proprietà di una cosa determinata, la costituzione o il trasferimento di un diritto reale ovvero il trasferimento di un altro diritto, la proprietà o il diritto si trasmettono e si acquistano per effetto del consenso delle parti legittimamente manifestato.

1377. Trasferimento di una massa di cose. – Quando oggetto del trasferimento è una determinata massa di cose, anche se omogenee, si applica la disposizione dell'articolo precedente, ancorché, per determinati effetti, le cose debbano essere numerate, pesate o misurate (1537).

1378. Trasferimento di cosa determinata solo nel genere. – Nei contratti che hanno per oggetto il trasferimento di cose determinate solo nel genere (1178), la proprietà si trasmette con l'individuazione (1465[3]) fatta d'accordo tra le parti o nei modi da esse stabiliti (1465, 1472). Trattandosi di cose che devono essere trasportate da un luogo a un altro (1510), l'individuazione avviene anche mediante la consegna al vettore (1678 ss.) o allo spedizioniere (1737 ss.).

1379. Divieto di alienazione. – Il divieto di alienare (1260[2]) stabilito per contratto (1341[2]) ha effetto solo tra le parti, e non è valido se non è contenuto entro convenienti limiti di tempo (965, 1329[1], 2596) e se non risponde a un apprezzabile interesse di una delle parti (1174).

1380. Conflitto tra più diritti personali di godimento. – Se, con successivi contratti, una persona concede a diversi contraenti un diritto personale di godimento relativo alla stessa cosa, il godimento spetta al contraente che per primo lo ha conseguito (1155, 1265[1]).

Se nessuno dei contraenti ha conseguito il godimento, è preferito quello che ha il titolo di data certa (2704) anteriore.

Sono salve le norme relative agli effetti della trascrizione (2643 ss.).

1381. Promessa dell'obbligazione o del fatto del terzo. – Colui che ha promesso l'obbligazione o il fatto di un terzo è tenuto a indennizzare l'altro contraente, se il terzo rifiuta di obbligarsi o non compie il fatto promesso.

Sezione II
Della clausola penale e della caparra

1382. Effetti della clausola penale. – La clausola, con cui si conviene che, in caso d'inadempimento o di ritardo nell'adempimento (1218), uno dei contraenti è tenuto a una determinata prestazione, ha l'effetto di limitare il risarcimento alla prestazione promessa, se non è stata convenuta la risarcibilità del danno ulteriore (1223, 1229).

La penale è dovuta indipendentemente dalla prova del danno (1224).

1383. Divieto di cumulo. – Il creditore non può domandare insieme la prestazione principale e la penale, se questa non è stata stipulata per il semplice ritardo (1385).

1384. Riduzione della penale. – La penale può essere diminuita equamente dal giudice, se l'obbligazione principale è stata eseguita in parte ovvero se l'ammontare della penale è manifestamente eccessivo, avuto sempre riguardo all'interesse (1174, 1255, 1256[2], 1322[2], 1379, 1411, 1421, 1457, 1464; 389 c.n.) che il creditore aveva all'adempimento (1181, 1526).

1385. Caparra confirmatoria. – Se al momento della conclusione del contratto (1326 ss.) una parte dà all'altra, a titolo di caparra, una somma di danaro o una quantità di altre cose fungibili, la caparra, in caso di adempimento, deve essere restituita o imputata alla prestazione dovuta (1194).

Se la parte che ha dato la caparra è inadempiente, l'altra può recedere dal contratto, ritenendo la caparra; se inadempiente è invece la parte che l'ha ricevuta, l'altra può recedere dal contratto ed esigere il doppio della caparra (1386).

Se però la parte che non è inadempiente preferisce domandare l'esecuzione o la risoluzione del contratto (1453 ss.), il risarcimento del danno è regolato dalle norme generali (1223 ss.).

1386. Caparra penitenziale. – Se nel contratto è stipulato il diritto di recesso per una o per entrambe le parti, la caparra ha la sola funzione di corrispettivo del recesso (1373).

In questo caso, il recedente perde la caparra data o deve restituire il doppio di quella che ha ricevuta.

Capo VI
Della rappresentanza

1387. Fonti della rappresentanza. – Il potere di rappresentanza è conferito dalla legge (48, 320, 357, 360, 424, 643; 78 c.p.c.) ovvero dall'interessato.

1388. Contratto concluso dal rappresentante. – Il contratto concluso dal rappresentante in nome e nell'interesse del rappresentato, nei limiti delle facoltà conferitegli (19), produce direttamente effetto nei confronti del rappresentato (1398).

1389. Capacità del rappresentante e del rappresentato. – Quando la rappresentanza è conferita dall'interessato, per la validità del contratto concluso dal rappresentante basta che questi abbia la capacità di intendere e di volere (428, 1425), avuto riguardo alla natura e al contenuto del contratto stesso, sempre che sia legalmente capace il rappresentato (777^1).

In ogni caso, per la validità del contratto concluso dal rappresentante è necessario che il contratto non sia vietato al rappresentato (323, 378, 779, 1261, 1471, 2233).

1390. Vizi della volontà. – Il contratto è annullabile (1441) se è viziata la volontà del rappresentante (1427). Quando però il vizio riguarda elementi predeterminati dal rappresentato, il contratto è annullabile solo se era viziata la volontà di questo (1391, 1426).

1391. Stati soggettivi rilevanti. – Nei casi in cui è rilevante lo stato di buona o di mala fede, di scienza o d'ignoranza di determinate circostanze (1175, 1337, 1358, 1366, 1375, 1428), si ha riguardo alla persona del rappresentante, salvo che si tratti di elementi predeterminati dal rappresentato (1390, 1894).

In nessun caso il rappresentato che è in mala fede può giovarsi dello stato d'ignoranza o di buona fede del rappresentante (1426).

1392. Forma della procura. – La procura non ha effetto se non è conferita con le forme prescritte per il contratto che il rappresentante deve concludere (1350 ss., 1396 ss., 1403).

1393. Giustificazione dei poteri del rappresentante. – Il terzo che contragga col rappresentante può sempre esigere che questi giustifichi i suoi poteri e, se la rappresentanza risulta da un atto scritto, che gliene dia una copia da lui firmata (1397).

1394. Conflitto d'interessi. – Il contratto concluso dal rappresentante in conflitto d'interessi (1395) col rappresentato può essere annullato (1441) su domanda del rappresentato, se il conflitto era conosciuto o riconoscibile (1431) dal terzo.

1395. Contratto con se stesso. – É annullabile (1441) il contratto che il rappresentante conclude con se stesso, in proprio o come rappresentante di un'altra parte, a meno che il rappresentato lo abbia autorizzato specificamente ovvero il contenuto del contratto sia determinato in modo da escludere la possibilità di conflitto d'interessi (1394, 1441, 1471, n. 4, 1735, 2373, 2391).

L'impugnazione può essere proposta soltanto dal rappresentato (1471, n. 4).

1396. Modificazione ed estinzione della procura. – Le modificazioni e la revoca della procura (1903, 2266, 2267) devono essere portate a conoscenza dei terzi con mezzi idonei. In mancanza, esse non sono opponibili ai terzi, se non si prova che questi le conoscevano al momento della conclusione del contratto (19, 2207, 2266).

Le altre cause di estinzione del potere di rappresentanza conferito dall'interessato non sono opponibili ai terzi che le hanno senza colpa ignorate (1722, 1727).

1397. Restituzione del documento della rappresentanza. – Il rappresentante è tenuto a restituire il documento dal quale risultano i suoi poteri, quando questi sono cessati (1393, 1396).

1398. Rappresentanza senza potere. – Colui che ha contrattato come rappresentante senza averne i poteri o eccedendo i limiti delle facoltà conferitegli, è responsabile del danno che il terzo contraente ha sofferto per avere confidato senza sua colpa nella validità del contratto (1338, 1399, 1890, 2032, 2822; 11 l. camb.; 14 l. ass.).

1399. Ratifica. – Nell'ipotesi prevista dall'articolo precedente, il contratto può essere ratificato dall'interessato (1188, 1444, 1711, 1890, 2032, 2822), con l'osservanza delle forme prescritte per la conclusione di esso (1350, 1392, 1403, 2805).

La ratifica ha effetto retroattivo, ma sono salvi i diritti dei terzi (1445).

Il terzo e colui che ha contrattato come rappresentante possono d'accordo sciogliere il contratto prima della ratifica (1327).

Il terzo contraente può invitare l'interessato a pronunziarsi sulla ratifica assegnandogli un termine, scaduto il quale, nel silenzio, la ratifica s'intende negata (1333², 1454³, 1712).

La facoltà di ratifica si trasmette agli eredi.

1400. Speciali forme di rappresentanza. – Le speciali forme di rappresentanza nelle imprese agricole e commerciali sono regolate dal libro V (2138, 2150, 2203 ss.).

Capo VII
Del contratto per persona da nominare

1401. Riserva di nomina del contraente. – Nel momento della conclusione del contratto (1326) una parte può riservarsi la facoltà di nominare successivamente (1402) la persona che deve acquistare i diritti e assumere gli obblighi nascenti dal contratto stesso (583 c.p.c.).

1402. Termine e modalità della dichiarazione di nomina. – La dichiarazione di nomina deve essere comunicata all'altra parte nel termine di tre giorni dalla stipulazione del contratto, se le parti non hanno stabilito un termine diverso.

La dichiarazione non ha effetto se non è accompagnata dall'accettazione (1399) della persona nominata o se non esiste una procura (1387) anteriore al contratto (1405).

1403. Forme e pubblicità. – La dichiarazione di nomina e la procura o l'accettazione della persona nominata non hanno effetto se non rivestono la stessa forma che le parti hanno usata per il contratto, anche se non prescritta dalla legge (1350, 1392, 1399, 2806).

Se per il contratto è richiesta a determinati effetti una forma di pubblicità (2643), deve agli stessi effetti essere resa pubblica anche la dichiarazione di nomina, con l'indicazione dell'atto di procura o dell'accettazione della persona nominata.

1404. Effetti della dichiarazione di nomina. – Quando la dichiarazione di nomina è stata validamente fatta, la persona nominata acquista i diritti e assume gli obblighi derivanti dal contratto con effetto dal momento in cui questo fu stipulato (1399^2).

1405. Effetti della mancata dichiarazione di nomina. – Se la dichiarazione di nomina non è fatta validamente nel termine stabilito dalla legge o dalle parti (1402), il contratto produce i suoi effetti tra i contraenti originari (1762).

Capo VIII
Della cessione del contratto

1406. Nozione. – Ciascuna parte può sostituire a sé un terzo nei rapporti derivanti da un contratto con prestazioni corrispettive, se queste non sono state ancora eseguite, purché l'altra parte vi consenta (1180, 1260, 1410, 1594, 1624, 2149, 2160^1, 2558; 46 c.n.).

1407. Forma. – Se una parte ha consentito preventivamente che l'altra sostituisca a sé un terzo nei rapporti derivanti dal contratto, la sostituzione è efficace nei suoi confronti dal momento in cui le è stata notificata o in cui essa l'ha accettata (1264, 1403, 1918).

Se tutti gli elementi del contratto risultano da un documento nel quale è inserita la clausola «all'ordine» o altra equivalente, la girata del documento produce la sostituzione del giratario nella posizione del girante (1889, 1918, 2008, 2011; 137 c.p.c.; 15 l. camb.; 17 l. ass.).

1408. Rapporti fra contraente ceduto e cedente. – Il cedente è liberato dalle sue obbligazioni verso il contraente ceduto dal momento in cui la sostituzione diviene efficace nei confronti di questo (1407).

Tuttavia il contraente ceduto, se ha dichiarato di non liberare il cedente, può agire contro di lui qualora il cessionario non adempia le obbligazioni assunte (1267).

Nel caso previsto dal comma precedente, il contraente ceduto deve dare notizia al cedente dell'inadempimento del cessionario, entro quindici giorni da quello in cui l'inadempimento si è verificato; in mancanza è tenuto al risarcimento del danno (2481).

1409. Rapporti fra contraente ceduto e cessionario. – Il contraente ceduto può opporre al cessionario tutte le eccezioni derivanti dal contratto, ma non quelle fondate su altri rapporti col cedente, salvo che ne abbia fatto espressa riserva al momento in cui ha consentito alla sostituzione (1271, 1413).

1410. Rapporti fra cedente e cessionario. – Il cedente è tenuto a garantire la validità del contratto (1266).

Se il cedente assume la garanzia dell'adempimento del contratto (1408^2), egli risponde come un fideiussore (1936, 1944 ss., 1949) per le obbligazioni del contraente ceduto (1267, 1942).

Capo IX
Del contratto a favore di terzi

1411. Contratto a favore di terzi. – É valida la stipulazione a favore di un terzo (1273, 1372^2, 1599^4, 1689, 1773, 1875, 1920 ss.), qualora lo stipulante vi abbia interesse (1174, 1255, 1256^2, 1322^2, 1379, 1384, 1421, 1457^1, 1464, 1875, 1920).

Salvo patto contrario, il terzo acquista il diritto contro il promittente per effetto della stipulazione (1332^2). Questa però può essere revocata o modificata dallo stipulante, finché il terzo non abbia dichiarato, anche in confronto del promittente, di volerne profittare (782 ss., 792, 1236, 1273, 1304, 1412, 1689, 1773, 1921).

In caso di revoca della stipulazione o di rifiuto del terzo di profittarne, la prestazione rimane a beneficio dello stipulante, salvo che diversamente risulti dalla volontà delle parti o dalla natura del contratto.

1412. Prestazione al terzo dopo la morte dello stipulante. – Se la prestazione deve essere fatta al terzo dopo la morte dello stipulante, questi può revocare il beneficio anche con una disposizione testamentaria (587 ss.) e quantunque il terzo abbia dichiarato di volerne profittare (1411), salvo che, in quest'ultimo caso, lo stipulante abbia rinunciato per iscritto al potere di revoca (679, 1921).

La prestazione deve essere eseguita a favore degli eredi del terzo se questi premuore allo stipulante, purché il beneficio non sia stato revocato e lo stipulante non abbia disposto diversamente.

1413. Eccezioni opponibili dal promittente al terzo. – Il promittente può opporre al terzo le eccezioni fondate sul contratto dal quale il terzo deriva il suo diritto, ma non quelle fondate su altri rapporti tra promittente e stipulante (1272, 1273^4, 1409).

Capo X
Della simulazione

1414. Effetti della simulazione tra le parti. – Il contratto simulato non produce effetto tra le parti (1415).

Se le parti hanno voluto concludere un contratto diverso da quello apparente, ha effetto tra esse il contratto dissimulato, purché ne sussistano i requisiti di sostanza e di forma (1350, 1424).

Le precedenti disposizioni si applicano anche agli atti unilaterali destinati a una persona determinata, che siano simulati per accordo tra il dichiarante e il destinatario (1324, 1334, 1471).

1415. Effetti della simulazione rispetto ai terzi. – La simulazione non può essere opposta né dalle parti contraenti, né dagli aventi causa o dai creditori del simulato alienante, ai terzi che in buona fede (1147, 1153, 1189, 1445) hanno acquistato diritti dal titolare apparente, salvi gli effetti della trascrizione della domanda di simulazione (2652, n. 4).

I terzi possono far valere la simulazione in confronto delle parti, quando essa pregiudica i loro diritti (1372).

1416. Rapporti con i creditori. – La simulazione non può essere opposta dai contraenti ai creditori del titolare apparente che in buona fede hanno compiuto atti di esecuzione sui beni che furono oggetto del contratto simulato (1147, 2910 ss.; 483 ss. c.p.c.).

I creditori del simulato alienante possono far valere la simulazione che pregiudica i loro diritti, e, nel conflitto con i creditori chirografari del simulato acquirente, sono preferiti a questi, se il loro credito è anteriore all'atto simulato (483 c.p.c.).

1417. Prova della simulazione. – La prova per testimoni della simulazione è ammissibile senza limiti (2722, 2724), se la domanda è proposta da creditori o da terzi e, qualora sia diretta a far valere l'illiceità del contratto dissimulato (1343 ss., 1346), anche se è proposta dalle parti.

Capo XI
Della nullità del contratto

1418. Cause di nullità del contratto. – Il contratto è nullo quando è contrario a norme imperative (2331^3), salvo che la legge disponga diversamente (1422, 2126).

Producono nullità del contratto la mancanza di uno dei requisiti indicati dall'art. 1325 (1349^2), l'illiceità della causa (1343, 2035), l'illiceità dei motivi nel caso indicato dall'art. 1345 e la mancanza nell'oggetto dei requisiti stabiliti dall'art. 1346 (2379).

Il contratto è altresì nullo negli altri casi stabiliti dalla legge (1876, 1904, 1963, 2103, 2122, 2265, 2744).

1419. Nullità parziale. – La nullità parziale di un contratto o la nullità di singole clausole importa la nullità dell'intero contratto, se risulta che i contraenti non lo avrebbero concluso senza quella parte del suo contenuto che è colpita dalla nullità (1229, 1354[3], 1430, 1480, 2265).

La nullità di singole clausole non importa la nullità del contratto, quando le clausole nulle sono sostituite di diritto da norme imperative (1339, 1679, 1815, 1932, 2066, 2077, 2115, 2936).

1420. Nullità nel contratto plurilaterale. – Nei contratti con più di due parti, in cui le prestazioni di ciascuna sono dirette al conseguimento di uno scopo comune, la nullità che colpisce il vincolo di una sola delle parti non importa nullità del contratto, salvo che la partecipazione di essa debba, secondo le circostanze, considerarsi essenziale (1446, 1459, 1466).

1421. Legittimazione all'azione di nullità. – Salvo diverse disposizioni di legge, la nullità può essere fatta valere da chiunque vi ha interesse (1174, 1255, 1256[2], 1322[2], 1379, 1384, 1411, 1457[1], 1464) e può essere rilevata d'ufficio dal giudice (1462, 1903, 2379).

1422. Imprescrittibilità dell'azione di nullità. – L'azione per far dichiarare la nullità non è soggetta a prescrizione (2934), salvi gli effetti dell'usucapione (1158 ss.) e della prescrizione delle azioni di ripetizione (2379, 2946).

1423. Inammissibilità della convalida. – Il contratto nullo non può essere convalidato (1444), se la legge non dispone diversamente (590, 799, 1972, 2332[5], 2379).

1424. Conversione del contratto nullo. – Il contratto nullo può produrre gli effetti di un contratto diverso, del quale contenga i requisiti di sostanza e di forma (1414[2]), qualora, avuto riguardo allo scopo perseguito dalle parti, debba ritenersi che esse lo avrebbero voluto se avessero conosciuto la nullità (1059[2], 1367, 1414).

Capo XII
Dell'annullabilità del contratto

Sezione I
Dell'incapacità

1425. Incapacità delle parti. – Il contratto è annullabile se una delle parti era legalmente incapace di contrattare (2, 3, 322, 377, 396, 414, 427, 477, 1441).

È parimenti annullabile, quando ricorrono le condizioni stabilite dall'art. 428, il contratto stipulato da persona incapace d'intendere o di volere (1191, 1444; 32 c.p.).

1426. Raggiri usati dal minore. – Il contratto non è annullabile, se il minore ha con raggiri occultato la sua minore età (2); ma la semplice dichiarazione da lui fatta di essere maggiorenne non è di ostacolo all'impugnazione del contratto (1439).

Sezione II
Dei vizi del consenso

1427. Errore, violenza e dolo. – Il contraente (1324, 1390), il cui consenso fu dato per errore (1428 ss.), estorto con violenza (1434 ss.) o carpito con dolo (1439 ss.), può chiedere l'annullamento del contratto secondo le disposizioni seguenti.

1428. Rilevanza dell'errore. – L'errore è causa di annullamento del contratto quando è essenziale (1429) ed è riconoscibile (1394, 1395, 1431) dall'altro contraente (787, 1391, 1972 ss.).

1429. Errore essenziale. – L'errore è essenziale (1433):

1) quando cade sulla natura o sull'oggetto (1346 ss., 1972^2) del contratto;

2) quando cade sull'identità dell'oggetto della prestazione ovvero sopra una qualità dello stesso che, secondo il comune apprezzamento o in relazione alle circostanze, deve ritenersi determinante del consenso (1497);

3) quando cade sull'identità o sulle qualità della persona dell'altro contraente, sempre che l'una o le altre siano state determinanti del consenso (122);

4) quando, trattandosi di errore di diritto, è stato la ragione unica o principale del contratto (787, 1969).

1430. Errore di calcolo. – L'errore di calcolo non dà luogo ad annullamento del contratto, ma solo a rettifica, tranne che, concretandosi in errore sulla quantità, sia stato determinante del consenso (1419).

1431. Errore riconoscibile. – L'errore si considera riconoscibile (1428) quando, in relazione al contenuto (1322[1], 1708), alle circostanze del contratto ovvero alla qualità dei contraenti, una persona di normale diligenza avrebbe potuto rilevarlo (1176, 1428).

1432. Mantenimento del contratto rettificato. – La parte in errore non può domandare l'annullamento del contratto se, prima che ad essa possa derivarne pregiudizio, l'altra offre di eseguirlo in modo conforme al contenuto e alle modalità del contratto che quella intendeva concludere (1450, 1453[3], 1467).

1433. Errore nella dichiarazione o nella sua trasmissione. – Le disposizioni degli articoli precedenti si applicano anche al caso in cui l'errore cade sulla dichiarazione, o in cui la dichiarazione è stata inesattamente trasmessa dalla persona o dall'ufficio che ne era stato incaricato (1428, 2706).

1434. Violenza. – La violenza è causa di annullamento del contratto (1441 ss.), anche se esercitata da un terzo (1439).

1435. Caratteri della violenza. – La violenza deve essere di tal natura da fare impressione sopra una persona sensata e da farle temere di esporre sé o i suoi beni a un male ingiusto e notevole. Si ha riguardo, in questa materia, all'età, al sesso e alla condizione delle persone (1438).

1436. Violenza diretta contro terzi. – La violenza è causa di annullamento del contratto anche quando il male minacciato (1438) riguarda la persona o i beni del coniuge del contraente o di un discendente o ascendente di lui.

Se il male minacciato riguarda altre persone, l'annullamento del contratto è rimesso alla prudente valutazione delle circostanze da parte del giudice.

1437. Timore riverenziale. – Il solo timore riverenziale non è causa di annullamento del contratto.

1438. Minaccia di far valere un diritto. – La minaccia di far valere un diritto può essere causa di annullamento del contratto solo quando è diretta a conseguire vantaggi ingiusti (2043).

1439. Dolo. – Il dolo è causa di annullamento del contratto quando i raggiri usati da uno dei contraenti sono stati tali che, senza di essi, l'altra parte non avrebbe contrattato (1195, 1338, 1426, 1892, 1975[1], 1986).

Quando i raggiri sono stati usati da un terzo, il contratto è annullabile se essi erano noti al contraente che ne ha tratto vantaggio (1440).

1440. Dolo incidente. – Se i raggiri non sono stati tali da determinare il consenso, il contratto è valido, benché senza di essi sarebbe stato concluso a condizioni diverse; ma il contraente in mala fede risponde dei danni (2043, 2056).

Sezione III
Dell'azione di annullamento

1441. Legittimazione. – L'annullamento del contratto può essere domandato solo dalla parte nel cui interesse è stabilito dalla legge (322, 323, 377, 378, 388, 396, 427, 428, 1394, 1395, 1442 ss., 1462, 1971, 1972, 1975).

L'incapacità del condannato in istato di interdizione legale (32 c.p.) può essere fatta valere da chiunque vi ha interesse.

1442. Prescrizione. – L'azione di annullamento si prescrive in cinque anni (428, 761, 775, 1449).

Quando l'annullabilità dipende da vizio del consenso (1427 ss.) o da incapacità legale (1425), il termine decorre dal giorno in cui è cessata la violenza, è stato scoperto l'errore o il dolo, è cessato lo stato d'interdizione o d'inabilitazione (429, 431), ovvero il minore ha raggiunto la maggiore età (2, 428[3], 761[2], 775[2], 2935).

Negli altri casi il termine decorre dal giorno della conclusione del contratto (1326, 2935).

L'annullabilità può essere opposta dalla parte convenuta per l'esecuzione del contratto, anche se è prescritta l'azione per farla valere (1449[2], 1495[3], 1667[3]).

1443. Ripetizione contro il contraente incapace. – Se il contratto è annullato per incapacità di uno dei contraenti (1425), questi non è tenuto a restituire all'altro la prestazione ricevuta se non nei limiti in cui è stata rivolta a suo vantaggio (1190, 1769, 2039, 2041).

1444. Convalida. – Il contratto annullabile può essere convalidato dal contraente al quale spetta l'azione di annullamento, mediante un atto che contenga la menzione del contratto e del motivo di annullabilità, e la dichiarazione che s'intende convalidarlo (1423, 1451, 2824).

Il contratto è pure convalidato, se il contraente al quale spettava l'azione di annullamento vi ha dato volontariamente esecuzione conoscendo il motivo di annullabilità (1234[2], 1399, 2264[2]).

La convalida non ha effetto, se chi l'esegue non è in condizione di concludere validamente il contratto (1423, 1425, 1451, 2824).

1445. Effetti dell'annullamento nei confronti dei terzi. – L'annullamento che non dipende da incapacità legale non pregiudica i diritti acquistati (1606) a titolo oneroso dai terzi di buona fede, salvi gli effetti della trascrizione della domanda di annullamento (23, 25, 785, 1425, 1458, 2377, 2652, n. 6, 2690, n. 3).

1446. Annullabilità nel contratto plurilaterale. – Nei contratti indicati dall'art. 1420 l'annullabilità che riguarda il vincolo di una sola delle parti non importa annullamento del contratto, salvo che la partecipazione di questa debba, secondo le circostanze, considerarsi essenziale (1459, 1466).

Capo XIII
Della rescissione del contratto

1447. Contratto concluso in istato di pericolo. – Il contratto con cui una parte ha assunto obbligazioni a condizioni inique, per la necessità, nota alla controparte, di salvare sé o altri dal pericolo attuale di un danno grave alla persona, può essere rescisso sulla domanda della parte che si è obbligata (2045, 2652, n. 1; 54 c.p.).

Il giudice nel pronunciare la rescissione può, secondo le circostanze, assegnare un equo compenso all'altra parte per l'opera prestata.

1448. Azione generale di rescissione per lesione. – Se vi è sproporzione tra la prestazione di una parte e quella dell'altra, e la sproporzione è dipesa dallo stato di bisogno di una parte, del quale l'altra ha approfittato per trarne vantaggio, la parte danneggiata può domandare la rescissione del contratto (763, 1462, 1964, 1970, 2922; 644 c.p.).

L'azione non è ammissibile se la lesione non eccede la metà del valore che la prestazione eseguita o promessa dalla parte danneggiata aveva al tempo del contratto.

La lesione deve perdurare fino al tempo in cui la domanda è proposta.

Non possono essere rescissi per causa di lesione i contratti aleatori (1469, 1472^2, 1934).

Sono salve le disposizioni relative alla rescissione della divisione (763 ss.).

1449. Prescrizione. – L'azione di rescissione si prescrive in un anno dalla conclusione del contratto (763, 1326); ma se il fatto costituisce reato, si applica l'ultimo comma dell'art. 2947.

La rescindibilità del contratto non può essere opposta in via di eccezione quando l'azione è prescritta (1442^4, 1495^3).

1450. Offerta di modificazione del contratto. – Il contraente contro il quale è domandata la rescissione può evitarla offrendo una modificazione del contratto sufficiente per ricondurlo ad equità (767, 1432, 1453^3, 1467, 1468).

1451. Inammissibilità della convalida. – Il contratto rescindibile non può essere convalidato (1449).

1452. Effetti della rescissione rispetto ai terzi. – La rescissione del contratto non pregiudica i diritti acquistati dai terzi (1445, 1458, 1757), salvi gli effetti della trascrizione della domanda di rescissione (2652, n. 1, 2690, n. 1).

Capo XIV
Della risoluzione del contratto

Sezione I
Della risoluzione per inadempimento

1453. Risolubilità del contratto per inadempimento. – Nei contratti con prestazioni corrispettive, quando uno dei contraenti non adempie le sue obbligazioni, l'altro può a sua scelta chiedere l'adempimento (1176 ss., 1454) o la risoluzione del contratto (1455, 1878, 1976), salvo, in ogni caso, il risarcimento del danno (1218, 1223, 1517, 1479, 1480, 1489, 1492, 1497, 1867, 2286, 2652, n. 1).

La risoluzione può essere domandata anche quando il giudizio è stato promosso per ottenere l'adempimento; ma non può più chiedersi l'adempimento quando è stata domandata la risoluzione (972^2, 1286^2, 1492^2).

Dalla data della domanda di risoluzione l'inadempiente non può più adempiere la propria obbligazione (1288, 1432, 1450, 1458, 1492; 72 l. fall.).

1454. Diffida ad adempiere. – Alla parte inadempiente l'altra può intimare per iscritto di adempiere in un congruo termine, con dichiarazione che, decorso inutilmente detto termine, il contratto s'intenderà senz'altro risoluto (1456, 1482^2, 1662^2, 1901^3).

Il termine non può essere inferiore a quindici giorni, salvo diversa pattuizione delle parti o salvo che, per la natura del contratto (1182^1, 1326, 1329^2, 1330, 1333^2, 1360^1, 1369, 1389^1, 1469, 1569, 1800^3) o secondo gli usi, risulti congruo un termine minore.

Decorso il termine senza che il contratto sia stato adempiuto, questo è risoluto di diritto (1333^2, 1399^4, 1456, 1457, 1482, 1901).

1455. Importanza dell'inadempimento. – Il contratto non si può risolvere se l'inadempimento di una delle parti ha scarsa importanza, avuto riguardo all'interesse dell'altra (1522, 1525, 1564, 1565, 1668, 1819, 1820, 1878, 1901, 2286).

1456. Clausola risolutiva espressa. – I contraenti possono convenire espressamente che il contratto si risolva nel caso che una determinata obbligazione non sia adempiuta secondo le modalità stabilite (973, 1458^2).

In questo caso, la risoluzione si verifica di diritto quando la parte interessata dichiara all'altra che intende valersi della clausola risolutiva (1454, 1517).

1457. Termine essenziale per una delle parti. – Se il termine fissato per la prestazione di una delle parti deve considerarsi essenziale nell'interesse (1174, 1322^2, 1379, 1464) dell'altra, questa, salvo patto o uso contrario, se vuole esigerne l'esecuzione nonostante la scadenza del termine, deve darne notizia all'altra parte entro tre giorni (1184, 1326).

In mancanza, il contratto s'intende risoluto di diritto anche se non è stata espressamente pattuita la risoluzione (1456, 1901^3).

1458. Effetti della risoluzione. – La risoluzione del contratto per inadempimento ha effetto retroattivo (1519) tra le parti, salvo il caso di contratti ad esecuzione continuata o periodica (1467^1), riguardo ai quali l'effetto della risoluzione non si estende alle prestazioni già eseguite (1360^2, 1373^2, 2126^1, 2332^2).

La risoluzione, anche se è stata espressamente pattuita (1456), non pregiudica i diritti acquistati dai terzi (1399^2, 1445, 1452, 1467, 1595^3), salvi gli effetti della trascrizione della domanda di risoluzione (1467, 2652, n. 1).

1459. Risoluzione nel contratto plurilaterale. – Nei contratti indicati dall'art. 1420 l'inadempimento di una delle parti non importa la risoluzione del contratto rispetto alle altre, salvo che la prestazione mancata debba, secondo le circostanze, considerarsi essenziale (1446, 1466).

1460. Eccezione d'inadempimento. – Nei contratti con prestazioni corrispettive, ciascuno dei contraenti può rifiutarsi di adempiere la sua obbligazione, se l'altro non adempie (1218, 1219) o non offre di adempiere contemporaneamente la propria (1208 ss., 1220), salvo che (1528^2) termini diversi per l'adempimento siano stati stabiliti dalle parti o risultino dalla natura del contratto (1481, 1482, 1901, 1924).

Tuttavia non può rifiutarsi l'esecuzione se, avuto riguardo alle circostanze, il rifiuto è contrario alla buona fede (1175, 1337, 1358, 1366, 1375, 1391, 1565).

1461. Mutamento nelle condizioni patrimoniali dei contraenti. – Ciascun contraente può sospendere l'esecuzione della prestazione da lui dovuta, se le condizioni patrimoniali dell'altro sono divenute tali (1186, 1822, 1956, 1959) da porre in evidente pericolo il conseguimento della controprestazione, salvo che sia prestata idonea garanzia (1179, 1877).

1462. Clausola limitativa della proponibilità di eccezioni. – La clausola (1341) con cui si stabilisce che una delle parti non può opporre eccezioni al fine di evitare o ritardare la prestazione dovuta, non ha effetto per le eccezioni di nullità (1418 ss.), di annullabilità (1425 ss.) e di rescissione (1447 ss.) del contratto.

Nei casi in cui la clausola è efficace, il giudice, se riconosce che concorrono gravi motivi, può tuttavia sospendere la condanna, imponendo, se del caso, una cauzione.

Sezione II
Dell'impossibilità sopravvenuta

1463. Impossibilità totale. – Nei contratti con prestazioni corrispettive, la parte liberata per la sopravvenuta impossibilità (1256 ss.) della prestazione dovuta non può chiedere la controprestazione, e deve restituire quella che abbia già ricevuta, secondo le norme relative alla ripetizione dell'indebito (2033 ss.).

1464. Impossibilità parziale. – Quando la prestazione di una parte è divenuta solo parzialmente impossibile (1258), l'altra parte ha diritto a una corrispondente riduzione della prestazione da essa dovuta, e può anche recedere dal contratto qualora non abbia un interesse (1174, 1255, 1256², 1322², 1384, 1421, 1457¹) apprezzabile all'adempimento parziale (1181, 1672, 2228).

1465. Contratto con effetti traslativi o costitutivi. – Nei contratti che trasferiscono la proprietà di una cosa determinata ovvero costituiscono o trasferiscono diritti reali (1376, 1470), il perimento della cosa per una causa non imputabile all'alienante non libera l'acquirente dall'obbligo di eseguire la controprestazione, ancorché la cosa non gli sia stata consegnata (1673, 2254).

La stessa disposizione si applica nel caso in cui l'effetto traslativo o costitutivo sia differito fino allo scadere di un termine (1523, 2286³).

Qualora oggetto del trasferimento sia una cosa determinata solo nel genere (1178), l'acquirente non è liberato dall'obbligo di eseguire la controprestazione, se l'alienante ha fatto la consegna o se la cosa è stata individuata (1378).

L'acquirente è in ogni caso liberato dalla sua obbligazione, se il trasferimento era sottoposto a condizione sospensiva e l'impossibilità è sopravvenuta prima che si verifichi la condizione (1360, 1523).

1466. Impossibilità nel contratto plurilaterale. – Nei contratti indicati dall'art. 1420 l'impossibilità della prestazione (1256 ss.) di una delle parti non importa scioglimento del contratto rispetto alle altre, salvo che la prestazione mancata debba, secondo le circostanze, considerarsi essenziale (1256, 1446, 1459).

Sezione III
Dell'eccessiva onerosità

1467. Contratto con prestazioni corrispettive. – Nei contratti a esecuzione continuata o periodica (1360^2, 1373^2, 1458^2) ovvero a esecuzione differita, se la prestazione di una delle parti è divenuta eccessivamente onerosa per il verificarsi di avvenimenti straordinari e imprevedibili, la parte che deve tale prestazione può domandare la risoluzione del contratto, con gli effetti stabiliti dall'art. 1458 (1450, 1879^2).

La risoluzione non può essere domandata se la sopravvenuta onerosità rientra nell'alea normale del contratto (1469).

La parte contro la quale è domandata la risoluzione può evitarla offrendo di modificare equamente le condizioni del contratto (1450, 1468, 1623, 1664).

1468. Contratto con obbligazioni di una sola parte. – Nell'ipotesi prevista dall'articolo precedente, se si tratta di un contratto nel quale una sola delle parti ha assunto obbligazioni, questa può chiedere una riduzione della sua prestazione ovvero una modificazione nelle modalità di esecuzione, sufficienti per ricondurla ad equità (1450, 1623, 1664).

1469. Contratto aleatorio. – Le norme degli articoli precedenti non si applicano ai contratti aleatori per loro natura (1879^2, 1882) o per volontà delle parti (1467^2, 1472^2).

Capo XIV *bis*
Dei contratti del consumatore ([1])

([1]) *Questo capo è stato aggiunto dall'art. 25 della L. 6 febbraio 1996, n. 52.*

1469 *bis*. ([1]) Contratti del consumatore. – Le disposizioni del presente titolo si applicano ai contratti del consumatore, ove non derogate dal codice del consumo o da altre disposizioni più favorevoli per il consumatore.

([1]) *Gli articoli 1469* bis *- 1469* sexies *sono stati così sostituiti dall'attuale 1469* bis *dall'art. 142 del D.L.vo 6 settembre 2005, n. 206, codice del consumo*

Titolo III
Dei singoli contratti

Capo I
Della vendita

Sezione I
Disposizioni generali

1470. Nozione. – La vendita è il contratto che ha per oggetto (1325, n. 3) il trasferimento della proprietà di una cosa o il trasferimento di un altro diritto verso il corrispettivo di un prezzo (1350 n. 1, 1376, 1465, 1862).

1471. Divieti speciali di comprare. – Non possono essere compratori nemmeno all'asta pubblica, né direttamente né per interposta persona (323, 378, 1261):

1) gli amministratori dei beni dello Stato, dei comuni, delle province o degli altri enti pubblici, rispetto ai beni affidati allo loro cura;

2) gli ufficiali pubblici, rispetto ai beni che sono venduti per loro ministero (1261; 534 ss., 570 ss., 576 ss. c.p.c.);

3) coloro che per legge (320 ss.) o per atto della pubblica autorità amministrano beni altrui (357, 375 ss., 424 ss., 643; 78 c.p.c.), rispetto ai beni medesimi;

4) i mandatari (1703), rispetto ai beni che sono stati incaricati di vendere (1731), salvo il disposto dell'art. 1395 (1735).

Nei primi due casi l'acquisto è nullo (1418); negli altri è annullabile (1425, 1442).

1472. Vendita di cose future. – Nella vendita che ha per oggetto una cosa futura (1348), l'acquisto della proprietà si verifica non appena la cosa viene ad esistenza (1476 n. 2, 2822). Se oggetto della vendita sono gli alberi o i frutti di un fondo, la proprietà si acquista quando gli alberi sono tagliati o i frutti sono separati (820^2).

Qualora le parti non abbiano voluto concludere un contratto aleatorio (1448^4, 1469), la vendita è nulla se la cosa non viene ad esistenza (1325, n. 3, 1418 ss., 1476).

1473. Determinazione del prezzo affidata a un terzo. – Le parti possono affidare la determinazione del prezzo a un terzo, eletto nel contratto o da eleggere posteriormente (1349).

Se il terzo non vuole o non può accettare l'incarico, ovvero le parti non si accordano per la sua nomina o per la sua sostituzione, la nomina, su richiesta di una delle parti, è fatta dal presidente del tribunale del luogo in cui è stato concluso il contratto (82 att.).

1474. Mancanza di determinazione espressa del prezzo. - Se il contratto ha per oggetto cose che il venditore vende abitualmente e le parti non hanno determinato il prezzo, né hanno convenuto il modo di determinarlo, né esso è stabilito per atto della pubblica autorità [o da norme corporative] (1), si presume che le parti abbiano voluto riferirsi al prezzo normalmente praticato dal venditore.

Se si tratta di cose aventi un prezzo di borsa o di mercato, il prezzo si desume dai listini o dalle mercuriali del luogo in cui deve essere eseguita la consegna, o da quelli della piazza più vicina (1515[3], 1518, 1696, 1735).

Qualora le parti abbiano inteso riferirsi al giusto prezzo, si applicano le disposizioni dei commi precedenti; e, quando non ricorrono i casi da essi previsti, il prezzo, in mancanza di accordo, è determinato da un terzo nominato a norma del secondo comma dell'articolo precedente (1561).

(1) *L'espressione «o da norme corporative» è da ritenersi abrogata dal R.D.L. 9 agosto 1943, n. 721.*

1475. Spese della vendita. – Le spese del contratto di vendita e le altre accessorie (1510[2]) sono a carico del compratore, se non è stato pattuito diversamente (1196, 1479[2], 1493, 1539, 1554, 2670).

§. 1
Delle obbligazioni del venditore

1476. Obbligazioni principali del venditore. – Le obbligazioni principali del venditore sono:

1) quella di consegnare la cosa al compratore (1477, 1516);

2) quella di fargli acquistare la proprietà della cosa o il diritto, se l'acquisto non è effetto immediato del contratto (1376, 1378, 1472, 1478, 1520; 72 l. fall.);

3) quella di garantire il compratore dall'evizione (1483 ss.) e dai vizi della cosa (1490 ss.; 72 l. fall.).

1477. Consegna della cosa. – La cosa deve essere consegnata nello stato in cui si trovava al momento della vendita.

Salvo diversa volontà delle parti, la cosa deve essere consegnata insieme con gli accessori, le pertinenze (817 ss.) e i frutti (820 ss.) dal giorno della vendita.

Il venditore deve pure consegnare i titoli e i documenti relativi alla proprietà e all'uso della cosa venduta (1177, 1262, 1527).

1478. Vendita di cosa altrui. – Se al momento del contratto (1326) la cosa venduta non era di proprietà del venditore, questi è obbligato a procurarne l'acquisto al compratore (1476, n. 2).

Il compratore diventa proprietario nel momento in cui il venditore acquista la proprietà dal titolare di essa (1479).

1479. Buona fede del compratore. – Il compratore può chiedere la risoluzione del contratto (1453 ss.), se, quando l'ha concluso, ignorava che la cosa non era di proprietà del venditore (1192), e se frattanto il venditore non gliene ha fatto acquistare la proprietà (1153, 1478, 1483, 1489).

Salvo il disposto dell'art. 1223, il venditore è tenuto a restituire all'acquirente il prezzo pagato, anche se la cosa è diminuita di valore o è deteriorata; deve inoltre rimborsargli le spese e i pagamenti legittimamente fatti per il contratto (1475, 1493[1]). Se la diminuzione di valore o il deterioramento derivano da un fatto del compratore, dall'ammontare suddetto si deve detrarre l'utile che il compratore ne ha ricavato.

Il venditore è inoltre tenuto a rimborsare al compratore le spese necessarie e utili fatte per la cosa, e, se era in mala fede, anche quelle voluttuarie (1150, 1482[2], 1483, 1488).

1480. Vendita di cosa parzialmente di altri. – Se la cosa che il compratore riteneva di proprietà del venditore era solo in parte di proprietà altrui, il compratore può chiedere la risoluzione del contratto (1453 ss.) e il risarcimento del danno a norma dell'articolo precedente, quando deve ritenersi, secondo le circostanze, che non avrebbe acquistato la cosa senza quella parte di cui non è divenuto proprietario (1419, 1484); altrimenti può solo ottenere una riduzione del prezzo, oltre al risarcimento del danno (1223, 1488, 1489).

1481. Pericolo di rivendica. – Il compratore può sospendere il pagamento del prezzo, quando ha ragione di temere che la cosa o una parte di essa possa essere rivendicata da terzi (948), salvo che il venditore presti idonea garanzia (1460, 1489).

Il pagamento non può essere sospeso se il pericolo era noto al compratore al tempo della vendita.

1482. Cosa gravata da garanzie reali o da altri vincoli. – Il compratore può altresì sospendere il pagamento del prezzo (1460, 1481), se la cosa venduta risulta gravata da garanzie reali (2784 ss., 2808 ss.) o da vincoli derivanti da pignoramento (491 c.p.c.) o da sequestro (671 ss. c.p.c.), non dichiarati dal venditore e dal compratore stesso ignorati (1460).

Egli può inoltre far fissare dal giudice un termine (1454), alla scadenza del quale, se la cosa non è liberata, il contratto è risoluto con obbligo del venditore di risarcire il danno ai sensi dell'art. 1479.

Se l'esistenza delle garanzie reali o dei vincoli sopra indicati era nota al compratore, questi non può chiedere la risoluzione del contratto, e il venditore è tenuto verso di lui solo per il caso di evizione (1483, 1489, 1491).

1483. Evizione totale della cosa. – Se il compratore subisce l'evizione totale della cosa (797, 1197[2], 1553, 1862, 2254, 2921, 2927) per effetto di diritti che un terzo ha fatti valere su di essa, il venditore è tenuto a risarcirlo del danno (1223) a norma dell'art. 1479 (1476, n. 3, 1488).

Egli deve inoltre corrispondere al compratore il valore dei frutti (820, 1148 ss.) che questi sia tenuto a restituire a colui dal quale è evitto, le spese che egli abbia fatte per la denunzia della lite (1485) e quelle che abbia dovuto rimborsare all'attore (1484, 1486).

1484. Evizione parziale. – In caso di evizione parziale della cosa, si osservano le disposizioni dell'art. 1480 e quella del secondo comma dell'articolo precedente (2921[2]).

1485. Chiamata in causa del venditore. – Il compratore convenuto da un terzo che pretende di avere diritti sulla cosa venduta, deve chiamare in causa il venditore (1483[2]; 106, 269 c.p.c.). Qualora non lo faccia e sia condannato con sentenza passata in giudicato (2909; 324 c.p.c.), perde il diritto alla garanzia, se il venditore prova che esistevano ragioni sufficienti per far respingere la domanda.

Il compratore che ha spontaneamente riconosciuto il diritto del terzo perde il diritto alla garanzia, se non prova che non esistevano ragioni sufficienti per impedire l'evizione (1489).

1486. Responsabilità limitata del venditore. – Se il compratore ha evitato l'evizione della cosa mediante il pagamento di una somma di danaro, il venditore può liberarsi da tutte le conseguenze della garanzia col rimborso della somma pagata, degli interessi e di tutte le spese (1483, 1484).

1487. Modificazione o esclusione convenzionale della garanzia. – I contraenti possono aumentare o diminuire gli effetti della garanzia e possono altresì pattuire che il venditore non sia soggetto a garanzia alcuna (1488, 1490).

Quantunque sia pattuita l'esclusione della garanzia (758), il venditore è sempre tenuto per l'evizione derivante da un fatto suo proprio (797, n. 2, 1266, 1375). È nullo ogni patto contrario (1229, 1418, 1419, 1490).

1488. Effetti dell'esclusione della garanzia. – Quando è esclusa la garanzia, non si applicano le disposizioni degli artt. 1479 e 1480; se si verifica l'evizione, il compratore può pretendere dal venditore soltanto la restituzione del prezzo pagato e il rimborso delle spese.

Il venditore è esente anche da quest'obbligo quando la vendita è stata convenuta a rischio e pericolo del compratore (1448, 1469, 1489²).

1489. Cosa gravata da oneri o da diritti di godimento di terzi. – Se la cosa venduta è gravata da oneri o da diritti reali (1027) o personali (1599) non apparenti (1061) che ne diminuiscono il libero godimento e non sono stati dichiarati nel contratto, il compratore che non ne abbia avuto conoscenza può domandare la risoluzione del contratto oppure una riduzione del prezzo secondo la disposizione dell'art. 1480.

Si osservano inoltre, in quanto applicabili, le disposizioni degli articoli 1481, 1485, 1486, 1487 e 1488.

1490. Garanzia per i vizi della cosa venduta. – Il venditore (798, 1197², 1667, 1698, 2226, 2254, 2922) è tenuto a garantire che la cosa venduta sia immune da vizi che la rendano inidonea all'uso a cui è destinata o ne diminuiscano in modo apprezzabile il valore (1476, n. 3, 1497, 1512).

Il patto con cui si esclude o si limita la garanzia non ha effetto, se il venditore ha in mala fede taciuto al compratore i vizi della cosa (1229, 1488, 1491).

1491. Esclusione della garanzia. – Non è dovuta la garanzia se al momento del contratto il compratore conosceva i vizi della cosa (1482³); parimenti non è dovuta, se i vizi erano facilmente riconoscibili (1511), salvo, in questo caso, che il venditore abbia dichiarato che la cosa era esente da vizi.

1492. Effetti della garanzia. – Nei casi indicati dall'art. 1490 il compratore può domandare a sua scelta la risoluzione del contratto (1453 ss.) ovvero la riduzione del prezzo, salvo che, per determinati vizi (1497), gli usi escludano la risoluzione.

La scelta è irrevocabile quando è fatta con la domanda giudiziale (1286, 1453²).

Se la cosa consegnata è perita in conseguenza dei vizi, il compratore ha diritto alla risoluzione del contratto; se invece è perita per caso fortuito o per colpa del compratore, o se questi l'ha alienata o trasformata, egli non può domandare che la riduzione del prezzo.

1493. Effetti della risoluzione del contratto. – In caso di risoluzione del contratto il venditore deve restituire il prezzo e rimborsare al compratore le spese e i pagamenti legittimamente fatti per la vendita (1475, 1479[2]).

Il compratore deve restituire la cosa, se questa non è perita in conseguenza dei vizi.

1494. Risarcimento del danno. – In ogni caso il venditore è tenuto verso il compratore al risarcimento del danno (1223 ss.), se non prova di avere ignorato senza colpa i vizi della cosa (1490).

Il venditore deve altresì risarcire al compratore i danni derivati dai vizi della cosa.

1495. Termini e condizioni per l'azione. – Il compratore decade (2964) dal diritto alla garanzia (1490), se non denunzia i vizi al venditore entro otto giorni dalla scoperta, salvo il diverso termine stabilito dalle parti (2965) o dalla legge (1497, 1511, 1512, 1522).

La denunzia non è necessaria se il venditore ha riconosciuto l'esistenza del vizio o l'ha occultato.

L'azione si prescrive, in ogni caso, in un anno dalla consegna (2941, n. 8); ma il compratore, che sia convenuto per l'esecuzione del contratto, può sempre far valere la garanzia (1442[4], 1449[2]), purché il vizio della cosa sia stato denunziato entro otto giorni dalla scoperta e prima del decorso dell'anno dalla consegna (1497, 1522).

1496. Vendita di animali. – Nella vendita di animali la garanzia per i vizi è regolata dalle leggi speciali o, in mancanza, dagli usi locali. Se neppure questi dispongono, si osservano le norme che precedono (1490 ss.).

1497. Mancanza di qualità. – Quando la cosa venduta non ha le qualità promesse ovvero quelle essenziali per l'uso a cui è destinata (1429, n. 2), il compratore ha diritto di ottenere la risoluzione del contratto secondo le disposizioni generali sulla risoluzione per inadempimento (1453 ss.), purché il difetto di qualità ecceda i limiti di tolleranza stabiliti dagli usi (1492).

Tuttavia il diritto di ottenere la risoluzione è soggetto alla decadenza e alla prescrizione stabilite dall'art. 1495.

§. 2
Delle obbligazioni del compratore

1498. Pagamento del prezzo. – Il compratore è tenuto a pagare il prezzo (1470, 1473) nel termine e nel luogo fissati dal contratto (1515, 2817; 72, 73 l. fall.).

In mancanza di pattuizione e salvi gli usi diversi, il pagamento deve avvenire al momento della consegna (1183, 1477) e nel luogo (1182, 1510) dove questa si esegue (1528).

Se il prezzo non si deve pagare al momento della consegna, il pagamento si fa al domicilio (43) del venditore (1182^3).

1499. Interessi compensativi sul prezzo. – Salvo diversa pattuizione, qualora la cosa venduta e consegnata al compratore produca frutti (820) o altri proventi, decorrono gli interessi sul prezzo, anche se questo non è ancora esigibile (1282^1, 1284, 1477).

§. 3
Del riscatto convenzionale

1500. Patto di riscatto. – Il venditore può riservarsi il diritto di riavere la proprietà della cosa venduta mediante la restituzione del prezzo e i rimborsi stabiliti dalle disposizioni che seguono (1604).

Il patto di restituire un prezzo superiore a quello stipulato per la vendita è nullo per l'eccedenza (1419, 1502 ss.).

1501. Termini. – Il termine per il riscatto non può essere maggiore di due anni nella vendita di beni mobili (1510) e di cinque anni in quella di beni immobili (732, 1537). Se le parti stabiliscono un termine maggiore, esso si riduce a quello legale (1419).

Il termine stabilito dalla legge è perentorio e non si può prorogare (153 c.p.c.).

1502. Obblighi del riscattante. – Il venditore che esercita il diritto di riscatto (732, 1500) è tenuto a rimborsare al compratore il prezzo, le spese (1475) e ogni altro pagamento legittimamente fatto per la vendita, le spese per le riparazioni necessarie e, nei limiti dell'aumento, quelle che hanno aumentato il valore della cosa (1150^3).

Fino al rimborso delle spese necessarie e utili, il compratore ha diritto di ritenere (1152) la cosa. Il giudice tuttavia, per il rimborso delle spese utili, può accordare una dilazione disponendo, se occorrono, le opportune cautele (1151, 1179).

1503. Esercizio del riscatto. – Il venditore decade dal diritto di riscatto, se entro il termine fissato (1501) non comunica al compratore la dichiarazione di riscatto e non gli corrisponde le somme liquide dovute per il rimborso del prezzo, delle spese e di ogni altro pagamento legittimamente fatto per la vendita.

Se il compratore rifiuta di ricevere il pagamento di tali rimborsi, il venditore decade dal diritto di riscatto, qualora non ne faccia offerta reale (1209) entro otto giorni dalla scadenza del termine.

Nella vendita di beni immobili la dichiarazione di riscatto deve essere fatta per iscritto, sotto pena di nullità (1350, 2653, n. 3, 2691, 2725).

1504. Effetti del riscatto rispetto ai subacquirenti. – Il venditore che ha legittimamente esercitato il diritto di riscatto nei confronti del compratore può ottenere il rilascio della cosa anche dai successivi acquirenti, purché il patto sia ad essi opponibile (732, 2644, 2653, n. 3, 2704).

Se l'alienazione è stata notificata al venditore, il riscatto deve essere esercitato in confronto del terzo acquirente.

1505. Diritti costituiti dal compratore sulla cosa. – Il venditore che ha esercitato il diritto di riscatto riprende la cosa esente dai pesi e dalle ipoteche da cui sia stata gravata (2653, n. 3); ma è tenuto a mantenere le locazioni fatte senza frode, purché abbiano data certa (1599, 2704) e siano state convenute per un tempo non superiore ai tre anni (1604).

1506. Riscatto di parte indivisa. – In caso di vendita con patto di riscatto di una parte indivisa di una cosa, il comproprietario che chiede la divisione deve proporre la domanda anche in confronto del venditore (1111 ss.).

Se la cosa non è comodamente divisibile (720, 1114) e si fa luogo all'incanto (576 ss. c.p.c.), il venditore che non ha esercitato il riscatto anteriormente all'aggiudicazione decade da tale diritto, anche se aggiudicatario sia lo stesso compratore.

1507. Vendita congiuntiva di cosa indivisa. – Se più persone hanno venduto congiuntamente, mediante un solo contratto, una cosa indivisa, ciascuna può esercitare il diritto di riscatto solo sopra la quota che le spettava.

La medesima disposizione si osserva se il venditore ha lasciato più eredi (1295).

Il compratore, nei casi sopra espressi, può esigere che tutti i venditori o tutti i coeredi esercitino congiuntamente il diritto di riscatto dell'intera cosa; se essi non si accordano, il riscatto può esercitarsi soltanto da parte di colui o di coloro che offrono di riscattare la cosa per intero.

1508. Vendita separata di cosa indivisa. – Se i comproprietari di una cosa non l'hanno venduta congiuntamente e per intero, ma ciascuno ha venduto la sola sua quota, essi possono separatamente esercitare il diritto di riscatto sopra la quota che loro spettava, e il compratore non può valersi della facoltà prevista dall'ultimo comma dell'articolo precedente.

1509. Riscatto contro gli eredi del compratore. – Qualora il compratore abbia lasciato più eredi, il diritto di riscatto si può esercitare contro ciascuno di essi solo per la parte che gli spetta, anche quando la cosa venduta è tuttora indivisa (1295).

Se l'eredità è stata divisa e la cosa venduta è stata assegnata a uno degli eredi, il diritto di riscatto non può esercitarsi contro di lui che per la totalità (1314).

Sezione II
Della vendita di cose mobili

§. 1
Disposizioni generali

1510. Luogo della consegna. – In mancanza di patto o di uso contrario, la consegna (1477) della cosa deve avvenire nel luogo dove questa si trovava al tempo della vendita, se le parti ne erano a conoscenza (1182^2), ovvero nel luogo dove il venditore aveva il suo domicilio (43) o la sede dell'impresa (46, 1368^2, 2197).

Salvo patto o uso contrario, se la cosa venduta deve essere trasportata da un luogo all'altro, il venditore si libera dall'obbligo della consegna rimettendo la cosa (1378) al vettore (1678 ss.) o allo spedizioniere (1737 ss.); le spese del trasporto sono a carico del compratore (1196, 1475).

1511. Denunzia nella vendita di cose da trasportare. – Nella vendita di cose da trasportare da un luogo a un altro (1378, 1510^2), il termine per la denunzia dei vizi e dei difetti di qualità apparenti (1491) decorre dal giorno del ricevimento (1495).

1512. Garanzia di buon funzionamento. – Se il venditore ha garantito per un tempo determinato il buon funzionamento della cosa venduta (1490 ss., 1698), il compratore, salvo patto contrario, deve denunziare al venditore (1745^1, 2212^1) il difetto di funzionamento entro trenta giorni dalla scoperta, sotto pena di decadenza (2964). L'azione si prescrive in sei mesi dalla scoperta (1495, 2934).

Il giudice, secondo le circostanze, può assegnare al venditore un termine per sostituire o riparare la cosa in modo da assicurarne il buon funzionamento, salvo il risarcimento dei danni (1223).

Sono salvi gli usi i quali stabiliscono che la garanzia di buon funzionamento è dovuta anche in mancanza di patto espresso.

1513. Accertamento dei difetti. – In caso di divergenza sulla qualità o condizione della cosa, il venditore o il compratore possono chiederne la verifica nei modi stabiliti dall'art. 696 del codice di procedura civile. Il giudice, su istanza della parte interessata, può ordinare il deposito o il sequestro (670 ss. c.p.c.) della cosa stessa, nonché la vendita per conto di chi spetta (1515, 1516), determinandone le condizioni.

La parte che non ha chiesto la verifica della cosa, deve, in caso di contestazione, provarne rigorosamente l'identità e lo stato (77 att.).

1514. Deposito della cosa venduta. – Se il compratore non si presenta per ricevere la cosa acquistata, il venditore può depositarla (1210), per conto e a spese del compratore medesimo, in un locale di pubblico deposito, oppure in altro locale idoneo determinato dal tribunale del luogo in cui la consegna doveva essere fatta (1510).

Il venditore deve dare al compratore pronta notizia del deposito eseguito (77 att.; 450 c.n.).

1515. Esecuzione coattiva per inadempimento del compratore. – Se il compratore non adempie l'obbligazione di pagare il prezzo (1498), il venditore può far vendere senza ritardo la cosa per conto e a spese di lui (2762).

La vendita è fatta all'incanto (1471) a mezzo di una persona autorizzata (83 att.) a tali atti o, in mancanza di essa nel luogo in cui la vendita deve essere eseguita, a mezzo di un ufficiale giudiziario. Il venditore deve dare tempestiva notizia al compratore del giorno, del luogo e dell'ora in cui la vendita sarà eseguita.

Se la cosa ha un prezzo corrente, stabilito per atto della pubblica autorità [o da norme corporative] (1), ovvero risultante da listini di borsa o da mercuriali (1474[2]), la vendita può essere fatta senza incanto, al prezzo corrente, a mezzo delle persone indicate nel comma precedente o di un commissario (1735) (2) nominato dal tribunale. In tal caso il venditore deve dare al compratore pronta notizia della vendita (1516).

Il venditore ha diritto alla differenza tra il prezzo convenuto e il ricavo netto della vendita, oltre al risarcimento del maggior danno (1223, 1516, 1518, 1536, 1551, 1789, 1796; 83 att.; 450 c.n.).

(1) *L'espressione «o da norme corporative» è da ritenersi abrogata dal R.D.L. 9 agosto 1943, n. 721.*

(2) Rectius: *commissionario.*

1516. Esecuzione coattiva per inadempimento del venditore. – Se la vendita ha per oggetto cose fungibili che hanno un prezzo corrente a norma del terzo comma dell'articolo precedente, e il venditore non adempie la sua obbligazione, il compratore può fare acquistare senza ritardo le cose, a spese del venditore, a mezzo di una delle persone indicate nel secondo e terzo comma dell'articolo precedente (83 att.). Dell'acquisto il compratore deve dare pronta notizia al venditore (1533).

Il compratore ha diritto alla differenza tra l'ammontare della spesa occorsa per l'acquisto e il prezzo convenuto, oltre al risarcimento del maggior danno (1223, 1453, 1516, 1518, 1536, 1551).

1517. Risoluzione di diritto. – La risoluzione ha luogo di diritto a favore del contraente che, prima della scadenza del termine stabilito, abbia offerto all'altro, nelle forme di uso (1214), la consegna della cosa (1477) o il pagamento del prezzo (1498), se l'altra parte non adempie la propria obbligazione (1460).

La risoluzione di diritto ha luogo pure a favore del venditore, se, alla scadenza del termine stabilito per la consegna, il compratore, la cui obbligazione di pagare il prezzo non sia scaduta, non si presenta per ricevere la cosa preventivamente offerta, ovvero non l'accetta.

Il contraente che intende valersi della risoluzione disposta dal presente articolo deve darne comunicazione all'altra parte entro otto giorni dalla scadenza del termine (1456); in mancanza di tale comunicazione, si osservano le disposizioni generali sulla risoluzione per inadempimento (1453 ss.).

1518. Normale determinazione del risarcimento. – Se la vendita ha per oggetto una cosa che ha un prezzo corrente a norma del terzo comma dell'art. 1515, e il contratto si risolve per l'inadempimento di una delle parti, il risarcimento (1223) è costituito dalla differenza tra il prezzo convenuto e quello corrente nel luogo e nel giorno in cui si doveva fare la consegna (1477), salva la prova di un maggior danno (1515^3, 1516^2).

Nella vendita a esecuzione periodica, la liquidazione del danno si determina sulla base dei prezzi correnti nel luogo e nel giorno fissati per le singole consegne.

1519. Restituzione di cose non pagate. – Se la vendita è stata fatta senza dilazione per il pagamento del prezzo, il venditore, in mancanza di pagamento, può riprendere il possesso delle cose vendute, finché queste si trovano presso il compratore, purché la domanda sia proposta entro quindici giorni dalla consegna e le cose si trovino nello stato in cui erano al tempo della consegna stessa (75 l. fall.).

Il diritto di riprendere il possesso delle cose non si può esercitare in pregiudizio dei privilegi previsti dagli artt. 2764 e 2765, salvo che si provi che il creditore, al tempo della introduzione di esse nella casa o nel fondo locato ovvero nel fondo concesso a mezzadria o a colonia, conosceva che il prezzo era ancora dovuto.

La disposizione del comma precedente si applica anche a favore dei creditori del compratore che abbiano sequestrato o pignorato le cose, a meno che si provi che essi, al momento del sequestro o del pignoramento, conoscevano che il prezzo era ancora dovuto.

§. 1 *bis*
Della vendita dei beni di consumo (1)

(1) *Questo paragrafo è stato inserito dall'art. 1, comma 1, del D.L.vo 2 febbraio 2002, n. 24. Gli articoli da 1519* bis *a 1519* nonies *sono stati abrogati dall'art. 146, comma 1, lett. s), del D.L.vo 6 settembre 2005, n. 206.*

1519 *bis*. [Ambito di applicazione e definizioni. – Il presente paragrafo disciplina taluni aspetti dei contratti di vendita e delle garanzie concernenti i beni di consumo. A tali fini ai contratti di vendita sono equiparati i contratti di permuta e di somministrazione nonché quelli di appalto, di opera e tutti gli altri contratti comunque finalizzati alla fornitura di beni di consumo da fabbricare o produrre.

Ai fini del presente paragrafo si intende per:

a) consumatore: qualsiasi persona fisica che, nei contratti di cui al comma primo, agisce per scopi estranei all'attività imprenditoriale o professionale eventualmente svolta;

b) beni di consumo: qualsiasi bene mobile, anche da assemblare, tranne:

1) i beni oggetto di vendita forzata o comunque venduti secondo altre modalità dalle autorità giudiziarie, anche mediante delega ai notai;

2) l'acqua e il gas, quando non confezionati per la vendita in un volume delimitato o in quantità determinata;

3) l'energia elettrica;

c) venditore: qualsiasi persona fisica o giuridica pubblica o privata che, nell'esercizio della propria attività imprenditoriale o professionale, utilizza i contratti di cui al comma primo;

d) produttore: il fabbricante di un bene di consumo, l'importatore del bene di consumo nel territorio della Unione europea o qualsiasi altra persona che si presenta come produttore apponendo sul bene di consumo il suo nome, marchio o altro segno distintivo;

e) garanzia convenzionale ulteriore: qualsiasi impegno di un venditore o di un produttore, assunto nei confronti del consumatore senza costi supplementari, di rimborsare il prezzo pagato, sostituire, riparare, o intervenire altrimenti sul bene di consumo, qualora esso non corrisponda alle condizioni enunciate nella dichiarazione di garanzia o nella relativa pubblicità;

f) riparazione: nel caso di difetto di conformità, il ripristino del bene di consumo per renderlo conforme al contratto di vendita. Le disposizioni del presente paragrafo si applicano alla vendita di beni di consumo usati, tenuto conto del tempo del pregresso utilizzo, limitatamente ai difetti non derivanti dall'uso normale della cosa].

1519 *ter*. [Conformità al contratto. – Il venditore ha l'obbligo di consegnare al consumatore beni conformi al contratto di vendita.

Si presume che i beni di consumo siano conformi al contratto se, ove pertinenti, coesistono le seguenti circostanze:

a) sono idonei all'uso al quale servono abitualmente beni dello stesso tipo;

b) sono conformi alla descrizione fatta dal venditore e possiedono le qualità del bene che il venditore ha presentato al consumatore come campione o modello;

c) presentano la qualità e le prestazioni abituali di un bene dello stesso tipo, che il consumatore può ragionevolmente aspettarsi, tenuto conto della natura del bene e, se del caso, delle dichiarazioni pubbliche sulle caratteristiche specifiche dei beni fatte al riguardo dal venditore, dal produttore o dal suo agente o rappresentante, in particolare nella pubblicità o sull'etichettatura;

d) sono altresì idonei all'uso particolare voluto dal consumatore e che sia stato da questi portato a conoscenza del venditore al momento della conclusione del contratto e che il venditore abbia accettato anche per fatti concludenti.

Non vi è difetto di conformità se, al momento della conclusione del contratto, il consumatore era a conoscenza del difetto o non poteva ignorarlo con l'ordinaria diligenza o se il difetto di conformità deriva da istruzioni o materiali forniti dal consumatore.

Il venditore non è vincolato dalle dichiarazioni pubbliche di cui al comma secondo, lettera *c*), quando, in via anche alternativa, dimostra che:

a) non era a conoscenza della dichiarazione e non poteva conoscerla con l'ordinaria diligenza;

b) la dichiarazione è stata adeguatamente corretta entro il momento della conclusione del contratto in modo da essere conoscibile al consumatore;

c) la decisione di acquistare il bene di consumo non è stata influenzata dalla dichiarazione.

Il difetto di conformità che deriva dall'imperfetta installazione del bene di consumo è equiparato al difetto di conformità del bene quando l'installazione è compresa nel contratto di vendita ed è stata effettuata dal venditore o sotto la sua responsabilità. Tale equiparazione si applica anche nel caso in cui il prodotto, concepito per essere installato dal consumatore, sia da questo installato in modo non corretto a causa di una carenza delle istruzioni di installazione].

1519 *quater*. [Diritti del consumatore. – Il venditore è responsabile nei confronti del consumatore per qualsiasi difetto di conformità esistente al momento della consegna del bene.

In caso di difetto di conformità, il consumatore ha diritto al ripristino, senza spese, della conformità del bene mediante riparazione o sostituzione, a norma dei commi terzo, quarto, quinto e sesto, ovvero ad una riduzione adeguata del prezzo o alla risoluzione del contratto, conformemente ai commi settimo, ottavo e nono.

Il consumatore può chiedere, a sua scelta, al venditore di riparare il bene o di sostituirlo, senza spese in entrambi i casi, salvo che il rimedio richiesto sia oggettivamente impossibile o eccessivamente oneroso rispetto all'altro.

Ai fini di cui al comma terzo è da considerare eccessivamente oneroso uno dei due rimedi se impone al venditore spese irragionevoli in confronto all'altro, tenendo conto:

a) del valore che il bene avrebbe se non vi fosse difetto di conformità;

b) dell'entità del difetto di conformità;

c) dell'eventualità che il rimedio alternativo possa essere esperito senza notevoli inconvenienti per il consumatore.

Le riparazioni o le sostituzioni devono essere effettuate entro un congruo termine dalla richiesta e non devono arrecare notevoli inconvenienti al consumatore, tenendo conto della natura del bene e dello scopo per il quale il consumatore ha acquistato il bene.

Le spese di cui ai commi secondo e terzo si riferiscono ai costi indispensabili per rendere conformi i beni, in particolare modo con riferimento alle spese effettuate per la spedizione, per la mano d'opera e per i materiali.

Il consumatore può richiedere, a sua scelta, una congrua riduzione del prezzo o la risoluzione del contratto ove ricorra una delle seguenti situazioni:

a) la riparazione e la sostituzione sono impossibili o eccessivamente onerose;

b) il venditore non ha provveduto alla riparazione o alla sostituzione del bene entro il termine congruo di cui al comma sesto;

c) la sostituzione o la riparazione precedentemente effettuata ha arrecato notevoli inconvenienti al consumatore.

Nel determinare l'importo della riduzione o la somma da restituire si tiene conto dell'uso del bene.

Dopo la denuncia del difetto di conformità, il venditore può offrire al consumatore qualsiasi altro rimedio disponibile, con i seguenti effetti:

a) qualora il consumatore abbia già richiesto uno specifico rimedio, il venditore resta obbligato ad attuarlo, con le necessarie conseguenze in ordine alla decorrenza del termine congruo di cui al comma sesto, salvo accettazione da parte del consumatore del rimedio alternativo proposto;

b) qualora il consumatore non abbia già richiesto uno specifico rimedio, il consumatore deve accettare la proposta o respingerla scegliendo un altro rimedio ai sensi del presente articolo.

Un difetto di conformità di lieve entità per il quale non è stato possibile o è eccessivamente oneroso esperire i rimedi della riparazione o della sostituzione, non dà diritto alla risoluzione del contratto].

1519 *quinquies*. [Diritto di regresso. – Il venditore finale, quando è responsabile nei confronti del consumatore a causa di un difetto di conformità imputabile ad un'azione o ad un'omissione del produttore, di un precedente venditore della medesima catena contrattuale distributiva o di qualsiasi altro intermediario, ha diritto di regresso, salvo patto contrario o rinuncia, nei confronti del soggetto o dei soggetti responsabili facenti parte della suddetta catena distributiva.

Il venditore finale che abbia ottemperato ai rimedi esperiti dal consumatore, può agire, entro un anno dall'esecuzione della prestazione, in regresso nei confronti del soggetto o dei soggetti responsabili per ottenere la reintegrazione di quanto prestato].

1519 *sexies*. [Termini. – Il venditore è responsabile, a norma dell'articolo 1519 *quater*, quando il difetto di conformità si manifesta entro il termine di due anni dalla consegna del bene.

Il consumatore decade dai diritti previsti dall'articolo 1519 *quater*, comma secondo, se non denuncia al venditore il difetto di conformità entro il termine di due mesi dalla data in cui ha scoperto il difetto. La denuncia non è necessaria se il venditore ha riconosciuto l'esistenza del difetto o l'ha occultato.

Salvo prova contraria, si presume che i difetti di conformità che si manifestano entro sei mesi dalla consegna del bene esistessero già a tale data, a meno che tale ipotesi sia incompatibile con la natura del bene o con la natura del difetto di conformità.

L'azione diretta a far valere i difetti non dolosamente occultati dal venditore si prescrive, in ogni caso, nel termine di ventisei mesi dalla consegna del bene; il consumatore, che sia convenuto per l'esecuzione del contratto, può tuttavia far valere sempre i diritti di cui all'articolo 1519 *quater*, comma secondo, purché il difetto di conformità sia stato denunciato entro due mesi dalla scoperta e prima della scadenza del termine di cui al periodo precedente].

1519 *septies*. [Garanzia convenzionale. – La garanzia convenzionale vincola chi la offre secondo le modalità indicate nella dichiarazione di garanzia medesima o nella relativa pubblicità.

La garanzia deve, a cura di chi la offre, almeno indicare:

a) la specificazione che il consumatore è titolare dei diritti previsti dal presente paragrafo e che la garanzia medesima lascia impregiudicati tali diritti;

b) in modo chiaro e comprensibile l'oggetto della garanzia e gli elementi essenziali necessari per farla valere, compresi la durata e l'estensione territoriale della garanzia, nonché il nome o la ditta e il domicilio o la sede di chi la offre.

A richiesta del consumatore, la garanzia deve essere disponibile per iscritto o su altro supporto duraturo a lui accessibile.

La garanzia deve essere redatta in lingua italiana con caratteri non meno evidenti di quelli di eventuali altre lingue.

Una garanzia non rispondente ai requisiti di cui ai commi secondo, terzo e quarto rimane comunque valida e il consumatore può continuare ad avvalersene ed esigerne l'applicazione].

1519 *octies*. [Carattere imperativo delle disposizioni. – È nullo ogni patto, anteriore alla comunicazione al venditore del difetto di conformità, volto ad escludere o limitare, anche in modo indiretto, i diritti riconosciuti dal presente paragrafo. La nullità può essere fatta valere solo dal consumatore e può essere rilevata d'ufficio dal giudice.

Nel caso di beni usati, le parti possono limitare la durata della responsabilità di cui all'articolo 1519 *sexies*, comma primo, ad un periodo di tempo in ogni caso non inferiore ad un anno.

È nulla ogni clausola contrattuale che, prevedendo l'applicabilità al contratto di una legislazione di un paese extracomunitario, abbia l'effetto di privare il consumatore della protezione assicurata dal presente paragrafo, laddove il contratto presenti uno stretto collegamento con il territorio di uno Stato membro dell'Unione europea].

1519 *nonies*. [Tutela in base ad altre disposizioni. – Le disposizioni del presente paragrafo non escludono né limitano i diritti che sono attribuiti al consumatore da altre norme dell'ordinamento giuridico].

§. 2
Della vendita con riserva di gradimento, a prova, a campione

1520. Vendita con riserva di gradimento. – Quando si vendono cose con riserva di gradimento da parte del compratore, la vendita non si perfeziona fino a che il gradimento non sia comunicato al venditore (1326, 1334, 1376).

Se l'esame della cosa deve farsi presso il venditore, questi è liberato, qualora il compratore non vi proceda nel termine stabilito dal contratto o dagli usi, o, in mancanza, in un termine congruo fissato dal venditore.

Se la cosa si trova presso il compratore e questi non si pronunzia nel termine sopra indicato, la cosa si considera di suo gradimento.

1521. Vendita a prova. – La vendita a prova si presume fatta sotto la condizione sospensiva (1353 ss.) che la cosa abbia le qualità pattuite o sia idonea all'uso a cui è destinata.

La prova si deve eseguire nel termine e secondo le modalità stabiliti dal contratto o dagli usi.

1522. Vendita su campione e su tipo di campione. – Se la vendita è fatta su campione, s'intende che questo deve servire come esclusivo paragone per la qualità della merce, e in tal caso qualsiasi difformità attribuisce al compratore il diritto alla risoluzione del contratto (1453, 1493, 1760).

Qualora, però, dalla convenzione o dagli usi risulti che il campione deve servire unicamente a indicare in modo approssimativo la qualità, si può domandare la risoluzione soltanto se la difformità dal campione sia notevole (1455).

In ogni caso l'azione è soggetta alla decadenza e alla prescrizione stabilite dall'art. 1495.

§. 3
Della vendita con riserva della proprietà

1523. ([1]) **Passaggio della proprietà e dei rischi.** – Nella vendita a rate con riserva della proprietà, il compratore acquista la proprietà della cosa col pagamento dell'ultima rata di prezzo (1376), ma assume i rischi dal momento della consegna (1465, 2054[3]; 73[2] l. fall.).

([1]) *A norma dell'art. 11, comma 3, del D.L.vo 9 ottobre 2002, n. 231, la riserva della proprietà di cui a questo articolo, preventivamente concordata per iscritto tra l'acquirente ed il venditore, è opponibile ai creditori del compratore se è confermata nelle singole fatture delle successive forniture aventi data certa anteriore al pignoramento e regolarmente registrate nelle scritture contabili.*

1524. Opponibilità della riserva di proprietà nei confronti di terzi. – La riserva della proprietà è opponibile ai creditori del compratore, solo se risulta da atto scritto avente data certa (2704) anteriore al pignoramento.

Se la vendita ha per oggetto macchine e il prezzo è superiore agli € 15,49 la riserva della proprietà è opponibile anche al terzo acquirente, purché il patto di riservato dominio sia trascritto in apposito registro tenuto nella cancelleria del tribunale nella giurisdizione del quale è collocata la macchina (2762[1]), e questa, quando è acquistata dal terzo, si trovi ancora nel luogo dove la trascrizione è stata eseguita (84 att.).

Sono salve le disposizioni relative ai beni mobili iscritti in pubblici registri (2683 ss.).

1525. Inadempimento del compratore. – Nonostante patto contrario, il mancato pagamento di una sola rata, che non superi l'ottava parte del prezzo, non dà luogo alla risoluzione (1453, 1526) del contratto, e il compratore conserva il beneficio del termine relativamente alle rate successive (1455).

1526. Risoluzione del contratto. – Se la risoluzione del contratto ha luogo per l'inadempimento del compratore, il venditore deve restituire le rate riscosse, salvo il diritto a un equo compenso per l'uso della cosa, oltre al risarcimento del danno (1223, 1458; 73[2] l. fall.).

Qualora si sia convenuto che le rate pagate restino acquisite al venditore a titolo d'indennità (1382), il giudice, secondo le circostanze, può ridurre l'indennità convenuta (1384).

La stessa disposizione si applica nel caso in cui il contratto sia configurato come locazione, e sia convenuto che, al termine di esso, la proprietà della cosa sia acquisita al conduttore per effetto del pagamento dei canoni pattuiti.

§. 4
Della vendita su documenti e con pagamento contro documenti

1527. Consegna. – Nella vendita su documenti, il venditore si libera dall'obbligo della consegna rimettendo al compratore il titolo rappresentativo della merce (1996) e gli altri documenti stabiliti dal contratto o, in mancanza, dagli usi (1792, 1477^{3}).

1528. Pagamento del prezzo. – Salvo patto o usi contrari, il pagamento del prezzo e degli accessori deve eseguirsi nel momento e nel luogo in cui avviene la consegna dei documenti indicati dall'articolo precedente (1498^{2}).

Quando i documenti sono regolari, il compratore non può rifiutare il pagamento del prezzo adducendo eccezioni relative alla qualità e allo stato delle cose (1490 ss.), a meno che queste risultino già dimostrate.

1529. Rischi. – Se la vendita ha per oggetto cose in viaggio, e tra i documenti consegnati al compratore è compresa la polizza di assicurazione per i rischi del trasporto (1889), sono a carico del compratore i rischi a cui si trova esposta la merce dal momento della consegna al vettore (1510, 1891).

Questa disposizione non si applica se il venditore al tempo del contratto era a conoscenza della perdita o dell'avaria della merce, e le ha in mala fede taciute al compratore.

1530. Pagamento contro documenti a mezzo di banca. – Quando il pagamento del prezzo deve avvenire a mezzo di una banca, il venditore non può rivolgersi al compratore se non dopo il rifiuto opposto dalla banca stessa e constatato all'atto della presentazione dei documenti nelle forme stabilite dagli usi.

La banca che ha confermato il credito al venditore può opporgli solo le eccezioni derivanti dall'incompletezza o irregolarità dei documenti e quelle relative al rapporto di conferma del credito (1271^{3}).

§. 5
Della vendita a termine di titoli di credito

1531. Interessi, dividendi e diritti di voto. – Nella vendita a termine di titoli di credito (1992 ss.), gli interessi (821[3], 1263[3]) e i dividendi esigibili dopo la conclusione del contratto e prima della scadenza del termine, se riscossi dal venditore, sono accreditati al compratore (1550).

Qualora la vendita abbia per oggetto titoli azionari (2346 ss.), il diritto di voto (2351) spetta al venditore fino al momento della consegna (1550; 76 l. fall.).

1532. Diritto di opzione. – Il diritto di opzione (2441) inerente ai titoli venduti a termine spetta al compratore (1550).

Il venditore, qualora il compratore gliene faccia richiesta in tempo utile, deve mettere il compratore in grado di esercitare il diritto di opzione, oppure deve esercitarlo per conto del compratore, se questi gli ha fornito i fondi necessari.

In mancanza di richiesta da parte del compratore, il venditore deve curare la vendita dei diritti di opzione per conto del compratore, a mezzo di un agente di cambio o di un istituto di credito (1838[2]).

1533. Estrazione per premi o rimborsi. – Se i titoli venduti a termine sono soggetti a estrazione per premi o rimborsi, i diritti e gli oneri derivanti dall'estrazione spettano al compratore, qualora la conclusione del contratto sia anteriore al giorno stabilito per l'inizio dell'estrazione (1550, 1998).

Il venditore, al solo effetto indicato dal comma precedente, deve comunicare per iscritto al compratore una distinta numerica dei titoli almeno un giorno prima dell'inizio dell'estrazione.

In mancanza di tale comunicazione, il compratore ha facoltà di acquistare, a spese del venditore, i diritti spettanti a una quantità corrispondente di titoli, dandone comunicazione al venditore prima dell'inizio dell'estrazione (1516, 1550).

1534. Versamenti richiesti sui titoli. – Il compratore deve fornire al venditore, almeno due giorni prima della scadenza, le somme necessarie per eseguire i versamenti richiesti sui titoli non liberati (2356).

1535. Proroga dei contratti a termine. – Se alla scadenza del termine le parti convengono di prorogare l'esecuzione del contratto, è dovuta la differenza tra il prezzo originario e quello corrente nel giorno della scadenza, salva l'osservanza degli usi diversi.

1536. Inadempimento. – In caso d'inadempimento della vendita a termine di titoli, si osservano le norme degli artt. 1515 e 1516, salva, per i contratti di borsa, l'applicazione delle leggi speciali.

Sezione III
Della vendita di cose immobili

1537. Vendita a misura. – Quando un determinato immobile (812) è venduto con l'indicazione della sua misura e per un prezzo stabilito in ragione di un tanto per ogni unità di misura, il compratore ha diritto a una riduzione, se la misura effettiva dell'immobile è inferiore a quella indicata nel contratto.

Se la misura risulta superiore a quella indicata nel contratto, il compratore deve corrispondere il supplemento del prezzo, ma ha facoltà di recedere dal contratto (1373, 1539) qualora l'eccedenza oltrepassi la ventesima parte della misura dichiarata (1377, 1430).

1538. Vendita a corpo. – Nei casi in cui il prezzo è determinato in relazione al corpo dell'immobile e non alla sua misura, sebbene questa sia stata indicata, non si fa luogo a diminuzione o a supplemento di prezzo, salvo che la misura reale sia inferiore o superiore di un ventesimo rispetto a quella indicata nel contratto (1540).

Nel caso in cui dovrebbe pagarsi un supplemento di prezzo, il compratore ha la scelta di recedere dal contratto o di corrispondere il supplemento (1377, 1430, 1537, 1539).

1539. Recesso dal contratto. – Quando il compratore esercita il diritto di recesso, il venditore è tenuto a restituire il prezzo e a rimborsare le spese del contratto (1475, 1498).

1540. Vendita cumulativa di più immobili. – Se due o più immobili sono stati venduti con lo stesso contratto per un solo e medesimo prezzo, con l'indicazione della misura di ciascuno di essi, e si trova che la quantità è minore nell'uno e maggiore nell'altro, se ne fa la compensazione fino alla debita concorrenza; il diritto al supplemento o alla diminuzione del prezzo spetta in conformità delle disposizioni sopra stabilite (1537, 1538).

1541. Prescrizione. – Il diritto del venditore al supplemento e quello del compratore alla diminuzione del prezzo o al recesso dal contratto si prescrivono in un anno dalla consegna dell'immobile.

Sezione IV
Della vendita di eredità

1542. Garanzia. – Chi vende un'eredità senza specificarne gli oggetti non è tenuto a garantire che la propria qualità di erede (477, 588, 765, 1547).

1543. Forme. – La vendita di un'eredità deve farsi per atto scritto (1350), sotto pena di nullità (2725).

Il venditore è tenuto a prestarsi agli atti che sono necessari da parte sua per rendere efficace, di fronte ai terzi, la trasmissione di ciascuno dei diritti compresi nell'eredità.

1544. Obblighi del venditore. – Se il venditore ha percepito i frutti di qualche bene o riscosso qualche credito ereditario, ovvero ha venduto qualche bene dell'eredità (765), è tenuto a rimborsarne il compratore, salvo patto contrario.

1545. Obblighi del compratore. – Il compratore deve rimborsare il venditore di quanto questi ha pagato per debiti e pesi dell'eredità, e deve corrispondergli quanto gli sarebbe dovuto dall'eredità medesima, salvo che sia convenuto diversamente.

1546. Responsabilità per debiti ereditari. – Il compratore, se non vi è patto contrario, è obbligato in solido (1292) col venditore a pagare i debiti ereditari (752).

1547. Altre forme di alienazione di eredità. – Le disposizioni precedenti si applicano alle altre forme di alienazione di un'eredità a titolo oneroso.

Nelle alienazioni a titolo gratuito la garanzia è regolata dall'art. 797.

Capo II
Del riporto

1548. Nozione. – Il riporto è il contratto per il quale il riportato trasferisce in proprietà al riportatore titoli di credito di una data specie per un determinato prezzo, e il riportatore assume l'obbligo di trasferire al riportato, alla scadenza del termine stabilito (1551), la proprietà di altrettanti titoli della stessa specie, verso rimborso del prezzo, che può essere aumentato o diminuito nella misura convenuta (1500).

1549. Perfezione del contratto. – Il contratto si perfeziona con la consegna dei titoli.

1550. Diritti accessori e obblighi inerenti ai titoli. – I diritti accessori e gli obblighi inerenti ai titoli dati a riporto spettano al riportato. Si applicano le disposizioni degli articoli 1531, 1532, 1533 e 1534.

Il diritto di voto (2351), salvo patto contrario, spetta al riportatore (1531^2).

1551. Inadempimento. – In caso di inadempimento di una delle parti, si osservano le disposizioni degli articoli 1515 e 1516 (76 l. fall.), salva per i contratti di borsa l'applicazione delle leggi speciali.

Se entrambe le parti non adempiono le proprie obbligazioni nel termine stabilito, il riporto cessa di avere effetto, e ciascuna parte ritiene ciò che ha ricevuto al tempo della stipulazione del contratto.

Capo III
Della permuta

1552. Nozione. – La permuta è il contratto che ha per oggetto il reciproco trasferimento della proprietà di cose, o di altri diritti, da un contraente all'altro (1376).

1553. Evizione. – Il permutante, se ha sofferto l'evizione (1483 ss.) e non intende riavere la cosa data, ha diritto al valore della cosa evitta, secondo le norme stabilite per la vendita, salvo in ogni caso il risarcimento del danno (1223).

1554. Spese della permuta. – Salvo patto contrario, le spese della permuta e le altre accessorie sono a carico di entrambi i contraenti in parti uguali (1475).

1555. Applicabilità delle norme sulla vendita. – Le norme stabilite per la vendita (1470 ss.) si applicano alla permuta, in quanto siano con questa compatibili.

Capo IV
Del contratto estimatorio

1556. Nozione. – Con il contratto estimatorio una parte consegna (1558) una o più cose mobili all'altra e questa si obbliga a pagare il prezzo, salvo che restituisca le cose nel termine stabilito.

1557. Impossibilità di restituzione. – Chi ha ricevuto le cose non è liberato dall'obbligo di pagarne il prezzo, se la restituzione di esse nella loro integrità è divenuta impossibile per causa a lui non imputabile (1218, 1288, 1463).

1558. Disponibilità delle cose. – Sono validi gli atti di disposizione compiuti da chi ha ricevuto le cose; ma i suoi creditori non possono sottoporle a pignoramento (491 ss., 543 ss. c.p.c.) o a sequestro (670 ss. c.p.c.) finché non ne sia stato pagato il prezzo.

Colui che ha consegnato le cose non può disporne fino a che non gli siano restituite.

Capo V
Della somministrazione

1559. Nozione. – La somministrazione è il contratto con il quale una parte si obbliga, verso corrispettivo di un prezzo, a eseguire, a favore dell'altra, prestazioni periodiche o continuative di cose (1677; 74 l. fall.).

1560. Entità della somministrazione. – Qualora non sia determinata l'entità della somministrazione, s'intende pattuita quella corrispondente al normale fabbisogno della parte che vi ha diritto, avuto riguardo al tempo della conclusione del contratto (1326).

Se le parti hanno stabilito soltanto il limite massimo e quello minimo per l'intera somministrazione o per le singole prestazioni, spetta all'avente diritto alla somministrazione di stabilire, entro i limiti suddetti, il quantitativo dovuto.

Se l'entità della somministrazione deve determinarsi in relazione al fabbisogno ed è stabilito un quantitativo minimo, l'avente diritto alla somministrazione è tenuto per la quantità corrispondente al fabbisogno se questo supera il minimo stesso.

1561. Determinazione del prezzo. – Nella somministrazione a carattere periodico, se il prezzo deve essere determinato secondo le norme dell'art. 1474, si ha riguardo al tempo della scadenza delle singole prestazioni e al luogo in cui queste devono essere eseguite.

1562. Pagamento del prezzo. – Nella somministrazione a carattere periodico il prezzo è corrisposto all'atto delle singole prestazioni e in proporzione di ciascuna di esse.

Nella somministrazione a carattere continuativo il prezzo è pagato secondo le scadenze d'uso.

1563. Scadenza delle singole prestazioni. – Il termine stabilito per le singole prestazioni si presume pattuito nell'interesse di entrambe le parti (1184).

Se l'avente diritto alla somministrazione ha la facoltà di fissare la scadenza delle singole prestazioni, egli deve comunicare la data al somministrante con un congruo preavviso.

1564. Risoluzione del contratto. – In caso d'inadempimento di una delle parti relativo a singole prestazioni, l'altra può chiedere la risoluzione del contratto, se l'inadempimento ha una notevole importanza ed è tale da menomare la fiducia nell'esattezza dei successivi adempimenti (1453, 1455; 74 l. fall.).

1565. Sospensione della somministrazione. – Se la parte che ha diritto alla somministrazione è inadempiente e l'inadempimento è di lieve entità (1455), il somministrante non può sospendere l'esecuzione del contratto (1460, 1845) senza dare congruo preavviso.

1566. Patto di preferenza. – Il patto con cui l'avente diritto alla somministrazione si obbliga a dare la preferenza al somministrante (1341^2) nella stipulazione di un successivo contratto per lo stesso oggetto, è valido purché la durata dell'obbligo non ecceda il termine di cinque anni. Se è convenuto un termine maggiore, questo si riduce a cinque anni (1419).

L'avente diritto alla somministrazione deve comunicare al somministrante le condizioni propostegli da terzi e il somministrante deve dichiarare, sotto pena di decadenza, nel termine stabilito o, in mancanza, in quello richiesto dalle circostanze o dagli usi, se intende valersi del diritto di preferenza.

1567. Esclusiva a favore del somministrante. – Se nel contratto è pattuita la clausola di esclusiva (1341^2) a favore del somministrante, l'altra parte non può ricevere da terzi prestazioni della stessa natura né, salvo patto contrario, può provvedere con mezzi propri alla produzione delle cose che formano oggetto del contratto.

1568. Esclusiva a favore dell'avente diritto alla somministrazione. – Se la clausola di esclusiva è pattuita (1341^2) a favore dell'avente diritto alla somministrazione, il somministrante non può compiere nella zona per cui l'esclusiva è concessa e per la durata del contratto, né direttamente né indirettamente, prestazioni della stessa natura di quelle che formano oggetto del contratto.

L'avente diritto alla somministrazione, che assume l'obbligo di promuovere, nella zona assegnatagli, la vendita delle cose di cui ha l'esclusiva (1743), risponde dei danni (1223) in caso di inadempimento a tale obbligo, anche se ha eseguito il contratto rispetto al quantitativo minimo che sia stato fissato.

1569. Contratto a tempo indeterminato. – Se la durata della somministrazione non è stabilita, ciascuna delle parti può recedere dal contratto (1373), dando preavviso nel termine pattuito o in quello stabilito dagli usi o, in mancanza, in un termine congruo avuto riguardo alla natura della somministrazione.

1570. Rinvio. – Si applicano alla somministrazione, in quanto compatibili con le disposizioni che precedono, anche le regole che disciplinano il contratto a cui corrispondono le singole prestazioni (1677).

Capo VI
Della locazione

Sezione I
Disposizioni generali

1571. Nozione. – La locazione è il contratto col quale una parte si obbliga a far godere all'altra una cosa mobile o immobile per un dato tempo (1573, 1574), verso un determinato corrispettivo (1587, 2948).

1572. Locazioni e anticipazioni eccedenti l'ordinaria amministrazione. – Il contratto di locazione per una durata superiore a nove anni è atto eccedente l'ordinaria amministrazione (320^2, 374, n. 4, 1108^3, 1350, n. 8, 2643, n. 8, 2923^2).

Sono altresì atti eccedenti l'ordinaria amministrazione le anticipazioni del corrispettivo della locazione per una durata superiore a un anno (1605).

1573. Durata della locazione. – Salvo diverse norme di legge (1607, 1800), la locazione non può stipularsi per un tempo eccedente i trenta anni. Se stipulata per un periodo più lungo o in perpetuo, è ridotta al termine suddetto (1419).

1574. Locazione senza determinazione di tempo. – Quando le parti non hanno determinato la durata della locazione, questa s'intende convenuta (1596, 1600, 1800):

1) se si tratta di case senza arredamento di mobili o di locali per l'esercizio di una professione, di un'industria o di un commercio, per la durata di un anno, salvi gli usi locali;

2) se si tratta di camere o di appartamenti mobiliati, per la durata corrispondente all'unità di tempo a cui è commisurata la pigione;

3) se si tratta di cose mobili, per la durata corrispondente all'unità di tempo a cui è commisurato il corrispettivo;

4) se si tratta di mobili forniti dal locatore per l'arredamento di un fondo urbano, per la durata della locazione del fondo stesso (2923).

1575. Obbligazioni principali del locatore. – Il locatore deve:

1) consegnare al conduttore la cosa locata in buono stato di manutenzione (1590);

2) mantenerla in istato da servire all'uso convenuto (1576, 1577, 1582);

3) garantirne il pacifico godimento durante la locazione (1585 ss.).

1576. Mantenimento della cosa in buono stato locativo. – Il locatore deve eseguire, durante la locazione, tutte le riparazioni necessarie (1583), eccettuate quelle di piccola manutenzione che sono a carico del conduttore (1609, 2764).

Se si tratta di cose mobili, le spese di conservazione e di ordinaria manutenzione sono, salvo patto contrario, a carico del conduttore.

1577. Necessità di riparazioni. – Quando la cosa locata abbisogna di riparazioni che non sono a carico del conduttore (1576), questi è tenuto a darne avviso al locatore.

Se si tratta di riparazioni urgenti, il conduttore può eseguirle direttamente, salvo il rimborso, purché ne dia contemporaneamente avviso al locatore (1583).

1578. Vizi della cosa locata. – Se al momento della consegna la cosa locata (2254^2) è affetta da vizi che ne diminuiscono in modo apprezzabile l'idoneità all'uso pattuito, il conduttore può domandare la risoluzione del contratto o una riduzione del corrispettivo, salvo che si tratti di vizi conosciuti o facilmente riconoscibili (1580, 1581).

Il locatore è tenuto a risarcire al conduttore i danni derivati da vizi della cosa, se non prova di avere senza colpa ignorato i vizi stessi al momento della consegna (1494).

1579. Limitazioni convenzionali della responsabilità. – Il patto con cui si esclude o si limita la responsabilità (1229) del locatore per i vizi della cosa non ha effetto, se il locatore li ha in mala fede taciuti al conduttore oppure se i vizi sono tali da rendere impossibile il godimento della cosa (1575, n. 2, 1580, 1581).

1580. Cose pericolose per la salute. – Se i vizi della cosa o di parte notevole di essa espongono a serio pericolo la salute del conduttore o dei suoi familiari o dipendenti, il conduttore può ottenere la risoluzione del contratto, anche se i vizi gli erano noti, nonostante qualunque rinunzia (1229, 1578, 1579, 1581).

1581. Vizi sopravvenuti. – Le disposizioni degli articoli precedenti si osservano, in quanto applicabili, anche nel caso di vizi della cosa sopravvenuti nel corso della locazione.

1582. Divieto d'innovazione. – Il locatore non può compiere sulla cosa innovazioni che diminuiscano il godimento da parte del conduttore (1575, n. 2).

1583. Mancato godimento per riparazioni urgenti. – Se nel corso della locazione la cosa abbisogna di riparazioni che non possono differirsi fino al termine del contratto, il conduttore deve tollerarle anche quando importano privazioni del godimento di parte della cosa locata (1575, 1576, 1577, 1584).

1584. Diritti del conduttore in caso di riparazioni. – Se l'esecuzione delle riparazioni si protrae per oltre un sesto della durata della locazione e, in ogni caso, per oltre venti giorni, il conduttore ha diritto a una riduzione del corrispettivo, proporzionata all'intera durata delle riparazioni stesse e all'entità del mancato godimento (1583).

Indipendentemente dalla sua durata, se l'esecuzione delle riparazioni rende inabitabile quella parte della cosa che è necessaria per l'alloggio del conduttore e della sua famiglia, il conduttore può ottenere, secondo le circostanze, lo scioglimento del contratto.

1585. Garanzia per molestie. – Il locatore è tenuto a garantire il conduttore dalle molestie che diminuiscono l'uso o il godimento della cosa, arrecate da terzi che pretendono di avere diritti sulla cosa medesima (949, 1575, n. 3, 1586).

Non è tenuto a garantirlo dalle molestie di terzi che non pretendono di avere diritti, salva al conduttore la facoltà di agire contro di essi in nome proprio (1168, 2254).

1586. Pretese da parte di terzi. – Se i terzi che arrecano le molestie pretendono di avere diritti sulla cosa locata, il conduttore è tenuto a darne pronto avviso al locatore, sotto pena del risarcimento dei danni.

Se i terzi agiscono in via giudiziale, il locatore è tenuto ad assumere la lite, qualora sia chiamato nel processo. Il conduttore deve esserne estromesso con la semplice indicazione del locatore, se non ha interesse a rimanervi (106, 108, 269 c.p.c.).

1587. Obbligazioni principali del conduttore. – Il conduttore deve:

1) prendere in consegna la cosa e osservare la diligenza del buon padre di famiglia (1176) nel servirsene per l'uso determinato nel contratto o per l'uso che può altrimenti presumersi dalle circostanze;

2) dare il corrispettivo nei termini convenuti (1282^2, 2764, 2948, n. 3).

1588. Perdita e deterioramento della cosa locata. – Il conduttore risponde della perdita e del deterioramento (1592) della cosa che avvengono nel corso della locazione, anche se derivanti da incendio (1589), qualora non provi che siano accaduti per causa a lui non imputabile (1218, 1256, 2281).

È pure responsabile della perdita e del deterioramento cagionati da persone che egli ha ammesse, anche temporaneamente, all'uso o al godimento della cosa (2764).

1589. Incendio di cosa assicurata. – Se la cosa distrutta o deteriorata per incendio era stata assicurata dal locatore o per conto di questo (1891), la responsabilità del conduttore verso il locatore è limitata alla differenza tra l'indennizzo corrisposto dall'assicuratore e il danno effettivo.

Quando si tratta di cosa mobile stimata (1908^2) e l'assicurazione è stata fatta per valore uguale alla stima, cessa ogni responsabilità del conduttore in confronto del locatore, se questi è indennizzato dall'assicuratore.

Sono salve in ogni caso le norme concernenti il diritto di surrogazione dell'assicuratore (1916).

1590. Restituzione della cosa locata. – Il conduttore deve restituire (1216) la cosa al locatore nello stato medesimo in cui l'ha ricevuta (1575), in conformità della descrizione che ne sia stata fatta dalle parti, salvo il deterioramento o il consumo risultante dall'uso della cosa in conformità del contratto (2281, 2764).

In mancanza di descrizione, si presume (2728) che il conduttore abbia ricevuto la cosa in buono stato di manutenzione (1575, n. 1).

Il conduttore non risponde del perimento o del deterioramento dovuti a vetustà (1609).

Le cose mobili si devono restituire nel luogo dove sono state consegnate (1182).

1591. Danni per ritardata restituzione. – Il conduttore in mora (1216, 1219) a restituire la cosa è tenuto a dare al locatore il corrispettivo convenuto fino alla riconsegna, salvo l'obbligo di risarcire il maggior danno (1223).

1592. Miglioramenti. – Salvo disposizioni particolari della legge o degli usi, il conduttore non ha diritto a indennità per i miglioramenti apportati alla cosa locata (975, 985). Se però vi è stato il consenso del locatore, questi è tenuto a pagare un'indennità corrispondente alla minor somma tra l'importo della spesa e il valore del risultato utile al tempo della riconsegna.

Anche nel caso in cui il conduttore non ha diritto a indennità, il valore dei miglioramenti può compensare i deterioramenti che si sono verificati senza colpa grave del conduttore (1588, 1593).

1593. Addizioni. – Il conduttore che ha eseguito addizioni sulla cosa locata ha diritto di toglierle alla fine della locazione qualora ciò possa avvenire senza nocumento della cosa, salvo che il proprietario preferisca ritenere le addizioni stesse. In tal caso questi deve pagare al conduttore un'indennità pari alla minor somma tra l'importo della spesa e il valore delle addizioni al tempo della riconsegna.

Se le addizioni non sono separabili senza nocumento della cosa e ne costituiscono un miglioramento, si osservano le norme dell'articolo precedente.

1594. Sublocazione o cessione della locazione. – Il conduttore, salvo patto contrario, ha facoltà di sublocare (1614) la cosa locatagli, ma non può cedere il contratto (1406 ss.) senza il consenso del locatore (1588).

Trattandosi di cosa mobile, la sublocazione deve essere autorizzata dal locatore o consentita dagli usi (378, 394 c.n.).

1595. Rapporti tra il locatore e il subconduttore. – Il locatore, senza pregiudizio dei suoi diritti verso il conduttore, ha azione diretta contro il subconduttore per esigere il prezzo della sublocazione, di cui questi sia ancora debitore al momento della domanda giudiziale, e per costringerlo ad adempiere tutte le altre obbligazioni derivanti dal contratto di sublocazione (2764).

Il subconduttore non può opporgli pagamenti anticipati, salvo che siano stati fatti secondo gli usi locali (1605^1).

Senza pregiudizio delle ragioni del subconduttore verso il sublocatore, la nullità (1418) o la risoluzione del contratto (1445, 1458) di locazione ha effetto anche nei confronti del subconduttore, e la sentenza pronunciata tra locatore e conduttore ha effetto anche contro di lui (2764, 2909).

1596. Fine della locazione per lo spirare del termine. – La locazione per un tempo determinato dalle parti cessa con lo spirare del termine, senza che sia necessaria la disdetta (80 l. fall.).

La locazione senza determinazione di tempo non cessa, se prima della scadenza stabilita a norma dell'art. 1574 una delle parti non comunica all'altra disdetta (1373[2]) nel termine fissato dalle norme corporative o, in mancanza, di quello ([1]) determinato dalle parti o dagli usi.

([1]) *L'espressione «fissato dalle norme corporative o, in mancanza, di quello» è da ritenersi abrogata dal R.D.L. 9 agosto 1943, n. 721.*

1597. Rinnovazione tacita del contratto. – La locazione si ha per rinnovata se, scaduto il termine di essa, il conduttore rimane ed è lasciato nella detenzione della cosa locata o se, trattandosi di locazione a tempo indeterminato (1574), non è stata comunicata la disdetta a norma dell'articolo precedente (382 c.n.).

La nuova locazione è regolata dalle stesse condizioni della precedente, ma la sua durata è quella stabilita per le locazioni a tempo indeterminato (1574).

Se è stata data licenza, il conduttore non può opporre la tacita rinnovazione, salvo che consti la volontà del locatore di rinnovare il contratto (1598; 80 l. fall.).

1598. Garanzie della locazione. – Le garanzie prestate da terzi non si estendono alle obbligazioni derivanti da proroghe della durata del contratto (1938).

1599. Trasferimento a titolo particolare della cosa locata. – Il contratto di locazione è opponibile al terzo acquirente (1603), se ha data certa (2704) anteriore all'alienazione della cosa.

La disposizione del comma precedente non si applica alla locazione di beni mobili non iscritti in pubblici registri, se l'acquirente ne ha conseguito il possesso in buona fede (1147, 1153).

Le locazioni di beni immobili non trascritte non sono opponibili al terzo acquirente, se non nei limiti di un novennio dall'inizio della locazione (2643, n. 8, 2644, 2923).

L'acquirente è in ogni caso tenuto a rispettare la locazione, se ne ha assunto l'obbligo verso l'alienante (1505, 1600 ss.).

1600. Detenzione anteriore al trasferimento. – Se la locazione non ha data certa (2704), ma la detenzione del conduttore è anteriore al trasferimento, l'acquirente non è tenuto a rispettare la locazione che per una durata corrispondente a quella stabilita per le locazioni a tempo indeterminato (1574, 2923[4]).

1601. Risarcimento del danno al conduttore licenziato. – Se il conduttore è stato licenziato dall'acquirente perchè il contratto di locazione non aveva data certa (2704) anteriore al trasferimento, il locatore è tenuto a risarcirgli il danno (1223).

1602. Effetti dell'opponibilità della locazione al terzo acquirente. – Il terzo acquirente tenuto a rispettare la locazione (1599, 1600) subentra, dal giorno del suo acquisto, nei diritti e nelle obbligazioni derivanti dal contratto di locazione (1406 ss.).

1603. Clausola di scioglimento del contratto in caso di alienazione. – Se si è convenuto che il contratto possa sciogliersi in caso di alienazione della cosa locata, l'acquirente che vuole valersi di tale facoltà deve dare licenza al conduttore rispettando il termine di preavviso stabilito dal secondo comma dell'art. 1596. In tal caso al conduttore licenziato non spetta il risarcimento dei danni, salvo patto contrario (1625, 2923[4]).

1604. Vendita della cosa locata con patto di riscatto. – Il compratore con patto di riscatto (1500) non può esercitare la facoltà di licenziare (1603) il conduttore fino a che il suo acquisto non sia divenuto irrevocabile con la scadenza del termine fissato per il riscatto (1501).

1605. Liberazione o cessione del corrispettivo della locazione. – La liberazione o la cessione del corrispettivo della locazione non ancora scaduto non può opporsi al terzo (1265) acquirente della cosa locata, se non risulta da atto scritto avente data certa (2704) anteriore al trasferimento (2918, 2924). Si può in ogni caso opporre il pagamento anticipato eseguito in conformità degli usi locali (1595[2], 1601, 2812).

Se la liberazione o la cessione è stata fatta per un periodo eccedente i tre anni e non è stata trascritta (2643, n. 9, 2644), può essere opposta solo entro i limiti di un triennio; se il triennio è già trascorso, può essere opposta solo nei limiti dell'anno in corso nel giorno del trasferimento (2812, 2918, 2924).

1606. Estinzione del diritto del locatore. – Nei casi in cui il diritto del locatore sulla cosa locata si estingue con effetto retroattivo (1360), le locazioni da lui concluse aventi data certa (2704) sono mantenute, purché siano state fatte senza frode e non eccedano il triennio (1445, 1458).

Sono salve le diverse disposizioni di legge.

Sezione II
Della locazione
di fondi urbani

1607. Durata massima della locazione di case. – La locazione di una casa per abitazione può essere convenuta per tutta la durata della vita dell'inquilino e per due anni successivi alla sua morte (1350, n. 8, 1572, 1573, 1614, 2643, n. 8; 80 l. fall.).

1608. Garanzie per il pagamento della pigione. – Nelle locazioni di case non mobiliate l'inquilino può essere licenziato se non fornisce la casa di mobili sufficienti (2764) o non presta altre garanzie idonee ad assicurare il pagamento della pigione (1179, 1587).

1609. Piccole riparazioni a carico dell'inquilino. – Le riparazioni di piccola manutenzione, che a norma dell'art. 1576 devono essere eseguite dall'inquilino a sue spese, sono quelle dipendenti da deterioramenti prodotti dall'uso, e non quelle dipendenti da vetustà o da caso fortuito (1590, 2764).

Le suddette riparazioni, in mancanza di patto, sono determinate dagli usi locali.

1610. ([1]) **Spurgo di pozzi e di latrine.** – Lo spurgo dei pozzi e delle latrine è a carico del locatore.

([1]) *L'art. 9 della citata L. 27 luglio 1978, n. 392, ha posto questo obbligo a carico del conduttore.*

1611. Incendio di casa abitata da più inquilini. – Se si tratta di casa occupata da più inquilini, tutti sono responsabili verso il locatore del danno prodotto dall'incendio, proporzionatamente al valore della parte occupata (1588, 1589). Se nella casa abita anche il locatore, si detrae dalla somma dovuta una quota corrispondente alla parte da lui occupata.

La disposizione del comma precedente non si applica se si prova che l'incendio è cominciato dall'abitazione di uno degli inquilini, ovvero se alcuno di questi prova che l'incendio non è potuto cominciare nella sua abitazione.

1612. Recesso convenzionale del locatore. – Il locatore che si è riservata la facoltà di recedere dal contratto (1373) per abitare egli stesso nella casa locata deve dare licenza motivata nel termine stabilito dagli usi locali.

1613. Facoltà di recesso degli impiegati pubblici. – Gli impiegati delle pubbliche amministrazioni possono, nonostante patto contrario, recedere dal contratto (1373) nel caso di trasferimento, purché questo non sia stato disposto su loro domanda (80² l. fall.).

Tale facoltà si esercita mediante disdetta motivata, e il recesso ha effetto dal secondo mese successivo a quello in corso alla data della disdetta.

1614. Morte dell'inquilino. – Nel caso di morte dell'inquilino, se la locazione deve ancora durare per più di un anno ed è stata vietata la sublocazione (1594), gli eredi possono recedere dal contratto (1373) entro tre mesi dalla morte.

Il recesso si deve esercitare mediante disdetta comunicata con preavviso non inferiore a tre mesi.

Sezione III
Dell'affitto

§. 1
Disposizioni generali

1615. Gestione e godimento della cosa produttiva. – Quando la locazione ha per oggetto il godimento di una cosa produttiva, mobile o immobile, l'affittuario deve curarne la gestione in conformità della destinazione economica della cosa (1618, 1619) e dell'interesse della produzione (1623; 41³ Cost.). A lui spettano i frutti (821) e le altre utilità della cosa.

1616. Affitto senza determinazione di tempo. – Se le parti non hanno determinato la durata dell'affitto, ciascuna di esse può recedere dal contratto (1373) dando all'altra un congruo preavviso (1596²).

Sono salvi le norme corporative e (¹) gli usi che dispongono diversamente (1625).

(¹) *L'espressione «le norme corporative» è da ritenersi abrogata dal R.D.L. 9 agosto 1943, n. 721.*

1617. Obblighi del locatore. – Il locatore è tenuto a consegnare la cosa, con i suoi accessori e le sue pertinenze (817), in istato da servire all'uso e alla produzione a cui è destinata (1575, n. 1).

1618. Inadempimenti dell'affittuario. – Il locatore può chiedere la risoluzione del contratto (1453), se l'affittuario non destina al servizio della cosa i mezzi necessari per la gestione di essa, se non osserva le regole della buona tecnica (1176), ovvero se muta stabilmente la destinazione economica della cosa (1615).

1619. Diritto di controllo. – Il locatore può accertare in ogni tempo, anche con accesso in luogo, se l'affittuario osserva gli obblighi che gli incombono.

1620. Incremento della produttività della cosa. – L'affittuario può prendere le iniziative atte a produrre un aumento di reddito della cosa, purché esse non importino obblighi per il locatore o non gli arrechino pregiudizio, e siano conformi all'interesse della produzione (1592, 1615).

1621. Riparazioni. – Il locatore è tenuto ad eseguire a sue spese, durante l'affitto, le riparazioni straordinarie. Le altre sono a carico dell'affittuario (1576, 1577, 1609, 2153, 2764).

1622. Perdite determinate da riparazioni. – Se l'esecuzione delle riparazioni che sono a carico del locatore determina per l'affittuario una perdita superiore al quinto del reddito annuale o, nel caso di affitto non superiore a un anno, al quinto del reddito complessivo, l'affittuario può domandare una riduzione del fitto in ragione della diminuzione del reddito oppure, secondo le circostanze, lo scioglimento del contratto (1583, 1584).

1623. Modificazioni sopravvenute del rapporto contrattuale. – Se, in conseguenza di una disposizione di legge, di una norma corporativa (1) o di un provvedimento dell'autorità riguardanti la gestione produttiva, il rapporto contrattuale risulta notevolmente modificato in modo che le parti ne risentano rispettivamente una perdita e un vantaggio, può essere richiesto un aumento o una diminuzione del fitto (1467) ovvero, secondo le circostanze, lo scioglimento del contratto.

Sono salve le diverse disposizioni della legge, della norma corporativa (1) o del provvedimento dell'autorità.

(1) *Le espressioni «di una norma corporativa» e «della norma corporativa» sono da ritenersi abrogate dal R.D.L. 9 agosto 1943, n. 721.*

1624. Divieto di subaffitto. Cessione dell'affitto. – L'affittuario non può subaffittare la cosa senza il consenso del locatore (1594, 1649, 2149).

La facoltà di cedere l'affitto comprende quella di subaffittare; la facoltà di subaffittare non comprende quella di cedere l'affitto.

1625. Clausola di scioglimento del contratto in caso di alienazione. – Se si è convenuto che l'affitto possa sciogliersi in caso di alienazione (1603), l'acquirente che voglia dare licenza all'affittuario deve osservare la disposizione dell'art. 1616.

Quando l'affitto ha per oggetto un fondo rustico, la licenza deve essere data col preavviso di sei mesi e ha effetto per la fine dell'anno agrario in corso alla scadenza del termine di preavviso (1627[2]).

1626. Incapacità o insolvenza dell'affittuario. – L'affitto si scioglie per l'interdizione (414), l'inabilitazione (415) o l'insolvenza dell'affittuario (80 l. fall.), salvo che al locatore sia prestata idonea garanzia (1179) per l'esatto adempimento degli obblighi dell'affittuario.

1627. Morte dell'affittuario. – Nel caso di morte dell'affittuario, il locatore e gli eredi dell'affittuario possono, entro tre mesi dalla morte, recedere dal contratto (1373) mediante disdetta comunicata all'altra parte con preavviso di sei mesi (1614).

Se l'affitto ha per oggetto un fondo rustico, la disdetta ha effetto per la fine dell'anno agrario in corso alla scadenza del termine di preavviso (1614, 1625[2]).

§. 2
Dell'affitto di fondi rustici

1628. ([1]) **Durata minima dell'affitto.** – Se le norme corporative stabiliscono un periodo minimo di durata del contratto, l'affitto di un fondo rustico stipulato per una durata inferiore si estende al periodo minimo così stabilito.

([1]) *Questo articolo deve intendersi abrogato poiché l'ordinamento corporativo è stato soppresso con R.D.L. 9 agosto 1943, n. 721.*

1629. Fondi destinati al rimboschimento. – L'affitto di fondi rustici destinati al rimboschimento può essere stipulato per un termine massimo di novantanove anni (1573).

1630. Affitto senza determinazione di tempo. – L'affitto a tempo indeterminato di un fondo soggetto a rotazione di colture si reputa stipulato (1574) per il tempo necessario affinché l'affittuario possa svolgere e portare a compimento il normale ciclo di avvicendamento delle colture praticate nel fondo (2143, 2165).

Se il fondo non è soggetto ad avvicendamento di colture, l'affitto si reputa fatto per il tempo necessario alla raccolta dei frutti (1635).

L'affitto non cessa se prima della scadenza una delle parti non ha dato disdetta con preavviso di sei mesi (1596).

Sono salve le diverse disposizioni delle norme corporative ([1]).

([1]) *Comma da ritenere abrogato a seguito della soppressione dell'ordinamento corporativo fascista disposta dal R.D.L. 9 agosto 1943, n. 721.*

1631. Estensione del fondo. – Per l'affitto a misura, oppure a corpo con indicazione della misura, nel caso di eccesso o di difetto dell'estensione del fondo rispetto alla misura indicata, i diritti e le obbligazioni delle parti sono determinati secondo le norme contenute nel capo della vendita (1537, 1538, 1539).

1632 - 1633. (*Omissis*) ([1]).

([1]) *Articoli che riguardavano i miglioramenti e i diritti relativi; abrogati dall'art. 29 della L. 11 febbraio 1971, n. 11.*

1634. Inderogabilità. – Le disposizioni dei due articoli precedenti sono inderogabili.

1635. Perdita fortuita dei frutti negli affitti pluriennali. – Se, durante l'affitto convenuto per più anni, almeno la metà dei frutti di un anno non ancora separati (821) perisce per caso fortuito, l'affittuario può domandare una riduzione del fitto, salvo che la perdita trovi compenso nei precedenti raccolti.

Qualora la perdita non trovi compenso nei precedenti raccolti, la riduzione è determinata alla fine dell'affitto, eseguito il conguaglio con i frutti raccolti in tutti gli anni decorsi. Il giudice può dispensare provvisoriamente l'affittuario dal pagamento di una parte del fitto in proporzione della perdita sofferta.

La riduzione non può mai eccedere la metà del fitto.

In ogni caso si deve tener conto degli indennizzi che l'affittuario abbia conseguiti o possa conseguire in relazione alla perdita sofferta.

Al perimento è equiparata la mancata produzione dei frutti (960^2).

1636. Perdita fortuita dei frutti negli affitti annuali. – Se l'affitto ha la durata di un solo anno, e si è verificata la perdita per caso fortuito di almeno la metà dei frutti, l'affittuario può essere esonerato dal pagamento di una parte del fitto, in misura non superiore alla metà.

1637. Accollo di casi fortuiti. – L'affittuario può, con patto espresso, assumere il rischio dei casi fortuiti ordinari (1643). Sono reputati tali i fortuiti che, avuto riguardo ai luoghi e a ogni altra circostanza, le parti potevano ragionevolmente ritenere probabili (1648).

È nullo (1419) il patto col quale l'affittuario si assoggetta ai casi fortuiti straordinari.

1638. Espropriazione per pubblico interesse. – In caso di espropriazione per pubblico interesse (834) o di occupazione temporanea del fondo locato, l'affittuario ha diritto di ottenere dal locatore la parte d'indennità a questo corrisposta per i frutti non percepiti o per il mancato raccolto.

1639. Canone di affitto. – Il fitto può consistere anche in una quota ovvero in una quantità fissa o variabile dei frutti del fondo locato (1282^2, 2099^3).

1640. Scorte morte. – Le scorte morte costituenti la dotazione del fondo, che sono state consegnate all'affittuario all'inizio dell'affitto, con determinazione della specie, qualità e quantità, devono, anche se stimate, essere restituite al locatore alla fine dell'affitto, nella stessa specie, qualità e quantità e, se si tratta di scorte fisse, come macchinari e attrezzi, nello stesso stato d'uso (2764). L'eccedenza o la deficienza deve essere regolata in danaro, secondo il valore corrente al tempo della riconsegna. La dotazione necessaria non può essere distratta e deve essere mantenuta secondo le esigenze delle colture e la pratica dei luoghi (1642).

La disposizione del comma precedente si applica anche se, all'inizio dell'affitto, l'affittuario ha depositato la somma che rappresenti il valore delle scorte presso il locatore, salvo l'obbligo di questo di restituirla al tempo della riconsegna delle scorte (1645[3]).

Se le scorte sono state consegnate con la sola indicazione del valore, l'affittuario ne acquista la proprietà, e, alla fine dell'affitto, deve restituire il valore ricevuto o scorte in natura per un corrispondente valore, determinato secondo il prezzo corrente, al tempo della riconsegna, ovvero parte dell'uno e parte delle altre (1645[3], 2764).

Sono salve le diverse disposizioni delle norme corporative o (1) le diverse pattuizioni delle parti.

(1) *L'espressione «le diverse disposizioni delle norme corporative o» è da ritenersi abrogata dal R.D.L. 9 agosto 1943, n. 721.*

1641. Scorte vive. – Quando il bestiame da lavoro o da allevamento, costituente la dotazione del fondo, è stato in tutto o in parte fornito dal locatore, si osservano le disposizioni degli articoli seguenti, salvi le norme corporative o (1) i patti diversi (2764).

(1) *L'espressione «le norme corporative o» è da ritenersi abrogata dal R.D.L. 9 agosto 1943, n. 721.*

1642. Proprietà del bestiame consegnato. – Qualora il bestiame consegnato all'affittuario sia stato determinato con indicazione della specie, del numero, del sesso, della qualità, dell'età e del peso, anche se ne è stata fatta stima, la proprietà di esso rimane al locatore. Tuttavia l'affittuario può disporre dei singoli capi, ma deve mantenere nel fondo la dotazione necessaria (1640[1], 1645[1]).

1643. Rischio della perdita del bestiame. – Il rischio della perdita del bestiame è a carico dell'affittuario dal momento in cui questi lo ha ricevuto, se non è stato diversamente pattuito (1637, 1642).

1644. Accrescimenti e frutti del bestiame. – L'affittuario fa suoi i parti e gli altri frutti del bestiame, l'accrescimento e ogni altro provento che ne deriva (1615, 1637).

Il letame però deve essere impiegato esclusivamente nella coltivazione del fondo.

1645. Riconsegna del bestiame. – Nel caso previsto dall'art. 1642, al termine del contratto l'affittuario deve restituire bestiame corrispondente per specie, numero, sesso, qualità, età e peso a quello ricevuto. Se vi sono differenze di qualità o di quantità contenute nei limiti in cui esse possano ammettersi avuto riguardo ai bisogni della coltivazione del fondo (1642), l'affittuario deve restituire bestiame di uguale valore. Se vi è eccedenza o deficienza nel valore del bestiame, ne è fatto conguaglio in danaro tra le parti, secondo il valore al tempo della riconsegna (1640[1]).

La disposizione del comma precedente si applica anche se, all'inizio dell'affitto, l'affittuario ha depositato presso il locatore la somma che rappresenta il valore del bestiame (1640[2]).

Si applica altresì la disposizione del terzo comma dell'art. 1640.

Sono salvi le disposizioni delle norme corporative e ([1]) i patti diversi.

([1]) *L'espressione «le disposizioni delle norme corporative e» è da ritenersi abrogata dal R.D.L. 9 agosto 1943, n. 721.*

1646. Rapporti fra gli affittuari uscente e subentrante. – L'affittuario uscente deve mettere a disposizione di chi gli subentra nella coltivazione i locali opportuni e gli altri comodi occorrenti per i lavori dell'anno seguente; il nuovo affittuario deve lasciare al precedente i locali opportuni e gli altri comodi occorrenti per il consumo dei foraggi e per le raccolte che restano da fare.

Per l'ulteriore determinazione dei rapporti tra l'affittuario uscente e l'affittuario subentrante si osservano le disposizioni delle norme corporative e, in mancanza, gli usi locali.

§. 3
Dell'affitto a coltivatore diretto

1647. Nozione. – Quando l'affitto ha per oggetto un fondo che l'affittuario coltiva col lavoro prevalentemente proprio o di persone della sua famiglia (2083), si applicano le norme che seguono (1654, 2079, 2080), sempre che il fondo non superi i limiti di estensione che, per singole zone e colture, possono essere determinati dalle norme corporative [1].

[1] *L'ultimo periodo dell'articolo dalla parola «sempre» alla fine è da ritenersi abrogato dal R.D.L. 9 agosto 1943, n. 721.*

1648. Casi fortuiti ordinari. – Il giudice, con riguardo alle condizioni economiche dell'affittuario, può disporre il pagamento rateale del fitto se per un caso fortuito ordinario, le cui conseguenze l'affittuario ha assunte a suo carico (1637), si verifica la perdita di almeno la metà dei frutti del fondo (1654).

1649. Subaffitto. – Se il locatore consente il subaffitto, questo è considerato come locazione diretta tra il locatore e il nuovo affittuario (1594, 1624, 1654).

1650 - 1651. (*Omissis*) [1].

[1] *Articoli che riguardavano la morte dell'affittuario ed i miglioramenti. Abrogati dall'art. 29, L. 11 febbraio 1971, n. 11.*

1652. Anticipazioni all'affittuario. – Qualora l'affittuario non possa provvedere altrimenti, il locatore è tenuto ad anticipargli le sementi e le materie fertilizzanti e antiparassitarie necessarie per la coltivazione del fondo (2151).

Il credito del locatore produce interessi in misura corrispondente al saggio legale (1284, 1654).

1653. [Sostituzione del locatore all'affittuario. – (*Omissis*)] [1].

[1] *Articolo abrogato dall'art. 29, L. 11 febbraio 1971, n. 11.*

1654. Inderogabilità. – Le disposizioni che precedono sono inderogabili.

Capo VII
Dell'appalto

1655. Nozione. – L'appalto è il contratto col quale una parte assume, con organizzazione dei mezzi necessari (2082) e con gestione a proprio rischio, il compimento di un'opera o di un servizio (1677) verso un corrispettivo in danaro (1657, 2222).

1656. Subappalto. – L'appaltatore non può dare in subappalto (1670) l'esecuzione dell'opera o del servizio, se non è stato autorizzato dal committente.

1657. Determinazione del corrispettivo. – Se le parti non hanno determinato la misura del corrispettivo né hanno stabilito il modo di determinarla, essa è calcolata con riferimento alle tariffe esistenti o agli usi; in mancanza, è determinata dal giudice (2225, 2233).

1658. Fornitura della materia. – La materia necessaria a compiere l'opera deve essere fornita dall'appaltatore, se non è diversamente stabilito dalla convenzione o dagli usi (1663, 1673, 2223).

1659. Variazioni concordate del progetto. – L'appaltatore non può apportare variazioni alle modalità convenute dell'opera se il committente non le ha autorizzate.

L'autorizzazione si deve provare per iscritto (2725).

Anche quando le modificazioni sono state autorizzate, l'appaltatore, se il prezzo dell'intera opera è stato determinato globalmente, non ha diritto a compenso per le variazioni o per le aggiunte, salvo diversa pattuizione (1661[1]).

1660. Variazioni necessarie del progetto. – Se per l'esecuzione dell'opera a regola d'arte è necessario apportare variazioni al progetto (1661) e le parti non si accordano, spetta al giudice di determinare le variazioni da introdurre e le correlative variazioni del prezzo.

Se l'importo delle variazioni supera il sesto del prezzo complessivo convenuto, l'appaltatore può recedere dal contratto (1373) e può ottenere, secondo le circostanze, un'equa indennità.

Se le variazioni sono di notevole entità, il committente può recedere dal contratto (1373) ed è tenuto a corrispondere un equo indennizzo.

1661. Variazioni ordinate dal committente. – Il committente può apportare variazioni al progetto (1660), purché il loro ammontare non superi il sesto del prezzo complessivo convenuto. L'appaltatore ha diritto al compenso per i maggiori lavori eseguiti, anche se il prezzo dell'opera era stato determinato globalmente (1659).

La disposizione del comma precedente non si applica quando le variazioni, pur essendo contenute nei limiti suddetti, importano notevoli modificazioni della natura dell'opera o dei quantitativi nelle singole categorie di lavori previste nel contratto per l'esecuzione dell'opera medesima.

1662. Verifica nel corso di esecuzione dell'opera. – Il committente ha diritto di controllare lo svolgimento dei lavori e di verificarne a proprie spese lo stato.

Quando, nel corso dell'opera, si accerta che la sua esecuzione non procede secondo le condizioni stabilite dal contratto e a regola d'arte, il committente può fissare un congruo termine (1454) entro il quale l'appaltatore si deve conformare a tali condizioni; trascorso inutilmente il termine stabilito, il contratto è risoluto, salvo il diritto del committente al risarcimento del danno (1223, 1665, 1667).

1663. Denuncia dei difetti della materia. – L'appaltatore è tenuto a dare pronto avviso al committente dei difetti della materia da questo fornita (1658, 1673), se si scoprono nel corso dell'opera e possono comprometterne la regolare esecuzione.

1664. Onerosità o difficoltà dell'esecuzione. – Qualora per effetto di circostanze imprevedibili si siano verificati aumenti o diminuzioni nel costo dei materiali o della mano d'opera, tali da determinare un aumento o una diminuzione superiori al decimo del prezzo complessivo convenuto, l'appaltatore o il committente possono chiedere una revisione del prezzo medesimo. La revisione può essere accordata solo per quella differenza che eccede il decimo (1467).

Se nel corso dell'opera si manifestino difficoltà di esecuzione derivanti da cause geologiche, idriche e simili, non previste dalle parti, che rendano notevolmente più onerosa la prestazione dell'appaltatore, questi ha diritto a un equo compenso.

1665. Verifica e pagamento dell'opera. – Il committente, prima di ricevere la consegna, ha diritto di verificare l'opera compiuta (1662, 1666).

La verifica deve essere fatta dal committente appena l'appaltatore lo mette in condizioni di poterla eseguire.

Se, nonostante l'invito fattogli dall'appaltatore, il committente tralascia di procedere alla verifica senza giusti motivi, ovvero non ne comunica il risultato entro un breve termine, l'opera si considera accettata (1667, 2226).

Se il committente riceve senza riserve la consegna dell'opera, questa si considera accettata ancorché non si sia proceduto alla verifica (2226).

Salvo diversa pattuizione o uso contrario, l'appaltatore ha diritto al pagamento del corrispettivo quando l'opera è accettata dal committente.

1666. Verifica e pagamento di singole partite. – Se si tratta di opera da eseguire per partite, ciascuno dei contraenti può chiedere che la verifica (1662, 1665) avvenga per le singole partite. In tal caso l'appaltatore può domandare il pagamento in proporzione dell'opera eseguita.

Il pagamento fa presumere l'accettazione della parte di opera pagata; non produce questo effetto il versamento di semplici acconti (1665[3]).

1667. Difformità e vizi dell'opera. – L'appaltatore è tenuto alla garanzia (1668) per le difformità e i vizi dell'opera. La garanzia non è dovuta se il committente ha accettato l'opera (1665, 1666, 2226) e le difformità o i vizi erano da lui conosciuti o erano riconoscibili, purché, in questo caso, non siano stati in mala fede taciuti dall'appaltatore.

Il committente deve, a pena di decadenza, denunziare all'appaltatore le difformità o i vizi entro sessanta giorni dalla scoperta. La denunzia non è necessaria se l'appaltatore ha riconosciuto le difformità o i vizi o se li ha occultati (1670).

L'azione contro l'appaltatore si prescrive in due anni dal giorno della consegna dell'opera. Il committente convenuto per il pagamento può sempre far valere la garanzia (1442[4], 1449[2]), purché le difformità o i vizi siano stati denunziati entro sessanta giorni dalla scoperta e prima che siano decorsi i due anni dalla consegna (2964; 240, 855 c.n.).

1668. Contenuto della garanzia per difetti dell'opera. – Il committente può chiedere che le difformità o i vizi (1667) siano eliminati a spese dell'appaltatore, oppure che il prezzo sia proporzionalmente diminuito, salvo il risarcimento del danno (1223) nel caso di colpa dell'appaltatore.

Se però le difformità o i vizi dell'opera sono tali da renderla del tutto inadatta alla sua destinazione, il committente può chiedere la risoluzione del contratto (1453, 2226).

1669. Rovina e difetti di cose immobili. – Quando si tratta di edifici o di altre cose immobili destinate per loro natura a lunga durata, se, nel corso di dieci anni dal compimento, l'opera, per vizio del suolo o per difetto della costruzione, rovina in tutto o in parte, ovvero presenta evidente pericolo di rovina o gravi difetti, l'appaltatore è responsabile nei confronti del committente e dei suoi aventi causa, purché sia fatta la denunzia entro un anno dalla scoperta.

Il diritto del committente si prescrive in un anno dalla denunzia.

1670. Responsabilità dei subappaltatori. – L'appaltatore, per agire in regresso (1228) nei confronti dei subappaltatori (1656), deve, sotto pena di decadenza, comunicare ad essi la denunzia entro sessanta giorni dal ricevimento (1667^2, 2964).

1671. Recesso unilaterale dal contratto. – Il committente può recedere dal contratto (1373), anche se è stata iniziata l'esecuzione dell'opera o la prestazione del servizio, purché tenga indenne l'appaltatore delle spese sostenute, dei lavori eseguiti e del mancato guadagno (1372, 2227, 2237).

1672. Impossibilità di esecuzione dell'opera. – Se il contratto si scioglie perchè l'esecuzione dell'opera è divenuta impossibile in conseguenza di una causa non imputabile ad alcuna delle parti (1464), il committente deve pagare la parte dell'opera già compiuta, nei limiti in cui è per lui utile (1675, 2228, 2231^2, 2237^2), in proporzione del prezzo pattuito per l'opera intera.

1673. Perimento o deterioramento della cosa. – Se, per causa non imputabile ad alcuna delle parti, l'opera perisce o è deteriorata prima che sia accettata (1666) dal committente o prima che il committente sia in mora (1207) a verificarla (1665), il perimento o il deterioramento è a carico dell'appaltatore, qualora questi abbia fornito la materia (1658).

Se la materia è stata fornita in tutto o in parte dal committente, il perimento o il deterioramento dell'opera è a suo carico per quanto riguarda la materia da lui fornita, e per il resto è a carico dell'appaltatore (1465).

1674. Morte dell'appaltatore. – Il contratto di appalto non si scioglie per la morte dell'appaltatore, salvo che la considerazione della sua persona sia stata motivo determinante del contratto (1675; 81 l. fall.). Il committente può sempre recedere dal contratto (1373), se gli eredi dell'appaltatore non danno affidamento per la buona esecuzione dell'opera o del servizio.

1675. Diritti e obblighi degli eredi dell'appaltatore. – Nel caso di scioglimento del contratto per morte dell'appaltatore (1674), il committente è tenuto a pagare agli eredi il valore delle opere eseguite, in ragione del prezzo pattuito, e a rimborsare le spese sostenute per l'esecuzione del rimanente, ma solo nei limiti in cui le opere eseguite e le spese sostenute gli sono utili (1672).

Il committente ha diritto di domandare la consegna, verso una congrua indennità, dei materiali preparati e dei piani in via di esecuzione, salve le norme che proteggono le opere dell'ingegno (2578).

1676. Diritti degli ausiliari dell'appaltatore verso il committente. – Coloro che, alle dipendenze dell'appaltatore, hanno dato la loro attività per eseguire l'opera o per prestare il servizio possono proporre azione diretta contro il committente per conseguire quanto è loro dovuto, fino alla concorrenza del debito che il committente ha verso l'appaltatore nel tempo in cui essi propongono la domanda (2900).

1677. Prestazione continuativa o periodica di servizi. – Se l'appalto ha per oggetto prestazioni continuative o periodiche di servizi, si osservano, in quanto compatibili, le norme di questo capo e quelle relative al contratto di somministrazione (1559 ss.).

Capo VIII
Del trasporto

Sezione I
Disposizioni generali

1678. Nozione. – Col contratto di trasporto il vettore si obbliga, verso corrispettivo (2761, 2951), a trasferire persone (1681) o cose (1683) da un luogo a un altro.

1679. Pubblici servizi di linea. – Coloro che per concessione amministrativa esercitano servizi di linea per il trasporto di persone o di cose sono obbligati (2597) ad accettare le richieste di trasporto che siano compatibili con i mezzi ordinari dell'impresa, secondo le condizioni generali (1341) stabilite o autorizzate nell'atto di concessione e rese note al pubblico (2951[4]).

I trasporti devono eseguirsi secondo l'ordine delle richieste; in caso di più richieste simultanee, deve essere preferita quella di percorso maggiore.

Se le condizioni generali ammettono speciali concessioni, il vettore è obbligato ad applicarle a parità di condizioni a chiunque ne faccia richiesta.

Salve le speciali concessioni ammesse dalle condizioni generali, qualunque deroga alle medesime è nulla, e alla clausola difforme è sostituita la norma delle condizioni generali (1339, 1341, 1419).

1680. Limiti di applicabilità delle norme. – Le disposizioni di questo capo si applicano anche ai trasporti per via d'acqua o per via d'aria e a quelli ferroviari e postali, in quanto non siano derogate dal codice della navigazione (396 - 467, 940 - 964 c.n.) e dalle leggi speciali.

Sezione II
Del trasporto di persone

1681. Responsabilità del vettore. – Salva la responsabilità per il ritardo e per l'inadempimento (1218) nell'esecuzione del trasporto, il vettore risponde dei sinistri che colpiscono la persona del viaggiatore durante il viaggio e della perdita o dell'avaria delle cose che il viaggiatore porta con sé, se non prova di avere adottato tutte le misure idonee a evitare il danno (1693, 1694, 2050, 2054, 2951; 409 ss., 942 ss. c.n.).

Sono nulle le clausole che limitano la responsabilità del vettore per i sinistri che colpiscono il viaggiatore (1229, 1694).

Le norme di questo articolo si osservano anche nei contratti di trasporto gratuito (413, 414, 497 c.n.).

1682. Responsabilità del vettore nei trasporti cumulativi. – Nei trasporti cumulativi (1700) ciascun vettore risponde nell'ambito del proprio percorso.

Tuttavia il danno per il ritardo o per l'interruzione del viaggio si determina in ragione dell'intero percorso (1294).

Sezione III
Del trasporto di cose

1683. Indicazioni e documenti che devono essere forniti al vettore. – Il mittente deve indicare con esattezza al vettore il nome del destinatario e il luogo di destinazione, la natura, il peso, la quantità e il numero delle cose da trasportare e gli altri estremi necessari per eseguire il trasporto.

Se per l'esecuzione del trasporto occorrono particolari documenti, il mittente deve rimetterli al vettore all'atto in cui consegna le cose da trasportare.

Sono a carico del mittente i danni che derivano dall'omissione o dall'inesattezza delle indicazioni o dalla mancata consegna o irregolarità dei documenti.

1684. Lettera di vettura e ricevuta di carico. – Su richiesta del vettore, il mittente deve rilasciare una lettera di vettura con la propria sottoscrizione, contenente le indicazioni enunciate nell'articolo precedente e le condizioni convenute per il trasporto.

Su richiesta del mittente, il vettore deve rilasciare un duplicato della lettera di vettura con la propria sottoscrizione o, se non gli è stata rilasciata lettera di vettura, una ricevuta di carico, con le stesse indicazioni (1685).

Salvo contrarie disposizioni di legge, il duplicato della lettera di vettura e la ricevuta di carico possono essere rilasciate con la clausola «all'ordine» (1691, 1996, 2008 ss.).

1685. Diritti del mittente. – Il mittente può sospendere il trasporto e chiedere la restituzione delle cose, ovvero ordinarne la consegna a un destinatario diverso da quello originariamente indicato o anche disporre diversamente (1378, 1510^2), salvo l'obbligo di rimborsare le spese e di risarcire i danni derivanti dal contrordine (1738; 433, 450, 955 c.n.).

Qualora dal vettore sia stato rilasciato al mittente un duplicato della lettera di vettura o una ricevuta di carico (1684), il mittente non può disporre delle cose consegnate per il trasporto, se non esibisce al vettore il duplicato o la ricevuta per farvi annotare le nuove indicazioni (1691, 1996). Queste devono essere sottoscritte dal vettore.

Il mittente non può disporre delle cose trasportate dal momento in cui esse sono passate a disposizione del destinatario (1689).

1686. Impedimenti e ritardi nell'esecuzione del trasporto. – Se l'inizio o la continuazione del trasporto sono impediti (1256^1, 1463) o soverchiamente ritardati (1256^2) per causa non imputabile al vettore, questi deve chiedere immediatamente istruzioni (1685^1, 1690) al mittente, provvedendo alla custodia delle cose consegnategli.

Se le circostanze rendono impossibile la richiesta di istruzioni al mittente o se le istruzioni non sono attuabili, il vettore può depositare le cose a norma dell'art. 1514 (77 att.), o, se sono soggette a rapido deterioramento, può farle vendere a norma dell'art. 1515 (83 att.). Il vettore deve informare prontamente il mittente del deposito o della vendita (1690).

Il vettore ha diritto al rimborso delle spese. Se il trasporto è stato iniziato, egli ha diritto anche al pagamento del prezzo in proporzione del percorso compiuto (1672), salvo che l'interruzione del trasporto sia dovuta alla perdita totale delle cose derivante da caso fortuito.

1687. Riconsegna delle merci. – Il vettore deve mettere le cose trasportate a disposizione del destinatario nel luogo, nel termine e con le modalità indicati dal contratto o, in mancanza, dagli usi (2951).

Se la riconsegna non deve eseguirsi presso il destinatario, il vettore deve dargli prontamente avviso dell'arrivo delle cose trasportate (1690, 1691).

Se dal mittente è stata rilasciata una lettera di vettura (1684, 1693, 1694), il vettore deve esibirla al destinatario (1685^3).

1688. Termine di resa. – Il termine di resa, quando sono indicati più termini parziali, è determinato dalla somma di questi.

1689. Diritti del destinatario. – I diritti nascenti dal contratto di trasporto verso il vettore spettano al destinatario dal momento in cui, arrivate le cose a destinazione o scaduto il termine in cui sarebbero dovute arrivare, il destinatario ne richiede la riconsegna al vettore (1411[2], 1685[3], 1691).

Il destinatario non può esercitare i diritti nascenti dal contratto se non verso pagamento al vettore dei crediti derivanti dal trasporto (1702, 2761) e degli assegni da cui le cose trasportate sono gravate (1692). Nel caso in cui l'ammontare delle somme dovute sia controverso, il destinatario deve depositare la differenza contestata presso un istituto di credito (1411).

1690. Impedimenti alla riconsegna. – Se il destinatario è irreperibile ovvero rifiuta o ritarda a chiedere la riconsegna delle cose trasportate, il vettore deve domandare immediatamente istruzioni al mittente e si applicano le disposizioni dell'art. 1686.

Se sorge controversia tra più destinatari o circa il diritto del destinatario alla riconsegna o circa l'esecuzione di questa, ovvero se il destinatario ritarda a ricevere le cose trasportate, il vettore può depositarle a norma dell'art. 1514 o, se sono soggette a rapido deterioramento, può farle vendere a norma dell'art. 1515 per conto dell'avente diritto. Il vettore deve informare prontamente il mittente del deposito o della vendita (83 att.; 450 c.n.).

1691. Lettera di vettura o ricevuta di carico all'ordine. – Se il vettore ha rilasciato al mittente un duplicato della lettera di vettura all'ordine (1684) o la ricevuta di carico all'ordine, i diritti nascenti dal contratto verso il vettore si trasferiscono mediante girata del titolo (1685, 1996, 2009).

In tal caso il vettore è esonerato dall'obbligo di dare avviso dell'arrivo delle cose trasportate (1687[2]), salvo che sia stato indicato un domiciliatario nel luogo di destinazione, e l'indicazione risulti dal duplicato della lettera di vettura o dalla ricevuta di carico.

Il possessore del duplicato della lettera di vettura all'ordine o della ricevuta di carico all'ordine, deve restituire il titolo al vettore all'atto della riconsegna delle cose trasportate.

1692. Responsabilità del vettore nei confronti del mittente. – Il vettore che esegue la riconsegna al destinatario senza riscuotere i propri crediti o gli assegni da cui è gravata la cosa, o senza esigere il deposito della somma controversa (1689), è responsabile verso il mittente (1702) dell'importo degli assegni dovuti al medesimo e non può rivolgersi a quest'ultimo per il pagamento dei propri crediti, salva l'azione verso il destinatario (2951).

1693. Responsabilità per perdita e avaria. – Il vettore è responsabile della perdita e dell'avaria (1696) delle cose consegnategli per il trasporto, dal momento in cui le riceve a quello in cui le riconsegna al destinatario, se non prova che la perdita o l'avaria è derivata da caso fortuito, dalla natura o dai vizi delle cose stesse o del loro imballaggio, o dal fatto del mittente o da quello del destinatario (1218, 1681).

Se il vettore accetta le cose da trasportare senza riserve, si presume che le cose stesse non presentino vizi apparenti d'imballaggio (1701).

1694. Presunzioni di fortuito. – Sono valide le clausole che stabiliscono presunzioni di caso fortuito per eventi che normalmente, in relazione ai mezzi e alle condizioni del trasporto, dipendono da caso fortuito (1681, 2698).

1695. Calo naturale. – Per le cose che, data la loro particolare natura, sono soggette durante il trasporto a diminuzione nel peso o nella misura, il vettore risponde solo delle diminuzioni che oltrepassano il calo naturale, a meno che il mittente o il destinatario provi che la diminuzione non è avvenuta in conseguenza della natura delle cose o che per le circostanze del caso non poteva giungere alla misura accertata (1787).

Si deve tener conto del calo separatamente per ogni collo.

1696. Calcolo del danno in caso di perdita o di avaria. – Il danno derivante da perdita o da avaria (1693) si calcola secondo il prezzo corrente (1474) delle cose trasportate nel luogo e nel tempo della riconsegna (1223, 1518).

Il risarcimento dovuto dal vettore non può essere superiore a un euro per ogni chilogrammo di peso lordo della merce perduta o avariata nei trasporti nazionali ed all'importo di cui all'articolo 23, comma 3, della Convenzione per il trasporto stradale di merci, ratificata con legge 6 dicembre 1960, n. 1621, e successive modificazioni, nei trasporti internazionali ([1]).

La previsione di cui al comma precedente non è derogabile a favore del vettore se non nei casi e con le modalità previste dalle leggi speciali e dalle convenzioni internazionali applicabili ([1]).

Il vettore non può avvalersi della limitazione della responsabilità prevista a suo favore dal presente articolo ove sia fornita la prova che la perdita o l'avaria della merce sono stati determinati da dolo o colpa grave del vettore o dei suoi dipendenti e preposti, ovvero di ogni altro soggetto di cui egli si sia avvalso per l'esecuzione del trasporto, quando tali soggetti abbiano agito nell'esercizio delle loro funzioni ([1]).

([1]) *Questo comma è stato aggiunto dall'art. 10 del D.L.vo 21 novembre 2005, n. 286.*

1697. Accertamento della perdita e dell'avaria. – Il destinatario ha diritto di fare accertare a sue spese, prima della riconsegna, l'identità e lo stato delle cose trasportate.

Se la perdita o l'avaria esiste, il vettore deve rimborsargli le spese.

Salvo diverse disposizioni della legge, la perdita e l'avaria si accertano nei modi stabiliti dall'art. 696 del codice di procedura civile.

1698. Estinzione dell'azione nei confronti del vettore. – Il ricevimento senza riserve delle cose trasportate col pagamento di quanto è dovuto al vettore estingue le azioni derivanti dal contratto, tranne il caso di dolo o colpa grave del vettore (1689). Sono salve le azioni (2951) per perdita parziale o per avaria non riconoscibili al momento della riconsegna, purché in quest'ultimo caso il danno sia denunziato appena conosciuto e non oltre otto giorni dopo il ricevimento (1681).

1699. Trasporto con rispedizione della merce. – Se il vettore si obbliga di far proseguire le cose trasportate, oltre le proprie linee, per mezzo di vettori successivi, senza farsi rilasciare dal mittente una lettera di vettura (1684) diretta fino al luogo di destinazione, si presume che egli assuma, per il trasporto oltre le proprie linee, gli obblighi di uno spedizioniere (1739).

1700. Trasporto cumulativo. – Nei trasporti che sono assunti cumulativamente da più vettori successivi con unico contratto (1682), i vettori rispondono in solido (1292 ss., 1317) per l'esecuzione del contratto dal luogo originario di partenza fino al luogo di destinazione.

Il vettore chiamato a rispondere di un fatto non proprio può agire in regresso contro gli altri vettori, singolarmente o cumulativamente. Se risulta che il fatto dannoso è avvenuto nel percorso di uno dei vettori, questi è tenuto al risarcimento integrale; in caso contrario, al risarcimento sono tenuti tutti i vettori in parti proporzionali ai percorsi, esclusi quei vettori che provino che il danno non è avvenuto nel proprio percorso.

1701. Diritto di accertamento dei vettori successivi. – I vettori successivi hanno diritto di far dichiarare, nella lettera di vettura o in atto separato, lo stato delle cose da trasportare al momento in cui sono loro consegnate. In mancanza di dichiarazione, si presume che le abbiano ricevute in buono stato e conformi alla lettera di vettura (1693).

1702. Riscossione dei crediti da parte dell'ultimo vettore. – L'ultimo vettore rappresenta (1387) i vettori precedenti per la riscossione dei rispettivi crediti che nascono dal contratto di trasporto (1689²) e per l'esercizio del privilegio sulle cose trasportate (2761).

Se egli omette tale riscossione o l'esercizio del privilegio, è responsabile verso i vettori precedenti per le somme loro dovute, salva l'azione contro il destinatario (1692).

Capo IX
Del mandato

Sezione I
Disposizioni generali

1703. Nozione. – Il mandato è il contratto col quale una parte si obbliga a compiere uno o più atti giuridici per conto dell'altra (778, 1856, 2030, 2032; 78 l. fall.).

1704. Mandato con rappresentanza. – Se al mandatario è stato conferito il potere di agire in nome del mandante, si applicano anche le norme del capo VI del titolo II di questo libro (1387 ss.).

1705. Mandato senza rappresentanza. – Il mandatario che agisce in proprio nome acquista i diritti e assume gli obblighi derivanti dagli atti compiuti con i terzi, anche se questi hanno avuto conoscenza del mandato.

I terzi non hanno alcun rapporto col mandante (2339², 2615²). Tuttavia il mandante, sostituendosi al mandatario, può esercitare i diritti di credito derivanti dall'esecuzione del mandato (1717⁴), salvo che ciò possa pregiudicare i diritti attribuiti al mandatario dalle disposizioni degli articoli che seguono (1721).

1706. Acquisti del mandatario. – Il mandante può rivendicare le cose mobili acquistate per suo conto dal mandatario che ha agito in nome proprio, salvi i diritti acquistati dai terzi per effetto del possesso di buona fede (1147, 1153, 1707; 79 l. fall.).

Se le cose acquistate dal mandatario sono beni immobili o beni mobili iscritti in pubblici registri (2683), il mandatario è obbligato a ritrasferirle al mandante. In caso d'inadempimento, si osservano le norme relative all'esecuzione dell'obbligo di contrarre (2652, n. 2, 2932, 2960, n. 1).

1707. Creditori del mandatario. - I creditori del mandatario non possono far valere le loro ragioni sui beni che, in esecuzione del mandato, il mandatario ha acquistati in nome proprio (1706), purché, trattandosi di beni mobili o di crediti, il mandato risulti da scrittura avente data certa (2704) anteriore al pignoramento, ovvero trattandosi di beni immobili o di beni mobili iscritti in pubblici registri (1683), sia anteriore al pignoramento la trascrizione dell'atto di ritrasferimento (2914, 2915) o della domanda giudiziale diretta a conseguirlo (2652, n. 2).

1708. Contenuto del mandato. – Il mandato comprende non solo gli atti per i quali è stato conferito, ma anche quelli che sono necessari al loro compimento (1711).

Il mandato generale non comprende gli atti che eccedono l'ordinaria amministrazione (320, 1572), se non sono indicati espressamente.

1709. Presunzione di onerosità. – Il mandato si presume oneroso (1725). La misura del compenso, se non è stabilita dalle parti, è determinata in base alle tariffe professionali o agli usi; in mancanza è determinata dal giudice (1733, 1736, 1740, 1755[2], 2099, 2225, 2233).

§. 1
Delle obbligazioni del mandatario

1710. Diligenza del mandatario. – Il mandatario è tenuto a eseguire il mandato (2030, 2392, 2407, 2608) con la diligenza del buon padre di famiglia (1176); ma se il mandato è gratuito, la responsabilità per colpa è valutata con minor rigore (2030[2]).

Il mandatario è tenuto a rendere note al mandante le circostanze sopravvenute che possono determinare la revoca o la modificazione del mandato (1723 ss.).

1711. Limiti del mandato. – Il mandatario non può eccedere i limiti (1708) fissati nel mandato. L'atto che esorbita dal mandato resta a carico del mandatario (1717), se il mandante non lo ratifica (1398, 1399, 1712[2]).

Il mandatario può discostarsi dalle istruzioni ricevute (1717, 1732[2], 1739) qualora circostanze ignote al mandante, e tali che non possano essergli comunicate in tempo, facciano ragionevolmente ritenere che lo stesso mandante avrebbe dato la sua approvazione (1712[2]).

1712. Comunicazione dell'eseguito mandato. – Il mandatario deve senza ritardo comunicare al mandante (1716[2], 1718[3], 1728[2], 1732[2]) l'esecuzione del mandato.

Il ritardo del mandante a rispondere dopo aver ricevuto tale comunicazione, per un tempo superiore a quello richiesto dalla natura dell'affare o dagli usi, importa approvazione, anche se il mandatario si è discostato dalle istruzioni o ha ecceduto i limiti del mandato (1711).

1713. Obbligo di rendiconto. – Il mandatario deve rendere al mandante il conto del suo operato e rimettergli tutto ciò che ha ricevuto a causa del mandato (263 ss. c.p.c.; 109 att. c.p.c.).

La dispensa preventiva dall'obbligo di rendiconto non ha effetto nei casi in cui il mandatario deve rispondere per dolo o per colpa grave (1229, 1718).

1714. Interessi sulle somme riscosse. – Il mandatario deve corrispondere al mandante gli interessi legali (1284) sulle somme riscosse per conto del mandante stesso, con decorrenza dal giorno in cui avrebbe dovuto fargliene la consegna o la spedizione ovvero impiegarle secondo le istruzioni ricevute (1282[1]).

1715. Responsabilità per le obbligazioni dei terzi. – In mancanza di patto contrario, il mandatario che agisce in proprio nome non risponde verso il mandante dell'adempimento delle obbligazioni assunte dalle persone con le quali ha contrattato, tranne il caso che l'insolvenza di queste gli fosse o dovesse essergli nota all'atto della conclusione del contratto (1705, 1736).

1716. Pluralità di mandatari. – Salvo patto contrario, il mandato conferito a più persone designate a operare congiuntamente non ha effetto, se non è accettato da tutte (1730).

Se nel mandato non è dichiarato che i mandatari devono agire congiuntamente, ciascuno di essi può concludere l'affare (2203[3], 2257). In questo caso il mandante, appena avvertito della conclusione (1712), deve darne notizia agli altri mandatari; in mancanza è tenuto a risarcire i danni derivanti dall'omissione o dal ritardo.

Se più mandatari hanno comunque operato congiuntamente, essi sono obbligati in solido (1294) verso il mandante.

1717. Sostituto del mandatario. – Il mandatario che, nell'esecuzione del mandato, sostituisce altri a se stesso, senza esservi autorizzato o senza che ciò sia necessario per la natura dell'incarico (1770, 1804), risponde dell'operato della persona sostituita (1228).

Se il mandante aveva autorizzato la sostituzione senza indicare la persona, il mandatario risponde soltanto quando è in colpa nella scelta (1710, 1856).

Il mandatario risponde delle istruzioni che ha impartite al sostituto.

Il mandante può agire direttamente contro la persona sostituita dal mandatario (1232, 1705[2]).

1718. Custodia delle cose e tutela dei diritti del mandante. – Il mandatario deve provvedere alla custodia delle cose che gli sono state spedite per conto del mandante e tutelare i diritti di quest'ultimo di fronte al vettore, se le cose presentano segni di deterioramento o sono giunte con ritardo (1697, 1698).

Se vi è urgenza, il mandatario può procedere alla vendita delle cose a norma dell'art. 1515 (83 att.).

Di questi fatti, come pure del mancato arrivo della merce, egli deve dare immediato avviso al mandante (1712, 1747).

Le disposizioni di questo articolo si applicano anche se il mandatario non accetta l'incarico conferitogli dal mandante, sempre che tale incarico rientri nell'attività professionale del mandatario.

§. 2
Delle obbligazioni del mandante

1719. Mezzi necessari per l'esecuzione del mandato. – Il mandante, salvo patto contrario, è tenuto a somministrare al mandatario i mezzi necessari per l'esecuzione del mandato e per l'adempimento delle obbligazioni che a tal fine il mandatario ha contratte in proprio nome (1705^1).

1720. Spese e compenso del mandatario. – Il mandante deve rimborsare al mandatario le anticipazioni, con gli interessi legali (1284) dal giorno in cui sono state fatte, e deve pagargli il compenso che gli spetta (1709, 1733, 1748, 1756).

Il mandante deve inoltre risarcire i danni che il mandatario ha subiti a causa dell'incarico (2761).

1721. Diritto del mandatario sui crediti. – Il mandatario ha diritto di soddisfarsi sui crediti pecuniari sorti dagli affari che ha conclusi, con precedenza sul mandante e sui creditori di questo (1705^2, 2761^2).

§. 3
Dell'estinzione del mandato

1722. Cause di estinzione. – Il mandato si estingue:

1) per la scadenza del termine o per il compimento, da parte del mandatario (1712), dell'affare per il quale è stato conferito;

2) per revoca da parte del mandante (1723 ss.);

3) per rinunzia del mandatario (1727);

4) per la morte, l'interdizione (414) o l'inabilitazione (415) del mandante (1723, 1728, 2013^3; 22^3 l. camb.; 26^3 l. ass.) o del mandatario (1728; 78 l. fall.).

Tuttavia il mandato che ha per oggetto il compimento di atti relativi all'esercizio di un'impresa (2082) non si estingue (1330), se l'esercizio dell'impresa è continuato, salvo il diritto di recesso delle parti o degli eredi (1373, 1833², 2558¹).

1723. Revocabilità del mandato. - Il mandante può revocare il mandato (1373, 1722, 1734); ma, se era stata pattuita l'irrevocabilità, risponde dei danni, salvo che ricorra una giusta causa.

Il mandato conferito anche nell'interesse del mandatario o di terzi non si estingue per revoca da parte del mandante, salvo che sia diversamente stabilito o ricorra una giusta causa di revoca (2259); non si estingue per la morte o per la sopravvenuta incapacità del mandante (1722, n. 4).

1724. Revoca tacita. - La nomina di un nuovo mandatario per lo stesso affare o il compimento di questo da parte del mandante importano revoca del mandato, e producono effetto dal giorno in cui sono stati comunicati al mandatario (1334, 1335).

1725. Revoca del mandato oneroso. - La revoca del mandato oneroso (1709), conferito per un tempo determinato o per un determinato affare (1722, n. 1), obbliga il mandante a risarcire i danni (1223), se è fatta prima della scadenza del termine o del compimento dell'affare, salvo che ricorra una giusta causa (1734, 1738).

Se il mandato è a tempo indeterminato, la revoca obbliga il mandante al risarcimento (1223), qualora non sia dato un congruo preavviso, salvo che ricorra una giusta causa.

1726. Revoca del mandato collettivo. - Se il mandato è stato conferito da più persone con unico atto e per un affare d'interesse comune, la revoca non ha effetto qualora non sia fatta da tutti i mandanti, salvo che ricorra una giusta causa (1730, 2609²).

1727. Rinunzia del mandatario. - Il mandatario che rinunzia senza giusta causa al mandato (1722, n. 3) deve risarcire i danni al mandante (1223). Se il mandato è a tempo indeterminato, il mandatario che rinunzia senza giusta causa è tenuto al risarcimento, qualora non abbia dato un congruo preavviso.

In ogni caso la rinunzia deve essere fatta in modo e in tempo tali che il mandante possa provvedere altrimenti, salvo il caso d'impedimento grave da parte del mandatario (1747).

1728. Morte o incapacità del mandante o del mandatario. - Quando il mandato si estingue per morte o per incapacità sopravvenuta del mandante

(1722, n. 4, 1723²), il mandatario che ha iniziato l'esecuzione deve continuarla, se vi è pericolo nel ritardo.

Quando il mandato si estingue per morte o per sopravvenuta incapacità del mandatario (1722, n. 4), i suoi eredi ovvero colui che lo rappresenta o lo assiste, se hanno conoscenza del mandato, devono avvertire prontamente il mandante (1712) e prendere intanto nell'interesse di questo i provvedimenti richiesti dalle circostanze.

1729. Mancata conoscenza della causa di estinzione. - Gli atti che il mandatario ha compiuti prima di conoscere l'estinzione del mandato sono validi nei confronti del mandante o dei suoi eredi (1396).

1730. Estinzione del mandato conferito a più mandatari. – Salvo patto contrario, il mandato conferito a più persone designate a operare congiuntamente (1716) si estingue anche se la causa di estinzione concerne uno solo dei mandatari (1722, 1726).

Sezione II
Della commissione

1731. Nozione. – Il contratto di commissione è un mandato (1703 ss.) che ha per oggetto l'acquisto o la vendita di beni per conto del committente e in nome del commissionario (1705, 1706).

1732. Operazione a fido. – Il commissionario si presume autorizzato a concedere dilazioni di pagamento in conformità degli usi del luogo in cui compie l'operazione, se il committente non ha disposto altrimenti (1744, 2210²).

Se il commissionario concede dilazioni di pagamento, malgrado il divieto del committente o quando non è autorizzato dagli usi, il committente può esigere da lui il pagamento immediato, salvo il diritto del commissionario di far propri i vantaggi che derivano dalla concessa dilazione.

Il commissionario che ha concesso dilazioni di pagamento deve indicare al committente la persona del contraente e il termine concesso; altrimenti l'operazione si considera fatta senza dilazione e si applica il disposto del comma precedente (1736).

1733. Misura della provvigione. – La misura della provvigione spettante al commissionario, se non è stabilita dalle parti, si determina secondo gli usi del luogo in cui è compiuto l'affare. In mancanza di usi provvede il giudice secondo equità (1709, 1736, 1740, 2225, 2233).

1734. Revoca della commissione. – Il committente può revocare l'ordine di concludere l'affare fino a che il commissionario non l'abbia concluso (1723 ss., 1738). In tal caso spetta al commissionario una parte della provvigione, che si determina tenendo conto delle spese sostenute e dell'opera prestata (1720, 1738).

1735. Commissionario contraente in proprio. – Nella commissione di compera o di vendita di titoli, divise o merci aventi un prezzo corrente che risulti nei modi indicati dal terzo comma dell'art. 1515, se il committente non ha diversamente disposto, il commissionario può fornire al prezzo suddetto le cose che deve comprare, o può acquistare per se (1395) le cose che deve vendere, salvo, in ogni caso, il suo diritto alla provvigione (1733).

Anche quando il committente ha fissato il prezzo, il commissionario che acquista per sé non può praticare un prezzo inferiore a quello corrente nel giorno in cui compie l'operazione, se questo è superiore al prezzo fissato dal committente; e il commissionario che fornisce le cose che deve comprare non può praticare un prezzo superiore a quello corrente, se questo è inferiore al prezzo fissato dal committente (1395).

1736. Star del credere. – Il commissionario che, in virtù di patto o di uso, è tenuto allo «star del credere» risponde nei confronti del committente per l'esecuzione dell'affare (1715). In tal caso ha diritto, oltre che alla provvigione, a un compenso o a una maggiore provvigione, la quale, in mancanza di patto, si determina secondo gli usi del luogo in cui è compiuto l'affare (1733, 2099). In mancanza di usi, provvede il giudice secondo equità (1709).

Sezione III
Della spedizione

1737. Nozione. – Il contratto di spedizione è un mandato (1703) col quale lo spedizioniere assume l'obbligo di concludere, in nome proprio e per conto del mandante, un contratto di trasporto (1678 ss.) e di compiere le operazioni accessorie (2951).

1738. Revoca. – Finché lo spedizioniere non abbia concluso il contratto di trasporto col vettore, il mittente può revocare (1723 ss.) l'ordine di spedizione (1378, 1510[2]), rimborsando lo spedizioniere delle spese sostenute e corrispondendogli un equo compenso per l'attività prestata (1685[1], 1725, 1734, 2227, 2237).

1739. Obblighi dello spedizioniere. – Nella scelta della via, del mezzo e delle modalità di trasporto della merce, lo spedizioniere è tenuto a osservare le istruzioni del committente e, in mancanza, a operare secondo il migliore interesse del medesimo (1711).

Salvo che gli sia stato diversamente ordinato e salvi gli usi contrari, lo spedizioniere non ha obbligo di provvedere all'assicurazione delle cose spedite (1891).

I premi, gli abbuoni e i vantaggi di tariffa ottenuti dallo spedizioniere devono essere accreditati al committente, salvo patto contrario (1699).

1740. Diritti dello spedizioniere. – La misura della retribuzione dovuta allo spedizioniere per l'esecuzione dell'incarico si determina, in mancanza di convenzione, secondo le tariffe professionali o, in mancanza, secondo gli usi del luogo in cui avviene la spedizione (1709, 1733, 1736, 2225, 2233).

Le spese anticipate e i compensi per le prestazioni accessorie eseguite dallo spedizioniere sono liquidate sulla base dei documenti giustificativi, a meno che il rimborso e i compensi siano stati preventivamente convenuti in una somma globale unitaria.

1741. Spedizioniere vettore. – Lo spedizioniere che con mezzi propri o altrui assume l'esecuzione del trasporto (1735) in tutto o in parte, ha gli obblighi e i diritti del vettore (1678, 1683 ss.).

Capo X
Del contratto di agenzia

1742. Nozione. – Col contratto di agenzia una parte assume stabilmente l'incarico di promuovere, per conto dell'altra, verso retribuzione, la conclusione di contratti in una zona determinata (1752; 290 c.n.).

Il contratto deve essere provato per iscritto. Ciascuna parte ha diritto di ottenere dall'altra un documento dalla stessa sottoscritto che riproduca il contenuto del contratto e delle clausole aggiuntive. Tale diritto è irrinunciabile.

1743. Diritti di esclusiva. – Il preponente non può valersi contemporaneamente di più agenti nella stessa zona e per lo stesso ramo di attività (1748[2]), né l'agente può assumere l'incarico di trattare nella stessa zona e per lo stesso ramo gli affari di più imprese in concorrenza tra loro.

1744. Riscossioni. – L'agente non ha facoltà di riscuotere i crediti del preponente (1188). Se questa facoltà gli è stata attribuita, egli non può concedere sconti o dilazioni senza speciale autorizzazione (1732[1], 2210[2]).

1745. Rappresentanza dell'agente. – Le dichiarazioni che riguardano l'esecuzione del contratto concluso per il tramite dell'agente e i reclami relativi alle inadempienze contrattuali (1495[1], 1512[1], 2226) sono validamente fatti all'agente (1752, 1903, 2212).

L'agente può chiedere i provvedimenti cautelari (669 *bis* ss. c.p.c.) nell'interesse del preponente e presentare i reclami che sono necessari per la conservazione dei diritti spettanti a quest'ultimo.

1746. Obblighi dell'agente. – Nell'esecuzione dell'incarico l'agente deve tutelare gli interessi del preponente e agire con lealtà e buona fede. In particolare, deve adempiere l'incarico affidatogli in conformità delle istruzioni ricevute e fornire al preponente le informazioni riguardanti le condizioni del mercato nella zona assegnatagli, e ogni altra informazione utile per valutare la convenienza dei singoli affari. È nullo ogni patto contrario.

Egli deve altresì osservare gli obblighi che incombono al commissionario ad eccezione di quelli di cui all'articolo 1736 (1731 ss.), in quanto non siano esclusi dalla natura del contratto di agenzia.

È vietato il patto che ponga a carico dell'agente una responsabilità, anche solo parziale, per l'inadempimento del terzo. È però consentito eccezionalmente alle parti di concordare di volta in volta la concessione di un'apposita garanzia da parte dell'agente, purché ciò avvenga con riferimento a singoli affari, di particolare natura ed importo, individualmente determinati; l'obbligo di garanzia assunto dall'agente non sia di ammontare più elevato della provvigione che per quell'affare l'agente medesimo avrebbe diritto a percepire; sia previsto per l'agente un apposito corrispettivo.

1747. Impedimento dell'agente. – L'agente che non è in grado di eseguire l'incarico affidatogli deve dare immediato avviso al preponente (1710). In mancanza è obbligato al risarcimento del danno (1223, 1727).

1748. Diritti dell'agente. – Per tutti gli affari conclusi durante il contratto l'agente ha diritto alla provvigione quando l'operazione è stata conclusa per effetto del suo intervento.

La provvigione è dovuta anche per gli affari conclusi dal preponente con terzi che l'agente aveva in precedenza acquisito come clienti per affari dello stesso tipo o appartenenti alla zona o alla categoria o gruppo di clienti riservati all'agente, salvo che sia diversamente pattuito.

L'agente ha diritto alla provvigione sugli affari conclusi dopo la data di scioglimento del contratto se la proposta è pervenuta al preponente o all'agente in data antecedente o gli affari sono conclusi entro un termine ragionevole dalla data di scioglimento del contratto e la conclusione è da ricondurre prevalentemente all'attività da lui svolta; in tali casi la provvigione è dovuta solo all'agente precedente, salvo che da specifiche circostanze risulti equo ripartire la provvigione tra gli agenti intervenuti.

Salvo che sia diversamente pattuito, la provvigione spetta all'agente dal momento e nella misura in cui il preponente ha eseguito o avrebbe dovuto eseguire la prestazione in base al contratto concluso con il terzo. La provvigione spetta all'agente, al più tardi, inderogabilmente dal momento e nella misura in cui il terzo ha eseguito o avrebbe dovuto eseguire la prestazione qualora il preponente avesse eseguito la prestazione a suo carico.

Se il preponente e il terzo si accordano per non dare, in tutto o in parte, esecuzione al contratto, l'agente ha diritto, per la parte ineseguita, ad una provvigione ridotta nella misura determinata dagli usi o, in mancanza, dal giudice secondo equità.

L'agente è tenuto a restituire le provvigioni riscosse solo nella ipotesi e nella misura in cui sia certo che il contratto tra il terzo e il preponente non avrà esecuzione per cause non imputabili al preponente. È nullo ogni patto più sfavorevole all'agente.

L'agente non ha diritto al rimborso delle spese di agenzia.

1749. Obblighi del preponente. – Il preponente, nei rapporti con l'agente, deve agire con lealtà e buona fede. Egli deve mettere a disposizione dell'agente la documentazione necessaria relativa ai beni o servizi trattati e fornire all'agente le informazioni necessarie all'esecuzione del contratto: in particolare avvertire l'agente, entro un termine ragionevole, non appena preveda che il volume delle operazioni commerciali sarà notevolmente inferiore a quello che l'agente avrebbe potuto normalmente attendersi. Il preponente deve inoltre informare l'agente, entro un termine ragionevole, dell'accettazione o del rifiuto e della mancata esecuzione di un affare procuratogli.

Il preponente consegna all'agente un estratto conto delle provvigioni dovute al più tardi l'ultimo giorno del mese successivo al trimestre nel corso del quale esse sono maturate. L'estratto conto indica gli elementi essenziali in base ai quali è stato effettuato il calcolo delle provvigioni. Entro il medesimo termine le provvigioni liquidate devono essere effettivamente pagate all'agente.

L'agente ha diritto di esigere che gli siano fornite tutte le informazioni necessarie per verificare l'importo delle provvigioni liquidate ed in particolare un estratto dei libri contabili.

È nullo ogni patto contrario alle disposizioni del presente articolo.

1750. Durata del contratto o recesso. – Il contratto di agenzia a tempo determinato che continui ad essere eseguito dalle parti successivamente alla scadenza del termine si trasforma in contratto a tempo indeterminato.

Codice Civile

Se il contratto di agenzia è a tempo indeterminato, ciascuna delle parti può recedere dal contratto stesso dandone preavviso all'altra entro un termine stabilito.

Il termine di preavviso non può comunque essere inferiore ad un mese per il primo anno di durata del contratto, a due mesi per il secondo anno iniziato, a tre mesi per il terzo anno iniziato, a quattro mesi per il quarto anno, a cinque mesi per il quinto anno e a sei mesi per il sesto anno e per tutti gli anni successivi.

Le parti possono concordare termini di preavviso di maggiore durata, ma il preponente non può osservare un termine inferiore a quello posto a carico dell'agente.

Salvo diverso accordo tra le parti, la scadenza del termine di preavviso deve coincidere con l'ultimo giorno del mese del calendario.

1751. Indennità in caso di cessazione del rapporto. – All'atto della cessazione del rapporto, il preponente è tenuto a corrispondere all'agente un'indennità se ricorrono le seguenti condizioni:

l'agente abbia procurato nuovi clienti al preponente o abbia sensibilmente sviluppato gli affari con i clienti esistenti e il preponente riceva ancora sostanziali vantaggi derivanti dagli affari con tali clienti;

il pagamento di tale indennità sia equo, tenuto conto di tutte le circostanze del caso, in particolare delle provvigioni che l'agente perde e che risultano dagli affari con tali clienti.

L'indennità non è dovuta:

quando il preponente risolve il contratto per un'inadempienza imputabile all'agente, la quale, per la sua gravità, non consenta la prosecuzione anche provvisoria del rapporto;

quando l'agente recede dal contratto, a meno che il recesso sia giustificato da circostanze attribuibili al preponente o da circostanze attribuibili all'agente, quali età, infermità o malattia, per le quali non può più essergli ragionevolmente chiesta la prosecuzione dell'attività;

quando, ai sensi di un accordo con il preponente, l'agente cede ad un terzo i diritti e gli obblighi che ha in virtù del contratto d'agenzia.

L'importo dell'indennità non può superare una cifra equivalente ad un'indennità annua calcolata sulla base della media annuale delle retribuzioni riscosse dall'agente negli ultimi cinque anni e, se il contratto risale a meno di cinque anni, sulla media del periodo in questione.

La concessione dell'indennità non priva comunque l'agente del diritto all'eventuale risarcimento dei danni.

L'agente decade dal diritto all'indennità prevista dal presente articolo se, nel termine di un anno dallo scioglimento del rapporto, omette di comunicare al preponente l'intenzione di far valere i propri diritti.

Le disposizioni di cui al presente articolo sono inderogabili a svantaggio dell'agente.

L'indennità è dovuta anche se il rapporto cessa per morte dell'agente.

1751 *bis*. (1) **Patto di non concorrenza.** – Il patto che limita la concorrenza da parte dell'agente dopo lo scioglimento del contratto deve farsi per iscritto. Esso deve riguardare la medesima zona, clientela e genere di beni o servizi per i quali era stato concluso il contratto di agenzia e la sua durata non può eccedere i due anni successivi all'estinzione del contratto.

L'accettazione del patto di non concorrenza comporta, in occasione della cessazione del rapporto, la corresponsione all'agente commerciale di una indennità di natura non provvigionale. L'indennità va commisurata alla durata, non superiore a due anni dopo l'estinzione del contratto, alla natura del contratto di agenzia e all'indennità di fine rapporto. La determinazione della indennità in base ai parametri di cui al precedente periodo è affidata alla contrattazione tra le parti tenuto conto degli accordi economici nazionali di categoria. In difetto di accordo l'indennità è determinata dal giudice in via equitativa anche con riferimento:

1) alla media dei corrispettivi riscossi dall'agente in pendenza di contratto ed alla loro incidenza sul volume d'affari complessivo nello stesso periodo;

2) alle cause di cessazione del contratto di agenzia;

3) all'ampiezza della zona assegnata all'agente;

4) all'esistenza o meno del vincolo di esclusiva per un solo preponente (2).

(1) *Questo articolo è stato aggiunto dall'art. 5 del D.L.vo 10 settembre 1991, n. 303.*

(2) *Questo comma è stato aggiunto dall'art. 23 della L. 29 dicembre 2000, n. 422, a decorrere dal 1° giugno 2001.*

1752. Agente con rappresentanza. – Le disposizioni del presente capo si applicano anche nell'ipotesi in cui all'agente è conferita dal preponente la rappresentanza per la conclusione dei contratti (1387, 1388, 1745).

1753. Agenti di assicurazione. – Le disposizioni di questo capo sono applicabili anche agli agenti di assicurazione, in quanto non siano derogate dalle norme corporative o (1) dagli usi e in quanto siano compatibili con la natura dell'attività assicurativa (1903).

(1) *L'espressione «dalle norme corporative» è da ritenersi abrogata dal R.D.L. 9 agosto 1943, n. 721.*

Capo XI
Della mediazione

1754. Mediatore. – È mediatore colui che mette in relazione due o più parti per la conclusione di un affare, senza essere legato ad alcuna di esse da rapporti di collaborazione, di dipendenza o di rappresentanza (1387 ss., 1761).

1755. Provvigione. – Il mediatore ha diritto alla provvigione da ciascuna delle parti, se l'affare è concluso per effetto del suo intervento (1757, 2950).

La misura della provvigione e la proporzione in cui questa deve gravare su ciascuna delle parti, in mancanza di patto, di tariffe professionali o di usi, sono determinate dal giudice secondo equità (2099, 2225, 2233).

1756. Rimborso delle spese. – Salvo patti o usi contrari, il mediatore ha diritto al rimborso delle spese nei confronti della persona per incarico della quale sono state eseguite anche se l'affare non è stato concluso (1719).

1757. Provvigione nei contratti condizionali o invalidi. – Se il contratto è sottoposto a condizione sospensiva (1353 ss.), il diritto alla provvigione sorge nel momento in cui si verifica la condizione (1360[1]).

Se il contratto è sottoposto a condizione risolutiva, il diritto alla provvigione non viene meno col verificarsi della condizione.

La disposizione del comma precedente si applica anche quando il contratto è annullabile (1425 ss.) o rescindibile (1447 ss.), se il mediatore non conosceva la causa d'invalidità (1445, 1452).

1758. Pluralità di mediatori. – Se l'affare è concluso per l'intervento di più mediatori, ciascuno di essi ha diritto a una quota della provvigione (1755).

1759. Responsabilità del mediatore. – Il mediatore deve comunicare alle parti le circostanze a lui note, relative alla valutazione e alla sicurezza dell'affare, che possono influire sulla conclusione di esso (1746).

Il mediatore risponde dell'autenticità della sottoscrizione delle scritture e dell'ultima girata dei titoli trasmessi per il suo tramite (2008).

1760. Obblighi del mediatore professionale. – Il mediatore professionale in affari su merci o su titoli deve (1764):

1) conservare i campioni delle merci vendute sopra campione (1522), finché sussista la possibilità di controversia sull'identità della merce;

2) rilasciare al compratore una lista firmata dei titoli negoziati, con l'indicazione della serie e del numero;

3) annotare su apposito libro (2214 ss., 2220) gli estremi essenziali del contratto che si stipula col suo intervento e rilasciare alle parti copia da lui sottoscritta di ogni annotazione.

1761. Rappresentanza del mediatore. – Il mediatore può essere incaricato da una delle parti di rappresentarla negli atti relativi all'esecuzione del contratto concluso con il suo intervento (1388).

1762. Contraente non nominato. – Il mediatore che non manifesta a un contraente il nome dell'altro risponde dell'esecuzione del contratto (1405) e, quando lo ha eseguito, subentra nei diritti verso il contraente non nominato (1203).

Se dopo la conclusione del contratto il contraente non nominato si manifesta all'altra parte o è nominato dal mediatore, ciascuno dei contraenti può agire direttamente contro l'altro, ferma restando la responsabilità del mediatore.

1763. Fideiussione del mediatore. – Il mediatore può prestare fideiussione per una delle parti (1936 ss.).

1764. Sanzioni. – Il mediatore che non adempie gli obblighi imposti dall'art. 1760 è punito con la sanzione amministrativa del pagamento di una somma da € 5 a € 516 ([1]).

Nei casi più gravi può essere aggiunta la sospensione della professione fino a sei mesi.

Alle stesse pene è soggetto il mediatore che presta la sua attività nell'interesse di persona notoriamente insolvente o della quale conosce lo stato d'incapacità (5 l. fall.).

([1]) *Ammenda originaria da L. 50 a L. 5.000, aumentata di 40 volte ai sensi art. 3 L. 12 luglio 1961, n. 603, indi quintuplicata ai sensi degli artt. 113 - 114 L. 24 novembre 1981, n. 689. La contravvenzione è stata depenalizzata dalla L. 24 dicembre 1975, n. 706.*

1765. Leggi speciali. – Sono salve le disposizioni delle leggi speciali.

Capo XII
Del deposito

Sezione I
Del deposito in generale

1766. Nozione. – Il deposito è il contratto col quale una parte riceve dall'altra una cosa mobile (812) con l'obbligo di custodirla e di restituirla in natura.

1767. Presunzione di gratuità. – Il deposito si presume gratuito, salvo che dalla qualità professionale del depositario o da altre circostanze si debba desumere una diversa volontà delle parti (1781, 1802).

1768. Diligenza nella custodia. – Il depositario deve usare nella custodia la diligenza del buon padre di famiglia (1176, 1177, 1770, 1800, 2051, 2148², 2167², 2790).

Se il deposito è gratuito, la responsabilità per colpa è valutata con minor rigore (1710).

1769. Responsabilità del depositario incapace. – Il depositario incapace è responsabile della conservazione della cosa nei limiti in cui può essere tenuto a rispondere per fatti illeciti (2046). In ogni caso il depositante ha diritto di conseguire la restituzione della cosa finché questa si trova presso il depositario (1443); altrimenti può pretendere il rimborso di ciò che sia stato rivolto a vantaggio di quest'ultimo (2039, 2041).

1770. Modalità della custodia. – Il depositario non può servirsi della cosa depositata né darla in deposito ad altri (1717), senza il consenso del depositante (1782, 1804², 2232).

Se circostanze urgenti lo richiedono, il depositario può esercitare la custodia in modo diverso da quello convenuto, dandone avviso al depositante appena è possibile.

1771. Richiesta di restituzione e obbligo di ritirare la cosa. – Il depositario deve restituire la cosa (1246, n. 2) appena il depositante la richiede (1183, 1834¹), salvo che sia convenuto un termine nell'interesse del depositario (1184).

Il depositario può richiedere in qualunque tempo che il depositante riprenda la cosa, salvo che sia convenuto un termine nell'interesse del depositante. Anche se non è stato convenuto un termine, il giudice può concedere al depositante un termine congruo per ricevere la cosa.

1772. Pluralità di depositanti e di depositari. – Se più sono i depositanti di una cosa ed essi non si accordano circa la restituzione, questa deve farsi secondo le modalità stabilite dall'autorità giudiziaria.

La stessa norma si applica quando a un solo depositante succedono più eredi, se la cosa non è divisibile (1316).

Se più sono i depositari, il depositante ha facoltà di chiedere la restituzione a quello tra essi che detiene la cosa. Questi deve darne pronta notizia agli altri.

1773. Terzo interessato nel deposito. – Se la cosa è stata depositata anche nell'interesse di un terzo e questi ha comunicato al depositante e al depositario la sua adesione (1411), il depositario non può liberarsi restituendo la cosa al depositante senza il consenso del terzo (1777, 1798).

1774. Luogo di restituzione e spese relative. – Salvo diversa convenzione, la restituzione della cosa deve farsi nel luogo in cui doveva essere custodita (1182^2).

Le spese per la restituzione sono a carico del depositante (1196, 1781).

1775. Restituzione dei frutti. – Il depositario è obbligato a restituire i frutti della cosa che egli abbia percepiti (821).

1776. Obblighi dell'erede del depositario. – L'erede del depositario, il quale ha alienato in buona fede la cosa che ignorava essere tenuta in deposito, è obbligato soltanto a restituire il corrispettivo ricevuto (2041). Se questo non è stato ancora pagato, il depositante subentra nel diritto dell'alienante (1203, 1259, 1780^2, 2038, 2900).

1777. Persona a cui deve essere restituita la cosa. – Il depositario deve restituire la cosa al depositante o alla persona indicata per riceverla (1188, 1836), e non può esigere che il depositante provi di esserne proprietario (1773, 1778, 1779).

Se è convenuto in giudizio da chi rivendica la proprietà della cosa o pretende di avere diritti su di essa, deve, sotto pena del risarcimento del danno, denunziare la controversia al depositante, e può ottenere di essere estromesso (109 c.p.c.) dal giudizio indicando la persona del medesimo (1586; 167, 269 c.p.c.). In questo caso egli può anche liberarsi dall'obbligo di restituire la cosa, depositandola, nei modi stabiliti dal giudice, a spese del depositante.

1778. Cosa proveniente da reato. – Il depositario, se scopre che la cosa proviene da un reato e gli è nota la persona alla quale è stata sottratta, deve denunziarle il deposito fatto presso di sé.

Il depositario è liberato se restituisce la cosa al depositante decorsi dieci giorni dalla denunzia senza che gli sia stata notificata opposizione (1777).

1779. Cosa propria del depositario. – Il depositario è liberato da ogni obbligazione, se risulta che la cosa gli appartiene e che il depositante non ha su di essa alcun diritto (1253).

1780. Perdita non imputabile della detenzione della cosa. – Se la detenzione della cosa è tolta al depositario in conseguenza di un fatto a lui non imputabile (1256), egli è liberato dall'obbligazione di restituire la cosa, ma deve, sotto pena di risarcimento del danno, denunziare immediatamente al depositante il fatto per cui ha perduto la detenzione.

Il depositante ha diritto di ricevere ciò che, in conseguenza del fatto stesso, il depositario abbia conseguito, e subentra nei diritti spettanti a quest'ultimo (1259, 1776, 2742).

1781. Diritti del depositario. – Il depositante è obbligato a rimborsare il depositario delle spese fatte per conservare la cosa (1774[2], 1808), a tenerlo indenne dalle perdite cagionate dal deposito e a pagargli il compenso pattuito (1767, 1802, 2761[3]).

1782. Deposito irregolare. – Se il deposito ha per oggetto una quantità di danaro o di altre cose fungibili, con facoltà per il depositario di servirsene, questi ne acquista la proprietà ed è tenuto a restituirne altrettante della stessa specie e qualità (1834 ss.).

In tal caso si osservano, in quanto applicabili, le norme relative al mutuo (1813 ss.).

Sezione II
Del deposito in albergo

1783. Responsabilità per le cose portate in albergo. – Gli albergatori sono responsabili di ogni deterioramento, distruzione o sottrazione delle cose portate dal cliente in albergo.

Sono considerate cose portate in albergo:

1) le cose che vi si trovano durante il tempo nel quale il cliente dispone dell'alloggio;

2) le cose di cui l'albergatore, un membro della sua famiglia o un suo ausiliario assumono la custodia, fuori dell'albergo, durante il periodo di tempo in cui il cliente dispone dell'alloggio;

3) le cose di cui l'albergatore, un membro della sua famiglia o un ausiliario assumono la custodia sia nell'albergo, sia fuori dell'albergo, durante

un periodo di tempo ragionevole, precedente o successivo a quello in cui il cliente dispone dell'alloggio.

La responsabilità di cui al presente articolo è limitata al valore di quanto sia deteriorato, distrutto o sottratto, sino all'equivalente di cento volte il prezzo di locazione dell'alloggio per giornata (1785 *bis*).

1784. Responsabilità per le cose consegnate e obblighi dell'albergatore. – La responsabilità dell'albergatore è illimitata:

1) quando le cose gli sono state consegnate in custodia;

2) quando ha rifiutato di ricevere in custodia cose che aveva l'obbligo di accettare.

L'albergatore ha l'obbligo di accettare le carte - valori, il denaro contante e gli oggetti di valore; egli può rifiutarsi di riceverli soltanto se si tratti di oggetti pericolosi o che, tenuto conto dell'importanza e delle condizioni di gestione dell'albergo, abbiano valore eccessivo o natura ingombrante.

L'albergatore può esigere che la cosa consegnatagli sia contenuta in un involucro chiuso o sigillato.

1785. Limiti di responsabilità. – L'albergatore non è responsabile quando il deterioramento, la distruzione o la sottrazione siano dovuti:

1) al cliente, alle persone che l'accompagnano, che sono al suo servizio o che gli rendono visita;

2) a forza maggiore;

3) alla natura della cosa.

1785 *bis*. Responsabilità per colpa dell'albergatore. – L'albergatore è responsabile, senza che egli possa invocare il limite previsto dall'ultimo comma dell'art. 1783, quando il deterioramento, la distruzione o la sottrazione delle cose portate dal cliente in albergo sono dovuti a colpa sua, dei membri della sua famiglia o dei suoi ausiliari.

1785 *ter*. Obbligo di denuncia del danno. – Fuori del caso previsto dall'art. 1785 *bis*, il cliente non potrà valersi delle precedenti disposizioni se, dopo aver constatato il deterioramento, la distruzione o la sottrazione, denunci il fatto all'albergatore con ritardo ingiustificato.

1785 *quater*. Nullità. – Sono nulli i patti o le dichiarazioni tendenti ad escludere o a limitare preventivamente la responsabilità dell'albergatore (1229, 1419).

1785 *quinquies*. Limiti di applicazione. – Le disposizioni della presente sezione non si applicano ai veicoli, alle cose lasciate negli stessi, né agli animali vivi.

1786. Stabilimenti e locali assimilati agli alberghi. – Le norme di questa sezione si applicano anche agli imprenditori di case di cura, stabilimenti di pubblici spettacoli, stabilimenti balneari, pensioni, trattorie, carrozze letto e simili.

Sezione III
Del deposito nei magazzini generali

1787. Responsabilità dei magazzini generali. – I magazzini generali sono responsabili della conservazione delle merci depositate, a meno che si provi che la perdita, il calo (1695) o l'avaria è derivata da caso fortuito, dalla natura delle merci ovvero da vizi di esse o dell'imballaggio (1218).

1788. Diritti del depositante. – Il depositante ha diritto d'ispezionare le merci depositate e di ritirare i campioni d'uso (1793^3).

1789. Vendita delle cose depositate. – I magazzini generali, previo avviso al depositante, possono procedere alla vendita delle merci, quando, al termine del contratto, le merci non sono ritirate e non è rinnovato il deposito, ovvero, trattandosi di deposito a tempo indeterminato, quando è decorso un anno dalla data del deposito, e in ogni caso quando le merci sono minacciate di deperimento. Per la vendita si osservano le modalità stabilite dall'art. 1515.

Il ricavato della vendita, dedotte le spese e quanto altro spetta ai magazzini generali, deve essere tenuto a disposizione degli aventi diritto (83 att.).

1790. Fede di deposito. – I magazzini generali, a richiesta del depositante, devono rilasciare una fede di deposito delle merci depositate (1996).

La fede di deposito deve indicare:

1) il cognome e il nome o la ditta (2563 ss.) e il domicilio (43) del depositante;

2) il luogo del deposito;

3) la natura e la quantità delle cose depositate e gli altri estremi atti a individuarle;

4) se per la merce sono stati pagati i diritti doganali e se essa è stata assicurata.

1791. Nota di pegno. – Alla fede di deposito è unita la nota di pegno, sulla quale sono ripetute le indicazioni richieste dall'articolo precedente.

La fede di deposito e la nota di pegno devono essere staccate da un unico registro a matrice, da conservarsi presso i magazzini.

1792. Intestazione e circolazione dei titoli. – La fede di deposito e la nota di pegno possono intestarsi al nome del depositante o di un terzo da questo designato, e sono trasferibili, sia congiuntamente sia separatamente, mediante girata (2009).

1793. Diritti del possessore. – Il possessore della fede di deposito (1790) unita alla nota di pegno (1791) ha diritto alla riconsegna delle cose depositate (1777, 1996); egli ha altresì diritto di richiedere che, a sue spese, le cose depositate siano divise in più partite e che per ogni partita gli sia rilasciata una fede di deposito distinta con la nota di pegno in sostituzione del titolo complessivo (2000).

Il possessore della sola nota di pegno ha diritto di pegno sulle cose depositate (2784).

Il possessore della sola fede di deposito non ha diritto alla riconsegna delle cose depositate, se non osserva le condizioni indicate dall'art. 1795; egli può valersi della facoltà concessa dall'art. 1788.

1794. Prima girata della nota di pegno. – La prima girata (1792, 2009) della sola nota di pegno deve indicare l'ammontare del credito e degli interessi (1282) nonché la scadenza. La girata corredata delle dette indicazioni deve essere trascritta sulla fede di deposito e controfirmata dal giratario.

La girata della nota di pegno che non indica l'ammontare del credito (2787[3]) vincola, a favore del possessore di buona fede, tutto il valore delle cose depositate (1147, 1994). Rimane tuttavia salva al titolare o al terzo possessore della fede di deposito, che abbia pagato una somma non dovuta, l'azione di rivalsa nei confronti del diretto contraente e del possessore di mala fede della nota di pegno (2033).

1795. Diritti del possessore della sola fede di deposito. – Il possessore della sola fede di deposito (1790, 1793) può ritirare le cose depositate anche prima della scadenza del debito per cui furono costituite in pegno, depositando presso i magazzini generali la somma dovuta alla scadenza al creditore pignoratizio (1771).

Sotto la responsabilità dei magazzini generali, quando si tratta di merci fungibili, il possessore della sola fede di deposito (1790, 1793) può ritirare anche parte delle merci, depositando presso i magazzini generali una somma proporzionale all'ammontare del debito garantito dalla nota di pegno e alla quantità delle merci ritirate.

1796. Diritti del possessore della nota di pegno insoddisfatto. – Il possessore della nota di pegno (1791), che non sia stato soddisfatto alla scadenza e che abbia levato il protesto a norma della legge cambiaria, può far vendere le cose depositate in conformità dell'art. 1515, decorsi otto giorni da quello della scadenza (53^2 l. fall.).

Il girante che ha pagato volontariamente il possessore della nota di pegno è surrogato nei diritti di questo (1203), e può procedere alla vendita delle cose depositate decorsi otto giorni dalla scadenza (1515; 83 att.).

1797. Azione nei confronti dei giranti. – Il possessore della nota di pegno non può agire contro il girante, se prima non ha proceduto alla vendita del pegno (1796).

I termini per esercitare l'azione di regresso contro i giranti sono quelli stabiliti dalla legge cambiaria e decorrono dal giorno in cui è avvenuta la vendita delle cose depositate.

Il possessore della nota di pegno decade (2964) dall'azione di regresso contro i giranti, se alla scadenza non leva il protesto o se, entro quindici giorni dal protesto, non fa istanza per la vendita delle cose depositate.

Egli conserva tuttavia l'azione contro i giranti della fede di deposito e contro il debitore. Quest'azione si prescrive in tre anni (2934 ss.).

Capo XIII
Del sequestro convenzionale

1798. Nozione. – Il sequestro convenzionale è il contratto col quale due o più persone affidano a un terzo una cosa o una pluralità di cose, rispetto alla quale sia nata tra esse controversia, perchè la custodisca e la restituisca a quella a cui spetterà quando la controversia sarà definita (1773, 2906; 670 c.p.c.).

1799. Obblighi, diritti e poteri del sequestratario. – Gli obblighi, i diritti e i poteri del sequestratario sono determinati dal contratto; in mancanza, si osservano le disposizioni seguenti.

1800. Conservazione e alienazione dell'oggetto del sequestro. – Il sequestratario, per la custodia delle cose affidategli, è soggetto alle norme del deposito (1766 ss.).

Se vi è imminente pericolo di perdita o di grave deterioramento delle cose mobili affidategli, il sequestratario può alienarle, dandone pronta notizia agli interessati.

Qualora la natura delle cose lo richieda, egli ha pure l'obbligo di amministrarle. In questo caso si applicano le norme del mandato (1703 ss.).

Il sequestratario non può consentire locazioni per durata superiore a quella stabilita per le locazioni a tempo indeterminato (1573, 1574).

1801. Liberazione del sequestratario. – Prima che la controversia sia definita, il sequestratario non può essere liberato che per accordo delle parti o per giusti motivi.

1802. Compenso e rimborso delle spese al sequestratario. – Il sequestratario ha diritto a compenso (1767), se non si è pattuito diversamente. Egli ha pure diritto al rimborso delle spese e di ogni altra erogazione fatta per la conservazione e per l'amministrazione della cosa (1719, 1781, 2761).

Capo XIV
Del comodato

1803. (1) **Nozione.** – Il comodato è il contratto col quale una parte consegna all'altra una cosa mobile o immobile, affinché se ne serva per un tempo o per un uso determinato, con l'obbligo di restituire la stessa cosa ricevuta (1809, 1810).

Il comodato è essenzialmente gratuito.

(1) *A norma dell'art. 93, comma 1 ter, c.s., nell'ipotesi di veicolo (autoveicolo, motoveicolo e rimorchio, nonché di ciclomotore in quanto veicoli certificati, registrati e targati), concesso in comodato a un soggetto residente in Italia e legato con rapporto di lavoro o di collaborazione con un'impresa costituita in un altro Stato membro UE o SEE che non abbia in Italia una sede secondaria o altra sede effettiva, per circolare deve avere a bordo un documento, sottoscritto dall'intestatario del veicolo stesso e recante data certa, dal quale risultano il titolo e la durata della disponibilità del veicolo medesimo.*

1804. Obbligazioni del comodatario. – Il comodatario è tenuto a custodire (1770) e a conservare la cosa con la diligenza del buon padre di famiglia (1176, 1177). Egli non può servirsene che per l'uso determinato dal contratto o dalla natura della cosa (1805²).

Non può concedere a un terzo il godimento della cosa senza il consenso del comodante (1770).

Se il comodatario non adempie gli obblighi suddetti, il comodante può chiedere l'immediata restituzione della cosa, oltre al risarcimento del danno (1223).

1805. Perimento della cosa. – Il comodatario è responsabile se la cosa perisce per un caso fortuito a cui poteva sottrarla sostituendola con la cosa propria, o se, potendo salvare una delle due cose, ha preferito la propria.

Il comodatario che impiega la cosa per un uso diverso o per un tempo più lungo di quello a lui consentito, è responsabile della perdita avvenuta per causa a lui non imputabile, qualora non provi che la cosa sarebbe perita anche se non l'avesse impiegata per l'uso diverso o l'avesse restituita a tempo debito (1221, 1804).

1806. Stima. – Se la cosa è stata stimata al tempo del contratto, il suo perimento è a carico del comodatario, anche se avvenuto per causa a lui non imputabile.

1807. Deterioramento per effetto dell'uso. – Se la cosa si deteriora per solo effetto dell'uso per cui è stata consegnata e senza colpa del comodatario, questi non risponde del deterioramento (1590[3], 1609, 2281).

1808. Spese per l'uso della cosa e spese straordinarie. – Il comodatario non ha diritto al rimborso delle spese sostenute per servirsi della cosa.

Egli però ha diritto di essere rimborsato delle spese straordinarie sostenute per la conservazione della cosa, se queste erano necessarie e urgenti (2756, 2778 n. 4).

1809. Restituzione. – Il comodatario è obbligato a restituire la cosa alla scadenza del termine convenuto (1246, n. 2) o, in mancanza di termine, quando se ne è servito in conformità del contratto (1803[1], 1810).

Se però, durante il termine convenuto o prima che il comodatario abbia cessato di servirsi della cosa, sopravviene un urgente e impreveduto bisogno al comodante, questi può esigerne la restituzione immediata (79 l. fall.).

1810. Comodato senza determinazione di durata. – Se non è stato convenuto un termine né questo risulta dall'uso a cui la cosa doveva essere destinata (1803[1], 1809), il comodatario è tenuto a restituirla non appena il comodante la richiede (1183).

1811. Morte del comodatario. – In caso di morte del comodatario, il comodante, benché sia stato convenuto un termine (1809), può esigere dagli eredi l'immediata restituzione della cosa (1833).

1812. Danni al comodatario per vizi della cosa. – Se la cosa comodata ha vizi tali che rechino danno a chi se ne serve, il comodante è tenuto al risarcimento (1223) qualora, conoscendo i vizi della cosa, non ne abbia avvertito il comodatario.

Capo XV
Del mutuo

1813. Nozione. – Il mutuo è il contratto col quale una parte consegna all'altra una determinata quantità di danaro o di altre cose fungibili, e l'altra si obbliga a restituire altrettante cose della stessa specie e qualità (1782, 2766).

1814. Trasferimento della proprietà. – Le cose date a mutuo passano in proprietà del mutuatario (1782).

1815. Interessi. – Salvo diversa volontà delle parti, il mutuatario deve corrispondere gli interessi al mutuante (1282, 1820). Per la determinazione degli interessi si osservano le disposizioni dell'art. 1284.

Se sono convenuti interessi usurari (644, 649 c.p.), la clausola è nulla e non sono dovuti interessi [1].

[1] *Ai sensi dell'art. 1 del D.L. 29 dicembre 2000, n. 394, convertito, con modificazioni, nella L. 28 febbraio 2001, n. 24, si intendono usurari gli interessi che superano il limite stabilito dalla legge nel momento in cui essi sono promessi o comunque convenuti, a qualunque titolo, indipendentemente dal momento del loro pagamento.*

1816. Termine per la restituzione fissato dalle parti. – Il termine per la restituzione si presume stipulato a favore di entrambe le parti e, se il mutuo è a titolo gratuito, a favore del mutuatario (1184).

1817. Termine per la restituzione fissato dal giudice. – Se non è fissato un termine per la restituzione, questo è stabilito dal giudice, avuto riguardo alle circostanze.

Se è stato convenuto che il mutuatario paghi solo quando potrà, il termine per il pagamento è pure fissato dal giudice (1183).

1818. Impossibilità o notevole difficoltà di restituzione. – Se sono state mutuate cose diverse dal danaro, e la restituzione è divenuta impossibile o notevolmente difficile per causa non imputabile al debitore, questi è tenuto a pagarne il valore, avuto riguardo al tempo e al luogo in cui la restituzione si doveva eseguire (1256).

1819. Restituzione rateale. – Se è stata convenuta la restituzione rateale delle cose mutuate e il mutuatario non adempie l'obbligo del pagamento anche di una sola rata, il mutuante può chiedere, secondo le circostanze, l'immediata restituzione dell'intero (1186, 1455, 1804, 1820).

1820. Mancato pagamento degli interessi. – Se il mutuatario non adempie l'obbligo del pagamento degli interessi (1815), il mutuante può chiedere la risoluzione del contratto (1453 ss.).

1821. Danni al mutuatario per vizi delle cose. – Il mutuante è responsabile del danno cagionato al mutuatario per i vizi delle cose date a prestito, se non prova di averli ignorati senza colpa (1812).

Se il mutuo è gratuito, il mutuante è responsabile solo nel caso in cui, conoscendo i vizi, non ne abbia avvertito il mutuatario.

1822. Promessa di mutuo. – Chi ha promesso di dare a mutuo (1351) può rifiutare l'adempimento della sua obbligazione, se le condizioni patrimoniali dell'altro contraente sono divenute tali da rendere notevolmente difficile la restituzione, e non gli sono offerte idonee garanzie (1186, 1461).

Capo XVI
Del conto corrente

1823. Nozione. – Il conto corrente è il contratto col quale le parti si obbligano ad annotare in un conto i crediti derivanti da reciproche rimesse, considerandoli inesigibili e indisponibili fino alla chiusura del conto (1231).

Il saldo del conto è esigibile alla scadenza stabilita (1831). Se non è richiesto il pagamento, il saldo si considera quale prima rimessa di un nuovo conto e il contratto s'intende rinnovato a tempo indeterminato (1833, 1852; 78 l. fall.).

1824. Crediti esclusi dal conto corrente. – Sono esclusi dal conto corrente i crediti che non sono suscettibili di compensazione (1243[1], 1246).

Qualora il contratto intervenga tra imprenditori (2082), s'intendono esclusi dal conto i crediti estranei alle rispettive imprese.

1825. Interessi. – Sulle rimesse decorrono gli interessi (1282[1]) nella misura stabilita dal contratto o dagli usi ovvero, in mancanza, in quella legale (1284).

1826. Spese e diritti di commissione. – L'esistenza del conto corrente non esclude i diritti di commissione (1731) e il rimborso delle spese per le operazioni che danno luogo alle rimesse. Tali diritti sono inclusi nel conto, salvo convenzione contraria (1857).

1827. Effetti dell'inclusione nel conto. – L'inclusione di un credito nel conto corrente non esclude l'esercizio delle azioni ed eccezioni relative all'atto da cui il credito deriva.

Se l'atto è dichiarato nullo (1418 ss.), annullato (1425 ss.), rescisso (1447 ss.) o risoluto (1453 ss.), la relativa partita si elimina dal conto.

1828. Efficacia della garanzia dei crediti iscritti. – Se il credito incluso nel conto è assistito da una garanzia reale (1960, 2784, 2808) o personale (1936), il correntista ha diritto di valersi della garanzia per il saldo esistente a suo favore alla chiusura del conto e fino alla concorrenza del credito garantito (1193, 1249).

La stessa disposizione si applica se per il credito esiste un coobbligato solidale (1292).

1829. Crediti verso terzi. – Se non risulta una diversa volontà delle parti, l'inclusione nel conto di un credito verso un terzo si presume fatta con la clausola «salvo incasso». In tal caso, se il credito non è soddisfatto, il ricevente ha la scelta di agire per la riscossione o di eliminare la partita dal conto reintegrando nelle sue ragioni colui che ha fatto la rimessa. Può eliminare la partita dal conto anche dopo avere infruttuosamente esercitato le azioni contro il debitore (1267, 1857).

1830. Sequestro o pignoramento del saldo. – Se il creditore di un correntista ha sequestrato (2905; 670 ss. c.p.c.) o pignorato (2917; 543 ss. c.p.c.) l'eventuale saldo del conto spettante al suo debitore, l'altro correntista non può, con nuove rimesse, pregiudicare le ragioni del creditore (1250, 2917). Non si considerano nuove rimesse quelle fatte in dipendenza di diritti sorti prima del sequestro o del pignoramento.

Il correntista presso cui è stato eseguito il sequestro o il pignoramento deve darne notizia all'altro. Ciascuno di essi può recedere dal contratto (1373, 1833; 546, 670 c.p.c.).

1831. Chiusura del conto. – La chiusura del conto con la liquidazione del saldo è fatta alle scadenze stabilite dal contratto o dagli usi e, in mancanza, al termine di ogni semestre, computabile dalla data del contratto (1823, 1833[3]).

1832. Approvazione del conto. – L'estratto conto trasmesso da un correntista all'altro s'intende approvato, se non è contestato nel termine pattuito o in quello usuale, o altrimenti nel termine che può ritenersi congruo secondo le circostanze.

L'approvazione del conto non preclude il diritto di impugnarlo per errori di scritturazione o di calcolo, per omissioni o per duplicazioni (2162[4]; 266 c.p.c.). L'impugnazione deve essere proposta, sotto pena di decadenza (2964), entro sei mesi dalla data di ricezione (1335) dell'estratto conto relativo alla liquidazione di chiusura, che deve essere spedito per mezzo di raccomandata (1857).

1833. Recesso dal contratto. – Se il contratto è a tempo indeterminato (1823), ciascuna delle parti può recedere dal contratto (1373, 1831) a ogni chiusura del conto, dandone preavviso almeno dieci giorni prima.

In caso d'interdizione (414 ss.), d'inabilitazione (415), d'insolvenza (78 l. fall.) o di morte di una delle parti, ciascuna di queste o gli eredi hanno diritto di recedere dal contratto (1811).

Lo scioglimento del contratto impedisce l'inclusione nel conto di nuove partite, ma il pagamento del saldo non può richiedersi che alla scadenza del periodo stabilito dall'articolo 1831.

Capo XVII
Dei contratti bancari

Sezione I
Dei depositi bancari

1834. Depositi di danaro. – Nei depositi di una somma di danaro (1782) presso una banca (1852, 2195, n. 4), questa ne acquista la proprietà ed è obbligata a restituirla nella stessa specie monetaria (1277, 1280), alla scadenza del termine convenuto ovvero a richiesta del depositante (1183, 1771[1]), con l'osservanza del periodo di preavviso stabilito dalle parti o dagli usi.

Salvo patto contrario, i versamenti e i prelevamenti si eseguono alla sede della banca presso la quale si è costituito il rapporto (1182, 1843[2]).

1835. Libretto di deposito a risparmio. – Se la banca rilascia un libretto di deposito a risparmio, i versamenti e i prelevamenti si devono annotare sul libretto.

Le annotazioni sul libretto, firmate dall'impiegato della banca che appare addetto al servizio (2210), fanno piena prova nei rapporti tra banca e depositante (2702).

È nullo (1419) ogni patto contrario.

1836. Legittimazione del possessore. – Se il libretto di deposito è pagabile al portatore, la banca che senza dolo o colpa grave adempie la prestazione nei confronti del possessore è liberata, anche se questi non è il depositante (1189, 1396, 1777, 1992, 2003).

La stessa disposizione si applica nel caso in cui il libretto di deposito pagabile al portatore sia intestato al nome di una determinata persona o in altro modo contrassegnato.

Sono salve le disposizioni delle leggi speciali.

1837. [**Libretti in favore di minori.** – (*Omissis*)] ([1]).

([1]) *Articolo abrogato dall'art. 11 della L. 8 marzo 1975, n. 39, attribuzione della maggiore età.*

1838. Deposito di titoli in amministrazione. – La banca che assume il deposito di titoli in amministrazione deve custodire i titoli, esigerne gli interessi o i dividendi, verificare i sorteggi per l'attribuzione di premi o per il rimborso di capitale, curare le riscossioni per conto del depositante, e in generale provvedere alla tutela dei diritti inerenti ai titoli. Le somme riscosse devono essere accreditate al depositante.

Se per i titoli depositati si deve provvedere al versamento di decimi (2329[2]) o si deve esercitare un diritto di opzione, la banca deve chiedere in tempo utile istruzioni al depositante e deve eseguirle, qualora abbia ricevuto i fondi all'uopo occorrenti. In mancanza d'istruzioni, i diritti di opzione (1532, 2441), devono essere venduti per conto del depositante a mezzo di un agente di cambio.

Alla banca spetta un compenso nella misura stabilita dalla convenzione o dagli usi, nonché il rimborso delle spese necessarie da essa fatte (1848).

È nullo il patto col quale si esonera la banca dall'osservare, nell'amministrazione dei titoli, l'ordinaria diligenza (1176, 1229).

Sezione II
Del servizio bancario delle cassette di sicurezza

1839. Cassette di sicurezza. – Nel servizio delle cassette di sicurezza, la banca risponde verso l'utente per l'idoneità e la custodia dei locali e per l'integrità della cassetta, salvo il caso fortuito.

1840. Apertura della cassetta. – Se la cassetta è intestata a più persone, l'apertura di essa è consentita singolarmente a ciascuno degli intestatari, salvo diversa pattuizione (1292, 1314, 1317).

In caso di morte dell'intestatario o di uno degli intestatari, la banca che ne abbia ricevuto comunicazione non può consentire l'apertura della cassetta se non con l'accordo di tutti gli aventi diritto o secondo le modalità stabilite dall'autorità giudiziaria (1772).

1841. Apertura forzata della cassetta. – Quando il contratto è scaduto, la banca, previa intimazione all'intestatario e decorsi sei mesi dalla data della medesima, può chiedere al tribunale l'autorizzazione ad aprire la cassetta. L'intimazione può farsi anche mediante raccomandata con avviso di ricevimento.

L'apertura si esegue con l'assistenza di un notaio all'uopo designato e con le cautele che il tribunale ritiene opportune.

Il tribunale può dare le disposizioni necessarie per la conservazione degli oggetti rinvenuti e può ordinare la vendita di quella parte di essi che occorra al soddisfacimento di quanto è dovuto alla banca per canoni e spese.

Sezione III
Dell'apertura di credito bancario

1842. Nozione. – L'apertura di credito bancario è il contratto col quale la banca si obbliga a tenere a disposizione dell'altra parte una somma di danaro per un dato periodo di tempo o a tempo indeterminato.

1843. Utilizzazione del credito. – Se non è convenuto altrimenti, l'accreditato può utilizzare in più volte il credito, secondo le forme di uso, e può con successivi versamenti ripristinare la sua disponibilità (1852).

Salvo patto contrario, i prelevamenti e i versamenti si eseguono presso la sede della banca dove è costituito il rapporto (1182, 1834[2]).

1844. Garanzia. – Se per l'apertura di credito è data una garanzia reale (1960, 2784, 2808) o personale (1936), questa non si estingue prima della fine del rapporto per il solo fatto che l'accreditato cessa di essere debitore della banca (1938, 2852).

Se la garanzia diviene insufficiente, la banca può chiedere un supplemento di garanzia o la sostituzione del garante (1850, 2743). Se l'accreditato non ottempera alla richiesta, la banca può ridurre il credito (1461) proporzionalmente al diminuito valore della garanzia o recedere (1373) dal contratto.

1845. Recesso dal contratto. – Salvo patto contrario, la banca non può recedere dal contratto prima della scadenza del termine, se non per giusta causa.

Il recesso sospende immediatamente (1334) l'utilizzazione del credito, ma la banca deve concedere un termine di almeno quindici giorni per la restituzione delle somme utilizzate e dei relativi accessori.

Se l'apertura di credito è a tempo indeterminato, ciascuna delle parti può recedere dal contratto, mediante preavviso nel termine stabilito dal contratto, dagli usi o, in mancanza, in quello di quindici giorni.

Sezione IV
Dell'anticipazione bancaria

1846. Disponibilità delle cose date in pegno. – Nell'anticipazione bancaria su pegno di titoli o di merci, la banca non può disporre delle cose ricevute in pegno (2784, 2790, 2792), se ha rilasciato un documento nel quale le cose stesse sono individuate (1851). Il patto contrario deve essere provato per iscritto (2725).

1847. Assicurazione delle merci. – La banca deve provvedere per conto del contraente all'assicurazione delle merci date in pegno (1891), se, per la natura, il valore (1474²) o l'ubicazione di esse, l'assicurazione risponde alle cautele d'uso (2790).

1848. Spese di custodia. – La banca, oltre al corrispettivo dovutole, ha diritto al rimborso delle spese (1838³) occorse per la custodia delle merci e dei titoli, salvo che ne abbia acquistato la disponibilità (1846, 1851).

1849. Ritiro dei titoli o delle merci. – Il contraente, anche prima della scadenza del contratto, può ritirare in parte i titoli o le merci dati in pegno (2799), previo rimborso proporzionale delle somme anticipate e delle altre somme spettanti alla banca secondo la disposizione dell'articolo precedente, salvo che il credito residuo risulti insufficientemente garantito (1850).

1850. Diminuzione della garanzia. – Se il valore della garanzia diminuisce almeno di un decimo rispetto a quello che era al tempo del contratto, la banca può chiedere al debitore un supplemento di garanzia nei termini d'uso, con la diffida che, in mancanza, si procederà alla vendita dei titoli o delle merci dati in pegno (1844², 1867, n. 2, 1943², 2743). Se il debitore non ottempera alla richiesta, la banca può procedere alla vendita a norma del secondo e quarto comma dell'art. 2797.

La banca ha diritto al rimborso immediato del residuo non soddisfatto col ricavato della vendita.

1851. Pegno irregolare a garanzia di anticipazione. – Se, a garanzia di uno o più crediti, sono vincolati depositi di danaro, merci o titoli che non siano stati individuati o per i quali sia stata conferita alla banca la facoltà di disporre, la banca deve restituire solo la somma o la parte delle merci o dei titoli che eccedono l'ammontare dei crediti garantiti. L'eccedenza è determinata in relazione al valore delle merci o dei titoli al tempo della scadenza dei crediti (1846, 1848).

Sezione V
Delle operazioni bancarie
in conto corrente

1852. Disposizione da parte del correntista. – Qualora il deposito (1834), l'apertura di credito (1842) o altre operazioni bancarie siano regolate in conto corrente (1823), il correntista può disporre in qualsiasi momento delle somme risultanti a suo credito, salva l'osservanza del termine di preavviso eventualmente pattuito.

1853. Compensazione tra i saldi di più rapporti o più conti. – Se tra la banca e il correntista esistono più rapporti o più conti, ancorché in monete differenti (1277 ss.), i saldi attivi e passivi si compensano (1241) reciprocamente, salvo patto contrario (1246, nn. 2 e 4).

1854. Conto corrente intestato a più persone. – Nel caso in cui il conto sia intestato a più persone, con facoltà per le medesime di compiere operazioni anche separatamente, gli intestatari sono considerati creditori o debitori in solido dei saldi del conto (1292 ss.).

1855. Operazione a tempo indeterminato. – Se l'operazione regolata in conto corrente è a tempo indeterminato, ciascuna delle parti può recedere dal contratto (1373, 1833), dandone preavviso nel termine stabilito dagli usi o, in mancanza, entro quindici giorni.

1856. Esecuzione d'incarichi. – La banca risponde secondo le regole del mandato (1710 ss.) per l'esecuzione d'incarichi ricevuti dal correntista o da altro cliente.

Se l'incarico deve eseguirsi su una piazza dove non esistono filiali della banca, questa può incaricare dell'esecuzione un'altra banca o un suo corrispondente (1717).

1857. Norme applicabili. – Alle operazioni regolate in conto corrente si applicano le norme degli articoli 1826, 1829 e 1832.

Sezione VI
Dello sconto bancario

1858. Nozione. – Lo sconto è il contratto col quale la banca, previa deduzione dell'interesse, anticipa al cliente l'importo di un credito verso terzi non ancora scaduto, mediante la cessione, salvo buon fine, del credito stesso (1260 ss.).

1859. Sconto di cambiali. – Se lo sconto avviene mediante girata (2009) di cambiale o di assegno bancario, la banca, nel caso di mancato pagamento, oltre ai diritti derivanti dal titolo, ha anche il diritto alla restituzione della somma anticipata.

Sono salve le norme delle leggi speciali relative alla cessione della provvista nello sconto di tratte non accettate o munite di clausole «senza accettazione».

1860. Sconto di tratte documentate. – La banca che ha scontato tratte documentate ha sulla merce lo stesso privilegio del mandatario (2761) finché il titolo rappresentativo (1527, 1530, 1996) è in suo possesso.

Capo XVIII
Della rendita perpetua

1861. Nozione. – Col contratto di rendita (820^3) perpetua una parte conferisce all'altra il diritto di esigere in perpetuo la prestazione periodica (2948, n. 1) di una somma di danaro o di una certa quantità di altre cose fungibili, quale corrispettivo dell'alienazione di un immobile (2817, n. 1) o della cessione di un capitale (1350, n. 10, 1863).

La rendita perpetua può essere costituita anche quale onere dell'alienazione gratuita di un immobile o della cessione gratuita di un capitale.

1862. Norme applicabili. – L'alienazione dell'immobile, se fatta a titolo oneroso, è soggetta alle norme stabilite per la vendita (1470 ss.).

L'alienazione o la cessione fatta a titolo gratuito è soggetta alle norme stabilite per la donazione (769 ss.).

1863. Rendita fondiaria e rendita semplice. – È fondiaria la rendita costituita mediante alienazione di un immobile (2817, n. 1). È semplice quella costituita mediante cessione di un capitale (668).

1864. Garanzia della rendita semplice. – La rendita semplice deve essere garantita con ipoteca (2808) sopra un immobile (2827); altrimenti il capitale è ripetibile (1869).

1865. Diritto di riscatto della rendita perpetua. – La rendita perpetua è redimibile (699, 753) a volontà del debitore, nonostante qualunque convenzione contraria (1879).

Le parti possono tuttavia convenire che il riscatto non possa eseguirsi durante la vita del beneficiario o prima di un certo termine, il quale non può eccedere i dieci anni nella rendita semplice e i trenta anni nella rendita fondiaria.

Può anche stipularsi che il debitore non esegua il riscatto senza averne dato preavviso al beneficiario. Il termine di preavviso non può eccedere l'anno.

Se sono convenuti termini più lunghi, essi si riducono nei limiti sopra stabiliti (1339, 1869).

1866. Esercizio del riscatto. – Il riscatto della rendita semplice e della rendita fondiaria si effettua mediante il pagamento della somma che risulta dalla capitalizzazione della rendita annua sulla base dell'interesse legale (753, 1284; 60 l. fall.).

Le modalità del riscatto sono stabilite dalle leggi speciali.

1867. Riscatto forzoso. – Il debitore di una rendita perpetua può essere costretto al riscatto (1458[1]):

1) se è in mora nel pagamento di due annualità di rendita (1219 ss., 2948, n. 1);

2) se non ha dato al creditore le garanzie promesse, o se, venendo a mancare quelle già date, non ne sostituisce altre di uguale sicurezza (1186, 1461, 1877);

3) se, per effetto di alienazione (769, 1470) o di divisione (713), il fondo su cui è garantita la rendita (1864) è diviso fra più di tre persone.

1868. Riscatto per insolvenza del debitore. – Si fa pure luogo al riscatto della rendita nel caso d'insolvenza del debitore, salvo che, essendo stato alienato il fondo su cui era garantita la rendita, l'acquirente se ne sia assunto il debito o si dichiari pronto ad assumerlo (1869).

1869. Altre prestazioni perpetue. – Le disposizioni degli articoli 1864, 1865, 1866, 1867 e 1868 si applicano a ogni altra annua prestazione perpetua costituita a qualsiasi titolo, anche per atto di ultima volontà.

1870. Ricognizione. – Il debitore della rendita o di ogni altra prestazione annua che debba o possa durare oltre i dieci anni deve fornire a proprie spese al titolare, se questi lo richiede, un nuovo documento (2720), trascorsi nove anni dalla data del precedente (1988, 2944, 2966).

1871. Rendite dello Stato. – Le disposizioni di questo capo non si applicano alle rendite emesse dallo Stato.

Capo XIX
Della rendita vitalizia

1872. Modi di costituzione. – La rendita vitalizia può essere costituita (1350, n. 10) a titolo oneroso, mediante alienazione di un bene mobile o immobile o mediante cessione di capitale (1861, 2057).

La rendita vitalizia può essere costituita anche per donazione (769, 782) o per testamento (587, 698), e in questo caso si osservano le norme stabilite dalla legge per tali atti (2948).

1873. Determinazione della durata. – La rendita vitalizia può costituirsi per la durata della vita del beneficiario o di altra persona.

Essa può costituirsi anche per la durata della vita di più persone.

1874. Costituzione a favore di più persone. – Se la rendita è costituita a favore di più persone, la parte spettante al creditore premorto si accresce a favore degli altri, salvo patto contrario (674 ss.).

1875. Costituzione a favore di un terzo. – La rendita vitalizia costituita a favore di un terzo (1411 ss.), quantunque importi per questo una liberalità, non richiede le forme stabilite per la donazione (782, 809).

1876. Rendita costituita su persone già defunte. – Il contratto è nullo (1418), se la rendita è costituita per la durata della vita di persona che, al tempo del contratto, aveva già cessato di vivere (1325, n. 2).

1877. Risoluzione del contratto di vitalizio oneroso. – Il creditore di una rendita vitalizia costituita a titolo oneroso può chiedere la risoluzione del contratto (1453), se il promittente non gli dà o diminuisce le garanzie pattuite (1461, 1867, n. 2, 2743).

1878. Mancanza di pagamento delle rate scadute. – In caso di mancato pagamento delle rate di rendita scadute (2948, n. 1), il creditore della rendita, anche se è lo stesso stipulante, non può domandare la risoluzione del contratto (1453, 1455), ma può far sequestrare (670 c.p.c.) e vendere (501 c.p.c.) i beni del suo debitore affinché col ricavato della vendita si faccia l'impiego di una somma sufficiente ad assicurare il pagamento della rendita (60^2 l. fall.).

1879. Divieto di riscatto e onerosità sopravvenuta. – Il debitore della rendita, salvo patto contrario, non può liberarsi dal pagamento della rendita stessa offrendo il rimborso del capitale, anche se rinunzia alla ripetizione delle annualità pagate (1865 ss.).

Egli è tenuto a pagare la rendita per tutto il tempo per il quale è stata costituita, per quanto gravosa sia divenuta la sua prestazione (1467).

1880. Modalità del pagamento della rendita. – La rendita vitalizia costituita mediante contratto è dovuta al creditore in proporzione del numero dei giorni vissuti da colui sulla vita del quale è costituita (820[3], 821[3]).

Se però è stato convenuto di pagarla a rate anticipate, ciascuna rata si acquista dal giorno in cui è scaduta (1282, 2948, n. 1).

1881. Sequestro o pignoramento della rendita. – Quando la rendita vitalizia è costituita a titolo gratuito (1872), si può disporre che essa non sia soggetta a pignoramento (545 c.p.c.) o a sequestro (670 c.p.c.) entro i limiti del bisogno alimentare del creditore (438, 1246, n. 3, 1878).

Capo XX
Dell'assicurazione

Sezione I
Disposizioni generali

1882. Nozione. – L'assicurazione è il contratto col quale l'assicuratore, verso il pagamento di un premio (1901, 2952), si obbliga a rivalere l'assicurato, entro i limiti convenuti, del danno ad esso prodotto da un sinistro (1904 ss.), ovvero a pagare un capitale o una rendita (1872) al verificarsi di un evento attinente alla vita umana.

1883. Esercizio delle assicurazioni. – L'impresa di assicurazione (2195) non può essere esercitata che da un istituto di diritto pubblico o da una società per azioni (2325, 2546) e con l'osservanza delle norme stabilite dalle leggi speciali.

1884. Assicurazioni mutue. – Le assicurazioni mutue sono disciplinate dalle norme del presente capo, in quanto compatibili con la specialità del rapporto (2546 ss.).

1885. Assicurazioni contro i rischi della navigazione. – Le assicurazioni contro i rischi della navigazione sono disciplinate dalle norme del presente capo per quanto non è regolato dal codice della navigazione (514 ss., 935, 936, 941, 996 ss., c.n.).

1886. Assicurazioni sociali. – Le assicurazioni sociali sono disciplinate dalle leggi speciali. In mancanza si applicano le norme del presente capo.

1887. Efficacia della proposta. – La proposta scritta diretta all'assicuratore rimane ferma (1329) per il termine di quindici giorni, o di trenta giorni quando occorre una visita medica (2964). Il termine decorre dalla data della consegna o della spedizione della proposta (1932).

1888. Prova del contratto. – Il contratto di assicurazione deve essere provato per iscritto (2725).

L'assicuratore è obbligato a rilasciare al contraente la polizza di assicurazione o altro documento da lui sottoscritto.

L'assicuratore è anche tenuto a rilasciare, a richiesta e a spese del contraente, duplicati o copie della polizza; ma in tal caso può esigere la presentazione o la restituzione dell'originale.

1889. Polizze all'ordine e al portatore. – Se la polizza di assicurazione è all'ordine o al portatore, il suo trasferimento importa trasferimento del credito verso l'assicuratore, con gli effetti della cessione (1260 ss., 1407, 1918[5], 2002, 2003, 2011).

Tuttavia l'assicuratore è liberato se senza dolo o colpa grave adempie la prestazione nei confronti del giratario o del portatore della polizza, anche se questi non è l'assicurato (1992).

In caso di smarrimento, furto o distruzione della polizza all'ordine, si applicano le disposizioni relative all'ammortamento dei titoli all'ordine (2016).

1890. Assicurazione in nome altrui. – Se il contraente stipula l'assicurazione in nome altrui senza averne il potere (1398), l'interessato può ratificare il contratto anche dopo la scadenza o il verificarsi del sinistro (1399, 1894, 2032).

Il contraente è tenuto personalmente ad osservare gli obblighi derivanti dal contratto fino al momento in cui l'assicuratore ha avuto notizia della ratifica o del rifiuto di questa (2031; 11 l. camb.; 14 l. ass.).

Egli deve all'assicuratore i premi del periodo in corso nel momento in cui l'assicuratore ha avuto notizia del rifiuto della ratifica (1892[3], 1901[3]).

1891. Assicurazione per conto altrui o per conto di chi spetta. – Se l'assicurazione è stipulata per conto altrui o per conto di chi spetta (1529, 1589, 1739[2], 1847), il contraente deve adempiere gli obblighi derivanti dal contratto, salvi quelli che per loro natura non possono essere adempiuti che dall'assicurato (1894).

I diritti derivanti dal contratto spettano all'assicurato, e il contraente, anche se in possesso della polizza, non può farli valere senza espresso consenso dell'assicurato medesimo.

All'assicurato sono opponibili le eccezioni che si possono opporre al contraente in dipendenza del contratto (1413, 1894).

Per il rimborso dei premi pagati all'assicuratore e delle spese del contratto, il contraente ha privilegio sulle somme dovute dall'assicuratore nello stesso grado dei crediti per spese di conservazione (2756, 2778).

1892. Dichiarazioni inesatte e reticenze con dolo o colpa grave. – Le dichiarazioni inesatte e le reticenze del contraente, relative a circostanze tali che l'assicuratore non avrebbe dato il suo consenso (1439) o non lo avrebbe dato alle medesime condizioni se avesse conosciuto il vero stato delle cose (1440), sono causa di annullamento (1441) del contratto quando il contraente ha agito con dolo o con colpa grave (1338, 1894, 1898, 1906).

L'assicuratore decade (2964 ss.) dal diritto d'impugnare il contratto se, entro tre mesi dal giorno in cui ha conosciuto l'inesattezza della dichiarazione o la reticenza, non dichiara al contraente di volere esercitare l'impugnazione (1893, 1898[2]).

L'assicuratore ha diritto ai premi relativi al periodo di assicurazione in corso al momento in cui ha domandato l'annullamento (1890[3], 1896, 1897, 1898[4], 1901[3], 1909, 1918[3], 1926[5]) e, in ogni caso, al premio convenuto per il primo anno. Se il sinistro si verifica prima che sia decorso il termine indicato dal comma precedente, egli non è tenuto a pagare la somma assicurata (1893[2], 1898[5]).

Se l'assicurazione riguarda più persone o più cose, il contratto è valido per quelle persone o per quelle cose alle quali non si riferisce la dichiarazione inesatta o la reticenza (1932, 2964).

1893. Dichiarazioni inesatte e reticenze senza dolo o colpa grave. – Se il contraente ha agito senza dolo o colpa grave, le dichiarazioni inesatte e le reticenze non sono causa di annullamento del contratto, ma l'assicuratore può recedere dal contratto stesso (1373, 1897, 1898[2], 1899, 1918[4], 1926[3]), mediante dichiarazione da farsi all'assicurato nei tre mesi dal giorno in cui ha conosciuto l'inesattezza della dichiarazione o la reticenza (1892[2], 1898[2], 2964 ss.).

Se il sinistro si verifica prima che l'inesattezza della dichiarazione o la reticenza sia conosciuta dall'assicuratore, o prima che questi abbia dichiarato di recedere dal contratto, la somma dovuta è ridotta in proporzione della differenza tra il premio convenuto e quello che sarebbe stato applicato se si fosse conosciuto il vero stato delle cose (1892[3], 1898[5], 1906[2], 1932).

1894. Assicurazione in nome o per conto di terzi. – Nelle assicurazioni in nome o per conto di terzi (1890, 1891), se questi hanno conoscenza dell'inesattezza delle dichiarazioni o delle reticenze relative al rischio, si applicano a favore dell'assicuratore le disposizioni degli articoli 1892 e 1893 (1391, 1932).

1895. Inesistenza del rischio. – Il contratto è nullo (1325, n. 2, 1418) se il rischio non è mai esistito o ha cessato di esistere prima della conclusione (1326) del contratto (1896, 1904; 514 c.n.).

1896. Cessazione del rischio durante l'assicurazione. – Il contratto si scioglie (1453) se il rischio cessa di esistere dopo la conclusione del contratto stesso (1326), ma l'assicuratore ha diritto al pagamento dei premi finché la cessazione del rischio non gli sia comunicata o non venga altrimenti a sua conoscenza (1918[2]). I premi relativi al periodo di assicurazione in corso al momento della comunicazione o della conoscenza sono dovuti per intero (1892[3], 1897, 1898[4], 1901[3], 1909, 1918[3], 1926[5]).

Qualora gli effetti dell'assicurazione debbano avere inizio in un momento posteriore alla conclusione del contratto (1326) e il rischio cessi nell'intervallo, l'assicuratore ha diritto al solo rimborso delle spese.

1897. Diminuzione del rischio. – Se il contraente comunica all'assicuratore mutamenti che producono una diminuzione del rischio tale che, se fosse stata conosciuta al momento della conclusione del contratto, avrebbe portato alla stipulazione di un premio minore, l'assicuratore, a decorrere dalla scadenza del premio o della rata di premio successiva alla comunicazione suddetta (1892[3], 1896), non può esigere che il minor premio, ma ha facoltà di recedere dal contratto entro due mesi dal giorno in cui è stata fatta la comunicazione.

La dichiarazione di recesso dal contratto ha effetto dopo un mese (1932).

1898. Aggravamento del rischio. – Il contraente ha l'obbligo di dare immediato avviso all'assicuratore dei mutamenti che aggravano il rischio in modo tale che, se il nuovo stato di cose fosse esistito e fosse stato conosciuto dall'assicuratore al momento della conclusione del contratto, l'assicuratore non avrebbe consentito l'assicurazione o l'avrebbe consentita per un premio più elevato (1892, 1926).

L'assicuratore può recedere dal contratto (1373, 1893, 1897, 1899, 1918[4], 1926[3]), dandone comunicazione per iscritto all'assicurato entro un mese dal giorno in cui ha ricevuto l'avviso o ha avuto in altro modo conoscenza dell'aggravamento del rischio (1892[2], 1893, 2964 ss.).

Il recesso dell'assicuratore ha effetto immediato se l'aggravamento è tale che l'assicuratore non avrebbe consentito l'assicurazione; ha effetto dopo quindici giorni, se l'aggravamento del rischio è tale che per l'assicurazione sarebbe stato richiesto un premio maggiore.

Spettano all'assicuratore i premi relativi al periodo di assicurazione in corso al momento in cui è comunicata la dichiarazione di recesso (1890[3], 1892[3], 1896, 1897, 1901[3], 1909, 1918[3], 1926[5]).

Se il sinistro si verifica prima che siano trascorsi i termini per la comunicazione e per l'efficacia del recesso, l'assicuratore non risponde qualora l'aggravamento del rischio sia tale che egli non avrebbe consentito l'assicurazione se il nuovo stato di cose fosse esistito al momento del contratto; altrimenti, la somma dovuta è ridotta, tenuto conto del rapporto tra il premio stabilito nel contratto e quello che sarebbe stato fissato se il maggior rischio fosse esistito al tempo del contratto stesso (1892[3], 1893[2], 1932; 82 l. fall.; 522 c.n.).

1899. Durata dell'assicurazione. – L'assicurazione ha effetto dalle ore ventiquattro del giorno della conclusione del contratto (1326) alle ore ventiquattro dell'ultimo giorno della durata stabilita nel contratto stesso. L'assicuratore, in alternativa ad una copertura di durata annuale, può proporre una copertura di durata poliennale a fronte di una riduzione del premio rispetto a quello previsto per la stessa copertura dal contratto annuale ([1]). In questo caso, se il contratto supera i cinque anni, l'assicurato, trascorso il quinquennio, ha facoltà di recedere dal contratto con preavviso di sessanta giorni e con effetto dalla fine dell'annualità nel corso della quale la facoltà di recesso è stata esercitata ([1]).

Il contratto può essere tacitamente prorogato una o più volte, ma ciascuna proroga tacita non può avere una durata superiore a due anni (1932).

Le norme del presente articolo non si applicano alle assicurazioni sulla vita (1919).

([1]) *L'originario secondo periodo di questo comma è stato da ultimo così sostituito dagli attuali secondo e terzo periodo dall'art. 21, comma 3, della L. 23 luglio 2009, n. 99. A norma dell'art. 21, comma 4, della medesima legge, tali disposizioni si applicano ai contratti stipulati successivamente alla data di entrata in vigore della presente legge.*

1900. Sinistri cagionati con dolo o con colpa grave dell'assicurato o dei dipendenti. – L'assicuratore non è obbligato per i sinistri cagionati da dolo o da colpa grave del contraente, dell'assicurato o del beneficiario, salvo patto contrario per i casi di colpa grave (1229, 1917).

L'assicuratore è obbligato per il sinistro cagionato da dolo o da colpa grave delle persone del fatto delle quali l'assicurato deve rispondere (2047, 2048, 2049; 524 c.n.).

Egli è obbligato altresì, nonostante patto contrario, per i sinistri conseguenti ad atti del contraente, dell'assicurato o del beneficiario, compiuti per dovere di solidarietà umana o nella tutela degli interessi comuni all'assicuratore (1914; 522 c.n.).

1901. Mancato pagamento del premio. – Se il contraente non paga il premio o la prima rata di premio stabilita dal contratto, l'assicurazione resta sospesa fino alle ore ventiquattro del giorno in cui il contraente paga quanto è da lui dovuto.

Se alle scadenze convenute il contraente non paga i premi successivi, l'assicurazione resta sospesa dalle ore ventiquattro del quindicesimo giorno dopo quello della scadenza (1460, 1932, 2952).

Nelle ipotesi previste dai due commi precedenti il contratto è risoluto di diritto (1453) se l'assicuratore, nel termine di sei mesi dal giorno in cui il premio o la rata sono scaduti, non agisce per la riscossione (1457[2]); l'assicuratore ha diritto soltanto al pagamento del premio relativo al periodo di assicurazione in corso e al rimborso delle spese. La presente norma non si applica alle assicurazioni sulla vita (1924, 1927, 1932).

1902. Fusione, concentrazione e liquidazione coatta amministrativa. – La fusione (2501 ss.) e la concentrazione di aziende tra più imprese assicuratrici non sono cause di scioglimento del contratto di assicurazione. Il contratto continua con l'impresa assicuratrice che risulta dalla fusione o che incorpora le imprese preesistenti (2504[4]). Per i trasferimenti di portafoglio si osservano le leggi speciali (2558) ([1]).

Nel caso di liquidazione coatta amministrativa (194 ss. l. fall.) dell'impresa assicuratrice, il contratto di assicurazione si scioglie nei modi e con gli effetti stabiliti dalle leggi speciali anche per ciò che riguarda il privilegio a favore della massa degli assicurati (1932).

([1]) *Si veda l'art. 168 del D.L.vo 7 settembre 2005, n. 209, Codice delle assicurazioni private.*

1903. Agenti di assicurazione. – Gli agenti autorizzati a concludere contratti di assicurazione (1752, 1753) possono compiere gli atti concernenti le modificazioni e la risoluzione dei contratti medesimi, salvi i limiti contenuti nella procura che sia pubblicata nelle forme richieste dalla legge.

Possono inoltre promuovere azioni ed essere convenuti in giudizio in nome dell'assicuratore, per le obbligazioni dipendenti dagli atti compiuti nell'esecuzione del loro mandato, davanti l'autorità giudiziaria del luogo in cui ha sede l'agenzia presso la quale è stato concluso il contratto (1326, 1932, 2204; 77 c.p.c.).

Sezione II
Dell'assicurazione
contro i danni

1904. Interesse all'assicurazione. – Il contratto di assicurazione contro i danni è nullo (1418, 1895) se, nel momento in cui l'assicurazione deve avere inizio, non esiste un interesse dell'assicurato al risarcimento del danno (1223, 1325, n. 2, 1895; 514 c.n.).

1905. Limiti del risarcimento. – L'assicuratore è tenuto a risarcire, nei modi e nei limiti stabiliti dal contratto, il danno sofferto dall'assicurato in conseguenza del sinistro (1223, 1900, 1908, 1917).

L'assicuratore risponde del profitto sperato solo se si è espressamente obbligato.

1906. Danni cagionati da vizio della cosa. – Salvo patto contrario, l'assicuratore non risponde dei danni prodotti da vizio intrinseco della cosa assicurata, che non gli sia stato denunziato (1892, 1893).

Se il vizio ha aggravato il danno, l'assicuratore, salvo patto contrario, risponde del danno nella misura in cui sarebbe stato a suo carico, qualora il vizio non fosse esistito (1892, 1893, 1898).

1907. Assicurazione parziale. – Se l'assicurazione copre solo una parte del valore che la cosa assicurata aveva nel tempo del sinistro, l'assicuratore risponde dei danni in proporzione della parte suddetta, a meno che non sia diversamente convenuto (1908, 1909).

1908. Valore della cosa assicurata. – Nell'accertare il danno (1905) non si può attribuire alle cose perite o danneggiate un valore superiore a quello che avevano al tempo del sinistro (1907, 1909).

Il valore delle cose assicurate può essere tuttavia stabilito al tempo della conclusione del contratto, mediante stima accettata per iscritto dalle parti (2725).

Non equivale a stima la dichiarazione di valore delle cose assicurate contenuta nella polizza o in altri documenti (515, 1021 c.n.).

Nell'assicurazione dei prodotti del suolo il danno si determina in relazione al valore che i prodotti avrebbero avuto al tempo della maturazione o al tempo in cui ordinariamente si raccolgono.

1909. Assicurazione per somma eccedente il valore delle cose. – L'assicurazione per una somma che eccede il valore reale della cosa assicurata (1908) non è valida se vi è stato dolo da parte dell'assicurato (1910); l'assicuratore, se è in buona fede, ha diritto ai premi del periodo di assicurazione in corso (1898[4]).

Se non vi è stato dolo da parte del contraente, il contratto ha effetto fino alla concorrenza del valore reale della cosa assicurata, e il contraente ha diritto di ottenere per l'avvenire una proporzionale riduzione del premio.

1910. Assicurazione presso diversi assicuratori. – Se per il medesimo rischio sono contratte separatamente più assicurazioni presso diversi assicuratori, l'assicurato deve dare avviso di tutte le assicurazioni a ciascun assicuratore.

Se l'assicurato omette dolosamente di dare l'avviso, gli assicuratori non sono tenuti a pagare l'indennità.

Nel caso di sinistro, l'assicurato deve darne avviso a tutti gli assicuratori a norma dell'art. 1913, indicando a ciascuno il nome degli altri. L'assicurato può chiedere a ciascun assicuratore l'indennità dovuta secondo il rispettivo contratto, purché le somme complessivamente riscosse non superino l'ammontare del danno (1980).

L'assicuratore che ha pagato ha diritto di regresso (1299) contro gli altri per la ripartizione proporzionale in ragione delle indennità dovute secondo i rispettivi contratti. Se un assicuratore è insolvente (5 l. fall.), la sua quota viene ripartita fra gli altri assicuratori (1299[2]).

1911. Coassicurazione. – Qualora la medesima assicurazione o l'assicurazione di rischi relativi alle stesse cose sia ripartita tra gli assicuratori per quote determinate, ciascun assicuratore è tenuto al pagamento dell'indennità assicurata soltanto in proporzione della rispettiva quota, anche se unico è il contratto sottoscritto da tutti gli assicuratori (1314).

1912. Terremoto, guerra, insurrezione, tumulti popolari. – Salvo patto contrario, l'assicuratore non è obbligato per i danni determinati da movimenti tellurici, da guerra, da insurrezione o da tumulti popolari (521 c.n.).

1913. Avviso all'assicuratore in caso di sinistro. – L'assicurato deve dare avviso del sinistro all'assicuratore o all'agente autorizzato a concludere il contratto (1903), entro tre giorni da quello in cui il sinistro si è verificato o l'assicurato ne ha avuto conoscenza (1915). Non è necessario l'avviso, se l'assicuratore o l'agente autorizzato alla conclusione del contratto interviene entro il detto termine alle operazioni di salvataggio (1914) o di constatazione del sinistro.

Nelle assicurazioni contro la mortalità del bestiame l'avviso, salvo patto contrario, deve essere dato entro ventiquattro ore (533 c.n.).

1914. Obbligo di salvataggio. – L'assicurato deve fare quanto gli è possibile per evitare o diminuire il danno (1227, 1915).

Le spese fatte a questo scopo dall'assicurato sono a carico dell'assicuratore, in proporzione del valore assicurato rispetto a quello che la cosa aveva nel tempo del sinistro (1907), anche se il loro ammontare, unitamente a quello del danno, supera la somma assicurata, e anche se non si è raggiunto lo scopo, salvo che l'assicuratore provi che le spese sono state fatte inconsideratamente (1932, 2031; 534 c.n.).

L'assicuratore risponde dei danni materiali direttamente derivanti alle cose assicurate dai mezzi adoperati dall'assicurato per evitare o diminuire i danni del sinistro, salvo che egli provi che tali mezzi sono stati adoperati inconsideratamente (1900³).

L'intervento dell'assicuratore per il salvataggio delle cose assicurate e per la loro conservazione non pregiudica i suoi diritti.

L'assicuratore che interviene al salvataggio deve, se richiesto dall'assicurato, anticiparne le spese o concorrere in proporzione del valore assicurato (2031).

1915. Inadempimento dell'obbligo di avviso o di salvataggio. – L'assicurato che dolosamente non adempie l'obbligo dell'avviso (1910, 1913) o del salvataggio (1914) perde il diritto all'indennità.

Se l'assicurato omette colposamente di adempiere tale obbligo, l'assicuratore ha diritto di ridurre l'indennità in ragione del pregiudizio sofferto (1932).

1916. (1) **Diritto di surrogazione dell'assicuratore.** – L'assicuratore che ha pagato l'indennità è surrogato, fino alla concorrenza dell'ammontare di essa, nei diritti dell'assicurato verso i terzi responsabili (1203, n. 5, 1589).

Salvo il caso di dolo, la surrogazione non ha luogo se il danno è causato dai figli, [dagli affiliati,] (2) (404 ss.) dagli ascendenti, da altri parenti (74 ss.) o da affini (78) dell'assicurato stabilmente con lui conviventi o da domestici (2240) (3).

L'assicurato è responsabile verso l'assicuratore del pregiudizio arrecato al diritto di surrogazione.

Le disposizioni di questo articolo si applicano anche alle assicurazioni contro gli infortuni sul lavoro e contro le disgrazie accidentali.

(1) *La Corte costituzionale, con sentenza n. 356 del 18 luglio 1991, ha dichiarato l'illegittimità costituzionale di questo articolo nella parte in cui consente all'assicuratore di avvalersi, nell'esercizio del diritto di surrogazione nei confronti del terzo responsabile, anche delle somme da questi dovute all'assicurato a titolo di risarcimento del danno biologico.*

([2]) *Le parole fra parentesi quadrate sono state soppresse dall'art. 91 del D.L.vo 28 dicembre 2013, n. 154, a decorrere dal trentesimo giorno successivo a quello della sua pubblicazione nella* Gazzetta Ufficiale *(G.U. n. 5 dell'8 gennaio 2014).*

([3]) *La Corte costituzionale, con sentenza n. 117 del 21 maggio 1975, ha dichiarato l'illegittimità costituzionale di questo comma, nella parte in cui non annovera, tra le persone nei confronti delle quali non è ammessa surrogazione, il coniuge dell'assicurato.*

1917. Assicurazione della responsabilità civile. – Nell'assicurazione della responsabilità civile l'assicuratore è obbligato a tenere indenne l'assicurato di quanto questi, in conseguenza del fatto accaduto durante il tempo dell'assicurazione, deve pagare a un terzo, in dipendenza della responsabilità dedotta nel contratto. Sono esclusi i danni derivanti da fatti dolosi (1229, 1900[1], 2952; 798 c.n.).

L'assicuratore ha facoltà, previa comunicazione all'assicurato, di pagare direttamente al terzo danneggiato l'indennità dovuta, ed è obbligato al pagamento diretto se l'assicurato lo richiede (1930, 2767; 1015 c.n.).

Le spese sostenute per resistere all'azione del danneggiato contro l'assicurato sono a carico dell'assicuratore nei limiti del quarto della somma assicurata. Tuttavia, nel caso che sia dovuta al danneggiato una somma superiore al capitale assicurato, le spese giudiziali si ripartiscono tra assicuratore e assicurato in proporzione del rispettivo interesse (1932).

L'assicurato, convenuto dal danneggiato, può chiamare in causa l'assicuratore (1932, 2951; 32, 106, 269 c.p.c.; 1015 c.n.).

1918. Alienazione delle cose assicurate. – L'alienazione delle cose assicurate non è causa di scioglimento del contratto di assicurazione (517 c.n.).

L'assicurato, che non comunica all'assicuratore l'avvenuta alienazione e all'acquirente l'esistenza del contratto di assicurazione, rimane obbligato a pagare i premi che scadono posteriormente alla data dell'alienazione (1896).

I diritti e gli obblighi dell'assicurato passano all'acquirente, se questi, avuta notizia dell'esistenza del contratto di assicurazione, entro dieci giorni dalla scadenza del primo premio successivo all'alienazione, non dichiara all'assicuratore, mediante raccomandata, che non intende subentrare nel contratto (1406 ss.).

Spettano in tal caso all'assicuratore i premi relativi al periodo di assicurazione in corso (1890[3], 1896, 1897, 1909).

L'assicuratore, entro dieci giorni da quello in cui ha avuto notizia dell'avvenuta alienazione, può recedere dal contratto (1373, 1897) con preavviso di quindici giorni, che può essere dato anche mediante raccomandata (2558[2]).

Se è stata emessa una polizza all'ordine o al portatore (1889), nessuna notizia dell'alienazione deve essere data all'assicuratore, e così quest'ultimo come l'acquirente non possono recedere dal contratto (1407[2]).

Sezione III
Dell'assicurazione sulla vita

1919. Assicurazione sulla vita propria o di un terzo. – L'assicurazione può essere stipulata sulla vita propria o su quella di un terzo.

L'assicurazione contratta per il caso di morte di un terzo non è valida se questi o il suo legale rappresentante non dà il consenso alla conclusione del contratto. Il consenso deve essere provato per iscritto (2725).

1920. Assicurazione a favore di un terzo. – È valida l'assicurazione sulla vita a favore di un terzo (1411).

La designazione del beneficiario può essere fatta nel contratto di assicurazione, o con successiva dichiarazione scritta comunicata all'assicuratore, o per testamento (587); essa è efficace anche se il beneficiario è determinato solo genericamente (628). Equivale a designazione l'attribuzione della somma assicurata fatta nel testamento a favore di una determinata persona.

Per effetto della designazione il terzo acquista un diritto proprio ai vantaggi dell'assicurazione.

1921. Revoca del beneficio. – La designazione del beneficiario è revocabile con le forme con le quali può essere fatta a norma dell'articolo precedente. La revoca non può tuttavia farsi dagli eredi dopo la morte del contraente, né dopo che, verificatosi l'evento, il beneficiario ha dichiarato di voler profittare del beneficio (1411, 1412).

Se il contraente ha rinunziato per iscritto al potere di revoca, questa non ha effetto dopo che il beneficiario ha dichiarato al contraente di voler profittare del beneficio (1922). La rinuncia del contraente e la dichiarazione del beneficiario devono essere comunicate per iscritto all'assicuratore.

1922. Decadenza dal beneficio. – La designazione del beneficiario, anche se irrevocabile, non ha effetto qualora il beneficiario attenti alla vita dell'assicurato (801).

Se la designazione è irrevocabile (1921) ed è stata fatta a titolo di liberalità, essa può essere revocata nei casi previsti dall'articolo 800.

1923. Diritti dei creditori e degli eredi. – Le somme dovute dall'assicuratore al contraente o al beneficiario non possono essere sottoposte ad azione esecutiva (491, 514 c.p.c.) o cautelare (669 *bis* ss. c.p.c.).

Sono salve, rispetto ai premi pagati, le disposizioni relative alla revocazione degli atti compiuti in pregiudizio dei creditori (2901; 64 l. fall.) e quelle relative alla collazione (737), all'imputazione (747) e alla riduzione delle donazioni (555, 559).

1924. Mancato pagamento dei premi. – Se il contraente non paga il premio relativo al primo anno, l'assicuratore può agire per l'esecuzione del contratto nel termine di sei mesi dal giorno in cui il premio è scaduto. La disposizione si applica anche se il premio è ripartito in più rate, fermo restando il disposto dei primi due commi dell'articolo 1901; in tal caso il termine decorre dalla scadenza delle singole rate.

Se il contraente non paga i premi successivi nel termine di tolleranza previsto dalla polizza o, in mancanza, nel termine di venti giorni dalla scadenza, il contratto è risoluto di diritto (1456, 1457), e i premi pagati restano acquisiti all'assicuratore, salvo che sussistano le condizioni per il riscatto dell'assicurazione o per la riduzione della somma assicurata (1925).

1925. Riscatto e riduzione della polizza. – Le polizze di assicurazione devono regolare i diritti di riscatto e di riduzione della somma assicurata, in modo tale che l'assicurato sia in grado, in ogni momento, di conoscere quale sarebbe il valore di riscatto o di riduzione dell'assicurazione.

1926. Cambiamento di professione dell'assicurato. – I cambiamenti di professione o di attività dell'assicurato non fanno cessare gli effetti dell'assicurazione, qualora non aggravino il rischio in modo tale che, se il nuovo stato di cose fosse esistito al tempo del contratto, l'assicuratore non avrebbe consentito l'assicurazione (1898).

Qualora i cambiamenti siano di tale natura che, se il nuovo stato di cose fosse esistito al tempo del contratto, l'assicuratore avrebbe consentito l'assicurazione per un premio più elevato, il pagamento della somma assicurata è ridotto in proporzione del minor premio convenuto in confronto di quello che sarebbe stato stabilito.

Se l'assicurato dà notizia dei suddetti cambiamenti all'assicuratore, questi, entro quindici giorni, deve dichiarare se intende far cessare gli effetti del contratto (1373, 1893, 1897, 1898[2], 1918[4], 1926) ovvero ridurre la somma assicurata o elevare il premio.

Se l'assicuratore dichiara di voler modificare il contratto in uno dei due sensi su indicati, l'assicurato, entro quindici giorni successivi, deve dichiarare se intende accettare la proposta.

Se l'assicurato dichiara di non accettare, il contratto è risoluto, salvo il diritto dell'assicuratore al premio relativo al periodo di assicurazione in corso e salvo il diritto dell'assicurato al riscatto (1925). Il silenzio dell'assicurato vale come adesione alla proposta dell'assicuratore.

Le comunicazioni e dichiarazioni previste dai commi precedenti possono farsi anche mediante raccomandata (1932).

1927. Suicidio dell'assicurato. – In caso di suicidio dell'assicurato, avvenuto prima che siano decorsi due anni dalla stipulazione del contratto (1326), l'assicuratore non è tenuto al pagamento delle somme assicurate, salvo patto contrario.

L'assicuratore non è nemmeno obbligato se, essendovi stata sospensione del contratto per mancato pagamento dei premi, non sono decorsi due anni dal giorno in cui la sospensione è cessata (1901, 1924).

Sezione IV
Della riassicurazione

1928. Prova. – I contratti generali di riassicurazione relativi a una serie di rapporti assicurativi devono essere provati per iscritto (2725).

I rapporti di riassicurazione in esecuzione dei contratti generali e il contratto di riassicurazione per singoli rischi possono essere provati secondo le regole generali (2697, 2952).

1929. Efficacia del contratto. – Il contratto di riassicurazione non crea rapporti tra l'assicurato e il riassicuratore, salve le disposizioni delle leggi speciali sul privilegio a favore della massa degli assicurati (1883).

1930. Diritto del riassicurato in caso di liquidazione coatta amministrativa. – In caso di liquidazione coatta amministrativa (194 l. fall.) del riassicurato, il riassicuratore deve pagare integralmente l'indennità dovuta al riassicurato, salva la compensazione con i premi e gli altri crediti (1241, 1917[2]; 56, 201 l. fall.).

1931. Compensazione dei crediti e dei debiti. – In caso di liquidazione coatta amministrativa dell'impresa del riassicuratore o del riassicurato (56, 194, 201 l. fall.), i debiti e i crediti che, alla fine della liquidazione, risultano dalla chiusura dei conti relativi a più contratti di riassicurazione, si compensano di diritto (1241).

Sezione V
Disposizioni finali

1932. Norme inderogabili. – Le disposizioni degli articoli 1887, 1892, 1893, 1894, 1897, 1898, 1899, secondo comma, 1901, 1903, secondo comma, 1914, secondo comma, 1915, secondo comma, 1917, terzo e quarto comma e 1926 non possono essere derogate se non in senso più favorevole all'assicurato.

Le clausole che derogano in senso meno favorevole all'assicurato sono sostituite di diritto dalle corrispondenti disposizioni di legge (1339 ss., 1419).

Capo XXI
Del giuoco e della scommessa

1933. Mancanza di azione. – Non compete azione per il pagamento di un debito di giuoco o di scommessa, anche se si tratta di giuoco o di scommessa non proibiti (1934).

Il perdente tuttavia non può ripetere quanto abbia spontaneamente pagato dopo l'esito di un giuoco o di una scommessa in cui non vi sia stata alcuna frode. La ripetizione è ammessa in ogni caso se il perdente è un incapace (414, 1191, 2034).

1934. Competizioni sportive. – Sono eccettuati dalla norma del primo comma dell'articolo precedente, anche rispetto alle persone che non vi prendono parte, i giuochi che addestrano al maneggio delle armi, le corse di ogni specie e ogni altra competizione sportiva.

Tuttavia il giudice può rigettare o ridurre la domanda, qualora ritenga la posta eccessiva.

1935. Lotterie autorizzate. – Le lotterie danno luogo ad azione in giudizio, qualora siano state legalmente autorizzate.

Capo XXII
Della fideiussione

Sezione I
Disposizioni generali

1936. Nozione. – È fideiussore colui che, obbligandosi (1321, 1987) personalmente verso il creditore, garantisce l'adempimento di un'obbligazione altrui (1255).

La fideiussione è efficace anche se il debitore non ne ha conoscenza (1180, 1950; 35 l. camb.; 28 l. ass.).

1937. Manifestazione della volontà. – La volontà di prestare fideiussione deve essere espressa (1268^{1}, 1272^{1}, 1273^{2}).

1938. Fideiussione per obbligazioni future o condizionali. – La fideiussione può essere prestata anche per un'obbligazione condizionale (1353) o futura (1348, 1956, 1958) con la previsione, in questo ultimo caso, dell'importo massimo garantito.

1939. Validità della fideiussione. – La fideiussione non è valida se non è valida l'obbligazione principale (1253, 1941, 1945), salvo che sia prestata per un'obbligazione assunta da un incapace (1425, 1945, 1950).

1940. Fideiussore del fideiussore. – La fideiussione può essere prestata così per il debitore principale, come per il suo fideiussore (1948).

1941. Limiti della fideiussione. – La fideiussione non può eccedere ciò che è dovuto dal debitore, né può essere prestata a condizioni più onerose (1598, 1942).

Può prestarsi per una parte soltanto del debito o a condizioni meno onerose.

La fideiussione eccedente il debito o contratta a condizioni più onerose è valida nei limiti dell'obbligazione principale (1339).

1942. Estensione della fideiussione. – Salvo patto contrario, la fideiussione si estende a tutti gli accessori del debito principale, nonché alle spese per la denunzia al fideiussore della causa promossa contro il debitore principale e alle spese successive (1941).

1943. Obbligazione di prestare fideiussione. – Il debitore obbligato a dare un fideiussore (1179, 1844, 1850, 1876, 1877, 2743) deve presentare persona capace, che possieda beni sufficienti a garantire l'obbligazione e che abbia o elegga domicilio (47) nella giurisdizione della corte di appello in cui la fideiussione si deve prestare.

Quando il fideiussore è divenuto insolvente (5 l. fall.), deve esserne dato un altro, tranne che la fideiussione sia stata prestata dalla persona voluta dal creditore.

Sezione II
Dei rapporti
tra creditore e fideiussore

1944. Obbligazione del fideiussore. – Il fideiussore è obbligato in solido col debitore principale al pagamento del debito (1292, 2871[2]).

Le parti però possono convenire che il fideiussore non sia tenuto a pagare prima dell'escussione del debitore principale. In tal caso, il fideiussore, che sia convenuto dal creditore e intenda valersi del beneficio dell'escussione, deve indicare i beni del debitore principale da sottoporre ad esecuzione (2268, 2868; 55[3] l. fall.).

Salvo patto contrario, il fideiussore è tenuto ad anticipare le spese necessarie.

1945. Eccezioni opponibili dal fideiussore. – Il fideiussore può opporre contro il creditore tutte le eccezioni che spettano al debitore principale (1239, 1247, 1253, 1255, 1297, 2805), salva quella derivante dall'incapacità (1939).

1946. Fideiussione prestata da più persone. – Se più persone hanno prestato fideiussione per un medesimo debitore e a garanzia di un medesimo debito, ciascuna di esse è obbligata per l'intero debito (1294), salvo che sia stato pattuito il beneficio della divisione (1947).

1947. Beneficio della divisione. – Se è stato stipulato il beneficio della divisione, ogni fideiussore che sia convenuto per il pagamento dell'intero debito può esigere che il creditore riduca l'azione alla parte da lui dovuta.

Se alcuno dei fideiussori era insolvente (5 l. fall.) al tempo in cui un altro ha fatto valere il beneficio della divisione, questi è obbligato per tale insolvenza in proporzione della sua quota, ma non delle insolvenze sopravvenute (1299[2]).

1948. Obbligazione del fideiussore del fideiussore. – Il fideiussore del fideiussore non è obbligato verso il creditore, se non nel caso in cui il debitore principale e tutti i fideiussori di questo siano insolventi, o siano liberati perchè incapaci.

Codice Civile

Sezione III
Dei rapporti tra fideiussore
e debitore principale

1949. Surrogazione del fideiussore nei diritti del creditore. – Il fideiussore che ha pagato il debito è surrogato nei diritti che il creditore aveva contro il debitore (1203, n. 3, 1951, 1955).

1950. Regresso contro il debitore principale. – Il fideiussore che ha pagato ha regresso contro il debitore principale (2871), benché questi non fosse consapevole della prestata fideiussione (1936^2).

Il regresso comprende il capitale, gli interessi e le spese che il fideiussore ha fatte dopo che ha denunziato al debitore principale le istanze proposte contro di lui.

Il fideiussore inoltre ha diritto agli interessi legali (1284) sulle somme pagate dal giorno del pagamento (1287). Se il debito principale produceva interessi in misura superiore al saggio legale, il fideiussore ha diritto a questi fino al rimborso del capitale (1224; 63 l. fall.).

Se il debitore è incapace (1939), il regresso del fideiussore è ammesso solo nei limiti di ciò che sia stato rivolto a suo vantaggio (1190, 1191, 2039, 2041, 2871).

1951. Regresso contro più debitori principali. – Se vi sono più debitori principali obbligati in solido (1292 ss.), il fideiussore che ha garantito per tutti ha regresso contro ciascuno per ripetere integralmente ciò che ha pagato (1950, 2871).

1952. Divieto di agire contro il debitore principale. – Il fideiussore non ha regresso contro il debitore principale se, per avere omesso di denunziargli il pagamento fatto, il debitore ha pagato ugualmente il debito (1950).

Se il fideiussore ha pagato senza averne dato avviso al debitore principale, questi può opporgli le eccezioni che avrebbe potuto opporre al creditore principale all'atto del pagamento (1485).

In entrambi i casi è fatta salva al fideiussore l'azione per la ripetizione contro il creditore (2033).

1953. Rilievo del fideiussore. – Il fideiussore, anche prima di aver pagato (1950), può agire contro il debitore perchè questi gli procuri la liberazione o, in mancanza, presti le garanzie necessarie (1179) per assicurargli il soddisfacimento delle eventuali ragioni di regresso, nei casi seguenti:

1) quando è convenuto in giudizio per il pagamento (106, 269 c.p.c.);
2) quando il debitore è divenuto insolvente (5 l. fall.);

3) quando il debitore si è obbligato di liberarlo dalla fideiussione entro un tempo determinato;

4) quando il debito è divenuto esigibile per la scadenza del termine (1957);

5) quando sono decorsi cinque anni, e l'obbligazione principale non ha un termine, purché essa non sia di tal natura da non potersi estinguere prima di un tempo determinato.

Sezione IV
Dei rapporti fra più fideiussori

1954. Regresso contro gli altri fideiussori. – Se più persone hanno prestato fideiussione per un medesimo debitore e per un medesimo debito, il fideiussore che ha pagato ha regresso contro gli altri fideiussori per la loro rispettiva porzione (2871^{2}). Se uno di questi è insolvente, si osserva la disposizione del secondo comma dell'articolo 1299 (1946).

Sezione V
Dell'estinzione della fideiussione

1955. Liberazione del fideiussore per fatto del creditore. – La fideiussione si estingue quando, per fatto del creditore, non può avere effetto la surrogazione del fideiussore nei diritti (1949), nel pegno (2784), nelle ipoteche (2808, 2869) e nei privilegi (2745) del creditore (2926).

1956. Liberazione del fideiussore per obbligazione futura. – Il fideiussore per un'obbligazione futura (1938, 1958 ss.) è liberato se il creditore, senza speciale autorizzazione del fideiussore, ha fatto credito al terzo, pur conoscendo che le condizioni patrimoniali di questo erano divenute tali da rendere notevolmente più difficile il soddisfacimento del credito (1461, 1844, 1850, 1877, 1959, 2743).

Non è valida la preventiva rinuncia del fideiussore ad avvalersi della liberazione.

1957. Scadenza dell'obbligazione principale. – Il fideiussore rimane obbligato anche dopo la scadenza (55^{2} l. fall.) dell'obbligazione principale, purché il creditore entro sei mesi abbia proposto le sue istanze contro il debitore e le abbia con diligenza continuate (1267^{2}; 140^{3} l. fall.).

La disposizione si applica anche al caso in cui il fideiussore ha espressamente limitato la sua fideiussione allo stesso termine dell'obbligazione principale.

In questo caso però l'istanza contro il debitore deve essere proposta entro due mesi.

L'istanza proposta contro il debitore interrompe la prescrizione anche nei confronti del fideiussore (1310, 2943).

Capo XXIII
Del mandato di credito

1958. Effetti del mandato di credito. – Se una persona si obbliga verso un'altra, che le ha conferito l'incarico, a fare credito a un terzo, in nome e per conto proprio, quella che ha dato l'incarico risponde come fideiussore di un debito futuro (1938, 1956).

Colui che ha accettato l'incarico non può rinunziarvi (1959), ma chi l'ha conferito può revocarlo, salvo l'obbligo di risarcire il danno all'altra parte (1723, 1725).

1959. Sopravvenuta insolvenza del mandante o del terzo. – Se, dopo l'accettazione dell'incarico, le condizioni patrimoniali di colui che lo ha conferito o del terzo sono divenute tali da rendere notevolmente più difficile il soddisfacimento del credito, colui che ha accettato l'incarico non può essere costretto ad eseguirlo (1461).

Si applica inoltre la disposizione dell'articolo 1956.

Capo XXIV
Dell'anticresi

1960. Nozione. – L'anticresi è il contratto col quale il debitore o un terzo si obbliga a consegnare un immobile al creditore a garanzia del credito, affinché il creditore ne percepisca i frutti (821), imputandoli agli interessi (1194, 1282), se dovuti, e quindi al capitale (1350, n. 7, 2643, n. 12).

1961. Obblighi del creditore anticretico. – Il creditore, se non è stato convenuto diversamente, è obbligato a pagare i tributi e i pesi annui dell'immobile ricevuto in anticresi.

Egli ha l'obbligo di conservare, amministrare e coltivare il fondo da buon padre di famiglia (1176). Le spese relative devono essere prelevate dai frutti (2790).

Il creditore se vuole liberarsi da tali obblighi, può, in ogni tempo, restituire l'immobile al debitore, purché non abbia rinunziato a tale facoltà.

1962. Durata dell'anticresi. – L'anticresi dura finché il creditore sia stato interamente soddisfatto del suo credito, anche se il credito o l'immobile dato in anticresi sia divisibile, salvo che sia stata stabilita la durata (2794, 2799).

In ogni caso l'anticresi non può avere una durata superiore a dieci anni.

Se è stato stipulato un termine maggiore, questo si riduce al termine suddetto.

1963. Divieto del patto commissorio. – É nullo (1419) qualunque patto, anche posteriore alla conclusione del contratto, con cui si conviene che la proprietà dell'immobile passi al creditore nel caso di mancato pagamento del debito (2744).

1964. Compensazione dei frutti con gli interessi. – Salva la disposizione dell'articolo 1448, è valido il patto col quale le parti convengono che i frutti si compensino con gli interessi in tutto o in parte. In tal caso il debitore può in ogni tempo estinguere il suo debito e rientrare nel possesso dell'immobile.

Capo XXV
Della transazione

1965. Nozione. – La transazione è il contratto col quale le parti, facendosi reciproche concessioni, pongono fine a una lite già incominciata o prevengono una lite che può sorgere tra loro (1976).

Con le reciproche concessioni si possono creare, modificare o estinguere anche rapporti diversi da quello che ha formato oggetto della pretesa e della contestazione delle parti (1304, 1350, n. 12, 2643, n. 13, 2684, n. 4).

1966. Capacità a transigere e disponibilità dei diritti. – Per transigere le parti devono avere la capacità di disporre dei diritti che formano oggetto della lite (181, 320[3], 375, n. 4, 2393[4]).

La transazione è nulla se tali diritti, per loro natura o per espressa disposizione di legge, sono sottratti alla disponibilità delle parti (2113, 2937).

1967. Prova. – La transazione deve essere provata per iscritto (2702 ss., 2725), fermo il disposto del n. 12 dell'articolo 1350 (2643, n. 13).

1968. Transazione sulla falsità di documenti. – La transazione nei giudizi civili di falso (221 ss. c.p.c.) non produce alcun effetto, se non è stata omologata dal tribunale, sentito il pubblico ministero (70, n. 5 c.p.c.).

1969. Errore di diritto. – La transazione non può essere annullata per errore di diritto (1429, n. 4) relativo alle questioni che sono state oggetto di controversia tra le parti.

1970. Lesione. – La transazione non può essere impugnata per causa di lesione (764[2], 1448).

1971. Transazione su pretesa temeraria. – Se una delle parti era consapevole della temerarietà della sua pretesa (96 c.p.c.), l'altra può chiedere l'annullamento della transazione (1441 ss.).

1972. Transazione su un titolo nullo. – É nulla la transazione relativa a un contratto illecito (1343 ss.), ancorché le parti abbiano trattato della nullità di questo (1345, 1346, 1418).

Negli altri casi in cui la transazione è stata fatta relativamente a un titolo nullo, l'annullamento (1427, 1429, n. 1, 1441 ss.) di essa può chiedersi solo dalla parte che ignorava la causa di nullità del titolo (1423).

1973. Annullabilità per falsità di documenti. – É annullabile (1427, 1441 ss.) la transazione fatta, in tutto o in parte, sulla base di documenti che in seguito sono stati riconosciuti falsi (395, n. 2 c.p.c.).

1974. Annullabilità per cosa giudicata. – É pure annullabile (1427, 1441 ss.) la transazione fatta su lite già decisa con sentenza passata in giudicato (2909), della quale le parti o una di esse non avevano notizia (324, 395, n. 5 c.p.c.).

1975. Annullabilità per scoperta di documenti. – La transazione che le parti hanno conclusa generalmente sopra tutti gli affari che potessero esservi tra loro non può impugnarsi per il fatto che posteriormente una di esse venga a conoscenza di documenti che le erano ignoti al tempo della transazione, salvo che questi siano stati occultati dall'altra parte (1439).

La transazione è annullabile (1427, 1441 ss.), quando non riguarda che un affare determinato e con documenti posteriormente scoperti si prova che una delle parti non aveva alcun diritto (395, n. 3 c.p.c.).

1976. Risoluzione della transazione per inadempimento. – La risoluzione della transazione per inadempimento (1453 ss.) non può essere richiesta se il rapporto preesistente è stato estinto per novazione (1230 ss., 1965^2), salvo che il diritto alla risoluzione sia stato espressamente stipulato.

Capo XXVI
Della cessione dei beni
ai creditori

1977. Nozione. – La cessione dei beni ai creditori è il contratto (1978) col quale il debitore incarica i suoi creditori o alcuni di essi di liquidare tutte o alcune sue attività e di ripartirne (507, 1982) tra loro il ricavato in soddisfacimento dei loro crediti.

1978. Forma. – La cessione dei beni si deve fare per iscritto, sotto pena di nullità (1350, n. 13, 2649, 2687, 2725).

Se tra i beni ceduti esistono crediti, si osservano le disposizioni degli articoli 1264 e 1265.

1979. Poteri dei creditori cessionari. – L'amministrazione dei beni ceduti spetta ai creditori cessionari. Questi possono esercitare tutte le azioni di carattere patrimoniale relative ai beni medesimi.

1980. Effetti della cessione. – Il debitore non può disporre dei beni ceduti.

I creditori anteriori alla cessione che non vi hanno partecipato possono agire esecutivamente anche su tali beni.

I creditori cessionari, se la cessione ha avuto per oggetto solo alcune attività del debitore, non possono agire esecutivamente sulle altre attività prima di aver liquidato quelle cedute.

1981. Spese. – I creditori che hanno concluso il contratto o vi hanno aderito devono anticipare le spese necessarie per la liquidazione e hanno il diritto di prelevarne l'importo sul ricavato di essa (1332; 95 c.p.c.).

1982. Riparto. – I creditori devono ripartire tra loro le somme ricavate in proporzione dei rispettivi crediti, salve le cause di prelazione (2741). Il residuo spetta al debitore.

1983. Controllo del debitore. – Il debitore ha diritto di controllare la gestione e di averne il rendiconto alla fine della liquidazione, o alla fine di ogni anno se la gestione dura più di un anno (263 ss. c.p.c.; 109, 178 att. c.p.c.).

Se è stato nominato un liquidatore, questi deve rendere il conto anche al debitore.

1984. Liberazione del debitore. – Se non vi è patto contrario, il debitore è liberato verso i creditori solo dal giorno in cui essi ricevono la parte loro spettante sul ricavato della liquidazione, e nei limiti di quanto hanno ricevuto.

1985. Recesso dal contratto. – Il debitore può recedere dal contratto (1373) offrendo il pagamento del capitale e degli interessi a coloro con i quali ha contrattato o che hanno aderito alla cessione. Il recesso ha effetto dal giorno del pagamento.

Il debitore è tenuto al rimborso delle spese di gestione (1981).

1986. Annullamento e risoluzione del contratto. – La cessione può essere annullata (1441 ss.) se il debitore, avendo dichiarato di cedere tutti i suoi beni, ha dissimulato parte notevole di essi, ovvero se ha occultato passività o ha simulato passività inesistenti (138 l. fall.).

La cessione può essere risoluta per inadempimento secondo le regole generali (1453 ss.).

Titolo IV
Delle promesse unilaterali

1987. Efficacia delle promesse. – La promessa unilaterale di una prestazione non produce effetti obbligatori fuori dei casi ammessi dalla legge (1322, 2821).

1988. Promessa di pagamento e ricognizione di debito. – La promessa di pagamento o la ricognizione di un debito dispensa colui a favore del quale è fatta dall'onere di provare (2697) il rapporto fondamentale (969, 1309, 1870, 2944, 2966). L'esistenza di questo si presume fino a prova contraria (2720).

1989. Promessa al pubblico. – Colui che, rivolgendosi al pubblico, promette una prestazione a favore di chi si trovi in una determinata situazione o compia una determinata azione, è vincolato dalla promessa non appena questa è resa pubblica (1334, 1336).

Se alla promessa non è apposto un termine, o questo non risulta dalla natura o dallo scopo della medesima, il vincolo del promittente cessa, qualora entro l'anno dalla promessa non gli sia stato comunicato l'avveramento della situazione o il compimento dell'azione prevista nella promessa.

1990. Revoca della promessa. – La promessa può essere revocata prima della scadenza del termine indicato dall'articolo precedente solo per giusta causa, purché la revoca sia resa pubblica nella stessa forma della promessa o in forma equivalente (1336^2).

In nessun caso la revoca può avere effetto se la situazione prevista nella promessa si è già verificata o se l'azione è già stata compiuta.

1991. Cooperazione di più persone. – Se l'azione è stata compiuta da più persone separatamente, oppure se la situazione è comune a più persone, la prestazione promessa, quando è unica, spetta a colui che per primo ne ha dato notizia al promittente.

Titolo V
Dei titoli di credito

Capo I
Disposizioni generali

1992. Adempimento della prestazione. – Il possessore di un titolo di credito ha diritto alla prestazione in esso indicata verso presentazione del titolo, purché sia legittimato nelle forme prescritte dalla legge (2003[2], 2008, 2021).

Il debitore, che senza dolo o colpa grave adempie la prestazione nei confronti del possessore, è liberato anche se questi non è il titolare del diritto (1189, 1836, 1889[2], 2006[3]; 46 l. camb.).

1993. Eccezioni opponibili. – Il debitore può opporre al possessore del titolo soltanto le eccezioni a questo personali, le eccezioni di forma, quelle che sono fondate sul contesto letterale del titolo, nonché quelle che dipendono da falsità della propria firma, da difetto di capacità o di rappresentanza al momento dell'emissione, o dalla mancanza delle condizioni necessarie per l'esercizio dell'azione.

Il debitore può opporre al possessore del titolo le eccezioni fondate sui rapporti personali con i precedenti possessori, soltanto se, nell'acquistare il titolo, il possessore ha agito intenzionalmente a danno del debitore medesimo (2014[2]; 21, 65 l. camb.; 25, 57 l. ass.).

1994. Effetti del possesso di buona fede. – Chi ha acquistato in buona fede (1147, 1157) il possesso di un titolo di credito, in conformità delle norme che ne disciplinano la circolazione (2003, 2008, 2021), non è soggetto a rivendicazione (948; 20 l. camb.; 24 l. ass.).

1995. Trasferimento dei diritti accessori. – Il trasferimento del titolo di credito comprende anche i diritti accessori che sono ad esso inerenti (2011; 18 l. camb.; 20 l. ass.).

1996. Titoli rappresentativi. – I titoli rappresentativi di merci attribuiscono al possessore il diritto alla consegna delle merci che sono in essi specificate, il possesso delle medesime e il potere di disporne mediante trasferimento del titolo (1527, 1691, 1794; 463, 466, 961 c.n.).

1997. Efficacia dei vincoli sul credito. – Il pegno (2784), il sequestro (670 ss. c.p.c.), il pignoramento (451 ss. c.p.c.) e ogni altro vincolo sul diritto menzionato in un titolo di credito o sulle merci da esso rappresentate non hanno effetto se non si attuano sul titolo (2786).

1998. Titoli con diritto a premi. – Nel caso di usufrutto (978 ss.) di titoli di credito (2025) il godimento dell'usufruttuario si estende ai premi e alle altre utilità aleatorie prodotte dal titolo (983, 1533).

Il premio è investito a norma dell'articolo 1000.

Nel pegno di titoli di credito (2784) la garanzia non si estende ai premi e alle altre utilità aleatorie prodotte dal titolo (1533, 2791).

1999. Conversione dei titoli. – I titoli di credito al portatore (2003) possono essere convertiti dall'emittente in titoli nominativi (2021), su richiesta e a spese del possessore.

Salvo il caso in cui la convertibilità sia stata espressamente esclusa dall'emittente, i titoli nominativi possono essere convertiti in titoli al portatore, su richiesta e a spese dell'intestatario che dimostri la propria identità e la propria capacità a norma del secondo comma dell'articolo 2022.

2000. Riunione e frazionamento dei titoli. – I titoli di credito emessi in serie possono essere riuniti in un titolo multiplo, su richiesta e a spese del possessore (1793).

I titoli di credito multipli possono essere frazionati in più titoli di taglio minore.

2001. Rinvio a disposizioni speciali. – Le norme di questo titolo si applicano in quanto non sia diversamente disposto da altre norme di questo codice o di leggi speciali.

I titoli del debito pubblico, i biglietti di banca e gli altri titoli equivalenti sono regolati da leggi speciali.

2002. Documenti di legittimazione e titoli impropri. – Le norme di questo titolo non si applicano ai documenti che servono solo a identificare l'avente diritto alla prestazione, o a consentire il trasferimento del diritto senza l'osservanza delle forme proprie della cessione (1889).

Capo II
Dei titoli al portatore

2003. Trasferimento del titolo e legittimazione del possessore. – Il trasferimento del titolo al portatore si opera con la consegna del titolo (1994, 1995).

Il possessore del titolo al portatore è legittimato all'esercizio del diritto in esso menzionato in base alla presentazione del titolo (1992).

2004. Limitazione della libertà di emissione. – Il titolo di credito contenente l'obbligazione di pagare una somma di danaro non può essere emesso al portatore se non nei casi stabiliti dalla legge.

2005. Titolo deteriorato. – Il possessore di un titolo deteriorato che non sia più idoneo alla circolazione, ma sia tuttora sicuramente identificabile, ha diritto di ottenere dall'emittente un titolo equivalente, verso la restituzione del primo e il rimborso delle spese.

2006. Smarrimento e sottrazione del titolo. – Salvo disposizioni di leggi speciali, non è ammesso l'ammortamento dei titoli al portatore smarriti o sottratti.

Tuttavia chi denunzia all'emittente lo smarrimento o la sottrazione d'un titolo al portatore e gliene fornisce la prova ha diritto alla prestazione e agli accessori della medesima, decorso il termine di prescrizione del titolo (2946).

Il debitore che esegue la prestazione a favore del possessore del titolo prima del termine suddetto è liberato, salvo che si provi che egli conoscesse il vizio del possesso del presentatore (1992[2]).

Se i titoli smarriti o sottratti sono azioni al portatore (2355), il denunziante può essere autorizzato dal tribunale, previa cauzione (119 c.p.c.), se del caso, a esercitare i diritti inerenti alle azioni anche prima del termine di prescrizione, fino a quando i titoli non vengano presentati da altri.

È salvo, in ogni caso, l'eventuale diritto del denunziante verso il possessore del titolo.

2007. Distruzione del titolo. – Il possessore del titolo al portatore, che ne provi la distruzione, ha diritto di chiedere all'emittente il rilascio di un duplicato o di un titolo equivalente (2016, 2027).

Le spese sono a carico del richiedente.

Se la prova della distruzione non è raggiunta, si osservano le disposizioni dell'articolo precedente.

Capo III
Dei titoli all'ordine

2008. Legittimazione del possessore. – Il possessore di un titolo all'ordine è legittimato all'esercizio del diritto in esso menzionato in base a una serie continua di girate (1992; 20 l. camb.; 22 l. ass.).

2009. Forma della girata. – La girata deve essere scritta sul titolo e sottoscritta dal girante (17 l. camb.; 19 l. ass.).

È valida la girata anche se non contiene l'indicazione del giratario.

La girata al portatore vale come girata in bianco.

2010. Girata condizionale o parziale. – Qualsiasi condizione apposta alla girata si ha come non scritta.

È nulla la girata parziale (16 ss. l. camb.; 18 ss. l. ass.).

2011. Effetti della girata. – La girata trasferisce tutti i diritti inerenti al titolo (1407^2, 1995; 16 ss. l. camb.; 18 ss. l. ass.).

Se il titolo è girato in bianco, il possessore può riempire la girata col proprio nome o con quello di altra persona, ovvero può girare di nuovo il titolo o trasmetterlo a un terzo senza riempire la girata o senza apporne una nuova.

2012. Obblighi del girante. – Salvo diversa disposizione di legge (1797; 19 l. camb.; 21 l. ass.) o clausola contraria risultante dal titolo, il girante non è obbligato per l'inadempimento della prestazione da parte dell'emittente.

2013. Girata per incasso o per procura. – Se alla girata è apposta una clausola che importa conferimento di una procura per incasso, il giratario può esercitare tutti i diritti inerenti al titolo, ma non può girare il titolo, fuorché per procura (22 l. camb.; 26 l. ass.).

L'emittente può opporre al giratario per procura soltanto le eccezioni opponibili al girante.

L'efficacia della girata per procura non cessa per la morte o per la sopravvenuta incapacità del girante.

2014. Girata a titolo di pegno. – Se alla girata è apposta una clausola che importa costituzione di pegno (2786), il giratario può esercitare tutti i diritti inerenti al titolo, ma la girata da lui fatta vale solo come girata per procura.

L'emittente non può opporre al giratario in garanzia le eccezioni fondate sui propri rapporti personali col girante, a meno che il giratario, ricevendo il titolo, abbia agito intenzionalmente a danno dell'emittente (1993^2; 23 l. camb.).

2015. Cessione del titolo all'ordine. – L'acquisto di un titolo all'ordine con un mezzo diverso dalla girata produce gli effetti della cessione (1260 ss.; 24 l. camb.; 27 l. ass.).

2016. Procedura d'ammortamento. – In caso di smarrimento, sottrazione o distruzione del titolo (1889[3]), il possessore può farne denunzia al debitore e chiedere l'ammortamento del titolo con ricorso al presidente del tribunale del luogo in cui il titolo è pagabile.

Il ricorso deve indicare i requisiti essenziali del titolo e, se si tratta di titolo in bianco (2009, 2011), quelli sufficienti a identificarlo.

Il presidente del tribunale, premessi gli opportuni accertamenti sulla verità dei fatti e sul diritto del possessore, pronunzia con decreto l'ammortamento e autorizza il pagamento del titolo dopo trenta giorni dalla data di pubblicazione del decreto nella *Gazzetta Ufficiale* della Repubblica, purché nel frattempo non sia fatta opposizione dal detentore. Se alla data della pubblicazione il titolo non è ancora scaduto, il termine per il pagamento decorre dalla data della scadenza.

Il decreto deve essere notificato (137 c.p.c.) al debitore e pubblicato nella *Gazzetta Ufficiale* della Repubblica a cura del ricorrente.

Nonostante la denunzia, il pagamento fatto al detentore prima della notificazione del decreto libera il debitore (2006[3], 2027; 89 l. camb.; 69 l. ass.).

2017. Opposizione del detentore. – La opposizione del detentore deve essere proposta davanti al tribunale che ha pronunziato l'ammortamento, con citazione da notificarsi al ricorrente e al debitore.

L'opposizione non è ammissibile senza il deposito del titolo presso la cancelleria del tribunale.

Se l'opposizione è respinta, il titolo è consegnato a chi ha ottenuto l'ammortamento (90 l. camb.; 70 l. ass.).

2018. Diritti del ricorrente durante il termine per l'opposizione. – Durante il termine stabilito dall'articolo 2016, il ricorrente può compiere tutti gli atti che tendono a conservare i suoi diritti, e, se il titolo è scaduto o pagabile a vista, può esigerne il pagamento mediante cauzione o chiedere il deposito giudiziario della somma (2027[3]; 91 l. camb.; 71 l. ass.).

2019. Effetti dell'ammortamento. – Trascorso senza opposizione il termine indicato dall'articolo 2016, il titolo non ha più efficacia, salve le ragioni (1189[2]) del detentore verso chi ha ottenuto l'ammortamento.

Chi ha ottenuto l'ammortamento, su presentazione del decreto e di un certificato del cancelliere del tribunale comprovante che non fu interposta opposizione, può esigere il pagamento o, qualora il titolo sia in bianco o non sia ancora scaduto, può ottenere un duplicato (92, 93 l. camb.; 72, 74 l. ass.).

2020. Leggi speciali. – Le norme di questa sezione si applicano ai titoli all'ordine regolati da leggi speciali in quanto queste non dispongano diversamente.

Capo IV
Dei titoli nominativi

2021. Legittimazione del possessore. – Il possessore di un titolo nominativo è legittimato all'esercizio del diritto in esso menzionato per effetto dell'intestazione a suo favore contenuta nel titolo e nel registro dell'emittente (1992).

2022. Trasferimento. – Il trasferimento del titolo nominativo si opera mediante l'annotazione del nome dell'acquirente sul titolo e nel registro dell'emittente o col rilascio di un nuovo titolo intestato al nuovo titolare. Del rilascio deve essere fatta annotazione nel registro.

Colui che chiede l'intestazione del titolo a favore di un'altra persona, o il rilascio di un nuovo titolo ad essa intestato, deve provare la propria identità e la propria capacità di disporre, mediante certificazione di un notaio o di un agente di cambio. Se l'intestazione o il rilascio è richiesto dall'acquirente, questi deve esibire il titolo e dimostrare il suo diritto mediante atto autentico (1999, 2703).

Le annotazioni nel registro e sul titolo sono fatte a cura e sotto la responsabilità dell'emittente.

L'emittente che esegue il trasferimento nei modi indicati dal presente articolo è esonerato da responsabilità, salvo il caso di colpa (464 c.n.).

2023. Trasferimento mediante girata. – Salvo diverse disposizioni della legge, il titolo nominativo può essere trasferito anche mediante girata (2009) autenticata da un notaio o da un agente di cambio.

La girata deve essere datata e sottoscritta dal girante e contenere l'indicazione del giratario. Se il titolo non è interamente liberato, è necessaria anche la sottoscrizione del giratario (1534, 2356).

Il trasferimento mediante girata non ha efficacia nei confronti dell'emittente fino a che non ne sia fatta annotazione nel registro. Il giratario che si dimostra possessore del titolo in base a una serie continua di girate ha diritto di ottenere l'annotazione del trasferimento nel registro dell'emittente.

2024. Vincoli sul credito. – Nessun vincolo sul credito produce effetti nei confronti dell'emittente e dei terzi, se non risulta da una corrispondente annotazione sul titolo e nel registro (1997, 2026).

Per l'annotazione si osserva il disposto del secondo comma dell'articolo 2022.

2025. Usufrutto. – Chi ha l'usufrutto (978 ss.) del credito menzionato in un titolo nominativo ha diritto di ottenere un titolo separato da quello del proprietario (1998, 2352).

2026. Pegno. – La costituzione in pegno (2786) di un titolo nominativo può farsi anche mediante consegna del titolo, girato con la clausola «in garanzia» o altra equivalente (2352).

Il giratario in garanzia non può trasmettere ad altri il titolo se non mediante girata per procura (2784 ss.).

2027. Ammortamento. – In caso di smarrimento, sottrazione o distruzione del titolo, l'intestatario o il giratario di esso può farne denunzia all'emittente e chiedere l'ammortamento del titolo in conformità delle norme relative ai titoli all'ordine (2016 ss.).

In caso di smarrimento, sottrazione o distruzione di azioni nominative, durante il termine stabilito dall'articolo 2016 il ricorrente può esercitare i diritti inerenti alle azioni, salva, se del caso, la prestazione di una cauzione (119 c.p.c.).

L'ammortamento estingue il titolo, ma non pregiudica le ragioni (1189[2]) del detentore verso chi ha ottenuto il nuovo titolo (2019).

Titolo VI
Della gestione di affari

2028. Obbligo di continuare la gestione. – Chi, senza esservi obbligato, assume scientemente la gestione di un affare altrui, è tenuto a continuarla e a condurla a termine finché l'interessato non sia in grado di provvedervi da se stesso.

L'obbligo di continuare la gestione sussiste anche se l'interessato muore prima che l'affare sia terminato, finché l'erede possa provvedere direttamente.

2029. Capacità del gestore. – Il gestore deve avere la capacità di contrattare (1425).

2030. Obbligazioni del gestore. – Il gestore è soggetto alle stesse obbligazioni che deriverebbero da un mandato (1710).

Tuttavia il giudice, in considerazione delle circostanze che hanno indotto il gestore ad assumere la gestione, può moderare il risarcimento dei danni (1223) ai quali questi sarebbe tenuto per effetto della sua colpa (1425, 1710, 1768).

2031. Obblighi dell'interessato. – Qualora la gestione sia stata utilmente iniziata, l'interessato deve adempiere le obbligazioni che il gestore ha assunte in nome di lui, deve tenere indenne il gestore di quelle assunte dal medesimo in nome proprio e rimborsargli tutte le spese necessarie o utili con gli interessi (1284) dal giorno in cui le spese stesse sono state fatte (1719, 1720, 1914).

Questa disposizione non si applica agli atti di gestione eseguiti contro il divieto dell'interessato, eccetto che tale divieto sia contrario alla legge, all'ordine pubblico o al buon costume (23[4], 25[1], 1343, 1354[1], 2035).

2032. Ratifica dell'interessato. – La ratifica (1399) dell'interessato produce, relativamente alla gestione, gli effetti che sarebbero derivati da un mandato (1703, 1711, 1890), anche se la gestione è stata compiuta da persona che credeva di gestire un affare proprio.

Titolo VII
Del pagamento dell'indebito

2033. Indebito oggettivo. – Chi ha eseguito un pagamento non dovuto ha diritto di ripetere ciò che ha pagato (1185², 1463, 1952³; 39 l. fall.). Ha inoltre diritto ai frutti (820, 1148) e agli interessi (1284) dal giorno del pagamento, se chi lo ha ricevuto era in mala fede, oppure, se questi era in buona fede (1147), dal giorno della domanda (1148, 2036, 2039).

2034. Obbligazioni naturali. – Non è ammessa la ripetizione di quanto è stato spontaneamente prestato (627³, 799, 1185, 1933, 2035, 2126, 2321, 2433, 2940) in esecuzione di doveri morali o sociali (64 l. fall.), salvo che la prestazione sia stata eseguita da un incapace (2, 591, 1191).

I doveri indicati dal comma precedente, e ogni altro per cui la legge non accorda azione ma esclude la ripetizione di ciò che è stato spontaneamente pagato, non producono altri effetti.

2035. Prestazione contraria al buon costume. – Chi ha eseguito una prestazione per uno scopo che, anche da parte sua, costituisca offesa al buon costume (5, 23⁴, 25¹, 634, 1343, 1354¹) non può ripetere quanto ha pagato (2034).

2036. Indebito soggettivo. – Chi ha pagato un debito altrui, credendosi debitore in base a un errore scusabile (1189), può ripetere ciò che ha pagato, sempre che il creditore non si sia privato in buona fede (1147) del titolo o delle garanzie del credito (1237).

Chi ha ricevuto l'indebito è anche tenuto a restituire i frutti e gli interessi dal giorno del pagamento, se era in mala fede, o dal giorno della domanda, se era in buona fede (1148, 2033).

Quando la ripetizione non è ammessa (2034), colui che ha pagato subentra nei diritti del creditore (1203, n. 5).

2037. Restituzione di cosa determinata. – Chi ha ricevuto indebitamente una cosa determinata è tenuto a restituirla (1189).

Se la cosa è perita, anche per caso fortuito (1218, 1256), chi l'ha ricevuta in mala fede è tenuto a corrisponderne il valore; se la cosa è soltanto deteriorata, colui che l'ha data può chiedere l'equivalente, oppure la restituzione e un'indennità per la diminuzione di valore.

Chi ha ricevuto la cosa in buona fede (1147) non risponde del perimento o del deterioramento di essa, ancorché dipenda da fatto proprio, se non nei limiti del suo arricchimento (2041).

2038. Alienazione della cosa ricevuta indebitamente. – Chi, avendo ricevuto la cosa in buona fede (1147), l'ha alienata prima di conoscere l'obbligo di restituirla è tenuto a restituire il corrispettivo conseguito. Se questo è ancora dovuto, colui che ha pagato l'indebito subentra nel diritto dell'alienante (1203, n. 5, 1776). Nel caso di alienazione a titolo gratuito, il terzo acquirente è obbligato, nei limiti del suo arricchimento (2041), verso colui che ha pagato l'indebito.

Chi ha alienato la cosa ricevuta in mala fede, o dopo aver conosciuto l'obbligo di restituirla (1147^3), è obbligato a restituirla in natura o a corrisponderne il valore. Colui che ha pagato l'indebito può però esigere il corrispettivo dell'alienazione e può anche agire direttamente per conseguirlo. Se l'alienazione è stata fatta a titolo gratuito, l'acquirente, qualora l'alienante sia stato inutilmente escusso, è obbligato, nei limiti dell'arricchimento (2041), verso colui che ha pagato l'indebito.

2039. Indebito ricevuto da un incapace. – L'incapace (2) che ha ricevuto l'indebito, anche in mala fede, non è tenuto che nei limiti in cui ciò che ha ricevuto è stato rivolto a suo vantaggio (1190, 1443, 1950, 2041).

2040. Rimborso di spese e di miglioramenti. – Colui al quale è restituita la cosa è tenuto a rimborsare il possessore delle spese e dei miglioramenti, a norma degli articoli 1149, 1150, 1151 e 1152.

Titolo VIII
Dell'arricchimento senza causa

2041. Azione generale di arricchimento. – Chi, senza una giusta causa, si è arricchito a danno di un'altra persona è tenuto, nei limiti dell'arricchimento, a indennizzare quest'ultima della correlativa diminuzione patrimoniale (1185^2, 1443).

Qualora l'arricchimento abbia per oggetto una cosa determinata, colui che l'ha ricevuta è tenuto a restituirla in natura, se sussiste al tempo della domanda (2037; 67 l. camb.; 59 l. ass.).

2042. Carattere sussidiario dell'azione. – L'azione di arricchimento non è proponibile quando il danneggiato può esercitare un'altra azione per farsi indennizzare del pregiudizio subito.

Titolo IX
Dei fatti illeciti

2043. Risarcimento per fatto illecito. – Qualunque fatto doloso o colposo, che cagiona ad altri un danno ingiusto (1438), obbliga colui che ha commesso il fatto a risarcire il danno (2947; 185, 198 c.p.).

2044. Legittima difesa. – Non è responsabile chi cagiona il danno per legittima difesa di sé o di altri (52 c.p.).

Nei casi di cui all'articolo 52, commi secondo, terzo e quarto, del codice penale, la responsabilità di chi ha compiuto il fatto è esclusa ([1]).

Nel caso di cui all'articolo 55, secondo comma, del codice penale, al danneggiato è dovuta una indennità la cui misura è rimessa all'equo apprezzamento del giudice, tenuto altresì conto della gravità, delle modalità realizzative e del contributo causale della condotta posta in essere dal danneggiato ([1]).

([1]) *Questo comma è stato aggiunto dall'art. 7, comma 1, della L. 26 aprile 2019, n. 36.*

2045. Stato di necessità. – Quando chi ha compiuto il fatto dannoso vi è stato costretto dalla necessità di salvare sé o altri dal pericolo attuale di un danno grave alla persona, e il pericolo non è stato da lui volontariamente causato né era altrimenti evitabile (1447; 54 c.p.), al danneggiato è dovuta un'indennità (843^2, 924, 925, 1038, 1053, 1328, 2047), la cui misura è rimessa all'equo apprezzamento del giudice.

2046. Imputabilità del fatto dannoso. – Non risponde delle conseguenze del fatto dannoso chi non aveva la capacità d'intendere o di volere (428; 85, 87 c.p.) al momento in cui lo ha commesso, a meno che lo stato d'incapacità derivi da sua colpa (2047).

2047. Danno cagionato dall'incapace. – In caso di danno cagionato da persona incapace di intendere o di volere (428; 85 c.p.), il risarcimento è dovuto da chi è tenuto alla sorveglianza dell'incapace, salvo che provi di non aver potuto impedire il fatto (2048^3).

Nel caso in cui il danneggiato non abbia potuto ottenere il risarcimento da chi è tenuto alla sorveglianza, il giudice, in considerazione delle condizioni economiche delle parti, può condannare l'autore del danno a un'equa indennità (843^2, 924, 925, 1038, 1053, 1328, 2045).

2048. Responsabilità dei genitori, dei tutori, dei precettori e dei maestri d'arte. – Il padre e la madre (316), o il tutore (357 ss.) sono responsabili del danno (2056) cagionato dal fatto illecito dei figli minori non emancipati

(301, 316, 320) o delle persone soggette alla tutela (343, 414), che abitano con essi. La stessa disposizione si applica all'affiliante (404 ss.).

I precettori e coloro che insegnano un mestiere o un'arte sono responsabili del danno cagionato dal fatto illecito dei loro allievi e apprendisti (2130) nel tempo in cui sono sotto la loro vigilanza.

Le persone indicate dai commi precedenti sono liberate dalla responsabilità soltanto se provano di non aver potuto impedire il fatto (1900, 2047[1], 2054[1]).

2049. Responsabilità dei padroni e dei committenti. – I padroni e i committenti sono responsabili per i danni arrecati dal fatto illecito dei loro domestici e commessi nell'esercizio delle incombenze a cui sono adibiti (1900, 2048).

2050. Responsabilità per l'esercizio di attività pericolose. – Chiunque cagiona danno ad altri nello svolgimento di un'attività pericolosa, per sua natura o per la natura dei mezzi adoperati, è tenuto al risarcimento, se non prova di avere adottato tutte le misure idonee a evitare il danno (1681, 2054) (1) (2).

(1) *L'obbligo della assicurazione da responsabilità per danni da circolazione è attualmente disposto per i veicoli a motore senza guida di rotaie dall'art. 193 del codice della strada e dall'art. 122 del D.L.vo 7 settembre 2005, n. 209; per i natanti dall'art. 123 stesso D.L.vo; e per i ciclomotori e le macchine agricole dall'art. 237 del codice della strada).*

(2) *Per l'indennizzo dei danni, in quanto conseguenti all'esercizio di attività pericolose, è obbligatoria l'assicurazione per responsabilità civile in materia di caccia (L. 11 febbraio 1992, n. 157), di circolazione di veicoli a motore e di natanti, di gare e competizioni sportive di veicoli a motore.*

2051. Danno cagionato da cosa in custodia. – Ciascuno è responsabile del danno cagionato dalle cose che ha in custodia, salvo che provi il caso fortuito (1215, 1256, 1588, 1611, 2056).

2052. Danno cagionato da animali. – Il proprietario di un animale o chi se ne serve per il tempo in cui l'ha in uso, è responsabile dei danni cagionati dall'animale, sia che fosse sotto custodia, sia che fosse smarrito o fuggito, salvo che provi il caso fortuito (1218, 1256).

2053. Rovina di edificio. – Il proprietario di un edificio o di altra costruzione è responsabile dei danni cagionati dalla loro rovina, salvo che provi che questa non è dovuta a difetto di manutenzione o a vizio di costruzione (1669; 677 c.p.).

2054. Circolazione di veicoli. – Il conducente di un veicolo senza guida di rotaie è obbligato a risarcire il danno prodotto a persone o a cose dalla circolazione del veicolo, se non prova di aver fatto tutto il possibile per evitare il danno (1227, 2047[1], 2048[3], 2050, 2947).

Nel caso di scontro tra veicoli si presume, fino a prova contraria, che ciascuno dei conducenti abbia concorso ugualmente a produrre il danno subito dai singoli veicoli (2055[3]) ([1]).

Il proprietario del veicolo, o, in sua vece, l'usufruttuario (978) o l'acquirente con patto di riservato dominio (1523), è responsabile in solido (1292) col conducente, se non prova che la circolazione del veicolo è avvenuta contro la sua volontà.

In ogni caso le persone indicate dai commi precedenti sono responsabili dei danni derivanti da vizi di costruzione o da difetto di manutenzione del veicolo.

([1]) *La Corte costituzionale, con sentenza n. 205 del 29 dicembre 1972, ha dichiarato l'illegittimità costituzionale del secondo comma limitatamente alla parte in cui nel caso di scontro fra veicoli esclude che la presunzione di egual concorso dei conducenti operi anche se uno dei veicoli non abbia riportato danni.*

2055. Responsabilità solidale. – Se il fatto dannoso è imputabile a più persone, tutte sono obbligate in solido (1294) al risarcimento del danno.

Colui che ha risarcito il danno ha regresso (1299) contro ciascuno degli altri, nella misura determinata dalla gravità della rispettiva colpa e dall'entità delle conseguenze che ne sono derivate (1227[1]).

Nel dubbio (2054[2]), le singole colpe si presumono uguali (1298[2]).

2056. Valutazione dei danni. – Il risarcimento dovuto al danneggiato si deve determinare secondo le disposizioni degli articoli 1223, 1226 e 1227.

Il lucro cessante è valutato dal giudice con equo apprezzamento delle circostanze del caso (1226).

2057. Danni permanenti. – Quando il danno alle persone ha carattere permanente la liquidazione può essere fatta dal giudice, tenuto conto delle condizioni delle parti e della natura del danno, sotto forma di una rendita vitalizia (1872 ss.). In tal caso il giudice dispone le opportune cautele.

2058. Risarcimento in forma specifica. – Il danneggiato può chiedere la reintegrazione in forma specifica, qualora sia in tutto o in parte possibile.

Tuttavia il giudice può disporre che il risarcimento avvenga solo per equivalente, se la reintegrazione in forma specifica risulta eccessivamente onerosa per il debitore.

2059. Danni non patrimoniali. – Il danno non patrimoniale deve essere risarcito solo nei casi determinati dalla legge (89[2] c.p.c.; 185[2], 187, 189 c.p.).

Libro V
Del lavoro

Titolo I
Della disciplina
delle attività professionali

Capo I
Disposizioni generali

2060. Del lavoro. – Il lavoro è tutelato in tutte le sue forme organizzative ed esecutive, intellettuali, tecniche e manuali (35 Cost.) [secondo i principi della Carta del lavoro] (1).

(1) *Inciso soppresso dall'art. 3, D.L.vo Lgt. 14 settembre 1944, n. 287, provvedimenti relativi alla riforma della legislazione civile.*

2061. Ordinamento delle categorie professionali. – L'ordinamento delle categorie professionali è stabilito dalle leggi (2229), dai regolamenti, dai provvedimenti dell'autorità governativa e dagli statuti delle associazioni professionali (1).

(1) *L'espressione «e dagli statuti delle associazioni professionali» è da ritenere abrogata dal R.D.L. 9 agosto 1943, n. 721, relativamente alle corporazioni, e dal D.L.vo Lgt. 23 novembre 1944, n. 369, relativamente alle associazioni sindacali.*

2062. Esercizio professionale delle attività economiche. – L'esercizio professionale delle attività economiche (2082, 2247; 41 Cost.) è disciplinato dalle leggi, dai regolamenti e dalle norme corporative (1).

(1) *L'espressione «e dalle norme corporative» è da ritenere abrogata dal R.D.L. 9 agosto 1943, n. 721.*

Capo II
Delle ordinanze corporative e degli accordi economici collettivi ([1])

([1]) *L'intero capo composto dagli artt. 2063-2066, deve ritenersi abrogato in seguito alla soppressione dell'ordinamento corporativo fascista, disposta dal R.D.L. 9 agosto 1943, n. 721, relativamente agli organi centrali ed alle corporazioni, e dal D.L.vo Lgt. 23 novembre 1944, n. 369, relativamente alle associazioni sindacali.*

2063. Oggetto. – Le ordinanze corporative (5, 6 prel.) per il coordinamento della produzione e degli scambi possono avere per oggetto:

1) la disciplina unitaria della produzione;

2) il regolamento dei rapporti tra determinate categorie professionali;

3) le tariffe per le prestazioni e per i beni di consumo offerti al pubblico in condizioni di privilegio.

Le materie indicate nel n. 2 possono anche, nei casi e nei modi stabiliti dalla legge, formare oggetto di accordi economici collettivi tra le associazioni professionali che rappresentano le categorie interessate.

2064. Formazione e pubblicazione. – La formazione e pubblicazione delle ordinanze corporative e degli accordi economici collettivi sono regolate dalle leggi speciali (10 prel.).

2065. Efficacia. – Le ordinanze corporative e gli accordi economici collettivi hanno efficacia per tutti coloro che esercitano la loro attività nel ramo di produzione regolata dalle ordinanze e dagli accordi medesimi (6, 13 prel.).

2066. Inderogabilità. – I contratti individuali non possono derogare alle ordinanze corporative e agli accordi economici collettivi, salvo che questi lo consentano.

Le clausole dei contratti individuali, difformi dalle norme inderogabili contenute nelle ordinanze e negli accordi previsti nel presente capo, sono sostituite di diritto dalle norme suddette (1339, 2077).

La disposizione del comma precedente non si applica ai contratti stipulati prima dell'entrata in vigore dell'ordinanza corporativa o dell'accordo economico collettivo. L'ordinanza e l'accordo possono tuttavia stabilire che le norme in essi contenute si applichino anche ai contratti ad esecuzione continuata o periodica in corso, per la parte non ancora eseguita.

Capo III
Del contratto collettivo di lavoro e delle norme equiparate

2067. Soggetti. – I contratti collettivi di lavoro sono stipulati dalle associazioni professionali (39^4 Cost.; 5 prel.).

2068. Rapporti di lavoro sottratti a contratto collettivo. – Non possono essere regolati da contratto collettivo i rapporti di lavoro, in quanto siano disciplinati con atti della pubblica autorità in conformità della legge.

Sono altresì sottratti alla disciplina del contratto collettivo i rapporti di lavoro concernenti prestazioni di carattere personale o domestico (2240 ss.) ([1]).

([1]) *La Corte costituzionale, con sentenza n. 68 del 9 aprile 1969, ha dichiarato l'illegittimità costituzionale del comma secondo, in relazione all'art. 3 Cost., nella parte in cui dispone che sono sottratti alla disciplina del contratto collettivo i rapporti di lavoro concernenti prestazioni di carattere domestico.*

2069. Efficacia. – Il contratto collettivo deve contenere l'indicazione della categoria d'imprenditori e di prestatori di lavoro, ovvero delle imprese o dell'impresa (2082), a cui si riferisce, e del territorio dove ha efficacia (2071).

In mancanza di tali indicazioni il contratto collettivo è obbligatorio per tutti gli imprenditori e i prestatori di lavoro rappresentati dalle associazioni stipulanti (2075).

2070. Criteri di applicazione. – L'appartenenza alla categoria professionale, ai fini dell'applicazione del contratto collettivo, si determina secondo l'attività effettivamente esercitata dall'imprenditore (2082).

Se l'imprenditore esercita distinte attività aventi carattere autonomo, si applicano ai rispettivi rapporti di lavoro le norme dei contratti collettivi corrispondenti alle singole attività.

Quando il datore di lavoro esercita non professionalmente un'attività organizzata, si applica il contratto collettivo che regola i rapporti di lavoro relativi alle imprese che esercitano la stessa attività (13 prel.).

2071. Contenuto. – Il contratto collettivo deve contenere le disposizioni occorrenti, secondo la natura del rapporto, [per attuare i principi della Carta del lavoro e] ([1]) per dare esecuzione alle norme di questo codice concernenti la disciplina del lavoro, i diritti e gli obblighi degli imprenditori e dei prestatori di lavoro (2096 ss.).

Deve inoltre indicare le qualifiche e le rispettive mansioni dei prestatori di lavoro appartenenti alla categoria a cui si riferisce la disciplina collettiva (2069).

Deve infine contenere la determinazione della sua durata (2074).

(¹) *Inciso soppresso dall'art. 3 D.L.vo Lgt. 14 settembre 1944, n. 287, provvedimenti relativi alla riforma della legislazione civile.*

2072. (¹) **Deposito e pubblicazione.** – Il deposito e la pubblicazione del contratto collettivo sono regolati dalle leggi speciali.

Prima della pubblicazione l'autorità governativa deve accertare che ricorrano le condizioni richieste per la validità del contratto collettivo.

La pubblicazione può essere rifiutata, se il contratto collettivo non contiene le disposizioni e le indicazioni richieste dall'art. 2071, salvo che le parti si siano obbligate a integrarlo con successivi patti da stipularsi entro un termine stabilito. Se i patti integrativi non sono stipulati nel termine, può essere adita la magistratura del lavoro per la formazione delle disposizioni integrative.

Contro il rifiuto di pubblicazione è ammesso ricorso alla magistratura del lavoro a norma delle leggi speciali.

(¹) *Articolo da ritenersi abrogato dal R.D.L. 9 agosto 1943, n. 721, relativamente alle corporazioni e dal D.L.vo Lgt. 23 novembre 1944, n. 369, relativamente alle associazioni sindacali.*

2073. (¹) **Denunzia.** – La denunzia del contratto collettivo deve farsi almeno tre mesi prima della scadenza.

Se, avvenuta la denunzia, le associazioni professionali non hanno, un mese prima della scadenza, provveduto alla stipulazione e al deposito del nuovo contratto collettivo, ed è rimasto infruttuoso l'esperimento di conciliazione previsto nell'art. 412 del codice di procedura civile, può essere adita la magistratura del lavoro per la formazione di nuove condizioni di lavoro.

(¹) *Articolo da ritenersi abrogato dal R.D.L. 9 agosto 1943, n. 721, relativamente alle corporazioni e dal D.L.vo Lgt. 23 novembre 1944, n. 369, relativamente alle associazioni sindacali.*

2074. (¹) **Efficacia dopo la scadenza.** – Il contratto collettivo, anche quando è stato denunziato, continua a produrre i suoi effetti dopo la scadenza, fino a che sia intervenuto un nuovo regolamento collettivo.

(¹) *Articolo da ritenersi abrogato dal R.D.L. 9 agosto 1943, n. 721, relativamente alle corporazioni e dal D.L.vo Lgt. 23 novembre 1944, n. 369, relativamente alle associazioni sindacali.*

2075. (¹) **Efficacia nel caso di variazioni nell'inquadramento.** – Il contratto collettivo conserva efficacia nei confronti della categoria alla quale si riferisce, anche se la rappresentanza legale di questa, per effetto di variazioni nell'inquadramento, spetta ad altra associazione.

Questa ha però facoltà di denunziare il contratto collettivo indipendentemente dal termine fissato per la scadenza di esso.

(1) *Articolo da ritenersi abrogato dal R.D.L. 9 agosto 1943, n. 721, relativamente alle corporazioni e dal D.L.vo Lgt. 23 novembre 1944, n. 369, relativamente alle associazioni sindacali.*

2076. (1) **Contratto collettivo annullabile.** – Il contratto collettivo annullabile conserva efficacia fino a che intervenga una sentenza di annullamento passata in giudicato (324 c.p.c.).

La domanda di annullamento è proposta davanti la magistratura del lavoro dalle associazioni interessate o dal pubblico ministero.

La domanda deve essere proposta, sotto pena di decadenza (2964 ss.), entro sei mesi dalla pubblicazione del contratto collettivo.

(1) *Articolo da ritenersi abrogato dal R.D.L. 9 agosto 1943, n. 721, relativamente alle corporazioni e dal D.L.vo Lgt. 23 novembre 1944, n. 369, relativamente alle associazioni sindacali.*

2077. Efficacia del contratto collettivo sul contratto individuale. – I contratti individuali di lavoro tra gli appartenenti alle categorie alle quali si riferisce il contratto collettivo devono uniformarsi alle disposizioni di questo.

Le clausole difformi dei contratti individuali, preesistenti o successivi al contratto collettivo (1419[2]), sono sostituite di diritto da quelle del contratto collettivo, salvo che contengano speciali condizioni più favorevoli ai prestatori di lavoro (1339, 2066).

2078. Efficacia degli usi. – In mancanza di disposizioni di legge e di contratto collettivo si applicano gli usi. Tuttavia gli usi più favorevoli ai prestatori di lavoro prevalgono sulle norme dispositive di legge.

Gli usi non prevalgono sui contratti individuali di lavoro (8 prel.).

2079. Rapporti di associazione agraria e di affitto a coltivatore diretto. – La disciplina del contratto collettivo di lavoro si applica anche ai rapporti di associazione agraria regolati dal capo II del titolo II (2135 ss.) ed a quelli di affitto a coltivatore diretto del fondo (1647 ss.).

Tuttavia in questi rapporti il contratto collettivo non deve contenere norme relative al salario, all'orario di lavoro, alle ferie, al periodo di prova, od altre che contrastino con la natura dei rapporti medesimi.

2080. Colonia parziaria e affitto con obbligo di miglioria. – Nei contratti individuali di colonia parziaria (2164) e di affitto a coltivatore diretto (1647), con obbligo di miglioria, conservano efficacia le clausole difformi dalle disposizioni del contratto collettivo stipulato durante lo svolgimento del rapporto.

2081. Norme equiparate al contratto collettivo. – Le disposizioni sul contratto collettivo di lavoro contenute in questo capo valgono, in quanto applicabili, per le altre norme corporative che disciplinano rapporti di lavoro.

Titolo II
Del lavoro nell'impresa

Capo I
Dell'impresa in generale

Sezione I
Dell'imprenditore

2082. Imprenditore. – È imprenditore chi esercita professionalmente (2070^{3}) una attività economica (2062) organizzata (1655, 2135, 2195, 2238, 2247) al fine della produzione o dello scambio di beni o di servizi (2085, 2086).

2083. Piccoli imprenditori. – Sono piccoli imprenditori (1 l. fall.) i coltivatori diretti del fondo (1647 ss., 2139), gli artigiani (45^{2} Cost.), i piccoli commercianti e coloro che esercitano un'attività professionale organizzata prevalentemente con il lavoro proprio o dei componenti della famiglia (1647, 2202, 2214, 2221).

2084. Condizioni per l'esercizio dell'impresa. – La legge determina le categorie d'imprese il cui esercizio è subordinato a concessione o autorizzazione amministrativa.

Le altre condizioni per l'esercizio delle diverse categorie d'impresa sono stabilite dalla legge e dalle norme corporative ([1]).

([1]) *L'espressione «e dalle norme corporative» è da ritenersi abrogata dal R.D.L. 9 agosto 1943, n. 721, e dal D.L.vo 23 novembre 1944, n. 369.*

2085. Indirizzo della produzione. – Il controllo sull'indirizzo della produzione e degli scambi in relazione all'interesse unitario dell'economia nazionale è esercitato dallo Stato, nei modi previsti dalla legge (2088 ss.) e dalle norme corporative ([1]).

La legge stabilisce altresì i casi e i modi nei quali si esercita la vigilanza dello Stato sulla gestione delle imprese (41 Cost.).

([1]) *L'espressione «e dalle norme corporative» è da ritenersi abrogata dal R.D.L. 9 agosto 1943, n. 721, e dal D.L.vo Lgt. 23 novembre 1944, n. 369.*

2086. Gestione dell'impresa ([1]). – L'imprenditore è il capo dell'impresa e da lui dipendono gerarchicamente i suoi collaboratori (2094 ss., 2104, 2145[2]).

L'imprenditore, che operi in forma societaria o collettiva, ha il dovere di istituire un assetto organizzativo, amministrativo e contabile adeguato alla natura e alle dimensioni dell'impresa, anche in funzione della rilevazione tempestiva della crisi dell'impresa e della perdita della continuità aziendale, nonché di attivarsi senza indugio per l'adozione e l'attuazione di uno degli strumenti previsti dall'ordinamento per il superamento della crisi e il recupero della continuità aziendale ([2]).

([1]) *La precedente rubrica:* «Direzione e gerarchia nella impresa» *è stata così sostituita dalla seguente:* «Gestione dell'impresa» *dell'art. 375, comma 1, del D.L.vo 12 gennaio 2019, n. 14.*

A norma dell'art. 389, comma 2, del medesimo provvedimento, tali disposizioni entrano in vigore il trentesimo giorno successivo alla data di pubblicazione in Gazzetta Ufficiale *del suddetto decreto (Suppl. ord. alla* G.U. *n. 38 del 14 febbraio 2019).*

([2]) *Questo comma è stato aggiunto dall'art. 375, comma 2, del D.L.vo 12 gennaio 2019, n. 14.*

A norma dell'art. 389, comma 2, del medesimo provvedimento, tali disposizioni entrano in vigore il trentesimo giorno successivo alla data di pubblicazione in Gazzetta Ufficiale *del suddetto decreto (Suppl. ord. alla* G.U. *n. 38 del 14 febbraio 2019).*

2087. Tutela delle condizioni di lavoro. – L'imprenditore è tenuto ad adottare nell'esercizio dell'impresa le misure che, secondo la particolarità del lavoro, l'esperienza e la tecnica, sono necessarie a tutelare l'integrità fisica e la personalità morale dei prestatori di lavoro (37 Cost.) ([1]).

([1]) *Per la prevenzione degli infortuni, si veda il D.L.vo 9 aprile 2008, n. 81, in materia di tutela della salute e della sicurezza nei luoghi di lavoro. Per la tutela della libertà e dignità dei lavoratori e della libertà sindacale si veda la L. 20 maggio 1970, n. 300, statuto dei lavoratori.*

2088. Responsabilità dell'imprenditore. – L'imprenditore deve uniformarsi nell'esercizio dell'impresa ai principi dell'ordinamento corporativo e agli obblighi che ne derivano, e ([1]) risponde verso lo Stato dell'indirizzo della produzione e degli scambi, in conformità della legge (41 Cost.) e delle norme corporative ([1]).

([1]) *Le espressioni «deve uniformarsi nell'esercizio dell'impresa ai principi dell'ordinamento corporativo e agli obblighi che ne derivano, e» e «e delle norme corporative» sono da ritenersi abrogate dal R.D.L. 9 agosto 1943, n. 721, e dal D.L.vo Lgt. 23 novembre 1944, n. 369.*

2089. ([1]) **Inosservanza degli obblighi dell'imprenditore.** – Se l'imprenditore non osserva gli obblighi imposti dall'ordinamento corporativo nell'interesse della produzione, in modo da determinare grave danno all'economia nazionale, gli organi corporativi, dopo aver compiuto le opportune indagini e richiesto all'imprenditore i chiarimenti necessari, possono disporre la trasmissione degli atti al pubblico ministero presso la corte d'appello di cui fa parte la magistratura del lavoro competente per territorio, perchè promuova eventualmente i provvedimenti indicati nell'art. 2091.

([1]) *Articolo da ritenersi abrogato dal R.D.L. 9 agosto 1943, n. 721 e dal D.L.vo Lgt. 23 novembre 1944, n. 369.*

2090. ([1]) **Procedimento.** – Il presidente della magistratura del lavoro, ricevuta l'istanza del pubblico ministero, fissa il giorno per la comparizione dell'imprenditore e assegna un termine entro il quale egli deve presentare le sue deduzioni.

La magistratura del lavoro decide in camera di consiglio, sentiti il pubblico ministero e l'imprenditore. Può anche, prima di decidere, sentire la associazione professionale alla quale appartiene l'imprenditore, assumere le informazioni e compiere le indagini che ritiene necessarie.

Contro la sentenza della magistratura del lavoro l'imprenditore e il pubblico ministero possono proporre ricorso per cassazione a norma dell'art. 426 del codice di procedura civile.

([1]) *Articolo da ritenersi abrogato dal R.D.L. 9 agosto 1943, n. 721 e dal D.L.vo Lgt. 23 novembre 1944, n. 369.*

2091. ([1]) **Sanzioni.** – La magistratura del lavoro, se accerta che l'inosservanza perdura, fissa un termine entro il quale l'imprenditore deve uniformarsi agli obblighi suddetti.

Qualora l'imprenditore non vi ottemperi nel termine fissato, la magistratura del lavoro può ordinare la sospensione dell'esercizio dell'impresa o, se la sospensione è tale da recare pregiudizio all'economia nazionale, può nominare un amministratore che assuma la gestione dell'impresa, scegliendolo fra le persone designate dall'imprenditore, se riconosciute idonee, e determinandone i poteri e la durata.

Se si tratta di società, la magistratura del lavoro, anziché nominare un amministratore, può assegnare un termine entro il quale la società deve provvedere a sostituire gli amministratori in carica con altre persone riconosciute idonee.

([1]) *Articolo da ritenersi abrogato dal R.D.L. 9 agosto 1943, n. 721 e dal D.L.vo Lgt. 23 novembre 1944, n. 369.*

2092. ([1]) **Sanzioni previste da leggi speciali.** – Le disposizioni dei tre articoli precedenti non si applicano nei casi in cui per le trasgressioni commesse dall'imprenditore le leggi speciali prevedono particolari sanzioni a di lui carico.

([1]) *Articolo da ritenersi abrogato dal R.D.L. 9 agosto 1943, n. 721 e dal D.L.vo Lgt. 23 novembre 1944, n. 369.*

2093. Imprese esercitate da enti pubblici. – Le disposizioni di questo libro si applicano agli enti pubblici inquadrati nelle associazioni professionali.

Agli enti pubblici non inquadrati si applicano le disposizioni di questo libro, limitatamente alle imprese da essi esercitate (2201).

Sono salve le diverse disposizioni della legge (2221; 1[1], 195[8] l. fall.).

Sezione II
Dei collaboratori dell'imprenditore

2094. Prestatore di lavoro subordinato. – È prestatore di lavoro subordinato chi si obbliga mediante retribuzione a collaborare nell'impresa, prestando il proprio lavoro intellettuale o manuale alle dipendenze e sotto la direzione dell'imprenditore (2086, 2104; 36 ss. Cost.).

2095. Categorie dei prestatori di lavoro. – I prestatori di lavoro subordinato si distinguono in dirigenti, quadri, impiegati e operai (2125).

Le leggi speciali e le norme corporative ([1]), in relazione a ciascun ramo di produzione e alla particolare struttura dell'impresa, determinano i requisiti di appartenenza alle indicate categorie (95, 96 att.).

([1]) *L'espressione: «le norme corporative» è da ritenersi abrogata dal R.D.L. 9 agosto 1943, n. 721.*

Sezione III
Del rapporto di lavoro

§. 1
Della costituzione del rapporto di lavoro

2096. Assunzione in prova. – Salvo diversa disposizione delle norme corporative ([1]), l'assunzione del prestatore di lavoro per un periodo di prova deve risultare da atto scritto (2725).

L'imprenditore e il prestatore di lavoro sono rispettivamente tenuti a consentire e a fare l'esperimento che forma oggetto del patto di prova (2241).

Durante il periodo di prova ciascuna delle parti può recedere dal contratto (1373), senza obbligo di preavviso o d'indennità. Se però la prova è stabilita per un tempo minimo necessario, la facoltà di recesso non può esercitarsi prima della scadenza del termine ([2]).

Compiuto il periodo di prova, l'assunzione diviene definitiva e il servizio prestato si computa nell'anzianità del prestatore di lavoro (2120).

([1]) *L'espressione «salvo diversa disposizione delle norme corporative» è da ritenersi abrogata dal R.D.L. 9 agosto 1943, n. 721 e dal D.L.vo Lgt. 23 novembre 1944, n. 369.*

([2]) *La Corte costituzionale, con sentenza n. 189 del 16 dicembre 1980, ha dichiarato l'illegittimità costituzionale del terzo comma, nella parte in cui non riconosce il diritto alla indennità di anzianità di cui agli artt. 2120 e 2121 c.c., al lavoratore assunto con patto di prova nel caso di recesso dal contratto durante il periodo di prova medesimo.*

2097. Durata del contratto di lavoro. – (*Omissis*) ([1]).

([1]) *Articolo abrogato dall'art. 9 della L. 18 aprile 1962, n. 230, che ha dettato una nuova disciplina del contratto di lavoro a tempo determinato.*

2098. Violazione delle norme sul collocamento dei prestatori di lavoro. – Il contratto di lavoro stipulato senza l'osservanza delle disposizioni concernenti la disciplina della domanda e dell'offerta di lavoro può essere annullato, salva l'applicazione delle sanzioni penali (2126; 125, 126 c.n.).

La domanda di annullamento è proposta dal pubblico ministero, su denunzia dell'ufficio di collocamento, entro un anno dalla data dell'assunzione del prestatore di lavoro (2964).

§. 2

Dei diritti e degli obblighi delle parti

2099. Retribuzione. – La retribuzione del prestatore di lavoro può essere stabilita a tempo o a cottimo e deve essere corrisposta nella misura determinata dalle norme corporative ([1]), con le modalità e nei termini in uso nel luogo in cui il lavoro viene eseguito (2103, 2955, n. 2, 2956, n. 1; 36, 37 Cost.).

In mancanza di norme corporative o ([1]) di accordo tra le parti, la retribuzione è determinata dal giudice, tenuto conto, ove occorra, del parere delle associazioni professionali ([1]).

Il prestatore di lavoro può anche essere retribuito in tutto o in parte con partecipazione agli utili (2102) o ai prodotti (2121), con provvigione o con prestazioni in natura.

([1]) *Le espressioni «nella misura determinata dalle norme corporative», «di norme corporative o» e «tenuto conto, ove occorra, del parere delle associazioni professionali» sono da ritenersi abrogate dal R.D.L. 9 agosto 1943, n. 721 e dal D.L.vo Lgt. 23 novembre 1944, n. 369.*

2100. Obbligatorietà del cottimo. - Il prestatore di lavoro deve essere retribuito secondo il sistema del cottimo quando, in conseguenza dell'organizzazione del lavoro, è vincolato all'osservanza di un determinato ritmo produttivo, o quando la valutazione della sua prestazione è fatta in base al risultato delle misurazioni dei tempi di lavorazione (2101, 2127, 2131).

Le norme corporative determinano i rami di produzione e i casi in cui si verificano le condizioni previste nel comma precedente e stabiliscono i criteri per la formazione delle tariffe ([1]).

([1]) *Comma da ritenersi abrogato dal R.D.L. 9 agosto 1943, n. 721 e dal D.L.vo Lgt. 23 novembre 1944, n. 369.*

2101. Tariffe di cottimo. – Le norme corporative ([1]) possono stabilire che le tariffe di cottimo non divengano definitive se non dopo un periodo di esperimento.

Le tariffe possono essere sostituite o modificate soltanto se intervengono mutamenti nelle condizioni di esecuzione del lavoro, e in ragione degli stessi. In questo caso la sostituzione o la variazione della tariffa non diviene definitiva se non dopo il periodo di esperimento stabilito dalle norme corporative ([1]).

L'imprenditore deve comunicare preventivamente ai prestatori di lavoro i dati riguardanti gli elementi costitutivi della tariffa di cottimo, le lavorazioni da eseguirsi e il relativo compenso unitario. Deve altresì comunicare i dati relativi alla quantità di lavoro eseguita e al tempo impiegato.

([1]) *L'espressione «corporative» ed il secondo periodo del secondo comma sono da ritenersi abrogati dal R.D.L. 9 agosto 1943, n. 721.*

2102. Partecipazione agli utili. – Se [le norme corporative o] ([1]) la convenzione non dispongono diversamente, la partecipazione agli utili spettante al prestatore di lavoro (2099[3], 2121, 2349, 2554) è determinata in base agli utili netti dell'impresa, e, per le imprese soggette alla pubblicazione del bilancio, in base agli utili netti risultanti dal bilancio regolarmente approvato e pubblicato (2433, 2435).

([1]) *L'espressione «le norme corporative o» è da ritenersi abrogata dal R.D.L. 9 agosto 1943, n. 721 e dal D.L.vo Lgt. 23 novembre 1944, n. 369.*

2103. ([1]) **Prestazione del lavoro.** - Il lavoratore deve essere adibito alle mansioni per le quali è stato assunto o a quelle corrispondenti all'inquadramento superiore che abbia successivamente acquisito ovvero a mansioni riconducibili allo stesso livello e categoria legale di inquadramento delle ultime effettivamente svolte.

In caso di modifica degli assetti organizzativi aziendali che incide sulla posizione del lavoratore, lo stesso può essere assegnato a mansioni appartenenti al livello di inquadramento inferiore purché rientranti nella medesima categoria legale.

Il mutamento di mansioni è accompagnato, ove necessario, dall'assolvimento dell'obbligo formativo, il cui mancato adempimento non determina comunque la nullità dell'atto di assegnazione delle nuove mansioni.

Ulteriori ipotesi di assegnazione di mansioni appartenenti al livello di inquadramento inferiore, purché rientranti nella medesima categoria legale, possono essere previste dai contratti collettivi.

Nelle ipotesi di cui al secondo e al quarto comma, il mutamento di mansioni è comunicato per iscritto, a pena di nullità, e il lavoratore ha diritto alla conservazione del livello di inquadramento e del trattamento retributivo in godimento, fatta eccezione per gli elementi retributivi collegati a particolari modalità di svolgimento della precedente prestazione lavorativa.

Nelle sedi di cui all'articolo 2113, quarto comma, o avanti alle commissioni di certificazione, possono essere stipulati accordi individuali di modifica delle mansioni, della categoria legale e del livello di inquadramento e della relativa retribuzione, nell'interesse del lavoratore alla conservazione dell'occupazione, all'acquisizione di una diversa professionalità o al miglioramento delle condizioni di vita. Il lavoratore può farsi assistere da un rappresentante dell'associazione sindacale cui aderisce o conferisce mandato o da un avvocato o da un consulente del lavoro.

Nel caso di assegnazione a mansioni superiori il lavoratore ha diritto al trattamento corrispondente all'attività svolta e l'assegnazione diviene definitiva, salvo diversa volontà del lavoratore, ove la medesima non abbia avuto luogo per ragioni sostitutive di altro lavoratore in servizio, dopo il periodo fissato dai contratti collettivi o, in mancanza, dopo sei mesi continuativi.

Il lavoratore non può essere trasferito da un'unità produttiva ad un'altra se non per comprovate ragioni tecniche, organizzative e produttive.

Salvo che ricorrano le condizioni di cui al secondo e al quarto comma e fermo quanto disposto al sesto comma, ogni patto contrario è nullo.

(1) *Questo articolo è stato, da ultimo, così sostituito dall'art. 3, comma 1, del D.L.vo 15 giugno 2015, n. 81.*

2104. Diligenza del prestatore di lavoro. – Il prestatore di lavoro deve usare la diligenza richiesta dalla natura della prestazione dovuta, dall'interesse dell'impresa e da quello superiore della produzione nazionale (1176).

Deve inoltre osservare le disposizioni per l'esecuzione e per la disciplina del lavoro impartite dall'imprenditore (2086) e dai collaboratori di questo dai quali gerarchicamente dipende (2094, 2106).

2105. Obbligo di fedeltà. – Il prestatore di lavoro non deve trattare affari, per conto proprio o di terzi, in concorrenza con l'imprenditore, né divulgare notizie attinenti all'organizzazione e ai metodi di produzione dell'impresa, o farne uso in modo da poter recare ad essa pregiudizio (2125).

2106. Sanzioni disciplinari. – L'inosservanza delle disposizioni contenute nei due articoli precedenti può dar luogo all'applicazione di sanzioni disciplinari, secondo la gravità dell'infrazione (96 att.) [e in conformità delle norme corporative] (1).

(1) *L'espressione «e in conformità delle norme corporative» è da ritenersi abrogata dal R.D.L. 9 agosto 1943, n. 721 e dal D.L.vo Lgt. 23 novembre 1944, n. 369.*

2107. Orario di lavoro. – La durata giornaliera e settimanale della prestazione di lavoro non può superare i limiti stabiliti dalle leggi speciali [o dalle norme corporative] (1).

(1) *L'espressione «o dalle norme corporative» è da ritenersi abrogata dal R.D.L. 9 agosto 1943, n. 721 e dal D.L.vo Lgt. 23 novembre 1944, n. 369.*

2108. Lavoro straordinario e notturno. – In caso di prolungamento dell'orario normale, il prestatore di lavoro deve essere compensato per le ore straordinarie con un aumento di retribuzione rispetto a quella dovuta per il lavoro ordinario.

Il lavoro notturno non compreso in regolari turni periodici deve essere parimenti retribuito con una maggiorazione rispetto al lavoro diurno.

I limiti entro i quali sono consentiti il lavoro straordinario e quello notturno, la durata di essi e la misura della maggiorazione sono stabiliti dalla legge [o dalle norme corporative] (1).

(1) *L'espressione «o dalle norme corporative» è da ritenersi abrogata dal R.D.L. 9 agosto 1943, n. 721 e dal D.L.vo Lgt. 23 novembre 1944, n. 369.*

2109. Periodo di riposo (1) (2). – Il prestatore di lavoro ha diritto ad un giorno di riposo ogni settimana, di regola in coincidenza con la domenica (36 Cost.).

Ha anche diritto, dopo un anno d'ininterrotto servizio (3), ad un periodo annuale di ferie retribuito, possibilmente continuativo, nel tempo che l'imprenditore stabilisce, tenuto conto delle esigenze dell'impresa e degli interessi del prestatore di lavoro. La durata di tale periodo è stabilita dalla legge, dalle norme corporative (4), e dagli usi o secondo equità (2243).

L'imprenditore deve preventivamente comunicare al prestatore di lavoro il periodo stabilito per il godimento delle ferie.

Non può essere computato nelle ferie il periodo di preavviso indicato nell'art. 2118 (98 att.).

(¹) *La Corte costituzionale, con sentenza n. 189 del 16 dicembre 1980, ha dichiarato l'illegittimità costituzionale di questo articolo nella parte in cui non prevede il diritto a ferie retribuite anche per il lavoratore assunto in prova in caso di recesso dal contratto durante il periodo di prova medesimo.*

(²) *La Corte costituzionale, con sentenza n. 616 del 30 dicembre 1987, ha dichiarato l'illegittimità costituzionale di questo articolo, nella parte in cui non prevede che la malattia insorta durante il periodo feriale ne sospenda il decorso.*

(³) *La Corte costituzionale, con sentenza n. 66 del 10 maggio 1963, ha dichiarato l'illegittimità costituzionale dell'espressione «dopo un anno di ininterrotto servizio».*

(⁴) *L'espressione «dalle norme corporative» è da ritenersi abrogata dal R.D.L. 9 agosto 1943, n. 721.*

2110. Infortunio, malattia, gravidanza, puerperio. – In caso d'infortunio, di malattia, di gravidanza o di puerperio, se la legge o le norme corporative (¹) non stabiliscono forme equivalenti di previdenza o di assistenza, è dovuta al prestatore di lavoro la retribuzione o un'indennità nella misura e per il tempo determinati dalle leggi speciali, dalle norme corporative (¹), dagli usi o secondo equità (38^2 Cost.; 98 att.).

Nei casi indicati nel comma precedente, l'imprenditore ha diritto di recedere dal contratto a norma dell'art. 2118, decorso il periodo stabilito dalla legge [dalle norme corporative] (¹), dagli usi o secondo equità.

Il periodo di assenza dal lavoro per una delle cause anzidette deve essere computato nell'anzianità di servizio (2120; 98 att.).

(¹) *L'espressione «le norme corporative» è da ritenersi abrogata dal R.D.L. 9 agosto 1943, n. 721 e dal D.L.vo Lgt. 23 novembre 1944, n. 369.*

2111. Servizio militare. – [La chiamata alle armi per adempiere agli obblighi di leva risolve il contratto di lavoro, salvo diverse disposizioni delle norme corporative] (¹).

In caso di richiamo alle armi, si applicano le disposizioni del primo e del terzo comma dell'articolo precedente.

(¹) *Comma da ritenersi implicitamente abrogato dal D.L.vo C.P.S. 13 settembre 1946, n. 303, conservazione del posto ai lavoratori chiamati alle armi per servizio di leva, il quale ha disposto che la chiamata alle armi per adempiere agli obblighi di leva sospende il rapporto di lavoro per tutto il periodo di leva con diritto del lavoratore alla conservazione del posto. Si vedano anche: L. 8 luglio 1998, n. 230, nuove norme in materia di obiezione di coscienza; L. 6 marzo 2001, n. 64, istituzione del servizio civile nazionale.*

2112. (¹) **Mantenimento dei diritti dei lavoratori in caso di trasferimento d'azienda.** – In caso di trasferimento d'azienda, il rapporto di lavoro continua con il cessionario ed il lavoratore conserva tutti i diritti che ne derivano.

Il cedente ed il cessionario sono obbligati, in solido, per tutti i crediti che il lavoratore aveva al tempo del trasferimento. Con le procedure di cui agli articoli 410 e 411 del codice di procedura civile il lavoratore può consentire la liberazione del cedente dalle obbligazioni derivanti dal rapporto di lavoro.

Il cessionario è tenuto ad applicare i trattamenti economici e normativi previsti dai contratti collettivi nazionali, territoriali ed aziendali vigenti alla data del trasferimento, fino alla loro scadenza, salvo che siano sostituiti da altri contratti collettivi applicabili all'impresa del cessionario. L'effetto di sostituzione si produce esclusivamente fra contratti collettivi del medesimo livello.

Ferma restando la facoltà di esercitare il recesso ai sensi della normativa in materia di licenziamenti, il trasferimento d'azienda non costituisce di per sé motivo di licenziamento. Il lavoratore, le cui condizioni di lavoro subiscono una sostanziale modifica nei tre mesi successivi al trasferimento d'azienda, può rassegnare le proprie dimissioni con gli effetti di cui all'articolo 2119, primo comma.

Ai fini e per gli effetti di cui al presente articolo si intende per trasferimento d'azienda qualsiasi operazione che, in seguito a cessione contrattuale o fusione, comporti il mutamento nella titolarità di un'attività economica organizzata, con o senza scopo di lucro, preesistente al trasferimento e che conserva nel trasferimento la propria identità a prescindere dalla tipologia negoziale o dal provvedimento sulla base del quale il trasferimento è attuato ivi compresi l'usufrutto o l'affitto di azienda. Le disposizioni del presente articolo si applicano altresì al trasferimento di parte dell'azienda, intesa come articolazione funzionalmente autonoma di un'attività economica organizzata, identificata come tale dal cedente e dal cessionario al momento del suo trasferimento ([2]).

Nel caso in cui l'alienante stipuli con l'acquirente un contratto di appalto la cui esecuzione avviene utilizzando il ramo d'azienda oggetto di cessione, tra appaltante e appaltatore opera un regime di solidarietà di cui all'articolo 29, comma 2, del decreto legislativo 10 settembre 2003, n. 276 ([3]) ([4]).

([1]) *Questo articolo è stato così sostituito, a decorrere dal 1° luglio 2001, dall'art. 1 del D.L.vo 2 febbraio 2001, n. 18.*

([2]) *Questo comma è stato così sostituito dall'art. 32, comma 1, del D.L.vo 10 settembre 2003, n. 276.*

([3]) *Le parole: «di cui all'articolo 1676» sono state così sostituite dalle attuali: «di cui all'articolo 29, comma 2, del decreto legislativo 10 settembre 2003, n. 276» dall'art. 9 del D.L.vo 6 ottobre 2004, n. 251.*

([4]) *Questo comma è stato aggiunto dall'art. 32, comma 2, del D.L.vo 10 settembre 2003, n. 276.*

2113. Rinunzie e transazioni. – Le rinunzie (1236 ss.) e le transazioni (1966[2]), che hanno per oggetto diritti del prestatore di lavoro derivanti da disposizioni inderogabili della legge e dei contratti o accordi collettivi concernenti i rapporti di cui all'art. 409 del codice di procedura civile, non sono valide (2112[3]).

L'impugnazione (1441) deve essere proposta, a pena di decadenza (2964), entro sei mesi dalla data di cessazione del rapporto o dalla data della rinunzia o della transazione, se queste sono intervenute dopo la cessazione medesima.

Le rinunzie e le transazioni di cui ai commi precedenti possono essere impugnate con qualsiasi atto scritto, anche stragiudiziale, del lavoratore idoneo a rendere nota la volontà.

Le disposizioni del presente articolo non si applicano alla conciliazione intervenuta ai sensi degli articoli 185, 410, 411, 412 *ter* e 412 *quater* del codice di procedura civile (¹).

(¹) *Le parole: «ai sensi degli articoli 185, 410 e 411 del codice di procedura civile» sono state così sostituite dalle attuali: «ai sensi degli articoli 185, 410, 411, 412* ter *e 412* quater *del codice di procedura civile» dall'art. 31, comma 7, della L. 4 novembre 2010, n. 183.*

§. 3
Della previdenza e dell'assistenza

2114. Previdenza ed assistenza obbligatorie. – Le leggi speciali [e le norme corporative] (¹) determinano i casi e le forme di previdenza e di assistenza obbligatorie e le contribuzioni e prestazioni relative.

(¹) *L'espressione «e le norme corporative» è da ritenersi abrogata dal R.D.L. 9 agosto 1943, n. 721.*

2115. Contribuzioni. – Salvo diverse disposizioni della legge [o delle norme corporative] (¹), l'imprenditore e il prestatore di lavoro contribuiscono in parti eguali alle istituzioni di previdenza e di assistenza.

L'imprenditore è responsabile del versamento del contributo, anche per la parte che è a carico del prestatore di lavoro, salvo il diritto di rivalsa secondo le leggi speciali (2753, 2754).

È nullo qualsiasi patto diretto ad eludere gli obblighi relativi alla previdenza o all'assistenza (1419).

(¹) *L'espressione «o delle norme corporative» è da ritenersi abrogata dal R.D.L. 9 agosto 1943, n. 721.*

2116. Prestazioni. – Le prestazioni indicate nell'art. 2114 sono dovute al prestatore di lavoro, anche quando l'imprenditore non ha versato regolarmente i contributi dovuti alle istituzioni di previdenza e di assistenza, salvo diverse disposizioni delle leggi speciali [o delle norme corporative] (1).

Nei casi in cui, secondo tali disposizioni, le istituzioni di previdenza e di assistenza, per mancata o irregolare contribuzione, non sono tenute a corrispondere in tutto o in parte le prestazioni dovute, l'imprenditore è responsabile del danno che ne deriva al prestatore di lavoro.

(1) *L'espressione «o delle norme corporative» è da ritenersi abrogata dal R.D.L. 9 agosto 1943, n. 721.*

2117. Fondi speciali per la previdenza e l'assistenza. – I fondi speciali per la previdenza e l'assistenza che l'imprenditore abbia costituiti (2123, 2429), anche senza contribuzione dei prestatori di lavoro, non possono essere distratti dal fine al quale sono destinati e non possono formare oggetto di esecuzione (513, 545 c.p.c.) da parte dei creditori dell'imprenditore o del prestatore di lavoro.

§. 4
Dell'estinzione del rapporto di lavoro

2118. Recesso dal contratto a tempo indeterminato. – Ciascuno dei contraenti può recedere dal contratto di lavoro a tempo indeterminato (1373), dando il preavviso nel termine e nei modi stabiliti [dalle norme corporative] (1), dagli usi o secondo equità (1750², 2109, 2110², 2244; 98 att.).

In mancanza di preavviso, il recedente è tenuto verso l'altra parte a un'indennità equivalente all'importo della retribuzione che sarebbe spettata per il periodo di preavviso (2276, 2751 *bis*, n. 4, 2948, n. 5; 98 att.).

La stessa indennità è dovuta dal datore di lavoro nel caso di cessazione del rapporto per morte del prestatore di lavoro (2122).

(1) *L'espressione «dalle norme corporative» è da ritenersi abrogata dal R.D.L. 9 agosto 1943, n. 721.*

2119. Recesso per giusta causa. – Ciascuno dei contraenti può recedere dal contratto prima della scadenza del termine, se il contratto è a tempo determinato, o senza preavviso, se il contratto è a tempo indeterminato (2097), qualora si verifichi una causa che non consenta la prosecuzione, anche provvisoria, del rapporto. Se il contratto è a tempo indeterminato, al prestatore di lavoro che recede per giusta causa compete l'indennità indicata nel secondo comma dell'articolo precedente (2244).

Non costituisce giusta causa di risoluzione del contratto il fallimento (1 l. fall.) dell'imprenditore (2221) o la liquidazione coatta amministrativa dell'azienda (194 l. fall.) (1).

(1) *A norma dell'art. 376, comma 1, del D.L.vo 12 gennaio 2019, n. 14, il secondo comma è stato così sostituito dal seguente:*

«Non costituisce giusta causa di risoluzione del contratto la liquidazione coatta amministrativa dell'impresa. Gli effetti della liquidazione giudiziale sui rapporti di lavoro sono regolati dal codice della crisi e dell'insolvenza.».

A norma dell'art. 389, comma 1, del medesimo provvedimento, tali disposizioni entreranno in vigore decorsi diciotto mesi dalla data di pubblicazione in Gazzetta Ufficiale *del suddetto decreto (Suppl. ord. alla* G.U. *n. 38 del 14 febbraio 2019).*

2120. (1) **Disciplina del trattamento di fine rapporto.** – In ogni caso di cessazione del rapporto di lavoro subordinato, il prestatore di lavoro ha diritto ad un trattamento di fine rapporto. Tale trattamento si calcola sommando per ciascun anno di servizio una quota pari e comunque non superiore all'importo della retribuzione dovuta per l'anno stesso divisa per 13,5. La quota è proporzionalmente ridotta per le frazioni di anno, computandosi come mese intero le frazioni di mese uguali o superiori a 15 giorni.

Salvo diversa previsione dei contratti collettivi la retribuzione annua, ai fini del comma precedente, comprende tutte le somme, compreso l'equivalente delle prestazioni in natura, corrisposte in dipendenza del rapporto di lavoro, a titolo non occasionale e con esclusione di quanto è corrisposto a titolo di rimborso spese.

In caso di sospensione della prestazione di lavoro nel corso dell'anno per una delle cause di cui all'articolo 2110, nonché in caso di sospensione totale o parziale per la quale sia prevista l'integrazione salariale, deve essere computato nella retribuzione di cui al primo comma l'equivalente della retribuzione a cui il lavoratore avrebbe avuto diritto in caso di normale svolgimento del rapporto di lavoro.

Il trattamento di cui al precedente primo comma, con esclusione della quota maturata nell'anno, è incrementato, su base composta, al 31 dicembre di ogni anno, con l'applicazione di un tasso costituito dall'1,5 per cento in misura fissa e dal 75 per cento dell'aumento dell'indice dei prezzi al consumo per le famiglie di operai ed impiegati, accertato dall'ISTAT, rispetto al mese di dicembre dell'anno precedente.

Ai fini dell'applicazione del tasso di rivalutazione di cui al comma precedente per frazioni di anno, l'incremento dell'indice ISTAT è quello risultante nel mese di cessazione del rapporto di lavoro rispetto a quello di dicembre dell'anno precedente. Le frazioni di mese uguali o superiori a quindici giorni si computano come mese intero.

Il prestatore di lavoro, con almeno otto anni di servizio presso lo stesso datore di lavoro, può chiedere, in costanza di rapporto di lavoro, una anticipazione non superiore al 70 per cento sul trattamento cui avrebbe diritto nel caso di cessazione del rapporto alla data della richiesta.

Le richieste sono soddisfatte annualmente entro i limiti del 10 per cento degli aventi titolo, di cui al precedente comma, e comunque del 4 per cento del numero totale dei dipendenti.

La richiesta deve essere giustificata dalla necessità di:

a) eventuali spese sanitarie per terapie e interventi straordinari riconosciuti dalle competenti strutture pubbliche;

b) acquisto della prima casa di abitazione per sé o per i figli, documentato con atto notarile ([2]).

L'anticipazione può essere ottenuta una sola volta nel corso del rapporto di lavoro e viene detratta, a tutti gli effetti, dal trattamento di fine rapporto.

Nell'ipotesi di cui all'articolo 2122 la stessa anticipazione è detratta dall'indennità prevista dalla norma medesima.

Condizioni di miglior favore possono essere previste dai contratti collettivi o da patti individuali. I contratti collettivi possono altresì stabilire criteri di priorità per l'accoglimento delle richieste di anticipazione.

([1]) *Articolo così sostituito dall'art. 1 della L. 29 maggio 1982, n. 297, disciplina del trattamento di fine rapporto e norme in materia pensionistica.*

([2]) *La Corte costituzionale, con sentenza n. 142 del 5 aprile 1991, ha dichiarato l'illegittimità di questa lettera nella parte in cui non prevede la possibilità di concessione dell'anticipazione in ipotesi di acquisto «in itinere» comprovato con mezzi idonei a dimostrarne l'effettività.*

2121. Computo dell'indennità di mancato preavviso. – L'indennità di cui all'articolo 2118 deve calcolarsi computando le provvigioni, i premi di produzione, le partecipazioni agli utili o ai prodotti (2099, 2102) ed ogni altro compenso di carattere continuativo, con esclusione di quanto è corrisposto a titolo di rimborso spese.

Se il prestatore di lavoro è retribuito in tutto o in parte con provvigioni, con premi di produzione o con partecipazioni, l'indennità suddetta è determinata sulla media degli emolumenti degli ultimi tre anni di servizio o del minor tempo di servizio prestato.

Fa parte della retribuzione anche l'equivalente del vitto e dell'alloggio dovuto al prestatore di lavoro ([1]).

(¹) *Vedi, art. 6, D.L. 11 luglio 1992, n. 333, convertito in L. 8 agosto 1992, n. 359.*

2122. Indennità in caso di morte. – In caso di morte del prestatore di lavoro, le indennità indicate dagli articoli 2118 e 2120 (¹) devono corrispondersi al coniuge, ai figli e, se vivevano a carico del prestatore di lavoro, ai parenti entro il terzo grado (76) e agli affini (78) entro il secondo grado (1751⁴).

La ripartizione delle indennità, se non vi è accordo tra gli aventi diritto, deve farsi secondo il bisogno di ciascuno.

In mancanza delle persone indicate nel primo comma, le indennità sono attribuite secondo le norme della successione legittima (565 ss.) (²).

È nullo ogni patto anteriore alla morte del prestatore di lavoro circa l'attribuzione e la ripartizione delle indennità (458).

(¹) *Le indennità di cui agli articoli richiamati riguardano le dimissioni dal rapporto di lavoro, il licenziamento* ad nutum *ed il trattamento di fine rapporto.*

(²) *La Corte costituzionale, con sentenza n. 8 del 19 gennaio 1972, ha dichiarato l'illegittimità costituzionale del comma terzo nella parte in cui esclude che il lavoratore subordinato, in mancanza delle persone indicate nel primo comma, possa disporre per testamento delle indennità di cui allo stesso articolo.*

2123. Forme di previdenza. – Salvo patto contrario, l'imprenditore che ha compiuto volontariamente atti di previdenza può dedurre dalle somme da lui dovute a norma degli articoli 2110, 2111 e 2120 quanto il prestatore di lavoro ha diritto di percepire per effetto degli atti medesimi (1751²).

Se esistono fondi di previdenza (2117) formati con il contributo dei prestatori di lavoro, questi hanno diritto alla liquidazione della propria quota, qualunque sia la causa della cessazione del contratto.

2124. Certificato di lavoro. – Se non è obbligatorio il libretto di lavoro, all'atto della cessazione del contratto, qualunque ne sia la causa, l'imprenditore deve rilasciare un certificato con l'indicazione del tempo durante il quale il prestatore di lavoro è stato occupato alle sue dipendenze e delle mansioni esercitate (2133, 2246).

2125. Patto di non concorrenza. – Il patto con il quale si limita lo svolgimento dell'attività del prestatore di lavoro, per il tempo successivo alla cessazione del contratto, è nullo se non risulta da atto scritto (2725), se non è pattuito un corrispettivo a favore del prestatore di lavoro e se il vincolo non è contenuto entro determinati limiti di oggetto, di tempo e di luogo.

La durata del vincolo non può essere superiore ai cinque anni, se si tratta di dirigenti, e a tre anni negli altri casi. Se è pattuita una durata maggiore, essa si riduce nella misura suindicata (2557, 2596).

§. 5
Disposizioni finali

2126. Prestazione di fatto con violazione di legge. – La nullità (1418) o l'annullamento (1425) del contratto di lavoro non produce effetto per il periodo in cui il rapporto ha avuto esecuzione (1445, 2332[2]), salvo che la nullità derivi dall'illiceità dell'oggetto o della causa (1343, 1345, 1346, 2035).

Se il lavoro è stato prestato con violazione di norme poste a tutela del prestatore di lavoro, questi ha in ogni caso diritto alla retribuzione (2098, 2099).

2127. Divieto d'interposizione nel lavoro a cottimo. – É vietato all'imprenditore di affidare a propri dipendenti lavori a cottimo da eseguirsi da prestatori di lavoro assunti e retribuiti direttamente dai dipendenti medesimi (2100 ss.).

In caso di violazione di tale divieto, l'imprenditore risponde direttamente, nei confronti dei prestatori di lavoro assunti dal proprio dipendente, degli obblighi derivanti dai contratti di lavoro da essi stipulati.

2128. Lavoro a domicilio. – Ai prestatori di lavoro a domicilio si applicano le disposizioni di questa sezione, in quanto compatibili con la specialità del rapporto.

2129. Contratto di lavoro per i dipendenti da enti pubblici. – Le disposizioni di questa sezione si applicano ai prestatori di lavoro dipendenti da enti pubblici, salvo che il rapporto sia diversamente regolato dalla legge (98).

Sezione IV
Del tirocinio

2130. Durata del tirocinio. – Il periodo di tirocinio non può superare i limiti stabiliti [dalle norme corporative o] ([1]) dagli usi.

([1]) *L'espressione «dalle norme corporative» è da ritenersi abrogata dal R.D.L. 9 agosto 1943, n. 721.*

2131. Retribuzione. – La retribuzione dell'apprendista non può assumere la forma di salario a cottimo (2100 ss.).

2132. Istruzione professionale. – L'imprenditore deve permettere che l'apprendista frequenti i corsi per la formazione professionale e deve destinarlo soltanto ai lavori attinenti alla specialità professionale a cui si riferisce il tirocinio.

2133. Attestato di tirocinio. – Alla cessazione del tirocinio, l'apprendista, per il quale non è obbligatorio il libretto di lavoro, ha diritto di ottenere un attestato del tirocinio compiuto (2124).

2134. Norme applicabili al tirocinio. – Al tirocinio si applicano le disposizioni della sezione precedente, in quanto siano compatibili con la specialità del rapporto e non siano derogate da disposizioni delle leggi speciali [o da norme corporative] (1).

(1) *L'espressione «o da norme corporative» è da ritenersi abrogata dal R.D.L. 9 agosto 1943, n. 721.*

Capo II
Dell'impresa agricola

Sezione I
Disposizioni generali

2135. (1) **Imprenditore agricolo.** – È imprenditore agricolo chi esercita una delle seguenti attività: coltivazione del fondo, selvicoltura, allevamento di animali e attività connesse.

Per coltivazione del fondo, per selvicoltura e per allevamento di animali si intendono le attività dirette alla cura ed allo sviluppo di un ciclo biologico o di una fase necessaria del ciclo stesso, di carattere vegetale o animale, che utilizzano o possono utilizzare il fondo, il bosco o le acque dolci, salmastre o marine.

Si intendono comunque connesse le attività, esercitate dal medesimo imprenditore agricolo, dirette alla manipolazione, conservazione, trasformazione, commercializzazione e valorizzazione che abbiano ad oggetto prodotti ottenuti prevalentemente dalla coltivazione del fondo o del bosco o dall'allevamento di animali, nonché le attività dirette alla fornitura di beni o servizi mediante l'utilizzazione prevalente di attrezzature o risorse dell'azienda normalmente impiegate nell'attività agricola esercitata, ivi comprese le attività di valorizzazione del territorio e del patrimonio rurale e forestale, ovvero di ricezione ed ospitalità come definite dalla legge.

(1) *Questo articolo è stato così sostituito dall'art. 1 del D.L.vo 18 maggio 2001, n. 228.*

2136. Inapplicabilità delle norme sulla registrazione. – Le norme relative all'iscrizione nel registro delle imprese (2188, 2195) non si applicano agli imprenditori agricoli, salvo quanto è disposto dall'art. 2200.

2137. Responsabilità dell'imprenditore agricolo. – L'imprenditore, anche se esercita l'impresa su fondo altrui, è soggetto agli obblighi stabiliti dalla legge [e dalle norme corporative] (1) concernenti l'esercizio dell'agricoltura.

(1) *L'espressione «e dalle norme corporative» è da ritenersi abrogata dal R.D.L. 9 agosto 1943, n. 721.*

2138. Dirigenti e fattori di campagna. – I poteri dei dirigenti preposti all'esercizio dell'impresa agricola e quelli dei fattori di campagna, se non sono determinati per iscritto dal preponente, sono regolati [dalle norme corporative ([1]) e, in mancanza], dagli usi.

([1]) *L'espressione «e dalle norme corporative» è da ritenersi abrogata dal R.D.L. 9 agosto 1943, n. 721.*

2139. Scambio di mano d'opera o di servizi. – Tra i piccoli imprenditori agricoli (2083) è ammesso lo scambio di mano d'opera o di servizi secondo gli usi.

2140. [**Comunioni tacite familiari.** – (*Omissis*)] ([1]).

([1]) *Articolo abrogato dall'art. 205, L. 19 maggio 1975, n. 151. Si veda, ora, l'art. 230* bis *c.c.*

Sezione II
Della mezzadria

2141. Nozione. – Nella mezzadria il concedente ed il mezzadro, in proprio e quale capo di una famiglia colonica (2142, 2150), si associano per la coltivazione di un podere e per l'esercizio delle attività connesse (2135) al fine di dividerne a metà i prodotti e gli utili (2155, 2156). È valido tuttavia il patto con il quale taluni prodotti si dividono in proporzioni diverse.

2142. ([1]) **Famiglia colonica.** – La composizione della famiglia colonica non può volontariamente essere modificata senza il consenso del concedente, salvi i casi di matrimonio, di adozione e di riconoscimento di figli nati fuori del matrimonio ([2]). La composizione e le variazioni della famiglia colonica devono risultare dal libretto colonico.

([1]) *Articolo da ritenere abrogato. Dispone, in contrario, l'art. 7 della L. 15 settembre 1964, n. 756, che: «La composizione della famiglia colonica può essere modificata senza il consenso del concedente, anche fuori dei casi previsti dall'art. 2142 c.c., purché non ne risulti compromessa la normale conduzione del fondo. Ai fini della presente legge il lavoro della donna è considerato equivalente a quello dell'uomo».*

([2]) *Le parole: «figli naturali» sono state così sostituite dalle attuali: «figli nati fuori del matrimonio» dall'art. 105, comma 3, del D.L.vo 28 dicembre 2013, n. 154, a decorrere dal trentesimo giorno successivo a quello della sua pubblicazione nella* Gazzetta Ufficiale *(G.U. n. 5 dell'8 gennaio 2014).*

2143. Mezzadria a tempo indeterminato. – La mezzadria a tempo indeterminato s'intende convenuta per la durata di un anno agrario, salvo diverse disposizioni delle norme corporative ([1]), e si rinnova tacitamente di anno in anno, se non è stata comunicata disdetta almeno sei mesi prima della scadenza nei modi fissati [dalle norme corporative], (1) dalla convenzione o dagli usi.

(1) *Le espressioni: «salvo diverse disposizioni delle norme corporative» e «dalle norme corporative» sono da ritenersi abrogate dal R.D.L. 9 agosto 1943, n. 721.*

2144. Mezzadria a tempo determinato. – La mezzadria a tempo determinato non cessa di diritto alla scadenza del termine.

Se non è comunicata disdetta a norma dell'articolo precedente, il contratto s'intende rinnovato di anno in anno.

2145. Diritti ed obblighi del concedente. – Il concedente conferisce il godimento del podere, dotato in quanto occorre per l'esercizio dell'impresa e di un'adeguata casa per la famiglia colonica (2765).

La direzione dell'impresa spetta al concedente, il quale deve osservare le norme della buona tecnica agraria (2086, 2156, 2169, 2173).

2146. Conferimento delle scorte. – Le scorte vive e morte sono conferite dal concedente e dal mezzadro in parti uguali, salvo diversa disposizione [delle norme corporative], (1) della convenzione o degli usi.

Le scorte conferite divengono comuni in proporzione dei rispettivi conferimenti (2136).

(1) *L'espressione «delle norme corporative» è da ritenersi abrogata dal R.D.L. 9 agosto 1943, n. 721.*

2147. Obblighi del mezzadro. – Il mezzadro è obbligato a prestare, secondo le direttive del concedente e la necessità della coltivazione (2145^2), il lavoro proprio e quello della famiglia colonica (2765).

È a carico del mezzadro, salve diverse disposizioni [delle norme corporative] (1) della convenzione o degli usi, la spesa della mano d'opera eventualmente necessaria per la normale coltivazione del podere (2149, 2169).

(1) *L'espressione: «delle norme corporative » è da ritenersi abrogata dal R.D.L. 9 agosto 1943, n. 721.*

2148. Obblighi di residenza e di custodia. – Il mezzadro ha l'obbligo di risiedere stabilmente (43) nel podere con la famiglia colonica (2145).

Egli deve custodire il podere e mantenerlo in normale stato di produttività. Egli deve altresì custodire e conservare le altre cose affidategli dal concedente, con la diligenza del buon padre di famiglia (1176, 1768, 2167^2, 2174), e non può, senza il consenso del concedente o salvo uso contrario, svolgere attività a suo esclusivo profitto o compiere prestazioni a favore di terzi.

2149. Divieto di subconcessione. - Il mezzadro non può cedere la mezzadria, né affidare ad altri la coltivazione del podere, senza il consenso del concedente (1770, 1804, 2169).

2150. Rappresentanza della famiglia colonica. - Nei rapporti relativi alla mezzadria il mezzadro rappresenta (1387), nei confronti del concedente, i componenti della famiglia colonica (2142).

Le obbligazioni contratte dal mezzadro nell'esercizio della mezzadria sono garantite dai suoi beni e da quelli comuni della famiglia colonica. I componenti della famiglia colonica non rispondono con i loro beni, se non hanno prestato espressa garanzia.

2151. Spese per la coltivazione. - Le spese per la coltivazione del podere e per l'esercizio delle attività connesse (2135), escluse quelle per la mano d'opera previste dall'art. 2147, sono a carico del concedente e del mezzadro in parti uguali, se non dispongono diversamente [le norme corporative] (1), la convenzione o gli usi.

Se il mezzadro è sfornito di mezzi propri, il concedente deve anticipare senza interesse (1282, 1652, 1815, 2154), sino alla scadenza dell'anno agrario in corso, le spese indicate nel comma precedente, salvo rivalsa mediante prelevamento sui prodotti e sugli utili (2169).

(1) *L'espressione: «le norme corporative » è da ritenersi abrogata dal R.D.L. 9 agosto 1943, n. 721.*

2152. Miglioramenti. - Il concedente che intende compiere miglioramenti sul podere deve valersi del lavoro dei componenti della famiglia colonica che siano forniti della necessaria capacità lavorativa, e questi sono tenuti a prestarlo verso compenso.

La misura del compenso, se non è stabilita [dalle norme corporative] (1) dalla convenzione o dagli usi, è determinata dal giudice, sentite, ove occorra, le associazioni professionali (2) e tenuto conto dell'eventuale incremento di reddito realizzato dal mezzadro.

(1) *L'espressione: «delle norme corporative» è da ritenersi abrogata dal R.D.L. 9 agosto 1943, n. 721.*

(2) *Soppresse dal D.L.vo Lgt. 23 novembre 1944, n. 369, soppressione delle associazioni sindacali fasciste e liquidazione dei rispettivi patrimoni.*

2153. Riparazioni di piccola manutenzione. - Salvo diverse disposizioni [delle norme corporative] (1), della convenzione o degli usi, sono a carico del mezzadro le riparazioni di piccola manutenzione (1577, 1621) della casa colonica e degli strumenti di lavoro, di cui egli e la famiglia colonica si servono (1576, 1621).

(1) *L'espressione: «delle norme corporative» è da ritenersi abrogata dal R.D.L. 9 agosto 1943, n. 721.*

2154. Anticipazioni di carattere alimentare alla famiglia colonica. – Se la quota dei prodotti spettante al mezzadro, per scarsezza del raccolto a lui non imputabile, non è sufficiente ai bisogni alimentari della famiglia colonica, e questa non è in grado di provvedervi, il concedente deve somministrare senza interesse (1282) il necessario per il mantenimento della famiglia colonica, salvo rivalsa mediante prelevamento sulla parte dei prodotti e degli utili spettanti al mezzadro (2151^2, 2155).

Il giudice, con riguardo alle circostanze, può disporre il rimborso rateale.

2155. Raccolta e divisione dei prodotti. – Il mezzadro non può iniziare le operazioni di raccolta senza il consenso del concedente ed è obbligato a custodire i prodotti sino alla divisione.

I prodotti sono divisi in natura sul fondo con l'intervento delle parti (2156).

Salvo diverse disposizioni [delle norme corporative] (1), della convenzione o degli usi, il mezzadro deve trasportare ai magazzini del concedente la quota a questo assegnata nella divisione.

(1) *L'espressione: «delle norme corporative» è da ritenersi abrogata dal R.D.L. 9 agosto 1943, n. 721.*

2156. Vendita dei prodotti. – La vendita dei prodotti, che in conformità degli usi non si dividono in natura, è fatta dal concedente previo accordo col mezzadro e, in mancanza, sulla base del prezzo di mercato.

La divisione si effettua sul ricavato della vendita, dedotte le spese (2169).

2157. Diritto di preferenza del concedente. – Il mezzadro, nella vendita dei prodotti assegnatigli in natura, deve, a parità di condizioni, preferire il concedente (732, 696, 2169).

2158. Morte di una delle parti. – La mezzadria non si scioglie per la morte del concedente (2168, 2179).

In caso di morte del mezzadro la mezzadria si scioglie alla fine dell'anno agrario in corso, salvo che tra gli eredi del mezzadro vi sia persona idonea a sostituirlo ed i componenti della famiglia colonica si accordino nel designarla.

Se la morte del mezzadro è avvenuta negli ultimi quattro mesi dell'anno agrario, i componenti della famiglia colonica possono chiedere che la mezzadria continui sino alla fine dell'anno successivo, purché assicurino la buona coltivazione del podere. La richiesta deve essere fatta entro due mesi dalla morte del mezzadro, o, se ciò non è possibile, prima dell'inizio del nuovo anno agrario.

In tutti i casi, se il podere non è coltivato con la dovuta diligenza (2147, 2148²), il concedente può fare eseguire a sue spese i lavori necessari, salvo rivalsa mediante prelevamento sui prodotti e sugli utili.

2159. Scioglimento del contratto. – Salve le norme generali sulla risoluzione dei contratti per inadempimento (1453 ss.), ciascuna delle parti può chiedere lo scioglimento del contratto quando si verificano fatti tali da non consentire la prosecuzione del rapporto (2169, 2180).

2160. Trasferimento del diritto di godimento del fondo. – Se viene trasferito il diritto di godimento del fondo (978, 1470, 1552), la mezzadria continua nei confronti di chi subentra al concedente, salvo che il mezzadro, entro un mese dalla notizia del trasferimento, dichiari di recedere dal contratto (1373). In tal caso il recesso ha effetto alla fine dell'anno agrario in corso o di quello successivo, se non è comunicato almeno tre mesi prima della fine dell'anno agrario in corso.

I crediti e i debiti del concedente verso il mezzadro risultanti dal libretto colonico (2161) passano a chi subentra nel godimento del fondo, salva per i debiti la responsabilità sussidiaria dell'originario concedente (2169, 2177, 2559, 2560).

2161. Libretto colonico. – Il concedente deve istituire un libretto colonico da tenersi in due esemplari, uno per ciascuna delle parti (2142).

Il concedente deve annotare di volta in volta su entrambi gli esemplari i crediti e i debiti delle parti relativi alla mezzadria, con indicazione della data e del fatto che li ha determinati.

Le annotazioni devono, alla fine dell'anno agrario, essere sottoscritte per accettazione dal concedente e dal mezzadro.

Il mezzadro deve presentare il libretto colonico al concedente per le annotazioni e per i saldi annuali (2160², 2169).

2162. Efficacia probatoria del libretto colonico. – Le annotazioni eseguite sui due esemplari del libretto colonico fanno prova a favore e contro ciascuno dei contraenti (2702), se il mezzadro non ha reclamato entro novanta giorni dalla consegna del libretto fattagli dal concedente (2964 ss.).

Se una delle parti non presenta il proprio libretto, fa fede quello presentato.

In ogni caso le annotazioni delle partite fanno prova contro chi le ha scritte (2707).

Con la sottoscrizione delle parti alla chiusura annuale del conto colonico, questo si intende approvato. Le risultanze del conto possono essere impugnate soltanto per errori materiali, omissioni, falsità e duplicazioni di partite entro novanta giorni dalla consegna del libretto al mezzadro (1427, 2169 ss., 2964; 266 c.p.c.).

2163. Assegnazione delle scorte al termine della mezzadria. – Salvo diverse disposizioni [delle norme corporative] (1), della convenzione o degli usi, l'assegnazione delle scorte (2146) al termine della mezzadria deve farsi secondo le norme seguenti:

1) se si tratta di scorte vive (1641), secondo la specie, il sesso, il numero, la qualità e il peso, ovvero, in mancanza di tali determinazioni, secondo il valore, tenuto conto della differenza di esso tra il tempo del conferimento e quello della riconsegna;

2) se si tratta di scorte morte (1640) circolanti, per quantità e qualità, valutando le eccedenze e le diminuzioni in base ai prezzi di mercato nel tempo della riconsegna;

3) se si tratta di scorte morte fisse, per specie, quantità, qualità e stato d'uso (2169).

(1) *L'espressione: «delle norme corporative» è da ritenersi abrogata dal R.D.L. 9 agosto 1943, n. 721.*

Sezione III
Della colonia parziaria

2164. Nozione. – Nella colonia parziaria il concedente ed uno o più coloni si associano per la coltivazione di un fondo e per l'esercizio delle attività connesse (2135), al fine di dividerne i prodotti e gli utili.

La misura della ripartizione dei prodotti e degli utili è stabilita [dalle norme corporative] (1), dalla convenzione o dagli usi (2141, 2187).

(1) *L'espressione «dalle norme corporative » è da ritenersi abrogata dal R.D.L. 9 agosto 1943, n. 721.*

2165. Durata. – La colonia parziaria è contratta per il tempo necessario affinché il colono possa svolgere e portare a compimento un ciclo normale di rotazione delle colture praticate nel fondo.

Se non si fa luogo a rotazioni di colture, la colonia non può avere una durata inferiore a due anni (2143).

2166. Obblighi del concedente. – Il concedente deve consegnare il fondo in istato di servire alla produzione alla quale è destinato.

2167. Obblighi del colono. – Il colono deve prestare il lavoro proprio secondo le direttive del concedente (2145, 2173) e le necessità della coltivazione.

Egli deve custodire il fondo e mantenerlo in normale stato di produttività; deve altresì custodire e conservare le altre cose affidategli dal concedente con la diligenza del buon padre di famiglia (1176, 2148, 2765).

2168. Morte di una delle parti. – La colonia parziaria non si scioglie per la morte del concedente (2159, 2179).

In caso di morte del colono, si applicano a favore degli eredi di questo le disposizioni del secondo, terzo e quarto comma dell'art. 2158.

2169. Rinvio. – Sono applicabili alla colonia parziaria le norme dettate per la mezzadria negli artt. 2145, secondo comma, 2147, secondo comma, 2149, 2151, secondo comma, 2152, 2155, 2156, 2157, 2159, 2160 e 2163, nonché quelle concernenti la tenuta e l'efficacia probatoria del libretto colonico (2161, 2162), qualora le parti l'abbiano d'accordo istituito.

Sezione IV
Della soccida

§. 1
Disposizioni generali

2170. Nozione. – Nella soccida il soccidante e il soccidario si associano per l'allevamento e lo sfruttamento di una certa quantità di bestiame e per l'esercizio delle attività connesse (2135), al fine di ripartire l'accrescimento del bestiame e gli altri prodotti e utili che ne derivano (2181, 2184, 2187).

L'accrescimento consiste tanto nei parti sopravvenuti, quanto nel maggior valore intrinseco che il bestiame abbia al termine del contratto (2178).

§. 2
Della soccida semplice

2171. Nozione. – Nella soccida semplice il bestiame è conferito dal soccidante.

La stima del bestiame all'inizio del contratto non ne trasferisce la proprietà al soccidario.

La stima deve indicare il numero, la razza, la qualità, il sesso, il peso e l'età del bestiame e il relativo prezzo di mercato. La stima serve di base per determinare il prelevamento a cui ha diritto il soccidante alla fine del contratto, a norma dell'art. 2181.

2172. Durata del contratto. – Se nel contratto non è stabilito un termine, la soccida ha la durata di tre anni (2176).

Alla scadenza del termine il contratto non cessa di diritto, e la parte che non intende rinnovarlo deve darne disdetta almeno sei mesi prima della scadenza o nel maggior termine fissato [dalle norme corporative] (1), dalla convenzione o dagli usi.

Se non è data disdetta, il contratto s'intende rinnovato di anno in anno (2144).

(1) *L'espressione: «dalle norme corporative» è da ritenersi abrogata dal R.D.L. 9 agosto 1943, n. 721.*

2173. Direzione dell'impresa e assunzione di mano d'opera. – La direzione dell'impresa spetta al soccidante (2186^2), il quale deve esercitarla secondo le regole della buona tecnica dell'allevamento.

La scelta di prestatori di lavoro, estranei alla famiglia del soccidario, deve essere fatta col consenso del soccidante, anche quando secondo la convenzione o gli usi la relativa spesa è posta a carico del soccidario (2174^2, 2149).

2174. Obblighi del soccidario. – Il soccidario deve prestare, secondo le direttive del soccidante (2173), il lavoro occorrente per la custodia e l'allevamento del bestiame affidatogli, per la lavorazione dei prodotti e per il trasporto sino ai luoghi di ordinario deposito.

Il soccidario deve usare la diligenza del buon allevatore (1176, 2175).

2175. Perimento del bestiame. – Il soccidario non risponde del bestiame che provi essere perito per causa a lui non imputabile (1218, 1256), ma deve rendere conto delle parti recuperabili (1258, 2176).

2176. Reintegrazione del bestiame conferito. – Nella soccida stipulata per un tempo non inferiore a tre anni, qualora durante la prima metà del periodo contrattuale perisca la maggior parte del bestiame inizialmente conferito, per causa non imputabile al soccidario, questi può chiederne la reintegrazione con altri capi di valore intrinseco eguale a quello che i capi periti avevano all'inizio del contratto, tenuto conto del numero, della razza, della qualità, del sesso, del peso e dell'età.

Se il soccidante non provvede alla reintegrazione, il soccidario può recedere dal contratto (1373, 1453, 2183).

2177. Trasferimento dei diritti sul bestiame. – Se la proprietà o il godimento del bestiame dato a soccida viene trasferito ad altri, il contratto non si scioglie, e i crediti e i debiti del soccidante (2559), derivanti dalla soccida, passano all'acquirente in proporzione della quota acquistata, salva per i debiti la responsabilità sussidiaria del soccidante.

Se il trasferimento riguarda la maggior parte del bestiame, il soccidario può, nel termine di un mese da quando ha avuto conoscenza del trasferimento, recedere dal contratto con effetto dalla fine dell'anno in corso.

2178. Accrescimenti, prodotti, utili e spese. – Gli accrescimenti (2170), i prodotti, gli utili e le spese si dividono tra le parti secondo le proporzioni stabilite [dalle norme corporative], [1] dalla convenzione o dagli usi.

È nullo (1418, 1419) il patto per il quale il soccidario debba sopportare nella perdita una parte maggiore di quella spettantegli nel guadagno (2184, 2263, 2265).

[1] *L'espressione: «dalle norme corporative» è da ritenersi abrogata dal R.D.L. 9 agosto 1943, n. 721.*

2179. Morte di una delle parti. – La soccida non si scioglie per la morte del soccidante.

In caso di morte del soccidario si osservano, in quanto applicabili, nei riguardi degli eredi le disposizioni del secondo, terzo e quarto comma dell'art. 2158 (2168, 2186).

2180. Scioglimento del contratto. – Salve le norme generali sulla risoluzione dei contratti per inadempimento (1453 ss.), ciascuna delle parti può chiedere lo scioglimento del contratto, quando si verificano fatti tali da non consentire la prosecuzione del rapporto (2159).

2181. Prelevamento e divisione al termine del contratto. – Al termine del contratto le parti procedono a nuova stima del bestiame.

Il soccidante preleva, d'accordo con il soccidario, un complesso di capi che, avuto riguardo al numero, alla razza, al sesso, al peso, alla qualità e all'età, sia corrispondente alla consistenza del bestiame apportato all'inizio della soccida (2171). Il di più si divide a norma dell'art. 2178.

Se non vi sono capi sufficienti ad eguagliare la stima iniziale, il soccidante prende quelli che rimangono.

§. 3
Della soccida parziaria

2182. Conferimento del bestiame. – Nella soccida parziaria il bestiame è conferito da entrambi i contraenti nelle proporzioni convenute.

Essi divengono comproprietari del bestiame in proporzione del rispettivo conferimento.

2183. Reintegrazione del bestiame conferito. – Nella soccida stipulata per un tempo non inferiore a tre anni, qualora durante la prima metà del periodo contrattuale perisca per causa non imputabile al soccidario la maggior parte del bestiame inizialmente conferito, e i contraenti non si accordino per la reintegrazione (2176), ciascuno di essi ha diritto di recedere dal contratto (1373).

Salvo diverso accordo delle parti, il recesso ha effetto con la fine dell'anno in corso.

Il bestiame rimasto è diviso tra le parti nella proporzione indicata nell'art. 2184.

Se è convenuto che nella divisione del bestiame da farsi alla scadenza del contratto sia attribuita ad uno dei contraenti una quota maggiore di quella corrispondente al suo conferimento, tale quota deve essere ridotta in rapporto alla minor durata della soccida.

2184. Divisione del bestiame, dei prodotti e degli utili. – Gli accrescimenti (2170), i prodotti, gli utili, le spese e, al termine del contratto, il bestiame conferito si dividono nella proporzione stabilita dalle norme corporative, (1) dalla convenzione o dagli usi (2178, 2186[2]).

(1) *L'espressione: «dalle norme corporative» è da ritenersi abrogata dal R.D.L. 9 agosto 1943, n. 721.*

2185. Rinvio. – Per quanto non è disposto dagli articoli precedenti, si applicano alla soccida parziaria le disposizioni relative alla soccida semplice (2171 ss.).

§. 4
Della soccida con conferimento di pascolo

2186. Nozione e norme applicabili. – Si ha rapporto di soccida anche quando il bestiame è conferito dal soccidario e il soccidante conferisce il terreno per il pascolo.

In tal caso il soccidario ha la direzione dell'impresa e al soccidante spetta il controllo della gestione (2173, 2552).

Si osservano inoltre le disposizioni dell'art. 2184 e, in quanto applicabili, quelle dettate per la soccida semplice (2171 ss.).

Sezione V
Disposizione finale

2187. Usi. – Nei rapporti di associazione agraria regolati dalle sezioni II, III e IV di questo capo (2141 ss.), per quanto non è espressamente disposto, si applicano, in mancanza di convenzioni, gli usi (1374).

Capo III
Delle imprese commerciali
e delle altre imprese soggette a registrazione

Sezione I
Del registro delle imprese

2188. Registro delle imprese. – É istituito il registro delle imprese per le iscrizioni previste dalla legge (2136, 2195 ss., 2200, 2411; 17², 142³, 197 l. fall.).

Il registro è tenuto dall'ufficio del registro delle imprese sotto la vigilanza di un giudice delegato dal presidente del tribunale.

Il registro è pubblico (99 ss. att.).

2189. Modalità dell'iscrizione. – Le iscrizioni nel registro sono eseguite su domanda sottoscritta dall'interessato (2190, 2194).

Prima di procedere all'iscrizione, l'ufficio del registro deve accertare l'autenticità della sottoscrizione e il concorso delle condizioni richieste dalla legge per l'iscrizione (2330³, 2566).

Il rifiuto dell'iscrizione deve essere comunicato con raccomandata al richiedente. Questi può ricorrere entro otto giorni al giudice del registro, che provvede con decreto (2330⁴, 2411).

2190. Iscrizione d'ufficio. – Se un'iscrizione obbligatoria non è stata richiesta, l'ufficio del registro invita mediante raccomandata l'imprenditore a richiederla entro un congruo termine. Decorso inutilmente il termine assegnato, il giudice del registro può ordinarla con decreto (2192; 101 att.).

2191. Cancellazione d'ufficio. – Se un'iscrizione è avvenuta senza che esistano le condizioni richieste dalla legge, il giudice del registro, sentito l'interessato, ne ordina con decreto la cancellazione (2312).

2192. Ricorso contro il decreto del giudice del registro. – Contro il decreto del giudice del registro emesso a norma degli articoli precedenti, l'interessato, entro quindici giorni dalla comunicazione, può ricorrere al tribunale dal quale dipende l'ufficio del registro.

Il decreto che pronunzia sul ricorso deve essere iscritto d'ufficio nel registro.

2193. Efficacia dell'iscrizione. – I fatti dei quali la legge prescrive l'iscrizione, se non sono stati iscritti, non possono essere opposti ai terzi da chi è obbligato a richiederne l'iscrizione, a meno che questi provi che i terzi ne abbiano avuto conoscenza (2298, 2300, 2384, 2436).

L'ignoranza dei fatti dei quali la legge prescrive l'iscrizione non può essere opposta dai terzi dal momento in cui l'iscrizione è avvenuta (2206, 2207).

Sono salve le disposizioni particolari della legge (2297, 2298, 2300).

2194. Inosservanza dell'obbligo d'iscrizione. – Salvo quanto disposto dagli articoli 2626 e 2634, chiunque omette di richiedere l'iscrizione nei modi e nel termine stabiliti dalla legge, è punito con la sanzione amministrativa del pagamento di una somma da € 10 a € 516 (100 att.).

Sezione II

Dell'obbligo di registrazione

2195. Imprenditori soggetti a registrazione. – Sono soggetti all'obbligo dell'iscrizione nel registro delle imprese (2188) gli imprenditori che esercitano:

1) un'attività industriale diretta alla produzione di beni o di servizi (2135[2]);
2) un'attività intermediaria nella circolazione dei beni;
3) un'attività di trasporto per terra, per acqua o per aria (1678);
4) un'attività bancaria (1834 ss.) o assicurativa (1882);
5) altre attività ausiliari delle precedenti (1754).

Le disposizioni della legge che fanno riferimento alle attività e alle imprese commerciali si applicano, se non risulta diversamente, a tutte le attività indicate in questo articolo e alle imprese che le esercitano (371[3], 397, 425, 2201).

2196. Iscrizione dell'impresa. – Entro trenta giorni dall'inizio dell'impresa (160[1], n. 1 l. fall.) l'imprenditore che esercita un'attività commerciale deve chiedere l'iscrizione all'ufficio del registro delle imprese nella cui circoscrizione stabilisce la sede, indicando:

1) il cognome e il nome, il nome del padre ([1]), la cittadinanza [e la razza] ([2]);
2) la ditta (2563 ss.);
3) l'oggetto dell'impresa;
4) la sede dell'impresa (2197);
5) il cognome e il nome degli institori (2203 ss.) e procuratori (2209).

[All'atto della richiesta l'imprenditore deve depositare la sua firma autografa e quelle dei suoi institori e procuratori] ([3]).

L'imprenditore deve inoltre chiedere l'iscrizione delle modificazioni relative agli elementi suindicati e della cessazione dell'impresa (10 l. fall.), entro trenta giorni da quello in cui le modificazioni o la cessazione si verificano.

(1) *A norma dell'art. 2 della L. 31 ottobre 1955, n. 1064, l'indicazione della paternità deve essere omessa. L'art. 3 della legge citata stabilisce che in luogo della paternità sia indicato il luogo e la data di nascita.*

(2) *Indicazione soppressa dal R.D.L. 20 gennaio 1944, n. 25, disposizioni per la reintegrazione nei diritti civili e politici dei cittadini italiani e stranieri già dichiarati di razza ebraica o considerati di razza ebraica, e dall'art. 3, D.L.vo Lgt. 14 settembre 1944, n. 287, provvedimenti relativi alla riforma della legislazione civile.*

(3) *Questo comma è stato abrogato dall'art. 33, comma 1, della L. 24 novembre 2000, n. 340.*

2197. Sedi secondarie. – L'imprenditore che istituisce nel territorio dello Stato sedi secondarie con una rappresentanza stabile deve, entro trenta giorni, chiederne l'iscrizione all'ufficio del registro delle imprese del luogo dove è la sede principale dell'impresa (2194).

Nello stesso termine la richiesta deve essere fatta all'ufficio del luogo nel quale è istituita la sede secondaria (2299), indicando altresì la sede principale, e il cognome e il nome del rappresentante preposto alla sede secondaria (2203). [Il rappresentante deve depositare presso il medesimo ufficio la sua firma autografa] (1).

La disposizione del secondo comma si applica anche all'imprenditore che ha all'estero la sede principale dell'impresa (2506).

L'imprenditore che istituisce sedi secondarie con rappresentanza stabile all'estero deve, entro trenta giorni, chiederne l'iscrizione all'ufficio del registro nella cui circoscrizione si trova la sede principale.

(1) *Questo periodo è stato abrogato dall'art. 33, comma 1, della L. 24 novembre 2000, n. 340.*

2198. Minori, interdetti e inabilitati. – I provvedimenti di autorizzazione all'esercizio di un'impresa commerciale (2195) da parte di un minore emancipato (397) o di un inabilitato (425) o nell'interesse di un minore non emancipato (320^4, 371, n. 3) o di un interdetto (424) e i provvedimenti con i quali l'autorizzazione viene revocata devono essere comunicati senza indugio a cura del cancelliere all'ufficio del registro delle imprese per l'iscrizione (2206).

2199. Indicazione dell'iscrizione. – L'imprenditore deve indicare negli atti e nella corrispondenza, che si riferiscono all'impresa, il registro presso il quale è iscritto (2250; 100 att.).

2200. Società. – Sono soggette all'obbligo dell'iscrizione (2136, 2195) nel registro delle imprese le società costituite secondo uno dei tipi regolati nei capi III e seguenti del titolo V (2291 ss.) e le società cooperative (2511 ss.), anche se non esercitano un'attività commerciale.

L'iscrizione delle società nel registro delle imprese è regolata dalle disposizioni dei titoli V e VI.

2201. Enti pubblici. – Gli enti pubblici che hanno per oggetto esclusivo o principale un'attività commerciale sono soggetti all'obbligo dell'iscrizione nel registro delle imprese (2093, 2221; 100 att.).

2202. Piccoli imprenditori. – Non sono soggetti all'obbligo dell'iscrizione nel registro delle imprese i piccoli imprenditori (2083, 2214^3, 2221; 1 l. fall.).

Sezione III
Disposizioni particolari per le imprese commerciali

§. 1
Della rappresentanza

2203. Preposizione institoria. – È institore colui che è preposto dal titolare all'esercizio di un'impresa commerciale (2195; 290 c.n.).

La preposizione può essere limitata all'esercizio di una sede secondaria o di un ramo particolare dell'impresa (2197^2, 2205).

Se sono preposti più institori, questi possono agire disgiuntamente, salvo che nella procura sia diversamente disposto (1716^2, 2257).

2204. Poteri dell'institore. – L'institore può compiere tutti gli atti pertinenti all'esercizio dell'impresa a cui è preposto, salve le limitazioni contenute nella procura (2206). Tuttavia non può alienare o ipotecare i beni immobili del preponente, se non è stato a ciò espressamente autorizzato.

L'institore può stare in giudizio in nome del preponente per le obbligazioni dipendenti da atti compiuti nell'esercizio dell'impresa a cui è preposto (1903; 77 c.p.c.).

2205. Obblighi dell'institore. – Per le imprese o le sedi secondarie alle quali è preposto, l'institore è tenuto, insieme con l'imprenditore, all'osservanza delle disposizioni riguardanti l'iscrizione nel registro delle imprese (2188 ss.), e la tenuta delle scritture contabili (2214 ss.).

2206. Pubblicità della procura. – La procura con sottoscrizione del preponente autenticata (2703) deve essere depositata per l'iscrizione presso il competente ufficio del registro delle imprese (2194, 2196, 2197).

In mancanza dell'iscrizione, la rappresentanza si reputa generale e le limitazioni di essa non sono opponibili ai terzi, se non si prova che questi le conoscevano al momento della conclusione dell'affare (2193, 2198, 2209, 2298; 100 att.).

2207. Modificazione e revoca della procura. – Gli atti con i quali viene successivamente limitata o revocata la procura devono essere depositati, per l'iscrizione nel registro delle imprese, anche se la procura non fu pubblicata (2193, 2194).

In mancanza dell'iscrizione, le limitazioni o la revoca non sono opponibili ai terzi, se non si prova che questi le conoscevano al momento della conclusione dell'affare (19, 2193, 2198, 2298, 2383[7], 2384[4]; 289 c.n.).

2208. Responsabilità personale dell'institore. – L'institore è personalmente obbligato se omette di far conoscere al terzo che egli tratta per il preponente; tuttavia il terzo può agire anche contro il preponente per gli atti compiuti dall'institore, che siano pertinenti all'esercizio dell'impresa a cui è preposto (2204; 227, 236, n. 2 l. fall.).

2209. Procuratori. – Le disposizioni degli articoli 2206 e 2207 si applicano anche ai procuratori, i quali, in base a un rapporto continuativo, abbiano il potere di compiere per l'imprenditore gli atti pertinenti all'esercizio dell'impresa (2204), pur non essendo preposti ad esso.

2210. Poteri dei commessi dell'imprenditore. – I commessi dell'imprenditore, salve le limitazioni contenute nell'atto di conferimento della rappresentanza, possono compiere gli atti che ordinariamente comporta la specie delle operazioni di cui sono incaricati (1835[2]).

Non possono tuttavia esigere il prezzo delle merci delle quali non facciano la consegna (2213), né concedere dilazioni o sconti che non sono d'uso, salvo che siano a ciò espressamente autorizzati (1732, 1744).

2211. Poteri di deroga alle condizioni generali di contratto. – I commessi, anche se autorizzati a concludere contratti in nome dell'imprenditore, non hanno il potere di derogare alle condizioni generali di contratto o alle clausole stampate sui moduli dell'impresa, se non sono muniti di una speciale autorizzazione scritta (1341, 1342).

2212. Poteri dei commessi relativi agli affari conclusi. – Per gli affari da essi conclusi, i commessi dell'imprenditore sono autorizzati a ricevere per conto di questo le dichiarazioni che riguardano l'esecuzione del contratto e i reclami relativi alle inadempienze contrattuali (1495[1], 1512[1], 2226[2]).

Sono altresì legittimati a chiedere provvedimenti cautelari nell'interesse dell'imprenditore (1745; 669 *bis* ss. c.p.c.).

2213. Poteri dei commessi preposti alla vendita. – I commessi preposti alla vendita nei locali dell'impresa possono esigere il prezzo delle merci da essi vendute, salvo che alla riscossione sia palesemente destinata una cassa speciale.

Fuori dei locali dell'impresa non possono esigere il prezzo, se non sono autorizzati o se non consegnano quietanza (1199) firmata dall'imprenditore (2210).

§. 2
Delle scritture contabili

2214. Libri obbligatori e altre scritture contabili. – L'imprenditore (2082) che esercita un'attività commerciale (2195) deve tenere il libro giornale (1760, n. 3, 2215, 2216, 2709 ss) e il libro degli inventari (2217, 2302, 2709 ss.; 86[1], n. 2, 86[3], 88, 160, n. 1, 187, 216[1], n. 2, 216[2], 217[2] l. fall.).

Deve altresì tenere le altre scritture contabili che siano richieste dalla natura e dalle dimensioni dell'impresa e conservare ordinatamente per ciascun affare gli originali delle lettere, dei telegrammi e delle fatture ricevute, nonché le copie delle lettere, dei telegrammi e delle fatture spedite (2220, 2709 ss.; 86 l. fall.).

Le disposizioni di questo paragrafo non si applicano ai piccoli imprenditori (2083, 2202, 2221; 1 l. fall.).

2215. ([1]) **Modalità di tenuta delle scritture contabili.** – I libri contabili, prima di essere messi in uso, devono essere numerati progressivamente in ogni pagina e, qualora sia previsto l'obbligo della bollatura o della vidimazione, devono essere bollati in ogni foglio dall'ufficio del registro delle imprese o da un notaio secondo le disposizioni delle leggi speciali. L'ufficio del registro o il notaio deve dichiarare nell'ultima pagina dei libri il numero dei fogli che li compongono.

Il libro giornale e il libro degli inventari devono essere numerati progressivamente e non sono soggetti a bollatura né a vidimazione.

([1]) *Questo articolo è stato così sostituito dall'art. 8, comma 1, della L. 18 ottobre 2001, n. 383.*

2215 *bis*. ([1]) **Documentazione informatica.** – 1. I libri, i repertori, le scritture e la documentazione la cui tenuta è obbligatoria per disposizione di legge o di regolamento o che sono richiesti dalla natura o dalle dimensioni dell'impresa possono essere formati e tenuti con strumenti informatici.

2. Le registrazioni contenute nei documenti di cui al primo comma debbono essere rese consultabili in ogni momento con i mezzi messi a disposizione dal soggetto tenutario e costituiscono informazione primaria e originale da cui è possibile effettuare, su diversi tipi di supporto, riproduzioni e copie per gli usi consentiti dalla legge.

3. Gli obblighi di numerazione progressiva e di vidimazione previsti dalle disposizioni di legge o di regolamento per la tenuta dei libri, repertori e scritture sono assolti, in caso di tenuta con strumenti informatici, mediante apposizione, almeno una volta all'anno, della marcatura temporale e della firma digitale dell'imprenditore o di altro soggetto dal medesimo delegato ([2]).

4. Qualora per un anno non siano state eseguite registrazioni, la firma digitale e la marcatura temporale devono essere apposte all'atto di una nuova registrazione e da tale apposizione decorre il periodo annuale di cui al terzo comma ([2]).

5. I libri, i repertori e le scritture tenuti con strumenti informatici, secondo quanto previsto dal presente articolo, hanno l'efficacia probatoria di cui agli articoli 2709 e 2710 del codice civile.

6. Per i libri e per i registri la cui tenuta è obbligatoria per disposizione di legge o di regolamento di natura tributaria, il termine di cui al terzo comma opera secondo le norme in materia di conservazione digitale contenute nelle medesime disposizioni ([3]).

([1]) *Questo articolo è stato inserito dall'art. 16, comma 12* bis *del D.L. 29 novembre 2008, n. 185, convertito, con modificazioni, nella L. 28 gennaio 2009, n. 2, a decorrere dal sessantesimo giorno successivo all'entrata in vigore della legge di conversione. Entro tale termine, gli amministratori delle società a responsabilità limitata depositano, con esenzione da ogni imposta e tassa, apposita dichiarazione per integrare le risultanze del registro delle imprese con quelle del libro dei soci.*

([2]) *Questo comma è stato così sostituito dall'art. 6, comma 2, lett.* f quater), *n. 1), del D.L. 13 maggio 2011, n. 70, convertito, con modificazioni, nella L. 12 luglio 2011, n. 106.*

([3]) *Questo comma è stato aggiunto dall'art. 6, comma 2, lett.* f quater), *n. 2), del D.L. 13 maggio 2011, n. 70, convertito, con modificazioni, nella L. 12 luglio 2011, n. 106.*

2216. Contenuto del libro giornale. – Il libro giornale deve indicare giorno per giorno le operazioni relative all'esercizio dell'impresa.

2217. Redazione dell'inventario. – L'inventario (365) deve redigersi all'inizio dell'esercizio dell'impresa (2196[1]; 160[1], n. 1 l. fall.) e successivamente ogni anno, e deve contenere l'indicazione e la valutazione delle attività e delle passività relative all'impresa, nonché delle attività e delle passività dell'imprenditore estranee alla medesima.

L'inventario si chiude con il bilancio e con il conto dei profitti e delle perdite, il quale deve dimostrare con evidenza e verità gli utili conseguiti o le perdite subite (2423). Nelle valutazioni di bilancio l'imprenditore deve attenersi ai criteri stabiliti per i bilanci delle società per azioni, in quanto applicabili (2425).

L'inventario deve essere sottoscritto dall'imprenditore entro tre mesi dal termine per la presentazione della dichiarazione dei redditi ai fini delle imposte dirette.

2218. Bollatura facoltativa. – L'imprenditore può far bollare nei modi indicati nell'articolo 2215 gli altri libri da lui tenuti (2710).

2219. Tenuta della contabilità. – Tutte le scritture devono essere tenute secondo le norme di un'ordinata contabilità, senza spazi in bianco, senza interlinee e senza trasporti in margine. Non vi si possono fare abrasioni e, se è necessaria qualche cancellazione, questa deve eseguirsi in modo che le parole cancellate siano leggibili (2710).

2220. Conservazione delle scritture contabili. – Le scritture devono essere conservate per dieci anni dalla data dell'ultima registrazione (2214, 2312[4], 2457, 2946).

Per lo stesso periodo devono conservarsi le fatture, le lettere e i telegrammi ricevuti e le copie delle fatture, delle lettere e dei telegrammi spediti (2214[2]).

Le scritture e documenti di cui al presente articolo possono essere conservati sotto forma di registrazioni su supporti di immagini, sempre che le registrazioni corrispondano ai documenti e possano in ogni momento essere rese leggibili con mezzi messi a disposizione dal soggetto che utilizza detti supporti.

§. 3
Dell'insolvenza

2221. ([1]) **Fallimento e concordato preventivo.** – Gli imprenditori che esercitano un'attività commerciale (2195), esclusi gli enti pubblici (2093, 2201; 1[1], 3[1], 195[8] l. fall.) e i piccoli imprenditori (2083; 1[1-2] l. fall.), sono soggetti, in caso d'insolvenza (5 l. fall.), alle procedure del fallimento e del concordato preventivo, salve le disposizioni delle leggi speciali.

([1]) *A norma dell'art. 384, comma 1, del D.L.vo 12 gennaio 2019, n. 14, questo articolo è abrogato.*

A norma dell'art. 389, comma 1, del medesimo provvedimento, tali disposizioni entreranno in vigore decorsi diciotto mesi dalla data di pubblicazione in Gazzetta Ufficiale del suddetto decreto (Suppl. ord. alla G.U. n. 38 del 14 febbraio 2019).

Titolo III
Del lavoro autonomo

Capo I
Disposizioni generali

2222. Contratti d'opera. – Quando una persona si obbliga a compiere verso un corrispettivo un'opera o un servizio, con lavoro prevalentemente proprio e senza vincolo di subordinazione nei confronti del committente, si applicano le norme di questo capo, salvo che il rapporto abbia una disciplina particolare nel libro IV (1655 ss.).

2223. Prestazione della materia. – Le disposizioni di questo capo si osservano anche se la materia è fornita dal prestatore d'opera (1658), purché le parti non abbiano avuto prevalentemente in considerazione la materia, nel qual caso si applicano le norme sulla vendita (1470 ss.).

2224. Esecuzione dell'opera. – Se il prestatore d'opera non procede all'esecuzione dell'opera secondo le condizioni stabilite dal contratto e a regola d'arte (1176), il committente può fissare un congruo termine, entro il quale il prestatore d'opera deve conformarsi a tali condizioni (1454, 1662).

Trascorso inutilmente il termine fissato, il committente può recedere dal contratto (1373), salvo il diritto al risarcimento dei danni (1218, 1372).

2225. Corrispettivo. – Il corrispettivo, se non è convenuto dalle parti e non può essere determinato secondo le tariffe professionali o gli usi, è stabilito dal giudice in relazione al risultato ottenuto e al lavoro normalmente necessario per ottenerlo (1657, 2233).

2226. Difformità e vizi dell'opera. – L'accettazione espressa o tacita dell'opera libera il prestatore d'opera dalla responsabilità per difformità o per vizi della medesima, se all'atto dell'accettazione questi erano noti al committente o facilmente riconoscibili, purché in questo caso non siano stati dolosamente occultati (1665).

Il committente deve, a pena di decadenza, denunziare le difformità e i vizi occulti (1167 ss.) al prestatore d'opera (1745^1, 2212^1) entro otto giorni dalla scoperta. L'azione si prescrive entro un anno dalla consegna.

I diritti del committente nel caso di difformità o di vizi dell'opera sono regolati dall'art. 1668.

2227. Recesso unilaterale dal contratto. – Il committente può recedere dal contratto (1373), ancorché sia iniziata l'esecuzione dell'opera, tenendo indenne il prestatore d'opera delle spese, del lavoro eseguito e del mancato guadagno (1671, 1685, 1725, 1734, 1738, 2237).

2228. Impossibilità sopravvenuta dell'esecuzione dell'opera. – Se l'esecuzione dell'opera diventa impossibile per causa non imputabile ad alcuna delle parti (1463, 1464), il prestatore d'opera ha diritto ad un compenso per il lavoro prestato in relazione all'utilità della parte dell'opera compiuta (1672, 1686, 2231², 2237²).

Capo II
Delle professioni intellettuali

2229. Esercizio delle professioni intellettuali. – La legge determina le professioni intellettuali per l'esercizio delle quali è necessaria l'iscrizione in appositi albi o elenchi (2062, 2231).

L'accertamento dei requisiti per la iscrizione negli albi o negli elenchi, la tenuta dei medesimi e il potere disciplinare sugli iscritti sono demandati alle associazioni professionali, sotto la vigilanza dello Stato, salvo che la legge disponga diversamente (2642).

Contro il rifiuto dell'iscrizione o la cancellazione dagli albi o elenchi, e contro i provvedimenti disciplinari che importano la perdita o la sospensione del diritto all'esercizio della professione è ammesso ricorso in via giurisdizionale nei modi e nei termini stabiliti dalle leggi speciali.

2230. Prestazione d'opera intellettuale. – Il contratto che ha per oggetto una prestazione d'opera intellettuale è regolato dalle norme seguenti e, in quanto compatibili con queste e con la natura del rapporto, dalle disposizioni del capo precedente.

Sono salve le disposizioni delle leggi speciali.

2231. Mancanza d'iscrizione. – Quando l'esercizio di un'attività professionale è condizionata all'iscrizione in un albo o elenco, la prestazione eseguita da chi non è iscritto non gli dà azione per il pagamento della retribuzione (2034, 2041, 2126).

La cancellazione dall'albo o elenco risolve il contratto in corso, salvo il diritto del prestatore d'opera al rimborso delle spese incontrate e a un compenso adeguato all'utilità del lavoro compiuto (1672, 2228, 2237²).

2232. Esecuzione dell'opera. – Il prestatore d'opera deve eseguire personalmente l'incarico assunto. Può tuttavia valersi, sotto la propria direzione e responsabilità (1228), dei sostituti e ausiliari, se la collaborazione di altri è consentita dal contratto o dagli usi e non è incompatibile con l'oggetto della prestazione (1717).

2233. Compenso. – Il compenso, se non è convenuto dalle parti e non può essere determinato secondo le tariffe o gli usi, è determinato dal giudice, sentito il parere dell'associazione professionale a cui il professionista appartiene (1657, 1709, 1755², 2225).

In ogni caso la misura del compenso deve essere adeguata all'importanza dell'opera e al decoro della professione (2751, n. 5).

Sono nulli, se non redatti in forma scritta, i patti conclusi tra gli avvocati ed i praticanti abilitati con i loro clienti che stabiliscono i compensi professionali (¹).

(¹) *Questo comma è stato così sostituito dall'art. 2, comma 2* bis, *del D.L. 4 luglio 2006, n. 223, convertito, con modificazioni, nella L. 4 agosto 2006, n. 248. Il comma previgente così disponeva*: *«Gli avvocati, i procuratori e i patrocinatori non possono, neppure per interposta persona, stipulare con i loro clienti alcun patto relativo ai beni che formano oggetto delle controversie affidate al loro patrocinio, sotto pena di nullità e dei danni»*.

2234. Spese e acconti. – Il cliente, salvo diversa pattuizione, deve anticipare al prestatore d'opera le spese occorrenti al compimento dell'opera e corrispondere, secondo gli usi, gli acconti sul compenso.

2235. Divieto di ritenzione. – Il prestatore d'opera non può ritenere le cose e i documenti ricevuti, se non per il periodo strettamente necessario alla tutela dei propri diritti secondo le leggi professionali (2961).

2236. Responsabilità del prestatore d'opera. – Se la prestazione implica la soluzione di problemi tecnici di speciale difficoltà, il prestatore d'opera non risponde dei danni, se non in caso di dolo o di colpa grave (1176).

2237. Recesso. – Il cliente può recedere dal contratto (1373), rimborsando al prestatore d'opera le spese sostenute e pagando il compenso per l'opera svolta (2227).

Il prestatore d'opera può recedere dal contratto per giusta causa. In tal caso egli ha diritto al rimborso delle spese fatte e al compenso per l'opera svolta, da determinarsi con riguardo al risultato utile che ne sia derivato al cliente (1672, 2228, 2231²).

Il recesso del prestatore d'opera deve essere esercitato in modo da evitare pregiudizio al cliente.

2238. Rinvio. – Se l'esercizio della professione costituisce elemento di un'attività organizzata in forma d'impresa (2082), si applicano anche le disposizioni del titolo II.

In ogni caso, se l'esercente una professione intellettuale impiega sostituti o ausiliari, si applicano le disposizioni delle sezioni II, III e IV del capo I del titolo II (2094 ss.).

Titolo IV
Del lavoro subordinato in particolari rapporti

Capo I
Disposizioni generali

2239. Norme applicabili. – I rapporti di lavoro subordinato che non sono inerenti all'esercizio di un'impresa sono regolati dalle disposizioni delle sezioni II, III e IV del capo I del titolo II (2094 ss.), in quanto compatibili con la specialità del rapporto.

Capo II
Del lavoro domestico

2240. Norme applicabili. – Il rapporto di lavoro che ha per oggetto la prestazione di servizi di carattere domestico è regolato dalle disposizioni di questo capo e, in quanto più favorevoli al prestatore di lavoro, dalla convenzione e dagli usi (2068).

2241. Periodo di prova. – Il patto di prova si presume per i primi otto giorni.

2242. Vitto, alloggio e assistenza. – Il prestatore di lavoro ammesso alla convivenza familiare ha diritto, oltre alla retribuzione in danaro, al vitto, all'alloggio e, per le infermità di breve durata, alla cura e all'assistenza medica.

Le parti devono contribuire alle istituzioni di previdenza e di assistenza, nei casi e nei modi stabiliti dalla legge (2114).

2243. Periodo di riposo. – Il prestatore di lavoro, oltre al riposo settimanale secondo gli usi, ha diritto, dopo un anno di ininterrotto servizio, (1) ad un periodo di ferie retribuito, che non può essere inferiore a otto giorni (2109; 36 Cost.).

(1) *La Corte costituzionale, con sentenza n. 16 del 17 febbraio 1969, ha dichiarato l'illegittimità costituzionale di questo articolo limitatamente all'inciso «dopo un anno di ininterrotto servizio» in relazione all'art. 36, comma terzo, della Costituzione.*

2244. Recesso. – Al contratto di lavoro domestico sono applicabili le norme sul recesso volontario e per giusta causa, stabilite negli articoli 2118 e 2119.

Il periodo di preavviso non può essere inferiore a otto giorni o, se l'anzianità di servizio è superiore a due anni, a quindici giorni.

2245. Indennità di anzianità. – In caso di cessazione del contratto è devoluta al prestatore di lavoro un'indennità proporzionale agli anni di servizio, salvo il caso di licenziamento per colpa di lui o di dimissioni volontarie.

L'ammontare dell'indennità è determinata sulla base dell'ultima retribuzione in danaro, nella misura di otto giorni per ogni anno di servizio.

[Se gli usi lo stabiliscono, l'indennità è dovuta anche nel caso di dimissioni volontarie] (2120) ([1]).

([1]) *Comma da ritenersi abrogato dall'art. 17, L. 2 aprile 1958, n. 339.*

2246. Certificato di lavoro. – Alla cessazione del contratto il prestatore di lavoro ha diritto al rilascio di un certificato che attesti la natura delle mansioni disimpegnate e il periodo di servizio prestato (2124).

Titolo V
Delle società

Capo I
Disposizioni generali

2247. Contratto di società. – Con il contratto di società due o più persone conferiscono beni o servizi (2253) per l'esercizio in comune di una attività economica allo scopo di dividerne gli utili (1350, n. 9).

2248. Comunione a scopo di godimento. – La comunione costituita o mantenuta al solo scopo del godimento di una o più cose è regolata dalle norme del titolo VII del libro III (1100 ss.).

2249. Tipi di società. – Le società che hanno per oggetto l'esercizio di una attività commerciale (2195) devono costituirsi secondo uno dei tipi regolati nei capi III e seguenti di questo titolo (2291 ss.).

Le società che hanno per oggetto l'esercizio di una attività diversa (2135) sono regolate dalle disposizioni sulla società semplice (2251 ss.), a meno che i soci abbiano voluto costituire la società secondo uno degli altri tipi regolati nei capi III e seguenti (2291 ss.) di questo titolo.

Sono salve le disposizioni riguardanti le società cooperative (2511 ss.) e quelle delle leggi speciali che per l'esercizio di particolari categorie d'imprese prescrivono la costituzione della società secondo un determinato tipo.

2250. ([1]) **Indicazione negli atti e nella corrispondenza.** – Negli atti e nella corrispondenza delle società soggette all'obbligo dell'iscrizione nel registro delle imprese devono essere indicati la sede della società e l'ufficio del registro delle imprese presso il quale questa è iscritta (2199) e il numero di iscrizione (2627).

Il capitale delle società per azioni, in accomandita per azioni e a responsabilità limitata deve essere negli atti e nella corrispondenza indicato secondo la somma effettivamente versata e quale risulta esistente dall'ultimo bilancio (2410[1]).

Dopo lo scioglimento delle società previste dal primo comma deve essere espressamente indicato negli atti e nella corrispondenza che la società è in liquidazione (2627).

Negli atti e nella corrispondenza delle società per azioni ed ([2]) a responsabilità limitata deve essere indicato se queste hanno un unico socio ([3]).

Gli atti delle società costituite secondo uno dei tipi regolati nei capi V, VI e VII del presente titolo, per i quali è obbligatoria l'iscrizione o il deposito, possono essere altresì pubblicati in apposita sezione del registro delle imprese in altra lingua ufficiale delle Comunità europee, con traduzione giurata di un esperto ([4]).

In caso di discordanza con gli atti pubblicati in lingua italiana, quelli pubblicati in altra lingua ai sensi del quinto comma non possono essere opposti ai terzi, ma questi possono avvalersene, salvo che la società dimostri che essi erano a conoscenza della loro versione in lingua italiana ([4]).

Le società di cui al quinto comma che dispongono di uno spazio elettronico destinato alla comunicazione collegato ad una rete telematica ad accesso pubblico forniscono, attraverso tale mezzo, tutte le informazioni di cui al primo, secondo, terzo e quarto comma ([4]).

([1]) *Articolo così sostituito dall'art. 1 del D.P.R. 29 dicembre 1969, n. 1127, modificazioni alle norme del codice civile sulle società, in attuazione della direttiva 9 marzo 1968, n. 151, del consiglio dei ministri delle comunità europee.*

([2]) *Le parole: «per azioni ed» sono state inserite dall'art. 6, comma 3, del D.L.vo 6 febbraio 2004, n. 37.*

([3]) *Comma aggiunto dall'art. 2 del D.L.vo 3 marzo 1993, n. 88, in materia di diritto delle società.*

([4]) *Questo comma è stato aggiunto dall'art. 42, comma 1, della L. 7 luglio 2009, n. 88.*

Capo II
Della società semplice

Sezione I
Disposizioni generali

2251. Contratto sociale. – Nella società semplice il contratto non è soggetto a forme speciali, salve quelle richieste dalla natura dei beni conferiti (1350, n. 9, 2643, n. 10).

2252. Modificazioni del contratto sociale. – Il contratto sociale può essere modificato soltanto con il consenso di tutti i soci (1372, 2272, n. 3), se non è convenuto diversamente.

Sezione II
Dei rapporti tra i soci

2253. Conferimenti. – Il socio è obbligato a eseguire i conferimenti determinati nel contratto sociale (2247).

Se i conferimenti non sono determinati, si presume che i soci siano obbligati a conferire, in parti eguali tra loro, quanto è necessario per il conseguimento dell'oggetto sociale.

2254. Garanzia e rischi dei conferimenti. – Per le cose conferite in proprietà la garanzia dovuta dal socio e il passaggio dei rischi sono regolati dalle norme sulla vendita (1465 ss., 1478 ss., 1483 ss., 1529, 2286[3]).

Il rischio delle cose conferite in godimento resta a carico del socio che le ha conferite (1483, 2281, 2286[2]). La garanzia per il godimento è regolata dalle norme sulla locazione (1578 ss., 1585 ss.).

2255. Conferimento di crediti. – Il socio che ha conferito un credito risponde della insolvenza del debitore, nei limiti indicati dall'art. 1267 per il caso di assunzione convenzionale della garanzia.

2256. Uso illegittimo delle cose sociali. – Il socio non può servirsi, senza il consenso degli altri soci, delle cose appartenenti al patrimonio sociale per fini estranei a quelli della società (1102).

2257. Amministrazione disgiuntiva. – La gestione dell'impresa si svolge nel rispetto della disposizione di cui all'articolo 2086, secondo comma, e spetta esclusivamente agli amministratori, i quali compiono le operazioni necessarie per l'attuazione dell'oggetto sociale. Salvo diversa pattuizione, l'amministrazione della società spetta a ciascuno dei soci disgiuntamente dagli altri ([1]).

Se l'amministrazione spetta disgiuntamente a più soci, ciascun socio amministratore ha diritto di opporsi all'operazione che un altro voglia compiere, prima che sia compiuta.

La maggioranza dei soci, determinata secondo la parte attribuita a ciascun socio negli utili, decide sull'opposizione (2258²).

(¹) *Questo comma è stato così sostituito dall'art. 377, comma 1, del D.L.vo 12 gennaio 2019, n. 14.*

A norma dell'art. 389, comma 2, del medesimo provvedimento, tali disposizioni entrano in vigore il trentesimo giorno successivo alla data di pubblicazione in Gazzetta Ufficiale *del suddetto decreto (Suppl. ord. alla* G.U. *n. 38 del 14 febbraio 2019).*

2258. Amministrazione congiuntiva. – Se l'amministrazione spetta congiuntamente a più soci, è necessario il consenso di tutti i soci amministratori per il compimento delle operazioni (2317²) sociali.

Se è convenuto che per l'amministrazione o per determinati atti sia necessario il consenso della maggioranza, questa si determina a norma dell'ultimo comma dell'articolo precedente.

Nei casi preveduti da questo articolo, i singoli amministratori non possono compiere da soli alcun atto, salvo che vi sia urgenza di evitare un danno alla società.

2259. Revoca della facoltà di amministrare. – La revoca dell'amministratore nominato con il contratto sociale non ha effetto se non ricorre una giusta causa (1723 ss., 2252).

L'amministratore nominato con atto separato è revocabile secondo le norme sul mandato (1726).

La revoca per giusta causa può in ogni caso essere chiesta giudizialmente da ciascun socio.

2260. Diritti e obblighi degli amministratori. – I diritti e gli obblighi degli amministratori sono regolati dalle norme sul mandato (1703 ss.).

Gli amministratori sono solidalmente (1292) responsabili verso la società per l'adempimento degli obblighi ad essi imposti dalla legge e dal contratto sociale. Tuttavia la responsabilità non si estende a quelli che dimostrino di essere esenti da colpa (2392).

2261. Controllo dei soci. – I soci che non partecipano all'amministrazione hanno diritto di avere dagli amministratori notizia dello svolgimento degli affari sociali, di consultare i documenti relativi all'amministrazione e di ottenere il rendiconto quando gli affari per cui fu costituita la società sono stati compiuti (2320³, 2489, 2552, 2623, n. 3).

Se il compimento degli affari sociali dura oltre un anno, i soci hanno diritto di avere il rendiconto dell'amministrazione al termine di ogni anno, salvo che il contratto stabilisca un termine diverso (2552[3]).

2262. Utili. – Salvo patto contrario, ciascun socio ha diritto di percepire la sua parte di utili dopo l'approvazione del rendiconto (2261[2], 2265, 2270, 2350, 2433).

2263. Ripartizione dei guadagni e delle perdite. – Le parti spettanti ai soci nei guadagni e nelle perdite si presumono proporzionali ai conferimenti (1298 ss.). Se il valore dei conferimenti non è determinato dal contratto, esse si presumono eguali (1101, 2282[2]).

La parte spettante al socio che ha conferito la propria opera, se non è determinata dal contratto, è fissata dal giudice secondo equità (2286[2], 2295, n. 7).

Se il contratto determina soltanto la parte di ciascun socio nei guadagni, nella stessa misura si presume che debba determinarsi la partecipazione alle perdite (2178[2]).

2264. Partecipazione ai guadagni e alle perdite rimessa alla determinazione di un terzo. – La determinazione della parte di ciascun socio nei guadagni e nelle perdite può essere rimessa ad un terzo (1473).

La determinazione del terzo può essere impugnata soltanto nei casi previsti dall'art. 1349 e nel termine di tre mesi dal giorno in cui il socio, che pretende di esserne leso, ne ha avuto comunicazione (2964 ss.). L'impugnazione non può essere proposta dal socio che ha volontariamente eseguito la determinazione del terzo (1444[2], 2603[4]).

2265. Patto leonino. – È nullo il patto con il quale uno o più soci sono esclusi da ogni partecipazione agli utili o alle perdite (2178[2], 2263, 2553, 2554).

Sezione III
Dei rapporti con i terzi

2266. Rappresentanza della società. – La società acquista diritti e assume obbligazioni per mezzo dei soci che ne hanno la rappresentanza e sta in giudizio nella persona dei medesimi (2278).

In mancanza di diversa disposizione del contratto, la rappresentanza spetta a ciascun socio amministratore (2257 ss.) e si estende a tutti gli atti che rientrano nell'oggetto sociale (2298).

Le modificazioni e l'estinzione dei poteri di rappresentanza sono regolate dall'art. 1396.

2267. Responsabilità per le obbligazioni sociali. – I creditori della società possono far valere i loro diritti sul patrimonio sociale (2268). Per le obbligazioni sociali rispondono inoltre personalmente (2740) e solidalmente (1292) i soci che hanno agito in nome e per conto della società e, salvo patto contrario, gli altri soci (33, 38, 41^{1}, 2291, 2297, 2317^{2}, 2320^{1}, 2615).

Il patto deve essere portato a conoscenza dei terzi con mezzi idonei (1396); in mancanza, la limitazione della responsabilità o l'esclusione della solidarietà non è opponibile a coloro che non ne hanno avuto conoscenza (2193^{1}, 2290^{2}).

2268. Escussione preventiva del patrimonio sociale. – Il socio richiesto del pagamento di debiti sociali può domandare, anche se la società è in liquidazione, la preventiva escussione del patrimonio sociale, indicando i beni sui quali il creditore possa agevolmente soddisfarsi (2304, 2471).

2269. Responsabilità del nuovo socio. – Chi entra a far parte di una società già costituita risponde con gli altri soci per le obbligazioni sociali anteriori all'acquisto della qualità di socio.

2270. Creditore particolare del socio. – Il creditore particolare del socio, finché dura la società, può far valere i suoi diritti sugli utili spettanti al debitore (2262) e compiere atti conservativi sulla quota spettante a quest'ultimo nella liquidazione.

Se gli altri beni del debitore sono insufficienti a soddisfare i suoi crediti, il creditore particolare del socio può inoltre chiedere in ogni tempo la liquidazione della quota del suo debitore (2288). La quota deve essere liquidata (2289) entro tre mesi dalla domanda, salvo che sia deliberato lo scioglimento della società.

2271. Esclusione della compensazione. – Non è ammessa compensazione (1246, n. 5) fra il debito che un terzo ha verso la società e il credito che egli ha verso un socio.

Sezione IV
Dello scioglimento
della società

2272. Cause di scioglimento. – La società si scioglie (2308, 2323):

1) per il decorso del termine (2273);

2) per il conseguimento dell'oggetto sociale o per la sopravvenuta impossibilità di conseguirlo (27^{1});

3) per la volontà di tutti i soci (2252);

4) quando viene a mancare la pluralità dei soci, se nel termine di sei mesi questa non è ricostituita (27^{2}, 2284);

5) per le altre cause previste dal contratto sociale.

2273. Proroga tacita. – La società è tacitamente prorogata a tempo indeterminato (2285) quando, decorso il tempo per cui fu contratta, i soci continuano a compiere le operazioni sociali (2307^{3}).

2274. Poteri degli amministratori dopo lo scioglimento. – Avvenuto lo scioglimento della società, i soci amministratori conservano il potere di amministrare, limitatamente agli affari urgenti, fino a che siano presi i provvedimenti necessari per la liquidazione (29, 2272).

2275. Liquidatori. – Se il contratto non prevede il modo di liquidare il patrimonio sociale e i soci non sono d'accordo nel determinarlo, la liquidazione è fatta da uno o più liquidatori, nominati con il consenso di tutti i soci o, in caso di disaccordo, dal presidente del tribunale (2309).

I liquidatori possono essere revocati per volontà di tutti i soci e in ogni caso dal tribunale per giusta causa su domanda di uno o più soci (2259).

2276. Obblighi e responsabilità dei liquidatori. – Gli obblighi e la responsabilità dei liquidatori sono regolati dalle disposizioni stabilite per gli amministratori (2257 ss.), in quanto non sia diversamente disposto dalle norme seguenti o dal contratto sociale.

2277. Inventario. – Gli amministratori devono consegnare ai liquidatori i beni e i documenti sociali e presentare ad essi il conto della gestione relativo al periodo successivo all'ultimo rendiconto.

I liquidatori devono prendere in consegna i beni e i documenti sociali, e redigere, insieme con gli amministratori, l'inventario dal quale risulti lo stato attivo e passivo del patrimonio sociale. L'inventario deve essere sottoscritto dagli amministratori e dai liquidatori.

2278. Poteri dei liquidatori. – I liquidatori possono compiere gli atti necessari per la liquidazione e, se i soci non hanno disposto diversamente, possono vendere anche in blocco i beni sociali e fare transazioni (1965 ss.) e compromessi (806 ss. c.p.c.).

Essi rappresentano la società anche in giudizio (2266; 75 c.p.c.).

2279. Divieto di nuove operazioni. – I liquidatori non possono intraprendere nuove operazioni. Contravvenendo a tale divieto, essi rispondono personalmente e solidalmente (1292 ss.) per gli affari intrapresi (29).

2280. Pagamento dei debiti sociali. – I liquidatori non possono ripartire tra i soci, neppure parzialmente, i beni sociali, finché non siano pagati i creditori della società o non siano accantonate le somme necessarie per pagarli.

Se i fondi disponibili risultano insufficienti per il pagamento dei debiti sociali, i liquidatori possono chiedere ai soci i versamenti ancora dovuti sulle rispettive quote (150 l. fall.) e, se occorre, le somme necessarie, nei limiti della rispettiva responsabilità e in proporzione della parte di ciascuno nelle perdite (2263, 2267). Nella stessa proporzione si ripartisce tra i soci il debito del socio insolvente (1299^2).

2281. Restituzione dei beni conferiti in godimento. – I soci che hanno conferito beni in godimento hanno diritto di riprenderli nello stato in cui si trovano (1807). Se i beni sono periti o deteriorati per causa imputabile agli amministratori, i soci hanno diritto al risarcimento del danno a carico del patrimonio sociale, salva l'azione contro gli amministratori (2043, 2254^2, 2260).

2282. Ripartizione dell'attivo. – Estinti i debiti sociali, l'attivo residuo è destinato al rimborso dei conferimenti (2263^2). L'eventuale eccedenza è ripartita tra i soci in proporzione della parte di ciascuno nei guadagni.

L'ammontare dei conferimenti non aventi per oggetto somme di danaro è determinato secondo la valutazione che ne è stata fatta nel contratto o, in mancanza, secondo il valore che essi avevano nel momento in cui furono eseguiti (2263^1).

2283. Ripartizione dei beni in natura. – Se è convenuto che la ripartizione dei beni sia fatta in natura, si applicano le disposizioni sulla divisione delle cose comuni (1111 ss.).

Sezione V
Dello scioglimento
del rapporto sociale
limitatamente a un socio

2284. Morte del socio. – Salvo contraria disposizione del contratto sociale, in caso di morte di uno dei soci, gli altri devono liquidare la quota agli eredi (2289), a meno che preferiscano sciogliere la società (2272, n. 3), ovvero continuarla con gli eredi stessi e questi vi acconsentano.

2285. Recesso del socio. – Ogni socio può recedere (1373) dalla società quando questa è contratta a tempo indeterminato o per tutta la vita di uno dei soci.

Può inoltre recedere nei casi previsti nel contratto sociale ovvero quando sussiste una giusta causa.

Nei casi previsti nel primo comma il recesso deve essere comunicato agli altri soci con un preavviso di almeno tre mesi (24^2).

2286. Esclusione. – L'esclusione di un socio può avere luogo per gravi inadempienze (24^3, 1455) delle obbligazioni che derivano dalla legge o dal contratto sociale (2253), nonché per l'interdizione (414), l'inabilitazione (415) del socio o per la sua condanna ad una pena che importa l'interdizione, anche temporanea, dai pubblici uffici (32 c.p.).

Il socio che ha conferito nella società la propria opera (2263^2) o il godimento di una cosa (2254^5) può altresì essere escluso per la sopravvenuta inidoneità a svolgere l'opera conferita o per il perimento della cosa dovuto a causa non imputabile agli amministratori.

Parimenti può essere escluso il socio che si è obbligato con il conferimento a trasferire la proprietà di una cosa, se questa è perita prima che la proprietà sia acquistata alla società (1455, 1465^2, 2254).

2287. Procedimento di esclusione. – L'esclusione è deliberata dalla maggioranza dei soci, non computandosi nel numero di questi il socio da escludere, ed ha effetto decorsi trenta giorni dalla data della comunicazione al socio escluso.

Entro questo termine il socio escluso può fare opposizione davanti al tribunale, il quale può sospendere l'esecuzione.

Se la società si compone di due soci, l'esclusione di uno di essi è pronunciata dal tribunale, su domanda dell'altro.

2288. Esclusione di diritto. – È escluso di diritto il socio che sia dichiarato fallito (149 l. fall.) ([1]).

Parimenti è escluso di diritto il socio nei cui confronti un suo creditore particolare abbia ottenuto la liquidazione della quota a norma dell'art. 2270.

([1]) *A norma dell'art. 382, comma 1, del D.L.vo 12 gennaio 2019, n. 14, questo comma è stato così sostituito dal seguente:*

«È escluso di diritto il socio nei confronti del quale sia stata aperta o estesa la procedura di liquidazione giudiziale secondo il codice della crisi e dell'insolvenza».

A norma dell'art. 389, comma 1, del medesimo provvedimento, tali disposizioni entreranno in vigore decorsi diciotto mesi dalla data di pubblicazione in Gazzetta Ufficiale *del suddetto decreto (Suppl. ord. alla* G.U. *n. 38 del 14 febbraio 2019).*

2289. Liquidazione della quota del socio uscente. – Nei casi in cui il rapporto sociale si scioglie limitatamente a un socio (2284 ss.), questi o i suoi eredi hanno diritto soltanto ad una somma di danaro che rappresenti il valore della quota.

La liquidazione della quota è fatta in base alla situazione patrimoniale della società nel giorno in cui si verifica lo scioglimento.

Se vi sono operazioni in corso, il socio o i suoi eredi partecipano agli utili e alle perdite inerenti alle operazioni medesime.

Salvo quanto è disposto nell'art. 2270, il pagamento della quota spettante al socio deve essere fatto entro sei mesi dal giorno in cui si verifica lo scioglimento del rapporto (2307).

2290. Responsabilità del socio uscente o dei suoi eredi. – Nei casi in cui il rapporto sociale si scioglie limitatamente a un socio (2284 ss.), questi o i suoi eredi sono responsabili verso i terzi per le obbligazioni sociali (2267 ss.) fino al giorno in cui si verifica lo scioglimento.

Lo scioglimento deve essere portato a conoscenza dei terzi con mezzi idonei; in mancanza non è opponibile ai terzi che lo hanno senza colpa ignorato (2193^{1}).

Capo III
Della società in nome collettivo

2291. Nozione. – Nella società in nome collettivo tutti i soci rispondono solidalmente (1292 ss.) e illimitatamente per le obbligazioni sociali (147 l. fall.).

Il patto contrario non ha effetto nei confronti dei terzi (2267, 2297).

2292. Ragione sociale. – La società in nome collettivo agisce sotto una ragione sociale costituita dal nome di uno o più soci con l'indicazione del rapporto sociale (2295, n. 2).

La società può conservare nella ragione sociale il nome del socio receduto (2285) o defunto (2284), se il socio receduto o gli eredi del socio defunto vi consentono.

2293. Norme applicabili. – La società in nome collettivo è regolata dalle norme di questo capo e, in quanto queste non dispongano, dalle norme del capo precedente (2251 ss.).

2294. Incapace. – La partecipazione di un incapace alla società in nome collettivo è subordinata in ogni caso all'osservanza delle disposizioni degli articoli 320, 371, 397, 424 e 425 (1495).

2295. Atto costitutivo. – L'atto costitutivo della società deve indicare:

1) il cognome e il nome, il nome del padre ([1]), il domicilio, la cittadinanza e la razza ([2]) dei soci;

2) la ragione sociale (2292);

3) i soci che hanno l'amministrazione e la rappresentanza della società (2298);

4) la sede della società e le eventuali sedi secondarie (2250, 2299);

5) l'oggetto sociale (2253^2, 2266^2, 2272, n. 2);

6) i conferimenti di ciascun socio, il valore ad essi attribuito e il modo di valutazione (2253 ss.);

7) le prestazioni a cui sono obbligati i soci di opera (2263^2, 2286^2);

8) le norme secondo le quali gli utili devono essere ripartiti e la quota di ciascun socio negli utili e nelle perdite (2263 ss.);

9) la durata della società (2272, n. 1, 2307).

([1]) *A norma dell'art. 2 della L. 31 ottobre 1955, n. 1064, l'indicazione della paternità deve essere omessa. L'art. 3 della legge citata stabilisce che in luogo della paternità sia indicato il luogo e la data di nascita.*

([2]) *L'indicazione della razza è stata soppressa dal D.L.vo Lgt. 14 settembre 1944, n. 287, provvedimenti relativi alla riforma della legislazione civile.*

2296. Pubblicazione. – L'atto costitutivo della società, con sottoscrizione autenticata (2703) dei contraenti, o una copia autentica di esso se la stipulazione è avvenuta per atto pubblico (2699), deve entro trenta giorni essere depositato per l'iscrizione, a cura degli amministratori (2626), presso l'ufficio del registro delle imprese nella cui circoscrizione è stabilita la sede sociale (2188 ss; 99 att.).

Se gli amministratori non provvedono al deposito nel termine indicato nel comma precedente, ciascun socio può provvedervi a spese della società, o far condannare gli amministratori ad eseguirlo (2230^2).

Se la stipulazione è avvenuta per atto pubblico, è obbligato ad eseguire il deposito anche il notaio.

2297. Mancata registrazione. – Fino a quando la società non è iscritta nel registro delle imprese (2188; 99 ss. att.), i rapporti tra la società e i terzi, ferma restando la responsabilità illimitata e solidale di tutti i soci (2267, 2291; 147 l. fall.; 284 c.n.), sono regolati dalle disposizioni relative alla società semplice (2251 ss.).

Tuttavia si presume (2727 ss.) che ciascun socio che agisce per la società abbia la rappresentanza sociale, anche in giudizio. I patti che attribuiscono la rappresentanza ad alcuno soltanto dei soci o che limitano i poteri di rappresentanza non sono opponibili ai terzi, a meno che si provi che questi ne erano a conoscenza.

2298. Rappresentanza della società. – L'amministratore che ha la rappresentanza della società può compiere tutti gli atti che rientrano nell'oggetto sociale (2384^1; 152^2 l. fall.), salve le limitazioni che risultano dall'atto costitutivo o dalla procura. Le limitazioni non sono opponibili ai terzi, se non sono iscritte nel registro delle imprese (2188; 99 ss. att.) o se non si prova che i terzi ne hanno avuto conoscenza (19, 34, 2193, 2207, 2384^2).

[Gli amministratori che hanno la rappresentanza sociale devono, entro quindici giorni dalla notizia della nomina, depositare presso l'ufficio del registro delle imprese le loro firme autografe] ([1]).

([1]) *Questo comma è stato abrogato dall'art. 33, comma 1, della L. 24 novembre 2000, n. 340.*

2299. Sedi secondarie. – Un estratto dell'atto costitutivo deve essere depositato per l'iscrizione presso l'ufficio del registro delle imprese (2188; 99 ss. att.) del luogo in cui la società istituisce sedi secondarie con una rappresentanza stabile, entro trenta giorni dall'istituzione delle medesime (2197).

L'estratto deve indicare l'ufficio del registro presso il quale è iscritta la società e la data dell'iscrizione.

[Presso l'ufficio del registro in cui è iscritta la sede secondaria deve essere altresì depositata la firma autografa del rappresentante preposto all'esercizio della sede medesima] (1).

L'istituzione di sedi secondarie deve essere denunciata per l'iscrizione nello stesso termine anche all'ufficio del registro del luogo dove è iscritta la società (2197, 2330^5).

(1) *Questo comma è stato abrogato dall'art. 33, comma 1, della L. 24 novembre 2000, n. 340.*

2300. Modificazioni dell'atto costitutivo. – Gli amministratori devono richiedere nel termine di trenta giorni all'ufficio del registro delle imprese l'iscrizione delle modificazioni dell'atto costitutivo (2252) e degli altri fatti relativi alla società, dei quali è obbligatoria l'iscrizione.

Se la modificazione dell'atto costitutivo risulta da deliberazione dei soci, questa deve essere depositata in copia autentica (2626, 2714 ss.).

Le modificazioni dell'atto costitutivo, finché non sono iscritte, non sono opponibili ai terzi, a meno che si provi che questi ne erano a conoscenza (2193; 100^2 att; 284 c.n.).

2301. Divieto di concorrenza. – Il socio non può, senza il consenso degli altri soci, esercitare per conto proprio o altrui un'attività concorrente con quella della società, né partecipare come socio illimitatamente responsabile ad altra società concorrente (2291, 2318, 2390, 2462).

Il consenso si presume (2727), se l'esercizio dell'attività o la partecipazione ad altra società preesisteva al contratto sociale, e gli altri soci ne erano a conoscenza.

In caso d'inosservanza delle disposizioni del primo comma la società ha diritto al risarcimento del danno, salva l'applicazione dell'art. 2286.

2302. Scritture contabili. – Gli amministratori devono tenere i libri e le altre scritture contabili prescritti dall'art. 2214.

2303. Limiti alla distribuzione degli utili. – Non può farsi luogo a ripartizione di somme tra soci se non per utili realmente conseguiti (2262, 2321, 2433^2, 2621, n. 2).

Se si verifica una perdita del capitale sociale, non può farsi luogo a ripartizione di utili fino a che il capitale non sia reintegrato o ridotto in misura corrispondente.

2304. Responsabilità dei soci. – I creditori sociali, anche se la società è in liquidazione (2308 ss.), non possono pretendere il pagamento dai singoli soci, se non dopo l'escussione del patrimonio sociale (2268, 2471).

2305. Creditore particolare del socio. – Il creditore particolare del socio, finché dura la società, non può chiedere la liquidazione della quota del socio debitore (2270, 2288[1], 2307, 2531, 2614; 148[4] l. fall.).

2306. Riduzione di capitale. – La deliberazione di riduzione di capitale (2445), mediante rimborso ai soci delle quote pagate o mediante liberazione di essi dall'obbligo di ulteriori versamenti, può essere eseguita soltanto dopo tre mesi dal giorno dell'iscrizione nel registro delle imprese (2188; 99 ss. att.), purché entro questo termine (2964 ss.) nessun creditore sociale anteriore all'iscrizione abbia fatto opposizione (2623, n. 1).

Il tribunale, nonostante l'opposizione, può disporre che l'esecuzione abbia luogo, previa prestazione da parte della società di un'idonea garanzia (1179, 2445, 2503).

2307. Proroga della società. – Il creditore particolare del socio (2305) può fare opposizione alla proroga della società, entro tre mesi dalla iscrizione della deliberazione di proroga nel registro delle imprese (2273, 2531[2]).

Se l'opposizione è accolta, la società deve, entro tre mesi dalla notificazione della sentenza, liquidare la quota del socio debitore dell'opponente (2289).

In caso di proroga tacita (2273) ciascun socio può sempre recedere dalla società (1373), dando preavviso a norma dell'art. 2285, e il creditore particolare del socio può chiedere la liquidazione della quota del suo debitore a norma dell'art. 2270 (2531).

2308. Scioglimento della società. – La società si scioglie (2250[3]), oltre che per le cause indicate dall'art. 2272, per provvedimento dell'autorità governativa nei casi stabiliti dalla legge, e, salvo che abbia per oggetto un'attività non commerciale (2135, 2249), per la dichiarazione di fallimento (2448[2], 2540[2]; 147 ss., 222 l. fall.) ([1]).

([1]) A norma dell'art. 382, comma 2, del D.L.vo 12 gennaio 2019, n. 14, questo comma è stato così sostituito dal seguente:

«La società si scioglie, oltre che per le cause indicate dall'articolo 2272, per provvedimento dell'autorità governativa nei casi stabiliti dalla legge e per l'apertura della procedura di liquidazione giudiziale».

A norma dell'art. 389, comma 1, del medesimo provvedimento, tali disposizioni entreranno in vigore decorsi diciotto mesi dalla data di pubblicazione in Gazzetta Ufficiale *del suddetto decreto (Suppl. ord. alla* G.U. *n. 38 del 14 febbraio 2019).*

2309. Pubblicazione della nomina dei liquidatori. – La deliberazione dei soci o la sentenza (2332[4]) che nomina i liquidatori (2275) e ogni atto successivo che importa cambiamento nelle persone dei liquidatori devono essere, entro trenta giorni dalla notizia della nomina, depositati in copia autentica a cura dei liquidatori medesimi per l'iscrizione presso l'ufficio del registro delle imprese (2188, 2626).

[I liquidatori devono altresì depositare presso lo stesso ufficio le loro firme autografe] ([1]).

([1]) *Questo comma è stato abrogato dall'art. 33, comma 1, della L. 24 novembre 2000, n. 340.*

2310. Rappresentanza della società in liquidazione. – Dall'iscrizione della nomina dei liquidatori la rappresentanza della società, anche in giudizio, spetta ai liquidatori (2298, 2452).

2311. Bilancio finale di liquidazione e piano di riparto. – Compiuta la liquidazione, i liquidatori devono redigere il bilancio finale e proporre ai soci il piano di riparto.

Il bilancio, sottoscritto dai liquidatori, e il piano di riparto devono essere comunicati mediante raccomandata ai soci, e s'intendono approvati se non sono stati impugnati nel termine di due mesi dalla comunicazione (2453, 2964 ss.).

In caso d'impugnazione del bilancio e del piano di riparto, il liquidatore può chiedere che le questioni relative alla liquidazione siano esaminate separatamente da quelle relative alla divisione, alle quali il liquidatore può restare estraneo.

Con l'approvazione del bilancio i liquidatori sono liberati di fronte ai soci (2453, 2454, 2625).

2312. Cancellazione della società. – Approvato il bilancio finale di liquidazione, i liquidatori devono chiedere la cancellazione della società dal registro delle imprese (2188).

Dalla cancellazione della società i creditori sociali che non sono stati soddisfatti possono far valere i loro crediti nei confronti dei soci (31[3], 495[2]) e, se il mancato pagamento è dipeso da colpa dei liquidatori, anche nei confronti di questi (2324, 2456[2]).

Le scritture contabili (2302) e i documenti che non spettano ai singoli soci sono depositati presso la persona designata dalla maggioranza.

Le scritture contabili e i documenti devono essere conservati per dieci anni a decorrere dalla cancellazione della società dal registro delle imprese (2220, 2457, 2946).

Capo IV
Della società in accomandita semplice

2313. Nozione. – Nella società in accomandita semplice i soci accomandatari rispondono solidalmente (1292 ss.) e illimitatamente per le obbligazioni sociali (2471^2; 147 l. fall.), e i soci accomandanti rispondono limitatamente alla quota conferita (150 l. fall.).

Le quote di partecipazione dei soci non possono essere rappresentate da azioni (2325^2, 2346 ss., 2462^2, 2472^2).

2314. Ragione sociale. – La società agisce sotto una ragione sociale costituita dal nome (1) di almeno uno dei soci accomandatari, con l'indicazione di società in accomandita semplice, salvo il disposto del secondo comma dell'art. 2292 (2463, 2567).

L'accomandante, il quale consente che il suo nome sia compreso nella ragione sociale, risponde di fronte ai terzi illimitatamente e solidalmente (1292 ss.) con i soci accomandatari per le obbligazioni sociali (2320).

(1) *E cognome.*

2315. Norme applicabili. – Alla società in accomandita semplice si applicano le disposizioni relative alla società in nome collettivo, in quanto siano compatibili con le norme seguenti.

2316. Atto costitutivo. – L'atto costitutivo (2295) deve indicare i soci accomandatari e i soci accomandanti (2465).

2317. Mancata registrazione. – Fino a quando la società non è iscritta nel registro delle imprese (2188; 99 ss. att.), ai rapporti fra la società e i terzi si applicano le disposizioni dell'art. 2297.

Tuttavia per le obbligazioni sociali i soci accomandanti rispondono limitatamente alla loro quota, salvo che abbiano partecipato alle operazioni (2257^2, 2258^1) sociali (33^4, 38, 41^1, 2267, 2273, 2291, 2320, 2331^1; 147 l. fall.).

2318. Soci accomandatari. – I soci accomandatari hanno i diritti e gli obblighi dei soci della società in nome collettivo (2291).

L'amministrazione della società può essere conferita soltanto a soci accomandatari.

2319. Nomina e revoca degli amministratori. – Se l'atto costitutivo non dispone diversamente, per la nomina degli amministratori e per la loro revoca nel caso indicato nel secondo comma dell'art. 2259 sono necessari il consenso dei soci accomandatari e l'approvazione di tanti soci accomandanti che rappresentino la maggioranza del capitale da essi sottoscritto.

2320. Soci accomandanti. – I soci accomandanti non possono compiere atti di amministrazione, né trattare o concludere affari in nome della società, se non in forza di procura speciale per singoli affari (2252[1]). Il socio accomandante che contravviene a tale divieto assume responsabilità illimitata e solidale verso i terzi per tutte le obbligazioni sociali (2291, 2317[2]) e può essere escluso a norma dell'art. 2286 (147 l. fall.).

I soci accomandanti possono tuttavia prestare la loro opera sotto la direzione degli amministratori e, se l'atto costitutivo lo consente, dare autorizzazioni e pareri per determinate operazioni e compiere atti di ispezione e di sorveglianza.

In ogni caso essi hanno diritto di avere comunicazione annuale del bilancio (2423) e del conto dei profitti e delle perdite, e di controllarne l'esattezza, consultando i libri (2421) e gli altri documenti della società (2261, 2623, n. 3).

2321. Utili percepiti in buona fede. – I soci accomandanti non sono tenuti alla restituzione degli utili riscossi in buona fede secondo il bilancio regolarmente approvato (2303, 2433[4], 2621, n. 2).

2322. Trasferimento della quota. – La quota di partecipazione del socio accomandante è trasmissibile per causa di morte (2284).

Salvo diversa disposizione dell'atto costitutivo, la quota può essere ceduta, con effetto verso la società, con il consenso dei soci che rappresentano la maggioranza del capitale (24[3], 2479).

2323. Cause di scioglimento. – La società si scioglie (2250[3]), oltre che per le cause previste nell'art. 2308, quando rimangono soltanto soci accomandanti o soci accomandatari, sempreché nel termine di sei mesi non sia stato sostituito il socio che è venuto meno.

Se vengono a mancare tutti gli accomandatari, per il periodo indicato dal comma precedente gli accomandanti nominano un amministratore provvisorio per il compimento degli atti di ordinaria amministrazione. L'amministratore provvisorio non assume la qualità di socio accomandatario (2272, n. 4, 2318[2], 2320).

2324. Diritti dei creditori sociali dopo la liquidazione. – Salvo il diritto previsto dal secondo comma dell'art. 2312 nei confronti degli accomandatari e dei liquidatori, i creditori sociali che non sono stati soddisfatti nella liquidazione della società possono far valere i loro crediti anche nei confronti degli accomandanti, limitatamente alla quota di liquidazione (31[3], 2311, 2456[2]).

Capo V
Società per azioni ([1]) ([2])

([1]) *Il previgente Capo V: «DELLA SOCIETÀ PER AZIONI» è stato così sostituito dall'art. 1 del D.L.vo 17 gennaio 2003, n. 6, rettificato e corretto con avviso pubblicato in* Gazzetta Ufficiale *Serie gen. - n. 153 del 4 luglio 2003 e di nuovo rettificato con avviso pubblicato in* Gazzetta Ufficiale - *Serie gen. - n. 165 del 18 luglio 2003, a decorrere dal 1° gennaio 2004.*

([2]) *Si veda quanto dispone l'art. 223* bis *disp. att.*

Sezione I
Disposizioni generali

2325. Responsabilità. – Nella società per azioni per le obbligazioni sociali risponde soltanto la società con il suo patrimonio.

In caso di insolvenza della società, per le obbligazioni sociali sorte nel periodo in cui le azioni sono appartenute ad una sola persona, questa risponde illimitatamente quando i conferimenti non siano stati effettuati secondo quanto previsto dall'articolo 2342 o fin quando non sia stata attuata la pubblicità prescritta dall'articolo 2362.

2325 *bis*. Società che fanno ricorso al mercato del capitale di rischio. – Ai fini dell'applicazione del presente titolo ([1]), sono società che fanno ricorso al mercato del capitale di rischio le società con azioni quotate in mercati regolamentati o diffuse fra il pubblico in misura rilevante.

Le norme di questo titolo si applicano alle società con azioni ([2]) quotate in mercati regolamentati in quanto non sia diversamente disposto da altre norme di questo codice o di leggi speciali.

([1]) *La parola: «capo» è stata così sostituita dall'art. 5, lett.* a)*, del D.L.vo 6 febbraio 2004, n. 37.*

([2]) *Le parole: «Le norme di questo capo si applicano alle società emittenti di azioni» sono state così sostituite dall'art. 5, lett.* b)*, del D.L.vo 6 febbraio 2004, n. 37.*

2326. Denominazione sociale. – La denominazione sociale, in qualunque modo formata, deve contenere l'indicazione di società per azioni.

2327. Ammontare minimo del capitale. – La società per azioni deve costituirsi con un capitale non inferiore a cinquantamila ([1]) euro.

([1]) *La parola: «centoventimila» è stata così sostituita dall'attuale: «cinquantamila» dall'art. 20, comma 7, del D.L. 24 giugno 2014, n. 91, convertito, con modificazioni, nella L. 11 agosto 2014, n. 116.*

2328. Atto costitutivo. – La società può essere costituita per contratto o per atto unilaterale.

L'atto costitutivo deve essere redatto per atto pubblico e deve indicare:

1) il cognome e il nome o la denominazione, la data e il luogo di nascita o lo Stato (1) di costituzione, il domicilio o la sede, la cittadinanza dei soci e degli eventuali promotori, nonché il numero delle azioni assegnate a ciascuno di essi;

2) la denominazione e il comune ove sono poste la sede della società e le eventuali sedi secondarie;

3) l'attività che costituisce l'oggetto sociale;

4) l'ammontare del capitale sottoscritto e di quello versato;

5) il numero e l'eventuale valore nominale delle azioni, le loro caratteristiche e le modalità di emissione e circolazione;

6) il valore attribuito ai crediti e beni conferiti in natura;

7) le norme secondo le quali gli utili devono essere ripartiti;

8) i benefici eventualmente accordati ai promotori o ai soci fondatori;

9) il sistema di amministrazione adottato, il numero degli amministratori e i loro poteri, indicando quali tra essi hanno la rappresentanza della società;

10) il numero dei componenti il collegio sindacale;

11) la nomina dei primi amministratori e sindaci ovvero dei componenti del consiglio di sorveglianza (2) e, quando previsto, del soggetto incaricato di effettuare la revisione legale dei conti (3);

12) l'importo globale, almeno approssimativo, delle spese per la costituzione poste a carico della società;

13) la durata della società ovvero, se la società è costituita a tempo indeterminato, il periodo di tempo, comunque non superiore ad un anno, decorso il quale il socio potrà recedere.

Lo statuto contenente le norme relative al funzionamento della società, anche se forma oggetto di atto separato, costituisce parte integrante dell'atto costitutivo. In caso di contrasto tra le clausole dell'atto costitutivo e quelle dello statuto prevalgono le seconde.

(1) *Le parole: «lo Stato» sono state inserite dall'art. 5, lett.* c), *del D.L.vo 6 febbraio 2004, n. 37.*

(2) *Le parole: «ovvero dei componenti del consiglio di sorveglianza» sono state inserite dall'art. 5, lett.* c), *del D.L.vo 6 febbraio 2004, n. 37.*

(3) *Le parole: «al quale è demandato il controllo contabile» sono state così sostituite dalle attuali: «incaricato di effettuare la revisione legale dei conti» dall'art. 37, comma 1, del D.L.vo 27 gennaio 2010, n. 39.*

2329. Condizioni per la costituzione. – Per procedere alla costituzione della società è necessario:

1) che sia sottoscritto per intero il capitale sociale;

2) che siano rispettate le previsioni degli articoli 2342, 2343 e 2343 *ter* ([1]) relative ai conferimenti;

3) che sussistano le autorizzazioni e le altre condizioni richieste dalle leggi speciali per la costituzione della società, in relazione al suo particolare oggetto.

([1]) *Le parole: «e 2343» sono state così sostituite dalle parole: «, 2343 e 2343* ter» *dall'art. 1, comma 1, del D.L.vo 4 agosto 2008, n. 142.*

2330. Deposito dell'atto costitutivo e iscrizione della società. – Il notaio che ha ricevuto l'atto costitutivo deve depositarlo entro dieci giorni ([1]) presso l'ufficio del registro delle imprese nella cui circoscrizione è stabilita la sede sociale, allegando i documenti comprovanti la sussistenza delle condizioni previste dall'articolo 2329.

Se il notaio o gli amministratori non provvedono al deposito nel termine indicato nel comma precedente, ciascun socio può provvedervi a spese della società.

L'iscrizione della società nel registro delle imprese è richiesta contestualmente al deposito dell'atto costitutivo. L'ufficio del registro delle imprese, verificata la regolarità formale della documentazione, iscrive la società nel registro.

Se la società istituisce sedi secondarie, si applica l'articolo 2299.

([1]) *Le parole: «entro venti giorni» sono state così sostituite dalle attuali: «entro dieci giorni» dall'art. 3, comma 1* quinquies, *del D.L.14 dicembre 2018, n. 135, convertito, con modificazioni, nella L. 11 febbraio 2019, n. 12, a decorrere dal 13 febbraio 2019.*

2331. Effetti dell'iscrizione. – Con l'iscrizione nel registro la società acquista la personalità giuridica.

Per le operazioni compiute in nome della società prima dell'iscrizione sono illimitatamente e solidalmente responsabili verso i terzi coloro che hanno agito. Sono altresì solidalmente e illimitatamente responsabili il socio unico fondatore e quelli tra i soci che nell'atto costitutivo o con atto separato hanno deciso, autorizzato o consentito il compimento dell'operazione.

Qualora successivamente all'iscrizione la società abbia approvato un'operazione prevista dal precedente comma, è responsabile anche la società ed essa è tenuta a rilevare coloro che hanno agito.

Le somme depositate a norma del secondo comma dell'articolo 2342 non possono essere consegnate agli amministratori se non provano l'avvenuta iscrizione della società nel registro. Se entro novanta giorni dalla stipulazione dell'atto costitutivo o dal rilascio delle autorizzazioni previste dal numero 3) dell'articolo 2329 l'iscrizione non ha avuto luogo, esse sono restituite ai sottoscrittori e l'atto costitutivo perde efficacia.

Prima dell'iscrizione nel registro è vietata l'emissione delle azioni ed esse, salvo l'offerta pubblica di sottoscrizione ai sensi dell'articolo 2333, non possono costituire oggetto di una offerta al pubblico di prodotti finanziari [1].

[1] *Le parole: «sollecitazione all'investimento» sono state così sostituite dalle attuali: «offerta al pubblico di prodotti finanziari» dall'art. 5 del D.L.vo 28 marzo 2007, n. 51.*

2332. Nullità della società. – Avvenuta l'iscrizione nel registro delle imprese, la nullità della società può essere pronunciata soltanto nei seguenti casi:

1) mancata stipulazione dell'atto costitutivo nella forma dell'atto pubblico;

2) illiceità dell'oggetto sociale;

3) mancanza nell'atto costitutivo di ogni indicazione riguardante la denominazione della società, o i conferimenti, o l'ammontare del capitale sociale o l'oggetto sociale.

La dichiarazione di nullità non pregiudica l'efficacia degli atti compiuti in nome della società dopo l'iscrizione nel registro delle imprese.

I soci non sono liberati dall'obbligo di conferimento fino a quando non sono soddisfatti i creditori sociali.

La sentenza che dichiara la nullità nomina i liquidatori.

La nullità non può essere dichiarata quando la causa di essa è stata eliminata e di tale eliminazione è stata data pubblicità con iscrizione nel registro delle imprese.

Il dispositivo della sentenza che dichiara la nullità deve essere iscritto, a cura degli amministratori o dei liquidatori nominati ai sensi del quarto comma, nel registro delle imprese.

Sezione II
Della costituzione
per pubblica sottoscrizione (1)

(1) *Si riporta il testo previgente*: «*Sezione II. Della costituzione mediante pubblica sottoscrizione*».

2333. Programma e sottoscrizione delle azioni. – La società può essere costituita anche per mezzo di pubblica sottoscrizione sulla base di un programma che ne indichi l'oggetto e il capitale, le principali disposizioni dell'atto costitutivo e dello statuto, l'eventuale partecipazione che i promotori si riservano agli utili e il termine entro il quale deve essere stipulato l'atto costitutivo.

Il programma con le firme autenticate dei promotori, prima di essere reso pubblico, deve essere depositato presso un notaio.

Le sottoscrizioni delle azioni devono risultare da atto pubblico o da scrittura privata autenticata. L'atto deve indicare il cognome e il nome o la denominazione, il domicilio o la sede del sottoscrittore, il numero delle azioni sottoscritte e la data della sottoscrizione.

2334. Versamenti e convocazione dell'assemblea dei sottoscrittori. – Raccolte le sottoscrizioni, i promotori, con raccomandata o nella forma prevista nel programma, devono assegnare ai sottoscrittori un termine non superiore a trenta giorni per fare il versamento prescritto dal secondo comma dell'articolo 2342.

Decorso inutilmente questo termine, è in facoltà dei promotori di agire contro i sottoscrittori morosi o di scioglierli dall'obbligazione assunta. Qualora i promotori si avvalgano di quest'ultima facoltà, non può procedersi alla costituzione della società prima che siano collocate le azioni che quelli avevano sottoscritte.

Salvo che il programma stabilisca un termine diverso, i promotori, nei venti giorni successivi al termine fissato per il versamento prescritto dal primo comma del presente articolo, devono convocare l'assemblea dei sottoscrittori mediante raccomandata, da inviarsi a ciascuno di essi almeno dieci giorni prima di quello fissato per l'assemblea, con l'indicazione delle materie da trattare.

2335. Assemblea dei sottoscrittori. – L'assemblea dei sottoscrittori:

1) accerta l'esistenza delle condizioni richieste per la costituzione della società;

2) delibera sul contenuto dell'atto costitutivo e dello statuto;

3) delibera sulla riserva di partecipazione agli utili fatta a proprio favore dai promotori;

4) nomina gli amministratori, ed i sindaci ovvero i componenti del consiglio di sorveglianza (1) e, quando previsto, il soggetto incaricato di effettuare la revisione legale dei conti (2).

L'assemblea è validamente costituita con la presenza della metà dei sottoscrittori.

Ciascun sottoscrittore ha diritto a un voto, qualunque sia il numero delle azioni sottoscritte, e per la validità delle deliberazioni si richiede il voto favorevole della maggioranza dei presenti.

Tuttavia per modificare le condizioni stabilite nel programma è necessario il consenso di tutti i sottoscrittori.

(1) *Le parole: «i membri del collegio sindacale» sono state così sostituite dall'art. 5, lett. d), del D.L.vo 6 febbraio 2004, n. 37.*

(2) *Le parole: «cui è demandato il controllo contabile» sono state così sostituite dalle attuali: «incaricato di effettuare la revisione legale dei conti» dall'art. 37, comma 2, del D.L.vo 27 gennaio 2010, n. 39.*

2336. Stipulazione e deposito dell'atto costitutivo. – Eseguito quanto è prescritto nell'articolo precedente, gli intervenuti all'assemblea, in rappresentanza anche dei sottoscrittori assenti, stipulano l'atto costitutivo, che deve essere depositato per l'iscrizione nel registro delle imprese a norma dell'articolo 2330.

Sezione III
Dei promotori e dei soci fondatori

2337. Promotori. – Sono promotori coloro che nella costituzione per pubblica sottoscrizione hanno firmato il programma a norma del secondo comma dell'articolo 2333.

2338. Obbligazioni dei promotori. – I promotori sono solidalmente responsabili verso i terzi per le obbligazioni assunte per costituire la società.

La società è tenuta a rilevare i promotori dalle obbligazioni assunte e a rimborsare loro le spese sostenute, sempre che siano state necessarie per la costituzione della società o siano state approvate dall'assemblea.

Se per qualsiasi ragione la società non si costituisce, i promotori non possono rivalersi verso i sottoscrittori delle azioni.

2339. Responsabilità dei promotori. – I promotori sono solidalmente responsabili verso la società e verso i terzi:

1) per l'integrale sottoscrizione del capitale sociale e per i versamenti richiesti per la costituzione della società;

2) per l'esistenza dei conferimenti in natura in conformità della relazione giurata indicata nell'articolo 2343;

3) per la veridicità delle comunicazioni da essi fatte al pubblico per la costituzione della società.

Sono del pari solidalmente responsabili verso la società e verso i terzi coloro per conto dei quali i promotori hanno agito.

2340. Limiti dei benefici riservati ai promotori. – I promotori possono riservarsi nell'atto costitutivo, indipendentemente dalla loro qualità di soci, una partecipazione non superiore complessivamente a un decimo degli utili netti risultanti dal bilancio e per un periodo massimo di cinque anni.

Essi non possono stipulare a proprio vantaggio altro beneficio.

2341. Soci fondatori. – La disposizione del primo comma dell'articolo 2340 si applica anche ai soci che nella costituzione simultanea o in quella per pubblica sottoscrizione stipulano l'atto costitutivo.

Sezione III *bis*
Dei patti parasociali

2341 *bis*. (1) **Patti parasociali.** – I patti, in qualunque forma stipulati, che al fine di stabilizzare gli assetti proprietari o il governo della società:

a) hanno per oggetto l'esercizio del diritto di voto nelle società per azioni o nelle società che le controllano;

b) pongono limiti al trasferimento delle relative azioni o delle partecipazioni in società che le controllano;

c) hanno per oggetto o per effetto l'esercizio anche congiunto di un'influenza dominante su tali società, non possono avere durata superiore a cinque anni e si intendono stipulati per questa durata anche se le parti hanno previsto un termine maggiore; i patti sono rinnovabili alla scadenza.

Qualora il patto non preveda un termine di durata, ciascun contraente ha diritto di recedere con un preavviso di centottanta giorni.

Le disposizioni di questo articolo non si applicano ai patti strumentali ad accordi di collaborazione nella produzione o nello scambio di beni o servizi e relativi a società interamente possedute dai partecipanti all'accordo.

(1) *Si veda l'art. 223* vicies semel *att.*

2341 *ter*. Pubblicità dei patti parasociali. – Nelle società che fanno ricorso al mercato del capitale di rischio i patti parasociali devono essere comunicati alla società e dichiarati in apertura di ogni assemblea. La dichiarazione deve essere trascritta nel verbale e questo deve essere depositato presso l'ufficio del registro delle imprese.

In caso di mancanza della dichiarazione prevista dal comma precedente i possessori delle azioni cui si riferisce il patto parasociale non possono esercitare il diritto di voto e le deliberazioni assembleari adottate con il loro voto determinante sono impugnabili a norma dell'articolo 2377.

Sezione IV
Dei conferimenti

2342. Conferimenti. – Se nell'atto costitutivo non è stabilito diversamente, il conferimento deve farsi in danaro.

Alla sottoscrizione dell'atto costitutivo deve essere versato presso una banca almeno il venticinque per cento dei conferimenti in danaro o, nel caso di costituzione con atto unilaterale, il loro intero ammontare.

Per i conferimenti di beni in natura e di crediti si osservano le disposizioni degli articoli 2254 e 2255. Le azioni corrispondenti a tali conferimenti devono essere integralmente liberate al momento della sottoscrizione.

Se viene meno la pluralità dei soci, i versamenti ancora dovuti devono essere effettuati entro novanta giorni.

Non possono formare oggetto di conferimento le prestazioni di opera o di servizi.

2343. Stima dei conferimenti di beni in natura e di crediti. – Chi conferisce beni in natura o crediti deve presentare la relazione giurata di un esperto designato dal tribunale nel cui circondario ha sede la società, contenente la descrizione dei beni o dei crediti conferiti, l'attestazione che il loro valore è almeno pari a quello ad essi attribuito ai fini della determinazione del capitale sociale e dell'eventuale soprapprezzo e i criteri di valutazione seguiti. La relazione deve essere allegata all'atto costitutivo.

L'esperto risponde dei danni causati alla società, ai soci e ai terzi. Si applicano le disposizioni dell'articolo 64 del codice di procedura civile.

Gli amministratori devono, nel termine di centottanta giorni dalla iscrizione della società, controllare le valutazioni contenute nella relazione indicata nel primo comma e, se sussistano fondati motivi, devono procedere alla revisione della stima. Fino a quando le valutazioni non sono state controllate, le azioni corrispondenti ai conferimenti sono inalienabili e devono restare depositate presso la società.

Se risulta che il valore dei beni o dei crediti conferiti era inferiore di oltre un quinto a quello per cui avvenne il conferimento, la società deve proporzionalmente ridurre il capitale sociale, annullando le azioni che risultano scoperte. Tuttavia il socio conferente può versare la differenza in danaro o recedere dalla società; il socio recedente ha diritto alla restituzione del conferimento, qualora sia possibile in tutto o in parte in natura. L'atto costitutivo può prevedere, salvo in ogni caso quanto disposto dal quinto comma dell'articolo 2346, che per effetto dell'annullamento delle azioni disposto nel presente comma si determini una loro diversa ripartizione tra i soci.

2343 *bis*. Acquisto della società da promotori, fondatori, soci e amministratori. – L'acquisto da parte della società, per un corrispettivo pari o superiore al decimo del capitale sociale, di beni o di crediti dei promotori, dei fondatori, dei soci o degli amministratori, nei due anni dalla iscrizione della società nel registro delle imprese, deve essere autorizzato dall'assemblea ordinaria.

L'alienante deve presentare la relazione giurata di un esperto designato dal tribunale nel cui circondario ha sede la società ovvero la documentazione di cui all'articolo 2343 *ter* primo e secondo comma ([1]) contenente la descrizione dei beni o dei crediti, il valore a ciascuno di essi attribuito, i criteri di valutazione seguiti, nonché l'attestazione che tale valore non è inferiore al corrispettivo, che deve comunque essere indicato.

La relazione deve essere depositata nella sede della società durante i quindici giorni che precedono l'assemblea. I soci possono prenderne visione. Entro trenta giorni dall'autorizzazione il verbale dell'assemblea, corredato dalla relazione dell'esperto designato dal tribunale ovvero dalla documentazione di cui all'articolo 2343 *ter* ([2]), deve essere depositato a cura degli amministratori presso l'ufficio del registro delle imprese.

Le disposizioni del presente articolo non si applicano agli acquisti che siano effettuati a condizioni normali nell'ambito delle operazioni correnti della società né a quelli che avvengono nei mercati regolamentati o sotto il controllo dell'autorità giudiziaria o amministrativa.

In caso di violazione delle disposizioni del presente articolo gli amministratori e l'alienante sono solidalmente responsabili per i danni causati alla società, ai soci ed ai terzi.

([1]) *Le parole: «ovvero la documentazione di cui all'articolo 2343* ter *primo e secondo comma» sono state aggiunte dall'art. 20, comma 4, del D.L. 24 giugno 2014, n. 91, convertito, con modificazioni, nella L. 11 agosto 2014, n. 116.*

([2]) *Le parole: «ovvero dalla documentazione di cui all'articolo 2343* ter*» sono state aggiunte dall'art. 20, comma 4, del D.L. 24 giugno 2014, n. 91, convertito, con modificazioni, nella L. 11 agosto 2014, n. 116.*

2343 *ter*. ([1]) Conferimento di beni in natura o crediti senza relazione di stima. – Nel caso di conferimento di valori mobiliari ovvero di strumenti del mercato monetario non è richiesta la relazione di cui all'articolo 2343, primo comma, se il valore ad essi attribuito ai fini della determinazione del capitale sociale e dell'eventuale sovrapprezzo è pari o inferiore al prezzo medio ponderato al quale sono stati negoziati su uno o più mercati regolamentati nei sei mesi precedenti il conferimento.

Fuori dai casi in cui è applicabile il primo comma, non è altresì richiesta la relazione di cui all'articolo 2343, primo comma, qualora il valore attribuito, ai fini della determinazione del capitale sociale e dell'eventuale sovrapprezzo, ai beni in natura o crediti conferiti sia pari o inferiore:

a) al *fair value* iscritto nel bilancio dell'esercizio precedente quello nel quale è effettuato il conferimento a condizione che il bilancio sia sottoposto a revisione legale e la relazione del revisore non esprima rilievi in ordine alla valutazione dei beni oggetto del conferimento, ovvero;

b) al valore risultante da una valutazione riferita ad una data precedente di non oltre sei mesi il conferimento e conforme ai principi e criteri generalmente riconosciuti per la valutazione dei beni oggetto del conferimento, a condizione che essa provenga da un esperto indipendente da chi effettua il conferimento, dalla società e dai soci che esercitano individualmente o congiuntamente il controllo sul soggetto conferente o sulla società medesima, dotato di adeguata e comprovata professionalità ([2]).

Chi conferisce beni o crediti ai sensi del primo e secondo comma presenta la documentazione dalla quale risulta il valore attribuito ai conferimenti e la sussistenza, per i conferimenti di cui al secondo comma, delle condizioni ivi indicate. La documentazione è allegata all'atto costitutivo.

L'esperto di cui al secondo comma, lettera *b*), risponde dei danni causati alla società, ai soci e ai terzi.

Ai fini dell'applicazione del secondo comma, lettera *a*), per la definizione di "fair value" si fa riferimento ai principi contabili internazionali adottati dall'Unione europea ([3]).

([1]) *Questo articolo è stato inserito dall'art. 1, comma 2, del D.L.vo 4 agosto 2008, n. 142.*

([2]) *Questo comma è stato così sostituito dall'art. 1, comma 1, lett.* a), *del D.L.vo 29 novembre 2010, n. 224.*

([3]) *Questo comma è stato aggiunto dall'art. 1, comma 1, lett.* b), *del D.L.vo 29 novembre 2010, n. 224.*

2343 *quater*. ([1]) **Fatti eccezionali o rilevanti che incidono sulla valutazione.** – Gli amministratori verificano, nel termine di trenta giorni dalla iscrizione della società, se, nel periodo successivo a quello di cui all'articolo 2343 *ter*, primo comma, sono intervenuti fatti eccezionali che hanno inciso sul prezzo dei valori mobiliari o degli strumenti del mercato monetario conferiti in modo tale da modificare sensibilmente il valore di tali beni alla data di iscrizione della società nel registro delle imprese, comprese le situazioni in cui il mercato dei valori o strumenti non è più liquido. Gli amministratori verificano altresì nel medesimo termine se, successivamente al termine dell'esercizio cui si riferisce il bilancio di cui alla lettera *a*) del secondo comma dell'articolo 2343 *ter*, o alla data della valutazione di cui alla lettera *b*) del medesimo comma, si sono verificati fatti nuovi rilevanti tali da modificare sensibilmente il valore dei beni o dei crediti conferiti alla data di iscrizione della società nel registro delle imprese, nonché i requisiti di professionalità ed indipendenza dell'esperto che ha reso la valutazione di cui all'articolo 2343 *ter*, secondo comma, lettera *b*) ([2]).

Qualora gli amministratori ritengano che siano intervenuti i fatti di cui al primo comma, ovvero ritengano non idonei i requisiti di professionalità e indipendenza dell'esperto che ha reso la valutazione di cui all'articolo 2343 *ter*, secondo comma, lettera *b*), si procede, su iniziativa degli amministratori, ad una nuova valutazione ai sensi e per gli effetti dell'articolo 2343 ([3]).

Fuori dai casi di cui al secondo comma, è depositata per l'iscrizione nel registro delle imprese, nel medesimo termine di cui al primo comma, una dichiarazione degli amministratori contenente le seguenti informazioni:

a) la descrizione dei beni o dei crediti conferiti per i quali non si è fatto luogo alla relazione di cui all'articolo 2343, primo comma;

b) il valore ad essi attribuito, la fonte di tale valutazione e, se del caso, il metodo di valutazione;

c) la dichiarazione che tale valore è almeno pari a quello loro attribuito ai fini della determinazione del capitale sociale e dell'eventuale sovrapprezzo;

d) la dichiarazione che non sono intervenuti fatti eccezionali o rilevanti che incidono sulla valutazione di cui alla lettera *b*);

e) la dichiarazione di idoneità dei requisiti di professionalità e indipendenza dell'esperto di cui all'articolo 2343 *ter*, secondo comma, lettera *b*).

Fino all'iscrizione della dichiarazione le azioni sono inalienabili e devono restare depositate presso la società.

([1]) Questo articolo è stato inserito dall'art. 1, comma 2, del D.L.vo 4 agosto 2008, n. 142.

([2]) Questo comma è stato così sostituito dall'art. 1, comma 2, lett. a), del D.L.vo 29 novembre 2010, n. 224.

([3]) Questo comma è stato così sostituito dall'art. 1, comma 2, lett. b), del D.L.vo 29 novembre 2010, n. 224.

2344. Mancato pagamento delle quote. – Se il socio non esegue i pagamenti dovuti, decorsi quindici giorni dalla pubblicazione di una diffida nella *Gazzetta Ufficiale* della Repubblica, gli amministratori, se non ritengono utile promuovere azione per l'esecuzione del conferimento, offrono le azioni agli altri soci, in proporzione alla loro partecipazione (1), per un corrispettivo non inferiore ai conferimenti ancora dovuti. In mancanza di offerte possono far vendere le azioni a rischio e per conto del socio, a mezzo di una banca o di un intermediario autorizzato alla negoziazione in mercati regolamentati (1).

Qualora la vendita non possa aver luogo per mancanza di compratori, gli amministratori possono dichiarare decaduto il socio, trattenendo le somme riscosse, salvo il risarcimento dei maggiori danni.

Le azioni non vendute, se non possono essere rimesse in circolazione entro l'esercizio in cui fu pronunziata la decadenza del socio moroso, devono essere estinte con la corrispondente riduzione del capitale.

Il socio in mora nei versamenti non può esercitare il diritto di voto.

(1) *Le parole: «della loro partecipazione» e «nei mercati regolamentati» sono state così sostituite dall'art. 5, lett. e), del D.L.vo 6 febbraio 2004, n. 37.*

2345. Prestazioni accessorie. – Oltre l'obbligo dei conferimenti, l'atto costitutivo può stabilire l'obbligo dei soci di eseguire prestazioni accessorie non consistenti in danaro, determinandone il contenuto, la durata, le modalità e il compenso, e stabilendo particolari sanzioni per il caso di inadempimento. Nella determinazione del compenso devono essere osservate le norme applicabili ai rapporti aventi per oggetto le stesse prestazioni.

Le azioni alle quali è connesso l'obbligo delle prestazioni anzidette devono essere nominative e non sono trasferibili senza il consenso degli amministratori.

Se non è diversamente disposto dall'atto costitutivo, gli obblighi previsti in questo articolo non possono essere modificati senza il consenso di tutti i soci.

Sezione V
Delle azioni e di altri strumenti finanziari partecipativi (¹)

(¹) *Si riporta il testo previgente*: «*Sezione V. Delle azioni*».

2346. Emissione delle azioni. – La partecipazione sociale è rappresentata da azioni; salvo diversa disposizione di leggi speciali lo statuto può escludere l'emissione dei relativi titoli o prevedere l'utilizzazione di diverse tecniche di legittimazione e circolazione.

Se determinato nello statuto, il valore nominale di ciascuna azione corrisponde ad una frazione del capitale sociale; tale determinazione deve riferirsi senza eccezioni a tutte le azioni emesse dalla società.

In mancanza di indicazione del valore nominale delle azioni, le disposizioni che ad esso si riferiscono si applicano con riguardo al loro numero in rapporto al totale delle azioni emesse.

A ciascun socio è assegnato un numero di azioni proporzionale alla parte del capitale sociale sottoscritta e per un valore non superiore a quello del suo conferimento. Lo statuto (¹) può prevedere una diversa assegnazione delle azioni.

In nessun caso il valore dei conferimenti può essere complessivamente inferiore all'ammontare globale del capitale sociale.

Resta salva la possibilità che la società, a seguito dell'apporto da parte dei soci o di terzi anche di opera o servizi, emetta strumenti finanziari forniti di diritti patrimoniali o anche di diritti amministrativi, escluso il voto nell'assemblea generale degli azionisti. In tal caso lo statuto ne disciplina le modalità e condizioni di emissione, i diritti che conferiscono, le sanzioni in caso di inadempimento delle prestazioni e, se ammessa, la legge di circolazione.

(¹) *Le originarie parole*: «*L'atto costitutivo*» *sono state così sostituite dall'art. 7 del D.L.vo 28 dicembre 2004, n. 310.*

2347. Indivisibilità delle azioni. – Le azioni sono indivisibili. Nel caso di comproprietà di un'azione, i diritti dei comproprietari devono essere esercitati da un rappresentante comune nominato secondo le modalità previste dagli articoli 1105 e 1106.

Se il rappresentante comune non è stato nominato, le comunicazioni e le dichiarazioni fatte dalla società a uno dei comproprietari sono efficaci nei confronti di tutti.

I comproprietari dell'azione rispondono solidalmente delle obbligazioni da essa derivanti.

2348. Categorie di azioni. – Le azioni devono essere di uguale valore e conferiscono ai loro possessori uguali diritti.

Si possono tuttavia creare, con lo statuto o con successive modificazioni di questo, categorie di azioni fornite di diritti diversi anche per quanto concerne la incidenza delle perdite. In tal caso la società, nei limiti imposti dalla legge, può liberamente determinare il contenuto delle azioni delle varie categorie.

Tutte le azioni appartenenti ad una medesima categoria conferiscono uguali diritti.

2349. Azioni e strumenti finanziari a favore dei prestatori di lavoro. – Se lo statuto lo prevede, l'assemblea straordinaria può deliberare l'assegnazione di utili ai prestatori di lavoro dipendenti della società o di società controllate mediante l'emissione, per un ammontare corrispondente agli utili stessi, di speciali categorie di azioni da assegnare individualmente ai prestatori di lavoro, con norme particolari riguardo alla forma, al modo di trasferimento ed ai diritti spettanti agli azionisti. Il capitale sociale deve essere aumentato in misura corrispondente.

L'assemblea straordinaria può altresì deliberare l'assegnazione ai prestatori di lavoro ([1]) dipendenti della società o di società controllate di strumenti finanziari, diversi dalle azioni, forniti di diritti patrimoniali o anche di ([1]) diritti amministrativi, escluso il voto nell'assemblea generale degli azionisti. In tal caso possono essere previste norme particolari riguardo alle condizioni di esercizio dei diritti attribuiti, alla possibilità di trasferimento ed alle eventuali cause di decadenza o riscatto.

([1]) *Le parole: «prestatori di lavoro» e «anche di» sono state inserite dall'art. 5, lett.* f), *del D.L.vo 6 febbraio 2004, n. 37.*

2350. Diritto agli utili e alla quota di liquidazione. – Ogni azione attribuisce il diritto a una parte proporzionale degli utili netti e del patrimonio netto risultante dalla liquidazione, salvi i diritti stabiliti a favore di speciali categorie di azioni.

Fuori dai casi di cui all'articolo 2447 *bis*, la società può emettere azioni fornite di diritti patrimoniali correlati ai risultati dell'attività sociale in un determinato settore. Lo statuto stabilisce i criteri di individuazione dei costi e ricavi imputabili al settore, le modalità di rendicontazione, i diritti attribuiti a tali azioni, nonché le eventuali ([1]) condizioni e modalità di conversione in azioni di altra categoria.

Non possono essere pagati dividendi ai possessori delle azioni previste dal precedente comma se non nei limiti degli utili risultanti dal bilancio della società.

(¹) *Le parole: «l'eventuali» sono state così sostituite dall'art. 5, lett. g), del D.L.vo 6 febbraio 2004, n. 37.*

2351. Diritto di voto. – Ogni azione attribuisce il diritto di voto.

Salvo quanto previsto dalle leggi speciali, lo statuto può prevedere la creazione di azioni senza diritto di voto, con diritto di voto limitato a particolari argomenti, con diritto di voto subordinato al verificarsi di particolari condizioni non meramente potestative. Il valore di tali azioni non può complessivamente superare la metà del capitale sociale.

Lo statuto può altresì prevedere che, in relazione alla quantità delle azioni possedute da uno stesso soggetto, il diritto di voto sia limitato a una misura massima o disporne scaglionamenti (¹).

Salvo quanto previsto dalle leggi speciali, lo statuto può prevedere la creazione di azioni con diritto di voto plurimo anche per particolari argomenti o subordinato al verificarsi di particolari condizioni non meramente potestative. Ciascuna azione a voto plurimo può avere fino a un massimo di tre voti (¹).

Gli strumenti finanziari di cui agli articoli 2346, sesto comma, e 2349, secondo comma, possono essere dotati del diritto di voto su argomenti specificamente indicati e in particolare può essere ad essi riservata, secondo modalità stabilite dallo statuto, la nomina di un componente indipendente del consiglio di amministrazione o del consiglio di sorveglianza o di un sindaco. Alle persone così nominate si applicano le medesime norme previste per gli altri componenti dell'organo cui partecipano.

(¹) *Questo comma è stato così sostituito dall'art. 20, comma 8 bis, del D.L. 24 giugno 2014, n. 91, convertito, con modificazioni, nella L. 11 agosto 2014, n. 116.*

2352. Pegno, usufrutto e sequestro delle azioni. – Nel caso di pegno o usufrutto sulle azioni, il diritto di voto spetta, salvo convenzione contraria, al creditore pignoratizio o all'usufruttuario. Nel caso di sequestro delle azioni il diritto di voto è esercitato dal custode.

Se le azioni attribuiscono un diritto di opzione, questo spetta al socio ed al medesimo sono attribuite le azioni in base ad esso sottoscritte. Qualora il socio non provveda almeno tre giorni prima della scadenza al versamento delle somme necessarie per l'esercizio del diritto di opzione e qualora gli altri soci non si offrano di acquistarlo, questo deve essere alienato per suo conto a mezzo banca od intermediario autorizzato alla negoziazione nei mercati regolamentati.

Nel caso di aumento del capitale sociale ai sensi dell'articolo 2442, il pegno, l'usufrutto o il sequestro si estendono alle azioni di nuova emissione.

Se sono richiesti versamenti sulle azioni, nel caso di pegno, il socio deve provvedere al versamento delle somme necessarie almeno tre giorni prima della scadenza; in mancanza il creditore pignoratizio può vendere le azioni nel modo stabilito dal secondo comma del presente articolo. Nel caso di usufrutto, l'usufruttuario deve provvedere al versamento, salvo il suo diritto alla restituzione al termine dell'usufrutto.

Se l'usufrutto spetta a più persone, si applica il secondo comma dell'articolo 2347.

Salvo che dal titolo o dal provvedimento del giudice risulti diversamente, i diritti amministrativi diversi da quelli previsti nel presente articolo spettano, nel caso di pegno o di usufrutto, sia al socio sia al creditore pignoratizio o all'usufruttuario; nel caso di sequestro sono esercitati dal custode.

2353. Azioni di godimento. – Salvo diversa disposizione dello statuto, le azioni di godimento attribuite ai possessori delle azioni rimborsate non danno diritto di voto nell'assemblea. Esse concorrono nella ripartizione degli utili che residuano dopo il pagamento delle azioni non rimborsate di un dividendo pari all'interesse legale e, nel caso di liquidazione, nella ripartizione del patrimonio sociale residuo dopo il rimborso delle altre azioni al loro valore nominale.

2354. Titoli azionari. – I titoli possono essere nominativi o al portatore, a scelta del socio, se lo statuto o le leggi speciali non stabiliscono (1) diversamente.

Finché le azioni non siano interamente liberate, non possono essere emessi titoli al portatore.

I titoli azionari devono indicare:

1) la denominazione e la sede della società;

2) la data dell'atto costitutivo e della sua iscrizione e l'ufficio del registro delle imprese dove la società è iscritta;

3) il loro valore nominale o, se si tratta di azioni senza valore nominale, il numero complessivo delle azioni emesse, nonché l'ammontare del capitale sociale;

4) l'ammontare dei versamenti parziali sulle azioni non interamente liberate;

5) i diritti e gli obblighi particolari ad essi inerenti.

I titoli azionari devono essere sottoscritti da uno degli amministratori. È valida la sottoscrizione mediante riproduzione meccanica della firma.

Le disposizioni di questo articolo si applicano anche ai certificati provvisori che si distribuiscono ai soci prima dell'emissione dei titoli definitivi.

Sono salve le disposizioni delle leggi speciali in tema di strumenti finanziari negoziati o destinati alla negoziazione nelle sedi di negoziazione (2).

Lo statuto può assoggettare le azioni alla disciplina prevista dalle leggi speciali di cui al precedente comma.

(1) *La parola: «stabiliscano» è stata così sostituita dall'art. 5, lett.* h), *del D.L.vo 6 febbraio 2004, n. 37.*

(2) *Le parole: «nei mercati regolamentati» sono state così sostituite dalle seguenti: «nelle sedi di negoziazione» dall'art. 4, comma 2, del D.L.vo 12 agosto 2016, n. 176.*

2355. Circolazione delle azioni. – Nel caso di mancata emissione dei titoli azionari il trasferimento delle azioni ha effetto nei confronti della società dal momento dell'iscrizione nel libro dei soci.

Le azioni al portatore si trasferiscono con la consegna del titolo.

Il trasferimento delle azioni nominative si opera mediante girata autenticata da un notaio o da altro soggetto secondo quanto previsto dalle leggi speciali. Il giratario che si dimostra possessore in base a una serie continua di girate ha diritto di ottenere l'annotazione del trasferimento nel libro dei soci, ed è comunque legittimato ad esercitare i diritti sociali; resta salvo l'obbligo della società, previsto dalle leggi speciali, di aggiornare il libro dei soci.

Il trasferimento delle azioni nominative con mezzo diverso dalla girata si opera a norma dell'articolo 2022.

Nei casi previsti ai commi sesto e settimo dell'articolo 2354, il trasferimento si opera mediante scritturazione sui conti destinati a registrare i movimenti degli strumenti finanziari; in tal caso, se le azioni sono nominative, si applica il terzo comma e la scritturazione sul conto equivale alla girata.

2355 *bis*. Limiti alla circolazione delle azioni. – Nel caso di azioni nominative ed in quello di mancata emissione dei titoli azionari, lo statuto può sottoporre a particolari condizioni il loro trasferimento e può, per un periodo non superiore a cinque anni dalla costituzione della società o dal momento in cui il divieto viene introdotto, vietarne il trasferimento.

Le clausole dello statuto che subordinano il trasferimento delle azioni al mero gradimento di organi sociali o di altri soci sono inefficaci se non prevedono, a carico della società o degli altri soci, un obbligo di acquisto oppure il diritto di recesso dell'alienante; resta ferma l'applicazione dell'articolo 2357. Il corrispettivo dell'acquisto o rispettivamente la quota di liquidazione sono determinati secondo le modalità e nella misura previste dall'articolo 2437 *ter*.

La disposizione del precedente comma si applica in ogni ipotesi di clausole che sottopongono a particolari condizioni il trasferimento a causa di morte delle azioni, salvo che sia previsto il gradimento e questo sia concesso.

Le limitazioni al trasferimento delle azioni devono risultare dal titolo.

2356. Responsabilità in caso di trasferimento di azioni non liberate. – Coloro che hanno trasferito azioni non liberate sono obbligati in solido con gli acquirenti per l'ammontare dei versamenti ancora dovuti, per il periodo di tre anni dall'annotazione del trasferimento nel libro dei soci.

Il pagamento non può essere ad essi domandato se non nel caso in cui la richiesta al possessore dell'azione sia rimasta infruttuosa.

2357. Acquisto delle proprie azioni. – La società non può acquistare azioni proprie se non nei limiti degli utili distribuibili e delle riserve disponibili risultanti dall'ultimo bilancio regolarmente approvato. Possono essere acquistate soltanto azioni interamente liberate.

L'acquisto deve essere autorizzato dall'assemblea, la quale ne fissa le modalità, indicando in particolare il numero massimo di azioni da acquistare, la durata, non superiore ai diciotto mesi, per la quale l'autorizzazione è accordata, il corrispettivo minimo ed il corrispettivo massimo.

Il valore nominale delle azioni acquistate a norma del primo e secondo comma dalle società che fanno ricorso al mercato del capitale di rischio non può eccedere la quinta parte del capitale sociale, tenendosi conto a tale fine anche delle azioni possedute da società controllate ([1]).

Le azioni acquistate in violazione dei commi precedenti debbono essere alienate secondo modalità da determinarsi dall'assemblea, entro un anno dal loro acquisto. In mancanza, deve procedersi senza indugio al loro annullamento e alla corrispondente riduzione del capitale. Qualora l'assemblea non provveda, gli amministratori e i sindaci devono chiedere che la riduzione sia disposta dal tribunale secondo il procedimento previsto dall'articolo 2446, secondo comma.

Le disposizioni del presente articolo si applicano anche agli acquisti fatti per tramite di società fiduciaria o per interposta persona.

([1]) *Questo comma già sostituito dall'art. 1, comma 3, del D.L.vo 4 agosto 2008, n. 142, è stato successivamente così sostituito dall'art. 7, comma 3* sexies, *lett.* a), *del D.L. 10 febbraio 2009, n. 5, convertito, con modificazioni, nella L. 9 aprile 2009, n. 33.*

2357 *bis*. Casi speciali di acquisto delle proprie azioni. – Le limitazioni contenute nell'articolo 2357 non si applicano quando l'acquisto di azioni proprie avvenga:

1) in esecuzione di una deliberazione dell'assemblea di riduzione del capitale, da attuarsi mediante riscatto e annullamento di azioni;

2) a titolo gratuito, sempre che si tratti di azioni interamente liberate;

3) per effetto di successione universale o di fusione o scissione;

4) in occasione di esecuzione forzata per il soddisfacimento di un credito della società, sempre che si tratti di azioni interamente liberate.

Se il valore nominale delle azioni proprie supera il limite della quinta parte del capitale per effetto di acquisti avvenuti a norma dei numeri 2), 3) e 4) del primo comma del presente articolo, si applica per l'eccedenza il penultimo comma dell'articolo 2357, ma il termine entro il quale deve avvenire l'alienazione è di tre anni (1).

(1) *Questo comma è stato così sostituito dall'art. 7, comma 3* sexies, *lett.* b), *del D.L. 10 febbraio 2009, n. 5, convertito, con modificazioni, nella L. 9 aprile 2009, n. 33.*

2357 *ter*. Disciplina delle proprie azioni. – Gli amministratori non possono disporre delle azioni acquistate a norma dei due articoli precedenti se non previa autorizzazione dell'assemblea, la quale deve stabilire le relative modalità. A tal fine possono essere previste, nei limiti stabiliti dal primo e secondo comma dell'articolo 2357, operazioni successive di acquisto ed alienazione.

Finché le azioni restano in proprietà della società, il diritto agli utili e il diritto di opzione sono attribuiti proporzionalmente alle altre azioni. Il diritto di voto è sospeso, ma le azioni proprie sono tuttavia computate ai fini del calcolo delle maggioranze e delle quote richieste per la costituzione e per le deliberazioni dell'assemblea. Nelle società che fanno ricorso al mercato del capitale di rischio il computo delle azioni proprie è disciplinato dall'articolo 2368, terzo comma (1).

L'acquisto di azioni proprie comporta una riduzione del patrimonio netto di eguale importo, tramite l'iscrizione nel passivo del bilancio di una specifica voce, con segno negativo (2).

(1) *Questo comma è stato così sostituito dall'art. 1, comma 3, del D.L.vo 29 novembre 2010, n. 224.*

(2) *Questo comma è stato così sostituito, dall'art. 6, comma 1, del D.L.vo 18 agosto 2015, n. 139. A norma dell'art. 12, comma 1, del predetto decreto, tale disposizione entra in vigore dal 1° gennaio 2016 e si applica ai bilanci relativi agli esercizi finanziari aventi inizio a partire da quella data.*

Si riporta il testo precedente: «Una riserva indisponibile pari all'importo delle azioni proprie iscritto all'attivo del bilancio deve essere costituita e mantenuta finché le azioni non siano trasferite o annullate.».

2357 *quater*. Divieto di sottoscrizione delle proprie azioni. – Salvo quanto previsto dall'articolo 2357 *ter*, secondo comma ([1]), la società non può sottoscrivere azioni proprie.

Le azioni sottoscritte in violazione del divieto stabilito nel precedente comma si intendono sottoscritte e devono essere liberate dai promotori e dai soci fondatori o, in caso di aumento del capitale sociale, dagli amministratori. La presente disposizione non si applica a chi dimostri di essere esente da colpa.

Chiunque abbia sottoscritto in nome proprio, ma per conto della società, azioni di quest'ultima è considerato a tutti gli effetti sottoscrittore per conto proprio. Della liberazione delle azioni rispondono solidalmente, a meno che dimostrino di essere esenti da colpa, i promotori, i soci fondatori e, nel caso di aumento del capitale sociale, gli amministratori.

([1]) *Le parole: «comma secondo» sono state così sostituite dall'art. 5, lett.* i), *del D.L.vo 6 febbraio 2004, n. 37.*

2358. ([1]) **Altre operazioni sulle proprie azioni.** – La società non può, direttamente o indirettamente, accordare prestiti, né fornire garanzie per l'acquisto o la sottoscrizione delle proprie azioni, se non alle condizioni previste dal presente articolo.

Tali operazioni sono preventivamente autorizzate dall'assemblea straordinaria.

Gli amministratori della società predispongono una relazione che illustri, sotto il profilo giuridico ed economico, l'operazione, descrivendone le condizioni, evidenziando le ragioni e gli obiettivi imprenditoriali che la giustificano, lo specifico interesse che l'operazione presenta per la società, i rischi che essa comporta per la liquidità e la solvibilità della società ed indicando il prezzo al quale il terzo acquisirà le azioni. Nella relazione gli amministratori attestano altresì che l'operazione ha luogo a condizioni di mercato, in particolare per quanto riguarda le garanzie prestate e il tasso di interesse praticato per il rimborso del finanziamento, e che il merito di credito della controparte è stato debitamente valutato. La relazione è depositata presso la sede della società durante i trenta giorni che precedono l'assemblea. Il verbale dell'assemblea, corredato dalla relazione degli amministratori, è depositato entro trenta giorni per l'iscrizione nel registro delle imprese.

In deroga all'articolo 2357 *ter*, quando le somme o le garanzie fornite ai sensi del presente articolo sono utilizzate per l'acquisto di azioni detenute dalla società ai sensi dell'articolo 2357 e 2357 *bis* l'assemblea straordinaria autorizza gli amministratori a disporre di tali azioni con la delibera di cui al secondo comma. Il prezzo di acquisto delle azioni è determinato secondo i criteri di cui all'articolo 2437 *ter*, secondo comma. Nel caso di azioni negoziate in un mercato regolamentato il prezzo di acquisto è pari almeno al prezzo medio ponderato al quale le azioni sono state negoziate nei sei mesi che precedono la pubblicazione dell'avviso di convocazione dell'assemblea.

Qualora la società accordi prestiti o fornisca garanzie per l'acquisto o la sottoscrizione delle azioni proprie a singoli amministratori della società o della controllante o alla stessa controllante ovvero a terzi che agiscono in nome proprio e per conto dei predetti soggetti, la relazione di cui al terzo comma attesta altresì che l'operazione realizza al meglio l'interesse della società.

L'importo complessivo delle somme impiegate e delle garanzie fornite ai sensi del presente articolo non può eccedere il limite degli utili distribuibili e delle riserve disponibili risultanti dall'ultimo bilancio regolarmente approvato, tenuto conto anche dell'eventuale acquisto di proprie azioni ai sensi dell'articolo 2357. Una riserva indisponibile pari all'importo complessivo delle somme impiegate e delle garanzie fornite é iscritta al passivo del bilancio.

La società non può, neppure per tramite di società fiduciaria, o per interposta persona, accettare azioni proprie in garanzia.

Salvo quanto previsto dal comma sesto, le disposizioni del presente articolo non si applicano alle operazioni effettuate per favorire l'acquisto di azioni da parte di dipendenti della società o di quelli di società controllanti o controllate.

Resta salvo quanto previsto dagli articoli 2391 *bis* e 2501 *bis*.

(¹) *Questo articolo è stato così sostituito dall'art. 1, comma 4, del D.L.vo 4 agosto 2008, n. 142.*

2359. Società controllate e società collegate. – Sono considerate società controllate:

1) le società in cui un'altra società dispone della maggioranza dei voti esercitabili nell'assemblea ordinaria;

2) le società in cui un'altra società dispone di voti sufficienti per esercitare un'influenza dominante nell'assemblea ordinaria;

3) le società che sono sotto influenza dominante di un'altra società in virtù di particolari vincoli contrattuali con essa.

Ai fini dell'applicazione dei numeri 1) e 2) del primo comma si computano anche i voti spettanti a società controllate, a società fiduciarie e a persona interposta: non si computano i voti spettanti per conto di terzi.

Sono considerate collegate le società sulle quali un'altra società esercita un'influenza notevole. L'influenza si presume quando nell'assemblea ordinaria può essere esercitato almeno un quinto dei voti ovvero un decimo se la società ha azioni quotate in mercati regolamentati (¹).

(¹) *Le originarie parole: «in borsa» sono state così sostituite dall'art. 8 del D.L.vo 28 dicembre 2004, n. 310.*

2359 *bis*. Acquisto di azioni o quote da parte di società controllate. – La società controllata non può acquistare azioni o quote della società controllante se non nei limiti degli utili distribuibili e delle riserve disponibili risultanti dall'ultimo bilancio regolarmente approvato. Possono essere acquistate soltanto azioni interamente liberate.

L'acquisto deve essere autorizzato dall'assemblea a norma del secondo comma dell'articolo 2357.

In nessun caso il valore nominale delle azioni acquistate a norma dei commi primo e secondo può eccedere la quinta parte del capitale della società controllante qualora questa sia una società che faccia ricorso al mercato del capitale di rischio, tenendosi conto a tal fine delle azioni possedute dalla medesima società controllante o dalle società da essa controllate ([1]).

Una riserva indisponibile, pari all'importo delle azioni o quote della società controllante iscritto all'attivo del bilancio deve essere costituita e mantenuta finché le azioni o quote non siano trasferite.

La società controllata da altra società non può esercitare il diritto di voto nelle assemblee di questa.

Le disposizioni di questo articolo si applicano anche agli acquisti fatti per il tramite di società fiduciaria o per interposta persona.

([1]) Questo comma è stato così sostituito dall'art. 1, comma 4, del D.L.vo 29 novembre 2010, n. 224.

2359 *ter*. Alienazione o annullamento delle azioni o quote della società controllante. – Le azioni o quote acquistate in violazione dell'articolo 2359 *bis* devono essere alienate secondo modalità da determinarsi dall'assemblea entro un anno dal loro acquisto.

In mancanza, la società controllante deve procedere senza indugio al loro annullamento e alla corrispondente riduzione del capitale, con rimborso secondo i criteri indicati dagli articoli 2437 *ter* e 2437 *quater*. Qualora l'assemblea non provveda, gli amministratori e i sindaci devono chiedere che la riduzione sia disposta dal tribunale secondo il procedimento previsto dall'articolo 2446, secondo comma.

2359 *quater*. Casi speciali di acquisto o di possesso di azioni o quote della società controllante. – Le limitazioni dell'articolo 2359 *bis* non si applicano quando l'acquisto avvenga ai sensi dei numeri 2, 3 e 4 del primo comma dell'articolo 2357 *bis*.

Le azioni o quote così acquistate, che superino il limite stabilito dal terzo comma dell'articolo 2359 *bis*, devono tuttavia essere alienate, secondo modalità da determinarsi dall'assemblea, entro tre anni dall'acquisto. Si applica il secondo comma dell'articolo 2359 *ter*.

Se il limite indicato dal terzo comma dell'articolo 2359 *bis* è superato per effetto di circostanze sopravvenute, la società controllante, entro tre anni dal momento in cui si è verificata la circostanza che ha determinato il superamento del limite, deve procedere all'annullamento delle azioni o quote in misura proporzionale a quelle possedute da ciascuna società, con conseguente riduzione del capitale e con rimborso alle società controllate secondo i criteri indicati dagli articoli 2437 *ter* e 2437 *quater*. Qualora l'assemblea non provveda, gli amministratori e i sindaci devono chiedere che la riduzione sia disposta dal tribunale secondo il procedimento previsto dall'articolo 2446, secondo comma.

2359 *quinquies*. Sottoscrizione di azioni o quote della società controllante. – La società controllata non può sottoscrivere azioni o quote della società controllante.

Le azioni o quote sottoscritte in violazione del comma precedente si intendono sottoscritte e devono essere liberate dagli amministratori, che non dimostrino di essere esenti da colpa.

Chiunque abbia sottoscritto in nome proprio, ma per conto della società controllata, azioni o quote della società controllante è considerato a tutti gli effetti sottoscrittore per conto proprio. Della liberazione delle azioni o quote rispondono solidalmente gli amministratori della società controllata che non dimostrino di essere esenti da colpa.

2360. Divieto di sottoscrizione reciproca di azioni. – È vietato alle società di costituire o di aumentare il capitale mediante sottoscrizione reciproca di azioni, anche per tramite di società fiduciaria o per interposta persona.

2361. Partecipazioni. – L'assunzione di partecipazioni in altre imprese, anche se prevista genericamente nello statuto, non è consentita, se per la misura e per l'oggetto della partecipazione ne risulta sostanzialmente modificato l'oggetto sociale determinato dallo statuto.

L'assunzione di partecipazioni in altre imprese comportante una responsabilità illimitata per le obbligazioni delle medesime deve essere deliberata dall'assemblea; di tali partecipazioni gli amministratori danno specifica informazione nella nota integrativa del bilancio.

2362. Unico azionista. – Quando le azioni risultano appartenere ad una sola persona o muta la persona dell'unico socio, gli amministratori devono depositare per l'iscrizione del registro delle imprese una dichiarazione contenente l'indicazione del cognome e nome o della denominazione, della data e del luogo di nascita o lo Stato (1) di costituzione, del domicilio o della sede e cittadinanza dell'unico socio (2).

Quando si costituisce o ricostituisce la pluralità dei soci, gli amministratori ne devono depositare apposita dichiarazione per l'iscrizione nel registro delle imprese.

L'unico socio o colui che cessa di essere tale può provvedere alla pubblicità prevista nei commi precedenti.

Le dichiarazioni degli amministratori previste dai precedenti commi devono essere depositate entro trenta giorni dall'iscrizione nel libro dei soci e devono indicare la data di iscrizione.

I contratti della società con l'unico socio o le operazioni a favore dell'unico socio sono opponibili ai creditori della società solo se risultano dal libro delle adunanze e delle deliberazioni del consiglio di amministrazione o da atto scritto avente data certa anteriore al pignoramento.

(1) *Le parole: «lo Stato» sono state inserite dall'art. 5, lett.* l), *del D.L.vo 6 febbraio 2004, n. 37.*

(2) *Si veda l'art. 223* vicies bis *att.*

Sezione VI

Dell'assemblea (1)

(1) *Si riporta il testo previgente: «Sezione VI Degli organi sociali».*

2363. Luogo di convocazione dell'assemblea. – L'assemblea è convocata nel comune dove ha sede la società, se lo statuto non dispone diversamente.

L'assemblea è ordinaria o straordinaria.

2364. Assemblea ordinaria nelle società prive di consiglio di sorveglianza. – Nelle società prive di consiglio di sorveglianza, l'assemblea ordinaria:

1) approva il bilancio;

2) nomina e revoca gli amministratori; nomina i sindaci e il presidente del collegio sindacale e, quando previsto, il soggetto incaricato di effettuare la revisione legale dei conti (1);

3) determina il compenso degli amministratori e dei sindaci, se non è stabilito dallo statuto;

4) delibera sulla responsabilità degli amministratori e dei sindaci;

5) delibera sugli altri oggetti attribuiti dalla legge alla competenza dell'assemblea, nonché sulle autorizzazioni eventualmente richieste dallo statuto per il compimento di atti degli amministratori, ferma in ogni caso la responsabilità di questi per gli atti compiuti;

6) approva l'eventuale regolamento dei lavori assembleari.

L'assemblea ordinaria deve essere convocata almeno una volta l'anno, entro il termine stabilito dallo statuto e comunque non superiore a centoventi giorni dalla chiusura dell'esercizio sociale. Lo statuto può prevedere un maggior termine, comunque non superiore a centottanta giorni, nel caso di società tenute alla redazione del bilancio consolidato ovvero ([2]) quando lo richiedono particolari esigenze relative alla struttura ed all'oggetto della società; in questi casi gli amministratori segnalano nella relazione prevista dall'articolo 2428 le ragioni della dilazione.

([1]) *Le parole: «al quale è demandato il controllo contabile» sono state così sostituite dalle attuali: «incaricato di effettuare la revisione legale dei conti» dall'art. 37, comma 3, del D.L.vo 27 gennaio 2010, n. 39.*

([2]) *L'originaria parola: «e» è stata così sostituita dall'art. 9 del D.L.vo 28 dicembre 2004, n. 310.*

2364 *bis*. Assemblea ordinaria nelle società con consiglio di sorveglianza. – Nelle società ove è previsto il consiglio di sorveglianza, l'assemblea ordinaria:

1) nomina e revoca i consiglieri di sorveglianza;

2) determina il compenso ad essi spettante, se non è stabilito nello statuto;

3) delibera sulla responsabilità dei consiglieri di sorveglianza;

4) delibera sulla distribuzione degli utili;

5) nomina il soggetto incaricato di effettuare la revisione legale dei conti ([1]).

Si applica il secondo comma dell'articolo 2364.

([1]) *Le parole: «il revisore» sono state così sostituite dalle attuali: «il soggetto incaricato di effettuare la revisione legale dei conti» dall'art. 37, comma 4, del D.L.vo 27 gennaio 2010, n. 39.*

2365. ([1]) **Assemblea straordinaria.** – L'assemblea straordinaria delibera sulle modificazioni dello statuto, sulla nomina, sulla sostituzione e sui poteri dei liquidatori e su ogni altra materia espressamente attribuita dalla legge alla sua competenza.

Fermo quanto disposto dagli articoli 2420 *ter* e 2443, lo statuto può attribuire alla competenza dell'organo amministrativo o del consiglio di sorveglianza o del consiglio di gestione le deliberazioni concernenti la fusione nei casi previsti dagli articoli 2505 e 2505 *bis*, l'istituzione o la soppressione di sedi secondarie, la indicazione di quali tra gli amministratori hanno la rappresentanza della società, la riduzione del capitale in caso di recesso del socio, gli adeguamenti dello statuto a disposizioni normative, il trasferimento della sede sociale nel territorio nazionale. Si applica in ogni caso l'articolo 2436.

(¹) *Si veda l'art. 1, comma 477, della L. 30 dicembre 2004, n. 311, di cui si riporta il testo:*

«477. L'imposta sostitutiva è indeducibile e può essere imputata, in tutto o in parte, alle riserve iscritte in bilancio o rendiconto. Se l'imposta sostitutiva è imputata al capitale sociale o fondo di dotazione, la corrispondente riduzione è operata, anche in deroga all'articolo 2365 del codice civile, con le modalità di cui all'articolo 2445, secondo comma, del medesimo codice».

2366. Formalità per la convocazione. – L'assemblea è convocata dall'amministratore unico, dal consiglio di amministrazione (¹) o dal consiglio di gestione mediante avviso contenente l'indicazione del giorno, dell'ora e del luogo dell'adunanza e l'elenco delle materie da trattare.

L'avviso deve essere pubblicato nella *Gazzetta Ufficiale* della Repubblica o in almeno un quotidiano indicato nello statuto almeno quindici giorni prima di quello fissato per l'assemblea. Se i quotidiani indicati nello statuto hanno cessato le pubblicazioni, l'avviso deve essere pubblicato nella *Gazzetta Ufficiale* (²). Per le società [, diverse dalle società cooperative,] (³) che fanno ricorso al mercato del capitale di rischio, le modalità di pubblicazione dell'avviso sono definite dalle leggi speciali (⁴).

Lo statuto delle società che non fanno ricorso al mercato del capitale di rischio può, in deroga al comma precedente, consentire la convocazione mediante avviso comunicato ai soci con mezzi che garantiscano la prova dell'avvenuto ricevimento almeno otto giorni prima dell'assemblea.

In mancanza delle formalità previste per la convocazione, (⁵) l'assemblea si reputa regolarmente costituita, quando è rappresentato l'intero capitale sociale e partecipa all'assemblea la maggioranza dei componenti degli organi amministrativi e di controllo. Tuttavia in tale ipotesi ciascuno dei partecipanti può opporsi alla discussione degli argomenti sui quali non si ritenga sufficientemente informato.

Nell'ipotesi di cui al comma precedente, dovrà essere data tempestiva comunicazione delle deliberazioni assunte ai componenti degli organi amministrativi e di controllo non presenti.

(¹) *Le parole: «Salvo quanto previsto dalle leggi speciali per le società, diverse dalle società cooperative, che fanno ricorso al mercato del capitale di rischio, l'assemblea è convocata dagli amministratori» sono state così sostituite dalle attuali: «L'assemblea è convocata dall'amministratore unico, dal consiglio di amministrazione» dall'art. 1, comma 1, lett. a), del D.L.vo 18 giugno 2012, n. 91. A norma dell'art. 5 del medesimo provvedimento queste disposizioni si applicano alle assemblee il cui avviso di convocazione sia pubblicato dopo il 1° gennaio 2013.*

([2]) *L'ultimo periodo di questo comma è stato aggiunto dall'art. 5, lett.* m), *del D.L.vo 6 febbraio 2004, n. 37.*

([3]) *Le parole fra parentesi quadrate sono state soppresse dall'art. 1, comma 1, lett.* b), *del D.L.vo 18 giugno 2012, n. 91. A norma dell'art. 5 del medesimo provvedimento queste disposizioni si applicano alle assemblee il cui avviso di convocazione sia pubblicato dopo il 1° gennaio 2013.*

([4]) *Le parole: «Per le società, diverse dalle società cooperative, che fanno ricorso al mercato del capitale di rischio, le modalità di pubblicazione dell'avviso sono definite dalle leggi speciali.» sono state aggiunte dall'art. 1, comma 1, lett.* b), *del D.L.vo 27 gennaio 2010, n. 27. A norma dell'art. 7 dello stesso D.L.vo, questa disposizione si applica alle assemblee il cui avviso di convocazione sia pubblicato dopo il 31 ottobre 2010. Fino a tale data continuano ad applicarsi le disposizioni sostituite od abrogate dalle corrispondenti disposizioni del D.L.vo n. 27/2010.*

([5]) *La parola: «suddette» è stata così sostituita dalle attuali: «previste per la convocazione,» dall'art. 1, comma 1, lett.* c), *del D.L.vo 27 gennaio 2010, n. 27. A norma dell'art. 7 dello stesso D.L.vo, questa disposizione si applica alle assemblee il cui avviso di convocazione sia pubblicato dopo il 31 ottobre 2010. Fino a tale data continuano ad applicarsi le disposizioni sostituite od abrogate dalle corrispondenti disposizioni del D.L.vo n. 27/2010.*

2367. Convocazione su richiesta di soci. – Gli amministratori o il consiglio di gestione devono convocare senza ritardo l'assemblea, quando ne è fatta domanda da tanti soci che rappresentino almeno il ventesimo del capitale sociale nelle società che fanno ricorso al mercato del capitale di rischio e il decimo del capitale sociale nelle altre ([1]) o la minore percentuale prevista nello statuto, e nella domanda sono indicati gli argomenti da trattare.

Se gli amministratori o il consiglio di gestione, oppure in loro vece i sindaci o il consiglio di sorveglianza o il comitato per il controllo sulla gestione, non provvedono, il tribunale, sentiti i componenti degli organi amministrativi e di controllo, ove il rifiuto di provvedere risulti ingiustificato, ordina con decreto la convocazione dell'assemblea, designando la persona che deve presiederla.

La convocazione su richiesta di soci non è ammessa per argomenti sui quali l'assemblea delibera, a norma di legge, su proposta degli amministratori o sulla base di un progetto o di una relazione da essi predisposta.

([1]) *Le parole: «almeno il decimo del capitale sociale» sono state così sostituite dalle parole: «almeno il ventesimo del capitale sociale nelle società che fanno ricorso al mercato del capitale di rischio e il decimo del capitale sociale nelle altre» dall'art. 1, comma 2, del D.L.vo 27 gennaio 2010, n. 27. A norma dell'art. 7 dello stesso D.L.vo, questa disposizione si applica alle assemblee il cui avviso di convocazione sia pubblicato dopo il 31 ottobre 2010. Fino a tale data continuano ad applicarsi le disposizioni sostituite od abrogate dalle corrispondenti disposizioni del D.L.vo n. 27/2010.*

2368. Costituzione dell'assemblea e validità delle deliberazioni. – L'assemblea ordinaria è regolarmente costituita quando è rappresentata ([1]) almeno la metà del capitale sociale, escluse dal computo le azioni prive del diritto di voto nell'assemblea medesima. Essa delibera a maggioranza assoluta, salvo che lo statuto richieda una maggioranza più elevata. Per la nomina alle cariche sociali lo statuto può stabilire norme particolari.

L'assemblea straordinaria delibera con il voto favorevole di [tanti soci che rappresentino] ([2]) più della metà del capitale sociale, se lo statuto non richiede una maggioranza più elevata. Nelle società che fanno ricorso al mercato del capitale di rischio l'assemblea straordinaria è regolarmente costituita quando è rappresentata ([3]) almeno la metà del capitale sociale o la maggiore percentuale prevista dallo statuto e delibera con il voto favorevole di almeno i due terzi del capitale rappresentato in assemblea.

Salvo diversa disposizione di legge le azioni per le quali non può essere esercitato il diritto di voto sono computate ai fini della regolare costituzione dell'assemblea. Le medesime azioni e quelle per le quali il diritto di voto non è stato esercitato a seguito della dichiarazione del soggetto al quale spetta il diritto di voto ([4]) di astenersi per conflitto di interessi non sono computate ai fini del calcolo della maggioranza e della quota di capitale richiesta per l'approvazione della deliberazione.

([1]) *Le parole: «con l'intervento di tanti soci che rappresentino» sono state così sostituite dalle parole: «quando è rappresentata» dall'art. 1, comma 3, lett.* a), *del D.Lvo 27 gennaio 2010, n. 27. A norma dell'art. 7 dello stesso D.L.vo, questa disposizione si applica alle assemblee il cui avviso di convocazione sia pubblicato dopo il 31 ottobre 2010. Fino a tale data continuano ad applicarsi le disposizioni sostituite od abrogate dalle corrispondenti disposizioni del D.L.vo n. 27/2010.*

([2]) *Le parole tra parentesi quadrate sono state soppresse dall'art. 1, comma 3, lett.* b), *del D.L.vo 27 gennaio 2010, n. 27. A norma dell'art. 7 dello stesso D.L.vo, questa disposizione si applica alle assemblee il cui avviso di convocazione sia pubblicato dopo il 31 ottobre 2010. Fino a tale data continuano ad applicarsi le disposizioni sostituite od abrogate dalle corrispondenti disposizioni del D.L.vo n. 27/2010.*

([3]) *Le parole: «con la presenza di tanti soci che rappresentino» sono state così sostituite dalle parole: «quando è rappresentata» dall'art. 1, comma 3, lett.* b), *del D.L.vo 27 gennaio 2010, n. 27. A norma dell'art. 7 dello stesso D.L.vo, questa disposizione si applica alle assemblee il cui avviso di convocazione sia pubblicato dopo il 31 ottobre 2010. Fino a tale data continuano ad applicarsi le disposizioni sostituite od abrogate dalle corrispondenti disposizioni del D.L.vo n. 27/2010.*

([4]) *La parola: «socio» è stata così sostituita dalle parole: «soggetto al quale spetta il diritto di voto» dall'art. 1, comma 3, lett.* c), *del D.L.vo 27 gennaio 2010, n. 27. A norma dell'art. 7 dello stesso D.L.vo, questa disposizione si applica alle assemblee il cui avviso di convocazione sia pubblicato dopo il 31 ottobre 2010. Fino a tale data continuano ad applicarsi le disposizioni sostituite od abrogate dalle corrispondenti disposizioni del D.L.vo n. 27/2010.*

2369. Seconda convocazione e convocazioni successive. – Se all'assemblea non è complessivamente rappresentata la parte di capitale richiesta dall'articolo precedente, l'assemblea deve essere nuovamente convocata. Salvo che lo statuto disponga diversamente, le assemblee delle società, diverse dalle società cooperative, che fanno ricorso al mercato del capitale di rischio, si tengono in unica convocazione alla quale si applicano, per l'assemblea ordinaria, le maggioranze indicate dal terzo e quarto comma, nonché dell'articolo 2368, primo comma, secondo periodo, e per l'assemblea straordinaria, le maggioranze previste dal settimo comma del presente articolo (1). Restano salve le disposizioni di legge o dello statuto che richiedono maggioranze più elevate per l'approvazione di talune deliberazioni (2) (3).

Nell'avviso di convocazione dell'assemblea può essere fissato il giorno per la seconda convocazione. Questa non può aver luogo nello stesso giorno fissato per la prima. Se il giorno per la seconda convocazione non è indicato nell'avviso, l'assemblea deve essere riconvocata entro trenta giorni dalla data della prima, e il termine stabilito dal secondo comma dell'articolo 2366 è ridotto ad otto giorni.

In seconda convocazione l'assemblea ordinaria delibera sugli oggetti che avrebbero dovuto essere trattati nella prima, qualunque sia la parte di capitale rappresentata [dai soci partecipanti] (4), e l'assemblea straordinaria è regolarmente costituita con la partecipazione di oltre un terzo del capitale sociale e delibera con il voto favorevole di almeno i due terzi del capitale rappresentato in assemblea.

Lo statuto può richiedere maggioranze più elevate, tranne che per l'approvazione del bilancio e per la nomina e la revoca delle cariche sociali.

Nelle società che non fanno ricorso al mercato del capitale di rischio è necessario, anche in seconda convocazione, il voto favorevole di [tanti soci che rappresentino] (5) più di un terzo del capitale sociale per le deliberazioni concernenti il cambiamento dell'oggetto sociale, la trasformazione della società, lo scioglimento anticipato, la proroga della società, la revoca dello stato di liquidazione, il trasferimento della sede sociale all'estero e l'emissione delle azioni di cui al secondo comma dell'articolo 2351 (6).

Lo statuto può prevedere eventuali ulteriori convocazioni dell'assemblea, alle quali si applicano le disposizioni del terzo, quarto e quinto comma.

Nelle società che fanno ricorso al mercato del capitale di rischio l'assemblea straordinaria è costituita, nelle convocazioni successive alla seconda, quando è rappresentato (7) almeno un quinto del capitale sociale, salvo che lo statuto richieda una quota di capitale più elevata, e delibera con il voto favorevole di almeno i due terzi del capitale rappresentato in assemblea (8).

(1) *Questo periodo è stato così sostituito dall'art. 1, comma 2, lett.* a), *del D.L.vo 18 giugno 2012, n. 91. A norma dell'art. 5 del medesimo provvedimento queste disposizioni si applicano alle assemblee il cui avviso di convocazione sia pubblicato dopo il 1° gennaio 2013.*

(2) *Questo periodo è stato aggiunto dall'art. 1, comma 2, lett.* b), *del D.L.vo 18 giugno 2012, n. 91. A norma dell'art. 5 del medesimo provvedimento queste disposizioni si applicano alle assemblee il cui avviso di convocazione sia pubblicato dopo il 1° gennaio 2013.*

(3) *Questo comma è stato così sostituito dall'art. 1, comma 4, lett.* a), *del D.L.vo 27 gennaio 2010, n. 27. A norma dell'art. 7 dello stesso D.L.vo, questa disposizione si applica alle assemblee il cui avviso di convocazione sia pubblicato dopo il 31 ottobre 2010. Fino a tale data continuano ad applicarsi le disposizioni sostituite od abrogate dalle corrispondenti disposizioni del D.L.vo n. 27/2010.*

(4) *Le parole tra parentesi quadrate sono state soppresse dall'art. 1, comma 4, lett.* b), *del D.L.vo 27 gennaio 2010, n. 27. A norma dell'art. 7 dello stesso D.L.vo, questa disposizione si applica alle assemblee il cui avviso di convocazione sia pubblicato dopo il 31 ottobre 2010. Fino a tale data continuano ad applicarsi le disposizioni sostituite od abrogate dalle corrispondenti disposizioni del D.L.vo n. 27/2010.*

(5) *Le parole tra parentesi quadrate sono state soppresse dall'art. 1, comma 4, lett.* c), *del D.L.vo 27 gennaio 2010, n. 27. A norma dell'art. 7 dello stesso D.L.vo, questa disposizione si applica alle assemblee il cui avviso di convocazione sia pubblicato dopo il 31 ottobre 2010. Fino a tale data continuano ad applicarsi le disposizioni sostituite od abrogate dalle corrispondenti disposizioni del D.L.vo n. 27/2010.*

(6) *Le parole*: «*e l'emissione di azioni privilegiate.*» *sono state così sostituite dall'art. 5, lett.* n), *del D.L.vo 6 febbraio 2004, n. 37.*

(7) *Le parole*: «*con la presenza di tanti soci che rappresentino*» *sono state così sostituite dalle parole*: «*quando è rappresentato*» *dall'art. 1, comma 4, lett.* d), *del D.L.vo 27 gennaio 2010, n. 27. A norma dell'art. 7 dello stesso D.L.vo, questa disposizione si applica alle assemblee il cui avviso di convocazione sia pubblicato dopo il 31 ottobre 2010. Fino a tale data continuano ad applicarsi le disposizioni sostituite od abrogate dalle corrispondenti disposizioni del D.L.vo n. 27/2010.*

(8) *Le parole*: «*, e delibera con il voto favorevole di almeno i due terzi del capitale rappresentato in assemblea*» *sono state aggiunte dall'art. 1, comma 4, lett.* d), *del D.L.vo 27 gennaio 2010, n. 27. A norma dell'art. 7 dello stesso D.L.vo, questa disposizione si applica alle assemblee il cui avviso di convocazione sia pubblicato dopo il 31 ottobre 2010. Fino a tale data continuano ad applicarsi le disposizioni sostituite od abrogate dalle corrispondenti disposizioni del D.L.vo n. 27/2010.*

2370. (1) **Diritto d'intervento all'assemblea ed esercizio del voto. –** Possono intervenire all'assemblea coloro ai quali spetta il diritto di voto.

Lo statuto delle società le cui azioni non sono ammesse alla gestione accentrata, può richiedere il preventivo deposito delle azioni presso la sede sociale o presso le banche indicate nell'avviso di convocazione, fissando il termine entro il quale debbono essere depositate ed eventualmente prevedendo che non possano essere ritirate prima che l'assemblea abbia avuto luogo. Qualora le azioni emesse dalle società indicate al primo periodo siano diffuse fra il pubblico in misura rilevante il termine non può essere superiore a due giorni non festivi.

Se le azioni sono nominative, le società di cui al secondo comma provvedono all'iscrizione nel libro dei soci di coloro che hanno partecipato all'assemblea o che hanno effettuato il deposito.

Lo statuto può consentire l'intervento all'assemblea mediante mezzi di telecomunicazione ovvero l'espressione del voto per corrispondenza o in via elettronica. Chi esprime il voto per corrispondenza o in via elettronica si considera intervenuto all'assemblea.

Resta fermo quanto previsto dalle leggi speciali in materia di legittimazione all'intervento e all'esercizio del diritto di voto nell'assemblea nonché in materia di aggiornamento del libro soci nelle società con azioni ammesse alla gestione accentrata.

(1) *Questo articolo è stato da ultimo così sostituito dall'art. 1, comma 5, del D.L.vo 27 gennaio 2010, n. 27. A norma dell'art. 7 dello stesso D.L.vo, questa disposizione si applica alle assemblee il cui avviso di convocazione sia pubblicato dopo il 31 ottobre 2010. Fino a tale data continuano ad applicarsi le disposizioni sostituite od abrogate dalle corrispondenti disposizioni del D.L.vo n. 27/2010.*

2371. Presidenza dell'assemblea. – L'assemblea è presieduta dalla persona indicata nello statuto o, in mancanza, da quella eletta con il voto della maggioranza dei presenti. Il presidente è assistito da un segretario designato nello stesso modo. Il presidente dell'assemblea verifica la regolarità della costituzione, accerta l'identità e la legittimazione dei presenti, regola il suo svolgimento ed accerta i risultati delle votazioni; degli esiti di tali accertamenti deve essere dato conto nel verbale.

L'assistenza del segretario non è necessaria quando il verbale dell'assemblea è redatto da un notaio.

2372. Rappresentanza nell'assemblea. – Coloro ai quali spetta il diritto di voto possono farsi rappresentare nell'assemblea salvo che, nelle società che non fanno ricorso al mercato del capitale di rischio e nelle società cooperative, lo statuto disponga diversamente. La rappresentanza deve essere conferita per iscritto e i documenti relativi devono essere conservati dalla società (1).

Nelle società che fanno ricorso al mercato del capitale di rischio la rappresentanza può essere conferita solo per singole assemblee, con effetto anche per le successive convocazioni, salvo che si tratti di procura generale o di procura conferita da una società, associazione, fondazione o altro ente collettivo o istituzione ad un proprio dipendente.

La delega non può essere rilasciata con il nome del rappresentante in bianco ed è sempre revocabile nonostante ogni patto contrario. Il rappresentante può farsi sostituire solo da chi sia espressamente indicato nella delega.

Se la rappresentanza è conferita ad una società, associazione, fondazione od altro ente collettivo o istituzione, questi possono delegare soltanto un proprio dipendente o collaboratore.

La rappresentanza non può essere conferita né ai membri degli organi amministrativi o di controllo o ai dipendenti della società, né alle società da essa controllate o ai membri degli organi amministrativi o di controllo o ai dipendenti di queste.

La stessa persona non può rappresentare in assemblea più di venti soci o, se si tratta di società previste nel secondo comma di questo articolo, più di cinquanta soci se la società ha capitale non superiore a cinque milioni di euro, più di cento soci se la società ha capitale superiore a cinque milioni di euro e non superiore a venticinque milioni di euro, e più di duecento soci se la società ha capitale superiore a venticinque milioni di euro.

Le disposizioni del quinto e del sesto comma di questo articolo si applicano anche nel caso di girata delle azioni per procura.

Le disposizioni del quinto e del sesto comma non si applicano alle società con azioni quotate nei mercati regolamentati diverse dalle società cooperative. Resta fermo quanto previsto dall'articolo 2539 (2).

(1) *Questo comma è stato così sostituito dall'art. 1, comma 6, lett.* a), *del D.L.vo 27 gennaio 2010, n. 27. A norma dell'art. 7 dello stesso D.L.vo, questa disposizione si applica alle assemblee il cui avviso di convocazione sia pubblicato dopo il 31 ottobre 2010. Fino a tale data continuano ad applicarsi le disposizioni sostituite od abrogate dalle corrispondenti disposizioni del D.L.vo n. 27/2010.*

(2) *Questo comma è stato aggiunto dall'art. 1, comma 6, lett.* b), *del D.L.vo 27 gennaio 2010, n. 27. A norma dell'art. 7 dello stesso D.L.vo, questa disposizione si applica alle assemblee il cui avviso di convocazione sia pubblicato dopo il 31 ottobre 2010. Fino a tale data continuano ad applicarsi le disposizioni sostituite od abrogate dalle corrispondenti disposizioni del D.L.vo n. 27/2010.*

2373. Conflitto d'interessi. – La deliberazione approvata con il voto determinante di coloro (1) che abbiano, per conto proprio o di terzi, un interesse in conflitto con quello della società è impugnabile a norma dell'articolo 2377 qualora possa recarle danno.

Gli amministratori non possono votare nelle deliberazioni riguardanti la loro responsabilità. I componenti del consiglio di gestione non possono votare nelle deliberazioni riguardanti la nomina, la revoca o la responsabilità dei consiglieri di sorveglianza.

([1]) *Le parole: «di soci» sono state così sostituite dalle parole: «di coloro» dall'art. 1, comma 7, del D.L.vo 27 gennaio 2010, n. 27. A norma dell'art. 7 dello stesso D.L.vo, questa disposizione si applica alle assemblee il cui avviso di convocazione sia pubblicato dopo il 31 ottobre 2010. Fino a tale data continuano ad applicarsi le disposizioni sostituite od abrogate dalle corrispondenti disposizioni del D.L.vo n. 27/2010.*

2374. Rinvio dell'assemblea. – I soci intervenuti che riuniscono un terzo del capitale rappresentato nell'assemblea, se dichiarano di non essere sufficientemente informati sugli oggetti posti in deliberazione, possono chiedere che l'assemblea sia rinviata a non oltre cinque giorni.

Questo diritto non può esercitarsi che una sola volta per lo stesso oggetto.

2375. Verbale delle deliberazioni dell'assemblea. – Le deliberazioni dell'assemblea devono constare da verbale sottoscritto dal presidente e dal segretario o dal notaio. Il verbale deve indicare la data dell'assemblea e, anche in allegato, l'identità dei partecipanti e il capitale rappresentato da ciascuno; deve altresì indicare le modalità e il risultato delle votazioni e deve consentire, anche per allegato, l'identificazione dei soci favorevoli, astenuti o dissenzienti. Nel verbale devono essere riassunte, su richiesta dei soci, le loro dichiarazioni pertinenti all'ordine del giorno.

Il verbale dell'assemblea straordinaria deve essere redatto da un notaio.

Il verbale deve essere redatto senza ritardo, nei tempi necessari per la tempestiva esecuzione degli obblighi di deposito o di pubblicazione.

2376. Assemblee speciali. – Se esistono diverse categorie di azioni o strumenti finanziari che conferiscono diritti amministrativi, le deliberazioni dell'assemblea, che pregiudicano i diritti di una di esse, devono essere approvate anche dall'assemblea speciale degli appartenenti alla categoria interessata.

Alle assemblee speciali si applicano le disposizioni relative alle assemblee straordinarie.

Quando le azioni o gli strumenti finanziari sono ammessi al sistema di gestione accentrata la legittimazione all'intervento e al voto nella relativa assemblea è disciplinata dalle leggi speciali ([1]).

([1]) *Questo comma è stato aggiunto dall'art. 1, comma 3, del D.L.vo 18 giugno 2012, n. 91. A norma dell'art. 5 del medesimo provvedimento queste disposizioni si applicano alle assemblee il cui avviso di convocazione sia pubblicato dopo il 1° gennaio 2013.*

2377. ([1]) **Annullabilità delle deliberazioni.** – Le deliberazioni dell'assemblea, prese in conformità della legge e dell'atto costitutivo, vincolano tutti i soci, ancorché non intervenuti o dissenzienti ([2]).

Le deliberazioni che non sono prese in conformità della legge o dello statuto possono essere impugnate dai soci assenti, dissenzienti od astenuti, dagli amministratori, dal consiglio di sorveglianza e dal collegio sindacale.

L'impugnazione può essere proposta dai soci quando possiedono tante azioni aventi diritto di voto con riferimento alla deliberazione che rappresentino, anche congiuntamente, l'uno per mille del capitale sociale nelle società che fanno ricorso al mercato del capitale di rischio e il cinque per cento nelle altre; lo statuto può ridurre o escludere questo requisito. Per l'impugnazione delle deliberazioni delle assemblee speciali queste percentuali sono riferite al capitale rappresentato dalle azioni della categoria.

I soci che non rappresentano la parte di capitale indicata nel comma precedente e quelli che, in quanto privi di voto, non sono legittimati a proporre l'impugnativa hanno diritto al risarcimento del danno loro cagionato dalla non conformità della deliberazione alla legge o allo statuto.

La deliberazione non può essere annullata:

1) per la partecipazione all'assemblea di persone non legittimate, salvo che tale partecipazione sia stata determinante ai fini della regolare costituzione dell'assemblea a norma degli articoli 2368 e 2369;

2) per l'invalidità di singoli voti o per il loro errato conteggio, salvo che il voto invalido o l'errore di conteggio siano stati determinanti ai fini del raggiungimento della maggioranza richiesta;

3) per l'incompletezza o l'inesattezza del verbale, salvo che impediscano l'accertamento del contenuto, degli effetti e della validità della deliberazione.

L'impugnazione o la domanda di risarcimento del danno sono proposte nel termine di novanta giorni dalla data della deliberazione, ovvero, se questa è soggetta ad iscrizione nel registro delle imprese, entro novanta giorni dall'iscrizione o, se è soggetta solo a deposito presso l'ufficio del registro delle imprese, entro novanta giorni dalla data di questo.

L'annullamento della deliberazione ha effetto rispetto a tutti i soci ed obbliga gli amministratori, il consiglio di sorveglianza e il consiglio di gestione a prendere i conseguenti provvedimenti sotto la propria responsabilità. In ogni caso sono salvi i diritti acquistati in buona fede dai terzi in base ad atti compiuti in esecuzione della deliberazione.

L'annullamento della deliberazione non può aver luogo, se la deliberazione impugnata è sostituita con altra presa in conformità della legge e dello statuto. In tal caso il giudice provvede sulle spese di lite, ponendole di norma a carico della società, e sul risarcimento dell'eventuale danno.

Restano salvi i diritti acquisiti dai terzi sulla base della deliberazione sostituita.

([1]) *Ai sensi dell'art. 223 sexies delle disposizioni di attuazione, le disposizioni di questo articolo si applicano anche alle deliberazioni anteriori alla data del 1 gennaio 2004, salvo che l'azione sia stata già proposta. Tuttavia se i termini scadono entro il 31 marzo 2004, le azioni per l'annullamento o la dichiarazione di nullità delle deliberazioni possono essere esercitate entro il 31 marzo 2004.*

([2]) *Questo comma è stato inserito dall'art. 5, lett. o), del D.L.vo 6 febbraio 2004, n. 37.*

2378. ([1]) **Procedimento d'impugnazione.** – L'impugnazione è proposta con atto di citazione davanti al tribunale del luogo dove la società ha sede.

Il socio o i soci opponenti devono dimostrarsi possessori al tempo dell'impugnazione del numero delle azioni previsto dal terzo comma ([2]) dell'articolo 2377. Fermo restando quanto disposto dall'articolo 111 del codice di procedura civile, qualora nel corso del processo venga meno a seguito di trasferimenti per atto tra vivi il richiesto numero delle azioni, il giudice, previa se del caso revoca del provvedimento di sospensione dell'esecuzione della deliberazione, non può pronunciare l'annullamento e provvede sul risarcimento dell'eventuale danno, ove richiesto.

Con ricorso depositato contestualmente al deposito, anche in copia, della citazione, l'impugnante può chiedere la sospensione dell'esecuzione della deliberazione. In caso di eccezionale e motivata urgenza, il presidente del tribunale, omessa la convocazione della società convenuta, provvede sull'istanza con decreto motivato, che deve altresì contenere la designazione del giudice per la trattazione della causa di merito e la fissazione, davanti al giudice designato, entro quindici giorni, dell'udienza per la conferma, modifica o revoca dei provvedimenti emanati con il decreto, nonché la fissazione del termine per la notificazione alla controparte del ricorso e del decreto.

Il giudice designato per la trattazione della causa di merito, sentiti gli amministratori e sindaci, provvede valutando comparativamente il pregiudizio che subirebbe il ricorrente dalla esecuzione e quello che subirebbe la società dalla sospensione dell'esecuzione della deliberazione; può disporre in ogni momento che i soci opponenti prestino idonea garanzia per l'eventuale risarcimento dei danni. All'udienza, il giudice, ove lo ritenga utile, esperisce il tentativo di conciliazione eventualmente suggerendo le modificazioni da apportare alla deliberazione impugnata e, ove la soluzione appaia realizzabile, rinvia adeguatamente l'udienza.

Tutte le impugnazioni relative alla medesima deliberazione, anche se separatamente proposte ed ivi comprese le domande proposte ai sensi del quarto comma ([3]) dell'articolo 2377, devono essere istruite congiuntamente e decise con unica sentenza. Salvo quanto disposto dal quarto comma del presente articolo, la trattazione della causa di merito ha inizio trascorso il termine stabilito nel sesto comma ([4]) dell'articolo 2377.

I dispositivi del provvedimento di sospensione e della sentenza che decide sull'impugnazione devono essere iscritti, a cura degli amministratori, nel registro delle imprese ([5]).

([1]) *Si veda la nota ([2]) all'art. 2377.*

([2]) *Le parole: «secondo comma» sono state così sostituite dall'art. 5, lett.* p), *n. 1, del D.L.vo 6 febbraio 2004, n. 37.*

([3]) *Le parole: «terzo comma» sono state così sostituite dall'art. 5, lett.* p), *n. 2, del D.L.vo 6 febbraio 2004, n. 37.*

([4]) *Le parole: «quinto comma» sono state così sostituite dall'art. 5, lett.* p), *n. 2, del D.L.vo 6 febbraio 2004, n. 37.*

([5]) *Questo comma è stato aggiunto dall'art. 5, lett.* p), *n. 3, del D.L.vo 6 febbraio 2004, n. 37.*

2379. ([1]) **Nullità delle deliberazioni.** – Nei casi di mancata convocazione dell'assemblea, di mancanza del verbale e di impossibilità o illiceità dell'oggetto la deliberazione può essere impugnata da chiunque vi abbia interesse entro tre anni dalla sua iscrizione o deposito nel registro delle imprese, se la deliberazione vi è soggetta, o dalla trascrizione nel libro delle adunanze dell'assemblea, se la deliberazione non è soggetta né a iscrizione né a deposito. Possono essere impugnate senza limiti di tempo le deliberazioni che modificano l'oggetto sociale prevedendo attività illecite o impossibili.

Nei casi e nei termini previsti dal precedente comma l'invalidità può essere rilevata d'ufficio dal giudice.

Ai fini di quanto previsto dal primo comma la convocazione non si considera mancante nel caso d'irregolarità dell'avviso, se questo proviene da un componente dell'organo di amministrazione o di controllo della società ed è idoneo a consentire a coloro che hanno diritto di intervenire di essere preventivamente ([2]) avvertiti della convocazione e della data dell'assemblea. Il verbale non si considera mancante se contiene la data della deliberazione e il suo oggetto ed è sottoscritto dal presidente dell'assemblea, o dal presidente del consiglio d'amministrazione o del consiglio di sorveglianza e dal segretario o dal notaio.

Si applicano, in quanto compatibili, il settimo e ottavo comma ([3]) dell'articolo 2377.

([1]) *Si veda la nota ([2]) all'art. 2377.*

([2]) *La parola: «tempestivamente» è stata così sostituita dall'art. 5, lett.* q), *n. 1, del D.L.vo 6 febbraio 2004, n. 37.*

([3]) *Le parole: «sesto e settimo comma» sono state così sostituite dall'art. 5, lett.* q), *n. 2, del D.L.vo 6 febbraio 2004, n. 37.*

2379 *bis*. ([1]) **Sanatoria della nullità.** – L'impugnazione della deliberazione invalida per mancata convocazione non può essere esercitata da chi anche successivamente abbia dichiarato il suo assenso allo svolgimento dell'assemblea.

L'invalidità della deliberazione per mancanza del verbale può essere sanata mediante verbalizzazione eseguita prima dell'assemblea successiva. La deliberazione ha effetto dalla data in cui è stata presa, salvi i diritti dei terzi che in buona fede ignoravano la deliberazione.

([1]) *Si veda la nota ([2]) all'art. 2377.*

2379 *ter*. ([1]) **Invalidità delle deliberazioni di aumento o di riduzione del capitale e della emissione di obbligazioni.** – Nei casi previsti dall'articolo 2379 l'impugnativa dell'aumento di capitale, della riduzione del capitale ai sensi dell'articolo 2445 o della emissione di obbligazioni non può essere proposta dopo che siano trascorsi centottanta giorni dall'iscrizione della deliberazione nel registro delle imprese o, nel caso di mancata convocazione, novanta giorni dall'approvazione del bilancio dell'esercizio nel corso del quale la deliberazione è stata anche parzialmente eseguita.

Nelle società che fanno ricorso al mercato del capitale di rischio l'invalidità della deliberazione di aumento del capitale non può essere pronunciata dopo che a norma dell'articolo 2444 sia stata iscritta nel registro delle imprese l'attestazione che l'aumento è stato anche parzialmente eseguito; l'invalidità della deliberazione di riduzione del capitale ai sensi dell'articolo 2445 o della deliberazione di emissione delle obbligazioni non può essere pronunciata dopo che la deliberazione sia stata anche parzialmente eseguita.

Resta salvo il diritto al risarcimento del danno eventualmente spettante ai soci e ai terzi.

([1]) *Si veda la nota ([2]) all'art. 2377.*

Sezione VI *bis*
Della amministrazione e del controllo

§. 1
Disposizioni generali

2380. Sistemi di amministrazione e di controllo. – Se lo statuto non dispone diversamente, l'amministrazione e il controllo della società sono regolati dai successivi paragrafi 2, 3 e 4.

Lo statuto può adottare per l'amministrazione e per il controllo della società il sistema di cui al paragrafo 5, oppure quello di cui al paragrafo 6; salvo che la deliberazione disponga altrimenti, la variazione di sistema ha effetto alla data dell'assemblea convocata per l'approvazione del bilancio relativo all'esercizio successivo.

Salvo che sia diversamente stabilito, le disposizioni che fanno riferimento agli amministratori si applicano a seconda dei casi al consiglio di amministrazione o al consiglio di gestione.

§. 2
Degli amministratori

2380 *bis*. Amministrazione della società. – La gestione dell'impresa si svolge nel rispetto della disposizione di cui all'articolo 2086, secondo comma, e spetta esclusivamente agli amministratori, i quali compiono le operazioni necessarie per l'attuazione dell'oggetto sociale ([1]).

L'amministrazione della società può essere affidata anche a non soci.

Quando l'amministrazione è affidata a più persone, queste costituiscono il consiglio di amministrazione.

Se lo statuto non stabilisce il numero degli amministratori, ma ne indica solamente un numero massimo e minimo, la determinazione spetta all'assemblea.

Il consiglio di amministrazione sceglie tra i suoi componenti il presidente, se questi non è nominato dall'assemblea.

([1]) *Questo comma è stato così sostituito dall'art. 377, comma 2, del D.L.vo 12 gennaio 2019, n. 14.*

A norma dell'art. 389, comma 2, del medesimo provvedimento, tali disposizioni entrano in vigore il trentesimo giorno successivo alla data di pubblicazione in Gazzetta Ufficiale *del suddetto decreto (Suppl. ord. alla* G.U. *n. 38 del 14 febbraio 2019).*

2381. Presidente, comitato esecutivo e amministratori delegati. – Salvo diversa previsione dello statuto, il presidente convoca il consiglio di amministrazione, ne fissa l'ordine del giorno, ne coordina i lavori e provvede affinché adeguate informazioni sulle materie iscritte all'ordine del giorno vengano fornite a tutti i consiglieri.

Se lo statuto o l'assemblea lo consentono, il consiglio di amministrazione può delegare proprie attribuzioni ad un comitato esecutivo composto da alcuni dei suoi componenti, o ad uno o più dei suoi componenti.

Il consiglio di amministrazione determina il contenuto, i limiti e le eventuali modalità di esercizio della delega; può sempre impartire direttive agli organi delegati e avocare a sé operazioni rientranti nella delega. Sulla base delle informazioni ricevute valuta l'adeguatezza dell'assetto organizzativo, amministrativo e contabile della società; quando elaborati, esamina i piani strategici, industriali e finanziari della società; valuta, sulla base della relazione degli organi delegati, il generale andamento della gestione.

Non possono essere delegate le attribuzioni indicate negli articoli 2420 *ter*, 2423, 2443, 2446, 2447, 2501 *ter* e 2506 *bis*.

Gli organi delegati curano che l'assetto organizzativo, amministrativo e contabile sia adeguato alla natura e alle dimensioni dell'impresa e riferiscono al consiglio di amministrazione e al collegio sindacale, con la periodicità fissata dallo statuto e in ogni caso almeno ogni sei mesi ([1]), sul generale andamento della gestione e sulla sua prevedibile evoluzione nonché sulle operazioni di maggior rilievo, per le loro dimensioni o caratteristiche, effettuate dalla società e dalle sue controllate.

Gli amministratori sono tenuti ad agire in modo informato; ciascun amministratore può chiedere agli organi delegati che in consiglio siano fornite informazioni relative alla gestione della società.

([1]) *Le parole: «centottanta giorni» sono state così sostituite dall'art. 5, lett.* r), *del D.L.vo 6 febbraio 2004, n. 37.*

2382. Cause di ineleggibilità e di decadenza. – Non può essere nominato amministratore, e se nominato decade dal suo ufficio, l'interdetto, l'inabilitato, il fallito, o chi è stato condannato ad una pena che importa l'interdizione, anche temporanea, dai pubblici uffici o l'incapacità ad esercitare uffici direttivi.

2383. Nomina e revoca degli amministratori. – La nomina degli amministratori spetta all'assemblea, fatta eccezione per i primi amministratori, che sono nominati nell'atto costitutivo, e salvo il disposto degli articoli 2351, 2449 e 2450.

Gli amministratori non possono essere nominati per un periodo superiore a tre esercizi, e scadono alla data dell'assemblea convocata per l'approvazione del bilancio relativo all'ultimo esercizio della loro carica.

Gli amministratori sono rieleggibili, salvo diversa disposizione dello statuto, e sono revocabili dall'assemblea in qualunque tempo, anche se nominati nell'atto costitutivo, salvo il diritto dell'amministratore al risarcimento dei danni, se la revoca avviene senza giusta causa.

Entro trenta giorni dalla notizia della loro nomina gli amministratori devono chiederne l'iscrizione nel registro delle imprese indicando per ciascuno di essi il cognome e il nome, il luogo e la data di nascita, il domicilio e la cittadinanza, nonché a quali tra essi è attribuita la rappresentanza della società, precisando se disgiuntamente o congiuntamente.

Le cause di nullità o di annullabilità della nomina degli amministratori che hanno la rappresentanza della società non sono opponibili ai terzi dopo l'adempimento della pubblicità di cui al quarto comma, salvo che la società provi che i terzi ne erano a conoscenza.

2384. Poteri di rappresentanza. – Il potere di rappresentanza attribuito agli amministratori dallo statuto o dalla deliberazione di nomina è generale.

Le limitazioni ai poteri degli amministratori che risultano dallo statuto o da una decisione degli organi competenti non sono opponibili ai terzi, anche se pubblicate, salvo che si provi che questi abbiano intenzionalmente agito a danno della società.

2385. Cessazione degli amministratori. – L'amministratore che rinunzia all'ufficio deve darne comunicazione scritta al consiglio d'amministrazione e al presidente del collegio sindacale. La rinunzia ha effetto immediato, se rimane in carica la maggioranza del consiglio di amministrazione, o, in caso contrario, dal momento in cui la maggioranza del consiglio si è ricostituita in seguito all'accettazione dei nuovi amministratori.

La cessazione degli amministratori per scadenza del termine ha effetto dal momento in cui il consiglio di amministrazione è stato ricostituito.

La cessazione degli amministratori dall'ufficio per qualsiasi causa deve essere iscritta entro trenta giorni nel registro delle imprese a cura del collegio sindacale.

2386. Sostituzione degli amministratori. – Se nel corso dell'esercizio vengono a mancare uno o più amministratori, gli altri provvedono a sostituirli con deliberazione approvata dal collegio sindacale, purché la maggioranza sia sempre costituita da amministratori nominati dall'assemblea. Gli amministratori così nominati restano in carica fino alla prossima assemblea.

Se viene meno la maggioranza degli amministratori nominati dall'assemblea, quelli rimasti in carica devono convocare l'assemblea perchè provveda alla sostituzione dei mancanti.

Salvo diversa disposizione dello statuto o dell'assemblea, gli amministratori nominati ai sensi del comma precedente scadono insieme con quelli in carica all'atto della loro nomina.

Se particolari disposizioni dello statuto prevedono che a seguito della cessazione di taluni amministratori cessi l'intero consiglio, l'assemblea per la nomina del nuovo consiglio è convocata d'urgenza dagli amministratori rimasti in carica; lo statuto può tuttavia prevedere l'applicazione in tal caso di quanto disposto nel successivo comma.

Se vengono a cessare l'amministratore unico o tutti gli amministratori, l'assemblea per la nomina dell'amministratore o dell'intero consiglio deve essere convocata d'urgenza dal collegio sindacale, il quale può compiere nel frattempo gli atti di ordinaria amministrazione.

2387. Requisiti di onorabilità, professionalità e indipendenza. – Lo statuto può subordinare l'assunzione della carica di amministratore al possesso di speciali requisiti di onorabilità, professionalità ed indipendenza, anche con riferimento ai requisiti al riguardo previsti da codici di comportamento redatti da associazioni di categoria o da società di gestione di mercati regolamentati. Si applica in tal caso l'articolo 2382.

Resta salvo quanto previsto da leggi speciali in relazione all'esercizio di particolari attività.

2388. Validità delle deliberazioni del consiglio. – Per la validità delle deliberazioni del consiglio di amministrazione è necessaria la presenza della maggioranza degli amministratori in carica, quando lo statuto non richiede un maggior numero di presenti. Lo statuto può prevedere che la presenza alle riunioni del consiglio avvenga anche mediante mezzi di telecomunicazione.

Le deliberazioni del consiglio di amministrazione sono prese a maggioranza assoluta dei presenti, salvo diversa disposizione dello statuto.

Il voto non può essere dato per rappresentanza.

Le deliberazioni che non sono prese in conformità della legge o dello statuto possono essere impugnate solo dal collegio sindacale e dagli amministratori assenti o dissenzienti entro novanta giorni dalla data della deliberazione; si applica in quanto compatibile l'articolo 2378. Possono essere altresì impugnate dai soci le deliberazioni lesive dei loro diritti; si applicano in tal caso, in quanto compatibili, gli articoli 2377 e 2378.

In ogni caso sono salvi i diritti acquistati in buona fede dai terzi in base ad atti compiuti in esecuzione delle deliberazioni.

2389. Compensi degli amministratori. – I compensi spettanti ai membri del consiglio di amministrazione e del comitato esecutivo sono stabiliti all'atto della nomina o dall'assemblea.

Essi possono essere costituiti in tutto o in parte da partecipazioni agli utili o dall'attribuzione del diritto di sottoscrivere a prezzo predeterminato azioni di futura emissione.

La rimunerazione degli amministratori investiti di particolari cariche in conformità dello statuto è stabilita dal consiglio di amministrazione, sentito il parere del collegio sindacale. Se lo statuto lo prevede, l'assemblea può determinare un importo complessivo per la remunerazione di tutti gli amministratori, inclusi quelli investiti di particolari cariche.

2390. Divieto di concorrenza. – Gli amministratori non possono assumere la qualità di soci illimitatamente responsabili in società concorrenti, né esercitare un'attività concorrente per conto proprio o di terzi, né essere amministratori o direttori generali in società concorrenti, salvo autorizzazione dell'assemblea.

Per l'inosservanza di tale divieto l'amministratore può essere revocato dall'ufficio e risponde dei danni.

2391. Interessi degli amministratori. – L'amministratore deve dare notizia agli altri amministratori e al collegio sindacale di ogni interesse che, per conto proprio o di terzi, abbia in una determinata operazione della società, precisandone la natura, i termini, l'origine e la portata; se si tratta di amministratore delegato, deve altresì astenersi dal compiere l'operazione, investendo della stessa l'organo collegiale, se si tratta di amministratore unico, deve darne notizia anche alla prima assemblea utile ([1]).

Nei casi previsti dal precedente comma la deliberazione del consiglio di amministrazione deve adeguatamente motivare le ragioni e la convenienza per la società dell'operazione.

Nei casi di inosservanza a quanto disposto nei due precedenti commi del presente articolo ovvero nel caso di deliberazioni del consiglio o del comitato esecutivo adottate con il voto determinante dell'amministratore interessato, le deliberazioni medesime, qualora possano recare danno alla società, possono essere impugnate dagli amministratori e dal collegio sindacale entro novanta giorni dalla loro data; l'impugnazione non può essere proposta da chi ha consentito con il proprio voto alla deliberazione se sono stati adempiuti gli obblighi di informazione previsti dal primo comma. In ogni caso sono salvi i diritti acquistati in buona fede dai terzi in base ad atti compiuti in esecuzione della deliberazione.

L'amministratore risponde dei danni derivati alla società dalla sua azione od omissione.

L'amministratore risponde altresì dei danni che siano derivati alla società dalla utilizzazione a vantaggio proprio o di terzi di dati, notizie o opportunità di affari appresi nell'esercizio del suo incarico.

([1]) *Le parole da: «, se si tratta di amministratore unico, ...» fino alla fine del periodo, sono state aggiunte dall'art. 11 del D.L.vo 28 dicembre 2004, n. 310.*

2391 *bis*. ([1]) **Operazioni con parti correlate.** – Gli organi di amministrazione delle società che fanno ricorso al mercato del capitale di rischio adottano, secondo principi generali indicati dalla Consob, regole che assicurano la trasparenza e la correttezza sostanziale e procedurale delle operazioni con parti correlate e li rendono noti nella relazione sulla gestione; a tali fini possono farsi assistere da esperti indipendenti, in ragione della natura, del valore o delle caratteristiche dell'operazione.

I principi e le regole previsti dal ([2]) primo comma si applicano alle operazioni realizzate direttamente o per il tramite di società controllate e disciplinano le operazioni stesse in termini di competenza decisionale, di motivazione e di documentazione. L'organo di controllo vigila sull'osservanza delle regole adottate ai sensi del primo comma e ne riferisce nella relazione all'assemblea.

La Consob, nel definire i principi indicati nel primo comma, individua, in conformità all'articolo 9 *quater* della direttiva 2007/36/CE, almeno:

a) le soglie di rilevanza delle operazioni con parti correlate tenendo conto di indici quantitativi legati al controvalore dell'operazione o al suo impatto su uno o più parametri dimensionali della società. La Consob può individuare anche criteri di rilevanza che tengano conto della natura dell'operazione e della tipologia diparte correlata;

b) regole procedurali e di trasparenza proporzionate rispetto alla rilevanza e alle caratteristiche delle operazioni, alle dimensioni della società ovvero alla tipologia di società che fa ricorso al mercato del capitale di rischio, nonché i casi di esenzione dall'applicazione, in tutto o in parte, delle predette regole;

c) i casi in cui gli amministratori, fermo restando quanto previsto dall'articolo 2391, e gli azionisti coinvolti nell'operazione sono tenuti ad astenersi dalla votazione sulla stessa ovvero misure di salvaguardia a tutela dell'interesse della società che consentono ai predetti azionisti di prendere parte alla votazione sull'operazione ([3]).

([1]) *Questo articolo è stato inserito dall'art. 12 del D.L.vo 28 dicembre 2004, n. 310.*

(2) *Le parole: «di cui al» sono state così sostituite dalle attuali: «e le regole previsti dal» dall'art. 1, comma 1, comma 1, lett.* a), *del D.L.vo 10 maggio 2019, n. 49, a decorrere dal 10 giugno 2019.*

(3) *Questo comma è stato aggiunto dall'art. 1, comma 1, comma 1, lett.* b), *del D.L.vo 10 maggio 2019, n. 49, a decorrere dal 10 giugno 2019.*

2392. Responsabilità verso la società. – Gli amministratori devono adempiere i doveri ad essi imposti dalla legge e dallo statuto con la diligenza richiesta dalla natura dell'incarico e dalle loro specifiche competenze. Essi sono solidalmente responsabili verso la società dei danni derivanti dall'inosservanza di tali doveri, a meno che si tratti di attribuzioni proprie del comitato esecutivo o di funzioni in concreto attribuite ad uno o più amministratori.

In ogni caso gli amministratori, fermo quanto disposto dal comma terzo dell'articolo 2381, sono solidalmente responsabili se, essendo a conoscenza di fatti pregiudizievoli, non hanno fatto quanto potevano per impedirne il compimento o eliminarne o attenuarne le conseguenze dannose.

La responsabilità per gli atti o le omissioni degli amministratori non si estende a quello tra essi che, essendo immune da colpa, abbia fatto annotare senza ritardo il suo dissenso nel libro delle adunanze e delle deliberazioni del consiglio, dandone immediata notizia per iscritto al presidente del collegio sindacale.

2393. Azione sociale di responsabilità. – L'azione di responsabilità contro gli amministratori è promossa in seguito a deliberazione dell'assemblea, anche se la società è in liquidazione.

La deliberazione concernente la responsabilità degli amministratori può essere presa in occasione della discussione del bilancio, anche se non è indicata nell'elenco delle materie da trattare, quando si tratta di fatti di competenza dell'esercizio cui si riferisce il bilancio.

L'azione di responsabilità può anche essere promossa a seguito di deliberazione del collegio sindacale, assunta con la maggioranza dei due terzi dei suoi componenti (1).

L'azione può essere esercitata entro cinque anni dalla cessazione dell'amministratore dalla carica.

La deliberazione dell'azione di responsabilità importa la revoca dall'ufficio degli amministratori contro cui è proposta, purché sia presa con il voto favorevole di almeno un quinto del capitale sociale. In questo caso, l'assemblea provvede alla sostituzione degli amministratori (2).

La società può rinunziare all'esercizio dell'azione di responsabilità e può transigere, purché la rinunzia e la transazione siano approvate con espressa deliberazione dell'assemblea, e purché non vi sia il voto contrario di una minoranza di soci che rappresenti almeno il quinto del capitale sociale o, nelle società che fanno ricorso al mercato del capitale di rischio, almeno un ventesimo del capitale sociale, ovvero la misura prevista nello statuto per l'esercizio dell'azione sociale di responsabilità ai sensi dei commi primo e secondo dell'articolo 2393 *bis*.

(1) *Questo comma è stato inserito dall'art. 3, comma 1, lett.* a), *numero 1, della L. 28 dicembre 2005, n. 262.*

(2) *Questo comma è stato così sostituito dall'art. 3, comma 1, lett.* a), *numero 2, della L. 28 dicembre 2005, n. 262.*

2393 *bis*. Azione sociale di responsabilità esercitata dai soci. – L'azione sociale di responsabilità può essere esercitata anche dai soci che rappresentino almeno un quinto del capitale sociale o la diversa misura prevista nello statuto, comunque non superiore al terzo.

Nelle società che fanno ricorso al mercato del capitale di rischio, l'azione di cui al comma precedente può essere esercitata dai soci che rappresentino un quarantesimo (1) del capitale sociale o la minore misura prevista nello statuto.

La società deve essere chiamata in giudizio e l'atto di citazione è ad essa notificato anche in persona del presidente del collegio sindacale.

I soci che intendono promuovere l'azione nominano, a maggioranza del capitale posseduto, uno o più rappresentanti comuni per l'esercizio dell'azione e per il compimento degli atti conseguenti.

In caso di accoglimento della domanda, la società rimborsa agli attori le spese del giudizio e quelle sopportate nell'accertamento dei fatti che il giudice non abbia posto a carico dei soccombenti o che non sia possibile recuperare a seguito della loro escussione.

I soci che hanno agito possono rinunciare all'azione o transigerla; ogni corrispettivo per la rinuncia o transazione deve andare a vantaggio della società.

Si applica all'azione prevista dal presente articolo l'ultimo comma dell'articolo precedente.

(1) *Le originarie parole: «un ventesimo» sono state così sostituite dall'art. 3, comma 1, lett.* b), *della L. 28 dicembre 2005, n. 262.*

2394. Responsabilità verso i creditori sociali. – Gli amministratori rispondono verso i creditori sociali per l'inosservanza degli obblighi inerenti alla conservazione dell'integrità del patrimonio sociale.

L'azione può essere proposta dai creditori quando il patrimonio sociale risulta insufficiente al soddisfacimento dei loro crediti.

La rinunzia all'azione da parte della società non impedisce l'esercizio dell'azione da parte dei creditori sociali. La transazione può essere impugnata dai creditori sociali soltanto con l'azione revocatoria quando ne ricorrono gli estremi.

2394 *bis*. Azioni di responsabilità nelle procedure concorsuali. – In caso di fallimento, liquidazione coatta amministrativa e amministrazione straordinaria le azioni di responsabilità previste dai precedenti articoli spettano al curatore del fallimento, al commissario liquidatore e al commissario straordinario.

2395. Azione individuale del socio e del terzo. – Le disposizioni dei precedenti articoli non pregiudicano il diritto al risarcimento del danno spettante al singolo socio o al terzo che sono stati direttamente danneggiati da atti colposi o dolosi degli amministratori.

L'azione può essere esercitata entro cinque anni dal compimento dell'atto che ha pregiudicato il socio o il terzo.

2396. Direttori generali. – Le disposizioni che regolano la responsabilità degli amministratori si applicano anche ai direttori generali nominati dall'assemblea o per disposizione dello statuto, in relazione ai compiti loro affidati, salve le azioni esercitabili in base al rapporto di lavoro con la società.

§. 3
Del collegio sindacale

2397. Composizione del collegio. – Il collegio sindacale si compone di tre o cinque membri effettivi, soci o non soci. Devono inoltre essere nominati due sindaci supplenti.

Almeno un membro effettivo ed uno supplente devono essere scelti tra i revisori legali iscritti nell'apposito registro (1). I restanti membri, se non iscritti in tale registro, devono essere scelti fra gli iscritti negli albi professionali individuati con decreto del Ministro della giustizia, o fra i professori universitari di ruolo, in materie economiche o giuridiche (2).

[Per le società aventi ricavi o patrimonio netto inferiori a 1 milione di euro lo statuto può prevedere che l'organo di controllo sia composto da un sindaco unico, scelto tra i revisori legali iscritti nell'apposito registro] (3).

(1) *Le parole: «tra gli iscritti nel registro dei revisori contabili istituito presso il Ministero della giustizia» sono state così sostituite dalle attuali: «tra i revisori legali iscritti nell'apposito registro» dall'art. 37, comma 5, del D.L.vo 27 gennaio 2010, n. 39.*

([2]) *Si veda il D.M. 29 dicembre 2004, n. 320, in G.U. Serie gen. - n. 13 del 18 gennaio 2005, che si riporta*:

«Art. 1. *1. I membri del collegio sindacale, previsti dal secondo comma dell'articolo 2397 del codice civile, possono essere scelti fra gli iscritti negli albi professionali tenuti dai seguenti ordini e collegi vigilati dal Ministero della giustizia*:

a) *Avvocati;*

b) *Dottori commercialisti;*

c) *Ragionieri e periti commerciali;*

d) *Consulenti del lavoro*».

([3]) *Questo comma, aggiunto dall'art. 14, comma 14, della L. 12 novembre 2011, n. 183, a decorrere dal 1° gennaio 2012, è stato abrogato dall'art. 35, comma 1, del D.L. 9 febbraio 2012, n. 5, convertito, con modificazioni, nella L. 4 aprile 2012, n. 35.*

2398. Presidenza del collegio. – Il presidente del collegio sindacale è nominato dall'assemblea.

2399. Cause d'ineleggibilità e di decadenza. – Non possono essere eletti alla carica di sindaco e, se eletti, decadono dall'ufficio:

a) coloro che si trovano nelle condizioni previste dall'articolo 2382;

b) il coniuge, i parenti e gli affini entro il quarto grado degli amministratori della società, gli amministratori, il coniuge, i parenti e gli affini entro il quarto grado degli amministratori delle società da questa controllate, delle società che la controllano e di quelle sottoposte a comune controllo;

c) coloro che sono legati alla società o alle società da questa controllate o alle società che la controllano o a quelle sottoposte a comune controllo da un rapporto di lavoro o da un rapporto continuativo di consulenza o di prestazione d'opera retribuita, ovvero da altri rapporti di natura patrimoniale che ne compromettano l'indipendenza.

La cancellazione o la sospensione dal registro dei revisori legali e delle società di revisione legale ([1]) e la perdita dei requisiti previsti dall'ultimo comma dell'articolo 2397 sono causa di decadenza dall'ufficio di sindaco.

Lo statuto può prevedere altre cause di ineleggibilità o decadenza, nonché cause di incompatibilità e limiti e criteri per il cumulo degli incarichi.

([1]) *Le parole: «dei revisori contabili» sono state così sostituite dalle attuali: «dei revisori legali e delle società di revisione legale» dall'art. 37, comma 6, del D.L.vo 27 gennaio 2010, n. 39.*

2400. Nomina e cessazione dall'ufficio. – I sindaci sono nominati per la prima volta nell'atto costitutivo e successivamente dall'assemblea, salvo il disposto degli articoli 2351, 2449 e 2450. Essi restano in carica per tre esercizi, e scadono alla data dell'assemblea convocata per l'approvazione del bilancio relativo al terzo esercizio della carica. La cessazione dei sindaci per scadenza del termine ha effetto dal momento in cui il collegio è stato ricostituito.

I sindaci possono essere revocati solo per giusta causa. La deliberazione di revoca deve essere approvata con decreto dal tribunale, sentito l'interessato.

La nomina dei sindaci, con l'indicazione per ciascuno di essi del cognome e del nome, del luogo e della data di nascita e del domicilio, e la cessazione dall'ufficio devono essere iscritte, a cura degli amministratori, nel registro delle imprese nel termine di trenta giorni.

Al momento della nomina dei sindaci e prima dell'accettazione dell'incarico, sono resi noti all'assemblea gli incarichi di amministrazione e di controllo da essi ricoperti presso altre società ([1]).

([1]) *Questo comma è stato aggiunto dall'art. 2, comma 2, lett.* a), *della L. 28 dicembre 2005, n. 262.*

2401. Sostituzione. – In caso di morte, di rinunzia o di decadenza di un sindaco, subentrano i supplenti in ordine di età, nel rispetto dell'articolo 2397, secondo comma. I nuovi sindaci restano in carica fino alla prossima assemblea, la quale deve provvedere alla nomina dei sindaci effettivi e supplenti necessari per l'integrazione del collegio, nel rispetto dell'articolo 2397, secondo comma. I nuovi nominati scadono insieme con quelli in carica.

In caso di sostituzione del presidente, la presidenza è assunta fino alla prossima assemblea dal sindaco più anziano.

Se con i sindaci supplenti non si completa il collegio sindacale, deve essere convocata l'assemblea perchè provveda all'integrazione del collegio medesimo.

2402. Retribuzione. – La retribuzione annuale dei sindaci, se non è stabilita nello statuto, deve essere determinata dalla assemblea all'atto della nomina per l'intero periodo di durata del loro ufficio.

2403. Doveri del collegio sindacale. – Il collegio sindacale vigila sull'osservanza della legge e dello statuto, sul rispetto dei principi di corretta amministrazione ed in particolare sull'adeguatezza dell'assetto organizzativo, amministrativo e contabile adottato dalla società e sul suo concreto funzionamento.

Esercita inoltre il controllo contabile nel caso previsto dall'articolo 2409 *bis*, terzo comma.

2403 *bis*. Poteri del collegio sindacale. – I sindaci possono in qualsiasi momento procedere, anche individualmente, ad atti di ispezione e di controllo.

Il collegio sindacale può chiedere agli amministratori notizie, anche con riferimento a società controllate, sull'andamento delle operazioni sociali o su determinati affari. Può altresì scambiare informazioni con i corrispondenti organi delle società controllate in merito ai sistemi di amministrazione e controllo ed all'andamento generale dell'attività sociale.

Gli accertamenti eseguiti devono risultare dal libro previsto dall'articolo 2421, primo comma, n. 5).

Nell'espletamento di specifiche operazioni di ispezione e di controllo i sindaci sotto la propria responsabilità ed a proprie spese possono avvalersi di propri dipendenti ed ausiliari che non si trovino in una delle condizioni previste dall'articolo 2399.

L'organo amministrativo può rifiutare agli ausiliari e ai dipendenti dei sindaci l'accesso a informazioni riservate.

2404. Riunioni e deliberazioni del collegio. – Il collegio sindacale deve riunirsi almeno ogni novanta giorni. La riunione può svolgersi, se lo statuto lo consente indicandone le modalità, anche con mezzi di telecomunicazione.

Il sindaco che, senza giustificato motivo, non partecipa durante un esercizio sociale a due riunioni del collegio decade dall'ufficio.

Delle riunioni del collegio deve redigersi verbale, che viene trascritto nel libro previsto dall'articolo 2421, primo comma, n. 5), e sottoscritto dagli intervenuti.

Il collegio sindacale è regolarmente costituito con la presenza della maggioranza dei sindaci e delibera a maggioranza assoluta dei presenti. Il sindaco dissenziente ha diritto di fare iscrivere a verbale i motivi del proprio dissenso.

2405. Intervento alle adunanze del consiglio di amministrazione e alle assemblee. – I sindaci devono assistere alle adunanze del consiglio di amministrazione, alle assemblee e alle riunioni del comitato esecutivo.

I sindaci, che non assistono senza giustificato motivo alle assemblee o, durante un esercizio sociale, a due adunanze consecutive del consiglio d'amministrazione o del comitato esecutivo, decadono dall'ufficio.

2406. Omissioni degli amministratori. – In caso di omissione o di ingiustificato ritardo da parte degli amministratori, il collegio sindacale deve convocare l'assemblea ed eseguire le pubblicazioni prescritte dalla legge.

Il collegio sindacale può altresì, previa comunicazione al presidente del consiglio di amministrazione, convocare l'assemblea qualora nell'espletamento del suo incarico ravvisi fatti censurabili di rilevante gravità e vi sia urgente necessità di provvedere.

2407. Responsabilità. – I sindaci devono adempiere i loro doveri con la professionalità e la diligenza richieste dalla natura dell'incarico; sono responsabili della verità delle loro attestazioni e devono conservare il segreto sui fatti e sui documenti di cui hanno conoscenza per ragione del loro ufficio.

Essi sono responsabili solidalmente con gli amministratori per i fatti o le omissioni di questi, quando il danno non si sarebbe prodotto se essi avessero vigilato in conformità degli obblighi della loro carica.

All'azione di responsabilità contro i sindaci si applicano, in quanto compatibili, le disposizioni degli articoli 2393, 2393 *bis*, 2394, 2394 *bis* e 2395.

2408. Denunzia al collegio sindacale. – Ogni socio può denunziare i fatti che ritiene censurabili al collegio sindacale, il quale deve tener conto della denunzia nella relazione all'assemblea.

Se la denunzia è fatta da tanti soci che rappresentino un ventesimo del capitale sociale o un cinquantesimo nelle società che fanno ricorso al mercato del capitale di rischio, il collegio sindacale deve indagare senza ritardo sui fatti denunziati e presentare le sue conclusioni ed eventuali proposte all'assemblea; deve altresì, nelle ipotesi previste dal secondo comma dell'articolo 2406, convocare l'assemblea. Lo statuto può prevedere per la denunzia percentuali minori di partecipazione.

2409. ([1]) ([2]) **Denunzia al tribunale.** – Se vi è fondato sospetto che gli amministratori, in violazione dei loro doveri, abbiano compiuto gravi irregolarità nella gestione che possono arrecare danno alla società o a una o più società controllate, i soci che rappresentano il decimo del capitale sociale o, nelle società che fanno ricorso al mercato del capitale di rischio, il ventesimo del capitale sociale possono denunziare i fatti al tribunale con ricorso notificato anche alla società. Lo statuto può prevedere percentuali minori di partecipazione.

Il tribunale, sentiti in camera di consiglio gli amministratori e i sindaci, può ordinare l'ispezione dell'amministrazione della società a spese dei soci richiedenti, subordinandola, se del caso, alla prestazione di una cauzione. Il provvedimento è reclamabile.

Il tribunale non ordina l'ispezione e sospende per un periodo determinato il procedimento se l'assemblea sostituisce gli amministratori e i sindaci con soggetti di adeguata professionalità, che si attivano senza indugio per accertare se le violazioni sussistono e, in caso positivo, per eliminarle, riferendo al tribunale sugli accertamenti e le attività compiute.

Se le violazioni denunziate sussistono ovvero se gli accertamenti e le attività compiute ai sensi del terzo comma risultano insufficienti alla loro eliminazione, il tribunale può disporre gli opportuni provvedimenti provvisori e convocare l'assemblea per le conseguenti deliberazioni. Nei casi più gravi può revocare gli amministratori ed eventualmente anche i sindaci e nominare un amministratore giudiziario, determinandone i poteri e la durata.

L'amministratore giudiziario può proporre l'azione di responsabilità contro gli amministratori e i sindaci. Si applica l'ultimo comma dell'articolo 2393.

Prima della scadenza del suo incarico l'amministratore giudiziario rende conto al tribunale che lo ha nominato; convoca e presiede l'assemblea per la nomina dei nuovi amministratori e sindaci o per proporre, se del caso, la messa in liquidazione della società o la sua ammissione ad una procedura concorsuale.

I provvedimenti previsti da questo articolo possono essere adottati anche su richiesta del collegio sindacale, del consiglio di sorveglianza o del comitato per il controllo sulla gestione, nonché, nelle società che fanno ricorso al mercato del capitale di rischio, del pubblico ministero; in questi casi le spese per l'ispezione sono a carico della società.

([1]) *Si veda l'art. 223* vicies *att.*

([2]) *Si veda l'art. 238 del D.L.vo 7 settembre 2005, n. 209, Codice delle assicurazioni private.*

§. 4
Della revisione legale dei conti ([1])

([1]) *L'originaria rubrica:* «Del controllo contabile» *è stata così sostituita dall'attuale dall'art. 37, comma 7, del D.L.vo 27 gennaio 2010, n. 39.*

2409 *bis*. ([1]) **Revisione legale dei conti.** – La revisione legale dei conti sulla società è esercitata da un revisore legale dei conti o da una società di revisione legale iscritti nell'apposito registro.

Lo statuto delle società che non siano tenute alla redazione del bilancio consolidato può prevedere che la revisione legale dei conti sia esercitata dal collegio sindacale. In tal caso il collegio sindacale è costituito da revisori legali iscritti nell'apposito registro.

([1]) *Questo articolo è stato così sostituito dall'art. 37, comma 8, del D.L.vo 27 gennaio 2010, n. 39.*

2409 *ter*. ([1]) [**Funzioni di controllo contabile.** – Il revisore o la società incaricata del controllo contabile:

a) verifica, nel corso dell'esercizio e con periodicità almeno trimestrale, la regolare tenuta della contabilità sociale e la corretta rilevazione nelle scritture contabili dei fatti di gestione;

b) verifica se il bilancio di esercizio e, ove redatto, il bilancio consolidato corrispondono alle risultanze delle scritture contabili e degli accertamenti eseguiti e se sono conformi alle norme che li disciplinano;

c) esprime con apposita relazione un giudizio sul bilancio di esercizio e sul bilancio consolidato, ove redatto.

La relazione comprende:

a) un paragrafo introduttivo che identifica il bilancio sottoposto a revisione e il quadro delle regole di redazione applicate dalla società;

b) una descrizione della portata della revisione svolta con l'indicazione dei principi di revisione osservati;

c) un giudizio sul bilancio che indica chiaramente se questo è conforme alle norme che ne disciplinano la redazione e se rappresenta in modo veritiero e corretto la situazione patrimoniale e finanziaria e il risultato economico dell'esercizio;

d) eventuali richiami di informativa che il revisore sottopone all'attenzione dei destinatari del bilancio, senza che essi costituiscano rilievi;

e) un giudizio sulla coerenza della relazione sulla gestione con il bilancio.

Nel caso in cui il revisore esprima un giudizio sul bilancio con rilievi, un giudizio negativo o rilasci una dichiarazione di impossibilità di esprimere un giudizio, la relazione illustra analiticamente i motivi della decisione.

La relazione è datata e sottoscritta dal revisore.

La relazione sul bilancio è depositata presso la sede della società a norma dell'articolo 2429.

Il revisore o la società incaricata del controllo contabile può chiedere agli amministratori documenti e notizie utili al controllo e può procedere ad ispezioni; documenta l'attività svolta in apposito libro, tenuto presso la sede della società o in luogo diverso stabilito dallo statuto, secondo le disposizioni dell'articolo 2421, terzo comma].

(1) *Questo articolo è stato abrogato dall'art. 37, comma 9, del D.L.vo 27 gennaio 2010, n. 39.*

2409 *quater*. (1) [**Conferimento e revoca dell'incarico.** – Salvo quanto disposto dal numero 11 del secondo comma dell'articolo 2328, l'incarico del controllo contabile è conferito dall'assemblea, sentito il collegio sindacale, la quale determina il corrispettivo spettante al revisore o alla società di revisione per l'intera durata dell'incarico.

L'incarico ha la durata di tre esercizi, con scadenza alla data dell'assemblea convocata per l'approvazione del bilancio relativo al terzo esercizio dell'incarico.

L'incarico può essere revocato solo per giusta causa, sentito il parere del collegio sindacale. La deliberazione di revoca deve essere approvata con decreto dal tribunale, sentito l'interessato].

(¹) *Questo articolo è stato abrogato dall'art. 37, comma 9, del D.L.vo 27 gennaio 2010, n. 39.*

2409 *quinquies*. (¹) [**Cause di ineleggibilità e di decadenza.** – Salvo quanto disposto dall'articolo 2409 *bis*, terzo comma, non possono essere incaricati del controllo contabile, e se incaricati decadono dall'ufficio, i sindaci della società o delle società da questa controllate, delle società che la controllano o di quelle sottoposte a comune controllo, nonché coloro che si trovano nelle condizioni previste dall'articolo 2399, primo comma.

Lo statuto può prevedere altre cause di ineleggibilità o di decadenza, nonché cause di incompatibilità; può prevedere altresì ulteriori requisiti concernenti la specifica qualificazione professionale del soggetto incaricato del controllo contabile.

Nel caso di società di revisione le disposizioni del presente articolo si applicano con riferimento ai soci della medesima ed ai soggetti incaricati della revisione].

(¹) *Questo articolo è stato abrogato dall'art. 37, comma 9, del D.L.vo 27 gennaio 2010, n. 39. A norma dell'art. 43, comma 1, lett. l), del D.L.vo 27 gennaio 2010, n. 39, questo articolo è abrogato ma continua ad applicarsi fino alla data di entrata in vigore dei regolamenti del Ministro dell'economia e delle finanze emanati ai sensi dello stesso D.L.vo n. 39/2010.*

2409 *sexies*. (¹) [**Responsabilità.** – I soggetti incaricati del controllo contabile sono sottoposti alle disposizioni dell'articolo 2407 e sono responsabili nei confronti della società, dei soci e dei terzi per i danni derivanti dall'inadempimento ai loro doveri.

Nel caso di società di revisione i soggetti che hanno effettuato il controllo contabile sono responsabili in solido con la società medesima.

L'azione si prescrive nel termine di cinque anni dalla cessazione dell'incarico].

(¹) *Questo articolo è stato abrogato dall'art. 37, comma 9, del D.L.vo 27 gennaio 2010, n. 39.*

2409 *septies*. Scambio di informazioni. – Il collegio sindacale e i soggetti incaricati della revisione legale dei conti (¹) si scambiano tempestivamente le informazioni rilevanti per l'espletamento dei rispettivi compiti.

(¹) *Le parole: «del controllo contabile» sono state così sostituite dalle attuali: «della revisione legale dei conti» dall'art. 37, comma 10, del D.L.vo 27 gennaio 2010, n. 39.*

§. 5
Del sistema dualistico

2409 *octies*. Sistema basato su un consiglio di gestione e un consiglio di sorveglianza. – Lo statuto può prevedere che l'amministrazione ed il controllo siano esercitati da un consiglio di gestione e da un consiglio di sorveglianza in conformità alle norme seguenti.

2409 *novies*. Consiglio di gestione. – La gestione dell'impresa si svolge nel rispetto della disposizione di cui all'articolo 2086, secondo comma, e spetta esclusivamente al consiglio di gestione, il quale compie le operazioni necessarie per l'attuazione dell'oggetto sociale ([1]). Può delegare proprie attribuzioni ad uno o più dei suoi componenti; si applicano in tal caso il terzo, quarto e quinto comma dell'articolo 2381.

È costituito da un numero di componenti, anche non soci, non inferiore a due.

Fatta eccezione per i primi componenti, che sono nominati nell'atto costitutivo, e salvo quanto disposto dagli articoli 2351, 2449 e 2450, la nomina dei componenti il consiglio di gestione spetta al consiglio di sorveglianza, previa determinazione del loro numero nei limiti stabiliti dallo statuto.

I componenti del consiglio di gestione non possono essere nominati consiglieri di sorveglianza, e restano in carica per un periodo non superiore a tre esercizi, con scadenza alla data della riunione del consiglio di sorveglianza convocato per l'approvazione del bilancio relativo all'ultimo esercizio della loro carica.

I componenti del consiglio di gestione sono rieleggibili, salvo diversa disposizione dello statuto, e sono revocabili dal consiglio di sorveglianza in qualunque tempo, anche se nominati nell'atto costitutivo, salvo il diritto al risarcimento dei danni se la revoca avviene senza giusta causa.

Se nel corso dell'esercizio vengono a mancare uno o più componenti del consiglio di gestione, il consiglio di sorveglianza provvede senza indugio alla loro sostituzione.

([1]) *Questo periodo è stato così sostituito dall'art. 377, comma 3, del D.L.vo 12 gennaio 2019, n. 14.*

A norma dell'art. 389, comma 2, del medesimo provvedimento, tali disposizioni entrano in vigore il trentesimo giorno successivo alla data di pubblicazione in Gazzetta Ufficiale *del suddetto decreto (Suppl. ord. alla* G.U. *n. 38 del 14 febbraio 2019).*

2409 *decies*. Azione sociale di responsabilità. – L'azione di responsabilità contro i consiglieri di gestione è promossa dalla società o dai soci, ai sensi degli articoli 2393 e 2393 *bis*.

L'azione sociale di responsabilità può anche essere proposta a seguito di deliberazione del consiglio di sorveglianza. La deliberazione è assunta dalla maggioranza dei componenti del consiglio di sorveglianza e, se è presa a maggioranza dei due terzi dei suoi componenti, importa la revoca dall'ufficio dei consiglieri di gestione contro cui è proposta, alla cui sostituzione provvede contestualmente lo stesso consiglio di sorveglianza.

L'azione può essere esercitata dal consiglio di sorveglianza entro cinque anni dalla cessazione dell'amministratore dalla carica.

Il consiglio di sorveglianza può rinunziare all'esercizio dell'azione di responsabilità e può transigerla, purché la rinunzia e la transazione siano approvate dalla maggioranza assoluta dei componenti del consiglio di sorveglianza e purché non si opponga la percentuale di soci indicata nell'ultimo comma dell'articolo 2393.

La rinuncia all'azione da parte della società o del consiglio di sorveglianza non impedisce l'esercizio delle azioni previste dagli articoli 2393 *bis*, 2394 e 2394 *bis*.

2409 *undecies*. Norme applicabili. – Al consiglio di gestione si applicano, in quanto compatibili, le disposizioni degli articoli 2380 *bis*, quinto comma, 2381, sesto comma, 2382, 2383, quarto e quinto comma, 2384, 2385, 2387, 2390, 2392, 2394, 2394 *bis*, 2395.

Si applicano alle deliberazioni del consiglio di gestione gli articoli 2388 e 2391, e la legittimazione ad impugnare le deliberazioni spetta anche al consiglio di sorveglianza.

2409 *duodecies*. Consiglio di sorveglianza. – Salvo che lo statuto non preveda un maggior numero, il consiglio di sorveglianza si compone di un numero di componenti, anche non soci, non inferiore a tre.

Fatta eccezione per i primi componenti che sono nominati nell'atto costitutivo, e salvo quanto disposto dagli articoli 2351, 2449 e 2450, la nomina dei componenti il consiglio di sorveglianza spetta all'assemblea, previa determinazione del loro numero nei limiti stabiliti dallo statuto.

I componenti del consiglio di sorveglianza restano in carica per tre esercizi e scadono alla data della successiva assemblea prevista dal secondo comma dell'articolo 2364 *bis*. La cessazione per scadenza del termine ha effetto dal momento in cui il consiglio di sorveglianza è stato ricostituito.

Almeno un componente effettivo del consiglio di sorveglianza deve essere scelto tra i revisori legali iscritti nell'apposito registro ([1]).

I componenti del consiglio di sorveglianza sono rieleggibili, salvo diversa disposizione dello statuto, e sono revocabili dall'assemblea in qualunque tempo con deliberazione adottata con la maggioranza prevista dal quinto comma dell'articolo 2393 (²), anche se nominati nell'atto costitutivo, salvo il diritto al risarcimento dei danni, se la revoca avviene senza giusta causa.

Lo statuto, fatto salvo quanto previsto da leggi speciali in relazione all'esercizio di particolari attività, può subordinare l'assunzione della carica al possesso di particolari requisiti di onorabilità, professionalità e indipendenza.

Se nel corso dell'esercizio vengono a mancare uno o più componenti del consiglio di sorveglianza, l'assemblea provvede senza indugio alla loro sostituzione.

Il presidente del consiglio di sorveglianza è eletto dall'assemblea.

Lo statuto determina i poteri del presidente del consiglio di sorveglianza.

Non possono essere eletti alla carica di componente del consiglio di sorveglianza e, se eletti, decadono dall'ufficio:

a) coloro che si trovano nelle condizioni previste dall'articolo 2382;

b) i componenti del consiglio di gestione;

c) coloro che sono legati alla società o alle società da questa controllate o a quelle sottoposte a comune controllo da un rapporto di lavoro o da un rapporto continuativo di consulenza o di prestazione d'opera retribuita che ne compromettano l'indipendenza (³).

Lo statuto può prevedere altre cause di ineleggibilità o decadenza, nonché cause di incompatibilità e limiti e criteri per il cumulo degli incarichi.

(¹) *Le parole: «gli iscritti nel registro dei revisori contabili istituito presso il Ministero della giustizia» sono state così sostituite dalle attuali: «i revisori legali iscritti nell'apposito registro» dall'art. 37, comma 11, del D.L.vo 27 gennaio 2010, n. 39.*

(²) *Le originarie parole: «dal quarto comma dell'art. 2393» sono state così sostituite dalle attuali dall'art. 3, comma 1, lett. c), della L. 28 dicembre 2005, n. 262.*

(³) *Questa lettera è stata così sostituita dall'art. 13 del D.L.vo 28 dicembre 2004, n. 310.*

2409 *terdecies*. Competenza del consiglio di sorveglianza. – Il consiglio di sorveglianza:

a) nomina e revoca i componenti del consiglio di gestione; ne determina il compenso, salvo che la relativa competenza sia attribuita dallo statuto all'assemblea;

b) approva il bilancio di esercizio e, ove redatto, il bilancio consolidato;

c) esercita le funzioni di cui all'articolo 2403, primo comma;

d) promuove l'esercizio dell'azione di responsabilità nei confronti dei componenti del consiglio di gestione;

e) presenta la denunzia al tribunale di cui all'articolo 2409;

f) riferisce per iscritto almeno una volta all'anno all'assemblea sull'attività di vigilanza svolta, sulle omissioni e sui fatti censurabili rilevati;

f bis) se previsto dallo statuto, delibera in ordine alle operazioni strategiche e ai piani ([1]) industriali e finanziari della società predisposti dal consiglio di gestione, ferma in ogni caso la responsabilità di questo per gli atti compiuti ([2]).

Lo statuto può prevedere che in caso di mancata approvazione del bilancio o qualora lo richieda almeno un terzo dei componenti del consiglio di gestione o del consiglio di sorveglianza la competenza per l'approvazione del bilancio di esercizio sia attribuita all'assemblea.

I componenti del consiglio di sorveglianza devono adempiere i loro doveri con la diligenza richiesta dalla natura dell'incarico. Sono responsabili solidalmente con i componenti del consiglio di gestione per i fatti o le omissioni di questi quando il danno non si sarebbe prodotto se avessero vigilato in conformità degli obblighi della loro carica.

I componenti del consiglio di sorveglianza possono assistere alle adunanze del consiglio di gestione e devono partecipare alle assemblee.

([1]) *Le originarie parole: «ai piani strategici» sono state così sostituite dalle attuali: «alle operazioni strategiche e ai piani» dall'art. 14 del D.L.vo 28 dicembre 2004, n. 310.*

([2]) *Questa lettera è stata aggiunta dall'art. 5, lett.* s), *del D.L.vo 6 febbraio 2004, n. 37.*

2409 *quaterdecies*. Norme applicabili. – Al consiglio di sorveglianza ed ai suoi componenti si applicano, in quanto compatibili, gli articoli 2388, 2400, terzo e quarto ([1]) comma, 2402, 2403 *bis*, secondo e terzo comma, 2404, primo, terzo e quarto comma, 2406, 2408 e 2409 *septies*.

Alla deliberazione del consiglio di sorveglianza con cui viene approvato il bilancio di esercizio si applica l'articolo 2434 *bis* ed essa può venire impugnata anche dai soci ai sensi dell'articolo 2377.

([1]) *Le parole: «e quarto» sono state inserite dall'art. 2, comma 2, lett.* b), *della L. 28 dicembre 2005, n. 262.*

2409 *quinquiesdecies*. ([1]) **Revisione legale.** – La revisione legale dei conti è svolta a norma dell'articolo 2409 *bis*, primo comma.

([1]) *Questo articolo è stato così sostituito dall'art. 37, comma 12, del D.L.vo 27 gennaio 2010, n. 39.*

§. 6
Del sistema monistico

2409 *sexiesdecies*. Sistema basato sul consiglio di amministrazione e un comitato costituito al suo interno. – Lo statuto può prevedere che l'amministrazione ed il controllo siano esercitati rispettivamente dal consiglio di amministrazione e da un comitato costituito al suo interno.

2409 *septiesdecies*. Consiglio di amministrazione. – La gestione dell'impresa spetta esclusivamente al consiglio di amministrazione.

Almeno un terzo dei componenti del consiglio di amministrazione deve essere in possesso dei requisiti di indipendenza stabiliti per i sindaci dall'articolo 2399, primo comma, e, se lo statuto lo prevede, di quelli al riguardo previsti da codici di comportamento redatti da associazioni di categoria o da società di gestione di mercati regolamentati.

Al momento della nomina dei componenti del consiglio di amministrazione e prima dell'accettazione dell'incarico, sono resi noti all'assemblea gli incarichi di amministrazione e di controllo da essi ricoperti presso altre società ([1]).

([1]) *Questo comma è stato aggiunto dall'art. 2, comma 2, lett.* c), *della L. 28 dicembre 2005, n. 262.*

2409 *octiesdecies*. Comitato per il controllo sulla gestione. – Salvo diversa disposizione dello statuto, la determinazione del numero e la nomina dei componenti del comitato per il controllo sulla gestione spetta al consiglio di amministrazione. Nelle società che fanno ricorso al mercato del capitale di rischio il numero dei componenti del comitato non può essere inferiore a tre.

Il comitato è composto da amministratori in possesso dei requisiti di onorabilità e professionalità stabiliti dallo statuto e dei requisiti di indipendenza di cui all'articolo 2409 *septiesdecies*, che non siano membri del comitato esecutivo ed ai quali non siano attribuite deleghe o particolari cariche e comunque non svolgano, anche di mero fatto, funzioni attinenti alla gestione dell'impresa sociale o di società che la controllano o ne sono controllate.

Almeno uno dei componenti del comitato per il controllo sulla gestione deve essere scelto fra i revisori legali iscritti nell'apposito registro ([1]).

In caso di morte, rinunzia revoca o decadenza di un componente del comitato per il controllo sulla gestione, il consiglio di amministrazione provvede senza indugio a sostituirlo scegliendolo tra gli altri amministratori in possesso dei requisiti previsti dai commi precedenti; se ciò non è possibile, provvede senza indugio a norma dell'articolo 2386 scegliendo persona provvista dei suddetti requisiti.

Il comitato per il controllo sulla gestione:

a) elegge al suo interno, a maggioranza assoluta dei suoi membri, il presidente;

b) vigila sull'adeguatezza della struttura organizzativa della società, del sistema di controllo interno e del sistema amministrativo e contabile, nonché sulla sua idoneità a rappresentare correttamente i fatti di gestione;

c) svolge gli ulteriori compiti affidatigli dal consiglio di amministrazione con particolare riguardo ai rapporti con il soggetto incaricato di effettuare la revisione legale dei conti ([2]).

Al comitato per il controllo sulla gestione si applicano altresì, in quanto compatibili, gli articoli 2404, primo, terzo e quarto comma, 2405, primo comma, e 2408.

([1]) *Le parole: «gli iscritti nel registro dei revisori contabili» sono state così sostituite dalle attuali: «i revisori legali iscritti nell'apposito registro» dall'art. 37, comma 13, del D.l.vo 27 gennaio 2010, n. 39.*

([2]) *Le parole: «i soggetti incaricati del controllo contabile» sono state così sostituite dalle attuali: «il soggetto incaricato di effettuare la revisione legale dei conti» dall'art. 37, comma 14, del D.L.vo 27 gennaio 2010, n. 39.*

2409 *noviesdecies*. ([1]) **Norme applicabili e revisione legale.** – Al consiglio di amministrazione si applicano, in quanto compatibili, gli articoli da 2380 *bis*, 2381, 2382, 2383, 2384, 2385, 2386, 2387, 2388, 2389, 2390, 2391, 2392, 2393, 2393 *bis*, 2394, 2394 *bis*, 2395.

La revisione legale dei conti è svolta ai sensi dell'articolo 2409 *bis*, primo comma ([2]).

([1]) *L'originaria rubrica:* «Norme applicabili e controllo contabile» *è stata così sostituita dall'attuale dall'art. 37, comma 15, lett.* a), *del D.L.vo 27 gennaio 2010, n. 39.*

([2]) *Questo comma è stato così sostituito dall'art. 37, comma 15, lett.* b), *del D.L.vo 27 gennaio 2010, n. 39.*

Sezione VII
Delle obbligazioni

2410. Emissione. – Se la legge o lo statuto non dispongono diversamente, l'emissione di obbligazioni è deliberata dagli amministratori.

In ogni caso la deliberazione di emissione deve risultare da verbale redatto da notaio ed è depositata ed iscritta a norma dell'articolo 2436.

2411. Diritti degli obbligazionisti. – Il diritto degli obbligazionisti alla restituzione del capitale ed agli interessi può essere, in tutto o in parte, subordinato alla soddisfazione dei diritti di altri creditori della società.

I tempi e l'entità del pagamento degli interessi possono variare in dipendenza di parametri oggettivi anche relativi all'andamento economico della società.

La disciplina della presente sezione si applica inoltre agli strumenti finanziari, comunque denominati, che condizionano i tempi e l'entità del rimborso del capitale all'andamento economico della società.

2412. Limiti all'emissione. – La società può emettere obbligazioni al portatore o nominative per somma complessivamente non eccedente il doppio del capitale sociale, della riserva legale e delle riserve disponibili risultanti dall'ultimo bilancio approvato. I sindaci attestano il rispetto del suddetto limite.

Il limite di cui al primo comma può essere superato se le obbligazioni emesse in eccedenza sono destinate alla sottoscrizione da parte di investitori professionali soggetti a vigilanza prudenziale a norma delle leggi speciali. In caso di successiva circolazione delle obbligazioni, chi le trasferisce risponde della solvenza della società nei confronti degli acquirenti che non siano investitori professionali.

Non è soggetta al limite di cui al primo comma, e non rientra nel calcolo al fine del medesimo, l'emissione di obbligazioni garantite da ipoteca di primo grado su immobili di proprietà della società, sino a due terzi del valore degli immobili medesimi.

Al computo del limite di cui al primo comma concorrono gli importi relativi a garanzie comunque prestate dalla società per obbligazioni emesse da altre società, anche estere ([1]).

I commi primo e secondo non si applicano alle emissioni di obbligazioni destinate ad essere quotate in mercati regolamentati o in sistemi multilaterali di negoziazione ovvero di obbligazioni che danno il diritto di acquisire ovvero di sottoscrivere azioni ([2]).

Quando ricorrono particolari ragioni che interessano l'economia nazionale, la società può essere autorizzata con provvedimento dell'autorità governativa, ad emettere obbligazioni per somma superiore a quanto previsto nel presente articolo, con l'osservanza dei limiti, delle modalità e delle cautele stabilite nel provvedimento stesso.

Restano salve le disposizioni di leggi speciali relative a particolari categorie di società e alle riserve di attività.

[Le disposizioni del presente articolo si applicano anche alle obbligazioni emesse all'estero da società italiane ovvero da loro controllate o controllanti, se negoziate nello Stato, nei limiti stabiliti con regolamento del Ministro dell'economia e delle finanze e del Ministro della giustizia, da adottare ai sensi dell'articolo 17, comma 3, della legge 23 agosto 1988, n. 400, su proposta della Commissione nazionale per le società e la borsa; in questo caso la negoziazione ad opera di investitori professionali nei confronti di soggetti diversi deve, a pena di nullità, avvenire mediante consegna di un prospetto informativo contenente le informazioni stabilite dalla Commissione nazionale per le società e la borsa, anche quando la vendita avvenga su richiesta dell'acquirente] ([3]).

([1]) *Questo comma è stato inserito dall'art. 11, comma 1, lett.* a), *della L. 28 dicembre 2005, n. 262.*

([2]) *Questo comma è stato così sostituito dall'art. 32, comma 26, del D.L. 22 giugno 2012, n. 83, convertito, con modificazioni, nella L. 7 agosto 2012, n. 134.*

([3]) *Questo comma, aggiunto dall'art. 15 del D.L.vo 28 dicembre 2004, n. 310, è stato abrogato dall'art. 11, comma 1, lett.* b), *della L. 28 dicembre 2005, n. 262.*

2413. Riduzione del capitale. – Salvo i casi previsti dal terzo, quarto e quinto comma dell'articolo 2412, la società che ha emesso obbligazioni non può ridurre volontariamente il capitale sociale o distribuire riserve se rispetto all'ammontare delle obbligazioni ancora in circolazione il limite di cui al primo comma dell'articolo medesimo non risulta più rispettato.

Se la riduzione del capitale sociale è obbligatoria, o le riserve diminuiscono in conseguenza di perdite, non possono distribuirsi utili sinché l'ammontare del capitale sociale, della riserva legale e delle riserve disponibili non eguagli la metà dell'ammontare delle obbligazioni in circolazione ([1]).

([1]) *Le parole*: «*e delle riserve non eguagli l'ammontare delle obbligazioni in circolazione*» *sono state così sostituite dall'art. 5, lett.* u), *del D.L.vo 6 febbraio 2004, n. 37.*

2414. Contenuto delle obbligazioni. – I titoli obbligazionari devono indicare:

1) la denominazione, l'oggetto e la sede della società, con l'indicazione dell'ufficio del registro delle imprese presso il quale la società è iscritta;

2) il capitale sociale e le riserve esistenti al momento dell'emissione;

3) la data della deliberazione di emissione e della sua iscrizione nel registro;

4) l'ammontare complessivo dell'emissione, il valore nominale di ciascun titolo, i diritti con essi attribuiti, il rendimento o i criteri per la sua determinazione e il modo di pagamento e di rimborso, l'eventuale subordinazione dei diritti degli obbligazionisti a quelli di altri creditori della società;

5) le eventuali garanzie da cui sono assistiti;

6) la data di rimborso del prestito e gli estremi dell'eventuale prospetto informativo (1).

(1) *Questo numero è stato inserito dall'art. 5, lett. v), del D.L.vo 6 febbraio 2004, n. 37.*

2414 *bis*. Costituzione delle garanzie. – La deliberazione di emissione di obbligazioni che preveda la costituzione di garanzie reali a favore dei sottoscrittori deve designare un notaio che, per conto dei sottoscrittori, compia le formalità necessarie per la costituzione delle garanzie medesime.

Qualora un azionista pubblico garantisca i titoli obbligazionari si applica il numero 5) dell'articolo 2414 (1).

Le garanzie, reali e personali e di qualunque altra natura e le cessioni di credito in garanzia, che assistono i titoli obbligazionari possono essere costituite in favore dei sottoscrittori delle obbligazioni o anche di un loro rappresentante che sarà legittimato a esercitare in nome e per conto dei sottoscrittori tutti i diritti, sostanziali e processuali, relativi alle garanzie medesime (2).

(1) *Questo comma è stato aggiunto dall'art. 5, lett. z), del D.L.vo 6 febbraio 2004, n. 37.*

(2) *Questo comma è stato aggiunto dall'art. 13, comma 2, del D.L. 12 settembre 2014, n. 133, convertito, con modificazioni, nella L. 11 novembre 2014, n. 164.*

2415. (1) **Assemblea degli obbligazionisti.** – L'assemblea degli obbligazionisti delibera:

1) sulla nomina e sulla revoca del rappresentante comune;

2) sulle modificazioni delle condizioni del prestito;

3) sulla proposta di amministrazione controllata e di concordato;

4) sulla costituzione di un fondo per le spese necessarie alla tutela dei comuni interessi e sul rendiconto relativo;

5) sugli altri oggetti d'interesse comune degli obbligazionisti.

L'assemblea è convocata dal consiglio di amministrazione, dal consiglio di gestione (2) o dal rappresentante degli obbligazionisti, quando lo ritengono necessario, o quando ne è fatta richiesta da tanti obbligazionisti che rappresentino il ventesimo dei titoli emessi e non estinti.

Si applicano all'assemblea degli obbligazionisti le disposizioni relative all'assemblea straordinaria dei soci e le sue deliberazioni sono iscritte, a cura del notaio che ha redatto il verbale, nel registro delle imprese. Per la validità delle deliberazioni sull'oggetto indicato nel primo comma, numero 2, è necessario anche in seconda convocazione il voto favorevole degli obbligazionisti che rappresentino la metà delle obbligazioni emesse e non estinte. Quando le obbligazioni sono ammesse al sistema di gestione accentrata la legittimazione all'intervento e al voto nell'assemblea degli obbligazionisti è disciplinata dalle leggi speciali ([3]).

La società, per le obbligazioni da essa eventualmente possedute, non può partecipare alle deliberazioni.

All'assemblea degli obbligazionisti possono assistere gli amministratori, i sindaci e i componenti del consiglio di gestione o di sorveglianza ([4]).

([1]) *Si veda l'art. 223* decies *att.*

([2]) *Le parole: «dagli amministratori» sono state così sostituite dalle attuali: «dal consiglio di amministrazione, dal consiglio di gestione» dall'art. 1, comma 4, lett.* a), *del D.L.vo 18 giugno 2012, n. 91. A norma dell'art. 5 del medesimo provvedimento queste disposizioni si applicano alle assemblee il cui avviso di convocazione sia pubblicato dopo il 1° gennaio 2013.*

([3]) *Questo periodo è stato aggiunto dall'art. 1, comma 4, lett.* b), *del D.L.vo 18 giugno 2012, n. 91. A norma dell'art. 5 del medesimo provvedimento queste disposizioni si applicano alle assemblee il cui avviso di convocazione sia pubblicato dopo il 1° gennaio 2013.*

([4]) *Questo comma è stato così sostituito dall'art. 1, comma 4, lett.* c), *del D.L.vo 18 giugno 2012, n. 91. A norma dell'art. 5 del medesimo provvedimento queste disposizioni si applicano alle assemblee il cui avviso di convocazione sia pubblicato dopo il 1° gennaio 2013.*

2416. ([1]) **Impugnazione delle deliberazioni dell'assemblea.** – Le deliberazioni prese dall'assemblea degli obbligazionisti sono impugnabili a norma degli articoli 2377 e 2379. Le percentuali previste dall'articolo 2377 sono calcolate con riferimento ([2]) all'ammontare del prestito obbligazionario e alla circostanza che le obbligazioni siano quotate in mercati regolamentati.

L'impugnazione è proposta innanzi al tribunale, nella cui giurisdizione la società ha sede, in contraddittorio del rappresentante degli obbligazionisti.

([1]) *Si veda l'art. 223* decies *att.*

([2]) *Le originarie parole: «Le quote previste dall'articolo 2377 si intendono riferite» sono state così sostituite dall'art. 5, lett.* aa), *del D.L.vo 6 febbraio 2004, n. 37.*

2417. ([1]) **Rappresentante comune.** – Il rappresentante comune può essere scelto al di fuori degli obbligazionisti e possono essere nominate anche le persone giuridiche autorizzate all'esercizio dei servizi di investimento nonché le società fiduciarie. Non possono essere nominati rappresentanti comuni degli obbligazionisti e, se nominati, decadono dall'ufficio, gli amministratori, i sindaci, i dipendenti della società debitrice e coloro che si trovano nelle condizioni indicate nell'articolo 2399.

Se non è nominato dall'assemblea a norma dell'articolo 2415, il rappresentante comune è nominato con decreto dal tribunale su domanda di uno o più obbligazionisti o degli amministratori della società.

Il rappresentante comune dura in carica per un periodo non superiore a tre esercizi sociali (2) e può essere rieletto. L'assemblea degli obbligazionisti ne fissa il compenso. Entro trenta giorni dalla notizia della sua nomina il rappresentante comune deve richiederne l'iscrizione nel registro delle imprese.

(1) *Si veda l'art. 223* decies *att.*

(2) *Le parole*: *«ad un triennio» sono state così sostituite dall'art. 5, lett.* bb), *del D.L.vo 6 febbraio 2004, n. 37.*

2418. (1) **Obblighi e poteri del rappresentante comune.** – Il rappresentante comune deve provvedere all'esecuzione delle deliberazioni dell'assemblea degli obbligazionisti, tutelare gli interessi comuni di questi nei rapporti con la società e assistere alle operazioni di sorteggio delle obbligazioni. Egli ha diritto di assistere all'assemblea dei soci.

Per la tutela degli interessi comuni ha la rappresentanza processuale degli obbligazionisti anche nell'amministrazione controllata, nel concordato preventivo, nel fallimento, nella liquidazione coatta amministrativa e nell'amministrazione straordinaria della società debitrice.

(1) *Si veda l'art. 223* decies *att.*

2419. (1) **Azione individuale degli obbligazionisti.** – Le disposizioni degli articoli precedenti non precludono le azioni individuali degli obbligazionisti, salvo che queste siano incompatibili con le deliberazioni dell'assemblea previste dall'articolo 2415.

(1) *Si veda l'art. 223* decies *att.*

2420. (1) **Sorteggio delle obbligazioni.** – Le operazioni per l'estrazione a sorte delle obbligazioni devono farsi, a pena di nullità, alla presenza del rappresentante comune o, in mancanza, di un notaio.

(1) *Si veda l'art. 223* decies *att.*

2420 *bis*. Obbligazioni convertibili in azioni. – L'assemblea straordinaria può deliberare l'emissione di obbligazioni convertibili in azioni, determinando il rapporto di cambio e il periodo e le modalità della conversione. La deliberazione non può essere adottata se il capitale sociale non sia stato interamente versato.

Contestualmente la società deve deliberare l'aumento del capitale sociale per un ammontare corrispondente alle azioni da attribuire in conversione. Si applicano, in quanto compatibili, le disposizioni del secondo, terzo, quarto e quinto comma dell'articolo 2346.

Nel primo mese di ciascun semestre gli amministratori provvedono all'emissione delle azioni spettanti agli obbligazionisti che hanno chiesto la conversione nel semestre precedente. Entro il mese successivo gli amministratori devono depositare per l'iscrizione nel registro delle imprese un'attestazione dell'aumento del capitale sociale in misura corrispondente al valore nominale delle azioni emesse. Si applica la disposizione del secondo comma dell'articolo 2444.

Fino a quando non siano scaduti i termini fissati per la conversione, la società non può deliberare né la riduzione volontaria del capitale sociale, né la modificazione delle disposizioni dello statuto concernenti la ripartizione degli utili, salvo che ai possessori di obbligazioni convertibili sia stata data la facoltà, mediante avviso depositato presso l'ufficio del registro delle imprese almeno novanta giorni prima della convocazione dell'assemblea, di esercitare il diritto di conversione nel termine di trenta giorni dalla pubblicazione.

Nei casi di aumento del capitale mediante imputazione di riserve e di riduzione del capitale per perdite, il rapporto di cambio è modificato in proporzione alla misura dell'aumento o della riduzione.

Le obbligazioni convertibili in azioni devono indicare in aggiunta a quanto stabilito nell'articolo 2414, il rapporto di cambio e le modalità della conversione.

2420 *ter*. Delega agli amministratori. – Lo statuto può attribuire agli amministratori la facoltà di emettere in una o più volte obbligazioni convertibili, fino ad un ammontare determinato e per il periodo massimo di cinque anni dalla data di iscrizione della società nel registro delle imprese. In tal caso la delega comprende anche quella relativa al corrispondente aumento del capitale sociale.

Tale facoltà può essere attribuita anche mediante modificazione dello statuto, per il periodo massimo di cinque anni dalla data della deliberazione.

Si applica il secondo comma dell'articolo 2410.

Sezione VIII
Dei libri sociali

2421. Libri sociali obbligatori. – Oltre i libri e le altre scritture contabili prescritti nell'articolo 2214, la società deve tenere:

1) il libro dei soci, nel quale devono essere indicati distintamente per ogni categoria il numero delle azioni, il cognome e il nome dei titolari delle azioni nominative, i trasferimenti e i vincoli ad esse relativi e i versamenti eseguiti;

2) il libro delle obbligazioni, il quale deve indicare l'ammontare delle obbligazioni emesse e di quelle estinte, il cognome e il nome dei titolari delle obbligazioni nominative e i trasferimenti e i vincoli ad esse relativi;

3) il libro delle adunanze e delle deliberazioni delle assemblee, in cui devono essere trascritti anche i verbali redatti per atto pubblico;

4) il libro delle adunanze e delle deliberazioni del consiglio di amministrazione o del consiglio di gestione;

5) il libro delle adunanze e delle deliberazioni del collegio sindacale ovvero del consiglio di sorveglianza o del comitato per il controllo sulla gestione;

6) il libro delle adunanze e delle deliberazioni del comitato esecutivo, se questo esiste;

7) il libro delle adunanze e delle deliberazioni delle assemblee degli obbligazionisti, se sono state emesse obbligazioni;

8) il libro degli strumenti finanziari emessi ai sensi dell'articolo 2447 *sexies*.

I libri indicati nel primo comma, numeri 1), 2), 3), 4) e 8) sono tenuti a cura degli amministratori o dei componenti del consiglio di gestione, il libro indicato nel numero 5) a cura del collegio sindacale ovvero del consiglio di sorveglianza o del comitato per il controllo sulla gestione, il libro indicato nel numero 6) a cura del comitato esecutivo e il libro indicato nel numero 7) a cura del rappresentante comune degli obbligazionisti.

I libri di cui al presente articolo, prima che siano messi in uso, devono essere numerati progressivamente in ogni pagina e bollati in ogni foglio a norma dell'articolo 2215.

2422. Diritto d'ispezione dei libri sociali. – I soci hanno diritto di esaminare i libri indicati nel primo comma, numeri 1) e 3) dell'articolo 2421 e di ottenerne estratti a proprie spese.

Eguale diritto spetta al rappresentante comune degli obbligazionisti per i libri indicati nei numeri 2) e 3) dell'articolo 2421, e al rappresentante comune dei possessori di strumenti finanziari ed ai singoli possessori per il libro indicato al numero 8), ai singoli obbligazionisti per il libro indicato nel numero 7) dell'articolo medesimo.

Sezione IX
Del bilancio

2423. Redazione del bilancio. – Gli amministratori devono redigere il bilancio di esercizio, costituito dallo stato patrimoniale, dal conto economico, dal rendiconto finanziario ([1]) e dalla nota integrativa.

Il bilancio deve essere redatto con chiarezza e deve rappresentare in modo veritiero e corretto la situazione patrimoniale e finanziaria della società e il risultato economico dell'esercizio.

Se le informazioni richieste da specifiche disposizioni di legge non sono sufficienti a dare una rappresentazione veritiera e corretta, si devono fornire le informazioni complementari necessarie allo scopo.

Non occorre rispettare gli obblighi in tema di rilevazione, valutazione, presentazione e informativa quando la loro osservanza abbia effetti irrilevanti al fine di dare una rappresentazione veritiera e corretta. Rimangono fermi gli obblighi in tema di regolare tenuta delle scritture contabili. Le società illustrano nella nota integrativa i criteri con i quali hanno dato attuazione alla presente disposizione ([2]).

Se, in casi eccezionali, l'applicazione di una disposizione degli articoli seguenti è incompatibile con la rappresentazione veritiera e corretta, la disposizione non deve essere applicata. La nota integrativa deve motivare la deroga e deve indicarne l'influenza sulla rappresentazione della situazione patrimoniale, finanziaria e del risultato economico. Gli eventuali utili derivanti dalla deroga devono essere iscritti in una riserva non distribuibile se non in misura corrispondente al valore recuperato.

Il bilancio deve essere redatto in unità di euro, senza cifre decimali, ad eccezione della nota integrativa che può essere redatta in migliaia di euro.

([1]) *Le parole: «, dal rendiconto finanziario» sono state inserite dall'art. 6, comma 2, lett.* a*), del D.L.vo 18 agosto 2015, n. 139.*

A norma dell'art. 12, comma 1, del predetto decreto, tale disposizione entra in vigore dal 1° gennaio 2016 e si applica ai bilanci relativi agli esercizi finanziari aventi inizio a partire da quella data.

([2]) *Questo comma è stato inserito dall'art. 6, comma 2, lett.* b*), del D.L.vo 18 agosto 2015, n. 139.*

A norma dell'art. 12, comma 1, del predetto decreto, tale disposizione entra in vigore dal 1° gennaio 2016 e si applica ai bilanci relativi agli esercizi finanziari aventi inizio a partire da quella data.

2423 *bis*. Principi di redazione del bilancio. – Nella redazione del bilancio devono essere osservati i seguenti principi:

1) la valutazione delle voci deve essere fatta secondo prudenza e nella prospettiva della continuazione dell'attività, [nonché tenendo conto della funzione economica dell'elemento dell'attivo o del passivo considerato] (1);

1 *bis*) la rilevazione e la presentazione delle voci è effettuata tenendo conto della sostanza dell'operazione o del contratto (2);

2) si possono indicare esclusivamente gli utili realizzati alla data di chiusura dell'esercizio;

3) si deve tener conto dei proventi e degli oneri di competenza dell'esercizio, indipendentemente dalla data dell'incasso o del pagamento;

4) si deve tener conto dei rischi e delle perdite di competenza dell'esercizio, anche se conosciuti dopo la chiusura di questo;

5) gli elementi eterogenei ricompresi nelle singole voci devono essere valutati separatamente;

6) i criteri di valutazione non possono essere modificati da un esercizio all'altro.

Deroghe al principio enunciato nel numero 6) del comma precedente sono consentite in casi eccezionali. La nota integrativa deve motivare la deroga e indicarne l'influenza sulla rappresentazione della situazione patrimoniale e finanziaria e del risultato economico.

(1) *Le parole fra parentesi quadrate sono state soppresse dall'art. 6, comma 3, lett.* a), *del D.L.vo 18 agosto 2015, n. 139.*

A norma dell'art. 12, comma 1, del predetto decreto, tale disposizione entra in vigore dal 1° gennaio 2016 e si applica ai bilanci relativi agli esercizi finanziari aventi inizio a partire da quella data.

(2) *Questo numero è stato inserito dall'art. 6, comma 3, lett.* b), *del D.L.vo 18 agosto 2015, n. 139.*

A norma dell'art. 12, comma 1, del predetto decreto, tale disposizione entra in vigore dal 1° gennaio 2016 e si applica ai bilanci relativi agli esercizi finanziari aventi inizio a partire da quella data.

2423 *ter*. Struttura dello stato patrimoniale e del conto economico. – Salve le disposizioni di leggi speciali per le società che esercitano particolari attività, nello stato patrimoniale e nel conto economico devono essere iscritte separatamente, e nell'ordine indicato, le voci previste negli articoli 2424 e 2425.

Le voci precedute da numeri arabi possono essere ulteriormente suddivise, senza eliminazione della voce complessiva e dell'importo corrispondente; esse possono essere raggruppate soltanto quando il raggruppamento, a causa del loro importo, è irrilevante ai fini indicati nel secondo comma dell'articolo 2423 o quando esso favorisce la chiarezza del bilancio. In questo secondo caso la nota integrativa deve contenere distintamente le voci oggetto di raggruppamento.

Devono essere aggiunte altre voci qualora il loro contenuto non sia compreso in alcuna di quelle previste dagli articoli 2424 e 2425.

Le voci precedute da numeri arabi devono essere adattate quando lo esige la natura dell'attività esercitata.

Per ogni voce dello stato patrimoniale e del conto economico deve essere indicato l'importo della voce corrispondente dell'esercizio precedente. Se le voci non sono comparabili, quelle relative all'esercizio precedente devono essere adattate; la non comparabilità e l'adattamento o l'impossibilità di questo devono essere segnalati e commentati nella nota integrativa.

Sono vietati i compensi di partite.

2424. Contenuto dello stato patrimoniale. – Lo stato patrimoniale deve essere redatto in conformità al seguente schema.

Attivo:

A) Crediti verso soci per versamenti ancora dovuti, con separata indicazione della parte già richiamata.

B) Immobilizzazioni, con separata indicazione di quelle concesse in locazione finanziaria:

I - *Immobilizzazioni immateriali:*

1) costi di impianto e di ampliamento;

2) costi di sviluppo (1);

3) diritti di brevetto industriale e diritti di utilizzazione delle opere dell'ingegno;

4) concessioni, licenze, marchi e diritti simili;

5) avviamento;

6) immobilizzazioni in corso e acconti;

7) altre.

Totale.

II - *Immobilizzazioni materiali:*

1) terreni e fabbricati;

2) impianti e macchinario;

3) attrezzature industriali e commerciali;

4) altri beni;

5) immobilizzazioni in corso e acconti.

Totale.

III - *Immobilizzazioni finanziarie*, con separata indicazione, per ciascuna voce dei crediti, degli importi esigibili entro l'esercizio successivo:

1) partecipazioni in:

a) imprese controllate;

b) imprese collegate;

c) imprese controllanti;
d) imprese sottoposte al controllo delle controllanti ([2]);
d bis) altre imprese ([3]);
2) crediti ([4]):
a) verso imprese controllate ([4]);
b) verso imprese collegate ([4]);
c) verso controllanti ([4]);
d) verso imprese sottoposte al controllo delle controllanti ([4]);
d bis) verso altri ([4]);
3) altri titoli;
4) strumenti finanziari derivati attivi ([5]);
Totale.
Totale immobilizzazioni (*B*);
C) Attivo circolante:
I - *Rimanenze:*
1) materie prime, sussidiarie e di consumo;
2) prodotti in corso di lavorazione e semilavorati;
3) lavori in corso su ordinazione;
4) prodotti finiti e merci;
5) acconti.
Totale.
II - *Crediti*, con separata indicazione, per ciascuna voce, degli importi esigibili oltre l'esercizio successivo:
1) verso clienti;
2) verso imprese controllate;
3) verso imprese collegate;
4) verso controllanti;
5) verso imprese sottoposte al controllo delle controllanti ([6]);
5 *bis*) crediti tributari ([6]);
5 *ter*) imposte anticipate ([6]);
5 *quater*) verso altri ([6]);
Totale.
III - *Attività finanziarie* che non costituiscono immobilizzazioni:
1) partecipazioni in imprese controllate;
2) partecipazioni in imprese collegate;
3) partecipazioni in imprese controllanti;
3 *bis*) partecipazioni in imprese sottoposte al controllo delle controllanti ([7]);
4) altre partecipazioni;
5) strumenti finanziari derivati attivi ([8]);

6) altri titoli.
Totale.
IV - *Disponibilità liquide*:
1) depositi bancari e postali;
2) assegni;
3) danaro e valori in cassa.
Totale.
Totale attivo circolante (*C*).
D) Ratei e risconti ([9]).
Passivo:
A) Patrimonio netto:
I - *Capitale.*
II - *Riserva da soprapprezzo delle azioni.*
III - *Riserve di rivalutazione.*
IV - *Riserva legale.*
V - *Riserve statutarie.*
VI - *Altre riserve, distintamente indicate* ([10]).
VII - *Riserva per operazioni di copertura dei flussi finanziari attesi* ([10]).
VIII - *Utili (perdite) portati a nuovo* ([10]).
IX - *Utile (perdita) dell'esercizio* ([10]).
X - *Riserva negativa per azioni proprie in portafoglio* ([10]).
Totale.
B) Fondi per rischi e oneri:
1) per trattamento di quiescenza e obblighi simili;
2) per imposte, anche differite ([11]);
3) strumenti finanziari derivati passivi ([11]);
4) altri ([11]).
Totale.
C) Trattamento di fine rapporto di lavoro subordinato.
D) Debiti, con separata indicazione, per ciascuna voce, degli importi esigibili oltre l'esercizio successivo:
1) obbligazioni;
2) obbligazioni convertibili;
3) debiti verso soci per finanziamenti;
4) debiti verso banche;
5) debiti verso altri finanziatori;
6) acconti;
7) debiti verso fornitori;
8) debiti rappresentati da titoli di credito;
9) debiti verso imprese controllate;

10) debiti verso imprese collegate;
11) debiti verso controllanti;
11 *bis*) debiti verso imprese sottoposte al controllo delle controllanti ([12]);
12) debiti tributari;
13) debiti verso istituti di previdenza e di sicurezza sociale;
14) altri debiti.
Totale.
E) Ratei e risconti ([13]).

Se un elemento dell'attivo o del passivo ricade sotto più voci dello schema, nella nota integrativa deve annotarsi, qualora ciò sia necessario ai fini della comprensione del bilancio, la sua appartenenza anche a voci diverse da quella nella quale è iscritto.

[In calce allo stato patrimoniale devono risultare le garanzie prestate direttamente o indirettamente, distinguendosi fra fideiussioni, avalli, altre garanzie personali e garanzie reali, ed indicando separatamente, per ciascun tipo, le garanzie prestate a favore di imprese controllate e collegate, nonché di controllanti e di imprese sottoposte al controllo di queste ultime; devono inoltre risultare gli altri conti d'ordine] ([14]).

È fatto salvo quanto disposto dall'articolo 2447 *septies* con riferimento ai beni e rapporti giuridici compresi nei patrimoni destinati ad uno specifico affare ai sensi della lettera *a*) del primo comma dell'articolo 2447 *bis*.

([1]) *Le parole: «2) costi di ricerca, di sviluppo e di pubblicità» sono state così sostituite dalle seguenti: «2) costi di sviluppo;», dall'art. 6, comma 4, lett.* a*), del D.L.vo 18 agosto 2015, n. 139.*

A norma dell'art. 12, comma 1, del predetto decreto, tale disposizione entra in vigore dal 1° gennaio 2016 e si applica ai bilanci relativi agli esercizi finanziari aventi inizio a partire da quella data.

([2]) *Le parole: «*d*) altre imprese;» sono state così sostituite dalle parole: «*d*) imprese sottoposte al controllo delle controllanti;» dall'art. 6, comma 4, lett.* b*), del D.L.vo 18 agosto 2015, n. 139.*

A norma dell'art. 12, comma 1, del predetto decreto, tale disposizione entra in vigore dal 1° gennaio 2016 e si applica ai bilanci relativi agli esercizi finanziari aventi inizio a partire da quella data.

([3]) *Questa lettera è stata aggiunta dall'art. 6, comma 4, lett.* b*), del D.L.vo 18 agosto 2015, n. 139.*

A norma dell'art. 12, comma 1, del predetto decreto, tale disposizione entra in vigore dal 1° gennaio 2016 e si applica ai bilanci relativi agli esercizi finanziari aventi inizio a partire da quella data.

([4]) *Le parole: «2) crediti:* a*) verso imprese controllate;* b*) verso imprese collegate;* c*) verso controllanti;* d*) verso altri;» sono state così sostituite dalle seguenti: «2) crediti:* a*) verso imprese controllate;* b*) verso imprese collegate;* c*) verso controllanti;* d*) verso* *imprese sottoposte al controllo delle controllanti;* d bis*) verso altri;», dall'art. 6, comma 4, lett.* c*), del D.L.vo 18 agosto 2015, n. 139.*

A norma dell'art. 12, comma 1, del predetto decreto, tale disposizione entra in vigore dal 1° gennaio 2016 e si applica ai bilanci relativi agli esercizi finanziari aventi inizio a partire da quella data.

([5]) *Le parole: «4) azioni proprie, con indicazioni anche del valore nominale complessivo;» sono state così sostituite dalle seguenti: «4) strumenti finanziari derivati attivi;», dall'art. 6, comma 4, lett.* d*), del D.L.vo 18 agosto 2015, n. 139.*

A norma dell'art. 12, comma 1, del predetto decreto, tale disposizione entra in vigore dal 1° gennaio 2016 e si applica ai bilanci relativi agli esercizi finanziari aventi inizio a partire da quella data.

([6]) *Le parole: «4* bis*) crediti tributari; 4* ter*) imposte anticipate; 5) verso altri;» sono state così sostituite dalle seguenti: «5) verso imprese sottoposte al controllo delle controllanti; 5* bis*) crediti tributari; 5* ter*) imposte anticipate; 5* quater*) verso altri;», dall'art. 6, comma 4, lett.* e*), del D.L.vo 18 agosto 2015, n. 139.*

A norma dell'art. 12, comma 1, del predetto decreto, tale disposizione entra in vigore dal 1° gennaio 2016 e si applica ai bilanci relativi agli esercizi finanziari aventi inizio a partire da quella data.

([7]) *Le parole: «3* bis*) partecipazioni in imprese sottoposte al controllo delle controllanti;» sono state inserite dall'art. 6, comma 4, lett.* f*), del D.L.vo 18 agosto 2015, n. 139.*

A norma dell'art. 12, comma 1, del predetto decreto, tale disposizione entra in vigore dal 1° gennaio 2016 e si applica ai bilanci relativi agli esercizi finanziari aventi inizio a partire da quella data.

([8]) *Le parole: «5) azioni proprie, con indicazione anche del valore nominale complessivo» sono state così sostituite dalle seguenti: «5) strumenti finanziari derivati attivi;», dall'art. 6, comma 4, lett. f), del D.L.vo 18 agosto 2015, n. 139.*

A norma dell'art. 12, comma 1, del predetto decreto, tale disposizione entra in vigore dal 1° gennaio 2016 e si applica ai bilanci relativi agli esercizi finanziari aventi inizio a partire da quella data.

([9]) *Le parole: «*D*) Ratei e risconti, con separata indicazione del disaggio su prestiti.» sono state così sostituite dalle parole: «*D*) Ratei e risconti.», dall'art. 6, comma 4, lett.* g*), del D.L.vo 18 agosto 2015, n. 139.*

A norma dell'art. 12, comma 1, del predetto decreto, tale disposizione entra in vigore dal 1° gennaio 2016 e si applica ai bilanci relativi agli esercizi finanziari aventi inizio a partire da quella data.

([10]) *Le parole: «*VI *- Riserva per azioni proprie in portafoglio.* VII *- Altre riserve, distintamente indicate.* VIII *- Utili (perdite) portati a nuovo.* IX *- Utile (perdita) dell'esercizio.» sono state così sostituite dalle seguenti: «*VI *- Altre riserve, distintamente indicate.* VII *- Riserva per operazioni di copertura dei flussi finanziari attesi.* VIII *- Utili (perdite) portati a nuovo.* IX *- Utile (perdita) dell'esercizio.* X *- Riserva negativa per azioni proprie in portafoglio.», dall'art. 6, comma 4, lett.* h*), del D.L.vo 18 agosto 2015, n. 139.*

A norma dell'art. 12, comma 1, del predetto decreto, tale disposizione entra in vigore dal 1° gennaio 2016 e si applica ai bilanci relativi agli esercizi finanziari aventi inizio a partire da quella data.

(11) *Le parole: «2) per imposte, anche differite; 3) altri.» sono state così sostituite dalle seguenti: «2) per imposte, anche differite; 3) strumenti finanziari derivati passivi; 4) altri.», dall'art. 6, comma 4, lett.* i*), del D.L.vo 18 agosto 2015, n. 139.*

A norma dell'art. 12, comma 1, del predetto decreto, tale disposizione entra in vigore dal 1° gennaio 2016 e si applica ai bilanci relativi agli esercizi finanziari aventi inizio a partire da quella data.

(12) *Le parole: «11* bis*) debiti verso imprese sottoposte al controllo delle controllanti;» sono state inserite dall'art. 6, comma 4, lett.* l*), del D.L.vo 18 agosto 2015, n. 139.*

A norma dell'art. 12, comma 1, del predetto decreto, tale disposizione entra in vigore dal 1° gennaio 2016 e si applica ai bilanci relativi agli esercizi finanziari aventi inizio a partire da quella data.

(13) *Le parole: «E) Ratei e risconti, con separata indicazione dell'aggio su prestiti.» sono state così sostituite dalle seguenti: «E) Ratei e risconti.», dall'art. 6, comma 4, lett.* m*), del D.L.vo 18 agosto 2015, n. 139.*

A norma dell'art. 12, comma 1, del predetto decreto, tale disposizione entra in vigore dal 1° gennaio 2016 e si applica ai bilanci relativi agli esercizi finanziari aventi inizio a partire da quella data.

(14) *Questo comma è stato abrogato dall'art. 6, comma 4, lett.* n*), del D.L.vo 18 agosto 2015, n. 139.*

A norma dell'art. 12, comma 1, del predetto decreto, tale disposizione entra in vigore dal 1° gennaio 2016 e si applica ai bilanci relativi agli esercizi finanziari aventi inizio a partire da quella data.

2424 *bis*. Disposizioni relative a singole voci dello stato patrimoniale. – Gli elementi patrimoniali destinati ad essere utilizzati durevolmente devono essere iscritti tra le immobilizzazioni.

Le partecipazioni in altre imprese in misura non inferiore a quelle stabilite dal terzo comma dell'articolo 2359 si presumono immobilizzazioni.

Gli accantonamenti per rischi ed oneri sono destinati soltanto a coprire perdite o debiti di natura determinata, di esistenza certa o probabile, dei quali tuttavia alla chiusura dell'esercizio sono indeterminati o l'ammontare o la data di sopravvenienza.

Nella voce: "trattamento di fine rapporto di lavoro subordinato" deve essere indicato l'importo calcolato a norma dell'articolo 2120.

Le attività oggetto di contratti di compravendita con obbligo di retrocessione a termine devono essere iscritte nello stato patrimoniale del venditore.

Nella voce ratei e risconti attivi devono essere iscritti i proventi di competenza dell'esercizio esigibili in esercizi successivi, e i costi sostenuti entro la chiusura dell'esercizio ma di competenza di esercizi successivi. Nella voce ratei e risconti passivi devono essere iscritti i costi di competenza dell'esercizio esigibili in esercizi successivi e i proventi percepiti entro la chiusura dell'esercizio ma di competenza di esercizi successivi. Possono essere iscritte in tali voci soltanto quote di costi e proventi, comuni a due o più esercizi, l'entità dei quali vari in ragione del tempo.

Le azioni proprie sono rilevate in bilancio a diretta riduzione del patrimonio netto, ai sensi di quanto disposto dal terzo comma dell'articolo 2357 *ter* (1).

(1) Questo comma è stato aggiunto dall'art. 6, comma 5, del D.L.vo 18 agosto 2015, n. 139. A norma dell'art. 12, comma 1, del predetto decreto, tale disposizione entra in vigore dal 1° gennaio 2016 e si applica ai bilanci relativi agli esercizi finanziari aventi inizio a partire da quella data.

2425. Contenuto del conto economico. – Il conto economico deve essere redatto in conformità al seguente schema:

A) Valore della produzione:

1) ricavi delle vendite e delle prestazioni;

2) variazioni delle rimanenze di prodotti in corso di lavorazione, semilavorati e finiti;

3) variazioni dei lavori in corso su ordinazione;

4) incrementi di immobilizzazioni per lavori interni;

5) altri ricavi e proventi, con separata indicazione dei contributi in conto esercizio (1).

Totale.

B) Costi della produzione:

6) per materie prime, sussidiarie, di consumo e di merci;

7) per servizi;

8) per godimento di beni di terzi;

9) per il personale:

a) salari e stipendi;

b) oneri sociali;

c) trattamento di fine rapporto;

d) trattamento di quiescenza e simili;

e) altri costi;

10) ammortamenti e svalutazioni:

a) ammortamento delle immobilizzazioni immateriali;

b) ammortamento delle immobilizzazioni materiali;

c) altre svalutazioni delle immobilizzazioni;

d) svalutazioni dei crediti compresi nell'attivo circolante e delle disponibilità liquide;

11) variazioni delle rimanenze di materie prime, sussidiarie, di consumo e merci;

12) accantonamenti per rischi;

13) altri accantonamenti;

14) oneri diversi di gestione ([1]).

Totale.

Differenza tra valore e costi della produzione (A – B).

C) Proventi e oneri finanziari:

15) proventi da partecipazioni, con separata indicazione di quelli relativi ad imprese controllate e collegate e di quelli relativi a controllanti e a imprese sottoposte al controllo di queste ultime ([2]);

16) altri proventi finanziari:

a) da crediti iscritti nelle immobilizzazioni, con separata indicazione di quelli da imprese controllate e collegate e di quelli da controllanti e da imprese sottoposte al controllo di queste ultime ([3]);

b) da titoli iscritti nelle immobilizzazioni che non costituiscono partecipazioni;

c) da titoli iscritti nell'attivo circolante che non costituiscono partecipazioni;

d) proventi diversi dai precedenti, con separata indicazione di quelli da imprese controllate e collegate e di quelli da controllanti e da imprese sottoposte al controllo di queste ultime ([4]);

17) interessi e altri oneri finanziari, con separata indicazione di quelli verso imprese controllate e collegate e verso controllanti;

17 *bis*) utili e perdite su cambi. Totale (15 + 16 – 17+ – 17 *bis*).

D) Rettifiche di valore di attività e passività finanziarie : ([5])

18) rivalutazioni:

a) di partecipazioni;

b) di immobilizzazioni finanziarie che non costituiscono partecipazioni;

c) di titoli iscritti all'attivo circolante che non costituiscono partecipazioni;

d) di strumenti finanziari derivati ([6]);

19) svalutazioni:

a) di partecipazioni;

b) di immobilizzazioni finanziarie che non costituiscono partecipazioni;

c) di titoli iscritti nell'attivo circolante che non costituiscono partecipazioni;

d) di strumenti finanziari derivati ([7]).

Totale delle rettifiche (18 – 19).

Risultato prima delle imposte (A – B + – C + – D) ([8]);

20) imposte sul reddito dell'esercizio, correnti, differite e anticipate ([8]);

21) utile (perdite) dell'esercizio ([8]).

(1) *A norma dell'art. 13 bis, comma 4, del D.L. 30 dicembre 2016, n. 244, convertito, con modificazioni, nella L. 27 febbraio 2017, n. 19, il riferimento contenuto nelle norme vigenti di natura fiscale ai componenti positivi o negativi di cui a questa lettera, va inteso come riferito ai medesimi componenti assunti al netto dei componenti positivi e negativi di natura straordinaria derivanti da trasferimenti di azienda o di rami di azienda.*

(2) *Le parole: «e di quelli relativi a controllanti e a imprese sottoposte al controllo di queste ultime» sono state aggiunte dall'art. 6, comma 6, lett.* a), *del D.L.vo 18 agosto 2015, n. 139.*

A norma dell'art. 12, comma 1, del predetto decreto, tale disposizione entra in vigore dal 1° gennaio 2016 e si applica ai bilanci relativi agli esercizi finanziari aventi inizio a partire da quella data.

(3) *Le parole: «e da imprese sottoposte al controllo di queste ultime» sono state aggiunte dall'art. 6, comma 6, lett.* b), *del D.L.vo 18 agosto 2015, n. 139.*

A norma dell'art. 12, comma 1, del predetto decreto, tale disposizione entra in vigore dal 1° gennaio 2016 e si applica ai bilanci relativi agli esercizi finanziari aventi inizio a partire da quella data.

(4) *Le parole: «e da imprese sottoposte al controllo di queste ultime» sono state aggiunte dall'art. 6, comma 6, lett.* c), *del D.L.vo 18 agosto 2015, n. 139.*

A norma dell'art. 12, comma 1, del predetto decreto, tale disposizione entra in vigore dal 1° gennaio 2016 e si applica ai bilanci relativi agli esercizi finanziari aventi inizio a partire da quella data.

(5) *Le parole: «*D) *Rettifiche di valore di attività finanziarie:» sono state così sostituite dalle parole: «*D) *Rettifiche di valore di attività e passività finanziarie:», dall'art. 6, comma 6, lett.* d), *del D.L.vo 18 agosto 2015, n. 139.*

A norma dell'art. 12, comma 1, del predetto decreto, tale disposizione entra in vigore dal 1° gennaio 2016 e si applica ai bilanci relativi agli esercizi finanziari aventi inizio a partire da quella data.

(6) *Le parole: «*d) *di strumenti finanziari derivati;» sono state aggiunte dall'art. 6, comma 6, lett.* e), *del D.L.vo 18 agosto 2015, n. 139.*

A norma dell'art. 12, comma 1, del predetto decreto, tale disposizione entra in vigore dal 1° gennaio 2016 e si applica ai bilanci relativi agli esercizi finanziari aventi inizio a partire da quella data.

(7) *Le parole: «*d) *di strumenti finanziari derivati;» sono state aggiunte dall'art. 6, comma 6, lett. f), del D.L.vo 18 agosto 2015, n. 139.*

A norma dell'art. 12, comma 1, del predetto decreto, tale disposizione entra in vigore dal 1° gennaio 2016 e si applica ai bilanci relativi agli esercizi finanziari aventi inizio a partire da quella data.

(8) *Le parole: «E) Proventi e oneri straordinari: 20) proventi, con separata indicazione delle plusvalenze da alienazioni i cui ricavi non sono iscrivibili al n. 5); 21) oneri, con separata indicazione delle minusvalenze da alienazioni, i cui effetti contabili non sono iscrivibili al n. 14), e delle imposte relative a esercizi precedenti. Totale delle partite straordinarie (20-21). Risultato prima delle imposte (A-B+-C+-D+-E); 22) imposte sul reddito dell'esercizio, correnti, differite e anticipate; 23) utile (perdite) dell'esercizio.» sono state così sostituite dalle seguenti: «Risultato prima delle imposte (A-B+-C+-D); 20) imposte*

sul reddito dell'esercizio, correnti, differite e anticipate; 21) utile (perdite) dell'esercizio.», dall'art. 6, comma 6, lett. g), del D.L.vo 18 agosto 2015, n. 139.

A norma dell'art. 12, comma 1, del predetto decreto, tale disposizione entra in vigore dal 1° gennaio 2016 e si applica ai bilanci relativi agli esercizi finanziari aventi inizio a partire da quella data.

2425 *bis*. Iscrizione dei ricavi, proventi, costi ed oneri. – I ricavi e i proventi, i costi e gli oneri devono essere indicati al netto dei resi, degli sconti, abbuoni e premi, nonché delle imposte direttamente connesse con la vendita dei prodotti e la prestazione dei servizi.

I ricavi e i proventi, i costi e gli oneri relativi ad operazioni in valuta devono essere determinati al cambio corrente alla data nella quale la relativa operazione è compiuta.

I proventi e gli oneri relativi ad operazioni di compravendita con obbligo di retrocessione a termine, ivi compresa la differenza tra prezzo a termine e prezzo a pronti, devono essere iscritti per le quote di competenza dell'esercizio.

Le plusvalenze derivanti da operazioni di compravendita con locazione finanziaria al venditore sono ripartite in funzione della durata del contratto di locazione ([1]).

([1]) *Questo comma è stato aggiunto dall'art. 16 del D.L.vo 28 dicembre 2004, n. 310.*

2425 *ter*. ([1]) **Rendiconto finanziario.** – Dal rendiconto finanziario risultano, per l'esercizio a cui è riferito il bilancio e per quello precedente, l'ammontare e la composizione delle disponibilità liquide, all'inizio e alla fine dell'esercizio, ed i flussi finanziari dell'esercizio derivanti dall'attività operativa, da quella di investimento, da quella di finanziamento, ivi comprese, con autonoma indicazione, le operazioni con i soci.

([1]) *Questo articolo è stato inserito dall'art. 6, comma 7, del D.L.vo 18 agosto 2015, n. 139.*

A norma dell'art. 12, comma 1, del predetto decreto, tale disposizione entra in vigore dal 1° gennaio 2016 e si applica ai bilanci relativi agli esercizi finanziari aventi inizio a partire da quella data.

2426. Criteri di valutazioni. – Nelle valutazioni devono essere osservati i seguenti criteri:

1) le immobilizzazioni sono iscritte al costo di acquisto o di produzione. Nel costo di acquisto si computano anche i costi accessori. Il costo di produzione comprende tutti i costi direttamente imputabili al prodotto. Può comprendere anche altri costi, per la quota ragionevolmente imputabile al prodotto, relativi al periodo di fabbricazione e fino al momento dal quale il bene può essere utilizzato; con gli stessi criteri possono essere aggiunti gli oneri relativi al finanziamento della fabbricazione, interna o presso terzi; le

immobilizzazioni rappresentate da titoli sono rilevate in bilancio con il criterio del costo ammortizzato, ove applicabile ([1]);

2) il costo delle immobilizzazioni, materiali e immateriali, la cui utilizzazione è limitata nel tempo deve essere sistematicamente ammortizzato in ogni esercizio in relazione con la loro residua possibilità di utilizzazione. Eventuali modifiche dei criteri di ammortamento e dei coefficienti applicati devono essere motivate nella nota integrativa;

3) l'immobilizzazione che, alla data della chiusura dell'esercizio, risulti durevolmente di valore inferiore a quello determinato secondo i numeri 1) e 2) deve essere iscritta a tale minore valore. Il minor valore ([2]) non può essere mantenuto nei successivi bilanci se sono venuti meno i motivi della rettifica effettuata; questa disposizione non si applica a rettifiche di valore relative all'avviamento ([3]).

Per le immobilizzazioni consistenti in partecipazioni in imprese controllate o collegate che risultino iscritte per un valore superiore a quello derivante dall'applicazione del criterio di valutazione previsto dal successivo numero 4) o, se non vi sia obbligo di redigere il bilancio consolidato, al valore corrispondente alla frazione di patrimonio netto risultante dall'ultimo bilancio dell'impresa partecipata, la differenza dovrà essere motivata nella nota integrativa;

4) le immobilizzazioni consistenti in partecipazioni in imprese controllate o collegate possono essere valutate, con riferimento ad una o più tra dette imprese, anziché secondo il criterio indicato al numero 1), per un importo pari alla corrispondente frazione del patrimonio netto risultante dall'ultimo bilancio delle imprese medesime, detratti i dividendi ed operate le rettifiche richieste dai principi di redazione del bilancio consolidato nonché quelle necessarie per il rispetto dei principi indicati negli articoli 2423 e 2423 *bis*.

Quando la partecipazione è iscritta per la prima volta in base al metodo del patrimonio netto, il costo di acquisto superiore al valore corrispondente del patrimonio netto riferito alla data di acquisizione o ([4]) risultante dall'ultimo bilancio dell'impresa controllata o collegata può essere iscritto nell'attivo, purché ne siano indicate le ragioni nella nota integrativa. La differenza, per la parte attribuibile a beni ammortizzabili o all'avviamento, deve essere ammortizzata.

Negli esercizi successivi le plusvalenze, derivanti dall'applicazione del metodo del patrimonio netto, rispetto al valore indicato nel bilancio dell'esercizio precedente sono iscritte in una riserva non distribuibile;

5) i costi di impianto e di ampliamento e i costi di sviluppo aventi utilità pluriennale possono essere iscritti nell'attivo con il consenso, ove esistente, del collegio sindacale. I costi di impianto e ampliamento devono essere ammortizzati entro un periodo non superiore a cinque anni. I costi di sviluppo sono ammortizzati secondo la loro vita utile; nei casi eccezionali in cui non è

possibile stimarne attendibilmente la vita utile, sono ammortizzati entro un periodo non superiore a cinque anni. Fino a che l'ammortamento dei costi di impianto e ampliamento e di sviluppo non è completato possono essere distribuiti dividendi solo se residuano riserve disponibili sufficienti a coprire l'ammontare dei costi non ammortizzati ([5]);

6) l'avviamento può essere iscritto nell'attivo con il consenso, ove esistente, del collegio sindacale, se acquisito a titolo oneroso, nei limiti del costo per esso sostenuto. L'ammortamento dell'avviamento è effettuato secondo la sua vita utile; nei casi eccezionali in cui non è possibile stimarne attendibilmente la vita utile, è ammortizzato entro un periodo non superiore a dieci anni. Nella nota integrativa è fornita una spiegazione del periodo di ammortamento dell'avviamento ([6]);

7) il disaggio e l'aggio su prestiti sono rilevati secondo il criterio stabilito dal numero 8) ([7]);

8) i crediti e i debiti sono rilevati in bilancio secondo il criterio del costo ammortizzato, tenendo conto del fattore temporale e, per quanto riguarda i crediti, del valore di presumibile realizzo ([8]);

8 *bis*) le attività e passività monetarie in valuta sono iscritte al cambio a pronti alla data di chiusura dell'esercizio; i conseguenti utili o perdite su cambi devono essere imputati al conto economico e l'eventuale utile netto è accantonato in apposita riserva non distribuibile fino al realizzo. Le attività e passività in valuta non monetarie devono essere iscritte al cambio vigente al momento del loro acquisto ([9]);

9) le rimanenze, i titoli e le attività finanziarie che non costituiscono immobilizzazioni sono iscritti al costo di acquisto o di produzione, calcolato secondo il numero 1), ovvero al valore di realizzazione desumibile dall'andamento del mercato, se minore; tale minor valore non può essere mantenuto nei successivi bilanci se ne sono venuti meno i motivi. I costi di distribuzione non possono essere computati nel costo di produzione;

10) il costo dei beni fungibili può essere calcolato col metodo della media ponderata o con quelli: "primo entrato, primo uscito" o: "ultimo entrato, primo uscito"; se il valore così ottenuto differisce in misura apprezzabile dai costi correnti alla chiusura dell'esercizio, la differenza deve essere indicata, per categoria di beni, nella nota integrativa;

11) i lavori in corso su ordinazione possono essere iscritti sulla base dei corrispettivi contrattuali maturati con ragionevole certezza;

11 *bis*) gli strumenti finanziari derivati, anche se incorporati in altri strumenti finanziari, sono iscritti al fair value. Le variazioni del fair value sono imputate al conto economico oppure, se lo strumento copre il rischio di variazione dei flussi finanziari attesi di un altro strumento finanziario o di un'o-

perazione programmata, direttamente ad una riserva positiva o negativa di patrimonio netto; tale riserva è imputata al conto economico nella misura e nei tempi corrispondenti al verificarsi o al modificarsi dei flussi di cassa dello strumento coperto o al verificarsi dell'operazione oggetto di copertura. Gli elementi oggetto di copertura contro il rischio di variazioni dei tassi di interesse o dei tassi di cambio o dei prezzi di mercato o contro il rischio di credito sono valutati simmetricamente allo strumento derivato di copertura; si considera sussistente la copertura in presenza, fin dall'inizio, di stretta e documentata correlazione tra le caratteristiche dello strumento o dell'operazione coperti e quelle dello strumento di copertura. Non sono distribuibili gli utili che derivano dalla valutazione al fair value degli strumenti finanziari derivati non utilizzati o non necessari per la copertura. Le riserve di patrimonio che derivano dalla valutazione al fair value di derivati utilizzati a copertura dei flussi finanziari attesi di un altro strumento finanziario o di un'operazione programmata non sono considerate nel computo del patrimonio netto per le finalità di cui agli articoli 2412, 2433, 2442, 2446 e 2447 e, se positive, non sono disponibili e non sono utilizzabili a copertura delle perdite ([10]);

[12) le attrezzature industriali e commerciali, le materie prime, sussidiarie e di consumo, possono essere iscritte nell'attivo ad un valore costante qualora siano costantemente rinnovate, e complessivamente di scarsa importanza in rapporto all'attivo di bilancio, sempreché non si abbiano variazioni sensibili nella loro entità, valore e composizione ([11]);]

Ai fini della presente Sezione, per la definizione di "strumento finanziario", di "attività finanziaria" e "passività finanziaria", di "strumento finanziario derivato", di "costo ammortizzato", di "fair value", di "attività monetaria" e "passività monetaria", "parte correlata" e "modello e tecnica di valutazione generalmente accettato" si fa riferimento ai principi contabili internazionali adottati dall'Unione europea ([12]).

Ai fini dell'applicazione delle disposizioni del primo comma, numero 11 *bis*), sono considerati strumenti finanziari derivati anche quelli collegati a merci che conferiscono all'una o all'altra parte contraente il diritto di procedere alla liquidazione del contratto per contanti o mediante altri strumenti finanziari, ad eccezione del caso in cui si verifichino contemporaneamente le seguenti condizioni:

a) il contratto sia stato concluso e sia mantenuto per soddisfare le esigenze previste dalla società che redige il bilancio di acquisto, di vendita o di utilizzo delle merci;

b) il contratto sia stato destinato a tale scopo fin dalla sua conclusione;

c) si prevede che il contratto sia eseguito mediante consegna della merce ([12]).

Il fair value è determinato con riferimento:

a) al valore di mercato, per gli strumenti finanziari per i quali è possibile individuare facilmente un mercato attivo; qualora il valore di mercato non sia facilmente individuabile per uno strumento, ma possa essere individuato per i suoi componenti o per uno strumento analogo, il valore di mercato può essere derivato da quello dei componenti o dello strumento analogo;

b) al valore che risulta da modelli e tecniche di valutazione generalmente accettati, per gli strumenti per i quali non sia possibile individuare facilmente un mercato attivo; tali modelli e tecniche di valutazione devono assicurare una ragionevole approssimazione al valore di mercato ([12]).

Il fair value non è determinato se l'applicazione dei criteri indicati al quarto comma non dà un risultato attendibile ([12]).

([1]) *Le parole: «le immobilizzazioni rappresentate da titoli sono rilevate in bilancio con il criterio del costo ammortizzato, ove applicabile;» sono state aggiunte dall'art. 6, comma 8, lett.* a), *del D.L.vo 18 agosto 2015, n. 139.*

A norma dell'art. 12, comma 1, del predetto decreto, tale disposizione entra in vigore dal 1° gennaio 2016 e si applica ai bilanci relativi agli esercizi finanziari aventi inizio a partire da quella data.

A norma dell'art. 12, comma 2, dello stesso provvedimento, le modificazioni previste dal presente decreto a questo numero, possono non essere applicate alle componenti delle voci riferite a operazioni che non hanno ancora esaurito i loro effetti in bilancio.

([2]) *Le parole: «; questo» è stata così sostituita dalle seguenti: «. Il minor valore», dall'art. 6, comma 8, lett.* b), *del D.L.vo 18 agosto 2015, n. 139.*

A norma dell'art. 12, comma 1, del predetto decreto, tale disposizione entra in vigore dal 1° gennaio 2016 e si applica ai bilanci relativi agli esercizi finanziari aventi inizio a partire da quella data.

([3]) *Le parole: «; questa disposizione non si applica a rettifiche di valore relative all'avviamento» sono state aggiunte dall'art. 6, comma 8, lett.* b), *del D.L.vo 18 agosto 2015, n. 139.*

A norma dell'art. 12, comma 1, del predetto decreto, tale disposizione entra in vigore dal 1° gennaio 2016 e si applica ai bilanci relativi agli esercizi finanziari aventi inizio a partire da quella data.

([4]) *Le parole: «riferito alla data di acquisizione o» sono state inserite dall'art. 6, comma 8, lett.* c), *del D.L.vo 18 agosto 2015, n. 139.*

A norma dell'art. 12, comma 1, del predetto decreto, tale disposizione entra in vigore dal 1° gennaio 2016 e si applica ai bilanci relativi agli esercizi finanziari aventi inizio a partire da quella data.

([5]) *Questo numero è stato così sostituito dall'art. 6, comma 8, lett.* d), *del D.L.vo 18 agosto 2015, n. 139.*

A norma dell'art. 12, comma 1, del predetto decreto, tale disposizione entra in vigore dal 1° gennaio 2016 e si applica ai bilanci relativi agli esercizi finanziari aventi inizio a partire da quella data.

*Si riporta il testo precedente: «*5*) i costi di impianto e di ampliamento, i costi di ricerca, di sviluppo e di pubblicità aventi utilità pluriennale possono essere iscritti nell'at-*

tivo con il consenso, ove esistente, del collegio sindacale e devono essere ammortizzati entro un periodo non superiore a cinque anni. Fino a che l'ammortamento non è completato possono essere distribuiti dividendi solo se residuano riserve disponibili sufficienti a coprire l'ammontare dei costi non ammortizzati;».

([6]) *Le parole: «e deve essere ammortizzato entro un periodo di cinque anni. È tuttavia consentito ammortizzare sistematicamente l'avviamento in un periodo di durata superiore, purché esso non superi la durata per l'utilizzazione di questo attivo e ne sia data adeguata motivazione nella nota integrativa;» sono state così sostituite dalle seguenti: «. L'ammortamento dell'avviamento è effettuato secondo la sua vita utile; nei casi eccezionali in cui non è possibile stimarne attendibilmente la vita utile, è ammortizzato entro un periodo non superiore a dieci anni.*

Nella nota integrativa è fornita una spiegazione del periodo di ammortamento dell'avviamento;», dall'art. 6, comma 8, lett. e), *del D.L.vo 18 agosto 2015, n. 139.*

A norma dell'art. 12, comma 1, del predetto decreto, tale disposizione entra in vigore dal 1° gennaio 2016 e si applica ai bilanci relativi agli esercizi finanziari aventi inizio a partire da quella data.

A norma dell'art. 12, comma 2, dello stesso provvedimento, le modificazioni previste dal presente decreto a questo numero, possono non essere applicate alle componenti delle voci riferite a operazioni che non hanno ancora esaurito i loro effetti in bilancio.

([7]) *Questo numero è stato così sostituito dall'art. 6, comma 8, lett.* f), *del D.L.vo 18 agosto 2015, n. 139.*

A norma dell'art. 12, comma 1, del predetto decreto, tale disposizione entra in vigore dal 1° gennaio 2016 e si applica ai bilanci relativi agli esercizi finanziari aventi inizio a partire da quella data.

Si riporta il testo precedente: «7) Il disaggio su prestiti deve essere iscritto nell'attivo e ammortizzato in ogni esercizio per il periodo di durata del prestito;».

([8]) *Questo numero è stato così sostituito dall'attuale, dall'art. 6, comma 8, lett.* g), *del D.L.vo 18 agosto 2015, n. 139.*

A norma dell'art. 12, comma 1, del predetto decreto, tale disposizione entra in vigore dal 1° gennaio 2016 e si applica ai bilanci relativi agli esercizi finanziari aventi inizio a partire da quella data.

A norma dell'art. 12, comma 2, dello stesso provvedimento, le modificazioni previste dal presente decreto a questo numero, possono non essere applicate alle componenti delle voci riferite a operazioni che non hanno ancora esaurito i loro effetti in bilancio.

Si riporta il testo precedente: «8) i crediti devono essere iscritti secondo il valore presumibile di realizzazione;».

([9]) *Questo numero è stato così sostituito dall'attuale, dall'art. 6, comma 8, lett.* h), *del D.L.vo 18 agosto 2015, n. 139.*

A norma dell'art. 12, comma 1, del predetto decreto, tale disposizione entra in vigore dal 1° gennaio 2016 e si applica ai bilanci relativi agli esercizi finanziari aventi inizio a partire da quella data.

Si riporta il testo precedente: «8 bis*) le attività e le passività in valuta, ad eccezione delle immobilizzazioni, devono essere iscritte al tasso di cambio a pronti alla data di chiusura dell'esercizio ed i relativi utili e perdite su cambi devono essere imputati al conto economico e l'eventuale utile netto deve essere accantonato in apposita riserva* *non distribuibile fino al realizzo. Le immobilizzazioni materiali, immateriali e quelle finanziarie, costituite da partecipazioni, rilevate al costo (*) in valuta devono essere iscritte al tasso di cambio al momento del loro acquisto o a quello inferiore alla data di chiusura dell'esercizio se la riduzione debba giudicarsi durevole;».*

(*) Le parole da: «materiali, immateriali e ...» fino a: «... rilevate al costo» sono state inserite dall'art. 17 del D.L.vo 28 dicembre 2004, n. 310.

([10]) Questo numero è stato inserito dall'art. 6, comma 8, lett. i), del D.L.vo 18 agosto 2015, n. 139.

A norma dell'art. 12, comma 1, del predetto decreto, tale disposizione entra in vigore dal 1° gennaio 2016 e si applica ai bilanci relativi agli esercizi finanziari aventi inizio a partire da quella data.

([11]) Questo numero è stato abrogato dall'art. 6, comma 8, lett. l), del D.L.vo 18 agosto 2015, n. 139.

A norma dell'art. 12, comma 1, del predetto decreto, tale disposizione entra in vigore dal 1° gennaio 2016 e si applica ai bilanci relativi agli esercizi finanziari aventi inizio a partire da quella data.

([12]) Questo comma è stato aggiunto dall'art. 6, comma 8, lett. m), del D.L.vo 18 agosto 2015, n. 139.

A norma dell'art. 12, comma 1, del predetto decreto, tale disposizione entra in vigore dal 1° gennaio 2016 e si applica ai bilanci relativi agli esercizi finanziari aventi inizio a partire da quella data.

2427. Contenuto della nota integrativa. – La nota integrativa deve indicare, oltre a quanto stabilito da altre disposizioni:

1) i criteri applicati nella valutazione delle voci del bilancio, nelle rettifiche di valore e nella conversione dei valori non espressi all'origine in moneta avente corso legale nello Stato;

2) i movimenti delle immobilizzazioni, specificando per ciascuna voce: il costo; le precedenti rivalutazioni, ammortamenti e svalutazioni; le acquisizioni, gli spostamenti da una ad altra voce, le alienazioni avvenuti nell'esercizio; le rivalutazioni, gli ammortamenti e le svalutazioni effettuati nell'esercizio; il totale delle rivalutazioni riguardanti le immobilizzazioni esistenti alla chiusura dell'esercizio;

3) la composizione dell voci: "costi di impianto e di ampliamento" e: "costi di sviluppo" ([1]), nonché le ragioni della iscrizione ed i rispettivi criteri di ammortamento;

3 *bis*) la misura e le motivazioni delle riduzioni di valore applicate alle immobilizzazioni materiali e ([2]) immateriali [di durata indeterminata] ([3]), facendo a tal fine esplicito riferimento al loro concorso alla futura produzione di risultati economici, alla loro prevedibile durata utile e, per quanto rilevante ([4]), al loro valore di mercato, segnalando altresì le differenze rispetto a quelle operate negli esercizi precedenti ed evidenziando la loro influenza

sui risultati economici dell'esercizio [e sugli indicatori di redditività di cui sia stata data comunicazione] ([5]);

4) le variazioni intervenute nella consistenza delle altre voci dell'attivo e del passivo; in particolare, per le voci del patrimonio netto, per i fondi e per il trattamento di fine rapporto, la formazione e le utilizzazioni;

5) l'elenco delle partecipazioni, possedute direttamente o per tramite di società fiduciaria o per interposta persona, in imprese controllate e collegate, indicando per ciascuna la denominazione, la sede, il capitale, l'importo del patrimonio netto, l'utile o la perdita dell'ultimo esercizio, la quota posseduta e il valore attribuito in bilancio o il corrispondente credito;

6) distintamente per ciascuna voce, l'ammontare dei crediti e dei debiti di durata residua superiore a cinque anni, e dei debiti assistiti da garanzie reali su beni sociali, con specifica indicazione della natura delle garanzie e con specifica ripartizione secondo le aree geografiche;

6 *bis*) eventuali effetti significativi delle variazioni nei cambi valutari verificatesi successivamente alla chiusura dell'esercizio;

6 *ter*) distintamente per ciascuna voce, l'ammontare dei crediti e dei debiti relativi ad operazioni che prevedono l'obbligo per l'acquirente di retrocessione a termine;

7) la composizione delle voci "ratei e risconti attivi" e "ratei e risconti passivi" e della voce "altri fondi" dello stato patrimoniale [, quando il loro ammontare sia apprezzabile] ([6]), nonché la composizione della voce "altre riserve";

7 *bis*) le voci di patrimonio netto devono essere analiticamente indicate, con specificazione in appositi prospetti della loro origine, possibilità di utilizzazione e distribuibilità, nonché della loro avvenuta utilizzazione nei precedenti esercizi;

8) l'ammontare degli oneri finanziari imputati nell'esercizio ai valori iscritti nell'attivo dello stato patrimoniale, distintamente per ogni voce;

9) l'importo complessivo degli impegni, delle garanzie e delle passività potenziali non risultanti dallo stato patrimoniale, con indicazione della natura delle garanzie reali prestate; gli impegni esistenti in materia di trattamento di quiescenza e simili, nonché gli impegni assunti nei confronti di imprese controllate, collegate, nonché controllanti e imprese sottoposte al controllo di quest'ultime sono distintamente indicati ([7]);

10) [se significativa,] ([8]) la ripartizione dei ricavi delle vendite e delle prestazioni secondo categorie di attività e secondo aree geografiche;

11) l'ammontare dei proventi da partecipazioni, indicati nell'articolo 2425, numero 15), diversi dai dividendi;

12) la suddivisione degli interessi ed altri oneri finanziari, indicati nell'articolo 2425, n. 17), relativi a prestiti obbligazionari, a debiti verso banche, e altri;

13) l'importo e la natura dei singoli elementi di ricavo o di costo di entità o incidenza eccezionali ([9]);

14) un apposito prospetto contenente:

a) la descrizione delle differenze temporanee che hanno comportato la rilevazione di imposte differite e anticipate, specificando l'aliquota applicata e le variazioni rispetto all'esercizio precedente, gli importi accreditati o addebitati a conto economico oppure a patrimonio netto, le voci escluse dal computo e le relative motivazioni;

b) l'ammontare delle imposte anticipate contabilizzato in bilancio attinenti a perdite dell'esercizio o di esercizi precedenti e le motivazioni dell'iscrizione, l'ammontare non ancora contabilizzato e le motivazioni della mancata iscrizione;

15) il numero medio dei dipendenti, ripartito per categoria;

16) l'ammontare dei compensi, delle anticipazioni e dei crediti concessi agli ([10]) spettanti agli amministratori ed ai sindaci, cumulativamente per ciascuna categoria, precisando il tasso d'interesse, le principali condizioni e gli importi eventualmente rimborsati, cancellati o oggetto di rinuncia, nonché gli impegni assunti per loro conto per effetto di garanzie di qualsiasi tipo prestate, precisando il totale per ciascuna categoria ([11]);

16 *bis*) salvo che la società sia inclusa in un ambito di consolidamento e le informazioni siano contenute nella nota integrativa del relativo bilancio consolidato, l'importo totale dei corrispettivi spettanti al revisore legale o alla società di revisione legale per la revisione legale dei conti annuali, l'importo totale dei corrispettivi di competenza per gli altri servizi di verifica svolti, l'importo totale dei corrispettivi di competenza per i servizi di consulenza fiscale e l'importo totale dei corrispettivi di competenza per altri servizi diversi dalla revisione contabile ([12]);

17) il numero e il valore nominale di ciascuna categoria di azioni della società e il numero e il valore nominale delle nuove azioni della società sottoscritte durante l'esercizio;

18) le azioni di godimento, le obbligazioni convertibili in azioni, i warrants, le opzioni ([13]) e i titoli o valori simili emessi dalla società, specificando il loro numero e i diritti che essi attribuiscono;

19) il numero e le caratteristiche degli altri strumenti finanziari emessi dalla società, con l'indicazione dei diritti patrimoniali e partecipativi che conferiscono e delle principali caratteristiche delle operazioni relative;

19 *bis*) i finanziamenti effettuati dai soci alla società, ripartiti per scadenze e con la separata indicazione di quelli con clausola di postergazione rispetto agli altri creditori;

20) i dati richiesti dal terzo comma dell'articolo 2447 *septies* con riferimento ai patrimoni destinati ad uno specifico affare ai sensi della lettera *a*) del primo comma dell'articolo 2447 *bis*;

21) i dati richiesti dall'articolo 2447 *decies*, ottavo comma;

22) le operazioni di locazione finanziaria che comportano il trasferimento al locatario della parte prevalente dei rischi e dei benefici inerenti ai beni che ne costituiscono oggetto, sulla base di un apposito prospetto dal quale risulti il valore attuale delle rate di canone non scadute quale determinato utilizzando tassi di interesse pari all'onere finanziario effettivo inerenti i singoli contratti, l'onere finanziario effettivo attribuibile ad essi e riferibile all'esercizio, l'ammontare complessivo al quale i beni oggetto di locazione sarebbero stati iscritti alla data di chiusura dell'esercizio qualora fossero stati considerati immobilizzazioni, con separata indicazione di ammortamenti, rettifiche e riprese di valore che sarebbero stati inerenti all'esercizio;

22 *bis*) le operazioni realizzate con parti correlate, precisando l'importo, la natura del rapporto e ogni altra informazione necessaria per la comprensione del bilancio relativa a tali operazioni, qualora le stesse [siano rilevanti e] ([14]) non siano state concluse a normali condizioni di mercato. Le informazioni relative alle singole operazioni possono essere aggregate secondo la loro natura, salvo quando la loro separata evidenziazione sia necessaria per comprendere gli effetti delle operazioni medesime sulla situazione patrimoniale e finanziaria e sul risultato economico della società;

22 *ter*) la natura e l'obiettivo economico di accordi non risultanti dallo stato patrimoniale, con indicazione del loro effetto patrimoniale, finanziario ed economico, a condizione che i rischi e i benefici da essi derivanti siano significativi e l'indicazione degli stessi sia necessaria per valutare la situazione patrimoniale e finanziaria e il risultato economico della società ([15]);

22 *quater*) la natura e l'effetto patrimoniale, finanziario ed economico dei fatti di rilievo avvenuti dopo la chiusura dell'esercizio ([16]);

22 *quinquies*) il nome e la sede legale dell'impresa che redige il bilancio consolidato dell'insieme più grande di imprese di cui l'impresa fa parte in quanto impresa controllata, nonché il luogo in cui è disponibile la copia del bilancio consolidato ([16]);

22 *sexies*) il nome e la sede legale dell'impresa che redige il bilancio consolidato dell'insieme più piccolo di imprese di cui l'impresa fa parte in quanto impresa controllata nonché il luogo in cui è disponibile la copia del bilancio consolidato ([16]);

22 *septies*) la proposta di destinazione degli utili o di copertura delle perdite ([16]);

Le informazioni in nota integrativa relative alle voci dello stato patrimoniale e del conto economico sono presentate secondo l'ordine in cui le relative voci sono indicate nello stato patrimoniale e nel conto economico ([17]).

([1]) Le parole: «costi di ricerca, di sviluppo e di pubblicità» sono state così sostituite dalle seguenti: «costi di sviluppo», dall'art. 6, comma 9, lett. a)*, del D.L.vo 18 agosto 2015, n. 139.*

A norma dell'art. 12, comma 1, del predetto decreto, tale disposizione entra in vigore dal 1° gennaio 2016 e si applica ai bilanci relativi agli esercizi finanziari aventi inizio a partire da quella data.

([2]) Le parole: «materiali e» sono state inserite dall'art. 18, comma 1, lett. a)*, del D.L.vo 28 dicembre 2004, n. 310.*

([3]) Le parole tra parentesi quadrate sono state soppresse dall'art. 18, comma 1, lett. b) *del D.L.vo 28 dicembre 2004, n. 310.*

([4]) L'originaria parola: «determinabile» è stata così sostituita dall'attuale: «rilevante» dall'art. 18, comma 1, lett. c) *del D.L.vo 28 dicembre 2004, n. 310.*

([5]) Le parole tra parentesi quadrate sono state soppresse dall'art. 18, comma 1, lett. d) *del D.L.vo 28 dicembre 2004, n. 310.*

([6]) Le parole fra parentesi quadrate sono state soppresse dall'art. 6, comma 9, lett. b)*, del D.L.vo 18 agosto 2015, n. 139.*

A norma dell'art. 12, comma 1, del predetto decreto, tale disposizione entra in vigore dal 1° gennaio 2016 e si applica ai bilanci relativi agli esercizi finanziari aventi inizio a partire da quella data.

([7]) Questo numero è stato così sostituito dall'attuale, dall'art. 6, comma 9, lett. c)*, del D.L.vo 18 agosto 2015, n. 139.*

A norma dell'art. 12, comma 1, del predetto decreto, tale disposizione entra in vigore dal 1° gennaio 2016 e si applica ai bilanci relativi agli esercizi finanziari aventi inizio a partire da quella data.

Si riporta il testo precedente: «9) gli impegni non risultanti dallo stato patrimoniale; le notizie sulla composizione e natura di tali impegni e dei conti d'ordine, la cui conoscenza sia utile per valutare la situazione patrimoniale e finanziaria della società, specificando quelli relativi a imprese controllate, collegate, controllanti e a imprese sottoposte al controllo di queste ultime;».

([8]) Le parole fra parentesi quadrate sono state soppresse dall'art. 6, comma 9, lett. d)*, del D.L.vo 18 agosto 2015, n. 139.*

A norma dell'art. 12, comma 1, del predetto decreto, tale disposizione entra in vigore dal 1° gennaio 2016 e si applica ai bilanci relativi agli esercizi finanziari aventi inizio a partire da quella data.

([9]) Questo numero è stato così sostituito dall'attuale, dall'art. 6, comma 9, lett. e)*, del D.L.vo 18 agosto 2015, n. 139.*

A norma dell'art. 12, comma 1, del predetto decreto, tale disposizione entra in vigore dal 1° gennaio 2016 e si applica ai bilanci relativi agli esercizi finanziari aventi inizio a partire da quella data.

Si riporta il testo precedente: «13) la composizione delle voci: "proventi straordinari" e: "oneri straordinari" del conto economico, quando il loro ammontare sia apprezzabile;».

(10) *Le parole: «, delle anticipazioni e dei crediti concessi agli» sono state inserite dall'art. 6, comma 9, lett. f), del D.L.vo 18 agosto 2015, n. 139.*

A norma dell'art. 12, comma 1, del predetto decreto, tale disposizione entra in vigore dal 1° gennaio 2016 e si applica ai bilanci relativi agli esercizi finanziari aventi inizio a partire da quella data.

(11) *Le parole: «, precisando il tasso d'interesse, le principali condizioni e gli importi eventualmente rimborsati, cancellati o oggetto di rinuncia, nonché gli impegni assunti per loro conto per effetto di garanzie di qualsiasi tipo prestate, precisando il totale per ciascuna categoria» sono state inserite dall'art. 6, comma 9, lett. f), del D.L.vo 18 agosto 2015, n. 139.*

A norma dell'art. 12, comma 1, del predetto decreto, tale disposizione entra in vigore dal 1° gennaio 2016 e si applica ai bilanci relativi agli esercizi finanziari aventi inizio a partire da quella data.

(12) *Questo numero è stato inserito dall'art. 37, comma 16, del D.L.vo 27 gennaio 2010, n. 39.*

(13) *Le parole: «, i warrants, le opzioni» sono state inserite dall'art. 6, comma 9, lett. g), del D.L.vo 18 agosto 2015, n. 139.*

A norma dell'art. 12, comma 1, del predetto decreto, tale disposizione entra in vigore dal 1° gennaio 2016 e si applica ai bilanci relativi agli esercizi finanziari aventi inizio a partire da quella data.

(14) *Le parole fra parentesi quadrate sono state soppresse dall'art. 6, comma 9, lett. h), del D.L.vo 18 agosto 2015, n. 139.*

A norma dell'art. 12, comma 1, del predetto decreto, tale disposizione entra in vigore dal 1° gennaio 2016 e si applica ai bilanci relativi agli esercizi finanziari aventi inizio a partire da quella data.

(15) *Questo numero è stato aggiunto dall'art. 1, comma 1, del D.L.vo 3 novembre 2008, n. 173.*

(16) *Questo numero è stato aggiunto dall'art. 6, comma 9, lett. i), del D.L.vo 18 agosto 2015, n. 139.*

A norma dell'art. 12, comma 1, del predetto decreto, tale disposizione entra in vigore dal 1° gennaio 2016 e si applica ai bilanci relativi agli esercizi finanziari aventi inizio a partire da quella data.

(17) *Questo comma è stato così sostituito dall'attuale, dall'art. 6, comma 9, lett. l), del D.L.vo 18 agosto 2015, n. 139.*

A norma dell'art. 12, comma 1, del predetto decreto, tale disposizione entra in vigore dal 1° gennaio 2016 e si applica ai bilanci relativi agli esercizi finanziari aventi inizio a partire da quella data.

Si riporta il testo precedente: «Ai fini dell'applicazione del primo comma, numeri 22 bis*) e 22* ter*), e degli articoli 2427* bis *e 2428, terzo comma, numero 6* bis*), per le definizioni di «strumento finanziario», «strumento finanziario derivato», «fair value», «parte correlata» e «modello e tecnica di valutazione generalmente accettato» si fa riferimento ai principi contabili internazionali adottati dall'Unione europea (*).».*

(*) *Questo comma è stato aggiunto dall'art. 1, comma 2, del D.L.vo 3 novembre 2008, n. 173.*

2427 *bis*. [1] **Informazioni relative al "fair value"** [2] **degli strumenti finanziari.** – 1. Nella nota integrativa sono indicati:

1) per ciascuna categoria di strumenti finanziari derivati:

a) il loro *fair value*;

b) informazioni sulla loro entità e sulla loro natura, compresi i termini e le condizioni significative che possono influenzare l'importo, le scadenze e la certezza dei flussi finanziari futuri [3];

b bis) gli assunti fondamentali su cui si basano i modelli e le tecniche di valutazione, qualora il fair value non sia stato determinato sulla base di evidenze di mercato [4];

b ter) le variazioni di valore iscritte direttamente nel conto economico, nonché quelle imputate alle riserve di patrimonio netto [4];

b quater) una tabella che indichi i movimenti delle riserve di fair value avvenuti nell'esercizio [4].

2) per le immobilizzazioni finanziarie iscritte a un valore superiore al loro *fair value*, con esclusione delle partecipazioni in società controllate e collegate ai sensi dell'articolo 2359 e delle partecipazioni in *joint venture*:

a) il valore contabile e il *fair value* delle singole attività, o di appropriati raggruppamenti di tali attività;

b) i motivi per i quali il valore contabile non è stato ridotto, inclusa la natura degli elementi sostanziali sui quali si basa il convincimento che tale valore possa essere recuperato.

[2. Ai fini dell'applicazione delle disposizioni del comma 1, sono considerati strumenti finanziari derivati anche quelli collegati a merci che conferiscono all'una o all'altra parte contraente il diritto di procedere alla liquidazione del contratto per contanti o mediante altri strumenti finanziari, ad eccezione del caso in cui si verifichino contemporaneamente le seguenti condizioni:

a) il contratto sia stato concluso e sia mantenuto per soddisfare le esigenze previste dalla società che redige il bilancio di acquisto, di vendita o di utilizzo delle merci;

b) il contratto sia stato destinato a tale scopo fin dalla sua conclusione;

c) si prevede che il contratto sia eseguito mediante consegna della merce] [5].

[3. *Il fair value* è determinato con riferimento:

a) al valore di mercato, per gli strumenti finanziari per i quali è possibile individuare facilmente un mercato attivo; qualora il valore di mercato non sia facilmente individuabile per uno strumento, ma possa essere individuato per i suoi componenti o per uno strumento analogo, il valore di mercato può essere derivato da quello dei componenti o dello strumento analogo;

b) al valore che risulta da modelli e tecniche di valutazione generalmente accettati, per gli strumenti per i quali non sia possibile individuare facilmente un mercato attivo; tali modelli e tecniche di valutazione devono assicurare una ragionevole approssimazione al valore di mercato] (5).

[4. *Il fair value* non è determinato se l'applicazione dei criteri indicati al comma precedente non dà un risultato attendibile] (5).

[5. Ai fini dell'applicazione del presente articolo e dell'articolo 2428, comma 2, numero 6 *bis*) per la definizione di strumento finanziario, di strumento finanziario derivato, di *fair value* e di modello e tecnica di valutazione generalmente accettato, si fa riferimento ai principi contabili riconosciuti in ambito internazionale e compatibili con la disciplina in materia dell'Unione europea] (6).

(1) *Questo articolo è stato inserito dall'art. 1 del D.L.vo 30 dicembre 2003, n. 394, a decorrere dal 1° gennaio 2005*

(2) *Le parole: «valore equo "fair value"» sono state così sostituite dalle seguenti: «fair value», dall'art. 6, comma 10, lett.* a*), del D.L.vo 18 agosto 2015, n. 139.*

A norma dell'art. 12, comma 1, del predetto decreto, tale disposizione entra in vigore dal 1° gennaio 2016 e si applica ai bilanci relativi agli esercizi finanziari aventi inizio a partire da quella data.

(3) *Le parole: «, compresi i termini e le condizioni significative che possono influenzare l'importo, le scadenze e la certezza dei flussi finanziari futuri» sono state aggiunte dall'art. 6, comma 10, lett.* b*), del D.L.vo 18 agosto 2015, n. 139.*

A norma dell'art. 12, comma 1, del predetto decreto, tale disposizione entra in vigore dal 1° gennaio 2016 e si applica ai bilanci relativi agli esercizi finanziari aventi inizio a partire da quella data.

(4) *Questa lettera è stata aggiunta dall'art. 6, comma 10, lett.* b*), del D.L.vo 18 agosto 2015, n. 139.*

A norma dell'art. 12, comma 1, del predetto decreto, tale disposizione entra in vigore dal 1° gennaio 2016 e si applica ai bilanci relativi agli esercizi finanziari aventi inizio a partire da quella data.

(5) *Questo comma è stato abrogato dall'art. 6, comma 10, lett.* c*), del D.L.vo 18 agosto 2015, n. 139.*

A norma dell'art. 12, comma 1, del predetto decreto, tale disposizione entra in vigore dal 1° gennaio 2016 e si applica ai bilanci relativi agli esercizi finanziari aventi inizio a partire da quella data.

(6) *Questo comma è stato abrogato dall'art. 1, comma 3, del D.L.vo 3 novembre 2008, n. 173.*

2428. Relazione sulla gestione. – Il bilancio deve essere corredato da una relazione degli amministratori contenente un'analisi fedele, equilibrata ed esauriente della situazione della società e dell'andamento e del risultato della gestione (1), nel suo complesso e nei vari settori in cui essa ha operato, anche attraverso imprese controllate, con particolare riguardo ai costi, ai ricavi e agli investimenti, nonché una descrizione dei principali rischi e incertezze cui la società è esposta ([2]).

L'analisi di cui al primo comma è coerente con l'entità e la complessità degli affari della società e contiene, nella misura necessaria alla comprensione della situazione della società e dell'andamento e del risultato della sua gestione, gli indicatori di risultato finanziari e, se del caso, quelli non finanziari pertinenti all'attività specifica della società, comprese le informazioni attinenti all'ambiente e al personale. L'analisi contiene, ove opportuno, riferimenti agli importi riportati nel bilancio e chiarimenti aggiuntivi su di essi ([3]).

Dalla relazione devono in ogni caso risultare:

1) le attività di ricerca e di sviluppo;

2) i rapporti con imprese controllate, collegate, controllanti e imprese sottoposte al controllo di queste ultime;

3) il numero e il valore nominale sia delle azioni proprie sia delle azioni o quote di società controllanti possedute dalla società, anche per tramite di società fiduciaria o per interposta persona, con l'indicazione della parte di capitale corrispondente;

4) il numero e il valore nominale sia delle azioni proprie sia delle azioni o quote di società controllanti acquistate o alienate dalla società, nel corso dell'esercizio, anche per tramite di società fiduciaria o per interposta persona, con l'indicazione della corrispondente parte di capitale, dei corrispettivi e dei motivi degli acquisti e delle alienazioni;

[5) i fatti di rilievo avvenuti dopo la chiusura dell'esercizio] ([4]);

6) l'evoluzione prevedibile della gestione.

6 *bis*) in relazione all'uso da parte della società di strumenti finanziari e se rilevanti per la valutazione della situazione patrimoniale e finanziaria e del risultato economico dell'esercizio:

a) gli obiettivi e le politiche della società in materia di gestione del rischio finanziario, compresa la politica di copertura per ciascuna principale categoria di operazioni previste;

b) l'esposizione della società al rischio di prezzo, al rischio di credito, al rischio di liquidità e al rischio di variazione dei flussi finanziari ([5]).

[Entro tre mesi dalla fine del primo semestre dell'esercizio gli amministratori delle società con azioni quotate in mercati regolamentati devono trasmettere al collegio sindacale una relazione sull'andamento della gestione, redatta secondo i criteri stabiliti dalla Commissione nazionale per le società e la borsa con regolamento pubblicato nella *Gazzetta Ufficiale* della Repubblica italiana. La relazione deve essere pubblicata nei modi e nei termini stabiliti dalla Commissione stessa con il regolamento anzidetto] ([6]).

Dalla relazione deve inoltre risultare l'elenco delle sedi secondarie della società.

(1) *Le parole: «sulla situazione della società e sull'andamento della gestione» sono state così sostituite dalle attuali da: «contenente un'analisi ...» fino a: «... risultato della gestione» dall'art. 1, comma 1, lett.* a), *del D.L.vo 2 febbraio 2007, n. 32.*

(2) *Le parole: «, nonché una descrizione dei principali rischi e incertezze cui la società è esposta» sono state aggiunte dall'art. 1, comma 1, lett.* b), *del D.L.vo 2 febbraio 2007, n. 32.*

(3) *Questo comma è stato inserito dall'art. 1, comma 1, lett.* c), *del D.L.vo 2 febbraio 2007, n. 32.*

(4) *Questo numero è stato abrogato dall'art. 6, comma 11, del D.L.vo 18 agosto 2015, n. 139.*

A norma dell'art. 12, comma 1, del predetto decreto, tale disposizione entra in vigore dal 1° gennaio 2016 e si applica ai bilanci relativi agli esercizi finanziari aventi inizio a partire da quella data.

(5) *Questo numero è stato aggiunto dall'art. 3 del D.L.vo 30 dicembre 2003, n. 394, a decorrere dal 1° gennaio 2005.*

(6) *Questo comma è stato abrogato dall'art. 2, comma 1, del D.L.vo 6 novembre 2007, n. 195.*

2429. Relazione dei sindaci e deposito del bilancio. – Il bilancio deve essere comunicato dagli amministratori al collegio sindacale e al soggetto incaricato della revisione legale dei conti (1), con la relazione, almeno trenta giorni prima di quello fissato per l'assemblea che deve discuterlo.

Il collegio sindacale deve riferire all'assemblea sui risultati dell'esercizio sociale e sull'attività svolta nell'adempimento dei propri doveri, e fare le osservazioni e le proposte in ordine al bilancio e alla sua approvazione, con particolare riferimento all'esercizio della deroga di cui all'articolo 2423, quarto comma. [Il collegio sindacale, se esercita il controllo contabile, redige anche la relazione prevista dall'articolo 2409 *ter*] (2).

Il bilancio, con le copie integrali dell'ultimo bilancio delle società controllate e un prospetto riepilogativo dei dati essenziali dell'ultimo bilancio delle società collegate, deve restare depositato in copia nella sede della società, insieme con le relazioni degli amministratori, dei sindaci e del soggetto incaricato della revisione legale dei conti (3), durante i quindici giorni che precedono l'assemblea, e finché sia approvato. I soci possono prenderne visione.

Il deposito delle copie dell'ultimo bilancio delle società controllate prescritto dal comma precedente può essere sostituito, per quelle incluse nel consolidamento, dal deposito di un prospetto riepilogativo dei dati essenziali dell'ultimo bilancio delle medesime.

(1) *Le parole: «e al soggetto incaricato della revisione legale dei conti» sono state inserite dall'art. 37, comma 17, lett.* a), *del D.L.vo 27 gennaio 2010, n. 39.*

([2]) Questo periodo è stato così sostituito dall'art. 2, comma 2, del D.L.vo 2 febbraio 2007, n. 32 e poi soppresso dall'art. 37, comma, 17, lett. b)*, del D.L.vo 27 gennaio 2010, n. 39.*

([3]) Le parole: «del controllo contabile» sono state così sostituite dalle attuali: «della revisione legale dei conti» dall'art. 37, comma 17, lett. c)*, del D.L.vo 27 gennaio 2010, n. 39.*

2430. Riserva legale. – Dagli utili netti annuali deve essere dedotta una somma corrispondente almeno alla ventesima parte di essi per costituire una riserva, fino a che questa non abbia raggiunto il quinto del capitale sociale.

La riserva deve essere reintegrata a norma del comma precedente se viene diminuita per qualsiasi ragione.

Sono salve le disposizioni delle leggi speciali.

2431. Soprapprezzo delle azioni. – Le somme percepite dalla società per l'emissione di azioni ad un prezzo superiore al loro valore nominale, ivi comprese quelle derivate dalla conversione di obbligazioni, non possono essere distribuite fino a che la riserva legale non abbia raggiunto il limite stabilito dall'articolo 2430.

2432. Partecipazione agli utili. – Le partecipazioni agli utili eventualmente spettanti ai promotori, ai soci fondatori e agli amministratori sono computate sugli utili netti risultanti dal bilancio, fatta deduzione della quota di riserva legale.

2433. Distribuzione degli utili ai soci. – La deliberazione sulla distribuzione degli utili è adottata dall'assemblea che approva il bilancio ovvero, qualora il bilancio sia approvato dal consiglio di sorveglianza, dall'assemblea convocata a norma dell'articolo 2364 *bis*, secondo comma.

Non possono essere pagati dividendi sulle azioni, se non per utili realmente conseguiti e risultanti dal bilancio regolarmente approvato.

Se si verifica una perdita del capitale sociale, non può farsi luogo a ripartizione di utili fino a che il capitale non sia reintegrato o ridotto in misura corrispondente.

I dividendi erogati in violazione delle disposizioni del presente articolo non sono ripetibili, se i soci li hanno riscossi in buona fede in base a bilancio regolarmente approvato, da cui risultano utili netti corrispondenti.

2433 *bis*. Acconti sui dividendi. – La distribuzione di acconti sui dividendi è consentita solo alle società il cui bilancio è assoggettato per legge a revisione legale dei conti, secondo il regime previsto dalle leggi speciali per gli enti di interesse pubblico ([1]).

La distribuzione di acconti sui dividendi deve essere prevista dallo statuto ed è deliberata dagli amministratori dopo il rilascio da parte del soggetto incaricato di effettuare la revisione legale dei conti (²) di un giudizio positivo sul bilancio dell'esercizio precedente e la sua approvazione.

Non è consentita la distribuzione di acconti sui dividendi quando dall'ultimo bilancio approvato risultino perdite relative all'esercizio o a esercizi precedenti.

L'ammontare degli acconti sui dividendi non può superare la minor somma tra l'importo degli utili conseguiti dalla chiusura dell'esercizio precedente, diminuito delle quote che dovranno essere destinate a riserva per obbligo legale o statutario, e quello delle riserve disponibili.

Gli amministratori deliberano la distribuzione di acconti sui dividendi sulla base di un prospetto contabile e di una relazione, dai quali risulti che la situazione patrimoniale, economica e finanziaria della società consente la distribuzione stessa. Su tali documenti deve essere acquisito il parere del soggetto incaricato della revisione legale dei conti (³).

Il prospetto contabile, la relazione degli amministratori e il parere del soggetto incaricato della revisione legale dei conti (³) debbono restare depositati in copia nella sede della società fino all'approvazione del bilancio dell'esercizio in corso. I soci possono prenderne visione.

Ancorché sia successivamente accertata l'inesistenza degli utili di periodo risultanti dal prospetto, gli acconti sui dividendi erogati in conformità con le altre disposizioni del presente articolo non sono ripetibili se i soci li hanno riscossi in buona fede.

(¹) *Le parole: «al controllo da parte di società di revisione iscritte all'albo speciale» sono state così sostituite dalle attuali: «a revisione legale dei conti, secondo il regime previsto dalle leggi speciali per gli enti di interesse pubblico», dall'art. 37, comma 18, lett.* a), *del D.L.vo 27 gennaio 2010, n. 39.*

(²) *Le parole: «della società di revisione» sono state così sostituite dalle attuali: «del soggetto incaricato di effettuare la revisione legale dei conti» dall'art. 37, comma 18, lett.* b), *del D.L.vo 27 gennaio 2010, n. 39.*

(³) *Le parole: «del controllo contabile» sono state così sostituite dalle attuali: «della revisione legale dei conti» dall'art. 37, comma 18, lett.* c), *del D.L.vo 27 gennaio 2010, n. 39.*

2434. Azione di responsabilità. – L'approvazione del bilancio non implica liberazione degli amministratori, dei direttori generali, dei dirigenti preposti alla redazione dei documenti contabili societari (¹) e dei sindaci per le responsabilità incorse nella gestione sociale.

(¹) *Le parole: «, dei dirigenti preposti alla redazione dei documenti contabili societari» sono state inserite dall'art. 15, comma 1, lett.* a), *della L. 28 dicembre 2005, n. 262.*

2434 *bis*. Invalidità della deliberazione di approvazione del bilancio. – Le azioni previste dagli articoli 2377 e 2379 non possono essere proposte nei confronti delle deliberazioni di approvazione del bilancio dopo che è avvenuta l'approvazione del bilancio dell'esercizio successivo.

La legittimazione ad impugnare la deliberazione di approvazione del bilancio su cui il soggetto incaricato di effettuare la revisione legale dei conti ha emesso un giudizio privo di rilievi (1) spetta a tanti soci che rappresentino almeno il cinque per cento del capitale sociale.

Il bilancio dell'esercizio nel corso del quale viene dichiarata l'invalidità di cui al comma precedente tiene conto delle ragioni di questa.

(1) Le parole: «il revisore non ha formulato rilievi» sono state così sostituite dalle attuali: «il soggetto incaricato di effettuare la revisione legale dei conti ha emesso un giudizio privo di rilievi» dall'art. 37, comma 19, del D.L.vo 27 gennaio 2010, n. 39.

2435. Pubblicazione del bilancio e dell'elenco dei soci e dei titolari di diritti su azioni. – Entro trenta giorni dall'approvazione una copia del bilancio, corredata dalle relazioni previste dagli articoli 2428 e 2429 e dal verbale di approvazione dell'assemblea o del consiglio di sorveglianza, deve essere, a cura degli amministratori, depositata presso l'ufficio del registro delle imprese o spedita al medesimo ufficio a mezzo di lettera raccomandata.

Entro trenta giorni dall'approvazione del bilancio le società non aventi azioni quotate in mercati regolamentati sono tenute altresì a depositare per l'iscrizione nel registro delle imprese l'elenco dei soci riferito alla data di approvazione del bilancio, con l'indicazione del numero delle azioni possedute, nonché dei soggetti diversi dai soci che sono titolari di diritti o beneficiari di vincoli sulle azioni medesime. L'elenco deve essere corredato dall'indicazione analitica delle annotazioni effettuate nel libro dei soci a partire dalla data di approvazione del bilancio dell'esercizio precedente.

2435 *bis*. Bilancio in forma abbreviata. – Le società, che non abbiano emesso titoli negoziati in mercati regolamentati, possono redigere il bilancio in forma abbreviata quando, nel primo esercizio o, successivamente, per due esercizi consecutivi, non abbiano superato due dei seguenti limiti:

1) totale dell'attivo dello stato patrimoniale: 4.400.000 euro (1);
2) ricavi delle vendite e delle prestazioni: 8.800.000 euro (1);
3) dipendenti occupati in media durante l'esercizio: 50 unità.

Nel bilancio in forma abbreviata lo stato patrimoniale comprende solo le voci contrassegnate nell'articolo 2424 con lettere maiuscole e con numeri romani; le voci A e D dell'attivo possono essere comprese nella voce CII; [dalle voci BI e BII dell'attivo devono essere detratti in forma esplicita gli ammortamenti e le svalutazioni;] (2) la voce E del passivo può essere compresa nella voce D; nelle voci CII dell'attivo e D del passivo devono essere separatamente indicati i crediti e i debiti esigibili oltre l'esercizio successivo. Le società che redigono il bilancio in forma abbreviata sono esonerate dalla redazione del rendiconto finanziario ([3]).

Nel conto economico del bilancio in forma abbreviata le seguenti voci previste dall'articolo 2425 possono essere tra loro raggruppate:

voci A2 e A3
voci B9 (c), B9 (d), B9 (e)
voci B10 (a), B10 (b), B10 (c)
voci C16 (b) e C16 (c)
voci D18 (a), D18 (b), D18 (c), D18 (d) ([4])
voci D19 (a), D19 (b), D19 (c), D19 (d) ([5])

[Nel conto economico del bilancio in forma abbreviata nella voce E20 non è richiesta la separata indicazione delle plusvalenze e nella voce E21 non è richiesta la separata indicazione delle minusvalenze e delle imposte relative a esercizi precedenti] ([6]).

Fermo restando le indicazioni richieste dal terzo, quarto e quinto comma dell'articolo 2423, dal secondo e quinto comma dell'articolo 2423 *ter*, dal secondo comma dell'articolo 2424, dal primo comma, numeri 4) e 6), dell'articolo 2426, la nota integrativa fornisce le indicazioni richieste dal primo comma dell'articolo 2427, numeri 1), 2), 6), per quest'ultimo limitatamente ai soli debiti senza indicazione della ripartizione geografica, 8), 9), 13), 15), per quest'ultimo anche omettendo la ripartizione per categoria, 16), 22 *bis*), 22 *ter*), per quest'ultimo anche omettendo le indicazioni riguardanti gli effetti patrimoniali, finanziari ed economici, 22 *quater*), 22 *sexies*), per quest'ultimo anche omettendo l'indicazione del luogo in cui è disponibile la copia del bilancio consolidato, nonché dal primo comma dell'articolo 2427 *bis*, numero 1) ([7]).

Le società possono limitare l'informativa richiesta ai sensi dell'articolo 2427, primo comma, numero 22 *bis*, alle operazioni realizzate direttamente o indirettamente con i loro maggiori azionisti ed a quelle con i membri degli organi di amministrazione e controllo, nonché con le imprese in cui la società stessa detiene una partecipazione ([8]) ([9]).

Qualora le società indicate nel primo comma forniscano nella nota integrativa le informazioni richieste dai numeri 3) e 4) dell'articolo 2428, esse sono esonerate dalla redazione della relazione sulla gestione.

Le società che redigono il bilancio in forma abbreviata, in deroga a quanto disposto dall'articolo 2426, hanno la facoltà di iscrivere i titoli al costo di acquisto, i crediti al valore di presumibile realizzo e i debiti al valore nominale ([10]).

Le società che a norma del presente articolo redigono il bilancio in forma abbreviata devono redigerlo in forma ordinaria quando per il secondo esercizio consecutivo abbiano superato due dei limiti indicati nel primo comma.

(1) *Questo numero è stato così sostituito dall'art. 1, comma 4, del D.L.vo 3 novembre 2008, n. 173.*

(2) *Le parole fra parentesi quadrate sono state soppresse dall'art. 6, comma 12, lett.* a*), del D.L.vo 18 agosto 2015, n. 139.*

A norma dell'art. 12, comma 1, del predetto decreto, tale disposizione entra in vigore dal 1° gennaio 2016 e si applica ai bilanci relativi agli esercizi finanziari aventi inizio a partire da quella data.

(3) *Le parole: «Le società che redigono il bilancio in forma abbreviata sono esonerate dalla redazione del rendiconto finanziario.» sono state inserite dall'art. 6, comma 12, lett.* a*), del D.L.vo 18 agosto 2015, n. 139.*

A norma dell'art. 12, comma 1, del predetto decreto, tale disposizione entra in vigore dal 1° gennaio 2016 e si applica ai bilanci relativi agli esercizi finanziari aventi inizio a partire da quella data.

(4) *Le parole: «, D18 (d)» sono state inserite dall'art. 6, comma 12, lett.* b*), del D.L.vo 18 agosto 2015, n. 139.*

A norma dell'art. 12, comma 1, del predetto decreto, tale disposizione entra in vigore dal 1° gennaio 2016 e si applica ai bilanci relativi agli esercizi finanziari aventi inizio a partire da quella data.

(5) *Le parole: «, D19 (d)» sono state inserite dall'art. 6, comma 12, lett.* b*), del D.L.vo 18 agosto 2015, n. 139.*

A norma dell'art. 12, comma 1, del predetto decreto, tale disposizione entra in vigore dal 1° gennaio 2016 e si applica ai bilanci relativi agli esercizi finanziari aventi inizio a partire da quella data.

(6) *Questo comma è stato abrogato dall'art. 6, comma 12, lett.* c*), del D.L.vo 18 agosto 2015, n. 139.*

A norma dell'art. 12, comma 1, del predetto decreto, tale disposizione entra in vigore dal 1° gennaio 2016 e si applica ai bilanci relativi agli esercizi finanziari aventi inizio a partire da quella data.

(7) *Questo comma è stato così sostituito dall'attuale, dall'art. 6, comma 12, lett.* d*), del D.L.vo 18 agosto 2015, n. 139.*

A norma dell'art. 12, comma 1, del predetto decreto, tale disposizione entra in vigore dal 1° gennaio 2016 e si applica ai bilanci relativi agli esercizi finanziari aventi inizio a partire da quella data.

Si riporta il testo precedente: «Nella nota integrativa sono omesse le indicazioni richieste dal numero 10 dell'articolo 2426 e dai numeri 2), 3), 7), 9), 10), 12), 13), 14), 15), 16) e 17) dell'articolo 2427 e dal numero 1) del comma 1 dell'articolo 2427 bis *(*); le indicazioni richieste dal numero 6) dell'articolo 2427 sono riferite all'importo globale dei debiti iscritti in bilancio.».*

(*) *Le parole: «e dal numero 1) del comma 1 dell'articolo 2427* bis*» sono state inserite dall'art. 2 del D.L.vo 30 dicembre 2003, n. 394, a decorrere dal 1° gennaio 2005.*

(8) *Le parole: «limitare alla natura e all'obiettivo economico le informazioni richieste ai sensi dell'articolo 2427, primo comma, numero 22* ter*» sono state così sostituite dalle seguenti: «con le imprese in cui la società stessa detiene una partecipazione» dall'art. 6, comma 12, lett. e), del D.L.vo 18 agosto 2015, n. 139.*

A norma dell'art. 12, comma 1, del predetto decreto, tale disposizione entra in vigore dal 1° gennaio 2016 e si applica ai bilanci relativi agli esercizi finanziari aventi inizio a partire da quella data.

(9) *Questo comma è stato inserito dall'art. 1, comma 5, del D.L.vo 3 novembre 2008, n. 173.*

(10) *Questo comma è stato inserito dall'art. 6, comma 12, lett.* f), *del D.L.vo 18 agosto 2015, n. 139.*

A norma dell'art. 12, comma 1, del predetto decreto, tale disposizione entra in vigore dal 1° gennaio 2016 e si applica ai bilanci relativi agli esercizi finanziari aventi inizio a partire da quella data.

2435 *ter*. (1) **Bilancio delle micro-imprese.** – Sono considerate micro-imprese le società di cui all'articolo 2435 *bis* che nel primo esercizio o, successivamente, per due esercizi consecutivi, non abbiano superato due dei seguenti limiti:

1) totale dell'attivo dello stato patrimoniale: 175.000 euro;

2) ricavi delle vendite e delle prestazioni: 350.000 euro;

3) dipendenti occupati in media durante l'esercizio: 5 unità.

Fatte salve le norme del presente articolo, gli schemi di bilancio e i criteri di valutazione delle micro-imprese sono determinati secondo quanto disposto dall'articolo 2435 *bis*. Le micro-imprese sono esonerate dalla redazione:

1) del rendiconto finanziario;

2) della nota integrativa quando in calce allo stato patrimoniale risultino le informazioni previste dal primo comma dell'articolo 2427, numeri 9) e 16);

3) della relazione sulla gestione: quando in calce allo stato patrimoniale risultino le informazioni richieste dai numeri 3) e 4) dell'articolo 2428.

Non sono applicabili le disposizioni di cui al quinto comma dell'articolo 2423 e al numero 11 *bis* del primo comma dell'articolo 2426.

Le società che si avvalgono delle esenzioni previste del presente articolo devono redigere il bilancio, a seconda dei casi, in forma abbreviata o in forma ordinaria quando per il secondo esercizio consecutivo abbiano superato due dei limiti indicati nel primo comma.

(1) *Questo articolo è stato inserito dall'art. 6, comma 13, del D.L.vo 18 agosto 2015, n. 139.*

A norma dell'art. 12, comma 1, del predetto decreto, tale disposizione entra in vigore dal 1° gennaio 2016 e si applica ai bilanci relativi agli esercizi finanziari aventi inizio a partire da quella data.

Sezione X
Delle modificazioni dello statuto [1]

[1] *Si riporta il testo previgente*: «SEZIONE X. *DELLE MODIFICAZIONI DELL'ATTO COSTITUTIVO*».

2436. Deposito, iscrizione e pubblicazione delle modificazioni. – Il notaio che ha verbalizzato la deliberazione di modifica dello statuto, entro trenta giorni, verificato l'adempimento delle condizioni stabilite dalla legge, ne richiede l'iscrizione nel registro delle imprese contestualmente al deposito e allega le eventuali autorizzazioni richieste.

L'ufficio del registro delle imprese, verificata la regolarità formale della documentazione, iscrive la delibera nel registro.

Se il notaio ritiene non adempiute le condizioni stabilite dalla legge, ne dà comunicazione tempestivamente, e comunque non oltre il termine previsto dal primo comma del presente articolo, agli amministratori. Gli amministratori, nei trenta giorni successivi, possono convocare l'assemblea per gli opportuni provvedimenti oppure ricorrere al tribunale per il provvedimento di cui ai successivi commi; in mancanza la deliberazione è definitivamente inefficace.

Il tribunale, verificato l'adempimento delle condizioni richieste dalla legge e sentito il pubblico ministero, ordina l'iscrizione nel registro delle imprese con decreto soggetto a reclamo.

La deliberazione non produce effetti se non dopo l'iscrizione.

Dopo ogni modifica dello statuto deve esserne depositato nel registro delle imprese il testo integrale nella sua redazione aggiornata.

2437. Diritto di recesso. – Hanno diritto di recedere, per tutte o parte delle loro azioni, i soci che non hanno concorso alle deliberazioni riguardanti:

a) la modifica della clausola dell'oggetto sociale, quando consente un cambiamento significativo dell'attività della società;

b) la trasformazione della società;

c) il trasferimento della sede sociale all'estero;

d) la revoca dello stato di liquidazione;

e) l'eliminazione di una o più cause di recesso previste dal successivo comma ovvero dallo statuto [1];

f) la modifica dei criteri di determinazione del valore dell'azione in caso di recesso;

g) le modificazioni dello statuto concernenti i diritti di voto o di partecipazione.

Salvo che lo statuto disponga diversamente, hanno diritto di recedere i soci che non hanno concorso all'approvazione delle deliberazioni riguardanti:

a) la proroga del termine;

b) l'introduzione o la rimozione di vincoli alla circolazione dei titoli azionari.

Se la società è costituita a tempo indeterminato e le azioni non sono quotate in un mercato regolamentato il socio può recedere con il preavviso di almeno centottanta giorni; lo statuto può prevedere un termine maggiore, non superiore ad un anno.

Lo statuto delle società che non fanno ricorso al mercato del capitale di rischio può prevedere ulteriori cause di recesso.

Restano salve le disposizioni dettate in tema di recesso per le società soggette ad attività di direzione e coordinamento.

È nullo ogni patto volto ad escludere o rendere più gravoso l'esercizio del diritto di recesso nelle ipotesi previste dal primo comma del presente articolo.

(¹) *Si veda l'art. 223* vicies ter *att.*

2437 *bis*. Termini e modalità di esercizio. – Il diritto di recesso è esercitato mediante lettera raccomandata che deve essere spedita entro quindici giorni dall'iscrizione nel registro delle imprese della delibera che lo legittima, con l'indicazione delle generalità del socio recedente, del domicilio per le comunicazioni inerenti al procedimento, del numero e della categoria delle azioni per le quali il diritto di recesso viene esercitato. Se il fatto che legittima il recesso è diverso da una deliberazione, esso è esercitato entro trenta giorni dalla sua conoscenza da parte del socio.

Le azioni per le quali è esercitato il diritto di recesso non possono essere cedute e devono essere depositate presso la sede sociale.

Il recesso non può essere esercitato e, se già esercitato, è privo di efficacia, se, entro novanta giorni, la società revoca la delibera che lo legittima ovvero se è deliberato lo scioglimento della società.

2437 *ter*. Criteri di determinazione del valore delle azioni. – Il socio ha diritto alla liquidazione delle azioni per le quali esercita il recesso.

Il valore di liquidazione delle azioni è determinato dagli amministratori, sentito il parere del collegio sindacale e del soggetto incaricato della revisione legale dei conti (¹), tenuto conto della consistenza patrimoniale della società e delle sue prospettive reddituali, nonché dell'eventuale valore di mercato delle azioni.

Il valore di liquidazione delle azioni quotate in mercati regolamentati è determinato facendo [esclusivo] (²) riferimento alla media aritmetica dei prezzi di chiusura nei sei mesi che precedono la pubblicazione ovvero ricezione dell'avviso di convocazione dell'assemblea le cui deliberazioni legittimano il recesso. Lo statuto delle società con azioni quotate in mercati regolamentati può prevedere che il valore di liquidazione sia determinato secondo i criteri indicati dai commi 2 e 4 del presente articolo, fermo restando che in ogni caso tale valore non può essere inferiore al valore che sarebbe dovuto in applicazione del criterio indicato dal primo periodo del presente comma (³).

Lo statuto può stabilire criteri diversi di determinazione del valore di liquidazione, indicando gli elementi dell'attivo e del passivo del bilancio che possono essere rettificati rispetto ai valori risultanti dal bilancio, unitamente ai criteri di rettifica, nonché altri elementi suscettibili di valutazione patrimoniale da tenere in considerazione.

I soci hanno diritto di conoscere la determinazione del valore di cui al secondo comma del presente articolo nei quindici giorni precedenti alla data fissata per l'assemblea; ciascun socio ha diritto di prenderne visione e di ottenerne copia a proprie spese.

In caso di contestazione da proporre contestualmente alla dichiarazione di recesso il valore di liquidazione è determinato entro novanta giorni dall'esercizio del diritto di recesso tramite relazione giurata di un esperto nominato dal tribunale, che provvede anche sulle spese, su istanza della parte più diligente; si applica in tal caso il primo comma dell'articolo 1349.

(¹) *Le parole: «revisione contabile» sono state così sostituite dalle attuali: «revisione legale dei conti» dall'art. 37, comma 20, del D.L.vo 27 gennaio 2010, n. 39.*

(²) *La parola fra parentesi quadrate è stata soppressa dall'art. 20, comma 3, del D.L. 24 giugno 2014, n. 91, convertito, con modificazioni, nella L. 11 agosto 2014, n. 116.*

(³) *Le parole: «Lo statuto delle società con azioni quotate in mercati regolamentati può prevedere che il valore di liquidazione sia determinato secondo i criteri indicati dai commi 2 e 4 del presente articolo, fermo restando che in ogni caso tale valore non può essere inferiore al valore che sarebbe dovuto in applicazione del criterio indicato dal primo periodo del presente comma.» sono state aggiunte dall'art. 20, comma 3, del D.L. 24 giugno 2014, n. 91, convertito, con modificazioni, nella L. 11 agosto 2014, n. 116.*

2437 *quater*. Procedimento di liquidazione. – Gli amministratori offrono in opzione le azioni del socio recedente agli altri soci in proporzione al numero delle azioni possedute. Se vi sono obbligazioni convertibili, il diritto di opzione spetta anche ai possessori di queste, in concorso con i soci, sulla base del rapporto di cambio.

L'offerta di opzione è depositata presso il registro delle imprese entro quindici giorni dalla determinazione definitiva del valore di liquidazione.

Per l'esercizio del diritto di opzione deve essere concesso un termine non inferiore a trenta giorni dal deposito dell'offerta.

Coloro che esercitano il diritto di opzione, purché ne facciano contestuale richiesta, hanno diritto di prelazione nell'acquisto delle azioni che siano rimaste non optate.

Qualora i soci non acquistino in tutto o in parte le azioni del recedente, gli amministratori possono collocarle presso terzi; nel caso di azioni quotate in mercati regolamentati, il loro collocamento avviene mediante offerta nei mercati medesimi.

In caso di mancato collocamento ai sensi delle disposizioni dei commi precedenti, entro centottanta giorni dalla comunicazione del recesso (1) le azioni del recedente vengono rimborsate mediante acquisto da parte della società utilizzando riserve disponibili anche in deroga a quanto previsto dal terzo comma dell'articolo 2357.

In assenza di utili e riserve disponibili, deve essere convocata l'assemblea straordinaria per deliberare la riduzione del capitale sociale, ovvero lo scioglimento della società.

Alla deliberazione di riduzione del capitale sociale si applicano le disposizioni del comma secondo, terzo e quarto dell'articolo 2445; ove l'opposizione sia accolta la società si scioglie.

(1) *Le parole: «entro centottanta giorni dalla comunicazione del recesso» sono state inserite dall'art. 5, lett. cc), del D.L.vo 6 febbraio 2004, n. 37.*

2437 *quinquies*. Disposizioni speciali per le società con azioni quotate in mercati regolamentati. – Se le azioni sono quotate in mercati regolamentati hanno diritto di recedere i soci che non hanno concorso alla deliberazione che comporta l'esclusione dalla quotazione.

2437 *sexies*. Azioni riscattabili. – Le disposizioni degli articoli 2437 *ter* e 2437 *quater* si applicano, in quanto compatibili, alle azioni o categorie di azioni per le quali lo statuto prevede un potere di riscatto da parte della società o dei soci. Resta salva in tal caso l'applicazione della disciplina degli articoli 2357 e 2357 *bis*.

2438. Aumento di capitale. – Un aumento di capitale non può essere eseguito fino a che le azioni precedentemente emesse non siano interamente liberate.

In caso di violazione del precedente comma, gli amministratori sono solidalmente responsabili per i danni arrecati ai soci ed ai terzi. Restano in ogni caso salvi gli obblighi assunti con la sottoscrizione delle azioni emesse in violazione del precedente comma.

2439. Sottoscrizione e versamenti. – Salvo quanto previsto nel quarto comma dell'articolo 2342, i sottoscrittori delle azioni di nuova emissione devono, all'atto della sottoscrizione, versare alla società almeno il venticinque per cento del valore nominale delle azioni sottoscritte. Se è previsto un soprapprezzo, questo deve essere interamente versato all'atto della sottoscrizione.

Se l'aumento di capitale non è integralmente sottoscritto entro il termine che, nell'osservanza di quelli stabiliti dall'articolo 2441, secondo e terzo comma, deve risultare dalla deliberazione, il capitale è aumentato di un importo pari alle sottoscrizioni raccolte soltanto se la deliberazione medesima lo abbia espressamente previsto.

2440. (1) **Conferimenti di beni in natura e di crediti.** – Se l'aumento di capitale avviene mediante conferimento di beni in natura o di crediti si applicano le disposizioni degli articoli 2342, terzo e quinto comma, e 2343.

L'aumento di capitale mediante conferimento di beni in natura o di crediti può essere sottoposto, su decisione degli amministratori, alla disciplina di cui agli articoli 2343 *ter* e 2343 *quater*.

Ai fini dell'applicazione dell'articolo 2343 *ter*, primo comma, rileva il periodo di negoziazione di sei mesi precedenti la data alla quale si riferisce la relazione degli amministratori redatta ai sensi dell'articolo 2441, sesto comma. Il conferimento è eseguito entro sessanta giorni da tale data, ovvero entro novanta giorni qualora l'aumento sia deliberato da una società che fa ricorso al mercato del capitale di rischio.

Qualora trovi applicazione l'articolo 2343 *ter*, secondo comma, il conferimento è eseguito, nel caso di cui alla lettera *a*), entro il termine dell'esercizio successivo a quello cui si riferisce il bilancio, ovvero, nel caso di cui alla lettera *b*), entro sei mesi dalla data cui si riferisce la valutazione.

La verifica prevista dall'articolo 2343 *quater*, primo comma, è eseguita dagli amministratori nel termine di trenta giorni dall'esecuzione del conferimento ovvero, se successiva, dalla data di iscrizione nel registro delle imprese della deliberazione di aumento del capitale. La dichiarazione di cui all'articolo 2343 *quater*, terzo comma, è allegata all'attestazione prevista dall'articolo 2444.

Qualora siano conferiti beni in natura o crediti valutati ai sensi dell'articolo 2343 *ter*, secondo comma, nel termine indicato al quinto comma uno o più soci che rappresentino, e che rappresentavano alla data della delibera di aumento del capitale, almeno il ventesimo del capitale sociale, nell'ammontare precedente l'aumento medesimo, possono richiedere che si proceda, su iniziativa degli amministratori, ad una nuova valutazione ai sensi e per gli effetti dell'articolo 2343; la domanda dei soci non ha effetto qualora gli amministratori all'esito della verifica prevista dal quinto comma procedano ai sensi dell'articolo 2343 *quater*, secondo comma.

(¹) Questo articolo è stato così sostituito dall'art. 1, comma 5, del D.L.vo 29 novembre 2010, n. 224.

2440 *bis*. (¹) [**Aumento di capitale delegato liberato mediante conferimenti di beni in natura e di crediti senza relazione di stima.** – Nel caso sia attribuita agli amministratori la facoltà di cui all'articolo 2443, secondo comma, e sia deliberato il conferimento di beni in natura o crediti valutati in conformità dell'articolo 2343 *ter*, gli amministratori, espletata la verifica di cui all'articolo 2343 *quater*, primo comma, depositano per l'iscrizione nel registro delle imprese, in allegato al verbale della deliberazione di aumento del capitale, una dichiarazione con i contenuti di cui all'articolo 2343 *quater*, terzo comma, dalla quale risulti la data della delibera di aumento del capitale.

Entro trenta giorni dall'iscrizione della dichiarazione di cui al primo comma i soci che rappresentano, e che rappresentavano alla data della delibera di aumento del capitale, almeno il ventesimo del capitale sociale, nell'ammontare precedente l'aumento medesimo, possono richiedere la presentazione di una nuova valutazione. Si applica in tal caso l'articolo 2343. Il conferimento non può essere eseguito fino al decorso del predetto termine e, se del caso, alla presentazione della nuova valutazione.

Qualora non sia richiesta la nuova valutazione, gli amministratori depositano per l'iscrizione nel registro delle imprese congiuntamente all'attestazione di cui all'articolo 2444 la dichiarazione che non sono intervenuti, successivamente alla data della dichiarazione di cui al secondo comma, i fatti o le circostanze di cui all'articolo 2343 *quater*, primo comma].

(¹) Questo articolo, inserito dall'art. 1, comma 6, del D.L.vo 4 agosto 2008, n. 142 è stato abrogato dall'art. 1, comma 6, del D.L.vo 29 novembre 2010, n. 224.

2441. Diritto di opzione. – Le azioni di nuova emissione e le obbligazioni convertibili in azioni devono essere offerte in opzione ai soci in proporzione al numero delle azioni possedute. Se vi sono obbligazioni convertibili il diritto di opzione spetta anche ai possessori di queste, in concorso con i soci, sulla base del rapporto di cambio.

L'offerta di opzione deve essere depositata presso l'ufficio del registro delle imprese e contestualmente resa nota mediante un avviso pubblicato sul sito internet della società, con modalità atte a garantire la sicurezza del sito medesimo, l'autenticità dei documenti e la certezza della data di pubblicazione, o, in mancanza, mediante deposito presso la sede della società. Per l'esercizio del diritto di opzione deve essere concesso un termine non inferiore a quindici giorni dalla pubblicazione dell'offerta ([1]).

Coloro che esercitano il diritto di opzione, purché ne facciano contestuale richiesta, hanno diritto di prelazione nell'acquisto delle azioni e delle obbligazioni convertibili in azioni che siano rimaste non optate. Se le azioni sono quotate in ([2]) mercati regolamentati, i diritti di opzione non esercitati devono essere offerti sul mercato regolamentato dagli amministratori, per conto della società, entro il mese successivo alla scadenza del termine stabilito a norma del secondo comma, per almeno cinque sedute, salvo che i diritti di opzione siano già stati integralmente venduti ([3]).

Il diritto di opzione non spetta per le azioni di nuova emissione che, secondo la deliberazione di aumento del capitale, devono essere liberate mediante conferimenti in natura. Nelle società con azioni quotate in mercati regolamentati lo statuto può altresì escludere il diritto di opzione nei limiti del dieci per cento del capitale sociale preesistente, a condizione che il prezzo di emissione corrisponda al valore di mercato delle azioni e ciò sia confermato in apposita relazione da un revisore legale o da una società di revisione legale ([4]).

Quando l'interesse della società lo esige, il diritto di opzione può essere escluso o limitato con la deliberazione di aumento di capitale [, approvata da tanti soci che rappresentino oltre la metà del capitale sociale, anche se la deliberazione è presa in assemblea di convocazione successiva alla prima] ([5]).

Le proposte di aumento di capitale sociale con esclusione o limitazione del diritto di opzione, ai sensi del primo periodo del quarto comma o del quinto comma del presente articolo, devono essere illustrate dagli amministratori con apposita relazione, dalla quale devono risultare le ragioni dell'esclusione o della limitazione, ovvero, qualora l'esclusione derivi da un conferimento in natura, le ragioni di questo e in ogni caso i criteri adottati per la determinazione del prezzo di emissione. La relazione deve essere comunicata dagli amministratori al collegio sindacale o al consiglio di sorveglianza e al soggetto incaricato della revisione legale dei conti ([6]) almeno trenta giorni prima di quello fissato per l'assemblea. Entro quindici giorni il collegio sindacale deve esprimere il proprio parere sulla congruità del prezzo di emissione delle azioni. Il parere del collegio sindacale e, nell'ipotesi prevista dal quarto comma, la relazione giurata dell'esperto designato dal Tribunale ovvero la documentazione indicata dall'articolo 2343 *ter*, terzo comma, devono restare depositati nella sede della società durante i quindici giorni che precedono l'assemblea e finché questa non abbia deliberato; i soci possono prenderne visione ([7]). La deliberazione determina il prezzo di emissione delle azioni in base al valore del patrimonio netto, tenendo conto, per le azioni quotate in mercati regolamentati ([8]), anche dell'andamento delle quotazioni nell'ultimo semestre.

Non si considera escluso né limitato il diritto di opzione qualora la deliberazione di aumento di capitale preveda che le azioni di nuova emissione siano sottoscritte da banche, da enti o società finanziarie soggetti al controllo della Commissione nazionale per le società e la borsa ovvero da altri soggetti autorizzati all'esercizio dell'attività di collocamento di strumenti finanziari, con obbligo di offrirle agli azionisti della società, con operazioni di qualsiasi tipo, in conformità con i primi tre commi del presente articolo. Nel periodo di detenzione delle azioni offerte agli azionisti e comunque fino a quando non sia stato esercitato il diritto di opzione, i medesimi soggetti non possono esercitare il diritto di voto. Le spese dell'operazione sono a carico della società e la deliberazione di aumento del capitale deve indicarne l'ammontare.

Con deliberazione dell'assemblea presa con la maggioranza richiesta per le assemblee straordinarie può essere escluso il diritto di opzione per le ([9]) azioni di nuova emissione, se queste sono offerte in sottoscrizione ai dipendenti della società o di società che la controllano o che sono da essa controllate. [L'esclusione dell'opzione in misura superiore al quarto deve essere approvata con la maggioranza prescritta nel quinto comma] ([10]).

([1]) *Questo comma è stato così sostituito dall'art. 20, comma 6, del D.L. 24 giugno 2014, n. 91, convertito, con modificazioni, nella L. 11 agosto 2014, n. 116.*

([2]) *L'originaria parola: «sui» è stata sostituita dall'attuale: «in» dall'art. 19, comma 1, lett. a) del D.L.vo 28 dicembre 2004, n. 310.*

([3]) *Le parole: «per almeno cinque riunioni, entro il mese successivo alla scadenza del termine stabilito a norma del secondo comma» sono state così sostituite dalle attuali: «entro il mese successivo alla scadenza del termine stabilito a norma del secondo comma, per almeno cinque sedute, salvo che i diritti di opzione siano già stati integralmente venduti» dall'art. 2, comma 1, lett. a), del D.L.vo 11 ottobre 2012, n. 184.*

([4]) *Le parole: «dalla società incaricata della revisione contabile» sono state sostituite dalle parole: «dal revisore legale o dalla società di revisione legale» dall'art. 37, comma 21, lett. a), del D.L.vo 27 gennaio 2010, n. 39. Le parole: «dal revisore legale o dalla società di revisione legale» sono state, a loro volta, da ultimo così sostituite dalle attuali: «da un revisore legale o da una società di revisione legale» dall'art. 2, comma 1, lett. b), del D.L.vo 11 ottobre 2012, n. 184.*

([5]) *Le parole fra parentesi quadrate sono state soppresse dall'art. 2, comma 1, lett. c), del D.L.vo 11 ottobre 2012, n. 184.*

([6]) *Le parole: «del controllo contabile» sono state così sostituite dalle attuali: «della revisione legale dei conti» dall'art. 37, comma 21, lett. b), del D.L.vo 27 gennaio 2010, n. 39.*

([7]) *Le parole: «Il parere del collegio sindacale e la relazione giurata dell'esperto designato dal Tribunale nell'ipotesi prevista dal quarto comma devono restare depositati nella sede della società durante i quindici giorni che precedono l'assemblea e finché questa non abbia deliberato; i soci possono prenderne visione.» sono state così sostituite dalle attuali: «Il parere del collegio sindacale e, nell'ipotesi prevista dal quarto comma, la relazione giurata dell'esperto designato dal Tribunale ovvero la documentazione indicata dall'articolo 2343 ter, terzo comma, devono restare depositati nella sede della società durante i quindici giorni che precedono l'assemblea e finché questa non abbia deliberato; i soci possono prenderne visione.» dall'art. 1, comma 7, del D.L.vo 29 novembre 2010, n. 224.*

(8) *Le originarie parole: «in borsa» sono state così sostituite dalle attuali: «in mercati regolamentati» dall'art. 19, comma 1, lett.* b), *del D.L.vo 28 dicembre 2004, n. 310.*

(9) *Le parole: «limitatamente a un quarto delle» sono state così sostituite dalle attuali: «per le» dall'art. 2, comma 1, lett.* d), *del D.L.vo 11 ottobre 2012, n. 184.*

(10) *Questo periodo è stato soppresso dall'art. 2, comma 1, lett.* d), *del D.L.vo 11 ottobre 2012, n. 184.*

2442. Passaggio di riserve a capitale. – L'assemblea può aumentare il capitale, imputando a capitale le riserve e gli altri fondi iscritti in bilancio in quanto disponibili.

In questo caso le azioni di nuova emissione devono avere le stesse caratteristiche di quelle in circolazione, e devono essere assegnate gratuitamente agli azionisti in proporzione di quelle da essi già possedute.

L'aumento di capitale può attuarsi anche mediante aumento del valore nominale delle azioni in circolazione.

2443. Delega agli amministratori. – Lo statuto può attribuire agli amministratori la facoltà di aumentare in una o più volte il capitale fino ad un ammontare determinato e per il periodo massimo di cinque anni dalla data dell'iscrizione della società nel registro delle imprese. Tale facoltà può prevedere anche l'adozione delle deliberazioni di cui al quarto e quinto comma dell'articolo 2441; in questo caso si applica in quanto compatibile il sesto comma dell'articolo 2441 e lo statuto determina i criteri cui gli amministratori devono attenersi.

La facoltà di cui al secondo periodo del precedente comma può essere attribuita anche mediante modificazione dello statuto, [approvata con la maggioranza prevista dal quinto comma dell'articolo 2441,] (1) per il periodo massimo di cinque anni dalla data della deliberazione.

Il verbale della deliberazione degli amministratori di aumentare il capitale deve essere redatto da un notaio e deve essere depositato e iscritto a norma dall'articolo 2436.

Se agli amministratori è attribuita la facoltà di adottare le deliberazioni di cui all'articolo 2441, quarto comma, qualora essi decidano di deliberare l'aumento di capitale con conferimenti di beni in natura o di crediti senza la relazione dell'esperto di cui all'articolo 2343, avvalendosi delle disposizioni contenute nell'articolo 2343 *ter*, il conferimento non può avere efficacia, salvo che consti il consenso di tutti i soci, prima del decorso del termine di trenta giorni dall'iscrizione nel registro delle imprese della deliberazione di aumento, contenente anche le dichiarazioni previste nelle lettere *a*), *b*), *c*) ed *e*), di cui all'articolo 2343 *quater*, terzo comma. Entro detto termine uno o più soci che rappresentano, e che rappresentavano alla data della delibera di aumento del capitale, almeno il ventesimo del capitale sociale, nell'ammontare precedente l'aumento medesimo, possono richiedere che si proceda, su iniziativa degli amministratori, ad una nuova valutazione ai sensi e per gli effetti di cui all'articolo 2343. In mancanza di tale domanda, gli amministratori depositano per l'iscrizione nel registro delle imprese unitamente all'attestazione di cui all'articolo 2444 la dichiarazione prevista all'articolo 2343 *quater*, terzo comma, lettera *d*) ([2]).

([1]) *Le parole tra parentesi quadrate sono state soppresse dall'art. 2, comma 2, del D.L.vo 11 ottobre 2012, n. 184.*

([2]) *Questo comma è stato aggiunto dall'art. 1, comma 8, del D.L.vo 29 novembre 2010, n. 224.*

2444. Iscrizione nel registro delle imprese. – Nei trenta giorni dall'avvenuta sottoscrizione delle azioni di nuova emissione gli amministratori devono depositare per l'iscrizione nel registro delle imprese un'attestazione che l'aumento del capitale è stato eseguito.

Fino a che l'iscrizione nel registro non sia avvenuta, l'aumento del capitale non può essere menzionato negli atti della società.

2445. Riduzione del capitale sociale. – La riduzione del capitale sociale può aver luogo sia mediante liberazione dei soci dall'obbligo dei versamenti ancora dovuti, sia mediante rimborso del capitale ai soci, nei limiti ammessi dagli articoli 2327 e 2413.

L'avviso di convocazione dell'assemblea deve indicare le ragioni e le modalità della riduzione. Nel caso di società cui si applichi l'articolo 2357, terzo comma, la riduzione deve comunque effettuarsi con modalità tali che le azioni proprie eventualmente possedute dopo la riduzione non eccedano la quinta parte del capitale sociale ([1]).

La deliberazione può essere eseguita soltanto dopo novanta giorni dal giorno dell'iscrizione nel registro delle imprese, purché entro questo termine nessun creditore sociale anteriore all'iscrizione abbia fatto opposizione.

Il tribunale, quando ritenga infondato il pericolo di pregiudizio per i creditori oppure la società abbia prestato idonea garanzia, dispone che l'operazione ([2]) abbia luogo nonostante l'opposizione.

([1]) *Questo comma è stato così sostituito dall'art. 7, comma 3* sexies, *lett.* c), *del D.L. 10 febbraio 2009, n. 5, convertito, con modificazioni, nella L. 9 aprile 2009, n. 33.*

([2]) *Le parole: «la riduzione» sono state così sostituite dalle attuali: «l'operazione» dall'art. 5, lett.* dd), *del D.L.vo 6 febbraio 2004, n. 37.*

2446. Riduzione del capitale per perdite. – Quando risulta che il capitale è diminuito di oltre un terzo in conseguenza di perdite, gli amministratori o il consiglio di gestione, e nel caso di loro inerzia il collegio sindacale ovvero il consiglio di sorveglianza, devono senza indugio convocare l'assemblea per gli opportuni provvedimenti. All'assemblea deve essere sottoposta una relazione sulla situazione patrimoniale della società, con le osservazioni del collegio sindacale o del comitato per il controllo sulla gestione. La relazione e le osservazioni devono restare depositate in copia nella sede della società durante gli otto giorni che precedono l'assemblea, perchè i soci possano prenderne visione. Nell'assemblea gli amministratori devono dare conto dei fatti di rilievo avvenuti dopo la redazione della relazione.

Se entro l'esercizio successivo la perdita non risulta diminuita a meno di un terzo, l'assemblea ordinaria o il consiglio di sorveglianza che approva il bilancio di tale esercizio deve ridurre il capitale in proporzione delle perdite accertate. In mancanza gli amministratori e i sindaci o il consiglio di sorveglianza devono chiedere al tribunale che venga disposta la riduzione del capitale in ragione delle perdite risultanti dal bilancio. Il tribunale provvede, sentito il pubblico ministero, con decreto soggetto a reclamo, che deve essere iscritto nel registro delle imprese a cura degli amministratori.

Nel caso in cui le azioni emesse dalla società siano senza valore nominale, lo statuto, una sua modificazione ovvero una deliberazione adottata con le maggioranze previste per l'assemblea straordinaria possono prevedere che la riduzione del capitale di cui al precedente comma sia deliberata dal consiglio di amministrazione. Si applica in tal caso l'articolo 2436.

2447. Riduzione del capitale sociale al di sotto del limite legale. – Se, per la perdita di oltre un terzo del capitale, questo si riduce al disotto del minimo stabilito dall'articolo 2327, gli amministratori o il consiglio di gestione e, in caso di loro inerzia, il consiglio di sorveglianza devono senza indugio convocare l'assemblea per deliberare la riduzione del capitale ed il contemporaneo aumento del medesimo ad una cifra non inferiore al detto minimo, o la trasformazione della società.

Codice Civile

Sezione XI
Dei patrimoni destinati ad uno specifico affare [1]

[1] *La previgente* «SEZIONE XI. *DELLO SCIOGLIMENTO E DELLA LIQUIDAZIONE» trova ora disciplina nel* «CAPO VIII. *SCIOGLIMENTO E LIQUIDAZIONE DELLE SOCIETÀ DI CAPITALI».*

2447 *bis*. Patrimoni destinati ad uno specifico affare. – La società può:

a) costituire uno o più patrimoni ciascuno dei quali destinato in via esclusiva ad uno specifico affare;

b) convenire che nel contratto relativo al finanziamento di uno specifico affare al rimborso totale o parziale del finanziamento medesimo siano destinati i proventi dell'affare stesso, o parte di essi.

Salvo quanto disposto in leggi speciali, i patrimoni destinati ai sensi della lettera *a*) del primo comma non possono essere costituiti per un valore complessivamente superiore al dieci per cento del patrimonio netto della società e non possono comunque essere costituiti per l'esercizio di affari attinenti ad attività riservate in base alle leggi speciali.

2447 *ter*. Deliberazione costitutiva del patrimonio destinato. – La deliberazione che ai sensi della lettera *a*) del primo comma dell'articolo 2447 *bis* destina un patrimonio ad uno specifico affare deve indicare:

a) l'affare al quale è destinato il patrimonio;

b) i beni e i rapporti giuridici compresi in tale patrimonio;

c) il piano economico-finanziario da cui risulti la congruità del patrimonio rispetto alla realizzazione dell'affare, le modalità e le regole relative al suo impiego, il risultato che si intende perseguire e le eventuali garanzie offerte ai terzi;

d) gli eventuali apporti di terzi, le modalità di controllo sulla gestione e di partecipazione ai risultati dell'affare;

e) la possibilità di emettere strumenti finanziari di partecipazione all'affare, con la specifica indicazione dei diritti che attribuiscono;

f) la nomina di un revisore legale o di una società di revisione legale per la revisione dei conti dell'affare, quando la società non è già assoggettata alla revisione legale [1];

g) le regole di rendicontazione dello specifico affare.

Salvo diversa disposizione dello statuto, la deliberazione di cui al presente articolo è adottata dall'organo amministrativo [2] a maggioranza assoluta dei suoi componenti.

(1) *Questa lettera è stata così sostituita dall'attuale dall'art. 37, comma 22, del D.L.vo 27 gennaio 2010, n. 39.*

(2) *Le parole: «dal consiglio di amministrazione o di gestione» sono state così sostituite dall'art. 5, lett. ee), del D.L.vo 6 febbraio 2004, n. 37.*

2447 *quater*. Pubblicità della costituzione del patrimonio destinato. – La deliberazione prevista dal precedente articolo deve essere depositata e iscritta a norma dell'articolo 2436.

Nel termine di sessanta giorni dall'iscrizione della deliberazione nel registro delle imprese i creditori sociali anteriori all'iscrizione possono fare opposizione. Il tribunale, nonostante l'opposizione, può disporre che la deliberazione sia eseguita previa prestazione da parte della società di idonea garanzia.

2447 *quinquies*. Diritti dei creditori. – Decorso il termine di cui al secondo comma del precedente articolo ovvero dopo l'iscrizione nel registro delle imprese del provvedimento del tribunale ivi previsto, i creditori della società non possono far valere alcun diritto sul patrimonio destinato allo specifico affare né, salvo che per la parte spettante alla società, sui frutti o proventi da esso derivanti.

Qualora nel patrimonio siano compresi immobili o beni mobili iscritti in pubblici registri, la disposizione del precedente comma non si applica fin quando la destinazione allo specifico affare non è trascritta nei rispettivi registri.

Qualora la deliberazione prevista dall'articolo 2447 *ter* non disponga diversamente, per le obbligazioni contratte in relazione allo specifico affare la società risponde nei limiti del patrimonio ad esso destinato. Resta salva tuttavia la responsabilità illimitata della società per le obbligazioni derivanti da fatto illecito.

Gli atti compiuti in relazione allo specifico affare debbono recare espressa menzione del vincolo di destinazione; in mancanza ne risponde la società con il suo patrimonio residuo.

2447 *sexies*. Libri obbligatori e altre scritture contabili. – Con riferimento allo specifico affare cui un patrimonio è destinato ai sensi della lettera *a*) del primo comma dell'articolo 2447 *bis*, gli amministratori [o il consiglio di gestione] (1) tengono separatamente i libri e le scritture contabili prescritti dagli articoli 2214 e seguenti. Qualora siano emessi strumenti finanziari, la società deve altresì tenere un libro indicante le loro caratteristiche, l'ammontare di quelli emessi e di quelli estinti, le generalità dei titolari degli strumenti nominativi e i trasferimenti e i vincoli ad essi relativi.

(1) *Le parole tra parentesi quadrate sono state soppresse dall'art. 5, lett. ff), del D.L.vo 6 febbraio 2004, n. 37.*

2447 *septies*. Bilancio. – I beni e i rapporti compresi nei patrimoni destinati ai sensi della lettera *a*) del primo comma dell'articolo 2447 *bis* sono distintamente indicati nello stato patrimoniale della società.

Per ciascun patrimonio destinato gli amministratori redigono un separato rendiconto, allegato al bilancio, secondo quanto previsto dagli articoli 2423 e seguenti.

Nella nota integrativa del bilancio della società gli amministratori devono illustrare il valore e la tipologia dei beni e dei rapporti giuridici compresi in ciascun patrimonio destinato, ivi inclusi quelli apportati da terzi, i criteri adottati per la imputazione degli elementi comuni di costo e di ricavo, nonché il corrispondente regime della responsabilità.

Qualora la deliberazione costitutiva del patrimonio destinato preveda una responsabilità illimitata della società per le obbligazioni contratte in relazione allo specifico affare, l'impegno da ciò derivante deve risultare in calce allo stato patrimoniale e formare oggetto di valutazione secondo criteri da illustrare nella nota integrativa.

2447 *octies*. Assemblee speciali. – Per ogni categoria di strumenti finanziari previsti dalla lettera *e*) del primo comma dell'articolo 2447 *ter* l'assemblea dei possessori delibera:

1) sulla nomina e sulla revoca dei rappresentanti comuni di ciascuna categoria, con funzione di controllo sul regolare andamento dello specifico affare, e sull'azione di responsabilità nei loro confronti;

2) sulla costituzione di un fondo per le spese necessarie alla tutela dei comuni interessi dei possessori degli strumenti finanziari e sul rendiconto relativo;

3) sulle modificazioni dei diritti attribuiti dagli strumenti finanziari;

4) sulle controversie con la società e sulle relative transazioni e rinunce;

5) sugli altri oggetti di interesse comune a ciascuna categoria di strumenti finanziari.

Alle assemblee speciali si applicano le disposizioni contenute negli articoli 2415, secondo, terzo, quarto e quinto comma, 2416 e 2419.

Al rappresentante comune si applicano gli articoli 2417 e 2418.

2447 *novies*. Rendiconto finale. – Quando si realizza ovvero è divenuto impossibile l'affare cui è stato destinato un patrimonio ai sensi della lettera *a*) del primo comma dell'articolo 2447 *bis*, gli amministratori [o il consiglio di gestione] (1) redigono un rendiconto finale che, accompagnato da una relazione dei sindaci e del soggetto incaricato della revisione legale dei conti (2), deve essere depositato presso l'ufficio del registro delle imprese.

Nel caso in cui non siano state integralmente soddisfatte le obbligazioni contratte per lo svolgimento dello specifico affare cui era destinato il patrimonio, i relativi creditori possono chiederne la liquidazione mediante lettera raccomandata da inviare alla società entro novanta giorni dal deposito di cui al comma precedente. In tale caso, si applicano esclusivamente le disposizioni sulla liquidazione delle società di cui al Capo VIII del presente titolo, in quanto compatibili ([3]).

Sono comunque salvi, con riferimento ai beni e rapporti compresi nel patrimonio destinato, i diritti dei creditori previsti dall'articolo 2447 *quinquies*.

La deliberazione costitutiva del patrimonio destinato può prevedere anche altri casi di cessazione della destinazione del patrimonio allo specifico affare. In tali ipotesi ed in quella di fallimento della società si applicano le disposizioni del presente articolo.

([1]) *Le parole tra parentesi quadrate sono state soppresse dall'art. 5, lett.* gg), *del D.L.vo 6 febbraio 2004, n. 37.*

([2]) *Le parole: «revisione contabile» sono state così sostituite dalle attuali: «revisione legale dei conti» dall'art. 37, comma 23, del D.L.vo 27 gennaio 2010, n. 39.*

([3]) *L'ultimo periodo di questo comma è stato così sostituito dall'art. 20 del D.L.vo 28 dicembre 2004, n. 310.*

2447 *decies*. Finanziamento destinato ad uno specifico affare. – Il contratto relativo al finanziamento di uno specifico affare ai sensi della lettera *b*) del primo comma dell'articolo 2447 *bis* può prevedere che al rimborso totale o parziale del finanziamento siano destinati, in via esclusiva, tutti o parte dei proventi dell'affare stesso.

Il contratto deve contenere:

a) una descrizione dell'operazione che consenta di individuarne lo specifico oggetto; le modalità ed i tempi di realizzazione; i costi previsti ed i ricavi attesi;

b) il piano finanziario dell'operazione, indicando la parte coperta dal finanziamento e quella a carico della società;

c) i beni strumentali necessari alla realizzazione dell'operazione;

d) le specifiche garanzie che la società offre in ordine all'obbligo di esecuzione del contratto e di corretta e tempestiva realizzazione dell'operazione;

e) i controlli che il finanziatore, o soggetto da lui delegato, può effettuare sull'esecuzione dell'operazione;

f) la parte dei proventi destinati al rimborso del finanziamento e le modalità per determinarli;

g) le eventuali garanzie che la società presta per il rimborso di parte del finanziamento;

h) il tempo massimo di rimborso, decorso il quale nulla più è dovuto al finanziatore.

I proventi dell'operazione costituiscono patrimonio separato da quello della società, e da quello relativo ad ogni altra operazione di finanziamento effettuata ai sensi della presente disposizione, a condizione:

a) che copia del contratto sia depositata per l'iscrizione presso l'ufficio del registro delle imprese;

b) che la società adotti sistemi di incasso e di contabilizzazione idonei ad individuare in ogni momento i proventi dell'affare ed a tenerli separati dal restante patrimonio della società.

Alle condizioni di cui al comma precedente, sui proventi, sui frutti di essi e degli investimenti eventualmente effettuati in attesa del rimborso al finanziatore, non sono ammesse azioni da parte dei creditori sociali; alle medesime condizioni, delle obbligazioni nei confronti del finanziatore risponde esclusivamente il patrimonio separato, salva (1) l'ipotesi di garanzia parziale di cui al secondo comma, lettera *g*).

I creditori della società, sino al rimborso del finanziamento, o alla scadenza del termine di cui al secondo comma, lettera *h*) sui beni strumentali destinati alla realizzazione dell'operazione possono esercitare esclusivamente azioni conservative a tutela dei loro diritti.

Se il fallimento della società impedisce la realizzazione o la continuazione dell'operazione cessano le limitazioni di cui al comma precedente, ed il finanziatore ha diritto di insinuazione al passivo per il suo credito, al netto delle somme di cui ai commi terzo e quarto.

Fuori dall'ipotesi di cartolarizzazione previste dalle leggi vigenti, il finanziamento non può essere rappresentato da titoli destinati alla circolazione.

La nota integrativa alle voci di bilancio relative ai proventi di cui al terzo comma, ed ai beni di cui al quarto comma, deve contenere l'indicazione della destinazione dei proventi e dei vincoli relativi ai beni.

(1) *La parola: «tranne» è stata così sostituita dall'art. 5, lett.* hh), *del D.L.vo 6 febbraio 2004, n. 37.*

Sezione XII

2448. Effetti della pubblicazione nel registro delle imprese. – Gli atti per i quali il codice prescrive l'iscrizione o il deposito nel registro delle imprese sono opponibili ai terzi soltanto dopo tale pubblicazione, a meno che la società provi che i terzi ne erano a conoscenza.

Per le operazioni compiute entro il quindicesimo giorno dalla pubblicazione di cui al comma precedente, gli atti non sono opponibili ai terzi che provino di essere stati nella impossibilità di averne conoscenza.

Sezione XIII
Delle società con partecipazione dello Stato o di enti pubblici

2449. (1) **Società con partecipazione dello Stato o di enti pubblici.** – Se lo Stato o gli enti pubblici hanno partecipazioni in una società per azioni che non fa ricorso al mercato del capitale di rischio, lo statuto può ad essi conferire la facoltà di nominare un numero di amministratori e sindaci, ovvero componenti del consiglio di sorveglianza, proporzionale alla partecipazione al capitale sociale.

Gli amministratori e i sindaci o i componenti del consiglio di sorveglianza nominati a norma del primo comma possono essere revocati soltanto dagli enti che li hanno nominati. Essi hanno i diritti e gli obblighi dei membri nominati dall'assemblea. Gli amministratori non possono essere nominati per un periodo superiore a tre esercizi e scadono alla data dell'assemblea convocata per l'approvazione del bilancio relativo all'ultimo esercizio della loro carica.

I sindaci, ovvero i componenti del consiglio di sorveglianza, restano in carica per tre esercizi e scadono alla data dell'assemblea convocata per l'approvazione del bilancio relativo al terzo esercizio della loro carica.

Alle società che fanno ricorso al capitale di rischio si applicano le disposizioni del sesto comma dell'articolo 2346. Il consiglio di amministrazione può altresì proporre all'assemblea, che delibera con le maggioranze previste per l'assemblea ordinaria, che i diritti amministrativi previsti dallo statuto a favore dello Stato o degli enti pubblici siano rappresentati da una particolare categoria di azioni. A tal fine è in ogni caso necessario il consenso dello Stato o dell'ente pubblico a favore del quale i diritti amministrativi sono previsti.

(1) *Questo articolo è stato così sostituito dall'art. 13, comma 1, della L. 25 febbraio 2008, n. 34. Il successivo comma 2 dello stesso articolo così dispone:*

«2. Il consiglio di amministrazione, nelle società che ricorrono al capitale di rischio e nelle quali sia prevista la nomina di amministratori ai sensi dell'articolo 2449 del codice civile, nel testo vigente anteriormente alla data di entrata in vigore della presente legge, adegua lo statuto entro otto mesi da tale data, prevedendo che i diritti amministrativi siano rappresentati da strumenti finanziari, non trasferibili e condizionati alla persistenza della partecipazione dello Stato o dell'ente pubblico, ai sensi dell'articolo 2346, sesto comma, del codice civile. Scaduto il predetto termine di otto mesi, perdono efficacia le disposizioni statuarie non conformi alle disposizioni dell'articolo 2449, come sostituito dal comma 1».

2450. ([1]) [**Amministratori e sindaci nominati dallo Stato o da enti pubblici.** – Le disposizioni dell'articolo precedente si applicano anche nel caso in cui la legge o lo statuto attribuisca allo Stato o a enti pubblici, anche in mancanza di partecipazione azionaria, la nomina di uno o più amministratori o sindaci o componenti del consiglio di sorveglianza, salvo che la legge disponga diversamente.

Qualora uno o più sindaci siano nominati dallo Stato, il presidente del collegio sindacale deve essere scelto tra essi].

([1]) *Questo articolo è stato abrogato dall'art. 3, comma 1, del D.L. 15 febbraio 2007, n. 10, convertito, con modificazioni, nella L. 6 aprile 2007, n. 46.*

Sezione XIV
Delle società di interesse nazionale

2451. Norme applicabili. – Le disposizioni di questo capo si applicano anche alle società per azioni d'interesse nazionale, compatibilmente con le disposizioni delle leggi speciali che stabiliscono per tali società una particolare disciplina circa la gestione sociale, la trasferibilità delle azioni, il diritto di voto e la nomina degli amministratori, dei sindaci e dei dirigenti.

Capo VI
Della società in accomandita per azioni (1) (2)

(1) *Questo Capo è stato così sostituito dall'art. 2 del D.L.vo 17 gennaio 2003, n. 6, rettificato e corretto con avviso pubblicato in* Gazzetta Ufficiale *Serie gen. - n. 153 del 4 luglio 2003 e di nuovo rettificato con avviso pubblicato in* Gazzetta Ufficiale *Serie gen. - n. 165 del 18 luglio 2003, a decorrere dal 1° gennaio 2004.*

(2) *Si veda quanto dispone l'art. 223* bis *disp. att.*

2452. Responsabilità e partecipazioni. – Nella società in accomandita per azioni i soci accomandatari rispondono solidalmente e illimitatamente per le obbligazioni sociali, e i soci accomandanti sono obbligati nei limiti della quota di capitale sottoscritta. Le quote di partecipazione dei soci sono rappresentate da azioni.

2453. Denominazione sociale. – La denominazione della società è costituita dal nome di almeno uno dei soci accomandatari, con l'indicazione di società in accomandita per azioni.

2454. Norme applicabili. – Alla società in accomandita per azioni sono applicabili le norme relative alla società per azioni, in quanto compatibili con le disposizioni seguenti.

2455. Soci accomandatari. – L'atto costitutivo deve indicare i soci accomandatari.

I soci accomandatari sono di diritto amministratori e sono soggetti agli obblighi degli amministratori della società per azioni.

2456. Revoca degli amministratori. – La revoca degli amministratori deve essere deliberata con la maggioranza prescritta per le deliberazioni dell'assemblea straordinaria della società per azioni.

Se la revoca avviene senza giusta causa, l'amministratore revocato ha diritto al risarcimento dei danni.

2457. Sostituzione degli amministratori. – L'assemblea con la maggioranza indicata nell'articolo precedente provvede a sostituire l'amministratore che, per qualunque causa, ha cessato dal suo ufficio. Nel caso di pluralità di amministratori, la nomina deve essere approvata dagli amministratori rimasti in carica.

Il nuovo amministratore assume la qualità di socio accomandatario dal momento dell'accettazione della nomina.

2458. Cessazione dall'ufficio di tutti i soci amministratori. – In caso di cessazione dall'ufficio di tutti gli amministratori, la società si scioglie se nel termine di centottanta giorni non si è provveduto alla loro sostituzione e i sostituti non hanno accettato la carica.

Per questo periodo il collegio sindacale nomina un amministratore provvisorio per il compimento degli atti di ordinaria amministrazione. L'amministratore provvisorio non assume la qualità di socio accomandatario.

2459. Sindaci, consiglio di sorveglianza e azione di responsabilità. – I soci accomandatari non hanno diritto di voto per le azioni ad essi spettanti nelle deliberazioni dell'assemblea che concernono la nomina e la revoca dei sindaci ovvero dei componenti del consiglio di sorveglianza e l'esercizio dell'azione di responsabilità.

2460. Modificazioni dell'atto costitutivo. – Le modificazioni dell'atto costitutivo devono essere approvate dall'assemblea con le maggioranze prescritte per l'assemblea straordinaria della società per azioni, e devono inoltre essere approvate da tutti i soci accomandatari.

2461. Responsabilità degli accomandatari verso i terzi. – La responsabilità dei soci accomandatari verso i terzi è regolata dall'articolo 2304.

Il socio accomandatario che cessa dall'ufficio di amministratore non risponde per le obbligazioni della società sorte posteriormente all'iscrizione nel registro delle imprese della cessazione dall'ufficio.

Capo VII
Della società a responsabilità limitata (1) (2)

(1) *Questo Capo è stato così sostituito dall'art. 3 del D.L.vo 17 gennaio 2003, n. 6, rettificato e corretto con avviso pubblicato in* Gazzetta Ufficiale *Serie gen. - n. 153 del 4 luglio 2003 e di nuovo rettificato con avviso pubblicato in* Gazzetta Ufficiale *Serie gen. - n. 165 del 18 luglio 2003, a decorrere dal 1° gennaio 2004.*

(2) *Si veda quanto dispone l'art. 223* bis *disp. att.*

Sezione I
Disposizioni generali

2462. Responsabilità. – Nella società a responsabilità limitata per le obbligazioni sociali risponde soltanto la società con il suo patrimonio.

In caso di insolvenza della società, per le obbligazioni sociali sorte nel periodo in cui l'intera partecipazione è appartenuta ad una sola persona, questa risponde illimitatamente quando i conferimenti non siano stati effettuati secondo quanto previsto dall'articolo 2464, o fin quando non sia stata attuata la pubblicità prescritta dall'articolo 2470.

2463. Costituzione. – La società può essere costituita con contratto o con atto unilaterale.

L'atto costitutivo deve essere redatto per atto pubblico e deve indicare:

1) il cognome e il nome o la denominazione, la data e il luogo di nascita o lo Stato (1) di costituzione, il domicilio o la sede, la cittadinanza di ciascun socio;

2) la denominazione, contenente l'indicazione di società a responsabilità limitata, e il comune ove sono poste la sede della società e le eventuali sedi secondarie;

3) l'attività che costituisce l'oggetto sociale;

4) l'ammontare del capitale, non inferiore a diecimila euro, sottoscritto e di quello versato;

5) i conferimenti di ciascun socio e il valore attribuito ai crediti e ai beni conferiti in natura;

6) la quota di partecipazione di ciascun socio;

7) le norme relative al funzionamento della società, indicando quelle concernenti l'amministrazione, la rappresentanza;

8) le persone cui è affidata l'amministrazione e l'eventuale soggetto incaricato di effettuare la revisione legale dei conti (2);

9) l'importo globale, almeno approssimativo, della spese per la costituzione poste a carico della società.

Codice Civile

Si applicano alla società a responsabilità limitata le disposizioni degli articoli 2329, 2330, 2331, 2332 e 2341.

L'ammontare del capitale può essere determinato in misura inferiore a euro diecimila, pari almeno a un euro. In tal caso i conferimenti devono farsi in denaro e devono essere versati per intero alle persone cui è affidata l'amministrazione (3).

La somma da dedurre dagli utili netti risultanti dal bilancio regolarmente approvato, per formare la riserva prevista dall'articolo 2430, deve essere almeno pari a un quinto degli stessi, fino a che la riserva non abbia raggiunto, unitamente al capitale, l'ammontare di diecimila euro. La riserva così formata può essere utilizzata solo per imputazione a capitale e per copertura di eventuali perdite. Essa deve essere reintegrata a norma del presente comma se viene diminuita per qualsiasi ragione (3).

(1) *Le parole*: «*lo Stato*» *sono state inserite dall'art. 5, lett.* ii), *del D.L.vo 6 febbraio 2004, n. 37.*

(2) *Le parole: «gli eventuali soggetti incaricati del controllo contabile» sono state così sostituite dalle attuali: «l'eventuale soggetto incaricato di effettuare la revisione legale dei conti» dall'art. 37, comma 24, del D.L.vo 27 gennaio 2010, n. 39.*

(3) *Questo comma è stato aggiunto dall'art. 9, comma 15* ter, *del D.L. 28 giugno 2013, n. 76, convertito, con modificazioni, nella L. 9 agosto 2013, n. 99.*

2463 *bis*. (1) Società a responsabilità limitata semplificata (2). – La società a responsabilità limitata semplificata può essere costituita con contratto o atto unilaterale da persone fisiche [che non abbiano compiuto i trentacinque anni di età alla data della costituzione] (3).

L'atto costitutivo deve essere redatto per atto pubblico in conformità al modello *standard* tipizzato con decreto del Ministro della giustizia, di concerto con il Ministro dell'economia e delle finanze e con il Ministro dello sviluppo economico, e deve indicare:

1) il cognome, il nome, la data, il luogo di nascita, il domicilio, la cittadinanza di ciascun socio;

2) la denominazione sociale contenente l'indicazione di società a responsabilità limitata semplificata e il comune ove sono poste la sede della società e le eventuali sedi secondarie;

3) l'ammontare del capitale sociale, pari almeno ad 1 euro e inferiore all'importo di 10.000 euro previsto dall'articolo 2463, secondo comma, numero 4), sottoscritto e interamente versato alla data della costituzione. Il conferimento deve farsi in denaro ed essere versato all'organo amministrativo;

4) i requisiti previsti dai numeri 3), 6), 7) e 8) del secondo comma dell'articolo 2463;

5) luogo e data di sottoscrizione;

6) gli amministratori [, i quali devono essere scelti tra i soci] ([4]).

Le clausole del modello standard tipizzato sono inderogabili ([5]).

La denominazione di società a responsabilità limitata semplificata, l'ammontare del capitale sottoscritto e versato, la sede della società e l'ufficio del registro delle imprese presso cui questa è iscritta devono essere indicati negli atti, nella corrispondenza della società e nello spazio elettronico destinato alla comunicazione collegato con la rete telematica ad accesso pubblico.

[È fatto divieto di cessione delle quote a soci non aventi i requisiti di età di cui al primo comma e l'eventuale atto è conseguentemente nullo] ([6]).

Salvo quanto previsto dal presente articolo, si applicano alla società a responsabilità limitata semplificata le disposizioni del presente capo in quanto compatibili.

([1]) *Questo articolo è stato aggiunto dall'art. 3 del D.L. 24 gennaio 2012, n. 1, convertito, con modificazioni, nella L. 24 marzo 2012, n. 27. Si vedano i commi 2-4 dell'art. 3 del medesimo provvedimento, che si riportano:*

«2. Con decreto del Ministro della giustizia, di concerto con il Ministro dell'economia e delle finanze e con il Ministro dello sviluppo economico, entro sessanta giorni dalla data di entrata in vigore della legge di conversione del presente decreto, viene tipizzato lo statuto standard *della società e sono individuati i criteri di accertamento delle qualità soggettive dei soci.*

«3. L'atto costitutivo e l'iscrizione nel registro delle imprese sono esenti da diritto di bollo e di segreteria e non sono dovuti onorari notarili.

«4. Il Consiglio nazionale del notariato vigila sulla corretta e tempestiva applicazione delle disposizioni del presente articolo da parte dei singoli notai e pubblica ogni anno i relativi dati sul proprio sito istituzionale».

([2]) *Si veda l'art. 44, comma 4* bis, *del D.L. 22 giugno 2012, n. 83, convertito, con modificazioni, nella L. 7 agosto 2012, n. 134, così come modificato dall'art. 9, comma 14, del D.L. 28 giugno 2013, n. 76, convertito, con modificazioni, nella L. 9 agosto 2013, n. 99, che si riporta:*

«4 bis. *Al fine di favorire l'accesso dei giovani imprenditori al credito, il Ministro dell'economia e delle finanze promuove, senza nuovi o maggiori oneri a carico della finanza pubblica, un accordo con l'Associazione bancaria italiana per fornire credito a condizioni agevolate ai giovani di età inferiore a trentacinque anni che intraprendono attività imprenditoriale attraverso la costituzione di una società a responsabilità limitata semplificata».*

A norma dell'art. 9, comma 15, del D.L. n. 76/2013, convertito, con modificazioni, nella L. n. 99/2013, le società a responsabilità limitata a capitale ridotto iscritte al registro delle imprese alla data di entrata in vigore del medesimo decreto, sono qualificate società a responsabilità limitata semplificata.

([3]) *Le parole fra parentesi quadrate sono state soppresse dall'art. 9, comma 13, lett.* a), *del D.L. 28 giugno 2013, n. 76, convertito, con modificazioni, nella L. 9 agosto 2013, n. 99.*

(4) *Le parole fra parentesi quadrate sono state soppresse dall'art. 9, comma 13, lett.* b), *del D.L. 28 giugno 2013, n. 76, convertito, con modificazioni, nella L. 9 agosto 2013, n. 99.*

(5) *Questo comma è stato inserito dall'art. 9, comma 13, lett.* b bis), *del D.L. 28 giugno 2013, n. 76, convertito, con modificazioni, nella L. 9 agosto 2013, n. 99.*

(6) *Questo comma è stato soppresso dall'art. 9, comma 13, lett.* c), *del D.L. 28 giugno 2013, n. 76, convertito, con modificazioni, nella L. 9 agosto 2013, n. 99.*

Sezione II
Dei conferimenti e delle quote

2464. Conferimenti. – Il valore dei conferimenti non può essere complessivamente inferiore all'ammontare globale del capitale sociale.

Possono essere conferiti tutti gli elementi dell'attivo suscettibili di valutazione economica.

Se nell'atto costitutivo non è stabilito diversamente, il conferimento deve farsi in danaro.

Alla sottoscrizione dell'atto costitutivo deve essere versato all'organo amministrativo nominato nell'atto costitutivo (1) almeno il venticinque per cento dei conferimenti in danaro e l'intero soprapprezzo o, nel caso di costituzione con atto unilaterale, il loro intero ammontare. I mezzi di pagamento sono indicati nell'atto (2). Il versamento può essere sostituito dalla stipula, per un importo almeno corrispondente, di una polizza di assicurazione o di una fideiussione bancaria con le caratteristiche determinate con decreto del Presidente del Consiglio dei Ministri; in tal caso il socio può in ogni momento sostituire la polizza o la fideiussione con il versamento del corrispondente importo in danaro.

Per i conferimenti di beni in natura e di crediti si osservano le disposizioni degli articoli 2254 e 2255. Le quote corrispondenti a tali conferimenti devono essere integralmente liberate al momento della sottoscrizione.

Il conferimento può anche avvenire mediante la prestazione di una polizza di assicurazione o di una fideiussione bancaria con cui vengono garantiti, per l'intero valore ad essi assegnato, gli obblighi assunti dal socio aventi per oggetto la prestazione d'opera o di servizi a favore della società. In tal caso, se l'atto costitutivo lo prevede, la polizza o la fideiussione possono essere sostituite dal socio con il versamento a titolo di cauzione del corrispondente importo in danaro presso la società.

Se viene meno la pluralità dei soci, i versamenti ancora dovuti devono essere effettuati nei novanta giorni.

(1) *Le parole: «presso una banca» sono state così sostituite dalle attuali: «all'organo amministrativo nominato nell'atto costitutivo» dall'art. 9, comma 15* bis, *lett.* a), *del D.L. 28 giugno 2013, n. 76, convertito, con modificazioni, nella L. 9 agosto 2013, n. 99.*

([2]) *Questo periodo è stato inserito dall'art. 9, comma 15* bis, *lett.* b), *del D.L. 28 giugno 2013, n. 76, convertito, con modificazioni, nella L. 9 agosto 2013, n. 99.*

2465. Stima dei conferimenti di beni in natura e di crediti. – Chi conferisce beni in natura o crediti deve presentare la relazione giurata di un revisore legale o di una società di revisione legali iscritti nell'apposito registro ([1]). La relazione, che deve contenere la descrizione dei beni o crediti conferiti, l'indicazione dei criteri di valutazione adottati e l'attestazione che il loro valore è almeno pari a quello ad essi attribuito ai fini della determinazione del capitale sociale e dell'eventuale soprapprezzo, deve essere allegata all'atto costitutivo.

La disposizione del precedente comma si applica in caso di acquisto da parte della società, per un corrispettivo pari o superiore al decimo del capitale sociale, di beni o di crediti dei soci fondatori, dei soci e degli amministratori, nei due anni dalla iscrizione della società nel registro delle imprese. In tal caso l'acquisto, salvo diversa disposizione dell'atto costitutivo, deve essere autorizzato con decisione dei soci a norma dell'articolo 2479.

Nei casi previsti dai precedenti commi si applicano il secondo comma dell'articolo 2343 ed il quarto e quinto comma dell'articolo 2343 *bis*.

([1]) *Le parole: «di un esperto o di una società di revisione iscritti nel registro dei revisori contabili o di una società di revisione iscritta nell'albo speciale» sono state così sostituite dalle attuali: «di un revisore legale o di una società di revisione legali iscritti nell'apposito registro» dall'art. 37, comma 25, del D.L.vo 27 gennaio 2010, n. 39*

2466. Mancata esecuzione dei conferimenti. – Se il socio non esegue il conferimento nel termine prescritto, gli amministratori diffidano il socio moroso ad eseguirlo nel termine di trenta giorni.

Decorso inutilmente questo termine gli amministratori, qualora non ritengano utile promuovere azione per l'esecuzione dei conferimenti dovuti, possono vendere agli altri soci in proporzione alla ([1]) loro partecipazione la quota del socio moroso. La vendita è effettuata a rischio e pericolo del medesimo per il valore risultante dall'ultimo bilancio approvato. In mancanza di offerte per l'acquisto, se l'atto costitutivo lo consente, la quota è venduta all'incanto.

Se la vendita non può aver luogo per mancanza di compratori, gli amministratori escludono il socio, trattenendo le somme riscosse. Il capitale deve essere ridotto in misura corrispondente.

Il socio moroso non può partecipare alle decisioni dei soci.

Le disposizioni dei precedenti commi si applicano anche nel caso in cui per qualsiasi motivo siano scadute o divengano inefficaci la polizza assicurativa o la garanzia bancaria prestate ai sensi dell'articolo 2464. Resta salva in tal caso la possibilità del socio di sostituirle con il versamento del corrispondente importo di danaro.

(1) *Le parole: «proporzione della» sono state così sostituite dall'art. 5, lett. ll), del D.L.vo 6 febbraio 2004, n. 37.*

2467. Finanziamenti dei soci. – Il rimborso dei finanziamenti dei soci a favore della società è postergato rispetto alla soddisfazione degli altri creditori e, se avvenuto nell'anno precedente la dichiarazione di fallimento della società, deve essere restituito (1).

Ai fini del precedente comma s'intendono finanziamenti dei soci a favore della società quelli, in qualsiasi forma effettuati, che sono stati concessi in un momento in cui, anche in considerazione del tipo di attività esercitata dalla società, risulta un eccessivo squilibrio dell'indebitamento rispetto al patrimonio netto oppure in una situazione finanziaria della società nella quale sarebbe stato ragionevole un conferimento.

(1) *A norma dell'art. 383, comma 1, del D.L.vo 12 gennaio 2019, n. 14, le parole: «e, se avvenuto nell'anno precedente la dichiarazione di fallimento della società, deve essere restituito.» sono state soppresse.*

A norma dell'art. 389, comma 1, del medesimo provvedimento, tali disposizioni entreranno in vigore decorsi diciotto mesi dalla data di pubblicazione in Gazzetta Ufficiale *del suddetto decreto (Suppl. ord. alla G.U. n. 38 del 14 febbraio 2019).*

2468. Quote di partecipazione. – Le partecipazioni dei soci non possono essere rappresentate da azioni né costituire oggetto di offerta al pubblico di prodotti finanziari (1).

Salvo quanto disposto dal terzo comma del presente articolo, i diritti sociali spettano ai soci in misura proporzionale alla partecipazione da ciascuno posseduta. Se l'atto costitutivo non prevede diversamente, le partecipazioni dei soci sono determinate in misura proporzionale al conferimento.

Resta salva la possibilità che l'atto costitutivo preveda l'attribuzione a singoli soci di particolari diritti riguardanti l'amministrazione della società o la distribuzione degli utili.

Salvo diversa disposizione dell'atto costitutivo e salvo in ogni caso quanto previsto dal primo comma dell'articolo 2473, i diritti previsti dal precedente comma possono essere modificati solo con il consenso di tutti i soci.

Nel caso di comproprietà di una partecipazione, i diritti dei comproprietari devono essere esercitati da un rappresentante comune nominato secondo le modalità previste dagli articoli 1105 e 1106. [Nel caso di pegno, usufrutto o sequestro delle partecipazioni si applica l'articolo 2352] (2).

([1]) *Le parole: «sollecitazione all'investimento» sono state così sostituite dalle attuali: «offerta al pubblico di prodotti finanziari» dall'art. 5 del D.L.vo 28 marzo 2007, n. 51.*

([2]) *L'ultimo periodo di questo comma è stato soppresso dall'art. 21 del D.L.vo 28 dicembre 2004, n. 310.*

2469. Trasferimento delle partecipazioni. – Le partecipazioni sono liberamente trasferibili ([1]) per atto tra vivi e per successione a causa di morte, salvo contraria disposizione dell'atto costitutivo.

Qualora l'atto costitutivo preveda l'intrasferibilità delle partecipazioni o ne subordini il trasferimento al gradimento di organi sociali, di soci o di terzi senza prevederne condizioni e limiti, o ponga condizioni o limiti che nel caso concreto impediscono il trasferimento a causa di morte, il socio o i suoi eredi possono esercitare il diritto di recesso ai sensi dell'articolo 2473. In tali casi l'atto costitutivo può stabilire un termine, non superiore a due anni dalla costituzione della società o dalla sottoscrizione della partecipazione, prima del quale il recesso non può essere esercitato.

([1]) *La parola: «trasmissibili» è stata così sostituita dall'art. 5, lett.* nn), *del D.L.vo 6 febbraio 2004, n. 37.*

2470. Efficacia e pubblicità. – Il trasferimento delle partecipazioni ha effetto di fronte alla società dal momento del deposito di cui al ([1]) successivo comma.

L'atto di trasferimento, con sottoscrizione autenticata, deve essere depositato entro trenta giorni, a cura del notaio autenticante, presso l'ufficio del registro delle imprese nella cui circoscrizione è stabilita la sede sociale. [L'iscrizione del trasferimento nel libro dei soci ha luogo, su richiesta dell'alienante o dell'acquirente, verso esibizione del titolo da cui risultino il trasferimento e l'avvenuto deposito] ([2]). In caso di trasferimento a causa di morte il deposito è effettuato ([3]) a richiesta dell'erede o del legatario verso presentazione della documentazione richiesta per l'annotazione nel libro dei soci dei corrispondenti trasferimenti in materia di società per azioni ([4]).

Se la quota è alienata con successivi contratti a più persone, quella tra esse che per prima ha effettuato in buona fede l'iscrizione nel registro delle imprese è preferita alle altre, anche se il suo titolo è di data posteriore.

Quando l'intera partecipazione appartiene ad un solo socio o muta la persona dell'unico socio, gli amministratori devono depositare per l'iscrizione nel registro ([5]) delle imprese una dichiarazione contenente l'indicazione del cognome e nome o della denominazione, della data e del luogo di nascita o lo Stato ([5]) di costituzione, del domicilio o della sede e cittadinanza dell'unico socio.

Quando si costituisce o ricostituisce la pluralità dei soci, gli amministratori ne devono depositare apposita dichiarazione per l'iscrizione nel registro delle imprese.

L'unico socio o colui che cessa di essere tale può provvedere alla pubblicità prevista nei commi precedenti.

Le dichiarazioni degli amministratori previste dai commi quarto e quinto devono essere depositate entro trenta giorni dall'avvenuta variazione della compagine sociale ([6]).

([1]) *Le parole: «dell'iscrizione nel libro dei soci secondo quanto previsto nel», sono state così sostituite dalle parole: «del deposito di cui al», dall'art. 16, comma 12* quater, *lett.* a), *del D.L. 29 novembre 2008, n. 185, convertito, con modificazioni, nella L. 28 gennaio 2009, n. 2, a decorrere dal sessantesimo giorno successivo all'entrata in vigore della legge di conversione. Entro tale termine, gli amministratori delle società a responsabilità limitata depositano, con esenzione da ogni imposta e tassa, apposita dichiarazione per integrare le risultanze del registro delle imprese con quelle del libro dei soci.*

([2]) *Questo periodo è stato soppresso dall'art. 16, comma 12* quater, *lett. b), del D.L. 29 novembre 2008, n. 185, convertito, con modificazioni, nella L. 28 gennaio 2009, n. 2, a decorrere dal sessantesimo giorno successivo all'entrata in vigore della legge di conversione. Entro tale termine, gli amministratori delle società a responsabilità limitata depositano, con esenzione da ogni imposta e tassa, apposita dichiarazione per integrare le risultanze del registro delle imprese con quelle del libro dei soci.*

([3]) *Le parole: «e l'iscrizione sono effettuati», sono state così sostituite dalle parole: «è effettuato», dall'art. 16, comma 12* quater, *lett.* b), *del D.L. 29 novembre 2008, n. 185, convertito, con modificazioni, nella L. 28 gennaio 2009, n. 2, a decorrere dal sessantesimo giorno successivo all'entrata in vigore della legge di conversione. Entro tale termine, gli amministratori delle società a responsabilità limitata depositano, con esenzione da ogni imposta e tassa, apposita dichiarazione per integrare le risultanze del registro delle imprese con quelle del libro dei soci.*

([4]) *Si veda l'art. 36, comma 1* bis, *del D.L. 25 giugno 2008, n. 112, convertito, con modificazioni, nella L. 6 agosto 2008, n. 133 che così dispone:*

«1 bis. *L'atto di trasferimento di cui al secondo comma dell'articolo 2470 del codice civile può essere sottoscritto con firma digitale, nel rispetto della normativa anche regolamentare concernente la sottoscrizione dei documenti informatici, ed è depositato, entro trenta giorni, presso l'ufficio del registro delle imprese nella cui circoscrizione è stabilita la sede sociale, a cura di un intermediario abilitato ai sensi dell'articolo 31, comma 2* quater, *della legge 24 novembre 2000, n. 340. In tale caso, l'iscrizione del trasferimento nel libro dei soci ha luogo, su richiesta dell'alienante e dell'acquirente, dietro esibizione del titolo da cui risultino il trasferimento e l'avvenuto deposito, rilasciato dall'intermediario che vi ha provveduto ai sensi del presente comma. Resta salva la disciplina tributaria applicabile agli atti di cui al presente comma»* (*).

(*) *A norma dell'art. 14, comma 8, della L. 12 novembre 2011, n. 183, questo comma deve intendersi nel senso che l'atto di trasferimento delle partecipazioni di società a responsabilità limitata ivi disciplinato è in deroga al secondo comma dell'articolo 2470* *del codice civile ed è sottoscritto con la firma digitale di cui all'articolo 24 del codice di cui al decreto legislativo 7 marzo 2005, n. 82.*

([5]) *Ai sensi dell'art. 5, lett. oo), del D.L.vo 6 febbraio 2004, n. 37, le originarie parole: «l'iscrizione del registro» sono state sostituite dalle attuali: «l'iscrizione nel registro» e dopo le parole: «luogo di nascita o» sono state inserite le parole: «lo Stato».*

([6]) *Questo comma è stato così sostituito dall'art. 16, comma 12 quater, lett. c), del D.L. 29 novembre 2008, n. 185, convertito, con modificazioni, nella L. 28 gennaio 2009, n. 2, a decorrere dal sessantesimo giorno successivo all'entrata in vigore della legge di conversione. Entro tale termine, gli amministratori delle società a responsabilità limitata depositano, con esenzione da ogni imposta e tassa, apposita dichiarazione per integrare le risultanze del registro delle imprese con quelle del libro dei soci.*

2471. Espropriazione della partecipazione. – La partecipazione può formare oggetto di espropriazione. Il pignoramento si esegue mediante notificazione al debitore e alla società e successiva iscrizione nel registro delle imprese. [Gli amministratori procedono senza indugio all'annotazione nel libro dei soci] ([1]).

L'ordinanza del giudice che dispone la vendita della partecipazione deve essere notificata alla società a cura del creditore.

Se la partecipazione non è liberamente trasferibile e il creditore, il debitore e la società non si accordano sulla vendita della quota stessa, la vendita ha luogo all'incanto; ma la vendita è priva di effetto se, entro dieci giorni dall'aggiudicazione, la società presenta un altro acquirente che offra lo stesso prezzo.

Le disposizioni del comma precedente si applicano anche in caso di fallimento di un socio.

([1]) *Le parole tra parentesi quadrate sono state soppresse dall'art. 16, comma 12 quinquies, del D.L. 29 novembre 2008, n. 185, convertito, con modificazioni, nella L. 28 gennaio 2009, n. 2, a decorrere dal sessantesimo giorno successivo all'entrata in vigore della legge di conversione. Entro tale termine, gli amministratori delle società a responsabilità limitata depositano, con esenzione da ogni imposta e tassa, apposita dichiarazione per integrare le risultanze del registro delle imprese con quelle del libro dei soci.*

2471 *bis*. Pegno, usufrutto e sequestro della partecipazione. – La partecipazione può formare oggetto di pegno, usufrutto e sequestro. Salvo quanto disposto dal terzo comma dell'articolo che precede, si applicano le disposizioni dell'articolo 2352.

2472. Responsabilità dell'alienante per i versamenti ancora dovuti. – Nel caso di cessione della partecipazione l'alienante è obbligato solidalmente con l'acquirente, per il periodo di tre anni dall'iscrizione del trasferimento nel registro delle imprese ([1]), per i versamenti ancora dovuti.

Il pagamento non può essere domandato all'alienante se non quando la richiesta al socio moroso è rimasta infruttuosa.

(1) *Le parole: «libro dei soci», sono state così sostituite dall'art. 16, comma 12 sexies, del D.L. 29 novembre 2008, n. 185, convertito, con modificazioni, nella L. 28 gennaio 2009, n. 2, a decorrere dal sessantesimo giorno successivo all'entrata in vigore della legge di conversione. Entro tale termine, gli amministratori delle società a responsabilità limitata depositano, con esenzione da ogni imposta e tassa, apposita dichiarazione per integrare le risultanze del registro delle imprese con quelle del libro dei soci.*

2473. Recesso del socio. – L'atto costitutivo determina quando il socio può recedere dalla società e le relative modalità. In ogni caso il diritto di recesso compete ai soci che non hanno consentito al cambiamento dell'oggetto o del tipo di società, alla sua fusione o scissione, alla revoca dello stato di liquidazione al trasferimento della sede all'estero alla eliminazione di una o più cause di recesso previste dall'atto costitutivo e al compimento di operazioni che comportano una sostanziale modificazione dell'oggetto della società determinato nell'atto costitutivo o una rilevante modificazione dei diritti attribuiti ai soci a norma dell'articolo 2468, quarto comma. Restano salve le disposizioni in materia di recesso per le società soggette ad attività di direzione e coordinamento.

Nel caso di società contratta a tempo indeterminato il diritto di recesso compete al socio in ogni momento e può essere esercitato con un preavviso di almeno centottanta giorni; l'atto costitutivo può prevedere un periodo di preavviso di durata maggiore purché non superiore ad un anno.

I soci che recedono dalla società hanno diritto di ottenere il rimborso della propria partecipazione in proporzione del patrimonio sociale. Esso a tal fine è determinato tenendo conto del suo valore di mercato al momento della dichiarazione di recesso; in caso di disaccordo la determinazione è compiuta tramite relazione giurata di un esperto nominato dal tribunale, che provvede anche sulle spese, su istanza della parte più diligente; si applica in tal caso il primo comma dell'articolo 1349.

Il rimborso delle partecipazioni per cui è stato esercitato il diritto di recesso deve essere eseguito entro centottanta giorni dalla comunicazione del medesimo fatta alla società. Esso può avvenire anche mediante acquisto da parte degli altri soci proporzionalmente alle loro partecipazioni oppure da parte di un terzo concordemente individuato da soci medesimi. Qualora ciò non avvenga, il rimborso è effettuato utilizzando riserve disponibili o, in mancanza, (1) corrispondentemente riducendo il capitale sociale; in quest'ultimo caso si applica l'articolo 2482 e, qualora sulla base di esso non risulti possibile il rimborso della partecipazione del socio receduto, la società viene posta in liquidazione.

Il recesso non può essere esercitato e, se già esercitato, è privo di efficacia, se la società revoca la delibera che lo legittima ovvero se è deliberato lo scioglimento della società.

([1]) *Le parole: «in mancanza» sono state così sostituite dalle attuali: «, in mancanza,» dall'art. 5, lett.* pp), *del D.L.vo 6 febbraio 2004, n. 37.*

2473 *bis*. Esclusione del socio. – L'atto costitutivo può prevedere specifiche ipotesi di esclusione per giusta causa del socio. In tal caso si applicano le disposizioni del precedente articolo, esclusa la possibilità del rimborso della partecipazione mediante riduzione del capitale sociale.

2474. Operazioni sulle proprie partecipazioni. – In nessun caso la società può acquistare o accettare in garanzia partecipazioni proprie, ovvero accordare prestiti o fornire garanzia per il loro acquisto o la loro sottoscrizione.

Sezione III
Dell'amministrazione
della società e dei controlli

2475. Amministrazione della società. – La gestione dell'impresa si svolge nel rispetto della disposizione di cui all'articolo 2086, secondo comma, e spetta esclusivamente agli amministratori, i quali compiono le operazioni necessarie per l'attuazione dell'oggetto sociale. Salvo diversa disposizione dell'atto costitutivo, l'amministrazione della società è affidata a uno o più soci nominati con decisione dei soci presa ai sensi dell'articolo 2479 ([1]).

All'atto di nomina degli amministratori si applicano il quarto e quinto comma dell'articolo 2383.

Quando l'amministrazione è affidata a più persone, queste costituiscono il consiglio di amministrazione. L'atto costitutivo può tuttavia prevedere, salvo quanto disposto nell'ultimo comma del presente articolo, che l'amministrazione sia ad esse affidata disgiuntamente oppure congiuntamente; in tali casi si applicano, rispettivamente, gli articoli 2257 e 2258.

Qualora sia costituito un consiglio di amministrazione, l'atto costitutivo può prevedere che le decisioni siano adottate mediante consultazione scritta o sulla base del consenso espresso per iscritto. In tal caso dai documenti sottoscritti dagli amministratori devono risultare con chiarezza l'argomento oggetto della decisione ed il consenso alla stessa.

La redazione del progetto di bilancio e dei progetti di fusione o scissione, nonché le decisioni di aumento del capitale ai sensi dell'articolo 2481 sono in ogni caso di competenza dell'organo amministrativo.

Si applica, in quanto compatibile, l'articolo 2381 ([2]).

([1]) *Questo comma è stato così sostituito dall'art. 377, comma 4, del D.L.vo 12 gennaio 2019, n. 14.*

A norma dell'art. 389, comma 2, del medesimo provvedimento, tali disposizioni entrano in vigore il trentesimo giorno successivo alla data di pubblicazione in Gazzetta Ufficiale *del suddetto decreto (Suppl. ord. alla* G.U. *n. 38 del 14 febbraio 2019).*

([2]) *Questo comma è stato aggiunto dall'art. 377, comma 5, del D.L.vo 12 gennaio 2019, n. 14.*

A norma dell'art. 389, comma 2, del medesimo provvedimento, tali disposizioni entrano in vigore il trentesimo giorno successivo alla data di pubblicazione in Gazzetta Ufficiale *del suddetto decreto (Suppl. ord. alla* G.U. *n. 38 del 14 febbraio 2019).*

2475 *bis*. Rappresentanza della società. – Gli amministratori hanno la rappresentanza generale della società.

Le limitazioni ai poteri degli amministratori che risultano dall'atto costitutivo o dall'atto di nomina, anche se pubblicate, non sono opponibili ai terzi, salvo che si provi che questi abbiano intenzionalmente agito a danno della società.

2475 *ter*. Conflitto di interessi. – I contratti conclusi dagli amministratori che hanno la rappresentanza della società in conflitto di interessi, per conto proprio o di terzi, con la medesima possono essere annullati su domanda della società, se il conflitto era conosciuto o riconoscibile dal terzo.

Le decisioni adottate dal consiglio di amministrazione con il voto determinante di un amministratore in conflitto di interessi con la società, qualora le cagionino un danno patrimoniale, possono essere impugnate entro novanta giorni dagli amministratori e, ove esistenti, dai soggetti previsti dall'articolo 2477. In ogni caso sono salvi i diritti acquistati in buona fede dai terzi in base ad atti compiuti in esecuzione della decisione.

2476. Responsabilità degli amministratori e controllo dei soci. – Gli amministratori sono solidalmente responsabili verso la società dei danni derivanti dall'inosservanza dei doveri ad essi imposti dalla legge e dall'atto costitutivo per l'amministrazione della società. Tuttavia la responsabilità non si estende a quelli che dimostrino di essere esenti da colpa e, essendo a cognizione che l'atto si stava per compiere, abbiano fatto constare del proprio dissenso.

I soci che non partecipano all'amministrazione hanno diritto di avere dagli amministratori notizie sullo svolgimento degli affari sociali e di consultare, anche tramite professionisti di loro fiducia, i libri sociali ed i documenti relativi all'amministrazione.

L'azione di responsabilità contro gli amministratori è promossa da ciascun socio, il quale può altresì chiedere, in caso di gravi irregolarità nella gestione della società, che sia adottato provvedimento cautelare di revoca degli amministratori medesimi. In tal caso il giudice può subordinare il provvedimento alla prestazione di apposita cauzione.

In caso di accoglimento della domanda la società, salvo il suo diritto di regresso nei confronti degli amministratori, rimborsa agli attori le spese di giudizio e quelle da essi sostenute per l'accertamento dei fatti.

Salvo diversa disposizione dell'atto costitutivo, l'azione di responsabilità contro gli amministratori può essere oggetto di rinuncia o transazione da parte della società, purché vi consenta una maggioranza dei soci rappresentante almeno i due terzi del capitale sociale e purché non si oppongano tanti soci che rappresentano almeno il decimo del capitale sociale.

Gli amministratori rispondono verso i creditori sociali per l'inosservanza degli obblighi inerenti alla conservazione dell'integrità del patrimonio sociale. L'azione può essere proposta dai creditori quando il patrimonio sociale risulta insufficiente al soddisfacimento dei loro crediti. La rinunzia all'azione da parte della società non impedisce l'esercizio dell'azione da parte dei creditori sociali. La transazione può essere impugnata dai creditori sociali soltanto con l'azione revocatoria quando ne ricorrono gli estremi (1).

Le disposizioni dei precedenti commi non pregiudicano il diritto al risarcimento dei danni spettante al singolo socio o al terzo che sono stati direttamente danneggiati da atti dolosi o colposi degli amministratori.

Sono altresì solidalmente responsabili con gli amministratori, ai sensi dei precedenti commi, i soci che hanno intenzionalmente deciso o autorizzato il compimento di atti dannosi per la società, i soci o i terzi.

L'approvazione del bilancio da parte dei soci non implica liberazione degli amministratori e dei sindaci per le responsabilità incorse nella gestione sociale.

(1) *Questo comma è stato inserito dall'art. 378, comma 1, del D.L.vo 12 gennaio 2019, n. 14. A norma dell'art. 389, comma 2, del medesimo provvedimento, tali disposizioni entrano in vigore il trentesimo giorno successivo alla data di pubblicazione in* Gazzetta Ufficiale *del suddetto decreto (Suppl. ord. alla* G.U. *n. 38 del 14 febbraio 2019).*

2477. (1) **Sindaco e revisione legale dei conti.** – L'atto costitutivo può prevedere, determinandone le competenze e i poteri, ivi compresa la revisione legale dei conti, la nomina di un organo di controllo o di un revisore. Se lo statuto non dispone diversamente, l'organo di controllo è costituito da un solo membro effettivo ([2]).

[La nomina dell'organo di controllo o del revisore è obbligatoria se il capitale sociale non è inferiore a quello minimo stabilito per le società per azioni] ([3]).

La nomina dell'organo di controllo o del revisore è obbligatoria se la società:

a) è tenuta alla redazione del bilancio consolidato;

b) controlla una società obbligata alla revisione legale dei conti;

c) ha superato per due esercizi consecutivi almeno uno dei seguenti limiti:

1) totale dell'attivo dello stato patrimoniale: 4 milioni di euro;

2) ricavi delle vendite e delle prestazioni: 4 milioni di euro;

3) dipendenti occupati in media durante l'esercizio: 20 unità ([4]).

L'obbligo di nomina dell'organo di controllo o del revisore di cui alla lettera *c*) del secondo comma cessa quando, per tre esercizi consecutivi, non è superato alcuno dei predetti limiti ([4]).

Nel caso di nomina di un organo di controllo, anche monocratico, si applicano le disposizioni sul collegio sindacale previste per le società per azioni ([5]).

L'assemblea che approva il bilancio in cui vengono superati i limiti indicati al secondo comma ([6]) deve provvedere, entro trenta giorni, alla nomina dell'organo di controllo o del revisore. Se l'assemblea non provvede, alla nomina provvede il tribunale su richiesta di qualsiasi soggetto interessato o su segnalazione del conservatore del registro delle imprese ([7]).

Si applicano le disposizioni dell'articolo 2409 anche se la società è priva di organo di controllo ([8]).

([1]) *Questo articolo è stato così sostituito dall'art. 14, comma 13, della L. 12 novembre 2011, n. 183, a decorrere dal 1° gennaio 2012.*

([2]) *Questo comma è stato così sostituito dall'art. 35, comma 2, lett.* a), *del D.L. 9 febbraio 2012, n. 5, convertito, con modificazioni, nella L. 4 aprile 2012, n. 35.*

([3]) *Questo comma è stato abrogato dall'art. 20, comma 8, del D.L. 24 giugno 2014, n. 91, convertito, con modificazioni, nella L. 11 agosto 2014, n. 116.*

([4]) *Questo comma è stato, da ultimo, così sostituito dall'art.* 2 bis, *comma 2, del D.L. 18 aprile 2019, n. 32, convertito, con modificazioni, nella L. 14 giugno 2019, n. 55, a decorrere dal 18 giugno 2019.*

([5]) *Questo comma è stato così sostituito dall'art. 35, comma 2, lett.* c), *del D.L. 9 febbraio 2012, n. 5, convertito, con modificazioni, nella L. 4 aprile 2012, n. 35.*

([6]) *Le parole: «limiti indicati al terzo comma» sono state così sostituite dalle attuali: «limiti indicati al secondo comma», dall'art.* 2 bis, *comma 3, del D.L. 18 aprile 2019, n. 32, convertito, con modificazioni, nella L. 14 giugno 2019, n. 55, a decorrere dal 18 giugno 2019.*

([7]) *Le parole: «o su segnalazione del conservatore del registro delle imprese» sono state aggiunte dall'art. 379, comma 2, del D.L.vo 12 gennaio 2019, n. 14.*

A norma dell'art. 389, comma 2, del medesimo provvedimento, tali disposizioni entrano in vigore il trentesimo giorno successivo alla data di pubblicazione in Gazzetta Ufficiale *del suddetto decreto (Suppl. ord. alla* G.U. *n. 38 del 14 febbraio 2019).*

(8) *Questo comma è stato aggiunto dall'art. 379, comma 2, del D.L.vo 12 gennaio 2019, n. 14.*

A norma dell'art. 389, comma 2, del medesimo provvedimento, tali disposizioni entrano in vigore il trentesimo giorno successivo alla data di pubblicazione in Gazzetta Ufficiale *del suddetto decreto (Suppl. ord. alla* G.U. *n. 38 del 14 febbraio 2019).*

2478. Libri sociali obbligatori. – Oltre i libri e le altre scritture contabili prescritti nell'articolo 2214, la società deve tenere:

[1) il libro dei soci, nel quale devono essere indicati il nome dei soci, la partecipazione di spettanza di ciascuno, i versamenti fatti sulle partecipazioni, nonché le variazioni nelle persone dei soci] (1);

2) il libro delle decisioni dei soci, nel quale sono trascritti senza indugio sia i verbali delle assemblee, anche se redatti per atto pubblico, sia le decisioni prese ai sensi del primo periodo del terzo comma dell'articolo 2479; la relativa documentazione è conservata dalla società;

3) il libro delle decisioni degli amministratori;

4) il libro delle decisioni del collegio sindacale nominato (2) ai sensi dell'articolo 2477.

I libri indicati nei numeri 2) e 3) del primo comma (3) devono essere tenuti a cura degli amministratori; il libro indicato nel numero 4) del primo comma deve essere tenuto (4) a cura dei sindaci [o del revisore] (5).

I contratti della società con l'unico socio o le operazioni a favore dell'unico socio sono opponibili ai creditori della società solo se risultano dal libro indicato nel numero 3 del primo comma o da atto scritto avente data certa anteriore al pignoramento.

(1) *Questo numero è stato abrogato dall'art. 16, comma 12* septies, *lett.* a), *del D.L. 29 novembre 2008, n. 185, convertito, con modificazioni, nella L. 28 gennaio 2009, n. 2, a decorrere dal sessantesimo giorno successivo all'entrata in vigore della legge di conversione. Entro tale termine, gli amministratori delle società a responsabilità limitata depositano, con esenzione da ogni imposta e tassa, apposita dichiarazione per integrare le risultanze del registro delle imprese con quelle del libro dei soci.*

(2) *Le parole: «o del revisore nominati» sono state così sostituite dalle attuali: «nominato» dall'art. 37, comma 27, del D.L.vo 27 gennaio 2010, n. 39.*

(3) *Le parole: «I primi tre libri», sono state così sostituite dalle parole: «I libri indicati nei numeri 2) e 3) del primo comma», dall'art. 16, comma 12* septies, *lett.* b), *del D.L. 29 novembre 2008, n. 185, convertito, con modificazioni, nella L. 28 gennaio 2009, n. 2, a decorrere dal sessantesimo giorno successivo all'entrata in vigore della legge di conversione. Entro tale termine, gli amministratori delle società a responsabilità limitata de-*

positano, con esenzione da ogni imposta e tassa, apposita dichiarazione per integrare le risultanze del registro delle imprese con quelle del libro dei soci.

(4) *Le parole: «e il quarto», sono state così sostituite dalle parole: «; il libro indicato nel numero 4) del primo comma deve essere tenuto», dall'art. 16, comma 12* septies, *lett.* b), *del D.L. 29 novembre 2008, n. 185, convertito, con modificazioni, nella L. 28 gennaio 2009, n. 2, a decorrere dal sessantesimo giorno successivo all'entrata in vigore della legge di conversione. Entro tale termine, gli amministratori delle società a responsabilità limitata depositano, con esenzione da ogni imposta e tassa, apposita dichiarazione per integrare le risultanze del registro delle imprese con quelle del libro dei soci.*

(5) *Le parole fra parentesi quadrate sono state soppresse dall'art. 37, comma 27, del D.L.vo 27 gennaio 2010, n. 39.*

2478 *bis*. (1) **Bilancio e distribuzione degli utili ai soci.** – Il bilancio deve essere redatto con l'osservanza delle disposizioni di cui alla sezione IX, del capo V del presente libro (2). Esso è presentato ai soci entro il termine stabilito dall'atto costitutivo e comunque non superiore a centoventi giorni dalla chiusura dell'esercizio sociale, salva la possibilità di un maggior termine nei limiti ed alle condizioni previsti dal secondo comma dell'articolo 2364.

Entro trenta giorni dalla decisione dei soci di approvazione del bilancio deve essere depositata (3) presso l'ufficio del registro delle imprese, a norma dell'articolo 2435, copia del bilancio approvato [e l'elenco dei soci e degli altri titolari di diritti sulle partecipazioni sociali] (4).

La decisione dei soci che approva il bilancio decide sulla distribuzione degli utili ai soci.

Possono essere distribuiti esclusivamente gli utili realmente conseguiti e risultanti da bilancio regolarmente approvato.

Se si verifica una perdita del capitale sociale, non può farsi luogo a ripartizione (5) degli utili fino a che il capitale non sia reintegrato o ridotto in misura corrispondente.

Gli utili erogati in violazione delle disposizioni del presente articolo non sono ripetibili se i soci li hanno riscossi in buona fede in base a bilancio regolarmente approvato, da cui risultano utili netti corrispondenti.

(1) *A norma dell'art. 14, comma 9, della L. 12 novembre 2011, n. 183, a partire dal 1° gennaio 2012, le società a responsabilità limitata che non abbiano nominato il collegio sindacale possono redigere il bilancio secondo uno schema semplificato. Con decreto del Ministro dell'economia e delle finanze, da adottare entro novanta giorni dalla data di entrata in vigore della presente legge, sono definite le voci e la struttura che compongono lo schema di bilancio semplificato e le modalità di attuazione del presente comma.*

(2) *Il primo periodo di questo comma: «Il bilancio deve essere redatto con l'osservanza degli articoli da 2423, 2423* bis, *2423* ter, *2424, 2424* bis, *2425, 2425* bis, *2426, 2427, 2428, 2429, 2430 e 2431, salvo quanto disposto dall'articolo 2435* bis*» è stato così sostituito dall'attuale, dall'art. 6, comma 14, del D.L.vo 18 agosto 2015, n. 139.*

A norma dell'art. 12, comma 1, del predetto decreto, tale disposizione entra in vigore dal 1° gennaio 2016 e si applica ai bilanci relativi agli esercizi finanziari aventi inizio a partire da quella data.

(3) *Le parole: «devono essere depositati», sono state così sostituite dalle parole: «deve essere depositata», dall'art. 16, comma 12 octies, del D.L. 29 novembre 2008, n. 185, convertito, con modificazioni, nella L. 28 gennaio 2009, n. 2, a decorrere dal sessantesimo giorno successivo all'entrata in vigore della legge di conversione. Entro tale termine, gli amministratori delle società a responsabilità limitata depositano, con esenzione da ogni imposta e tassa, apposita dichiarazione per integrare le risultanze del registro delle imprese con quelle del libro dei soci.*

(4) *Le parole tra parentesi quadrate sono state soppresse dall'art. 16, comma 12 octies, del D.L. 29 novembre 2008, n. 185, convertito, con modificazioni, nella L. 28 gennaio 2009, n. 2, a decorrere dal sessantesimo giorno successivo all'entrata in vigore della legge di conversione. Entro tale termine, gli amministratori delle società a responsabilità limitata depositano, con esenzione da ogni imposta e tassa, apposita dichiarazione per integrare le risultanze del registro delle imprese con quelle del libro dei soci.*

(5) *La parola: «distribuzione» è stata così sostituita dall'art. 5, lett. rr), del D.L.vo 6 febbraio 2004, n. 37.*

Sezione IV
Delle decisioni dei soci

2479. Decisioni dei soci. – I soci decidono sulle materie riservate alla loro competenza dall'atto costitutivo, nonché sugli argomenti che uno o più amministratori o tanti soci che rappresentano almeno un terzo del capitale sociale sottopongono alla loro approvazione (1).

In ogni caso sono riservate alla competenza dei soci:

1) l'approvazione del bilancio e la distribuzione degli utili;

2) la nomina, se prevista nell'atto costitutivo, degli amministratori;

3) la nomina nei casi previsti dall'articolo 2477 dei sindaci e del presidente del collegio sindacale o del soggetto incaricato di effettuare la revisione legale dei conti (2);

4) le modificazioni dell'atto costitutivo;

5) la decisione di compiere operazioni che comportano una sostanziale modificazione dell'oggetto sociale determinato nell'atto costitutivo o una rilevante modificazione dei diritti dei soci.

L'atto costitutivo può prevedere che le decisioni dei soci siano adottate mediante consultazione scritta o sulla base del consenso espresso per iscritto. In tal caso dai documenti sottoscritti dai soci devono risultare con chiarezza l'argomento oggetto della decisione ed il consenso alla stessa.

Qualora nell'atto costitutivo non vi sia la previsione di cui al terzo comma e comunque (3) con riferimento alle materie indicate nei numeri 4) e 5) del secondo comma del presente articolo nonché nel caso previsto dal quarto comma dell'articolo 2482 *bis* ([4]) oppure quando lo richiedono uno o più amministratori o un numero di soci che rappresentano almeno un terzo del capitale sociale, le decisioni dei soci debbono essere adottate mediante deliberazione assembleare ai sensi dell'articolo 2479 *bis*.

Ogni socio ha diritto di partecipare alle decisioni previste dal presente articolo ed il suo voto vale in misura proporzionale alla sua partecipazione.

Salvo diversa disposizione dell'atto costitutivo, le decisioni dei soci sono prese con il voto favorevole di una maggioranza che rappresenti almeno la metà del capitale sociale ([5]).

([1]) *Il segno grafico: «:» è stato sostituito dall'attuale «.», dall'art. 5, lett.* ss)*, n. 1, del D.L.vo 6 febbraio 2004, n. 37.*

([2]) *Le parole: «del revisore» sono state così sostituite dalle attuali: «del soggetto incaricato di effettuare la revisione legale dei conti» dall'art. 37, comma 28, del D.L.vo 27 gennaio 2010, n. 39.*

([3]) *Le parole: «in ogni caso» sono state sostituite dalla parola: «comunque» dall'art. 5, lett.* ss)*, n. 2, del D.L.vo 6 febbraio 2004, n. 37.*

([4]) *Le parole: «nonché nel caso previsto dal quarto comma dell'art. 2482* bis*» sono state aggiunte dall'art. 5, lett.* ss)*, n. 2, del D.L.vo 6 febbraio 2004, n. 37.*

([5]) *Questo comma è stato così sostituito dall'art. 5, lett.* ss)*, n. 3, del D.L.vo 6 febbraio 2004, n. 37.*

2479 *bis*. Assemblea dei soci. – L'atto costitutivo determina i modi di convocazione dell'assemblea dei soci, tali comunque da assicurare la tempestiva informazione sugli argomenti da trattare. In mancanza la convocazione è effettuata mediante lettera raccomandata spedita ai soci almeno otto giorni prima dell'adunanza nel domicilio risultante dal registro delle imprese ([1]).

Se l'atto costitutivo non dispone diversamente, il socio può farsi rappresentare in assemblea e la relativa documentazione è conservata secondo quanto prescritto dall'articolo 2478, primo comma, numero 2).

Salvo diversa disposizione dell'atto costitutivo l'assemblea si riunisce presso la sede sociale ed è regolarmente costituita con la presenza di tanti soci che rappresentano almeno la metà del capitale sociale e delibera a maggioranza assoluta e, nei casi previsti dai numeri 4) e 5) del secondo comma dell'articolo 2479, con il voto favorevole dei soci che rappresentano almeno la metà del capitale sociale.

L'assemblea è presieduta dalla persona indicata nell'atto costitutivo o, in mancanza, da quella designata dagli intervenuti. Il presidente dell'assemblea verifica la regolarità della costituzione, accerta l'identità e la legittimazione dei presenti, regola il suo svolgimento ed accerta i risultati delle votazioni; degli esiti di tali accertamenti deve essere dato conto nel verbale.

In ogni caso la deliberazione s'intende adottata quando ad essa partecipa l'intero capitale sociale e tutti gli amministratori e sindaci sono presenti o informati della riunione e nessuno si oppone alla trattazione dell'argomento.

(1) *Le parole: «libro dei soci», sono state così sostituite dalle parole: «registro delle imprese», dall'art. 16, comma 12* novies, *del D.L. 29 novembre 2008, n. 185, convertito, con modificazioni, nella L. 28 gennaio 2009, n. 2, a decorrere dal sessantesimo giorno successivo all'entrata in vigore della legge di conversione. Entro tale termine, gli amministratori delle società a responsabilità limitata depositano, con esenzione da ogni imposta e tassa, apposita dichiarazione per integrare le risultanze del registro delle imprese con quelle del libro dei soci.*

2479 *ter*. Invalidità delle decisioni dei soci. – Le decisioni dei soci che non sono prese in conformità della legge o dell'atto costitutivo possono essere impugnate dai soci che non vi hanno consentito, da ciascun amministratore e dal collegio sindacale entro novanta giorni dalla loro trascrizione nel libro delle decisioni dei soci. Il tribunale, qualora ne ravvisi l'opportunità e ne sia fatta richiesta dalla società o da chi ha proposto l'impugnativa, può assegnare un termine non superiore a centottanta giorni per l'adozione di una nuova decisione idonea ad eliminare la causa di invalidità.

Qualora possano recare danno alla società, sono impugnabili a norma del precedente comma le decisioni assunte con la partecipazione determinante di soci che hanno, per conto proprio o di terzi, un interesse in conflitto con quello della società.

Le decisioni aventi oggetto illecito o impossibile e quelle prese in assenza assoluta di informazione possono essere impugnate da chiunque vi abbia interesse entro tre anni dalla trascrizione indicata nel primo periodo del primo (1) comma. Possono essere impugnate senza limiti di tempo le deliberazioni che modificano l'oggetto sociale prevedendo attività impossibili o illecite.

Si applicano, in quanto compatibili, gli articoli 2377, primo, quinto, settimo, ottavo e nono comma, (2) 2378, 2379 *bis*, 2379 *ter* e 2434 *bis*.

(1) *L'originaria parola: «secondo» è stata così sostituita dall'attuale: «primo» dall'art. 22 del D.L.vo 28 dicembre 2004, n. 310.*

(2) *Le parole: «quarto, sesto, settimo e ottavo comma,» sono state così sostituite dall'articolo 5, lett. tt) del D.L.vo 6 febbraio 2004, n. 37.*

Sezione V
Delle modificazioni
dell'atto costitutivo

2480. Modificazioni dell'atto costitutivo. – Le modificazioni dell'atto costitutivo sono deliberate dall'assemblea dei soci a norma dell'articolo 2479 *bis*. Il verbale è redatto da notaio e si applica l'articolo 2436.

2481. Aumento di capitale. – L'atto costitutivo può attribuire agli amministratori la facoltà di aumentare il capitale sociale, determinandone i limiti e le modalità di esercizio; la decisione degli amministratori, che deve risultare da verbale redatto senza indugio da notaio, deve essere depositata ed iscritta a norma dell'articolo 2436.

La decisione di aumentare il capitale sociale non può essere attuata fin quando i conferimenti precedentemente dovuti non sono stati integralmente eseguiti.

2481 *bis*. Aumento di capitale mediante nuovi conferimenti. – In caso di decisione di aumento del capitale sociale mediante nuovi conferimenti spetta ai soci il diritto di sottoscriverlo in proporzione delle partecipazioni da essi possedute. L'atto costitutivo può prevedere, salvo per il caso di cui all'articolo 2482 *ter*, che l'aumento di capitale possa essere attuato anche mediante offerta di quote di nuova emissione a terzi; in tal caso spetta ai soci che non hanno consentito alla decisione il diritto di recesso a norma dell'articolo 2473.

La decisione di aumento di capitale prevede l'eventuale soprapprezzo e le modalità ed i termini entro i quali può essere esercitato il diritto di sottoscrizione. Tali termini non possono essere inferiori a trenta giorni dal momento in cui viene comunicato ai soci che l'aumento di capitale può essere sottoscritto. La decisione può anche consentire, disciplinandone le modalità, che la parte dell'aumento di capitale non sottoscritta da uno o più soci sia sottoscritta dagli altri soci o da terzi.

Se l'aumento di capitale non è integralmente sottoscritto nel termine stabilito dalla decisione, il capitale è aumentato di un importo pari alle sottoscrizioni raccolte soltanto se la deliberazione medesima lo abbia espressamente consentito.

Salvo quanto previsto dal secondo periodo del quarto comma e dal sesto comma dell'articolo 2464, i sottoscrittori dell'aumento di capitale devono, all'atto della sottoscrizione, versare alla società almeno il venticinque per cento della parte di capitale sottoscritta e, se previsto, l'intero soprapprezzo. Per i conferimenti di beni in natura o di crediti si applica quanto disposto dal quinto comma dell'articolo 2464.

Se l'aumento di capitale è sottoscritto dall'unico socio, il conferimento in danaro deve essere integralmente versato all'atto della sottoscrizione.

Nei trenta giorni dall'avvenuta sottoscrizione gli amministratori devono depositare per l'iscrizione nel registro delle imprese un'attestazione che l'aumento di capitale è stato eseguito.

2481 *ter*. Passaggio di riserve a capitale. – La società può aumentare il capitale imputando ad esso le riserve e gli altri fondi iscritti in bilancio in quanto disponibili.

In questo caso la quota di partecipazione di ciascun socio resta immutata.

2482. Riduzione del capitale sociale. – La riduzione del capitale sociale può avere luogo, nei limiti previsti dal numero 4) dell'articolo 2463, mediante rimborso ai soci delle quote pagate o mediante liberazione di essi dall'obbligo dei versamenti ancora dovuti.

La decisione dei soci di ridurre il capitale sociale può essere eseguita soltanto dopo novanta giorni (1) dal giorno dell'iscrizione nel registro delle imprese della decisione medesima, purché entro questo termine nessun creditore sociale anteriore all'iscrizione abbia fatto opposizione.

Il tribunale, quando ritenga infondato il pericolo di pregiudizio per i creditori oppure la società abbia prestato un'idonea garanzia, dispone che l'esecuzione abbia luogo nonostante l'opposizione.

(1) *Le parole: «tre mesi» sono state così sostituite dall'art. 5, lett.* uu), *del D.L.vo 6 febbraio 2004, n. 37.*

2482 *bis*. Riduzione del capitale per perdite. – Quando risulta che il capitale è diminuito di oltre un terzo in conseguenza di perdite, gli amministratori devono senza indugio convocare l'assemblea dei soci per gli opportuni provvedimenti.

All'assemblea deve essere sottoposta una relazione degli amministratori sulla situazione patrimoniale della società, con le osservazioni nei casi previsti dall'articolo 2477 del collegio sindacale o del soggetto incaricato di effettuare la revisione legale dei conti (1). Se l'atto costitutivo non prevede diversamente, copia della relazione e delle osservazioni deve essere depositata nella sede della società almeno otto giorni prima dell'assemblea, perchè i soci possano prenderne visione.

Nell'assemblea gli amministratori devono dare conto dei fatti di rilievo avvenuti dopo la redazione della relazione prevista nel precedente comma.

Se entro l'esercizio successivo la perdita non risulta diminuita a meno di un terzo, deve essere convocata l'assemblea per l'approvazione del bilancio e per la riduzione del capitale in proporzione delle perdite accertate (2). In mancanza gli amministratori e i sindaci o il soggetto incaricato di effettuare la revisione legale dei conti ([3]) nominati ai sensi dell'articolo 2477 devono chiedere al tribunale che venga disposta la riduzione del capitale in ragione delle perdite risultanti dal bilancio.

Il tribunale, anche su istanza di qualsiasi interessato, provvede con decreto soggetto a reclamo, che deve essere iscritto nel registro delle imprese a cura degli amministratori.

Si applica, in quanto compatibile, l'ultimo comma dell'articolo 2446.

([1]) *Le parole: «o del revisore» sono state così sostituite dalle attuali: «o del soggetto incaricato di effettuare la revisione legale dei conti» dall'art. 37, comma 29, lett.* a), *del D.L.vo 27 gennaio 2010, n. 39.*

([2]) *Le parole: «l'assemblea convocata per l'approvazione del bilancio deve ridurre il capitale in proporzione delle perdite accertate.» sono state così sostituite dall'art. 5, lett.* vv), *del D.L.vo 6 febbraio 2004, n. 37.*

([3]) *Le parole: «o il revisore» sono state così sostituite dalle attuali: «o il soggetto incaricato di effettuare la revisione legale dei conti» dall'art. 37, comma 29, lett.* b), *del D.L.vo 27 gennaio 2010, n. 39.*

2482 *ter*. Riduzione del capitale al disotto del minimo legale. – Se, per la perdita di oltre un terzo del capitale, questo si riduce al disotto del minimo stabilito dal numero 4) dell'articolo 2463, gli amministratori devono senza indugio convocare l'assemblea per deliberare la riduzione del capitale ed il contemporaneo aumento del medesimo ad una cifra non inferiore al detto minimo.

È fatta salva la possibilità di deliberare la trasformazione della società.

2482 *quater*. Riduzione del capitale per perdite e diritti dei soci. – In tutti i casi di riduzione del capitale per perdite è esclusa ogni modificazione delle quote di partecipazione e dei diritti spettanti ai soci.

2483. Emissione di titoli di debito. – Se l'atto costitutivo lo prevede, la società può emettere titoli di debito. In tal caso l'atto costitutivo attribuisce la relativa competenza ai soci o agli amministratori determinando gli eventuali limiti, le modalità e le maggioranze necessarie per la decisione.

I titoli emessi ai sensi del precedente comma possono essere sottoscritti soltanto da investitori professionali soggetti a vigilanza prudenziale a norma delle leggi speciali. In caso di successiva circolazione dei titoli di debito, chi li trasferisce risponde della solvenza della società nei confronti degli acquirenti che non siano investitori professionali ovvero soci della società medesima.

La decisione di emissione dei titoli prevede le condizioni del prestito e le modalità del rimborso ed è iscritta a cura degli amministratori presso il registro delle imprese. Può altresì prevedere che, previo consenso della maggioranza dei possessori dei titoli, la società possa modificare tali condizioni e modalità.

Restano salve le disposizioni di leggi speciali relative a particolari categorie di società e alle riserve di attività.

Capo VIII
Scioglimento e liquidazione delle società di capitali (1)

(1) *Questo Capo è stato così sostituito dall'art. 4 del D.L.vo 17 gennaio 2003, n. 6, rettificato e corretto con avviso pubblicato in* Gazzetta Ufficiale *Serie gen. - n. 153 del 4 luglio 2003 e di nuovo rettificato con avviso pubblicato in* Gazzetta Ufficiale *Serie gen. - n. 165 del 18 luglio 2003, a decorrere dal 1° gennaio 2004.*

2484. Cause di scioglimento. – Le società per azioni, in accomandita per azioni e a responsabilità limitata si sciolgono:

1) per il decorso del termine;

2) per il conseguimento dell'oggetto sociale o per la sopravvenuta impossibilità di conseguirlo, salvo che l'assemblea, all'uopo convocata senza indugio, non deliberi le opportune modifiche statutarie;

3) per l'impossibilità di funzionamento o per la continuata inattività dell'assemblea;

4) per la riduzione del capitale al disotto del minimo legale, salvo quanto è disposto dagli articoli 2447 e 2482 *ter*;

5) nelle ipotesi previste dagli articoli 2437 *quater* e 2473;

6) per deliberazione dell'assemblea;

7) per le altre cause previste dall'atto costitutivo o dallo statuto (1).

La società inoltre si scioglie per le altre cause previste dalla legge; in queste ipotesi le disposizioni dei seguenti articoli si applicano in quanto compatibili.

Gli effetti dello scioglimento si determinano, nelle ipotesi previste dai numeri 1), 2), 3), 4) e 5) del primo comma, alla data dell'iscrizione presso l'ufficio del registro delle imprese della dichiarazione con cui gli amministratori ne accertano la causa e, nell'ipotesi prevista dal numero 6) del medesimo comma, alla data dell'iscrizione della relativa deliberazione.

Quando l'atto costitutivo o lo statuto prevedono altre cause di scioglimento, essi devono determinare la competenza a deciderle od accertarle, e ad effettuare gli adempimenti pubblicitari di cui al precedente comma.

(1) *A norma dell'art. 380, comma 1, del D.L.vo 12 gennaio 2019, n. 14, dopo il numero 7) è stato aggiunto il seguente:*

«7 bis*) per l'apertura della procedura di liquidazione giudiziale e della liquidazione controllata.».*

A norma dell'art. 389, comma 1, del medesimo provvedimento, tali disposizioni entreranno in vigore decorsi diciotto mesi dalla data di pubblicazione in Gazzetta Ufficiale *del suddetto decreto (Suppl. ord. alla* G.U. *n. 38 del 14 febbraio 2019).*

2485. Obblighi degli amministratori. – Gli amministratori devono senza indugio accertare il verificarsi di una causa di scioglimento e procedere agli adempimenti previsti dal terzo comma dell'articolo 2484. Essi, in caso di ritardo od omissione, sono personalmente e solidalmente responsabili per i danni subiti dalla società, dai soci, dai creditori sociali e dai terzi.

Quando gli amministratori omettono gli adempimenti di cui al precedente comma, il tribunale, su istanza di singoli soci o amministratori ovvero dei sindaci, accerta il verificarsi della causa di scioglimento, con decreto che deve essere iscritto a norma del terzo comma dell'articolo 2484.

2486. Poteri degli amministratori. – Al verificarsi di una causa di scioglimento e fino al momento della consegna di cui all'articolo 2487 *bis*, gli amministratori conservano il potere di gestire la società, ai soli fini della conservazione dell'integrità e del valore del patrimonio sociale.

Gli amministratori sono personalmente e solidalmente responsabili dei danni arrecati alla società, ai soci, ai creditori sociali ed ai terzi, per atti od omissioni compiuti in violazione del precedente comma.

Quando è accertata la responsabilità degli amministratori a norma del presente articolo, e salva la prova di un diverso ammontare, il danno risarcibile si presume pari alla differenza tra il patrimonio netto alla data in cui l'amministratore è cessato dalla carica o, in caso di apertura di una procedura concorsuale, alla data di apertura di tale procedura e il patrimonio netto determinato alla data in cui si è verificata una causa di scioglimento di cui all'articolo 2484, detratti i costi sostenuti e da sostenere, secondo un criterio di normalità, dopo il verificarsi della causa di scioglimento e fino al compimento della liquidazione. Se è stata aperta una procedura concorsuale e mancano le scritture contabili o se a causa dell'irregolarità delle stesse o per altre ragioni i netti patrimoniali non possono essere determinati, il danno è liquidato in misura pari alla differenza tra attivo e passivo accertati nella procedura ([1]).

([1]) *Questo comma è stato aggiunto dall'art. 378, comma 2, del D.L.vo 12 gennaio 2019, n. 14.*

A norma dell'art. 389, comma 2, del medesimo provvedimento, tali disposizioni entrano in vigore il trentesimo giorno successivo alla data di pubblicazione in Gazzetta Ufficiale *del suddetto decreto (Suppl. ord. alla* G.U. *n. 38 del 14 febbraio 2019).*

2487. Nomina e revoca dei liquidatori; criteri di svolgimento della liquidazione. – Salvo che nei casi previsti dai numeri 2), 4) e 6) del primo comma dell'articolo 2484 non abbia già provveduto l'assemblea e salvo che l'atto costitutivo o lo statuto non dispongano in materia, gli amministratori, contestualmente all'accertamento della causa di scioglimento, debbono convocare l'assemblea dei soci perchè deliberi, con le maggioranze previste per le modificazioni dell'atto costitutivo o dello statuto, su:

a) il numero dei liquidatori e le regole di funzionamento del collegio in caso di pluralità di liquidatori;

b) la nomina dei liquidatori, con indicazione di quelli cui spetta la rappresentanza della società;

c) i criteri in base ai quali deve svolgersi la liquidazione; i poteri dei liquidatori, con particolare riguardo alla cessione dell'azienda sociale, di rami di essa, ovvero anche di singoli beni o diritti, o blocchi di essi; gli atti necessari per la conservazione del valore dell'impresa, ivi compreso il suo esercizio provvisorio, anche di singoli rami, in funzione del migliore realizzo.

Se gli amministratori omettono la convocazione di cui al comma precedente, il tribunale vi provvede su istanza di singoli soci o amministratori, ovvero dei sindaci, e, nel caso in cui l'assemblea non si costituisca o non deliberi, adotta con decreto le decisioni ivi previste.

L'assemblea può sempre modificare, con le maggioranze richieste per le modificazioni dell'atto costitutivo o dello statuto, le deliberazioni di cui al primo comma.

I liquidatori possono essere revocati dall'assemblea o, quando sussiste una giusta causa, dal tribunale su istanza di soci, dei sindaci o del pubblico ministero.

2487 *bis*. Pubblicità della nomina dei liquidatori ed effetti. – La nomina dei liquidatori e la determinazione dei loro poteri, comunque avvenuta, nonché le loro modificazioni, devono essere iscritte, a loro cura, nel registro delle imprese.

Alla denominazione sociale deve essere aggiunta l'indicazione trattarsi di società in liquidazione.

Avvenuta l'iscrizione di cui al primo comma gli amministratori cessano dalla carica e consegnano ai liquidatori i libri sociali, una situazione dei conti alla data di effetto dello scioglimento ed un rendiconto sulla loro gestione relativo al periodo successivo all'ultimo bilancio approvato. Di tale consegna viene redatto apposito verbale.

2487 *ter*. Revoca dello stato di liquidazione. – La società può in ogni momento revocare lo stato di liquidazione, occorrendo previa eliminazione della causa di scioglimento, con deliberazione dell'assemblea presa con le maggioranze richieste per le modificazioni dell'atto costitutivo o dello statuto. Si applica l'articolo 2436.

La revoca ha effetto solo dopo sessanta giorni dall'iscrizione nel registro delle imprese della relativa deliberazione, salvo che consti il consenso dei creditori della società o il pagamento dei creditori che non hanno dato il consenso. Qualora nel termine suddetto i creditori anteriori all'iscrizione abbiano fatto opposizione, si applica l'ultimo comma dell'articolo 2445.

2488. Organi sociali. – Le disposizioni sulle decisioni dei soci, sulle assemblee e sugli organi amministrativi e di controllo si applicano, in quanto compatibili, anche durante la liquidazione.

2489. Poteri, obblighi e responsabilità dei liquidatori. – Salvo diversa disposizione statutaria, ovvero adottata in sede di nomina, i liquidatori hanno il potere di compiere tutti gli atti utili per la liquidazione della società.

I liquidatori debbono adempiere i loro doveri con la professionalità e diligenza richieste dalla natura dell'incarico e la loro responsabilità per i danni derivanti dall'inosservanza di tali doveri è disciplinata secondo le norme in tema di responsabilità degli amministratori.

2490. Bilanci in fase di liquidazione. – I liquidatori devono redigere il bilancio e presentarlo, alle scadenze previste per il bilancio di esercizio della società, per l'approvazione all'assemblea o, nel caso previsto dal terzo comma dell'articolo 2479, ai soci. Si applicano, in quanto compatibili con la natura, le finalità e lo stato della liquidazione, le disposizioni degli articoli 2423 e seguenti.

Nella relazione i liquidatori devono illustrare l'andamento, le prospettive, anche temporali, della liquidazione, ed i principi e criteri adottati per realizzarla.

Nella nota integrativa i liquidatori debbono indicare e motivare i criteri di valutazione adottati.

Nel primo bilancio successivo alla loro nomina i liquidatori devono indicare le variazioni nei criteri di valutazione adottati rispetto all'ultimo bilancio approvato, e le ragioni e conseguenze di tali variazioni. Al medesimo bilancio deve essere allegata la documentazione consegnata dagli amministratori a norma del terzo comma dell'articolo 2487 *bis*, con le eventuali osservazioni dei liquidatori.

Quando sia prevista una continuazione, anche parziale, dell'attività di impresa, le relative poste di bilancio devono avere una indicazione separata; la relazione deve indicare le ragioni e le prospettive della continuazione; la nota integrativa deve indicare e motivare i criteri di valutazione adottati.

Qualora per oltre tre anni consecutivi non venga depositato il bilancio di cui al presente articolo, la società è cancellata d'ufficio dal registro delle imprese con gli effetti previsti dall'articolo 2495.

2491. Poteri e doveri particolari dei liquidatori. – Se i fondi disponibili risultano insufficienti per il pagamento dei debiti sociali, i liquidatori possono chiedere proporzionalmente ai soci i versamenti ancora dovuti.

I liquidatori non possono ripartire tra i soci acconti sul risultato della liquidazione, salvo che dai bilanci risulti che la ripartizione non incide sulla disponibilità di somme idonee alla integrale e tempestiva soddisfazione dei creditori sociali; i liquidatori possono condizionare la ripartizione alla prestazione da parte del socio di idonee garanzie.

I liquidatori sono personalmente e solidalmente responsabili per i danni cagionati ai creditori sociali con la violazione delle disposizioni del comma precedente.

2492. Bilancio finale di liquidazione. – Compiuta la liquidazione, i liquidatori devono redigere il bilancio finale, indicando la parte spettante a ciascun socio o azione nella divisione dell'attivo.

Il bilancio, sottoscritto dai liquidatori e accompagnato dalla relazione dei sindaci e del soggetto incaricato di effettuare la revisione legale dei conti ([1]), è depositato presso l'ufficio del registro delle imprese.

Nei novanta giorni successivi all'iscrizione dell'avvenuto deposito, ogni socio può proporre reclamo davanti al tribunale in contraddittorio dei liquidatori.

I reclami devono essere riuniti e decisi in unico giudizio, nel quale tutti i soci possono intervenire. La trattazione della causa ha inizio quando sia decorso il termine suddetto. La sentenza fa stato anche riguardo ai non intervenuti.

([1]) *Le parole: «della revisione contabile» sono state così sostituite dalle attuali: «di effettuare la revisione legale dei conti» dall'art. 37, comma 30, del D.L.vo 27 gennaio 2010, n. 39.*

2493. Approvazione tacita del bilancio. – Decorso il termine di novanta giorni senza che siano stati proposti reclami, il bilancio finale di liquidazione s'intende approvato, e i liquidatori, salvi i loro obblighi relativi alla distribuzione dell'attivo risultante dal bilancio, sono liberati di fronte ai soci.

Indipendentemente dalla decorrenza del termine, la quietanza, rilasciata senza riserve all'atto del pagamento dell'ultima quota di riparto, importa approvazione del bilancio.

2494. Deposito delle somme non riscosse. – Le somme spettanti ai soci, non riscosse entro novanta giorni dall'iscrizione dell'avvenuto deposito del bilancio a norma dell'articolo 2492, devono essere depositate presso una banca con l'indicazione del cognome e del nome del socio o dei numeri delle azioni, se queste sono al portatore.

2495. (1) **Cancellazione della società.** – Approvato il bilancio finale di liquidazione, i liquidatori devono chiedere la cancellazione della società dal registro delle imprese.

Ferma restando l'estinzione della società, dopo la cancellazione i creditori sociali non soddisfatti possono far valere i loro crediti nei confronti dei soci, fino alla concorrenza delle somme da questi riscosse in base al bilancio finale di liquidazione, e nei confronti dei liquidatori, se il mancato pagamento è dipeso da colpa di questi. La domanda, se proposta entro un anno dalla cancellazione, può essere notificata presso l'ultima sede della società.

(1) *A norma dell'art. 28, comma 4, del D.L.vo 21 novembre 2014, n. 175, ai soli fini della validità e dell'efficacia degli atti di liquidazione, accertamento, contenzioso e riscossione dei tributi e contributi, sanzioni e interessi, l'estinzione della società di cui a questo articolo ha effetto trascorsi cinque anni dalla richiesta di cancellazione del Registro delle imprese. A norma dell'art. 28, comma 6, dello stesso provvedimento dall'entrata in vigore di queste disposizioni, non discendono obblighi di dichiarazione nuovi o diversi rispetto a quelli vigenti.*

2496. Deposito dei libri sociali. – Compiuta la liquidazione, la distribuzione dell'attivo o il deposito indicato nell'articolo 2494, i libri della società devono essere depositati e conservati per dieci anni presso l'ufficio del registro delle imprese; chiunque può esaminarli, anticipando le spese.

Capo IX
Direzione e coordinamento di società (¹)

(¹) *Questo Capo è stato così sostituito dall'art. 5 del D.L.vo 17 gennaio 2003, n. 6, rettificato e corretto con avviso pubblicato in* Gazzetta Ufficiale *Serie gen. - n. 153 del 4 luglio 2003 e di nuovo rettificato con avviso pubblicato in* Gazzetta Ufficiale *Serie gen. - n. 165 del 18 luglio 2003, a decorrere dal 1° gennaio 2004.*

2497. Responsabilità. – Le società o gli enti che, esercitando attività di direzione e coordinamento di società, agiscono nell'interesse imprenditoriale proprio o altrui in violazione dei principi di corretta gestione societaria e imprenditoriale delle società medesime, sono direttamente responsabili nei confronti dei soci di queste per il pregiudizio arrecato alla redditività ed al valore della partecipazione sociale, nonché nei confronti dei creditori sociali per la lesione cagionata all'integrità del patrimonio della società. Non vi è responsabilità quando il danno risulta mancante alla luce del risultato complessivo dell'attività di direzione e coordinamento ovvero integralmente eliminato anche a seguito di operazioni a ciò dirette (¹).

Risponde in solido chi abbia comunque preso parte al fatto lesivo e, nei limiti del vantaggio conseguito, chi ne abbia consapevolmente tratto beneficio.

Il socio ed il creditore sociale possono agire contro la società o l'ente che esercita l'attività di direzione e coordinamento, solo se non sono stati soddisfatti dalla società soggetta alla attività di direzione e coordinamento.

Nel caso di fallimento, liquidazione coatta amministrativa e amministrazione straordinaria di società soggetta ad altrui direzione e coordinamento, l'azione spettante ai creditori di questa è esercitata dal curatore o dal commissario liquidatore o dal commissario straordinario (²).

(¹) *A norma dell'art. 19, comma 6, del D.L. 1 luglio 2009, n. 78, convertito, con modificazioni, nella L. 3 agosto 2009, n. 102 , questo comma si interpreta nel senso che per enti si intendono i soggetti giuridici collettivi, diversi dallo Stato, che detengono la partecipazione sociale nell'ambito della propria attività imprenditoriale ovvero per finalità di natura economica o finanziaria.*

(²) *A norma dell'art. 382, comma 3, del D.L.vo 12 gennaio 2019, n. 14, questo comma è stato così sostituito dal seguente:*

«Nel caso di liquidazione giudiziale, liquidazione coatta amministrativa e amministrazione straordinaria di società soggetta ad altrui direzione e coordinamento, l'azione spettante ai creditori di questa è esercitata dal curatore o dal commissario liquidatore o dal commissario straordinario.».

A norma dell'art. 389, comma 1, del medesimo provvedimento, tali disposizioni entreranno in vigore decorsi diciotto mesi dalla data di pubblicazione in Gazzetta Ufficiale *del suddetto decreto (Suppl. ord. alla G.U. n. 38 del 14 febbraio 2019).*

2497 *bis*. Pubblicità. – La società deve indicare la società o l'ente alla cui attività di direzione e coordinamento è soggetta ([1]) negli atti e nella corrispondenza, nonché mediante iscrizione, a cura degli amministratori, presso la sezione del registro delle imprese di cui al comma successivo.

È istituita presso il registro delle imprese apposita sezione nella quale sono indicati le società o gli enti ([2]) che esercitano attività di direzione e coordinamento e quelle che vi sono soggette.

Gli amministratori che omettono l'indicazione di cui al comma primo ovvero l'iscrizione di cui al comma secondo, o le mantengono quando la soggezione è cessata, sono responsabili dei danni che la mancata conoscenza di tali fatti abbia recato ai soci o ai terzi.

La società deve esporre, in apposita sezione della nota integrativa, un prospetto riepilogativo dei dati essenziali dell'ultimo bilancio della società o dell'ente che esercita su di essa l'attività di direzione e coordinamento.

Parimenti, gli amministratori devono indicare nella relazione sulla gestione i rapporti intercorsi con chi esercita l'attività di direzione e coordinamento e con le altre società che vi sono soggette, nonché l'effetto che tale attività ha avuto sull'esercizio dell'impresa sociale e sui suoi risultati.

([1]) *Le parole*: «*la propria soggezione all'altrui attività di direzione e coordinamento*» *sono state così sostituite dall'art. 5, lett. zz), n. 1, del D.L.vo 6 febbraio 2004, n. 37.*

([2]) *Le parole*: «*sono indicati i soggetti*» *sono state così sostituite dall'art. 5, lett. zz), n. 2, del D.L.vo 6 febbraio 2004, n. 37.*

2497 *ter*. Motivazione delle decisioni. – Le decisioni delle società soggette ad attività di direzione e coordinamento, quando da questa influenzate, debbono essere analiticamente motivate e recare puntuale indicazione delle ragioni e degli interessi la cui valutazione ha inciso sulla decisione. Di esse viene dato adeguato conto nella relazione di cui all'articolo 2428.

2497 *quater*. Diritto di recesso. – Il socio di società soggetta ad attività di direzione e coordinamento può recedere:

a) quando la società o l'ente che esercita attività di direzione e coordinamento ha deliberato una trasformazione che implica il mutamento del suo scopo sociale, ovvero ha deliberato una modifica del suo oggetto sociale consentendo l'esercizio di attività che alterino in modo sensibile e diretto le condizioni economiche e patrimoniali della società soggetta ad attività di direzione e coordinamento;

b) quando a favore del socio sia stata pronunciata, con decisione esecutiva, condanna di chi esercita attività di direzione e coordinamento ai sensi dell'articolo 2497; in tal caso il diritto di recesso può essere esercitato soltanto per l'intera partecipazione del socio;

c) all'inizio ed alla cessazione dell'attività di direzione e coordinamento, quando non si tratta di una società con azioni quotate in mercati regolamentati e ne deriva un'alterazione delle condizioni di rischio dell'investimento e non venga promossa un'offerta pubblica di acquisto.

Si applicano, a seconda dei casi ed in quanto compatibili, le disposizioni previste per il diritto di recesso del socio nella società per azioni o in quella a responsabilità limitata.

2497 *quinquies*. Finanziamenti nell'attività di direzione e coordinamento. – Ai finanziamenti effettuati a favore della società da chi esercita attività di direzione e coordinamento nei suoi confronti o da altri soggetti ad essa sottoposti si applica l'articolo 2467.

2497 *sexies*. Presunzioni. – Ai fini di quanto previsto nel presente capo, si presume salvo prova contraria che l'attività di direzione e coordinamento di società sia esercitata dalla società o ente tenuto al consolidamento dei loro bilanci o che comunque le controlla ([1]) ai sensi dell'articolo 2359.

[Le disposizioni del presente capo si applicano altresì a chi esercita attività di direzione e coordinamento di società sulla base di un contratto con le società medesime o di clausole dei loro statuti] ([2]).

([1]) *Le parole: «dalle società o enti tenuti al consolidamento dei loro bilanci o che comunque le controllano» sono state così sostituite dall'art. 5, lett.* aaa), *n. 1, del D.L.vo 6 febbraio 2004, n. 37.*

([2]) *Questo comma è stato soppresso dall'art. 5, lett.* aaa), *n. 2, del D.L.vo 6 febbraio 2004, n. 37.*

2497 *septies*. ([1]) Coordinamento fra società. – Le disposizioni del presente capo si applicano altresì alla società o all'ente che, fuori dalle ipotesi di cui all'articolo 2497 *sexies*, esercita attività di direzione e coordinamento di società sulla base di un contratto con le società medesime o di clausole dei loro statuti.

([1]) *Questo articolo è stato inserito dall'art. 5, lett.* bbb), *del D.L.vo 6 febbraio 2004, n. 37.*

Capo X
Della trasformazione, della fusione e della scissione (1)

(1) *Questo Capo è stato aggiunto dall'art. 6 del D.L.vo 17 gennaio 2003, n. 6, rettificato e corretto con avviso pubblicato in* Gazzetta Ufficiale *Serie gen. - n. 153 del 4 luglio 2003 e di nuovo rettificato con avviso pubblicato in* Gazzetta Ufficiale *Serie gen. - n. 165 del 18 luglio 2003, a decorrere dal 1° gennaio 2004.*

Sezione I
Della trasformazione

2498. Continuità dei rapporti giuridici. – Con la trasformazione l'ente trasformato conserva i diritti e gli obblighi e prosegue in tutti i rapporti anche processuali dell'ente che ha effettuato la trasformazione.

2499. Limiti alla trasformazione. – Può farsi luogo alla trasformazione anche in pendenza di procedura concorsuale, purché non vi siano incompatibilità con le finalità o lo stato della stessa.

2500. Contenuto, pubblicità ed efficacia dell'atto di trasformazione. – La trasformazione in società per azioni, in accomandita per azioni o a responsabilità limitata deve risultare da atto pubblico, contenente le indicazioni previste dalla legge per l'atto di costituzione del tipo adottato.

L'atto di trasformazione è soggetto alla disciplina prevista per il tipo adottato ed alle forme di pubblicità relative, nonché alla pubblicità richiesta per la cessazione dell'ente che effettua la trasformazione.

La trasformazione ha effetto dall'ultimo degli adempimenti pubblicitari di cui al comma precedente.

2500 *bis*. Invalidità della trasformazione. – Eseguita la pubblicità di cui all'articolo precedente, l'invalidità dell'atto di trasformazione non può essere pronunciata.

Resta salvo il diritto al risarcimento del danno eventualmente spettante ai partecipanti all'ente trasformato ed ai terzi danneggiati dalla trasformazione.

2500 *ter*. Trasformazione di società di persone. – Salvo diversa disposizione del contratto sociale, la trasformazione di società di persone in società di capitali è decisa con il consenso della maggioranza dei soci determinata secondo la parte attribuita a ciascuno negli utili; in ogni caso al socio che non ha concorso alla decisione spetta il diritto di recesso.

Nei casi previsti dal precedente comma il capitale della società risultante dalla trasformazione deve essere determinato sulla base dei valori attuali degli elementi dell'attivo e del passivo e deve risultare da relazione di stima redatta a norma dell'articolo 2343 ovvero dalla documentazione di cui all'articolo 2343 *ter* ovvero, infine, nel caso di società a responsabilità limitata, dell'articolo 2465. Si applicano altresì, nel caso di società per azioni o in accomandita per azioni, il secondo, terzo e, in quanto compatibile, quarto comma dell'articolo 2343 ovvero, nelle ipotesi di cui al primo e secondo comma dell'articolo 2343 *ter*, il terzo comma del medesimo articolo (¹).

(¹) Questo comma è stato così sostituito dall'art. 20, comma 5, del D.L. 24 giugno 2014, n. 91, convertito, con modificazioni, nella L. 11 agosto 2014, n. 116.

2500 *quater*. Assegnazione di azioni o quote. – Nel caso previsto dall'articolo 2500 *ter*, ciascun socio ha diritto all'assegnazione di un numero di azioni o di una quota proporzionale alla sua partecipazione, salvo quanto disposto dai commi successivi.

Il socio d'opera ha diritto all'assegnazione di un numero di azioni o di una quota in misura corrispondente alla partecipazione che l'atto costitutivo gli riconosceva precedentemente alla trasformazione o, in mancanza, d'accordo tra i soci ovvero, in difetto di accordo, determinata dal giudice secondo equità.

Nelle ipotesi di cui al comma precedente, le azioni o quote assegnate agli altri soci si riducono proporzionalmente.

2500 *quinquies*. Responsabilità dei soci. – La trasformazione non libera i soci a responsabilità illimitata dalla responsabilità per le obbligazioni sociali sorte prima degli adempimenti previsti dal terzo comma dell'articolo 2500, se non risulta che i creditori sociali hanno dato il loro consenso alla trasformazione.

Il consenso si presume se i creditori, ai quali la deliberazione di trasformazione sia stata comunicata per raccomandata o con altri mezzi che garantiscano la prova dell'avvenuto ricevimento, non lo hanno espressamente negato nel termine di sessanta giorni dal ricevimento della comunicazione.

2500 *sexies*. Trasformazione di società di capitali. – Salvo diversa disposizione dello statuto, la deliberazione di trasformazione di società di capitali in società di persone è adottata con le maggioranze previste per le modifiche dello statuto. È comunque richiesto il consenso dei soci che con la trasformazione assumono responsabilità illimitata.

Gli amministratori devono predisporre una relazione che illustri le motivazioni e gli effetti della trasformazione. Copia della relazione deve restare depositata presso la sede sociale durante i trenta giorni che precedono l'assemblea convocata per deliberare la trasformazione; i soci hanno diritto di prenderne visione e di ottenerne gratuitamente copia.

Ciascun socio ha diritto all'assegnazione di una partecipazione proporzionale al valore della sua quota o delle sue azioni.

I soci che con la trasformazione assumono responsabilità illimitata, rispondono illimitatamente anche per le obbligazioni sociali sorte anteriormente alla trasformazione.

2500 *septies*. Trasformazione eterogenea da società di capitali. – Le società disciplinate nei capi V, VI, VII del presente titolo possono trasformarsi in consorzi, società consortili, società cooperative, comunioni di azienda, associazioni non riconosciute e fondazioni.

Si applica l'articolo 2500 *sexies*, in quanto compatibile.

La deliberazione deve essere assunta con il voto favorevole dei due terzi degli aventi diritto, e comunque con il consenso dei soci che assumono responsabilità illimitata.

La deliberazione di trasformazione in fondazione produce gli effetti che il capo II del titolo II del Libro primo ricollega all'atto di fondazione o alla volontà del fondatore.

2500 *octies*. Trasformazione eterogenea in società di capitali. – I consorzi, le società consortili, le comunioni d'azienda, le associazioni riconosciute e le fondazioni possono trasformarsi in una delle società disciplinate nei capi V, VI e VII del presente titolo.

La deliberazione di trasformazione deve essere assunta, nei consorzi, con il voto favorevole della maggioranza assoluta dei consorziati; nelle comunioni di aziende all'unanimità; nelle società consortili e nelle associazioni con la maggioranza richiesta dalla legge o dall'atto costitutivo per lo scioglimento anticipato.

La trasformazione di associazioni in società di capitali può essere esclusa dall'atto costitutivo o, per determinate categorie di associazioni, dalla legge; non è comunque ammessa per le associazioni che abbiano ricevuto contributi pubblici oppure liberalità e oblazioni del pubblico. Il capitale sociale della società risultante dalla trasformazione è diviso in parti uguali fra gli associati, salvo diverso accordo tra gli stessi.

La trasformazione di fondazioni in società di capitali è disposta dall'autorità governativa, su proposta dell'organo competente. Le azioni o quote sono assegnate secondo le disposizioni dell'atto di fondazione o, in mancanza, dell'articolo 31.

2500 *novies*. Opposizione dei creditori. – In deroga a quanto disposto dal terzo comma dell'articolo 2500, la trasformazione eterogenea ha effetto dopo sessanta giorni dall'ultimo degli adempimenti pubblicitari previsti dallo stesso articolo, salvo che consti il consenso dei creditori o il pagamento dei creditori che non hanno dato il consenso.

I creditori possono, nel suddetto termine di sessanta giorni, fare opposizione. Si applica in tal caso l'ultimo comma dell'articolo 2445.

Sezione II
Della fusione delle società

2501. Forme di fusione. – La fusione di più società può eseguirsi mediante la costituzione di una nuova società, o mediante l'incorporazione in una società di una o più altre.

La partecipazione alla fusione non è consentita alle società in liquidazione che abbiano iniziato la distribuzione dell'attivo.

2501 *bis*. Fusione a seguito di acquisizione con indebitamento. – Nel caso di fusione tra società, una delle quali abbia contratto debiti per acquisire il controllo dell'altra, quando per effetto della fusione il patrimonio di quest'ultima viene a costituire garanzia generica o fonte di rimborso di detti debiti, si applica la disciplina del presente articolo.

Il progetto di fusione di cui all'articolo 2501 *ter* deve indicare le risorse finanziarie previste per il soddisfacimento delle obbligazioni della società risultante dalla fusione.

La relazione di cui all'articolo 2501 *quinquies* deve indicare le ragioni che giustificano l'operazione e contenere un piano economico e finanziario con indicazione della fonte delle risorse finanziarie e la descrizione degli obiettivi che si intendono raggiungere.

La relazione degli esperti di cui all'articolo 2501 *sexies*, attesta la ragionevolezza delle indicazioni contenute nel progetto di fusione ai sensi del precedente secondo comma.

Al progetto deve essere allegata una (1) relazione del soggetto incaricato della revisione legale dei conti (2) della società obiettivo o della società acquirente.

Alle fusioni di cui al primo comma non si applicano le disposizioni degli articoli 2505 e 2505 *bis*.

(1) *La parola: «una» è stata inserita dall'art. 5, lett. ccc), del D.L.vo 6 febbraio 2004, n. 37.*

(2) *Le parole: «della società di revisione incaricata della revisione contabile obbligatoria» sono state così sostituite dalle attuali: «del soggetto incaricato della revisione legale dei conti» dall'art. 37, comma 31, del D.L.vo 27 gennaio 2010, n. 39.*

2501 *ter*. Progetto di fusione. – L'organo amministrativo delle società partecipanti alla fusione redige un progetto di fusione, dal quale devono in ogni caso risultare:

1) il tipo, la denominazione o ragione sociale, la sede delle società partecipanti alla fusione;

2) l'atto costitutivo della nuova società risultante dalla fusione o di quella incorporante, con le eventuali modificazioni derivanti dalla fusione;

3) il rapporto di cambio delle azioni o quote, nonché l'eventuale conguaglio in danaro;

4) le modalità di assegnazione delle azioni o delle quote della società che risulta dalla fusione o di quella incorporante;

5) la data dalla quale tali azioni o quote partecipano agli utili;

6) la data a decorrere dalla quale le operazioni delle società partecipanti alla fusione sono imputate al bilancio della società che risulta dalla fusione o di quella incorporante;

7) il trattamento eventualmente riservato a particolari categorie di soci e ai possessori di titoli diversi dalle azioni;

8) i vantaggi particolari eventualmente proposti a favore dei soggetti cui compete l'amministrazione delle società partecipanti alla fusione.

Il conguaglio in danaro indicato nel numero 3) del comma precedente non può essere superiore al dieci per cento del valore nominale delle azioni o delle quote assegnate.

Il progetto di fusione è depositato per l'iscrizione nel registro delle imprese del luogo ove hanno sede le società partecipanti alla fusione. In alternativa al deposito presso il registro delle imprese il progetto di fusione è pubblicato nel sito Internet della società, con modalità atte a garantire la sicurezza del sito medesimo, l'autenticità dei documenti e la certezza della data di pubblicazione ([1]).

Tra l'iscrizione o la pubblicazione nel sito Internet ([2]) del progetto e la data fissata per la decisione in ordine alla fusione devono intercorrere almeno trenta giorni, salvo che i soci rinuncino al termine con consenso unanime.

([1]) *Questo comma è stato così sostituito dall'art. 1, comma 1, lett.* a)*, del D.L.vo 22 giugno 2012, n. 123.*

([2]) *Le parole: «o la pubblicazione nel sito Internet» sono state inserite dall'art. 1, comma 1, lett.* b)*, del D.L.vo 22 giugno 2012, n. 123.*

2501 *quater*. Situazione patrimoniale. – L'organo amministrativo delle società partecipanti alla fusione redige ([1]), con l'osservanza delle norme sul bilancio d'esercizio, la situazione patrimoniale delle società stesse, riferita ad una data non anteriore di oltre centoventi giorni al giorno in cui il progetto di fusione è depositato nella sede della società ovvero pubblicato sul sito Internet di questa ([2]).

La situazione patrimoniale può essere sostituita dal bilancio dell'ultimo esercizio, se questo è stato chiuso non oltre sei mesi prima del giorno del deposito o della pubblicazione indicato nel primo comma, ovvero, nel caso di società quotata in mercati regolamentati, dalla relazione finanziaria semestrale prevista dalle leggi speciali, purché non riferita ad una data antecedente sei mesi dal giorno di deposito o pubblicazione indicato al primo comma ([3]).

La situazione patrimoniale non è richiesta se vi rinunciano all'unanimità i soci e i possessori di altri strumenti finanziari che attribuiscono il diritto di voto di ciascuna delle società partecipanti alla fusione ([4]).

([1]) *Le parole: «deve redigere» sono state così sostituite dalla parola: «redige» dall'art. 1, comma 2, lett. a), del D.L.vo 22 giugno 2012, n. 123.*

([2]) *Le parole: «ovvero pubblicato sul sito Internet di questa» sono state inserite dall'art. 1, comma 2, lett. a), del D.L.vo 22 giugno 2012, n. 123.*

([3]) *Le parole: «del giorno del deposito indicato nel primo comma» sono state così sostituite dalle parole: «del giorno del deposito o della pubblicazione indicato nel primo comma, ovvero, nel caso di società quotata in mercati regolamentati, dalla relazione finanziaria semestrale prevista dalle leggi speciali, purché non riferita ad una data antecedente sei mesi dal giorno di deposito o pubblicazione indicato al primo comma» dall'art. 1, comma 2, lett. b), del D.L.vo 22 giugno 2012, n. 123.*

([4]) *Questo comma è stato aggiunto dall'art. 1, comma 2, lett. c), del D.L.vo 22 giugno 2012, n. 123.*

2501 *quinquies*. Relazione dell'organo amministrativo. – L'organo amministrativo delle società partecipanti alla fusione deve predisporre una relazione che illustri e giustifichi, sotto il profilo giuridico ed economico, il progetto di fusione e in particolare il rapporto di cambio delle azioni o delle quote.

La relazione deve indicare i criteri di determinazione del rapporto di cambio. Nella relazione devono essere segnalate le eventuali difficoltà di valutazione.

L'organo amministrativo segnala ai soci in assemblea e all'organo amministrativo delle altre società partecipanti alla fusione le modifiche rilevanti degli elementi dell'attivo e del passivo eventualmente intervenute tra la data in cui il progetto di fusione è depositato presso la sede della società ovvero pubblicato nel sito Internet di questa e la data della decisione sulla fusione ([1]).

La relazione di cui al primo comma non è richiesta se vi rinunciano all'unanimità i soci e i possessori di altri strumenti finanziari che attribuiscono il diritto di voto di ciascuna delle società partecipanti alla fusione ([1]).

([1]) *Questo comma è stato aggiunto dall'art. 1, comma 3, del D.L.vo 22 giugno 2012, n. 123.*

Codice Civile

2501 *sexies*. Relazione degli esperti. – Uno o più esperti per ciascuna società redigono (1) una relazione sulla congruità del rapporto di cambio delle azioni o delle quote, che indichi:

a) il metodo o i metodi seguiti per la determinazione del rapporto di cambio proposto e i valori risultanti dall'applicazione di ciascuno di essi;

b) le eventuali difficoltà di valutazione.

La relazione deve contenere, inoltre, un parere sull'adeguatezza del metodo o dei metodi seguiti per la determinazione del rapporto di cambio e sull'importanza relativa attribuita a ciascuno di essi nella determinazione del valore adottato.

L'esperto o gli esperti sono scelti tra i soggetti di cui al primo comma dell'articolo 2409 *bis* e, se la società incorporante o la società risultante dalla fusione è una società per azioni o in accomandita per azioni, sono designati dal tribunale del luogo in cui ha sede la società. Se la società è quotata in mercati regolamentati, l'esperto è scelto tra le società di revisione sottoposte alla vigilanza della Commissione Nazionale per le Società e la Borsa (2) (3).

In ogni caso, le società partecipanti alla fusione possono congiuntamente richiedere al tribunale del luogo in cui ha sede la società risultante dalla fusione o quella incorporante la nomina di uno o più esperti comuni.

Ciascun esperto ha diritto di ottenere dalle società partecipanti alla fusione tutte le informazioni e i documenti utili e di procedere ad ogni necessaria verifica.

L'esperto risponde dei danni causati alle società partecipanti alle fusioni, ai loro soci e ai terzi. Si applicano le disposizioni dell'articolo 64 del codice di procedura civile.

Ai soggetti di cui ai precedenti terzo e quarto comma è altresì affidata, in ipotesi di fusione di società di persone con società di capitali, la relazione di stima del patrimonio della società di persone a norma dell'articolo 2343.

La relazione di cui al primo comma non è richiesta se vi rinunciano all'unanimità i soci e i possessori di altri strumenti finanziari che attribuiscono il diritto di voto (4) di ciascuna società partecipante alla fusione (5).

(1) *Le parole: «devono redigere» sono state così sostituite dalla parola: «redigono» dall'art. 1, comma 4, lett.* a), *del D.L.vo 22 giugno 2012, n. 123.*

(2) *L'ultimo periodo di questo comma è stato così sostituito dall'art. 37, comma 32, del D.L.vo 27 gennaio 2010, n. 39.*

(3) *Questo comma è stato così sostituito dall'art. 5, lett.* ddd), *del D.L.vo 6 febbraio 2004, n. 37.*

(4) *Le parole: «e i possessori di altri strumenti finanziari che attribuiscono il diritto di voto» sono state inserite dall'art. 1, comma 4, lett.* b), *del D.L.vo 22 giugno 2012, n. 123.*

(5) *Questo comma è stato aggiunto dall'art. 1, comma 1, del D.L.vo 13 ottobre 2009, n. 147. A norma dell'art. 2 dello stesso decreto legislativo, tale disposizione si applica alle fusioni e alle scissioni i cui progetti non siano stati approvati dagli organi competenti di alcuna delle società partecipanti alla fusione o alla scissione, alla data di entrata in vigore dello stesso decreto* (G.U. *Serie gen. - n. 254 del 31 ottobre 2009*).

2501 *septies*. Deposito di atti. – Devono restare depositati in copia nella sede delle società partecipanti alla fusione, ovvero pubblicati sul sito Internet delle stesse, (1) durante i trenta giorni che precedono la decisione in ordine alla fusione, salvo che i soci rinuncino al termine con consenso unanime, e finché la fusione sia decisa:

1) il progetto di fusione con le relazioni, ove redatte, (2) indicate negli articoli 2501 *quinquies* e 2501 *sexies*;

2) i bilanci degli ultimi tre esercizi delle società partecipanti alla fusione, con le relazioni dei soggetti cui compete l'amministrazione e la revisione legale (3);

3) le situazioni patrimoniali delle società partecipanti alla fusione ove redatte a norma dell'articolo 2501 *quater*, primo comma, ovvero, nel caso previsto dall'articolo 2501 *quater*, secondo comma, la relazione finanziaria semestrale (4).

I soci hanno diritto di prendere visione di questi documenti e di ottenerne gratuitamente copia. Su richiesta del socio le copie gli sono trasmesse telematicamente (5). La società non è tenuta a fornire copia dei documenti, qualora gli stessi siano stati pubblicati sul sito Internet della società dal quale sia possibile effettuarne liberamente copia o stampa (5).

(1) *Le parole*: «*ovvero pubblicati sul sito Internet delle stesse,*» *sono state inserite dall'art. 1, comma 5, lett.* a), *del D.L.vo 22 giugno 2012, n. 123.*

(2) *Le parole*: «*con le relazioni*» *sono state così sostituite dalle parole*: «*con le relazioni, ove redatte,*» *dall'art. 1, comma 5, lett.* b), *del D.L.vo 22 giugno 2012, n. 123.*

(3) *Le parole:* «*il controllo contabile*» *sono state così sostituite dalle attuali:* «*la revisione legale*» *dall'art. 37, comma 33, del D.L.vo 27 gennaio 2010, n. 39.*

(4) *Questo numero è stato così sostituito dall'art. 1, comma 5, lett.* c), *del D.L.vo 22 giugno 2012, n. 123.*

(5) *Questo periodo è stato aggiunto dall'art. 1, comma 5, lett.* d), *del D.L.vo 22 giugno 2012, n. 123.*

2502. Decisione in ordine alla fusione. – La fusione è decisa da ciascuna delle società che vi partecipano mediante approvazione del relativo progetto. Se l'atto costitutivo o lo statuto non dispongono diversamente, tale approvazione avviene, nelle società di persone, con il consenso della maggioranza dei soci determinata secondo la parte attribuita a ciascuno negli utili, salva la facoltà di recesso per il socio che non abbia consentito alla fusione e, nelle società di capitali, secondo le norme previste per la modificazione dell'atto costitutivo o statuto.

La decisione di fusione può apportare al progetto di cui all'articolo 2501 *ter* solo le modifiche che non incidono sui diritti dei soci o dei terzi.

2502 *bis*. Deposito e iscrizione della decisione di fusione. – La deliberazione di fusione delle società previste nei capi V, VI e VII deve essere depositata per l'iscrizione nel registro delle imprese, insieme con i documenti indicati nell'articolo 2501 *septies*. Si applica l'articolo 2436.

La decisione di fusione delle società previste nei capi II, III e IV deve essere depositata per l'iscrizione nell'ufficio del registro delle imprese, insieme con i documenti indicati nell'articolo 2501 *septies*; il deposito va effettuato a norma dell'articolo 2436 se la società risultante dalla fusione o quella incorporante è regolata dai capi V, VI, VII.

2503. Opposizione dei creditori. – La fusione può essere attuata solo dopo sessanta giorni dall'ultima delle iscrizioni previste dall'articolo 2502 *bis*, salvo che consti il consenso dei creditori delle società che vi partecipano anteriori all'iscrizione o alla pubblicazione (1) prevista nel terzo comma dell'articolo 2501 *ter*, o il pagamento dei creditori che non hanno dato il consenso, ovvero il deposito delle somme corrispondenti presso una banca, salvo che la relazione di cui all'articolo 2501 *sexies* sia redatta, per tutte le società partecipanti alla fusione, da un'unica società di revisione la quale asseveri, sotto la propria responsabilità ai sensi del sesto comma dell'articolo 2501 *sexies*, che la situazione patrimoniale e finanziaria delle società partecipanti alla fusione rende non necessarie garanzie a tutela dei suddetti creditori.

Se non ricorre alcuna di tali eccezioni, i creditori indicati al comma precedente possono, nel suddetto termine di sessanta giorni, fare opposizione. Si applica in tal caso l'ultimo comma dell'articolo 2445.

(1) *Le parole: «o alla pubblicazione» sono state inserite dall'art. 1, comma 6, del D.L.vo 22 giugno 2012, n. 123.*

2503 *bis*. Obbligazioni. – I possessori di obbligazioni delle società partecipanti alla fusione possono fare opposizione a norma dell'articolo 2503, salvo che la fusione sia approvata dall'assemblea degli obbligazionisti.

Ai possessori di obbligazioni convertibili deve essere data facoltà, mediante avviso da pubblicarsi nella *Gazzetta Ufficiale* della Repubblica italiana almeno novanta giorni prima della iscrizione del progetto di fusione, di esercitare il diritto di conversione nel termine di trenta giorni dalla pubblicazione dell'avviso.

Ai possessori di obbligazioni convertibili che non abbiano esercitato la facoltà di conversione devono essere assicurati diritti equivalenti a quelli loro spettanti prima della fusione, salvo che la modificazione dei loro diritti sia stata approvata dall'assemblea prevista dall'articolo 2415.

2504. Atto di fusione. – La fusione deve risultare da atto pubblico.

L'atto di fusione deve essere depositato per l'iscrizione, a cura del notaio o dei soggetti cui compete l'amministrazione della società risultante dalla fusione o di quella incorporante, entro trenta giorni, nell'ufficio del registro delle imprese dei luoghi ove è posta la sede delle società partecipanti alla fusione, di quella che ne risulta o della società incorporante.

Il deposito relativo alla società risultante dalla fusione o di quella incorporante non può precedere quelli relativi alle altre società partecipanti alla fusione.

2504 *bis*. Effetti della fusione. – La società che risulta dalla fusione o quella incorporante assumono i diritti e gli obblighi delle società partecipanti alla fusione, proseguendo in tutti i loro rapporti, anche processuali, anteriori alla fusione.

La fusione ha effetto quando è stata eseguita l'ultima delle iscrizioni prescritte dall'articolo 2504. Nella fusione mediante incorporazione può tuttavia essere stabilita una data successiva.

Per gli effetti ai quali si riferisce il primo comma dell'articolo 2501 *ter*, numeri 5) e 6), possono essere stabilite date anche anteriori.

Nel primo bilancio successivo alla fusione le attività e le passività sono iscritte ai valori risultanti dalle scritture contabili alla data di efficacia della fusione medesima; se dalla fusione emerge un disavanzo, esso deve essere imputato, ove possibile, agli elementi dell'attivo e del passivo delle società partecipanti alla fusione e, per la differenza e nel rispetto delle condizioni previste dal numero 6 dell'articolo 2426, ad avviamento. Quando si tratta di società che fa ricorso al mercato del capitale di rischio, devono altresì essere allegati alla nota integrativa prospetti contabili indicanti i valori attribuiti alle attività e passività delle società che hanno partecipato alla fusione e la relazione di cui all'articolo 2501 *sexies*. Se dalla fusione emerge un avanzo, esso è iscritto ad apposita voce del patrimonio netto, ovvero, quando sia dovuto a previsione di risultati economici sfavorevoli, in una voce dei fondi per rischi ed oneri ([1]).

La fusione attuata mediante costituzione di una nuova società di capitali ovvero mediante incorporazione in una società di capitali non libera i soci a responsabilità illimitata dalla responsabilità per le obbligazioni delle rispettive società partecipanti alla fusione anteriori all'ultima delle iscrizioni prescritte dall'articolo 2504, se non risulta che i creditori hanno dato il loro consenso.

(1) *L'ultimo periodo di questo comma è stato aggiunto dall'art. 23 del D.L.vo 28 dicembre 2004, n. 310.*

2504 *ter*. Divieto di assegnazione di azioni o quote. – La società che risulta dalla fusione non può assegnare azioni o quote in sostituzione di quelle delle società partecipanti alla fusione possedute, anche per il tramite di società fiduciarie o di interposta persona, dalle società medesime.

La società incorporante non può assegnare azioni o quote in sostituzione di quelle delle società incorporate possedute, anche per il tramite di società fiduciaria o di interposta persona, dalle incorporate medesime o dalla società incorporante.

2504 *quater*. Invalidità della fusione. – Eseguite le iscrizioni dell'atto di fusione a norma del secondo comma dell'articolo 2504, l'invalidità dell'atto di fusione non può essere pronunciata.

Resta salvo il diritto al risarcimento del danno eventualmente spettante ai soci o ai terzi danneggiati dalla fusione.

2505. Incorporazione di società interamente possedute. – Alla fusione per incorporazione di una società in un'altra che possiede tutte le azioni o le quote della prima non si applicano le disposizioni dell'articolo 2501 *ter*, primo comma, numeri 3), 4) e 5) e degli articoli 2501 *quinquies* e 2501 *sexies*.

L'atto costitutivo o lo statuto può prevedere che la fusione per incorporazione di una società in un'altra che possiede tutte le azioni o le quote della prima sia decisa, con deliberazione risultante da atto pubblico, dai rispettivi organi amministrativi, sempre che siano rispettate, con riferimento a ciascuna delle società partecipanti alla fusione, le disposizioni dell'articolo 2501 *ter*, terzo e quarto comma, nonché, quanto alla società incorporante, quelle dell'articolo 2501 *septies* (1).

I soci della società incorporante che rappresentano almeno il cinque per cento del capitale sociale possono in ogni caso, con domanda indirizzata alla società entro otto giorni dal deposito o dalla pubblicazione (2) di cui al terzo comma dell'articolo 2501 *ter*, chiedere che la decisione di approvazione della fusione da parte della incorporante medesima sia adottata a norma del primo comma dell'articolo 2502.

(1) *Le parole: «le disposizioni dell'articolo 2501* ter *e, quanto alla società incorporante, anche quelle dell'articolo 2501* septies*, primo comma, numeri 1 e 2» sono state così sostituite dalle parole: «le disposizioni dell'articolo 2501* ter*, terzo e quarto comma,*

nonché, quanto alla società incorporante, quelle dell'articolo 2501 septies» *dall'art. 1, comma 7, lett.* a), *del D.L.vo 22 giugno 2012, n. 123.*

(2) *Le parole*: *«o dalla pubblicazione» sono state inserite dall'art. 1, comma 7, lett.* b), *del D.L.vo 22 giugno 2012, n. 123.*

2505 *bis*. Incorporazione di società possedute al novanta per cento. – Alla fusione per incorporazione di una o più società in un'altra che possiede almeno il novanta per cento delle loro azioni o quote non si applicano le disposizioni degli articoli 2501 *quater*, 2501 *quinquies*, 2501 *sexies* e 2501 *septies* (1), qualora venga concesso agli altri soci della società incorporata il diritto di far acquistare le loro azioni o quote dalla società incorporante per un corrispettivo determinato alla stregua dei criteri previsti per il recesso.

L'atto costitutivo o lo statuto possono prevedere che la fusione per incorporazione di una o più società in un'altra che possiede almeno il novanta per cento delle loro azioni o quote sia decisa, quanto alla società incorporante, dal suo organo amministrativo, con deliberazione risultante da atto pubblico, sempre che siano rispettate le disposizioni dell'articolo 2501 *septies* (2), e che l'iscrizione o la pubblicazione prevista (3) dall'articolo 2501 *ter*, terzo comma, sia fatta, per la società incorporante, almeno trenta giorni prima della data fissata per la decisione di fusione da parte della società incorporata.

Si applica la disposizione di cui al terzo comma dell'articolo 2505.

(1) *Le parole*: *«dell'articolo 2501* sexies» *sono state così sostituite dalle parole*: *«degli articoli 2501* quater, *2501* quinquies, *2501* sexies *e 2501* septies» *dall'art. 1, comma 8, lett.* a), *del D.L.vo 22 giugno 2012, n. 123.*

(2) *Le parole*: *«dell'articolo 2501* septies, *primo comma, numeri 1 e 2» sono state così sostituite dalle parole*: *«dell'articolo 2501* septies» *dall'art. 1, comma 8, lett.* b), *del D.L.vo 22 giugno 2012, n. 123.*

(3) *Le parole*: *«l'iscrizione prevista» sono state così sostituite dalle parole*: *«l'iscrizione o la pubblicazione prevista» dall'art. 1, comma 8, lett.* b), *del D.L.vo 22 giugno 2012, n. 123.*

2505 *ter*. Effetti della pubblicazione degli atti del procedimento di fusione nel registro delle imprese. – Alle iscrizioni nel registro delle imprese ai sensi degli articoli 2501 *ter*, 2502 *bis* e 2504 conseguono gli effetti previsti dall'articolo 2448.

2505 *quater*. Fusioni cui non partecipano società con capitale rappresentato da azioni. – Se alla fusione non partecipano società regolate dai capi V e VI del presente titolo, né società cooperative per azioni, non si applicano le disposizioni degli articoli 2501, secondo comma, e 2501 *ter*, secondo comma; [le disposizioni dell'articolo 2501 *sexies* possono essere derogate con il consenso di tutti i soci delle società partecipanti alla fusione;] (1) i termini di cui agli articoli 2501 *ter*, quarto comma, 2501 *septies*, primo comma, e 2503, primo comma, sono ridotti alla metà.

(1) *Le parole tra parentesi quadrate sono state soppresse dall'art. 1, comma 2, del D.L.vo 13 ottobre 2009, n. 147. A norma dell'art. 2 dello stesso decreto legislativo, tale disposizione si applica alle fusioni e alle scissioni i cui progetti non siano stati approvati dagli organi competenti di alcuna delle società partecipanti alla fusione o alla scissione, alla data di entrata in vigore dello stesso decreto* (G.U. *Serie gen. - n. 254 del 31 ottobre 2009*).

Sezione III
Della scissione delle società

2506. Forme di scissione. – Con la scissione una società assegna l'intero suo patrimonio a più società, preesistenti o di nuova costituzione, o parte del suo patrimonio, in tal caso anche ad una sola società, e le relative azioni o quote ai suoi soci.

È consentito un conguaglio in danaro, purché non superiore al dieci per cento del valore nominale delle azioni o quote (1) attribuite. È consentito inoltre che, per consenso unanime, ad alcuni soci non vengano distribuite azioni o quote (1) di una delle società beneficiarie della scissione, ma azioni o quote (1) della società scissa.

La società scissa può, con la scissione, attuare il proprio scioglimento senza liquidazione, ovvero continuare la propria attività.

La partecipazione alla scissione non è consentita alle società in liquidazione che abbiano iniziato la distribuzione dell'attivo.

(1) *Le parole*: «*o quote*» *sono state inserite dall'art. 5, lett.* eee), *del D.L.vo 6 febbraio 2004, n. 37.*

2506 *bis*. Progetto di scissione. – L'organo amministrativo delle società partecipanti alla scissione redige un progetto dal quale devono risultare i dati indicati nel primo comma dell'articolo 2501 *ter* ed inoltre l'esatta descrizione degli elementi patrimoniali da assegnare a ciascuna delle società beneficiarie e dell'eventuale conguaglio in danaro.

Se la destinazione di un elemento dell'attivo non è desumibile dal progetto, esso, nell'ipotesi di assegnazione dell'intero patrimonio della società scissa, è ripartito tra le società beneficiarie in proporzione della quota del patrimonio netto assegnato a ciascuna di esse, così come valutato ai fini della determinazione del rapporto di cambio; se l'assegnazione del patrimonio della società è solo parziale, tale elemento rimane in capo alla società trasferente.

Degli elementi del passivo, la cui destinazione non è desumibile dal progetto, rispondono in solido, nel primo caso, le società beneficiarie, nel secondo la società scissa e le società beneficiarie. La responsabilità solidale è limitata al valore effettivo del patrimonio netto attribuito a ciascuna società beneficiaria.

Dal progetto di scissione devono risultare i criteri di distribuzione delle azioni o quote delle società beneficiarie. Qualora il progetto preveda una attribuzione delle partecipazioni ai soci non proporzionale alla loro quota di partecipazione originaria, il progetto medesimo deve prevedere il diritto dei soci che non approvino la scissione di far acquistare le proprie partecipazioni per un corrispettivo determinato alla stregua dei criteri previsti per il recesso, indicando coloro a cui carico è posto l'obbligo di acquisto.

Il progetto di scissione è depositato per l'iscrizione nel registro delle imprese ovvero pubblicato sul sito Internet della società a norma dell'articolo 2501 *ter*, commi terzo e quarto (1).

(1) *Questo comma è stato così sostituito dall'art. 1, comma 9, del D.L.vo 22 giugno 2012, n. 123.*

2506 *ter*. Norme applicabili. – L'organo amministrativo delle società partecipanti alla scissione redige la situazione patrimoniale e la relazione illustrativa in conformità agli articoli 2501 *quater* e 2501 *quinquies*.

La relazione dell'organo amministrativo deve inoltre illustrare i criteri di distribuzione delle azioni o quote e deve indicare il valore effettivo del patrimonio netto assegnato alle società beneficiarie e di quello che eventualmente rimanga nella società scissa. Quando la scissione si realizza mediante aumento di capitale con conferimento di beni in natura o di crediti, la relazione dell'organo amministrativo menziona, ove prevista, l'elaborazione della relazione di cui all'articolo 2343 e il registro delle imprese presso il quale tale relazione è depositata (1).

Si applica alla scissione l'articolo 2501 *sexies*; la situazione patrimoniale prevista dall'articolo 2501 *quater* e le relazioni previste dagli articoli 2501 *quinquies* e 2501 *sexies*, non sono richieste (2) quando la scissione avviene mediante la costituzione di una o più nuove società e non siano previsti criteri di attribuzione delle azioni o quote diversi da quello proporzionale.

Con il consenso unanime dei soci e dei possessori di altri strumenti finanziari che danno diritto di voto nelle società partecipanti alla scissione l'organo amministrativo può essere esonerato dalla redazione dei documenti previsti nei precedenti commi.

Sono altresì applicabili alla scissione gli articoli 2501 *septies*, 2502, 2502 *bis*, 2503, 2503 *bis*, 2504, 2504 *ter*, 2504 *quater*, 2505, (3) primo e secondo comma, (4) 2505 *bis* e 2505 *ter*. Tutti i riferimenti alla fusione contenuti in detti articoli s'intendono riferiti anche alla scissione.

(1) *Questo periodo è stato aggiunto dall'art. 27, comma 1, della L. 30 ottobre 2014, n. 161.*

(2) *Le parole: «la relazione ivi prevista non è richiesta» sono state così sostituite dalle parole: «la situazione patrimoniale prevista dall'articolo 2501* quater *e le relazioni previste dagli articoli 2501* quinquies *e 2501* sexies*, non sono richieste» dall'art. 1, comma 10, lett. a), del D.L.vo 22 giugno 2012, n. 123.*

(3) *La parola: «2505,» è stata inserita dall'art. 24 del D.L.vo 28 dicembre 2004, n. 310.*

(4) *Le parole: «primo e secondo comma,» sono state inserite dall'art. 1, comma 10, lett. b), del D.L.vo 22 giugno 2012, n. 123.*

2506 *quater*. Effetti della scissione. – La scissione ha effetto dall'ultima delle iscrizioni dell'atto di scissione nell'ufficio del registro delle imprese in cui sono iscritte le società beneficiarie; può essere tuttavia stabilita una data successiva, tranne che nel caso di scissione mediante costituzione di società nuove. Per gli effetti a cui si riferisce l'articolo 2501 *ter*, numeri 5) e 6), possono essere stabilite date anche anteriori. Si applica il quarto comma dell'articolo 2504 *bis*.

Qualunque società beneficiaria può effettuare gli adempimenti pubblicitari relativi alla società scissa.

Ciascuna società è solidalmente responsabile, nei limiti del valore effettivo del patrimonio netto ad essa assegnato o rimasto, dei debiti della società scissa non soddisfatti dalla società cui fanno carico.

Capo XI
Delle società costituite all'estero (1)

(1) *Questo Capo è stato aggiunto dall'art. 7 del D.L.vo 17 gennaio 2003, n. 6, rettificato e corretto con avviso pubblicato in* Gazzetta Ufficiale *Serie gen. - n. 153 del 4 luglio 2003 e di nuovo rettificato con avviso pubblicato in* Gazzetta Ufficiale *Serie gen. - n. 165 del 18 luglio 2003, a decorrere dal 1° gennaio 2004.*

2507. Rapporti con il diritto comunitario. – L'interpretazione ed applicazione delle disposizioni contenute nel presente capo è effettuata in base ai principi dell'ordinamento delle Comunità europee.

2508. Società estere con sede secondaria nel territorio dello Stato. – Le società costituite all'estero, le quali stabiliscono nel territorio dello Stato una o più sedi secondarie con rappresentanza stabile, sono soggette, per ciascuna sede, alle disposizioni della legge italiana sulla pubblicità degli atti sociali. Esse devono inoltre pubblicare, secondo le medesime disposizioni, il cognome, il nome, la data e il luogo di nascita delle persone che le rappresentano stabilmente nel territorio dello Stato, con indicazione dei relativi poteri.

Ai terzi che hanno compiuto operazioni con le sede secondaria non può essere opposto che gli atti pubblicati ai sensi dei commi precedenti sono difformi da quelli pubblicati nello Stato ove è situata la sede principale.

Le società costituite all'estero sono altresì soggette, per quanto riguarda le sedi secondarie, alle disposizioni che regolano l'esercizio dell'impresa o che la subordinano all'osservanza di particolari condizioni.

Negli atti e nella corrispondenza delle sedi secondarie di società costituite all'estero devono essere contenute le indicazioni richieste dall'articolo 2250; devono essere altresì indicati l'ufficio del registro delle imprese presso la quale è iscritta la sede secondaria e il numero di iscrizione.

2509. Società estere di tipo diverso da quelle nazionali. – Le società costituite all'estero, che sono di tipo diverso da quelli regolati in questo codice, sono soggette alle norme della società per azioni, per ciò che riguarda gli obblighi relativi all'iscrizione degli atti sociali nel registro delle imprese e la responsabilità degli amministratori.

2509 *bis*. Responsabilità in caso di inosservanza delle formalità. – Fino all'adempimento delle formalità sopra indicate, coloro che agiscono in nome della società rispondono illimitatamente e solidalmente per le obbligazioni sociali.

2510. Società con prevalenti interessi stranieri. – Sono salve le disposizioni delle leggi speciali che vietano o sottopongono a particolari condizioni l'esercizio di determinate attività da parte di società nelle quali siano rappresentati interessi stranieri.

Titolo VI
Delle società cooperative
e delle mutue assicuratrici ([1])

([1]) *Questo Titolo è stato così sostituito dall'art. 8 del D.L.vo 17 gennaio 2003, n. 6, rettificato e corretto con avviso pubblicato in* Gazzetta Ufficiale *Serie gen. - n. 153 del 4 luglio 2003 e di nuovo rettificato con avviso pubblicato in* Gazzetta Ufficiale *Serie gen. - n. 165 del 18 luglio 2003, a decorrere dal 1° gennaio 2004.*

Capo I
Delle società cooperative ([1])

([1]) *A norma dell'art. 14, comma 15 della L. 12 novembre 2011, n. 183, nel caso in cui siano entrate in vigore norme di legge o regolamentari che incidano, direttamente o indirettamente, sulle materie regolate dallo statuto sociale, le società cooperative di cui a questo capo, le cui azioni non siano negoziate in mercati regolamentati, possono modificare il proprio statuto con le maggioranze assembleari previste in via generale dallo statuto per le sue modificazioni, anche nei casi in cui lo statuto stesso preveda maggioranze più elevate per la modifica di determinati suoi articoli.*

Sezione I
Disposizioni generali.
Cooperative
a mutualità prevalente

2511. Società cooperative. – Le cooperative sono società a capitale variabile con scopo mutualistico iscritte presso l'albo delle società cooperative di cui all'articolo 2512, secondo comma, e all'articolo 223 *sexiesdecies* delle disposizioni per l'attuazione del presente codice ([1]).

([1]) *Le parole: «iscritte presso l'albo delle società cooperative di cui all'articolo 2512, secondo comma, e all'articolo 223* sexiesdecies *delle disposizioni per l'attuazione del presente codice» sono state aggiunte dall'art. 10, comma 1 della L. 23 luglio 2009, n. 99.*

2512. Cooperativa a mutualità prevalente. – Sono società cooperative a mutualità prevalente, in ragione del tipo di scambio mutualistico, quelle che:

1) svolgono la loro attività prevalentemente in favore dei soci, consumatori o utenti di beni o servizi;

2) si avvalgono prevalentemente, nello svolgimento della loro attività, delle prestazioni lavorative dei soci;

3) si avvalgono prevalentemente, nello svolgimento della loro attività, degli apporti di beni o servizi da parte dei soci.

Le società cooperative a mutualità prevalente si iscrivono in un apposito albo, presso il quale depositano annualmente i propri bilanci.

2513. (1) **Criteri per la definizione della prevalenza.** – Gli amministratori e i sindaci documentano la condizione di prevalenza di cui al precedente articolo nella nota integrativa al bilancio, evidenziando contabilmente i seguenti parametri:

a) i ricavi dalle vendite dei beni e dalle prestazioni di servizi verso i soci sono superiori al cinquanta per cento del totale dei ricavi delle vendite e delle prestazioni ai sensi dell'articolo 2425, primo comma, punto A1;

b) il costo del lavoro dei soci è superiore al cinquanta per cento del totale del costo del lavoro di cui all'articolo 2425, primo comma, punto B9 computate le altre forme di lavoro inerenti lo scopo mutualistico (2);

c) il costo della produzione per servizi ricevuti dai soci ovvero per beni conferiti dai soci è rispettivamente superiore al cinquanta per cento del totale dei costi dei servizi di cui all'articolo 2425, primo comma, punto B7, ovvero al costo delle merci o materie prime acquistate o conferite, di cui all'articolo 2425, primo comma, punto B6.

Quando si realizzano contestualmente più tipi di scambio mutualistico, la condizione di prevalenza è documentata facendo riferimento alla media ponderata delle percentuali delle lettere precedenti.

Nelle cooperative agricole la condizione di prevalenza sussiste quando la quantità o il valore dei prodotti conferiti dai soci è superiore al cinquanta per cento della quantità o del valore totale dei prodotti.

(1) *Si veda il D.M. 30 dicembre 2005, recante regimi derogatori ai criteri per la definizione della prevalenza* (Gazzetta Ufficiale *Serie gen. - n. 20 del 25 gennaio 2006*).

(2) *Le parole da*: *«computate le ...» fino alla fine della lettera, sono state aggiunte dall'art. 25 del D.L.vo 28 dicembre 2004, n. 310.*

2514. Requisiti delle cooperative a mutualità prevalente. – Le cooperative a mutualità prevalente devono prevedere nei propri statuti:

a) il divieto di distribuire i dividendi in misura superiore all'interesse massimo dei buoni postali fruttiferi, aumentato di due punti e mezzo rispetto al capitale effettivamente versato;

b) il divieto di remunerare gli strumenti finanziari offerti in sottoscrizione ai soci cooperatori in misura superiore a due punti rispetto al limite massimo previsto per i dividendi;

c) il divieto di distribuire le riserve fra i soci cooperatori;

d) l'obbligo di devoluzione, in caso di scioglimento della società, dell'intero patrimonio sociale, dedotto soltanto il capitale sociale e i dividendi eventualmente maturati, ai fondi mutualistici per la promozione e lo sviluppo della cooperazione.

Le cooperative deliberano l'introduzione e la soppressione delle clausole di cui al comma precedente con le maggioranze previste per l'assemblea straordinaria.

2515. Denominazione sociale. – La denominazione sociale, in qualunque modo formata, deve contenere l'indicazione di società cooperativa.

L'indicazione di cooperativa non può essere usata da società che non hanno scopo mutualistico.

[Le società cooperative a mutualità prevalente devono indicare negli atti e nella corrispondenza il numero di iscrizione presso l'albo delle cooperative a mutualità prevalente] ([1]).

([1]) *Questo comma è stato abrogato dall'art. 10, comma 5, della L. 23 luglio 2009, n. 99.*

2516. Rapporti con i soci. – Nella costituzione e nell'esecuzione dei rapporti mutualistici deve essere rispettato il principio di parità di trattamento.

2517. Enti mutualistici. – Le disposizioni del presente titolo non si applicano agli enti mutualistici diversi dalle società.

2518. Responsabilità per le obbligazioni sociali. – Nelle società cooperative per le obbligazioni sociali risponde soltanto la società con il suo patrimonio.

2519. Norme applicabili. – Alle società cooperative, per quanto non previsto dal presente titolo, si applicano in quanto compatibili le disposizioni sulla società per azioni.

L'atto costitutivo può prevedere che trovino applicazione, in quanto compatibili, le norme sulla società a responsabilità limitata nelle cooperative con un numero di soci cooperatori inferiore a venti ovvero con un attivo dello stato patrimoniale non superiore ad un milione di euro.

2520. Leggi speciali. – Le cooperative regolate dalle leggi speciali sono soggette alle disposizioni del presente titolo, in quanto compatibili.

La legge può prevedere la costituzione di cooperative destinate a procurare beni o servizi a soggetti appartenenti a particolari categorie anche di non soci.

Sezione II
Della costituzione

2521. Atto costitutivo. – La società deve costituirsi per atto pubblico.

L'atto costitutivo stabilisce le regole per lo svolgimento dell'attività mutualistica e può prevedere che la società svolga la propria attività anche con terzi.

L'atto costitutivo deve indicare:

1) il cognome e il nome o la denominazione, il luogo e la data di nascita o di costituzione, il domicilio o la sede, la cittadinanza dei soci;

2) la denominazione, e il comune ove è posta la sede della società e le eventuali sedi secondarie;

3) la indicazione specifica dell'oggetto sociale con riferimento ai requisiti e agli interessi dei soci;

4) la quota di capitale sottoscritta da ciascun socio, i versamenti eseguiti e, se il capitale è ripartito in azioni, il loro valore nominale;

5) il valore attribuito ai crediti e ai beni conferiti in natura;

6) i requisiti e le condizioni per l'ammissione dei soci e il modo e il tempo in cui devono essere eseguiti i conferimenti;

7) le condizioni per l'eventuale recesso o per la esclusione dei soci;

8) le regole per la ripartizione degli utili e i criteri per la ripartizione dei ristorni;

9) le forme di convocazione dell'assemblea, in quanto si deroga alle disposizioni di legge;

10) il sistema di amministrazione adottato, il numero degli amministratori e i loro poteri, indicando quali tra essi hanno la rappresentanza della società;

11) il numero dei componenti del collegio sindacale;

12) la nomina dei primi amministratori e sindaci;

13) l'importo globale, almeno approssimativo, delle spese per la costituzione poste a carico delle società.

Lo statuto contenente le norme relative al funzionamento della società, anche se forma oggetto di atto separato, si considera parte integrante dell'atto costitutivo.

I rapporti tra la società e i soci possono essere disciplinati da regolamenti che determinano i criteri e le regole inerenti allo svolgimento dell'attività mutualistica tra la società e i soci. I regolamenti, quando non costituiscono parte integrante dell'atto costitutivo, sono predisposti dagli amministratori e approvati dall'assemblea con le maggioranze previste per le assemblee straordinarie.

2522. Numero dei soci. – Per costituire una società cooperativa è necessario che i soci siano almeno nove.

Può essere costituita una società cooperativa da almeno tre soci quando i medesimi sono persone fisiche e la società adotta le norme della società a responsabilità limitata; nel caso di attività agricola possono essere soci anche le società semplici (1).

Se successivamente alla costituzione il numero dei soci diviene inferiore a quello stabilito nei precedenti commi, esso deve essere integrato nel termine massimo di un anno, trascorso il quale la società si scioglie e deve essere posta in liquidazione.

La legge determina il numero minimo di soci necessario per la costituzione di particolari categorie di cooperative.

(1) *Le parole da: «; nel caso ...» fino alla fine del periodo sono state aggiunte dall'art. 26 del D.L.vo 28 dicembre 2004, n. 310.*

2523. Deposito dell'atto costitutivo e iscrizione della società. – Il notaio che ha ricevuto l'atto costitutivo deve depositarlo entro venti giorni presso l'ufficio del registro delle imprese nella cui circoscrizione è stabilita la sede sociale, a norma dell'articolo 2330.

Gli effetti dell'iscrizione e della nullità sono regolati rispettivamente dagli articoli 2331 e 2332.

2524. Variabilità del capitale. – Il capitale sociale non è determinato in un ammontare prestabilito.

Nelle società cooperative l'ammissione di nuovi soci, nelle forme previste dall'articolo 2528 non importa modificazione dell'atto costitutivo.

La società può deliberare aumenti di capitale con modificazione dell'atto costitutivo nelle forme previste dagli articoli 2438 e seguenti.

L'esclusione o la limitazione del diritto di opzione può essere autorizzata dall'assemblea su proposta motivata degli amministratori.

Sezione III
Delle quote
e delle azioni

2525. Quote e azioni. – Il valore nominale di ciascuna azione o quota non può essere inferiore a venticinque euro né per le azioni ([1]) superiore a cinquecento euro.

Ove la legge non preveda diversamente, nelle società cooperative nessun socio può avere una quota superiore a centomila euro, né tante azioni il cui valore nominale superi tale somma.

L'atto costitutivo, nelle società cooperative con più di cinquecento soci, può elevare il limite previsto nel precedente comma sino al due per cento del capitale sociale. Le azioni eccedenti tale limite possono essere riscattate o alienate nell'interesse del socio dagli amministratori e, comunque, i relativi diritti patrimoniali sono destinati a riserva indivisibile a norma dell'articolo 2545 *ter*.

I limiti di cui ai commi precedenti non si applicano nel caso di conferimenti di beni in natura o di crediti, nei casi previsti dagli articoli 2545 *quinquies* e 2545 *sexies*, e con riferimento ai soci diversi dalle persone fisiche ed ai sottoscrittori degli strumenti finanziari dotati di diritti di amministrazione.

Alle azioni si applicano, in quanto compatibili, le disposizioni degli articoli 2346, 2347, 2348, 2349, 2354 e 2355. Tuttavia nelle azioni non è indicato l'ammontare del capitale né quello dei versamenti parziali sulle azioni non completamente liberate.

([1]) *Le parole: «per le azioni» sono state inserite dall'art. 27 del D.L.vo 28 dicembre 2004, n. 310.*

2526. Soci finanziatori e altri sottoscrittori di titoli di debito. – L'atto costitutivo può prevedere l'emissione di strumenti finanziari, secondo la disciplina prevista per le società per azioni.

L'atto costitutivo stabilisce i diritti patrimoniali o anche amministrativi ([1]) attribuiti ai possessori degli strumenti finanziari e le eventuali condizioni cui è sottoposto il loro trasferimento. I privilegi previsti nella ripartizione degli utili e nel rimborso del capitale non si estendono alle riserve indivisibili a norma dell'articolo 2545 *ter*. Ai possessori di strumenti finanziari non può, in ogni caso, essere attribuito più di un terzo dei voti spettanti all'insieme dei soci presenti ovvero rappresentati in ciascuna assemblea generale.

Il recesso dei possessori di strumenti finanziari forniti del diritto di voto è disciplinato dagli articoli 2437 e seguenti.

La cooperativa cui si applicano le norme sulla società a responsabilità limitata può offrire in sottoscrizione strumenti privi di diritti di amministrazione solo a investitori qualificati (2).

(1) *Le parole: «i diritti di amministrazione o patrimoniali» sono state così sostituite dall'art. 5, lett. fff), del D.L.vo 6 febbraio 2004, n. 37.*

(2) *A norma dell'art. 11, comma 3 bis, del D.L. 23 dicembre 2013, n. 145, convertito, con modificazioni, nella L. 21 febbraio 2014, n. 9, questo comma si interpreta nel senso che, nelle cooperative cui si applicano le norme sulle società a responsabilità limitata, il limite all'emissione di strumenti finanziari si riferisce esclusivamente ai titoli di debito.*

2527. Requisiti dei soci. – L'atto costitutivo stabilisce i requisiti per l'ammissione dei nuovi soci e la relativa procedura, secondo criteri non discriminatori coerenti con lo scopo mutualistico e l'attività economica svolta.

Non possono in ogni caso divenire soci quanti esercitano in proprio imprese in concorrenza con quella della cooperativa (1).

L'atto costitutivo può prevedere, determinandone i diritti e gli obblighi, l'ammissione del nuovo socio cooperatore in una categoria speciale in ragione dell'interesse alla sua formazione ovvero del suo inserimento nell'impresa. I soci ammessi alla categoria speciale non possono in ogni caso superare un terzo del numero totale dei soci cooperatori. Al termine di un periodo comunque non superiore a cinque anni il nuovo socio è ammesso a godere i diritti che spettano agli altri soci cooperatori.

(1) *Questo comma è stato così sostituito dall'art. 28 del D.L.vo 28 dicembre 2004, n. 310.*

2528. Procedura di ammissione e carattere aperto della società. – L'ammissione di un nuovo socio è fatta con deliberazione degli amministratori su domanda dell'interessato. La deliberazione di ammissione deve essere comunicata all'interessato e annotata a cura degli amministratori nel libro dei soci.

Il nuovo socio deve versare, oltre l'importo della quota o delle azioni, il soprapprezzo eventualmente determinato dall'assemblea in sede di approvazione del bilancio su proposta dagli amministratori.

Il consiglio di amministrazione deve entro sessanta giorni motivare la deliberazione di rigetto della domanda di ammissione e comunicarla agli interessati.

Qualora la domanda di ammissione non sia accolta dagli amministratori, chi l'ha proposta può entro sessanta giorni dalla comunicazione del diniego chiedere che sull'istanza si pronunci l'assemblea, la quale delibera sulle domande non accolte, se non appositamente convocata, in occasione della sua prossima successiva convocazione.

Gli amministratori nella relazione al bilancio illustrano le ragioni delle determinazioni assunte con riguardo all'ammissione dei nuovi soci.

2529. Acquisto delle proprie quote o azioni. – L'atto costitutivo può autorizzare gli amministratori ad acquistare o rimborsare quote o azioni della società, purché sussistano le condizioni previste dal secondo comma dell'articolo 2545 *quinquies* e l'acquisto o il rimborso è fatto nei limiti degli utili distribuibili e delle riserve disponibili risultanti dall'ultimo bilancio regolarmente approvato.

2530. Trasferibilità della quota o delle azioni. – La quota o le azioni dei soci cooperatori non possono essere cedute con effetto verso la società, se la cessione non è autorizzata dagli amministratori.

Il socio che intende trasferire la propria quota o le proprie azioni deve darne comunicazione agli amministratori con lettera raccomandata.

Il provvedimento che concede o nega l'autorizzazione deve essere comunicato al socio entro sessanta giorni dal ricevimento della richiesta.

Decorso tale termine, il socio è libero di trasferire la propria partecipazione e la società deve iscrivere nel libro dei soci l'acquirente che abbia i requisiti previsti per divenire socio.

Il provvedimento che nega al socio l'autorizzazione deve essere motivato. Contro il diniego il socio entro sessanta giorni dal ricevimento della comunicazione può proporre opposizione al tribunale.

Qualora l'atto costitutivo vieti la cessione della quota o delle azioni il socio può recedere dalla società, con preavviso di novanta giorni. Il diritto di recesso, in caso di divieto statutario di trasferimento della partecipazione, non può essere esercitato prima che siano decorsi due anni dall'ingresso del socio nella società.

2531. Mancato pagamento delle quote o delle azioni. – Il socio che non esegue in tutto o in parte il pagamento delle quote o delle azioni sottoscritte può, previa intimazione da parte degli amministratori, essere escluso a norma dell'articolo 2533.

2532. Recesso del socio. – Il socio cooperatore può recedere dalla società nei casi previsti dalla legge e dall'atto costitutivo. Il recesso non può essere parziale.

La dichiarazione di recesso deve essere comunicata con raccomandata alla società. Gli amministratori devono esaminarla entro sessanta giorni dalla ricezione. Se non sussistono i presupposti del recesso, gli amministratori devono darne immediata comunicazione al socio, che entro sessanta giorni dal ricevimento della comunicazione, può proporre opposizione innanzi il tribunale.

Il recesso ha effetto per quanto riguarda il rapporto sociale dalla comunicazione del provvedimento di accoglimento della domanda. Ove la legge o l'atto costitutivo non preveda diversamente, per i rapporti mutualistici tra socio e società il recesso ha effetto con la chiusura dell'esercizio in corso, se comunicato tre mesi prima, e, in caso contrario, con la chiusura dell'esercizio successivo.

2533. Esclusione del socio. – L'esclusione del socio, oltre che nel caso indicato all'articolo 2531, può aver luogo:

1) nei casi previsti dall'atto costitutivo;

2) per gravi inadempienze delle obbligazioni che derivano dalla legge, dal contratto sociale, dal regolamento o dal rapporto mutualistico;

3) per mancanza o perdita dei requisiti previsti per la partecipazione alla società;

4) nei casi previsti dall'articolo 2286;

5) nei casi previsti dell'articolo 2288, primo comma.

L'esclusione deve essere deliberata dagli amministratori o, se l'atto costitutivo lo prevede, dall'assemblea.

Contro la deliberazione di esclusione il socio può proporre opposizione al tribunale, nel termine di sessanta giorni dalla comunicazione.

Qualora l'atto costitutivo non preveda diversamente, lo scioglimento del rapporto sociale determina anche la risoluzione dei rapporti mutualistici pendenti.

2534. Morte del socio. – In caso di morte del socio, gli eredi hanno diritto alla liquidazione della quota o al rimborso delle azioni secondo le disposizioni dell'articolo seguente.

L'atto costitutivo può prevedere che gli eredi provvisti dei requisiti per l'ammissione alla società subentrino nella partecipazione del socio deceduto.

Nell'ipotesi prevista dal secondo comma, in caso di pluralità di eredi, questi debbono nominare un rappresentante comune, salvo che la quota sia divisibile e la società consenta la divisione.

2535. Liquidazione della quota o rimborso delle azioni del socio uscente. – La liquidazione della quota o il rimborso delle azioni ha luogo sulla base del bilancio dell'esercizio in cui si sono verificati il recesso, l'esclusione o la morte del socio.

La liquidazione della partecipazione sociale, eventualmente ridotta in proporzione alle perdite imputabili al capitale, avviene sulla base dei criteri stabiliti nell'atto costitutivo. Salvo diversa disposizione, la liquidazione comprende anche il rimborso del soprapprezzo, ove versato, qualora sussista nel patrimonio della società e non sia stato destinato ad aumento gratuito del capitale ai sensi dell'articolo 2545 *quinquies*, terzo comma.

Il pagamento deve essere fatto entro centottanta giorni dall'approvazione del bilancio. L'atto costitutivo può prevedere che, per la frazione della quota o le azioni assegnate al socio ai sensi degli articoli dell'articolo 2545 *quinquies* e 2545 *sexies*, la liquidazione o il rimborso, unitamente agli interessi legali, possa essere corrisposto in più rate entro un termine massimo di cinque anni.

2536. Responsabilità del socio uscente e dei suoi eredi. – Il socio che cessa di far parte della società risponde verso questa per il pagamento dei conferimenti non versati, per un anno dal giorno in cui il recesso, la esclusione o la cessione della quota si è verificata.

Se entro un anno dallo scioglimento del rapporto associativo si manifesta l'insolvenza della società, il socio uscente è obbligato verso questa nei limiti di quanto ricevuto per la liquidazione della quota o per il rimborso delle azioni.

Nello stesso modo e per lo stesso termine sono responsabili verso la società gli eredi del socio defunto.

2537. Creditore particolare del socio. – Il creditore particolare del socio cooperatore, finché dura la società, non può agire esecutivamente sulla quota e sulle azioni del medesimo.

Sezione IV
Degli organi sociali

2538. Assemblea. – Nelle assemblee hanno diritto di voto coloro che risultano iscritti da almeno novanta giorni nel libro dei soci.

Ciascun socio cooperatore ha un voto, qualunque sia il valore della quota o il numero delle azioni possedute. L'atto costitutivo determina i limiti al diritto di voto degli strumenti finanziari offerti in sottoscrizione ai soci cooperatori.

Ai soci cooperatori persone giuridiche l'atto costitutivo può attribuire più voti, ma non oltre cinque, in relazione all'ammontare della quota oppure al numero dei loro membri.

Nelle cooperative in cui i soci realizzano lo scopo mutualistico attraverso l'integrazione delle rispettive imprese o di talune fasi di esse, l'atto costitutivo può prevedere che il diritto di voto sia attribuito in ragione della partecipazione allo scambio mutualistico. Lo statuto stabilisce un limite per il voto plurimo per tali categorie di soci, in modo che nessuno di essi possa esprimere più del decimo dei voti in ciascuna assemblea generale. In ogni caso, ad essi non può essere attribuito più di un terzo dei voti spettanti all'insieme dei soci presenti o rappresentati in ciascuna assemblea generale.

Le maggioranze richieste per la costituzione delle assemblee e per la validità delle deliberazioni sono determinate dall'atto costitutivo e sono calcolate secondo il numero dei voti spettanti ai soci.

L'atto costitutivo può prevedere che il voto venga espresso per corrispondenza, ovvero mediante altri mezzi di telecomunicazione. In tal caso l'avviso di convocazione deve contenere per esteso la deliberazione proposta. Se sono poste in votazione proposte diverse da quelle indicate nell'avviso di convocazione, i voti espressi per corrispondenza non si computano ai fini della regolare costituzione dell'assemblea.

2539. Rappresentanza nell'assemblea. – Nelle cooperative disciplinate dalle norme sulla società per azioni ciascun socio può rappresentare sino ad un massimo di dieci soci.

Il socio imprenditore individuale può farsi rappresentare nell'assemblea anche dal coniuge, dai parenti entro il terzo grado e dagli affini entro il secondo che collaborano all'impresa.

2540. Assemblee separate. – L'atto costitutivo delle società cooperative può prevedere lo svolgimento di assemblee separate, anche rispetto a specifiche materie ovvero in presenza di particolari categorie di soci.

Lo svolgimento di assemblee separate deve essere previsto quando la società cooperativa ha più di tremila soci e svolge la propria attività in più province ovvero se ha più di cinquecento soci e si realizzano più gestioni mutualistiche.

L'atto costitutivo stabilisce il luogo, i criteri e le modalità di convocazione e di partecipazione all'assemblea generale dei soci delegati e assicura in ogni caso la proporzionale rappresentanza delle minoranze espresse dalle assemblee separate.

I delegati debbono essere soci. Alla assemblea generale possono assistere anche i soci che hanno preso parte alle assemblee separate.

Le deliberazioni della assemblea generale possono essere impugnate ai sensi dell'articolo 2377 anche dai soci assenti e dissenzienti nelle assemblee separate quando, senza i voti espressi dai delegati delle assemblee separate irregolarmente tenute, verrebbe meno la maggioranza richiesta per la validità della deliberazione.

Le deliberazioni delle assemblee separate non possono essere autonomamente impugnate.

Le disposizioni del presente articolo non si applicano alle società cooperative con azioni ammesse alla quotazione in mercati regolamentati.

2541. Assemblee speciali dei possessori degli strumenti finanziari. – Se sono stati emessi strumenti finanziari privi di diritto di voto, l'assemblea speciale di ciascuna categoria delibera:

1) sull'approvazione delle deliberazioni dell'assemblea della società cooperativa che pregiudicano i diritti della categoria;

2) sull'esercizio dei diritti ad essa eventualmente attribuiti ai sensi dell'articolo 2526;

3) sulla nomina e sulla revoca dei rappresentanti comuni di ciascuna categoria e sull'azione di responsabilità nei loro confronti;

4) sulla costituzione di un fondo per le spese, necessario alla tutela dei comuni interessi dei possessori degli strumenti finanziari e sul rendiconto relativo;

5) sulle controversie con la società cooperativa e sulle relative transazioni e rinunce;

6) sugli altri oggetti di interesse comune a ciascuna categoria di strumenti finanziari.

La assemblea speciale è convocata dagli amministratori della società cooperativa o dal rappresentante comune, quando lo ritengano necessario o quando almeno un terzo dei possessori degli strumenti finanziari ne faccia richiesta.

Il rappresentante comune deve provvedere all'esecuzione delle deliberazioni dell'assemblea speciale e deve tutelare gli interessi comuni dei possessori degli strumenti finanziari nei rapporti con la società cooperativa.

Il rappresentante comune ha diritto di esaminare i libri di cui all'articolo 2421, numeri 1) e 3) e di ottenere estratti; ha altresì il diritto di assistere all'assemblea della società cooperativa e di impugnarne le deliberazioni.

2542. Consiglio di amministrazione. – La nomina degli amministratori spetta all'assemblea fatta eccezione per i primi amministratori che sono nominati nell'atto costitutivo e salvo quanto disposto nell'ultimo comma del presente articolo.

L'amministrazione della società è affidata ad un organo collegiale formato da almeno tre soggetti. Alle cooperative di cui all'articolo 2519, secondo comma, si applica la disposizione prevista dall'articolo 2383, secondo comma ([1]).

La maggioranza degli amministratori è scelta tra i soci cooperatori ovvero tra le persone indicate dai soci cooperatori persone giuridiche.

[Nelle società cooperative cui si applica la disciplina delle società per azioni, l'atto costitutivo stabilisce i limiti al cumulo delle cariche e alla rieleggibilità degli amministratori nel limite massimo di tre mandati consecutivi] ([2]).

L'atto costitutivo può prevedere che uno o più amministratori siano scelti tra gli appartenenti alle diverse categorie dei soci, in proporzione dell'interesse che ciascuna categoria ha nell'attività sociale. In ogni caso, ai possessori di strumenti finanziari non può essere attribuito il diritto di eleggere più di un terzo degli amministratori.

La nomina di uno o più amministratori può essere attribuita dall'atto costitutivo allo Stato o ad enti pubblici. In ogni caso, la nomina della maggioranza degli amministratori è riservata all'assemblea.

([1]) *Questo comma è stato inserito dall'art. 1, comma 936, lett.* b), *della L. 27 dicembre 2017, n. 205, a decorrere dal 1° gennaio 2018.*

([2]) *Questo comma è stato soppresso dall'art. 29 del D.L.vo 28 dicembre 2004, n. 310.*

2543. Organo di controllo. – La nomina del collegio sindacale è obbligatoria nei casi previsti dal secondo e terzo comma dell'articolo 2477, nonché quando la società emette strumenti finanziari non partecipativi.

L'atto costitutivo può attribuire il diritto di voto nell'elezione dell'organo di controllo proporzionalmente alle quote o alle azioni possedute ovvero in ragione della partecipazione allo scambio mutualistico.

I possessori degli strumenti finanziari dotati di diritti di amministrazione possono eleggere, se lo statuto lo prevede, nel complesso sino ad un terzo dei componenti dell'organo di controllo.

2544. Sistemi di amministrazione. – Indipendentemente dal sistema di amministrazione adottato non possono essere delegati dagli amministratori, oltre le materie previste dall'articolo 2381, i poteri in materia di ammissione, di recesso e di esclusione dei soci e le decisioni che incidono sui rapporti mutualistici con i soci.

Se la cooperativa ha adottato il sistema di amministrazione di cui all'articolo 2409 *octies*, i possessori di strumenti finanziari non possono eleggere più di un terzo dei componenti del consiglio di sorveglianza e più di un terzo dei componenti del consiglio di gestione. I componenti del consiglio di sorveglianza eletti dai soci cooperatori devono essere scelti tra i soci cooperatori ovvero tra le persone indicate dai soci cooperatori persone giuridiche.

Se la cooperativa ha adottato il sistema di amministrazione di cui all'articolo 2409 *sexiesdecies*. agli amministratori eletti dai possessori di strumenti finanziari, in misura comunque non superiore ad un terzo, non possono essere attribuite deleghe operative né gli stessi possono fare parte del comitato esecutivo.

2545. Relazione annuale sul carattere mutualistico della cooperativa. – Gli amministratori e i sindaci della società, in occasione della approvazione del bilancio di esercizio debbono, nelle relazioni previste dagli articoli 2428 e 2429 indicare specificamente i criteri seguiti nella gestione sociale per il conseguimento dello scopo mutualistico.

2545 *bis*. Diritti dei soci. – Nelle società cooperative cui si applica la disciplina della società per azioni, oltre a quanto stabilito dal primo comma dell'articolo 2422, i soci, quando almeno un decimo del numero complessivo lo richieda ovvero almeno un ventesimo quando la cooperativa ha più di tremila soci, hanno diritto di esaminare, attraverso un rappresentante, eventualmente assistito da un professionista di sua fiducia, il libro delle adunanze e delle deliberazioni del consiglio di amministrazione e il libro delle deliberazioni del comitato esecutivo, se esiste.

I diritti di cui al comma precedente non spettano ai soci in mora per la mancata esecuzione dei conferimenti o inadempienti rispetto alle obbligazioni contratte con la società.

2545 *ter*. Riserve indivisibili. – Sono indivisibili le riserve che per disposizione di legge o dello statuto non possono essere ripartite tra i soci, neppure in caso di scioglimento della società.

Le riserve indivisibili possono essere utilizzate per la copertura di perdite solo dopo che sono esaurite le riserve che la società aveva destinato ad operazioni di aumento di capitale e quelle che possono essere ripartite tra i soci in caso di scioglimento della società.

2545 *quater*. Riserve legali, statutarie e volontarie. – Qualunque sia l'ammontare del fondo di riserva legale, deve essere a questo destinato almeno il trenta per cento degli utili netti annuali.

Una quota degli utili netti annuali deve essere corrisposta ai fondi mutualistici per la promozione e lo sviluppo della cooperazione, nella misura e con le modalità previste dalla legge.

L'assemblea determina, nel rispetto di quanto previsto dall'articolo 2545 *quinquies*, la destinazione degli utili non assegnati ai sensi del primo e secondo comma.

2545 *quinquies*. Diritto agli utili e alle riserve dei soci cooperatori. – L'atto costitutivo indica le modalità e la percentuale massima di ripartizione dei dividendi tra i soci cooperatori.

Possono essere distribuiti dividendi, acquistate proprie quote o azioni ovvero assegnate ai soci le riserve divisibili se il rapporto tra il patrimonio netto e il complessivo indebitamento della società è superiore ad un quarto. La condizione ([1]) non si applica nei confronti dei possessori di strumenti finanziari.

L'atto costitutivo può autorizzare l'assemblea ad assegnare ai soci le riserve divisibili attraverso:

a) l'emissione degli strumenti finanziari di cui all'articolo 2526;

b) mediante aumento proporzionale delle quote sottoscritte e versate, o mediante l'emissione di nuove azioni, anche in deroga a quanto previsto dall'articolo 2525, nella misura massima complessiva del venti per cento del valore originario.

Le riserve divisibili, spettanti al socio in caso di scioglimento del rapporto, possono essere assegnate, se lo statuto non prevede diversamente, attraverso l'emissione di strumenti finanziari liberamente trasferibili e devono esserlo ove il rapporto tra il patrimonio netto e il complessivo indebitamento della società sia inferiore ad un quarto.

Le disposizioni dei commi secondo e terzo non si applicano alle cooperative con azioni quotate in mercati regolamentati ([2]).

([1]) *Le originarie parole*: *«Il divieto» sono state così sostituite dalle attuali*: *«La condizione» dall'art. 30, comma 1, lett.* a), *del D.L.vo 28 dicembre 2004, n. 310.*

([2]) *Questo comma è stato aggiunto dall'art. 30, comma 1, lett.* b), *del D.L.vo 28 dicembre 2004, n. 310.*

2545 *sexies*. Ristorni. – L'atto costitutivo determina i criteri di ripartizione dei ristorni ai soci proporzionalmente alla quantità e qualità degli scambi mutualistici.

Le cooperative devono riportare separatamente nel bilancio i dati relativi all'attività svolta con i soci, distinguendo eventualmente le diverse gestioni mutualistiche.

L'assemblea può deliberare la ripartizione dei ristorni a ciascun socio anche mediante aumento proporzionale delle rispettive quote o con l'emissione di nuove azioni, in deroga a quanto previsto dall'articolo 2525, ovvero mediante l'emissione di strumenti finanziari.

2545 *septies*. Gruppo cooperativo paritetico. – Il contratto con cui più cooperative appartenenti anche a categorie diverse regolano, anche in forma consortile, la direzione e il coordinamento delle rispettive imprese deve indicare:

1) la durata;

2) la cooperativa o le cooperative cui è attribuita direzione del gruppo, indicandone i relativi poteri;

3) l'eventuale partecipazione di altri enti pubblici e privati;

4) i criteri e le condizioni di adesione e di recesso dal contratto;

5) i criteri di compensazione e l'equilibrio nella distribuzione dei vantaggi derivanti dall'attività comune.

La cooperativa può recedere dal contratto senza che ad essa possano essere imposti oneri di alcun tipo qualora, per effetto dell'adesione al gruppo, le condizioni dello scambio risultino pregiudizievoli per i propri soci.

Le cooperative aderenti ad un gruppo sono tenute a depositare in forma scritta l'accordo di partecipazione presso l'albo delle società cooperative.

Sezione V
Delle modificazioni dell'atto costitutivo

2545 *octies*. Perdita della qualifica di cooperativa a mutualità prevalente. – La cooperativa perde la qualifica di cooperativa a mutualità prevalente quando, per due esercizi consecutivi, non rispetti la condizione di prevalenza, di cui all'articolo 2513, ovvero quando modifichi le previsioni statutarie di cui all'articolo 2514.

In questo caso, sentito il parere del revisore esterno, ove presente, gli amministratori devono redigere un apposito bilancio, da notificarsi entro sessanta giorni dalla approvazione al Ministero delle attività produttive, ([1]) al fine di determinare il valore effettivo dell'attivo patrimoniale da imputare alle riserve indivisibili. Il bilancio deve essere verificato senza rilievi da una società di revisione.

Qualora la cooperativa abbia perso la qualifica di cooperativa a mutualità prevalente per il mancato rispetto della condizione di prevalenza di cui all'articolo 2513, l'obbligo di cui al secondo comma si applica soltanto nel caso in cui la cooperativa medesima modifichi le previsioni statutarie di cui all'articolo 2514 o abbia emesso strumenti finanziari ([2]).

In tutti i casi di perdita della citata qualifica, la cooperativa è tenuta a segnalare espressamente tale condizione attraverso gli strumenti di comunicazione informatica previsti dall'articolo 223 *sexiesdecies* delle disposizioni per l'attuazione del presente codice ([2]).

Lo stesso obbligo sussiste per la cooperativa nel caso in cui le risultanze contabili relative al primo anno successivo alla perdita della detta qualifica evidenzino il rientro nei parametri della mutualità prevalente ([2]).

In seguito alle predette segnalazioni, l'amministrazione presso la quale è tenuto l'albo delle società cooperative provvede alla variazione della sezione di iscrizione all'albo medesimo senza alcun ulteriore onere istruttorio ([2]).

L'omessa o ritardata comunicazione della perdita della qualifica di cooperativa a mutualità prevalente è segnalata all'amministrazione finanziaria e comporta l'applicazione della sanzione amministrativa della sospensione semestrale di ogni attività dell'ente, intesa come divieto di assumere nuove eventuali obbligazioni contrattuali (²).

(¹) *Le originarie parole: «il bilancio» sono state così sostituite dalle attuali da: «un apposito bilancio ...» sino a: «... produttive,» dall'art. 31 del D.L.vo 28 dicembre 2004, n. 310.*

(²) *Questo comma è stato aggiunto dall'art. 10, comma 8, della L. 23 luglio 2009, n. 99.*

2545 *novies*. Modificazioni dell'atto costitutivo. – Alle deliberazioni che importano modificazioni dell'atto costitutivo si applica l'articolo 2436.

La fusione e la scissione di società cooperative sono disciplinate dal titolo V, capo X, sezione II e III.

2545 *decies*. Trasformazione. – Le società cooperative diverse da quelle a mutualità prevalente possono deliberare, con il voto favorevole di almeno la metà dei soci della cooperativa, la trasformazione in una società del tipo previsto dal titolo V, capi II, III, IV, V, VI e VII, o in consorzio.

Quando i soci sono meno di cinquanta, la deliberazione deve essere approvata con il voto favorevole dei due terzi di essi. Quando i soci sono più di diecimila, l'atto costitutivo può prevedere che la trasformazione sia deliberata con il voto favorevole dei due terzi dei votanti se all'assemblea sono presenti, personalmente o per delega, almeno il venti per cento dei soci.

All'esito della trasformazione gli strumenti finanziari con diritto di voto sono convertiti in partecipazioni ordinarie, conservando gli eventuali privilegi.

2545 *undecies*. Devoluzione del patrimonio e bilancio di trasformazione. – La deliberazione di trasformazione devolve il valore effettivo del patrimonio, dedotti il capitale versato e rivalutato e i dividendi non ancora distribuiti, eventualmente aumentato fino a concorrenza dell'ammontare minimo del capitale della nuova società, esistenti alla data di trasformazione, ai fondi mutualistici per la promozione e lo sviluppo della cooperazione.

Alla proposta di deliberazione di trasformazione gli amministratori allegano una relazione giurata di un esperto designato dal tribunale nel cui circondario ha sede la società cooperativa, attestante il valore effettivo del patrimonio dell'impresa.

L'assemblea non può procedere alla deliberazione di cui ai precedenti commi qualora la cooperativa non sia stata sottoposta a revisione da parte dell'autorità di vigilanza nell'anno precedente o, comunque, gli amministratori non ne abbiano fatto richiesta da almeno novanta giorni (¹).

(¹) *Questo comma è stato aggiunto dall'art. 32 del D.L.vo 28 dicembre 2004, n. 310.*

2545 *duodecies*. Scioglimento. – La società cooperativa si scioglie per le cause indicate ai numeri 1), 2), 3), 5), 6) e 7) dell'articolo 2484, nonché per la perdita del capitale sociale.

2545 *terdecies*. ([1]) **Insolvenza.** – In caso di insolvenza della società, l'autorità governativa alla quale spetta il controllo sulla società dispone la liquidazione coatta amministrativa. Le cooperative che svolgono attività commerciale sono soggette anche al fallimento ([2]).

La dichiarazione di fallimento preclude la liquidazione coatta amministrativa e il provvedimento di liquidazione coatta amministrativa preclude la dichiarazione di fallimento.

([1]) *A norma dell'art. 12, comma 75, del D.L. 6 luglio 2012, n. 95, convertito, con modificazioni, nella L. 7 agosto 2012, n. 135, l'incarico di commissario, previsto da questo articolo, è monocratico. Il commissario liquidatore esercita personalmente le funzioni del proprio ufficio; nel caso di delega a terzi di specifiche operazioni, l'onere per il compenso del delegato è detratto dal compenso del commissario.*

([2]) *A norma dell'art. 381, comma 1, del D.L.vo 12 gennaio 2019, n. 14, il secondo periodo di questo comma è stato così sostituito dal seguente:*

«Le cooperative che svolgono attività commerciale sono soggette anche a liquidazione giudiziale».

A norma dell'art. 389, comma 1, del medesimo provvedimento, tali disposizioni entreranno in vigore decorsi diciotto mesi dalla data di pubblicazione in Gazzetta Ufficiale *del suddetto decreto (Suppl. ord. alla* G.U. *n. 38 del 14 febbraio 2019).*

Sezione VI
Dei controlli

2545 *quaterdecies*. Controllo sulle società cooperative. – Le società cooperative sono sottoposte alle autorizzazioni, alla vigilanza e agli altri controlli sulla gestione previsti dalle leggi speciali.

2545 *quinquiesdecies*. Controllo giudiziario. – I fatti previsti dall'articolo 2409 possono essere denunciati al tribunale dai soci che siano titolari del decimo del capitale sociale ovvero da un decimo del numero complessivo dei soci, e, nelle società cooperative che hanno più di tremila soci, da un ventesimo dei soci.

Il ricorso deve essere notificato a cura dei ricorrenti anche all'autorità di vigilanza.

Il tribunale, sentiti in camera di consiglio gli amministratori, i sindaci e l'autorità di vigilanza, dichiara improcedibile il ricorso se per i medesimi fatti sia stato già nominato un ispettore o un commissario dall'autorità di vigilanza.

L'autorità di vigilanza dispone la sospensione del procedimento dalla medesima iniziato se il tribunale per i medesimi fatti ha nominato un ispettore o un amministratore giudiziario.

2545 *sexiesdecies*. (1) **Gestione commissariale.** – In caso di gravi irregolarità di funzionamento o fondati indizi di crisi (2) delle società cooperative, l'autorità di vigilanza (3) può revocare gli amministratori e i sindaci, e affidare la gestione della società ad un commissario, determinando i poteri e la durata (4). Ove l'importanza della società cooperativa lo richieda, l'autorità di vigilanza può nominare un vice commissario che collabora con il commissario e lo sostituisce in caso di impedimento.

Al commissario possono essere conferiti per determinati atti anche i poteri dell'assemblea, ma le relative deliberazioni non sono valide senza l'approvazione dell'autorità di vigilanza (3).

Se l'autorità di vigilanza accerta irregolarità nelle procedure di ammissione dei nuovi soci, può diffidare la società cooperativa e, qualora non si adegui, assumere i provvedimenti di cui al quarto comma (5).

Laddove vengano accertate una o più irregolarità suscettibili di specifico adempimento, l'autorità di vigilanza, previa diffida, può nominare un commissario, anche nella persona del legale rappresentante o di un componente dell'organo di controllo societario, che si sostituisce agli organi amministrativi dell'ente, limitatamente al compimento degli specifici adempimenti indicati (6).

(1) *A norma dell'art. 12, comma 75, del D.L. 6 luglio 2012, n. 95, convertito, con modificazioni, nella L. 7 agosto 2012, n. 135, l'incarico di commissario, previsto da questo articolo, è monocratico. Il commissario liquidatore esercita personalmente le funzioni*

del proprio ufficio; nel caso di delega a terzi di specifiche operazioni, l'onere per il compenso del delegato è detratto dal compenso del commissario.

(²) *Le parole: «irregolare funzionamento» sono state così sostituite dalle attuali: «gravi irregolarità di funzionamento o fondati indizi di crisi» dall'art. 1, comma 936, lett.* c), *n. 1), della L. 27 dicembre 2017, n. 205, a decorrere dal 1° gennaio 2018.*

(³) *L'originaria parola: «governativa» è stata così sostituita dalle attuali: «di vigilanza» dall'art. 33 del D.L.vo 28 dicembre 2004, n. 310.*

(⁴) *A norma dell'art. 381, comma 2, del D.L.vo 12 gennaio 2019, n. 14, il primo periodo di questo comma è stato così sostituito dal seguente:*

«Fuori dai casi di cui all'articolo 2545 septiesdecies, *in caso di irregolare funzionamento della società cooperativa, l'autorità di vigilanza può revocare gli amministratori e i sindaci, affidare la gestione della società a un commissario, determinando i poteri e la durata, al fine di sanare le irregolarità riscontrate e, nel caso di crisi o insolvenza, autorizzarlo a domandare la nomina del collegio o del commissario per la composizione assistita della crisi stessa o l'accesso a una delle procedure regolatrici previste nel codice della crisi e dell'insolvenza.».*

A norma dell'art. 389, comma 1, del medesimo provvedimento, tali disposizioni entreranno in vigore decorsi diciotto mesi dalla data di pubblicazione in Gazzetta Ufficiale *del suddetto decreto (Suppl. ord. alla* G.U. *n. 38 del 14 febbraio 2019).*

(⁵) *Le parole: «di cui ai commi precedenti» sono state così sostituite dalle attuali: «di cui al quarto comma» dall'art. 1, comma 936, lett.* c), *n. 2), della L. 27 dicembre 2017, n. 205, a decorrere dal 1° gennaio 2018.*

(⁶) *Questo comma è stato aggiunto dall'art. 1, comma 936, lett.* c), *n. 3), della L. 27 dicembre 2017, n. 205, a decorrere dal 1° gennaio 2018.*

2545 *septiesdecies*. (¹) **Scioglimento per atto dell'autorità. –** L'autorità di vigilanza, con provvedimento da pubblicarsi nella *Gazzetta Ufficiale* e da iscriversi nel registro delle imprese, può sciogliere le società cooperative e gli enti mutualistici che non perseguono lo scopo mutualistico o non sono in condizione di raggiungere gli scopi per cui sono stati costituiti o che per due anni consecutivi non hanno depositato il bilancio di esercizio o non hanno compiuto atti di gestione.

Se vi è luogo a liquidazione, con lo stesso provvedimento sono nominati uno o più commissari liquidatori.

(¹) *A norma dell'art. 12, comma 75, del D.L. 6 luglio 2012, n. 95, convertito, con modificazioni, nella L. 7 agosto 2012, n. 135, l'incarico di commissario, previsto da questo articolo, è monocratico. Il commissario liquidatore esercita personalmente le funzioni del proprio ufficio; nel caso di delega a terzi di specifiche operazioni, l'onere per il compenso del delegato è detratto dal compenso del commissario.*

2545 *octiesdecies*. Sostituzione dei liquidatori. – In caso di irregolarità o di eccessivo ritardo nello svolgimento della liquidazione ordinaria di una società cooperativa, l'autorità di vigilanza (¹) può sostituire i liquidatori o, se questi sono stati nominati dall'autorità giudiziaria, può chiederne la sostituzione al tribunale.

Fatti salvi i casi di liquidazione per i quali è intervenuta la nomina di un liquidatore da parte dell'autorità giudiziaria, l'autorità di vigilanza dispone la pubblicazione nella *Gazzetta Ufficiale*, per la conseguente cancellazione dal registro delle imprese, dell'elenco delle società cooperative e degli enti mutualistici in liquidazione ordinaria che non hanno depositato i bilanci di esercizio relativi agli ultimi cinque anni.

Entro il termine perentorio di trenta giorni dalla pubblicazione i creditori e gli altri interessati possono presentare all'autorità di vigilanza (1) formale e motivata domanda intesa a consentire la prosecuzione della liquidazione. Trascorso il suddetto termine, a seguito di comunicazione da parte dell'autorità di vigilanza, il conservatore del registro delle imprese territorialmente competente provvede alla cancellazione della società cooperativa o dell'ente mutualistico dal registro medesimo.

(1) *L'originaria parola: «governativa» è stata così sostituita dalle attuali: «di vigilanza» dall'art. 34 del D.L.vo 28 dicembre 2004, n. 310.*

Capo II
Delle mutue assicuratrici

2546. Nozione. – Nella società di mutua assicurazione le obbligazioni sono garantite dal patrimonio sociale.

I soci sono tenuti al pagamento dei contributi fissi o variabili, entro il limite massimo determinato dall'atto costitutivo.

Nelle mutue assicuratrici non si può acquistare la qualità di socio, se non assicurandosi presso la società, e si perde la qualità di socio con l'estinguersi dell'assicurazione, salvo quanto disposto dall'articolo 2548.

2547. Norme applicabili. – Le società di mutua assicurazione sono soggette alle autorizzazioni, alla vigilanza e agli altri controlli stabiliti dalle leggi speciali sull'esercizio dell'assicurazione, e sono regolate dalle norme stabilite per le società cooperative, in quanto compatibili con la loro natura.

2548. Conferimenti per la costituzione di fondi di garanzia. – L'atto costitutivo può prevedere la costituzione di fondi di garanzia per il pagamento delle indennità, mediante speciali conferimenti da parte di assicurati o di terzi, attribuendo anche a questi ultimi la qualità di socio.

L'atto costitutivo può attribuire a ciascuno dei soci sovventori più voti, ma non oltre cinque, in relazione all'ammontare del conferimento.

I voti attribuiti ai soci sovventori, come tali, devono in ogni caso essere inferiori al numero dei voti spettanti ai soci assicurati.

I soci sovventori possono essere nominati amministratori. La maggioranza degli amministratori deve essere costituita da soci assicurati.

Titolo VII
Dell'associazione in partecipazione

2549. Nozione. – Con il contratto di associazione in partecipazione l'associante attribuisce all'associato una partecipazione agli utili della sua impresa o di uno o più affari verso il corrispettivo di un determinato apporto (1350, n. 9).

Nel caso in cui l'associato sia una persona fisica l'apporto di cui al primo comma non può consistere, nemmeno in parte, in una prestazione di lavoro (1) (2).

[Le disposizioni di cui al secondo comma non si applicano, limitatamente alle imprese a scopo mutualistico, agli associati individuati mediante elezione dall'organo assembleare di cui all'articolo 2540, il cui contratto sia certificato dagli organismi di cui all'articolo 76 del decreto legislativo 10 settembre 2003, n. 276, e successive modificazioni, nonché in relazione al rapporto fra produttori e artisti, interpreti, esecutori, volto alla realizzazione di registrazioni sonore, audiovisive o di sequenze di immagini in movimento] (3).

(1) *Questo comma, aggiunto dall'art. 1, comma 28, della L. 28 giugno 2012, n. 92, è stato così sostituito dall'art. 53, comma 1, lett.* a), *del D.L.vo 15 giugno 2015, n. 81.*

(2) *A norma dell'art. 53, comma 2, del D.L.vo 15 giugno 2015, n. 81, i contratti di associazione in partecipazione in atto alla data di entrata in vigore del presente decreto, nei quali l'apporto dell'associato persona fisica consiste, in tutto o in parte, in una prestazione di lavoro, sono fatti salvi fino alla loro cessazione.*

(3) *Questo comma, aggiunto dall'art. 1, comma 28, della L. 28 giugno 2012, n. 92, così come modificato dall'art. 7, comma 5, n. 2* bis), *del D.L. 28 giugno 2013, n. 76, convertito, con modificazioni, nella L. 9 agosto 2013, n. 99, è stato abrogato dall'art. 53, comma 1, lett.* b), *del D.L.vo 15 giugno 2015, n. 81.*

2550. Pluralità di associazioni. – Salvo patto contrario, l'associante non può attribuire partecipazioni per la stessa impresa o per lo stesso affare ad altre persone senza il consenso dei precedenti associati.

2551. Diritti ed obbligazioni dei terzi. – I terzi acquistano diritti e assumono obbligazioni soltanto verso l'associante (2554).

2552. Diritti dell'associante e dell'associato. – La gestione dell'impresa o dell'affare spetta all'associante (2554).

Il contratto può determinare quale controllo possa esercitare l'associato sull'impresa o sullo svolgimento dell'affare per cui l'associazione è stata contratta (2186).

In ogni caso l'associato ha diritto al rendiconto dell'affare compiuto, o a quello annuale della gestione se questa si protrae per più di un anno (2261, 2320^3, 2489).

2553. Divisione degli utili e delle perdite. – Salvo patto contrario, l'associato partecipa alle perdite nella stessa misura in cui partecipa agli utili, ma le perdite che colpiscono l'associato non possono superare il valore del suo apporto (77, 150 l. fall.).

2554. Partecipazione agli utili e alle perdite. – Le disposizioni degli articoli 2551 e 2552 si applicano anche al contratto di cointeressenza agli utili di una impresa senza partecipazione alle perdite (2265), e al contratto con il quale un contraente attribuisce la partecipazione agli utili e alle perdite della sua impresa, senza il corrispettivo di un determinato apporto.

Per le partecipazioni agli utili attribuite ai prestatori di lavoro resta salva la disposizione dell'articolo 2102.

Titolo VIII
Dell'azienda

Capo I
Disposizioni generali

2555. Nozione. – L'azienda è il complesso dei beni organizzati dall'imprenditore per l'esercizio dell'impresa (2082; 670, n. 1 c.p.c.).

2556. Imprese soggette a registrazione. – Per le imprese soggette a registrazione (2195) i contratti che hanno per oggetto il trasferimento della proprietà o il godimento dell'azienda devono essere provati per iscritto (2725), salva l'osservanza delle forme stabilite dalla legge per il trasferimento dei singoli beni che compongono l'azienda o per la particolare natura del contratto (1350, 1543).

I contratti di cui al primo comma, in forma pubblica o per scrittura privata autenticata, devono essere depositati per l'iscrizione nel registro delle imprese (2188), nel termine di trenta giorni, a cura del notaio rogante o autenticante.

2557. Divieto di concorrenza. – Chi aliena l'azienda deve astenersi, per il periodo di cinque anni dal trasferimento, dall'iniziare una nuova impresa che per l'oggetto, l'ubicazione o altre circostanze sia idonea a sviare la clientela dell'azienda ceduta (2301).

Il patto di astenersi dalla concorrenza in limiti più ampi di quelli previsti dal comma precedente è valido, purché non impedisca ogni attività professionale dell'alienante. Esso non può eccedere la durata di cinque anni dal trasferimento (2596).

Se nel patto è indicata una durata maggiore o la durata non è stabilita, il divieto di concorrenza vale per il periodo di cinque anni dal trasferimento (1339, 2125).

Nel caso di usufrutto (978, 2561) o di affitto (2561, 2562) dell'azienda il divieto di concorrenza disposto dal primo comma vale nei confronti del proprietario o del locatore per la durata dell'usufrutto o dell'affitto.

Le disposizioni di questo articolo si applicano alle aziende agricole solo per le attività ad esse connesse (2135), quando rispetto a queste sia possibile uno sviamento di clientela.

2558. Successione nei contratti. – Se non è pattuito diversamente, l'acquirente dell'azienda subentra nei contratti stipulati per l'esercizio dell'azienda stessa che non abbiano carattere personale (2112, 2616).

Il terzo contraente può tuttavia recedere dal contratto entro tre mesi dalla notizia del trasferimento, se sussiste una giusta causa, salvo in questo caso la responsabilità dell'alienante (1722, n. 4, 1833^{2}, 1918^{4}, 2610).

Le stesse disposizioni si applicano anche nei confronti dell'usufruttuario (2561, 2562) e dell'affittuario per la durata dell'usufrutto e dell'affitto.

2559. Crediti relativi all'azienda ceduta. – La cessione dei crediti (1264, 1265) relativi all'azienda ceduta, anche in mancanza di notifica al debitore o di sua accettazione, ha effetto, nei confronti dei terzi, dal momento dell'iscrizione del trasferimento nel registro delle imprese (2188, 2556). Tuttavia il debitore ceduto è liberato se paga in buona fede all'alienante (1264).

Le stesse disposizioni si applicano anche nel caso di usufrutto dell'azienda (2561), se esso si estende ai crediti relativi alla medesima.

2560. Debiti relativi all'azienda ceduta. – L'alienante non è liberato dai debiti, inerenti l'esercizio dell'azienda ceduta anteriori al trasferimento, se non risulta che i creditori vi hanno consentito (1273).

Nel trasferimento di un'azienda commerciale (2556) risponde dei debiti suddetti anche l'acquirente dell'azienda (1546, 2112^{2}, 2160^{2}), se essi risultano dai libri contabili obbligatori (2114 ss.).

2561. Usufrutto dell'azienda. – L'usufruttuario dell'azienda deve esercitarla sotto la ditta che la contraddistingue (2563 ss.).

Egli deve gestire l'azienda senza modificarne la destinazione (981, 985) e in modo da conservare l'efficienza dell'organizzazione (2352^{1}) e degli impianti (997) e le normali dotazioni di scorte.

Se non adempie a tale obbligo o cessa arbitrariamente dalla gestione dell'azienda, si applica l'articolo 1015.

La differenza tra le consistenze d'inventario all'inizio e al termine dell'usufrutto è regolata in danaro, sulla base dei valori correnti al termine dell'usufrutto (2112).

2562. Affitto dell'azienda. – Le disposizioni dell'articolo precedente si applicano anche nel caso di affitto dell'azienda (1615 ss., 2112).

Capo II
Della ditta e dell'insegna

2563. Ditta. – L'imprenditore ha diritto all'uso esclusivo (2569, 2577, 2584, 2592) della ditta da lui prescelta.

La ditta, comunque sia formata, deve contenere almeno il cognome (4) o la sigla dell'imprenditore, salvo quanto è disposto dall'articolo 2565.

2564. Modificazione della ditta. – Quando la ditta è uguale o simile a quella usata da altro imprenditore e può creare confusione (2598, n. 1) per l'oggetto dell'impresa e per il luogo in cui questa è esercitata, deve essere integrata o modificata con indicazioni idonee a differenziarla (2568, 2598).

Per le imprese commerciali (2195) l'obbligo dell'integrazione o modificazione spetta a chi ha iscritto la propria ditta nel registro delle imprese (2188) in epoca posteriore.

2565. Trasferimento della ditta. – La ditta non può essere trasferita separatamente dall'azienda (2573).

Nel trasferimento dell'azienda per atto tra vivi la ditta non passa all'acquirente senza il consenso dell'alienante (2573).

Nella successione nell'azienda per causa di morte la ditta si trasmette al successore, salvo diversa disposizione testamentaria (2292[2]).

2566. Registrazione della ditta. – Per le imprese commerciali (2195), l'ufficio del registro delle imprese deve rifiutare l'iscrizione della ditta, se questa non è conforme a quanto è prescritto dal secondo comma dell'articolo 2563 o, trattandosi di ditta derivata (2565), se non è depositata copia dell'atto in base al quale ha avuto luogo la successione nell'azienda (2189).

2567. Società. – La ragione sociale e la denominazione delle società sono regolate dai titoli V e VI di questo libro (2292, 2314, 2326, 2464, 2515).

Tuttavia si applicano anche ad esse le disposizioni dell'articolo 2564.

2568. Insegna. – Le disposizioni del primo comma dell'articolo 2564 si applicano all'insegna.

Capo III
Del marchio

2569. Diritto di esclusività. – Chi ha registrato nelle forme stabilite dalla legge un nuovo (2585, 2593) marchio idoneo a distinguere prodotti o servizi ha diritto di valersene in modo esclusivo (2563, 2577, 2584, 2592) per i prodotti o servizi per i quali è stato registrato (473, 474, 514, 517 c.p.).

In mancanza di registrazione il marchio è tutelato a norma dell'art. 2571.

2570. Marchi collettivi. – I soggetti che svolgono la funzione di garantire l'origine, la natura o la qualità di determinati prodotti o servizi possono ottenere la registrazione di marchi collettivi per concederne l'uso, secondo le norme dei rispettivi regolamenti, a produttori o commercianti.

2571. Preuso. – Chi ha fatto uso di un marchio non registrato ha la facoltà di continuare ad usarne, nonostante la registrazione da altri ottenuta, nei limiti in cui anteriormente se ne è valso.

2572. Divieto di soppressione del marchio. – Il rivenditore può apporre il proprio marchio ai prodotti che mette in vendita, ma non può sopprimere il marchio del produttore.

2573. Trasferimento del marchio. – Il marchio può essere trasferito o concesso in licenza per la totalità o per una parte dei prodotti o servizi per i quali è stato registrato, purché in ogni caso dal trasferimento o dalla licenza non derivi inganno in quei caratteri dei prodotti o servizi che sono essenziali nell'apprezzamento del pubblico.

Quando il marchio è costituito da un segno figurativo, da una denominazione di fantasia o da una ditta derivata, si presume che il diritto all'uso esclusivo di esso sia trasferito insieme con l'azienda (2557).

2574. Leggi speciali. – Le condizioni per la registrazione dei marchi e degli atti di trasferimento dei medesimi, nonché gli effetti della registrazione sono stabiliti dalle leggi speciali.

Titolo IX
Dei diritti sulle opere dell'ingegno
e sulle invenzioni industriali

Capo I
Del diritto di autore
sulle opere dell'ingegno
letterarie e artistiche

2575. Oggetto del diritto. – Formano oggetto del diritto di autore le opere dell'ingegno di carattere creativo che appartengono alle scienze, alla letteratura, alla musica, alle arti figurative, all'architettura, al teatro e alla cinematografia, qualunque ne sia il modo o la forma di espressione.

2576. Acquisto del diritto. – Il titolo originario dell'acquisto del diritto di autore è costituito dalla creazione dell'opera, quale particolare espressione del lavoro intellettuale.

2577. Contenuto del diritto. – L'autore ha il diritto esclusivo (2563, 2569, 2584, 2592) di pubblicare l'opera e di utilizzarla economicamente in ogni forma e modo, nei limiti e per gli effetti fissati dalla legge (2583).

L'autore, anche dopo la cessione dei diritti previsti dal comma precedente (2581), può rivendicare la paternità dell'opera (2589) e può opporsi a qualsiasi deformazione, mutilazione o altra modificazione dell'opera stessa, che possa essere di pregiudizio al suo onore o alla sua reputazione (2579[2], 2582).

2578. Progetti di lavori. – All'autore di progetti di lavori d'ingegneria o di altri lavori analoghi che costituiscono soluzioni originali di problemi tecnici, compete, oltre il diritto esclusivo di riproduzione dei piani e disegni dei progetti medesimi, il diritto di ottenere un equo compenso (2579) da coloro che eseguono il progetto tecnico a scopo di lucro senza il suo consenso.

2579. Interpreti ed esecutori. – Agli artisti attori o interpreti di opere o composizioni drammatiche o letterarie, e agli artisti esecutori di opere o composizioni musicali, anche se le opere o composizioni sopraindicate sono in dominio pubblico, compete, nei limiti, per gli effetti e con le modalità fissati dalle leggi speciali, indipendentemente dall'eventuale retribuzione loro spettante per la recitazione, rappresentazione, od esecuzione, il diritto ad un equo compenso (2578) nei confronti di chiunque diffonda o trasmetta per radio, telefono od altro apparecchio equivalente, ovvero incida, registri o comunque riproduca su dischi fonografici, pellicola cinematografica od altro apparecchio equivalente la suddetta recitazione, rappresentazione od esecuzione.

Gli artisti attori od interpreti e gli artisti esecutori hanno diritto di opporsi alla diffusione, trasmissione o riproduzione della loro recitazione, rappresentazione od esecuzione che possa essere di pregiudizio al loro onore o alla loro reputazione (2577², 2582).

2580. Soggetti del diritto. – Il diritto di autore spetta all'autore ed ai suoi aventi causa nei limiti e per gli effetti fissati dalle leggi speciali.

(*Omissis*) ([1]).

([1]) *Seguiva un secondo comma, abrogato dall'art. 12 della L. 8 marzo 1975, n. 39, attribuzione della maggiore età.*

2581. Trasferimento dei diritti di utilizzazione. – I diritti di utilizzazione sono trasferibili (2577², 2582, 2589).

Il trasferimento per atto tra vivi deve essere provato per iscritto (2725).

2582. Ritiro dell'opera dal commercio. – L'autore, qualora concorrano gravi ragioni morali, ha diritto di ritirare l'opera dal commercio, salvo l'obbligo d'indennizzare coloro che hanno acquistato i diritti di riprodurre, diffondere, eseguire, rappresentare o mettere in commercio l'opera medesima.

Questo diritto è personale e intrasmissibile (2577²).

2583. Leggi speciali. – L'esercizio dei diritti contemplati in questo capo e la loro durata sono regolati dalle leggi speciali (2575).

Capo II
Del diritto di brevetto
per invenzioni industriali

2584. Diritto di esclusività. – Chi ha ottenuto un brevetto per un'invenzione industriale ha il diritto esclusivo (2563, 2569, 2577, 2592) di attuare l'invenzione e di disporne entro i limiti e alle condizioni stabilite dalla legge.

Il diritto si estende anche al commercio del prodotto a cui l'invenzione si riferisce (2588, 2589).

2585. Oggetto del brevetto. – Possono costituire oggetto di brevetto le nuove (2569, 2593) invenzioni atte ad avere un'applicazione industriale, quali un metodo o un processo di lavorazione industriale, una macchina, uno strumento, un utensile o un dispositivo meccanico, un prodotto o un risultato industriale e l'applicazione tecnica di un principio scientifico, purché essa dia immediati risultati industriali.

In quest'ultimo caso il brevetto è limitato ai soli risultati indicati dall'inventore.

2586. Brevetto per nuovi metodi o processi di fabbricazione. – Il brevetto concernente un nuovo metodo o processo di fabbricazione industriale ne attribuisce al titolare l'uso esclusivo.

[Se il metodo o processo è diretto ad ottenere un prodotto industriale nuovo, il brevetto si estende anche al prodotto ottenuto, purché questo possa formare oggetto di brevetto] ([1]).

([1]) *Questo comma è stato abrogato dall'art. 13, comma 1, del D.L.vo 19 marzo 1996, n. 198.*

2587. Brevetto dipendente da brevetto altrui. – Il brevetto per invenzione industriale, la cui attuazione implica quella d'invenzioni protette da precedenti brevetti per invenzioni industriali ancora in vigore, non pregiudica i diritti dei titolari di questi ultimi, e non può essere attuato né utilizzato senza il consenso di essi.

Sono salve le disposizioni delle leggi speciali (2591).

2588. Soggetti del diritto. – Il diritto di brevetto spetta all'autore dell'invenzione e ai suoi aventi causa.

2589. Trasferibilità. – I diritti nascenti dalle invenzioni industriali, tranne il diritto di esserne riconosciuto autore, sono trasferibili.

2590. Invenzione del prestatore di lavoro. – Il prestatore di lavoro ha diritto di essere riconosciuto autore dell'invenzione fatta nello svolgimento del rapporto di lavoro (2589).

I diritti e gli obblighi delle parti relativi all'invenzione sono regolati dalle leggi speciali.

2591. Rinvio alle leggi speciali. – Le condizioni e le modalità per la concessione del brevetto, l'esercizio dei diritti che ne derivano e la loro durata sono regolati dalle leggi speciali.

Capo III
Del diritto di brevetto
per modelli di utilità
e di registrazione per disegni o modelli ([1])

([1]) *Questa rubrica è stata così sostituita dall'art. 21, comma 1, del D.L.vo 2 febbraio 2001, n. 95.*

2592. Modelli di utilità. – Chi, in conformità della legge, ha ottenuto un brevetto per un'invenzione atta a conferire a macchine o parti di esse, strumenti, utensili od oggetti, particolare efficacia o comodità di applicazione o d'impiego, ha il diritto esclusivo (2563, 2569, 2577, 2584) di attuare l'invenzione, di disporne e di fare commercio dei prodotti a cui si riferisce (2589).

Il brevetto per le macchine nel loro complesso non comprende la protezione delle singole parti.

2593. ([1]) **Modelli e disegni.** – Chi ha ottenuto una registrazione per un nuovo disegno o modello che abbia carattere individuale, ha il diritto esclusivo di utilizzarlo e di vietare a terzi di utilizzarlo senza il suo consenso, in conformità alle leggi speciali.

([1]) *Questo articolo è stato così sostituito dall'art. 21, comma 2, del D.L.vo 2 febbraio 2001, n. 95.*

2594. ([1]) **Norme applicabili.** – Ai diritti di brevetto e di registrazioni contemplati in questo capo, si applicano gli articoli 2588, 2589 e 2590. Le condizioni e le modalità per la concessione del brevetto e della registrazione, l'esercizio dei diritti che ne derivano e la loro durata sono regolati dalle leggi speciali.

([1]) *Questo articolo è stato così sostituito dall'art. 21, comma 3, del D.L.vo 2 febbraio 2001, n. 95.*

Titolo X
Della disciplina della concorrenza e dei consorzi

Capo I
Della disciplina della concorrenza

Sezione I
Disposizioni generali

2595. Limiti legali della concorrenza. – La concorrenza deve svolgersi in modo da non ledere gli interessi dell'economia nazionale e nei limiti stabiliti dalla legge e dalle norme corporative ([1]) (2596, 2598; 41[2] Cost.).

([1]) *L'espressione: «e dalle norme corporative» è da ritenersi soppressa dopo la cessazione dell'ordinamento corporativo fascista, disposta dal R.D.L. 9 agosto 1943, n. 721 e dal D.L.vo Lgt. 23 novembre 1944, n. 369.*

2596. Limiti contrattuali della concorrenza. – Il patto che limita la concorrenza deve essere provato per iscritto (1341[2], 2725). Esso è valido se circoscritto ad una determinata zona o ad una determinata attività, e non può eccedere la durata di cinque anni (1379).

Se la durata del patto non è determinata o è stabilita per un periodo superiore a cinque anni, il patto è valido per la durata di un quinquennio (2125, 2557).

2597. Obbligo di contrattare nel caso di monopolio. – Chi esercita un'impresa (2082) in condizione di monopolio legale ha l'obbligo di contrattare (1032, 2932) con chiunque richieda le prestazioni che formano oggetto dell'impresa, osservando la parità di trattamento (3 Cost.; 1679[2,3], 1680).

Sezione II
Della concorrenza sleale

2598. Atti di concorrenza sleale. – Ferme le disposizioni che concernono la tutela dei segni distintivi (2563 ss., 2568, 2569 ss.) e dei diritti di brevetto (2584 ss., 2592, 2593), compie atti di concorrenza sleale chiunque:

1) usa nomi o segni distintivi idonei a produrre confusione (2564) con i nomi o con i segni distintivi legittimamente usati da altri, o imita servilmente i prodotti di un concorrente, o compie con qualsiasi altro mezzo atti idonei a creare confusione con i prodotti e con l'attività di un concorrente;

2) diffonde notizie e apprezzamenti sui prodotti e sull'attività di un concorrente, idonei a determinarne il discredito, o si appropria di pregi dei prodotti o dell'impresa di un concorrente;

3) si vale direttamente o indirettamente di ogni altro mezzo non conforme ai principi della correttezza professionale e idoneo a danneggiare l'altrui azienda (1175).

2599. Sanzioni. – La sentenza che accerta atti di concorrenza sleale ne inibisce la continuazione e dà gli opportuni provvedimenti affinché ne vengano eliminati gli effetti.

2600. Risarcimento del danno. – Se gli atti di concorrenza sleale sono compiuti con dolo o con colpa, l'autore è tenuto al risarcimento dei danni (2043).

In tale ipotesi può essere ordinata la pubblicazione della sentenza (120 c.p.c.).

Accertati gli atti di concorrenza, la colpa si presume (2727 ss.).

2601. Azione delle associazioni professionali. – Quando gli atti di concorrenza sleale pregiudicano gli interessi di una categoria professionale, l'azione per la repressione della concorrenza sleale può essere promossa anche dalle associazioni professionali e dagli enti che rappresentano la categoria ([1]).

([1]) *Il D.L.vo Lgt. 23 novembre 1944, n. 369, soppressione delle organizzazioni sindacali fasciste, ha soppresso le associazioni professionali costituite in rappresentanza delle categorie.*

Capo II
Dei consorzi per il coordinamento della produzione e degli scambi

Sezione I
Disposizioni generali

2602. Nozione e norme applicabili. – Con il contratto di consorzio più imprenditori (2082) istituiscono un'organizzazione comune per la disciplina o per lo svolgimento di determinate fasi delle rispettive imprese.

Il contratto di cui al precedente comma è regolato dalle norme seguenti, salve le diverse disposizioni delle leggi speciali (2610, 2620).

2603. Forma e contenuto del contratto. – Il contratto deve essere fatto per iscritto sotto pena di nullità (1350, 2295, 2316).

Esso deve indicare:

1) l'oggetto (2606) e la durata (2604, 2611, n. 1) del consorzio;

2) la sede dell'ufficio eventualmente costituito;

3) gli obblighi assunti e i contributi dovuti dai consorziati;

4) le attribuzioni e i poteri degli organi consortili anche in ordine alla rappresentanza in giudizio (2608);

5) le condizioni di ammissione di nuovi consorziati;

6) i casi di recesso e di esclusione (2609);

7) le sanzioni per l'inadempimento degli obblighi dei consorziati.

Se il consorzio ha per oggetto il contingentamento della produzione o degli scambi, il contratto deve inoltre stabilire le quote dei singoli consorziati o i criteri per la determinazione di esse.

Se l'atto costitutivo deferisce la risoluzione di questioni relative alla determinazione delle quote ad una o più persone, le decisioni di queste possono essere impugnate innanzi all'autorità giudiziaria, se sono manifestamente inique od erronee, entro trenta giorni dalla notizia (1349, 2264, 2964).

2604. Durata del consorzio. – In mancanza di determinazione della durata del contratto, questo è valido per dieci anni.

2605. Controllo sull'attività dei singoli consorziati. – I consorziati devono consentire i controlli e le ispezioni da parte degli organi previsti dal contratto, al fine di accertare l'esatto adempimento delle obbligazioni assunte (2619).

2606. Deliberazioni consortili. – Se il contratto non dispone diversamente, le deliberazioni relative all'attuazione dell'oggetto del consorzio sono prese col voto favorevole della maggioranza dei consorziati.

Le deliberazioni che non sono prese in conformità alle disposizioni di questo articolo o a quelle del contratto possono essere impugnate (2377[2]) davanti all'autorità giudiziaria entro trenta giorni (2964). Per i consorziati assenti il termine decorre dalla comunicazione o, se si tratta di deliberazione soggetta ad iscrizione, dalla data di questa.

2607. Modificazioni del contratto. – Il contratto, se non è diversamente convenuto, non può essere modificato senza il consenso di tutti i consorziati (2604, 2611, n. 3).

Le modificazioni devono essere fatte per iscritto sotto pena di nullità (1350).

2608. Organi preposti al consorzio. – La responsabilità verso i consorziati di coloro che sono preposti al consorzio è regolata dalle norme sul mandato (1710 ss.).

2609. Recesso ed esclusione. – Nei casi di recesso (1373) e di esclusione previsti dal contratto, la quota di partecipazione del consorziato receduto o escluso si accresce proporzionalmente a quelle degli altri.

Il mandato (1703 ss.) conferito dai consorziati per l'attuazione degli scopi del consorzio, ancorché dato con unico atto, cessa nei confronti del consorziato receduto o escluso (1726).

2610. Trasferimento dell'azienda. – Salvo patto contrario, in caso di trasferimento a qualunque titolo dell'azienda l'acquirente subentra nel contratto di consorzio (2558).

Tuttavia, se sussiste una giusta causa, in caso di trasferimento dell'azienda per atto fra vivi, gli altri consorziati possono deliberare, entro un mese dalla notizia dell'avvenuto trasferimento (2964), l'esclusione dell'acquirente dal consorzio (2558).

2611. Cause di scioglimento. – Il contratto di consorzio si scioglie (2272):

1) per il decorso del tempo stabilito per la sua durata (2603, n. 1, 2604);

2) per il conseguimento dell'oggetto o per l'impossibilità di conseguirlo (2603, n. 1);

3) per volontà unanime dei consorziati (2604, 2607);

4) per deliberazione dei consorziati, presa a norma dell'articolo 2606, se sussiste una giusta causa;

5) per provvedimento dell'autorità governativa, nei casi ammessi dalla legge (2619);

6) per le altre cause previste nel contratto.

Sezione II
Dei consorzi con attività esterna

2612. Iscrizione nel registro delle imprese. – Se il contratto prevede l'istituzione di un ufficio destinato a svolgere un'attività con i terzi, un estratto del contratto deve, a cura degli amministratori, entro trenta giorni dalla stipulazione, essere depositato per l'iscrizione presso l'ufficio del registro delle imprese (2188) del luogo dove l'ufficio ha sede (2626, 2635; 108 att.).

L'estratto deve indicare:

1) la denominazione e l'oggetto del consorzio e la sede dell'ufficio;

2) il cognome e il nome dei consorziati;

3) la durata del consorzio;

4) le persone a cui vengono attribuite la presidenza, la direzione e la rappresentanza del consorzio ed i rispettivi poteri;

5) il modo di formazione del fondo consortile e le norme relative alla liquidazione.

Del pari devono essere iscritte nel registro delle imprese le modificazioni del contratto concernenti gli elementi sopra indicati.

2613. Rappresentanza in giudizio. – I consorzi possono essere convenuti in giudizio in persona di coloro ai quali il contratto attribuisce la presidenza o la direzione, anche se la rappresentanza è attribuita ad altre persone (41).

2614. Fondo consortile. – I contributi dei consorziati e i beni acquistati con questi contributi costituiscono il fondo consortile. Per la durata del consorzio i consorziati non possono chiedere la divisione del fondo, e i creditori particolari dei consorziati non possono far valere i loro diritti sul fondo medesimo (2270, 2305, 2531).

2615. Responsabilità verso i terzi. – Per le obbligazioni assunte in nome del consorzio dalle persone che ne hanno la rappresentanza, i terzi possono far valere i loro diritti esclusivamente sul fondo consortile.

Per le obbligazioni assunte dagli organi del consorzio per conto dei singoli consorziati rispondono questi ultimi solidalmente col fondo consortile. In caso d'insolvenza nei rapporti tra i consorziati il debito dell'insolvente si ripartisce tra tutti in proporzione delle quote.

2615 *bis*. Situazione patrimoniale. – Entro due mesi dalla chiusura dell'esercizio annuale le persone che hanno la direzione del consorzio redigono (2612) la situazione patrimoniale osservando le norme relative al bilancio di esercizio delle società per azioni (2423 ss.) e la depositano presso l'ufficio del registro delle imprese.

Alle persone che hanno la direzione del consorzio sono applicabili gli articoli 2621, n. 1), e 2626.

Negli atti e nella corrispondenza del consorzio devono essere indicati la sede di questo, l'ufficio del registro delle imprese presso il quale esso è iscritto e il numero di iscrizione.

Sezione II *bis*
Società consortili

2615 *ter*. Società consortili. – Le società previste nei capi III e seguenti del titolo V (2291 ss.) possono assumere come oggetto sociale gli scopi indicati nell'articolo 2602.

In tal caso l'atto costitutivo può stabilire l'obbligo dei soci di versare contributi in denaro.

Sezione III
Dei consorzi obbligatori

2616. Costituzione. – Con provvedimento dell'autorità governativa sentite le corporazioni interessate [1] può essere disposta, anche per zone determinate, la costituzione di consorzi obbligatori fra esercenti lo stesso ramo o rami similari di attività economica, qualora la costituzione stessa risponda alle esigenze dell'organizzazione della produzione.

Nello stesso modo, ricorrendo le condizioni di cui al comma precedente, possono essere trasformati in obbligatori i consorzi costituiti volontariamente (111 att.).

(1) *L'espressione: «sentite le corporazioni interessate» è da ritenersi soppressa dal R.D.L. 9 agosto 1943, n. 721 e dal D.L.vo Lgt. 23 novembre 1944, n. 369.*

2617. Consorzi per l'ammasso dei prodotti agricoli. – Quando la legge prescrive l'ammasso di determinati prodotti agricoli (837), la gestione collettiva di questi è fatta per conto degli imprenditori interessati a mezzo di consorzi obbligatori, secondo le disposizioni delle leggi speciali.

Sezione IV
Dei controlli dell'autorità governativa

2618. Approvazione del contratto consortile. – I contratti previsti nel presente capo, se sono tali da influire sul mercato generale dei beni in essi contemplati, sono soggetti ad approvazione da parte dell'autorità governativa (2620), sentite le corporazioni interessate (1).

(1) *L'espressione: «sentite le corporazioni interessate» è da ritenersi soppressa dal R.D.L. 9 agosto 1943, n. 721 e dal D.L.vo Lgt. 23 novembre 1944, n. 369.*

2619. Controllo sull'attività del consorzio. – L'attività dei consorzi è sottoposta alla vigilanza dell'autorità governativa (111 att.).

Quando l'attività del consorzio risulta non conforme agli scopi per cui è stato costituito, l'autorità governativa può sciogliere gli organi del consorzio e affidare la gestione a un commissario governativo (2636 ss.; 108^3 att.) ovvero, nei casi più gravi, può disporre lo scioglimento del consorzio stesso.

2620. Estensione delle norme di controllo alle società. – Le disposizioni di questa sezione si applicano anche alle società che si costituiscono per raggiungere gli scopi indicati nell'articolo 2602.

L'autorità governativa può sempre disporre lo scioglimento della società, quando la costituzione di questa non abbia avuto l'approvazione prevista nell'articolo 2618 (111 att.).

Titolo XI
Disposizioni penali in materia di società,
di consorzi e di altri enti privati (1) (2)

(1) *La precedente rubrica:* «Disposizioni penali in materia di società e di consorzi» *è stata così sostituita dall'attuale dall'art. 2 del D.L.vo 15 marzo 2017, n. 38.*

(2) *Questo titolo è stato così sostituito dall'art. 1 del D.L.vo 11 aprile 2002, n. 61. A norma dell'art. 5 dello stesso D.L.vo per i reati perseguibili a querela ai sensi del medesimo decreto legislativo, commessi prima della data di entrata in vigore dello stesso, il termine per la proposizione della querela decorre dalla data predetta (16 aprile 2002).*

Capo I
Delle falsità

2621. (1) **False comunicazioni sociali.** – Fuori dai casi previsti dall'art. 2622, gli amministratori, i direttori generali, i dirigenti preposti alla redazione dei documenti contabili societari, i sindaci e i liquidatori, i quali, al fine di conseguire per sé o per altri un ingiusto profitto, nei bilanci, nelle relazioni o nelle altre comunicazioni sociali dirette ai soci o al pubblico, previste dalla legge, consapevolmente espongono fatti materiali rilevanti non rispondenti al vero ovvero omettono fatti materiali rilevanti la cui comunicazione è imposta dalla legge sulla situazione economica, patrimoniale o finanziaria della società o del gruppo al quale la stessa appartiene, in modo concretamente idoneo ad indurre altri in errore, sono puniti con la pena della reclusione da uno a cinque anni.

La stessa pena si applica anche se le falsità o le omissioni riguardano beni posseduti o amministrati dalla società per conto di terzi.

(1) *Questo articolo è stato, da ultimo, così sostituito dall'art. 9 della L. 27 maggio 2015, n. 69.*

2621 *bis*. (1) **Fatti di lieve entità.** – Salvo che costituiscano più grave reato, si applica la pena da sei mesi a tre anni di reclusione se i fatti di cui all'articolo 2621 sono di lieve entità, tenuto conto della natura e delle dimensioni della società e delle modalità o degli effetti della condotta.

Salvo che costituiscano più grave reato, si applica la stessa pena di cui al comma precedente quando i fatti di cui all'articolo 2621 riguardano società che non superano i limiti indicati dal secondo comma dell'articolo 1 del regio decreto 16 marzo 1942, n. 267. In tale caso, il delitto è procedibile a querela della società, dei soci, dei creditori o degli altri destinatari della comunicazione sociale.

(1) *Questo articolo è stato inserito dall'art. 10 della L. 27 maggio 2015, n. 69.*

2621 *ter*. ([1]) **Non punibilità per particolare tenuità.** – Ai fini della non punibilità per particolare tenuità del fatto, di cui all'articolo 131 *bis* del codice penale, il giudice valuta, in modo prevalente, l'entità dell'eventuale danno cagionato alla società, ai soci o ai creditori conseguente ai fatti di cui agli articoli 2621 e 2621 *bis*.

([1]) *Questo articolo è stato inserito dall'art. 10 della L. 27 maggio 2015, n. 69.*

2622. ([1]) **False comunicazioni sociali delle società quotate.** – Gli amministratori, i direttori generali, i dirigenti preposti alla redazione dei documenti contabili societari, i sindaci e i liquidatori di società emittenti strumenti finanziari ammessi alla negoziazione in un mercato regolamentato italiano o di altro Paese dell'Unione europea, i quali, al fine di conseguire per sé o per altri un ingiusto profitto, nei bilanci, nelle relazioni o nelle altre comunicazioni sociali dirette ai soci o al pubblico consapevolmente espongono fatti materiali non rispondenti al vero ovvero omettono fatti materiali rilevanti la cui comunicazione è imposta dalla legge sulla situazione economica, patrimoniale o finanziaria della società o del gruppo al quale la stessa appartiene, in modo concretamente idoneo ad indurre altri in errore, sono puniti con la pena della reclusione da tre a otto anni.

Alle società indicate nel comma precedente sono equiparate:

1) le società emittenti strumenti finanziari per i quali è stata presentata una richiesta di ammissione alla negoziazione in un mercato regolamentato italiano o di altro Paese dell'Unione europea;

2) le società emittenti strumenti finanziari ammessi alla negoziazione in un sistema multilaterale di negoziazione italiano;

3) le società che controllano società emittenti strumenti finanziari ammessi alla negoziazione in un mercato regolamentato italiano o di altro Paese dell'Unione europea;

4) le società che fanno appello al pubblico risparmio o che comunque lo gestiscono.

Le disposizioni di cui ai commi precedenti si applicano anche se le falsità o le omissioni riguardano beni posseduti o amministrati dalla società per conto di terzi.

([1]) *Questo articolo è stato, da ultimo, così sostituito dall'art. 11 della L. 27 maggio 2015, n. 69.*

2623. ([1]) [**Falso in prospetto.** – Chiunque, allo scopo di conseguire per sé o per altri un ingiusto profitto, nei prospetti richiesti ai fini della sollecitazione all'investimento o dell'ammissione alla quotazione nei mercati regolamentati, ovvero nei documenti da pubblicare in occasione delle offerte pubbliche di acquisto o di scambio, con la consapevolezza della falsità e l'intenzione di ingannare i destinatari del prospetto, espone false informazioni od occulta dati o notizie in modo idoneo ad indurre in errore i suddetti destinatari è punito, se la condotta non ha loro cagionato un danno patrimoniale, con l'arresto fino ad un anno.

Se la condotta di cui al primo comma ha cagionato un danno patrimoniale ai destinatari del prospetto, la pena è della reclusione da uno a tre anni].

(1) *Questo articolo è stato abrogato dall'art. 34, comma 2, della L. 28 dicembre 2005, n. 262.*

2624. (1) [**Falsità nelle relazioni o nelle comunicazioni delle società di revisione.** – I responsabili della revisione i quali, al fine di conseguire per sé o per altri un ingiusto profitto, nelle relazioni o in altre comunicazioni, con la consapevolezza della falsità e l'intenzione di ingannare i destinatari delle comunicazioni, attestano il falso od occultano informazioni concernenti la situazione economica, patrimoniale o finanziaria della società, ente o soggetto sottoposto a revisione, in modo idoneo ad indurre in errore i destinatari delle comunicazioni sulla predetta situazione, sono puniti, se la condotta non ha loro cagionato un danno patrimoniale, con l'arresto fino a un anno.

Se la condotta di cui al primo comma ha cagionato un danno patrimoniale ai destinatari delle comunicazioni, la pena è della reclusione da uno a quattro anni].

(1) *Questo articolo è stato abrogato dall'art. 37, comma 34, del D.L.vo 27 gennaio 2010, n. 39.*

2625. Impedito controllo. – Gli amministratori che, occultando documenti o con altri idonei artifici, impediscono o comunque ostacolano lo svolgimento delle attività di controllo [o di revisione] (1) legalmente attribuite ai soci o ad altri organi sociali (2), sono puniti con la sanzione amministrativa pecuniaria fino a 10.329 euro.

Se la condotta ha cagionato un danno ai soci, si applica la reclusione fino ad un anno e si procede a querela della persona offesa.

La pena è raddoppiata se si tratta di società con titoli quotati in mercati regolamentati italiani o di altri Stati dell'Unione europea o diffusi tra il pubblico in misura rilevante ai sensi dell'articolo 116 del testo unico di cui al decreto legislativo 24 febbraio 1998, n. 58 (3).

(1) *Le parole poste fra parentesi quadrate sono state soppresse dall'art. 37, comma 35, lett.* a), *del D.L.vo 27 gennaio 2010, n. 39.*

(2) *Le parole: «, ad altri organi sociali o alle società di revisione» sono state così sostituite dalle attuali: «o ad altri organi sociali» dall'art. 37, comma 35, lett.* b), *del D.L.vo 27 gennaio 2010, n. 39.*

(3) *Questo comma è stato inserito dall'art. 39, comma 2, lett.* a), *della L. 28 dicembre 2005, n. 262.*

Capo II
Degli illeciti commessi dagli amministratori

2626. Indebita restituzione dei conferimenti. – Gli amministratori che, fuori dei casi di legittima riduzione del capitale sociale, restituiscono, anche simulatamente, i conferimenti ai soci o li liberano dall'obbligo di eseguirli, sono puniti con la reclusione fino ad un anno.

2627. Illegale ripartizione degli utili e delle riserve. – Salvo che il fatto non costituisca più grave reato, gli amministratori che ripartiscono utili o acconti su utili non effettivamente conseguiti o destinati per legge a riserva, ovvero che ripartiscono riserve, anche non costituite con utili, che non possono per legge essere distribuite, sono puniti con l'arresto fino ad un anno.

La restituzione degli utili o la ricostituzione delle riserve prima del termine previsto per l'approvazione del bilancio estingue il reato.

2628. Illecite operazioni sulle azioni o quote sociali o della società controllante. – Gli amministratori che, fuori dei casi consentiti dalla legge, acquistano o sottoscrivono azioni o quote sociali, cagionando una lesione all'integrità del capitale sociale o delle riserve non distribuibili per legge, sono puniti con la reclusione fino ad un anno.

La stessa pena si applica agli amministratori che, fuori dei casi consentiti dalla legge, acquistano o sottoscrivono azioni o quote emesse dalla società controllante, cagionando una lesione del capitale sociale o delle riserve non distribuibili per legge.

Se il capitale sociale o le riserve sono ricostituiti prima del termine previsto per l'approvazione del bilancio relativo all'esercizio in relazione al quale è stata posta in essere la condotta, il reato è estinto.

2629. Operazioni in pregiudizio dei creditori. – Gli amministratori che, in violazione delle disposizioni di legge a tutela dei creditori, effettuano riduzioni del capitale sociale o fusioni con altra società o scissioni, cagionando danno ai creditori, sono puniti, a querela della persona offesa, con la reclusione da sei mesi a tre anni.

Il risarcimento del danno ai creditori prima del giudizio estingue il reato.

Capo III
Degli illeciti commessi mediante omissione

2629 *bis*. ([1]) Omessa comunicazione del conflitto d'interessi. – L'amministratore o il componente del consiglio di gestione di una società con titoli quotati in mercati regolamentati italiani o di altro Stato dell'Unione europea o diffusi tra il pubblico in misura rilevante ai sensi dell'articolo 116 del testo unico di cui al decreto legislativo 24 febbraio 1998, n. 58, e successive modificazioni, ovvero di un soggetto sottoposto a vigilanza ai sensi del testo unico di cui al decreto legislativo 1° settembre 1993, n. 385, del citato testo unico di cui al decreto legislativo n. 58 del 1998, del decreto legislativo 7 settembre 2005, n. 209 ([2]), o del decreto legislativo 21 aprile 1993, n. 124, che viola gli obblighi previsti dall'articolo 2391, primo comma, è punito con la reclusione da uno a tre anni, se dalla violazione siano derivati danni alla società o a terzi.

([1]) *Questo articolo è stato inserito dall'art. 31, comma 1, della L. 28 dicembre 2005, n. 262.*

([2]) *Le originarie parole: «della legge 12 agosto 1982, n. 576» sono state così sostituite dalle attuali: «del decreto legislativo 7 settembre 2005, n. 209» dall'art. 6, comma 1, del D.L.vo 29 dicembre 2006, n. 303.*

2630. ([1]) Omessa esecuzione di denunce, comunicazioni e depositi. – Chiunque, essendovi tenuto per legge a causa delle funzioni rivestite in una società o in un consorzio, omette di eseguire, nei termini prescritti, denunce, comunicazioni o depositi presso il registro delle imprese, ovvero omette di fornire negli atti, nella corrispondenza e nella rete telematica le informazioni prescritte dall'articolo 2250, primo, secondo, terzo e quarto comma, è punito con la sanzione amministrativa pecuniaria da 103 euro a 1.032 euro. Se la denuncia, la comunicazione o il deposito avvengono nei trenta giorni successivi alla scadenza dei termini prescritti, la sanzione amministrativa pecuniaria è ridotta ad un terzo.

Se si tratta di omesso deposito dei bilanci, la sanzione amministrativa pecuniaria è aumentata di un terzo.

([1]) *Questo articolo è stato così sostituito dall'art. 9, comma 5, della L. 11 novembre 2011, n. 180.*

2631. Omessa convocazione dell'assemblea. – Gli amministratori e i sindaci che omettono di convocare l'assemblea dei soci nei casi previsti dalla legge o dallo statuto, nei termini ivi previsti, sono puniti con la sanzione amministrativa pecuniaria da 1.032 a 6.197 euro. Ove la legge o lo statuto non prevedano espressamente un termine, entro il quale effettuare la convocazione, questa si considera omessa allorché siano trascorsi trenta giorni dal momento in cui amministratori e sindaci sono venuti a conoscenza del presupposto che obbliga alla convocazione dell'assemblea dei soci.

La sanzione amministrativa pecuniaria è aumentata di un terzo in caso di convocazione a seguito di perdite o per effetto di espressa legittima richiesta da parte dei soci.

Capo IV
Degli altri illeciti, delle circostanze attenuanti e delle misure di sicurezza patrimoniali

2632. ([1]) **Formazione fittizia del capitale.** – Gli amministratori e i soci conferenti che, anche in parte, formano od aumentano fittiziamente il capitale sociale mediante attribuzioni di azioni o quote in misura complessivamente superiore all'ammontare del capitale sociale, sottoscrizione reciproca di azioni o quote, sopravvalutazione rilevante dei conferimenti di beni in natura o di crediti ovvero del patrimonio della società nel caso di trasformazione, sono puniti con la reclusione fino ad un anno.

([1]) *Questo articolo è stato sostituito dall'art. 111* quinquies *delle disposizioni di attuazione del codice civile, inserito dall'art. 9, comma 1, lett.* f), *del D.L.vo 17 gennaio 2003, n. 6, a decorrere dal 1° gennaio 2004.*

2633. Indebita ripartizione dei beni sociali da parte dei liquidatori. – I liquidatori che, ripartendo i beni sociali tra i soci prima del pagamento dei creditori sociali o dell'accantonamento delle somme necessario a soddisfarli, cagionano danno ai creditori, sono puniti, a querela della persona offesa, con la reclusione da sei mesi a tre anni.

Il risarcimento del danno ai creditori prima del giudizio estingue il reato.

2634. Infedeltà patrimoniale. – Gli amministratori, i direttori generali e i liquidatori, che, avendo un interesse in conflitto con quello della società, al fine di procurare a sé o ad altri un ingiusto profitto o altro vantaggio, compiono o concorrono a deliberare atti di disposizione dei beni sociali, cagionando intenzionalmente alla società un danno patrimoniale, sono puniti con la reclusione da sei mesi a tre anni.

La stessa pena si applica se il fatto è commesso in relazione a beni posseduti o amministrati dalla società per conto di terzi, cagionando a questi ultimi un danno patrimoniale.

In ogni caso non è ingiusto il profitto della società collegata o del gruppo, se compensato da vantaggi, conseguiti o fondatamente prevedibili, derivanti dal collegamento o dall'appartenenza al gruppo.

Per i delitti previsti dal primo e secondo comma si procede a querela della persona offesa.

2635. ([1]) **Corruzione tra privati.** – Salvo che il fatto costituisca più grave reato, gli amministratori, i direttori generali, i dirigenti preposti alla redazione dei documenti contabili societari, i sindaci e i liquidatori, di società o enti privati che, anche per interposta persona, sollecitano o ricevono, per sé o per altri, denaro o altra utilità non dovuti, o ne accettano la promessa, per compiere o per omettere un atto in violazione degli obblighi inerenti al loro ufficio o degli obblighi di fedeltà, sono puniti con la reclusione da uno a tre anni. Si applica la stessa pena se il fatto è commesso da chi nell'ambito organizzativo della società o dell'ente privato esercita funzioni direttive diverse da quelle proprie dei soggetti di cui al precedente periodo ([2]).

Si applica la pena della reclusione fino a un anno e sei mesi se il fatto è commesso da chi è sottoposto alla direzione o alla vigilanza di uno dei soggetti indicati al primo comma.

Chi, anche per interposta persona, offre, promette o dà denaro o altra utilità non dovuti alle persone indicate nel primo e nel secondo comma, è punito con le pene ivi previste ([3]).

Le pene stabilite nei commi precedenti sono raddoppiate se si tratta di società con titoli quotati in mercati regolamentati italiani o di altri Stati dell'Unione europea o diffusi tra il pubblico in misura rilevante ai sensi dell'articolo 116 del testo unico delle disposizioni in materia di intermediazione finanziaria, di cui al decreto legislativo 24 febbraio 1998, n. 58, e successive modificazioni.

[Si procede a querela della persona offesa, salvo che dal fatto derivi una distorsione della concorrenza nella acquisizione di beni o servizi] ([4]).

Fermo quanto previsto dall'articolo 2641, la misura della confisca per valore equivalente non può essere inferiore al valore delle utilità date, promesse o offerte ([5]) ([6]).

([1]) *Questo articolo è stato così sostituito dall'art. 1, comma 76, della L. 6 novembre 2012, n. 190.*

([2]) *Questo comma è stato così sostituito dall'art. 3, comma 1, lett.* a), *del D.L.vo 15 marzo 2017, n. 38.*

([3]) *Questo comma è stato così sostituito dall'art. 3, comma 1, lett.* b), *del D.L.vo 15 marzo 2017, n. 38.*

(4) *Questo comma è stato abrogato dall'art. 1, comma 5, lett.* a), *della L. 9 gennaio 2019, n. 3.*

(5) *Le parole: «utilità date o promesse» sono state così sostituite dalle attuali: «utilità date, promesse o offerte» dall'art. 3, comma 1, lett.* c), *del D.L.vo 15 marzo 2017, n. 38.*

(6) *Questo comma è stato aggiunto dall'art. 3 del D.L.vo 29 ottobre 2016, n. 202.*

2635 *bis*. (1) **Istigazione alla corruzione tra privati.** – Chiunque offre o promette denaro o altra utilità non dovuti agli amministratori, ai direttori generali, ai dirigenti preposti alla redazione dei documenti contabili societari, ai sindaci e ai liquidatori, di società o enti privati, nonché a chi svolge in essi un'attività lavorativa con l'esercizio di funzioni direttive, affinché compia od ometta un atto in violazione degli obblighi inerenti al proprio ufficio o degli obblighi di fedeltà, soggiace, qualora l'offerta o la promessa non sia accettata, alla pena stabilita nel primo comma dell'articolo 2635, ridotta di un terzo.

La pena di cui al primo comma si applica agli amministratori, ai direttori generali, ai dirigenti preposti alla redazione dei documenti contabili societari, ai sindaci e ai liquidatori, di società o enti privati, nonché a chi svolge in essi attività lavorativa con l'esercizio di funzioni direttive, che sollecitano per sé o per altri, anche per interposta persona, una promessa o dazione di denaro o di altra utilità, per compiere o per omettere un atto in violazione degli obblighi inerenti al loro ufficio o degli obblighi di fedeltà, qualora la sollecitazione non sia accettata.

[Si procede a querela della persona offesa] (2).

(1) *Questo articolo è stato inserito dall'art. 4 del D.L.vo 15 marzo 2017, n. 38.*

(2) *Questo comma è stato abrogato dall'art. 1, comma 5, lett.* b), *della L. 9 gennaio 2019, n. 3.*

2635 *ter*. (1) **Pene accessorie.** – La condanna per il reato di cui all'articolo 2635, primo comma, importa in ogni caso l'interdizione temporanea dagli uffici direttivi delle persone giuridiche e delle imprese di cui all'articolo 32 *bis* del codice penale nei confronti di chi sia già stato condannato per il medesimo reato o per quello di cui all'articolo 2635 *bis*, secondo comma.

(1) *Questo articolo è stato inserito dall'art. 5 del D.L.vo 15 marzo 2017, n. 38.*

2636. Illecita influenza sull'assemblea. – Chiunque, con atti simulati o fraudolenti, determina la maggioranza in assemblea, allo scopo di procurare a sé o ad altri un ingiusto profitto, è punito con la reclusione da sei mesi a tre anni.

2637. Aggiotaggio. – Chiunque diffonde notizie false, ovvero pone in essere operazioni simulate o altri artifici concretamente idonei a provocare una sensibile alterazione del prezzo di strumenti finanziari non quotati o per i quali non è stata presentata una richiesta di ammissione alle negoziazioni in un mercato regolamentato, (1) ovvero ad incidere in modo significativo sull'affidamento che il pubblico ripone nella stabilità patrimoniale di banche o di gruppi bancari, è punito con la pena della reclusione da uno a cinque anni.

(1) *Le parole: «strumenti finanziari, quotati o non quotati,» sono state così sostituite dalle attuali: «strumenti finanziari non quotati o per i quali non è stata presentata una richiesta di ammissione alle negoziazioni in un mercato regolamentato,» dall'art. 9, comma 4, della L. 18 aprile 2005, n. 62.*

2638. Ostacolo all'esercizio delle funzioni delle autorità pubbliche di vigilanza. – Gli amministratori, i direttori generali, i dirigenti preposti alla redazione dei documenti contabili societari, (1) i sindaci e i liquidatori di società o enti e gli altri soggetti sottoposti per legge alle autorità pubbliche di vigilanza, o tenuti ad obblighi nei loro confronti, i quali nelle comunicazioni alle predette autorità previste in base alla legge, al fine di ostacolare l'esercizio delle funzioni di vigilanza, espongono fatti materiali non rispondenti al vero, ancorché oggetto di valutazioni, sulla situazione economica, patrimoniale o finanziaria dei sottoposti alla vigilanza ovvero, allo stesso fine, occultano con altri mezzi fraudolenti, in tutto o in parte fatti che avrebbero dovuto comunicare, concernenti la situazione medesima, sono puniti con la reclusione da uno a quattro anni. La punibilità è estesa anche al caso in cui le informazioni riguardino beni posseduti o amministrati dalla società per conto di terzi.

Sono puniti con la stessa pena gli amministratori, i direttori generali, i dirigenti preposti alla redazione dei documenti contabili societari, (1) i sindaci e i liquidatori di società, o enti e gli altri soggetti sottoposti per legge alle autorità pubbliche di vigilanza o tenuti ad obblighi nei loro confronti, i quali, in qualsiasi forma, anche omettendo le comunicazioni dovute alle predette autorità, consapevolmente ne ostacolano le funzioni.

La pena è raddoppiata se si tratta di società con titoli quotati in mercati regolamentati italiani o di altri Stati dell'Unione europea o diffusi tra il pubblico in misura rilevante ai sensi dell'articolo 116 del testo unico di cui al decreto legislativo 24 febbraio 1998, n. 58 (2).

3 *bis*. Agli effetti della legge penale, le autorità e le funzioni di risoluzione di cui al decreto di recepimento della direttiva 2014/59/UE sono equiparate alle autorità e alle funzioni di vigilanza (3).

(1) *Le parole: «i dirigenti preposti alla redazione dei documenti contabili societari,» sono state inserite dall'art. 15, comma 1, lett.* c) *della L. 28 dicembre 2005, n. 262.*

(2) *Questo comma è stato aggiunto dall'art. 39, comma 2, lett.* c), *della L. 28 dicembre 2005, n. 262.*

([3]) *Questo comma è stato inserito dall'art. 101, comma 1, del D.L.vo 16 novembre 2015, n. 180. A norma dell'art. 101, comma 2, del medesimo decreto, la violazione dell'obbligo di segreto di cui all'articolo 5, commi 4 e 7, del D.L.vo n. 180/2015 è punita a norma dell'articolo 622 del codice penale, ma si procede d'ufficio.*

2639. Estensione delle qualifiche soggettive. – Per i reati previsti dal presente titolo al soggetto formalmente investito della qualifica o titolare della funzione prevista dalla legge civile è equiparato sia chi è tenuto a svolgere la stessa funzione, diversamente qualificata, sia chi esercita in modo continuativo e significativo i poteri tipici inerenti alla qualifica o alla funzione.

Fuori dei casi di applicazione delle norme riguardanti i delitti dei pubblici ufficiali contro la pubblica amministrazione, le disposizioni sanzionatorie relative agli amministratori si applicano anche a coloro che sono legalmente incaricati dall'autorità giudiziaria o dall'autorità pubblica di vigilanza di amministrare la società o i beni dalla stessa posseduti o gestiti per conto di terzi.

2640. Circostanza attenuante. – Se i fatti previsti come reato agli articoli precedenti hanno cagionato un'offesa di particolare tenuità la pena è diminuita.

2641. Confisca. – In caso di condanna o di applicazione della pena su richiesta delle parti per uno dei reati previsti dal presente titolo è ordinata la confisca del prodotto o del profitto del reato e dei beni utilizzati per commetterlo.

Quando non è possibile l'individuazione o l'apprensione dei beni indicati nel comma primo, la confisca ha ad oggetto una somma di denaro o beni di valore equivalente.

Per quanto non stabilito nei commi precedenti si applicano le disposizioni dell'articolo 240 del codice penale.

2642. ([1]) **Comunicazione delle sentenze di condanna.** – (*Omissis*).

([1]) *Questo articolo è stato abrogato dall'art. 1 del D.L.vo 11 aprile 2002, n. 61, che ha interamente sostituito il Titolo XI, recante disposizioni penali in materia di società e consorzi, ora comprensivo degli artt. 2621-2641.*

Libro VI
Della tutela dei diritti

Titolo I
Della trascrizione

Capo I
Della trascrizione degli atti
relativi ai beni immobili

2643. Atti soggetti a trascrizione. – Si devono rendere pubblici col mezzo della trascrizione (2658 ss.):

1) i contratti che trasferiscono la proprietà di beni immobili (769, 812, 1197, 1470 ss, 2648, 2651);

2) i contratti che costituiscono, trasferiscono o modificano il diritto di usufrutto (978 ss.) su beni immobili, il diritto di superficie (952 ss.), i diritti del concedente e dell'enfiteuta (959, 960, 2648, 2651);

2 *bis*) i contratti che trasferiscono, costituiscono o modificano i diritti edificatori comunque denominati, previsti da normative statali o regionali, ovvero da strumenti di pianificazione territoriale ([1]);

3) i contratti che costituiscono la comunione (1100) dei diritti menzionati nei numeri precedenti;

4) i contratti che costituiscono o modificano servitù prediali (7 ss, 1022, 1058), il diritto di uso (1021) sopra i beni immobili, il diritto di abitazione (1027 ss., 2648, 2651);

5) gli atti tra vivi di rinunzia ai diritti menzionati nei numeri precedenti;

6) i provvedimenti con i quali nell'esecuzione forzata si trasferiscono la proprietà di beni immobili o altri diritti reali immobiliari (555, 574, 586, 590 c.p.c.; 164 att. c.p.c.), eccettuato il caso di vendita seguita nel processo di liberazione degli immobili dalle ipoteche a favore del terzo acquirente (2889, 2896);

7) gli atti e le sentenze di affrancazione del fondo enfiteutico (971);

8) i contratti di locazione di beni immobili che hanno durata superiore a nove anni (320^{2}, 1572, 1599, 2923^{2});

9) gli atti e le sentenze da cui risulta liberazione o cessione di pigioni o di fitti non ancora scaduti, per un termine maggiore di tre anni (1605, 2918, 2924);

10) i contratti di società (2247, 2251, 2291, 2313, 2328, 2462, 2475, 2518) e di associazione (14 ss., 2549 ss.) con i quali si conferisce il godimento di beni immobili o di altri diritti reali immobiliari, quando la durata della società o dell'associazione eccede i nove anni o è indeterminata;

11) gli atti di costituzione dei consorzi (862 ss., 2602 ss.) che hanno l'effetto indicato dal numero precedente;

12) i contratti di anticresi (1350, n. 7, 1960);

12 *bis*) gli accordi di mediazione che accertano l'usucapione con la sottoscrizione del processo verbale autenticata da un pubblico ufficiale a ciò autorizzato ([2]);

13) le transazioni che hanno per oggetto controversie sui diritti menzionati nei numeri precedenti (1965 ss.);

14) le sentenze che operano la costituzione, il trasferimento o la modificazione (2932) di uno dei diritti menzionati nei numeri precedenti (2646).

([1]) *Questo numero è stato inserito dall'art. 5, comma 3, del D.L. 13 maggio 2011, n. 70, convertito, con modificazioni, nella L. 12 luglio 2011, n. 106.*

([2]) *Questo numero è stato inserito dall'art. 84* bis *del D.L. 21 giugno 2013, n. 69, convertito, con modificazioni, nella L. 9 agosto 2013, n. 98.*

2644. Effetti della trascrizione. – Gli atti enunciati nell'articolo precedente non hanno effetto riguardo ai terzi che a qualunque titolo hanno acquistato diritti sugli immobili in base a un atto trascritto o iscritto (2839) anteriormente alla trascrizione degli atti medesimi (2650, 2684, 2827).

Seguita la trascrizione, non può avere effetto contro colui che ha trascritto (2666) alcuna trascrizione o iscrizione di diritti acquistati verso il suo autore, quantunque l'acquisto risalga a data anteriore (2812, 2848, 2857, 2913 ss.; 44 l. fall.).

2645. Altri atti soggetti a trascrizione. – Deve del pari rendersi pubblico, agli effetti previsti dall'articolo precedente, ogni altro atto o provvedimento che produce in relazione a beni immobili o a diritti immobiliari taluni degli effetti dei contratti menzionati nell'art. 2643, salvo che dalla legge risulti che la trascrizione non è richiesta o è richiesta a effetti diversi (2650, 2657 ss., 2672; 555 c.p.c.).

2645 *bis*. Trascrizione di contratti preliminari. – 1. I contratti preliminari aventi ad oggetto la conclusione di taluno dei contratti di cui ai numeri 1), 2), 3) e 4) dell'articolo 2643, anche se sottoposti a condizione o relativi a edifici da costruire o in corso di costruzione, devono essere trascritti se risultano da atto pubblico o da scrittura privata con sottoscrizione autenticata o accertata giudizialmente.

2. La trascrizione del contratto definitivo o di altro atto che costituisca comunque esecuzione dei contratti preliminari di cui al comma 1, ovvero della sentenza che accoglie la domanda diretta ad ottenere l'esecuzione in forma specifica dei contratti preliminari predetti, prevale sulle trascrizioni e iscrizioni eseguite contro il promittente alienante dopo la trascrizione del contratto preliminare.

3. Gli effetti della trascrizione del contratto preliminare cessano e si considerano come mai prodotti se entro un anno dalla data convenuta tra le parti per la conclusione del contratto definitivo, e in ogni caso entro tre anni dalla trascrizione predetta, non sia eseguita la trascrizione del contratto definitivo o di altro atto che costituisca comunque esecuzione del contratto preliminare o della domanda giudiziale di cui all'articolo 2652, primo comma, numero 2).

4. I contratti preliminari aventi a oggetto porzioni di edifici da costruire o in corso di costruzione devono indicare, per essere trascritti (2659, n. 4), la superficie utile della porzione di edificio e la quota del diritto spettante al promissario acquirente relativa all'intero costruendo edificio espressa in millesimi (1118, 1123).

5. Nel caso previsto nel comma 4 la trascrizione è eseguita con riferimento al bene immobile per la quota determinata secondo le modalità di cui al comma stesso. Non appena l'edificio viene ad esistenza gli effetti della trascrizione si producono rispetto alle porzioni materiali corrispondenti alle quote di proprietà predeterminate nonché alle relative parti comuni. L'eventuale differenza di superficie o di quota contenuta nei limiti di un ventesimo rispetto a quelle indicate nel contratto preliminare non produce effetti.

6. Ai fini delle disposizioni di cui al comma 5, si intende esistente l'edificio nel quale sia stato eseguito il rustico, comprensivo delle mura perimetrali delle singole unità, e sia stata completata la copertura.

2645 *ter*. (1) Trascrizione di atti di destinazione per la realizzazione di interessi meritevoli di tutela riferibili a persone con disabilità, a pubbliche amministrazioni, o ad altri enti o persone fisiche. – Gli atti in forma pubblica con cui beni immobili o beni mobili iscritti in pubblici registri sono destinati, per un periodo non superiore a novanta anni o per la durata della vita della persona fisica beneficiaria, alla realizzazione di interessi meritevoli di tutela riferibili a persone con disabilità, a pubbliche amministrazioni, o ad altri enti o persone fisiche ai sensi dell'articolo 1322, secondo comma, possono essere trascritti al fine di rendere opponibile ai terzi il vincolo di destinazione; per la realizzazione di tali interessi può agire, oltre al conferente, qualsiasi interessato anche durante la vita del conferente stesso. I beni conferiti e i loro frutti possono essere impiegati solo per la realizzazione del fine di destinazione e possono costituire oggetto di esecuzione, salvo quanto previsto dall'articolo 2915, primo comma, solo per debiti contratti per tale scopo.

([1]) *Questo articolo è stato inserito dall'art. 39* novies *del D.L. 30 dicembre 2005, n. 273, convertito, con modificazioni, nella L. 23 febbraio 2006, n. 51.*

2645 *quater*. ([1]) **Trascrizione di atti costitutivi di vincolo.** – 1. Si devono trascrivere, se hanno per oggetto beni immobili, gli atti di diritto privato, i contratti e gli altri atti di diritto privato, anche unilaterali, nonché le convenzioni e i contratti con i quali vengono costituiti a favore dello Stato, della regione, degli altri enti pubblici territoriali ovvero di enti svolgenti un servizio di interesse pubblico, vincoli di uso pubblico o comunque ogni altro vincolo a qualsiasi fine richiesto dalle normative statali e regionali, dagli strumenti urbanistici comunali nonché dai conseguenti strumenti di pianificazione territoriale e dalle convenzioni urbanistiche a essi relative.

([1]) *Questo articolo è stato inserito dall'art. 6, comma 5* quaterdecies, *del D.L. 2 marzo 2012, n. 16, convertito, con modificazioni, nella L. 26 aprile 2012, n. 44.*

2646. Trascrizione delle divisioni. – Si devono trascrivere le divisioni che hanno per oggetto beni immobili (713 ss., 729, 1111, 2685; 784 ss. c.p.c.), come pure i provvedimenti di aggiudicazione degli immobili divisi mediante incanto (788 c.p.c.), i provvedimenti di attribuzione delle quote tra condividenti (757) e i verbali di estrazione a sorte (729, 791 c.p.c.) delle quote (2657 ss.).

Si devono pure trascrivere la domanda di divisione giudiziale (748 c. p.c.) e l'atto di opposizione indicato dall'art. 1113, per gli effetti ivi enunciati (2650).

2647. Costituzione del fondo patrimoniale e separazione di beni. – Devono essere trascritti, se hanno per oggetto beni immobili (812), la costituzione del fondo patrimoniale (167-171), le convenzioni matrimoniali che escludono i beni medesimi dalla comunione tra i coniugi (160 ss., 210 ss., 215 ss.), gli atti e i provvedimenti di scioglimento della comunione (191), gli atti di acquisto di beni personali a norma delle lettere *c*), *d*), *e*) ed *f*) dell'art. 179, a carico, rispettivamente, dei coniugi titolari del fondo patrimoniale e del coniuge titolare del bene escluso o che cessa di far parte della comunione.

Le trascrizioni previste dal precedente comma devono essere eseguite anche relativamente ai beni immobili che successivamente entrano a far parte del patrimonio familiare o risultano esclusi dalla comunione tra i coniugi (177).

La trascrizione del vincolo derivante dal fondo patrimoniale costituito per testamento deve essere eseguita d'ufficio dal conservatore contemporaneamente alla trascrizione dell'acquisto a causa di morte (2685).

2648. Accettazione di eredità e acquisto di legato. – Si devono trascrivere (2660 ss.) l'accettazione dell'eredità (470 ss., 475, 484[2]) che importi acquisto dei diritti enunciati nei numeri 1, 2 e 4 dell'art. 2643 o liberazione dai medesimi e l'acquisto del legato (649) che abbia lo stesso oggetto (484, 507, 509).

La trascrizione dell'accettazione dell'eredità si opera in base alla dichiarazione del chiamato all'eredità, contenuta in un atto pubblico (2699) ovvero in una scrittura privata (475) con sottoscrizione autenticata (2703) o accertata giudizialmente (2657; 214 c.p.c.).

Se il chiamato ha compiuto uno degli atti che importano accettazione tacita dell'eredità (476), si può richiedere la trascrizione sulla base di quell'atto, qualora esso risulti da sentenza, da atto pubblico (2699) o da scrittura privata con sottoscrizione autenticata (2703) o accertata giudizialmente (2657; 214 c.p.c.).

La trascrizione dell'acquisto del legato (649) si opera sulla base di un estratto autentico del testamento (2658[1]).

2649. Cessione dei beni ai creditori. – Deve essere trascritta, qualora comprenda beni immobili, la cessione che il debitore fa dei suoi beni ai creditori (1977), perchè questi procedano alla liquidazione dei medesimi e alla ripartizione del ricavato (2587).

Non hanno effetto, rispetto ai creditori, le trascrizioni o iscrizioni di diritti acquistati verso il debitore, se eseguite dopo che la cessione è stata trascritta (2644, 2913).

2650. Continuità delle trascrizioni. – Nei casi in cui, per le disposizioni precedenti, un atto di acquisto è soggetto a trascrizione, le successive trascrizioni o iscrizioni a carico dell'acquirente non producono effetto, se non è stato trascritto l'atto anteriore di acquisto (2655, 2665, 2688).

Quando l'atto anteriore di acquisto è stato trascritto, le successive trascrizioni o iscrizioni producono effetto secondo il loro ordine rispettivo, salvo il disposto dell'art. 2644.

L'ipoteca legale a favore dell'alienante e quella a favore del condividente (2817, 2825), iscritte contemporaneamente alla trascrizione del titolo di acquisto o della divisione, prevalgono sulle trascrizioni o iscrizioni eseguite anteriormente contro l'acquirente e il condividente tenuto al conguaglio (2834).

2651. Trascrizione di sentenze. – Si devono trascrivere le sentenze da cui risulta estinto per prescrizione (2934 ss.) o acquistato per usucapione (1158 ss.) ovvero in altro modo non soggetto a trascrizione uno dei diritti indicati dai numeri 1, 2 e 4 dell'art. 2643.

2652. Domande riguardanti atti soggetti a trascrizione. Effetti delle relative trascrizioni rispetto ai terzi. – Si devono trascrivere (2654, 2655), qualora si riferiscano ai diritti menzionati nell'art. 2643, le domande giudiziali (163 c.p.c.) indicate dai numeri seguenti, agli effetti per ciascuna di esse previsti (2654, 2668):

1) le domande di risoluzione dei contratti (1453, 1877) e quelle indicate dal secondo comma dell'art. 648 e dall'ultimo comma dell'art. 793, le domande di rescissione (763, 1447), le domande di revocazione delle donazioni (800 ss., 808), nonché quelle indicate dall'art. 524.

Le sentenze che accolgono tali domande non pregiudicano i diritti acquistati dai terzi in base a un atto trascritto o iscritto anteriormente alla trascrizione della domanda (2644, 2655);

2) le domande dirette a ottenere l'esecuzione in forma specifica dell'obbligo a contrarre (2932).

La trascrizione della sentenza che accoglie la domanda prevale sulle trascrizioni e iscrizioni eseguite contro il convenuto dopo la trascrizione della domanda;

3) le domande dirette a ottenere l'accertamento giudiziale della sottoscrizione di scritture private in cui si contiene un atto soggetto a trascrizione o a iscrizione (2702 ss.; 214 ss. c.p.c.).

La trascrizione o l'iscrizione dell'atto contenuto nella scrittura produce effetto dalla data in cui è stata trascritta la domanda;

4) le domande dirette all'accertamento della simulazione di atti soggetti a trascrizione (1414 ss.).

La sentenza che accoglie la domanda non pregiudica i diritti acquistati dai terzi di buona fede in base a un atto trascritto o iscritto anteriormente alla trascrizione della domanda;

5) le domande di revoca degli atti soggetti a trascrizione (2643), che siano stati compiuti in pregiudizio dei creditori (2901; 64 ss. l. fall.).

La sentenza che accoglie la domanda non pregiudica i diritti acquistati a titolo oneroso dai terzi di buona fede in base a un atto trascritto o iscritto anteriormente alla trascrizione della domanda (2644, 2655);

6) le domande dirette a far dichiarare la nullità (1418 ss.) o a far pronunziare l'annullamento (1425 ss.) di atti soggetti a trascrizione (2655) e le domande dirette a impugnare la validità della trascrizione (2665).

Se la domanda è trascritta dopo cinque anni dalla data della trascrizione dell'atto impugnato, la sentenza che l'accoglie non pregiudica i diritti acquistati a qualunque titolo dai terzi di buona fede in base a un atto trascritto o iscritto anteriormente alla trascrizione della domanda. Se però la domanda è diretta a far pronunziare l'annullamento per una causa diversa dall'incapacità legale (2, 414, 415), la sentenza che l'accoglie non pregiudica i diritti acquistati dai terzi di buona fede in base a un atto trascritto o iscritto anteriormente alla trascrizione della domanda, anche se questa è stata trascritta prima che siano decorsi cinque anni dalla data della trascrizione dell'atto impugnato, purché in questo caso i terzi abbiano acquistato a titolo oneroso (1445, 2690 n. 3);

7) le domande con le quali si contesta il fondamento di un acquisto a causa di morte (470, 590, 591, 624, 649 ss.).

Salvo quanto è disposto dal secondo e dal terzo comma dell'art. 534, se la trascrizione della domanda è eseguita dopo cinque anni dalla data della trascrizione dell'acquisto, la sentenza che accoglie la domanda non pregiudica i terzi di buona fede che, in base a un atto trascritto o iscritto anteriormente alla trascrizione della domanda, hanno a qualunque titolo acquistato diritti da chi appare erede o legatario (2690, n. 4);

8) le domande di riduzione delle donazioni (555) e delle disposizioni testamentarie per lesioni di legittima (553, 554, 557, 561, 2690, n. 5).

Se la trascrizione è eseguita dopo dieci anni dall'apertura della successione (456, 2946), la sentenza che accoglie la domanda non pregiudica i terzi che hanno acquistato a titolo oneroso diritti in base a un atto trascritto o iscritto anteriormente alla trascrizione della domanda (64 l. fall.);

9) le domande di revocazione (395) e quelle di opposizione di terzo (404) contro le sentenze soggette a trascrizione per le cause previste dai numeri 1, 2, 3 e 6 dell'art. 395 del codice di procedura civile e dal secondo comma dell'art. 404 dello stesso codice.

Se la domanda è trascritta dopo cinque anni dalla trascrizione della sentenza impugnata, la sentenza che l'accoglie non pregiudica i diritti acquistati dai terzi di buona fede in base a un atto trascritto o iscritto anteriormente alla trascrizione della domanda (2655, 2690, n. 6).

Alla domanda giudiziale è equiparato l'atto notificato con il quale la parte, in presenza di compromesso o di clausola compromissoria, dichiara all'altra la propria intenzione di promuovere il procedimento arbitrale, propone la domanda e procede, per quanto le spetta, alla nomina degli arbitri.

2653. Altre domande e atti soggetti a trascrizione a diversi effetti. – Devono parimenti essere trascritti (2654, 2668):

1) le domande (163 c.p.c.) dirette a rivendicare la proprietà (948, 949) o altri diritti reali di godimento su beni immobili (1079 ss.) e le domande dirette all'accertamento dei diritti stessi.

La sentenza pronunziata contro il convenuto indicato nella trascrizione della domanda ha effetto anche contro coloro che hanno acquistato diritti dal medesimo in base a un atto trascritto dopo la trascrizione della domanda (2644);

2) la domanda di devoluzione del fondo enfiteutico (972, 2655).

La pronunzia di devoluzione ha effetto anche nei confronti di coloro che hanno acquistato diritti dall'enfiteuta in base a un atto trascritto posteriormente alla trascrizione della domanda (974, 2655);

3) le domande e le dichiarazioni di riscatto nella vendita di beni immobili (1500 ss.).

Se la trascrizione di tali domande o dichiarazioni è eseguita dopo sessanta giorni dalla scadenza del termine per l'esercizio del riscatto, restano salvi i diritti acquistati dai terzi dopo la scadenza del termine medesimo in base a un atto trascritto o iscritto anteriormente alla trascrizione della domanda o della dichiarazione;

4) le domande di separazione degli immobili dotali e quelle di scioglimento della comunione tra coniugi avente per oggetto beni immobili (191).

La sentenza che pronunzia la separazione o lo scioglimento non ha effetto a danno dei terzi che, anteriormente alla trascrizione della domanda, hanno validamente acquistato dal marito diritti relativi a beni dotali o a beni della comunione;

5) gli atti e le domande che interrompono il corso dell'usucapione di beni immobili (1167, 2943 ss.).

L'interruzione non ha effetto riguardo ai terzi che hanno acquistato diritti dal possessore in base a un atto trascritto o iscritto, se non dalla data della trascrizione dell'atto o della domanda.

Alla domanda giudiziale è equiparato l'atto notificato con il quale la parte, in presenza di compromesso o di clausola compromissoria, dichiara all'altra la propria intenzione di promuovere il procedimento arbitrale, propone la domanda e procede, per quanto le spetta, alla nomina degli arbitri.

2654. Annotazione di domande o atti soggetti a trascrizione. – La trascrizione degli atti e delle domande indicati dai due articoli precedenti dev'essere anche annotata (2655, 2668, 2692) in margine alla trascrizione o iscrizione, quando si riferisce a un atto trascritto o iscritto.

2655. Annotazione di atti e di sentenze. – Qualora un atto trascritto o iscritto sia dichiarato nullo (1418 ss.) o sia annullato (1425 ss.), risoluto (1453 ss.), rescisso (1447 ss.) o revocato (2901 ss.) o sia soggetto a condizione risolutiva (1360), la dichiarazione di nullità e, rispettivamente, l'annullamento, la risoluzione, la rescissione, la revocazione, l'avveramento della condizione devono annotarsi in margine alla trascrizione o all'iscrizione dell'atto (2643, 2652, 2896).

Si deve del pari annotare, in margine alla trascrizione della relativa domanda, la sentenza di devoluzione del fondo enfiteutico (972, 2653).

Se tali annotazioni non sono eseguite, non producono effetto le successive trascrizioni o iscrizioni a carico di colui che ha ottenuto la dichiarazione di nullità o l'annullamento, la risoluzione, la rescissione, la revoca o la devoluzione o a favore del quale si è avverata la condizione. Eseguita l'annotazione, le trascrizioni o iscrizioni già compiute hanno il loro effetto secondo l'ordine rispettivo (2644, 2650).

L'annotazione si opera in base alla sentenza o alla convenzione da cui risulta uno dei fatti sopra indicati; se si tratta di condizione, può eseguirsi in virtù della dichiarazione unilaterale del contraente in danno del quale la condizione stessa si è verificata (2692, 2896).

2656. Forme per l'annotazione. – L'annotazione si esegue secondo le norme stabilite dagli articoli seguenti per la trascrizione, in quanto applicabili (2692).

2657. Titolo per la trascrizione. – La trascrizione non si può eseguire (2674) se non in forza di sentenza (2908; 131 ss. c.p.c.), di atto pubblico (2699) o di scrittura privata (2703) con sottoscrizione autenticata (2703) o accertata giudizialmente (214 ss. c.p.c.).

Le sentenze e gli atti eseguiti in paese estero (796 ss. c.p.c.) devono essere legalizzati (2674).

2658. Atti da presentare al conservatore. – La parte che domanda la trascrizione del titolo deve presentarne al conservatore dei registri immobiliari copia autenticata, se si tratta di atti pubblici o di sentenze, e, se si tratta di scritture private, deve presentare l'originale (2648[4]), salvo che questo si trovi depositato in un pubblico archivio o negli atti di un notaio. In questo caso basta la presentazione di una copia autenticata dall'archivista o dal notaio, dalla quale risulti che la scrittura ha i requisiti indicati dall'articolo precedente.

Per la trascrizione di una domanda giudiziale occorre presentare copia autentica del documento che la contiene, munito della relazione di notifica (148 c.p.c.) alla controparte (2659, 2669, 2670).

2659. Nota di trascrizione. – Chi domanda la trascrizione di un atto tra vivi deve presentare al conservatore dei registri immobiliari, insieme con la copia del titolo, una nota in doppio originale, nella quale devono essere indicati (2669, 2674):

1) il cognome ed il nome, il luogo e la data di nascita e il numero di codice fiscale delle parti, nonché il regime patrimoniale delle stesse, se coniugate, secondo quanto risulta da loro dichiarazione resa nel titolo o da certificato dell'ufficiale di stato civile; la denominazione o la ragione sociale, la sede e il numero di codice fiscale delle persone giuridiche, delle società previste dai capi II, III, e IV del titolo V del libro quinto e delle associazioni non riconosciute, con l'indicazione, per queste ultime e per le società semplici, anche delle generalità delle persone che le rappresentano secondo l'atto costitutivo. Per i condominii devono essere indicati l'eventuale denominazione, l'ubicazione e il codice fiscale [1];

2) il titolo di cui si chiede la trascrizione e la data del medesimo;

3) il cognome e il nome del pubblico ufficiale che ha ricevuto l'atto o autenticato le firme, o l'autorità giudiziaria che ha pronunziato la sentenza;

4) la natura e la situazione dei beni a cui si riferisce il titolo, con le indicazioni richieste dall'articolo 2826, nonché, nel caso previsto dall'articolo 2645 *bis*, comma 4, la superficie e la quota espressa in millesimi di cui a quest'ultima disposizione.

Se l'acquisto, la rinunzia o la modificazione del diritto sono sottoposti a termine o a condizione, se ne deve fare menzione nella nota di trascrizione (2665). Tale menzione non è necessaria se, al momento in cui l'atto si trascrive, la condizione sospensiva si è verificata o la condizione risolutiva è mancata ovvero il termine iniziale è scaduto (2668).

[1] *Le parole: «Per i condominii devono essere indicati l'eventuale denominazione, l'ubicazione e il codice fiscale;» sono state aggiunte dall'art. 17 della L. 11 dicembre 2012, n. 220 (in vigore dal 18 giugno 2013).*

2660. Trascrizione degli acquisti a causa di morte. – Chi domanda la trascrizione di un acquisto a causa di morte (456 ss.) deve presentare, oltre l'atto indicato dall'art. 2648, il certificato di morte dell'autore della successione e una copia o un estratto autentico (2661) del testamento, se l'acquisto segue in base a esso (2674; 254 c.n.).

Deve anche presentare una nota in doppio originale con le seguenti indicazioni (2665):

1) il cognome e il nome, il luogo e la data di nascita dell'erede o legatario e del defunto;

2) la data di morte;

3) se la successione è devoluta per legge (565 ss.), il vincolo che univa all'autore il chiamato e la quota a questo spettante;

4) se la successione è devoluta per testamento (587 ss.), la forma e la data del medesimo, il nome del pubblico ufficiale che l'ha ricevuto o che l'ha in deposito;

5) la natura e la situazione dei beni con le indicazioni richieste dall'art. 2826;

6) la condizione o il termine, qualora siano apposti alla disposizione testamentaria, salvo il caso contemplato dal secondo comma del precedente articolo, nonché la sostituzione fidecommissaria, qualora sia stata disposta a norma dell'art. 692 (2662, 2665).

2661. Ulteriori trascrizioni in base allo stesso titolo. – Quando si domanda la trascrizione di un acquisto a causa di morte (2660) e per la stessa successione è stato già trascritto altro acquisto in base allo stesso titolo, basta presentare l'atto di accettazione (470) se si tratta di acquisto a titolo di erede (475, 2648). Deve essere anche indicata la trascrizione anteriormente eseguita, se si tratta dello stesso ufficio, e, se si tratta di ufficio diverso (2663), deve essere presentato il certificato della trascrizione medesima.

Se chi ha trascritto anteriormente ha presentato un estratto (2718) del testamento, alla domanda di nuova trascrizione deve essere allegato, qualora occorra, un altro estratto o la copia dell'intero testamento (2663).

2662. Trascrizione di acquisti a causa di morte in luogo di altri chiamati. – Qualora l'acquisto a causa di morte si colleghi alla rinunzia (519 ss.) o alla morte di uno dei chiamati (479), chi domanda la trascrizione deve presentare il documento comprovante la morte o la rinunzia, facendone menzione nella nota (2660).

Se invece l'acquisto dipende da altra ragione che impedisce ad alcuno dei chiamati di succedere (70, 462, 463), non è necessario esibire un documento che giustifichi la ragione stessa, ma il richiedente risponde dei danni, quando le sue dichiarazioni non corrispondono a verità.

Qualora alcune della cause di impedimento sopra indicate si sia constatata dopo la trascrizione dell'acquisto a causa di morte, essa si annota in margine alla trascrizione stessa, purché risulti da regolare documento (2655, 2660).

2663. Ufficio in cui deve farsi la trascrizione. – La trascrizione deve essere fatta presso ciascun ufficio dei registri immobiliari nella cui circoscrizione sono situati i beni (484^2, 2677).

2664. Conservazione dei titoli. Trascrizione e restituzione della nota. – Il conservatore dei registri immobiliari deve custodire negli archivi, in appositi volumi, i titoli che gli sono consegnati (2840, 2842) e deve inserire, con numerazione progressiva annuale, nella raccolta delle note costituente il registro particolare delle trascrizioni (2671) uno degli originali della nota, indicandovi il giorno della consegna del titolo e il numero d'ordine assegnato nel registro generale.

Il conservatore deve restituire al richiedente uno degli originali della nota, nel quale deve certificare l'eseguita trascrizione con le indicazioni sopra accennate.

2665. Omissioni o inesattezze nelle note. – L'omissione o l'inesattezza di alcuna delle indicazioni richieste nelle note menzionate negli articoli 2659 e 2660 non nuoce alla validità della trascrizione, eccetto che induca incertezza sulle persone, sul bene o sul rapporto giuridico a cui si riferisce l'atto o, rispettivamente, la sentenza o la domanda (2652, n. 6, 2841).

2666. Limiti soggettivi dell'efficacia della trascrizione. – La trascrizione, da chiunque si faccia, giova a tutti coloro che vi hanno interesse (2644, 2647[3], 2671).

2667. Atti compiuti per persona incapace. – I rappresentanti di persone incapaci (320, 321, 357, 394, 424) e coloro che hanno prestato assistenza alle medesime devono curare che si esegua la trascrizione degli atti, delle sentenze o delle domande giudiziali che sono soggetti a trascrizione e rispetto ai quali essi hanno esercitato il loro ufficio.

La mancanza della trascrizione può anche essere opposta ai minori (2), agli interdetti (414) e a qualsiasi altro incapace (415 ss., 1425), salvo ai medesimi il regresso contro i tutori, gli amministratori o i curatori che avevano l'obbligo della trascrizione.

La mancanza della trascrizione non può essere opposta dalle persone che avevano l'obbligo di eseguirla per i propri rappresentanti o amministrati, né dai loro eredi.

2668. Cancellazione della trascrizione. – La cancellazione della trascrizione delle domande enunciate dagli articoli 2652 e 2653 e delle relative annotazioni (2654) si esegue quando è debitamente consentita dalle parti interessate (2883, 2888; 113 att.) ovvero è ordinata giudizialmente con sentenza passata in giudicato (324, 586, 683 c.p.c.).

Deve essere giudizialmente ordinata, qualora la domanda sia rigettata o il processo sia estinto per rinunzia o per inattività delle parti (306, 307, 562, 683 c.p.c.; 172 att. c.p.c.).

Si deve cancellare l'indicazione della condizione (1353) o del termine (1184) negli atti trascritti, quando l'avveramento o la mancanza della condizione ovvero la scadenza del termine risulta da sentenza o da dichiarazione, anche unilaterale, della parte, in danno della quale la condizione sospensiva si è verificata o la condizione risolutiva è mancata ovvero il termine iniziale è scaduto (2659).

Si deve cancellare la trascrizione dei contratti preliminari quando la cancellazione è debitamente consentita dalle parti interessate ovvero è ordinata giudizialmente con sentenza passata in giudicato.

2668 *bis*. ([1]) **Durata dell'efficacia della trascrizione della domanda giudiziale.** – La trascrizione della domanda giudiziale conserva il suo effetto per venti anni dalla sua data. L'effetto cessa se la trascrizione non è rinnovata prima che scada detto termine.

Per ottenere la rinnovazione si presenta al conservatore una nota in doppio originale conforme a quella della precedente trascrizione, in cui si dichiara che si intende rinnovare la trascrizione originaria.

In luogo del titolo si può presentare la nota precedente.

Il conservatore deve osservare le disposizioni dell'articolo 2664.

Se al tempo della rinnovazione gli immobili a cui si riferisce il titolo risultano dai registri delle trascrizioni passati agli eredi o aventi causa di colui contro il quale venne eseguita la formalità, la rinnovazione deve essere fatta anche nei confronti degli eredi o aventi causa e la nota deve contenere le indicazioni stabilite dall'articolo 2659, se queste risultano dai registri medesimi.

([1]) *Questo articolo è stato inserito dall'art. 62 della L. 18 giugno 2009, n. 69.*

2668 *ter*. ([1]) **Durata dell'efficacia della trascrizione del pignoramento immobiliare e del sequestro conservativo sugli immobili.** – Le disposizioni di cui all'articolo 2668 *bis* si applicano anche nel caso di trascrizione del pignoramento immobiliare e del sequestro conservativo sugli immobili.

([1]) *Questo articolo è stato inserito dall'art. 62 della L. 18 giugno 2009, n. 69.*

2669. Trascrizione anteriore al pagamento dell'imposta di registro. – La trascrizione può essere domandata, quantunque non sia stata ancora pagata l'imposta di registro a cui è soggetto il titolo, se si tratta di atto pubblico (2699) ricevuto nello Stato o di sentenza pronunziata da un'autorità giudiziaria dello Stato (131 c.p.c.).

(*Omissis*) ([1]).

([1]) *Seguiva un secondo comma, abrogato dall'art. 30 della L. 27 febbraio 1985, n. 52, nuove norme sul servizio ipotecario.*

2670. Spese della trascrizione. – Le spese della trascrizione devono essere anticipate da chi fa la domanda, salvo il diritto al rimborso verso l'interessato (1196, 1475).

Se più sono gli interessati, ciascuno di essi deve rimborsare la persona che ha eseguito la trascrizione della parte di spesa corrispondente alla quota per cui è interessato (1314).

2671. Obbligo dei pubblici ufficiali. – Il notaio o altro pubblico ufficiale che ha ricevuto o autenticato l'atto soggetto a trascrizione ha l'obbligo di curare che questa venga eseguita nel più breve tempo possibile, ed è tenuto al risarcimento dei danni in caso di ritardo, salva l'applicazione delle pene pecuniarie previste dalle leggi speciali, se lascia trascorrere trenta giorni dalla data dell'atto ricevuto o autenticato.

Rimangono ferme le disposizioni delle leggi speciali che stabiliscono a carico di altre persone l'obbligo di richiedere la trascrizione di determinati atti e le relative sanzioni (555 c.p.c.; 88 l. fall.).

2672. Leggi speciali. – Sono salve le disposizioni delle leggi speciali che richiedono la trascrizione di atti non contemplati dal presente capo e le altre disposizioni che non sono incompatibili con quelle contenute nel capo medesimo (484^2, 507^2, 509^2, 854^2; 555, 679 c.p.c.; 156^2 att. c.p.c.; 88^2 l. fall.).

Capo II
Della pubblicità dei registri immobiliari e della responsabilità dei conservatori

2673. Obblighi del conservatore. – Il conservatore dei registri immobiliari deve rilasciare a chiunque ne fa richiesta copia delle trascrizioni, delle iscrizioni e delle annotazioni, o il certificato che non ve ne è alcuna (743 c.p.c.).

Deve altresì permettere l'ispezione dei suoi registri nei modi e nelle ore fissati dalla legge.

Il conservatore deve anche rilasciare copia dei documenti che sono depositati presso di lui in originale o i cui originali sono depositati negli atti di un notaio o di un pubblico archivio fuori della circoscrizione del tribunale nella quale ha sede il suo ufficio (2714).

2674. Divieto di rifiutare gli atti del proprio ufficio. – Il conservatore può ricusare di ricevere le note e i titoli (2658, 2659), se non sono in carattere intelligibile e non può riceverli quando il titolo non ha i requisiti stabiliti dagli articoli 2657, 2660, primo comma, 2821, 2835 e 2837 o non è presentato con le modalità previste dall'art. 2658 e quando la nota non contiene le indicazioni prescritte dagli articoli 2659, 2660 e 2839, numeri 1), 3), 4) e 7).

In ogni altro caso il conservatore non può ricusare o ritardare di ricevere la consegna dei titoli presentati e di eseguire le trascrizioni, iscrizioni o annotazioni richieste, nonché di spedire le copie o i certificati. Le parti possono far stendere immediatamente verbale del rifiuto o del ritardo da un notaio o da un ufficiale giudiziario assistito da due testimoni.

2674 *bis*. Trascrizione e iscrizione con riserva e impugnazione. – Al di fuori dei casi di cui al precedente articolo, qualora emergano gravi e fondati dubbi sulla trascrivibilità di un atto o sulla iscrivibilità di una ipoteca, il conservatore, su istanza della parte richiedente, esegue la formalità con riserva.

La parte a favore della quale è stata eseguita la formalità con riserva deve proporre reclamo all'autorità giudiziaria.

2675. [Responsabilità del conservatore. – (*Omissis*)] ([1]).

([1]) Articolo abrogato dall'art. 2 della L. 21 gennaio 1983, n. 22, disciplina della responsabilità dei conservatori dei registri immobiliari.

2676. Diversità tra registri, copie e certificati. – Nel caso di diversità tra i risultati dei registri e quelli delle copie o dei certificati rilasciati dal conservatore dei registri immobiliari, prevale ciò che risulta dai registri.

2677. Orario per le domande di trascrizione e iscrizione. – Il conservatore non può ricevere alcuna domanda di trascrizione o di iscrizione fuorché nelle ore, determinate dalla legge, nelle quali l'ufficio è aperto al pubblico.

2678. Registro generale. – Il conservatore è obbligato a tenere un registro generale d'ordine in cui giornalmente deve annotare, secondo l'ordine di presentazione, ogni titolo che gli è rimesso perchè sia trascritto, iscritto o annotato.

Questo registro deve indicare il numero d'ordine, il giorno della richiesta ed il relativo numero di presentazione, la persona dell'esibitore e le persone per cui la richiesta è fatta, i titoli presentati (2658) con la nota (2659), l'oggetto della richiesta, e cioè se questa è fatta per trascrizione, per iscrizione o per annotazione, e le persone riguardo alle quali la trascrizione, la iscrizione o l'annotazione si deve eseguire.

Appena avvenuta l'accettazione del titolo e della nota, il conservatore ne deve dare ricevuta in carta libera all'esibitore, senza spesa; la ricevuta contiene l'indicazione del numero di presentazione (2853).

2679. Altri registri da tenersi dal conservatore. – Oltre al registro generale, il conservatore deve tenere, nei modi previsti dall'art. 2664, registri particolari:

1) per le trascrizioni;
2) per le iscrizioni;
3) per le annotazioni.

Deve inoltre tenere gli altri registri che sono ordinati dalla legge.

2680. (1) **Tenuta del registro generale d'ordine.** – Il registro generale deve essere vidimato in ogni foglio dal presidente o da un giudice del tribunale nella cui circoscrizione è stabilito l'ufficio, indicando nel relativo processo verbale il numero dei fogli e il giorno in cui sono stati vidimati (2).

Questo registro deve essere scritto di seguito, senza spazi in bianco o interlinee e senza aggiunte. Le cancellature di parole devono essere approvate dal conservatore in fine di ciascun foglio con la sua firma e con l'indicazione del numero delle parole cancellate.

Il registro, alla fine di ciascun giorno, deve essere chiuso con l'indicazione del numero dei titoli annotati e firmato dal conservatore.

In esso si deve rigorosamente osservare la serie delle date, dei fogli e dei numeri d'ordine.

(1) *Articolo così sostituito dall'art. 12 della L. 27 febbraio 1985, n. 52, nuove norme sul servizio ipotecario.*

(2) *A norma dell'art. 1, comma 279, della L. 24 dicembre 2007, n. 244, in deroga a questo comma, fino a quando non sarà data attuazione a quanto stabilito dall'articolo 61 del codice dell'amministrazione digitale, di cui al decreto legislativo 7 marzo 2005, n. 82, la vidimazione del registro generale d'ordine viene eseguita dal conservatore.*

2681. Divieto di rimozione dei registri. – I registri sopra indicati non possono essere rimossi dall'ufficio del conservatore, fuorché per ordine di una corte d'appello, qualora ne sia riconosciuta la necessità, e mediante le cautele determinate dalla stessa corte.

2682. [Sanzioni contro il conservatore. – (*Omissis*)] (1).

(1) *Articolo abrogato dall'art. 2 della L. 21 gennaio 1983, n. 22, disciplina della responsabilità dei conservatori dei registri immobiliari.*

Capo III
Della trascrizione
degli atti relativi
ad alcuni beni mobili

Sezione I
Della trascrizione
relativamente alle navi,
agli aeromobili
e agli autoveicoli

2683. Beni per i quali è disposta la pubblicità. – Devono essere resi pubblici col mezzo della trascrizione (2656 ss.), osservate le altre forme di pubblicità stabilite dalla legge (233, 250 ss., 843, 865 ss. c.n.), gli atti menzionati negli articoli seguenti, quando hanno per oggetto (815):

1) le navi e i galleggianti iscritti nei registri indicati dal codice della navigazione (146 c.n.);

2) gli aeromobili iscritti nei registri indicati dallo stesso codice (752 ss. c.n.);

3) gli autoveicoli iscritti nel pubblico registro automobilistico.

2684. Atti soggetti a trascrizione. – Sono soggetti alla trascrizione per gli effetti stabiliti dall'art. 2644:

1) i contratti che trasferiscono la proprietà (2643, n. 13) o costituiscono la comunione (110 ss., 2686, 2689, 2690; 250, 865 c.n.);

2) i contratti che costituiscono o modificano diritti di usufrutto (978 ss.) o di uso (1021) o che trasferiscono il diritto di usufrutto (2686, 2689, 2690);

3) gli atti tra vivi di rinunzia ai diritti indicati dai numeri precedenti (2690);

4) le transazioni (1965 ss.) che hanno per oggetto controversie sui diritti indicati dai numeri precedenti (2690);

5) i provvedimenti con i quali nel giudizio di espropriazione si trasferiscono la proprietà o gli altri diritti menzionati nei numeri precedenti (2690, 2914; 586 c.p.c.; 164 att. c.p.c.; 643 ss., 1055 ss. c.n.);

6) le sentenze che operano la costituzione, la modificazione o il trasferimento di uno dei diritti indicati dai numeri precedenti (2643, 2686; 585 c.p.c.).

2685. Altri atti soggetti a trascrizione. – Si devono trascrivere le divisioni (713 ss.) e gli altri atti menzionati nell'art. 2646, la costituzione del fondo patrimoniale (167-171) e gli altri atti menzionati nell'art. 2647, l'accettazione dell'eredità (470) e l'acquisto del legato (649) che importano acquisto dei diritti indicati dai numeri 1 e 2 dell'art. 2684 o liberazione dai medesimi.

La trascrizione ha gli effetti stabiliti per i beni immobili (2644).

2686. Sentenze. – Devono essere trascritte, agli effetti dell'art. 2644, le sentenze da cui risulta acquistato, modificato o estinto uno dei diritti indicati dai numeri 1 e 2 dell'art. 2684 in forza di un titolo non trascritto (2651, 2689, 2690).

2687. Cessione dei beni ai creditori. – Deve essere trascritta, per gli effetti indicati dall'art. 2649, la cessione che il debitore fa dei suoi beni ai creditori, perchè questi procedano alla liquidazione dei medesimi e alla ripartizione del ricavato (1977 ss.).

2688. Continuità delle trascrizioni. – Nei casi in cui, per le disposizioni precedenti, un atto di acquisto è soggetto a trascrizione, le successive trascrizioni o iscrizioni non producono effetto se non è stato trascritto l'atto anteriore di acquisto (2650).

Quando l'atto anteriore di acquisto è stato trascritto, le successive trascrizioni o iscrizioni producono il loro effetto secondo l'ordine rispettivo, salvo il disposto dell'art. 2644.

2689. Usucapione. – Devono essere trascritte le sentenze da cui risulta acquistato per usucapione (1162) uno dei diritti indicati dai numeri 1 e 2 dell'art. 2684 (2651, 2686).

2690. Domande relative ad atti soggetti a trascrizione. – Devono essere trascritte (2652, 2692), qualora si riferiscano ai diritti menzionati dall'art. 2684:

1) le domande indicate dai numeri 1, 2, 3, 4 e 5 dell'art. 2652 per gli effetti ivi disposti;

2) le domande dirette all'accertamento di uno dei contratti indicati dai numeri 1 e 2 dell'art. 2684 (2686).

La trascrizione della sentenza che accoglie la domanda prevale sulle trascrizioni e iscrizioni eseguite contro il convenuto dopo la trascrizione della domanda;

3) le domande dirette a far dichiarare la nullità (1418) o far pronunziare l'annullamento (1441) di atti soggetti a trascrizione e le domande dirette a impugnare la validità della trascrizione (2675).

La sentenza che accoglie la domanda non pregiudica i diritti acquistati a qualunque titolo dai terzi di buona fede in base a un atto trascritto o iscritto anteriormente alla trascrizione della domanda medesima, se questa è stata resa pubblica dopo tre anni dalla data della trascrizione dell'atto che si impugna. Se però la domanda è diretta a far pronunziare l'annullamento per una causa diversa dall'incapacità legale (2, 414, 415, 1441), la sentenza che l'accoglie non pregiudica i diritti acquistati dai terzi di buona fede in base a un atto trascritto o iscritto anteriormente alla trascrizione della domanda, anche se questa è stata trascritta prima che siano decorsi tre anni dalla data della trascrizione dell'atto impugnato, purché in questo caso i terzi abbiano acquistato a titolo oneroso (1445);

4) le domande con le quali si contesta il fondamento di un acquisto a causa di morte (470, 590, 624, 649 ss.).

Salvo quanto è disposto dal secondo e dal terzo comma dell'art. 534, se la domanda è trascritta dopo tre anni dalla data della trascrizione dell'atto impugnato, la sentenza che l'accoglie non pregiudica i terzi di buona fede che, in base a un atto trascritto o iscritto anteriormente alla trascrizione della domanda, hanno a qualunque titolo acquistato diritti da chi appare erede o legatario (2652, n. 7);

5) le domande di riduzione delle donazioni e delle disposizioni testamentarie per lesione di legittima (553 ss., 561).

Se la trascrizione è eseguita dopo tre anni dall'apertura della successione, la sentenza che accoglie la domanda non pregiudica i terzi che hanno acquistato a titolo oneroso diritti in base a un atto trascritto o iscritto anteriormente alla trascrizione della domanda (2652, n. 8);

6) le domande di revocazione e quelle di opposizione di terzo contro le sentenze soggette a trascrizione per le cause previste dai numeri 1, 2, 3 e 6 dell'art. 395 del codice di procedura civile e dal secondo comma dell'art. 404 dello stesso codice.

Se la domanda è trascritta dopo tre anni dalla trascrizione della sentenza impugnata, la sentenza che l'accoglie non pregiudica i diritti acquistati dai terzi di buona fede in base a un atto trascritto o iscritto anteriormente alla trascrizione della domanda (2654, 2668, 2692, 2695).

Alla domanda giudiziale è equiparato l'atto notificato con il quale la parte, in presenza di compromesso o di clausola compromissoria, dichiara all'altra la propria intenzione di promuovere il procedimento arbitrale, propone la domanda e procede, per quanto le spetta, alla nomina degli arbitri.

2691. Altre domande e atti soggetti a trascrizione. – Devono del pari trascriversi quando si riferiscono ai beni menzionati nell'art. 2683, le domande e gli atti indicati dai numeri 1, 3, 4 e 5 dell'art. 2653, per gli effetti ivi disposti (2692).

Alla domanda giudiziale è equiparato l'atto notificato con il quale la parte, in presenza di compromesso o di clausola compromissoria, dichiara all'altra la propria intenzione di promuovere il procedimento arbitrale, propone la domanda e procede, per quanto le spetta, alla nomina degli arbitri.

2692. Annotazione della trascrizione delle domande e degli atti. – La trascrizione delle domande e degli atti indicati dai due articoli precedenti dev'essere anche annotata secondo le modalità stabilite dall'art. 2654.

Si osservano inoltre le disposizioni del primo, terzo e quarto comma dell'art. 2655 e quelle dell'art. 2656.

2693. Trascrizione del pignoramento e del sequestro. – Deve essere trascritto, dopo la notificazione, il provvedimento che ordina il sequestro conservativo (671, 679 c.p.c.) per gli effetti disposti dall'art. 2906. Si deve trascrivere del pari l'atto di pignoramento (491, 518 c.p.c.) per gli effetti disposti dagli articoli 2913, 2914, 2915 e 2916.

2694. Richiamo di altre leggi. – Sono salve le disposizioni del codice della navigazione e delle leggi speciali che richiedono la trascrizione di atti non contemplati dal presente capo e le altre disposizioni non incompatibili con quelle contenute nel capo medesimo.

2695. Forme e modalità della trascrizione. – Le forme e le modalità delle trascrizioni previste in questo capo sono regolate dal codice della navigazione, per quanto riguarda le navi e gli aeromobili (250 ss., 865 ss. c.n.), e dalla legge speciale per quanto riguarda gli autoveicoli.

In mancanza, si osservano le norme concernenti la trascrizione degli atti relativi ai beni immobili, in quanto sono applicabili (2656 ss.).

Sezione II
Della trascrizione relativamente ad altri beni mobili

2696. Rinvio. – Per gli altri beni mobili per cui è disposta la trascrizione di determinati atti si osservano le disposizioni delle leggi che li riguardano.

Titolo II
Delle prove

Capo I
Disposizioni generali

2697. Onere della prova. – Chi vuol far valere un diritto in giudizio (99, 100 c.p.c.) deve provare i fatti che ne costituiscono il fondamento (1988, 2728; 115 c.p.c.).

Chi eccepisce l'inefficacia di tali fatti ovvero eccepisce che il diritto si è modificato o estinto deve provare i fatti su cui l'eccezione si fonda (115 ss, 191 ss. c.p.c.).

2698. Patti relativi all'onere della prova. – Sono nulli (1418 ss.) i patti con i quali è invertito ovvero è modificato l'onere della prova, quando si tratta di diritti di cui le parti non possono disporre (5 ss.) o quando l'inversione o la modificazione ha per effetto di rendere a una delle parti eccessivamente difficile l'esercizio del diritto (1694, 2965).

Capo II
Della prova documentale

Sezione I
Dell'atto pubblico

2699. Atto pubblico. – L'atto pubblico è il documento redatto, con le richieste formalità, da un notaio o da altro pubblico ufficiale autorizzato ad attribuirgli pubblica fede nel luogo dove l'atto è formato (2700, 2701).

2700. Efficacia dell'atto pubblico. – L'atto pubblico fa piena prova, fino a querela di falso (221 ss. c.p.c.), della provenienza del documento dal pubblico ufficiale che lo ha formato, nonché delle dichiarazioni delle parti e degli altri fatti che il pubblico ufficiale attesta avvenuti in sua presenza o da lui compiuti (2729; 178, 775 c.n.).

2701. Conversione dell'atto pubblico. – Il documento formato da ufficiale pubblico incompetente o incapace ovvero senza l'osservanza delle formalità prescritte, se è stato sottoscritto dalle parti, ha la stessa efficacia probatoria della scrittura privata (2702).

Sezione II
Della scrittura privata

2702. Efficacia della scrittura privata. – La scrittura privata fa piena prova, fino a querela di falso (221 ss. c.p.c.), della provenienza delle dichiarazioni da chi l'ha sottoscritta, se colui contro il quale la scrittura è prodotta ne riconosce la sottoscrizione, ovvero se questa è legalmente considerata come riconosciuta (2715; 214, 215 c.p.c.; 178, 775 c.n.).

2703. Sottoscrizione autenticata. – Si ha per riconosciuta la sottoscrizione autenticata dal notaio o da altro pubblico ufficiale a ciò autorizzato.

L'autenticazione consiste nell'attestazione da parte del pubblico ufficiale che la sottoscrizione è stata apposta in sua presenza. Il pubblico ufficiale deve previamente accertare l'identità della persona che sottoscrive (214 c.p.c.).

2704. Data della scrittura privata nei confronti dei terzi. – La data della scrittura privata della quale non è autenticata la sottoscrizione (2703) non è certa e computabile riguardo ai terzi, se non dal giorno in cui la scrittura è stata registrata o dal giorno della morte o della sopravvenuta impossibilità fisica di colui o di uno di coloro che l'hanno sottoscritta o dal giorno in cui il contenuto della scrittura è riprodotto in atti pubblici (2699) o, infine, dal giorno in cui si verifica un altro fatto che stabilisca in modo egualmente certo l'anteriorità della formazione del documento.

La data della scrittura privata che contiene dichiarazioni unilaterali non destinate a persona determinata (1992 ss.) può essere accertata con qualsiasi mezzo di prova (228, 233, 244 ss. c.p.c.).

Per l'accertamento della data nelle quietanze (1199) il giudice, tenuto conto delle circostanze, può ammettere qualsiasi mezzo di prova (2787).

2705. Telegramma. – Il telegramma ha l'efficacia probatoria della scrittura privata (2702), se l'originale consegnato all'ufficio di partenza è sottoscritto dal mittente, ovvero se è stato consegnato o fatto consegnare dal mittente medesimo, anche senza sottoscriverlo.

La sottoscrizione può essere autenticata da notaio (2703; 634 c.p.c.).

Se l'identità della persona che ha sottoscritto l'originale del telegramma è stata accertata nei modi stabiliti dai regolamenti, è ammessa la prova contraria.

Il mittente può fare indicare nel telegramma se l'originale è stato firmato con o senza autenticazione.

2706. Conformità tra originale e riproduzione del telegramma. – La riproduzione del telegramma consegnata al destinatario si presume, fino a prova contraria, conforme all'originale (2727).

Il mittente, se ha fatto collazionare il telegramma secondo le disposizioni dei regolamenti, si presume esente da colpa per divergenze verificatesi tra originale e riproduzione.

2707. Carte e registri domestici. – Le carte e i registri domestici fanno prova contro chi li ha scritti (2162):

1) quando enunciano espressamente un pagamento ricevuto (1199, 2704);

2) quando contengono la menzione espressa che l'annotazione è stata fatta per supplire alla mancanza di titolo in favore di chi è indicato come creditore (2162).

2708. Annotazione in calce, in margine o a tergo di un documento. – L'annotazione fatta dal creditore in calce, in margine o a tergo di un documento rimasto in suo possesso fa prova, benché non sottoscritta da lui, se tende ad accertare la liberazione del debitore (1199).

Lo stesso valore ha l'annotazione fatta dal creditore in calce, in margine o a tergo di una quietanza o di un esemplare del documento del debito posseduto dal debitore.

Sezione III
Delle scritture contabili
delle imprese
soggette a registrazione

2709. Efficacia probatoria contro l'imprenditore. – I libri e le altre scritture contabili (2214, 2421, 2490) delle imprese soggette a registrazione (2195) fanno prova contro l'imprenditore (2082; 634 c.p.c.). Tuttavia chi vuol trarne vantaggio non può scinderne il contenuto (2734; 775 c.n.).

2710. Efficacia probatoria tra imprenditori. – I libri bollati e vidimati nelle forme di legge (2215, 2216), quando sono regolarmente tenuti (2219), possono fare prova tra imprenditori (2082) per i rapporti inerenti all'esercizio dell'impresa (634 c.p.c.).

2711. Comunicazione ed esibizione. – La comunicazione integrale dei libri, delle scritture contabili e della corrispondenza (2214 ss.) può essere ordinata dal giudice solo nelle controversie relative allo scioglimento della società (2272, 2308, 2323, 2448 ss., 2497, 2539), alla comunione dei beni (1100; 784 ss. c.p.c.) e alla successione per causa di morte (456 ss.).

Negli altri casi il giudice può ordinare, anche d'ufficio, che si esibiscano i libri per estrarne le registrazioni concernenti la controversia in corso (212 c.p.c.). Può ordinare altresì l'esibizione di singole scritture contabili, lettere, telegrammi o fatture concernenti la controversia stessa.

Sezione IV
Delle riproduzioni
meccaniche

2712. Riproduzioni meccaniche. – Le riproduzioni fotografiche, informatiche ([1]) o cinematografiche, le registrazioni fonografiche e, in genere, ogni altra rappresentazione meccanica di fatti e di cose formano piena prova dei fatti e delle cose rappresentate, se colui contro il quale sono prodotte non ne disconosce la conformità ai fatti o alle cose medesime (261 c.p.c.).

([1]) *Le parole: «, informatiche» sono state inserite dall'art. 23* quater *del D.L.vo 7 marzo 2005, n. 82, così come aggiunto dall'art. 16, comma 2, del D.L.vo 30 dicembre 2010, n. 235.*

Sezione V
Delle taglie
o tacche di contrassegno

2713. Taglie o tacche di contrassegno. – Le taglie o tacche di contrassegno corrispondenti al contrassegno di riscontro formano piena prova tra coloro che usano provare in tal modo le somministrazioni che fanno o ricevono al minuto.

Sezione VI
Delle copie degli atti

2714. Copie di atti pubblici. – Le copie di atti pubblici (2699) spedite nelle forme prescritte da depositari pubblici autorizzati (2673^3, 2711) fanno fede come l'originale (2700; 212 c.p. c.).

La stessa fede fanno le copie di copie di atti pubblici originali, spedite da depositari pubblici di esse, a ciò autorizzati (743 c.p.c).

2715. Copie di scritture private originali depositate. – Le copie delle scritture private depositate presso pubblici uffici e spedite da pubblici depositari autorizzati (2700; 743 c.p.c.) hanno la stessa efficacia della scrittura originale da cui sono estratte (2702; 212 c.p.c.).

2716. Mancanza dell'atto originale o di copia depositata. – In mancanza dell'originale dell'atto pubblico (2699) o di una copia di esso presso un pubblico depositario, le copie spedite in conformità dell'art. 2714 fanno piena prova; ma se tali copie, o anche la copia esistente presso un pubblico depositario quando manca l'originale, presentano cancellature, abrasioni, intercalazioni o altri difetti esteriori, è rimesso al giudice di apprezzarne l'efficacia probatoria (116 c.p.c.).

In mancanza dell'originale scrittura privata (2702), le copie di essa spedite in conformità dell'art. 2715 fanno egualmente prova; ma se presentano cancellature, abrasioni, intercalazioni o altri difetti esteriori, è rimesso parimenti al giudice di apprezzarne l'efficacia probatoria. Resta in ogni caso salva la questione circa l'autenticità dell'originale mancante (116 c.p.c.).

2717. Valore probatorio di altre copie. - Le copie rilasciate da pubblici ufficiali fuori dai casi contemplati dagli articoli precedenti hanno l'efficacia di un principio di prova per iscritto (2724).

2718. Valore probatorio di copie parziali. - Le copie parziali o le riproduzioni per estratto, rilasciate nella forma prescritta da pubblici ufficiali che ne sono depositari e sono debitamente autorizzati, fanno piena prova solo per quella parte dell'originale che riproducono letteralmente (2661; 212 c.p.c.).

2719. Copie fotografiche di scritture. - Le copie fotografiche (261 c.p.c.) di scritture hanno la stessa efficacia delle autentiche, se la loro conformità con l'originale è attestata da pubblico ufficiale competente (2714, 2715) ovvero non è espressamente disconosciuta (212 c.p.c.).

Sezione VII
Degli atti di ricognizione o di rinnovazione

2720. Efficacia probatoria. - L'atto di ricognizione (969, 1309, 1870, 1988, 2944, 2966) o di rinnovazione fa piena prova delle dichiarazioni contenute nel documento originale, se non si dimostra, producendo quest'ultimo, che vi è stato errore (1428 ss.) nella ricognizione o nella rinnovazione.

Capo III
Della prova testimoniale

2721. Ammissibilità: limiti di valore. – La prova per testimoni (244 c.p.c.) dei contratti non è ammessa quando il valore dell'oggetto eccede gli € 2,58 (1417, 2724, 2729, 2735; 421, 621 c.p.c.; 102 ss. att. c.p.c.).

Tuttavia l'autorità giudiziaria può consentire la prova (115 c.p.c.) oltre il limite anzidetto, tenuto conto della qualità delle parti, della natura del contratto e di ogni altra circostanza.

2722. Patti aggiunti o contrari al contenuto di un documento. – La prova per testimoni non è ammessa (2724) se ha per oggetto patti aggiunti o contrari al contenuto di un documento, per i quali si alleghi che la stipulazione è stata anteriore o contemporanea (1417, 2723, 2735).

2723. Patti posteriori alla formazione del documento. – Qualora si alleghi che, dopo la formazione di un documento, è stato stipulato un patto aggiunto o contrario al contenuto di esso (2722), l'autorità giudiziaria può consentire la prova per testimoni (115 c.p.c.) soltanto se, avuto riguardo alla qualità delle parti, alla natura del contratto e a ogni altra circostanza, appare verosimile che siano state fatte aggiunte o modificazioni verbali.

2724. Eccezioni al divieto della prova testimoniale. – La prova per testimoni è ammessa in ogni caso:

1) quando vi è un principio di prova per iscritto: questo è costituito da qualsiasi scritto, proveniente dalla persona contro la quale è diretta la domanda o dal suo rappresentante, che faccia apparire verosimile il fatto allegato (241, 242, 2712, 2717);

2) quando il contraente è stato nell'impossibilità morale o materiale di procurarsi una prova scritta;

3) quando il contraente ha senza sua colpa perduto il documento che gli forniva la prova (2725).

2725. Atti per i quali è richiesta la prova per iscritto o la forma scritta. – Quando, secondo la legge o la volontà delle parti, un contratto deve essere provato per iscritto, la prova per testimoni è ammessa soltanto nel caso indicato dal n. 3 dell'articolo precedente.

La stessa regola si applica nei casi in cui la forma scritta è richiesta sotto pena di nullità.

2726. Prova del pagamento e della remissione. – Le norme stabilite per la prova testimoniale dei contratti si applicano anche al pagamento e alla remissione del debito (1188 ss., 1236 ss.).

Capo IV
Delle presunzioni

2727. Nozione. – Le presunzioni sono le conseguenze che la legge o il giudice trae da un fatto noto per risalire a un fatto ignorato (115 c.p.c.).

2728. Prova contro le presunzioni legali. – Le presunzioni legali dispensano da qualunque prova coloro a favore dei quali esse sono stabilite.

Contro le presunzioni sul fondamento delle quali la legge dichiara nulli certi atti o non ammette l'azione in giudizio non può essere data prova contraria, salvo che questa sia consentita dalla legge stessa.

2729. Presunzioni semplici. – Le presunzioni non stabilite dalla legge sono lasciate alla prudenza del giudice (116 c.p.c.), il quale non deve ammettere che presunzioni gravi, precise e concordanti.

Le presunzioni non si possono ammettere nei casi in cui la legge esclude la prova per testimoni (1350, 2721, 2722).

Capo V
Della confessione

2730. Nozione. – La confessione è la dichiarazione che una parte fa della verità di fatti ad essa sfavorevoli e favorevoli all'altra parte.

La confessione è giudiziale o stragiudiziale (2733, 2734; 228 ss. c.p.c.).

2731. Capacità richiesta per la confessione. – La confessione non è efficace se non proviene da persona capace di disporre (2733[2]) del diritto, a cui i fatti confessati si riferiscono (1966). Qualora sia resa da un rappresentante, è efficace solo se fatta entro i limiti e nei modi in cui questi vincola il rappresentato (1387, 1388, 1389, 2736).

2732. Revoca della confessione. – La confessione (1324) non può essere revocata se non si prova che è stata determinata da errore di fatto (1428 ss.) o da violenza (1434, 1435).

2733. Confessione giudiziale. – È giudiziale la confessione resa in giudizio (228 ss. c.p.c.).

Essa forma piena prova contro colui che l'ha fatta, purché non verta su fatti relativi a diritti non disponibili (2731).

In caso di litisconsorzio necessario (102 c.p.c.), la confessione resa da alcuni soltanto dei litisconsorti è liberamente apprezzata dal giudice (1309, 2738; 116 c.p.c.).

2734. Dichiarazioni aggiunte alla confessione. – Quando alla dichiarazione indicata dall'art. 2730 si accompagna quella di altri fatti o circostanze tendenti a infirmare l'efficacia del fatto confessato ovvero a modificarne o a estinguerne gli effetti, le dichiarazioni fanno piena prova nella loro integrità (2709) se l'altra parte non contesta la verità dei fatti o delle circostanze aggiunte. In caso di contestazione, è rimesso al giudice di apprezzare, secondo le circostanze, l'efficacia probatoria delle dichiarazioni (116 c.p.c.).

2735. Confessione stragiudiziale. – La confessione stragiudiziale fatta alla parte o a chi la rappresenta (1387 ss.) ha la stessa efficacia probatoria di quella giudiziale (2733). Se è fatta a un terzo o se è contenuta in un testamento (587), è liberamente apprezzata dal giudice (116 c.p.c).

La confessione stragiudiziale non può provarsi per testimoni, se verte su un oggetto per il quale la prova testimoniale non è ammessa dalla legge (1350, 2721 ss.).

Capo VI
Del giuramento

2736. Specie. – Il giuramento è di due specie:

1) è decisorio quello che una parte deferisce all'altra per farne dipendere la decisione totale o parziale della causa (2739, 2960; 233, 345 c.p.c.);

2) è suppletorio quello che è deferito d'ufficio dal giudice a una delle parti al fine di decidere la causa quando la domanda o le eccezioni non sono pienamente provate, ma non sono del tutto sfornite di prova, ovvero quello che è deferito al fine di stabilire il valore della cosa domandata, se non si può accertarlo altrimenti (240, 241 c.p.c.).

2737. Capacità delle parti. – Per deferire o riferire (234, 242 c.p.c.) il giuramento si richiedono le condizioni indicate dall'art. 2731.

2738. Efficacia. – Se è stato prestato il giuramento deferito o riferito (233, 234 c.p.c.), l'altra parte non è ammessa a provare il contrario, né può chiedere la revocazione della sentenza (395, n. 2 c.p.c.) qualora il giuramento sia stato dichiarato falso.

Può tuttavia domandare il risarcimento dei danni nel caso di condanna penale per falso giuramento (371 c.p.). Se la condanna penale non può essere pronunziata perchè il reato è estinto (150 ss., 198 c.p.), il giudice civile può conoscere del reato al solo fine del risarcimento (578 c.p.p.) ([1]).

In caso di litisconsorzio necessario (102, 784 c.p.c.), il giuramento prestato da alcuni soltanto dei litisconsorti è liberamente apprezzato dal giudice (1305).

([1]) *La Corte costituzionale, con sentenza n. 105 del 4 aprile 1996, ha dichiarato l'illegittimità costituzionale di questo comma nella parte in cui non prevede che il giudice civile possa conoscere del reato di falso giuramento al solo fine del risarcimento anche nel caso in cui la sentenza irrevocabile di assoluzione pronunziata nel giudizio penale non abbia efficacia di giudicato nei confronti del danneggiato.*

2739. Oggetto. – Il giuramento non può essere deferito o riferito (2737; 233, 234 c.p.c.) per la decisione di cause relative a diritti di cui le parti non possono disporre (1966), né sopra un fatto illecito (2043 ss.) o sopra un contratto per la validità del quale sia richiesta la forma scritta (1350), né per negare un fatto che da un atto pubblico (2699) risulti avvenuto alla presenza del pubblico ufficiale che ha formato l'atto stesso (2700).

Il giuramento non può essere deferito che sopra un fatto proprio della parte a cui si deferisce o sulla conoscenza che essa ha di un fatto altrui e non può essere riferito qualora il fatto che ne è l'oggetto non sia comune a entrambe le parti (2960).

Titolo III
Della responsabilità patrimoniale, delle cause di prelazione e della conservazione della garanzia patrimoniale

Capo I
Disposizioni generali

2740. Responsabilità patrimoniale. – Il debitore risponde dell'adempimento delle obbligazioni (1176 ss., 1218 ss.) con tutti i suoi beni presenti e futuri (2901, 2910; 42[2] l. fall.).

Le limitazioni della responsabilità non sono ammesse se non nei casi stabiliti dalla legge (170, 187, 188, 326, 490, n. 2, 695, 1881, 2045 ss., 2117, 2267, 2313, 2741; 514 ss., 545 c.p.c.; 46 l. fall.).

2741. Concorso dei creditori e cause di prelazione. – I creditori hanno eguale diritto di essere soddisfatti sui beni del debitore, salve le cause legittime di prelazione (52 l. fall.).

Sono cause legittime di prelazione i privilegi (2745 ss.), il pegno (2784 ss.) e le ipoteche (2808 ss.).

2742. Surrogazione dell'indennità alla cosa. – Se le cose soggette a privilegio (2745 ss.), pegno (2784) o ipoteca (2808) sono perite (2743, 2878, n. 4) o deteriorate, le somme dovute dagli assicuratori per indennità della perdita o del deterioramento (1905 ss.) sono vincolate al pagamento dei crediti privilegiati, pignoratizi o ipotecari, secondo il loro grado, eccetto che le medesime vengano impiegate a riparare la perdita o il deterioramento (553, 1026 c.n.). L'autorità giudiziaria può, su istanza degli interessati, disporre le opportune cautele per assicurare l'impiego delle somme nel ripristino o nella riparazione della cosa.

Gli assicuratori sono liberati qualora paghino dopo trenta giorni dalla perdita o dal deterioramento, senza che sia stata fatta opposizione (2906[2]). Quando però si tratta di immobili su cui gravano iscrizioni, gli assicuratori non sono liberati se non dopo che è decorso senza opposizione il termine di trenta giorni dalla notificazione ai creditori iscritti (2844) del fatto che ha dato luogo alla perdita o al deterioramento.

Sono del pari vincolate al pagamento dei crediti suddetti le somme dovute per causa di servitù coattive (1032) o di comunione forzosa (874, 1117) o di espropriazione per pubblico interesse (834), osservate, per quest'ultima, le disposizioni della legge speciale (1259, 1781).

2743. Diminuzione della garanzia. – Qualora la cosa data in pegno o sottoposta a ipoteca perisca o si deteriori, anche per caso fortuito, in modo da essere insufficiente alla sicurezza del creditore, questi può chiedere che gli sia prestata idonea garanzia su altri beni e, in mancanza, può chiedere l'immediato pagamento del suo credito (1186, 1844^{2}, 1850, 1867, n. 2, 1877, 2795, 2813).

2744. Divieto del patto commissorio. – È nullo (1418 ss.) il patto col quale si conviene che, in mancanza del pagamento del credito nel termine fissato, la proprietà della cosa ipotecata o data in pegno passi al creditore. Il patto è nullo anche se posteriore alla costituzione dell'ipoteca o del pegno (1963, 2796, 2798).

Capo II
Dei privilegi

Sezione I
Disposizioni generali

2745. Fondamento del privilegio. – Il privilegio (2741^{2}) è accordato dalla legge in considerazione della causa del credito (1232; 551 c.n.). La costituzione del privilegio può tuttavia dalla legge essere subordinata (2775^{2}) alla convenzione delle parti (2766^{3}); può anche essere subordinata a particolari forme di pubblicità (2762, 2810^{3}).

2746. Distinzione dei privilegi. – Il privilegio è generale o speciale. Il primo si esercita su tutti i beni mobili del debitore (2751 ss.), il secondo su determinati beni mobili (2755 ss.) o immobili (812, 2770 ss.).

2747. Efficacia del privilegio. – Il privilegio generale non può esercitarsi in pregiudizio dei diritti spettanti ai terzi sui mobili che ne formano oggetto (1153, 2777 ss.), salvo quanto è disposto dagli articoli 2913, 2914, 2915 e 2916 (528^{2} c.p.c.).

Se la legge non dispone diversamente (2756^{2}, 2757^{3}, 2760, 2761^{4}, 2764^{6}, 2765^{3}), il privilegio speciale sui mobili, sempre che sussista la particolare situazione alla quale è subordinato, può esercitarsi in pregiudizio dei diritti acquistati dai terzi posteriormente al sorgere di esso.

2748. Efficacia del privilegio speciale rispetto al pegno e alle ipoteche. – Se la legge non dispone altrimenti, il privilegio speciale sui beni mobili non può esercitarsi in pregiudizio del creditore pignoratizio (2777, 2781).

I creditori che hanno privilegio sui beni immobili sono preferiti ai creditori ipotecari se la legge non dispone diversamente (2772).

2749. Estensione del privilegio. – Il privilegio accordato al credito si estende alle spese ordinarie per l'intervento nel processo di esecuzione (2755, 2770; 498 ss. c.p.c.). Si estende anche agli interessi dovuti per l'anno in corso alla data del pignoramento (491 ss. c.p.c.) e per quelli dell'anno precedente.

Gli interessi successivamente maturati hanno privilegio nei limiti della misura legale (1284) fino alla data della vendita (2788, 2855).

2750. Privilegi marittimi, aeronautici e privilegi stabiliti da leggi speciali. – I privilegi sulla nave, sul nolo e sulle cose caricate e i privilegi sull'aeromobile, sul nolo e sulle cose caricate sono regolati dal codice della navigazione (548 ss., 673 ss., 1022 ss., 1072 ss. c.n.).

Ai privilegi previsti da leggi speciali si applicano le norme di questo capo, se non è diversamente disposto.

Sezione II
Dei privilegi sui mobili

§. 1
Dei privilegi generali sui mobili

2751. Crediti per spese funebri, d'infermità, alimenti. – Hanno privilegio generale sui mobili (2746, 2769), nell'ordine che segue, i crediti riguardanti (2776):

1) le spese funebri necessarie secondo gli usi (2778, n. 17);

2) le spese d'infermità fatte negli ultimi sei mesi della vita del debitore (2778, n. 17);

3) le somministrazioni di vitto, vesti e alloggio, nei limiti della stretta necessità, fatte al debitore per lui e per la sua famiglia negli ultimi sei mesi;

4) i crediti di alimenti (433) per gli ultimi tre mesi a favore delle persone alle quali gli alimenti sono dovuti per legge.

2751 *bis*. (1) **Crediti per retribuzioni e provvigioni, crediti dei coltivatori diretti, delle società od enti cooperativi e delle imprese artigiane.** – Hanno privilegio generale sui mobili i crediti riguardanti (2776, 2777):

1) le retribuzioni (2099, 2108 ss.) dovute, sotto qualsiasi forma, ai prestatori di lavoro subordinato (2094) e tutte le indennità dovute per effetto della cessazione del rapporto di lavoro (2118, 2120 ss.), nonché il credito del lavoratore per i danni conseguenti alla mancata corresponsione, da parte del datore di lavoro, dei contributi previdenziali ed assicurativi obbligatori (2114 ss.) ed il credito per il risarcimento del danno subito per effetto di un licenziamento inefficace, nullo o annullabile (2118, 2777) (2) (3);

2) le retribuzioni dei professionisti, compresi il contributo integrativo da versare alla rispettiva cassa di previdenza ed assistenza e il credito di rivalsa per l'imposta sul valore aggiunto, ([4]) e di ogni altro prestatore d'opera intellettuale dovute per gli ultimi due anni di prestazione (2233, 2777) ([5]);

3) le provvigioni (1748) derivanti dal rapporto di agenzia (1742 ss.) dovute per l'ultimo anno di prestazione e le indennità dovute per la cessazione del rapporto medesimo (1751, 2777);

4) i crediti del coltivatore diretto (1647), sia proprietario che affittuario, mezzadro (2141 ss.), colono (2164), soccidario (2170 ss.) o comunque compartecipante, per i corrispettivi della vendita dei prodotti, nonché i crediti del mezzadro o del colono indicati dall'art. 2765 (2777);

5) i crediti dell'impresa artigiana (2083), definita ai sensi delle disposizioni legislative vigenti, nonché delle società ed enti cooperativi di produzione e lavoro (2511 ss.) per i corrispettivi dei servizi prestati e della vendita dei manufatti (2777) ([6]) ([7]);

5 *bis*) i crediti delle società cooperative agricole e dei loro consorzi per i corrispettivi della vendita dei prodotti ([8]).

5 *ter*) i crediti delle imprese fornitrici di lavoro temporaneo di cui alla legge 24 giugno 1997, n. 196, per gli oneri retributivi e previdenziali addebitati alle imprese utilizzatrici ([9]).

([1]) *Articolo aggiunto dall'art. 2 della L. 29 luglio 1975, n. 426, modificazioni al codice civile e alla L. 30 aprile 1969, n. 153, in materia di privilegi.*

([2]) *La Corte costituzionale, con sentenza n. 220 del 29 maggio 2002, ha dichiarato l'illegittimità costituzionale di questo numero nella parte in cui non munisce del privilegio generale sui mobili il credito del lavoro subordinato per danni conseguenti a malattia professionale, della quale sia responsabile il datore di lavoro.*

([3]) *La Corte costituzionale, con sentenza n. 326 del 17 novembre 1983, ha dichiarato l'illegittimità costituzionale di questo numero nella parte in cui non munisce del privilegio generale istituito dall'art. 2 della legge n. 426/1975 il credito del lavoratore subordinato per danni conseguenti ad infortunio sul lavoro, del quale sia responsabile il datore di lavoro, se e nei limiti in cui il creditore non sia soddisfatto della percezione delle indennità previdenziali e assistenziali obbligatorie dovute al lavoratore subordinato in dipendenza dello stesso infortunio.*

([4]) *Le parole: «, compresi il contributo integrativo da versare alla rispettiva cassa di previdenza ed assistenza e il credito di rivalsa per l'imposta sul valore aggiunto,» sono state inserite dall'art. 1, comma 474, della L. 27 dicembre 2017, n. 205, a decorrere dal 1° gennaio 2018.*

([5]) *La Corte costituzionale, con sentenza n. 1 del 29 gennaio 1998, ha dichiarato l'illegittimità costituzionale di questo numero limitatamente alla parola: «intellettuale».*

([6]) *Questo numero è stato così sostituito dall'art. 36, del D.L. 9 febbraio 2012, n. 5, convertito, con modificazioni, nella L. 4 aprile 2012, n. 35.*

(7) *A norma dell'art. 82, comma 3 bis, del D.L. 21 giugno 2013, n. 69, convertito, con modificazioni, nella L. 9 agosto 2013, n. 98, al fine di garantire i crediti spettanti alle cooperative di lavoro, in relazione alla loro finalità mutualistica, il privilegio di cui a questo numero spettante per corrispettivi dei servizi prestati e dei manufatti prodotti, è riconosciuto qualora le medesime cooperative abbiano superato positivamente o abbiano comunque richiesto la revisione di cui al decreto legislativo 2 agosto 2002, n. 220.*

(8) *Numero aggiunto dall'art. 18 della L. 31 gennaio 1992, n. 59, in materia di società cooperative.*

(9) *Questo numero è stato aggiunto dall'art. 117, comma 2, della L. 23 dicembre 2000, n. 388.*

2752. (1) **Crediti per tributi diretti dello Stato, per imposta sul valore aggiunto e per tributi degli enti locali.** – Hanno privilegio generale sui mobili del debitore i crediti dello Stato per le imposte e le sanzioni dovute secondo le norme in materia di imposta sul reddito delle persone fisiche, imposta sul reddito delle persone giuridiche, imposta sul reddito delle società, imposta regionale sulle attività produttive ed imposta locale sui redditi (2).

[Se si tratta di ruoli suppletivi, e si procede per imposte relative a periodi d'imposta anteriori agli ultimi due, il privilegio non può esercitarsi per un importo superiore a quello degli ultimi due anni, qualunque sia il periodo cui le imposte si riferiscono] (3).

Hanno altresì privilegio generale sui mobili del debitore i crediti dello Stato per le imposte, le pene pecuniarie e le soprattasse dovute secondo le norme relative all'imposta sul valore aggiunto (2778, n. 19) (4).

Hanno lo stesso privilegio, subordinatamente a quello dello Stato, i crediti per le imposte, tasse e tributi dei comuni e delle province previste dalla legge per la finanza locale (5) e dalle norme relative all'imposta comunale sulla pubblicità e ai diritti sulle pubbliche affissioni (2778, n. 20) (6).

(1) *Articolo sostituito dall'art. 3 della L. 29 luglio 1975, n. 426, modificazioni al codice civile e alla L. 30 aprile 1969, n. 153, in materia di privilegi.*

(2) *Le parole: «per l'imposta sul reddito delle persone fisiche, per l'imposta sul reddito delle persone giuridiche, per l'imposta regionale sulle attività produttive e per l'imposta locale sui redditi, diversi da quelli indicati nel primo comma dell'articolo 2771, iscritti nei ruoli resi esecutivi nell'anno in cui il concessionario del servizio di riscossione procede o interviene nell'esecuzione e nell'anno precedente» sono state così sostituite dalle attuali: «per le imposte e le sanzioni dovute secondo le norme in materia di imposta sul reddito delle persone fisiche, imposta sul reddito delle persone giuridiche, imposta sul reddito delle società, imposta regionale sulle attività produttive ed imposta locale sui redditi» dall'art. 23, comma 37, del D.L. 6 luglio 2011, n. 98, convertito, con modificazioni, nella L. 15 luglio 2011, n. 111. Tale disposizione si osserva anche per i crediti sorti anteriormente all'entrata in vigore del presente decreto (*).*

(*) La Corte costituzionale, con sentenza n. 170 del 4 luglio 2013, ha dichiarato l'illegittimità costituzionale dell'art. 23, commi 37, ultimo periodo e 40 del citato D.L. n. 98/2011.

([3]) Questo comma è stato soppresso dall'art. 33, lett. b), *del D.L.vo 26 febbraio 1999, n. 46, a decorrere dall'1 luglio 1999.*

([4]) Si veda il D.P.R. 26 ottobre 1972, n. 633, istituzione e disciplina dell'imposta sul valore aggiunto, e successive integrazioni e modificazioni.

([5]) A norma dell'art. 13, comma 13, del D.L. 6 dicembre 2011, n. 201, convertito, con modificazioni, nella L. 22 dicembre 2011, n. 214, il riferimento alla "legge per la finanza locale" si intende effettuato a tutte disposizioni che disciplinano i singoli tributi comunali e provinciali.

([6]) Si veda il D.L.vo 15 novembre 1993, n. 507.

2753. Crediti per contributi di assicurazione obbligatoria per l'invalidità, la vecchiaia e i superstiti. – Hanno privilegio generale sui mobili del datore di lavoro i crediti derivanti dal mancato versamento dei contributi ad istituti, enti o fondi speciali, compresi quelli sostitutivi o integrativi, che gestiscono forme di assicurazione obbligatoria per l'invalidità, la vecchiaia ed i superstiti (2114 ss., 2778, n. 1).

2754. Crediti per contributi relativi ad altre forme di assicurazione. – Hanno pure privilegio generale sui mobili del datore di lavoro i crediti per i contributi dovuti a istituti ed enti per forme di tutela previdenziale e assistenziale diverse da quelle indicate dal precedente articolo, nonché gli accessori, limitatamente al cinquanta per cento del loro ammontare, relativi a tali crediti ed a quelli indicati dal precedente articolo (2778 n. 8).

§. 2
Dei privilegi sopra determinati mobili

2755. Spese per atti conservativi o di espropriazione. – I crediti per spese di giustizia fatte per atti conservativi (2905; 671 c.p.c.) o per espropriazione di beni mobili (2910; 513 c.p.c.; 6 l. fall.) nell'interesse comune dei creditori hanno privilegio sui beni stessi (2777).

2756. Crediti per prestazioni e spese di conservazione e miglioramento. – I crediti per le prestazioni e le spese relative alla conservazione o al miglioramento di beni mobili hanno privilegio sui beni stessi, purché questi si trovino ancora presso chi ha fatto le prestazioni o le spese (1152, 2769, 2778, n. 4).

Il privilegio ha effetto anche in pregiudizio dei terzi che hanno diritti sulla cosa (1153, 2747[2]), qualora chi ha fatto le prestazioni o le spese sia stato in buona fede (1147).

Codice Civile

Il creditore può ritenere la cosa soggetta al privilegio finché non è soddisfatto del suo credito e può anche venderla secondo le norme stabilite per la vendita del pegno (2797; 502 c.p.c.; 53 l. fall.).

2757. Crediti per somministrazioni e lavori occorrenti per la produzione agricola. – I crediti per le somministrazioni di sementi, di materie fertilizzanti e antiparassitarie e di acqua per irrigazione, come pure i crediti per lavori di coltivazione e di raccolta dell'annata agricola (821) hanno privilegio sui frutti (820), alla cui produzione abbiano concorso (2778, nn. 5 e 6).

Il privilegio si può esercitare finché i frutti si trovano nel fondo o nelle sue dipendenze.

Si applica la disposizione del secondo comma dell'articolo 2756 (2747[2]).

2758. Crediti per tributi indiretti. – I crediti dello Stato per i tributi indiretti hanno privilegio sui mobili ai quali i tributi si riferiscono e sugli altri beni indicati dalle leggi relative, con l'effetto da esse stabilito (2778, n. 7).

Eguale privilegio hanno i crediti di rivalsa verso il cessionario ed il committente previsti dalle norme relative all'imposta sul valore aggiunto, sui beni che hanno formato oggetto della cessione o ai quali si riferisce il servizio.

Il privilegio, per quanto riguarda l'imposta di successione, non ha effetto in pregiudizio dei creditori che hanno esercitato il diritto di separazione dei beni del defunto da quelli dell'erede (512 ss.).

2759. Crediti per le imposte sul reddito. – I crediti dello Stato per l'imposta sul reddito delle persone fisiche, sul reddito delle persone giuridiche e per l'imposta locale sui redditi (2752), dovuta per i due anni anteriori a quello in cui si procede, hanno privilegio, limitatamente all'imposta o alla quota d'imposta imputabile al reddito d'impresa, sopra i mobili che servono all'esercizio di imprese commerciali e sopra le merci che si trovano nel locale adibito all'esercizio stesso o nell'abitazione dell'imprenditore (2778, n. 7).

Il privilegio si applica sui beni indicati nel comma precedente ancorché appartenenti a persona diversa dall'imprenditore, salvo che si tratti di beni rubati o smarriti, di merci affidate all'imprenditore per la lavorazione o di merci non ancora nazionalizzate munite di regolare bolletta doganale.

Qualora l'accertamento del reddito iscritto a ruolo sia stato determinato sinteticamente ai fini dell'imposta sul reddito delle persone fisiche, la ripartizione proporzionale dell'imposta, prevista dal primo comma, viene effettuata sulla base dei diritti iscritti o iscrivibili ai fini dell'imposta locale sui redditi ([1]).

([1]) *Questa imposta è stata sostituita, a decorrere dal 1998, dall'imposta regionale sulle attività produttive (Irap).*

2760. Crediti dell'albergatore. – I crediti dell'albergatore per mercedi e somministrazioni verso le persone albergate (2954) hanno privilegio (2778, n. 12) sulle cose da queste portate nell'albergo e nelle dipendenze e che continuano a trovarvisi (1783, 1784, 1786).

Il privilegio ha effetto anche in pregiudizio dei terzi (2747²) che hanno diritto sulle cose stesse, a meno che l'albergatore fosse a conoscenza di tali diritti al tempo in cui le cose sono state portate nell'albergo (2778, n. 12).

2761. Crediti del vettore, del mandatario, del depositario e del sequestratario. – I crediti dipendenti dal contratto di trasporto (1678 ss., 2951) e quelli per le spese d'imposta anticipate dal vettore hanno privilegio sulle cose trasportate finché queste rimangono presso di lui (1702).

I crediti derivanti dall'esecuzione del mandato (1703) hanno privilegio sulle cose del mandante che il mandatario detiene per l'esecuzione del mandato (1721).

I crediti derivanti dal deposito (1767, 1781, 1787 ss.) o dal sequestro convenzionale a favore del depositario (1781) e del sequestratario (1802) hanno parimenti privilegio sulle cose che questi detengono per effetto del deposito o del sequestro.

Si applicano a questi privilegi (2778, n. 10) le disposizioni del secondo (2747²) e del terzo comma dell'art. 2756 (2769, 2778, n. 13, 2797; 502 c.p.c.; 53 l. fall.).

2762. Privilegio del venditore di macchine. – Chi ha venduto macchine per un prezzo superiore a € 15,49 ha privilegio (2778, n. 14) per il prezzo non pagato sulle macchine vendute e consegnate, anche se sono incorporate o congiunte all'immobile di proprietà del compratore o di un terzo (819).

Il privilegio è subordinato alla trascrizione dei documenti, dai quali la vendita e il credito risultano, nel registro indicato dal secondo comma dell'art. 1524. La trascrizione è eseguita presso il tribunale nella giurisdizione del quale è collocata la macchina.

Il privilegio dura per un triennio dalla data della vendita e ha effetto fino a quando la macchina si trova in possesso del compratore nel luogo dove è stata eseguita la trascrizione, salvo il caso di sottrazione fraudolenta.

Il privilegio stabilito in questo articolo spetta anche alle banche autorizzate all'esercizio di prestiti con garanzia sul macchinario (2778, n. 14), le quali abbiano anticipato al compratore il prezzo per l'acquisto. Il privilegio sussiste a condizione che il documento rilasciato a prova della sovvenzione indichi lo scopo, l'ammontare e la scadenza del credito, contenga l'esatta designazione della macchina soggetta al privilegio e sia trascritto a norma del secondo comma di questo articolo.

Se il privilegio della banca concorre con quello del venditore, è preferito il creditore che ha trascritto per primo (2769).

2763. Crediti per canoni enfiteutici. – I crediti del concedente per il canone dovuto dall'enfiteuta per l'anno in corso e per il precedente (960, 972, n. 2) hanno privilegio (2778, n. 15) sui frutti (820) dell'anno e su quelli raccolti anteriormente, purché si trovino nel fondo o nelle sue dipendenze (2815[2]).

2764. Crediti del locatore di immobili. – Il credito delle pigioni e dei fitti degli immobili (1571 ss., 1615 ss.) ha privilegio (2778, n. 16) sui frutti (820) dell'anno e su quelli raccolti anteriormente, nonché sopra tutto ciò che serve a fornire l'immobile o a coltivare il fondo locato.

Il privilegio sussiste per il credito dell'anno in corso, dell'antecedente e dei successivi, se la locazione ha data certa (2704), e, in caso diverso, per quello dell'anno in corso e del susseguente.

Lo stesso privilegio ha il credito dipendente da mancate riparazioni le quali siano a carico del conduttore (1576, 1609, 1621), il credito per i danni arrecati all'immobile locato, per la mancata restituzione delle scorte (1640) e ogni altro credito dipendente da inadempimento del contratto (80 l. fall.).

Il privilegio sui frutti sussiste finché si trovano nel fondo o nelle sue dipendenze. Esso si può far valere anche nei confronti del subconduttore (1595, 2769).

Il privilegio sulle cose che servono a fornire l'immobile locato o alla coltivazione del fondo sussiste pure se le cose appartengono al subconduttore, nei limiti in cui il locatore ha azione contro il medesimo (1595, 2765).

Il privilegio sulle cose che servono a fornire l'immobile locato ha luogo altresì nei confronti dei terzi, finché le cose si trovano nell'immobile, salvo che si provi che il locatore conoscesse il diritto del terzo al tempo in cui sono state introdotte (1153, 1519, 2747[2]; 621, 622 c.p.c.).

Qualora le cose che servono a fornire la casa o il fondo locato ovvero a coltivare il medesimo vengano asportate dall'immobile senza il consenso del locatore, questi conserva su di esse il privilegio, purché ne domandi il sequestro, nei modi stabiliti dal codice di procedura civile per il sequestro conservativo (671 ss. c.p.c.), entro il termine di trenta giorni dall'asportazione, se si tratta di mobili che servono a fornire o a coltivare il fondo rustico, e di quindici giorni, se si tratta di mobili che servono a fornire la casa (2769). Restano salvi in ogni caso i diritti acquistati dopo l'asportazione dai terzi che ignoravano l'esistenza del privilegio (1153, 1519, 2755, 2778, n. 16; 80 l. fall.).

2765. Crediti derivanti dai contratti di mezzadria e di colonia. – Colui che concede un fondo a mezzadria (2141 ss.) o a colonia (2164 ss.) e il mezzadro o il colono hanno, per i crediti derivanti dal contratto, privilegio (2778, n. 16) sulla rispettiva parte dei frutti (820) e sulle cose che servono a coltivare o a fornire il fondo dato a mezzadria o a colonia.

Il privilegio sui frutti sussiste finché questi si trovano nel fondo o nelle sue dipendenze.

Si applicano le disposizioni degli ultimi tre commi dell'art. 2764 (1519, 2747^2).

2766. (1) [**Crediti degli istituti di credito agrario.** – Gli istituti che esercitano il credito agrario hanno privilegio (2778, n. 6) sui frutti del fondo (820) per i mutui concessi per la conduzione dell'azienda agraria e per l'utilizzazione, manipolazione e trasformazione dei prodotti (2778, n. 3).

Per i mutui concessi per acquisto di bestiame, di macchine e di attrezzi agricoli essi hanno eguale privilegio sulle cose acquistate con il danaro preso a mutuo (2778, n. 3).

A garanzia dei crediti indicati dai commi precedenti, nonché dei mutui per opere di miglioramento del fondo può essere inoltre costituito un privilegio sui frutti del fondo e sopra tutto ciò che serve a coltivare o a fornire il fondo stesso, limitatamente alla parte di valore che eccede l'ammontare dei crediti assistiti dal privilegio indicato dai due commi anzidetti (2778, n. 9).

I privilegi previsti da questo articolo sono regolati dalle leggi speciali].

(1) *Articolo abrogato dall'art. 161 del D.L.vo 1° settembre 1993, n. 385, recante testo unico delle leggi in materia bancaria e creditizia.*

2767. Crediti per risarcimento di danni contro l'assicurato. – Nel caso di assicurazione della responsabilità civile (1917), il credito del danneggiato per il risarcimento ha privilegio (2778, n. 11) sull'indennità dovuta dall'assicuratore (1917, 2947, 2952).

2768. Crediti dipendenti da reato. – Per i crediti dipendenti da reato (2947) hanno privilegio (2778, n. 10) sulle cose sequestrate lo Stato e le altre persone indicate dal codice penale (189 c.p.), secondo le disposizioni del codice stesso (185 ss. c.p.) e del codice di procedura penale (252, 253, 262, 354 c.p.p.).

2769. Sequestro della cosa soggetta a privilegio. – Il creditore che ha privilegio su una cosa mobile, se ha fondati motivi di temere la rimozione della cosa dalla particolare situazione alla quale è subordinata la sussistenza del privilegio, può domandarne il sequestro conservativo (2764^7, 2905; 671 c.p.c.).

Sezione III
Dei privilegi sopra gli immobili

2770. Crediti per atti conservativi o di espropriazione. – I crediti per le spese di giustizia fatte per atti conservativi (2905 ss.; 671 c.p.c.) o per l'espropriazione di beni immobili (555 c.p.c.; 6 l. fall.) nell'interesse comune dei creditori sono privilegiati sul prezzo degli immobili stessi.

Del pari ha privilegio il credito dell'acquirente di un immobile per le spese fatte per la dichiarazione di liberazione dell'immobile dalle ipoteche (2777, 2889 ss.; 792, 795[5] c.p.c.).

2771. ([1]) [**Crediti per le imposte sui redditi immobiliari.** – I crediti dello Stato per l'imposta sul reddito delle persone fisiche, per l'imposta sul reddito delle persone giuridiche e per l'imposta locale sui redditi, limitatamente all'imposta o alla quota proporzionale di imposta imputabile ai redditi immobiliari, compresi quelli di natura fondiaria non determinabili catastalmente, sono privilegiati sopra gli immobili tutti del contribuente situati nel territorio del comune in cui il tributo si riscuote e sopra i frutti, i fitti e le pigioni degli stessi immobili, senza pregiudizio dei mezzi speciali di esecuzione autorizzati dalla legge (2778, n. 2, 2780, n. 1).

Il privilegio previsto nel primo comma è limitato alle imposte iscritte nei ruoli resi esecutivi nell'anno in cui il concessionario del servizio di riscossione procede o interviene nell'esecuzione e nell'anno precedente.

Qualora l'accertamento del reddito iscritto a ruolo sia stato determinato sinteticamente ai fini dell'imposta sul reddito delle persone fisiche, la ripartizione proporzionale dell'imposta, prevista dal primo comma, viene effettuata sulla base dei redditi iscritti o iscrivibili ai fini dell'imposta locale sui redditi].

([1]) *Questo articolo è stato dapprima sostituito dall'art. 7 della L. 29 luglio 1975, n. 426 e successivamente abrogato dall'art. 23, comma 38, del D.L. 6 luglio 2011, n. 98, convertito, con modificazioni, nella L. 15 luglio 2011, n. 111.*

2772. Crediti per tributi indiretti. – Hanno pure privilegio i crediti dello Stato per ogni tributo indiretto, nonché quelli derivanti dall'applicazione dell'imposta comunale sull'incremento di valore degli immobili, sopra gli immobili ai quali il tributo si riferisce (2780, nn. 4 e 5).

I crediti dello Stato, derivanti dall'applicazione dell'imposta sul valore aggiunto, hanno privilegio, in caso di responsabilità solidale del cessionario, sugli immobili che hanno formato oggetto della cessione o ai quali si riferisce il servizio prestato (2780, n. 4).

Eguale privilegio hanno i crediti di rivalsa, verso il cessionario ed il committente, previsti dalle norme relative all'imposta sul valore aggiunto, sugli immobili che hanno formato oggetto della cessione o ai quali si riferisce il servizio (2780, n. 4).

Il privilegio non si può esercitare in pregiudizio dei diritti che i terzi hanno anteriormente acquistato sugli immobili.

Per le imposte suppletive il privilegio non si può neppure esercitare in pregiudizio dei diritti acquistati successivamente dai terzi.

Lo stesso privilegio, per quanto riguarda l'imposta di successione, non ha effetto a danno dei creditori del defunto che hanno iscritto la loro ipoteca nei tre mesi dalla morte di lui (2829), né ha effetto a danno dei creditori che hanno esercitato il diritto di separazione dei beni del defunto da quelli dell'erede (512, 2758).

2773. [**Crediti dei comuni e delle province per tributi.** – (*Omissis*)] ([1]).

([1]) *Articolo abrogato dall'art. 9 della L. 29 luglio 1975, n. 426, modificazioni al codice civile e alla L. 30 aprile 1969, n. 153, in materia di privilegi.*

2774. Crediti per concessione di acque. – I crediti dello Stato per i canoni dovuti dai concessionari di acque pubbliche o di acque derivate da canali demaniali (822) ovvero per i lavori eseguiti d'ufficio sono privilegiati (2780, n. 3) sugli impianti, in conformità delle leggi speciali.

Tale privilegio, per quanto riguarda i canoni, non è opponibile ai terzi che hanno acquistato diritti sugli immobili anteriormente all'atto di concessione o, trattandosi di crediti per lavori, anteriormente al sorgere dei crediti stessi (822, 2780, n. 3).

2775. Contributi per opere di bonifica e di miglioramento. – I crediti per i contributi indicati dall'art. 864 sono privilegiati sugli immobili che traggono beneficio dalle opere di bonifica (857) o di miglioramento (2780, n. 2).

La costituzione del privilegio per le opere di miglioramento è subordinata all'osservanza delle leggi speciali.

2775 *bis*. Credito per mancata esecuzione di contratti preliminari. – Nel caso di mancata esecuzione del contratto preliminare trascritto ai sensi dell'articolo 2645 *bis*, i crediti del promissario acquirente che ne conseguono hanno privilegio speciale sul bene immobile oggetto del contratto preliminare (2745-2748, 2780, n. 5 *bis*), sempre che gli effetti della trascrizione non siano cessati al momento della risoluzione del contratto risultante da atto avente data certa, ovvero al momento della domanda giudiziale di risoluzione del contratto o di condanna al pagamento, ovvero al momento della trascrizione del pignoramento o al momento dell'intervento nella esecuzione promossa da terzi.

Il privilegio non è opponibile ai creditori garantiti da ipoteca relativa a mutui erogati al promissario acquirente per l'acquisto del bene immobile nonché ai creditori garantiti da ipoteca ai sensi dell'articolo 2825 *bis*.

2776. Collocazione sussidiaria sugli immobili. – I crediti relativi al trattamento di fine rapporto (2120) nonché all'indennità di cui all'art. 2118 sono collocati sussidiariamente, in caso di infruttuosa esecuzione sui mobili, sul prezzo degli immobili, con preferenza rispetto ai crediti chirografari.

I crediti indicati dagli artt. 2751 e 2751 *bis*, ad eccezione di quelli indicati al precedente comma, ed i crediti per contributi dovuti a istituti, enti o fondi speciali, compresi quelli sostitutivi o integrativi, che gestiscono forme di assicurazione obbligatoria per l'invalidità, la vecchiaia ed i superstiti, di cui all'art. 2753, sono collocati sussidiariamente, in caso di infruttuosa esecuzione sui mobili, sul prezzo degli immobili, con preferenza rispetto ai crediti chirografari, ma dopo i crediti indicati al primo comma.

I crediti dello Stato indicati dal primo e (1) dal terzo comma dell'art. 2752 sono collocati sussidiariamente, in caso di infruttuosa esecuzione sui mobili, sul prezzo degli immobili, con preferenza rispetto ai crediti chirografari, ma dopo i crediti indicati al comma precedente.

(1) *Le parole: «dal primo e» sono state inserite dall'art. 23, comma 39, del D.L. 6 luglio 2011, n. 98, convertito, con modificazioni, nella L. 15 luglio 2011, n. 111. Tale disposizione si osserva anche per i crediti sorti anteriormente alla data di entrata in vigore del presente decreto (*).*

(*) *La Corte costituzionale con sentenza n. 176 del 13 luglio 2017, ha dichiarato l'illegittimità costituzionale di questo periodo.*

Sezione IV
Dell'ordine dei privilegi

2777. Preferenza delle spese di giustizia e di altri crediti. – I crediti per spese di giustizia enunciati dagli articoli 2755 e 2770 sono preferiti ad ogni altro credito anche pignoratizio o ipotecario (2748, 2778, 2780).

Immediatamente dopo le spese di giustizia sono collocati i crediti aventi privilegio generale mobiliare di cui all'art. 2751 *bis* nell'ordine seguente:

a) i crediti di cui all'art. 2751 *bis*, n. 1;

b) i crediti di cui all'artt. 2751 *bis*, nn. 2 e 3;

c) i crediti di cui all'art. 2751 *bis*, nn. 4 e 5.

I privilegi che le leggi speciali dichiarano preferiti ad ogni altro credito sono sempre posposti al privilegio per le spese di giustizia ed ai privilegi indicati nell'art. 2751 *bis* (2782).

2778. Ordine degli altri privilegi sui mobili. – Salvo quanto è disposto dall'art. 2777, nel concorso di crediti aventi privilegio generale (2751 ss.) o speciale (2755-2769) sulla medesima cosa, la prelazione si esercita nell'ordine che segue:

1) i crediti per contributi ad istituti, enti o fondi speciali – compresi quelli sostitutivi o integrativi – che gestiscono forme di assicurazione obbligatoria per l'invalidità, la vecchiaia ed i superstiti, indicati dall'art. 2753;

2) i crediti per le imposte sui redditi immobiliari, indicati dall'art. 2771, quando il privilegio si esercita separatamente sopra i frutti, i fitti e le pigioni degli immobili;

[3) i crediti degli istituti esercenti il credito agrario, indicati dai due primi commi dell'art. 2766] (1);

4) i crediti per prestazioni e spese di conservazione e miglioramento di beni mobili, indicati dall'art. 2756;

5) i crediti per le mercedi dovute ai lavoratori impiegati nelle opere di coltivazione e di raccolta, indicati dall'art. 2757;

6) i crediti per sementi e materie fertilizzanti e antiparassitarie e per somministrazione di acqua per irrigazione, nonché i crediti per i lavori di coltivazione e di raccolta indicati dall'art. 2757. Qualora tali crediti vengano in concorso tra loro, sono preferiti quelli di raccolta, seguono quelli di coltivazione e, infine, gli altri crediti indicati dallo stesso articolo;

7) i crediti per i tributi indiretti, indicati dall'art. 2758, salvo che la legge speciale accordi un diverso grado di preferenza, e i crediti per le imposte sul reddito, indicati dall'art. 2759;

8) i crediti per contributi dovuti a istituti ed enti per forme di tutela previdenziale e assistenziale indicati dall'art. 2754, nonché gli accessori, limitatamente al cinquanta per cento del loro ammontare, relativi a tali crediti ed a quelli indicati dal precedente n. 1) del presente articolo;

[9) i crediti degli istituti esercenti il credito agrario, indicati dal terzo comma dell'art. 2766] (1);

10) i crediti dipendenti da reato, indicati dall'art. 2768, sulle cose sequestrate, nei casi e secondo l'ordine stabiliti dal codice penale (191 c.p.) e dal codice di procedura penale (539 ss. c.p.p.);

11) i crediti per risarcimento, indicati dall'art. 2767;

12) i crediti dell'albergatore, indicati dall'art. 2760;

13) i crediti del vettore, del mandatario, del depositario e sequestratario, indicati dall'art. 2761;

14) i crediti del venditore di macchine o della banca per le anticipazioni del prezzo, indicati dall'art. 2762;

15) i crediti per canoni enfiteutici, indicati dall'art. 2763;

16) i crediti del locatore e i crediti del concedente dipendenti dai contratti di mezzadria e colonia, indicati rispettivamente dagli articoli 2764 e 2765;

17) i crediti per spese funebri, d'infermità, per somministrazioni ed alimenti, nell'ordine indicato dall'art. 2751;

18) i crediti dello Stato per tributi diretti, indicati dal primo comma dell'art. 2752;

19) i crediti dello Stato indicati dal terzo comma dell'art. 2752;

20) i crediti degli enti locali per tributi, indicati dal quarto comma dell'art. 2752.

(¹) *Numero abrogato dall'art. 161 del D.L.vo 1° settembre 1993, n. 385, recante testo unico delle leggi in materia bancaria e creditizia.*

L'art. 44 del medesimo D.L.vo, così come sostituito dall'art. 1 del D.L. 4 gennaio 1994, n. 1, convertito, senza modificazioni, nella L. 17 febbraio 1994, n. 135, definendo le garanzie per i finanziamenti di credito agrario e di credito peschereccio, ha stabilito che il privilegio legale che assiste tali finanziamenti, si colloca nel grado immediatamente successivo ai crediti per le imposte sui redditi immobiliari di cui al n. 2) di questo articolo.

2779. Concorso dei privilegi con ipoteche sugli autoveicoli. – Se i privilegi indicati dall'articolo precedente concorrono con le ipoteche sugli autoveicoli, menzionate nell'art. 2810, queste sono posposte ai privilegi menzionati nei primi dieci numeri dell'art. 2778 e sono preferite a tutti gli altri.

2780. Ordine dei privilegi sugli immobili. – Quando sul prezzo dello stesso immobile concorrono più crediti privilegiati, la prelazione ha luogo secondo l'ordine seguente:

1) i crediti per le imposte sui redditi immobiliari, indicati dall'art. 2771;

2) i crediti per i contributi, indicati dall'art. 2775;

3) i crediti dello Stato per le concessioni di acque, indicati dall'art. 2774;

4) i crediti per i tributi indiretti, indicati dall'art. 2772;

5) i crediti per l'imposta comunale sull'incremento di valore degli immobili;

5 *bis*) i crediti del promissario acquirente per mancata esecuzione dei contratti preliminari, indicato all'articolo 2775 *bis*.

2781. Concorso di privilegi speciali con crediti pignoratizi. – Qualora con crediti assistiti da privilegio speciale concorra un credito garantito con pegno (2784) e uno dei privilegi debba essere preferito rispetto al pegno, tale privilegio prevale su quegli altri che devono essere posposti al pegno, anche se anteriori di grado (2748).

2782. Concorso di crediti egualmente privilegiati. – I crediti egualmente privilegiati concorrono tra loro in proporzione del rispettivo importo.

La stessa disposizione si osserva quando concorrono tra loro più crediti privilegiati ai quali le leggi speciali attribuiscono genericamente una prelazione su ogni altro credito (2777).

2783. Preferenza non determinata dalla legge. – Quando dalla legge non risulta il grado di preferenza di un determinato privilegio speciale, esso prende grado dopo ogni altro privilegio speciale regolato nel codice (2778).

2783 *bis*. Crediti derivanti dall'applicazione dei prelievi di cui agli artt. 49 e 50 del trattato che istituisce la Comunità europea del carbone e dell'acciaio. – I crediti derivanti dall'applicazione dei prelievi di cui agli artt. 49 e 50 del Trattato che istituisce la Comunità europea del carbone e dell'acciaio, nonché dalle relative maggiorazioni di mora, sono equiparati, ai fini dell'applicazione delle disposizioni del presente capo, ai crediti dello Stato per l'imposta sul valore aggiunto.

2783 *ter*. (1) **Crediti dello Stato attinenti alle risorse proprie tradizionali di pertinenza del bilancio generale dell'Unione europea.** – I crediti dello Stato attinenti alle risorse proprie tradizionali di cui all'articolo 2, paragrafo 1, lettera *a*), della decisione n. 2007/436/CE/Euratom del Consiglio, del 7 giugno 2007, di pertinenza del bilancio generale dell'Unione europea sono equiparati, ai fini dell'applicazione delle disposizioni del presente capo, ai crediti dello Stato per l'imposta sul valore aggiunto.

(1) *Questo articolo è stato aggiunto dall'art. 9, comma 3, del D.L. 2 marzo 2012, n. 16, convertito, con modificazioni, nella L. 26 aprile 2012, n. 44.*

Capo III
Del pegno

Sezione I
Disposizioni generali

2784. Nozione. – Il pegno (2741^2) è costituito (2786, 2800, 2806) a garanzia dell'obbligazione dal debitore o da un terzo per il debitore (2799).

Possono essere dati in pegno i beni mobili (812, 1851), le universalità di mobili (816), i crediti e altri diritti aventi per oggetto beni mobili (813, 2799, 2910, 2911).

2785. Rinvio a leggi speciali. – Le disposizioni del presente capo non derogano alle leggi speciali concernenti casi e forme particolari di costituzione di pegno, né a quelle concernenti gli istituti autorizzati a fare prestiti sopra pegni.

Sezione II
Del pegno dei beni mobili

2786. Costituzione. – Il pegno si costituisce con la consegna al creditore della cosa o del documento (2801) che conferisce l'esclusiva disponibilità della cosa (1794, 1997, 2014, 2026, 2352, 2787, 2789, 2790).

La cosa o il documento possono essere anche consegnati a un terzo designato dalle parti o possono essere posti in custodia di entrambe, in modo che il costituente sia nell'impossibilità di disporne senza la cooperazione del creditore (1263, 2014, 2026, 2787, 2801).

2787. Prelazione del credito pignoratizio. – Il creditore ha diritto di farsi pagare con prelazione sulla cosa ricevuta in pegno (2744, 2748, 2781, 2788, 2794, 2911).

La prelazione non si può far valere se la cosa data in pegno non è rimasta in possesso del creditore o presso il terzo designato dalle parti (2786, 2789).

Quando il credito garantito eccede la somma di € 2,58, la prelazione non ha luogo se il pegno non risulta da scrittura con data certa (2704, 2725), la quale contenga sufficiente indicazione del credito (1794) e della cosa (2800, 2806).

Se però il pegno risulta da polizza o da altra scrittura di enti che, debitamente autorizzati, compiono professionalmente operazioni di credito su pegno, la data della scrittura può essere accertata con ogni mezzo di prova (63^3 l. fall.).

2788. Prelazione per il credito degli interessi. – La prelazione ha luogo anche per gli interessi dell'anno in corso alla data del pignoramento (492, 518 c.p.c.; 54^3 l. fall.) o, in mancanza di questo (502 c.p.c.), alla data della notificazione del precetto (479 c.p.c.). La prelazione ha luogo inoltre per gli interessi successivamente maturati, nei limiti della misura legale (1284), fino alla data della vendita (2796; 502, 528 c.p.c.).

2789. Rivendicazione della cosa da parte del creditore pignoratizio. – Il creditore che ha perduto il possesso (2786) della cosa ricevuta in pegno, oltre le azioni a difesa del possesso (1168 ss.), può anche esercitare l'azione di rivendicazione (948 ss.), se questa spetta al costituente (2900).

2790. Conservazione della cosa e spese relative. – Il creditore è tenuto a custodire la cosa ricevuta in pegno (1770) e risponde, secondo le regole generali (1768), della perdita e del deterioramento di essa (1218 ss., 1760, 1780, 1847, 1948).

Colui che ha costituito il pegno è tenuto al rimborso delle spese occorse per la conservazione della cosa (1848, 2756, 2792, 2794).

2791. Pegno di cosa fruttifera. – Se è data in pegno una cosa fruttifera, il creditore, salvo patto contrario, ha la facoltà di fare suoi i frutti (820), imputandoli prima alle spese e agli interessi e poi al capitale (2802).

2792. Divieto di uso e disposizione della cosa. – Il creditore non può, senza il consenso del costituente, usare della cosa (1770, 2793), salvo che l'uso sia necessario per la conservazione di essa (2790, 2803). Egli non può darla in pegno o concederne ad altri il godimento (1263).

In ogni caso, deve imputare l'utile ricavato prima alle spese e agli interessi e poi al capitale (2802).

2793. Sequestro della cosa. – Se il creditore abusa della cosa data in pegno (2790, 2793), il costituente può domandarne il sequestro (2905; 669 ss. c.p.c.).

2794. Restituzione della cosa. – Colui che ha costituito il pegno non può esigerne la restituzione (374), se non sono stati interamente pagati il capitale e gli interessi (2788) e non sono state rimborsate le spese relative al debito e al pegno (1849, 1962, 2791, 2799).

Se il pegno è stato costituito dal debitore e questi ha verso lo stesso creditore un altro debito sorto dopo la costituzione del pegno e scaduto prima che sia pagato il debito anteriore, il creditore ha soltanto diritto di ritenzione a garanzia del nuovo credito (544 c.p.c.).

2795. Vendita anticipata. – Se la cosa data in pegno si deteriora in modo da far temere che essa divenga insufficiente alla sicurezza del creditore, questi, previo avviso a colui che ha costituito il pegno, può chiedere al giudice l'autorizzazione a vendere la cosa (2743, 2797; 502 c.p.c.).

Con il provvedimento che autorizza la vendita il giudice dispone anche circa il deposito del prezzo a garanzia del credito. Il costituente può evitare la vendita e farsi restituire il pegno, offrendo altra garanzia reale che il giudice riconosca idonea.

Il costituente può del pari, in caso di deterioramento o di diminuzione di valore della cosa data in pegno, domandare al giudice l'autorizzazione a venderla oppure chiedere la restituzione del pegno, offrendo altra garanzia reale che il giudice riconosca idonea (2743).

Il costituente può chiedere al giudice l'autorizzazione a vendere la cosa, qualora si presenti un'occasione favorevole. Con il provvedimento di autorizzazione il giudice dispone le condizioni della vendita e il deposito del prezzo (530 c.p.c.).

2796. Vendita della cosa. – Il creditore per il conseguimento di quanto gli è dovuto può far vendere la cosa ricevuta in pegno secondo le forme stabilite dall'articolo seguente (2744, 2911; 502 c.p.c.).

2797. Forme della vendita. – Prima di procedere alla vendita il creditore, a mezzo di ufficiale giudiziario, deve intimare al debitore di pagare il debito e gli accessori, avvertendolo che, in mancanza, si procederà alla vendita. L'intimazione deve essere notificata anche al terzo che abbia costituito il pegno (602 c.p.c.).

Se entro cinque giorni dall'intimazione non è proposta opposizione, o se questa è rigettata, il creditore può far vendere la cosa al pubblico incanto (534 ss. c.p.c.), o, se la cosa ha un prezzo di mercato (1474), anche a prezzo corrente, a mezzo di persona autorizzata a tali atti (1515; 83 att.). Se il debitore non ha residenza o domicilio eletto nel luogo di residenza del creditore, il termine per l'opposizione è determinato a norma dell'art. 166 del codice di procedura civile.

Il giudice, sull'opposizione del costituente, può limitare la vendita a quella tra più cose date in pegno, il cui valore basti a pagare il debito (2799).

Per la vendita della cosa data in pegno le parti possono convenire forme diverse (2744; 53 l. fall.).

2798. Assegnazione della cosa in pagamento. – Il creditore può sempre domandare al giudice che la cosa gli venga assegnata in pagamento (2804, 2925, 2955; 502, 505, 530 c.p.c.) fino alla concorrenza del debito, secondo la stima da farsi con perizia o secondo il prezzo corrente, se la cosa ha un prezzo di mercato (1474, 2744, 2803).

2799. Indivisibilità del pegno. – Il pegno è indivisibile (2809[2]) e garantisce il credito finché questo non è integralmente soddisfatto (2873[2]), anche se il debito o la cosa data in pegno è divisibile (754, 1203, n. 3, 1849, 2797[3]).

Sezione III
Del pegno di crediti e di altri diritti

2800. Condizioni della prelazione. – Nel pegno di crediti la prelazione non ha luogo, se non quando il pegno risulta da atto scritto (1350, n. 13, 2725) e la costituzione di esso è stata notificata al debitore (1264, 2805) del credito dato in pegno ovvero è stata da questo accettata con scrittura avente data certa (2704).

2801. Consegna del documento. – Se il credito costituito in pegno risulta da un documento (2786), il costituente è tenuto a consegnarlo al creditore.

2802. Riscossione d'interessi e di prestazioni periodiche. – Il creditore pignoratizio è tenuto a riscuotere gli interessi del credito o le altre prestazioni periodiche, imputandone l'ammontare in primo luogo alle spese e agli interessi e poi al capitale (1960, 1998, 2791, 2804). Egli è tenuto a compiere gli atti conservativi del credito ricevuto in pegno (2790, 2795).

2803. Riscossione del credito dato in pegno. – Il creditore pignoratizio è tenuto a riscuotere, alla scadenza, il credito ricevuto in pegno e, se questo ha per oggetto danaro o altre cose fungibili, deve, a richiesta del debitore, effettuarne il deposito nel luogo stabilito d'accordo o altrimenti determinato dall'autorità giudiziaria (2792). Se il credito garantito è scaduto, il creditore può ritenere del danaro ricevuto quanto basta per il soddisfacimento delle sue ragioni e restituire il residuo al costituente o, se si tratta di cose diverse dal danaro, può farle vendere o chiederne l'assegnazione secondo le norme degli articoli 2797 e 2798 (502 c.p.c.).

2804. Assegnazione o vendita del credito dato in pegno. – Il creditore pignoratizio non soddisfatto può in ogni caso chiedere che gli sia assegnato in pagamento il credito ricevuto in pegno, fino a concorrenza del suo credito (2798, 2928).

Se il credito non è ancora scaduto, egli può anche farlo vendere nelle forme stabilite dall'art. 2797 (2744; 522 c.p.c.).

2805. Eccezioni opponibili dal debitore del credito dato in pegno. – Il debitore del credito dato in pegno può opporre al creditore pignoratizio le eccezioni che gli spetterebbero contro il proprio creditore (1250, 1254, 1945).

Se il debitore medesimo ha accettato senza riserve la costituzione del pegno, non può opporre al creditore pignoratizio la compensazione (1248) verificatasi anteriormente (1243^1, 2917).

2806. Pegno di diritti diversi dai crediti. – Il pegno di diritti diversi dai crediti si costituisce nella forma rispettivamente richiesta per il trasferimento dei diritti stessi (1350, 1351, 1392, 1399, 1403), fermo il disposto del terzo comma dell'art. 2787.

Sono salve le disposizioni delle leggi speciali.

2807. Norme applicabili al pegno di crediti. – Per tutto ciò che non è regolato nella presente sezione si osservano, in quanto applicabili, le norme della sezione precedente (2786 ss.).

Capo IV
Delle ipoteche

Sezione I
Disposizioni generali

2808. Costituzione ed effetti dell'ipoteca. – L'ipoteca attribuisce al creditore il diritto di espropriare, anche in confronto del terzo acquirente (518, 2858 ss., 2910^2; 602 ss. c.p.c.), i beni vincolati a garanzia del suo credito (555 c.p.c.) e di essere soddisfatto con preferenza sul prezzo ricavato dall'espropriazione (2748, 2770 ss., 2777, 2812, 2814, 2825, 2847, 2852, 2854, 2911, 2916; 54 att.; 596 c.p.c.; 51 l. fall.).

L'ipoteca può avere per oggetto beni del debitore (2829) o di un terzo (2868 ss.) e si costituisce (2847, 2881) mediante iscrizione nei registri immobiliari (2827 ss.).

L'ipoteca è legale (2817), giudiziale (2818 ss.) o volontaria (2821 ss.).

2809. Specialità e indivisibilità dell'ipoteca. – L'ipoteca deve essere iscritta su beni specialmente indicati (2826) e per una somma determinata in danaro (2810, 2838, 2839, 2855).

Essa è indivisibile (2799) e sussiste per intero sopra tutti i beni vincolati, sopra ciascuno di essi e sopra ogni loro parte (853, 2811).

2810. Oggetto dell'ipoteca. – Sono capaci d'ipoteca:

1) i beni immobili che sono in commercio (812 ss.) con le loro pertinenze (817 ss.);

2) l'usufrutto dei beni stessi (326, 978, 2814);

3) il diritto di superficie (952);

4) il diritto dell'enfiteuta e quello del concedente sul fondo enfiteutico (957 ss.).

Sono anche capaci d'ipoteca le rendite dello Stato nel modo determinato dalle leggi relative al debito pubblico, e inoltre le navi, gli aeromobili e gli autoveicoli, secondo le leggi che li riguardano (2779; 565 ss., 1027 ss. c.n.).

Sono considerati ipoteche i privilegi iscritti sugli autoveicoli a norma della legge speciale.

2811. Miglioramenti e accessioni. – L'ipoteca si estende ai miglioramenti (975, 985), nonché alle costruzioni e alle altre accessioni (934 ss.) dell'immobile ipotecato, salve le eccezioni stabilite dalla legge (2816, 2864, 2873).

2812. Diritti costituiti sulla cosa ipotecata. – Le servitù (1027) di cui sia stata trascritta la costituzione dopo l'iscrizione dell'ipoteca non sono opponibili al creditore ipotecario, il quale può far subastare la cosa come libera. La stessa disposizione si applica per i diritti di usufrutto, di uso e di abitazione (978 ss., 1021 ss., 2644).

Tali diritti si estinguono con l'espropriazione del fondo (586 c.p.c.) e i titolari sono ammessi a far valere le loro ragioni sul ricavato, con preferenza rispetto alle ipoteche iscritte posteriormente alla trascrizione dei diritti medesimi.

Per coloro che hanno acquistato il diritto di superficie (952) o il diritto d'enfiteusi (957) sui beni soggetti all'ipoteca e hanno trascritto l'acquisto posteriormente all'iscrizione dell'ipoteca, si osservano le disposizioni relative ai terzi acquirenti (2858).

Le cessioni e le liberazioni di pigione e di fitti non scaduti (1605), che non siano trascritte o siano inferiori al triennio, sono opponibili ai creditori ipotecari solo se hanno data certa (2704) anteriore al pignoramento (555 c.p.c.) e per un termine non superiore a un anno dal giorno del pignoramento (1605, 2918, 2924).

Le cessioni e le liberazioni trascritte non sono opponibili ai creditori ipotecari anteriori alla trascrizione, se non per il termine stabilito dal comma precedente.

2813. Pericolo di danno alle cose ipotecate. – Qualora il debitore o un terzo compia atti da cui possa derivare il perimento o il deterioramento dei beni ipotecati (1186, 2743, 2864), il creditore può domandare all'autorità giudiziaria che ordini la cessazione di tali atti o disponga le cautele necessarie per evitare il pregiudizio della sua garanzia (1171, 1172, 1186, 2743).

2814. Ipoteca sull'usufrutto e sulla nuda proprietà. – Le ipoteche costituite sull'usufrutto (2810, n. 2) si estinguono col cessare di questo (979, 1014). Tuttavia, se la cessazione si verifica per rinunzia o per abuso (1015) da parte dell'usufruttuario ovvero per acquisto della nuda proprietà da parte del medesimo, l'ipoteca perdura fino a che non si verifichi l'evento che avrebbe altrimenti prodotto l'estinzione dell'usufrutto.

Se la nuda proprietà è gravata da ipoteca, questa, avvenendo l'estinzione dell'usufrutto, si estende alla piena proprietà. Ma nei casi in cui, secondo la disposizione del comma precedente, perdura l'ipoteca costituita sull'usufrutto, l'estensione non pregiudica il credito garantito con l'ipoteca stessa.

2815. Ipoteca sul diritto del concedente e sul diritto dell'enfiteuta. – Nel caso di affrancazione (971), le ipoteche gravanti sul diritto del concedente (2810, n. 4) si risolvono sul prezzo dovuto per l'affrancazione (2742); le ipoteche gravanti sul diritto dell'enfiteuta si estendono alla piena proprietà (2814).

Nel caso di devoluzione (972) o di cessazione dell'enfiteusi per decorso del termine (958), le ipoteche gravanti sul diritto dell'enfiteuta (2810, n. 4) si risolvono sul prezzo dovuto per i miglioramenti (975), senza deduzione di quanto dovuto al concedente per i canoni non soddisfatti (2763). Il prezzo dei miglioramenti, se da atto scritto non risulta concordato con i creditori ipotecari, deve determinarsi giudizialmente, anche in contraddittorio dei medesimi. Le ipoteche gravanti sul diritto del concedente si estendono alla piena proprietà (974).

Quando l'enfiteusi si estingue per prescrizione (970), si estinguono le ipoteche che gravano sul diritto dell'enfiteuta.

Se per causa diversa da quelle sopra indicate vengono a riunirsi in una medesima persona il diritto del concedente e il diritto dell'enfiteuta, le ipoteche gravanti sull'uno e sull'altro continuano a gravarli separatamente; ma se l'ipoteca grava soltanto sull'uno o sull'altro diritto, essa si estende alla piena proprietà.

2816. Ipoteca sul diritto di superficie. – Le ipoteche che hanno per oggetto il diritto di superficie (952; 2810, n. 3) si estinguono nel caso di devoluzione della superficie al proprietario del suolo per decorso del termine (954). Se però il superficiario ha diritto a un corrispettivo, le ipoteche iscritte contro di lui si risolvono sul corrispettivo medesimo. Le ipoteche iscritte contro il proprietario del suolo non si estendono alla superficie.

Se per altre cause si riuniscono nella medesima persona il diritto del proprietario del suolo e quello del superficiario, le ipoteche sull'uno e sull'altro diritto continuano a gravare separatamente i diritti stessi.

Sezione II
Dell'ipoteca legale

2817. Persone a cui compete. – Hanno ipoteca legale:

1) l'alienante sopra gli immobili alienati per l'adempimento degli obblighi che derivano dall'atto di alienazione (1498, 2650, 2834);

2) i coeredi, i soci e altri condividenti (713, 728, 1111) per il pagamento dei conguagli sopra gli immobili assegnati ai condividenti ai quali incombe tale obbligo (723, 728, 2283, 2650, 2834);

3) lo Stato sopra i beni dell'imputato e della persona civilmente responsabile, secondo le disposizioni del codice penale (189 ss. c.p.) e del codice di procedura penale (616 ss. c.p.p.; 69 l. fall.).

Sezione III
Dell'ipoteca giudiziale

2818. Provvedimenti da cui deriva. – Ogni sentenza che porta condanna al pagamento di una somma o all'adempimento di altra obbligazione ovvero al risarcimento dei danni da liquidarsi successivamente è titolo per iscrivere ipoteca sui beni del debitore (2828, 2830, 2874; 278, 279 c.p.c.).

Lo stesso ha luogo per gli altri provvedimenti giudiziali ai quali la legge attribuisce tale effetto (2836; 655 c.p.c.).

2819. Sentenze arbitrali. – Si può iscrivere ipoteca in base al lodo degli arbitri, quando è stato reso esecutivo (825 c.p.c.).

2820. Sentenze straniere. – Si può parimenti iscrivere ipoteca in base alle sentenze pronunziate dalle autorità giudiziarie straniere, dopo che ne è stata dichiarata l'efficacia dall'autorità giudiziaria italiana, salvo che le convenzioni internazionali dispongano diversamente (796 ss. c.p.c.).

Sezione IV
Dell'ipoteca volontaria

2821. Concessione d'ipoteca. – L'ipoteca può essere concessa (375, n. 2) anche mediante dichiarazione unilaterale (1987, 2868). La concessione deve farsi per atto pubblico (2699) o per scrittura privata (2703, 2835), sotto pena di nullità (1334, 1350, 2674, 2725, 2882; 41, 565 c.n.).

Non può essere concessa per testamento (587).

2822. Ipoteca su beni altrui. – Se l'ipoteca è concessa da chi non è proprietario della cosa, l'iscrizione può essere validamente presa solo quando la cosa è acquistata dal concedente (1478, 2823).

Se l'ipoteca è concessa da persona che agisce come rappresentante senza averne la qualità, l'iscrizione può essere validamente presa solo quando il proprietario ha ratificato la concessione (1398, 1399, 1478).

2823. Ipoteca sui beni futuri. – L'ipoteca su cosa futura può essere validamente iscritta solo quando la cosa è venuta a esistenza (458, 1348, 1427, 2822, 2828).

2824. Ipoteca iscritta in base a titolo annullabile. – L'iscrizione d'ipoteca eseguita in virtù di un titolo annullabile rimane convalidata con la convalida del titolo (1425, 1444).

2825. Ipoteca su beni indivisi. – L'ipoteca costituita sulla propria quota da uno dei partecipanti alla comunione produce effetto rispetto a quei beni o a quella porzione di beni che a lui verranno assegnati nella divisione (757, 1100, 1103, 1113[3]).

Se nella divisione (1111) sono assegnati a un partecipante beni diversi da quello da lui ipotecato, l'ipoteca si trasferisce su questi altri beni, col grado derivante dall'originaria iscrizione e nei limiti del valore del bene in precedenza ipotecato, quale risulta dalla divisione, purché l'ipoteca sia nuovamente iscritta con l'indicazione di detto valore entro novanta giorni dalla trascrizione della divisione medesima (2643).

Il trasferimento però non pregiudica le ipoteche iscritte contro tutti i partecipanti (1108), né l'ipoteca legale spettante ai condividenti per i conguagli (2650, 2817, n. 2).

I creditori ipotecari e i cessionari di un partecipante (1113), al quale siano stati assegnati beni diversi da quelli ipotecati o ceduti, possono far valere le loro ragioni anche sulle somme a lui dovute per conguaglio (728) o, qualora sia stata attribuita una somma di danaro in luogo di beni in natura (720), possono far valere le loro ragioni su tale somma, con prelazione determinata dalla data di iscrizione o di trascrizione dei titoli rispettivi, nel limite però del valore dei beni precedentemente ipotecati o ceduti.

I debitori delle somme sono tuttavia liberati quando le abbiano pagate al condividente dopo trenta giorni da che la divisione è stata notificata ai creditori ipotecari o ai cessionari (789, 790 c.p.c.) senza che da costoro sia stata fatta opposizione (757, 1116, 2643, 2906).

2825 *bis*. Ipoteca sul bene oggetto di contratto preliminare. – L'ipoteca iscritta su edificio o complesso condominiale, anche da costruire o in corso di costruzione, a garanzia di finanziamento dell'intervento edilizio ai sensi degli articoli 38 e seguenti del decreto legislativo 1° settembre 1993, n. 385, prevale sulla trascrizione anteriore dei contratti preliminari di cui all'articolo 2645 *bis*, limitatamente alla quota di debito derivante dal suddetto finanziamento che il promissario acquirente si sia accollata con il contratto preliminare o con altro atto successivo eventualmente adeguata ai sensi dell'articolo 39, comma 3, del citato decreto legislativo n. 385 del 1993. Se l'accollo risulta da atto successivo, questo è annotato in margine alla trascrizione del contratto preliminare (2645 *bis*).

2826. Indicazioni dell'immobile ipotecato. – Nell'atto di concessione dell'ipoteca l'immobile deve essere specificatamente designato con l'indicazione della sua natura, del comune in cui si trova, nonché dei dati di identificazione catastale; per i fabbricati in corso di costruzione devono essere indicati i dati di identificazione catastale del terreno su cui insistono (2659, 2839).

Sezione V
Dell'iscrizione e rinnovazione delle ipoteche

§. 1
Dell'iscrizione

2827. Luogo dell'iscrizione. – L'ipoteca si iscrive (2808[2]) nell'ufficio dei registri immobiliari del luogo in cui si trova l'immobile (2673 ss., 2839).

2828. Immobili su cui può iscriversi l'ipoteca giudiziale. – L'ipoteca giudiziale si può iscrivere su qualunque degli immobili appartenenti al debitore e su quelli che gli pervengono successivamente alla condanna, a misura che egli li acquista (812 ss., 2818 ss., 2822, 2823, 2874).

2829. Iscrizione sui beni del defunto. – L'iscrizione d'ipoteca sui beni di un defunto può eseguirsi con la semplice indicazione della sua persona, osservate per il resto le regole ordinarie. Se però risulta trascritto l'acquisto dei beni da parte degli eredi (2648, 2660 ss.), l'iscrizione deve eseguirsi contro costoro (2851).

2830. Ipoteca giudiziale sui beni dell'eredità beneficiata e dell'eredità giacente. – Se l'eredità è accettata con beneficio d'inventario (484 ss.) o se si tratta di eredità giacente (528 ss.), non possono essere iscritte ipoteche giudiziali (2818) sui beni ereditari, neppure in base a sentenze pronunziate anteriormente alla morte del debitore.

2831. Ipoteca a garanzia di obbligazioni all'ordine o al portatore. – Le obbligazioni risultanti dai titoli all'ordine (2008) o al portatore (2003) possono essere garantite con ipoteca.

Per i titoli all'ordine l'ipoteca è iscritta (2839, n. 1) a favore dell'attuale possessore e si trasmette ai successivi possessori (2011, 2887); questi non sono tenuti a effettuare l'annotazione prevista dall'art. 2843 (2845).

Per i titoli al portatore l'ipoteca a favore degli obbligazionisti (2410, 2413, 2414) è iscritta con l'indicazione dell'emittente, della data dell'atto di emissione, della serie, del numero e del valore delle obbligazioni emesse. In margine all'iscrizione deve essere annotato (2674, n. 4) il nome del rappresentante degli obbligazionisti, appena questo sia nominato (2417, 2418, 2833, 2845). Per l'annotazione (2843) deve presentarsi copia della deliberazione o del provvedimento giudiziale di nomina (2839, n. 1; 559 c.n.).

2832 - 2833. (*Omissis*) (1).

(1) *Articoli abrogati dall'art. 209 della L. 19 maggio 1975, n. 151, riforma del diritto di famiglia.*

2834. Iscrizione dell'ipoteca legale dell'alienante e del condividente. – Il conservatore dei registri immobiliari (2664 ss., 2673 ss.), nel trascrivere un atto di alienazione o di divisione, deve iscrivere d'ufficio l'ipoteca legale che spetta all'alienante o al condividente a norma dei numeri 1 e 2 dell'art. 2817, a meno che gli sia presentato un atto pubblico (2699) o una scrittura privata con sottoscrizione autenticata o accertata giudizialmente (2703; 220 c.p.c.), da cui risulti che gli obblighi sono stati adempiuti o che vi è stata rinunzia all'ipoteca da parte dell'alienante o del condividente.

2835. Iscrizione in base a scrittura privata. – Se il titolo per l'iscrizione risulta da scrittura privata (2702 ss.), la sottoscrizione di chi ha concesso l'ipoteca deve essere autenticata (2703) o accertata giudizialmente (2703, 2843, 2882; 214 ss. c.p.c.).

Il richiedente deve presentare la scrittura originale o, se questa è depositata in pubblico archivio o negli atti d'un notaio, una copia autenticata (2714, 2715), con la certificazione che ricorrono i requisiti innanzi indicati (2674).

L'originale o la copia rimane in deposito nell'ufficio dei registri immobiliari (2664, 2840).

2836. Iscrizione in base ad atto pubblico o a sentenza. – Se il titolo per l'iscrizione risulta da un atto pubblico (2699) ricevuto nello Stato o da una sentenza (131 ss. c.p.c.) o da altro provvedimento giudiziale ad essa parificato (655 c.p.c.), si deve presentare copia del titolo (2818).

(*Omissis*) (1).

(1) *Seguiva un secondo comma abrogato dall'art. 30 della L. 27 febbraio 1985, n. 52, nuove norme sul servizio ipotecario.*

2837. Atti formati all'estero. – Gli atti formati in paese estero che si presentano per l'iscrizione devono essere legalizzati (2674, 2873, 2882).

2838. Somma per cui l'iscrizione è eseguita. – Se la somma di danaro non è altrimenti determinata negli atti in base ai quali è eseguita l'iscrizione o in atto successivo (2809), essa è determinata dal creditore nella nota per l'iscrizione (2839, 2872 ss.).

Qualora tra la somma enunciata nell'atto e quella enunciata nella nota vi sia divergenza, l'iscrizione ha efficacia per la somma minore (2809, 2839, n. 4).

2839. Formalità per l'iscrizione. – Per eseguire l'iscrizione deve presentarsi il titolo costitutivo (518, 2808) insieme con una nota sottoscritta dal richiedente in doppio originale (2841, 2846).

La nota deve indicare:

1) il cognome, il nome, il luogo e la data di nascita e il numero di codice fiscale del creditore, del debitore e dell'eventuale terzo datore di ipoteca; la denominazione o la ragione sociale, la sede e il numero di codice fiscale delle persone giuridiche, delle società previste dai capi II, III e IV del titolo V del libro quinto e delle associazioni non riconosciute, con l'indicazione, per queste ultime e per le società semplici, anche delle generalità delle persone che le rappresentano secondo l'atto costitutivo.

Per le obbligazioni all'ordine (2008) o al portatore (2003) si devono osservare le norme dell'art. 2831. Per le obbligazioni all'ordine si deve inoltre esibire il titolo al conservatore, il quale vi annota l'eseguita iscrizione dell'ipoteca. Per le obbligazioni al portatore si deve presentare copia dell'atto di emissione e del piano di ammortamento (2887);

2) il domicilio eletto (47, 2827, 2842) dal creditore nella circoscrizione del tribunale in cui ha sede l'ufficio dei registri immobiliari;

3) il titolo, la sua data e il nome del pubblico ufficiale che lo ha ricevuto o autenticato;

4) l'importo della somma per la quale l'iscrizione è presa (2838);

5) gli interessi e le annualità che il credito produce (2855);

6) il tempo della esigibilità;

7) la natura e la situazione dei beni gravati, con le indicazioni prescritte dall'art. 2826 (569 c.n.).

2840. Certificato dell'iscrizione. – Eseguita l'iscrizione, il conservatore restituisce al richiedente uno degli originali della nota, certificando, in calce alla medesima, la data e il numero d'ordine dell'iscrizione (2678 ss., 2850).

I titoli consegnati al conservatore sono custoditi secondo quanto è disposto dall'art. 2664 (2678, 2835, 2836, 2837).

2841. Omissioni e inesattezze nei titoli o nelle note. – L'omissione o l'inesattezza di alcune delle indicazioni nel titolo, in base al quale è presa l'iscrizione o nella nota (2839) non nuoce alla validità dell'iscrizione, salvo che induca incertezza sulla persona del creditore o del debitore o sull'ammontare del credito ovvero sulla persona del proprietario del bene gravato, quando l'indicazione ne è necessaria, o sull'identità dei singoli beni gravati.

Nel caso di altre omissioni o inesattezze, si può ordinare la rettificazione a istanza e a spese della parte interessata (2886^2).

2842. Variazione del domicilio eletto. – È in facoltà del creditore, del suo mandatario o del suo erede o avente causa di variare il domicilio eletto nell'iscrizione (2839, n. 2, 2844), sostituendone un altro nella stessa circoscrizione.

Il cambiamento deve essere annotato dal conservatore in margine o in calce all'iscrizione (2843^3).

La dichiarazione circa il cambiamento del domicilio deve risultare da atto ricevuto o autenticato da notaio e deve rimanere depositata nell'ufficio del conservatore (2664).

2843. Annotazione di cessione, di surrogazione e di altri atti dispositivi del credito. – La trasmissione o il vincolo dell'ipoteca per cessione (1260), surrogazione (1201 ss., 1857, 2856, 2866), pegno (2800), postergazione di grado o costituzione in dote nel credito ipotecario, nonché per sequestro (2905; 671 ss. c.p.c.), pignoramento (2913; 492 ss., 543, 544 c.p.c.) o assegnazione (2925; 554 c.p.c.) del credito medesimo si deve annotare in margine all'iscrizione dell'ipoteca (2831; 505 c.p.c.).

La trasmissione o il vincolo dell'ipoteca non ha effetto finché l'annotazione non sia stata eseguita (2679, 2866, 2879). Dopo l'annotazione l'iscrizione non si può cancellare senza il consenso dei titolari dei diritti indicati nell'annotazione medesima e le intimazioni o notificazioni che occorrono in dipendenza dell'iscrizione devono essere loro fatte nel domicilio eletto (2879, 2882).

Per l'annotazione deve essere consegnata al conservatore copia del titolo e, qualora questo sia una scrittura privata o un atto formato in paese estero, si applicano le disposizioni degli articoli 2835 e 2837 (2839, n. 2; 54 att.).

2844. Azioni e notificazioni. – Le azioni a cui le iscrizioni possono dar luogo contro i creditori sono promosse davanti all'autorità giudiziaria competente (21 c.p.c.), per mezzo di citazione (163 c.p.c.) da farsi alla persona in mani proprie (138 c.p.c.) o all'ultimo domicilio da essa eletto (2839, n. 2, 2842, 2845).

La stessa disposizione si applica per ogni altra notificazione relativa alle dette iscrizioni (2861, 2890; 498, 569 c.p.c.; 108 l. fall.).

Se non è stata fatta elezione di domicilio o se è morta la persona ovvero è cessato l'ufficio presso cui si era eletto il domicilio, le citazioni e le notificazioni possono essere fatte all'ufficio presso il quale l'iscrizione è stata presa.

Se si tratta di giudizio promosso dal debitore contro il suo creditore per la riduzione dell'ipoteca (2872 ss.) o per la cancellazione totale o parziale dell'iscrizione (2884 ss.), il creditore deve essere citato nei modi ordinari stabiliti dal codice di procedura civile (163 ss. c.p.c.).

2845. Notificazioni relative a iscrizioni per obbligazioni all'ordine e al portatore. – Se l'iscrizione è presa per obbligazioni risultanti da titoli all'ordine (2008), le citazioni e notificazioni previste dall'articolo precedente devono farsi nei confronti di chi ha preso l'iscrizione a norma degli articoli 2831 e 2839, salvo che dai registri risulti l'annotazione a favore di un possessore successivo.

Se si tratta di obbligazioni al portatore (2003, 2413), le citazioni e le notificazioni devono essere fatte al rappresentante degli obbligazionisti il cui nome è annotato in margine all'iscrizione (2831). Le citazioni e le notificazioni devono essere iscritte nel registro delle imprese (2188; 100 att.) e pubblicate per estratto in un giornale quotidiano designato dall'autorità giudiziaria.

Se manca per qualsiasi causa il rappresentante o il nome di lui non è stato annotato in margine all'iscrizione dell'ipoteca, le citazioni e le notificazioni sono fatte nei confronti di un curatore da nominarsi dall'autorità giudiziaria (78 c.p.c.). Il decreto di nomina del curatore deve essere pubblicato con le modalità prescritte nel comma precedente.

2846. Spese d'iscrizione. – Le spese d'iscrizione dell'ipoteca sono a carico del debitore, se non vi è patto contrario, ma devono essere anticipate dal richiedente (2855[1]).

§. 2

Della rinnovazione

2847. Durata dell'efficacia dell'iscrizione. – L'iscrizione conserva il suo effetto (2808) per venti anni dalla sua data. L'effetto cessa se l'iscrizione non è rinnovata prima che scada detto termine (2679, n. 2, 2849, 2878, n. 2).

2848. Nuova iscrizione dell'ipoteca. – Nonostante il decorso del termine indicato dall'articolo precedente, il creditore può procedere a nuova iscrizione; in tale caso l'ipoteca prende grado (2852) dalla data della nuova iscrizione.

La nuova iscrizione non può essere presa contro i terzi acquirenti dell'immobile ipotecato che hanno trascritto il loro titolo (2644).

2849. [Durata dell'ipoteca legale della moglie. – (*Omissis*)] (1).

(1) *Articolo abrogato dall'art. 209 della L. 19 maggio 1975, n. 151, riforma del diritto di famiglia.*

2850. Formalità per la rinnovazione. – Per ottenere la rinnovazione si presenta al conservatore una nota in doppio originale conforme a quella della precedente iscrizione (2839), in cui si dichiari che s'intende rinnovare l'iscrizione originaria.

In luogo del titolo si può presentare la nota precedente.

Il conservatore deve osservare le disposizioni dell'art. 2840.

2851. Rinnovazione rispetto a beni trasferiti agli eredi o aventi causa. – Se al tempo della rinnovazione gli immobili ipotecati risultano dai registri delle trascrizioni (2618, 2660 ss., 2679) passati agli eredi del debitore o ai suoi aventi causa, la rinnovazione deve essere fatta anche nei confronti degli eredi o aventi causa (2829) e la nota deve contenere le indicazioni stabilite dall'art. 2839, se queste risultano dai registri medesimi (2679).

Sezione VI

Dell'ordine delle ipoteche

2852. Grado dell'ipoteca. – L'ipoteca prende grado dal momento della sua iscrizione (518^2, 2848^1), anche se è iscritta per un credito condizionale (1353 ss.). La stessa norma si applica per i crediti che possano eventualmente nascere in dipendenza di un rapporto già esistente.

2853. Richieste contemporanee d'iscrizione. – Il numero d'ordine delle iscrizioni determina il loro grado. Nondimeno, se più persone presentano contemporaneamente la nota per ottenere iscrizione contro la stessa persona o sugli stessi immobili, le iscrizioni sono eseguite sotto lo stesso numero, e di ciò si fa menzione nella ricevuta spedita dal conservatore a ciascuno dei richiedenti (2650^{3}, 2678, 2840, 2854).

2854. Ipoteche iscritte nello stesso grado. – I crediti con iscrizione ipotecaria dello stesso grado (2853) sugli stessi beni concorrono tra loro in proporzione dell'importo relativo.

2855. Estensione degli effetti dell'iscrizione. – L'iscrizione del credito fa collocare nello stesso grado le spese dell'atto di costituzione d'ipoteca, quelle dell'iscrizione (2846) e rinnovazione (2847) e quelle ordinarie occorrenti per l'intervento nel processo di esecuzione (499, 563 ss. c.p.c.). Per il credito di maggiori spese giudiziali le parti possono estendere l'ipoteca con patto espresso, purché sia presa la corrispondente iscrizione.

Qualunque sia la specie d'ipoteca, l'iscrizione di un capitale che produce interessi (1282) fa collocare nello stesso grado gli interessi dovuti, purché ne sia enunciata la misura nell'iscrizione (2839). La collocazione degli interessi è limitata alle due annate anteriori e a quella in corso al giorno del pignoramento (492, 555 c.p.c.; 54^{4} l. fall.), ancorché sia stata pattuita l'estensione a un maggior numero di annualità; le iscrizioni particolari prese per altri arretrati hanno effetto dalla loro data (576 c.n.).

L'iscrizione del capitale fa pure collocare nello stesso grado gli interessi maturati dopo il compimento dell'annata in corso alla data del pignoramento, però soltanto nella misura legale (1284) e fino alla data della vendita (2857; 574, 581 c.p.c.; 54^{4} l. fall.).

2856. Surrogazione del creditore perdente. – Il creditore che ha ipoteca sopra uno o più immobili, qualora si trovi perdente perchè sul loro prezzo si è in tutto o in parte soddisfatto un creditore anteriore (2852, 2899), la cui ipoteca si estendeva ad altri beni dello stesso debitore, può surrogarsi (1203) nell'ipoteca iscritta a favore del creditore soddisfatto, al fine di esercitare l'azione ipotecaria su questi altri beni con preferenza rispetto ai creditori posteriori alla propria iscrizione. Lo stesso diritto spetta ai creditori perdenti in seguito alla detta surrogazione (2866^{3}).

Questa disposizione si applica anche ai creditori perdenti per causa di privilegi immobiliari (2770 ss., 2857; 550, 1026 c.n.).

2857. Limiti della surrogazione. – La surrogazione non si può esercitare sui beni dati in ipoteca da un terzo (2868), né sui beni alienati dal debitore (2858), quando l'alienazione è stata trascritta anteriormente all'iscrizione del creditore perdente (2644).

Trattandosi di beni acquistati dal debitore posteriormente a detta iscrizione, se il creditore soddisfatto aveva esteso a essi la sua ipoteca giudiziale (2818, 2828), il creditore perdente può esercitare la surrogazione anche su tali beni.

Per far valere il diritto alla surrogazione deve essere eseguita annotazione in margine all'ipoteca del creditore soddisfatto (2843); per l'annotazione deve presentarsi al conservatore copia dello stato di graduazione (2852) dal quale risulta l'incapienza (2843; 596 c.p.c.; 179 att. c.p.c.).

Sezione VII
Degli effetti dell'ipoteca
rispetto al terzo acquirente

2858. Facoltà del terzo acquirente. – Il terzo acquirente dei beni ipotecati, che ha trascritto (2643) il suo titolo di acquisto (2812^3) e non è personalmente obbligato, se non preferisce pagare i creditori iscritti (2827 ss., 2852 ss.), può rilasciare i beni stessi (2860 ss., 2867) ovvero liberarli dalle ipoteche, osservando le norme contenute nella sezione XII di questo capo (2889 ss.). In mancanza, l'espropriazione segue contro di lui secondo le forme prescritte dal codice di procedura civile (2880, 2910; 483, 602 c.p.c.).

2859. Eccezioni opponibili dal terzo acquirente. – Se la domanda diretta a ottenere la condanna del debitore è posteriore alla trascrizione del titolo del terzo acquirente, questi, ove non abbia preso parte al giudizio, può opporre al creditore procedente tutte le eccezioni non opposte dal debitore e quelle altresì che spetterebbero a questo dopo la condanna (2870).

Le eccezioni suddette però non sospendono il corso dei termini stabiliti per la liberazione del bene dalle ipoteche (2870, 2889; 792 c.p.c.).

2860. Capacità per il rilascio. – Può procedere al rilascio soltanto chi ha la capacità di alienare (2, 320, 375, 394, 424, 428, 1425).

2861. Termine ed esecuzione del rilascio. – Il rilascio dei beni ipotecati si esegue con dichiarazione alla cancelleria del tribunale competente per l'espropriazione (16, 21, 26 c.p.c.). La dichiarazione deve essere fatta non oltre i dieci giorni dalla data del pignoramento (555, 604 c.p.c.).

Il certificato della cancelleria attestante la dichiarazione deve, a cura del terzo, essere annotato (2843) in margine alla trascrizione dell'atto di pignoramento e deve essere notificato, entro cinque giorni dalla sua data, al creditore procedente (2844).

Sull'istanza di questo o di qualunque altro interessato, il tribunale provvede alla nomina di un amministratore, in confronto del quale prosegue il processo di espropriazione (602 ss. c.p.c.).

Il terzo rimane responsabile della custodia dell'immobile fino alla consegna all'amministratore (560 c.p.c.).

2862. Ipoteche e altri diritti reali a carico e a favore del terzo. – Il rilascio non pregiudica le ipoteche, le servitù e gli altri diritti reali resi pubblici contro il terzo prima dell'annotazione del rilascio (2659, 2844, 2861).

Le ipoteche, le servitù e gli altri diritti reali che già spettavano al terzo prima dell'acquisto riprendono efficacia dopo il rilascio (2861) o dopo la vendita all'incanto eseguita contro di lui (534, 576 ss. c.p.c.).

Del pari riprendono efficacia le servitù che al momento dell'iscrizione dell'ipoteca esistevano a favore del fondo ipotecato e a carico di altro fondo del terzo (1072). Esse sono comprese nell'espropriazione del fondo ipotecato.

2863. Ricupero dell'immobile rilasciato e abbandono dell'esecuzione. – Finché non sia avvenuta la vendita, il terzo può ricuperare l'immobile rilasciato, pagando i crediti iscritti (2852) e i loro accessori (2855), oltre le spese.

Qualora la vendita sia avvenuta e, dopo pagati i creditori iscritti, vi sia un residuo del prezzo, questo spetta al terzo acquirente (510 c.p.c.).

Il rilascio non ha effetto se il processo di esecuzione si estingue per rinunzia (306, 629 c.p.c.) o per inattività delle parti (630 c.p.c.).

2864. Danni causati dal terzo e miglioramenti. – Il terzo è tenuto a risarcire i danni (2043) che da sua colpa grave sono derivati all'immobile in pregiudizio dei creditori iscritti (2743, 2813, 2827).

Egli non può ritenere l'immobile per causa di miglioramenti (1152); ma ha il diritto di far separare dal prezzo di vendita la parte corrispondente ai miglioramenti eseguiti dopo la trascrizione del suo titolo (2659), fino a concorrenza del valore dei medesimi al tempo della vendita.

Se il prezzo non copre il valore dell'immobile nello stato in cui era prima dei miglioramenti e insieme quello dei miglioramenti, esso deve dividersi in due parti proporzionali ai detti valori.

2865. Frutti dovuti dal terzo. – I frutti (820) dell'immobile ipotecato sono dovuti dal terzo (1148) a decorrere dal giorno in cui è stato eseguito il pignoramento (2912; 555 ss., 604 c.p.c.).

Nel caso di liberazione dell'immobile dalle ipoteche (2889 ss.) i frutti (820) sono del pari dovuti dal giorno del pignoramento o, in mancanza di pignoramento, dal giorno della notificazione eseguita in conformità dell'art. 2890 (604, 792 c.p.c.).

2866. Diritti del terzo nei confronti del debitore e di altri terzi acquirenti. – Il terzo che ha pagato i creditori iscritti (2858) ovvero ha rilasciato l'immobile (2861) o sofferto l'espropriazione (602 c.p.c.) ha ragione d'indennità verso il suo autore (1482[2], 1486), anche se si tratta di acquisto a titolo gratuito (1473 ss.).

Ha pure diritto di subingresso (1203, 2871) nelle ipoteche costituite a favore del creditore soddisfatto sugli altri beni del debitore; se questi sono stati acquistati da terzi, non ha azione che contro coloro i quali hanno trascritto il loro acquisto in data posteriore alla trascrizione del suo titolo. Per esercitare il subingresso deve fare eseguire la relativa annotazione in conformità dell'art. 2843.

Il subingresso non pregiudica l'esercizio del diritto di surrogazione stabilito dall'art. 2856 a favore dei creditori che hanno un'iscrizione anteriore alla trascrizione del titolo del terzo acquirente (2644).

2867. Terzo debitore di somma in dipendenza dell'acquisto. – Se il terzo acquirente, che ha trascritto il suo titolo, è debitore, in dipendenza dell'acquisto (1498), di una somma attualmente esigibile, la quale basti a soddisfare tutti i creditori iscritti contro il precedente proprietario, ciascuno di questi può obbligarlo al pagamento.

Se il debito del terzo non è attualmente esigibile, o è minore o diverso da ciò che è dovuto ai detti creditori, questi, purché di comune accordo, possono egualmente richiedere che venga loro pagato, fino alla rispettiva concorrenza, ciò che il terzo deve nei modi e termini della sua obbligazione (553 c.p.c.).

Nell'uno e nell'altro caso l'acquirente non può evitar di pagare, offrendo il rilascio dell'immobile (2861), ma, eseguito il pagamento, l'immobile è liberato da ogni ipoteca, non esclusa quella che spetta all'alienante (2817, n. 1), e il terzo ha diritto di ottenere che si cancellino le relative iscrizioni (2882 ss.).

Sezione VIII
Degli effetti dell'ipoteca
rispetto al terzo datore

2868. Beneficio di escussione. – Chi ha costituito un'ipoteca (2808, 2871) a garanzia del debito altrui non può invocare il beneficio della preventiva escussione del debitore (1944), se il beneficio non è stato convenuto (2910; 602 c.p.c.).

2869. Estinzione dell'ipoteca per fatto del creditore. – L'ipoteca costituita dal terzo si estingue (2926) se, per fatto del creditore, non può avere effetto la surrogazione del terzo nei diritti, nel pegno, nelle ipoteche e nei privilegi del creditore (1203, n. 2, 1944, 1955).

2870. Eccezioni opponibili dal terzo datore. – Il terzo datore che non ha preso parte al giudizio diretto alla condanna del debitore può opporre al creditore le eccezioni indicate dall'art. 2859.

2871. Diritti del terzo datore che ha pagato i creditori iscritti o ha sofferto l'espropriazione. – Il terzo datore che ha pagato i creditori iscritti o ha sofferto l'espropriazione ha regresso contro il debitore (1950). Se vi sono più debitori obbligati in solido (1292), il terzo che ha costituito l'ipoteca a garanzia di tutti ha regresso contro ciascuno per l'intero (1951).

Il terzo datore ha regresso contro i fideiussori (1936) del debitore. Ha inoltre regresso contro gli altri terzi datori per la loro rispettiva porzione (1299, 1954, 2868) e può esercitare, anche nei confronti dei terzi acquirenti, il subingresso previsto dal secondo comma dell'art. 2866 (1950, 1951).

Sezione IX
Della riduzione
delle ipoteche

2872. Modalità della riduzione. – La riduzione delle ipoteche si opera riducendo la somma per la quale è stata presa l'iscrizione o restringendo l'iscrizione (2838) a una parte soltanto dei beni (2876).

Questa restrizione può aver luogo anche se l'ipoteca ha per oggetto un solo bene, qualora questo abbia parti distinte o tali che si possano comodamente distinguere (843).

2873. Esclusione della riduzione. – Non è ammessa domanda di riduzione riguardo alla quantità dei beni né riguardo alla somma, se la quantità dei beni o la somma è stata determinata per convenzione o per sentenza.

Tuttavia, se sono stati eseguiti pagamenti parziali così da estinguere almeno il quinto del debito originario, si può chiedere una riduzione proporzionale per quanto riguarda la somma (2799).

Nel caso d'ipoteca iscritta su un edificio, il costituente che dopo l'iscrizione ha eseguito sopraelevazioni (2811) può chiedere che l'ipoteca sia ridotta, per modo che le sopraelevazioni ne restino esenti in tutto o in parte, osservato il limite stabilito dall'art. 2876 per il valore della cautela (934).

2874. Riduzione dell'ipoteca legale e dell'ipoteca giudiziale. – Le ipoteche legali, eccettuate quelle indicate dai numeri 1 e 2 dell'art. 2817, e le ipoteche giudiziali (2818) devono ridursi su domanda degli interessati, se i beni compresi nell'iscrizione hanno un valore che eccede la cautela da somministrarsi (2828, 2875) o se la somma determinata dal creditore nell'iscrizione (2838) eccede di un quinto quella che l'autorità giudiziaria dichiara dovuta.

2875. Eccesso nel valore dei beni. – Si reputa che il valore dei beni ecceda la cautela da somministrarsi (2874), se tanto alla data dell'iscrizione dell'ipoteca, quanto posteriormente, supera di un terzo l'importo dei crediti iscritti (2876), accresciuto degli accessori a norma dell'art. 2855.

2876. Limiti della riduzione. – La riduzione si opera rispettando l'eccedenza del quinto (2874) per ciò che riguarda la somma del credito e l'eccedenza del terzo (2875) per ciò che riguarda il valore della cautela (2873).

2877. Spese della riduzione. – Le spese necessarie per eseguire la riduzione (2846), anche se consentita dal creditore, sono sempre a carico del richiedente, a meno che la riduzione abbia luogo per eccesso nella determinazione del credito fatta dal creditore (2838, 2872), nel quale caso sono a carico di quest'ultimo.

Se la riduzione è stata ordinata con sentenza, le spese del giudizio sono a carico del soccombente, salvo che siano compensate tra le parti (91, 92 c.p.c.).

Sezione X
Dell'estinzione
delle ipoteche

2878. Cause di estinzione. – L'ipoteca si estingue:

1) con la cancellazione dell'iscrizione (2882);

2) con la mancata rinnovazione dell'iscrizione entro il termine indicato dall'art. 2847;

3) con l'estinguersi dell'obbligazione (1176 ss., 1230 ss., 2934);

4) col perimento del bene ipotecato, salvo quanto è stabilito dall'art. 2742;

5) con la rinunzia del creditore (2879, 2899; 127, 177 l. fall.);

6) con lo spirare del termine a cui l'ipoteca è stata limitata o col verificarsi della condizione risolutiva (1353);

7) con la pronunzia del provvedimento che trasferisce all'acquirente il diritto espropriato e ordina la cancellazione delle ipoteche (586 c.p.c.).

2879. Rinunzia all'ipoteca. – La rinunzia del creditore all'ipoteca (2878, n. 5, 2889) deve essere espressa e deve risultare da atto scritto, sotto pena di nullità (1350, n. 13, 2725).

La rinunzia non ha effetto di fronte ai terzi che anteriormente alla cancellazione dell'ipoteca abbiano acquistato il diritto all'ipoteca medesima ed eseguito la relativa annotazione a termini dell'art. 2843.

2880. Prescrizione rispetto a beni acquistati da terzi. – Riguardo ai beni acquistati da terzi, l'ipoteca si estingue per prescrizione (2934), indipendentemente dal credito (2878, n. 3), col decorso di venti anni dalla data della trascrizione del titolo di acquisto (2643 ss.), salve le cause di sospensione (2951) e d'interruzione (2943).

2881. Nuova iscrizione dell'ipoteca. – Salvo diversa disposizione di legge (1197[3], 1276, 2899, 2926[2], 2927[2]), se la causa estintiva dell'obbligazione è dichiarata nulla (1418 ss.) o altrimenti non sussiste ovvero è dichiarata nulla la rinunzia fatta dal creditore all'ipoteca (2879) e l'iscrizione non è stata conservata, si può procedere a nuova iscrizione e questa prende grado dalla sua data (2852).

Sezione XI
Della cancellazione
dell'iscrizione

2882. Formalità per la cancellazione. – La cancellazione consentita dalle parti interessate (374, n. 2) deve essere eseguita dal conservatore in seguito a presentazione dell'atto contenente il consenso del creditore (2821).

Per quest'atto devono essere osservate le forme prescritte dagli articoli 2821, 2835 e 2837 (2725).

2883. Capacità per consentire la cancellazione. – Chi non ha la capacità richiesta per liberare il debitore non può consentire la cancellazione dell'iscrizione, se non è assistito dalle persone il cui intervento è necessario per la liberazione (320, 374, 394, 424).

Il rappresentante legale dell'incapace e ogni altro amministratore, anche se autorizzati a esigere il credito e a liberare il debitore, non possono consentire la cancellazione dell'iscrizione, ove il credito non sia soddisfatto.

2884. Cancellazione ordinata con sentenza. – La cancellazione deve essere eseguita dal conservatore, quando è ordinata con sentenza passata in giudicato (2909; 324 c.p.c.) o con altro provvedimento definitivo emesso dalle autorità competenti (2888; 586, 794 c.p.c.; 136[3] l. fall.).

2885. Cancellazione sotto condizione. – Se è stato convenuto od ordinato che la cancellazione non debba aver luogo che sotto la condizione di nuova ipoteca, di nuovo impiego o sotto altra condizione, la cancellazione non può essere eseguita se non si fa constare al conservatore che la condizione è stata adempiuta.

2886. Formalità per la cancellazione. – Chi richiede la cancellazione totale o parziale deve presentare al conservatore l'atto su cui la richiesta è fondata (2882, 2884; 586 c.p.c.).

La cancellazione di un'iscrizione o la rettifica (2841[2]) deve essere eseguita in margine all'iscrizione medesima, con l'indicazione del titolo dal quale è stata consentita od ordinata e della data in cui si esegue, e deve portare la sottoscrizione del conservatore.

2887. Cancellazione delle ipoteche a garanzia dei titoli all'ordine. – La cancellazione della ipoteca costituita a garanzia dell'obbligazione risultante da un titolo all'ordine è consentita dal creditore risultante nei registri immobiliari e l'atto di consenso deve essere presentato al conservatore insieme con il titolo, il quale è restituito dopo che il conservatore vi ha eseguito l'annotazione della cancellazione.

La cancellazione dell'ipoteca importa la perdita del diritto di regresso contro i giranti anteriori alla cancellazione medesima (2011).

2888. Rifiuto di cancellazione. – Qualora il conservatore rifiuti di procedere alla cancellazione di un'iscrizione, il richiedente può proporre reclamo all'autorità giudiziaria (113 att.; 737 c.p.c.).

Sezione XII
Del modo di liberare i beni dalle ipoteche

2889. Facoltà di liberare i beni dalle ipoteche. – Il terzo acquirente dei beni ipotecati, che ha trascritto il suo titolo (2643 ss.) e non è personalmente obbligato a pagare i creditori ipotecari, ha facoltà di liberare i beni da ogni ipoteca iscritta anteriormente alla trascrizione del suo titolo di acquisto (2858; 792 c.p.c.).

Tale facoltà spetta all'acquirente anche dopo il pignoramento (555 c.p.c.) purché nel termine di trenta giorni proceda in conformità dell'articolo che segue (2890, 2892, 2894).

2890. Notificazione. – L'acquirente deve far notificare, per mezzo di ufficiale giudiziario (137 c.p.c.), ai creditori iscritti (2827), nel domicilio da essi eletto (47, 2839, n. 2, 2842, 2844, 2899; 141 c.p.c.), e al precedente proprietario un atto nel quale siano indicati:

1) il titolo, la data del medesimo e la data della sua trascrizione;

2) la qualità e la situazione dei beni col numero del catasto o altra loro designazione, quale risulta dallo stesso titolo;

3) il prezzo stipulato o il valore da lui stesso dichiarato, se si tratta di beni pervenutigli a titolo lucrativo o di cui non sia stato determinato il prezzo (2893, 2898).

In ogni caso, il prezzo o il valore dichiarato non può essere inferiore a quello stabilito come base degli incanti dal codice di procedura civile in caso di espropriazione (535, 568 c.p.c.).

Nell'atto della notificazione il terzo acquirente deve eleggere domicilio nel comune dove ha sede il tribunale competente per l'espropriazione (26 c.p.c.) e deve offrire di pagare il prezzo o il valore dichiarato.

Un estratto sommario della notificazione è inserito nel giornale degli annunzi giudiziari (792 c.p.c.).

2891. Diritto dei creditori di far vendere i beni. – Entro il termine (2892) di quaranta giorni dalla notificazione indicata dall'articolo precedente, qualunque dei creditori iscritti (2827 ss.) o dei relativi fideiussori (1936 ss.) ha diritto di richiedere l'espropriazione dei beni (2898, 2899; 555 c.p.c.) con ricorso al presidente del tribunale competente a norma del codice di procedura civile (16, 26, 192 c.p.c.), purché adempia le condizioni che seguono (795 c.p.c.):

1) che la richiesta sia notificata al terzo acquirente nel domicilio da lui eletto a norma dell'articolo precedente e al proprietario anteriore;

2) che contenga la dichiarazione del richiedente di aumentare di un decimo il prezzo stipulato o il valore dichiarato (795^3 c.p.c.);

3) che contenga l'offerta di una cauzione per una somma eguale al quinto del prezzo aumentato come sopra (576, n. 5 c.p.c.);

4) che l'originale e le copie della richiesta siano sottoscritti dal richiedente o da un suo procuratore munito di mandato speciale.

L'omissione di alcuna di queste condizioni produce nullità della richiesta (2893, 2899).

2892. Divieto di proroga dei termini. – I termini fissati dal secondo comma dell'art. 2889 e dal primo comma dell'art. 2891 non possono essere prorogati.

2893. Mancata richiesta dell'incanto. – Se l'incanto non è domandato nel tempo e nel modo prescritti dall'art. 2891, il valore del bene rimane definitivamente stabilito nel prezzo che l'acquirente ha posto a disposizione dei creditori a norma dell'art. 2890, n. 3.

La liberazione del bene dalle ipoteche avviene dopo che è stato depositato il prezzo e si è provveduto nei modi indicati dal codice di procedura civile (792 ss. c.p.c.).

2894. Effetti del mancato deposito del prezzo. – Se il terzo acquirente non deposita il prezzo entro il termine stabilito dall'art. 792 del codice di procedura civile, la richiesta di liberazione del bene dalle ipoteche rimane senza effetto, salva la responsabilità del richiedente per i danni verso i creditori iscritti.

2895. Desistenza del creditore. – La desistenza del creditore che ha richiesto l'incanto (2891) non può impedire l'espropriazione, a meno che vi consentano espressamente gli altri creditori iscritti (500, 629 c.p.c.).

2896. Aggiudicazione al terzo acquirente. – Se l'aggiudicazione segue a favore del terzo acquirente, il decreto di trasferimento deve essere annotato in margine alla trascrizione dell'atto di acquisto (2643, n. 6, 2655; 586 c.p.c.).

2897. Regresso dell'acquirente divenuto compratore all'incanto. – Il terzo acquirente al quale è stato aggiudicato l'immobile ha regresso contro il venditore per il rimborso di ciò che eccede il prezzo stipulato nel contratto di vendita (2866).

2898. Beni non ipotecati per il credito per il quale si procede. – Nel caso in cui il titolo d'acquisto del terzo acquirente comprende mobili e immobili (812), o comprende più immobili, gli uni ipotecati e gli altri liberi, ovvero non tutti gravati dalle stesse iscrizioni, situati nella giurisdizione dello stesso tribunale o in diverse giurisdizioni di tribunali, alienati per un unico prezzo ovvero per prezzi distinti, il prezzo di ciascun immobile assoggettato a particolari e separate iscrizioni deve dichiararsi nella notificazione, ragguagliato al prezzo totale espresso dal titolo (2890).

Il creditore che richiede l'espropriazione (2891) non può in nessun caso essere costretto a estendere la sua domanda ai mobili, o ad altri immobili, fuori di quelli che sono ipotecati per il suo credito, salvo il regresso del terzo acquirente contro il suo autore per il risarcimento del danno che venga a soffrire a causa della separazione dei beni compresi nell'acquisto e delle relative coltivazioni (2890, 2891).

Sezione XIII
Della rinunzia
e dell'astensione del creditore
nell'espropriazione forzata

2899. Divieto di rinunzia a un'ipoteca a danno di altro creditore. – Il creditore, che ha ipoteca su vari immobili, dopo che gli è stata fatta la notificazione indicata dall'art. 2890, se si tratta del processo di liberazione dalle ipoteche, o dopo la notificazione del provvedimento che dispone la vendita (569 c.p.c.), in caso di espropriazione (2891), non può rinunziare (2879) alla sua ipoteca sopra uno di quegli immobili né astenersi dall'intervenire nel giudizio di espropriazione (498, 563 ss. c.p.c.), qualora sia con ciò favorito un creditore a danno di altro creditore anteriormente iscritto (2852); se egli rinunzia o si astiene, è responsabile dei danni, a meno che vi siano giusti motivi.

La stessa disposizione si applica nel caso in cui la rinunzia o l'astensione favorisca un terzo acquirente a danno di un creditore con ipoteca anteriore o di un altro terzo acquirente che abbia un titolo anteriormente trascritto.

Capo V
Dei mezzi di conservazione
della garanzia patrimoniale

Sezione I
Dell'azione surrogatoria

2900. Condizioni, modalità ed effetti. – Il creditore, per assicurare che siano soddisfatte o conservate le sue ragioni, può esercitare i diritti e le azioni che spettano verso i terzi al proprio debitore e che questi trascura di esercitare, purché i diritti e le azioni abbiano contenuto patrimoniale e non si tratti di diritti o di azioni che, per loro natura o per disposizione di legge, non possono essere esercitati se non dal loro titolare.

Il creditore, qualora agisca giudizialmente, deve citare (163 c.p.c.) anche il debitore al quale intende surrogarsi.

Sezione II
Dell'azione revocatoria

2901. Condizioni. – Il creditore (2740, 2741), anche se il credito è soggetto a condizione o a termine (1356), può domandare che siano dichiarati inefficaci nei suoi confronti gli atti di disposizione del patrimonio (524, 1113) con i quali il debitore rechi pregiudizio alle sue ragioni (206, 209), quando concorrono le seguenti condizioni:

1) che il debitore conoscesse il pregiudizio che l'atto arrecava alle ragioni del creditore o, trattandosi di atto anteriore al sorgere del credito, l'atto fosse dolosamente preordinato al fine di pregiudicarne il soddisfacimento (192, 195 c.p.);

2) che, inoltre, trattandosi di atto a titolo oneroso, il terzo fosse consapevole del pregiudizio e, nel caso di atto anteriore al sorgere del credito, fosse partecipe della dolosa preordinazione (1923).

Agli effetti della presente norma, le prestazioni di garanzia, anche per debiti altrui, sono considerate atti a titolo oneroso, quando sono contestuali al credito garantito.

Non è soggetto a revoca l'adempimento di un debito scaduto (1183, 1186; 65, 67 l. fall.).

L'inefficacia dell'atto non pregiudica i diritti acquistati a titolo oneroso dai terzi di buona fede, salvi gli effetti della trascrizione della domanda di revocazione (2652, n. 5, 2690; 64 ss., 70[2] l. fall.).

2902. Effetti. – Il creditore, ottenuta la dichiarazione di inefficacia, può promuovere nei confronti dei terzi acquirenti le azioni esecutive (2910^{2}; 474 ss., 602 c.p.c.) o conservative (671 c.p.c.) sui beni che formano oggetto dell'atto impugnato (2905, 2910).

Il terzo contraente, che abbia verso il debitore ragioni di credito dipendenti dall'esercizio dell'azione revocatoria, non può concorrere sul ricavato dei beni che sono stati oggetto dell'atto dichiarato inefficace, se non dopo che il creditore è stato soddisfatto (71 l. fall.).

2903. Prescrizione dell'azione. – L'azione revocatoria si prescrive in cinque anni dalla data dell'atto (2934 ss.).

2904. Rinvio. – Sono salve le disposizioni sull'azione revocatoria in materia fallimentare (64 ss. l. fall.) e in materia penale (192 c.p.).

Sezione III
Del sequestro conservativo

2905. Sequestro nei confronti del debitore o del terzo. – Il creditore può chiedere il sequestro conservativo dei beni del debitore, secondo le regole stabilite dal codice di procedura civile (671 ss. c.p.c.).

Il sequestro può essere chiesto anche nei confronti del terzo acquirente dei beni del debitore, qualora sia stata proposta l'azione per far dichiarare l'inefficacia dell'alienazione (2901, 2902).

2906. Effetti. – Non hanno effetto in pregiudizio del creditore sequestrante le alienazioni e gli altri atti che hanno per oggetto la cosa sequestrata, in conformità delle regole stabilite per il pignoramento (2843, 2912 ss.; 491 c.p.c.).

Non ha parimenti effetto in pregiudizio del creditore opponente il pagamento (1188) eseguito dal debitore, qualora l'opposizione sia stata proposta nei casi e con le forme stabilite dalla legge (495, 498, 530, 2742, 2825).

Titolo IV
Della tutela giurisdizionale dei diritti

Capo I
Disposizioni generali

2907. Attività giurisdizionale. – Alla tutela giurisdizionale dei diritti provvede l'autorità giudiziaria (117 c.p.c.) su domanda di parte (99, 100, 163 c.p.c.) e, quando la legge lo dispone, anche su istanza del pubblico ministero (69 c.p.) o d'ufficio.

La tutela giurisdizionale dei diritti, nell'interesse delle categorie professionali, è attuata su domande delle associazioni legalmente riconosciute, nei casi determinati dalla legge e con le forme da questa stabilite (1).

(1) *Comma da ritenersi abrogato poiché le associazioni professionali obbligatorie, rappresentative per legge, sono state sciolte dal D.L.vo Lgt. 23 novembre 1944, n. 369, soppressione delle organizzazioni sindacali fasciste e liquidazione dei rispettivi patrimoni.*

2908. Effetti costitutivi delle sentenze. – Nei casi previsti dalla legge, l'autorità giudiziaria può costituire, modificare o estinguere rapporti giuridici, con effetto tra le parti, i loro eredi o aventi causa.

2909. Cosa giudicata. – L'accertamento contenuto nella sentenza passata in giudicato (324 c.p.c.) fa stato a ogni effetto tra le parti, i loro eredi o aventi causa (1306, 1595).

Capo II
Dell'esecuzione forzata

Sezione I
Dell'espropriazione

§. 1
Disposizioni generali

2910. Oggetto dell'espropriazione. – Il creditore, per conseguire quanto gli è dovuto, può fare espropriare i beni del debitore (170, 188, 326, 2740), secondo le regole stabilite dal codice di procedura civile (474 ss., 483 ss. c.p.c.).

Possono essere espropriati anche i beni di un terzo quando sono vincolati a garanzia del credito (2786, 2858, 2868) o quando sono oggetto di un atto che è stato revocato perchè compiuto in pregiudizio del creditore (2901 ss., 2905; 602 ss. c.p.c.).

2911. Beni gravati da pegno o ipoteca. – Il creditore che ha pegno (2784) su beni del debitore non può pignorare (491, 502 c.p.c.) altri beni del debitore medesimo, se non sottopone a esecuzione anche i beni gravati dal pegno (2796). Non può parimenti, quando ha ipoteca (2808), pignorare altri immobili, se non sottopone a pignoramento anche gli immobili gravati dall'ipoteca (2808; 502, 544, 558 c.p.c.).

La stessa disposizione si applica se il creditore ha privilegio speciale su determinati beni (2746, 2755 ss., 2770 ss.).

§. 2
Degli effetti
del pignoramento

2912. Estensione del pignoramento. – Il pignoramento (491 ss., 513 ss., 555 ss. c.p.c.) comprende gli accessori, le pertinenze (817; 556 c.p.c.) e i frutti (820; 516 c.p.c.) della cosa pignorata (559 c.p.c.).

2913. Inefficacia delle alienazioni del bene pignorato. – Non hanno effetto in pregiudizio del creditore pignorante (491 c.p.c.) e dei creditori che intervengono nell'esecuzione (498 ss. c.p.c.) gli atti di alienazione dei beni sottoposti a pignoramento, salvi gli effetti del possesso di buona fede (1147, 1153) per i mobili non iscritti in pubblici registri (815).

2914. Alienazioni anteriori al pignoramento. – Non hanno effetto in pregiudizio del creditore pignorante (491 ss. c.p.c.) e dei creditori che intervengono nell'esecuzione (498 ss. c.p.c.), sebbene anteriori al pignoramento (45, 54^3 l. fall.):

1) le alienazioni di beni immobili (812) o di beni mobili iscritti in pubblici registri (815), che siano state trascritte successivamente al pignoramento (1707, 2644, 2684, 2693; 555 c.p.c.);

2) le cessioni di crediti (1260) che siano state notificate al debitore ceduto o accettate dal medesimo successivamente al pignoramento (1264);

3) le alienazioni di universalità di mobili (816) che non abbiano data certa (2704);

4) le alienazioni di beni mobili di cui non sia stato trasmesso il possesso (1376) anteriormente al pignoramento, salvo che risultino da atto avente data certa (2644, 2704, 2915).

2915. Atti che limitano la disponibilità dei beni pignorati. – Non hanno effetto in pregiudizio del creditore pignorante (491 c.p.c.) e dei creditori che intervengono nell'esecuzione (498 ss. c.p.c.) gli atti che importano vincoli di indisponibilità (167, 1980), se non sono stati trascritti (2644 ss., 2647, 2684, 2685, 2693; 555 c.p.c.) prima del pignoramento, quando hanno per oggetto beni immobili (812) o beni mobili iscritti in pubblici registri (815, 2647, 2649, 2683, 2685, 2687, 2693), e, negli altri casi, se non hanno data certa anteriore al pignoramento (2704).

Non hanno del pari effetto in pregiudizio del creditore pignorante e dei creditori che intervengono nell'esecuzione gli atti e le domande per la cui efficacia rispetto ai terzi acquirenti la legge richiede la trascrizione (2643, 2644, 2652, 2653), se sono trascritti successivamente al pignoramento (2693).

2916. Ipoteche e privilegi. – Nella distribuzione della somma ricavata dall'esecuzione (509 ss. c.p.c.) non si tiene conto:

1) delle ipoteche (2808), anche se giudiziali (2818), iscritte dopo il pignoramento (555 c.p.c.);

2) dei privilegi per la cui efficacia è necessaria l'iscrizione, se questa ha luogo dopo il pignoramento (2762, 2810[3]);

3) dei privilegi (2745 ss.) per crediti sorti dopo il pignoramento.

2917. Estinzione del credito pignorato. – Se oggetto del pignoramento è un credito (2800 ss.; 543 ss. c.p.c.), l'estinzione di esso per cause verificatesi (1243[1]) in epoca successiva al pignoramento non ha effetto in pregiudizio del creditore pignorante e dei creditori che intervengono nell'esecuzione (1830; 498 ss. c.p.c.).

2918. Cessioni e liberazioni di pigioni e di fitti. – Le cessioni e le liberazioni di pigioni e di fitti (2924) non ancora scaduti per un periodo eccedente i tre anni (1605) non hanno effetto in pregiudizio del creditore pignorante e dei creditori che intervengono nell'esecuzione (498 ss. c. p.c.), se non sono trascritte anteriormente al pignoramento (2643, n. 9; 510 c.p.c.). Le cessioni e le liberazioni per un tempo inferiore ai tre anni e le cessioni e le liberazioni superiori ai tre anni non trascritte non hanno effetto, se non hanno data certa (2704) anteriore al pignoramento e, in ogni caso, non oltre il termine di un anno dalla data del pignoramento (2812, 2924).

§. 3
Effetti della vendita forzata e dell'assegnazione

2919. Effetto traslativo della vendita forzata. – La vendita forzata (503 c.p.c.) trasferisce all'acquirente i diritti che sulla cosa spettavano a colui che ha subito l'espropriazione, salvi gli effetti del possesso di buona fede (1147, 1153, 2920). Non sono però opponibili all'acquirente diritti acquistati da terzi sulla cosa, se i diritti stessi non hanno effetto in pregiudizio del creditore pignorante e dei creditori intervenuti nell'esecuzione (2643, n. 6, 2913; 498 ss. c.p.c.).

2920. Diritti di terzi sulla cosa mobile venduta. – Se oggetto della vendita è una cosa mobile (812), coloro che avevano la proprietà o altri diritti reali su di essa, ma non hanno fatto valere le loro ragioni sulla somma ricavata dall'esecuzione (620 c.p.c.), non possono farle valere nei confronti dell'acquirente di buona fede (1153), né possono ripetere dai creditori la somma distribuita. Resta ferma la responsabilità del creditore procedente di mala fede per i danni e per le spese (96, 509, 541 c.p.c.; 79^2 l. fall.).

2921. Evizione. – L'acquirente della cosa espropriata, se ne subisce l'evizione (1483), può ripetere il prezzo non ancora distribuito, dedotte le spese, e, se la distribuzione è già avvenuta (510 c.p.c.), può ripeterne da ciascun creditore la parte che ha riscossa e dal debitore l'eventuale residuo, salva la responsabilità del creditore procedente per i danni e per le spese (96 c.p.c.).

Se l'evizione è soltanto parziale (1484), l'acquirente ha diritto di ripetere una parte proporzionale del prezzo. La ripetizione ha luogo anche se l'aggiudicatario, per evitare l'evizione, ha pagato una somma di danaro.

In ogni caso l'acquirente non può ripetere il prezzo nei confronti dei creditori privilegiati o ipotecari ai quali la causa di evizione non era opponibile (2747).

2922. Vizi della cosa. Lesione. – Nella vendita forzata non ha luogo la garanzia per i vizi della cosa (1490 ss.).

Essa non può essere impugnata per causa di lesione (1448).

2923. Locazioni. – Le locazioni (1571) consentite da chi ha subito l'espropriazione sono opponibili all'acquirente (1599) se hanno data certa (2704) anteriore al pignoramento (560^2 c.p.c.), salvo che, trattandosi di beni mobili, l'acquirente ne abbia conseguito il possesso in buona fede (1147, 1153, 1599).

Le locazioni immobiliari eccedenti i nove anni (1572) che non sono state trascritte anteriormente al pignoramento (2643, n. 8) non sono opponibili all'acquirente, se non nei limiti di un novennio dall'inizio della locazione (1599[3]).

In ogni caso l'acquirente non è tenuto a rispettare la locazione qualora il prezzo convenuto sia inferiore di un terzo al giusto prezzo o a quello risultante da precedenti locazioni.

Se la locazione non ha data certa, ma la detenzione del conduttore è anteriore al pignoramento della cosa locata, l'acquirente non è tenuto a rispettare la locazione che per la durata corrispondente a quella stabilita per le locazioni a tempo indeterminato (1574, 1600).

Se nel contratto di locazione è convenuto che esso possa risolversi in caso di alienazione, l'acquirente può intimare licenza al conduttore secondo le disposizioni dell'art. 1603.

2924. Cessioni e liberazioni di pigioni e di fitti. – Le cessioni e le liberazioni di pigioni e di fitti non ancora scaduti (1605) non sono opponibili all'acquirente, salvo che si tratti di cessioni o di liberazioni eccedenti il triennio e trascritte anteriormente al pignoramento o si tratti di anticipazioni fatte in conformità degli usi locali (2643, n. 9, 2812, 2918; 555 c.p.c.).

2925. Norme applicabili all'assegnazione forzata. – Le norme concernenti la vendita forzata (2919 ss.) si applicano anche all'assegnazione forzata (2798; 505 c.p.c.), salvo quanto è disposto negli articoli seguenti.

2926. Diritti dei terzi sulla cosa assegnata. – Se l'assegnazione ha per oggetto beni mobili, i terzi che ne avevano la proprietà possono, entro il termine di sessanta giorni dall'assegnazione, rivolgersi contro l'assegnatario che ha ricevuto in buona fede il possesso (1147, 1153), al solo scopo di ripetere la somma corrispondente al suo credito soddisfatto con l'assegnazione. La stessa facoltà spetta ai terzi che avevano sulla cosa altri diritti reali, nei limiti del valore del loro diritto.

L'assegnatario conserva le sue ragioni nei confronti del debitore, ma si estinguono le garanzie prestate da terzi (1955, 2799, 2869).

2927. Evizione della cosa assegnata. – L'assegnatario, se subisce l'evizione (1483, 2921) della cosa, ha diritto di ripetere quanto ha pagato agli altri creditori, salva la responsabilità del creditore procedente per i danni e per le spese (96 c.p.c.).

L'assegnatario conserva le sue ragioni nei confronti del debitore espropriato, ma non le garanzie prestate da terzi (1955, 2881, 2926).

2928. Assegnazione di crediti. – Se oggetto dell'assegnazione è un credito (553 c.p.c.), il diritto dell'assegnatario verso il debitore che ha subito l'espropriazione non si estingue che con la riscossione del credito assegnato.

2929. Nullità del processo esecutivo. – La nullità degli atti esecutivi (617 c.p.c.) che hanno preceduto la vendita o l'assegnazione non ha effetto riguardo all'acquirente o all'assegnatario (21 l. fall.), salvo il caso di collusione con il creditore procedente. Gli altri creditori non sono in nessun caso tenuti a restituire quanto hanno ricevuto per effetto dell'esecuzione.

Sezione I *bis*
Dell'espropriazione di beni oggetto di vincoli di indisponibilità o di alienazioni a titolo gratuito (1)

(1) *Questa Sezione è stata inserita - unitamente all'art. 2929* bis *- dall'art. 12, comma 1, del D.L. 27 giugno 2015, n. 83, convertito, con modificazioni, nella L. 6 agosto 2015, n. 132. A norma dell'art. 23, comma 6, del medesimo provvedimento, tali disposizioni si applicano esclusivamente alle procedure esecutive iniziate successivamente alla data di entrata in vigore del presente decreto* (*Suppl. ord. alla* G.U. *Serie gen. - n. 192 del 20 agosto 2015*).

2929 *bis*. Espropriazione di beni oggetto di vincoli di indisponibilità o di alienazioni a titolo gratuito. – Il creditore che sia pregiudicato da un atto del debitore, di costituzione di vincolo di indisponibilità o di alienazione, che ha per oggetto beni immobili o mobili iscritti in pubblici registri, compiuto a titolo gratuito successivamente al sorgere del credito, può procedere, munito di titolo esecutivo, a esecuzione forzata, ancorché non abbia preventivamente ottenuto sentenza dichiarativa di inefficacia, se trascrive il pignoramento nel termine di un anno dalla data in cui l'atto è stato trascritto. La disposizione di cui al presente comma si applica anche al creditore anteriore che, entro un anno dalla trascrizione dell'atto pregiudizievole, interviene nell'esecuzione da altri promossa.

Quando il bene, per effetto o in conseguenza dell'atto, è stato trasferito a un terzo, il creditore promuove l'azione esecutiva nelle forme dell'espropriazione contro il terzo proprietario ed è preferito ai creditori personali di costui nella distribuzione del ricavato. Se con l'atto è stato riservato o costituito alcuno dei diritti di cui al primo comma dell'articolo 2812, il creditore pignora la cosa come libera nei confronti del proprietario. Tali diritti si estinguono con la vendita del bene e i terzi titolari sono ammessi a far valere le loro ragioni sul ricavato, con preferenza rispetto ai creditori cui i diritti sono opponibili (1).

Il debitore, il terzo assoggettato a espropriazione e ogni altro interessato alla conservazione del vincolo possono proporre le opposizioni all'esecuzione di cui al titolo V del libro terzo del codice di procedura civile quando contestano la sussistenza dei presupposti di cui al primo comma o che l'atto abbia arrecato pregiudizio alle ragioni del creditore o che il debitore abbia avuto conoscenza del pregiudizio arrecato ([1]).

L'azione esecutiva di cui al presente articolo non può esercitarsi in pregiudizio dei diritti acquistati a titolo oneroso dall'avente causa del contraente immediato, salvi gli effetti della trascrizione del pignoramento ([1]).

([1]) *Gli originari commi secondo e terzo sono stati così sostituiti dagli attuali secondo terzo e quarto dall'art. 4, comma 1* bis, *del D.L. 3 maggio 2016, n. 59, convertito, con modificazioni, nella L. 30 giugno 2016, n. 119.*

Sezione II
Dell'esecuzione forzata
in forma specifica

2930. Esecuzione forzata per consegna o rilascio. – Se non è adempiuto l'obbligo di consegnare una cosa determinata, mobile o immobile, l'avente diritto può ottenere la consegna o il rilascio forzati a norma delle disposizioni del codice di procedura civile (605 ss. c.p.c.).

2931. Esecuzione forzata degli obblighi di fare. – Se non è adempiuto un obbligo di fare, l'avente diritto può ottenere che esso sia eseguito a spese dell'obbligato nelle forme stabilite dal codice di procedura civile (612 ss. c.p.c.).

2932. Esecuzione specifica dell'obbligo di concludere un contratto. – Se colui che è obbligato a concludere un contratto (651^2, 849, 938, 1032, 1329 ss., 1351, 1706^2, 2597) non adempie l'obbligazione, l'altra parte, qualora sia possibile e non sia escluso dal titolo, può ottenere una sentenza che produca gli effetti del contratto non concluso (1706, 2643, n. 14, 2652, n. 2, 2684, n. 6, 2690, n. 1, 2908).

Se si tratta di contratti che hanno per oggetto il trasferimento della proprietà di una cosa determinata o la costituzione o il trasferimento di un altro diritto, la domanda non può essere accolta, se la parte che l'ha proposta non esegue la sua prestazione o non ne fa offerta nei modi di legge (1208, 1209, 1214, 1220), a meno che la prestazione non sia ancora esigibile (1329, 1351).

2933. Esecuzione forzata degli obblighi di non fare. – Se non è adempiuto un obbligo di non fare, l'avente diritto può ottenere che sia distrutto, a spese dell'obbligato, ciò che è stato fatto in violazione dell'obbligo (612 ss. c.p.c.).

Non può essere ordinata la distruzione della cosa e l'avente diritto può conseguire solo il risarcimento dei danni, se la distruzione della cosa è di pregiudizio all'economia nazionale.

Titolo V
Della prescrizione e della decadenza

Capo I
Della prescrizione

Sezione I
Disposizioni generali

2934. Estinzione dei diritti. – Ogni diritto si estingue per prescrizione (2962, 2963), quando il titolare non lo esercita per il tempo determinato dalla legge (1242).

Non sono soggetti alla prescrizione i diritti indisponibili (326, 1966, 2113) e gli altri diritti indicati dalla legge.

2935. Decorrenza della prescrizione. – La prescrizione comincia a decorrere dal giorno in cui il diritto può essere fatto valere (387, 2903) ([1]).

([1]) *A norma dell'art. 2, comma 61, del D.L. 29 dicembre 2010, n. 225, convertito, con modificazioni, nella L. 26 febbraio 2011, n. 10, in ordine alle operazioni bancarie regolate in conto corrente, questo articolo si interpreta nel senso che la prescrizione relativa ai diritti nascenti dall'annotazione in conto inizia a decorrere dal giorno dell'annotazione stessa. In ogni caso non si fa luogo alla restituzione degli importi già versati alla data di entrata in vigore della legge di conversione del suddetto decreto.*

La Corte costituzionale, con sentenza n. 78 del 5 aprile 2012, ha dichiarato l'illegittimità costituzionale dell'art. 2, comma 61, del D.L. n. 225 del 2010.

2936. Inderogabilità delle norme sulla prescrizione. – È nullo (1418, 1419) ogni patto diretto a modificare la disciplina legale della prescrizione (2965).

2937. Rinunzia alla prescrizione. – Non può rinunziare alla prescrizione chi non può disporre validamente del diritto (1310[3]).

Si può rinunziare alla prescrizione solo quando questa è compiuta (2939, 2946 ss.).

La rinunzia può risultare da un fatto incompatibile con la volontà di valersi della prescrizione (1310).

2938. Non rilevabilità d'ufficio. – Il giudice non può rilevare d'ufficio la prescrizione non opposta (112 c.p.c.).

2939. Opponibilità della prescrizione da parte dei terzi. – La prescrizione può essere opposta dai creditori e da chiunque vi ha interesse, qualora la parte non la faccia valere. Può essere opposta anche se la parte vi ha rinunziato (2900, 2937).

2940. Pagamento del debito prescritto. – Non è ammessa la ripetizione di ciò che è stato spontaneamente pagato in adempimento di un debito prescritto.

Sezione II
Della sospensione della prescrizione

2941. Sospensione per rapporti tra le parti. – La prescrizione rimane sospesa (1073^{6}, 1310^{2}, 2952^{4}; 168 l. fall.):

1) tra i coniugi (186);

2) tra chi esercita la responsabilità genitoriale di cui all'art. 316 (1) o i poteri a essa inerenti (301, 317 *bis*, 409) e le persone che vi sono sottoposte;

3) tra il tutore e il minore (346 ss.) o l'interdetto (424) soggetti alla tutela, finché non sia stato reso e approvato il conto finale (386), salvo quanto è disposto dall'art. 387 per le azioni relative alla tutela;

4) tra il curatore e il minore emancipato (392) o l'inabilitato (415, 424);

5) tra l'erede e l'eredità accettata con beneficio d'inventario (484, 490);

6) tra le persone i cui beni sono sottoposti per legge o per provvedimento del giudice all'amministrazione altrui e quelle da cui l'amministrazione è esercitata, finché non sia stato reso e approvato definitivamente il conto;

7) tra le persone giuridiche (11) e i loro amministratori (18), finché sono in carica, per le azioni di responsabilità contro di essi (2393) (2);

8) tra il debitore che ha dolosamente occultato l'esistenza del debito e il creditore, finché il dolo non sia stato scoperto (1310).

(1) *Le parole «patria potestà» sono state sostituite dalle parole: «potestà di cui all'art. 316» dall'art. 210 della L. 19 maggio 1975, n. 151. La parola: «potestà» è stata poi, da ultimo, sostituita dalle attuali: «responsabilità genitoriale» dall'art. 92 del D.L.vo 28 dicembre 2013, n. 154, a decorrere dal trentesimo giorno successivo a quello della sua pubblicazione nella* Gazzetta Ufficiale *(G.U. n. 5 dell'8 gennaio 2014).*

(2) *La Corte costituzionale, con sentenza n. 322 del 24 luglio 1998, ha dichiarato l'illegittimità costituzionale di questo numero, nella parte in cui non prevede che la prescrizione rimane sospesa tra la società in accomandita semplice ed i suoi amministratori, finché sono in carica, per le azioni di responsabilità contro di essi.*

La Corte costituzionale, con sentenza n. 262 dell'11 dicembre 2015, ha dichiarato l'illegittimità costituzionale di questo numero, nella parte in cui non prevede che la prescrizione sia sospesa tra la società in nome collettivo e i suoi amministratori, finché sono in carica, per le azioni di responsabilità contro di essi.

2942. Sospensione per la condizione del titolare. – La prescrizione rimane sospesa (1073[6], 1166):

1) contro i minori (2) non emancipati (394) e gli interdetti per infermità di mente (245, 414 ss.), per il tempo in cui non hanno rappresentante legale e per sei mesi successivi alla nomina del medesimo o alla cessazione dell'incapacità (386, 429 ss.);

2) in tempo di guerra, contro i militari in servizio e gli appartenenti alle forze armate dello Stato e contro coloro che si trovano per ragioni di servizio al seguito delle forze stesse, per il tempo indicato dalle disposizioni delle leggi di guerra.

Sezione III
Dell'interruzione della prescrizione

2943. Interruzione da parte del titolare. – La prescrizione è interrotta (1073[6], 1310) dalla notificazione (137 ss. c.p.c.) dell'atto con il quale si inizia un giudizio, sia questo di cognizione (163, 638 c.p.c.) ovvero conservativo (669 ss.) o esecutivo (474 ss., 491 c.p.c.).

È pure interrotta dalla domanda proposta nel corso di un giudizio (2945; 34 ss., 105[1], 499 c.p.c.; 94 l. fall.).

L'interruzione si verifica anche se il giudice adito è incompetente (7 ss., 18 ss. c.p.c.).

La prescrizione è inoltre interrotta da ogni altro atto che valga a costituire in mora il debitore (1219, 1957) e dall'atto notificato con il quale una parte, in presenza di compromesso o clausola compromissoria, dichiara la propria intenzione di promuovere il procedimento arbitrale, propone la domanda e procede, per quanto le spetta, alla nomina degli arbitri.

2944. Interruzione per effetto di riconoscimento. – La prescrizione è interrotta dal riconoscimento del diritto da parte di colui contro il quale il diritto stesso può essere fatto valere (1309, 1870, 1988, 2720, 2966).

2945. Effetti e durata dell'interruzione. – Per effetto dell'interruzione s'inizia un nuovo periodo di prescrizione (2946 ss.).

Se l'interruzione è avvenuta mediante uno degli atti indicati dai primi due commi dell'art. 2943, la prescrizione non corre fino al momento in cui passa in giudicato la sentenza che definisce il giudizio (1310[2]; 324 c.p.c.).

Se il processo si estingue (306 c.p.c.), rimane fermo l'effetto interruttivo e il nuovo periodo di prescrizione comincia dalla data dell'atto interruttivo.

Nel caso di arbitrato la prescrizione non corre dal momento della notificazione dell'atto contenente la domanda di arbitrato sino al momento in cui il lodo che definisce il giudizio non è più impugnabile o passa in giudicato la sentenza resa sull'impugnazione.

Sezione IV
Del termine della prescrizione

§. 1
Della prescrizione ordinaria

2946. Prescrizione ordinaria. – Salvi i casi in cui la legge dispone diversamente, i diritti si estinguono per prescrizione con il decorso di dieci anni.

§. 2
Delle prescrizioni brevi

2947. ([1]) **Prescrizioni del diritto al risarcimento del danno.** – Il diritto al risarcimento del danno derivante da fatto illecito (2043) si prescrive in cinque anni dal giorno in cui il fatto si è verificato.

Per il risarcimento del danno prodotto dalla circolazione dei veicoli di ogni specie (2054) il diritto si prescrive in due anni (2767) .

In ogni caso, se il fatto è considerato dalla legge come reato (2768) e per il reato è stabilita una prescrizione più lunga, questa si applica anche all'azione civile (157 ss. c.p.). Tuttavia, se il reato è estinto (150 ss. c.p.) per causa diversa dalla prescrizione o è intervenuta sentenza irrevocabile nel giudizio penale (648 c.p.p.), il diritto al risarcimento del danno si prescrive nei termini indicati dai primi due commi, con decorrenza dalla data di estinzione del reato o dalla data in cui la sentenza è divenuta irrevocabile (1449[1]).

([1]) *A norma dell'art. 4, comma 43, della L. 12 novembre 2011, n. 183, a decorrere dal 1° gennaio 2012, la prescrizione del diritto al risarcimento del danno derivante da mancato recepimento nell'ordinamento dello Stato di direttive o altri provvedimenti obbligatori comunitari soggiace, in ogni caso, alla disciplina di cui al presente articolo e decorre dalla data in cui il fatto, dal quale sarebbero derivati i diritti se la direttiva fosse stata tempestivamente recepita, si è effettivamente verificato.*

2948. Prescrizione di cinque anni. – Si prescrivono in cinque anni:

1) le annualità delle rendite perpetue (1861) o vitalizie (1872);

1 *bis*) il capitale nominale dei titoli di Stato emessi al portatore;

2) le annualità delle pensioni alimentari (433 ss.);

3) le pigioni delle case, i fitti dei beni rustici e ogni altro corrispettivo di locazioni (1571, 1587);

4) gli interessi (1282) e, in generale, tutto ciò che deve pagarsi periodicamente ad anno o in termini più brevi ([1]);

5) le indennità spettanti per la cessazione del rapporto di lavoro.

([1]) *La Corte costituzionale, con sentenza n. 63 del 10 giugno 1966, ha dichiarato l'illegittimità costituzionale degli artt. 2948, n. 4, 2955, n. 2 e 2956, n. 1, limitatamente alla parte in cui consentono che la prescrizione del diritto alla retribuzione decorra durante il rapporto di lavoro (3, 4 e 36 Cost.). Con successive sentenze n. 143 del 20 novembre 1969 e n. 174 del 12 dicembre 1972, la Corte costituzionale ha tuttavia precisato che tale principio non trova applicazione nei rapporti di pubblico impiego e in quelli garantiti dall'art. 1 della L. 15 luglio 1966, n. 604 e dall'art. 18 della L. 20 maggio 1970, n. 300, licenziamento per giusta causa.*

Con sentenza n. 50 del 7 aprile 1981, peraltro, la stessa Corte ha dichiarato costituzionalmente illegittimo l'art. 2 del R.D.L. 19 gennaio 1939, n. 295, che prevedeva la prescrizione biennale di stipendi, pensioni ed altri emolumenti degli impiegati dello Stato.

2949. Prescrizione in materia di società. – Si prescrivono in cinque anni i diritti che derivano dai rapporti sociali, se la società (2247 ss.) è iscritta nel registro delle imprese (2188, 2200).

Nello stesso termine si prescrive l'azione di responsabilità che spetta ai creditori sociali verso gli amministratori nei casi stabiliti dalla legge (2394).

2950. Prescrizione del diritto del mediatore. – Si prescrive in un anno il diritto del mediatore al pagamento della provvigione (1755).

2951. Prescrizione in materia di spedizione e di trasporto. – Si prescrivono in un anno i diritti derivanti dal contratto di spedizione (1737 ss.) e dal contratto di trasporto (1678 ss.).

La prescrizione si compie con il decorso di diciotto mesi se il trasporto ha inizio o termine fuori d'Europa.

Il termine decorre dall'arrivo a destinazione della persona o, in caso di sinistro, dal giorno di questo, ovvero dal giorno in cui è avvenuta o sarebbe dovuta avvenire la riconsegna (1687) della cosa al luogo di destinazione.

Si prescrivono parimenti in un anno dalla richiesta del trasporto i diritti verso gli esercenti pubblici servizi di linea indicati dall'art. 1679.

2952. Prescrizione in materia di assicurazione. – Il diritto al pagamento delle rate di premio si prescrive in un anno dalle singole scadenze (1901).

Gli altri diritti derivanti dal contratto di assicurazione e dal contratto di riassicurazione si prescrivono in due anni dal giorno in cui si è verificato il fatto su cui il diritto si fonda, ad esclusione del contratto di assicurazione sulla vita i cui diritti si prescrivono in dieci anni ([1]).

Nell'assicurazione della responsabilità civile (1917), il termine decorre dal giorno in cui il terzo ha richiesto il risarcimento all'assicurato o ha promosso contro di questo l'azione.

La comunicazione all'assicuratore della richiesta del terzo danneggiato o dell'azione da questo proposta sospende il corso della prescrizione (2941) finché il credito del danneggiato non sia divenuto liquido ed esigibile oppure il diritto del terzo danneggiato non sia prescritto (2947).

La disposizione del comma precedente si applica all'azione del riassicurato verso il riassicuratore per il pagamento dell'indennità (1930; 547, 1020 c.n.).

([1]) *Questo comma è stato, da ultimo, così sostituito dall'art. 22, comma 14, del D.L. 18 ottobre 2012, n. 179, convertito, con modificazioni, nella L. 17 dicembre 2012, n. 221.*

2953. Effetti del giudizio sulle prescrizioni brevi. – I diritti per i quali la legge stabilisce una prescrizione più breve di dieci anni, quando riguardo ad essi è intervenuta sentenza di condanna passata in giudicato (324 c.p.c.), si prescrivono con il decorso di dieci anni (2946).

§. 3

Delle prescrizioni presuntive

2954. Prescrizione di sei mesi. – Si prescrive in sei mesi il diritto degli albergatori e degli osti per l'alloggio e il vitto che somministrano (1783 ss., 2760), e si prescrive nello stesso termine il diritto di tutti coloro che danno alloggio con o senza pensione (2957, 2959, 2960).

2955. Prescrizione di un anno. – Si prescrive in un anno (2959, 2960) il diritto:

1) degli insegnanti, per la retribuzione delle lezioni che impartiscono a mesi o a giorni o a ore (2956, n. 4);

2) dei prestatori di lavoro, per le retribuzioni corrisposte a periodi non superiori al mese (2099, 2956, n. 1) ([1]);

3) di coloro che tengono convitto o casa di educazione e d'istruzione, per il prezzo della pensione e dell'istruzione;

4) degli ufficiali giudiziari, per il compenso degli atti compiuti nella loro qualità (59 c.p.c.);

5) dei commercianti (2195, n. 2), per il prezzo delle merci vendute a chi non ne fa commercio;

6) dei farmacisti, per il prezzo dei medicinali (2957).

(¹) La Corte costituzionale, con sentenza n. 63 del 10 giugno 1966, ha dichiarato l'illegittimità costituzionale degli artt. 2948, n. 4), 2955, n. 2) e 2956, n. 1), limitatamente alla parte in cui consentono che la prescrizione del diritto alla retribuzione decorra durante il rapporto di lavoro. Con successive sentenze n. 143 del 20 novembre 1969 e n. 174 del 12 dicembre 1972, la Corte costituzionale ha tuttavia precisato che tale principio non trova applicazione nei rapporti di pubblico impiego e in quelli garantiti dall'art. 1 della L. 15 luglio 1966, n. 604 e dall'art. 18 della L. 20 maggio 1970, n. 300, licenziamento per giusta causa.

2956. Prescrizione di tre anni. – Si prescrive in tre anni (2959, 2960) il diritto:

1) dei prestatori di lavoro, per le retribuzioni corrisposte a periodi superiori al mese (2099, 2955, n. 2) (¹);

2) dei professionisti, per il compenso dell'opera prestata e per il rimborso delle spese correlative (2229 ss.);

3) dei notai, per gli atti del loro ministero;

4) degli insegnanti, per la retribuzione delle lezioni impartite a tempo più lungo di un mese (2955, n. 1).

(¹) La Corte costituzionale, con sentenza n. 63 del 10 giugno 1966, ha dichiarato l'illegittimità costituzionale degli artt. 2948, n. 4, 2955, n. 2 e 2956, n. 1, limitatamente alla parte in cui consentono che la prescrizione del diritto alla retribuzione decorra durante il rapporto di lavoro (3, 4 e 36 Cost.). Con successive sentenze n. 143 del 20 novembre 1969 e n. 174 del 12 dicembre 1972, la Corte costituzionale ha tuttavia precisato che tale principio non trova applicazione nei rapporti di pubblico impiego e in quelli garantiti dall'art. 1 della L. 15 luglio 1966, n. 604 e dall'art. 18 della L. 20 maggio 1970, n. 300, licenziamento per giusta causa.

2957. Decorrenza delle prescrizioni presuntive. – Il termine della prescrizione decorre (2935) dalla scadenza della retribuzione periodica o dal compimento della prestazione (2958).

Per le competenze dovute agli avvocati, ai procuratori e ai patrocinatori legali il termine decorre dalla decisione della lite (324 c.p.c.), dalla conciliazione delle parti o dalla revoca del mandato (85 c.p.c.); per gli affari non terminati, la prescrizione decorre dall'ultima prestazione (633 c.p.c.).

2958. Corso della prescrizione. – La prescrizione decorre anche se vi è stata continuazione di somministrazioni o di prestazioni.

2959. Ammissioni di colui che oppone la prescrizione. – L'eccezione è rigettata, se chi oppone la prescrizione nei casi indicati dagli articoli 2954, 2955 e 2956 ha comunque ammesso in giudizio che l'obbligazione non è stata estinta (2961).

2960. Delazione del giuramento. – Nei casi indicati dagli articoli 2954, 2955 e 2956, colui al quale la prescrizione è stata opposta può deferire all'altra parte il giuramento per accertare se si è verificata l'estinzione del debito (2736; 233 c.p.c.).

Il giuramento può essere deferito al coniuge superstite e agli eredi o ai loro rappresentanti legali per dichiarare se hanno notizia dell'estinzione del debito (2739).

2961. Restituzione di documenti. – I cancellieri, gli arbitri, gli avvocati, i procuratori e i patrocinatori legali sono esonerati dal rendere conto degli incartamenti relativi alle liti dopo tre anni da che queste sono state decise o sono altrimenti terminate (2235).

Tale esonero si verifica, per gli ufficiali giudiziari, dopo due anni dal compimento degli atti ad essi affidati.

Anche alle persone designate in questo articolo può essere deferito il giuramento (2960) perchè dichiarino se ritengono o sanno dove si trovano gli atti o le carte.

Si applica in questo caso il disposto dell'art. 2959.

§. 4
Del computo dei termini

2962. Compimento della prescrizione. – In tutti i casi contemplati dal presente codice e dalle altre leggi, la prescrizione si verifica quando è compiuto l'ultimo giorno del termine (1073^4).

2963. Computo dei termini di prescrizione. – I termini di prescrizione contemplati dal presente codice e dalle altre leggi si computano secondo il calendario comune (1187; 155 c.p.c.).

Non si computa il giorno nel corso del quale cade il momento iniziale del termine e la prescrizione si verifica con lo spirare dell'ultimo istante del giorno finale.

Se il termine scade in giorno festivo, è prorogato di diritto al giorno seguente non festivo.

La prescrizione a mesi si verifica nel mese di scadenza e nel giorno di questo corrispondente al giorno del mese iniziale.

Se nel mese di scadenza manca tale giorno, il termine si compie con l'ultimo giorno dello stesso mese.

Capo II
Della decadenza

2964. Inapplicabilità di regole della prescrizione. – Quando un diritto deve esercitarsi entro un dato termine sotto pena di decadenza (2966), non si applicano le norme relative all'interruzione della prescrizione (2943 ss.). Del pari non si applicano le norme che si riferiscono alla sospensione (2941), salvo che sia disposto altrimenti (245, 489, 802, 2941; 168^2 l. fall.).

2965. Decadenze stabilite contrattualmente. – È nullo (1418) il patto con cui si stabiliscono termini di decadenza che rendono eccessivamente difficile a una delle parti l'esercizio del diritto (1341^2).

2966. Cause che impediscono la decadenza. – La decadenza non è impedita se non dal compimento dell'atto previsto dalla legge o dal contratto (94 l. fall.). Tuttavia, se si tratta di un termine stabilito dal contratto o da una norma di legge relativa a diritti disponibili (2968), la decadenza può essere anche impedita (2967) dal riconoscimento (1309, 1870, 1988, 2720, 2944) del diritto proveniente dalla persona contro la quale si deve far valere il diritto soggetto a decadenza.

2967. Effetto dell'impedimento della decadenza. – Nei casi in cui la decadenza è impedita (2966), il diritto rimane soggetto alle disposizioni che regolano la prescrizione (2934 ss.).

2968. Diritti indisponibili. – Le parti non possono modificare la disciplina legale della decadenza né possono rinunziare alla decadenza medesima, se questa è stabilita dalla legge in materia sottratta alla disponibilità delle parti (1966, 2966).

2969. Rilievo d'ufficio. – La decadenza non può essere rilevata d'ufficio dal giudice, salvo che, trattandosi di materia sottratta alla disponibilità delle parti, il giudice debba rilevare le cause d'improponibilità dell'azione (112 c.p.c.).

DISPOSIZIONI PER L'ATTUAZIONE DEL CODICE CIVILE E DISPOSIZIONI TRANSITORIE

1.

R.D. 30 marzo 1942, n. 318. Disposizioni per l'attuazione del Codice civile e disposizioni transitorie (*Gazzetta Ufficiale* n. 91 del 17 aprile 1942) e avviso di rettifica in *Gazzetta Ufficiale* n. 159 del 12 luglio 1943.

Capo I
Disposizioni di attuazione

Sezione I
Disposizioni relative al libro I

1. ([1]) [L'esercizio delle facoltà attribuite all'autorità governativa nel titolo II del libro I del codice può dal Governo essere delegato in tutto o in parte ai prefetti per gli enti che esercitano la loro attività nell'ambito di una provincia].

([1]) *Questo articolo è stato abrogato dall'art. 11, comma 1, lett.* f), *del D.P.R. 10 febbraio 2000, n. 361.*

2. ([1]) [La domanda per il riconoscimento di una persona giuridica deve essere accompagnata dalla copia autentica dell'atto costitutivo e dello statuto e da quegli altri documenti che possono, secondo le circostanze, servire a dimostrare lo scopo dell'ente e i mezzi patrimoniali per provvedervi.

Il riconoscimento delle fondazioni può essere concesso dall'autorità governativa anche d'ufficio].

([1]) *Questo articolo è stato abrogato dall'art. 11, comma 1, lett.* f), *del D.P.R. 10 febbraio 2000, n. 361.*

3. Il notaio che interviene per la stipulazione di atti tra vivi ovvero per la pubblicazione di testamenti, con i quali si dispongono fondazioni (14, 600 c.c.) o si fanno donazioni o lasciti in favore di enti da istituire (786 c.c.), è obbligato a farne denunzia al prefetto entro trenta giorni.

La denunzia deve contenere gli estremi essenziali dell'atto, il testo letterale concernente la liberalità, la indicazione degli eredi e della loro residenza.

Il prefetto è autorizzato a promuovere, nei modi e nei casi stabiliti dalla legge, gli atti conservativi che reputa necessari per l'esecuzione della disposizione sia nei confronti degli eredi, sia nei confronti dei terzi.

Può anche chiedere al tribunale, in caso di urgenza o di necessità, la nomina di un amministratore provvisorio dei beni. Il tribunale provvede con decreto in camera di consiglio (737 c.p.c.).

4. ([1]) [La domanda per ottenere l'approvazione delle modificazioni dell'atto costitutivo e dello statuto deve essere accompagnata da una copia autentica della deliberazione relativa e dai documenti necessari per dimostrare l'osservanza delle condizioni prescritte dal secondo comma dell'art. 21 del codice.

Gli amministratori della persona giuridica devono chiedere l'approvazione entro trenta giorni dalla deliberazione].

([1]) *Questo articolo è stato abrogato dall'art. 11, comma 1, lett.* f), *del D.P.R. 10 febbraio 2000, n. 361.*

5. La domanda per ottenere l'autorizzazione prevista nell'art. 17 del codice deve essere presentata al prefetto della provincia in cui la persona giuridica ha la sua sede (46 c.c.) e accompagnata dai documenti necessari per dimostrare l'entità, le condizioni, l'opportunità dell'acquisto, nonché la destinazione dei beni.

Il prefetto raccoglie le opportune informazioni, sente, quando trattasi di atti di ultima volontà, coloro ai quali per successione sarebbero devoluti i beni lasciati alla persona giuridica, e, ove non sia delegato a concedere la chiesta autorizzazione, trasmette la domanda al ministero competente secondo l'attività che la persona giuridica svolge. In tal caso l'autorizzazione è data con decreto presidenziale.

Durante il procedimento i rappresentanti della persona giuridica possono compiere gli atti che tendono a conservarne i diritti.

6. L'acquisto di beni immobili in seguito a subastazione effettuata a carico di un debitore della persona giuridica non è soggetto alla necessità dell'autorizzazione (17 c.c.). Tuttavia entro trenta giorni dall'acquisto i rappresentanti della persona giuridica devono darne comunicazione al prefetto (586, 590 c.p.c.).

7. Il notaio che interviene per la stipulazione di atti tra vivi ovvero per la pubblicazione di testamenti (620, 621 c.c.), nei quali si dispongono donazioni o lasciti in favore di una persona giuridica, deve darne notizia entro trenta giorni al rappresentante della persona giuridica e al prefetto della provincia in cui questa ha la sua sede.

8. La convocazione dell'assemblea delle associazioni (20 c.c.) deve farsi nelle forme stabilite dallo statuto e, se questo non dispone, mediante avviso personale che deve contenere l'ordine del giorno degli argomenti da trattare.

Se non è vietato dall'atto costitutivo o dallo statuto, gli associati possono farsi rappresentare nell'assemblea da altri associati mediante delega scritta anche in calce all'avviso di convocazione (2372 c.c.).

9. Nell'ipotesi prevista dal quarto comma dell'art. 23 del codice il provvedimento di sospensione deve essere comunicato agli amministratori, i quali possono entro quindici giorni proporre reclamo.

In tal caso l'autorità governativa, se non ritiene di revocare il provvedimento, ne dà comunicazione al pubblico ministero, il quale promuove l'azione di annullamento della deliberazione.

10. (¹) [Il provvedimento con il quale l'autorità governativa dichiara l'estinzione o dispone la trasformazione della persona giuridica è comunicato agli amministratori e al presidente del tribunale, il quale ne ordina l'iscrizione nel registro delle persone giuridiche].

(¹) *Questo articolo è stato abrogato dall'art. 11, comma 1, lett.* f), *del D.P.R. 10 febbraio 2000, n. 361.*

11. Quando la persona giuridica è dichiarata estinta (27 c.c.) o quando l'associazione è sciolta (21^3 c.c.), il presidente del tribunale, su istanza degli amministratori, dei soci, dei creditori, del pubblico ministero o anche di ufficio, nomina uno o più commissari liquidatori (30 c.c.), salvo che l'atto costitutivo o lo statuto non preveda una diversa forma di nomina e a questa si proceda entro un mese dal provvedimento. La preventiva designazione dei liquidatori nell'atto costitutivo o nello statuto non ha effetto.

Quando lo scioglimento dell'associazione è deliberato dall'assemblea, la nomina può essere fatta dall'assemblea medesima con la maggioranza prevista dall'art. 21 del codice.

Possono essere nominati liquidatori anche gli amministratori uscenti.

In ogni caso la nomina fatta dall'assemblea o nelle forme previste nell'atto costitutivo o nello statuto deve essere comunicata immediatamente al presidente del tribunale.

12. I liquidatori esercitano la loro funzione sotto la diretta sorveglianza del presidente del tribunale (15) e si considerano ad ogni effetto di legge pubblici ufficiali (375 c.p.). Essi possono essere revocati e sostituiti in ogni tempo anche di ufficio dallo stesso presidente con provvedimento non soggetto a reclamo.

I liquidatori deliberano a maggioranza.

13. I liquidatori, entro quindici giorni dalla comunicazione avutane, devono procedere all'annotazione della loro nomina nel registro dove la persona giuridica è iscritta, e richiedere agli amministratori la consegna dei beni e delle scritture della persona giuridica. All'atto della consegna è redatto inventario, di cui è trasmessa copia al presidente del tribunale (35 c.c.).

Se gli amministratori si rifiutano di procedere alla consegna, il presidente del tribunale autorizza il rilascio coattivo con decreto non soggetto a reclamo. In questo caso l'inventario è redatto dall'ufficiale giudiziario procedente.

14. Entro trenta giorni dalla formazione dell'inventario i liquidatori, dopo avere determinato la consistenza dell'attivo e del passivo dell'ente, se riconoscono che il patrimonio non è sufficiente al pagamento integrale delle passività, devono iniziare la liquidazione generale dei beni nell'interesse di tutti i creditori (16), dandone avviso mediante annotazione nel registro delle persone giuridiche.

Il medesimo avviso deve essere dato nel caso in cui i liquidatori non ritengono di dover procedere alla liquidazione generale, essendovi eccedenza dell'attivo sul passivo.

In quest'ultimo caso i creditori dell'ente possono fare opposizione entro trenta giorni dall'annotazione chiedendo la liquidazione generale del patrimonio.

Le opposizioni si propongono davanti al presidente del tribunale. Contro il provvedimento di questo è ammesso reclamo davanti al presidente della corte nel termine di quindici giorni. Il provvedimento definitivo è annotato nel registro a cura dei liquidatori (35 c.c.).

15. Quando non sono intervenute opposizioni ai sensi dell'articolo precedente o queste sono state rigettate con provvedimento definitivo, i liquidatori provvedono a riscuotere i crediti dell'ente, a convertire in danaro, nei limiti in cui è necessario, i beni e a pagare i creditori a misura che si presentano.

I liquidatori possono provvedere al pagamento anche dei creditori il cui credito non è attualmente esigibile, e devono provvedere alle cautele necessarie per assicurare il pagamento dei creditori condizionali.

Soddisfatti i creditori, i liquidatori formano l'inventario dei beni residuati e rendono conto della gestione al presidente del tribunale.

Copia dell'inventario e del rendiconto approvato dal presidente del tribunale deve essere trasmessa all'autorità governativa.

I liquidatori distribuiscono i beni residuati a norma dell'art. 31 del codice, provocando, quando è necessario, le disposizioni dell'autorità governativa (32 c.c.).

16. Quando è disposta la liquidazione generale del patrimonio dell'ente si osservano, in quanto applicabili, le disposizioni degli articoli 201, 207, 208, 209, 210, 212 e 213 del R.D. 16 marzo 1942, n. 267 ([1]), salve le disposizioni seguenti.

([1]) *A norma dell'art. 371, comma 1, del D.L.vo 12 gennaio 2019, n. 14, le parole: «201, 207, 208, 209, 210, 212 e 213 del R.D. 16 marzo 1942, n. 267» sono state così sostituite dalle seguenti: «304, 308, 309, 310, 311, 312 e 313 del codice della crisi e dell'insolvenza».*

A norma del comma 2, del predetto decreto n. 14/2019, tale disposizione si applica alle liquidazioni generali del patrimonio disposte per effetto di domande depositate o iniziative comunque esercitate successivamente all'entrata in vigore del presente decreto.

A norma dell'art. 389, comma 1, del medesimo provvedimento, tali disposizioni entreranno in vigore decorsi diciotto mesi dalla data di pubblicazione in Gazzetta Ufficiale *del suddetto decreto (Suppl. ord. alla* G.U. *n. 38 del 14 febbraio 2019).*

17. I termini, che secondo le disposizioni richiamate nell'articolo precedente decorrono dalla data del provvedimento di liquidazione o di nomina dei liquidatori o dalla sua pubblicazione nella *Gazzetta Ufficiale*, decorrono dalla data in cui è stato annotato nel registro il provvedimento che dispone la liquidazione generale della persona giuridica ai sensi del precedente art. 14.

18. La pubblicità del provvedimento che ordina la liquidazione (11) e del bilancio finale di liquidazione si attua mediante annotazione nel registro delle persone giuridiche (22) a cura dei liquidatori. Nei casi in cui le norme richiamate nell'art. 16 richiedono il deposito di atti nella cancelleria del tribunale, il deposito si deve effettuare presso la cancelleria in cui è tenuto il registro delle persone giuridiche (35 c.c.).

19. Le attribuzioni, che secondo le norme sulla liquidazione coatta amministrativa sono demandate all'autorità che ha nominato il liquidatore, spettano al presidente del tribunale.

20. Chiusa la liquidazione, il presidente del tribunale ordina la cancellazione dell'ente dal registro delle persone giuridiche.

[Il provvedimento di cancellazione è annotato d'ufficio nel registro a cura della cancelleria del tribunale] ([1]).

([1]) *Questo comma è stato abrogato dall'art. 11, comma 1, lett. f), del D.P.R. 10 febbraio 2000, n. 361.*

21. La competenza per i provvedimenti relativi alla liquidazione spetta al tribunale del capoluogo della provincia in cui è registrata la persona giuridica.

22. ([1]) [Il registro delle persone giuridiche è istituito presso la cancelleria del tribunale di ogni capoluogo di provincia ed è tenuto sotto la diretta sorveglianza del presidente del tribunale].

([1]) *Questo articolo è stato abrogato dall'art. 11, comma 1, lett.* f), *del D.P.R. 10 febbraio 2000, n. 361.*

23. ([1]) [Il registro consta di due parti, l'una generale e l'altra analitica.

Nella prima parte del registro sono iscritte le persone giuridiche con la sola indicazione della loro denominazione.

L'iscrizione è contrassegnata da un numero d'ordine, ed è accompagnata dall'indicazione della data, del nome del richiedente, delle pagine riservate nella parte analitica alla stessa persona giuridica e del volume in cui sono contenuti lo statuto e l'atto costitutivo. Alla fine della parte generale il registro è munito di una rubrica alfabetica contenente il nome della persona giuridica, il numero della pagina in cui la stessa è scritta e il riferimento alla parte analitica del registro.

Nella seconda parte del registro, distintamente per ogni persona giuridica, sono iscritti tutti gli elementi e i fatti indicati nel secondo comma dell'art. 33 e nel primo dell'art. 34 del codice.

Ogni iscrizione è contrassegnata da un numero d'ordine e deve contenere l'indicazione della data, del nome del richiedente, del volume in cui sono raccolti l'atto costitutivo e lo statuto e di quello dove sono raccolte le copie delle deliberazioni e dei provvedimenti iscritti nel registro.

Ad ogni persona giuridica è riservata nella seconda parte del registro un intero foglio costituito da due pagine contrapposte. Le iscrizioni successive si fanno nello stesso foglio. Quando il foglio riservato per una persona giuridica è esaurito, le iscrizioni sono fatte in un foglio successivo. La continuazione deve risultare chiaramente dalla pagina esaurita].

([1]) *Questo articolo è stato abrogato dall'art. 11, comma 1, lett.* f), *del D.P.R. 10 febbraio 2000, n. 361.*

24. ([1]) [Le iscrizioni si eseguono nel registro tenuto nel capoluogo della provincia, nella quale è la sede della persona giuridica.

Al richiedente deve essere rilasciata ricevuta in carta libera della richiesta d'iscrizione].

([1]) *Questo articolo è stato abrogato dall'art. 11, comma 1, lett.* f), *del D.P.R. 10 febbraio 2000, n. 361.*

25. ([1]) [Per ottenere l'iscrizione della persona giuridica, il richiedente deve presentare copia autentica in carta libera del decreto di riconoscimento, dell'atto costitutivo e dello statuto.

Quando il riconoscimento è avvenuto per decreto del Presidente della Repubblica, è sufficiente l'esibizione del numero della *Gazzetta Ufficiale* nel quale il decreto è stato pubblicato.

L'atto costitutivo e lo statuto rimangono depositati nella cancelleria e sono ordinati in volumi muniti di rubrica alfabetica].

([1]) *Questo articolo è stato abrogato dall'art. 11, comma 1, lett.* f), *del D.P.R. 10 febbraio 2000, n. 361.*

26. ([1]) [Per ottenere l'iscrizione dei fatti indicati nell'art. 34 del codice, il richiedente deve presentare copia autentica in carta libera della deliberazione o del provvedimento da iscrivere.

Tali copie restano depositate in cancelleria e sono ordinate in volumi muniti di rubrica alfabetica].

([1]) *Questo articolo è stato abrogato dall'art. 11, comma 1, lett.* f), *del D.P.R. 10 febbraio 2000, n. 361.*

27. ([1]) [L'obbligo di richiedere le iscrizioni nel registro delle persone giuridiche deve essere adempiuto dagli amministratori e dai liquidatori nel termine di giorni quindici.

Per le iscrizioni previste nell'art. 33 del codice, il termine decorre dalla data di pubblicazione del decreto presidenziale di riconoscimento nella *Gazzetta Ufficiale* e, se il riconoscimento è concesso con decreto del prefetto, dalla data di comunicazione del provvedimento prefettizio.

Per gli amministratori, che al momento della pubblicazione o della comunicazione del decreto di riconoscimento non erano in carica, il termine decorre dal momento in cui essi hanno accettato la nomina.

Per le iscrizioni previste nell'art. 34 del codice, il termine decorre, se trattasi di provvedimenti dell'autorità, dalla data della loro comunicazione, se di deliberazioni dell'ente o dei suoi organi dalla data delle medesime. Quando la deliberazione è soggetta ad approvazione dell'autorità governativa a norma dell'art. 16 del codice, il termine decorre dalla data in cui l'approvazione è comunicata].

([1]) *Questo articolo è stato abrogato dall'art. 11, comma 1, lett.* f), *del D.P.R. 10 febbraio 2000, n. 361.*

28. ([1]) [La registrazione della persona giuridica prevista nell'art. 33 del codice può essere richiesta da coloro che hanno fatto istanza per il riconoscimento.

La registrazione di ufficio prevista nel terzo comma dell'art. 33 del codice può essere disposta dal pubblico ministero presso il tribunale dove è tenuto il registro].

(1) *Questo articolo è stato abrogato dall'art. 11, comma 1, lett.* f), *del D.P.R. 10 febbraio 2000, n. 361.*

29. (1) [Il registro e i documenti relativi possono essere esaminati da chiunque ne fa richiesta.

La cancelleria deve rilasciare gli estratti e i certificati che sono richiesti].

(1) *Questo articolo è stato abrogato dall'art. 11, comma 1, lett.* f), *del D.P.R. 10 febbraio 2000, n. 361.*

30. (1) [Il registro, prima di essere posto in uso, deve essere numerato e vidimato in ciascun foglio dal presidente del tribunale o da un giudice del tribunale delegato dal presidente con decreto da iscriversi nella prima pagina del registro.

Nell'ultima pagina del registro il presidente o il giudice delegato indica il numero dei fogli di cui è composto il registro].

(1) *Questo articolo è stato abrogato dall'art. 11, comma 1, lett.* f), *del D.P.R. 10 febbraio 2000, n. 361.*

31. Il trasferimento della residenza (43 c.c.) si prova con la doppia dichiarazione fatta al comune che si abbandona e a quello dove s'intende fissare la dimora abituale. Nella dichiarazione fatta al comune che si abbandona deve risultare il luogo in cui è fissata la nuova residenza (44 c.c.).

32. Il pubblico ministero deve essere sempre sentito nei procedimenti di volontaria giurisdizione riguardanti il fondo patrimoniale.

33. Nel caso previsto dall'art. 183 del codice, il tribunale, in camera di consiglio, provvede con decreto, su istanza dell'altro coniuge, e sentito il pubblico ministero.

34. (1) [Sulla domanda del figlio naturale per ottenere il mantenimento, l'istruzione e l'educazione di cui all'art. 279, primo comma, del codice provvede il tribunale per i minorenni].

(1) *Questo articolo è stato abrogato dall'art. 106, comma 1, lett.* b), *del D.L.vo 28 dicembre 2013, n. 154, a decorrere dal trentesimo giorno successivo a quello della sua pubblicazione nella* Gazzetta Ufficiale *(G.U. n. 5 dell'8 gennaio 2014).*

34 *bis*. Il notaio rogante deve, nel termine di trenta giorni dalla data del matrimonio o dalla data dell'atto pubblico di modifica delle convenzioni, ovvero di quella dell'omologazione del caso previsto dal secondo comma dell'art. 163 del codice, richiedere l'annotazione a margine dell'atto di matrimonio della convenzione matrimoniale dell'atto di modifica della stessa.

Nello stesso termine deve richiedere l'annotazione di cui all'ultimo comma dell'art. 163 del codice.

35. ([1]) Sulla domanda di adozione e di revoca della adozione di minore di età provvede il tribunale per i minorenni.

([1]) *Questo articolo è stato da ultimo così sostituito dall'art. 96, comma 1, lett.* a), *del D.L.vo 28 dicembre 2013, n. 154, a decorrere dal trentesimo giorno successivo a quello della sua pubblicazione nella* Gazzetta Ufficiale (G.U. *n. 5 dell'8 gennaio 2014*).

36. La rinunzia alla cittadinanza di cui all'art. 143 *ter* del codice deve essere fatta dinanzi all'ufficiale di stato civile del luogo dove la rinunziante risiede, ed è trascritta nei registri di cittadinanza.

Qualora la rinunziante risieda all'estero, la rinunzia deve essere fatta dinanzi all'agente diplomatico o consolare del luogo di residenza. L'agente la trascrive in apposito registro e ne rimette immediatamente copia al Ministero dell'interno che ne cura, a mezzo dell'autorità competente, la trascrizione nei registri di cittadinanza.

37. L'iscrizione nel registro previsto nell'art. 314 del codice si esegue senza spese.

L'iscrizione della sentenza che revoca la adozione deve essere altresì annotata in margine all'iscrizione del decreto di adozione.

37 *bis*. ([1]) I figli maggiorenni portatori di *handicap* grave previsti dall'articolo 337 *septies*, secondo comma, del codice civile, sono coloro i quali siano portatori di *handicap* ai sensi dell'articolo 3, comma 3, della legge 5 febbraio 1992, n. 104.

([1]) *Questo articolo è stato inserito dall'art. 96, comma 1, lett.* b), *del D.L.vo 28 dicembre 2013, n. 154, a decorrere dal trentesimo giorno successivo a quello della sua pubblicazione nella* Gazzetta Ufficiale (G.U. *n. 5 dell'8 gennaio 2014*).

38. ([1]) ([2]) Sono di competenza del tribunale per i minorenni i provvedimenti contemplati dagli articoli 84, 90, 330, 332, 333, 334, 335 e 371, ultimo comma, del codice civile. Per i procedimenti di cui all'articolo 333 resta esclusa la competenza del tribunale per i minorenni nell'ipotesi in cui sia in corso, tra le stesse parti, giudizio di separazione o divorzio o giudizio ai sensi dell'articolo 316 del codice civile; in tale ipotesi per tutta la durata del processo la competenza, anche per i provvedimenti contemplati dalle disposizioni richiamate nel primo periodo, spetta al giudice ordinario. Sono, altresì, di competenza del tribunale per i minorenni i provvedimenti contemplati dagli articoli 251 e 317 *bis* del codice civile ([3]).

Sono emessi dal tribunale ordinario i provvedimenti relativi ai minori per i quali non è espressamente stabilita la competenza di una diversa autorità giudiziaria. Nei procedimenti in materia di affidamento e di mantenimento dei minori si applicano, in quanto compatibili, gli articoli 737 e seguenti del codice di procedura civile.

Fermo restando quanto previsto per le azioni di stato, il tribunale competente provvede in ogni caso in camera di consiglio, sentito il pubblico ministero, e i provvedimenti emessi sono immediatamente esecutivi, salvo che il giudice disponga diversamente. Quando il provvedimento è emesso dal tribunale per i minorenni, il reclamo si propone davanti alla sezione di corte di appello per i minorenni.

([1]) *Questo articolo è stato da ultimo, così sostituito, dall'art. 3, comma 1, della L. 10 dicembre 2012, n. 219. Si veda altresì l'art. 3, comma 2, della medesima legge di cui si riporta il testo: «Il giudice, a garanzia dei provvedimenti patrimoniali in materia di alimenti e mantenimento della prole, può imporre al genitore obbligato di prestare idonea garanzia personale o reale, se esiste il pericolo che possa sottrarsi all'adempimento degli obblighi suddetti. Per assicurare che siano conservate o soddisfatte le ragioni del creditore in ordine all'adempimento degli obblighi di cui al periodo precedente, il giudice può disporre il sequestro dei beni dell'obbligato secondo quanto previsto dall'articolo 8, settimo comma, della legge 1° dicembre 1970, n. 898. Il giudice può ordinare ai terzi, tenuti a corrispondere anche periodicamente somme di denaro all'obbligato, di versare le somme dovute direttamente agli aventi diritto, secondo quanto previsto dall'articolo 8, secondo comma e seguenti, della legge 1° dicembre 1970, n. 898. I provvedimenti definitivi costituiscono titolo per l'iscrizione dell'ipoteca giudiziale ai sensi dell'articolo 2818 del codice civile.».*

A norma dell'art. 4, comma 1, della citata L. n. 219/2012 tali disposizioni si applicano ai giudizi instaurati a decorrere dalla data di entrata in vigore della predetta legge (1° gennaio 2013).

L'art. 4, comma 2 della medesima legge stabilisce altresì che ai processi relativi all'affidamento e al mantenimento dei figli di genitori non coniugati pendenti davanti al tribunale per i minorenni alla data di entrata in vigore della predetta legge (1° gennaio 2013) si applicano, in quanto compatibili, gli articoli 737 e seguenti del codice di procedura civile e il comma 2 dell'articolo 3 della predetta legge.

([2]) *Questo articolo è stato da ultimo, così sostituito, dall'art. 3, comma 1, della L. 10 dicembre 2012, n. 219.*

([3]) *Questo periodo è stato aggiunto dall'art. 96, comma 1, lett.* c)*, del D.L.vo 28 dicembre 2013, n. 154, a decorrere dal trentesimo giorno successivo a quello della sua pubblicazione nella* Gazzetta Ufficiale *(G.U. n. 5 dell'8 gennaio 2014).*

38 *bis*. ([1]) Quando la salvaguardia del minore è assicurata con idonei mezzi tecnici, quali l'uso di un vetro specchio unitamente ad impianto citofonico, i difensori delle parti, il curatore speciale del minore, se già nominato, ed il pubblico ministero possono seguire l'ascolto del minore, in luogo diverso da quello in cui egli si trova, senza chiedere l'autorizzazione del giudice prevista dall'articolo 336 *bis*, secondo comma, del codice civile.

([1]) *Questo articolo è stato inserito dall'art. 96, comma 1, lett.* d), *del D.L.vo 28 dicembre 2013, n. 154, a decorrere dal trentesimo giorno successivo a quello della sua pubblicazione nella* Gazzetta Ufficiale (G.U. *n. 5 dell'8 gennaio 2014*).

39. ([1]) [L'omologazione prevista negli articoli 406 e 412 del codice è di competenza del tribunale per i minorenni].

([1]) *Questo articolo è stato abrogato dall'art. 11 della L. 9 gennaio 2004, n. 6, a decorrere dal sessantesimo giorno dalla pubblicazione sulla* Gazzetta Ufficiale, *avvenuta il 19 gennaio 2004.*

40. La domanda per l'interdizione del minore emancipato (414 c.c.) e quella per l'interdizione o l'inabilitazione del minore nell'ultimo anno della minore età (416 c.c.) devono essere proposte davanti al tribunale per i minorenni.

41. I provvedimenti previsti nell'articolo 145 del codice sono di competenza del tribunale del circondario del luogo in cui è stabilita la residenza familiare o, se questa manchi, del tribunale del luogo del domicilio di uno dei coniugi. Il tribunale provvede in composizione monocratica.

42. I provvedimenti indicati nell'art. 423 del codice e le sentenze di revoca previste nell'art. 429 del codice stesso devono essere trasmessi in copia in carta libera, entro dieci giorni dalla pubblicazione, al giudice tutelare a cura del cancelliere dell'autorità giudiziaria che li ha pronunziati.

43. I provvedimenti del giudice tutelare (344 c.c.) sono emessi con decreto (135 c.p.c.).

Nei casi urgenti la richiesta di un provvedimento può essere fatta al giudice anche verbalmente.

44. ([1]) Il giudice tutelare può convocare in qualunque momento il tutore, il protutore, il curatore e l'amministratore di sostegno allo scopo di chiedere informazioni, chiarimenti e notizie sulla gestione della tutela, della curatela o dell'amministrazione di sostegno, e di dare istruzioni inerenti agli interessi morali e patrimoniali del minore o del beneficiario.

([1]) *Questo articolo è stato così sostituito dall'art. 12 della L. 9 gennaio 2004, n. 6, a decorrere dal sessantesimo giorno dalla pubblicazione sulla* Gazzetta Ufficiale, *avvenuta il 19 gennaio 2004.*

45. La competenza a decidere dei reclami (739^2, 740 c.p.c.) avverso i decreti del giudice tutelare spetta al tribunale ordinario quando si tratta dei provvedimenti indicati negli articoli 320, 321, 372, 373, 374, 376, secondo comma, 386, 394 e 395 del codice.

La competenza spetta al tribunale per i minorenni in tutti gli altri casi.

Nell'ipotesi prevista nell'art. 386, ultimo comma, del codice l'autorità giudiziaria competente provvede in sede contenziosa.

46. Tutti gli atti della procedura della tutela (343 c.c.), compresi l'inventario, i conti annuali (380 c.c.) e il conto finale (385 c.c.), sono esenti da tasse di bollo e di registro.

Sono del pari esenti da tasse di bollo e di registro gli atti previsti nel titolo XI del libro I del codice (400 ss. c.c.).

46 *bis.* ([1]) Gli atti e i provvedimenti relativi ai procedimenti previsti dal titolo XII del libro primo del codice non sono soggetti all'obbligo di registrazione e sono esenti dal contributo unificato previsto dall'articolo 9 del testo unico delle disposizioni legislative e regolamentari in materia di spese di giustizia, di cui al decreto del Presidente della Repubblica 30 maggio 2002, n. 115.

([1]) *Questo articolo è stato inserito dall'art. 13, comma 1, della L. 9 gennaio 2004, n. 6, a decorrere dal sessantesimo giorno dalla pubblicazione sulla* Gazzetta Ufficiale, *avvenuta il 19 gennaio 2004.*

47. ([1]) ([2]) Presso l'ufficio del giudice tutelare sono tenuti un registro delle tutele dei minori e degli interdetti, un registro delle curatele dei minori emancipati e degli inabilitati ed un registro delle amministrazioni di sostegno.

([1]) *Questo articolo è stato così sostituito dall'art. 14 della L. 9 gennaio 2004, n. 6, a decorrere dal sessantesimo giorno dalla pubblicazione sulla* Gazzetta Ufficiale, *avvenuta il 19 gennaio 2004.*

([2]) *Si veda il D.M. 12 marzo 2004, in* Gazzetta Ufficiale *Serie gen. - n. 65 del 18 marzo 2004.*

48. Nel registro delle tutele, in un capitolo speciale per ciascuna di esse, si devono annotare a cura del cancelliere (389^1 c.c.):

il giorno in cui si è aperta la tutela;

la data e gli estremi essenziali della sentenza che ha pronunziato l'interdizione se trattasi di interdetti;

il nome, il cognome, la condizione e il domicilio del tutore e del protutore, la data della nomina e della prestazione del giuramento da parte del tutore;

le risultanze dell'inventario e del conto annuale;

l'esonero e la rimozione del tutore o del protutore e in generale tutti i provvedimenti che portano modificazioni allo stato personale e patrimoniale della persona sottoposta a tutela;

la chiusura della tutela e la menzione del provvedimento che ne ha provocato la chiusura;

le risultanze del rendiconto definitivo (51).

49. Nel registro delle curatele (47), in un capitolo speciale per ciascuna di esse, si devono annotare a cura del cancelliere:

la data e gli estremi essenziali del provvedimento che concede l'emancipazione o della sentenza che pronunzia l'inabilitazione;

il nome, il cognome, la condizione, l'età e il domicilio della persona emancipata o inabilitata;

il nome, il cognome, la condizione e il domicilio del curatore nominato all'emancipato o all'inabilitato;

la data del provvedimento o della sentenza che revoca l'inabilitazione.

49 *bis*. ([1]) Nel registro delle amministrazioni di sostegno, in un capitolo speciale per ciascuna di esse, si devono annotare a cura del cancelliere:

1) la data e gli estremi essenziali del provvedimento che dispone l'amministrazione di sostegno, e di ogni altro provvedimento assunto dal giudice nel corso della stessa, compresi quelli emanati in via d'urgenza ai sensi dell'articolo 405 del codice;

2) le complete generalità della persona beneficiaria;

3) le complete generalità dell'amministratore di sostegno o del legale rappresentante del soggetto che svolge la relativa funzione, quando non si tratta di persona fisica;

4) la data e gli estremi essenziali del provvedimento che dispone la revoca o la chiusura dell'amministrazione di sostegno.

([1]) *Questo articolo è stato inserito dall'art. 15 della L. 9 gennaio 2004, n. 6, a decorrere dal sessantesimo giorno dalla pubblicazione sulla* Gazzetta Ufficiale, *avvenuta il 19 gennaio 2004.*

50. Il cancelliere è responsabile della tenuta dei registri (47), che sono da lui numerati e vidimati prima di essere posti in uso.

51. Nel registro delle tutele devono essere annotati, in capitoli speciali per ciascun minore, i provvedimenti emanati dal tribunale per i minorenni ai sensi degli articoli 252, 262, 279, 316, 317 *bis*, 330, 332, 333, 334 e 335 del codice.

A tal fine la cancelleria del tribunale che ha emesso il provvedimento deve trasmetterne copia in carta libera entro dieci giorni all'ufficio del giudice tutelare del luogo in cui il minore ha il domicilio per la prescritta annotazione.

Sezione II
Disposizioni
relative al libro II

51 *bis*. I provvedimenti previsti negli articoli 485, primo comma, 508, primo comma, 509, primo comma, 517, secondo comma, 528, primo comma, 529, 530, primo comma, 620, secondo e sesto comma, 621, primo comma, 730, primo comma, e 736, secondo comma, del codice sono adottati dal tribunale in composizione monocratica.

52. Presso la cancelleria di ogni tribunale è tenuto, a cura del cancelliere, il registro delle successioni.

In questo registro sono inseriti gli estremi degli atti e delle dichiarazioni indicati dalla legge (484, 507, 508, 509, 519, 528, 702 c.c.). L'inserzione è fatta d'ufficio dal cancelliere, se si tratta di dichiarazioni da lui ricevute o di provvedimenti del tribunale; su istanza della parte o dietro produzione di copia autentica dell'atto, negli altri casi.

Il registro è diviso in tre parti. Nella prima sono registrati le dichiarazioni di accettazione dell'eredità con beneficio d'inventario (484 c.c.) e tutti gli atti e le indicazioni relativi al beneficio d'inventario e all'amministrazione e liquidazione delle eredità beneficiate, comprese le nomine del curatore previste dagli articoli 508 e 509 (507 c.c.) del codice e la menzione della pubblicazione dell'invito ai creditori per la presentazione delle dichiarazioni di credito (498 c.c.). Nella seconda sono registrate le dichiarazioni di rinunzia all'eredità (519 ss. c.c.). Nella terza sono registrati i provvedimenti di nomina dei curatori delle eredità giacenti (528 c.c.), nonché gli atti relativi alla curatela e le dichiarazioni di accettazione o di rinunzia degli esecutori testamentari (702 c.c.).

Il registro deve essere alla fine munito di una rubrica alfabetica contenente l'indicazione del nome delle persone la cui successione si è aperta e il riferimento alla pagina nella quale sono contenute le diverse indicazioni.

53. Il registro, prima di essere posto in uso, deve essere numerato e vidimato in ciascun foglio dal cancelliere. Nell'ultima pagina il cancelliere indica il numero dei fogli di cui esso è composto.

Il registro può essere esaminato da chiunque ne faccia domanda e la cancelleria deve rilasciare gli estratti e i certificati che sono richiesti.

54. I creditori e i legatari non separatisti, se hanno proposto domanda giudiziale allo scopo di far valere sugli immobili separati il diritto loro attribuito dal secondo comma dell'art. 514 del codice, possono fare annotare tale domanda in margine all'iscrizione in separazione.

Eseguita l'annotazione della domanda di concorso, il vincolo della separazione non può cessare se non col consenso di coloro che hanno eseguito l'annotazione, salvo che la loro pretesa sia stata giudizialmente esclusa.

55. Le copie dei verbali e dei testamenti, che sono trasmesse alla cancelleria del tribunale secondo l'art. 622 del codice, devono, a cura del cancelliere, essere raccolte in appositi volumi e annotate in una rubrica alfabetica generale. Le copie possono essere esaminate da chiunque ne faccia richiesta.

Sezione III
Disposizioni relative al libro III

56. Il provvedimento dell'autorità amministrativa con il quale si dispone che si proceda all'espropriazione a norma dell'art. 838 del codice è dato con decreto motivato del ministro competente. Il decreto deve contenere la designazione precisa del bene soggetto a espropriazione e deve essere notificato all'interessato, il quale può impugnarlo con ricorso al consiglio di Stato.

Si osservano nell'espropriazione, in quanto applicabili, le norme della legge generale sull'espropriazione per pubblica utilità.

57. Le azioni previste dagli articoli 848 e 849 del codice sono di competenza del tribunale, qualunque sia il valore della causa.

Nel caso regolato dall'art. 849 il giudice fissa con ordinanza l'udienza per la comparizione del rappresentante dell'associazione professionale, il quale può delegare altra persona. Si osservano nel resto, in quanto applicabili, le disposizioni dettate dal codice di procedura civile per i consulenti tecnici (61 ss. c.p.c.).

57 *bis*. L'autorizzazione prevista nell'articolo 915, primo comma, del codice è data dal tribunale in composizione monocratica.

58. Le modalità e gli effetti dell'affrancazione del fondo enfiteutico (971 c.c.) sono regolati dalle disposizioni della L. 11 giugno 1925, n. 998 e del R.D. 7 febbraio 1926, n. 426.

Il prezzo di affrancazione può essere corrisposto anche in titoli del debito pubblico consolidato di qualsiasi specie, osservate, per la determinazione del loro valore, le disposizioni dell'art. 9 della legge anzidetta.

Le disposizioni del primo comma del precedente articolo si applicano anche alla riduzione in misura fissa dei canoni enfiteutici, dei censi e di altre prestazioni perpetue consistenti in una quota di prodotti naturali.

59. La domanda per la nomina dell'amministratore o per la designazione dell'istituto di credito nei casi previsti dall'art. 1003 del codice, se non è proposta in corso di giudizio, si propone con ricorso al presidente del tribunale: nel caso di nomina dell'amministratore, al presidente del tribunale del luogo in cui si trovano gli immobili o si trova la parte più rilevante di essi.

Il presidente del tribunale provvede con decreto, sentita l'altra parte.

Contro tale provvedimento si può proporre reclamo al presidente della corte d'appello nel termine di dieci giorni dalla notificazione.

60. Gli uffici tecnici che devono essere sentiti a norma del terzo comma dell'art. 1092 del codice sono l'ufficio locale del genio civile e il locale ispettorato dell'agricoltura.

61. Qualora un edificio o un gruppo di edifici appartenenti per piani o porzioni di piano a proprietari diversi si possa dividere in parti che abbiano le caratteristiche di edifici autonomi, il condominio può essere sciolto e i comproprietari di ciascuna parte possono costituirsi in condominio separato.

Lo scioglimento è deliberato dall'assemblea con la maggioranza prescritta dal secondo comma dell'art. 1136 del codice, o è disposto dall'autorità giudiziaria su domanda di almeno un terzo dei comproprietari di quella parte dell'edificio della quale si chiede la separazione.

62. La disposizione del primo comma dell'articolo precedente si applica anche se restano in comune con gli originari partecipanti alcune delle cose indicate dall'art. 1117 del codice.

Qualora la divisione non possa attuarsi senza modificare lo stato delle cose e occorrano opere per la sistemazione diversa dei locali o delle dipendenze tra i condomini, lo scioglimento del condominio deve essere deliberato dall'assemblea con la maggioranza prescritta dal quinto comma dell'art. 1136 del codice stesso.

63. ([1]) Per la riscossione dei contributi in base allo stato di ripartizione approvato dall'assemblea (1123 c.c.), l'amministratore, senza bisogno di autorizzazione di questa, può ottenere un decreto di ingiunzione immediatamente esecutivo, nonostante opposizione (642 c.p.c.), ed è tenuto a comunicare ai creditori non ancora soddisfatti che lo interpellino i dati dei condomini morosi.

I creditori non possono agire nei confronti degli obbligati in regola con i pagamenti, se non dopo l'escussione degli altri condomini.

In caso di mora (1219 c.c.) nel pagamento dei contributi che si sia protratta per un semestre, l'amministratore può sospendere il condomino moroso dalla fruizione dei servizi comuni suscettibili di godimento separato (72).

Chi subentra nei diritti di un condomino è obbligato solidalmente (1292 c.c.) con questo al pagamento dei contributi relativi all'anno in corso e a quello precedente.

Chi cede diritti su unità immobiliari resta obbligato solidalmente con l'avente causa per i contributi maturati fino al momento in cui è trasmessa all'amministratore copia autentica del titolo che determina il trasferimento del diritto.

([1]) *Questo articolo è stato così sostituito dall'art. 18, comma 1, della L. 11 dicembre 2012, n. 220 (in vigore dal 18 giugno 2013).*

Si riporta il testo previgente:

«63. Per la riscossione dei contributi in base allo stato di ripartizione approvato dall'assemblea, l'amministratore può ottenere decreto d'ingiunzione immediatamente esecutivo, nonostante opposizione.

Chi subentra nei diritti di un condomino è obbligato, solidalmente con questo, al pagamento dei contributi relativi all'anno in corso e a quello precedente.

In caso di mora nel pagamento dei contributi, che si sia protratta per un semestre, l'amministratore, se il regolamento di condominio ne contiene l'autorizzazione, può sospendere al condominio moroso l'utilizzazione dei servizi comuni che sono suscettibili di godimento separato.».

64. ([1]) Sulla revoca dell'amministratore, nei casi indicati dall'undicesimo comma dell'art. 1129 e dal quarto comma dell'art. 1131 del codice, il tribunale provvede in camera di consiglio, con decreto motivato, sentito l'amministratore in contraddittorio con il ricorrente.

Contro il provvedimento del tribunale può essere proposto reclamo alla corte d'appello nel termine di dieci giorni dalla notificazione o dalla comunicazione (59).

([1]) *Questo articolo è stato così sostituito dall'art. 19, comma 1, della L. 11 dicembre 2012, n. 220 (in vigore dal 18 giugno 2013).*

Si riporta il testo previgente:
«64. Sulla revoca dell'amministratore, nei casi indicati dal terzo comma dell'art. 1129 e dall'ultimo comma dell'art. 1131 del codice, il tribunale provvede in camera di consiglio, con decreto motivato, sentito l'amministratore medesimo.
Contro il provvedimento del tribunale può essere proposto reclamo alla corte d'appello nel termine di dieci giorni dalla notificazione.».

65. Quando per qualsiasi causa manca il legale rappresentante dei condomini, chi intende iniziare o proseguire una lite contro i partecipanti a un condominio può richiedere la nomina di un curatore speciale ai sensi dell'art. 80 del codice di procedura civile.

Il curatore speciale deve senza indugio convocare l'assemblea dei condomini per avere istruzioni sulla condotta della lite.

66. L'assemblea, oltre che annualmente in via ordinaria per le deliberazioni indicate dall'art. 1135 del codice, può essere convocata in via straordinaria dall'amministratore quando questi lo ritiene necessario o quando ne è fatta richiesta da almeno due condomini che rappresentino un sesto del valore dell'edificio. Decorsi inutilmente dieci giorni dalla richiesta, i detti condomini possono provvedere direttamente alla convocazione.

In mancanza dell'amministratore, l'assemblea tanto ordinaria quanto straordinaria può essere convocata a iniziativa di ciascun condomino.

L'avviso di convocazione, contenente specifica indicazione dell'ordine del giorno, deve essere comunicato almeno cinque giorni prima della data fissata per l'adunanza (72) in prima convocazione, a mezzo di posta raccomandata, posta elettronica certificata, fax o tramite consegna a mano, e deve contenere l'indicazione del luogo e dell'ora della riunione. In caso di omessa, tardiva o incompleta convocazione degli aventi diritto, la deliberazione assembleare è annullabile ai sensi dell'articolo 1137 del codice su istanza dei dissenzienti o assenti perchè non ritualmente convocati (1).

L'assemblea in seconda convocazione non può tenersi nel medesimo giorno solare della prima (1).

L'amministratore ha facoltà di fissare più riunioni consecutive in modo da assicurare lo svolgimento dell'assemblea in termini brevi, convocando gli aventi diritto con un unico avviso nel quale sono indicate le ulteriori date ed ore di eventuale prosecuzione dell'assemblea validamente costituitasi (1).

(1) *L'originario terzo comma è stato così sostituito dagli attuali terzo, quarto e quinto comma dall'art. 20, comma 1, della L. 11 dicembre 2012, n. 220 (in vigore dal 18 giugno 2013).*
Si riporta il testo previgente: «L'avviso di convocazione deve essere comunicato ai condomini almeno cinque giorni prima della data fissata per l'adunanza».

67. ([1]) Ogni condomino può intervenire all'assemblea (1135 c.c.) anche a mezzo di rappresentante, munito di delega scritta. Se i condomini sono più di venti, il delegato non può rappresentare più di un quinto dei condomini e del valore proporzionale.

Qualora un'unità immobiliare appartenga in proprietà indivisa a più persone, queste hanno diritto a un solo rappresentante nell'assemblea, che è designato dai comproprietari interessati a norma dell'articolo 1106 del codice.

Nei casi di cui all'articolo 1117 *bis* del codice, quando i partecipanti sono complessivamente più di sessanta, ciascun condominio deve designare, con la maggioranza di cui all'articolo 1136, quinto comma, del codice, il proprio rappresentante all'assemblea per la gestione ordinaria delle parti comuni a più condominii e per la nomina dell'amministratore. In mancanza, ciascun partecipante può chiedere che l'autorità giudiziaria nomini il rappresentante del proprio condominio. Qualora alcuni dei condominii interessati non abbiano nominato il proprio rappresentante, l'autorità giudiziaria provvede alla nomina su ricorso anche di uno solo dei rappresentanti già nominati, previa diffida a provvedervi entro un congruo termine. La diffida ed il ricorso all'autorità giudiziaria sono notificati al condominio cui si riferiscono in persona dell'amministratore o, in mancanza, a tutti i condomini.

Ogni limite o condizione al potere di rappresentanza si considera non apposto. Il rappresentante risponde con le regole del mandato e comunica tempestivamente all'amministratore di ciascun condominio l'ordine del giorno e le decisioni assunte dall'assemblea dei rappresentanti dei condominii. L'amministratore riferisce in assemblea.

All'amministratore non possono essere conferite deleghe per la partecipazione a qualunque assemblea.

L'usufruttuario di un piano o porzione di piano dell'edificio esercita il diritto di voto negli affari che attengono all'ordinaria amministrazione e al semplice godimento delle cose e dei servizi comuni.

Nelle altre deliberazioni, il diritto di voto spetta ai proprietari, salvi i casi in cui l'usufruttuario intenda avvalersi del diritto di cui all'articolo 1006 del codice ovvero si tratti di lavori od opere ai sensi degli articoli 985 e 986 del codice. In tutti questi casi l'avviso di convocazione deve essere comunicato sia all'usufruttuario sia al nudo proprietario.

Il nudo proprietario e l'usufruttuario rispondono solidalmente per il pagamento dei contributi dovuti all'amministrazione condominiale.

([1]) *Questo articolo è stato così sostituito dall'art. 21, comma 1, della L. 11 dicembre 2012, n. 220 (in vigore dal 18 giugno 2013).*

Si riporta il testo previgente:

«67. Ogni condomino può intervenire all'assemblea anche a mezzo di rappresentante.

Qualora un piano o porzione di piano dell'edificio appartenga in proprietà indivisa a più persone, queste hanno diritto a un solo rappresentante nell'assemblea, che è designato dai comproprietari interessati; in mancanza provvede per sorteggio il presidente.

L'usufruttuario di un piano o porzione di piano dell'edificio esercita il diritto di voto negli affari che attengono all'ordinaria amministrazione e al semplice godimento delle cose e dei servizi comuni.

Nelle deliberazioni che riguardano innovazioni, ricostruzioni od opere di manutenzione straordinaria delle parti comuni dell'edificio il diritto di voto spetta invece al proprietario.».

68. (¹) Ove non precisato dal titolo ai sensi dell'articolo 1118, per gli effetti indicati dagli articoli 1123, 1124, 1126 e 1136 del codice, il valore proporzionale di ciascuna unità immobiliare è espresso in millesimi in apposita tabella allegata al regolamento di condominio (1138 c.c.).

Nell'accertamento dei valori di cui al primo comma non si tiene conto del canone locatizio, dei miglioramenti e dello stato di manutenzione di ciascuna unità immobiliare.

(¹) *Questo articolo è stato così sostituito dall'art. 22, comma 1, della L. 11 dicembre 2012, n. 220 (in vigore dal 18 giugno 2013).*

Si riporta il testo previgente: «68. Per gli effetti indicati dagli articoli 1123, 1124, 1126 e 1136 del codice, il regolamento di condominio deve precisare il valore proporzionale di ciascun piano o di ciascuna porzione di piano spettante in proprietà esclusiva ai singoli condomini.

I valori dei piani o delle porzioni di piano, ragguagliati a quello dell'intero edificio, devono essere espressi in millesimi in apposita tabella allegata al regolamento di condominio.

Nell'accertamento dei valori medesimi non si tiene conto del canone locatizio, dei miglioramenti e dello stato di manutenzione di ciascun piano o di ciascuna porzione di piano.».

69. (¹) I valori proporzionali delle singole unità immobiliari espressi nella tabella millesimale di cui all'articolo 68 possono essere rettificati o modificati all'unanimità. Tali valori possono essere rettificati o modificati, anche nell'interesse di un solo condomino, con la maggioranza prevista dall'articolo 1136, secondo comma, del codice, nei seguenti casi:

1) quando risulta che sono conseguenza di un errore;

2) quando, per le mutate condizioni di una parte dell'edificio, in conseguenza di sopraelevazione, di incremento di superfici o di incremento o diminuzione delle unità immobiliari, è alterato per più di un quinto il valore

proporzionale dell'unità immobiliare anche di un solo condomino. In tal caso il relativo costo è sostenuto da chi ha dato luogo alla variazione.

Ai soli fini della revisione dei valori proporzionali espressi nella tabella millesimale allegata al regolamento di condominio ai sensi dell'articolo 68, può essere convenuto in giudizio unicamente il condominio in persona dell'amministratore. Questi è tenuto a darne senza indugio notizia all'assemblea dei condomini. L'amministratore che non adempie a quest'obbligo può essere revocato ed è tenuto al risarcimento degli eventuali danni.

Le norme di cui al presente articolo si applicano per la rettifica o la revisione delle tabelle per la ripartizione delle spese redatte in applicazione dei criteri legali o convenzionali.

(1) *Questo articolo è stato così sostituito dall'art. 23, comma 1, della L. 11 dicembre 2012, n. 220 (in vigore dal 18 giugno 2013).*

Si riporta il testo previgente:«69. I valori proporzionali dei vari piani o porzioni di piano possono essere riveduti o modificati, anche nell'interesse di un solo condomino, nei seguenti casi:

1) quando risulta che sono conseguenza di un errore;

2) quando, per le mutate condizioni di una parte dell'edificio, in conseguenza della sopraelevazione di nuovi piani, di espropriazione parziale o di innovazioni di vasta portata, è notevolmente alterato il rapporto originario tra i valori dei singoli piani o porzioni di piano.».

70. (1) Per le infrazioni al regolamento di condominio (1138 c.c.) può essere stabilito, a titolo di sanzione, il pagamento di una somma fino ad euro 200 e, in caso di recidiva, fino ad euro 800. La somma è devoluta al fondo di cui l'amministratore dispone per le spese ordinarie. L'irrogazione della sanzione è deliberata dall'assemblea con le maggioranze di cui al secondo comma dell'articolo 1136 del Codice (2).

(1) *Questo articolo è stato così sostituito dall'art. 24, comma 1, della L. 11 dicembre 2012, n. 220 (in vigore dal 18 giugno 2013).*

Si riporta il testo previgente:

«70. Per le infrazioni al regolamento di condominio può essere stabilito, a titolo di sanzione, il pagamento di una somma fino a € 0,052. La somma è devoluta al fondo di cui l'amministratore dispone per le spese ordinarie.».

(2) *Le parole: «L'irrogazione della sanzione è deliberata dall'assemblea con le maggioranze di cui al secondo comma dell'articolo 1136 del Codice» sono state aggiunte dall'art. 1, comma 9, lett. e), del D.L. 23 dicembre 2013, n. 145, convertito, con modificazioni, nella L. 21 febbraio 2014, n. 9.*

71. Il registro indicato dal quarto comma dell'art. 1129 e dal terzo comma dell'art. 1138 del codice è tenuto presso l'associazione professionale dei proprietari di fabbricati.

71 *bis.* ([1]) Possono svolgere l'incarico di amministratore di condominio coloro:

a) che hanno il godimento dei diritti civili;

b) che non sono stati condannati per delitti contro la pubblica amministrazione, l'amministrazione della giustizia, la fede pubblica, il patrimonio o per ogni altro delitto non colposo per il quale la legge commina la pena della reclusione non inferiore, nel minimo, a due anni e, nel massimo, a cinque anni;

c) che non sono stati sottoposti a misure di prevenzione divenute definitive, salvo che non sia intervenuta la riabilitazione;

d) che non sono interdetti o inabilitati;

e) il cui nome non risulta annotato nell'elenco dei protesti cambiari;

f) che hanno conseguito il diploma di scuola secondaria di secondo grado;

g) che hanno frequentato un corso di formazione iniziale e svolgono attività di formazione periodica in materia di amministrazione condominiale.

I requisiti di cui alle lettere *f*) e *g*) del primo comma non sono necessari qualora l'amministratore sia nominato tra i condomini dello stabile.

Possono svolgere l'incarico di amministratore di condominio anche società di cui al titolo V del libro V del codice. In tal caso, i requisiti devono essere posseduti dai soci illimitatamente responsabili, dagli amministratori e dai dipendenti incaricati di svolgere le funzioni di amministrazione dei condominii a favore dei quali la società presta i servizi.

La perdita dei requisiti di cui alle lettere *a*), *b*), *c*), *d*) ed *e*) del primo comma comporta la cessazione dall'incarico. In tale evenienza ciascun condomino può convocare senza formalità l'assemblea per la nomina del nuovo amministratore.

A quanti hanno svolto attività di amministrazione di condominio per almeno un anno, nell'arco dei tre anni precedenti alla data di entrata in vigore della presente disposizione, è consentito lo svolgimento dell'attività di amministratore anche in mancanza dei requisiti di cui alle lettere *f*) e *g*) del primo comma. Resta salvo l'obbligo di formazione periodica.

([1]) *Questo articolo è stato inserito dall'art.* 25, *comma* 1, *della* L. 11 *dicembre* 2012, *n.* 220 (*in vigore dal* 18 *giugno* 2013).

71 *ter.* ([1]) 1. Su richiesta dell'assemblea, che delibera con la maggioranza di cui al secondo comma dell'articolo 1136 del codice, l'amministratore è tenuto ad attivare un sito internet del condominio che consenta agli aventi diritto di consultare ed estrarre copia in formato digitale dei documenti previsti dalla delibera assembleare. Le spese per l'attivazione e la gestione del sito internet sono poste a carico dei condomini.

([1]) *Questo articolo è stato inserito dall'art. 25, comma 1, della L. 11 dicembre 2012, n. 220 (in vigore dal 18 giugno 2013).*

71 *quater.* ([1]) Per controversie in materia di condominio, ai sensi dell'articolo 5, comma 1, del decreto legislativo 4 marzo 2010, n. 28, si intendono quelle derivanti dalla violazione o dall'errata applicazione delle disposizioni del libro III, titolo VII, capo II, del codice e degli articoli da 61 a 72 delle presenti disposizioni per l'attuazione del codice.

La domanda di mediazione deve essere presentata, a pena di inammissibilità, presso un organismo di mediazione ubicato nella circoscrizione del tribunale nella quale il condominio è situato.

Al procedimento è legittimato a partecipare l'amministratore, previa delibera assembleare da assumere con la maggioranza di cui all'articolo 1136, secondo comma, del codice.

Se i termini di comparizione davanti al mediatore non consentono di assumere la delibera di cui al terzo comma, il mediatore dispone, su istanza del condominio, idonea proroga della prima comparizione.

La proposta di mediazione deve essere approvata dall'assemblea con la maggioranza di cui all'articolo 1136, secondo comma, del codice. Se non si raggiunge la predetta maggioranza, la proposta si deve intendere non accettata.

Il mediatore fissa il termine per la proposta di conciliazione di cui all'articolo 11 del decreto legislativo 4 marzo 2010, n. 28, tenendo conto della necessità per l'amministratore di munirsi della delibera assembleare.

([1]) *Questo articolo è stato inserito dall'art. 25, comma 1, della L. 11 dicembre 2012, n. 220 (in vigore dal 18 giugno 2013).*

72. I regolamenti di condominio non possono derogare alle disposizioni dei precedenti articoli 63, 66, 67 e 69.

Sezione IV
Disposizioni
relative al libro IV

73. Gli atti di offerta reale e quelli di deposito previsti dagli articoli 1209, primo comma, 1212 e 1214 del codice, sono eseguiti da un notaio o da un ufficiale giudiziario.

Le offerte per intimazione, previste dagli articoli 1209, secondo comma, e 1216, primo comma, sono eseguite con atto di ufficiale giudiziario.

73 *bis*. I provvedimenti previsti negli articoli 1211, 1514, primo comma, 1515, terzo comma, e 1841 del codice sono adottati dal tribunale in composizione monocratica.

74. Il processo verbale dell'offerta reale deve essere redatto in conformità delle disposizioni dell'art. 126 del codice di procedura civile e deve in particolare contenere la specificazione dell'oggetto dell'offerta e le dichiarazioni del creditore.

Quando l'offerta è accettata, il pubblico ufficiale esegue il pagamento e riceve le dichiarazioni del creditore per quietanza e per liberazione dalle garanzie.

Se il creditore non è presente all'offerta, il processo verbale deve essergli notificato nelle forme prescritte per la citazione.

L'intimazione prescritta dall'art. 1212, n. 1, del codice, può essere fatta con lo stesso atto di notificazione del verbale dell'offerta. In ogni caso tra l'intimazione e il deposito deve trascorrere un termine non minore di giorni tre.

75. L'atto di intimazione, nei casi previsti dagli articoli 1209, secondo comma, e 1216, primo comma, del codice, deve contenere l'indicazione del giorno, dell'ora e del luogo in cui il debitore intende procedere alla consegna delle cose mobili o al rilascio dell'immobile a favore del creditore, con rispetto di un intervallo non minore di giorni tre.

La mancata comparizione del creditore o il suo rifiuto di accettare l'offerta sono accertati con verbale redatto da un notaio o da un ufficiale giudiziario nel luogo, nel giorno e nell'ora indicati nell'atto di intimazione, con tutte le altre indicazioni prescritte dal primo comma dell'articolo precedente, e da tale giorno decorrono gli effetti della mora.

76. I depositi che hanno per oggetto titoli di credito o somme di danaro debbono essere eseguiti presso la Cassa dei depositi e prestiti secondo le norme della legge speciale, oppure presso un istituto di credito.

77. Il deposito di cose mobili diverse dal danaro e di titoli di credito, nei casi previsti dagli articoli 1210, primo comma, e 1214 del codice e in ogni altro caso in cui esso sia prescritto dalla legge o dal giudice (1513, 1514, 1686, 1691 c.c.) ovvero sia voluto dalle parti, si esegue presso stabilimenti di pubblico deposito a norma delle leggi speciali.

Qualora non esistano stabilimenti di pubblico deposito nel luogo in cui deve essere eseguita la prestazione, o se ricorrono particolari ragioni, il pretore del luogo predetto, su ricorso della parte interessata, può autorizzare con decreto il deposito presso altro locale idoneo.

78. Il pubblico ufficiale, che a norma dell'art. 1210 del codice procede al deposito di danaro, di titoli di credito o di altre cose mobili, deve redigere processo verbale della relativa operazione in conformità del successivo art. 1212, n. 3, e dell'art. 126 del codice di procedura civile, e consegnarne copia al depositario, nonché al creditore comparso, se la richiede.

Se il creditore non è stato presente, deve essergli notificata copia del processo verbale nelle forme prescritte per gli atti di citazione (137 c.p.c.).

79. Il sequestratario dell'immobile, nel caso previsto dal secondo comma dell'art. 1216 del codice, è nominato, se non vi è giudizio pendente, dal presidente del tribunale del luogo in cui si trova l'immobile.

Il presidente del tribunale provvede con decreto, sentito il creditore. Contro tale decreto è ammesso reclamo al presidente della corte di appello, entro dieci giorni dalla notificazione (82).

La consegna dell'immobile al sequestratario deve risultare da processo verbale redatto da un notaio o da un ufficiale giudiziario. Copia del processo verbale deve essere notificata al creditore che non sia stato presente (137 c.p.c.).

80. L'atto d'intimazione previsto dall'art. 1217 del codice, se non è determinato il tempo in cui la prestazione deve essere eseguita, e in ogni caso se la prestazione medesima deve effettuarsi in località diversa dal domicilio del creditore, deve contenere l'indicazione del giorno, dell'ora e del luogo in cui il debitore intende eseguire la prestazione, col rispetto di un intervallo di almeno tre giorni, a meno che la natura del rapporto non imponga un intervallo minore.

Il mancato ricevimento della prestazione da parte del creditore nel giorno stabilito può essere accertato nelle forme di uso e da tale giorno decorrono gli effetti della mora (1207 c.c.).

81. Nei casi previsti dagli articoli 1286, terzo comma, e 1287, terzo comma, del codice, l'istanza per la fissazione del termine entro il quale deve essere fatta la scelta e quella per la scelta della prestazione da parte del giudice si propongono, se non vi è giudizio pendente, davanti l'autorità giudiziaria del luogo in cui la prestazione deve eseguirsi, osservate le disposizioni previste rispettivamente dagli articoli 749 e 750 del codice di procedura civile.

82. L'istanza per la nomina del terzo nei casi previsti dal secondo comma dell'art. 1473 del codice, qualora non vi sia giudizio in corso, si propone con ricorso al presidente del tribunale del luogo in cui deve eseguirsi la consegna della cosa a norma dell'art. 1510 del codice.

Il ricorso deve essere notificato alle altre parti interessate e al terzo. Il presidente del tribunale provvede con decreto: contro di questo è ammesso reclamo al primo presidente della corte di appello entro dieci giorni dalla notificazione (137 c.p.c.).

La nomina deve cadere normalmente su persona esperta iscritta in albi o elenchi o ruoli istituiti a norma di legge.

83. Sono autorizzati alle operazioni di vendita con o senza incanto a norma dell'art. 1515 del codice, o alle operazioni di compra a norma del successivo art. 1516 (2797 c.c.):

1) gli agenti di cambio, per i valori pubblici e per i titoli di credito specificati nelle leggi sulle borse;

2) i mediatori in merci iscritti presso i consigli provinciali delle corporazioni (1), per le merci e le derrate.

La vendita all'incanto deve essere annunziata con le forme di una pubblicità commerciale adeguata alla natura ed al valore delle cose poste in vendita.

Il verbale d'incanto è depositato nella cancelleria della pretura (2) del luogo in cui si è proceduto alla vendita.

Le operazioni di vendita senza incanto e quelle di compra devono essere documentate mediante certificato, fattura o fissato bollato, in doppio esemplare, uno dei quali è consegnato alla parte richiedente e l'altro, vistato da questa, è conservato dalla persona che ha eseguito l'incarico.

Il compenso dovuto alla persona predetta, se non esiste una tariffa approvata, è stabilito con decreto del pretore (2) del luogo in cui l'incarico è stato eseguito.

(1) *Oggi sostituiti dalle camere di commercio, industria, artigianato e agricoltura.*

(2) *Ai sensi del D.L.vo 19 febbraio 1998, n. 51, l'ufficio del pretore è soppresso a decorrere dal 2 giugno 1999, fatta salva l'attività necessaria per l'esaurimento degli affari*

pendenti, e le relative competenze sono trasferite al tribunale ordinario, fuori dei casi in cui è diversamente disposto dal predetto provvedimento.

84. Il contratto di vendita con riserva di proprietà di macchine per prezzo superiore a € 15,49, deve essere iscritto, agli effetti previsti dal secondo comma dell'art. 1524 del codice, nel registro istituito presso la cancelleria del tribunale nella cui giurisdizione la macchina viene collocata.

Le sottoscrizioni delle parti devono essere autenticate, se il contratto non risulta da atto pubblico (2699 c.c.).

Sezione V
Disposizioni
relative al libro V

85 - 91. (*Omissis*) (1).

(1) *Articoli da ritenere abrogati in conseguenza della soppressione dell'ordinamento corporativo fascista disposta con D.L.vo Lgt. 23 novembre 1944, n. 369.*

92. (1) Il decreto, previsto dall'articolo 2409 del codice, che nomina l'amministratore giudiziario nelle società di cui ai capi V, VI e VII (2) del titolo V del libro V del codice priva l'imprenditore, dalla sua data, dell'amministrazione della società nei limiti dei poteri conferiti all'amministratore giudiziario.

Salvo che il decreto disponga diversamente, l'amministratore giudiziario non può compiere atti eccedenti l'ordinaria amministrazione, senza l'autorizzazione del tribunale.

Entro i limiti dei poteri conferitigli, l'amministratore sta in giudizio nelle controversie, anche pendenti, relative alla gestione della società.

All'amministratore giudiziario possono essere attribuiti per determinati atti i poteri dell'assemblea. Le relative deliberazioni non sono efficaci senza l'approvazione del tribunale.

Il compenso dell'amministratore giudiziario è determinato dal tribunale.

(1) *Questo articolo è stato così sostituito dall'art. 9, comma 1, lett.* a), *del D.L.vo 17 gennaio 2003, n. 6, a decorrere dal 1° gennaio 2004.*

(2) *Le parole «capi V e VI» sono state così sostituite dalle seguenti: «capi V, VI e VII» dall'art. 379, comma 4, del D.L.vo 12 gennaio 2019, n. 14.*

A norma dell'art. 389, comma 2, del medesimo provvedimento, tali disposizioni entrano in vigore il trentesimo giorno successivo alla data di pubblicazione in Gazzetta Ufficiale *del suddetto decreto (Suppl. ord. alla* G.U. *n. 38 del 14 febbraio 2019).*

93. L'amministratore giudiziario è, per quanto attiene all'esercizio delle sue funzioni, pubblico ufficiale.

Codice Civile

94. L'amministratore giudiziario deve adempiere ai doveri del proprio ufficio con la diligenza richiesta dalla natura del proprio ufficio e può essere revocato dal tribunale su richiesta dei soggetti legittimati a chiederne la nomina ([1]).

L'amministratore che cessa dal suo ufficio deposita nella cancelleria del tribunale del luogo, ove è la sede principale dell'impresa, il conto della gestione. L'avvenuto deposito è comunicato immediatamente alla società ([1]).

Il presidente del tribunale con decreto fissa l'udienza, in termine non inferiore a quindici giorni dal deposito, nella quale le parti possono presentare le loro osservazioni, e nomina un giudice per la procedura. Non sono ammesse contestazioni relative ai criteri tecnici della gestione nei limiti dei poteri conferiti all'amministratore.

Si applicano le disposizioni degli articoli 263, secondo comma, e seguenti del codice di procedura civile.

([1]) *Il primo e il secondo comma di questo articolo sono stati così sostituiti dall'art. 9, comma 1, lett.* b), *del D.L.vo 17 gennaio 2003, n. 6, a decorrere dal 1° gennaio 2004.*

95. Quando le leggi o le norme corporative non dispongono, l'appartenenza alla categoria d'impiegato o di operaio è determinata dal R.D.L. 13 novembre 1924, n. 1825, convertito nella L. 18 marzo 1926, n. 562.

96. L'imprenditore deve far conoscere al prestatore di lavoro, al momento dell'assunzione, la categoria e la qualifica che gli sono assegnate in relazione alle mansioni per cui è stato assunto (2103 c.c.).

Le qualifiche dei prestatori di lavoro, nell'ambito di ciascuna delle categorie indicate nell'art. 2095 del codice, possono essere stabilite e raggruppate per gradi secondo la loro importanza nell'ordinamento dell'impresa. Il prestatore di lavoro assume il grado gerarchico corrispondente alla qualifica e alle mansioni.

I contratti collettivi di lavoro possono stabilire che, nel caso di divergenza tra l'imprenditore e il prestatore di lavoro circa l'assegnazione della qualifica, l'accertamento dei fatti rilevanti per la determinazione della qualifica venga fatto da un collegio costituito da un funzionario dell'ispettorato corporativo, che presiede, e da un delegato di ciascuna delle associazioni professionali che rappresentano le categorie interessate ([1]).

Sui fatti rilevanti per la determinazione della qualifica che hanno formato oggetto dell'accertamento compiuto con tali forme, non sono ammesse nuove indagini o prove, salvo che l'accertamento sia viziato da errore manifesto.

([1]) *Comma da ritenersi abrogato poiché l'ordinamento corporativo fascista è stato soppresso con D.L.vo Lgt. 23 novembre 1944, n. 369.*

97. (*Omissis*) ([1]).

([1]) *L'articolo è da ritenere abrogato in conseguenza della soppressione dell'ordinamento corporativo fascista disposta con D.L.vo Lgt. 23 novembre 1944, n. 369. Riguardava i prestatori di lavoro addetti alle imprese esercitate da enti pubblici inquadrati sindacalmente.*

98. Nei rapporti d'impiego inerenti all'esercizio dell'impresa, in mancanza di norme corporative ([1]) o di usi più favorevoli, per quanto concerne il trattamento cui ha diritto l'impiegato nei casi d'infortunio, di malattia, di gravidanza o di puerperio (2110 c.c.), la durata del periodo feriale (2109 c.c.), del periodo di preavviso (2118 c.c.), la misura dell'indennità sostitutiva di questo e l'ammontare della indennità di anzianità in caso di cessazione del rapporto (2120 c.c.), si applicano le corrispondenti norme del R.D.L. 13 novembre 1924, n. 1825, convertito nella L. 18 marzo 1926, n. 562.

Le richiamate norme si applicano altresì ai rapporti d'impiego dei dipendenti di enti pubblici anche se non inquadrati sindacalmente, in quanto il rapporto non sia diversamente disciplinato da leggi o regolamenti speciali, nonché ai rapporti d'impiego non inerenti all'esercizio di un'impresa in quanto non esistano convenzioni od usi più favorevoli al prestatore di lavoro.

([1]) *L'ordinamento corporativo fascista è stato soppresso con D.L.vo Lgt. 23 novembre 1944, n. 369.*

99. Le disposizioni relative alla istituzione del registro delle imprese previsto dall'art. 2188 del codice saranno emanate con decreto del Presidente della Repubblica. Tale decreto stabilirà altresì la data di attuazione del registro delle imprese, nonché le condizioni per l'iscrizione delle imprese individuali e sociali esistenti in tale momento.

100. ([1]) [Fino all'attuazione del registro delle imprese gli atti di autorizzazione alla continuazione dell'esercizio di un'impresa commerciale nell'interesse di un minore o di un interdetto, gli atti di autorizzazione all'esercizio di un'impresa commerciale da parte di un minore emancipato o di un inabilitato, i provvedimenti di revoca delle autorizzazioni stesse, le procure institorie, le nomine di procuratori nonché gli atti e i fatti relativi alla società, per i quali il codice stabilisce l'iscrizione nel registro delle imprese, sono soggetti all'iscrizione nei registri di cancelleria presso il tribunale secondo le modalità stabilite dalle leggi anteriori.

Tuttavia il contenuto degli atti da iscrivere, i termini per l'iscrizione e gli effetti della medesima sono determinati dal codice.

Fino all'attuazione del registro delle imprese non sono soggetti a registrazione gli imprenditori individuali e gli enti pubblici che esercitano un'attività commerciale, salvo quanto disposto dal primo comma del presente articolo.

Non si applicano inoltre le disposizioni contenute nel secondo comma dell'art. 2556 e nell'art. 2559 del codice].

(1) *Questo articolo è stato abrogato dall'art. 111* sexies *delle disposizioni di attuazione del codice civile, così come inserito dall'art. 9, comma 1, lett.* f), *del D.L.vo 17 gennaio 2003, n. 6, a decorrere dal 1° gennaio 2004.*

101. (1) [Fino all'attuazione del registro delle imprese i depositi di atti o documenti, che secondo il codice devono eseguirsi presso l'ufficio del registro delle imprese, si eseguono presso la cancelleria del tribunale.

Le attribuzioni del giudice del registro spettano al presidente del tribunale o a un giudice da lui delegato].

(1) *Questo articolo è stato abrogato dall'art. 111* sexies *delle disposizioni di attuazione del codice civile, così come inserito dall'art. 9, comma 1, lett.* f), *del D.L.vo 17 gennaio 2003, n. 6, a decorrere dal 1° gennaio 2004.*

101 *bis*. Copia integrale o parziale di ogni atto per il quale è prescritta l'iscrizione o il deposito nel registro delle imprese deve essere rilasciata a chi ne faccia richiesta, anche per corrispondenza, senza che il costo di tale copia possa eccedere il costo amministrativo.

101 *ter*. Ai fini della pubblicità prescritta dagli artt. 2506 e 2507 del codice civile la società richiedente deve allegare agli atti e documenti ivi previsti la traduzione giurata in lingua italiana e deve indicare gli estremi della pubblicità attuata nello Stato ove è situata la sede principale. Dell'avvenuto deposito dei documenti deve essere fatta menzione nel Bollettino ufficiale delle società per azioni e a responsabilità limitata.

101 *quater*. Le società soggette alla legislazione di un altro Stato appartenente alla Comunità economica europea, le quali stabiliscono nel territorio dello Stato più sedi secondarie con rappresentanza stabile, possono attuare la pubblicità dell'atto costitutivo, dello statuto e dei bilanci nell'ufficio del registro delle imprese di una soltanto delle sedi secondarie, depositando negli altri l'attestazione dell'eseguita pubblicità.

102. Le norme per la formazione del ruolo, per la nomina e per la disciplina dei revisori ufficiali dei conti e quelle per la vigilanza e per la disciplina dei sindaci delle società saranno emanate con decreto del Presidente della Repubblica.

Fino all'entrata in vigore di tale decreto continueranno ad applicarsi le disposizioni anteriori.

103. I provvedimenti del tribunale previsti dall'articolo 2409 del codice sono disposti con decreto, il quale deve essere comunicato a cura del cancelliere, entro cinque giorni, all'ufficio del registro delle imprese per l'iscrizione ([1]).

[L'amministratore giudiziario, nominato dal tribunale a norma dell'art. 2409 del codice, è scelto possibilmente fra gli iscritti nel ruolo degli amministratori giudiziari. A lui si applicano gli articoli 92, 93 e 94 di queste disposizioni, intendendosi sostituiti nei poteri della magistratura del lavoro e del presidente della magistratura del lavoro rispettivamente quelli del tribunale e del presidente del tribunale] ([2]).

([1]) *Questo comma è stato così sostituito dall'art. 9, comma 1, lett.* c), *n. 1), del D.L.vo 17 gennaio 2003, n. 6, a decorrere dal 1° gennaio 2004.*

([2]) *Questo comma è stato abrogato dall'art. 9, comma 1, lett.* c), *n. 2), del D.L.vo 17 gennaio 2003, n. 6, a decorrere dal 1° gennaio 2004.*

104. ([1]) Il tribunale, prima di procedere alla nomina del rappresentante degli obbligazionisti prevista dall'articolo 2417 del codice, deve sentire gli amministratori o il consiglio di gestione della società.

([1]) *Questo articolo è stato così sostituito dall'art. 9, comma 1, lett.* d), *del D.L.vo 17 gennaio 2003, n. 6, a decorrere dal 1° gennaio 2004.*

105. La liquidazione coatta amministrativa delle società cooperative (2540 c.c.) è regolata dalle norme generali sulla liquidazione coatta amministrativa delle società, salvo che le leggi speciali dispongano diversamente.

106. ([1]) Le norme degli articoli 92, 93 e 94 di queste disposizioni si applicano anche al commissario governativo incaricato della gestione della società cooperativa a norma dell'articolo 2545 *sexiesdecies* del codice, intendendosi sostituiti nei poteri del tribunale, per quanto riguarda le disposizioni dei precedenti articoli 92 e 94, primo comma, l'autorità governativa che ha nominato il commissario.

([1]) *Questo articolo è stato così sostituito dall'art. 9, comma 1, lett.* e), *del D.L.vo 17 gennaio 2003, n. 6, a decorrere dal 1° gennaio 2004.*

107. Alle mutue assicuratrici regolate da leggi speciali le disposizioni del capo II del titolo VI del libro V del codice (2546 c.c.) si applicano in quanto compatibili con le leggi medesime.

108. [1] [Fino all'attuazione del registro delle imprese l'iscrizione dei contratti di consorzio prevista dall'art. 2612 del codice deve essere eseguita nel registro delle società presso la cancelleria del tribunale nella cui circoscrizione ha sede l'ufficio, e pubblicata nel foglio degli annunzi legali.

Per le modalità dell'iscrizione si osservano le norme stabilite per le società, in quanto applicabili.

Al commissario governativo, nominato dall'autorità governativa in sostituzione degli organi del consorzio a norma dell'art. 2619 del codice, si applica l'art. 106 di queste disposizioni].

(1) *Questo articolo è stato abrogato dall'art. 111* sexies *delle disposizioni di attuazione del codice civile, così come inserito dall'art. 9, comma 1, lett.* f), *del D.L.vo 17 gennaio 2003, n. 6, a decorrere dal 1° gennaio 2004.*

109. [1] [Per le società per azioni soggette al R.D.L. 25 ottobre 1941, n. 1148, e per la durata di tale decreto non si applicano le disposizioni del libro V del codice relative alle azioni al portatore].

(1) *Questo articolo è stato abrogato dall'art. 111* sexies *delle disposizioni di attuazione del codice civile, così come inserito dall'art. 9, comma 1, lett.* f), *del D.L.vo 17 gennaio 2003, n. 6, a decorrere dal 1° gennaio 2004.*

110. La competenza dell'autorità governativa nell'esercizio dei poteri ad essa demandati dal libro V del codice è determinata dalle leggi speciali.

111. Le norme per l'attuazione delle disposizioni contenute nelle sezioni III e IV del capo II del titolo X del libro V del codice (2616 ss. c.c.) saranno emanate con decreto del Presidente della Repubblica.

Fino all'entrata in vigore di tale decreto la disciplina dei consorzi obbligatori e i controlli dell'autorità governativa sui consorzi volontari continuano ad essere regolati dalle leggi anteriori.

111 *bis*. [1] La misura rilevante di cui all'articolo 2325 *bis* del codice è quella stabilita a norma dell'articolo 116 del decreto legislativo 24 febbraio 1998, n. 58 [, e risultante alla data del 1 gennaio 2004] [2]. Nel caso previsto dall'articolo 2409 *bis*, secondo comma, del codice, si applicano alla società di revisione le disposizioni degli articoli 155, comma 2, 162, commi 1 e 2, 163, commi 1 e 4 del decreto legislativo n. 58 del 1998.

Ai fini di cui all'articolo 2343 *ter*, per valori mobiliari e strumenti del mercato monetario si intendono quelli di cui all'articolo 1, commi 1 *bis* e 1 *ter*, del testo unico delle disposizioni in materia di intermediazione finanziaria, di cui al decreto legislativo 24 febbraio 1998, n. 58 [3].

(1) *Questo articolo è stato inserito dall'art. 9, comma 1, lett.* f), *del D.L.vo 17 gennaio 2003, n. 6, a decorrere dal 1° gennaio 2004.*

(2) *Le parole fra parentesi quadrate sono state soppresse dall'art. 3, comma 1, del D.L.vo 11 ottobre 2012, n. 184.*

(3) *Questo comma è stato aggiunto dall'art. 2, comma 1, del D.L.vo 4 agosto 2008, n. 142.*

111 *ter.* (1) Chi richiede l'iscrizione presso il registro delle imprese dell'atto costitutivo di una società deve indicarne nella domanda l'indirizzo, comprensivo della via e del numero civico, ove è posta la sua sede. In caso di successiva modificazione di tale indirizzo gli amministratori ne depositano apposita dichiarazione presso il registro delle imprese.

(1) *Questo articolo è stato inserito dall'art. 9, comma 1, lett.* f), *del D.L.vo 17 gennaio 2003, n. 6, a decorrere dal 1° gennaio 2004.*

111 *quater.* (1) La società di revisione di cui all'articolo 2447 *ter* del codice è scelta tra quelle iscritte nell'albo speciale delle società di revisione tenuto dalla Commissione nazionale per le società e la borsa a norma delle leggi speciali; [essa non può essere una persona fisica] (2).

(1) *Questo articolo è stato inserito dall'art. 9, comma 1, lett.* f), *del D.L.vo 17 gennaio 2003, n. 6, a decorrere dal 1° gennaio 2004.*

(2) *Le parole tra parentesi quadrate sono state soppresse dall'art. 5, lett.* ggg), *del D.L.vo 6 febbraio 2004, n. 37.*

111 *quinquies.* (1) L'articolo 2632 del codice, come modificato dal decreto legislativo 11 aprile 2002, n. 61, è sostituito dal seguente: (*Omissis*).

(1) *Questo articolo è stato inserito dall'art. 9, comma 1, lett.* f), *del D.L.vo 17 gennaio 2003, n. 6, a decorrere dal 1° gennaio 2004.*

111 *sexies.* (1) Gli articoli 100, 101, 108 e 109 sono abrogati.

(1) *Questo articolo è stato inserito dall'art. 9, comma 1, lett.* f), *del D.L.vo 17 gennaio 2003, n. 6, a decorrere dal 1° gennaio 2004.*

111 *septies.* (1) Le cooperative sociali che rispettino le norme di cui alla legge 8 novembre 1991, n. 381, sono considerate, indipendentemente dai requisiti di cui all'articolo 2513 del codice, cooperative a mutualità prevalente. Le cooperative agricole che esercitano le attività di cui all'articolo 2135 del codice sono considerate cooperative a mutualità prevalente se soddisfano le condizioni di cui al terzo comma dell'articolo 2513 del codice. Le piccole società cooperative costituite ai sensi della legge 7 agosto 1997, n. 266, nel termine previsto all'articolo 223 *duodecies* del codice devono trasformarsi nella società cooperativa disciplinata dall'articolo 2522 del codice.

([1]) *Questo articolo è stato inserito dall'art. 9, comma 1, lett.* f), *del D.L.vo 17 gennaio 2003, n. 6, a decorrere dal 1° gennaio 2004.*

111 *octies*. ([1]) Sono investitori istituzionali destinati alle società cooperative quelli costituiti ai sensi della legge 25 febbraio 1985, n. 49, i fondi mutualistici e i fondi pensione costituiti da società cooperative.

([1]) *Questo articolo è stato inserito dall'art. 9, comma 1, lett.* f), *del D.L.vo 17 gennaio 2003, n. 6, a decorrere dal 1° gennaio 2004.*

111 *novies*. ([1]) Le società di revisione di cui al secondo comma dell'articolo 2545 *octies* del codice sono quelle di cui al decreto legislativo 27 gennaio 1992, n. 88.

([1]) *Questo articolo è stato inserito dall'art. 9, comma 1, lett.* f), *del D.L.vo 17 gennaio 2003, n. 6, a decorrere dal 1° gennaio 2004.*

111 *decies*. ([1]) Ferma restando la natura indivisibile delle riserve accantonate, non rilevano ai fini dell'obbligo di devoluzione previsto dall'articolo 17 della legge 23 dicembre 2000, n. 388, la modificazione delle clausole previste dall'articolo 26 del decreto legislativo Capo provvisorio dello Stato 14 dicembre 1947, n. 1577, ovvero la decadenza dai benefici fiscali per effetto della perdita del requisito della prevalenza come disciplinato dagli articoli 2512 e 2513 del codice.

Gli amministratori devono, tuttavia, redigere un bilancio ai sensi dell'articolo 2545 *octies* del codice.

([1]) *Questo articolo è stato inserito dall'art. 9, comma 1, lett.* f), *del D.L.vo 17 gennaio 2003, n. 6, a decorrere dal 1° gennaio 2004.*

111 *undecies*. ([1]) Il Ministro delle attività produttive, di concerto con il Ministro dell'economia e delle finanze, stabilisce, con proprio decreto, regimi derogatori al requisito della prevalenza, così come definite dall'articolo 2513 del codice, in relazione alla struttura dell'impresa e del mercato in cui le cooperative operano, a specifiche disposizioni normative cui le cooperative devono uniformarsi e alla circostanza che la realizzazione del bene destinato allo scambio mutualistico richieda il decorso di un periodo di tempo superiore all'anno di esercizio.

([1]) *Questo articolo è stato inserito dall'art. 9, comma 1, lett.* f), *del D.L.vo 17 gennaio 2003, n. 6, a decorrere dal 1° gennaio 2004.*

111 *duodecies*. ([1]) Qualora tutti i loro soci illimitatamente responsabili, di cui all'articolo 2361, comma secondo, del codice, siano società per azioni, in accomandita per azioni o società a responsabilità limitata, le società in nome collettivo o in accomandita semplice devono redigere il bilancio secondo le norme previste per le società per azioni; esse devono inoltre redigere e pubblicare il bilancio consolidato come disciplinato dall'articolo 26 del decreto legislativo 9 aprile 1991, n. 127, ed in presenza dei presupposti ivi previsti.

(1) *Questo articolo è stato inserito dall'art. 9, comma 1, lett.* f), *del D.L.vo 17 gennaio 2003, n. 6, a decorrere dal 1° gennaio 2004.*

111 *terdecies.* (1) La deliberazione prevista dal secondo comma dell'articolo 2446 del codice è verbalizzata ed iscritta nel registro delle imprese a norma dell'articolo 2436 del codice.

(1) *Questo articolo è stato inserito dall'art. 5, lett.* hhh), *del D.L.vo 6 febbraio 2004, n. 37.*

111 *quaterdecies.* (1) La durata del primo incarico di controllo contabile può coincidere con quello di revisione affidato alla stessa società.

(1) *Questo articolo è stato aggiunto dall'art. 35 del D.L.vo 28 dicembre 2004, n. 310.*

Sezione VI
Disposizioni
relative al libro VI

112. (*Omissis*) (1).

(1) *Articolo abrogato dall'art. 2 della L. 21 gennaio 1983, n. 22, disciplina della responsabilità dei conservatori dei registri immobiliari. Concerneva la procedura di applicazione della pena pecuniaria stabilita dall'art. 2682 del codice civile.*

113. Il reclamo menzionato nell'art. 2888 del codice si propone al tribunale, il quale provvede con decreto motivato in camera di consiglio, sentito il conservatore e il pubblico ministero.

Contro il provvedimento che non accoglie la domanda, il richiedente può proporre reclamo alla corte d'appello.

Il tribunale o la corte può ordinare che la domanda di cancellazione sia proposta nelle forme ordinarie in contraddittorio delle persone che ritiene abbiano interesse contrario alla cancellazione medesima.

113 *bis.* Il conservatore, nel caso in cui non riceva i titoli e le note ai sensi dell'art. 2674 del codice, indica sulle note i motivi del rifiuto e restituisce uno degli originali alla parte richiedente. La parte può avvalersi del procedimento stabilito nell'art. 745 del codice di procedura civile.

Dello stesso procedimento la parte può avvalersi per il ritardo nel rilascio di certificati o di copie.

Il pubblico ministero comunica al Ministero di grazia e giustizia e al Ministero delle finanze la decisione adottata.

113 *ter*. Il reclamo previsto nell'art. 2674 *bis* del codice si propone con ricorso, entro il termine perentorio di trenta giorni dalla esecuzione della formalità, davanti al tribunale nella cui circoscrizione è stabilita la conservatoria; entro lo stesso termine il ricorso deve essere notificato al conservatore, a pena di improcedibilità.

Il tribunale provvede in camera di consiglio, con decreto motivato, immediatamente esecutivo, sentiti il pubblico ministero, il conservatore e le parti interessate.

Contro il provvedimento del tribunale è consentito reclamo alla corte d'appello, con ricorso notificato, a pena di improcedibilità, anche al conservatore.

A margine della formalità eseguita con riserva il conservatore annota la proposizione del reclamo, il decreto immediatamente esecutivo del tribunale e il decreto definitivo.

Quando il reclamo non è proposto o è rigettato definitivamente, la formalità perde ogni effetto.

Capo II
Disposizioni transitorie

Sezione I
Disposizioni
relative al libro I

114. La pronunzia di immissione nel possesso definitivo dei beni dell'assente, emessa a termini degli articoli 36 e 38 del codice del 1865, equivale a tutti gli effetti alla dichiarazione di morte presunta prevista nell'art. 58 del nuovo codice.

Fino al 30 giugno 1942 non può essere dichiarata la morte presunta nell'ipotesi prevista nell'art. 58 del nuovo codice, se non quando concorrono le condizioni indicate negli articoli 36 e 38 del codice del 1865 per la pronunzia di immissioni nei beni dell'assente.

115. Il termine di tre mesi, previsto nel secondo comma dell'art. 14 della L. 27 maggio 1929, n. 847, è ridotto a un mese.

Il capo primo della legge suddetta è abrogato.

116. L'impugnazione prevista nell'art. 123, primo comma, del codice non può essere proposta dal coniuge impotente per i matrimoni anteriori al 1 luglio 1939.

I matrimoni che sono stati celebrati anteriormente al 1 luglio 1939 davanti ad un ufficiale dello stato civile incompetente o senza la presenza dei testimoni non si possono più impugnare.

117. Se il matrimonio è stato annullato prima del 1 luglio 1939 ed è stata riconosciuta la mala fede di entrambi i coniugi, i figli nati o concepiti durante il matrimonio possono acquistare lo stato di figli nati fuori del matrimonio ([1]) riconosciuti ai sensi dell'art. 128, ultimo comma, del codice con effetto dal giorno della domanda giudiziale proposta in contraddittorio dei genitori o dei loro eredi.

([1]) *Le parole: «figli naturali» sono state così sostituite dalle seguenti: «figli nati fuori del matrimonio» dall'art. 96, comma 1, lett.* e), *del D.L.vo 28 dicembre 2013, n. 154, a decorrere dal trentesimo giorno successivo a quello della sua pubblicazione nella* Gazzetta Ufficiale *(G.U. n. 5 dell'8 gennaio 2014).*

118. Gli atti di costituzione di dote aventi per oggetto beni futuri, stipulati prima del 1 luglio 1939, conservano la loro efficacia anche rispetto ai beni che pervengono alla moglie dopo tale data (179 c.c.).

119. I lucri dotali in favore del coniuge sopravvivente, stipulati prima del 1 luglio 1939, conservano la loro efficacia.

Conservano parimenti la loro efficacia le ipoteche iscritte a garanzia dei lucri medesimi.

120. L'azione di disconoscimento di paternità (233, 235 c.c.) è soggetta ai termini (244 c.c.) e alle cause di decadenza previsti nel nuovo codice anche quando si tratta di impugnare la legittimità di figli nati prima dell'entrata in vigore dello stesso codice, sempre che l'azione non sia già estinta a norma delle disposizioni del codice del 1865.

121. Le azioni di reclamo di stato di figlio nato nel matrimonio [1] (249 c.c.), spettanti agli eredi che non siano discendenti del figlio a norma dell'art. 178 del codice del 1865, possono essere continuate quando la domanda è stata proposta prima del 1 luglio 1939.

[1] *La parola: «legittimo» è stata così sostituita dalle seguenti: «nato nel matrimonio» dall'art. 96, comma 1, lett.* f)*, del D.L.vo 28 dicembre 2013, n. 154, a decorrere dal trentesimo giorno successivo a quello della sua pubblicazione nella* Gazzetta Ufficiale (G.U. *n. 5 dell'8 gennaio 2014*).

122. Le disposizioni del codice relative al riconoscimento dei figli nati fuori del matrimonio [1] (250 ss. c.c.) si applicano anche ai figli nati o concepiti prima del 1° luglio 1939.

Il riconoscimento di figli nati fuori del matrimonio [1], compiuto prima di tale data fuori dei casi in cui era ammesso secondo le leggi anteriori, non può essere annullato, se al momento in cui fu fatto concorrevano le condizioni per cui sarebbe ammissibile secondo le disposizioni del codice.

Tale riconoscimento vale anche agli effetti delle successioni aperte prima del 1° luglio 1939, purché i diritti successori del figlio non siano stati esclusi con sentenza passata in giudicato (324 c.p.c.) o non sia intervenuta transazione tra le parti interessate o non siano trascorsi tre anni dall'apertura della successione senza che il figlio abbia fatto valere alcuna ragione ereditaria sui beni della successione.

[1] *La parola: «naturali» è stata così sostituita dalle seguenti: «nati fuori del matrimonio» dall'art. 96, comma 1, lett.* g)*, del D.L.vo 28 dicembre 2013, n. 154, a decorrere dal trentesimo giorno successivo a quello della sua pubblicazione nella* Gazzetta Ufficiale (G.U. *n. 5 dell'8 gennaio 2014*).

123. L'azione per la dichiarazione giudiziale di paternità può essere proposta dai figli nati prima del 1° luglio 1939 solo nel caso in cui ricorrono le condizioni previste dall'art. 189 del codice del 1865. L'azione può essere proposta, sempre che ricorrano tali condizioni, anche dai figli nati fuori del matrimonio (1) per i quali è ammessa dall'art. 278 del nuovo codice (2).

I figli nati fuori del matrimonio (3) che si trovano nelle condizioni previste nei numeri 1 e 4 dell'art. 269 del codice, ma che non possono ottenere la dichiarazione giudiziale di paternità perchè nati prima del 1° luglio 1939, possono agire soltanto per ottenere gli alimenti (2).

Nei casi in cui l'azione per la dichiarazione giudiziale di paternità è ammessa secondo le norme del codice del 1865 essa è soggetta al termine stabilito dall'art. 271 del nuovo codice.

Le disposizioni del codice relative alle forme dei giudizi per la dichiarazione giudiziale di paternità o di maternità naturale (273 ss. c.c.) si applicano anche ai figli nati o concepiti prima del 1° luglio 1939.

I giudizi relativi alla dichiarazione di paternità o di maternità [naturale] (4) proposti prima del 1° luglio 1939 non possono essere proseguiti se non è intervenuto il decreto contemplato dall'art. 274 del codice stesso, salvo il caso che si sia già ottenuta una sentenza anche se interlocutoria.

(1) *La parola*: «*adulterini*» *è stata così sostituita dalle seguenti*: «*nati fuori del matrimonio*» *dall'art. 96, comma 1, lett.* h), *del D.L.vo 28 dicembre 2013, n. 154, a decorrere dal trentesimo giorno successivo a quello della sua pubblicazione nella* Gazzetta Ufficiale (G.U. *n. 5 dell'8 gennaio 2014*).

(2) *Comma dichiarato illegittimo dalla Corte costituzionale con sentenza n. 7 del 16 febbraio 1963.*

(3) *La parola*: «*naturali*» *è stata così sostituita dalle seguenti*: «*nati fuori del matrimonio*» *dall'art. 96, comma 1, lett.* h), *del D.L.vo 28 dicembre 2013, n. 154, a decorrere dal trentesimo giorno successivo a quello della sua pubblicazione nella* Gazzetta Ufficiale (G.U. *n. 5 dell'8 gennaio 2014*).

(4) *La parola tra parentesi quadrate è stata soppressa dall'art. 96, comma 1, lett.* h), *del D.L.vo 28 dicembre 2013, n. 154, a decorrere dal trentesimo giorno successivo a quello della sua pubblicazione nella* Gazzetta Ufficiale (G.U. *n. 5 dell'8 gennaio 2014*).

124. (1) [La disposizione dell'art. 286 del codice è applicabile anche per la legittimazione dei figli naturali, i cui genitori sono morti prima del 1 luglio 1939].

(1) *Questo articolo è stato abrogato dall'art. 106, comma 1, lett.* b), *del D.L.vo 28 dicembre 2013, n. 154, a decorrere dal trentesimo giorno successivo a quello della sua pubblicazione nella* Gazzetta Ufficiale (G.U. *n. 5 dell'8 gennaio 2014*).

125. (1) [La disposizione dell'art. 287 del codice è applicabile anche ai casi in cui era ammessa, secondo le leggi anteriori, la celebrazione del matrimonio per procura].

(¹) *Questo articolo è stato abrogato dall'art. 106, comma 1, lett.* b), *del D.L.vo 28 dicembre 2013, n. 154, a decorrere dal trentesimo giorno successivo a quello della sua pubblicazione nella* Gazzetta Ufficiale (G.U. *n. 5 dell'8 gennaio 2014*).

126. La disposizione del secondo comma dell'art. 293 del nuovo codice è applicabile anche alle adozioni costituite prima del 1 luglio 1939, a meno che siano state già impugnate ai sensi dell'art. 205 del codice del 1865.

127. Le disposizioni del codice sulla revoca dell'adozione (305 c.c.) si applicano anche alle adozioni costituite prima del 1 luglio 1939.

127 *bis*. (¹) I divieti contenuti nei numeri 6, 7, 8 e 9 dell'articolo 87 del codice civile sono applicabili all'affiliazione.

(¹) *Questo articolo è stato inserito dall'art. 96, comma 1, lett.* i), *del D.L.vo 28 dicembre 2013, n. 154, a decorrere dal trentesimo giorno successivo a quello della sua pubblicazione nella* Gazzetta Ufficiale (G.U. *n. 5 dell'8 gennaio 2014*).

128. Se l'ipotesi prevista dall'art. 342 (¹) del codice si è verificata prima del 1 luglio 1939, il tribunale, su istanza del figlio medesimo o dei parenti o del pubblico ministero, può privare il genitore della potestà dei genitori (²) sui figli, quando risulta che egli impartisce ad essi una educazione non corrispondente ai fini nazionali, e può provvedere in conformità all'art. 342 del codice.

(¹) *L'art. 342 c.c. è stato abrogato dall'art. 3 del D.L.vo Lgt. 14 settembre 1944, n. 287, provvedimenti relativi alla riforma della legislazione civile.*

(²) *A norma dell'art. 105, comma 1, del D.L. vo 28 dicembre 2013, n. 154, a decorrere dal trentesimo giorno successivo a quello della sua pubblicazione nella* Gazzetta Ufficiale (G.U. *n. 5 dell'8 gennaio 2014*), *le parole*: «*potestà*» *o* «*potestà genitoriale*» *sono state sostituite dalle attuali*: «*responsabilità genitoriale*».

129. Le norme del codice in materia di tutela e di curatela (344 ss. c.c.) si applicano anche alle tutele e alle curatele che si sono aperte prima del 1 luglio 1939.

Tuttavia i tutori, i protutori e i curatori già nominati conservano l'ufficio, salve le disposizioni degli articoli 383, 384 e 393 del codice, e sempre che non ricorrano cause d'incapacità previste dal codice stesso (350, 393 c.c.).

130. La disposizione dell'art. 428 del codice è applicabile anche se gli atti in essa contemplati sono stati compiuti prima del 1 luglio 1939.

131. Le ipoteche legali sui beni del tutore iscritte a norma degli articoli 292, 293 e 1969, n. 3, del codice del 1865 possono essere cancellate quando il tutore ne fa istanza al giudice tutelare, il quale, se ordina la cancellazione, provvede secondo l'art. 381 del nuovo codice.

Sezione II
Disposizioni
relative al libro II

132. L'erede con beneficio d'inventario (484 c.c.) può promuovere la procedura di liquidazione ai sensi dell'art. 503 del codice anche se l'accettazione è stata fatta prima del 21 aprile 1940.

133. La rinunzia all'eredità (519 c.c.) o al legato (649 c.c.), fatta dopo il 21 aprile 1940, produce tutti gli effetti previsti dal codice, ancorché si tratti di successione apertasi anteriormente a quella data.

134. La disposizione dell'art. 528 del codice è applicabile anche per le successioni apertesi prima del 21 aprile 1940, se il chiamato non ha ancora accettato e non è nel possesso di beni ereditari.

L'obbligo del curatore di procedere alla liquidazione dell'eredità giacente (530 c.c.) incombe anche sui curatori già nominati, se, in caso di opposizione dei creditori o legatari, il pretore (1) ritiene opportuno disporre la liquidazione.

(1) *Ai sensi del D.L.vo 19 febbraio 1998, n. 51, l'ufficio del pretore è soppresso a decorrere dal 2 giugno 1999.*

135. Le norme sulla riduzione delle donazioni (555 c.c.) sono applicabili anche alle donazioni fatte anteriormente al 21 aprile 1940, purché la successione si sia aperta dopo. Tali donazioni sono soggette a riduzione, avuto riguardo alla misura dei diritti riservati ai legittimari stabilita dal codice (537 ss. c.c.).

La medesima disposizione si applica per le regole stabilite dal codice sulla collazione (737 c.c.), sull'imputazione (747 c.c.) e sulla riunione fittizia (556 c.c.).

Tuttavia per le donazioni di beni mobili fatte anteriormente al 21 aprile 1940, si tiene conto del valore risultante dalla stima annessa all'atto di donazione.

136. Le disposizioni degli articoli 580 e 594 del codice si applicano anche alle successioni apertesi prima del 21 aprile 1940, se i diritti dei figli nati fuori del matrimonio (1) non riconoscibili o non ricosciuti non sono stati definiti con sentenza passata in giudicato (324 c.p.c.) o mediante convenzione.

Possono inoltre valersi delle disposizioni degli articoli 580 e 594 i figli nati fuori del matrimonio (1) che si trovano nelle condizioni previste dai numeri 1 e 4 dell'art. 269 del codice, ma che non possono ottenere la dichiarazione giudiziale di paternità perchè nati anteriormente al 1° luglio 1939 ([2]).

I figli nati fuori del matrimonio ([1]) indicati dal comma precedente hanno facoltà di chiedere l'assegno vitalizio (594 c.c.) anche per le successioni già aperte, ma non oltre cinque anni prima del 21 aprile 1940; l'assegno in questo caso deve essere calcolato con riguardo allo stato e al valore che i beni ereditari avevano a tale data.

([1]) *Le parole: «figli naturali» sono state così sostituite dalle seguenti: «figli nati fuori del matrimonio» dall'art. 105, comma 3, del D.L.vo 28 dicembre 2013, n. 154, a decorrere dal trentesimo giorno successivo a quello della sua pubblicazione nella* Gazzetta Ufficiale *(G.U. n. 5 dell'8 gennaio 2014).*

([2]) *Comma dichiarato illegittimo dalla Corte costituzionale con sentenza n. 7 del 16 febbraio 1963.*

137. Non possono essere promosse né proseguite azioni per la dichiarazione di nullità, per vizio di forma (606 c.c.), per incapacità a ricevere (592 c.c.) o per altre cause, di disposizioni testamentarie e di donazioni (782 c.c.) che sono valide secondo il codice. La nullità ammessa anche da questo non può essere pronunziata se non nei limiti da esso previsti.

138. Le condizioni di vedovanza (636 c.c.) ammesse dall'ultimo comma dell'art. 850 del codice del 1865, relative alle successioni apertesi prima del 21 aprile 1940, conservano la loro efficacia.

139. I diritti derivanti da una disposizione testamentaria sotto condizione sospensiva (633 c.c.) si trasmettono agli eredi dell'onorato, se questi muore dopo il 21 aprile 1940 senza che la condizione si sia verificata.

140. Ancorché la divisione sia stata già effettuata, si applica la norma dell'art. 759 del codice, se l'evizione ha luogo dopo il 21 aprile 1940.

141. Le norme sulla revocazione per ingratitudine (801 c.c.) sono applicabili alle donazioni anteriori, se la causa di revocazione si è verificata dopo il 21 aprile 1940. Tuttavia la norma del secondo comma dell'art. 802 del codice è applicabile anche se la causa di revocazione è anteriore.

Codice Civile

Sezione III
Disposizioni relative al libro III

142 - 149. (*Omissis*) ([1]).

([1]) *Articoli abrogati dall'art. 18 della L. 22 luglio 1966, n. 607, che ha dettato nuove norme in materia di enfiteusi e prestazioni fondiarie perpetue.*

150. Per l'acquisto dei frutti al termine dell'usufrutto, se questo ha avuto inizio anteriormente al 28 ottobre 1941, si osserva il disposto dell'art. 480 del codice del 1865.

151. Le disposizioni dell'art. 999 del codice si applicano anche alle locazioni concluse dall'usufruttuario anteriormente al 28 ottobre 1941 (157).

152. Il diritto di ritenzione ammesso dagli articoli 1006 e 1011 del codice spetta all'usufruttuario anche per le somme a lui dovute in dipendenza di anticipazioni effettuate prima del 28 ottobre 1941.

153. La disposizione dell'art. 1023 del codice si applica anche ai diritti di uso e di abitazione costituiti prima del 28 ottobre 1941.

154. Se l'interclusione del fondo si è verificata per effetto di vendita anteriore al 28 ottobre 1941, il compratore non è tenuto a dare il passaggio senza indennità (1054 c.c.).

155. Le disposizioni concernenti la revisione dei regolamenti di condominio e la trascrizione di essi (1138 c.c.) si applicano anche ai regolamenti formati prima del 28 ottobre 1941.

Cessano di avere effetto le disposizioni dei regolamenti di condominio che siano contrarie alle norme richiamate nell'ultimo comma dell'art. 1138 del codice e nell'art. 72 di queste disposizioni.

155 *bis*. ([1]) L'assemblea, ai fini dell'adeguamento degli impianti non centralizzati di cui all'articolo 1122 *bis*, primo comma, del codice, già esistenti alla data di entrata in vigore del predetto articolo, adotta le necessarie prescrizioni con le maggioranze di cui all'articolo 1136, commi primo, secondo e terzo, del codice.

([1]) *Questo articolo è stato inserito dall'art. 26, comma 1, della L. 11 dicembre 2012, n. 220 (in vigore dal 18 giugno 2013).*

156. I condomini costituiti in forma di società cooperative possono conservare tale forma di amministrazione.

Ai rapporti di condominio negli edifici di cooperative edilizie le quali godono del contributo dello Stato nel pagamento degli interessi sui mutui si applicano le disposizioni delle leggi speciali.

157. Per i diritti spettanti al possessore (1150 c.c.), all'usufruttuario (985, 1005, 1006 c.c.) o all'enfiteuta (975 c.c.) a causa di riparazioni, di miglioramenti o di addizioni eseguite anteriormente al 28 ottobre 1941 si applicano le norme del codice del 1865, salvo quanto è stabilito dall'art. 152 di queste disposizioni.

158. Il termine per l'usucapione delle servitù discontinue apparenti (1061 c.c.) comincia a decorrere dal 28 ottobre 1941.

La disposizione dell'art. 1075 del codice si applica se la prescrizione del modo della servitù non si è compiuta prima del 28 ottobre 1941.

Sezione IV
Disposizioni
relative al libro IV

159. Il luogo in cui devono essere adempiute le obbligazioni che scadono dopo l'entrata in vigore del codice, si determina in conformità dell'art. 1182 del codice stesso, anche se si tratta di obbligazioni sorte anteriormente.

160. Le disposizioni del codice relative alla mora del creditore (1206 ss. c.c.), all'inadempimento e alla mora del debitore (1218 c.c.) si applicano anche se si tratta di obbligazione sorta prima dell'entrata in vigore del codice stesso, se l'offerta di pagamento sia stata compiuta ovvero l'inadempimento o la mora si sia verificato posteriormente.

161. I crediti di somme di danaro che siano divenuti esigibili prima dell'entrata in vigore del nuovo codice, producono, da questa data, interessi di pieno diritto (1282 c.c.), anche se tale effetto non si verificava secondo le disposizioni del codice del 1865.

Gli interessi legali che si maturano dopo la data predetta devono essere computati al saggio stabilito dall'art. 1284 del nuovo codice.

162. La disposizione dell'art. 1283 del codice si applica anche se si tratta di obbligazioni sorte anteriormente all'entrata in vigore del codice stesso, quando gl'interessi sono dovuti per almeno sei mesi.

163. Il giudice può ridurre la penale manifestamente eccessiva (1384 c. c.) anche se il contratto sia stato concluso anteriormente all'entrata in vigore del codice e anche se il pagamento della penale sia stato giudizialmente domandato e il giudizio sia pendente alla data suddetta (1398 c.c.).

164. Le disposizioni del secondo e del terzo comma dell'art. 1385 del codice si applicano anche se il contratto sia stato concluso anteriormente al giorno dell'entrata in vigore del codice stesso, e anche se a tale data sia stato già iniziato il giudizio e questo sia tuttora pendente.

165. Gli effetti dell'annullamento (1445 c.c.) o della risoluzione (1453 ss. c.c.) dei contratti rispetto ai terzi sono regolati dalle disposizioni del codice civile del 1865 se la domanda sia stata proposta anteriormente all'entrata in vigore del nuovo codice.

166. Per le vendite immobiliari stipulate anteriormente all'entrata in vigore del codice, la rescissione a causa di lesione (1448 c.c.) è regolata dalle disposizioni del codice del 1865.

167. Le disposizioni dell'art. 1462 del codice si applicano anche se la clausola ivi prevista sia inserita in un contratto stipulato prima del giorno dell'entrata in vigore del codice stesso, quando l'eccezione del debitore sia opposta dopo o, se proposta prima, il relativo giudizio sia ancora pendente alla data predetta.

168. Le disposizioni relative agli effetti dell'eccessiva onerosità sopravvenuta (1467 c.c.) si applicano anche per i contratti conclusi prima dell'entrata in vigore del codice se le circostanze e gli avvenimenti da cui deriva la eccessiva onerosità si siano verificati dopo.

169. Le disposizioni che regolano le conseguenze del sopravvenuto mutamento nelle condizioni patrimoniali del debitore (1461 c.c.) si applicano anche quando si tratti di contratti anteriori all'entrata in vigore del codice, se il mutamento si avveri posteriormente.

170. Le disposizioni del secondo comma dell'art. 1473 del codice si applicano anche ai contratti di vendita conclusi anteriormente all'entrata in vigore del codice stesso, se il rifiuto o l'impedimento del terzo ad accettare l'incarico si verificano dopo.

171. Le disposizioni degli articoli 1478, 1479 e 1480 del codice si applicano anche ai contratti di vendita conclusi anteriormente al giorno dell'entrata in vigore di esso, se a tale data non era stato domandato in giudizio l'annullamento.

172. Le disposizioni che impongono la denuncia dei vizi o della mancanza di qualità della cosa venduta e stabiliscono i termini per farla (1495 c.c.), si applicano anche se il contratto sia stato concluso anteriormente all'entrata in vigore del codice, purché la consegna o il ricevimento della cosa abbiano avuto luogo posteriormente.

173. Le disposizioni relative al riscatto convenzionale nel contratto di vendita (1500 ss. c.c.), tranne quella del primo comma dell'art. 1501, si applicano anche ai contratti conclusi anteriormente all'entrata in vigore del codice quando il diritto di riscatto venga esercitato posteriormente.

174. Le disposizioni dell'art. 1512 del codice si applicano ai contratti di vendita anteriori all'entrata in vigore di esso e il difetto di funzionamento sia scoperto posteriormente.

175. Qualora secondo le leggi anteriori i contratti di vendita di cose mobili con riserva di proprietà fossero opponibili ai creditori o ai terzi aventi causa dal compratore indipendentemente dai requisiti prescritti dall'art. 1524 del codice, le formalità relative, trattandosi di contratti conclusi anteriormente al giorno dell'entrata in vigore di esso, devono essere adempiute entro tre mesi dalla data medesima. In mancanza, la riserva di proprietà non può essere opposta ai creditori del compratore che abbiano pignorato la cosa e ai terzi aventi causa dal medesimo che abbiano acquistato diritti sulla cosa stessa posteriormente alla data anzidetta.

176. Le disposizioni degli articoli 1525 e 1526 del codice si applicano ai contratti conclusi anteriormente al giorno dell'entrata in vigore di esso e anche se la risoluzione per inadempimento sia stata giudizialmente domandata e il giudizio sia tuttora pendente alla data suddetta.

177. Le disposizioni degli articoli 1531, secondo comma, e 1550, secondo comma, del codice, relative all'esercizio del diritto di voto, si applicano anche ai contratti di vendita a termine o di riporto di titoli di credito, che siano in corso di esecuzione all'entrata in vigore del codice stesso.

178. La prescrizione stabilita dall'art. 1541 del codice si applica anche se si tratta di contratto di vendita anteriore alla data dell'entrata in vigore del codice stesso qualora la consegna dell'immobile sia stata eseguita posteriormente e al momento della consegna non sia già decorso il termine stabilito dall'art. 1478 del codice del 1865.

179. I patti di preferenza previsti dall'art. 1566 del codice che alla data dell'entrata in vigore di questo devono ancora durare oltre cinque anni, sono validi nei limiti di un quinquennio computabile da tale data.

Le modalità per l'esercizio del diritto di preferenza stabilite dal secondo comma dell'art. 1566 predetto, si osservano se l'esercizio medesimo ha luogo dopo l'entrata in vigore del codice, anche se il patto sia stato stipulato anteriormente.

180. I rapporti di locazione (1571 ss. c.c.) in corso al giorno dell'entrata in vigore del nuovo codice sono regolati dal codice del 1865.

Tuttavia si applicano, con effetto da tale data, le disposizioni del nuovo codice dichiarate inderogabili, o che siano comunque di ordine pubblico, e tutte le altre che regolano fatti o situazioni non previste specificamente dalla legge anteriore.

181. Le disposizioni degli articoli 1665, 1666, 1667 e 1668 del codice si applicano anche per i contratti anteriori, se l'opera o singole partite di essa siano compiute o comunque alla loro consegna si addivenga dopo l'entrata in vigore del codice stesso.

182. Le disposizioni dell'art. 1694 e della seconda parte dell'art. 1698 del codice si osservano anche se il contratto sia anteriore all'entrata in vigore del codice stesso.

183. Le disposizioni degli articoli 1706 e 1707 del codice si applicano anche se il mandato sia stato conferito anteriormente all'entrata in vigore del codice stesso.

184. Le cause di estinzione del mandato (1722 c.c.) sono regolate dal codice se si verificano dopo l'entrata in vigore di questo, anche se si tratta di mandato conferito anteriormente.

185. La disposizione del secondo comma dell'art. 1815 del codice si applica anche se il contratto di mutuo sia anteriore all'entrata in vigore del codice stesso.

186. Il creditore di una rendita (1861, 1872 c.c.) o di ogni altra prestazione annua costituita anteriormente all'entrata in vigore del nuovo codice, può pretendere dal debitore il rilascio di un nuovo documento secondo la disposizione dell'art. 1870 del codice stesso, ma il termine di nove anni decorre dall'entrata in vigore di questo se non scada prima il termine di ventotto anni stabilito dall'art. 2136 del codice del 1865.

187. Le disposizioni degli articoli 1888, secondo e terzo comma, 1889, 1902, 1903, secondo comma, 1930 e 1931 del codice si applicano anche ai contratti in corso.

Si applicano parimenti ai contratti suddetti le disposizioni degli articoli 1897, 1898 e 1926, quando le modificazioni del rischio da esse previste si verificano dopo l'entrata in vigore del codice, la disposizione del secondo comma dell'art. 1899, se la proroga tacita non è già avvenuta anteriormente alla entrata in vigore medesima, le disposizioni dell'art. 1901 relativamente ai premi che scadono dopo l'entrata in vigore medesima, le disposizioni degli articoli 1914, secondo comma, e 1915, secondo comma, per i sinistri verificatisi dopo l'entrata in vigore medesima.

188. Le disposizioni dell'art. 1921 del codice si applicano alle dichiarazioni di revoca posteriori all'entrata in vigore di esso, anche se il contratto di assicurazione sia stato concluso anteriormente.

Qualora i fatti che producono la decadenza del beneficiario o che autorizzano la revoca del beneficio si siano verificati dopo l'entrata in vigore predetta, si applicano le disposizioni dell'art. 1922 del codice, anche se il contratto di assicurazione sia anteriore.

189. Le disposizioni del primo comma dell'art. 1943 del codice si osservano quando la presentazione del fideiussore avviene posteriormente all'entrata in vigore del codice stesso, anche se l'obbligazione di dare un fideiussore sia sorta anteriormente.

La disposizione del precedente comma non si applica se l'obbligazione di dare un fideiussore deriva da un contratto.

190. La disposizione dell'art. 1957 del codice si applica anche alle fideiussioni anteriori all'entrata in vigore del codice stesso se l'obbligazione principale scade dopo.

Se l'obbligazione è già scaduta, il termine di sei mesi stabilito dal primo comma dell'articolo 1957 decorre dall'entrata in vigore suddetta.

191. La disposizione del secondo comma dell'art. 1962 del codice si applica anche ai contratti di anticresi anteriori, ma il termine di dieci anni decorre dall'entrata in vigore del codice stesso.

192. Il debitore può valersi della facoltà accordatagli dall'art. 1964 del codice, anche se il contratto di anticresi sia anteriore all'entrata in vigore del codice stesso.

193. Le disposizioni degli articoli 1979, 1980, 1982, 1983, 1984 e 1985 del codice si applicano anche ai contratti di cessione dei beni ai creditori, conclusi anteriormente all'entrata in vigore di esso.

194. Le disposizioni degli articoli 2045, 2057 e 2058 del codice si applicano anche se i fatti da cui deriva la responsabilità del loro autore sono avvenuti anteriormente all'entrata in vigore del codice stesso.

Sezione V
Disposizioni relative al libro V

195. Le disposizioni contenute nelle sezioni III e IV del capo I del titolo II del libro V del codice (2096 ss. c.c.) e quelle contenute nelle sezioni II, III, IV e V del capo II dello stesso titolo (2141 ss. c.c.) si applicano anche ai rapporti in corso al momento dell'entrata in vigore del codice, salvo quanto è stabilito negli articoli seguenti.

196. Nei contratti di lavoro a tempo determinato in corso al giorno dell'entrata in vigore del codice, che devono ancora durare per un periodo superiore a quello indicato dall'ultimo comma dell'articolo 2097 (1) del codice stesso, il prestatore di lavoro può recedere dal contratto, decorsi il quinquennio o il decennio dal giorno suddetto.

(1) *Articolo abrogato dall'art. 9 della L. 18 aprile 1962, n. 230, disciplina del contratto di lavoro a tempo determinato.*

197. Le rinunzie e le transazioni successive alla cessazione del rapporto di lavoro previste dall'articolo 2113 del codice, che hanno avuto luogo nei tre mesi anteriori all'entrata in vigore del codice, sono impugnabili a norma dell'articolo medesimo, e il termine per l'impugnazione decorre dalla data predetta.

198. I patti di non concorrenza previsti dall'articolo 2125 del codice, che al giorno dell'entrata in vigore del codice devono ancora durare per un periodo superiore a quello stabilito nell'articolo stesso, sono efficaci per il periodo previsto nella detta disposizione a decorrere dalla data predetta.

199. L'inabilitato (415 c.c.), che al giorno dell'entrata in vigore del codice esercita un'impresa commerciale (2195 c.c.), non può continuarla se non con l'autorizzazione prevista dall'art. 425 del codice stesso. Questa autorizzazione produce effetto fino dal detto giorno qualora sia pubblicata, secondo le nuove disposizioni, entro tre mesi successivi.

200. Le disposizioni del codice, relative alla tenuta delle scritture contabili (2214 c.c.) e alla redazione del bilancio (2217, 2423 c.c.) per gli imprenditori che esercitano un'attività commerciale (2195 c.c.) e per le società soggette a registrazione (2200 c.c.), entreranno in vigore il 1 gennaio 1943.

Fino a tale data le scritture contabili si considerano regolarmente tenute a tutti gli effetti previsti dal codice in quanto siano regolarmente tenute secondo le leggi anteriori.

Fino all'attuazione delle disposizioni relative al registro delle imprese (99), la numerazione, la bollatura e la vidimazione dei libri contabili prescritte dal codice saranno eseguite dal cancelliere del tribunale o della pretura, o da un notaio secondo le leggi anteriori, e le relative richieste dovranno essere annotate nel registro dei libri di commercio istituito presso la cancelleria del tribunale a norma delle leggi anteriori.

201. Ai contratti d'opera (2222 c.c.) stipulati prima dell'entrata in vigore del codice non si applica la decadenza prevista nel secondo comma dell'art. 2226 del codice, salvo che la consegna dell'opera avvenga posteriormente all'entrata in vigore del codice stesso.

202. Le disposizioni contenute nel capo II del titolo III del libro V del codice (2229 ss. c.c.) si applicano anche ai rapporti di prestazione d'opera intellettuale in corso al giorno dell'entrata in vigore del codice stesso, salva l'osservanza delle leggi speciali.

203. Le disposizioni contenute nel capo II del titolo IV del libro V del codice (2240 ss. c.c.) si applicano anche ai rapporti di lavoro domestico in corso al giorno dell'entrata in vigore del codice stesso.

204. Le società civili a tempo determinato, esistenti al giorno dell'entrata in vigore del codice, continuano ad essere soggette alle leggi anteriori per la durata del contratto, purché questa risulti da atto scritto di data anteriore al 27 febbraio 1942.

Le società civili a tempo indeterminato e quelle, il cui termine di durata non risulta da atto scritto di data anteriore al 27 febbraio 1942, sono soggette alle norme del codice sulle società semplici (2251 c.c.) a partire dal 1 luglio 1945. Tuttavia anche dopo tale data le obbligazioni sociali sorte antecedentemente alla data suddetta sono regolate dalle disposizioni delle leggi anteriori.

Alle società civili costituite in forma di società per azioni, esistenti al giorno dell'entrata in vigore del codice, si applicano le disposizioni relative a questo tipo di società (205; 2325 c.c.).

205. Le società commerciali (2195 c.c.) e le società cooperative, esistenti al giorno dell'entrata in vigore del codice, ma non legalmente costituite (2297, 2317, 2331², 2519 c.c.) secondo le leggi anteriori, devono adempiere, entro il 31 dicembre 1942, le formalità stabilite dal codice secondo le norme dettate dall'art. 100 di queste disposizioni.

206. Le società commerciali e le società cooperative, legalmente costituite al giorno dell'entrata in vigore del codice, devono provvedere ad uniformare l'atto costitutivo e lo statuto alle nuove disposizioni entro il 30 giugno 1945. Fino a questa data le disposizioni dell'atto costitutivo e dello statuto, in vigore al momento dell'attuazione del codice, conservano la loro efficacia, anche se non sono a questo conformi, salve le norme degli articoli seguenti.

207. Non è necessario il consenso del socio receduto o degli eredi del socio defunto, richiesto dal secondo comma dell'art. 2292 del codice, se il socio è receduto o defunto almeno un anno prima dell'entrata in vigore del codice stesso, ed il suo nome è stato conservato nella ragione sociale senza opposizione del socio receduto o degli eredi del socio defunto.

208. L'incapace, che sia socio di una società in nome collettivo o socio accomandatario di una società in accomandita, deve ottenere le autorizzazioni previste dagli articoli 320, 371, 397, 424 e 425 del codice entro tre mesi dall'entrata in vigore di questo.

Se entro tale termine non sono state ottenute le autorizzazioni prescritte, l'incapace può essere escluso a norma dell'art. 2286 del codice.

209. Hanno immediata, applicazione con l'entrata in vigore del codice, anche per le società esistenti a tale data, nonostante ogni contraria disposizione dell'atto costitutivo o dello statuto, gli articoli 2357 a 2362, 2367, 2373, 2377 a 2379, 2389, 2391 a 2396, 2398 a 2409, 2422 e 2446, nonché le disposizioni del titolo XI del libro V del codice (2621 c.c.).

Le società, che anteriormente al giorno dell'entrata in vigore del codice hanno investito in tutto o in parte il proprio capitale in difformità delle disposizioni degli articoli 2359 e 2360, devono uniformarsi alle disposizioni stesse entro il 30 giugno 1945.

210. L'emissione di obbligazioni da parte di società per azioni, esistenti al giorno dell'entrata in vigore del codice, è regolata dalle nuove disposizioni (2410 ss. c.c.).

Gli articoli 2415, 2416, 2417, 2418, 2419 e 2420 del codice si applicano alle obbligazioni emesse anteriormente alla suddetta data.

211. Le modificazioni dell'atto costitutivo e dello statuto delle società commerciali e delle società cooperative, esistenti al giorno dell'entrata in vigore del codice, nonché la trasformazione e la fusione delle società stesse sono regolate dalle nuove disposizioni (2300, 2306, 2307, 2436 ss., 2470, 2494 ss., 2537 c.c.).

211 *bis*. Il secondo periodo dell'articolo 2441, settimo comma, del codice non si applica alle azioni detenute, alla data del 7 marzo 1992, dai soggetti indicati nel medesimo comma, con obbligo di offrirle agli azionisti.

212. ([1]) Le deliberazioni di modifica dello statuto di società iscritte nel registro delle imprese alla data del 31 agosto 2014 con cui è prevista la creazione di azioni a voto plurimo ai sensi dell'articolo 2351 del codice sono prese, anche in prima convocazione, con il voto favorevole di almeno i due terzi del capitale rappresentato in assemblea.

([1]) *Questo articolo è stato così sostituito dall'art. 20, comma 8* ter, *del D.L. 24 giugno 2014, n. 91, convertito, con modificazioni, nella L. 11 agosto 2014, n. 116.*

213. Salvo contraria disposizione dell'atto costitutivo o dello statuto, la durata dell'ufficio degli amministratori delle società esistenti al giorno dell'entrata in vigore del codice, resta regolata dalla legge anteriore sino al 30 giugno 1945. Gli amministratori in carica a questa data decadono dall'ufficio alla prima scadenza, per decorrenza del termine, di uno o più amministratori, successiva alla data stessa, salva la disposizione del secondo comma dell'art. 2385 del codice.

214. Le disposizioni dell'art. 2387 del codice non si applicano agli amministratori in carica al giorno dell'entrata in vigore del codice stesso per la durata della loro nomina.

215. Le società per azioni, che al giorno dell'entrata in vigore del codice hanno un capitale non inferiore a cinquecentomila lire, possono conservare la forma della società per azioni per il tempo stabilito per la loro durata antecedentemente al 27 febbraio 1942.

Le società per azioni, che al giorno dell'entrata in vigore del codice, hanno un capitale inferiore a cinquecentomila lire, e che entro il 30 giugno 1945 non abbiano provveduto a conformarsi a uno dei tipi sociali previsti dal codice, sono sciolte, e gli amministratori devono entro un mese convocare l'assemblea per le deliberazioni relative alla liquidazione secondo le norme stabilite dal codice stesso.

216. Le società a garanzia limitata, esistenti al giorno dell'entrata in vigore del codice nella Venezia Giulia e Tridentina, a norma del R.D. 4 novembre 1928, n. 2325, se non hanno provveduto a conformarsi al codice entro il 30 giugno 1945, sono soggette a decorrere dal 1 luglio 1945 alle nuove disposizioni sulle società a responsabilità limitata (2472 ss. c.c.).

217. Le società cooperative in nome collettivo e quelle per azioni, esistenti al giorno dell'entrata in vigore del codice, sono soggette alle disposizioni dettate dal codice stesso rispettivamente per le società cooperative a responsabilità illimitata e per le società cooperative a responsabilità limitata, salvo quanto disposto dagli articoli 206 e seguenti di queste disposizioni.

Le società cooperative in accomandita, esistenti al giorno dell'entrata in vigore del codice, che, entro il 30 giugno 1945 non abbiano provveduto a conformarsi al medesimo, devono essere poste in liquidazione.

Le disposizioni di questo articolo si applicano anche ai consorzi conservati in vigore nella Venezia Giulia e Tridentina a norma del primo comma dell'art. 41 del R.D. 4 novembre 1928, n. 2325.

218. (1) Le società [poste] (2) in liquidazione alla data del 1° gennaio 2004, sono liquidate secondo le leggi anteriori.

Le società [poste] (2) in liquidazione dal 1° gennaio 2004, sono liquidate secondo le nuove disposizioni.

(1) *Questo articolo è stato così sostituito dall'art. 9, comma 2, lett.* a), *del D.L.vo 17 gennaio 2003, n. 6, a decorrere dal 1° gennaio 2004.*

(2) *La parola: «poste» è stata soppressa dall'art. 5, lett.* iii), *del D.L.vo 6 febbraio 2004, n. 37.*

219. I rapporti di associazione in partecipazione (2549 c.c.) costituiti anteriormente all'entrata in vigore del codice sono regolati dalle leggi anteriori.

220. La disposizione del secondo comma dell'art. 2560 del codice non si applica ai trasferimenti di azienda anteriori all'entrata in vigore del codice.

221. L'imprenditore deve, entro il 30 giugno 1945, uniformare alla disposizione dell'art. 2563 del codice la ditta costituita anteriormente all'entrata in vigore del codice stesso.

222. La disposizione dell'art. 2596 del codice non si applica ai patti limitativi della concorrenza conclusi anteriormente al 27 febbraio 1942.

Tuttavia i patti limitativi della concorrenza, conclusi prima del 27 febbraio 1942 per tempo indeterminato, o che alla data di entrata in vigore del codice devono ancora durare per oltre cinque anni, hanno efficacia entro i limiti di un quinquennio da quest'ultima data.

223. I contratti di consorzio previsti dal capo II del titolo X del libro V del codice (2602 ss. c.c.), stipulati anteriormente all'entrata in vigore del codice stesso, sono soggetti alle nuove disposizioni a partire dal 1 luglio 1945.

Entro il 30 giugno 1945 tali contratti devono essere uniformati alle disposizioni stesse: le relative deliberazioni sono prese con il voto favorevole della maggioranza dei consorziati e possono essere impugnate davanti l'autorità giudiziaria dai consorziati assenti o dissenzienti entro trenta giorni dalla data della deliberazione. In mancanza il consorzio è sciolto.

223 *bis*. ([1]) Le società di cui ai capi V, VI e VII del titolo V del libro V, del codice civile, iscritte nel registro delle imprese alla data del 1 gennaio 2004, devono uniformare l'atto costitutivo e lo statuto alle nuove disposizioni inderogabili entro il 30 settembre 2004.

Le decisioni di trasformazione della società a responsabilità limitata in società per azioni possono essere prese entro il 30 settembre 2004, anche in deroga a clausole statutarie, con il voto favorevole di una maggioranza che rappresenti più della metà del capitale sociale ([2]).

Le deliberazioni dell'assemblea straordinaria di mero adattamento dell'atto costitutivo e dello statuto a nuove disposizioni inderogabili possono essere assunte, entro il termine di cui al primo comma, a maggioranza semplice, qualunque sia la parte di capitale rappresentata in assemblea. Con la medesima maggioranza ed entro il medesimo termine possono essere assunte le deliberazioni dell'assemblea straordinaria aventi ad oggetto l'introduzione nello statuto di clausole che escludono l'applicazione di nuove disposizioni di legge, derogabili con specifica clausola statutaria; fino alla avvenuta adozione della modifica statutaria e comunque non oltre il 30 settembre 2004, per tali società resta in vigore la relativa disciplina statutaria e di legge vigente alla data del 31 dicembre 2003 ([3]).

Le modifiche statutarie necessarie per l'attribuzione all'organo amministrativo, al consiglio di sorveglianza o al consiglio di gestione della competenza all'adeguamento dello statuto alle disposizioni di cui all'articolo 2365, secondo comma, del codice sono deliberate dall'assemblea straordinaria con le modalità e le maggioranze indicate nei commi precedenti.

Fino alla data indicata al primo comma, le previgenti disposizioni dell'atto costitutivo e dello statuto conservano la loro efficacia anche se non sono conformi alle disposizioni inderogabili del presente decreto.

Dalla data del 1 gennaio 2004 non possono essere iscritte nel registro delle imprese le società di cui ai capi V, VI e VII del Titolo V del libro V del codice civile, anche se costituite anteriormente a detta data, che siano regolate da atto costitutivo e statuto non conformi al decreto medesimo. Si applica in tale caso l'articolo 2331, quarto comma, del codice.

Le società costituite anteriormente al 1 gennaio 2004 possono, in sede di costituzione o di modificazione dello statuto, adottare clausole statutarie conformi ai decreti legislativi attuativi della legge 3 ottobre 2001, n. 366. Tali clausole avranno efficacia a decorrere dal momento, successivo alla data del 1 gennaio 2004, in cui saranno iscritte nel registro delle imprese con contestuale deposito dello statuto nella sua nuova versione.

(1) *Questo articolo è stato inserito dall'art. 9, comma 2, lett.* b), *del D.L.vo 17 gennaio 2003, n. 6, a decorrere dal 1° gennaio 2004.*

(2) *Questo comma è stato inserito dall'art. 5, lett.* III), *n. 1, del D.L.vo 6 febbraio 2004, n. 37.*

(3) *Questo comma è stato così sostituito dall'art. 5, lett.* III), *n. 2, del D.L.vo 6 febbraio 2004, n. 37.*

223 *ter*. (1) Le società per azioni costituite prima del 1 gennaio 2004 con un capitale sociale inferiore a centoventimila euro possono conservare la forma della società per azioni per il tempo, stabilito antecedentemente alla data del 1 gennaio 2004, per la loro durata.

(1) *Questo articolo è stato inserito dall'art. 9, comma 2, lett.* b), *del D.L.vo 17 gennaio 2003, n. 6, a decorrere dal 1° gennaio 2004.*

223 *quater*. (1) Nel caso in cui la legge prevede che le autorizzazioni di cui agli articoli 2329, numero 3), e 2436, secondo comma, del codice civile siano rilasciate successivamente alla stipulazione dell'atto costitutivo o, rispettivamente, alla deliberazione, i termini previsti dalle suddette disposizioni decorrono dal giorno in cui l'originale o la copia autentica del provvedimento di autorizzazione è stato consegnato al notaio.

L'autorità competente al rilascio delle autorizzazioni di cui al primo comma è altresì legittimata, qualora l'iscrizione nel registro delle imprese sia avvenuta nonostante la loro mancanza o invalidità, a proporre istanza per la cancellazione della società medesima dal registro. Il tribunale provvede, sentita la società, in camera di consiglio e nel caso di accoglimento dell'istanza si applica l'articolo 2332 del codice.

(1) *Questo articolo è stato inserito dall'art. 9, comma 2, lett.* b), *del D.L.vo 17 gennaio 2003, n. 6, a decorrere dal 1° gennaio 2004.*

223 *quinquies*. ([1]) Tutti i termini previsti in disposizioni speciali con riferimento all'omologazione dell'atto costitutivo o di deliberazioni assembleari decorrono dalla data di iscrizione di tali atti nel registro delle imprese.

([1]) *Questo articolo è stato inserito dall'art. 9, comma 2, lett.* b), *del D.L.vo 17 gennaio 2003, n. 6, a decorrere dal 1° gennaio 2004.*

223 *sexies*. ([1]) Le disposizioni degli articoli 2377, 2378, 2379, 2379 *bis*, 2379 *ter* e 2434 *bis* del codice civile si applicano anche alle deliberazioni anteriori alla data del 1 gennaio 2004, salvo che l'azione sia stata già proposta. Tuttavia se i termini scadono entro il 31 marzo 2004, le azioni per l'annullamento o la dichiarazione di nullità delle deliberazioni possono essere esercitate entro il 31 marzo 2004.

([1]) *Questo articolo è stato inserito dall'art. 9, comma 2, lett.* b), *del D.L.vo 17 gennaio 2003, n. 6, a decorrere dal 1° gennaio 2004.*

223 *septies*. ([1]) Se non diversamente disposto, le norme del codice civile che fanno riferimento agli amministratori e ai sindaci trovano applicazione, in quanto compatibili, anche ai componenti del consiglio di gestione e del consiglio di sorveglianza, per le società che abbiano adottato il sistema dualistico, e ai componenti del consiglio di amministrazione e ai componenti del comitato per il controllo sulla gestione, per le società che abbiano adottato il sistema monistico.

Ogni riferimento al collegio sindacale o ai sindaci presente nelle leggi speciali è da intendersi effettuato anche al consiglio di sorveglianza e al comitato per il controllo sulla gestione o ai loro componenti, ove compatibile con le specificità di tali organi.

([1]) *Questo articolo è stato inserito dall'art. 9, comma 2, lett.* b), *del D.L.vo 17 gennaio 2003, n. 6, a decorrere dal 1° gennaio 2004.*

223 *octies*. ([1]) La trasformazione prevista dall'articolo 2500 *octies* del codice civile è consentita alle associazioni e fondazioni costituite prima del 1 gennaio 2004 soltanto quando non comporta distrazione, dalle originarie finalità, di fondi o valori creati con contributi di terzi o in virtù di particolari regimi fiscali di agevolazione. Nell'ipotesi di fondi creati in virtù di particolari regimi fiscali di agevolazione, la trasformazione è consentita nel caso in cui siano previamente versate le relative imposte.

La trasformazione di cui al primo comma non è consentita alle fondazioni bancarie.

([1]) *Questo articolo è stato inserito dall'art. 9, comma 2, lett.* b), *del D.L.vo 17 gennaio 2003, n. 6, a decorrere dal 1° gennaio 2004.*

223 *novies.* ([1]) I procedimenti previsti dall'articolo 2409 del codice, pendenti alla data del 1 gennaio 2004, proseguono secondo le norme anteriormente vigenti.

Il tribunale ha il potere di dichiarare cessata la materia del contendere, qualora le modifiche introdotte comportino la sanatoria delle irregolarità denunciate.

([1]) *Questo articolo è stato inserito dall'art. 9, comma 2, lett.* b), *del D.L.vo 17 gennaio 2003, n. 6, a decorrere dal 1° gennaio 2004.*

223 *decies.* ([1]) Gli articoli da 2415 a 2420 del codice civile si applicano anche alle obbligazioni emesse anteriormente al 1 gennaio 2004.

([1]) *Questo articolo è stato inserito dall'art. 9, comma 2, lett.* b), *del D.L.vo 17 gennaio 2003, n. 6, a decorrere dal 1° gennaio 2004.*

223 *undecies.* ([1]) I bilanci relativi ad esercizi chiusi prima del 1 gennaio 2004 sono redatti secondo le leggi anteriormente vigenti.

I bilanci relativi ad esercizi chiusi tra il 1 gennaio 2004 e il 30 settembre 2004 possono essere redatti secondo le leggi anteriormente vigenti o secondo le nuove disposizioni.

I bilanci relativi ad esercizi chiusi dopo la data del 30 settembre 2004 sono redatti secondo le nuove disposizioni.

([1]) *Questo articolo è stato inserito dall'art. 9, comma 2, lett.* b), *del D.L.vo 17 gennaio 2003, n. 6, a decorrere dal 1° gennaio 2004.*

223 *duodecies.* ([1]) Le società di cui al capo I del titolo VI del libro V del codice civile, iscritte nel registro delle imprese alla data del 1 gennaio 2004, devono uniformare l'atto costitutivo e lo statuto alle nuove disposizioni inderogabili entro il 31 marzo 2005 ([2]).

Le deliberazioni necessarie per l'adeguamento dell'atto costitutivo e dello statuto alle nuove disposizioni inderogabili possono essere adottate, in terza convocazione, a maggioranza semplice dei presenti.

L'articolo 2365, secondo comma, del codice civile, nella parte relativa all'adeguamento dello statuto a disposizioni normative, trova applicazione anche per l'adeguamento alle norme introdotte con i decreti legislativi attuativi della legge n. 366 del 2001. Le modifiche statutarie necessarie per l'attribuzione all'organo amministrativo, al consiglio di sorveglianza o al consiglio di gestione della competenza all'adeguamento dello statuto alle disposizioni di cui al presente decreto sono deliberate dall'assemblea straordinaria con le modalità e le maggioranze indicate nei commi precedenti.

Fino alla data indicata al primo comma le previgenti disposizioni dell'atto costitutivo e dello statuto conservano la loro efficacia anche se non sono conformi alle disposizioni inderogabili del presente decreto.

Dalla data del 1 gennaio 2004 non possono essere iscritte nel registro delle imprese le società di cui al capo I del titolo VI del libro V del codice, anche se costituite anteriormente a detta data, che siano regolate da atto costitutivo e statuto non conformi al decreto medesimo. Si applica in tale caso l'articolo 2331, quarto comma, del codice civile.

Le disposizioni fiscali di carattere agevolativo previste dalle leggi speciali si applicano soltanto alle cooperative a mutualità prevalente.

Conservano le agevolazioni fiscali le società cooperative e i loro consorzi che, con le modalità e le maggioranze previste per le deliberazioni assembleari dall'articolo 2538 del codice, adeguano i propri statuti alle disposizioni che disciplinano le società cooperative a mutualità prevalente entro il 31 marzo 2005 ([3]).

([1]) *Questo articolo è stato inserito dall'art. 9, comma 2, lett.* b), *del D.L.vo 17 gennaio 2003, n. 6, a decorrere dal 1° gennaio 2004.*

([2]) *Le originarie parole: «31 dicembre 2004» sono state così sostituite dall'art. 36 del D.L.vo 28 dicembre 2004, n. 310.*

([3]) *Le originarie parole: «31 dicembre 2004» sono state così sostituite dall'art. 19* ter *del D.L. 9 novembre 2004, n. 266, convertito, con modificazioni, nella L. 27 dicembre 2004, n. 306.*

223 *terdecies*. ([1]) Alle banche popolari e alle banche di credito cooperativo si applica l'articolo 223 *duodecies*; il termine per l'adeguamento degli statuti alle nuove disposizioni inderogabili del codice civile è fissato al 30 giugno 2005. Entro lo stesso termine le banche cooperative provvedono all'iscrizione presso l'Albo delle società cooperative.

Ai consorzi agrari continuano ad applicarsi le norme vigenti alla data di entrata in vigore della legge n. 366 del 2001.

([1]) *Questo articolo, inserito dall'art. 9, comma 2, lett.* b), *del D.L.vo 17 gennaio 2003, n. 6, a decorrere dal 1° gennaio 2004, è stato così sostituito dall'art. 37 del D.L.vo 28 dicembre 2004, n. 310.*

223 *quaterdecies*. ([1]) Nelle cooperative che hanno adottato e osservano le clausole previste dall'articolo 14 del decreto del Presidente della Repubblica 29 settembre 1973, n. 601, alla data del 1 gennaio 2004, la deliberazione di trasformazione deve devolvere il patrimonio in essere alla data di trasformazione, dedotti il capitale versato e rivalutato ed i dividendi non ancora distribuiti, eventualmente aumentato sino a concorrenza dell'ammontare minimo del capitale della nuova società, ai fondi mutualistici per la promozione e lo sviluppo della cooperazione.

(1) *Questo articolo è stato inserito dall'art. 9, comma 2, lett.* b), *del D.L.vo 17 gennaio 2003, n. 6, a decorrere dal 1° gennaio 2004.*

223 *quinquiesdecies.* (1) Le cooperative che non hanno adottato le clausole previste dall'articolo 14 del decreto del Presidente della Repubblica 29 settembre 1973, n. 601, alla data del 1 gennaio 2004, possono deliberare la trasformazione in società lucrative con le maggioranze previste dall'articolo 2545 *decies* del codice senza che trovi applicazione la devoluzione del patrimonio ai fondi mutualistici.

In deroga all'articolo 2545 *quater* del codice civile, le cooperative di cui al primo comma, qualora non accedano ai benefici fiscali, devono destinare al fondo di riserva legale il venti per cento degli utili netti annuali (2).

L'obbligo di cui all'articolo (3) 2545 *undecies* del codice si applica, salva la rinunzia ai benefici fiscali da parte della cooperativa, limitatamente alle riserve indivisibili accantonate ai sensi dell'articolo 2545 *ter*, primo comma, del codice dal 1° gennaio 2004.

(1) *Questo articolo è stato inserito dall'art. 9, comma 2, lett.* b), *del D.L.vo 17 gennaio 2003, n. 6, a decorrere dal 1° gennaio 2004.*

(2) *Questo comma è stato inserito dall'art. 5, lett.* mmm), *n. 1, del D.L.vo 6 febbraio 2004, n. 37.*

(3) *Le originarie parole: «devolvere le riserve indivisibili previsto dall'articolo» sono state così sostituite dall'art. 5, lett.* mmm), *n. 2, del D.L.vo 6 febbraio 2004, n. 37.*

223 *sexiesdecies.* (1) Entro il 30 giugno 2004, il Ministro delle attività produttive predispone un Albo delle società cooperative tenuto a cura del Ministero delle attività produttive, ove si iscrivono le cooperative a mutualità prevalente, e a tal fine consente di comunicare annualmente attraverso strumenti di comunicazione informatica le notizie di bilancio, anche ai fini della dimostrazione del possesso del requisito di cui all'articolo 2513 del codice, all'amministrazione presso la quale è tenuto l'albo. L'omessa comunicazione comporta l'applicazione della sanzione amministrativa della sospensione semestrale di ogni attività dell'ente, intesa come divieto di assumere nuove eventuali obbligazioni contrattuali (2). In una diversa sezione del medesimo Albo sono tenute ad iscriversi anche le cooperative diverse da quelle a mutualità prevalente.

Il Ministro delle attività produttive, di concerto con il Ministro dell'economia e delle finanze, adegua ogni tre anni, con proprio decreto le previsioni di cui all'articoli 2519 e 2525 del codice tenuto conto delle variazioni dell'indice nazionale generale annuo dei prezzi al consumo delle famiglie di operai e impiegati, calcolate dall'Istat.

(1) *Questo articolo è stato inserito dall'art. 9, comma 2, lett.* b), *del D.L.vo 17 gennaio 2003, n. 6, a decorrere dal 1° gennaio 2004.*

(2) *Le parole: «depositare i bilanci attraverso strumenti di comunicazione informatica» sono state così sostituite dalle attuali: «comunicare annualmente attraverso strumenti di comunicazione informatica le notizie di bilancio, anche ai fini della dimostrazione del possesso del requisito di cui all'articolo 2513 del codice, all'amministrazione presso la quale è tenuto l'albo. L'omessa comunicazione comporta l'applicazione della sanzione amministrativa della sospensione semestrale di ogni attività dell'ente, intesa come divieto di assumere nuove eventuali obbligazioni contrattuali» dall'art. 10, comma 6, della L. 23 luglio 2009, n. 99.*

223 *septiesdecies*. (1) Fermo restando quanto previsto degli articoli 2545 *septiesdecies* e 2545 *octiesdecies* del codice, [entro il 31 dicembre 2004] (2) gli enti cooperativi che non hanno depositato i bilanci di esercizio da oltre cinque anni, qualora non risulti l'esistenza di valori patrimoniali immobiliari, sono sciolti senza nomina del liquidatore con provvedimento dell'autorità di vigilanza da iscriversi nel registro delle imprese. Entro il termine perentorio di trenta giorni dalla pubblicazione nella *Gazzetta Ufficiale* i creditori o gli altri interessati possono presentare formale e motivata domanda all'autorità governativa, intesa ad ottenere la nomina del commissario liquidatore; in mancanza, a seguito di comunicazione dell'autorità di vigilanza, il conservatore del registro delle imprese territorialmente competente provvede alla cancellazione della società cooperativa o dell'ente mutualistico dal registro medesimo.

(1) *Questo articolo è stato inserito dall'art. 9, comma 2, lett.* b), *del D.L.vo 17 gennaio 2003, n. 6, a decorrere dal 1° gennaio 2004.*

(2) *Le parole: «entro il 31 dicembre 2004» sono state soppresse dall'art. 10, comma 13, della L. 23 luglio 2009, n. 99.*

223 *octiesdecies*. (1) I bilanci relativi ad esercizi chiusi prima del 1 gennaio 2004 sono redatti secondo le leggi anteriormente vigenti.

I bilanci relativi ad esercizi chiusi tra la data del 1 gennaio 2004 e quella del 31 dicembre 2004 possono essere redatti secondo le leggi anteriormente vigenti o secondo le nuove disposizioni.

I bilanci relativi ad esercizi chiusi dopo la data del 31 dicembre 2004 sono redatti secondo le nuove disposizioni.

(1) *Questo articolo è stato inserito dall'art. 9, comma 2, lett.* b), *del D.L.vo 17 gennaio 2003, n. 6, a decorrere dal 1° gennaio 2004.*

223 *noviesdecies.* (1) Le società cooperative poste in liquidazione prima del 1 gennaio 2004 sono liquidate secondo le leggi anteriori.

Le società cooperative poste in liquidazione dopo il 1 gennaio 2004 sono liquidate secondo le nuove disposizioni.

(1) *Questo articolo è stato inserito dall'art. 9, comma 2, lett.* b), *del D.L.vo 17 gennaio 2003, n. 6, a decorrere dal 1° gennaio 2004.*

223 *vicies.* (1) I procedimenti riguardanti società cooperative previsti dall'articolo 2409 del codice, pendenti al 1 gennaio 2004, proseguono secondo le norme anteriormente vigenti.

(1) *Questo articolo è stato inserito dall'art. 9, comma 2, lett.* b), *del D.L.vo 17 gennaio 2003, n. 6, a decorrere dal 1° gennaio 2004.*

223 *vicies semel.* (1) Il limite di cinque anni previsto dall'articolo 2341 *bis* si applica ai patti parasociali stipulati prima del 1 gennaio 2004 e decorre dalla medesima data.

(1) *Questo articolo è stato inserito dall'art. 9, comma 2, lett.* b), *del D.L.vo 17 gennaio 2003, n. 6, a decorrere dal 1° gennaio 2004.*

223 *vicies bis.* (1) Qualora la fattispecie di cui al primo comma dell'articolo 2362 del codice sia precedente al 1 gennaio 2004, il termine ivi previsto decorre dalla sua data di entrata in vigore.

(1) *Questo articolo è stato inserito dall'art. 9, comma 2, lett.* b), *del D.L.vo 17 gennaio 2003, n. 6, a decorrere dal 1° gennaio 2004.*

223 *vicies ter.* (1) Non si applica la lettera *e*) del primo comma dell'articolo 2437 del codice alla eliminazione delle cause di recesso, previste nel secondo comma del medesimo articolo, purché deliberata entro il 30 giugno 2004.

(1) *Questo articolo è stato inserito dall'art. 9, comma 2, lett.* b), *del D.L.vo 17 gennaio 2003, n. 6, a decorrere dal 1° gennaio 2004.*

Sezione VI
Disposizioni
relative al libro VI

224. Salvo quanto è disposto dagli articoli seguenti, la trascrizione di un atto, eseguita in conformità delle leggi anteriori a effetti diversi da quelli stabiliti dal codice (2644 ss. c.c.), produce gli effetti previsti dal codice stesso, a decorrere dal giorno dell'entrata in vigore di questo.

225. Le disposizioni del codice che regolano gli effetti dell'omissione della trascrizione o dell'annotazione (2644 ss., 2843) non si applicano agli atti anteriori all'entrata in vigore del codice stesso, per i quali la trascrizione non era richiesta secondo le leggi precedenti o era richiesta a effetti diversi (242).

226. La trascrizione delle domande giudiziali prevista dagli articoli 2652 e 2653 del codice, anche se eseguita prima dell'entrata in vigore di questo, non pregiudica in nessun caso i diritti acquistati dai terzi prima di tale entrata in vigore, se essi erano fatti salvi dalle leggi anteriori.

227. Le disposizioni del codice, secondo le quali la trascrizione di una domanda giudiziale eseguita oltre un certo termine non pregiudica i diritti acquistati dai terzi (2652, nn. 6, 7, 8, 9 c.c.) non si applicano ai diritti che sono stati acquistati anteriormente all'entrata in vigore del codice stesso e che non erano fatti salvi dalle leggi anteriori, a meno che i diritti medesimi siano resi pubblici prima della trascrizione della domanda e il termine stabilito dal codice per la loro salvezza sia decorso dal giorno dell'entrata in vigore di questo.

228. La trascrizione del testamento o del certificato di denunciata successione, eseguita a norma delle leggi anteriori, produce dal giorno dell'entrata in vigore del codice gli stessi effetti che questo attribuisce alla trascrizione dell'accettazione dell'eredità (2648 c.c.).

229. Le disposizioni degli articoli 2650 e 2834 del codice relative all'ipoteca legale a favore del condividente non si applicano alle divisioni stipulate prima dell'entrata in vigore del codice stesso, ancorché trascritte successivamente.

230. Salvo quanto è disposto dai successivi articoli 231 e 232, le norme del R.D. 28 marzo 1929, n. 499, e della legge sui libri fondiari nel testo allegato al decreto medesimo, fino a che non sarà provveduto al loro coordinamento con le disposizioni del codice, continuano ad avere vigore nei territori delle nuove province, e in luogo delle disposizioni del codice del 1865 s'intendono richiamate le corrispondenti disposizioni del nuovo codice.

231. Formano oggetto di annotazione, secondo le disposizioni della legge sui libri fondiari, anche:

1) gli atti menzionati dai numeri 10, 11 e 12 dell'art. 2643 del codice agli effetti previsti dall'art. 19 della legge sui libri fondiari;

2) gli atti di costituzione del patrimonio familiare agli effetti previsti dalle disposizioni del codice;

3) la cessione dei beni ai creditori (1977 c.c.) agli effetti previsti dalle disposizioni del codice stesso (2649 c.c.);

4) le domande e gli atti indicati dagli articoli 2652 e 2653 del codice agli effetti disposti dagli articoli medesimi, in quanto non siano incompatibili con gli effetti stabiliti dalla legge sui libri fondiari.

232. L'annotazione del vincolo dotale e della comunione dei beni tra coniugi prevista dall'art. 19, lett. *c*) della legge sui libri fondiari o l'omissione dell'annotazione medesima produce dal giorno dell'entrata in vigore del codice gli effetti da questo stabiliti (2647 c.c.).

232 *bis*. A decorrere dal 25 novembre 1973, la responsabilità per danni del conservatore dei registri immobiliari è regolata dalle norme relative agli impiegati civili dello Stato, salvo che per i rapporti definiti con sentenza passata in giudicato, con transazione, o comunque esauriti.

233. Le disposizioni del codice relative alle prove (2697 ss. c.c.) si applicano anche nei giudizi pendenti, se non è stata pronunziata sentenza definitiva (279 cpv. nn. 1, 2, 3 c.p.c.), ancorché di primo grado.

La prova testimoniale per gli atti seguiti anteriormente all'entrata in vigore del codice rimane tuttavia ammissibile anche nei casi in cui non è da questo consentita (2721 c.c.), se essa poteva essere ammessa a norma del codice civile del 1865 o del codice di commercio del 1882 (244 c.p.c.).

234. Le disposizioni del codice relative ai diritti dei creditori privilegiati, all'ordine dei privilegi (2777 ss. c.c.) e all'efficacia di questi rispetto al pegno, alle ipoteche e agli altri diritti reali (2745 ss. c.c.) si osservano anche per i privilegi sorti anteriormente all'entrata in vigore del codice stesso, se sono fatti valere posteriormente.

235. La disposizione dell'art. 2767 del codice si applica anche ai crediti per risarcimento sorti prima dell'entrata in vigore del codice stesso, se l'indennità dovuta dall'assicuratore non è stata ancora corrisposta.

236. Quando un credito al quale le leggi speciali attribuiscono il privilegio del creditore pignoratizio viene in concorso con i crediti indicati dall'art.

2778 del codice, esso è preferito a quelli di cui ai nn. 12 e seguenti dello stesso articolo e posposto agli altri.

237. Se il pegno (2786 c.c.) è stato costituito anteriormente all'entrata in vigore del codice, le condizioni per l'efficacia della prelazione sono determinate dalle leggi anteriori.

Si osservano invece le disposizioni del codice per ciò che concerne i poteri e gli obblighi del creditore pignoratizio (2788 ss., 2800 c.c.).

Continua tuttavia ad applicarsi la disposizione del secondo comma dell'art. 1888 del codice del 1865, se il secondo credito è divenuto esigibile anteriormente all'entrata in vigore del nuovo codice.

238. L'opponibilità ai creditori ipotecari dei diritti costituiti sulla cosa ipotecata e delle cessioni o liberazioni di pigioni o di fitti è regolata dalle disposizioni del codice (2812 c.c.), quantunque si tratti di diritti sorti o di cessioni o liberazioni effettuate anteriormente all'entrata in vigore del codice stesso, sempre che il pignoramento sia eseguito posteriormente.

239. Le disposizioni dell'art. 2825 del codice si applicano anche alle ipoteche costituite e alle cessioni effettuate anteriormente all'entrata in vigore del codice stesso, se la divisione ha luogo posteriormente.

240. Le ipoteche iscritte prima dell'entrata in vigore del codice conservano la loro efficacia per venti anni dall'entrata in vigore del codice stesso (2847 c.c.), a meno che per la cessazione di tale efficacia, secondo le disposizioni del codice del 1865, rimanga a decorrere un termine più breve.

241. La disposizione dell'ultimo comma dell'art. 2855 del codice non si applica alle ipoteche iscritte prima dell'entrata in vigore del codice stesso. L'estensione degli effetti dell'iscrizione continua a essere regolata dalle leggi anteriori.

242. Le disposizioni del codice, secondo le quali l'esercizio di determinate facoltà del terzo acquirente dell'immobile ipotecario è subordinato alla trascrizione del titolo (2858 ss., 2866 c.c.), non si applicano a coloro il cui acquisto è anteriore all'entrata in vigore del codice stesso, se a norma del codice del 1865 la trascrizione non era a quell'effetto richiesta.

243. Le disposizioni degli articoli 2872, secondo comma, e 2873, secondo e terzo comma, del codice si applicano anche alle ipoteche iscritte anteriormente all'entrata in vigore del codice stesso.

244. Se il processo di liberazione dei beni dalle ipoteche (2889 c.c.; 792 c.p.c.) è in corso all'entrata in vigore del codice, esso prosegue secondo le norme delle leggi anteriori, ma, per quanto concerne la espropriazione, si osservano le disposizioni dell'art. 222 delle norme di attuazione e transitorie relative al codice di procedura civile, approvate con R.D. 18 dicembre 1941, n. 1368.

245. Gli effetti del sequestro conservativo (2906 c.c.) e del pignoramento (2912 c.c.) eseguiti anteriormente all'entrata in vigore del nuovo codice sono determinati dalle disposizioni del codice del 1865.

246. Le disposizioni dell'art. 2932 del codice si applicano anche se l'obbligo di concludere il contratto è sorto anteriormente all'entrata in vigore del codice stesso, purché l'inadempimento si verifichi posteriormente.

247. Cessano di avere effetto dalla data dell'entrata in vigore del codice le cause di sospensione della prescrizione che non sono da questo ammesse (2941 c.c.).

248. Rimangono immutate le disposizioni vigenti circa il termine della prescrizione nei riguardi dei buoni del tesoro ordinari e pluriennali, dei titoli del debito pubblico, delle cartelle della sezione autonoma del credito comunale e provinciale, dei libretti postali di risparmio, dei buoni postali fruttiferi e di quelli della cassa depositi e prestiti.

Rimangono parimenti immutate le disposizioni delle leggi speciali che stabiliscono termini di prescrizione diversi da quello ordinario (2946 c.c.).

Capo III
Disposizioni generali e finali

249. (*Omissis*) [1].

[1] *Articolo abrogato a seguito del mutamento di forma dello Stato (art. 1 Cost.). Disciplinava lo stato delle persone della famiglia reale.*

250. (*Omissis*) [1].

[1] *Articolo da ritenersi abrogato a seguito dell'abrogazione delle leggi razziali, disposta con D.L.vo Lgt. 14 settembre 1944, n. 287.*

251. Quando nel codice o in queste disposizioni si fa riferimento a istituti di credito (76), in detta espressione si intendono comprese, oltre l'istituto di emissione, le imprese autorizzate e controllate, a norma delle leggi vigenti, dal Comitato interministeriale per il credito ed il risparmio.

(*Omissis*) [1].

[1] *Seguiva un secondo comma abrogato dall'art. 36 del D.P.R. 10 febbraio 1986, n. 30.*

Codice Civile

252. Quando per l'esercizio di un diritto ovvero per la prescrizione o per l'usucapione il codice stabilisce un termine più breve di quello stabilito dalle leggi anteriori, il nuovo termine si applica anche all'esercizio dei diritti sorti anteriormente e alle prescrizioni e usucapioni in corso, ma il nuovo termine decorre dal 1 luglio 1939 se esso è stabilito dal I libro del codice, dal 21 aprile 1940 se è stabilito dal II libro, dal 28 ottobre 1941 se è stabilito dal III libro e dall'entrata in vigore del codice stesso se è stabilito dagli altri libri, purché, a norma della legge precedente, non rimanga a decorrere un termine minore.

La stessa disposizione si applica in ogni altro caso in cui l'acquisto di un diritto è subordinato al decorso di un termine più breve di quello stabilito dalle leggi anteriori.

253. Le trascrizioni e le annotazioni di vincolo previste dal codice e da queste disposizioni, quando si tratta di rendite del debito pubblico o di altri beni per i quali leggi speciali stabiliscono determinate forme di pubblicità, si eseguono con l'osservanza di dette leggi.

254. I modelli dei registri delle persone giuridiche, delle legittimazioni per decreto, delle adozioni, delle tutele e curatele, delle successioni e di quello previsto dal secondo comma dell'art. 1524 del codice sono determinati con decreto del Ministero di grazia e giustizia.

255. Per la tenuta del registro previsto dal secondo comma dell'art. 1524 del codice e per le formalità della trascrizione si osservano, in quanto applicabili, le disposizioni degli articoli 2658, primo comma, 2659, 2664, 2673, 2677 e 2680, primo, secondo e quarto comma del codice stesso.

Le trascrizioni devono essere eseguite giornalmente al momento della presentazione della nota e dell'atto da trascriversi.

Il numero d'ordine della trascrizione è quello progressivo del registro delle trascrizioni.

Il cancelliere deve formare un fascicolo per ogni trascrizione secondo le disposizioni stabilite per i fascicoli di cancelleria dall'art. 36 del R.D. 18 dicembre 1941, n. 1368.

256. Quando nelle leggi e nei regolamenti sono richiamate le disposizioni del codice civile del 1865 e del codice di commercio del 1882 s'intendono richiamate le disposizioni corrispondenti del nuovo codice.

2.

D.L.vo 28 dicembre 2013, n. 154. Revisione delle disposizioni vigenti in materia di filiazione, a norma dell'articolo 2 della legge 10 dicembre 2012, n. 219 (*Gazzetta Ufficiale* Serie gen. - n. 5 dell'8 gennaio 2014).

(*Estratto*)

Titolo IV

Disposizioni transitorie e finali

104. Disposizioni transitorie. – 1. Fermi gli effetti del giudicato formatosi prima dell'entrata in vigore della legge 10 dicembre 2012, n. 219, sono legittimati a proporre azioni di petizione di eredità, ai sensi dell'articolo 533 del codice civile, coloro che, in applicazione dell'articolo 74 dello stesso codice, come modificato dalla medesima legge, hanno titolo a chiedere il riconoscimento della qualità di erede.

2. Fermi gli effetti del giudicato formatosi prima dell'entrata in vigore della legge 10 dicembre 2012, n. 219, possono essere fatti valere i diritti successori che discendono dall'articolo 74 del codice civile, come modificato dalla medesima legge.

3. Le disposizioni di cui al comma 1 e al comma 2 si applicano anche nei confronti dei discendenti del figlio, riconosciuto o la cui paternità o maternità sia stata giudizialmente accertata, morto prima dell'entrata in vigore della legge 10 dicembre 2012, n. 219.

4. I diritti successori che discendono dall'articolo 74 del codice civile, come modificato dalla legge 10 dicembre 2012, n. 219, sulle eredità aperte anteriormente al termine della sua entrata in vigore si prescrivono a far data da suddetto termine.

5. Nei casi in cui i riconoscimenti o le dichiarazioni giudiziali di genitorialità intervengano dopo il termine di entrata in vigore della presente legge, i diritti successori che non sarebbero spettati a persona deceduta prima di tale termine possono essere fatti valere dai suoi discendenti in rappresentazione e dai suoi eredi. Essi si prescrivono a far data dall'annotazione del riconoscimento nell'atto di nascita o dal passaggio in giudicato della sentenza dichiarativa della paternità o maternità.

6. Fermi gli effetti del giudicato formatosi prima dell'entrata in vigore della legge 10 dicembre 2012, n. 219, nei giudizi promossi ai sensi dell'articolo 533 del codice civile, pendenti alla data di entrata in vigore del presente decreto legislativo, si applicano l'articolo 74 del codice civile, come modifi-

cato dalla legge 10 dicembre 2012, n. 219, e le disposizioni del libro secondo del codice civile, come modificate dal presente decreto legislativo.

7. Fermi gli effetti del giudicato formatosi prima dell'entrata in vigore della legge 10 dicembre 2012, n. 219, le disposizioni del codice civile, come modificate dal presente decreto legislativo, si applicano alle azioni di disconoscimento di paternità, di reclamo e di contestazione dello stato di figlio, relative ai figli nati prima dell'entrata in vigore del medesimo decreto legislativo.

8. Fermi gli effetti del giudicato formatosi prima dell'entrata in vigore della legge 10 dicembre 2012, n. 219, le disposizioni del codice civile relative al riconoscimento dei figli, come modificate dalla medesima legge, si applicano anche ai figli nati o concepiti anteriormente all'entrata in vigore della stessa.

9. Fermi gli effetti del giudicato formatosi prima dell'entrata in vigore della legge 10 dicembre 2012, n. 219, i termini per proporre l'azione di disconoscimento di paternità, previsti dal quarto comma dell'articolo 244 del codice civile, decorrono dal giorno dell'entrata in vigore del presente decreto legislativo.

10. Fermi gli effetti del giudicato formatosi prima dell'entrata in vigore della legge 10 dicembre 2012, n. 219, nel caso di riconoscimento di figlio annotato sull'atto di nascita prima dell'entrata in vigore del presente decreto legislativo, i termini per proporre l'azione di impugnazione, previsti dall'articolo 263 e dai commi secondo, terzo e quarto dell'articolo 267 del codice civile, decorrono dal giorno dell'entrata in vigore del medesimo decreto legislativo.

11. Restano validi e non possono essere modificati gli atti dello stato civile già formati secondo le disposizioni vigenti alla data di entrata in vigore della legge 10 dicembre 2012, n. 219, salve le modifiche risultanti da provvedimenti giudiziari.

LEGGI COMPLEMENTARI

1.

L. 4 maggio 1983, n. 184. Diritto del minore ad una famiglia [1] (Suppl. ord. alla *Gazzetta Ufficiale* n. 133 del 17 maggio 1983).

[1] *L'epigrafe di questa legge è stata così sostituita dall'art. 1, comma 1, della L. 28 marzo 2001, n. 149.*

(*Estratto*)

Titolo I

Principi generali [1]

[1] *Questa rubrica è stata così sostituita dall'art. 1, comma 2, della L. 28 marzo 2001, n. 149.*

1. [1] 1. Il minore ha diritto di crescere ed essere educato nell'ambito della propria famiglia.

2. Le condizioni di indigenza dei genitori o del genitore esercente la responsabilità [2] genitoriale non possono essere di ostacolo all'esercizio del diritto del minore alla propria famiglia. A tale fine a favore della famiglia sono disposti interventi di sostegno e di aiuto.

3. Lo Stato, le regioni e gli enti locali, nell'ambito delle proprie competenze, sostengono con idonei interventi, nel rispetto della loro autonomia e dei limiti delle risorse finanziarie disponibili, i nuclei familiari a rischio, al fine di prevenire l'abbandono e di consentire al minore di essere educato nell'ambito della propria famiglia. Essi promuovono altresì iniziative di formazione dell'opinione pubblica sull'affidamento e l'adozione e di sostegno all'attività delle comunità di tipo familiare, organizzano corsi di preparazione ed aggiornamento professionale degli operatori sociali nonché incontri di formazione e preparazione per le famiglie e le persone che intendono avere in affidamento o in adozione minori. I medesimi enti possono stipulare convenzioni con enti o associazioni senza fini di lucro che operano nel

campo della tutela dei minori e delle famiglie per la realizzazione delle attività di cui al presente comma.

4. Quando la famiglia non è in grado di provvedere alla crescita e all'educazione del minore, si applicano gli istituti di cui alla presente legge.

5. Il diritto del minore a vivere, crescere ed essere educato nell'ambito di una famiglia è assicurato senza distinzione di sesso, di etnia, di età, di lingua, di religione e nel rispetto della identità culturale del minore e comunque non in contrasto con i principi fondamentali dell'ordinamento.

(1) *Questo articolo è stato così sostituito dall'art. 1, comma 3, della L. 28 marzo 2001, n. 149.*

(2) *La parola: «potestà» è stata così sostituita dalla seguente: «responsabilità» dall'art. 100, comma 1, lett.* a)*, del D.L.vo 28 dicembre 2013, n. 154, a decorrere dal trentesimo giorno successivo a quello della sua pubblicazione nella* Gazzetta Ufficiale *(G.U. n. 5 dell'8 gennaio 2014).*

Titolo I *bis*
Dell'affidamento del minore (1)

(1) *Questa rubrica è stata introdotta dall'art. 2, comma 1, della L. 28 marzo 2001, n. 149.*

2. (1) 1. Il minore temporaneamente privo di un ambiente familiare idoneo, nonostante gli interventi di sostegno e aiuto disposti ai sensi dell'articolo 1, è affidato ad una famiglia, preferibilmente con figli minori, o ad una persona singola, in grado di assicurargli il mantenimento, l'educazione, l'istruzione e le relazioni affettive di cui egli ha bisogno.

1 *bis*. Gli enti locali possono promuovere la sensibilizzazione e la formazione di affidatari per favorire l'affidamento familiare dei minori stranieri non accompagnati, in via prioritaria rispetto al ricovero in una struttura di accoglienza (2).

1 *ter*. Dall'attuazione delle disposizioni di cui al comma 1 *bis* non devono derivare nuovi o maggiori oneri per la finanza pubblica; gli enti locali provvedono nei limiti delle risorse disponibili nei propri bilanci (2).

2. Ove non sia possibile l'affidamento nei termini di cui al comma 1, è consentito l'inserimento del minore in una comunità di tipo familiare o, in mancanza, in un istituto di assistenza pubblico o privato, che abbia sede preferibilmente nel luogo più vicino a quello in cui stabilmente risiede il nucleo familiare di provenienza. Per i minori di età inferiore a sei anni l'inserimento può avvenire solo presso una comunità di tipo familiare.

3. In caso di necessità e urgenza l'affidamento può essere disposto anche senza porre in essere gli interventi di cui all'articolo 1, commi 2 e 3.

4. Il ricovero in istituto deve essere superato entro il 31 dicembre 2006 mediante affidamento ad una famiglia e, ove ciò non sia possibile, mediante inserimento in comunità di tipo familiare caratterizzate da organizzazione e da rapporti interpersonali analoghi a quelli di una famiglia.

5. Le regioni, nell'ambito delle proprie competenze sulla base di criteri stabiliti dalla Conferenza permanente per i rapporti tra lo Stato, le regioni e le province autonome di Trento e di Bolzano, definiscono gli standard minimi dei servizi e dell'assistenza che devono essere forniti dalle comunità di tipo familiare e dagli istituti e verificano periodicamente il rispetto dei medesimi.

(1) *Questo articolo è stato così sostituito dall'art. 2, comma 2, della L. 28 marzo 2001, n. 149.*

(2) *Questo comma è stato inserito dall'art. 7, comma 1, della L. 7 aprile 2017, n. 47.*

3. (1) 1. I legali rappresentanti delle comunità di tipo familiare e degli istituti di assistenza pubblici o privati esercitano i poteri tutelari sul minore affidato, secondo le norme del capo I del titolo X del libro primo del codice civile, fino a quando non si provveda alla nomina di un tutore in tutti i casi nei quali l'esercizio della responsabilità genitoriale (2) o della tutela sia impedito.

2. Nei casi previsti dal comma 1, entro trenta giorni dall'accoglienza del minore, i legali rappresentanti devono proporre istanza per la nomina del tutore. Gli stessi e coloro che prestano anche gratuitamente la propria attività a favore delle comunità di tipo familiare e degli istituti di assistenza pubblici o privati non possono essere chiamati a tale incarico.

3. Nel caso in cui i genitori riprendano l'esercizio della responsabilità genitoriale (3), le comunità di tipo familiare e gli istituti di assistenza pubblici o privati chiedono al giudice tutelare di fissare eventuali limiti o condizioni a tale esercizio.

(1) *Questo articolo è stato così sostituito dall'art. 3 della L. 28 marzo 2001, n. 149.*

(2) *Le parole*: «*potestà dei genitori*» *sono state così sostituite dalle seguenti*: «*responsabilità genitoriale*» *dall'art. 100, comma 1, lett.* b), *del D.L.vo 28 dicembre 2013, n. 154, a decorrere dal trentesimo giorno successivo a quello della sua pubblicazione nella* Gazzetta Ufficiale (G.U. *n. 5 dell'8 gennaio 2014*).

(3) *La parola*: «*potestà*» *è stata così sostituita dalle seguenti*: «*responsabilità genitoriale*» *dall'art. 100, comma 1, lett.* b), *del D.L.vo 28 dicembre 2013, n. 154, a decorrere dal trentesimo giorno successivo a quello della sua pubblicazione nella* Gazzetta Ufficiale (G.U. *n. 5 dell'8 gennaio 2014*).

4. (1) 1. L'affidamento familiare è disposto dal servizio sociale locale, previo consenso manifestato dai genitori o dal genitore esercente la responsabilità genitoriale (2), ovvero dal tutore, sentito il minore che ha compiuto gli anni dodici e anche il minore di età inferiore, in considerazione della sua capacità di discernimento. Il giudice tutelare del luogo ove si trova il minore rende esecutivo il provvedimento con decreto.

2. Ove manchi l'assenso dei genitori esercenti la responsabilità genitoriale (2) o del tutore, provvede il tribunale per i minorenni. Si applicano gli articoli 330 e seguenti del codice civile.

3. Nel provvedimento di affidamento familiare devono essere indicate specificamente le motivazioni di esso, nonché i tempi e i modi dell'esercizio dei poteri riconosciuti all'affidatario, e le modalità attraverso le quali i genitori e gli altri componenti il nucleo familiare possono mantenere i rapporti con il minore. Deve altresì essere indicato il servizio sociale locale cui è attribuita la responsabilità del programma di assistenza, nonché la vigilanza durante l'affidamento con l'obbligo di tenere costantemente informati il giudice tutelare o il tribunale per i minorenni, a seconda che si tratti di provvedimento emesso ai sensi dei commi 1 o 2. Il servizio sociale locale cui è attribuita la responsabilità del programma di assistenza, nonché la vigilanza durante l'affidamento, deve riferire senza indugio al giudice tutelare o al tribunale per i minorenni del luogo in cui il minore si trova, a seconda che si tratti di provvedimento emesso ai sensi dei commi 1 e 2, ogni evento di particolare rilevanza ed è tenuto a presentare una relazione semestrale sull'andamento del programma di assistenza, sulla sua presumibile ulteriore durata e sull'evoluzione delle condizioni di difficoltà del nucleo familiare di provenienza.

4. Nel provvedimento di cui al comma 3, deve inoltre essere indicato il periodo di presumibile durata dell'affidamento che deve essere rapportabile al complesso di interventi volti al recupero della famiglia d'origine. Tale periodo non può superare la durata di ventiquattro mesi ed è prorogabile, dal tribunale per i minorenni, qualora la sospensione dell'affidamento rechi pregiudizio al minore.

5. L'affidamento familiare cessa con provvedimento della stessa autorità che lo ha disposto, valutato l'interesse del minore, quando sia venuta meno la situazione di difficoltà temporanea della famiglia d'origine che lo ha determinato, ovvero nel caso in cui la prosecuzione di esso rechi pregiudizio al minore.

5 *bis*. Qualora, durante un prolungato periodo di affidamento, il minore sia dichiarato adottabile ai sensi delle disposizioni del capo II del titolo II e qualora, sussistendo i requisiti previsti dall'articolo 6, la famiglia affidataria chieda di poterlo adottare, il tribunale per i minorenni, nel decidere sull'adozione, tiene conto dei legami affettivi significativi e del rapporto stabile e duraturo consolidatosi tra il minore e la famiglia affidataria (3).

5 *ter*. Qualora, a seguito di un periodo di affidamento, il minore faccia ritorno nella famiglia di origine o sia dato in affidamento ad altra famiglia o sia adottato da altra famiglia, è comunque tutelata, se rispondente all'interesse del minore, la continuità delle positive relazioni socio-affettive consolidatesi durante l'affidamento ([3]).

5 *quater*. Il giudice, ai fini delle decisioni di cui ai commi 5 *bis* e 5 *ter*, tiene conto anche delle valutazioni documentate dei servizi sociali, ascoltato il minore che ha compiuto gli anni dodici o anche di età inferiore se capace di discernimento ([3]).

5 *quinquies*. Nel caso di minore rimasto privo di un ambiente familiare idoneo a causa della morte del genitore, cagionata volontariamente dal coniuge, anche legalmente separato o divorziato, dall'altra parte dell'unione civile, anche se l'unione civile è cessata, dal convivente o da persona legata al genitore stesso, anche in passato, da relazione affettiva, il tribunale competente, eseguiti i necessari accertamenti, provvede privilegiando la continuità delle relazioni affettive consolidatesi tra il minore stesso e i parenti fino al terzo grado. Nel caso in cui vi siano fratelli o sorelle, il tribunale provvede assicurando, per quanto possibile, la continuità affettiva tra gli stessi ([4]).

5 *sexies*. Su segnalazione del tribunale competente, i servizi sociali assicurano ai minori di cui al comma 5 *quinquies* un adeguato sostegno psicologico e l'accesso alle misure di sostegno volte a garantire il diritto allo studio e l'inserimento nell'attività lavorativa ([4]).

6. Il giudice tutelare, trascorso il periodo di durata previsto, ovvero intervenute le circostanze di cui al comma 5, sentiti il servizio sociale locale interessato ed il minore che ha compiuto gli anni dodici e anche il minore di età inferiore, in considerazione della sua capacità di discernimento, richiede, se necessario, al competente tribunale per i minorenni l'adozione di ulteriori provvedimenti nell'interesse del minore.

7. Le disposizioni del presente articolo si applicano, in quanto compatibili, anche nel caso di minori inseriti presso una comunità di tipo familiare o un istituto di assistenza pubblico o privato.

([1]) *Questo articolo è stato così sostituito dall'art. 4 della L. 28 marzo 2001, n. 149.*

([2]) *La parola: «potestà» è stata così sostituita dalle seguenti: «responsabilità genitoriale» dall'art. 100, comma 1, lett. c), del D.L.vo 28 dicembre 2013, n. 154, a decorrere dal trentesimo giorno successivo a quello della sua pubblicazione nella* Gazzetta Ufficiale *(G.U. n. 5 dell'8 gennaio 2014).*

([3]) *Questo comma è stato inserito dall'art. 1 della L. 19 ottobre 2015, n. 173.*

([4]) *Questo comma è stato inserito dall'art. 10, comma 1, della L. 11 gennaio 2018, n. 4.*

5. (1) 1. L'affidatario deve accogliere presso di sé il minore e provvedere al suo mantenimento e alla sua educazione e istruzione, tenendo conto delle indicazioni dei genitori per i quali non vi sia stata pronuncia ai sensi degli articoli 330 e 333 del codice civile, o del tutore, ed osservando le prescrizioni stabilite dall'autorità affidante. Si applicano, in quanto compatibili, le disposizioni dell'articolo 316 del codice civile. In ogni caso l'affidatario esercita i poteri connessi con la responsabilità genitoriale (2) in relazione agli ordinari rapporti con la istituzione scolastica e con le autorità sanitarie. L'affidatario o l'eventuale famiglia collocataria devono essere convocati, a pena di nullità, nei procedimenti civili in materia di responsabilità genitoriale, di affidamento e di adottabilità relativi al minore affidato ed hanno facoltà di presentare memorie scritte nell'interesse del minore (3).

2. Il servizio sociale, nell'ambito delle proprie competenze, su disposizione del giudice ovvero secondo le necessità del caso, svolge opera di sostegno educativo e psicologico, agevola i rapporti con la famiglia di provenienza ed il rientro nella stessa del minore secondo le modalità più idonee, avvalendosi anche delle competenze professionali delle altre strutture del territorio e dell'opera delle associazioni familiari eventualmente indicate dagli affidatari.

3. Le norme di cui ai commi 1 e 2 si applicano, in quanto compatibili, nel caso di minori ospitati presso una comunità di tipo familiare o che si trovino presso un istituto di assistenza pubblico o privato.

4. Lo Stato, le regioni e gli enti locali, nell'ambito delle proprie competenze, e nei limiti delle disponibilità finanziarie dei rispettivi bilanci, intervengono con misure di sostegno e di aiuto economico in favore della famiglia affidataria.

(1) *Questo articolo è stato così sostituito dall'art. 5 della L. 28 marzo 2001, n. 149.*

(2) *Le parole*: «*potestà parentale*» *sono state così sostituite dalle seguenti*: «*responsabilità genitoriale*» *dall'art. 100, comma 1, lett.* d), *del D.L.vo 28 dicembre 2013, n. 154, a decorrere dal trentesimo giorno successivo a quello della sua pubblicazione nella* Gazzetta Ufficiale (G.U. *n. 5 dell'8 gennaio 2014*).

(3) *Questo periodo è stato così sostituito dall'art. 2 della L. 19 ottobre 2015, n. 173.*

Titolo II
Dell'adozione

Capo I
Disposizioni generali

6. ([1]) 1. L'adozione è consentita a coniugi uniti in matrimonio da almeno tre anni. Tra i coniugi non deve sussistere e non deve avere avuto luogo negli ultimi tre anni separazione personale neppure di fatto.

2. I coniugi devono essere affettivamente idonei e capaci di educare, istruire e mantenere i minori che intendano adottare.

3. L'età degli adottanti deve superare di almeno diciotto e di non più di quarantacinque anni l'età dell'adottando.

4. Il requisito della stabilità del rapporto di cui al comma 1 può ritenersi realizzato anche quando i coniugi abbiano convissuto in modo stabile e continuativo prima del matrimonio per un periodo di tre anni, nel caso in cui il tribunale per i minorenni accerti la continuità e la stabilità della convivenza, avuto riguardo a tutte le circostanze del caso concreto.

5. I limiti di cui al comma 3 possono essere derogati, qualora il tribunale per i minorenni accerti che dalla mancata adozione derivi un danno grave e non altrimenti evitabile per il minore.

6. Non è preclusa l'adozione quando il limite massimo di età degli adottanti sia superato da uno solo di essi in misura non superiore a 10 anni, ovvero quando essi siano genitori di figli anche ([2]) adottivi dei quali almeno uno sia in età minore, ovvero quando l'adozione riguardi un fratello o una sorella del minore già dagli stessi adottato.

7. Ai medesimi coniugi sono consentite più adozioni anche con atti successivi e costituisce criterio preferenziale ai fini dell'adozione l'aver già adottato un fratello dell'adottando o il far richiesta di adottare più fratelli, ovvero la disponibilità dichiarata all'adozione di minori che si trovino nelle condizioni indicate dall'articolo 3, comma 1, della legge 5 febbraio 1992, n. 104, concernente l'assistenza, l'integrazione sociale e i diritti delle persone handicappate.

8. Nel caso di adozione dei minori di età superiore a dodici anni o con handicap accertato ai sensi dell'articolo 4 della legge 5 febbraio 1992, n. 104, lo Stato, le regioni e gli enti locali possono intervenire, nell'ambito delle proprie competenze e nei limiti delle disponibilità finanziarie dei rispettivi bilanci, con specifiche misure di carattere economico, eventualmente anche mediante misure di sostegno alla formazione e all'inserimento sociale, fino all'età di diciotto anni degli adottati.

([1]) *Questo articolo è stato così sostituito dall'art. 6 della L. 28 marzo 2001, n. 149.*

([2]) *Le parole: «naturali o» sono state così sostituite dalla seguente: «anche» dall'art. 100, comma 1, lett. e), del D.L.vo 28 dicembre 2013, n. 154, a decorrere dal trentesimo giorno successivo a quello della sua pubblicazione nella Gazzetta Ufficiale (G.U. n. 5 dell'8 gennaio 2014).*

7. ([1]) 1. L'adozione è consentita a favore dei minori dichiarati in stato di adottabilità ai sensi degli articoli seguenti.

2. Il minore, il quale ha compiuto gli anni quattordici, non può essere adottato se non presta personalmente il proprio consenso, che deve essere manifestato anche quando il minore compia l'età predetta nel corso del procedimento. Il consenso dato può comunque essere revocato sino alla pronuncia definitiva dell'adozione.

3. Se l'adottando ha compiuto gli anni dodici deve essere personalmente sentito; se ha un'età inferiore, deve essere sentito, in considerazione della sua capacità di discernimento.

([1]) *Questo articolo è stato così sostituito dall'art. 7 della L. 28 marzo 2001, n. 149.*

Capo II
Della dichiarazione di adottabilità ([1])

([1]) *Si veda l'art. 1 del D.L. 1° luglio 2002, n. 126, convertito, con modificazioni, nella L. 2 agosto 2002, n. 175, che così dispone:*

«1. In via transitoria, fino alla emanazione di una specifica disciplina sulla difesa d'ufficio e sul patrocinio a spese dello Stato nei procedimenti disciplinati dalla legge 4 maggio 1983, n. 184, e successive modificazioni, e comunque non oltre il 30 giugno 2003 (*), ai predetti procedimenti e ai relativi giudizi di opposizione continuano ad applicarsi le disposizioni processuali vigenti anteriormente alla data di entrata in vigore del decreto legge 24 aprile 2001, n. 150, convertito, con modificazioni, dalla legge 23 giugno 2001, n. 240.

«2. In via transitoria e fino alla emanazione di nuove disposizioni che regolano i procedimenti di cui all'articolo 336 del codice civile, e comunque non oltre il 30 giugno 2003 (*), ai medesimi procedimenti continuano ad applicarsi le disposizioni processuali vigenti anteriormente alla data di entrata in vigore del decreto legge 24 aprile 2001, n. 150, convertito, con modificazioni, dalla legge 23 giugno 2001, n. 240».

(*) *Le disposizioni previste dal D.L. 1° luglio 2002, n. 126, convertito, con modificazioni, nella L. 2 agosto 2002, n. 175, già prorogate al 30 giugno 2004 dall'art. 15 del D.L. 24 giugno 2003, n. 147, convertito, con modificazioni, nella L. 1° agosto 2003, n. 200, sono state ulteriormente prorogate dapprima al 30 giugno 2005 per effetto dell'art. 2 del D.L. 24 giugno 2004, n. 158, convertito, con modificazioni, nella L. 27 luglio 2004, n. 188; al 30 giugno 2006, ai sensi dell'art. 8, comma 2, del D.L. 30 giugno 2005, n. 115, convertito, con modificazioni, nella L. 17 agosto 2005, n. 168, e da ultimo al 30 giugno 2007 dall'art. 1, comma 2, della L. 12 luglio 2006, n. 228.*

8. ([1]) ([2]) 1. Sono dichiarati in stato di adottabilità dal tribunale per i minorenni del distretto nel quale si trovano, i minori di cui sia accertata la situazione di abbandono perchè privi di assistenza morale e materiale da parte dei genitori o dei parenti tenuti a provvedervi, purché la mancanza di assistenza non sia dovuta a causa di forza maggiore di carattere transitorio.

2. La situazione di abbandono sussiste, sempre che ricorrano le condizioni di cui al comma 1, anche quando i minori si trovino presso istituti di assistenza pubblici o privati o comunità di tipo familiare ovvero siano in affidamento familiare.

3. Non sussiste causa di forza maggiore quando i soggetti di cui al comma 1 rifiutano le misure di sostegno offerte dai servizi sociali locali, anche all'esito della segnalazione di cui all'articolo 79 *bis*, ([3]) e tale rifiuto viene ritenuto ingiustificato dal giudice.

4. Il procedimento di adottabilità deve svolgersi fin dall'inizio con l'assistenza legale del minore e dei genitori o degli altri parenti, di cui al comma 2 dell'articolo 10.

([1]) *Questo articolo è stato così sostituito dall'art. 8 della L. 28 marzo 2001, n. 149.*

([2]) *Si riporta il testo dell'art. 8, antecedente all'entrata in vigore della L. 28 marzo 2001, n. 149:*

«8. *Sono dichiarati anche d'ufficio in stato di adottabilità dal tribunale per i minorenni del distretto nel quale si trovano, i minori in situazione di abbandono perchè privi di assistenza morale e materiale da parte dei genitori o dei parenti tenuti a provvedervi, purché la mancanza di assistenza non sia dovuta a forza maggiore di carattere transitorio.*

«*La situazione di abbandono sussiste, sempre che ricorrano le condizioni di cui al comma precedente, anche quando i minori siano ricoverati presso istituti di assistenza o si trovino in affidamento familiare.*

«*Non sussiste causa di forza maggiore quando i soggetti di cui al primo comma rifiutano le misure di sostegno offerte dai servizi locali e tale rifiuto viene ritenuto ingiustificato dal giudice*».

([3]) *Le parole*: «*, anche all'esito della segnalazione di cui all'articolo 79* bis,» *sono state inserite dall'art. 100, comma 1, lett.* f), *del D.L.vo 28 dicembre 2013, n. 154, a decorrere dal trentesimo giorno successivo a quello della sua pubblicazione nella* Gazzetta Ufficiale (*G.U. n. 5 dell'8 gennaio 2014*).

9. ([1]) 1. Chiunque ha facoltà di segnalare all'autorità pubblica situazioni di abbandono di minori di età. I pubblici ufficiali, gli incaricati di un pubblico servizio, gli esercenti un servizio di pubblica necessità debbono riferire al più presto al procuratore della Repubblica presso il tribunale per i minorenni del luogo in cui il minore si trova sulle condizioni di ogni minore in situazione di abbandono di cui vengano a conoscenza in ragione del proprio ufficio.

2. Gli istituti di assistenza pubblici o privati e le comunità di tipo familiare devono trasmettere semestralmente al procuratore della Repubblica presso il tribunale per i minorenni del luogo ove hanno sede l'elenco di tutti i minori collocati presso di loro con l'indicazione specifica, per ciascuno di essi, della località di residenza dei genitori, dei rapporti con la famiglia e delle condizioni psicofisiche del minore stesso. Il procuratore della Repubblica presso il tribunale per i minorenni, assunte le necessarie informazioni, chiede al tribunale, con ricorso, di dichiarare l'adottabilità di quelli tra i minori segnalati o collocati presso le comunità di tipo familiare o gli istituti di assistenza pubblici o privati o presso una famiglia affidataria che risultino in situazioni di abbandono, specificandone i motivi.

3. Il procuratore della Repubblica presso il tribunale per i minorenni, che trasmette gli atti al medesimo tribunale con relazione informativa, ogni sei mesi, effettua o dispone ispezioni negli istituti di assistenza pubblici o privati ai fini di cui al comma 2. Può procedere a ispezioni straordinarie in ogni tempo.

4. Chiunque, non essendo parente entro il quarto grado, accoglie stabilmente nella propria abitazione un minore, qualora l'accoglienza si protragga per un periodo superiore a sei mesi, deve, trascorso tale periodo, darne segnalazione al procuratore della Repubblica presso il tribunale per i minorenni. L'omissione della segnalazione può comportare l'inidoneità ad ottenere affidamenti familiari o adottivi e l'incapacità all'ufficio tutelare.

5. Nello stesso termine di cui al comma 4, uguale segnalazione deve essere effettuata dal genitore che affidi stabilmente a chi non sia parente entro il quarto grado il figlio minore per un periodo non inferiore a sei mesi. L'omissione della segnalazione può comportare la decadenza dalla responsabilità genitoriale (2) sul figlio a norma dell'articolo 330 del codice civile e l'apertura della procedura di adottabilità.

(1) *Questo articolo è stato così sostituito dall'art. 9 della L. 28 marzo 2001, n. 149.*

(2) *La parola: «potestà» è stata così sostituita dalle seguenti: «responsabilità genitoriale» dall'art. 100, comma 1, lett.* g), *del D.L.vo 28 dicembre 2013, n. 154, a decorrere dal trentesimo giorno successivo a quello della sua pubblicazione nella* Gazzetta Ufficiale *(G.U. n. 5 dell'8 gennaio 2014).*

10. (1) 1. Il presidente del tribunale per i minorenni o un giudice da lui delegato, ricevuto il ricorso di cui all'articolo 9, comma 2, provvede all'immediata apertura di un procedimento relativo allo stato di abbandono del minore. Dispone immediatamente, all'occorrenza, tramite i servizi sociali locali o gli organi di pubblica sicurezza, più approfonditi accertamenti sulle condizioni giuridiche e di fatto del minore, sull'ambiente in cui ha vissuto e vive ai fini di verificare se sussiste lo stato di abbandono.

2. All'atto dell'apertura del procedimento, sono avvertiti i genitori o, in mancanza, i parenti entro il quarto grado che abbiano rapporti significativi con il minore. Con lo stesso atto il presidente del tribunale per i minorenni li invita a nominare un difensore e li informa della nomina di un difensore di ufficio per il caso che essi non vi provvedano. Tali soggetti, assistiti dal difensore, possono partecipare a tutti gli accertamenti disposti dal tribunale, possono presentare istanze anche istruttorie e prendere visione ed estrarre copia degli atti contenuti nel fascicolo previa autorizzazione del giudice.

3. Il tribunale può disporre in ogni momento e fino all'affidamento preadottivo ogni opportuno provvedimento provvisorio nell'interesse del minore, ivi compresi il collocamento temporaneo presso una famiglia o una comunità di tipo familiare, la sospensione della responsabilità genitoriale (2) dei genitori sul minore, la sospensione dell'esercizio delle funzioni del tutore e la nomina di un tutore provvisorio.

4. In caso di urgente necessità, i provvedimenti di cui al comma 3 possono essere adottati dal presidente del tribunale per i minorenni o da un giudice da lui delegato.

5. Il tribunale, entro trenta giorni, deve confermare, modificare o revocare i provvedimenti urgenti assunti ai sensi del comma 4. Il tribunale provvede in camera di consiglio con l'intervento del pubblico ministero, sentite tutte le parti interessate ed assunta ogni necessaria informazione. Deve inoltre essere sentito il minore che ha compiuto gli anni dodici e anche il minore di età inferiore, in considerazione della sua capacità di discernimento. I provvedimenti adottati debbono essere comunicati al pubblico ministero ed ai genitori. Si applicano le norme di cui agli articoli 330 e seguenti del codice civile.

(1) *Questo articolo è stato così sostituito dall'art. 10 della L. 28 marzo 2001, n. 149.*

(2) *La parola: «potestà» è stata così sostituita dalle seguenti: «responsabilità genitoriale» dall'art. 100, comma 1, lett.* h)*, del D.L.vo 28 dicembre 2013, n. 154, a decorrere dal trentesimo giorno successivo a quello della sua pubblicazione nella* Gazzetta Ufficiale *(*G.U. *n. 5 dell'8 gennaio 2014).*

11. Quando dalle indagini previste nell'articolo precedente risultano deceduti i genitori del minore e non risultano esistenti parenti entro il quarto grado che abbiano rapporti significativi con il minore (1), il tribunale per i minorenni provvede a dichiarare lo stato di adottabilità, salvo che esistano istanze di adozione ai sensi dell'articolo 44. In tal caso il tribunale per i minorenni decide nell'esclusivo interesse del minore.

Nel caso in cui non risulti l'esistenza di genitori [naturali] (2) che abbiano riconosciuto il minore o la cui paternità o maternità sia stata dichiarata giudizialmente, il tribunale per i minorenni, senza eseguire ulteriori accertamenti, provvede immediatamente alla dichiarazione dello stato di adottabilità a meno che non vi sia richiesta di sospensione della procedura da parte di chi, affermando di essere uno dei genitori [naturali] ([2]), chiede termine per provvedere al riconoscimento. La sospensione può essere disposta dal tribunale per un periodo massimo di due mesi sempreché nel frattempo il minore sia assistito dal genitore [naturale] ([2]) o dai parenti fino al quarto grado o in altro modo conveniente, permanendo comunque un rapporto con il genitore [naturale] ([2]).

Nel caso di non riconoscibilità per difetto di età del genitore, la procedura è rinviata anche d'ufficio sino al compimento del sedicesimo anno di età del genitore [naturale] ([2]), purché sussistano le condizioni menzionate nel comma precedente. Al compimento del sedicesimo anno, il genitore può richiedere ulteriore sospensione per altri due mesi. Il genitore autorizzato al riconoscimento prima del compimento del sedicesimo anno ai sensi dell'articolo 250, quinto comma, del codice civile, può chiedere ulteriore sospensione per altri due mesi dopo l'autorizzazione ([3]).

Ove il tribunale sospenda o rinvii la procedura ai sensi dei commi precedenti, nomina al minore, se necessario, un tutore provvisorio.

Se entro detti termini viene effettuato il riconoscimento, deve dichiararsi chiusa la procedura, ove non sussista abbandono morale e materiale. Se trascorrono i termini senza che sia stato effettuato il riconoscimento, si provvede senza altra formalità di procedura alla pronuncia dello stato di adottabilità.

Il tribunale, in ogni caso, anche a mezzo dei servizi locali, informa entrambi i presunti genitori, se possibile, o comunque quello reperibile, che si possono avvalere delle facoltà di cui al secondo e al terzo comma.

Intervenuta la dichiarazione di adottabilità e l'affidamento preadottivo, il riconoscimento è privo di efficacia. Il giudizio per la dichiarazione giudiziale di paternità o maternità è sospeso di diritto e si estingue ove segua la pronuncia di adozione divenuta definitiva.

([1]) *Le parole: «che abbiano rapporti significativi con il minore», sono state inserite dall'art. 11 della L. 28 marzo 2001, n. 149.*

([2]) *La parola tra parentesi quadrate è stata soppressa dall'art. 100, comma 1, lett. i), del D.L.vo 28 dicembre 2013, n. 154, a decorrere dal trentesimo giorno successivo a quello della sua pubblicazione nella* Gazzetta Ufficiale *(G.U. n. 5 dell'8 gennaio 2014).*

([3]) *Questo periodo è stato aggiunto dall'art. 100, comma 1, lett. i), del D.L.vo 28 dicembre 2013, n. 154, a decorrere dal trentesimo giorno successivo a quello della sua pubblicazione nella* Gazzetta Ufficiale *(G.U. n. 5 dell'8 gennaio 2014).*

12. Quando attraverso le indagini effettuate consta l'esistenza dei genitori o di parenti entro il quarto grado indicati nell'articolo precedente, che abbiano mantenuto rapporti significativi con il minore, e ne è nota la residenza, il presidente del tribunale per i minorenni con decreto motivato fissa la loro comparizione, entro un congruo termine, dinanzi a sé o ad un giudice da lui delegato.

Nel caso in cui i genitori o i parenti risiedano fuori dalla circoscrizione del tribunale per i minorenni che procede, la loro audizione può essere delegata al tribunale per i minorenni del luogo della loro residenza.

In caso di residenza all'estero è delegata l'autorità consolare competente.

Udite le dichiarazioni dei genitori o dei parenti, il presidente del tribunale per i minorenni o il giudice delegato, ove ne ravvisi l'opportunità, impartisce con decreto motivato ai genitori o ai parenti prescrizioni idonee a garantire l'assistenza morale, il mantenimento, l'istruzione e l'educazione del minore, stabilendo al tempo stesso periodici accertamenti da eseguirsi direttamente o avvalendosi del giudice tutelare o dei servizi locali, ai quali può essere affidato l'incarico di operare al fine di più validi rapporti tra il minore e la famiglia.

Il presidente o il giudice delegato può, altresì, chiedere al pubblico ministero di promuovere l'azione per la corresponsione degli alimenti a carico di chi vi è tenuto per legge e, al tempo stesso, dispone, ove d'uopo, provvedimenti temporanei ai sensi del comma 3 dell'articolo 10 ([1]).

([1]) *Le parole: «ai sensi del secondo comma dell'art. 10» sono state sostituite dalle seguenti: «ai sensi del comma 3 dell'articolo 10», dall'art. 12 della L. 28 marzo 2001, n. 149.*

13. Nel caso in cui i genitori ed i parenti di cui all'articolo precedente risultino irreperibili ovvero non ne sia conosciuta la residenza, la dimora o il domicilio, il tribunale per i minorenni provvede alla loro convocazione ai sensi degli articoli 140 e 143 del codice di procedura civile, previe nuove ricerche tramite gli organi di pubblica sicurezza.

14. ([1]) ([2]) 1. Il tribunale per i minorenni può disporre, prima della dichiarazione di adottabilità, la sospensione del procedimento, quando da particolari circostanze emerse dalle indagini effettuate risulta che la sospensione può riuscire utile nell'interesse del minore. In tal caso la sospensione è disposta con ordinanza motivata per un periodo non superiore a un anno.

2. La sospensione è comunicata ai servizi sociali locali competenti perchè adottino le iniziative opportune.

([1]) *Questo articolo è stato così sostituito dall'art. 13 della L. 28 marzo 2001, n. 149.*

(²) *Si riporta il testo dell'art. 14, antecedente all'entrata in vigore della L. 28 marzo 2001, n. 149:*

«14. *Il tribunale per i minorenni può disporre, prima della dichiarazione di adottabilità, la sospensione del procedimento, quando da particolari circostanze emerse dalle indagini effettuate risulta che la sospensione può riuscire utile nell'interesse del minore. In tal caso la sospensione è disposta con decreto motivato per un periodo non superiore ad un anno, eventualmente prorogabile.*

«*La sospensione è comunicata ai servizi locali competenti perchè adottino le iniziative opportune*».

15. (¹) (²) 1. A conclusione delle indagini e degli accertamenti previsti dagli articoli precedenti, ove risulti la situazione di abbandono di cui all'articolo 8, lo stato di adottabilità del minore è dichiarato dal tribunale per i minorenni quando:

a) i genitori ed i parenti convocati ai sensi degli articoli 12 e 13 non si sono presentati senza giustificato motivo;

b) l'audizione dei soggetti di cui alla lettera *a*) ha dimostrato il persistere della mancanza di assistenza morale e materiale e la non disponibilità ad ovviarvi;

c) le prescrizioni impartite ai sensi dell'articolo 12 sono rimaste inadempiute per responsabilità dei genitori ovvero è provata l'irrecuperabilità delle capacità genitoriali dei genitori in un tempo ragionevole (³).

2. La dichiarazione dello stato di adottabilità del minore è disposta dal tribunale per i minorenni in camera di consiglio con sentenza, sentito il pubblico ministero, nonché il rappresentante dell'istituto di assistenza pubblico o privato o della comunità di tipo familiare presso cui il minore è collocato o la persona cui egli è affidato. Devono essere, parimenti, sentiti il tutore, ove esista, ed il minore che abbia compiuto gli anni dodici e anche il minore di età inferiore, in considerazione della sua capacità di discernimento.

3. La sentenza è notificata per esteso al pubblico ministero, ai genitori, ai parenti indicati nel primo comma dell'articolo 12, al tutore, nonché al curatore speciale ove esistano, con contestuale avviso agli stessi del loro diritto di proporre impugnazione nelle forme e nei termini di cui all'articolo 17.

(¹) *Questo articolo è stato così sostituito dall'art. 15 della L. 28 marzo 2001, n. 149.*

(²) *Si riporta il testo dell'art. 15, antecedente all'entrata in vigore della L. 28 marzo 2001, n. 149:*

«15. *A conclusione delle indagini e degli accertamenti previsti dagli articoli precedenti, ove risulti la situazione di abbandono di cui all'articolo 8, lo stato di adottabilità del minore è dichiarato dal tribunale per i minorenni quando:*

1) *i genitori e i parenti convocati ai sensi degli articoli 12 e 13 non si sono presentati senza giustificato motivo;*

2) l'audizione dei medesimi ha dimostrato il persistere della mancanza di assistenza morale e materiale e la non disponibilità ad ovviarvi;

3) le prescrizioni impartite ai sensi dell'articolo 12 sono rimaste inadempiute per responsabilità dei genitori.

«La dichiarazione dello stato di adottabilità del minore è disposta dal tribunale per i minorenni in camera di consiglio con decreto motivato, sentito il pubblico ministero, nonché il rappresentante dell'istituto presso cui il minore è ricoverato o la persona cui egli è affidato. Deve essere, parimenti, sentito il tutore, ove esista, ed il minore che abbia compiuto i dodici anni e, se opportuno, anche il minore di età inferiore.

«Il decreto è notificato per esteso al pubblico ministero, ai genitori, ai parenti indicati nel primo comma dell'articolo 12, al tutore, con contestuale avviso agli stessi del loro diritto di proporre reclamo nelle forme e nei termini di cui all'articolo 17.

«Il tribunale per i minorenni nomina, se necessario, un tutore provvisorio ed adotta i provvedimenti opportuni nell'interesse del minore».

(3) *Questa lettera è stata così sostituita dall'art. 100, comma 1, lett. l), del D.L.vo 28 dicembre 2013, n. 154, a decorrere dal trentesimo giorno successivo a quello della sua pubblicazione nella* Gazzetta Ufficiale *(G.U. n. 5 dell'8 gennaio 2014).*

16. (1) (2) 1. Il tribunale per i minorenni, esaurita la procedura prevista nei precedenti articoli e qualora ritenga che non sussistano i presupposti per la pronuncia per lo stato di adottabilità dichiara che non vi è luogo a provvedere.

2. La sentenza è notificata per esteso al pubblico ministero, ai genitori, ai parenti indicati nel primo comma dell'articolo 12, nonché al tutore e al curatore speciale ove esistano. Il tribunale per i minorenni adotta i provvedimenti opportuni nell'interesse del minore.

3. Si applicano gli articoli 330 e seguenti del codice civile.

(1) *Questo articolo è stato così sostituito dall'art. 16 della L. 28 marzo 2001, n. 149.*

(2) *Si riporta il testo dell'art. 16, antecedente all'entrata in vigore della L. 28 marzo 2001, n. 149:*

«16. Il tribunale per i minorenni, esaurita la procedura prevista nei precedenti articoli e qualora ritenga che non sussistano i presupposti per la pronuncia dello stato di adottabilità, dichiara che non vi è luogo a provvedere.

«Si applicano gli ultimi due commi dell'articolo 15.

«Si applicano gli articoli 330 e seguenti del codice civile».

17. (1) (2) 1. Avverso la sentenza il pubblico ministero e le altre parti possono proporre impugnazione avanti la Corte d'appello sezione per i minorenni entro trenta giorni dalla notificazione. La Corte, sentite le parti e il pubblico ministero ed effettuato ogni altro opportuno accertamento, pronuncia sentenza in camera di consiglio e provvede al deposito della stessa in cancelleria, entro quindici giorni dalla pronuncia. La sentenza è notificata d'ufficio al pubblico ministero e alle altre parti.

2. Avverso la sentenza della Corte d'appello è ammesso ricorso per Cassazione, entro trenta giorni dalla notificazione, per i motivi di cui ai numeri 3, 4 e 5 del primo comma dell'articolo 360 del codice di procedura civile. Si applica altresì il secondo comma dello stesso articolo.

3. L'udienza di discussione dell'appello e del ricorso deve essere fissata entro sessanta giorni dal deposito dei rispettivi atti introduttivi.

(¹) *Questo articolo è stato così sostituito dall'art. 16 della L. 28 marzo 2001, n. 149.*

(²) *Si riporta il testo dell'art. 17, antecedente all'entrata in vigore della L. 28 marzo 2001, n. 149:*

«17. Il pubblico ministero, i genitori, i parenti indicati nell'articolo 12, primo comma, il tutore possono proporre ricorso avverso il provvedimento sullo stato di adottabilità dinanzi allo stesso tribunale che lo ha pronunciato, entro trenta giorni dalla notificazione.

«A seguito della opposizione, il presidente del tribunale per i minorenni nomina un curatore speciale al minore e fissa con decreto l'udienza di comparizione dinanzi al tribunale da tenersi entro trenta giorni dal deposito del ricorso, disponendo la notifica del decreto di comparizione al ricorrente ed al curatore speciale del minore nonché la convocazione per l'udienza fissata delle persone indicate nel penultimo comma dell'articolo 15.

«All'udienza fissata il tribunale per i minorenni sente il ricorrente, le persone convocate, nonché quelle indicate dalle parti e, quindi, sulle conclusioni di queste e del pubblico ministero, ove non occorra ulteriore istruttoria, decide immediatamente dando lettura del dispositivo della sentenza; questa deve essere depositata in cancelleria entro quindici giorni dalla pronuncia e notificata d'ufficio nel testo integrale al pubblico ministero, all'opponente e al curatore speciale del minore.

«Avverso la sentenza il pubblico ministero, l'opponente o il curatore speciale possono con ricorso proporre impugnazione, entro trenta giorni dalla notifica, dinanzi alla sezione per i minorenni della corte d'appello, la quale sentiti il ricorrente e il pubblico ministero e, ove occorra, le persone indicate nel penultimo comma dell'articolo 15, ed effettuati ogni altro accertamento ed indagine opportuni, decide nei modi stabiliti nel precedente comma.

«Avverso la sentenza della corte d'appello è ammesso ricorso per Cassazione per violazione di legge entro trenta giorni dalla notificazione».

18. (¹) (²) 1. La sentenza definitiva che dichiara lo stato di adottabilità è trascritta, a cura del cancelliere del tribunale per i minorenni, su apposito registro conservato presso la cancelleria del tribunale stesso. La trascrizione deve essere effettuata entro il decimo giorno successivo a quello della comunicazione che la sentenza di adottabilità è divenuta definitiva. A questo effetto, il cancelliere del giudice dell'impugnazione deve inviare immediatamente apposita comunicazione al cancelliere del tribunale per i minorenni.

(¹) *Questo articolo è stato così sostituito dall'art. 17 della L. 28 marzo 2001, n. 149.*

(²) *Si riporta il testo dell'art. 18, antecedente all'entrata in vigore della L. 28 marzo 2001, n. 149:*

«18. La dichiarazione definitiva dello stato di adottabilità è trascritta, a cura del cancelliere del tribunale per i minorenni, su apposito registro conservato presso la cancelleria del tribunale stesso.

«La trascrizione deve essere effettuata entro il decimo giorno successivo a quello della comunicazione che il decreto di adottabilità è divenuto definitivo. A questo effetto, il cancelliere del giudice della impugnazione deve inviare immediatamente apposita comunicazione al cancelliere del tribunale per i minorenni».

19. Durante lo stato di adottabilità è sospeso l'esercizio della responsabilità genitoriale ([1]).

Il tribunale per i minorenni nomina un tutore, ove già non esista, e adotta gli ulteriori provvedimenti nell'interesse del minore.

([1]) *Le parole: «potestà dei genitori» sono state così sostituite dalle seguenti: «responsabilità genitoriale» dall'art. 100, comma 1, lett.* m)*, del D.L.vo 28 dicembre 2013, n. 154, a decorrere dal trentesimo giorno successivo a quello della sua pubblicazione nella* Gazzetta Ufficiale *(G.U. n. 5 dell'8 gennaio 2014).*

20. Lo stato di adottabilità cessa per adozione o per il raggiungimento della maggiore età da parte dell'adottando.

21. ([1]) ([2]) 1. Lo stato di adottabilità cessa altresì per revoca, nell'interesse del minore, in quanto siano venute meno le condizioni di cui all'articolo 8, comma 1, successivamente alla sentenza di cui al comma 2 dell'articolo 15.

2. La revoca è pronunciata dal tribunale per i minorenni d'ufficio o su istanza del pubblico ministero, dei genitori, del tutore.

3. Il tribunale provvede in camera di consiglio, sentito il pubblico ministero.

4. Nel caso in cui sia in atto l'affidamento preadottivo, lo stato di adottabilità non può essere revocato.

([1]) *Questo articolo è stato così sostituito dall'art. 18 della L. 28 marzo 2001, n. 149.*

([2]) *Si riporta il testo dell'art. 21, antecedente all'entrata in vigore della L. 28 marzo 2001, n. 149:*

«21. Lo stato di adottabilità cessa altresì per revoca, nell'interesse del minore, in quanto siano venute meno le condizioni di cui all'articolo 8, successivamente alla pronuncia del decreto di cui all'articolo 15.

«La revoca è pronunciata dal tribunale per i minorenni d'ufficio o su istanza del pubblico ministero, oppure dei genitori.

«Il tribunale provvede in camera di consiglio, sentito il pubblico ministero.

«Nel caso in cui sia in atto l'affidamento preadottivo, lo stato di adottabilità non può essere revocato».

Leggi Complementari

Capo III
Dell'affidamento preadottivo

22. ([1]) 1. Coloro che intendono adottare devono presentare domanda al tribunale per i minorenni, specificando l'eventuale disponibilità ad adottare più fratelli ovvero minori che si trovino nelle condizioni indicate dall'articolo 3, comma 1, della legge 5 febbraio 1992, n. 104, concernente l'assistenza, l'integrazione sociale e i diritti delle persone handicappate. È ammissibile la presentazione di più domande anche successive a più tribunali per i minorenni, purché in ogni caso se ne dia comunicazione a tutti i tribunali precedentemente aditi. I tribunali cui la domanda è presentata possono richiedere copia degli atti di parte ed istruttori, relativi ai medesimi coniugi, agli altri tribunali; gli atti possono altresì essere comunicati d'ufficio. La domanda decade dopo tre anni dalla presentazione e può essere rinnovata.

2. In ogni momento a coloro che intendono adottare devono essere fornite, se richieste, notizie sullo stato del procedimento.

3. Il tribunale per i minorenni, accertati previamente i requisiti di cui all'articolo 6, dispone l'esecuzione delle adeguate indagini di cui al comma 4, ricorrendo ai servizi socio-assistenziali degli enti locali singoli o associati, nonché avvalendosi delle competenti professionalità delle aziende sanitarie locali ed ospedaliere, dando precedenza nella istruttoria alle domande dirette all'adozione di minori di età superiore a cinque anni o con handicap accertato ai sensi dell'articolo 4 della legge 5 febbraio 1992, n. 104.

4. Le indagini, che devono essere tempestivamente avviate e concludersi entro 120 giorni, riguardano in particolare la capacità di educare il minore, la situazione personale ed economica, la salute, l'ambiente familiare dei richiedenti, i motivi per i quali questi ultimi desiderano adottare il minore. Con provvedimento motivato, il termine entro il quale devono concludersi le indagini può essere prorogato una sola volta e per non più di 120 giorni.

5. Il tribunale per i minorenni, in base alle indagini effettuate, sceglie tra le coppie che hanno presentato domanda quella maggiormente in grado di corrispondere alle esigenze del minore.

6. Il tribunale per i minorenni, in camera di consiglio, sentiti il pubblico ministero, gli ascendenti dei richiedenti ove esistano, il minore che abbia compiuto gli anni dodici e anche il minore di età inferiore, in considerazione della sua capacità di discernimento, omessa ogni altra formalità di procedura, dispone, senza indugio, l'affidamento preadottivo, determinandone le modalità con ordinanza. Il minore che abbia compiuto gli anni quattordici deve manifestare espresso consenso all'affidamento alla coppia prescelta.

7. Il tribunale per i minorenni deve in ogni caso informare i richiedenti sui fatti rilevanti, relativi al minore, emersi dalle indagini. Non può essere disposto l'affidamento di uno solo di più fratelli, tutti in stato di adottabilità, salvo che non sussistano gravi ragioni. L'ordinanza è comunicata al pubblico ministero, ai richiedenti ed al tutore. Il provvedimento di affidamento preadottivo è immediatamente, e comunque non oltre dieci giorni, annotato a cura del cancelliere a margine della trascrizione di cui all'articolo 18.

8. Il tribunale per i minorenni vigila sul buon andamento dell'affidamento preadottivo avvalendosi anche del giudice tutelare e dei servizi locali sociali e consultoriali. In caso di accertate difficoltà, convoca, anche separatamente, gli affidatari e il minore, alla presenza, se del caso, di uno psicologo, al fine di valutare le cause all'origine delle difficoltà. Ove necessario, dispone interventi di sostegno psicologico e sociale.

(1) *Questo articolo è stato così sostituito dall'art. 19 della L. 28 marzo 2001, n. 149.*

23. (1) 1. L'affidamento preadottivo è revocato dal tribunale per i minorenni d'ufficio o su istanza del pubblico ministero o del tutore o di coloro che esercitano la vigilanza di cui all'articolo 22, comma 8, quando vengano accertate difficoltà di idonea convivenza ritenute non superabili. Il provvedimento relativo alla revoca è adottato dal tribunale per i minorenni, in camera di consiglio, con decreto motivato. Debbono essere sentiti, oltre al pubblico ministero ed al presentatore dell'istanza di revoca, il minore che abbia compiuto gli anni dodici e anche il minore di età inferiore, in considerazione della sua capacità di discernimento, gli affidatari, il tutore e coloro che abbiano svolto attività di vigilanza o di sostegno.

2. Il decreto è comunicato al pubblico ministero, al presentatore dell'istanza di revoca, agli affidatari ed al tutore. Il decreto che dispone la revoca dell'affidamento preadottivo è annotato a cura del cancelliere entro dieci giorni a margine della trascrizione di cui all'articolo 18.

3. In caso di revoca, il tribunale per i minorenni adotta gli opportuni provvedimenti temporanei in favore del minore ai sensi dell'articolo 10, comma 3. Si applicano gli articoli 330 e seguenti del codice civile.

(1) *Questo articolo è stato così sostituito dall'art. 20 della L. 28 marzo 2001, n. 149.*

24. Il pubblico ministero e il tutore possono impugnare il decreto del tribunale relativo all'affidamento preadottivo o alla sua revoca, entro dieci giorni dalla comunicazione, con reclamo alla sezione per i minorenni della corte d'appello.

La corte d'appello, sentiti il ricorrente, il pubblico ministero e, ove occorra, le persone indicate nell'articolo 23 ed effettuati ogni altro accertamento ed indagine opportuni, decide in camera di consiglio con decreto motivato.

Capo IV
Della dichiarazione di adozione

25. ([1]) 1. Il tribunale per i minorenni che ha dichiarato lo stato di adottabilità, decorso un anno dall'affidamento, sentiti i coniugi adottanti, il minore che abbia compiuto gli anni dodici e il minore di età inferiore, in considerazione della sua capacità di discernimento, il pubblico ministero, il tutore e coloro che abbiano svolto attività di vigilanza o di sostegno, verifica che ricorrano tutte le condizioni previste dal presente capo e, senza altra formalità di procedura, provvede sull'adozione con sentenza in camera di consiglio, decidendo di far luogo o di non fare luogo all'adozione. Il minore che abbia compiuto gli anni quattordici deve manifestare espresso consenso all'adozione nei confronti della coppia prescelta.

1 *bis*. Le disposizioni di cui al comma 1 si applicano anche nell'ipotesi di prolungato periodo di affidamento ai sensi dell'articolo 4, comma 5 *bis* ([2]).

2. Qualora la domanda di adozione venga proposta da coniugi che hanno discendenti [legittimi o legittimati] ([3]), questi, se maggiori degli anni dodici ([4]), debbono essere sentiti.

3. Nell'interesse del minore il termine di cui al comma 1 può essere prorogato di un anno, d'ufficio o su domanda dei coniugi affidatari, con ordinanza motivata.

4. Se uno dei coniugi muore o diviene incapace durante l'affidamento preadottivo, l'adozione, nell'interesse del minore, può essere ugualmente disposta ad istanza dell'altro coniuge, nei confronti di entrambi, con effetto, per il coniuge deceduto, dalla data della morte.

5. Se nel corso dell'affidamento preadottivo interviene separazione tra i coniugi affidatari, l'adozione può essere disposta nei confronti di uno solo o di entrambi, nell'esclusivo interesse del minore, qualora il coniuge o i coniugi ne facciano richiesta.

6. La sentenza che decide sull'adozione è comunicata al pubblico ministero, ai coniugi adottanti ed al tutore.

7. Nel caso di provvedimento negativo viene meno l'affidamento preadottivo ed il tribunale per i minorenni assume gli opportuni provvedimenti temporanei in favore del minore ai sensi dell'articolo 10, comma 3. Si applicano gli articoli 330 e seguenti del codice civile.

([1]) *Questo articolo è stato così sostituito dall'art. 21 della L. 28 marzo 2001, n. 149.*
([2]) *Questo comma è stato inserito dall'art. 3 della L. 19 ottobre 2015, n. 173.*

([3]) *Le parole tra parentesi quadrate sono state soppresse dall'art. 100, comma 1, lett.* n), *del D.L.vo 28 dicembre 2013, n. 154, a decorrere dal trentesimo giorno successivo a quello della sua pubblicazione nella* Gazzetta Ufficiale (G.U. *n. 5 dell'8 gennaio 2014*).

([4]) *La parola*: «*quattordici*» *è stata così sostituita dalla seguente*: «*dodici*» *dall'art. 100, comma 1, lett.* n), *del D.L.vo 28 dicembre 2013, n. 154, a decorrere dal trentesimo giorno successivo a quello della sua pubblicazione nella* Gazzetta Ufficiale (G.U. *n. 5 dell'8 gennaio 2014*).

26. ([1]) 1. Avverso la sentenza che dichiara se fare luogo o non fare luogo all'adozione, entro trenta giorni dalla notifica, può essere proposta impugnazione davanti alla sezione per i minorenni della Corte d'appello da parte del pubblico ministero, dagli adottanti e dal tutore del minore. La Corte d'appello, sentite le parti ed esperito ogni accertamento ritenuto opportuno, pronuncia sentenza. La sentenza è notificata d'ufficio alle parti per esteso.

2. Avverso la sentenza della Corte d'appello è ammesso ricorso per Cassazione, che deve essere proposto entro trenta giorni dalla notifica della stessa, solo per i motivi di cui al primo comma, numero 3, dell'articolo 360 del codice di procedura civile.

3. L'udienza di discussione dell'appello e del ricorso per Cassazione deve essere fissata entro sessanta giorni dal deposito dei rispettivi atti introduttivi.

4. La sentenza che pronuncia l'adozione, divenuta definitiva, è immediatamente trascritta nel registro di cui all'articolo 18 e comunicata all'ufficiale dello stato civile che la annota a margine dell'atto di nascita dell'adottato. A questo effetto, il cancelliere del giudice dell'impugnazione deve immediatamente dare comunicazione della definitività della sentenza al cancelliere del tribunale per i minorenni.

5. Gli effetti dell'adozione si producono dal momento della definitività della sentenza.

([1]) *Questo articolo è stato così sostituito dall'art. 22 della L. 28 marzo 2001, n. 149.*

27. Per effetto dell'adozione l'adottato acquista lo stato di figlio nato nel matrimonio ([1]) degli adottanti, dei quali assume e trasmette il cognome.

Se l'adozione è disposta nei confronti della moglie separata, ai sensi dell'articolo 25, comma 5, l'adottato assume il cognome della famiglia di lei.

Con l'adozione cessano i rapporti dell'adottato verso la famiglia d'origine, salvi i divieti matrimoniali.

([1]) *La parola*: «*legittimo*» *è stata così sostituita dalle seguenti*: «*nato nel matrimonio*» *dall'art. 100, comma 1, lett.* o), *del D.L.vo 28 dicembre 2013, n. 154, a decorrere dal trentesimo giorno successivo a quello della sua pubblicazione nella* Gazzetta Ufficiale (G.U. *n. 5 dell'8 gennaio 2014*).

28. ([1]) 1. Il minore adottato è informato di tale sua condizione ed i genitori adottivi vi provvedono nei modi e termini che essi ritengono più opportuni.

2. Qualunque attestazione di stato civile riferita all'adottato deve essere rilasciata con la sola indicazione del nuovo cognome e con l'esclusione di qualsiasi riferimento alla paternità e alla maternità del minore e dell'annotazione di cui all'articolo 26, comma 4.

3. L'ufficiale di stato civile, l'ufficiale di anagrafe e qualsiasi altro ente pubblico o privato, autorità o pubblico ufficio debbono rifiutarsi di fornire notizie, informazioni, certificazioni, estratti o copie dai quali possa comunque risultare il rapporto di adozione, salvo autorizzazione espressa dell'autorità giudiziaria. Non è necessaria l'autorizzazione qualora la richiesta provenga dall'ufficiale di stato civile, per verificare se sussistano impedimenti matrimoniali.

4. Le informazioni concernenti l'identità dei genitori biologici possono essere fornite ai genitori adottivi, quali esercenti la responsabilità genitoriale ([2]), su autorizzazione del tribunale per i minorenni, solo se sussistono gravi e comprovati motivi. Il tribunale accerta che l'informazione sia preceduta e accompagnata da adeguata preparazione e assistenza del minore. Le informazioni possono essere fornite anche al responsabile di una struttura ospedaliera o di un presidio sanitario, ove ricorrano i presupposti della necessità e della urgenza e vi sia grave pericolo per la salute del minore.

5. L'adottato, raggiunta l'età di venticinque anni, può accedere a informazioni che riguardano la sua origine e l'identità dei propri genitori biologici. Può farlo anche raggiunta la maggiore età, se sussistono gravi e comprovati motivi attinenti alla sua salute psico-fisica. L'istanza deve essere presentata al tribunale per i minorenni del luogo di residenza.

6. Il tribunale per i minorenni procede all'audizione delle persone di cui ritenga opportuno l'ascolto; assume tutte le informazioni di carattere sociale e psicologico, al fine di valutare che l'accesso alle notizie di cui al comma 5 non comporti grave turbamento all'equilibrio psico-fisico del richiedente. Definita l'istruttoria, il tribunale per i minorenni autorizza con decreto l'accesso alle notizie richieste.

7. L'accesso alle informazioni non è consentito nei confronti della madre che abbia dichiarato alla nascita di non volere essere nominata ai sensi dell'articolo 30, comma 1, del decreto del Presidente della Repubblica 3 novembre 2000, n. 396 ([3]).

8. Fatto salvo quanto previsto dai commi precedenti, l'autorizzazione non è richiesta per l'adottato maggiore di età quando i genitori adottivi sono deceduti o divenuti irreperibili.

([1]) *Questo articolo è stato così sostituito dall'art. 24 della L. 28 marzo 2001, n. 149.*

([2]) *Le parole: «potestà dei genitori» sono state così sostituite dalle seguenti: «responsabilità genitoriale» dall'art. 100, comma 1, lett. p), del D.L.vo 28 dicembre 2013, n. 154, a decorrere dal trentesimo giorno successivo a quello della sua pubblicazione nella* Gazzetta Ufficiale *(G.U. n. 5 dell'8 gennaio 2014).*

([3]) *Questo comma è stato così sostituito dall'art. 177, comma 2, del D.L.vo 30 giugno 2003, n. 196, a decorrere dal 1° gennaio 2004. La Corte costituzionale, con sentenza n. 278 del 22 novembre 2013, ha dichiarato l'illegittimità costituzionale di questo comma, nella parte in cui non prevede - attraverso un procedimento, stabilito dalla legge, che assicuri la massima riservatezza - la possibilità per il giudice di interpellare la madre - che abbia dichiarato di non voler essere nominata ai sensi dell'art. 30, comma 1, del D.P.R. 3 novembre 2000, n. 396 - su richiesta del figlio, ai fini di una eventuale revoca di tale dichiarazione. L'art. 177 del D.L.vo n. 196/2003 è stato poi abrogato dall'art. 27, comma 1, lett. c), n. 3), del D.L.vo 10 agosto 2018, n. 101.*

Titolo III ([1])
Dell'adozione internazionale

([1]) *Si veda l'art. 1, comma 152, della L. 30 dicembre 2004, n. 311, di cui si riporta il testo:*

«152. È istituito, presso la Presidenza del Consiglio dei ministri, il "Fondo per il sostegno delle adozioni internazionali" finalizzato al rimborso delle spese sostenute dai genitori adottivi per l'espletamento della procedura di adozione disciplinata dalle disposizioni contenute nel capo I del titolo III della legge 4 maggio 1983, n. 184. Con decreto di natura non regolamentare adottato, entro sessanta giorni dalla data di entrata in vigore della presente legge, dal Presidente del Consiglio dei ministri, di concerto con il Ministro dell'economia e delle finanze, vengono determinati l'entità e i criteri del rimborso, nonché le modalità di presentazione delle istanze. In ogni caso, i rimborsi non potranno superare l'ammontare massimo di 10 milioni di euro per l'anno 2005. A favore del Fondo di cui al presente comma è autorizzata la spesa di 10 milioni di euro per l'anno 2005».

Capo I ([1])
Dell'adozione di minori stranieri

([1]) *L'originario capo I del presente titolo è stato sostituito dall'attuale dall'art. 3 della L. 31 dicembre 1998, n. 476.*

29. 1. L'adozione di minori stranieri ha luogo conformemente ai principi e secondo le direttive della Convenzione per la tutela dei minori e la cooperazione in materia di adozione internazionale, fatta a l'Aja il 29 maggio 1993, di seguito denominata «Convenzione», a norma delle disposizioni contenute nella presente legge.

29 *bis*. 1. Le persone residenti in Italia, che si trovano nelle condizioni prescritte dall'articolo 6 e che intendono adottare un minore straniero residente all'estero, presentano dichiarazione di disponibilità al tribunale per i minorenni del distretto in cui hanno la residenza e chiedono che lo stesso dichiari la loro idoneità all'adozione.

2. Nel caso di cittadini italiani residenti in uno Stato straniero, fatto salvo quanto stabilito nell'articolo 36, comma 4, è competente il tribunale per i minorenni del distretto in cui si trova il luogo della loro ultima residenza; in mancanza, è competente il tribunale per i minorenni di Roma.

3. Il tribunale per i minorenni, se non ritiene di dover pronunciare immediatamente decreto di inidoneità per manifesta carenza dei requisiti, trasmette, entro quindici giorni dalla presentazione, copia della dichiarazione di disponibilità ai servizi degli enti locali.

4. I servizi socio-assistenziali degli enti locali singoli o associati, anche avvalendosi per quanto di competenza delle aziende sanitarie locali e ospedaliere, svolgono le seguenti attività:

a) informazione sull'adozione internazionale e sulle relative procedure, sugli enti autorizzati e sulle altre forme di solidarietà nei confronti dei minori in difficoltà, anche in collaborazione con gli enti autorizzati di cui all'articolo 39 *ter*;

b) preparazione degli aspiranti all'adozione, anche in collaborazione con i predetti enti;

c) acquisizione di elementi sulla situazione personale, familiare e sanitaria degli aspiranti genitori adottivi, sul loro ambiente sociale, sulle motivazioni che li determinano, sulla loro attitudine a farsi carico di un'adozione internazionale, sulla loro capacità di rispondere in modo adeguato alle esigenze di più minori o di uno solo, sulle eventuali caratteristiche particolari dei minori che essi sarebbero in grado di accogliere, nonché acquisizione di ogni altro elemento utile per la valutazione da parte del tribunale per i minorenni della loro idoneità all'adozione.

5. I servizi trasmettono al tribunale per i minorenni, in esito all'attività svolta, una relazione completa di tutti gli elementi indicati al comma 4, entro i quattro mesi successivi alla trasmissione della dichiarazione di disponibilità.

30. 1. Il tribunale per i minorenni, ricevuta la relazione di cui all'articolo 29 *bis*, comma 5, sente gli aspiranti all'adozione, anche a mezzo di un giudice delegato, dispone se necessario gli opportuni approfondimenti e pronuncia, entro i due mesi successivi, decreto motivato attestante la sussistenza ovvero l'insussistenza dei requisiti per adottare.

2. Il decreto di idoneità ad adottare ha efficacia per tutta la durata della procedura, che deve essere promossa dagli interessati entro un anno dalla comunicazione del provvedimento. Il decreto contiene anche indicazioni per favorire il migliore incontro tra gli aspiranti all'adozione ed il minore da adottare.

3. Il decreto è trasmesso immediatamente, con copia della relazione e della documentazione esistente negli atti, alla Commissione di cui all'articolo 38 e, se già indicato dagli aspiranti all'adozione, all'ente autorizzato di cui all'articolo 39 *ter*.

4. Qualora il decreto di idoneità, previo ascolto degli interessati, sia revocato per cause sopravvenute che incidano in modo rilevante sul giudizio di idoneità, il tribunale per i minorenni comunica immediatamente il relativo provvedimento alla Commissione ed all'ente autorizzato di cui al comma 3.

5. Il decreto di idoneità ovvero di inidoneità e quello di revoca sono reclamabili davanti alla corte d'appello, a termini degli articoli 739 e 740 del codice di procedura civile, da parte del pubblico ministero e degli interessati.

31. 1. Gli aspiranti all'adozione, che abbiano ottenuto il decreto di idoneità, devono conferire incarico a curare la procedura di adozione ad uno degli enti autorizzati di cui all'articolo 39 *ter*.

2. Nelle situazioni considerate dall'articolo 44, primo comma, lettera *a*), il tribunale per i minorenni può autorizzare gli aspiranti adottanti, valutate le loro personalità, ad effettuare direttamente le attività previste alle lettere *b*), *d*), *e*), *f*) ed *h*) del comma 3 del presente articolo.

3. L'ente autorizzato che ha ricevuto l'incarico di curare la procedura di adozione:

a) informa gli aspiranti sulle procedure che inizierà e sulle concrete prospettive di adozione;

b) svolge le pratiche di adozione presso le competenti autorità del Paese indicato dagli aspiranti all'adozione tra quelli con cui esso intrattiene rapporti, trasmettendo alle stesse la domanda di adozione, unitamente al decreto di idoneità ed alla relazione ad esso allegata, affinché le autorità straniere formulino le proposte di incontro tra gli aspiranti all'adozione ed il minore da adottare;

c) raccoglie dall'autorità straniera la proposta di incontro tra gli aspiranti all'adozione ed il minore da adottare, curando che sia accompagnata da tutte le informazioni di carattere sanitario riguardanti il minore, dalle notizie riguardanti la sua famiglia di origine e le sue esperienze di vita;

d) trasferisce tutte le informazioni e tutte le notizie riguardanti il minore agli aspiranti genitori adottivi, informandoli della proposta di incontro tra gli aspiranti all'adozione ed il minore da adottare e assistendoli in tutte le attività da svolgere nel paese straniero;

e) riceve il consenso scritto all'incontro tra gli aspiranti all'adozione ed il minore da adottare, proposto dall'autorità straniera, da parte degli aspiranti all'adozione, ne autentica le firme e trasmette l'atto di consenso all'autorità straniera, svolgendo tutte le altre attività dalla stessa richieste; l'autenticazione delle firme degli aspiranti adottanti può essere effettuata anche dall'impiegato comunale delegato all'autentica o da un notaio o da un segretario di qualsiasi ufficio giudiziario;

f) riceve dall'autorità straniera attestazione della sussistenza delle condizioni di cui all'articolo 4 della Convenzione e concorda con la stessa, qualora ne sussistano i requisiti, l'opportunità di procedere all'adozione ovvero, in caso contrario, prende atto del mancato accordo e ne dà immediata informazione alla Commissione di cui all'articolo 38 comunicandone le ragioni; ove sia richiesto dallo Stato di origine, approva la decisione di affidare il minore o i minori ai futuri genitori adottivi;

g) informa immediatamente la Commissione, il tribunale per i minorenni e i servizi dell'ente locale della decisione di affidamento dell'autorità straniera e richiede alla Commissione, trasmettendo la documentazione necessaria, l'autorizzazione all'ingresso e alla residenza permanente del minore o dei minori in Italia;

h) certifica la data di inserimento del minore presso i coniugi affidatari o i genitori adottivi;

i) riceve dall'autorità straniera copia degli atti e della documentazione relativi al minore e li trasmette immediatamente al tribunale per i minorenni e alla Commissione;

l) vigila sulle modalità di trasferimento in Italia e si adopera affinché questo avvenga in compagnia degli adottanti o dei futuri adottanti;

m) svolge in collaborazione con i servizi dell'ente locale attività di sostegno del nucleo adottivo fin dall'ingresso del minore in Italia su richiesta degli adottanti;

[*n*) certifica la durata delle necessarie assenze dal lavoro, ai sensi delle lettere *a*) e *b*) del comma 1 dell'articolo 39 *quater*, nel caso in cui le stesse non siano determinate da ragioni di salute del bambino, nonché la durata del periodo di permanenza all'estero nel caso di congedo non retribuito ai sensi della lettera *c*) del medesimo comma 1 dell'articolo 39 *quater*] (1);

o) certifica, nell'ammontare complessivo agli effetti di quanto previsto dall'articolo 10, comma 1, lettera *l bis*), del testo unico delle imposte sui redditi, approvato con decreto del Presidente della Repubblica 22 dicembre 1986, n. 917, le spese sostenute dai genitori adottivi per l'espletamento della procedura di adozione.

(1) *Questa lettera è stata abrogata dall'art. 86 del D.L.vo 26 marzo 2001, n. 151.*

32. 1. La Commissione di cui all'articolo 38, ricevuti gli atti di cui all'articolo 31 e valutate le conclusioni dell'ente incaricato, dichiara che l'adozione risponde al superiore interesse del minore e ne autorizza l'ingresso e la residenza permanente in Italia.

2. La dichiarazione di cui al comma 1 non è ammessa:

a) quando dalla documentazione trasmessa dall'autorità del Paese straniero non emerge la situazione di abbandono del minore e la constatazione dell'impossibilità di affidamento o di adozione nello Stato di origine;

b) qualora nel Paese straniero l'adozione non determini per l'adottato l'acquisizione dello stato di figlio nato nel matrimonio ([1]) e la cessazione dei rapporti giuridici fra il minore e la famiglia di origine, a meno che i genitori biologici ([2]) abbiano espressamente consentito al prodursi di tali effetti.

3. Anche quando l'adozione pronunciata nello Stato straniero non produce la cessazione dei rapporti giuridici con la famiglia d'origine, la stessa può essere convertita in una adozione che produca tale effetto, se il tribunale per i minorenni la riconosce conforme alla Convenzione. Solo in caso di riconoscimento di tale conformità, è ordinata la trascrizione.

4. Gli uffici consolari italiani all'estero collaborano, per quanto di competenza, con l'ente autorizzato per il buon esito della procedura di adozione. Essi, dopo aver ricevuto formale comunicazione da parte della Commissione ai sensi dell'articolo 39, comma 1, lettera *h*), rilasciano il visto di ingresso per adozione a beneficio del minore adottando.

([1]) *La parola: «legittimo» è stata così sostituita dalle seguenti: «nato nel matrimonio» dall'art. 100, comma 1, lett.* q), *del D.L.vo 28 dicembre 2013, n. 154, a decorrere dal trentesimo giorno successivo a quello della sua pubblicazione nella* Gazzetta Ufficiale *(G.U. n. 5 dell'8 gennaio 2014).*

([2]) *La parola: «naturali» è stata così sostituita dalla seguente: «biologici» dall'art. 100, comma 1, lett.* q), *del D.L.vo 28 dicembre 2013, n. 154, a decorrere dal trentesimo giorno successivo a quello della sua pubblicazione nella* Gazzetta Ufficiale *(G.U. n. 5 dell'8 gennaio 2014).*

33. 1. Ai minori che non sono muniti di visto di ingresso rilasciato ai sensi dell'articolo 32 della presente legge e che non sono accompagnati da almeno un genitore o da parenti entro il quarto grado si applicano le disposizioni dell'articolo 19, comma 1 bis, del testo unico di cui al decreto legislativo 25 luglio 1998, n. 286. ([1])

2. È fatto divieto alle autorità consolari italiane di concedere a minori stranieri il visto di ingresso nel territorio dello Stato a scopo di adozione, al di fuori delle ipotesi previste dal presente Capo e senza la previa autorizzazione della Commissione di cui all'articolo 38.

3. Coloro che hanno accompagnato alla frontiera un minore al quale non viene consentito l'ingresso in Italia provvedono a proprie spese al suo rimpatrio immediato nel Paese d'origine. Gli uffici di frontiera segnalano immediatamente il caso alla Commissione affinché prenda contatto con il Paese di origine del minore per assicurarne la migliore collocazione nel suo superiore interesse.

4. Il divieto di cui al comma 1 non opera nel caso in cui, per eventi bellici, calamità naturali o eventi eccezionali secondo quanto previsto dall'articolo 18 della legge 6 marzo 1998, n. 40, o per altro grave impedimento di carattere oggettivo, non sia possibile l'espletamento delle procedure di cui al presente Capo e sempre che sussistano motivi di esclusivo interesse del minore all'ingresso nello Stato. In questi casi gli uffici di frontiera segnalano l'ingresso del minore alla Commissione ed al tribunale per i minorenni competente in relazione al luogo di residenza di coloro che lo accompagnano.

5. Qualora sia comunque avvenuto l'ingresso di un minore nel territorio dello Stato al di fuori delle situazioni consentite, il pubblico ufficiale o l'ente autorizzato che ne ha notizia lo segnala al tribunale per i minorenni competente in relazione al luogo in cui il minore si trova. Il tribunale, adottato ogni opportuno provvedimento temporaneo nell'interesse del minore, provvede ai sensi dell'articolo 37 *bis*, qualora ne sussistano i presupposti, ovvero segnala la situazione alla Commissione affinché prenda contatto con il Paese di origine del minore e si proceda ai sensi dell'articolo 34.

(¹) *Questo comma è stato così sostituito dall'art. 3, comma 2, della L. 7 aprile 2017, n. 47.*

34. 1. Il minore che ha fatto ingresso nel territorio dello Stato sulla base di un provvedimento straniero di adozione o di affidamento a scopo di adozione gode, dal momento dell'ingresso, di tutti i diritti attribuiti al minore italiano in affidamento familiare.

2. Dal momento dell'ingresso in Italia e per almeno un anno, ai fini di una corretta integrazione familiare e sociale, i servizi socio-assistenziali degli enti locali e gli enti autorizzati, su richiesta degli interessati, assistono gli affidatari, i genitori adottivi e il minore. Essi in ogni caso riferiscono al tribunale per i minorenni sull'andamento dell'inserimento, segnalando le eventuali difficoltà per gli opportuni interventi.

3. Il minore adottato acquista la cittadinanza italiana per effetto della trascrizione del provvedimento di adozione nei registri dello stato civile.

35. 1. L'adozione pronunciata all'estero produce nell'ordinamento italiano gli effetti di cui all'articolo 27.

2. Qualora l'adozione sia stata pronunciata nello Stato estero prima dell'arrivo del minore in Italia, il tribunale verifica che nel provvedimento dell'autorità che ha pronunciato l'adozione risulti la sussistenza delle condizioni delle adozioni internazionali previste dall'articolo 4 della Convenzione.

3. Il tribunale accerta inoltre che l'adozione non sia contraria ai principi fondamentali che regolano nello Stato il diritto di famiglia e dei minori, valutati in relazione al superiore interesse del minore, e se sussistono la certificazione di conformità alla Convenzione di cui alla lettera *i*) e l'autorizzazione prevista dalla lettera *h*) del comma 1 dell'articolo 39, ordina la trascrizione del provvedimento di adozione nei registri dello stato civile.

4. Qualora l'adozione debba perfezionarsi dopo l'arrivo del minore in Italia, il tribunale per i minorenni riconosce il provvedimento dell'autorità straniera come affidamento preadottivo, se non contrario ai principi fondamentali che regolano nello Stato il diritto di famiglia e dei minori, valutati in relazione al superiore interesse del minore, e stabilisce la durata del predetto affidamento in un anno che decorre dall'inserimento del minore nella nuova famiglia. Decorso tale periodo, se ritiene che la sua permanenza nella famiglia che lo ha accolto è tuttora conforme all'interesse del minore, il tribunale per i minorenni pronuncia l'adozione e ne dispone la trascrizione nei registri dello stato civile. In caso contrario, anche prima che sia decorso il periodo di affidamento preadottivo, lo revoca e adotta i provvedimenti di cui all'articolo 21 della Convenzione. In tal caso il minore che abbia compiuto gli anni 14 deve sempre esprimere il consenso circa i provvedimenti da assumere; se ha raggiunto gli anni 12 deve essere personalmente sentito; se di età inferiore deve essere sentito (1) ove ciò non alteri il suo equilibrio psico-emotivo, tenuto conto della valutazione dello psicologo nominato dal tribunale.

5. Competente per la pronuncia dei provvedimenti è il tribunale per i minorenni del distretto in cui gli aspiranti all'adozione hanno la residenza nel momento dell'ingresso del minore in Italia.

6. Fatto salvo quanto previsto nell'articolo 36, non può comunque essere ordinata la trascrizione nei casi in cui:

a) il provvedimento di adozione riguarda adottanti non in possesso dei requisiti previsti dalla legge italiana sull'adozione;

b) non sono state rispettate le indicazioni contenute nella dichiarazione di idoneità;

c) non è possibile la conversione in adozione produttiva degli effetti di cui all'articolo 27;

d) l'adozione o l'affidamento stranieri non si sono realizzati tramite le autorità centrali e un ente autorizzato;

Leggi Complementari

e) l'inserimento del minore nella famiglia adottiva si è manifestato contrario al suo interesse.

([1]) *Le originarie parole: «può essere sentito ove sia opportuno e» sono state sostituite dalle seguenti: «deve essere sentito», dall'art. 32, comma 1, della L. 28 marzo 2001, n. 149.*

36. 1. L'adozione internazionale dei minori provenienti da Stati che hanno ratificato la Convenzione, o che nello spirito della Convenzione abbiano stipulato accordi bilaterali, può avvenire solo con le procedure e gli effetti previsti dalla presente legge.

2. L'adozione o l'affidamento a scopo adottivo, pronunciati in un Paese non aderente alla Convenzione né firmatario di accordi bilaterali, possono essere dichiarati efficaci in Italia a condizione che:

a) sia accertata la condizione di abbandono del minore straniero o il consenso dei genitori biologici ([1]) ad una adozione che determini per il minore adottato l'acquisizione dello stato di figlio nato nel matrimonio ([2]) degli adottanti e la cessazione dei rapporti giuridici fra il minore e la famiglia d'origine;

b) gli adottanti abbiano ottenuto il decreto di idoneità previsto dall'articolo 30 e le procedure adottive siano state effettuate con l'intervento della Commissione di cui all'articolo 38 e di un ente autorizzato;

c) siano state rispettate le indicazioni contenute nel decreto di idoneità;

d) sia stata concessa l'autorizzazione prevista dall'articolo 39, comma 1, lettera *h*).

3. Il relativo provvedimento è assunto dal tribunale per i minorenni che ha emesso il decreto di idoneità all'adozione. Di tale provvedimento è data comunicazione alla Commissione, che provvede a quanto disposto dall'articolo 39, comma 1, lettera *e*).

4. L'adozione pronunciata dalla competente autorità di un Paese straniero a istanza di cittadini italiani, che dimostrino al momento della pronuncia di aver soggiornato continuativamente nello stesso e di avervi avuto la residenza da almeno due anni, viene riconosciuta ad ogni effetto in Italia con provvedimento del tribunale per i minorenni, purché conforme ai principi della Convenzione.

([1]) *La parola: «naturali» è stata così sostituita dalla seguente: «biologici» dall'art. 100, comma 1, lett.* r), *del D.L.vo 28 dicembre 2013, n. 154, a decorrere dal trentesimo giorno successivo a quello della sua pubblicazione nella* Gazzetta Ufficiale (G.U. *n. 5 dell'8 gennaio 2014).*

([2]) *La parola: «legittimo» è stata così sostituita dalle seguenti: «nato nel matrimonio» dall'art. 100, comma 1, lett.* r), *del D.L.vo 28 dicembre 2013, n. 154, a decorrere dal trentesimo giorno successivo a quello della sua pubblicazione nella* Gazzetta Ufficiale (G.U. *n. 5 dell'8 gennaio 2014).*

37. 1. Successivamente all'adozione, la Commissione di cui all'articolo 38 può comunicare ai genitori adottivi, eventualmente tramite il tribunale per i minorenni, solo le informazioni che hanno rilevanza per lo stato di salute dell'adottato.

2. Il tribunale per i minorenni che ha emesso i provvedimenti indicati dagli articoli 35 e 36 e la Commissione conservano le informazioni acquisite sull'origine del minore, sull'identità dei suoi genitori biologici (1) e sull'anamnesi sanitaria del minore e della sua famiglia di origine.

3. Per quanto concerne l'accesso alle altre informazioni valgono le disposizioni vigenti in tema di adozione di minori italiani.

(1) *La parola*: «*naturali*» *è stata così sostituita dalla seguente*: «*biologici*» *dall'art. 100, comma 1, lett.* s), *del D.L.vo 28 dicembre 2013, n. 154, a decorrere dal trentesimo giorno successivo a quello della sua pubblicazione nella* Gazzetta Ufficiale (G.U. *n. 5 dell'8 gennaio 2014*).

37 *bis*. 1. Al minore straniero che si trova nello Stato in situazione di abbandono si applica la legge italiana in materia di adozione, di affidamento e di provvedimenti necessari in caso di urgenza.

38. (1) (2) 1. Ai fini indicati dall'articolo 6 della Convenzione è costituita presso la Presidenza del Consiglio dei ministri la Commissione per le adozioni internazionali.

2. La Commissione è composta da:

a) un presidente nominato dal Presidente del Consiglio dei ministri nella persona di un magistrato avente esperienza nel settore minorile ovvero di un dirigente dello Stato avente analoga specifica esperienza;

b) due rappresentanti della Presidenza del Consiglio dei ministri;

c) un rappresentante del Ministero del lavoro e delle politiche sociali;

d) un rappresentante del Ministero degli affari esteri;

e) un rappresentante del Ministero dell'interno;

f) due rappresentanti del Ministero della giustizia;

g) un rappresentante del Ministero della salute;

h) un rappresentante del Ministero dell'economia e delle finanze;

i) un rappresentante del Ministero dell'istruzione, dell'università e della ricerca;

l) tre rappresentanti della Conferenza unificata di cui all'articolo 8 del decreto legislativo 28 agosto 1997, n. 281;

m) tre rappresentanti designati, sulla base di apposito decreto del Presidente del Consiglio dei ministri, da associazioni familiari a carattere nazionale, almeno uno dei quali designato dal Forum delle associazioni familiari (3).

3. Il presidente dura in carica quattro (4) anni e l'incarico può essere rinnovato una sola volta.

4. I componenti della Commissione rimangono in carica quattro anni. [Con regolamento adottato dalla Commissione è assicurato l'avvicendamento graduale dei componenti della Commissione stessa allo scadere del termine di permanenza in carica. A tal fine il regolamento può prorogare la durata in carica dei componenti della Commissione per periodi non superiori ad un anno] (5).

5. La Commissione si avvale di personale dei ruoli della Presidenza del Consiglio dei ministri e di altre amministrazioni pubbliche.

(1) *Si veda l'art. 1, comma 19* quinquies, *del D.L. 18 maggio 2006, n. 181, convertito, con modificazioni, nella L. 17 luglio 2006, n. 233, che si riporta*:

«19 quinquies. *Con regolamento adottato ai sensi dell'art. 17, comma 2, della legge 23 agosto 1988, n. 400, sono ridefiniti, senza nuovi o maggiori oneri per il bilancio dello Stato, la composizione e i compiti della Commissione di cui all'articolo 38 della legge 4 maggio 1983, n. 184, e successive modificazioni, nonché la durata in carica dei suoi componenti sulla base delle norme generali contenute nella medesima legge. A decorrere dalla data di entrata in vigore del regolamento sono abrogati l'articolo 38 commi 2, 3 e 4, e l'articolo 39 della citata legge n. 184 del 1983».*

(2) *Si veda il D.P.R. 8 giugno 2007, n. 108, recante regolamento sul riordino della commissione internazionale.*

(3) *Questo comma è stato così sostituito dall'art. 2, comma 1, lett.* a), *della L. 16 gennaio 2003, n. 3.*

(4) *L'originaria parola: «due» è stata così sostituita dalla attuale: «quattro» dall'art. 39* duodetricies *del D.L. 30 dicembre 2005, n. 273, convertito, con modificazioni, nella L. 23 febbraio 2006, n. 51.*

(5) *I periodi posti fra parentesi quadrate sono stati soppressi dall'art. 2, comma 1, lett.* b), *della L. 16 gennaio 2003, n. 3.*

39. (1) 1. La Commissione per le adozioni internazionali:

a) collabora con le autorità centrali per le adozioni internazionali degli altri Stati, anche raccogliendo le informazioni necessarie, ai fini dell'attuazione delle convenzioni internazionali in materia di adozione;

b) propone la stipulazione di accordi bilaterali in materia di adozione internazionale;

c) autorizza l'attività degli enti di cui all'articolo 39 *ter*, cura la tenuta del relativo albo, vigila sul loro operato, lo verifica almeno ogni tre anni, revoca l'autorizzazione concessa nei casi di gravi inadempienze, insufficienze o violazione delle norme della presente legge. Le medesime funzioni sono svolte dalla Commissione con riferimento all'attività svolta dai servizi per l'adozione internazionale, di cui all'articolo 39 *bis*;

d) agisce al fine di assicurare l'omogenea diffusione degli enti autorizzati sul territorio nazionale e delle relative rappresentanze nei Paesi stranieri;

e) conserva tutti gli atti e le informazioni relativi alle procedure di adozione internazionale;

f) promuove la cooperazione fra i soggetti che operano che nel campo dell'adozione internazionale e della protezione dei minori;

g) promuove iniziative di formazione per quanti operino o intendano operare nel campo dell'adozione;

h) autorizza l'ingresso e il soggiorno permanente del minore straniero adottato o affidato a scopo di adozione;

i) certifica la conformità dell'adozione alle disposizioni della Convenzione, come previsto dall'articolo 23, comma 1, della Convenzione stessa;

l) per le attività di informazione e formazione, collabora anche con enti diversi da quelli di cui all'articolo 39 *ter*.

2. La decisione dell'ente autorizzato di non concordare con l'autorità straniera l'opportunità di procedere all'adozione è sottoposta ad esame della Commissione, su istanza dei coniugi interessati; ove non confermi il precedente diniego, la Commissione può procedere direttamente, o delegando altro ente o ufficio, agli incombenti di cui all'articolo 31.

3. La Commissione attua incontri periodici con i rappresentanti degli enti autorizzati al fine di esaminare le problematiche emergenti e coordinare la programmazione degli interventi attuativi dei principi della Convenzione.

4. La Commissione presenta al Presidente del Consiglio dei ministri, che la trasmette al Parlamento, una relazione biennale sullo stato delle adozioni internazionali, sullo stato della attuazione della Convenzione e sulla stipulazione di accordi bilaterali anche con Paesi non aderenti alla stessa.

(¹) *Si veda l'art. 1, comma 19* quinquies, *del D.L. 18 maggio 2006, n. 181, convertito, con modificazioni, nella L. 17 luglio 2006, n. 233, che si riporta*:

«19 quinquies. *Con regolamento adottato ai sensi dell'art. 17, comma 2, della legge 23 agosto 1988, n. 400, sono ridefiniti, senza nuovi o maggiori oneri per il bilancio dello Stato, la composizione e i compiti della Commissione di cui all'articolo 38 della legge 4 maggio 1983, n. 184, e successive modificazioni, nonché la durata in carica dei suoi componenti sulla base delle norme generali contenute nella medesima legge. A decorrere dalla data di entrata in vigore del regolamento sono abrogati l'articolo 38 commi 2, 3 e 4, e l'articolo 39 della citata legge n. 184 del 1983*».

39 *bis*. 1. Le regioni e le province autonome di Trento e di Bolzano nell'ambito delle loro competenze:

a) concorrono a sviluppare una rete di servizi in grado di svolgere i compiti previsti dalla presente legge;

b) vigilano sul funzionamento delle strutture e dei servizi che operano nel territorio per l'adozione internazionale, al fine di garantire livelli adeguati di intervento;

c) promuovono la definizione di protocolli operativi e convenzioni fra enti autorizzati e servizi, nonché forme stabili di collegamento fra gli stessi e gli organi giudiziari minorili.

2. Le regioni e le province autonome di Trento e di Bolzano possono istituire un servizio per l'adozione internazionale che sia in possesso dei requisiti di cui all'articolo 39 *ter* e svolga per le coppie che lo richiedano al momento della presentazione della domanda di adozione internazionale le attività di cui all'articolo 31, comma 3.

3. I servizi per l'adozione internazionale di cui al comma 2 sono istituiti e disciplinati con legge regionale o provinciale in attuazione dei principi di cui alla presente legge. Alle regioni e alle province autonome di Trento e di Bolzano sono delegate le funzioni amministrative relative ai servizi per l'adozione internazionale.

39 *ter*. 1. Al fine di ottenere l'autorizzazione prevista dall'articolo 39, comma 1, lettera *c*), e per conservarla, gli enti debbono essere in possesso dei seguenti requisiti:

a) essere diretti e composti da persone con adeguata formazione e competenza nel campo dell'adozione internazionale, e con idonee qualità morali;

b) avvalersi dell'apporto di professionisti in campo sociale, giuridico e psicologico, iscritti al relativo albo professionale, che abbiano la capacità di sostenere i coniugi prima, durante e dopo l'adozione;

c) disporre di un'adeguata struttura organizzativa in almeno una regione o in una provincia autonoma in Italia e delle necessarie strutture personali per operare nei Paesi stranieri in cui intendono agire;

d) non avere fini di lucro, assicurare una gestione contabile assolutamente trasparente, anche sui costi necessari per l'espletamento della procedura, ed una metodologia operativa corretta e verificabile;

e) non avere e non operare pregiudiziali discriminazioni nei confronti delle persone che aspirano all'adozione, ivi comprese le discriminazioni di tipo ideologico e religioso;

f) impegnarsi a partecipare ad attività di promozione dei diritti dell'infanzia, preferibilmente attraverso azioni di cooperazione allo sviluppo, anche in collaborazione con le organizzazioni non governative, e di attuazione del principio di sussidiarietà dell'adozione internazionale nei Paesi di provenienza dei minori;

g) avere sede legale nel territorio nazionale.

39 *quater.* ([1]) [1. Fermo restando quanto previsto in altre disposizioni di legge, i genitori adottivi e coloro che hanno un minore in affidamento preadottivo hanno diritto a fruire dei seguenti benefici:

a) l'astensione dal lavoro, quale regolata dall'articolo 6, primo comma, della legge 9 dicembre 1977, n. 903, anche se il minore adottato ha superato i sei anni di età;

b) l'assenza dal lavoro, quale regolata dall'articolo 6, secondo comma, e dall'articolo 7 della predetta legge n. 903 del 1977, sino a che il minore adottato non abbia raggiunto i sei anni di età;

c) congedo di durata corrispondente al periodo di permanenza nello Stato straniero richiesto per l'adozione].

([1]) *Questo articolo è stato abrogato dall'art. 86, comma 2, lett.* c), *del D.L.vo 26 marzo 2001, n. 151.*

Capo II
Dell'espatrio di minori a scopo di adozione

40. I residenti all'estero, stranieri o cittadini italiani, che intendono adottare un cittadino italiano minore di età, devono presentare domanda al console italiano competente per territorio, che la inoltra al tribunale per i minorenni del distretto dove si trova il luogo di dimora del minore, ovvero il luogo del suo ultimo domicilio; in mancanza di dimora o di precedente domicilio nello Stato, è competente il tribunale per i minorenni di Roma.

Agli stranieri stabilmente residenti in Paesi che hanno ratificato la Convenzione, in luogo della procedura disciplinata dal primo comma si applicano le procedure stabilite nella Convenzione per quanto riguarda l'intervento ed i compiti delle autorità centrali e degli enti autorizzati. Per il resto si applicano le disposizioni della presente legge ([1]).

([1]) *Questo comma è stato aggiunto dall'art. 5, comma 1, della L. 31 dicembre 1998, n. 476.*

41. Il console del luogo ove risiedono gli adottanti vigila sul buon andamento dell'affidamento preadottivo avvalendosi, ove lo ritenga opportuno, dell'ausilio di idonee organizzazioni assistenziali italiane o straniere.

Qualora insorgano difficoltà di ambientamento del minore nella famiglia dei coniugi affidatari o si verifichino, comunque, fatti incompatibili con l'affidamento preadottivo, il console deve immediatamente darne notizia scritta al tribunale per i minorenni che ha pronunciato l'affidamento.

Il console del luogo ove risiede il minore vigila per quanto di propria competenza perchè i provvedimenti dell'autorità italiana relativi al minore abbiano esecuzione e se del caso provvede al rimpatrio del minore.

Nel caso di adozione di minore stabilmente residente in Italia da parte di cittadini stranieri residenti stabilmente in Paesi che hanno ratificato la Convenzione, le funzioni attribuite al console dal presente articolo sono svolte dall'autorità centrale straniera e dall'ente autorizzato (1).

(1) *Questo comma è stato aggiunto dall'art. 5, comma 2, della L. 31 dicembre 1998, n. 476.*

42. Qualora sia in corso nel territorio dello Stato un procedimento di adozione di un minore affidato a stranieri, o a cittadini italiani residenti all'estero, non può essere reso esecutivo un provvedimento di adozione dello stesso minore pronunciato da autorità straniera.

43. Le disposizioni di cui ai commi 4 e 5 dell'articolo 9 (1) si applicano anche ai cittadini italiani residenti all'estero.

Per quanto riguarda lo svolgimento delle funzioni consolari, si applicano, in quanto compatibili, gli articoli 34, 35 e 36 del decreto del Presidente della Repubblica 5 gennaio 1967, n. 200 (2).

Competente ad accertare la situazione di abbandono del cittadino minore di età che si trovi all'estero e a disporre i conseguenti provvedimenti temporanei nel suo interesse ai sensi dell'articolo 10, compreso se del caso il rimpatrio, è il tribunale per i minorenni del distretto ove si trova il luogo di ultimo domicilio del minore; in mancanza di precedente domicilio nello Stato è competente il tribunale per i minorenni di Roma.

(1) *Le parole: «di cui al sesto, settimo e ottavo comma dell'articolo 9» sono state sostituite dalle seguenti: «di cui ai commi 4 e 5 dell'articolo 9» dall'art. 33 della L. 28 marzo 2001, n. 149.*

(2) *Che reca disposizioni sulle funzioni e sui poteri consolari.*

Titolo IV
Dell'adozione in casi particolari

Capo I
Dell'adozione in casi particolari
e dei suoi effetti

44. ([1]) 1. I minori possono essere adottati anche quando non ricorrono le condizioni di cui al comma 1 dell'articolo 7:

a) da persone unite al minore da vincolo di parentela fino al sesto grado o da preesistente rapporto stabile e duraturo anche maturato nell'ambito di un prolungato periodo di affidamento ([2]), quando il minore sia orfano di padre e di madre;

b) dal coniuge nel caso in cui il minore sia figlio anche adottivo dell'altro coniuge;

c) quando il minore si trovi nelle condizioni indicate dall'articolo 3, comma 1, della legge 5 febbraio 1992, n. 104, e sia orfano di padre e di madre;

d) quando vi sia la constatata impossibilità di affidamento preadottivo.

2. L'adozione, nei casi indicati nel comma 1, è consentita anche in presenza di figli [legittimi] ([3]).

3. Nei casi di cui alle lettere *a*), *c*) e *d*) del comma 1 l'adozione è consentita, oltre che ai coniugi, anche a chi non è coniugato. Se l'adottante è persona coniugata e non separata, l'adozione può essere tuttavia disposta solo a seguito di richiesta da parte di entrambi i coniugi.

4. Nei casi di cui alle lettere *a*) e *d*) del comma 1 l'età dell'adottante deve superare di almeno diciotto anni quella di coloro che egli intende adottare.

([1]) *Questo articolo è stato così sostituito dall'art. 25 della L. 28 marzo 2001, n. 149.*

([2]) *Le parole: «anche maturato nell'ambito di un prolungato periodo di affidamento,» sono state inserite dall'art. 4 della L. 19 ottobre 2015, n. 173.*

([3]) *La parola tra parentesi quadrate è stata soppressa dall'art. 100, comma 1, lett.* t), *del D.L.vo 28 dicembre 2013, n. 154, a decorrere dal trentesimo giorno successivo a quello della sua pubblicazione nella* Gazzetta Ufficiale (G.U. *n. 5 dell'8 gennaio 2014).*

45. ([1]) 1. Nel procedimento di adozione nei casi previsti dall'articolo 44 si richiede il consenso dell'adottante e dell'adottando che abbia compiuto il quattordicesimo anno di età.

2. Se l'adottando ha compiuto gli anni dodici deve essere personalmente sentito; se ha una età inferiore, deve essere sentito, in considerazione della sua capacità di discernimento.

3. In ogni caso, se l'adottando non ha compiuto gli anni quattordici, l'adozione deve essere disposta dopo che sia stato sentito il suo legale rappresentante.

4. Quando l'adozione deve essere disposta nel caso previsto dall'articolo 44, comma 1, lettera *c*), deve essere sentito il legale rappresentante dell'adottando in luogo di questi, se lo stesso non può esserlo o non può prestare il proprio consenso ai sensi del presente articolo a causa delle sue condizioni di minorazione.

(1) *Questo articolo è stato così sostituito dall'art. 26 della L. 28 marzo 2001, n. 149.*

46. Per l'adozione è necessario l'assenso dei genitori e del coniuge dell'adottando.

Quando è negato l'assenso previsto dal primo comma, il tribunale, sentiti gli interessati, su istanza dell'adottante, può, ove ritenga il rifiuto ingiustificato o contrario all'interesse dell'adottando, pronunciare ugualmente l'adozione, salvo che l'assenso sia stato rifiutato dai genitori esercenti la responsabilità genitoriale (1) o dal coniuge, se convivente, dell'adottando. Parimenti il tribunale può pronunciare l'adozione quando è impossibile ottenere l'assenso per incapacità o irreperibilità delle persone chiamate ad esprimerlo.

(1) *La parola: «potestà» è stata così sostituita dalle seguenti: «responsabilità genitoriale» dall'art. 100, comma 1, lett.* u), *del D.L.vo 28 dicembre 2013, n. 154, a decorrere dal trentesimo giorno successivo a quello della sua pubblicazione nella* Gazzetta Ufficiale *(G.U. n. 5 dell'8 gennaio 2014).*

47. (1) 1. L'adozione produce i suoi effetti dalla data della sentenza che la pronuncia. Finché la sentenza non è emanata, tanto l'adottante quanto l'adottando possono revocare il loro consenso.

2. Se uno dei coniugi muore dopo la prestazione del consenso e prima della emanazione della sentenza, si può procedere, su istanza dell'altro coniuge, al compimento degli atti necessari per l'adozione.

3. Se l'adozione è ammessa, essa produce i suoi effetti dal momento della morte dell'adottante.

(1) *Questo articolo è stato così sostituito dall'art. 27 della L. 28 marzo 2001, n. 149.*

48. Se il minore è adottato da due coniugi, o dal coniuge di uno dei genitori, la responsabilità genitoriale (1) sull'adottato ed il relativo esercizio spettano ad entrambi.

L'adottante ha l'obbligo di mantenere l'adottato, di istruirlo ed educarlo conformemente a quanto prescritto dall'articolo 147 del codice civile.

Se l'adottato ha beni propri, l'amministrazione di essi, durante la minore età dell'adottato stesso, spetta all'adottante, il quale non ne ha l'usufrutto legale, ma può impiegarne le rendite per le spese di mantenimento, istruzione ed educazione del minore con l'obbligo di investirne l'eccedenza in modo fruttifero. Si applicano le disposizioni dell'articolo 382 del codice civile.

(1) *La parola*: «potestà» *è stata così sostituita dalle seguenti*: «responsabilità genitoriale» *dall'art. 100, comma 1, lett.* v), *del D.L.vo 28 dicembre 2013, n. 154, a decorrere dal trentesimo giorno successivo a quello della sua pubblicazione nella* Gazzetta Ufficiale (G.U. *n. 5 dell'8 gennaio 2014*).

49. (1) 1. L'adottante deve fare l'inventario dei beni dell'adottato e trasmetterlo al giudice tutelare entro trenta giorni dalla data della comunicazione della sentenza di adozione. Si osservano, in quanto applicabili, le disposizioni contenute nella sezione III del capo I del titolo X del libro primo del codice civile.

2. L'adottante che omette di fare l'inventario nel termine stabilito o fa un inventario infedele può essere privato dell'amministrazione dei beni dal giudice tutelare, salvo l'obbligo del risarcimento dei danni.

(1) *Questo articolo è stato così sostituito dall'art. 28 della L. 28 marzo 2001, n. 149.*

50. Se cessa l'esercizio da parte dell'adottante o degli adottanti della responsabilità genitoriale (1), il tribunale per i minorenni su istanza dell'adottato, dei suoi parenti o affini o del pubblico ministero, o anche d'ufficio, può emettere i provvedimenti opportuni circa la cura della persona dell'adottato, la sua rappresentanza e l'amministrazione dei suoi beni, anche se ritiene conveniente che l'esercizio della responsabilità genitoriale (1) sia ripreso dai genitori. Si applicano le norme di cui agli articoli 330 e seguenti del codice civile.

(1) *La parola*: «potestà» *è stata così sostituita dalle seguenti*: «responsabilità genitoriale» *dall'art. 100, comma 1, lett.* z), *del D.L.vo 28 dicembre 2013, n. 154, a decorrere dal trentesimo giorno successivo a quello della sua pubblicazione nella* Gazzetta Ufficiale (G.U. *n. 5 dell'8 gennaio 2014*).

51. La revoca dell'adozione può essere pronunciata dal tribunale su domanda dell'adottante, quando l'adottato maggiore di quattordici anni abbia attentato alla vita di lui o del suo coniuge, dei suoi discendenti o ascendenti, ovvero si sia reso colpevole verso di loro di delitto punibile con pena restrittiva della libertà personale non inferiore nel minimo a tre anni.

Se l'adottante muore in conseguenza dell'attentato, la revoca dell'adozione può essere chiesta da coloro ai quali si devolverebbe l'eredità in mancanza dell'adottato e dei suoi discendenti.

Il tribunale, assunte informazioni ed effettuato ogni opportuno accertamento e indagine, sentiti il pubblico ministero, l'adottante e l'adottato, pronuncia la sentenza.

Il tribunale, sentito il pubblico ministero ed il minore, può emettere altresì i provvedimenti opportuni con decreto in camera di consiglio circa la cura della persona minore, la rappresentanza e l'amministrazione dei beni.

Si applicano gli articoli 330 e seguenti del codice civile.

Nei casi in cui siano adottati i provvedimenti di cui al quarto comma, il tribunale li segnala al giudice tutelare ai fini della nomina di un tutore.

52. Quando i fatti previsti nell'articolo precedente sono stati compiuti dall'adottante contro l'adottato, oppure contro il coniuge o i discendenti o gli ascendenti di lui, la revoca può essere pronunciata su domanda dell'adottato o su istanza del pubblico ministero.

Il tribunale, assunte informazioni ed effettuato ogni opportuno accertamento e indagine, sentiti il pubblico ministero, l'adottante e l'adottato che abbia compiuto gli anni dodici e anche di età inferiore, in considerazione della sua capacità di disconoscimento (1), pronuncia la sentenza.

Inoltre il tribunale, sentiti il pubblico ministero ed il minore che abbia compiuto gli anni dodici e, se opportuno, anche di età inferiore, può dare provvedimenti opportuni con decreto in camera di consiglio circa la cura della persona del minore, la sua rappresentanza e l'amministrazione dei beni, anche se ritiene conveniente che l'esercizio della responsabilità genitoriale (2) sia ripreso dai genitori.

Si applicano gli articoli 330 e seguenti del codice civile.

Nei casi in cui siano adottati i provvedimenti di cui al terzo comma il tribunale li segnala al giudice tutelare al fine della nomina di un tutore.

(1) *Le originarie parole: «e, se opportuno, anche di età inferiore» sono state sostituite dalle seguenti: «e anche di età inferiore, in considerazione della sua capacità di disconoscimento» dall'art. 32, comma 2, della L. 28 marzo 2001, n. 149.*

(2) *La parola: «potestà» è stata così sostituita dalle seguenti: «responsabilità genitoriale» dall'art. 100, comma 1, lett. aa), del D.L.vo 28 dicembre 2013, n. 154, a decorrere dal trentesimo giorno successivo a quello della sua pubblicazione nella* Gazzetta Ufficiale *(G.U. n. 5 dell'8 gennaio 2014).*

53. La revoca dell'adozione può essere promossa dal pubblico ministero in conseguenza della violazione dei doveri incombenti sugli adottanti.

Si applicano le disposizioni di cui ai precedenti articoli.

54. Gli effetti dell'adozione cessano quando passa in giudicato la sentenza di revoca.

Se tuttavia la revoca è pronunciata dopo la morte dell'adottante per fatto imputabile all'adottato, l'adottato e i suoi discendenti sono esclusi dalla successione dell'adottante.

55. Si applicano al presente capo le disposizioni degli articoli 293, 294, 295, 299, 300 e 304 del codice civile.

Capo II
Delle forme dell'adozione in casi particolari

56. Competente a pronunciarsi sull'adozione è il tribunale per i minorenni del distretto dove si trova il minore.

Il consenso dell'adottante e dell'adottando che ha compiuto i quattordici anni e del legale rappresentante dell'adottando deve essere manifestato personalmente al presidente del tribunale o ad un giudice da lui delegato ([1]).

L'assenso delle persone indicate nell'articolo 46 può essere dato da persona munita di procura speciale rilasciata per atto pubblico o per scrittura privata autenticata.

Si applicano gli articoli 313 e 314 del codice civile, ferma restando la competenza del tribunale per i minorenni e della sezione per i minorenni della corte di appello.

([1]) *La Corte costituzionale, con sentenza n. 182 del 18 febbraio 1988, ha dichiarato l'illegittimità costituzionale dell'art. 45, secondo comma, e di questo comma, nella parte in cui è previsto il consenso anziché l'audizione del legale rappresentante del minore.*

57. Il tribunale verifica:

1) se ricorrono le circostanze di cui all'articolo 44;

2) se l'adozione realizza il preminente interesse del minore.

A tal fine il tribunale per i minorenni, sentiti i genitori dell'adottando, dispone l'esecuzione di adeguate indagini da effettuarsi, tramite i servizi locali e gli organi di pubblica sicurezza, sull'adottante, sul minore e sulla di lui famiglia.

L'indagine dovrà riguardare in particolare:

a) l'idoneità affettiva e la capacità di educare e istruire il minore, la situazione personale ed economica, la salute, l'ambiente familiare degli adottanti ([1]);

b) i motivi per i quali l'adottante desidera adottare il minore;

c) la personalità del minore;

d) la possibilità di idonea convivenza, tenendo conto della personalità dell'adottante e del minore.

([1]) *Questa lettera è stata così sostituita dall'art. 29 della L. 28 marzo 2001, n. 149.*

Leggi Complementari

Titolo VI
Norme finali, penali e transitorie

69. In aggiunta a quanto disposto nell'articolo 51 delle disposizioni di attuazione del codice civile, nel registro delle tutele devono essere annotati i provvedimenti emanati dal tribunale per i minorenni ai sensi dell'articolo 10 della presente legge.

70. (1) 1. I pubblici ufficiali o gli incaricati di un pubblico servizio che omettono di riferire alla procura della Repubblica presso il tribunale per i minorenni sulle condizioni di ogni minore in situazione di abbandono di cui vengano a conoscenza in ragione del proprio ufficio, sono puniti ai sensi dell'articolo 328 del codice penale. Gli esercenti un servizio di pubblica necessità sono puniti con la pena della reclusione fino ad un anno o con la multa da € 258 a € 1.291.

2. I rappresentanti degli istituti di assistenza pubblici o privati che omettono di trasmettere semestralmente alla procura della Repubblica presso il tribunale per i minorenni l'elenco di tutti i minori ricoverati o assistiti, ovvero forniscono informazioni inesatte circa i rapporti familiari concernenti i medesimi, sono puniti con la pena della reclusione fino ad un anno o con la multa da € 258 a € 2.582.

(1) *Questo articolo è stato così sostituito dall'art. 34 della L. 28 marzo 2001, n. 149.*

71. 1. Chiunque, in violazione delle norme di legge in materia di adozione, affida a terzi con carattere definitivo un minore, ovvero lo avvia all'estero perchè sia definitivamente affidato, è punito con la reclusione da uno a tre anni (1).

Se il fatto è commesso dal tutore ovvero da altra persona cui il minore è affidato per ragioni di educazione, di istruzione, di vigilanza e di cutodia, la pena è aumentata della metà.

Se il fatto è commesso dal genitore la condanna comporta la perdita della relativa responsabilità genitoriale (2) e l'apertura della procedura di adottabilità; se è commesso dal tutore consegue la rimozione dall'ufficio; se è commesso dalla persona cui il minore è affidato consegue la inidoneità ad ottenere affidamenti familiari o adottivi e l'incapacità all'ufficio tutelare.

Se il fatto è commesso da pubblici ufficiali, da incaricati di un pubblico servizio, da esercenti la professione sanitaria o forense, da appartenenti ad istituti di assistenza pubblici o privati nei casi di cui all'art. 61, nn. 9 e 11, del codice penale, la pena è raddoppiata.

La pena stabilita nel primo comma del presente articolo si applica anche a coloro che, consegnando o promettendo denaro od altra utilità a terzi, accolgono minori in illecito affidamento con carattere di definitività. La condanna comporta la inidoneità ad ottenere affidamenti familiari o adottivi e l'incapacità all'ufficio tutelare.

6. Chiunque svolga opera di mediazione al fine di realizzare l'affidamento di cui al primo comma è punito con la reclusione fino ad un anno o con la multa da € 258 a € 2.582 ([3]).

([1]) *Questo comma è stato così sostituito dall'art. 35, comma 1, della L. 28 marzo 2001, n. 149.*

([2]) *La parola: «potestà» è stata così sostituita dalle seguenti: «responsabilità genitoriale» dall'art. 100, comma 1, lett. bb), del D.L.vo 28 dicembre 2013, n. 154, a decorrere dal trentesimo giorno successivo a quello della sua pubblicazione nella* Gazzetta Ufficiale *(G.U. n. 5 dell'8 gennaio 2014).*

([3]) *Questo comma è stato così sostituito dall'art. 35, comma 2, della L. 28 marzo 2001, n. 149.*

72. Chiunque, per procurarsi danaro o altra utilità, in violazione delle disposizioni della presente legge, introduce nello Stato uno straniero minore di età perchè sia definitivamente affidato a cittadini italiani è punito con la reclusione da uno a tre anni.

La pena stabilita nel precedente comma si applica anche a coloro che, consegnando o promettendo danaro o altra utilità a terzi, accolgono stranieri minori di età in illecito affidamento con carattere di definitività. La condanna comporta l'inidoneità a ottenere affidamenti familiari o adottivi e l'incapacità all'ufficio tutelare.

72 *bis*. ([1]) 1. Chiunque svolga per conto di terzi pratiche inerenti all'adozione di minori stranieri senza avere previamente ottenuto l'autorizzazione prevista dall'articolo 39, comma 1, lettera *c*), è punito con la pena della reclusione fino a un anno o con la multa da € 516 a € 5.164.

2. La pena è della reclusione da sei mesi a tre anni e della multa da € 1.032 a € 3.098 per i legali rappresentanti ed i responsabili di associazioni o di agenzie che trattano le pratiche di cui al comma 1.

3. Fatti salvi i casi previsti dall'articolo 36, comma 4, coloro che, per l'adozione di minori stranieri, si avvalgono dell'opera di associazioni, organizzazioni, enti o persone non autorizzati nelle forme di legge sono puniti con le pene di cui al comma 1 diminuite di un terzo.

([1]) *Questo articolo è stato aggiunto dall'art. 6 della L. 31 dicembre 1998, n. 476.*

73. Chiunque essendone a conoscenza in ragione del proprio ufficio fornisce qualsiasi notizia atta a rintracciare un minore nei cui confronti sia stata pronunciata adozione o rivela in qualsiasi modo notizie circa lo stato di figlio adottivo ([1]) è punito con la reclusione fino a sei mesi o con la multa da € 103 a € 1.032 ([2]).

Se il fatto è commesso da un pubblico ufficiale o da un incaricato di pubblico servizio, si applica la pena della reclusione da sei mesi a tre anni.

Le disposizioni di cui ai commi precedenti si applicano anche a chi fornisce tali notizie successivamente all'affidamento preadottivo e senza l'autorizzazione del tribunale per i minorenni.

([1]) *Le parole: «legittimo per adozione» sono state così sostituite dalla seguente: «adottivo» dall'art. 100, comma 1, lett. cc), del D.L.vo 28 dicembre 2013, n. 154, a decorrere dal trentesimo giorno successivo a quello della sua pubblicazione nella* Gazzetta Ufficiale *(G.U. n. 5 dell'8 gennaio 2014).*

([2]) *Questo comma è stato così sostituito dall'art. 36 della L. 28 marzo 2001, n. 149.*

74. Gli ufficiali di stato civile trasmettono immediatamente al competente tribunale per i minorenni comunicazione, sottoscritta dal dichiarante, dell'avvenuto riconoscimento da parte di persona coniugata di un figlio nato fuori del matrimonio ([1]) non riconosciuto dall'altro genitore. Il tribunale dispone l'esecuzione di opportune indagini per accertare la veridicità del riconoscimento.

Nel caso in cui vi siano fondati motivi per ritenere che ricorrano gli estremi dell'impugnazione del riconoscimento il tribunale per i minorenni assume, anche d'ufficio, i provvedimenti di cui all'articolo 264, secondo comma, del codice civile.

([1]) *La parola: «naturale» è stata così sostituita dalle seguenti: «nato fuori del matrimonio» dall'art. 100, comma 1, lett. dd), del D.L.vo 28 dicembre 2013, n. 154, a decorrere dal trentesimo giorno successivo a quello della sua pubblicazione nella* Gazzetta Ufficiale *(G.U. n. 5 dell'8 gennaio 2014).*

75. ([1]) [L'ammissione al patrocinio a spese dello Stato comporta l'assistenza legale alle procedure previste ai sensi della presente legge.

La liquidazione delle spese, delle competenze e degli onorari viene effettuata dal giudice con apposita ordinanza, a richiesta del difensore, allorché l'attività di assistenza di quest'ultimo è da ritenersi cessata.

Si applica la disposizione di cui all'articolo 14, secondo comma, della legge 11 agosto 1973, n. 533].

([1]) *Questo articolo è stato abrogato dall'art. 299 del D.P.R. 30 maggio 2002, n. 115.*

76. Alle procedure relative all'adozione di minori stranieri in corso o già definite al momento di entrata in vigore della presente legge continuano ad applicarsi le disposizioni vigenti alla data medesima ([1]).

([1]) *La Corte costituzionale, con sentenza n. 199 del 18 luglio 1986, ha dichiarato l'illegittimità costituzionale di questo articolo, nella parte in cui preclude l'applicazione dell'art. 37 alle procedure già iniziate nei confronti di minore straniero in stato di abbandono in Italia.*

77. Gli articoli da 404 a 413 del codice civile sono abrogati. Per le affiliazioni già pronunciate alla data in entrata in vigore della presente legge si applicano i divieti e le autorizzazioni di cui all'articolo 87 del codice civile.

78. (*Omissis*) ([1]).

([1]) *Questo articolo reca modifiche all'art. 87 del Codice civile.*

79. Entro tre anni dall'entrata in vigore della presente legge i coniugi che risultino forniti dei requisiti di cui all'articolo 6 possono chiedere al tribunale per i minorenni di dichiarare, sempreché il provvedimento risponda agli interessi dell'adottato e dell'affiliato, con decreto motivato, l'estensione degli effetti della adozione nei confronti degli affiliati o adottati ai sensi dell'articolo 291 del codice civile, precedentemente in vigore, se minorenni all'epoca del relativo provvedimento ([1]) ([2]).

Il tribunale dispone l'esecuzione delle opportune indagini di cui all'articolo 57, sugli adottanti e sull'adottato o affiliato.

Gli adottati o affiliati che abbiano compiuto gli anni dodici e, in considerazione della loro capacità di discernimento, ([3]) anche i minori di età inferiore devono essere sentiti; se hanno compiuto gli anni quattordici devono prestare il consenso.

Il coniuge dell'adottato o affiliato, se convivente e non legalmente separato, deve prestare l'assenso.

I discendenti degli adottanti o affilianti che hanno superato gli anni quattordici devono essere sentiti.

Se gli adottati o affiliati sono figli nati nel matrimonio ([4]) o riconosciuti è necessario l'assenso dei genitori. Nel caso di irreperibilità o di rifiuto non motivato, su ricorso degli adottanti o affilianti, sentiti il pubblico ministero, i genitori dell'adottato o affiliato e quest'ultimo, se ha compiuto gli anni dodici, decide il tribunale con sentenza che, in caso di accoglimento della domanda, tiene luogo dell'assenso mancante.

Al decreto relativo all'estensione degli effetti dell'adozione si applicano le disposizioni di cui agli articoli 25, 27 e 28, in quanto compatibili.

Il decreto del tribunale per i minorenni che nega l'estensione degli effetti dell'adozione può essere impugnato anche dall'adottato o affiliato se maggiorenne.

(1) *La Corte costituzionale, con sentenza n. 198 del 18 luglio 1986, ha dichiarato l'illegittimità costituzionale di questo comma, nella parte in cui, nella ipotesi di coniugi non più uniti in matrimonio alla data della presentazione della domanda di estensione degli effetti dell'adozione, non consente di pronunziare l'estensione stessa nei confronti degli adottati ai sensi dell'art. 291 del codice civile, precedentemente in vigore.*

(2) *La Corte costituzionale, con sentenza n. 183 del 18 febbraio 1988, ha dichiarato l'illegittimità costituzionale di questo comma, nella parte in cui non consente l'estensione degli effetti dell'adozione legittimante nei confronti dei minori adottati con adozione ordinaria quando la differenza di età tra adottanti ed adottato superi i 40 anni.*

(3) *Le originarie parole*: «se opportuno,» *sono state sostituite dalle seguenti*: «, in considerazione della loro capacità di discernimento,» *dall'art. 32, comma 3, della L. 28 marzo 2001, n. 149.*

(4) *Le parole*: «figli legittimi» *sono state così sostituite dalle seguenti*: «figli nati nel matrimonio» *dall'art. 105, comma 2, del D.L.vo 28 dicembre 2013, n. 154, a decorrere dal trentesimo giorno successivo a quello della sua pubblicazione nella* Gazzetta Ufficiale (G.U. *n. 5 dell'8 gennaio 2014*).

79 *bis*. (1) 1. Il giudice segnala ai comuni le situazioni di indigenza di nuclei familiari che richiedono interventi di sostegno per consentire al minore di essere educato nell'ambito della propria famiglia.

(1) *Questo articolo è stato inserito dall'art. 100, comma 1, lett. ee), del D.L.vo 28 dicembre 2013, n. 154, a decorrere dal trentesimo giorno successivo a quello della sua pubblicazione nella* Gazzetta Ufficiale (G.U. *n. 5 dell'8 gennaio 2014*).

80. (1) 1. Il giudice, se del caso ed anche in relazione alla durata dell'affidamento, può disporre che gli assegni familiari e le prestazioni previdenziali relative al minore siano erogati temporaneamente in favore dell'affidatario.

2. Le disposizioni di cui all'articolo 12 del testo unico delle imposte sui redditi, approvato con decreto del Presidente della Repubblica 22 dicembre 1986, n. 917, e successive modificazioni, all'articolo 6 della legge 8 marzo 2000, n. 53, e alla legge 9 dicembre 1977, n. 903 (2), si applicano anche agli affidatari di cui al comma 1.

3. Alle persone affidatarie si estendono tutti i benefici in tema di astensione obbligatoria e facoltativa dal lavoro, di permessi per malattia, di riposi giornalieri, previsti per i genitori biologici.

4. Le regioni determinano le condizioni e modalità di sostegno alle famiglie, persone e comunità di tipo familiare che hanno minori in affidamento, affinché tale affidamento si possa fondare sulla disponibilità e l'idoneità all'accoglienza indipendentemente dalle condizioni economiche.

([1]) *Questo articolo è stato così sostituito dall'art. 38 della L. 28 marzo 2001, n. 149.*

([2]) *Il D.L.vo 26 marzo 2001, n. 151, ha abrogato gli articoli 6-6* ter *e 8 della L. 9 dicembre 1977, n. 903, nonché ricompreso l'art. 3, comma 2, della medesima legge, nel proprio art. 86.*

81. (*Omissis*) ([1]).

([1]) *Questo articolo reca modifiche all'art. 244 del Codice civile.*

82. Gli atti, i documenti ed i provvedimenti relativi alle procedure previste dalla presente legge nei riguardi di persone minori di età, sono esenti dalle imposte di bollo e di registro e da ogni spesa, tassa e diritto dovuti ai pubblici uffici.

Sono ugualmente esenti gli atti ed i documenti relativi all'esecuzione dei provvedimenti pronunciati dal giudice nei procedimenti su indicati.

Agli oneri derivanti dall'attuazione della presente legge, valutati in annue lire cento milioni, si provvede mediante corrispondente riduzione del capitolo 1589 dello stato di previsione del Ministero di grazia e giustizia per l'anno finanziario 1983 e corrispondenti capitoli degli esercizi successivi.

Il Ministro del tesoro è autorizzato ad apportare con propri decreti le occorrenti variazioni di bilancio.

ASSEGNO BANCARIO

1.

R.D. 21 dicembre 1933, n. 1736. Disposizioni sull'assegno bancario, sull'assegno circolare e su alcuni titoli speciali dell'Istituto di emissione, del Banco di Napoli e del Banco di Sicilia (*Gazzetta Ufficiale* n. 300 del 29 dicembre 1933).

Titolo I
Dell'assegno bancario

Capo I
Della emissione e della forma dell'assegno bancario

1. L'assegno bancario (chéque) contiene:

1) la denominazione di assegno bancario (chéque) inserita nel contesto del titolo ed espressa nella lingua in cui esso è redatto;
2) l'ordine incondizionato di pagare una somma determinata;
3) il nome di chi è designato a pagare (trattario);
4) l'indicazione del luogo di pagamento;
5) l'indicazione della data e del luogo dove l'assegno bancario è emesso;
6) la sottoscrizione di colui che emette l'assegno bancario (traente).

2. Il titolo nel quale manchi alcuno dei requisiti indicati nell'articolo precedente non vale come assegno bancario, salvo i casi previsti nei seguenti comma.

In mancanza di indicazione speciale, il luogo indicato accanto al nome del trattario si reputa luogo del pagamento. Se più luoghi sono indicati accanto al nome del trattario, l'assegno bancario è pagabile nel luogo indicato per primo.

In mancanza di questo e di ogni altra indicazione, l'assegno bancario è pagabile nel luogo in cui è stato emesso, e, se in esso non vi è uno stabilimento del trattario, nel luogo dove questi ha lo stabilimento principale.

L'assegno bancario in cui non è indicato il luogo di emissione si considera sottoscritto nel luogo indicato accanto al nome del traente.

3. L'assegno bancario è tratto su un banchiere. Tuttavia il titolo emesso o [1] pagabile fuori del territorio dello Stato è valido come assegno bancario anche se tratto su persona che non sia banchiere.

L'assegno bancario non può essere emesso se il traente non abbia fondi disponibili presso il trattario, dei quali abbia diritto di disporre per assegno bancario, e in conformità di una convenzione espressa o tacita. Il titolo tuttavia vale come assegno bancario anche se non sia osservata tale prescrizione.

[1] L'originaria congiunzione «e» è stata così modificata dal R.D.L. 27 giugno 1935, n. 1217, convertito nella L. 9 gennaio 1936, n. 7.

4. L'assegno bancario non può essere accettato. Ogni menzione di accettazione apposta sull'assegno bancario si ha per non scritta.

Ogni menzione di certificazione, conferma, visto e ogni altra equivalente, scritta sul titolo e firmata dal trattario, ha soltanto l'effetto di accertare l'esistenza dei fondi ed impedirne il ritiro da parte del traente prima della scadenza del termine di presentazione.

5. L'assegno bancario può essere pagabile:

a una persona determinata con o senza l'espressa clausola «all'ordine»;

a una persona determinata con la clausola «non all'ordine» o altra equivalente;

al portatore.

L'assegno bancario a favore di una persona determinata con la clausola «o al portatore» ovvero con altra equivalente, vale come assegno bancario al portatore.

L'assegno bancario senza indicazione del prenditore vale come assegno bancario al portatore.

6. L'assegno bancario può essere all'ordine dello stesso traente.

L'assegno bancario può essere tratto per conto di un terzo.

L'assegno bancario non può essere tratto sullo stesso traente, salvo che il titolo sia tratto fra diversi stabilimenti di uno stesso traente. In questo caso l'assegno non può essere al portatore.

7. Qualsiasi promessa d'interessi inserita nell'assegno bancario si ha per non scritta.

8. L'assegno bancario può essere pagabile al domicilio di un terzo, sia nel luogo del domicilio del trattario, sia in altro luogo ancorché il terzo non sia banchiere.

9. L'assegno bancario con la somma da pagarsi scritta in lettere ed in cifre vale, in caso di differenza, per la somma indicata in lettere.

Se la somma da pagarsi è scritta più di una volta in lettere o in cifre l'assegno bancario in caso di differenza vale per la somma minore.

10. Se l'assegno bancario contiene firme di persone incapaci di obbligarsi per assegno, firme false o di persone immaginarie, ovvero firme che per qualsiasi altra ragione non obbligano le persone che hanno firmato l'assegno bancario o col nome delle quali esso è stato firmato, le obbligazioni degli altri firmatari restano tuttavia valide.

11. Ogni sottoscrizione deve contenere il nome e cognome o la ditta di colui che si obbliga. È valida tuttavia la sottoscrizione nella quale il nome sia abbreviato o indicato con la sola iniziale.

12. Il minore emancipato non autorizzato all'esercizio del commercio e l'inabilitato non assumono obbligazione se la loro firma non sia accompagnata da quella del curatore con la clausola per assistenza o altra equivalente. Se sia omessa detta clausola o altra equivalente il curatore è obbligato personalmente.

13. Il genitore o il tutore non autorizzato all'esercizio del commercio per conto del minore o dell'interdetto si può obbligare in nome di costoro, il primo con l'autorizzazione del tribunale (1), l'altro con l'autorizzazione del consiglio di famiglia o di tutela omologata dal tribunale (2), l'una e l'altra anche di carattere generale.

(1) *Si veda ora l'art. 320 del cod. civ.*
(2) *Si veda ora l'art. 374 del cod. civ.*

14. Chi appone la firma sull'assegno bancario quale rappresentante di una persona per la quale non ha il potere di agire, è obbligato per effetto dell'assegno bancario come se l'avesse firmato in proprio e, se ha pagato, ha gli stessi diritti che avrebbe avuto il preteso rappresentato. La stessa disposizione si applica al rappresentante che abbia ecceduto i suoi poteri.

15. La facoltà generale di obbligarsi in nome e per conto altrui comprende anche quella di emettere e girare assegni, salvo che l'atto di rappresentanza disponga diversamente.

16. Il traente risponde del pagamento. Ogni clausola con la quale si esoneri da tale responsabilità si ha per non scritta.

Capo II
Del trasferimento

17. L'assegno bancario pagabile ad una persona determinata con o senza la clausola espressa all'ordine è trasferibile mediante girata.

L'assegno bancario pagabile ad una persona determinata con la clausola non all'ordine o altra equivalente, non può essere trasferito che nella forma e con gli effetti della cessione ordinaria.

La girata può essere fatta anche a favore del traente o di qualunque altro obbligato. Essi possono girare di nuovo l'assegno bancario.

18. La girata deve essere incondizionata. Qualsiasi condizione alla quale sia subordinata si ha per non scritta.

La girata parziale è nulla.

È egualmente nulla la girata del trattario.

La girata al portatore vale come girata in bianco.

La girata al trattario vale come quietanza, salvo il caso che il trattario abbia diversi stabilimenti e la girata sia fatta ad uno stabilimento diverso da quello sul quale l'assegno bancario è stato tratto.

19. La girata deve essere scritta sull'assegno bancario o su un foglio ad esso attaccato (allungamento). Deve essere sottoscritta dal girante.

La girata è valida ancorché il beneficiario non sia indicato o il girante abbia apposto soltanto la firma (girata in bianco). In questo caso la girata per essere valida deve essere scritta a tergo dell'assegno bancario o sull'allungamento.

20. La girata trasferisce tutti i diritti inerenti all'assegno bancario.

Se la girata è in bianco, il portatore può:

1) riempirla col proprio nome o con quello di altra persona;

2) girare l'assegno bancario di nuovo in bianco o a persona determinata;

3) trasmettere l'assegno bancario a un terzo senza riempire la girata in bianco e senza girarlo.

21. Il girante, se non vi sia clausola contraria, risponde del pagamento.

Egli può vietare una nuova girata; in questo caso non è responsabile verso coloro ai quali l'assegno bancario sia stato ulteriormente girato.

22. Il detentore dell'assegno bancario trasferibile per girata è considerato portatore legittimo se giustifica il suo diritto con una serie continua di girate, anche se l'ultima è in bianco. Le girate cancellate si hanno, a questo effetto, per non scritte. Se una girata in bianco è seguita da un'altra girata, si reputa che il sottoscrittore di quest'ultima abbia acquistato l'assegno bancario per effetto della girata in bianco.

23. Una girata apposta ad un assegno bancario al portatore rende il girante responsabile secondo le norme sul regresso: ma non trasforma il titolo in un assegno bancario all'ordine.

24. Se una persona ha perduto per qualsiasi ragione il possesso di un assegno bancario, il nuovo portatore, cui è pervenuto l'assegno bancario – sia che si tratti di assegno bancario al portatore, sia che si tratti di assegno bancario trasferibile per girata e rispetto al quale il portatore giustifichi il suo diritto nella maniera indicata nell'articolo 22 – non è tenuto a consegnarlo se non quando l'abbia acquistato in mala fede ovvero abbia commesso colpa grave acquistandolo.

25. La persona contro la quale sia promossa azione in virtù dell'assegno bancario, non può opporre al portatore le eccezioni fondate sui suoi rapporti personali col traente e con i portatori precedenti, a meno che il portatore, acquistando l'assegno bancario, abbia agito coscientemente a danno del debitore.

26. Se alla girata è apposta la clausola «valuta per incasso», «per incasso», «per procura» od ogni altra che implichi un semplice mandato, il portatore può esercitare tutti i diritti inerenti all'assegno bancario, ma non può girarlo che per procura.

Gli obbligati non possono in questo caso opporre al portatore se non eccezioni che avrebbero potuto opporre al girante.

Il mandato contenuto in una girata per procura non si estingue per la morte del mandante o per la sopravvenuta sua incapacità.

27. La girata fatta dopo il protesto o dopo una constatazione equivalente oppure dopo spirato il termine per la presentazione produce solo gli effetti di una cessione ordinaria.

La girata senza data si presume, fino a prova contraria, fatta prima del protesto o della constatazione equivalente, oppure prima dello spirare del termine indicato nel comma precedente.

Capo III
Dell'avallo

28. Il pagamento di un assegno bancario può essere garantito con avallo per tutta o parte della somma.

Questa garanzia può essere prestata da un terzo, escluso il trattario, o anche da un firmatario dell'assegno bancario.

29. L'avallo è apposto sull'assegno bancario o sull'allungamento.

È espresso con le parole «per avallo» o con ogni altra formula equivalente; è sottoscritto dall'avallante.

Si considera dato con la sola firma dell'avallante apposta sulla faccia anteriore dell'assegno bancario, purché non si tratti della firma del traente.

L'avallo deve indicare per chi è dato. In mancanza di questa indicazione si intende dato per il traente.

30. L'avallante è obbligato nello stesso modo di colui per il quale l'avallo è stato dato.

La sua obbligazione è valida ancorché l'obbligazione garantita sia nulla per qualsiasi altra causa che un vizio di forma.

L'avallante che paga l'assegno bancario acquista i diritti ad esso inerenti contro l'avallato e contro coloro che sono obbligati verso di lui per effetto dell'assegno bancario.

Capo IV
Della presentazione e del pagamento

31. L'assegno bancario è pagabile a vista. Ogni contraria disposizione si ha per non scritta.

L'assegno bancario presentato al pagamento prima del giorno indicato come data d'emissione è pagabile nel giorno di presentazione.

L'assegno bancario può essere presentato al pagamento, anche nel caso previsto dall'articolo 34, in forma sia cartacea sia elettronica ([1]).

([1]) *Questo comma è stato aggiunto dall'art. 8, comma 7, lett.* b), *n. 1), del D.L. 13 maggio 2011, n. 70, convertito, con modificazioni, nella L. 12 luglio 2011, n. 106, a decorrere dal quindicesimo giorno successivo alla pubblicazione nella* Gazzetta Ufficiale, *del regolamento della Banca d'Italia di cui all'art. 8, comma 7, lett. e), dello stesso decreto legge.*

32. L'assegno bancario deve essere presentato al pagamento nel termine di otto giorni se è pagabile nello stesso comune in cui fu emesso; di quindici giorni se pagabile in altro comune della Repubblica; di trenta giorni se è pagabile nei territori comunque soggetti alla sovranità italiana compresi nel bacino del Mediterraneo; di sessanta giorni se è pagabile negli altri territori soggetti alla sovranità italiana.

L'assegno bancario emesso in un paese diverso da quello nel quale è pagabile deve essere presentato entro il termine di venti giorni o di sessanta giorni, a seconda che il luogo di emissione e quello di pagamento siano nello stesso o in diversi continenti.

A questo effetto gli assegni bancari emessi in un paese d'Europa e pagabili in un paese litoraneo del Mediterraneo o viceversa sono considerati come assegni bancari emessi e pagabili nello stesso continente.

I termini suddetti decorrono dal giorno indicato nell'assegno bancario come data d'emissione.

33. Se un assegno bancario è tratto fra due piazze che hanno calendari diversi, il giorno della emissione è sostituito con quello corrispondente del calendario del luogo di pagamento.

34. La presentazione ad una stanza di compensazione equivale a presentazione per il pagamento.

35. L'ordine di non pagare la somma dell'assegno bancario non ha effetto che dopo spirato il termine di presentazione.

In mancanza di tale ordine il trattario può pagare anche dopo spirato detto termine.

36. La morte del traente e la sua incapacità sopravvenuta dopo l'emissione lasciano inalterati gli effetti dell'assegno bancario.

37. Il trattario che paga l'assegno bancario può esigere che esso gli sia consegnato quietanzato dal portatore.

Il portatore non può rifiutare un pagamento parziale.

In caso di pagamento parziale, il trattario può esigere che ne sia fatta menzione sull'assegno bancario e gliene sia data quietanza.

38. Il trattario che paga un assegno bancario trasferibile per girata è tenuto ad accertare la regolare continuità delle girate, ma non a verificare l'autenticità delle firme dei giranti.

39. Se l'assegno bancario è pagabile in moneta che non ha corso nel luogo di pagamento, la somma può essere pagata entro il termine di presentazione nella moneta del paese secondo il suo valore nel giorno del pagamento. Se il pagamento non è stato fatto alla presentazione, il portatore può a sua scelta domandare che la somma sia pagata nella moneta del paese secondo il valore nel giorno della presentazione o in quello del pagamento.

Il valore della moneta estera è determinato dagli usi del luogo di pagamento. Il traente può tuttavia stabilire che la somma da pagare sia calcolata secondo il corso indicato nell'assegno bancario.

Le disposizioni precedenti non si applicano nel caso in cui il traente abbia stabilito che il pagamento sia fatto in una moneta espressamente indicata (clausola di pagamento effettivo in moneta estera).

Se la somma è indicata in una moneta avente la stessa denominazione, ma un valore diverso nel paese di emissione e in quello del pagamento si presume che la indicazione si riferisca alla moneta del luogo di pagamento.

Capo V
Dell'assegno bancario sbarrato, dell'assegno bancario da accreditare, dell'assegno bancario non trasferibile e dell'assegno turistico

40. Il traente o il portatore dell'assegno bancario può sbarrarlo con gli effetti indicati nell'articolo seguente.

Lo sbarramento è fatto con due sbarre parallele apposte sulla faccia anteriore. Esso può essere generale o speciale.

Lo sbarramento è generale se tra le due sbarre non vi è alcuna indicazione o vi è la semplice parola «banchiere» o altra equivalente; è speciale se tra le due sbarre è scritto il nome di un banchiere.

Lo sbarramento generale può essere trasformato in sbarramento speciale; ma questo non può essere trasformato in sbarramento generale.

La cancellazione dello sbarramento o del nome del banchiere si ha per non fatta.

41. L'assegno bancario con sbarramento generale non può essere pagato dal trattario che a un banchiere o a un cliente del trattario.

Un assegno bancario con sbarramento speciale non può essere pagato dal trattario che al banchiere designato o, se questi è il trattario, a un cliente. Tuttavia il banchiere designato può servirsi per l'incasso di altro banchiere.

Un banchiere non può acquistare un assegno sbarrato che da un suo cliente o da altro banchiere. Non può incassarlo per conto di altre persone tranne le anzidette.

Un assegno bancario con diversi sbarramenti speciali non può essere pagato dal trattario salvo il caso che si tratti di due sbarramenti, di cui uno per l'incasso a mezzo di una stanza di compensazione.

Il trattario o il banchiere che non osservi le precedenti disposizioni risponde del danno nei limiti dell'importo dell'assegno bancario.

42. Il traente o il portatore di un assegno bancario può vietare che esso sia pagato in contanti, apponendo sulla faccia anteriore in senso trasversale le parole «da accreditare» o altra espressione equivalente.

In questo caso l'assegno bancario non può essere regolato dal trattario che a mezzo di una scritturazione contabile (accreditamento in conto, giro in conto, compensazione). Il regolamento per scritturazione contabile equivale a pagamento.

La cancellazione delle parole «da accreditare» si ha per non fatta.

Il trattario che non osservi le norme sopra indicate risponde del danno nei limiti dell'importo dell'assegno bancario.

Il trattario non è tenuto ad accreditare l'assegno che ad un proprio correntista.

43. L'assegno bancario emesso con la clausola «non trasferibile» non può essere pagato se non al prenditore o, a richiesta di costui, accreditato nel suo conto corrente. Questi non può girare l'assegno se non ad un banchiere per l'incasso, il quale non può ulteriormente girarlo. Le girate apposte nonostante il divieto si hanno per non scritte. La cancellazione della clausola si ha per non avvenuta.

Colui che paga un assegno non trasferibile a persona diversa dal prenditore o dal banchiere giratario per l'incasso risponde del pagamento.

La clausola «non trasferibile» deve essere apposta anche dal banchiere su richiesta del cliente.

La stessa clausola può essere apposta da un girante con i medesimi effetti.

Le disposizioni del presente articolo si applicano soltanto agli assegni pagabili nel territorio della Repubblica.

44. Il traente dell'assegno bancario può subordinare il pagamento all'esistenza sul titolo nel momento della presentazione di una doppia firma conforme del prenditore (assegno turistico).

Capo VI
Del regresso
per mancato pagamento

45. Il portatore può esercitare il regresso contro i giranti, il traente e gli altri obbligati, se l'assegno bancario, presentato in tempo utile, non è pagato, purché il rifiuto del pagamento sia constatato:

1) con atto autentico (protesto), oppure

2) con dichiarazione del trattario scritta sull'assegno bancario con l'indicazione del luogo e del giorno della presentazione, oppure

3) con dichiarazione della Banca d'Italia richiesta da un banchiere che si avvale dei sistemi di pagamento da essa gestiti ([1]).

Il portatore mantiene i suoi diritti contro il traente, sebbene l'assegno bancario non sia stato presentato tempestivamente o non sia stato fatto il protesto o la constatazione equivalente. Se, dopo decorso il termine di presentazione, la disponibilità della somma sia venuta a mancare per fatto del trattario, il portatore perde tali diritti in tutto o limitatamente alla parte della somma che sia venuta a mancare.

([1]) *Questo numero, sostituito dall'art. 8, comma 7, lett.* b)*, n. 2), del D.L. 13 maggio 2011, n. 70, convertito, con modificazioni, nella L. 12 luglio 2011, n. 106, è stato, da ultimo, così sostituito dall'art. 17* ter *del D.L. 14 febbraio 2016, n. 18, convertito, con modificazioni, nella L. 8 aprile 2016, n. 49.*

46. Il protesto o la constatazione equivalente deve farsi prima che sia spirato il termine di presentazione.

Se la presentazione è fatta l'ultimo giorno del termine, il protesto o la constatazione equivalente può farsi il primo giorno feriale successivo.

47. Il portatore deve dare avviso al proprio girante ed al traente del mancato pagamento entro i quattro giorni feriali successivi al giorno del protesto o della dichiarazione equivalente e, se vi sia la clausola «senza spese», lo stesso giorno della presentazione.

Ogni girante nei due giorni feriali successivi al giorno in cui ha ricevuto l'avviso deve informare il precedente girante dell'avviso ricevuto, indicando i nomi e gli indirizzo di coloro che hanno dato gli avvisi precedenti, e così di seguito risalendo fino al traente. I termini predetti decorrono dal ricevimento dell'avviso precedente.

Se in conformità del precedente comma l'avviso è dato a un firmatario dell'assegno bancario, analogo avviso deve essere dato entro lo stesso termine al suo avallante.

Se un girante non ha indicato il suo indirizzo, o lo ha indicato in maniera illeggibile, basta che l'avviso sia dato al girante che lo precede.

Chi è tenuto a dare l'avviso può darlo in una forma qualsiasi anche col semplice rinvio dell'assegno bancario.

Egli deve provare di aver dato l'avviso nel termine stabilito. Il termine si considera rispettato se una lettera contenente l'avviso sia stata spedita per posta nel termine predetto.

Chi non dà l'avviso nel termine sopra indicato non decade dal regresso; tuttavia è responsabile della sua negligenza se abbia causato danno, senza però che l'ammontare del risarcimento possa superare quello dell'assegno bancario.

48. Il traente, il girante o l'avallante può, con la clausola «senza spese», «senza protesto» od ogni altra equivalente, apposta sul titolo e firmata, dispensare il portatore dall'obbligo del protesto o della dichiarazione equivalente per esercitare il regresso.

Tale clausola, salvo il disposto dell'articolo 45, ultimo comma, non dispensa il portatore dalla presentazione dell'assegno bancario nei termini prescritti né dagli avvisi.

La prova dell'inosservanza dei termini incombe a colui che la oppone al portatore.

Se la clausola è apposta dal traente essa produce i suoi effetti nei confronti di tutti i firmatari; se è apposta da un girante o da un avallante, produce i suoi effetti soltanto rispetto a costui. Se la clausola è apposta dal traente e il portatore fa elevare il protesto o la constatazione equivalente, le spese restano a suo carico. Se la clausola è apposta da un girante o da un avallante, le spese del protesto o della constatazione equivalente, qualora uno di tali atti sia stato fatto, sono ripetibili contro tutti i firmatari.

49. Tutte le persone obbligate in virtù dell'assegno bancario rispondono in solido verso il portatore.

Il portatore ha diritto di agire contro tutti i firmatari individualmente o congiuntamente e non è tenuto ad osservare l'ordine nel quale si sono obbligati.

Lo stesso diritto spetta a ogni firmatario che abbia pagato l'assegno bancario.

L'azione promossa contro uno degli obbligati non impedisce di agire contro gli altri, anche se posteriori a colui contro il quale si sia proceduto.

50. Il portatore può chiedere in via di regresso:

1) l'ammontare dell'assegno bancario non pagato;

2) gli interessi al tasso legale dal giorno della presentazione;

3) le spese per il protesto o la constatazione equivalente, quelle per gli avvisi dati e le altre spese.

51. Chi ha pagato l'assegno bancario può ripetere dai suoi garanti:

1) la somma integrale sborsata;

2) gli interessi sulla somma calcolati al tasso legale dal giorno del disborso;

3) le spese sostenute.

52. Qualsiasi obbligato contro il quale sia stato o possa essere promosso il regresso può esigere, contro pagamento, la consegna dell'assegno bancario col protesto o la constatazione equivalente e il conto di ritorno quietanzato.

Qualsiasi girante che ha pagato l'assegno bancario può cancellare la propria girata e quella dei giranti susseguenti.

53. Se un ostacolo insormontabile (disposizione di legge di uno Stato o altro caso di forza maggiore) impedisce di presentare l'assegno bancario, di levare il protesto o di ottenere la constatazione equivalente nei termini stabiliti, questi sono prolungati.

Il portatore è tenuto a dare avviso senza indugio nel caso di forza maggiore al girante precedente e a fare, sull'assegno bancario o sull'allungamento, menzione datata e sottoscritta di questo avviso; per il resto si applicano le disposizioni dell'articolo 47.

Cessata la forza maggiore, il portatore deve presentare senza indugio l'assegno bancario per il pagamento e, se necessario, levare protesto od ottenere la constatazione equivalente.

Se la forza maggiore dura oltre quindici giorni dal giorno in cui il portatore ha dato avviso della forza maggiore al precedente girante, ancorché detto avviso sia stato dato prima dello spirare del termine di presentazione, il regresso può essere esercitato senza bisogno di presentazione, di protesto o della constatazione equivalente.

Non sono considerati casi di forza maggiore i fatti puramente personali al portatore o alla persona da lui incaricata di presentare l'assegno bancario, di levare il protesto o di ottenere la constatazione equivalente.

54. Fra più obbligati che abbiano assunto una posizione di pari grado nell'assegno bancario non ha luogo l'azione cambiaria e il rapporto è regolato con le norme relative alle obbligazioni solidali.

55. L'assegno bancario ha gli effetti di titolo esecutivo per il capitale e per gli accessori a norma degli articoli 50 e 51.

L'assegno emesso all'estero ha gli stessi effetti in quanto questi siano ammessi dalla legge del luogo in cui l'assegno è stato emesso.

Il precetto deve contenere la trascrizione dell'assegno bancario o del protesto e degli altri documenti necessari a dimostrare la somma dovuta.

56. L'opposizione al precetto non sospende l'esecuzione ma il presidente del tribunale, o il pretore (1) competente per valore, su ricorso dell'opponente che disconosca la propria firma o la rappresentanza oppure adduca gravi e fondati motivi, può, con decreto motivato non soggetto a gravame, esaminati i documenti prodotti, sospendere in tutto o in parte gli atti esecutivi imponendo idonea cauzione.

(1) *Ai sensi del D.L.vo 19 febbraio 1998, n. 51, l'ufficio del pretore è soppresso a decorrere dal 2 giugno 1999, fatta salva l'attività necessaria per l'esaurimento degli affari pendenti. Le relative competenze sono trasferite al tribunale ordinario, fuori dei casi in cui è diversamente disposto dal predetto provvedimento.*

57. Nei giudizi, tanto di cognizione quanto di opposizione al precetto, il debitore può opporre soltanto le eccezioni di nullità dell'assegno bancario a termini dell'articolo 2 e quelle non vietate dall'articolo 25.

Se le eccezioni siano di lunga indagine, il giudice, su istanza del creditore, deve emettere sentenza provvisoria di condanna, con cauzione o senza.

Può anche concedere su richiesta del debitore, quando concorrono gravi ragioni, la sospensione della esecuzione, imponendo, se lo ritenga opportuno, idonea cauzione.

Se la sospensione fosse stata già concessa col decreto indicato nell'articolo precedente, il giudice in prosieguo di giudizio deciderà la conferma o la rivocazione del provvedimento.

58. Se dal rapporto che diede causa alla emissione o alla trasmissione dell'assegno bancario derivi un'azione, questa permane nonostante l'emissione o la trasmissione del titolo, salvo che si provi che vi fu novazione.

Il possessore non può esercitare l'azione causale se non offrendo al debitore la restituzione dell'assegno bancario e depositandolo presso la cancelleria del giudice competente, purché abbia adempiuto le formalità necessarie per conservare al debitore stesso le azioni di regresso che possono competergli.

59. Qualora il portatore abbia perduto l'azione cambiaria contro tutti gli obbligati e non abbia contro i medesimi azione causale, può agire contro il traente che non abbia fatto provvista o si sia comunque arricchito ingiustamente a suo danno.

Eguale azione può esercitarsi nelle condizioni suddette anche contro i giranti.

60. Il protesto dev'essere fatto con un solo atto da un notaro o da un ufficiale giudiziario.

Nei comuni nei quali non esista notaro o ufficiale giudiziario il protesto può essere levato dal segretario comunale.

Non è richiesta l'assistenza di testimoni per levare protesto.

61. Il protesto può essere fatto con atto separato, oppure essere scritto sull'assegno bancario o sul duplicato ovvero sul foglio di allungamento. Questo foglio può essere aggiunto anche dal notaro o dall'ufficiale giudiziario o dal segretario comunale, i quali in ogni caso dovranno apporre il proprio sigillo sulla linea di congiunzione.

Se il protesto è fatto con atto separato chi vi procede deve farne menzione sull'assegno bancario o sul duplicato o sul foglio di allungamento, a meno che si sia dovuto procedere al protesto pur non avendo il possesso del titolo.

Il protesto o la constatazione equivalente possono essere effettuati in forma elettronica sull'assegno presentato al pagamento in forma elettronica ([1]).

([1]) *Questo comma è stato aggiunto dall'art. 8, comma 7, lett.* b), *n. 3), del D.L. 13 maggio 2011, n. 70, convertito, con modificazioni, nella L. 12 luglio 2011, n. 106, a decorrere dal quindicesimo giorno successivo alla pubblicazione nella* Gazzetta Ufficiale, *del regolamento della Banca d'Italia di cui all'art. 8, comma 7, lett.* e), *dello stesso decreto legge.*

62. Il protesto si deve fare nel luogo di pagamento e contro il trattario o il terzo indicati per il pagamento anche se non presenti.

Se il domicilio di dette persone non si può rintracciare, il protesto può essere fatto in qualsiasi località nel luogo di pagamento a scelta di chi vi procede.

L'incapacità del trattario o del terzo indicato nell'articolo 8 non dispensa dall'obbligo di levare il protesto contro di esso, salvo che il trattario sia fallito, nel qual caso la produzione della sentenza dichiarativa di fallimento basta per agire in regresso.

Se il trattario o il terzo è morto, il protesto si leva egualmente al suo nome secondo le regole precedenti.

63. Il protesto deve contenere:

1) la data;
2) il nome del richiedente;

3) l'indicazione del luogo in cui è fatto e la menzione delle ricerche eseguite;

4) l'oggetto delle richieste, il nome della persona richiesta, le risposte avute o i motivi per i quali non se ne ebbe alcuna;

5) la sottoscrizione del notaro o dell'ufficiale giudiziario o del segretario comunale.

Il protesto per atto separato deve contenere la trascrizione dell'assegno bancario.

Per più assegni da pagarsi dalla stessa persona nello stesso luogo, il creditore può levare protesto con unico atto separato.

64. Il protesto, ai sensi dell'articolo 45, può essere sostituito, se il portatore lo consente, da una dichiarazione di rifiuto del pagamento, scritta e datata sul titolo o sul foglio di allungamento e firmata dal trattario.

Questa dichiarazione per avere gli effetti del protesto deve essere sottoposta a registrazione nei termini del protesto.

Nei casi previsti nel primo comma la girata senza data si presume fatta anteriormente alla dichiarazione.

65. I notari, gli ufficiali giudiziari e i segretari comunali debbono tener nota, nel repertorio, dei protesti, indicando i requisiti di cui agli articoli precedenti, giorno per giorno e per ordine di data.

L'originale del protesto fatto per atto separato deve essere consegnato al portatore dell'assegno bancario.

Capo VII
Dei duplicati

66. Ad eccezione degli assegni bancari al portatore, qualsiasi assegno bancario, emesso in un paese e pagabile in un altro paese oppure in una parte d'oltre mare dello stesso paese o viceversa, oppure emesso e pagabile nella stessa o in diverse parti d'oltre mare dello stesso paese, può essere emesso in diversi esemplari (duplicati). Se un assegno bancario è emesso in diversi duplicati, questi devono essere numerati nel contesto di ciascun titolo; in difetto, si considerano come altrettanti assegni bancari distinti.

Le copie informatiche di assegni cartacei sostituiscono ad ogni effetto di legge gli originali da cui sono tratte se la loro conformità all'originale è assicurata dalla banca negoziatrice mediante l'utilizzo della propria firma digitale e nel rispetto delle disposizioni attuative e delle regole tecniche dettate ai sensi dell'articolo 8, comma 7, lettere *d*) ed *e*), del decreto legge 13 maggio 2011, n. 70 (1).

(1) *Questo comma è stato aggiunto dall'art. 8, comma 7, lett. c), del D.L. 13 maggio 2011, n. 70, convertito, con modificazioni, nella L. 12 luglio 2011, n. 106.*

67. Il pagamento di un duplicato è liberatorio, ancorché non sia dichiarato che tale pagamento annulli gli effetti degli altri duplicati.

Il girante che ha trasferito i duplicati a persone diverse ed i giranti susseguenti sono obbligati per tutti i duplicati che portino la loro firma e non siano stati restituiti.

Capo VIII
Delle alterazioni

68. In caso di alterazione del testo di un assegno bancario chi ha firmato dopo l'alterazione risponde nei termini del testo alterato; chi ha firmato prima risponde nei termini del testo originario.

Qualora non risulti dal titolo, o non si dimostri che la firma sia stata apposta prima o dopo, si presume che sia stata apposta prima.

Capo IX
Dell'ammortamento

69. In caso di smarrimento, sottrazione o distruzione dell'assegno bancario, se ne può fare denunzia al trattario e chiedere l'ammortamento con ricorso al presidente del tribunale del luogo in cui l'assegno bancario è pagabile, o al pretore (1) del luogo in cui il richiedente ha domicilio.

Il ricorso deve indicare i requisiti essenziali dell'assegno bancario.

Il presidente del tribunale o il pretore (1), premessi gli opportuni accertamenti sulla verità dei fatti e sul diritto del portatore, emette nel più breve termine possibile un decreto con il quale, menzionando i dati dell'assegno bancario, ne pronuncia l'ammortamento e ne autorizza il pagamento dopo quindici giorni dalla data di pubblicazione del decreto nella *Gazzetta Ufficiale* della Repubblica, purché non venga fatta nel frattempo opposizione dal detentore.

Il decreto deve essere, a cura del ricorrente, notificato al traente e al trattario, e pubblicato nella *Gazzetta Ufficiale* della Repubblica.

Malgrado la denunzia, il pagamento dell'assegno bancario al detentore prima della notificazione del decreto libera il trattario.

(1) *Ai sensi del D.L.vo 19 febbraio 1998, n. 51, l'ufficio del pretore è soppresso a decorrere dal 2 giugno 1999, fatta salva l'attività necessaria per l'esaurimento degli affari pendenti. Le relative competenze sono trasferite al tribunale ordinario, fuori dei casi in cui è diversamente disposto dal predetto provvedimento.*

70. L'opposizione del detentore deve essere in ogni caso proposta con citazione da notificarsi al ricorrente, al trattario e al traente per comparire davanti al tribunale del luogo di pagamento.

71. Durante il termine stabilito nell'articolo 69 il ricorrente può esercitare tutti gli atti che tendono a conservare i suoi diritti ed è in facoltà di esigere il pagamento dell'assegno mediante cauzione o di chiedere il deposito giudiziario della somma.

72. Trascorso il termine indicato nell'articolo 69 senza opposizione, o rigettata l'opposizione con sentenza definitiva, l'assegno bancario smarrito non ha più alcuna efficacia. Colui che ottenne l'ammortamento può, su presentazione del decreto e di un certificato del cancelliere del tribunale, comprovante la non interposta opposizione, o su presentazione della sentenza definitiva che respinge l'opposizione, esigere il pagamento.

73. Nel caso di assegno bancario emesso colla clausola «non trasferibile» non si fa luogo ad ammortamento, ma il prenditore ha diritto di ottenere a proprie spese un duplicato denunciando lo smarrimento, la distruzione o la sottrazione al trattario e al traente.

74. L'ammortamento estingue ogni diritto derivante dall'assegno dichiarato inefficace, ma non pregiudica le eventuali ragioni del portatore verso chi ottenne l'ammortamento.

Capo X
Della prescrizione

75. Il regresso del portatore contro i giranti, il traente e gli altri obbligati si prescrive in sei mesi dallo spirare del termine di presentazione.

Le azioni di regresso tra i diversi obbligati al pagamento dell'assegno bancario gli uni contro gli altri si prescrivono in sei mesi a decorrere dal giorno in cui l'obbligato ha pagato l'assegno bancario o dal giorno in cui l'azione di regresso è stata promossa contro di lui.

L'azione di arricchimento si prescrive nel termine di un anno dal giorno della perdita dell'azione nascente dal titolo.

76. L'interruzione della prescrizione non vale che contro colui rispetto al quale è stato compiuto l'atto interruttivo.

Capo XI
Disposizioni generali

77. Nella presente legge sotto il nome di banchieri si comprendono anche le persone e le istituzioni assimilate per legge ai banchieri.

78. La presentazione e il protesto dell'assegno bancario non possono farsi che in giorno feriale.

Se l'ultimo giorno del termine stabilito dalla legge per compiere atti relativi all'assegno bancario e in particolare per la presentazione, per levare il protesto o per ottenere un atto equivalente è un giorno festivo legale, il termine è prorogato fino al primo giorno feriale successivo. I giorni festivi intermedi sono compresi nel computo del termine.

79. Nei termini previsti dalla presente legge non si computa il giorno da cui cominciano a decorrere.

80. Non sono ammessi giorni di rispetto né legali né giudiziari.

81. Agli effetti della presente legge col termine domicilio si intende il luogo di residenza e col termine luogo di pagamento l'intero territorio del comune.

Titolo II
Dell'assegno circolare

82. L'assegno circolare è un titolo di credito all'ordine emesso da un istituto di credito, a ciò autorizzato dall'autorità competente, per somme che siano presso di esso disponibili al momento dell'emissione e pagabile a vista presso tutti i recapiti comunque indicati dall'emittente.

L'istituto autorizzato ad emettere assegni circolari è tenuto a costituire, in conformità delle leggi speciali, a garanzia dei medesimi, una cauzione sulla quale i portatori dei titoli hanno privilegio speciale.

83. L'assegno circolare contiene:

1) la denominazione di «assegno circolare» inserita nel contesto del titolo;

2) la promessa incondizionata di pagare a vista una somma determinata;

3) l'indicazione del prenditore;

4) l'indicazione della data e del luogo nel quale l'assegno circolare è emesso;

5) la sottoscrizione dell'istituto emittente.

Il titolo mancante di alcuno dei suddetti requisiti, non vale come assegno circolare.

84. Il possessore decade dall'azione di regresso, se non presenta il titolo per il pagamento entro trenta giorni dall'emissione.

L'azione contro l'emittente si prescrive nel termine di tre anni dall'emissione.

La girata a favore dell'emittente estingue l'assegno.

85. L'Istituto può affidare l'emissione di assegni circolari muniti del suo visto ad un banchiere suo corrispondente il quale deve firmare l'assegno come rappresentante dell'istituto.

86. In quanto non siano incompatibili con la natura dell'assegno circolare o non siano derogate dalle norme della presente legge, sono applicabili all'assegno circolare le disposizioni della cambiale relative alla girata, al pagamento, al protesto, al regresso, alla prescrizione, nonché quelle relative ai titoli con firme false o di persone incapaci, e alle sottoscrizioni; ed anche quelle dell'assegno bancario sbarrato, da accreditare, non trasferibile e turistico. All'assegno circolare si applica altresì la disposizione dell'assegno bancario di cui all'articolo 31, terzo comma (1).

Nella procedura di ammortamento dell'assegno circolare si applicano le disposizioni degli articoli 69 e 74, con le seguenti modificazioni.

Il ricorso deve essere fatto al presidente del tribunale del luogo in cui sia uno stabilimento dell'istituto emittente o al pretore (2) del luogo in cui il ricorrente ha domicilio.

La notificazione del decreto deve essere fatta ad uno dei più vicini stabilimenti dell'istituto, il quale, a spese del ricorrente, ne darà subito comunicazione a tutti i recapiti presso i quali l'assegno è pagabile. L'eventuale opposizione deve essere proposta, con citazione da notificarsi al ricorrente ed al rappresentante dell'istituto, dinanzi al tribunale che ha emesso il decreto o, nel caso di decreto emesso dal pretore (2), dinanzi al tribunale nella cui giurisdizione è compresa la pretura (2).

La denunzia di smarrimento non rende responsabile l'istituto che paga l'assegno circolare al detentore prima della notificazione del decreto. Parimenti la notificazione del decreto non rende responsabile l'istituto qualora il pagamento del titolo venga effettuato presso uno stabilimento o un recapito al quale, per fatto non imputabile all'istituto, non sia ancora pervenuta la notizia del decreto.

Nel caso di smarrimento, distruzione o sottrazione di un assegno circolare emesso con la clausola «non trasferibile» non si fa luogo alla procedura di ammortamento, ma il prenditore ha diritto di ottenere, dopo venti giorni dalla denunzia, il pagamento dell'assegno presso la filiale alla quale fu fatta la denuncia.

([1]) *Questo periodo è stato aggiunto dall'art. 8, comma 7, lett.* b), *n. 4), del D.L. 13 maggio 2011, n. 70, convertito, con modificazioni, nella L. 12 luglio 2011, n. 106, a decorrere dal quindicesimo giorno successivo alla pubblicazione nella* Gazzetta Ufficiale, *del regolamento della Banca d'Italia di cui all'art. 8, comma 7, lett. e), dello stesso decreto legge.*

([2]) *Ai sensi del D.L.vo 19 febbraio 1998, n. 51, l'ufficio del pretore è soppresso a decorrere dal 2 giugno 1999, fatta salva l'attività necessaria per l'esaurimento degli affari pendenti. Le relative competenze sono trasferite al tribunale ordinario, fuori dei casi in cui è diversamente disposto dal predetto provvedimento.*

Titolo III
Dei titoli speciali dell'istituto di emissione

Capo I
Del vaglia cambiario

87. Il vaglia cambiario emesso dalla Banca d'Italia è un titolo di credito all'ordine, pagabile a vista presso qualsiasi filiale della Banca stessa.

88. Il vaglia cambiario della Banca d'Italia contiene:

1) la denominazione di «vaglia cambiario» inserita nel contesto del titolo;

2) la promessa incondizionata di pagare una somma determinata, indicata in lettere e in cifre;

3) la indicazione del prenditore;

4) la indicazione della data e del luogo in cui il vaglia è emesso;

5) la sottoscrizione dell'Istituto.

Il vaglia cambiario, steso su carta filigranata, ha un numero progressivo di emissione, e deve essere munito di una tabella numerica laterale destinata a controllare l'esattezza della cifra di emissione.

89. Il vaglia cambiario non può essere rilasciato se non contro versamento nelle casse dell'Istituto del corrispondente valore in biglietti di banca o in valuta legale.

90. Sono applicabili al vaglia cambiario della Banca d'Italia le norme relative al vaglia cambiario ordinario, tranne quelle concernenti l'avallo, il pagamento per intervento, le copie, la cambiale pagabile presso un terzo o in luogo diverso da quello del domicilio del trattario, la promessa di interessi, la cambiale in bianco e le disposizioni derogate dal presente capo.

91. A garanzia dei vaglia cambiari, la Banca d'Italia è tenuta, a norma di legge, a costituire apposita riserva in oro o in divisa di paesi esteri nei quali abbia vigore la convertibilità dei biglietti di banca in oro.

92. Il vaglia cambiario, se l'Istituto ne sia richiesto, deve essere emesso con la clausola «non trasferibile» con gli effetti di cui all'articolo 43.

Può essere anche girato con la stessa clausola.

93. In caso di smarrimento, sottrazione o distruzione di un vaglia cambiario della Banca d'Italia, il possessore può farne denunzia e chiedere con ricorso al presidente del tribunale del luogo ove sia una filiale dell'Istituto, che si proceda all'ammortamento del titolo. Il ricorso deve contenere la trascrizione o una esatta descrizione del vaglia.

Il presidente del tribunale, premessi gli opportuni accertamenti sulla verità dei fatti e sul diritto del possessore, emette un decreto con il quale, menzionando i dati del vaglia, ne pronuncia l'ammortamento e autorizza l'Istituto a pagarlo decorsi quindici giorni dalla data di pubblicazione del decreto nella *Gazzetta Ufficiale* della Repubblica purché non venga, nel frattempo, fatta opposizione dal detentore.

Il decreto deve essere notificato alla filiale dell'Istituto esistente nel luogo in cui trovasi il tribunale che ha emesso il decreto, affinché, a spese del procedente, ne venga data subito comunicazione a tutte le filiali.

La denuncia di smarrimento non rende responsabile la Banca d'Italia che paga il vaglia al detentore prima della notificazione del decreto. Parimenti la notificazione del decreto non rende responsabile la Banca qualora il pagamento del titolo venga effettuato da una filiale alla quale, per fatto non imputabile all'Istituto, non sia ancora pervenuta notizia del decreto.

94. L'opposizione del detentore deve essere proposta con citazione del ricorrente e della Banca d'Italia in persona del locale direttore, per comparire dinanzi al tribunale che ha pronunziato l'ammortamento.

95. Durante il termine stabilito nell'articolo 93 il ricorrente può esercitare tutti gli atti che tendono a conservare i suoi diritti ed ha facoltà di esigere il pagamento mediante cauzione o di chiedere il deposito giudiziario della somma.

96. Trascorso il termine indicato nell'articolo 93 senza opposizione, o rigettata l'opposizione con sentenza definitiva, il vaglia smarrito non ha più alcuna efficacia. Colui che ottenne l'ammortamento può, su presentazione del decreto e di un certificato del cancelliere del tribunale comprovante la non interposta opposizione, o su presentazione della sentenza definitiva che respinge quest'ultima, esigere il pagamento.

Sui vaglia dichiarati inefficaci non sono dovuti interessi dall'Istituto.

Si applica inoltre la disposizione dell'articolo 74.

97. Nel caso di smarrimento, distruzione o sottrazione di un vaglia cambiario emesso con la clausola «non trasferibile» non si fa luogo alla procedura di ammortamento, ma il prenditore ha diritto di ottenere dopo quindici giorni dalla denuncia fattane, il pagamento del titolo presso la filiale alla quale fu fatta la denuncia.

Capo II
Dell'assegno bancario libero

98. L'assegno bancario libero della Banca d'Italia è un titolo di credito all'ordine emesso per conto dell'Istituto e contro versamento del corrispondente valore in biglietti di banca o in valuta legale, a mezzo di corrispondenti all'uopo autorizzati a seguito di versamento di idonea cauzione. Esso è pagabile a vista presso qualsiasi filiale dell'Istituto.

99. L'assegno bancario libero contiene:

1) la denominazione di «assegno bancario libero» inserita nel contesto del titolo;

2) l'ordine incondizionato di pagare una somma determinata, indicata in lettere e in cifre;

3) l'indicazione della Banca d'Italia quale trattaria;

4) l'indicazione del prenditore;

5) l'indicazione della data e del luogo di emissione;

6) la sottoscrizione del traente.

L'assegno bancario libero, redatto su carta filigranata, ha un numero progressivo di emissione tanto dell'Istituto trattario quanto del corrispondente traente. Esso deve essere munito di una tabella numerica laterale destinata a controllare la esattezza della cifra di emissione. Deve contenere inoltre l'indicazione, a timbro, del corrispondente che lo ha emesso.

100. Le disposizioni sull'assegno bancario relative al trasferimento, alla presentazione, al pagamento, alla clausola di non trasferibilità, al protesto, al regresso, alla prescrizione, nonché quelle relative ai titoli con firme false o di persone incapaci e alle sottoscrizioni, sono applicabili all'assegno bancario libero in quanto non siano derogate da disposizioni del presente capo.

La disposizione sul vaglia cambiario della Banca d'Italia, relativa alla speciale garanzia, è applicabile all'assegno bancario libero. Ad esso sono pure applicabili le disposizioni relative all'ammortamento, con le sole varianti che il decreto e l'eventuale citazione per l'opposizione debbono essere notificate tanto al traente quanto alla Banca d'Italia.

Capo III
Dell'assegno bancario piazzato

101. La Banca d'Italia può consentire ai propri corrispondenti di emettere assegni bancari piazzati, cioè pagabili presso una sola filiale dell'Istituto, nei limiti della cauzione che i corrispondenti stessi hanno presso di esso.

102. L'assegno bancario piazzato è un titolo di credito all'ordine a doppia matrice, una delle quali deve essere inviata, dal corrispondente che emette l'assegno, alla filiale dell'Istituto cui esso è aggregato, perchè questa, dopo di aver munita la matrice del visto, la faccia pervenire, ove non sia essa medesima la filiale trattaria, alla filiale sulla quale l'assegno è tratto.

L'assegno è pagabile a vista presso la filiale sulla quale è tratto, non appena a quest'ultima sia pervenuta la relativa matrice debitamente vistata.

103. L'assegno bancario piazzato contiene:

1) la denominazione di «assegno bancario piazzato», inserita nel contesto del titolo;

2) l'ordine di pagare una somma determinata indicata in lettere e in cifre;

3) l'indicazione della Banca d'Italia quale trattaria;

4) l'indicazione del prenditore;

5) l'indicazione della data e del luogo di emissione, nonché di quello di pagamento;

6) la clausola che l'assegno sarà pagato soltanto dopo che la filiale sulla quale è tratto abbia ricevuto la relativa matrice;

7) la sottoscrizione del traente.

104. Le disposizioni sull'assegno bancario relative al trasferimento, al pagamento, alla clausola di non trasferibilità, al protesto, al regresso, alla prescrizione, nonché quelle relative ai titoli con firme false o di persone incapaci e alle sottoscrizioni, sono applicabili all'assegno bancario piazzato in quanto non siano derogate dalle disposizioni del presente capo.

105. Sono applicabili all'assegno bancario piazzato le disposizioni relative all'ammortamento dell'assegno bancario libero della Banca d'Italia salvo che la competenza per tale dichiarazione spetti al tribunale del luogo ove l'assegno è pagabile.

Titolo IV
Dei titoli speciali del Banco di Napoli
e del Banco di Sicilia

Capo I
Del vaglia cambiario

106. Al vaglia cambiario del Banco di Napoli e del Banco di Sicilia si applicano le disposizioni per l'analogo titolo dell'Istituto di emissione, ad eccezione di quelle degli artt. 89 e 91.

Per quanto concerne la procedura di ammortamento sono applicabili le disposizioni dell'art. 86.

Capo II
Dell'assegno di corrispondenti

107. All'assegno di corrispondenti del Banco di Napoli e del Banco di Sicilia si applicano le disposizioni per l'assegno bancario libero dell'Istituto di emissione, eccetto quella dell'articolo 91.

Per quanto concerne la procedura di ammortamento sono applicabili le disposizioni dell'articolo 86.

Capo III
Della fede di credito

108. La fede di credito o polizzino del Banco di Napoli e del Banco di Sicilia è un titolo di credito all'ordine, pagabile a vista presso qualunque filiale del Banco, emesso a madre e figlia.

109. La fede di credito contiene:

1) la denominazione di «fede di credito» inserita nel contesto del titolo;
2) la promessa di pagare una somma determinata;
3) l'indicazione del prenditore;
4) l'indicazione della data e del luogo di emissione;
5) la sottoscrizione del Banco come emittente.

Gli altri requisiti di forma della fede di credito sono determinati dal regolamento del Banco da approvarsi con decreto presidenziale.

110. La girata può contenere l'indicazione della causale del pagamento che viene disposto dal prenditore o girante e le condizioni alle quali il pagamento è subordinato. In tal caso l'intera girata deve essere scritta a mano e sottoscritta dal girante.

La condizione sospende il pagamento da parte del Banco, finché non sia dimostrato il suo adempimento.

111. La firma del girante, quando sia stata apposta una condizione nella girata, deve essere autenticata da notaro.

Deve essere egualmente autenticata da notaro la firma di quietanza del portatore per pagamenti fatti in dipendenza di contratti o per pagamenti accettati a saldo finale.

112. Il girante può annullare la girata con una formula di annullamento «cassa per me», «annullo la girata», o altra equivalente, da lui scritta e firmata; ma non può apportare sulla girata cancellazioni o abrasioni.

113. Nel caso di smarrimento o di distruzione di una fede di credito, il Banco, su domanda dell'interessato, dopo quindici giorni dalla presentazione della domanda, può rimborsare la somma al denunciante previa stipulazione di una obbligazione garantita da fideiussore di gradimento del Banco e solidalmente responsabile col denunciante, o con la costituzione di una garanzia reale a scelta del Banco stesso.

Se il titolo sia intestato a persona diversa dal denunciante, il Banco può esigere il consenso dell'intestatario, con firma autenticata.

La presentazione della domanda e il pagamento della somma non impediscono che il titolo sia pagato a chi se ne dimostri proprietario in base a una serie continua di girate (1943, 1947 c.c.).

114. Le azioni risultanti dalla fede di credito si prescrivono in tre anni a decorrere dalla data dell'emissione. Nondimeno se la fede di credito sia stata girata con clausole o condizioni speciali, si applicano i termini di prescrizione previsti dal codice di commercio o dal codice civile secondo la natura del negozio giuridico.

Capo IV
Della polizza notata del Banco di Napoli

115. Resta salva la facoltà per il Banco di Napoli di emettere, in conformità del proprio statuto, polizze notate.

Titolo V
Disposizioni penali

116 - 116 *bis*. (*Omissis*) ([1]).

([1]) *Questi articoli sono stati abrogati dall'art. 12 della L. 15 dicembre 1990, n. 386.*

117. L'Istituto non autorizzato o al quale sia stata revocata l'autorizzazione, che emetta assegni circolari, è colpito da una pena pecuniaria da € 5 a € 51 ([1]), salvo le altre sanzioni previste da altre disposizioni di legge.

La mancanza di autorizzazione non pregiudica i diritti del portatore di buona fede di ottenere dall'Istituto emittente il pagamento della somma e di esercitare le eventuali azioni di regresso.

([1]) *Trattandosi di sanzione pecuniaria, tale sin dall'origine, non si applicano gli aumenti stabiliti con la L. 12 luglio 1961, n. 603 e con la L. 24 novembre 1981, n. 689.*

Titolo VI
Disposizioni tributarie

118. La validità dell'assegno bancario non è subordinata all'osservanza delle disposizioni della legge sul bollo. Esso tuttavia se non è stato regolarmente bollato originariamente, o nel tempo prescritto dalla legge, non ha la qualità di titolo esecutivo.

Il possessore non può esercitare i diritti cambiari inerenti al titolo se non abbia corrisposto la tassa di bollo dovuta e pagata la relativa penalità.

La inefficacia come titolo esecutivo dev'essere rilevata e pronunciata dai giudici anche d'ufficio.

119. (*Omissis*) ([1]).

([1]) *Questo articolo è stato abrogato dalla L. 28 aprile 1967, n. 263.*

120. Per ogni menzione scritta sull'assegno ai sensi del capoverso dell'articolo 4, efficace unicamente ad accertare l'esistenza dei fondi, è dovuta, indipendentemente dalla tassa di bollo sull'assegno, altra tassa di bollo di € 0,00052 per ogni € 10,33 o frazione di € 10,33 dell'importo dell'assegno, col massimo di € 0,0103 di tassa. Questa ultima tassa sarà riscossa mediante applicazione di marche a tassa fissa, da annullarsi con la firma e la data del trattario.

121. Qualora nell'assegno venga indicata una data di emissione posteriore a quella dell'effettiva emissione dell'assegno non giustificata dal periodo di tempo necessario per far pervenire il titolo al destinatario o da altra materiale impossibilità di presentazione e sempreché la data non differisca di oltre quattro giorni da quella dell'emissione, si rende applicabile la tassa graduale delle cambiali, salvo le sanzioni di cui all'articolo 66, n. 5, della legge del bollo 30 dicembre 1923, n. 3268.

122. Sono soggette a bollo e registro le girate e le dichiarazioni apposte sulle fedi di credito (titoli apodissari) dei Banchi di Napoli e di Sicilia a seconda del rapporto giuridico che contengono.

Titolo VII
Disposizioni finali e transitorie

123. Gli assegni bancari emessi prima della entrata in vigore della presente legge sono regolati a tutti gli effetti, anche nei riguardi del bollo, dalla legge anteriore, ancorché alcune delle obbligazioni in essi contenute siano state assunte successivamente.

Ad essi sono invece applicabili le disposizioni della presente legge che riguardano la forma e i termini del protesto e le disposizioni sull'ammortamento. Sono applicabili inoltre le disposizioni dell'articolo 53.

Gli effetti degli atti, che valgono ad evitare la decadenza e ad interrompere la prescrizione dell'azione, e che siano stati compiuti prima dell'entrata in vigore della presente legge, sono regolati dalla legge anteriore; se gli atti stessi sono invece compiuti dopo la entrata in vigore della presente legge, gli effetti sono regolati dall'articolo 75 per ciò che concerne la prescrizione, salvo l'osservanza della legge anteriore per quanto riguarda la decadenza.

124. ([1]) All'atto del rilascio di moduli di assegno bancario o postale, il richiedente deve dichiarare al trattario di non essere in alcun modo interdetto dall'emissione di assegni.

Il richiedente che dichiari il falso è punito, qualora vengano rilasciati uno o più moduli di assegno, con la reclusione da sei mesi a due anni.

([1]) *Questo articolo, inserito dall'art. 141 della L. 24 novembre 1981, n. 689, poi modificato dall'art. 6 della L. 15 dicembre 1990, n. 386, è stato infine così sostituito dall'art. 37, comma 1, del D.L.vo 30 dicembre 1999, n. 507.*

125. ([1]) ([2]) Prima del rilascio di moduli di assegno bancario o postale il dipendente responsabile accerta, sulla base dei dati risultanti dall'archivio previsto dall'articolo 10 *bis* della legge 15 dicembre 1990, n. 386, che il richiedente non risulti in alcun modo interdetto dall'emissione di assegni bancari o postali, ovvero soggetto a revoca delle autorizzazioni ad emettere assegni a norma dell'articolo 9 della medesima legge.

Il dipendente responsabile che consegna moduli di assegno bancario o postale a persona interdetta, in base ai dati dell'archivio, dall'emissione di assegni o soggetta a revoca delle autorizzazioni, è punito, salvo che il fatto costituisca più grave reato, con la reclusione fino ad un anno.

(¹) *Questo articolo, inserito dall'art. 141 della L. 24 novembre 1981, n. 689, è stato così sostituito dall'art. 37 del D.L.vo 30 dicembre 1999, n. 507.*

(²) *A norma dell'art. 105, comma 1, del D.L.vo 30 dicembre 1999, n. 507, le disposizioni previste da questo articolo entrano in vigore decorsi centocinquanta giorni dalla pubblicazione nella* Gazzetta Ufficiale *del regolamento previsto dall'art. 36, comma 2. Si riporta pertanto anche il testo previgente:*

«125. (*) *Il dipendente che consegna moduli di assegno bancario o postale senza farsi rilasciare la dichiarazione prevista nell'articolo precedente è punito, salvo che il fatto costituisca un più grave reato, con l'arresto da due a sei mesi o con l'ammenda da lire duecento a lire cinquecentomila.*

« *Il dipendente che consegna moduli di assegno bancario o postale a chi abbia dichiarato di essere stato interdetto dall'emissione di assegni bancari o postali o di aver riportato, nel semestre precedente, sentenza penale di condanna non definitiva o decreto penale di condanna anche non esecutivo per i reati di emissione di assegno senza autorizzazione o senza provvista, è punito, salvo che il fatto costituisca più grave reato, con la reclusione da sei mesi a due anni* (**)».

(*) *Questo articolo è stato inserito dall'art. 141 della L. 24 novembre 1981, n. 689.*

(**) *Questo comma è stato così sostituito dall'art. 6 della L. 15 dicembre 1990, n. 386.*

1.

D.L.vo 7 settembre 2005, n. 209. Codice delle assicurazioni private (Suppl. ord. alla *Gazzetta Ufficiale* Serie gen. - n. 239 del 13 ottobre 2005) e avviso di rettifica in *Gazzetta Ufficiale* Serie gen. - n. 152 del 2 luglio 2010 ([1]).

([1]) *A norma dell'art. 1, comma 213, del D.L.vo 12 maggio 2015, n. 74, le parole: «ISVAP», «Ministro delle attività produttive» e «Ministero delle attività produttive», ovunque presenti e non diversamente previsto dal presente articolo, sono sostituite, rispettivamente, da: «IVASS» fatta eccezione per la lettera* dd) *del comma 1 dell'articolo 1, del D.L.vo n. 209/2015 «Ministro dello sviluppo economico» e «Ministero dello sviluppo economico».*

(*Estratto*)

Titolo I
Disposizioni generali

Capo I
Definizioni
e classificazioni generali

1. Definizioni. – 1. Agli effetti del codice delle assicurazioni private si intendono per:

a) assicurazione contro i danni: le assicurazioni indicate all'articolo 2, comma 3;

b) assicurazione sulla vita: le assicurazioni e le operazioni indicate all'articolo 2, comma 1;

c) attività assicurativa: l'assunzione e la gestione dei rischi effettuata da un'impresa di assicurazione;

d) attività riassicurativa:

1) l'assunzione e la gestione dei rischi ceduti da un'impresa di assicurazione, anche di uno Stato terzo o retrocessi da un'impresa di riassicurazione;

2) la copertura fornita da un'impresa di riassicurazione ad un fondo pensione istituito in uno Stato membro dell'Unione europea, autoriz-

zato dall'Autorità competente dello Stato membro di origine e che rientri nell'ambito di applicazione della direttiva (UE) 2016/2341 ([1]);

e) attività in regime di libertà di prestazione di servizi o rischio assunto in regime di libertà di prestazione di servizi: l'attività che un'impresa esercita da uno stabilimento situato nel territorio di uno Stato membro assumendo obbligazioni con contraenti aventi il domicilio, ovvero, se persone giuridiche, la sede in un altro Stato membro o il rischio che un'impresa assume da uno stabilimento situato nel territorio di uno Stato membro diverso da quello in cui è ubicato il rischio;

f) attività in regime di stabilimento o rischio assunto in regime di stabilimento: l'attività che un'impresa esercita da uno stabilimento situato nel territorio di uno Stato membro assumendo obbligazioni con contraenti aventi il domicilio, ovvero, se persone giuridiche, la sede nello stesso Stato o il rischio che un'impresa assume da uno stabilimento situato nel territorio dello Stato membro in cui è ubicato il rischio;

g) autorità di vigilanza: l'autorità nazionale incaricata della vigilanza sulle imprese e sugli intermediari e gli altri operatori del settore assicurativo;

g bis) "SEVIF": il Sistema europeo di vigilanza finanziaria composto dalle seguenti parti:

1) "AEAP" o EIOPA ([2]): Autorità europea delle assicurazioni e delle pensioni aziendali e professionali, istituita con regolamento (UE) n. 1094/2010;

2) "ABE" o EBA ([3]): Autorità bancaria europea, istituita con regolamento (UE) n. 1093/2010;

3) "AESFEM" o ESMA ([4]): Autorità europea degli strumenti finanziari e dei mercati, istituita con regolamento (UE) n. 1095/2010;

4) "Comitato congiunto": il Comitato congiunto delle Autorità europee di vigilanza, previsto dall'articolo 54 del regolamento (UE) n. 1093/2010, del regolamento (UE) n. 1094/2010, del regolamento (UE) n. 1095/2010;

5) "CERS": Comitato europeo per il rischio sistemico, istituito dal regolamento (UE) n. 1092/2010;

6) "Autorità di vigilanza degli Stati membri": le autorità competenti o di vigilanza degli Stati membri specificate negli atti dell'Unione di cui all'articolo 1, paragrafo 2, del regolamento (UE) n. 1093/2010, del regolamento (UE) n. 1094/2010 e del regolamento (UE) n. 1095/2010 ([5]);

g ter) autorità di vigilanza sul gruppo: l'autorità di vigilanza di gruppo determinata ai sensi dell'articolo 207 *sexies* ([6]);

h) carta verde: certificato internazionale di assicurazione emesso da un ufficio nazionale secondo la raccomandazione n. 5 adottata il 25 gennaio

1949 dal sottocomitato dei trasporti stradali del comitato dei trasporti interni della Commissione economica per l'Europa dell'Organizzazione delle Nazioni Unite;

i) codice della strada: il decreto legislativo 30 aprile 1992, n. 285, e successive modificazioni;

l) codice in materia di protezione dei dati personali: il decreto legislativo 30 giugno 2003, n. 196;

l bis) collegio delle autorità di vigilanza: una struttura permanente ma flessibile per la cooperazione, il coordinamento e l'agevolazione del processo decisionale nell'ambito della vigilanza del gruppo ([7]);

*l bis*1) compenso: qualsiasi commissione, onorario, spesa, o altro pagamento, inclusi altri benefici economici di qualsiasi tipo o qualunque altro vantaggio o incentivo finanziario o non finanziario, offerti o forniti in relazione ad attività di distribuzione assicurativa ([8]);

l ter) concentrazione dei rischi: tutte le esposizioni al rischio che comportano perdite potenziali sufficientemente ampie da mettere a repentaglio la solvibilità o la posizione finanziaria dell'impresa di assicurazione o di riassicurazione ([7]);

m) CONSAP: la Concessionaria servizi assicurativi pubblici S.p.A.;

m bis) controparte centrale autorizzata: una controparte centrale che ha ottenuto un'autorizzazione conformemente all'articolo 14 del regolamento (UE) n. 648/2012 o che è stata riconosciuta in base all'articolo 25 dello stesso Regolamento ([9]);

m ter) consulenza: l'attività consistente nel fornire raccomandazioni personalizzate ad un cliente, su richiesta dello stesso o su iniziativa del distributore, in relazione ad uno o più contratti di assicurazione ([10]);

n) credito di assicurazione: ogni importo dovuto da un'impresa di assicurazione ad assicurati, contraenti, beneficiari o altre parti lese aventi diritto ad agire direttamente contro l'impresa di assicurazione e derivante da un contratto di assicurazione o da operazioni di cui all'articolo 2, commi 1 e 3, nell'ambito di attività di assicurazione diretta, compresi gli importi detenuti in riserva per la copertura a favore dei medesimi aventi diritto allorquando alcuni elementi del debito non sono ancora conosciuti. Sono parimenti considerati crediti di assicurazione i premi detenuti da un'impresa di assicurazione, prima dell'avvio delle procedure di liquidazione dell'impresa stessa, in seguito alla mancata stipulazione o alla risoluzione dei medesimi contratti ed operazioni, in virtù della legge applicabile a tali contratti e operazioni;

n. 1) distributore di prodotti assicurativi: qualsiasi intermediario assicurativo, intermediario assicurativo a titolo accessorio o impresa di assicurazione ([11]);

n bis) distribuzione di probabilità prevista: funzione matematica che assegna ad un elenco esaustivo di eventi futuri mutualmente esclusivi una probabilità di realizzazione ([12]);

n ter) «ECAI» o «agenzia esterna di valutazione del merito di credito»: un'agenzia di rating creditizio registrata o certificata in conformità del regolamento (CE) n. 1060/2009 del Parlamento europeo o del Consiglio o una banca centrale che emette rating creditizi esenti dall'applicazione di tale regolamento ([12]);

n quater) effetti di diversificazione: la riduzione dell'esposizione al rischio dell'impresa di assicurazione o di riassicurazione o del gruppo dovuta alla diversificazione della loro attività, derivante dal fatto che il risultato sfavorevole di un rischio può essere compensato dal risultato più favorevole di un altro, quando tali rischi non siano pienamente correlati ([12]);

n quinquies) esternalizzazione: l'accordo concluso tra un'impresa di assicurazione o di riassicurazione e un fornitore di servizi, anche se non autorizzato all'esercizio dell'attività assicurativa o riassicurativa, in base al quale il fornitore di servizi esegue una procedura, un servizio o un'attività, direttamente o tramite sub esternalizzazione, che sarebbero altrimenti realizzati dall'impresa di assicurazione o di riassicurazione stessa ([12]);

o) fondo di garanzia: un organismo creato da uno Stato membro che ha almeno il compito di rimborsare, entro i limiti dell'obbligo di assicurazione, i danni alle cose o alle persone causati da un veicolo non identificato o per il quale non vi è stato adempimento dell'obbligo di assicurazione;

p) Fondo di garanzia delle vittime della caccia: il fondo costituito presso la CONSAP e previsto dall'articolo 303;

q) Fondo di garanzia delle vittime della strada: il fondo costituito presso la CONSAP e previsto dall'articolo 285;

q bis) funzione: in un sistema di governo societario, la capacità interna all'impresa di assicurazione o di riassicurazione di svolgere compiti concreti; un sistema di governo societario comprende la funzione di gestione del rischio, la funzione di verifica della conformità, la revisione interna e la funzione attuariale ([13]);

r) grandi rischi: si intendono per grandi rischi quelli rientranti nei rami di cui all'articolo 2, comma 3, qui di seguito indicati:

1) 4 (corpi di veicoli ferroviari), 5 (corpi di veicoli aerei), 6 (corpi di veicoli marittimi, lacustri e fluviali), 7 (merci trasportate), 11 (r.c. aeromobili) e 12 (r.c. veicoli marittimi, lacustri e fluviali) salvo quanto previsto al numero 3);

2) 14 (credito) e 15 (cauzione), qualora l'assicurato eserciti professionalmente un'attività industriale, commerciale o intellettuale e il rischio riguardi questa attività;

3) 3 (corpi di veicoli terrestri, esclusi quelli ferroviari), 8 (incendio ed elementi naturali), 9 (altri danni ai beni), 10 (r.c. autoveicoli terrestri), 12 (r.c. veicoli marittimi, lacustri e fluviali) per quanto riguarda i natanti soggetti all'assicurazione obbligatoria ai sensi dell'articolo 123, 13 (r.c. generale) e 16 (perdite pecuniarie), purché l'assicurato superi i limiti di almeno due dei tre criteri seguenti:1) il totale dell'attivo dello stato patrimoniale risulti superiore ai seimilionieduecentomila euro; 2) l'importo del volume d'affari risulti superiore ai dodicimilionieottocentomila euro; 3) il numero dei dipendenti occupati in media durante l'esercizio risulti superiore alle duecentocinquanta unità. Qualora l'assicurato sia un'impresa facente parte di un gruppo tenuto a redigere un bilancio consolidato, le condizioni di cui sopra si riferiscono al bilancio consolidato del gruppo;

r bis) gruppo: un gruppo

1) composto da una società partecipante o controllante, dalle sue società controllate o da altre entità in cui la società partecipante o controllante o le sue società controllate detengono una partecipazione, nonché da società legate da direzione unitaria ai sensi dell'articolo 96; ovvero

2) basato sull'instaurazione, contrattuale o di altro tipo, di rapporti finanziari solidi e sostenibili tra tali imprese che può includere anche mutue assicuratrici o altre società di tipo mutualistico, a condizione che:

2.1) una delle imprese eserciti effettivamente, tramite un coordinamento centralizzato, un'influenza dominante sulle decisioni, incluse le decisioni finanziarie, di tutte le imprese che fanno parte del gruppo; e

2.2) la costituzione e lo scioglimento di tali relazioni ai fini del titolo XV siano soggetti all'approvazione preventiva dell'autorità di vigilanza del gruppo; laddove l'impresa che esegue il coordinamento centralizzato è considerata l'impresa controllante o partecipante e le altre imprese sono considerate le imprese controllate o partecipate ([14]);

s) impresa: la società di assicurazione o di riassicurazione autorizzata;

t) impresa di assicurazione: la società autorizzata secondo quanto previsto nelle direttive comunitarie sull'assicurazione diretta;

u) impresa di assicurazione autorizzata in Italia ovvero impresa di assicurazione italiana: la società avente sede legale in Italia e la sede secondaria in Italia di impresa di assicurazione avente sede legale in uno Stato terzo, autorizzata all'esercizio delle assicurazioni o delle operazioni di cui all'articolo 2;

u bis) impresa di assicurazione captive: un'impresa di assicurazione controllata da un'impresa finanziaria, diversa da un'impresa di assicurazione o di riassicurazione o da un gruppo di imprese di assicurazione o di riassicurazione a cui si applica la direttiva 2009/138/CE oppure controllata da un'impresa non finanziaria, il cui scopo è fornire copertura assicurativa esclusivamente per i rischi dell'impresa o delle imprese che la controllano o di una o più imprese del gruppo di cui fa parte l'impresa di assicurazione captive ([15]);

v) impresa di assicurazione comunitaria: la società avente sede legale e amministrazione – centrale in uno Stato membro dell'Unione europea diverso dall'Italia o in uno Stato aderente allo Spazio economico europeo, autorizzata secondo quanto previsto nelle direttive comunitarie sull'assicurazione diretta;

z) impresa di assicurazione extracomunitaria: la società di assicurazione avente sede legale e amministrazione centrale in uno Stato non appartenente all'Unione europea o non aderente allo Spazio economico europeo, autorizzata per l'esercizio delle assicurazioni o delle operazioni di cui all'articolo 2;

aa) impresa di partecipazione assicurativa: una società controllante il cui unico o principale oggetto consiste nell'assunzione di partecipazioni di controllo, nonché nella gestione e valorizzazione di tali partecipazioni, se le imprese controllate sono esclusivamente o principalmente imprese di assicurazione, imprese di riassicurazione, imprese di assicurazione o di riassicurazione extracomunitarie, sempre che almeno una di esse sia un'impresa di assicurazione o un'impresa di riassicurazione avente sede legale nel territorio della Repubblica e che non sia una impresa di partecipazione finanziaria mista ai sensi dell'articolo 1, comma 1, lettera *bb bis*) ([16]) [secondo le rilevanti disposizioni dell'ordinamento comunitario sulla vigilanza supplementare delle imprese appartenenti ad un conglomerato finanziario] ([17]) ([18]);

bb) impresa di partecipazione assicurativa mista: una società controllante diversa da un'impresa di assicurazione, da un'impresa di assicurazione extracomunitaria, da un'impresa di riassicurazione, da un'impresa di riassicurazione extracomunitaria, da un'impresa di partecipazione assicurativa o da una impresa di partecipazione finanziaria mista ai sensi dell'articolo 1, comma 1, lettera *bb bis*) ([19]) [secondo le rilevanti disposizioni dell'ordinamento comunitario della vigilanza supplementare delle imprese appartenenti ad un conglomerato finanziario] ([20]), sempreché almeno una delle sue imprese controllate sia un'impresa di assicurazione o un'impresa di riassicurazione avente sede legale nel territorio della Repubblica ([21]);

bb bis) impresa di partecipazione finanziaria mista: un'impresa di cui all'articolo 1, comma 1, lettera *v*), del decreto legislativo 30 maggio 2005, n. 142 ([22]);

cc) impresa di riassicurazione: la società autorizzata all'esercizio della sola riassicurazione, diversa da una impresa di assicurazione o da una impresa di assicurazione extracomunitaria, la cui attività principale consiste nell'accettare rischi ceduti da una impresa di assicurazione, da una impresa di assicurazione avente sede legale in uno Stato terzo, o da altre imprese di riassicurazione;

cc bis) impresa di riassicurazione captive: un'impresa di riassicurazione controllata da un'impresa finanziaria diversa da un'impresa di assicurazione o di riassicurazione o da un gruppo di imprese di assicurazione o riassicurazione a cui si applica la direttiva 2009/138/CE oppure controllata da un'impresa non finanziaria il cui scopo è di fornire copertura riassicurativa esclusivamente per i rischi dell'impresa o delle imprese che la controllano o di una o più imprese del gruppo di cui fa parte l'impresa di riassicurazione captive ([23]);

cc ter) impresa di riassicurazione extracomunitaria: la società avente sede legale e amministrazione centrale in uno Stato non appartenente all'Unione europea o non aderente allo Spazio economico europeo, autorizzata per l'esercizio dell'attività riassicurativa ([23]);

cc quater) impresa finanziaria: un'impresa costituita da uno dei seguenti soggetti:

1) un ente creditizio, un ente finanziario o una società strumentale di cui all'articolo 4, n. 18), del regolamento (UE) 575/2013 ([24]);

2) un'impresa di assicurazione, un'impresa di riassicurazione o un'impresa di partecipazione assicurativa ai sensi dell'articolo 1, comma 1, lettere *t*), *aa*) e *cc*);

3) un'impresa di investimento [o un ente finanziario] ([25]) ai sensi dell'articolo 4, n. 2), del regolamento del Parlamento europeo e del Consiglio n. 575 del 26 giugno 2013 ([26]);

4) un'impresa di partecipazione finanziaria mista ai sensi dell'articolo 1, comma 1, lettera *bb bis*) ([27]) ([23]);

cc quinquies) intermediario assicurativo: qualsiasi persona fisica o giuridica, diversa da un'impresa di assicurazione o riassicurazione o da un dipendente della stessa e diversa da un intermediario assicurativo a titolo accessorio, che avvii o svolga a titolo oneroso l'attività di distribuzione assicurativa ([28]);

cc sexies) intermediario riassicurativo: qualsiasi persona fisica o giuridica, diversa da un'impresa di assicurazione o di riassicurazione o da un dipendente di essa, che avvii o svolga a titolo oneroso l'attività di distribuzione riassicurativa ([28]);

cc septies) intermediario assicurativo a titolo accessorio: qualsiasi persona fisica o giuridica, diversa da uno dei soggetti di cui alla lettera *d*), comma 2, dell'articolo 109, che avvii o svolga a titolo oneroso l'attività di distribuzione assicurativa a titolo accessorio, nel rispetto delle seguenti condizioni:

1) l'attività professionale principale di tale persona fisica o giuridica è diversa dalla distribuzione assicurativa;

2) la persona fisica o giuridica distribuisce soltanto determinati prodotti assicurativi, complementari rispetto ad un bene o servizio;

3) i prodotti assicurativi in questione non coprono il ramo vita o la responsabilità civile, a meno che tale copertura non integri il bene o il servizio che l'intermediario fornisce nell'ambito della sua attività professionale principale ([28]);

dd) ISVAP o IVASS: l'Istituto per la vigilanza sulle assicurazioni private e di interesse collettivo a cui è succeduto l'IVASS, Istituto per la vigilanza sulle assicurazioni, ai sensi dell'articolo 13 del decreto legge 6 luglio 2012, n. 95, convertito, con modificazioni, dalla legge 7 agosto 2012 n. 135 ([29]);

ee) legge fallimentare: il regio decreto 16 marzo 1942, n. 267, e successive modificazioni;

ff) localizzazione: la presenza di attività mobiliari ed immobiliari all'interno del territorio di un determinato Stato. I crediti sono considerati come localizzati nello Stato nel quale gli stessi sono esigibili;

[*gg*) margine di solvibilità disponibile: il patrimonio dell'impresa, libero da qualsiasi impegno prevedibile ed al netto degli elementi immateriali] ([30]);

[*hh*) margine di solvibilità richiesto: ammontare minimo del patrimonio netto del quale l'impresa dispone costantemente, secondo quanto previsto nelle direttive comunitarie sull'assicurazione diretta] ([31]);

ii) mercato regolamentato: un mercato finanziario autorizzato o riconosciuto ai sensi della parte III, titolo I, del testo unico dell'intermediazione finanziaria, nonché i mercati di Stati appartenenti all'OCSE che sono istituiti, organizzati e disciplinati da disposizioni adottate o approvate dalle competenti autorità nazionali e che soddisfano requisiti analoghi a quelli dei mercati regolamentati di cui al testo unico dell'intermediazione finanziaria;

ii bis) misura del rischio: la funzione matematica che assegna un importo monetario ad una data distribuzione di probabilità prevista e cresce monotonicamente con il livello di esposizione al rischio sottostante a tale distribuzione ([32]);

ll) natante: qualsiasi unità che è destinata alla navigazione marittima, fluviale o lacustre e che è azionata da propulsione meccanica;

ll bis) operazione infragruppo: un'operazione in cui un'impresa di assicurazione o di riassicurazione si affida, direttamente o indirettamente, ad un'altra impresa nell'ambito dello stesso gruppo o ad una persona fisica o giuridica strettamente legata alle imprese nell'ambito di tale gruppo per ottemperare ad un obbligo, contrattuale o meno, e a fini o meno di pagamento ([33]);

mm) Organismo di indennizzo italiano: l'organismo istituito presso la CONSAP e previsto dall'articolo 296;

mm bis) partecipazione: la detenzione, diretta o tramite un rapporto di controllo, del 20 per cento o più dei diritti di voto o del capitale di una società, anche per il tramite di società controllate, fiduciarie o per interposta persona o comunque di una percentuale che consente l'esercizio di una influenza notevole sulla gestione di tale società ([34]);

mm ter) partecipazione qualificata: la detenzione, diretta o indiretta, di almeno il 10 per cento dei diritti di voto o del capitale di un'impresa di assicurazione o di riassicurazione o comunque la partecipazione che consente l'esercizio di un'influenza notevole sulla gestione di tale impresa ([34]);

nn) partecipazioni: le azioni, le quote e gli altri strumenti finanziari che attribuiscono diritti amministrativi o comunque i diritti previsti dall'articolo 2351, ultimo comma, del codice civile;

oo) [partecipazioni rilevanti: le partecipazioni che comportano il controllo della società e le partecipazioni individuate dall'ISVAP, in conformità ai principi stabiliti nel regolamento adottato dal Ministro delle attività produttive, con riguardo alle diverse fattispecie disciplinate, tenendo conto dei diritti di voto e degli altri diritti che consentono di influire sulla società] ([35]);

pp) portafoglio del lavoro diretto italiano: tutti i contratti stipulati da imprese di assicurazione italiane, ad eccezione di quelli stipulati da loro sedi secondarie situate in Stati terzi;

qq) portafoglio del lavoro indiretto italiano: i contratti, ovunque stipulati, da imprese italiane o da stabilimenti in Italia di imprese aventi la sede legale in altro Stato, se l'impresa cedente è essa stessa impresa italiana o stabilimento in Italia di imprese aventi la sede legale in altro Stato. Si considerano facenti parte del portafoglio estero i contratti, ovunque stipulati, nel caso in cui l'impresa cedente sia un'impresa avente la sede legale in altro Stato [. I contratti stipulati da imprese italiane attraverso uno stabilimento costituito in altro Stato si considerano facenti parte del portafoglio estero] ([36]);

rr) principi contabili internazionali: i principi contabili internazionali e le relative interpretazioni adottati secondo la procedura di cui all'articolo 6 del regolamento (CE) n. 1606/2002, del Parlamento europeo e del Consiglio, del 19 luglio 2002;

ss) prodotti assicurativi: tutti i contratti emessi da imprese di assicurazione nell'esercizio delle attività rientranti nei rami vita o nei rami danni come definiti all'articolo 2;

ss bis) prodotto di investimento assicurativo: un prodotto ai sensi dell'articolo 4, paragrafo 1, numero 2), del regolamento (UE) n. 1286/2014. Tale definizione non include:

1) i prodotti assicurativi non vita elencati all'allegato I della direttiva 2009/138/CE (Rami dell'assicurazione non vita);

Leggi Complementari

2) i contratti assicurativi vita, qualora le prestazioni previste dal contratto siano dovute soltanto in caso di decesso o per incapacità dovuta a lesione, malattia o disabilità;

3) i prodotti pensionistici che, ai sensi del diritto nazionale, sono riconosciuti come aventi lo scopo precipuo di offrire all'investitore un reddito durante la pensione e che consentono all'investitore di godere di determinati vantaggi;

4) i regimi pensionistici aziendali o professionali ufficialmente riconosciuti che rientrano nell'ambito di applicazione della direttiva 2003/41/CE o della direttiva 2009/138/CE;

5) i singoli prodotti pensionistici per i quali il diritto nazionale richiede un contributo finanziario del datore di lavoro e nei quali il lavoratore o il datore di lavoro non può scegliere il fornitore o il prodotto pensionistico ([37]);

tt) ramo di assicurazione: la classificazione secondo un insieme omogeneo di rischi od operazioni che descrive l'attività che l'impresa può esercitare al rilascio dell'autorizzazione;

uu) retrocessione: cessione dei rischi assunti in riassicurazione;

vv) sede secondaria o succursale: una sede che costituisce parte, sprovvista di personalità giuridica, di un'impresa di assicurazione o di riassicurazione e che effettua direttamente, in tutto o in parte, l'attività assicurativa o riassicurativa; con riferimento all'intermediazione, per succursale si intende una agenzia o una succursale situata in uno Stato membro diverso dallo Stato membro di origine, inclusa l'organizzazione di un semplice ufficio gestito da personale dipendente dell'intermediario ovvero da una persona indipendente, ma incaricata ad agire in modo permanente per conto dell'intermediario stesso ([38]);

vv bis) riassicurazione finite: una riassicurazione in base alla quale la potenziale perdita massima esplicita, espressa in termini di rischio economico massimo trasferito, risultante da un significativo trasferimento sia del rischio di sottoscrizione che del rischio di timing, eccede, per un importo limitato ma significativo, il premio per l'intera durata del contratto, unitamente ad almeno una delle seguenti caratteristiche:

1) considerazione esplicita e materiale del valore del denaro in rapporto al tempo;

2) disposizioni contrattuali intese a limitare il risultato economico del contratto tra le parti nel tempo, al fine di raggiungere il trasferimento del rischio previsto ([39]);

*vv bis*1) rischio di credito: il rischio di perdita o di variazione sfavorevole della situazione finanziaria derivante da oscillazioni del merito di credito di emittenti di titoli, controparti e debitori nei confronti dei quali l'impresa di assicurazione o di riassicurazione è esposta in forma di rischio di inadempimento della controparte, di rischio di spread o di concentrazione del rischio di mercato ([40]);

*vv bis*2) rischio di liquidità: il rischio che l'impresa di assicurazione o di riassicurazione non sia in grado di liquidare investimenti ed altre attività per regolare i propri impegni finanziari al momento della relativa scadenza ([40]);

*vv bis*3) rischio di mercato: il rischio di perdita o di variazione sfavorevole della situazione finanziaria derivante, direttamente o indirettamente, da oscillazioni del livello e della volatilità dei prezzi di mercato delle attività, delle passività e degli strumenti finanziari ([40]);

*vv bis*4) rischio di sottoscrizione: il rischio di perdita o di variazione sfavorevole del valore delle passività assicurative dovuto ad ipotesi inadeguate in materia di fissazione di prezzi e di costituzione delle riserve tecniche ([40]);

*vv bis*5) rischio operativo: il rischio di perdite derivanti dall'inadeguatezza o dalla disfunzione di procedure interne, risorse umane o sistemi oppure da eventi esogeni ([40]);

*vv bis*6) sistemi di garanzia: sistemi per lo svolgimento, in Italia o all'estero, delle funzioni di salvaguardia della stabilità finanziaria delle imprese, in particolare per la gestione e la risoluzione di situazioni di crisi ([40]);

*vv bis*7) società controllante: una società che esercita il controllo ai sensi dell'articolo 72, anche per il tramite di società controllate, fiduciarie o per interposta persona ([40]);

*vv bis*8) società controllata: una società sulla quale è esercitato il controllo ai sensi dell'articolo 72, anche per il tramite di società controllate, fiduciarie o per interposta persona ([40]);

*vv bis*9) società partecipante: la società che detiene una partecipazione ([40]);

*vv bis*10) società partecipata: la società in cui è detenuta una partecipazione ([40]);

vv ter) società veicolo: qualsiasi impresa, con o senza personalità giuridica, diversa da un'impresa di assicurazione o di riassicurazione, che assume i rischi ceduti da imprese di assicurazione o riassicurazione e che finanzia integralmente la sua esposizione a tali rischi mediante l'emissione di titoli o altri strumenti finanziari per i quali i diritti di rimborso dei detentori sono subordinati agli obblighi di riassicurazione della società veicolo ([39]);

vv quater) supporto durevole: qualsiasi strumento che:

1) permetta al contraente di memorizzare informazioni a lui personalmente dirette, in modo che siano accessibili per la futura consultazione durante un periodo di tempo adeguato ai fini cui sono destinate le informazioni stesse; e

2) consenta la riproduzione inalterata delle informazioni memorizzate ([41]);

zz) stabilimento: la sede legale od una sede secondaria di un'impresa di assicurazione o di riassicurazione;

aaa) Stato aderente allo Spazio economico europeo; uno Stato aderente all'accordo di estensione della normativa dell'Unione europea in materia, fra l'altro, di circolazione delle merci, dei servizi e dei capitali agli Stati appartenenti all'Associazione europea di libero scambio firmato ad Oporto il 2 maggio 1992 e ratificato con legge 28 luglio 1993, n. 300;

bbb) Stato membro: uno Stato membro dell'Unione europea o uno Stato aderente allo Spazio economico europeo, come tale equiparato allo Stato membro dell'Unione europea;

ccc) Stato membro dell'obbligazione: lo Stato di cui alla lettera *bbb*) nel quale il contraente ha il domicilio, ovvero, se il contraente è una persona giuridica, lo Stato di cui alla lettera *bbb*) sede della stessa cui si riferisce il contratto;

ddd) Stato membro di prestazione di servizi: lo Stato di cui alla lettera *bbb*) dell'obbligazione o in cui è ubicato il rischio, quando l'obbligazione o il rischio è assunto da uno stabilimento situato in un altro Stato di cui alla lettera *bbb*);

eee) Stato membro di stabilimento: lo Stato di cui alla lettera *bbb*) in cui è situato lo stabilimento dal quale l'impresa opera;

fff) Stato membro di ubicazione del rischio:

1) lo Stato di cui alla lettera *bbb*) in cui si trovano i beni, quando l'assicurazione riguardi beni immobili, ovvero beni immobili e beni mobili in essi contenuti, sempre che entrambi siano coperti dallo stesso contratto di assicurazione;

2) lo Stato di cui alla lettera *bbb*) di immatricolazione, quando l'assicurazione riguardi veicoli di ogni tipo soggetti ad immatricolazione sia che si tratti di un veicolo con targa definitiva o targa temporanea ([42]);

3) lo Stato di cui alla lettera *bbb*) in cui l'assicurato ha sottoscritto il contratto, quando abbia durata inferiore o pari a quattro mesi e sia relativo a rischi inerenti ad un viaggio o ad una vacanza;

4) lo Stato di cui alla lettera *bbb*) in cui l'assicurato ha il domicilio, ovvero, se l'assicurato è una persona giuridica, lo Stato della sede della stessa alla quale si riferisce il contratto, in tutti i casi non esplicitamente previsti dai numeri da 1 a 3;

4 *bis*) lo Stato di cui alla lettera *bbb*) di destinazione nel caso in cui un veicolo viene spedito da uno Stato membro in un altro, a decorrere dall'accettazione della consegna da parte dell'acquirente e per un periodo di trenta giorni, anche se il veicolo non è stato formalmente immatricolato nello Stato membro di destinazione ([43]);

4 *ter*) lo Stato di cui alla lettera *bbb*) in cui si è verificato il sinistro qualora il veicolo sia privo di targa o rechi una targa che non corrisponde più allo stesso veicolo ([43]);

ggg) Stato membro d'origine: lo Stato membro dell'Unione europea o lo Stato aderente allo Spazio economico europeo in cui è situata la sede legale dell'impresa di assicurazione che assume l'obbligazione o il rischio o dell'impresa di riassicurazione; con riferimento all'intermediazione, se l'intermediario è una persona fisica, per Stato membro di origine, si intende lo Stato di residenza dell'intermediario; se è una persona giuridica, si intende lo Stato membro in cui è situata la sede legale, o se assente, la sede principale, da intendersi come il luogo a partire dal quale è gestita l'attività principale ([44]) ([45]);

ggg bis) Stato membro ospitante: lo Stato membro diverso dallo Stato membro di origine in cui un'impresa di assicurazione o di riassicurazione ha una sede secondaria o presta servizi; con riferimento all'intermediazione si intende lo Stato membro, diverso dallo Stato membro d'origine, in cui l'intermediario ha una presenza permanente o una stabile organizzazione o in cui presta servizi ([46]) ([47]);

hhh) Stato terzo: uno Stato che non è membro dell'Unione europea o non è aderente allo Spazio economico europeo;

iii) stretti legami: il rapporto fra due o più persone fisiche o giuridiche nei casi in cui sussiste:

1) un legame di controllo ai sensi dell'articolo 72;

2) una partecipazione, detenuta direttamente o per il tramite di società controllate, società fiduciarie o per interposta persona, almeno pari al dieci per cento del capitale o dei diritti di voto, ovvero una partecipazione che, pur restando al di sotto del limite sopra indicato, dà comunque la possibilità di esercitare un'influenza notevole ancorché non dominante;

3) un legame in base al quale le stesse persone sono sottoposte al controllo del medesimo soggetto, o comunque sono sottoposte a direzione unitaria in virtù di un contratto o di una clausola statutaria, oppure quando gli organi di amministrazione sono composti in maggioranza dalle medesime persone, oppure quando esistono legami importanti e durevoli di riassicurazione;

4) un rapporto di carattere tecnico, organizzativo, finanziario, giuridico e familiare che possa influire in misura rilevante sulla gestione dell'impresa. L'IVASS, con regolamento, può ulteriormente qualificare la definizione di stretti legami, al fine di evitare situazioni di ostacolo all'effettivo esercizio delle funzioni di vigilanza;

iii.1) vendita a distanza: qualunque modalità di vendita che, senza la presenza fisica e simultanea del distributore e del contraente, possa essere impiegata per il collocamento a distanza di contratti assicurativi e riassicurativi ([48]);

iii bis) tecniche di mitigazione del rischio: le tecniche che consentono all'impresa di assicurazione o di riassicurazione di trasferire una parte o la totalità dei rischi ad un terzo ([49]);

lll) testo unico bancario: il decreto legislativo 1° settembre 1993, n. 385, e successive modificazioni;

mmm) testo unico dell'intermediazione finanziaria: il decreto legislativo 24 febbraio 1998, n. 58, e successive modificazioni;

nnn) testo unico in materia di assicurazioni sugli infortuni sul lavoro e le malattie professionali: il decreto legislativo 23 febbraio 2000, n. 38, e successive modificazioni;

ooo) Ufficio centrale italiano: l'ente costituito dalle imprese di assicurazione autorizzate ad esercitare il ramo responsabilità civile autoveicoli che è stato abilitato all'esercizio delle funzioni di Ufficio nazionale di assicurazione nel territorio della Repubblica ed allo svolgimento degli altri compiti previsti dall'ordinamento comunitario e italiano;

ppp) Ufficio nazionale di assicurazione: l'organizzazione professionale che è costituita, conformemente alla raccomandazione n. 5 adottata il 25 gennaio 1949 dal sottocomitato dei trasporti stradali del comitato dei trasporti interni della Commissione economica per l'Europa dell'Organizzazione delle Nazioni Unite, e che raggruppa imprese di assicurazione che hanno ottenuto in uno Stato l'autorizzazione ad esercitare il ramo responsabilità civile autoveicoli;

qqq) unità da diporto: il natante definito all'articolo 1, comma 3, del decreto legislativo 18 luglio 2005, n. 171, recante il codice della nautica da diporto;

rrr) veicolo: qualsiasi autoveicolo destinato a circolare sul suolo e che può essere azionato da una forza meccanica, senza essere vincolato ad una strada ferrata, nonché i rimorchi, anche se non agganciati ad una motrice.

(1) *Questa lettera è stata da ultimo così sostituita dall'art. 2, comma 1, del D.L.vo 13 dicembre 2018, n. 147.*

(2) *Le parole: «o EIOPA» sono state inserite dall'art. 1, comma 1, lett.* b), *del D.L.vo 12 maggio 2015, n. 74.*

(3) *Le parole: «o EBA» sono state inserite dall'art. 1, comma 1, lett.* c), *del D.L.vo 12 maggio 2015, n. 74.*

(4) *Le parole: «o ESMA» sono state inserite dall'art. 1, comma 1, lett.* d), *del D.L.vo 12 maggio 2015, n. 74.*

(5) *Questa lettera è stata aggiunta dall'art. 5, comma 1, del D.L.vo 30 luglio 2012, n. 130.*

(6) *Questa lettera è stata inserita dall'art. 1, comma 1, lett.* e), *del D.L.vo 12 maggio 2015, n. 74.*

(7) *Questa lettera è stata inserita dall'art. 1, comma 1, lett.* f), *del D.L.vo 12 maggio 2015, n. 74.*

(8) *Questa lettera è stata inserita dall'art. 1, comma 1, lett.* d), *del D.L.vo 21 maggio 2018, n. 68.*

A norma dell'art. 4, comma 7, del medesimo decreto 68/2018, le disposizioni di cui a questa lettera, trovano applicazione dal 1° ottobre 2018, conformemente a quanto previsto dalla direttiva (UE) 2018/411 del Parlamento europeo e del Consiglio, che modifica la direttiva (UE) 2016/97 per quanto riguarda la data di applicazione delle misure di recepimento degli Stati membri.

(9) *Questa lettera è stata inserita dall'art. 1, comma 1, lett.* g), *del D.L.vo 12 maggio 2015, n. 74.*

(10) *Questa lettera è stata inserita dall'art. 1, comma 1, lett.* a), *del D.L.vo 21 maggio 2018, n. 68.*

A norma dell'art. 4, comma 7, del medesimo decreto 68/2018, le disposizioni di cui a questa lettera, trovano applicazione dal 1° ottobre 2018, conformemente a quanto previsto dalla direttiva (UE) 2018/411 del Parlamento europeo e del Consiglio, che modifica la direttiva (UE) 2016/97 per quanto riguarda la data di applicazione delle misure di recepimento degli Stati membri.

(11) *Questa lettera è stata inserita dall'art. 1, comma 1, lett.* c), *del D.L.vo 21 maggio 2018, n. 68.*

A norma dell'art. 4, comma 7, del medesimo decreto 68/2018, le disposizioni di cui a questa lettera, trovano applicazione dal 1° ottobre 2018, conformemente a quanto previsto dalla direttiva (UE) 2018/411 del Parlamento europeo e del Consiglio, che modifica la direttiva (UE) 2016/97 per quanto riguarda la data di applicazione delle misure di recepimento degli Stati membri.

(12) *Questa lettera è stata inserita dall'art. 1, comma 1, lett.* h), *del D.L.vo 12 maggio 2015, n. 74.*

(13) *Questa lettera è stata inserita dall'art. 1, comma 1, lett.* l), *del D.L.vo 12 maggio 2015, n. 74.*

(14) *Questa lettera è stata inserita dall'art. 1, comma 1, lett.* m), *del D.L.vo 12 maggio 2015, n. 74.*

(15) *Questa lettera è stata inserita dall'art. 1, comma 1, lett.* n), *del D.l.vo 12 maggio 2015, n. 74.*

(16) *Le parole: «ai sensi dell'articolo 1, comma 1, lettera* bb bis*)» sono state inserite dall'art. 3, comma 2, lett.* b), *del D.L.vo 4 marzo 2014, n. 43.*

(17) *Le parole tra parentesi quadrate sono state soppresse dall'art. 3, comma 2, lett.* a), *del D.L.vo 4 marzo 2014, n. 53.*

(18) *Questa lettera è stata così sostituita dall'art. 1, comma 1, lett.* b), *del D.L.vo 29 febbraio 2008, n. 56.*

(19) *Le parole: «ai sensi dell'articolo 1, comma 1, lettera* bb bis*)» sono state inserite dall'art. 3, comma 2, lett.* c), *del D.L.vo 4 marzo 2014, n. 43.*

([20]) *Le parole tra parentesi quadrate sono state soppresse dall'art. 3, comma 2, lett.* d), *del D.L.vo 4 marzo 2014, n. 53.*

([21]) *Questa lettera è stata così sostituita dall'art. 1, comma 1, lett.* c), *del D.L.vo 29 febbraio 2008, n. 56.*

([22]) *Questa lettera è stata aggiunta dall'art. 3, comma 2, lett.* e), *del D.L.vo 4 marzo 2014, n. 53.*

([23]) *Questa lettera, inserita dall'art. 1, comma 1, lett.* d), *del D.L.vo 29 febbraio 2008, n. 56, è stata così sostituita dall'art. 1, comma 1, lett.* o), *del D.L.vo 12 maggio 2015, n. 74.*

([24]) *Questo numero è stato così sostituito dall'art. 1, comma 1, lett.* p), *del D.L.vo 12 maggio 2015, n. 74.*

([25]) *Le parole tra parentesi quadrate sono state soppresse dall'art. 3, comma 2, lett.* f), *del D.L.vo 4 marzo 2014, n. 53.*

([26]) *Le parole: «4, paragrafo 1, punto* 1), *della direttiva 2004/39/CE» sono state così sostituite dalle seguenti: «4, n.* 2), *del regolamento del Parlamento europeo e del Consiglio n. 575 del 26 giugno 2013» dall'art. 3, comma 2, lett.* g), *del D.L.vo 4 marzo 2014, n. 53.*

([27]) *Le parole: «ai sensi dell'articolo 2, punto* 15), *della direttiva 2002/87/CE» sono state così sostituite dalle seguenti: «ai sensi dell'articolo 1, comma 1, lettera* bb bis)» *dall'art. 3, comma 2, lett.* h), *del D.L.vo 4 marzo 2014, n. 53.*

([28]) *Questa lettera è stata inserita dall'art. 1, comma 1, lett.* b), *del D.L.vo 21 maggio 2018, n. 68.*

A norma dell'art. 4, comma 7, del medesimo decreto 68/2018, le disposizioni di cui a questa lettera, trovano applicazione dal 1° ottobre 2018, conformemente a quanto previsto dalla direttiva (UE) 2018/411 del Parlamento europeo e del Consiglio, che modifica la direttiva (UE) 2016/97 per quanto riguarda la data di applicazione delle misure di recepimento degli Stati membri.

([29]) *Questa lettera è stata così sostituita dall'art. 3, comma 2, lett.* i), *del D.L.vo 4 marzo 2014, n. 53. A norma dell'art. 1, comma 213, del D.L.vo 12 maggio 2015, n. 74, in questa lettera non viene operata la sostituzione di «ISVAP» con «IVASS».*

([30]) *Questa lettera è stata abrogata dall'art. 1, comma 1, lett.* q), *del D.L.vo 12 maggio 2015, n. 74.*

([31]) *Questa lettera è stata abrogata dall'art. 1, comma 1, lett.* r), *del D.L.vo 12 maggio 2015, n. 74.*

([32]) *Questa lettera è stata inserita dall'art. 1, comma 1, lett.* s), *del D.L.vo 12 maggio 2015, n. 74.*

([33]) *Questa lettera è stata inserita dall'art. 1, comma 1, lett.* t), *del D.L.vo 12 maggio 2015, n. 74.*

([34]) *Questa lettera è stata inserita dall'art. 1, comma 1, lett.* u), *del D.L.vo 12 maggio 2015, n. 74.*

([35]) *Questa lettera è stata abrogata dall'art. 4, comma 1, lett.* a), *del D.L.vo 27 gennaio 2010, n. 21.*

([36]) *Le parole fra parentesi quadrate sono state soppresse dall'art. 1, comma 1, lett.* e), *del D.L.vo 29 febbraio 2008, n. 56.*

([37]) *Questa lettera è stata inserita dall'art. 1, comma 1, lett.* h), *del D.L.vo 21 maggio 2018, n. 68.*

A norma dell'art. 4, comma 7, del medesimo decreto 68/2018, le disposizioni di cui a questa lettera, trovano applicazione dal 1° ottobre 2018, conformemente a quanto previsto dalla direttiva (UE) 2018/411 del Parlamento europeo e del Consiglio, che modifica la direttiva (UE) 2016/97 per quanto riguarda la data di applicazione delle misure di recepimento degli Stati membri.

(38) *Le parole: «con riferimento all'intermediazione, per succursale si intende una agenzia o una succursale situata in uno Stato membro diverso dallo Stato membro di origine, inclusa l'organizzazione di un semplice ufficio gestito da personale dipendente dell'intermediario ovvero da una persona indipendente, ma incaricata ad agire in modo permanente per conto dell'intermediario stesso;» sono state aggiunte dall'art. 1, comma 1, lett.* i), *del D.L.vo 21 maggio 2018, n. 68.*

A norma dell'art. 4, comma 7, del medesimo decreto 68/2018, tali disposizioni trovano applicazione dal 1° ottobre 2018, conformemente a quanto previsto dalla direttiva (UE) 2018/411 del Parlamento europeo e del Consiglio, che modifica la direttiva (UE) 2016/97 per quanto riguarda la data di applicazione delle misure di recepimento degli Stati membri.

(39) *Questa lettera è stata inserita dall'art. 1, comma 1, lett.* f), *del D.L.vo 29 febbraio 2008, n. 56.*

(40) *Questa lettera è stata inserita dall'art. 1, comma 1, lett.* v), *del D.L.vo 12 maggio 2015, n. 74.*

(41) *Questa lettera è stata inserita dall'art. 1, comma 1, lett.* l), *del D.L.vo 21 maggio 2018, n. 68.*

A norma dell'art. 4, comma 7, del medesimo decreto 68/2018, le disposizioni di cui a questa lettera, trovano applicazione dal 1° ottobre 2018, conformemente a quanto previsto dalla direttiva (UE) 2018/411 del Parlamento europeo e del Consiglio, che modifica la direttiva (UE) 2016/97 per quanto riguarda la data di applicazione delle misure di recepimento degli Stati membri.

(42) *Le parole: «sia che si tratti di un veicolo con targa definitiva o targa temporanea», sono state aggiunte dall'art. 1, comma 1, lett.* a), *del D.L.vo 6 novembre 2007, n. 198.*

(43) *Questo numero è stato aggiunto dall'art. 1, comma 1, lett.* b), *del D.L.vo 6 novembre 2007, n. 198.*

(44) *Le parole: «con riferimento all'intermediazione, se l'intermediario è una persona fisica, per Stato membro di origine, si intende lo Stato di residenza dell'intermediario; se è una persona giuridica, si intende lo Stato membro in cui è situata la sede legale, o se assente, la sede principale, da intendersi come il luogo a partire dal quale è gestita l'attività principale;» sono state aggiunte dall'art. 1, comma 1, lett.* e), *del D.L.vo 21 maggio 2018, n. 68.*

A norma dell'art. 4, comma 7, del medesimo decreto 68/2018, tali disposizioni trovano applicazione dal 1° ottobre 2018, conformemente a quanto previsto dalla direttiva (UE) 2018/411 del Parlamento europeo e del Consiglio, che modifica la direttiva (UE) 2016/97 per quanto riguarda la data di applicazione delle misure di recepimento degli Stati membri.

(45) *Le parole: «dell'impresa che assume l'obbligazione o il rischio» sono state così sostituite dalle attuali: «dell'impresa di assicurazione che assume l'obbligazione o il*

rischio o dell'impresa di riassicurazione» dall'art. 1, comma 1, lett. g), *del D.L.vo 29 febbraio 2008, n. 56.*

([46]) *Le parole: «con riferimento all'intermediazione si intende lo Stato membro, diverso dallo Stato membro d'origine, in cui l'intermediario ha una presenza permanente o una stabile organizzazione o in cui presta servizi» sono state aggiunte dall'art. 1, comma 1, lett.* f), *del D.L.vo 21 maggio 2018, n. 68.*

A norma dell'art. 4, comma 7, del medesimo decreto 68/2018, tali disposizioni trovano applicazione dal 1° ottobre 2018, conformemente a quanto previsto dalla direttiva (UE) 2018/411 del Parlamento europeo e del Consiglio, che modifica la direttiva (UE) 2016/97 per quanto riguarda la data di applicazione delle misure di recepimento degli Stati membri.

([47]) *Questa lettera è stata inserita dall'art. 1, comma 1, lett.* z), *del D.L.vo 12 maggio 2015, n. 74.*

([48]) *Questa lettera è stata inserita dall'art. 1, comma 1, lett.* g), *del D.L.vo 21 maggio 2018, n. 68.*

A norma dell'art. 4, comma 7, del medesimo decreto 68/2018, le disposizioni di cui a questa lettera, trovano applicazione dal 1° ottobre 2018, conformemente a quanto previsto dalla direttiva (UE) 2018/411 del Parlamento europeo e del Consiglio, che modifica la direttiva (UE) 2016/97 per quanto riguarda la data di applicazione delle misure di recepimento degli Stati membri.

([49]) *Questa lettera è stata inserita dall'art. 1, comma 1, lett.* aa), *del D.L.vo 12 maggio 2015, n. 74.*

2. Classificazione per ramo. – 1. Nei rami vita la classificazione per ramo è la seguente:

I. le assicurazioni sulla durata della vita umana;

II. le assicurazioni di nuzialità e di natalità;

III. le assicurazioni, di cui ai rami I e II, le cui prestazioni principali sono direttamente collegate al valore di quote di organismi di investimento collettivo del risparmio o di fondi interni ovvero a indici o ad altri valori di riferimento;

IV. l'assicurazione malattia e l'assicurazione contro il rischio di non autosufficienza che siano garantite mediante contratti di lunga durata, non rescindibili, per il rischio di invalidità grave dovuta a malattia o a infortunio o a longevità;

V. le operazioni di capitalizzazione;

VI. le operazioni di gestione di fondi collettivi costituiti per l'erogazione di prestazioni in caso di morte, in caso di vita o in caso di cessazione o riduzione dell'attività lavorativa.

2. L'impresa che ha ottenuto l'autorizzazione all'esercizio delle assicurazioni di cui ai rami I, II o III del comma 1, ovvero quella di cui al ramo V del comma 1 se è stata autorizzata ad esercitare anche un altro ramo vita con

assunzione di un rischio demografico, con i relativi contratti può garantire in via complementare i rischi di danni alla persona, comprese l'incapacità al lavoro professionale, la morte in seguito ad infortunio, l'invalidità a seguito di infortunio o di malattia. L'impresa che ha ottenuto l'autorizzazione all'esercizio delle operazioni di cui al ramo VI del comma 1, in via complementare ai relativi contratti, può garantire prestazioni di invalidità e di premorienza secondo quanto previsto nella normativa sulle forme pensionistiche complementari.

3. Nei rami danni la classificazione dei rischi è la seguente:

1. Infortuni (compresi gli infortuni sul lavoro e le malattie professionali); prestazioni forfettarie; indennità temporanee; forme miste; persone trasportate;

2. Malattia: prestazioni forfettarie; indennità temporanee; forme miste;

3. Corpi di veicoli terrestri (esclusi quelli ferroviari): ogni danno subito da: veicoli terrestri automotori; veicoli terrestri non automotori;

4. Corpi di veicoli ferroviari: ogni danno subito da veicoli ferroviari;

5. Corpi di veicoli aerei: ogni danno subito da veicoli aerei;

6. Corpi di veicoli marittimi, lacustri e fluviali: ogni danno subito da: veicoli fluviali; veicoli lacustri; veicoli marittimi;

7. Merci trasportate (compresi merci, bagagli e ogni altro bene): ogni danno subito dalle merci trasportate o dai bagagli, indipendentemente dalla natura del mezzo di trasporto;

8. Incendio ed elementi naturali: ogni danno subito dai beni (diversi dai beni compresi nei rami 3, 4, 5, 6 e 7) causato da: incendio; esplosione; tempesta; elementi naturali diversi dalla tempesta; energia nucleare; cedimento del terreno;

9. Altri danni ai beni: ogni danno subito dai beni (diversi dai beni compresi nei rami 3, 4, 5, 6 e 7) causato dalla grandine o dal gelo, nonché da qualsiasi altro evento, quale il furto, diverso da quelli compresi al n. 8;

10. Responsabilità civile autoveicoli terrestri: ogni responsabilità risultante dall'uso di autoveicoli terrestri (compresa la responsabilità del vettore);

11. Responsabilità civile aeromobili: ogni responsabilità risultante dall'uso di veicoli aerei (compresa la responsabilità del vettore);

12. Responsabilità civile veicoli marittimi, lacustri e fluviali: ogni responsabilità risultante dall'uso di veicoli fluviali, lacustri e marittimi (compresa la responsabilità del vettore);

13. Responsabilità civile generale: ogni responsabilità diversa da quelle menzionate ai numeri 10, 11 e 12;

14. Credito: perdite patrimoniali derivanti da insolvenze; credito all'esportazione; vendita a rate; credito ipotecario; credito agricolo;

15. Cauzione: cauzione diretta; cauzione indiretta;

16. Perdite pecuniarie di vario genere: rischi relativi all'occupazione; insufficienza di entrate (generale); intemperie; perdite di utili; persistenza di spese generali; spese commerciali impreviste; perdita di valore venale; perdita di fitti o di redditi; perdite commerciali indirette diverse da quelle menzionate precedentemente; perdite pecuniarie non commerciali; altre perdite pecuniarie;

17. Tutela legale: tutela legale;

18. Assistenza: assistenza alle persone in situazione di difficoltà.

4. Nei rami danni l'autorizzazione rilasciata cumulativamente per più rami è così denominata:

a) per i rami di cui ai numeri 1 e 2, «Infortuni e malattia»;

b) per i rami di cui ai numeri 1, persone trasportate, 3, 7 e 10, «Assicurazioni auto»;

c) per i rami di cui ai numeri 1, persone trasportate, 4, 6, 7 e 12, «Assicurazioni marittime e trasporti»;

d) per i rami di cui al numero 1, rischio persone trasportate, 5, 7 e 11, «Assicurazioni aeronautiche»;

e) per i rami di cui ai numeri 8 e 9, «Incendio ed altri danni ai beni»;

f) per i rami di cui ai numeri 10, 11, 12 e 13, «Responsabilità civile»;

g) per i rami di cui ai numeri 14 e 15, «Credito e cauzione»;

h) per tutti i rami, «Tutti i rami danni».

5. Nei rami danni l'impresa che ha ottenuto l'autorizzazione per un rischio principale, appartenente ad un ramo o ad un gruppo di rami, può garantire i rischi compresi in un altro ramo, senza necessità di un'ulteriore autorizzazione quando i medesimi rischi:

a) sono connessi con il rischio principale;

b) riguardano l'oggetto coperto contro il rischio principale;

c) sono garantiti dallo stesso contratto che copre il rischio principale. I rischi compresi nei rami 14, 15 e 17 di cui al comma 3 non possono essere considerati accessori di altri rami; tuttavia, fermo il rispetto delle condizioni di cui alle lettere *a*), *b*) e *c*), i rischi compresi nel ramo 17 possono essere considerati come rischi accessori del ramo 18 quando il rischio principale riguardi solo l'assistenza da fornire alle persone in difficoltà durante trasferimenti o assenze dal domicilio o dal luogo di residenza o quando riguardino controversie relative all'utilizzazione di navi o comunque connesse a tale utilizzazione.

6. L'IVASS adotta, con regolamento, le istruzioni applicative sulla classificazione dei rischi all'interno dei rami nel rispetto del principio di equivalenza dell'autorizzazione nel territorio comunitario.

Capo II
Vigilanza sull'attività
assicurativa e riassicurativa

3. ([1]) **Finalità della vigilanza.** – 1. Scopo principale della vigilanza è l'adeguata protezione degli assicurati e degli aventi diritto alle prestazioni assicurative. A tal fine l'IVASS persegue la sana e prudente gestione delle imprese di assicurazione e riassicurazione, nonché, unitamente alla Consob, ciascuna secondo le rispettive competenze, la loro trasparenza e correttezza nei confronti della clientela. Altro obiettivo della vigilanza, ma subordinato al precedente, è la stabilità del sistema e dei mercati finanziari.

([1]) *Questo articolo è stato così sostituito dall'art. 1, comma 2, del D.L.vo 12 maggio 2015, n. 74.*

3 *bis*. ([1]) **Principi generali della vigilanza.** – 1. La vigilanza è basata su un metodo prospettico fondato sul rischio ed include la verifica continua del corretto esercizio dell'attività di assicurazione o di riassicurazione e dell'osservanza delle disposizioni di vigilanza da parte delle imprese di assicurazione o di riassicurazione.

2. La vigilanza sulle imprese di assicurazione e di riassicurazione comprende un'opportuna combinazione di attività cartolari e ispezioni in loco.

3. I requisiti stabiliti nel presente codice sono applicati in modo proporzionato alla natura, alla portata e alla complessità dei rischi inerenti all'attività di un'impresa di assicurazione o di riassicurazione.

4. L'IVASS, nell'esercizio delle sue funzioni, tiene conto della convergenza degli strumenti di vigilanza e delle pratiche di vigilanza dell'Unione europea.

5. Ai fini del comma 4 l'IVASS partecipa alle attività dell'AEAP e si conforma ai suoi orientamenti e raccomandazioni, fornendo adeguata motivazione ove ritenga di non conformarsi.

([1]) *Questo articolo è stato inserito dall'art. 1, comma 3, del D.L.vo 12 maggio 2015, n. 74.*

4. Ministro dello sviluppo economico. – 1. Il Ministro dello sviluppo economico adotta i provvedimenti previsti nel presente codice nell'ambito delle linee di politica assicurativa determinate dal Governo.

5. Autorità di vigilanza. – 1. L'IVASS svolge le funzioni di vigilanza sul settore assicurativo mediante l'esercizio dei poteri di natura autorizzativa, prescrittiva, accertativa, cautelare e repressiva previsti dalle disposizioni del presente codice.

1 *bis*. L'IVASS, nell'esercizio delle funzioni di vigilanza, è parte del SEVIF e partecipa alle attività che esso svolge, tenendo conto della convergenza degli strumenti e delle prassi di vigilanza in ambito europeo ([1]).

1 *ter*. Fatto salvo quanto previsto dall'articolo 3, comma 1, l'IVASS, nell'espletamento delle sue funzioni, prende in considerazione il potenziale impatto delle sue decisioni sulla stabilità dei sistemi finanziari dell'Unione europea, soprattutto in situazioni di emergenza, tenendo conto delle informazioni disponibili al momento, anche avvalendosi degli opportuni scambi di informazioni con l'AEAP, il Comitato congiunto, il CERS e le autorità di vigilanza degli altri Stati membri. In periodi di turbolenze eccezionali sui mercati finanziari, l'IVASS tiene conto dei potenziali effetti prociclici derivanti dai suoi interventi ([2]).

2. L'IVASS adotta ogni regolamento necessario per la sana e prudente gestione delle imprese o per la trasparenza e la correttezza dei comportamenti dei soggetti vigilati ed allo stesso fine rende nota ogni utile raccomandazione o interpretazione.

3. L'IVASS effettua le attività necessarie per promuovere un appropriato grado di protezione del consumatore e per sviluppare la conoscenza del mercato assicurativo, comprese le indagini statistiche ed economiche e la raccolta di elementi per l'elaborazione delle linee di politica assicurativa.

[4. L'ISVAP promuove le forme di collaborazione con le autorità degli altri Stati membri al fine di rendere organica, efficace ed omogenea la vigilanza sull'attività assicurativa e riassicurativa in conformità alle procedure stabilite dall'ordinamento comunitario] ([3]).

5. L'ordinamento dell'IVASS è disciplinato dalla legge 12 agosto 1982, n. 576, e successive modificazioni, e dall'articolo 13 del decreto legge 6 luglio 2012, n. 95, convertito, con modificazioni, dalla legge 7 agosto 2012, n. 135, nel rispetto dei principi di autonomia organizzativa, finanziaria e contabile necessari ai fini dell'esercizio imparziale ed efficace delle funzioni di vigilanza sul settore assicurativo ([4]).

5 *bis*. L'IVASS, nell'ambito della propria autonomia, garantisce comunque il rispetto dei principi di contenimento dei costi di cui al Capo I del Titolo I del decreto legge 31 maggio 2010, n. 78, convertito, con modificazioni, dalla legge 30 luglio 2010, n. 122 ([5]).

([1]) *Questo comma è stato inserito dall'art. 5, comma 2, lett.* a), *del D.L.vo 30 luglio 2012, n. 130.*

([2]) *Questo comma, inserito dall'art. 5, comma 2, lett.* a), *del D.L.vo 30 luglio 2012, n. 130, è stato così sostituito dall'art. 1, comma 4, lett.* a), *del D.L.vo 12 maggio 2015, n. 74.*

([3]) *Questo comma è stato abrogato dall'art. 5, comma 2, lett.* b), *del D.L.vo 30 luglio 2012, n. 130.*

([4]) *Questo comma è stato così sostituito dall'art. 1, comma 4, lett.* b), *del D.L.vo 12 maggio 2015, n. 74.*

([5]) *Questo comma è stato aggiunto dall'art. 1, comma 4, lett.* c), *del D.L.vo 12 maggio 2015, n. 74.*

6. Destinatari della vigilanza. – 1. L'IVASS esercita le funzioni di vigilanza nei confronti:

a) delle imprese, comunque denominate e costituite, che esercitano nel territorio della Repubblica attività di assicurazione o di riassicurazione in qualsiasi ramo e in qualsiasi forma, ovvero operazioni di capitalizzazione e di gestione di fondi collettivi costituiti per l'erogazione di prestazioni in caso di morte, in caso di vita o in caso di cessazione o riduzione dell'attività lavorativa;

b) dei gruppi assicurativi e dei conglomerati finanziari nei quali sono incluse imprese di assicurazione e di riassicurazione in conformità alla specifica normativa ad essi applicabile;

c) dei soggetti, enti e organizzazioni che in qualunque forma svolgono funzioni parzialmente comprese nel ciclo operativo delle imprese di assicurazione o di riassicurazione limitatamente ai profili assicurativi e riassicurativi, fermi restando i poteri nei confronti delle imprese di assicurazione o di riassicurazione per le attività esternalizzate ([1]);

d) degli intermediari di assicurazione e di riassicurazione [, dei periti di assicurazione] ([2]) e di ogni altro operatore del mercato assicurativo.

([1]) *Le parole: «, fermi restando i poteri nei confronti delle imprese di assicurazione o di riassicurazione per le attività esternalizzate;» sono state aggiunte dall'art. 1, comma 5, lett.* a), *del D.L.vo 12 maggio 2015, n. 74.*

([2]) *Le parole fra parentesi quadrate sono state soppresse dall'art. 1, comma 1, lett.* b), *del D.L.vo 12 maggio 2015, n. 74.*

7. ([1]) **Reclami.** – 1. Le persone fisiche e giuridiche, nonché le associazioni riconosciute per la rappresentanza degli interessi dei consumatori hanno facoltà di proporre reclamo all'IVASS, per l'accertamento dell'osservanza delle disposizioni previste nel presente codice, nei confronti delle imprese di assicurazione e di riassicurazione e degli intermediari secondo la procedura prevista con regolamento.

([1]) *Questo articolo è stato così sostituito dall'art. 1, comma 6, del D.L.vo 12 maggio 2015, n. 74.*

8. ([1]) **Rapporti con il diritto dell'Unione europea e integrazione nel SEVIF.** – 1. Il Ministero dello sviluppo economico ([2]) e l'IVASS esercitano i poteri attribuiti in armonia con le disposizioni dell'Unione europea ([3]), si conformano ai regolamenti e alle decisioni dell'Unione europea e provvedono in merito alle raccomandazioni concernenti le materie disciplinate dal presente codice.

(1) *La precedente rubrica: «Disposizioni comunitarie» è stata così sostituita dalla attuale dall'art. 5, comma 3, lett. a), del D.L.vo 30 luglio 2012, n. 130.*

(2) *Le parole: «Ministero delle attività produttive» sono state così sostituite dalle parole: «Ministero dello sviluppo economico» dall'art. 5, comma 3, lett. b), del D.L.vo 30 luglio 2012, n. 130.*

(3) *Le parole: «le disposizioni comunitarie» sono state così sostituite dalle parole: «le disposizioni dell'Unione europea» dall'art. 5, comma 3, lett. b), del D.L.vo 30 luglio 2012, n. 130.*

9. Regolamenti e altri provvedimenti. – 1. I regolamenti ministeriali sono adottati ai sensi dell'articolo 17, comma 3, della legge 23 agosto 1988, n. 400.

2. I regolamenti adottati dall'IVASS ai sensi del presente codice sono emanati [dal presidente dell'Istituto] (1) nel rispetto della procedura prevista dall'articolo 191, commi 4 e 5.

3. L'IVASS stabilisce, con regolamento, i termini e le procedure per l'adozione degli atti e dei provvedimenti di competenza. L'IVASS disciplina, in particolare, i procedimenti relativi all'accertamento delle violazioni ed all'irrogazione delle sanzioni nel rispetto dei principi della facoltà di denuncia di parte, della piena conoscenza degli atti istruttori, del contraddittorio, della verbalizzazione nonché della distinzione tra le funzioni istruttorie e quelle decisorie. Si applicano, in quanto compatibili, i principi sull'individuazione e sulle funzioni del responsabile del procedimento, sulla partecipazione al procedimento e sull'accesso agli atti amministrativi previsti dalla legge 7 agosto 1990, n. 241. L'IVASS determina i casi di necessità ed urgenza o i motivi di riservatezza per cui è consentito derogare ai principi sanciti nel presente comma.

4. Le disposizioni del presente codice che prevedono un'autorizzazione dell'IVASS possono essere applicate dall'Istituto anche mediante il rilascio di autorizzazioni relative a determinate categorie di atti o di soggetti. Le autorizzazioni rilasciate dall'IVASS in via generale sono rese pubbliche secondo le modalità previste per i regolamenti.

5. I regolamenti ministeriali, i regolamenti, le raccomandazioni di carattere generale adottati dall'IVASS sono pubblicati nella *Gazzetta Ufficiale*. I medesimi atti, nonché ogni altro provvedimento rilevante relativo ai soggetti sottoposti a vigilanza, sono pubblicati dall'IVASS nel suo bollettino entro il mese successivo a quello della loro adozione e sono altresì resi prontamente disponibili sul suo sito Internet.

6. Entro il 31 gennaio di ogni anno, tutti i regolamenti e i provvedimenti di carattere generale emanati ai sensi del presente codice sono pubblicati, a cura del Ministero dello sviluppo economico, in un'unica raccolta, anche in forma elettronica, se nel corso dell'anno precedente ne siano stati emanati di nuovi o siano intervenute modifiche di quelli già emanati.

(1) *Le parole fra parentesi quadrate sono state soppresse dall'art. 1, comma 7, del D.L.vo 12 maggio 2015, n. 74.*

9 *bis*. (1) **Trasparenza e responsabilità dell'attività di vigilanza.** – 1. L'IVASS svolge la propria attività in modo trasparente e responsabile. Nel perseguimento di tali principi, fatto salvo il rispetto della riservatezza, pubblica sul sito internet ed aggiorna periodicamente le seguenti informazioni:

a) il testo delle disposizioni legislative, regolamentari e amministrative, delle raccomandazioni e degli orientamenti generali in materia assicurativa e riassicurativa, ed ogni altro provvedimento rilevante di carattere generale relativo ai soggetti sottoposti a vigilanza;

b) i criteri generali e i metodi di vigilanza, inclusi gli strumenti utilizzati nell'ambito del processo di controllo prudenziale di cui all'articolo 47 *quinquies*;

c) i dati statistici aggregati sugli aspetti principali relativi all'applicazione della regolamentazione prudenziale;

d) le modalità di esercizio delle opzioni previste dalla direttiva n. 2009/138/CE;

e) gli obiettivi della vigilanza e le principali funzioni e attività svolte dall'IVASS.

2. Le informazioni di cui al comma 1 sono pubblicate in modo tale da consentire un raffronto dei metodi di vigilanza adottati dalle autorità di vigilanza degli Stati membri, anche mediante l'utilizzo di un formato comune definito a livello comunitario.

(1) *Questo articolo è stato inserito dall'art. 1, comma 8, del D.L.vo 12 maggio 2015, n. 74.*

Capo III
Segreto d'ufficio e collaborazioni
con altre autorità e altri soggetti (1)

(1) *Questo Capo è stato inserito dopo l'art. 9 bis, dall'art. 1, comma 201, del D.L.vo 12 maggio 2015, n. 74.*

10. Segreto d'ufficio (1). – 1. Tutte le notizie, le informazioni e i dati in possesso dell'IVASS in ragione della sua attività di vigilanza sono coperti dal segreto d'ufficio anche nei confronti delle pubbliche amministrazioni. Sono fatti salvi i casi previsti dalla legge per le indagini su violazioni sanzionate penalmente.

2. I dipendenti dell'IVASS, nell'esercizio delle funzioni di vigilanza, sono pubblici ufficiali e hanno l'obbligo di riferire esclusivamente al presidente dell'IVASS tutte le irregolarità constatate, anche se costituenti reato perseguibile d'ufficio.

3. I dipendenti dell'IVASS, i consulenti, i revisori e gli esperti dei quali l'Istituto si avvale sono vincolati dal segreto d'ufficio, anche dopo la cessazione del rapporto di lavoro o la conclusione dell'incarico. Tutte le notizie, informazioni, dati ricevuti da questi soggetti nell'esercizio delle loro funzioni non possono essere divulgati ad alcuna persona o autorità se non in forma sommaria o aggregata in modo che non si possano individuare le singole imprese di assicurazione o di riassicurazione (2).

4. La disposizione di cui al comma 3 non osta a che l'IVASS collabori, anche mediante scambio di informazioni, con la Banca d'Italia, la Commissione nazionale per le società e la borsa (CONSOB), l'Autorità garante della concorrenza e del mercato, la Commissione di vigilanza sui fondi pensione (COVIP), e ciascuna delle suddette istituzioni collabora con l'IVASS al fine di agevolare l'esercizio delle rispettive funzioni. Non può essere reciprocamente opposto il segreto di ufficio (3).

5. Il segreto di ufficio non può essere altresì opposto nei confronti del Ministro dello sviluppo economico e nei confronti dei due rami del Parlamento che acquisiscono i dati, le notizie e le informazioni secondo le competenze e le modalità stabilite nei rispettivi regolamenti.

6. Le pubbliche amministrazioni e gli enti pubblici forniscono dati, notizie e documenti e ogni ulteriore collaborazione richiesta dall'IVASS, in conformità alle leggi disciplinanti i rispettivi ordinamenti.

7. L'IVASS, secondo le modalità e alle condizioni previste dalle disposizioni dell'Unione europea, collabora, anche mediante scambio di informazioni, con l'AEAP e le altre autorità di vigilanza europee, con il Comitato congiunto, con il CERS, con le istituzioni dell'Unione europea e le autorità

di vigilanza dei singoli Stati membri, al fine di agevolare l'esercizio delle rispettive funzioni. L'IVASS adempie nei confronti di tali soggetti agli obblighi di comunicazione stabiliti dalle disposizioni dell'Unione europea. Le informazioni ricevute dall'IVASS provenienti da Autorità di vigilanza di altri Stati membri possono essere trasmesse ad altre autorità italiane o a terzi solo con il consenso dell'autorità che le ha fornite e unicamente per i fini per cui il consenso è stato accordato ([4]) ([5]).

7 *bis*. Nei casi e nei modi previsti dalle disposizioni dell'Unione europea, l'IVASS può concludere con l'AEAP e con le autorità di vigilanza degli altri Stati membri accordi che possono prevedere anche la delega di compiti; può, inoltre, ricorrere all'AEAP per la risoluzione delle controversie con le autorità di vigilanza degli altri Stati membri in situazioni transfrontaliere ([6]).

8. Nell'ambito di accordi di cooperazione e a condizione di reciprocità e di equivalenti obblighi di riservatezza, l'IVASS può scambiare informazioni con le autorità competenti degli Stati terzi rispetto all'Unione europea.

9. L'IVASS può scambiare informazioni con le autorità amministrative o giudiziarie o gli altri organi che intervengono ([7]) nell'ambito di procedimenti di liquidazione o concorsuali, in Italia o all'estero, relativi ai soggetti vigilati. Nei rapporti con le autorità di Stati terzi lo scambio di informazioni avviene con le modalità di cui al comma 7.

([1]) *La precedente rubrica:* «Segreto d'ufficio e collaborazione tra autorità» *è stata così sostituita dall'attuale dall'art. 1, comma 9, lett.* a), *del D.L.vo 12 maggio 2015, n. 74.*

([2]) *Questo comma è stato così sostituito dall'art. 1, comma 9, lett.* b), *del D.L.vo 12 maggio 2015, n. 74.*

([3]) *Questo comma è stato così sostituito dall'art. 1, comma 9, lett.* c), *del D.L.vo 12 maggio 2015, n. 74.*

([4]) *L'ultimo periodo di questo comma è stato così sostituito dall'attuale dall'art. 1, comma 9, lett.* d), *del D.L.vo 12 maggio 2015, n. 74.*

([5]) *Questo comma è stato così sostituito dall'art. 5, comma 4, lett.* a), *del D.L.vo 30 luglio 2012, n. 130.*

([6]) *Questo comma è stato inserito dall'art. 5, comma 4, lett.* b), *del D.L.vo 30 luglio 2012, n. 130.*

([7]) *Le parole: «o gli altri organi che intervengono» sono state inserite dall'art. 1, comma 9, lett.* e), *del D.L.vo 12 maggio 2015, n. 74.*

10 *bis*. ([1]) **Utilizzo delle informazioni riservate. –** 1. L'IVASS può utilizzare le informazioni coperte dal segreto d'ufficio, ai sensi dell'articolo 10, esclusivamente nell'esercizio delle funzioni di vigilanza e per le seguenti finalità:

a) verifica della sussistenza delle condizioni di accesso e di esercizio all'attività assicurativa e riassicurativa, con particolare riguardo all'osservanza delle disposizioni relative alle riserve tecniche, al Requisito Patrimo-

Leggi Complementari

niale di Solvibilità, al Requisito Patrimoniale Minimo e al sistema di governo societario;

b) irrogazione delle sanzioni;

c) difesa nell'ambito dei procedimenti giurisdizionali e dei ricorsi amministrativi avverso provvedimenti dell'IVASS.

(¹) *Questo articolo è stato inserito dall'art. 1, comma 10, del D.L.vo 12 maggio 2015, n. 74.*

10 *ter*. (¹) Scambio di informazioni con altre Autorità dell'Unione europea. – 1. L'IVASS, secondo le modalità e alle condizioni previste dalle disposizioni dell'Unione europea collabora anche mediante scambio di informazioni con:

a) le banche centrali del Sistema europeo di banche centrali (SEBC), compresa la Banca centrale europea (BCE) e altri organismi con responsabilità analoghe in quanto autorità monetarie, quando queste informazioni siano attinenti all'esercizio dei rispettivi compiti statutari, ivi incluse la gestione della politica monetaria e la relativa concessione di liquidità, la sorveglianza dei sistemi di pagamento, di compensazione e di regolamento titoli e la tutela della stabilità del sistema finanziario;

b) all'occorrenza, altre autorità pubbliche nazionali incaricate della vigilanza sui sistemi di pagamento.

2. Nelle situazioni di emergenza, ivi incluse quelle di cui all'articolo 18 del regolamento (UE) n. 1094/2010, l'IVASS comunica immediatamente informazioni alle banche centrali del SEBC, inclusa la BCE, quando le informazioni siano attinenti all'esercizio dei rispettivi compiti statutari, ivi incluse la gestione della politica monetaria e la relativa concessione di liquidità, la sorveglianza dei sistemi di pagamento, di compensazione e di regolamento titoli e la tutela della stabilità del sistema finanziario, e al CERS, quando le informazioni siano attinenti all'esercizio dei suoi compiti.

3. Le informazioni ricevute dall'IVASS ai sensi dei commi 1 e 2 sono soggette alle disposizioni relative al segreto d'ufficio stabilite dal presente Capo.

(¹) *Questo articolo è stato inserito dall'art. 1, comma 10, del D.L.vo 12 maggio 2015, n. 74.*

Capo III *bis*
Sistemi interni di segnalazione delle violazioni e procedura di segnalazione (1)

(1) Questo Capo è stato inserito dall'art. 1, comma 2, del D.L.vo 21 maggio 2018, n. 68. A norma dell'art. 4, comma 7, del medesimo decreto 68/2018, le disposizioni di cui a questo Capo, trovano applicazione dal 1° ottobre 2018, conformemente a quanto previsto dalla direttiva (UE) 2018/411 del Parlamento europeo e del Consiglio, che modifica la direttiva (UE) 2016/97 per quanto riguarda la data di applicazione delle misure di recepimento degli Stati membri.

10 *quater*. Sistemi interni di segnalazione delle violazioni. – 1. Le imprese di assicurazione o di riassicurazione, gli intermediari assicurativi e riassicurativi, inclusi gli intermediari assicurativi a titolo accessorio, adottano procedure specifiche per la segnalazione al proprio interno, da parte del personale, di atti o fatti che possano costituire violazioni delle norme disciplinanti l'attività svolta, di cui al presente codice.

2. Le procedure previste al comma 1 sono idonee a garantire:

a) la riservatezza dei dati personali del segnalante e del presunto responsabile della violazione, ferme restando le regole che disciplinano le indagini o i procedimenti avviati dall'autorità amministrativa o giudiziaria in relazione ai fatti oggetto della segnalazione;

b) la protezione adeguata dei dipendenti dei soggetti di cui al comma 1 e, ove possibile, di altre persone che riferiscono di violazioni commesse all'interno degli stessi almeno contro ritorsioni, discriminazioni e altri tipi di trattamento iniquo;

c) un canale specifico, indipendente ed autonomo per la segnalazione.

3. Fuori dei casi di responsabilità a titolo di calunnia o diffamazione, ovvero per lo stesso titolo ai sensi dell'articolo 2043 del codice civile, la presentazione di una segnalazione nell'ambito della procedura di cui al comma 1 non costituisce violazione degli obblighi derivanti dal rapporto di lavoro.

4. La disposizione di cui all'articolo 7, comma 2, del decreto legislativo 30 giugno 2003, n. 196, non trova applicazione avuto riguardo all'età del segnalante, che può essere rivelata solo con il suo consenso quando la conoscenza sia indispensabile per la difesa del segnalato. Le imprese di assicurazione o di riassicurazione, gli intermediari assicurativi e riassicurativi, inclusi gli intermediari assicurativi a titolo accessorio osservano le disposizioni di attuazione del presente articolo emanate dall'IVASS.

10 *quinquies*. Procedura di segnalazione di violazioni. – 1. L'IVASS:

a) riceve segnalazioni da parte dei dipendenti dei soggetti di cui all'articolo 10 *quater*, comma 1, riguardanti violazioni delle norme del presente codice, nonché di disposizioni dell'Unione europea direttamente applicabili;

b) stabilisce condizioni, limiti e procedure per la ricezione delle segnalazioni;

c) si avvale delle informazioni contenute nelle segnalazioni, ove rilevanti, esclusivamente nell'esercizio delle funzioni di vigilanza.

2. Gli atti relativi alle segnalazioni di cui al comma 1 sono sottratti all'accesso previsto dagli articoli 22 e seguenti della legge 7 agosto 1990, n. 241, e successive modificazioni.

Titolo X
Assicurazione obbligatoria
per i veicoli a motore e i natanti

Capo I
Obbligo di assicurazione

122. Veicoli a motore. – 1. I veicoli a motore senza guida di rotaie, compresi i filoveicoli e i rimorchi, non possono essere posti in circolazione su strade di uso pubblico o su aree a queste equiparate se non siano coperti dall'assicurazione per la responsabilità civile verso i terzi prevista dall'articolo 2054 del codice civile e dall'articolo 91, comma 2, del codice della strada. Il regolamento, adottato dal Ministro dello sviluppo economico, su proposta dell'IVASS, individua la tipologia di veicoli esclusi dall'obbligo di assicurazione e le aree equiparate a quelle di uso pubblico.

2. L'assicurazione comprende la responsabilità per i danni alla persona causati ai trasportati, qualunque sia il titolo in base al quale è effettuato il trasporto.

3. L'assicurazione non ha effetto nel caso di circolazione avvenuta contro la volontà del proprietario, dell'usufruttuario, dell'acquirente con patto di riservato dominio o del locatario in caso di locazione finanziaria, fermo quanto disposto dall'articolo 283, comma 1, lettera *d*), a partire dal giorno successivo alla denuncia presentata all'autorità di pubblica sicurezza. In deroga all'articolo 1896, primo comma, secondo periodo, del codice civile l'assicurato ha diritto al rimborso del rateo di premio, relativo al residuo periodo di assicurazione, al netto dell'imposta pagata e del contributo previsto dall'articolo 334.

4. L'assicurazione copre anche la responsabilità per i danni causati nel territorio degli altri Stati membri, secondo le condizioni ed entro i limiti stabiliti dalle legislazioni nazionali di ciascuno di tali Stati, concernenti l'assi-

curazione obbligatoria della responsabilità civile derivante dalla circolazione dei veicoli a motore, ferme le maggiori garanzie eventualmente previste dal contratto o dalla legislazione dello Stato in cui stazionano abitualmente.

123. Natanti. – 1. Le unità da diporto, con esclusione delle unità non dotate di motore, non possono essere poste in navigazione in acque ad uso pubblico o su aree a queste equiparate se non siano coperte dall'assicurazione della responsabilità civile verso terzi prevista dall'articolo 2054 del codice civile, compresa quella dell'acquirente con patto di riservato dominio e quella del locatario in caso di locazione finanziaria, per danni alla persona. Il regolamento, adottato dal Ministro dello sviluppo economico su proposta dell'IVASS, individua la tipologia dei natanti esclusi dall'obbligo di assicurazione e le acque equiparate a quelle di uso pubblico.

2. Sono altresì soggetti all'obbligo assicurativo i natanti di stazza lorda non superiore a venticinque tonnellate che siano muniti di motore inamovibile di potenza superiore a tre cavalli fiscali e adibiti ad uso privato, diverso dal diporto, o al servizio pubblico di trasporto di persone.

3. L'obbligo assicurativo è esteso ai motori amovibili, di qualsiasi potenza, indipendentemente dall'unità alla quale vengono applicati, risultando in tal caso assicurato il natante sul quale è di volta in volta collocato il motore.

4. Alle unità da diporto, ai natanti e ai motori amovibili si applicano, in quanto compatibili, le norme previste per l'assicurazione obbligatoria della responsabilità civile derivante dalla circolazione dei veicoli a motore.

124. Gare e competizioni sportive. – 1. Le gare e le competizioni sportive di qualsiasi genere di veicoli a motore e le relative prove non possono essere autorizzate, anche se in circuiti chiusi, se l'organizzatore non abbia provveduto a contrarre assicurazione per la responsabilità civile.

2. L'assicurazione copre la responsabilità dell'organizzatore e degli altri obbligati per i danni arrecati alle persone, agli animali e alle cose, esclusi i danni prodotti ai partecipanti stessi e ai veicoli da essi adoperati.

125. Veicoli e natanti immatricolati o registrati in Stati esteri. – 1. Per i veicoli e i natanti soggetti all'obbligo di assicurazione ed immatricolati o registrati in Stati esteri nonché per i motori amovibili di cui all'articolo 123, comma 3, muniti di certificato di uso straniero o di altro documento equivalente emesso all'estero, che circolino temporaneamente nel territorio o nelle acque territoriali della Repubblica, deve essere assolto, per la durata della permanenza in Italia, l'obbligo di assicurazione.

2. Per i natanti l'obbligo di assicurazione si considera assolto:

a) con la stipula di un contratto di assicurazione secondo quanto previsto con regolamento adottato dal Ministro dello sviluppo economico, su proposta dell'IVASS, ovvero

b) quando il conducente sia in possesso di certificato internazionale di assicurazione emesso dall'Ufficio nazionale di assicurazione estero ed accettato dall'Ufficio centrale italiano.

3. Per i veicoli a motore muniti di targa di immatricolazione rilasciata da uno Stato terzo l'obbligo di assicurazione:

a) è assolto mediante contratto di assicurazione «frontiera», come disciplinato dal regolamento previsto all'articolo 126, comma 2, lettera *a*), concernente la responsabilità civile derivante dalla circolazione del veicolo nel territorio della Repubblica e degli altri Stati membri, alle condizioni e fino ai limiti di somma stabiliti dalla legislazione in vigore in ciascuno di essi;

b) si considera assolto quando l'Ufficio centrale italiano si sia reso garante per il risarcimento dei danni cagionati in Italia dalla circolazione dei medesimi veicoli e quando con atto dell'Unione europea sia stato rimosso l'obbligo negli Stati membri di controllare l'assicurazione di responsabilità civile per i veicoli muniti di targa di immatricolazione rilasciata dallo Stato terzo;

c) si considera assolto, quando il conducente sia in possesso di una carta verde emessa dall'Ufficio nazionale di assicurazione estero ed accettata dall'Ufficio centrale italiano.

4. Per i veicoli a motore muniti di targa di immatricolazione rilasciata da uno Stato membro diverso dalla Repubblica italiana, l'obbligo di assicurazione si considera assolto quando l'Ufficio centrale italiano si sia reso garante per il risarcimento dei danni cagionati dalla circolazione in Italia di detti veicoli, sulla base di accordi stipulati con i corrispondenti uffici nazionali di assicurazione e l'Unione europea abbia riconosciuto tali accordi.

5. Nell'ipotesi di cui al comma 3, lettera *c*), l'Ufficio centrale italiano provvede alla liquidazione dei danni, garantendone il pagamento agli aventi diritto, nei limiti dei massimali minimi di legge o, se maggiori, di quelli eventualmente previsti dalla polizza di assicurazione alla quale si riferisce la carta verde. Nelle ipotesi di cui al comma 3, lettera *b*), ed in quelle di cui al comma 4, l'Ufficio centrale italiano provvede alla liquidazione dei danni cagionati in Italia, garantendone il pagamento agli aventi diritto nei limiti dei massimali minimi di legge o, se maggiori, di quelli eventualmente previsti dalla polizza di assicurazione.

5 *bis*. L'Ufficio centrale italiano, entro tre mesi dalla ricezione della richiesta di risarcimento comunica agli aventi diritto un'offerta di risarcimento motivata ovvero indica i motivi per i quali non ritiene di fare offerta [1].

6. Le disposizioni di cui ai commi 3 e 4 si applicano anche ai veicoli a motore di proprietà di agenti diplomatici e consolari o di funzionari internazionali, o di proprietà di Stati esteri o di organizzazioni internazionali.

7. Le disposizioni di cui al comma 3, lettera *b*), ed al comma 4 non si applicano per l'assicurazione della responsabilità civile per danni cagionati dalla circolazione dei veicoli aventi targa di immatricolazione rilasciata da uno Stato estero e individuati nel regolamento adottato, su proposta dell'IVASS, dal Ministro dello sviluppo economico.

(¹) *Questo comma è stato inserito dall'art. 1, comma 3, del D.L.vo 6 novembre 2007, n. 198.*

126. Ufficio centrale italiano. – 1. L'Ufficio centrale italiano è abilitato all'esercizio delle funzioni di Ufficio nazionale di assicurazione e allo svolgimento degli altri compiti stabiliti dall'ordinamento comunitario e dal presente codice a seguito di riconoscimento del Ministro dello sviluppo economico (¹).

2. L'Ufficio centrale italiano, oltre ai compiti di cui all'articolo 125, svolge le seguenti attività:

a) stipula e gestisce, in nome e per conto delle imprese aderenti, l'assicurazione frontiera disciplinata nel regolamento adottato, su proposta dell'IVASS, dal Ministro dello sviluppo economico e provvede alla liquidazione e al pagamento degli indennizzi dovuti;

b) assume, nelle ipotesi di cui al comma 2, lettera *b*), comma 3, lettere *b*) e *c*), ed al comma 4 dell'articolo 125, ai fini del risarcimento dei danni cagionati dalla circolazione in Italia dei veicoli a motore e natanti, la qualità di domiciliatario dell'assicurato, del responsabile civile e della loro impresa di assicurazione;

c) è legittimato a stare in giudizio, nelle ipotesi di cui al comma 2, lettera *b*), al comma 3 ed al comma 4 dell'articolo 125, in nome e per conto delle imprese aderenti, nelle azioni di risarcimento che i danneggiati dalla circolazione in Italia di veicoli a motore e natanti immatricolati o registrati all'estero possono esercitare direttamente nei suoi confronti secondo quanto previsto agli articoli 145, comma 1, 146 e 147. Si applicano anche nei confronti dell'Ufficio centrale italiano le disposizioni che regolano l'azione diretta contro l'impresa di assicurazione del responsabile civile secondo quanto previsto dall'articolo 144.

3. Ai fini della proposizione dell'azione diretta di risarcimento nei confronti dell'Ufficio centrale italiano i termini di cui all'articolo 163 *bis*, primo comma, e 318, secondo comma, del codice di procedura civile sono aumentati del doppio, risultando perciò stabiliti in centottanta giorni per il giudizio di fronte al tribunale e in novanta giorni per il giudizio di fronte al giudice

di pace. I termini di cui all'articolo 163 *bis*, secondo comma, del codice di procedura civile non possono essere comunque inferiori a sessanta giorni.

4. L'Ufficio centrale italiano è abilitato ad emettere le carte verdi richieste per la circolazione all'estero di veicoli a motore immatricolati in Italia, garantendo nei confronti dei corrispondenti uffici nazionali di assicurazione le obbligazioni che il rilascio di tali certificati comporta.

5. Per i rimborsi effettuati agli uffici nazionali di assicurazione esteri, che in base agli accordi con esso stipulati abbiano dovuto intervenire per risarcire danni causati nel territorio del loro Stato da veicoli a motore immatricolati in Italia non coperti da assicurazione, l'Ufficio centrale italiano ha diritto di rivalsa nei confronti del proprietario o del conducente del veicolo per le somme pagate e le relative spese.

6. In caso di incidente cagionato nel territorio della Repubblica dalla circolazione di veicoli a motore o natanti immatricolati o registrati all'estero, l'Ufficio centrale italiano può richiedere ai competenti organi di polizia le informazioni acquisite relativamente alle modalità dell'incidente, alla residenza e al domicilio delle parti e alla targa di immatricolazione o altro analogo segno distintivo.

(¹) *Questo comma è stato così sostituito dall'art. 1, comma 212, del D.L.vo 12 maggio 2015, n. 74.*

127. Certificato di assicurazione e contrassegno. – 1. L'adempimento dell'obbligo di assicurazione dei veicoli a motore è comprovato da apposito certificato rilasciato dall'impresa di assicurazione o dalla delegataria in caso di coassicurazione, da cui risulti il periodo di assicurazione per il quale sono stati pagati il premio o la rata di premio.

2. L'impresa di assicurazione è obbligata nei confronti dei terzi danneggiati per il periodo di tempo indicato nel certificato, salvo quanto disposto dall'articolo 1901, secondo comma, del codice civile e dall'articolo 122, comma 3, primo periodo.

3. All'atto del rilascio del certificato di assicurazione l'impresa di assicurazione consegna un contrassegno recante il numero della targa di riconoscimento del veicolo e l'indicazione dell'anno, mese e giorno di scadenza del periodo di assicurazione per cui è valido il certificato. Il contrassegno è esposto sul veicolo al quale si riferisce l'assicurazione entro cinque giorni dal pagamento del premio o della rata di premio.

4. L'IVASS, con regolamento, stabilisce le modalità per il rilascio, nonché le caratteristiche del certificato di assicurazione, del contrassegno e di eventuali documenti provvisoriamente equipollenti e le modalità per l'emissione di duplicati in caso di sottrazione, smarrimento o distruzione.

128. ([1]) **Massimali di garanzia.** – 1. Per l'adempimento dell'obbligo di assicurazione per la responsabilità civile derivante dalla circolazione dei veicoli a motore e dei natanti, il contratto è stipulato per somme non inferiori ai seguenti importi:

a) nel caso di danni alle persone un importo minimo di copertura pari ad euro 6.070.000 ([2]) per sinistro, indipendentemente dal numero delle vittime;

b) nel caso di danni alle cose un importo minimo di copertura pari ad euro 1.220.000 ([3]) per sinistro, indipendentemente dal numero delle vittime;

b bis) per i veicoli a motore adibiti al trasporto di persone classificati nelle categorie M2 e M3 ai sensi dell'articolo 47 del codice della strada, di cui al decreto legislativo 30 aprile 1992, n. 285, e successive modificazioni, un importo minimo di copertura pari a euro 15.000.000 per sinistro per i danni alle persone, indipendentemente dal numero delle vittime, e a euro 1.000.000 per sinistro per i danni alle cose, indipendentemente dal numero dei danneggiati ([4]) ([5]);

2. I contratti dell'assicurazione obbligatoria della responsabilità civile derivante dalla circolazione dei veicoli a motore e dei natanti devono essere adeguati agli importi minimi di copertura obbligatoria per i danni alle cose e per i danni alle persone di cui al comma 1 entro l'11 giugno 2012.

3. Ogni cinque anni dalla data dell'11 giugno 2012 di cui al comma 2 gli importi di cui al comma 1 sono indicizzati automaticamente secondo la variazione percentuale indicata dall'indice europeo dei prezzi al consumo (IPC E), previsto dal regolamento (CE) n. 2494/95 del Consiglio, del 23 ottobre 1995, relativo agli indici dei prezzi al consumo armonizzati. L'aumento effettuato è arrotondato ad un multiplo di euro 10.000.

4. Con provvedimento del Ministro dello sviluppo economico, da pubblicare nella *Gazzetta Ufficiale* della Repubblica italiana, è stabilito l'adeguamento di cui al comma 3.

5. Alla data dell'11 dicembre 2009 gli importi minimi di copertura devono essere pari ad almeno la metà degli ammontari di cui al comma 1.

([1]) *Questo articolo è stato così sostituito dall'art. 1, comma 4, del D.L.vo 6 novembre 2007, n. 198.*

([2]) *Il precedente importo*: «*euro 5.000.000*» *è stato così aggiornato al seguente valore*: «*euro 6.070.000*» *dall'art. 1, comma 1, del D.M. 9 giugno 2017, a decorrere dall'11 giugno 2017* (G.U. *Serie gen. - n. 174 del 27 luglio 2017*).

([3]) *Il precedente importo*: «*euro 1.000.000*» *è stato così aggiornato al seguente valore*: «*euro 1.220.000*» *dall'art. 1, comma 1, del D.M. 9 giugno 2017, a decorrere dall'11 giugno 2017* (G.U. *Serie gen. - n. 174 del 27 luglio 2017*).

([4]) *A norma dell'art. 1, comma 29, della L. 4 agosto 2017, n. 124, i massimali di cui a questa lettera si applicano a decorrere dalla data di entrata in vigore della predetta leg-*

ge e sono raddoppiati a decorrere dal 1° gennaio dell'anno successivo a quello di entrata in vigore della medesima legge.

(5) *Questa lettera è stata aggiunta dall'art. 1, comma 28, lett.* a), *della L. 4 agosto 2017, n. 124.*

129. Soggetti esclusi dall'assicurazione. – 1. Non è considerato terzo e non ha diritto ai benefici derivanti dal contratto di assicurazione obbligatoria il solo conducente del veicolo responsabile del sinistro.

2. Ferme restando la disposizione di cui all'articolo 122, comma 2, e quella di cui al comma 1 del presente articolo, non sono inoltre considerati terzi e non hanno diritto ai benefici derivanti dai contratti di assicurazione obbligatoria, limitatamente ai danni alle cose:

a) i soggetti di cui all'articolo 2054, terzo comma, del codice civile ed all'articolo 91, comma 2, del codice della strada;

b) il coniuge non legalmente separato, il convivente more uxorio, gli ascendenti e i discendenti legittimi, naturali o adottivi del soggetto di cui al comma 1 e di quelli di cui alla lettera *a*), nonché gli affiliati e gli altri parenti e affini fino al terzo grado di tutti i predetti soggetti, quando convivano con questi o siano a loro carico in quanto l'assicurato provvede abitualmente al loro mantenimento;

c) ove l'assicurato sia una società, i soci a responsabilità illimitata e le persone che si trovano con questi in uno dei rapporti indicati alla lettera *b*).

Capo II
Esercizio dell'assicurazione

130. Imprese autorizzate. – 1. L'assicurazione può essere stipulata con qualsiasi impresa autorizzata ad esercitare nel territorio della Repubblica, anche in regime di stabilimento e di libertà di prestazione di servizi, l'assicurazione della responsabilità civile per i danni causati dalla circolazione dei veicoli e dei natanti.

2. Le imprese di assicurazione aventi la sede legale nel territorio della Repubblica e le imprese di assicurazione aventi la sede legale in uno Stato terzo autorizzate ad esercitare l'assicurazione obbligatoria della responsabilità civile derivante dalla circolazione dei veicoli a motore e dei natanti, esclusa la responsabilità del vettore, designano in ogni Stato membro un mandatario incaricato della gestione e della liquidazione dei sinistri nei casi di cui all'articolo 151.

3. Nel caso in cui l'impresa di assicurazione, che opera in regime di libertà di prestazione di servizi, non abbia nominato il rappresentante per la gestione dei sinistri di cui all'articolo 25, il mandatario nominato ai sensi del comma 2 ne assume la funzione.

131. Trasparenza dei premi e delle condizioni di contratto. – 1. Al fine di garantire la trasparenza e la concorrenzialità delle offerte dei servizi assicurativi, nonché un'adeguata informazione ai soggetti che devono adempiere all'obbligo di assicurazione dei veicoli e dei natanti, le imprese mettono a disposizione del pubblico, presso ogni punto di vendita e nei siti internet, la nota informativa e le condizioni di contratto praticate nel territorio della Repubblica.

2. La pubblicità dei premi è attuata mediante preventivi personalizzati rilasciati presso ogni punto di vendita dell'impresa di assicurazione, nonché mediante siti internet che permettono di ricevere il medesimo preventivo per i veicoli e per i natanti individuati nel regolamento di attuazione.

2 *bis*. Per l'offerta di contratti relativi all'assicurazione r.c. auto, l'intermediario rilascia preventiva informazione al consumatore sulle provvigioni riconosciutegli dall'impresa o, distintamente, dalle imprese per conto di cui opera. L'informazione è affissa nei locali in cui l'intermediario opera e risulta nella documentazione rilasciata al contraente (1).

2 *ter*. I preventivi e le polizze indicano, in modo evidenziato, il premio di tariffa, la provvigione dell'intermediario, nonché lo sconto complessivamente riconosciuto al sottoscrittore del contratto (1).

3. L'IVASS determina, con regolamento, gli obblighi a carico delle imprese e degli intermediari.

(1) *Questo comma è stato inserito dall'art. 8, comma 3* bis, *del D.L. 4 luglio 2006, n. 223, convertito, con modificazioni, nella L. 4 agosto 2006, n. 248.*

132. Obbligo a contrarre. – 1. Le imprese di assicurazione stabiliscono preventivamente le condizioni di polizza e le tariffe relative all'assicurazione obbligatoria, comprensive di ogni rischio derivante dalla circolazione dei veicoli a motore e dei natanti (1).

1 *bis*. Le imprese di assicurazione sono tenute ad accettare le proposte che sono loro presentate secondo le condizioni e le tariffe di cui al comma 1, fatta salva la necessaria verifica della correttezza dei dati risultanti dall'attestato di rischio, nonché dell'identità del contraente e dell'intestatario del veicolo, se persona diversa (1).

1 *ter*. Qualora dalla verifica, effettuata anche mediante consultazione delle banche di dati di settore e dell'archivio informatico integrato istituito presso l'IVASS di cui all'articolo 21 del decreto legge 18 ottobre 2012, n. 179, convertito, con modificazioni, dalla legge 17 dicembre 2012, n. 221, e successive modificazioni, risulti che le informazioni fornite dal contraente non siano corrette o veritiere, le imprese di assicurazione non sono tenute ad accettare le proposte loro presentate. Le imprese di assicurazione, in caso

di mancata accettazione della proposta, ricalcolano il premio e inviano un nuovo preventivo al potenziale contraente ([1]).

2. Le imprese di assicurazione possono richiedere che l'autorizzazione sia limitata, ai fini dell'assolvimento agli obblighi derivanti dal comma 1, ai rischi derivanti dalla circolazione di flotte di veicoli a motore o di natanti.

3. Al fine di facilitare le verifiche propedeutiche all'osservanza dell'obbligo a contrarre di cui al comma 1, le imprese di assicurazione hanno diritto di accedere in via telematica al pubblico registro automobilistico ed all'archivio nazionale dei veicoli previsto dal codice della strada secondo condizioni economiche e tecniche strettamente correlate ai costi del servizio erogato in ragione dell'esigenza di consultazioni anche sistematiche nell'ambito delle attività di prevenzione e contrasto delle frodi nell'assicurazione obbligatoria. Con decreto del Ministro dello sviluppo economico, di concerto con il Ministro delle infrastrutture e dei trasporti, sono adottate le disposizioni di attuazione.

3 *bis*. In caso di segnalazione di violazione o elusione dell'obbligo a contrarre, incluso il rinnovo, i termini regolamentari di gestione dei reclami da parte dell'IVASS sono dimezzati. Decorso inutilmente il termine, l'IVASS provvede a irrogare le sanzioni di cui all'articolo 314 ([2]).

([1]) *L'originario comma 1 è stato così sostituito dagli attuali commi 1, 1* bis *e 1* ter, *dall'art. 1, comma 2, della L. 4 agosto 2017, n. 124.*

([2]) *Questo comma è stato aggiunto dall'art. 1, comma 3, della L. 4 agosto 2017, n. 124.*

132 *bis*. ([1]) **Obblighi informativi degli intermediari.** – 1. Gli intermediari, prima della sottoscrizione di un contratto di assicurazione obbligatoria per i veicoli a motore, sono tenuti a informare il consumatore in modo corretto, trasparente ed esaustivo sui premi offerti da tutte le imprese di assicurazione di cui sono mandatari relativamente al contratto base previsto dall'articolo 22 del decreto legge 18 ottobre 2012, n. 179, convertito, con modificazioni, dalla legge 17 dicembre 2012, n. 221, e successive modificazioni.

2. Al fine di cui al comma 1, gli intermediari forniscono l'indicazione dei premi offerti dalle imprese di assicurazione mediante collegamento telematico al preventivatore consultabile nei siti internet dell'IVASS e del Ministero dello sviluppo economico e senza obbligo di rilascio di supporti cartacei.

3. L'IVASS adotta disposizioni attuative in modo da garantire l'accesso e la risposta per via telematica, sia ai consumatori che agli intermediari, esclusivamente per i premi applicati dalle imprese di assicurazione per il contratto base relativo ad autovetture e motoveicoli. Con le stesse disposizioni sono definite le modalità attraverso le quali, ottenuti i preventivi sulla base delle informazioni inserite nel servizio informativo di cui all'articolo 136,

comma 3 *bis*, è consentita la conclusione del contratto, a condizioni non peggiorative rispetto a quanto indicato nel preventivo stesso, o presso un'agenzia della compagnia ovvero, per le imprese che lo prevedano, attraverso un collegamento diretto al sito internet di ciascuna compagnia di assicurazione.

4. Il contratto stipulato senza la dichiarazione del cliente di aver ricevuto, ove prescritte, le informazioni di cui al comma 1 è affetto da nullità rilevabile solo a favore del cliente.

(1) *Questo articolo è stato inserito dall'art. 1, comma 6, della L. 4 agosto 2017, n. 124.*

132 *ter*. (1) **Sconti obbligatori.** – 1. In presenza di almeno una delle seguenti condizioni, da verificare in precedenza o contestualmente alla stipulazione del contratto o dei suoi rinnovi, le imprese di assicurazione praticano uno sconto determinato dall'impresa nei limiti stabiliti dal comma 2:

a) nel caso in cui, su proposta dell'impresa di assicurazione, i soggetti che presentano proposte per l'assicurazione obbligatoria accettano di sottoporre il veicolo a ispezione da eseguire a spese dell'impresa di assicurazione;

b) nel caso in cui vengono installati, su proposta dell'impresa di assicurazione, o sono già presenti e portabili meccanismi elettronici che registrano l'attività del veicolo, denominati "scatola nera" o equivalenti, ovvero ulteriori dispositivi, individuati, per i soli requisiti funzionali minimi necessari a garantire l'utilizzo dei dati raccolti, in particolare, ai fini tariffari e della determinazione della responsabilità in occasione dei sinistri, con decreto del Ministro delle infrastrutture e dei trasporti, di concerto con il Ministro dello sviluppo economico, da adottare entro novanta giorni dalla data di entrata in vigore della presente disposizione;

c) nel caso in cui vengono installati, su proposta dell'impresa di assicurazione, o sono già presenti, meccanismi elettronici che impediscono l'avvio del motore qualora sia riscontrato nel guidatore un tasso alcolemico superiore ai limiti stabiliti dalla legge per la conduzione di veicoli a motore.

2. L'IVASS, con proprio regolamento, definisce criteri e modalità nell'ambito dei processi di costruzione della tariffa e di ricalcolo del premio, per la determinazione da parte delle imprese di assicurazione dello sconto di cui al comma 1. Le imprese di assicurazione, in attuazione dei criteri stabiliti dall'IVASS, definiscono uno sconto significativo da applicare alla clientela a fronte della riduzione del rischio connesso al ricorrere di una o più delle condizioni di cui al comma 1 ed evidenziano in sede di preventivo e nel contratto, in caso di accettazione da parte del contraente, lo sconto praticato per ciascuna delle condizioni di cui al comma 1, in valore assoluto e in percentuale, rispetto al prezzo della polizza altrimenti applicato (2).

3. L'IVASS identifica, sulla scorta di dati in proprio possesso e di indagini statistiche, la lista delle province a maggiore tasso di sinistrosità e con premio medio più elevato. Tale lista è aggiornata con cadenza almeno biennale ([3]).

4. Con il regolamento di cui al comma 2, l'IVASS, tenuto conto dei premi più elevati applicati nelle province individuate ai sensi del comma 3 e di quelli praticati nelle altre province a più bassa sinistrosità ad assicurati con le medesime caratteristiche soggettive e collocati nella medesima classe di merito, definisce altresì i criteri e le modalità finalizzati alla determinazione da parte delle imprese di assicurazione di uno sconto, aggiuntivo e significativo rispetto a quello praticato ai sensi del comma 2, da applicare ai soggetti residenti nelle province di cui al comma 3, che non abbiano provocato sinistri con responsabilità esclusiva o principale o paritaria negli ultimi quattro anni sulla base dell'evidenza dell'attestato di rischio, e che abbiano installato o installino, a seguito della stipula del contratto, il dispositivo di cui al comma 1, lettera *b*).

5. In particolare, il regolamento di cui al comma 2:

a) definisce i parametri oggettivi, tra cui la frequenza dei sinistri e il relativo costo medio, per il calcolo dello sconto aggiuntivo di cui al comma 4;

b) prevede, nell'ambito delle modalità di cui al comma 4, che non possano sussistere differenziali di premio che non siano giustificati da specifiche evidenze sui differenziali di rischio.

6. Le attività di cui ai commi precedenti sono svolte nell'ambito delle risorse umane e strumentali disponibili a legislazione vigente e comunque senza nuovi o maggiori oneri per la finanza pubblica.

7. Le imprese di assicurazione, in attuazione dei criteri stabiliti dall'IVASS, a decorrere dalla data di entrata in vigore della presente disposizione, applicano lo sconto nei confronti dei soggetti che si trovino nelle condizioni previste dal comma 4, di importo significativo e aggiuntivo rispetto a quello praticato ai sensi del comma 2, ed evidenziano in sede di preventivo e nel contratto, in caso di accettazione da parte del contraente, lo sconto praticato, in valore assoluto e in percentuale, rispetto al prezzo della polizza altrimenti applicato. Lo sconto di cui al presente comma si applica ai nuovi contratti o in occasione del rinnovo di quelli in essere.

8. Resta fermo, nei casi di cui ai commi 2 e 4, l'obbligo di rispettare i parametri stabiliti dal contratto di assicurazione. Al fine del conseguimento della massima trasparenza, l'impresa di assicurazione pubblica nel proprio sito internet l'entità degli sconti effettuati in attuazione delle disposizioni di cui ai commi 1, 2, 4 e 7, secondo forme di pubblicità che ne rendano efficace e chiara l'applicazione.

9. L'IVASS, attraverso periodiche verifiche a campione, anche in via ispettiva ovvero a seguito di circostanziata segnalazione da parte di terzi, accerta che le imprese assicurative tengano effettivamente conto, ai fini dell'applicazione delle disposizioni di cui ai commi 1, 2, 4 e 7, nel processo di costruzione della tariffa e di ricalcolo del premio, dei criteri definiti dal regolamento di cui al comma 2 e del rispetto dei criteri e delle modalità finalizzati alla determinazione dello sconto di cui al comma 4.

10. L'IVASS verifica, inoltre, che lo sconto aggiuntivo di cui al comma 4 garantisca la progressiva riduzione delle differenze dei premi applicati sul territorio nazionale nei confronti di assicurati con le medesime caratteristiche soggettive e collocati nella medesima classe di merito.

[11. Il mancato rispetto da parte dell'impresa di assicurazione dei criteri e delle modalità per la determinazione dello sconto di cui ai commi 2 e 4 e dell'obbligo di riduzione del premio nei casi previsti dalle disposizioni di cui ai commi 1 e 7 comporta l'applicazione alla medesima impresa, da parte dell'IVASS, di una sanzione amministrativa pecuniaria da euro 10.000 a euro 80.000 e la riduzione automatica del premio di assicurazione relativo al contratto in essere] (4).

12. Nei casi di cui al comma 1, lettere *b*) e *c*), i costi di installazione, disinstallazione, funzionamento, sostituzione e portabilità sono a carico dell'impresa. La titolarità delle dotazioni di cui alle citate lettere *b*) e *c*) spetta all'assicurato. La riduzione di premio praticata dall'impresa di assicurazione di cui al comma 1 si applica, altresì, in caso di contratto stipulato con un nuovo assicurato e in caso di scadenza di un contratto o di stipulazione di un nuovo contratto di assicurazione fra le stesse parti. Resta fermo l'obbligo di rispettare i parametri stabiliti dal contratto di assicurazione.

(1) *Questo articolo è stato inserito dall'art. 1, comma 6, della L. 4 agosto 2017, n. 124.*

(2) *A norma dell'art. 1, comma 7, della L. 4 agosto 2017, n. 124, il regolamento di cui a questo comma è adottato dall'Istituto per la vigilanza sulle assicurazioni (IVASS) entro novanta giorni dalla data di entrata in vigore della presente legge.*

(3) *A norma dell'art. 1, comma 8, della L. 4 agosto 2017, n. 124, L'IVASS identifica, in sede di prima attuazione, la lista delle province a maggiore tasso di sinistrosità, di cui a questo comma entro novanta giorni dalla data di entrata in vigore della presente legge.*

(4) *Questo comma è stato abrogato dall'art. 1, comma 25, del D.L.vo 21 maggio 2018, n. 68. A norma dell'art. 4, comma 7, del medesimo decreto 68/2018, le disposizioni di cui a questo comma, trovano applicazione dal 1° ottobre 2018, conformemente a quanto previsto dalla direttiva (UE) 2018/411 del Parlamento europeo e del Consiglio, che modifica la direttiva (UE) 2016/97 per quanto riguarda la data di applicazione delle misure di recepimento degli Stati membri.*

133. Formule tariffarie. – 1. Per i ciclomotori, i motocicli, le autovetture e per altre categorie di veicoli a motore che possono essere individuate dall'IVASS, con regolamento, i contratti di assicurazione debbono essere stipulati in base a condizioni di polizza che prevedano ad ogni scadenza annuale la variazione in aumento od in diminuzione del premio applicato all'atto della stipulazione o del rinnovo, in relazione al verificarsi o meno di sinistri nel corso di un certo periodo di tempo, oppure in base a clausole di franchigia che prevedano un contributo dell'assicurato al risarcimento del danno o in base a formule miste fra le due tipologie. L'individuazione delle categorie di veicoli è effettuata tenendo conto delle esigenze di prevenzione. La predetta variazione del premio, in aumento o in diminuzione, da indicare, in valore assoluto e in percentuale rispetto alla tariffa in vigore applicata dall'impresa, all'atto dell'offerta di preventivo della stipulazione o di rinnovo, (1) si applica automaticamente, fatte salve le migliori condizioni, nella misura preventivamente quantificata in rapporto alla classe di appartenenza attribuita alla polizza ed esplicitamente indicata nel contratto (2). [Il mancato rispetto della disposizione di cui al presente comma comporta l'applicazione, da parte dell'IVASS, di una sanzione amministrativa da 1.000 euro a 50.000 euro] (3).

1 *bis*. È fatto divieto alle imprese di assicurazione di differenziare la progressione e l'attribuzione delle classi di merito interne in funzione della durata del rapporto contrattuale tra l'assicurato e la medesima impresa, ovvero in base a parametri che ostacolino la mobilità tra diverse imprese di assicurazione. In particolare, le imprese di assicurazione devono garantire al soggetto che stipula il nuovo contratto, nell'ambito della classe di merito, le condizioni di premio assegnate agli assicurati aventi identiche caratteristiche di rischio (4).

2. Le imprese di assicurazione hanno diritto di accesso telematico all'anagrafe nazionale delle persone abilitate alla guida prevista dal codice della strada presso il Ministero delle infrastrutture e dei trasporti a scopo di verifica e aggiornamento delle informazioni relative all'abilitazione alla guida secondo condizioni economiche e tecniche strettamente correlate ai costi del servizio erogato. Con decreto del Ministro dello sviluppo economico, di concerto con il Ministro delle infrastrutture e dei trasporti, sentito il Garante per la protezione dei dati personali, sono adottate le disposizioni di attuazione.

(1) *Le parole: «La predetta variazione in diminuzione del premio» sono state così sostituite dalle seguenti: «La predetta variazione del premio, in aumento o in diminuzione, da indicare, in valore assoluto e in percentuale rispetto alla tariffa in vigore applicata dall'impresa, all'atto dell'offerta di preventivo della stipulazione o di rinnovo,» dall'art. 1, comma 12, della L. 4 agosto 2017, n. 124.*

(2) *Questo periodo è stato aggiunto dall'art. 34* bis *del D.L. 24 gennaio 2012, n. 1, convertito, con modificazioni, nella L. 24 marzo 2012, n. 27.*

(3) *Questo periodo, aggiunto dall'art. 34* bis *del D.L. 24 gennaio 2012, n. 1, convertito, con modificazioni, nella L. 24 marzo 2012, n. 27, è stato soppresso dall'art. 1, comma 26, del D.L.vo 21 maggio 2018, n. 68.*

A norma dell'art. 4, comma 7, del medesimo decreto 68/2018, tali disposizioni trovano applicazione dal 1° ottobre 2018, conformemente a quanto previsto dalla direttiva (UE) 2018/411 del Parlamento europeo e del Consiglio, che modifica la direttiva (UE) 2016/97 per quanto riguarda la data di applicazione delle misure di recepimento degli Stati membri.

(4) *Questo comma è stato inserito dall'art. 1, comma 13, della L. 4 agosto 2017, n. 124.*

134. Attestazione sullo stato del rischio. – 1. L'IVASS, con regolamento, determina le indicazioni relative all'attestazione sullo stato del rischio che, in occasione di ciascuna scadenza annuale dei contratti di assicurazione obbligatoria relativi ai veicoli a motore, l'impresa deve consegnare al contraente o, se persona diversa, al proprietario ovvero all'usufruttuario, all'acquirente con patto di riservato dominio o al locatario in caso di locazione finanziaria. Le indicazioni contenute nell'attestazione sullo stato del rischio devono comprendere la specificazione della tipologia del danno liquidato (1).

1 *bis*. I soggetti di cui al comma 1 hanno diritto di esigere in qualunque momento, entro quindici giorni dalla richiesta, l'attestazione sullo stato del rischio relativo agli ultimi cinque anni del contratto di assicurazione obbligatoria relativo ai veicoli a motore secondo le modalità stabilite dall'IVASS con il regolamento di cui al comma 1 (2).

1 *ter*. La consegna dell'attestazione sullo stato del rischio, ai sensi dei commi 1 e 1 *bis*, nonché ai sensi del regolamento dell'IVASS di cui al comma 1, è effettuata per via telematica, attraverso l'utilizzo delle banche dati elettroniche di cui al comma 2 del presente articolo o di cui all'articolo 135 (3).

2. Il regolamento prevede (4) l'obbligo, a carico delle imprese di assicurazione, di inserimento delle informazioni riportate sull'attestato di rischio in una banca dati elettronica detenuta da enti pubblici ovvero, qualora già esistente, da enti privati, al fine di consentire adeguati controlli nell'assunzione dei contratti di assicurazione di cui all'articolo 122, comma 1. In ogni caso l'IVASS ha accesso gratuito alla banca dati contenente le informazioni sull'attestazione.

3. La classe di merito indicata sull'attestato di rischio si riferisce al proprietario del veicolo. Il regolamento stabilisce la validità, comunque non inferiore a dodici mesi, ed individua i termini relativi alla decorrenza ed alla durata del periodo di osservazione. In caso di cessazione del rischio assicurato o in caso di sospensione o di mancato rinnovo del contratto di assicura-

zione per mancato utilizzo del veicolo, l'ultimo attestato di rischio conseguito conserva validità per un periodo di cinque anni ([5]) ([6]).

4. L'attestazione sullo stato del rischio, all'atto della stipulazione di un contratto per il medesimo veicolo al quale si riferisce l'attestato, è acquisita direttamente dall'impresa assicuratrice in via telematica attraverso le banche dati di cui al comma 2 del presente articolo e di cui all'articolo 135 ([7]).

4 *bis*. L'impresa di assicurazione, in tutti i casi di stipulazione di un nuovo contratto, relativo a un ulteriore veicolo della medesima tipologia, acquistato dalla persona fisica già titolare di polizza assicurativa o da un componente stabilmente convivente del suo nucleo familiare, non può assegnare al contratto una classe di merito più sfavorevole rispetto a quella risultante dall'ultimo attestato di rischio conseguito sul veicolo già assicurato e non può discriminare in funzione della durata del rapporto garantendo, nell'ambito della classe di merito, le condizioni di premio assegnate agli assicurati aventi le stesse caratteristiche di rischio del soggetto che stipula il nuovo contratto ([8]) ([9]) ([6]).

4 *ter*. Conseguentemente al verificarsi di un sinistro, le imprese di assicurazione non possono applicare alcuna variazione di classe di merito prima di aver accertato l'effettiva responsabilità del contraente, che è individuata nel responsabile principale del sinistro, secondo la liquidazione effettuata in relazione al danno e fatto salvo un diverso accertamento in sede giudiziale. Ove non sia possibile accertare la responsabilità principale, ovvero, in via provvisoria, salvo conguaglio, in caso di liquidazione parziale, la responsabilità si computa pro quota in relazione al numero dei conducenti coinvolti, ai fini della eventuale variazione di classe a seguito di più sinistri. In ogni caso, le variazioni peggiorative apportate alla classe di merito e i conseguenti incrementi del premio per gli assicurati che hanno esercitato la facoltà di cui all'articolo 132 *ter*, comma 1, lettera *b*), devono essere inferiori a quelli altrimenti applicati ([10]) ([9]) ([6]).

4 *ter*.1. Conseguentemente al verificarsi di un sinistro, qualora l'assicurato accetti l'installazione di uno dei dispositivi di cui all'articolo 132 *ter*, le variazioni peggiorative apportate alla classe di merito e i conseguenti incrementi del premio devono essere inferiori a quelli altrimenti applicati ([11]).

4 *quater*. È fatto comunque obbligo alle imprese di assicurazione di comunicare tempestivamente al contraente le variazioni peggiorative apportate alla classe di merito ([9]) ([6]).

([1]) *Questo periodo è stato aggiunto dall'art. 32, comma 2, lett.* a)*, del D.L. 24 gennaio 2012, n. 1, convertito, con modificazioni, nella L. 24 marzo 2012, n. 27.*

([2]) *Questo comma è stato inserito dall'art. 1, comma 5, del D.L.vo 6 novembre 2007, n. 198.*

([3]) *Questo comma è stato inserito dall'art. 32, comma 2, lett. b), del D.L. 24 gennaio 2012, n. 1, convertito, con modificazioni, nella L. 24 marzo 2012, n. 27.*

([4]) *Le parole: «può prevedere» sono state così sostituite dalle parole: «prevede» dall'art. 32, comma 2, lett. c), del D.L. 24 gennaio 2012, n. 1, convertito, con modificazioni, nella L. 24 marzo 2012, n. 27.*

([5]) *Questo periodo è stato aggiunto dall'art. 5, comma 1 bis, del D.L. 31 gennaio 2007, n. 7, convertito, con modificazioni, nella L. 2 aprile 2007, n. 40.*

([6]) *Ai sensi dell'art. 5, comma 5, del D.L. 31 gennaio 2007, n. 7, convertito, con modificazioni, nella L. 2 aprile 2007, n. 40, le clausole in contrasto con tale disposizione sono nulle e non comportano la nullità del contratto, fatta salva la facoltà degli operatori di adeguare le clausole vigenti alla data di entrata in vigore del presente decreto entro i successivi sessanta giorni.*

([7]) *Questo comma è stato così sostituito dall'art. 32, comma 2, lett. d), del D.L. 24 gennaio 2012, n. 1, convertito, con modificazioni, nella L. 24 marzo 2012, n. 27.*

([8]) *Le parole: «e non può discriminare in funzione della durata del rapporto garantendo, nell'ambito della classe di merito, le condizioni di premio assegnate agli assicurati aventi le stesse caratteristiche di rischio del soggetto che stipula il nuovo contratto» sono state aggiunte dall'art. 1, comma 14, lett. a), della L. 4 agosto 2017, n. 124.*

([9]) *Questo comma è stato aggiunto dall'art. 5, comma 2, del D.L. 31 gennaio 2007, n. 7, convertito, con modificazioni, nella L. 2 aprile 2007, n. 40.*

([10]) *Questo periodo è stato aggiunto dall'art. 1, comma 14, lett. b), della L. 4 agosto 2017, n. 124.*

([11]) *Questo comma è stato inserito dall'art. 1, comma 14, lett. c), della L. 4 agosto 2017, n. 124.*

135. ([1]) **Banca dati sinistri e banche dati anagrafe testimoni e anagrafe danneggiati** ([2]). – 1. Allo scopo di rendere più efficace la prevenzione e il contrasto di comportamenti fraudolenti nel settore delle assicurazioni obbligatorie per i veicoli a motore immatricolati in Italia, sono istituite ([3]) presso l'IVASS una banca dati dei sinistri ad essi relativi e due banche dati denominate "anagrafe testimoni" e "anagrafe danneggiati" ([4]).

2. Le imprese di assicurazione autorizzate in Italia all'esercizio dell'assicurazione obbligatoria della responsabilità civile derivante dalla circolazione dei veicoli a motore sono tenute a comunicare i dati riguardanti i sinistri gestiti, compresi i sinistri gestiti in qualità di impresa designata ai sensi dell'articolo 286, nonché i sinistri gestiti dall'Ufficio centrale italiano ai sensi dell'articolo 125, comma 5, e dell'articolo 296, secondo le modalità stabilite con regolamento adottato dall'IVASS. Al medesimo adempimento sono tenute le imprese aventi sede legale in uno Stato membro dell'Unione europea ammesse a operare in Italia in regime di libera prestazione dei servizi o in regime di stabilimento e abilitate all'esercizio dell'assicurazione obbligatoria della responsabilità civile derivante dalla circolazione dei veicoli a motore nel territorio della Repubblica ([5]).

3. Le procedure di organizzazione e di funzionamento, le modalità e le condizioni di accesso alle banche dati di cui al comma 1, da parte delle pubbliche amministrazioni, dell'autorità giudiziaria, delle forze di polizia, delle imprese di assicurazione e di soggetti terzi, nonché gli obblighi di consultazione delle banche dati da parte delle imprese di assicurazione in fase di liquidazione dei sinistri, sono stabiliti dall'IVASS, con regolamento, sentiti il Ministero dello sviluppo economico e il Ministero dell'interno, e, per i profili di tutela della riservatezza, il Garante per la protezione dei dati personali ([6]).

3 *bis*. In caso di sinistri con soli danni a cose, l'identificazione di eventuali testimoni sul luogo di accadimento dell'incidente deve risultare dalla denuncia di sinistro o comunque dal primo atto formale del danneggiato nei confronti dell'impresa di assicurazione o, in mancanza, deve essere richiesta dall'impresa di assicurazione con espresso avviso all'assicurato delle conseguenze processuali della mancata risposta. In quest'ultimo caso, l'impresa di assicurazione deve effettuare la richiesta di indicazione dei testimoni con raccomandata con avviso di ricevimento entro il termine di sessanta giorni dalla denuncia del sinistro e la parte che riceve tale richiesta effettua la comunicazione dei testimoni, a mezzo di raccomandata con avviso di ricevimento, entro il termine di sessanta giorni dalla ricezione della richiesta. L'impresa di assicurazione deve procedere a sua volta all'individuazione e alla comunicazione di eventuali ulteriori testimoni entro il termine di sessanta giorni. Fatte salve le risultanze contenute in verbali delle autorità di polizia intervenute sul luogo dell'incidente, l'identificazione dei testimoni avvenuta in un momento successivo comporta l'inammissibilità della prova testimoniale addotta ([7]).

3 *ter*. In caso di giudizio, il giudice, sulla base della documentazione prodotta, non ammette le testimonianze che non risultino acquisite secondo le modalità previste dal comma 3 *bis*. Il giudice dispone l'audizione dei testimoni che non sono stati indicati nel rispetto del citato comma 3 *bis* nei soli casi in cui risulti comprovata l'oggettiva impossibilità della loro tempestiva identificazione ([7]).

3 *quater*. Nelle controversie civili promosse per l'accertamento della responsabilità e per la quantificazione dei danni, il giudice, anche su documentata segnalazione delle parti che, a tale fine, possono richiedere i dati all'IVASS, trasmette un'informativa alla procura della Repubblica, per quanto di competenza, in relazione alla ricorrenza dei medesimi nominativi di testimoni presenti in più di tre sinistri negli ultimi cinque anni registrati nella banca dati dei sinistri di cui al comma 1. Il presente comma non si applica agli ufficiali e agli agenti delle autorità di polizia che sono chiamati a testimoniare ([7]).

([1]) *A norma dell'art. 1, comma 16, della L. 4 agosto 2017, n. 124, L'IVASS provvede alla verifica trimestrale dei dati relativi ai sinistri che le imprese di assicurazione sono tenute a inserire nella banca dati dei sinistri, di cui a questo articolo, al fine di assicurare l'omo-*

genea e oggettiva definizione dei criteri di trattamento dei dati medesimi. All'esito delle verifiche periodiche, l'IVASS redige apposita relazione le cui risultanze sono considerate anche al fine della definizione della significatività degli sconti di cui all'articolo 132 ter, *comma 1, dello stesso decreto legislativo n. 209 del 2005.*

(²) *Le parole: «e banche dati anagrafe testimoni e anagrafe danneggiati» sono state aggiunte dall'art. 32, comma 3* bis, *lett.* a), *del D.L. 24 gennaio 2012, n. 1, convertito, con modificazioni, nella L. 24 marzo 2012, n. 27.*

(³) *Le parole: «è istituita» sono state così sostituite dalle parole: «sono istituite» dall'art. 32, comma 3* bis, *lett.* b), *del D.L. 24 gennaio 2012, n. 1, convertito, con modificazioni, nella L. 24 marzo 2012, n. 27.*

(⁴) *Le parole: «e due banche dati denominate "anagrafe testimoni" e "anagrafe danneggiati"» sono state aggiunte dall'art. 32, comma 3* bis, *lett.* b), *del D.L. 24 gennaio 2012, n. 1, convertito, con modificazioni, nella L. 24 marzo 2012, n. 27.*

(⁵) *Questo comma è stato così sostituito dall'art. 1, comma 28, lett.* b), *della L. 4 agosto 2017, n. 124.*

(⁶) *Questo comma è stato così sostituito dall'art. 32, comma 3* bis, *lett.* c), *del D.L. 24 gennaio 2012, n. 1, convertito, con modificazioni, nella L. 24 marzo 2012, n. 27.*

(⁷) *Questo comma è stato aggiunto dall'art. 1, comma 15, della L. 4 agosto 2017, n. 124.*

136. Funzioni del Ministero dello sviluppo economico. – 1. Al fine di consentire lo svolgimento delle funzioni del Ministero dello sviluppo economico, l'IVASS è tenuto a comunicare al Ministero dati, informazioni e notizie relativi alle tariffe dell'assicurazione obbligatoria della responsabilità civile derivante dalla circolazione dei veicoli a motore e dei natanti.

2. Per le finalità di cui al comma 1, è istituito presso il Ministero dello sviluppo economico un comitato di esperti in materia di assicurazione obbligatoria della responsabilità civile derivante dalla circolazione dei veicoli a motore e dei natanti, con il compito di osservare l'andamento degli incrementi tariffari praticati dalle imprese di assicurazione operanti nel territorio della Repubblica, valutando in particolare le differenze tariffarie applicate sul territorio della Repubblica italiana e anche in quale misura si sia tenuto conto del comportamento degli assicurati che nel corso dell'anno non abbiano denunciato incidenti. Con decreto del Ministro dello sviluppo economico, è disciplinata la costituzione e il funzionamento del comitato di esperti, fermo restando che ai predetti esperti non può essere attribuita alcuna indennità o emolumento comunque denominato.

3. Al fine della diffusione di un'adeguata informazione agli utenti e della realizzazione di un sistema di monitoraggio permanente sui premi relativi all'assicurazione obbligatoria della responsabilità civile derivante dalla circolazione dei veicoli a motore, il Consiglio nazionale dei consumatori e degli utenti è autorizzato a stipulare apposita convenzione con l'Istituto nazionale di statistica e a co-finanziare, secondo modalità e criteri stabiliti con

decreto del Ministro dello sviluppo economico, programmi di informazione e orientamento rivolti agli utenti dei servizi assicurativi promossi dalle associazioni dei consumatori e degli utenti, a valere sulle disponibilità finanziarie assegnate al Consiglio stesso dalla legge istitutiva.

3 *bis*. Il Ministero dello sviluppo economico utilizza il sistema tariffario completo in tutte le sue estensioni organizzato dall'IVASS, sulla base dei dati forniti dalle imprese di assicurazione, per realizzare un servizio informativo, anche tramite il proprio sito internet, che consente al consumatore di comparare le tariffe applicate dalle diverse imprese di assicurazione relativamente al proprio profilo individuale ([1]).

([1]) *Questo comma è stato aggiunto dall'art. 5, comma 3, del D.L. 31 gennaio 2007, n. 7, convertito, con modificazioni, nella L. 2 aprile 2007, n. 40. Ai sensi dell'art. 5, comma 5, dello stesso decreto, le clausole in contrasto con tale disposizione sono nulle e non comportano la nullità del contratto, fatta salva la facoltà degli operatori di adeguare le clausole vigenti alla data di entrata in vigore del presente decreto entro i successivi sessanta giorni.*

Capo III
Risarcimento del danno

137. Danno patrimoniale. – 1. Nel caso di danno alla persona, quando agli effetti del risarcimento si debba considerare l'incidenza dell'inabilità temporanea o dell'invalidità permanente su un reddito di lavoro comunque qualificabile, tale reddito si determina, per il lavoro dipendente, sulla base del reddito di lavoro, maggiorato dei redditi esenti e al lordo delle detrazioni e delle ritenute di legge, che risulta il più elevato tra quelli degli ultimi tre anni e, per il lavoro autonomo, sulla base del reddito netto che risulta il più elevato tra quelli dichiarati dal danneggiato ai fini dell'imposta sul reddito delle persone fisiche negli ultimi tre anni ovvero, nei casi previsti dalla legge, dall'apposita certificazione rilasciata dal datore di lavoro ai sensi delle norme di legge.

2. È in ogni caso ammessa la prova contraria, ma, quando dalla stessa risulti che il reddito sia superiore di oltre un quinto rispetto a quello risultante dagli atti indicati nel comma 1, il giudice ne fa segnalazione al competente ufficio dell'Agenzia delle entrate.

3. In tutti gli altri casi il reddito che occorre considerare ai fini del risarcimento non può essere inferiore a tre volte l'ammontare annuo della pensione sociale.

138. ([1]) **Danno non patrimoniale per lesioni di non lieve entità.** – 1. Al fine di garantire il diritto delle vittime dei sinistri a un pieno risarcimento del danno non patrimoniale effettivamente subito e di razionalizzare i costi gravanti sul sistema assicurativo e sui consumatori, con decreto del Presidente della Repubblica, da adottare entro centoventi giorni dalla data di entrata in vigore della presente disposizione, previa deliberazione del Consiglio dei ministri, su proposta del Ministro dello sviluppo economico, di concerto con il Ministro della salute, con il Ministro del lavoro e delle politiche sociali e con il Ministro della giustizia, si provvede alla predisposizione di una specifica tabella unica su tutto il territorio della Repubblica:

a) delle menomazioni all'integrità psico-fisica comprese tra dieci e cento punti;

b) del valore pecuniario da attribuire a ogni singolo punto di invalidità comprensivo dei coefficienti di variazione corrispondenti all'età del soggetto leso ([2]).

2. La tabella unica nazionale è redatta, tenuto conto dei criteri di valutazione del danno non patrimoniale ritenuti congrui dalla consolidata giurisprudenza di legittimità, secondo i seguenti principi e criteri:

a) agli effetti della tabella, per danno biologico si intende la lesione temporanea o permanente all'integrità psico-fisica della persona, suscettibile di accertamento medico-legale, che esplica un'incidenza negativa sulle attività quotidiane e sugli aspetti dinamico-relazionali della vita del danneggiato, indipendentemente da eventuali ripercussioni sulla sua capacità di produrre reddito;

b) la tabella dei valori economici si fonda sul sistema a punto variabile in funzione dell'età e del grado di invalidità;

c) il valore economico del punto è funzione crescente della percentuale di invalidità e l'incidenza della menomazione sugli aspetti dinamico-relazionali della vita del danneggiato cresce in modo più che proporzionale rispetto all'aumento percentuale assegnato ai postumi;

d) il valore economico del punto è funzione decrescente dell'età del soggetto, sulla base delle tavole di mortalità elaborate dall'ISTAT, al tasso di rivalutazione pari all'interesse legale;

e) al fine di considerare la componente del danno morale da lesione all'integrità fisica, la quota corrispondente al danno biologico stabilita in applicazione dei criteri di cui alle lettere da *a*) a *d*) è incrementata in via percentuale e progressiva per punto, individuando la percentuale di aumento di tali valori per la personalizzazione complessiva della liquidazione;

f) il danno biologico temporaneo inferiore al 100 per cento è determinato in misura corrispondente alla percentuale di inabilità riconosciuta per ciascun giorno.

3. Qualora la menomazione accertata incida in maniera rilevante su specifici aspetti dinamico-relazionali personali documentati e obiettivamente accertati, l'ammontare del risarcimento del danno, calcolato secondo quanto previsto dalla tabella unica nazionale di cui al comma 2, può essere au-

mentato dal giudice, con equo e motivato apprezzamento delle condizioni soggettive del danneggiato, fino al 30 per cento.

4. L'ammontare complessivo del risarcimento riconosciuto ai sensi del presente articolo è esaustivo del risarcimento del danno conseguente alle lesioni fisiche.

5. Gli importi stabiliti nella tabella unica nazionale sono aggiornati annualmente, con decreto del Ministro dello sviluppo economico, in misura corrispondente alla variazione dell'indice nazionale dei prezzi al consumo per le famiglie di operai e impiegati accertata dall'ISTAT.

(1) *Questo articolo è stato così sostituito dall'art. 1, comma 17, della L. 4 agosto 2017, n. 124.*

(2) *A norma dell'art. 1, comma 18, della L. 4 agosto 2017, n. 124, la tabella unica nazionale predisposta con il decreto del Presidente della Repubblica di cui a questo comma, si applica ai sinistri e agli eventi verificatisi successivamente alla data di entrata in vigore del medesimo decreto del Presidente della Repubblica.*

139. (1) **Danno non patrimoniale per lesioni di lieve entità.** – 1. Il risarcimento del danno biologico per lesioni di lieve entità, derivanti da sinistri conseguenti alla circolazione di veicoli a motore e di natanti, è effettuato secondo i criteri e le misure seguenti:

a) a titolo di danno biologico permanente, è liquidato per i postumi da lesioni pari o inferiori al 9 per cento un importo crescente in misura più che proporzionale in relazione a ogni punto percentuale di invalidità; tale importo è calcolato in base all'applicazione a ciascun punto percentuale di invalidità del relativo coefficiente secondo la correlazione stabilita dal comma 6. L'importo così determinato si riduce con il crescere dell'età del soggetto in ragione dello 0,5 per cento per ogni anno di età a partire dall'undicesimo anno di età. Il valore del primo punto è pari a ottocentoquattordici euro e ventisette centesimi (2);

b) a titolo di danno biologico temporaneo, è liquidato un importo di quarantasette euro e quarantanove centesimi (3) per ogni giorno di inabilità assoluta; in caso di inabilità temporanea inferiore al 100 per cento, la liquidazione avviene in misura corrispondente alla percentuale di inabilità riconosciuta per ciascun giorno.

2. Ai fini di cui al comma 1, per danno biologico si intende la lesione temporanea o permanente all'integrità psico-fisica della persona, suscettibile di accertamento medico-legale, che esplica un'incidenza negativa sulle attività quotidiane e sugli aspetti dinamico-relazionali della vita del danneggiato, indipendentemente da eventuali ripercussioni sulla sua capacità di produrre reddito. In ogni caso, le lesioni di lieve entità, che non siano suscettibili di accertamento clinico strumentale obiettivo, ovvero visivo, con riferimento alle lesioni,

quali le cicatrici, oggettivamente riscontrabili senza l'ausilio di strumentazioni, non possono dar luogo a risarcimento per danno biologico permanente.

3. Qualora la menomazione accertata incida in maniera rilevante su specifici aspetti dinamico-relazionali personali documentati e obiettivamente accertati ovvero causi o abbia causato una sofferenza psico-fisica di particolare intensità, l'ammontare del risarcimento del danno, calcolato secondo quanto previsto dalla tabella di cui al comma 4, può essere aumentato dal giudice, con equo e motivato apprezzamento delle condizioni soggettive del danneggiato, fino al 20 per cento. L'ammontare complessivo del risarcimento riconosciuto ai sensi del presente articolo è esaustivo del risarcimento del danno non patrimoniale conseguente a lesioni fisiche.

4. Con decreto del Presidente della Repubblica, previa deliberazione del Consiglio dei ministri, su proposta del Ministro della salute, di concerto con il Ministro del lavoro e delle politiche sociali, con il Ministro della giustizia e con il Ministro dello sviluppo economico, si provvede alla predisposizione di una specifica tabella delle menomazioni dell'integrità psico-fisica comprese tra 1 e 9 punti di invalidità.

5. Gli importi indicati nel comma 1 sono aggiornati annualmente con decreto del Ministro dello sviluppo economico, in misura corrispondente alla variazione dell'indice nazionale dei prezzi al consumo per le famiglie di operai e impiegati accertata dall'ISTAT.

6. Ai fini del calcolo dell'importo di cui al comma 1, lettera *a*), per un punto percentuale di invalidità pari a 1 si applica un coefficiente moltiplicatore pari a 1, per un punto percentuale di invalidità pari a 2 si applica un coefficiente moltiplicatore pari a 1,1, per un punto percentuale di invalidità pari a 3 si applica un coefficiente moltiplicatore pari a 1,2, per un punto percentuale di invalidità pari a 4 si applica un coefficiente moltiplicatore pari a 1,3, per un punto percentuale di invalidità pari a 5 si applica un coefficiente moltiplicatore pari a 1,5, per un punto percentuale di invalidità pari a 6 si applica un coefficiente moltiplicatore pari a 1,7, per un punto percentuale di invalidità pari a 7 si applica un coefficiente moltiplicatore pari a 1,9, per un punto percentuale di invalidità pari a 8 si applica un coefficiente moltiplicatore pari a 2,1 e per un punto percentuale di invalidità pari a 9 si applica un coefficiente moltiplicatore pari a 2,3.

(1) *Questo articolo è stato così sostituito dall'art. 1, comma 19, della L. 4 agosto 2017, n. 124, a decorrere dal 29 agosto 2017.*

Si riporta il testo precedente:

«Art. 139. - Danno biologico per lesioni di lieve entità - *1. Il risarcimento del danno biologico per lesioni di lieve entità, derivanti da sinistri conseguenti alla circolazione dei veicoli a motore e dei natanti, è effettuato secondo i criteri e le misure seguenti:*

a) *a titolo di danno biologico permanente, è liquidato per i postumi da lesioni pari o inferiori al nove per cento un importo crescente in misura più che proporzionale in relazione ad ogni punto percentuale di invalidità; tale importo è calcolato in base all'applicazione a ciascun punto percentuale di invalidità del relativo coefficiente secondo la correlazione esposta nel comma 6. L'importo così determinato si riduce con il crescere dell'età del soggetto in ragione dello zero virgola cinque per cento per ogni anno di età a partire dall'undicesimo anno di età. Il valore del primo punto è pari ad euro seicentosettantaquattro virgola settantotto* (*);

b) *a titolo di danno biologico temporaneo, è liquidato un importo di euro trentanove virgola trentasette per ogni giorno di inabilità assoluta; in caso di inabilità temporanea inferiore al cento per cento, la liquidazione avviene in misura corrispondente alla percentuale di inabilità riconosciuta per ciascun giorno* (*).

2. Agli effetti di cui al comma 1 per danno biologico si intende la lesione temporanea o permanente all'integrità psico-fisica della persona suscettibile di accertamento medico-legale che esplica un'incidenza negativa sulle attività quotidiane e sugli aspetti dinamico-relazionali della vita del danneggiato, indipendentemente da eventuali ripercussioni sulla sua capacità di produrre reddito. In ogni caso, le lesioni di lieve entità, che non siano suscettibili di accertamento clinico strumentale obiettivo, non potranno dar luogo a risarcimento per danno biologico permanente.

3. L'ammontare del danno biologico liquidato ai sensi del comma 1 può essere aumentato dal giudice in misura non superiore ad un quinto, con equo e motivato apprezzamento delle condizioni soggettive del danneggiato.

4. Con decreto del Presidente della Repubblica, previa deliberazione del Consiglio dei Ministri, su proposta del Ministro della salute, di concerto con il Ministro del lavoro e delle politiche sociali, con il Ministro della giustizia e con il Ministro dello sviluppo economico, si provvede alla predisposizione di una specifica tabella delle menomazioni alla integrità psicofisica comprese tra uno e nove punti di invalidità.

5. Gli importi indicati nel comma 1 sono aggiornati annualmente con decreto del Ministro dello sviluppo economico, in misura corrispondente alla variazione dell'indice nazionale dei prezzi al consumo per le famiglie di operai ed impiegati accertata dall'ISTAT.

6. Ai fini del calcolo dell'importo di cui al comma 1, lettera a), *per un punto percentuale di invalidità pari a 1 si applica un coefficiente moltiplicatore pari a 1,0, per un punto percentuale di invalidità pari a 2 si applica un coefficiente moltiplicatore pari a 1,1, per un punto percentuale di invalidità pari a 3 si applica un coefficiente moltiplicatore pari a 1,2, per un punto percentuale di invalidità pari a 4 si applica un coefficiente moltiplicatore pari a 1,3, per un punto percentuale di invalidità pari a 5 si applica un coefficiente moltiplicatore pari a 1,5, per un punto percentuale di invalidità pari a 6 si applica un coefficiente moltiplicatore pari a 1,7, per un punto percentuale di invalidità pari a 7 si applica un coefficiente moltiplicatore pari a 1,9, per un punto percentuale di invalidità pari a 8 si applica un coefficiente moltiplicatore pari a 2,1, per un punto percentuale di invalidità pari a 9 si applica un coefficiente moltiplicatore pari a 2,3.».*

(*) *A norma dell'art. 1, comma 1, del D.M. 22 luglio 2019* (G.U. *Serie gen. - n. 189 del 13 agosto 2019), a decorrere dal mese di aprile 2019, gli importi indicati in questo comma e rideterminati da ultimo, con il decreto ministeriale 9 gennaio 2019, sono aggiornati nelle* *seguenti misure: - ottocentoquattordici euro e ventisette centesimi, per quanto riguarda l'importo relativo al valore del primo punto di invalidità, di cui alla lettera* a);

- quarantasette euro e quarantanove centesimi, per quanto riguarda l'importo relativo ad ogni giorno di inabilità assoluta, di cui alla lettera b).

(²) *A norma dell'art. 1, comma 1, del D.M. 22 luglio 2019 (G.U. Serie gen. - n. 189 del 13 agosto 2019), a decorrere dal mese di aprile 2019, l'importo indicato in questo comma, è stato aggiornato a ottocentoquattordici euro e ventisette centesimi, per quanto riguarda l'importo relativo al valore del primo punto di invalidità, di cui a questa lettera.*

(³) *A norma dell'art. 1, comma 1, del D.M. 22 luglio 2019 (G.U. Serie gen. - n. 189 del 13 agosto 2019), a decorrere dal mese di aprile 2019, l'importo indicato in questo comma, è stato aggiornato a quarantasette euro e quarantanove centesimi, per quanto riguarda l'importo relativo ad ogni giorno di inabilità assoluta, di cui a questa lettera.*

140. Pluralità di danneggiati e supero del massimale. – 1. Qualora vi siano più persone danneggiate nello stesso sinistro e il risarcimento dovuto dal responsabile superi le somme assicurate, i diritti delle persone danneggiate nei confronti dell'impresa di assicurazione sono proporzionalmente ridotti fino alla concorrenza delle somme assicurate.

2. L'impresa di assicurazione che, decorsi trenta giorni dall'incidente e ignorando l'esistenza di altre persone danneggiate, pur avendone ricercata l'identificazione con la normale diligenza, ha pagato ad alcuna di esse una somma superiore alla quota spettante, risponde verso le altre persone danneggiate nei limiti dell'eccedenza della somma assicurata rispetto alla somma versata.

3. Nel caso di cui al comma 2, le altre persone danneggiate, il cui credito rimanesse insoddisfatto, hanno diritto di ripetere, da chi abbia ricevuto il risarcimento dall'impresa di assicurazione, quanto sarebbe loro spettato in applicazione del comma 1.

4. Nei giudizi promossi fra l'impresa di assicurazione e le persone danneggiate sussiste litisconsorzio necessario, applicandosi l'articolo 102 del codice di procedura civile. L'impresa di assicurazione può effettuare il deposito di una somma, nei limiti del massimale, con effetto liberatorio nei confronti di tutte le persone aventi diritto al risarcimento, se il deposito è irrevocabile e vincolato a favore di tutti i danneggiati.

141. Risarcimento del terzo trasportato. – 1. Salva l'ipotesi di sinistro cagionato da caso fortuito, il danno subito dal terzo trasportato è risarcito dall'impresa di assicurazione del veicolo sul quale era a bordo al momento del sinistro entro il massimale minimo di legge, fermo restando quanto previsto all'articolo 140, a prescindere dall'accertamento della responsabilità dei conducenti dei veicoli coinvolti nel sinistro, fermo il diritto al risarcimento dell'eventuale maggior danno nei confronti dell'impresa di assicurazione del responsabile civile, se il veicolo di quest'ultimo è coperto per un massimale superiore a quello minimo.

2. Per ottenere il risarcimento il terzo trasportato promuove nei confronti dell'impresa di assicurazione del veicolo sul quale era a bordo al momento del sinistro la procedura di risarcimento prevista dall'articolo 148.

3. L'azione diretta avente ad oggetto il risarcimento è esercitata nei confronti dell'impresa di assicurazione del veicolo sul quale il danneggiato era a bordo al momento del sinistro nei termini di cui all'articolo 145. L'impresa di assicurazione del responsabile civile può intervenire nel giudizio e può estromettere l'impresa di assicurazione del veicolo, riconoscendo la responsabilità del proprio assicurato. Si applicano, in quanto compatibili, le disposizioni del capo IV.

4. L'impresa di assicurazione che ha effettuato il pagamento ha diritto di rivalsa nei confronti dell'impresa di assicurazione del responsabile civile nei limiti ed alle condizioni previste dall'articolo 150.

142. Diritto di surroga dell'assicuratore sociale. – 1. Qualora il danneggiato sia assistito da assicurazione sociale, l'ente gestore dell'assicurazione sociale ha diritto di ottenere direttamente dall'impresa di assicurazione il rimborso delle spese sostenute per le prestazioni erogate al danneggiato ai sensi delle leggi e dei regolamenti che disciplinano detta assicurazione, sempreché non sia già stato pagato il risarcimento al danneggiato, con l'osservanza degli adempimenti prescritti nei commi 2 e 3.

2. Prima di provvedere alla liquidazione del danno, l'impresa di assicurazione è tenuta a richiedere al danneggiato una dichiarazione attestante che lo stesso non ha diritto ad alcuna prestazione da parte di istituti che gestiscono assicurazioni sociali obbligatorie. Ove il danneggiato dichiari di avere diritto a tali prestazioni, l'impresa di assicurazione è tenuta a darne comunicazione al competente ente di assicurazione sociale e potrà procedere alla liquidazione del danno solo previo accantonamento di una somma [a valere sul complessivo risarcimento dovuto] (1) idonea a coprire il credito dell'ente per le prestazioni erogate o da erogare [a qualsiasi titolo] (2).

3. Trascorsi quarantacinque giorni dalla comunicazione di cui al comma 2 senza che l'ente di assicurazione sociale abbia dichiarato di volersi surrogare nei diritti del danneggiato, l'impresa di assicurazione potrà disporre la liquidazione definitiva in favore del danneggiato. L'ente di assicurazione sociale ha diritto di ripetere dal danneggiato le somme corrispondenti agli oneri sostenuti se il comportamento del danneggiato abbia pregiudicato l'azione di surrogazione.

4. In ogni caso l'ente gestore dell'assicurazione sociale non può esercitare l'azione surrogatoria con pregiudizio del diritto dell'assistito al risarcimento dei danni alla persona non altrimenti risarciti.

(¹) *Le parole: «a valere sul complessivo risarcimento dovuto» erano state inserite dall'art. 1, comma 1126, lett.* f), *della L. 30 dicembre 2018, n. 145, a decorrere dal 1° gennaio 2019. A norma dell'art. 3* sexies, *comma 1, del D.L. 30 aprile 2019, n. 34, convertito, con modificazioni, nella L. 28 giugno 2019, n. 58, a decorrere dal 30 giugno 2019, l'art. 1, comma 1126, lett.* f), *della L. 30 dicembre 2018, n. 145, è stato abrogato e le disposizioni ivi indicate riacquistano efficacia nel testo vigente prima della data di entrata in vigore della medesima legge n. 145 del 2018.*

(²) *Le parole: «a qualsiasi titolo» erano state aggiunte dall'art. 1, comma 1126, lett.* f), *della L. 30 dicembre 2018, n. 145, a decorrere dal 1° gennaio 2019. A norma dell'art. 3* sexies, *comma 1, del D.L. 30 aprile 2019, n. 34, convertito, con modificazioni, nella L. 28 giugno 2019, n. 58, a decorrere dal 30 giugno 2019, l'art. 1, comma 1126, lett.* f), *della L. 30 dicembre 2018, n. 145, è stato abrogato e le disposizioni ivi indicate riacquistano efficacia nel testo vigente prima della data di entrata in vigore della medesima legge n. 145 del 2018.*

142 *bis*. (¹) **Informazioni sulla copertura assicurativa.** – 1. Il danneggiato ha diritto di ottenere dal Centro di informazione di cui all'articolo 154 le informazioni riguardanti la copertura assicurativa dei veicolo che ha causato il sinistro, il numero di polizza e la data di scadenza della stessa.

(¹) *Questo articolo è stato inserito dall'art. 1, comma 6, del D.L.vo 6 novembre 2007, n. 198.*

142 *ter*. (¹) **Utenti della strada non motorizzati.** – 1. L'assicurazione obbligatoria per i veicoli a motore e i natanti copre i danni alle persone e i danni alle cose subiti da pedoni, ciclisti e altri utenti non motorizzati della strada i quali, in conseguenza di un incidente nel quale sia stato coinvolto un veicolo, hanno diritto alla riparazione del danno, nei limiti in cui sussista la responsabilità civile dei conducenti.

(¹) *Questo articolo è stato inserito dall'art. 1, comma 6, del D.L.vo 6 novembre 2007, n. 198.*

Capo IV
Procedure liquidative

143. Denuncia di sinistro. – 1. Nel caso di sinistro avvenuto tra veicoli a motore per i quali vi sia obbligo di assicurazione, i conducenti dei veicoli coinvolti o, se persone diverse, i rispettivi proprietari sono tenuti a denunciare il sinistro alla propria impresa di assicurazione, avvalendosi del modulo fornito dalla medesima, il cui modello è approvato dall'IVASS. In caso di mancata presentazione della denuncia di sinistro si applica l'articolo 1915 del codice civile per l'omesso avviso di sinistro.

2. Quando il modulo sia firmato congiuntamente da entrambi i conducenti coinvolti nel sinistro si presume, salvo prova contraria da parte dell'impresa di assicurazione, che il sinistro si sia verificato nelle circostanze, con le modalità e con le conseguenze risultanti dal modulo stesso.

144. Azione diretta del danneggiato. – 1. Il danneggiato per sinistro causato dalla circolazione di un veicolo o di un natante, per i quali vi è obbligo di assicurazione, ha azione diretta per il risarcimento del danno nei confronti dell'impresa di assicurazione del responsabile civile, entro i limiti delle somme per le quali è stata stipulata l'assicurazione.

2. Per l'intero massimale di polizza l'impresa di assicurazione non può opporre al danneggiato eccezioni derivanti dal contratto, né clausole che prevedano l'eventuale contributo dell'assicurato al risarcimento del danno. L'impresa di assicurazione ha tuttavia diritto di rivalsa verso l'assicurato nella misura in cui avrebbe avuto contrattualmente diritto di rifiutare o ridurre la propria prestazione.

3. Nel giudizio promosso contro l'impresa di assicurazione è chiamato anche il responsabile del danno.

4. L'azione diretta che spetta al danneggiato nei confronti dell'impresa di assicurazione è soggetta al termine di prescrizione cui sarebbe soggetta l'azione verso il responsabile.

145. Proponibilità dell'azione di risarcimento. – 1. Nel caso si applichi la procedura di cui all'articolo 148, l'azione per il risarcimento dei danni causati dalla circolazione dei veicoli e dei natanti, per i quali vi è obbligo di assicurazione, può essere proposta solo dopo che siano decorsi sessanta giorni, ovvero novanta in caso di danno alla persona, decorrenti da quello in cui il danneggiato abbia chiesto all'impresa di assicurazione il risarcimento del danno, a mezzo lettera raccomandata con avviso di ricevimento, anche se inviata per conoscenza, avendo osservato le modalità ed i contenuti previsti all'articolo 148.

2. Nel caso in cui si applichi la procedura di cui all'articolo 149 l'azione per il risarcimento dei danni causati dalla circolazione dei veicoli e dei natanti, per i quali vi è obbligo di assicurazione, può essere proposta solo dopo che siano decorsi sessanta giorni, ovvero novanta in caso di danno alla persona, decorrenti da quello in cui il danneggiato abbia chiesto alla propria impresa di assicurazione il risarcimento del danno, a mezzo lettera raccomandata con avviso di ricevimento, inviata per conoscenza all'impresa di assicurazione dell'altro veicolo coinvolto, avendo osservato le modalità ed i contenuti previsti dagli articoli 149 e 150.

145 *bis*. (1) Valore probatorio delle cosiddette «scatole nere» e di altri dispositivi elettronici. – 1. Quando uno dei veicoli coinvolti in un incidente risulta dotato di un dispositivo elettronico che presenta le caratteristiche tecniche e funzionali stabilite ai sensi dell'articolo 132 *ter*, comma 1, lettere *b*) e *c*), e fatti salvi, in quanto equiparabili, i dispositivi elettronici già in uso alla data di entrata in vigore delle citate disposizioni, le risultanze del dispositivo formano piena prova, nei procedimenti civili, dei fatti a cui esse si riferiscono, salvo che la parte contro la quale sono state prodotte dimostri il mancato funzionamento o la manomissione del predetto dispositivo. Le medesime risultanze sono rese fruibili alle parti.

2. L'interoperabilità e la portabilità dei meccanismi elettronici che registrano l'attività del veicolo di cui all'articolo 132 *ter*, comma 1, lettera *b*), anche nei casi di sottoscrizione da parte dell'assicurato di un contratto di assicurazione con un'impresa assicuratrice diversa da quella che ha provveduto a installare i meccanismi elettronici, sono garantite da operatori, di seguito denominati «provider di telematica assicurativa», i cui dati identificativi sono comunicati all'IVASS da parte delle imprese di assicurazione che ne utilizzano i servizi. I dati sull'attività del veicolo sono gestiti in sicurezza dagli operatori del settore sulla base dello standard tecnologico comune indicato nell'articolo 32, comma 1 *ter*, del decreto legge 24 gennaio 2012, n. 1, convertito, con modificazioni, dalla legge 24 marzo 2012, n. 27, e successive modificazioni, e sono successivamente inviati alle rispettive imprese di assicurazione.

3. Le modalità per assicurare l'interoperabilità dei meccanismi elettronici nonché delle apparecchiature di telecomunicazione a essi connesse e dei relativi sistemi di gestione dei dati, in caso di sottoscrizione da parte dell'assicurato di un contratto di assicurazione con un'impresa diversa da quella che ha provveduto a installare tale meccanismo, o di portabilità tra diversi provider di telematica assicurativa, sono determinate dal regolamento previsto dall'articolo 32, comma 1 *bis*, del decreto legge 24 gennaio 2012, n. 1, convertito, con modificazioni, dalla legge 24 marzo 2012, n. 27, e successive modificazioni. Gli operatori rispondono del funzionamento ai fini dell'interoperabilità.

[4. Il mancato adeguamento, da parte dell'impresa di assicurazione o del provider di telematica assicurativa, alle condizioni stabilite dal regolamento previsto dall'articolo 32, comma 1 *bis*, del decreto legge 24 gennaio 2012, n. 1, convertito, con modificazioni, dalla legge 24 marzo 2012, n. 27, e successive modificazioni, comporta l'applicazione da parte dell'IVASS di una sanzione amministrativa pecuniaria di euro 3.000 per ogni giorno di ritardo] (2).

5. I dati sono trattati dall'impresa di assicurazione nel rispetto delle disposizioni del codice in materia di protezione dei dati personali, di cui al decreto legi-

slativo 30 giugno 2003, n. 196. L'impresa di assicurazione è titolare del trattamento dei dati ai sensi dell'articolo 28 del citato codice di cui al decreto legislativo n. 196 del 2003. Salvo consenso espresso dell'assicurato in relazione alla disponibilità di ulteriori servizi connessi con la mobilità del veicolo, è fatto divieto all'impresa di assicurazione, nonché ai soggetti a essa collegati, di utilizzare i dispositivi di cui al presente articolo al fine di raccogliere dati ulteriori rispetto a quelli destinati alla finalità di determinazione delle responsabilità in occasione dei sinistri e ai fini tariffari, o di rilevare la posizione e le condizioni del veicolo in maniera continuativa o comunque sproporzionata rispetto alla medesima finalità.

6. È fatto divieto all'assicurato di disinstallare, manomettere o comunque rendere non funzionante il dispositivo installato. In caso di violazione del divieto di cui al periodo precedente da parte dell'assicurato, la riduzione del premio di cui all'articolo 132 *ter* non è applicata per la durata residua del contratto. L'assicurato che abbia goduto della riduzione di premio è tenuto alla restituzione dell'importo corrispondente alla riduzione accordata, fatte salve le eventuali sanzioni penali.

(1) *Questo articolo è stato inserito dall'art. 1, comma 20, della L. 4 agosto 2017, n. 124.*

(2) *Questo comma è stato abrogato dall'art. 1, comma 27, del D.L.vo 21 maggio 2018, n. 68. A norma dell'art. 4, comma 7, del medesimo decreto 68/2018, le disposizioni di cui a questo comma, trovano applicazione dal 1° ottobre 2018, conformemente a quanto previsto dalla direttiva (UE) 2018/411 del Parlamento europeo e del Consiglio, che modifica la direttiva (UE) 2016/97 per quanto riguarda la data di applicazione delle misure di recepimento degli Stati membri.*

146. Diritto di accesso agli atti. – 1. Fermo restando quanto previsto per l'accesso ai singoli dati personali dal codice in materia di protezione dei dati personali, le imprese di assicurazione esercenti l'assicurazione obbligatoria della responsabilità civile derivante dalla circolazione dei veicoli a motore e dei natanti sono tenute a consentire ai contraenti ed ai danneggiati il diritto di accesso agli atti a conclusione dei procedimenti di valutazione, constatazione e liquidazione dei danni che li riguardano.

2. L'esercizio del diritto di accesso non è consentito quando abbia ad oggetto atti relativi ad accertamenti che evidenziano indizi o prove di comportamenti fraudolenti. È invece sospeso in pendenza di controversia giudiziaria tra l'impresa e il richiedente, fermi restando i poteri attribuiti dalla legge all'autorità giudiziaria.

3. Se, entro sessanta giorni dalla richiesta scritta, l'assicurato o il danneggiato non è messo in condizione di prendere visione degli atti richiesti ed estrarne copia a sue spese, può inoltrare reclamo all'IVASS anche al fine di veder garantito il proprio diritto.

4. Il Ministro dello sviluppo economico, di concerto con il Ministro della giustizia, con regolamento adottato su proposta dell'IVASS, individua la tipologia degli atti soggetti e di quelli esclusi dall'accesso e determina gli obblighi delle imprese, gli oneri a carico dei richiedenti, nonché i termini e le altre condizioni per l'esercizio del diritto di cui al comma 1.

147. Stato di bisogno del danneggiato. – 1. Nel corso del giudizio di primo grado, gli aventi diritto al risarcimento che, a causa del sinistro, vengano a trovarsi in stato di bisogno, possono chiedere che sia loro assegnata una somma da imputarsi nella liquidazione definitiva del danno.

2. Il giudice civile o penale, sentite le parti, qualora da un sommario accertamento risultino gravi elementi di responsabilità a carico del conducente, con ordinanza immediatamente esecutiva provvede all'assegnazione della somma ai sensi del comma 1, nei limiti dei quattro quinti della presumibile entità del risarcimento che sarà liquidato con la sentenza. Se la causa civile è sospesa ai sensi dell'articolo 75, comma 3, del codice di procedura penale, l'istanza è proposta al presidente del tribunale dinanzi al quale è pendente la causa.

3. L'istanza può essere riproposta nel corso del giudizio.

4. L'ordinanza è irrevocabile fino alla decisione del merito.

148. Procedura di risarcimento. – 1. Per i sinistri con soli danni a cose, la richiesta di risarcimento deve recare l'indicazione degli aventi diritto al risarcimento e del luogo, dei giorni e delle ore in cui le cose danneggiate sono disponibili, per non meno di cinque (1) giorni non festivi, per l'ispezione diretta ad accertare l'entità del danno. Entro sessanta giorni dalla ricezione di tale documentazione, l'impresa di assicurazione formula al danneggiato congrua e motivata offerta per il risarcimento, ovvero comunica specificatamente i motivi per i quali non ritiene di fare offerta. Il termine di sessanta giorni è ridotto a trenta quando il modulo di denuncia sia stato sottoscritto dai conducenti coinvolti nel sinistro. Il danneggiato può procedere alla riparazione delle cose danneggiate solo dopo lo spirare del termine indicato al periodo precedente, entro il quale devono essere comunque completate le operazioni di accertamento del danno da parte dell'assicuratore, ovvero dopo il completamento delle medesime operazioni, nel caso in cui esse si siano concluse prima della scadenza del predetto termine. Qualora le cose danneggiate non siano state messe a disposizione per l'ispezione nei termini previsti dal presente articolo, ovvero siano state riparate prima dell'ispezione stessa, l'impresa, ai fini dell'offerta risarcitoria, effettuerà le proprie valutazioni sull'entità del danno solo previa presentazione di fattura che attesti gli interventi riparativi effettuati. Resta comunque fermo il diritto dell'assicurato al risarcimento anche qualora ritenga di non procedere alla riparazione ([2]).

2. L'obbligo di proporre al danneggiato congrua e motivata ([3]) offerta per il risarcimento del danno, ovvero di comunicare i motivi per cui non si ritiene di fare offerta, sussiste anche per i sinistri che abbiano causato lesioni personali o il decesso. La richiesta di risarcimento deve essere presentata dal danneggiato o dagli aventi diritto con le modalità indicate al comma 1. La richiesta deve contenere l'indicazione del codice fiscale degli aventi diritto al risarcimento e la descrizione delle circostanze nelle quali si è verificato il sinistro ed essere accompagnata, ai fini dell'accertamento e della valutazione del danno da parte dell'impresa, dai dati relativi all'età, all'attività del danneggiato, al suo reddito, all'entità delle lesioni subite, da attestazione medica comprovante l'avvenuta guarigione con o senza postumi permanenti, nonché dalla dichiarazione ai sensi dell'articolo 142, comma 2, o, in caso di decesso, dallo stato di famiglia della vittima. L'impresa di assicurazione è tenuta a provvedere all'adempimento del predetto obbligo entro novanta giorni dalla ricezione di tale documentazione.

2 *bis*. Ai fini di prevenzione e contrasto dei fenomeni fraudolenti, l'impresa di assicurazione provvede alla consultazione dell'archivio informatico integrato di cui all'articolo 21 del decreto legge 18 ottobre 2012, n. 179, convertito, con modificazioni, dalla legge 17 dicembre 2012, n. 221, e successive modificazioni, e, qualora dal risultato della consultazione, avuto riguardo al codice fiscale dei soggetti coinvolti ovvero ai veicoli danneggiati, emergano gli indici di anomalia definiti dall'IVASS con apposito provvedimento, o qualora altri indicatori di frode siano segnalati dai dispositivi elettronici di cui all'articolo 132 *ter*, comma 1, del presente codice o siano emersi in sede di perizia da cui risulti documentata l'incongruenza del danno dichiarato dal richiedente, l'impresa può decidere, entro i termini di cui ai commi 1 e 2 del presente articolo, di non fare offerta di risarcimento, motivando tale decisione con la necessità di condurre ulteriori approfondimenti in relazione al sinistro ([4]). La relativa comunicazione è trasmessa dall'impresa al danneggiato e all'IVASS, al quale è anche trasmessa la documentazione relativa alle analisi condotte sul sinistro. Entro trenta giorni dalla comunicazione della predetta decisione, l'impresa deve comunicare al danneggiato le sue determinazioni conclusive in merito alla richiesta di risarcimento. All'esito degli approfondimenti condotti ai sensi del primo periodo, l'impresa può non formulare offerta di risarcimento, qualora, entro il termine di cui al terzo periodo, presenti querela, nelle ipotesi in cui è prevista, informandone contestualmente l'assicurato nella comunicazione concernente le determinazioni conclusive in merito alla richiesta di risarcimento di cui al medesimo terzo periodo; in tal caso

i termini di cui ai commi 1 e 2 sono sospesi e il termine per la presentazione della querela, di cui all'articolo 124, primo comma, del codice penale, decorre dallo spirare del termine di trenta giorni entro il quale l'impresa comunica al danneggiato le sue determinazioni conclusive. Nei predetti casi, l'azione in giudizio prevista dall'articolo 145 è proponibile solo dopo la ricezione delle determinazioni conclusive dell'impresa o, in sua mancanza, allo spirare del termine di sessanta giorni di sospensione della procedura ([5]). Rimane salvo il diritto del danneggiato di ottenere l'accesso agli atti nei termini previsti dall'articolo 146, salvo il caso di presentazione di querela o denuncia ([5]) ([6]).

3. Il danneggiato, in pendenza dei termini di cui ai commi 1 e 2 e fatto salvo quanto stabilito dal comma 5, non può rifiutare gli accertamenti strettamente necessari alla valutazione del danno alle cose, nei termini di cui al comma 1, o del danno alla persona, da parte dell'impresa. Qualora ciò accada, i termini per l'offerta risarcitoria o per la comunicazione dei motivi per i quali l'impresa non ritiene di fare offerta sono sospesi ([7]).

4. L'impresa di assicurazione può richiedere ai competenti organi di polizia le informazioni acquisite relativamente alle modalità dell'incidente, alla residenza e al domicilio delle parti e alla targa di immatricolazione o altro analogo segno distintivo, ma è tenuta al rispetto dei termini stabiliti dai commi 1 e 2 anche in caso di sinistro che abbia determinato sia danni a cose che lesioni personali o il decesso.

5. In caso di richiesta incompleta l'impresa di assicurazione richiede al danneggiato entro trenta giorni dalla ricezione della stessa le necessarie integrazioni; in tal caso i termini di cui ai commi 1 e 2 decorrono nuovamente dalla data di ricezione dei dati o dei documenti integrativi.

6. Se il danneggiato dichiara di accettare la somma offertagli, l'impresa provvede al pagamento entro quindici giorni dalla ricezione della comunicazione.

7. Entro ugual termine l'impresa corrisponde la somma offerta al danneggiato che abbia comunicato di non accettare l'offerta. La somma in tal modo corrisposta è imputata nella liquidazione definitiva del danno.

8. Decorsi trenta giorni dalla comunicazione senza che l'interessato abbia fatto pervenire alcuna risposta, l'impresa corrisponde al danneggiato la somma offerta con le stesse modalità, tempi ed effetti di cui al comma 7.

9. Agli effetti dell'applicazione delle disposizioni di cui al presente articolo, l'impresa di assicurazione non può opporre al danneggiato l'eventuale inadempimento da parte dell'assicurato dell'obbligo di avviso del sinistro di cui all'articolo 1913 del codice civile.

10. In caso di sentenza a favore del danneggiato, quando la somma offerta ai sensi dei commi 1 o 2 sia inferiore alla metà di quella liquidata, al netto

di eventuale rivalutazione ed interessi, il giudice trasmette, contestualmente al deposito in cancelleria, copia della sentenza all'IVASS per gli accertamenti relativi all'osservanza delle disposizioni del presente capo.

11. L'impresa, quando corrisponde compensi professionali per l'eventuale assistenza prestata da professionisti, è tenuta a richiedere la documentazione probatoria relativa alla prestazione stessa e ad indicarne il corrispettivo separatamente rispetto alle voci di danno nella quietanza di liquidazione. L'impresa, che abbia provveduto direttamente al pagamento dei compensi dovuti al professionista, ne dà comunicazione al danneggiato, indicando l'importo corrisposto.

11 *bis*. Resta ferma per l'assicurato la facoltà di ottenere l'integrale risarcimento per la riparazione a regola d'arte del veicolo danneggiato avvalendosi di imprese di autoriparazione di propria fiducia abilitate ai sensi della legge 5 febbraio 1992, n. 122. A tal fine, l'impresa di autoriparazione fornisce la documentazione fiscale e un'idonea garanzia sulle riparazioni effettuate, con una validità non inferiore a due anni per tutte le parti non soggette a usura ordinaria ([8]) ([9]).

([1]) *La parola: «due» è stata così sostituita dall'attuale: «cinque» dall'art. 21, comma* 7 bis, *del D.L. 18 ottobre 2012, n. 179, convertito, con modificazioni, nella L. 17 dicembre 2012, n. 221.*

([2]) *Questo comma è stato così sostituito dall'art. 32, comma 3, lett.* a), *del D.L. 24 gennaio 2012, n. 1, convertito, con modificazioni, nella L. 24 marzo 2012, n. 27.*

([3]) *Le parole: «e motivata» sono state inserite dall'art. 1, comma 7, del D.L.vo 6 novembre 2007, n. 198.*

([4]) *Questo periodo è stato così sostituito dall'art. 1, comma 21, della L. 4 agosto 2017, n. 124.*

([5]) *L'originario quinto periodo è stato così sostituito dagli attuali quinto e sesto periodo, dall'art. 1, comma 22, della L. 4 agosto 2017, n. 124.*

([6]) *Questo comma è stato inserito dall'art. 32, comma 3, lett.* b), *del D.L. 24 gennaio 2012, n. 1, convertito, con modificazioni, nella L. 24 marzo 2012, n. 27.*

([7]) *Questo comma è stato così sostituito dall'art. 32, comma 3, lett.* c), *del D.L. 24 gennaio 2012, n. 1, convertito, con modificazioni, nella L. 24 marzo 2012, n. 27.*

([8]) *Questo comma è stato aggiunto dall'art. 1, comma 9, della L. 4 agosto 2017, n. 124.*

([9]) *A norma dell'art. 1, comma 10, della L. 4 agosto 2017, n. 124, al fine di garantire le condizioni di sicurezza e funzionalità dei veicoli, le associazioni nazionali maggiormente rappresentative del settore dell'autoriparazione, l'Associazione nazionale fra le imprese assicuratrici e le associazioni dei consumatori iscritte nell'elenco istituito ai sensi dell'articolo 137 del codice del consumo, di cui al decreto legislativo 6 settembre 2005, n. 206, e successive modificazioni, definiscono d'intesa tra loro apposite linee guida finalizzate a determinare gli strumenti, le procedure, le soluzioni realizzative e gli ulteriori parametri tecnici per l'effettuazione delle riparazioni a regola d'arte di cui a questo comma, sulla base di criteri oggettivi e facilmente riscontrabili. Le predette linee guida sono comunicate al Ministero dello sviluppo economico che ne assicura le necessarie forme di pubblicità.*

149. Procedura di risarcimento diretto. – 1. In caso di sinistro tra due veicoli a motore identificati ed assicurati per la responsabilità civile obbligatoria, dal quale siano derivati danni ai veicoli coinvolti o ai loro conducenti, i danneggiati devono rivolgere la richiesta di risarcimento all'impresa di assicurazione che ha stipulato il contratto relativo al veicolo utilizzato.

2. La procedura di risarcimento diretto riguarda i danni al veicolo nonché i danni alle cose trasportate di proprietà dell'assicurato o del conducente. Essa si applica anche al danno alla persona subito dal conducente non responsabile se risulta contenuto nel limite previsto dall'articolo 139. La procedura non si applica ai sinistri che coinvolgono veicoli immatricolati all'estero ed al risarcimento del danno subito dal terzo trasportato come disciplinato dall'articolo 141.

3. L'impresa, a seguito della presentazione della richiesta di risarcimento diretto, è obbligata a provvedere alla liquidazione dei danni per conto dell'impresa di assicurazione del veicolo responsabile, ferma la successiva regolazione dei rapporti fra le imprese medesime.

4. Se il danneggiato dichiara di accettare la somma offerta, l'impresa di assicurazione provvede al pagamento entro quindici giorni dalla ricezione della comunicazione e il danneggiato è tenuto a rilasciare quietanza liberatoria valida anche nei confronti del responsabile del sinistro e della sua impresa di assicurazione.

5. L'impresa di assicurazione, entro quindici giorni, corrisponde la somma offerta al danneggiato che abbia comunicato di non accettare l'offerta o che non abbia fatto pervenire alcuna risposta. La somma in tale modo corrisposta è imputata all'eventuale liquidazione definitiva del danno.

6. In caso di comunicazione dei motivi che impediscono il risarcimento diretto ovvero nel caso di mancata comunicazione di offerta o di diniego di offerta entro i termini previsti dall'articolo 148 o di mancato accordo, il danneggiato può proporre l'azione diretta di cui all'articolo 145, comma 2, nei soli confronti della propria impresa di assicurazione. L'impresa di assicurazione del veicolo del responsabile può chiedere di intervenire nel giudizio e può estromettere l'altra impresa, riconoscendo la responsabilità del proprio assicurato ferma restando, in ogni caso, la successiva regolazione dei rapporti tra le imprese medesime secondo quanto previsto nell'ambito del sistema di risarcimento diretto.

149 *bis*. ([1]) **Trasparenza delle procedure di risarcimento.** – 1. In caso di cessione del credito derivante dal diritto al risarcimento dei danni causati dalla circolazione dei veicoli a motore e dei natanti, la somma da corrispondere a titolo di rimborso delle spese di riparazione dei veicoli danneggiati è versata previa presentazione della fattura emessa dall'impresa di autoriparazione abilitata ai sensi della legge 5 febbraio 1992, n. 122, che ha eseguito le riparazioni.

(1) *Questo articolo è stato inserito dall'art. 1, comma 24, della L. 4 agosto 2017, n. 124.*

150. Disciplina del sistema di risarcimento diretto. – 1. Con decreto del Presidente della Repubblica, su proposta del Ministro dello sviluppo economico (1), da emanarsi entro novanta giorni dalla data di entrata in vigore del presente codice sono stabiliti:

a) i criteri di determinazione del grado di responsabilità delle parti anche per la definizione dei rapporti interni tra le imprese di assicurazione;

b) il contenuto e le modalità di presentazione della denuncia di sinistro e gli adempimenti necessari per il risarcimento del danno;

c) le modalità, le condizioni e gli adempimenti dell'impresa di assicurazione per il risarcimento del danno;

d) i limiti e le condizioni di risarcibilità dei danni accessori;

e) i principi per la cooperazione tra le imprese di assicurazione, ivi compresi i benefici derivanti agli assicurati dal sistema di risarcimento diretto.

2. Le disposizioni relative alla procedura prevista dall'articolo 149 non si applicano alle imprese di assicurazione con sede legale in altri Stati membri che operano nel territorio della Repubblica ai sensi degli articoli 23 e 24, salvo che le medesime abbiano aderito al sistema di risarcimento diretto.

3. L'IVASS vigila sul sistema di risarcimento diretto e sui principi adottati dalle imprese per assicurare la tutela dei danneggiati, il corretto svolgimento delle operazioni di liquidazione e la stabilità delle imprese.

(1) *Si veda il D.P.R. 18 luglio 2006, n. 254 (pubblicato in* G.U. *Serie gen. - n. 199 del 28 agosto 2006).*

150 *bis*. (1) Certificato di chiusa inchiesta. – 1. È fatto obbligo alla compagnia di assicurazione di risarcire il danno derivante da furto o incendio di autoveicolo, indipendentemente dalla richiesta del rilascio del certificato di chiusa inchiesta, fatto salvo quanto disposto dal comma 2.

2. Nei procedimenti giudiziari nei quali si procede per il reato di cui all'articolo 642 del codice penale, limitatamente all'ipotesi che il bene assicurato sia un autoveicolo, il risarcimento del danno derivante da furto o incendio dell'autoveicolo stesso è effettuato previo rilascio del certificato di chiusa inchiesta.

(1) *Questo articolo è stato inserito dall'art. 34* ter *del D.L. 24 gennaio 2012, n. 1, convertito, con modificazioni, nella L. 24 marzo 2012, n. 27.*

Capo V
Risarcimento del danno derivante da sinistri avvenuti all'estero

151. Procedura. – 1. Il presente capo stabilisce disposizioni specifiche relative agli aventi diritto al risarcimento per danni a cose o a persone derivanti da sinistri avvenuti in uno Stato membro diverso da quello di residenza degli stessi, provocati dall'uso di veicoli che sono assicurati e stazionano abitualmente in uno Stato membro.

2. Fatte salve la legislazione di Stati terzi in materia di responsabilità civile e le norme di diritto internazionale privato, le disposizioni del presente capo si applicano anche ai residenti in uno Stato membro aventi diritto al risarcimento per danni a cose o a persone derivanti da sinistri avvenuti in Stati terzi i cui uffici nazionali di assicurazione hanno aderito al sistema della carta verde, ogniqualvolta tali sinistri siano provocati dall'uso di veicoli che sono assicurati e stazionano abitualmente in uno Stato membro.

3. Gli articoli 152, 296, 297, 298 e 299 si applicano soltanto nel caso di incidenti causati dalla circolazione di un veicolo assicurato tramite uno stabilimento situato in uno Stato membro diverso da quello di residenza della persona avente diritto al risarcimento e stazionante abitualmente in uno Stato membro diverso da quello di residenza della persona avente diritto al risarcimento.

4. Gli articoli 300 e 301 si applicano anche agli incidenti provocati dai veicoli di Stati terzi ammessi alla circolazione nel territorio comunitario ed assicurati nel rispetto delle disposizioni di cui all'articolo 125.

5. Nelle ipotesi di cui al presente articolo gli aventi diritto al risarcimento possono agire direttamente contro l'impresa di assicurazione che copre la responsabilità civile del responsabile.

152. Mandatario per la liquidazione dei sinistri. – 1. L'impresa di assicurazione comunica tempestivamente ai centri di informazione di tutti gli Stati membri il nome e l'indirizzo del proprio mandatario per la liquidazione dei sinistri designato in ciascuno Stato membro.

2. Il mandatario risiede o è stabilito nel territorio dello Stato membro per il quale è designato e si rivolge agli aventi diritto al risarcimento nella o nelle lingue ufficiali dello Stato membro di residenza degli stessi.

3. Il mandatario, che può operare per conto di una o più imprese di assicurazione, acquisisce tutte le informazioni necessarie ai fini della liquidazio-

ne dei sinistri e adotta tutte le misure necessarie per gestire la liquidazione stessa.

4. La nomina del mandatario non esclude la facoltà per il danneggiato di rivolgere la richiesta di risarcimento direttamente al responsabile del sinistro ovvero anche all'impresa di assicurazione con la quale è assicurato il veicolo il cui uso ha provocato il sinistro.

5. L'impresa di assicurazione del responsabile del sinistro o il suo mandatario, entro tre mesi dalla ricezione della richiesta di risarcimento, comunica agli aventi diritto un'offerta di risarcimento motivata ovvero indica i motivi per i quali non ritiene di fare offerta.

153. Danneggiati residenti nel territorio della Repubblica. – 1. I soggetti residenti nel territorio della Repubblica, che sono danneggiati da sinistri della circolazione stradale provocati da veicoli stazionanti abitualmente e assicurati in un altro Stato membro e accaduti in uno degli Stati aderenti al sistema della carta verde, hanno diritto di richiedere il risarcimento del danno oltre che al responsabile del sinistro anche all'impresa di assicurazione con la quale è assicurato il veicolo che ha causato il sinistro ovvero anche al suo mandatario designato nel territorio della Repubblica.

2. In caso di mancata designazione del mandatario da parte dell'impresa di assicurazione con la quale è assicurato il veicolo che ha causato il sinistro e nei casi di inadempimento a quanto disposto dall'articolo 152, comma 5, il danneggiato può rivolgersi all'Organismo di indennizzo italiano secondo quanto previsto all'articolo 298.

154. Centro di informazione italiano ([1]). – 1. È istituito presso Il CONSAP ([2]) il Centro di informazione italiano per consentire agli aventi diritto di chiedere il risarcimento a seguito di un sinistro derivante dalla circolazione dei veicoli a motore nei casi previsti dall'articolo 151. A tale fine l'IVASS può stipulare apposite convenzioni a titolo gratuito con enti pubblici o privati che già detengano e gestiscano le informazioni di cui al comma 2, per l'organizzazione e il funzionamento del Centro di informazione italiano.

2. Il Centro di informazione italiano è incaricato di tenere un registro da cui risulta:

a) la targa di immatricolazione di ogni veicolo che staziona abitualmente nel territorio della Repubblica;

b) i numeri e la data di scadenza delle polizze di assicurazione che coprono la responsabilità civile derivante dalla circolazione di detti veicoli per i rischi di cui al ramo 10 di cui all'articolo 2, comma 3, diversi dalla responsabilità del vettore;

c) le imprese di assicurazione che coprono la responsabilità civile derivante dalla circolazione di tali veicoli per i rischi di cui al ramo 10 di cui all'articolo 2, comma 3, diversi dalla responsabilità del vettore, e i mandatari per la liquidazione dei sinistri designati da tali imprese di assicurazione conformemente all'articolo 152.

3. Il Centro di informazione italiano assiste gli aventi diritto al risarcimento nell'accesso alle informazioni di cui al comma 2, lettere *a*), *b*) e *c*).

4. Le imprese di assicurazione che coprono la responsabilità civile derivante dalla circolazione dei veicoli, che stazionano abitualmente nel territorio della Repubblica, sono tenute a comunicare in via sistematica i dati relativi ai numeri di targa dei veicoli assicurati, ai numeri di polizza, alla data di cessazione della copertura assicurativa, ai nominativi dei mandatari per la liquidazione dei sinistri nominati in ciascuno Stato membro e, a richiesta, tempestivamente i dati relativi al nome ed indirizzo del proprietario o dell'usufruttuario o dell'acquirente con patto di riservato dominio o del locatario in caso di locazione finanziaria.

5. Le procedure, i tempi e le modalità di invio dei dati da parte delle imprese di assicurazione, le modalità del relativo trattamento dei dati e di gestione del Centro di informazione italiano, anche nei confronti degli interessati e degli aventi diritto alle informazioni, nonché le modalità di accesso alle informazioni per le imprese di assicurazione ed i mandatari per la liquidazione dei sinistri, sono definite con regolamento adottato dal CONSAP ([2]), sentito il Garante per la protezione dei dati personali. Con lo stesso regolamento sono individuati i dati contenuti nella banca dati sinistri, di cui all'articolo 135, che sono oggetto di trattamento anche da parte del Centro di informazione italiano, con esclusione dei dati sensibili.

6. Per le esigenze di funzionamento del Centro di informazione italiano, la CONSAP è autorizzata, ai sensi del codice in materia di protezione dei dati personali, ad avvalersi dei dati trattati dall'IVASS per le finalità della banca dati sinistri. L'IVASS, con regolamento, organizza la banca dati sinistri al fine di coordinare il trattamento dei dati con le esigenze del Centro di informazione italiano ([3]).

7. Il trattamento e la comunicazione dei dati personali sono consentiti, con esclusione dei dati personali sensibili ai sensi del codice in materia di protezione dei dati personali, nei limiti stabiliti dal presente capo. Le informazioni di cui al comma 2 sono conservate per un periodo di sette anni dalla data di cessazione dell'immatricolazione del veicolo o di scadenza del contratto di assicurazione.

8. Il Centro di informazione coopera con i centri di informazione istituiti dagli altri Stati membri per l'attuazione delle disposizioni previste dall'ordinamento comunitario.

(1) *A norma dell'art. 13, comma 36, del D.L. 6 luglio 2012, n. 95, convertito, con modificazioni, nella L. 7 agosto 2012, n. 135, alla data di subentro dell'IVASS nelle funzioni precedentemente attribuite all'ISVAP, è trasferita alla Consap Spa la gestione del Centro di informazione previsto dal presente articolo.*

(2) *A norma dell'art. 1, comma 111, del D.L.vo 12 maggio 2015, n. 74, la parola: «ISVAP» è stata così sostituita dall'attuale: «CONSAP».*

(3) *Questo comma è stato così sostituito dall'art. 1, comma 214, del D.L.vo 12 maggio 2015, n. 74.*

155. Accesso al Centro di informazione italiano (1). – 1. I danneggiati, a seguito dei sinistri previsti all'articolo 151, hanno diritto di richiedere al Centro di informazione italiano entro sette anni dalla data del sinistro:

a) nome ed indirizzo dell'impresa di assicurazione;

b) numero della polizza di assicurazione e data di scadenza della stessa;

c) nome ed indirizzo del mandatario per la liquidazione dei sinistri dell'impresa di assicurazione nello Stato membro di residenza degli aventi diritto al risarcimento, nei casi in cui:

1) gli stessi risiedono nel territorio della Repubblica;

2) il veicolo che ha causato il sinistro stazioni abitualmente nel territorio della Repubblica;

3) il sinistro sia avvenuto nel territorio della Repubblica.

2. Nel caso in cui gli aventi diritto al risarcimento richiedano al Centro di informazione italiano il nome e l'indirizzo del proprietario o dell'usufruttuario o dell'acquirente con patto di riservato dominio o del locatario in caso di locazione finanziaria del veicolo che ha causato il sinistro, il Centro stesso, se gli aventi diritto hanno un interesse giuridicamente tutelato ad ottenere tali informazioni, si rivolge in particolare:

a) all'impresa di assicurazione;

b) all'ente di immatricolazione del veicolo.

3. Fermi restando i poteri dell'autorità giudiziaria, le forze di polizia nonché gli organi di polizia stradale di cui all'articolo 12 del codice della strada e le pubbliche amministrazioni competenti in materia di prevenzione e contrasto di comportamenti fraudolenti nel settore delle assicurazioni obbligatorie hanno accesso gratuito ai dati del Centro di informazione italiano. Le imprese di assicurazione, l'Ufficio centrale italiano e l'Organismo di indennizzo italiano possono richiedere al Centro di informazione italiano i dati per i quali hanno interesse motivato.

4. L'IVASS e la CONSAP hanno accesso gratuito (²) ai dati relativi ai veicoli ed ai nomi dei proprietari dei veicoli contenuti nei pubblici registri e ai dati dell'archivio nazionale dei veicoli di cui agli articoli 225, comma 1, lettera *b*), e 226, commi 5 e seguenti, del codice della strada.

5. Il Centro di informazione italiano coopera con i centri di informazione istituiti dagli altri Stati membri per l'attuazione delle disposizioni previste dall'ordinamento comunitario.

5 *bis*. A richiesta delle parti interessate, i dati forniti dal Centro di informazione italiano devono essere disponibili in formato elettronico (³).

(¹) *A norma dell'art. 13, comma 36, del D.L. 6 luglio 2012, n. 95, convertito, con modificazioni, nella L. 7 agosto 2012, n. 135, alla data di subentro dell'IVASS nelle funzioni precedentemente attribuite all'ISVAP, è trasferita alla Consap Spa la gestione del Centro di informazione previsto dal presente articolo.*

(²) *Le parole: «L'ISVAP ha accesso gratuito» sono state così sostituite dalle attuali: «L'IVASS e la CONSAP hanno accesso gratuito» dall'art. 1, comma 218, del D.L.vo 12 maggio 2015, n. 74.*

(³) *Questo comma è stato aggiunto dall'art. 1, comma 8, del D.Lvo 6 novembre 2007, n. 198.*

Capo VI
Disciplina dell'attività peritale

156. Attività peritale. – 1. L'attività professionale di perito assicurativo per l'accertamento e la stima dei danni alle cose derivanti dalla circolazione, dal furto e dall'incendio dei veicoli a motore e dei natanti soggetti alla disciplina del presente titolo non può essere esercitata da chi non sia iscritto nel ruolo di cui all'articolo 157.

2. Le imprese di assicurazione possono effettuare direttamente l'accertamento e la stima dei danni alle cose derivanti dalla circolazione, dal furto e dall'incendio dei veicoli a motore e dei natanti.

3. Nell'esecuzione dell'incarico i periti devono comportarsi con diligenza, correttezza e trasparenza.

157. Ruolo dei periti assicurativi. – 1. Il CONSAP (¹) cura l'istituzione e il funzionamento del ruolo e determina, con regolamento, da pubblicarsi nella *Gazzetta Ufficiale* e sul suo sito internet, (²) gli obblighi di comunicazione, la procedura di iscrizione e di cancellazione e le forme di pubblicità più idonee ad assicurare l'accesso pubblico al ruolo.

2. Nel ruolo sono iscritti i periti assicurativi che esercitano l'attività in proprio e che sono in possesso dei requisiti di cui all'articolo 158.

(¹) *A norma dell'art. 1, comma 111, del D.L.vo 12 maggio 2015, n. 74, la parola: «ISVAP» è stata così sostituita dall'attuale: «CONSAP».*

(²) *Le parole: «da pubblicarsi nella* Gazzetta Ufficiale *e sul suo sito internet,» sono state inserite dall'art. 1, comma 215, del D.L.vo 12 maggio 2015, n. 74.*

158. Requisiti per l'iscrizione. – 1. Per ottenere l'iscrizione nel ruolo la persona fisica deve essere in possesso dei seguenti requisiti:

a) godere dei diritti civili;

b) non aver riportato condanna irrevocabile, o sentenza irrevocabile di applicazione della pena di cui all'articolo 444, comma 2, del codice di procedura penale, per un delitto contro la pubblica amministrazione, contro l'amministrazione della giustizia, contro la fede pubblica, contro l'economia pubblica, l'industria e il commercio, contro il patrimonio per il quale la legge commini la pena della reclusione non inferiore nel minimo ad un anno o nel massimo a tre anni, o per altro delitto non colposo per il quale sia comminata la pena della reclusione non inferiore nel minimo a due anni o nel massimo a cinque anni, o per il reato di omesso versamento dei contributi previdenziali e assistenziali obbligatori, ovvero condanna irrevocabile comportante l'applicazione della pena accessoria dell'interdizione dai pubblici uffici perpetua o di durata superiore a tre anni, salvo che non sia intervenuta la riabilitazione;

c) non essere stata dichiarata fallita, salvo che sia intervenuta la riabilitazione, né essere stato presidente, amministratore con delega di poteri, direttore generale, sindaco di società od enti che siano stati assoggettati a procedure di fallimento, concordato preventivo o liquidazione coatta amministrativa, almeno per i tre esercizi precedenti all'adozione dei relativi provvedimenti, fermo restando che l'impedimento ha durata fino ai cinque anni successivi all'adozione dei provvedimenti stessi;

d) non versare nelle situazioni di decadenza, divieto o sospensione previste dall'articolo 10 della legge 31 maggio 1965, n. 575 (¹), e successive modificazioni;

e) aver conseguito un diploma di scuola media secondaria superiore o di laurea triennale;

f) aver svolto tirocinio di durata biennale presso un perito abilitato;

g) aver superato una prova di idoneità secondo quanto previsto dal comma 3.

2. Fermo il disposto dell'articolo 156, non possono esercitare l'attività di perito assicurativo né essere iscritti nel ruolo gli intermediari di assicurazione e di riassicurazione, i riparatori di veicoli e di natanti e i pubblici dipendenti con rapporto lavorativo a tempo pieno ovvero a tempo parziale, quando superi la metà dell'orario lavorativo a tempo pieno.

3. Ai fini dell'iscrizione, il perito deve possedere adeguate cognizioni e capacità professionali, che sono accertate dall'IVASS tramite una prova di idoneità, consistente in un esame su materie tecniche, giuridiche ed eco-

nomiche rilevanti nell'esercizio dell'attività. Il CONSAP ([2]) determina, con regolamento, i titoli di ammissione e le modalità di svolgimento della prova valutativa, provvedendo alla relativa organizzazione e gestione.

([1]) *A norma dell'art. 116, comma 2, del D.L.vo 6 settembre 2011, n. 159, i richiami alle disposizioni contenute nella L. 31 maggio 1965, n. 575, ovunque presenti, si intendono riferiti alle corrispondenti disposizioni contenute nel D.L.vo n. 159/2011.*

([2]) *A norma dell'art. 1, comma 111, del D.L.vo 12 maggio 2015, n. 74, la parola: «ISVAP» è stata così sostituita dall'attuale: «CONSAP».*

159. Cancellazione dal ruolo. – 1. La cancellazione dal ruolo è disposta dal CONSAP ([1]), con provvedimento motivato, in caso di:

a) rinuncia all'iscrizione;

b) perdita di uno dei requisiti di cui all'articolo 158, comma 1, lettere *a*), *b*), *c*) e *d*);

c) sopravvenuta incompatibilità ai sensi dell'articolo 158, comma 2;

d) radiazione;

e) mancato versamento del contributo di gestione ([2]) di cui all'articolo 337, nonostante apposita diffida disposta dal CONSAP ([1]).

2. Non si procede alla cancellazione dal ruolo, anche se richiesta dal perito, fino a quando sia in corso un procedimento disciplinare ovvero siano in corso accertamenti istruttori propedeutici all'avvio del medesimo.

([1]) *A norma dell'art. 1, comma 111, del D.L.vo 12 maggio 2015, n. 74, la parola: «ISVAP» è stata così sostituita dall'attuale: «CONSAP».*

([2]) *Le parole: «di vigilanza» sono state così sostituite dalle attuali: «di gestione» dall'art. 1, comma 216, del D.L.vo 12 maggio 2015, n. 74.*

160. Reiscrizione. – 1. Il perito, che sia stato cancellato dal ruolo a seguito del provvedimento di radiazione, può richiedere di esservi iscritto nuovamente, purché siano decorsi almeno cinque anni dalla cancellazione e sussistano i requisiti di cui all'articolo 158, commi 1 e 2.

2. In caso di cancellazione derivante da condanna irrevocabile o da fallimento, il perito può essere nuovamente iscritto al ruolo soltanto se ne sia intervenuta la riabilitazione.

3. Il perito, la cui iscrizione sia stata cancellata per mancato versamento del contributo di gestione ([1]), può essere iscritto nuovamente purché abbia provveduto al pagamento di quanto non corrisposto sino alla cancellazione.

4. Se il perito, intervenuta la cancellazione dal ruolo, chiede una nuova iscrizione, essa viene disposta previa verifica della sussistenza dei requisiti di cui all'articolo 158, commi 1 e 2, rimanendo valida l'idoneità già conseguita.

([1]) *Le parole: «di vigilanza» sono state così sostituite dalle attuali: «di gestione» dall'art. 1, comma 216, del D.L.vo 12 maggio 2015, n. 74.*

Titolo XI
Disposizioni relative a particolari operazioni assicurative

Capo I
Coassicurazione comunitaria

161. Coassicurazione comunitaria. – 1. Le assicurazioni contro i danni stipulate per la copertura di rischi situati nel territorio della Repubblica possono essere ripartite in coassicurazione comunitaria, per quote determinate, tra imprese che hanno la sede legale in altri Stati membri o in Stati aderenti allo Spazio economico europeo, a condizione che almeno una delle imprese sia stabilita in uno Stato membro diverso da quello del coassicuratore delegatario e i rischi da coprire siano quelli rientranti tra i grandi rischi di cui all'articolo 1, comma 1, lettera *r*).

162. Determinazione dell'oggetto della delega. – 1. Le assicurazioni sono stipulate con contratto unico, sottoscritto da tutti i coassicuratori, per una stessa durata e con premio globale.

2. La delega è attribuita ad uno dei coassicuratori affinché curi la gestione del contratto per conto e nell'interesse di tutti.

3. Il coassicuratore delegatario esercita tutte le attribuzioni previste con la delega e quelle spettanti secondo gli usi.

4. Il coassicuratore delegatario determina le condizioni di assicurazione ed il tasso del premio da applicare al contratto.

162 *bis*. (1) **Riserve tecniche.** – 1. L'impresa avente sede nel territorio della Repubblica, che partecipa a un contratto di coassicurazione comunitaria, determina le riserve tecniche in conformità alle disposizioni del Titolo III.

2. In ogni caso, l'ammontare delle riserve tecniche di cui al comma 1 è almeno uguale a quello identificato e comunicato dal coassicuratore delegatario secondo le norme del suo Stato membro di origine.

3. Se l'impresa di cui al comma 1 riveste la qualifica di delegataria, la stessa deve tener conto dei rischi per l'intero contratto.

(1) *Questo articolo è stato inserito dall'art. 1, comma 112, del D.L.vo 12 maggio 2015, n. 74.*

162 *ter*. (1) **Dati statistici.** – 1. L'impresa con sede legale nel territorio della Repubblica che opera in coassicurazione comunitaria mantiene dati statistici che mettano in evidenza l'entità delle operazioni di coassicurazione comunitaria alle quali partecipa e gli Stati membri interessati.

(¹) *Questo articolo è stato inserito dall'art. 1, comma 112, del D.L.vo 12 maggio 2015, n. 74.*

Capo II
Assicurazione di tutela legale

163. Requisiti particolari. – 1. L'impresa che esercita l'assicurazione di tutela legale osserva nei rapporti con gli assicurati le disposizioni previste agli articoli 173 e 174 e rispetta i requisiti per la gestione dei sinistri di cui all'articolo 164.

2. La disciplina di cui al presente capo non si applica alle assicurazioni di tutela legale che concernono controversie derivanti dall'utilizzazione di navi marittime o connesse comunque a tale utilizzazione ed all'attività esercitata dall'impresa di assicurazione della responsabilità civile per resistere all'azione dei danneggiati ai sensi dell'articolo 1917 del codice civile.

164. Modalità per la gestione dei sinistri. – 1. L'impresa che esercita l'attività assicurativa nel ramo tutela legale adotta, per la gestione dei sinistri e per la relativa attività di consulenza, una delle modalità, di cui deve essere data preventiva comunicazione all'IVASS, previste dal comma 2.

2. L'impresa può:

a) svolgere direttamente l'attività di gestione dei sinistri e quella di consulenza;

b) affidarla ad un'impresa distinta;

c) prevedere nel contratto il diritto per l'assicurato di affidare la tutela dei suoi interessi in caso di sinistro, non appena abbia il diritto di esigere l'intervento dell'impresa di assicurazione, a un avvocato o ad altro professionista abilitato dalla legge da lui scelto.

3. Qualora l'impresa si avvalga della facoltà di cui al comma 2, lettera *a*), devono ricorrere congiuntamente le seguenti condizioni:

a) se l'impresa è multiramo, il personale di cui si avvale non deve svolgere, per conto della stessa, attività di gestione dei sinistri o di consulenza in un altro ramo esercitato dall'impresa;

b) indipendentemente dal fatto che l'impresa sia multiramo o specializzata, il personale non deve svolgere, per conto di altra impresa autorizzata all'esercizio delle assicurazioni contro i danni che abbia con la prima legami finanziari, commerciali o amministrativi, attività di gestione dei sinistri o di consulenza in altri rami esercitati dall'impresa con la quale intercorrono i predetti legami.

4. L'impresa deve dichiarare nel contratto se intende avvalersi della facoltà di cui al comma 2, lettera *b*), indicando la denominazione sociale dell'impresa alla quale affida la gestione dei sinistri. Quando l'impresa ha legami con un'altra impresa che esercita le assicurazioni contro i danni, il personale incaricato della gestione dei sinistri o della relativa consulenza non può esercitare la stessa o analoga attività in altri rami esercitati da quest'ultima impresa. L'impresa cui sia affidata la gestione dei sinistri è soggetta alla vigilanza dell'IVASS.

5. L'impresa può adottare una diversa modalità operativa previa comunicazione all'IVASS e con effetto solo per i contratti stipulati successivamente alla comunicazione medesima.

Titolo XII
Norme relative ai contratti di assicurazione

Capo I
Disposizioni generali

165. Raccordo con le disposizioni del codice civile. – 1. Fermo restando quanto diversamente disposto dal presente codice, i contratti di assicurazione, coassicurazione e riassicurazione rimangono disciplinati dalle norme del codice civile.

166. Criteri di redazione. – 1. Il contratto e ogni altro documento consegnato dall'impresa al contraente va redatto in modo chiaro ed esauriente.

2. Le clausole che indicano decadenze, nullità o limitazione delle garanzie ovvero oneri a carico del contraente o dell'assicurato sono riportate mediante caratteri di particolare evidenza.

167. Nullità dei contratti conclusi con imprese non autorizzate. – 1. È nullo il contratto di assicurazione stipulato con un'impresa non autorizzata o con un'impresa alla quale sia fatto divieto di assumere nuovi affari.

2. La nullità può essere fatta valere solo dal contraente o dall'assicurato. La pronuncia di nullità obbliga alla restituzione dei premi pagati. In ogni caso non sono ripetibili gli indennizzi e le somme eventualmente corrisposte o dovute dall'impresa agli assicurati ed agli altri aventi diritto a prestazioni assicurative.

168. Effetti del trasferimento di portafoglio, della fusione e della scissione. – 1. Ad integrazione di quanto previsto dall'articolo 1902, primo comma, del codice civile, il trasferimento di portafoglio, che sia autorizzato in conformità a quanto previsto dagli articoli 198 e 200, non è causa di risoluzione dei contratti, ma i contraenti che hanno il domicilio o, se persone giuridiche, la sede legale nel territorio della Repubblica possono recedere entro il termine di sessanta giorni dalla pubblicazione del provvedimento di autorizzazione, se il trasferimento avviene a favore di un'impresa di assicurazione che ha la sede legale all'estero oppure a favore di una sede secondaria all'estero di un'impresa che ha la sede legale nel territorio della Repubblica.

2. Nei casi previsti dal comma 1, se il trasferimento riguarda contratti per l'assicurazione obbligatoria della responsabilità civile derivante dalla circolazione dei veicoli a motore e dei natanti, i soggetti che hanno diritto ad un risarcimento possono agire direttamente, entro i limiti delle somme per le quali è stata stipulata l'assicurazione, nei confronti dell'impresa italiana cedente sino alla pubblicazione del provvedimento di autorizzazione rilasciato dall'IVASS.

3. Ad integrazione di quanto previsto dall'articolo 1902, primo comma, del codice civile, il trasferimento del portafoglio di imprese di assicurazione di altri Stati membri, che sia stato autorizzato dall'autorità di vigilanza dello Stato membro di origine dell'impresa cedente ed effettuato con l'assenso dell'IVASS, non è causa di risoluzione dei contratti trasferiti, ma i contraenti che hanno il domicilio o, se persone giuridiche, la sede legale nel territorio della Repubblica possono recedere dai rispettivi contratti entro il termine di sessanta giorni dalla pubblicazione dell'avviso di cui all'articolo 199, comma 6.

4. Ad integrazione di quanto previsto dall'articolo 1902, primo comma, del codice civile, le disposizioni di cui al presente articolo si applicano anche ai trasferimenti di portafoglio conseguenti ad una fusione o ad una scissione.

169. Effetti della liquidazione coatta di imprese di assicurazione. – 1. Ad integrazione di quanto previsto dall'articolo 1902, secondo comma, del codice civile, i contratti di assicurazione in corso di esecuzione alla data di pubblicazione nella *Gazzetta Ufficiale* del provvedimento di liquidazione continuano a coprire i rischi fino al sessantesimo giorno successivo.

2. Gli assicurati hanno facoltà di recesso, dopo la pubblicazione del provvedimento di liquidazione, mediante raccomandata con avviso di ricevimento. Il recesso ha effetto dal giorno successivo a quello di ricevimento della comunicazione da parte della liquidazione.

3. In deroga al comma 1, i contratti di assicurazione obbligatoria della responsabilità civile per i danni causati dalla circolazione dei veicoli a motore e dei natanti, in corso di esecuzione alla data di pubblicazione del provvedimento di liquidazione, continuano, nei limiti delle somme minime per cui è obbligatoria l'assicurazione, a coprire i rischi fino alla scadenza del contratto o del periodo di tempo per il quale è stato pagato il premio.

Capo II
Assicurazione obbligatoria della responsabilità civile derivante dalla circolazione dei veicoli a motore e dei natanti

170. Divieto di abbinamento. – 1. Ai fini dell'adempimento dell'obbligo di assicurazione dei veicoli a motore, le imprese non possono subordinare la conclusione di un contratto per l'assicurazione obbligatoria della responsabilità civile alla conclusione di ulteriori contratti assicurativi, bancari o finanziari.

2. In deroga al comma 1, al fine di garantire il recupero della franchigia eventualmente prevista a carico del contraente, le imprese possono pattuire idonee forme di garanzia, se le stesse non determinano spese aggiuntive e se il premio risulta inferiore a quello che sarebbe stato altrimenti applicato in assenza di franchigia con recupero garantito.

3. In deroga al comma 1, le imprese possono proporre polizze per l'assicurazione obbligatoria della responsabilità civile derivante dalla circolazione dei veicoli in abbinamento ad altri contratti assicurativi, bancari o finanziari a condizione che tali proposte non costituiscano l'unica offerta dell'impresa e siano osservate le disposizioni previste dal testo unico bancario e dal testo unico dell'intermediazione finanziaria per l'offerta dei contratti dai medesimi disciplinati.

4. I contratti conclusi ai sensi dei commi 2 e 3, compresi quelli bancari e finanziari, possono essere contestualmente risolti dal contraente nel caso previsto dall'articolo 172.

170 *bis*. (1) **Durata del contratto.** – 1. Il contratto di assicurazione obbligatoria della responsabilità civile derivante dalla circolazione dei veicoli a motore e dei natanti ha durata annuale o, su richiesta dell'assicurato, di anno più frazione, si risolve automaticamente alla sua scadenza naturale e non può essere tacitamente rinnovato, in deroga all'articolo 1899, primo e secondo comma, del codice civile. L'impresa di assicurazione è tenuta ad avvisare il contraente della scadenza del contratto con preavviso di almeno trenta giorni e a mantenere operante, non oltre il quindicesimo giorno successivo alla scadenza del contratto, la garanzia prestata con il precedente contratto assicurativo fino all'effetto della nuova polizza.

1 *bis*. La risoluzione di cui al comma 1 si applica anche alle assicurazioni dei rischi accessori al rischio principale della responsabilità civile deri-

vante dalla circolazione dei veicoli, qualora lo stesso contratto, ovvero un altro contratto stipulato contestualmente, garantisca simultaneamente sia il rischio principale sia i rischi accessori (2).

(1) *Questo articolo è stato inserito dall'art. 22, comma 1, del D.L. 18 ottobre 2012, n. 179, convertito, con modificazioni, nella L. 17 dicembre 2012, n. 221. Si vedano inoltre i commi 2 e 3 del medesimo articolo 22 di cui si riporta il testo:*

«2. Per le clausole di tacito rinnovo eventualmente previste nei contratti stipulati precedentemente alla data di entrata in vigore del presente decreto, le previsioni di cui al comma 3 dell'articolo 170 bis del decreto legislativo 7 settembre 2005, n. 209 (Codice delle assicurazioni private), si applicano a fare data dal 1° gennaio 2013.

3. Nelle ipotesi di contratti in corso di validità alla data di entrata in vigore del presente decreto con clausola di tacito rinnovo, è fatto obbligo alle imprese di assicurazione di comunicare per iscritto ai contraenti la perdita di efficacia delle clausole di tacito rinnovo con congruo anticipo rispetto alla scadenza del termine originariamente pattuito nelle medesime clausole per l'esercizio della facoltà di disdetta del contratto.»

(2) *Questo comma è stato aggiunto dall'art. 1, comma 25, della L. 4 agosto 2017, n. 124.*

171. Trasferimento di proprietà del veicolo o del natante. – 1. Il trasferimento di proprietà del veicolo o del natante determina, a scelta irrevocabile dell'alienante, uno dei seguenti effetti:

a) la risoluzione del contratto a far data dal perfezionamento del trasferimento di proprietà, con diritto al rimborso del rateo di premio relativo al residuo periodo di assicurazione al netto dell'imposta pagata e del contributo obbligatorio di cui all'articolo 334;

b) la cessione del contratto di assicurazione all'acquirente;

c) la sostituzione del contratto per l'assicurazione di altro veicolo o, rispettivamente, di un altro natante di sua proprietà, previo l'eventuale conguaglio del premio.

2. Eseguito il trasferimento di proprietà, l'alienante informa contestualmente l'impresa di assicurazione e l'acquirente se, insieme al veicolo, viene ceduto il contratto di assicurazione.

3. La garanzia è valida per il nuovo veicolo o natante dalla data del rilascio del nuovo certificato e, ove occorra, del nuovo contrassegno relativo al veicolo o al natante secondo le modalità previste dal regolamento adottato, su proposta dell'IVASS, dal Ministro dello sviluppo economico.

172. Diritto di recesso. – 1. In caso di variazioni tariffarie, escluse quelle connesse all'applicazione di regole evolutive nelle varie formule tariffarie, superiori al tasso programmato di inflazione, il contraente può recedere dall'assicurazione mediante comunicazione da effettuarsi con raccomandata con avviso di ricevimento o consegnata a mano, ovvero a mezzo telefax, inviati alla sede dell'impresa o all'intermediario presso il quale è stata stipulata la polizza entro il giorno di scadenza del contratto. In tal caso non si applica a favore del contraente il termine di tolleranza previsto dall'articolo 1901, secondo comma, del codice civile.

2. Fatto salvo quanto previsto dal comma 1, la disdetta del contratto è inviata a mezzo telefax o raccomandata almeno quindici giorni prima della data di scadenza indicata nella polizza.

3. Le disposizioni del presente articolo sono derogabili esclusivamente in senso più favorevole al contraente.

Capo III
Assicurazione di tutela legale e assicurazione di assistenza

173. Assicurazione di tutela legale. – 1. L'assicurazione di tutela legale è il contratto con il quale l'impresa di assicurazione, verso pagamento di un premio, si obbliga a prendere a carico le spese legali peritali o a fornire prestazioni di altra natura, occorrenti all'assicurato per la difesa dei suoi interessi in sede giudiziale, in ogni tipo di procedimento, o in sede extragiudiziale, soprattutto allo scopo di conseguire il risarcimento di danni subiti o per difendersi contro una domanda di risarcimento avanzata nei suoi confronti, purché non proposta dall'impresa che presta la copertura assicurativa di tutela legale.

2. Qualora l'assicurazione di tutela legale sia prestata cumulativamente con altre assicurazioni, con un unico contratto, il suo contenuto, le condizioni contrattuali ad essa applicabili ed il relativo premio debbono essere indicati in un'apposita distinta sezione del contratto.

174. Diritti dell'assicurato nell'assicurazione di tutela legale. – 1. Il contratto di assicurazione di tutela legale deve espressamente prevedere in funzione di tutela dell'assicurato che il medesimo, qualora necessiti dell'assistenza di un professionista per la difesa o la rappresentanza dei propri interessi in un procedimento giudiziario o amministrativo oppure nel caso di conflitto di interessi con l'impresa stessa, abbia la facoltà di scelta del professionista, purché quest'ultimo sia abilitato secondo la normativa applicabile.

2. In caso di disaccordo tra l'assicurato e l'impresa sulla gestione del sinistro, le parti possono adire l'autorità giudiziaria o demandare la decisione sul comportamento da tenere ad un arbitro che provvede secondo equità. Tale seconda facoltà deve essere esplicitamente prevista nel contratto.

3. Fermo restando il diritto dell'assicurato di avvalersi della facoltà di cui al comma 1, non è necessario che le condizioni di contratto prevedano

espressamente la medesima facoltà quando sono cumulativamente soddisfatte le seguenti condizioni:

a) l'assicurazione di tutela legale è limitata a controversie derivanti dall'utilizzazione di veicoli stradali nel territorio della Repubblica;

b) la medesima è collegata ad un contratto di assicurazione di assistenza da prestare in caso di incidente o guasto relativamente allo stesso veicolo;

c) né l'impresa di assicurazione della tutela legale né l'impresa di assicurazione dell'assistenza esercitano il ramo della responsabilità civile.

4. Nell'ipotesi di cui al comma 3, qualora l'impresa assicuri per la tutela legale entrambe le parti della controversia, queste devono essere assistite e rappresentate da avvocati, o altri soggetti abilitati dalla legislazione vigente, indipendenti dall'impresa di assicurazione.

5. Ogni qualvolta sorga un conflitto di interessi tra l'assicurato e l'impresa di assicurazione o esista disaccordo in merito alla gestione dei sinistri, l'impresa richiama per iscritto l'attenzione dell'assicurato sulla possibilità di avvalersi dei diritti di cui al presente articolo ovvero sulla possibilità di avvalersi dell'arbitrato di cui al comma 2.

175. Assicurazione di assistenza. – 1. L'assicurazione di assistenza è il contratto con il quale l'impresa di assicurazione, verso il pagamento di un premio, si impegna a fornire all'assicurato una prestazione di immediato aiuto entro i limiti convenuti nel contratto, nel caso in cui l'assicurato stesso si trovi in una situazione di difficoltà al seguito del verificarsi di un evento fortuito.

2. L'aiuto può essere in denaro o in natura. Le prestazioni in natura possono essere fornite anche utilizzando personale e attrezzature di terzi.

Capo IV
Assicurazione sulla vita

176. Revocabilità della proposta. – 1. La proposta relativa ad un contratto individuale di assicurazione sulla vita di cui ai rami I, II, III e V dell'articolo 2, comma 1, è revocabile.

2. Le somme eventualmente pagate dal contraente devono essere restituite dall'impresa di assicurazione entro trenta giorni dal momento in cui ha ricevuto comunicazione della revoca.

3. Le disposizioni del presente articolo non si applicano ai contratti di durata pari od inferiore a sei mesi.

177. Diritto di recesso. – 1. Il contraente può recedere da un contratto individuale di assicurazione sulla vita entro trenta giorni dal momento in cui ha ricevuto comunicazione che il contratto è concluso.

2. L'impresa di assicurazione deve informare il contraente del diritto di recesso di cui al comma 1. I termini e le modalità per l'esercizio dello stesso devono essere espressamente evidenziati nella proposta e nel contratto di assicurazione.

3. L'impresa di assicurazione, entro trenta giorni dal ricevimento della comunicazione relativa al recesso, rimborsa al contraente il premio eventualmente corrisposto, al netto della parte relativa al periodo per il quale il contratto ha avuto effetto. L'impresa di assicurazione ha diritto al rimborso delle spese effettivamente sostenute per l'emissione del contratto, a condizione che siano individuate e quantificate nella proposta e nel contratto.

4. Le disposizioni di cui al presente articolo non si applicano ai contratti di durata pari od inferiore a sei mesi.

178. Inversione dell'onere della prova nei giudizi risarcitori. – 1. Nei giudizi di risarcimento dei danni cagionati al contraente di un contratto di assicurazione sulla vita di cui ai rami III e V dell'articolo 2, comma 1, spetta all'impresa l'onere della prova di aver agito con la specifica diligenza richiesta.

Capo V
Capitalizzazione

179. Nozione. – 1. La capitalizzazione è il contratto mediante il quale l'impresa di assicurazione si impegna, senza convenzione relativa alla durata della vita umana, a pagare somme determinate al decorso di un termine prestabilito in corrispettivo di premi, unici o periodici, che sono effettuati in denaro o mediante altre attività.

2. Quando i contratti prevedono il periodico sorteggio ai fini dell'anticipato pagamento del capitale convenuto, nei successivi sorteggi deve essere estratto un numero uguale o crescente di contratti, non superiore, nell'anno, a cinque per ogni cento contratti emessi. I sorteggi devono essere effettuati ad intervalli non inferiori al semestre.

3. I contratti di capitalizzazione non possono avere durata inferiore a cinque anni. Nel caso di contratti con premi periodici, i versamenti possono essere stabiliti sia in misura costante sia in misura variabile, purché quest'ultima modalità sia prevista contrattualmente.

4. Il contraente può recedere dal contratto nei termini e con le modalità di cui all'articolo 177. Il riscatto è consentito a partire dal secondo anno ed a condizione che il contraente abbia corrisposto il premio per un'intera annualità.

Capo VI
Legge applicabile

180. Contratti di assicurazione contro i danni. – 1. I contratti di assicurazione contro i danni sono regolati dalla legge italiana, ferme le norme di diritto internazionale privato, quando lo Stato membro di ubicazione del rischio è la Repubblica italiana.

2. Le parti possono convenire di assoggettare il contratto alla legislazione di un altro Stato, salvo i limiti derivanti dall'applicazione di norme imperative.

3. Le disposizioni specifiche relative ad una assicurazione obbligatoria, previste dallo Stato che impone l'obbligo, prevalgono su quelle della legge applicabile al contratto; quando quest'ultimo preveda una garanzia destinata ad operare in più Stati, prevalgono le disposizioni specifiche dello Stato interessato.

4. I contratti di assicurazione contro i danni relativi a rischi ubicati in un altro Stato membro sono regolati dalla legislazione del medesimo Stato.

5. Qualora il rischio sia ubicato in uno Stato terzo, si applicano le disposizioni della Convenzione di Roma del 19 giugno 1980, sulla legge applicabile alle obbligazioni contrattuali, resa esecutiva con legge 18 dicembre 1984, n. 975.

181. Contratti di assicurazioni sulla vita. – 1. I contratti di assicurazione sulla vita sono regolati dalla legge italiana, ferme le norme di diritto internazionale privato, quando lo Stato membro dell'obbligazione è la Repubblica italiana.

2. Le parti possono tuttavia convenire di assoggettare il contratto alla legislazione di un altro Stato, salvo i limiti derivanti dall'applicazione di norme imperative.

3. I contratti di assicurazione sulla vita nei quali lo Stato membro dell'obbligazione è diverso dalla Repubblica italiana sono regolati dalla legislazione dello Stato membro dell'obbligazione.

4. Qualora il rischio sia ubicato in uno Stato terzo, si applicano le disposizioni della Convenzione di Roma del 19 giugno 1980, sulla legge applicabile alle obbligazioni contrattuali, resa esecutiva con legge 18 dicembre 1984, n. 975.

Titolo XIII
Trasparenza delle operazioni
e protezione dell'assicurato

Capo I
Disposizioni generali

182. Pubblicità dei prodotti assicurativi. – 1. La pubblicità utilizzata per i prodotti delle imprese di assicurazione è effettuata avendo riguardo alla correttezza dell'informazione ed alla conformità rispetto al contenuto della documentazione (1) informativa e delle condizioni di contratto cui i prodotti stessi si riferiscono.

2. I medesimi principi sono rispettati anche quando la pubblicità sia autonomamente effettuata dagli intermediari.

3. L'IVASS può richiedere, in via non sistematica, la trasmissione del materiale pubblicitario, nelle sue diverse forme, che è utilizzato dalle imprese e dagli intermediari.

4. L'IVASS sospende in via cautelare, per un periodo non superiore a novanta giorni, la diffusione della pubblicità in caso di fondato sospetto di violazione delle disposizioni in materia di trasparenza e correttezza.

5. L'IVASS vieta la diffusione della pubblicità in caso di accertata violazione delle disposizioni in materia di trasparenza e correttezza.

6. L'IVASS vieta la commercializzazione dei prodotti in caso di mancata ottemperanza ai provvedimenti di cui ai commi 4 e 5 secondo quanto previsto all'articolo 184, comma 2.

7. L'IVASS, con regolamento, stabilisce i criteri di riconoscibilità della pubblicità e di chiarezza e correttezza dell'informazione.

(1) *La parola: «nota» è stata così sostituita dalla attuale: «documentazione» dall'art. 1, comma 28, lett.* a)*, del D.L.vo 21 maggio 2018, n. 68.*

A norma dell'art. 4, comma 7, del medesimo decreto 68/2018, tali disposizioni trovano applicazione dal 1° ottobre 2018, conformemente a quanto previsto dalla direttiva (UE) 2018/411 del Parlamento europeo e del Consiglio, che modifica la direttiva (UE) 2016/97 per quanto riguarda la data di applicazione delle misure di recepimento degli Stati membri.

183. (1) **Regole di comportamento.** – 1. Nell'esecuzione (2) dei contratti le imprese [e gli intermediari] (3) devono:

a) comportarsi con diligenza, correttezza e trasparenza nei confronti dei contraenti e degli assicurati;

[*b*) acquisire dai contraenti le informazioni necessarie a valutare le esigenze assicurative o previdenziali ed operare in modo che siano sempre adeguatamente informati] ([4]);

c) organizzarsi in modo tale da identificare ed evitare conflitti di interesse ove ciò sia ragionevolmente possibile e, in situazioni di conflitto, agire in modo da consentire agli assicurati la necessaria trasparenza sui possibili effetti sfavorevoli e comunque gestire i conflitti di interesse in modo da escludere che rechino loro pregiudizio;

d) realizzare una gestione finanziaria indipendente, sana e prudente e adottare misure idonee a salvaguardare i diritti dei contraenti e degli assicurati.

2. L'IVASS adotta, con regolamento, specifiche disposizioni relative alla determinazione delle regole di comportamento da osservare nei rapporti con i contraenti, in modo che l'attività si svolga con correttezza e con adeguatezza rispetto alle specifiche esigenze dei singoli.

3. L'IVASS tiene conto, nel regolamento, delle differenti esigenze di protezione dei contraenti e degli assicurati, nonché della natura dei rischi e delle obbligazioni assunte dall'impresa, individua le categorie di soggetti che non necessitano in tutto o in parte della protezione riservata alla clientela non qualificata e determina modalità, limiti e condizioni di applicazione delle medesime disposizioni nell'offerta e nell'esecuzione dei contratti di assicurazione dei rami danni, tenendo in considerazione le particolari caratteristiche delle varie tipologie di rischio.

([1]) *Si veda il provvedimento ISVAP 16 novembre 2006 (pubblicato in* G.U. *Serie gen. n. 281 del 2 dicembre 2006).*

([2]) *Le parole: «Nell'offerta e nell'esecuzione» sono state così sostitute dalle attuali: «Nell'esecuzione» dall'art. 1, comma 29, lett.* a), *del D.L.vo 21 maggio 2018, n. 68.*

A norma dell'art. 4, comma 7, del medesimo decreto 68/2018, tali disposizioni trovano applicazione dal 1° ottobre 2018, conformemente a quanto previsto dalla direttiva (UE) 2018/411 del Parlamento europeo e del Consiglio, che modifica la direttiva (UE) 2016/97 per quanto riguarda la data di applicazione delle misure di recepimento degli Stati membri.

([3]) *Le parole tra parentesi quadrate sono state soppresse dall'art. 1, comma 29, lett.* a), *del D.L.vo 21 maggio 2018, n. 68.*

A norma dell'art. 4, comma 7, del medesimo decreto 68/2018, tali disposizioni trovano applicazione dal 1° ottobre 2018, conformemente a quanto previsto dalla direttiva (UE) 2018/411 del Parlamento europeo e del Consiglio, che modifica la direttiva (UE) 2016/97 per quanto riguarda la data di applicazione delle misure di recepimento degli Stati membri.

([4]) *Questa lettera è stata abrogata dall'art. 1, comma 29, lett.* b), *del D.L.vo 21 maggio 2018, n. 68.*

A norma dell'art. 4, comma 7, del medesimo decreto 68/2018, tali disposizioni trovano applicazione dal 1° ottobre 2018, conformemente a quanto previsto dalla direttiva (UE) 2018/411 del Parlamento europeo e del Consiglio, che modifica la direttiva (UE) 2016/97 per quanto riguarda la data di applicazione delle misure di recepimento degli Stati membri.

184. Misure cautelari ed interdittive. – 1. Avuto riguardo all'obiettivo di protezione degli assicurati, l'IVASS sospende in via cautelare, per un periodo non superiore a novanta giorni, la commercializzazione del prodotto in caso di fondato sospetto di violazione delle disposizioni del presente titolo o delle relative norme di attuazione, nonché delle disposizioni in materia di requisiti di Governo e controllo del prodotto di cui agli articoli 30 *decies*, 121 *bis* e 121 *ter* (1).

2. L'IVASS vieta la commercializzazione in caso di accertata violazione delle disposizioni indicate al comma 1 e dispone, a cura e spese dell'impresa o del distributore (2) interessato, la diffusione al pubblico, mediante le forme più utili alla generale conoscibilità, dei provvedimenti adottati.

(1) *Questo comma è stato così sostituito dall'art. 1, comma 30, lett.* a), *del D.L.vo 21 maggio 2018, n. 68.*

A norma dell'art. 4, comma 7, del medesimo decreto 68/2018, le disposizioni di cui a questo comma, trovano applicazione dal 1° ottobre 2018, conformemente a quanto previsto dalla direttiva (UE) 2018/411 del Parlamento europeo e del Consiglio, che modifica la direttiva (UE) 2016/97 per quanto riguarda la data di applicazione delle misure di recepimento degli Stati membri.

(2) *Le parole: «dell'intermediario» sono state così sostituite dalle attuali: «del distributore» dall'art. 1, comma 30, lett.* b), *del D.L.vo 21 maggio 2018, n. 68.*

A norma dell'art. 4, comma 7, del medesimo decreto 68/2018, tali disposizioni trovano applicazione dal 1° ottobre 2018, conformemente a quanto previsto dalla direttiva (UE) 2018/411 del Parlamento europeo e del Consiglio, che modifica la direttiva (UE) 2016/97 per quanto riguarda la data di applicazione delle misure di recepimento degli Stati membri.

Capo II
Obblighi di informazione

185. ([1]) **Documentazione informativa.** – 1. Le imprese di assicurazione e gli intermediari che realizzano prodotti assicurativi da vendere ai clienti redigono i seguenti documenti:

a) il documento informativo precontrattuale per i prodotti assicurativi danni di cui all'articolo 185 *bis*, redatto in conformità a quanto stabilito dal regolamento di esecuzione (UE) 2017/1469 dell'11 agosto 2017 (DIP);

b) il documento informativo precontrattuale per i prodotti assicurativi vita di cui all'articolo 185 *ter*, diversi da quelli indicati alla lettera *c*) (DIP - Vita);

c) il documento informativo per i prodotti di investimento redatto in conformità a quanto stabilito dal regolamento (UE) n. 1286/2014 del 26 novembre 2014 e relative norme di attuazione (KID).

2. Le imprese di assicurazione e gli intermediari che realizzano prodotti assicurativi redigono altresì il documento informativo precontrattuale aggiuntivo.

3. Fatto salvo quanto previsto dal testo unico dell'intermediazione finanziaria e dalle relative disposizioni di attuazione in materia di informativa precontrattuale, il documento informativo precontrattuale aggiuntivo di cui al comma 2 contiene le informazioni, diverse da quelle pubblicitarie o promozionali, integrative e complementari rispetto a quelle contenute nei documenti di cui al comma 1 che, tenendo conto della complessità e delle caratteristiche del prodotto, del tipo del cliente e delle caratteristiche dell'impresa di assicurazione, sono necessarie affinché il cliente possa pervenire ad una decisione informata su diritti e obblighi contrattuali e, ove opportuno, sulla situazione patrimoniale dell'impresa. Il documento informativo precontrattuale aggiuntivo contiene il riferimento alla relazione sulla solvibilità e sulla condizione finanziaria dell'impresa di cui all'articolo 47 *septies*. Il documento informativo precontrattuale aggiuntivo indica la procedura da seguire in caso di reclamo, l'organismo o l'autorità eventualmente competente e la legge applicabile.

4. L'IVASS, con regolamento, disciplina il contenuto, lo schema e le istruzioni di compilazione del documento informativo precontrattuale aggiuntivo.

5. L'IVASS determina con regolamento le informazioni che devono essere comunicate al contraente di un'assicurazione sulla vita per tutto il periodo di durata del contratto.

([1]) *L'originario articolo 185 è stato così sostituito dagli attuali articoli 185, 185* bis *e 185* ter, *dall'art. 1, comma 31, del D.L.vo 21 maggio 2018, n. 68.*

A norma dell'art. 4, comma 7, del medesimo decreto 68/2018, le disposizioni di cui a questo articolo, trovano applicazione dal 1° ottobre 2018, conformemente a quanto previsto dalla direttiva (UE) 2018/411 del Parlamento europeo e del Consiglio, che modifica la direttiva (UE) 2016/97 per quanto riguarda la data di applicazione delle misure di recepimento degli Stati membri.

185 *bis*. (¹) **Documento informativo precontrattuale per i prodotti assicurativi danni.** – 1. Il documento informativo standardizzato per i prodotti assicurativi danni di cui all'articolo 185, comma 1, lettera *a*), ha le seguenti caratteristiche:

a) è un documento sintetico e autonomo;

b) è presentato e strutturato in modo tale da essere chiaro e di facile lettura e ha caratteri di dimensione leggibile;

c) non è meno comprensibile nel caso in cui, prodotto originariamente a colori, sia stampato o fotocopiato in bianco e nero;

d) è redatto in lingua italiana o in altra lingua concordata dalle parti;

e) è preciso e non fuorviante;

f) contiene il titolo «documento informativo relativo al prodotto assicurativo» nella parte in alto della prima pagina;

g) contiene la dichiarazione in base alla quale le informazioni precontrattuali e contrattuali complete sono fornite in altri documenti.

2. Il documento informativo standardizzato di cui al comma 1 contiene:

a) le informazioni sul tipo di assicurazione;

b) una sintesi della copertura assicurativa, compresi i principali rischi assicurati, la somma assicurata e, ove del caso, l'ambito geografico e una sintesi dei rischi esclusi;

c) le modalità e la durata di pagamento dei premi;

d) le principali esclusioni per le quali non è possibile presentare una richiesta di risarcimento;

e) gli obblighi all'inizio del contratto;

f) gli obblighi nel corso della durata del contratto;

g) gli obblighi in caso di presentazione di una richiesta di risarcimento;

h) le condizioni del contratto, inclusa la data di inizio e di fine del periodo di copertura;

i) le modalità di risoluzione del contratto.

(¹) *L'originario articolo 185 è stato così sostituito dagli attuali articoli 185, 185* bis *e 185* ter*, dall'art. 1, comma 31, del D.L.vo 21 maggio 2018, n. 68.*

A norma dell'art. 4, comma 7, del medesimo decreto 68/2018, le disposizioni di cui a questo articolo, trovano applicazione dal 1° ottobre 2018, conformemente a quanto previsto dalla direttiva (UE) 2018/411 del Parlamento europeo e del Consiglio, che modi-

fica la direttiva (UE) 2016/97 per quanto riguarda la data di applicazione delle misure di recepimento degli Stati membri.

185 *ter*. (1) Documento informativo precontrattuale per i prodotti assicurativi vita. – 1. Il documento informativo precontrattuale per i prodotti assicurativi vita di cui all'articolo 185, comma 1, lettera *b*), ha le seguenti caratteristiche:

a) è un documento sintetico e autonomo;

b) è presentato e strutturato in modo da contenere informazioni accurate, corrette, chiare, non fuorvianti e coerenti con la documentazione del prodotto assicurativo cui si riferisce;

c) non è meno comprensibile nel caso in cui, prodotto originariamente a colori, sia stampato o fotocopiato in bianco e nero;

d) è redatto in lingua italiana o in altra lingua concordata dalle parti;

e) contiene il titolo «documento informativo relativo al prodotto assicurativo» nella parte in alto della prima pagina;

f) contiene la dichiarazione in base alla quale le informazioni precontrattuali e contrattuali complete sono fornite in altri documenti.

2. Il documento informativo standardizzato di cui al comma 1 contiene:

a) le informazioni sul tipo di assicurazione;

b) una sintesi della copertura assicurativa, compresi i rischi assicurati, la somma assicurata e gli eventuali rischi esclusi;

c) le modalità e la durata di pagamento dei premi;

d) i casi di esclusione della garanzia, ove presenti, per i quali non è possibile presentare una richiesta di risarcimento;

e) gli obblighi all'inizio del contratto;

f) gli obblighi nel corso della durata del contratto;

g) la documentazione da presentare nel caso di sinistro;

h) le condizioni del contratto, inclusa la data di inizio e di fine del periodo di copertura;

i) le modalità di risoluzione del contratto.

3. Il documento informativo di cui al comma 1 è redatto secondo il formato standardizzato come definito dall'IVASS con regolamento.

4. L'IVASS, con regolamento può stabilire le modalità specifiche di redazione del documento di cui al comma 1 nel caso di contratti di assicurazione con garanzie multirischio che, nel rispetto delle disposizioni dell'Unione europea direttamente applicabili, garantiscano che il cliente possa pervenire ad una decisione informata.

(1) *L'originario articolo 185 è stato così sostituito dagli attuali articoli 185, 185* bis *e 185* ter, *dall'art. 1, comma 31, del D.L.vo 21 maggio 2018, n. 68.*

A norma dell'art. 4, comma 7, del medesimo decreto 68/2018, le disposizioni di cui a questo articolo, trovano applicazione dal 1° ottobre 2018, conformemente a quanto previsto dalla direttiva (UE) 2018/411 del Parlamento europeo e del Consiglio, che modifica la direttiva (UE) 2016/97 per quanto riguarda la data di applicazione delle misure di recepimento degli Stati membri.

186. ([1]) **Interpello sul documento informativo precontrattuale aggiuntivo.** – 1. Fatto salvo quanto previsto dal Testo Unico dell'intermediazione finanziaria e dalle relative disposizioni di attuazione in materia di informativa precontrattuale, l'impresa può trasmettere preventivamente all'IVASS il documento informativo precontrattuale aggiuntivo, unitamente alle condizioni di contratto, allo scopo di richiedere un accertamento sulla corretta applicazione degli obblighi di informazione previsti dalle disposizioni del presente capo, fermo restando che la valutazione dell'IVASS non può essere utilizzata, a fini promozionali, nei rapporti con gli assicurati.

2. L'IVASS provvede a rendere nota all'impresa la sua valutazione entro sessanta giorni dal ricevimento della documentazione, esauriente e completa, relativa al contratto. Decorso tale termine senza che l'IVASS si sia pronunciato con un giudizio negativo o con un giudizio con rilievi ai sensi del comma 3, il documento informativo precontrattuale aggiuntivo si intende conforme agli obblighi di informazione. L'IVASS può disporre la revoca, previa notifica all'impresa interessata, qualora vengano meno i presupposti dell'accertamento ovvero se l'impresa abusa del provvedimento richiesto. L'IVASS indica all'impresa le eventuali integrazioni al documento informativo precontrattuale aggiuntivo.

3. Nel periodo occorrente all'istruttoria e sino al provvedimento dell'IVASS l'impresa non procede alla commercializzazione del prodotto.

4. L'IVASS stabilisce, con regolamento, le disposizioni per la comunicazione del documento informativo precontrattuale aggiuntivo, le modalità da osservare, prima della pubblicazione del documento stesso, per diffondere notizie o per svolgere indagini di mercato o per raccogliere intenzioni di sottoscrizione del contratto e per lo svolgimento della commercializzazione.

([1]) *Questo articolo è stato così sostituito dall'art. 1, comma 32, del D.L.vo 21 maggio 2018, n. 68.*

A norma dell'art. 4, comma 7, del medesimo decreto 68/2018, le disposizioni di cui a questo articolo, trovano applicazione dal 1° ottobre 2018, conformemente a quanto previsto dalla direttiva (UE) 2018/411 del Parlamento europeo e del Consiglio, che modifica la direttiva (UE) 2016/97 per quanto riguarda la data di applicazione delle misure di recepimento degli Stati membri.

187. ([1]) **Integrazione del documento informativo precontrattuale aggiuntivo.** – 1. Fatto salvo quanto previsto dal Testo Unico della Finanza e dalle relative disposizioni di attuazione in materia di informativa precontrattuale, l'IVASS, ferme restando le disposizioni del presente capo, può chiedere all'impresa di apportare modifiche al documento informativo precontrattuale aggiuntivo utilizzato, quando occorre fornire informazioni ulteriori e necessarie per la protezione degli assicurati.

([1]) Questo articolo è stato così sostituito dall'art. 1, comma 33, del D.L.vo 21 maggio 2018, n. 68.

A norma dell'art. 4, comma 7, del medesimo decreto 68/2018, le disposizioni di cui a questo articolo, trovano applicazione dal 1° ottobre 2018, conformemente a quanto previsto dalla direttiva (UE) 2018/411 del Parlamento europeo e del Consiglio, che modifica la direttiva (UE) 2016/97 per quanto riguarda la data di applicazione delle misure di recepimento degli Stati membri.

187 *bis*. ([1]) **Modalità di esercizio dei poteri di vigilanza.** – 1. I poteri di vigilanza sono esercitati in modo tempestivo e proporzionato.

([1]) Questo articolo è stato inserito dall'art. 1, comma 114, del D.L.vo 12 maggio 2015, n. 74.

Capo II *bis*
Controversie ([1])

([1]) Questo Capo è stato inserito dall'art. 1, comma 34, del D.L.vo 21 maggio 2018, n. 68.

A norma dell'art. 4, comma 7, del medesimo decreto 68/2018, le disposizioni di cui a questo Capo, trovano applicazione dal 1° ottobre 2018, conformemente a quanto previsto dalla direttiva (UE) 2018/411 del Parlamento europeo e del Consiglio, che modifica la direttiva (UE) 2016/97 per quanto riguarda la data di applicazione delle misure di recepimento degli Stati membri.

187 *ter*. ([1]) **Sistemi di risoluzione stragiudiziale delle controversie.** – 1. Fermo restando quanto previsto dall'articolo 32 *ter* del decreto legislativo 24 febbraio 1998, n. 58, i soggetti di cui all'articolo 6, commi 1, lettere *a*) e *d*) nonché gli intermediari assicurativi a titolo accessorio, aderiscono ai sistemi di risoluzione stragiudiziale delle controversie con la clientela relative alle prestazioni e ai servizi assicurativi derivanti da tutti i contratti di assicurazione, senza alcuna esclusione.

2. Con decreto del Ministro dello sviluppo economico, di concerto con il Ministro della giustizia, su proposta dell'IVASS, sono determinati, nel rispetto dei principi, delle procedure e dei requisiti di cui alla parte V, titolo 2 *bis* del decreto legislativo 6 settembre 2005, n. 206, i criteri di svolgimento delle procedure di risoluzione delle controversie di cui al comma 1, i criteri di composizione dell'organo decidente, in modo che risulti assicurata l'im-

parzialità dello stesso e la rappresentatività dei soggetti interessati, nonché la natura delle controversie, relative alle prestazioni e ai servizi assicurativi derivanti da un contratto di assicurazione, trattate dai sistemi di cui al presente articolo. Le procedure devono in ogni caso assicurare la rapidità, l'economicità e l'effettività della tutela.

3. Fermo restando quanto previsto dall'articolo 5, comma 1 *bis*, del decreto legislativo 4 marzo 2010, n. 28, le disposizioni di cui ai commi da 1 a 3 non pregiudicano il ricorso ad ogni altro strumento di tutela previsto dall'ordinamento.

4. Alla copertura delle relative spese di funzionamento, si provvede, senza nuovi o maggiori oneri per la finanza pubblica, con le risorse di cui agli articoli 335 e 336 del presente Codice.

(¹) *A norma dell'art. 4, comma 4, del D.L.vo 21 maggio 2018, n. 68, con decreto del Ministro dello sviluppo economico, su proposta dell'IVASS, sono determinate, in modo da gravare il minimo possibile sugli utenti, le modalità di contribuzione da parte degli stessi, al costo dei sistemi di risoluzione stragiudiziale delle controversie di cui a questo articolo.*

Titolo XVII
Sistemi di indennizzo

Capo I
Disposizioni generali sul sistema di indennizzo dei danni derivanti dalla circolazione dei veicoli a motore e dei natanti

283. Sinistri verificatisi nel territorio della Repubblica. – 1. Il Fondo di garanzia per le vittime della strada, costituito presso la CONSAP, risarcisce i danni causati dalla circolazione dei veicoli e dei natanti, per i quali vi è obbligo di assicurazione, nei casi in cui:

a) il sinistro sia stato cagionato da veicolo o natante non identificato;

b) il veicolo o natante non risulti coperto da assicurazione;

c) il veicolo o natante risulti assicurato presso una impresa operante nel territorio della Repubblica, in regime di stabilimento o di libertà di prestazione di servizi, e che al momento del sinistro si trovi in stato di liquidazione coatta o vi venga posta successivamente;

d) il veicolo sia posto in circolazione contro la volontà del proprietario, dell'usufruttuario, dell'acquirente con patto di riservato dominio o del locatario in caso di locazione finanziaria;

d bis) il veicolo sia stato spedito nel territorio della Repubblica italiana da uno Stato di cui all'articolo 1, comma 1, lettera bbb), e nel periodo indicato all'articolo 1, comma 1, lettera *fff*), numero 4 *bis*), lo stesso risulti coinvolto in un sinistro e sia privo di assicurazione (1);

d ter) il sinistro sia cagionato da un veicolo estero con targa non corrispondente o non più corrispondente allo stesso veicolo (1).

2. Nel caso di cui al comma 1, lettera *a*), il risarcimento è dovuto solo per i danni alla persona (2). In caso di danni gravi alla persona, il risarcimento è dovuto anche per i danni alle cose, il cui ammontare sia superiore all'importo di euro 500, per la parte eccedente tale ammontare (2). Nei casi di cui al comma 1, lettere *b*), *d bis*) e *d ter*) il risarcimento è dovuto per i danni alla persona, nonché per i danni alle cose (2). Nel caso di cui al comma 1, lettera *c*), il risarcimento è dovuto per i danni alla persona, nonché per i danni alle cose. Nel caso di cui al comma 1, lettera *d*), il risarcimento è dovuto, limitatamente ai terzi non trasportati e a coloro che sono trasportati contro la propria volontà ovvero che sono inconsapevoli della circolazione illegale, sia per i danni alla persona sia per i danni a cose.

3. Nel caso previsto dal comma 1, lettera *a*), il danno è risarcito nei limiti dei minimi di garanzia previsti, per ogni persona danneggiata e per ogni sinistro, nel regolamento di cui all'articolo 128 relativamente alle autovetture ad uso privato. La percentuale di inabilità permanente, la qualifica di convivente a carico e la percentuale di reddito del danneggiato da calcolare a favore di ciascuno dei conviventi a carico sono determinate in base alle norme del testo unico delle disposizioni per l'assicurazione obbligatoria contro gli infortuni sul lavoro e le malattie professionali.

4. Nei casi previsti dal comma 1, lettere *b*), *c*), *d*), *d bis*) e *d ter*), (3) il danno è risarcito nei limiti dei massimali indicati nel regolamento di cui all'articolo 128 per i veicoli o i natanti della categoria cui appartiene il mezzo che ha causato il danno.

5. Il Fondo di garanzia per le vittime della strada è surrogato, per l'importo pagato, nei diritti dell'assicurato, del danneggiato verso l'impresa posta in liquidazione coatta, beneficiando dello stesso trattamento previsto per i crediti di assicurazione indicati all'articolo 258, comma 4, lettera *a*). L'impresa di assicurazione che ha provveduto alla liquidazione del danno, ai sensi dell'articolo 150, ha diritto di regresso nei confronti del Fondo di garanzia per le vittime della strada in caso di liquidazione coatta dell'impresa di assicurazione del veicolo responsabile.

(1) *Questa lettera è stata aggiunta dall'art. 1, comma 9, lett.* a), *del D.L.vo 6 novembre 2007, n. 198.*

([2]) *Questo periodo è stato così sostituito dall'art. 1, comma 9, lett.* b), *del D.L.vo 6 novembre 2007, n. 198.*

([3]) *Le parole*: «e d)», *sono state così sostituite dalle attuali*: «, d), d bis) *e* d ter)», *dall'art. 1, comma 9, lett.* c), *del D.L.vo 6 novembre 2007, n. 198.*

284. Sinistri verificatisi in altro Stato membro. – 1. Il Fondo di garanzia per le vittime della strada è tenuto altresì a risarcire i sinistri causati sul territorio di un altro Stato membro da veicoli ivi immatricolati che siano assicurati presso un'impresa con sede legale in Italia operante in tale altro Stato in regime di stabilimento o di libertà di prestazione di servizi, che al momento del sinistro si trovi in stato di liquidazione coatta o vi venga posta successivamente. Si applica l'articolo 283, comma 5.

2. Il Ministro dello sviluppo economico autorizza, con decreto da pubblicare nella *Gazzetta Ufficiale*, la CONSAP a sottoscrivere le convenzioni con i fondi di garanzia degli altri Stati membri concernenti il risarcimento dei sinistri di cui al comma 1.

285. Fondo di garanzia per le vittime della strada. – 1. Il Fondo di garanzia per le vittime della strada è amministrato, sotto la vigilanza del Ministero dello sviluppo economico, dalla CONSAP con l'assistenza di un apposito comitato.

2. Il Ministro dello sviluppo economico disciplina, con regolamento, le condizioni e le modalità di amministrazione, di intervento e di rendiconto del Fondo di garanzia per le vittime della strada, nonché la composizione del comitato di cui al comma 1.

3. Le imprese autorizzate all'esercizio delle assicurazioni per la responsabilità civile per i danni causati dalla circolazione dei veicoli a motore e dei natanti sono tenute a versare annualmente alla CONSAP, gestione autonoma del Fondo di garanzia per le vittime della strada, un contributo commisurato al premio incassato per ciascun contratto stipulato in adempimento dell'obbligo di assicurazione.

4. Il regolamento di cui al comma 2 determina le modalità di fissazione annuale della misura del contributo ([1]), nel limite massimo del quattro per cento del premio imponibile, tenuto conto dei risultati della liquidazione dei danni che sono determinati nel rendiconto annualmente predisposto dal comitato di gestione del fondo.

([1]) *Le parole: «la misura del contributo» sono state così sostituite dalle attuali: «le modalità di fissazione annuale della misura del contributo» dall'art. 1, comma 209, del D.L.vo 12 maggio 2015, n. 74.*

Capo II
Liquidazione dei danni a cura dell'impresa designata

286. Liquidazione dei danni a cura dell'impresa designata. – 1. La liquidazione dei danni per i sinistri di cui all'articolo 283, comma 1, lettere *a*), *b*), *c*), *d*), d *bis*) e d *ter*), (1) è effettuata a cura di un'impresa designata dall'IVASS secondo quanto previsto nel regolamento adottato dal Ministro dello sviluppo economico. L'impresa provvede alla liquidazione dei danni anche per i sinistri verificatisi oltre la scadenza del periodo assegnato e fino alla data indicata nel provvedimento che designi altra impresa.

2. Le somme anticipate dalle imprese designate, comprese le spese ed al netto delle somme recuperate ai sensi dell'articolo 292, sono rimborsate dalla CONSAP – Fondo di garanzia per le vittime della strada, secondo le convenzioni, stipulate fra le imprese e il Fondo di garanzia per le vittime della strada, soggette all'approvazione del Ministero dello sviluppo economico (2) su proposta dell'IVASS.

3. Le imprese designate sono sottoposte, per l'attività oggetto delle convenzioni, alle direttive per il regolare svolgimento delle operazioni di liquidazione dei danni emanate in via generale o particolare dalla CONSAP.

(1) *Le parole*: «e d)», *sono state così sostituite dalle attuali*: «, d), d bis) e d ter)», *dall'art. 1, comma 10, del D.L.vo 6 novembre 2007, n. 198.*

(2) *Le parole: «Ministro delle attività produttive» sono state così sostituite dalle attuali: «Ministero dello sviluppo economico» dall'art. 1, comma 211, del D.L.vo 12 maggio 2015, n. 74.*

287. Esercizio dell'azione di risarcimento. – 1. Nelle ipotesi previste dall'articolo 283, comma 1, lettere *a*), *b*), *d*), d *bis*) e d *ter*), (1) l'azione per il risarcimento dei danni causati dalla circolazione dei veicoli e dei natanti, per i quali vi è obbligo di assicurazione, può essere proposta solo dopo che siano decorsi sessanta giorni da quello in cui il danneggiato abbia chiesto il risarcimento del danno, a mezzo raccomandata, all'impresa designata inviandone copia contestuale alla CONSAP (2) – Fondo di garanzia per le vittime della strada. Nell'ipotesi prevista dall'articolo 283, comma 1, lettera *c*), l'azione per il risarcimento dei danni può essere proposta solo dopo che siano decorsi sei mesi dal giorno in cui il danneggiato ha richiesto il risarcimento del danno.

2. Il danneggiato che, nell'ipotesi prevista dall'articolo 283, comma 1, lettera *a*), abbia fatto richiesta all'impresa designata inviandone copia contestuale alla CONSAP (2) – Fondo di garanzia per le vittime della strada, non è tenuto a rinnovare la domanda qualora successivamente venga identificata l'impresa di assicurazione del responsabile.

Leggi Complementari

3. L'azione per il risarcimento del danno deve essere esercitata esclusivamente nei confronti dell'impresa designata. La CONSAP – Fondo di garanzia per le vittime della strada può tuttavia intervenire nel processo, anche in grado di appello.

4. Nei casi previsti dall'art. 283, comma 1, lettere *b*), d *bis*) e d *ter*), deve essere convenuto in giudizio anche il responsabile del danno (3).

5. Nel giudizio promosso ai sensi dell'articolo 283, comma 1, lettera *c*), deve essere convenuto in giudizio anche il commissario liquidatore dell'impresa di assicurazione.

(1) *Le parole*: «e d)», *sono state così sostituite dalle attuali*: «, d), d bis) e d ter)», *dall'art. 1, comma 11, lett.* a), *del D.L.vo 6 novembre 2007, n. 198.*

(2) *Le parole: «all'impresa designata ed alla CONSAP» sono state così sostituite dalle attuali: «all'impresa designata, inviandone copia contestuale alla CONSAP» dall'art. 1, comma 210, del D.L.vo 12 maggio 2015, n. 74.*

(3) *Questo comma è stato così sostituito dall'art. 1, comma 11, lett.* b), *del D.L.vo 6 novembre 2007, n. 198.*

288. Diritti degli assicurati nei confronti del Fondo di garanzia per le vittime della strada. – 1. Gli assicurati con imprese che esercitano i rami di responsabilità civile dei veicoli a motore e dei natanti e che siano poste in liquidazione coatta possono far valere, nei limiti delle somme indicate dall'articolo 283, comma 4, i diritti derivanti dal contratto nei confronti della CONSAP – Fondo di garanzia per le vittime della strada, agendo nei confronti dell'impresa designata per il territorio in cui è avvenuto il sinistro.

289. Effetti della liquidazione coatta sulle sentenze passate in giudicato e sui giudizi pendenti. – 1. Le sentenze ottenute dal danneggiato nei confronti dell'impresa di assicurazione sono opponibili, se passate in giudicato prima che sia stato pubblicato il decreto di liquidazione coatta, all'impresa designata per il risarcimento dei danni entro i limiti fissati dall'articolo 283, comma 4.

2. Se il decreto di liquidazione coatta interviene prima della formazione del giudicato, il processo prosegue, nei confronti del commissario liquidatore e dell'impresa designata, decorsi sei mesi dalla pubblicazione del decreto di liquidazione coatta. In ogni caso le pronunce sono opponibili, entro i limiti di risarcibilità fissati dall'articolo 283, comma 4, nei confronti dell'impresa designata.

3. La disposizione di cui al comma 1 si applica anche per le ordinanze ottenute dal danneggiato che versi in stato di bisogno.

290. Prescrizione dell'azione. – 1. L'azione diretta che spetta al danneggiato nei confronti dell'impresa designata, nei casi previsti dall'articolo 283, comma 1, lettere *a*), *b*), *d*), d *bis*) e d *ter*), (1) è soggetta al termine di prescrizione cui sarebbe soggetta l'azione verso il responsabile.

2. L'azione che spetta al danneggiato nei confronti dell'impresa designata, nel caso previsto dall'articolo 283, comma 1, lettera *c*), è proponibile fino a che non sia prescritta l'azione nei confronti dell'impresa posta in liquidazione coatta.

(1) *Le parole*: «e d)», *sono state così sostituite dalle attuali*: «, d), d bis) *e* d ter)», *dall'art. 1, comma 12, del D.L.vo 6 novembre 2007, n. 198.*

291. Pluralità di danneggiati e supero del massimale. – 1. Qualora vi siano più persone danneggiate nello stesso sinistro ed il risarcimento dovuto dal responsabile superi le somme assicurate, i diritti delle persone danneggiate nei confronti dell'impresa designata sono proporzionalmente ridotti fino alla concorrenza del limite di risarcibilità rispettivamente indicato dai commi 3 o 4 dell'articolo 283.

2. L'impresa designata che, decorsi trenta giorni dall'incidente e ignorando l'esistenza di altre persone danneggiate, pur avendone ricercata l'identificazione con la normale diligenza, ha pagato ad alcuna di esse una somma superiore alla quota spettante, risponde verso le altre persone danneggiate nei limiti dell'eccedenza della somma assicurata rispetto alla somma versata.

3. Nel caso di cui al comma 2, le altre persone danneggiate, il cui credito rimanesse insoddisfatto, hanno diritto di ripetere, da chi abbia ricevuto il risarcimento dall'impresa di assicurazione, quanto sarebbe loro spettato in applicazione del comma 1.

4. Nei giudizi promossi fra l'impresa di assicurazione designata e le persone danneggiate sussiste litisconsorzio necessario, applicandosi l'articolo 102 del codice di procedura civile. L'impresa di assicurazione designata può effettuare il deposito di una somma, nei limiti del massimale, con effetto liberatorio nei confronti di tutte le persone aventi diritto al risarcimento, se il deposito è irrevocabile e vincolato a favore di tutti i danneggiati.

292. Diritto di regresso e di surroga dell'impresa designata. – 1. L'impresa designata che, anche in via di transazione, ha risarcito il danno nei casi previsti dall'articolo 283, comma 1, lettere *a*), *b*), *d*), d *bis*) e d *ter*), (1) ha azione di regresso nei confronti dei responsabili del sinistro per il recupero dell'indennizzo pagato nonché degli interessi e delle spese.

2. Nel caso previsto dall'articolo 283, comma 1, lettera *c*), l'impresa designata che, anche in via di transazione, ha risarcito il danno è surrogata, per l'importo pagato, nei diritti dell'assicurato e del danneggiato verso l'impre-

sa posta in liquidazione coatta con gli stessi privilegi stabiliti dalla legge a favore dei medesimi.

(¹) *Le parole*: «e d)», *sono state così sostituite dalle attuali*: «, d), d bis) e d ter)», *dall'art. 1, comma 13, del D.L.vo 6 novembre 2007, n. 198.*

Capo III

Liquidazione dei danni
a cura del commissario
dell'impresa in liquidazione coatta

293. Liquidazione dei danni a cura del commissario dell'impresa in liquidazione coatta. – 1. Il commissario dell'impresa in liquidazione può essere autorizzato, nel decreto che dispone la liquidazione coatta, a procedere, anche per conto del Fondo di garanzia per le vittime della strada ed in deroga all'articolo 286, comma 1, alla liquidazione dei danni causati dalla circolazione dei veicoli e dei natanti verificatisi anteriormente alla pubblicazione del decreto di liquidazione, nonché di quelli verificatisi successivamente e fino alla scadenza dei contratti di assicurazione in corso o del periodo di tempo per il quale è stato pagato il premio.

2. La CONSAP – Fondo di garanzia per le vittime della strada anticipa al commissario le somme occorrenti per le spese del procedimento di liquidazione dei danni nei limiti di quanto previsto nel regolamento di cui all'articolo 285, comma 2. In caso di insufficienza dell'attivo le somme erogate restano definitivamente a carico della CONSAP – Fondo di garanzia per le vittime della strada.

3. Per l'assolvimento del compito di cui al comma 1 il commissario provvede a riassumere il personale già dipendente dall'impresa posta in liquidazione coatta. Il personale è retribuito con i minimi previsti nei contratti collettivi di categoria in relazione alle mansioni espletate.

294. Esercizio dell'azione di risarcimento. – 1. Gli aventi diritto al risarcimento dei danni presentano al commissario la domanda di risarcimento, a mezzo raccomandata, anche se sia stata precedentemente inviata all'impresa posta in liquidazione coatta.

2. Nessuna azione per il risarcimento può essere proposta nei confronti della procedura prima che siano decorsi sei mesi dalla richiesta. Le sentenze e gli altri provvedimenti che decidono sul risarcimento sono opponibili al Fondo di garanzia delle vittime della strada. La CONSAP – Fondo di garanzia delle vittime della strada può intervenire nel processo, anche in grado di appello.

3. Se il decreto di liquidazione coatta è pubblicato prima della formazione del giudicato, si applica l'articolo 289, comma 1.

295. Diritti degli assicurati nei confronti del Fondo di garanzia per le vittime della strada. – 1. Gli assicurati con imprese che esercitano l'assicurazione della responsabilità civile per i danni causati dalla circolazione dei veicoli a motore e dei natanti che siano poste in liquidazione coatta possono far valere, nei limiti delle somme indicate nell'articolo 283, comma 4, i diritti derivanti dal contratto nei confronti della CONSAP – Fondo di garanzia per le vittime della strada, agendo nei confronti del commissario.

Capo IV
Liquidazione dei danni
a cura dell'organismo
di indennizzo italiano

296. Organismo di indennizzo italiano. – 1. Alla CONSAP, quale gestore del Fondo di garanzia per le vittime della strada, è riconosciuta la funzione di Organismo di indennizzo italiano.

2. L'Organismo di indennizzo italiano nello svolgimento delle sue funzioni può avvalersi dell'Ufficio centrale italiano secondo le modalità stabilite con apposita convenzione.

297. Ambito di intervento dell'Organismo di indennizzo italiano. – 1. L'Organismo di indennizzo italiano è incaricato di risarcire gli aventi diritto che abbiano residenza nel territorio della Repubblica, per danni a cose o a persone derivanti da sinistri avvenuti in un altro Stato membro e provocati dall'uso di:

a) un veicolo assicurato tramite uno stabilimento situato in altro Stato membro e stazionante in un altro Stato membro;

b) un veicolo di cui risulti impossibile l'identificazione;

c) un veicolo di cui risulti impossibile, entro due mesi dal sinistro, identificare l'impresa di assicurazione.

2. Nel caso di cui al comma 1, lettera *a*), l'Organismo di indennizzo italiano interviene anche qualora il sinistro sia avvenuto in uno Stato terzo il cui Ufficio nazionale per l'assicurazione abbia aderito al sistema della carta verde.

298. Sinistri causati da veicoli regolarmente assicurati. – 1. Nei casi previsti dall'articolo 297, commi 1, lettera *a*), e 2, gli aventi diritto possono presentare all'Organismo di indennizzo italiano richiesta di risarcimento:

a) qualora l'impresa di assicurazione o il suo mandatario per la liquidazione dei sinistri nel territorio della Repubblica non abbiano fornito una risposta motivata sugli elementi dedotti nella richiesta di risarcimento entro

Leggi Complementari

tre mesi dalla data in cui gli aventi diritto hanno presentato la propria richiesta di risarcimento all'impresa di assicurazione del veicolo, il cui uso ha provocato il sinistro o al mandatario per la liquidazione dei sinistri;

b) nel caso in cui l'impresa di assicurazione non abbia designato un mandatario per la liquidazione dei sinistri nel territorio della Repubblica; in tale caso gli aventi diritto non possono presentare all'Organismo di indennizzo italiano una richiesta di risarcimento, se hanno presentato una analoga richiesta direttamente all'impresa di assicurazione del veicolo il cui uso ha provocato il sinistro e hanno ricevuto una risposta motivata entro tre mesi dalla presentazione della richiesta.

2. L'Organismo di indennizzo italiano si astiene o cessa di intervenire a favore degli aventi diritto al risarcimento che hanno intrapreso o intraprendano un'azione legale direttamente contro l'impresa di assicurazione ovvero contro il responsabile del sinistro.

3. L'intervento dell'Organismo di indennizzo italiano è sussidiario rispetto alla richiesta nei confronti della persona o delle persone che hanno causato il sinistro ovvero nei confronti dell'impresa di assicurazione o del suo mandatario. L'Organismo di indennizzo italiano non può subordinare il risarcimento alla dimostrazione che il responsabile del danno sia insolvente o rifiuti di pagare.

4. Gli aventi diritto presentano all'Organismo di indennizzo italiano la propria richiesta di risarcimento nelle forme previste dal regolamento, adottato dal Ministro dello sviluppo economico, che dà attuazione al presente titolo.

5. L'Organismo di indennizzo italiano interviene entro due mesi dalla data in cui gli aventi diritto presentano ad esso la richiesta di risarcimento, ma pone fine al suo intervento in caso di successiva risposta motivata dell'impresa di assicurazione o del suo mandatario per la liquidazione dei sinistri alla richiesta degli aventi diritto al risarcimento, a condizione che tale risposta sia inviata entro il termine di due mesi dalla presentazione della richiesta all'organismo di indennizzo.

6. L'Organismo di indennizzo italiano informa immediatamente di aver ricevuto una richiesta di risarcimento dagli aventi diritto e che interverrà entro due mesi a decorrere dalla presentazione di detta richiesta, i seguenti soggetti:

a) l'impresa di assicurazione con la quale è assicurato il veicolo che ha causato il sinistro o il mandatario per la liquidazione dei sinistri;

b) l'organismo di indennizzo dello Stato membro dello stabilimento dell'impresa di assicurazione che ha stipulato il contratto;

c) la persona che ha causato il sinistro, se nota;

d) l'ufficio nazionale per l'assicurazione dello Stato ove è avvenuto il sinistro, se il sinistro è stato causato da un veicolo stazionante in un altro Stato rispetto a quello in cui è accaduto il sinistro.

7. L'organismo di indennizzo italiano cui è stata presentata la richiesta di risarcimento è tenuto a rispettare, per la determinazione della responsabilità e la quantificazione del danno, le norme di diritto positivo applicabili nello Stato ove è avvenuto il sinistro.

299. Rimborsi tra organismi di indennizzo. – 1. L'Organismo di indennizzo italiano, qualora abbia risarcito gli aventi diritto secondo quanto stabilito dall'articolo 298, acquisisce un credito, nei confronti dell'Organismo di indennizzo dello Stato membro ove ha sede lo stabilimento dell'impresa di assicurazione che ha stipulato il contratto di assicurazione del veicolo che ha causato il sinistro, per quanto anticipato a titolo di risarcimento e per quanto sostenuto a titolo di spese dirette e indirette relative alla liquidazione del danno, nella misura e con le modalità stabilite dall'accordo fra gli organismi di indennizzo e fra gli organismi di indennizzo e i fondi di garanzia.

2. Nel caso di sinistri avvenuti in uno Stato membro diverso dallo Stato di residenza degli aventi diritto al risarcimento o nel caso di sinistri avvenuti in uno Stato terzo aderente al sistema della carta verde e causati dalla circolazione dei veicoli assicurati con imprese stabilite nel territorio della Repubblica, l'Organismo di indennizzo italiano è tenuto al rimborso della somma eventualmente pagata dall'organismo di indennizzo dello Stato di residenza degli aventi diritto al risarcimento per danni subiti da questi ultimi.

3. L'Organismo di indennizzo italiano è surrogato nei diritti degli aventi diritto al risarcimento nei confronti dell'impresa di assicurazione o del responsabile del sinistro nella misura in cui l'organismo di indennizzo dello Stato membro di residenza degli aventi diritto ha risarcito questi ultimi per il danno subito. L'impresa è tenuta a rimborsare entro trenta giorni l'Organismo di indennizzo italiano di quanto da quest'ultimo corrisposto a titolo di risarcimento e di quanto dal medesimo corrisposto a titolo di spese dirette ed indirette di cui al comma 1, a semplice richiesta corredata della prova dell'avvenuto pagamento. L'importo da rimborsare può costituire oggetto di contestazione da parte dell'impresa esclusivamente nel caso in cui l'organismo di indennizzo estero abbia omesso di informare l'impresa di assicurazione italiana di aver ricevuto una richiesta di risarcimento da parte degli aventi diritto.

300. Sinistri causati da veicoli non identificati o non assicurati. – 1. Nei casi previsti dall'articolo 297, comma 1, lettere *b*) e *c*), l'Organismo di indennizzo italiano, ricevuta la richiesta di risarcimento, ne informa immediatamente:

a) il fondo di garanzia dello Stato membro in cui il veicolo che ha causato il sinistro staziona abitualmente, nel caso si tratti di un veicolo non assicurato, nonché il Fondo di garanzia dello Stato membro in cui è accaduto il sinistro se diverso da quello ove staziona abitualmente il veicolo;

b) il fondo di garanzia dello Stato membro in cui si è verificato il sinistro, nel caso in cui lo stesso sia stato causato da un veicolo non identificato ovvero da un veicolo non assicurato di uno Stato terzo.

2. L'Organismo di indennizzo italiano, ricevuta la richiesta di risarcimento, è tenuto a rispettare, per la determinazione della responsabilità e la quantificazione del danno, le norme del diritto positivo vigenti nello Stato ove è avvenuto il sinistro.

3. L'Organismo di indennizzo italiano, qualora abbia risarcito gli aventi diritto, secondo quanto previsto nel comma 1, ha diritto di richiedere il rimborso di quanto corrisposto a titolo di risarcimento e di quanto sostenuto a titolo di spese dirette e indirette nella misura e secondo le modalità stabilite dall'accordo fra gli organismi di indennizzo e fra gli organismi di indennizzo e i fondi di garanzia:

a) al Fondo di garanzia dello Stato membro in cui il veicolo staziona abitualmente, nel caso in cui non possa essere identificata l'impresa di assicurazione;

b) al Fondo di garanzia dello Stato membro ove si è verificato il sinistro, nel caso di veicolo non identificato;

c) al Fondo di garanzia dello Stato membro ove si è verificato il sinistro, nel caso di veicoli non assicurati di uno Stato terzo.

301. Rimborsi a carico del Fondo di garanzia per le vittime della strada. – 1. Il Fondo di garanzia per le vittime della strada rimborsa l'organismo di indennizzo dello Stato membro nel quale gli aventi diritto al risarcimento risiedono della somma con la quale il predetto organismo ha risarcito tali aventi diritto, nonché delle spese dirette e indirette di cui all'articolo 300, comma 3, nei seguenti casi:

a) sinistri avvenuti in uno Stato membro diverso da quello di residenza degli aventi diritto al risarcimento e causati da un veicolo stazionante abitualmente nel territorio della Repubblica per il quale non è possibile identificare l'impresa di assicurazione;

b) sinistri avvenuti nel territorio della Repubblica e causati da un veicolo non identificato o da un veicolo non assicurato di uno Stato terzo.

2. Il Fondo di garanzia per le vittime della strada, dopo aver rimborsato l'organismo di indennizzo, ha diritto di esercitare l'azione di regresso prevista dall'articolo 292.

Capo V
Sistema di indennizzo
dei danni derivanti
dall'esercizio dell'attività venatoria

302. Ambito di intervento. – 1. Il Fondo di garanzia per le vittime della caccia, costituito presso la CONSAP, risarcisce i danni causati nell'esercizio dell'attività venatoria per i quali vi è obbligo di assicurazione nei casi in cui:

a) l'esercente l'attività venatoria non sia identificato;

b) l'esercente l'attività venatoria responsabile dei danni non risulti coperto dall'assicurazione obbligatoria per la responsabilità civile;

c) l'esercente l'attività venatoria sia assicurato presso un'impresa operante nel territorio della Repubblica in regime di stabilimento o di prestazione di servizi e che, al momento del sinistro, si trovi in stato di liquidazione coatta o vi sia posta successivamente.

2. Nel caso di cui alla lettera *a*), il risarcimento è dovuto solo per i danni alla persona che abbiano comportato la morte od un'invalidità permanente superiore al venti per cento. Nel caso di cui alla lettera *b*), il risarcimento è dovuto per i danni alla persona nonché per i danni alle cose il cui ammontare sia superiore all'importo stabilito nel regolamento di attuazione del presente Capo. Nel caso di cui alla lettera *c*), il risarcimento è dovuto per i danni alla persona nonché per i danni alle cose il cui ammontare sia superiore all'importo di euro cinquecento. La percentuale di inabilità permanente, la qualifica di convivente a carico e la percentuale di reddito del danneggiato da calcolare a favore di ciascuno dei conviventi a carico sono determinate in base alle norme del testo unico delle disposizioni per l'assicurazione obbligatoria contro gli infortuni sul lavoro e le malattie professionali.

3. In tutti i casi previsti dal comma 1, il danno è risarcito nei limiti dei minimi di garanzia previsti nella legge che disciplina l'esercizio dell'attività venatoria.

303. Fondo di garanzia per le vittime della caccia. – 1. Il Fondo di garanzia per le vittime della caccia è amministrato, sotto la vigilanza del Ministero dello sviluppo economico, dalla CONSAP con l'assistenza di un apposito comitato.

2. Il Ministro dello sviluppo economico disciplina, con regolamento, le condizioni e le modalità di amministrazione, di intervento e di rendiconto del Fondo di garanzia per le vittime della caccia, nonché la composizione del comitato di cui al comma 1.

3. Le imprese autorizzate all'esercizio delle assicurazioni per la responsabilità venatoria sono tenute a versare annualmente alla CONSAP, gestione autonoma del Fondo di garanzia per le vittime della caccia, un contributo commisurato al premio incassato per ciascun contratto stipulato in adempimento dell'obbligo di assicurazione.

4. Il regolamento di cui al comma 2 determina le modalità di fissazione annuale della misura del contributo, nel limite massimo del quindici per cento del premio imponibile ([1]), tenuto conto dei risultati della liquidazione dei danni che sono determinati nel rendiconto annualmente predisposto dal comitato di gestione del fondo.

([1]) *Le parole: «la misura del contributo, nel limite massimo del cinque per cento del premio imponibile» sono state così sostituite dalle seguenti: «le modalità di fissazione annuale della misura del contributo, nel limite massimo del quindici per cento del premio imponibile» dall'art. 1, comma 28, lett.* c)*, della L. 4 agosto 2017, n. 124.*

304. Diritto di regresso e di surroga. – 1. Il Fondo di garanzia per le vittime della caccia che, anche in via di transazione, ha risarcito il danno nei casi previsti all'articolo 302, comma 1, lettere *a*) e *b*), ha azione di regresso nei confronti del responsabile del danno per il recupero dell'indennizzo pagato, nonché degli interessi e delle spese.

2. Nel caso previsto all'articolo 302, comma 1, lettera *c*), il Fondo di garanzia per le vittime della caccia che ha risarcito il danno è surrogato, per l'importo pagato, nei diritti dell'assicurato e del danneggiato verso l'impresa posta in liquidazione coatta, beneficiando dello stesso trattamento previsto per i crediti di assicurazione indicati all'articolo 258, comma 4, lettera *a*).

Titolo XVIII
Sanzioni e procedimenti sanzionatori

Capo I
Abusivismo e impedimento all'esercizio delle funzioni di vigilanza (1)

(1) *La precedente rubrica:* «Abusivismo» *è stata così sostituita dalla attuale:* «Abusivismo e impedimento all'esercizio delle funzioni di vigilanza» *dall'art. 1, comma 39, del D.L.vo 21 maggio 2018, n. 68.*

A norma dell'art. 4, comma 3, del medesimo decreto 68/2018, le modifiche apportate al Titolo XVIII del decreto legislativo 7 settembre 2005, n. 209, si applicano alle violazioni commesse dopo l'entrata in vigore delle disposizioni adottate dall'IVASS ai sensi dell'art. 331 bis del medesimo decreto legislativo. Alle violazioni commesse prima della data di entrata in vigore delle disposizioni adottate dall'IVASS continuano ad applicarsi le norme del Titolo XVIII del decreto legislativo 7 settembre 2005, n. 209, vigenti prima della data di entrata in vigore del presente decreto (G.U. *Serie gen. - n. 138 del 16 giugno 2018). Si segnala che a norma dell'art. 4, comma 7, del medesimo D.L.vo le modifiche apportate dagli artt. 1 e 2 del citato D.L.vo n. 68/2018, trovano applicazione dal 1° ottobre 2018.*

305. Attività abusivamente esercitata. – 1. Chiunque svolge attività assicurativa o riassicurativa in difetto di autorizzazione è punito con la reclusione da due a quattro anni e con la multa da euro ventimila ad euro duecentomila.

2. Chiunque esercita l'attività di intermediazione assicurativa o riassicurativa in difetto di iscrizione al registro di cui all'articolo 109 è punito con la reclusione da sei mesi a due anni e con la multa da euro diecimila a euro centomila.

3. Se vi è fondato sospetto che una società svolga attività assicurativa o riassicurativa in violazione del comma 1 o di intermediazione assicurativa o riassicurativa in violazione del comma 2, l'IVASS richiede al tribunale l'adozione dei provvedimenti previsti dall'articolo 2409 del codice civile ovvero allo stesso fine denunzia i fatti al pubblico ministero.

[4. Le imprese di assicurazione o riassicurazione che si avvalgono di intermediari non iscritti alle sezioni del registro di cui all'articolo 109, comma 2, sono punite con la sanzione amministrativa pecuniaria da un minimo di euro diecimila ad un massimo di euro centomila] (1).

5. L'esercizio dell'attività di perito di assicurazione in difetto di iscrizione al ruolo previsto dall'articolo 156 è punito a norma dell'articolo 348 del codice penale.

(1) *Questo comma è stato abrogato dall'art. 1, comma 40, del D.L.vo 21 maggio 2018, n. 68.*

Leggi Complementari

A norma dell'art. 4, comma 3, del medesimo decreto 68/2018, le modifiche apportate al Titolo XVIII del decreto legislativo 7 settembre 2005, n. 209, si applicano alle violazioni commesse dopo l'entrata in vigore delle disposizioni adottate dall'IVASS ai sensi dell'art. 331 bis del medesimo decreto legislativo. Alle violazioni commesse prima della data di entrata in vigore delle disposizioni adottate dall'IVASS continuano ad applicarsi le norme del Titolo XVIII del decreto legislativo 7 settembre 2005, n. 209, vigenti prima della data di entrata in vigore del presente decreto (G.U. Serie gen. - n. 138 del 16 giugno 2018). Si segnala che a norma dell'art. 4, comma 7, del medesimo D.L.vo le modifiche apportate dagli artt. 1 e 2 del citato D.L.vo n. 68/2018, trovano applicazione dal 1° ottobre 2018.

306. Impedimenti all'esercizio delle funzioni di vigilanza. – 1. Fuori dai casi previsti dall'articolo 2638 del codice civile, chiunque ostacola le funzioni di vigilanza con il rifiuto dell'accesso ai locali o con il diniego all'ordine di esibizione della documentazione concernente l'attività assicurativa o riassicurativa o di intermediazione assicurativa o riassicurativa, che viene opposto ai funzionari dell'IVASS incaricati di accertare i fatti che possono configurare una violazione dell'articolo 305, è punito con la reclusione fino a due anni e la multa da euro diecimila ad euro centomila.

[2. Fuori dai casi previsti al comma 1 ed all'articolo 2638 del codice civile, chiunque non ottempera nei termini alle richieste dell'IVASS ovvero ritarda l'esercizio delle sue funzioni è punito con la sanzione amministrativa pecuniaria da euro diecimila ad euro centomila] (1).

(1) Questo comma è stato abrogato dall'art. 1, comma 41, del D.L.vo 21 maggio 2018, n. 68.

A norma dell'art. 4, comma 3, del medesimo decreto 68/2018, le modifiche apportate al Titolo XVIII del decreto legislativo 7 settembre 2005, n. 209, si applicano alle violazioni commesse dopo l'entrata in vigore delle disposizioni adottate dall'IVASS ai sensi dell'art. 331 bis del medesimo decreto legislativo. Alle violazioni commesse prima della data di entrata in vigore delle disposizioni adottate dall'IVASS continuano ad applicarsi le norme del Titolo XVIII del decreto legislativo 7 settembre 2005, n. 209, vigenti prima della data di entrata in vigore del presente decreto (G.U. Serie gen. - n. 138 del 16 giugno 2018). Si segnala che a norma dell'art. 4, comma 7, del medesimo D.L.vo le modifiche apportate dagli artt. 1 e 2 del citato D.L.vo n. 68/2018, trovano applicazione dal 1° ottobre 2018.

307. Collaborazione con la Guardia di finanza. – 1. Nell'esercizio delle funzioni di vigilanza, l'IVASS può avvalersi della Guardia di finanza, che esegue le verifiche e gli accertamenti richiesti agendo con i poteri di indagine ad essa attribuiti ai fini dell'accertamento dell'imposta sul valore aggiunto e delle imposte sui redditi.

2. Tutte le notizie, le informazioni e i dati acquisiti dalla Guardia di finanza nell'assolvimento dei compiti previsti dal comma 1 sono comunicati all'IVASS.

308. Abuso di denominazione assicurativa. – 1. L'uso, nella denominazione sociale o in qualsiasi comunicazione al pubblico, delle parole assicurazione, riassicurazione, impresa o (1) compagnia di assicurazione, impresa o (1) compagnia di riassicurazione, mutua assicuratrice ovvero di altre parole o locuzioni, anche in lingua estera, idonee a trarre in inganno sulla legittimazione allo svolgimento dell'attività assicurativa o riassicurativa è vietato ai soggetti diversi, rispettivamente, da quelli autorizzati all'esercizio dell'attività di assicurazione o di riassicurazione.

2. L'uso nella ragione o nella denominazione sociale o in qualsiasi comunicazione al pubblico, delle parole intermediario di assicurazione, intermediario di riassicurazione, produttore di assicurazione, agente di assicurazione, broker, mediatore di assicurazione, mediatore di riassicurazione, produttore diretto di assicurazione, intermediario di assicurazione a titolo accessorio, (2) perito di assicurazione ovvero di altre parole o locuzioni, anche in lingua estera, idonee a trarre in inganno sulla legittimazione allo svolgimento di attività di intermediazione assicurativa, riassicurativa o di attività peritale è vietato a soggetti diversi da quelli iscritti nel registro degli intermediari di assicurazione e di riassicurazione di cui all'articolo 109 o nel ruolo dei periti di assicurazione di cui all'articolo 156.

3. L'IVASS determina, con regolamento, le ipotesi in cui, per l'esistenza di controlli amministrativi o in base ad elementi di fatto, le parole o le locuzioni indicate nei commi 1 e 2 possono essere utilizzate da soggetti diversi dalle imprese o dagli intermediari.

4. Chiunque contravviene al disposto del comma 1 è punito, se persona fisica, con la sanzione amministrativa pecuniaria da euro cinquemila a euro cinque milioni e, se persona giuridica, con la sanzione amministrativa pecuniaria da euro trentamila al dieci per cento del fatturato. La misura della sanzione può essere aumentata secondo quanto previsto all'articolo 310, comma 2 (3).

4 *bis*. Chiunque contravviene al disposto del comma 2 è punito, se persona fisica, con la sanzione amministrativa pecuniaria da euro mille ad euro settecentomila e, se persona giuridica, con la sanzione amministrativa pecuniaria da euro cinquemila ad euro cinque milioni oppure, se superiore, al cinque per cento del fatturato. La misura della sanzione può essere aumentata secondo quanto previsto all'articolo 310, comma 2 (3).

(1) *Le parole: «impresa o» sono state inserite dall'art. 1, comma 42, lett.* a), *del D.L.vo 21 maggio 2018, n. 68.*

A norma dell'art. 4, comma 3, del medesimo decreto 68/2018, le modifiche apportate al Titolo XVIII del decreto legislativo 7 settembre 2005, n. 209, si applicano alle violazioni commesse dopo l'entrata in vigore delle disposizioni adottate dall'IVASS ai sensi dell'art.

331 bis *del medesimo decreto legislativo. Alle violazioni commesse prima della data di entrata in vigore delle disposizioni adottate dall'IVASS continuano ad applicarsi le norme del Titolo XVIII del decreto legislativo 7 settembre 2005, n. 209, vigenti prima della data di entrata in vigore del presente decreto* (G.U. *Serie gen. - n. 138 del 16 giugno 2018). Si segnala che a norma dell'art. 4, comma 7, del medesimo D.L.vo le modifiche apportate dagli artt. 1 e 2 del citato D.L.vo n. 68/2018, trovano applicazione dal 1° ottobre 2018.*

(²) *Le parole: «intermediario di assicurazione a titolo accessorio,» sono state inserite dall'art. 1, comma 42, lett.* b), *del D.L.vo 21 maggio 2018, n. 68.*

A norma dell'art. 4, comma 3, del medesimo decreto 68/2018, le modifiche apportate al Titolo XVIII del decreto legislativo 7 settembre 2005, n. 209, si applicano alle violazioni commesse dopo l'entrata in vigore delle disposizioni adottate dall'IVASS ai sensi dell'art. 331 bis *del medesimo decreto legislativo. Alle violazioni commesse prima della data di entrata in vigore delle disposizioni adottate dall'IVASS continuano ad applicarsi le norme del Titolo XVIII del decreto legislativo 7 settembre 2005, n. 209, vigenti prima della data di entrata in vigore del presente decreto* (G.U. *Serie gen. - n. 138 del 16 giugno 2018). Si segnala che a norma dell'art. 4, comma 7, del medesimo D.L.vo le modifiche apportate dagli artt. 1 e 2 del citato D.L.vo n. 68/2018, trovano applicazione dal 1° ottobre 2018.*

(³) *L'originario comma 4 e stato così sostituito dagli attuali commi 4 e 4* bis, *dall'art. 1, comma 42, lett.* c), *del D.L.vo 21 maggio 2018, n. 68.*

A norma dell'art. 4, comma 3, del medesimo decreto 68/2018, le modifiche apportate al Titolo XVIII del decreto legislativo 7 settembre 2005, n. 209, si applicano alle violazioni commesse dopo l'entrata in vigore delle disposizioni adottate dall'IVASS ai sensi dell'art. 331 bis *del medesimo decreto legislativo. Alle violazioni commesse prima della data di entrata in vigore delle disposizioni adottate dall'IVASS continuano ad applicarsi le norme del Titolo XVIII del decreto legislativo 7 settembre 2005, n. 209, vigenti prima della data di entrata in vigore del presente decreto* (G.U. *Serie gen. - n. 138 del 16 giugno 2018). Si segnala che a norma dell'art. 4, comma 7, del medesimo D.L.vo le modifiche apportate dagli artt. 1 e 2 del citato D.L.vo n. 68/2018, trovano applicazione dal 1° ottobre 2018.*

Si riporta il testo precedente:

«4. Chiunque contravviene al disposto dei commi 1 o 2 è punito con la sanzione amministrativa pecuniaria da euro duemila a euro ventimila».

308 *bis*. (¹) Inottemperanza alle richieste dell'IVASS o ritardo dell'esercizio delle funzioni di vigilanza. – 1. Fuori dai casi previsti dall'articolo 306 e dall'articolo 2638 del codice civile, chiunque non ottempera nei termini alle richieste dell'IVASS ovvero ritarda l'esercizio delle sue funzioni è punito, se persona fisica, con la sanzione amministrativa pecuniaria da euro cinquemila ad euro cinque milioni e, se persona giuridica, con la sanzione amministrativa pecuniaria da euro trentamila al dieci per cento del fatturato. La misura della sanzione può essere aumentata secondo quanto previsto all'articolo 310, comma 2.

(¹) *Questo articolo è stato inserito dall'art. 1, comma 43, del D.L.vo 21 maggio 2018, n. 68.*

A norma dell'art. 4, comma 3, del medesimo decreto 68/2018, le modifiche apportate al Titolo XVIII del decreto legislativo 7 settembre 2005, n. 209, si applicano alle violazioni commesse dopo l'entrata in vigore delle disposizioni adottate dall'IVASS ai sensi dell'art. 331 bis *del medesimo decreto legislativo. Alle violazioni commesse prima della data di entrata in vigore delle disposizioni adottate dall'IVASS continuano ad applicarsi le norme del Titolo XVIII del decreto legislativo 7 settembre 2005, n. 209, vigenti prima della data di entrata in vigore del presente decreto (*G.U. *Serie gen. - n. 138 del 16 giugno 2018). Si segnala che a norma dell'art. 4, comma 7, del medesimo D.L.vo le modifiche apportate dagli artt. 1 e 2 del citato D.L.vo n. 68/2018, trovano applicazione dal 1° ottobre 2018.*

Capo II
Sanzioni amministrative pecuniarie ed altre misure per violazioni non riguardanti la distribuzione assicurativa (1)

(1) *La precedente rubrica:* «Imprese di assicurazione e di riassicurazione» *è stata così sostituita dalla attuale:* «Sanzioni amministrative pecuniarie ed altre misure per violazioni non riguardanti la distribuzione assicurativa» *dall'art. 1, comma 44, del D.L.vo 21 maggio 2018, n. 68.*

A norma dell'art. 4, comma 3, del medesimo decreto 68/2018, le modifiche apportate al Titolo XVIII del decreto legislativo 7 settembre 2005, n. 209, si applicano alle violazioni commesse dopo l'entrata in vigore delle disposizioni adottate dall'IVASS ai sensi dell'art. 331 bis *del medesimo decreto legislativo. Alle violazioni commesse prima della data di entrata in vigore delle disposizioni adottate dall'IVASS continuano ad applicarsi le norme del Titolo XVIII del decreto legislativo 7 settembre 2005, n. 209, vigenti prima della data di entrata in vigore del presente decreto (*G.U. *Serie gen. - n. 138 del 16 giugno 2018). Si segnala che a norma dell'art. 4, comma 7, del medesimo D.L.vo le modifiche apportate dagli artt. 1 e 2 del citato D.L.vo n. 68/2018, trovano applicazione dal 1° ottobre 2018.*

309. (1) [**Attività oltre i limiti consentiti.** – 1. Le imprese che hanno sede legale nel territorio della Repubblica o in Stati terzi e che esercitano l'attività assicurativa oltre i limiti dell'autorizzazione in violazione degli articoli 11, 12, 13, 15, 16, 18, 21, 22, 28 e 29, sono punite con la sanzione amministrativa pecuniaria da euro diecimila ad euro centomila. Le imprese che hanno sede legale nel territorio della Repubblica o in Stati terzi e che esercitano l'attività riassicurativa oltre i limiti dell'autorizzazione in violazione degli articoli 57, 57 *bis*, 58, 59 *bis*, 59 *ter*, 59 *quater*, 59 *quinquies* e 60 *bis*, sono punite con la sanzione amministrativa pecuniaria da euro diecimila ad euro centomila (2).

1 *bis*. Le imprese locali di cui al Titolo IV, Capo I, che esercitano l'attività assicurativa oltre i limiti di cui all'articolo 51 *ter*, comma 1, in violazione dell'articolo 51 *quater*, sono punite con la sanzione amministrativa pecuniaria da euro diecimila ad euro centomila (3).

2. Le particolari mutue assicuratrici ([4]) di cui all'articolo 52 che esercitano l'attività assicurativa oltre i limiti dell'autorizzazione in violazione degli articoli 53 e 55 sono punite con la sanzione amministrativa pecuniaria da euro cinquemila ad euro cinquantamila.

3. Alla sanzione amministrativa pecuniaria da euro cinquemila ad euro cinquantamila sono soggetti gli intermediari che, in proprio oppure attraverso collaboratori o altri ausiliari, operano per conto o a beneficio delle imprese di cui ai commi 1, 1 *bis* ([5]) e 2].

([1]) *Questo articolo è stato abrogato dall'art. 1, comma 45, del D.L.vo 21 maggio 2018, n. 68. A norma dell'art. 4, comma 3, del medesimo decreto 68/2018, le modifiche apportate al Titolo XVIII del decreto legislativo 7 settembre 2005, n. 209, si applicano alle violazioni commesse dopo l'entrata in vigore delle disposizioni adottate dall'IVASS ai sensi dell'art. 331* bis *del medesimo decreto legislativo. Alle violazioni commesse prima della data di entrata in vigore delle disposizioni adottate dall'IVASS continuano ad applicarsi le norme del Titolo XVIII del decreto legislativo 7 settembre 2005, n. 209, vigenti prima della data di entrata in vigore del presente decreto* (G.U. *Serie gen. – n. 138 del 16 giugno 2018). Si segnala che a norma dell'art. 4, comma 7, del medesimo D.L.vo le modifiche apportate dagli artt. 1 e 2 del citato D.L.vo n. 68/2018, trovano applicazione dal 1° ottobre 2018.*

([2]) *Questo comma è stato così sostituito dall'art. 22, comma 1, del D.L.vo 29 febbraio 2008, n. 56.*

([3]) *Questo comma è stato aggiunto dall'art. 1, comma 184, lett.* a)*, del D.L.vo 12 maggio 2015, n. 74.*

([4]) *Le parole: «Le mutue assicuratrici» sono state così sostituite dalle attuali: «Le particolari mutue assicuratrici» dall'art. 1, comma 184, lett.* b)*, del D.L.vo 12 maggio 2015, n. 74.*

([5]) *Le parole: «, 1* bis*» sono state inserite dall'art. 1, comma 184, lett.* c)*, del D.L.vo 12 maggio 2015, n. 74.*

310. ([1]) **Sanzioni amministrative pecuniarie.** – 1. Si applica la sanzione amministrativa pecuniaria da euro trentamila al dieci percento del fatturato per le seguenti violazioni:

a) inosservanza degli articoli 11, 12, 13, 15, 16, 18, 21, 22, 28, 29, 30, 30 *bis*, 30 *ter*, 30 *quater*, 30 *quinquies*, 30 *sexies*, 30 *septies*, 30 *octies*, 30 *novies*, 32, 33, 35 *bis*, 35 *ter*, 35 *quater*, 36 *bis*, 36 *ter*, 36 *quater*, 36 *quinquies*, 36 *sexies*, 36 *septies*, 36 *octies*, 36 *novies*, 36 *decies*, 36 *undecies*, 36 *duodecies*, 36 *terdecies*, 37 *bis*, 37 *ter*, 38, 41, 42, 42 *bis*, 43, 44 *ter*, 44 *quater*, 44 *quinquies*, 44 *sexies*, 44 *septies*, 44 *octies*, 44 *novies*, 44 *decies*, 47 *quater*, comma 1, 47 *septies*, 47 *octies*, 47 *novies*, 47 *decies*, 48, 48 *bis*, 49, 51 *quater*, 53, 55, 56, 57, 57 *bis*, 58, 59 *bis*, 59 *ter*, 59 *quater*, 59 *quinquies*, 60 *bis*, 62, 63, 64, 65, 65 *bis*, 66 *sexies*.1, 66 *septies*, 67, 73, 75, comma 1, 76, comma 2, 77, commi 1, 3 e 4, 88, 89, 90, 92, 93, 94, 95, 96, 98, 99, 100, 101, 188, 189, comma 1, 190, commi 1, 1 *bis*, 1 *ter* e 5 *bis*, 190 *bis*, comma 1, 191, 196, comma 2, 197, 210, 210 *ter*, comma 8, 213, 214 *bis*, 215 *bis*,

216, commi 1 e 2, 216 *ter*, 216 *sexies*, 216 *octies*, 216 *novies*, 220 *novies*, comma 1, 348 e 349, comma 1, o delle relative norme di attuazione;

b) inosservanza degli articoli 10 *quater*, 132 *ter*, 133, 182, commi 1 e 3, o delle relative norme di attuazione;

c) inosservanza degli articoli 125, comma 5 *bis*, 127, comma 3, limitatamente all'obbligo di rilascio del certificato di assicurazione, 134 ad eccezione del comma 2, 146, 148, 149, 150, 152, comma 5, e 183, o delle relative norme di attuazione.

2. Se il vantaggio ottenuto dall'autore delle violazioni di cui al comma 1, lettere *a*) e *b*), come conseguenza delle violazioni stesse è superiore al massimo edittale indicato nel presente articolo, la sanzione amministrativa pecuniaria è elevata fino al doppio dell'ammontare del vantaggio ottenuto, purché tale ammontare sia determinabile.

(¹) *Questo articolo è stato da ultimo così sostituito dall'art. 1, comma 46, del D.L.vo 21 maggio 2018, n. 68.*

A norma dell'art. 4, comma 3, del medesimo decreto 68/2018, le modifiche apportate al Titolo XVIII del decreto legislativo 7 settembre 2005, n. 209, si applicano alle violazioni commesse dopo l'entrata in vigore delle disposizioni adottate dall'IVASS ai sensi dell'art. 331 bis *del medesimo decreto legislativo. Alle violazioni commesse prima della data di entrata in vigore delle disposizioni adottate dall'IVASS continuano ad applicarsi le norme del Titolo XVIII del decreto legislativo 7 settembre 2005, n. 209, vigenti prima della data di entrata in vigore del presente decreto (*G.U. *Serie gen. - n. 138 del 16 giugno 2018). Si segnala che a norma dell'art. 4, comma 7, del medesimo D.L.vo le modifiche apportate dagli artt. 1 e 2 del citato D.L.vo n. 68/2018, trovano applicazione dal 1° ottobre 2018.*

Si riporta il testo precedente:

«Art. 310 (Condizioni di esercizio) *- 1. L'inosservanza delle disposizioni di cui agli articoli 30, 30 bis, 30 ter, 30 quater, 30 quinquies, 30 sexies, 30 septies, 30 octies, 30 novies, 32, 33, 35 bis, 35 ter, 35 quater, 36 bis, 36 ter, 36 quater, 36 quinquies, 36 sexies, 36 septies, 36 octies, 36 novies, 36 decies, 36 undecies, 36 duodecies, 36 terdecies, 37 bis, 37 ter, 38, 41, 42, 42 bis, 43, 44 ter, 44 quater, 44 quinquies, 44 sexies, 44 septies, 44 octies, 44 novies, 44 decies, 47 quater, comma 1, 47 septies, 47 octies, 47 novies, 47 decies, 48, 49, 56, 57 bis, 62, 63, 64, 65, 65 bis, 66 sexies.1, 66 septies, 67, 76, comma 2, 90, comma 1, lettere c) e d), 119, comma 2, ultimo periodo, 188, 189, comma 1, 190, commi 1, 1 bis, 1 ter e 5 bis, 190 bis, comma 1, 191, 196, comma 2, 197, 210, 210 ter, comma 8, 214 bis, 215 bis, 216 ter, e 216 sexies, 216 octies, 216 novies, 220 novies, comma 1, 348 e 349, comma 1, o delle relative norme di attuazione è punita con la sanzione amministrativa pecuniaria da euro cinquemila ad euro cinquantamila.*

2. L'inosservanza delle disposizioni di cui agli articoli 48 bis, 67, comma 1, 88, 89, 90, comma 1, lettere a) e b), commi 2, 3 e 4, 92, 93, 94, 95, 96, 98, 99, 100 e 101 o delle relative norme di attuazione è punita con la sanzione amministrativa pecuniaria da euro duemila ad euro ventimila.

3. In caso di violazione degli obblighi di cui al Titolo XV, le sanzioni amministrative di cui al presente Titolo sono adottate nei confronti dell'ultima società controllante italiana come determinata dall'articolo 210, comma 2.»

310 *bis*. (1) Rifiuto ed elusione dell'obbligo a contrarre. – 1. L'inosservanza dell'articolo 132, commi 1, 1 *bis* e 1 *ter*, è punita con la sanzione amministrativa pecuniaria da euro duemilacinquecento ad euro quindicimila.

2. La violazione di cui al comma 1 è punita con la sanzione amministrativa pecuniaria da euro un milione ad euro cinque milioni qualora attuata con riferimento a determinate zone territoriali o a singole categorie di assicurati.

(1) *Questo articolo è stato inserito dall'art. 1, comma 47, del D.L.vo 21 maggio 2018, n. 68. A norma dell'art. 4, comma 3, del medesimo decreto 68/2018, le modifiche apportate al Titolo XVIII del decreto legislativo 7 settembre 2005, n. 209, si applicano alle violazioni commesse dopo l'entrata in vigore delle disposizioni adottate dall'IVASS ai sensi dell'art. 331* bis *del medesimo decreto legislativo. Alle violazioni commesse prima della data di entrata in vigore delle disposizioni adottate dall'IVASS continuano ad applicarsi le norme del Titolo XVIII del decreto legislativo 7 settembre 2005, n. 209, vigenti prima della data di entrata in vigore del presente decreto* (G.U. *Serie gen. - n. 138 del 16 giugno 2018). Si segnala che a norma dell'art. 4, comma 7, del medesimo D.L.vo le modifiche apportate dagli artt. 1 e 2 del citato D.L.vo n. 68/2018, trovano applicazione dal 1° ottobre 2018.*

310 *ter*. (1) Scatole nere e altri dispositivi elettronici. – 1. Il mancato adeguamento, da parte dell'impresa di assicurazione o del provider di telematica assicurativa, alle condizioni stabilite dal regolamento previsto all'articolo 32, comma 1 *bis*, del decreto legge 24 gennaio 2012, n. 1, convertito, con modificazioni, dalla legge 24 marzo 2012, n. 27, e successive modificazioni, è punito con la sanzione amministrativa pecuniaria di tremila euro per ogni giorno di ritardo.

(1) *Questo articolo è stato inserito dall'art. 1, comma 47, del D.L.vo 21 maggio 2018, n. 68. A norma dell'art. 4, comma 3, del medesimo decreto 68/2018, le modifiche apportate al Titolo XVIII del decreto legislativo 7 settembre 2005, n. 209, si applicano alle violazioni commesse dopo l'entrata in vigore delle disposizioni adottate dall'IVASS ai sensi dell'art. 331* bis *del medesimo decreto legislativo. Alle violazioni commesse prima della data di entrata in vigore delle disposizioni adottate dall'IVASS continuano ad applicarsi le norme del Titolo XVIII del decreto legislativo 7 settembre 2005, n. 209, vigenti prima della data di entrata in vigore del presente decreto* (G.U. *Serie gen. - n. 138 del 16 giugno 2018). Si segnala che a norma dell'art. 4, comma 7, del medesimo D.L.vo le modifiche apportate dagli artt. 1 e 2 del citato D.L.vo n. 68/2018, trovano applicazione dal 1° ottobre 2018.*

310 *quater*. (1) Obblighi di comunicazione alle banche dati. – 1. L'omissione, l'incompletezza, l'erroneità o la tardività delle comunicazioni di cui all'articolo 134, comma 2, o all'articolo 135, comma 2, o all'articolo 154, commi 4 e 5, o alle relative norme di attuazione, accertata semestralmente e contestata con unico atto da notificare entro il termine di cui all'articolo 311 *septies*, comma 1, decorrente dal sessantesimo giorno successivo alla scadenza del semestre di riferimento, è punita con un'unica sanzione amministrativa pecuniaria da diecimila euro a centomila euro.

(1) *Questo articolo è stato inserito dall'art. 1, comma 47, del D.L.vo 21 maggio 2018, n. 68. A norma dell'art. 4, comma 3, del medesimo decreto 68/2018, le modifiche apportate al Titolo XVIII del decreto legislativo 7 settembre 2005, n. 209, si applicano alle violazioni commesse dopo l'entrata in vigore delle disposizioni adottate dall'IVASS ai sensi dell'art. 331* bis *del medesimo decreto legislativo. Alle violazioni commesse prima della data di entrata in vigore delle disposizioni adottate dall'IVASS continuano ad applicarsi le norme del Titolo XVIII del decreto legislativo 7 settembre 2005, n. 209, vigenti prima della data di entrata in vigore del presente decreto* (G.U. *Serie gen. - n. 138 del 16 giugno 2018). Si segnala che a norma dell'art. 4, comma 7, del medesimo D.L.vo le modifiche apportate dagli artt. 1 e 2 del citato D.L.vo n. 68/2018, trovano applicazione dal 1° ottobre 2018.*

310 *quinquies*. (1) **Inosservanza dei provvedimenti cautelari e interdittivi.** – 1. La violazione dei provvedimenti interdittivi e cautelari adottati ai sensi degli articoli 182 e 184 è punita con la sanzione amministrativa pecuniaria da trentamila euro al dieci per cento del fatturato. La misura della sanzione può essere aumentata secondo quanto previsto all'articolo 310, comma 2.

(1) *Questo articolo è stato inserito dall'art. 1, comma 47, del D.L.vo 21 maggio 2018, n. 68. A norma dell'art. 4, comma 3, del medesimo decreto 68/2018, le modifiche apportate al Titolo XVIII del decreto legislativo 7 settembre 2005, n. 209, si applicano alle violazioni commesse dopo l'entrata in vigore delle disposizioni adottate dall'IVASS ai sensi dell'art. 331* bis *del medesimo decreto legislativo. Alle violazioni commesse prima della data di entrata in vigore delle disposizioni adottate dall'IVASS continuano ad applicarsi le norme del Titolo XVIII del decreto legislativo 7 settembre 2005, n. 209, vigenti prima della data di entrata in vigore del presente decreto* (G.U. *Serie gen. - n. 138 del 16 giugno 2018). Si segnala che a norma dell'art. 4, comma 7, del medesimo D.L.vo le modifiche apportate dagli artt. 1 e 2 del citato D.L.vo n. 68/2018, trovano applicazione dal 1° ottobre 2018.*

311. (1) **Assetti proprietari.** – 1. L'omissione, l'incompletezza o l'erroneità delle comunicazioni prescritte dagli articoli 69, 70, comma 1, 71, 74, comma 1 e 79, compresa anche l'intenzione di assumere la partecipazione di controllo, o dalle relative norme di attuazione è punita, se commessa da una persona fisica, con la sanzione amministrativa pecuniaria da cinquemila euro a cinque milioni di euro e, se commessa da una persona giuridica, con la sanzione amministrativa pecuniaria da trentamila euro al dieci per cento del fatturato. La misura della sanzione può essere aumentata secondo quanto previsto all'articolo 310, comma 2.

(1) *Questo articolo è stato così sostituito dall'art. 1, comma 48, del D.L.vo 21 maggio 2018, n. 68.*

A norma dell'art. 4, comma 3, del medesimo decreto 68/2018, le modifiche apportate al Titolo XVIII del decreto legislativo 7 settembre 2005, n. 209, si applicano alle violazioni commesse dopo l'entrata in vigore delle disposizioni adottate dall'IVASS ai sensi dell'art. 331 bis *del medesimo decreto legislativo. Alle violazioni commesse prima della data di entrata in vigore delle disposizioni adottate dall'IVASS continuano ad applicarsi le norme del Titolo XVIII del decreto legislativo 7 settembre 2005, n. 209, vigenti prima della data di entrata in vigore del presente decreto* (G.U. *Serie gen. – n. 138 del 16 giugno 2018). Si segnala che a norma dell'art. 4, comma 7, del medesimo D.L.vo le modifiche apportate dagli artt. 1 e 2 del citato D.L.vo n. 68/2018, trovano applicazione dal 1° ottobre 2018.*

Si riporta il testo precedente:

*«Art. 311 (*Assetti proprietari*) - 1. L'omissione delle comunicazioni prescritte dagli articoli 69, 71 e 79, compresa anche l'intenzione di assumere la partecipazione di controllo, o delle relative norme di attuazione è punita con la sanzione amministrativa pecuniaria da euro diecimila ad euro centomila.*

2. L'incompletezza o l'erroneità delle comunicazioni sono punite con la sanzione amministrativa pecuniaria da euro cinquemila ad euro cinquantamila.

3. La sanzione di cui al comma 1 si applica nel caso di violazione dell'obbligo di comunicazione di cui all'articolo 70, comma 1, e nel caso di violazione delle disposizioni previste dagli articoli 74, comma 1, 75, comma 1, e 77, commi 1 e 3.

4. Se le comunicazioni sono dovute da una persona fisica, in caso di violazione la sanzione si applica nei confronti di quest'ultima.».

311 *bis*. (1) **Principio della rilevanza della violazione.** – 1. Le sanzioni previste dall'articolo 310, comma 1, 310 *bis*, comma 1, e dall'articolo 310 *quater* si applicano quando le infrazioni rivestono carattere rilevante, secondo i criteri definiti dall'IVASS con regolamento tenendo conto dell'incidenza delle condotte sulla tutela degli assicurati e degli aventi diritto alle prestazioni assicurative, sulla complessiva organizzazione e sui profili di rischio aziendale nonché sull'esercizio delle funzioni di vigilanza.

(1) *Questo articolo è stato inserito dall'art. 1, comma 49, del D.L.vo 21 maggio 2018, n. 68.*

A norma dell'art. 4, comma 3, del medesimo decreto 68/2018, le modifiche apportate al Titolo XVIII del decreto legislativo 7 settembre 2005, n. 209, si applicano alle violazioni commesse dopo l'entrata in vigore delle disposizioni adottate dall'IVASS ai sensi dell'art. 331 bis *del medesimo decreto legislativo. Alle violazioni commesse prima della data di entrata in vigore delle disposizioni adottate dall'IVASS continuano ad applicarsi le norme del Titolo XVIII del decreto legislativo 7 settembre 2005, n. 209, vigenti prima della data di entrata in vigore del presente decreto* (G.U. *Serie gen. – n. 138 del 16 giugno 2018). Si segnala che a norma dell'art. 4, comma 7, del medesimo D.L.vo le modifiche apportate dagli artt. 1 e 2 del citato D.L.vo n. 68/2018, trovano applicazione dal 1° ottobre 2018.*

311 *ter*. (1) **Ordine di porre termine alle violazioni.** – 1. Per le violazioni previste dall'articolo 310, comma 1, lettera *a*), quando esse siano connotate da scarsa offensività o pericolosità, l'IVASS può, in alternativa all'applicazione delle sanzioni amministrative pecuniarie, applicare nei confronti dell'impresa una sanzione consistente nell'ordine di eliminare le infrazioni, anche indicando le misure da adottare e il termine per l'adempimento.

2. Per l'inosservanza dell'ordine entro il termine stabilito, l'IVASS applica le sanzioni amministrative pecuniarie previste dall'articolo 310, comma 1, secondo i criteri di cui all'articolo 311 *quinquies*; l'importo delle sanzioni così determinato è aumentato sino a un terzo rispetto a quello previsto per la violazione originaria, fermi restando i massimali stabiliti dall'articolo 310.

(1) *Questo articolo è stato inserito dall'art. 1, comma 49, del D.L.vo 21 maggio 2018, n. 68. A norma dell'art. 4, comma 3, del medesimo decreto 68/2018, le modifiche apportate al Titolo XVIII del decreto legislativo 7 settembre 2005, n. 209, si applicano alle violazioni commesse dopo l'entrata in vigore delle disposizioni adottate dall'IVASS ai sensi dell'art. 331* bis *del medesimo decreto legislativo. Alle violazioni commesse prima della data di entrata in vigore delle disposizioni adottate dall'IVASS continuano ad applicarsi le norme del Titolo XVIII del decreto legislativo 7 settembre 2005, n. 209, vigenti prima della data di entrata in vigore del presente decreto (G.U. Serie gen. - n. 138 del 16 giugno 2018). Si segnala che a norma dell'art. 4, comma 7, del medesimo D.L.vo le modifiche apportate dagli artt. 1 e 2 del citato D.L.vo n. 68/2018, trovano applicazione dal 1° ottobre 2018.*

311 *quater*. (1) Accertamento unitario per violazioni della stessa indole. – 1. Per l'inosservanza degli articoli 125, comma 5 *bis*, 127, comma 3, limitatamente al certificato di assicurazione, 134, ad eccezione del comma 2, 146, 148, 149, 150, 152, comma 5, e 183, o delle relative norme di attuazione, l'IVASS provvede all'accertamento unitario delle violazioni della stessa indole, come definite all'articolo 8 *bis*, della legge n. 689 del 1981, effettuato con riferimento ad un determinato arco temporale, e alla contestazione degli addebiti con un unico atto da notificare entro il termine di cui all'articolo 311 *septies*. Nel caso di verifiche a distanza l'arco temporale di riferimento e il termine entro il quale si considera concluso l'accertamento delle violazioni rilevate non possono eccedere i dodici mesi. Con regolamento dell'IVASS è stabilito il termine entro il quale si considera concluso l'accertamento delle violazioni rilevate in sede di verifiche ispettive.

2. L'IVASS, qualora l'impresa in sede difensiva fornisca adeguata dimostrazione del fatto che le violazioni contestate ai sensi del comma 1 sono dipese dalla medesima disfunzione della propria organizzazione, comunica alla stessa il termine perentorio, non superiore a centottanta giorni, entro il quale effettuare gli interventi necessari per eliminare la disfunzione. L'IVASS, ricevuta la comunicazione relativa all'adozione delle misure correttive, verifica che siano state adottate le misure stesse e ne comunica gli esiti all'impresa.

3. Nel caso in cui le misure correttive adottate ai sensi del comma 2 siano risultate idonee ad eliminare la disfunzione, la misura della sanzione amministrativa pecuniaria prevista dall'articolo 310, comma 1, determinata secondo i criteri di cui all'articolo 311 *quinquies*, è ridotta da un terzo a due terzi, fatto salvo il minimo edittale. Eventuali rilievi formulati dall'IVASS sulle misure correttive adottate non precludono l'applicazione della riduzione, ma sono valutati in sede di determinazione della sanzione.

4. L'impresa può presentare osservazioni in ordine agli eventuali rilievi dell'IVASS sulle misure correttive adottate nel termine di sessanta giorni dal ricevimento della relativa comunicazione.

5. La riduzione di cui al comma 3 non è applicata:

a) nel caso in cui l'impresa non abbia adottato gli interventi correttivi;

b) nel caso in cui gli interventi adottati siano risultati inidonei ad eliminare la disfunzione;

c) nel caso in cui l'impresa ne abbia già usufruito per violazioni della stessa indole sulla base di provvedimento esecutivo emesso nei tre anni precedenti.

(¹) *Questo articolo è stato inserito dall'art. 1, comma 49, del D.L.vo 21 maggio 2018, n. 68. A norma dell'art. 4, comma 3, del medesimo decreto 68/2018, le modifiche apportate al Titolo XVIII del decreto legislativo 7 settembre 2005, n. 209, si applicano alle violazioni commesse dopo l'entrata in vigore delle disposizioni adottate dall'IVASS ai sensi dell'art. 331* bis *del medesimo decreto legislativo. Alle violazioni commesse prima della data di entrata in vigore delle disposizioni adottate dall'IVASS continuano ad applicarsi le norme del Titolo XVIII del decreto legislativo 7 settembre 2005, n. 209, vigenti prima della data di entrata in vigore del presente decreto* (G.U. *Serie gen. – n. 138 del 16 giugno 2018). Si segnala che a norma dell'art. 4, comma 7, del medesimo D.L.vo le modifiche apportate dagli artt. 1 e 2 del citato D.L.vo n. 68/2018, trovano applicazione dal 1° ottobre 2018.*

311 *quinquies*. (¹) **Criteri per la determinazione delle sanzioni.** – 1. Nella determinazione dell'ammontare delle sanzioni amministrative pecuniarie o della durata delle sanzioni accessorie previste per le violazioni non riguardanti la distribuzione assicurativa l'IVASS considera ogni circostanza rilevante e, in particolare, tenuto conto del fatto che il destinatario della sanzione sia persona fisica o giuridica, le seguenti, ove pertinenti:

a) la gravità e la durata della violazione;

b) il grado di responsabilità;

c) la capacità finanziaria del responsabile della violazione;

d) l'entità del vantaggio ottenuto o delle perdite evitate attraverso la violazione, nella misura in cui essa sia determinabile;

e) i pregiudizi cagionati a terzi attraverso la violazione, nella misura in cui il loro ammontare sia determinabile;

f) il livello di cooperazione del responsabile della violazione con l'IVASS;

g) le precedenti violazioni in materia assicurativa commesse dal medesimo soggetto;

h) le misure adottate successivamente alla violazione al fine di evitare in futuro il suo ripetersi;

i) nell'ipotesi di accertamento unitario di una pluralità di violazioni della stessa indole ai sensi dell'articolo 311 *quater*, anche il numero e la tipologia delle infrazioni e l'importo della prestazione assicurativa liquidata.

(1) *Questo articolo è stato inserito dall'art. 1, comma 49, del D.L.vo 21 maggio 2018, n. 68. A norma dell'art. 4, comma 3, del medesimo decreto 68/2018, le modifiche apportate al Titolo XVIII del decreto legislativo 7 settembre 2005, n. 209, si applicano alle violazioni commesse dopo l'entrata in vigore delle disposizioni adottate dall'IVASS ai sensi dell'art. 331* bis *del medesimo decreto legislativo. Alle violazioni commesse prima della data di entrata in vigore delle disposizioni adottate dall'IVASS continuano ad applicarsi le norme del Titolo XVIII del decreto legislativo 7 settembre 2005, n. 209, vigenti prima della data di entrata in vigore del presente decreto (*G.U. *Serie gen. - n. 138 del 16 giugno 2018). Si segnala che a norma dell'art. 4, comma 7, del medesimo D.L.vo le modifiche apportate dagli artt. 1 e 2 del citato D.L.vo n. 68/2018, trovano applicazione dal 1° ottobre 2018.*

311 *sexies*. (1) Sanzioni amministrative agli esponenti aziendali o al personale. – 1. Fermo restando quanto previsto all'articolo 325, comma 1 circa la responsabilità delle imprese nei confronti delle quali sono accertate le violazioni, per l'inosservanza delle norme richiamate nell'articolo 310, comma 1, lettera *a*) si applica, salvo che il fatto costituisca reato, la sanzione amministrativa pecuniaria da cinquemila euro a cinque milioni di euro nei confronti dei soggetti che svolgono le funzioni di amministrazione, di direzione, di controllo, nonché dei dipendenti o di coloro che operano sulla base di rapporti che ne determinano l'inserimento nell'organizzazione dell'impresa anche in forma diversa dal rapporto di lavoro subordinato quando l'inosservanza è conseguenza della violazione di doveri propri o dell'organo di appartenenza e ricorrono una o più delle seguenti condizioni:

a) la condotta ha inciso in modo rilevante sulla complessiva organizzazione o sui profili di rischio aziendali;

b) la condotta ha contribuito a determinare la mancata ottemperanza dell'impresa a provvedimenti specifici adottati ai sensi degli articoli 188, comma 3 *bis*, lettere *a*), *b*) e *c*) e 214 *bis*, comma 1;

c) le violazioni riguardano obblighi imposti ai sensi dell'articolo 76 o dell'articolo 79, comma 3, o dell'articolo 191, comma 1, lettera *g*).

2. Nel caso in cui la condotta dei soggetti di cui al comma 1 abbia contribuito a determinare l'inosservanza dell'ordine previsto nell'articolo 311 *ter* da parte dell'impresa, si applica nei confronti dei soggetti stessi la sanzione amministrativa pecuniaria da cinquemila euro a cinque milioni di euro.

3. Con il provvedimento di applicazione della sanzione, tenuto conto dei criteri stabiliti dall'articolo 311 *quinquies*, l'IVASS può applicare la sanzione amministrativa accessoria dell'interdizione dallo svolgimento di funzioni di amministrazione, direzione e controllo presso imprese di assicurazione e di riassicurazione, per un periodo non inferiore a sei mesi e non superiore a tre anni.

4. La misura della sanzione amministrativa pecuniaria può essere aumentata secondo quanto previsto all'articolo 310, comma 2.

([1]) Questo articolo è stato inserito dall'art. 1, comma 49, del D.L.vo 21 maggio 2018, n. 68. A norma dell'art. 4, comma 3, del medesimo decreto 68/2018, le modifiche apportate al Titolo XVIII del decreto legislativo 7 settembre 2005, n. 209, si applicano alle violazioni commesse dopo l'entrata in vigore delle disposizioni adottate dall'IVASS ai sensi dell'art. 331 bis *del medesimo decreto legislativo. Alle violazioni commesse prima della data di entrata in vigore delle disposizioni adottate dall'IVASS continuano ad applicarsi le norme del Titolo XVIII del decreto legislativo 7 settembre 2005, n. 209, vigenti prima della data di entrata in vigore del presente decreto* (G.U. Serie gen. - n. 138 *del 16 giugno 2018). Si segnala che a norma dell'art. 4, comma 7, del medesimo D.L.vo le modifiche apportate dagli artt. 1 e 2 del citato D.L.vo n. 68/2018, trovano applicazione dal 1° ottobre 2018.*

311 *septies*. ([1]) Procedura di applicazione delle sanzioni amministrative alle imprese e agli esponenti aziendali o al personale. – 1. L'IVASS, fermo restando quanto previsto dagli articoli 310 *quater*, 311 *bis* e 311 *quater*, nel termine di centoventi giorni dall'accertamento dell'infrazione, ovvero nel termine di centottanta giorni per i soggetti residenti all'estero, provvede alla contestazione degli addebiti nei confronti dei possibili responsabili della violazione.

2. Entro il termine di sessanta giorni dalla notifica della contestazione di cui al comma 1, il destinatario può presentare all'IVASS deduzioni difensive e istanza di audizione, cui può partecipare anche con l'assistenza di un avvocato.

3. L'IVASS, tenuto conto degli elementi istruttori acquisiti agli atti, applica le sanzioni o dispone l'archiviazione del procedimento con provvedimento motivato.

4. Il procedimento sanzionatorio è retto dai principi del contraddittorio, della conoscenza degli atti istruttori, della verbalizzazione nonché della distinzione tra funzioni istruttorie e funzioni decisorie.

5. La tutela giurisdizionale davanti al giudice amministrativo è disciplinata dal codice del processo amministrativo. I ricorsi sono notificati all'IVASS che provvede alla difesa in giudizio con propri legali. L'opposizione non sospende l'esecuzione del provvedimento.

(¹) *Questo articolo è stato inserito dall'art. 1, comma 49, del D.L.vo 21 maggio 2018, n. 68.*

A norma dell'art. 4, comma 3, del medesimo decreto 68/2018, le modifiche apportate al Titolo XVIII del decreto legislativo 7 settembre 2005, n. 209, si applicano alle violazioni commesse dopo l'entrata in vigore delle disposizioni adottate dall'IVASS ai sensi dell'art. 331 bis *del medesimo decreto legislativo. Alle violazioni commesse prima della data di entrata in vigore delle disposizioni adottate dall'IVASS continuano ad applicarsi le norme del Titolo XVIII del decreto legislativo 7 settembre 2005, n. 209, vigenti prima della data di entrata in vigore del presente decreto (*G.U. *Serie gen. - n. 138 del 16 giugno 2018). Si segnala che a norma dell'art. 4, comma 7, del medesimo D.L.vo le modifiche apportate dagli artt. 1 e 2 del citato D.L.vo n. 68/2018, trovano applicazione dal 1° ottobre 2018.*

312. (¹) (²) [**Comunicazioni per la vigilanza di gruppo. –** 1. L'omissione delle comunicazioni di cui all'articolo 213 o delle relative norme di attuazione è punita con la sanzione amministrativa pecuniaria da euro cinquemila ad euro cinquantamila. L'incompletezza o l'erroneità della comunicazione sono punite con la sanzione amministrativa pecuniaria da euro duemila ad euro ventimila.

2. L'omissione delle comunicazioni di cui all'articolo 216, comma 2, o delle relative norme di attuazione è punita con la sanzione amministrativa pecuniaria da euro duemila ad euro ventimila. Se l'omissione riguarda un'operazione da cui può derivare pregiudizio per gli interessi degli assicurati si applica la sanzione amministrativa pecuniaria da euro cinquemila ad euro cinquantamila. L'incompletezza o l'erroneità della comunicazione preventiva sono punite con la sanzione amministrativa pecuniaria da euro mille ad euro diecimila.

3. L'omissione della comunicazione periodica di cui all'articolo 216, comma 1, o delle relative norme di attuazione è punita con la sanzione amministrativa pecuniaria da euro millecinquecento ad euro quindicimila. L'incompletezza o l'erroneità delle comunicazioni periodiche successive sono punite con la sanzione amministrativa pecuniaria da euro cinquecento ad euro cinquemila].

(¹) *Questo articolo è stato così sostituito dall'art. 1, comma 187, del D.L.vo 12 maggio 2015, n. 74.*

(²) *Questo articolo è stato abrogato dall'art. 1, comma 50, del D.L.vo 21 maggio 2018, n. 68.*

A norma dell'art. 4, comma 3, del medesimo decreto 68/2018, le modifiche apportate al Titolo XVIII del decreto legislativo 7 settembre 2005, n. 209, si applicano alle violazioni commesse dopo l'entrata in vigore delle disposizioni adottate dall'IVASS ai sensi dell'art. 331 bis *del medesimo decreto legislativo. Alle violazioni commesse prima della data di entrata in vigore delle disposizioni adottate dall'IVASS continuano ad applicarsi le norme del Titolo XVIII del decreto legislativo 7 settembre 2005, n. 209, vigenti prima della data di entrata in vigore del presente decreto (G.U. Serie gen. – n. 138 del 16 giugno 2018). Si segnala che a norma dell'art. 4, comma 7, del medesimo D.L.vo le modifiche apportate dagli artt. 1 e 2 del citato D.L.vo n. 68/2018, trovano applicazione dal 1° ottobre 2018.*

Capo III
Assicurazione obbligatoria per i veicoli a motore e i natanti ([1])

([1]) *Questo Capo è stato abrogato dall'art. 1, comma 50, del D.L.vo 21 maggio 2018, n. 68.*

A norma dell'art. 4, comma 3, del medesimo decreto 68/2018, le modifiche apportate al Titolo XVIII del decreto legislativo 7 settembre 2005, n. 209, si applicano alle violazioni commesse dopo l'entrata in vigore delle disposizioni adottate dall'IVASS ai sensi dell'art. 331 bis *del medesimo decreto legislativo. Alle violazioni commesse prima della data di entrata in vigore delle disposizioni adottate dall'IVASS continuano ad applicarsi le norme del Titolo XVIII del decreto legislativo 7 settembre 2005, n. 209, vigenti prima della data di entrata in vigore del presente decreto (G.U. Serie gen. – n. 138 del 16 giugno 2018). Si segnala che a norma dell'art. 4, comma 7, del medesimo D.L.vo le modifiche apportate dagli artt. 1 e 2 del citato D.L.vo n. 68/2018, trovano applicazione dal 1° ottobre 2018.*

313. [**Trasparenza delle condizioni di premio e di contratto.** – 1. L'inosservanza degli obblighi di cui all'articolo 131 è punita con la sanzione amministrativa pecuniaria da euro mille ad euro diecimila].

314. [**Rifiuto ed elusione dell'obbligo a contrarre e divieto di abbinamento.** – 1. Il rifiuto o l'elusione dell'obbligo a contrarre di cui all'articolo 132, comma 1, è punito con la sanzione amministrativa pecuniaria da euro duemilacinquecento ad euro quindicimila ([1]).

2. La violazione o l'elusione dell'obbligo a contrarre di cui all'articolo 132, comma 1, che sia attuata con riferimento a determinate zone territoriali o a singole categorie di assicurati è punita con una sanzione amministrativa pecuniaria da euro unmilione ad euro cinquemilioni.

3. La violazione del divieto di abbinamento di cui all'articolo 170 è punita con la sanzione amministrativa pecuniaria da euro mille ad euro tremila].

([1]) *Le parole: «euro millecinquecento ad euro quattromilacinquecento» sono state così sostituite dalle seguenti: «euro duemilacinquecento ad euro quindicimila» dall'art. 1, comma 4, della L. 4 agosto 2017, n. 124.*

315. [**Procedure liquidative.** – 1. Nei casi previsti dagli articoli 148, 149 e 150 o dalle disposizioni di attuazione la formulazione dell'offerta o la corresponsione della somma che siano effettuate fino a centoventi giorni dalla scadenza del termine utile ovvero la mancata comunicazione del diniego dell'offerta nel medesimo termine è punita:

a) in caso di ritardo fino a trenta giorni, con la sanzione da euro trecento ad euro novecento;

b) in caso di ritardo fino a sessanta giorni, con la sanzione da euro novecento ad euro duemilasettecento;

c) in caso di ritardo fino a novanta giorni, con la sanzione da euro duemilasettecento ad euro cinquemilaquattrocento;

d) in caso di ritardo fino a centoventi giorni, con la sanzione da euro cinquemilaquattrocento ad euro diecimilaottocento.

2. Qualora, oltre i centoventi giorni dal termine utile, siano omesse la formulazione dell'offerta, la comunicazione dei motivi del diniego o il pagamento della somma, l'inosservanza degli obblighi previsti dagli articoli 148, 149 e 150 o delle disposizioni di attuazione è punita con la sanzione da euro diecimilaottocento ad euro trentamila in relazione a danni a cose e con la sanzione da euro ventimila ad euro sessantamila in relazione a danni a persone o per il caso morte.

3. Qualora l'impresa formuli l'offerta in ritardo rispetto al termine utile e contestualmente provveda al pagamento della somma, l'inosservanza degli obblighi previsti dagli articoli 148, 149 e 150 o delle disposizioni di attuazione è punita con le sanzioni rispettivamente previste ai commi 1 e 2, diminuite del trenta per cento].

316. (1) [**Obblighi di comunicazione.** – 1. L'omissione, l'incompletezza, l'erroneità o la tardività delle comunicazioni di cui all'articolo 135, comma 2, accertata semestralmente e contestata con unico atto da notificare entro il termine di cui all'articolo 326, comma 1, decorrente dal sessantesimo giorno successivo alla scadenza del semestre di riferimento, è punita con un'unica sanzione amministrativa pecuniaria da euro cinquemila a euro cinquantamila.

2. L'omissione, l'incompletezza, l'erroneità o la tardività delle comunicazioni di cui all'articolo 154, commi 4 e 5, accertata semestralmente e contestata con unico atto da notificare entro il termine di cui all'articolo 326, comma 1, decorrente dal sessantesimo giorno successivo alla scadenza del semestre di riferimento, è punita con un'unica sanzione amministrativa pecuniaria da euro diecimila a euro centomila].

(1) *Questo articolo è stato così sostituito dall'art. 1, comma 28, lett.* d*), della L. 4 agosto 2017, n. 124.*

317. [**Altre violazioni.** – 1. L'inosservanza degli articoli 133, 134, commi 2 e 3, 146 e 148, comma 11, o delle relative norme di attuazione, è punita, con la sanzione amministrativa pecuniaria da euro duemilacinquecento a euro settemilacinquecento.

2. L'inosservanza dell'obbligo di consegna del contrassegno o del certificato di assicurazione o dell'attestazione sullo stato del rischio è punita con la sanzione amministrativa pecuniaria da euro millecinquecento a euro quattromilacinquecento.

3. L'inosservanza degli articoli 125, comma 5 *bis*, e 152, comma 5, è punita con la sanzione amministrativa pecuniaria da euro 2.000 ad euro 6.000] ([1]).

([1]) *Questo comma è stato così sostituito dall'art. 1, comma 14, del D.L.vo 6 novembre 2007, n. 198.*

Capo IV
Trasparenza delle operazioni e protezione dell'assicurato ([1])

([1]) *Questo Capo è stato abrogato dall'art. 1, comma 50, del D.L.vo 21 maggio 2018, n. 68. A norma dell'art. 4, comma 3, del medesimo decreto 68/2018, le modifiche apportate al Titolo XVIII del decreto legislativo 7 settembre 2005, n. 209, si applicano alle violazioni commesse dopo l'entrata in vigore delle disposizioni adottate dall'IVASS ai sensi dell'art. 331* bis *del medesimo decreto legislativo. Alle violazioni commesse prima della data di entrata in vigore delle disposizioni adottate dall'IVASS continuano ad applicarsi le norme del Titolo XVIII del decreto legislativo 7 settembre 2005, n. 209, vigenti prima della data di entrata in vigore del presente decreto* (G.U. *Serie gen. – n. 138 del 16 giugno 2018). Si segnala che a norma dell'art. 4, comma 7, del medesimo D.L.vo le modifiche apportate dagli artt. 1 e 2 del citato D.L.vo n. 68/2018, trovano applicazione dal 1° ottobre 2018.*

318. [**Pubblicità di prodotti assicurativi.** – 1. L'inosservanza delle disposizioni di cui all'articolo 182, commi 1 e 3, o delle relative norme di attuazione è punita con la sanzione amministrativa pecuniaria da euro duemila ad euro ventimila.

2. La diffusione di annunci pubblicitari effettuata in violazione dei provvedimenti cautelari e interdittivi adottati ai sensi dell'articolo 182, commi 4 e 5, è punita con la sanzione amministrativa pecuniaria da euro cinquemila ad euro cinquantamila e si applica a chi effettua annunci pubblicitari in violazione dei provvedimenti interdittivi adottati ai sensi dell'articolo 182, commi 4 e 5].

319. [**Regole di comportamento.** – 1. L'inosservanza delle disposizioni di cui all'articolo 183 o delle relative norme di attuazione quando la commercializzazione riguarda prodotti assicurativi di cui all'articolo 2, comma 1, ad eccezione del ramo VI, o all'articolo 2, comma 3, è punita con la sanzione amministrativa pecuniaria da euro duemila ad euro ventimila.

2. La violazione dei provvedimenti interdittivi e cautelari adottati ai sensi degli articoli 182, comma 6, e 184, comma 1, è punita con la sanzione amministrativa pecuniaria da euro diecimila ad euro centomila].

320. [**Nota informativa.** – 1. Chiunque ometta la consegna della nota informativa di cui all'articolo 185 prima della conclusione del contratto è punito con la sanzione amministrativa pecuniaria da euro duemilacinquecento ad euro venticinquemila].

Capo V
Doveri nei confronti
dell'autorità di vigilanza

321. Doveri degli organi di controllo. – 1. Alle persone che compongono gli (1) organi di controllo di un'impresa di assicurazione o di riassicurazione le quali (2) omettono le comunicazioni previste dall'articolo 190, commi 1 e 3, si applica la sanzione amministrativa pecuniaria da euro cinquemila ad cinque milioni di euro (3).

2. La medesima sanzione si applica alle persone che compongono i (4) corrispondenti organi delle società, ivi incluse le società di partecipazione assicurativa e di partecipazione finanziaria mista, (5) che controllano un'impresa di assicurazione o di riassicurazione o che sono da queste controllate le quali omettono (6) le comunicazioni previste dall'articolo 190, commi 1 e 3.

[3. L'IVASS informa il Ministero dell'economia e delle finanze e la Consob dei provvedimenti sanzionatori adottati nei confronti dei revisori legali e delle società di revisione legale. Il Ministero dell'economia e delle finanze e la Consob informano l'IVASS dei provvedimenti adottati] (7).

[4. Il Ministero della giustizia informa l'ISVAP dei provvedimenti adottati] (8).

(1) *Le parole: «Ai componenti degli» sono state così sostituite dalle attuali: «Alle persone che compongono gli» dall'art. 1, comma 51, lett.* a), *del D.L.vo 21 maggio 2018, n. 68.*

A norma dell'art. 4, comma 3, del medesimo decreto 68/2018, le modifiche apportate al Titolo XVIII del decreto legislativo 7 settembre 2005, n. 209, si applicano alle violazioni commesse dopo l'entrata in vigore delle disposizioni adottate dall'IVASS ai sensi dell'art. 331 bis *del medesimo decreto legislativo. Alle violazioni commesse prima della data di entrata in vigore delle disposizioni adottate dall'IVASS continuano ad applicarsi le norme del Titolo XVIII del decreto legislativo 7 settembre 2005, n. 209, vigenti prima della data di entrata in vigore del presente decreto* (G.U. *Serie gen. – n. 138 del 16 giugno 2018). Si segnala che a norma dell'art. 4, comma 7, del medesimo D.L.vo le modifiche apportate dagli artt. 1 e 2 del citato D.L.vo n. 68/2018, trovano applicazione dal 1° ottobre 2018.*

(2) *Le parole: «o di riassicurazione che» sono state così sostituite dalle attuali: «o di riassicurazione le quali» dall'art. 1, comma 51, lett.* a), *del D.L.vo 21 maggio 2018, n. 68.*

A norma dell'art. 4, comma 3, del medesimo decreto 68/2018, le modifiche apportate al Titolo XVIII del decreto legislativo 7 settembre 2005, n. 209, si applicano alle violazioni commesse dopo l'entrata in vigore delle disposizioni adottate dall'IVASS ai sensi dell'art. 331 bis *del medesimo decreto legislativo. Alle violazioni commesse prima della data di entrata in vigore delle disposizioni adottate dall'IVASS continuano ad applicarsi le norme del Titolo XVIII del decreto legislativo 7 settembre 2005, n. 209, vigenti prima della data di entrata in vigore del presente decreto* (G.U. *Serie gen. - n. 138 del 16 giugno 2018). Si segnala che a norma dell'art. 4, comma 7, del medesimo D.L.vo le modifiche apportate dagli artt. 1 e 2 del citato D.L.vo n. 68/2018, trovano applicazione dal 1° ottobre 2018.*

(3) *Le parole: «euro cinquantamila» sono state così sostituite dalle attuali: «cinque milioni di euro» dall'art. 1, comma 51, lett.* a), *del D.L.vo 21 maggio 2018, n. 68.*

A norma dell'art. 4, comma 3, del medesimo decreto 68/2018, le modifiche apportate al Titolo XVIII del decreto legislativo 7 settembre 2005, n. 209, si applicano alle violazioni commesse dopo l'entrata in vigore delle disposizioni adottate dall'IVASS ai sensi dell'art. 331 bis *del medesimo decreto legislativo. Alle violazioni commesse prima della data di entrata in vigore delle disposizioni adottate dall'IVASS continuano ad applicarsi le norme del Titolo XVIII del decreto legislativo 7 settembre 2005, n. 209, vigenti prima della data di entrata in vigore del presente decreto* (G.U. *Serie gen. - n. 138 del 16 giugno 2018). Si segnala che a norma dell'art. 4, comma 7, del medesimo D.L.vo le modifiche apportate dagli artt. 1 e 2 del citato D.L.vo n. 68/2018, trovano applicazione dal 1° ottobre 2018.*

(4) *Le parole: «ai componenti dei» sono state così sostituite dalle attuali: «alle persone che compongono i» dall'art. 1, comma 51, lett.* b), *del D.L.vo 21 maggio 2018, n. 68.*

A norma dell'art. 4, comma 3, del medesimo decreto 68/2018, le modifiche apportate al Titolo XVIII del decreto legislativo 7 settembre 2005, n. 209, si applicano alle violazioni commesse dopo l'entrata in vigore delle disposizioni adottate dall'IVASS ai sensi dell'art. 331 bis *del medesimo decreto legislativo. Alle violazioni commesse prima della data di entrata in vigore delle disposizioni adottate dall'IVASS continuano ad applicarsi le norme del Titolo XVIII del decreto legislativo 7 settembre 2005, n. 209, vigenti prima della data di entrata in vigore del presente decreto* (G.U. *Serie gen. - n. 138 del 16 giugno 2018). Si segnala che a norma dell'art. 4, comma 7, del medesimo D.L.vo le modifiche apportate dagli artt. 1 e 2 del citato D.L.vo n. 68/2018, trovano applicazione dal 1° ottobre 2018.*

(5) *Le parole: «, ivi incluse le società di partecipazione assicurativa e di partecipazione finanziaria mista,» sono state inserite dall'art. 1, comma 51, lett.* b), *del D.L.vo 21 maggio 2018, n. 68.*

A norma dell'art. 4, comma 3, del medesimo decreto 68/2018, le modifiche apportate al Titolo XVIII del decreto legislativo 7 settembre 2005, n. 209, si applicano alle violazioni commesse dopo l'entrata in vigore delle disposizioni adottate dall'IVASS ai sensi dell'art. 331 bis *del medesimo decreto legislativo. Alle violazioni commesse prima della data di entrata in vigore delle disposizioni adottate dall'IVASS continuano ad applicarsi le norme del Titolo XVIII del decreto legislativo 7 settembre 2005, n. 209, vigenti prima della data di entrata in vigore del presente decreto (*G.U. *Serie gen. - n. 138 del 16 giugno 2018). Si segnala che a norma dell'art. 4, comma 7, del medesimo D.L.vo le modifiche apportate dagli artt. 1 e 2 del citato D.L.vo n. 68/2018, trovano applicazione dal 1° ottobre 2018.*

(6) *Le parole: «i quali omettono» sono state così sostituite dalle attuali: «le quali omettono» dall'art. 1, comma 51, lett.* b)*, del D.L.vo 21 maggio 2018, n. 68.*

A norma dell'art. 4, comma 3, del medesimo decreto 68/2018, le modifiche apportate al Titolo XVIII del decreto legislativo 7 settembre 2005, n. 209, si applicano alle violazioni commesse dopo l'entrata in vigore delle disposizioni adottate dall'IVASS ai sensi dell'art. 331 bis *del medesimo decreto legislativo. Alle violazioni commesse prima della data di entrata in vigore delle disposizioni adottate dall'IVASS continuano ad applicarsi le norme del Titolo XVIII del decreto legislativo 7 settembre 2005, n. 209, vigenti prima della data di entrata in vigore del presente decreto (*G.U. *Serie gen. - n. 138 del 16 giugno 2018). Si segnala che a norma dell'art. 4, comma 7, del medesimo D.L.vo le modifiche apportate dagli artt. 1 e 2 del citato D.L.vo n. 68/2018, trovano applicazione dal 1° ottobre 2018.*

(7) *Questo comma è stato abrogato dall'art. 1, comma 51, lett.* c)*, del D.L.vo 21 maggio 2018, n. 68.*

A norma dell'art. 4, comma 3, del medesimo decreto 68/2018, le modifiche apportate al Titolo XVIII del decreto legislativo 7 settembre 2005, n. 209, si applicano alle violazioni commesse dopo l'entrata in vigore delle disposizioni adottate dall'IVASS ai sensi dell'art. 331 bis *del medesimo decreto legislativo. Alle violazioni commesse prima della data di entrata in vigore delle disposizioni adottate dall'IVASS continuano ad applicarsi le norme del Titolo XVIII del decreto legislativo 7 settembre 2005, n. 209, vigenti prima della data di entrata in vigore del presente decreto (*G.U. *Serie gen. - n. 138 del 16 giugno 2018). Si segnala che a norma dell'art. 4, comma 7, del medesimo D.L.vo le modifiche apportate dagli artt. 1 e 2 del citato D.L.vo n. 68/2018, trovano applicazione dal 1° ottobre 2018.*

(8) *Questo comma è stato abrogato dall'art. 41, comma 8, lett.* b)*, del D.L.vo 27 gennaio 2010, n. 39.*

322. Doveri del revisore legale e della società di revisione legale (1). – 1. Il revisore legale e i legali rappresentanti della società di revisione legale (2) di un'impresa di assicurazione o di riassicurazione che omettono le comunicazioni previste dall'articolo 190, commi 1, 2 e 4, sono segnalati dall'IVASS alla CONSOB ai fini dell'adozione dei provvedimenti di competenza (3).

2. La medesima segnalazione è disposta nei confronti del revisore legale e dei legali rappresentanti della società di revisione legale (4) che sono incaricate dalle società che controllano un'impresa di assicurazione o di riassicurazione o che sono da queste controllate i quali omettono le comunicazioni previste dall'articolo 190, commi 1, 2, 4 e 5.

3. La CONSOB informa l'IVASS dei provvedimenti adottati.

(¹) *L'originaria rubrica:* «Doveri della società di revisione» *è stata così sostituita dall'attuale, dall'art. 41, comma 9, del D.L.vo 27 gennaio 2010, n. 39.*

(²) *Le originarie parole: «I legali rappresentanti della società di revisione» sono state così sostituite dalle attuali: «il revisore legale e i legali rappresentanti della società di revisione legale» dall'art. 41, comma 10, del D.L.vo 27 gennaio 2010, n. 39.*

(³) *Le parole: «di cui all'articolo 163 del testo unico dell'intermediazione finanziaria» sono state così sostituite dalle attuali: «di competenza» dall'art. 1, comma 52, del D.L.vo 21 maggio 2018, n. 68.*

A norma dell'art. 4, comma 3, del medesimo decreto 68/2018, le modifiche apportate al Titolo XVIII del decreto legislativo 7 settembre 2005, n. 209, si applicano alle violazioni commesse dopo l'entrata in vigore delle disposizioni adottate dall'IVASS ai sensi dell'art. 331 bis *del medesimo decreto legislativo. Alle violazioni commesse prima della data di entrata in vigore delle disposizioni adottate dall'IVASS continuano ad applicarsi le norme del Titolo XVIII del decreto legislativo 7 settembre 2005, n. 209, vigenti prima della data di entrata in vigore del presente decreto* (G.U. *Serie gen. - n. 138 del 16 giugno 2018). Si segnala che a norma dell'art. 4, comma 7, del medesimo D.L.vo le modifiche apportate dagli artt. 1 e 2 del citato D.L.vo n. 68/2018, trovano applicazione dal 1° ottobre 2018.*

(⁴) *Le originarie parole: «dei legali rappresentanti della società di revisione» sono state così sostituite dalle attuali: «del revisore legale e dei legali rappresentanti della società di revisione legale» dall'art. 41, comma 11, del D.L.vo 27 gennaio 2010, n. 39.*

323. (¹) [**Doveri dell'attuario revisore e dell'attuario incaricato.** – 1. All'attuario incaricato dalla società di revisione di un'impresa di assicurazione o di riassicurazione che omette le comunicazioni previste dall'articolo 190, commi 1, 2 e 4, si applica la sanzione amministrativa pecuniaria da euro cinquemila ad euro cinquantamila. All'attuario incaricato dal revisore legale o dalla società di revisione legale di un'impresa di assicurazione o di riassicurazione che viola l'articolo 103, comma 3, si applica la sanzione amministrativa pecuniaria da euro centomila a euro cinquecentomila. Si applicano, altresì, le sanzioni penali per il reato di corruzione del revisore.

2. All'attuario incaricato da un'impresa di assicurazione che omette le comunicazioni previste dall'articolo 31 o dall'articolo 34 si applica la sanzione amministrativa pecuniaria da euro duemila a euro ventimila.

3. L'Ordine degli attuari informa l'ISVAP dei provvedimenti adottati a seguito della comunicazione della sanzione irrogata ai sensi dei commi 1 e 2.

4. Nei casi previsti dai commi 1 e 2 che presentino particolare gravità l'ISVAP può disporre la revoca dell'incarico].

(¹) *Questo articolo è stato abrogato dall'art. 1, comma 188, del D.L.vo 12 maggio 2015, n. 74.*

Capo VI
Sanzioni amministrative pecuniarie
ed altre misure per violazioni riguardanti
la distribuzione assicurativa (1)

(1) *La precedente rubrica:* «Intermediari di assicurazione» *è stata così sostituita dalla attuale:* «Sanzioni amministrative pecuniarie ed altre misure per violazioni riguardanti la distribuzione assicurativa» *dall'art. 1, comma 53, del D.L.vo 21 maggio 2018, n. 68.*

A norma dell'art. 4, comma 3, del medesimo decreto 68/2018, le modifiche apportate al Titolo XVIII del decreto legislativo 7 settembre 2005, n. 209, si applicano alle violazioni commesse dopo l'entrata in vigore delle disposizioni adottate dall'IVASS ai sensi dell'art. 331 bis *del medesimo decreto legislativo. Alle violazioni commesse prima della data di entrata in vigore delle disposizioni adottate dall'IVASS continuano ad applicarsi le norme del Titolo XVIII del decreto legislativo 7 settembre 2005, n. 209, vigenti prima della data di entrata in vigore del presente decreto* (G.U. *Serie gen. - n. 138 del 16 giugno 2018). Si segnala che a norma dell'art. 4, comma 7, del medesimo D.L.vo le modifiche apportate dagli artt. 1 e 2 del citato D.L.vo n. 68/2018, trovano applicazione dal 1° ottobre 2018.*

324. (1) **Sanzioni relative alla violazione degli obblighi di distribuzione dei prodotti assicurativi inclusi i prodotti di investimento assicurativo distribuiti da intermediari.** – 1. Gli intermediari assicurativi e riassicurativi, ivi inclusi quelli a titolo accessorio che nell'ambito della distribuzione di prodotti assicurativi e di investimento assicurativi violano gli articoli 10 *quater*, 30 *decies*, 107, comma 5, 109, commi 2, ultimo periodo, 3, 4, 4 *bis*, 4 *sexies*, 4 *septies* e 6, 109 *bis*, 110, commi 2 e 3, 111, commi 4 e 5, 112, commi 2, 3 e 5, 113, comma 2, 117, 118, 119, comma 2, ultimo periodo, 119 *bis*, 119 *ter*, 120, 120 *bis*, commi 1, 2, 3 e 6, 120 *ter*, 120 *quater*, 120 *quinquies*, 121, 121 *bis*, 121 *ter*, 131, 170, 185, 185 *bis*, 185 *ter*, 191 o le relative norme di attuazione, sono puniti secondo i criteri di cui all'articolo 324 *sexies* con una delle seguenti sanzioni:

a) richiamo;

b) censura;

c) sanzione amministrativa pecuniaria:

1) per le società, da cinquemila euro a cinque milioni di euro oppure, se superiore, pari al cinque per cento del fatturato complessivo annuo risultante dall'ultimo bilancio disponibile approvato dall'organo di amministrazione;

2) per le persone fisiche, da mille euro a settecentomila euro;

d) radiazione o, in caso di società di intermediazione, cancellazione.

2. Il richiamo, consistente in una dichiarazione scritta di biasimo motivato, è disposto per fatti di lieve manchevolezza. La censura è disposta per fatti di particolare gravità. La radiazione o la cancellazione della società di intermediazione è disposta per fatti di eccezionale gravità. La radiazione determi-

na l'immediata risoluzione dei rapporti di intermediazione e, nel caso di esercizio dell'attività in forma societaria, comporta altresì la cancellazione della società nei casi di particolare gravità o di sistematica reiterazione dell'illecito.

3. La violazione dei provvedimenti interdittivi e cautelari adottati ai sensi dell'articolo 184 è punita con una delle sanzioni di cui al comma 1.

4. Gli intermediari che, in proprio oppure attraverso collaboratori o altri ausiliari, operano per conto o a beneficio di imprese di assicurazione e riassicurazione che hanno sede legale nel territorio della Repubblica o in Stati terzi, di imprese locali di cui al Titolo IV, Capo I e di particolari mutue assicuratrici di cui all'articolo 52, le quali esercitano l'attività assicurativa o riassicurativa oltre i limiti dell'autorizzazione, sono puniti con una delle sanzioni di cui al comma 1.

5. Quando le violazioni degli articoli, 119 *bis*, 119 *ter*, 120, 120 *bis*, 120 *ter*, 120 *quater*, 120 *quinquies*, 121, riguardano un prodotto di investimento assicurativo, l'IVASS applica le sanzioni di cui al comma 1 nei soli confronti degli intermediari di cui all'articolo 109, comma 2, lettere *a*) e *b*), e relativi collaboratori di cui alla lettera *e*), e degli intermediari di cui alla lettera *c*). In tal caso, la misura massima della sanzione pecuniaria può essere determinata, in alternativa rispetto a quanto previsto al comma 1, lettera *c*), fino al doppio dell'ammontare dei profitti ricavati o delle perdite evitate grazie alla violazione, se possono essere determinati. L'IVASS, oltre alle sanzioni di cui al comma 1, può adottare una dichiarazione pubblica indicante la persona fisica o giuridica responsabile e la natura della violazione. Le medesime sanzioni di cui al presente comma si applicano nel caso di violazione degli articoli 121 *quinquies*, 121 *sexies* e 121 *septies*.

6. Quando la violazione degli articoli 30 *decies* e 121 *bis* riguarda un prodotto di investimento assicurativo, l'IVASS applica le sanzioni di cui al comma 1 nei confronti di tutti gli intermediari di cui al medesimo comma. La misura massima della sanzione pecuniaria può essere determinata, in alternativa rispetto a quanto previsto al comma 1, lettera *c*), fino al doppio dell'ammontare dei profitti ricavati o delle perdite evitate grazie alla violazione, se possono essere determinati. L'IVASS, oltre alle sanzioni di cui al comma 1, può adottare una dichiarazione pubblica indicante la persona fisica o giuridica responsabile e la natura della violazione.

7. Alle violazioni delle disposizioni richiamate all'articolo 24, paragrafo 1, del regolamento (UE) n. 1286/2014 diverse da quelle del presente articolo commesse dai soggetti di cui al comma 5 si applica l'articolo 193 *quinquies* del testo unico dell'intermediazione finanziaria. La nozione di fatturato è definita ai sensi dell'articolo 325 *bis* del presente codice.

(¹) Questo articolo è stato così sostituito dall'art. 1, comma 54, del D.L.vo 21 maggio 2018, n. 68.

A norma dell'art. 4, comma 3, del medesimo decreto 68/2018, le modifiche apportate al Titolo XVIII del decreto legislativo 7 settembre 2005, n. 209, si applicano alle violazioni commesse dopo l'entrata in vigore delle disposizioni adottate dall'IVASS ai sensi dell'art. 331 bis *del medesimo decreto legislativo. Alle violazioni commesse prima della data di entrata in vigore delle disposizioni adottate dall'IVASS continuano ad applicarsi le norme del Titolo XVIII del decreto legislativo 7 settembre 2005, n. 209, vigenti prima della data di entrata in vigore del presente decreto* (G.U. *Serie gen. - n. 138 del 16 giugno 2018). Si segnala che a norma dell'art. 4, comma 7, del medesimo D.L.vo le modifiche apportate dagli artt. 1 e 2 del citato D.L.vo n. 68/2018, trovano applicazione dal 1° ottobre 2018.*

Si riporta il testo precedente:

*«Art. 324 (*Sanzioni amministrative pecuniarie relative agli intermediari*) - 1. L'inosservanza delle disposizioni di cui agli articoli 109, commi 4 e 6, 117, comma 1, 119, comma 2, ultimo periodo, 120, 121, 131, 170, 182, commi 2 e 3, 183, 185, comma 1 e 191, o delle relative norme di attuazione da parte degli intermediari iscritti al registro di cui all'articolo 109 è punita con la sanzione amministrativa pecuniaria da euro mille ad euro diecimila, anche se commessa da propri dipendenti o altri ausiliari.*

2. Nei casi di particolare gravità o di ripetizione dell'illecito i limiti minimo e massimo della sanzione di cui al comma 1 sono raddoppiati.»

324 *bis*. (¹) Sanzioni relative alla violazione degli obblighi di distribuzione dei prodotti assicurativi e di investimento assicurativo distribuiti da imprese. – 1. Le imprese di assicurazione o di riassicurazione che nell'ambito della distribuzione di prodotti assicurativi o di investimento assicurativi, violano gli articoli 10 *quater*, 30 *decies*, 107, comma 5, 109, commi 4, ultimo periodo, e 4 *ter*, 111, commi 1 e 2, 114 *bis*, 119, comma 2, ultimo periodo, 119 *bis*, 119 *ter*, 120, commi 2 e 3, 120 *bis*, commi 4 e 5, 120 *quater*, 120 *quinquies*, 121, 121 *bis*, 121 *ter*, 131, 170, 185, 185 *bis*, 185 *ter*, 186, 187, 191 o le relative norme di attuazione, sono puniti secondo i criteri di cui all'articolo 324 *sexies* con la sanzione amministrativa pecuniaria da cinquemila euro a cinque milioni di euro oppure, se superiore, pari al cinque per cento del fatturato complessivo annuo risultante dall'ultimo bilancio disponibile approvato dall'organo di amministrazione.

2. La violazione dei provvedimenti interdittivi e cautelari adottati ai sensi dell'articolo 184 è punita con la sanzione di cui al comma 1.

3. Le imprese di assicurazione o di riassicurazione che si avvalgono di intermediari non iscritti alle Sezioni del registro di cui all'articolo 109, comma 2, sono punite con la sanzione amministrativa pecuniaria da cinquemila euro a cinque milioni di euro oppure, se superiore, pari al cinque per cento del fatturato complessivo annuo risultante dall'ultimo bilancio disponibile approvato dall'organo di amministrazione.

4. Quando le violazioni degli articoli 30 *decies*, 119 *bis*, 119 *ter*, 120, 120 *bis*, 120 *quater*, 120 *quinquies*, 121, 121 *bis*, riguardano un prodotto di investimento assicurativo, la misura massima della sanzione pecuniaria può essere determinata, in alternativa rispetto a quanto previsto al comma 1, fino al doppio dell'ammontare dei profitti ricavati o delle perdite evitate grazie alla violazione, se possono essere determinati. L'IVASS, oltre alle sanzioni di cui al comma 1, può adottare una dichiarazione pubblica indicante la persona giuridica o la persona fisica all'interno dell'organizzazione responsabile e la natura della violazione. Le medesime sanzioni di cui al presente comma si applicano nel caso di violazione degli articoli 121 *quinquies*, 121 *sexies* e 121 *septies*.

5. Alle violazioni delle disposizioni richiamate all'articolo 24, paragrafo 1, del regolamento (UE) n. 1286/2014 diverse da quelle del presente articolo si applica l'articolo 193 *quinquies* del testo unico dell'intermediazione finanziaria. La nozione di fatturato è definita ai sensi dell'articolo 325 *bis* del presente codice.

(1) *Questo articolo è stato inserito dall'art. 1, comma 55, del D.L.vo 21 maggio 2018, n. 68. A norma dell'art. 4, comma 3, del medesimo decreto 68/2018, le modifiche apportate al Titolo XVIII del decreto legislativo 7 settembre 2005, n. 209, si applicano alle violazioni commesse dopo l'entrata in vigore delle disposizioni adottate dall'IVASS ai sensi dell'art. 331* bis *del medesimo decreto legislativo. Alle violazioni commesse prima della data di entrata in vigore delle disposizioni adottate dall'IVASS continuano ad applicarsi le norme del Titolo XVIII del decreto legislativo 7 settembre 2005, n. 209, vigenti prima della data di entrata in vigore del presente decreto (G.U. Serie gen. - n. 138 del 16 giugno 2018). Si segnala che a norma dell'art. 4, comma 7, del medesimo D.L.vo le modifiche apportate dagli artt. 1 e 2 del citato D.L.vo n. 68/2018, trovano applicazione dal 1° ottobre 2018.*

324 *ter*. (1) **Principio della rilevanza della violazione.** – 1. Le sanzioni previste dagli articoli 324 e 324 *bis* si applicano quando le infrazioni rivestono carattere rilevante, secondo i criteri definiti dall'IVASS con regolamento tenendo conto dell'incidenza delle condotte sulla tutela degli assicurati e degli aventi diritto alle prestazioni assicurative e sull'esercizio delle funzioni di vigilanza.

2. La disposizione di cui al comma 1 non si applica alle violazioni degli articoli 324, comma 3, e 324 *bis*, comma 2.

(1) *Questo articolo è stato inserito dall'art. 1, comma 55, del D.L.vo 21 maggio 2018, n. 68. A norma dell'art. 4, comma 3, del medesimo decreto 68/2018, le modifiche apportate al Titolo XVIII del decreto legislativo 7 settembre 2005, n. 209, si applicano alle violazioni commesse dopo l'entrata in vigore delle disposizioni adottate dall'IVASS ai sensi dell'art. 331* bis *del medesimo decreto legislativo. Alle violazioni commesse pri-*

ma della data di entrata in vigore delle disposizioni adottate dall'IVASS continuano ad applicarsi le norme del Titolo XVIII del decreto legislativo 7 settembre 2005, n. 209, vigenti prima della data di entrata in vigore del presente decreto (G.U. Serie gen. - n. 138 del 16 giugno 2018). Si segnala che a norma dell'art. 4, comma 7, del medesimo D.L.vo le modifiche apportate dagli artt. 1 e 2 del citato D.L.vo n. 68/2018, trovano applicazione dal 1° ottobre 2018.

324 *quater*. (1) **Ordine di porre termine alle violazioni. –** 1. Fermo restando quanto previsto all'articolo 324 *ter*, per le violazioni previste dagli articoli 324 e 324 *bis*, l'IVASS in relazione alla tipologia e modalità della violazione può, in alternativa all'applicazione delle sanzioni amministrative ivi previste, applicare nei confronti dell'impresa o dell'intermediario una sanzione consistente nell'ordine di eliminare le infrazioni, anche indicando le misure da adottare e il termine per l'adempimento.

2. Per l'inosservanza dell'ordine entro il termine stabilito, l'IVASS applica alle imprese le sanzioni amministrative pecuniarie previste dall'articolo 324 *bis*, comma 1 secondo i criteri di cui all'articolo 324 *sexies* e l'importo delle sanzioni così determinato è aumentato sino a un terzo rispetto a quello previsto per la violazione originaria, fermi restando i massimali stabiliti dall'articolo 324 *bis*, comma 1. Nei confronti degli intermediari l'IVASS applica le sanzioni amministrative previste dall'articolo 324, comma 1, secondo i criteri di cui all'articolo 324 *sexies* e, nel caso di sanzione pecuniaria, l'aumento sino a un terzo rispetto a quello previsto per la violazione originaria.

(1) *Questo articolo è stato inserito dall'art. 1, comma 55, del D.L.vo 21 maggio 2018, n. 68.*

A norma dell'art. 4, comma 3, del medesimo decreto 68/2018, le modifiche apportate al Titolo XVIII del decreto legislativo 7 settembre 2005, n. 209, si applicano alle violazioni commesse dopo l'entrata in vigore delle disposizioni adottate dall'IVASS ai sensi dell'art. 331 bis *del medesimo decreto legislativo. Alle violazioni commesse prima della data di entrata in vigore delle disposizioni adottate dall'IVASS continuano ad applicarsi le norme del Titolo XVIII del decreto legislativo 7 settembre 2005, n. 209, vigenti prima della data di entrata in vigore del presente decreto (G.U. Serie gen. - n. 138 del 16 giugno 2018). Si segnala che a norma dell'art. 4, comma 7, del medesimo D.L.vo le modifiche apportate dagli artt. 1 e 2 del citato D.L.vo n. 68/2018, trovano applicazione dal 1° ottobre 2018.*

324 *quinquies*. (1) **Accertamento unitario delle violazioni della stessa indole. –** 1. Per l'inosservanza degli articoli, 119 *bis*, comma 1, 119 *ter*, 120, 120 *bis*, 120 *quater*, 121, 131, 170, 185, 185 *bis* e 185 *ter*, o delle relative norme di attuazione, da parte delle imprese di assicurazione e riassicurazione, l'IVASS provvede all'accertamento unitario delle violazioni della stessa indole, effettuato con riferimento ad un determinato arco temporale, e alla contestazione degli addebiti con un unico atto da notificare entro il termine di cui all'articolo 311 *septies*. Nel caso di verifiche a distanza l'arco temporale di riferimento e il termine entro il quale si considera concluso l'accertamento delle violazioni rilevate non possono eccedere i dodici mesi. Con regolamento dell'IVASS è stabilito il termine entro il quale si considera concluso l'accertamento delle violazioni rilevate in sede di verifiche ispettive.

2. L'IVASS, qualora l'impresa in sede difensiva fornisca adeguata dimostrazione del fatto che le violazioni contestate ai sensi del comma 1 sono dipese dalla medesima disfunzione della propria organizzazione, comunica alla stessa il termine perentorio, non superiore a centottanta giorni, entro il quale effettuare gli interventi necessari per eliminare la disfunzione. L'IVASS, ricevuta la comunicazione relativa all'adozione delle misure correttive, verifica che siano state adottate le misure stesse e ne comunica gli esiti all'impresa.

3. Nel caso in cui le misure correttive adottate ai sensi del comma 2 siano risultate idonee ad eliminare la disfunzione, la misura della sanzione amministrativa pecuniaria prevista dall'articolo 324 *bis*, comma 1 applicabile secondo i criteri di cui all'articolo 324 *sexies*, è ridotta da un terzo a due terzi, fatto salvo il minimo edittale. Eventuali rilievi formulati dall'IVASS sulle misure correttive adottate non precludono l'applicazione della riduzione, ma sono valutati in sede di determinazione della sanzione.

4. L'impresa può presentare osservazioni in ordine agli eventuali rilievi dell'IVASS sulle misure correttive adottate nel termine di sessanta giorni dal ricevimento della relativa comunicazione.

5. La riduzione di cui al comma 3 non è applicata:

a) nel caso in cui l'impresa non abbia adottato gli interventi correttivi;

b) nel caso in cui gli interventi adottati siano risultati inidonei ad eliminare la disfunzione;

c) nel caso in cui l'impresa ne abbia già usufruito per violazioni della stessa indole sulla base di provvedimento esecutivo emesso nei tre anni precedenti.

6. Le disposizioni di cui ai commi 1, 2, 3, 4 e 5, si applicano anche nei confronti degli intermediari in caso di violazione degli articoli, 109, 117, 119 *bis*, comma 1, 119 *ter*, 120, 120 *bis*, 120 *ter*, 120 *quater*, 121, 131, 170, 185, 185 *bis* e 185 *ter*, per l'ipotesi in cui l'IVASS, tenuto conto dei criteri indicati all'articolo 324 *sexies*, intenda applicare la sanzione pecuniaria di cui all'articolo 324, comma 1, lettera *c*).

(1) *Questo articolo è stato inserito dall'art. 1, comma 55, del D.L.vo 21 maggio 2018, n. 68. A norma dell'art. 4, comma 3, del medesimo decreto 68/2018, le modifiche apportate al Titolo XVIII del decreto legislativo 7 settembre 2005, n. 209, si applicano alle*

violazioni commesse dopo l'entrata in vigore delle disposizioni adottate dall'IVASS ai sensi dell'art. 331 bis *del medesimo decreto legislativo. Alle violazioni commesse prima della data di entrata in vigore delle disposizioni adottate dall'IVASS continuano ad applicarsi le norme del Titolo XVIII del decreto legislativo 7 settembre 2005, n. 209, vigenti prima della data di entrata in vigore del presente decreto* (G.U. *Serie gen. - n. 138 del 16 giugno 2018). Si segnala che a norma dell'art. 4, comma 7, del medesimo D.L.vo le modifiche apportate dagli artt. 1 e 2 del citato D.L.vo n. 68/2018, trovano applicazione dal 1° ottobre 2018.*

324 *sexies*. (1) **Criteri per la determinazione delle sanzioni.** – 1. Nella determinazione del tipo e dell'ammontare delle sanzioni amministrative o della durata delle sanzioni accessorie previste per le violazioni in materia di distribuzione assicurativa, l'IVASS considera ogni circostanza rilevante e, in particolare, tenuto conto del fatto che il destinatario della sanzione sia persona fisica o giuridica, le seguenti, ove pertinenti:

a) la gravità e la durata della violazione;

b) il grado di responsabilità;

c) la capacità finanziaria del responsabile della violazione;

d) l'entità del vantaggio ottenuto o delle perdite evitate attraverso la violazione, nella misura in cui essa sia determinabile;

e) i pregiudizi cagionati a terzi attraverso la violazione, nella misura in cui il loro ammontare sia determinabile;

f) il livello di cooperazione del responsabile della violazione con l'IVASS;

g) le precedenti violazioni in materia assicurativa commesse dal medesimo soggetto;

h) le misure adottate successivamente alla violazione al fine di evitare in futuro il suo ripetersi;

i) nell'ipotesi di accertamento unitario di una pluralità di violazioni della stessa indole ai sensi dell'articolo 324 *quinquies*, anche il numero e la tipologia delle infrazioni e l'importo della prestazione assicurativa eventualmente liquidata.

(1) *Questo articolo è stato inserito dall'art. 1, comma 55, del D.L.vo 21 maggio 2018, n. 68. A norma dell'art. 4, comma 3, del medesimo decreto 68/2018, le modifiche apportate al Titolo XVIII del decreto legislativo 7 settembre 2005, n. 209, si applicano alle violazioni commesse dopo l'entrata in vigore delle disposizioni adottate dall'IVASS ai sensi dell'art. 331* bis *del medesimo decreto legislativo. Alle violazioni commesse prima della data di entrata in vigore delle disposizioni adottate dall'IVASS continuano ad applicarsi le norme del Titolo XVIII del decreto legislativo 7 settembre 2005, n. 209, vigenti prima della data di entrata in vigore del presente decreto* (G.U. *Serie gen. - n. 138 del 16 giugno 2018). Si segnala che a norma dell'art. 4, comma 7, del medesimo D.L.vo le modifiche apportate dagli artt. 1 e 2 del citato D.L.vo n. 68/2018, trovano applicazione dal 1° ottobre 2018.*

324 *septies*. ([1]) **Sanzioni amministrative agli esponenti aziendali o al personale delle imprese e delle società di intermediazione assicurativa o riassicurativa.** – 1. Fermo restando quanto previsto all'articolo 325, comma 1 circa la responsabilità delle imprese nei confronti delle quali sono accertate le violazioni, per l'inosservanza delle norme richiamate nell'articolo 324 *bis*, comma 1, si applica, salvo che il fatto costituisca reato, la sanzione amministrativa pecuniaria da euro mille a euro settecentomila nei confronti dei soggetti che svolgono le funzioni di amministrazione, di direzione, di controllo, nonché dei dipendenti o di coloro che operano sulla base di rapporti che ne determinano l'inserimento nell'organizzazione dell'impresa anche in forma diversa dal rapporto di lavoro subordinato, quando l'inosservanza è conseguenza della violazione di doveri propri o dell'organo di appartenenza e la condotta ha inciso in modo rilevante sul bene giuridico tutelato.

2. Nel caso in cui la condotta dei soggetti di cui al comma 1 abbia contribuito a determinare l'inosservanza dell'ordine previsto nell'articolo 324 *quater* da parte dell'impresa, si applica nei confronti dei soggetti stessi la sanzione amministrativa pecuniaria da mille euro a settecentomila euro.

3. Con il provvedimento di applicazione della sanzione, tenuto conto dei criteri stabiliti dall'articolo 324 *sexies*, l'IVASS può applicare la sanzione amministrativa accessoria dell'interdizione dallo svolgimento di funzioni di amministrazione, direzione e controllo presso imprese di assicurazione e di riassicurazione, per un periodo non inferiore a sei mesi e non superiore a tre anni.

4. La misura della sanzione amministrativa pecuniaria può essere aumentata secondo quanto previsto all'articolo 310, comma 2.

5. Quando le ipotesi di cui ai commi 1 e 2 riguardano l'inosservanza delle norme richiamate all'articolo 324, comma 1, da parte di società di intermediazione assicurativa o riassicurativa, si applica la sanzione amministrativa dell'interdizione temporanea dall'esercizio di funzioni di gestione dei componenti dell'organo di amministrazione considerati responsabili, per il periodo di cui al comma 3.

([1]) *Questo articolo è stato inserito dall'art. 1, comma 55, del D.L.vo 21 maggio 2018, n. 68. A norma dell'art. 4, comma 3, del medesimo decreto 68/2018, le modifiche apportate al Titolo XVIII del decreto legislativo 7 settembre 2005, n. 209, si applicano alle violazioni commesse dopo l'entrata in vigore delle disposizioni adottate dall'IVASS ai sensi dell'art. 331* bis *del medesimo decreto legislativo. Alle violazioni commesse prima della data di entrata in vigore delle disposizioni adottate dall'IVASS continuano ad applicarsi le norme del Titolo XVIII del decreto legislativo 7 settembre 2005, n. 209, vigenti prima della data di entrata in vigore del presente decreto* (G.U. *Serie gen. – n. 138 del 16 giugno 2018). Si segnala che a norma dell'art. 4, comma 7, del medesimo D.L.vo le modifiche apportate dagli artt. 1 e 2 del citato D.L.vo n. 68/2018, trovano applicazione dal 1° ottobre 2018.*

324 *octies*. (1) **Procedura di applicazione delle sanzioni amministrative nei confronti degli intermediari e degli esponenti aziendali o del personale della società di intermediazione assicurativa o riassicurativa.** – 1. L'IVASS, fermo restando quanto previsto dagli articoli 324 *ter* e 324 *quinquies*, ai fini dell'irrogazione delle sanzioni amministrative di cui all'articolo 324, nel termine di centoventi giorni dall'accertamento dell'infrazione, ovvero nel termine di centottanta giorni per i soggetti residenti all'estero, provvede alla contestazione degli addebiti nei confronti dei soggetti iscritti nel registro degli intermediari, i collaboratori e gli altri soggetti ausiliari dell'intermediario di assicurazione o di riassicurazione, possibili responsabili della violazione e trasmette i relativi atti al Collegio di garanzia.

2. I destinatari di cui al comma 1 possono presentare, nel termine di sessanta giorni dalla notifica della contestazione, deduzioni difensive e chiedere l'audizione dinnanzi al Collegio di garanzia, cui possono partecipare con l'assistenza di un avvocato.

3. Il Collegio di garanzia è istituito presso l'IVASS ed è composto da un magistrato con qualifica non inferiore a consigliere della Corte di cassazione o equiparato, anche a riposo, con funzioni di presidente ovvero da un docente universitario di ruolo, e da due componenti esperti in materia assicurativa, di cui uno designato sentite le associazioni maggiormente rappresentative. Il mandato ha durata quadriennale ed è rinnovabile una sola volta. Il Collegio di garanzia può essere costituito in più sezioni, con corrispondente incremento del numero dei suoi componenti, qualora l'IVASS lo ritenga necessario per garantire condizioni di efficienza e tempestività nella definizione dei procedimenti sanzionatori. L'IVASS nomina il Collegio di garanzia, stabilisce le norme sulla procedura dinnanzi al Collegio nel rispetto dei principi del giusto procedimento e determina il regime delle incompatibilità ed il compenso dei componenti, che è posto a carico dell'Istituto.

4. A seguito dell'esercizio delle facoltà difensive di cui al comma 2 ovvero decorso inutilmente il relativo termine, il Collegio di garanzia acquisisce le risultanze istruttorie, esamina gli scritti difensivi e dispone l'audizione, alla quale le parti possono partecipare anche con l'assistenza di avvocati ed esperti di fiducia. Se non ritiene provata la violazione, il Collegio di garanzia può proporre l'archiviazione della contestazione o chiedere all'IVASS di disporre l'integrazione delle risultanze istruttorie. Se, invece, ritiene provata la violazione, trasmette per competenza all'IVASS la proposta motivata di determinazione della sanzione.

5. L'IVASS, ricevuta la proposta formulata dal Collegio di garanzia, decide la sanzione con provvedimento motivato, che viene successivamente comunicato alle parti del procedimento.

6. Il procedimento sanzionatorio è retto dai principi del contraddittorio, della conoscenza degli atti istruttori, della verbalizzazione nonché della distinzione tra funzioni istruttorie e funzioni decisorie.

7. Le controversie relative ai ricorsi avverso i provvedimenti che applicano la sanzione sono devolute alla giurisdizione esclusiva del giudice amministrativo. L'IVASS provvede alla difesa in giudizio con propri legali. L'opposizione non sospende l'esecuzione del provvedimento.

8. La procedura di cui al presente articolo si applica anche nel caso di violazioni commesse da esponenti aziendali o dal personale delle società di intermediazione assicurativa o riassicurativa.

(1) *Questo articolo è stato inserito dall'art. 1, comma 55, del D.L.vo 21 maggio 2018, n. 68. A norma dell'art. 4, comma 3, del medesimo decreto 68/2018, le modifiche apportate al Titolo XVIII del decreto legislativo 7 settembre 2005, n. 209, si applicano alle violazioni commesse dopo l'entrata in vigore delle disposizioni adottate dall'IVASS ai sensi dell'art. 331* bis *del medesimo decreto legislativo. Alle violazioni commesse prima della data di entrata in vigore delle disposizioni adottate dall'IVASS continuano ad applicarsi le norme del Titolo XVIII del decreto legislativo 7 settembre 2005, n. 209, vigenti prima della data di entrata in vigore del presente decreto* (G.U. *Serie gen. - n. 138 del 16 giugno 2018). Si segnala che a norma dell'art. 4, comma 7, del medesimo D.L.vo le modifiche apportate dagli artt. 1 e 2 del citato D.L.vo n. 68/2018, trovano applicazione dal 1° ottobre 2018.*

324 *novies*. (1) Procedura di applicazione delle sanzioni amministrative nei confronti delle imprese e degli esponenti aziendali e del personale. – 1. Fermo restando quanto previsto dagli articoli 324 *ter* e 324 *quinquies*, ai fini dell'irrogazione alle imprese delle sanzioni amministrative di cui all'articolo 324 *bis* e all'articolo 324 *septies*, commi 1, 2, 3 e 4, si applica la disciplina di cui all'articolo 311 *septies*.

(1) *Questo articolo è stato inserito dall'art. 1, comma 55, del D.L.vo 21 maggio 2018, n. 68. A norma dell'art. 4, comma 3, del medesimo decreto 68/2018, le modifiche apportate al Titolo XVIII del decreto legislativo 7 settembre 2005, n. 209, si applicano alle violazioni commesse dopo l'entrata in vigore delle disposizioni adottate dall'IVASS ai sensi dell'art. 331* bis *del medesimo decreto legislativo. Alle violazioni commesse prima della data di entrata in vigore delle disposizioni adottate dall'IVASS continuano ad applicarsi le norme del Titolo XVIII del decreto legislativo 7 settembre 2005, n. 209, vigenti prima della data di entrata in vigore del presente decreto* (G.U. *Serie gen. - n. 138 del 16 giugno 2018). Si segnala che a norma dell'art. 4, comma 7, del medesimo D.L.vo le modifiche apportate dagli artt. 1 e 2 del citato D.L.vo n. 68/2018, trovano applicazione dal 1° ottobre 2018.*

Capo VII
Disposizioni generali in materia
di sanzioni amministrative ([1])

([1]) *La precedente rubrica:* «Destinatari delle sanzioni amministrative pecuniarie e procedimento» *è stata così sostituita dalla attuale:* «Disposizioni generali in materia di sanzioni amministrative» *dall'art. 1, comma 56, del D.L.vo 21 maggio 2018, n. 68.*

A norma dell'art. 4, comma 3, del medesimo decreto 68/2018, le modifiche apportate al Titolo XVIII del decreto legislativo 7 settembre 2005, n. 209, si applicano alle violazioni commesse dopo l'entrata in vigore delle disposizioni adottate dall'IVASS ai sensi dell'art. 331 bis *del medesimo decreto legislativo. Alle violazioni commesse prima della data di entrata in vigore delle disposizioni adottate dall'IVASS continuano ad applicarsi le norme del Titolo XVIII del decreto legislativo 7 settembre 2005, n. 209, vigenti prima della data di entrata in vigore del presente decreto (*G.U. *Serie gen. - n. 138 del 16 giugno 2018). Si segnala che a norma dell'art. 4, comma 7, del medesimo D.L.vo le modifiche apportate dagli artt. 1 e 2 del citato D.L.vo n. 68/2018, trovano applicazione dal 1° ottobre 2018.*

325. Destinatari delle sanzioni amministrative pecuniarie. – 1. Ad eccezione delle sanzioni di cui al Capo V e fatto salvo quanto previsto dall'articolo 311, le sanzioni amministrative sono applicate nei confronti delle imprese di assicurazione o di riassicurazione, delle imprese locali e delle particolari mutue assicuratrici di cui al Titolo IV, dell'ultima società controllante italiana come determinata dall'articolo 210, comma 2, per la violazione degli obblighi di cui al Titolo XV, delle società di partecipazione assicurativa e di partecipazione finanziaria mista, degli intermediari e degli altri soggetti destinatari degli obblighi di cui al presente codice o delle relative norme di attuazione, responsabili della violazione ([1]).

[2. Qualora i soggetti di cui al comma 1 dimostrino che la violazione è stata commessa da propri dipendenti o collaboratori, con abuso dei doveri di ufficio e per trarne personale vantaggio, la sanzione è comminata al dipendente o al collaboratore alla cui azione o omissione è imputabile l'infrazione. L'impresa e l'intermediario ne rispondono come responsabili civili, salvo rivalsa] ([2]).

3. Le sanzioni per le violazioni commesse dai soggetti ai quali siano state affidate funzioni parzialmente comprese nel ciclo operativo delle imprese di assicurazione e di riassicurazione sono applicate nei confronti delle imprese stesse ([3]).

([1]) *Questo comma è stato così sostituito dall'art. 1, comma 57, lett.* a), *del D.L.vo 21 maggio 2018, n. 68.*

A norma dell'art. 4, comma 3, del medesimo decreto 68/2018, le modifiche apportate al Titolo XVIII del decreto legislativo 7 settembre 2005, n. 209, si applicano alle violazioni commesse dopo l'entrata in vigore delle disposizioni adottate dall'IVASS ai sensi dell'art. 331 bis *del medesimo decreto legislativo. Alle violazioni commesse prima della data di entrata in vigore delle disposizioni adottate dall'IVASS continuano ad applicarsi le norme del Titolo XVIII del decreto legislativo 7 settembre 2005, n. 209, vigenti prima della data di entrata in vigore del presente decreto* (G.U. *Serie gen. – n. 138 del 16 giugno 2018). Si segnala che a norma dell'art. 4, comma 7, del medesimo D.L.vo le modifiche apportate dagli artt. 1 e 2 del citato D.L.vo n. 68/2018, trovano applicazione dal 1° ottobre 2018.*

Si riporta il testo precedente:

«1. Ad eccezione delle sanzioni di cui al capo V, irrogate nei confronti delle persone fisiche responsabili della violazione, le sanzioni pecuniarie sono applicate nei confronti delle imprese e degli intermediari responsabili della violazione.».

(²) *Questo comma è stato abrogato dall'art. 1, comma 57, lett.* b), *del D.L.vo 21 maggio 2018, n. 68.*

A norma dell'art. 4, comma 3, del medesimo decreto 68/2018, le modifiche apportate al Titolo XVIII del decreto legislativo 7 settembre 2005, n. 209, si applicano alle violazioni commesse dopo l'entrata in vigore delle disposizioni adottate dall'IVASS ai sensi dell'art. 331 bis *del medesimo decreto legislativo. Alle violazioni commesse prima della data di entrata in vigore delle disposizioni adottate dall'IVASS continuano ad applicarsi le norme del Titolo XVIII del decreto legislativo 7 settembre 2005, n. 209, vigenti prima della data di entrata in vigore del presente decreto* (G.U. *Serie gen. – n. 138 del 16 giugno 2018). Si segnala che a norma dell'art. 4, comma 7, del medesimo D.L.vo le modifiche apportate dagli artt. 1 e 2 del citato D.L.vo n. 68/2018, trovano applicazione dal 1° ottobre 2018.*

(³) *Questo comma è stato così sostituito dall'art. 1, comma 57, lett.* c), *del D.L.vo 21 maggio 2018, n. 68.*

A norma dell'art. 4, comma 3, del medesimo decreto 68/2018, le modifiche apportate al Titolo XVIII del decreto legislativo 7 settembre 2005, n. 209, si applicano alle violazioni commesse dopo l'entrata in vigore delle disposizioni adottate dall'IVASS ai sensi dell'art. 331 bis *del medesimo decreto legislativo. Alle violazioni commesse prima della data di entrata in vigore delle disposizioni adottate dall'IVASS continuano ad applicarsi le norme del Titolo XVIII del decreto legislativo 7 settembre 2005, n. 209, vigenti prima della data di entrata in vigore del presente decreto* (G.U. *Serie gen. – n. 138 del 16 giugno 2018). Si segnala che a norma dell'art. 4, comma 7, del medesimo D.L.vo le modifiche apportate dagli artt. 1 e 2 del citato D.L.vo n. 68/2018, trovano applicazione dal 1° ottobre 2018.*

Si riporta il testo precedente:

«3. Le imprese rispondono in solido con l'autore della violazione nel caso in cui l'inosservanza sia stata posta in essere da soggetti ai quali siano state affidate funzioni parzialmente comprese nel ciclo operativo delle imprese di assicurazione e di riassicurazione».

325 *bis*. (¹) **Nozione di fatturato.** – 1. Ai fini dell'applicazione delle sanzioni amministrative pecuniarie previste dal presente Codice, per fatturato si intende il fatturato totale annuo risultante dall'ultimo bilancio disponibile, approvato dall'organo competente, così come definito dalle disposizioni attuative dettate dall'IVASS.

(¹) *Questo articolo è stato inserito dall'art. 1, comma 58, del D.L.vo 21 maggio 2018, n. 68. A norma dell'art. 4, comma 3, del medesimo decreto 68/2018, le modifiche apportate al Titolo XVIII del decreto legislativo 7 settembre 2005, n. 209, si applicano alle violazioni commesse dopo l'entrata in vigore delle disposizioni adottate dall'IVASS ai sensi dell'art. 331 bis del medesimo decreto legislativo. Alle violazioni commesse prima della data di entrata in vigore delle disposizioni adottate dall'IVASS continuano ad applicarsi le norme del Titolo XVIII del decreto legislativo 7 settembre 2005, n. 209, vigenti prima della data di entrata in vigore del presente decreto* (G.U. *Serie gen. - n. 138 del 16 giugno 2018). Si segnala che a norma dell'art. 4, comma 7, del medesimo D.L.vo le modifiche apportate dagli artt. 1 e 2 del citato D.L.vo n. 68/2018, trovano applicazione dal 1° ottobre 2018.*

325 *ter*. (¹) **Pubblicazione delle sanzioni.** – 1. I provvedimenti di applicazione delle sanzioni, le sentenze dei giudici amministrativi che decidono i ricorsi e i decreti che decidono i ricorsi straordinari al Presidente della Repubblica sono pubblicati per estratto nel Bollettino e sul sito internet dell'IVASS. L'IVASS, tenuto conto della violazione e degli interessi coinvolti, può stabilire modalità ulteriori per dare pubblicità al provvedimento, ponendo le relative spese a carico dell'autore della violazione.

2. L'IVASS può disporre la pubblicazione in forma anonima del provvedimento sanzionatorio quando quella ordinaria:

a) abbia ad oggetto dati personali ai sensi del decreto legislativo 30 giugno 2003, n. 196, la cui pubblicazione appaia sproporzionata rispetto alla violazione sanzionata;

b) possa comportare rischi per la stabilità dei mercati finanziari o pregiudicare lo svolgimento di una indagine penale in corso;

c) possa causare un danno sproporzionato ai soggetti coinvolti, purché tale danno sia determinabile.

3. Se le situazioni descritte al comma 2 hanno carattere temporaneo, la pubblicazione può essere rimandata ed effettuata quando dette esigenze sono venute meno.

4. L'IVASS, fatto salvo quanto previsto al comma 1, può escludere la pubblicazione del provvedimento sanzionatorio nel caso in cui le opzioni stabilite dai commi 2 e 3 siano ritenute insufficienti ad assicurare:

a) che la stabilità dei mercati finanziari sia messa a rischio;

b) la proporzionalità della pubblicazione delle decisioni rispetto all'irrogazione delle sanzioni previste.

(¹) *Questo articolo è stato inserito dall'art. 1, comma 58, del D.L.vo 21 maggio 2018, n. 68.*

A norma dell'art. 4, comma 3, del medesimo decreto 68/2018, le modifiche apportate al Titolo XVIII del decreto legislativo 7 settembre 2005, n. 209, si applicano alle violazioni commesse dopo l'entrata in vigore delle disposizioni adottate dall'IVASS ai sensi dell'art. 331 bis *del medesimo decreto legislativo. Alle violazioni commesse prima della data di entrata in vigore delle disposizioni adottate dall'IVASS continuano ad applicarsi le norme del Titolo XVIII del decreto legislativo 7 settembre 2005, n. 209, vigenti prima della data di entrata in vigore del presente decreto (*G.U. *Serie gen. - n. 138 del 16 giugno 2018). Si segnala che a norma dell'art. 4, comma 7, del medesimo D.L.vo le modifiche apportate dagli artt. 1 e 2 del citato D.L.vo n. 68/2018, trovano applicazione dal 1° ottobre 2018.*

325 *quater*. (¹) **Comunicazione all'AEAP delle sanzioni applicate per le violazioni relative alla distribuzione assicurativa.** – 1. L'IVASS comunica all'AEAP le sanzioni applicate per le violazioni relative alla distribuzione assicurativa, ivi comprese quelle pubblicate in forma anonima, incluse le informazioni sulle impugnazioni dei provvedimenti e sull'esito delle stesse.

2. L'IVASS trasmette all'AEAP con cadenza annuale informazioni aggregate relative a tutte le sanzioni amministrative e alle altre misure applicate in conformità del presente Capo.

(¹) *Questo articolo è stato inserito dall'art. 1, comma 58, del D.L.vo 21 maggio 2018, n. 68.*

A norma dell'art. 4, comma 3, del medesimo decreto 68/2018, le modifiche apportate al Titolo XVIII del decreto legislativo 7 settembre 2005, n. 209, si applicano alle violazioni commesse dopo l'entrata in vigore delle disposizioni adottate dall'IVASS ai sensi dell'art. 331 bis *del medesimo decreto legislativo. Alle violazioni commesse prima della data di entrata in vigore delle disposizioni adottate dall'IVASS continuano ad applicarsi le norme del Titolo XVIII del decreto legislativo 7 settembre 2005, n. 209, vigenti prima della data di entrata in vigore del presente decreto (*G.U. *Serie gen. - n. 138 del 16 giugno 2018). Si segnala che a norma dell'art. 4, comma 7, del medesimo D.L.vo le modifiche apportate dagli artt. 1 e 2 del citato D.L.vo n. 68/2018, trovano applicazione dal 1° ottobre 2018.*

326. (¹) [**Procedura di applicazione delle sanzioni amministrative pecuniarie.** – 1. L'IVASS, ad eccezione dei casi di assoluta mancanza di pregiudizio per il tempestivo esercizio delle funzioni di vigilanza o per gli interessi degli assicurati e degli altri aventi diritto a prestazioni assicurative, nel termine di centoventi giorni dall'accertamento dell'infrazione, ovvero nel termine di centottanta per i soggetti residenti all'estero, provvede alla contestazione degli addebiti nei confronti dei possibili responsabili della violazione. Limitatamente alle violazioni di cui agli articoli 148 e 149 e fermo quanto previsto ai commi 2 e 3, la procedura può essere sospesa dall'IVASS fino a novanta giorni qualora l'impresa dimostri che sono in corso accertamenti dovuti ad un fondato sospetto di frode. Alla scadenza del periodo di sospensione senza che l'impresa abbia proposto querela o denuncia, riprende a decorrere il termine di cui ai commi 2 e 3. La proposizione della querela o della denuncia sospende la procedura. La sentenza o il diverso provvedimento del giudice che decide il procedimento penale estingue la violazione.

2. Al di fuori dei casi previsti dall'articolo 328, comma 1, entro i successivi sessanta giorni le parti del procedimento possono provvedere al pagamento nella misura più favorevole fra la terza parte del massimo ed il doppio del minimo della pena edittale. Il pagamento estingue la violazione.

3. Quando le parti non effettuino il pagamento in misura ridotta o nei casi in cui tale facoltà non è prevista, possono proporre, nel termine di cui al comma 2, reclamo avverso la contestazione degli addebiti e chiedere l'audizione dinnanzi alla Commissione consultiva sui procedimenti sanzionatori.

4. La Commissione consultiva, nominata dal Ministro dello sviluppo economico, è composta da un magistrato, anche in pensione, con qualifica non inferiore a consigliere della Corte di cassazione o qualifiche equivalenti ovvero da un docente universitario di ruolo, anche a riposo, che la presiede, e da un dirigente del Ministero dello sviluppo economico ed un dirigente dell'IVASS. Il mandato ha durata quadriennale ed è rinnovabile per una sola volta. È stabilita con regolamento del Ministro dello sviluppo economico, nel rispetto dei principi del giusto procedimento, la procedura dinanzi alla Commissione consultiva e il regime di incompatibilità dei componenti. La Commissione consultiva opera presso l'IVASS, che provvede alle spese per il suo funzionamento ed al compenso dei componenti.

5. A seguito dell'esercizio della facoltà di reclamo di cui al comma 3, la Commissione consultiva acquisisce le risultanze istruttorie, esamina gli scritti difensivi e dispone l'audizione, alla quale le parti possono partecipare anche con l'assistenza di avvocati ed esperti di fiducia. Se non ritiene provata la violazione, la Commissione consultiva può disporre l'archiviazione della contestazione o chiedere l'integrazione delle risultanze istruttorie. Se, invece, ritiene provata la violazione, trasmette al Ministro dello sviluppo economico la proposta motivata di determinazione della sanzione amministrativa pecuniaria, avuto riguardo anche all'eventuale attenuazione o eliminazione delle conseguenze dannose ed all'adozione di misure idonee a prevenire la ripetizione della violazione. Si applicano, inoltre, gli articoli 8, 8 *bis* e 11 della legge 24 novembre 1981, n. 689.

6. Il Ministero dello sviluppo economico, sulle risultanze della proposta della Commissione consultiva o ad istanza dell'IVASS in assenza di reclamo, decide la sanzione con decreto dirigenziale, che viene successivamente comunicato dall'IVASS alle parti del procedimento.

7. La tutela giurisdizionale davanti al giudice amministrativo è disciplinata dal codice del processo amministrativo. I ricorsi sono notificati anche all'IVASS, che provvede alla difesa in giudizio con propri legali (2).

8. I provvedimenti dell'IVASS, che infliggono le sanzioni pecuniarie, e le sentenze dei giudici amministrativi che decidono i ricorsi sono pubblicati nel Bollettino dell'IVASS. Il Ministero dello sviluppo economico, su richiesta dell'IVASS, tenuto conto della violazione e degli interessi coinvolti, può stabilire modalità ulteriori per dare pubblicità al provvedimento, ponendo le relative spese a carico dell'autore della violazione] (3).

(1) *Questo articolo è stato abrogato dall'art. 1, comma 59, del D.L.vo 21 maggio 2018, n. 68. A norma dell'art. 4, comma 3, del medesimo decreto 68/2018, le modifiche apportate al Titolo XVIII del decreto legislativo 7 settembre 2005, n. 209, si applicano alle violazioni commesse dopo l'entrata in vigore delle disposizioni adottate dall'IVASS ai sensi dell'art. 331* bis *del medesimo decreto legislativo. Alle violazioni commesse prima della data di entrata in vigore delle disposizioni adottate dall'IVASS continuano ad applicarsi le norme del Titolo XVIII del decreto legislativo 7 settembre 2005, n. 209, vigenti prima della data di entrata in vigore del presente decreto* (G.U. *Serie gen. – n. 138 del 16 giugno 2018). Si segnala che a norma dell'art. 4, comma 7, del medesimo D.L.vo le modifiche apportate dagli artt. 1 e 2 del citato D.L.vo n. 68/2018, trovano applicazione dal 1° ottobre 2018.*

(2) *Questo comma è stato così sostituito dall'art. 3, comma 18, dell'Allegato 4 del D.L.vo 2 luglio 2010, n. 104, a decorrere dal 16 settembre 2010.*

(3) *Questo comma è stato così sostituito dall'art. 1, comma 189, del D.L.vo 12 maggio 2015, n. 74.*

327. (1) [**Pluralità di violazioni e misure correttive.** – 1. Qualora vengano accertate più violazioni della stessa disposizione del presente codice, o delle norme di attuazione, per le quali sia prevista l'applicazione di sanzioni amministrative pecuniarie, attraverso una pluralità di azioni od omissioni la cui reiterazione sia dipesa dalla medesima disfunzione dell'organizzazione dell'impresa o dell'intermediario, l'IVASS provvede alla contestazione degli addebiti secondo quanto previsto all'articolo 326, comma 1, primo periodo, e con lo stesso provvedimento fissa un termine perentorio, non superiore a centottanta giorni entro il quale la parte deve effettuare gli interventi necessari per eliminare la disfunzione riscontrata, nel caso ritenga di avvalersi di tale facoltà.

2. La parte, che intenda effettuare gli interventi di cui al comma 1, deve darne comunicazione all'IVASS, entro sessanta giorni dal provvedimento di contestazione degli addebiti, indicandone modalità, caratteristiche ed effetti attesi. La comunicazione preclude l'esercizio della facoltà di estinguere le violazioni con il pagamento in misura ridotta ai sensi dell'articolo 326, comma 2, nei casi in cui ciò sia consentito dall'articolo 328.

3. Se la parte comunica che non intende effettuare gli interventi richiesti, ovvero omette di pronunciarsi entro sessanta giorni dal provvedimento di contestazione degli addebiti, inizia a decorrere il termine per il pagamento in misura ridotta ai sensi dell'articolo 326, comma 2, ove consentito, o per presentare il reclamo previsto dall'articolo 326, comma 3, rimanendo preclusa l'applicazione della sanzione sostitutiva alle violazioni accertate. La procedura prosegue secondo quanto previsto all'articolo 326, commi 5 e 6.

4. Nel caso in cui la parte si sia avvalsa della facoltà prevista dal comma 2, l'IVASS, entro trenta giorni dalla scadenza del termine assegnato per eliminare la disfunzione riscontrata, verifica che siano state adottate le misure correttive e ne comunica gli esiti alla parte del procedimento. L'adozione delle misure correttive secondo le modalità e le caratteristiche indicate nella comunicazione all'IVASS rende applicabile un'unica sanzione amministrativa pecuniaria, sostitutiva di quelle derivanti dalle violazioni della medesima disposizione, che sarà determinata in misura non inferiore ad euro cinquantamila e non superiore ad euro cinquecentomila. Eventuali rilievi formulati dall'IVASS non precludono l'applicazione della sanzione sostitutiva, ma sono valutati in sede di determinazione della sanzione stessa.

5. Entro sessanta giorni dalla comunicazione dell'esito delle verifiche effettuate dall'IVASS, la parte può presentare osservazioni in ordine agli eventuali rilievi dell'IVASS sulle misure correttive adottate. In ogni caso l'IVASS trasmette alla Commissione consultiva sui procedimenti sanzionatori una relazione sullo stato delle misure adottate ai fini della proposta di determinazione della sanzione sostitutiva].

(1) *Questo articolo è stato abrogato dall'art. 1, comma 59, del D.L.vo 21 maggio 2018, n. 68. A norma dell'art. 4, comma 3, del medesimo decreto 68/2018, le modifiche apportate al Titolo XVIII del decreto legislativo 7 settembre 2005, n. 209, si applicano alle violazioni commesse dopo l'entrata in vigore delle disposizioni adottate dall'IVASS ai sensi dell'art. 331* bis *del medesimo decreto legislativo. Alle violazioni commesse prima della data di entrata in vigore delle disposizioni adottate dall'IVASS continuano ad applicarsi le norme del Titolo XVIII del decreto legislativo 7 settembre 2005, n. 209, vigenti prima della data di entrata in vigore del presente decreto (G.U. Serie gen. - n. 138 del 16 giugno 2018). Si segnala che a norma dell'art. 4, comma 7, del medesimo D.L.vo le modifiche apportate dagli artt. 1 e 2 del citato D.L.vo n. 68/2018, trovano applicazione dal 1° ottobre 2018.*

328. Norme sul pagamento delle sanzioni amministrative pecuniarie. – [1. Alle sanzioni pecuniarie previste dagli articoli 305, comma 4, 308, comma 4, 309, 310, 311, 312 e 319 non si applica la facoltà di estinguere la violazione con il pagamento in misura ridotta] (1).

[2. Nei casi in cui è consentita la facoltà di estinguere il procedimento con il pagamento in misura ridotta e la parte rinunci espressamente al reclamo prima della fissazione della seduta di trattazione dinnanzi alla Commissione consultiva, il procedimento si estingue con il contestuale pagamento di una sanzione pari all'importo dell'oblazione, maggiorato del dieci per cento] (2).

3. L'IVASS, con regolamento, determina le modalità e i termini di pagamento delle sanzioni amministrative pecuniarie. Alla riscossione coattiva delle sanzioni amministrative pecuniarie si provvede mediante ruolo secondo i termini e le modalità previsti dal decreto del Presidente della Repubblica 29 settembre 1973, n. 602 (3).

4. Sono versati alla CONSAP Spa - Gestione autonoma del Fondo di garanzia per le vittime della strada i proventi derivanti dalle sanzioni amministrative pecuniarie irrogate in applicazione dei seguenti articoli:

a) 310, comma 1, lettera *b*), ad eccezione di quelli derivanti dalle sanzioni irrogate per violazioni degli articoli 10 *quater* e 182;

b) 310, comma 1, lettera *c*), ad eccezione di quelli derivanti dalle sanzioni irrogate per violazione dell'articolo 183;

c) 310 *bis*;

d) 310 *ter*;

e) 310 *quater* (4).

4 *bis*. Alle sanzioni amministrative pecuniarie previste dal presente Titolo non si applicano le disposizioni contenute negli articoli 6, 10, 11, 14, commi 1, 2 e 5 per la parte relativa alla facoltà di pagamento della sanzione in misura ridotta, 16 e 22 della legge 24 novembre 1981, n. 689 (4).

(1) *Questo comma è stato abrogato dall'art. 1, comma 60, lett.* a), *del D.L.vo 21 maggio 2018, n. 68.*

A norma dell'art. 4, comma 3, del medesimo decreto 68/2018, le modifiche apportate al Titolo XVIII del decreto legislativo 7 settembre 2005, n. 209, si applicano alle violazioni commesse dopo l'entrata in vigore delle disposizioni adottate dall'IVASS ai sensi dell'art. 331 bis *del medesimo decreto legislativo. Alle violazioni commesse prima della data di entrata in vigore delle disposizioni adottate dall'IVASS continuano ad applicarsi le norme del Titolo XVIII del decreto legislativo 7 settembre 2005, n. 209, vigenti prima della data di entrata in vigore del presente decreto (*G.U. *Serie gen. - n. 138 del 16 giugno 2018). Si segnala che a norma dell'art. 4, comma 7, del medesimo D.L.vo le modifiche apportate dagli artt. 1 e 2 del citato D.L.vo n. 68/2018, trovano applicazione dal 1° ottobre 2018.*

(2) *Questo comma è stato abrogato dall'art. 1, comma 60, lett.* b), *del D.L.vo 21 maggio 2018, n. 68.*

A norma dell'art. 4, comma 3, del medesimo decreto 68/2018, le modifiche apportate al Titolo XVIII del decreto legislativo 7 settembre 2005, n. 209, si applicano alle violazioni commesse dopo l'entrata in vigore delle disposizioni adottate dall'IVASS ai sensi dell'art. 331 bis *del medesimo decreto legislativo. Alle violazioni commesse prima della data di entrata in vigore delle disposizioni adottate dall'IVASS continuano ad applicarsi le norme del Titolo XVIII del decreto legislativo 7 settembre 2005, n. 209, vigenti prima della data di entrata in vigore del presente decreto* (G.U. *Serie gen. - n. 138 del 16 giugno 2018). Si segnala che a norma dell'art. 4, comma 7, del medesimo D.L.vo le modifiche apportate dagli artt. 1 e 2 del citato D.L.vo n. 68/2018, trovano applicazione dal 1° ottobre 2018.*

(3) *Questo comma è stato così sostituito dall'art. 1, comma 60, lett.* c)*, del D.L.vo 21 maggio 2018, n. 68.*

A norma dell'art. 4, comma 3, del medesimo decreto 68/2018, le modifiche apportate al Titolo XVIII del decreto legislativo 7 settembre 2005, n. 209, si applicano alle violazioni commesse dopo l'entrata in vigore delle disposizioni adottate dall'IVASS ai sensi dell'art. 331 bis *del medesimo decreto legislativo. Alle violazioni commesse prima della data di entrata in vigore delle disposizioni adottate dall'IVASS continuano ad applicarsi le norme del Titolo XVIII del decreto legislativo 7 settembre 2005, n. 209, vigenti prima della data di entrata in vigore del presente decreto* (G.U. *Serie gen. - n. 138 del 16 giugno 2018). Si segnala che a norma dell'art. 4, comma 7, del medesimo D.L.vo le modifiche apportate dagli artt. 1 e 2 del citato D.L.vo n. 68/2018, trovano applicazione dal 1° ottobre 2018.*

Si rirporta il testo precedente:

«3. Il Ministro dello sviluppo economico, di concerto con il Ministro dell'economia e delle finanze, determina con regolamento le modalità, i termini di pagamento e le misure per la riscossione coattiva delle sanzioni pecuniarie previste dal presente codice.».

(4) *L'originario comma 4 è stato così sostituito dagli attuali commi 4 e 4* bis*, dall'art. 1, comma 60, lett.* d)*, del D.L.vo 21 maggio 2018, n. 68.*

A norma dell'art. 4, comma 3, del medesimo decreto 68/2018, le modifiche apportate al Titolo XVIII del decreto legislativo 7 settembre 2005, n. 209, si applicano alle violazioni commesse dopo l'entrata in vigore delle disposizioni adottate dall'IVASS ai sensi dell'art. 331 bis *del medesimo decreto legislativo. Alle violazioni commesse prima della data di entrata in vigore delle disposizioni adottate dall'IVASS continuano ad applicarsi le norme del Titolo XVIII del decreto legislativo 7 settembre 2005, n. 209, vigenti prima della data di entrata in vigore del presente decreto* (G.U. *Serie gen. - n. 138 del 16 giugno 2018). Si segnala che a norma dell'art. 4, comma 7, del medesimo D.L.vo le modifiche apportate dagli artt. 1 e 2 del citato D.L.vo n. 68/2018, trovano applicazione dal 1° ottobre 2018.*

Si riporta il testo precedente:

«4. I proventi derivanti dalle sanzioni inflitte in applicazione dell'articolo 145 bis e del capo III del presente titolo sono versati alla CONSAP Spa - Gestione autonoma del Fondo di garanzia per le vittime della strada.».

Capo VIII
Disposizioni in materia disciplinare per i periti assicurativi (1) (2)

(1) *La precedente rubrica:* «Destinatari delle sanzioni disciplinari e procedimento» *è stata così sostituita dalla attuale:* «Disposizioni in materia disciplinare per i periti assicurativi» *dall'art. 1, comma 61, del D.L.vo 21 maggio 2018, n. 68.*

A norma dell'art. 4, comma 3, del medesimo decreto 68/2018, le modifiche apportate al Titolo XVIII del decreto legislativo 7 settembre 2005, n. 209, si applicano alle violazioni commesse dopo l'entrata in vigore delle disposizioni adottate dall'IVASS ai sensi dell'art. 331 bis *del medesimo decreto legislativo. Alle violazioni commesse prima della data di entrata in vigore delle disposizioni adottate dall'IVASS continuano ad applicarsi le norme del Titolo XVIII del decreto legislativo 7 settembre 2005, n. 209, vigenti prima della data di entrata in vigore del presente decreto (*G.U. *Serie gen. – n. 138 del 16 giugno 2018). Si segnala che a norma dell'art. 4, comma 7, del medesimo D.L.vo le modifiche apportate dagli artt. 1 e 2 del citato D.L.vo n. 68/2018, trovano applicazione dal 1° ottobre 2018.*

(2) *Si veda il Reg. ISVAP 20 ottobre 2006.*

329. Sanzioni disciplinari applicabili ai periti assicurativi (1). – 1. I periti assicurativi che nell'esercizio della loro attività violino le norme del presente codice o le relative norme di attuazione, sono puniti, in base alla gravità dell'infrazione e tenuto conto dell'eventuale recidiva, con una delle seguenti sanzioni:

a) richiamo;

b) censura;

c) radiazione (2).

2. Il richiamo, consistente in una dichiarazione scritta di biasimo motivato, è disposto per fatti di lieve manchevolezza. La censura è disposta per fatti di particolare gravità. La radiazione è disposta per fatti di eccezionale gravità e determina l'immediata risoluzione dei rapporti di intermediazione e, nel caso di esercizio dell'attività in forma societaria, comporta altresì la cancellazione della società nei casi di particolare gravità o di sistematica reiterazione dell'illecito (3).

3. I provvedimenti disciplinari sono notificati all'interessato mediante lettera raccomandata e sono comunicati alle imprese con le quali il medesimo ha incarichi in corso di esecuzione.

(1) *La precedente rubrica:* «Intermediari e periti assicurativi» *è stata così sostituita dalla attuale:* «Sanzioni disciplinari applicabili ai periti assicurativi» *dall'art. 1, comma 62, lett. a), del D.L.vo 21 maggio 2018, n. 68.*

A norma dell'art. 4, comma 3, del medesimo decreto 68/2018, le modifiche apportate al Titolo XVIII del decreto legislativo 7 settembre 2005, n. 209, si applicano alle violazioni commesse dopo l'entrata in vigore delle disposizioni adottate dall'IVASS ai sensi dell'art. 331 bis *del medesimo decreto legislativo. Alle violazioni commesse prima della data di entrata in vigore delle disposizioni adottate dall'IVASS continuano ad applicarsi le norme del Titolo XVIII del decreto legislativo 7 settembre 2005, n. 209, vigenti prima della data di entrata in vigore del presente decreto* (G.U. *Serie gen. - n. 138 del 16 giugno 2018). Si segnala che a norma dell'art. 4, comma 7, del medesimo D.L.vo le modifiche apportate dagli artt. 1 e 2 del citato D.L.vo n. 68/2018, trovano applicazione dal 1° ottobre 2018.*

(2) *Questo comma è stato così sostituito dall'art. 1, comma 62, lett.* b), *del D.L.vo 21 maggio 2018, n. 68.*

A norma dell'art. 4, comma 3, del medesimo decreto 68/2018, le modifiche apportate al Titolo XVIII del decreto legislativo 7 settembre 2005, n. 209, si applicano alle violazioni commesse dopo l'entrata in vigore delle disposizioni adottate dall'IVASS ai sensi dell'art. 331 bis *del medesimo decreto legislativo. Alle violazioni commesse prima della data di entrata in vigore delle disposizioni adottate dall'IVASS continuano ad applicarsi le norme del Titolo XVIII del decreto legislativo 7 settembre 2005, n. 209, vigenti prima della data di entrata in vigore del presente decreto* (G.U. *Serie gen. - n. 138 del 16 giugno 2018). Si segnala che a norma dell'art. 4, comma 7, del medesimo D.L.vo le modifiche apportate dagli artt. 1 e 2 del citato D.L.vo n. 68/2018, trovano applicazione dal 1° ottobre 2018.*

Si riporta il testo precedente:

«1. Gli intermediari di assicurazione o riassicurazione, compresi i produttori diretti, i collaboratori e gli altri soggetti ausiliari dell'intermediario di assicurazione o di riassicurazione, ed i periti assicurativi che nell'esercizio della loro attività, anche nei casi puniti ai sensi dell'articolo 324, violino le norme del presente codice o le relative norme di attuazione, sono puniti, in base alla gravità dell'infrazione e tenuto conto dell'eventuale recidiva, con una delle seguenti sanzioni:

a) richiamo;

b) censura;

c) radiazione.».

(3) *Questo comma è stato così sostituito dall'art. 1, comma 62, lett.* c), *del D.L.vo 21 maggio 2018, n. 68.*

A norma dell'art. 4, comma 3, del medesimo decreto 68/2018, le modifiche apportate al Titolo XVIII del decreto legislativo 7 settembre 2005, n. 209, si applicano alle violazioni commesse dopo l'entrata in vigore delle disposizioni adottate dall'IVASS ai sensi dell'art. 331 bis *del medesimo decreto legislativo. Alle violazioni commesse prima della data di entrata in vigore delle disposizioni adottate dall'IVASS continuano ad applicarsi le norme del Titolo XVIII del decreto legislativo 7 settembre 2005, n. 209, vigenti prima della data di entrata in vigore del presente decreto* (G.U. *Serie gen. – n. 138 del 16 giugno 2018). Si segnala che a norma dell'art. 4, comma 7, del medesimo D.L.vo le modifiche apportate dagli artt. 1 e 2 del citato D.L.vo n. 68/2018, trovano applicazione dal 1° ottobre 2018.*

Si riporta il testo precedente:

«2. Il richiamo, consistente in una dichiarazione scritta di biasimo motivato, è disposto per fatti di lieve manchevolezza. La censura è disposta per fatti di particolare gravità. La radiazione è disposta per fatti di eccezionale gravità e determina l'immediata risoluzione dei rapporti di intermediazione.».

330. ([1]) **Competenza ad adottare i provvedimenti disciplinari nei confronti dei periti assicurativi.** – 1. Le sanzioni disciplinari di cui all'articolo 329 sono applicate dalla CONSAP ai sensi dell'articolo 331, nei confronti delle persone fisiche iscritte nel ruolo dei periti di assicurazione responsabili della violazione.

([1]) *Questo articolo è stato così sostituito dall'art. 1, comma 63, del D.L.vo 21 maggio 2018, n. 68.*

A norma dell'art. 4, comma 3, del medesimo decreto 68/2018, le modifiche apportate al Titolo XVIII del decreto legislativo 7 settembre 2005, n. 209, si applicano alle violazioni commesse dopo l'entrata in vigore delle disposizioni adottate dall'IVASS ai sensi dell'art. 331 bis *del medesimo decreto legislativo. Alle violazioni commesse prima della data di entrata in vigore delle disposizioni adottate dall'IVASS continuano ad applicarsi le norme del Titolo XVIII del decreto legislativo 7 settembre 2005, n. 209, vigenti prima della data di entrata in vigore del presente decreto (*G.U. *Serie gen. – n. 138 del 16 giugno 2018). Si segnala che a norma dell'art. 4, comma 7, del medesimo D.L.vo le modifiche apportate dagli artt. 1 e 2 del citato D.L.vo n. 68/2018, trovano applicazione dal 1° ottobre 2018.*

Si riporta il testo precedente:

*«Art. 330 (*Destinatari delle sanzioni disciplinari*) - 1. Le sanzioni disciplinari sono applicate nei confronti delle persone fisiche iscritte nel registro degli intermediari, compresi i collaboratori e gli altri soggetti ausiliari dell'intermediario di assicurazione o di riassicurazione, o nel ruolo dei periti di assicurazione responsabili della violazione.*

2. Nel caso di esercizio dell'attività in forma societaria la radiazione comporta altresì la cancellazione della società nei casi di particolare gravità o di sistematica reiterazione dell'illecito disciplinare.».

331. ([1]) **Procedura di applicazione delle sanzioni disciplinari nei confronti dei periti.** – 1. Ai fini dell'irrogazione delle sanzioni disciplinari di cui all'articolo 329, la CONSAP, nel termine di centoventi giorni dall'accertamento dell'infrazione, ovvero nel termine di centottanta per i soggetti residenti all'estero, provvede alla contestazione degli addebiti nei confronti dei periti di assicurazione, eventuali responsabili della violazione.

2. I destinatari di cui al comma 1 possono presentare, nel termine di sessanta giorni, scritti difensivi avverso la contestazione degli addebiti e chiedere l'audizione dinnanzi al Collegio di garanzia di cui all'articolo 324 *octies*, cui può partecipare con l'assistenza di un avvocato.

3. A seguito dell'esercizio delle facoltà difensive di cui al comma 2 ovvero decorso inutilmente il relativo termine, il Collegio di garanzia acquisisce le risultanze istruttorie, esamina gli scritti difensivi e dispone l'audizione, alla quale le parti possono partecipare anche con l'assistenza di avvocati ed esperti di fiducia. Se non ritiene provata la violazione, il Collegio di garanzia può proporre l'archiviazione della contestazione o chiedere alla CONSAP

di disporre l'integrazione delle risultanze istruttorie. Se, invece, ritiene provata la violazione, trasmette per competenza alla CONSAP la proposta motivata di determinazione della sanzione.

4. La CONSAP, ricevuta la proposta formulata dal Collegio di garanzia, decide la sanzione con provvedimento motivato, che viene successivamente comunicato alle parti del procedimento.

5. Le controversie relative ai ricorsi avverso i provvedimenti che applicano la sanzione sono devolute alla giurisdizione esclusiva del giudice amministrativo. La CONSAP provvede alla difesa in giudizio con propri legali. L'opposizione non sospende l'esecuzione del provvedimento.

6. I provvedimenti che infliggono la sanzione disciplinare della radiazione, le sentenze dei giudici amministrativi che decidono i ricorsi e i decreti che decidono i ricorsi straordinari al Presidente della Repubblica sono pubblicati da CONSAP nel suo sito internet.

(1) *Questo articolo è stato da ultimo così sostituito dall'art. 1, comma 64, del D.L.vo 21 maggio 2018, n. 68.*

A norma dell'art. 4, comma 3, del medesimo decreto 68/2018, le modifiche apportate al Titolo XVIII del decreto legislativo 7 settembre 2005, n. 209, si applicano alle violazioni commesse dopo l'entrata in vigore delle disposizioni adottate dall'IVASS ai sensi dell'art. 331 bis *del medesimo decreto legislativo. Alle violazioni commesse prima della data di entrata in vigore delle disposizioni adottate dall'IVASS continuano ad applicarsi le norme del Titolo XVIII del decreto legislativo 7 settembre 2005, n. 209, vigenti prima della data di entrata in vigore del presente decreto (*G.U. *Serie gen. - n. 138 del 16 giugno 2018). Si segnala che a norma dell'art. 4, comma 7, del medesimo D.L.vo le modifiche apportate dagli artt. 1 e 2 del citato D.L.vo n. 68/2018, trovano applicazione dal 1° ottobre 2018.*

Si riporta il testo precedente:

*«Art. 331 (*Procedura di applicazione delle sanzioni disciplinari*) - 1. Ai fini dell'irrogazione delle sanzioni disciplinari di cui all'articolo 330, l'IVASS, nel termine di centoventi giorni dall'accertamento dell'infrazione, ovvero nel termine di centottanta per i soggetti residenti all'estero, provvede alla contestazione degli addebiti nei confronti dei soggetti iscritti nel registro degli intermediari, compresi i collaboratori e gli altri soggetti ausiliari dell'intermediario di assicurazione o di riassicurazione, possibili responsabili della violazione e trasmette i relativi atti al Collegio di garanzia sui procedimenti disciplinari.*

1 bis*. Ai fini dell'irrogazione delle sanzioni disciplinari di cui all'articolo 330, la CONSAP, nel termine di centoventi giorni dall'accertamento dell'infrazione, ovvero nel termine di centottanta per i soggetti residenti all'estero, provvede alla contestazione degli addebiti nei confronti dei periti di assicurazione, possibili responsabili della violazione.*

2. I destinatari di cui ai commi 1 e 1 bis possono proporre, nel termine di sessanta giorni, reclamo avverso la contestazione degli addebiti e chiedere l'audizione dinnanzi al Collegio di garanzia sui procedimenti disciplinari.

3. Il Collegio di garanzia è istituito presso l'IVASS ed è composto da un magistrato con qualifica non inferiore a consigliere della Corte di cassazione o equiparato, an-

che a riposo, con funzioni di presidente ovvero da un docente universitario di ruolo, e da due componenti esperti in materia assicurativa, questi ultimi designati sentite le associazioni maggiormente rappresentative. Il mandato ha durata quadriennale ed è rinnovabile una sola volta. Il Collegio di garanzia può essere costituito in più sezioni, con corrispondente incremento del numero dei suoi componenti, qualora l'IVASS lo ritenga necessario per garantire condizioni di efficienza e tempestività nella definizione dei procedimenti disciplinari. L'IVASS nomina il Collegio di garanzia, stabilisce le norme sulla procedura dinnanzi al Collegio nel rispetto dei principi del giusto procedimento e determina il regime delle incompatibilità ed il compenso dei componenti, che è posto a carico dell'Istituto.

4. A seguito dell'esercizio della facoltà di reclamo di cui al comma 2 ovvero decorso inutilmente il relativo termine, il Collegio di garanzia acquisisce le risultanze istruttorie, esamina gli scritti difensivi e dispone l'audizione, alla quale le parti possono partecipare anche con l'assistenza di avvocati ed esperti di fiducia. Se non ritiene provata la violazione, il Collegio di garanzia può disporre l'archiviazione della contestazione o chiedere l'integrazione delle risultanze istruttorie. Se, invece, ritiene provata la violazione, trasmette per competenza all'IVASS o alla CONSAP la proposta motivata di determinazione della sanzione disciplinare.

5. L'IVASS o la CONSAP, ricevuta la proposta formulata dal Collegio di garanzia, decide la sanzione disciplinare con decreto, che viene successivamente comunicato alle parti del procedimento.

6. Le controversie relative ai ricorsi avverso i provvedimenti che applicano la sanzione disciplinare sono devolute alla giurisdizione esclusiva del giudice amministrativo. L'IVASS o la CONSAP provvede alla difesa in giudizio con propri legali.

7. I provvedimenti che infliggono la sanzione disciplinare della radiazione, le sentenze dei giudici amministrativi che decidono i ricorsi e i decreti che decidono i ricorsi straordinari al Presidente della Repubblica sono pubblicati nel Bollettino dell'IVASS o da CONSAP nel suo sito internet.»

331 *bis*. (1) **Disposizioni di attuazione.** – 1. L'IVASS emana disposizioni di attuazione del presente Titolo.

(1) *Questo articolo è stato inserito dall'art. 1, comma 65, del D.L.vo 21 maggio 2018, n. 68.*

A norma dell'art. 4, comma 3, del medesimo decreto 68/2018, le modifiche apportate al Titolo XVIII del decreto legislativo 7 settembre 2005, n. 209, si applicano alle violazioni commesse dopo l'entrata in vigore delle disposizioni adottate dall'IVASS ai sensi dell'art. 331 bis *del medesimo decreto legislativo. Alle violazioni commesse prima della data di entrata in vigore delle disposizioni adottate dall'IVASS continuano ad applicarsi le norme del Titolo XVIII del decreto legislativo 7 settembre 2005, n. 209, vigenti prima della data di entrata in vigore del presente decreto* (G.U. *Serie gen. – n. 138 del 16 giugno 2018). Si segnala che a norma dell'art. 4, comma 7, del medesimo D.L.vo le modifiche apportate dagli artt. 1 e 2 del citato D.L.vo n. 68/2018, trovano applicazione dal 1° ottobre 2018.*

Titolo XIX
Disposizioni tributarie
transitorie e finali

Capo V
Abrogazioni

355. Entrata in vigore. – 1. Il presente codice entra in vigore il 1° gennaio 2006.

2. In sede di prima applicazione le disposizioni di attuazione sono emanate entro ventiquattro mesi dal termine di cui al comma 1.

2.

D.P.R. 18 luglio 2006, n. 254. Regolamento recante disciplina del risarcimento diretto dei danni derivanti dalla circolazione stradale, a norma dell'articolo 150 del decreto legislativo 7 settembre 2005, n. 209 - Codice delle assicurazioni private (*Gazzetta Ufficiale* Serie gen. - n. 199 del 28 agosto 2006).

1. Definizioni. – 1. Ai fini del presente regolamento si intende per:

a) «codice»: il codice delle assicurazioni private di cui al decreto legislativo 7 settembre 2005, n. 209;

b) «Isvap»: l'Istituto per la vigilanza sulle assicurazioni private e di interesse collettivo;

c) «impresa»: la società autorizzata ad esercitare nel territorio della Repubblica l'assicurazione obbligatoria per la responsabilità civile autoveicoli;

d) «sinistro»: la collisione avvenuta nel territorio della Repubblica tra due veicoli a motore identificati e assicurati per la responsabilità civile obbligatoria dalla quale siano derivati danni ai veicoli o lesioni di lieve entità ai loro conducenti, senza coinvolgimento di altri veicoli responsabili;

e) «danneggiato»: il proprietario o il conducente del veicolo che abbia subito danni a seguito del sinistro;

f) «lesioni»: le lesioni di lieve entità definite all'articolo 139 del codice.

2. Restano ferme, inoltre, le definizioni contenute nell'articolo 1 del codice.

2. Oggetto del regolamento. – 1. Il presente regolamento disciplina le modalità attuative del sistema del risarcimento diretto, nell'ambito dell'assicurazione obbligatoria della responsabilità civile per i danni derivanti dalla circolazione stradale, in attuazione dell'articolo 150 del codice.

3. Ambito di applicazione. – 1. La disciplina del risarcimento diretto si applica in tutte le ipotesi di danni al veicolo e di lesioni di lieve entità al conducente, anche quando nel sinistro siano coinvolti terzi trasportati.

2. Qualora i terzi trasportati subiscano lesioni, la relativa richiesta del risarcimento del danno resta soggetta alla specifica procedura prevista dall'articolo 141 del codice.

4. Veicoli immatricolati all'estero. – 1. La disciplina del risarcimento diretto si applica ai sinistri che coinvolgono:

a) veicoli immatricolati in Italia;

b) veicoli immatricolati nella Repubblica di San Marino e nello Stato Città del Vaticano, se assicurati con imprese con sede legale nello Stato italiano o con imprese che esercitino l'assicurazione obbligatoria responsabilità civile auto ai sensi degli articoli 23 e 24 del codice e che abbiano aderito al sistema del risarcimento diretto.

5. Modalità della richiesta di risarcimento. – 1. Il danneggiato che si ritiene non responsabile, in tutto o in parte, del sinistro rivolge la richiesta di risarcimento all'impresa che ha stipulato il contratto relativo al veicolo utilizzato.

2. La richiesta è presentata mediante lettera raccomandata con avviso di ricevimento o con consegna a mano o a mezzo telegramma o telefax o in via telematica, salvo che nel contratto sia esplicitamente esclusa tale ultima forma di presentazione della richiesta di risarcimento.

3. L'impresa che ha ricevuto la richiesta ne dà immediata comunicazione all'impresa dell'assicurato ritenuto in tutto o in parte responsabile del sinistro, fornendo le sole informazioni necessarie per la verifica della copertura assicurativa e per l'accertamento delle modalità di accadimento del sinistro.

6. Contenuto della richiesta. – 1. Nell'ipotesi di danni al veicolo e alle cose, la richiesta di risarcimento contiene i seguenti elementi:

a) i nomi degli assicurati;

b) le targhe dei due veicoli coinvolti;

c) la denominazione delle rispettive imprese;

d) la descrizione delle circostanze e delle modalità del sinistro;

e) le generalità di eventuali testimoni;

f) l'indicazione dell'eventuale intervento degli Organi di polizia;

g) il luogo, i giorni e le ore in cui le cose danneggiate sono disponibili per la perizia diretta ad accertare l'entità del danno.

2. Nell'ipotesi di lesioni subite dai conducenti, la richiesta indica, inoltre:

a) l'età, l'attività e il reddito del danneggiato;

b) l'entità delle lesioni subite;

c) la dichiarazione di cui all'articolo 142 del codice circa la spettanza o meno di prestazioni da parte di istituti che gestiscono assicurazioni sociali obbligatorie;

d) l'attestazione medica comprovante l'avvenuta guarigione, con o senza postumi permanenti;

e) l'eventuale consulenza medico-legale di parte, corredata dall'indicazione del compenso spettante al professionista.

7. Integrazione e regolarizzazione della richiesta. – 1. In caso di richiesta incompleta, l'impresa, entro trenta giorni dalla ricezione, offrendo l'assistenza tecnica e informativa prevista dall'articolo 9, invita il danneggiato a fornire le integrazioni e i chiarimenti necessari per la regolarizzazione della richiesta.

2. Nell'ipotesi di cui al comma 1, i termini per la formulazione dell'offerta o per la comunicazione della mancata offerta sono sospesi fino alla data di ricezione delle integrazioni e dei chiarimenti richiesti.

8. Determinazioni dell'impresa. – 1. Con apposita comunicazione inviata al danneggiato, l'impresa indica, alternativamente:

a) una congrua offerta di risarcimento del danno, eventualmente in forma specifica, se previsto dal contratto;

b) gli specifici motivi che impediscono di formulare l'offerta di risarcimento del danno.

2. La comunicazione di cui al comma 1 è inviata entro i seguenti termini:

a) novanta giorni, nel caso di lesioni;

b) sessanta giorni, nel caso di danni riguardanti solo i veicoli o le cose;

c) trenta giorni, nel caso di danni ai veicoli o alle cose, qualora il modulo di denuncia del sinistro sia sottoscritto da entrambi i conducenti coinvolti nel sinistro.

9. Assistenza tecnica e informativa ai danneggiati. – 1. L'impresa, nell'adempimento degli obblighi contrattuali di correttezza e buona fede, fornisce al danneggiato ogni assistenza informativa e tecnica utile per consentire la migliore prestazione del servizio e la piena realizzazione del diritto al risarcimento del danno. Tali obblighi comprendono, in particolare, oltre a quanto stabilito espressamente dal contratto, il supporto tecnico nella compilazione della richiesta di risarcimento, anche ai fini della quantificazione dei danni alle cose e ai veicoli, il suo controllo e l'eventuale integrazione, l'illustrazione e la precisazione dei criteri di responsabilità di cui all'allegato A.

2. Nel caso in cui la somma offerta dall'impresa di assicurazione sia accettata dal danneggiato, sugli importi corrisposti non sono dovuti compensi

per la consulenza o assistenza professionale di cui si sia avvalso il danneggiato diversa da quella medico-legale per i danni alla persona.

10. Accesso telematico. – 1. Ai fini della liquidazione dei danni derivanti dal sinistro, l'impresa ha diritto di accedere in via telematica agli archivi previsti dall'articolo 132, comma 3, del codice, per la verifica dei dati tecnici e del proprietario dell'altro veicolo.

11. Sinistri esclusi dal sistema di risarcimento diretto. – 1. Nel caso in cui il sinistro non rientra nell'ambito di applicazione previsto dall'articolo 3, l'impresa ne informa il danneggiato a mezzo raccomandata con avviso di ricevimento, entro trenta giorni decorrenti dalla ricezione della richiesta di risarcimento.

2. Entro il termine di cui al comma 1, l'impresa è tenuta a trasmettere la richiesta, corredata della documentazione acquisita per ogni ulteriore valutazione, all'impresa del responsabile qualora quest'ultima sia nota in base agli elementi in suo possesso.

3. I termini previsti dagli articoli 145 e 148 del codice iniziano a decorrere dal momento in cui l'impresa del responsabile del sinistro riceve la comunicazione di cui al comma 2.

12. Criteri di determinazione del grado di responsabilità delle parti. – 1. L'impresa adotta le proprie determinazioni in ordine alla richiesta del danneggiato, applicando i criteri di accertamento della responsabilità dei sinistri stabiliti nella tabella di cui all'allegato A, in conformità alla disciplina legislativa e regolamentare in materia di circolazione stradale.

2. Qualora il sinistro non rientri in alcuna delle ipotesi previste dalla tabella di cui al comma 1, l'accertamento della responsabilità è compiuto con riferimento alla fattispecie concreta, nel rispetto dei principi generali in tema di responsabilità derivante dalla circolazione dei veicoli.

13. Organizzazione e gestione del sistema di risarcimento diretto. – 1. Le imprese di assicurazione stipulano fra loro una convenzione ai fini della regolazione dei rapporti organizzativi ed economici per la gestione del risarcimento diretto.

2. Per la regolazione contabile dei rapporti economici, la convenzione deve prevedere una stanza di compensazione dei risarcimenti effettuati. Le compensazioni avvengono sulla base di costi medi che possono essere differenziati per grandi tipologie di veicoli assicurati e per danni a cose e danni alle persone, nonché, limitatamente ai danni a cose, per macroaree territorialmente omogenee in numero non superiore a tre. I predetti criteri di

differenziazione, applicati alternativamente o congiuntamente, non devono determinare una eccessiva frammentazione dei costi medi da prendere a base per le compensazioni. Le compensazioni possono avvenire anche sulla base di meccanismi che prevedano l'applicazione di franchigie a carico dell'impresa che ha risarcito il danno, secondo le regole definite dalla convenzione (1) (2).

2 *bis*. Le differenziazioni delle compensazioni da applicare ai sensi del comma 2 sono stabilite e possono essere modificate con decreto del Ministro dello sviluppo economico, sentiti l'ISVAP e il Comitato tecnico di cui al comma 4, sulla base dell'andamento effettivo dei costi e dell'esperienza maturata sul sistema, senza tuttavia determinare mutamenti frequenti e in nessun caso per periodi di applicazione inferiori ad una annualità (1).

3. L'attività della stanza di compensazione deve svolgersi in regime di completa autonomia rispetto alle imprese di assicurazione ed ai loro organismi associativi.

4. I valori dei costi medi e delle eventuali franchigie di cui al comma 2 vengono calcolati annualmente sulla base dei risarcimenti effettivamente corrisposti nell'esercizio precedente per i sinistri rientranti nell'ambito di applicazione del sistema di risarcimento diretto. Per il calcolo annuale dei valori da assumere ai fini delle compensazioni, sulla base dei dati forniti dalla stanza di compensazione di cui al comma 2, è istituito presso il Ministero dello sviluppo economico un Comitato tecnico composto dai seguenti componenti: *a*) un rappresentante del Ministero dello sviluppo economico, con funzioni di Presidente; *b*) un rappresentante dell'ISVAP; *c*) un rappresentante dell'Associazione nazionale fra le imprese assicuratrici; *d*) un esperto in scienze statistiche ed attuariali; *e*) due rappresentanti del Consiglio nazionale dei consumatori e degli utenti. L'esperto di cui alla lettera *d*) non deve avere svolto, nei due anni precedenti la nomina, incarichi presso imprese di assicurazione.

5. Per il primo anno di applicazione del sistema di risarcimento diretto, il Comitato tecnico calcola i valori di cui al comma 4 sulla base di statistiche di mercato.

6. I componenti il Comitato sono nominati con decreto del Ministro dello sviluppo economico per la durata di un triennio e possono essere riconfermati una sola volta. Il Comitato delibera a maggioranza e, in caso di parità, prevale il voto del Presidente.

7. Il costo relativo al funzionamento della convenzione è posto a carico delle imprese che aderiscono al sistema di risarcimento diretto.

8. Le imprese con sede legale in altri Stati membri dell'Unione europea che operano nel territorio della Repubblica, ai sensi degli articoli 23 e 24 del

codice, hanno facoltà di aderire al sistema di risarcimento diretto mediante sottoscrizione della convenzione di cui al comma 1.

9. Non costituiscono prestazioni di servizi ai fini dell'imposta sul valore aggiunto le regolazioni dei rapporti tra imprese nell'ambito della procedura di risarcimento diretto.

10. Le informazioni, acquisite nell'ambito dei rapporti organizzativi ed economici per la gestione del risarcimento diretto, possono essere utilizzati, esclusivamente, per le finalità della stessa stanza di compensazione.

(1) *L'originario comma 2 è stato così sostituito dagli attuali commi 2 e 2* bis *dall'art. 1, comma 1, del D.P.R. 18 febbraio 2009, n. 28.*

(2) *Si veda il D.M. 11 dicembre 2009, recante differenziazione dei costi medi forfettari delle compensazioni tra imprese di assicurazione.*

14. Benefici derivanti agli assicurati. – 1. Il sistema del risarcimento diretto dovrà consentire effettivi benefici per gli assicurati, attraverso l'ottimizzazione della gestione, il controllo dei costi e l'innovazione dei contratti che potranno contemplare l'impiego di clausole che prevedano il risarcimento del danno in forma specifica con contestuale riduzione del premio per l'assicurato.

2. In presenza di clausole che prevedono il risarcimento del danno in forma specifica, nel contratto deve essere espressamente indicata la percentuale di sconto applicata.

15. (1) **Entrata in vigore.** – 1. Il presente regolamento entra in vigore il 1° gennaio 2007 e si applica ai sinistri verificatisi a partire dal 1° febbraio 2007.

2. Per i sinistri che coinvolgono ciclomotori, il presente regolamento si applica a condizione che i ciclomotori stessi siano muniti di targa ai sensi del decreto del Presidente della Repubblica 6 marzo 2006, n. 153.

(1) *A norma dell'art. 42, comma 2 ter, del D.L. 1 ottobre 2007, n. 159, convertito, con modificazioni, nella L. 29 novembre 2007, n. 222, la disciplina del risarcimento diretto, prevista dal regolamento di cui al decreto del Presidente della Repubblica 18 luglio 2006, n. 254, non si applica ai sinistri che coinvolgono le macchine agricole, come definite dall'art. 57 del codice della strada.*

(*Si omettono gli allegati*)

3.

D.L. 18 ottobre 2012, n. 179. Ulteriori misure urgenti per la crescita del Paese (*Gazzetta Ufficiale* Serie gen. - n. 245 del 19 ottobre 2012), convertito, con modificazioni, nella L. 17 dicembre 2012, n. **221** (Suppl. ord. alla *Gazzetta Ufficiale* Serie gen. - n. 294 del 18 dicembre 2012).

(*Estratto*)

Sezione VIII

Assicurazioni, mutualità
e mercato finanziario

21. Misure per l'individuazione ed il contrasto delle frodi assicurative. – 1. L'Istituto per la vigilanza sulle assicurazioni private e di interesse collettivo (IVASS) cura la prevenzione delle frodi nel settore dell'assicurazione della responsabilità civile derivante dalla circolazione dei veicoli a motore, relativamente alle richieste di risarcimento e di indennizzo e all'attivazione di sistemi di allerta preventiva contro i rischi di frode.

2. Per favorire la prevenzione e il contrasto delle frodi nel settore dell'assicurazione della responsabilità civile derivante dalla circolazione dei veicoli a motore, nonché al fine di migliorare l'efficacia dei sistemi di liquidazione dei sinistri delle imprese di assicurazione e di individuare i fenomeni fraudolenti, l'IVASS:

a) analizza, elabora e valuta le informazioni desunte dall'archivio informatico integrato di cui al comma 3, nonché le informazioni e la documentazione ricevute dalle imprese di assicurazione e dagli intermediari di assicurazione, al fine di individuare i casi di sospetta frode e di stabilire un meccanismo di allerta preventiva contro le frodi;

b) richiede informazioni e documentazione alle imprese di assicurazione e agli intermediari di assicurazione, anche con riferimento alle iniziative assunte ai fini di prevenzione e contrasto del fenomeno delle frodi assicurative, per individuare fenomeni fraudolenti ed acquisire informazioni sull'attività di contrasto attuate contro le frodi;

c) segnala alle imprese di assicurazione e all'Autorità giudiziaria preposta i profili di anomalia riscontrati a seguito dell'attività di analisi, di elaborazione dei dati di cui alla lettera *b*) e correlazione dell'archivio informatico integrato di cui al comma 3, invitandole a fornire informazioni in ordine alle indagini avviate al riguardo, ai relativi risultati e alle querele eventualmente presentate;

d) fornisce collaborazione alle imprese di assicurazione, alle forze di polizia e all'autorità giudiziaria ai fini dell'esercizio dell'azione penale per il contrasto delle frodi assicurative;

e) promuove ogni altra iniziativa, nell'ambito delle proprie competenze, per la prevenzione e il contrasto delle frodi nel settore assicurativo;

f) elabora una relazione annuale sull'attività svolta, formula i criteri e le modalità di valutazione delle imprese di assicurazione in relazione all'attività di contrasto delle frodi e rende pubblici i risultati delle valutazioni effettuate a fini di prevenzione e contrasto delle frodi, e alle iniziative assunte a riguardo dalle imprese di assicurazione e formula proposte di modifica della disciplina in materia di prevenzione delle frodi nel settore dell'assicurazione della responsabilità civile derivante dalla circolazione dei veicoli a motore.

3. Per le finalità di cui al presente articolo, l'IVASS si avvale di un archivio informatico integrato, connesso con la banca dati degli attestati di rischio prevista dall'articolo 134 del codice delle assicurazioni private, di cui al decreto legislativo 7 settembre 2005, n. 209, e successive modificazioni, con la banca dati sinistri e banche dati anagrafe testimoni e anagrafe danneggiati, istituite dall'articolo 135 del medesimo codice delle assicurazioni private, con l'archivio nazionale dei veicoli e con l'anagrafe nazionale degli abilitati alla guida, istituiti dall'articolo 226 del codice della strada, di cui al decreto legislativo 30 aprile 1992, n. 285, e successive modificazioni, con il Pubblico registro automobilistico istituito presso l'Automobile Club d'Italia dal regio decreto legge 15 marzo 1927, n. 436, convertito dalla legge 19 febbraio 1928, n. 510, con il casellario giudiziale e il casellario dei carichi pendenti istituiti presso il Ministero della giustizia ai sensi del testo unico di cui al decreto del Presidente della Repubblica 14 novembre 2002, n. 313, con l'anagrafe tributaria, limitatamente alle informazioni di natura anagrafica, incluso il codice fiscale o la partita IVA, con l'Anagrafe nazionale della popolazione residente di cui all'articolo 62 del codice di cui al decreto legislativo 7 marzo 2005, n. 82, e successive modificazioni, con il Casellario centrale infortuni dell'Istituto nazionale per l'assicurazione contro gli infortuni sul lavoro di cui all'articolo 15 del decreto legislativo 23 febbraio 2000, n. 38, (1) con i dati a disposizione della CONSAP per la gestione del fondo di garanzia per le vittime della strada di cui all'articolo 283 decreto legislativo 7 settembre 2005, n. 209, e per la gestione della liquidazione dei danni a cura dell'impresa designata di cui all'articolo 286 del decreto legislativo 7 settembre 2005, n. 209, con i dati a disposizione per i sinistri relativi ai veicoli di cui all'articolo 125 gestiti dall'Ufficio centrale italiano di cui all'articolo 126 del medesimo decreto legislativo n. 209 del 2005 nonché con ulteriori archivi e banche dati pubbliche e private, individuate con decreto del Ministro dello sviluppo

economico e del Ministro delle infrastrutture e dei trasporti, sentiti i Ministeri competenti e l'IVASS. Con il medesimo decreto, sentito il Garante per la protezione dei dati, sono stabilite le modalità di connessione delle banche dati di cui al presente comma, i termini, le modalità e le condizioni per la gestione e conservazione dell'archivio e per l'accesso al medesimo da parte delle pubbliche amministrazioni, dell'autorità giudiziaria, delle forze di polizia, delle imprese di assicurazione e di soggetti terzi, nonché gli obblighi di consultazione dell'archivio da parte delle imprese di assicurazione in fase di liquidazione dei sinistri e la facoltà di consultazione dell'archivio in fase di assunzione del rischio al fine di accertare la veridicità delle informazioni fornite dal contraente (2).

4. Le imprese di assicurazione garantiscono all'IVASS, per l'alimentazione dell'archivio informatico integrato, secondo le modalità e nei termini stabiliti dal decreto di cui al comma 3, l'accesso ai dati relativi ai contratti assicurativi contenuti nelle proprie banche dati, forniscono la documentazione richiesta ai sensi del comma 2, lettera *b*), e comunicano all'archivio nazionale dei veicoli di cui all'articolo 226 del codice della strada, di cui al decreto legislativo n. 285 del 1992, e successive modificazioni, gli estremi dei contratti di assicurazione per la responsabilità civile verso i terzi prevista dall'articolo 122 del codice delle assicurazioni private, di cui al decreto legislativo n. 209 del 2005, stipulati o rinnovati. L'IVASS può richiedere alle imprese di assicurazione i dati relativi alle querele presentate all'autorità giudiziaria per frode assicurativa o per reati collegati e utilizzare tali informazioni esclusivamente per attività di contrasto di tali frodi all'interno dell'archivio informatico integrato (3).

5. La trasmissione dei dati di cui al comma 4 avviene secondo le modalità di cui al decreto del Ministro dello sviluppo economico, di concerto con il Ministro delle infrastrutture e dei trasporti, previsto dall'articolo 31, comma 1, del decreto legge 24 gennaio 2012, n. 1, convertito, con modificazioni, dalla legge 24 marzo 2012, n. 27.

6. Nell'esercizio delle sue funzioni l'IVASS evidenzia dall'elaborazione dei dati di cui al comma 3 i picchi e le anomalie statistiche anche relativi a imprese, agenzie, agenti e assicurati e le comunica alle imprese interessate che, con cadenza mensile, comunicano le indagini avviate, i relativi risultati e le querele eventualmente presentate. L'IVASS, in caso di evidenza di reato, comunica altresì i dati all'Autorità giudiziaria e alle forze di polizia.

7. Agli adempimenti previsti dal presente articolo si provvede con le risorse umane, strumentali e finanziarie disponibili a legislazione vigente.

7 *bis*. All'articolo 148 del decreto legislativo 7 settembre 2005, n. 209, al comma 1, primo periodo, la parola: «due» è sostituita dalla seguente: «cinque».

(1) *Le parole: «con il casellario giudiziale e il casellario dei carichi pendenti istituiti presso il Ministero della giustizia ai sensi del testo unico di cui al decreto del Presidente della Repubblica 14 novembre 2002, n. 313, con l'anagrafe tributaria, limitatamente alle informazioni di natura anagrafica, incluso il codice fiscale o la partita IVA, con l'Anagrafe nazionale della popolazione residente di cui all'articolo 62 del codice di cui al decreto legislativo 7 marzo 2005, n. 82, e successive modificazioni, con il Casellario centrale infortuni dell'Istituto nazionale per l'assicurazione contro gli infortuni sul lavoro di cui all'articolo 15 del decreto legislativo 23 febbraio 2000, n. 38,» sono state inserite dall'art. 1, comma 31, lett.* a)*, della L. 4 agosto 2017, n. 124.*

(2) *Le parole: «e la facoltà di consultazione dell'archivio in fase di assunzione del rischio al fine di accertare la veridicità delle informazioni fornite dal contraente» sono state aggiunte dall'art. 1, comma 31, lett.* b)*, della L. 4 agosto 2017, n. 124.*

(3) *Questo periodo è stato aggiunto dall'art. 1, comma 32, della L. 4 agosto 2017, n. 124.*

22. Misure a favore della concorrenza e della tutela del consumatore nel mercato assicurativo. – 1. Al fine di escludere il rinnovo tacito delle polizze assicurative, al decreto legislativo 7 settembre 2005, n. 209, dopo l'articolo 170 è inserito il seguente: (*Omissis*).

2. Per le clausole di tacito rinnovo eventualmente previste nei contratti stipulati precedentemente alla data di entrata in vigore del presente decreto, le previsioni di cui al comma 3 dell'articolo 170 *bis* del decreto legislativo 7 settembre 2005, n. 209 (Codice delle assicurazioni private), si applicano a fare data dal 1° gennaio 2013.

3. Nelle ipotesi di contratti in corso di validità alla data di entrata in vigore del presente decreto con clausola di tacito rinnovo, è fatto obbligo alle imprese di assicurazione di comunicare per iscritto ai contraenti la perdita di efficacia delle clausole di tacito rinnovo con congruo anticipo rispetto alla scadenza del termine originariamente pattuito nelle medesime clausole per l'esercizio della facoltà di disdetta del contratto.

4. Al fine di favorire una scelta contrattuale maggiormente consapevole da parte del consumatore, entro 60 giorni dalla data di entrata in vigore del presente decreto, con decreto del Ministro dello sviluppo economico, sentiti l'IVASS, l'Associazione nazionale tra le imprese assicuratrici-ANIA, le principali associazioni rappresentative degli intermediari assicurativi e le associazioni dei consumatori maggiormente rappresentative, è definito il «contratto base» di assicurazione obbligatoria della responsabilità civile derivante dalla circolazione dei veicoli a motore e dei natanti, contenente le clausole minime necessarie ai fini dell'adempimento dell'obbligo di legge,

e articolato secondo classi di merito e tipologie di assicurato, e sono altresì definiti i casi di riduzione del premio e di ampliamento della copertura applicabili allo stesso «contratto base».

5. Ciascuna impresa di assicurazione determina liberamente il prezzo del «contratto base» e delle ulteriori garanzie e clausole di cui al comma 4 e formula, obbligatoriamente, la relativa offerta al consumatore anche tramite il proprio sito internet, eventualmente mediante link ad altre società del medesimo gruppo, ferma restando la libertà di offrire separatamente qualunque tipologia di garanzia aggiuntiva o diverso servizio assicurativo.

6. L'offerta di cui al comma 5 deve utilizzare il modello elettronico predisposto dal Ministero dello sviluppo economico, sentita l'IVASS, in modo che ciascun consumatore possa ottenere - ferma restando la separata evidenza delle singole voci di costo - un unico prezzo complessivo annuo secondo le condizioni indicate e le ulteriori clausole di cui al comma 4 selezionate.

7. Le disposizioni di cui ai commi 5 e 6 trovano applicazione decorsi 180 giorni dalla data di entrata in vigore del presente decreto.

8. Al fine di favorire una più efficace gestione dei rapporti contrattuali assicurativi anche in via telematica, entro 90 giorni dalla data di entrata in vigore del presente decreto, l'IVASS, sentite l'Associazione nazionale tra le imprese assicuratrici-ANIA e le principali associazioni rappresentative degli intermediari assicurativi, stabilisce con apposito regolamento le modalità secondo cui, entro i successivi 60 giorni, nell'ambito dei requisiti organizzativi di cui all'articolo 30 del decreto legislativo 7 settembre 2005, n. 209, le imprese autorizzate all'esercizio dei rami vita e danni prevedono nei propri siti internet apposite aree riservate a ciascun contraente, accedibili mediante sistemi di accesso controllato, tramite le quali sia possibile consultare le coperture in essere, le condizioni contrattuali sottoscritte, lo stato dei pagamenti e le relative scadenze, e, limitatamente alle polizze vita, i valori di riscatto e le valorizzazioni aggiornate.

9. Al fine di favorire il rafforzamento dei requisiti professionali di cui all'articolo 111 del decreto legislativo 7 settembre 2005, n. 209, e anche in considerazione della crescente diffusione dei rapporti assicurativi da gestire in via telematica, entro 90 giorni dalla data di entrata in vigore del presente decreto, l'IVASS definisce con apposito regolamento, che dovrà riunificare e armonizzare la disciplina esistente in materia, gli standard organizzativi, tecnologici e professionali riguardanti la formazione e l'aggiornamento degli intermediari assicurativi, con riferimento ai prodotti formativi, ai requisiti dei soggetti formatori e alle caratteristiche tecniche e funzionali delle piattaforme e-learning.

9 *bis*. Al fine di favorire la liberalizzazione e la concorrenza a favore dei consumatori e degli utenti, all'articolo 12 del decreto legislativo 13 agosto 2010, n. 141, dopo il comma 1 *bis* è inserito il seguente:

«1 *ter*. Non costituisce esercizio di agenzia in attività finanziaria la promozione e il collocamento di contratti relativi alla concessione di finanziamenti sotto qualsiasi forma da parte degli agenti di assicurazione regolarmente iscritti nel Registro unico degli intermediari assicurativi e riassicurativi di cui all'articolo 109, comma 2, lettera *a*), del decreto legislativo 7 settembre 2005, n. 209, su mandato diretto di banche ed intermediari finanziari previsti dal titolo V del decreto legislativo 1° settembre 1993, n. 385. Il soggetto mandante cura l'aggiornamento professionale degli agenti assicurativi mandatari, assicura il rispetto da parte loro della disciplina prevista ai sensi del titolo VI del decreto legislativo 1° settembre 1993, n. 385, e risponde per i danni da essi cagionati nell'esercizio dell'attività prevista dal presente comma, anche se conseguenti a responsabilità accertata in sede penale».

10. Al fine di favorire il superamento dell'attuale segmentazione del mercato assicurativo ed accrescere il grado di libertà dei diversi operatori, gli intermediari assicurativi di cui al comma 2, lettere *a*), *b*), *d*), dell'articolo 109 del decreto legislativo 7 settembre 2005, n. 209, nonché quelli inseriti nell'elenco annesso al registro degli intermediari medesimi ex articolo 33, comma 2 del regolamento ISVAP n. 5/06, possono adottare forme di collaborazione reciproca nello svolgimento della propria attività anche mediante l'utilizzo dei rispettivi mandati. Detta collaborazione è consentita sia tra intermediari iscritti nella medesima sezione del registro o nell'elenco a questo annesso, sia tra di loro reciprocamente, a condizione che al cliente sia fornita, con le modalità e forme previste nel Codice delle assicurazioni private e sui regolamenti attuativi, una corretta e completa informativa in relazione al fatto che l'attività di intermediazione viene svolta in collaborazione tra più intermediari, nonché l'indicazione dell'esatta identità, della sezione di appartenenza e del ruolo svolto dai medesimi nell'ambito della forma di collaborazione adottata. L'IVASS vigila sulla corretta applicazione del presente articolo e può adottare disposizioni attuative anche al fine di garantire adeguata informativa ai consumatori.

11. Gli intermediari assicurativi che svolgono attività di intermediazione in collaborazione tra di loro ai sensi del comma 10 rispondono in solido per gli eventuali danni sofferti dal cliente a cagione dello svolgimento di tale attività, salve le reciproche rivalse nei loro rapporti interni.

12. A decorrere dal 1° gennaio 2013, le clausole fra mandatario e impresa assicuratrice incompatibili con le previsioni del comma 10 sono nulle per violazione di norma imperativa di legge e si considerano non apposte.

1.

R.D. 14 dicembre 1933, n. 1669. Modificazioni alle norme sulla cambiale e sul vaglia cambiario (*Gazzetta Ufficiale* n. 292 del 19 dicembre 1933) ([1]).

([1]) *Si vedano anche la L. 13 gennaio 1994, n. 43, recante disciplina delle cambiali finanziarie ed il D.M. 7 ottobre 1994, recante caratteristiche delle cambiali finanziarie.*

1. Alle disposizioni contenute nel codice di commercio concernenti la cambiale sono sostituite le norme sulla cambiale e sul vaglia cambiario allegate al presente decreto e firmate d'ordine Nostro dal Ministro Guardasigilli.

Restano abrogate le disposizioni di leggi speciali concernenti la materia regolata dalle anzidette norme.

2. Le norme sulla cambiale e sul vaglia cambiario approvate con il presente decreto entreranno in vigore il 1° gennaio 1934.

Titolo I
Della cambiale

Capo I
Della emissione e della forma della cambiale

1. La cambiale contiene:

1) la denominazione di cambiale inserita nel contesto del titolo ed espressa nella lingua in cui esso è redatto;

2) l'ordine incondizionato di pagare una somma determinata;

3) il nome, il luogo e la data di nascita ovvero il codice fiscale di chi è designato a pagare (trattario) ([1]);

4) l'indicazione della scadenza;

5) l'indicazione del luogo di pagamento;

6) il nome di colui al quale o all'ordine del quale deve farsi il pagamento;

7) l'indicazione della data e del luogo dove la cambiale è emessa;

8) la sottoscrizione di colui che emette la cambiale (traente).

(¹) *Questo numero è stato così sostituito dall'art. 45, comma 1, lett. a), della L. 12 dicembre 2002, n. 273.*

2. Il titolo nel quale manchi alcuno dei requisiti indicati nell'articolo precedente non vale come cambiale, salvo i casi previsti nei seguenti commi.

La cambiale senza indicazione di scadenza si considera pagabile a vista.

In mancanza dell'indicazione speciale, il luogo indicato accanto al nome del trattario si reputa luogo del pagamento e, insieme, domicilio del trattario.

La cambiale in cui non è indicato il luogo di emissione si considera sottoscritta nel luogo indicato accanto al nome del traente.

Se sono indicati più luoghi di pagamento s'intende che il portatore possa presentare in qualunque di essi la cambiale per l'accettazione ed il pagamento.

3. La cambiale può essere all'ordine dello stesso traente.

Può essere tratta sullo stesso traente.

Può essere tratta per conto di un terzo.

4. La cambiale può essere pagabile al domicilio di un terzo sia nel luogo di domicilio del trattario, sia in altro luogo.

Se non è detto che il pagamento sarà fatto presso il terzo dal trattario, si intende che sarà fatto dal terzo.

5. Nella cambiale pagabile a vista o a certo tempo vista il traente può disporre che la somma sia produttiva d'interessi. In qualunque altra specie di cambiale la promessa d'interessi si ha per non scritta.

Il tasso d'interesse deve essere indicato nella cambiale; mancando tale indicazione, la clausola si ha per non scritta.

Gli interessi decorrono dalla data della cambiale quando non sia indicata una decorrenza diversa.

6. La cambiale con la somma da pagarsi scritta in lettere ed in cifre vale, in caso di differenza, per la somma indicata in lettere.

Se la somma da pagarsi è scritta più di una volta in lettere o in cifre, la cambiale, in caso di differenza, vale per la somma minore.

7. Se la cambiale contiene firme di persone incapaci di obbligarsi cambiariamente, firme false o di persone immaginarie, ovvero firme che per qualsiasi altra ragione non obbligano le persone che hanno firmata la cambiale, o col nome delle quali essa è stata firmata, le obbligazioni degli altri firmatari restano tuttavia valide.

8. Ogni sottoscrizione cambiaria deve contenere il nome e cognome o la ditta di colui che si obbliga. È valida tuttavia la sottoscrizione nella quale il nome sia abbreviato o indicato con la sola iniziale.

9. Il minore emancipato non autorizzato all'esercizio del commercio e l'inabilitato non assumono obbligazioni cambiarie se la loro firma non sia accompagnata da quella del curatore con la clausola «per assistenza» o altra equivalente. Se sia omessa detta clausola o altra equivalente il curatore è obbligato personalmente.

10. Il genitore o il tutore non autorizzato all'esercizio del commercio per conto del minore o dell'interdetto si può obbligare cambiariamente in nome di costoro, il primo con l'autorizzazione del tribunale, l'altro con l'autorizzazione del consiglio di famiglia o di tutela omologata dal tribunale, l'una e l'altra anche di carattere generale.

11. Chi appone la firma sulla cambiale quale rappresentante di una persona per la quale non ha il potere di agire, è obbligato cambiariamente come se avesse firmato in proprio, e, se ha pagato, ha gli stessi diritti che avrebbe avuto il preteso rappresentato. La stessa disposizione si applica al rappresentante che abbia ecceduto i suoi poteri.

12. La facoltà generale di obbligarsi in nome e per conto altrui non fa presumere, salvo prova contraria, la facoltà di obbligarsi cambiariamente.

La facoltà generale di obbligarsi in nome e per conto di un commerciante comprende anche quella di obbligarsi cambiariamente, salvo che l'atto di rappresentanza, pubblicato a norma dell'articolo 9 del codice di commercio, non disponga diversamente.

13. Il traente risponde dell'accettazione e del pagamento.

Egli può esonerarsi dalla responsabilità per l'accettazione; ogni clausola con la quale si esoneri dalla responsabilità per il pagamento si ha per non scritta.

14. Se una cambiale, incompleta quando fu emessa, venga completata contrariamente agli accordi interceduti, la inosservanza di tali accordi non può essere opposta al portatore, a meno che questi abbia acquistato la cambiale in mala fede, ovvero abbia commesso colpa grave acquistandola.

Il portatore decade dal diritto di riempire la cambiale in bianco dopo tre anni dal giorno dell'emissione del titolo.

Tale decadenza non è opponibile al portatore di buona fede, al quale il titolo sia pervenuto già completo.

Capo II
Della girata

15. La cambiale ancorché non espressamente tratta all'ordine è trasferibile mediante girata.

Se il traente abbia inserito nella cambiale le parole «non all'ordine» o un'espressione equivalente, il titolo è trasferibile solo nella forma e con gli effetti di una cessione ordinaria.

La girata può essere fatta anche a favore del trattario, abbia o non abbia accettato, del traente o di qualunque altro obbligato. Essi possono girare di nuovo la cambiale.

16. La girata deve essere incondizionata. Qualsiasi condizione alla quale sia subordinata si ha per non scritta.

La girata parziale è nulla.

La girata al portatore vale come girata in bianco.

17. La girata deve essere scritta sulla cambiale o su un foglio ad essa attaccato (allungamento). Deve essere sottoscritta dal girante.

La girata è valida ancorché il beneficiario non sia indicato o il girante abbia apposto soltanto la firma (girata in bianco). In questo caso la girata per essere valida deve essere scritta a tergo della cambiale o sull'allungamento.

18. La girata trasferisce tutti i diritti inerenti alla cambiale.

Se la girata è in bianco, il portatore può:

1) riempirla col proprio nome o con quello di altra persona;

2) girare la cambiale di nuovo in bianco o a persona determinata;

3) trasmettere la cambiale a un terzo, senza riempire la girata in bianco e senza girarla.

19. Il girante, se non vi sia clausola contraria, risponde della accettazione e del pagamento.

Egli può vietare una nuova girata; in questo caso non è responsabile verso coloro ai quali la cambiale sia stata ulteriormente girata.

20. Il detentore della cambiale è considerato portatore legittimo se giustifica il suo diritto con una serie continua di girate, anche se l'ultima è in bianco. Le girate cancellate si hanno, a questo effetto, per non scritte. Se una girata in bianco è seguita da un'altra girata, si reputa che il sottoscrittore di quest'ultima abbia acquistato la cambiale per effetto della girata in bianco.

Se una persona ha perduto per qualsiasi ragione il possesso di una cambiale, il nuovo portatore che giustifichi il suo diritto nella maniera indicata nel precedente comma, non è tenuto a consegnarla se non quando l'abbia acquistata in mala fede ovvero abbia commesso colpa grave acquistandola.

21. La persona contro la quale sia promossa azione cambiaria non può opporre al portatore le eccezioni fondate sui rapporti suoi personali col traente o con i portatori precedenti a meno che il portatore, acquistando la cambiale, abbia agito scientemente a danno del debitore.

22. Se alla girata è apposta la clausola «valuta per incasso», «per incasso», «per procura» od ogni altra che implichi un semplice mandato, il portatore può esercitare tutti i diritti inerenti alla cambiale, ma non può girarla che per procura.

Gli obbligati non possono in questo caso opporre al portatore se non le eccezioni che avrebbero potuto opporre al girante.

Il mandato contenuto in una girata per procura non si estingue per la morte del mandante o per la sopravvenuta sua incapacità.

23. Se alla girata è apposta la clausola «valuta in garanzia», «valuta in pegno» od ogni altra che implichi un pegno, il portatore può esercitare tutti i diritti inerenti alla cambiale, ma la girata da lui fatta vale solo come girata per procura.

Gli obbligati non possono opporre al portatore le eccezioni fondate sui loro rapporti personali col girante a meno che il portatore, ricevendo la cambiale, abbia agito scientemente a danno del debitore.

24. La girata posteriore alla scadenza produce gli stessi effetti di una girata anteriore. Nondimeno la girata fatta posteriormente al protesto per mancato pagamento o dopo spirato il termine per levare protesto produce solo gli effetti di una cessione ordinaria.

La girata senza data si presume, fino a prova contraria, fatta prima dello spirare del termine stabilito per levare protesto.

25. Con la cessione della cambiale, sia derivante da una girata fatta posteriormente al protesto per mancato pagamento o dopo spirato il termine per levare protesto, sia derivante da atto separato ancorché anteriore alla scadenza, si trasmettono al cessionario tutti i diritti cambiari del cedente, ma egli resta soggetto alle eccezioni opponibili a questo.

Il cessionario ha diritto alla consegna della cambiale.

Capo III
Dell'accettazione

26. La cambiale può, dal portatore o da un semplice detentore, essere presentata per l'accettazione al trattario nel suo domicilio fino alla scadenza.

27. In qualsiasi cambiale il traente può prescrivere che essa sia presentata per l'accettazione, fissando o non fissando un termine.

Egli può vietare nella cambiale che essa sia presentata all'accettazione, a meno che non sia pagabile presso un terzo, o in un luogo diverso da quello del domicilio del trattario, o sia tratta a certo tempo vista.

Egli può anche prescrivere che la presentazione per l'accettazione non abbia luogo prima di un certo termine.

Ogni girante può prescrivere che la cambiale sia presentata per l'accettazione, fissando o non fissando un termine, salvo che il traente l'abbia dichiarata non accettabile.

28. La cambiale a certo tempo vista deve essere presentata alla accettazione entro un anno dalla sua data.

Il traente può abbreviare questo termine o prolungarlo.

Detti termini possono esser abbreviati dai giranti.

29. Il trattario può chiedere che gli sia fatta una seconda presentazione il giorno seguente alla prima. Gli interessati non possono prevalersi dell'inosservanza di tale richiesta se non sia stata menzionata nel protesto.

Il portatore non è obbligato a consegnare al trattario la cambiale presentata per l'accettazione.

30. L'accettazione è scritta sulla cambiale. È espressa colla parola «accettato», «visto» o con altre equivalenti; è sottoscritta dal trattario; il trattario indica il luogo e la data di nascita ovvero il codice fiscale ([1]). La semplice sottoscrizione del trattario sulla faccia anteriore della cambiale vale accettazione. Ciò vale anche per la cambiale a certo tempo vista.

Se la cambiale è pagabile a certo tempo vista o, in virtù di clausola speciale, deve essere presentata per l'accettazione entro un termine stabilito, l'accettazione deve portare la data del giorno in cui è fatta, a meno che il portatore non esiga che vi sia apposta la data della presentazione. Se manca la data, il portatore, per conservare il regresso contro i giranti e contro il traente, deve far constatare la mancanza con protesto levato in tempo utile.

([1]) *Le parole: «; il trattario indica il luogo e la data di nascita ovvero il codice fiscale» sono state inserite dall'art. 45, comma 1, lett.* b)*, della L. 12 dicembre 2002, n. 273.*

31. L'accettazione deve essere incondizionata; il trattario può limitarla ad una parte della somma.

Qualsiasi altra modificazione apportata nell'accettazione al tenore della cambiale equivale a rifiuto di accettazione; nondimeno l'accettante resta obbligato nei termini della sua accettazione.

32. Se il traente ha indicato nella cambiale un luogo di pagamento diverso da quello del domicilio del trattario, ma non una terza persona presso la quale il pagamento deve essere effettuato, il trattario può indicarla al momento dell'accettazione. In mancanza di tale indicazione si reputa che l'accettante sia tenuto a pagare egli stesso nel luogo di pagamento.

Se la cambiale è pagabile al domicilio del trattario, questi può indicare nell'accettazione un indirizzo nello stesso luogo in cui il pagamento deve essere effettuato.

33. Con l'accettazione il trattario si obbliga di pagare la cambiale alla scadenza.

In mancanza di pagamento, il portatore, ancorché sia il traente, ha contro l'accettante un'azione cambiaria diretta per tutto quanto può essere chiesto ai sensi degli articoli 55 e 56.

Il trattario che accetta resta obbligato anche se ignora il fallimento del traente.

34. Se l'accettazione apposta sulla cambiale dal trattario è da lui cancellata prima di restituire il titolo, l'accettazione si ha per rifiutata. La cancellazione si reputa fatta, fino a prova contraria, prima della restituzione del titolo.

Nondimeno, se il trattario ha dato notizia dell'accettazione per iscritto al portatore o a un firmatario qualsiasi, è tenuto verso di essi nei termini dell'accettazione.

Capo IV
Dell'avallo

35. Il pagamento di una cambiale può essere garantito con avallo per tutta o parte della somma.

Questa garanzia può essere prestata da un terzo o anche da un firmatario della cambiale.

36. L'avallo è apposto sulla cambiale o sull'allungamento.

È espresso con le parole «per avallo» o con ogni altra formula equivalente; è sottoscritto dall'avallante.

Si considera dato colla sola firma dell'avallante apposta sulla faccia anteriore della cambiale, purché non si tratti della firma del trattario o del traente.

L'avallo deve indicare per chi è dato. In mancanza di questa indicazione si intende dato per il traente.

37. L'avallante è obbligato nello stesso modo di colui per il quale l'avallo è stato dato.

La sua obbligazione è valida ancorché l'obbligazione garantita sia nulla per qualsiasi altra causa che un vizio di forma.

L'avallante che paga la cambiale acquista i diritti ad essa inerenti contro l'avallato e contro coloro che sono obbligati cambiariamente verso questo ultimo.

Capo V
Della scadenza

38. La cambiale può essere tratta:

a vista;
a certo tempo vista;
a certo tempo data;
a giorno fisso.

Le cambiali ad altre scadenze o a scadenze successive sono nulle.

39. La cambiale a vista è pagabile alla presentazione. Essa deve essere presentata per il pagamento nel termine di un anno dalla sua data. Il traente può abbreviare questo termine o prolungarlo. Tali termini possono essere abbreviati dai giranti.

Il traente può stabilire che una cambiale pagabile a vista non sia presentata per il pagamento prima di una certa data. In questo caso il termine di presentazione decorre da tale data.

40. La scadenza della cambiale a certo tempo vista è determinata dalla data dell'accettazione o da quella del protesto.

In mancanza di protesto l'accettazione non data si reputa data, rispetto all'accettante, l'ultimo giorno del termine previsto per la presentazione all'accettazione.

41. La cambiale tratta a uno o più mesi data o vista scade nel giorno corrispondente del mese in cui il pagamento deve essere effettuato. In mancanza del giorno corrispondente la cambiale scade l'ultimo del mese.

Se la cambiale è tratta a uno o più mesi e mezzo data o vista si computano prima i mesi interi.

Se la scadenza è fissata al principio, alla metà (metà gennaio, metà febbraio, ecc.) o alla fine del mese, la cambiale scade il primo, il quindici o l'ultimo giorno del mese.

Con le espressioni «otto giorni» o «quindici giorni» s'intende non già una o due settimane ma otto o quindici giorni effettivi.

Con la espressione «mezzo mese» si intende il termine di quindici giorni.

42. Se la cambiale è pagabile a giorno fisso in un luogo in cui il calendario è differente da quello del luogo di emissione, la data della scadenza si intende fissata secondo il calendario del luogo di pagamento.

Se una cambiale tratta fra due piazze che hanno calendari diversi è pagabile a certo tempo data, la scadenza è stabilita contando dal giorno che, secondo il calendario del luogo di pagamento, corrisponda al giorno della emissione.

I termini di presentazione delle cambiali sono calcolati in conformità alle disposizioni del comma precedente.

Queste disposizioni non si applicano se da clausola della cambiale o anche dalle sole enunciazioni del titolo risulti l'intenzione di adottare norme diverse.

Capo VI
Del pagamento

43. Il portatore di una cambiale pagabile a giorno fisso o a certo tempo data o vista deve presentarla al pagamento nel giorno in cui essa è pagabile o in uno dei due giorni feriali successivi.

La presentazione della cambiale ad una stanza di compensazione equivale a presentazione per il pagamento.

44. La cambiale deve essere presentata per il pagamento nel luogo e all'indirizzo indicato sul titolo.

Quando manchi tale indirizzo, deve essere presentata per il pagamento:

1) al domicilio del trattario o della persona designata sul titolo a pagare per esso;

2) al domicilio dell'accettante per intervento o della persona designata sul titolo a pagare per esso;

3) al domicilio dell'indicato al bisogno.

45. Il trattario che paga la cambiale può esigere che gli sia consegnata quietanza dal portatore.

Il portatore non può rifiutare un pagamento parziale.

In caso di pagamento parziale il trattario può esigere che ne sia fatta menzione sulla cambiale o gliene sia data quietanza.

46. Il portatore della cambiale non è tenuto a riceverne il pagamento prima della scadenza.

Il trattario che paga prima della scadenza lo fa a suo rischio e pericolo.

Chi paga alla scadenza è validamente liberato, a meno che da parte sua non vi sia dolo o colpa grave. Egli è tenuto ad accertare la regolare continuità delle girate ma non a verificare l'autenticità delle firme dei giranti.

47. Se la cambiale è pagabile in moneta che non ha corso nel luogo di pagamento, la somma può essere pagata nella moneta del Paese secondo il suo valore nel giorno della scadenza. Se il debitore è in ritardo, il portatore può a sua scelta domandare che la somma sia pagata nella moneta del Paese secondo il valore nel giorno di scadenza o in quello del pagamento.

Il valore della moneta estera è determinato dagli usi del luogo di pagamento. Il traente può tuttavia stabilire che la somma da pagare sia calcolata secondo il corso indicato nella cambiale.

Le disposizioni precedenti non si applicano nel caso in cui il traente abbia stabilito che il pagamento sia fatto in una moneta espressamente indicata (clausola di pagamento effettivo in moneta estera).

Se la somma è indicata in una moneta avente la stessa denominazione ma un valore diverso nel Paese di emissione e in quello del pagamento, si presume che l'indicazione si riferisca alla moneta del luogo di pagamento.

48. Se la cambiale non è presentata per il pagamento nel termine fissato nell'articolo 32, qualsiasi debitore ha facoltà di depositare la somma presso l'autorità competente, a spese, rischio e pericolo del portatore del titolo.

Per le cambiali pagabili nello Stato l'autorità competente a ricevere il deposito è l'Istituto di emissione.

Capo VII
Del regresso per mancata accettazione o per mancato pagamento

49. L'azione cambiaria è diretta o di regresso: diretta contro l'accettante ed i suoi avallanti; di regresso contro ogni altro obbligato.

50. Il portatore può esercitare il regresso contro i giranti, il traente e gli altri obbligati:

alla scadenza, se il pagamento non ha avuto luogo;

anche prima della scadenza:

1) se l'accettazione sia stata rifiutata in tutto o in parte;

2) in caso di fallimento del trattario, abbia o non abbia accettato; di cessazione dei pagamenti, ancorché non constatata con sentenza; di esecuzione infruttuosa sui suoi beni;

3) in caso di fallimento del traente di una cambiale non accettabile.

51. Il rifiuto dell'accettazione o del pagamento deve essere constatato con atto autentico (protesto per mancata accettazione o per mancato pagamento).

Il protesto per mancata accettazione deve essere levato nei termini fissati per la presentazione all'accettazione. Se la prima presentazione, nel caso previsto dall'articolo 29, comma primo, è stata fatta nell'ultimo giorno del termine, il protesto può essere levato anche il giorno successivo.

Il protesto per mancato pagamento di una cambiale pagabile a giorno fisso o a certo tempo data o vista deve essere levato in uno dei due giorni feriali seguenti al giorno in cui la cambiale è pagabile. Se la cambiale è a vista, il protesto deve essere levato secondo le norme del precedente comma relativo al protesto per mancata accettazione.

Il protesto per mancata accettazione dispensa dalla presentazione al pagamento e dal protesto per mancato pagamento.

In caso di cessazione di pagamenti del trattario, abbia o non abbia accettato, o in caso di esecuzione infruttuosa sui suoi beni, il portatore non può esercitare il regresso che dopo aver presentato la cambiale al trattario per il pagamento e dopo aver levato protesto.

In caso di fallimento del trattario, abbia o non abbia accettato, e nel caso di fallimento del traente di una cambiale non accettabile, la produzione della sentenza dichiarativa del fallimento basta al portatore per esercitare il regresso.

52. Il portatore deve dare avviso al proprio girante e al traente della mancata accettazione o del mancato pagamento entro i quattro giorni feriali successivi al giorno del protesto o della presentazione se vi sia la clausola «senza spese». Ogni girante nei due giorni feriali successivi al giorno in cui ha ricevuto l'avviso deve informare il precedente girante dell'avviso ricevuto, indicando i nomi e gli indirizzi di coloro che hanno dato gli avvisi precedenti, e così di seguito, risalendo fino al traente. I termini predetti decorrono dal ricevimento dell'avviso precedente.

Se in conformità del precedente comma l'avviso è dato ad un firmatario della cambiale, analogo avviso deve essere dato entro lo stesso termine anche al suo avallante.

Se un girante non ha indicato il suo indirizzo o l'ha indicato in maniera illeggibile basta che l'avviso sia dato al girante che lo precede.

Chi è tenuto a dare l'avviso può darlo in una forma qualsiasi anche col semplice rinvio della cambiale.

Egli deve provare di aver dato l'avviso nel termine stabilito. Il termine si considera rispettato se una lettera contenente l'avviso sia stata spedita per posta nel termine predetto.

Chi non dà l'avviso nel termine sopra indicato non decade dal regresso; tuttavia è responsabile della sua negligenza se abbia causato danno, senza però che l'ammontare del risarcimento possa superare quello della cambiale.

53. Il traente, il girante o l'avallante può con la clausola «senza spese», «senza protesto» od ogni altra equivalente, apposta sulla cambiale e firmata, dispensare il portatore dal protesto per mancata accettazione o per mancato pagamento, per esercitare il regresso.

Tale clausola non dispensa il portatore dalla presentazione della cambiale nei termini prescritti, né dagli avvisi. La prova della inosservanza dei termini incombe a colui che la oppone al portatore.

Se la clausola è apposta dal traente produce i suoi effetti nei confronti di tutti i firmatari; se è apposta da un girante o da un avallante, produce i suoi effetti soltanto rispetto a costui. Se la clausola è apposta dal traente e il portatore fa elevare il protesto, le spese restano a suo carico. Se la clausola è apposta da un girante o da un avallante le spese per il protesto, qualora sia levato, sono ripetibili contro tutti i firmatari.

54. Il traente, l'accettante, il girante e l'avallante della cambiale rispondono in solido verso il portatore.

Il portatore ha diritto di agire contro queste persone individualmente o congiuntamente e non è tenuto ad osservare l'ordine nel quale si sono obbligate.

Lo stesso diritto spetta a ogni firmatario che abbia pagato la cambiale.

L'azione promossa contro uno degli obbligati non impedisce di agire contro gli altri, anche se posteriori a colui contro il quale si sia prima proceduto.

55. Il portatore può chiedere in via di regresso:

1) l'ammontare della cambiale non accettata o non pagata con gli interessi, se siano stati indicati;

2) gli interessi dalla scadenza in misura uguale a quella indicata nel titolo a norma dell'articolo 5, o, in mancanza, al tasso legale;

3) le spese per il protesto, per gli avvisi dati e le altre spese.

Se il regresso è esercitato prima della scadenza, sarà dedotto uno sconto dall'ammontare della cambiale. Tale sconto è calcolato in base al tasso ufficiale vigente (tasso della banca di emissione) alla data del regresso nel luogo del domicilio del portatore.

56. Chi ha pagato la cambiale può ripetere dai suoi garanti:

1) la somma integrale sborsata;

2) gli interessi sulla somma in misura uguale a quella indicata nel titolo a norma dell'articolo 5, o, in mancanza, al tasso legale, dal giorno del disborso;

3) le spese sostenute.

57. Qualsiasi obbligato contro il quale sia stato o possa essere promosso il regresso può esigere, contro pagamento, la consegna della cambiale col protesto e il conto di ritorno quietanzato.

Qualsiasi girante che ha pagato la cambiale può cancellare la propria girata e quelle dei giranti susseguenti.

58. In caso di regresso dopo una accettazione parziale, chi paga la somma per la quale la cambiale non è stata accettata, può esigere che del pagamento sia fatta menzione sulla cambiale e che gliene sia data quietanza. Il portatore deve inoltre rilasciargli copia certificata conforme della cambiale ed il protesto per rendere possibile l'esercizio degli ulteriori regressi.

59. Chi ha diritto di esercitare il regresso può, salvo clausola contraria, rimborsarsi con una nuova cambiale (rivalsa) tratta a vista su uno dei propri garanti e pagabile al domicilio di costui.

La rivalsa comprende, oltre le somme indicate negli articoli 55 e 56, un diritto di provvigione e la tassa di bollo sulla rivalsa.

Se la rivalsa è tratta dal portatore, l'ammontare ne è fissato secondo il corso di una cambiale a vista tratta dal luogo dove la cambiale originaria era pagabile sul luogo del domicilio del garante. Se la rivalsa è tratta da un girante, l'ammontare ne è fissato secondo il corso di una cambiale a vista tratta dal luogo dove il traente della rivalsa ha il suo domicilio sul luogo del domicilio del garante.

60. Spirati i termini stabiliti:

per la presentazione di una cambiale a vista o a certo tempo vista;

per levare il protesto per mancata accettazione o mancato pagamento;

per la presentazione al pagamento se vi sia la clausola «senza spese»;

il portatore decade dai suoi diritti contro i giranti, contro il traente e contro gli altri obbligati, ad eccezione dell'accettante.

Se la cambiale non è presentata per l'accettazione nel termine stabilito dal traente, il portatore decade dal diritto di esercitare il regresso sia per mancato pagamento sia per mancata accettazione, salvo che non risulti dal tenore del titolo che il traente abbia inteso di esonerarsi soltanto dalla garanzia per l'accettazione.

Se un termine per la presentazione è fissato in una girata, solo il girante può prevalersene.

61. Se un ostacolo insormontabile (disposizione di legge di uno Stato o altro caso di forza maggiore) impedisce di presentare la cambiale o di elevare il protesto nei termini stabiliti, questi sono prolungati.

Il portatore è tenuto a dare avviso senza indugio del caso di forza maggiore al girante precedente e a fare, sulla cambiale o sull'allungamento, menzione datata e sottoscritta di questo avviso; per il resto si applicano le disposizioni dell'articolo 52.

Cessata la forza maggiore, il portatore deve presentare senza indugio la cambiale per l'accettazione e per il pagamento e, se necessario, levare protesto.

Se la forza maggiore dura oltre trenta giorni dalla scadenza, il regresso può essere esercitato senza bisogno di presentazione e di protesto.

Nelle cambiali a vista o a certo tempo vista, il termine di trenta giorni decorre dalla data in cui il portatore, anche prima che sia scaduto il termine di presentazione, ha dato avviso della forza maggiore al girante precedente; nelle cambiali a certo tempo vista al termine di trenta giorni si aggiunge il termine dalla vista indicato nella cambiale.

Non sono considerati casi di forza maggiore i fatti puramente personali al portatore o alla persona da lui incaricata di presentare la cambiale o di levare il protesto.

62. Fra più obbligati che abbiano assunto una posizione di pari grado nella cambiale non ha luogo l'azione cambiaria e il rapporto è regolato con le norme relative alle obbligazioni solidali.

63. La cambiale ha gli effetti di titolo esecutivo per il capitale e per gli accessori a norma degli articoli 55, 56 e 59.

La cambiale emessa all'estero ha gli stessi effetti in quanto questi siano ammessi dalla legge del luogo in cui la cambiale è stata emessa.

Il precetto deve contenere la trascrizione della cambiale o del protesto e degli altri documenti necessari a dimostrare la somma dovuta.

Nelle obbligazioni cambiarie sottoscritte per procura il precetto deve indicare anche l'atto dal quale risulta il mandato.

64. L'opposizione al precetto non sospende l'esecuzione; ma il presidente del tribunale o il pretore (1) competente per valore, su ricorso dell'opponente che disconosca la propria firma o la rappresentanza oppure adduca gravi e fondati motivi, può, con decreto motivato non soggetto a gravame, esaminati i documenti prodotti, sospendere in tutto o in parte gli atti esecutivi, imponendo idonea cauzione.

(1) *Ai sensi del D.L.vo 19 febbraio 1998, n. 51, l'ufficio del pretore è soppresso a decorrere dal 2 giugno 1999, fatta salva l'attività necessaria per l'esaurimento degli affari pendenti. Le relative competenze sono trasferite al tribunale ordinario, fuori dei casi in cui è diversamente disposto dal predetto provvedimento.*

65. Nei giudizi cambiari, tanto di cognizione quanto di opposizione al precetto, il debitore può opporre soltanto le eccezioni di nullità della cambiale a termini dell'articolo 2 e quelle non vietate dall'articolo 21.

Se le eccezioni siano di lunga indagine, il giudice, su istanza del creditore, deve emettere sentenza provvisoria di condanna con cauzione o senza.

Può anche concedere su richiesta del debitore, quando concorrano gravi ragioni, la sospensione della esecuzione, imponendo, se lo ritenga opportuno, idonea cauzione.

Se la sospensione fosse stata già concessa col decreto indicato nell'articolo precedente, il giudice in prosieguo di giudizio deciderà la conferma o la revocazione del provvedimento.

66. Se dal rapporto che diede causa alla emissione o alla trasmissione della cambiale derivi un'azione, questa permane nonostante l'emissione o la trasmissione della cambiale, salvo che si provi che vi fu novazione.

Tale azione non può esercitarsi se non dopo accertata col protesto la mancanza di accettazione o di pagamento.

Il portatore non può esercitare l'azione causale se non offrendo al debitore la restituzione della cambiale e depositandola presso la cancelleria del giudice competente, purché abbia adempiuto le formalità necessarie per conservare al debitore stesso le azioni di regresso che possono competergli.

67. Qualora il portatore abbia perduto l'azione cambiaria contro tutti gli obbligati e non abbia contro i medesimi azione causale, può agire contro il traente o l'accettante o il girante per la somma di cui si siano arricchiti ingiustamente a suo danno.

68. Il protesto deve essere fatto con un solo atto da un notaro o da un ufficiale giudiziario.

Nei comuni nei quali non esista notaro o ufficiale giudiziario il protesto può essere levato dal segretario comunale.

Non è richiesta l'assistenza di testimoni per levare protesto.

69. Il protesto può essere fatto con atto separato, oppure essere scritto sulla cambiale o sul duplicato o sulla copia ovvero sul foglio di allungamento. Questo foglio può essere aggiunto anche dal notaro o dall'ufficiale giudiziario o dal segretario comunale, i quali in ogni caso dovranno apporre il proprio sigillo sulla linea di congiunzione.

Se il protesto è fatto con atto separato chi vi procede deve farne menzione sulla cambiale o sul duplicato o sulla copia o sul foglio di allungamento, a meno che si sia dovuto procedere al protesto pur non avendo il possesso del titolo.

70. Il protesto si deve fare nei luoghi indicati dall'articolo 44 contro le persone ivi rispettivamente indicate, anche se non presenti.

Se il domicilio di dette persone non si può rintracciare, il protesto può essere fatto in qualsiasi località nel luogo di pagamento a scelta di chi vi procede.

L'incapacità delle persone alle quali la cambiale deve essere presentata non dispensa dall'obbligo di levare il protesto contro di esse, salvo quanto è disposto nell'ultimo comma dell'articolo 51.

Se la persona alla quale la cambiale deve essere presentata è morta, il protesto si leva egualmente al suo nome secondo le regole precedenti.

71. Il protesto deve contenere:

1) la data;

2) il nome del richiedente;

3) l'indicazione dei luoghi in cui è fatto e la menzione delle ricerche eseguite a termine dell'articolo 44;

4) l'oggetto delle richieste, il nome delle persone richieste, le risposte avute o i motivi pei quali non se ne ebbe alcuna;

5) la sottoscrizione del notaro o dell'ufficiale o del segretario comunale.

Il protesto per atto separato deve contenere la trascrizione della cambiale.

Per più cambiali da pagarsi dalla stessa persona nello stesso luogo, il creditore può levare protesto con unico atto separato.

72. A meno che il traente non abbia prescritto sullo stesso titolo l'obbligo del protesto, questo può essere sostituito, se il portatore lo consente, da una dichiarazione di rifiuto dell'accettazione o del pagamento, scritta e datata sulla cambiale o sul foglio di allungamento o su atto separato e firmata dal trattario.

Questa dichiarazione per avere gli effetti del protesto deve essere sottoposta a registrazione nei termini del protesto medesimo.

Nei casi previsti nel primo comma la girata senza data si presume fatta anteriormente alla dichiarazione.

73. I notari, gli ufficiali giudiziari e i segretari comunali debbono tener nota, nel repertorio, dei protesti, indicando i requisiti di cui agli articoli precedenti, giorno per giorno e per ordine di data.

L'originale del protesto fatto per atto separato deve essere consegnato al portatore della cambiale.

Capo VIII
Dell'intervento

Sezione I
Disposizioni generali

74. Il traente, il girante o l'avallante può indicare una persona per accettare o pagare al bisogno.

La cambiale può, nelle condizioni sottoindicate, essere accettata o pagata da una persona che interviene per qualsiasi obbligato in via di regresso.

L'interveniente può essere un terzo, lo stesso trattario o una persona già obbligata cambiariamente tranne l'accettante.

L'interveniente deve, nei due giorni feriali successivi all'intervento, darne avviso a colui per il quale è intervenuto. In caso d'inosservanza di tale termine egli è responsabile della sua negligenza se abbia causato danno, senza però che l'ammontare del risarcimento possa superare quello della cambiale.

Sezione II
Dell'accettazione per intervento

75. L'accettazione per intervento può essere fatta ogni qualvolta il portatore di una cambiale accettabile possa esercitare il regresso prima della scadenza.

Se sulla cambiale è stata indicata una persona per accettarla o pagarla al bisogno nel luogo del pagamento, il portatore non può esercitare prima della scadenza il regresso contro colui che ha apposto l'indicazione e contro i firmatari susseguenti a meno che egli abbia presentato la cambiale alla persona indicata e, avendone questi rifiutato l'accettazione, il rifiuto sia stato constatato con protesto.

Negli altri casi d'intervento il portatore può rifiutare l'accettazione per intervento. Tuttavia, se l'ammette, perde il diritto di agire prima della scadenza in via di regresso contro colui per il quale l'accettazione è stata data e contro i firmatari susseguenti.

76. L'accettazione per intervento è apposta sulla cambiale ed è firmata dall'interveniente. Essa indica per chi è stata data; in mancanza di questa indicazione l'accettazione si reputa data per il traente.

77. L'accettante per intervento risponde verso il portatore e verso i giranti susseguenti a colui per il quale è intervenuto, nello stesso modo di questo.

Nonostante l'accettazione per intervento, colui per il quale è stata data e i suoi garanti possono chiedere al portatore, contro rimborso della somma indicata nell'articolo 55, la consegna della cambiale, del protesto e del conto di ritorno quietanzato, se del caso.

Se la cambiale non sia presentata all'accettazione per intervento non più tardi del giorno seguente all'ultimo giorno consentito per levare il protesto per mancato pagamento, l'obbligazione dell'accettante per intervento si estingue.

Sezione III
Del pagamento per intervento

78. Il pagamento per intervento può essere fatto ogni qualvolta il portatore possa esercitare il regresso alla scadenza o prima di essa.

Il pagamento deve comprendere tutta la somma che avrebbe dovuto essere pagata da colui per il quale l'intervento ha luogo.

Esso deve essere fatto al più tardi nel giorno successivo all'ultimo giorno consentito per levare il protesto per mancato pagamento.

Il pagamento per intervento deve risultare dal protesto e, se questo era stato già levato, deve essere annotato in prosecuzione del protesto dal pubblico ufficiale che vi ha proceduto. Le spese del protesto sono ripetibili ancorché il traente abbia apposto sulla cambiale la clausola «senza spese».

79. Se la cambiale è stata accettata da intervenienti che hanno il loro domicilio nel luogo del pagamento o se sono state indicate per pagare al bisogno persone che hanno il loro domicilio nel detto luogo, il portatore deve presentare la cambiale a tutte queste persone e, se del caso, levare protesto per mancato pagamento non più tardi del giorno seguente all'ultimo consentito per levare il protesto.

Se il protesto non è levato entro questo termine, colui che ha apposto l'indicazione al bisogno o per il quale la cambiale è stata accettata e i giranti susseguenti sono liberati.

80. Il portatore che rifiuta il pagamento per intervento perde il regresso contro coloro che sarebbero stati liberati.

81. Del pagamento per intervento deve essere data quietanza sulla cambiale coll'indicazione per chi è fatto. In mancanza di tale indicazione, il pagamento si intende fatto per il traente.

La cambiale o il protesto, se sia stato levato, devono essere consegnati a chi paga per intervento.

82. Chi paga per intervento acquista i diritti inerenti alla cambiale contro colui per il quale ha pagato e contro coloro che sono obbligati cambiariamente verso quest'ultimo, ma non può girare nuovamente la cambiale.

I giranti susseguenti all'obbligato per il quale il pagamento è stato fatto sono liberati.

Se più persone offrono il pagamento per intervento, è preferita quella il cui pagamento libera il maggior numero di obbligati. Chi scientemente interviene in contrasto con questa disposizione perde il regresso contro coloro che sarebbero stati liberati.

Capo IX
Dei duplicati e delle copie

Sezione I
Dei duplicati

83. La cambiale può essere tratta in più esemplari identici (duplicati).

I duplicati devono essere numerati nel contesto di ciascun titolo; in difetto, si considerano come altrettante cambiali distinte.

Il portatore può chiedere il rilascio di duplicati a sue spese, salvo che dalla cambiale risulti che essa è tratta come sola di cambio. A tale effetto egli deve rivolgersi al suo girante immediato il quale è tenuto a prestare l'opera sua verso il proprio girante e così di seguito fino al traente. I giranti sono tenuti a riprodurre le girate sui duplicati.

84. Il pagamento di un duplicato è liberatorio, ancorché non sia dichiarato che tale pagamento annulli gli effetti degli altri duplicati. Il trattario resta però obbligato per ogni duplicato accettato del quale non abbia ottenuta la restituzione.

Il girante che ha trasferito i duplicati a persone diverse e i giranti susseguenti sono obbligati per tutti i duplicati che portino la loro firma e non siano stati restituiti.

85. Chi ha inviato un duplicato per l'accettazione deve indicare sugli altri il nome della persona presso cui esso si trova. Questa è tenuta a consegnarlo al portatore legittimo di un altro duplicato.

Se essa rifiuta, il portatore non può esercitare il regresso che dopo aver fatto constatare con protesto:

1) che il duplicato inviato per l'accettazione non gli è stato consegnato malgrado sua richiesta;

2) che l'accettazione o il pagamento non ha potuto essere ottenuto su altro duplicato.

Sezione II
Delle copie

86. Qualsiasi portatore di una cambiale ha diritto di farne una o più copie.

La copia deve riprodurre esattamente l'originale con le girate e tutte le altre indicazioni che vi figurano; essa deve indicare fin dove arriva.

Può essere girata ed avallata nello stesso modo e con gli stessi effetti dell'originale.

87. La copia deve indicare chi detiene il titolo originale. Questi è tenuto a consegnarlo al portatore legittimo della copia.

In caso di rifiuto il portatore non può esercitare il regresso contro le persone che hanno girato o avallato la copia se non dopo aver fatto constatare con protesto che l'originale non gli è stato consegnato malgrado sua richiesta.

Se l'originale, dopo l'ultima girata apposta prima che la copia sia stata fatta, porti la clausola «da qui la girata non vale che sulla copia » od ogni altra formula equivalente, la girata fatta ulteriormente sull'originale è nulla.

Capo X
Delle alterazioni

88. In caso di alterazione del testo della cambiale chi ha firmato dopo l'alterazione risponde nei termini del testo alterato; chi ha firmato prima risponde nei termini del testo originario.

Qualora non risulti dal titolo o non si dimostri che la firma sia stata apposta prima o dopo, si presume che sia stata apposta prima.

Capo XI
Dell'ammortamento

89. In caso di smarrimento, sottrazione o distruzione, il portatore della cambiale può farne denunzia al trattario e chiedere l'ammortamento del titolo con ricorso al presidente del tribunale del luogo in cui la cambiale è pagabile, o al pretore (1) del luogo in cui egli ha domicilio.

Il ricorso deve indicare i requisiti essenziali della cambiale e, se si tratta di cambiale in bianco, quelli sufficienti a identificarla.

Il presidente del tribunale o il pretore (1), premessi gli opportuni accertamenti sulla verità dei fatti e sul diritto del portatore, emette nel più breve tempo possibile un decreto con il quale, menzionando i dati della cambiale, ne pronuncia l'ammortamento e ne autorizza il pagamento dopo trenta giorni dalla data di pubblicazione del decreto nella *Gazzetta Ufficiale* della Repubblica, se la cambiale sia già scaduta o sia a vista, oppure dalla data della scadenza, se questa sia successiva alla detta pubblicazione, purché non venga fatta nel frattempo opposizione dal detentore.

Il decreto deve essere, a cura del ricorrente, notificato al trattario e pubblicato nella *Gazzetta Ufficiale* della Repubblica.

Malgrado la denuncia, il pagamento della cambiale al detentore prima della notificazione del decreto libera il debitore.

(¹) *Ai sensi del D.L.vo 19 febbraio 1998, n. 51, l'ufficio del pretore è soppresso a decorrere dal 2 giugno 1999, fatta salva l'attività necessaria per l'esaurimento degli affari pendenti. Le relative competenze sono trasferite al tribunale ordinario, fuori dei casi in cui è diversamente disposto dal predetto provvedimento.*

90. L'opposizione del detentore deve essere in ogni caso proposta con citazione da notificarsi al ricorrente e al trattario della cambiale per comparire davanti al tribunale del luogo di pagamento.

91. Durante il termine stabilito nell'articolo 89, il ricorrente può esercitare tutti gli atti che tendono a conservare i suoi diritti, e, trattandosi di cambiale a vista o già scaduta o che sia venuta intanto a scadere, è in facoltà di esigerne il pagamento mediante cauzione o di chiedere il deposito giudiziario della somma.

92. Trascorso il termine indicato nell'articolo 89, senza opposizione o rigettata l'opposizione con sentenza definitiva, la cambiale smarrita non ha più alcuna efficacia. Colui che ottenne l'ammortamento può, su presentazione del decreto e di un certificato del cancelliere del tribunale comprovante la non interposta opposizione, o su presentazione della sentenza definitiva che respinge l'opposizione, esigere il pagamento e, qualora la cambiale sia in bianco o non sia ancora scaduta, un duplicato.

Sulle cambiali sia scadute sia a vista dichiarate inefficaci sono dovuti interessi nella misura indicata negli articoli 55 e 56 salvo che la somma sia stata depositata a norma dell'articolo 88 per conto della persona a favore della quale ha luogo l'ammortamento o è pronunziata la sentenza.

93. L'ammortamento estingue ogni diritto derivante dalla cambiale ammortizzata, ma non pregiudica le eventuali ragioni del portatore verso chi ottenne l'ammortamento.

Capo XII
Della prescrizione

94. Le azioni cambiarie contro l'accettante si prescrivono in tre anni a decorrere dalla data della scadenza.

Le azioni del portatore contro i giranti e contro il traente si prescrivono in un anno a decorrere dalla data del protesto levato in tempo utile o da quello della scadenza, se vi sia la clausola «senza spese».

Le azioni dei giranti gli uni contro gli altri e quelle contro il traente si prescrivono in sei mesi a decorrere dal giorno in cui il girante ha pagato la cambiale o dal giorno in cui l'azione di regresso è stata promossa contro di lui.

L'azione d'arricchimento si prescrive nel termine di un anno dal giorno della perdita dell'azione cambiaria.

95. L'interruzione della prescrizione non vale che contro colui rispetto al quale è stato compiuto l'atto interruttivo.

Capo XIII
Disposizioni generali

96. Il pagamento della cambiale che scade in un giorno festivo legale non si può chiedere che il primo giorno feriale successivo. Ugualmente tutti gli altri atti relativi alla cambiale, e in particolare la presentazione per l'accettazione e il protesto, non possono esser fatti che in giorno feriale.

Se uno di questi atti deve essere fatto entro un termine il cui ultimo giorno è festivo legale, il termine è prorogato fino al primo giorno feriale successivo. I giorni festivi intermedi sono compresi nel computo del termine.

97. Nei termini legali o convenzionali non si computa il giorno da cui cominciano a decorrere.

98. Non sono ammessi giorni di rispetto né legali né giudiziari.

99. Agli effetti della presente legge col termine domicilio si intende il luogo di residenza e col termine luogo di pagamento l'intero territorio del comune.

Titolo II
Del vaglia cambiario

100. Il vaglia cambiario contiene:

1) la denominazione del titolo inserita nel contesto ed espressa nella lingua in cui esso è redatto;

2) la promessa incondizionata di pagare una somma determinata;

3) l'indicazione della scadenza;
4) l'indicazione del luogo di pagamento;
5) il nome di colui al quale o all'ordine del quale deve farsi il pagamento;
6) l'indicazione della data e del luogo in cui il vaglia è emesso;
7) la sottoscrizione di colui che emette il titolo;
7 *bis*) l'indicazione del luogo e della data di nascita ovvero del codice fiscale dell'emittente ([1]).

Il vaglia cambiario può anche denominarsi «pagherò cambiario» o «cambiale».

([1]) *Questo numero è stato aggiunto dall'art. 45, comma 1, lett. c), della L. 12 dicembre 2002, n. 273.*

101. Il titolo nel quale manchi alcuno dei requisiti indicati nell'articolo precedente non vale come vaglia cambiario, salvo nei casi previsti nei seguenti commi.

Il vaglia cambiario senza indicazione di scadenza si considera pagabile a vista.

In mancanza d'indicazione speciale, il luogo di emissione del titolo si reputa luogo del pagamento ed insieme domicilio dell'emittente.

Il vaglia cambiario in cui non è indicato il luogo di emissione si considera sottoscritto nel luogo indicato accanto al nome dell'emittente.

102. In quanto non siano incompatibili con la natura del vaglia cambiario, sono applicabili ad esso le disposizioni relative alla cambiale e concernenti:
la girata;
la scadenza;
il pagamento;
l'azione cambiaria, il regresso per mancato pagamento ed il protesto;
il pagamento per intervento;
le copie;
le alterazioni;
la prescrizione;
i giorni festivi, il computo dei termini e l'inammissibilità dei giorni di rispetto.

Sono egualmente applicabili al vaglia cambiario le disposizioni concernenti la cambiale pagabile presso un terzo o in luogo diverso da quello del domicilio del trattario, la promessa d'interessi, le differenze nella indicazione della somma, gli effetti delle firme apposte nelle circostanze previste dall'articolo 7, quelli della firma di persona che agisce senza poteri o eccedono i suoi poteri e la cambiale in bianco.

Sono egualmente applicabili al vaglia cambiario le disposizioni relative all'avallo; se l'avallo nel caso previsto dall'articolo 36 ultimo comma non indica per chi è dato, si reputa dato per l'emittente.

Sono egualmente applicabili al vaglia cambiario le disposizioni relative all'ammortamento e quelle dell'articolo 99.

103. L'emittente è obbligato nello stesso modo dell'accettante di una cambiale.

Il vaglia cambiario pagabile a certo tempo vista deve essere presentato al visto dell'emittente nel termine fissato dall'articolo 28. Il termine della vista decorre dalla data del visto apposto dall'emittente sul vaglia. Il rifiuto dell'emittente di apporre il visto datato è constatato con protesto, la cui data serve a fissare l'inizio del termine dalla vista.

Titolo III
Disposizioni tributarie

104. La validità della cambiale e del vaglia cambiario, compresi quelli a vista o a certo tempo vista, non è subordinata all'osservanza delle disposizioni della legge sul bollo. Essi tuttavia, se non siano stati regolarmente bollati originariamente, o nel tempo prescritto dalla legge non hanno la qualità di titolo esecutivo.

Il portatore non può esercitare i diritti cambiari inerenti al titolo se non abbia corrisposto la tassa di bollo dovuta e pagato la relativa penalità.

La inefficacia come titolo esecutivo dev'essere rilevata e pronunciata dai giudici anche d'ufficio.

105. Qualora la cambiale pagabile a vista o a certo tempo vista od il vaglia cambiario pagabile a vista o a certo tempo vista portino l'indicazione di interessi, la tassa graduale di bollo è dovuta oltre che sul capitale anche sull'importo degli interessi, i quali debbono essere calcolati in base al saggio indicato sul titolo e in ragione del periodo di validità del titolo stesso nei riguardi del bollo. In nessun caso gli interessi possono essere calcolati per un periodo superiore a dieci mesi.

Titolo IV
Disposizioni transitorie e finali

106 - 107. (*Omissis*) (1).

(1) *Si omettono perchè di carattere transitorio.*

1.

L. 22 dicembre 2017, n. 219. Norme in materia di consenso informato e di disposizioni anticipate di trattamento (*Gazzetta Ufficiale* Serie gen. - n. 12 del 16 gennaio 2018).

1. Consenso informato. – 1. La presente legge, nel rispetto dei principi di cui agli articoli 2, 13 e 32 della Costituzione e degli articoli 1, 2 e 3 della Carta dei diritti fondamentali dell'Unione europea, tutela il diritto alla vita, alla salute, alla dignità e all'autodeterminazione della persona e stabilisce che nessun trattamento sanitario può essere iniziato o proseguito se privo del consenso libero e informato della persona interessata, tranne che nei casi espressamente previsti dalla legge.

2. È promossa e valorizzata la relazione di cura e di fiducia tra paziente e medico che si basa sul consenso informato nel quale si incontrano l'autonomia decisionale del paziente e la competenza, l'autonomia professionale e la responsabilità del medico. Contribuiscono alla relazione di cura, in base alle rispettive competenze, gli esercenti una professione sanitaria che compongono l'equipe sanitaria. In tale relazione sono coinvolti, se il paziente lo desidera, anche i suoi familiari o la parte dell'unione civile o il convivente ovvero una persona di fiducia del paziente medesimo.

3. Ogni persona ha il diritto di conoscere le proprie condizioni di salute e di essere informata in modo completo, aggiornato e a lei comprensibile riguardo alla diagnosi, alla prognosi, ai benefici e ai rischi degli accertamenti diagnostici e dei trattamenti sanitari indicati, nonché riguardo alle possibili alternative e alle conseguenze dell'eventuale rifiuto del trattamento sanitario e dell'accertamento diagnostico o della rinuncia ai medesimi. Può rifiutare in tutto o in parte di ricevere le informazioni ovvero indicare i familiari o una persona di sua fiducia incaricati di riceverle e di esprimere il consenso in sua vece se il paziente lo vuole. Il rifiuto o la rinuncia alle informazioni e

l'eventuale indicazione di un incaricato sono registrati nella cartella clinica e nel fascicolo sanitario elettronico.

4. Il consenso informato, acquisito nei modi e con gli strumenti più consoni alle condizioni del paziente, è documentato in forma scritta o attraverso videoregistrazioni o, per la persona con disabilità, attraverso dispositivi che le consentano di comunicare. Il consenso informato, in qualunque forma espresso, è inserito nella cartella clinica e nel fascicolo sanitario elettronico.

5. Ogni persona capace di agire ha il diritto di rifiutare, in tutto o in parte, con le stesse forme di cui al comma 4, qualsiasi accertamento diagnostico o trattamento sanitario indicato dal medico per la sua patologia o singoli atti del trattamento stesso. Ha, inoltre, il diritto di revocare in qualsiasi momento, con le stesse forme di cui al comma 4, il consenso prestato, anche quando la revoca comporti l'interruzione del trattamento. Ai fini della presente legge, sono considerati trattamenti sanitari la nutrizione artificiale e l'idratazione artificiale, in quanto somministrazione, su prescrizione medica, di nutrienti mediante dispositivi medici. Qualora il paziente esprima la rinuncia o il rifiuto di trattamenti sanitari necessari alla propria sopravvivenza, il medico prospetta al paziente e, se questi acconsente, ai suoi familiari, le conseguenze di tale decisione e le possibili alternative e promuove ogni azione di sostegno al paziente medesimo, anche avvalendosi dei servizi di assistenza psicologica. Ferma restando la possibilità per il paziente di modificare la propria volontà, l'accettazione, la revoca e il rifiuto sono annotati nella cartella clinica e nel fascicolo sanitario elettronico.

6. Il medico è tenuto a rispettare la volontà espressa dal paziente di rifiutare il trattamento sanitario o di rinunciare al medesimo e, in conseguenza di ciò, è esente da responsabilità civile o penale. Il paziente non può esigere trattamenti sanitari contrari a norme di legge, alla deontologia professionale o alle buone pratiche clinico-assistenziali; a fronte di tali richieste, il medico non ha obblighi professionali.

7. Nelle situazioni di emergenza o di urgenza il medico e i componenti dell'equipe sanitaria assicurano le cure necessarie, nel rispetto della volontà del paziente ove le sue condizioni cliniche e le circostanze consentano di recepirla.

8. Il tempo della comunicazione tra medico e paziente costituisce tempo di cura.

9. Ogni struttura sanitaria pubblica o privata garantisce con proprie modalità organizzative la piena e corretta attuazione dei principi di cui alla presente legge, assicurando l'informazione necessaria ai pazienti e l'adeguata formazione del personale.

10. La formazione iniziale e continua dei medici e degli altri esercenti le professioni sanitarie comprende la formazione in materia di relazione e di comunicazione con il paziente, di terapia del dolore e di cure palliative.

11. È fatta salva l'applicazione delle norme speciali che disciplinano l'acquisizione del consenso informato per determinati atti o trattamenti sanitari.

2. Terapia del dolore, divieto di ostinazione irragionevole nelle cure e dignità nella fase finale della vita. – 1. Il medico, avvalendosi di mezzi appropriati allo stato del paziente, deve adoperarsi per alleviarne le sofferenze, anche in caso di rifiuto o di revoca del consenso al trattamento sanitario indicato dal medico. A tal fine, è sempre garantita un'appropriata terapia del dolore, con il coinvolgimento del medico di medicina generale e l'erogazione delle cure palliative di cui alla legge 15 marzo 2010, n. 38.

2. Nei casi di paziente con prognosi infausta a breve termine o di imminenza di morte, il medico deve astenersi da ogni ostinazione irragionevole nella somministrazione delle cure e dal ricorso a trattamenti inutili o sproporzionati. In presenza di sofferenze refrattarie ai trattamenti sanitari, il medico può ricorrere alla sedazione palliativa profonda continua in associazione con la terapia del dolore, con il consenso del paziente.

3. Il ricorso alla sedazione palliativa profonda continua o il rifiuto della stessa sono motivati e sono annotati nella cartella clinica e nel fascicolo sanitario elettronico.

3. Minori e incapaci. – 1. La persona minore di età o incapace ha diritto alla valorizzazione delle proprie capacità di comprensione e di decisione, nel rispetto dei diritti di cui all'articolo 1, comma 1. Deve ricevere informazioni sulle scelte relative alla propria salute in modo consono alle sue capacità per essere messa nelle condizioni di esprimere la sua volontà.

2. Il consenso informato al trattamento sanitario del minore è espresso o rifiutato dagli esercenti la responsabilità genitoriale o dal tutore tenendo conto della volontà della persona minore, in relazione alla sua età e al suo grado di maturità, e avendo come scopo la tutela della salute psicofisica e della vita del minore nel pieno rispetto della sua dignità.

3. Il consenso informato della persona interdetta ai sensi dell'articolo 414 del codice civile è espresso o rifiutato dal tutore, sentito l'interdetto ove possibile, avendo come scopo la tutela della salute psicofisica e della vita della persona nel pieno rispetto della sua dignità.

4. Il consenso informato della persona inabilitata è espresso dalla medesima persona inabilitata. Nel caso in cui sia stato nominato un amministra-

tore di sostegno la cui nomina preveda l'assistenza necessaria o la rappresentanza esclusiva in ambito sanitario, il consenso informato è espresso o rifiutato anche dall'amministratore di sostegno ovvero solo da quest'ultimo, tenendo conto della volontà del beneficiario, in relazione al suo grado di capacità di intendere e di volere.

5. Nel caso in cui il rappresentante legale della persona interdetta o inabilitata oppure l'amministratore di sostegno, in assenza delle disposizioni anticipate di trattamento (DAT) di cui all'articolo 4, o il rappresentante legale della persona minore rifiuti le cure proposte e il medico ritenga invece che queste siano appropriate e necessarie, la decisione è rimessa al giudice tutelare su ricorso del rappresentante legale della persona interessata o dei soggetti di cui agli articoli 406 e seguenti del codice civile o del medico o del rappresentante legale della struttura sanitaria.

4. Disposizioni anticipate di trattamento. – 1. Ogni persona maggiorenne e capace di intendere e di volere, in previsione di un'eventuale futura incapacità di autodeterminarsi e dopo avere acquisito adeguate informazioni mediche sulle conseguenze delle sue scelte, può, attraverso le DAT, esprimere le proprie volontà in materia di trattamenti sanitari, nonché il consenso o il rifiuto rispetto ad accertamenti diagnostici o scelte terapeutiche e a singoli trattamenti sanitari. Indica altresì una persona di sua fiducia, di seguito denominata «fiduciario», che ne faccia le veci e la rappresenti nelle relazioni con il medico e con le strutture sanitarie.

2. Il fiduciario deve essere una persona maggiorenne e capace di intendere e di volere. L'accettazione della nomina da parte del fiduciario avviene attraverso la sottoscrizione delle DAT o con atto successivo, che è allegato alle DAT. Al fiduciario è rilasciata una copia delle DAT. Il fiduciario può rinunciare alla nomina con atto scritto, che è comunicato al disponente.

3. L'incarico del fiduciario può essere revocato dal disponente in qualsiasi momento, con le stesse modalità previste per la nomina e senza obbligo di motivazione.

4. Nel caso in cui le DAT non contengano l'indicazione del fiduciario o questi vi abbia rinunciato o sia deceduto o sia divenuto incapace, le DAT mantengono efficacia in merito alle volontà del disponente. In caso di necessità, il giudice tutelare provvede alla nomina di un amministratore di sostegno, ai sensi del capo I del titolo XII del libro I del codice civile.

5. Fermo restando quanto previsto dal comma 6 dell'articolo 1, il medico è tenuto al rispetto delle DAT, le quali possono essere disattese, in tutto o in parte, dal medico stesso, in accordo con il fiduciario, qualora esse appaiano palesemente incongrue o non corrispondenti alla condizione clinica attuale

del paziente ovvero sussistano terapie non prevedibili all'atto della sottoscrizione, capaci di offrire concrete possibilità di miglioramento delle condizioni di vita. Nel caso di conflitto tra il fiduciario e il medico, si procede ai sensi del comma 5, dell'articolo 3.

6. Le DAT devono essere redatte per atto pubblico o per scrittura privata autenticata ovvero per scrittura privata consegnata personalmente dal disponente presso l'ufficio dello stato civile del comune di residenza del disponente medesimo, che provvede all'annotazione in apposito registro, ove istituito, oppure presso le strutture sanitarie, qualora ricorrano i presupposti di cui al comma 7. Sono esenti dall'obbligo di registrazione, dall'imposta di bollo e da qualsiasi altro tributo, imposta, diritto e tassa. Nel caso in cui le condizioni fisiche del paziente non lo consentano, le DAT possono essere espresse attraverso videoregistrazione o dispositivi che consentano alla persona con disabilità di comunicare. Con le medesime forme esse sono rinnovabili, modificabili e revocabili in ogni momento. Nei casi in cui ragioni di emergenza e urgenza impedissero di procedere alla revoca delle DAT con le forme previste dai periodi precedenti, queste possono essere revocate con dichiarazione verbale raccolta o videoregistrata da un medico, con l'assistenza di due testimoni.

7. Le regioni che adottano modalità telematiche di gestione della cartella clinica o il fascicolo sanitario elettronico o altre modalità informatiche di gestione dei dati del singolo iscritto al Servizio sanitario nazionale possono, con proprio atto, regolamentare la raccolta di copia delle DAT, compresa l'indicazione del fiduciario, e il loro inserimento nella banca dati, lasciando comunque al firmatario la libertà di scegliere se darne copia o indicare dove esse siano reperibili.

8. Entro sessanta giorni dalla data di entrata in vigore della presente legge, il Ministero della salute, le regioni e le aziende sanitarie provvedono a informare della possibilità di redigere le DAT in base alla presente legge, anche attraverso i rispettivi siti internet.

5. Pianificazione condivisa delle cure. – 1. Nella relazione tra paziente e medico di cui all'articolo 1, comma 2, rispetto all'evolversi delle conseguenze di una patologia cronica e invalidante o caratterizzata da inarrestabile evoluzione con prognosi infausta, può essere realizzata una pianificazione delle cure condivisa tra il paziente e il medico, alla quale il medico e l'equipe sanitaria sono tenuti ad attenersi qualora il paziente venga a trovarsi nella condizione di non poter esprimere il proprio consenso o in una condizione di incapacità.

2. Il paziente e, con il suo consenso, i suoi familiari o la parte dell'unione civile o il convivente ovvero una persona di sua fiducia sono adeguatamente informati, ai sensi dell'articolo 1, comma 3, in particolare sul possibile evolversi della patologia in atto, su quanto il paziente può realisticamente attendersi in termini di qualità della vita, sulle possibilità cliniche di intervenire e sulle cure palliative.

3. Il paziente esprime il proprio consenso rispetto a quanto proposto dal medico ai sensi del comma 2 e i propri intendimenti per il futuro, compresa l'eventuale indicazione di un fiduciario.

4. Il consenso del paziente e l'eventuale indicazione di un fiduciario, di cui al comma 3, sono espressi in forma scritta ovvero, nel caso in cui le condizioni fisiche del paziente non lo consentano, attraverso video-registrazione o dispositivi che consentano alla persona con disabilità di comunicare, e sono inseriti nella cartella clinica e nel fascicolo sanitario elettronico. La pianificazione delle cure può essere aggiornata al progressivo evolversi della malattia, su richiesta del paziente o su suggerimento del medico.

5. Per quanto riguarda gli aspetti non espressamente disciplinati dal presente articolo si applicano le disposizioni dell'articolo 4.

6. Norma transitoria. – 1. Ai documenti atti ad esprimere le volontà del disponente in merito ai trattamenti sanitari, depositati presso il comune di residenza o presso un notaio prima della data di entrata in vigore della presente legge, si applicano le disposizioni della medesima legge.

7. Clausola di invarianza finanziaria. – 1. Le amministrazioni pubbliche interessate provvedono all'attuazione delle disposizioni della presente legge nell'ambito delle risorse umane, strumentali e finanziarie disponibili a legislazione vigente e, comunque, senza nuovi o maggiori oneri per la finanza pubblica.

8. Relazione alle Camere. – 1. Il Ministro della salute trasmette alle Camere, entro il 30 aprile di ogni anno, a decorrere dall'anno successivo a quello in corso alla data di entrata in vigore della presente legge, una relazione sull'applicazione della legge stessa. Le regioni sono tenute a fornire le informazioni necessarie entro il mese di febbraio di ciascun anno, sulla base di questionari predisposti dal Ministero della salute.

2.

L. 27 dicembre 2017, n. 205. Bilancio di previsione dello Stato per l'anno finanziario 2018 e bilancio pluriennale per il triennio 2018-2020 (Suppl. ord. alla *Gazzetta Ufficiale* Serie gen. - n. 302 del 29 dicembre 2017) ed avviso di rettifica in *Gazzetta Ufficiale* Serie gen. - n. 13 del 17 gennaio 2018, ed avviso di rettifica in *Gazzetta Ufficiale* Serie gen. - n. 21 del 26 gennaio 2018.

(*Estratto*)

Parte I

Sezione I
Misure quantitative per la realizzazione degli obiettivi programmatici

1. 1. - 417. (*Omissis*).

418. È istituita presso il Ministero della salute una banca dati destinata alla registrazione delle disposizioni anticipate di trattamento (DAT) attraverso le quali ogni persona maggiorenne e capace di intendere e di volere, in previsione di un'eventuale futura incapacità di autodeterminarsi, può esprimere le proprie volontà in materia di trattamenti sanitari, nonché il consenso o il rifiuto rispetto ad accertamenti diagnostici o scelte terapeutiche e a singoli trattamenti sanitari. Per l'attuazione del presente comma è autorizzata la spesa di 2 milioni di euro per l'anno 2018.

419. - 1181. (*Omissis*).

1.

L. 31 maggio 1995, n. 218. Riforma del sistema italiano di diritto internazionale privato (Suppl. ord. alla *Gazzetta Ufficiale* Serie gen. - n. 128 del 3 giugno 1995).

Titolo I
Disposizioni generali

1. Oggetto della legge. – 1. La presente legge determina l'ambito della giurisdizione italiana, pone i criteri per l'individuazione del diritto applicabile e disciplina l'efficacia delle sentenze e degli atti stranieri.

2. Convenzioni internazionali. – 1. Le disposizioni della presente legge non pregiudicano l'applicazione delle convenzioni internazionali in vigore per l'Italia.

2. Nell'interpretazione di tali convenzioni si terrà conto del loro carattere internazionale e dell'esigenza della loro applicazione uniforme.

Titolo II
Giurisdizione italiana

3. Ambito della giurisdizione. – 1. La giurisdizione italiana sussiste quando il convenuto è domiciliato o residente in Italia o vi ha un rappresentante che sia autorizzato a stare in giudizio a norma dell'art. 77 del codice di procedura civile e negli altri casi in cui è prevista dalla legge.

2. La giurisdizione sussiste inoltre in base ai criteri stabiliti dalle sezioni 2, 3 e 4 del titolo II della Convenzione concernente la competenza giurisdizionale e l'esecuzione delle decisioni in materia civile e commerciale e protocollo, firmati a Bruxelles il 27 settembre 1968, resi esecutivi con la legge 21 giugno 1971, n. 804, e successive modificazioni in vigore per l'Italia, anche allorché il convenuto non sia domiciliato nel territorio di uno Stato contraente, quando si tratti di una delle materie comprese nel campo di applicazione della Convenzione. Rispetto alle altre materie la giurisdizione sussiste anche in base ai criteri stabiliti per la competenza per territorio.

4. Accettazione e deroga della giurisdizione. – 1. Quando non vi sia giurisdizione in base all'art. 3, essa nondimeno sussiste se le parti l'abbiano convenzionalmente accettata e tale accettazione sia provata per iscritto, ovvero il convenuto compaia nel processo senza eccepire il difetto di giurisdizione nel primo atto difensivo.

2. La giurisdizione italiana può essere convenzionalmente derogata a favore di un giudice straniero o di un arbitrato estero se la deroga è provata per iscritto e la causa verte su diritti disponibili.

3. La deroga è inefficace se il giudice o gli arbitri indicati declinano la giurisdizione o comunque non possono conoscere della causa.

5. Azioni reali relative a immobili siti all'estero. – 1. La giurisdizione italiana non sussiste rispetto ad azioni reali aventi ad oggetto beni immobili situati all'estero.

6. Questioni preliminari. – 1. Il giudice italiano conosce, incidentalmente, le questioni che non rientrano nella giurisdizione italiana e la cui soluzione è necessaria per decidere sulla domanda proposta.

7. Pendenza di un processo straniero. – 1. Quando, nel corso del giudizio, sia eccepita la previa pendenza tra le stesse parti di domanda avente il medesimo oggetto e il medesimo titolo dinanzi a un giudice straniero, il giudice italiano, se ritiene che il provvedimento straniero possa produrre effetto per l'ordinamento italiano, sospende il giudizio. Se il giudice straniero declina la propria giurisdizione o se il provvedimento straniero non è riconosciuto nell'ordinamento italiano, il giudizio in Italia prosegue, previa riassunzione ad istanza della parte interessata.

2. La pendenza della causa innanzi al giudice straniero si determina secondo la legge dello Stato in cui il processo di svolge.

3. Nel caso di pregiudizialità di una causa straniera, il giudice italiano può sospendere il processo se ritiene che il provvedimento straniero possa produrre effetti per l'ordinamento italiano.

8. Momento determinante della giurisdizione. – 1. Per la determinazione della giurisdizione italiana si applica l'art. 5 del codice di procedura civile. Tuttavia la giurisdizione sussiste se i fatti e le norme che la determinano sopravvengono nel corso del processo.

9. Giurisdizione volontaria. – 1. In materia di giurisdizione volontaria, la giurisdizione sussiste, oltre che nei casi specificamente contemplati dalla presente legge e in quelli in cui è prevista la competenza per territorio di un giudice italiano, quando il provvedimento richiesto concerne un cittadino italiano o una persona residente in Italia o quando esso riguarda situazioni o rapporti ai quali è applicabile la legge italiana.

10. Materia cautelare. – 1. In materia cautelare, la giurisdizione italiana sussiste quando il provvedimento deve essere eseguito in Italia o quando il giudice italiano ha giurisdizione nel merito.

11. Rilevabilità del difetto di giurisdizione. – 1. Il difetto di giurisdizione può essere rilevato, in qualunque stato e grado del processo, soltanto dal convenuto costituito che non abbia espressamente o tacitamente accettato la giurisdizione italiana. È rilevato dal giudice d'ufficio, sempre in qualunque stato e grado del processo, se il convenuto è contumace, se ricorre l'ipotesi di cui all'art. 5, ovvero se la giurisdizione italiana è esclusa per effetto di una norma internazionale.

12. Legge regolatrice del processo. – 1. Il processo civile che si svolge in Italia è regolato dalla legge italiana.

Titolo III
Diritto applicabile

Capo I
Disposizioni generali

13. Rinvio. – 1. Quando negli articoli successivi è richiamata la legge straniera, si tiene conto del rinvio operato dal diritto internazionale privato straniero alla legge di un altro Stato:

a) se il diritto di tale Stato accetta il rinvio;

b) se si tratta di rinvio alla legge italiana.

2. L'applicazione del comma 1 è tuttavia esclusa:

a) nei casi in cui le disposizioni della presente legge rendono applicabile la legge straniera sulla base della scelta effettuata in tal senso dalle parti interessate;

b) riguardo alle disposizioni concernenti la forma degli atti;

c) in relazione alle disposizioni del Capo XI del presente Titolo.

3. Nei casi di cui agli artt. 33, 34 e 35 si tiene conto del rinvio soltanto se esso conduce all'applicazione di una legge che consente lo stabilimento della filiazione.

4. Quando la presente legge dichiara in ogni caso applicabile una convenzione internazionale si segue sempre, in materia di rinvio, la soluzione adottata dalla convenzione.

14. Conoscenza della legge straniera applicabile. – 1. L'accertamento della legge straniera è compiuto d'ufficio dal giudice. A tal fine questi può avvalersi, oltre che degli strumenti indicati dalle convenzioni internazionali, di informazioni acquisite per il tramite del Ministero di grazia e giustizia; può altresì interpellare esperti o istituzioni specializzate.

2. Qualora il giudice non riesca ad accertare la legge straniera indicata, neanche con l'aiuto delle parti, applica la legge richiamata mediante altri criteri di collegamento eventualmente previsti per la medesima ipotesi normativa. In mancanza si applica la legge italiana.

15. Interpretazione e applicazione della legge straniera. – 1. La legge straniera è applicata secondo i propri criteri di interpretazione e di applicazione nel tempo.

16. Ordine pubblico. – 1. La legge straniera non è applicata se i suoi effetti sono contrari all'ordine pubblico.

2. In tal caso si applica la legge richiamata mediante altri criteri di collegamento eventualmente previsti per la medesima ipotesi normativa. In mancanza si applica la legge italiana.

17. Norme di applicazione necessaria. – 1. È fatta salva la prevalenza sulle disposizioni che seguono delle norme italiane che, in considerazione del loro oggetto e del loro scopo, debbono essere applicate nonostante il richiamo alla legge straniera.

18. Ordinamenti plurilegislativi. – 1. Se nell'ordinamento dello Stato richiamato dalle disposizioni della presente legge coesistono più sistemi normativi a base territoriale o personale, la legge applicabile si determina secondo i criteri utilizzati da quell'ordinamento.

2. Se tali criteri non possono essere individuati, si applica il sistema normativo con il quale il caso di specie presenta il collegamento più stretto.

19. Apolidi, rifugiati e persone con più cittadinanze. – 1. Nei casi in cui le disposizioni della presente legge richiamano la legge nazionale di una persona, se questa è apolide o rifugiata si applica la legge dello Stato del domicilio o, in mancanza, la legge dello Stato di residenza.

2. Se la persona ha più cittadinanze, si applica la legge di quello tra gli Stati di appartenenza con il quale essa ha il collegamento più stretto. Se tra le cittadinanze vi è quella italiana, questa prevale.

Capo IV
Rapporti di famiglia

26. Promessa di matrimonio. – 1. La promessa di matrimonio e le conseguenze della sua violazione sono regolate dalla legge nazionale comune dei nubendi o, in mancanza, dalla legge italiana.

27. Condizioni per contrarre matrimonio. – 1. La capacità matrimoniale e le altre condizioni per contrarre matrimonio sono regolate dalla legge nazionale di ciascun nubendo al momento del matrimonio. Resta salvo lo stato libero che uno dei nubendi abbia acquistato per effetto di un giudicato italiano o riconosciuto in Italia.

28. Forma del matrimonio. – 1. Il matrimonio è valido, quanto alla forma, se è considerato tale dalla legge del luogo di celebrazione o dalla legge nazionale di almeno uno dei coniugi al momento della celebrazione o dalla legge dello Stato di comune residenza in tale momento.

29. Rapporti personali tra coniugi. – 1. I rapporti personali tra coniugi sono regolati dalla legge nazionale comune.

2. I rapporti personali tra coniugi aventi diverse cittadinanze o più cittadinanze comuni sono regolati dalla legge dello Stato nel quale la vita matrimoniale è prevalentemente localizzata.

30. Rapporti patrimoniali tra coniugi. – 1. I rapporti patrimoniali tra coniugi sono regolati dalla legge applicabile ai loro rapporti personali. I coniugi possono tuttavia convenire per iscritto che i loro rapporti patrimoniali sono regolati dalla legge dello Stato di cui almeno uno di essi è cittadino o nel quale almeno uno di essi risiede.

2. L'accordo dei coniugi sul diritto applicabile è valido se è considerato tale dalla legge scelta o da quella del luogo in cui l'accordo è stato stipulato.

3. Il regime dei rapporti patrimoniali fra coniugi regolato da una legge straniera è opponibile ai terzi solo se questi ne abbiano avuto conoscenza o lo abbiano ignorato per loro colpa. Relativamente ai diritti reali su beni immobili, l'opponibilità è limitata ai casi in cui siano state rispettate le forme di pubblicità prescritte dalla legge dello Stato in cui i beni si trovano.

30 *bis*. (1) **Contratti di convivenza.** – 1. Ai contratti di convivenza si applica la legge nazionale comune dei contraenti. Ai contraenti di diversa cittadinanza si applica la legge del luogo in cui la convivenza è prevalentemente localizzata.

2. Sono fatte salve le norme nazionali, europee ed internazionali che regolano il caso di cittadinanza plurima.

(1) Questo articolo è stato inserito dall'art. 1, comma 64, della L. 20 maggio 2016, n. 76.

31. Separazione personale e scioglimento del matrimonio. – 1. La separazione personale e lo scioglimento del matrimonio sono regolati dalla legge nazionale comune dei coniugi al momento della domanda di separazione o di scioglimento del matrimonio; in mancanza si applica la legge dello Stato nel quale la vita matrimoniale risulta prevalentemente localizzata.

2. La separazione personale e lo scioglimento del matrimonio, qualora non siano previsti dalla legge straniera applicabile, sono regolati dalla legge italiana.

32. Giurisdizione in materia di nullità, annullamento, separazione personale e scioglimento del matrimonio. – 1. In materia di nullità e di annullamento del matrimonio, di separazione personale e di scioglimento del matrimonio, la giurisdizione italiana sussiste, oltre che nei casi previsti dall'art. 3, anche quando uno dei coniugi è cittadino italiano o il matrimonio è stato celebrato in Italia.

32 *bis*. (1) Matrimonio contratto all'estero da cittadini italiani dello stesso sesso. – 1. Il matrimonio contratto all'estero da cittadini italiani con persona dello stesso sesso produce gli effetti dell'unione civile regolata dalla legge italiana.

(1) Questo articolo è stato inserito dall'art. 1, comma 1, lett. a), del D.L.vo 19 gennaio 2017, n. 7.

32 *ter*. (1) Unione civile tra persone maggiorenni dello stesso sesso. – 1. La capacità e le altre condizioni per costituire unione civile sono regolate dalla legge nazionale di ciascuna parte al momento della costituzione dell'unione civile. Se la legge applicabile non ammette l'unione civile tra persone maggiorenni dello stesso sesso si applica la legge italiana. Le disposizioni di cui all'articolo 1, comma 4, della legge 20 maggio 2016, n. 76, sono di applicazione necessaria.

2. Ai fini del nulla osta di cui all'articolo 116, primo comma, del codice civile, non rilevano gli impedimenti relativi al sesso delle parti. Qualora la produzione del nulla osta sia preclusa in ragione del mancato riconoscimento, secondo la legge dello Stato di cui lo straniero è cittadino, dell'unione civile tra persone dello stesso sesso o di analogo istituto, il nulla osta è sostituito da un certificato o altro atto comunque idoneo ad attestare la

libertà di stato, ovvero da dichiarazione sostitutiva ai sensi del decreto del Presidente della Repubblica 28 dicembre 2000, n. 445. Resta salva la libertà di stato accertata o acquisita per effetto di un giudicato italiano o riconosciuto in Italia.

3. L'unione civile è valida, quanto alla forma, se è considerata tale dalla legge del luogo di costituzione o dalla legge nazionale di almeno una delle parti o dalla legge dello Stato di comune residenza al momento della costituzione.

4. I rapporti personali e patrimoniali tra le parti sono regolati dalla legge dello Stato davanti alle cui autorità l'unione è stata costituita. A richiesta di una delle parti il giudice può disporre l'applicazione della legge dello Stato nel quale la vita comune è prevalentemente localizzata. Le parti possono convenire per iscritto che i loro rapporti patrimoniali sono regolati dalla legge dello Stato di cui almeno una di esse è cittadina o nel quale almeno una di esse risiede.

5. Alle obbligazioni alimentari si applica l'articolo 45.

(1) *Questo articolo è stato inserito dall'art. 1, comma 1, lett.* a), *del D.L.vo 19 gennaio 2017, n. 7.*

32 *quater*. (1) **Scioglimento dell'unione civile.** – 1. In materia di scioglimento dell'unione civile la giurisdizione italiana sussiste, oltre che nei casi previsti dagli articoli 3 e 9, anche quando una delle parti è cittadina italiana o l'unione è stata costituita in Italia. I medesimi titoli di giurisdizione si applicano anche in materia di nullità o di annullamento dell'unione civile.

2. Lo scioglimento dell'unione civile è regolato dalla legge applicabile al divorzio in conformità al regolamento n. 1259/2010/UE del Consiglio del 20 dicembre 2010 relativo ad una cooperazione rafforzata nel settore della legge applicabile al divorzio e alla separazione personale.

(1) *Questo articolo è stato inserito dall'art. 1, comma 1, lett.* a), *del D.L.vo 19 gennaio 2017, n. 7.*

32 *quinquies*. (1) **Unione civile costituita all'estero tra cittadini italiani dello stesso sesso.** – 1. L'unione civile, o altro istituto analogo, costituiti all'estero tra cittadini italiani dello stesso sesso abitualmente residenti in Italia produce gli effetti dell'unione civile regolata dalla legge italiana.

(1) *Questo articolo è stato inserito dall'art. 1, comma 1, lett.* a), *del D.L.vo 19 gennaio 2017, n. 7.*

33. (1) **Filiazione.** – 1. Lo stato di figlio è determinato dalla legge nazionale del figlio o, se più favorevole, dalla legge dello Stato di cui uno dei genitori è cittadino, al momento della nascita.

2. La legge individuata ai sensi del comma 1 regola i presupposti e gli effetti dell'accertamento e della contestazione dello stato di figlio; qualora la legge così individuata non permetta l'accertamento o la contestazione dello stato di figlio si applica la legge italiana.

3. Lo stato di figlio, acquisito in base alla legge nazionale di uno dei genitori, non può essere contestato che alla stregua di tale legge; se tale legge non consente la contestazione si applica la legge italiana.

4. Sono di applicazione necessaria le norme del diritto italiano che sanciscono l'unicità dello stato di figlio.

(1) *Questo articolo è stato così sostituito dall'art. 101, comma 1, lett.* a), *del D.L.vo 28 dicembre 2013, n. 154, a decorrere dal trentesimo giorno successivo a quello della sua pubblicazione nella* Gazzetta Ufficiale *(G.U. n. 5 dell'8 gennaio 2014).*

34. (1) [**Legittimazione.** – 1. La legittimazione per susseguente matrimonio è regolata dalla legge nazionale del figlio nel momento in cui essa avviene o dalla legge nazionale di uno dei genitori nel medesimo momento.

2. Negli altri casi, la legittimazione è regolata dalla legge dello Stato di cui è cittadino, al momento della domanda, il genitore nei cui confronti il figlio viene legittimato. Per la legittimazione destinata ad avere effetto dopo la morte del genitore legittimante, si tiene conto della sua cittadinanza al momento della morte].

(1) *Questo articolo è stato abrogato dall'art. 106, comma 1, lett.* c), *del D.L.vo 28 dicembre 2013, n. 154, a decorrere dal trentesimo giorno successivo a quello della sua pubblicazione nella* Gazzetta Ufficiale *(G.U. n. 5 dell'8 gennaio 2014).*

35. Riconoscimento di figlio [naturale](1). – 1. Le condizioni per il riconoscimento del figlio sono regolate dalla legge nazionale del figlio al momento della nascita, o se più favorevole, dalla legge nazionale del soggetto che fa il riconoscimento, nel momento in cui questo avviene; se tali leggi non prevedono il riconoscimento si applica la legge italiana (2).

2. La capacità del genitore di fare il riconoscimento è regolata dalla sua legge nazionale.

3. La forma del riconoscimento è regolata dalla legge dello Stato in cui esso è fatto o da quella che ne disciplina la sostanza.

(1) *La parola tra parentesi quadrate è stata soppressa dall'art. 101, comma 1, lett.* b), *del D.L.vo 28 dicembre 2013, n. 154, a decorrere dal trentesimo giorno successivo a quello della sua pubblicazione nella* Gazzetta Ufficiale *(G.U. n. 5 dell'8 gennaio 2014).*

(2) *Questo comma è stato così sostituito dall'art. 101, comma 1, lett.* b), *del D.L.vo 28 dicembre 2013, n. 154, a decorrere dal trentesimo giorno successivo a quello della sua pubblicazione nella* Gazzetta Ufficiale *(G.U. n. 5 dell'8 gennaio 2014).*

36. Rapporti tra genitori e figli. – 1. I rapporti personali e patrimoniali tra genitori e figli, compresa la responsabilità genitoriale ([1]), sono regolati dalla legge nazionale del figlio.

([1]) *Le parole: «potestà dei genitori» sono state così sostituite dalle seguenti: «responsabilità genitoriale» dall'art. 101, comma 1, lett.* c)*, del D.L.vo 28 dicembre 2013, n. 154, a decorrere dal trentesimo giorno successivo a quello della sua pubblicazione nella* Gazzetta Ufficiale (G.U. *n. 5 dell'8 gennaio 2014*).

36 *bis*. ([1]) 1. Nonostante il richiamo ad altra legge, si applicano in ogni caso le norme del diritto italiano che:

a) attribuiscono ad entrambi i genitori la responsabilità genitoriale;

b) stabiliscono il dovere di entrambi i genitori di provvedere al mantenimento del figlio;

c) attribuiscono al giudice il potere di adottare provvedimenti limitativi o ablativi della responsabilità genitoriale in presenza di condotte pregiudizievoli per il figlio.

([1]) *Questo articolo è stato inserito dall'art. 101, comma 1, lett.* d)*, del D.L.vo 28 dicembre 2013, n. 154, a decorrere dal trentesimo giorno successivo a quello della sua pubblicazione nella* Gazzetta Ufficiale (G.U. *n. 5 dell'8 gennaio 2014*).

37. Giurisdizione in materia di filiazione. – 1. In materia di filiazione e di rapporti personali fra genitori e figli la giurisdizione italiana sussiste, oltre che nei casi previsti rispettivamente dagli artt. 3 e 9, anche quando uno dei genitori o il figlio è cittadino italiano o risiede in Italia.

Capo V
Adozione

38. Adozione. – 1. I presupposti, la costituzione e la revoca dell'adozione sono regolati dal diritto nazionale dell'adottante o degli adottanti se comune o, in mancanza, dal diritto dello Stato nel quale gli adottanti sono entrambi residenti, ovvero da quello dello Stato nel quale la loro vita matrimoniale è prevalentemente localizzata, al momento dell'adozione. Tuttavia si applica il diritto italiano quando è richiesta al giudice italiano l'adozione di un minore, idonea ad attribuirgli lo stato di figlio [legittimo] ([1]).

2. È in ogni caso salva l'applicazione della legge nazionale dell'adottando maggiorenne per la disciplina dei consensi che essa eventualmente richieda.

([1]) *La parola tra parentesi quadrate è stata soppressa dall'art. 101, comma 1, lett.* e)*, del D.L.vo 28 dicembre 2013, n. 154, a decorrere dal trentesimo giorno successivo a quello della sua pubblicazione nella* Gazzetta Ufficiale (G.U. *n. 5 dell'8 gennaio 2014*).

39. Rapporti fra adottato e famiglia adottiva. – 1. I rapporti personali e patrimoniali fra l'adottato e l'adottante o gli adottanti e i parenti di questi sono regolati dal diritto nazionale dell'adottante o degli adottanti se comune o, in mancanza, dal diritto dello Stato nel quale gli adottanti sono entrambi residenti ovvero da quello dello Stato nel quale la loro vita matrimoniale è prevalentemente localizzata.

40. Giurisdizione in materia di adozione. – 1. I giudici italiani hanno giurisdizione in materia di adozione allorché:

a) gli adottanti o uno di essi o l'adottando sono cittadini italiani ovvero stranieri residenti in Italia;

b) l'adottando è un minore in stato di abbandono in Italia.

2. In materia di rapporti personali o patrimoniali fra l'adottato e l'adottante o gli adottanti ed i parenti di questi i giudici italiani hanno giurisdizione, oltre che nelle ipotesi previste dall'art. 3, ogni qualvolta l'adozione si è costituita in base al diritto italiano.

41. Riconoscimento dei provvedimenti stranieri in materia di adozione. – 1. I provvedimenti stranieri in materia di adozione sono riconoscibili in Italia ai sensi degli artt. 64, 65 e 66.

2. Restano ferme le disposizioni delle leggi speciali in materia di adozione dei minori.

Capo VI
Protezione degli incapaci e obblighi alimentari

42. Giurisdizione e legge applicabile in materia di protezione dei minori. – 1. La protezione dei minori è in ogni caso regolata dalla Convenzione dell'Aja del 5 ottobre 1961, sulla competenza delle autorità e sulla legge applicabile in materia di protezione dei minori, resa esecutiva con la legge 24 ottobre 1980, n. 742.

2. Le disposizioni della Convenzione si applicano anche alle persone considerate minori soltanto dalla loro legge nazionale, nonché alle persone la cui residenza abituale non si trova in uno degli Stati contraenti.

43. Protezione dei maggiori d'età. – 1. I presupposti e gli effetti delle misure di protezione degli incapaci maggiori di età, nonché i rapporti fra l'incapace e chi ne ha la cura, sono regolati dalla legge nazionale dell'incapace. Tuttavia, per proteggere in via provvisoria e urgente la persona o i beni dell'incapace, il giudice italiano può adottare le misure previste dalla legge italiana.

44. Giurisdizione in materia di protezione dei maggiori d'età. – 1. La giurisdizione italiana in materia di misure di protezione degli incapaci maggiori di età sussiste, oltre che nei casi previsti dagli artt. 3 e 9, anche quando esse si rendono necessarie per proteggere, in via provvisoria e urgente, la persona o i beni dell'incapace che si trovino in Italia.

2. Quando in base all'art. 66 nell'ordinamento italiano si producono gli effetti di un provvedimento straniero in materia di capacità di uno straniero, la giurisdizione italiana sussiste per pronunciare i provvedimenti modificativi o integrativi eventualmente necessari.

45. (1) **Obbligazioni alimentari nella famiglia.** – 1. Le obbligazioni alimentari nella famiglia sono regolate dalla legge designata dal regolamento 2009/4/CE del Consiglio del 18 dicembre 2008 relativo alla competenza, alla legge applicabile, al riconoscimento e all'esecuzione delle decisioni e alla cooperazione in materia di obbligazioni alimentari, e successive modificazioni.

(1) *Questo articolo è stato così sostituito dall'art. 1, comma 1, lett.* b), *del D.L.vo 19 gennaio 2017, n. 7.*

Capo VII
Successioni

46. Successione per causa di morte. – 1. La successione per causa di morte è regolata dalla legge nazionale del soggetto della cui eredità si tratta, al momento della morte.

2. Il soggetto della cui eredità si tratta può sottoporre, con dichiarazione espressa in forma testamentaria, l'intera successione alla legge dello Stato in cui risiede. La scelta non ha effetto se al momento della morte il dichiarante non risiedeva più in tale Stato. Nell'ipotesi di successione di un cittadino italiano, la scelta non pregiudica i diritti che la legge italiana attribuisce ai legittimari residenti in Italia al momento della morte della persona della cui successione si tratta.

3. La divisione ereditaria è regolata dalla legge applicabile alla successione, salvo che i condividenti, d'accordo fra loro, abbiano designato la legge del luogo d'apertura della successione o del luogo ove si trovano uno o più beni ereditari.

47. Capacità di testare. – 1. La capacità di disporre per testamento, di modificarlo o di revocarlo è regolata dalla legge nazionale del disponente al momento del testamento, della modifica o della revoca.

48. Forma del testamento. – 1. Il testamento è valido, quanto alla forma, se è considerato tale dalla legge dello Stato nel quale il testatore ha disposto, ovvero dalla legge dello Stato di cui il testatore, al momento del testamento o della morte, era cittadino o dalla legge dello Stato in cui aveva il domicilio o la residenza.

49. Successione dello Stato. – 1. Quando la legge applicabile alla successione, in mancanza di successibili, non attribuisce la successione allo Stato, i beni ereditari esistenti in Italia sono devoluti allo Stato italiano.

50. Giurisdizione in materia successoria. – 1. In materia successoria la giurisdizione italiana sussiste:

a) se il defunto era cittadino italiano al momento della morte;

b) se la successione si è aperta in Italia;

c) se la parte dei beni ereditari di maggiore consistenza economica è situata in Italia;

d) se il convenuto è domiciliato o residente in Italia o ha accettato la giurisdizione italiana, salvo che la domanda sia relativa a beni immobili situati all'estero;

e) se la domanda concerne beni situati in Italia.

Capo VIII
Diritti reali

51. Possesso e diritti reali. – 1. Il possesso, la proprietà e gli altri diritti reali sui beni mobili ed immobili sono regolati dalla legge dello Stato in cui i beni si trovano.

2. La stessa legge ne regola l'acquisto e la perdita, salvo che in materia successoria e nei casi in cui l'attribuzione di un diritto reale dipenda da un rapporto di famiglia o da un contratto.

52. Diritti reali su beni in transito. – 1. I diritti reali su beni in transito sono regolati dalla legge del luogo di destinazione.

53. Usucapione di beni mobili. – 1. L'usucapione di beni mobili è regolata dalla legge dello Stato in cui il bene si trova al compimento del termine prescritto.

54. Diritti su beni immateriali. – 1. I diritti su beni immateriali sono regolati dalla legge dello Stato di utilizzazione.

55. Pubblicità degli atti relativi ai diritti reali. – 1. La pubblicità degli atti di costituzione, trasferimento ed estinzione dei diritti reali è regolata dalla legge dello Stato in cui il bene si trova al momento dell'atto.

Capo IX
Donazioni

56. Donazioni. – 1. Le donazioni sono regolate dalla legge nazionale del donante al momento della donazione.

2. Il donante può, con dichiarazione espressa contestuale alla donazione, sottoporre la donazione stessa alla legge dello Stato in cui egli risiede.

3. La donazione è valida, quanto alla forma, se è considerata tale dalla legge che ne regola la sostanza oppure dalla legge dello Stato nel quale l'atto è compiuto.

Capo X
Obbligazioni contrattuali

57. Obbligazioni contrattuali. – 1. Le obbligazioni contrattuali sono in ogni caso regolate dalla Convenzione di Roma del 19 giugno 1980 sulla legge applicabile alle obbligazioni contrattuali, resa esecutiva con la legge 18 dicembre 1984, n. 975, senza pregiudizio delle altre convenzioni internazionali, in quanto applicabili.

Capo XI
Obbligazioni non contrattuali

58. Promessa unilaterale. – 1. La promessa unilaterale è regolata dalla legge dello Stato in cui viene manifestata.

59. Titoli di credito. – 1. La cambiale, il vaglia cambiario e l'assegno sono in ogni caso regolati dalle disposizioni contenute nelle Convenzioni di Ginevra del 7 giugno 1930, sui conflitti di legge in materia di cambiale e di vaglia cambiario, di cui al regio decreto legge 25 agosto 1932, n. 1130, convertito dalla legge 22 dicembre 1932, n. 1946, e del 19 marzo 1931, sui conflitti di legge in materia di assegni bancari, di cui al regio decreto legge 24 agosto 1933, n. 1077, convertito dalla legge 4 gennaio 1934, n. 61.

2. Tali disposizioni si applicano anche alle obbligazioni assunte fuori dai territori degli Stati contraenti o allorché esse designino la legge di uno Stato non contraente.

3. Gli altri titoli di credito sono regolati dalla legge dello Stato in cui il titolo è stato emesso. Tuttavia le obbligazioni diverse da quella principale sono regolate dalla legge dello Stato in cui ciascuna è stata assunta.

60. Rappresentanza volontaria. – 1. La rappresentanza volontaria è regolata dalla legge dello Stato in cui il rappresentante ha la propria sede d'affari sempre che egli agisca a titolo professionale e che tale sede sia conosciuta o conoscibile dal terzo. In assenza di tali condizioni si applica la legge dello Stato in cui il rappresentante esercita in via principale i suoi poteri nel caso concreto.

2. L'atto di conferimento dei poteri di rappresentanza è valido, quanto alla forma, se considerato tale dalla legge che ne regola la sostanza oppure dalla legge dello Stato in cui è posto in essere.

61. Obbligazioni nascenti dalla legge. – 1. La gestione di affari altrui, l'arricchimento senza causa, il pagamento dell'indebito e le altre obbligazioni legali, non diversamente regolate dalla presente legge, sono sottoposti alla legge dello Stato in cui si è verificato il fatto da cui deriva l'obbligazione.

62. Responsabilità per fatto illecito. – 1. La responsabilità per fatto illecito è regolata dalla legge dello Stato in cui si è verificato l'evento. Tuttavia il danneggiato può chiedere l'applicazione della legge dello Stato in cui si è verificato il fatto che ha causato il danno.

2. Qualora il fatto illecito coinvolga soltanto cittadini di un medesimo Stato in esso residenti, si applica la legge di tale Stato.

63. Responsabilità extracontrattuale per danno da prodotto. – 1. La responsabilità per danno da prodotto è regolata, a scelta del danneggiato, dalla legge dello Stato in cui si trova il domicilio o l'amministrazione del produttore, oppure da quella dello Stato in cui il prodotto è stato acquistato, a meno che il produttore provi che il prodotto vi è stato immesso in commercio senza il suo consenso.

Titolo IV
Efficacia di sentenze ed atti stranieri (1)

(1) A norma dell'art. 74 di questa legge, come da ultimo modificato dall'art. 10 del D.L. 23 ottobre 1996, n. 542, convertito, con modificazioni, nella L. 23 dicembre 1996, n. 649, gli articoli dal 64 al 71 entrano in vigore il 31 dicembre 1996.

64. Riconoscimento di sentenze straniere. – 1. La sentenza straniera è riconosciuta in Italia senza che sia necessario il ricorso ad alcun procedimento quando:

a) il giudice che l'ha pronunciata poteva conoscere della causa secondo i principi sulla competenza giurisdizionale propri dell'ordinamento italiano;

b) l'atto introduttivo del giudizio è stato portato a conoscenza del convenuto in conformità a quanto previsto dalla legge del luogo dove si è svolto il processo e non sono stati violati i diritti essenziali della difesa;

c) le parti si sono costituite in giudizio secondo la legge del luogo dove si è svolto il processo o la contumacia è stata dichiarata in conformità a tale legge;

d) essa è passata in giudicato secondo la legge del luogo in cui è stata pronunziata;

e) essa non è contraria ad altra sentenza pronunziata da un giudice italiano passata in giudicato;

f) non pende un processo davanti a un giudice italiano per il medesimo oggetto e fra le stesse parti, che abbia avuto inizio prima del processo straniero;

g) le sue disposizioni non producono effetti contrari all'ordine pubblico.

65. Riconoscimento di provvedimenti stranieri. – 1. Hanno effetto in Italia i provvedimenti stranieri relativi alla capacità delle persone nonché all'esistenza di rapporti di famiglia o di diritti della personalità quando essi sono stati pronunciati dalle autorità dello Stato la cui legge è richiamata dalle norme della presente legge o producono effetti nell'ordinamento di quello Stato, anche se pronunciati da autorità di altro Stato, purché non siano contrari all'ordine pubblico e siano stati rispettati i diritti essenziali della difesa.

66. Riconoscimento di provvedimenti stranieri di giurisdizione volontaria. – 1. I provvedimenti stranieri di volontaria giurisdizione sono riconosciuti senza che sia necessario il ricorso ad alcun procedimento, sempre che siano rispettate le condizioni di cui all'art. 65, in quanto applicabili, quando sono pronunciati dalle autorità dello Stato la cui legge è richiamata dalle disposizioni della presente legge, o producono effetti nell'ordinamento di quello Stato ancorché emanati da autorità di altro Stato, ovvero sono pronunciati da un'autorità che sia competente in base a criteri corrispondenti a quelli propri dell'ordinamento italiano.

67. Attuazione di sentenze e provvedimenti stranieri di giurisdizione volontaria e contestazione del riconoscimento. – 1. In caso di mancata ottemperanza o di contestazione del riconoscimento della sentenza straniera o del provvedimento straniero di volontaria giurisdizione, ovvero quando sia necessario procedere ad esecuzione forzata, chiunque vi abbia interesse può chiedere all'autorità giudiziaria ordinaria (1) l'accertamento dei requisiti del riconoscimento.

1 *bis*. Le controversie di cui al comma 1 sono disciplinate dall'articolo 30 del decreto legislativo 1° settembre 2011, n. 150 (2).

2. La sentenza straniera o il provvedimento straniero di volontaria giurisdizione, unitamente al provvedimento che accoglie la domanda di cui al comma 1, costituiscono titolo per l'attuazione e per l'esecuzione forzata.

3. Se la contestazione ha luogo nel corso di un processo, il giudice adito pronuncia con efficacia limitata al giudizio.

(1) *Le parole: «alla Corte d'appello del luogo di attuazione» sono state così sostituite dalle attuali: «all'autorità giudiziaria ordinaria» dall'art. 34, comma 38, lett.* a), *del D.L.vo 1 settembre 2011, n. 150. A norma dell'art. 36 del medesimo provvedimento tali disposizioni si applicano ai procedimenti instaurati successivamente alla data di entrata in vigore dello stesso. Le norme abrogate o modificate dal medesimo decreto continuano ad applicarsi alle controversie pendenti alla data di entrata in vigore dello stesso* (G.U. *Serie gen. - n. 220 del 21 settembre 2011*).

(2) *Questo comma è stato inserito dall'art. 34, comma 38, lett.* b), *del D.L.vo 1 settembre 2011, n. 150. A norma dell'art. 36 del medesimo provvedimento tali disposizioni si applicano ai procedimenti instaurati successivamente alla data di entrata in vigore dello stesso. Le norme abrogate o modificate dal medesimo decreto continuano ad applicarsi alle controversie pendenti alla data di entrata in vigore dello stesso* (G.U. *Serie gen. - n. 220 del 21 settembre 2011*).

68. Attuazione ed esecuzione di atti pubblici ricevuti all'estero. – 1. Le norme di cui all'art. 67 si applicano anche rispetto all'attuazione e all'esecuzione forzata in Italia di atti pubblici ricevuti in uno Stato estero e ivi muniti di forza esecutiva.

69. Assunzione di mezzi di prova disposti da giudici stranieri. – 1. Le sentenze e i provvedimenti di giudici stranieri riguardanti esami di testimoni, accertamenti tecnici, giuramenti, interrogatori o altri mezzi di prova da assumersi nella Repubblica sono resi esecutivi con decreto della corte d'appello del luogo in cui si deve procedere a tali atti.

2. Se l'assunzione dei mezzi di prova è chiesta dalla parte interessata, l'istanza è proposta alla corte mediante ricorso, al quale deve essere unita copia autentica della sentenza o del provvedimento che ha ordinato gli atti chiesti. Se l'assunzione è domandata dallo stesso giudice, la richiesta deve essere trasmessa in via diplomatica.

3. La corte delibera in camera di consiglio e, qualora autorizzi l'assunzione, rimette gli atti al giudice competente.

4. Può disporsi l'assunzione di mezzi di prova o l'espletamento di altri atti istruttori non previsti dall'ordinamento italiano sempreché essi non contrastino con i principi dell'ordinamento stesso.

5. L'assunzione o l'espletamento richiesti sono disciplinati dalla legge italiana. Tuttavia si osservano le forme espressamente richieste dall'autorità giudiziaria straniera in quanto compatibili con i principi dell'ordinamento italiano.

70. Esecuzione richiesta in via diplomatica. – 1. Se la richiesta per l'assunzione di mezzi di prova di atti di istruzione è fatta in via diplomatica e la parte interessata non ha costituito un procuratore che ne promuova l'assunzione, i provvedimenti necessari per questa sono pronunciati d'ufficio dal giudice procedente e le notificazioni sono fatte a cura del cancelliere.

71. Notificazione di atti di autorità straniere. – 1. La notificazione di citazioni a comparire davanti ad autorità straniere o di altri atti provenienti da uno Stato estero è autorizzata dal pubblico ministero presso il tribunale nella cui giurisdizione la notificazione si deve eseguire.

2. La notificazione richiesta in via diplomatica è eseguita, a cura del pubblico ministero, da un ufficiale giudiziario da lui richiesto.

3. La notificazione avviene secondo le modalità previste dalla legge italiana. Tuttavia si osservano le modalità richieste dall'autorità straniera in quanto compatibili con i principi dell'ordinamento italiano. In ogni caso l'atto può essere consegnato, da chi procede alla notificazione, al destinatario che lo accetti volontariamente.

Titolo V
Disposizioni transitorie e finali

72. Disposizioni transitorie. – 1. La presente legge si applica in tutti i giudizi iniziati dopo la data della sua entrata in vigore, fatta salva l'applicabilità alle situazioni esaurite prima di tale data delle previgenti norme di diritto internazionale privato.

2. I giudizi pendenti sono decisi dal giudice italiano se i fatti e le norme che determinano la giurisdizione sopravvengono nel corso del processo.

73. ([1]) **Abrogazioni.** – 1. Sono abrogati gli articoli dal 17 al 31 delle disposizioni sulla legge in generale premesse al codice civile, nonché gli artt. 2505 e 2509 del codice civile e gli artt. 2, 3, 4 e 37, secondo comma, del codice di procedura civile, gli articoli dal 796 all'805 del codice di procedura civile sono abrogati a far data dal 31 dicembre 1996.

([1]) *Questo articolo, sostituito dall'art. 8 del D.L. 28 agosto 1995, n. 361, convertito, con modificazioni, nella L. 27 ottobre 1995, n. 437, è stato da ultimo così sostituito dall'art. 10 del D.L. 23 ottobre 1996, n. 542, convertito, con modificazioni, nella L. 23 dicembre 1996, n. 649.*

74. ([1]) **Entrata in vigore.** – 1. La presente legge entra in vigore il 1° settembre 1995; gli articoli dal 64 al 71 entrano in vigore il 31 dicembre 1996.

([1]) *Questo articolo, sostituito dall'art. 8 del D.L. 28 agosto 1995, n. 361, convertito, con modificazioni, nella L. 27 ottobre 1995, n. 437, è stato da ultimo così sostituito dall'art. 10 del D.L. 23 ottobre 1996, n. 542, convertito, con modificazioni, nella L. 23 dicembre 1996, n. 649.*

1.

R.D. 16 marzo 1942, n. 267. Disciplina del fallimento, del concordato preventivo, [dell'amministrazione controllata] e della liquidazione coatta amministrativa (*Gazzetta Ufficiale* n. 81 del 6 aprile 1942) (1).

(1) *A norma dell'art. 147, comma 2, del D.L.vo 9 gennaio 2006, n. 5, a decorrere dal 16 luglio 2006 sono soppressi tutti i riferimenti all'amministrazione controllata contenuti in questo provvedimento. Per la disciplina transitoria, si veda l'art. 150 del D.L.vo 9 gennaio 2006, n. 5, di cui si riporta il testo*:

«150. (Disciplina transitoria). *1. I ricorsi per dichiarazione di fallimento e le domande di concordato fallimentare depositate prima dell'entrata in vigore del presente decreto, nonché le procedure di fallimento e di concordato fallimentare pendenti alla stessa data, sono definiti secondo la legge anteriore».*

Si veda inoltre l'art. 22 del D.L.vo 12 settembre 2007, n. 169, di cui si riporta il testo:

«1. Il presente decreto entra in vigore il 1° gennaio 2008.

«2. Le disposizioni del presente decreto si applicano ai procedimenti per dichiarazione di fallimento pendenti alla data della sua entrata in vigore, nonché alle procedure concorsuali e di concordato fallimentare aperte successivamente alla sua entrata in vigore.

«3. Gli articoli 7, comma 6, 18, comma 5, e 20 si applicano anche alle procedure concorsuali pendenti.

«4. L'articolo 19 si applica alle procedure di fallimento pendenti alla data di entrata in vigore del decreto legislativo 9 gennaio 2006, n. 5, pendenti o chiuse alla data di entrata in vigore del presente decreto».

Titolo I
Disposizioni generali

1. (1) **Imprese soggette al fallimento e al concordato preventivo.** – Sono soggetti alle disposizioni sul fallimento e sul concordato preventivo gli imprenditori che esercitano una attività commerciale, esclusi gli enti pubblici.

Non sono soggetti alle disposizioni sul fallimento e sul concordato preventivo gli imprenditori di cui al primo comma, i quali dimostrino il possesso congiunto dei seguenti requisiti:

a) aver avuto, nei tre esercizi antecedenti la data di deposito della istanza di fallimento o dall'inizio dell'attività se di durata inferiore, un attivo patrimoniale di ammontare complessivo annuo non superiore ad euro trecentomila;

b) aver realizzato, in qualunque modo risulti, nei tre esercizi antecedenti la data di deposito dell'istanza di fallimento o dall'inizio dell'attività se di durata inferiore, ricavi lordi per un ammontare complessivo annuo non superiore ad euro duecentomila;

c) avere un ammontare di debiti anche non scaduti non superiore ad euro cinquecentomila.

I limiti di cui alle lettere *a*), *b*) e *c*) del secondo comma possono essere aggiornati ogni tre anni con decreto del Ministro della Giustizia, sulla base della media delle variazioni degli indici ISTAT dei prezzi al consumo per le famiglie di operai ed impiegati intervenute nel periodo di riferimento.

(1) *Questo articolo, già sostituito dall'art. 1 del D.L.vo 9 gennaio 2006, n. 5, è stato ora così sostituito dall'art. 1, comma 1, del D.L.vo 12 settembre 2007, n. 169, a decorrere dal 1° gennaio 2008.*

2. Liquidazione coatta amministrativa e fallimento. – La legge determina le imprese soggette a liquidazione coatta amministrativa, i casi per i quali la liquidazione coatta amministrativa può essere disposta e l'autorità competente a disporla.

Le imprese soggette a liquidazione coatta amministrativa non sono soggette al fallimento, salvo che la legge diversamente disponga.

Nel caso in cui la legge ammette la procedura di liquidazione coatta amministrativa e quella di fallimento si osservano le disposizioni dell'art. 196.

3. Liquidazione coatta amministrativa, concordato preventivo [e amministrazione controllata](1). – Se la legge non dispone diversamente le imprese soggette a liquidazione coatta amministrativa possono essere ammesse alla procedura di concordato preventivo [e di amministrazione controllata] (1), osservate per le imprese escluse dal fallimento le norme del settimo comma dell'art. 195.

[Le imprese esercenti il credito non sono soggette all'amministrazione controllata prevista da questa legge] (2).

(1) *A norma dell'art. 147, comma 2, del D.L.vo 9 gennaio 2006, n. 5, sono soppressi tutti i riferimenti all'amministrazione controllata contenuti in questo provvedimento.*

(2) *Questo comma è stato abrogato dall'art. 2 del D.L.vo 9 gennaio 2006, n. 5, a decorrere dal 16 luglio 2006.*

4. (1) [**Rinvio a leggi speciali.** – L'agente di cambio è soggetto al fallimento nei casi stabiliti dalle leggi speciali.

Sono salve le disposizioni delle leggi speciali circa la dichiarazione di fallimento del contribuente per debito d'imposta].

(1) *Questo articolo è stato abrogato dall'art. 3 del D.L.vo 9 gennaio 2006, n. 5, a decorrere dal 16 luglio 2006.*

Titolo II
Del fallimento

Capo I
Della dichiarazione di fallimento

5. Stato d'insolvenza. – L'imprenditore che si trova in stato d'insolvenza è dichiarato fallito.

Lo stato d'insolvenza si manifesta con inadempimenti od altri fatti esteriori, i quali dimostrino che il debitore non è più in grado di soddisfare regolarmente le proprie obbligazioni.

6. (1) **Iniziativa per la dichiarazione di fallimento.** – Il fallimento è dichiarato su ricorso del debitore, di uno o più creditori o su richiesta del pubblico ministero.

Nel ricorso di cui al primo comma l'istante può indicare il recapito telefax o l'indirizzo di posta elettronica presso cui dichiara di voler ricevere le comunicazioni e gli avvisi previsti dalla presente legge.

(1) *Questo articolo è stato così sostituito dall'art. 4 del D.L.vo 9 gennaio 2006, n. 5, a decorrere dal 16 luglio 2006.*

7. (1) **Iniziativa del pubblico ministero.** – Il pubblico ministero presenta la richiesta di cui al primo comma dell'articolo 6:

1) quando l'insolvenza risulta nel corso di un procedimento penale, ovvero dalla fuga, dalla irreperibilità o dalla latitanza dell'imprenditore, dalla chiusura dei locali dell'impresa, dal trafugamento, dalla sostituzione o dalla diminuzione fraudolenta dell'attivo da parte dell'imprenditore;

2) quando l'insolvenza risulta dalla segnalazione proveniente dal giudice che l'abbia rilevata nel corso di un procedimento civile.

(1) *Questo articolo è stato così sostituito dall'art. 5 del D.L.vo 9 gennaio 2006, n. 5, a decorrere dal 16 luglio 2006.*

8. (1) [**Stato d'insolvenza risultante in giudizio civile.** – Se nel corso di un giudizio civile risulta l'insolvenza di un imprenditore che sia parte nel giudizio il giudice ne riferisce al tribunale competente per la dichiarazione di fallimento].

(1) *Questo articolo è stato abrogato dall'art. 6 del D.L.vo 9 gennaio 2006, n. 5, a decorrere dal 16 luglio 2006.*

9. Competenza. – Il fallimento è dichiarato dal tribunale del luogo dove l'imprenditore ha la sede principale dell'impresa.

Il trasferimento della sede intervenuto nell'anno antecedente all'esercizio dell'iniziativa per la dichiarazione di fallimento non rileva ai fini della competenza (1).

L'imprenditore, che ha all'estero la sede principale dell'impresa, può essere dichiarato fallito nella Repubblica italiana anche se è stata pronunciata dichiarazione di fallimento all'estero (1).

Sono fatte salve le convenzioni internazionali e la normativa dell'Unione europea (1).

Il trasferimento della sede dell'impresa all'estero non esclude la sussistenza della giurisdizione italiana, se è avvenuto dopo il deposito del ricorso di cui all'articolo 6 o la presentazione della richiesta di cui all'articolo 7 (1).

(1) *Gli originari secondo e terzo comma sono stati così sostituiti dagli attuali secondo, terzo, quarto e quinto dall'art. 7 del D.L.vo 9 gennaio 2006, n. 5, a decorrere dal 16 luglio 2006.*

9 *bis*. (1) Disposizioni in materia di incompetenza. – Il provvedimento che dichiara l'incompetenza è trasmesso (2) in copia al tribunale dichiarato incompetente, il quale dispone con decreto l'immediata trasmissione degli atti a quello competente. Allo stesso modo provvede il tribunale che dichiara la propria incompetenza.

Il tribunale dichiarato competente, entro venti giorni dal ricevimento degli atti, se non richiede d'ufficio il regolamento di competenza ai sensi dell'articolo 45 del codice di procedura civile, dispone la prosecuzione della procedura fallimentare, provvedendo alla nomina del giudice delegato e del curatore.

Restano salvi gli effetti degli atti precedentemente compiuti.

Qualora l'incompetenza sia dichiarata all'esito del giudizio di cui all'articolo 18, l'appello, per le questioni diverse dalla competenza, è riassunto, a norma dell'articolo 50 del codice di procedura civile, dinanzi alla corte di appello competente.

Nei giudizi promossi ai sensi dell'articolo 24 dinanzi al tribunale dichiarato incompetente, il giudice assegna alle parti un termine per la riassunzione della causa davanti al giudice competente ai sensi dell'articolo 50 del codice di procedura civile e ordina la cancellazione della causa dal ruolo.

(1) *Questo articolo è stato inserito dall'art. 8 del D.L.vo 9 gennaio 2006, n. 5, a decorrere dal 16 luglio 2006.*

(2) *Le parole*: «*La sentenza che dichiara l'incompetenza è trasmessa*» *sono state così sostituite dalle attuali*: «*Il provvedimento che dichiara l'incompetenza è trasmesso*» *dall'art. 2, comma 1, del D.L.vo 12 settembre 2007, n. 169, a decorrere dal 1° gennaio 2008.*

9 *ter*. (1) **Conflitto positivo di competenza.** – Quando il fallimento è stato dichiarato da più tribunali, il procedimento prosegue avanti al tribunale competente che si è pronunciato per primo.

Il tribunale che si è pronunciato successivamente, se non richiede d'ufficio il regolamento di competenza ai sensi dell'articolo 45 del codice di procedura civile, dispone la trasmissione degli atti al tribunale che si è pronunziato per primo. Si applica l'articolo 9 *bis*, in quanto compatibile.

(1) *Questo articolo è stato inserito dall'art. 8 del D.L.vo 9 gennaio 2006, n. 5, a decorrere dal 16 luglio 2006.*

10. (1) **Fallimento dell'imprenditore che ha cessato l'esercizio dell'impresa.** – Gli imprenditori individuali e collettivi possono essere dichiarati falliti entro un anno dalla cancellazione dal registro delle imprese, se l'insolvenza si è manifestata anteriormente alla medesima o entro l'anno successivo.

In caso di impresa individuale o di cancellazione di ufficio degli imprenditori collettivi, è fatta salva la facoltà per il creditore o per il pubblico ministero (2) di dimostrare il momento dell'effettiva cessazione dell'attività da cui decorre il termine del primo comma.

(1) *Questo articolo è stato così sostituito dall'art. 9 del D.L.vo 9 gennaio 2006, n. 5, a decorrere dal 16 luglio 2006.*

(2) *Le parole: «per il creditore o per il pubblico ministero» sono state aggiunte dall'art. 2, comma 2, del D.L.vo 12 settembre 2007, n. 169, a decorrere dal 1° gennaio 2008.*

11. Fallimento dell'imprenditore defunto. – L'imprenditore defunto può essere dichiarato fallito quando ricorrono le condizioni stabilite nell'articolo precedente.

L'erede può chiedere il fallimento del defunto, purché l'eredità non sia già confusa con il suo patrimonio; l'erede che chiede il fallimento del defunto non è soggetto agli obblighi di deposito di cui agli articoli 14 e 16, secondo comma, numero 3) (1).

Con la dichiarazione di fallimento cessano di diritto gli effetti della separazione dei beni ottenuta dai creditori del defunto a norma del codice civile.

(1) *Questo comma è stato così sostituito dall'art. 1 del D.L.vo 9 gennaio 2006, n. 5, a decorrere dal 16 luglio 2006.*

12. Morte del fallito. – Se l'imprenditore muore dopo la dichiarazione di fallimento, la procedura prosegue nei confronti degli eredi, anche se hanno accettato con beneficio d'inventario.

Se ci sono più eredi, la procedura prosegue in confronto di quello che è designato come rappresentante. In mancanza di accordo nella designazione del rappresentante entro quindici giorni dalla morte del fallito, la designazione è fatta dal giudice delegato.

Nel caso previsto dall'art. 528 del codice civile, la procedura prosegue in confronto del curatore dell'eredità giacente e nel caso previsto dall'art. 641 del codice civile nei confronti dell'amministratore nominato a norma dell'art. 642 dello stesso codice.

13. (1) [**Obbligo di trasmissione dell'elenco dei protesti.** – I pubblici ufficiali abilitati a levare protesti cambiari devono trasmettere ogni quindici giorni al presidente del tribunale, nella cui giurisdizione esercitano le loro funzioni, un elenco dei protesti per mancato pagamento levati nei quindici giorni precedenti. L'elenco deve indicare la data di ciascun protesto, il cognome, il nome e il domicilio della persona alla quale fu fatto e del richiedente, la scadenza del titolo protestato, la somma dovuta ed i motivi del rifiuto di pagamento.

Eguale obbligo hanno i procuratori del registro per i rifiuti di pagamento fatti in conformità della legge cambiaria].

(1) *Questo articolo è stato abrogato dall'art. 11 del D.L.vo 9 gennaio 2006, n. 5, a decorrere dal 16 luglio 2006.*

14. (1) **Obbligo dell'imprenditore che chiede il proprio fallimento.** – L'imprenditore che chiede il proprio fallimento deve depositare presso la cancelleria del tribunale le scritture contabili e fiscali obbligatorie concernenti i tre esercizi precedenti ovvero l'intera esistenza dell'impresa, se questa ha avuto una minore durata. Deve inoltre depositare uno stato particolareggiato ed estimativo delle sue attività, l'elenco nominativo dei creditori e l'indicazione dei rispettivi crediti, l'indicazione dei ricavi lordi per ciascuno degli ultimi tre esercizi (2), l'elenco nominativo di coloro che vantano diritti reali e personali su cose in suo possesso e l'indicazione delle cose stesse e del titolo da cui sorge il diritto.

(1) *Questo articolo è stato così sostituito dall'art. 12 del D.L.vo 9 gennaio 2006, n. 5, a decorrere dal 16 luglio 2006.*

(2) *Le parole: «tre anni» sono state così sostituite dalle attuali: «tre esercizi» dall'art. 2, comma 3, del D.L.vo 12 settembre 2007, n. 169, a decorrere dal 1° gennaio 2008.*

15. (1) **Procedimento per la dichiarazione di fallimento.** – Il procedimento per la dichiarazione di fallimento si svolge dinanzi al tribunale in composizione collegiale con le modalità dei procedimenti in camera di consiglio.

Il tribunale convoca, con decreto apposto in calce al ricorso, il debitore ed i creditori istanti per il fallimento; nel procedimento interviene il pubblico ministero che ha assunto l'iniziativa per la dichiarazione di fallimento.

Il decreto di convocazione è sottoscritto dal presidente del tribunale o dal giudice relatore se vi è delega alla trattazione del procedimento ai sensi del sesto comma. Il ricorso e il decreto devono essere notificati, a cura della cancelleria, all'indirizzo di posta elettronica certificata del debitore risultante dal registro delle imprese ovvero dall'Indice nazionale degli indirizzi di posta elettronica certificata delle imprese e dei professionisti. L'esito della comunicazione è trasmesso, con modalità automatica, all'indirizzo di posta elettronica certificata del ricorrente. Quando, per qualsiasi ragione, la notificazione non risulta possibile o non ha esito positivo, la notifica, a cura del ricorrente, del ricorso e del decreto si esegue esclusivamente di persona a norma dell'articolo 107, primo comma, del decreto del Presidente della Repubblica 15 dicembre 1959, n. 1229, presso la sede risultante dal registro delle imprese. Quando la notificazione non può essere compiuta con queste modalità, si esegue con il deposito dell'atto nella casa comunale della sede che risulta iscritta nel registro delle imprese e si perfeziona nel momento del deposito stesso. L'udienza è fissata non oltre quarantacinque giorni dal deposito del ricorso e tra la data della comunicazione o notificazione e quella dell'udienza deve intercorrere un termine non inferiore a quindici giorni (2).

Il decreto contiene l'indicazione che il procedimento è volto all'accertamento dei presupposti per la dichiarazione di fallimento e fissa un termine non inferiore a sette giorni prima dell'udienza per la presentazione di memorie e il deposito di documenti e relazioni tecniche. In ogni caso, il tribunale dispone che l'imprenditore depositi i bilanci relativi agli ultimi tre esercizi, nonché una situazione patrimoniale, economica e finanziaria aggiornata; può richiedere eventuali informazioni urgenti.

I termini di cui al terzo e quarto comma possono essere abbreviati dal presidente del tribunale, con decreto motivato, se ricorrono particolari ragioni di urgenza. In tali casi, il presidente del tribunale può disporre che il ricorso e il decreto di fissazione dell'udienza siano portati a conoscenza delle parti con ogni mezzo idoneo, omessa ogni formalità non indispensabile alla conoscibilità degli stessi.

Il tribunale può delegare al giudice relatore l'audizione delle parti. In tal caso, il giudice delegato provvede all'ammissione ed all'espletamento dei mezzi istruttori richiesti dalle parti o disposti d'ufficio.

Le parti possono nominare consulenti tecnici.

Il tribunale, ad istanza di parte, può emettere i provvedimenti cautelari o conservativi a tutela del patrimonio o dell'impresa oggetto del provvedimento, che hanno efficacia limitata alla durata del procedimento e vengono confermati o revocati dalla sentenza che dichiara il fallimento, ovvero revocati con il decreto che rigetta l'istanza.

Non si fa luogo alla dichiarazione di fallimento se l'ammontare dei debiti scaduti e non pagati risultanti dagli atti dell'istruttoria prefallimentare è complessivamente inferiore a euro trentamila. Tale importo è periodicamente aggiornato con le modalità di cui al terzo comma dell'articolo 1.

(1) *Questo articolo, già sostituito dall'art. 13 del D.L.vo 9 gennaio 2006, n. 5, è stato ora così sostituito dall'art. 2, comma 4, del D.L.vo 12 settembre 2007, n. 169, a decorrere dal 1° gennaio 2008.*

(2) *Questo comma è stato così sostituito dall'art. 17, comma 1, lett.* a), *del D.L. 18 ottobre 2012, n. 179, convertito, con modificazioni, nella L. 17 dicembre 2012, n. 221. A norma dell'art. 17, comma 3, del medesimo decreto tali disposizioni si applicano ai procedimenti introdotti dopo il 31 dicembre 2013.*

Si riporta il testo precedente: «Il decreto di convocazione è sottoscritto dal presidente del tribunale o dal giudice relatore se vi è delega alla trattazione del procedimento ai sensi del sesto comma. Tra la data della notificazione, a cura di parte, del decreto di convocazione e del ricorso e quella dell'udienza deve intercorrere un termine non inferiore a quindici giorni.».

16. (1) **Sentenza dichiarativa di fallimento.** – Il tribunale dichiara il fallimento con sentenza, con la quale:

1) nomina il giudice delegato per la procedura;

2) nomina il curatore;

3) ordina al fallito il deposito dei bilanci e delle scritture contabili e fiscali obbligatorie, nonché dell'elenco dei creditori, entro tre giorni, se non è stato ancora eseguito a norma dell'articolo 14;

4) stabilisce il luogo, il giorno e l'ora dell'adunanza in cui si procederà all'esame dello stato passivo, entro il termine perentorio di non oltre centoventi giorni dal deposito della sentenza, ovvero centottanta giorni in caso di particolare complessità della procedura;

5) assegna ai creditori e ai terzi, che vantano diritti reali o personali su cose in possesso del fallito, il termine perentorio di trenta giorni prima dell'adunanza di cui al numero 4 per la presentazione in cancelleria delle domande di insinuazione.

La sentenza produce i suoi effetti dalla data della pubblicazione ai sensi dell'articolo 133, primo comma, del codice di procedura civile. Gli effetti nei riguardi dei terzi si producono dalla data di iscrizione della sentenza nel registro delle imprese ai sensi dell'articolo 17, secondo comma.

(1) *Questo articolo è stato così sostituito dall'art. 2, comma 5, del D.L.vo 12 settembre 2007, n. 169, a decorrere dal 1° gennaio 2008.*

17. (1) **Comunicazione e pubblicazione della sentenza dichiarativa di fallimento.** – Entro il giorno successivo al deposito in cancelleria, la sentenza che dichiara il fallimento è notificata, su richiesta del cancelliere, ai sensi dell'articolo 137 del codice di procedura civile, al pubblico ministero, [2] al debitore, eventualmente presso il domicilio eletto nel corso del procedimento previsto dall'articolo 15, ed è comunicata per estratto, ai sensi dell'articolo 136 del codice di procedura civile, al curatore ed al richiedente il fallimento. L'estratto deve contenere il nome del debitore, il nome del curatore, il dispositivo e la data del deposito della sentenza.

La sentenza è altresì annotata presso l'ufficio del registro delle imprese ove l'imprenditore ha la sede legale e, se questa differisce dalla sede effettiva, anche presso quello corrispondente al luogo ove la procedura è stata aperta.

A tal fine, il cancelliere, entro il termine di cui al primo comma, trasmette, anche per via telematica, l'estratto della sentenza all'ufficio del registro delle imprese indicato nel comma precedente.

[1] *Questo articolo è stato così sostituito dall'art. 15 del D.L.vo 9 gennaio 2006, n. 5, a decorrere dal 16 luglio 2006.*

[2] *Le parole: «al pubblico ministero,» sono state aggiunte dall'art. 2, comma 6, del D.L.vo 12 settembre 2007, n. 169, a decorrere dal 1° gennaio 2008.*

18. [1] **Reclamo.** – Contro la sentenza che dichiara il fallimento può essere proposto reclamo dal debitore e da qualunque interessato con ricorso da depositarsi nella cancelleria della corte d'appello nel termine perentorio di trenta giorni.

Il ricorso deve contenere:

1) l'indicazione della corte d'appello competente;

2) le generalità dell'impugnante e l'elezione del domicilio nel comune in cui ha sede la corte d'appello;

3) l'esposizione dei fatti e degli elementi di diritto su cui si basa l'impugnazione, con le relative conclusioni;

4) l'indicazione dei mezzi di prova di cui il ricorrente intende avvalersi e dei documenti prodotti.

Il reclamo non sospende gli effetti della sentenza impugnata, salvo quanto previsto dall'articolo 19, primo comma.

Il termine per il reclamo decorre per il debitore dalla data della notificazione della sentenza a norma dell'articolo 17 e per tutti gli altri interessati dalla data della iscrizione nel registro delle imprese ai sensi del medesimo articolo. In ogni caso, si applica la disposizione di cui all'articolo 327, primo comma, del codice di procedura civile.

Il presidente, nei cinque giorni successivi al deposito del ricorso, designa il relatore, e fissa con decreto l'udienza di comparizione entro sessanta giorni dal deposito del ricorso.

Il ricorso, unitamente al decreto di fissazione dell'udienza, deve essere notificato, a cura del reclamante, al curatore e alle altre parti entro dieci giorni dalla comunicazione del decreto.

Tra la data della notificazione e quella dell'udienza deve intercorrere un termine non minore di trenta giorni. Le parti resistenti devono costituirsi almeno dieci giorni prima della udienza, eleggendo il domicilio nel comune in cui ha sede la corte d'appello.

La costituzione si effettua mediante il deposito in cancelleria di una memoria contenente l'esposizione delle difese in fatto e in diritto, nonché l'indicazione dei mezzi di prova e dei documenti prodotti.

L'intervento di qualunque interessato non può avere luogo oltre il termine stabilito per la costituzione delle parti resistenti con le modalità per queste previste.

All'udienza, il collegio, sentite le parti, assume, anche d'ufficio, nel rispetto del contraddittorio, tutti i mezzi di prova che ritiene necessari, eventualmente delegando un suo componente.

La corte provvede sul ricorso con sentenza.

La sentenza che revoca il fallimento è notificata, a cura della cancelleria, al curatore, al creditore che ha chiesto il fallimento e al debitore, se non reclamante, e deve essere pubblicata a norma dell'articolo 17.

La sentenza che rigetta il reclamo è notificata al reclamante a cura della cancelleria.

Il termine per proporre il ricorso per cassazione è di trenta giorni dalla notificazione.

Se il fallimento è revocato, restano salvi gli effetti degli atti legalmente compiuti dagli organi della procedura.

Le spese della procedura ed il compenso al curatore (2) sono liquidati dal tribunale, su relazione del giudice delegato, con decreto reclamabile ai sensi dell'articolo 26.

(1) *Questo articolo, già sostituito dall'art. 16 del D.L.vo 9 gennaio 2006, n. 5, è stato ora così sostituito dall'art. 2, comma 7, del D.L.vo 12 settembre 2007, n. 169, a decorrere dal 1° gennaio 2008.*

(2) *Si veda il D.M. 28 luglio 1992, n. 570.*

19. (1) **Sospensione della liquidazione dell'attivo.** – Proposto il reclamo (2), la corte d'appello (3), su richiesta di parte, ovvero del curatore, può, quando ricorrono gravi motivi, sospendere, in tutto o in parte, ovvero temporaneamente, la liquidazione dell'attivo (4).

[Se è proposto ricorso per cassazione i provvedimenti di cui al primo comma o la loro revoca sono chiesti alla corte di appello] (5).

L'istanza si propone con ricorso. Il presidente, con decreto in calce al ricorso, ordina la comparizione delle parti dinanzi al collegio in camera di consiglio. Copia del ricorso e del decreto sono notificate alle altre parti ed al curatore.

(1) *Questo articolo è stato così sostituito dall'art. 17 del D.L.vo 9 gennaio 2006, n. 5, a decorrere dal 16 luglio 2006.*

(2) *Le parole: «l'appello» sono state così sostituite dalle attuali: «il reclamo» dall'art. 2, comma 8, lett.* a), *del D.L.vo 12 settembre 2007, n. 169, a decorrere dal 1° gennaio 2008.*

(3) *Le parole: «il collegio» sono state così sostituite dalle attuali: «la corte d'appello» dall'art. 2, comma 8, lett.* a), *del D.L.vo 12 settembre 2007, n. 169, a decorrere dal 1° gennaio 2008.*

(4) *Si vedano gli artt. 104* ter *ss. della legge fallimentare.*

(5) *Questo comma è stato abrogato dall'art. 2, comma 8, lett.* b), *del D.L.vo 12 settembre 2007, n. 169, a decorrere dal 1° gennaio 2008.*

20. (1) [**Morte del fallito durante il giudizio di opposizione. –** Se il fallito muore durante il giudizio di opposizione, il giudizio prosegue in confronto delle persone indicate nell'art. 12, osservate le disposizioni degli artt. 299 e seguenti del codice di procedura civile].

(1) *Questo articolo è stato abrogato dall'art. 2, comma 9, del D.L.vo 12 settembre 2007, n. 169, a decorrere dal 1° gennaio 2008.*

21. (1) [**Revoca della dichiarazione di fallimento. –** Se la sentenza dichiarativa di fallimento è revocata restano salvi gli effetti degli atti legalmente compiuti dagli organi del fallimento.

Le spese della procedura ed il compenso al curatore sono liquidati dal tribunale con decreto non soggetto a reclamo, su relazione del giudice delegato.

Le spese di procedura e il compenso al curatore sono a carico del creditore istante, che è stato condannato ai danni per avere chiesto la dichiarazione di fallimento con colpa. In caso contrario il curatore può ottenere il pagamento, in tutto o in parte, secondo le modalità stabilite dalle speciali norme vigenti per l'attribuzione di compensi ai curatori che non poterono conseguire adeguate retribuzioni].

(1) *Questo articolo è stato abrogato dall'art. 18 del D.L.vo 9 gennaio 2006, n. 5, a decorrere dal 16 luglio 2006.*

22. (1) **Gravami contro il provvedimento che respinge l'istanza di fallimento. –** Il tribunale, che respinge il ricorso per la dichiarazione di fallimento, provvede con decreto motivato, comunicato a cura del cancelliere alle parti.

Entro trenta giorni (2) dalla comunicazione, il creditore ricorrente o il pubblico ministero richiedente possono proporre reclamo contro il decreto alla corte d'appello ([3]) che, sentite le parti, provvede in camera di consiglio con decreto motivato. Il debitore non può chiedere in separato giudizio la condanna del creditore istante alla rifusione delle spese ovvero al risarcimento del danno per responsabilità aggravata ai sensi dell'articolo 96 del codice di procedura civile.

Il decreto della corte d'appello ([3]) è comunicato a cura del cancelliere alle parti del procedimento di cui all'articolo 15.

Se la corte d'appello ([3]) accoglie il reclamo del creditore ricorrente o del pubblico ministero richiedente, rimette d'ufficio gli atti al tribunale, per la dichiarazione di fallimento, salvo che, anche su segnalazione di parte, accerti che sia venuto meno alcuno dei presupposti necessari.

I termini di cui agli articoli 10 e 11 si computano con riferimento al decreto della corte d'appello ([3]).

([1]) *Questo articolo è stato così sostituito dall'art. 19 del D.L.vo 9 gennaio 2006, n. 5, a decorrere dal 16 luglio 2006.*

([2]) *Le parole: «quindici giorni» sono state così sostituite dalle attuali: «trenta giorni» dall'art. 2, comma 10, lett.* b)*, del D.L.vo 12 settembre 2007, n. 169, a decorrere dal 1° gennaio 2008.*

([3]) *Le parole: «Corte d'appello» sono state così sostituite dalle attuali: «corte d'appello» dall'art. 2, comma 10, lett.* a)*, del D.L.vo 12 settembre 2007, n. 169, a decorrere dal 1° gennaio 2008.*

Capo II
Degli organi preposti al fallimento

Sezione I
Del tribunale fallimentare

23. ([1]) **Poteri del tribunale fallimentare.** – Il tribunale che ha dichiarato il fallimento è investito dell'intera procedura fallimentare; provvede alla nomina ed alla revoca o sostituzione, per giustificati motivi, degli organi della procedura, quando non è prevista la competenza del giudice delegato; può in ogni tempo sentire in camera di consiglio il curatore, il fallito e il comitato dei creditori; decide le controversie relative alla procedura stessa che non sono di competenza del giudice delegato, nonché i reclami contro i provvedimenti del giudice delegato.

I provvedimenti del tribunale nelle materie previste da questo articolo sono pronunciate con decreto, salvo che non sia diversamente disposto.

([1]) *Questo articolo è stato così sostituito dall'art. 20 del D.L.vo 9 gennaio 2006, n. 5, a decorrere dal 16 luglio 2006.*

24. ([1]) **Competenza del tribunale fallimentare.** – Il tribunale che ha dichiarato il fallimento è competente a conoscere di tutte le azioni che ne derivano, qualunque ne sia il valore.

[Salvo che non sia diversamente previsto, alle controversie di cui al primo comma si applicano le norme previste dagli articoli da 737 a 742 del codice di procedura civile. Non si applica l'articolo 40, terzo comma, del codice di procedura civile] ([2]).

([1]) *Questo articolo è stato così sostituito dall'art. 21 del D.L.vo 9 gennaio 2006, n. 5, a decorrere dal 16 luglio 2006.*

([2]) *Questo comma è stato abrogato dall'art. 3, comma 1, del D.L.vo 12 settembre 2007, n. 169, a decorrere dal 1° gennaio 2008.*

Sezione II
Del giudice delegato

25. ([1]) **Poteri del giudice delegato.** – Il giudice delegato esercita funzioni di vigilanza e di controllo sulla regolarità della procedura e:

1) riferisce al tribunale su ogni affare per il quale è richiesto un provvedimento del collegio;

2) emette o provoca dalle competenti autorità i provvedimenti urgenti per la conservazione del patrimonio, ad esclusione di quelli che incidono su diritti di terzi che rivendichino un proprio diritto incompatibile con l'acquisizione;

3) convoca il curatore e il comitato dei creditori nei casi prescritti dalla legge e ogni qualvolta lo ravvisi opportuno per il corretto e sollecito svolgimento della procedura;

4) su proposta del curatore, liquida i compensi e dispone l'eventuale revoca dell'incarico conferito alle persone la cui opera è stata richiesta dal medesimo curatore nell'interesse del fallimento;

5) provvede, nel termine di quindici giorni, sui reclami proposti contro gli atti del curatore e del comitato dei creditori ([2]);

6) autorizza per iscritto il curatore a stare in giudizio come attore o come convenuto. L'autorizzazione deve essere sempre data per atti determinati e per i giudizi deve essere rilasciata per ogni grado di essi. Su proposta del curatore, liquida i compensi e dispone l'eventuale revoca dell'incarico conferito ai difensori ([3]) nominati dal medesimo curatore;

7) su proposta del curatore, nomina gli arbitri, verificata la sussistenza dei requisiti previsti dalla legge;

8) procede all'accertamento dei crediti e dei diritti reali e personali vantati dai terzi, a norma del Capo V.

Il giudice delegato non può trattare i giudizi che abbia autorizzato, né può far parte del collegio investito del reclamo proposto contro i suoi atti.

I provvedimenti del giudice delegato sono pronunciati con decreto motivato.

(1) *Questo articolo è stato così sostituito dall'art. 22 del D.L.vo 9 gennaio 2006, n. 5, a decorrere dal 16 luglio 2006.*

(2) *Si veda l'art. 36 della legge fallimentare.*

(3) *Le parole: «agli avvocati» sono state così sostituite dalle attuali: «ai difensori» dall'art. 3, comma 2, del D.L.vo 12 settembre 2007, n. 169, a decorrere dal 1° gennaio 2008.*

26. (1) **Reclamo contro i decreti del giudice delegato e del tribunale.** – Salvo che sia diversamente disposto, contro i decreti del giudice delegato e del tribunale, può essere proposto reclamo al tribunale o alla corte di appello, che provvedono in camera di consiglio.

Il reclamo è proposto dal curatore, dal fallito, dal comitato dei creditori e da chiunque vi abbia interesse.

Il reclamo è proposto nel termine perentorio di dieci giorni, decorrente dalla comunicazione o dalla notificazione del provvedimento per il curatore, per il fallito, per il comitato dei creditori e per chi ha chiesto o nei cui confronti è stato chiesto il provvedimento; per gli altri interessati, il termine decorre dall'esecuzione delle formalità pubblicitarie disposte dal giudice delegato o dal tribunale, se quest'ultimo ha emesso il provvedimento. La comunicazione integrale del provvedimento fatta dal curatore mediante lettera raccomandata con avviso di ricevimento, telefax o posta elettronica con garanzia dell'avvenuta ricezione in base al testo unico delle disposizioni legislative e regolamentari in materia di documentazione amministrativa, di cui al decreto del Presidente della Repubblica 28 dicembre 2000, n. 445, equivale a notificazione.

Indipendentemente dalla previsione di cui al terzo comma, il reclamo non può più proporsi decorso il termine perentorio di novanta giorni dal deposito del provvedimento in cancelleria.

Il reclamo non sospende l'esecuzione del provvedimento.

Il reclamo si propone con ricorso che deve contenere:

1) l'indicazione del tribunale o della corte di appello competente, del giudice delegato e della procedura fallimentare;

2) le generalità del ricorrente e l'elezione del domicilio nel comune in cui ha sede il giudice adito;

3) l'esposizione dei fatti e degli elementi di diritto su cui si basa il reclamo, con le relative conclusioni;

4) l'indicazione dei mezzi di prova di cui il ricorrente intende avvalersi e dei documenti prodotti.

Il presidente, nei cinque giorni successivi al deposito del ricorso, designa il relatore, e fissa con decreto l'udienza di comparizione entro quaranta giorni dal deposito del ricorso.

Il ricorso, unitamente al decreto di fissazione dell'udienza, deve essere notificato, a cura del reclamante, al curatore ed ai controinteressati entro cinque giorni dalla comunicazione del decreto.

Tra la data della notificazione e quella dell'udienza deve intercorrere un termine non minore di quindici giorni.

Il resistente deve costituirsi almeno cinque giorni prima dell'udienza, eleggendo il domicilio nel comune in cui ha sede il tribunale o la corte d'appello, e depositando una memoria contenente l'esposizione delle difese in fatto e in diritto, nonché l'indicazione dei mezzi di prova e dei documenti prodotti.

L'intervento di qualunque interessato non può avere luogo oltre il termine stabilito per la costituzione della parte resistente, con le modalità per questa previste.

All'udienza il collegio, sentite le parti, assume anche d'ufficio i mezzi di prova, eventualmente delegando un suo componente.

Entro trenta giorni dall'udienza di comparizione delle parti, il collegio provvede con decreto motivato, con il quale conferma, modifica o revoca il provvedimento reclamato.

(1) *Questo articolo, già sostituito dall'art. 23 del D.L.vo 9 gennaio 2006, n. 5, è stato ora così sostituito dall'art. 3, comma 3, del D.L.vo 12 settembre 2007, n. 169, a decorrere dal 1° gennaio 2008.*

Sezione III
Del curatore

27. (1) **Nomina del curatore.** – Il curatore è nominato con la sentenza di fallimento, o in caso di sostituzione o di revoca, con decreto del tribunale.

(1) *Questo articolo è stato così sostituito dall'art. 24 del D.L.vo 9 gennaio 2006, n. 5, a decorrere dal 16 luglio 2006. Il testo previgente era in tema di ruolo degli amministratori giudiziari, soppresso dal D.L.vo C.P.S. 23 agosto 1946, n. 153.*

28. (1) **Requisiti per la nomina a curatore.** – Possono essere chiamati a svolgere le funzioni di curatore:

a) avvocati, dottori commercialisti, ragionieri e ragionieri commercialisti;

b) studi professionali associati o società tra professionisti, sempre che i soci delle stesse abbiano i requisiti professionali di cui alla lettera *a*). In tal caso, all'atto dell'accettazione dell'incarico, deve essere designata la persona fisica responsabile della procedura;

c) coloro che abbiano svolto funzioni di amministrazione, direzione e controllo in società per azioni, dando prova di adeguate capacità imprenditoriali e purché non sia intervenuta nei loro confronti dichiarazione di fallimento.

[Nel provvedimento di nomina, il tribunale indica le specifiche caratteristiche e attitudini del curatore] (2).

Non possono essere nominati curatore il coniuge, i parenti e gli affini entro il quarto grado del fallito, i creditori di questo e chi ha concorso al dissesto dell'impresa [durante i due anni anteriori alla dichiarazione di fallimento] (3), nonché chiunque si trovi in conflitto di interessi con il fallimento.

Il curatore è nominato tenuto conto delle risultanze dei rapporti riepilogativi di cui all'articolo 33, quinto comma (4).

È istituito presso il Ministero della giustizia un registro nazionale nel quale confluiscono i provvedimenti di nomina dei curatori, dei commissari giudiziali e dei liquidatori giudiziali (5). Nel registro vengono altresì annotati i provvedimenti di chiusura del fallimento e di omologazione del concordato, nonché l'ammontare dell'attivo e del passivo delle procedure chiuse. Il registro è tenuto con modalità informatiche ed è accessibile al pubblico (6).

Al curatore fallimentare ed al coadiutore nominato a norma dell'articolo 32, secondo comma, si applicano le disposizioni di cui agli articoli 35, comma 4 *bis*, e 35.1 del decreto legislativo 6 settembre 2011, n. 159; si osservano altresì le disposizioni di cui all'articolo 35.2 del predetto decreto (7).

(1) *Questo articolo è stato così sostituito dall'art. 25 del D.L.vo 9 gennaio 2006, n. 5, a decorrere dal 16 luglio 2006.*

(2) *Questo comma è stato abrogato dall'art. 3, comma 4, del D.L.vo 12 settembre 2007, n. 169, a decorrere dal 1° gennaio 2008.*

(3) *Le parole tra parentesi quadrate sono state soppresse dall'art. 5, comma 1, lett.* a), *del D.L. 27 giugno 2015, n. 83, convertito, con modificazioni, nella L. 6 agosto 2015, n. 132.*

A norma dell'art. 23, comma 3, del medesimo provvedimento, tali disposizioni si applicano ai fallimenti dichiarati successivamente alla data di entrata in vigore del presente decreto.

(4) *Questo comma è stato aggiunto dall'art. 5, comma 1, lett.* b), *del D.L. 27 giugno 2015, n. 83, convertito, con modificazioni, nella L. 6 agosto 2015, n. 132.*

A norma dell'art. 23, comma 3, del medesimo provvedimento, tali disposizioni si applicano ai fallimenti dichiarati successivamente alla data di entrata in vigore del presente decreto.

(5) *A norma dell'art. 23, comma 3, del D.L. 27 giugno 2015, n. 83, convertito, con modificazioni, nella L. 6 agosto 2015, n. 132, tali disposizioni si applicano ai fallimenti dichiarati successivamente alla data di entrata in vigore del presente decreto.*

(6) *Questo comma è stato aggiunto dall'art. 5, comma 1, lett.* b), *del D.L. 27 giugno 2015, n. 83, convertito, con modificazioni, nella L. 6 agosto 2015, n. 132.*

A norma dell'art. 23, comma 4, del D.L. 27 giugno 2015, n. 83, convertito, con modificazioni, nella L. 6 agosto 2015, n. 132, tali disposizioni acquistano efficacia decorsi sessanta giorni dalla pubblicazione sul sito internet del Ministero della giustizia delle specifiche tecniche previste dall'articolo 16 bis, comma 9 septies, del decreto legge 18 ottobre 2012, n. 179, convertito, con modificazioni, dalla legge 17 dicembre 2012, n. 221, da adottarsi entro sei mesi dalla data di entrata in vigore del presente decreto.

([7]) *Questo comma è stato inserito dall'art. 2 del D.L.vo 18 maggio 2018, n. 54, in vigore a decorrere dal trentesimo giorno successivo a quello della sua pubblicazione nella* Gazzetta Ufficiale (G.U. *Serie gen. - n. 121 del 26 maggio 2018*).

29. Accettazione del curatore. – Il curatore deve, entro i due giorni successivi alla partecipazione della sua nomina, far pervenire ([1]) al giudice delegato la propria accettazione.

Se il curatore non osserva questo obbligo, il tribunale, in camera di consiglio, provvede d'urgenza alla nomina di altro curatore.

([1]) *La parola: «comunicare» è stata così sostituita dalle attuali: «far pervenire» dall'art. 26 del D.L.vo 9 gennaio 2006, n. 5, a decorrere dal 16 luglio 2006.*

30. Qualità di pubblico ufficiale. – Il curatore, per quanto attiene all'esercizio delle sue funzioni, è pubblico ufficiale.

31. ([1]) **Gestione della procedura.** – Il curatore ha l'amministrazione del patrimonio fallimentare e compie tutte le operazioni della procedura sotto la vigilanza del giudice delegato e del comitato dei creditori, nell'ambito delle funzioni ad esso attribuite.

Egli non può stare in giudizio senza l'autorizzazione del giudice delegato, salvo che in materia di contestazioni e di tardive dichiarazioni di crediti e di diritti di terzi sui beni acquisiti al fallimento, e salvo che nei procedimenti promossi per impugnare atti del giudice delegato o del tribunale e in ogni altro caso in cui non occorra ministero di difensore.

Il curatore non può assumere la veste di avvocato nei giudizi che riguardano il fallimento.

([1]) *Questo articolo è stato così sostituito dall'art. 27 del D.L.vo 9 gennaio 2006, n. 5, a decorrere dal 16 luglio 2006.*

31 *bis*. ([1]) **Comunicazioni del curatore.** – Le comunicazioni ai creditori e ai titolari di diritti sui beni che la legge o il giudice delegato pone a carico del curatore sono effettuate all'indirizzo di posta elettronica certificata da loro indicato nei casi previsti dalla legge.

Quando è omessa l'indicazione di cui al comma precedente, nonché nei casi di mancata consegna del messaggio di posta elettronica certificata per cause imputabili al destinatario, tutte le comunicazioni sono eseguite esclusivamente mediante deposito in cancelleria.

In pendenza della procedura e per il periodo di due anni dalla chiusura della stessa, il curatore è tenuto a conservare i messaggi di posta elettronica certificata inviati e ricevuti.

(1) Questo articolo è stato inserito dall'art. 17, comma 1, lett. b), del D.L. 18 ottobre 2012, n. 179, convertito, con modificazioni, nella L. 17 dicembre 2012, n. 221. A norma dell'art. 17, commi 4 e 5 del medesimo decreto, tali disposizioni si applicano dalla data di entrata in vigore della legge di conversione del predetto decreto, anche alle procedure di fallimento, di concordato preventivo, di liquidazione coatta amministrativa e di amministrazione straordinaria pendenti, rispetto alle quali, alla stessa data, non è stata effettuata la comunicazione rispettivamente prevista dagli articoli 92, 171, 207 del regio decreto 16 marzo 1942, n. 267 e dall'articolo 22 decreto legislativo 8 luglio 1999, n. 270. Per le procedure in cui, alla data di entrata in vigore della legge di conversione del predetto decreto, sia stata effettuata la comunicazione di cui al comma 4, le disposizioni di cui ai commi 1 e 2 del presente articolo si applicano a decorrere dal 31 ottobre 2013. Il curatore, il commissario giudiziale, il commissario liquidatore e il commissario straordinario entro il 30 giugno 2013 comunicano ai creditori e ai terzi titolari di diritti sui beni il loro indirizzo di posta elettronica certificata e li invitano a comunicare, entro tre mesi, l'indirizzo di posta elettronica certificata al quale ricevere tutte le comunicazioni relative alla procedura, avvertendoli di rendere nota ogni successiva variazione e che in caso di omessa indicazione le comunicazioni sono eseguite esclusivamente mediante deposito in cancelleria.

32. (1) **Esercizio delle attribuzioni del curatore.** – Il curatore esercita personalmente le funzioni del proprio ufficio e può delegare ad altri specifiche operazioni, previa autorizzazione del comitato dei creditori, con esclusione degli adempimenti di cui agli articoli 89, 92, 95, 97 e 104 *ter* (2). L'onere per il compenso del delegato, liquidato dal giudice, è detratto dal compenso del curatore.

Il curatore può essere autorizzato dal comitato dei creditori, a farsi coadiuvare da tecnici o da altre persone retribuite, compreso il fallito, sotto la sua responsabilità. Del compenso riconosciuto a tali soggetti si tiene conto ai fini della liquidazione del compenso finale del curatore.

(1) Questo articolo è stato così sostituito dall'art. 28 del D.L.vo 9 gennaio 2006, n. 5, a decorrere dal 16 luglio 2006.

(2) Le parole: «giudice delegato» sono state così sostituite dalle attuali: «comitato dei creditori, con esclusione degli adempimenti di cui agli articoli 89, 92, 95, 97 e 104 ter*» dall'art. 3, comma 5, del D.L.vo 12 settembre 2007, n. 169, a decorrere dal 1° gennaio 2008.*

33. Relazione al giudice e rapporti riepilogativi (1). – Il curatore, entro sessanta giorni (2) dalla dichiarazione di fallimento, deve presentare al giudice delegato una relazione particolareggiata sulle cause e circostanze del fallimento, sulla diligenza spiegata dal fallito nell'esercizio dell'impresa, [sul tenore della vita privata di lui e della famiglia] ([3]), sulla responsabilità del fallito o di altri e su quanto può interessare anche ai fini delle indagini preliminari in sede penale ([4]).

Il curatore deve inoltre indicare gli atti del fallito già impugnati dai creditori, nonché quelli che egli intende impugnare. Il giudice delegato può chiedere al curatore una relazione sommaria anche prima del termine suddetto ([5]).

Se si tratta di società, la relazione deve esporre i fatti accertati e le informazioni raccolte sulla responsabilità degli amministratori e degli organi di controllo, dei soci e, eventualmente, di estranei alla società ([5]).

Il giudice delegato ordina il deposito della relazione in cancelleria, disponendo la segretazione delle parti relative alla responsabilità penale del fallito e di terzi ed alle azioni che il curatore intende proporre qualora possano comportare l'adozione di provvedimenti cautelari, nonché alle circostanze estranee agli interessi della procedura e che investano la sfera personale del fallito. Copia della relazione, nel suo testo integrale, è trasmessa al pubblico ministero ([5]).

Il curatore, ogni sei mesi successivi alla presentazione della relazione di cui al primo comma, redige altresì un rapporto riepilogativo delle attività svolte, con indicazione di tutte le informazioni raccolte dopo la prima relazione, accompagnato dal conto della sua gestione. Copia del rapporto è trasmessa al comitato dei creditori, unitamente agli estratti conto dei depositi postali o bancari relativi al periodo. Il comitato dei creditori o ciascuno dei suoi componenti possono formulare osservazioni scritte. Altra copia del rapporto è trasmessa, assieme alle eventuali osservazioni, per via telematica all'ufficio del registro delle imprese, nei quindici giorni successivi alla scadenza del termine per il deposito delle osservazioni nella cancelleria del tribunale. Nello stesso termine altra copia del rapporto, assieme alle eventuali osservazioni, è trasmessa a mezzo posta elettronica certificata ai creditori e ai titolari di diritti sui beni ([6]) ([5]).

([1]) *Le parole: «e rapporti riepilogativi» sono state aggiunte dall'art. 3, comma 6, lett.* a), *del D.L.vo 12 settembre 2007, n. 169, a decorrere dal 1° gennaio 2008.*

([2]) *Le parole: «entro un mese» sono state così sostituite dalle attuali: «entro sessanta giorni» dall'art. 29, comma 1, lett.* a), *del D.L.vo 9 gennaio 2006, n. 5, a decorrere dal 16 luglio 2006.*

([3]) *Le parole fra parentesi quadrate sono state soppresse dall'art. 29, comma 1, lett.* a), *del D.L.vo 9 gennaio 2006, n. 5, a decorrere dal 16 luglio 2006.*

([4]) *Le parole: «dell'istruttoria penale» sono state così sostituite dalle attuali: «delle indagini preliminari in sede penale» dall'art. 3, comma 6, lett.* b), *del D.L.vo 12 settembre 2007, n. 169, a decorrere dal 1° gennaio 2008.*

([5]) *Gli originari secondo, terzo e quarto comma sono stati così sostituiti dagli attuali secondo, terzo, quarto e quinto comma dall'art. 29, comma 1, lett. b), del D.L.vo 9 gennaio 2006, n. 5, a decorrere dal 16 luglio 2006.*

([6]) *Questo periodo è stato aggiunto dall'art. 17, comma 1, lett. c), del D.L. 18 ottobre 2012, n. 179, convertito, con modificazioni, nella L. 17 dicembre 2012, n. 221. A norma dell'art. 17, commi 4 e 5 del medesimo decreto, tali disposizioni si applicano dalla data di entrata in vigore della legge di conversione del predetto decreto, anche alle procedure di fallimento, di concordato preventivo, di liquidazione coatta amministrativa e di amministrazione straordinaria pendenti, rispetto alle quali, alla stessa data, non è stata effettuata la comunicazione rispettivamente prevista dagli articoli 92, 171, 207 del regio decreto 16 marzo 1942, n. 267 e dall'articolo 22 decreto legislativo 8 luglio 1999, n. 270. Per le procedure in cui, alla data di entrata in vigore della legge di conversione del predetto decreto, sia stata effettuata la comunicazione di cui al comma 4, le disposizioni di cui ai commi 1 e 2 del presente articolo si applicano a decorrere dal 31 ottobre 2013. Il curatore, il commissario giudiziale, il commissario liquidatore e il commissario straordinario entro il 30 giugno 2013 comunicano ai creditori e ai terzi titolari di diritti sui beni il loro indirizzo di posta elettronica certificata e li invitano a comunicare, entro tre mesi, l'indirizzo di posta elettronica certificata al quale ricevere tutte le comunicazioni relative alla procedura, avvertendoli di rendere nota ogni successiva variazione e che in caso di omessa indicazione le comunicazioni sono eseguite esclusivamente mediante deposito in cancelleria.*

34. ([1]) **Deposito delle somme riscosse.** – Le somme riscosse a qualunque titolo dal curatore sono depositate entro il termine massimo di dieci giorni dalla corresponsione sul conto corrente intestato alla procedura fallimentare aperto presso un ufficio postale o presso una banca scelti dal curatore. [Su proposta del curatore il comitato dei creditori può autorizzare che le somme riscosse vengano in tutto o in parte investite con strumenti diversi dal deposito in conto corrente, purché sia garantita l'integrità del capitale] ([2]).

La mancata costituzione del deposito nel termine prescritto è valutata dal tribunale ai fini della revoca del curatore.

[Se è prevedibile che le somme disponibili non possano essere immediatamente destinate ai creditori, su richiesta del curatore e previa approvazione del comitato dei creditori, il giudice delegato può ordinare che le disponibilità liquide siano impiegate nell'acquisto di titoli emessi dallo Stato] ([3]).

Il prelievo delle somme è eseguito su copia conforme del mandato di pagamento del giudice delegato e, nel periodo di intestazione "Fondo unico giustizia" del conto corrente, su disposizione di Equitalia Giustizia SpA ([4]).

([1]) *Questo articolo è stato così sostituito dall'art. 30 del D.L.vo 9 gennaio 2006, n. 5, a decorrere dal 16 luglio 2006.*

([2]) *Questo periodo aggiunto dall'art. 3, comma 7, lett. a), del D.L.vo 12 settembre 2007, n. 169, a decorrere dal 1° gennaio 2008, è stato soppresso dall'art. 1, comma 472, lett.* a), *della L. 27 dicembre 2017, n. 205, a decorrere dalla data di entrata in vigore del decreto di cui all'articolo 2, comma 6* ter, *del decreto legge 16 settembre 2008, n. 143, convertito, con modificazioni, dalla legge 13 novembre 2008, n. 181.*

(3) *Questo comma è stato abrogato dall'art. 3, comma 7, lett.* b), *del D.L.vo 12 settembre 2007, n. 169, a decorrere dal 1° gennaio 2008.*

(4) *Le parole: «e, nel periodo di intestazione "Fondo unico giustizia" del conto corrente, su disposizione di Equitalia Giustizia SpA» sono state inserite dall'art. 1, comma 472, lett.* b), *della L. 27 dicembre 2017, n. 205, a decorrere dalla data di entrata in vigore del decreto di cui all'articolo 2, comma 6* ter, *del decreto legge 16 settembre 2008, n. 143, convertito, con modificazioni, dalla legge 13 novembre 2008, n. 181.*

35. (1) (2) **Integrazione dei poteri del curatore.** – Le riduzioni di crediti, le transazioni, i compromessi, le rinunzie alle liti, le ricognizioni di diritti di terzi, la cancellazione di ipoteche, la restituzione di pegni, lo svincolo delle cauzioni, l'accettazione di eredità e donazioni e gli atti di straordinaria amministrazione sono effettuate dal curatore, previa autorizzazione del comitato dei creditori.

Nel richiedere l'autorizzazione del comitato dei creditori, il curatore formula le proprie conclusioni anche sulla convenienza della proposta (3).

Se gli atti suddetti sono di valore superiore a cinquantamila euro e in ogni caso per le transazioni, il curatore ne informa previamente il giudice delegato, salvo che gli stessi siano già stati autorizzati dal medesimo ai sensi dell'articolo 104 *ter*, comma ottavo (4).

Il limite di cui al secondo comma può essere adeguato con decreto del Ministro della giustizia.

(1) *Questo articolo è stato così sostituito dall'art. 31 del D.L.vo 9 gennaio 2006, n. 5, a decorrere dal 16 luglio 2006.*

(2) *A norma dell'art. 1, comma 412, della L. 27 dicembre 2013, n. 147, al fine di accelerare la definitiva chiusura della gestione liquidatoria, in deroga alle procedure autorizzative previste dagli articoli 35 e 206 di questo provvedimento, il Commissario liquidatore è autorizzato a stipulare transazioni per debiti iscritti nello stato passivo e per aliquote non inferiori del 5 per cento rispetto all'aliquota di riparto determinata al momento della transazione.*

(3) *Questo comma è stato inserito dall'art. 3, comma 8, lett.* a), *del D.L.vo 12 settembre 2007, n. 169, a decorrere dal 1° gennaio 2008.*

(4) *Le parole: «approvati dal medesimo ai sensi dell'articolo 104* ter» *sono state così sostituite dalle attuali: «autorizzati dal medesimo ai sensi dell'articolo 104* ter, *comma ottavo» dall'art. 3, comma 8, lett.* b), *del D.L.vo 12 settembre 2007, n. 169, a decorrere dal 1° gennaio 2008.*

36. (1) **Reclamo contro gli atti del curatore e del comitato dei creditori.** – Contro gli atti di amministrazione del curatore, contro le autorizzazioni o i dinieghi del comitato dei creditori e i relativi comportamenti omissivi, il fallito e ogni altro interessato possono proporre reclamo al giudice delegato per violazione di legge, entro otto giorni dalla conoscenza dell'atto o, in caso di omissione, dalla scadenza del termine indicato nella diffida a provvedere. Il giudice delegato, sentite le parti, decide con decreto motivato, omessa ogni formalità non indispensabile al contraddittorio.

Contro il decreto del giudice delegato è ammesso ricorso al tribunale entro otto giorni dalla data della comunicazione del decreto medesimo. Il tribunale decide entro trenta giorni, sentito il curatore e il reclamante, omessa ogni formalità non essenziale al contraddittorio, con decreto motivato non soggetto a gravame.

Se è accolto il reclamo concernente un comportamento omissivo del curatore, questi è tenuto a dare esecuzione al provvedimento della autorità giudiziaria. Se è accolto il reclamo concernente un comportamento omissivo del comitato dei creditori, il giudice delegato provvede in sostituzione di quest'ultimo con l'accoglimento del reclamo.

(1) *Questo articolo è stato così sostituito dall'art. 32 del D.L.vo 9 gennaio 2006, n. 5, a decorrere dal 16 luglio 2006.*

36 *bis*. (1) **Termini processuali.** – Tutti i termini processuali previsti negli articoli 26 e 36 non sono soggetti alla sospensione feriale.

(1) *Questo articolo è stato inserito dall'art. 33 del D.L.vo 9 gennaio 2006, n. 5, a decorrere dal 16 luglio 2006.*

37. Revoca del curatore. – Il tribunale può in ogni tempo, su proposta del giudice delegato o su richiesta del comitato dei creditori o d'ufficio, revocare il curatore.

Il tribunale provvede con decreto motivato, sentiti il curatore e il comitato dei creditori (1).

Contro il decreto di revoca o di rigetto dell'istanza di revoca, è ammesso reclamo alla corte di appello ai sensi dell'articolo 26; il reclamo non sospende l'efficacia del decreto (2).

(1) *Questo comma è stato così sostituito dall'art. 34, comma 1, lett.* a), *del D.L.vo 9 gennaio 2006, n. 5, a decorrere dal 16 luglio 2006. Si riporta il testo precedente:*
«Il tribunale provvede con decreto, sentiti il curatore ed il pubblico ministero».

(2) *Questo comma è stato aggiunto dall'art. 34, comma 1, lett.* b), *del D.L.vo 9 gennaio 2006, n. 5, a decorrere dal 16 luglio 2006.*

37 *bis*. (1) **Sostituzione del curatore e dei componenti del comitato dei creditori.** – Conclusa l'adunanza per l'esame dello stato passivo e prima della dichiarazione di esecutività dello stesso, i creditori presenti, personalmente o per delega, che rappresentano la maggioranza dei crediti ammessi, possono effettuare nuove designazioni in ordine ai componenti del comitato dei creditori nel rispetto dei criteri di cui all'articolo 40; possono chiedere la sostituzione del curatore indicando al tribunale le ragioni della richiesta e un nuovo nominativo. Il tribunale, valutate le ragioni della richiesta di sostituzione del curatore, provvede alla nomina dei soggetti designati dai creditori salvo che non siano rispettati i criteri di cui agli articoli 28 e 40 ([2]).

Dal computo dei crediti, su istanza di uno o più creditori, sono esclusi quelli che si trovino in conflitto di interessi.

Nella stessa adunanza, i creditori che rappresentano la maggioranza di quelli [allo stato] ([3]) ammessi, indipendentemente dall'entità dei crediti vantati, possono stabilire che ai componenti del comitato dei creditori sia attribuito, oltre al rimborso delle spese di cui all'articolo 41, un compenso per la loro attività, in misura non superiore al dieci per cento di quello liquidato al curatore.

([1]) *Questo articolo è stato inserito dall'art. 35 del D.L.vo 9 gennaio 2006, n. 5, a decorrere dal 16 luglio 2006.*

([2]) *Questo comma è stato così sostituito dall'art. 3, comma 9, lett.* a), *del D.L.vo 12 settembre 2007, n. 169, a decorrere dal 1° gennaio 2008.*

([3]) *Le parole tra parentesi quadrate sono state soppresse dall'art. 3, comma 9, lett.* b), *del D.L.vo 12 settembre 2007, n. 169, a decorrere dal 1° gennaio 2008.*

38. Responsabilità del curatore. – Il curatore adempie ai doveri del proprio ufficio, imposti dalla legge o derivanti dal piano di liquidazione approvato, con la diligenza richiesta dalla natura dell'incarico. Egli deve tenere un registro preventivamente vidimato da almeno un componente del comitato dei creditori, e annotarvi giorno per giorno le operazioni relative alla sua amministrazione ([1]).

Durante il fallimento l'azione di responsabilità contro il curatore revocato è proposta dal nuovo curatore, previa autorizzazione del giudice delegato, ovvero del comitato dei creditori ([2]).

Il curatore che cessa dal suo ufficio, anche durante il fallimento, deve rendere il conto della gestione a norma dell'art. 116.

([1]) *Questo comma è stato così sostituito dall'art. 36, comma 1, lett.* a), *del D.L.vo 9 gennaio 2006, n. 5, a decorrere dal 16 luglio 2006.*

([2]) *Le parole: «, ovvero del comitato dei creditori» sono state aggiunte dall'art. 36, comma 1, lett.* b), *del D.L.vo 9 gennaio 2006, n. 5, a decorrere dal 16 luglio 2006.*

39. Compenso del curatore. – Il compenso ([1]) e le spese dovuti al curatore, anche se il fallimento si chiude con concordato, sono liquidati ad istanza del curatore con decreto del tribunale non soggetto a reclamo, su relazione del giudice delegato, secondo le norme stabilite con decreto del ministro della giustizia ([2]).

La liquidazione del compenso è fatta dopo l'approvazione del rendiconto e, se del caso, dopo l'esecuzione del concordato. È in facoltà del tribunale di accordare al curatore acconti sul compenso per giustificati motivi.

Se nell'incarico si sono succeduti più curatori, il compenso è stabilito secondo criteri di proporzionalità ed è liquidato, in ogni caso, al termine della procedura, salvi eventuali acconti. Salvo che non ricorrano giustificati motivi, ogni acconto liquidato dal tribunale deve essere preceduto dalla presentazione di un progetto di ripartizione parziale (3) (4).

Nessun compenso, oltre quello liquidato dal tribunale, può essere preteso dal curatore, nemmeno per rimborso di spese. Le promesse e i pagamenti fatti contro questo divieto sono nulli, ed è sempre ammessa la ripetizione di ciò che è stato pagato indipendentemente dall'esercizio dell'azione penale [, se vi è luogo] (5).

(1) *La misura del compenso spettante al curatore è ora regolata dal D.M. 28 luglio 1992, n. 570.*

(2) *Le parole: «ministro per la grazia e giustizia» sono state così sostituite dalle attuali: «ministro della giustizia» dall'art. 37, comma 1, lett.* a), *del D.L.vo 9 gennaio 2006, n. 5, a decorrere dal 16 luglio 2006.*

(3) *Questo periodo è stato aggiunto dall'art. 7, comma 1, lett.* 0a), *del D.L. 27 giugno 2015, n. 83, convertito, con modificazioni, nella L. 6 agosto 2015, n. 132.*

A norma dell'art. 23, comma 7, del medesimo provvedimento, tali disposizioni si applicano a decorrere dalla data di entrata in vigore della legge di conversione del presente decreto.

(4) *Questo comma è stato inserito dall'art. 37 comma 1, lett.* b), *del D.L.vo 9 gennaio 2006, n. 5, a decorrere dal 16 luglio 2006.*

(5) *Le parole fra parentesi quadrate sono state soppresse dall'art. 37 comma 1, lett.* c), *del D.L.vo 9 gennaio 2006, n. 5, a decorrere dal 16 luglio 2006.*

Sezione IV
Del comitato dei creditori

40. (1) **Nomina del comitato.** – Il comitato dei creditori è nominato dal giudice delegato entro trenta giorni dalla sentenza di fallimento sulla base delle risultanze documentali, sentiti il curatore e i creditori che, con la domanda di ammissione al passivo o precedentemente, hanno dato la disponibilità ad assumere l'incarico ovvero hanno segnalato altri nominativi aventi i requisiti previsti. Salvo quanto previsto dall'articolo 37 *bis*, la composizione del comitato può essere modificata dal giudice delegato in relazione alle variazioni dello stato passivo o per altro giustificato motivo.

Il comitato è composto di tre o cinque membri scelti tra i creditori, in modo da rappresentare in misura equilibrata quantità e qualità dei crediti ed avuto riguardo alla possibilità di soddisfacimento dei crediti stessi.

Il comitato, entro dieci giorni dalla nomina, provvede, su convocazione del curatore, a nominare a maggioranza il proprio presidente.

La sostituzione dei membri del comitato avviene secondo le modalità stabilite nel secondo comma.

Il comitato dei creditori si considera costituito con l'accettazione, anche per via telematica, della nomina da parte dei suoi componenti, senza necessità di convocazione dinanzi al curatore ed anche prima della elezione del suo presidente ([2]).

Il componente del comitato che si trova in conflitto di interessi si astiene dalla votazione.

Ciascun componente del comitato dei creditori può delegare in tutto o in parte l'espletamento delle proprie funzioni ad uno dei soggetti aventi i requisiti indicati nell'articolo 28, previa comunicazione al giudice delegato.

([1]) *Questo articolo è stato così sostituito dall'art. 38 del D.L.vo 9 gennaio 2006, n. 5, a decorrere dal 16 luglio 2006.*

([2]) *Questo comma è stato aggiunto dall'art. 6, comma 1, lett.* a), *del D.L. 3 maggio 2016, n. 59, convertito, con modificazioni, nella L. 30 giugno 2016, n. 119.*

41. ([1]) **Funzioni del comitato.** – Il comitato dei creditori vigila sull'operato del curatore, ne autorizza gli atti ed esprime pareri nei casi previsti dalla legge, ovvero su richiesta del tribunale o del giudice delegato, succintamente motivando le proprie deliberazioni.

Il presidente convoca il comitato per le deliberazioni di competenza o quando sia richiesto da un terzo dei suoi componenti.

Le deliberazioni del comitato sono prese a maggioranza dei votanti, nel termine massimo di quindici giorni successivi a quello in cui la richiesta è pervenuta al presidente. Il voto può essere espresso in riunioni collegiali ovvero per mezzo telefax o con altro mezzo elettronico o telematico, purché sia possibile conservare la prova della manifestazione di voto.

In caso di inerzia, di impossibilità di costituzione per insufficienza di numero o indisponibilità dei creditori, o ([2]) di funzionamento del comitato o di urgenza, provvede il giudice delegato.

Il comitato ed ogni componente possono ispezionare in qualunque tempo le scritture contabili e i documenti della procedura ed hanno diritto di chiedere notizie e chiarimenti al curatore e al fallito.

I componenti del comitato hanno diritto al rimborso delle spese, oltre all'eventuale compenso riconosciuto ai sensi e nelle forme di cui all'articolo 37 *bis*, terzo comma.

Ai componenti del comitato dei creditori si applica, in quanto compatibile, l'articolo 2407, primo e terzo comma, del codice civile ([3]).

L'azione di responsabilità può essere proposta dal curatore durante lo svolgimento della procedura. Con il decreto di autorizzazione il giudice delegato sostituisce i componenti del comitato dei creditori nei confronti dei quali ha autorizzato l'azione ([3]).

([1]) *Questo articolo è stato così sostituito dall'art. 39 del D.L.vo 9 gennaio 2006, n. 5, a decorrere dal 16 luglio 2006 e corretto con errata corrige pubblicata sulla* G.U. *Serie gen. - n. 66 del 20 marzo 2006.*

([2]) *Le parole: «di costituzione per insufficienza di numero o indisponibilità dei creditori, o» sono state inserite dall'art. 3, comma 10, lett.* a)*, del D.L.vo 12 settembre 2007, n. 169, a decorrere dal 1° gennaio 2008.*

([3]) *L'originario settimo comma è stato così sostituito dagli attuali commi settimo e ottavo, dall'art. 3, comma 10, lett.* b)*, del D.L.vo 12 settembre 2007, n. 169, a decorrere dal 1° gennaio 2008. Si riporta il testo dell'originario settimo comma, in vigore dal 16 luglio 2006 al 31 dicembre 2007:*

«Ai componenti del comitato dei creditori si applica, in quanto compatibile, l'articolo 2407 del codice civile. L'azione di responsabilità può essere proposta anche durante lo svolgimento della procedura».

Capo III
Degli effetti del fallimento

Sezione I
Degli effetti del fallimento per il fallito

42. Beni del fallito. – La sentenza che dichiara il fallimento priva dalla sua data il fallito dell'amministrazione e della disponibilità dei suoi beni esistenti alla data di dichiarazione di fallimento.

Sono compresi nel fallimento anche i beni che pervengono al fallito durante il fallimento, dedotte le passività incontrate per l'acquisto e la conservazione dei beni medesimi.

Il curatore, previa autorizzazione del comitato dei creditori, può rinunciare ad acquisire i beni che pervengono al fallito durante la procedura fallimentare qualora i costi da sostenere per il loro acquisto e la loro conservazione risultino superiori al presumibile valore di realizzo dei beni stessi ([1]).

([1]) *Questo comma è stato aggiunto dall'art. 40 del D.L.vo 9 gennaio 2006, n. 5, a decorrere dal 16 luglio 2006.*

43. Rapporti processuali. – Nelle controversie, anche in corso, relative a rapporti di diritto patrimoniale del fallito compresi nel fallimento sta in giudizio il curatore.

Il fallito può intervenire nel giudizio solo per le questioni dalle quali può dipendere un'imputazione di bancarotta a suo carico o se l'intervento è previsto dalla legge.

L'apertura del fallimento determina l'interruzione del processo ([1]).

Le controversie in cui è parte un fallimento sono trattate con priorità. Il capo dell'ufficio trasmette annualmente al presidente della corte di appello i dati relativi al numero di procedimenti in cui è parte un fallimento e alla loro durata, nonché le disposizioni adottate per la finalità di cui al periodo precedente. Il presidente della corte di appello ne dà atto nella relazione sull'amministrazione della giustizia ([2]).

([1]) *Questo comma è stato aggiunto dall'art. 41 del D.L.vo 9 gennaio 2006, n. 5, a decorrere dal 16 luglio 2006.*

([2]) *Questo comma è stato aggiunto dall'art. 7, comma 1, lett. 0b), del D.L. 27 giugno 2015, n. 83, convertito, con modificazioni, nella L. 6 agosto 2015, n. 132.*

A norma dell'art. 23, comma 7, del medesimo provvedimento, tali disposizioni si applicano a decorrere dalla data di entrata in vigore della legge di conversione del presente decreto.

44. Atti compiuti dal fallito dopo la dichiarazione di fallimento. – Tutti gli atti compiuti dal fallito e i pagamenti da lui eseguiti dopo la dichiarazione di fallimento sono inefficaci rispetto ai creditori.

Sono egualmente inefficaci i pagamenti ricevuti dal fallito dopo la sentenza dichiarativa di fallimento.

Fermo quanto previsto dall'articolo 42, secondo comma, sono acquisite al fallimento tutte le utilità che il fallito consegue nel corso della procedura per effetto degli atti di cui al primo e secondo comma ([1]).

([1]) *Questo comma è stato aggiunto dall'art. 42 del D.L.vo 9 gennaio 2006, n. 5, a decorrere dal 16 luglio 2006.*

45. Formalità eseguite dopo la dichiarazione di fallimento. – Le formalità necessarie per rendere opponibili gli atti ai terzi, se compiute dopo la data della dichiarazione di fallimento, sono senza effetto rispetto ai creditori.

46. Beni non compresi nel fallimento. – Non sono compresi nel fallimento:

1) i beni e i diritti di natura strettamente personale;

2) gli assegni aventi carattere alimentare, gli stipendi, pensioni, salari e ciò che il fallito guadagna con la sua attività, entro i limiti di quanto occorre per il mantenimento suo e della famiglia;

3) i frutti derivanti dall'usufrutto legale sui beni dei figli, i beni costituiti in fondo patrimoniale e i frutti di essi, salvo quanto è disposto dall'articolo 170 del codice civile ([1]);

[4) i frutti dei beni costituiti in dote e i crediti dotali, salvo quanto è disposto dall'art. 188 del codice civile](2);

5) le cose che non possono essere pignorate per disposizione di legge.

I limiti previsti nel primo comma, numero 2), sono fissati con decreto motivato del giudice delegato che deve tener conto della condizione personale del fallito e di quella della sua famiglia (3).

(1) *Questo numero è stato così sostituito dall'art. 43, comma 1, lett.* a), *del D.L.vo 9 gennaio 2006, n. 5, a decorrere dal 16 luglio 2006.*

(2) *Questo numero è stato soppresso dall'art. 43, comma 1, lett.* b), *del D.L.vo 9 gennaio 2006, n. 5, a decorrere dal 16 luglio 2006.*

(3) *Questo comma è stato così sostituito dall'art. 43, comma 1, lett.* c), *del D.L.vo 9 gennaio 2006, n. 5, a decorrere dal 16 luglio 2006. Si riporta il testo precedente:*

«I limiti previsti nel n. 2 di questo articolo sono fissati con decreto del giudice delegato».

47. Alimenti al fallito e alla famiglia. – Se al fallito vengono a mancare i mezzi di sussistenza, il giudice delegato, sentiti il curatore e il comitato dei creditori, [se è stato nominato,] (1) può concedergli un sussidio a titolo di alimenti per lui e per la famiglia.

La casa di proprietà del fallito, nei limiti in cui è necessaria all'abitazione di lui e della sua famiglia, non può essere distratta da tale uso fino alla liquidazione delle attività.

(1) *Le parole fra parentesi quadrate sono state soppresse dall'art. 44 del D.L.vo 9 gennaio 2006, n. 5, a decorrere dal 16 luglio 2006.*

48. (1) **Corrispondenza diretta al fallito.** – Il fallito persona fisica è tenuto (2) a consegnare al curatore la propria corrispondenza di ogni genere, inclusa quella elettronica, riguardante i rapporti compresi nel fallimento.

La corrispondenza diretta al fallito che non sia persona fisica è consegnata al curatore (3).

(1) *Questo articolo è stato così sostituito dall'art. 45 del D.L.vo 9 gennaio 2006, n. 5. A norma dell'art. 153 del medesimo provvedimento, questo articolo entra in vigore il 16 gennaio 2006.*

(2) *Le parole: «L'imprenditore del quale sia stato dichiarato il fallimento, nonché gli amministratori o i liquidatori di società o enti soggetti alla procedura di fallimento sono tenuti» sono state così sostituite dalle attuali: «Il fallito persona fisica è tenuto» dall'art. 4, comma 1, lett.* a), *del D.L.vo 12 settembre 2007, n. 169, a decorrere dal 1° gennaio 2008.*

(3) *Questo comma è stato aggiunto dall'art. 4, comma 1, lett.* b), *del D.L.vo 12 settembre 2007, n. 169, a decorrere dal 1° gennaio 2008.*

49. (1) **Obblighi del fallito.** – L'imprenditore del quale sia stato dichiarato il fallimento, nonché gli amministratori o i liquidatori di società o enti soggetti alla procedura di fallimento sono tenuti a comunicare al curatore ogni cambiamento della propria residenza o del proprio domicilio.

Se occorrono informazioni o chiarimenti ai fini della gestione della procedura, i soggetti di cui al primo comma devono presentarsi personalmente al giudice delegato, al curatore o al comitato dei creditori.

In caso di legittimo impedimento o di altro giustificato motivo, il giudice può autorizzare l'imprenditore o il legale rappresentante della società o enti soggetti alla procedura di fallimento a comparire per mezzo di mandatario.

(1) *Questo articolo è stato così sostituito dall'art. 46 del D.L.vo 9 gennaio 2006, n. 5. A norma dell'art. 153 del medesimo provvedimento, questo articolo entra in vigore il 16 gennaio 2006.*

50. (1) (2) [**Pubblico registro dei falliti.** – Nella cancelleria di ciascun tribunale è tenuto un pubblico registro nel quale sono iscritti i nomi di coloro che sono dichiarati falliti dallo stesso tribunale, nonché di quelli dichiarati altrove, se il luogo di nascita del fallito si trova sotto la giurisdizione del tribunale.

Le iscrizioni dei nomi dei falliti sono cancellate dal registro in seguito a sentenza del tribunale.

Finché l'iscrizione non è cancellata, il fallito è soggetto alle incapacità stabilite dalla legge.

Le norme per la tenuta del registro saranno emanate con decreto del ministro per la grazia e giustizia. Fino all'istituzione del registro dei falliti le iscrizioni previste dal presente articolo sono eseguite nell'albo dei falliti attualmente esistente].

(1) *Questo articolo è stato abrogato dall'art. 47 del D.L.vo 9 gennaio 2006, n. 5. A norma dell'art. 153 del medesimo provvedimento, l'abrogazione decorre dal 16 gennaio 2006.*

(2) *La Corte costituzionale, con sentenza n. 39 del 27 febbraio 2008 ha dichiarato l'illegittimità costituzionale di questo articolo e dell'art. 142 del medesimo provvedimento, nel testo anteriore all'entrata in vigore del D.L.vo 9 gennaio 2006, n. 5, in quanto stabiliscono che le incapacità personali derivanti al fallito dalla dichiarazione di fallimento perdurano oltre la chiusura della procedura concorsuale.*

Sezione II
Degli effetti del fallimento
per i creditori

51. (1) **Divieto di azioni esecutive e cautelari individuali.** – Salvo diversa disposizione della legge, dal giorno della dichiarazione di fallimento nessuna azione individuale esecutiva o cautelare, anche per crediti maturati durante il fallimento, può essere iniziata o proseguita sui beni compresi nel fallimento.

(1) *Questo articolo è stato così sostituito dall'art. 48 del D.L.vo 9 gennaio 2006, n. 5, a decorrere dal 16 luglio 2006. Si riporta il testo precedente*:

«51. (Divieto di azioni esecutive individuali). *Salvo diversa disposizione della legge, dal giorno della dichiarazione di fallimento nessuna azione individuale esecutiva può essere iniziata o proseguita sui beni compresi nel fallimento*».

52. Concorso dei creditori. – Il fallimento apre il concorso dei creditori sul patrimonio del fallito.

Ogni credito, anche se munito di diritto di prelazione o trattato ai sensi dell'articolo 111, primo comma, n. 1, nonché ogni diritto reale o personale, mobiliare o immobiliare, deve essere accertato secondo le norme stabilite dal Capo V, salvo diverse disposizioni della legge (1).

Le disposizioni del secondo comma si applicano anche ai crediti esentati dal divieto di cui all'articolo 51 (2).

(1) *Questo comma è stato così sostituito dall'art. 49 del D.L.vo 9 gennaio 2006, n. 5, a decorrere dal 16 luglio 2006. Si riporta il testo precedente*:

«Ogni credito, anche se munito di diritto di prelazione, deve essere accertato secondo le norme stabilite dal capo V, salvo diverse disposizioni della legge».

(2) *Questo comma è stato inserito dall'art. 4, comma 2, del D.L.vo 12 settembre 2007, n. 169, a decorrere dal 1° gennaio 2008.*

53. (1) **Creditori muniti di pegno o privilegio su mobili.** – I crediti garantiti da pegno o assistiti da privilegio a norma degli artt. 2756 e 2761 del codice civile possono essere realizzati anche durante il fallimento, dopo che sono stati ammessi al passivo con prelazione.

Per essere autorizzato alla vendita il creditore fa istanza al giudice delegato, il quale, sentiti il curatore e il comitato dei creditori, stabilisce con decreto il tempo della vendita, determinandone le modalità a norma dell'articolo 107 (2).

Il giudice delegato, sentito il comitato dei creditori, se è stato nominato, può anche autorizzare il curatore a riprendere le cose sottoposte a pegno o a privilegio, pagando il creditore, o ad eseguire la vendita nei modi stabiliti dal comma precedente.

(1) *Si veda l'art. 3, comma 2* quater, *del D.L. 28 agosto 2008, n. 134, convertito, con modificazioni, nella L. 27 ottobre 2008, n. 166, che così dispone:*

«2 quater. *Nella procedura di amministrazione straordinaria, la domanda di ammissione al passivo per conto degli obbligazionisti e dei titolari di strumenti finanziari ammessi alla negoziazione sui mercati regolamentati è presentata dal rappresentante comune delle relative assemblee speciali. I documenti giustificativi sono presentati dai possessori dei titoli di cui al periodo precedente entro il termine indicato dal giudice delegato».*

(2) *Le parole: «disponendo se questa debba essere fatta ad offerte private o all'incanto, e determinando le modalità relative» sono state così sostituite dalle attuali: «determinandone le modalità a norma dell'articolo 107» dall'art. 4, comma 3, del D.L.vo 12 settembre 2007, n. 169, a decorrere dal 1° gennaio 2008.*

54. Diritto dei creditori privilegiati nella ripartizione dell'attivo. – I creditori garantiti da ipoteca, pegno o privilegio fanno valere il loro diritto di prelazione sul prezzo dei beni vincolati per il capitale, gli interessi e le spese; se non sono soddisfatti integralmente, concorrono, per quanto è ancora loro dovuto, con i creditori chirografari nelle ripartizioni del resto dell'attivo.

Essi hanno diritto di concorrere anche nelle ripartizioni che si eseguono prima della distribuzione del prezzo dei beni vincolati a loro garanzia. In tal caso, se ottengono un'utile collocazione definitiva su questo prezzo per la totalità del loro credito, computati in primo luogo gli interessi, l'importo ricevuto nelle ripartizioni anteriori viene detratto dalla somma loro assegnata per essere attribuito ai creditori chirografari. Se la collocazione utile ha luogo per una parte del credito garantito, per il capitale non soddisfatto essi hanno diritto di trattenere solo la percentuale definitiva assegnata ai creditori chirografari.

L'estensione del diritto di prelazione agli interessi è regolata dagli articoli 2749, 2788 e 2855, commi secondo e terzo, del codice civile, intendendosi equiparata la dichiarazione di fallimento all'atto di pignoramento. Per i crediti assistiti da privilegio generale, il decorso degli interessi cessa alla data del deposito del progetto di riparto nel quale il credito è soddisfatto anche se parzialmente (1).

(1) *Questo comma è stato così sostituito dall'art. 50 del D.L.vo 9 gennaio 2006, n. 5, a decorrere dal 16 luglio 2006.*

55. (1) **Effetti del fallimento sui debiti pecuniari.** – La dichiarazione di fallimento sospende il corso degli interessi convenzionali o legali, agli effetti del concorso, fino alla chiusura del fallimento, a meno che i crediti non siano garantiti da ipoteca, da pegno o privilegio, salvo quanto è disposto dal terzo comma dell'articolo precedente (2) (3).

I debiti pecuniari del fallito si considerano scaduti, agli effetti del concorso, alla data di dichiarazione del fallimento.

I crediti condizionali partecipano al concorso, a norma degli articoli 96, 113 e 113 *bis* ([4]). Sono compresi tra i crediti condizionali quelli che non possono farsi valere contro il fallito, se non previa escussione di un obbligato principale.

([1]) *La Corte costituzionale, con sentenza n. 300 del 31 dicembre 1986, ha dichiarato l'illegittimità costituzionale del combinato disposto di questo articolo e dell'articolo 59 richiamato dall'art. 169, nella parte in cui esclude la rivalutazione dei crediti di lavoro per il periodo successivo alla domanda di concordato preventivo.*

([2]) *La Corte costituzionale, con sentenza n. 300 del 31 dicembre 1986, ha dichiarato l'illegittimità costituzionale di questo comma, richiamato dall'art. 169, nella parte in cui non estende il privilegio agli interessi dovuti sui crediti privilegiati di lavoro nella procedura di concordato preventivo del datore di lavoro.*

La Corte costituzionale, con sentenza n. 204 del 20 aprile 1989, ha dichiarato l'illegittimità costituzionale di questo comma, nella parte in cui non estende la prelazione agli interessi dovuti sui crediti privilegiati da lavoro nella procedura di fallimento del datore di lavoro.

([3]) *La Corte costituzionale, con sentenza n. 408 del 18 luglio 1989, ha dichiarato l'illegittimità costituzionale di questo comma nella parte in cui, nelle procedure di fallimento del debitore e di concordato preventivo, non estendono la prelazione agli interessi dovuti sui crediti privilegiati delle società o enti cooperativi di produzione e di lavoro, di cui all'art. 2751* bis, *numero 5 del codice civile, che rispondono ai requisiti prescritti dalla legislazione in tema di cooperazione.*

La Corte costituzionale, con sentenza n. 567 del 22 dicembre 1989, ha dichiarato l'illegittimità costituzionale di questo comma, in relazione all'art. 1 del D.L. n. 26 del 1979, convertito in L. 3 aprile 1979, n. 95, nella parte in cui non estende la prelazione agli interessi dovuti sui crediti privilegiati da lavoro nella procedura di amministrazione straordinaria.

([4]) *Le parole: «a norma degli articoli 95 e 113» sono state così sostituite dalle attuali: «a norma degli articoli 96, 113 e 113* bis*» dall'art. 51 del D.L.vo 9 gennaio 2006, n. 5, a decorrere dal 16 luglio 2006.*

56. Compensazione in sede di fallimento. – I creditori hanno diritto di compensare coi loro debiti verso il fallito i crediti che essi vantano verso lo stesso, ancorché non scaduti prima della dichiarazione di fallimento.

Per i crediti non scaduti la compensazione tuttavia non ha luogo se il creditore ha acquistato il credito per atto tra vivi dopo la dichiarazione di fallimento o nell'anno anteriore.

57. Crediti infruttiferi. – I crediti infruttiferi non ancora scaduti alla data della dichiarazione di fallimento sono ammessi al passivo per l'intera somma. Tuttavia ad ogni singola ripartizione saranno detratti gli interessi composti, in ragione del cinque per cento all'anno, per il tempo che resta a decorrere dalla data del mandato di pagamento sino al giorno della scadenza del credito.

58. ([1]) **Obbligazioni e titoli di debito.** – I crediti derivanti da obbligazioni e da altri titoli di debito sono ammessi al passivo per il loro valore nominale detratti i rimborsi già effettuati; se è previsto un premio da estrarre a sorte, il suo valore attualizzato viene distribuito tra tutti i titoli che hanno diritto al sorteggio.

([1]) *Questo articolo è stato così sostituito dall'art. 52 del D.L.vo 9 gennaio 2006, n. 5, a decorrere dal 16 luglio 2006.*

59. Crediti non pecuniari. – I crediti non scaduti, aventi per oggetto una prestazione in danaro determinata con riferimento ad altri valori o aventi per oggetto una prestazione diversa dal danaro, concorrono secondo il loro valore alla data della dichiarazione di fallimento ([1]).

([1]) *La Corte costituzionale, con sentenza n. 300 del 31 dicembre 1986, ha dichiarato l'illegittimità costituzionale del combinato disposto degli artt. 55 e 59 richiamato dall'art. 169, nella parte in cui esclude la rivalutazione dei crediti di lavoro per il periodo successivo alla domanda di concordato preventivo.*

La Corte costituzionale, con sentenza n. 204 del 20 aprile 1989, ha dichiarato l'illegittimità costituzionale di questo articolo, anche in relazione all'art. 429 terzo comma c.p.c. nella parte in cui non prevede la rivalutazione dei crediti da lavoro con riguardo al periodo successivo all'apertura del fallimento fino al momento in cui lo stato passivo diviene definitivo.

La Corte costituzionale, con sentenza n. 567 del 22 dicembre 1989, ha dichiarato l'illegittimità costituzionale di questo articolo, in relazione all'art. 1 del D.L. 30 gennaio 1979, n. 26, convertito in L. 3 aprile 1979, n. 95, nella parte in cui non prevede la rivalutazione dei crediti di lavoro con riguardo al periodo successivo al decreto ministeriale con cui si dispone la procedura di amministrazione straordinaria fino al momento in cui la verifica del passivo diviene definitiva.

60. Rendita perpetua e rendita vitalizia. – Se nel passivo del fallimento sono compresi crediti per rendita perpetua, questa è riscattata a norma dell'art. 1866 del codice civile.

Il creditore di una rendita vitalizia è ammesso al passivo per una somma equivalente al valore capitale della rendita stessa al momento della dichiarazione di fallimento.

61. Creditore di più coobbligati solidali. – Il creditore di più coobbligati in solido concorre nel fallimento di quelli tra essi che sono falliti, per l'intero credito in capitale e accessori, sino al totale pagamento.

Il regresso tra i coobbligati falliti può essere esercitato solo dopo che il creditore sia stato soddisfatto per l'intero credito.

62. Creditore di più coobbligati solidali parzialmente soddisfatto. – Il creditore che, prima della dichiarazione di fallimento, ha ricevuto da un coobbligato in solido col fallito o da un fideiussore una parte del proprio credito ha diritto di concorrere nel fallimento per la parte non riscossa.

Il coobbligato che ha diritto di regresso verso il fallito ha diritto di concorrere nel fallimento di questo per la somma pagata.

Tuttavia il creditore ha diritto di farsi assegnare la quota di riparto spettante al coobbligato fino a concorrenza di quanto ancora dovutogli. Resta impregiudicato il diritto verso il coobbligato se il creditore rimane parzialmente insoddisfatto.

63. Coobbligato o fideiussore del fallito con diritto di garanzia. – Il coobbligato o fideiussore del fallito, che ha un diritto di pegno o d'ipoteca sui beni di lui a garanzia della sua azione di regresso concorre nel fallimento per la somma per la quale ha ipoteca o pegno.

Il ricavato della vendita dei beni ipotecati o delle cose date in pegno spetta al creditore in deduzione della somma dovuta.

Sezione III
Degli effetti del fallimento sugli atti pregiudizievoli ai creditori (1)

(1) *Si veda l'art. 6, comma 1* ter, *del D.L. 23 dicembre 2003, n. 347, convertito, con modificazioni, nella L. 18 febbraio 2004, n. 39.*

64. Atti a titolo gratuito. – Sono privi di effetto rispetto ai creditori, se compiuti dal fallito nei due anni anteriori alla dichiarazione di fallimento, gli atti a titolo gratuito, esclusi i regali d'uso e gli atti compiuti in adempimento di un dovere morale o a scopo di pubblica utilità, in quanto la liberalità sia proporzionata al patrimonio del donante.

I beni oggetto degli atti di cui al primo comma sono acquisiti al patrimonio del fallimento mediante trascrizione della sentenza dichiarativa di fallimento. Nel caso di cui al presente articolo ogni interessato può proporre reclamo avverso la trascrizione a norma dell'articolo 36 (1).

(1) *Questo comma è stato aggiunto dall'art. 6, comma 1* bis, *del D.L. 27 giugno 2015, n. 83, convertito, con modificazioni, nella L. 6 agosto 2015, n. 132.*

A norma dell'art. 23, comma 3, del medesimo provvedimento, tali disposizioni si applicano ai fallimenti dichiarati successivamente alla data di entrata in vigore del presente decreto.

65. Pagamenti. – Sono privi di effetto rispetto ai creditori i pagamenti di crediti che scadono nel giorno della dichiarazione di fallimento o posteriormente, se tali pagamenti sono stati eseguiti dal fallito nei due anni anteriori alla dichiarazione di fallimento.

66. Azione revocatoria ordinaria. – Il curatore può domandare che siano dichiarati inefficaci gli atti compiuti dal debitore in pregiudizio dei creditori secondo le norme del codice civile.

L'azione si propone dinanzi al tribunale fallimentare, sia in confronto del contraente immediato, sia in confronto dei suoi aventi causa nei casi in cui sia proponibile contro costoro.

67. (1) (2) **Atti a titolo oneroso, pagamenti, garanzie.** – Sono revocati, salvo che l'altra parte provi che non conosceva lo stato d'insolvenza del debitore:

1) gli atti a titolo oneroso compiuti nell'anno anteriore alla dichiarazione di fallimento, in cui le prestazioni eseguite o le obbligazioni assunte dal fallito sorpassano di oltre un quarto ciò che a lui è stato dato o promesso;

2) gli atti estintivi di debiti pecuniari scaduti ed esigibili non effettuati con danaro o con altri mezzi normali di pagamento, se compiuti nell'anno anteriore alla dichiarazione di fallimento;

3) i pegni, le anticresi e le ipoteche volontarie costituiti nell'anno anteriore alla dichiarazione di fallimento per debiti preesistenti non scaduti;

4) i pegni, le anticresi e le ipoteche giudiziali o volontarie costituiti entro sei mesi anteriori alla dichiarazione di fallimento per debiti scaduti.

Sono altresì revocati, se il curatore prova che l'altra parte conosceva lo stato d'insolvenza del debitore, i pagamenti di debiti liquidi ed esigibili, gli atti a titolo oneroso e quelli costitutivi di un diritto di prelazione per debiti, anche di terzi, contestualmente creati, se compiuti entro sei mesi anteriori alla dichiarazione di fallimento.

Non sono soggetti all'azione revocatoria:

a) i pagamenti di beni e servizi effettuati nell'esercizio dell'attività d'impresa nei termini d'uso;

b) le rimesse effettuate su un conto corrente bancario, purché non abbiano ridotto in maniera consistente e durevole l'esposizione debitoria del fallito nei confronti della banca;

c) le vendite ed i preliminari di vendita trascritti ai sensi dell'articolo 2645 *bis* del codice civile, i cui effetti non siano cessati ai sensi del comma terzo della suddetta disposizione, conclusi a giusto prezzo ed aventi ad oggetto immobili ad uso abitativo, destinati a costituire l'abitazione principale dell'acquirente o di suoi parenti e affini entro il terzo grado, ovvero immobili ad uso non abitativo destinati a costituire la sede principale dell'attività di impresa dell'acquirente, purché alla data di dichiarazione di fallimento tale attività sia effettivamente esercitata ovvero siano stati compiuti investimenti per darvi inizio (3) (4);

d) gli atti, i pagamenti e le garanzie concesse su beni del debitore purché posti in essere in esecuzione di un piano che appaia idoneo a consentire il risanamento della esposizione debitoria dell'impresa e ad assicurare il riequilibrio della sua situazione finanziaria; un professionista indipendente designato dal debitore, iscritto nel registro dei revisori legali ed in possesso dei requisiti previsti dall'articolo 28, lettere *a*) e *b*) deve attestare la veridicità dei dati aziendali e la fattibilità del piano; il professionista è indipendente quando non è legato all'impresa e a coloro che hanno interesse all'operazione di risanamento da rapporti di natura personale o professionale tali da comprometterne l'indipendenza di giudizio; in ogni caso, il professionista deve essere in possesso dei requisiti previsti dall'articolo 2399 del codice civile e non deve, neanche per il tramite di soggetti con i quali è unito in associazione professionale, avere prestato negli ultimi cinque anni attività di lavoro subordinato o autonomo in favore del debitore ovvero partecipato agli organi di amministrazione o di controllo; il piano può essere pubblicato nel registro delle imprese su richiesta del debitore ([5]);

e) gli atti, i pagamenti e le garanzie posti in essere in esecuzione del concordato preventivo, [dell'amministrazione controllata] ([6]), nonché dell'accordo omologato ai sensi dell'articolo 182 *bis*, nonché gli atti, i pagamenti e le garanzie legalmente posti in essere dopo il deposito del ricorso di cui all'articolo 161 ([7]);

f) i pagamenti dei corrispettivi per prestazioni di lavoro effettuate da dipendenti ed altri collaboratori, anche non subordinati, del fallito;

g) i pagamenti di debiti liquidi ed esigibili eseguiti alla scadenza per ottenere la prestazione di servizi strumentali all'accesso alle procedure concorsuali [di amministrazione controllata] ([6]) e di concordato preventivo.

Le disposizioni di questo articolo non si applicano all'istituto di emissione, alle operazioni di credito su pegno e di credito fondiario; sono salve le disposizioni delle leggi speciali.

([1]) *Questo articolo è stato così sostituito dall'art. 2, comma 1, lett.* a), *del D.L. 14 marzo 2005, n. 35, convertito, con modificazioni, nella L. 14 maggio 2005, n. 80. A norma dell'art. 2, comma 2, dello stesso D.L., le disposizioni di questo articolo si applicano alle azioni revocatorie proposte nell'ambito di procedure iniziate dopo la data di entrata in vigore del predetto D.L.*

([2]) *Si veda l'art. 10 del D.L.vo 20 giugno 2005, n. 122, di cui si riporta il testo:*

«10. (Esenzioni e limiti alla esperibilità dell'azione revocatoria fallimentare). *1. Gli atti a titolo oneroso che hanno come effetto il trasferimento della proprietà o di altro diritto reale di godimento di immobili da costruire, nei quali l'acquirente si impegni a stabilire, entro dodici mesi dalla data di acquisto o di ultimazione degli stessi, la residenza propria o del proprio coniuge (*) o di suoi parenti o affini entro il terzo grado, se posti in essere al giusto prezzo da valutarsi alla data della stipula del preliminare, non sono soggetti all'azione revocatoria prevista dall'articolo 67 del regio decreto 16 marzo 1942, n. 267, e successive modificazioni.*

«2. Non sono, altresì, soggetti alla medesima azione revocatoria i pagamenti dei premi e commissioni relativi ai contratti di fideiussione e di assicurazione di cui agli articoli 3 e 4, qualora effettuati nell'esercizio dell'attività d'impresa nei termini d'uso».

(*) *Le parole: «o del proprio coniuge» sono state inserite dall'art. 10* quater, *lett.* c), *del D.L. 28 marzo 2014, n. 47, convertito, con modificazioni, nella L. 23 maggio 2014, n. 80.*

(3) *Le parole: «, ovvero immobili ad uso non abitativo destinati a costituire la sede principale dell'attività di impresa dell'acquirente, purché alla data di dichiarazione di fallimento tale attività sia effettivamente esercitata ovvero siano stati compiuti investimenti per darvi inizio» sono state aggiunte dall'art. 33, comma 1, lett.* a), *n. 01), del D.L. 22 giugno 2012, n. 83, convertito, con modificazioni, nella L. 7 agosto 2012, n. 134. A norma dell'art. 33, comma 3, del medesimo decreto, tali disposizioni si applicano ai procedimenti di concordato preventivo e per l'omologazione di accordi di ristrutturazione dei debiti introdotti dal trentesimo giorno successivo a quello di entrata in vigore della legge di conversione del predetto decreto, nonché ai piani di cui al comma 1, lettera* a), *n. 1), elaborati successivamente al predetto termine.*

(4) *Questa lettera è stata così sostituita dall'art. 4, comma 4, lett.* a), *del D.L.vo 12 settembre 2007, n. 169, a decorrere dal 1° gennaio 2008. Si riporta il testo precedente:*

«c) *le vendite a giusto prezzo d'immobili ad uso abitativo, destinati a costituire l'abitazione principale dell'acquirente o di suoi parenti e affini entro il terzo grado».*

(5) *Questa lettera è stata così sostituita dall'art. 33, comma 1, lett.* a), *n. 1), del D.L. 22 giugno 2012, n. 83, convertito, con modificazioni, nella L. 7 agosto 2012, n. 134. A norma dell'art. 33, comma 3, del medesimo decreto, tali disposizioni si applicano ai procedimenti di concordato preventivo e per l'omologazione di accordi di ristrutturazione dei debiti introdotti dal trentesimo giorno successivo a quello di entrata in vigore della legge di conversione del presente decreto, nonché ai piani di cui al comma 1, lettera* a), *n. 1) elaborati successivamente al predetto termine.*

(6) *A norma dell'art. 147, comma 2, del D.L.vo 9 gennaio 2006, n. 5, sono soppressi tutti i riferimenti all'amministrazione controllata contenuti in questo provvedimento.*

(7) *Le parole: «, nonché gli atti, i pagamenti e le garanzie legalmente posti in essere dopo il deposito del ricorso di cui all'articolo 161;» sono state aggiunte dall'art. 33, comma 1, lett. a), n. 2), del D.L. 22 giugno 2012, n. 83, convertito, con modificazioni, nella L. 7 agosto 2012, n. 134. A norma dell'art. 33, comma 3, del medesimo decreto tali disposizioni si applicano ai procedimenti di concordato preventivo e per l'omologazione di accordi di ristrutturazione dei debiti introdotti dal trentesimo giorno successivo a quello di entrata in vigore della legge di conversione del presente decreto, nonché ai piani di cui al comma 1, lettera* a), *n. 1) elaborati successivamente al predetto termine.*

67 *bis*. (1) **Patrimoni destinati ad uno specifico affare.** – Gli atti che incidono su un patrimonio destinato ad uno specifico affare previsto dall'articolo 2447 *bis*, primo comma, lettera *a*) del codice civile, sono revocabili quando pregiudicano il patrimonio della società. Il presupposto soggettivo dell'azione è costituito dalla conoscenza dello stato d'insolvenza della società.

(1) *Questo articolo è stato inserito dall'art. 53 del D.L.vo 9 gennaio 2006, n. 5, a decorrere dal 16 luglio 2006.*

68. Pagamento di cambiale scaduta. – In deroga a quanto disposto dall'art. 67, secondo comma, non può essere revocato il pagamento di una cambiale, se il possessore di questa doveva accettarlo per non perdere l'azione cambiaria di regresso. In tal caso, l'ultimo obbligato in via di regresso, in confronto del quale il curatore provi che conosceva lo stato d'insolvenza del principale obbligato quando ha tratto o girato la cambiale, deve versare la somma riscossa al curatore.

69. (1) **Atti compiuti tra i coniugi.** – Gli atti previsti dall'articolo 67, compiuti tra coniugi nel tempo in cui il fallito esercitava un'impresa commerciale e quelli a titolo gratuito compiuti tra coniugi più di due anni prima della dichiarazione di fallimento, ma nel tempo in cui il fallito esercitava un'impresa commerciale sono revocati se il coniuge non prova che ignorava lo stato d'insolvenza del coniuge fallito.

(1) *Questo articolo è stato così sostituito dall'art. 54 del D.L.vo 9 gennaio 2006, n. 5, a decorrere dal 16 luglio 2006.*

69 *bis.* (1) **Decadenza dall'azione e computo dei termini** (2). – Le azioni revocatorie disciplinate nella presente sezione non possono essere promosse decorsi tre anni dalla dichiarazione di fallimento e comunque decorsi cinque anni dal compimento dell'atto.

Nel caso in cui alla domanda di concordato preventivo segua la dichiarazione di fallimento, i termini di cui agli articoli 64, 65, 67, primo e secondo comma, e 69 decorrono dalla data di pubblicazione della domanda di concordato nel registro delle imprese (3).

(1) *Questo articolo è stato inserito dall'art. 55 del D.L.vo 9 gennaio 2006, n. 5, a decorrere dal 16 luglio 2006.*

(2) *La precedente rubrica:* «Decadenza dall'azione» *è stata così sostituita dall'attuale dall'art. 33, comma 1, lett.* a bis), *n. 1), del D.L. 22 giugno 2012, n. 83, convertito, con modificazioni, nella L. 7 agosto 2012, n. 134.*

A norma dell'art. 33, comma 3, del medesimo decreto tali disposizioni si applicano ai procedimenti di concordato preventivo e per l'omologazione di accordi di ristrutturazione dei debiti introdotti dal trentesimo giorno successivo a quello di entrata in vigore della legge di conversione del presente decreto, nonché ai piani di cui al comma 1, lettera a), *n. 1) elaborati successivamente al predetto termine.*

(3) *Questo comma è stato aggiunto dall'art. 33, comma 1, lett.* a bis), *n. 2), del D.L. 22 giugno 2012, n. 83, convertito, con modificazioni, nella L. 7 agosto 2012, n. 134. A norma dell'art. 33, comma 3, del medesimo decreto tali disposizioni si applicano ai procedimenti di concordato preventivo e per l'omologazione di accordi di ristrutturazione dei debiti introdotti dal trentesimo giorno successivo a quello di entrata in vigore della legge di conversione del presente decreto, nonché ai piani di cui al comma 1, lettera* a), *n. 1) elaborati successivamente al predetto termine.*

70. ([1]) **Effetti della revocazione.** – La revocatoria dei pagamenti avvenuti tramite intermediari specializzati, procedure di compensazione multilaterale o dalle società previste dall'articolo 1 della legge 23 novembre 1939, n. 1966, si esercita e produce effetti nei confronti del destinatario della prestazione.

Colui che, per effetto della revoca prevista dalle disposizioni precedenti, ha restituito quanto aveva ricevuto è ammesso al passivo fallimentare per il suo eventuale credito.

Qualora la revoca abbia ad oggetto atti estintivi di posizioni passive derivanti da rapporti di conto corrente bancario o comunque ([2]) rapporti continuativi o reiterati, il terzo deve restituire una somma pari alla differenza tra l'ammontare massimo raggiunto dalle sue pretese, nel periodo per il quale è provata la conoscenza dello stato d'insolvenza, e l'ammontare residuo delle stesse, alla data in cui si è aperto il concorso. Resta salvo il diritto del convenuto d'insinuare al passivo un credito d'importo corrispondente a quanto restituito.

([1]) *Questo articolo è stato così sostituito dall'art. 2, comma 1, lett.* b), *del D.L. 14 marzo 2005, n. 35, convertito, con modificazioni, nella L. 14 maggio 2005, n. 80. A norma dell'art. 2, comma 2, dello stesso D.L., le disposizioni di questo articolo si applicano alle azioni revocatorie proposte nell'ambito di procedure iniziate dopo la data di entrata in vigore del predetto D.L. Il testo previgente era il seguente*:

«70. (Beni acquistati dal coniuge del fallito). *I beni, che il coniuge del fallito ha acquistato a titolo oneroso nel quinquennio anteriore alla dichiarazione di fallimento, si presumono di fronte ai creditori, salvo prova contraria, acquistati con danaro del fallito e si considerano proprietà di lui. Il curatore è legittimato ad apprenderne il possesso.*

«*Se i beni stessi furono nel frattempo alienati o ipotecati, la revocazione a danno del terzo non può aver luogo se questi prova la sua buona fede*».

([2]) *Le parole*: «*posizioni passive derivanti da rapporti di conto corrente bancario o comunque*» *sono state aggiunte dall'art. 4, comma 5, del D.L.vo 12 settembre 2007, n. 169, a decorrere dal 1° gennaio 2008.*

71. ([1]) [**Effetti della revocazione.** – Colui che per effetto della revoca prevista nelle disposizioni precedenti ha restituito quanto aveva ricevuto è ammesso al passivo fallimentare per il suo eventuale credito].

([1]) *Questo articolo è stato abrogato dall'art. 56 del D.L.vo 9 gennaio 2006, n. 5, a decorrere dal 16 luglio 2006.*

Sezione IV
Degli effetti del fallimento
sui rapporti giuridici
preesistenti

72. ([1]) **Rapporti pendenti.** – Se un contratto è ancora ineseguito o non compiutamente eseguito da entrambe le parti quando, nei confronti di una di esse, è dichiarato il fallimento, l'esecuzione del contratto, fatte salve le diverse disposizioni della presente Sezione, rimane sospesa fino a quando il curatore, con l'autorizzazione del comitato dei creditori, dichiara di subentrare nel contratto in luogo del fallito, assumendo tutti i relativi obblighi, ovvero di sciogliersi dal medesimo, salvo che, nei contratti ad effetti reali, sia già avvenuto il trasferimento del diritto ([2]).

Il contraente può mettere in mora il curatore, facendogli assegnare dal giudice delegato un termine non superiore a sessanta giorni, decorso il quale il contratto si intende sciolto.

La disposizione di cui al primo comma si applica anche al contratto preliminare salvo quanto previsto nell'articolo 72 *bis*.

In caso di scioglimento, il contraente ha diritto di far valere nel passivo il credito conseguente al mancato adempimento, senza che gli sia dovuto risarcimento del danno ([3]).

L'azione di risoluzione del contratto promossa prima del fallimento nei confronti della parte inadempiente spiega i suoi effetti nei confronti del curatore, fatta salva, nei casi previsti, l'efficacia della trascrizione della domanda; se il contraente intende ottenere con la pronuncia di risoluzione la restituzione di una somma o di un bene, ovvero il risarcimento del danno, deve proporre la domanda secondo le disposizioni di cui al Capo V.

Sono inefficaci le clausole negoziali che fanno dipendere la risoluzione del contratto dal fallimento.

In caso di scioglimento del contratto preliminare di vendita immobiliare trascritto ai sensi dell'articolo 2645 *bis* del codice civile, l'acquirente ha diritto di far valere il proprio credito nel passivo, senza che gli sia dovuto il risarcimento del danno e gode del privilegio di cui all'articolo 2775 *bis* del codice civile a condizione che gli effetti della trascrizione del contratto preliminare non siano cessati anteriormente alla data della dichiarazione di fallimento ([4]).

Le disposizioni di cui al primo comma non si applicano al contratto preliminare di vendita trascritto ai sensi dell'articolo 2645 *bis* del codice civile avente ad oggetto un immobile ad uso abitativo destinato a costituire l'abitazione principale dell'acquirente o di suoi parenti ed affini entro il terzo grado ovvero un immobile ad uso non abitativo destinato a costituire la sede principale dell'attività di impresa dell'acquirente (5) (4).

(1) *Questo articolo è stato così sostituito dall'art. 57 del D.L.vo 9 gennaio 2006, n. 5, a decorrere dal 16 luglio 2006.*

(2) *Le parole: «, salvo che, nei contratti ad effetti reali, sia già avvenuto il trasferimento del diritto» sono state aggiunte dall'art. 4, comma 6, lett.* a), *del D.L.vo 12 settembre 2007, n. 169, a decorrere dal 1° gennaio 2008.*

(3) *Le parole: «, senza che gli sia dovuto risarcimento del danno» sono state aggiunte dall'art. 4, comma 6, lett.* b), *del D.L.vo 12 settembre 2007, n. 169, a decorrere dal 1° gennaio 2008.*

(4) *L'originario settimo comma è stato così sostituito dagli attuali commi settimo e ottavo, dall'art. 4, comma 6, lett.* c), *del D.L.vo 12 settembre 2007, n. 169, a decorrere dal 1° gennaio 2008. Si riporta il testo dell'originario settimo comma, in vigore dal 16 luglio 2006 al 31 dicembre 2007:*

«Qualora l'immobile sia stato oggetto di preliminare di vendita trascritto ai sensi dell'articolo 2645 bis *del codice civile e il curatore, ai sensi del precedente comma, scelga lo scioglimento del contratto, l'acquirente ha diritto di far valere il proprio credito nel passivo, senza che gli sia dovuto il risarcimento del danno e gode del privilegio di cui all'articolo 2775* bis *del codice civile a condizione che gli effetti della trascrizione del contratto preliminare non siano cessati anteriormente alla data della dichiarazione di fallimento».*

(5) *Le parole: «ovvero un immobile ad uso non abitativo destinato a costituire la sede principale dell'attività di impresa dell'acquirente» sono state aggiunte dall'art. 33, comma 1, lett.* a ter), *del D.L. 22 giugno 2012, n. 83, convertito, con modificazioni, nella L. 7 agosto 2012, n. 134. A norma dell'art. 33, comma 3, del medesimo decreto tali disposizioni si applicano ai procedimenti di concordato preventivo e per l'omologazione di accordi di ristrutturazione dei debiti introdotti dal trentesimo giorno successivo a quello di entrata in vigore della legge di conversione del presente decreto, nonché ai piani di cui al comma 1, lettera* a), *n. 1) elaborati successivamente al predetto termine.*

72 *bis*. (1) **Contratti relativi ad immobili da costruire.** – I contratti di cui all'articolo 5 del decreto legislativo 20 giugno 2005, n. 122 (2) si sciolgono se, prima che il curatore comunichi la scelta tra esecuzione o scioglimento, l'acquirente abbia escusso la fideiussione a garanzia della restituzione di quanto versato al costruttore, dandone altresì comunicazione al curatore. In ogni caso, la fideiussione non può essere escussa dopo che il curatore ha comunicato di voler dare esecuzione al contratto.

(1) *Questo articolo, già sostituito dall'art. 58 del D.L.vo 9 gennaio 2006, n. 5, è stato ora così sostituito dall'art. 4, comma 7, del D.L.vo 12 settembre 2007, n. 169, a decorrere dal 1° gennaio 2008.*

(2) *Si riporta il testo dell'art. 5 del D.L.vo 20 giugno 2005, n. 122:*

«5. (Applicabilità della disciplina). 1. *La disciplina prevista dagli articoli 2, 3 e 4 si applica ai contratti aventi ad oggetto il trasferimento non immediato della proprietà o di altro diritto reale di godimento di immobili per i quali il permesso di costruire o altra denuncia o provvedimento abilitativo sia stato richiesto successivamente alla data di entrata in vigore del presente decreto».*

72 *ter*. (1) **Effetti sui finanziamenti destinati ad uno specifico affare.** – Il fallimento della società determina lo scioglimento del contratto di finanziamento di cui all'articolo 2447 *bis*, primo comma, lettera *b*) del codice civile quando impedisce la realizzazione o la continuazione dell'operazione.

In caso contrario, il curatore, sentito il parere del comitato dei creditori, può decidere di subentrare nel contratto in luogo della società assumendone gli oneri relativi.

Ove il curatore non subentri nel contratto, il finanziatore può chiedere al giudice delegato, sentito il comitato dei creditori, di realizzare o di continuare l'operazione, in proprio o affidandola a terzi; in tale ipotesi il finanziatore può trattenere i proventi dell'affare e può insinuarsi al passivo del fallimento in via chirografaria per l'eventuale credito residuo.

Nelle ipotesi previste nel secondo e terzo comma, resta ferma la disciplina prevista dall'articolo 2447 *decies*, terzo, quarto e quinto comma, del codice civile.

Qualora, nel caso di cui al primo comma, non si verifichi alcuna delle ipotesi previste nel secondo e nel terzo comma, si applica l'articolo 2447 *decies*, sesto comma, del codice civile.

(1) *Questo articolo è stato inserito dall'art. 59 del D.L.vo 9 gennaio 2006, n. 5, a decorrere dal 16 luglio 2006.*

72 *quater*. (1) **Locazione finanziaria.** – Al contratto di locazione finanziaria si applica, in caso di fallimento dell'utilizzatore, l'articolo 72. Se è disposto l'esercizio provvisorio dell'impresa il contratto continua ad avere esecuzione salvo che il curatore dichiari di volersi sciogliere dal contratto.

In caso di scioglimento del contratto, il concedente ha diritto alla restituzione del bene ed è tenuto a versare alla curatela l'eventuale differenza fra la maggiore somma ricavata dalla vendita o da altra collocazione del bene stesso avvenute a valori di mercato (2) rispetto al credito residuo in linea capitale; per le somme già riscosse si applica l'articolo 67, terzo comma, lettera *a*).

Il concedente ha diritto ad insinuarsi nello stato passivo per la differenza fra il credito vantato alla data del fallimento e quanto ricavato dalla nuova allocazione del bene.

In caso di fallimento delle società autorizzate alla concessione di finanziamenti sotto forma di locazione finanziaria, il contratto prosegue; l'utilizzatore conserva la facoltà di acquistare, alla scadenza del contratto, la proprietà del bene, previo pagamento dei canoni e del prezzo pattuito.

(1) *Questo articolo è stato inserito dall'art. 59 del D.L.vo 9 gennaio 2006, n. 5, a decorrere dal 16 luglio 2006.*

(2) *Le parole: «avvenute a valori di mercato» sono state inserite dall'art. 4, comma 8, del D.L.vo 12 settembre 2007, n. 169, a decorrere dal 1° gennaio 2008.*

73. (1) **Vendita con riserva di proprietà.** – Nella vendita con riserva di proprietà, in caso di fallimento del compratore, se il prezzo deve essere pagato a termine o a rate, il curatore può subentrare nel contratto con l'autorizzazione del comitato dei creditori; il venditore può chiedere cauzione a meno che il curatore paghi immediatamente il prezzo con lo sconto dell'interesse legale. Qualora il curatore si sciolga dal contratto, il venditore deve restituire le rate di prezzo già riscosse, salvo il diritto ad un equo compenso per l'uso della cosa.

Il fallimento del venditore non è causa di scioglimento del contratto.

(1) *Questo articolo è stato così sostituito dall'art. 4, comma 9, del D.L.vo 12 settembre 2007, n. 169, a decorrere dal 1° gennaio 2008.*

74. (1) **Contratti ad esecuzione continuata o periodica.** – Se il curatore subentra in un contratto ad esecuzione continuata o periodica deve pagare integralmente il prezzo anche delle consegne già avvenute o dei servizi già erogati.

(1) *Questo articolo è stato così sostituito dall'art. 4, comma 10, del D.L.vo 12 settembre 2007, n. 169, a decorrere dal 1° gennaio 2008.*

75. Restituzione di cose non pagate. – Se la cosa mobile oggetto della vendita è già stata spedita al compratore prima della dichiarazione di fallimento di questo, ma non è ancora a sua disposizione nel luogo di destinazione, né altri ha acquistato diritti sulla medesima, il venditore può riprenderne il possesso, assumendo a suo carico le spese e restituendo gli acconti ricevuti, sempreché egli non preferisca dar corso al contratto facendo valere nel passivo il credito per il prezzo, o il curatore non intenda farsi consegnare la cosa pagandone il prezzo integrale.

76. Contratto di borsa a termine. – Il contratto di borsa a termine, se il termine scade dopo la dichiarazione di fallimento di uno dei contraenti, si scioglie (1) alla data della dichiarazione di fallimento. La differenza fra il prezzo contrattuale e il valore delle cose o dei titoli alla data di dichiarazione di fallimento è versata nel fallimento se il fallito risulta in credito, o è ammessa al passivo del fallimento nel caso contrario.

(1) *Le parole: «è risolto» sono state così sostituite dalle attuali: «si scioglie» dall'art. 62 del D.L.vo 9 gennaio 2006, n. 5, a decorrere dal 16 luglio 2006.*

77. Associazione in partecipazione. – L'associazione in partecipazione si scioglie per il fallimento dell'associante. L'associato ha diritto di far valere nel passivo il credito per quella parte dei conferimenti, la quale non è assorbita dalle perdite a suo carico.

L'associato (1) è tenuto al versamento della parte ancora dovuta nei limiti delle perdite che sono a suo carico.

Nei suoi confronti è applicata la procedura prevista dall'art. 150.

(1) La parola: «Egli» è stata così sostituita dalle attuali: «L'associato» dall'art. 63 del D.L.vo 9 gennaio 2006, n. 5, a decorrere dal 16 luglio 2006.

78. (1) **Conto corrente, mandato, commissione.** – I contratti di conto corrente, anche bancario, e di commissione, si sciolgono per il fallimento di una delle parti.

Il contratto di mandato si scioglie per il fallimento del mandatario.

Se il curatore del fallimento del mandante subentra nel contratto, il credito del mandatario è trattato a norma dell'articolo 111, primo comma, n. 1, per l'attività compiuta dopo il fallimento.

(1) Questo articolo è stato così sostituito dall'art. 64 del D.L.vo 9 gennaio 2006, n. 5, a decorrere dal 16 luglio 2006.

79. (1) **Contratto di affitto d'azienda.** – Il fallimento non è causa di scioglimento del contratto di affitto d'azienda, ma entrambe le parti possono recedere entro sessanta giorni, corrispondendo alla controparte un equo indennizzo, che, nel dissenso tra le parti, è determinato dal giudice delegato, sentiti gli interessati. L'indennizzo dovuto dalla curatela è regolato dall'articolo 111, n. 1.

(1) Questo articolo è stato così sostituito dall'art. 4, comma 11, del D.L.vo 12 settembre 2007, n. 169, a decorrere dal 1° gennaio 2008.

80. (1) **Contratto di locazione di immobili.** – Il fallimento del locatore non scioglie il contratto di locazione d'immobili e il curatore subentra nel contratto.

Qualora la durata del contratto sia complessivamente superiore a quattro anni dalla dichiarazione di fallimento, il curatore ha, entro un anno dalla dichiarazione di fallimento, la facoltà di recedere dal contratto corrispondendo al conduttore un equo indennizzo per l'anticipato recesso, che nel dissenso fra le parti, è determinato dal giudice delegato, sentiti gli interessati. Il recesso ha effetto decorsi quattro anni dalla dichiarazione di fallimento.

In caso di fallimento del conduttore, il curatore può in qualunque tempo recedere dal contratto, corrispondendo al locatore un equo indennizzo per l'anticipato recesso, che nel dissenso fra le parti, è determinato dal giudice delegato, sentiti gli interessati.

Il credito per l'indennizzo è soddisfatto in prededuzione ai sensi dell'articolo 111, n. 1 con il privilegio dell'articolo 2764 del codice civile.

(1) *Questo articolo, già sostituito dall'art. 66 del D.L.vo 9 gennaio 2006, n. 5, è stato ora così sostituito dall'art. 4, comma 12, del D.L.vo 12 settembre 2007, n. 169, a decorrere dal 1° gennaio 2008.*

80 *bis*. (1) [**Contratto di affitto d'azienda.** – Il fallimento non è causa di scioglimento del contratto di affitto d'azienda, ma entrambe le parti possono recedere entro sessanta giorni, corrispondendo alla controparte un equo indennizzo, che, nel dissenso tra le parti, è determinato dal giudice delegato, sentiti gli interessati. L'indennizzo dovuto dalla curatela è regolato dall'articolo 111, primo comma, n. 1].

(1) *Questo articolo è stato inserito dall'art. 67 del D.L.vo 9 gennaio 2006, n. 5, a decorrere dal 16 luglio 2006 e successivamente abrogato dall'art. 4, comma 13, del D.L.vo 12 settembre 2007, n. 169, a decorrere dal 1° gennaio 2008.*

81. (1) **Contratto di appalto.** – Il contratto di appalto si scioglie per il fallimento di una delle parti, se il curatore, previa autorizzazione del comitato dei creditori non dichiara di voler subentrare nel rapporto dandone comunicazione all'altra parte nel termine di giorni sessanta dalla dichiarazione di fallimento ed offrendo idonee garanzie.

Nel caso di fallimento dell'appaltatore, il rapporto contrattuale si scioglie se la considerazione della qualità soggettiva è stata un motivo determinante del contratto, salvo che il committente non consenta, comunque, la prosecuzione del rapporto. Sono salve le norme relative al contratto di appalto per le opere pubbliche.

(1) *Questo articolo è stato così sostituito dall'art. 68 del D.L.vo 9 gennaio 2006, n. 5, a decorrere dal 16 luglio 2006.*

82. Contratto di assicurazione. – Il fallimento dell'assicurato non scioglie il contratto di assicurazione contro i danni, salvo patto contrario e salva l'applicazione dell'art. 1898 del codice civile se ne deriva un aggravamento del rischio.

Se il contratto continua, il credito dell'assicuratore per i premi non pagati deve essere soddisfatto integralmente, anche se la scadenza del premio è anteriore alla dichiarazione di fallimento.

83. Contratto di edizione. – Gli effetti del fallimento dell'editore sul contratto di edizione sono regolati dalla legge speciale (1).

(1) *Si vedano gli artt. 132 e 135 della L. 22 aprile 1941, n. 633.*

83 *bis*. ([1]) **Clausola arbitrale.** – Se il contratto in cui è contenuta una clausola compromissoria è sciolto a norma delle disposizioni della presente sezione, il procedimento arbitrale pendente non può essere proseguito.

([1]) *Questo articolo è stato inserito dall'art. 69 del D.L.vo 9 gennaio 2006, n. 5, a decorrere dal 16 luglio 2006.*

Capo IV
Della custodia e dell'amministrazione delle attività fallimentari

84. ([1]) **Dei sigilli.** – Dichiarato il fallimento, il curatore procede, secondo le norme stabilite dal codice di procedura civile, all'apposizione dei sigilli sui beni che si trovano nella sede principale dell'impresa e sugli altri beni del debitore.

Il curatore può richiedere l'assistenza della forza pubblica.

Se i beni o le cose si trovano in più luoghi e non è agevole l'immediato completamento delle operazioni, l'apposizione dei sigilli può essere delegata a uno o più coadiutori designati dal giudice delegato.

Per i beni e le cose sulle quali non è possibile apporre i sigilli si procede a norma dell'articolo 758 del codice di procedura civile.

([1]) *Questo articolo è stato così sostituito dall'art. 70 del D.L.vo 9 gennaio 2006, n. 5, a decorrere dal 16 luglio 2006.*

85. ([1]) [**Apposizione dei sigilli da parte del giudice di pace.** – Anche prima di ricevere la richiesta prevista dal secondo comma dell'articolo precedente, il giudice di pace, che abbia certa notizia della dichiarazione di fallimento, può procedere all'apposizione dei sigilli nei luoghi compresi nella sua giurisdizione].

([1]) *Questo articolo è stato abrogato dall'art. 71 del D.L.vo 9 gennaio 2006, n. 5, a decorrere dal 16 luglio 2006.*

86. ([1]) **Consegna del denaro, titoli, scritture contabili e di altra documentazione.** – Devono essere consegnate al curatore:

a) il denaro contante per essere dal medesimo depositato a norma dell'articolo 34;

b) le cambiali e gli altri titoli compresi quelli scaduti;

c) le scritture contabili e ogni altra documentazione dal medesimo richiesta o acquisita se non ancora depositate in cancelleria.

Il giudice delegato può autorizzarne il deposito in luogo idoneo, anche presso terzi. In ogni caso, il curatore deve esibire le scritture contabili a richiesta del fallito o di chi ne abbia diritto. Nel caso in cui il curatore non ritenga di dover esibire la documentazione richiesta, l'interessato può proporre ricorso al giudice delegato che provvede con decreto motivato.

Può essere richiesto il rilascio di copia, previa autorizzazione del giudice delegato, a cura e spese del richiedente.

(1) *Questo articolo è stato così sostituito dall'art. 72 del D.L.vo 9 gennaio 2006, n. 5, a decorrere dal 16 luglio 2006.*

87. (1) **Inventario.** – Il curatore, rimossi i sigilli, redige l'inventario nel più breve termine possibile secondo le norme stabilite dal codice di procedura civile, presenti o avvisati il fallito e il comitato dei creditori, se nominato, formando, con l'assistenza del cancelliere, processo verbale delle attività compiute. Possono intervenire i creditori.

Il curatore, quando occorre, nomina uno stimatore.

Prima di chiudere l'inventario il curatore invita il fallito o, se si tratta di società, gli amministratori a dichiarare se hanno notizia che esistano altre attività da comprendere nell'inventario, avvertendoli delle pene stabilite dall'articolo 220 in caso di falsa o omessa dichiarazione.

L'inventario è redatto in doppio originale e sottoscritto da tutti gli intervenuti. Uno degli originali deve essere depositato nella cancelleria del tribunale.

(1) *Questo articolo è stato così sostituito dall'art. 73 del D.L.vo 9 gennaio 2006, n. 5, a decorrere dal 16 luglio 2006.*

87 *bis*. (1) **Inventario su altri beni.** – In deroga a quanto previsto dagli articoli 52 e 103, i beni mobili sui quali i terzi vantano diritti reali o personali chiaramente riconoscibili possono essere restituiti con decreto del giudice delegato, su istanza della parte interessata e con il consenso del curatore e del comitato dei creditori, anche provvisoriamente nominato.

I beni di cui al primo comma possono non essere inclusi nell'inventario.

Sono inventariati i beni di proprietà del fallito per i quali il terzo detentore ha diritto di rimanere nel godimento in virtù di un titolo negoziale opponibile al curatore. Tali beni non sono soggetti alla presa in consegna a norma dell'articolo 88.

(1) *Questo articolo è stato inserito dall'art. 74 del D.L.vo 9 gennaio 2006, n. 5, a decorrere dal 16 luglio 2006.*

88. Presa in consegna dei beni del fallito da parte del curatore. – Il curatore prende in consegna i beni di mano in mano che ne fa l'inventario insieme con le scritture contabili e i documenti del fallito.

Se il fallito possiede immobili o altri beni soggetti a pubblica registrazione, il curatore notifica un estratto della sentenza dichiarativa di fallimento ai competenti uffici, perchè sia trascritto (¹) nei pubblici registri.

(¹) *La parola: «annotato» è stata così sostituita dall'attuale: «trascritto» dall'art. 5, comma 1, del D.L.vo 12 settembre 2007, n. 169, a decorrere dal 1° gennaio 2008.*

89. Elenchi dei creditori e dei titolari di diritti reali mobiliari e bilancio. – Il curatore, in base alle scritture contabili del fallito e alle (¹) altre notizie che può raccogliere, deve compilare l'elenco dei creditori, con l'indicazione dei rispettivi crediti e diritti di prelazione, nonché l'elenco di tutti coloro che vantano diritti reali e personali, mobiliari e immobiliari, su cose in possesso o nella disponibilità del fallito, con l'indicazione dei titoli relativi. Gli elenchi sono depositati in cancelleria (²).

Il curatore deve inoltre redigere il bilancio dell'ultimo esercizio, se non è stato presentato dal fallito nel termine stabilito, ed apportare le rettifiche necessarie e le eventuali aggiunte ai bilanci e agli elenchi presentati dal fallito a norma dell'art. 14.

(¹) *Le parole: «e delle» sono state così sostituite dalle attuali: «e alle» dall'art. 5, comma 2, del D.L.vo 12 settembre 2007, n. 169, a decorrere dal 1° gennaio 2008.*
(²) *Questo comma è stato così sostituito dall'art. 75 del D.L.vo 9 gennaio 2006, n. 5, a decorrere dal 16 luglio 2006.*

90. (¹) **Fascicolo della procedura.** – Immediatamente dopo la pubblicazione della sentenza di fallimento, il cancelliere forma un fascicolo, anche in modalità informatica, munito di indice, nel quale devono essere contenuti tutti gli atti, i provvedimenti ed i ricorsi attinenti al procedimento, opportunamente suddivisi in sezioni, esclusi quelli che, per ragioni di riservatezza, debbono essere custoditi separatamente.

Il comitato dei creditori e ciascun suo componente hanno diritto di prendere visione di qualunque atto o documento contenuti nel fascicolo. Analogo diritto, con la sola eccezione della relazione del curatore e degli atti eventualmente riservati su disposizione del giudice delegato, spetta anche al fallito.

Gli altri creditori ed i terzi hanno diritto di prendere visione e di estrarre copia degli atti e dei documenti per i quali sussiste un loro specifico ed attuale interesse, previa autorizzazione del giudice delegato, sentito il curatore.

(¹) *Questo articolo è stato così sostituito dall'art. 76 del D.L.vo 9 gennaio 2006, n. 5, a decorrere dal 16 luglio 2006.*

91. (¹) [**Anticipazione delle spese dall'erario.** – Se fra i beni compresi nel fallimento non vi è danaro occorrente alle spese giudiziali per gli atti richiesti dalla legge, dalla sentenza dichiarativa di fallimento alla chiusura della procedura, l'erario anticipa tali spese.

L'anticipazione delle spese si esegue quanto alle tasse di bollo e alle imposte di registro mediante prenotazione a debito in forza di decreto del giudice delegato per ogni singolo atto della procedura, e quanto alle altre spese mediante pagamento eseguito direttamente dai ricevitori del registro agli aventi diritto indicati nel decreto del giudice delegato.

Le spese anticipate dall'erario per le procedure fallimentari sono annotate in un registro apposito, che è tenuto dal cancelliere.

Il cancelliere provvede al recupero delle spese anticipate mediante prelevazione dalle somme ricavate dalla liquidazione dell'attivo, anche prima della chiusura della procedura fallimentare appena vi siano disponibilità liquide].

(¹) *Questo articolo è stato abrogato dall'art. 299 del D.P.R. 30 maggio 2002, n. 115.*

Capo V
Dell'accertamento del passivo e dei diritti reali mobiliari dei terzi

92. (¹) **Avviso ai creditori ed agli altri interessati.** – Il curatore, esaminate le scritture dell'imprenditore ed altre fonti di informazione, comunica senza indugio ai creditori e ai titolari di diritti reali o personali su beni mobili e immobili di proprietà o in possesso del fallito, a mezzo posta elettronica certificata se il relativo indirizzo del destinatario risulta dal registro delle imprese ovvero dall'Indice nazionale degli indirizzi di posta elettronica certificata delle imprese e dei professionisti e, in ogni altro caso, a mezzo lettera raccomandata o telefax presso la sede dell'impresa o la residenza del creditore:

1) che possono partecipare al concorso trasmettendo domanda con le modalità indicate nell'articolo seguente;

2) la data fissata per l'esame dello stato passivo e quella entro cui vanno presentate le domande;

3) ogni utile informazione per agevolare la presentazione della domanda, con l'avvertimento delle conseguenze di cui all'articolo 31 *bis*, secondo comma, nonché della sussistenza dell'onere previsto dall'articolo 93, terzo comma, n. 5);

4) il suo indirizzo di posta elettronica certificata (²).

Se il creditore ha sede o risiede all'estero, la comunicazione può essere effettuata al suo rappresentante in Italia, se esistente.

(¹) *Questo articolo è stato così sostituito dall'art. 77 del D.L.vo 9 gennaio 2006, n. 5, a decorrere dal 16 luglio 2006.*

(2) *Questo comma è stato così sostituito dall'art. 17, comma 1, lett. d), del D.L. 18 ottobre 2012, n. 179, convertito, con modificazioni, nella L. 17 dicembre 2012, n. 221. A norma dell'art. 17, commi 4 e 5 del medesimo decreto, tali disposizioni si applicano dalla data di entrata in vigore della legge di conversione del predetto decreto, anche alle procedure di fallimento, di concordato preventivo, di liquidazione coatta amministrativa e di amministrazione straordinaria pendenti, rispetto alle quali, alla stessa data, non è stata effettuata la comunicazione rispettivamente prevista dagli articoli 92, 171, 207 del regio decreto 16 marzo 1942, n. 267 e dall'articolo 22 decreto legislativo 8 luglio 1999, n. 270. Per le procedure in cui, alla data di entrata in vigore della legge di conversione del predetto decreto, sia stata effettuata la comunicazione di cui al comma 4, le disposizioni di cui ai commi 1 e 2 del presente articolo si applicano a decorrere dal 31 ottobre 2013. Il curatore, il commissario giudiziale, il commissario liquidatore e il commissario straordinario entro il 30 giugno 2013 comunicano ai creditori e ai terzi titolari di diritti sui beni il loro indirizzo di posta elettronica certificata e li invitano a comunicare, entro tre mesi, l'indirizzo di posta elettronica certificata al quale ricevere tutte le comunicazioni relative alla procedura, avvertendoli di rendere nota ogni successiva variazione e che in caso di omessa indicazione le comunicazioni sono eseguite esclusivamente mediante deposito in cancelleria.*

93. (1) (2) **Domanda di ammissione al passivo.** – La domanda di ammissione al passivo di un credito, di restituzione o rivendicazione di beni mobili e immobili, si propone con ricorso da trasmettere a norma del comma seguente almeno trenta giorni prima dell'udienza fissata per l'esame dello stato passivo (3).

Il ricorso può essere sottoscritto anche personalmente dalla parte ed è formato ai sensi degli articoli 21, comma 2, ovvero 22, comma 3, del decreto legislativo 7 marzo 2005, n. 82, e successive modificazioni e, nel termine stabilito dal primo comma, è trasmesso all'indirizzo di posta elettronica certificata del curatore indicato nell'avviso di cui all'articolo 92, unitamente ai documenti di cui al successivo sesto comma. L'originale del titolo di credito allegato al ricorso è depositato presso la cancelleria del tribunale (4).

Il ricorso contiene:

1) l'indicazione della procedura cui si intende partecipare e le generalità del creditore;

2) la determinazione della somma che si intende insinuare al passivo, ovvero la descrizione del bene di cui si chiede la restituzione o la rivendicazione;

3) la succinta esposizione dei fatti e degli elementi di diritto che costituiscono la ragione della domanda;

4) l'eventuale indicazione di un titolo di prelazione, [anche in relazione alla graduazione del credito,] (5) nonché la descrizione del bene sul quale la prelazione si esercita, se questa ha carattere speciale;

5) l'indicazione dell'indirizzo di posta elettronica certificata, al quale ricevere tutte le comunicazioni relative alla procedura, le cui variazioni è onere comunicare al curatore (6).

Il ricorso è inammissibile se è omesso o assolutamente incerto uno dei requisiti di cui ai numeri 1, 2 o 3 del precedente comma. Se è omesso o assolutamente incerto il requisito di cui al n. 4, il credito è considerato chirografario.

Se è omessa l'indicazione di cui al terzo comma, n. 5), nonché nei casi di mancata consegna del messaggio di posta elettronica certificata per cause imputabili al destinatario si applica l'articolo 31 *bis*, secondo comma (7).

Al ricorso sono allegati i documenti dimostrativi del diritto del creditore ovvero del diritto del terzo che chiede la restituzione o rivendica il bene.

[I documenti non presentati con la domanda devono essere depositati, a pena di decadenza, almeno quindici giorni prima dell'udienza fissata per l'esame dello stato passivo] (8).

Con la domanda di restituzione o rivendicazione, il terzo può chiedere la sospensione della liquidazione dei beni oggetto della domanda.

Il ricorso può essere presentato dal rappresentante comune degli obbligazionisti ai sensi dell'articolo 2418, secondo comma, del codice civile, anche per singoli gruppi di creditori.

Il giudice ad istanza della parte può disporre che il cancelliere prenda copia dei titoli al portatore o all'ordine presentati e li restituisca con l'annotazione dell'avvenuta domanda di ammissione al passivo.

(1) *Questo articolo è stato così sostituito dall'art. 78 del D.L.vo 9 gennaio 2006, n. 5, a decorrere dal 16 luglio 2006.*

(2) *A norma dell'art. 17, commi 4 e 5 del D.L. 18 ottobre 2012, n. 179, convertito, con modificazioni, nella L. 17 dicembre 2012, n. 221, le disposizioni modificate dal medesimo articolo si applicano dalla data di entrata in vigore della legge di conversione del predetto decreto, anche alle procedure di fallimento, di concordato preventivo, di liquidazione coatta amministrativa e di amministrazione straordinaria pendenti, rispetto alle quali, alla stessa data, non è stata effettuata la comunicazione rispettivamente prevista dagli articoli 92, 171, 207 del regio decreto 16 marzo 1942, n. 267 e dall'articolo 22 decreto legislativo 8 luglio 1999, n. 270. Per le procedure in cui, alla data di entrata in vigore della legge di conversione del predetto decreto, sia stata effettuata la comunicazione di cui al comma 4, le disposizioni di cui ai commi 1 e 2 del presente articolo si applicano a decorrere dal 31 ottobre 2013. Il curatore, il commissario giudiziale, il commissario liquidatore e il commissario straordinario entro il 30 giugno 2013 comunicano ai creditori e ai terzi titolari di diritti sui beni il loro indirizzo di posta elettronica certificata e li invitano a comunicare, entro tre mesi, l'indirizzo di posta elettronica certificata al quale ricevere tutte le comunicazioni relative alla procedura, avvertendoli di rendere nota ogni successiva variazione e che in caso di omessa indicazione le comunicazioni sono eseguite esclusivamente mediante deposito in cancelleria.*

([3]) *Questo comma è stato così sostituito dall'art. 17, comma 1, lett.* e), *n. 1), del D.L. 18 ottobre 2012, n. 179, convertito, con modificazioni, nella L. 17 dicembre 2012, n. 221.*

([4]) *Questo comma è stato così sostituito dall'art. 17, comma 1, lett.* e), *n. 2), del D.L. 18 ottobre 2012, n. 179, convertito, con modificazioni, nella L. 17 dicembre 2012, n. 221, così come modificato dall'art. 1, comma 19, n. 3), della L. 24 dicembre 2012, n. 228.*

([5]) *Le parole tra parentesi quadrate sono state soppresse dall'art. 6, comma 1, lett.* a), *del D.L.vo 12 settembre 2007, n. 169, a decorrere dal 1° gennaio 2008.*

([6]) *Questo numero è stato così sostituito dall'art. 17, comma 1, lett.* e), *n. 3), del D.L. 18 ottobre 2012, n. 179, convertito, con modificazioni, nella L. 17 dicembre 2012, n. 221.*

([7]) *Questo comma è stato così sostituito dall'art. 17, comma 1, lett.* e), *n. 4), del D.L. 18 ottobre 2012, n. 179, convertito, con modificazioni, nella L. 17 dicembre 2012, n. 221.*

([8]) *Questo comma è stato abrogato dall'art. 6, comma 1, lett.* b), *del D.L.vo 12 settembre 2007, n. 169, a decorrere dal 1° gennaio 2008.*

94. ([1]) **Effetti della domanda.** – La domanda di cui all'articolo 93 produce gli effetti della domanda giudiziale per tutto il corso del fallimento.

([1]) *Questo articolo è stato così sostituito dall'art. 79 del D.L.vo 9 gennaio 2006, n. 5, a decorrere dal 16 luglio 2006.*

95. ([1]) **Progetto di stato passivo e udienza di discussione.** – Il curatore esamina le domande di cui all'articolo 93 e predispone elenchi separati dei creditori e dei titolari di diritti su beni mobili e immobili di proprietà o in possesso del fallito, rassegnando per ciascuno le sue motivate conclusioni. Il curatore può eccepire i fatti estintivi, modificativi o impeditivi del diritto fatto valere, nonché l'inefficacia del titolo su cui sono fondati il credito o la prelazione, anche se è prescritta la relativa azione.

Il curatore deposita il progetto di stato passivo corredato dalle relative domande nella cancelleria del tribunale almeno quindici giorni prima dell'udienza fissata per l'esame dello stato passivo e nello stesso termine lo trasmette ai creditori e ai titolari di diritti sui beni all'indirizzo indicato nella domanda di ammissione al passivo. I creditori, i titolari di diritti sui beni ed il fallito possono esaminare il progetto e presentare al curatore, con le modalità indicate dall'articolo 93, secondo comma, osservazioni scritte e documenti integrativi fino a cinque giorni prima dell'udienza ([2]).

All'udienza fissata per l'esame dello stato passivo, il giudice delegato, anche in assenza delle parti, decide su ciascuna domanda, nei limiti delle conclusioni formulate ed avuto riguardo alle eccezioni del curatore, a quelle rilevabili d'ufficio ed a quelle formulate dagli altri interessati. Il giudice delegato può procedere ad atti di istruzione su richiesta delle parti, compatibilmente con le esigenze di speditezza del procedimento. In relazione al numero dei creditori e alla entità del passivo, il giudice delegato può stabilire che l'udienza sia svolta in via telematica con modalità idonee a salvaguardare il contraddittorio e l'effettiva partecipazione dei creditori, anche utilizzando le strutture informatiche messe a disposizione della procedura da soggetti terzi ([3]).

Il fallito può chiedere di essere sentito.

Delle operazioni si redige processo verbale.

([1]) Questo articolo è stato così sostituito dall'art. 80 del D.L.vo 9 gennaio 2006, n. 5, a decorrere dal 16 luglio 2006.

([2]) Questo comma è stato dapprima sostituito dall'art. 6, comma 2, del D.L.vo 12 settembre 2007, n. 169, a decorrere dal 1° gennaio 2008 e poi così sostituito dall'art. 17, comma 1, lett. f), *del D.L. 18 ottobre 2012, n. 179, convertito, con modificazioni, nella L. 17 dicembre 2012, n. 221. A norma dell'art. 17, commi 4 e 5 del medesimo decreto, tali disposizioni si applicano dalla data di entrata in vigore della legge di conversione del predetto decreto, anche alle procedure di fallimento, di concordato preventivo, di liquidazione coatta amministrativa e di amministrazione straordinaria pendenti, rispetto alle quali, alla stessa data, non è stata effettuata la comunicazione rispettivamente prevista dagli articoli 92, 171, 207 del regio decreto 16 marzo 1942, n. 267 e dall'articolo 22 decreto legislativo 8 luglio 1999, n. 270. Per le procedure in cui, alla data di entrata in vigore della legge di conversione del presente decreto, sia stata effettuata la comunicazione di cui al comma 4, le disposizioni di cui ai commi 1 e 2 del predetto articolo si applicano a decorrere dal 31 ottobre 2013. Il curatore, il commissario giudiziale, il commissario liquidatore e il commissario straordinario entro il 30 giugno 2013 comunicano ai creditori e ai terzi titolari di diritti sui beni il loro indirizzo di posta elettronica certificata e li invitano a comunicare, entro tre mesi, l'indirizzo di posta elettronica certificata al quale ricevere tutte le comunicazioni relative alla procedura, avvertendoli di rendere nota ogni successiva variazione e che in caso di omessa indicazione le comunicazioni sono eseguite esclusivamente mediante deposito in cancelleria.*

([3]) Questo periodo è stato aggiunto dall'art. 6, comma 1, lett. b), *del D.L. 3 maggio 2016, n. 59, convertito, con modificazioni, nella L. 30 giugno 2016, n. 119.*

96. ([1]) **Formazione ed esecutività dello stato passivo.** – Il giudice delegato, con decreto succintamente motivato ([2]), accoglie in tutto o in parte ovvero respinge o dichiara inammissibile la domanda proposta ai sensi dell'articolo 93. [Il decreto è succintamente motivato se sussiste contestazione da parte del curatore sulla domanda proposta] ([3]). La dichiarazione di inammissibilità della domanda non ne preclude la successiva riproposizione.

[Con il provvedimento di accoglimento della domanda, il giudice delegato indica anche il grado dell'eventuale diritto di prelazione] ([4]).

Oltre che nei casi stabiliti dalla legge, sono ammessi al passivo con riserva:

1) i crediti condizionati e quelli indicati nell'ultimo comma dell'articolo 55;

2) i crediti per i quali la mancata produzione del titolo dipende da fatto non riferibile al creditore, salvo che la produzione avvenga nel termine assegnato dal giudice;

3) i crediti accertati con sentenza del giudice ordinario o speciale non passata in giudicato, pronunziata prima della dichiarazione di fallimento. Il curatore può proporre o proseguire il giudizio di impugnazione.

Se le operazioni non possono esaurirsi in una sola udienza, il giudice ne rinvia la prosecuzione a non più di otto giorni, senza altro avviso per gli intervenuti e per gli assenti.

Terminato l'esame di tutte le domande, il giudice delegato forma lo stato passivo e lo rende esecutivo con decreto depositato in cancelleria.

Il decreto che rende esecutivo lo stato passivo e le decisioni assunte dal tribunale all'esito dei giudizi di cui all'articolo 99, producono effetti soltanto ai fini del concorso.

(1) *Questo articolo è stato così sostituito dall'art. 81 del D.L.vo 9 gennaio 2006, n. 5, a decorrere dal 16 luglio 2006.*

(2) *Le parole: «succintamente motivato» sono state aggiunte dall'art. 6, comma 1, lett.* a), *n. 1), del D.L.vo 12 settembre 2007, n. 169, a decorrere dal 1° gennaio 2008.*

(3) *Questo periodo è stato soppresso dall'art. 6, comma 1, lett.* a), *n. 2), del D.L.vo 12 settembre 2007, n. 169, a decorrere dal 1° gennaio 2008.*

(4) *Questo comma è stato abrogato dall'art. 6, comma 1, lett.* b), *del D.L.vo 12 settembre 2007, n. 169, a decorrere dal 1° gennaio 2008.*

97. (1) **Comunicazione dell'esito del procedimento di accertamento del passivo.** – Il curatore, immediatamente dopo la dichiarazione di esecutività dello stato passivo, ne dà comunicazione trasmettendo una copia a tutti i ricorrenti, informandoli del diritto di proporre opposizione in caso di mancato accoglimento della domanda.

(1) *Questo articolo è stato così da ultimo sostituito dall'art. 17, comma 1, lett.* g), *del D.L. 18 ottobre 2012, n. 179, convertito, con modificazioni, nella L. 17 dicembre 2012, n. 221. A norma dell'art. 17, commi 4 e 5 del medesimo decreto, tali disposizioni si applicano dalla data di entrata in vigore della legge di conversione del predetto decreto, anche alle procedure di fallimento, di concordato preventivo, di liquidazione coatta amministrativa e di amministrazione straordinaria pendenti, rispetto alle quali, alla stessa data, non è stata effettuata la comunicazione rispettivamente prevista dagli articoli 92, 171, 207 del regio decreto 16 marzo 1942, n. 267 e dall'articolo 22 decreto legislativo 8 luglio 1999, n. 270. Per le procedure in cui, alla data di entrata in vigore della legge di conversione del predetto decreto, sia stata effettuata la comunicazione di cui al comma 4, le disposizioni di cui ai commi 1 e 2 del presente articolo si applicano a decorrere dal 31 ottobre 2013. Il curatore, il commissario giudiziale, il commissario liquidatore e il commissario straordinario entro il 30 giugno 2013 comunicano ai creditori e ai terzi titolari di diritti sui beni il loro indirizzo di posta elettronica certificata e li invitano a comunicare, entro tre mesi, l'indirizzo di posta elettronica certificata al quale ricevere tutte le comunicazioni relative alla procedura, avvertendoli di rendere nota ogni successiva variazione e che in caso di omessa indicazione le comunicazioni sono eseguite esclusivamente mediante deposito in cancelleria.*

98. ([1]) **Impugnazioni.** – Contro il decreto che rende esecutivo lo stato passivo può essere proposta opposizione, impugnazione dei crediti ammessi o revocazione.

Con l'opposizione il creditore o il titolare di diritti su beni mobili o immobili contestano che la propria domanda sia stata accolta in parte o sia stata respinta; l'opposizione è proposta nei confronti del curatore.

Con l'impugnazione il curatore, il creditore o il titolare di diritti su beni mobili o immobili contestano che la domanda di un creditore o di altro concorrente sia stata accolta; l'impugnazione è rivolta nei confronti del creditore concorrente, la cui domanda è stata accolta. Al procedimento partecipa anche il curatore.

Con la revocazione il curatore, il creditore o il titolare di diritti su beni mobili o immobili, decorsi i termini per la proposizione della opposizione o della impugnazione, possono chiedere che il provvedimento di accoglimento o di rigetto vengano revocati se si scopre che essi sono stati determinati da falsità, dolo, errore essenziale di fatto o dalla mancata conoscenza di documenti decisivi che non sono stati prodotti tempestivamente per causa non imputabile. La revocazione è proposta nei confronti del creditore concorrente, la cui domanda è stata accolta, ovvero nei confronti del curatore quando la domanda è stata respinta. Nel primo caso, al procedimento partecipa il curatore.

Gli errori materiali contenuti nello stato passivo sono corretti con decreto del giudice delegato su istanza del creditore o del curatore, sentito il curatore o la parte interessata.

([1]) *Questo articolo è stato così sostituito dall'art. 83 del D.L.vo 9 gennaio 2006, n. 5, a decorrere dal 16 luglio 2006.*

99. ([1]) **Procedimento.** – Le impugnazioni di cui all'articolo precedente si propongono con ricorso depositato presso la cancelleria del tribunale entro trenta giorni dalla comunicazione di cui all'articolo 97 ovvero in caso di revocazione dalla scoperta del fatto o del documento.

Il ricorso deve contenere:

1) l'indicazione del tribunale, del giudice delegato e del fallimento;

2) le generalità dell'impugnante e l'elezione del domicilio nel comune ove ha sede il tribunale che ha dichiarato il fallimento;

3) l'esposizione dei fatti e degli elementi di diritto su cui si basa l'impugnazione e le relative conclusioni;

4) a pena di decadenza, le eccezioni processuali e di merito non rilevabili d'ufficio, nonché l'indicazione specifica dei mezzi di prova di cui il ricorrente intende avvalersi e dei documenti prodotti.

Il presidente, nei cinque giorni successivi al deposito del ricorso, designa il relatore, al quale può delegare la trattazione del procedimento, e fissa con decreto l'udienza di comparizione entro sessanta giorni dal deposito del ricorso.

Il ricorso, unitamente al decreto di fissazione dell'udienza, deve essere notificato, a cura del ricorrente, al curatore ed all'eventuale controinteressato entro dieci giorni dalla comunicazione del decreto.

Tra la data della notificazione e quella dell'udienza deve intercorrere un termine non minore di trenta giorni.

Le parti resistenti devono costituirsi almeno dieci giorni prima dell'udienza, eleggendo il domicilio nel comune in cui ha sede il tribunale.

La costituzione si effettua mediante il deposito in cancelleria di una memoria difensiva contenente, a pena di decadenza, le eccezioni processuali e di merito non rilevabili d'ufficio, nonché l'indicazione specifica dei mezzi di prova e dei documenti prodotti.

L'intervento di qualunque interessato non può avere luogo oltre il termine stabilito per la costituzione delle parti resistenti con le modalità per queste previste.

Il giudice provvede, anche ai sensi del terzo comma, all'ammissione ed all'espletamento dei mezzi istruttori.

Il giudice delegato al fallimento non può far parte del collegio.

Il collegio provvede in via definitiva sull'opposizione, impugnazione o revocazione con decreto motivato entro sessanta giorni dall'udienza o dalla scadenza del termine eventualmente assegnato per il deposito di memorie.

Il decreto è comunicato dalla cancelleria alle parti che, nei successivi trenta giorni, possono proporre ricorso per cassazione.

(¹) *Questo articolo, già sostituito dall'art. 84 del D.L.vo 9 gennaio 2006, n. 5, è stato ora così sostituito dall'art. 6, comma 4, del D.L.vo 12 settembre 2007, n. 169, a decorrere dal 1° gennaio 2008.*

100. (¹) [**Impugnazione dei crediti ammessi.** – Entro quindici giorni dal deposito dello stato passivo in cancelleria ciascun creditore può impugnare i crediti ammessi, con ricorso al giudice delegato.

Il giudice fissa con decreto l'udienza in cui le parti e il curatore devono comparire davanti a lui, nonché il termine perentorio per la notificazione del ricorso e del decreto al curatore ed ai creditori i cui crediti vengono impugnati. Le parti si costituiscono a norma dell'art. 98, terzo comma.

Se all'udienza le parti non raggiungono l'accordo, il giudice dispone con ordinanza non impugnabile che in caso di ripartizione siano accantonate le quote spettanti ai creditori contestati.

Per l'istruzione e la decisione delle impugnazioni si applicano le disposizioni dell'articolo precedente e il giudizio deve essere riunito a quello sulle opposizioni].

(1) *Questo articolo è stato abrogato dall'art. 85 del D.L.vo 9 gennaio 2006, n. 5, a decorrere dal 16 luglio 2006.*

101. (1) **Domande tardive di crediti.** – Le domande di ammissione al passivo di un credito, di restituzione o rivendicazione di beni mobili o immobili, trasmesse al curatore (2) oltre il termine di trenta giorni prima dell'udienza fissata per la verifica del passivo e non oltre quello di dodici mesi dal deposito del decreto di esecutività dello stato passivo sono considerate tardive; in caso di particolare complessità della procedura, il tribunale, con la sentenza che dichiara il fallimento, può prorogare quest'ultimo termine fino a diciotto mesi.

Il procedimento di accertamento delle domande tardive si svolge nelle stesse forme di cui all'articolo 95. Il giudice delegato fissa per l'esame delle domande tardive un'udienza ogni quattro mesi, salvo che sussistano motivi d'urgenza (3). Il curatore dà avviso a coloro che hanno presentato la domanda, della data dell'udienza. Si applicano le disposizioni di cui agli articoli da 93 a 99.

Il creditore ha diritto di concorrere sulle somme già distribuite nei limiti di quanto stabilito nell'articolo 112. Il titolare di diritti su beni mobili o immobili, se prova che il ritardo è dipeso da causa non imputabile, può chiedere che siano sospese le attività di liquidazione del bene sino all'accertamento del diritto.

Decorso il termine di cui al primo comma, e comunque fino a quando non siano esaurite tutte le ripartizioni dell'attivo fallimentare, le domande tardive sono ammissibili se l'istante prova che il ritardo è dipeso da causa a lui non imputabile.

(1) *Questo articolo è stato così sostituito dall'art. 86 del D.L.vo 9 gennaio 2006, n. 5, a decorrere dal 16 luglio 2006.*

(2) *Le parole: «depositate in cancelleria» sono state così sostituite dalle attuali: «trasmesse al curatore» dall'art. 17, comma 1, lett.* h), *del D.L. 18 ottobre 2012, n. 179, convertito, con modificazioni, nella L. 17 dicembre 2012, n. 221. A norma dell'art. 17, commi 4 e 5 del medesimo decreto, tali disposizioni si applicano dalla data di entrata in vigore della legge di conversione del predetto decreto, anche alle procedure di fallimento, di concordato preventivo, di liquidazione coatta amministrativa e di amministrazione straordinaria pendenti, rispetto alle quali, alla stessa data, non è stata effettuata la comunicazione rispettivamente prevista dagli articoli 92, 171, 207 del regio decreto 16 marzo 1942, n. 267 e dall'articolo 22 decreto legislativo 8 luglio 1999, n. 270. Per le procedure in cui, alla data di entrata in vigore della legge di conversione del predetto decreto, sia*

stata effettuata la comunicazione di cui al comma 4, le disposizioni di cui ai commi 1 e 2 del presente articolo si applicano a decorrere dal 31 ottobre 2013. Il curatore, il commissario giudiziale, il commissario liquidatore e il commissario straordinario entro il 30 giugno 2013 comunicano ai creditori e ai terzi titolari di diritti sui beni il loro indirizzo di posta elettronica certificata e li invitano a comunicare, entro tre mesi, l'indirizzo di posta elettronica certificata al quale ricevere tutte le comunicazioni relative alla procedura, avvertendoli di rendere nota ogni successiva variazione e che in caso di omessa indicazione le comunicazioni sono eseguite esclusivamente mediante deposito in cancelleria.

(3) *Questo periodo è stato inserito dall'art. 6, comma 5, del D.L.vo 12 settembre 2007, n. 169, a decorrere dal 1° gennaio 2008.*

102. (1) **Previsione di insufficiente realizzo.** – Il tribunale, con decreto motivato da adottarsi prima dell'udienza per l'esame dello stato passivo, su istanza del curatore depositata almeno venti giorni prima dell'udienza stessa, corredata da una relazione sulle prospettive della liquidazione, e dal parere del comitato dei creditori, sentito il fallito (2), dispone non farsi luogo al procedimento di accertamento del passivo relativamente ai crediti concorsuali se risulta che non può essere acquisito attivo da distribuire ad alcuno dei creditori che abbiano chiesto l'ammissione al passivo, salva la soddisfazione dei crediti prededucibili e delle spese di procedura.

Le disposizioni di cui al primo comma si applicano, in quanto compatibili, ove la condizione di insufficiente realizzo emerge successivamente alla verifica dello stato passivo (3).

Il curatore comunica il decreto di cui al primo comma trasmettendone copia (4) ai creditori che abbiano presentato domanda di ammissione al passivo ai sensi degli articoli 93 e 101, i quali, nei quindici giorni successivi, possono presentare reclamo alla corte di appello, che provvede con decreto in camera di consiglio, sentito il reclamante, il curatore, il comitato dei creditori ed il fallito.

(1) *Questo articolo è stato così sostituito dall'art. 87 del D.L.vo 9 gennaio 2006, n. 5, a decorrere dal 16 luglio 2006.*

(2) *Le parole: «e sentiti il comitato dei creditori ed il fallito» sono state così sostituite dalle attuali: «e dal parere del comitato dei creditori, sentito il fallito» dall'art. 6, comma 6, lett.* a), *del D.L.vo 12 settembre 2007, n. 169, a decorrere dal 1° gennaio 2008.*

(3) *Questo comma è stato così sostituito dall'art. 6, comma 6, lett.* b), *del D.L.vo 12 settembre 2007, n. 169, a decorrere dal 1° gennaio 2008. Si riporta il testo precedente, in vigore dal 16 luglio 2006 al 31 dicembre 2007:*

«Il tribunale dispone in conformità a quanto previsto nel primo comma anche se la condizione di insufficiente realizzo emerge nel corso delle eventuali udienze successive a quella fissata ai sensi dell'articolo 16».

(4) *Le parole: «trasmettendone copia» sono state inserite dall'art. 17, comma 1, lett.* i), *del D.L. 18 ottobre 2012, n. 179, convertito, con modificazioni, nella L. 17 dicembre 2012, n.*

221. A norma dell'art. 17, commi 4 e 5 del medesimo decreto, tali disposizioni si applicano dalla data di entrata in vigore della legge di conversione del predetto decreto, anche alle procedure di fallimento, di concordato preventivo, di liquidazione coatta amministrativa e di amministrazione straordinaria pendenti, rispetto alle quali, alla stessa data, non è stata effettuata la comunicazione rispettivamente prevista dagli articoli 92, 171, 207 del regio decreto 16 marzo 1942, n. 267 e dall'articolo 22 decreto legislativo 8 luglio 1999, n. 270. Per le procedure in cui, alla data di entrata in vigore della legge di conversione del predetto decreto, sia stata effettuata la comunicazione di cui al comma 4, le disposizioni di cui ai commi 1 e 2 del presente articolo si applicano a decorrere dal 31 ottobre 2013. Il curatore, il commissario giudiziale, il commissario liquidatore e il commissario straordinario entro il 30 giugno 2013 comunicano ai creditori e ai terzi titolari di diritti sui beni il loro indirizzo di posta elettronica certificata e li invitano a comunicare, entro tre mesi, l'indirizzo di posta elettronica certificata al quale ricevere tutte le comunicazioni relative alla procedura, avvertendoli di rendere nota ogni successiva variazione e che in caso di omessa indicazione le comunicazioni sono eseguite esclusivamente mediante deposito in cancelleria.

103. ([1]) **Procedimenti relativi a domande di rivendica e restituzione.** – Ai procedimenti che hanno ad oggetto domande di restituzione o di rivendicazione, si applica il regime probatorio previsto nell'articolo 621 del codice di procedura civile. Se il bene non è stato acquisito all'attivo della procedura, il titolare del diritto, anche nel corso dell'udienza di cui all'articolo 95, può modificare l'originaria domanda e chiedere l'ammissione al passivo del controvalore del bene alla data di apertura del concorso. Se il curatore perde il possesso della cosa dopo averla acquisita, il titolare del diritto può chiedere che il controvalore del bene sia corrisposto in prededuzione.

Sono salve le disposizioni dell'articolo 1706 del codice civile ([2]).

([1]) Questo articolo è stato così sostituito dall'art. 88 del D.L.vo 9 gennaio 2006, n. 5, a decorrere dal 16 luglio 2006.

([2]) Questo comma è stato aggiunto dall'art. 6, comma 7, del D.L.vo 12 settembre 2007, n. 169, a decorrere dal 1° gennaio 2008.

Capo VI
Dell'esercizio provvisorio e della liquidazione dell'attivo ([1])

([1]) *L'originaria rubrica: «DELLA LIQUIDAZIONE DELL'ATTIVO» è stata così sostituita dall'attuale: «DELL'ESERCIZIO PROVVISORIO E DELLA LIQUIDAZIONE DELL'ATTIVO» dall'art. 89 del D.L.vo 9 gennaio 2006, n. 5, a decorrere dal 16 luglio 2006.*

Sezione I
Disposizioni generali

104. ([1]) **Esercizio provvisorio dell'impresa del fallito.** – Con la sentenza dichiarativa del fallimento, il tribunale può disporre l'esercizio provvisorio dell'impresa, anche limitatamente a specifici rami dell'azienda, se dalla interruzione può derivare un danno grave, purché non arrechi pregiudizio ai creditori.

Successivamente, su proposta del curatore, il giudice delegato, previo parere favorevole del comitato dei creditori, autorizza, con decreto motivato, la continuazione temporanea dell'esercizio dell'impresa, anche limitatamente a specifici rami dell'azienda, fissandone la durata.

Durante il periodo di esercizio provvisorio, il comitato dei creditori è convocato dal curatore, almeno ogni tre mesi, per essere informato sull'andamento della gestione e per pronunciarsi sull'opportunità di continuare l'esercizio.

Se il comitato dei creditori non ravvisa l'opportunità di continuare l'esercizio provvisorio, il giudice delegato ne ordina la cessazione.

Ogni semestre, o comunque alla conclusione del periodo di esercizio provvisorio, il curatore deve presentare un rendiconto dell'attività mediante deposito in cancelleria. In ogni caso il curatore informa senza indugio il giudice delegato e il comitato dei creditori di circostanze sopravvenute che possono influire sulla prosecuzione dell'esercizio provvisorio.

Il tribunale può ordinare la cessazione dell'esercizio provvisorio in qualsiasi momento laddove ne ravvisi l'opportunità, con decreto in camera di consiglio non soggetto a reclamo sentiti il curatore ed il comitato dei creditori.

Durante l'esercizio provvisorio i contratti pendenti proseguono, salvo che il curatore non intenda sospenderne l'esecuzione o scioglierli. È fatto salvo il disposto dell'articolo 110, comma 3, del decreto legislativo 18 aprile 2016, n. 50 ([2]).

I crediti sorti nel corso dell'esercizio provvisorio sono soddisfatti in prededuzione ai sensi dell'articolo 111, primo comma, n. 1).

Al momento della cessazione dell'esercizio provvisorio si applicano le disposizioni di cui alla sezione IV del capo III del titolo II.

(1) *Questo articolo è stato così sostituito dall'art. 90 del D.L.vo 9 gennaio 2006, n. 5, a decorrere dal 16 luglio 2006.*

(2) *Questo periodo è stato aggiunto dall'art. 2, comma 4, lett. a), del D.L. 18 aprile 2019, n. 32, convertito, con modificazioni, nella L. 14 giugno 2019, n. 55, a decorrere dal 18 giugno 2019.*

104 *bis*. (1) **Affitto dell'azienda o di rami dell'azienda.** – Anche prima della presentazione del programma di liquidazione di cui all'articolo 104 *ter* su proposta del curatore, il giudice delegato, previo parere favorevole del comitato dei creditori, autorizza l'affitto dell'azienda del fallito a terzi anche limitatamente a specifici rami quando appaia utile al fine della più proficua vendita dell'azienda o di parti della stessa.

La scelta dell'affittuario è effettuata dal curatore a norma dell'articolo 107, sulla base di stima, assicurando, con adeguate forme di pubblicità, la massima informazione e partecipazione degli interessati. La scelta dell'affittuario deve tenere conto, oltre che dell'ammontare del canone offerto, delle garanzie prestate e della attendibilità del piano di prosecuzione delle attività imprenditoriali, avuto riguardo alla conservazione dei livelli occupazionali.

Il contratto di affitto stipulato dal curatore nelle forme previste dall'articolo 2556 del codice civile deve prevedere il diritto del curatore di procedere alla ispezione della azienda, la prestazione di idonee garanzie per tutte le obbligazioni dell'affittuario derivanti dal contratto e dalla legge, il diritto di recesso del curatore dal contratto che può essere esercitato, sentito il comitato dei creditori, con la corresponsione all'affittuario di un giusto indennizzo da corrispondere ai sensi dell'articolo 111, primo comma, n. 1).

La durata dell'affitto deve essere compatibile con le esigenze della liquidazione dei beni.

Il diritto di prelazione a favore dell'affittuario può essere concesso convenzionalmente, previa espressa autorizzazione del giudice delegato e previo parere favorevole del comitato dei creditori. In tal caso, esaurito il procedimento di determinazione del prezzo di vendita dell'azienda, o del singolo ramo, il curatore, entro dieci giorni, lo comunica all'affittuario, il quale può esercitare il diritto di prelazione entro cinque giorni dal ricevimento della comunicazione.

La retrocessione al fallimento di aziende, o rami di aziende, non comporta la responsabilità della procedura per i debiti maturati sino alla retrocessione, in deroga a quanto previsto dagli articoli 2112 e 2560 del codice civile.

Ai rapporti pendenti al momento della retrocessione si applicano le disposizioni di cui alla sezione IV del capo III del titolo II.

([1]) *Questo articolo è stato inserito dall'art. 91 del D.L.vo 9 gennaio 2006, n. 5, a decorrere dal 16 luglio 2006.*

104 *ter*. ([1]) **Programma di liquidazione.** – Entro sessanta giorni dalla redazione dell'inventario, e in ogni caso non oltre centottanta giorni dalla sentenza dichiarativa di fallimento, ([2]) il curatore predispone un programma di liquidazione da sottoporre all'approvazione del comitato dei creditori. Il mancato rispetto del termine di centottanta giorni di cui al primo periodo senza giustificato motivo è giusta causa di revoca del curatore ([3]) ([4]).

Il programma costituisce l'atto di pianificazione e di indirizzo in ordine alle modalità e ai termini previsti per la realizzazione dell'attivo, e deve specificare:

a) l'opportunità di disporre l'esercizio provvisorio dell'impresa, o di singoli rami di azienda, ai sensi dell'articolo 104, ovvero l'opportunità di autorizzare l'affitto dell'azienda, o di rami, a terzi ai sensi dell'articolo 104 *bis*;

b) la sussistenza di proposte di concordato ed il loro contenuto;

c) le azioni risarcitorie, recuperatorie o revocatorie da esercitare ed il loro possibile esito;

d) le possibilità di cessione unitaria dell'azienda, di singoli rami, di beni o di rapporti giuridici individuabili in blocco;

e) le condizioni della vendita dei singoli cespiti ([5]);

f) il termine entro il quale sarà completata la liquidazione dell'attivo ([6]).

Il termine di cui alla lettera *f*) del precedente comma non può eccedere due anni dal deposito della sentenza di fallimento. Nel caso in cui, limitatamente a determinati cespiti dell'attivo, il curatore ritenga necessario un termine maggiore, egli è tenuto a motivare specificamente in ordine alle ragioni che giustificano tale maggior termine ([7]).

Il curatore, fermo restando quanto disposto dall'articolo 107, ([8]) può essere autorizzato dal giudice delegato ad affidare ad altri professionisti o società specializzate ([9]) alcune incombenze della procedura di liquidazione dell'attivo.

Il comitato dei creditori può proporre al curatore modifiche al programma presentato. [L'approvazione del programma di liquidazione tiene luogo delle singole autorizzazioni eventualmente necessarie ai sensi della presente legge per l'adozione di atti o l'effettuazione di operazioni inclusi nel programma] ([10]).

Per sopravvenute esigenze, il curatore può presentare, con le modalità di cui ai commi primo, secondo e terzo, un supplemento del piano di liquidazione.

Prima della approvazione del programma, il curatore può procedere alla liquidazione di beni, previa autorizzazione del giudice delegato, sentito il comitato dei creditori se già nominato, solo quando dal ritardo può derivare pregiudizio all'interesse dei creditori.

Il curatore, previa autorizzazione del comitato dei creditori, può non acquisire all'attivo o rinunciare a liquidare uno o più beni, se l'attività di liquidazione appaia manifestamente non conveniente. In questo caso, il curatore ne dà comunicazione ai creditori i quali, in deroga a quanto previsto nell'articolo 51, possono iniziare azioni esecutive o cautelari sui beni rimessi nella disponibilità del debitore.

Il programma approvato è comunicato al giudice delegato che autorizza l'esecuzione degli atti a esso conformi ([11]).

Il mancato rispetto dei termini previsti dal programma di liquidazione senza giustificato motivo è giusta causa di revoca del curatore. È altresì giusta causa di revoca, in presenza di somme disponibili per la ripartizione, il mancato rispetto dell'obbligo di cui all'articolo 110 primo comma ([12]) ([13]).

([1]) *Questo articolo è stato inserito dall'art. 91 del D.L.vo 9 gennaio 2006, n. 5, a decorrere dal 16 luglio 2006.*

([2]) *Le parole: «e in ogni caso non oltre centottanta giorni dalla sentenza dichiarativa di fallimento,» sono state aggiunte dall'art. 6, comma 1, lett.* a), *del D.L. 27 giugno 2015, n. 83, convertito, con modificazioni, nella L. 6 agosto 2015, n. 132.*

A norma dell'art. 23, comma 3, del medesimo provvedimento, tali disposizioni si applicano ai fallimenti dichiarati successivamente alla data di entrata in vigore del presente decreto.

([3]) *Questo periodo è stato aggiunto dall'art. 6, comma 1, lett.* a), *del D.L. 27 giugno 2015, n. 83, convertito, con modificazioni, nella L. 6 agosto 2015, n. 132.*

A norma dell'art. 23, comma 3, del medesimo provvedimento, tali disposizioni si applicano ai fallimenti dichiarati successivamente alla data di entrata in vigore del presente decreto.

([4]) *Questo comma è stato così sostituito dall'art. 7, comma 1, lett.* a), *del D.L.vo 12 settembre 2007, n. 169, a decorrere dal 1° gennaio 2008.*

([5]) *Questo comma è stato così sostituito dall'art. 7, comma 1, lett.* a), *del D.L.vo 12 settembre 2007, n. 169, a decorrere dal 1° gennaio 2008.*

([6]) *Questa lettera è stata aggiunta dall'art. 6, comma 1, lett.* b), *del D.L. 27 giugno 2015, n. 83, convertito, con modificazioni, nella L. 6 agosto 2015, n. 132.*

A norma dell'art. 23, comma 3, del medesimo provvedimento, tali disposizioni si applicano ai fallimenti dichiarati successivamente alla data di entrata in vigore del presente decreto.

([7]) *Questo comma è stato aggiunto dall'art. 6, comma 1, lett.* c), *del D.L. 27 giugno 2015, n. 83, convertito, con modificazioni, nella L. 6 agosto 2015, n. 132.*

A norma dell'art. 23, comma 3, del medesimo provvedimento, tali disposizioni si applicano ai fallimenti dichiarati successivamente alla data di entrata in vigore del presente decreto.

([8]) *Le parole: «, fermo restando quanto disposto dall'articolo 107,» sono state aggiunte dall'art. 6, comma 1, lett.* d), *del D.L. 27 giugno 2015, n. 83, convertito, con modificazioni, nella L. 6 agosto 2015, n. 132.*

A norma dell'art. 23, comma 3, del medesimo provvedimento, tali disposizioni si applicano ai fallimenti dichiarati successivamente alla data di entrata in vigore del presente decreto.

([9]) *Le parole: «o società specializzate» sono state aggiunte dall'art. 6, comma 1, lett.* d), *del D.L. 27 giugno 2015, n. 83, convertito, con modificazioni, nella L. 6 agosto 2015, n. 132.*

A norma dell'art. 23, comma 3, del medesimo provvedimento, tali disposizioni si applicano ai fallimenti dichiarati successivamente alla data di entrata in vigore del presente decreto.

([10]) *Questo periodo è stato soppresso dall'art. 7, comma 1, lett.* b), *del D.L.vo 12 settembre 2007, n. 169, a decorrere dal 1° gennaio 2008.*

([11]) *Questo comma è stato inserito dall'art. 7, comma 1, lett.* c), *del D.L.vo 12 settembre 2007, n. 169, a decorrere dal 1° gennaio 2008.*

([12]) *Questo periodo è stato inserito dall'art. 6, comma 1, lett.* c), *del D.L. 3 maggio 2016, n. 59, convertito, con modificazioni, nella L. 30 giugno 2016, n. 119.*

([13]) *Questo comma è stato aggiunto dall'art. 6, comma 1, lett.* e), *del D.L. 27 giugno 2015, n. 83, convertito, con modificazioni, nella L. 6 agosto 2015, n. 132.*

A norma dell'art. 23, comma 3, del medesimo provvedimento, tali disposizioni si applicano ai fallimenti dichiarati successivamente alla data di entrata in vigore del presente decreto.

Sezione II
Della vendita dei beni [1]

[1] *Le parole «Sezione II DELLA VENDITA DEI BENI» sono state inserite dall'art. 7, comma 2, del D.L.vo 12 settembre 2007, n. 169, a decorrere dal 1° gennaio 2008.*

105. [1] **Vendita dell'azienda, di rami, di beni e rapporti in blocco.** – La liquidazione dei singoli beni ai sensi degli articoli seguenti del presente capo è disposta quando risulta prevedibile che la vendita dell'intero complesso aziendale, di suoi rami, di beni o rapporti giuridici individuabili in blocco non consenta una maggiore soddisfazione dei creditori.

La vendita del complesso aziendale o di rami dello stesso è effettuata con le modalità di cui all'articolo 107, in conformità a quanto disposto dall'articolo 2556 del codice civile.

Nell'ambito delle consultazioni sindacali relative al trasferimento d'azienda, il curatore, l'acquirente e i rappresentanti dei lavoratori possono convenire il trasferimento solo parziale dei lavoratori alle dipendenze dell'acquirente e le ulteriori modifiche del rapporto di lavoro consentite dalle norme vigenti.

Salva diversa convenzione, è esclusa la responsabilità dell'acquirente per i debiti relativi all'esercizio delle aziende cedute, sorti prima del trasferimento.

Il curatore può procedere altresì alla cessione delle attività e delle passività dell'azienda o dei suoi rami, nonché di beni o rapporti giuridici individuabili in blocco, esclusa comunque la responsabilità dell'alienante prevista dall'articolo 2560 del codice civile.

La cessione dei crediti relativi alle aziende cedute, anche in mancanza di notifica al debitore o di sua accettazione, ha effetto, nei confronti dei terzi, dal momento dell'iscrizione del trasferimento nel registro delle imprese. Tuttavia il debitore ceduto è liberato se paga in buona fede al cedente.

I privilegi e le garanzie di qualsiasi tipo, da chiunque prestate o comunque esistenti a favore del cedente, conservano la loro validità e il loro grado a favore del cessionario.

Il curatore può procedere alla liquidazione anche mediante il conferimento in una o più società, eventualmente di nuova costituzione, dell'azienda o di rami della stessa, ovvero di beni o crediti, con i relativi rapporti contrattuali in corso, esclusa la responsabilità dell'alienante ai sensi dell'articolo 2560 del codice civile ed osservate le disposizioni inderogabili contenute nella presente sezione. Sono salve le diverse disposizioni previste in leggi speciali.

Il pagamento del prezzo può essere effettuato mediante accollo di debiti da parte dell'acquirente solo se non viene alterata la graduazione dei crediti.

[1] *Questo articolo è stato così sostituito dall'art. 92 del D.L.vo 9 gennaio 2006, n. 5, a decorrere dal 16 luglio 2006.*

[Sezione II
Della vendita dei beni mobili] ([1])

([1]) *Le parole tra parentesi quadrate sono state soppresse dall'art. 7, comma 3, del D.L.vo 12 settembre 2007, n. 169, a decorrere dal 1° gennaio 2008.*

106. ([1]) **Cessione** ([2]) **dei crediti, dei diritti e delle quote, delle azioni, mandato a riscuotere.** – Il curatore può cedere i crediti, compresi quelli di natura fiscale o futuri, anche se oggetto di contestazione; può altresì cedere le azioni revocatorie concorsuali, se i relativi giudizi sono già pendenti.

Per la vendita della quota di società a responsabilità limitata si applica l'articolo 2471 del codice civile.

In alternativa alla cessione di cui al primo comma, il curatore può stipulare contratti di mandato per la riscossione dei crediti.

([1]) *Questo articolo è stato così sostituito dall'art. 93 del D.L.vo 9 gennaio 2006, n. 5, a decorrere dal 16 luglio 2006.*

([2]) *La parola: «Vendita» è stata così sostituita dall'attuale: «Cessione» dall'art. 7, comma 4, del D.L.vo 12 settembre 2007, n. 169, a decorrere dal 1° gennaio 2008.*

[Sezione III
Della vendita dei beni immobili] ([1])

([1]) *Le parole tra parentesi quadrate sono state soppresse dall'art. 7, comma 5, del D.L.vo 12 settembre 2007, n. 169, a decorrere dal 1° gennaio 2008.*

107. ([1]) ([2]) **Modalità delle vendite.** – Le vendite e gli altri atti di liquidazione posti in essere in esecuzione del programma di liquidazione sono effettuati dal curatore tramite procedure competitive anche avvalendosi di soggetti specializzati, sulla base di stime effettuate, salvo il caso di beni di modesto valore, da parte di operatori esperti, assicurando, con adeguate forme di pubblicità, la massima informazione e partecipazione degli interessati ([3]) ([4]). Le vendite e gli atti di liquidazione possono prevedere che il versamento del prezzo abbia luogo ratealmente; si applicano, in quanto compatibili, le disposizioni di cui agli articoli 569, terzo comma, terzo periodo, 574, primo comma, secondo periodo e 587, primo comma, secondo periodo, del codice di procedura civile ([5]). In ogni caso, al fine di assicurare la massima informazione e partecipazione degli interessati, il curatore effettua la pubblicità prevista dall'articolo 490, primo comma, del codice di procedura civile, almeno trenta giorni prima dell'inizio della procedura competitiva ([6]).

Il curatore può prevedere nel programma di liquidazione che le vendite dei beni mobili, immobili e mobili registrati vengano effettuate dal giudice delegato secondo le disposizioni del codice di procedura civile in quanto compatibili ([7]) ([4]).

Per i beni immobili e gli altri beni iscritti nei pubblici registri ([8]) ([4]), prima del completamento delle operazioni di vendita, è data notizia mediante notificazione da parte del curatore, a ciascuno dei creditori ipotecari o comunque muniti di privilegio.

Il curatore può sospendere la vendita ove pervenga offerta irrevocabile d'acquisto migliorativa per un importo non inferiore al dieci per cento del prezzo offerto.

Degli esiti delle procedure, il curatore informa il giudice delegato ed il comitato dei creditori, depositando in cancelleria la relativa documentazione.

Se alla data di dichiarazione di fallimento sono pendenti procedure esecutive, il curatore può subentrarvi; in tal caso si applicano le disposizioni del codice di procedura civile; altrimenti su istanza del curatore il giudice dell'esecuzione dichiara l'improcedibilità dell'esecuzione, salvi i casi di deroga di cui all'articolo 51.

Con regolamento del Ministro della giustizia da adottare ai sensi dell'articolo 17, comma 3, della legge 23 agosto 1988, n. 400, sono stabiliti requisiti di onorabilità e professionalità dei soggetti specializzati e degli operatori esperti dei quali il curatore può avvalersi ai sensi del primo comma, nonché i mezzi di pubblicità e trasparenza delle operazioni di vendita.

([1]) *Questo articolo è stato così sostituito dall'art. 94 del D.L.vo 9 gennaio 2006, n. 5, a decorrere dal 16 luglio 2006.*

([2]) *Si veda l'art. 16, commi 1, 2, 2* bis *e 3, del D.L. 14 febbraio 2016, n. 18, convertito, con modificazioni, nella L. 8 aprile 2016, n. 49, che si riportano:*

«1. Gli atti e i provvedimenti recanti il trasferimento della proprietà o di diritti reali su beni immobili emessi, a favore di soggetti che svolgono attività d'impresa, nell'ambito di una procedura giudiziaria di espropriazione immobiliare di cui al libro III, titolo II, capo IV, del codice di procedura civile, ovvero di una procedura di vendita di cui all'articolo 107 del regio decreto 16 marzo 1942, n. 267, sono assoggettati alle imposte di registro, ipotecaria e catastale nella misura fissa di 200 euro ciascuna a condizione che l'acquirente dichiari che intende trasferirli entro due anni.

2. Ove non si realizzi la condizione del ritrasferimento entro il biennio, le imposte di registro, ipotecaria e catastale sono dovute nella misura ordinaria e si applica una sanzione amministrativa del 30 per cento oltre agli interessi di mora di cui all'articolo 55, comma 4, del testo unico delle disposizioni concernenti l'imposta di registro, di cui al decreto del Presidente della Repubblica 26 aprile 1986, n. 131. Dalla scadenza del biennio decorre il termine per il recupero delle imposte ordinarie da parte dell'amministrazione finanziaria.

2 bis*. Gli atti e i provvedimenti di cui al comma 1 emessi a favore di soggetti che non svolgono attività d'impresa sono assoggettati alle imposte di registro, ipotecaria e catastale nella misura fissa di 200 euro ciascuna sempre che in capo all'acquirente ricorrano le condizioni di cui alla nota II* bis*) all'articolo 1 della tariffa, parte prima, alle-*

gata al testo unico delle disposizioni concernenti l'imposta di registro, di cui al decreto del Presidente della Repubblica 26 aprile 1986, n. 131. In caso di dichiarazione mendace nell'atto di acquisto, ovvero di rivendita nel quinquiennio dalla data dell'atto, si applicano le disposizioni indicate nella predetta nota.

3. Le disposizioni del presente articolo hanno effetto per gli atti emessi dalla data di entrata in vigore del presente decreto fino al 31 dicembre 2016».

(3) *Questo comma è stato così sostituito dall'art. 7, comma 6, lett.* a), *del D.L.vo 12 settembre 2007, n. 169, a decorrere dal 1° gennaio 2008. Si riporta il testo precedente, in vigore dal 16 luglio 2006 al 31 dicembre 2007:*

«Le vendite e gli altri atti di liquidazione sono effettuati dal curatore, tramite procedure competitive anche avvalendosi di soggetti specializzati, sulla base di stime effettuate, salvo il caso di beni di modesto valore, da parte di operatori esperti, assicurando, con adeguate forme di pubblicità, la massima informazione e partecipazione degli interessati».

(4) *A norma dell'art. 22, comma 3, del D.L.vo 12 settembre 2007, n. 169, queste disposizioni si applicano anche alle procedure concorsuali pendenti al 1° gennaio 2008.*

(5) *Questo periodo è stato aggiunto dall'art. 11 del D.L. 27 giugno 2015, n. 83, convertito, con modificazioni, nella L. 6 agosto 2015, n. 132.*

A norma dell'art. 23, comma 5, del medesimo provvedimento, tali disposizioni si applicano anche ai fallimenti e ai procedimenti di concordato preventivo pendenti alla data di entrata in vigore del presente decreto.

(6) *Questo periodo è stato aggiunto dall'art. 11 del D.L. 27 giugno 2015, n. 83, convertito, con modificazioni, nella L. 6 agosto 2015, n. 132.*

A norma dell'art. 23, comma 2, del medesimo provvedimento, tali disposizioni si applicano decorsi trenta giorni dalla pubblicazione in Gazzetta Ufficiale *delle specifiche tecniche previste dall'articolo 161* quater *delle disposizioni per l'attuazione del codice di procedura civile.*

A norma dell'art. 23, comma 5, del medesimo provvedimento, tali disposizioni si applicano anche ai fallimenti e ai procedimenti di concordato preventivo pendenti alla data di entrata in vigore del presente decreto.

(7) *Questo comma è stato inserito dall'art. 7, comma 6, lett.* b), *del D.L.vo 12 settembre 2007, n. 169, a decorrere dal 1° gennaio 2008.*

(8) *Le parole: «e gli altri beni iscritti nei pubblici registri» sono state inserite dall'art. 7, comma 6, lett.* c), *del D.L.vo 12 settembre 2007, n. 169, a decorrere dal 1° gennaio 2008.*

108. (1) **Poteri del giudice delegato.** – Il giudice delegato, su istanza del fallito, del comitato dei creditori o di altri interessati, previo parere dello stesso comitato dei creditori, può sospendere, con decreto motivato, le operazioni di vendita qualora ricorrano gravi e giustificati motivi ovvero, su istanza presentata dagli stessi soggetti entro dieci giorni dal deposito di cui al quarto comma dell'articolo 107, impedire il perfezionamento della vendita quando il prezzo offerto risulti notevolmente inferiore a quello giusto tenuto conto delle condizioni di mercato.

Per i beni immobili e gli altri beni iscritti in pubblici registri, (2) una volta eseguita la vendita e riscosso interamente il prezzo, il giudice delegato ordina, con decreto, la cancellazione delle iscrizioni relative ai diritti di prelazione, nonché delle trascrizioni dei pignoramenti e dei sequestri conservativi e di ogni altro vincolo.

(1) Questo articolo è stato così sostituito dall'art. 95 del D.L.vo 9 gennaio 2006, n. 5, a decorrere dal 16 luglio 2006.

(2) Le parole: «Per i veicoli iscritti nel pubblico registro automobilistico e per i beni immobili,» sono state così sostituite dalle attuali: «Per i beni immobili e gli altri beni iscritti in pubblici registri,» dall'art. 7, comma 7, del D.L.vo 12 settembre 2007, n. 169, a decorrere dal 1° gennaio 2008.

108 *bis*. (1) [**Modalità della vendita di navi, galleggianti ed aeromobili.** – La vendita di navi, galleggianti ed aeromobili iscritti nei registri indicati dal codice della navigazione è eseguita a norma delle disposizioni dello stesso codice, in quanto applicabili].

(1) Questo articolo è stato inserito dall'art. 96 del D.L.vo 9 gennaio 2006, n. 5, a decorrere dal 16 luglio 2006 e successivamente abrogato dall'art. 7, comma 8, del D.L.vo 12 settembre 2007, n. 169, a decorrere dal 1° gennaio 2008.

108 *ter*. (1) **Modalità della vendita di diritti sulle opere dell'ingegno; sulle invenzioni industriali; sui marchi.** – Il trasferimento dei diritti di utilizzazione economica delle opere dell'ingegno, il trasferimento dei diritti nascenti dalle invenzioni industriali, il trasferimento dei marchi e la cessione di banche di dati sono fatte a norma delle rispettive leggi speciali.

(1) Questo articolo è stato inserito dall'art. 96 del D.L.vo 9 gennaio 2006, n. 5, a decorrere dal 16 luglio 2006.

109. Procedimento di distribuzione della somma ricavata. – Il giudice delegato provvede alla distribuzione della somma ricavata dalla vendita secondo le disposizioni del capo seguente.

Il tribunale (1) stabilisce con decreto la somma da attribuire, se del caso, al curatore in conto del compenso finale da liquidarsi a norma dell'art. 39. Tale somma è prelevata sul prezzo insieme alle spese di procedura e di amministrazione.

(1) Le originarie parole: «Il giudice delegato» sono state così sostituite dalle attuali: «Il tribunale» dall'art. 97 del D.L.vo 9 gennaio 2006, n. 5, a decorrere dal 16 luglio 2006.

Capo VII
Della ripartizione dell'attivo

110. ([1]) **Procedimento di ripartizione.** – Il curatore, ogni quattro mesi a partire dalla data del decreto previsto dall'articolo 97 o nel diverso termine stabilito dal giudice delegato, presenta un prospetto delle somme disponibili ed un progetto di ripartizione delle medesime, riservate quelle occorrenti per la procedura. Nel progetto sono collocati anche i crediti per i quali non si applica il divieto di azioni esecutive e cautelari di cui all'articolo 51 ([2]). Nel caso in cui siano in corso giudizi di cui all'articolo 98, il curatore, nel progetto di ripartizione di cui al presente comma, indica, per ciascun creditore, le somme immediatamente ripartibili nonché le somme ripartibili soltanto previo rilascio in favore della procedura di una fideiussione autonoma, irrevocabile e a prima richiesta, rilasciata da uno dei soggetti di cui all'articolo 574, primo comma, secondo periodo, del codice di procedura civile, idonea a garantire la restituzione alla procedura delle somme che risultino ripartite in eccesso, anche in forza di provvedimenti provvisoriamente esecutivi resi nell'ambito dei giudizi di cui all'articolo 98, oltre agli interessi, al tasso applicato dalla Banca centrale europea alle sue più recenti operazioni di rifinanziamento principali, a decorrere dal pagamento e sino all'effettiva restituzione ([3]). Le disposizioni del periodo precedente si applicano anche ai creditori che avrebbero diritto alla ripartizione delle somme ricavate nel caso in cui risulti insussistente, in tutto o in parte, il credito avente diritto all'accantonamento ovvero oggetto di controversia a norma dell'articolo 98 ([3]).

Il giudice ordina il deposito del progetto di ripartizione in cancelleria, disponendo che a tutti i creditori, compresi quelli per i quali è in corso uno dei giudizi di cui all'articolo 98, ne sia data comunicazione mediante l'invio di copia a mezzo posta elettronica certificata ([4]).

I creditori, entro il termine perentorio di quindici giorni dalla ricezione della comunicazione di cui al secondo comma, possono proporre reclamo al giudice delegato ([5]) contro il progetto di riparto ai sensi dell'art. 36 ([6]).

Decorso tale termine, il giudice delegato, su richiesta del curatore, dichiara esecutivo il progetto di ripartizione. Se sono proposti reclami, il progetto di ripartizione è dichiarato esecutivo con accantonamento delle somme corrispondenti ai crediti oggetto di contestazione; non si fa luogo ad accantonamento qualora sia presentata in favore della procedura una fideiussione a norma del terzo periodo del primo comma, idonea a garantire la restituzione di somme che, in forza del provvedimento che decide il reclamo, risultino ripartite in eccesso, oltre agli interessi nella misura prevista dal predetto terzo periodo del primo comma (7). Il provvedimento che decide sul reclamo dispone in ordine alla destinazione delle somme accantonate.

(1) Questo articolo è stato così sostituito dall'art. 98 del D.L.vo 9 gennaio 2006, n. 5, a decorrere dal 16 luglio 2006.

(2) Questo periodo è stato aggiunto dall'art. 8, comma 1, lett. a)*, del D.L.vo 12 settembre 2007, n. 169, a decorrere dal 1° gennaio 2008.*

(3) Questo periodo è stato aggiunto dall'art. 6, comma 1, lett. c bis)*, n. 1), del D.L. 3 maggio 2016, n. 59, convertito, con modificazioni, nella L. 30 giugno 2016, n. 119.*

(4) Questo comma è stato così sostituito dall'art. 17, comma 1, lett. l)*, del D.L. 18 ottobre 2012, n. 179, convertito, con modificazioni, nella L. 17 dicembre 2012, n. 221. A norma dell'art. 17, commi 4 e 5 del medesimo decreto, tali disposizioni si applicano dalla data di entrata in vigore della legge di conversione del predetto decreto, anche alle procedure di fallimento, di concordato preventivo, di liquidazione coatta amministrativa e di amministrazione straordinaria pendenti, rispetto alle quali, alla stessa data, non è stata effettuata la comunicazione rispettivamente prevista dagli articoli 92, 171, 207 del regio decreto 16 marzo 1942, n. 267 e dall'articolo 22 decreto legislativo 8 luglio 1999, n. 270. Per le procedure in cui, alla data di entrata in vigore della legge di conversione del predetto decreto, sia stata effettuata la comunicazione di cui al comma 4, le disposizioni di cui ai commi 1 e 2 del presente articolo si applicano a decorrere dal 31 ottobre 2013. Il curatore, il commissario giudiziale, il commissario liquidatore e il commissario straordinario entro il 30 giugno 2013 comunicano ai creditori e ai terzi titolari di diritti sui beni il loro indirizzo di posta elettronica certificata e li invitano a comunicare, entro tre mesi, l'indirizzo di posta elettronica certificata al quale ricevere tutte le comunicazioni relative alla procedura, avvertendoli di rendere nota ogni successiva variazione e che in caso di omessa indicazione le comunicazioni sono eseguite esclusivamente mediante deposito in cancelleria.*

(5) Le parole: «al giudice delegato» sono state aggiunte dall'art. 8, comma 1, lett. c)*, del D.L.vo 12 settembre 2007, n. 169, a decorrere dal 1° gennaio 2008.*

(6) Le parole: «nelle forme di cui all'articolo 26.» sono state così sostituite dalle attuali: «ai sensi dell'art. 36» dall'art. 8, comma 1, lett. c)*, del D.L.vo 12 settembre 2007, n. 169, a decorrere dal 1° gennaio 2008.*

(7) Le parole: «; non si fa luogo ad accantonamento qualora sia presentata in favore della procedura una fideiussione a norma del terzo periodo del primo comma, idonea a garantire la restituzione di somme che, in forza del provvedimento che decide il reclamo, risultino ripartite in eccesso, oltre agli interessi nella misura prevista dal predetto terzo periodo del primo comma» sono state aggiunte dall'art. 6, comma 1, lett. c bis)*, n. 2), del D.L. 3 maggio 2016, n. 59, convertito, con modificazioni, nella L. 30 giugno 2016, n. 119.*

111. (1) **Ordine di distribuzione delle somme.** – Le somme ricavate dalla liquidazione dell'attivo sono erogate nel seguente ordine:

1) per il pagamento dei crediti prededucibili (2);

2) per il pagamento dei crediti ammessi con prelazione sulle cose vendute secondo l'ordine assegnato dalla legge;

3) per il pagamento dei creditori chirografari, in proporzione dell'ammontare del credito per cui ciascuno di essi fu ammesso, compresi i creditori indicati al n. 2), qualora non sia stata ancora realizzata la garanzia, ovvero per la parte per cui rimasero non soddisfatti da questa.

Sono considerati crediti ([3]) prededucibili quelli così qualificati da una specifica disposizione di legge, e quelli sorti in occasione o in funzione delle procedure concorsuali di cui alla presente legge; tali crediti ([3]) sono soddisfatti con preferenza ai sensi del primo comma n. 1) ([4]) ([5]).

([1]) *A norma dell'art. 30 della L. 11 dicembre 2012, n. 220, i contributi per le spese di manutenzione ordinaria e straordinaria nonché per le innovazioni sono prededucibili ai sensi di questo articolo (in vigore dal 18 giugno 2013) se divenute esigibili ai sensi dell'articolo 63, primo comma, delle disposizioni per l'attuazione del codice civile e disposizioni transitorie, come sostituito dall'articolo 18 della presente legge, durante le procedure concorsuali.*

([2]) *Questo numero è stato così sostituito dall'art. 99, comma 1, lett.* a), *del D.L.vo 9 gennaio 2006, n. 5, a decorrere dal 16 luglio 2006.*

([3]) *La parola: «debiti» è stata così sostituita dalla attuale: «crediti» dall'art. 8, comma 2, del D.L.vo 12 settembre 2007, n. 169, a decorrere dal 1° gennaio 2008.*

([4]) *Questo comma è stato così sostituito dall'art. 99, comma 1, lett.* b), *del D.L.vo 9 gennaio 2006, n. 5, a decorrere dal 16 luglio 2006. Si riporta il testo precedente:*

«I prelevamenti indicati al n. 1) sono determinati con decreto dal giudice delegato».

([5]) *A norma dell'art. 11, comma 3* quater*, del D.L. 23 dicembre 2013, n. 145, convertito, con modificazioni, nella L. 21 febbraio 2014, n. 9, la disposizione di cui al presente comma si interpreta nel senso che i crediti sorti in occasione o in funzione della procedura di concordato preventivo aperta ai sensi dell'articolo 161, sesto comma, del presente regio decreto n. 267 del 1942, e successive modificazioni, sono prededucibili alla condizione che la proposta, il piano e la documentazione di cui ai commi secondo e terzo del citato articolo 161 siano presentati entro il termine, eventualmente prorogato, fissato dal giudice e che la procedura sia aperta ai sensi dell'articolo 163 del presente regio decreto, e successive modificazioni, senza soluzione di continuità rispetto alla presentazione della domanda ai sensi del citato articolo 161, sesto comma. Si segnala che il predetto art. 11, comma 3* quater *è stato abrogato dall'art. 22, comma 7, del D.L. 24 giugno 2014, n. 91, convertito, con modificazioni, nella L. 11 agosto 2014, n. 116.*

111 *bis*. ([1]) **Disciplina dei crediti prededucibili.** – I crediti prededucibili devono essere accertati con le modalità di cui al capo V, con esclusione di quelli non contestati per collocazione e ammontare, anche se sorti durante l'esercizio provvisorio, e di quelli sorti a seguito di provvedimenti di liquidazione di compensi dei soggetti nominati ai sensi dell'articolo 25; in questo ultimo caso, se contestati, devono essere accertati con il procedimento di cui all'articolo 26.

[Per i crediti prededucibili sorti dopo l'adunanza di verificazione dello stato passivo ovvero dopo l'udienza alla quale essa sia stata differita, si provvede all'accertamento ai sensi del secondo comma dell'articolo 101] (2).

I crediti prededucibili vanno soddisfatti per il capitale, le spese e gli interessi con il ricavato della liquidazione del patrimonio mobiliare e immobiliare, tenuto conto delle rispettive cause di prelazione (3), con esclusione di quanto ricavato dalla liquidazione dei beni oggetto di pegno ed ipoteca per la parte destinata ai creditori garantiti. Il corso degli interessi cessa al momento del pagamento.

I crediti prededucibili sorti nel corso del fallimento che sono liquidi, esigibili e non contestati per collocazione e per ammontare, possono essere soddisfatti al di fuori del procedimento di riparto se l'attivo è presumibilmente sufficiente a soddisfare tutti i titolari di tali crediti. Il pagamento deve essere autorizzato dal comitato dei creditori ovvero dal giudice delegato [se l'importo è superiore a euro 25.000,00; l'importo può essere aggiornato ogni cinque anni con decreto del Ministro della giustizia in base agli indici ISTAT sul costo della vita] (4).

Se l'attivo è insufficiente, la distribuzione deve avvenire secondo i criteri della graduazione e della proporzionalità, conformemente all'ordine assegnato dalla legge.

(1) *Questo articolo è stato inserito dall'art. 100 del D.L.vo 9 gennaio 2006, n. 5, a decorrere dal 16 luglio 2006.*

(2) *Questo comma è stato abrogato dall'art. 8, comma 3, lett.* a)*, del D.L.vo 12 settembre 2007, n. 169, a decorrere dal 1° gennaio 2008.*

(3) *Le parole: «secondo un criterio proporzionale» sono state così sostituite dalle attuali: «tenuto conto delle rispettive cause di prelazione» dall'art. 8, comma 3, lett.* b)*, del D.L.vo 12 settembre 2007, n. 169, a decorrere dal 1° gennaio 2008.*

(4) *Le parole tra parentesi quadrate sono state soppresse dall'art. 8, comma 3, lett.* c)*, del D.L.vo 12 settembre 2007, n. 169, a decorrere dal 1° gennaio 2008.*

111 *ter*. (1) **Conti speciali.** – La massa liquida attiva immobiliare è costituita dalle somme ricavate dalla liquidazione dei beni immobili, come definiti dall'articolo 812 del codice civile, e dei loro frutti e pertinenze, nonché dalla quota proporzionale di interessi attivi liquidati sui depositi delle relative somme.

La massa liquida attiva mobiliare è costituita da tutte le altre entrate.

Il curatore deve tenere un conto autonomo delle vendite dei singoli beni immobili oggetto di privilegio speciale e di ipoteca e dei singoli beni mobili o gruppo di mobili oggetto di pegno e privilegio speciale, con analitica indicazione delle entrate e delle uscite di carattere specifico e della quota di

Leggi Complementari

quelle di carattere generale imputabili a ciascun bene o gruppo di beni secondo un criterio proporzionale.

(¹) *Questo articolo è stato inserito dall'art. 100 del D.L.vo 9 gennaio 2006, n. 5, a decorrere dal 16 luglio 2006.*

111 *quater*. (¹) **Crediti assistiti da prelazione.** – I crediti assistiti da privilegio generale hanno diritto di prelazione per il capitale, le spese e gli interessi, nei limiti di cui agli articoli 54 e 55, sul prezzo ricavato dalla liquidazione del patrimonio mobiliare, sul quale concorrono in un'unica graduatoria con i crediti garantiti da privilegio speciale mobiliare, secondo il grado previsto dalla legge.

I crediti garantiti da ipoteca e pegno e quelli assistiti da privilegio speciale hanno diritto di prelazione per il capitale, le spese e gli interessi, nei limiti di cui agli articoli 54 e 55, sul prezzo ricavato dai beni vincolati alla loro garanzia.

(¹) *Questo articolo è stato inserito dall'art. 100 del D.L.vo 9 gennaio 2006, n. 5, a decorrere dal 16 luglio 2006.*

112. (¹) **Partecipazione dei creditori ammessi tardivamente.** – I creditori ammessi a norma dell'articolo 101 concorrono soltanto alle ripartizioni posteriori alla loro ammissione in proporzione del rispettivo credito salvo il diritto di prelevare le quote che sarebbero loro spettate nelle precedenti ripartizioni se assistiti da cause di prelazione o se il ritardo è dipeso da cause ad essi non imputabili.

(¹) *Questo articolo è stato così sostituito dall'art. 101 del D.L.vo 9 gennaio 2006, n. 5, a decorrere dal 16 luglio 2006.*

113. (¹) **Ripartizioni parziali.** – Nelle ripartizioni parziali, che non possono superare l'ottanta per cento delle somme da ripartire, devono essere trattenute e depositate, nei modi stabiliti dal giudice delegato, le quote assegnate:

1) ai creditori ammessi con riserva;

2) ai creditori opponenti a favore dei quali sono state disposte misure cautelari;

3) ai creditori opponenti la cui domanda è stata accolta ma la sentenza non è passata in giudicato;

4) ai creditori nei cui confronti sono stati proposti i giudizi di impugnazione e di revocazione.

Le somme ritenute necessarie per spese future, per soddisfare il compenso al curatore e ogni altro debito prededucibile devono essere trattenute; in questo caso, l'ammontare della quota da ripartire indicata nel primo comma del presente articolo deve essere ridotta se la misura dell'ottanta per cento appare insufficiente.

Devono essere altresì trattenute e depositate nei modi stabiliti dal giudice delegato le somme ricevute dalla procedura per effetto di provvedimenti provvisoriamente esecutivi e non ancora passati in giudicato.

([1]) *Questo articolo è stato così sostituito dall'art. 102 del D.L.vo 9 gennaio 2006, n. 5, a decorrere dal 16 luglio 2006.*

113 *bis*. ([1]) **Scioglimento delle ammissioni con riserva.** – Quando si verifica l'evento che ha determinato l'accoglimento di una domanda con riserva, su istanza del curatore o della parte interessata, il giudice delegato modifica lo stato passivo, con decreto, disponendo che la domanda deve intendersi accolta definitivamente.

([1]) *Questo articolo è stato inserito dall'art. 103 del D.L.vo 9 gennaio 2006, n. 5, a decorrere dal 16 luglio 2006.*

114. ([1]) **Restituzione di somme riscosse.** – I pagamenti effettuati in esecuzione dei piani di riparto non possono essere ripetuti, salvo il caso dell'accoglimento di domande di revocazione.

I creditori che hanno percepito pagamenti non dovuti, devono restituire le somme riscosse, oltre agli interessi legali dal momento del pagamento effettuato a loro favore.

([1]) *Questo articolo è stato così sostituito dall'art. 104 del D.L.vo 9 gennaio 2006, n. 5, a decorrere dal 16 luglio 2006.*

115. ([1]) **Pagamento ai creditori.** – Il curatore provvede al pagamento delle somme assegnate ai creditori nel piano di ripartizione nei modi stabiliti dal giudice delegato, purché tali da assicurare la prova del pagamento stesso.

Se prima della ripartizione i crediti ammessi sono stati ceduti, il curatore attribuisce le quote di riparto ai cessionari, qualora la cessione sia stata tempestivamente comunicata, unitamente alla documentazione che attesti, con atto recante le sottoscrizioni autenticate di cedente e cessionario, l'intervenuta cessione. In questo caso, il curatore provvede alla rettifica formale dello stato passivo. Le stesse disposizioni si applicano in caso di surrogazione del creditore ([2]).

([1]) *Questo articolo è stato così sostituito dall'art. 105 del D.L.vo 9 gennaio 2006, n. 5, a decorrere dal 16 luglio 2006.*

([2]) *Questo periodo è stato aggiunto dall'art. 8, comma 4, del D.L.vo 12 settembre 2007, n. 169, a decorrere dal 1° gennaio 2008.*

116. ([1]) **Rendiconto del curatore.** – Compiuta la liquidazione dell'attivo e prima del riparto finale, nonché in ogni caso in cui cessa dalle funzioni, il curatore presenta al giudice delegato l'esposizione analitica delle operazioni contabili e delle attività di gestione della procedura.

Il giudice ordina il deposito del conto in cancelleria e fissa l'udienza che non può essere tenuta prima che siano decorsi quindici giorni dalla comunicazione del rendiconto a tutti i creditori (2).

Dell'avvenuto deposito e della fissazione dell'udienza il curatore dà immediata comunicazione ai creditori ammessi al passivo, a coloro che hanno proposto opposizione, ai creditori in prededuzione non soddisfatti, con posta elettronica certificata, inviando loro copia del rendiconto ed avvisandoli che possono presentare eventuali osservazioni o contestazioni fino a cinque giorni prima dell'udienza con le modalità di cui all'articolo 93, secondo comma. Al fallito, se non è possibile procedere alla comunicazione con modalità telematica, il rendiconto e la data dell'udienza sono comunicati mediante lettera raccomandata con avviso di ricevimento (3).

Se all'udienza stabilita non sorgono contestazioni o su queste viene raggiunto un accordo, il giudice approva il conto con decreto; altrimenti, fissa l'udienza innanzi al collegio che provvede in camera di consiglio.

(1) *Questo articolo è stato così sostituito dall'art. 106 del D.L.vo 9 gennaio 2006, n. 5, a decorrere dal 16 luglio 2006.*

(2) *Questo comma è stato così sostituito dall'art. 17, comma 1, lett.* m), *n. 1), del D.L. 18 ottobre 2012, n. 179, convertito, con modificazioni, nella L. 17 dicembre 2012, n. 221. A norma dell'art. 17, commi 4 e 5 del medesimo decreto, tali disposizioni si applicano dalla data di entrata in vigore della legge di conversione del predetto decreto, anche alle procedure di fallimento, di concordato preventivo, di liquidazione coatta amministrativa e di amministrazione straordinaria pendenti, rispetto alle quali, alla stessa data, non è stata effettuata la comunicazione rispettivamente prevista dagli articoli 92, 171, 207 del regio decreto 16 marzo 1942, n. 267 e dall'articolo 22 decreto legislativo 8 luglio 1999, n. 270. Per le procedure in cui, alla data di entrata in vigore della legge di conversione del predetto decreto, sia stata effettuata la comunicazione di cui al comma 4, le disposizioni di cui ai commi 1 e 2 del presente articolo si applicano a decorrere dal 31 ottobre 2013. Il curatore, il commissario giudiziale, il commissario liquidatore e il commissario straordinario entro il 30 giugno 2013 comunicano ai creditori e ai terzi titolari di diritti sui beni il loro indirizzo di posta elettronica certificata e li invitano a comunicare, entro tre mesi, l'indirizzo di posta elettronica certificata al quale ricevere tutte le comunicazioni relative alla procedura, avvertendoli di rendere nota ogni successiva variazione e che in caso di omessa indicazione le comunicazioni sono eseguite esclusivamente mediante deposito in cancelleria.*

(3) *Questo comma è stato così sostituito dall'art. 17, comma 1, lett.* m), *n. 2), del D.L. 18 ottobre 2012, n. 179, convertito, con modificazioni, nella L. 17 dicembre 2012, n. 221. A norma dell'art. 17, commi 4 e 5 del medesimo decreto, tali disposizioni si applicano dalla data di entrata in vigore della legge di conversione del predetto decreto, anche alle procedure di fallimento, di concordato preventivo, di liquidazione coatta amministrativa e di ammi-*

nistrazione straordinaria pendenti, rispetto alle quali, alla stessa data, non è stata effettuata la comunicazione rispettivamente prevista dagli articoli 92, 171, 207 del regio decreto 16 marzo 1942, n. 267 e dall'articolo 22 decreto legislativo 8 luglio 1999, n. 270. Per le procedure in cui, alla data di entrata in vigore della legge di conversione del predetto decreto, sia stata effettuata la comunicazione di cui al comma 4, le disposizioni di cui ai commi 1 e 2 del presente articolo si applicano a decorrere dal 31 ottobre 2013. Il curatore, il commissario giudiziale, il commissario liquidatore e il commissario straordinario entro il 30 giugno 2013 comunicano ai creditori e ai terzi titolari di diritti sui beni il loro indirizzo di posta elettronica certificata e li invitano a comunicare, entro tre mesi, l'indirizzo di posta elettronica certificata al quale ricevere tutte le comunicazioni relative alla procedura, avvertendoli di rendere nota ogni successiva variazione e che in caso di omessa indicazione le comunicazioni sono eseguite esclusivamente mediante deposito in cancelleria.

117. (1) **Ripartizione finale.** – Approvato il conto e liquidato il compenso del curatore, il giudice delegato, sentite le proposte del curatore, ordina il riparto finale secondo le norme precedenti.

Nel riparto finale vengono distribuiti anche gli accantonamenti precedentemente fatti.

Tuttavia, se la condizione non si è ancora verificata ovvero se il provvedimento non è ancora passato in giudicato, la somma è depositata nei modi stabiliti dal giudice delegato, perchè, verificatisi gli eventi indicati, possa essere versata ai creditori cui spetta o fatta oggetto di riparto supplementare fra gli altri creditori. Gli accantonamenti non impediscono la chiusura della procedura.

Il giudice delegato, nel rispetto delle cause di prelazione, può disporre che a singoli creditori che vi consentono siano assegnati, in luogo delle somme agli stessi spettanti, crediti di imposta del fallito non ancora rimborsati.

Per i creditori che non si presentano o sono irreperibili le somme dovute sono nuovamente depositate presso l'ufficio postale o la banca già indicati ai sensi dell'articolo 34. Decorsi cinque anni dal deposito, le somme non riscosse dagli aventi diritto e i relativi interessi, se non richieste da altri creditori, rimasti insoddisfatti, sono versate a cura del depositario all'entrata del bilancio dello Stato per essere riassegnate, con decreti del Ministro dell'economia e delle finanze, ad apposita unità previsionale di base dello stato di previsione del Ministero della giustizia.

Il giudice, anche se è intervenuta l'esdebitazione del fallito, omessa ogni formalità non essenziale al contraddittorio, su ricorso dei creditori rimasti insoddisfatti che abbiano presentato la richiesta di cui al quarto comma, dispone la distribuzione delle somme non riscosse in base all'articolo 111 fra i soli richiedenti.

(1) *Questo articolo è stato così sostituito dall'art. 107 del D.L.vo 9 gennaio 2006, n. 5, a decorrere dal 16 luglio 2006.*

Capo VIII
Della cessazione della procedura fallimentare

Sezione I
Della chiusura del fallimento

118. Casi di chiusura. – Salvo quanto disposto nella sezione seguente per il caso di concordato, la procedura di fallimento si chiude:

1) se nel termine stabilito (1) nella sentenza dichiarativa di fallimento non sono state proposte domande di ammissione al passivo;

2) quando, anche prima che sia compiuta la ripartizione finale dell'attivo, le ripartizioni ai creditori raggiungono l'intero ammontare dei crediti ammessi, o questi sono in altro modo estinti e sono pagati tutti i debiti e le spese da soddisfare in prededuzione (2);

3) quando è compiuta la ripartizione finale dell'attivo;

4) quando nel corso della procedura si accerta che la sua prosecuzione non consente di soddisfare, neppure in parte, i creditori concorsuali, né i crediti prededucibili e le spese di procedura. Tale circostanza può essere accertata con la relazione o con i successivi rapporti riepilogativi di cui all'articolo 33 (3).

Nei casi di chiusura di cui ai numeri 3) e 4), ove si tratti di fallimento di società il curatore ne chiede la cancellazione dal registro delle imprese (4). La chiusura della procedura di fallimento della società nei casi di cui ai numeri 1) e 2) (5) determina anche la chiusura della procedura estesa ai soci ai sensi dell'articolo 147, salvo che nei confronti del socio non sia stata aperta una procedura di fallimento come imprenditore individuale (6). La chiusura della procedura di fallimento nel caso di cui al n. 3) non è impedita dalla pendenza di giudizi, rispetto ai quali il curatore può mantenere la legittimazione processuale, anche nei successivi stati e gradi del giudizio, ai sensi dell'articolo 43 (7). In deroga all'articolo 35, anche le rinunzie alle liti e le transazioni sono autorizzate dal giudice delegato (7). Le somme necessarie per spese future ed eventuali oneri relativi ai giudizi pendenti, nonché le somme ricevute dal curatore per effetto di provvedimenti provvisoriamente esecutivi e non ancora passati in giudicato, sono trattenute dal curatore secondo quanto previsto dall'articolo 117, comma secondo (7). Dopo la chiusura della procedura di fallimento, le somme ricevute dal curatore per effetto di provvedimenti definitivi e gli eventuali residui degli accantonamenti sono fatti oggetto di riparto supplementare fra i creditori secondo le modalità disposte dal tribunale con il decreto di cui all'articolo 119 (7). In relazione alle eventuali sopravvenienze attive derivanti dai giudizi pendenti non si fa luogo a riapertura del fallimento (7). Qualora alla conclusione dei giudizi pendenti consegua, per effetto di riparti, il venir meno dell'impedimento all'esdebitazione di cui al comma secondo dell'articolo 142, il debitore può chiedere l'esdebitazione nell'anno successivo al riparto che lo ha determinato (7).

(1) *Le parole: «nei termini stabiliti» sono state così sostituite dalle attuali: «nel termine stabilito» dall'art. 108, comma 1, lett.* a), *del D.L.vo 9 gennaio 2006, n. 5, a decorrere dal 16 luglio 2006.*

(2) *Le parole: «il compenso del curatore e le spese di procedura» sono state così sostituite dalle attuali: «tutti i debiti e le spese da soddisfare in prededuzione» dall'art. 108, comma 1, lett.* b), *del D.L.vo 9 gennaio 2006, n. 5, a decorrere dal 16 luglio 2006.*

(3) *Questo numero è stato così sostituito dall'art. 108, comma 1, lett.* c), *del D.L.vo 9 gennaio 2006, n. 5, a decorrere dal 16 luglio 2006. Si riporta il testo precedente:*

«4) quando non possa essere utilmente continuata la procedura per insufficienza di attivo».

(4) *Le parole: «Ove si tratti di fallimento di società il curatore ne chiede la cancellazione dal registro delle imprese» sono state così sostituite dalle attuali da: «Nei casi di chiusura ...» fino a: «... registro delle imprese» dall'art. 9, comma 1, lett.* a), *del D.L.vo 12 settembre 2007, n. 169, a decorrere dal 1° gennaio 2008.*

(5) *Le parole: «nei casi di cui ai numeri 1) e 2)» sono state inserite dall'art. 9, comma 1, lett.* b), *del D.L.vo 12 settembre 2007, n. 169, a decorrere dal 1° gennaio 2008.*

(6) *Questo comma è stato aggiunto dall'art. 108, comma 1, lett.* d), *del D.L.vo 9 gennaio 2006, n. 5, a decorrere dal 16 luglio 2006.*

(7) *Questo periodo è stato aggiunto dall'art. 7, comma 1, lett.* a), *del D.L. 27 giugno 2015, n. 83, convertito, con modificazioni, nella L. 6 agosto 2015, n. 132.*

A norma dell'art. 23, comma 7, del medesimo provvedimento, tali disposizioni si applicano a decorrere dalla data di entrata in vigore della legge di conversione del presente decreto.

119. Decreto di chiusura. – La chiusura del fallimento è dichiarata con decreto motivato del tribunale su istanza del curatore o del debitore ovvero di ufficio, pubblicato nelle forme prescritte nell'art. 17.

Quando la chiusura del fallimento è dichiarata ai sensi dell'articolo 118, primo comma, n. 4, prima dell'approvazione del programma di liquidazione, il tribunale decide sentiti il comitato dei creditori ed il fallito (1).

Contro il decreto che dichiara la chiusura e ne respinge la richiesta è ammesso reclamo a norma dell'articolo 26. Contro il decreto della corte d'appello il ricorso per cassazione è proposto nel termine perentorio di trenta giorni, decorrente dalla notificazione o comunicazione del provvedimento per il curatore, per il fallito, per il comitato dei creditori e per chi ha proposto il reclamo o è intervenuto nel procedimento; dal compimento della pubblicità di cui all'articolo 17 per ogni altro interessato (2) (1).

Il decreto di chiusura acquista efficacia quando è decorso il termine per il reclamo, senza che questo sia stato proposto, ovvero quando il reclamo è definitivamente rigettato (3).

Con i decreti emessi ai sensi del primo e del terzo comma del presente articolo, sono impartite le disposizioni esecutive volte ad attuare gli effetti della decisione. Allo stesso modo si provvede a seguito del passaggio in giudicato della sentenza di revoca del fallimento o della definitività del decreto di omologazione del concordato fallimentare (1).

(1) *L'originario comma secondo è stato così sostituito dagli attuali commi secondo, terzo e quarto dall'art. 110 del D.L.vo 9 gennaio 2006, n. 5, a decorrere dal 16 luglio 2006.*

(2) *Questo periodo è stato aggiunto dall'art. 9, comma 2, lett.* a), *del D.L.vo 12 settembre 2007, n. 169, a decorrere dal 1° gennaio 2008.*

(3) *Questo comma è stato inserito dall'art. 9, comma 2, lett.* b), *del D.L.vo 12 settembre 2007, n. 169, a decorrere dal 1° gennaio 2008.*

120. Effetti della chiusura. – Con la chiusura cessano gli effetti del fallimento sul patrimonio del fallito e le conseguenti incapacità personali e decadono gli organi preposti al fallimento (1).

Le azioni esperite dal curatore per l'esercizio di diritti derivanti dal fallimento non possono essere proseguite.

I creditori riacquistano il libero esercizio delle azioni verso il debitore per la parte non soddisfatta dei loro crediti per capitale e interessi, salvo quanto previsto dagli articoli 142 e seguenti.

Il decreto o la sentenza con la quale il credito è stato ammesso al passivo costituisce prova scritta per gli effetti di cui all'articolo 634 del codice di procedura civile.

Nell'ipotesi di chiusura in pendenza di giudizi ai sensi dell'articolo 118, secondo comma, terzo periodo e seguenti, il giudice delegato e il curatore restano in carica ai soli fini di quanto ivi previsto. In nessun caso i creditori possono agire su quanto è oggetto dei giudizi medesimi (2).

(1) *Questo comma è stato così sostituito dall'art. 9, comma 3, del D.L.vo 12 settembre 2007, n. 169, a decorrere dal 1° gennaio 2008.*

(2) *Questo comma è stato aggiunto dall'art. 7, comma 1, lett.* b), *del D.L. 27 giugno 2015, n. 83, convertito, con modificazioni, nella L. 6 agosto 2015, n. 132.*

A norma dell'art. 23, comma 7, del medesimo provvedimento, tali disposizioni si applicano a decorrere dalla data di entrata in vigore della legge di conversione del presente decreto.

121. Casi di riapertura del fallimento. – Nei casi preveduti dai numeri 3) e 4) dell'art. 118, il tribunale, entro cinque anni dal decreto di chiusura, su istanza del debitore o di qualunque creditore può ordinare che il fallimento già chiuso sia riaperto, quando risulta che nel patrimonio del fallito esistono attività in misura tale da rendere utile il provvedimento o quando il fallito offre garanzia di pagare almeno il dieci per cento ai creditori vecchi e nuovi.

Il tribunale, con sentenza in camera di consiglio [non soggetta a gravame] (1), se accoglie l'istanza:

1) richiama in ufficio il giudice delegato ed il curatore o li nomina di nuovo;

2) stabilisce i termini previsti dai numeri 4 e 5 del secondo comma dell'articolo 16, eventualmente abbreviandoli non oltre la metà; i creditori già ammessi al passivo nel fallimento chiuso possono chiedere la conferma del provvedimento di ammissione salvo che intendano insinuare al passivo ulteriori interessi (2).

La sentenza può essere reclamata (3) a norma dell'articolo 18 (4).

La sentenza è pubblicata a norma dell'art. 17.

Il giudice delegato nomina il comitato dei creditori, tenendo conto nella scelta anche dei nuovi creditori.

Per le altre operazioni si seguono le norme stabilite nei capi precedenti.

(1) *Le parole fra parentesi quadrate sono state soppresse dall'art. 111, comma 1, lett.* a), *del D.L.vo 9 gennaio 2006, n. 5, a decorrere dal 16 luglio 2006.*

(2) *Questo numero è stato così sostituito dall'art. 111, comma 1, lett.* b), *del D.L.vo 9 gennaio 2006, n. 5, a decorrere dal 16 luglio 2006. Si riporta il testo precedente*:

«2) stabilisce i termini previsti dai numeri 4) e 5) dell'art. 16, abbreviandoli non oltre la metà».

(3) *La parola*: *«appellata» è stata così sostituita dalla attuale*: *«reclamata» dall'art. 9, comma 4, del D.L.vo 12 settembre 2007, n. 169, a decorrere dal 1° gennaio 2008.*

(4) *Questo comma è stato aggiunto dall'art. 111, comma 1, lett.* c), *del D.L.vo 9 gennaio 2006, n. 5, a decorrere dal 16 luglio 2006.*

122. Concorso dei vecchi e nuovi creditori. – I creditori concorrono alle nuove ripartizioni per le somme loro dovute al momento della riapertura, dedotto quanto hanno percepito nelle precedenti ripartizioni, salve in ogni caso le cause legittime di prelazione.

Restano ferme le precedenti statuizioni a norma del Capo V (1).

(1) *Questo comma è stato così sostituito dall'art. 112 del D.L.vo 9 gennaio 2006, n. 5, a decorrere dal 16 luglio 2006.*

123. Effetti della riapertura sugli atti pregiudizievoli ai creditori. – In caso di riapertura del fallimento, per le azioni revocatorie relative agli atti del fallito compiuti dopo la chiusura del fallimento, i termini stabiliti dagli artt. 65, 67 e 67 *bis* (1) sono computati dalla data della sentenza di riapertura.

Sono privi di effetto nei confronti dei creditori gli atti a titolo gratuito e quelli di cui all'articolo 69, posteriori alla chiusura e anteriori alla riapertura del fallimento (²).

(¹) *La parola: «70» è stata così sostituita dalle attuali: «67* bis*» dall'art. 113, comma 1, lett.* a)*, del D.L.vo 9 gennaio 2006, n. 5, a decorrere dal 16 luglio 2006.*

(²) *Questo comma è stato così sostituito dall'art. 113, comma 1, lett.* b)*, del D.L.vo 9 gennaio 2006, n. 5, a decorrere dal 16 luglio 2006.*

Sezione II
Del concordato

124. (¹) **Proposta di concordato.** – La proposta di concordato può essere presentata da uno o più creditori o da un terzo, anche prima del decreto che rende esecutivo lo stato passivo, purché sia stata tenuta la contabilità ed i dati risultanti da essa e le altre notizie disponibili consentano al curatore di predisporre un elenco provvisorio dei creditori del fallito da sottoporre all'approvazione del giudice delegato. Essa non può essere presentata dal fallito, da società cui egli partecipi o da società sottoposte a comune controllo se non dopo il decorso di un anno dalla dichiarazione di fallimento e purché non siano decorsi due anni dal decreto che rende esecutivo lo stato passivo (²).

La proposta può prevedere:

a) la suddivisione dei creditori in classi, secondo posizione giuridica ed interessi economici omogenei;

b) trattamenti differenziati fra creditori appartenenti a classi diverse, indicando le ragioni dei trattamenti differenziati dei medesimi;

c) la ristrutturazione dei debiti e la soddisfazione dei crediti attraverso qualsiasi forma, anche mediante cessione dei beni, accollo o altre operazioni straordinarie, ivi compresa l'attribuzione ai creditori, nonché a società da questi partecipate, di azioni, quote ovvero obbligazioni, anche convertibili in azioni o altri strumenti finanziari e titoli di debito.

La proposta può prevedere che i creditori muniti di privilegio, pegno o ipoteca, non vengano soddisfatti integralmente, purché il piano ne preveda la soddisfazione in misura non inferiore a quella realizzabile, in ragione della collocazione preferenziale, sul ricavato in caso di liquidazione, avuto riguardo al valore di mercato attribuibile ai beni o diritti sui quali sussiste la causa di prelazione indicato nella relazione giurata di un professionista in possesso dei requisiti di cui all'art. 67, terzo comma, lett. *d*) designato dal tribunale. Il trattamento stabilito per ciascuna classe non può avere l'effetto di alterare l'ordine delle cause legittime di prelazione (³).

La proposta presentata da uno o più creditori o (4) da un terzo può prevedere la cessione, oltre che dei beni compresi nell'attivo fallimentare, anche delle azioni di pertinenza della massa, purché autorizzate dal giudice delegato, con specifica indicazione dell'oggetto e del fondamento della pretesa. Il proponente (5) può limitare gli impegni assunti con il concordato ai soli creditori ammessi al passivo, anche provvisoriamente, e a quelli che hanno proposto opposizione allo stato passivo o domanda di ammissione tardiva al tempo della proposta. In tale caso, verso gli altri creditori continua a rispondere il fallito, fermo quanto disposto dagli articoli 142 e seguenti in caso di esdebitazione.

(1) *Questo articolo è stato così sostituito dall'art. 114 del D.L.vo 9 gennaio 2006, n. 5, a decorrere dal 16 luglio 2006.*

(2) *Questo comma è stato così sostituito dall'art. 9, comma 5, lett.* a), *del D.L.vo 12 settembre 2007, n. 169, a decorrere dal 1° gennaio 2008.*

(3) *Questo comma è stato così sostituito dall'art. 9, comma 5, lett.* b), *del D.L.vo 12 settembre 2007, n. 169, a decorrere dal 1° gennaio 2008.*

(4) *Le parole: «da uno o più creditori o» sono state inserite dall'art. 9, comma 5, lett.* c), *n. 1), del D.L.vo 12 settembre 2007, n. 169, a decorrere dal 1° gennaio 2008.*

(5) *Le parole: «Il terzo» sono state così sostituite dalle attuali: «Il proponente» dall'art. 9, comma 5, lett.* c), *n. 2), del D.L.vo 12 settembre 2007, n. 169, a decorrere dal 1° gennaio 2008.*

125. (1) **Esame della proposta e comunicazione ai creditori.** – La proposta di concordato è presentata con ricorso al giudice delegato, il quale chiede il parere del [comitato dei creditori e] (2) del curatore, con specifico riferimento ai presumibili risultati della liquidazione ed alle garanzie offerte (3). Quando il ricorso è proposto da un terzo, esso deve contenere l'indicazione dell'indirizzo di posta elettronica certificata al quale ricevere le comunicazioni (4). Si applica l'articolo 31 *bis*, secondo comma (4) (5).

Una volta espletato tale adempimento preliminare il giudice delegato, acquisito il parere favorevole del comitato dei creditori, valutata la ritualità della proposta, ordina che la stessa, unitamente al parere del comitato dei creditori e del curatore, venga comunicata a cura di quest'ultimo ai creditori a mezzo posta elettronica certificata, specificando dove possono essere reperiti i dati per la sua valutazione ed informandoli che la mancata risposta sarà considerata come voto favorevole (6) (5). Nel medesimo provvedimento il giudice delegato fissa un termine non inferiore a venti giorni né superiore a trenta, entro il quale i creditori devono far pervenire nella cancelleria del tribunale eventuali dichiarazioni di dissenso. In caso di presentazione di più proposte o se comunque ne sopraggiunge una nuova, prima che il giudice delegato ordini la comunicazione, il comitato dei creditori sceglie quella da sottoporre all'approvazione dei creditori; su richiesta del curatore, il giudice delegato può ordinare la comunicazione ai creditori di una o di altre proposte, tra quelle non scelte, ritenute parimenti convenienti. Si applica l'articolo 41, quarto comma (7) (8).

Qualora la proposta contenga condizioni differenziate per singole classi di creditori essa, prima di essere comunicata ai creditori, deve essere sottoposta, con i pareri di cui al primo e secondo comma, al giudizio del tribunale che verifica il corretto utilizzo dei criteri di cui all'articolo 124, secondo comma, lettere *a*) e *b*) tenendo conto della relazione resa ai sensi dell'articolo 124, terzo comma (9).

Se la società fallita ha emesso obbligazioni o strumenti finanziari oggetto della proposta di concordato, la comunicazione è inviata agli organi che hanno il potere di convocare le rispettive assemblee, affinché possano esprimere il loro eventuale dissenso. Il termine previsto dal terzo comma è prolungato per consentire l'espletamento delle predette assemblee.

(1) *Questo articolo è stato così sostituito dall'art. 115 del D.L.vo 9 gennaio 2006, n. 5, a decorrere dal 16 luglio 2006.*

(2) *Le parole tra parentesi quadrate sono state soppresse dall'art. 9, comma 6, lett.* a), *del D.L.vo 12 settembre 2007, n. 169, a decorrere dal 1° gennaio 2008.*

(3) *Le parole*: «*ed alle garanzie offerte*» *sono state aggiunte dall'art. 9, comma 6, lett.* a), *del D.L.vo 12 settembre 2007, n. 169, a decorrere dal 1° gennaio 2008.*

(4) *Questo periodo è stato aggiunto dall'art. 17, comma 1, lett.* n), *n. 1), del D.L. 18 ottobre 2012, n. 179, convertito, con modificazioni, nella L. 17 dicembre 2012, n. 221.*

(5) *A norma dell'art. 17, commi 4 e 5 del D.L. 18 ottobre 2012, n. 179, convertito, con modificazioni, nella L. 17 dicembre 2012, n. 221, le disposizioni modificate dal comma 1 dell'art. 17, si applicano dalla data di entrata in vigore della legge di conversione del predetto decreto, anche alle procedure di fallimento, di concordato preventivo, di liquidazione coatta amministrativa e di amministrazione straordinaria pendenti, rispetto alle quali, alla stessa data, non è stata effettuata la comunicazione rispettivamente prevista dagli articoli 92, 171, 207 del regio decreto 16 marzo 1942, n. 267 e dall'articolo 22 decreto legislativo 8 luglio 1999, n. 270. Per le procedure in cui, alla data di entrata in vigore della legge di conversione del predetto decreto, sia stata effettuata la comunicazione di cui al comma 4, le disposizioni di cui ai commi 1 e 2 del presente articolo si applicano a decorrere dal 31 ottobre 2013. Il curatore, il commissario giudiziale, il commissario liquidatore e il commissario straordinario entro il 30 giugno 2013 comunicano ai creditori e ai terzi titolari di diritti sui beni il loro indirizzo di posta elettronica certificata e li invitano a comunicare, entro tre mesi, l'indirizzo di posta elettronica certificata al quale ricevere tutte le comunicazioni relative alla procedura, avvertendoli di rendere nota ogni successiva variazione e che in caso di omessa indicazione le comunicazioni sono eseguite esclusivamente mediante deposito in cancelleria.*

(6) *Questo periodo è stato così sostituito dall'art. 17, comma 1, lett.* n), *n. 2), del D.L. 18 ottobre 2012, n. 179, convertito, con modificazioni, nella L. 17 dicembre 2012, n. 221.*

(7) *Questo comma è stato così sostituito dall'art. 9, comma 6, lett.* b), *del D.L.vo 12 settembre 2007, n. 169, a decorrere dal 1° gennaio 2008.*

(8) *Gli ultimi due periodi di questo comma sono stati aggiunti dall'art. 61, comma 1, della L. 18 giugno 2009, n. 69.*

(9) *Questo comma è stato così sostituito dall'art. 9, comma 6, lett.* b), *del D.L.vo 12 settembre 2007, n. 169, a decorrere dal 1° gennaio 2008.*

126. (1) **Concordato nel caso di numerosi creditori.** – Ove le comunicazioni siano dirette ad un rilevante numero di destinatari, il giudice delegato può autorizzare il curatore a dare notizia della proposta di concordato, anziché con comunicazione ai singoli creditori, mediante pubblicazione del testo integrale della medesima su uno o più quotidiani a diffusione nazionale o locale.

(1) *Questo articolo è stato così sostituito dall'art. 116 del D.L.vo 9 gennaio 2006, n. 5, a decorrere dal 16 luglio 2006.*

127. (1) **Voto nel concordato.** – Se la proposta è presentata prima che lo stato passivo venga reso esecutivo, hanno diritto al voto i creditori che risultano dall'elenco provvisorio predisposto dal curatore e approvato dal giudice delegato; altrimenti, gli aventi diritto al voto sono quelli indicati nello stato passivo reso esecutivo ai sensi dell'articolo 97. In quest'ultimo caso, hanno diritto al voto anche i creditori ammessi provvisoriamente e con riserva.

I creditori muniti di privilegio, pegno o ipoteca, ancorché la garanzia sia contestata, dei quali la proposta di concordato prevede l'integrale pagamento, non hanno diritto al voto se non rinunciano al diritto di prelazione, salvo quanto previsto dal terzo comma.

La rinuncia può essere anche parziale, purché non inferiore alla terza parte dell'intero credito fra capitale ed accessori.

Qualora i creditori muniti di privilegio, pegno o ipoteca rinuncino in tutto o in parte alla prelazione, per la parte del credito non coperta dalla garanzia sono assimilati ai creditori chirografari; la rinuncia ha effetto ai soli fini del concordato.

I creditori muniti di diritto di prelazione di cui la proposta di concordato prevede, ai sensi dell'articolo 124, terzo comma, la soddisfazione non integrale, sono considerati chirografari per la parte residua del credito.

Sono esclusi dal voto e dal computo delle maggioranze il coniuge del debitore, i suoi parenti ed affini fino al quarto grado e coloro che sono diventati cessionari o aggiudicatari dei crediti di dette persone da meno di un anno prima della dichiarazione di fallimento.

La stessa disciplina si applica ai crediti delle società controllanti o controllate o sottoposte a comune controllo.

I trasferimenti di crediti avvenuti dopo la dichiarazione di fallimento non attribuiscono diritto di voto, salvo che siano effettuati a favore di banche o altri intermediari finanziari.

(1) *Questo articolo è stato così sostituito dall'art. 117 del D.L.vo 9 gennaio 2006, n. 5, a decorrere dal 16 luglio 2006.*

128. (1) **Approvazione del concordato.** – Il concordato è approvato dai creditori che rappresentano la maggioranza dei crediti ammessi al voto. Ove siano previste diverse classi di creditori, il concordato è approvato se tale maggioranza si verifica inoltre nel maggior numero di classi (2).

I creditori che non fanno pervenire il loro dissenso nel termine fissato dal giudice delegato si ritengono consenzienti.

La variazione del numero dei creditori ammessi o dell'ammontare dei singoli crediti, che avvenga per effetto di un provvedimento emesso (3) successivamente alla scadenza del termine fissato dal giudice delegato per le votazioni, non influisce sul calcolo della maggioranza.

Quando il giudice delegato dispone il voto su più proposte di concordato ai sensi dell'articolo 125, secondo comma, terzo periodo, ultima parte, si considera approvata quella tra esse che ha conseguito il maggior numero di consensi a norma dei commi precedenti e, in caso di parità, la proposta presentata per prima (4).

(1) *Questo articolo è stato così sostituito dall'art. 118 del D.L.vo 9 gennaio 2006, n. 5, a decorrere dal 16 luglio 2006.*

(2) *I commi primo e secondo sono stati così sostituiti dall'attuale comma primo dall'art. 9, comma 7, lett.* a), *del D.L.vo 12 settembre 2007, n. 169, a decorrere dal 1° gennaio 2008.*

(3) *Le parole: «una sentenza emessa» sono state così sostituite dalle attuali: «un provvedimento emesso» dall'art. 9, comma 7, lett.* b), *del D.L.vo 12 settembre 2007, n. 169, a decorrere dal 1° gennaio 2008.*

(4) *Questo comma è stato aggiunto dall'art. 61, comma 2, della L. 18 giugno 2009, n. 69.*

129. (1) **Giudizio di omologazione.** – Decorso il termine stabilito per le votazioni, il curatore presenta al giudice delegato una relazione sul loro esito.

Se la proposta è stata approvata, il giudice delegato dispone che il curatore ne dia immediata comunicazione a mezzo posta elettronica certificata al proponente, affinché richieda l'omologazione del concordato e ai creditori dissenzienti. Al fallito, se non è possibile procedere alla comunicazione con modalità telematica, la notizia dell'approvazione è comunicata mediante lettera raccomandata con avviso di ricevimento. Con decreto da pubblicarsi a norma dell'articolo 17, fissa un termine non inferiore a quindici giorni e non superiore a trenta giorni per la proposizione di eventuali opposizioni, anche da parte di qualsiasi altro interessato, e per il deposito da parte del comitato dei creditori di una relazione motivata col suo parere definitivo. Se il comitato dei creditori non provvede nel termine, la relazione è redatta e depositata dal curatore nei sette giorni successivi ([2]).

L'opposizione e la richiesta di omologazione si propongono con ricorso a norma dell'articolo 26.

Se nel termine fissato non vengono proposte opposizioni, il tribunale, verificata la regolarità della procedura e l'esito della votazione, omologa il concordato con decreto motivato non soggetto a gravame.

Se sono state proposte opposizioni, il tribunale assume i mezzi istruttori richiesti dalle parti o disposti di ufficio, anche delegando uno dei componenti del collegio. Nell'ipotesi di cui al secondo periodo del primo comma dell'articolo 128, se un creditore appartenente ad una classe dissenziente contesta la convenienza della proposta, il tribunale può omologare il concordato qualora ritenga che il credito possa risultare soddisfatto dal concordato in misura non inferiore rispetto alle alternative concretamente praticabili.

Il tribunale provvede con decreto motivato pubblicato a norma dell'articolo 17.

([1]) Questo articolo, già sostituito dall'art. 119 del D.L.vo 9 gennaio 2006, n. 5, è stato ora così sostituito dall'art. 9, comma 8, del D.L.vo 12 settembre 2007, n. 169, a decorrere dal 1° gennaio 2008.

([2]) Questo comma è stato così sostituito dall'art. 17, comma 1, lett. o), del D.L. 18 ottobre 2012, n. 179, convertito, con modificazioni, nella L. 17 dicembre 2012, n. 221. A norma dell'art. 17, commi 4 e 5 del medesimo decreto, tali disposizioni si applicano dalla data di entrata in vigore della legge di conversione del predetto decreto, anche alle procedure di fallimento, di concordato preventivo, di liquidazione coatta amministrativa e di amministrazione straordinaria pendenti, rispetto alle quali, alla stessa data, non è stata effettuata la comunicazione rispettivamente prevista dagli articoli 92, 171, 207 del regio decreto 16 marzo 1942, n. 267 e dall'articolo 22 decreto legislativo 8 luglio 1999, n. 270. Per le procedure in cui, alla data di entrata in vigore della legge di conversione del predetto decreto, sia stata effettuata la comunicazione di cui al comma 4, le disposizioni di cui ai commi 1 e 2 del presente articolo si applicano a decorrere dal 31 ottobre 2013. Il curatore, il commissario giudiziale, il commissario liquidatore e il commissario straordinario entro il 30 giugno 2013 comunicano ai creditori e ai terzi titolari di diritti sui beni il loro indirizzo di posta elettronica certificata e li invitano a comunicare, entro tre mesi, l'indirizzo di posta elettronica certificata al quale ricevere tutte le comunicazioni relative alla procedura, avvertendoli di rendere nota ogni successiva variazione e che in caso di omessa indicazione le comunicazioni sono eseguite esclusivamente mediante deposito in cancelleria.

130. ([1]) **Efficacia del decreto. –** La proposta di concordato diventa efficace dal momento in cui scadono i termini per opporsi all'omologazione, o dal momento in cui si esauriscono le impugnazioni previste dall'articolo 129.

Quando il decreto di omologazione diventa definitivo, il curatore rende conto della gestione ai sensi dell'articolo 116 ed il tribunale dichiara chiuso il fallimento.

([1]) *Questo articolo è stato così sostituito dall'art. 120 del D.L.vo 9 gennaio 2006, n. 5, a decorrere dal 16 luglio 2006.*

131. ([1]) **Reclamo.** – Il decreto del tribunale è reclamabile dinanzi alla corte di appello che pronuncia in camera di consiglio.

Il reclamo è proposto con ricorso da depositarsi nella cancelleria della corte d'appello nel termine perentorio di trenta giorni dalla notificazione del decreto fatta dalla cancelleria del tribunale.

Esso deve contenere i requisiti prescritti dall'articolo 18, secondo comma, numeri 1), 2), 3) e 4).

Il presidente, nei cinque giorni successivi al deposito del ricorso, designa il relatore, e fissa con decreto l'udienza di comparizione entro sessanta giorni dal deposito del ricorso.

Il ricorso, unitamente al decreto di fissazione dell'udienza, deve essere notificato, a cura del reclamante, entro dieci giorni dalla comunicazione del decreto, al curatore e alle altre parti, che si identificano, se non sono reclamanti, nel fallito, nel proponente e negli opponenti.

Tra la data della notificazione e quella dell'udienza deve intercorrere un termine non minore di trenta giorni.

Le parti resistenti devono costituirsi almeno dieci giorni prima della udienza, eleggendo il domicilio nel comune in cui ha sede la corte d'appello.

La costituzione si effettua mediante il deposito in cancelleria di una memoria contenente l'esposizione delle difese in fatto e in diritto, nonché l'indicazione dei mezzi di prova e dei documenti prodotti.

L'intervento di qualunque interessato non può aver luogo oltre il termine stabilito per la costituzione delle parti resistenti, con le modalità per queste previste.

All'udienza, il collegio, sentite le parti, assume, anche d'ufficio, i mezzi di prova, eventualmente delegando un suo componente.

La corte provvede con decreto motivato.

Il decreto è pubblicato a norma dell'articolo 17 e notificato alle parti, a cura della cancelleria, ed è impugnabile con ricorso per cassazione entro trenta giorni dalla notificazione.

([1]) *Questo articolo, già sostituito dall'art. 121 del D.L.vo 9 gennaio 2006, n. 5, è stato ora così sostituito dall'art. 9, comma 9, del D.L.vo 12 settembre 2007, n. 169, a decorrere dal 1° gennaio 2008.*

132. (1) [**Intervento del pubblico ministero.** – Il pubblico ministero interviene sia nel giudizio di primo grado sia nel giudizio di appello].

(1) *Questo articolo è stato abrogato dall'art. 122 del D.L.vo 9 gennaio 2006, n. 5, a decorrere dal 16 luglio 2006.*

133. (1) [**Spese per l'omologazione.** – Alle spese di omologazione si provvede con le somme liquide del fallimento, mediante prelevamenti disposti dal giudice delegato.

Se non vi sono somme liquide, il giudice dispone che si proceda alle spese di omologazione con prenotazione a debito. Per il rimborso delle spese anticipate dall'erario si provvede a norma dell'art. 91].

(1) *Questo articolo è stato abrogato dall'art. 122 del D.L.vo 9 gennaio 2006, n. 5, a decorrere dal 16 luglio 2006.*

134. (1) [**Rendiconto del curatore.** – Appena la sentenza di omologazione è passata in giudicato, il curatore deve rendere il conto a norma dell'art. 116].

(1) *Questo articolo è stato abrogato dall'art. 122 del D.L.vo 9 gennaio 2006, n. 5, a decorrere dal 16 luglio 2006.*

135. Effetti del concordato. – Il concordato omologato è obbligatorio per tutti i creditori anteriori all'apertura del fallimento, compresi quelli che non hanno presentato domanda di ammissione al passivo. A questi però non si estendono le garanzie date nel concordato da terzi.

I creditori conservano la loro azione per l'intero credito contro i coobbligati, i fideiussori del fallito e gli obbligati in via di regresso.

136. Esecuzione del concordato. – Dopo l'omologazione del concordato il giudice delegato, il curatore e il comitato dei creditori ne sorvegliano l'adempimento, secondo le modalità stabilite nel decreto (1) di omologazione.

Le somme spettanti ai creditori contestati, condizionali o irreperibili sono depositate nei modi stabiliti dal giudice delegato.

Accertata la completa esecuzione del concordato, il giudice delegato ordina lo svincolo delle cauzioni e la cancellazione delle ipoteche iscritte a garanzia e adotta ogni misura idonea per il conseguimento delle finalità del concordato (2).

Il provvedimento è pubblicato ed affisso ai sensi dell'art. 17. Le spese sono a carico del debitore.

(1) *Le parole: «nella sentenza» sono state così sostituite dalle attuali: «nel decreto» dall'art. 123, comma 1, lett.* a)*, del D.L.vo 9 gennaio 2006, n. 5, a decorrere dal 16 luglio 2006.*

(2) *Questo comma è stato così sostituito dall'art. 123, comma 1, lett.* b)*, del D.L.vo 9 gennaio 2006, n. 5, a decorrere dal 16 luglio 2006.*

137. ([1]) **Risoluzione del concordato.** – Se le garanzie promesse non vengono costituite o se il proponente non adempie regolarmente gli obblighi derivanti dal concordato, ciascun creditore può chiederne la risoluzione.

Si applicano le disposizioni dell'articolo 15 in quanto compatibili.

Al procedimento è chiamato a partecipare anche l'eventuale garante.

La sentenza che risolve il concordato riapre la procedura di fallimento ed è provvisoriamente esecutiva.

La sentenza è reclamabile ai sensi dell'articolo 18.

Il ricorso per la risoluzione deve proporsi entro un anno dalla scadenza del termine fissato per l'ultimo adempimento previsto nel concordato.

Le disposizioni di questo articolo non si applicano quando gli obblighi derivanti dal concordato sono stati assunti dal proponente o da uno o più creditori con liberazione immediata del debitore. Non possono proporre istanza di risoluzione i creditori del fallito verso cui il terzo, ai sensi dell'articolo 124, non abbia assunto responsabilità per effetto del concordato.

([1]) *Questo articolo, già sostituito dall'art. 124 del D.L.vo 9 gennaio 2006, n. 5, è stato ora così sostituito dall'art. 9, comma 10, del D.L.vo 12 settembre 2007, n. 169, a decorrere dal 1° gennaio 2008.*

138. ([1]) **Annullamento del concordato.** – Il concordato omologato può essere annullato dal tribunale, su istanza del curatore o di qualunque creditore, in contraddittorio con il debitore, quando si scopre che è stato dolosamente esagerato il passivo, ovvero sottratta o dissimulata una parte rilevante dell'attivo. Non è ammessa alcuna altra azione di nullità. Si procede a norma dell'articolo 137.

La sentenza che annulla il concordato riapre la procedura di fallimento ed è provvisoriamente esecutiva. Essa è reclamabile ai sensi dell'articolo 18.

Il ricorso per l'annullamento deve proporsi nel termine di sei mesi dalla scoperta del dolo e, in ogni caso, non oltre due anni dalla scadenza del termine fissato per l'ultimo adempimento previsto nel concordato.

([1]) *Questo articolo è stato così sostituito dall'art. 9, comma 11, del D.L.vo 12 settembre 2007, n. 169, a decorrere dal 1° gennaio 2008.*

139. ([1]) **Provvedimenti conseguenti alla riapertura.** – La sentenza che riapre la procedura a norma degli articoli 137 e 138 provvede ai sensi dell'articolo 121.

([1]) *Questo articolo è stato così sostituito dall'art. 126 del D.L.vo 9 gennaio 2006, n. 5, a decorrere dal 16 luglio 2006.*

140. Effetti della riapertura. – Gli effetti della riapertura sono regolati dagli artt. 122 e 123.

Possono essere riproposte le azioni revocatorie già iniziate e interrotte per effetto del concordato.

I creditori anteriori conservano le garanzie per le somme tuttora ad essi dovute in base al concordato risolto o annullato e non sono tenuti a restituire quanto hanno già riscosso.

Essi concorrono per l'importo del primitivo credito, detratta la parte riscossa in parziale esecuzione del concordato.

141. (1) **Nuova proposta di concordato.** – Reso esecutivo il nuovo stato passivo, il proponente è ammesso a presentare una nuova proposta di concordato. Questo non può tuttavia essere omologato se prima dell'udienza a ciò destinata non sono depositate, nei modi stabiliti dal giudice delegato, le somme occorrenti per il suo integrale adempimento o non sono prestate garanzie equivalenti.

(1) *Questo articolo è stato così sostituito dall'art. 127 del D.L.vo 9 gennaio 2006, n. 5, a decorrere dal 16 luglio 2006.*

Capo IX
Della esdebitazione (1) (2)

(1) *L'originario Capo IX: «DELLA RIABILITAZIONE CIVILE» è stato così sostituito dall'attuale: «DELLA ESDEBITAZIONE» dall'art. 128 del D.L.vo 9 gennaio 2006, n. 5, a decorrere dal 16 luglio 2006.*

(2) *Si veda l'art. 19 del D.L.vo 12 settembre 2007, n. 169, che così dispone:*

«1. Le disposizioni di cui al Capo IX "della esdebitazione" del Titolo II del regio decreto 16 marzo 1942, n. 267 e successive modificazioni, si applicano anche alle procedure di fallimento pendenti alla data di entrata in vigore del decreto legislativo 9 gennaio 2006, n. 5.

«2. Qualora le procedure fallimentari di cui al comma 1 risultino chiuse alla data di entrata in vigore del presente decreto, la domanda di esdebitazione può essere presentata nel termine di un anno dalla medesima data».

142. Esdebitazione. – Il fallito persona fisica è ammesso al beneficio della liberazione dai debiti residui nei confronti dei creditori concorsuali non soddisfatti a condizione che:

1) abbia cooperato con gli organi della procedura, fornendo tutte le informazioni e la documentazione utile all'accertamento del passivo e adoperandosi per il proficuo svolgimento delle operazioni;

2) non abbia in alcun modo ritardato o contribuito a ritardare lo svolgimento della procedura;

3) non abbia violato le disposizioni di cui all'articolo 48;

4) non abbia beneficiato di altra esdebitazione nei dieci anni precedenti la richiesta;

5) non abbia distratto l'attivo o esposto passività insussistenti, cagionato o aggravato il dissesto rendendo gravemente difficoltosa la ricostruzione del patrimonio e del movimento degli affari o fatto ricorso abusivo al credito;

6) non sia stato condannato con sentenza passata in giudicato per bancarotta fraudolenta o per delitti contro l'economia pubblica, l'industria e il commercio, e altri delitti compiuti in connessione con l'esercizio dell'attività d'impresa, salvo che per tali reati sia intervenuta la riabilitazione. Se è in corso il procedimento penale per uno di tali reati, il tribunale sospende il procedimento fino all'esito di quello penale.

L'esdebitazione non può essere concessa qualora non siano stati soddisfatti, neppure in parte, i creditori concorsuali.

Restano esclusi dall'esdebitazione:

a) gli obblighi di mantenimento e alimentari e comunque le obbligazioni derivanti da rapporti estranei all'esercizio dell'impresa ([1]);

b) i debiti per il risarcimento dei danni da fatto illecito extracontrattuale nonché le sanzioni penali ed amministrative di carattere pecuniario che non siano accessorie a debiti estinti.

Sono salvi i diritti vantati dai creditori nei confronti di coobbligati, dei fideiussori del debitore e degli obbligati in via di regresso.

([1]) *Le parole: «non compresi nel fallimento ai sensi dell'articolo 46» sono state così sostituite dalle attuali: «estranei all'esercizio dell'impresa» dall'art. 10, comma 1, del D.L.vo 12 settembre 2007, n. 169, a decorrere dal 1° gennaio 2008.*

143. ([1]) **Procedimento di esdebitazione.** – Il tribunale, con il decreto di chiusura del fallimento o su ricorso del debitore presentato entro l'anno successivo, verificate le condizioni di cui all'articolo 142 e tenuto altresì conto dei comportamenti collaborativi del medesimo, sentito il curatore ed il comitato dei creditori, dichiara inesigibili nei confronti del debitore già dichiarato fallito i debiti concorsuali non soddisfatti integralmente. Il ricorso e il decreto del tribunale sono comunicati dal curatore ai creditori a mezzo posta elettronica certificata ([2]).

Contro il decreto che provvede sul ricorso, il debitore, i creditori non integralmente soddisfatti, il pubblico ministero e qualunque interessato possono proporre reclamo a norma dell'articolo 26.

([1]) *La Corte costituzionale, con sentenza n. 181 del 30 maggio 2008, ha dichiarato l'illegittimità costituzionale di questo articolo nel testo introdotto a seguito della entrata in vigore del decreto legislativo 9 gennaio 2006, n. 5 (Riforma organica della disciplina delle procedure concorsuali a norma dell'art. 1, comma 5, della legge 14 maggio 2005, n. 80), limitatamente alla parte in cui esso, in caso di procedimento di esdebitazione attivato, ad istanza del debitore già dichiarato fallito, nell'anno successivo al decreto di chiusura del fallimento, non prevede la notificazione, a cura del ricorrente e nelle forme previste dagli artt. 137 e seguenti del codice di procedura civile, ai creditori concorrenti non integralmente soddisfatti, del ricorso col quale il debitore chiede di essere ammesso al beneficio della liberazione dai debiti residui nei confronti dei medesimi creditori, nonché del decreto col quale il giudice fissa l'udienza in camera di consiglio.*

(2) *Questo periodo è stato aggiunto dall'art. 17, comma 1, lett.* p), *del D.L. 18 ottobre 2012, n. 179, convertito, con modificazioni, nella L. 17 dicembre 2012, n. 221. A norma dell'art. 17, commi 4 e 5 del medesimo decreto tali disposizioni si applicano dalla data di entrata in vigore della legge di conversione del predetto decreto, anche alle procedure di fallimento, di concordato preventivo, di liquidazione coatta amministrativa e di amministrazione straordinaria pendenti, rispetto alle quali, alla stessa data, non è stata effettuata la comunicazione rispettivamente prevista dagli articoli 92, 171, 207 del regio decreto 16 marzo 1942, n. 267 e dall'articolo 22 decreto legislativo 8 luglio 1999, n. 270. Per le procedure in cui, alla data di entrata in vigore della legge di conversione del predetto decreto, sia stata effettuata la comunicazione di cui al comma 4, le disposizioni di cui ai commi 1 e 2 del presente articolo si applicano a decorrere dal 31 ottobre 2013. Il curatore, il commissario giudiziale, il commissario liquidatore e il commissario straordinario entro il 30 giugno 2013 comunicano ai creditori e ai terzi titolari di diritti sui beni il loro indirizzo di posta elettronica certificata e li invitano a comunicare, entro tre mesi, l'indirizzo di posta elettronica certificata al quale ricevere tutte le comunicazioni relative alla procedura, avvertendoli di rendere nota ogni successiva variazione e che in caso di omessa indicazione le comunicazioni sono eseguite esclusivamente mediante deposito in cancelleria.*

144. Esdebitazione per i crediti concorsuali non concorrenti. – Il decreto di accoglimento della domanda di esdebitazione produce effetti anche nei confronti dei creditori anteriori alla apertura della procedura di liquidazione che non hanno presentato la domanda di ammissione al passivo; in tale caso, l'esdebitazione opera per la sola eccedenza alla percentuale attribuita nel concorso ai creditori di pari grado (1).

(1) *Le parole: «rispetto a quanto i creditori avrebbero avuto diritto di percepire nel concorso» sono state così sostituite dalle attuali: «alla percentuale attribuita nel concorso ai creditori di pari grado» dall'art. 10, comma 2, del D.L.vo 12 settembre 2007, n. 169, a decorrere dal 1° gennaio 2008.*

145. (1) [**Condanne penali che ostano alla riabilitazione.** – In nessun caso la riabilitazione può essere concessa se il fallito è stato condannato per bancarotta fraudolenta o per delitti contro il patrimonio, la fede pubblica, l'economia pubblica, l'industria e il commercio, salvo che per tali reati sia intervenuta la riabilitazione prevista dalla legge penale.

Se è in corso il procedimento per uno di tali reati, il tribunale sospende di pronunziare sull'istanza fino all'esito del procedimento].

(1) *Questo articolo è stato abrogato dall'art. 129 del D.L.vo 9 gennaio 2006, n. 5, a decorrere dal 16 luglio 2006.*

Leggi Complementari

Capo X
Del fallimento delle società

146. (¹) **Amministratori, direttori generali, componenti degli organi di controllo, liquidatori e soci di società a responsabilità limitata.** – Gli amministratori e i liquidatori della società sono tenuti agli obblighi imposti al fallito dall'articolo 49. Essi devono essere sentiti in tutti i casi in cui la legge richiede che sia sentito il fallito.

Sono esercitate dal curatore previa autorizzazione del giudice delegato, sentito il comitato dei creditori:

a) le azioni di responsabilità contro gli amministratori, i componenti degli organi di controllo, i direttori generali e i liquidatori;

b) l'azione di responsabilità contro i soci della società a responsabilità limitata, nei casi previsti dall'articolo 2476, comma settimo, del codice civile.

(¹) *Questo articolo è stato così sostituito dall'art. 130 del D.L.vo 9 gennaio 2006, n. 5, a decorrere dal 16 luglio 2006.*

147. (¹) **Società con soci a responsabilità illimitata.** – La sentenza che dichiara il fallimento di una società appartenente ad uno dei tipi regolati nei capi III, IV e VI del titolo V del libro V del codice civile, produce anche il fallimento dei soci, pur se non persone fisiche, illimitatamente responsabili.

Il fallimento dei soci di cui al comma primo non può essere dichiarato decorso un anno dallo scioglimento del rapporto sociale o dalla cessazione della responsabilità illimitata, anche in caso di trasformazione, fusione o scissione, se sono state osservate le formalità per rendere noti ai terzi i fatti indicati. La dichiarazione di fallimento è possibile solo se l'insolvenza della società attenga, in tutto o in parte, a debiti esistenti alla data della cessazione della responsabilità illimitata.

Il tribunale, prima di dichiarare il fallimento dei soci illimitatamente responsabili, deve disporne la convocazione a norma dell'articolo 15.

Se dopo la dichiarazione di fallimento della società risulta l'esistenza di altri soci illimitatamente responsabili, il tribunale, su istanza del curatore, di un creditore, di un socio fallito, dichiara il fallimento dei medesimi.

Allo stesso modo si procede qualora dopo la dichiarazione di fallimento di un imprenditore individuale risulti che l'impresa è riferibile ad una società di cui il fallito è socio illimitatamente responsabile.

Contro la sentenza del tribunale è ammesso reclamo (²) a norma dell'articolo 18.

In caso di rigetto della domanda, contro il decreto del tribunale l'istante può proporre reclamo alla corte d'appello a norma dell'articolo 22.

(1) *Questo articolo è stato così sostituito dall'art. 131 del D.L.vo 9 gennaio 2006, n. 5, a decorrere dal 16 luglio 2006.*

(2) *La parola: «appello» è stata così sostituita dall'attuale: «reclamo» dall'art. 11, comma 1, del D.L.vo 12 settembre 2007, n. 169, a decorrere dal 1° gennaio 2008.*

148. (1) **Fallimento della società e dei soci.** – Nei casi previsti dall'articolo 147, il tribunale nomina, sia per il fallimento della società, sia per quello dei soci un solo giudice delegato e un solo curatore, pur rimanendo distinte le diverse procedure. Possono essere nominati più comitati dei creditori.

Il patrimonio della società e quello dei singoli soci sono tenuti distinti.

Il credito dichiarato dai creditori sociali nel fallimento della società si intende dichiarato per l'intero e con il medesimo eventuale privilegio generale anche nel fallimento dei singoli soci. Il creditore sociale ha diritto di partecipare a tutte le ripartizioni fino all'integrale pagamento, salvo il regresso fra i fallimenti dei soci per la parte pagata in più della quota rispettiva.

I creditori particolari partecipano soltanto al fallimento dei soci loro debitori.

Ciascun creditore può contestare i crediti dei creditori con i quali si trova in concorso.

(1) *Questo articolo è stato così sostituito dall'art. 132 del D.L.vo 9 gennaio 2006, n. 5, a decorrere dal 16 luglio 2006.*

149. Fallimento dei soci. – Il fallimento di uno o più soci illimitatamente responsabili non produce il fallimento della società.

150. Versamenti dei soci a responsabilità limitata. – Nel fallimento delle società con soci a responsabilità limitata il giudice delegato può, su proposta del curatore, ingiungere con decreto ai soci a responsabilità limitata e ai precedenti titolari delle quote o delle azioni di eseguire i versamenti ancora dovuti, quantunque non sia scaduto il termine stabilito per il pagamento.

Contro il decreto emesso a norma del primo comma può essere proposta opposizione ai sensi dell'articolo 645 del codice di procedura civile (1).

(1) *Questo comma è stato aggiunto dall'art. 133, comma 1, del D.L.vo 9 gennaio 2006, n. 5, a decorrere dal 16 luglio 2006.*

151. (1) **Fallimento di società a responsabilità limitata: polizza assicurativa e fideiussione bancaria.** – Nei fallimenti di società a responsabilità limitata il giudice, ricorrendone i presupposti, può autorizzare il curatore ad escutere la polizza assicurativa o la fideiussione bancaria rilasciata ai sensi dell'articolo 2464, quarto e sesto comma, del codice civile.

(1) *Questo articolo è stato così sostituito dall'art. 134 del D.L.vo 9 gennaio 2006, n. 5, a decorrere dal 16 luglio 2006.*

152. Proposta di concordato. – La proposta di concordato per la società fallita è sottoscritta da coloro che ne hanno la rappresentanza sociale.

La proposta e le condizioni del concordato, salva diversa disposizione dell'atto costitutivo o dello statuto:

a) nelle società di persone, sono approvate dai soci che rappresentano la maggioranza assoluta del capitale;

b) nelle società per azioni, in accomandita per azioni e a responsabilità limitata, nonché nelle società cooperative, sono deliberate dagli amministratori (1).

In ogni caso, la decisione o la deliberazione di cui alla lettera *b*), del secondo comma deve risultare da verbale redatto da notaio ed è depositata ed iscritta nel registro delle imprese a norma dell'articolo 2436 del codice civile.

(1) *L'originario secondo comma è stato così sostituito dagli attuali secondo e terzo comma dall'art. 135 del D.L.vo 9 gennaio 2006, n. 5, a decorrere dal 16 luglio 2006.*

153. Effetti del concordato della società. – Salvo patto contrario, il concordato fatto da una società con soci a responsabilità illimitata ha efficacia anche di fronte ai soci e fa cessare il loro fallimento. [Tuttavia i creditori particolari possono apporsi a norma dell'articolo 129, secondo comma, alla chiusura del fallimento del socio loro debitore] (1).

Contro il decreto di chiusura del fallimento del socio è ammesso reclamo a norma dell'articolo 26 (2).

(1) *Le parole fra parentesi quadrate sono state soppresse dall'art. 136, comma 1, lett.* a), *del D.L.vo 9 gennaio 2006, n. 5, a decorrere dal 16 luglio 2006.*

(2) *Questo comma è stato così sostituito dall'art. 136, comma 1, lett.* b), *del D.L.vo 9 gennaio 2006, n. 5, a decorrere dal 16 luglio 2006. Si riporta il testo precedente:*

«Sull'opposizione decide il tribunale con sentenza in camera di consiglio non soggetta a gravame».

154. Concordato particolare del socio. – Nel fallimento di una società con soci a responsabilità illimitata, ciascuno dei soci dichiarato fallito può proporre un concordato ai creditori sociali e particolari concorrenti nel proprio fallimento.

Capo XI
Dei patrimoni destinati
ad uno specifico affare ([1])

([1]) *L'originaria rubrica: «DEL PROCEDIMENTO SOMMARIO» è stata così sostituita dall'art. 137 del D.L.vo 9 gennaio 2006, n. 5, a decorrere dal 16 luglio 2006.*

155. ([1]) **Patrimoni destinati ad uno specifico affare.** – Se è dichiarato il fallimento della società, l'amministrazione del patrimonio destinato previsto dall'articolo 2447 *bis*, primo comma, lettera *a*), del codice civile è attribuita al curatore che vi provvede con gestione separata.

Il curatore provvede a norma dell'articolo 107 alla cessione a terzi del patrimonio, al fine di conservarne la funzione produttiva. Se la cessione non è possibile, il curatore provvede alla liquidazione del patrimonio secondo le regole della liquidazione della società in quanto compatibili.

Il corrispettivo della cessione al netto dei debiti del patrimonio o il residuo attivo della liquidazione sono acquisiti dal curatore nell'attivo fallimentare, detratto quanto spettante ai terzi che vi abbiano effettuato apporti, ai sensi dell'articolo 2447 *ter*, primo comma, lettera *d*), del codice civile.

([1]) *Questo articolo è stato così sostituito dall'art. 138 del D.L.vo 9 gennaio 2006, n. 5, a decorrere dal 16 luglio 2006.*

156. ([1]) **Patrimonio destinato incapiente; violazione delle regole di separatezza.** – Se a seguito del fallimento della società o nel corso della gestione il curatore rileva che il patrimonio destinato è incapiente provvede, previa autorizzazione del giudice delegato, alla sua liquidazione secondo le regole della liquidazione della società in quanto compatibili.

I creditori particolari del patrimonio destinato possono presentare domanda di insinuazione al passivo del fallimento della società nei casi di responsabilità sussidiaria o illimitata previsti dall'articolo 2447 *quinquies*, terzo e quarto comma, del codice civile.

Se risultano violate le regole di separatezza fra uno o più patrimoni destinati costituiti dalla società e il patrimonio della società medesima, il curatore può agire in responsabilità contro gli amministratori e i componenti degli organi di controllo della società ai sensi dell'articolo 146.

([1]) *Questo articolo è stato così sostituito dall'art. 139 del D.L.vo 9 gennaio 2006, n. 5, a decorrere dal 16 luglio 2006.*

157. ([1]) [**Accertamento del passivo.** – Il curatore forma l'elenco dei creditori in base alle scritture contabili, alle dichiarazioni del debitore e alle altre notizie che può assumere.

L'elenco, con i documenti giustificativi, è trasmesso al giudice, il quale procede alla formazione dello stato passivo e lo rende esecutivo con decreto. Lo stato passivo col decreto del giudice è depositato in cancelleria e chiunque può prenderne visione.

Il curatore dà notizia mediante lettera raccomandata a ciascun creditore, entro tre giorni dal deposito, del provvedimento che lo riguarda.

Entro quindici giorni dal deposito dello stato passivo in cancelleria i creditori non ammessi possono proporre reclamo avanti al giudice. Nello stesso termine possono essere proposte le contestazioni dei crediti ammessi da parte di altri creditori.

Il giudice stabilisce l'udienza di discussione delle contestazioni e dei reclami. Egli tenta di definire amichevolmente le questioni e, in caso di risultato negativo, pronuncia unica sentenza].

(1) *Questo articolo è stato abrogato dall'art. 140 del D.L.vo 9 gennaio 2006, n. 5, a decorrere dal 16 luglio 2006.*

158. (1) [**Domande di rivendicazione, restituzione e separazione di cose mobili.** – Le disposizioni dell'articolo precedente si applicano anche alle domande di rivendicazione, restituzione e separazione di cose mobili possedute dal fallito].

(1) *Questo articolo è stato abrogato dall'art. 140 del D.L.vo 9 gennaio 2006, n. 5, a decorrere dal 16 luglio 2006.*

159. (1) [**Concordato.** – La proposta del concordato è approvata se riporta il consenso della maggioranza di numero e di somma dei creditori che hanno diritto al voto.

Il giudice, accertato il concorso delle maggioranze indicate nel comma precedente e qualora ritenga tuttora conveniente il concordato, lo approva con decreto e dispone per la sua esecuzione.

Contro il decreto che approva o respinge il concordato non è ammesso gravame].

(1) *Questo articolo è stato abrogato dall'art. 140 del D.L.vo 9 gennaio 2006, n. 5, a decorrere dal 16 luglio 2006.*

Titolo III
Del concordato preventivo
e degli accordi
di ristrutturazione (1)

(1) *Le parole: «E DEGLI ACCORDI DI RISTRUTTURAZIONE» sono state aggiunte dall'art. 2, comma 1, lett.* c)*, del D.L. 14 marzo 2005, n. 35, convertito, con modificazioni, nella L. 14 maggio 2005, n. 80.*

Capo I
Dell'ammissione alla procedura
di concordato preventivo

160. (1) **Presupposti** (2) **per l'ammissione alla procedura.** – L'imprenditore che si trova in stato di crisi può proporre ai creditori un concordato preventivo sulla base di un piano che può prevedere:

a) la ristrutturazione dei debiti e la soddisfazione dei crediti attraverso qualsiasi forma, anche mediante cessione dei beni, accollo, o altre operazioni straordinarie, ivi compresa l'attribuzione ai creditori, nonché a società da questi partecipate, di azioni, quote, ovvero obbligazioni, anche convertibili in azioni, o altri strumenti finanziari e titoli di debito;

b) l'attribuzione delle attività delle imprese interessate dalla proposta di concordato ad un assuntore; possono costituirsi come assuntori anche i creditori o società da questi partecipate o da costituire nel corso della procedura, le azioni delle quali siano destinate ad essere attribuite ai creditori per effetto del concordato;

c) la suddivisione dei creditori in classi secondo posizione giuridica e interessi economici omogenei;

d) trattamenti differenziati tra creditori appartenenti a classi diverse.

La proposta può prevedere che i creditori muniti di privilegio, pegno o ipoteca, non vengano soddisfatti integralmente, purché il piano ne preveda la soddisfazione in misura non inferiore a quella realizzabile, in ragione della collocazione preferenziale, sul ricavato in caso di liquidazione, avuto riguardo al valore di mercato attribuibile ai beni o diritti sui quali sussiste la causa di prelazione indicato nella relazione giurata di un professionista in possesso dei requisiti di cui all'art. 67, terzo comma, lettera *d*). Il trattamento stabilito per ciascuna classe non può avere l'effetto di alterare l'ordine delle cause legittime di prelazione (3).

Ai fini di cui al primo comma per stato di crisi si intende anche lo stato di insolvenza (4).

In ogni caso la proposta di concordato deve assicurare il pagamento di almeno il venti per cento dell'ammontare dei crediti chirografari. La disposizione di cui al presente comma non si applica al concordato con continuità aziendale di cui all'articolo 186 *bis* (5).

(1) *Questo articolo è stato così sostituito dall'art. 2, comma 1, lett.* d), *del D.L. 14 marzo 2005, n. 35, convertito, con modificazioni, nella L. 14 maggio 2005, n. 80.*

A norma dell'art. 2, comma 2 bis, *dello stesso provvedimento, queste disposizioni si applicano altresì ai procedimenti di concordato preventivo pendenti e non ancora omologati alla data di entrata in vigore del predetto decreto.*

(2) *La parola: «Condizioni» è stata così sostituita dall'attuale: «Presupposti» dall'art. 12, comma 1, del D.L.vo 12 settembre 2007, n. 169, a decorrere dal 1° gennaio 2008.*

(3) *Questo comma è stato inserito dall'art. 12, comma 2, del D.L.vo 12 settembre 2007, n. 169, a decorrere dal 1° gennaio 2008.*

(4) *Questo comma è stato aggiunto dall'art. 36, del D.L. 30 dicembre 2005, n. 273, convertito, con modificazioni, nella L. 23 febbraio 2006, n. 51.*

(5) *Questo comma è stato aggiunto dall'art. 4, comma 1, lett.* a), *del D.L. 27 giugno 2015, n. 83, convertito, con modificazioni, nella L. 6 agosto 2015, n. 132.*

A norma dell'art. 23, comma 1, del medesimo provvedimento, queste disposizioni si applicano ai procedimenti di concordato preventivo introdotti successivamente all'entrata in vigore della legge di conversione del presente decreto.

161. (1) **Domanda di concordato.** – La domanda per l'ammissione alla procedura di concordato preventivo è proposta con ricorso, sottoscritto dal debitore, al tribunale del luogo in cui l'impresa ha la propria sede principale; il trasferimento della stessa intervenuto nell'anno antecedente al deposito del ricorso non rileva ai fini della individuazione della competenza.

Il debitore deve presentare con il ricorso:

a) una aggiornata relazione sulla situazione patrimoniale, economica e finanziaria dell'impresa;

b) uno stato analitico ed estimativo delle attività e l'elenco nominativo dei creditori, con l'indicazione dei rispettivi crediti e delle cause di prelazione;

c) l'elenco dei titolari dei diritti reali o personali su beni di proprietà o in possesso del debitore;

d) il valore dei beni e i creditori particolari degli eventuali soci illimitatamente responsabili;

e) un piano contenente la descrizione analitica delle modalità e dei tempi di adempimento della proposta; in ogni caso, la proposta deve indicare l'utilità specificamente individuata ed economicamente valutabile che il proponente si obbliga ad assicurare a ciascun creditore (2) (3).

Il piano e la documentazione di cui ai commi precedenti devono essere accompagnati dalla relazione di un professionista, designato dal debitore, ([4]) in possesso dei requisiti di cui all'art. 67, terzo comma, lett. *d*), che attesti la veridicità dei dati aziendali e la fattibilità del piano medesimo. Analoga relazione deve essere presentata nel caso di modifiche sostanziali della proposta o del piano ([5]) ([6]).

Per la società la domanda deve essere approvata e sottoscritta a norma dell'articolo 152.

La domanda di concordato è comunicata al pubblico ministero ed è pubblicata, a cura del cancelliere, nel registro delle imprese entro il giorno successivo al deposito in cancelleria ([7]). Al pubblico ministero è trasmessa altresì copia degli atti e documenti depositati a norma del secondo e del terzo comma, nonché copia della relazione del commissario giudiziale prevista dall'articolo 172 ([8]) ([9]).

L'imprenditore può depositare il ricorso contenente la domanda di concordato unitamente ai bilanci relativi agli ultimi tre esercizi e all'elenco nominativo dei creditori con l'indicazione dei rispettivi crediti ([10]), riservandosi di presentare la proposta, il piano e la documentazione di cui ai commi secondo e terzo entro un termine fissato dal giudice, compreso fra sessanta e centoventi giorni e prorogabile, in presenza di giustificati motivi, di non oltre sessanta giorni. Nello stesso termine, in alternativa e con conservazione sino all'omologazione degli effetti prodotti dal ricorso, il debitore può depositare domanda ai sensi dell'articolo 182 *bis*, primo comma. In mancanza, si applica l'articolo 162, commi secondo e terzo. Con decreto motivato che fissa il termine di cui al primo periodo il tribunale può nominare il commissario giudiziale di cui all'articolo 163, secondo comma, n. 3; si applica l'articolo 170, secondo comma ([11]). Il commissario giudiziale, quando accerta che il debitore ha posto in essere una delle condotte previste dall'articolo 173, deve riferirne immediatamente al tribunale che, nelle forme del procedimento di cui all'articolo 15 e verificata la sussistenza delle condotte stesse, può, con decreto, dichiarare improcedibile la domanda e, su istanza del creditore o su richiesta del pubblico ministero, accertati i presupposti di cui agli articoli 1 e 5, dichiara il fallimento del debitore con contestuale sentenza reclamabile a norma dell'articolo 18 ([11]) ([12]).

Dopo il deposito del ricorso e fino al decreto di cui all'articolo 163 il debitore può compiere gli atti urgenti di straordinaria amministrazione previa autorizzazione del tribunale, il quale può assumere sommarie informazioni e deve acquisire il parere del commissario giudiziale, se nominato ([13]). Nello stesso periodo e a decorrere dallo stesso termine il debitore può altresì compiere gli atti di ordinaria amministrazione. I crediti di terzi eventualmente sorti per effetto degli atti legalmente compiuti dal debitore sono prededucibili ai sensi dell'articolo 111 ([12]).

Con il decreto che fissa il termine di cui al sesto comma, primo periodo, il tribunale deve disporre gli obblighi informativi periodici, anche relativi alla gestione finanziaria dell'impresa e all'attività compiuta ai fini della predisposizione della proposta e del piano, che il debitore deve assolvere, con periodicità almeno mensile e sotto la vigilanza del commissario giudiziale se nominato, sino alla scadenza del termine fissato. Il debitore, con periodicità mensile, deposita una situazione finanziaria dell'impresa che, entro il giorno successivo, è pubblicata nel registro delle imprese a cura del cancelliere. In caso di violazione di tali obblighi, si applica l'articolo 162, commi secondo e terzo. Quando risulta che l'attività compiuta dal debitore è manifestamente inidonea alla predisposizione della proposta e del piano, il tribunale, anche d'ufficio, sentito il debitore e il commissario giudiziale se nominato, abbrevia il termine fissato con il decreto di cui al sesto comma, primo periodo. Il tribunale può in ogni momento sentire i creditori ([14]).

La domanda di cui al sesto comma è inammissibile quando il debitore, nei due anni precedenti, ha presentato altra domanda ai sensi del medesimo comma alla quale non abbia fatto seguito l'ammissione alla procedura di concordato preventivo o l'omologazione dell'accordo di ristrutturazione dei debiti ([12]).

Fermo restando quanto disposto dall'articolo 22, primo comma, quando pende il procedimento per la dichiarazione di fallimento il termine di cui al sesto comma del presente articolo è di sessanta giorni, prorogabili, in presenza di giustificati motivi, di non oltre sessanta giorni ([12]).

([1]) *Questo articolo è stato così sostituito dall'art. 2, comma 1, lett.* e), *del D.L. 14 marzo 2005, n. 35, convertito, con modificazioni, nella L. 14 maggio 2005, n. 80.*

A norma dell'art. 2, comma 2 bis, *dello stesso provvedimento, queste disposizioni si applicano altresì ai procedimenti di concordato preventivo pendenti e non ancora omologati alla data di entrata in vigore del predetto decreto.*

([2]) *Le parole*: «; *in ogni caso, la proposta deve indicare l'utilità specificamente individuata ed economicamente valutabile che il proponente si obbliga ad assicurare a ciascun creditore» sono state aggiunte dall'art. 4, comma 1, lett.* b), *n.* 1), *del D.L. 27 giugno 2015, n. 83, convertito, con modificazioni, nella L. 6 agosto 2015, n. 132.*

A norma dell'art. 23, comma 1, del medesimo provvedimento, queste disposizioni si applicano ai procedimenti di concordato preventivo introdotti successivamente all'entrata in vigore della legge di conversione del presente decreto.

([3]) *Questa lettera è stata aggiunta dall'art. 33, comma 1, lett.* b), *n. 1), del D.L. 22 giugno 2012, n. 83, convertito, con modificazioni, nella L. 7 agosto 2012, n. 134. A norma dell'art. 33, comma 3, del medesimo decreto tali disposizioni si applicano ai procedimenti di concordato preventivo e per l'omologazione di accordi di ristrutturazione dei debiti introdotti dal trentesimo giorno successivo a quello di entrata in vigore della legge di conversione del presente decreto, nonché ai piani di cui al comma 1, lettera* a), *n. 1) elaborati successivamente al predetto termine.*

(4) *Le parole: «, designato dal debitore,» sono state aggiunte dall'art. 33, comma 1, lett.* b), *n. 2), punto* a), *del D.L. 22 giugno 2012, n. 83, convertito, con modificazioni, nella L. 7 agosto 2012, n. 134. A norma dell'art. 33, comma 3, del medesimo decreto tali disposizioni si applicano ai procedimenti di concordato preventivo e per l'omologazione di accordi di ristrutturazione dei debiti introdotti dal trentesimo giorno successivo a quello di entrata in vigore della legge di conversione del presente decreto, nonché ai piani di cui al comma 1, lettera* a), *n. 1), elaborati successivamente al predetto termine.*

(5) *Questo periodo è stato aggiunto dall'art. 33, comma 1, lett.* b), *n. 2), punto* b), *del D.L. 22 giugno 2012, n. 83, convertito, con modificazioni, nella L. 7 agosto 2012, n. 134. A norma dell'art. 33, comma 3, del medesimo decreto tali disposizioni si applicano ai procedimenti di concordato preventivo e per l'omologazione di accordi di ristrutturazione dei debiti introdotti dal trentesimo giorno successivo a quello di entrata in vigore della legge di conversione del presente decreto, nonché ai piani di cui al comma 1, lettera* a), *n. 1), elaborati successivamente al predetto termine.*

(6) *Questo comma è stato così sostituito dall'art. 12, comma 3, lett.* a), *del D.L.vo 12 settembre 2007, n. 169, a decorrere dal 1° gennaio 2008. Si riporta il testo precedente:*

«Il piano e la documentazione di cui ai commi precedenti devono essere accompagnati dalla relazione di un professionista di cui all'articolo 28 che attesti la veridicità dei dati aziendali e la fattibilità del piano medesimo».

(7) *Le parole: «ed è pubblicata, a cura del cancelliere, nel registro delle imprese entro il giorno successivo al deposito in cancelleria» sono state aggiunte dall'art. 33, comma 1, lett.* b), *n. 3), del D.L. 22 giugno 2012, n. 83, convertito, con modificazioni, nella L. 7 agosto 2012, n. 134. A norma dell'art. 33, comma 3, del medesimo decreto tali disposizioni si applicano ai procedimenti di concordato preventivo e per l'omologazione di accordi di ristrutturazione dei debiti introdotti dal trentesimo giorno successivo a quello di entrata in vigore della legge di conversione del presente decreto, nonché ai piani di cui al comma 1, lettera* a), *n. 1), elaborati successivamente al predetto termine.*

(8) *Questo periodo è stato aggiunto dall'art. 4, comma 1, lett.* b), *n.* 2), *del D.L. 27 giugno 2015, n. 83, convertito, con modificazioni, nella L. 6 agosto 2015, n. 132.*

A norma dell'art. 23, comma 1, del medesimo provvedimento, queste disposizioni si applicano ai procedimenti di concordato preventivo introdotti successivamente all'entrata in vigore della legge di conversione del presente decreto.

(9) *Questo comma è stato aggiunto dall'art. 12, comma 3, lett.* b), *del D.L.vo 12 settembre 2007, n. 169, a decorrere dal 1° gennaio 2008.*

(10) *Le parole: «e all'elenco nominativo dei creditori con l'indicazione dei rispettivi crediti» sono state aggiunte dall'art. 82, comma 1, lett.* a), *del D.L. 21 giugno 2013, n. 69, convertito, con modificazioni, nella L. 9 agosto 2013, n. 98.*

(11) *Questo periodo è stato aggiunto dall'art. 82, comma 1, lett.* b), *del D.L. 21 giugno 2013, n. 69, convertito, con modificazioni, nella L. 9 agosto 2013, n. 98.*

(12) *Questo comma è stato aggiunto dall'art. 33, comma 1, lett.* b), *n. 4), del D.L. 22 giugno 2012, n. 83, convertito, con modificazioni, nella L. 7 agosto 2012, n. 134. A norma dell'art. 33, comma 3, del medesimo decreto tali disposizioni si applicano ai procedimenti di concordato preventivo e per l'omologazione di accordi di ristrutturazione dei debiti introdotti dal trentesimo giorno successivo a quello di entrata in vigore della leg-*

ge di conversione del presente decreto, nonché ai piani di cui al comma 1, lettera a), *n. 1), elaborati successivamente al predetto termine.*

([13]) *Le parole: «e deve acquisire il parere del commissario giudiziale, se nominato» sono state inserite dall'art. 82, comma 2, del D.L. 21 giugno 2013, n. 69, convertito, con modificazioni, nella L. 9 agosto 2013, n. 98.*

([14]) *Questo comma aggiunto dall'art. 33, comma 1, lett.* b), *n. 4), del D.L. 22 giugno 2012, n. 83, convertito, con modificazioni, nella L. 7 agosto 2012, n. 134, è stato così sostituito dall'art. 82, comma 3, del D.L. 21 giugno 2013, n. 69, convertito, con modificazioni, nella L. 9 agosto 2013, n. 98.*

162. ([1]) **Inammissibilità della proposta.** – Il Tribunale può concedere al debitore un termine non superiore a quindici giorni per apportare integrazioni al piano e produrre nuovi documenti.

Il Tribunale, se all'esito del procedimento verifica che non ricorrono i presupposti di cui agli articoli 160, commi primo e secondo, e 161, sentito il debitore in camera di consiglio, con decreto non soggetto a reclamo dichiara inammissibile la proposta di concordato. In tali casi il Tribunale, su istanza del creditore o su richiesta del pubblico ministero, accertati i presupposti di cui agli articoli 1 e 5 dichiara il fallimento del debitore.

Contro la sentenza che dichiara il fallimento è proponibile reclamo a norma dell'articolo 18. Con il reclamo possono farsi valere anche motivi attinenti all'ammissibilità della proposta di concordato.

([1]) *Questo articolo è stato così sostituito dall'art. 12, comma 4, del D.L.vo 12 settembre 2007, n. 169, a decorrere dal 1° gennaio 2008.*

163. ([1]) ([2]) **Ammissione alla procedura e proposte concorrenti** ([3]). – Il tribunale, ove non abbia provveduto a norma dell'articolo 162, commi primo e secondo, ([4]) con decreto non soggetto a reclamo, dichiara aperta la procedura di concordato preventivo; ove siano previste diverse classi di creditori, il tribunale provvede analogamente previa valutazione della correttezza dei criteri di formazione delle diverse classi.

Con il provvedimento di cui al primo comma, il tribunale:

1) delega un giudice alla procedura di concordato;

2) ordina la convocazione dei creditori non oltre centoventi ([5]) giorni dalla data del provvedimento e stabilisce il termine per la comunicazione di questo ai creditori;

2 *bis*) in relazione al numero dei creditori e alla entità del passivo, può stabilire che l'adunanza sia svolta in via telematica con modalità idonee a salvaguardare il contraddittorio e l'effettiva partecipazione dei creditori, anche utilizzando le strutture informatiche messe a disposizione della procedura da soggetti terzi ([6]);

3) nomina il commissario giudiziale osservate le disposizioni degli articoli 28 e 29;

4) stabilisce il termine non superiore a quindici giorni entro il quale il ricorrente deve depositare nella cancelleria del tribunale la somma pari al 50 per cento delle spese che si presumono necessarie per l'intera procedura, ovvero la diversa minor somma, non inferiore al 20 per cento di tali spese, che sia determinata dal giudice. Su proposta del commissario giudiziale, il giudice delegato può disporre che le somme riscosse vengano investite secondo quanto previsto dall'articolo 34, primo comma ([7]);

4 *bis*) ordina al ricorrente di consegnare al commissario giudiziale entro sette giorni copia informatica o su supporto analogico delle scritture contabili e fiscali obbligatorie ([8]).

Qualora non sia eseguito il deposito prescritto, il commissario giudiziale provvede a norma dell'articolo 173, primo comma ([9]).

Uno o più creditori che, anche per effetto di acquisti successivi alla presentazione della domanda di cui all'articolo 161, rappresentano almeno il dieci per cento dei crediti risultanti dalla situazione patrimoniale depositata ai sensi dell'articolo 161, secondo comma, lettera *a*), possono presentare una proposta concorrente di concordato preventivo e il relativo piano non oltre trenta giorni prima dell'adunanza dei creditori. Ai fini del computo della percentuale del dieci per cento, non si considerano i crediti della società che controlla la società debitrice, delle società da questa controllate e di quelle sottoposte a comune controllo. La relazione di cui al comma terzo dell'articolo 161 può essere limitata alla fattibilità del piano per gli aspetti che non siano già oggetto di verifica da parte del commissario giudiziale, e può essere omessa qualora non ve ne siano ([10]).

Le proposte di concordato concorrenti non sono ammissibili se nella relazione di cui all'articolo 161, terzo comma, il professionista attesta che la proposta di concordato del debitore assicura il pagamento di almeno il quaranta per cento dell'ammontare dei crediti chirografari o, nel caso di concordato con continuità aziendale di cui all'articolo 186 *bis*, di almeno il trenta per cento dell'ammontare dei crediti chirografari. La proposta può prevedere l'intervento di terzi e, se il debitore ha la forma di società per azioni o a responsabilità limitata, può prevedere un aumento di capitale della società con esclusione o limitazione del diritto d'opzione ([10]).

I creditori che presentano una proposta di concordato concorrente hanno diritto di voto sulla medesima solo se collocati in una autonoma classe ([10]).

Qualora la proposta concorrente preveda diverse classi di creditori essa, prima di essere comunicata ai creditori ai sensi del secondo comma dell'articolo 171, deve essere sottoposta al giudizio del tribunale che verifica la correttezza dei criteri di formazione delle diverse classi ([10]).

([1]) *Questo articolo è stato così sostituito dall'art. 2, comma 1, lett.* f), *del D.L. 14 marzo 2005, n. 35, convertito, con modificazioni, nella L. 14 maggio 2005, n. 80.*

A norma dell'art. 2, comma 2 bis, *dello stesso provvedimento, queste disposizioni si applicano altresì ai procedimenti di concordato preventivo pendenti e non ancora omologati alla data di entrata in vigore del predetto decreto.*

([2]) *A norma dell'art. 17, comma 2* bis, *del D.L. 18 ottobre 2012, n. 179, convertito, con modificazioni, nella L. 17 dicembre 2012, n. 221, così come modificato dall'art. 1, comma 19, n. 3), della L. 24 dicembre 2012, n. 228, il curatore, il commissario giudiziale nominato a norma di questo articolo, il commissario liquidatore e il commissario giudiziale nominato a norma dell'articolo 8 del decreto legislativo 8 luglio 1999, n. 270, entro dieci giorni dalla nomina, comunicano al registro delle imprese, ai fini dell'iscrizione, il proprio indirizzo di posta elettronica certificata.*

([3]) *Le parole: «e proposte concorrenti» sono state aggiunte dall'art. 3, comma 1, lett.* a), *del D.L. 27 giugno 2015, n. 83, convertito, con modificazioni, nella L. 6 agosto 2015, n. 132.*

A norma dell'art. 23, comma 1, del medesimo provvedimento, queste disposizioni si applicano ai procedimenti di concordato preventivo introdotti successivamente all'entrata in vigore della legge di conversione del presente decreto.

([4]) *Le parole: «verificata la completezza e la regolarità della documentazione» sono state così sostituite dalle attuali: «ove non abbia provveduto a norma dell'articolo 162, commi primo e secondo,» dall'art. 12, comma 5, lett.* a), *del D.L.vo 12 settembre 2007, n. 169, a decorrere dal 1° gennaio 2008.*

([5]) *La parola: «trenta» è stata così sostituita dalla seguente: «centoventi» dall'art. 3, comma 1, lett.* b), *del D.L. 27 giugno 2015, n. 83, convertito, con modificazioni, nella L. 6 agosto 2015, n. 132.*

A norma dell'art. 23, comma 1, del medesimo provvedimento, queste disposizioni si applicano ai procedimenti di concordato preventivo introdotti successivamente all'entrata in vigore della legge di conversione del presente decreto.

([6]) *Questo numero è stato aggiunto dall'art. 6, comma 1, lett.* d), *del D.L. 3 maggio 2016, n. 59, convertito, con modificazioni, nella L. 30 giugno 2016, n. 119.*

([7]) *Le parole: «che si presume necessaria per l'intera procedura» sono state così sostituite dalle attuali da: «pari al 50 per cento ...» fino alla fine del comma, dall'art. 12, comma 5, lett.* b), *del D.L.vo 12 settembre 2007, n. 169, a decorrere dal 1° gennaio 2008.*

([8]) *Questo numero è stato aggiunto dall'art. 4, comma 1, lett.* c), *del D.L. 27 giugno 2015, n. 83, convertito, con modificazioni, nella L. 6 agosto 2015, n. 132.*

A norma dell'art. 23, comma 1, del medesimo provvedimento, queste disposizioni si applicano ai procedimenti di concordato preventivo introdotti successivamente all'entrata in vigore della legge di conversione del presente decreto.

([9]) *Le parole: «quarto comma» sono state così sostituite dalle attuali: «primo comma» dall'art. 12, comma 5, lett.* c), *del D.L.vo 12 settembre 2007, n. 169, a decorrere dal 1° gennaio 2008.*

([10]) *Questo comma è stato aggiunto dall'art. 3, comma 1, lett. c), del D.L. 27 giugno 2015, n. 83, convertito, con modificazioni, nella L. 6 agosto 2015, n. 132.*

A norma dell'art. 23, comma 1, del medesimo provvedimento, queste disposizioni si applicano ai procedimenti di concordato preventivo introdotti successivamente all'entrata in vigore della legge di conversione del presente decreto.

163 *bis.* ([1]) **Offerte concorrenti.** – Quando il piano di concordato di cui all'articolo 161, secondo comma, lettera *e*), comprende una offerta da parte di un soggetto già individuato avente ad oggetto il trasferimento in suo favore, anche prima dell'omologazione, verso un corrispettivo in denaro o comunque a titolo oneroso dell'azienda o di uno o più rami d'azienda o di specifici beni, il tribunale dispone la ricerca di interessati all'acquisto disponendo l'apertura di un procedimento competitivo a norma delle disposizioni previste dal secondo comma del presente articolo. Le disposizioni del presente articolo si applicano anche quando il debitore ha stipulato un contratto che comunque abbia la finalità del trasferimento non immediato dell'azienda, del ramo d'azienda o di specifici beni.

Il decreto che dispone l'apertura del procedimento competitivo stabilisce le modalità di presentazione di offerte irrevocabili, prevedendo che ne sia assicurata in ogni caso la comparabilità, i requisiti di partecipazione degli offerenti, le forme e i tempi di accesso alle informazioni rilevanti, gli eventuali limiti al loro utilizzo e le modalità con cui il commissario deve fornirle a coloro che ne fanno richiesta, la data dell'udienza per l'esame delle offerte, le modalità di svolgimento della procedura competitiva, le garanzie che devono essere prestate dagli offerenti e le forme di pubblicità del decreto. Con il medesimo decreto è in ogni caso disposta la pubblicità sul portale delle vendite pubbliche di cui all'articolo 490 del codice di procedura civile ed è stabilito l'aumento minimo del corrispettivo di cui al primo comma del presente articolo che le offerte devono prevedere.

L'offerta di cui al primo comma diviene irrevocabile dal momento in cui viene modificata l'offerta in conformità a quanto previsto dal decreto di cui al presente comma e viene prestata la garanzia stabilita con il medesimo decreto. Le offerte, da presentarsi in forma segreta, non sono efficaci se non conformi a quanto previsto dal decreto e, in ogni caso, quando sottoposte a condizione.

Le offerte sono rese pubbliche all'udienza fissata per l'esame delle stesse, alla presenza degli offerenti e di qualunque interessato. Se sono state presentate più offerte migliorative, il giudice dispone la gara tra gli offerenti. La gara può avere luogo alla stessa udienza o ad un'udienza immediatamente successiva e deve concludersi prima dell'adunanza dei creditori, anche quando il piano prevede che la vendita o l'aggiudicazione abbia luogo dopo l'omologazione. In ogni caso, con la vendita o con l'aggiudicazione, se precedente, a soggetto diverso da colui che ha presentato l'offerta di cui al primo comma, quest'ultimo è liberato dalle obbligazioni eventualmente assunte nei confronti del debitore e in suo favore il commissario dispone il rimborso delle spese e dei costi sostenuti per la formulazione dell'offerta entro il limite massimo del tre per cento del prezzo in essa indicato.

Il debitore deve modificare la proposta e il piano di concordato in conformità all'esito della gara.

La disciplina del presente articolo si applica, in quanto compatibile, anche agli atti da autorizzare ai sensi dell'articolo 161, settimo comma, nonché all'affitto di azienda o di uno o più rami di azienda.

(¹) *Questo articolo è stato aggiunto dall'art. 2, comma 1, del D.L. 27 giugno 2015, n. 83, convertito, con modificazioni, nella L. 6 agosto 2015, n. 132.*

A norma dell'art. 23, comma 1, del medesimo provvedimento, tali disposizioni si applicano ai procedimenti di concordato preventivo introdotti successivamente all'entrata in vigore del presente decreto.

164. (¹) **Decreti del giudice delegato.** – I decreti del giudice delegato sono soggetti a reclamo a norma dell'articolo 26.

(¹) *Questo articolo è stato così sostituito dall'art. 141 del D.L.vo 9 gennaio 2006, n. 5, a decorrere dal 16 luglio 2006.*

165. Commissario giudiziale. – Il commissario giudiziale è, per quanto attiene all'esercizio delle sue funzioni, pubblico ufficiale.

Si applicano al commissario giudiziale gli artt. 36, 37, 38 e 39.

Il commissario giudiziale fornisce ai creditori che ne fanno richiesta, valutata la congruità della richiesta medesima e previa assunzione di opportuni obblighi di riservatezza, le informazioni utili per la presentazione di proposte concorrenti, sulla base delle scritture contabili e fiscali obbligatorie del debitore, nonché ogni altra informazione rilevante in suo possesso. In ogni caso si applica il divieto di cui all'articolo 124, comma primo, ultimo periodo (¹).

La disciplina di cui al terzo comma si applica anche in caso di richieste, da parte di creditori o di terzi, di informazioni utili per la presentazione di offerte ai sensi dell'articolo 163 *bis* (¹).

Il commissario giudiziale comunica senza ritardo al pubblico ministero i fatti che possono interessare ai fini delle indagini preliminari in sede penale e dei quali viene a conoscenza nello svolgimento delle sue funzioni (²).

(¹) *Questo comma è stato aggiunto dall'art. 3, comma 2, del D.L. 27 giugno 2015, n. 83, convertito, con modificazioni, nella L. 6 agosto 2015, n. 132.*

A norma dell'art. 23, comma 1, del medesimo provvedimento, queste disposizioni si applicano ai procedimenti di concordato preventivo introdotti successivamente all'entrata in vigore della legge di conversione del presente decreto.

(2) *Questo comma è stato aggiunto dall'art. 4, comma 1, lett.* d), *del D.L. 27 giugno 2015, n. 83, convertito, con modificazioni, nella L. 6 agosto 2015, n. 132.*

A norma dell'art. 23, comma 1, del medesimo provvedimento, queste disposizioni si applicano ai procedimenti di concordato preventivo introdotti successivamente all'entrata in vigore della legge di conversione del presente decreto.

166. (1) **Pubblicità del decreto. –** Il decreto è pubblicato, a cura del cancelliere, a norma dell'articolo 17 (2). Il tribunale può, inoltre, disporne la pubblicazione in uno o più giornali, da esso indicati.

Se il debitore possiede beni immobili o altri beni soggetti a pubblica registrazione, si applica la disposizione dell'articolo 88, secondo comma.

(1) *Questo articolo è stato così sostituito dall'art. 142 del D.L.vo 9 gennaio 2006, n. 5, a decorrere dal 16 luglio 2006.*

(2) *Questo periodo è stato così sostituito dall'art. 12, comma 6, del D.L.vo 12 settembre 2007, n. 169, a decorrere dal 1° gennaio 2008. Si riporta il testo precedente, in vigore dal 16 luglio 2006 al 31 dicembre 2007:*

«Il decreto è pubblicato, a cura del cancelliere, mediante affissione all'albo del tribunale e comunicato in via telematica per la iscrizione all'ufficio del registro delle imprese».

Capo II
Degli effetti dell'ammissione al concordato preventivo

167. Amministrazione dei beni durante la procedura. – Durante la procedura di concordato, il debitore conserva l'amministrazione dei suoi beni e l'esercizio dell'impresa, sotto la vigilanza del commissario giudiziale [e la direzione del giudice delegato] (1).

I mutui, anche sotto forma cambiaria, le transazioni, i compromessi, le alienazioni di beni immobili, le concessioni di ipoteche o di pegno, le fideiussioni, le rinunzie alle liti, le ricognizioni di diritti di terzi, le cancellazioni di ipoteche, le restituzioni di pegni, le accettazioni di eredità e di donazioni e in genere gli atti eccedenti l'ordinaria amministrazione, compiuti senza l'autorizzazione scritta del giudice delegato, sono inefficaci rispetto ai creditori anteriori al concordato.

Con il decreto previsto dall'articolo 163 o con successivo decreto, il tribunale può stabilire un limite di valore al di sotto del quale non è dovuta l'autorizzazione di cui al secondo comma (2).

(1) *Le parole fra parentesi quadrate sono state soppresse dall'art. 143, comma 1, lett.* a), *del D.L.vo 9 gennaio 2006, n. 5, a decorrere dal 16 luglio 2006.*

(2) *Questo comma è stato aggiunto dall'art. 143, comma 1, lett.* b), *del D.L.vo 9 gennaio 2006, n. 5, a decorrere dal 16 luglio 2006.*

168. Effetti della presentazione del ricorso. – Dalla data della pubblicazione del ricorso nel registro delle imprese (1) e fino al momento in cui il decreto di omologazione del concordato preventivo diventa definitivo (2), i creditori per titolo o causa anteriore [al decreto] (3) non possono, sotto pena di nullità, iniziare o proseguire azioni esecutive e cautelari (4) sul patrimonio del debitore.

Le prescrizioni che sarebbero state interrotte dagli atti predetti rimangono sospese e le decadenze non si verificano.

I creditori non possono acquistare diritti di prelazione con efficacia rispetto ai creditori concorrenti, salvo che vi sia autorizzazione del giudice nei casi previsti dall'articolo precedente. Le ipoteche giudiziali iscritte nei novanta giorni che precedono la data della pubblicazione del ricorso nel registro delle imprese sono inefficaci rispetto ai creditori anteriori al concordato (5).

(1) *Le parole: «presentazione del ricorso» sono state così sostituite dalle attuali: «pubblicazione del ricorso nel registro delle imprese» dall'art. 33, comma 1, lett.* c), *n. 1), punto* a), *del D.L. 22 giugno 2012, n. 83, convertito, con modificazioni, nella L. 7 agosto 2012, n. 134. A norma dell'art. 33, comma 3, del medesimo decreto tali disposizioni si applicano ai procedimenti di concordato preventivo e per l'omologazione di accordi di ristrutturazione dei debiti introdotti dal trentesimo giorno successivo a quello di entrata in vigore della legge di conversione del presente decreto, nonché ai piani di cui al comma 1, lettera* a), *n. 1), elaborati successivamente al predetto termine.*

(2) *Le parole: «fino al passaggio in giudicato della sentenza di omologazione del concordato» sono state così sostituite dalle attuali: «fino al momento in cui il decreto di omologazione del concordato preventivo diventa definitivo» dall'art. 13, comma 1, del D.L.vo 12 settembre 2007, n. 169, a decorrere dal 1° gennaio 2008.*

(3) *Le parole fra parentesi quadrate sono state soppresse dall'art. 33, comma 1, lett.* c), *n. 1), punto* c), *del D.L. 22 giugno 2012, n. 83, convertito, con modificazioni, nella L. 7 agosto 2012, n. 134. A norma dell'art. 33, comma 3, del medesimo decreto tali disposizioni si applicano ai procedimenti di concordato preventivo e per l'omologazione di accordi di ristrutturazione dei debiti introdotti dal trentesimo giorno successivo a quello di entrata in vigore della legge di conversione del presente decreto, nonché ai piani di cui al comma 1, lettera* a), *n. 1) elaborati successivamente al predetto termine.*

(4) *Le parole: «e cautelari» sono state aggiunte dall'art. 33, comma 1, lett.* c), *n. 1), punto* b), *del D.L. 22 giugno 2012, n. 83, convertito, con modificazioni, nella L. 7 agosto 2012, n. 134. A norma dell'art. 33, comma 3, del medesimo decreto tali disposizioni si applicano ai procedimenti di concordato preventivo e per l'omologazione di accordi di ristrutturazione dei debiti introdotti dal trentesimo giorno successivo a quello di entrata in vigore della legge di conversione del presente decreto, nonché ai piani di cui al comma 1, lettera* a), *n. 1), elaborati successivamente al predetto termine.*

(5) *Questo periodo è stato aggiunto dall'art. 33, comma 1, lett.* c), *n. 2), del D.L. 22 giugno 2012, n. 83, convertito, con modificazioni, nella L. 7 agosto 2012, n. 134. A norma dell'art. 33, comma 3, del medesimo decreto tali disposizioni si applicano ai procedimenti di concordato preventivo e per l'omologazione di accordi di ristrutturazione dei debiti introdotti dal trentesimo giorno successivo a quello di entrata in vigore della leg-*

ge di conversione del presente decreto, nonché ai piani di cui al comma 1, lettera a), *n. 1), elaborati successivamente al predetto termine.*

169. Norme applicabili. – Si applicano, con riferimento alla data di presentazione della domanda di concordato, le disposizioni degli artt. 45, (1) 55 (2), 56, 57, 58, 59, 60, 61, 62, 63.

Si applica l'articolo 43, quarto comma, sostituendo al fallimento l'impresa ammessa al concordato preventivo (3).

(1) *Le parole: «45,» sono state inserite dall'art. 144 del D.L.vo 9 gennaio 2006, n. 5, a decorrere dal 16 luglio 2006.*

(2) *La Corte costituzionale, con sentenza n. 408 del 18 luglio 1989, ha dichiarato l'illegittimità costituzionale degli artt. 54, comma terzo e 55, comma primo, l. fall., nonché di questo articolo là dove richiama l'art. 55, nella parte in cui, nelle procedure di fallimento del debitore e di concordato preventivo, non estendono la prelazione agli interessi dovuti sui crediti privilegiati delle società o enti cooperativi di produzione e di lavoro, di cui all'art. 2751* bis, *numero 5 del codice civile, che rispondono ai requisiti prescritti dalla legislazione in tema di cooperazione.*

Si vedano inoltre le sentenze della Corte costituzionale riportate in nota agli artt. 55 e 59 l. fall.

(3) *Questo comma è stato aggiunto dall'art. 7, comma 1, lett.* b bis), *del D.L. 27 giugno 2015, n. 83, convertito, con modificazioni, nella L. 6 agosto 2015, n. 132.*

A norma dell'art. 23, comma 7, del medesimo provvedimento, tali disposizioni si applicano a decorrere dalla data di entrata in vigore della legge di conversione del presente decreto.

169 *bis.* (1) **Contratti pendenti** (2). – Il debitore con il ricorso di cui all'articolo 161 o successivamente può chiedere che il Tribunale o, dopo il decreto di ammissione, il giudice delegato con decreto motivato sentito l'altro contraente, assunte, ove occorra, sommarie informazioni, lo autorizzi a sciogliersi dai contratti ancora ineseguiti o non compiutamente eseguiti alla data della presentazione del ricorso. Su richiesta del debitore può essere autorizzata la sospensione del contratto per non più di sessanta giorni, prorogabili una sola volta. Lo scioglimento o la sospensione del contratto hanno effetto dalla comunicazione del provvedimento autorizzativo all'altro contraente (3).

In tali casi, il contraente ha diritto ad un indennizzo equivalente al risarcimento del danno conseguente al mancato adempimento. Tale credito è soddisfatto come credito anteriore al concordato, ferma restando la prededuzione del credito conseguente ad eventuali prestazioni eseguite legalmente e in conformità agli accordi o agli usi negoziali, dopo la pubblicazione della domanda ai sensi dell'articolo 161 (4).

Lo scioglimento del contratto non si estende alla clausola compromissoria in esso contenuta.

Le disposizioni di questo articolo non si applicano ai rapporti di lavoro subordinato nonché ai contratti di cui agli articoli 72, ottavo comma, 72 *ter* e 80 primo comma.

In caso di scioglimento del contratto di locazione finanziaria, il concedente ha diritto alla restituzione del bene ed è tenuto a versare al debitore l'eventuale differenza fra la maggiore somma ricavata dalla vendita o da altra collocazione del bene stesso avvenute a valori di mercato rispetto al credito residuo in linea capitale. La somma versata al debitore a norma del periodo precedente è acquisita alla procedura.Il concedente ha diritto di far valere verso il debitore un credito determinato nella differenza tra il credito vantato alla data del deposito della domanda e quanto ricavato dalla nuova allocazione del bene. Tale credito è soddisfatto come credito anteriore al concordato ([5]).

([1]) *Questo articolo è stato aggiunto dall'art. 33, comma 1, lett.* d), *del D.L. 22 giugno 2012, n. 83, convertito, con modificazioni, nella L. 7 agosto 2012, n. 134. A norma dell'art. 33, comma 3, del medesimo decreto tali disposizioni si applicano ai procedimenti di concordato preventivo e per l'omologazione di accordi di ristrutturazione dei debiti introdotti dal trentesimo giorno successivo a quello di entrata in vigore della legge di conversione del presente decreto, nonché ai piani di cui al comma 1, lettera* a), *n. 1), elaborati successivamente al predetto termine.*

([2]) *Le parole: «in corso di esecuzione» sono state così sostituite dalla seguente: «pendenti» dall'art. 8, comma 1, lett.* a), *del D.L. 27 giugno 2015, n. 83, convertito, con modificazioni, nella L. 6 agosto 2015, n. 132.*

A norma dell'art. 23, comma 8, del medesimo provvedimento, tali disposizioni si applicano alle istanze di scioglimento depositate successivamente alla data di entrata in vigore del presente decreto.

([3]) *Questo comma è stato così sostituito dall'art. 8, comma 1, lett.* b), *del D.L. 27 giugno 2015, n. 83, convertito, con modificazioni, nella L. 6 agosto 2015, n. 132.*

A norma dell'art. 23, comma 8, del medesimo provvedimento, tali disposizioni si applicano alle istanze di scioglimento depositate successivamente alla data di entrata in vigore del presente decreto.

([4]) *Le parole: «, ferma restando la prededuzione del credito conseguente ad eventuali prestazioni eseguite legalmente e in conformità agli accordi o agli usi negoziali, dopo la pubblicazione della domanda ai sensi dell'articolo 161» sono state aggiunte dall'art. 8, comma 1, lett.* c), *del D.L. 27 giugno 2015, n. 83, convertito, con modificazioni, nella L. 6 agosto 2015, n. 132.*

A norma dell'art. 23, comma 8, del medesimo provvedimento, tali disposizioni si applicano alle istanze di scioglimento depositate successivamente alla data di entrata in vigore del presente decreto.

([5]) *Questo comma è stato aggiunto dall'art. 8, comma 1, lett.* d), *del D.L. 27 giugno 2015, n. 83, convertito, con modificazioni, nella L. 6 agosto 2015, n. 132.*

A norma dell'art. 23, comma 8, del medesimo provvedimento, tali disposizioni si applicano alle istanze di scioglimento depositate successivamente alla data di entrata in vigore del presente decreto.

Capo III
Dei provvedimenti immediati

170. Scritture contabili. – Il giudice delegato, immediatamente dopo il decreto di ammissione al concordato, ne fa annotazione sotto l'ultima scrittura dei libri presentati.

I libri sono restituiti al debitore, che deve tenerli a disposizione del giudice delegato e del commissario giudiziale.

171. Convocazione dei creditori. – Il commissario giudiziale deve procedere alla verifica dell'elenco dei creditori e dei debitori con la scorta delle scritture contabili presentate a norma dell'art. 161, apportando le necessarie rettifiche.

Il commissario giudiziale provvede a comunicare ai creditori a mezzo posta elettronica certificata, se il relativo indirizzo del destinatario risulta dal registro delle imprese ovvero dall'Indice nazionale degli indirizzi di posta elettronica certificata delle imprese e dei professionisti e, in ogni altro caso, a mezzo lettera raccomandata o telefax presso la sede dell'impresa o la residenza del creditore, un avviso contenente la data di convocazione dei creditori, la proposta del debitore, il decreto di ammissione, il suo indirizzo di posta elettronica certificata, l'invito ad indicare un indirizzo di posta elettronica certificata, le cui variazioni è onere comunicare al commissario. Nello stesso avviso è contenuto l'avvertimento di cui all'articolo 92, primo comma, n. 3). Tutte le successive comunicazioni ai creditori sono effettuate dal commissario a mezzo posta elettronica certificata. Quando, nel termine di quindici giorni dalla comunicazione dell'avviso, non è comunicato l'indirizzo di cui all'invito previsto dal primo periodo e nei casi di mancata consegna del messaggio di posta elettronica certificata per cause imputabili al destinatario, esse si eseguono esclusivamente mediante deposito in cancelleria. Si applica l'articolo 31 *bis*, terzo comma, sostituendo al curatore il commissario giudiziale ([1]).

Quando la comunicazione prevista dal comma precedente è sommamente difficile per il rilevante numero dei creditori o per la difficoltà di identificarli tutti, il tribunale, sentito il commissario giudiziale può dare l'autorizzazione prevista dall'art. 126.

Se vi sono obbligazionisti, il termine previsto dall'art. 163, primo comma n. 2), deve essere raddoppiato.

In ogni caso l'avviso di convocazione per gli obbligazionisti è comunicato al loro rappresentante comune.

Sono salve per le imprese esercenti il credito le disposizioni del regio decreto-legge 8 febbraio 1924, n. 136.

(¹) *Questo comma è stato così sostituito dall'art. 17, comma 1, lett. q), del D.L. 18 ottobre 2012, n. 179, convertito, con modificazioni, nella L. 17 dicembre 2012, n. 221. A norma dell'art. 17, commi 4 e 5 del medesimo decreto tali disposizioni si applicano dalla data di entrata in vigore della legge di conversione del predetto decreto, anche alle procedure di fallimento, di concordato preventivo, di liquidazione coatta amministrativa e di amministrazione straordinaria pendenti, rispetto alle quali, alla stessa data, non è stata effettuata la comunicazione rispettivamente prevista dagli articoli 92, 171, 207 del regio decreto 16 marzo 1942, n. 267 e dall'articolo 22 decreto legislativo 8 luglio 1999, n. 270. Per le procedure in cui, alla data di entrata in vigore della legge di conversione del predetto decreto, sia stata effettuata la comunicazione di cui al comma 4, le disposizioni di cui ai commi 1 e 2 del presente articolo si applicano a decorrere dal 31 ottobre 2013. Il curatore, il commissario giudiziale, il commissario liquidatore e il commissario straordinario entro il 30 giugno 2013 comunicano ai creditori e ai terzi titolari di diritti sui beni il loro indirizzo di posta elettronica certificata e li invitano a comunicare, entro tre mesi, l'indirizzo di posta elettronica certificata al quale ricevere tutte le comunicazioni relative alla procedura, avvertendoli di rendere nota ogni successiva variazione e che in caso di omessa indicazione le comunicazioni sono eseguite esclusivamente mediante deposito in cancelleria.*

172. Operazioni e relazione del commissario. – Il commissario giudiziale redige l'inventario del patrimonio del debitore e una relazione particolareggiata sulle cause del dissesto, sulla condotta del debitore, sulle proposte di concordato e sulle garanzie offerte ai creditori, e la deposita in cancelleria almeno quarantacinque (¹) giorni prima dell'adunanza dei creditori. Nella relazione il commissario deve illustrare le utilità che, in caso di fallimento, possono essere apportate dalle azioni risarcitorie, recuperatorie o revocatorie che potrebbero essere promosse nei confronti di terzi (²). Nello stesso termine la comunica a mezzo posta elettronica certificata a norma dell'articolo 171, secondo comma (³).

Qualora nel termine di cui al quarto comma dell'articolo 163 siano depositate proposte concorrenti, il commissario giudiziale riferisce in merito ad esse con relazione integrativa da depositare in cancelleria e comunicare ai creditori, con le modalità di cui all'articolo 171, secondo comma, almeno dieci giorni prima dell'adunanza dei creditori. La relazione integrativa contiene, di regola, una particolareggiata comparazione tra tutte le proposte depositate. Le proposte di concordato, ivi compresa quella presentata dal debitore, possono essere modificate fino a quindici giorni prima dell'adunanza dei creditori. Analoga relazione integrativa viene redatta qualora emergano informazioni che i creditori devono conoscere ai fini dell'espressione del voto (⁴).

Su richiesta del commissario il giudice può nominare uno stimatore che lo assista nella valutazione dei beni.

(1) *La parola: «dieci» è stata così sostituita dalla seguente: «quarantacinque» dall'art. 3, comma 3, lett. a), del D.L. 27 giugno 2015, n. 83, convertito, con modificazioni, nella L. 6 agosto 2015, n. 132.*

A norma dell'art. 23, comma 1, del medesimo provvedimento, queste disposizioni si applicano ai procedimenti di concordato preventivo introdotti successivamente all'entrata in vigore della legge di conversione del presente decreto.

(2) *Questo periodo è stato inserito dall'art. 4, comma 1, lett. e), del D.L. 27 giugno 2015, n. 83, convertito, con modificazioni, nella L. 6 agosto 2015, n. 132.*

A norma dell'art. 23, comma 1, del medesimo provvedimento, queste disposizioni si applicano ai procedimenti di concordato preventivo introdotti successivamente all'entrata in vigore della legge di conversione del presente decreto.

(3) *Questo comma è stato così sostituito dall'art. 17, comma 1, lett. r), del D.L. 18 ottobre 2012, n. 179, convertito, con modificazioni, nella L. 17 dicembre 2012, n. 221. A norma dell'art. 17, commi 4 e 5 del medesimo decreto tali disposizioni si applicano dalla data di entrata in vigore della legge di conversione del predetto decreto, anche alle procedure di fallimento, di concordato preventivo, di liquidazione coatta amministrativa e di amministrazione straordinaria pendenti, rispetto alle quali, alla stessa data, non è stata effettuata la comunicazione rispettivamente prevista dagli articoli 92, 171, 207 del regio decreto 16 marzo 1942, n. 267 e dall'articolo 22 decreto legislativo 8 luglio 1999, n. 270. Per le procedure in cui, alla data di entrata in vigore della legge di conversione del predetto decreto, sia stata effettuata la comunicazione di cui al comma 4, le disposizioni di cui ai commi 1 e 2 del presente articolo si applicano a decorrere dal 31 ottobre 2013. Il curatore, il commissario giudiziale, il commissario liquidatore e il commissario straordinario entro il 30 giugno 2013 comunicano ai creditori e ai terzi titolari di diritti sui beni il loro indirizzo di posta elettronica certificata e li invitano a comunicare, entro tre mesi, l'indirizzo di posta elettronica certificata al quale ricevere tutte le comunicazioni relative alla procedura, avvertendoli di rendere nota ogni successiva variazione e che in caso di omessa indicazione le comunicazioni sono eseguite esclusivamente mediante deposito in cancelleria.*

(4) *Questo comma è stato aggiunto dall'art. 3, comma 3, lett. b), del D.L. 27 giugno 2015, n. 83, convertito, con modificazioni, nella L. 6 agosto 2015, n. 132.*

A norma dell'art. 23, comma 1, del medesimo provvedimento, queste disposizioni si applicano ai procedimenti di concordato preventivo introdotti successivamente all'entrata in vigore della legge di conversione del presente decreto.

173. (1) **Revoca dell'ammissione al concordato e dichiarazione del fallimento nel corso della procedura.** – Il commissario giudiziale, se accerta che il debitore ha occultato o dissimulato parte dell'attivo, dolosamente omesso di denunciare uno o più crediti, esposto passività insussistenti o commesso altri atti di frode, deve riferirne immediatamente al tribunale, il quale apre d'ufficio il procedimento per la revoca dell'ammissione al concordato, dandone comunicazione al pubblico ministero e ai creditori. La comunicazione ai creditori è eseguita dal commissario giudiziale a mezzo posta elettronica certificata ai sensi dell'articolo 171, secondo comma (2).

All'esito del procedimento, che si svolge nelle forme di cui all'articolo 15, il tribunale provvede con decreto e, su istanza del creditore o su richiesta del pubblico ministero, accertati i presupposti di cui agli articoli 1 e 5, dichiara il fallimento del debitore con contestuale sentenza, reclamabile a norma dell'articolo 18.

Le disposizioni di cui al secondo comma si applicano anche se il debitore durante la procedura di concordato compie atti non autorizzati a norma dell'articolo 167 o comunque diretti a frodare le ragioni dei creditori, o se in qualunque momento risulta che mancano le condizioni prescritte per l'ammissibilità del concordato.

(1) *Questo articolo è stato così sostituito dall'art. 14, comma 1, del D.L.vo 12 settembre 2007, n. 169, a decorrere dal 1° gennaio 2008.*

(2) *Questo periodo è stato aggiunto dall'art. 17, comma 1, lett. s), del D.L. 18 ottobre 2012, n. 179, convertito, con modificazioni, nella L. 17 dicembre 2012, n. 221. A norma dell'art. 17, commi 4 e 5 del medesimo decreto tali disposizioni si applicano dalla data di entrata in vigore della legge di conversione del predetto decreto, anche alle procedure di fallimento, di concordato preventivo, di liquidazione coatta amministrativa e di amministrazione straordinaria pendenti, rispetto alle quali, alla stessa data, non è stata effettuata la comunicazione rispettivamente prevista dagli articoli 92, 171, 207 del regio decreto 16 marzo 1942, n. 267 e dall'articolo 22 decreto legislativo 8 luglio 1999, n. 270. Per le procedure in cui, alla data di entrata in vigore della legge di conversione del predetto decreto, sia stata effettuata la comunicazione di cui al comma 4, le disposizioni di cui ai commi 1 e 2 del presente articolo si applicano a decorrere dal 31 ottobre 2013. Il curatore, il commissario giudiziale, il commissario liquidatore e il commissario straordinario entro il 30 giugno 2013 comunicano ai creditori e ai terzi titolari di diritti sui beni il loro indirizzo di posta elettronica certificata e li invitano a comunicare, entro tre mesi, l'indirizzo di posta elettronica certificata al quale ricevere tutte le comunicazioni relative alla procedura, avvertendoli di rendere nota ogni successiva variazione e che in caso di omessa indicazione le comunicazioni sono eseguite esclusivamente mediante deposito in cancelleria.*

Capo IV
Della deliberazione del concordato preventivo

174. Adunanza dei creditori. – L'adunanza dei creditori è presieduta dal giudice delegato.

Ogni creditore può farsi rappresentare da un mandatario speciale, con procura che può essere scritta senza formalità sull'avviso di convocazione.

Il debitore o chi ne ha la legale rappresentanza deve intervenire personalmente. Solo in caso di assoluto impedimento, accertato dal giudice delegato, può farsi rappresentare da un mandatario speciale.

Possono intervenire anche i coobbligati, i fideiussori del debitore e gli obbligati in via di regresso.

175. Discussione della proposta di concordato. – Nell'adunanza dei creditori il commissario giudiziale illustra la sua relazione e le proposte definitive del debitore e quelle eventualmente presentate dai creditori ai sensi dell'articolo 163, comma quarto ([1]).

[La proposta di concordato non può più essere modificata dopo l'inizio delle operazioni di voto] ([2]).

Ciascun creditore può esporre le ragioni per le quali non ritiene ammissibili o convenienti le proposte di concordato e sollevare contestazioni sui crediti concorrenti. Il debitore può esporre le ragioni per le quali non ritiene ammissibili o fattibili le eventuali proposte concorrenti. Quando il tribunale ha disposto che l'adunanza sia svolta in via telematica, la discussione sulla proposta del debitore e sulle eventuali proposte concorrenti è disciplinata con decreto, non soggetto a reclamo, reso dal giudice delegato almeno dieci giorni prima dell'adunanza ([3]) ([4]).

Il debitore ha facoltà di rispondere e contestare a sua volta i crediti, e ha il dovere di fornire al giudice gli opportuni chiarimenti.

Sono sottoposte alla votazione dei creditori tutte le proposte presentate dal debitore e dai creditori, seguendo, per queste ultime, l'ordine temporale del loro deposito ([5]).

([1]) *Le parole: «e quelle eventualmente presentate dai creditori ai sensi dell'articolo 163, comma quarto» sono state aggiunte dall'art. 3, comma 4, lett. a), del D.L. 27 giugno 2015, n. 83, convertito, con modificazioni, nella L. 6 agosto 2015, n. 132.*

A norma dell'art. 23, comma 1, del medesimo provvedimento, queste disposizioni si applicano ai procedimenti di concordato preventivo introdotti successivamente all'entrata in vigore della legge di conversione del presente decreto.

(²) *Questo comma, aggiunto dall'art. 15, comma 1, del D.L.vo 12 settembre 2007, n. 169, a decorrere dal 1° gennaio 2008, è stato soppresso dall'art. 3, comma 4, lett.* b), *del D.L. 27 giugno 2015, n. 83, convertito, con modificazioni, nella L. 6 agosto 2015, n. 132.*

A norma dell'art. 23, comma 1, del medesimo provvedimento, queste disposizioni si applicano ai procedimenti di concordato preventivo introdotti successivamente all'entrata in vigore della legge di conversione del presente decreto.

(³) *Questo periodo è stato inserito dall'art. 6, comma 1, lett.* e), *del D.L. 3 maggio 2016, n. 59, convertito, con modificazioni, nella L. 30 giugno 2016, n. 119.*

(⁴) *Questo comma è stato così sostituito dall'art. 3, comma 4, lett.* c), *del D.L. 27 giugno 2015, n. 83, convertito, con modificazioni, nella L. 6 agosto 2015, n. 132.*

A norma dell'art. 23, comma 1, del medesimo provvedimento, queste disposizioni si applicano ai procedimenti di concordato preventivo introdotti successivamente all'entrata in vigore della legge di conversione del presente decreto.

(⁵) *Questo comma è stato aggiunto dall'art. 3, comma 4, lett.* d), *del D.L. 27 giugno 2015, n. 83, convertito, con modificazioni, nella L. 6 agosto 2015, n. 132.*

A norma dell'art. 23, comma 1, del medesimo provvedimento, queste disposizioni si applicano ai procedimenti di concordato preventivo introdotti successivamente all'entrata in vigore della legge di conversione del presente decreto.

176. Ammissione provvisoria dei crediti contestati. – Il giudice delegato può ammettere provvisoriamente in tutto o in parte i crediti contestati ai soli fini del voto e del calcolo delle maggioranze, senza che ciò pregiudichi le pronunzie definitive sulla sussistenza dei crediti stessi.

I creditori esclusi possono opporsi all'esclusione in sede di omologazione del concordato nel caso in cui la loro ammissione avrebbe avuto influenza sulla formazione delle maggioranze.

177. (¹) **Maggioranza per l'approvazione del concordato.** – Il concordato è approvato dai creditori che rappresentano la maggioranza dei crediti ammessi al voto. Ove siano previste diverse classi di creditori, il concordato è approvato se tale maggioranza si verifica inoltre nel maggior numero di classi. Quando sono poste al voto più proposte di concordato ai sensi dell'articolo 175, quinto comma, si considera approvata la proposta che ha conseguito la maggioranza più elevata dei crediti ammessi al voto; in caso di parità, prevale quella del debitore o, in caso di parità fra proposte di creditori, quella presentata per prima (²). Quando nessuna delle proposte concorrenti poste al voto sia stata approvata con le maggioranze di cui al primo e secondo periodo del presente comma, il giudice delegato, con decreto da adottare entro trenta giorni dal termine di cui al quarto comma dell'articolo 178, rimette al voto la sola proposta che ha conseguito la maggioranza relativa dei crediti ammessi al voto, fissando il termine per la comunicazione ai creditori e il termine a partire dal quale i creditori, nei venti giorni successivi, possono far pervenire il proprio voto con le modalità previste dal predetto articolo (2). In ogni caso si applicano il primo e secondo periodo del presente comma (2).

I creditori muniti di privilegio, pegno o ipoteca, ancorché la garanzia sia contestata, dei quali la proposta di concordato prevede l'integrale pagamento, non hanno diritto al voto se non rinunciano in tutto od in parte al diritto di prelazione. Qualora i creditori muniti di privilegio, pegno o ipoteca rinuncino in tutto o in parte alla prelazione, per la parte del credito non coperta dalla garanzia sono equiparati ai creditori chirografari; la rinuncia ha effetto ai soli fini del concordato.

I creditori muniti di diritto di prelazione di cui la proposta di concordato prevede, ai sensi dell'articolo 160, la soddisfazione non integrale, sono equiparati ai chirografari per la parte residua del credito.

Sono esclusi dal voto e dal computo delle maggioranze il coniuge del debitore, i suoi parenti e affini fino al quarto grado, la società che controlla la società debitrice, le società da questa controllate e quelle sottoposte a comune controllo, nonché (3), i cessionari o aggiudicatari dei loro crediti da meno di un anno prima della proposta di concordato.

(1) *Questo articolo è stato così sostituito dall'art. 15, comma 2, del D.L.vo 12 settembre 2007, n. 169, a decorrere dal 1° gennaio 2008.*

(2) *Questo periodo è stato aggiunto dall'art. 3, comma 5, lett.* a), *del D.L. 27 giugno 2015, n. 83, convertito, con modificazioni, nella L. 6 agosto 2015, n. 132.*

A norma dell'art. 23, comma 1, del medesimo provvedimento, queste disposizioni si applicano ai procedimenti di concordato preventivo introdotti successivamente all'entrata in vigore della legge di conversione del presente decreto.

(3) *Le parole: «la società che controlla la società debitrice, le società da questa controllate e quelle sottoposte a comune controllo, nonché» sono state aggiunte dall'art. 3, comma 5, lett.* b), *del D.L. 27 giugno 2015, n. 83, convertito, con modificazioni, nella L. 6 agosto 2015, n. 132.*

A norma dell'art. 23, comma 1, del medesimo provvedimento, queste disposizioni si applicano ai procedimenti di concordato preventivo introdotti successivamente all'entrata in vigore della legge di conversione del presente decreto.

178. Adesioni alla proposta di concordato. – Nel processo verbale dell'adunanza dei creditori sono inseriti i voti favorevoli e contrari dei creditori con l'indicazione nominativa dei votanti e dell'ammontare dei rispettivi crediti. È altresì inserita l'indicazione nominativa dei creditori che non hanno esercitato il voto e dell'ammontare dei loro crediti (1).

Il processo verbale è sottoscritto dal giudice delegato, dal commissario e dal cancelliere.

Se nel giorno stabilito non è possibile compiere tutte le operazioni, la loro continuazione viene rimessa dal giudice ad un'udienza prossima, non oltre otto giorni, dandone comunicazione (²) agli assenti.

I creditori che non hanno esercitato il voto possono far pervenire lo stesso per telegramma o per lettera o per telefax o per posta elettronica nei venti giorni successivi alla chiusura del verbale. Le manifestazioni di voto sono annotate dal cancelliere in calce al verbale (³).

(¹) *Questo periodo è stato aggiunto dall'art. 33, comma 1, lett.* d bis), *n. 1), del D.L. 22 giugno 2012, n. 83, convertito, con modificazioni, nella L. 7 agosto 2012, n. 134. A norma dell'art. 33, comma 3, del medesimo decreto tali disposizioni si applicano ai procedimenti di concordato preventivo e per l'omologazione di accordi di ristrutturazione dei debiti introdotti dal trentesimo giorno successivo a quello di entrata in vigore della legge di conversione del presente decreto, nonché ai piani di cui al comma 1, lettera* a), *n. 1), elaborati successivamente al predetto termine.*

(²) *Le parole: «senza bisogno di avviso» sono state così sostituite dalle attuali: «dandone comunicazione» dall'art. 33, comma 1, lett.* d bis), *n. 2), del D.L. 22 giugno 2012, n. 83, convertito, con modificazioni, nella L. 7 agosto 2012, n. 134. A norma dell'art. 33, comma 3, del medesimo decreto tali disposizioni si applicano ai procedimenti di concordato preventivo e per l'omologazione di accordi di ristrutturazione dei debiti introdotti dal trentesimo giorno successivo a quello di entrata in vigore della legge di conversione del presente decreto, nonché ai piani di cui al comma 1, lettera* a), *n. 1), elaborati successivamente al predetto termine.*

(³) *Questo comma è stato da ultimo così sostituito dall'art. 4, lett.* f), *del D.L. 27 giugno 2015, n. 83, convertito, con modificazioni, nella L. 6 agosto 2015, n. 132.*

A norma dell'art. 23, comma 1, del medesimo provvedimento, queste disposizioni si applicano ai procedimenti di concordato preventivo introdotti successivamente all'entrata in vigore della legge di conversione del presente decreto.

Capo V
Dell'omologazione e dell'esecuzione del concordato preventivo. Degli accordi di ristrutturazione di debiti (1)

(1) *L'originaria rubrica: «DELL'OMOLOGAZIONE DEL CONCORDATO PREVENTIVO» è stata così sostituita dall'attuale dall'art. 145 del D.L.vo 9 gennaio 2006, n. 5, a decorrere dal 16 luglio 2006.*

179. Mancata approvazione del concordato. – Se nei termini stabiliti non si raggiungono le maggioranze richieste dal primo comma dell'articolo 177 (1), il giudice delegato ne riferisce immediatamente al tribunale, che deve provvedere a norma dell'art. 162, secondo comma.

Quando il commissario giudiziario rileva, dopo l'approvazione del concordato, che sono mutate le condizioni di fattibilità del piano, ne dà avviso ai creditori, i quali possono costituirsi nel giudizio di omologazione fino all'udienza di cui all'articolo 180 per modificare il voto (2).

(1) *Le parole: «raggiungono le maggioranze richieste negli articoli 177 e 178» sono state così sostituite dalle attuali: «raggiungono le maggioranze richieste dal primo comma dell'articolo 177» dall'art. 16, comma 1, del D.L.vo 12 settembre 2007, n. 169, a decorrere dal 1° gennaio 2008.*

(2) *Questo comma è stato aggiunto dall'art. 33, comma 1, lett.* d ter), *del D.L. 22 giugno 2012, n. 83, convertito, con modificazioni, nella L. 7 agosto 2012, n. 134. A norma dell'art. 33, comma 3, del medesimo decreto tali disposizioni si applicano ai procedimenti di concordato preventivo e per l'omologazione di accordi di ristrutturazione dei debiti introdotti dal trentesimo giorno successivo a quello di entrata in vigore della legge di conversione del presente decreto, nonché ai piani di cui al comma 1, lettera* a), *n. 1), elaborati successivamente al predetto termine.*

180. (1) **Giudizio di omologazione.** – Se il concordato è stato approvato a norma del primo comma dell'articolo 177, il giudice delegato riferisce al tribunale il quale fissa un'udienza in camera di consiglio per la comparizione delle parti e del commissario giudiziale, disponendo che il provvedimento venga pubblicato a norma dell'articolo 17 e notificato, a cura del debitore, al commissario giudiziale e agli eventuali creditori dissenzienti.

Il debitore, il commissario giudiziale, gli eventuali creditori dissenzienti e qualsiasi interessato devono costituirsi almeno dieci giorni prima dell'udienza fissata. Nel medesimo termine il commissario giudiziale deve depositare il proprio motivato parere.

Se non sono proposte opposizioni, il tribunale, verificata la regolarità della procedura e l'esito della votazione, omologa il concordato con decreto motivato non soggetto a gravame.

Se sono state proposte opposizioni, il tribunale assume i mezzi istruttori richiesti dalle parti o disposti di ufficio, anche delegando uno dei componenti del collegio. Nell'ipotesi di cui al secondo periodo del primo comma dell'articolo 177 se un creditore appartenente ad una classe dissenziente ovvero, nell'ipotesi di mancata formazione delle classi, i creditori dissenzienti che rappresentano il venti per cento dei crediti ammessi al voto, contestano (²) la convenienza della proposta, il tribunale può omologare il concordato qualora ritenga che il credito possa risultare soddisfatto dal concordato in misura non inferiore rispetto alle alternative concretamente praticabili.

Il tribunale provvede con decreto motivato comunicato al debitore e al commissario giudiziale, che provvede a darne notizia ai creditori. Il decreto è pubblicato a norma dell'articolo 17 ed è provvisoriamente esecutivo.

Le somme spettanti ai creditori contestati, condizionali o irreperibili sono depositate nei modi stabiliti dal tribunale, che fissa altresì le condizioni e le modalità per lo svincolo.

Il tribunale, se respinge il concordato, su istanza del creditore o su richiesta del pubblico ministero, accertati i presupposti di cui gli articoli 1 e 5, dichiara il fallimento del debitore, con separata sentenza, emessa contestualmente al decreto.

(¹) *Questo articolo è stato così sostituito dall'art. 16, comma 2, del D.L.vo 12 settembre 2007, n. 169, a decorrere dal 1° gennaio 2008.*

(²) *La parola: «contesta» è stata così sostituita dalle parole: «ovvero, nell'ipotesi di mancata formazione delle classi, i creditori dissenzienti che rappresentano il venti per cento dei crediti ammessi al voto, contestano» dall'art. 33, comma 1, lett.* d quater), *del D.L. 22 giugno 2012, n. 83, convertito, con modificazioni, nella L. 7 agosto 2012, n. 134. A norma dell'art. 33, comma 3, del medesimo decreto tali disposizioni si applicano ai procedimenti di concordato preventivo e per l'omologazione di accordi di ristrutturazione dei debiti introdotti dal trentesimo giorno successivo a quello di entrata in vigore della legge di conversione del presente decreto, nonché ai piani di cui al comma 1, lettera* a), *n. 1), elaborati successivamente al predetto termine.*

181. (¹) **Chiusura della procedura.** – La procedura di concordato preventivo si chiude con il decreto di omologazione ai sensi dell'articolo 180. L'omologazione deve intervenire nel termine di nove mesi (²) dalla presentazione del ricorso ai sensi dell'articolo 161; il termine può essere prorogato per una sola volta dal tribunale di sessanta giorni.

(¹) *Questo articolo è stato così sostituito dall'art. 2, comma 1, lett.* i), *del D.L. 14 marzo 2005, n. 35, convertito, con modificazioni, nella L. 14 maggio 2005, n. 80.*

A norma dell'art. 2, comma 2 bis, *dello stesso provvedimento, queste disposizioni si applicano altresì ai procedimenti di concordato preventivo pendenti e non ancora omologati alla data di entrata in vigore del predetto decreto.*

(2) *Le parole*: «*sei mesi*» *sono state così sostituite dalle seguenti*: «*nove mesi*» *dall'art. 3, comma 5* bis, *del D.L. 27 giugno 2015, n. 83, convertito, con modificazioni, nella L. 6 agosto 2015, n. 132.*

A norma dell'art. 23, comma 1, del medesimo provvedimento, queste disposizioni si applicano ai procedimenti di concordato preventivo introdotti successivamente all'entrata in vigore della legge di conversione del presente decreto.

182. Cessioni (1). – Se il concordato consiste nella cessione dei beni e non dispone diversamente, il tribunale nomina nel decreto (2) di omologazione uno o più liquidatori e un comitato di tre o cinque creditori per assistere alla liquidazione e determina le altre modalità della liquidazione. In tal caso, il tribunale dispone che il liquidatore effettui la pubblicità prevista dall'articolo 490, primo comma, del codice di procedura civile e fissa il termine entro cui la stessa deve essere eseguita (3).

Si applicano ai liquidatori gli articoli 28, 29, 37, 38, 39 e 116 in quanto compatibili (4).

Si applicano al comitato dei creditori gli articoli 40 e 41 in quanto compatibili. Alla sostituzione dei membri del comitato provvede in ogni caso il tribunale (4).

Le vendite di aziende e rami di aziende, beni immobili e altri beni iscritti in pubblici registri, nonché le cessioni di attività e passività dell'azienda e di beni o rapporti giuridici individuali in blocco devono essere autorizzate dal comitato dei creditori (4).

Alle vendite, alle cessioni e ai trasferimenti legalmente posti in essere dopo il deposito della domanda di concordato o in esecuzione di questo, si applicano gli articoli da 105 a 108 *ter* in quanto compatibili. La cancellazione delle iscrizioni relative ai diritti di prelazione, nonché delle trascrizioni dei pignoramenti e dei sequestri conservativi e di ogni altro vincolo, sono effettuati su ordine del giudice, salvo diversa disposizione contenuta nel decreto di omologazione per gli atti a questa successivi (4).

Si applica l'articolo 33, quinto comma, primo, secondo e terzo periodo, sostituendo al curatore il liquidatore, che provvede con periodicità semestrale dalla nomina. Quest'ultimo comunica a mezzo di posta elettronica certificata altra copia del rapporto al commissario giudiziale, che a sua volta lo comunica ai creditori a norma dell'articolo 171, secondo comma (5).

(1) *La precedente rubrica*: «Provvedimenti in caso di cessione dei beni» *è stata così sostituita dall'attuale, dall'art. 2, comma 2, lett. a), del D.L. 27 giugno 2015, n. 83, convertito, con modificazioni, nella L. 6 agosto 2015, n. 132.*

Leggi Complementari

A norma dell'art. 23, comma 5, del medesimo provvedimento, tali disposizioni si applicano anche ai fallimenti e ai procedimenti di concordato preventivo pendenti alla data di entrata in vigore del presente decreto.

(2) *Le parole: «nella sentenza» sono state così sostituite dalle attuali: «nel decreto» dall'art. 16, comma 3, lett.* a), *del D.L.vo 12 settembre 2007, n. 169, a decorrere dal 1° gennaio 2008.*

(3) *Questo periodo è stato aggiunto dall'art. 2, comma 2, lett.* b), *del D.L. 27 giugno 2015, n. 83, convertito, con modificazioni, nella L. 6 agosto 2015, n. 132.*

A norma dell'art. 23, comma 2, del medesimo provvedimento, tali disposizioni si applicano decorsi trenta giorni dalla pubblicazione in Gazzetta Ufficiale *delle specifiche tecniche previste dall'articolo 161* quater *delle disposizioni per l'attuazione del codice di procedura civile.*

A norma dell'art. 23, comma 5, del medesimo provvedimento, tali disposizioni si applicano anche ai fallimenti e ai procedimenti di concordato preventivo pendenti alla data di entrata in vigore del presente decreto.

(4) *Questo comma, aggiunto dall'art. 16, comma 3, lett.* b), *del D.L.vo 12 settembre 2007, n. 169, a decorrere dal 1° gennaio 2008, è stato così sostituito dall'attuale, dall'art. 2, comma 2, lett.* c), *del D.L. 27 giugno 2015, n. 83, convertito, con modificazioni, nella L. 6 agosto 2015, n. 132.*

A norma dell'art. 23, comma 5, del medesimo provvedimento, tali disposizioni si applicano anche ai fallimenti e ai procedimenti di concordato preventivo pendenti alla data di entrata in vigore del presente decreto.

(5) *Questo comma è stato aggiunto dall'art. 17, comma 1, lett.* t), *del D.L. 18 ottobre 2012, n. 179, convertito, con modificazioni, nella L. 17 dicembre 2012, n. 221. A norma dell'art. 17, commi 4 e 5 del medesimo decreto tali disposizioni si applicano dalla data di entrata in vigore della legge di conversione del predetto decreto, anche alle procedure di fallimento, di concordato preventivo, di liquidazione coatta amministrativa e di amministrazione straordinaria pendenti, rispetto alle quali, alla stessa data, non è stata effettuata la comunicazione rispettivamente prevista dagli articoli 92, 171, 207 del regio decreto 16 marzo 1942, n. 267 e dall'articolo 22 decreto legislativo 8 luglio 1999, n. 270. Per le procedure in cui, alla data di entrata in vigore della legge di conversione del predetto decreto, sia stata effettuata la comunicazione di cui al comma 4, le disposizioni di cui ai commi 1 e 2 del presente articolo si applicano a decorrere dal 31 ottobre 2013. Il curatore, il commissario giudiziale, il commissario liquidatore e il commissario straordinario entro il 30 giugno 2013 comunicano ai creditori e ai terzi titolari di diritti sui beni il loro indirizzo di posta elettronica certificata e li invitano a comunicare, entro tre mesi, l'indirizzo di posta elettronica certificata al quale ricevere tutte le comunicazioni relative alla procedura, avvertendoli di rendere nota ogni successiva variazione e che in caso di omessa indicazione le comunicazioni sono eseguite esclusivamente mediante deposito in cancelleria.*

182 *bis*. (1) **Accordi di ristrutturazione dei debiti.** – L'imprenditore in stato di crisi può domandare, depositando la documentazione di cui all'articolo 161, l'omologazione di un accordo di ristrutturazione dei debiti stipulato con i creditori rappresentanti almeno il sessanta per cento dei crediti, unitamente ad una relazione redatta da un professionista, designato dal debitore, in possesso dei requisiti di cui all'articolo 67, terzo comma, lettera *d*) sulla veridicità dei dati aziendali e sull'attuabilità dell'accordo stesso con particolare riferimento alla sua idoneità ad assicurare l'integrale pagamento dei creditori estranei nel rispetto dei seguenti termini:

a) entro centoventi giorni dall'omologazione, in caso di crediti già scaduti a quella data;

b) entro centoventi giorni dalla scadenza, in caso di crediti non ancora scaduti alla data dell'omologazione (2).

L'accordo è pubblicato nel registro delle imprese e acquista efficacia dal giorno della sua pubblicazione.

Dalla data della pubblicazione e per sessanta giorni i creditori per titolo e causa anteriore a tale data non possono iniziare o proseguire azioni cautelari o esecutive sul patrimonio del debitore, né acquisire titoli di prelazione se non concordati (3). Si applica l'articolo 168 secondo comma.

Entro trenta giorni dalla pubblicazione i creditori e ogni altro interessato possono proporre opposizione. Il tribunale, decise le opposizioni, procede all'omologazione in camera di consiglio con decreto motivato.

Il decreto del tribunale è reclamabile alla corte di appello ai sensi dell'articolo 183, in quanto applicabile, entro quindici giorni dalla sua pubblicazione nel registro delle imprese.

Il divieto di iniziare o proseguire le azioni cautelari o esecutive di cui al terzo comma può essere richiesto dall'imprenditore anche nel corso delle trattative e prima della formalizzazione dell'accordo di cui al presente articolo, depositando presso il tribunale competente ai sensi dell'articolo 9 la documentazione di cui all'articolo 161, primo e secondo comma lettere *a*), *b*), *c*) e *d*) (4), e una proposta di accordo corredata da una dichiarazione dell'imprenditore, avente valore di autocertificazione, attestante che sulla proposta sono in corso trattative con i creditori che rappresentano almeno il sessanta per cento dei crediti e da una dichiarazione del professionista avente i requisiti di cui all'articolo 67, terzo comma, lettera *d*), circa la idoneità della proposta, se accettata, ad assicurare l'integrale (5) pagamento dei creditori con i quali non sono in corso trattative o che hanno comunque negato la propria disponibilità a trattare. Il decreto del precedente periodo è reclamabile a norma del quinto comma in quanto applicabile. L'istanza di sospensione di cui al presente comma è pubblicata nel registro delle imprese e produce l'effetto del divieto di inizio o prosecuzione delle azioni esecutive e cautelari, nonché del divieto di acquisire titoli di prelazione, se non concordati, dalla pubblicazione (6).

Il tribunale, verificata la completezza della documentazione depositata, fissa con decreto l'udienza entro il termine di trenta giorni dal deposito dell'istanza di cui al sesto comma, disponendo la comunicazione ai creditori della documentazione stessa. Nel corso dell'udienza, riscontrata la sussistenza dei presupposti per pervenire a un accordo di ristrutturazione dei debiti con le maggioranze di cui al primo comma e delle condizioni per l'integrale ([7]) pagamento dei creditori con i quali non sono in corso trattative o che hanno comunque negato la propria disponibilità a trattare, dispone con decreto motivato il divieto di iniziare o proseguire le azioni cautelari o esecutive e di acquisire titoli di prelazione se non concordati assegnando il termine di non oltre sessanta giorni per il deposito dell'accordo di ristrutturazione e della relazione redatta dal professionista a norma del primo comma. Il decreto del precedente periodo è reclamabile a norma del quinto comma in quanto applicabile ([6]).

A seguito del deposito di un accordo di ristrutturazione dei debiti nei termini assegnati dal tribunale trovano applicazione le disposizioni di cui al secondo, terzo, quarto e quinto comma. Se nel medesimo termine è depositata una domanda di concordato preventivo, si conservano gli effetti di cui ai commi sesto e settimo ([8]).

([1]) *Questo articolo è stato inserito dall'art. 2, comma 1, lett.* l), *del D.L. 14 marzo 2005, n. 35, convertito, con modificazioni, nella L. 14 maggio 2005, n. 80 e poi così sostituito dall'art. 16, comma 4, del D.L.vo 12 settembre 2007, n. 169, a decorrere dal 1° gennaio 2008.*

([2]) *Questo comma è stato così sostituito dall'art. 33, comma 1, lett.* e), *n. 1), del D.L. 22 giugno 2012, n. 83, convertito, con modificazioni, nella L. 7 agosto 2012, n. 134. A norma dell'art. 33, comma 3, del medesimo decreto tali disposizioni si applicano ai procedimenti di concordato preventivo e per l'omologazione di accordi di ristrutturazione dei debiti introdotti dal trentesimo giorno successivo a quello di entrata in vigore della legge di conversione del presente decreto, nonché ai piani di cui al comma 1, lettera* a), *n. 1) elaborati successivamente al predetto termine.*

([3]) *Le parole: «, né acquisire titoli di prelazione se non concordati» sono state aggiunte dall'art. 33, comma 1, lett.* e), *n. 2), del D.L. 22 giugno 2012, n. 83, convertito, con modificazioni, nella L. 7 agosto 2012, n. 134. A norma dell'art. 33, comma 3, del medesimo decreto tali disposizioni si applicano ai procedimenti di concordato preventivo e per l'omologazione di accordi di ristrutturazione dei debiti introdotti dal trentesimo giorno successivo a quello di entrata in vigore della legge di conversione del presente decreto, nonché ai piani di cui al comma 1, lettera* a), *n. 1), elaborati successivamente al predetto termine.*

([4]) *Le parole: «lettere* a), b), c) *e* d)*» sono state aggiunte dall'art. 33, comma 1, lett.* e), *n. 3), punto* a), *del D.L. 22 giugno 2012, n. 83, convertito, con modificazioni, nella L. 7 agosto 2012, n. 134. A norma dell'art. 33, comma 3, del medesimo decreto tali disposizioni si applicano ai procedimenti di concordato preventivo e per l'omologazione di accordi di ristrutturazione dei debiti introdotti dal trentesimo giorno successivo a quello di* *entrata in vigore della legge di conversione del presente decreto, nonché ai piani di cui al comma 1, lettera* a), *n. 1), elaborati successivamente al predetto termine.*

(5) *Le parole: «il regolare» sono state così sostituite dalle attuali: «l'integrale» dall'art. 33, comma 1, lett.* e), *n. 3), punto* b), *del D.L. 22 giugno 2012, n. 83, convertito, con modificazioni, nella L. 7 agosto 2012, n. 134.*

A norma dell'art. 33, comma 3, del medesimo decreto tali disposizioni si applicano ai procedimenti di concordato preventivo e per l'omologazione di accordi di ristrutturazione dei debiti introdotti dal trentesimo giorno successivo a quello di entrata in vigore della legge di conversione del presente decreto, nonché ai piani di cui al comma 1, lettera a), *n. 1) elaborati successivamente al predetto termine.*

(6) *Questo comma è stato aggiunto dall'art. 48, comma 2, del D.L. 31 maggio 2010, n. 78, convertito, con modificazioni, nella L. 30 luglio 2010, n. 122.*

(7) *Le parole: «il regolare» sono state così sostituite dalle attuali: «l'integrale» dall'art. 33, comma 1, lett.* e), *n. 4), del D.L. 22 giugno 2012, n. 83, convertito, con modificazioni, nella L. 7 agosto 2012, n. 134. A norma dell'art. 33, comma 3, del medesimo decreto tali disposizioni si applicano ai procedimenti di concordato preventivo e per l'omologazione di accordi di ristrutturazione dei debiti introdotti dal trentesimo giorno successivo a quello di entrata in vigore della legge di conversione del presente decreto, nonché ai piani di cui al comma 1, lettera* a), *n. 1) elaborati successivamente al predetto termine.*

(8) *Questo comma, aggiunto dall'art. 48, comma 2, del D.L. 31 maggio 2010, n. 78, convertito, con modificazioni, nella L. 30 luglio 2010, n. 122, è stato così sostituito dall'art. 33, comma 1, lett.* e), *n. 5), del D.L. 22 giugno 2012, n. 83, convertito, con modificazioni, nella L. 7 agosto 2012, n. 134. A norma dell'art. 33, comma 2, del medesimo decreto tali disposizioni si applicano ai procedimenti di concordato preventivo e per l'omologazione di accordi di ristrutturazione dei debiti introdotti dal trentesimo giorno successivo a quello di entrata in vigore della legge di conversione del presente decreto, nonché ai piani di cui al comma 1, lettera* a), *n. 1) elaborati successivamente al predetto termine.*

182 *ter*. (1) **Trattamento dei crediti tributari e contributivi.** – 1. Con il piano di cui all'articolo 160 il debitore, esclusivamente mediante proposta presentata ai sensi del presente articolo, può proporre il pagamento, parziale o anche dilazionato, dei tributi e dei relativi accessori amministrati dalle agenzie fiscali, nonché dei contributi amministrati dagli enti gestori di forme di previdenza e assistenza obbligatorie e dei relativi accessori, se il piano ne prevede la soddisfazione in misura non inferiore a quella realizzabile, in ragione della collocazione preferenziale, sul ricavato in caso di liquidazione, avuto riguardo al valore di mercato attribuibile ai beni o ai diritti sui quali sussiste la causa di prelazione, indicato nella relazione di un professionista in possesso dei requisiti di cui all'articolo 67, terzo comma, lettera d). Se il credito tributario o contributivo è assistito da privilegio, la percentuale, i tempi di pagamento e le eventuali garanzie non possono essere inferiori o meno vantaggiosi rispetto a quelli offerti ai creditori che hanno un grado di privilegio inferiore o a quelli che hanno una posizione giuridica e interessi economici omogenei a quelli delle agenzie e degli enti gestori di forme di previdenza e assistenza obbligatorie; se il credito tributario o contributivo ha natura chirografaria, il trattamento non può essere differenziato rispetto a quello degli altri creditori chirografari ovvero, nel caso di suddivisione in classi, dei creditori rispetto ai quali è previsto un trattamento più favorevole. Nel caso in cui sia proposto il pagamento parziale di un credito tributario o contributivo privilegiato, la quota di credito degradata al chirografo deve essere inserita in un'apposita classe.

2. Ai fini della proposta di accordo sui crediti di natura fiscale, copia della domanda e della relativa documentazione, contestualmente al deposito presso il tribunale, deve essere presentata al competente agente della riscossione e all'ufficio competente sulla base dell'ultimo domicilio fiscale del debitore, unitamente alla copia delle dichiarazioni fiscali per le quali non è pervenuto l'esito dei controlli automatici nonché delle dichiarazioni integrative relative al periodo fino alla data di presentazione della domanda. L'agente della riscossione, non oltre trenta giorni dalla data della presentazione, deve trasmettere al debitore una certificazione attestante l'entità del debito iscritto a ruolo scaduto o sospeso. L'ufficio, nello stesso termine, deve procedere alla liquidazione dei tributi risultanti dalle dichiarazioni e alla notifica dei relativi avvisi di irregolarità, unitamente a una certificazione attestante l'entità del debito derivante da atti di accertamento, ancorché non definitivi, per la parte non iscritta a ruolo, nonché dai ruoli vistati, ma non ancora consegnati all'agente della riscossione. Dopo l'emissione del decreto di cui all'articolo 163, copia dell'avviso di irregolarità e delle certificazioni deve essere trasmessa al commissario giudiziale per gli adempimenti previsti dagli articoli 171, primo comma, e 172. In particolare, per i tributi amministrati dall'Agenzia delle dogane e dei monopoli, l'ufficio competente a ricevere copia della domanda con la relativa documentazione prevista al primo periodo, nonché a rilasciare la certificazione di cui al terzo periodo, si identifica con l'ufficio che ha notificato al debitore gli atti di accertamento.

3. Relativamente al credito tributario complessivo, il voto sulla proposta concordataria è espresso dall'ufficio, previo parere conforme della competente direzione regionale, in sede di adunanza dei creditori, ovvero nei modi previsti dall'articolo 178, quarto comma.

4. Il voto è espresso dall'agente della riscossione limitatamente agli oneri di riscossione di cui all'articolo 17 del decreto legislativo 13 aprile 1999, n. 112.

5. Il debitore può effettuare la proposta di cui al comma 1 anche nell'ambito delle trattative che precedono la stipulazione dell'accordo di ristrutturazione di cui all'articolo 182-bis. In tali casi l'attestazione di cui al citato

articolo 182-*bis*, primo comma, relativamente ai crediti fiscali deve inerire anche alla convenienza del trattamento proposto rispetto alle alternative concretamente praticabili; tale punto costituisce oggetto di specifica valutazione da parte del tribunale. La proposta di transazione fiscale, unitamente alla documentazione di cui all'articolo 161, è depositata presso gli uffici indicati al comma 2 del presente articolo. Alla proposta di transazione deve altresì essere allegata la dichiarazione sostitutiva, resa dal debitore o dal suo legale rappresentante ai sensi dell'articolo 47 del testo unico delle disposizioni legislative e regolamentari in materia di documentazione amministrativa, di cui al decreto del Presidente della Repubblica 28 dicembre 2000, n. 445, che la documentazione di cui al periodo precedente rappresenta fedelmente e integralmente la situazione dell'impresa, con particolare riguardo alle poste attive del patrimonio. L'adesione alla proposta è espressa, su parere conforme della competente direzione regionale, con la sottoscrizione dell'atto negoziale da parte del direttore dell'ufficio. L'atto è sottoscritto anche dall'agente della riscossione in ordine al trattamento degli oneri di riscossione di cui all'articolo 17 del decreto legislativo 13 aprile 1999, n. 112. L'assenso così espresso equivale a sottoscrizione dell'accordo di ristrutturazione.

6. La transazione fiscale conclusa nell'ambito dell'accordo di ristrutturazione di cui all'articolo 182-bis è risolta di diritto se il debitore non esegue integralmente, entro novanta giorni dalle scadenze previste, i pagamenti dovuti alle Agenzie fiscali e agli enti gestori di forme di previdenza e assistenza obbligatorie.

(1) *Questo articolo, inserito dall'art. 146 del D.L.vo 9 gennaio 2006, n. 5, a decorrere dal 16 luglio 2006, è stato così sostituito dall'art. 1, comma 81, della L. 11 dicembre 2016, n. 232.*

182 *quater*. (1) **Disposizioni in tema di prededucibilità dei crediti nel concordato preventivo, negli accordi di ristrutturazione dei debiti.** – I crediti derivanti da finanziamenti in qualsiasi forma effettuati [da banche e intermediari finanziari iscritti negli elenchi di cui agli articoli 106 e 107 del decreto legislativo 1° settembre 1993, n. 385,](2) in esecuzione di un concordato preventivo di cui agli articoli 160 e seguenti ovvero di un accordo di ristrutturazione dei debiti omologato ai sensi dell'articolo 182 *bis*) sono prededucibili ai sensi e per gli effetti dell'articolo 111.

Sono parificati ai crediti di cui al primo comma i crediti derivanti da finanziamenti erogati in funzione della presentazione della domanda di ammissione alla procedura di concordato preventivo o della domanda di omologazione dell'accordo di ristrutturazione dei debiti, qualora i finanziamenti siano previsti dal piano di cui all'articolo 160 o dall'accordo di ristrutturazione e purché la prededuzione sia espressamente disposta nel provvedimento con cui il tribunale accoglie la domanda di ammissione al concordato preventivo ovvero l'accordo sia omologato (3).

In deroga agli articoli 2467 e 2497 *quinquies* del codice civile, il primo e il secondo comma del presente articolo si applicano anche ai finanziamenti effettuati dai soci fino alla concorrenza dell'ottanta per cento del loro ammontare. Si applicano i commi primo e secondo quando il finanziatore ha acquisito la qualità di socio in esecuzione dell'accordo di ristrutturazione dei debiti o del concordato preventivo (4).

[Sono altresì prededucibili i compensi spettanti al professionista incaricato di predisporre la relazione di cui agli articoli 161, terzo comma, 182 *bis*, primo comma, purché ciò sia espressamente disposto nel provvedimento con cui il tribunale accoglie la domanda di ammissione al concordato preventivo ovvero l'accordo sia omologato] (5).

Con riferimento ai crediti indicati al secondo comma, i creditori, anche se soci, (6) sono esclusi dal voto e dal computo delle maggioranze per l'approvazione del concordato ai sensi dell'articolo 177 e dal computo della percentuale dei crediti prevista all'articolo 182 *bis*, primo e sesto comma.

(1) *Questo articolo è stato inserito dall'art. 48, comma 1, del D.L. 31 maggio 2010, n. 78, convertito, con modificazioni, nella L. 30 luglio 2010, n. 122.*

(2) *Le parole fra parentesi quadrate sono state soppresse dall'art. 33, comma 1, lett.* e bis), *n. 1), del D.L. 22 giugno 2012, n. 83, convertito, con modificazioni, nella L. 7 agosto 2012, n. 134. A norma dell'art. 33, comma 3, del medesimo decreto tali disposizioni si applicano ai procedimenti di concordato preventivo e per l'omologazione di accordi di ristrutturazione dei debiti introdotti dal trentesimo giorno successivo a quello di entrata in vigore della legge di conversione del presente decreto, nonché ai piani di cui al comma 1, lettera* a), *n. 1) elaborati successivamente al predetto termine.*

(3) *Questo comma è stato così sostituito dall'art. 33, comma 1, lett.* e bis), *n. 2), del D.L. 22 giugno 2012, n. 83, convertito, con modificazioni, nella L. 7 agosto 2012, n. 134. A norma dell'art. 33, comma 3, del medesimo decreto tali disposizioni si applicano ai procedimenti di concordato preventivo e per l'omologazione di accordi di ristrutturazione dei debiti introdotti dal trentesimo giorno successivo a quello di entrata in vigore della legge di conversione del presente decreto, nonché ai piani di cui al comma 1, lettera* a), *n. 1) elaborati successivamente al predetto termine.*

(4) *Questo comma è stato così sostituito dall'art. 33, comma 1, lett.* e bis), *n. 3), del D.L. 22 giugno 2012, n. 83, convertito, con modificazioni, nella L. 7 agosto 2012, n. 134. A norma dell'art. 33, comma 3, del medesimo decreto tali disposizioni si applicano ai procedimenti di concordato preventivo e per l'omologazione di accordi di ristrutturazione dei debiti introdotti dal trentesimo giorno successivo a quello di entrata in vigore della legge di conversione del presente decreto, nonché ai piani di cui al comma 1, lettera* a), *n. 1) elaborati successivamente al predetto termine.*

([5]) *Questo comma è stato abrogato dall'art. 33, comma 1, lett.* e bis), *n. 4), del D.L. 22 giugno 2012, n. 83, convertito, con modificazioni, nella L. 7 agosto 2012, n. 134. A norma dell'art. 33, comma 3, del medesimo decreto tali disposizioni si applicano ai procedimenti di concordato preventivo e per l'omologazione di accordi di ristrutturazione dei debiti introdotti dal trentesimo giorno successivo a quello di entrata in vigore della legge di conversione del presente decreto, nonché ai piani di cui al comma 1, lettera* a), *n. 1) elaborati successivamente al predetto termine.*

([6]) *Le parole: «ai commi secondo, terzo e quarto, i creditori» sono state così sostituite dalle attuali: «al secondo comma, i creditori, anche se soci,» dall'art. 33, comma 1, lett.* e bis), *n. 5), del D.L. 22 giugno 2012, n. 83, convertito, con modificazioni, nella L. 7 agosto 2012, n. 134. A norma dell'art. 33, comma 3, del medesimo decreto tali disposizioni si applicano ai procedimenti di concordato preventivo e per l'omologazione di accordi di ristrutturazione dei debiti introdotti dal trentesimo giorno successivo a quello di entrata in vigore della legge di conversione del presente decreto, nonché ai piani di cui al comma 1, lettera* a), *n. 1) elaborati successivamente al predetto termine.*

182 *quinquies*. ([1]) Disposizioni in tema di finanziamento e di continuità aziendale nel concordato preventivo e negli accordi di ristrutturazione dei debiti. – Il debitore che presenta, anche ai sensi dell'articolo 161 sesto comma, una domanda di ammissione al concordato preventivo o una domanda di omologazione di un accordo di ristrutturazione dei debiti ai sensi dell'articolo 182 *bis*, primo comma, o una proposta di accordo ai sensi dell'articolo 182 *bis*, sesto comma, può chiedere al tribunale di essere autorizzato, anche prima del deposito della documentazione di cui all'articolo 161, commi secondo e terzo ([2]), assunte se del caso sommarie informazioni, a contrarre finanziamenti, prededucibili ai sensi dell'articolo 111, se un professionista designato dal debitore in possesso dei requisiti di cui all'articolo 67, terzo comma, lettera *d*), verificato il complessivo fabbisogno finanziario dell'impresa sino all'omologazione, attesta che tali finanziamenti sono funzionali alla migliore soddisfazione dei creditori.

L'autorizzazione di cui al primo comma può riguardare anche finanziamenti individuati soltanto per tipologia ed entità, e non ancora oggetto di trattative.

Il debitore che presenta una domanda di ammissione al concordato preventivo ai sensi dell'articolo 161, sesto comma, anche in assenza del piano di cui all'articolo 161, secondo comma, lettera *e*), o una domanda di omologazione di un accordo di ristrutturazione dei debiti ai sensi dell'articolo 182 *bis*, primo comma, o una proposta di accordo ai sensi dell'articolo 182 *bis*, sesto comma, può chiedere al tribunale di essere autorizzato in via d'urgenza a contrarre finanziamenti, prededucibili ai sensi dell'articolo 111, funzionali a urgenti necessità relative all'esercizio dell'attività aziendale fino alla scadenza del termine fissato dal tribunale ai sensi dell'articolo 161, sesto comma, o all'udienza di omologazione di cui all'articolo 182 *bis*, quarto comma, o alla scadenza del termine di cui all'articolo 182 *bis*, settimo comma. Il ricorso deve specificare la destinazione dei finanziamenti, che il debitore non è in grado di reperire altrimenti tali finanziamenti e che, in assenza di tali finanziamenti, deriverebbe un pregiudizio imminente ed irreparabile all'azienda. Il tribunale, assunte sommarie informazioni sul piano e sulla proposta in corso di elaborazione, sentito il commissario giudiziale se nominato, e, se del caso, sentiti senza formalità i principali creditori, decide in camera di consiglio con decreto motivato, entro dieci giorni dal deposito dell'istanza di autorizzazione. La richiesta può avere ad oggetto anche il mantenimento di linee di credito autoliquidanti in essere al momento del deposito della domanda ([3]).

Il tribunale può autorizzare il debitore a concedere pegno o ipoteca o a cedere crediti ([4]) a garanzia dei medesimi finanziamenti.

Il debitore che presenta domanda di ammissione al concordato preventivo con continuità aziendale, anche ai sensi dell'articolo 161 sesto comma, può chiedere al tribunale di essere autorizzato, assunte se del caso sommarie informazioni, a pagare crediti anteriori per prestazioni di beni o servizi, se un professionista in possesso dei requisiti di cui all'articolo 67, terzo comma, lettera *d*), attesta che tali prestazioni sono essenziali per la prosecuzione della attività di impresa e funzionali ad assicurare la migliore soddisfazione dei creditori. L'attestazione del professionista non è necessaria per pagamenti effettuati fino a concorrenza dell'ammontare di nuove risorse finanziarie che vengano apportate al debitore senza obbligo di restituzione o con obbligo di restituzione postergato alla soddisfazione dei creditori.

Il debitore che presenta una domanda di omologazione di un accordo di ristrutturazione dei debiti ai sensi dell'articolo 182 *bis*, primo comma, o una proposta di accordo ai sensi dell'articolo 182 *bis*, sesto comma, può chiedere al Tribunale di essere autorizzato, in presenza dei presupposti di cui al quinto comma del presente articolo ([5]), a pagare crediti anche anteriori per prestazioni di beni o servizi. In tal caso i pagamenti effettuati non sono soggetti all'azione revocatoria di cui all'articolo 67.

([1]) *Questo articolo è stato aggiunto dall'art. 33, comma 1, lett.* f), *del D.L. 22 giugno 2012, n. 83, convertito, con modificazioni, nella L. 7 agosto 2012, n. 134. A norma dell'art. 33, comma 3, del medesimo decreto tali disposizioni si applicano ai procedimenti di concordato preventivo e per l'omologazione di accordi di ristrutturazione dei debiti introdotti dal trentesimo giorno successivo a quello di entrata in vigore della legge di conversione del presente decreto, nonché ai piani di cui al comma 1, lettera* a), *n. 1) elaborati successivamente al predetto termine.*

(2) *Le parole: «, anche prima del deposito della documentazione di cui all'articolo 161, commi secondo e terzo» sono state aggiunte dall'art. 1, comma 1, lett.* a), *del D.L. 27 giugno 2015, n. 83, convertito, con modificazioni, nella L. 6 agosto 2015, n. 132.*

A norma dell'art. 23, comma 1, del medesimo provvedimento, tali disposizioni si applicano ai procedimenti di concordato preventivo introdotti anche anteriormente alla data di entrata in vigore del presente decreto.

(3) *Questo comma è stato aggiunto dall'art. 1, comma 1, lett.* b), *del D.L. 27 giugno 2015, n. 83, convertito, con modificazioni, nella L. 6 agosto 2015, n. 132.*

A norma dell'art. 23, comma 1, del medesimo provvedimento, tali disposizioni si applicano ai procedimenti di concordato preventivo introdotti anche anteriormente alla data di entrata in vigore del presente decreto.

(4) *Le parole: «o a cedere crediti» sono state aggiunte dall'art. 1, comma 1, lett.* c), *del D.L. 27 giugno 2015, n. 83, convertito, con modificazioni, nella L. 6 agosto 2015, n. 132.*

A norma dell'art. 23, comma 1, del medesimo provvedimento, tali disposizioni si applicano ai procedimenti di concordato preventivo introdotti anche anteriormente alla data di entrata in vigore del presente decreto.

(5) *Le parole: «quarto comma» sono state così sostituite dalle seguenti: «quinto comma del presente articolo» dall'art. 1, comma 1, lett.* c bis), *del D.L. 27 giugno 2015, n. 83, convertito, con modificazioni, nella L. 6 agosto 2015, n. 132.*

A norma dell'art. 23, comma 1, del medesimo provvedimento, tali disposizioni si applicano ai procedimenti di concordato preventivo introdotti anche anteriormente alla data di entrata in vigore del presente decreto.

182 *sexies*. (1) **Riduzione o perdita del capitale della società in crisi.** – Dalla data del deposito della domanda per l'ammissione al concordato preventivo, anche a norma dell'articolo 161, sesto comma, della domanda per l'omologazione dell'accordo di ristrutturazione di cui all'articolo 182 *bis* ovvero della proposta di accordo a norma del sesto comma dello stesso articolo e sino all'omologazione non si applicano gli articoli 2446, commi secondo e terzo, 2447, 2482 *bis*, commi quarto, quinto e sesto, e 2482 *ter* del codice civile. Per lo stesso periodo non opera la causa di scioglimento della società per riduzione o perdita del capitale sociale di cui agli articoli 2484, n. 4, e 2545 *duodecies* del codice civile.

Resta ferma, per il periodo anteriore al deposito delle domande e della proposta di cui al primo comma, l'applicazione dell'articolo 2486 del codice civile.

(1) *Questo articolo è stato aggiunto dall'art. 33, comma 1, lett.* f), *del D.L. 22 giugno 2012, n. 83, convertito, con modificazioni, nella L. 7 agosto 2012, n. 134. A norma dell'art. 33, comma 3, del medesimo decreto tali disposizioni si applicano ai procedimenti di concordato preventivo e per l'omologazione di accordi di ristrutturazione dei debiti introdotti dal trentesimo giorno successivo a quello di entrata in vigore della legge di conversione del presente decreto, nonché ai piani di cui al comma 1, lettera* a), *n. 1) elaborati successivamente al predetto termine.*

182 *septies*. (1) **Accordo di ristrutturazione con intermediari finanziari e convenzione di moratoria.** – Quando un'impresa ha debiti verso banche e intermediari finanziari in misura non inferiore alla metà dell'indebitamento complessivo, la disciplina di cui all'articolo 182 *bis*, in deroga agli articoli 1372 e 1411 del codice civile, è integrata dalle disposizioni contenute nei commi secondo, terzo e quarto. Restano fermi i diritti dei creditori diversi da banche e intermediari finanziari.

L'accordo di ristrutturazione dei debiti di cui all'articolo 182 *bis* può individuare una o più categorie tra i creditori di cui al primo comma che abbiano fra loro posizione giuridica e interessi economici omogenei. In tal caso, con il ricorso di cui al primo comma di tale articolo, il debitore può chiedere che gli effetti dell'accordo vengano estesi anche ai creditori non aderenti che appartengano alla medesima categoria, quando tutti i creditori della categoria siano stati informati dell'avvio delle trattative e siano stati messi in condizione di parteciparvi in buona fede e i crediti delle banche e degli intermediari finanziari aderenti rappresentino il settantacinque per cento dei crediti della categoria. Una banca o un intermediario finanziario può essere titolare di crediti inseriti in più di una categoria.

Ai fini di cui al precedente comma non si tiene conto delle ipoteche giudiziali iscritte dalle banche o dagli intermediari finanziari nei novanta giorni che precedono la data di pubblicazione del ricorso nel registro delle imprese.

Il debitore, oltre agli adempimenti pubblicitari già previsti, deve notificare il ricorso e la documentazione di cui al primo comma dell'articolo 182 *bis* alle banche e agli intermediari finanziari ai quali chiede di estendere gli effetti dell'accordo. Per costoro il termine per proporre l'opposizione di cui al quarto comma del medesimo articolo decorre dalla data della notificazione del ricorso. Il tribunale procede all'omologazione previo accertamento, avvalendosi ove occorra di un ausiliario, che le trattative si siano svolte in buona fede e che le banche e gli intermediari finanziari ai quali il debitore chiede di estendere gli effetti dell'accordo:

a) abbiano posizione giuridica e interessi economici omogenei rispetto a quelli delle banche e degli intermediari finanziari aderenti;

b) abbiano ricevuto complete ed aggiornate informazioni sulla situazione patrimoniale, economica e finanziaria del debitore nonché sull'accordo e sui suoi effetti, e siano stati messi in condizione di partecipare alle trattative;

c) possano risultare soddisfatti, in base all'accordo, in misura non inferiore rispetto alle alternative concretamente praticabili.

Quando fra l'impresa debitrice e una o più banche o intermediari finanziari viene stipulata una convenzione diretta a disciplinare in via provvisoria gli effetti della crisi attraverso una moratoria temporanea dei crediti nei confronti di una o più banche o intermediari finanziari e sia raggiunta la maggioranza di cui al secondo comma, la convenzione di moratoria, in deroga agli articoli 1372 e 1411 del codice civile, produce effetti anche nei confronti delle banche e degli intermediari finanziari non aderenti se questi siano stati informati dell'avvio delle trattative e siano stati messi in condizione di parteciparvi in buona fede, e un professionista in possesso dei requisiti di cui all'articolo 67, terzo comma, lettera *d*), attesti l'omogeneità della posizione giuridica e degli interessi economici fra i creditori interessati dalla moratoria.

Nel caso previsto dal comma precedente, le banche e gli intermediari finanziari non aderenti alla convenzione possono proporre opposizione entro trenta giorni dalla comunicazione della convenzione stipulata, accompagnata dalla relazione del professionista a norma dell'articolo 67, terzo comma, lettera *d*). La comunicazione deve essere effettuata, alternativamente, mediante lettera raccomandata o posta elettronica certificata. Con l'opposizione, la banca o l'intermediario finanziario può chiedere che la convenzione non produca effetti nei suoi confronti. Il tribunale, con decreto motivato, decide sulle opposizioni, verificando la sussistenza delle condizioni di cui al comma quarto, terzo periodo. Nel termine di quindici giorni dalla comunicazione, il decreto del tribunale è reclamabile alla corte di appello, ai sensi dell'articolo 183.

In nessun caso, per effetto degli accordi e convenzioni di cui ai commi precedenti, ai creditori non aderenti possono essere imposti l'esecuzione di nuove prestazioni, la concessione di affidamenti, il mantenimento della possibilità di utilizzare affidamenti esistenti o l'erogazione di nuovi finanziamenti. Agli effetti del presente articolo non è considerata nuova prestazione la prosecuzione della concessione del godimento di beni oggetto di contratti di locazione finanziaria già stipulati.

La relazione dell'ausiliario è trasmessa a norma dell'articolo 161, quinto comma.

(¹) *Questo articolo è stato aggiunto dall'art. 9 del D.L. 27 giugno 2015, n. 83, convertito, con modificazioni, nella L. 6 agosto 2015, n. 132.*

183. (¹) **Reclamo.** – Contro il decreto del tribunale può essere proposto reclamo alla corte di appello, la quale pronuncia in camera di consiglio.

Con lo stesso reclamo è impugnabile la sentenza dichiarativa di fallimento, contestualmente emessa a norma dell'articolo 180, settimo comma.

(¹) *Questo articolo è stato così sostituito dall'art. 16, comma 6, del D.L.vo 12 settembre 2007, n. 169, a decorrere dal 1° gennaio 2008.*

184. Effetti del concordato per i creditori. – Il concordato omologato è obbligatorio per tutti i creditori anteriori alla pubblicazione nel registro delle imprese del ricorso di cui all'articolo 161 (1). Tuttavia essi conservano impregiudicati i diritti contro i coobbligati, i fideiussori del debitore e gli obbligati in via di regresso.

Salvo patto contrario, il concordato della società ha efficacia nei confronti dei soci illimitatamente responsabili.

(1) *Le parole: «al decreto di apertura della procedura di concordato» sono state così sostituite dalle attuali: «alla pubblicazione nel registro delle imprese del ricorso di cui all'articolo 161» dall'art. 33, comma 1, lett.* g)*, del D.L. 22 giugno 2012, n. 83, convertito, con modificazioni, nella L. 7 agosto 2012, n. 134. A norma dell'art. 33, comma 3, del medesimo decreto tali disposizioni si applicano ai procedimenti di concordato preventivo e per l'omologazione di accordi di ristrutturazione dei debiti introdotti dal trentesimo giorno successivo a quello di entrata in vigore della legge di conversione del presente decreto, nonché ai piani di cui al comma 1, lettera* a)*, n.* 1) *elaborati successivamente al predetto termine.*

Capo VI
Dell'esecuzione, della risoluzione e dell'annullamento del concordato preventivo

185. Esecuzione del concordato. – Dopo l'omologazione del concordato, il commissario giudiziale ne sorveglia l'adempimento, secondo le modalità stabilite nella sentenza di omologazione. Egli deve riferire al giudice ogni fatto dal quale possa derivare pregiudizio ai creditori.

Si applica il secondo comma dell'art. 136.

Il debitore è tenuto a compiere ogni atto necessario a dare esecuzione alla proposta di concordato presentata da uno o più creditori, qualora sia stata approvata e omologata (1).

Nel caso in cui il commissario giudiziale rilevi che il debitore non sta provvedendo al compimento degli atti necessari a dare esecuzione alla suddetta proposta o ne sta ritardando il compimento, deve senza indugio riferirne al tribunale. Il tribunale, sentito il debitore, può attribuire al commissario giudiziale i poteri necessari a provvedere in luogo del debitore al compimento degli atti a questo richiesti (1).

Il soggetto che ha presentato la proposta di concordato approvata e omologata dai creditori può denunziare al tribunale i ritardi o le omissioni da parte del debitore, mediante ricorso al tribunale notificato al debitore e al commissario giudiziale, con il quale può chiedere al tribunale di attribuire al commissario giudiziale i poteri necessari a provvedere in luogo del debitore al compimento degli atti a questo richiesti (1).

Fermo restando il disposto dell'articolo 173, il tribunale, sentiti in camera di consiglio il debitore e il commissario giudiziale, può revocare l'organo amministrativo, se si tratta di società, e nominare un amministratore giudiziario stabilendo la durata del suo incarico e attribuendogli il potere di compiere ogni atto necessario a dare esecuzione alla suddetta proposta, ivi inclusi, qualora tale proposta preveda un aumento del capitale sociale del debitore, la convocazione dell'assemblea straordinaria dei soci avente ad oggetto la delibera di tale aumento di capitale e l'esercizio del voto nella stessa. Quando è stato nominato il liquidatore a norma dell'articolo 182, i compiti di amministratore giudiziario possono essere a lui attribuiti (1).

(1) *Questo comma è stato aggiunto dall'art. 3, comma 6, del D.L. 27 giugno 2015, n. 83, convertito, con modificazioni, nella L. 6 agosto 2015, n. 132.*

A norma dell'art. 23, comma 1, del medesimo provvedimento, queste disposizioni si applicano ai procedimenti di concordato preventivo introdotti successivamente all'entrata in vigore della legge di conversione del presente decreto.

186. (1) **Risoluzione e annullamento del concordato.** – Ciascuno dei creditori può richiedere la risoluzione del concordato per inadempimento.

Il concordato non si può risolvere se l'inadempimento ha scarsa importanza.

Il ricorso per la risoluzione deve proporsi entro un anno dalla scadenza del termine fissato per l'ultimo adempimento previsto dal concordato.

Le disposizioni che precedono non si applicano quando gli obblighi derivanti dal concordato sono stati assunti da un terzo con liberazione immediata del debitore.

Si applicano le disposizioni degli articoli 137 e 138, in quanto compatibili, intendendosi sostituito al curatore il commissario giudiziale.

(1) *Questo articolo è stato così sostituito dall'art. 17, comma 1, del D.L.vo 12 settembre 2007, n. 169, a decorrere dal 1° gennaio 2008.*

186 *bis*. (1) **Concordato con continuità aziendale.** – Quando il piano di concordato di cui all'articolo 161, secondo comma, lettera *e*) prevede la prosecuzione dell'attività di impresa da parte del debitore, la cessione dell'azienda in esercizio ovvero il conferimento dell'azienda in esercizio in una o più società, anche di nuova costituzione, si applicano le disposizioni del presente articolo. Il piano può prevedere anche la liquidazione di beni non funzionali all'esercizio dell'impresa.

Nei casi previsti dal presente articolo:

a) il piano di cui all'articolo 161, secondo comma, lettera *e*), deve contenere anche un'analitica indicazione dei costi e dei ricavi attesi dalla prosecuzione dell'attività d'impresa prevista dal piano di concordato, delle risorse finanziarie necessarie e delle relative modalità di copertura;

b) la relazione del professionista di cui all'articolo 161, terzo comma, deve attestare che la prosecuzione dell'attività d'impresa prevista dal piano di concordato è funzionale al miglior soddisfacimento dei creditori;

c) il piano può prevedere, fermo quanto disposto dall'articolo 160, secondo comma, una moratoria fino a un anno dall'omologazione per il pagamento dei creditori muniti di privilegio, pegno o ipoteca, salvo che sia prevista la liquidazione dei beni o diritti sui quali sussiste la causa di prelazione. In tal caso, i creditori muniti di cause di prelazione di cui al periodo precedente non hanno diritto al voto.

Fermo quanto previsto nell'articolo 169 *bis*, i contratti in corso di esecuzione alla data di deposito del ricorso, anche stipulati con pubbliche amministrazioni, non si risolvono per effetto dell'apertura della procedura. Sono inefficaci eventuali patti contrari. L'ammissione al concordato preventivo non impedisce la continuazione di contratti pubblici se il professionista designato dal debitore di cui all'articolo 67 ha attestato la conformità al piano e la ragionevole capacità di adempimento. Di tale continuazione può beneficiare, in presenza dei requisiti di legge, anche la società cessionaria o conferitaria d'azienda o di rami d'azienda cui i contratti siano trasferiti. Il giudice delegato, all'atto della cessione o del conferimento, dispone la cancellazione delle iscrizioni e trascrizioni. Le disposizioni del presente comma si applicano anche nell'ipotesi in cui l'impresa è stata ammessa a concordato che non prevede la continuità aziendale se il predetto professionista attesta che la continuazione è necessaria per la migliore liquidazione dell'azienda in esercizio ([2]).

Successivamente al deposito della domanda di cui all'articolo 161, la partecipazione a procedure di affidamento di contratti pubblici deve essere autorizzata dal tribunale, e, dopo il decreto di apertura, dal giudice delegato, acquisito il parere del commissario giudiziale ove già nominato ([3]) ([4]).

L'ammissione al concordato preventivo non impedisce la partecipazione a procedure di assegnazione di contratti pubblici, quando l'impresa presenta in gara:

a) una relazione di un professionista in possesso dei requisiti di cui all'articolo 67, terzo comma, lettera *d*), che attesta la conformità al piano e la ragionevole capacità di adempimento del contratto;

[*b*) la dichiarazione di altro operatore in possesso dei requisiti di carattere generale, di capacità finanziaria, tecnica, economica nonché di certificazione, richiesti per l'affidamento dell'appalto, il quale si è impegnato nei confronti del concorrente e della stazione appaltante a mettere a disposizione, per la durata del contratto, le risorse necessarie all'esecuzione dell'appalto e a subentrare all'impresa ausiliata nel caso in cui questa fallisca nel corso della gara ovvero dopo la stipulazione del contratto, ovvero non sia per qualsiasi ragione più in grado di dare regolare esecuzione all'appalto. Si applica l'articolo 49 del decreto legislativo 12 aprile 2006, n. 163] (5).

Fermo quanto previsto dal comma precedente, l'impresa in concordato può concorrere anche riunita in raggruppamento temporaneo di imprese, purché non rivesta la qualità di mandataria e sempre che le altre imprese aderenti al raggruppamento non siano assoggettate ad una procedura concorsuale. In tal caso la dichiarazione di cui al quarto comma, lettera *b*), può provenire anche da un operatore facente parte del raggruppamento.

Se nel corso di una procedura iniziata ai sensi del presente articolo l'esercizio dell'attività d'impresa cessa o risulta manifestamente dannoso per i creditori, il tribunale provvede ai sensi dell'articolo 173. Resta salva la facoltà del debitore di modificare la proposta di concordato.

(1) *Questo articolo è stato aggiunto dall'art. 33, comma 1, lett.* h), *del D.L. 22 giugno 2012, n. 83, convertito, con modificazioni, nella L. 7 agosto 2012, n. 134. A norma dell'art. 33, comma 3, del medesimo decreto tali disposizioni si applicano ai procedimenti di concordato preventivo e per l'omologazione di accordi di ristrutturazione dei debiti introdotti dal trentesimo giorno successivo a quello di entrata in vigore della legge di conversione del presente decreto, nonché ai piani di cui al comma 1, lettera* a), *n. 1) elaborati successivamente al predetto termine.*

(2) *Questo periodo è stato aggiunto dall'art. 2, comma 4, lett.* b), *n. 1), del D.L. 18 aprile 2019, n. 32, convertito, con modificazioni, nella L. 14 giugno 2019, n. 55, a decorrere dal 18 giugno 2019.*

(3) *Questo comma è stato inserito dall'art. 13, comma 11* bis, *del D.L. 23 dicembre 2013, n. 145, convertito, con modificazioni, nella L. 21 febbraio 2014, n. 9.*

(4) *Questo comma è stato così sostituito dall'art. 2, comma 4, lett.* b), *n. 2), del D.L. 18 aprile 2019, n. 32, convertito, con modificazioni, nella L. 14 giugno 2019, n. 55, a decorrere dal 18 giugno 2019.*

(5) *Questa lettera è stata abrogata dall'art. 2, comma 4, lett.* b), *n. 2* bis*), del D.L. 18 aprile 2019, n. 32, convertito, con modificazioni, nella L. 14 giugno 2019, n. 55, a decorrere dal 18 giugno 2019.*

[Titolo IV
Dell'amministrazione
controllata] (1)

(1) *Questo Titolo, comprendente gli articoli da 187 a 193, è stato abrogato dall'art. 147 del D.L.vo 9 gennaio 2006, n. 5, a decorrere dal 16 luglio 2006.*

187. [**Domanda di ammissione alla procedura.** – L'imprenditore che si trova in temporanea difficoltà di adempiere le proprie obbligazioni, se ricorrono le condizioni previste dai numeri 1, 2 e 3 del primo comma dell'articolo 160 e vi siano comprovate possibilità di risanare l'impresa, può chiedere al tribunale il controllo della gestione della sua impresa e dell'amministrazione dei suoi beni a tutela degli interessi dei creditori, per un periodo non superiore a due anni.

La domanda si propone nelle forme stabilite dall'art. 161].

188. [**Ammissione alla procedura.** – Il tribunale, se concorrono le condizioni stabilite dalla legge e se ritiene il debitore meritevole del beneficio, ammette il ricorrente alla procedura di amministrazione controllata con decreto non soggetto a reclamo. Con lo stesso provvedimento:

1) delega un giudice alla procedura;

2) ordina la convocazione dei creditori non oltre i trenta giorni dalla data del provvedimento e stabilisce il termine per la comunicazione del provvedimento stesso ai creditori;

3) nomina il commissario giudiziale secondo le disposizioni degli artt. 27, 28 e 29;

4) stabilisce il termine non superiore a otto giorni entro il quale il ricorrente deve depositare nella cancelleria del tribunale la somma che si presume necessaria per l'intera procedura.

Il decreto è pubblicato a norma dell'art. 166 e per la durata della procedura produce gli effetti stabiliti dagli artt. 167 e 168.

Si applicano inoltre le disposizioni degli artt. 164, 165, 170 e 173].

189. [**Adunanza dei creditori.** – Alla deliberazione dei creditori si applicano le disposizioni degli artt. 174, 175, 176, primo comma, 177, quarto comma, 178, primo, secondo e terzo comma.

Si tiene conto a tutti gli effetti dei voti dati per lettera o per telegramma purché pervenuti prima della chiusura delle operazioni.

La proposta del debitore è approvata quando riporta il voto favorevole della maggioranza dei creditori che rappresenti la maggioranza dei crediti, esclusi i creditori aventi diritti di prelazione sui beni del debitore.

Se le maggioranze prescritte non sono raggiunte cessano gli effetti del decreto di ammissione alla procedura].

190. [Provvedimenti del giudice delegato. – Se le maggioranze prescritte sono raggiunte, il giudice delegato, tenuto conto del parere dei creditori intervenuti all'adunanza, nomina con decreto un comitato di tre o cinque creditori che assiste il commissario giudiziale.

Contro il decreto del giudice delegato è ammesso reclamo da parte di ogni interessato entro dieci giorni dalla sua data. Il tribunale decide in camera di consiglio con decreto non soggetto a gravame].

191. [Poteri di gestione del commissario giudiziale. – Durante la procedura il tribunale, su istanza di ogni interessato o ufficio e sentito il comitato dei creditori, può con decreto non soggetto a reclamo, affidare al commissario giudiziale in tutto o in parte la gestione dell'impresa e l'amministrazione dei beni del debitore, determinandone i poteri.

Il decreto è pubblicato a norma dell'art. 166.

In tal caso il commissario al termine del suo ufficio deve rendere conto della sua amministrazione a norma dell'art. 116].

192. [Relazioni del commissario giudiziale e revoca dell'amministrazione controllata. – Il commissario giudiziale riferisce ogni due mesi al giudice delegato sull'andamento dell'impresa.

Il commissario giudiziale e il comitato dei creditori devono inoltre denunciare al giudice delegato i fatti che consigliano la revoca dell'amministrazione controllata, non appena ne vengano a conoscenza.

Se in qualunque momento risulta che l'amministrazione controllata non può utilmente essere continuata, il giudice delegato promuove dal tribunale la dichiarazione di fallimento, salva la facoltà dell'imprenditore di proporre il concordato preventivo secondo le disposizioni del titolo precedente].

193. [Fine dell'amministrazione controllata. – Il debitore che dimostra di essere in grado di soddisfare regolarmente le proprie obbligazioni può chiedere al tribunale anche prima del termine stabilito la cessazione della procedura. In tal caso il tribunale provvede con decreto pubblicato a norma dell'art. 17.

Se al termine dell'amministrazione controllata risulta che l'impresa non è in condizioni di adempiere regolarmente le proprie obbligazioni, si applica il terzo comma dell'articolo precedente].

Titolo V
Della liquidazione coatta amministrativa

194. Norme applicabili. – La liquidazione coatta amministrativa è regolata dalle disposizioni del presente titolo, salvo che le leggi speciali dispongano diversamente.

Sono abrogate le disposizioni delle leggi speciali, incompatibili con quelle degli artt. 195, 196, 200, 201, 202, 203, 209, 211 e 213.

195. (1) **Accertamento giudiziario dello stato d'insolvenza anteriore alla liquidazione coatta amministrativa.** – Se un'impresa soggetta a liquidazione coatta amministrativa con esclusione del fallimento si trova in stato di insolvenza, il tribunale del luogo dove l'impresa ha la sede principale, su richiesta di uno o più creditori, ovvero dell'autorità che ha la vigilanza sull'impresa o di questa stessa, dichiara tale stato con sentenza. Il trasferimento della sede principale dell'impresa intervenuto nell'anno antecedente l'apertura del procedimento, non rileva ai fini della competenza.

Con la stessa sentenza o con successivo decreto adotta i provvedimenti conservativi che ritenga opportuni nell'interesse dei creditori fino all'inizio della procedura di liquidazione.

Prima di provvedere il tribunale deve sentire il debitore, con le modalità di cui all'articolo 15, e l'autorità governativa che ha la vigilanza sull'impresa.

La sentenza è comunicata entro tre giorni, a norma dell'articolo 136 del codice di procedura civile, all'autorità competente perchè disponga la liquidazione o, se ne ritiene sussistenti i presupposti, l'avvio della risoluzione ai sensi del decreto di recepimento della direttiva 2014/59/UE (2). Essa è inoltre notificata, affissa e resa pubblica nei modi e nei termini stabiliti per la sentenza dichiarativa di fallimento.

Contro la sentenza predetta può essere proposto reclamo (3) da qualunque interessato, a norma degli articoli 18 e 19.

Il tribunale che respinge il ricorso per la dichiarazione d'insolvenza provvede con decreto motivato. Contro il decreto è ammesso reclamo a norma dell'articolo 22.

Il tribunale provvede su istanza del commissario giudiziale alla dichiarazione d'insolvenza a norma di questo articolo quando nel corso della procedura di concordato preventivo di un'impresa soggetta a liquidazione coatta amministrativa, con esclusione del fallimento, si verifica la cessazione della procedura e sussiste lo stato di insolvenza. Si applica in ogni caso il procedimento di cui al terzo comma.

Le disposizioni di questo articolo non si applicano agli enti pubblici.

(1) *Questo articolo è stato così sostituito dall'art. 148 del D.L.vo 9 gennaio 2006, n. 5, a decorrere dal 16 luglio 2006.*

(2) *Le parole: «o, se ne ritiene sussistenti i presupposti, l'avvio della risoluzione ai sensi del decreto di recepimento della direttiva 2014/59/UE» sono state inserite dall'art. 100, comma 1, del D.L.vo 16 novembre 2015, n. 180.*

(3) *La parola: «appello» è stata così sostituita dalla attuale: «reclamo» dall'art. 18, comma 1, del D.L.vo 12 settembre 2007, n. 169, a decorrere dal 1° gennaio 2008.*

196. Concorso fra fallimento e liquidazione coatta amministrativa. – Per le imprese soggette a liquidazione coatta amministrativa, per le quali la legge non esclude la procedura fallimentare, la dichiarazione di fallimento preclude la liquidazione coatta amministrativa, e il provvedimento di liquidazione coatta amministrativa preclude la dichiarazione di fallimento.

197. Provvedimento di liquidazione. – Il provvedimento che ordina la liquidazione, entro dieci giorni dalla sua data, è pubblicato integralmente, a cura dell'autorità che lo ha emanato nella *Gazzetta Ufficiale* della Repubblica ed è comunicato per l'iscrizione all'ufficio del registro delle imprese, salve le altre forme di pubblicità disposte nel provvedimento.

198. Organi della liquidazione amministrativa. – Con il provvedimento che ordina la liquidazione o con altro successivo viene nominato un commissario liquidatore. È altresì nominato un comitato di sorveglianza di tre o cinque membri scelti fra persone particolarmente esperte nel ramo di attività esercitato dall'impresa, possibilmente fra i creditori.

Qualora l'importanza dell'impresa lo consigli, possono essere nominati tre commissari liquidatori. In tal caso essi deliberano a maggioranza, e la rappresentanza è esercitata congiuntamente da due di essi. Nella liquidazione delle cooperative la nomina del comitato di sorveglianza è facoltativa.

199. Responsabilità del commissario liquidatore. – Il commissario liquidatore è, per quanto attiene all'esercizio delle sue funzioni, pubblico ufficiale.

Durante la liquidazione l'azione di responsabilità contro il commissario liquidatore revocato è proposta dal nuovo liquidatore con l'autorizzazione dell'autorità che vigila sulla liquidazione.

Si applicano al commissario liquidatore le disposizioni degli artt. 32, 37 e 38, primo comma, intendendosi sostituiti nei poteri del tribunale e del giudice delegato quelli dell'autorità che vigila sulla liquidazione.

200. Effetti del provvedimento di liquidazione per l'impresa. – Dalla data del provvedimento che ordina la liquidazione si applicano gli artt. 42, 44, 45, 46 e 47 e se l'impresa è una società o una persona giuridica cessano le funzioni delle assemblee e degli organi di amministrazione e di controllo, salvo per il caso previsto dall'art. 214.

Nelle controversie anche in corso, relative a rapporti di diritto patrimoniale dell'impresa, sta in giudizio il commissario liquidatore.

201. Effetti della liquidazione per i creditori e sui rapporti giuridici preesistenti. – Dalla data del provvedimento che ordina la liquidazione si applicano le disposizioni del titolo II, capo III, sezione II e sezione IV e le disposizioni dell'art. 66.

Si intendono sostituiti nei poteri del tribunale e del giudice delegato l'autorità amministrativa che vigila sulla liquidazione, nei poteri del curatore il commissario liquidatore e in quelli del comitato dei creditori il comitato di sorveglianza.

202. Accertamento giudiziario dello stato d'insolvenza. – Se l'impresa, al tempo in cui è stata ordinata la liquidazione, si trovava in stato d'insolvenza e questa non è stata preventivamente dichiarata a norma dell'art. 195, il tribunale del luogo dove l'impresa ha la sede principale, su ricorso del commissario liquidatore o su istanza del pubblico ministero, accerta tale stato con sentenza in camera di consiglio, anche se la liquidazione è stata disposta per insufficienza di attivo.

Si applicano le norme dell'art. 195, commi secondo, terzo, quarto, quinto e sesto.

203. Effetti dell'accertamento giudiziario dello stato d'insolvenza. – Accertato giudizialmente lo stato d'insolvenza a norma degli artt. 195 o 202, sono applicabili con effetto dalla data del provvedimento che ordina la liquidazione le disposizioni del titolo II, capo III, sezione III, anche nei riguardi dei soci a responsabilità illimitata. [Si applicano inoltre nei confronti di questi ultimi, degli amministratori, dei direttori generali, dei liquidatori e dei componenti degli organi di vigilanza le disposizioni degli artt. 216 a 219 e 223 a 225] ([1]).

L'esercizio delle azioni di revoca degli atti compiuti in frode dei creditori compete al commissario liquidatore.

Il commissario liquidatore presenta al procuratore della Repubblica una relazione in conformità di quanto è disposto dall'art. 33, primo comma.

([1]) *Questo periodo è stato abrogato dall'art. 99 del D.L.vo 8 luglio 1999, n. 270.*

204. Commissario liquidatore. – Il commissario liquidatore procede a tutte le operazioni della liquidazione secondo le direttive dell'autorità che vigila sulla liquidazione, e sotto il controllo del comitato di sorveglianza.

Egli prende in consegna i beni compresi nella liquidazione, le scritture contabili e gli altri documenti dell'impresa, richiedendo, ove occorra, l'assistenza di un notaio.

Il commissario liquidatore forma quindi l'inventario, nominando, se necessario, uno o più stimatori per la valutazione dei beni.

205. Relazione del commissario. – L'imprenditore o, se l'impresa è una società o una persona giuridica, gli amministratori devono rendere al commissario liquidatore il conto della gestione relativo al tempo posteriore all'ultimo bilancio.

Il commissario è dispensato dal formare il bilancio annuale, ma deve presentare alla fine di ogni semestre all'autorità che vigila sulla liquidazione una relazione sulla situazione patrimoniale dell'impresa e sull'andamento della gestione accompagnata da un rapporto del comitato di sorveglianza. Nello stesso termine, copia della relazione è trasmessa al comitato di sorveglianza, unitamente agli estratti conto dei depositi postali o bancari relativi al periodo (1). Il comitato di sorveglianza o ciascuno dei suoi componenti possono formulare osservazioni scritte (1). Altra copia della relazione è trasmessa, assieme alle eventuali osservazioni, per via telematica all'ufficio del registro delle imprese ed è trasmessa a mezzo di posta elettronica certificata ai creditori e ai titolari di diritti sui beni (1).

(1) *Questo periodo è stato aggiunto dall'art. 17, comma 1, lett.* u), *del D.L. 18 ottobre 2012, n. 179, convertito, con modificazioni, nella L. 17 dicembre 2012, n. 221. A norma dell'art. 17, commi 4 e 5 del medesimo decreto tali disposizioni si applicano dalla data di entrata in vigore della legge di conversione del predetto decreto, anche alle procedure di fallimento, di concordato preventivo, di liquidazione coatta amministrativa e di amministrazione straordinaria pendenti, rispetto alle quali, alla stessa data, non è stata effettuata la comunicazione rispettivamente prevista dagli articoli 92, 171, 207 del regio decreto 16 marzo 1942, n. 267 e dall'articolo 22 decreto legislativo 8 luglio 1999, n. 270. Per le procedure in cui, alla data di entrata in vigore della legge di conversione del predetto decreto, sia stata effettuata la comunicazione di cui al comma 4, le disposizioni di cui ai commi 1 e 2 del presente articolo si applicano a decorrere dal 31 ottobre 2013. Il curatore, il commissario giudiziale, il commissario liquidatore e il commissario straordinario entro il 30 giugno 2013 comunicano ai creditori e ai terzi titolari di diritti sui beni il loro indirizzo di posta elettronica certificata e li invitano a comunicare, entro tre mesi, l'indirizzo di posta elettronica certificata al quale ricevere tutte le comunicazioni relative alla procedura, avvertendoli di rendere nota ogni successiva variazione e che in caso di omessa indicazione le comunicazioni sono eseguite esclusivamente mediante deposito in cancelleria.*

206. (1) **Poteri del commissario.** – L'azione di responsabilità contro gli amministratori e i componenti degli organi di controllo dell'impresa in liquidazione, a norma degli artt. 2393 e 2394 del codice civile, è esercitata dal commissario liquidatore, previa autorizzazione dell'autorità che vigila sulla liquidazione.

Per il compimento degli atti previsti dall'art. 35, in quanto siano di valore indeterminato o di valore superiore a € 1.032,91 (2), e per la continuazione dell'esercizio dell'impresa il commissario deve essere autorizzato dall'autorità predetta, la quale provvede sentito il comitato di sorveglianza.

(1) *A norma dell'art. 1, comma 412, della L. 27 dicembre 2013, n. 147, al fine di accelerare la definitiva chiusura della gestione liquidatoria, in deroga alle procedure autorizzative previste dagli articoli 35 e 206 di questo provvedimento, il Commissario liquidatore è autorizzato a stipulare transazioni per debiti iscritti nello stato passivo e per aliquote non inferiori del 5 per cento rispetto all'aliquota di riparto determinata al momento della transazione.*

(2) *Questo limite è stato così elevato dall'art. 4 della L. 17 luglio 1975, n. 400.*

207. Comunicazione ai creditori ed ai terzi. – Entro un mese dalla nomina il commissario comunica a ciascun creditore, a mezzo posta elettronica certificata, se il relativo indirizzo del destinatario risulta dal registro delle imprese ovvero dall'Indice nazionale degli indirizzi di posta elettronica certificata delle imprese e dei professionisti e, in ogni altro caso, a mezzo lettera raccomandata o telefax presso la sede dell'impresa o la residenza del creditore, il suo indirizzo di posta elettronica certificata e le somme risultanti a credito di ciascuno secondo le scritture contabili e i documenti dell'impresa. Contestualmente il commissario invita i creditori ad indicare, entro il termine di cui al terzo comma, il loro indirizzo di posta elettronica certificata, con l'avvertimento sulle conseguenze di cui al quarto comma e relativo all'onere del creditore di comunicarne ogni variazione. La comunicazione s'intende fatta con riserva delle eventuali contestazioni (1) (2).

Analoga comunicazione è fatta a coloro che possono far valere domande di rivendicazione, restituzione e separazione su cose mobili possedute dall'impresa.

Entro quindici giorni dal ricevimento della comunicazione i creditori e le altre persone indicate dal comma precedente possono far pervenire al commissario mediante posta elettronica certificata le loro osservazioni o istanze (2) (3).

Tutte le successive comunicazioni sono effettuate dal commissario all'indirizzo di posta elettronica certificata indicato ai sensi del primo comma. In caso di mancata indicazione dell'indirizzo di posta elettronica certificata o di mancata comunicazione della variazione, ovvero nei casi di mancata consegna per cause imputabili al destinatario, esse si eseguono mediante deposito in cancelleria. Si applica l'articolo 31 *bis*, terzo comma, sostituendo al curatore il commissario liquidatore (2) (4).

(1) *Questo comma è stato così sostituito dall'art. 17, comma 1, lett. v), n. 1), del D.L. 18 ottobre 2012, n. 179, convertito, con modificazioni, nella L. 17 dicembre 2012, n. 221.*

(2) *A norma dell'art. 17, commi 4 e 5 del D.L. 18 ottobre 2012, n. 179, convertito, con modificazioni, nella L. 17 dicembre 2012, n. 221, le disposizioni modificate dall'art. 17, comma 1, si applicano dalla data di entrata in vigore della legge di conversione del predetto decreto, anche alle procedure di fallimento, di concordato preventivo, di liquidazione coatta amministrativa e di amministrazione straordinaria pendenti, rispetto alle quali, alla stessa data, non è stata effettuata la comunicazione rispettivamente prevista dagli articoli 92, 171, 207 del regio decreto 16 marzo 1942, n. 267 e dall'articolo 22 decreto legislativo 8 luglio 1999, n. 270. Per le procedure in cui, alla data di entrata in vigore della legge di conversione del predetto decreto, sia stata effettuata la comunicazione di cui al comma 4, le disposizioni di cui ai commi 1 e 2 del presente articolo si applicano a decorrere dal 31 ottobre 2013. Il curatore, il commissario giudiziale, il commissario liquidatore e il commissario straordinario entro il 30 giugno 2013 comunicano ai creditori e ai terzi titolari di diritti sui beni il loro indirizzo di posta elettronica certificata e li invitano a comunicare, entro tre mesi, l'indirizzo di posta elettronica certificata al quale ricevere tutte le comunicazioni relative alla procedura, avvertendoli di rendere nota ogni successiva variazione e che in caso di omessa indicazione le comunicazioni sono eseguite esclusivamente mediante deposito in cancelleria.*

(3) *Questo comma è stato così sostituito dall'art. 17, comma 1, lett. v), n. 2), del D.L. 18 ottobre 2012, n. 179, convertito, con modificazioni, nella L. 17 dicembre 2012, n. 221.*

(4) *Questo comma è stato aggiunto dall'art. 17, comma 1, lett. v), n. 3), del D.L. 18 ottobre 2012, n. 179, convertito, con modificazioni, nella L. 17 dicembre 2012, n. 221.*

208. Domande dei creditori e dei terzi. – I creditori e le altre persone indicate nell'articolo precedente che non hanno ricevuto la comunicazione prevista dal predetto articolo possono chiedere mediante raccomandata, entro sessanta giorni dalla pubblicazione nella *Gazzetta Ufficiale* del provvedimento di liquidazione, il riconoscimento dei propri crediti e la restituzione dei loro beni, comunicando l'indirizzo di posta elettronica certificata. Si applica l'articolo 207, quarto comma (1).

(1) *Le parole: «, comunicando l'indirizzo di posta elettronica certificata. Si applica l'articolo 207, quarto comma» sono state aggiunte dall'art. 17, comma 1, lett. z), del D.L. 18 ottobre 2012, n. 179, convertito, con modificazioni, nella L. 17 dicembre 2012, n. 221. A norma dell'art. 17, commi 4 e 5 del medesimo decreto, tali disposizioni si applicano dalla data di entrata in vigore della legge di conversione del predetto decreto, anche alle procedure di fallimento, di concordato preventivo, di liquidazione coatta amministrativa e di amministrazione straordinaria pendenti, rispetto alle quali, alla stessa data, non è stata effettuata la comunicazione rispettivamente prevista dagli articoli 92, 171, 207 del regio decreto 16 marzo 1942, n. 267 e dall'articolo 22 decreto legislativo 8 luglio 1999, n. 270. Per le procedure in cui, alla data di entrata in vigore della legge di conversione*

del predetto decreto, sia stata effettuata la comunicazione di cui al comma 4, le disposizioni di cui ai commi 1 e 2 del presente articolo si applicano a decorrere dal 31 ottobre 2013. Il curatore, il commissario giudiziale, il commissario liquidatore e il commissario straordinario entro il 30 giugno 2013 comunicano ai creditori e ai terzi titolari di diritti sui beni il loro indirizzo di posta elettronica certificata e li invitano a comunicare, entro tre mesi, l'indirizzo di posta elettronica certificata al quale ricevere tutte le comunicazioni relative alla procedura, avvertendoli di rendere nota ogni successiva variazione e che in caso di omessa indicazione le comunicazioni sono eseguite esclusivamente mediante deposito in cancelleria.

209. Formazione dello stato passivo. – Salvo che le leggi speciali stabiliscano un maggior termine, entro novanta giorni dalla data del provvedimento di liquidazione, il commissario forma l'elenco dei crediti ammessi o respinti e delle domande indicate nel secondo comma dell'articolo 207 accolte o respinte, e lo deposita nella cancelleria del luogo dove l'impresa ha la sede principale. Il commissario trasmette l'elenco dei crediti ammessi o respinti a coloro la cui pretesa non sia in tutto o in parte ammessa a mezzo posta elettronica certificata ai sensi dell'articolo 207, quarto comma. Col deposito in cancelleria l'elenco diventa esecutivo (1).

Le impugnazioni, le domande tardive di crediti e le domande di rivendica e di restituzione sono disciplinate dagli articoli 98, 99, 101 e 103, sostituiti al giudice delegato il giudice istruttore ed al curatore il commissario liquidatore (2).

Restano salve le disposizioni delle leggi speciali relative all'accertamento dei crediti chirografari nella liquidazione delle imprese che esercitano il credito.

(1) *Questo comma è stato così sostituito dall'art. 17, comma 1, lett.* aa), *del D.L. 18 ottobre 2012, n. 179, convertito, con modificazioni, nella L. 17 dicembre 2012, n. 221. A norma dell'art. 17, commi 4 e 5 del medesimo decreto, tali disposizioni si applicano dalla data di entrata in vigore della legge di conversione del predetto decreto, anche alle procedure di fallimento, di concordato preventivo, di liquidazione coatta amministrativa e di amministrazione straordinaria pendenti, rispetto alle quali, alla stessa data, non è stata effettuata la comunicazione rispettivamente prevista dagli articoli 92, 171, 207 del regio decreto 16 marzo 1942, n. 267 e dall'articolo 22 decreto legislativo 8 luglio 1999, n. 270. Per le procedure in cui, alla data di entrata in vigore della legge di conversione del predetto decreto, sia stata effettuata la comunicazione di cui al comma 4, le disposizioni di cui ai commi 1 e 2 del presente articolo si applicano a decorrere dal 31 ottobre 2013. Il curatore, il commissario giudiziale, il commissario liquidatore e il commissario straordinario entro il 30 giugno 2013 comunicano ai creditori e ai terzi titolari di diritti sui beni il loro indirizzo di posta elettronica certificata e li invitano a comunicare, entro tre mesi, l'indirizzo di posta elettronica certificata al quale ricevere tutte le comunicazioni relative alla procedura, avvertendoli di rendere nota ogni successiva variazione e che in*

caso di omessa indicazione le comunicazioni sono eseguite esclusivamente mediante deposito in cancelleria.

(2) *Gli originari commi secondo e terzo sono stati così sostituiti dall'attuale comma secondo dall'art. 18, comma 2, del D.L.vo 12 settembre 2007, n. 169, a decorrere dal 1° gennaio 2008.*

210. Liquidazione dell'attivo. – Il commissario ha tutti i poteri necessari per la liquidazione dell'attivo, salve le limitazioni stabilite dall'autorità che vigila sulla liquidazione.

In ogni caso per la vendita degli immobili e per la vendita dei mobili in blocco occorrono l'autorizzazione dell'autorità che vigila sulla liquidazione e il parere del comitato di sorveglianza.

Nel caso di società con soci a responsabilità limitata il presidente del tribunale può, su proposta del commissario liquidatore, ingiungere con decreto ai soci a responsabilità limitata e ai precedenti titolari delle quote o delle azioni di eseguire i versamenti ancora dovuti, quantunque non sia scaduto il termine stabilito per il pagamento.

211. (1) [**Società con responsabilità sussidiaria limitata o illimitata dei soci.** – Nella liquidazione di una società con responsabilità sussidiaria limitata o illimitata dei soci, il commissario liquidatore, dopo il deposito nella cancelleria del tribunale dell'elenco previsto dall'art. 209, comma primo, previa autorizzazione dell'autorità che vigila sulla liquidazione, può chiedere ai soci il versamento delle somme che egli ritiene necessarie per l'estinzione delle passività. Si osservano per il rimanente le disposizioni dell'art. 151, sostituiti ai poteri del giudice delegato quelli del presidente del tribunale e al curatore il commissario liquidatore ed escluso il reclamo a norma dell'art. 26].

(1) *Questo articolo è stato abrogato dall'art. 18, comma 3, del D.L.vo 12 settembre 2007, n. 169, a decorrere dal 1° gennaio 2008.*

212. Ripartizione dell'attivo. – Le somme ricavate dalla liquidazione dell'attivo sono distribuite secondo l'ordine stabilito nell'art. 111.

Previo il parere del comitato di sorveglianza, e con l'autorizzazione dell'autorità che vigila sulla liquidazione, il commissario può distribuire acconti parziali, sia a tutti i creditori sia ad alcune categorie di essi, anche prima che siano realizzate tutte le attività e accertate tutte le passività.

Le domande tardive per l'ammissione di crediti o per il riconoscimento di diritti reali non pregiudicano le ripartizioni già avvenute, e possono essere fatte valere sulle somme non ancora distribuite, osservate le disposizioni dell'art. 112.

Alle ripartizioni parziali si applicano le disposizioni dell'art. 113.

213. [1] **Chiusura della liquidazione. –** Prima dell'ultimo riparto ai creditori, il bilancio finale della liquidazione con il conto della gestione e il piano di riparto tra i creditori, accompagnati da una relazione del comitato di sorveglianza, devono essere sottoposti all'autorità, che vigila sulla liquidazione, la quale ne autorizza il deposito presso la cancelleria del tribunale e liquida il compenso al commissario.

Dell'avvenuto deposito, a cura del commissario liquidatore, è data comunicazione ai creditori ammessi al passivo ed ai creditori prededucibili con le modalità di cui all'articolo 207, quarto comma [2], ed è data notizia mediante inserzione nella *Gazzetta Ufficiale* e nei giornali designati dall'autorità che vigila sulla liquidazione.

Gli interessati possono proporre le loro contestazioni con ricorso al tribunale nel termine perentorio di venti giorni, decorrente dalla comunicazione fatta dal commissario a norma del primo comma per i creditori e dalla inserzione nella *Gazzetta Ufficiale* per ogni altro interessato. Le contestazioni sono comunicate, a cura del cancelliere, all'autorità che vigila sulla liquidazione, al commissario liquidatore e al comitato di sorveglianza, che nel termine di venti giorni possono presentare nella cancelleria del tribunale le loro osservazioni. Il tribunale provvede con decreto in camera di consiglio. Si applicano, in quanto compatibili, le disposizioni dell'articolo 26.

Decorso il termine senza che siano proposte contestazioni, il bilancio, il conto di gestione e il piano di riparto si intendono approvati, e il commissario provvede alle ripartizioni finali tra i creditori. Si applicano le norme dell'articolo 117, e se del caso degli articoli 2495 e 2496 del codice civile.

[1] *Questo articolo è stato così sostituito dall'art. 18, comma 4, del D.L.vo 12 settembre 2007, n. 169, a decorrere dal 1° gennaio 2008.*

[2] *Le parole: «nelle forme previste dall'articolo 26, terzo comma» sono state così sostituite dalle attuali: «con le modalità di cui all'articolo 207, quarto comma» dall'art. 17, comma 1, lett.* bb)*, del D.L. 18 ottobre 2012, n. 179, convertito, con modificazioni, nella L. 17 dicembre 2012, n. 221. A norma dell'art. 17, commi 4 e 5 del medesimo decreto, tali disposizioni si applicano dalla data di entrata in vigore della legge di conversione del predetto decreto, anche alle procedure di fallimento, di concordato preventivo, di liquidazione coatta amministrativa e di amministrazione straordinaria pendenti, rispetto alle quali, alla stessa data, non è stata effettuata la comunicazione rispettivamente prevista dagli articoli 92, 171, 207 del regio decreto 16 marzo 1942, n. 267 e dall'articolo 22 decreto legislativo 8 luglio 1999, n. 270. Per le procedure in cui, alla data di entrata in vigore della legge di conversione del predetto decreto, sia stata effettuata la comunicazione di cui al comma 4, le disposizioni di cui ai commi 1 e 2 del presente articolo si applicano a decorrere dal 31 ottobre 2013. Il curatore, il commissario giudiziale, il commissario liquidatore e il commissario straordinario entro il 30 giugno 2013 comunicano ai creditori e ai terzi titolari di diritti sui beni il loro indirizzo di posta elettronica certificata e li invitano*

a comunicare, entro tre mesi, l'indirizzo di posta elettronica certificata al quale ricevere tutte le comunicazioni relative alla procedura, avvertendoli di rendere nota ogni successiva variazione e che in caso di omessa indicazione le comunicazioni sono eseguite esclusivamente mediante deposito in cancelleria.

214. ([1]) ([2]) **Concordato.** – L'autorità che vigila sulla liquidazione, su parere del commissario liquidatore, sentito il comitato di sorveglianza, può autorizzare l'impresa in liquidazione, uno o più creditori o un terzo a proporre al tribunale un concordato, a norma dell'articolo 124, osservate le disposizioni dell'articolo 152, se si tratta di società.

La proposta di concordato è depositata nella cancelleria del tribunale col parere del commissario liquidatore e del comitato di sorveglianza, comunicata dal commissario a tutti i creditori ammessi al passivo con le modalità di cui all'articolo 207, quarto comma ([3]), e pubblicata mediante inserzione nella *Gazzetta Ufficiale* e deposito presso l'ufficio del registro delle imprese.

I creditori e gli altri interessati possono presentare nella cancelleria le loro opposizioni nel termine perentorio di trenta giorni, decorrente dalla comunicazione fatta dal commissario per i creditori e dall'esecuzione delle formalità pubblicitarie di cui al secondo comma per ogni altro interessato.

Il tribunale, sentito il parere dell'autorità che vigila sulla liquidazione, decide sulle opposizioni e sulla proposta di concordato con decreto in camera di consiglio. Si applicano, in quanto compatibili, le disposizioni degli articoli 129, 130 e 131.

Gli effetti del concordato sono regolati dall'articolo 135.

Il commissario liquidatore con l'assistenza del comitato di sorveglianza sorveglia l'esecuzione del concordato.

([1]) *Questo articolo è stato così sostituito dall'art. 18, comma 5, del D.L.vo 12 settembre 2007, n. 169, a decorrere dal 1° gennaio 2008.*

([2]) *A norma dell'art. 22, comma 3, del D.L.vo 12 settembre 2007, n. 169, tale disposizione si applica anche alle procedure concorsuali pendenti al 1° gennaio 2008.*

([3]) *Le parole: «nelle forme previste dall'articolo 26, terzo comma» sono state così sostituite dalle attuali: «con le modalità di cui all'articolo 207, quarto comma» dall'art. 17, comma 1, lett. cc), del D.L. 18 ottobre 2012, n. 179, convertito, con modificazioni, nella L. 17 dicembre 2012, n. 221. A norma dell'art. 17, commi 4 e 5 del medesimo decreto, tali disposizioni si applicano dalla data di entrata in vigore della legge di conversione del predetto decreto, anche alle procedure di fallimento, di concordato preventivo, di liquidazione coatta amministrativa e di amministrazione straordinaria pendenti, rispetto alle quali, alla stessa data, non è stata effettuata la comunicazione rispettivamente prevista dagli articoli 92, 171, 207 del regio decreto 16 marzo 1942, n. 267 e dall'articolo 22 decreto legislativo 8 luglio 1999, n. 270. Per le procedure in cui, alla data di entrata in vigore della legge di conversione del predetto decreto, sia stata effettuata la comunicazione di cui al comma 4, le disposizioni di cui ai commi 1 e 2 del presente articolo si applicano a decorrere dal 31 ottobre 2013. Il curatore, il commissario giudiziale, il commissario liquidatore e il commissario straordinario entro il 30 giugno 2013 comunicano ai creditori e ai terzi titolari di diritti sui beni il loro indirizzo di posta elettronica certificata e li invitano a comunicare, entro tre mesi, l'indirizzo di posta elettronica certificata al quale ricevere tutte le comunicazioni relative alla procedura, avvertendoli di rendere nota ogni successiva variazione e che in caso di omessa indicazione le comunicazioni sono eseguite esclusivamente mediante deposito in cancelleria.*

215. (¹) **Risoluzione e annullamento del concordato.** – Se il concordato non è eseguito, il tribunale, su ricorso del commissario liquidatore o di uno o più creditori, pronuncia, con sentenza in camera di consiglio, la risoluzione del concordato. Si applicano le disposizioni dei commi dal secondo al sesto dell'articolo 137.

Su richiesta del commissario o dei creditori il concordato può essere annullato a norma dell'articolo 138.

Risolto o annullato il concordato, si riapre la liquidazione amministrativa e l'autorità che vigila sulla liquidazione adotta i provvedimenti che ritiene necessari.

(¹) *Questo articolo è stato così sostituito dall'art. 18, comma 6, del D.L.vo 12 settembre 2007, n. 169, a decorrere dal 1° gennaio 2008.*

Titolo VI
Disposizioni penali

Capo I
Reati commessi dal fallito

216. Bancarotta fraudolenta. – È punito con la reclusione da tre a dieci anni, se è dichiarato fallito, l'imprenditore che:

1) ha distratto, occultato, dissimulato, distrutto o dissipato in tutto o in parte i suoi beni ovvero, allo scopo di recare pregiudizio ai creditori, ha esposto o riconosciuto passività inesistenti;

2) ha sottratto, distrutto o falsificato, in tutto o in parte, con lo scopo di procurare a sé o ad altri un ingiusto profitto o di recare pregiudizio ai creditori, i libri o le altre scritture contabili o li ha tenuti in guisa da non rendere possibile la ricostruzione del patrimonio o del movimento degli affari.

La stessa pena si applica all'imprenditore dichiarato fallito, che, durante la procedura fallimentare, commette alcuno dei fatti preveduti dal n. 1) del comma precedente ovvero sottrae, distrugge o falsifica i libri o le altre scritture contabili.

È punito con la reclusione da uno a cinque anni il fallito, che, prima o durante la procedura fallimentare, a scopo di favorire, a danno dei creditori, taluno di essi, esegue pagamenti o simula titoli di prelazione.

Salve le altre pene accessorie, di cui al capo III, titolo II, libro I del codice penale, la condanna per uno dei fatti previsti nel presente articolo importa per la durata di dieci anni l'inabilitazione all'esercizio di un'impresa commerciale e l'incapacità per la stessa durata ad esercitare uffici direttivi presso qualsiasi impresa (1).

(1) *La Corte Costituzionale, con sentenza n. 222 del 5 dicembre 2018, ha dichiarato l'illegittimità costituzionale di questo comma, nella parte in cui dispone: «la condanna per uno dei fatti previsti dal presente articolo importa per la durata di dieci anni l'inabilitazione all'esercizio di una impresa commerciale e l'incapacità per la stessa durata ad esercitare uffici direttivi presso qualsiasi impresa», anziché: «la condanna per uno dei fatti previsti dal presente articolo importa l'inabilitazione all'esercizio di una impresa commerciale e l'incapacità ad esercitare uffici direttivi presso qualsiasi impresa fino a dieci anni».*

217. Bancarotta semplice. – È punito con la reclusione da sei mesi a due anni, se è dichiarato fallito, l'imprenditore che, fuori dei casi preveduti nell'articolo precedente:

1) ha fatto spese personali o per la famiglia eccessive rispetto alla sua condizione economica;

2) ha consumato una notevole parte del suo patrimonio in operazioni di pura sorte o manifestamente imprudenti;

3) ha compiuto operazioni di grave imprudenza per ritardare il fallimento;

4) ha aggravato il proprio dissesto, astenendosi dal richiedere la dichiarazione del proprio fallimento o con altra grave colpa;

5) non ha soddisfatto le obbligazioni assunte in un precedente concordato preventivo o fallimentare.

La stessa pena si applica al fallito che, durante i tre anni antecedenti alla dichiarazione di fallimento ovvero dall'inizio dell'impresa, se questa ha avuto una minore durata, non ha tenuto i libri e le altre scritture contabili prescritti dalla legge o li ha tenuti in maniera irregolare o incompleta.

Salve le altre pene accessorie di cui al capo III, titolo II, libro I del codice penale, la condanna importa l'inabilitazione all'esercizio di un'impresa commerciale e l'incapacità ad esercitare uffici direttivi presso qualsiasi impresa fino a due anni.

217 *bis*. (1) **Esenzioni dei reati di bancarotta.** – 1. Le disposizioni di cui all'articolo 216, terzo comma, e 217 non si applicano ai pagamenti e alle operazioni compiuti in esecuzione di un concordato preventivo di cui all'articolo 160 o di un accordo di ristrutturazione dei debiti omologato ai sensi dell'articolo 182 *bis* o del piano di cui all'articolo 67, terzo comma, lettera *d*), ovvero di un accordo di composizione della crisi omologato ai sensi dell'articolo 12 della legge 27 gennaio 2012, n. 3 (2), nonché ai pagamenti e alle operazioni di finanziamento autorizzati dal giudice a norma dell'articolo 182 *quinquies* (3) e alle operazioni di finanziamento effettuate ai sensi dell'articolo 22 *quater*, comma 1, del decreto legge 24 giugno 2014, n. 91, convertito, con modificazioni, dalla legge 11 agosto 2014, n. 116, nonché ai pagamenti ed alle operazioni compiuti, per le finalità di cui alla medesima disposizione, con impiego delle somme provenienti da tali finanziamenti (4).

(1) *Questo articolo è stato inserito dall'art. 48, comma 2* bis, *del D.L. 31 maggio 2010, n. 78, convertito, con modificazioni, nella L. 30 luglio 2010, n. 122.*

(2) *Le parole: «ovvero del piano di cui all'articolo 67, terzo comma, lettera* d)*» sono state così sostituite dalle attuali: «o del piano di cui all'articolo 67, terzo comma, lettera* d), *ovvero di un accordo di composizione della crisi omologato ai sensi dell'articolo 12 della legge 27 gennaio 2012, n. 3» dall'art. 18, comma 2* bis, *del D.L. 18 ottobre 2012, n. 179, convertito, con modificazioni, nella L. 17 dicembre 2012, n. 221.*

(3) *Le parole: «, nonché ai pagamenti e alle operazioni di finanziamento autorizzati dal giudice a norma dell'articolo 182* quinquies*» sono state aggiunte dall'art. 33, comma 1, lett.* l bis), *del D.L. 22 giugno 2012, n. 83, convertito, con modificazioni, nella L. 7 agosto 2012, n. 134. A norma dell'art. 33, comma 3, del medesimo decreto tali disposizioni*

si applicano ai procedimenti di concordato preventivo e per l'omologazione di accordi di ristrutturazione dei debiti introdotti dal trentesimo giorno successivo a quello di entrata in vigore della legge di conversione del presente decreto, nonché ai piani di cui al comma 1, lettera a), *n. 1) elaborati successivamente al predetto termine.*

([4]) *Il periodo da: «e alle operazioni di finanziamento...» fino alla fine del comma è stato aggiunto dall'art. 2, comma 7, del D.L. 5 gennaio 2015, n. 1, convertito, con modificazioni, nella L. 4 marzo 2015, n. 20.*

218. ([1]) **Ricorso abusivo al credito.** – 1. Gli amministratori, i direttori generali, i liquidatori e gli imprenditori esercenti un'attività commerciale che ricorrono o continuano a ricorrere al credito, anche al di fuori dei casi di cui agli articoli precedenti, dissimulando il dissesto o lo stato d'insolvenza sono puniti con la reclusione da sei mesi a tre anni.

2. La pena è aumentata nel caso di società soggette alle disposizioni di cui al capo II, titolo III, parte IV, del testo unico delle disposizioni in materia di intermediazione finanziaria, di cui al decreto legislativo 24 febbraio 1998, n. 58, e successive modificazioni.

3. Salve le altre pene accessorie di cui al libro I, titolo II, capo III, del codice penale, la condanna importa l'inabilitazione all'esercizio di un'impresa commerciale e l'incapacità ad esercitare uffici direttivi presso qualsiasi impresa fino a tre anni.

([1]) *Questo articolo è stato così sostituito dall'art. 32, comma 1, della L. 28 dicembre 2005, n. 262.*

219. Circostanze aggravanti e circostanze attenuanti. – Nel caso in cui i fatti previsti negli artt. 216, 217 e 218 hanno cagionato un danno patrimoniale di rilevante gravità, le pene da essi stabilite sono aumentate fino alla metà.

Le pene stabilite negli articoli suddetti sono aumentate:

1) se il colpevole ha commesso più fatti tra quelli previsti in ciascuno degli articoli indicati;

2) se il colpevole per divieto di legge non poteva esercitare un'impresa commerciale.

Nel caso in cui i fatti indicati nel primo comma hanno cagionato un danno patrimoniale di speciale tenuità, le pene sono ridotte fino al terzo.

220. Denuncia di creditori inesistenti e altre inosservanze da parte del fallito. – È punito con la reclusione da sei a diciotto mesi il fallito, il quale, fuori dei casi preveduti all'art. 216, nell'elenco nominativo dei suoi creditori, denuncia creditori inesistenti od omette di dichiarare l'esistenza di altri beni da comprendere nell'inventario, ovvero non osserva gli obblighi imposti dagli artt. 16 n. 3) e 49.

Se il fatto è avvenuto per colpa, si applica la reclusione fino ad un anno.

221. Fallimento con procedimento sommario. – Se al fallimento si applica il procedimento sommario le pene previste in questo capo sono ridotte fino al terzo.

222. Fallimento della società in nome collettivo e in accomandita semplice. – Nel fallimento delle società in nome collettivo e in accomandita semplice le disposizioni del presente capo si applicano ai fatti commessi dai soci illimitatamente responsabili.

Capo II
Reati commessi da persone diverse dal fallito

223. ([1]) **Fatti di bancarotta fraudolenta.** – Si applicano le pene stabilite nell'art. 216 agli amministratori, ai direttori generali, ai sindaci e ai liquidatori di società dichiarate fallite, i quali hanno commesso alcuno dei fatti preveduti nel suddetto articolo.

Si applica alle persone suddette la pena prevista dal primo comma dell'art. 216, se:

1) hanno cagionato, o concorso a cagionare, il dissesto della società, commettendo alcuno dei fatti previsti dagli articoli 2621, 2622, 2626, 2627, 2628, 2629, 2632, 2633 e 2634 del codice civile ([2]);

2) hanno cagionato con dolo o per effetto di operazioni dolose il fallimento della società.

Si applica altresì in ogni caso la disposizione dell'ultimo comma dell'art. 216.

([1]) *Il reato punito da questo articolo appartiene alla competenza del tribunale in composizione collegiale* (*art.* 33 bis *c.p.p.*).

([2]) *Questo numero è stato così sostituito dall'art. 4 del D.L.vo 11 aprile 2002, n. 61.*

224. ([1]) **Fatti di bancarotta semplice.** – Si applicano le pene stabilite nell'art. 217 agli amministratori, ai direttori generali, ai sindaci e ai liquidatori di società dichiarate fallite, i quali:

1) hanno commesso alcuno dei fatti preveduti nel suddetto articolo;

2) hanno concorso a cagionare od aggravare il dissesto della società con inosservanza degli obblighi ad essi imposti dalla legge.

([1]) *Il reato punito da questo articolo appartiene alla competenza del tribunale in composizione monocratica* (*art.* 33 ter *c.p.p.*).

225. ([1]) **Ricorso abusivo al credito.** – Si applicano le pene stabilite nell'art. 218 agli amministratori ed ai direttori generali di società dichiarate fallite, i quali hanno commesso il fatto in esso previsto.

([1]) *Il reato punito da questo articolo appartiene alla competenza del tribunale in composizione monocratica* (*art.* 33 ter *c.p.p.*).

226. ([1]) **Denuncia di crediti inesistenti.** – Si applicano le pene stabilite nell'art. 220 agli amministratori, ai direttori generali e ai liquidatori di società dichiarate fallite, che hanno commesso i fatti in esso indicati.

([1]) *Il reato punito da questo articolo appartiene alla competenza del tribunale in composizione monocratica* (*art.* 33 ter *c.p.p.*).

227. ([1]) **Reati dell'institore.** – All'institore dell'imprenditore, dichiarato fallito, il quale nella gestione affidatagli si è reso colpevole dei fatti preveduti negli artt. 216, 217, 218 e 220 si applicano le pene in questi stabilite.

([1]) *Il reato punito da questo articolo appartiene alla competenza del tribunale in composizione monocratica* (*art.* 33 ter *c.p.p.*).

228. ([1]) **Interesse privato del curatore negli atti del fallimento.** – Salvo che al fatto non siano applicabili gli artt. 315, 317, 318, 319, 321, 322 e 323 del codice penale, il curatore che prende interesse privato in qualsiasi atto del fallimento direttamente o per interposta persona o con atti simulati è punito con la reclusione da due a sei anni e con la multa non inferiore a € 206 ([2]).

La condanna importa l'interdizione dai pubblici uffici.

([1]) *Il reato punito da questo articolo appartiene alla competenza del tribunale in composizione collegiale* (*art.* 33 bis *c.p.p.*).

([2]) *La multa originaria di L. 2.000 è stata così aumentata di quaranta volte ai sensi dell'art. 3 della L. 12 luglio 1961, n. 603 e poi quintuplicata ai sensi dell'art. 113 della L. 24 novembre 1981, n. 689.*

229. ([1]) **Accettazione di retribuzione non dovuta.** – Il curatore del fallimento che riceve o pattuisce una retribuzione in danaro o in altra forma, in aggiunta di quella liquidata in suo favore dal tribunale o dal giudice delegato, è punito con la reclusione da tre mesi a due anni e con la multa da € 103 a € 516 ([2]).

Nei casi più gravi alla condanna può aggiungersi l'inabilitazione temporanea all'ufficio di amministratore per la durata non inferiore a due anni.

([1]) *Il reato punito da questo articolo appartiene alla competenza del tribunale in composizione monocratica* (*art.* 33 ter *c.p.p.*).

([2]) *La multa originaria da L. 1.000 a L. 5.000 è stata aumentata di quaranta volte ai sensi dell'art. 3 della L. 12 luglio 1961, n. 603 e poi quintuplicata ai sensi dell'art. 113 della L. 24 novembre 1981, n. 689.*

230. ([1]) **Omessa consegna o deposito di cose del fallimento.** – Il curatore che non ottempera all'ordine del giudice di consegnare o depositare somme o altra cosa del fallimento, ch'egli detiene a causa del suo ufficio, è punito con la reclusione fino a due anni e con la multa fino a € 1.032 ([2]).

Se il fatto avviene per colpa, si applica la reclusione fino a sei mesi o la multa fino a € 309 ([2]).

([1]) *Il reato punito da questo articolo appartiene alla competenza del tribunale in composizione monocratica (art. 33* ter *c.p.p.).*

([2]) *Le multe originarie di L. 10.000 e di L. 3.000 sono state aumentate di quaranta volte ai sensi dell'art. 3 della L. 12 luglio 1961, n. 603 e poi quintuplicate ai sensi dell'art. 113 della L. 24 novembre 1981, n. 689.*

231. ([1]) **Coadiutori del curatore.** – Le disposizioni degli artt. 228, 229 e 230 si applicano anche alle persone che coadiuvano il curatore nell'amministrazione del fallimento.

([1]) *Il reato punito da questo articolo appartiene alla competenza del tribunale in composizione monocratica (art. 33* ter *c.p.p.).*

232. ([1]) **Domande di ammissione di crediti simulati o distrazioni senza concorso col fallito.** – È punito con la reclusione da uno a cinque anni e con la multa da € 51 a € 516 ([2]) chiunque, fuori dei casi di concorso in bancarotta, anche per interposta persona presenta domanda di ammissione al passivo del fallimento per un credito fraudolentemente simulato.

Se la domanda è ritirata prima della verificazione dello stato passivo, la pena è ridotta alla metà.

È punito con la reclusione da uno a cinque anni chiunque:

1) dopo la dichiarazione di fallimento, fuori dei casi di concorso in bancarotta o di favoreggiamento, sottrae, distrae, ricetta ovvero in pubbliche o private dichiarazioni dissimula beni del fallito;

2) essendo consapevole dello stato di dissesto dell'imprenditore distrae o ricetta merci o altri beni dello stesso o li acquista a prezzo notevolmente inferiore al valore corrente, se il fallimento si verifica.

La pena, nei casi previsti ai numeri 1) e 2) è aumentata se l'acquirente è un imprenditore che esercita un'attività commerciale.

([1]) *Il reato punito da questo articolo appartiene alla competenza del tribunale in composizione monocratica (art. 33* ter *c.p.p.).*

([2]) *La multa originaria da L. 500 a L. 5.000 è stata aumentata di quaranta volte ai sensi dell'art. 3 della L. 12 luglio 1961, n. 603 e poi quintuplicata ai sensi dell'art. 113 della L. 24 novembre 1981, n. 689.*

233. ([1]) **Mercato di voto.** – Il creditore che stipula col fallito o con altri nell'interesse del fallito vantaggi a proprio favore per dare il suo voto nel concordato o nelle deliberazioni del comitato dei creditori, è punito con la reclusione da sei mesi a tre anni e con la multa non inferiore a € 103 ([2]).

La somma o le cose ricevute dal creditore sono confiscate.

La stessa pena si applica al fallito e a chi ha contrattato col creditore nell'interesse del fallito.

([1]) *Il reato punito da questo articolo appartiene alla competenza del tribunale in composizione monocratica* (*art. 33* ter *c.p.p.*).

([2]) *La multa originaria di L. 1.000 è stata aumentata di quaranta volte ai sensi dell'art. 3 della L. 12 luglio 1961, n. 603 e poi quintuplicata ai sensi dell'art. 113 della L. 24 novembre 1981, n. 689.*

234. ([1]) **Esercizio abusivo di un'attività commerciale.** – Chiunque esercita un'impresa commerciale, sebbene si trovi in stato d'inabilitazione ad esercitarla per effetto di condanna penale, è punito con la reclusione fino a due anni e con la multa non inferiore a € 103 ([2]).

([1]) *Il reato punito da questo articolo appartiene alla competenza del tribunale in composizione collegiale* (*art. 33* bis *c.p.p.*).

([2]) *La multa originaria di L. 1.000 è stata aumentata di quaranta volte ai sensi dell'art. 3 della L. 12 luglio 1961, n. 603 e poi quintuplicata ai sensi dell'art. 113 della L. 24 novembre 1981, n. 689.*

235. ([1]) ([2]) ([3]) **Omessa trasmissione dell'elenco dei protesti cambiari.** – Il pubblico ufficiale abilitato a levare protesti cambiari che, senza giustificato motivo, omette d'inviare nel termine prescritto al presidente del tribunale gli elenchi dei protesti cambiari per mancato pagamento, o invia elenchi incompleti, è punito con l'ammenda fino a € 258.

La stessa pena si applica al procuratore del registro che nel termine prescritto non trasmette l'elenco delle dichiarazioni di rifiuto di pagamento a norma dell'art. 13, secondo comma, o trasmette un elenco incompleto.

([1]) *Questo articolo è stato così sostituito dall'art. 48 della L. 24 novembre 1981, n. 689.*

([2]) *Questo articolo è stato depenalizzato dall'art. 1, comma 1, lett.* c), *della L. 28 dicembre 1993, n. 561, recante trasformazione di reati minori in illeciti amministrativi. L'art. 2 della stessa legge prevede che la somma dovuta come sanzione amministrativa per le violazioni indicate da questo articolo sia da L. 500.000 (€ 258) a L. 3.000.000 (€ 1.549). Inoltre l'art. 4 della medesima legge, stabilisce che tali disposizioni si applicano anche alle violazioni commesse anteriormente alla data dell'entrata in vigore della legge citata quando il procedimento penale non sia stato definito con sentenza passata in giudicato o con decreto irrevocabile.*

([3]) *Il reato punito da questo articolo appartiene alla competenza del tribunale in composizione monocratica* (*art. 33* ter *c.p.p.*).

Capo III
Disposizioni applicabili nel caso di concordato preventivo, accordi di ristrutturazione dei debiti, piani attestati e liquidazione coatta amministrativa (1)

(1) *La precedente rubrica: «Disposizioni applicabili nel caso di concordato preventivo, di amministrazione controllata e di liquidazione coatta amministrativa» è stata così sostituita dall'attuale dall'art. 33, comma 1, lett.* i), *del D.L. 22 giugno 2012, n. 83, convertito, con modificazioni, nella L. 7 agosto 2012, n. 134.*

236. (1) **Concordato preventivo [e amministrazione controllata]**(2) **e, accordo di ristrutturazione con intermediari finanziari, e convenzione di moratoria** (3). – È punito con la reclusione da uno a cinque anni l'imprenditore, che, al solo scopo di essere ammesso alla procedura di concordato preventivo [o di amministrazione controllata] o di ottenere l'omologazione di un accordo di ristrutturazione con intermediari finanziari o il consenso degli intermediari finanziari alla sottoscrizione della convenzione di moratoria (4), siasi attribuito attività inesistenti, ovvero, per influire sulla formazione delle maggioranze, abbia simulato crediti in tutto o in parte inesistenti.

Nel caso di concordato preventivo [o di amministrazione controllata] (2), si applicano:

1) le disposizioni degli artt. 223 (5) e 224 agli amministratori, direttori generali, sindaci e liquidatori di società;

2) la disposizione dell'art. 227 agli institori dell'imprenditore;

3) le disposizioni degli artt. 228 (6) e 229 al commissario del concordato preventivo [o dell'amministrazione controllata] (2);

4) le disposizioni degli artt. 232 e 233 ai creditori.

Nel caso di accordo di ristrutturazione con intermediari finanziari o di convenzione di moratoria, si applicano le disposizioni previste dal secondo comma, numeri 1), 2) e 4) (7).

(1) *Il reato punito da questo articolo appartiene alla competenza del tribunale in composizione monocratica* (art. 33 ter *c.p.p.).*

(2) *A norma dell'art. 147, comma 2, del D.L.vo 9 gennaio 2006, n. 5, sono soppressi tutti i riferimenti all'amministrazione controllata contenuti in questo provvedimento.*

(3) *Le parole: «e, accordo di ristrutturazione con intermediari finanziari, e convenzione di moratoria» sono state aggiunte dall'art. 10, comma 1, lett.* a), *n. 1), del D.L. 27 giugno 2015, n. 83, convertito, con modificazioni, nella L. 6 agosto 2015, n. 132.*

(4) *Le parole: «o di ottenere l'omologazione di un accordo di ristrutturazione con intermediari finanziari o il consenso degli intermediari finanziari alla sottoscrizione della convenzione di moratoria» sono state aggiunte dall'art. 10, comma 1, lett.* a), *n. 2), del D.L. 27 giugno 2015, n. 83, convertito, con modificazioni, nella L. 6 agosto 2015, n. 132.*

(5) *In deroga a quanto indicato nella nota (1) del presente articolo, le condotte degli organi societari integranti la bancarotta fraudolenta rientrano nella competenza del tribunale in composizione collegiale.*

(6) *In deroga a quanto indicato alla nota (1) del presente articolo, l'interesse privato del commissario del concordato preventivo o dell'amministrazione controllata rientra nella competenza del tribunale in composizione collegiale.*

(7) *Questo comma è stato aggiunto dall'art. 10, comma 1, lett.* a), *n.* 3), *del D.L. 27 giugno 2015, n. 83, convertito, con modificazioni, nella L. 6 agosto 2015, n. 132.*

236 *bis*. (1) **Falso in attestazioni e relazioni.** – Il professionista che nelle relazioni o attestazioni di cui agli articoli 67, terzo comma, lettera *d*), 161, terzo comma, 182 *bis*, 182 *quinquies*, 182 *septies* (2) e 186 *bis* espone informazioni false ovvero omette di riferire informazioni rilevanti, è punito con la reclusione da due a cinque anni e con la multa da 50.000 a 100.000 euro.

Se il fatto è commesso al fine di conseguire un ingiusto profitto per sé o per altri, la pena è aumentata.

Se dal fatto consegue un danno per i creditori la pena è aumentata fino alla metà.

(1) *Questo articolo è stato inserito dall'art. 33, comma 1, lett.* l), *del D.L. 22 giugno 2012, n. 83, convertito, con modificazioni, nella L. 7 agosto 2012, n. 134. A norma dell'art. 33, comma 3, del medesimo decreto tali disposizioni si applicano ai procedimenti di concordato preventivo e per l'omologazione di accordi di ristrutturazione dei debiti introdotti dal trentesimo giorno successivo a quello di entrata in vigore della legge di conversione del presente decreto, nonché ai piani di cui al comma 1, lettera* a), *n.* 1) *elaborati successivamente al predetto termine.*

(2) *Le parole*: «, 182 septies» *sono state aggiunte dall'art. 10, comma 1, lett.* b), *del D.L. 27 giugno 2015, n. 83, convertito, con modificazioni, nella L. 6 agosto 2015, n. 132.*

237. (1) **Liquidazione coatta amministrativa.** – L'accertamento giudiziale dello stato di insolvenza a norma degli articoli 195 e 202 è equiparato alla dichiarazione di fallimento ai fini dell'applicazione delle disposizioni del presente titolo.

Nel caso di liquidazione coatta amministrativa, si applicano al commissario liquidatore ed alle persone che lo coadiuvano nell'amministrazione della procedura le disposizioni degli artt. 228, 229 e 230.

Nel caso di risoluzione, si applicano al commissario speciale di cui all'articolo 37 del decreto di recepimento della direttiva 2014/59/UE e alle persone che lo coadiuvano nell'amministrazione della procedura le disposizioni degli articoli 228, 229 e 230 (2).

(1) *Questo articolo è stato così sostituito dall'art. 99 del D.L.vo 8 luglio 1999, n. 270.*

(2) *Questo comma è stato aggiunto dall'art. 100, comma 2, del D.L.vo 16 novembre 2015, n. 180.*

Capo IV
Disposizioni di procedura

238. Esercizio dell'azione penale per reati in materia di fallimento. – Per i reati previsti negli artt. 216, 217, 223 e 224 l'azione penale è esercitata dopo la comunicazione della sentenza dichiarativa di fallimento di cui all'art. 17.

È iniziata anche prima nel caso previsto dall'art. 7 e in ogni altro in cui concorrano gravi motivi e già esista o sia contemporaneamente presentata domanda per ottenere la dichiarazione suddetta.

239. [**Mandato di cattura.** – (*Omissis*)] (1).

(1) *Questo articolo è stato abrogato dalla L. 18 novembre 1964, n. 1217.*

240. (1) **Costituzione di parte civile.** – 1. Il curatore, il commissario giudiziale, il commissario liquidatore e il commissario speciale di cui all'articolo 37 del decreto di recepimento della direttiva 2014/59/UE possono costituirsi parte civile nel procedimento penale per i reati preveduti nel presente titolo, anche contro il fallito.

2. I creditori possono costituirsi parte civile nel procedimento penale per bancarotta fraudolenta quando manca la costituzione del curatore, del commissario giudiziale, del commissario liquidatore o del commissario speciale di cui all'articolo 37 del decreto di recepimento della direttiva 2014/59/UE o quando intendono far valere un titolo di azione propria personale.

(1) *Questo articolo è stato così sostituito dall'art. 100, comma 3, del D.L.vo 16 novembre 2015, n. 180.*

241. Riabilitazione. – La riabilitazione civile del fallito estingue il reato di bancarotta semplice. Se vi è condanna, ne fa cessare l'esecuzione e gli effetti.

Titolo VII
Disposizioni transitorie

242. Disposizione generale. – Gli effetti della sentenza dichiarativa di fallimento pronunciata prima dell'entrata in vigore del presente decreto sono regolati dalle leggi anteriori.

Tuttavia le forme del procedimento stabilite dal presente decreto si applicano anche alle procedure di fallimento in corso, salvo quanto disposto dagli articoli seguenti.

Conservano in ogni caso la loro efficacia gli atti anteriormente compiuti, se erano validi secondo le norme anteriori.

243. Rappresentante degli eredi. – Nei fallimenti in corso il rappresentante degli eredi previsto dall'art. 12, comma secondo, deve essere designato entro quindici giorni dall'entrata in vigore del presente decreto.

244. Sentenza dichiarativa di fallimento. – Le opposizioni alla sentenza dichiarativa di fallimento pronunciata prima dell'entrata in vigore del presente decreto sono regolate dalle leggi anteriori.

Il gravame contro il provvedimento che respinge la istanza di fallimento è regolato dalle nuove disposizioni, sempreché la causa relativa non sia stata già assegnata a sentenza.

245. Deposito delle somme riscosse. – Il curatore, entro trenta giorni dalla data dell'entrata in vigore del presente decreto, deve provvedere in conformità alle disposizioni dell'art. 34 per i depositi di somme effettuati anteriormente alla predetta data.

246. Provvedimenti del giudice delegato. – I reclami contro i provvedimenti del giudice delegato sono regolati dalle nuove disposizioni, sempreché le cause relative non siano già state assegnate a sentenza.

247. Delegazione dei creditori. – Nei fallimenti in corso le delegazioni dei creditori già costituite rimangono in carica. Tuttavia ove si debba procedere alla sostituzione di uno o più membri di essi, si applicano le norme dell'art. 40.

248. Esercizio provvisorio. – Le disposizioni dell'art. 90 si applicano anche all'esercizio provvisorio dell'impresa del fallito in corso alla data di entrata in vigore del presente decreto.

249. Giudizi di retrodatazione. – Per i fallimenti dichiarati anteriormente all'entrata in vigore del presente decreto il giudizio per la determinazione della data di cessazione dei pagamenti e le opposizioni contro la sentenza che determina tale data sono regolati dalle leggi anteriori, salva l'osservanza dell'art. 265.

250. Accertamento del passivo. – Il procedimento per l'accertamento del passivo, quando il verbale di verificazione dei crediti è stato chiuso prima dell'entrata in vigore del presente decreto, prosegue secondo le norme anteriori.

Per i fallimenti dichiarati anteriormente alla data di entrata in vigore del presente decreto, alle domande di rivendicazione, di separazione o di restituzione di cose mobili si applicano le disposizioni anteriori.

251. Domande tardive e istanze di revocazione. – Se sono in corso giudizi su domande tardive per l'ammissione dei crediti al passivo o su istanze di revocazione contro crediti ammessi e le cause relative non sono già state assegnate a sentenza, il tribunale con ordinanza rimette le parti davanti al giudice delegato per la prosecuzione del giudizio secondo le disposizioni degli artt. 101 e 102.

252. Liquidazione dell'attivo. – Se prima della entrata in vigore del presente decreto è stata eseguita o autorizzata la vendita di beni compresi nel fallimento il relativo procedimento prosegue secondo le disposizioni anteriori.

253. Ripartizione dell'attivo. – Alla ripartizione dell'attivo fra i creditori si applicano le nuove disposizioni a meno che lo stato di ripartizione non sia stato già reso esecutivo con ordinanza del giudice delegato pronunciata anteriormente alla data di entrata in vigore del presente decreto.

254. Rendiconto del curatore. – Se il curatore ha presentato il conto della gestione, ma questo non è stato ancora approvato a norma delle leggi anteriori prima dell'entrata in vigore del presente decreto, la procedura per l'approvazione del conto prosegue secondo le nuove disposizioni.

255. Concordato. – La proposta di concordato presentata prima dell'entrata in vigore del presente decreto conserva la sua efficacia se era valida secondo le leggi anteriori.

L'approvazione della proposta di concordato in relazione alla quale il giudice delegato ha ordinato la convocazione dei creditori prima dell'entrata in vigore del presente decreto ha luogo secondo le disposizioni anteriori. Ma il giudizio di omologazione è regolato dalle nuove disposizioni.

Se un giudizio di omologazione di concordato è in corso, ma non ancora assegnato a sentenza, alla data di entrata in vigore del presente decreto, il tribunale rimette con ordinanza gli atti al giudice delegato per la prosecuzione del giudizio secondo le nuove disposizioni.

Gli effetti e le modalità di esecuzione del concordato sono regolati dalle nuove disposizioni, a meno che la sentenza di omologazione non sia passata in giudicato prima dell'entrata in vigore del presente decreto.

Tuttavia i termini previsti dagli artt. 137 e 138 per l'esercizio delle azioni di risoluzione e di annullamento si applicano anche ai concordati omologati prima della data di entrata in vigore del presente decreto con decorrenza dalla data medesima, a meno che il tempo ancora utile per proporre l'azione, secondo le disposizioni anteriori, sia più breve.

256. Riabilitazione civile. – Anche per i fallimenti dichiarati anteriormente alla data di entrata in vigore del presente decreto il fallito, che non ha già ottenuto la cancellazione dall'albo dei falliti a norma delle leggi anteriori, può chiedere la riabilitazione civile secondo le norme del presente decreto.

La cancellazione dall'albo dei falliti ottenuta a norma delle leggi anteriori produce gli stessi effetti della riabilitazione civile.

257. Azione di responsabilità contro gli amministratori. – Il giudice può autorizzare le misure cautelari previste dall'art. 146 anche se l'azione di responsabilità contro gli amministratori è stata disposta prima dell'entrata in vigore del presente decreto.

258. Versamenti dei soci. – Nei giudizi promossi contro i soci per i versamenti ancora dovuti, in corso alla data di entrata in vigore del presente decreto, se la causa non è stata ancora assegnata a sentenza, il tribunale rimette le parti con ordinanza davanti al giudice delegato, che provvede a termini dell'articolo 150.

259. Piccoli fallimenti. – Per i piccoli fallimenti in corso alla entrata in vigore del presente decreto si applicano le disposizioni anteriori.

260. Concordato preventivo. – La procedura di concordato preventivo, per la quale prima della entrata in vigore del presente decreto sia intervenuto il decreto previsto dall'art. 4 della legge 24 maggio 1903, n. 197, sul concordato preventivo e sulla procedura dei piccoli fallimenti, prosegue secondo le disposizioni anteriori. Ma il giudizio di omologazione è regolato dalle nuove disposizioni.

Per i giudizi di omologazione in corso e per gli effetti e le modalità di esecuzione del concordato si applicano le disposizioni dell'art. 255, commi secondo, terzo e quarto.

261. Liquidazione coatta amministrativa. – Le liquidazioni coatte amministrative in corso alla data di entrata in vigore del presente decreto proseguono secondo le disposizioni anteriori.

Se per un'impresa soggetta a liquidazione coatta amministrativa è in corso la procedura di fallimento o di concordato, questa procede fino al suo compimento.

262. Iscrizione nel registro delle imprese. – Fino all'attuazione del registro delle imprese non si fa luogo alle iscrizioni che secondo il presente decreto dovrebbero essere eseguite in detto registro.

Tuttavia i provvedimenti relativi alle società, per i quali sia prevista la iscrizione nel registro delle imprese, sono iscritti nei registri di cancelleria presso i tribunali, provvisoriamente mantenuti.

263. Ruolo degli amministratori giudiziari. – Col regio decreto preveduto nell'art. 27, comma terzo, o con altro decreto separato saranno riunite e coordinate le disposizioni in vigore relative al fondo speciale preveduto nella L. 10 luglio 1930, n. 995 ([1]).

Fino a quando non sarà emanato il regio decreto anzidetto continueranno ad osservarsi le disposizioni del regio decreto 10 novembre 1930, n. 1595, e le altre norme ora in vigore riguardanti la formazione dei ruoli e la nomina e disciplina degli amministratori giudiziari.

Parimenti continueranno ad osservarsi, fino a quando non sarà provveduto ai sensi dell'art. 39, le norme contenute nel decreto ministeriale 30 novembre 1930 sulle determinazioni della misura dei compensi spettanti ai curatori dei fallimenti ([2]).

([1]) *Il ruolo degli amministratori giudiziari è stato soppresso con D.L.vo C.P.S. 23 agosto 1946, n. 153.*

([2]) *La misura del compenso spettante ai curatori è ora regolata dal D.M. 28 luglio 1992, n. 570.*

264. ([1]) **Istituto di credito.** – Quando nel presente decreto si fa riferimento a istituto di credito, in detta espressione s'intendono comprese, oltre l'Istituto di emissione, le imprese autorizzate e controllate a norma delle leggi vigenti dall'Ispettorato per la difesa del risparmio e per l'esercizio del credito.

([1]) *Le funzioni dell'Ispettorato sono state devolute alla Banca d'Italia con D.L.vo C.P.S. 17 luglio 1947, n. 691.*

265. Norma di rinvio. – Le disposizioni transitorie per il codice di procedura civile approvate con regio decreto 18 dicembre 1941, n. 1368, si applicano anche ai procedimenti in corso connessi alle procedure di fallimento o di concordato preventivo.

266. Disposizioni abrogate. – Con l'entrata in vigore del presente decreto sono abrogate le disposizioni del codice di commercio approvato con L. 2 aprile 1882, n. 681, relative al fallimento, le disposizioni della L. 24 maggio 1903, n. 197, sul concordato preventivo e sulla procedura dei piccoli fallimenti, della L. 10 luglio 1930, n. 995, sul fallimento, sul concordato preventivo e sui piccoli fallimenti, salvo quanto disposto dall'art. 263, nonché ogni altra disposizione contraria o incompatibile con quelle del decreto medesimo.

2.

D.L.vo 12 gennaio 2019, n. 14. Codice della crisi d'impresa e dell'insolvenza in attuazione della legge 19 ottobre 2017, n. 155 (Suppl. ord. alla *Gazzetta Ufficiale* Serie gen. - n. 38 del 14 febbraio 2019).

Parte Prima
Codice della crisi di impresa e dell'insolvenza

Titolo I
Disposizioni generali

Capo I
Ambito di applicazione e definizioni

1. Ambito di applicazione. – 1. Il presente codice disciplina le situazioni di crisi o insolvenza del debitore, sia esso consumatore o professionista, ovvero imprenditore che eserciti, anche non a fini di lucro, un'attività commerciale, artigiana o agricola, operando quale persona fisica, persona giuridica o altro ente collettivo, gruppo di imprese o società pubblica, con esclusione dello Stato e degli enti pubblici.

2. Sono fatte salve le disposizioni delle leggi speciali in materia di:

a) amministrazione straordinaria delle grandi imprese. Se la crisi o l'insolvenza di dette imprese non sono disciplinate in via esclusiva, restano applicabili anche le procedure ordinarie regolate dal presente codice;

b) liquidazione coatta amministrativa ai sensi dell'articolo 293.

3. Sono fatte salve le disposizioni delle leggi speciali in materia di crisi di impresa delle società pubbliche.

4. Le disposizioni del presente codice in tema di liquidazione coatta amministrativa si applicano nelle regioni a statuto speciale e nelle province autonome di Trento e Bolzano compatibilmente con i rispettivi Statuti e le relative norme di attuazione, anche con riferimento alla legge costituzionale 18 ottobre 2001, n. 3.

2. Definizioni. – 1. Ai fini del presente codice si intende per:

a) «crisi»: lo stato di difficoltà economico-finanziaria che rende probabile l'insolvenza del debitore, e che per le imprese si manifesta come inadeguatezza dei flussi di cassa prospettici a far fronte regolarmente alle obbligazioni pianificate;

b) «insolvenza»: lo stato del debitore che si manifesta con inadempimenti od altri fatti esteriori, i quali dimostrino che il debitore non è più in grado di soddisfare regolarmente le proprie obbligazioni;

c) «sovraindebitamento»: lo stato di crisi o di insolvenza del consumatore, del professionista, dell'imprenditore minore, dell'imprenditore agricolo, delle start-up innovative di cui al decreto legge 18 ottobre 2012, n. 179, convertito, con modificazioni, dalla legge 17 dicembre 2012, n. 221, e di ogni altro debitore non assoggettabile alla liquidazione giudiziale ovvero a liquidazione coatta amministrativa o ad altre procedure liquidatorie previste dal codice civile o da leggi speciali per il caso di crisi o insolvenza;

d) «impresa minore»: l'impresa che presenta congiuntamente i seguenti requisiti:

1) un attivo patrimoniale di ammontare complessivo annuo non superiore ad euro trecentomila nei tre esercizi antecedenti la data di deposito della istanza di apertura della liquidazione giudiziale o dall'inizio dell'attività se di durata inferiore;

2) ricavi, in qualunque modo essi risultino, per un ammontare complessivo annuo non superiore ad euro duecentomila nei tre esercizi antecedenti la data di deposito dell'istanza di apertura della liquidazione giudiziale o dall'inizio dell'attività se di durata inferiore;

3) un ammontare di debiti anche non scaduti non superiore ad euro cinquecentomila; i predetti valori possono essere aggiornati ogni tre anni con decreto del Ministro della giustizia adottato a norma dell'articolo 348;

e) «consumatore»: la persona fisica che agisce per scopi estranei all'attività imprenditoriale, commerciale, artigiana o professionale eventualmente svolta, anche se socia di una delle società appartenenti ad uno dei tipi regolati nei capi III, IV e VI del titolo V del libro quinto del codice civile, per i debiti estranei a quelli sociali;

f) «società pubbliche»: le società a controllo pubblico, le società a partecipazione pubblica e le società in house di cui all'articolo 2, lettere *m*), *n*), *o*), del decreto legislativo 19 agosto 2016, n. 175;

g) «grandi imprese»: le imprese che, ai sensi dell'articolo 3, paragrafo 4, della direttiva 2013/34/UE del Parlamento europeo e del Consiglio del 26 giugno 2013, alla data di chiusura del bilancio superano i limiti numerici di almeno due dei tre criteri seguenti:

a) totale dello stato patrimoniale: venti milioni di euro;

b) ricavi netti delle vendite e delle prestazioni: quaranta milioni di euro;

c) numero medio dei dipendenti occupati durante l'esercizio: duecentocinquanta;

h) «gruppo di imprese»: l'insieme delle società, delle imprese e degli enti, escluso lo Stato, che, ai sensi degli articoli 2497 e 2545 *septies* del codice civile, sono sottoposti alla direzione e coordinamento di una società, di un ente o di una persona fisica, sulla base di un vincolo partecipativo o di un contratto; a tal fine si presume, salvo prova contraria, che:

1) l'attività di direzione e coordinamento di società sia esercitata dalla società o ente tenuto al consolidamento dei loro bilanci;

2) siano sottoposte alla direzione e coordinamento di una società o ente le società controllate, direttamente o indirettamente, o sottoposte a controllo congiunto, rispetto alla società o ente che esercita l'attività di direzione e coordinamento.

i) «gruppi di imprese di rilevante dimensione»: i gruppi di imprese composti da un'impresa madre e imprese figlie da includere nel bilancio consolidato, che rispettano i limiti numerici di cui all'articolo 3, paragrafi 6 e 7, della direttiva 2013/34/UE del Parlamento europeo e del Consiglio del 26 giugno 2013;

l) «parti correlate»: per parti correlate ai fini del presente codice si intendono quelle indicate come tali nel Regolamento della Consob in materia di operazioni con parti correlate;

m) «centro degli interessi principali del debitore» (COMI): il luogo in cui il debitore gestisce i suoi interessi in modo abituale e riconoscibile dai terzi;

n) «albo dei gestori della crisi e insolvenza delle imprese»: l'albo, istituito presso il Ministero della giustizia e disciplinato dall'articolo 356, dei soggetti che su incarico del giudice svolgono, anche in forma associata o societaria, funzioni di gestione, supervisione o controllo nell'ambito delle procedure di regolazione della crisi o dell'insolvenza previste dal presente codice;

o) «professionista indipendente»: il professionista incaricato dal debitore nell'ambito di una delle procedure di regolazione della crisi di impresa che soddisfi congiuntamente i seguenti requisiti:

1) essere iscritto all'albo dei gestori della crisi e insolvenza delle imprese, nonché nel registro dei revisori legali;

2) essere in possesso dei requisiti previsti dall'articolo 2399 del codice civile;

3) non essere legato all'impresa o ad altre parti interessate all'operazione di regolazione della crisi da rapporti di natura personale o professionale; il professionista ed i soggetti con i quali è eventualmente unito in associazione professionale non devono aver prestato negli ultimi cinque anni attività di lavoro subordinato o autonomo in favore del debitore, né essere stati membri degli organi di amministrazione o controllo dell'impresa, né aver posseduto partecipazioni in essa;

p) «misure protettive»: le misure temporanee disposte dal giudice competente per evitare che determinate azioni dei creditori possano pregiudicare, sin dalla fase delle trattative, il buon esito delle iniziative assunte per la regolazione della crisi o dell'insolvenza;

q) «misure cautelari»: i provvedimenti cautelari emessi dal giudice competente a tutela del patrimonio o dell'impresa del debitore, che appaiano secondo le circostanze più idonei ad assicurare provvisoriamente gli effetti delle procedure di regolazione della crisi o dell'insolvenza;

r) «classe di creditori»: insieme di creditori che hanno posizione giuridica e interessi economici omogenei;

s) «domicilio digitale»: il domicilio di cui all'articolo 1, comma 1, lettera n *ter*) del decreto legislativo 7 marzo 2005, n. 82;

t) OCC: organismi di composizione delle crisi da sovraindebitamento disciplinati dal decreto del Ministro della giustizia del 24 settembre 2014, n. 202 e successive modificazioni, che svolgono i compiti di composizione assistita della crisi da sovraindebitamento previsti dal presente codice;

u) OCRI: gli organismi di composizione della crisi d'impresa, disciplinati dal capo II del titolo II del presente codice, che hanno il compito di ricevere le segnalazioni di allerta e gestire la fase dell'allerta e, per le imprese diverse dalle imprese minori, la fase della composizione assistita della crisi.

Capo II
Principi generali

Sezione I
Obblighi dei soggetti che partecipano alla regolazione della crisi o dell'insolvenza

3. Doveri del debitore. – 1. L'imprenditore individuale deve adottare misure idonee a rilevare tempestivamente lo stato di crisi e assumere senza indugio le iniziative necessarie a farvi fronte.

2. L'imprenditore collettivo deve adottare un assetto organizzativo adeguato ai sensi dell'articolo 2086 del codice civile, ai fini della tempestiva rilevazione dello stato di crisi e dell'assunzione di idonee iniziative.

4. Doveri delle parti. – 1. Nell'esecuzione degli accordi e nelle procedure di regolazione della crisi e dell'insolvenza e durante le trattative che le precedono, debitore e creditori devono comportarsi secondo buona fede e correttezza.

2. In particolare, il debitore ha il dovere di:

a) illustrare la propria situazione in modo completo, veritiero e trasparente, fornendo ai creditori tutte le informazioni necessarie ed appropriate allo strumento di regolazione della crisi o dell'insolvenza prescelto;

b) assumere tempestivamente le iniziative idonee alla rapida definizione della procedura, anche al fine di non pregiudicare i diritti dei creditori;

c) gestire il patrimonio o l'impresa durante la procedura di regolazione della crisi o dell'insolvenza nell'interesse prioritario dei creditori.

3. I creditori hanno il dovere, in particolare, di collaborare lealmente con il debitore, con i soggetti preposti alle procedure di allerta e composizione assistita della crisi, con gli organi nominati dall'autorità giudiziaria nelle procedure di regolazione della crisi e dell'insolvenza e di rispettare l'obbligo di riservatezza sulla situazione del debitore, sulle iniziative da questi assunte e sulle informazioni acquisite.

5. Doveri e prerogative delle autorità preposte. – 1. I componenti degli organismi e dei collegi preposti alle procedure di allerta e composizione assistita della crisi, ivi compresi i referenti e il personale dei relativi uffici, sono tenuti all'obbligo di riservatezza su tutte le informazioni acquisite nell'esercizio delle loro funzioni e devono conservare il segreto sui fatti e sui documenti di cui hanno conoscenza per ragione del loro ufficio.

2. Tutte le nomine dei professionisti effettuate dall'autorità giudiziaria e dagli organi da esse nominati devono essere improntate a criteri di trasparenza, rotazione ed efficienza; il presidente del tribunale o, nei tribunali suddivisi in sezioni, il presidente della sezione cui è assegnata la trattazione delle procedure di regolazione della crisi o dell'insolvenza vigila sull'osservanza dei suddetti principi e ne assicura l'attuazione mediante l'adozione di protocolli condivisi con i giudici della sezione.

3. Le controversie in cui è parte un organo nominato dall'autorità giudiziaria nelle procedure di regolazione della crisi o dell'insolvenza o comunque un soggetto nei cui confronti è aperta una procedura di regolazione della crisi o dell'insolvenza sono trattate con priorità. Il capo dell'ufficio trasmette annualmente al presidente della corte d'appello i dati relativi al numero e alla durata dei suddetti procedimenti, indicando le disposizioni adottate per assicurarne la celere trattazione. Il presidente della corte d'appello ne dà atto nella relazione sull'amministrazione della giustizia.

4. I componenti degli organismi e dei collegi preposti alle procedure di allerta e composizione assistita della crisi non possono essere tenuti a deporre sul contenuto delle dichiarazioni rese e delle informazioni acquisite nell'esercizio delle loro funzioni, né davanti all'autorità giudiziaria né davanti ad altra autorità. Si applicano le disposizioni dell'articolo 200 del codice di procedura penale e le garanzie previste per il difensore dalle disposizioni dell'articolo 103 del codice di procedura penale in quanto compatibili.

Sezione II

Economicità delle procedure

6. Prededucibilità dei crediti. – 1. Oltre ai crediti così espressamente qualificati dalla legge, sono prededucibili:

a) i crediti relativi a spese e compensi per le prestazioni rese dall'organismo di composizione della crisi di impresa di cui al capo II del titolo II e dall'organismo di composizione della crisi da sovraindebitamento;

b) i crediti professionali sorti in funzione della domanda di omologazione degli accordi di ristrutturazione dei debiti e per la richiesta delle misure protettive, nei limiti del 75% del credito accertato e a condizione che gli accordi siano omologati;

c) i crediti professionali sorti in funzione della presentazione della domanda di concordato preventivo nonché del deposito della relativa proposta e del piano che la correda, nei limiti del 75% del credito accertato e a condizione che la procedura sia aperta ai sensi dell'articolo 47;

d) i crediti legalmente sorti durante le procedure concorsuali per la gestione del patrimonio del debitore, la continuazione dell'esercizio dell'impresa, il compenso degli organi preposti e le prestazioni professionali richieste dagli organi medesimi.

2. La prededucibilità permane anche nell'ambito delle successive procedure esecutive o concorsuali.

3. Non sono prededucibili i crediti professionali per prestazioni rese su incarico conferito dal debitore durante le procedure di allerta e composizione assistita della crisi a soggetti diversi dall'OCRI.

Sezione III

Principi di carattere processuale

7. Trattazione unitaria delle domande di regolazione della crisi o dell'insolvenza. – 1. Le domande dirette alla regolazione della crisi o dell'insolvenza sono trattate in via d'urgenza e in un unico procedimento; a tal fine ogni domanda sopravvenuta va riunita a quella già pendente.

2. Nel caso di proposizione di più domande, il tribunale tratta in via prioritaria quella diretta a regolare la crisi o l'insolvenza con strumenti diversi dalla liquidazione giudiziale o dalla liquidazione controllata, a condizione che nel piano sia espressamente indicata la convenienza per i creditori e che la domanda medesima non sia manifestamente inammissibile o infondata.

3. Oltre che nei casi di conversione previsti dal presente codice, il tribunale procede, su istanza dei soggetti legittimati, all'apertura della liquidazione giudiziale quando eventuali domande alternative di regolazione della

crisi non sono accolte ed è accertato lo stato di insolvenza. Allo stesso modo il tribunale procede nei casi di revoca dei termini concessi dal giudice ai sensi dell'articolo 44 e nei casi previsti dall'articolo 49, comma 2.

8. Durata massima delle misure protettive. – 1. La durata complessiva delle misure protettive non può superare il periodo, anche non continuativo, di dodici mesi, inclusi eventuali rinnovi o proroghe.

9. Sospensione feriale dei termini e patrocinio legale. – 1. La sospensione feriale dei termini di cui all'articolo 1 della legge 7 ottobre 1969, n. 742 non si applica ai procedimenti disciplinati dal presente codice, salvo che esso non disponga diversamente.

2. Salvi i casi in cui non sia previsto altrimenti, nelle procedure disciplinate dal presente codice, il patrocinio del difensore è obbligatorio.

10. Comunicazioni telematiche. – 1. Le comunicazioni poste a carico degli organi di gestione, controllo o assistenza delle procedure disciplinate dal presente codice sono effettuate con modalità telematiche al domicilio digitale risultante dall'Indice nazionale degli indirizzi di posta elettronica certificata (INI-PEC) delle imprese e dei professionisti, quando i destinatari hanno l'obbligo di munirsene.

2. Gli organi di cui al comma 1 attivano, dandone tempestiva comunicazione agli interessati, un domicilio digitale, da utilizzare esclusivamente per le comunicazioni inerenti alla procedura:

a) ai creditori e ai titolari di diritti sui beni che non hanno l'obbligo di munirsene;

b) ai soggetti che hanno sede o che risiedono all'estero;

c) al debitore e al legale rappresentante della società o ente sottoposti a una delle procedure disciplinate dal presente codice.

3. Le comunicazioni ai soggetti per i quali la legge prevede l'obbligo di munirsi di un domicilio digitale e che non hanno provveduto ad istituirlo o comunicarlo sono eseguite esclusivamente mediante deposito in cancelleria. Si procede con le stesse modalità nelle ipotesi di mancata consegna del messaggio elettronico per cause imputabili al destinatario. Le disposizioni di cui al secondo periodo si applicano anche ai soggetti cui è stato assegnato un domicilio digitale ai sensi del comma 2.

4. Per tutta la durata della procedura e per i due anni successivi alla relativa chiusura, gli organi di cui al comma 1 sono tenuti a conservare i messaggi elettronici inviati e ricevuti.

5. Ai fini della validità ed efficacia delle predette comunicazioni, alla posta elettronica certificata è equiparato il servizio di recapito certificato ai

sensi dell'articolo 1, comma 1 *ter*, del codice dell'amministrazione digitale di cui al decreto legislativo 7 marzo 2005, n. 82.

6. Le spese per l'attivazione del domicilio digitale previsto dal comma 2 sono a carico della massa.

Sezione IV
Giurisdizione internazionale

11. Attribuzione della giurisdizione. – 1. Fatte salve le convenzioni internazionali e la normativa dell'Unione europea, la giurisdizione italiana sulla domanda di apertura di una procedura per la regolazione della crisi o dell'insolvenza disciplinata dalla presente legge sussiste quando il debitore ha in Italia il centro degli interessi principali o una dipendenza.

2. Avverso il provvedimento di apertura di una procedura di regolazione della crisi o dell'insolvenza è ammessa impugnazione per difetto di giurisdizione da chiunque vi abbia interesse. Si applica il procedimento di cui all'articolo 51. È sempre ammesso il ricorso per cassazione.

3. La giurisdizione italiana di cui al comma 1 sussiste anche per le azioni che derivano direttamente dalla procedura.

Titolo II
Procedure di allerta e di composizione assistita della crisi

Capo I
Strumenti di allerta

12. Nozione, effetti e ambito di applicazione. – 1. Costituiscono strumenti di allerta gli obblighi di segnalazione posti a carico dei soggetti di cui agli articoli 14 e 15, finalizzati, unitamente agli obblighi organizzativi posti a carico dell'imprenditore dal codice civile, alla tempestiva rilevazione degli indizi di crisi dell'impresa ed alla sollecita adozione delle misure più idonee alla sua composizione.

2. Il debitore, all'esito dell'allerta o anche prima della sua attivazione, può accedere al procedimento di composizione assistita della crisi, che si svolge in modo riservato e confidenziale dinanzi all'OCRI.

3. L'attivazione della procedura di allerta da parte dei soggetti di cui agli articoli 14 e 15, nonché la presentazione da parte del debitore dell'istanza di composizione assistita della crisi di cui all'articolo 16, comma 1, non costituiscono causa di risoluzione dei contratti pendenti, anche se stipulati con pubbliche amministrazioni, né di revoca degli affidamenti bancari concessi. Sono nulli i patti contrari.

4. Gli strumenti di allerta si applicano ai debitori che svolgono attività imprenditoriale, esclusi le grandi imprese, i gruppi di imprese di rilevante dimensione, le società con azioni quotate in mercati regolamentati, o diffuse fra il pubblico in misura rilevante secondo i criteri stabiliti dal Regolamento della Commissione nazionale per le società e la borsa - Consob concernente la disciplina degli emittenti.

5. Sono altresì escluse dall'applicazione degli strumenti di allerta:

a) le banche, le società capogruppo di banche e le società componenti il gruppo bancario;

b) gli intermediari finanziari iscritti nell'albo di cui all'articolo 106 del decreto legislativo 1 settembre 1993, n. 385;

c) gli istituti di moneta elettronica e gli istituti di pagamento;

d) le società di intermediazione mobiliare, le società di gestione del risparmio, le società di investimento a capitale variabile e fisso, le società capogruppo di società di intermediazione mobiliare e le società componenti il gruppo;

e) i fondi comuni di investimento, le succursali di imprese di investimento e di gestori esteri di fondi di investimento alternativi; i depositari centrali;

f) le fondazioni bancarie di cui al decreto legislativo 17 maggio 1999, n. 153;

g) la Cassa depositi e prestiti di cui al decreto legge 30 settembre 2003, n. 269, convertito con modificazioni dalla legge 24 novembre 2003, n. 326;

h) i fondi pensione;

i) le imprese di assicurazione e riassicurazione di cui al codice delle assicurazioni private, di cui al decreto legislativo 7 settembre 2005, n. 209.

l) le società fiduciarie di cui all'articolo 199 del testo unico delle disposizioni in materia di intermediazione finanziaria di cui decreto legislativo 24 febbraio 1998, n. 58; le società fiduciarie, le società fiduciarie e di revisione e gli enti di gestione fiduciaria disciplinati dalla legge 23 novembre 1939, n. 1966; le società di cui all'articolo 2 del decreto legge 5 giugno 1986, n. 233, convertito, con modificazioni, dalla legge 1 agosto 1986, n. 430; le società fiduciarie di cui all'articolo 60, comma 4, del decreto legislativo 23 luglio 1996, n. 415.

6. Le imprese escluse sono comunque ammesse a godere delle misure premiali previste dall'articolo 25, se ricorrono le condizioni di tempestività previste dall'articolo 24.

7. Gli strumenti di allerta si applicano anche alle imprese agricole e alle imprese minori, compatibilmente con la loro struttura organizzativa, ferma la competenza dell'OCC per la gestione della fase successiva alla segnalazione dei soggetti di cui agli articoli 14 e 15 ovvero alla istanza del debitore di composizione assistita della crisi.

8. Per le imprese soggette a liquidazione coatta amministrativa diverse da quelle di cui ai commi 4 e 5, il procedimento di allerta e di composizione assistita della crisi è integrato ai sensi dell'articolo 316, comma 1, lettere *a*) e *b*).

9. La pendenza di una delle procedure di regolazione della crisi e dell'insolvenza disciplinate dal presente codice fa cessare gli obblighi di segnalazione di cui gli articoli 14 e 15 e, se sopravvenuta, comporta la chiusura del procedimento di allerta e di composizione assistita della crisi.

13. Indicatori della crisi. – 1. Costituiscono indicatori di crisi gli squilibri di carattere reddituale, patrimoniale o finanziario, rapportati alle specifiche caratteristiche dell'impresa e dell'attività imprenditoriale svolta dal debitore, tenuto conto della data di costituzione e di inizio dell'attività, rilevabili attraverso appositi indici che diano evidenza della sostenibilità dei debiti per almeno i sei mesi successivi e delle prospettive di continuità aziendale per l'esercizio in corso o, quando la durata residua dell'esercizio al momento della valutazione è inferiore a sei mesi, per i sei mesi successivi. A questi fini, sono indici significativi quelli che misurano la sostenibilità degli oneri dell'indebitamento con i flussi di cassa che l'impresa è in grado di generare e l'adeguatezza dei mezzi propri rispetto a quelli di terzi. Costituiscono altresì indicatori di crisi ritardi nei pagamenti reiterati e significativi, anche sulla base di quanto previsto nell'articolo 24.

2. Il Consiglio nazionale dei dottori commercialisti ed esperti contabili, tenuto conto delle migliori prassi nazionali ed internazionali, elabora con cadenza almeno triennale, in riferimento ad ogni tipologia di attività economica secondo le classificazioni I.S.T.A.T., gli indici di cui al comma 1 che, valutati unitariamente, fanno ragionevolmente presumere la sussistenza di uno stato di crisi dell'impresa. Il Consiglio nazionale dei dottori commercialisti ed esperti contabili elabora indici specifici con riferimento alle start-up innovative di cui al decreto legge 18 ottobre 2012, n. 179, convertito dalla legge 17 dicembre 2012, n. 221, alle PMI innovative di cui al decreto legge 24 gennaio 2015, n. 3, convertito, con modificazioni, dalla legge 24 marzo 2015, n. 33, alle società in liquidazione, alle imprese costituite da meno di due anni. Gli indici elaborati sono approvati con decreto del Ministero dello sviluppo economico.

3. L'impresa che non ritenga adeguati, in considerazione delle proprie caratteristiche, gli indici elaborati a norma del comma 2 ne specifica le ragioni nella nota integrativa al bilancio di esercizio e indica, nella medesima nota, gli indici idonei a far ragionevolmente presumere la sussistenza del suo stato di crisi. Un professionista indipendente attesta l'adeguatezza di tali indici in rapporto alla specificità dell'impresa. L'attestazione è allegata alla nota integrativa al bilancio di esercizio e ne costituisce parte integrante. La dichiarazione, attestata in conformità al secondo periodo, produce effetti per l'esercizio successivo.

14. Obbligo di segnalazione degli organi di controllo societari. – 1. Gli organi di controllo societari, il revisore contabile e la società di revisione, ciascuno nell'ambito delle proprie funzioni, hanno l'obbligo di verificare che l'organo amministrativo valuti costantemente, assumendo le conseguenti idonee iniziative, se l'assetto organizzativo dell'impresa è adeguato, se sussiste l'equilibrio economico finanziario e quale è il prevedibile andamento della gestione, nonché di segnalare immediatamente allo stesso organo amministrativo l'esistenza di fondati indizi della crisi.

2. La segnalazione deve essere motivata, fatta per iscritto, a mezzo posta elettronica certificata o comunque con mezzi che assicurino la prova dell'avvenuta ricezione, e deve contenere la fissazione di un congruo termine, non superiore a trenta giorni, entro il quale l'organo amministrativo deve riferire in ordine alle soluzioni individuate e alle iniziative intraprese. In caso di omessa o inadeguata risposta, ovvero di mancata adozione nei successivi sessanta giorni delle misure ritenute necessarie per superare lo stato di crisi, i soggetti di cui al comma 1 informano senza indugio l'OCRI, fornendo ogni elemento utile per le relative determinazioni, anche in deroga al disposto dell'articolo 2407, primo comma, del codice civile quanto all'obbligo di segretezza.

3. La tempestiva segnalazione all'organo amministrativo ai sensi del comma 1 costituisce causa di esonero dalla responsabilità solidale per le conseguenze pregiudizievoli delle omissioni o azioni successivamente poste in essere dal predetto organo, che non siano conseguenza diretta di decisioni assunte prima della segnalazione, a condizione che, nei casi previsti dal secondo periodo del comma 2, sia stata effettuata tempestiva segnalazione all'OCRI. Non costituisce giusta causa di revoca dall'incarico la segnalazione effettuata a norma del presente articolo.

4. Le banche e gli altri intermediari finanziari di cui all'articolo 106 del testo unico bancario, nel momento in cui comunicano al cliente variazioni o revisioni o revoche degli affidamenti, ne danno notizia anche agli organi di controllo societari, se esistenti.

15. Obbligo di segnalazione di creditori pubblici qualificati. – 1. L'Agenzia delle entrate, l'Istituto nazionale della previdenza sociale e l'agente della riscossione hanno l'obbligo, per i primi due soggetti a pena di inefficacia del titolo di prelazione spettante sui crediti dei quali sono titolari, per il terzo a pena di inopponibilità del credito per spese ed oneri di riscossione, di dare avviso al debitore, all'indirizzo di posta elettronica certificata di cui siano in possesso, o, in mancanza, a mezzo raccomandata con avviso di ricevimento inviata all'indirizzo risultante dall'anagrafe tributaria, che la sua esposizione debitoria ha superato l'importo rilevante di cui al comma 2 e che, se entro novanta giorni dalla ricezione dell'avviso egli non avrà estinto o altrimenti regolarizzato per intero il proprio debito con le modalità previste dalla legge o se, per l'Agenzia delle entrate, non risulterà in regola con il pagamento rateale del debito previsto dall'articolo 3 *bis* del decreto legislativo 18 dicembre 1997, n. 462 o non avrà presentato istanza di composizione assistita della crisi o domanda per l'accesso ad una procedura di regolazione della crisi e dell'insolvenza, essi ne faranno segnalazione all'OCRI, anche per la segnalazione agli organi di controllo della società.

2. Ai fini del comma 1, l'esposizione debitoria è di importo rilevante:

a) per l'Agenzia delle entrate, quando l'ammontare totale del debito scaduto e non versato per l'imposta sul valore aggiunto, risultante dalla comunicazione della liquidazione periodica di cui all'articolo 21 *bis* del decreto legge 31 maggio 2010, n. 78, convertito, con modificazioni, dalla legge 30 luglio 2010, n. 122, sia pari ad almeno il 30 per cento del volume d'affari del medesimo periodo e non inferiore a euro 25.000 per volume d'affari risultante dalla dichiarazione modello IVA relativa all'anno precedente fino a 2.000.000 di euro, non inferiore a euro 50.000 per volume d'affari risultante dalla dichiarazione modello IVA relativa all'anno precedente fino a 10.000.000 di euro, non inferiore a euro 100.000, per volume d'affari risultante dalla dichiarazione modello IVA relativa all'anno precedente oltre 10.000.000 di euro;

b) per l'Istituto nazionale della previdenza sociale, quando il debitore è in ritardo di oltre sei mesi nel versamento di contributi previdenziali di ammontare superiore alla metà di quelli dovuti nell'anno precedente e superiore alla soglia di euro 50.000;

c) per l'agente della riscossione, quando la sommatoria dei crediti affidati per la riscossione dopo la data di entrata in vigore del presente codice, autodichiarati o definitivamente accertati e scaduti da oltre novanta giorni superi, per le imprese individuali, la soglia di euro 500.000 e, per le imprese collettive, la soglia di euro 1.000.000.

3. L'avviso al debitore di cui al comma 1 deve essere inviato:

a) dall'Agenzia delle entrate, contestualmente alla comunicazione di irregolarità di cui all'articolo 54 *bis* del decreto del Presidente della Repubblica 26 ottobre 1972, n. 633;

b) dall'Istituto nazionale della previdenza sociale, entro sessanta giorni dal verificarsi delle condizioni di cui al comma 2, lettera *b*);

c) dall'agente della riscossione, entro sessanta giorni dalla data di superamento delle soglie di cui al comma 2, lettera *c*).

4. Scaduto il termine di novanta giorni di cui al comma 1 senza che il debitore abbia dato prova di aver estinto il proprio debito o di averlo altrimenti regolarizzato per intero con le modalità previste dalla legge o di esse-

re in regola con il pagamento rateale previsto dall'articolo 3 *bis* del decreto legislativo 18 dicembre 1997, n. 462, o di aver presentato istanza di composizione assistita della crisi o domanda per l'accesso ad una procedura di regolazione della crisi e dell'insolvenza, i creditori pubblici qualificati di cui al presente articolo procedono senza indugio alla segnalazione all'OCRI. La segnalazione è effettuata con modalità telematiche, definite d'intesa con Unioncamere e InfoCamere. Se il debitore decade dalla rateazione e risultano superate le soglie di cui al comma 2, il creditore procede senza indugio alla segnalazione all'OCRI.

5. I creditori pubblici qualificati di cui al presente articolo non procedono alla segnalazione di cui ai commi 1 e 4 se il debitore documenta di essere titolare di crediti di imposta o di altri crediti verso pubbliche amministrazioni risultanti dalla piattaforma per la gestione telematica del rilascio delle certificazioni, predisposta dal Ministero dell'economia e delle finanze ai sensi dell'articolo 4 del decreto del Ministro dell'economia e delle finanze 25 giugno 2012, pubblicato nella *Gazzetta Ufficiale* 2 luglio 2012, n. 152, e dell'articolo 3 del decreto del Ministro dell'economia e delle finanze 22 maggio 2012, pubblicato nella *Gazzetta Ufficiale* 21 giugno 2012, n. 143, per un ammontare complessivo non inferiore alla metà del debito verso il creditore pubblico qualificato. La consultazione della piattaforma avviene con modalità telematiche definite d'intesa con il Ministero dell'economia e delle finanze.

6. Le Camere di commercio rendono disponibile, esclusivamente ai creditori pubblici qualificati, un elenco nazionale dei soggetti sottoposti alle misure di allerta, da cui risultino anche le domande dagli stessi presentate per la composizione assistita della crisi o per l'accesso ad una procedura di regolazione della crisi o dell'insolvenza.

7. Per l'Agenzia delle entrate, l'obbligo di cui al comma 1 decorre dalle comunicazioni della liquidazione periodica IVA di cui all'articolo 21 *bis* del decreto legge 31 maggio 2010, n. 78, convertito con modificazioni dalla legge 30 luglio 2010, n. 122, relative al primo trimestre dell'anno d'imposta successivo all'entrata in vigore del presente codice.

Capo II
Organismo di composizione della crisi d'impresa

16. OCRI. – 1. L'OCRI è costituito presso ciascuna camera di commercio, industria, artigianato e agricoltura, con il compito di ricevere le segnalazioni di cui gli articoli 14 e 15, gestire il procedimento di allerta e assistere l'imprenditore, su sua istanza, nel procedimento di composizione assistita della crisi di cui al capo III.

2. Le segnalazioni dei soggetti qualificati e l'istanza del debitore di cui al comma 1 sono presentate all'OCRI costituito presso la camera di commercio nel cui ambito territoriale si trova la sede legale dell'impresa.

3. L'organismo opera tramite il referente, individuato nel segretario generale della camera di commercio, industria, artigianato e agricoltura, o un suo delegato, nonché tramite l'ufficio del referente, che può essere costituito anche in forma associata da diverse camere di commercio, e il collegio degli esperti di volta in volta nominato ai sensi dell'articolo 17.

4. Il referente assicura la tempestività del procedimento, vigilando sul rispetto dei termini da parte di tutti i soggetti coinvolti.

5. Le comunicazioni sono effettuate dall'ufficio del referente mediante posta elettronica certificata.

17. Nomina e composizione del collegio. – 1. Ricevuta la segnalazione di cui agli articoli 14 e 15 o l'istanza del debitore di cui all'articolo 19, comma 1, il referente procede senza indugio a dare comunicazione della segnalazione stessa agli organi di controllo della società, se esistenti, e alla nomina di un collegio di tre esperti tra quelli iscritti nell'albo di cui all'articolo 356 dei quali:

a) uno designato dal presidente della sezione specializzata in materia di impresa del tribunale individuato a norma dell'articolo 4 del decreto legislativo 27 giugno 2003, n. 168, avuto riguardo al luogo in cui si trova la sede dell'impresa, o da un suo delegato;

b) uno designato dal presidente della camera di commercio, industria, artigianato e agricoltura o da un suo delegato, diverso dal referente;

c) uno appartenente all'associazione rappresentativa del settore di riferimento del debitore, individuato dal referente, sentito il debitore, tra quelli iscritti nell'elenco trasmesso annualmente all'organismo dalle associazioni imprenditoriali di categoria; l'elenco contiene un congruo numero di esperti.

2. Le designazioni di cui al comma 1, lettere *a*) e *b*), devono pervenire all'organismo entro tre giorni lavorativi dalla ricezione della richiesta. In mancanza, il referente procede alla designazione in via sostitutiva. Le desi-

gnazioni di cui al comma 1 sono effettuate secondo criteri di trasparenza e rotazione, tenuto conto in ogni caso della specificità dell'incarico.

3. La richiesta di designazione non deve contenere alcun riferimento idoneo all'identificazione del debitore, salva l'indicazione del settore in cui lo stesso opera e delle dimensioni dell'impresa, desunte dal numero degli addetti e dall'ammontare annuo dei ricavi risultanti dal registro delle imprese.

4. Il referente cura, anche mediante l'individuazione dell'esperto di cui al comma 1, lettera *c*), che nel collegio siano rappresentate le professionalità necessarie per la gestione della crisi sotto il profilo aziendalistico, contabile e legale. Quando riscontra la mancanza di uno dei profili necessari tra i membri designati, provvede con atto motivato alla nomina di un esperto che ne sia munito, sempre tra gli iscritti al medesimo albo, in sostituzione del componente di cui al comma 1, lettera *b*).

5. Entro il giorno successivo alla nomina, i professionisti devono rendere all'organismo, a pena di decadenza, l'attestazione della propria indipendenza sulla base dei presupposti indicati all'articolo 2, comma 1, lettera *o*), numeri 2 e 3. I professionisti nominati ed i soggetti con i quali essi sono eventualmente uniti in associazione professionale non devono aver prestato negli ultimi cinque anni attività di lavoro subordinato o autonomo in favore del debitore, né essere stati membri degli organi di amministrazione o controllo dell'impresa, né aver posseduto partecipazioni in essa. In caso di rinuncia o decadenza, il referente procede alla sostituzione dell'esperto.

6. Quando il referente verifica, ricevuta la segnalazione dei soggetti qualificati o l'istanza del debitore, che si tratta di impresa minore ai sensi dell'articolo 2, comma 1, lettera *d*), convoca il debitore dinanzi all'OCC competente per territorio indicato dal debitore o in difetto individuato sulla base di un criterio di rotazione, ai fini e dell'eventuale avvio del procedimento di composizione assistita della crisi.

18. Audizione del debitore. – 1. Entro quindici giorni lavorativi dalla ricezione della segnalazione o dell'istanza del debitore, l'OCRI convoca dinanzi al collegio nominato ai sensi dell'articolo 17 il debitore medesimo nonché, quando si tratta di società dotata di organi di controllo, i componenti di questi ultimi, per l'audizione in via riservata e confidenziale.

2. Il collegio sceglie tra i propri componenti il presidente, che nomina relatore se stesso o altro componente del collegio. Il relatore ha il compito di acquisire e riferire i dati e le informazioni rilevanti.

3. Il collegio, sentito il debitore e tenuto conto degli elementi di valutazione da questi forniti nonché dei dati e delle informazioni assunte, quando ritiene che non sussista la crisi o che si tratti di imprenditore al quale non si

applicano gli strumenti di allerta, dispone l'archiviazione delle segnalazioni ricevute. Il collegio dispone in ogni caso l'archiviazione quando l'organo di controllo societario, se esistente o, in sua mancanza, un professionista indipendente, attesta l'esistenza di crediti di imposta o di altri crediti verso pubbliche amministrazioni per i quali sono decorsi novanta giorni dalla messa in mora, per un ammontare complessivo che, portato in compensazione con i debiti, determina il mancato superamento delle soglie di cui all'articolo 15, comma 2, lettere *a*), *b*) e *c*). All'attestazione devono essere allegati i documenti relativi ai crediti. L'attestazione ed i documenti allegati sono è utilizzabili solo nel procedimento dinanzi all'OCRI. Il referente comunica l'archiviazione al debitore ed ai soggetti che hanno effettuato la segnalazione.

4. Quando il collegio rileva l'esistenza della crisi, individua con il debitore le possibili misure per porvi rimedio e fissa il termine entro il quale il debitore deve riferire sulla loro attuazione.

5. Se il debitore non assume alcuna iniziativa allo scadere del termine fissato ai sensi del comma 4, il collegio informa con breve relazione scritta il referente, che ne dà immediata comunicazione agli autori delle segnalazioni.

6. Dell'eventuale presentazione dell'istanza di composizione assistita della crisi da parte del debitore, ai sensi dell'articolo 19, il referente dà notizia ai soggetti qualificati di cui agli articoli 14 e 15 che non abbiano effettuato la segnalazione, avvertendoli che essi sono esonerati dall'obbligo di segnalazione per tutta la durata del procedimento.

Capo III
Procedimento di composizione assistita della crisi

19. Composizione della crisi. – 1. Su istanza del debitore, formulata anche all'esito dell'audizione di cui all'articolo 18, il collegio fissa un termine non superiore a tre mesi, prorogabile fino ad un massimo di ulteriori tre mesi solo in caso di positivi riscontri delle trattative, per la ricerca di una soluzione concordata della crisi dell'impresa, incaricando il relatore di seguire le trattative.

2. Il collegio procede nel più breve tempo possibile ad acquisire dal debitore, o su sua richiesta a predisporre, anche mediante suddivisione dei compiti tra i suoi componenti sulla base delle diverse competenze e professionalità, una relazione aggiornata sulla situazione patrimoniale, economica e finanziaria dell'impresa, nonché un elenco dei creditori e dei titolari di diritti reali o personali, con indicazione dei rispettivi crediti e delle eventuali cause di prelazione.

3. Quando il debitore dichiara che intende presentare domanda di omologazione di accordi di ristrutturazione dei debiti o di apertura del concordato preventivo, il collegio procede, su richiesta del debitore, ad attestare la veridicità dei dati aziendali.

4. L'accordo con i creditori deve avere forma scritta, è depositato presso l'organismo e non è ostensibile a soggetti diversi da coloro che lo hanno sottoscritto. L'accordo produce gli stessi effetti degli accordi che danno esecuzione al piano attestato di risanamento e, su richiesta del debitore e con il consenso dei creditori interessati, è iscritto nel registro delle imprese.

20. Misure protettive. – 1. Dopo l'audizione di cui all'articolo 18, il debitore che ha presentato istanza per la soluzione concordata della crisi può chiedere alla sezione specializzata in materia di imprese di cui all'articolo 1 del decreto legislativo 27 giugno 2003, n. 168, individuata a norma dell'articolo 4 del medesimo decreto legislativo, avuto riguardo al luogo in cui si trova la sede dell'impresa, le misure protettive necessarie per condurre a termine le trattative in corso.

2. Il procedimento è regolato dagli articoli 54 e 55 in quanto compatibili. Il tribunale può sentire i soggetti che abbiano effettuato la segnalazione o il presidente del collegio di cui all'articolo 17.

3. La durata iniziale delle misure protettive non può essere superiore a tre mesi e può essere prorogata anche più volte, su istanza del debitore, fino al termine massimo di cui all'articolo 19, comma 1, a condizione che siano stati compiuti progressi significativi nelle trattative tali da rendere probabile il raggiungimento dell'accordo, su conforme attestazione resa dal collegio di cui all'articolo 17.

4. Durante il procedimento di composizione assistita della crisi di cui all'articolo 19 e fino alla sua conclusione, il debitore può chiedere al giudice competente ai sensi del comma 1, che siano disposti il differimento degli obblighi previsti dagli articoli 2446, secondo e terzo comma, 2447, 2482 *bis*, quarto, quinto e sesto comma e 2482 *ter* del codice civile, e la non operatività della causa di scioglimento della società per riduzione o perdita del capitale sociale di cui agli articoli 2484, primo comma, n. 4), e 2545 *duodecies* del codice civile. Su istanza del debitore, il provvedimento può essere pubblicato nel registro delle imprese.

5. Le misure concesse possono essere revocate in ogni momento, anche d'ufficio, se risultano commessi atti di frode nei confronti dei creditori o se il collegio di cui all'articolo 17 segnala al giudice competente che non è possibile addivenire a una soluzione concordata della crisi o che non vi sono significativi progressi nell'attuazione delle misure adottate per superare la crisi.

21. Conclusione del procedimento. – 1. Se allo scadere del termine di cui all'articolo 19, comma 1, non è stato concluso un accordo con i creditori coinvolti e permane una situazione di crisi, il collegio di cui all'articolo 17 invita il debitore a presentare domanda di accesso ad una delle procedure previste dall'articolo 37 nel termine di trenta giorni.

2. Il debitore può utilizzare la documentazione di cui all'articolo 19, commi 2 e 3.

3. Della conclusione negativa del procedimento di composizione assistita della crisi l'OCRI dà comunicazione ai soggetti di cui agli articoli 14 e 15 che non vi hanno partecipato.

4. Gli atti relativi al procedimento e i documenti prodotti o acquisiti nel corso dello stesso possono essere utilizzati unicamente nell'ambito della procedura di liquidazione giudiziale o di un procedimento penale.

22. Segnalazione al pubblico ministero. – 1. Se il debitore non compare per l'audizione, o dopo l'audizione non deposita l'istanza di cui all'articolo 19, comma 1, senza che sia stata disposta dal collegio l'archiviazione di cui all'articolo 18, comma 3, o all'esito delle trattative non deposita domanda di accesso ad una procedura di regolazione della crisi e dell'insolvenza nel termine assegnato ai sensi dell'articolo 21, comma 1, il collegio, se ritiene che gli elementi acquisti rendano evidente la sussistenza di uno stato di insolvenza del debitore, lo segnala con relazione motivata al referente che ne dà notizia al pubblico ministero presso il tribunale competente ai sensi dell'articolo 27, con atto redatto secondo la normativa anche regolamentare concernente la sottoscrizione, la trasmissione e la ricezione dei documenti informatici.

2. Il pubblico ministero, quando ritiene fondata la notizia di insolvenza, esercita tempestivamente, e comunque entro sessanta giorni dalla sua ricezione, l'iniziativa di cui all'articolo 38, comma 1.

23. Liquidazione del compenso. – 1. Il compenso dell'OCRI, se non concordato con l'imprenditore, è liquidato ai sensi dell'articolo 351, tenuto conto, separatamente, dell'attività svolta per l'audizione del debitore e per l'eventuale procedura di composizione assistita della crisi, nonché dell'impegno in concreto richiesto e degli esiti del procedimento.

Capo IV
Misure premiali

24. Tempestività dell'iniziativa. – 1. Ai fini dell'applicazione delle misure premiali di cui all'articolo 25, l'iniziativa del debitore volta a prevenire l'aggravarsi della crisi non è tempestiva se egli propone una domanda di accesso ad una delle procedure regolate dal presente codice oltre il termine di sei mesi, ovvero l'istanza di cui all'articolo 19 oltre il termine di tre mesi, a decorrere da quando si verifica, alternativamente:

a) l'esistenza di debiti per retribuzioni scaduti da almeno sessanta giorni per un ammontare pari ad oltre la metà dell'ammontare complessivo mensile delle retribuzioni;

b) l'esistenza di debiti verso fornitori scaduti da almeno centoventi giorni per un ammontare superiore a quello dei debiti non scaduti;

c) il superamento, nell'ultimo bilancio approvato, o comunque per oltre tre mesi, degli indici elaborati ai sensi dell'articolo 13, commi 2 e 3.

2. Su richiesta del debitore, il presidente del collegio di cui all'articolo 17 attesta l'esistenza dei requisiti di tempestività previsti dal presente articolo.

25. Misure premiali. – 1. All'imprenditore che ha presentato all'OCRI istanza tempestiva a norma dell'articolo 24 e che ne ha seguito in buona fede le indicazioni, ovvero ha proposto tempestivamente ai sensi del medesimo articolo domanda di accesso a una delle procedure regolatrici della crisi o dell'insolvenza di cui al presente codice che non sia stata in seguito dichiarata inammissibile, sono riconosciuti i seguenti benefici, cumulabili tra loro:

a) durante la procedura di composizione assistita della crisi e sino alla sua conclusione gli interessi che maturano sui debiti tributari dell'impresa sono ridotti alla misura legale;

b) le sanzioni tributarie per le quali è prevista l'applicazione in misura ridotta in caso di pagamento entro un determinato termine dalla comunicazione dell'ufficio che le irroga sono ridotte alla misura minima se il termine per il pagamento scade dopo la presentazione dell'istanza di cui all'articolo 19, comma 1, o della domanda di accesso ad una procedura di regolazione della crisi o dell'insolvenza;

c) le sanzioni e gli interessi sui debiti tributari oggetto della procedura di composizione assistita della crisi sono ridotti della metà nella eventuale procedura di regolazione della crisi o dell'insolvenza successivamente aperta;

d) la proroga del termine fissato dal giudice ai sensi dell'articolo 44 per il deposito della proposta di concordato preventivo o dell'accordo di ristrutturazione dei debiti è pari al doppio di quella che ordinariamente il giudice può concedere, se l'organismo di composizione della crisi non ha dato notizia di insolvenza al pubblico ministero ai sensi dell'articolo 22;

e) la proposta di concordato preventivo in continuità aziendale concorrente con quella da lui presentata non è ammissibile se il professionista incaricato attesta che la proposta del debitore assicura il soddisfacimento dei creditori chirografari in misura non inferiore al 20% dell'ammontare complessivo dei crediti.

2. Quando, nei reati di cui agli articoli 322, 323, 325, 328, 329, 330, 331, 333 e 341, comma 2, lettere *a*) e *b*), limitatamente alle condotte poste in essere prima dell'apertura della procedura, il danno cagionato è di speciale tenuità, non è punibile chi ha tempestivamente presentato l'istanza all'organismo di composizione assistita della crisi d'impresa ovvero la domanda di accesso a una delle procedure di regolazione della crisi o dell'insolvenza di cui al presente codice se, a seguito delle stesse, viene aperta una procedura di liquidazione giudiziale o di concordato preventivo ovvero viene omologato un accordo di ristrutturazione dei debiti. Fuori dai casi in cui risulta un danno di speciale tenuità, per chi ha presentato l'istanza o la domanda la pena è ridotta fino alla metà quando, alla data di apertura della procedura di regolazione della crisi o dell'insolvenza, il valore dell'attivo inventariato o offerto ai creditori assicura il soddisfacimento di almeno un quinto dell'ammontare dei debiti chirografari e, comunque, il danno complessivo cagionato non supera l'importo di 2.000.000 euro.

Titolo III
Procedure di regolazione
della crisi e dell'insolvenza

Capo I
Giurisdizione

26. Giurisdizione italiana. – 1. L'imprenditore che ha all'estero il centro degli interessi principali, può essere assoggettato ad una procedura di regolazione della crisi e dell'insolvenza nella Repubblica italiana anche se è stata aperta analoga procedura all'estero, quando ha una dipendenza in Italia.

2. Il trasferimento del centro degli interessi principali all'estero non esclude la sussistenza della giurisdizione italiana se è avvenuto nell'anno antecedente il deposito della domanda di regolazione concordata della crisi o della insolvenza o di apertura della liquidazione giudiziale ovvero dopo l'inizio della procedura di composizione assistita della crisi, se anteriore.

3. Sono fatte salve le convenzioni internazionali e la normativa dell'Unione europea.

4. Il tribunale, quando apre una procedura di insolvenza transfrontaliera ai sensi del regolamento (UE) 2015/848 del Parlamento europeo e del Consiglio del 20 maggio 2015, dichiara se la procedura è principale, secondaria o territoriale.

Capo II
Competenza

27. Competenza per materia e per territorio. – 1. Per i procedimenti di regolazione della crisi o dell'insolvenza e le controversie che ne derivano relativi alle imprese in amministrazione straordinaria e ai gruppi di imprese di rilevante dimensione è competente il tribunale sede delle sezioni specializzate in materia di imprese di cui all'articolo 1 del decreto legislativo 27 giugno 2003, n. 168. Il tribunale sede della sezione specializzata in materia di imprese è individuato a norma dell'articolo 4 del decreto legislativo 27 giugno 2003, n. 168, avuto riguardo al luogo in cui il debitore ha il centro degli interessi principali.

2. Per i procedimenti di regolazione della crisi o dell'insolvenza diversi da quelli di cui al comma 1 e le controversie che ne derivano è competente il tribunale nel cui circondario il debitore ha il centro degli interessi principali.

3. Il centro degli interessi principali del debitore si presume coincidente:

a) per la persona fisica esercente attività impresa, con la sede legale risultante dal registro delle imprese o, in mancanza, con la sede effettiva dell'attività abituale;

b) per la persona fisica non esercente attività d'impresa, con la residenza o il domicilio e, se questi sono sconosciuti, con l'ultima dimora nota o, in mancanza, con il luogo di nascita. Se questo non è in Italia, la competenza è del Tribunale di Roma;

c) per la persona giuridica e gli enti, anche non esercenti attività impresa, con la sede legale risultante dal registro delle imprese o, in mancanza, con la sede effettiva dell'attività abituale o, se sconosciuta, secondo quanto previsto nella lettera *b*), con riguardo al legale rappresentante.

28. Trasferimento del centro degli interessi principali. – 1. Il trasferimento del centro degli interessi principali non rileva ai fini della competenza quando è intervenuto nell'anno antecedente al deposito della domanda di regolazione concordata della crisi o della insolvenza o di apertura della liquidazione giudiziale ovvero dopo l'inizio della procedura di composizione assistita della crisi, se anteriore.

29. Incompetenza. – 1. Il tribunale decide con ordinanza quando dichiara l'incompetenza. L'ordinanza è trasmessa in copia al tribunale dichiarato competente, unitamente agli atti del procedimento.

2. Il tribunale dichiarato competente, se non richiede d'ufficio il regolamento di competenza ai sensi dell'articolo 45 del codice di procedura civile, dispone la prosecuzione del procedimento pendente, dandone comunicazione alle parti.

3. Quando l'incompetenza è dichiarata all'esito del giudizio di cui all'articolo 51, il reclamo, per le questioni diverse dalla competenza, è riassunto, a norma dell'articolo 50 del codice di procedura civile, dinanzi alla corte di appello competente.

30. Conflitto positivo di competenza. – 1. Quando una procedura regolatrice delle crisi o dell'insolvenza è stata aperta da più tribunali, il procedimento prosegue avanti al tribunale competente che si è pronunciato per primo.

2. Il tribunale che si è pronunciato successivamente, se non richiede d'ufficio il regolamento di competenza ai sensi dell'articolo 45 del codice di procedura civile, dispone la trasmissione degli atti al tribunale che si è pronunziato per primo. Si applica l'articolo 29, in quanto compatibile.

31. Salvezza degli effetti. – 1. A seguito del trasferimento del procedimento da un tribunale all'altro restano salvi gli effetti degli atti compiuti nel procedimento davanti al giudice incompetente.

32. Competenza sulle azioni che derivano dall'apertura delle procedure di liquidazione. – 1. Il tribunale che ha aperto le procedure di liquidazione è competente a conoscere di tutte le azioni che ne derivano, qualunque ne sia il valore.

2. Nei giudizi che derivano dall'apertura delle procedure di liquidazione promossi innanzi al tribunale incompetente, il giudice, anche d'ufficio, assegna alle parti un termine di non oltre trenta giorni per la riassunzione della causa davanti al giudice competente ai sensi dell'articolo 50 del codice di procedura civile e ordina la cancellazione della causa dal ruolo.

Capo III
Cessazione dell'attività del debitore

33. Cessazione dell'attività. – 1. La liquidazione giudiziale può essere aperta entro un anno dalla cessazione dell'attività del debitore, se l'insolvenza si è manifestata anteriormente alla medesima o entro l'anno successivo.

2. Per gli imprenditori la cessazione dell'attività coincide con la cancellazione dal registro delle imprese e, se non iscritti, dal momento in cui i terzi hanno conoscenza della cessazione stessa. È obbligo dell'imprenditore mantenere attivo l'indirizzo del servizio elettronico di recapito certificato qualificato, o di posta elettronica certificata comunicato all'INI-PEC, per un anno decorrente dalla cancellazione.

3. In caso di impresa individuale o di cancellazione di ufficio degli imprenditori collettivi, è fatta comunque salva la facoltà per il creditore o per il pubblico ministero di dimostrare il momento dell'effettiva cessazione dell'attività da cui decorre il termine del comma 1.

4. La domanda di accesso alla procedura di concordato preventivo o di omologazione degli accordi di ristrutturazione dei debiti presentata dall'imprenditore cancellato dal registro delle imprese è inammissibile.

34. Apertura della liquidazione giudiziale del debitore defunto. – 1. L'apertura della procedura di liquidazione giudiziale nei confronti del debitore defunto può essere dichiarata quando ricorrono le condizioni di cui all'articolo 33.

2. L'erede può chiedere l'apertura della procedura di liquidazione giudiziale nei confronti del debitore defunto, se dimostra di avervi interesse e l'eredità non sia già confusa con il suo patrimonio.

3. L'erede che chiede l'apertura della procedura di liquidazione giudiziale non è soggetto agli obblighi di deposito della documentazione di cui all'articolo 39, salva una relazione sulla situazione economico-patrimoniale aggiornata.

4. Con l'apertura della procedura di liquidazione cessano di diritto gli effetti della separazione dei beni ottenuta dai creditori del defunto a norma del codice civile.

35. Morte del debitore. – 1. Se il debitore muore dopo l'apertura della procedura di liquidazione concorsuale, questa prosegue nei confronti degli eredi, anche se hanno accettato con beneficio d'inventario.

2. Se ci sono più eredi, la procedura prosegue nei confronti di quello che è designato come rappresentante. In mancanza di accordo sulla designazione, entro quindici giorni dalla morte del debitore vi provvede il giudice delegato.

36. Eredità giacente e istituzione di erede sotto condizione sospensiva. – 1. Nel caso previsto dall'articolo 528 del codice civile, la procedura prosegue nei confronti del curatore dell'eredità giacente e nel caso previsto dall'articolo 641 del codice civile nei confronti dell'amministratore nominato a norma dell'articolo 642 dello stesso codice.

Capo IV
Accesso alle procedure di regolazione della crisi e dell'insolvenza

Sezione I
Iniziativa per l'accesso alle procedure di regolazione della crisi o dell'insolvenza

37. Iniziativa per l'accesso alle procedure di regolazione della crisi o dell'insolvenza. – 1. La domanda di accesso a una procedura regolatrice della crisi o dell'insolvenza è proposta con ricorso del debitore.

2. La domanda di apertura della liquidazione giudiziale è proposta con ricorso del debitore, degli organi e delle autorità amministrative che hanno funzioni di controllo e di vigilanza sull'impresa, di uno o più creditori o del pubblico ministero.

38. Iniziativa del pubblico ministero. – 1. Il pubblico ministero presenta il ricorso per l'apertura della liquidazione giudiziale in ogni caso in cui ha notizia dell'esistenza di uno stato di insolvenza.

2. L'autorità giudiziaria che rileva l'insolvenza nel corso di un procedimento lo segnala al pubblico ministero.

39. Obblighi del debitore che chiede l'accesso a una procedura regolatrice della crisi o dell'insolvenza. – 1. Il debitore che chiede l'accesso a una delle procedure di regolazione della crisi o dell'insolvenza deposita presso il tribunale le scritture contabili e fiscali obbligatorie, le dichiarazioni dei redditi concernenti i tre esercizi o anni precedenti ovvero l'intera esistenza dell'impresa o dell'attività economica o professionale, se questa ha avuto una minore durata, i bilanci relativi agli ultimi tre esercizi. Deve inoltre depositare, anche in formato digitale, una relazione sulla situazione economica, patrimoniale e finanziaria aggiornata, uno stato particolareggiato ed estimativo delle sue attività, l'elenco nominativo dei creditori e l'indicazione dei rispettivi crediti e delle cause di prelazione, l'elenco nominativo di coloro che vantano diritti reali e personali su cose in suo possesso e l'indicazione delle cose stesse e del titolo da cui sorge il diritto, un'idonea certificazione sui debiti fiscali, contributivi e per premi assicurativi.

2. Il debitore deve depositare una relazione riepilogativa degli atti di straordinaria amministrazione compiuti nel quinquennio anteriore.

3. Quando la domanda ha ad oggetto l'assegnazione dei termini di cui all'articolo 44, comma 1, lettera *a*), il debitore deposita unitamente alla domanda unicamente i bilanci relativi agli ultimi tre esercizi o, per le imprese non soggette all'obbligo di redazione del bilancio, le dichiarazioni dei redditi concernenti i tre esercizi precedenti, l'elenco nominativo dei creditori con l'indicazione dei rispettivi crediti e delle cause di prelazione. L'ulteriore documentazione prevista dai commi 1 e 2 deve essere depositata nel termine assegnato dal tribunale ai sensi dell'art. 44, comma 1, lettera *a*).

Sezione II
Procedimento unitario per l'accesso alle procedure di regolazione della crisi o dell'insolvenza

40. Domanda di accesso alla procedura. – 1. Il procedimento per l'accesso a una delle procedure di regolazione della crisi o dell'insolvenza si svolge dinanzi al tribunale in composizione collegiale, con le modalità previste dalla presente sezione.

2. Il ricorso deve indicare l'ufficio giudiziario, l'oggetto, le ragioni della domanda e le conclusioni ed è sottoscritto dal difensore munito di procura.

3. La domanda del debitore, entro il giorno successivo al deposito, è comunicata dal cancelliere al registro delle imprese. L'iscrizione è eseguita entro il giorno seguente e quando la domanda contiene la richiesta di misure protettive il conservatore, nell'eseguire l'iscrizione, ne fa espressa menzione. La domanda, unitamente ai documenti allegati, è trasmessa al pubblico ministero.

4. Nel procedimento di liquidazione giudiziale il debitore può stare in giudizio personalmente.

5. In caso di domanda proposta da un creditore, da coloro che hanno funzioni di controllo e di vigilanza sull'impresa o dal pubblico ministero, il

ricorso e il decreto di convocazione devono essere notificati, a cura dell'ufficio, all'indirizzo del servizio elettronico di recapito certificato qualificato o di posta elettronica certificata del debitore risultante dal registro delle imprese ovvero dall'Indice nazionale degli indirizzi di posta elettronica certificata (INI-PEC) delle imprese e dei professionisti. L'esito della comunicazione è trasmesso con modalità telematica all'indirizzo di posta elettronica certificata del ricorrente.

6. Quando la notificazione a mezzo di posta elettronica certificata di cui al comma 5 non risulta possibile o non ha esito positivo per causa imputabile al destinatario, il ricorso e il decreto sono notificati senza indugio, a cura della cancelleria, mediante il loro inserimento nell'area web riservata ai sensi dell'articolo 359. La notificazione si ha per eseguita nel terzo giorno successivo a quello in cui è compiuto l'inserimento.

7. Quando la notificazione non risulta possibile o non ha esito positivo, per cause non imputabili al destinatario, la notifica, a cura del ricorrente, si esegue esclusivamente di persona a norma dell'articolo 107, primo comma, del decreto del Presidente della Repubblica 15 dicembre 1959, n. 1229, presso la sede risultante dal registro delle imprese o, per i soggetti non iscritti nel registro delle imprese, presso la residenza. Quando la notificazione non può essere compiuta con queste modalità, si esegue con il deposito dell'atto nella casa comunale della sede che risulta iscritta nel registro delle imprese ovvero presso la residenza per i soggetti non iscritti nel registro delle imprese, e si perfeziona nel momento del deposito stesso. Per le persone fisiche non obbligate a munirsi del domicilio digitale, del deposito è data notizia anche mediante affissione dell'avviso in busta chiusa e sigillata alla porta dell'abitazione o dell'ufficio e per raccomandata con avviso di ricevimento.

41. Procedimento per l'apertura della liquidazione giudiziale. – 1. Il tribunale con decreto convoca le parti non oltre quarantacinque giorni dal deposito del ricorso.

2. Tra la data della notifica e quella dell'udienza deve intercorrere un termine non inferiore a quindici giorni.

3. I termini di cui ai commi 1 e 2 possono essere abbreviati dal presidente del tribunale o dal giudice relatore da lui delegato con decreto motivato, se ricorrono particolari ragioni di urgenza. In tali casi, il presidente del tribunale o il giudice da lui delegato può disporre che il ricorso e il decreto di fissazione dell'udienza siano portati a conoscenza delle parti con ogni mezzo idoneo, omessa ogni formalità non indispensabile alla conoscibilità degli stessi.

4. Il decreto fissa un termine fino a sette giorni prima dell'udienza per la presentazione di memorie o un termine ridotto nel caso di cui al primo pe-

riodo del comma 3. Il debitore nel costituirsi, deve depositare i documenti di cui all'articolo 39.

5. L'intervento dei terzi che hanno legittimazione a proporre la domanda e del pubblico ministero può avere luogo sino a che la causa non venga rimessa al collegio per la decisione.

6. Il tribunale può delegare al giudice relatore l'audizione delle parti. In tal caso, il giudice delegato provvede all'ammissione ed all'espletamento dei mezzi istruttori richiesti dalle parti o disposti d'ufficio. Il giudice può disporre la raccolta di informazioni da banche dati pubbliche e da pubblici registri.

42. Istruttoria sui debiti risultanti dai pubblici registri nei procedimenti per l'apertura della liquidazione giudiziale o del concordato preventivo. – 1. Fermo quanto disposto dall'articolo 39, a seguito della domanda di apertura della liquidazione giudiziale o del concordato preventivo, la cancelleria acquisisce, mediante collegamento telematico diretto alle banche dati dell'Agenzia delle entrate, dell'Istituto nazionale di previdenza sociale e del Registro delle imprese, i dati e i documenti relativi al debitore individuati all'articolo 367 e con le modalità prescritte nel medesimo articolo.

2. Fino al momento in cui l'articolo 367 acquista efficacia, la cancelleria provvede all'acquisizione dei dati e documenti indicati al comma 1 mediante richiesta inoltrata tramite posta elettronica certificata.

43. Rinuncia alla domanda. – 1. In caso di rinuncia alla domanda di cui all'articolo 40 il procedimento si estingue. È fatta salva la legittimazione del pubblico ministero intervenuto.

2. Sull'estinzione il tribunale provvede con decreto e, nel dichiarare l'estinzione, può condannare la parte che vi ha dato causa alle spese. Il decreto è comunicato al pubblico ministero.

3. Quando la domanda è stata iscritta nel registro delle imprese, il cancelliere comunica immediatamente il decreto di estinzione al medesimo registro per la sua iscrizione da effettuarsi entro il giorno successivo.

44. Accesso al concordato preventivo e al giudizio per l'omologazione degli accordi di ristrutturazione. – 1. Il tribunale, su domanda del debitore di accedere a una procedura di regolazione concordata, pronuncia decreto con il quale:

a) se richiesto, fissa un termine compreso tra trenta e sessanta giorni, prorogabile su istanza del debitore in presenza di giustificati motivi e in assenza di domande per l'apertura della liquidazione giudiziale, di non oltre sessanta giorni, entro il quale il debitore deposita la proposta di concordato preventivo con il piano, l'attestazione di veridicità dei dati e di fattibilità e la documentazione di cui all'art. 39, comma 1, oppure gli accordi di ristrutturazione dei debiti;

b) nel caso di domanda di accesso alla procedura di concordato preventivo nomina un commissario giudiziale, disponendo che questi riferisca immediatamente al tribunale su ogni atto di frode ai creditori non dichiarato nella domanda ovvero su ogni circostanza o condotta del debitore tali da pregiudicare una soluzione efficace della crisi. Si applica l'articolo 49, comma 3, lettera *f*);

c) dispone gli obblighi informativi periodici, anche relativi alla gestione finanziaria dell'impresa e all'attività compiuta ai fini della predisposizione della proposta e del piano, che il debitore deve assolvere, con periodicità almeno mensile e sotto la vigilanza del commissario giudiziale, sino alla scadenza del termine fissato ai sensi del comma 1, lettera *a*). Con la medesima periodicità, il debitore deposita una relazione sulla situazione patrimoniale, economica e finanziaria che, entro il giorno successivo, è iscritta nel registro delle imprese su richiesta del cancelliere;

d) in caso di nomina del commissario giudiziale, ordina al debitore il versamento, entro un termine perentorio non superiore a dieci giorni, di una somma per le spese della procedura, nella misura necessaria fino alla scadenza del termine fissato ai sensi del comma 1, lettera *a*);

e) ordina l'iscrizione immediata del provvedimento, a cura del cancelliere, nel registro delle imprese.

2. Il tribunale, su segnalazione del commissario giudiziale o del pubblico ministero, con decreto non soggetto a reclamo, sentiti il debitore ed i creditori che hanno proposto ricorso per l'apertura della liquidazione giudiziale e omessa ogni formalità non essenziale al contraddittorio, revoca il provvedimento di concessione dei termini quando accerta una delle situazioni di cui al comma 1, lettera *b*) o quando vi è stata grave violazione degli obblighi informativi di cui al comma 1, lettera *c*). Nello stesso modo il tribunale provvede in caso di violazione dell'obbligo di cui al comma 1, lettera *d*).

3. I termini di cui al comma 1, lettere *a*), *c*) e *d*) non sono soggetti a sospensione feriale dei termini.

4. Nel caso di domanda di accesso al giudizio di omologazione di accordi di ristrutturazione, la nomina del commissario giudiziale deve essere disposta in presenza di istanze per la apertura della procedura di liquidazione giudiziale.

5. Per le società, la domanda di omologazione di accordi di ristrutturazione dei debiti e la domanda di concordato preventivo devono essere approvate e sottoscritte a norma dell'articolo 265.

6. Gli accordi, contestualmente al deposito, sono pubblicati nel registro delle imprese e acquistano efficacia dal giorno della pubblicazione.

45. Comunicazione e pubblicazione del decreto di concessione dei termini. – 1. Entro il giorno successivo al deposito in cancelleria, il decreto di concessione dei termini per l'accesso al concordato preventivo o per il deposito degli accordi di ristrutturazione di cui all'articolo 44, comma 1, lettera *a*), è comunicato al debitore, al pubblico ministero e ai richiedenti l'apertura della liquidazione giudiziale.

2. Nello stesso termine il decreto è trasmesso per estratto a cura del cancelliere all'ufficio del registro delle imprese ai fini della sua iscrizione, da effettuarsi entro il giorno successivo. L'estratto contiene il nome del debitore, il nome dell'eventuale commissario, il dispositivo e la data del deposito. L'iscrizione è effettuata presso l'ufficio del registro delle imprese ove l'imprenditore ha la sede legale e, se questa differisce dalla sede effettiva, anche presso quello corrispondente al luogo ove la procedura è stata aperta.

46. Effetti della domanda di accesso al concordato preventivo. – 1. Dopo il deposito della domanda di accesso e fino al decreto di apertura di cui all'articolo 47, il debitore può compiere gli atti urgenti di straordinaria amministrazione previa autorizzazione del tribunale. In difetto di autorizzazione gli atti sono inefficaci e il tribunale dispone la revoca del decreto di cui all'articolo 44, comma 1.

2. La domanda di autorizzazione contiene idonee informazioni sul contenuto del piano. Il tribunale può assumere ulteriori informazioni, anche da terzi e acquisisce il parere del commissario giudiziale, se nominato.

3. Successivamente al decreto di apertura e fino all'omologazione, sull'istanza di autorizzazione provvede il giudice delegato.

4. I crediti di terzi sorti per effetto degli atti legalmente compiuti dal debitore sono prededucibili.

5. I creditori non possono acquisire diritti di prelazione con efficacia rispetto ai creditori concorrenti, salvo che vi sia l'autorizzazione prevista dai commi 1, 2 e 3. Le ipoteche giudiziali iscritte nei novanta giorni che precedono la data della pubblicazione nel registro delle imprese della domanda di accesso sono inefficaci rispetto ai creditori anteriori.

47. Apertura del concordato preventivo. – 1. A seguito del deposito del piano e della proposta di concordato, il tribunale, verificata l'ammissibilità giuridica della proposta e la fattibilità economica del piano ed acquisito, se non disponga già di tutti gli elementi necessari, il parere del commissario giudiziale, se nominato ai sensi dell'art. 44, comma 1, lettera *b*), con decreto:

a) nomina il giudice delegato;

b) nomina ovvero conferma il commissario giudiziale;

c) stabilisce, in relazione al numero dei creditori, alla entità del passivo e alla necessità di assicurare la tempestività e l'efficacia della procedura, la data iniziale e finale per l'espressione del voto dei creditori, con modalità idonee a salvaguardare il contraddittorio e l'effettiva partecipazione, anche utilizzando le strutture informatiche messe a disposizione da soggetti terzi e fissa il termine per la comunicazione del provvedimento ai creditori;

d) fissa il termine perentorio, non superiore a quindici giorni, entro il quale il debitore deve depositare nella cancelleria del tribunale la somma, ulteriore rispetto a quella versata ai sensi dell'articolo 44, comma 1, lettera *d*), pari al 50 per cento delle spese che si presumono necessarie per l'intera procedura ovvero la diversa minor somma, non inferiore al 20 per cento di tali spese, che sia determinata dal tribunale.

2. Il decreto è comunicato e pubblicato ai sensi dell'articolo 45.

3. Il tribunale, quando accerta la mancanza delle condizioni di ammissibilità e fattibilità di cui al comma 1, sentiti il debitore, i creditori che hanno proposto domanda di apertura della liquidazione giudiziale ed il pubblico ministero, con decreto motivato dichiara inammissibile la proposta e, su ricorso di uno dei soggetti legittimati, dichiara con sentenza l'apertura della liquidazione giudiziale.

4. Il decreto di cui al comma 3 è reclamabile dinanzi alla corte di appello nel termine di quindici giorni dalla comunicazione. La corte di appello, sentite le parti, provvede in camera di consiglio con decreto motivato. Si applicano le disposizioni di cui agli articoli 737 e 738 del codice di procedura civile.

5. La domanda può essere riproposta, decorso il termine per proporre reclamo, quando si verifichino mutamenti delle circostanze.

48. Omologazione del concordato preventivo e degli accordi di ristrutturazione dei debiti. – 1. Se il concordato è stato approvato dai creditori, il tribunale fissa l'udienza in camera di consiglio per la comparizione delle parti e del commissario giudiziale, disponendo che il provvedimento sia iscritto presso l'ufficio del registro delle imprese dove l'imprenditore ha la sede legale e, se questa differisce dalla sede effettiva, anche presso l'ufficio del luogo in cui la procedura è stata aperta nonché notificato, a cura del debitore, al commissario giudiziale e agli eventuali creditori dissenzienti.

2. Le opposizioni dei creditori dissenzienti e di qualsiasi interessato devono essere proposte con memoria depositata nel termine perentorio di almeno dieci giorni prima dell'udienza. Il commissario giudiziale deve depositare il proprio motivato parere almeno cinque giorni prima dell'udienza. Il debitore può depositare memorie fino a due giorni prima dell'udienza.

3. Il tribunale verifica la regolarità della procedura, l'esito della votazione, l'ammissibilità giuridica della proposta e la fattibilità economica del piano, tenendo conto dei rilievi del commissario giudiziale. Assume i mezzi istruttori richiesti dalle parti o disposti d'ufficio, anche delegando uno dei componenti del collegio e provvede con sentenza sulla domanda di omologazione del concordato.

4. Quando è depositata una domanda di omologazione di accordi di ristrutturazione, i creditori e ogni altro interessato possono proporre opposizione entro trenta giorni dall'iscrizione degli accordi nel registro delle imprese. Il termine è sospeso nel periodo feriale. Il tribunale, decise le opposizioni in camera di consiglio, provvede all'omologazione con sentenza.

5. Il tribunale omologa gli accordi di ristrutturazione anche in mancanza di adesione da parte dell'amministrazione finanziaria quando l'adesione è decisiva ai fini del raggiungimento delle percentuali di cui all'articolo 57, comma 1, e 60 comma 1 e quando, anche sulla base delle risultanze della relazione del professionista indipendente, la proposta di soddisfacimento della predetta amministrazione è conveniente rispetto all'alternativa liquidatoria.

6. La sentenza che omologa il concordato o gli accordi di ristrutturazione è notificata e iscritta a norma dell'articolo 45 e produce i propri effetti dalla data della pubblicazione ai sensi dell'articolo 133, primo comma, del codice di procedura civile. Gli effetti nei riguardi dei terzi si producono dalla data di iscrizione nel registro delle imprese.

7. Se il tribunale non omologa il concordato preventivo o gli accordi di ristrutturazione, dichiara con sentenza, su ricorso di uno dei soggetti legittimati, l'apertura della liquidazione giudiziale.

49. Dichiarazione di apertura della liquidazione giudiziale. – 1. Il tribunale, definite le domande di accesso ad una procedura di regolazione concordata della crisi o dell'insolvenza eventualmente proposte, su ricorso di uno dei soggetti legittimati e accertati i presupposti dell'articolo 121, dichiara con sentenza l'apertura della liquidazione giudiziale.

2. Allo stesso modo, su ricorso di uno dei soggetti legittimati, il tribunale provvede, osservate le disposizioni di cui all'articolo 44, comma 2, quando è decorso inutilmente o è stato revocato il termine di cui all'articolo 44, comma 1, lettera *a*), quando il debitore non ha depositato le spese di procedura di cui all'articolo 44, comma 1, lettera *d*), ovvero nei casi previsti dall'articolo 106 o in caso di mancata approvazione del concordato preventivo o quando il concordato preventivo o gli accordi di ristrutturazione non sono stati omologati.

3. Con la sentenza di cui ai commi 1 e 2, il tribunale:

a) nomina il giudice delegato per la procedura;

b) nomina il curatore e, se utile, uno o più esperti per l'esecuzione di compiti specifici in luogo del curatore;

c) ordina al debitore il deposito entro tre giorni dei bilanci e delle scritture contabili e fiscali obbligatorie, in formato digitale nei casi in cui la documentazione è tenuta a norma dell'articolo 2215 *bis* del codice civile, nonché dell'elenco dei creditori, se già non eseguito a norma dell'articolo 39;

d) stabilisce il luogo, il giorno e l'ora dell'udienza in cui si procederà all'esame dello stato passivo, entro il termine perentorio di non oltre centoventi giorni dal deposito della sentenza, ovvero centocinquanta giorni in caso di particolare complessità della procedura;

e) assegna ai creditori e ai terzi, che vantano diritti reali o personali su cose in possesso del debitore, il termine perentorio di trenta giorni prima dell'udienza di cui alla lettera *d*) per la presentazione delle domande di insinuazione;

f) autorizza il curatore, con le modalità di cui agli articoli 155 *quater*, 155 *quinquies* e 155 *sexies* delle disposizioni di attuazione del codice di procedura civile:

1) ad accedere alle banche dati dell'anagrafe tributaria e dell'archivio dei rapporti finanziari;

2) ad accedere alla banca dati degli atti assoggettati a imposta di registro e ad estrarre copia degli stessi;

3) ad acquisire l'elenco dei clienti e l'elenco dei fornitori di cui all'articolo 21 del decreto legge 31 maggio 2010, n. 78, convertito dalla legge 30 luglio 2010, n. 122 e successive modificazioni;

4) ad acquisire la documentazione contabile in possesso delle banche e degli altri intermediari finanziari relativa ai rapporti con l'impresa debitrice, anche se estinti;

5) ad acquisire le schede contabili dei fornitori e dei clienti relative ai rapporti con l'impresa debitrice.

4. La sentenza è comunicata e pubblicata ai sensi dell'articolo 45. La sentenza produce i propri effetti dalla data della pubblicazione ai sensi dell'articolo 133, primo comma, del codice di procedura civile. Gli effetti nei riguardi dei terzi, fermo quanto disposto agli articoli da 163 a 171, si producono dalla data di iscrizione della sentenza nel registro delle imprese.

5. Non si fa luogo all'apertura della liquidazione giudiziale se l'ammontare dei debiti scaduti e non pagati risultanti dagli atti dell'istruttoria è complessivamente inferiore a euro trentamila. Tale importo è periodicamente aggiornato con le modalità di cui all'articolo 2, comma 1, lettera *d*).

50. Reclamo contro il provvedimento che rigetta la domanda di apertura della liquidazione giudiziale. – 1. Il tribunale, se respinge la domanda di apertura della liquidazione giudiziale, provvede con decreto motivato. Il decreto, a cura del cancelliere, è comunicato alle parti e, quando è stata disposta la pubblicità della domanda, iscritto nel registro delle imprese.

2. Entro trenta giorni dalla comunicazione, il ricorrente o il pubblico ministero possono proporre reclamo contro il decreto alla corte di appello che, sentite le parti, provvede in camera di consiglio con decreto motivato. Si applicano le disposizioni di cui agli articoli 737 e 738 del codice di procedura civile.

3. Il debitore non può chiedere in separato giudizio la condanna del creditore istante alla rifusione delle spese ovvero al risarcimento del danno per responsabilità aggravata ai sensi dell'articolo 96 del codice di procedura civile.

4. Il decreto della corte di appello che rigetta il reclamo non è ricorribile per cassazione, è comunicato dalla cancelleria alle parti del procedimento in via telematica, al debitore, se non costituito, ai sensi dell'articolo 40, commi 5, 6 e 7 ed è iscritto immediatamente nel registro delle imprese nel caso di pubblicità della domanda.

5. In caso di accoglimento del reclamo, la corte di appello dichiara aperta la liquidazione giudiziale con sentenza e rimette gli atti al tribunale, che adotta, con decreto, i provvedimenti di cui all'articolo 49, comma 3. Contro la sentenza può essere proposto ricorso per cassazione, ma i termini sono ridotti della metà. La sentenza della corte di appello e il decreto del tribunale sono iscritti nel registro delle imprese su richiesta del cancelliere del tribunale.

6. I termini di cui agli articoli 33, 34 e 35 si computano con riferimento alla sentenza della corte di appello.

51. Impugnazioni. – 1. Contro la sentenza del tribunale che pronuncia sull'omologazione del concordato preventivo o degli accordi di ristrutturazione oppure dispone l'apertura della liquidazione giudiziale le parti possono proporre reclamo. La sentenza che dichiara aperta la liquidazione giudiziale può essere impugnata anche da qualunque interessato. Il reclamo è proposto con ricorso da depositare nella cancelleria della corte di appello nel termine di trenta giorni.

2. Il ricorso deve contenere:

a) l'indicazione della corte di appello competente;

b) le generalità dell'impugnante e del suo procuratore e l'elezione del domicilio nel comune in cui ha sede la corte di appello;

c) l'esposizione dei fatti e degli elementi di diritto su cui si basa l'impugnazione, con le relative conclusioni;

d) l'indicazione dei mezzi di prova di cui il ricorrente intende avvalersi e dei documenti prodotti.

3. Il termine per il reclamo decorre, per le parti, dalla data della notificazione telematica del provvedimento a cura dell'ufficio e, per gli altri interessati, dalla data della iscrizione nel registro delle imprese. Si applica alle parti la disposizione di cui all'articolo 327, primo comma, del codice di procedura civile.

4. Il reclamo non sospende l'efficacia della sentenza, salvo quanto previsto dall'articolo 52. L'accoglimento del reclamo produce gli effetti di cui all'articolo 53.

5. Il presidente, nei cinque giorni successivi al deposito del ricorso, designa il relatore, e fissa con decreto l'udienza di comparizione entro sessanta giorni dal deposito del ricorso.

6. Il ricorso, unitamente al decreto di fissazione dell'udienza, è notificato a cura della cancelleria o in via telematica, al reclamante, al curatore o al commissario giudiziale e alle altre parti entro dieci giorni.

7. Tra la data della notificazione e quella dell'udienza deve intercorrere un termine non minore di trenta giorni.

8. Le parti resistenti devono costituirsi, a pena di decadenza, almeno dieci giorni prima dell'udienza, eleggendo il domicilio nel comune in cui ha sede la corte di appello. La costituzione si effettua mediante il deposito in cancelleria di una memoria contenente l'esposizione delle difese in fatto e in diritto, nonché l'indicazione dei mezzi di prova e dei documenti prodotti.

9. L'intervento di qualunque interessato non può avere luogo oltre il termine stabilito per la costituzione delle parti resistenti con le modalità per queste previste.

10. All'udienza, il collegio, sentite le parti, assume, anche d'ufficio, nel rispetto del contraddittorio, tutti i mezzi di prova che ritiene necessari, eventualmente delegando un suo componente.

11. La corte, esaurita la trattazione, provvede sul ricorso con sentenza entro il termine di trenta giorni.

12. La sentenza è notificata, a cura della cancelleria e in via telematica, alle parti, e deve essere pubblicata e iscritta al registro delle imprese a norma dell'articolo 45.

13. Il termine per proporre il ricorso per cassazione è di trenta giorni dalla notificazione.

14. Il ricorso per cassazione non sospende l'efficacia della sentenza.

15. Salvo quanto previsto dall'articolo 96 del codice di procedura civile, con la sentenza che decide l'impugnazione, il giudice dichiara se la parte soccombente ha agito o resistito con mala fede o colpa grave e, in tal caso, revoca con efficacia retroattiva l'eventuale provvedimento di ammissione della stessa al patrocinio a spese dello Stato. In caso di società o enti, il giudi-

ce dichiara se sussiste mala fede del legale rappresentante che ha conferito la procura e, in caso positivo, lo condanna in solido con la società o l'ente al pagamento delle spese dell'intero processo e al pagamento di una somma pari al doppio del contributo unificato di cui all'articolo 9 del decreto del Presidente della Repubblica 30 maggio 2002, n. 115.

52. Sospensione della liquidazione, dell'esecuzione del piano o degli accordi. – 1. Proposto il reclamo, la corte di appello, su richiesta di parte o del curatore, può, quando ricorrono gravi e fondati motivi, sospendere, in tutto o in parte o temporaneamente, la liquidazione dell'attivo, la formazione dello stato passivo e il compimento di altri atti di gestione. Allo stesso modo può provvedere, in caso di reclamo avverso la omologazione del concordato preventivo o degli accordi di ristrutturazione dei debiti, ordinando l'inibitoria, in tutto o in parte o temporanea, dell'attuazione del piano o dei pagamenti.

2. La corte di appello può disporre le opportune tutele per i creditori e per la continuità aziendale.

3. L'istanza di sospensione si propone per il reclamante con il reclamo e per le altre parti con l'atto di costituzione; il presidente, con decreto, ordina la comparizione delle parti dinanzi al collegio in camera di consiglio e dispone che copia del ricorso e del decreto siano notificate alle altre parti e al curatore o al commissario giudiziale, nonché al pubblico ministero.

4. La corte di appello decide con decreto contro il quale non è ammesso ricorso per cassazione.

53. Effetti della revoca della liquidazione giudiziale, dell'omologazione del concordato e degli accordi di ristrutturazione. – 1. In caso di revoca della liquidazione giudiziale, restano salvi gli effetti degli atti legalmente compiuti dagli organi della procedura. Gli organi della procedura restano in carica, con i compiti previsti dal presente articolo, fino al momento in cui la sentenza che pronuncia sulla revoca passa in giudicato. Salvo quanto previsto dall'articolo 147 del decreto del Presidente della Repubblica 30 maggio 2002, n. 115, le spese della procedura e il compenso al curatore sono liquidati dal tribunale, su relazione del giudice delegato e tenuto conto delle ragioni dell'apertura della procedura e della sua revoca, con decreto reclamabile ai sensi dell'articolo 124.

2. Dalla pubblicazione della sentenza di revoca e fino al momento in cui essa passa in giudicato, l'amministrazione dei beni e l'esercizio dell'impresa spettano al debitore, sotto la vigilanza del curatore. Il tribunale, assunte, se occorre, sommarie informazioni ed acquisito il parere del curatore, può autorizzare il debitore a stipulare mutui, transazioni, patti compromissori, alie-

nazioni e acquisti di beni immobili, rilasciare garanzie, rinunciare alle liti, compiere ricognizioni di diritti di terzi, consentire cancellazioni di ipoteche e restituzioni di pegni, accettare eredità e donazioni ed a compiere gli altri atti di straordinaria amministrazione.

3. Gli atti compiuti senza l'autorizzazione del tribunale sono inefficaci rispetto ai terzi. I crediti di terzi sorti per effetto degli atti legalmente compiuti dal debitore sono prededucibili ai sensi dell'articolo 98.

4. Con la sentenza che revoca la liquidazione giudiziale, la corte di appello dispone gli obblighi informativi periodici relativi alla gestione economica, patrimoniale e finanziaria dell'impresa, che il debitore deve assolvere sotto la vigilanza del curatore sino al momento in cui la sentenza passa in giudicato. Con la medesima periodicità, stabilita dalla corte di appello, il debitore deposita una relazione sulla situazione patrimoniale, economica e finanziaria dell'impresa. Il tribunale, su istanza del debitore, con decreto non soggetto a reclamo esclude in tutto o in parte la pubblicazione di tale relazione nel registro delle imprese quando la divulgazione dei dati comporta pregiudizio evidente per la continuità aziendale. Entro il giorno successivo al deposito della relazione o della comunicazione al curatore del provvedimento del tribunale che ne dispone la parziale segretazione, la relazione è comunicata dal curatore ai creditori e pubblicata nel registro delle imprese a cura della cancelleria. Il tribunale, a seguito di segnalazione del curatore, del comitato dei creditori o del pubblico ministero, accertata la violazione degli obblighi, con decreto assoggettabile a reclamo ai sensi dell'articolo 124, priva il debitore della possibilità di compiere gli atti di amministrazione ordinaria e straordinaria. Il decreto è trasmesso al registro delle imprese per la pubblicazione.

5. In caso di revoca dell'omologazione del concordato o degli accordi di ristrutturazione dei debiti, su domanda di uno dei soggetti legittimati, la corte d'appello, accertati i presupposti di cui all'articolo 121, dichiara aperta la liquidazione giudiziale e rimette gli atti al tribunale per l'adozione dei provvedimenti di cui all'articolo 49, comma 3. La sentenza che dichiara aperta la liquidazione giudiziale è notificata alle parti a cura della cancelleria della corte d'appello e comunicata al tribunale, nonché iscritta al registro delle imprese. Restano salvi gli effetti degli atti legalmente compiuti dal debitore e dagli organi della procedura prima della revoca.

6. Nel caso previsto dal comma 5, su istanza del debitore il tribunale, ove ricorrano gravi e giustificati motivi, può sospendere i termini per la proposizione delle impugnazioni dello stato passivo e l'attività di liquidazione fino al momento in cui la sentenza che pronuncia sulla revoca passa in giudicato.

Sezione III
Misure cautelari e protettive

54. Misure cautelari e protettive. – 1. Nel corso del procedimento per l'apertura della liquidazione giudiziale o della procedura di concordato preventivo o di omologazione degli accordi di ristrutturazione, su istanza di parte, il tribunale può emettere i provvedimenti cautelari, inclusa la nomina di un custode dell'azienda o del patrimonio, che appaiano, secondo le circostanze, più idonei ad assicurare provvisoriamente gli effetti della sentenza che dichiara l'apertura della liquidazione giudiziale o che omologa il concordato preventivo o gli accordi di ristrutturazione dei debiti.

2. Se il debitore ne ha fatto richiesta nella domanda di cui all'articolo 40, dalla data della pubblicazione della medesima domanda nel registro delle imprese, i creditori per titolo o causa anteriore non possono, sotto pena di nullità, iniziare o proseguire azioni esecutive e cautelari sul suo patrimonio. Dalla stessa data le prescrizioni rimangono sospese e le decadenze non si verificano.

3. Le misure protettive di cui al comma 2 possono essere richieste dall'imprenditore anche nel corso delle trattative e prima del deposito della domanda di omologazione degli accordi di ristrutturazione, allegando la documentazione di cui all'articolo 57 e la proposta di accordo corredata da un'attestazione del professionista indipendente che attesta che sulla proposta sono in corso trattative con i creditori che rappresentano almeno il sessanta per cento dei crediti e che la stessa, se accettata, è idonea ad assicurare l'integrale pagamento dei creditori con i quali non sono in corso trattative o che hanno comunque negato la propria disponibilità a trattare. La disposizione si applica anche agli accordi di ristrutturazione ad efficacia estesa di cui all'articolo 61.

4. Quando le misure protettive di cui al comma 2 o i provvedimenti necessari per condurre a termine le trattative in corso sono richiesti ai sensi dell'articolo 20 dal debitore che ha presentato l'istanza di composizione assistita della crisi o sia stato convocato dall'OCRI, la domanda, su istanza del debitore, può essere pubblicata nel registro delle imprese.

5. Il presidente del tribunale o il presidente della sezione cui è assegnata la trattazione delle procedure di regolazione della crisi o dell'insolvenza fissa con decreto l'udienza entro un termine non superiore a trenta giorni dal deposito della domanda. Con provvedimento motivato il presidente del tribunale può fissare l'udienza di cui al primo periodo entro un termine non superiore a quarantacinque giorni dal deposito della domanda. All'esito dell'udienza, provvede, senza indugio, con decreto motivato, fissando la durata delle misure.

6. Le misure protettive disposte conservano efficacia anche se il debitore, prima della scadenza fissata dal giudice ai sensi dell'articolo 44, comma 1,

lettera *a*) per il deposito degli accordi di ristrutturazione, deposita domanda di apertura del concordato preventivo.

7. L'amministratore delle procedure di insolvenza nominato dal giudice competente ai sensi dell'articolo 3, paragrafo 1, del regolamento (UE) 2015/848 del Parlamento europeo e del Consiglio del 20 maggio 2015 può chiedere i provvedimenti di cui ai commi 1 e 2 quando nel territorio dello Stato è stata presentata la domanda di cui all'articolo 40 o, se non risulta depositata la domanda, nella richiesta sono indicate le condizioni di effettivo ed imminente soddisfacimento non discriminatorio di tutti creditori secondo la procedura concorsuale aperta.

55. Procedimento. – 1. Nei casi previsti dall'articolo 54, il presidente del tribunale o della sezione cui è assegnata la trattazione delle procedure di regolazione della crisi o dell'insolvenza designa il magistrato cui è affidata la trattazione del procedimento, cui procede direttamente il giudice relatore, se già delegato dal tribunale per l'audizione delle parti.

2. Il giudice, nei casi di cui all'articolo 54, comma 1, sentite le parti e omessa ogni formalità non essenziale al contraddittorio, procede nel modo che ritiene più opportuno agli atti di istruzione indispensabili in relazione alla misura richiesta e, quando la convocazione delle parti potrebbe pregiudicare l'attuazione del provvedimento, provvede con decreto motivato, assunte, ove occorra, sommarie informazioni. In tal caso fissa, con lo stesso decreto, l'udienza di comparizione delle parti avanti a sé, ove già non disposta ai sensi dell'articolo 41, assegnando all'istante un termine perentorio non superiore a otto giorni per la notifica del ricorso e del decreto alle altre parti. All'udienza il giudice con ordinanza conferma, modifica o revoca i provvedimenti emanati con decreto.

3. Nel caso previsto all'articolo 54, comma 2, il giudice, assunte, ove necessario, sommarie informazioni, conferma o revoca con decreto le misure protettive, stabilendone la durata, entro trenta giorni dall'iscrizione della domanda nel registro delle imprese. Il decreto è trasmesso al registro delle imprese per l'iscrizione ed è reclamabile ai sensi dell'articolo 124. Se il deposito del decreto non interviene nel termine prescritto cessano gli effetti protettivi prodottisi ai sensi dell'articolo 54, comma 2.

4. In caso di atti di frode, su istanza del commissario giudiziale, delle parti del procedimento o del pubblico ministero, il tribunale, sentite le parti e omessa ogni formalità non essenziale al contraddittorio, revoca o modifica le misure protettive. La disposizione si applica anche quando il tribunale accerta che l'attività intrapresa dal debitore non è idonea a pervenire alla composizione assistita della crisi o alla regolazione della crisi e dell'insolvenza.

5. I provvedimenti di cui all'articolo 54, commi 1 e 2 possono essere emessi anche dalla corte di appello nel giudizio di reclamo previsto dall'articolo 50.

Titolo IV
Strumenti di regolazione della crisi

Capo I
Accordi

Sezione I
Strumenti negoziali stragiudiziali

56. Accordi in esecuzione di piani attestati di risanamento. – 1. L'imprenditore in stato di crisi o di insolvenza può predisporre un piano, rivolto ai creditori, che appaia idoneo a consentire il risanamento dell'esposizione debitoria dell'impresa e ad assicurare il riequilibrio della situazione finanziaria.

2. Il piano deve avere data certa e deve indicare:

a) la situazione economico-patrimoniale e finanziaria dell'impresa;

b) le principali cause della crisi;

c) le strategie d'intervento e dei tempi necessari per assicurare il riequilibrio della situazione finanziaria;

d) i creditori e l'ammontare dei crediti dei quali si propone la rinegoziazione e lo stato delle eventuali trattative;

d) gli apporti di finanza nuova;

e) i tempi delle azioni da compiersi, che consentono di verificarne la realizzazione, nonché gli strumenti da adottare nel caso di scostamento tra gli obiettivi e la situazione in atto.

3. Al piano debbono essere allegati i documenti di cui all'articolo 39.

4. Un professionista indipendente deve attestare la veridicità dei dati aziendali e la fattibilità economica e giuridica del piano.

5. Il piano può essere pubblicato nel registro delle imprese su richiesta del debitore.

6. Gli atti unilaterali e i contratti posti in essere in esecuzione del piano devono essere provati per iscritto e devono avere data certa.

Sezione II
Strumenti negoziali stragiudiziali soggetti ad omologazione

57. Accordi di ristrutturazione dei debiti. – 1. Gli accordi di ristrutturazione dei debiti sono conclusi dall'imprenditore, anche non commerciale e diverso dall'imprenditore minore, in stato di crisi o di insolvenza, con i creditori che rappresentino almeno il sessanta per cento dei crediti e sono soggetti ad omologazione ai sensi dell'articolo 44.

Leggi Complementari

2. Gli accordi devono contenere l'indicazione degli elementi del piano economico-finanziario che ne consentono l'esecuzione. Il piano deve essere redatto secondo le modalità indicate dall'articolo 56. Al piano debbono essere allegati i documenti di cui all'articolo 39.

3. Gli accordi devono essere idonei ad assicurare il pagamento integrale dei creditori estranei nei seguenti termini:

a) entro centoventi giorni dall'omologazione, in caso di crediti già scaduti a quella data;

b) entro centoventi giorni dalla scadenza, in caso di crediti non ancora scaduti alla data dell'omologazione.

4. Un professionista indipendente deve attestare la veridicità dei dati aziendali e la fattibilità economica e giuridica del piano. L'attestazione deve specificare l'idoneità dell'accordo e del piano ad assicurare l'integrale pagamento dei creditori estranei nel rispetto dei termini di cui al comma 3.

58. Rinegoziazione degli accordi o modifiche del piano. – 1. Se prima dell'omologazione intervengono modifiche sostanziali del piano, è rinnovata l'attestazione di cui all'articolo 57, comma 4, e il debitore chiede il rinnovo delle manifestazioni di consenso ai creditori parti degli accordi. L'attestazione deve essere rinnovata anche in caso di modifiche sostanziali degli accordi.

2. Qualora dopo l'omologazione si rendano necessarie modifiche sostanziali del piano, l'imprenditore vi apporta le modifiche idonee ad assicurare l'esecuzione degli accordi, richiedendo al professionista indicato all'articolo 57, comma 4, il rinnovo dell'attestazione. In tal caso, il piano modificato e l'attestazione sono pubblicati nel registro delle imprese e della pubblicazione è dato avviso ai creditori a mezzo lettera raccomandata o posta elettronica certificata. Entro trenta giorni dalla ricezione dell'avviso è ammessa opposizione avanti al tribunale, nelle forme di cui all'articolo 48.

59. Coobbligati e soci illimitatamente responsabili. – 1. Ai creditori che hanno concluso gli accordi di ristrutturazione si applica l'articolo 1239 del codice civile.

2. Nel caso in cui l'efficacia degli accordi sia estesa ai creditori non aderenti, costoro conservano impregiudicati i diritti contro i coobbligati, i fideiussori del debitore e gli obbligati in via di regresso.

3. Salvo patto contrario, gli accordi di ristrutturazione della società hanno efficacia nei confronti dei soci illimitatamente responsabili, i quali, se hanno prestato garanzia, continuano a rispondere per tale diverso titolo, salvo che non sia diversamente previsto.

60. Accordi di ristrutturazione agevolati. – 1. La percentuale di cui al all'articolo 57, comma 1, è ridotta della metà quando il debitore:

a) non proponga la moratoria dei creditori estranei agli accordi;

b) non abbia richiesto e rinunci a richiedere misure protettive temporanee.

61. Accordi di ristrutturazione ad efficacia estesa. – 1. Le disposizioni di cui alla presente sezione si applicano, in deroga agli articoli 1372 e 1411 del codice civile, al caso in cui gli effetti dell'accordo vengano estesi anche ai creditori non aderenti che appartengano alla medesima categoria, individuata tenuto conto dell'omogeneità di posizione giuridica ed interessi economici.

2. Ai fini di cui al comma 1 occorre che:

a) tutti i creditori appartenenti alla categoria siano stati informati dell'avvio delle trattative, siano stati messi in condizione di parteciparvi in buona fede e abbiano ricevuto complete e aggiornate informazioni sulla situazione patrimoniale, economica e finanziaria del debitore nonché sull'accordo e sui suoi effetti;

b) l'accordo abbia carattere non liquidatorio, prevedendo la prosecuzione dell'attività d'impresa in via diretta o indiretta ai sensi dell'articolo 84, comma 2, e che i creditori vengano soddisfatti in misura significativa o prevalente dal ricavato della continuità aziendale;

c) i crediti dei creditori aderenti appartenenti alla categoria rappresentino il settantacinque per cento di tutti i creditori appartenenti alla categoria, fermo restando che un creditore può essere titolare di crediti inseriti in più di una categoria;

d) i creditori della medesima categoria non aderenti cui vengono estesi gli effetti dell'accordo possano risultare soddisfatti in base all'accordo stesso in misura non inferiore rispetto alla liquidazione giudiziale;

e) il debitore abbia notificato l'accordo, la domanda di omologazione e i documenti allegati ai creditori nei confronti dei quali chiede di estendere gli effetti dell'accordo.

3. I creditori della medesima categoria non aderenti ai quali il debitore chiede di estendere gli effetti dell'accordo possono proporre opposizione ai sensi dell'articolo 48, comma 4. Per essi, il termine per proporre opposizione decorre dalla data della comunicazione.

4. In nessun caso, per effetto dell'accordo di ristrutturazione, ai creditori ai quali è stato esteso l'accordo possono essere imposti l'esecuzione di nuove prestazioni, la concessione di affidamenti, il mantenimento della possibilità di utilizzare affidamenti esistenti o l'erogazione di nuovi finanziamenti. Non è considerata nuova prestazione la prosecuzione della concessione del godimento di beni oggetto di contratti di locazione finanziaria già stipulati.

5. Quando un'impresa ha debiti verso banche e intermediari finanziari in misura non inferiore alla metà dell'indebitamento complessivo, l'accordo di ristrutturazione dei debiti può individuare una o più categorie tra tali tipologie di creditori che abbiano fra loro posizione giuridica ed interessi economici omogenei. In tal caso il debitore, con il ricorso di cui all'articolo 40, può chiedere, anche se non ricorre la condizione prevista dal comma 2, lettera *b*), che gli effetti dell'accordo vengano estesi anche ai creditori non aderenti appartenenti alla medesima categoria. Restano fermi i diritti dei creditori diversi da banche e intermediari finanziari.

62. Convenzione di moratoria. – 1. La convenzione di moratoria conclusa tra un imprenditore, anche non commerciale, e i suoi creditori, diretta a disciplinare in via provvisoria gli effetti della crisi e avente ad oggetto la dilazione delle scadenze dei crediti, la rinuncia agli atti o la sospensione delle azioni esecutive e conservative e ogni altra misura che non comporti rinuncia al credito, in deroga agli articoli 1372 e 1411 del codice civile, è efficace anche nei confronti dei creditori non aderenti che appartengano alla medesima categoria.

2. Ai fini di cui al comma 1 occorre che:

a) tutti i creditori appartenenti alla categoria siano stati informati dell'avvio delle trattative o siano stati messi in condizione di parteciparvi in buona fede e abbiano ricevuto complete e aggiornate informazioni sulla situazione patrimoniale, economica e finanziaria del debitore nonché sulla convenzione e i suoi effetti;

b) i crediti dei creditori aderenti appartenenti alla categoria rappresentino il settantacinque per cento di tutti i creditori appartenenti alla categoria, fermo restando che un creditore può essere titolare di crediti inseriti in più di una categoria;

c) vi siano concrete prospettive che i creditori della medesima categoria non aderenti, cui vengono estesi gli effetti della convenzione, possano risultare soddisfatti all'esito della stessa in misura non inferiore rispetto alla liquidazione giudiziale;

d) un professionista indipendente, abbia attestato la veridicità dei dati aziendali, l'idoneità della convenzione a disciplinare provvisoriamente gli effetti della crisi, e la ricorrenza delle condizioni di cui alla lettera *c*).

3. In nessun caso, per effetto della convenzione, ai creditori della medesima categoria non aderenti possono essere imposti l'esecuzione di nuove prestazioni, la concessione di affidamenti, il mantenimento della possibilità di utilizzare affidamenti esistenti o l'erogazione di nuovi finanziamenti.

Non è considerata nuova prestazione la prosecuzione della concessione del godimento di beni oggetto di contratti di locazione finanziaria già stipulati.

4. La convenzione va comunicata, insieme alla relazione del professionista indicato al comma 2, lettera *d*), ai creditori non aderenti mediante lettera raccomandata con avviso di ricevimento o presso il domicilio digitale.

5. Entro trenta giorni dalla comunicazione può essere proposta opposizione avanti al tribunale.

6. Il tribunale decide sulle opposizioni in camera di consiglio con sentenza.

7. Contro la sentenza che pronuncia sulle opposizioni è ammesso reclamo ai sensi dell'articolo 51.

63. Transazione fiscale e accordi su crediti contributivi. – 1. Nell'ambito delle trattative che precedono la stipulazione degli accordi di ristrutturazione di cui agli articoli 57, 60 e 61 il debitore può proporre una transazione fiscale. In tali casi l'attestazione del professionista indipendente in possesso dei requisiti di cui all'art. 2, comma 1, lettera *o*), relativamente ai crediti fiscali e previdenziali, deve inerire anche alla convenienza del trattamento proposto rispetto alla liquidazione giudiziale; tale circostanza costituisce oggetto di specifica valutazione da parte del tribunale.

2. La proposta di transazione fiscale, unitamente alla documentazione di cui agli articoli 57, 60 e 61 è depositata presso gli uffici indicati all'articolo 88, comma 3. Alla proposta di transazione deve essere allegata la dichiarazione sostitutiva, resa dal debitore o dal suo legale rappresentante ai sensi dell'articolo 47 del testo unico delle disposizioni legislative e regolamentari in materia di documentazione amministrativa, di cui al decreto del Presidente della Repubblica 28 dicembre 2000, n. 445, che la documentazione di cui al periodo precedente rappresenta fedelmente e integralmente la situazione dell'impresa, con particolare riguardo alle poste attive del patrimonio. L'adesione alla proposta è espressa, su parere conforme della competente direzione regionale, con la sottoscrizione dell'atto negoziale da parte del direttore dell'ufficio. Per i tributi amministrati dall'Agenzia delle dogane e dei monopoli l'adesione alla proposta è espressa dalla competente direzione interregionale, regionale e interprovinciale con la sottoscrizione dell'atto negoziale. L'atto è sottoscritto anche dall'agente della riscossione in ordine al trattamento degli oneri di riscossione di cui all'articolo 17 del decreto legislativo 13 aprile 1999, n. 112. L'assenso così espresso equivale a sottoscrizione dell'accordo di ristrutturazione. Ai fini dell'articolo 48, comma 5, l'eventuale adesione deve intervenire entro sessanta giorni dal deposito della proposta di transazione fiscale.

3. La transazione fiscale conclusa nell'ambito degli accordi di ristrutturazione è risolta di diritto se il debitore non esegue integralmente, entro novanta giorni dalle scadenze previste, i pagamenti dovuti alle agenzie fiscali e agli enti gestori di forme di previdenza e assistenza obbligatorie.

64. Effetti degli accordi sulla disciplina societaria. – 1. Dalla data del deposito della domanda per l'omologazione degli accordi di ristrutturazione disciplinati dagli articoli 57, 60 e 61 ovvero della richiesta di misure cautelari e protettive ai sensi dell'articolo 54 relative ad una proposta di accordo di ristrutturazione e sino all'omologazione, non si applicano gli articoli 2446, commi secondo e terzo, 2447, 2482 *bis*, commi quarto, quinto e sesto, e 2482 *ter* del codice civile. Per lo stesso periodo non opera la causa di scioglimento della società per riduzione o perdita del capitale sociale di cui agli articoli 2484, numero 4, e 2545 *duodecies* del codice civile.

2. Resta ferma, per il periodo anteriore al deposito delle domande e della richiesta di misure cautelari e protettive di cui al comma 1, l'applicazione dell'articolo 2486 del codice civile.

Capo II
Procedure di composizione
delle crisi da sovraindebitamento

Sezione I
Disposizioni di carattere generale

65. Ambito di applicazione delle procedure di composizione delle crisi da sovraindebitamento. – 1. I debitori di cui all'articolo 2, comma 1, lettera *c*) possono proporre soluzioni della crisi da sovraindebitamento secondo le norme del presente capo o del titolo V, capo IX.

2. Si applicano, per quanto non specificamente previsto dalle disposizioni della presente sezione, le disposizioni del titolo III, in quanto compatibili.

3. I compiti del commissario giudiziale o del liquidatore nominati nelle procedure di cui al comma 1 sono svolti dall'OCC. La nomina dell'attestatore è sempre facoltativa.

4. La procedura produce i suoi effetti anche nei confronti dei soci illimitatamente responsabili.

66. Procedure familiari. – 1. I membri della stessa famiglia possono presentare un unico progetto di risoluzione della crisi da sovraindebitamento quando sono conviventi o quando il sovraindebitamento ha un'origine comune. Quando uno dei debitori non è un consumatore, al progetto unitario si applicano le disposizioni della sezione III del presente capo.

2. Ai fini del comma 1, oltre al coniuge, si considerano membri della stessa famiglia i parenti entro il quarto grado e gli affini entro il secondo, nonché le parti dell'unione civile e i conviventi di fatto di cui alla legge 20 maggio 2016, n. 76.

3. Le masse attive e passive rimangono distinte.

4. Nel caso in cui siano presentate più richieste di risoluzione della crisi da sovraindebitamento riguardanti membri della stessa famiglia, il giudice adotta i necessari provvedimenti per assicurarne il coordinamento. La competenza appartiene al giudice adito per primo.

5. La liquidazione del compenso dovuto all'organismo di composizione della crisi è ripartita tra i membri della famiglia in misura proporzionale all'entità dei debiti di ciascuno.

Sezione II

Ristrutturazione dei debiti del consumatore

67. Procedura di ristrutturazione dei debiti. – 1. Il consumatore sovraindebitato, con l'ausilio dell'OCC, può proporre ai creditori un piano di ristrutturazione dei debiti che indichi in modo specifico tempi e modalità per superare la crisi da sovraindebitamento. La proposta ha contenuto libero e può prevedere il soddisfacimento, anche parziale, dei crediti in qualsiasi forma.

2. La domanda è corredata dell'elenco:

a) di tutti i creditori, con l'indicazione delle somme dovute e delle cause di prelazione;

b) della consistenza e della composizione del patrimonio;

c) degli atti di straordinaria amministrazione compiuti negli ultimi cinque anni;

d) delle dichiarazioni dei redditi degli ultimi tre anni;

e) degli stipendi, delle pensioni, dei salari e di tutte le altre entrate del debitore e del suo nucleo familiare, con l'indicazione di quanto occorre al mantenimento della sua famiglia.

3. La proposta può prevedere anche la falcidia e la ristrutturazione dei debiti derivanti da contratti di finanziamento con cessione del quinto dello stipendio, del trattamento di fine rapporto o della pensione e dalle operazioni di prestito su pegno, salvo quanto previsto dal comma 4.

4. È possibile prevedere che i crediti muniti di privilegio, pegno o ipoteca possano essere soddisfatti non integralmente, allorché ne sia assicurato il pagamento in misura non inferiore a quella realizzabile, in ragione della

collocazione preferenziale sul ricavato in caso di liquidazione, avuto riguardo al valore di mercato attribuibile ai beni o ai diritti oggetto della causa di prelazione, come attestato dall'OCC.

5. È possibile prevedere anche il rimborso, alla scadenza convenuta, delle rate a scadere del contratto di mutuo garantito da ipoteca iscritta sull'abitazione principale del debitore se lo stesso, alla data del deposito della domanda, ha adempiuto le proprie obbligazioni o se il giudice lo autorizza al pagamento del debito per capitale ed interessi scaduto a tale data.

6. Il procedimento si svolge dinanzi al tribunale in composizione monocratica.

68. Presentazione della domanda e attività dell'OCC. – 1. La domanda deve essere presentata al giudice tramite un OCC costituito nel circondario del tribunale competente ai sensi dell'articolo 27, comma 2. Se nel circondario del tribunale competente non vi è un OCC, i compiti e le funzioni allo stesso attribuiti sono svolti da un professionista o da una società tra professionisti in possesso dei requisiti di cui all'articolo 358 nominati dal presidente del tribunale competente o da un giudice da lui delegato. Non è necessaria l'assistenza di un difensore.

2. Alla domanda, deve essere allegata una relazione dell'OCC, che deve contenere:

a) l'indicazione delle cause dell'indebitamento e della diligenza impiegata dal debitore nell'assumere le obbligazioni;

b) l'esposizione delle ragioni dell'incapacità del debitore di adempiere le obbligazioni assunte;

c) la valutazione sulla completezza ed attendibilità della documentazione depositata a corredo della domanda;

d) l'indicazione presunta dei costi della procedura.

3. L'OCC, nella sua relazione, deve indicare anche se il soggetto finanziatore, ai fini della concessione del finanziamento, abbia tenuto conto del merito creditizio del debitore, valutato in relazione al suo reddito disponibile, dedotto l'importo necessario a mantenere un dignitoso tenore di vita. A tal fine si ritiene idonea una quantificazione non inferiore all'ammontare dell'assegno sociale moltiplicato per un parametro corrispondente al numero dei componenti il nucleo familiare della scala di equivalenza dell'ISEE di cui al decreto del Presidente del Consiglio dei ministri del 5 dicembre 2013, n. 159.

4. L'OCC, entro sette giorni dall'avvenuto conferimento dell'incarico da parte del debitore, ne dà notizia all'agente della riscossione e agli uffici fiscali, anche degli enti locali, competenti sulla base dell'ultimo domicilio fiscale

dell'istante, i quali entro quindici giorni debbono comunicare il debito tributario accertato e gli eventuali accertamenti pendenti.

5. Il deposito della domanda sospende, ai soli effetti del concorso, il corso degli interessi convenzionali o legali fino alla chiusura della procedura, a meno che i crediti non siano garantiti da ipoteca, da pegno o privilegio, salvo quanto previsto dagli articoli 2749, 2788 e 2855, commi secondo e terzo, del codice civile.

69. Condizioni soggettive ostative. – 1. Il consumatore non può accedere alla procedura disciplinata in questa sezione se è già stato esdebitato nei cinque anni precedenti la domanda o ha già beneficiato dell'esdebitazione per due volte, ovvero ha determinato la situazione di sovraindebitamento con colpa grave, malafede o frode.

2. Il creditore che ha colpevolmente determinato la situazione di indebitamento o il suo aggravamento o che ha violato i principi di cui all'articolo 124 *bis* del decreto legislativo 1 settembre 1993, n. 385, non può presentare opposizione o reclamo in sede di omologa, anche se dissenziente, né far valere cause di inammissibilità che non derivino da comportamenti dolosi del debitore.

70. Omologazione del piano. – 1. Il giudice, se la proposta e il piano sono ammissibili, dispone con decreto che siano pubblicati in apposita area del sito web del tribunale o del Ministero della giustizia e che ne sia data comunicazione entro trenta giorni, a cura dell'OCC, a tutti i creditori.

2. Ricevuta la comunicazione di cui al comma 1, il creditore deve comunicare all'OCC un indirizzo di posta elettronica certificata. In mancanza, le successive comunicazioni sono effettuate mediante deposito in cancelleria.

3. Nei venti giorni successivi alla comunicazione ogni creditore può presentare osservazioni, inviandole all'indirizzo di posta elettronica certificata dell'OCC, indicato nella comunicazione.

4. Con il decreto di cui al comma 1, il giudice, su istanza del debitore, può disporre la sospensione dei procedimenti di esecuzione forzata che potrebbero pregiudicare la fattibilità del piano. Il giudice, su istanza del debitore, può altresì disporre il divieto di azioni esecutive e cautelari sul patrimonio del consumatore nonché le altre misure idonee a conservare l'integrità del patrimonio fino alla conclusione del procedimento.

5. Le misure protettive sono revocabili su istanza dei creditori, o anche d'ufficio, in caso di atti in frode. Il giudice, salvo che l'istanza di revoca non sia palesemente inammissibile o manifestamente infondata, sente le parti, anche mediante scambio di memorie scritte e provvede con decreto.

6. Entro i dieci giorni successivi alla scadenza del termine di cui al comma 3, l'OCC, sentito il debitore, riferisce al giudice e propone le modifiche al piano che ritiene necessarie.

7. Il giudice, verificata l'ammissibilità giuridica e la fattibilità economica del piano, risolta ogni contestazione, omologa il piano con sentenza e ne dispone, ove necessario, la trascrizione a cura dell'OCC. Con la stessa sentenza dichiara chiusa la procedura.

8. La sentenza di omologa è comunicata ai creditori ed è pubblicata entro quarantotto ore a norma del comma 1. La sentenza è impugnabile ai sensi dell'articolo 51.

9. Quando uno dei creditori o qualunque altro interessato, con le osservazioni di cui al comma 3, contesta la convenienza della proposta, il giudice omologa il piano se ritiene che comunque il credito dell'opponente possa essere soddisfatto dall'esecuzione del piano in misura non inferiore all'alternativa liquidatoria.

10. In caso di diniego dell'omologazione, il giudice provvede con decreto motivato e dichiara l'inefficacia delle misure protettive accordate. Su istanza del debitore, verificata la sussistenza dei presupposti di legge, dichiara aperta la procedura liquidatoria ai sensi degli articoli 268 e seguenti.

11. Nei casi di frode l'istanza di cui al comma 10, secondo periodo, può essere presentata anche da un creditore o dal pubblico ministero.

12. Contro il decreto di cui al comma 10, è ammesso reclamo ai sensi dell'articolo 50.

71. Esecuzione del piano. – 1. L'OCC vigila sull'esatto adempimento del piano, risolve le eventuali difficoltà e le sottopone al giudice, se necessario. Il debitore è tenuto a compiere ogni atto necessario a dare esecuzione al piano omologato. Ogni sei mesi, l'OCC riferisce al giudice per iscritto sullo stato dell'esecuzione.

2. Terminata l'esecuzione, l'OCC, sentito il debitore, presenta al giudice il rendiconto. Il giudice, se approva il rendiconto, procede alla liquidazione del compenso, tenuto conto di quanto eventualmente convenuto con il debitore, e ne autorizza il pagamento.

3. Se non approva il rendiconto, il giudice indica gli atti necessari per l'esecuzione del piano ed un termine per il loro compimento. Se le prescrizioni non sono adempiute nel termine, anche prorogato, il giudice revoca l'omologazione, osservate, in quanto compatibili, le disposizioni di cui all'articolo 72.

4. Nella liquidazione del compenso il giudice tiene conto della diligenza dell'OCC e, se non approva il rendiconto, può escludere il diritto al compenso.

72. Revoca dell'omologazione. – 1. Il giudice revoca l'omologazione d'ufficio o su istanza di un creditore, del pubblico ministero o di qualsiasi altro interessato, in contraddittorio con il debitore, quando è stato dolosamente o con colpa grave aumentato o diminuito il passivo, ovvero sottratta o dissimulata una parte rilevante dell'attivo ovvero dolosamente simulate attività inesistenti o se risultano commessi altri atti diretti a frodare le ragioni dei creditori.

2. Il giudice provvede allo stesso modo in caso di inadempimento degli obblighi previsti nel piano o qualora questo sia divenuto inattuabile e non sia possibile modificarlo.

3. L'OCC è tenuto a segnalare al giudice ogni fatto rilevante ai fini della revoca dell'omologazione.

4. La domanda di revoca non può essere proposta e l'iniziativa da parte del tribunale non può essere assunta decorsi sei mesi dalla approvazione del rendiconto.

5. Sulla richiesta di revoca, il giudice sente le parti, anche mediante scambio di memorie scritte e provvede alla revoca, con sentenza reclamabile ai sensi dell'articolo 50, o rigetta la richiesta con decreto motivato.

6. La revoca dell'omologazione non pregiudica i diritti acquistati dai terzi in buona fede.

73. Conversione in procedura liquidatoria. – 1. In caso di revoca dell'omologazione il giudice, su istanza del debitore, dispone la conversione in liquidazione controllata.

2. Se la revoca consegue ad atti di frode o ad inadempimento, l'istanza di cui al comma 1 può essere proposta anche dai creditori o dal pubblico ministero.

3. In caso di conversione, il giudice concede termine al debitore per l'integrazione della documentazione e provvede ai sensi dell'articolo 270.

Sezione III
Concordato minore

74. Proposta di concordato minore. – 1. I debitori di cui all'articolo 2, comma 1, lettera *c*), in stato di sovraindebitamento, escluso il consumatore, possono formulare ai creditori una proposta di concordato minore, quando consente di proseguire l'attività imprenditoriale o professionale.

2. Fuori dai casi previsti dal comma 1, il concordato minore può essere proposto esclusivamente quando è previsto l'apporto di risorse esterne che aumentino in misura apprezzabile la soddisfazione dei creditori.

3. La proposta di concordato minore ha contenuto libero, indica in modo specifico tempi e modalità per superare la crisi da sovraindebitamento e può

prevedere il soddisfacimento, anche parziale, dei crediti attraverso qualsiasi forma, nonché la eventuale suddivisione dei creditori in classi.

4. Per quanto non previsto dalla presente sezione, si applicano le disposizioni del capo III del presente titolo in quanto compatibili.

75. Documentazione e trattamento dei crediti privilegiati. – 1. Il debitore deve allegare alla domanda:

a) il piano con i bilanci, le scritture contabili e fiscali obbligatorie e le dichiarazioni dei redditi concernenti i tre anni anteriori o gli ultimi esercizi precedenti se l'attività ha avuto minor durata;

b) una relazione aggiornata sulla situazione economica, patrimoniale e finanziaria;

c) l'elenco di tutti i creditori, con le rispettive cause di prelazione e l'indicazione delle somme dovute;

d) gli atti di straordinaria amministrazione compiuti negli ultimi cinque anni;

e) la documentazione relativa a stipendi, pensioni, salari e altre entrate proprie e della famiglia, con l'indicazione di quanto occorra al mantenimento della stessa.

2. È possibile prevedere che i crediti muniti di privilegio, pegno o ipoteca possano essere soddisfatti non integralmente, allorché ne sia assicurato il pagamento in misura non inferiore a quella realizzabile, in ragione della collocazione preferenziale sul ricavato in caso di liquidazione, avuto riguardo al valore di mercato attribuibile ai beni o ai diritti sui quali insiste la causa di prelazione, come attestato dagli organismi di composizione della crisi.

3. Quando è prevista la continuazione dell'attività aziendale, è possibile prevedere il rimborso, alla scadenza convenuta, delle rate a scadere del contratto di mutuo con garanzia reale gravante su beni strumentali all'esercizio dell'impresa se il debitore, alla data della presentazione della domanda di concordato, ha adempiuto le proprie obbligazioni o se il giudice lo autorizza al pagamento del debito per capitale ed interessi scaduto a tale data. L'OCC attesta anche che il credito garantito potrebbe essere soddisfatto integralmente con il ricavato della liquidazione del bene effettuata a valore di mercato e che il rimborso delle rate a scadere non lede i diritti degli altri creditori.

76. Presentazione della domanda e attività dell'OCC. – 1. La domanda è formulata tramite un OCC costituito nel circondario del tribunale competente ai sensi dell'articolo 27, comma 2.

2. Alla domanda deve essere allegata una relazione particolareggiata dell'OCC, che comprende:

a) l'indicazione delle cause dell'indebitamento e della diligenza impiegata dal debitore nell'assumere le obbligazioni;

b) l'esposizione delle ragioni dell'incapacità del debitore di adempiere le obbligazioni assunte;

c) l'indicazione della eventuale esistenza di atti del debitore impugnati dai creditori;

d) la valutazione sulla completezza e attendibilità della documentazione depositata a corredo della domanda, nonché sulla convenienza del piano rispetto all'alternativa liquidatoria;

e) l'indicazione presumibile dei costi della procedura;

f) la percentuale, le modalità e i tempi di soddisfacimento dei creditori;

g) l'indicazione dei criteri adottati nella formazione delle classi, ove previste dalla proposta.

3. L'OCC, nella sua relazione, deve indicare anche se il soggetto finanziatore, ai fini della concessione del finanziamento, abbia tenuto conto del merito creditizio del debitore.

4. L'OCC, entro sette giorni dall'avvenuto conferimento dell'incarico da parte del debitore, ne dà notizia all'agente della riscossione e agli uffici fiscali, anche degli enti locali, competenti sulla base dell'ultimo domicilio fiscale dell'istante, i quali entro quindici giorni debbono comunicare il debito tributario accertato e gli eventuali accertamenti pendenti.

5. Il deposito della domanda sospende, ai soli effetti del concorso, il corso degli interessi convenzionali o legali fino alla chiusura della liquidazione, a meno che i crediti non siano garantiti da ipoteca, pegno o privilegio, salvo quanto previsto dagli articoli 2749, 2788 e 2855, commi secondo e terzo, del codice civile.

6. Il procedimento si svolge dinanzi al tribunale in composizione monocratica.

77. Inammissibilità della domanda di concordato minore. – 1. La domanda di concordato minore è inammissibile se mancano i documenti di cui agli articoli 75 e 76, se il debitore presenta requisiti dimensionali che eccedono i limiti di cui all'articolo 2, comma 1, lettera *d*), numeri 1), 2) e 3), se è già stato esdebitato nei cinque anni precedenti la domanda o ha già beneficiato dell'esdebitazione per due volte o se risultano commessi atti diretti a frodare le ragioni dei creditori.

78. Procedimento. – 1. Il giudice, se la domanda è ammissibile, dichiara aperta la procedura con decreto e dispone la comunicazione, a cura dell'OCC, a tutti i creditori della proposta e del decreto.

2. Con il decreto di cui al comma 1, il giudice:

a) dispone la pubblicazione del decreto mediante inserimento in apposita area del sito web del tribunale o del Ministero della giustizia e nel registro delle imprese se il debitore svolge attività d'impresa;

b) ordina, ove il piano preveda la cessione o l'affidamento a terzi di beni immobili o beni mobili registrati, la trascrizione del decreto presso gli uffici competenti;

c) assegna ai creditori un termine non superiore a trenta giorni entro il quale devono fare pervenire all'OCC, a mezzo posta elettronica certificata, la dichiarazione di adesione o di mancata adesione alla proposta di concordato e le eventuali contestazioni;

d) su istanza del debitore, dispone che, sino al momento in cui il provvedimento di omologazione diventa definitivo, non possono, sotto pena di nullità, essere iniziate o proseguite azioni esecutive individuali né disposti sequestri conservativi né acquistati diritti di prelazione sul patrimonio del debitore da parte dei creditori aventi titolo o causa anteriore.

3. L'OCC cura l'esecuzione del decreto.

4. Nella comunicazione di cui al comma 2, lettera *c*), il creditore deve indicare un indirizzo di posta elettronica certificata a cui ricevere tutte le comunicazioni. In mancanza, i provvedimenti sono comunicati mediante deposito in cancelleria.

5. Gli atti eccedenti l'ordinaria amministrazione compiuti senza l'autorizzazione del giudice sono inefficaci rispetto ai creditori anteriori al momento in cui è stata eseguita la pubblicità del decreto.

79. Maggioranza per l'approvazione del concordato minore. – 1. Il concordato minore è approvato dai creditori che rappresentano la maggioranza dei crediti ammessi al voto. I creditori muniti di privilegio, pegno o ipoteca, dei quali la proposta prevede l'integrale pagamento, non sono computati ai fini del raggiungimento della maggioranza e non hanno diritto di esprimersi sulla proposta, salvo che non rinuncino in tutto o in parte al diritto di prelazione. I creditori soddisfatti parzialmente ai sensi dell'articolo 74, comma 3, sono equiparati ai chirografari per la parte residua del credito.

2. Non sono ammessi al voto e non sono computati ai fini del raggiungimento della maggioranza il coniuge, la parte dell'unione civile e il convivente di fatto del debitore di cui alla legge 20 maggio 2016, n. 76, i parenti e affini del debitore entro il quarto grado, nonché i cessionari o aggiudicatari dei loro crediti da meno di un anno prima della domanda.

3. In mancanza di comunicazione all'OCC nel termine assegnato, si intende che i creditori abbiano prestato consenso alla proposta nei termini in cui è stata loro trasmessa.

4. Il concordato minore della società produce i suoi effetti anche per i soci illimitatamente responsabili.

5. Il concordato minore non pregiudica i diritti dei creditori nei confronti dei coobbligati, fideiussori del debitore e obbligati in via di regresso, salvo che sia diversamente previsto.

80. Omologazione del concordato minore. – 1. Il giudice, verificati la ammissibilità giuridica e la fattibilità economica del piano e il raggiungimento della percentuale di cui all'articolo 79 in mancanza di contestazioni, omologa il concordato minore con sentenza, disponendo forme adeguate di pubblicità e, se necessario, la sua trascrizione.

2. Con la sentenza di omologazione, il giudice dichiara chiusa la procedura.

3. Quando uno dei creditori o qualunque altro interessato contesta la convenienza della proposta, il giudice, sentiti il debitore e l'OCC, omologa il concordato minore se ritiene che il credito dell'opponente possa essere soddisfatto dall'esecuzione del piano in misura non inferiore all'alternativa liquidatoria. Il giudice omologa altresì il concordato minore anche in mancanza di adesione da parte dell'amministrazione finanziaria quando l'adesione è decisiva ai fini del raggiungimento della percentuale di cui all'art. 79, comma 1, e, anche sulla base delle risultanze, sul punto, della specifica relazione dell'OCC, la proposta di soddisfacimento dell'amministrazione è conveniente rispetto all'alternativa liquidatoria.

4. Il creditore che ha colpevolmente determinato la situazione di indebitamento o il suo aggravamento, non può presentare opposizione o reclamo in sede di omologa, anche se dissenziente, né far valere cause di inammissibilità che non derivino da comportamenti dolosi del debitore.

5. Il giudice, se rigetta la domanda di omologa, dichiara con decreto motivato l'inefficacia delle misure protettive accordate e, su istanza del debitore, dichiara aperta la procedura di liquidazione controllata ai sensi degli articoli 268 e seguenti.

6. In caso di frode, l'istanza di cui al comma 5 può essere proposta anche da un creditore o dal pubblico ministero.

7. Il decreto è reclamabile ai sensi dell'articolo 50.

81. Esecuzione del concordato minore. – 1. L'OCC vigila sull'esatto adempimento del concordato minore, risolve le eventuali difficoltà e, se necessario, le sottopone al giudice. Il debitore è tenuto a compiere ogni atto necessario a dare esecuzione al piano omologato.

2. Terminata l'esecuzione, l'OCC, sentito il debitore, presenta al giudice il rendiconto. Il giudice, se approva il rendiconto, procede alla liquidazione del compenso, tenuto conto di quanto eventualmente pattuito con il debitore, e ne autorizza il pagamento.

3. Se non approva il rendiconto, il giudice indica gli atti necessari per l'esecuzione del concordato ed un termine per il loro compimento. Se le prescrizioni non sono adempiute nel termine, anche prorogato, il giudice dichiara risolto il concordato minore, osservate, in quanto compatibili, le disposizioni di cui all'articolo 82.

4. Nella liquidazione del compenso il giudice tiene conto della diligenza dell'OCC e, se non approva il rendiconto, può escludere il diritto al compenso.

5. Il giudice provvede allo stesso modo in caso di mancata esecuzione integrale del piano o qualora il piano sia divenuto inattuabile e non sia possibile modificarlo.

82. Revoca dell'omologazione. – 1. Il giudice revoca l'omologazione d'ufficio o su istanza di un creditore, del pubblico ministero o di qualsiasi altro interessato, in contraddittorio con il debitore, quando è stato dolosamente o con colpa grave aumentato o diminuito il passivo, ovvero quando è stata sottratta o dissimulata una parte rilevante dell'attivo ovvero quando sono state dolosamente simulate attività inesistenti o quando risultano commessi altri atti diretti a frodare le ragioni dei creditori. La domanda di revoca non può essere proposta e l'iniziativa da parte del tribunale non può essere assunta decorsi sei mesi dall'approvazione del rendiconto.

2. L'OCC è tenuto a segnalare al giudice ogni fatto rilevante ai fini della revoca dell'omologazione.

3. Prima di procedere alla revoca, il giudice sente le parti, anche mediante scambio di memorie scritte e provvede alla revoca con sentenza reclamabile ai sensi dell'articolo 50, o rigetta la richiesta con decreto motivato.

4. La revoca dell'omologazione non pregiudica i diritti acquistati dai terzi in buona fede.

83. Conversione in procedura liquidatoria. – 1. In ogni caso di revoca o risoluzione il giudice, su istanza del debitore, dispone la conversione in liquidazione controllata.

2. Se la revoca o la risoluzione consegue ad atti di frode o ad inadempimento, l'istanza di cui al comma 1 può essere proposta anche dai creditori o dal pubblico ministero.

3. In caso di conversione, il giudice concede termine al debitore per l'integrazione della documentazione e provvede ai sensi dell'articolo 270.

Capo III
Concordato preventivo

Sezione I
Presupposti e inizio della procedura

84. Finalità del concordato preventivo. – 1. Con il concordato preventivo il debitore realizza il soddisfacimento dei creditori mediante la continuità aziendale o la liquidazione del patrimonio.

2. La continuità può essere diretta, in capo all'imprenditore che ha presentato la domanda di concordato, ovvero indiretta, in caso sia prevista la gestione dell'azienda in esercizio o la ripresa dell'attività da parte di soggetto diverso dal debitore in forza di cessione, usufrutto, affitto, stipulato anche anteriormente, purché in funzione della presentazione del ricorso, conferimento dell'azienda in una o più società, anche di nuova costituzione, o a qualunque altro titolo, ed è previsto dal contratto o dal titolo il mantenimento o la riassunzione di un numero di lavoratori pari ad almeno la metà della media di quelli in forza nei due esercizi antecedenti il deposito del ricorso, per un anno dall'omologazione. In caso di continuità diretta il piano prevede che l'attività d'impresa è funzionale ad assicurare il ripristino dell'equilibrio economico finanziario nell'interesse prioritario dei creditori, oltre che dell'imprenditore e dei soci. In caso di continuità indiretta la disposizione di cui al periodo che precede, in quanto compatibile, si applica anche con riferimento all'attività aziendale proseguita dal soggetto diverso dal debitore.

3. Nel concordato in continuità aziendale i creditori vengono soddisfatti in misura prevalente dal ricavato prodotto dalla continuità aziendale diretta o indiretta, ivi compresa la cessione del magazzino. La prevalenza si considera sempre sussistente quando i ricavi attesi dalla continuità per i primi due anni di attuazione del piano derivano da un'attività d'impresa alla quale sono addetti almeno la metà della media di quelli in forza nei due esercizi antecedenti il momento del deposito del ricorso. A ciascun creditore deve essere assicurata un'utilità specificamente individuata ed economicamente valutabile. Tale utilità può anche essere rappresentata dalla prosecuzione o rinnovazione di rapporti contrattuali con il debitore o con il suo avente causa.

4. Nel concordato liquidatorio l'apporto di risorse esterne deve incrementare di almeno il dieci per cento, rispetto all'alternativa della liquidazione giudiziale, il soddisfacimento dei creditori chirografari, che non può essere in ogni caso inferiore al venti per cento dell'ammontare complessivo del credito chirografario.

85. Presupposti per l'accesso alla procedura. – 1. Per proporre il concordato l'imprenditore, soggetto a liquidazione giudiziale ai sensi dell'articolo 121, deve trovarsi in stato di crisi o di insolvenza. È in ogni caso fatto salvo il disposto dell'articolo 296.

2. La proposta deve fondarsi su un piano fattibile e presentare i requisiti previsti dall'articolo 87.

3. Il piano può prevedere:

a) la ristrutturazione dei debiti e la soddisfazione dei crediti attraverso qualsiasi forma, anche mediante cessione dei beni, accollo, o altre operazioni straordinarie, ivi compresa l'attribuzione ai creditori, nonché a società da questi partecipate, di azioni, quote, ovvero obbligazioni, anche convertibili in azioni, o altri strumenti finanziari e titoli di debito;

b) l'attribuzione delle attività delle imprese interessate dalla proposta di concordato ad un assuntore;

c) la eventuale suddivisione dei creditori in classi;

d) trattamenti differenziati tra creditori appartenenti a classi diverse.

4. Possono costituirsi come assuntori anche i creditori o società da questi partecipate.

5. La formazione delle classi è obbligatoria per i creditori titolari di crediti previdenziali o fiscali dei quali non sia previsto l'integrale pagamento, per i creditori titolari di garanzie prestate da terzi, per i creditori che vengono soddisfatti anche in parte con utilità diverse dal denaro e per i creditori proponenti il concordato e per le parti ad essi correlate.

6. Il trattamento stabilito per ciascuna classe non può avere l'effetto di alterare l'ordine delle cause legittime di prelazione.

7. I creditori muniti di privilegio, pegno o ipoteca, possono essere soddisfatti anche non integralmente, purché in misura non inferiore a quella realizzabile sul ricavato, in caso di liquidazione, dei beni o diritti sui quali sussiste la causa di prelazione, avuto riguardo al loro valore di mercato, al netto del presumibile ammontare delle spese di procedura inerenti al bene o diritto e della quota parte delle spese generali, attestato da professionista indipendente. La quota residua del credito è trattata come credito chirografario.

86. Moratoria nel concordato in continuità. – 1. Il piano può prevedere una moratoria fino a due anni dall'omologazione per il pagamento dei creditori muniti di privilegio, pegno o ipoteca, salvo che sia prevista la liquidazione dei beni o diritti sui quali sussiste la causa di prelazione. Quando è prevista la moratoria i creditori hanno diritto al voto per la differenza fra il loro credito maggiorato degli interessi di legge e il valore attuale dei pagamenti previsti nel piano calcolato alla data di presentazione della domanda di concordato, determinato sulla base di un tasso di sconto pari alla metà del tasso previsto dall'art. 5 del decreto legislativo 9 ottobre 2002, n. 231, in vigore nel semestre in cui viene presentata la domanda di concordato preventivo.

87. Piano di concordato. – 1. Il debitore presenta, con la proposta di concordato e unitamente alla documentazione prevista dall'articolo 39, un piano contenente la descrizione analitica delle modalità e dei tempi di adempimento della proposta. Il piano deve indicare:

a) le cause della crisi;

b) la definizione delle strategie d'intervento e, in caso di concordato in continuità, i tempi necessari per assicurare il riequilibrio della situazione finanziaria;

c) gli apporti di finanza nuova, se previsti;

d) le azioni risarcitorie e recuperatorie esperibili, con indicazione di quelle eventualmente proponibili solo nel caso di apertura della procedura di liquidazione giudiziale e delle prospettive di recupero;

e) i tempi delle attività da compiersi, nonché le iniziative da adottare nel caso di scostamento tra gli obiettivi pianificati e quelli raggiunti;

f) in caso di continuità aziendale, le ragioni per le quali questa è funzionale al miglior soddisfacimento dei creditori;

g) ove sia prevista la prosecuzione dell'attività d'impresa in forma diretta, un'analitica individuazione dei costi e dei ricavi attesi dalla prosecuzione dell'attività, delle risorse finanziarie necessarie e delle relative modalità di copertura.

2. Il debitore deve depositare, con la domanda, la relazione di un professionista indipendente, che attesti la veridicità dei dati aziendali e la fattibilità del piano. Analoga relazione deve essere presentata nel caso di modifiche sostanziali della proposta o del piano.

3. In caso di concordato in continuità la relazione del professionista indipendente deve attestare che la prosecuzione dell'attività d'impresa è funzionale al miglior soddisfacimento dei creditori.

88. Trattamento dei crediti tributari e contributivi. – 1. Con il piano di concordato il debitore, esclusivamente mediante proposta presentata ai sensi del presente articolo, può proporre il pagamento, parziale o anche dilazionato, dei tributi e dei relativi accessori amministrati dalle agenzie fiscali, nonché dei contributi amministrati dagli enti gestori di forme di previdenza e assistenza obbligatorie e dei relativi accessori, se il piano ne prevede la soddisfazione in misura non inferiore a quella realizzabile, in ragione della collocazione preferenziale, sul ricavato in caso di liquidazione, avuto riguardo al valore di mercato attribuibile ai beni o ai diritti sui quali sussiste la causa di prelazione, indicato nella relazione di un professionista indipendente. Se il credito tributario o contributivo è assistito da privilegio, la percentuale, i tempi di pagamento e le eventuali garanzie non possono essere inferiori o meno vantaggiosi rispetto a quelli offerti ai creditori che hanno un grado di privilegio inferiore o a quelli che hanno una posizione giuridica e interessi economici omogenei a quelli delle agenzie e degli enti gestori di forme di previdenza e assistenza obbligatorie. Se il credito tributario o contributivo ha natura chirografaria, anche a seguito di degradazione per incapienza, il trattamento non può essere differenziato rispetto a quello degli altri crediti chirografari ovvero, nel caso di suddivisione in classi, dei crediti rispetto ai quali è previsto un trattamento più favorevole.

2. L'attestazione del professionista indipendente, relativamente ai crediti fiscali e previdenziali, ha ad oggetto anche la convenienza del trattamento proposto rispetto alla liquidazione giudiziale.

3. Copia della proposta e della relativa documentazione, contestualmente al deposito presso il tribunale, deve essere presentata al competente agente della riscossione e all'ufficio competente sulla base dell'ultimo domicilio fiscale del debitore, unitamente alla copia delle dichiarazioni fiscali per le quali non è pervenuto l'esito dei controlli automatici nonché delle dichiarazioni integrative relative al periodo fino alla data di presentazione della domanda. L'agente della riscossione, non oltre trenta giorni dalla data della presentazione, deve trasmettere al debitore una certificazione attestante l'entità del debito iscritto a ruolo scaduto o sospeso. L'ufficio, nello stesso termine, deve procedere alla liquidazione dei tributi risultanti dalle dichiarazioni e alla notifica dei relativi avvisi di irregolarità, unitamente a una certificazione attestante l'entità del debito derivante da atti di accertamento, ancorché non definitivi, per la parte non iscritta a ruolo, nonché dai ruoli vistati, ma non ancora consegnati all'agente della riscossione. Dopo la nomina del commissario giudiziale copia dell'avviso di irregolarità e delle certificazioni deve essergli trasmessa per gli adempimenti previsti dagli articoli 105, comma 1, e 106. In particolare, per i tributi amministrati dall'Agenzia delle dogane e dei monopoli, l'ufficio competente a ricevere copia della domanda con la relativa documentazione prevista al primo periodo, nonché a rilasciare la certificazione di cui al terzo periodo, si identifica con l'ufficio che ha notificato al debitore gli atti di accertamento.

4. Relativamente al credito tributario chirografario complessivo, il voto sulla proposta concordataria è espresso dall'ufficio, previo parere conforme della competente direzione regionale.

5. Il voto è espresso dall'agente della riscossione limitatamente agli oneri di riscossione di cui all'articolo 17 del decreto legislativo 13 aprile 1999, n. 112.

89. Riduzione o perdita del capitale della società in crisi. – 1. Dalla data del deposito della domanda e sino all'omologazione non si applicano gli articoli 2446, commi secondo e terzo, 2447, 2482 *bis*, commi quarto, quinto e sesto, e 2482 *ter* del codice civile. Per lo stesso periodo non opera la causa di scioglimento della società per riduzione o perdita del capitale sociale di cui agli articoli 2484, n. 4, e 2545 *duodecies* del codice civile.

2. Resta ferma, per il periodo anteriore al deposito delle domande e della proposta di cui al comma 1, l'applicazione dell'articolo 2486 del codice civile.

90. Proposte concorrenti. – 1. Colui o coloro che, anche per effetto di acquisti successivi alla domanda di concordato, rappresentano almeno il dieci per cento dei crediti risultanti dalla situazione patrimoniale depositata dal debitore, possono presentare una proposta concorrente di concordato preventivo e il relativo piano non oltre trenta giorni prima della data iniziale stabilita per la votazione dei creditori.

2. Ai fini del computo della percentuale del dieci per cento, non si considerano i crediti della società che controlla la società debitrice, delle società da questa controllate e di quelle sottoposte a comune controllo.

3. La proposta concorrente non può essere presentata dal debitore, neppure per interposta persona, dal coniuge, dalla parte di un'unione civile tra persone dello stesso sesso o dal convivente di fatto del debitore, da parenti e affini entro il quarto grado e da parti correlate.

4. La relazione di cui all'articolo 87, comma 2 può essere limitata alla fattibilità del piano per gli aspetti che non siano già oggetto di verifica da parte del commissario giudiziale, e può essere omessa se non ve ne sono.

5. Le proposte di concordato concorrenti non sono ammissibili se nella relazione di cui all'articolo 87, comma 2, il professionista indipendente attesta che la proposta di concordato del debitore assicura il pagamento di almeno il trenta per cento dell'ammontare dei crediti chirografari. Tale percentuale è ridotta al venti per cento nel caso in cui il debitore abbia richiesto l'apertura del procedimento di allerta o utilmente avviato la composizione assistita della crisi ai sensi dell'articolo 24.

6. La proposta può prevedere l'intervento di terzi e, se il debitore ha la forma di società per azioni o a responsabilità limitata, un aumento di capitale della società con esclusione o limitazione del diritto d'opzione.

7. La proposta concorrente prima di essere comunicata ai creditori, deve essere sottoposta al giudizio del tribunale che verifica la correttezza dei criteri di formazione delle classi.

8. Le proposte di concordato, ivi compresa quella presentata dal debitore, possono essere modificate fino a venti giorni prima della votazione dei creditori.

91. Offerte concorrenti. – 1. Quando il piano di concordato comprende un'offerta irrevocabile da parte di un soggetto già individuato e avente ad oggetto il trasferimento in suo favore, anche prima dell'omologazione, verso un corrispettivo in denaro o comunque a titolo oneroso, dell'azienda o di uno o più rami d'azienda o di specifici beni, il tribunale o il giudice da esso delegato dispone che dell'offerta stessa sia data idonea pubblicità al fine di acquisire offerte concorrenti. La stessa disciplina si applica in caso di affitto d'azienda.

2. La medesima disciplina si applica quando, prima dell'apertura della procedura di concordato, il debitore ha stipulato un contratto che comunque abbia la finalità del trasferimento non immediato dell'azienda, del ramo d'azienda o di specifici beni aziendali.

3. Se pervengono manifestazioni di interesse, il tribunale o il giudice da esso delegato, dispone con decreto l'apertura della procedura competitiva.

4. Il decreto di cui al comma 3 stabilisce le modalità di presentazione di offerte irrevocabili, prevedendo che ne sia assicurata in ogni caso la comparabilità, i requisiti di partecipazione degli offerenti, le forme e i tempi di accesso alle informazioni rilevanti, gli eventuali limiti al loro utilizzo e le modalità con cui il commissario deve fornirle a coloro che ne fanno richiesta, le modalità di svolgimento della procedura competitiva, l'aumento minimo del corrispettivo che le offerte devono prevedere, le garanzie che devono essere prestate dagli offerenti, le forme di pubblicità e la data dell'udienza per l'esame delle offerte se la vendita avviene davanti al giudice.

5. La pubblicità è in ogni caso disposta sul portale delle vendite pubbliche di cui all'articolo 490 del codice di procedura civile, nelle forme di pubblicità di cui al predetto articolo per quanto compatibili.

6. Le offerte, da presentarsi in forma segreta, non sono efficaci se non conformi a quanto previsto dal decreto e, in ogni caso, quando sottoposte a condizione.

7. Le offerte sono rese pubbliche nel giorno stabilito per la gara alla presenza degli offerenti e di qualunque interessato. Se sono state presentate più offerte migliorative, si procede alla gara tra gli offerenti. La gara deve concludersi almeno venti giorni prima della data fissata per il voto dei creditori, anche quando il piano prevede che la vendita o l'aggiudicazione abbia luogo dopo l'omologazione.

8. Con la vendita o con l'aggiudicazione, se precedente, a soggetto diverso dall'originario offerente indicato nel piano, questi e il debitore sono liberati dalle obbligazioni reciprocamente assunte. In favore dell'originario offerente il commissario dispone il rimborso delle spese e dei costi sostenuti per la formulazione dell'offerta entro il limite massimo del tre per cento del prezzo in essa indicato.

9. Il debitore modifica la proposta ed il piano in conformità all'esito della gara.

10. Nel caso in cui, indetta la gara, non vengano presentate offerte, l'originario offerente rimane vincolato nei termini di cui all'offerta indicata al comma 1.

11. Il presente articolo si applica, in quanto compatibile, nel caso in cui il debitore abbia chiesto l'assegnazione del termine previsto dall'articolo 44, comma 1, lettera *a*).

Sezione II
Organi e amministrazione

92. Commissario giudiziale. – 1. Il commissario giudiziale è, per quanto attiene all'esercizio delle sue funzioni, pubblico ufficiale.

2. Si applicano al commissario giudiziale gli articoli 126, 133, 134, 136 e 137, in quanto compatibili, nonché le disposizioni di cui agli articoli 35, comma 4 *bis*, e 35.1 del decreto legislativo 6 settembre 2011, n. 159; si osservano altresì le disposizioni di cui all'articolo 35.2 del predetto decreto.

3. Il commissario giudiziale fornisce ai creditori che ne fanno richiesta, valutata la congruità della stessa e previa assunzione di opportuni obblighi di riservatezza, le informazioni utili per la presentazione di proposte concorrenti, sulla base delle scritture contabili e fiscali obbligatorie del debitore, nonché ogni altra informazione rilevante in suo possesso.

4. La disciplina di cui al comma 3 si applica anche in caso di richieste, da parte di creditori o di terzi, di informazioni utili per la presentazione di offerte concorrenti.

5. Il commissario giudiziale comunica senza ritardo al pubblico ministero i fatti che possono interessare ai fini delle indagini preliminari in sede penale e dei quali viene a conoscenza nello svolgimento delle sue funzioni.

93. Pubblicità del decreto. – 1. Se il debitore possiede beni immobili o altri beni soggetti a pubblica registrazione, il decreto di apertura è trascritto nei pubblici registri a cura del commissario giudiziale.

Sezione III
Effetti della presentazione della domanda di concordato preventivo

94. Effetti della presentazione della domanda di concordato. – 1. Dalla data di presentazione della domanda di accesso al concordato preventivo e fino all'omologazione, il debitore conserva l'amministrazione dei suoi beni e l'esercizio dell'impresa, sotto la vigilanza del commissario giudiziale.

2. Fermo il disposto dell'articolo 46, i mutui, anche sotto forma cambiaria, le transazioni, i compromessi, le alienazioni di beni immobili e di partecipazioni societarie di controllo, le concessioni di ipoteche o di pegno, le fideiussioni, le rinunzie alle liti, le ricognizioni di diritti di terzi, le cancellazioni di ipoteche, le restituzioni di pegni, le accettazioni di eredità e di donazioni e in genere gli atti eccedenti l'ordinaria amministrazione, compiuti senza l'autorizzazione del giudice delegato, sono inefficaci rispetto ai creditori anteriori al concordato.

3. L'autorizzazione può essere concessa prima dell'omologazione se l'atto è funzionale al miglior soddisfacimento dei creditori.

4. Con decreto, il tribunale può stabilire un limite di valore al di sotto del quale non è dovuta l'autorizzazione di cui al comma 2.

5. L'alienazione e l'affitto di azienda, di rami di azienda e di specifici beni autorizzati ai sensi del comma 2, sono effettuate tramite procedure competitive, previa stima ed adeguata pubblicità.

6. Il tribunale può autorizzare in caso di urgenza gli atti previsti al comma 5 senza far luogo a pubblicità e alle procedure competitive quando può essere compromesso l'interesse dei creditori al miglior soddisfacimento. Del provvedimento e del compimento dell'atto deve comunque essere data adeguata pubblicità.

95. Disposizioni speciali per i contratti con le pubbliche amministrazioni. – 1. Fermo quanto previsto nell'articolo 97, i contratti in corso di esecuzione, stipulati con pubbliche amministrazioni, non si risolvono per effetto del deposito della domanda di concordato. Sono inefficaci eventuali patti contrari.

2. Il deposito della domanda di accesso al concordato preventivo non impedisce la continuazione di contratti con le pubbliche amministrazioni, se il professionista indipendente ha attestato la conformità al piano, ove predisposto, e la ragionevole capacità di adempimento. Di tale continuazione può beneficiare, in presenza dei requisiti di legge, anche la società cessionaria o conferitaria d'azienda o di rami d'azienda cui i contratti siano trasferiti, purché in possesso dei requisiti per la partecipazione alla gara e

per l'esecuzione del contratto. Il giudice delegato, all'atto della cessione o del conferimento, dispone la cancellazione delle iscrizioni e trascrizioni. Le disposizioni del presente comma si applicano anche nell'ipotesi in cui l'impresa sia stata ammessa al concordato liquidatorio quando il professionista indipendente attesta che la continuazione è necessaria per la migliore liquidazione dell'azienda in esercizio.

3. Successivamente al deposito della domanda di cui all'articolo 40, la partecipazione a procedure di affidamento di contratti pubblici deve essere autorizzata dal tribunale, e, dopo il decreto di apertura, dal giudice delegato, acquisito il parere del commissario giudiziale ove già nominato.

4. L'autorizzazione consente la partecipazione alla gara previo deposito di una relazione del professionista indipendente che attesta la conformità al piano, ove predisposto, e la ragionevole capacità di adempimento del contratto.

5. Fermo quanto previsto dal comma 4, l'impresa in concordato può concorrere anche riunita in raggruppamento temporaneo di imprese, purché non rivesta la qualità di mandataria e sempre che nessuna delle altre imprese aderenti al raggruppamento sia assoggettata ad una procedura concorsuale.

96. Norme applicabili dalla data di deposito della domanda di accesso al concordato preventivo. – 1. Si applicano, con riferimento alla data di presentazione della domanda di accesso al concordato preventivo, le disposizioni degli articoli 145, nonché da 153 a 162.

97. Contratti pendenti. – 1. Salvo quanto previsto dall'articolo 91, comma 2, i contratti ancora ineseguiti o non compiutamente eseguiti nelle prestazioni principali da entrambe le parti alla data del deposito della domanda di accesso al concordato preventivo, proseguono anche durante il concordato. Il debitore può chiedere, con autonoma istanza, l'autorizzazione alla sospensione o allo scioglimento di uno o più contratti, se la prosecuzione non è coerente con le previsioni del piano né funzionale alla sua esecuzione. Il debitore, unitamente all'istanza, deposita la prova della sua avvenuta notifica alla controparte.

2. L'istanza di sospensione può essere depositata contestualmente o successivamente al deposito della domanda di accesso al concordato; la richiesta di scioglimento può essere depositata solo quando sono presentati anche il piano e la proposta.

3. Salvo quanto previsto al comma 4, con l'istanza il debitore propone anche una quantificazione dell'indennizzo dovuto alla controparte della quale si tiene conto nel piano per la determinazione del fabbisogno concordatario.

4. La controparte può opporsi alla richiesta del debitore depositando una memoria scritta entro sette giorni dall'avvenuta notificazione dell'istanza.

5. Decorso il termine di cui al comma 4, fino al deposito del decreto di apertura previsto dall'articolo 47, provvede sull'istanza, con decreto motivato e reclamabile, il tribunale. Dopo il decreto di apertura, provvede il giudice delegato.

6. La sospensione o lo scioglimento del contratto hanno effetto dalla data della notificazione del provvedimento autorizzativo all'altro contraente effettuata a cura del debitore.

7. La sospensione richiesta prima del deposito della proposta e del piano non può essere autorizzata per una durata eccedente il termine concesso dal tribunale ai sensi dell'articolo 44, comma 1, lettera *a*). Quando siano stati presentati proposta e piano, la sospensione può essere autorizzata anche per una durata ulteriore, che comunque non può essere superiore a trenta giorni dalla data del decreto di apertura, non ulteriormente prorogabile.

8. Lo scioglimento del contratto non si estende alla clausola compromissoria in esso contenuta.

9. Nel caso in cui sia autorizzata la sospensione o lo scioglimento, il contraente ha diritto ad un indennizzo equivalente al risarcimento del danno conseguente al mancato adempimento.

10. In caso di mancato accordo sulla misura dell'indennizzo la sua determinazione è rimessa al giudice ordinariamente competente. Il giudice delegato provvede alla quantificazione del credito ai soli fini del voto e del calcolo delle maggioranze ai sensi dell'articolo 109.

11. L'indennizzo è soddisfatto come credito chirografario anteriore al concordato, ferma restando la prededuzione del credito conseguente ad eventuali prestazioni eseguite legalmente e in conformità agli accordi o agli usi negoziali dopo la pubblicazione della domanda di accesso al concordato e prima della notificazione di cui al comma 6.

12. In caso di scioglimento del contratto di locazione finanziaria, il concedente ha diritto alla restituzione del bene ed è tenuto a versare al debitore l'eventuale differenza fra la maggiore somma ricavata dalla vendita o da altra collocazione del bene stesso avvenute a valori di mercato, dedotta una somma pari all'ammontare di eventuali canoni scaduti e non pagati fino alla data dello scioglimento, dei canoni a scadere, solo in linea capitale, e del prezzo pattuito per l'esercizio dell'opzione finale di acquisto rispetto al credito residuo in linea capitale. La somma versata al debitore a norma del periodo precedente è acquisita alla procedura. Il concedente ha diritto di far valere verso il debitore un credito determinato nella differenza tra il credito vantato alla data del deposito della domanda e quanto ricavato dalla nuo-

va allocazione del bene. Tale credito è soddisfatto come credito anteriore al concordato. La vendita o l'allocazione sono effettuate secondo i criteri e le modalità di cui all'articolo 1, comma 139, della legge 4 agosto 2017, n. 124.

13. Le disposizioni del presente articolo non si applicano ai rapporti di lavoro subordinato, nonché ai contratti di cui agli articoli 173, comma 3, 176 e 185, comma 1.

98. Prededuzione nel concordato preventivo. – 1. I crediti prededucibili sono soddisfatti durante la procedura alla scadenza prevista dalla legge o dal contratto.

99. Finanziamenti prededucibili autorizzati prima dell'omologazione del concordato preventivo o di accordi di ristrutturazione dei debiti. – 1. Il debitore, anche con la domanda di accesso di cui agli articoli 40 e 44 e nei casi previsti dagli articoli 57, 60, 61 e 87, quando è prevista la continuazione dell'attività aziendale, anche se unicamente in funzione della liquidazione, può chiedere con ricorso al tribunale di essere autorizzato, anche prima del deposito della documentazione che deve essere allegata alla domanda, a contrarre finanziamenti in qualsiasi forma, compresa la richiesta di emissione di garanzie, prededucibili, funzionali all'esercizio dell'attività aziendale sino all'omologa del concordato preventivo o degli accordi di ristrutturazione dei debiti ovvero all'apertura e allo svolgimento di tali procedure e in ogni caso funzionali alla miglior soddisfazione dei creditori.

2. La richiesta può avere ad oggetto anche il mantenimento delle linee di credito autoliquidanti in essere al momento del deposito della domanda di cui al comma 1.

3. Il ricorso deve specificare la destinazione dei finanziamenti, che il debitore non è in grado di reperirli altrimenti e indicare le ragioni per cui l'assenza di tali finanziamenti determinerebbe grave pregiudizio per l'attività aziendale o per il prosieguo della procedura. Il ricorso deve essere accompagnato dalla relazione di un professionista indipendente, che attesti la sussistenza dei requisiti di cui al comma 1, nonché che i finanziamenti sono funzionali alla migliore soddisfazione dei creditori. La relazione non è necessaria quando il tribunale ravvisa l'urgenza di provvedere per evitare un danno grave ed irreparabile all'attività aziendale.

4. Il tribunale, assunte sommarie informazioni, sentito il commissario giudiziale e, se lo ritiene opportuno, sentiti senza formalità i principali creditori, decide in camera di consiglio con decreto motivato entro dieci giorni dal deposito dell'istanza di autorizzazione.

5. Il tribunale può autorizzare il debitore a concedere pegno o ipoteca o a cedere crediti a garanzia dei finanziamenti autorizzati.

6. In caso di successiva apertura della procedura di liquidazione giudiziale, i finanziamenti autorizzati non beneficiano della prededuzione quando risulta congiuntamente che:

a) il ricorso o l'attestazione di cui al comma 3 contengono dati falsi ovvero omettono informazioni rilevanti o comunque quando il debitore ha commesso altri atti in frode ai creditori per ottenere l'autorizzazione;

b) il curatore dimostra che i soggetti che hanno erogato i finanziamenti, alla data dell'erogazione, conoscevano le circostanze di cui alla lettera *a*).

100. Autorizzazione al pagamento di crediti pregressi. – 1. Il debitore che presenta domanda di concordato ai sensi degli articoli 44 e 87, quando è prevista la continuazione dell'attività aziendale, può chiedere al tribunale di essere autorizzato, assunte se del caso sommarie informazioni, a pagare crediti anteriori per prestazioni di beni o servizi, se un professionista indipendente attesta che tali prestazioni sono essenziali per la prosecuzione dell'attività di impresa e funzionali ad assicurare la migliore soddisfazione dei creditori. L'attestazione del professionista non è necessaria per pagamenti effettuati fino a concorrenza dell'ammontare di nuove risorse finanziarie che vengano apportate al debitore senza obbligo di restituzione o con obbligo di restituzione postergato alla soddisfazione dei creditori. Il tribunale può autorizzare, alle medesime condizioni, il pagamento della retribuzione dovuta per la mensilità antecedente il deposito del ricorso ai lavoratori addetti all'attività di cui è prevista la continuazione.

2. Quando è prevista la continuazione dell'attività aziendale, la disciplina di cui al comma 1 si applica, in deroga al disposto dell'articolo 154, comma 2, al rimborso, alla scadenza convenuta, delle rate a scadere del contratto di mutuo con garanzia reale gravante su beni strumentali all'esercizio dell'impresa se il debitore, alla data della presentazione della domanda di concordato, ha adempiuto le proprie obbligazioni o se il tribunale lo autorizza al pagamento del debito per capitale ed interessi scaduto a tale data. Il professionista indipendente attesta anche che il credito garantito potrebbe essere soddisfatto integralmente con il ricavato della liquidazione del bene effettuata a valore di mercato e che il rimborso delle rate a scadere non lede i diritti degli altri creditori.

101. Finanziamenti prededucibili in esecuzione di un concordato preventivo o di accordi di ristrutturazione dei debiti. – 1. Quando è prevista la continuazione dell'attività aziendale, i crediti derivanti da finanziamenti in qualsiasi forma effettuati, ivi compresa l'emissione di garanzie, in esecuzione di un concordato preventivo ovvero di accordi di ristrutturazione dei debiti omologati ed espressamente previsti nel piano ad essi sottostante sono prededucibili.

2. In caso di successiva ammissione del debitore alla procedura di liquidazione giudiziale, i predetti finanziamenti non beneficiano della prededuzione quando il piano di concordato preventivo o dell'accordo di ristrutturazione dei debiti risulta, sulla base di una valutazione da riferirsi al momento del deposito, basato su dati falsi o sull'omissione di informazioni rilevanti o il debitore ha compiuto atti in frode ai creditori e il curatore dimostra che i soggetti che hanno erogato i finanziamenti, alla data dell'erogazione, conoscevano tali circostanze.

102. Finanziamenti prededucibili dei soci. – 1. In deroga agli articoli 2467 e 2497 *quinquies* del codice civile, il beneficio della prededuzione previsto agli articoli 99 e 101 si applica ai finanziamenti erogati dai soci in qualsiasi forma, inclusa l'emissione di garanzie e controgaranzie, fino all'ottanta per cento del loro ammontare.

2. Il medesimo beneficio opera per l'intero ammontare dei finanziamenti qualora il finanziatore abbia acquisito la qualità di socio in esecuzione del concordato preventivo o degli accordi di ristrutturazione dei debiti.

Sezione IV
Provvedimenti immediati

103. Scritture contabili. – 1. Il commissario giudiziale, immediatamente dopo il decreto di apertura del concordato preventivo, ne fa annotazione sotto l'ultima scrittura dei libri presentati.

2. I libri sono restituiti al debitore, che deve tenerli a disposizione del giudice delegato e del commissario giudiziale.

104. Convocazione dei creditori. – 1. Il commissario giudiziale deve procedere alla verifica dell'elenco dei creditori e dei debitori sulla scorta delle scritture contabili, apportando le necessarie rettifiche.

2. Il commissario giudiziale provvede a comunicare ai creditori a mezzo posta elettronica certificata, se il destinatario ha un indirizzo digitale e, in ogni altro caso, a mezzo lettera raccomandata spedita presso la sede dell'impresa o la residenza del creditore, un avviso contenente la data iniziale e finale del voto dei creditori, la proposta del debitore, il decreto di apertura, il suo indirizzo di posta elettronica certificata, l'invito ad indicare un indirizzo di posta elettronica certificata, le cui variazioni è onere comunicare al commissario. Nello stesso avviso è contenuto l'avvertimento di cui all'articolo

200, comma 1, lettera *c*). Tutte le successive comunicazioni ai creditori sono effettuate dal commissario a mezzo posta elettronica certificata.

3. Quando, nel termine di quindici giorni dalla comunicazione dell'avviso, non è comunicato l'indirizzo di cui all'invito previsto dal comma 2 e nei casi di mancata consegna del messaggio di posta elettronica certificata per cause imputabili al destinatario, le comunicazioni si eseguono esclusivamente mediante deposito in cancelleria. Si applica l'articolo 10, comma 3.

4. Quando la comunicazione prevista dal comma 2 è sommamente difficile per il rilevante numero dei creditori o per la difficoltà di identificarli tutti, il tribunale, sentito il commissario giudiziale, può dare l'autorizzazione prevista dall'articolo 242.

5. Se vi sono obbligazionisti, il termine per la votazione deve essere raddoppiato. La data iniziale e finale stabilita per il voto è in ogni caso comunicata al rappresentante comune degli obbligazionisti.

105. Operazioni e relazione del commissario. – 1. Il commissario giudiziale redige l'inventario del patrimonio del debitore e una relazione particolareggiata sulle cause del dissesto, precisando se l'impresa si trovi in stato di crisi o di insolvenza, sulla condotta del debitore, sulle proposte di concordato e sulle garanzie offerte ai creditori, e la deposita in cancelleria almeno quarantacinque giorni prima della data iniziale stabilita per il voto dei creditori.

2. Nella relazione il commissario illustra le utilità che, in caso di liquidazione giudiziale, possono essere apportate dalle azioni risarcitorie, recuperatorie o revocatorie che potrebbero essere promosse nei confronti di terzi.

3. Qualora siano depositate proposte concorrenti, il commissario giudiziale riferisce in merito ad esse con relazione integrativa da depositare in cancelleria e comunicare ai creditori, con le modalità di cui all'articolo 104, comma 2, almeno quindici giorni prima della data iniziale stabilita per il voto dei creditori.

4. La relazione integrativa contiene, la comparazione tra tutte le proposte depositate. Le proposte di concordato, ivi compresa quella presentata dal debitore, possono essere modificate fino a venti giorni prima della data iniziale stabilita per il voto dei creditori.

5. Analoga relazione integrativa viene redatta qualora emergano informazioni che i creditori devono conoscere ai fini dell'espressione del voto. Essa è comunicata ai creditori almeno quindici giorni prima della data iniziale stabilita per il voto.

106. Atti di frode e apertura della liquidazione giudiziale nel corso della procedura. – 1. Il commissario giudiziale, se accerta che il debitore ha occultato o dissimulato parte dell'attivo, dolosamente omesso di denunciare uno o più crediti, esposto passività insussistenti o commesso altri atti di frode, deve riferirne immediatamente al tribunale, che provvede ai sensi dell'articolo 49, comma 2, dandone comunicazione al pubblico ministero e ai creditori. La comunicazione ai creditori è eseguita dal commissario giudiziale.

2. Le disposizioni di cui al comma 1 si applicano anche quando il debitore compie atti non autorizzati o comunque diretti a frodare le ragioni dei creditori, o se in qualunque momento risulta che mancano le condizioni prescritte per l'apertura del concordato previste agli articoli da 84 a 88.

3. All'esito del procedimento, il tribunale, su istanza del creditore o su richiesta del pubblico ministero, apre la procedura di liquidazione giudiziale dei beni del debitore.

Sezione V
Voto nel concordato preventivo

107. Voto dei creditori. – 1. Il voto dei creditori è espresso con modalità telematiche.

2. Sono sottoposte alla votazione dei creditori tutte le proposte presentate dal debitore e dai creditori, seguendo, per queste ultime, l'ordine temporale del loro deposito. Il giudice delegato regola l'ordine e l'orario delle votazioni con proprio decreto.

3. Almeno quindici giorni prima della data iniziale stabilita per il voto il commissario giudiziale illustra la sua relazione e le proposte definitive del debitore e quelle eventualmente presentate dai creditori con comunicazione inviata ai creditori, al debitore e a tutti gli altri interessati e depositata nella cancelleria del giudice delegato. Alla relazione è allegato, ai soli fini della votazione, l'elenco dei creditori legittimati al voto con indicazione dell'ammontare per cui sono ammessi.

4. Almeno dieci giorni prima della data iniziale stabilita per il voto, il debitore, coloro che hanno formulato proposte alternative, i coobbligati, i fideiussori del debitore e gli obbligati in via di regresso, i creditori possono formulare osservazioni e contestazioni a mezzo di posta elettronica certificata indirizzata al commissario giudiziale. Ciascun creditore può esporre le ragioni per le quali non ritiene ammissibili o convenienti le proposte di concordato e sollevare contestazioni sui crediti concorrenti. Il debitore ha facoltà di rispondere e contestare a sua volta i crediti, e ha il dovere di fornire al giudice gli opportuni chiarimenti. Il debitore, inoltre, può esporre le ragioni per le quali ritiene non ammissibili o non fattibili le eventuali proposte concorrenti.

5. Il commissario giudiziale dà comunicazione ai creditori, al debitore e a tutti gli altri interessati delle osservazioni e contestazioni pervenute e ne informa il giudice delegato.

6. Il commissario giudiziale deposita la propria relazione definitiva e la comunica ai creditori, al debitore ed agli altri interessati entro cinque giorni prima della data iniziale stabilita per il voto.

7. I provvedimenti del giudice delegato sono comunicati al debitore, ai creditori, al commissario giudiziale e a tutti gli interessati.

8. Il voto è espresso a mezzo posta elettronica certificata inviata al commissario giudiziale, Tutti i dati sono di proprietà del Ministero della Giustizia e debbono essere conservati secondo la disciplina vigente per gli atti giudiziari.

9. I termini previsti dai commi 3, 4 e 6 non sono soggetti alla sospensione feriale dei termini di cui all'articolo 1 della legge 7 ottobre 1969, n. 742.

108. Ammissione provvisoria dei crediti contestati. – 1. Il giudice delegato può ammettere provvisoriamente in tutto o in parte i crediti contestati ai soli fini del voto e del calcolo delle maggioranze, senza che ciò pregiudichi le pronunzie definitive sulla sussistenza dei crediti stessi. Provvede nello stesso modo in caso di rinuncia al privilegio.

2. I creditori esclusi possono opporsi alla esclusione in sede di omologazione del concordato nel caso in cui la loro ammissione avrebbe avuto influenza sulla formazione delle maggioranze.

109. Maggioranza per l'approvazione del concordato. – 1. Il concordato è approvato dai creditori che rappresentano la maggioranza dei crediti ammessi al voto. Nel caso in cui un unico creditore sia titolare di crediti in misura superiore alla maggioranza dei crediti ammessi al voto, il concordato è approvato se, oltre alla maggioranza di cui al periodo precedente, abbia riportato la maggioranza per teste dei voti espressi dai creditori ammessi al voto. Ove siano previste diverse classi di creditori, il concordato è approvato se la maggioranza dei crediti ammessi al voto è raggiunta inoltre nel maggior numero di classi.

2. Quando sono poste al voto più proposte di concordato, si considera approvata la proposta che ha conseguito la maggioranza più elevata dei crediti ammessi al voto; in caso di parità, prevale quella del debitore o, in caso di parità fra proposte di creditori, quella presentata per prima. Quando nessuna delle proposte concorrenti poste al voto sia stata approvata con le maggioranze di cui al primo e secondo periodo del presente comma, il giudice delegato, con decreto da adottare entro trenta giorni dal termine di cui all'articolo 110, comma 2, rimette al voto la sola proposta che ha conseguito la maggioranza relativa dei crediti ammessi al voto, fissando il termine per la comunicazione ai creditori e il termine a partire dal quale i creditori, nei venti giorni successivi, possono far pervenire il proprio voto per posta elettronica certificata. In ogni caso si applicano le disposizioni del comma 1.

3. I creditori muniti di privilegio, pegno o ipoteca, ancorché la garanzia sia contestata, dei quali la proposta di concordato prevede l'integrale pagamento, non hanno diritto al voto se non rinunciano in tutto od in parte al diritto di prelazione. Qualora i creditori muniti di privilegio, pegno o ipoteca rinuncino in tutto o in parte alla prelazione, per la parte del credito non coperta dalla garanzia sono equiparati ai creditori chirografari; la rinuncia ha effetto ai soli fini del concordato.

4. I creditori muniti di diritto di prelazione di cui la proposta di concordato prevede la soddisfazione non integrale, sono equiparati ai chirografari per la parte residua del credito.

5. Sono esclusi dal voto e dal computo delle maggioranze il coniuge o il convivente di fatto del debitore, ovvero la parte dell'unione civile con il debitore, i parenti e affini del debitore fino al quarto grado, la società che controlla la società debitrice, le società da questa controllate e quelle sottoposte a comune controllo, nonché i cessionari o aggiudicatari dei loro crediti da meno di un anno prima della domanda di concordato. Sono inoltre esclusi dal voto e dal computo delle maggioranze i creditori in conflitto d'interessi.

6. Il creditore che propone il concordato ovvero le società da questo controllate, le società controllanti o sottoposte a comune controllo, ai sensi dell'articolo 2359, primo comma, del codice civile possono votare soltanto se la proposta ne prevede l'inserimento in apposita classe.

110. Adesioni alla proposta di concordato. – 1. All'esito della votazione è redatta dal commissario giudiziale apposita relazione in cui sono inseriti i voti favorevoli e contrari dei creditori con l'indicazione nominativa dei votanti e dell'ammontare dei rispettivi crediti. È altresì inserita l'indicazione nominativa dei creditori che non hanno esercitato il voto e dell'ammontare dei loro crediti. Alla relazione è allegata, su supporto informatico, la documentazione relativa all'espressione dei voti.

2. La relazione è depositata in cancelleria il giorno successivo alla chiusura delle operazioni di voto.

3. Quando il commissario giudiziale rileva, dopo l'approvazione del concordato, che sono mutate le condizioni di fattibilità del piano, ne dà avviso ai creditori, i quali possono costituirsi nel giudizio di omologazione fino all'udienza di cui all'articolo 48, comma 1, per modificare il voto.

111. Mancata approvazione del concordato. – 1. Se nel termine stabilito non si raggiungono le maggioranze richieste, il giudice delegato ne riferisce immediatamente al tribunale, che provvede a norma dell'articolo 49, comma 1.

Sezione VI
Omologazione del concordato preventivo

112. Giudizio di omologazione. – 1. Se un creditore dissenziente appartenente a una classe dissenziente ovvero, nell'ipotesi di mancata formazione delle classi, i creditori dissenzienti che rappresentano il venti per cento dei crediti ammessi al voto, contestano la convenienza della proposta, il tribunale può omologare il concordato qualora ritenga che il credito possa risultare soddisfatto dal concordato in misura non inferiore rispetto alla liquidazione giudiziale.

2. Le somme spettanti ai creditori contestati, condizionali o irreperibili sono depositate nei modi stabiliti dal tribunale, che fissa altresì le condizioni e le modalità per lo svincolo.

113. Chiusura della procedura. – 1. La procedura di concordato preventivo si chiude con la sentenza di omologazione ai sensi dell'articolo 48.

114. Cessioni dei beni. – 1. Se il concordato consiste nella cessione dei beni, il tribunale nomina nella sentenza di omologazione uno o più liquidatori e un comitato di tre o cinque creditori per assistere alla liquidazione e determina le altre modalità della liquidazione. In tal caso, il tribunale dispone che il liquidatore effettui la pubblicità prevista dall'articolo 490, primo comma, del codice di procedura civile e fissa il termine entro cui la stessa deve essere eseguita.

2. Si applicano ai liquidatori gli articoli 126, 134, 136, 137 e 231 in quanto compatibili e l'articolo 358. Si applicano altresì al liquidatore le disposizioni di cui agli articoli 35, comma 4 *bis*, e 35.1 del decreto legislativo 6 settembre 2011, n. 159 e si osservano le disposizioni di cui all'articolo 35.2 del predetto decreto.

3. Si applicano al comitato dei creditori gli articoli 138 e 140, in quanto compatibili. Alla sostituzione dei membri del comitato provvede in ogni caso il tribunale.

4. Alle vendite, alle cessioni e ai trasferimenti legalmente posti in essere dopo il deposito della domanda di concordato o in esecuzione di questo, si applicano le disposizioni sulle vendite nella liquidazione giudiziale, in quanto compatibili. La cancellazione delle iscrizioni relative ai diritti di prelazione, nonché delle trascrizioni dei pignoramenti e dei sequestri conservativi e di ogni altro vincolo, sono effettuati su ordine del giudice, salvo diversa disposizione contenuta nella sentenza di omologazione per gli atti a questa successivi.

5. Il liquidatore comunica con periodicità semestrale al commissario giudiziale le informazioni rilevanti relative all'andamento della liquidazione. Il commissario ne dà notizia, con le sue osservazioni, al pubblico ministero e ai creditori e ne deposita copia presso la cancelleria del tribunale.

115. Azioni del liquidatore giudiziale in caso di cessione dei beni. – 1. Il liquidatore giudiziale esercita, o se pendente, prosegue, ogni azione prevista dalla legge finalizzata a conseguire la disponibilità dei beni compresi nel patrimonio del debitore e ogni azione diretta al recupero dei crediti.

2. Il liquidatore esercita oppure, se pendente, prosegue l'azione sociale di responsabilità. Ogni patto contrario o ogni diversa previsione contenuti nella proposta o nel piano sono inopponibili al liquidatore e ai creditori sociali.

3. Resta ferma, in ogni caso, anche in pendenza della procedura e nel corso della sua esecuzione, la legittimazione di ciascun creditore sociale a esercitare o proseguire l'azione di responsabilità prevista dall'articolo 2394 del codice civile.

116. Trasformazione, fusione o scissione. – 1. Se il piano prevede il compimento, durante la procedura oppure dopo la sua omologazione, di operazioni di trasformazione, fusione o scissione della società debitrice, la validità di queste può essere contestata dai creditori solo con l'opposizione all'omologazione.

2. A questo fine, il tribunale, nel provvedimento di fissazione dell'udienza di cui all'articolo 48, dispone che il piano sia pubblicato nel registro delle imprese del luogo ove hanno sede le società interessate dalle operazioni di trasformazione, fusione o scissione. Tra la data della pubblicazione e l'udienza devono intercorrere almeno trenta giorni.

3. Gli effetti delle operazioni di cui al comma 1, in caso di risoluzione o di annullamento del concordato, sono irreversibili, salvo il diritto al risarcimento del danno eventualmente spettante ai soci o ai terzi ai sensi degli articoli 2500 *bis*, comma secondo, 2504 *quater*, comma secondo, e 2506 *ter*, comma quinto, del codice civile.

4. Trovano applicazione, in quanto compatibili, le disposizioni contenute nel capo X del titolo V del libro V del codice civile.

117. Effetti del concordato per i creditori. – 1. Il concordato omologato è obbligatorio per tutti i creditori anteriori alla pubblicazione nel registro delle imprese della domanda di accesso. Tuttavia essi conservano impregiudicati i diritti contro i coobbligati, i fideiussori del debitore e gli obbligati in via di regresso.

2. Salvo patto contrario, il concordato della società ha efficacia nei confronti dei soci illimitatamente responsabili.

118. Esecuzione del concordato. – 1. Dopo l'omologazione del concordato, il commissario giudiziale ne sorveglia l'adempimento, secondo le modalità stabilite nella sentenza di omologazione. Egli deve riferire al giudice ogni fatto dal quale possa derivare pregiudizio ai creditori.

2. Le somme spettanti ai creditori contestati, condizionali o irreperibili sono depositate nei modi stabiliti dal giudice delegato.

3. Il debitore è tenuto a compiere ogni atto necessario a dare esecuzione alla proposta di concordato anche se presentata da uno o più creditori, qualora sia stata approvata e omologata.

4. Nel caso in cui il commissario giudiziale rilevi che il debitore non sta provvedendo al compimento degli atti necessari a dare esecuzione alla proposta o ne sta ritardando il compimento, deve senza indugio riferirne al tribunale. Il tribunale, sentito il debitore, può attribuire al commissario giudiziale i poteri necessari a provvedere in luogo del debitore al compimento degli atti a questo richiesti.

5. Il soggetto che ha presentato la proposta di concordato approvata e omologata dai creditori può denunciare al tribunale i ritardi e le omissioni del debitore mediante ricorso notificato al debitore e al commissario giudiziale con il quale può chiedere al tribunale di attribuire al commissario i poteri necessari per provvedere ai sensi del comma 4 o di revocare l'organo amministrativo, se si tratta di società, nominando un amministratore giudiziario. Sono in ogni caso fatti salvi i diritti di informazione e di voto dei soci di minoranza.

6. Il tribunale provvede in camera di consiglio, sentito il debitore ed il commissario giudiziale. Quando nomina un amministratore giudiziario, stabilisce la durata dell'incarico e gli attribuisce il potere di compiere gli atti necessari a dare esecuzione alla proposta omologata, ivi inclusi, se la proposta prevede un aumento del capitale sociale della società debitrice o altre deliberazioni di competenza dell'assemblea dei soci, la convocazione dell'assemblea avente ad oggetto tali deliberazioni e l'esercizio del diritto di voto nelle stesse per le azioni o quote facenti capo al socio o ai soci di maggioranza. Al liquidatore, se nominato, possono essere attribuiti i compiti di amministratore giudiziario.

7. In caso di trasferimento di beni, il commissario richiede al tribunale, che provvede in composizione monocratica, l'emissione di decreto di cancellazione delle formalità iscritte, delegando ove opportuno al notaio rogante l'atto di trasferimento.

8. In deroga all'articolo 2560 del codice civile, l'acquirente o cessionario dell'azienda non risponde dei debiti pregressi, salvo diversa previsione del piano di concordato.

119. Risoluzione del concordato. – 1. Ciascuno dei creditori e il commissario giudiziale, ove richiesto da un creditore, possono richiedere la risoluzione del concordato per inadempimento.

2. Al procedimento è chiamato a partecipare l'eventuale garante.

3. Il concordato non si può risolvere se l'inadempimento ha scarsa importanza.

4. Il ricorso per la risoluzione deve proporsi entro un anno dalla scadenza del termine fissato per l'ultimo adempimento previsto dal concordato.

5. Le disposizioni che precedono non si applicano quando gli obblighi derivanti dal concordato sono stati assunti da un terzo con liberazione immediata del debitore.

6. Il procedimento è regolato ai sensi degli articoli 40 e 41.

120. Annullamento del concordato. – 1. Il concordato può essere annullato su istanza del commissario o di qualunque creditore, in contraddittorio con il debitore, quando si scopre che è stato dolosamente esagerato il passivo ovvero sottratta o dissimulata una parte rilevante dell'attivo. Non è ammessa altra azione di nullità.

2. Il ricorso per annullamento deve proporsi nel termine di sei mesi dalla scoperta del dolo e, in ogni caso, non oltre due anni dalla scadenza del termine fissato per l'ultimo adempimento previsto nel concordato.

3. Il procedimento è regolato ai sensi degli articoli 40 e 41.

Titolo V
Liquidazione giudiziale

Capo I
Imprenditori individuali e società

Sezione I
Presupposti della liquidazione giudiziale e organi preposti

121. Presupposti della liquidazione giudiziale. – 1. Le disposizioni sulla liquidazione giudiziale si applicano agli imprenditori commerciali che non dimostrino il possesso congiunto dei requisiti di cui all'articolo 2, comma 1, lettera *d*), e che siano in stato di insolvenza.

122. Poteri del tribunale concorsuale. – 1. Il tribunale che ha dichiarato aperta la procedura di liquidazione giudiziale è investito dell'intera procedura e:

a) provvede alla nomina, alla revoca o sostituzione per giustificati motivi degli organi della procedura, quando non è prevista la competenza del giudice delegato;

b) può in ogni tempo sentire in camera di consiglio il curatore, il comitato dei creditori e il debitore;

c) decide le controversie relative alla procedura stessa che non sono di competenza del giudice delegato, nonché i reclami contro i provvedimenti del giudice delegato.

2. I provvedimenti del tribunale sono pronunciati con decreto motivato, salvo che la legge non preveda che il provvedimento sia adottato in forma diversa.

123. Poteri del giudice delegato. – 1. Il giudice delegato esercita funzioni di vigilanza e di controllo sulla regolarità della procedura e:

a) riferisce al tribunale su ogni affare per il quale è richiesto un provvedimento del collegio;

b) emette o provoca dalle competenti autorità i provvedimenti urgenti per la conservazione del patrimonio, ad esclusione di quelli che incidono su diritti di terzi che rivendichino un proprio diritto incompatibile con l'acquisizione;

c) convoca il curatore e il comitato dei creditori nei casi prescritti dalla legge e ogni qualvolta lo ravvisi opportuno per il corretto e sollecito svolgimento della procedura;

d) su proposta del curatore, liquida i compensi e dispone l'eventuale revoca dell'incarico conferito alle persone la cui opera è stata richiesta dal medesimo curatore nell'interesse della procedura;

e) provvede sui reclami proposti contro gli atti del curatore e del comitato dei creditori;

f) fatto salvo quanto previsto dall'articolo 128, comma 2, autorizza il curatore a stare in giudizio come attore o come convenuto, quando è utile per il miglior soddisfacimento dei creditori. L'autorizzazione deve essere sempre data per atti determinati e per i giudizi deve essere rilasciata per ogni grado di essi;

g) nomina gli arbitri, su proposta del curatore;

h) procede all'accertamento dei crediti e dei diritti vantati da terzi sui beni compresi nella procedura, secondo le disposizioni del capo III.

i) quando ne ravvisa l'opportunità, dispone che il curatore presenti relazioni ulteriori rispetto a quelle previste dall'articolo 130, prescrivendone le modalità.

2. Il giudice delegato non può trattare i giudizi che ha autorizzato, né far parte del collegio investito del reclamo proposto contro i suoi atti.

3. I provvedimenti del giudice delegato sono pronunciati con decreto motivato.

124. Reclamo contro i decreti del giudice delegato e del tribunale. – 1. Salvo che sia diversamente disposto, contro i decreti del giudice delegato e del tribunale il curatore, il comitato dei creditori, il debitore e ogni altro interessato possono proporre reclamo, rispettivamente, al tribunale o alla corte di appello nel termine perentorio di dieci giorni dalla comunicazione o dalla notificazione per il curatore, per il debitore, per il comitato dei creditori e per chi ha chiesto o nei cui confronti è stato chiesto il provvedimento. Per gli altri interessati, il termine decorre dall'esecuzione delle formalità pubblicitarie previste dalla legge o disposte dal giudice delegato o dal tribunale, se quest'ultimo ha emesso il provvedimento.

2. In ogni caso il reclamo non può più proporsi decorsi novanta giorni dal deposito del provvedimento nel fascicolo della procedura.

3. Il reclamo si propone con ricorso, che deve contenere:

a) l'indicazione del tribunale o della corte di appello competente, del giudice delegato e della procedura di liquidazione giudiziale;

b) le generalità, il codice fiscale del ricorrente e il nome e il domicilio digitale del difensore;

c) l'esposizione delle ragioni di fatto e di diritto su cui si basa il reclamo, con le relative conclusioni;

d) l'indicazione dei mezzi di prova di cui il ricorrente intende avvalersi e dei documenti prodotti.

4. Il reclamo non sospende l'esecuzione del provvedimento impugnato.

5. Il presidente con decreto designa il relatore e fissa l'udienza di comparizione entro quaranta giorni dal deposito del ricorso.

6. Il ricorso, unitamente al decreto di fissazione dell'udienza, deve essere notificato, a cura del reclamante, al curatore, mediante trasmissione al domicilio digitale della procedura, e ai controinteressati, entro cinque giorni dalla comunicazione del decreto.

7. Tra la data della notificazione e quella dell'udienza deve intercorrere un termine non minore di quindici giorni.

8. Il resistente deve costituirsi almeno cinque giorni prima dell'udienza, depositando memoria contenente l'indicazione delle proprie generalità e del suo codice fiscale, nonché il nome e domicilio digitale del difensore, nonché l'esposizione delle difese in fatto e in diritto, oltre all'indicazione dei mezzi di prova e dei documenti prodotti.

9. Ogni altro interessato può intervenire nel termine e nei modi previsti dal comma 8.

10. I termini di cui ai commi 7 e 8 possono essere abbreviati dal presidente, con decreto motivato, se ricorrono ragioni di urgenza.

11. All'udienza il collegio, sentite le parti, ammette o assume anche d'ufficio i mezzi di prova, se non ritiene di delegarne l'assunzione al relatore.

12. Entro trenta giorni dall'udienza di comparizione, il collegio provvede sul reclamo con decreto motivato.

125. Nomina del curatore. – 1. Il curatore è nominato con la sentenza di apertura della liquidazione giudiziale, osservati gli articoli 356 e 358.

2. Si applicano agli esperti nominati ai sensi dell'articolo 49, comma 3, lettera *b*), le disposizioni del comma 1 e degli articoli 123 e da 126 a 136 in quanto compatibili.

3. Al curatore, agli esperti nominati ai sensi dell'articolo 49, comma 3, lettera *b*), ed al coadiutore nominato a norma dell'articolo 129, comma 2, si applicano le disposizioni di cui agli articoli 35, comma 4 *bis*, e 35.1 del decreto legislativo 6 settembre 2011, n. 159; si osservano altresì le disposizioni di cui all'articolo 35.2 del predetto decreto.

4. I provvedimenti di nomina dei curatori, dei commissari giudiziali e dei liquidatori giudiziali confluiscono nel registro nazionale istituito presso il Ministero della giustizia. Nel registro vengono altresì annotati i provvedimenti di chiusura del fallimento e di omologazione del concordato, nonché l'ammontare dell'attivo e del passivo delle procedure chiuse. Il registro è tenuto con modalità informatiche ed è accessibile al pubblico.

126. Accettazione del curatore. – 1. Il curatore deve, entro i due giorni successivi alla comunicazione della nomina, far pervenire in cancelleria la propria accettazione. Se il curatore non osserva questo obbligo il tribunale, in camera di consiglio, provvede d'urgenza alla nomina di altro curatore.

2. Intervenuta l'accettazione, l'ufficio comunica telematicamente al curatore le credenziali per l'accesso al domicilio digitale assegnato alla procedura dal Ministero della giustizia.

127. Qualità di pubblico ufficiale. – 1. Il curatore, per quanto attiene all'esercizio delle sue funzioni, è pubblico ufficiale.

128. Gestione della procedura. – 1. Il curatore ha l'amministrazione del patrimonio compreso nella liquidazione giudiziale e compie tutte le operazioni della procedura sotto la vigilanza del giudice delegato e del comitato dei creditori, nell'ambito delle funzioni ad esso attribuite.

2. Egli non può stare in giudizio senza l'autorizzazione del giudice delegato, salvo che in materia di contestazioni e di tardive dichiarazioni di crediti e di diritti di terzi sui beni compresi nella liquidazione giudiziale, e salvo che nei procedimenti promossi per impugnare atti del giudice delegato o del tribunale e in ogni altro caso in cui non occorra ministero di difensore.

3. Il curatore non può assumere la veste di avvocato nei giudizi che riguardano la liquidazione giudiziale. Il curatore può tuttavia assumere la veste di difensore, se in possesso della necessaria qualifica nei giudizi avanti al giudice tributario quando ciò è funzionale ad un risparmio per la massa.

129. Esercizio delle attribuzioni del curatore. – 1. Il curatore esercita personalmente le funzioni del proprio ufficio e può delegare ad altri specifiche operazioni, previa autorizzazione del comitato dei creditori, con esclusione degli adempimenti di cui agli articoli 198, 200, 203, 205 e 213. L'onere per il compenso del delegato, liquidato dal giudice, è detratto dal compenso del curatore.

2. Il curatore può essere autorizzato dal comitato dei creditori a farsi coadiuvare da tecnici o da altre persone retribuite, compreso il debitore e gli amministratori della società o dell'ente in liquidazione giudiziale, sotto la sua responsabilità. Del compenso riconosciuto a tali soggetti si tiene conto ai fini della liquidazione del compenso del curatore.

130. Relazioni e rapporti riepilogativi del curatore. – 1. Il curatore, entro trenta giorni dalla dichiarazione di apertura della liquidazione giudiziale, presenta al giudice delegato un'informativa sugli accertamenti compiuti e sugli elementi informativi acquisiti relativi alle cause dell'insolvenza e alla responsabilità del debitore ovvero degli amministratori e degli organi di controllo della società.

2. Se il debitore o gli amministratori non ottemperano agli obblighi di deposito di cui all'articolo 49, comma 3, lettera *c*), il curatore informa senza indugio il pubblico ministero. In tal caso o quando le scritture contabili sono incomplete o comunque risultano inattendibili, il curatore, con riguardo alle operazioni compiute dal debitore nei cinque anni anteriori alla presentazione della domanda cui sia seguita l'apertura della liquidazione giudiziale, oltre alle ricerche effettuate ai sensi dell'articolo 49, comma 3, lettera *f*), può chiedere al giudice delegato di essere autorizzato ad accedere a banche dati, ulteriori rispetto a quelle di cui all'articolo 49 e specificamente indicate nell'istanza di autorizzazione.

3. Il giudice delegato può autorizzare il curatore a richiedere alle pubbliche amministrazioni le informazioni e i documenti in loro possesso.

4. Il curatore, entro sessanta giorni dal deposito del decreto di esecutività dello stato passivo, presenta al giudice delegato una relazione particolareggiata in ordine al tempo e alle cause dell'insorgere della crisi e del manifestarsi dell'insolvenza del debitore, sulla diligenza spiegata dal debitore nell'esercizio dell'impresa, sulla responsabilità del debitore o di altri e su quanto può interessare anche ai fini delle indagini preliminari in sede penale.

5. Se il debitore insolvente è una società o altro ente, la relazione espone i fatti accertati e le informazioni raccolte sulla responsabilità degli amministratori e degli organi di controllo, dei soci e, eventualmente, di estranei alla società. Se la società o l'ente fa parte di un gruppo, il curatore deve altresì riferire sulla natura dei rapporti con le altre società o enti e allegare le informazioni raccolte sulle rispettive responsabilità, avuto riguardo agli effetti dei rapporti economici e contrattuali con le altre imprese del gruppo.

6. Quando non si fa luogo all'accertamento del passivo ai sensi dell'articolo 209 la relazione di cui ai commi 4 e 5 è depositata entro il termine di centottanta giorni dalla dichiarazione di apertura della liquidazione giudiziale.

7. Le relazioni di cui ai commi 1, 4 e 5 sono trasmesse in copia integrale entro cinque giorni dal deposito al pubblico ministero.

8. Il giudice delegato dispone la secretazione delle parti relative alla responsabilità penale del debitore e di terzi ed alle azioni che il curatore intende proporre qualora possano comportare l'adozione di provvedimenti cautelari, nonché alle circostanze estranee agli interessi della procedura e che investano la sfera personale del debitore.

9. Il curatore, inoltre, entro quattro mesi dal deposito del decreto di esecutività dello stato passivo e, successivamente, ogni sei mesi, presenta al giudice delegato un rapporto riepilogativo delle attività svolte e delle informazioni raccolte dopo le precedenti relazioni, accompagnato dal conto della sua gestione e dagli estratti del conto bancario o postale della pro-

cedura relativi agli stessi periodi. Copia del rapporto e dei documenti allegati è trasmessa al comitato dei creditori. Nel termine di quindici giorni, il comitato dei creditori o ciascuno dei suoi componenti possono formulare osservazioni scritte. Nei successivi quindici giorni copia del rapporto, assieme alle eventuali osservazioni, omesse le parti secretate, è trasmessa per mezzo della posta elettronica certificata al debitore, ai creditori e ai titolari di diritti sui beni.

131. Deposito delle somme riscosse. – 1. Le somme riscosse a qualunque titolo dal curatore sono depositate entro il termine massimo di dieci giorni sul conto corrente intestato alla procedura di liquidazione aperto presso un ufficio postale o presso una banca scelta dal curatore.

2. Il mancato deposito nel termine è valutato dal tribunale ai fini dell'eventuale revoca del curatore.

3. Il prelievo delle somme è eseguito su copia conforme del mandato di pagamento del giudice delegato e, nel periodo di intestazione «Fondo unico giustizia» del conto corrente, su disposizione di Equitalia Giustizia s.p.a., in conformità a quanto previsto dall'articolo 2 del decreto legge 16 settembre 2008, n. 143, convertito, con modificazioni, dalla legge 13 novembre 2008, n. 181.

4. Il mandato è sottoscritto dal giudice delegato e dal cancelliere con firma digitale ed è trasmesso telematicamente al depositario nel rispetto delle disposizioni, anche regolamentari, concernenti la sottoscrizione, la trasmissione e la ricezione dei documenti informatici. La trasmissione telematica è oggetto di disciplina con apposito decreto del Ministro della Giustizia, che ne stabilisce modalità, condizioni e limiti. La disposizione acquista efficacia a decorrere dal novantesimo giorno successivo alla pubblicazione nella *Gazzetta Ufficiale* del provvedimento del responsabile dei sistemi informativi automatizzati del Ministero della giustizia, da adottarsi entro un anno dall'entrata in vigore del presente codice, attestante la piena funzionalità dei sistemi di trasmissione telematica.

132. Integrazione dei poteri del curatore. – 1. Le riduzioni di crediti, le transazioni, i compromessi, le rinunzie alle liti, le ricognizioni di diritti di terzi, la cancellazione di ipoteche, la restituzione di pegni, lo svincolo delle cauzioni, l'accettazione di eredità e donazioni e gli altri atti di straordinaria amministrazione sono effettuati dal curatore, previa l'autorizzazione del comitato dei creditori.

2. Nel richiedere l'autorizzazione del comitato dei creditori, il curatore formula le proprie conclusioni anche sulla convenienza della proposta.

3. Se gli atti suddetti sono di valore superiore a cinquantamila euro e in ogni caso per le transazioni, il curatore ne informa previamente il giudice

delegato, salvo che gli stessi siano già stati autorizzati dal medesimo ai sensi dell'articolo 213, comma 7.

4. Il limite di cui al comma 3 può essere adeguato con decreto del Ministro della giustizia.

133. Reclamo contro gli atti e le omissioni del curatore. – 1. Contro gli atti di amministrazione e le omissioni del curatore, il comitato dei creditori, il debitore e ogni altro interessato possono proporre reclamo, per violazione di legge, con ricorso al giudice delegato entro otto giorni dalla conoscenza dell'atto o, in caso di omissione, dalla scadenza del termine indicato nella diffida a provvedere. Il giudice delegato, sentite le parti, decide sul reclamo, omessa ogni formalità non indispensabile al contraddittorio.

2. Se il reclamo è accolto, il curatore deve conformarsi alla decisione del giudice delegato.

3. Contro il decreto del giudice delegato può essere proposto il reclamo previsto dall'articolo 124.

134. Revoca del curatore. – 1. Il tribunale può in ogni tempo, su proposta del giudice delegato o su richiesta del comitato dei creditori o d'ufficio, revocare il curatore.

2. Il tribunale provvede con decreto motivato, sentiti il curatore e il comitato dei creditori.

3. Contro il decreto di revoca o di rigetto dell'istanza di revoca del curatore è ammesso il reclamo alla corte di appello previsto dall'articolo 124. Il reclamo non sospende l'efficacia del decreto.

135. Sostituzione del curatore. – 1. I creditori che rappresentano la maggioranza dei crediti ammessi possono chiedere la sostituzione del curatore indicandone al tribunale le ragioni. Il tribunale, valutate le ragioni della richiesta, provvede alla nomina del nuovo curatore.

2. Dal computo dei crediti, su istanza di uno o più creditori, sono esclusi quelli i cui titolari si trovino in conflitto di interessi.

136. Responsabilità del curatore. – 1. Il curatore adempie ai doveri del proprio ufficio, imposti dalla legge o derivanti dal programma di liquidazione approvato, con la diligenza richiesta dalla natura dell'incarico. Egli deve tenere un registro informatico, consultabile telematicamente, oltre che dal giudice delegato, da ciascuno dei componenti del comitato dei creditori e in cui deve annotare giorno per giorno le operazioni relative alla sua amministrazione. Mensilmente il curatore firma digitalmente il registro e vi appone la marca temporale, in conformità alle regole tecniche per la formazione, la trasmissione, la conservazione, la copia, la duplicazione, la riproduzione e la validazione dei documenti informatici.

2. Il curatore procede alle operazioni di liquidazione contemporaneamente alle operazioni di accertamento del passivo.

3. Durante la liquidazione giudiziale, l'azione di responsabilità contro il curatore revocato o sostituito è proposta dal nuovo curatore, previa autorizzazione del giudice delegato.

4. Il curatore che cessa dal suo ufficio, anche durante la liquidazione giudiziale, nonché al termine dei giudizi e delle altre operazioni di cui all'articolo 233, comma 2, deve rendere il conto della gestione a norma dell'articolo 231, comunicandolo anche al curatore eventualmente nominato in sua vece, il quale può presentare osservazioni e contestazioni.

5. Il responsabile dei sistemi informativi automatizzati del Ministero della giustizia, entro sei mesi dalla data di entrata in vigore del presente codice, stabilisce le specifiche tecniche necessarie per assicurare la compatibilità tra i software utilizzati per la tenuta del registro di cui al comma 1 con i sistemi informativi del Ministero della giustizia.

137. Compenso del curatore. – 1. Il compenso e le spese dovuti al curatore, anche se la liquidazione giudiziale si chiude con concordato, sono liquidati ad istanza del curatore con decreto del tribunale non soggetto a reclamo, su relazione del giudice delegato, secondo le norme stabilite con decreto del Ministro della giustizia.

2. La liquidazione del compenso è fatta dopo l'approvazione del rendiconto e, se del caso, dopo l'esecuzione del concordato. Al curatore è dovuta anche un'integrazione del compenso per l'attività svolta fino al termine dei giudizi e delle altre operazioni di cui all'articolo 233, comma 2. È in facoltà del tribunale accordare al curatore acconti sul compenso. Salvo che non ricorrano giustificati motivi, ogni liquidazione di acconto deve essere preceduta dalla esecuzione di un progetto di ripartizione parziale.

3. Se nell'incarico si sono succeduti più curatori, il compenso è stabilito secondo criteri di proporzionalità ed è liquidato, in ogni caso, al termine della procedura, salvi eventuali acconti.

4. Nessun compenso, oltre quello liquidato dal tribunale, può essere preteso dal curatore, nemmeno per rimborso di spese. Le promesse e i pagamenti fatti contro questo divieto sono nulli ed è sempre ammessa la ripetizione di ciò che è stato pagato, indipendentemente dall'esercizio dell'azione penale.

5. Quando sono nominati esperti ai sensi dell'articolo 49, comma 3, lettera *b*), alla liquidazione del compenso si applica il comma 3.

138. Nomina del comitato dei creditori. – 1. Il comitato dei creditori è nominato dal giudice delegato entro trenta giorni dalla sentenza che ha aperto la liquidazione giudiziale, sulla base delle risultanze documentali, sentito il curatore e tenuto conto della disponibilità ad assumere l'incarico e delle altre indicazioni eventualmente date dai creditori con la domanda di ammissione al passivo o precedentemente. Salvo quanto previsto dall'articolo 139, la composizione del comitato può essere modificata dal giudice delegato in relazione alle variazioni dello stato passivo o per altro giustificato motivo.

2. Il comitato è composto di tre o cinque membri scelti tra i creditori, in modo da rappresentare in misura equilibrata quantità e qualità dei crediti e avuto riguardo alla possibilità di soddisfacimento dei crediti stessi.

3. Il comitato, entro dieci giorni dalla nomina, provvede, su convocazione del curatore, a nominare a maggioranza il proprio presidente.

4. Alla sostituzione dei membri del comitato provvede il giudice delegato secondo i criteri dettati dai commi 1 e 2.

5. Il comitato dei creditori si considera costituito con l'accettazione della nomina da parte dei suoi componenti comunicata al curatore che ne informa immediatamente il giudice delegato.

6. Il componente del comitato che si trova in conflitto di interessi si astiene dalla votazione.

7. Ciascun componente del comitato dei creditori può delegare, a sue spese, a un avvocato o a un dottore commercialista, in tutto o in parte, l'espletamento delle proprie funzioni, dandone comunicazione al giudice delegato.

139. Sostituzione e compenso dei componenti del comitato dei creditori. – 1. I creditori che rappresentano la maggioranza dei crediti ammessi possono effettuare nuove designazioni in ordine ai componenti del comitato dei creditori, nel rispetto dei criteri di cui all'articolo 138. Il giudice delegato provvede alla nomina dei soggetti designati, verificato il rispetto delle condizioni di cui all'articolo 138, commi 1 e 2.

2. Dal computo dei crediti, su istanza di uno o più creditori, sono esclusi quelli che si trovino in conflitto di interessi.

3. Il giudice delegato, su istanza del comitato dei creditori, acquisito il parere del curatore, può stabilire che ai componenti del comitato dei creditori sia attribuito, oltre al rimborso delle spese, un compenso per la loro attività, in misura non superiore al dieci per cento di quello liquidato al curatore.

140. Funzioni e responsabilità del comitato dei creditori e dei suoi componenti. – 1. Il comitato dei creditori vigila sull'operato del curatore, ne autorizza gli atti ed esprime pareri nei casi previsti dalla legge, ovvero su richiesta del tribunale o del giudice delegato, succintamente motivando le proprie deliberazioni.

2. Il presidente convoca il comitato per le deliberazioni di competenza o quando sia richiesto da un terzo dei suoi componenti.

3. Le deliberazioni del comitato sono prese a maggioranza dei votanti, nel termine massimo di quindici giorni successivi a quello in cui la richiesta è pervenuta al presidente. Il voto può essere espresso in riunioni collegiali o mediante consultazioni telematiche, purché sia possibile conservare la prova della manifestazione di voto.

4. In caso di inerzia, di impossibilità di costituzione per insufficienza di numero o indisponibilità dei creditori, o di funzionamento del comitato o di urgenza, provvede il giudice delegato.

5. Il comitato e ogni suo componente possono ispezionare in qualunque tempo le scritture contabili e i documenti della procedura e hanno diritto di chiedere notizie e chiarimenti al curatore e al debitore. Se ricorrono le circostanze di cui al comma 4 gli stessi poteri possono essere esercitati da ciascun creditore, previa l'autorizzazione del giudice delegato.

6. I componenti del comitato hanno diritto al rimborso delle spese, oltre all'eventuale compenso riconosciuto ai sensi e nelle forme di cui all'articolo 139, comma 3.

7. Ai componenti del comitato dei creditori si applica, in quanto compatibile, l'articolo 2407, primo e terzo comma, del codice civile.

8. L'azione di responsabilità può essere proposta dal curatore durante lo svolgimento della procedura. Il giudice delegato provvede all'immediata sostituzione dei componenti del comitato dei creditori nei confronti dei quali ha autorizzato l'azione.

141. Reclamo contro gli atti del comitato dei creditori. – 1. Contro le autorizzazioni o i dinieghi del comitato dei creditori, il curatore, il debitore e ogni altro interessato possono proporre reclamo, per violazione di legge, al giudice delegato entro otto giorni dalla conoscenza dell'atto. Il giudice delegato decide sul reclamo sentite le parti, omessa ogni formalità non indispensabile al contraddittorio.

2. Contro il decreto del giudice delegato può essere proposto il reclamo previsto dall'articolo 124.

Sezione II
Effetti dell'apertura della liquidazione giudiziale per il debitore

142. Beni del debitore. – 1. La sentenza che dichiara aperta la liquidazione giudiziale priva dalla sua data il debitore dell'amministrazione e della disponibilità dei suoi beni esistenti alla data di apertura della liquidazione giudiziale.

2. Sono compresi nella liquidazione giudiziale anche i beni che pervengono al debitore durante la procedura, dedotte le passività incontrate per l'acquisto e la conservazione dei beni medesimi.

3. Il curatore, previa autorizzazione del comitato dei creditori, può rinunziare ad acquisire i beni del debitore, compresi quelli che gli pervengono durante la procedura, qualora i costi da sostenere per il loro acquisto e la loro conservazione risultino superiori al presumibile valore di realizzo dei beni stessi.

143. Rapporti processuali. – 1. Nelle controversie, anche in corso, relative a rapporti di diritto patrimoniale del debitore compresi nella liquidazione giudiziale sta in giudizio il curatore.

2. Il debitore può intervenire nel giudizio solo per le questioni dalle quali può dipendere un'imputazione di bancarotta a suo carico o se l'intervento è previsto dalla legge.

3. L'apertura della liquidazione giudiziale determina l'interruzione del processo. Il termine per la riassunzione del processo interrotto decorre da quando l'interruzione viene dichiarata dal giudice.

144. Atti compiuti dal debitore dopo l'apertura della liquidazione giudiziale. – 1. Gli atti compiuti dal debitore e i pagamenti da lui eseguiti o ricevuti dopo l'apertura della liquidazione giudiziale sono inefficaci rispetto ai creditori.

2. Fermo quanto previsto dall'articolo 142, comma 2, sono acquisite alla liquidazione giudiziale tutte le utilità che il debitore consegue nel corso della procedura per effetto degli atti di cui al comma 1.

145. Formalità eseguite dopo l'apertura della liquidazione giudiziale. – 1. Le formalità necessarie per rendere opponibili gli atti ai terzi, se compiute dopo la data dell'apertura della liquidazione giudiziale, sono senza effetto rispetto ai creditori.

146. Beni non compresi nella liquidazione giudiziale. – 1. Non sono compresi nella liquidazione giudiziale:

a) i beni e i diritti di natura strettamente personale;

b) gli assegni aventi carattere alimentare, gli stipendi, le pensioni, i salari e ciò che il debitore guadagna con la sua attività, entro i limiti di quanto occorre per il mantenimento suo e della sua famiglia;

c) i frutti derivanti dall'usufrutto legale sui beni dei figli, i beni costituiti in fondo patrimoniale e i frutti di essi, salvo quanto è disposto dall'articolo 170 del codice civile;

d) le cose che non possono essere pignorate per disposizione di legge.

2. I limiti previsti al comma 1, lettera *b*), sono fissati con decreto motivato del giudice delegato, sentiti il curatore ed il comitato dei creditori, tenuto conto della condizione personale del debitore e di quella della sua famiglia.

147. Alimenti ed abitazione del debitore. – 1. Se al debitore vengono a mancare i mezzi di sussistenza, il giudice delegato, sentiti il curatore e il comitato dei creditori, può concedergli un sussidio a titolo di alimenti per lui e per la famiglia.

2. La casa della quale il debitore è proprietario o può godere in quanto titolare di altro diritto reale, nei limiti in cui è necessaria all'abitazione di lui e della famiglia, non può essere distratta da tale uso fino alla sua liquidazione.

148. Corrispondenza diretta al debitore. – 1. Il debitore persona fisica, è tenuto a consegnare al curatore la propria corrispondenza di ogni genere, inclusa quella elettronica, riguardante i rapporti compresi nella liquidazione giudiziale.

2. La corrispondenza diretta al debitore che non è una persona fisica è consegnata al curatore.

149. Obblighi del debitore. – 1. Il debitore, se persona fisica, nonché gli amministratori o i liquidatori della società o dell'ente nei cui confronti è aperta la liquidazione giudiziale, sono tenuti a comunicare al curatore la propria residenza ovvero il proprio domicilio e ogni loro cambiamento.

2. Se occorrono informazioni o chiarimenti ai fini della gestione della procedura, i soggetti di cui al comma 1 devono presentarsi personalmente al giudice delegato, al curatore o al comitato dei creditori.

3. In caso di legittimo impedimento o di altro giustificato motivo, i medesimi soggetti possono essere autorizzati dal giudice delegato a comparire per mezzo di un procuratore.

Sezione III
Effetti dell'apertura della liquidazione giudiziale per i creditori

150. Divieto di azioni esecutive e cautelari individuali. – 1. Salvo diversa disposizione della legge, dal giorno della dichiarazione di apertura della liquidazione giudiziale nessuna azione individuale esecutiva o cautelare anche per crediti maturati durante la liquidazione giudiziale, può essere iniziata o proseguita sui beni compresi nella procedura.

151. Concorso dei creditori. – 1. La liquidazione giudiziale apre il concorso dei creditori sul patrimonio del debitore.

2. Ogni credito, anche se munito di diritto di prelazione o prededucibile, nonché ogni diritto reale o personale, mobiliare o immobiliare, deve essere accertato secondo le norme stabilite dal capo III del presente titolo, salvo diverse disposizioni della legge.

3. Le disposizioni del comma 2 si applicano anche ai crediti esentati dal divieto di cui all'articolo 150.

152. Creditori muniti di pegno o privilegio su mobili. – 1. I crediti garantiti da pegno o assistiti da privilegio a norma degli articoli 2756 e 2761 del codice civile possono essere realizzati al di fuori della liquidazione giudiziale anche durante la procedura, dopo che sono stati ammessi al passivo con prelazione.

2. Per essere autorizzato alla vendita il creditore fa istanza al giudice delegato, il quale, sentiti il curatore e il comitato dei creditori, stabilisce con decreto il tempo della vendita, determinandone le modalità a norma dell'articolo 216. Il giudice delegato può assegnare i beni al creditore che ne ha fatto istanza. Il giudice delegato provvede acquisita la valutazione dei beni oggetto del provvedimento di autorizzazione o di assegnazione.

3. Se il ricavato della vendita, al netto delle spese o, in caso di assegnazione, il valore di stima è superiore all'importo del credito ammesso al passivo con prelazione, il creditore ne versa al curatore l'eccedenza.

4. Il giudice delegato, sentito il comitato dei creditori, se è stato nominato, può anche autorizzare il curatore a riprendere le cose sottoposte a pegno o a privilegio, pagando il creditore, o ad eseguire la vendita nei modi stabiliti dal comma 2.

153. Diritto dei creditori privilegiati nella ripartizione dell'attivo. – 1. I creditori garantiti da ipoteca, pegno o privilegio fanno valere il loro diritto di prelazione sul prezzo dei beni vincolati per il capitale, gli interessi e le spese;

se non sono soddisfatti integralmente, concorrono, per quanto è ancora loro dovuto, con i creditori chirografari nelle ripartizioni del resto dell'attivo.

2. Essi hanno diritto di concorrere anche nelle ripartizioni che si eseguono prima della distribuzione del prezzo dei beni vincolati a loro garanzia. In tal caso, se ottengono un'utile collocazione definitiva su questo prezzo per la totalità del loro credito, computati in primo luogo gli interessi, l'importo ricevuto nelle ripartizioni anteriori viene detratto dalla somma loro assegnata per essere attribuito ai creditori chirografari. Se la collocazione utile ha luogo per una parte del credito garantito, per il capitale non soddisfatto essi hanno diritto di trattenere solo la percentuale definitiva assegnata ai creditori chirografari.

3. L'estensione del diritto di prelazione agli interessi è regolata dagli articoli 2749, 2788 e 2855, commi secondo e terzo, del codice civile, intendendosi equiparata la dichiarazione di apertura della liquidazione giudiziale all'atto di pignoramento. Per i crediti assistiti da privilegio generale, il decorso degli interessi cessa alla data del deposito del progetto di riparto nel quale il credito è soddisfatto anche se parzialmente.

4. Se il credito è garantito da ipoteca, la prelazione si estende anche alle spese della costituzione, dell'iscrizione e della rinnovazione dell'ipoteca.

5. Se il credito è garantito da pegno o assistito da privilegio speciale a norma degli articoli 2756 e 2761 del codice civile, la prelazione si estende anche alle spese della costituzione del pegno e, nel caso previsto dall'articolo 152, commi 1 e 2, alle spese di conservazione e vendita del bene costituito in pegno o oggetto del privilegio, nonché alle spese di individuazione e consegna del bene oggetto di pegno non possessorio.

154. Crediti pecuniari. – 1. La dichiarazione di apertura della liquidazione giudiziale sospende il corso degli interessi convenzionali o legali, agli effetti del concorso, fino alla chiusura della procedura ovvero fino all'archiviazione disposta ai sensi dell'articolo 234, comma 7, a meno che i crediti non siano garantiti da ipoteca, da pegno o privilegio, salvo quanto è disposto dall'articolo 153, comma 3.

2. I crediti pecuniari si considerano scaduti, agli effetti del concorso, alla data della dichiarazione di apertura della liquidazione giudiziale.

3. I crediti condizionali partecipano al concorso a norma degli articoli 204, 226 e 227. Sono compresi tra i crediti condizionali quelli che non possono essere fatti valere contro il debitore il cui patrimonio è sottoposto alla liquidazione giudiziale, se non previa escussione di un obbligato principale.

155. Compensazione. – 1. I creditori possono opporre in compensazione dei loro debiti verso il debitore il cui patrimonio è sottoposto alla liquidazione giudiziale i propri crediti verso quest'ultimo, ancorché non scaduti prima dell'apertura della procedura concorsuale.

2. La compensazione non ha luogo se il creditore ha acquistato il credito per atto tra vivi dopo il deposito della domanda cui è seguita l'apertura della liquidazione giudiziale o nell'anno anteriore.

156. Crediti infruttiferi. – 1. I crediti infruttiferi non ancora scaduti alla data dell'apertura della liquidazione giudiziale sono ammessi al passivo per l'intera somma. Tuttavia ad ogni singola ripartizione saranno detratti gli interessi composti, in ragione del saggio stabilito dall'articolo 1284 del codice civile, per il tempo che resta a decorrere dalla data del mandato di pagamento sino al giorno della scadenza del credito.

157. Obbligazioni ed altri titoli di debito. – 1. I crediti derivanti da obbligazioni e da altri titoli di debito sono ammessi al passivo per il loro valore nominale, detratti i rimborsi già effettuati; se è previsto un premio da estrarre a sorte, il suo valore attualizzato viene distribuito tra tutti i titoli che hanno diritto al sorteggio.

158. Crediti non pecuniari. – 1. I crediti non scaduti, aventi per oggetto una prestazione in danaro determinata con riferimento ad altri valori o aventi per oggetto una prestazione diversa dal danaro, concorrono secondo il loro valore alla data di apertura della liquidazione giudiziale.

159. Rendita perpetua e rendita vitalizia. – 1. Se nel passivo della liquidazione giudiziale sono presenti crediti per rendita perpetua, questa è riscattata a norma dell'articolo 1866 del codice civile.

2. Il creditore di una rendita vitalizia è ammesso al passivo per una somma equivalente al valore capitale della rendita stessa al momento dell'apertura della liquidazione giudiziale.

160. Creditore di più coobbligati solidali. – 1. Il creditore di più coobbligati in solido concorre nella liquidazione giudiziale del patrimonio di quelli che sono sottoposti a tale procedura, per l'intero credito in capitale e accessori, sino al totale pagamento.

2. Il regresso tra i coobbligati può essere esercitato solo dopo che il creditore sia stato soddisfatto per l'intero credito.

161. Creditore di più coobbligati solidali parzialmente soddisfatto. – 1. Il creditore che, prima dell'apertura della liquidazione giudiziale, ha ricevuto da un coobbligato in solido con il debitore il cui patrimonio è sottoposto alla procedura concorsuale, o da un fideiussore, una parte del proprio credito, ha diritto di concorrere nella liquidazione giudiziale per la parte non riscossa.

2. Il coobbligato che ha diritto di regresso verso il debitore ha diritto di concorrere nella liquidazione giudiziale di questo per la somma pagata.

3. Tuttavia il creditore ha diritto di farsi assegnare la quota di riparto spettante al coobbligato fino a concorrenza di quanto ancora dovutogli. Resta impregiudicato il diritto verso il coobbligato se il creditore rimane parzialmente insoddisfatto.

162. Coobbligato o fideiussore con diritto di garanzia. – 1. Il coobbligato o fideiussore del debitore sottoposto a liquidazione giudiziale che ha un diritto di pegno o di ipoteca sui beni di lui a garanzia della sua azione di regresso concorre nella liquidazione giudiziale per la somma per la quale ha ipoteca o pegno.

2. Il ricavato della vendita dei beni ipotecati o delle cose date in pegno spetta al creditore in deduzione della somma dovuta.

Sezione IV
Effetti della liquidazione giudiziale
sugli atti pregiudizievoli ai creditori

163. Atti a titolo gratuito. – 1. Sono privi di effetto rispetto ai creditori, se compiuti dal debitore dopo il deposito della domanda cui è seguita l'apertura della liquidazione giudiziale o nei due anni anteriori, gli atti a titolo gratuito, esclusi i regali d'uso e gli atti compiuti in adempimento di un dovere morale o a scopo di pubblica utilità, in quanto la liberalità sia proporzionata al patrimonio del donante.

2. I beni oggetto degli atti di cui al comma 1 sono acquisiti al patrimonio della liquidazione giudiziale mediante trascrizione della sentenza che ha dichiarato l'apertura della procedura concorsuale. Nel caso di cui al presente articolo ogni interessato può proporre reclamo avverso la trascrizione a norma dell'articolo 133.

164. Pagamenti di crediti non scaduti e postergati. – 1. Sono privi di effetto rispetto ai creditori i pagamenti di crediti che scadono nel giorno della dichiarazione di apertura della liquidazione giudiziale o posteriormente, se sono stati eseguiti dal debitore dopo il deposito della domanda cui è seguita l'apertura della procedura concorsuale o nei due anni anteriori.

2. Sono privi di effetto rispetto ai creditori i rimborsi dei finanziamenti dei soci a favore della società se sono stati eseguiti dal debitore dopo il de-

posito della domanda cui è seguita l'apertura della procedura concorsuale o nell'anno anteriore. Si applica l'articolo 2467, secondo comma, codice civile.

3. La disposizione di cui al comma 2 si applica anche al rimborso dei finanziamenti effettuati a favore della società assoggettata alla liquidazione giudiziale da chi esercita attività di direzione e coordinamento nei suoi confronti o da altri soggetti ad essa sottoposti.

165. Azione revocatoria ordinaria. – 1. Il curatore può domandare che siano dichiarati inefficaci gli atti compiuti dal debitore in pregiudizio dei creditori, secondo le norme del codice civile.

2. L'azione si propone dinanzi al tribunale competente ai sensi dell'articolo 27 sia in confronto del contraente immediato, sia in confronto dei suoi aventi causa nei casi in cui sia proponibile contro costoro.

166. Atti a titolo oneroso, pagamenti, garanzie. – 1. Sono revocati, salvo che l'altra parte provi che non conosceva lo stato d'insolvenza del debitore:

a) gli atti a titolo oneroso in cui le prestazioni eseguite o le obbligazioni assunte dal debitore sorpassano di oltre un quarto ciò che a lui è stato dato o promesso, se compiuti dopo il deposito della domanda cui è seguita l'apertura della liquidazione giudiziale o nell'anno anteriore;

b) gli atti estintivi di debiti pecuniari scaduti ed esigibili non effettuati con danaro o con altri mezzi normali di pagamento, se compiuti dopo il deposito della domanda cui è seguita l'apertura della liquidazione giudiziale o nell'anno anteriore;

c) i pegni, le anticresi e le ipoteche volontarie costituiti dopo il deposito della domanda cui è seguita l'apertura della liquidazione giudiziale o nell'anno anteriore per debiti preesistenti non scaduti;

d) i pegni, le anticresi e le ipoteche giudiziali o volontarie costituiti dopo il deposito della domanda cui è seguita l'apertura della liquidazione giudiziale o nei sei mesi anteriori per debiti scaduti.

2. Sono altresì revocati, se il curatore prova che l'altra parte conosceva lo stato d'insolvenza del debitore, i pagamenti di debiti liquidi ed esigibili, gli atti a titolo oneroso e quelli costitutivi di un diritto di prelazione per debiti, anche di terzi, contestualmente creati, se compiuti dal debitore dopo il deposito della domanda cui è seguita l'apertura della liquidazione giudiziale o nei sei mesi anteriori.

3. Non sono soggetti all'azione revocatoria:

a) i pagamenti di beni e servizi effettuati nell'esercizio dell'attività d'impresa nei termini d'uso;

b) le rimesse effettuate su un conto corrente bancario che non hanno ridotto in maniera consistente e durevole l'esposizione del debitore nei confronti della banca;

c) le vendite e i preliminari di vendita trascritti ai sensi dell'articolo 2645 *bis* del codice civile, i cui effetti non siano cessati ai sensi del comma terzo della suddetta disposizione, conclusi a giusto prezzo e aventi ad oggetto immobili ad uso abitativo, destinati a costituire l'abitazione principale dell'acquirente o di suoi parenti e affini entro il terzo grado, ovvero immobili ad uso non abitativo destinati a costituire la sede principale dell'attività d'impresa dell'acquirente, purché alla data dell'apertura della liquidazione giudiziale tale attività sia effettivamente esercitata ovvero siano stati compiuti investimenti per darvi inizio;

d) gli atti, i pagamenti effettuati e le garanzie concesse su beni del debitore posti in essere in esecuzione del piano attestato di cui all'articolo 56 o di cui all'articolo 284 e in esso indicati. L'esclusione non opera in caso di dolo o colpa grave dell'attestatore o di dolo o colpa grave del debitore, quando il creditore ne era a conoscenza al momento del compimento dell'atto, del pagamento o della costituzione della garanzia. L'esclusione opera anche con riguardo all'azione revocatoria ordinaria;

e) gli atti, i pagamenti e le garanzie su beni del debitore posti in essere in esecuzione del concordato preventivo e dell'accordo di ristrutturazione omologato e in essi indicati, nonché gli atti, i pagamenti e le garanzie legalmente posti in essere e dal debitore dopo il deposito della domanda di accesso al concordato preventivo o all'accordo di ristrutturazione. L'esclusione opera anche con riguardo all'azione revocatoria ordinaria;

f) i pagamenti eseguiti dal debitore a titolo di corrispettivo di prestazioni di lavoro effettuate da suoi dipendenti o altri suoi collaboratori, anche non subordinati;

g) i pagamenti di debiti liquidi ed esigibili eseguiti dal debitore alla scadenza per ottenere la prestazione di servizi strumentali all'accesso alle procedure di regolazione della crisi e dell'insolvenza previste dal presente codice.

4. Le disposizioni di questo articolo non si applicano all'istituto di emissione, alle operazioni di credito su pegno e di credito fondiario; sono salve le disposizioni delle leggi speciali.

167. Patrimoni destinati ad uno specifico affare. – 1. Gli atti che incidono su un patrimonio destinato ad uno specifico affare previsto dall'articolo 2447 *bis*, primo comma, lettera *a*), del codice civile sono revocabili quando pregiudicano il patrimonio della società. Il presupposto soggettivo dell'azione è costituito dalla conoscenza dello stato d'insolvenza della società.

168. Pagamento di cambiale scaduta. – 1. In deroga a quanto disposto dall'articolo 166, comma 2, non può essere revocato il pagamento di una cambiale, se il possessore di questa doveva accettarlo per non perdere l'azione cambiaria di regresso. In tal caso, l'ultimo obbligato in via di regresso, in confronto del quale il curatore provi che conosceva lo stato di insolvenza del principale obbligato quando ha tratto o girato la cambiale, deve versare la somma riscossa al curatore.

169. Atti compiuti tra coniugi, parti di un'unione civile tra persone dello stesso sesso o conviventi di fatto. – 1. Gli atti previsti dall'articolo 166, compiuti tra coniugi, parti di un'unione civile tra persone dello stesso sesso o conviventi di fatto nel tempo in cui il debitore esercitava un'impresa e quelli a titolo gratuito compiuti tra le stesse persone più di due anni prima della data di deposito della domanda cui è seguita l'apertura della liquidazione giudiziale, ma nel tempo in cui il debitore esercitava un'impresa, sono revocati se il coniuge o la parte di un'unione civile tra persone dello stesso sesso o il convivente di fatto non prova che ignorava lo stato d'insolvenza del debitore.

170. Limiti temporali delle azioni revocatorie e d'inefficacia. – 1. Le azioni revocatorie e di inefficacia disciplinate nella presente sezione non possono essere promosse dal curatore decorsi tre anni dall'apertura della liquidazione giudiziale e comunque si prescrivono decorsi cinque anni dal compimento dell'atto.

171. Effetti della revocazione. – 1. La revocatoria dei pagamenti avvenuti tramite intermediari specializzati, procedure di compensazione multilaterale o società previste dall'articolo 1 della legge 23 novembre 1939, n. 1966, si esercita e produce effetti nei confronti del destinatario della prestazione.

2. Colui che, per effetto della revoca prevista dalle disposizioni precedenti, ha restituito quanto aveva ricevuto è ammesso al passivo della liquidazione giudiziale per il suo eventuale credito.

3. Qualora la revoca abbia ad oggetto atti estintivi di posizioni passive derivanti da rapporti di conto corrente bancario o comunque rapporti continuativi o reiterati, il terzo deve restituire una somma pari alla differenza tra l'ammontare massimo raggiunto dalle sue pretese, nel periodo per il quale è provata la conoscenza dello stato d'insolvenza, e l'ammontare residuo delle stesse, alla data in cui si è aperto il concorso. Resta salvo il diritto del convenuto d'insinuare al passivo un credito d'importo corrispondente a quanto restituito.

Sezione V
Effetti della liquidazione giudiziale sui rapporti giuridici pendenti

172. Rapporti pendenti. – 1. Se un contratto è ancora ineseguito o non compiutamente eseguito nelle prestazioni principali da entrambe le parti al momento in cui è aperta la procedura di liquidazione giudiziale l'esecuzione del contratto, fatte salve le diverse disposizioni della presente sezione, rimane sospesa fino a quando il curatore, con l'autorizzazione del comitato dei creditori, dichiara di subentrare nel contratto in luogo del debitore, assumendo, a decorrere dalla data del subentro, tutti i relativi obblighi, ovvero di sciogliersi dal medesimo salvo che, nei contratti ad effetti reali, sia già avvenuto il trasferimento del diritto.

2. Il contraente può mettere in mora il curatore, facendogli assegnare dal giudice delegato un termine non superiore a sessanta giorni, decorso il quale il contratto si intende sciolto.

3. In caso di prosecuzione del contratto, sono prededucibili soltanto i crediti maturati nel corso della procedura.

4. In caso di scioglimento del contratto, il contraente ha diritto di far valere nel passivo della liquidazione giudiziale il credito conseguente al mancato adempimento, senza che gli sia dovuto risarcimento del danno.

5. L'azione di risoluzione del contratto promossa prima dell'apertura della liquidazione giudiziale nei confronti della parte inadempiente spiega i suoi effetti nei confronti del curatore, fatta salva, nei casi previsti, l'efficacia della trascrizione della domanda; se il contraente intende ottenere con la pronuncia di risoluzione la restituzione di una somma o di un bene, ovvero il risarcimento del danno, deve proporre la domanda secondo le disposizioni di cui al capo III del presente titolo.

6. Sono inefficaci le clausole negoziali che fanno dipendere la risoluzione del contratto dall'apertura della liquidazione giudiziale.

7. Sono salve le norme speciali in materia di contratti pubblici.

173. Contratti preliminari. – 1. Il curatore può sciogliersi dal contratto preliminare di vendita immobiliare anche quando il promissario acquirente abbia proposto e trascritto prima dell'apertura della liquidazione giudiziale domanda di esecuzione in forma specifica ai sensi dell'articolo 2932 del codice civile, ma lo scioglimento non è opponibile al promissario acquirente se la domanda viene successivamente accolta.

2. In caso di scioglimento del contratto preliminare di vendita immobiliare trascritto ai sensi dell'articolo 2645 *bis* del codice civile, il promissario acquirente ha diritto di far valere il proprio credito nel passivo, senza che gli sia dovuto il risarcimento del danno, e gode del privilegio di cui all'articolo 2775 *bis* del codice civile, a condizione che gli effetti della trascrizione del contratto preliminare non siano cessati anteriormente alla data dell'apertura della liquidazione giudiziale.

3. Fatto salvo quanto previsto dall'articolo 174, il contratto preliminare di vendita trascritto ai sensi dell'articolo 2645 *bis* del codice civile non si scioglie se ha ad oggetto un immobile ad uso abitativo destinato a costituire l'abitazione principale del promissario acquirente o di suoi parenti ed affini entro il terzo grado ovvero un immobile ad uso non abitativo destinato a costituire la sede principale dell'attività di impresa del promissario acquirente, sempre che gli effetti della trascrizione non siano cessati anteriormente alla data dell'apertura della liquidazione giudiziale e il promissario acquirente ne chieda l'esecuzione nel termine e secondo le modalità stabilite per la presentazione delle domande di accertamento dei diritti dei terzi sui beni compresi nella procedura.

4. Nei casi di subentro del curatore nel contratto preliminare di vendita, l'immobile è trasferito e consegnato al promissario acquirente nello stato in cui si trova. Gli acconti corrisposti prima dell'apertura della liquidazione giudiziale sono opponibili alla massa in misura pari alla metà dell'importo che il promissario acquirente dimostra di aver versato. Il giudice delegato, una volta eseguita la vendita e riscosso interamente il prezzo, ordina con decreto la cancellazione delle iscrizioni relative ai diritti di prelazione, nonché delle trascrizioni dei pignoramenti e dei sequestri conservativi e di ogni altro vincolo.

174. Contratti relativi a immobili da costruire. – 1. I contratti di cui all'articolo 5 del decreto legislativo 20 giugno 2005, n. 122, si sciolgono se, prima che il curatore comunichi la scelta tra esecuzione o scioglimento, l'acquirente abbia escusso la fideiussione a garanzia della restituzione di quanto versato al costruttore, dandone altresì comunicazione al curatore. In ogni caso, la fideiussione non può essere escussa dopo che il curatore ha comunicato di voler dare esecuzione al contratto.

175. Contratti di carattere personale. – 1. I contratti di carattere personale si sciolgono per effetto dell'apertura della procedura di liquidazione giudiziale nei confronti di uno dei contraenti, salvo che il curatore, con l'autorizzazione del comitato dei creditori e il consenso dell'altro contraente, manifesti la volontà di subentrarvi, assumendo, a decorrere dalla data del subentro, tutti i relativi obblighi.

2. Ai fini di cui al comma 1, i contratti sono di carattere personale quando la considerazione della qualità soggettiva della parte nei cui confronti è aperta la liquidazione giudiziale è stata motivo determinante del consenso.

176. Effetti sui finanziamenti destinati ad uno specifico affare. – 1. L'apertura della liquidazione giudiziale della società determina lo scioglimento del contratto di finanziamento di cui all'articolo 2447 *bis*, primo comma, lettera *b*), del codice civile quando impedisce la realizzazione o la continuazione dell'operazione. In caso contrario, il curatore, sentito il parere del comitato dei creditori, può decidere di subentrare nel contratto in luogo della società, assumendo, a decorrere dalla data del subentro, tutti i relativi obblighi.

2. Se il curatore non subentra nel contratto, il finanziatore può chiedere al giudice delegato di essere autorizzato, sentito il comitato dei creditori, a realizzare o a continuare l'operazione, in proprio o affidandola a terzi; in tale ipotesi il finanziatore può trattenere i proventi dell'affare e può insinuarsi al passivo della procedura in via chirografaria per l'eventuale credito residuo.

3. Nelle ipotesi ai commi 1, secondo periodo e 2, resta ferma la disciplina prevista dall'articolo 2447 *decies*, terzo, quarto e quinto comma, del codice civile.

4. Qualora, nel caso di cui al comma 1, non si verifichi alcuna delle ipotesi previste ai commi 1, secondo periodo e 2, si applica l'articolo 2447 *decies*, sesto comma, del codice civile.

177. Locazione finanziaria. – 1. In caso di apertura della liquidazione giudiziale del patrimonio dell'utilizzatore, quando il curatore decide di sciogliersi dal contratto di locazione finanziaria a norma dell'articolo 172, il concedente ha diritto alla restituzione del bene ed è tenuto a versare alla curatela l'eventuale differenza fra la maggiore somma ricavata dalla vendita o da altra collocazione del bene a valori di mercato rispetto al credito residuo in linea capitale, determinato ai sensi dell'articolo 97, comma 12, primo periodo; per le somme già riscosse si applica l'articolo 166, comma 3, lettera *a*).

2. Il concedente ha diritto di insinuarsi nello stato passivo per la differenza fra il credito vantato alla data di apertura della liquidazione giudiziale e quanto ricavabile dalla nuova allocazione del bene secondo la stima disposta dal giudice delegato.

3. In caso di apertura della liquidazione giudiziale nei confronti di società autorizzata alla concessione di finanziamenti sotto forma di locazione finanziaria, il contratto prosegue. L'utilizzatore conserva la facoltà di acquistare, alla scadenza del contratto, la proprietà del bene, previo pagamento dei canoni e del prezzo pattuito.

178. Vendita con riserva di proprietà. – 1. Nella vendita con riserva di proprietà, in caso di apertura della liquidazione giudiziale del patrimonio del compratore, se il prezzo deve essere pagato a termine o a rate, il curatore può subentrare nel contratto con l'autorizzazione del comitato dei creditori. Il venditore può chiedere cauzione a meno che il curatore paghi immediatamente il prezzo con lo sconto dell'interesse legale. Qualora il curatore si sciolga dal contratto, il venditore deve restituire le rate di prezzo già riscosse, salvo il diritto ad un equo compenso per l'uso della cosa, che può essere compensato con il credito avente ad oggetto la restituzione delle rate pagate.

2. L'apertura della liquidazione giudiziale nei confronti del venditore non è causa di scioglimento del contratto.

179. Contratti ad esecuzione continuata o periodica. – 1. Se il curatore subentra in un contratto ad esecuzione continuata o periodica deve pagare integralmente il prezzo delle consegne avvenute e dei servizi erogati dopo l'apertura della liquidazione giudiziale.

2. Il creditore può chiedere l'ammissione al passivo del prezzo delle consegne avvenute e dei servizi erogati prima dell'apertura della liquidazione giudiziale.

180. Restituzione di cose non pagate. – 1. Se la cosa mobile oggetto della vendita è già stata spedita al compratore prima che nei suoi confronti sia stata aperta la liquidazione, ma non è ancora a sua disposizione nel luogo di destinazione, né altri ha acquistato diritti sulla medesima, il venditore può riprenderne il possesso, assumendo a suo carico le spese e restituendo gli acconti ricevuti, sempreché egli non preferisca dar corso al contratto facendo valere nel passivo il credito per il prezzo, o il curatore non intenda farsi consegnare la cosa pagandone il prezzo integrale.

181. Contratto di borsa a termine. – 1. Il contratto di borsa a termine, se il termine scade dopo l'apertura della liquidazione giudiziale del patrimonio di uno dei contraenti, si scioglie alla data dell'apertura della procedura.

2. La differenza fra il prezzo contrattuale e il valore delle cose o dei titoli alla data dell'apertura della procedura è versata al curatore, se il contraente il cui patrimonio è sottoposto a liquidazione giudiziale risulta in credito o è ammessa al passivo nel caso contrario.

182. Associazione in partecipazione. – 1. L'associazione in partecipazione si scioglie per effetto dell'apertura della liquidazione giudiziale nei confronti dell'associante.

2. L'associato ha diritto di far valere nel passivo della liquidazione giudiziale il credito per quella parte dei conferimenti che non è assorbita dalle perdite a suo carico.

3. L'associato è tenuto al versamento della parte ancora dovuta nei limiti delle perdite che sono a suo carico. Nei suoi confronti è applicata la procedura prevista dall'articolo 260.

183. Conto corrente, mandato, commissione. – 1. I contratti di conto corrente, anche bancario, e di commissione, si sciolgono per effetto dell'apertura della liquidazione giudiziale nei confronti di una delle parti.

2. Il contratto di mandato si scioglie per effetto dell'apertura della liquidazione giudiziale nei confronti del mandatario.

3. Se il curatore della liquidazione giudiziale del patrimonio del mandante subentra nel contratto, il credito del mandatario per l'attività compiuta dopo l'apertura della procedura è soddisfatto in prededuzione.

184. Contratto di affitto di azienda. – 1. L'apertura della liquidazione giudiziale nei confronti del concedente non scioglie il contratto di affitto d'azienda, ma il curatore, previa autorizzazione del comitato dei creditori, può recedere entro sessanta giorni, corrispondendo alla controparte un equo indennizzo, che, nel dissenso tra le parti, è determinato dal giudice delegato, sentiti gli interessati. L'indennizzo è insinuato al passivo come credito concorsuale.

2. In caso di recesso del curatore e comunque alla scadenza del contratto, si applicano le disposizioni di cui all'articolo 212, comma 6.

3. In caso di apertura della liquidazione giudiziale nei confronti dell'affittuario, il curatore può in qualunque tempo, previa autorizzazione del comitato dei creditori, recedere dal contratto, corrispondendo al concedente un equo indennizzo per l'anticipato recesso, che, nel dissenso fra le parti, è determinato dal giudice delegato, sentiti gli interessati. L'indennizzo è insinuato al passivo come credito concorsuale.

185. Contratto di locazione di immobili. – 1. L'apertura della liquidazione giudiziale nei confronti del locatore non scioglie il contratto di locazione di immobili e il curatore subentra nel contratto.

2. Qualora, alla data dell'apertura della liquidazione giudiziale, la residua durata del contratto sia superiore a quattro anni, il curatore, entro un anno dall'apertura della procedura, può, previa autorizzazione del comitato dei creditori, recedere dal contratto corrispondendo al conduttore un equo indennizzo per l'anticipato recesso, che, nel dissenso fra le parti, è determinato dal giudice delegato, sentiti gli interessati. L'indennizzo è insinuato al

passivo come credito concorsuale. Il recesso ha effetto decorsi quattro anni dall'apertura della procedura.

3. In caso di apertura della liquidazione giudiziale nei confronti del conduttore, il curatore può in qualunque tempo, previa autorizzazione del comitato dei creditori, recedere dal contratto, corrispondendo al locatore un equo indennizzo per l'anticipato recesso, che nel dissenso fra le parti, è determinato dal giudice delegato, sentiti gli interessati. L'indennizzo è insinuato al passivo come credito concorsuale.

186. Contratto di appalto. – 1. Il contratto di appalto si scioglie per effetto dell'apertura della liquidazione giudiziale nei confronti di una delle parti, se il curatore, previa autorizzazione del comitato dei creditori, non dichiara di voler subentrare nel rapporto dandone comunicazione all'altra parte nel termine di sessanta giorni dall'apertura della procedura ed offrendo idonee garanzie.

2. Nel caso di apertura della liquidazione giudiziale nei confronti dell'appaltatore, il rapporto contrattuale si scioglie se la considerazione della qualità soggettiva dello stesso appaltatore è stata un motivo determinante del contratto, salvo che il committente non consenta, comunque, la prosecuzione del rapporto.

187. Contratto di assicurazione. – 1. Al contratto di assicurazione contro i danni si applica l'articolo 172, salvo il diritto di recesso dell'assicuratore a norma dell'articolo 1898 del codice civile se la prosecuzione del contratto può determinare un aggravamento del rischio.

2. Se il curatore comunica di voler subentrare nel contratto, il credito dell'assicuratore è soddisfatto in prededuzione per i premi scaduti dopo l'apertura della liquidazione giudiziale.

188. Contratto di edizione. – 1. Gli effetti dell'apertura della liquidazione giudiziale nei confronti dell'editore sul contratto di edizione sono regolati dalla legge speciale.

189. Rapporti di lavoro subordinato. – 1. L'apertura della liquidazione giudiziale nei confronti del datore di lavoro non costituisce motivo di licenziamento. I rapporti di lavoro subordinato in atto alla data della sentenza dichiarativa restano sospesi fino a quando il curatore, con l'autorizzazione del giudice delegato, sentito il comitato dei creditori, comunica ai lavoratori di subentrarvi, assumendo i relativi obblighi, ovvero il recesso.

2. Il recesso del curatore dai rapporti di lavoro subordinato sospesi ai sensi del comma 1 ha effetto dalla data di apertura della liquidazione giudiziale. Il subentro del curatore nei rapporti di lavoro subordinato sospesi decorre dal-

la comunicazione dal medesimo effettuata ai lavoratori. Il curatore trasmette all'Ispettorato territoriale del lavoro del luogo ove è stata aperta la liquidazione giudiziale, entro trenta giorni dalla nomina, l'elenco dei dipendenti dell'impresa in forza al momento dell'apertura della liquidazione giudiziale stessa. Su istanza del curatore il termine può essere prorogato dal giudice delegato di ulteriori trenta giorni, quando l'impresa occupa più di cinquanta dipendenti.

3. Qualora non sia possibile la continuazione o il trasferimento dell'azienda o di un suo ramo o comunque sussistano manifeste ragioni economiche inerenti l'assetto dell'organizzazione del lavoro, il curatore procede senza indugio al recesso dai relativi rapporti di lavoro subordinato. Il curatore comunica la risoluzione per iscritto. In ogni caso, salvo quanto disposto dal comma 4, decorso il termine di quattro mesi dalla data di apertura della liquidazione giudiziale senza che il curatore abbia comunicato il subentro, i rapporti di lavoro subordinato che non siano già cessati si intendono risolti di diritto con decorrenza dalla data di apertura della liquidazione giudiziale, salvo quanto previsto dai commi 4 e 6.

4. Il curatore o il direttore dell'Ispettorato territoriale del lavoro del luogo ove è stata aperta la liquidazione giudiziale, qualora ritengano sussistenti possibilità di ripresa o trasferimento a terzi dell'azienda o di un suo ramo, possono chiedere al giudice delegato, con istanza da depositarsi presso la cancelleria del tribunale, a pena di inammissibilità, almeno quindici giorni prima della scadenza del termine di cui al comma 3, una proroga del medesimo termine. Analoga istanza può in ogni caso essere presentata, personalmente o a mezzo di difensore munito di procura dallo stesso autenticata, anche dai singoli lavoratori, ma in tal caso la proroga ha effetto solo nei confronti dei lavoratori istanti; l'istanza del lavoratore deve contenere, sempre a pena di inammissibilità, elezione di domicilio o indicazione di indirizzo PEC ove ricevere le comunicazioni. Il giudice delegato, qualora il curatore entro il termine di cui al comma 3 non abbia proceduto al subentro o al recesso, entro trenta giorni dal deposito dell'istanza ovvero, in caso di più istanze, dal deposito dell'ultima di queste, può assegnare al curatore un termine non superiore a otto mesi per assumere le determinazioni di cui al comma 1. Il giudice delegato tiene conto, nello stabilire la misura del termine, delle prospettive di ripresa delle attività o di trasferimento dell'azienda. Il termine così concesso decorre dalla data di deposito in cancelleria del provvedimento del giudice delegato, che è immediatamente comunicato al curatore e agli eventuali altri istanti. Qualora nel termine così prorogato il curatore non procede al subentro o al recesso, i rapporti di lavoro subordinato che non siano già cessati, si intendono risolti di diritto, salvo quanto previsto al comma 6, con decorrenza dalla data di apertura della liquidazione giudiziale. In tale ipotesi, a favore di

ciascun lavoratore nei cui confronti è stata disposta la proroga, è riconosciuta un'indennità non assoggettata a contribuzione previdenziale di importo pari a due mensilità dell'ultima retribuzione di riferimento per il calcolo del trattamento di fine rapporto per ogni anno di servizio, in misura comunque non inferiore a due e non superiore a otto mensilità, che è ammessa al passivo come credito successivo all'apertura della liquidazione giudiziale.

5. Trascorsi quattro mesi dall'apertura della liquidazione giudiziale, le eventuali dimissioni del lavoratore si intendono rassegnate per giusta causa ai sensi dell'articolo 2119 del codice civile con effetto dalla data di apertura della liquidazione giudiziale.

6. Nel caso in cui il curatore intenda procedere a licenziamento collettivo secondo le previsioni di cui agli articoli 4, comma 1 e 24, comma 1, della legge 23 luglio 1991 n. 223, trovano applicazione, in deroga a quanto previsto dall'articolo 4, commi da 2 a 8, della stessa legge, le seguenti disposizioni:

a) il curatore che intende avviare la procedura di licenziamento collettivo è tenuto a darne comunicazione preventiva per iscritto alle rappresentanze sindacali aziendali costituite a norma dell'articolo 19 della legge 20 maggio 1970, n. 300, ovvero alle rappresentanze sindacali unitarie nonché alle rispettive associazioni di categoria. In mancanza delle predette rappresentanze la comunicazione deve essere effettuata alle associazioni di categoria aderenti alle confederazioni maggiormente rappresentative sul piano nazionale; la comunicazione alle associazioni di categoria può essere effettuata per il tramite dell'associazione dei datori di lavoro alla quale l'impresa aderisce o conferisce mandato. La comunicazione è trasmessa altresì all'Ispettorato territoriale del lavoro del luogo ove i lavoratori interessati prestano in prevalenza la propria attività e, comunque, all'Ispettorato territoriale del lavoro del luogo ove è stata aperta la liquidazione giudiziale;

b) la comunicazione di cui alla lettera *a*) deve contenere sintetica indicazione: dei motivi che determinano la situazione di eccedenza; dei motivi tecnici, organizzativi o produttivi, per i quali si ritiene di non poter adottare misure idonee a porre rimedio alla predetta situazione ed evitare, in tutto o in parte, il licenziamento collettivo; del numero, della collocazione aziendale e dei profili professionali del personale eccedente nonché del personale abitualmente impiegato; dei tempi di attuazione del programma di riduzione del personale; delle eventuali misure programmate per fronteggiare le conseguenze sul piano sociale della attuazione del programma medesimo e del metodo di calcolo di tutte le attribuzioni patrimoniali diverse da quelle già previste dalla legislazione vigente e dalla contrattazione collettiva;

c) entro sette giorni dalla data del ricevimento della comunicazione di cui alla lettera *a*), le rappresentanze sindacali aziendali ovvero le rappresentanze sindacali unitarie e le rispettive associazioni formulano per iscritto al curatore istanza per esame congiunto; l'esame congiunto può essere convocato anche dall'Ispettorato territoriale del lavoro, nel solo caso in cui l'avvio della procedura di licenziamento collettivo non sia stato determinato dalla cessazione dell'attività dell'azienda o di un suo ramo. Qualora nel predetto termine di sette giorni non sia pervenuta alcuna istanza di esame congiunto o lo stesso, nei casi in cui è previsto, non sia stato fissato dall'Ispettorato territoriale del lavoro in data compresa entro i quaranta giorni dal ricevimento della comunicazione di cui alla lettera *a*), la procedura si intende esaurita.

d) l'esame congiunto, cui può partecipare il direttore dell'Ispettorato territoriale del lavoro o funzionario da questi delegato, ha lo scopo di esaminare le cause che hanno contribuito a determinare l'eccedenza del personale e le possibilità di utilizzazione diversa di tale personale, o di una sua parte, nell'ambito della stessa impresa, anche mediante contratti di solidarietà e forme flessibili di gestione del tempo di lavoro. Qualora non sia possibile evitare la riduzione di personale, è esaminata la possibilità di ricorrere a misure sociali di accompagnamento intese, in particolare, a facilitare la riqualificazione e la riconversione dei lavoratori licenziati. I rappresentanti sindacali dei lavoratori possono farsi assistere, ove lo ritengano opportuno, da esperti;

e) la procedura disciplinata dal presente comma si applica, ricorrendo le condizioni di cui all'articolo 24, comma 1, legge 23 luglio 1991, n. 223, anche quando si intenda procedere al licenziamento di uno o più dirigenti, in tal caso svolgendosi l'esame congiunto in apposito incontro;

f) la consultazione si intende esaurita qualora, decorsi dieci giorni dal suo inizio, non sia stato raggiunto un accordo sindacale, salvo che il giudice delegato, per giusti motivi ne autorizzi la proroga, prima della sua scadenza, per un termine non superiore a dieci giorni;

g) raggiunto l'accordo sindacale o comunque esaurita la procedura di cui alle lettere precedenti, il curatore provvede ad ogni atto conseguente ai sensi dell'articolo 4, comma 9, della legge 23 luglio 1991, n. 223.

7. In ogni caso, le disposizioni di cui al comma 6 non si applicano nelle procedure di amministrazione straordinaria delle grandi imprese.

8. In caso di recesso del curatore, di licenziamento, dimissioni o risoluzione di diritto secondo le previsioni del presente articolo, spetta al lavoratore con rapporto a tempo indeterminato l'indennità di mancato preavviso che, ai fini dell'ammissione al passivo, è considerata, unitamente al trattamento di fine rapporto, come credito anteriore all'apertura della liquidazione giudiziale. Parimenti, nei casi di cessazione dei rapporti secondo le previsioni del presente articolo, il contributo previsto dall'articolo 2, comma 31, della legge 28 giugno 2012, n. 92, che è dovuto anche in caso di risoluzio-

ne di diritto, è ammesso al passivo come credito anteriore all'apertura della liquidazione giudiziale.

9. Durante l'esercizio dell'impresa del debitore in liquidazione giudiziale da parte del curatore i rapporti di lavoro subordinato in essere proseguono, salvo che il curatore non intenda sospenderli o esercitare la facoltà di recesso ai sensi della disciplina lavoristica vigente. Si applicano i commi da 2 a 6 e 8 del presente articolo.

190. Trattamento NASpI. – 1. La cessazione del rapporto di lavoro ai sensi dell'articolo 189 costituisce perdita involontaria dell'occupazione ai fini di cui all'articolo 3 del decreto legislativo 4 marzo 2015, n. 22 e al lavoratore è riconosciuto il trattamento NASpI a condizione che ricorrano i requisiti di cui al predetto articolo, nel rispetto delle altre disposizioni di cui al decreto legislativo n. 22 del 2015.

191. Effetti del trasferimento di azienda sui rapporti di lavoro. – 1. Al trasferimento di azienda nell'ambito delle procedure di liquidazione giudiziale, concordato preventivo e al trasferimento d'azienda in esecuzione di accordi di ristrutturazione si applicano l'articolo 47 della legge 29 dicembre 1990, n. 428, l'articolo 11 del decreto legge 23 dicembre 2013, n. 145, convertito nella legge 21 febbraio 2014, n. 9 e le altre disposizioni vigenti in materia.

192. Clausola arbitrale. – 1. Se il contratto in cui è contenuta una clausola compromissoria è sciolto a norma delle disposizioni della presente sezione, il procedimento arbitrale pendente non può essere proseguito.

Capo II
Custodia e amministrazione dei beni compresi nella liquidazione giudiziale

193. Sigilli. – 1. Dichiarata aperta la liquidazione giudiziale, il curatore procede all'immediata ricognizione dei beni e, se necessario, all'apposizione dei sigilli sui beni che si trovano nella sede principale dell'impresa e sugli altri beni del debitore secondo le norme stabilite dal codice di procedura civile, quando non è possibile procedere immediatamente al loro inventario.

2. Il curatore può richiedere l'assistenza della forza pubblica.

3. Se i beni o le cose si trovano in più luoghi e non è agevole l'immediato completamento delle operazioni, il giudice delegato può autorizzare il curatore ad avvalersi di uno o più coadiutori.

4. Per i beni e le cose sulle quali non è possibile apporre i sigilli, si procede a norma dell'articolo 758 del codice di procedura civile.

194. Consegna del denaro, titoli, scritture contabili e di altra documentazione. – 1. Devono essere consegnati al curatore:

a) il denaro contante;

b) le cambiali e gli altri titoli, compresi quelli scaduti;

c) le scritture contabili e ogni altra documentazione dal medesimo richiesta, se non ancora depositate in cancelleria.

2. Il denaro è dal curatore depositato sul conto corrente della procedura. I titoli e gli altri documenti sono custoditi personalmente dal curatore o, con autorizzazione del giudice delegato, affidati in custodia a terzi.

3. Ogni interessato, se autorizzato dal curatore, può, a sue spese, esaminare le scritture contabili e gli altri documenti acquisiti dallo stesso curatore, ed estrarne copia.

195. Inventario. – 1. Il curatore, rimossi, se in precedenza apposti, i sigilli, redige l'inventario nel più breve termine possibile secondo le norme stabilite dal codice di procedura civile, presenti o avvisati il debitore e il comitato dei creditori, se nominato, formando processo verbale delle attività compiute, al quale allega la documentazione fotografica dei beni inventariati. Possono intervenire i creditori.

2. Il curatore, quando occorre, nomina uno stimatore.

3. Prima di chiudere l'inventario il curatore invita il debitore o, se si tratta di società, gli amministratori a dichiarare se hanno notizia di altri beni da comprendere nell'inventario, avvertendoli delle pene stabilite dall'articolo 327 in caso di falsa o omessa dichiarazione.

4. L'inventario è redatto in doppio originale e sottoscritto da tutti gli intervenuti. Uno degli originali deve essere depositato nella cancelleria del tribunale.

196. Inventario di altri beni. – 1. In deroga a quanto previsto dagli articoli 151, comma 2, e 210, il giudice delegato, su istanza della parte interessata, può, sentiti il curatore e il comitato dei creditori, se già costituito, disporre che non siano inclusi nell'inventario o siano restituiti agli aventi diritto i beni mobili sui quali terzi vantano diritti reali o personali chiaramente e immediatamente riconoscibili.

2. Sono inventariati anche i beni di proprietà del debitore dei quali il terzo detentore ha diritto di rimanere nel godimento in virtù di un titolo opponibile al curatore.

197. Presa in consegna dei beni del debitore da parte del curatore. – 1. Il curatore prende in consegna i beni, le scritture contabili e i documenti del debitore di mano in mano che ne fa l'inventario, fatta eccezione per i beni di cui all'articolo 196, comma 2.

2. Se il debitore possiede immobili o beni mobili iscritti in pubblici registri, il curatore notifica un estratto della sentenza dichiarativa di fallimento ai competenti uffici, perchè sia trascritto nei pubblici registri.

198. Elenchi dei creditori e dei titolari di diritti immobiliari o mobiliari e bilancio. – 1. Il curatore, in base alle scritture contabili del debitore e alle altre notizie che può raccogliere, compila l'elenco dei creditori, con l'indicazione dei rispettivi crediti e diritti di prelazione, nonché l'elenco di coloro che appaiono titolari di diritti reali e personali, mobiliari e immobiliari, su beni in possesso o nella disponibilità del debitore, con l'indicazione dei titoli relativi. Gli elenchi sono depositati in cancelleria.

2. Il curatore deve inoltre redigere il bilancio dell'ultimo esercizio, se non è stato presentato dal debitore nel termine stabilito, ed apportare le rettifiche necessarie ai bilanci e agli elenchi presentati dal debitore a norma dell'articolo 39.

199. Fascicolo della procedura. – 1. Con la pubblicazione della sentenza di liquidazione giudiziale viene assegnato il domicilio digitale e viene formato il fascicolo informatico della procedura, nel quale devono essere contenuti tutti gli atti, i provvedimenti e i ricorsi attinenti al procedimento, opportunamente suddivisi in sezioni, esclusi quelli che, per ragioni di riservatezza, debbono essere custoditi nel fascicolo riservato.

2. I componenti del comitato dei creditori e il debitore possono prendere visione ed estrarre copia di tutti gli atti, i documenti e i provvedimenti inseriti nel fascicolo, fatta eccezione per quelli di cui il giudice delegato ha ordinato la secretazione.

3. Gli altri creditori ed i terzi hanno diritto di prendere visione e di estrarre copia degli atti e dei documenti per i quali sussiste un loro specifico ed attuale interesse, previa autorizzazione del giudice delegato, sentito il curatore.

4. I creditori possono prendere visione ed estrarre copia, a proprie spese, degli atti, dei documenti e dei provvedimenti del procedimento di accertamento del passivo e dei diritti dei terzi sui beni compresi nella liquidazione giudiziale.

Capo III
Accertamento del passivo e dei diritti dei terzi sui beni compresi nella liquidazione giudiziale

200. Avviso ai creditori e agli altri interessati. – 1. Il curatore comunica senza indugio a coloro che, sulla base della documentazione in suo possesso o delle informazioni raccolte, risultano creditori o titolari di diritti reali o personali su beni mobili e immobili di proprietà o in possesso del debitore compresi nella liquidazione giudiziale, per mezzo della posta elettronica certificata, se l'indirizzo del destinatario risulta dal registro delle imprese ovvero dall'Indice nazionale degli indirizzi di posta elettronica certificata delle imprese e dei professionisti e, in ogni altro caso, mediante lettera raccomandata indirizzata alla sede, alla residenza o al domicilio del destinatario:

a) che possono partecipare al concorso trasmettendo la domanda con le modalità indicate nell'articolo 201, anche senza l'assistenza di un difensore;

b) la data, l'ora e il luogo fissati per l'esame dello stato passivo e il termine entro cui vanno presentate le domande;

c) ogni utile informazione per agevolare la presentazione della domanda e con l'avvertimento delle conseguenze di cui all'articolo 10, comma 3, nonché della sussistenza dell'onere previsto dall'articolo 201, comma 3, lettera *e*);

d) il domicilio digitale assegnato alla procedura.

2. Se il creditore ha sede o risiede all'estero, la comunicazione può essere effettuata al suo rappresentante in Italia, se esistente.

201. Domanda di ammissione al passivo. – 1. Le domande di ammissione al passivo di un credito o di restituzione o rivendicazione di beni mobili o immobili compresi nella procedura, nonché le domande di partecipazione al riparto delle somme ricavate dalla liquidazione di beni compresi nella procedura ipotecati a garanzia di debiti altrui, si propongono con ricorso da trasmettere a norma del comma 2, almeno trenta giorni prima dell'udienza fissata per l'esame dello stato passivo.

2. Il ricorso può essere sottoscritto anche personalmente dalla parte ed è formato ai sensi degli articoli 20, comma 1 *bis*, ovvero 22, comma 3, del decreto legislativo 7 marzo 2005, n. 82, e successive modificazioni e, nel termine stabilito dal comma 1, è trasmesso all'indirizzo di posta elettronica certificata del curatore indicato nell'avviso di cui all'articolo 200, insieme ai documenti di cui al comma 6. L'originale del titolo di credito allegato al ricorso è depositato presso la cancelleria del tribunale.

3. Il ricorso contiene:

a) l'indicazione della procedura cui si intende partecipare e le generalità del creditore ed il suo numero di codice fiscale, nonché le coordinate bancarie dell'istante o la dichiarazione di voler essere pagato con modalità, diversa dall'accredito in conto corrente bancario, stabilita dal giudice delegato ai sensi dell'articolo 230, comma 1;

b) la determinazione della somma che si intende insinuare al passivo, ovvero la descrizione del bene di cui si chiede la restituzione o la rivendicazione, ovvero l'ammontare del credito per il quale si intende partecipare al riparto se il debitore nei cui confronti è aperta la liquidazione giudiziale è terzo datore d'ipoteca;

c) la succinta esposizione dei fatti e degli elementi di diritto che costituiscono la ragione della domanda;

d) l'eventuale indicazione di un titolo di prelazione, nonché la descrizione del bene sul quale la prelazione si esercita, se questa ha carattere speciale;

e) l'indicazione dell'indirizzo di posta elettronica certificata, al quale ricevere tutte le comunicazioni relative alla procedura, le cui variazioni è onere comunicare al curatore.

4. Il ricorso è inammissibile se è omesso o assolutamente incerto uno dei requisiti di cui alle lettere *a*), *b*), o *c*) del comma 3. Se è omesso o assolutamente incerto il requisito di cui alla lettera *d*), il credito è considerato chirografario.

5. Se è omessa l'indicazione di cui al comma 3, lettera *e*), nonché nei casi di mancata consegna del messaggio di posta elettronica certificata per cause imputabili al destinatario si applica l'articolo 10, comma 3.

6. Al ricorso sono allegati i documenti dimostrativi del diritto fatto valere.

7. Con la domanda di restituzione o rivendicazione, il terzo può chiedere la sospensione della liquidazione dei beni oggetto della domanda.

8. Il ricorso può essere presentato dal rappresentante comune degli obbligazionisti ai sensi dell'articolo 2418, secondo comma, del codice civile, anche per singoli gruppi di creditori.

9. Il giudice ad istanza della parte può disporre che il cancelliere prenda copia dei titoli al portatore o all'ordine presentati e li restituisca con l'annotazione dell'avvenuta domanda di ammissione al passivo.

10. Il procedimento introdotto dalla domanda di cui al comma 1 è soggetto alla sospensione feriale dei termini di cui all'articolo 1 della legge 7 ottobre 1969, n. 742.

202. Effetti della domanda. – 1. La domanda di cui all'articolo 201 produce gli effetti della domanda giudiziale per tutto il corso della liquidazione giudiziale e fino all'esaurimento dei giudizi e delle operazioni che proseguono dopo il decreto di chiusura a norma dell'articolo 235.

203. Progetto di stato passivo e udienza di discussione. – 1. Il curatore esamina le domande di cui all'articolo 201 e predispone elenchi separati dei creditori e dei titolari di diritti su beni mobili e immobili di proprietà o in possesso del debitore, rassegnando per ciascuno le sue motivate conclusioni. Il curatore può eccepire i fatti estintivi, modificativi o impeditivi del diritto fatto valere, nonché l'inefficacia del titolo su cui sono fondati il credito o la prelazione, anche se è prescritta la relativa azione.

2. Il curatore deposita il progetto di stato passivo corredato dalle relative domande nella cancelleria del tribunale almeno quindici giorni prima dell'udienza fissata per l'esame dello stato passivo e nello stesso termine lo trasmette ai creditori e ai titolari di diritti sui beni all'indirizzo indicato nella domanda di ammissione al passivo. I creditori, i titolari di diritti sui beni ed il debitore possono esaminare il progetto e presentare al curatore, con le modalità indicate dall'articolo 201, comma 2, osservazioni scritte e documenti integrativi fino a cinque giorni prima dell'udienza.

3. All'udienza fissata per l'esame dello stato passivo, il giudice delegato, anche in assenza delle parti, decide su ciascuna domanda, nei limiti delle conclusioni formulate e avuto riguardo alle eccezioni del curatore, a quelle rilevabili d'ufficio ed a quelle formulate dagli altri interessati. Il giudice delegato può procedere ad atti di istruzione su richiesta delle parti, compatibilmente con le esigenze di speditezza del procedimento. In relazione al numero dei creditori e alla entità del passivo, il giudice delegato può stabilire che l'udienza sia svolta in via telematica con modalità idonee a salvaguardare il contraddittorio e l'effettiva partecipazione dei creditori, anche utilizzando le strutture informatiche messe a disposizione della procedura da soggetti terzi.

4. Il debitore può chiedere di essere sentito.

5. Delle operazioni si redige processo verbale.

204. Formazione ed esecutività dello stato passivo. – 1. Il giudice delegato, con decreto succintamente motivato, accoglie in tutto o in parte ovvero respinge o dichiara inammissibile la domanda proposta ai sensi dell'articolo 201. La dichiarazione di inammissibilità della domanda non ne preclude la successiva riproposizione.

2. Oltre che nei casi stabiliti dalla legge, sono ammessi al passivo con riserva:

a) i crediti condizionati e quelli indicati all'articolo 154, comma 3;

b) i crediti per i quali la mancata produzione del titolo dipende da fatto non riferibile al creditore, a condizione che la produzione avvenga nel termine assegnato dal giudice;

c) i crediti accertati con sentenza del giudice ordinario o speciale non passata in giudicato, pronunziata prima della dichiarazione di apertura della liquidazione giudiziale. Il curatore può proporre o proseguire il giudizio di impugnazione.

3. Se le operazioni non possono esaurirsi in una sola udienza, il giudice ne rinvia la prosecuzione a non più di otto giorni, senza altro avviso per gli intervenuti e per gli assenti.

4. Terminato l'esame di tutte le domande, il giudice delegato forma lo stato passivo e lo rende esecutivo con decreto depositato in cancelleria.

5. Il decreto che rende esecutivo lo stato passivo e le decisioni assunte dal tribunale all'esito dei giudizi di cui all'articolo 206, limitatamente ai crediti accertati ed al diritto di partecipare al riparto quando il debitore ha concesso ipoteca a garanzia di debiti altrui, producono effetti soltanto ai fini del concorso.

205. Comunicazione dell'esito del procedimento di accertamento del passivo. – 1. Il curatore, immediatamente dopo la dichiarazione di esecutività dello stato passivo, ne dà comunicazione trasmettendo una copia a tutti i ricorrenti, informandoli del diritto di proporre opposizione in caso di mancato accoglimento della domanda.

206. Impugnazioni. – 1. Contro il decreto che rende esecutivo lo stato passivo può essere proposta opposizione, impugnazione dei crediti ammessi o revocazione.

2. Con l'opposizione il creditore o il titolare di diritti su beni mobili o immobili contestano che la propria domanda sia stata accolta in parte o sia stata respinta. L'opposizione è proposta nei confronti del curatore.

3. Con l'impugnazione il curatore, il creditore o il titolare di diritti su beni mobili o immobili contestano che la domanda di un creditore o di altro concorrente sia stata accolta. L'impugnazione è rivolta nei confronti del creditore concorrente, la cui domanda è stata accolta. Al procedimento partecipa anche il curatore.

4. Nei casi di cui ai commi 2 e 3, la parte contro cui l'impugnazione è proposta, nei limiti delle conclusioni rassegnate nel procedimento di accertamento del passivo, può proporre impugnazione incidentale anche se è per essa decorso il termine di cui all'articolo 207, comma 1.

5. Con la revocazione il curatore, il creditore o il titolare di diritti su beni mobili o immobili, decorsi i termini per la proposizione della opposizione o della impugnazione, possono chiedere che il provvedimento di accoglimento o di rigetto venga revocato se si scopre che essi sono stati determinati da falsità, dolo, errore essenziale di fatto o dalla mancata conoscenza di documenti decisivi che non sono stati prodotti tempestivamente per causa non imputabile all'istante. La revocazione è proposta nei confronti del creditore concorrente, la cui domanda è stata accolta, ovvero nei confronti del curatore quando la domanda è stata respinta. Nel primo caso, al procedimento partecipa il curatore.

6. Gli errori materiali contenuti nello stato passivo sono corretti con decreto del giudice delegato su istanza del creditore o del titolare di diritti sui beni o del curatore, sentito il curatore o la parte interessata.

207. Procedimento. – 1. Le impugnazioni di cui all'articolo 206 si propongono con ricorso entro il termine perentorio di trenta giorni dalla comunicazione di cui all'articolo 205 ovvero, nel caso di revocazione, dalla scoperta della falsità, del dolo, dell'errore o del documento di cui all'articolo 206, comma 5.

2. Il ricorso deve contenere:

a) l'indicazione del tribunale, del giudice delegato e della procedura di liquidazione giudiziale;

b) le generalità dell'impugnante e l'elezione del domicilio nel comune ove ha sede il tribunale che ha aperto la liquidazione giudiziale;

c) l'esposizione dei fatti e degli elementi di diritto su cui si basa l'impugnazione e le relative conclusioni;

d) a pena di decadenza, le eccezioni processuali e di merito non rilevabili d'ufficio, nonché l'indicazione specifica dei mezzi di prova di cui il ricorrente intende avvalersi e dei documenti prodotti.

3. Il presidente, nei cinque giorni successivi al deposito del ricorso, designa il relatore, al quale può delegare la trattazione del procedimento, e fissa con decreto l'udienza di comparizione entro sessanta giorni dal deposito del ricorso.

4. Il ricorso, unitamente al decreto di fissazione dell'udienza, deve essere notificato, a cura del ricorrente, al curatore e all'eventuale controinteressato entro dieci giorni dalla comunicazione del decreto.

5. Tra la data della notificazione e quella dell'udienza deve intercorrere un termine non minore di trenta giorni.

6. Le parti resistenti devono costituirsi almeno dieci giorni prima dell'udienza, eleggendo il domicilio nel comune in cui ha sede il tribunale.

7. La costituzione si effettua mediante deposito di una memoria difensiva contenente, a pena di decadenza, le eccezioni processuali e di merito non rilevabili d'ufficio, nonché l'indicazione specifica dei mezzi di prova e dei documenti contestualmente prodotti. L'impugnazione incidentale tardiva si propone, a pena di decadenza, nella memoria di cui al presente comma.

8. Se è proposta impugnazione incidentale tardiva il tribunale adotta i provvedimenti necessari ad assicurare il contraddittorio.

9. L'intervento di qualunque interessato non può avere luogo oltre il termine stabilito per la costituzione delle parti resistenti con le modalità per queste previste.

10. Se nessuna delle parti costituite compare alla prima udienza, il giudice provvede ai sensi dell'articolo 309 del codice di procedura civile. Provvede allo stesso modo anche se non compare il ricorrente costituito. Il curatore, anche se non costituito, partecipa all'udienza di comparizione fissata ai sensi del comma 3, per informare le altre parti ed il giudice in ordine allo stato della procedura e alle concrete prospettive di soddisfacimento dei creditori concorsuali.

11. Il giudice provvede all'ammissione e all'espletamento dei mezzi istruttori.

12. Il giudice delegato alla liquidazione giudiziale non può far parte del collegio.

13. Il collegio provvede in via definitiva sull'opposizione, impugnazione o revocazione con decreto motivato, entro sessanta giorni dall'udienza o dalla scadenza del termine eventualmente assegnato per il deposito di memorie.

14. Il decreto è comunicato dalla cancelleria alle parti che, nei successivi trenta giorni, possono proporre ricorso per cassazione.

15. Gli errori materiali contenuti nel decreto sono corretti con decreto dal tribunale senza necessità di instaurazione del contraddittorio se tutte le parti concordano nel chiedere la stessa correzione. Se è chiesta da una delle parti, il presidente del collegio, con decreto da notificarsi insieme con il ricorso, fissa l'udienza nella quale le parti debbono comparire davanti al giudice designato come relatore. Sull'istanza il collegio provvede con decreto, che deve essere annotato sull'originale del provvedimento.

16. Le impugnazioni di cui all'articolo 206 sono soggette alla sospensione feriale dei termini di cui all'articolo 1 della legge 7 ottobre 1969, n. 742.

208. Domande tardive. – 1. Le domande di ammissione al passivo di un credito, di restituzione o rivendicazione di beni mobili e immobili, trasmesse al curatore oltre il termine di trenta giorni prima dell'udienza fissata per la verifica del passivo e non oltre quello di sei mesi dal deposito del decreto di esecutività dello stato passivo sono considerate tardive. In caso di particolare complessità della procedura, il tribunale, con la sentenza che dichiara aperta la liquidazione giudiziale, può prorogare quest'ultimo termine fino a dodici mesi.

2. Il procedimento di accertamento delle domande tardive si svolge nelle stesse forme di cui all'articolo 203. Quando vengono presentate domande tardive, il giudice delegato fissa per l'esame delle stesse un'udienza entro i successivi quattro mesi, salvo che sussistano motivi d'urgenza. Il curatore dà avviso della data dell'udienza a coloro che hanno presentato la domanda e ai creditori già ammessi al passivo. Si applicano le disposizioni di cui agli articoli da 201 a 207.

3. Decorso il termine di cui al comma 1, e comunque fino a quando non siano esaurite tutte le ripartizioni dell'attivo della liquidazione giudiziale, la domanda tardiva è ammissibile solo se l'istante prova che il ritardo è dipeso da causa a lui non imputabile e se trasmette la domanda al curatore non oltre sessanta giorni dal momento in cui è cessata la causa che ne ha impedito il deposito tempestivo. Quando la domanda risulta manifestamente inammissibile perchè l'istante non ha indicato le circostanze da cui è dipeso il ritardo o non ne ha offerto prova documentale o non ha indicato i mezzi di prova di cui intende valersi per dimostrarne la non imputabilità, il giudice delegato dichiara con decreto l'inammissibilità della domanda. Il decreto è reclamabile a norma dell'articolo 124.

209. Previsione di insufficiente realizzo. – 1. Il tribunale, con decreto motivato da adottarsi prima dell'udienza per l'esame dello stato passivo, su istanza del curatore depositata almeno venti giorni prima dell'udienza stessa, corredata da una relazione sulle prospettive della liquidazione, e dal parere del comitato dei creditori, sentito il debitore, dispone non farsi luogo al procedimento di accertamento del passivo relativamente ai crediti concorsuali se risulta che non può essere acquisito attivo da distribuire ad alcuno dei creditori che abbiano chiesto l'ammissione al passivo, salva la soddisfazione dei crediti prededucibili e delle spese di procedura.

2. Le disposizioni di cui al comma 1 si applicano, in quanto compatibili, anche quando la condizione di insufficiente realizzo emerge successivamente alla verifica dello stato passivo.

3. Il curatore comunica il decreto di cui al comma 1 trasmettendone copia ai creditori che abbiano presentato domanda di ammissione al passivo ai sensi degli articoli 201 e 208 i quali, nei quindici giorni successivi, possono presentare reclamo, a norma dell'articolo 124, alla corte di appello, che provvede sentiti il reclamante, il curatore, il comitato dei creditori e il debitore.

210. Procedimenti relativi a domande di rivendica e restituzione. – 1. Ai procedimenti che hanno ad oggetto domande di restituzione o di rivendicazione, si applica il regime probatorio previsto nell'articolo 621 del codice di procedura civile. Se il bene non è stato acquisito all'attivo della procedura, il titolare del diritto, anche nel corso dell'udienza di cui all'articolo 207, può modificare l'originaria domanda e chiedere l'ammissione al passivo del controvalore del bene alla data di apertura del concorso. Se il curatore perde il possesso della cosa dopo averla acquisita, il titolare del diritto può chiedere che il controvalore del bene sia corrisposto in prededuzione.

2. Sono salve le disposizioni dell'articolo 1706 del codice civile.

3. Il decreto che accoglie la domanda di rivendica di beni o diritti il cui trasferimento è soggetto a forme di pubblicità legale deve essere reso opponibile ai terzi con le medesime forme.

Capo IV
Esercizio dell'impresa e liquidazione dell'attivo

Sezione I
Disposizioni generali

211. Esercizio dell'impresa del debitore. – 1. L'apertura della liquidazione giudiziale non determina la cessazione dell'attività d'impresa quando ricorrono le condizioni di cui ai commi 2 e 3.

2. Con la sentenza che dichiara aperta la liquidazione giudiziale, il tribunale autorizza il curatore a proseguire l'esercizio dell'impresa, anche limitatamente a specifici rami dell'azienda, se dall'interruzione può derivare un grave danno, purché la prosecuzione non arrechi pregiudizio ai creditori.

3. Successivamente, su proposta del curatore, il giudice delegato, previo parere favorevole del comitato dei creditori, autorizza, con decreto motivato, l'esercizio dell'impresa, anche limitatamente a specifici rami dell'azienda, fissandone la durata.

4. Durante il periodo di esercizio, il comitato dei creditori è convocato dal curatore, almeno ogni tre mesi, per essere informato sull'andamento della gestione e per pronunciarsi sull'opportunità di continuare l'esercizio.

5. Se il comitato dei creditori non ravvisa l'opportunità di continuare l'esercizio, il giudice delegato ne ordina la cessazione.

6. Ogni semestre, o comunque alla conclusione del periodo di esercizio, il curatore deve depositare un rendiconto dell'attività. In ogni caso il curatore informa senza indugio il giudice delegato e il comitato dei creditori di circostanze sopravvenute che possono influire sulla prosecuzione dell'esercizio.

7. Il tribunale può ordinare la cessazione dell'esercizio in qualsiasi momento laddove ne ravvisi l'opportunità, con decreto in camera di consiglio non soggetto a reclamo, sentiti il curatore e il comitato dei creditori.

8. Durante l'esercizio i contratti pendenti proseguono, salvo che il curatore non intenda sospenderne l'esecuzione o scioglierli. È fatto salvo il disposto dell'articolo 110, comma 3, del decreto legislativo 18 aprile 2016, n. 50. I crediti sorti nel corso dell'esercizio sono soddisfatti in prededuzione ai sensi dell'articolo 221, comma 1, lettera *a*).

9. Al momento della cessazione dell'esercizio si applicano le disposizioni di cui alla sezione V del capo I del titolo V.

10. Il curatore autorizzato all'esercizio dell'impresa non può partecipare a procedure di affidamento di concessioni e appalti di lavori, forniture e servizi ovvero essere affidatario di subappalto.

212. Affitto dell'azienda o di suoi rami. – 1. Anche prima della presentazione del programma di liquidazione di cui all'articolo 213, su proposta del curatore, il giudice delegato, previo parere favorevole del comitato dei creditori, autorizza l'affitto dell'azienda del debitore a terzi, anche limitatamente a specifici rami, quando appaia utile al fine della più proficua vendita dell'azienda o di parti della stessa.

2. La scelta dell'affittuario è effettuata dal curatore a norma dell'articolo 216, sulla base di stima, assicurando, con adeguate forme di pubblicità, la massima informazione e partecipazione degli interessati. La scelta dell'affittuario deve tenere conto, oltre che dell'ammontare del canone offerto, delle garanzie prestate e della attendibilità del piano di prosecuzione delle attività imprenditoriali, avuto riguardo alla conservazione dei livelli occupazionali.

3. Il contratto di affitto stipulato dal curatore nelle forme previste dall'articolo 2556 del codice civile deve prevedere il diritto del curatore di procedere alla ispezione della azienda, la prestazione di idonee garanzie per tutte le obbligazioni dell'affittuario derivanti dal contratto e dalla legge, il diritto di recesso del curatore dal contratto che può essere esercitato, sentito il comitato dei creditori, con la corresponsione all'affittuario di un giusto indennizzo da corrispondere in prededuzione.

4. La durata dell'affitto deve essere compatibile con le esigenze della liquidazione dei beni.

5. Il diritto di prelazione a favore dell'affittuario può essere concesso convenzionalmente, previa autorizzazione del giudice delegato e previo parere favorevole del comitato dei creditori. In tale caso, esaurito il procedimento di determinazione del prezzo di vendita dell'azienda o del singolo

ramo, il curatore, entro dieci giorni, lo comunica all'affittuario, il quale può esercitare il diritto di prelazione entro cinque giorni dal ricevimento della comunicazione.

6. La retrocessione alla liquidazione giudiziale di aziende, o rami di aziende, non comporta la responsabilità della procedura per i debiti maturati sino alla retrocessione, in deroga a quanto previsto dagli articoli 2112 e 2560 del codice civile. Ai rapporti pendenti al momento della retrocessione si applicano le disposizioni di cui alla sezione V del capo I del titolo V.

213. Programma di liquidazione. – 1. Entro sessanta giorni dalla redazione dell'inventario e in ogni caso non oltre centottanta giorni dalla sentenza dichiarativa dell'apertura della liquidazione giudiziale, il curatore predispone un programma di liquidazione da sottoporre all'approvazione del comitato dei creditori. Il mancato rispetto del termine di centottanta giorni di cui al primo periodo senza giustificato motivo è giusta causa di revoca del curatore.

2. Il curatore, previa autorizzazione del comitato dei creditori, può non acquisire all'attivo o rinunciare a liquidare uno o più beni, se l'attività di liquidazione appaia manifestamente non conveniente. In questo caso, il curatore ne dà comunicazione ai creditori i quali, in deroga a quanto previsto nell'articolo 150, possono iniziare azioni esecutive o cautelari sui beni rimessi nella disponibilità del debitore. Si presume manifestamente non conveniente la prosecuzione dell'attività di liquidazione dopo sei esperimenti di vendita cui non ha fatto seguito l'aggiudicazione, salvo che il giudice delegato non autorizzi il curatore a continuare l'attività liquidatoria, in presenza di giustificati motivi.

3. Il programma è suddiviso in sezioni in cui sono indicati separatamente criteri e modalità della liquidazione dei beni immobili, della liquidazione degli altri beni e della riscossione dei crediti, con indicazione dei costi e dei presumibili tempi di realizzo. Nel programma sono, inoltre, indicati le azioni giudiziali di qualunque natura e il subentro nelle liti pendenti, con i costi per il primo grado di giudizio. Sono, altresì, indicati gli esiti delle liquidazioni già compiute.

4. Il programma indica gli atti necessari per la conservazione del valore dell'impresa, quali l'esercizio dell'impresa del debitore e l'affitto di azienda, ancorché relativi a singoli rami dell'azienda, nonché le modalità di cessione unitaria dell'azienda, di singoli rami, di beni o di rapporti giuridici individuabili in blocco.

5. Nel programma è indicato il termine entro il quale avrà inizio l'attività di liquidazione dell'attivo ed il termine del suo presumibile completamento. Entro dodici mesi dall'apertura della procedura deve avere luogo il primo

esperimento di vendita dei beni e devono iniziare le attività di recupero dei crediti, salvo che il giudice delegato, con decreto motivato, non ne autorizzi il differimento. Il termine per il completamento della liquidazione non può eccedere cinque anni dal deposito della sentenza di apertura della procedura. In casi di eccezionale complessità, questo termine può essere differito a sette anni dal giudice delegato.

6. Per sopravvenute esigenze, il curatore può presentare un supplemento del piano di liquidazione.

7. Il programma è trasmesso al giudice delegato che ne autorizza la sottoposizione al comitato dei creditori per l'approvazione. Il giudice delegato autorizza i singoli atti liquidatori in quanto conformi al programma approvato.

8. Il mancato rispetto dei termini previsti dal programma di liquidazione senza giustificato motivo è causa di revoca del curatore.

Sezione II
Vendita dei beni

214. Vendita dell'azienda o di suoi rami o di beni o rapporti in blocco. – 1. La liquidazione dei singoli beni ai sensi delle disposizioni del presente capo è disposta quando risulta prevedibile che la vendita dell'intero complesso aziendale, di suoi rami, di beni o rapporti giuridici individuabili in blocco non consenta una maggiore soddisfazione dei creditori.

2. La vendita del complesso aziendale o di rami dello stesso è effettuata con le modalità di cui all'articolo 216, in conformità a quanto disposto dall'articolo 2556 del codice civile.

3. Salva diversa convenzione, è esclusa la responsabilità dell'acquirente per i debiti relativi all'esercizio delle aziende cedute sorti prima del trasferimento.

4. Il curatore può procedere altresì alla cessione delle attività e delle passività dell'azienda o dei suoi rami, nonché di beni o rapporti giuridici individuali in blocco, esclusa comunque la responsabilità dell'alienante prevista dall'articolo 2560 del codice civile.

5. La cessione dei crediti relativi alle aziende cedute, anche in mancanza di notifica al debitore o di sua accettazione, ha effetto, nei confronti dei terzi, dal momento dell'iscrizione del trasferimento nel registro delle imprese. Tuttavia il debitore ceduto è liberato se paga in buona fede al cedente.

6. I privilegi e le garanzie di qualsiasi tipo, da chiunque prestate o comunque esistenti a favore del cedente, conservano la loro validità e il loro grado a favore del cessionario.

7. Il curatore può procedere alla liquidazione anche mediante il conferimento in una o più società, eventualmente di nuova costituzione, dell'azienda o di rami della stessa, ovvero di beni o crediti, con i relativi rapporti contrattuali in corso, esclusa la responsabilità dell'alienante ai sensi dell'articolo 2560 del codice civile e osservate le disposizioni inderogabili contenute nella presente sezione. Le azioni o quote della società che riceve il conferimento possono essere attribuite, nel rispetto delle cause di prelazione, a singoli creditori che vi consentono. Sono salve le diverse disposizioni previste in leggi speciali.

8. Il pagamento del prezzo può essere effettuato mediante accollo di debiti da parte dell'acquirente solo se non viene alterata la graduazione dei crediti.

215. Cessioni di crediti, azioni revocatorie e partecipazioni e mandato a riscuotere crediti. – 1. Il curatore può cedere i crediti, compresi quelli di natura fiscale o futuri, anche se oggetto di contestazione; può altresì cedere le azioni revocatorie concorsuali, se i relativi giudizi sono già pendenti.

2. Per la vendita delle partecipazioni in società a responsabilità limitata si applica l'articolo 2471 del codice civile.

3. In alternativa alla cessione di cui al comma 1, il curatore può stipulare contratti di mandato per la riscossione dei crediti.

216. Modalità della liquidazione. – 1. I beni acquisiti all'attivo della procedura sono stimati da esperti nominati dal curatore ai sensi dell'articolo 129, comma 2. La relazione di stima deve essere depositata con modalità telematiche nel rispetto della normativa anche regolamentare concernente la sottoscrizione, la trasmissione e la ricezione dei documenti informatici, nonché delle apposite specifiche tecniche del responsabile per i sistemi informativi automatizzati del Ministero della giustizia. I modelli informatici delle relazioni di stima sono pubblicati sul portale delle vendite pubbliche e, quando la stima riguarda un bene immobile, deve contenere le informazioni previste dall'articolo 173 *bis* delle disposizioni per l'attuazione del codice di procedura civile. L'inosservanza della disposizione di cui al secondo periodo costituisce motivo di revoca dell'incarico. La stima può essere omessa per i beni di modesto valore. Il compenso dell'esperto è liquidato a norma dell'articolo 161, terzo comma, delle disposizioni per l'attuazione del codice di procedura civile.

2. Le vendite e gli altri atti di liquidazione posti in essere in esecuzione del programma di liquidazione sono effettuati dal curatore o dal delegato alle vendite tramite procedure competitive, anche avvalendosi di soggetti

specializzati, con le modalità stabilite con ordinanza dal giudice delegato. Per i beni immobili il curatore pone in essere almeno tre esperimenti di vendita all'anno. Dopo il terzo esperimento andato deserto il prezzo può essere ribassato fino al limite della metà rispetto a quello dell'ultimo esperimento. Fatto salvo quanto previsto dall'articolo 147, comma 2, il giudice delegato ordina la liberazione dei beni immobili occupati dal debitore o da terzi in forza di titolo non opponibile al curatore. Si applica in tal caso l'articolo 560, commi terzo e quarto, del codice di procedura civile. Per i beni immobili e gli altri beni iscritti nei pubblici registri, prima del completamento delle operazioni di vendita, è data notizia mediante notificazione da parte del curatore, a ciascuno dei creditori ipotecari o i cui crediti siano assistiti da privilegio sul bene.

3. Il giudice delegato può disporre che le vendite dei beni mobili, immobili e mobili registrati vengano effettuate secondo le disposizioni del codice di procedura civile, in quanto compatibili.

4. Le vendite di cui ai commi 2 e 3 sono effettuate con modalità telematiche tramite il portale delle vendite pubbliche, salvo che tali modalità siano pregiudizievoli per gli interessi dei creditori o per il sollecito svolgimento della procedura.

5. Il giudice delegato dispone la pubblicità, sul portale delle vendite pubbliche, della ordinanza di vendita e di ogni altro atto o documento ritenuto utile e può disporre anche ulteriori forme di pubblicità idonee ad assicurare la massima informazione e partecipazione degli interessati, da effettuarsi almeno trenta giorni prima della vendita. Il termine può essere ridotto esclusivamente nei casi di assoluta urgenza.

6. Gli interessati a presentare l'offerta di acquisto formulano tramite il portale delle vendite pubbliche la richiesta di esaminare i beni in vendita.

7. L'offerta non è efficace se perviene oltre il termine stabilito nell'ordinanza di vendita o se l'offerente non presta cauzione nella misura indicata. Le offerte di acquisto sono efficaci anche se inferiori di non oltre un quarto al prezzo stabilito nell'ordinanza di vendita e sono presentate tramite il portale delle vendite pubbliche.

8. Le vendite e gli atti di liquidazione possono prevedere che il versamento del prezzo abbia luogo ratealmente; si applicano, in quanto compatibili, le disposizioni di cui agli articoli 569, terzo comma, terzo periodo, 574, primo comma, secondo periodo, 585 e 587, primo comma, secondo periodo, del codice di procedura civile.

9. Entro cinque giorni dal trasferimento di ciascun bene, il curatore ne dà notizia agli organi della procedura mediante deposito nel fascicolo informatico.

10. Se alla data di apertura della liquidazione sono pendenti procedure esecutive, il curatore può subentrarvi; in tale caso si applicano le disposizioni del codice di procedura civile; altrimenti, su istanza del curatore, il giudice dell'esecuzione dichiara l'improcedibilità dell'esecuzione, fermi restando gli effetti conservativi sostanziali del pignoramento in favore dei creditori.

11. I dati delle relazioni di stima di cui al comma 1 sono estratti ed elaborati, a cura del Ministero della giustizia, anche nell'ambito di rilevazioni statistiche nazionali e pubblicati sul portale delle vendite pubbliche.

217. Poteri del giudice delegato. – 1. Il giudice delegato, su istanza del debitore, del comitato dei creditori o di altri interessati, previo parere dello stesso comitato dei creditori, può sospendere, con decreto motivato, le operazioni di vendita, qualora ricorrano gravi e giustificati motivi ovvero, su istanza presentata dagli stessi soggetti entro dieci giorni dal deposito di cui all'articolo 216, comma 9, impedire il perfezionamento della vendita quando il prezzo offerto risulti notevolmente inferiore a quello ritenuto congruo. Se il prezzo offerto è inferiore, rispetto a quello indicato nell'ordinanza di vendita, in misura non superiore ad un quarto, il giudice delegato può impedire il perfezionamento della vendita in presenza di concreti elementi idonei a dimostrare che un nuovo esperimento di vendita può consentire, con elevato grado di probabilità, il conseguimento di un prezzo perlomeno pari a quello stabilito.

2. Per i beni immobili e gli altri beni iscritti in pubblici registri, una volta eseguita la vendita e riscosso interamente il prezzo, il giudice delegato ordina, con decreto, la cancellazione delle iscrizioni relative ai diritti di prelazione, nonché delle trascrizioni dei pignoramenti e dei sequestri conservativi e di ogni altro vincolo.

218. Vendita dei diritti sulle opere dell'ingegno, sulle invenzioni industriali e sui marchi. – 1. Il trasferimento dei diritti di utilizzazione economica delle opere dell'ingegno, il trasferimento dei diritti nascenti delle invenzioni industriali, il trasferimento dei marchi e la cessione di banche di dati sono fatte a norma delle rispettive leggi speciali.

219. Procedimento di distribuzione della somma ricavata. – 1. Il giudice delegato provvede alla distribuzione della somma ricavata dalla vendita secondo le disposizioni del capo seguente.

2. Il tribunale stabilisce con decreto la somma da attribuire, se del caso, al curatore in conto del compenso finale da liquidarsi a norma dell'articolo 137. Tale somma è prelevata sul prezzo insieme alle spese di procedura e di amministrazione.

Capo V
Ripartizione dell'attivo

220. Procedimento di ripartizione. – 1. Il curatore, ogni quattro mesi a partire dalla data del decreto previsto dall'articolo 204, comma 4, o nel diverso termine stabilito dal giudice delegato, trasmette a tutti i creditori, compresi quelli per i quali è in corso uno dei giudizi di cui all'articolo 206, un prospetto delle somme disponibili, nonché, qualora l'entità del passivo accertato consenta una ripartizione in misura apprezzabile, un progetto di ripartizione delle medesime, riservate quelle occorrenti per la procedura. Nel progetto sono collocati anche i crediti per i quali non si applica il divieto di azioni esecutive e cautelari di cui all'articolo 150.

2. Nel caso in cui siano in corso giudizi di cui all'articolo 206, il curatore, nel progetto di ripartizione di cui al comma 1, indica, per ciascun creditore, le somme immediatamente ripartibili nonché le somme ripartibili soltanto previa consegna di una fideiussione autonoma, irrevocabile e a prima richiesta, rilasciata in favore della procedura da uno dei soggetti di cui all'articolo 574, primo comma, secondo periodo, del codice di procedura civile, idonea a garantire la restituzione alla procedura delle somme che risultino ripartite in eccesso, anche in forza di provvedimenti provvisoriamente esecutivi resi nell'ambito dei giudizi di cui all'articolo 206, oltre agli interessi, al tasso applicato dalla Banca centrale europea alle sue più recenti operazioni di rifinanziamento principali, a decorrere dal pagamento e sino all'effettiva restituzione. Le disposizioni del periodo precedente si applicano anche ai creditori che avrebbero diritto alla ripartizione delle somme ricavate nel caso in cui risulti insussistente, in tutto o in parte, il credito avente diritto all'accantonamento ovvero oggetto di controversia a norma dell'articolo 206.

3. I creditori, entro il termine perentorio di quindici giorni dalla ricezione della comunicazione di cui al comma 1, possono proporre reclamo al giudice delegato contro il progetto di riparto ai sensi dell'articolo 133.

4. Decorso tale termine, il giudice delegato, su richiesta del curatore, corredata dal progetto di riparto e dai documenti comprovanti l'avvenuta trasmissione, dichiara esecutivo il progetto di ripartizione.

5. Se sono proposti reclami, il progetto di ripartizione è dichiarato esecutivo con accantonamento delle somme corrispondenti ai crediti oggetto di contestazione. Non si fa luogo ad accantonamento qualora sia presentata in favore della procedura una fideiussione a norma del primo periodo del comma 2, idonea a garantire la restituzione di somme che, in forza del provvedimento che decide il reclamo, risultino ripartite in eccesso, oltre agli interessi nella misura prevista dal predetto secondo periodo del comma 2. Il

provvedimento che decide sul reclamo dispone in ordine alla destinazione delle somme accantonate.

6. In presenza di somme disponibili per la ripartizione, il mancato rispetto dell'obbligo di cui al comma 1, costituisce giusta causa di revoca del curatore.

221. Ordine di distribuzione delle somme. – 1. Le somme ricavate dalla liquidazione dell'attivo sono erogate nel seguente ordine:

a) per il pagamento dei crediti prededucibili;

b) per il pagamento dei crediti ammessi con prelazione sulle cose vendute secondo l'ordine assegnato dalla legge;

c) per il pagamento dei creditori chirografari, in proporzione dell'ammontare del credito per cui ciascuno di essi sia stato ammesso, compresi i creditori indicati alla lettera *b*), qualora non sia stata ancora realizzata la garanzia, ovvero per la parte per cui essi siamo rimasti non soddisfatti dal relativo realizzo;

d) per il pagamento dei crediti postergati.

222. Disciplina dei crediti prededucibili. – 1. I crediti prededucibili devono essere accertati con le modalità di cui al capo III del presente titolo, con esclusione di quelli non contestati per collocazione e ammontare, anche se sorti durante l'esercizio dell'impresa del debitore, e di quelli sorti a seguito di provvedimenti di liquidazione di compensi dei soggetti nominati ai sensi dell'articolo 123; in questo ultimo caso, se contestati, devono essere accertati con il procedimento di cui all'articolo 124.

2. I crediti prededucibili vanno soddisfatti per il capitale, gli interessi e le spese con il ricavato della liquidazione del patrimonio mobiliare e immobiliare, tenuto conto delle rispettive cause di prelazione, con esclusione di quanto ricavato dalla liquidazione dei beni oggetto di pegno ed ipoteca per la parte destinata ai creditori garantiti, salvo il disposto dell'articolo 223. Il corso degli interessi cessa al momento del pagamento.

3. I crediti prededucibili sorti nel corso della procedura di liquidazione giudiziale che sono liquidi, esigibili e non contestati per collocazione e per ammontare, possono essere soddisfatti al di fuori del procedimento di riparto se l'attivo è presumibilmente sufficiente a soddisfare tutti i titolari di tali crediti. Il pagamento deve essere autorizzato dal comitato dei creditori ovvero dal giudice delegato.

4. Se l'attivo è insufficiente, la distribuzione deve avvenire secondo i criteri della graduazione e della proporzionalità, conformemente all'ordine assegnato dalla legge.

223. Conti speciali. – 1. La massa liquida attiva immobiliare è costituita dalle somme ricavate dalla liquidazione dei beni immobili, come definiti dall'articolo 812 del codice civile, e dei loro frutti e pertinenze, nonché dalla quota proporzionale di interessi attivi liquidati sui depositi delle relative somme.

2. La massa liquida attiva mobiliare è costituita da tutte le altre entrate.

3. Il curatore deve tenere un conto autonomo delle vendite dei singoli beni immobili oggetto di privilegio speciale e di ipoteca e dei singoli beni mobili o gruppo di mobili oggetto di pegno e privilegio speciale, con analitica indicazione delle entrate e delle uscite di carattere specifico e della quota di quelle di carattere generale imputabili a ciascun bene o gruppo di beni secondo un criterio proporzionale.

224. Crediti assistiti da prelazione. – 1. I crediti assistiti da privilegio generale hanno diritto di prelazione per il capitale, le spese e gli interessi, nei limiti di cui agli articoli 153 e 154, sul prezzo ricavato dalla liquidazione del patrimonio mobiliare, sul quale concorrono in un'unica graduatoria con i crediti garantiti da privilegio speciale mobiliare, secondo il grado previsto dalla legge.

2. I crediti garantiti da ipoteca e pegno e quelli assistiti da privilegio speciale hanno diritto di prelazione per il capitale, le spese e gli interessi, nei limiti di cui agli articoli 153 e 154, sul prezzo ricavato dai beni vincolati alla loro garanzia.

225. Partecipazione dei creditori ammessi tardivamente. – 1. I creditori ammessi a norma dell'articolo 208 concorrono soltanto alle ripartizioni posteriori alla loro ammissione in proporzione del rispettivo credito, salvo il diritto di prelevare le quote che sarebbero loro spettate nelle precedenti ripartizioni se assistiti da cause di prelazione o se il ritardo è dipeso da cause ad essi non imputabili.

226. Ripartizioni e diritti in favore del creditore con domanda tardiva. – 1. Il creditore ammesso a norma dell'articolo 208 ha diritto di concorrere sulle somme già distribuite nei limiti di quanto stabilito nell'articolo 225. Il titolare di diritti su beni mobili o immobili, se prova che il ritardo nella presentazione della domanda è dipeso da causa non imputabile, può chiedere che siano sospese le attività di liquidazione del bene sino all'accertamento del diritto. Si applica l'articolo 208, comma 3.

227. Ripartizioni parziali. – 1. Nelle ripartizioni parziali, che non possono superare l'ottanta per cento delle somme da ripartire, devono essere trattenute e depositate, nei modi stabiliti dal giudice delegato, le quote assegnate:

a) ai creditori ammessi con riserva;

b) ai creditori opponenti a favore dei quali sono state disposte misure cautelari;

c) ai creditori opponenti la cui domanda è stata accolta quando la sentenza non è passata in giudicato;

d) ai creditori nei cui confronti sono stati proposti i giudizi di impugnazione e di revocazione.

2. Le somme ritenute necessarie per spese future, per soddisfare il compenso al curatore e ogni altro debito prededucibile devono essere trattenute. In questo caso, l'ammontare della quota da ripartire indicata nel comma 1 deve essere ridotta se la misura dell'ottanta per cento appare insufficiente.

3. Devono essere altresì trattenute e depositate nei modi stabiliti dal giudice delegato le somme ricevute dalla procedura per effetto di provvedimenti provvisoriamente esecutivi e non ancora passati in giudicato.

228. Scioglimento delle ammissioni con riserva. – 1. Quando si verifica l'evento che ha determinato l'accoglimento di una domanda con riserva, su istanza del curatore o della parte interessata, il giudice delegato modifica lo stato passivo, con decreto, disponendo che la domanda deve intendersi accolta definitivamente.

229. Restituzione di somme riscosse. – 1. I pagamenti effettuati in esecuzione dei piani di riparto non possono essere ripetuti, salvo il caso dell'accoglimento di domande di revocazione.

2. I creditori che hanno percepito pagamenti non dovuti, devono restituire le somme riscosse, oltre agli interessi legali dal momento del pagamento effettuato a loro favore.

230. Pagamento ai creditori. – 1. Il curatore provvede al pagamento delle somme assegnate ai creditori nel piano di ripartizione nei modi stabiliti dal giudice delegato, idonei ad assicurare la prova del pagamento stesso.

2. Se prima della ripartizione i crediti ammessi sono stati ceduti, il curatore attribuisce le quote di riparto ai cessionari, qualora la cessione sia stata tempestivamente comunicata, unitamente alla documentazione che attesti, con atto recante le sottoscrizioni autenticate di cedente e cessionario, l'intervenuta cessione. In questo caso, il curatore provvede alla rettifica formale dello stato passivo. Le stesse disposizioni si applicano in caso di surrogazione del creditore.

231. Rendiconto del curatore. – 1. Compiuta la liquidazione dell'attivo e prima del riparto finale, nonché in ogni caso in cui cessa dalle funzioni, il curatore presenta al giudice delegato l'esposizione analitica delle operazioni contabili, dell'attività di gestione della procedura, delle modalità con cui ha attuato il programma di liquidazione e il relativo esito.

2. Il giudice ordina il deposito del conto in cancelleria e fissa l'udienza che non può essere tenuta prima che siano decorsi quindici giorni dalla comunicazione del rendiconto a tutti i creditori.

3. Dell'avvenuto deposito e della fissazione dell'udienza il curatore dà immediata comunicazione al debitore, ai creditori ammessi al passivo, a coloro che hanno proposto opposizione, ai creditori in prededuzione non soddisfatti, inviando loro copia del rendiconto e avvisandoli che possono presentare eventuali osservazioni o contestazioni fino a cinque giorni prima dell'udienza con le modalità di cui all'articolo 201, comma 2.

4. Se all'udienza stabilita non sorgono contestazioni o su queste viene raggiunto un accordo, il giudice approva il conto con decreto; altrimenti, fissa l'udienza innanzi al collegio che, sentite le parti, provvede in camera di consiglio.

232. Ripartizione finale. – 1. Approvato il conto e liquidato il compenso del curatore, il giudice delegato, sentite le proposte del curatore, ordina il riparto finale secondo le norme precedenti.

2. Nel riparto finale vengono distribuiti anche gli accantonamenti precedentemente fatti. Tuttavia, se la condizione non si è ancora verificata ovvero se il provvedimento non è ancora passato in giudicato, la somma è depositata nei modi stabiliti dal giudice delegato, perchè, verificatisi gli eventi indicati, possa essere versata ai creditori cui spetta o fatta oggetto di riparto supplementare fra gli altri creditori. Gli accantonamenti non impediscono la chiusura della procedura.

3. Il giudice delegato, nel rispetto delle cause di prelazione, può disporre che a singoli creditori che vi consentono siano assegnati, in luogo delle somme agli stessi spettanti, crediti di imposta del debitore non ancora rimborsati.

4. Per i creditori che non si presentano o sono irreperibili le somme dovute sono nuovamente depositate presso l'ufficio postale o la banca già indicati ai sensi dell'articolo 131. Decorsi cinque anni dal deposito, le somme non riscosse dagli aventi diritto e i relativi interessi, se non richieste da altri creditori, rimasti insoddisfatti, sono versate a cura del depositario all'entrata del bilancio dello Stato per essere riassegnate, con decreti del Ministro dell'economia e delle finanze, allo stato di previsione del Ministero della giustizia.

5. Il giudice, anche se è intervenuta l'esdebitazione del debitore, omessa ogni formalità non essenziale al contraddittorio, su ricorso dei creditori rimasti insoddisfatti che abbiano presentato la richiesta di cui al comma 4, dispone la distribuzione delle somme non riscosse fra i soli richiedenti e in base all'articolo 221.

Capo VI
Cessazione della procedura
di liquidazione giudiziale

233. Casi di chiusura. – 1. Salvo quanto disposto per il caso di concordato, la procedura di liquidazione giudiziale si chiude:

a) se nel termine stabilito nella sentenza con cui è stata dichiarata aperta la procedura non sono state proposte domande di ammissione al passivo;

b) quando, anche prima che sia compiuta la ripartizione finale dell'attivo, le ripartizioni ai creditori raggiungono l'intero ammontare dei crediti ammessi, o questi sono in altro modo estinti e sono pagati tutti i debiti e le spese da soddisfare in prededuzione;

c) quando è compiuta la ripartizione finale dell'attivo;

d) quando nel corso della procedura si accerta che la sua prosecuzione non consente di soddisfare, neppure in parte, i creditori concorsuali, né i crediti prededucibili e le spese di procedura. Tale circostanza può essere accertata con la relazione o con i successivi rapporti riepilogativi di cui all'articolo 130.

2. In caso di chiusura della procedura di liquidazione giudiziale di società di capitali, nei casi di cui al comma 1, lettere *a*) e *b*), il curatore convoca l'assemblea ordinaria dei soci per le deliberazioni necessarie ai fini della ripresa dell'attività o della sua cessazione ovvero per la trattazione di argomenti sollecitati, con richiesta scritta, da un numero di soci che rappresenti il venti per cento del capitale sociale. Nei casi di chiusura di cui al comma 1, lettere *c*) e *d*), ove si tratti di procedura di liquidazione giudiziale di società e fatto salvo quanto previsto dall'articolo 234, comma 6, secondo periodo, il curatore ne chiede la cancellazione dal registro delle imprese.

3. La chiusura della procedura di liquidazione giudiziale della società nei casi di cui alle lettere *a*) e *b*) determina anche la chiusura della procedura estesa ai soci ai sensi dell'articolo 256, salvo che nei confronti del socio non sia stata aperta una procedura di liquidazione giudiziale come imprenditore individuale.

234. Prosecuzione di giudizi e procedimenti esecutivi dopo la chiusura. – 1. La chiusura della procedura nel caso di cui all'articolo 233, comma 1, lettera *c*), non è impedita dalla pendenza di giudizi o procedimenti esecutivi, rispetto ai quali il curatore mantiene la legittimazione processuale, anche nei successivi stati e gradi del giudizio, ai sensi dell'articolo 143. La legittimazione del curatore sussiste altresì per i procedimenti, compresi quelli cautelari e esecutivi, strumentali all'attuazione delle decisioni favorevoli alla liquidazione giudiziale, anche se instaurati dopo la chiusura della procedura.

2. In deroga all'articolo 132, le rinunzie alle liti e le transazioni sono autorizzate dal giudice delegato.

3. Le somme necessarie per spese future ed eventuali oneri relativi ai giudizi pendenti, nonché le somme ricevute dal curatore per effetto di provvedimenti provvisoriamente esecutivi e non ancora passati in giudicato, sono trattenute dal curatore secondo quanto previsto dall'articolo 232, comma 2.

4. Dopo la chiusura della procedura, le somme ricevute dal curatore per effetto di provvedimenti definitivi e gli eventuali residui degli accantonamenti sono fatti oggetto di riparto supplementare fra i creditori secondo le modalità disposte dal tribunale con il decreto di cui all'articolo 235.

5. In relazione alle eventuali sopravvenienze attive derivanti dai giudizi pendenti non si fa luogo a riapertura della procedura.

6. Con il decreto di chiusura il tribunale impartisce le disposizioni necessarie per il deposito del rapporto riepilogativo di cui all'articolo 130, comma 9, di un supplemento di rendiconto, del riparto supplementare e del rapporto riepilogativo finale. La chiusura della procedura a norma del presente comma non comporta la cancellazione della società dal registro delle imprese sino alla conclusione dei giudizi in corso e alla effettuazione dei riparti supplementari, anche all'esito delle ulteriori attività liquidatorie che si siano rese necessarie.

7. Eseguito l'ultimo progetto di ripartizione o comunque definiti i giudizi e procedimenti pendenti, il curatore chiede al tribunale di archiviare la procedura di liquidazione giudiziale. Il tribunale provvede con decreto.

8. Entro dieci giorni dal deposito del decreto di archiviazione, il curatore chiede la cancellazione della società dal registro delle imprese.

235. Decreto di chiusura. – 1. La chiusura della procedura di liquidazione giudiziale è dichiarata con decreto motivato del tribunale su istanza del curatore o del debitore ovvero di ufficio, pubblicato nelle forme prescritte dall'articolo 45.

2. Quando la chiusura della procedura è dichiarata ai sensi dell'articolo 233, comma 1, lettera *d*), prima dell'approvazione del programma di liquidazione, il tribunale decide sentiti il curatore, il comitato dei creditori e il debitore.

3. Contro il decreto che dichiara la chiusura o ne respinge la richiesta è ammesso reclamo a norma dell'articolo 124. Contro il decreto della corte di appello, il ricorso per cassazione è proposto nel termine perentorio di trenta giorni, decorrente dalla notificazione o comunicazione del provvedimento

per il curatore, per il debitore, per il comitato dei creditori e per chi ha proposto il reclamo o è intervenuto nel procedimento; dal compimento della pubblicità di cui all'articolo 45 per ogni altro interessato.

4. Il decreto di chiusura acquista efficacia quando è decorso il termine per il reclamo, senza che questo sia stato proposto, ovvero quando il reclamo è definitivamente rigettato.

5. Con i decreti emessi ai sensi dei commi 1 e 3, sono impartite le disposizioni esecutive volte ad attuare gli effetti della decisione. Allo stesso modo si provvede a seguito del passaggio in giudicato della sentenza di revoca della procedura di liquidazione giudiziale o della definitività del decreto di omologazione del concordato proposto nel corso della procedura stessa.

236. Effetti della chiusura. – 1. Con la chiusura cessano gli effetti della procedura di liquidazione giudiziale sul patrimonio del debitore e le conseguenti incapacità personali e decadono gli organi preposti alla procedura medesima.

2. Le azioni esperite dal curatore per l'esercizio di diritti derivanti dalla procedura non possono essere proseguite, fatto salvo quanto previsto dall'articolo 234.

3. I creditori riacquistano il libero esercizio delle azioni verso il debitore per la parte non soddisfatta dei loro crediti per capitale e interessi, salvo quanto previsto dagli articoli 278 e seguenti.

4. Il decreto o la sentenza con la quale il credito è stato ammesso al passivo costituisce prova scritta per gli effetti di cui all'articolo 634 del codice di procedura civile.

5. Nell'ipotesi di chiusura in pendenza di giudizi ai sensi dell'articolo 234, il giudice delegato e il curatore restano in carica ai soli fini di quanto ivi previsto. In nessun caso i creditori possono agire su quanto è oggetto dei giudizi medesimi.

237. Casi di riapertura della procedura di liquidazione giudiziale. – 1. Salvo che sia stata pronunciata l'esdebitazione nei casi preveduti dall'articolo 233, comma 1, lettere *c*) e *d*), il tribunale, entro cinque anni dal decreto di chiusura, su istanza del debitore o di qualunque creditore, può ordinare che la liquidazione giudiziale già chiusa sia riaperta, quando risulta che nel patrimonio del debitore esistono attività in misura tale da rendere utile il provvedimento.

2. Il tribunale, con sentenza in camera di consiglio, se accoglie l'istanza:

a) richiama in ufficio il giudice delegato e il curatore o li nomina di nuovo;

b) stabilisce i termini previsti dalle lettere *d*) ed *e*) dell'articolo 49, comma 3, eventualmente abbreviandoli non oltre la metà; i creditori già ammessi al passivo nella procedura chiusa possono chiedere la conferma del provvedimento di ammissione salvo che intendano insinuare al passivo ulteriori interessi.

3. La sentenza può essere reclamata a norma dell'articolo 51.

4. La sentenza è pubblicata a norma dell'articolo 45.

5. Il giudice delegato nomina il comitato dei creditori, tenendo conto nella scelta anche dei nuovi creditori.

6. Per le altre operazioni si seguono le norme stabilite nei capi precedenti.

238. Concorso dei vecchi e nuovi creditori. – 1. I creditori concorrono alle nuove ripartizioni per le somme loro dovute al momento della riapertura, dedotto quanto hanno percepito nelle precedenti ripartizioni, salve in ogni caso le cause legittime di prelazione.

2. Restano ferme le precedenti statuizioni a norma del capo III del presente titolo.

239. Effetti della riapertura sugli atti pregiudizievoli ai creditori. – 1. In caso di riapertura della procedura di liquidazione giudiziale, per le azioni revocatorie relative agli atti del debitore, compiuti dopo la chiusura della procedura, i termini stabiliti dagli articoli 164, 166 e 167, sono computati dalla data della sentenza di riapertura.

2. Sono privi di effetto nei confronti dei creditori gli atti a titolo gratuito e quelli di cui all'articolo 169, posteriori alla chiusura e anteriori alla riapertura della procedura.

Capo VII
Concordato nella liquidazione giudiziale

240. Proposta di concordato nella liquidazione giudiziale. – 1. Dichiarata aperta la liquidazione giudiziale, i creditori o i terzi possono proporre un concordato anche prima del decreto che rende esecutivo lo stato passivo, purché sia stata tenuta dal debitore la contabilità e i dati risultanti da essa e le altre notizie disponibili consentano al curatore di predisporre un elenco provvisorio dei creditori da sottoporre all'approvazione del giudice delegato. La proposta non può essere presentata dal debitore, da società cui egli partecipi o da società sottoposte a comune controllo se non dopo il decorso di un anno dalla sentenza che ha dichiarato l'apertura della procedura di liquidazione giudiziale e purché non siano decorsi due anni dal decreto che rende esecutivo lo stato passivo. La proposta del debitore è ammissibile solo se prevede l'apporto di risorse che incrementino il valore dell'attivo di almeno il dieci per cento.

2. La proposta inoltre può prevedere:

a) la suddivisione dei creditori in classi, secondo posizione giuridica ed interessi economici omogenei;

b) trattamenti differenziati fra creditori appartenenti a classi diverse, indicando le ragioni dei trattamenti differenziati dei medesimi;

c) la ristrutturazione dei debiti e la soddisfazione dei crediti attraverso qualsiasi forma, anche mediante cessione dei beni, accollo o altre operazioni straordinarie, ivi compresa l'attribuzione ai creditori, nonché a società da questi partecipate, di azioni, quote ovvero obbligazioni, anche convertibili in azioni o altri strumenti finanziari e titoli di debito.

3. Se la società in liquidazione giudiziale ha emesso obbligazioni o strumenti finanziari oggetto della proposta di concordato, i portatori di tali titoli sono costituiti in classe.

4. La proposta può prevedere che i creditori muniti di privilegio, pegno o ipoteca, non vengano soddisfatti integralmente, purché il piano ne preveda la soddisfazione in misura non inferiore a quella realizzabile, in ragione della collocazione preferenziale, sul ricavato in caso di liquidazione, avuto riguardo al valore di mercato attribuibile ai beni o diritti sui quali sussiste la causa di prelazione, al netto del presumibile ammontare delle spese di procedura inerenti al bene o diritto e della quota parte delle spese generali, indicato nella relazione giurata di un professionista indipendente, iscritto nell'albo dei revisori legali, in possesso dei requisiti di cui all'articolo 358 e designato dal tribunale. Il trattamento stabilito per ciascuna classe non può avere l'effetto di alterare l'ordine delle cause legittime di prelazione.

5. La proposta presentata da uno o più creditori o da un terzo può prevedere la cessione, oltre che dei beni compresi nell'attivo della liquidazione giudiziale, anche delle azioni di pertinenza della massa, purché autorizzate dal giudice delegato, con specifica indicazione dell'oggetto e del fondamento della pretesa. Il proponente può limitare gli impegni assunti con il concordato ai soli creditori ammessi al passivo, anche provvisoriamente, e a quelli che hanno proposto opposizione allo stato passivo o domanda di ammissione tardiva al tempo della proposta. In tale caso, verso gli altri creditori continua a rispondere il debitore, fermo quanto disposto dagli articoli 278 e seguenti in caso di esdebitazione.

241. Esame della proposta e comunicazione ai creditori. – 1. La proposta di concordato è presentata con ricorso al giudice delegato, il quale chiede il parere del curatore, con specifico riferimento ai presumibili risultati della liquidazione e alle garanzie offerte. Quando il ricorso è proposto da un terzo, esso deve contenere l'indicazione dell'indirizzo di posta elettronica certificata al quale ricevere le comunicazioni. Si applica l'articolo 10, comma 3.

2. Una volta espletato tale adempimento preliminare il giudice delegato, acquisito il parere favorevole del comitato dei creditori, valutata la ritualità della proposta, ordina che la stessa, unitamente al parere del comitato dei creditori e del curatore, venga comunicata a cura di quest'ultimo ai creditori a mezzo posta elettronica certificata, specificando dove possono essere reperiti i dati per la sua valutazione e informandoli che la mancata risposta sarà considerata come voto favorevole. Nel medesimo provvedimento il giudice delegato fissa un termine non inferiore a venti giorni e non superiore a trenta, entro il quale i creditori devono far pervenire nella cancelleria del tribunale eventuali dichiarazioni di dissenso. In caso di presentazione di più proposte o se comunque ne sopraggiunge una nuova prima che il giudice delegato ordini la comunicazione, il comitato dei creditori sceglie quella da sottoporre all'approvazione dei creditori. Su richiesta del curatore, il giudice delegato può ordinare la comunicazione ai creditori di una o di altre proposte, tra quelle non scelte, ritenute parimenti convenienti. Si applica l'articolo 140, comma 4.

3. Qualora la proposta contenga condizioni differenziate per singole classi di creditori essa, prima di essere comunicata ai creditori, deve essere sottoposta, con i pareri di cui ai commi 1 e 2, al giudizio del tribunale che verifica il corretto utilizzo dei criteri di cui all'articolo 240, comma 2, lettere *a*) e *b*), tenendo conto della relazione giurata di cui al comma 4, dello stesso articolo.

242. Concordato nel caso di numerosi creditori. – 1. Ove le comunicazioni siano dirette ad un rilevante numero di destinatari, il giudice delegato può autorizzare il curatore a dare notizia della proposta di concordato, anziché con comunicazione ai singoli creditori, mediante pubblicazione del testo integrale della medesima su uno o più quotidiani a diffusione nazionale o locale.

243. Voto nel concordato. – 1. Hanno diritto di voto i creditori indicati nello stato passivo reso esecutivo ai sensi dell'articolo 204, compresi i creditori ammessi provvisoriamente e con riserva. Se la proposta è presentata prima che lo stato passivo venga reso esecutivo, hanno diritto al voto i creditori che risultano dall'elenco provvisorio predisposto dal curatore e approvato dal giudice delegato.

2. I creditori muniti di privilegio, pegno o ipoteca, ancorché la garanzia sia contestata, dei quali la proposta di concordato prevede l'integrale pagamento, non hanno diritto al voto se non rinunciano al diritto di prelazione, salvo quanto previsto dal comma 3. La rinuncia può essere anche parziale, purché non inferiore alla terza parte dell'intero credito fra capitale ed accessori.

3. Qualora i creditori muniti di privilegio, pegno o ipoteca rinuncino in tutto o in parte alla prelazione, per la parte del credito non coperta dalla garanzia sono assimilati ai creditori chirografari; la rinuncia ha effetto ai soli fini del concordato.

4. I creditori muniti di diritto di prelazione di cui la proposta di concordato prevede, ai sensi dell'articolo 240, comma 4, la soddisfazione non integrale, sono considerati chirografari per la parte residua del credito.

5. Sono esclusi dal voto e dal computo delle maggioranze il coniuge, la parte di un'unione civile tra persone dello stesso sesso, il convivente di fatto del debitore, i suoi parenti e affini fino al quarto grado, la società che controlla la società debitrice, le società da questa controllate e quelle sottoposte a comune controllo, nonché i cessionari o aggiudicatari dei loro crediti da meno di un anno prima della domanda di concordato. Sono inoltre esclusi dal voto e dal computo delle maggioranze i creditori in conflitto d'interessi.

6. Il creditore che propone il concordato ovvero le società da questo controllate, le società controllanti o sottoposte a comune controllo, ai sensi del primo comma dell'articolo 2359 del codice civile possono votare soltanto se la proposta ne prevede l'inserimento in apposita classe.

7. I trasferimenti di crediti avvenuti dopo la sentenza che ha dichiarato l'apertura della procedura di liquidazione giudiziale non attribuiscono diritto di voto, salvo che siano effettuati a favore di banche o altri intermediari finanziari.

244. Approvazione del concordato nella liquidazione giudiziale. – 1. Il concordato è approvato dai creditori che rappresentano la maggioranza dei crediti ammessi al voto. Ove siano previste diverse classi di creditori, il concordato è approvato se tale maggioranza si verifica inoltre nel maggior numero di classi.

2. I creditori che non fanno pervenire il loro dissenso nel termine fissato dal giudice delegato si ritengono consenzienti.

3. La variazione del numero dei creditori ammessi o dell'ammontare dei singoli crediti, che avvenga per effetto di un provvedimento emesso successivamente alla scadenza del termine fissato dal giudice delegato per le votazioni, non influisce sul calcolo della maggioranza.

4. Quando il giudice delegato dispone il voto su più proposte di concordato ai sensi dell'articolo 241, comma 2, quarto periodo, si considera approvata quella tra esse che ha conseguito il maggior numero di consensi a norma dei commi 1, 2 e 3, e, in caso di parità, la proposta presentata per prima.

245. Giudizio di omologazione. – 1. Decorso il termine stabilito per le votazioni, il curatore presenta al giudice delegato una relazione sul loro esito.

2. Se la proposta è stata approvata, il giudice delegato dispone che il curatore ne dia immediata comunicazione a mezzo posta elettronica certificata al proponente, affinché richieda l'omologazione del concordato e ai creditori dissenzienti. Al debitore, se non è possibile procedere alla comunicazione con modalità telematica, la notizia dell'approvazione è comunicata mediante lettera raccomandata con avviso di ricevimento. Con decreto da pubblicarsi a norma dell'articolo 45 fissa un termine non inferiore a quindici giorni e non superiore a trenta giorni per la proposizione di eventuali opposizioni, anche da parte di qualsiasi altro interessato, e per il deposito da parte del comitato dei creditori di una relazione motivata col suo parere definitivo. Se il comitato dei creditori non provvede nel termine, la relazione è redatta e depositata dal curatore nei sette giorni successivi.

3. L'opposizione e la richiesta di omologazione si propongono con ricorso a norma dell'articolo 124.

4. Se nel termine fissato non vengono proposte opposizioni, il tribunale, verificata la regolarità della procedura e l'esito della votazione, omologa il concordato con decreto motivato non soggetto a gravame.

5. Se sono state proposte opposizioni, il tribunale assume i mezzi istruttori richiesti dalle parti o disposti di ufficio, anche delegando uno dei componenti del collegio. Nell'ipotesi di cui all'articolo 244, comma 1, secondo periodo, se un creditore appartenente a una classe dissenziente contesta la convenienza della proposta, il tribunale omologa il concordato se ritiene che il credito può risultare soddisfatto dal concordato in misura non inferiore rispetto alle alternative concretamente praticabili.

6. Il tribunale provvede con decreto motivato pubblicato a norma dell'articolo 45.

246. Efficacia del decreto. – 1. La proposta di concordato diventa efficace dal momento in cui scadono i termini per opporsi all'omologazione o da quello in cui si esauriscono le impugnazioni previste dall'articolo 206.

2. Quando il decreto di omologazione diventa definitivo, il curatore rende conto della gestione ai sensi dell'articolo 231 e il tribunale dichiara chiusa la procedura di liquidazione giudiziale.

247. Reclamo. – 1. Il decreto del tribunale è reclamabile dinanzi alla corte di appello che pronuncia in camera di consiglio.

2. Il reclamo è proposto con ricorso da depositarsi nella cancelleria della corte di appello nel termine perentorio di trenta giorni dalla notificazione del decreto fatta dalla cancelleria del tribunale.

3. Esso deve contenere i requisiti prescritti dall'articolo 51, comma 2.

4. Il presidente, nei cinque giorni successivi al deposito del ricorso, designa il relatore, e fissa con decreto l'udienza di comparizione entro sessanta giorni dal deposito del ricorso.

5. Il ricorso, unitamente al decreto di fissazione dell'udienza, deve essere notificato, a cura del reclamante, entro dieci giorni dalla comunicazione del decreto, al curatore e alle altre parti, che si identificano, se non sono reclamanti, nel debitore, nel proponente e negli opponenti.

6. Tra la data della notificazione e quella dell'udienza deve intercorrere un termine non minore di trenta giorni.

7. Le parti resistenti devono costituirsi almeno dieci giorni prima della udienza, eleggendo il domicilio nel comune in cui ha sede la corte di appello.

8. La costituzione si effettua mediante il deposito in cancelleria di una memoria contenente l'esposizione delle difese in fatto e in diritto, nonché l'indicazione dei mezzi di prova e dei documenti prodotti.

9. L'intervento di qualunque interessato non può aver luogo oltre il termine stabilito per la costituzione delle parti resistenti, con le modalità per queste previste.

10. All'udienza, il collegio, sentite le parti, assume, anche d'ufficio, i mezzi di prova, eventualmente delegando un suo componente.

11. La corte provvede con decreto motivato.

12. Il decreto è pubblicato a norma dell'articolo 45 e notificato alle parti, a cura della cancelleria, ed è impugnabile con ricorso per cassazione entro trenta giorni dalla notificazione.

248. Effetti del concordato nella liquidazione giudiziale. – 1. Il concordato omologato è obbligatorio per tutti i creditori anteriori alla sentenza che dichiara l'apertura della procedura di liquidazione giudiziale, compresi quelli che non hanno presentato domanda di ammissione al passivo. A questi non si estendono le garanzie date nel concordato da terzi.

2. I creditori conservano la loro azione per l'intero credito contro i coobbligati, i fideiussori del debitore e gli obbligati in via di regresso.

249. Esecuzione del concordato nella liquidazione giudiziale. – 1. Dopo la omologazione del concordato il giudice delegato, il curatore e il comitato dei creditori ne sorvegliano l'adempimento, secondo le modalità stabilite nel decreto di omologazione.

2. Le somme spettanti ai creditori contestati, condizionali o irreperibili, sono depositate nei modi stabiliti dal giudice delegato.

3. Accertata la completa esecuzione del concordato, il giudice delegato ordina lo svincolo delle cauzioni e la cancellazione delle ipoteche iscritte a garanzia e adotta ogni misura idonea per il conseguimento delle finalità del concordato.

4. Il provvedimento è pubblicato ed affisso ai sensi dell'articolo 45. Le spese sono a carico del debitore.

250. Risoluzione del concordato nella liquidazione giudiziale. – 1. Se le garanzie promesse non vengono costituite o se il proponente non adempie regolarmente gli obblighi derivanti dal concordato, ciascun creditore può chiederne la risoluzione.

2. Il ricorso per la risoluzione deve essere proposto entro un anno dalla scadenza del termine fissato per l'ultimo adempimento previsto nel concordato.

3. Il procedimento è regolato dall'articolo 41. Ad esso è chiamato a partecipare anche l'eventuale garante.

4. La sentenza che risolve il concordato riapre la procedura di liquidazione giudiziale ed è provvisoriamente esecutiva. Con essa il tribunale adotta i provvedimenti di cui all'articolo 237, comma 2. La sentenza è reclamabile ai sensi dell'articolo 51.

5. Le disposizioni del presente articolo non si applicano quando gli obblighi derivanti dal concordato sono stati assunti dal proponente o da uno o più creditori con liberazione immediata del debitore.

6. Non possono proporre istanza di risoluzione i creditori verso cui il terzo, ai sensi dell'articolo 240, comma 5, non abbia assunto responsabilità per effetto del concordato.

251. Annullamento del concordato nella liquidazione giudiziale. – 1. Il concordato omologato può essere annullato dal tribunale, su istanza del curatore o di qualunque creditore, in contraddittorio con il debitore, quando si scopre che è stato dolosamente esagerato il passivo o che è stata sottratta o dissimulata una parte rilevante dell'attivo.

2. Il ricorso per l'annullamento deve proporsi nel termine di sei mesi dalla scoperta del dolo e, in ogni caso, non oltre due anni dalla scadenza del termine fissato per l'ultimo adempimento previsto nel concordato. Non è ammessa alcuna altra azione di nullità. Si procede a norma dell'articolo 250.

3. La sentenza che annulla il concordato riapre la procedura di liquidazione giudiziale ed è provvisoriamente esecutiva. Con essa il tribunale adotta i provvedimenti di cui all'articolo 237, comma 2. La sentenza è reclamabile ai sensi dell'articolo 51.

252. Effetti della riapertura della liquidazione giudiziale. – 1. Nei casi di risoluzione o annullamento del concordato, gli effetti della riapertura della liquidazione giudiziale sono regolati dagli articoli 238 e 239.

2. Possono essere riproposte le azioni revocatorie già iniziate e interrotte per effetto del concordato.

3. I creditori anteriori conservano le garanzie per le somme ancora ad essi dovute in base al concordato risolto o annullato e non sono tenuti a restituire quanto hanno già riscosso.

4. Essi concorrono per l'importo del primitivo credito, detratta la parte riscossa in parziale esecuzione del concordato.

253. Nuova proposta di concordato. – 1. Reso esecutivo il nuovo stato passivo, il proponente è ammesso a presentare una nuova proposta di concordato. Questo non può tuttavia essere omologato se prima dell'udienza a ciò destinata non sono depositate, nei modi stabiliti dal giudice delegato, le somme occorrenti per il suo integrale adempimento o non sono prestate garanzie equivalenti.

Capo VIII
Liquidazione giudiziale
e concordato nella liquidazione giudiziale
delle società

254. Doveri degli amministratori e dei liquidatori. – 1. Gli amministratori e i liquidatori della società in liquidazione giudiziale devono essere sentiti in tutti i casi in cui la legge richiede che sia sentito il debitore e sono tenuti a fornire le informazioni o i chiarimenti necessari per la gestione della procedura richiesti dal curatore o dal comitato dei creditori.

255. Azioni di responsabilità. – 1. Il curatore, autorizzato ai sensi dell'articolo 128, comma 2, può promuovere o proseguire, anche separatamente:

a) l'azione sociale di responsabilità;

b) l'azione dei creditori sociali prevista dall'articolo 2394 e dall'articolo 2476, sesto comma, del codice civile;

c) l'azione prevista dall'articolo 2476, settimo comma, del codice civile;

d) l'azione prevista dall'articolo 2497, quarto comma, del codice civile;

e) tutte le altre azioni di responsabilità che gli sono attribuite da singole disposizioni di legge.

256. Società con soci a responsabilità illimitata. – 1. La sentenza che dichiara l'apertura della procedura di liquidazione giudiziale nei confronti di una società appartenente ad uno dei tipi regolati nei capi III, IV e VI del titolo V del libro quinto del codice civile produce l'apertura della procedura di liquidazione giudiziale anche nei confronti dei soci, pur se non persone fisiche, illimitatamente responsabili.

2. La liquidazione giudiziale nei confronti dei soci di cui al comma 1 non può essere disposta decorso un anno dallo scioglimento del rapporto sociale o dalla cessazione della responsabilità illimitata anche in caso di trasformazione, fusione o scissione, se sono state osservate le formalità per renderle note ai terzi. La liquidazione giudiziale è possibile solo se l'insolvenza della società attenga, in tutto o in parte, a debiti esistenti alla data della cessazione della responsabilità illimitata.

3. Il tribunale, prima di disporre la liquidazione giudiziale nei confronti dei soci illimitatamente responsabili, ne ordina la convocazione a norma dell'articolo 41.

4. Se dopo l'apertura della procedura di liquidazione giudiziale della società risulta l'esistenza di altri soci illimitatamente responsabili, il tribunale, su istanza del curatore, di un creditore, di un socio nei confronti del quale la procedura è già stata aperta o del pubblico ministero, dispone l'aper-

tura della procedura di liquidazione giudiziale nei confronti dei medesimi. L'istanza può essere proposta anche dai soci e dai loro creditori personali.

5. Allo stesso modo si procede quando, dopo l'apertura della procedura di liquidazione giudiziale nei confronti di un imprenditore individuale o di una società, risulta che l'impresa è riferibile ad una società di cui l'imprenditore o la società è socio illimitatamente responsabile.

6. Contro la sentenza del tribunale è ammesso reclamo a norma dell'articolo 51. Al giudizio di reclamo deve partecipare il curatore, il creditore, il socio o il pubblico ministero che proposto la domanda di estensione, nonché il creditore che ha proposto il ricorso per l'apertura della procedura di liquidazione giudiziale.

7. In caso di rigetto della domanda, contro il decreto del tribunale l'istante può proporre reclamo alla corte di appello a norma dell'articolo 50.

257. Liquidazione giudiziale della società e dei soci. – 1. Nei casi previsti dall'articolo 256, il tribunale nomina, sia per la liquidazione giudiziale della società, sia per quella nei confronti dei soci, un solo giudice delegato e un solo curatore, pur rimanendo distinte le diverse procedure. Possono essere nominati più comitati dei creditori. Il curatore ha diritto ad un solo compenso.

2. Il patrimonio della società e quello dei singoli soci sono tenuti distinti.

3. Il credito dichiarato dai creditori sociali nella liquidazione giudiziale della società si intende dichiarato per l'intero e con il medesimo eventuale privilegio generale anche nella liquidazione giudiziale aperta nei confronti dei singoli soci. Il creditore sociale ha diritto di partecipare a tutte le ripartizioni fino all'integrale pagamento, salvo il regresso fra le procedure di liquidazione nei confronti dei soci per la parte pagata in più della quota rispettiva.

4. I creditori particolari partecipano soltanto alla liquidazione giudiziale nei confronti dei soci loro debitori.

5. Ciascun creditore può contestare i crediti dei creditori con i quali si trova in concorso.

6. Il curatore della liquidazione giudiziale della società può esercitare l'azione sociale di responsabilità nei confronti del socio amministratore anche se nei suoi confronti non è stata aperta la procedura di liquidazione giudiziale.

258. Effetti sulla società dell'apertura della liquidazione giudiziale nei confronti dei soci. – 1. La liquidazione giudiziale aperta nei confronti di uno o più soci illimitatamente responsabili non determina l'apertura della liquidazione giudiziale nei confronti della società.

259. Liquidazione giudiziale nei confronti di enti ed imprenditori collettivi non societari. – 1. Le disposizioni di cui agli articoli 254, 255, 256, 257 e 258 si applicano, in quanto compatibili, anche agli enti e imprenditori collettivi non societari e ai loro componenti illimitatamente e personalmente responsabili per le obbligazioni dell'ente.

260. Versamenti dei soci a responsabilità limitata. – 1. Nella procedura di liquidazione giudiziale delle società con soci a responsabilità limitata il giudice delegato può, su proposta del curatore, ingiungere con decreto ai soci e ai precedenti titolari delle quote o delle azioni di eseguire i versamenti ancora dovuti, quantunque non sia scaduto il termine stabilito per il pagamento.

2. Contro il decreto emesso a norma del comma 1, può essere proposta opposizione ai sensi dell'articolo 645 del codice di procedura civile.

261. Liquidazione giudiziale di società a responsabilità limitata: polizza assicurativa e fideiussione bancaria. – 1. Nella procedura di liquidazione giudiziale di società a responsabilità limitata il giudice delegato, ricorrendone i presupposti, può autorizzare il curatore ad escutere la polizza assicurativa o la fideiussione bancaria rilasciata ai sensi dell'articolo 2464, quarto e sesto comma, del codice civile.

262. Patrimoni destinati ad uno specifico affare. – 1. Se è aperta la liquidazione giudiziale nei confronti della società, l'amministrazione del patrimonio destinato previsto dall'articolo 2447 *bis*, primo comma, lettera *a*), del codice civile è attribuita al curatore, che vi provvede con gestione separata.

2. Il curatore provvede a norma dell'articolo 216 alla cessione a terzi del patrimonio, al fine di conservarne la funzione produttiva. Se la cessione non è possibile, il curatore provvede alla liquidazione del patrimonio secondo le regole della liquidazione della società in quanto compatibili.

3. Il corrispettivo della cessione al netto dei debiti del patrimonio o il residuo attivo della liquidazione sono acquisiti dal curatore nell'attivo fallimentare, detratto quanto spettante ai terzi che vi abbiano effettuato apporti, ai sensi dell'articolo 2447 *ter*, primo comma, lettera *c*), del codice civile.

263. Patrimonio destinato incapiente e violazione delle regole di separatezza. – 1. Se a seguito dell'apertura della liquidazione giudiziale nei confronti della società o nel corso della gestione il curatore rileva che il patrimonio destinato è incapiente provvede, previa autorizzazione del giudice delegato, alla sua liquidazione secondo le regole della liquidazione della società, in quanto compatibili.

2. I creditori particolari del patrimonio destinato possono presentare domanda di insinuazione al passivo della procedura di liquidazione giudiziale

aperta nei confronti della società nei casi di responsabilità sussidiaria o illimitata previsti dall'articolo 2447 *quinquies*, terzo e quarto comma, del codice civile.

3. Se risultano violate le regole di separatezza fra uno o più patrimoni destinati costituiti dalla società e il patrimonio della società medesima, il curatore può proporre l'azione sociale di responsabilità e l'azione dei creditori sociali prevista dall'articolo 2394 del codice civile nei confronti degli amministratori e dei componenti degli organi di controllo della società.

264. Attribuzione al curatore dei poteri dell'assemblea. – 1. Il curatore può compiere gli atti e le operazioni riguardanti l'organizzazione e la struttura finanziaria della società previsti nel programma di liquidazione, dandone adeguata e tempestiva informazione ai soci ed ai creditori della società. I soci, i creditori ed i terzi interessati possono proporre reclamo ai sensi dell'articolo 133.

2. Il programma di liquidazione può prevedere l'attribuzione al curatore, per determinati atti od operazioni, dei poteri dell'assemblea dei soci. Le deliberazioni che non sono prese in conformità della legge o dell'atto costitutivo, possono essere impugnate con reclamo al tribunale ai sensi dell'articolo 133. Si applicano, in quanto compatibili, gli articoli da 2377 a 2379 *ter* e l'articolo 2479 *ter* del codice civile.

265. Proposta di concordato nella liquidazione giudiziale della società. – 1. La proposta di concordato per la società sottoposta a liquidazione giudiziale è sottoscritta da coloro che ne hanno la rappresentanza sociale.

2. La proposta e le condizioni del concordato, salva diversa disposizione dell'atto costitutivo o dello statuto:

a) nelle società di persone, sono approvate dai soci che rappresentano la maggioranza assoluta del capitale;

b) nelle società per azioni, in accomandita per azioni e a responsabilità limitata, nonché nelle società cooperative, sono deliberate dagli amministratori.

3. In ogni caso, la decisione o la deliberazione di cui al comma 2, lettera *b*), deve risultare da verbale redatto da notaio ed è depositata ed iscritta nel registro delle imprese a norma dell'articolo 2436 del codice civile.

266. Effetti del concordato nella liquidazione giudiziale della società. – 1. Salvo patto contrario, il concordato della società ha effetto anche con riguardo ai soci a responsabilità illimitata e fa cessare la procedura di liquidazione giudiziale aperta nei loro confronti.

2. Contro il decreto di chiusura della liquidazione giudiziale aperta nei confronti del socio è ammesso reclamo a norma dell'articolo 124.

267. Concordato del socio. – 1. Nella procedura di liquidazione giudiziale di una società con soci a responsabilità illimitata, ciascuno dei soci può proporre un concordato ai creditori sociali e particolari concorrenti nella procedura di liquidazione giudiziale aperta nei suoi confronti.

Capo IX
Liquidazione controllata del sovraindebitato

268. Liquidazione controllata. – 1. Il debitore in stato di sovraindebitamento può domandare con ricorso al tribunale competente ai sensi dell'articolo 27, comma 2, l'apertura di una procedura di liquidazione controllata dei suoi beni.

2. La domanda può essere presentata da un creditore anche in pendenza di procedure esecutive individuali e, quando l'insolvenza riguardi l'imprenditore, dal pubblico ministero.

3. Non sono compresi nella liquidazione:

a) i crediti impignorabili ai sensi dell'articolo 545 del codice di procedura civile;

b) i crediti aventi carattere alimentare e di mantenimento, gli stipendi, le pensioni, i salari e ciò che il debitore guadagna con la sua attività nei limiti, indicati dal giudice, di quanto occorre al mantenimento suo e della sua famiglia;

c) i frutti derivanti dall'usufrutto legale sui beni dei figli, i beni costituiti in fondo patrimoniale e i frutti di essi, salvo quanto disposto dall'articolo 170 del codice civile;

d) le cose che non possono essere pignorate per disposizione di legge.

4. Il deposito della domanda sospende, ai soli effetti del concorso, il corso degli interessi convenzionali o legali fino alla chiusura della liquidazione, a meno che i crediti non siano garantiti da ipoteca, pegno o privilegio e salvo quanto previsto dagli articoli 2749, 2788 e 2855, secondo e terzo comma, del codice civile.

269. Domanda del debitore. – 1. Il ricorso può essere presentato personalmente dal debitore, con l'assistenza dell'OCC.

2. Al ricorso deve essere allegata una relazione, redatta dall'OCC, che esponga una valutazione sulla completezza e l'attendibilità della documentazione depositata a corredo della domanda e che illustri la situazione economica, patrimoniale e finanziaria del debitore.

3. L'OCC, entro sette giorni dal conferimento dell'incarico da parte del debitore, ne dà notizia all'agente della riscossione e agli uffici fiscali, anche degli enti locali, competenti sulla base dell'ultimo domicilio fiscale dell'istante.

270. Apertura della liquidazione controllata. – 1. Il tribunale, in assenza di domande di accesso alle procedure di cui al titolo IV e verificati i presupposti di cui agli articoli 268 e 269, dichiara con sentenza l'apertura della liquidazione controllata.

2. Con la sentenza il tribunale:

a) nomina il giudice delegato;

b) nomina il liquidatore, confermando l'OCC di cui all'articolo 269 o, per giustificati motivi, scegliendolo nell'elenco dei gestori della crisi di cui al decreto del Ministro della giustizia 24 settembre 2014, n. 202. In questo ultimo caso la scelta è effettuata di regola tra i gestori residenti nel circondario del tribunale competente e l'eventuale deroga deve essere espressamente motivata e comunicata al presidente del tribunale;

c) ordina al debitore il deposito entro sette giorni dei bilanci e delle scritture contabili e fiscali obbligatorie, nonché dell'elenco dei creditori;

d) assegna ai terzi che vantano diritti sui beni del debitore e ai creditori risultanti dall'elenco depositato un termine non superiore a sessanta giorni entro il quale, a pena di inammissibilità, devono trasmettere al liquidatore, a mezzo posta elettronica certificata, la domanda di restituzione, di rivendicazione o di ammissione al passivo, predisposta ai sensi dell'articolo 201; si applica l'articolo 10, comma 3;

e) ordina la consegna o il rilascio dei beni facenti parte del patrimonio di liquidazione, salvo che non ritenga, in presenza di gravi e specifiche ragioni, di autorizzare il debitore o il terzo a utilizzare alcuni di essi. Il provvedimento è titolo esecutivo ed è posto in esecuzione a cura del liquidatore;

f) dispone l'inserimento della sentenza nel sito internet del tribunale o del Ministero della giustizia. Nel caso in cui il debitore svolga attività d'impresa, la pubblicazione è altresì effettuata presso il registro delle imprese;

g) ordina, quando vi sono beni immobili o beni mobili registrati, la trascrizione della sentenza presso gli uffici competenti.

3. Al liquidatore nominato dal tribunale ai sensi del comma 2, lettera *b*), seconda parte, si applicano gli articoli 35, comma 4 *bis*, 35.1 e 35.2 del decreto legislativo 6 settembre 2011, n. 159.

4. Gli adempimenti di cui al comma 2, lettere *f*) e *g*), sono eseguiti a cura del liquidatore; la sentenza è notificata al debitore, ai creditori e ai titolari di diritti sui beni oggetto di liquidazione.

5. Si applicano l'articolo 143 in quanto compatibile e gli articoli 150 e 151; per i casi non regolati dal presente capo si applicano altresì, in quanto compatibili, le disposizioni sul procedimento unitario di cui al titolo III.

6. Se un contratto è ancora ineseguito o non compiutamente eseguito nelle prestazioni principali da entrambe le parti al momento in cui è aperta la procedura di liquidazione controllata, l'esecuzione del contratto rimane sospesa fino a quando il liquidatore, sentito il debitore, dichiara di subentrare nel contratto in luogo del predetto debitore, assumendo, a decorrere dalla data del subentro, tutti i relativi obblighi, ovvero di sciogliersi dal medesimo salvo che, nei contratti ad effetti reali, sia già avvenuto il trasferimento del diritto. Il contraente può mettere in mora il liquidatore, facendogli assegnare dal giudice delegato un termine non superiore a sessanta giorni, decorso il quale il contratto si intende sciolto. In caso di prosecuzione del contratto, sono prededucibili soltanto i crediti maturati nel corso della procedura. In caso di scioglimento del contratto, il contraente ha diritto di far valere nel passivo della liquidazione controllata il credito conseguente al mancato adempimento, senza che gli sia dovuto risarcimento del danno.

271. Concorso di procedure. – 1. Se la domanda di liquidazione controllata è proposta dai creditori o dal pubblico ministero e il debitore chiede l'accesso a una procedura di cui al capo II del titolo IV, il giudice concede un termine per l'integrazione della domanda.

2. Nella pendenza del termine di cui al comma 1, non può essere dichiarata aperta la liquidazione controllata e la relativa domanda è dichiarata improcedibile quando sia aperta una procedura ai sensi del capo III del titolo IV. Alla scadenza del termine di cui al comma 1, senza che il debitore abbia integrato la domanda, ovvero in ogni caso di mancata apertura o cessazione delle procedure di cui al capo III del titolo IV, il giudice provvede ai sensi dell'articolo 270, commi 1 e 2. Si applicano, in quanto compatibili, gli articoli da 51 a 55.

272. Elenco dei creditori, inventario dei beni e programma di liquidazione. – 1. Il liquidatore entro trenta giorni dalla comunicazione della sentenza aggiorna l'elenco dei creditori, ai quali notifica la sentenza ai sensi dell'articolo 270, comma 4. Il termine di cui all'articolo 270, comma 2, lettera *d*), può essere prorogato di trenta giorni.

2. Entro novanta giorni dall'apertura della liquidazione controllata il liquidatore completa l'inventario dei beni del debitore e redige un programma in ordine a tempi e modalità della liquidazione. Si applica l'articolo 213, commi 3 e 4, in quanto compatibile. Il programma è depositato in cancelleria ed approvato dal giudice delegato.

3. Il programma deve assicurare la ragionevole durata della procedura.

273. Formazione del passivo. – 1. Scaduti i termini per la proposizione delle domande di cui all'articolo 270, comma 2, lettera *d*), il liquidatore predispone un progetto di stato passivo, comprendente un elenco dei titolari di diritti sui beni mobili e immobili di proprietà o in possesso del debitore, e lo comunica agli interessati all'indirizzo di posta elettronica certificato indicato nella domanda. In mancanza della predetta indicazione, il provvedimento si intende comunicato mediante deposito in cancelleria.

2. Entro quindici giorni possono essere proposte osservazioni, con le stesse modalità della domanda di cui all'articolo 270, comma 2, lettera *d*).

3. In assenza di osservazioni, il liquidatore forma lo stato passivo, lo deposita in cancelleria e ne dispone l'inserimento nel sito web del tribunale o del Ministero della giustizia.

4. Quando sono formulate osservazioni che il liquidatore ritiene fondate, predispone, entro quindici giorni successivi alla scadenza del termine di cui al comma 2, un nuovo progetto di stato passivo che comunica ai sensi del comma 1.

5. In presenza di contestazioni non superabili ai sensi del comma 4, il liquidatore rimette gli atti al giudice delegato, il quale provvede alla definitiva formazione del passivo con decreto motivato, pubblicato ai sensi del comma 3.

6. Contro il decreto può essere proposto reclamo davanti al collegio, di cui non può far parte il giudice delegato. Il procedimento si svolge senza formalità, assicurando il rispetto del contraddittorio.

274. Azioni del liquidatore. – 1. Il liquidatore, autorizzato dal giudice delegato, esercita o se pendente, prosegue, ogni azione prevista dalla legge finalizzata a conseguire la disponibilità dei beni compresi nel patrimonio del debitore e ogni azione diretta al recupero dei crediti.

2. Il liquidatore, sempre con l'autorizzazione del giudice delegato, esercita o, se pendenti, prosegue le azioni dirette a far dichiarare inefficaci gli atti compiuti dal debitore in pregiudizio dei creditori, secondo le norme del codice civile.

3. Il giudice delegato autorizza il liquidatore ad esercitare o proseguire le azioni di cui ai commi 1 e 2, quando è utile per il miglior soddisfacimento dei creditori.

275. Esecuzione del programma di liquidazione. – 1. Il programma di liquidazione è eseguito dal liquidatore, che ogni sei mesi ne riferisce al giudice delegato. Il mancato deposito delle relazioni semestrali costituisce causa di revoca dell'incarico ed è valutato ai fini della liquidazione del compenso.

2. Il liquidatore ha l'amministrazione dei beni che compongono il patrimonio di liquidazione. Si applicano le disposizioni sulle vendite nella li-

quidazione giudiziale, in quanto compatibili. Eseguita la vendita e riscosso interamente il prezzo, il giudice ordina la cancellazione delle iscrizioni relative ai diritti di prelazione, delle trascrizioni dei pignoramenti e dei sequestri conservativi nonché di ogni altro vincolo.

3. Terminata l'esecuzione, il liquidatore presenta al giudice il rendiconto. Il giudice verifica la conformità degli atti dispositivi al programma di liquidazione e, se approva il rendiconto, procede alla liquidazione del compenso del liquidatore.

4. Il giudice, se non approva il rendiconto, indica gli atti necessari al completamento della liquidazione ovvero le opportune rettifiche ed integrazioni del rendiconto, nonché un termine per il loro compimento. Se le prescrizioni non sono adempiute nel termine, anche prorogato, il giudice provvede alla sostituzione del liquidatore e nella liquidazione del compenso tiene conto della diligenza prestata, con possibilità di escludere in tutto o in parte il compenso stesso.

5. Il liquidatore provvede alla distribuzione delle somme ricavate dalla liquidazione secondo l'ordine di prelazione risultante dallo stato passivo, previa formazione di un progetto di riparto da comunicare al debitore e ai creditori, con termine non superiore a giorni quindici per osservazioni. In assenza di contestazioni, comunica il progetto di riparto al giudice che senza indugio ne autorizza l'esecuzione.

6. Se sorgono contestazioni sul progetto di riparto, il liquidatore verifica la possibilità di componimento e vi apporta le modifiche che ritiene opportune. Altrimenti rimette gli atti al giudice delegato, il quale provvede con decreto motivato, reclamabile ai sensi dell'articolo 124.

276. Chiusura della procedura. – 1. La procedura si chiude con decreto.

2. Con decreto di chiusura, il giudice, su istanza del liquidatore, autorizza il pagamento del compenso liquidato ai sensi dell'articolo 275, comma 3 e lo svincolo delle somme eventualmente accantonate.

277. Creditori posteriori. – 1. I creditori con causa o titolo posteriore al momento dell'esecuzione della pubblicità di cui all'articolo 270, comma 2, lettera *f*), non possono procedere esecutivamente sui beni oggetto di liquidazione.

2. I crediti sorti in occasione o in funzione della liquidazione sono soddisfatti con preferenza rispetto agli altri, con esclusione di quanto ricavato dalla liquidazione dei beni oggetto di pegno e ipoteca per la parte destinata ai creditori garantiti.

Capo X
Esdebitazione

Sezione I
Condizioni e procedimento della esdebitazione nella liquidazione giudiziale e nella liquidazione controllata

278. Oggetto e ambito di applicazione. – 1. L'esdebitazione consiste nella liberazione dai debiti e comporta la inesigibilità dal debitore dei crediti rimasti insoddisfatti nell'ambito di una procedura concorsuale che prevede la liquidazione dei beni.

2. Nei confronti dei creditori per fatto o causa anteriori che non hanno partecipato al concorso l'esdebitazione opera per la sola parte eccedente la percentuale attribuita nel concorso ai creditori di pari grado.

3. Possono accedere all'esdebitazione, secondo le norme del presente capo, tutti i debitori di cui all'articolo 1, comma 1.

4. Se il debitore è una società o altro ente, le condizioni stabilite nell'articolo 280 devono sussistere anche nei confronti dei soci illimitatamente responsabili e dei legali rappresentanti, con riguardo agli ultimi tre anni anteriori alla domanda cui sia seguita l'apertura di una procedura liquidatoria.

5. L'esdebitazione della società ha efficacia nei confronti dei soci illimitatamente responsabili.

6. Sono salvi i diritti vantati dai creditori nei confronti dei coobbligati e dei fideiussori del debitore, nonché degli obbligati in via di regresso.

7. Restano esclusi dall'esdebitazione:

a) gli obblighi di mantenimento e alimentari;

b) i debiti per il risarcimento dei danni da fatto illecito extracontrattuale, nonché le sanzioni penali e amministrative di carattere pecuniario che non siano accessorie a debiti estinti.

279. Condizioni temporali di accesso. – 1. Salvo il disposto dell'articolo 280, il debitore ha diritto a conseguire l'esdebitazione decorsi tre anni dall'apertura della procedura di liquidazione o al momento della chiusura della procedura, se antecedente.

2. Il termine di cui al comma 1 è ridotto a due anni quando il debitore ha tempestivamente proposto istanza di composizione assistita della crisi.

280. Condizioni per l'esdebitazione. – 1. Il debitore è ammesso al beneficio della liberazione dai debiti a condizione che:

a) non sia stato condannato con sentenza passata in giudicato per bancarotta fraudolenta o per delitti contro l'economia pubblica, l'industria e il commercio, o altri delitti compiuti in connessione con l'esercizio dell'attività d'impresa, salvo che per essi sia intervenuta la riabilitazione. Se è in corso il procedimento penale per uno di tali reati o v'è stata applicazione di una delle misure di prevenzione di cui al decreto legislativo 6 settembre 2011, n. 159, il beneficio può essere riconosciuto solo all'esito del relativo procedimento;

b) non abbia distratto l'attivo o esposto passività insussistenti, cagionato o aggravato il dissesto rendendo gravemente difficoltosa la ricostruzione del patrimonio e del movimento degli affari o fatto ricorso abusivo al credito;

c) non abbia ostacolato o rallentato lo svolgimento della procedura e abbia fornito agli organi ad essa preposti tutte le informazioni utili e i documenti necessari per il suo buon andamento;

d) non abbia beneficiato di altra esdebitazione nei cinque anni precedenti la scadenza del termine per l'esdebitazione;

e) non abbia già beneficiato dell'esdebitazione per due volte.

281. Procedimento. – 1. Il tribunale, contestualmente alla pronuncia del decreto di chiusura della procedura, sentiti gli organi della stessa e verificata la sussistenza delle condizioni di cui agli articoli 278, 279 e 280, dichiara inesigibili nei confronti del debitore i debiti concorsuali non soddisfatti.

2. Allo stesso modo il tribunale provvede, su istanza del debitore, quando siano decorsi almeno tre anni dalla data in cui è stata aperta la procedura di liquidazione giudiziale.

3. Ai fini di cui ai commi 1 e 2, il curatore dà atto, nei rapporti riepilogativi di cui all'articolo 130, dei fatti rilevanti per la concessione o il diniego del beneficio.

4. Il decreto del tribunale è comunicato agli organi della procedura, al pubblico ministero, al debitore e ai creditori ammessi al passivo non integralmente soddisfatti, i quali possono proporre reclamo a norma dell'articolo 124; il termine per proporre reclamo è di trenta giorni.

5. L'esdebitazione non ha effetti sui giudizi in corso e sulle operazioni liquidatorie, anche se posteriori alla chiusura della liquidazione giudiziale disposta a norma dell'articolo 234.

6. Quando dall'esito dei predetti giudizi e operazioni deriva un maggior riparto a favore dei creditori, l'esdebitazione ha effetto solo per la parte definitivamente non soddisfatta.

Sezione II

Esdebitazione del sovraindebitato

282. Esdebitazione di diritto. – 1. Per le procedure di liquidazione controllata, l'esdebitazione opera di diritto a seguito del provvedimento di chiusura o anteriormente, decorsi tre anni dalla sua apertura, ed è dichiarata con decreto motivato del tribunale, iscritto al registro delle imprese su richiesta del cancelliere.

2. Restano ferme le preclusioni di cui all'articolo 280, comma 1, lettera *a*), e, per il consumatore, anche quella di cui all'articolo 69, comma 1.

3. Il provvedimento di cui al comma 1 è comunicato al pubblico ministero e ai creditori, i quali possono proporre reclamo a norma dell'articolo 124; il termine per proporre reclamo è di trenta giorni.

283. Debitore incapiente. – 1. Il debitore persona fisica meritevole, che non sia in grado di offrire ai creditori alcuna utilità, diretta o indiretta, nemmeno in prospettiva futura, può accedere all'esdebitazione solo per una volta, fatto salvo l'obbligo di pagamento del debito entro quattro anni dal decreto del giudice laddove sopravvengano utilità rilevanti che consentano il soddisfacimento dei creditori in misura non inferiore al dieci per cento. Non sono considerate utilità, ai sensi del periodo precedente, i finanziamenti, in qualsiasi forma erogati.

2. La valutazione di rilevanza di cui al comma 1 deve essere condotta su base annua, dedotte le spese di produzione del reddito e quanto occorrente al mantenimento del debitore e della sua famiglia in misura pari all'assegno sociale aumentato della metà moltiplicato per un parametro corrispondente al numero dei componenti il nucleo familiare della scala di equivalenza dell'ISEE di cui al decreto del Presidente del Consiglio dei ministri del 5 dicembre 2013, n. 159.

3. La domanda di esdebitazione è presentata tramite l'OCC al giudice competente, unitamente alla seguente documentazione:

a) l'elenco di tutti i creditori, con l'indicazione delle somme dovute;

b) l'elenco degli atti di straordinaria amministrazione compiuti negli ultimi cinque anni;

c) la copia delle dichiarazioni dei redditi degli ultimi tre anni;

d) l'indicazione degli stipendi, delle pensioni, dei salari e di tutte le altre entrate del debitore e del suo nucleo familiare.

4. Alla domanda deve essere allegata una relazione particolareggiata dell'OCC, che comprende:

a) l'indicazione delle cause dell'indebitamento e della diligenza impiegata dal debitore nell'assumere le obbligazioni;

b) l'esposizione delle ragioni dell'incapacità del debitore di adempiere le obbligazioni assunte;

c) l'indicazione della eventuale esistenza di atti del debitore impugnati dai creditori;

d) la valutazione sulla completezza ed attendibilità della documentazione depositata a corredo della domanda.

5. L'OCC, nella relazione, deve indicare anche se il soggetto finanziatore, ai fini della concessione del finanziamento, abbia tenuto conto del merito creditizio del debitore, valutato in relazione al suo reddito disponibile, dedotto l'importo necessario a mantenere un dignitoso tenore di vita; a tal fine si ritiene idonea una quantificazione non inferiore a quella indicata al comma 2.

6. I compensi dell'OCC sono ridotti della metà.

7. Il giudice, assunte le informazioni ritenute utili, valutata la meritevolezza del debitore e verificata, a tal fine, l'assenza di atti in frode e la mancanza di dolo o colpa grave nella formazione dell'indebitamento, concede con decreto l'esdebitazione, indicando le modalità e il termine entro il quale il debitore deve presentare, a pena di revoca del beneficio, ove positiva, la dichiarazione annuale relativa alle sopravvenienze rilevanti ai sensi dei commi 1 e 2.

8. Il decreto è comunicato al debitore e ai creditori, i quali possono proporre opposizione nel termine di trenta giorni. Decorsi trenta giorni dall'ultima delle comunicazioni, il giudice, instaurato nelle forme ritenute più opportune il contraddittorio tra i creditori opponenti ed il debitore, conferma o revoca il decreto. La decisione è soggetta a reclamo ai sensi dell'articolo 50.

9. L'OCC, nei quattro anni successivi al deposito del decreto che concede l'esdebitazione, vigila sulla tempestività del deposito della dichiarazione di cui al comma 7 e, se il giudice ne fa richiesta, compie le verifiche necessarie per accertare l'esistenza di sopravvenienze rilevanti ai sensi dei commi 1 e 2.

Titolo VI
Disposizioni relative
ai gruppi di imprese

Capo I
Regolazione della crisi
o insolvenza del gruppo

284. Concordato, accordi di ristrutturazione e piano attestato di gruppo. – 1. Più imprese in stato di crisi o di insolvenza appartenenti al medesimo gruppo e aventi ciascuna il centro degli interessi principali nello Stato italiano possono proporre con un unico ricorso la domanda di accesso al concordato preventivo di cui all'articolo 40 con un piano unitario o con piani reciprocamente collegati e interferenti.

2. Parimenti può essere proposta con un unico ricorso, da più imprese appartenenti al medesimo gruppo e aventi tutte il proprio centro degli interessi principali nello Stato italiano, la domanda di accesso alla procedura di omologazione di accordi di ristrutturazione dei debiti, ai sensi degli articoli 57, 60 e 61.

3. Resta ferma l'autonomia delle rispettive masse attive e passive.

4. La domanda proposta ai sensi dei commi 1 e 2 deve contenere l'illustrazione delle ragioni di maggiore convenienza, in funzione del migliore soddisfacimento dei creditori delle singole imprese, della scelta di presentare un piano unitario ovvero piani reciprocamente collegati e interferenti invece di un piano autonomo per ciascuna impresa. Essa deve inoltre fornire informazioni analitiche sulla struttura del gruppo e sui vincoli partecipativi o contrattuali esistenti tra le imprese e indicare il registro delle imprese o i registri delle imprese in cui è stata effettuata la pubblicità ai sensi dell'articolo 2497 *bis* del codice civile. Il bilancio consolidato di gruppo, ove redatto, deve essere allegato al ricorso unitamente alla documentazione prevista, rispettivamente, per l'accesso al concordato preventivo o agli accordi di ristrutturazione. Si applica l'articolo 289.

5. Il piano unitario o i piani reciprocamente collegati e interferenti, rivolti ai rispettivi creditori, aventi il contenuto indicato nell'articolo 56, comma 2, devono essere idonei a consentire il risanamento dell'esposizione debitoria di ciascuna impresa e ad assicurare il riequilibrio complessivo della situazione finanziaria di ognuna. Un professionista indipendente attesta la veridicità dei dati aziendali e la fattibilità del piano o i piani. Su richiesta delle imprese debitrici, il piano o i piani sono pubblicati nel registro delle imprese o i registri delle imprese in cui è stata effettuata la pubblicità ai sensi dell'articolo 2497 *bis* del codice civile. Si applica l'articolo 289.

285. Contenuto del piano o dei piani di gruppo e azioni a tutela dei creditori e dei soci. – 1. Il piano concordatario o i piani concordatari di gruppo possono prevedere la liquidazione di alcune imprese e la continuazione dell'attività di altre imprese del gruppo. Si applica tuttavia la sola disciplina del concordato in continuità quando, confrontando i flussi complessivi derivanti dalla continuazione dell'attività con i flussi complessivi derivanti dalla liquidazione, risulta che i creditori delle imprese del gruppo sono soddisfatti in misura prevalente dal ricavato prodotto dalla continuità aziendale diretta o indiretta, ivi compresa la cessione del magazzino.

2. Il piano o i piani concordatari possono altresì prevedere operazioni contrattuali e riorganizzative, inclusi i trasferimenti di risorse infragruppo, purché un professionista indipendente attesti che dette operazioni sono necessarie ai fini della continuità aziendale per le imprese per le quali essa è prevista nel piano e coerenti con l'obiettivo del miglior soddisfacimento dei creditori di tutte le imprese del gruppo.

3. Gli effetti pregiudizievoli delle operazioni di cui al comma 1 possono essere contestati dai creditori dissenzienti appartenenti a una classe dissenziente o, nel caso di mancata formazione delle classi, dai creditori dissenzienti che rappresentano almeno il venti per cento dei crediti ammessi al voto con riguardo ad una singola società, attraverso l'opposizione all'omologazione del concordato di gruppo. I creditori non aderenti possono proporre opposizione all'omologazione degli accordi di ristrutturazione.

4. Il tribunale omologa il concordato o gli accordi di ristrutturazione qualora ritenga, sulla base di una valutazione complessiva del piano o dei piani collegati, che i creditori possano essere soddisfatti in misura non inferiore a quanto ricaverebbero dalla liquidazione giudiziale della singola società.

5. I soci possono far valere il pregiudizio arrecato alle rispettive società dalle operazioni di cui al comma 1 esclusivamente attraverso l'opposizione all'omologazione del concordato di gruppo. Il tribunale omologa il concordato se esclude la sussistenza di un pregiudizio in considerazione dei vantaggi compensativi derivanti alle singole società dal piano di gruppo.

286. Procedimento di concordato di gruppo. – 1. Se le diverse imprese del gruppo hanno il proprio centro degli interessi principali in circoscrizioni giudiziarie diverse, è competente il tribunale individuato ai sensi dell'articolo 27 in relazione al centro degli interessi principali della società o ente o persona fisica che, in base alla pubblicità prevista dall'articolo 2497 *bis* del codice civile, esercita l'attività di direzione e coordinamento oppure, in mancanza, dell'impresa che presenta la maggiore esposizione debitoria in base all'ultimo bilancio approvato.

2. Il tribunale, se accoglie il ricorso, nomina un unico giudice delegato e un unico commissario giudiziale per tutte le imprese del gruppo e dispone il deposito di un unico fondo per le spese di giustizia.

3. I costi della procedura sono ripartiti fra le imprese del gruppo in proporzione delle rispettive masse attive.

4. Il commissario giudiziale, con l'autorizzazione del giudice, può richiedere alla Commissione nazionale per le società e la borsa - Consob o a qualsiasi altra pubblica autorità informazioni utili ad accertare l'esistenza di collegamenti di gruppo e alle società fiduciarie le generalità degli effettivi titolari di diritti sulle azioni o sulle quote ad esse intestate. Le informazioni sono fornite entro quindici giorni dalla richiesta.

5. I creditori di ciascuna delle imprese che hanno proposto la domanda di accesso al concordato di gruppo, suddivisi per classi qualora tale suddivisione sia prevista dalla legge o dal piano, votano in maniera contestuale e separata sulla proposta presentata dalla società loro debitrice. Il concordato di gruppo è approvato quando le proposte delle singole imprese del gruppo sono approvate dalla maggioranza prevista dall'articolo 109.

6. Sono escluse dal voto le imprese del gruppo titolari di crediti nei confronti dell'impresa ammessa alla procedura.

7. Il concordato di gruppo omologato non può essere risolto o annullato quando i presupposti per la risoluzione o l'annullamento si verifichino soltanto rispetto a una o ad alcune imprese del gruppo, a meno che ne risulti significativamente compromessa l'attuazione del piano anche nei confronti delle altre imprese.

Capo II
Procedura unitaria di liquidazione giudiziale

287. Liquidazione giudiziale di gruppo. – 1. Più imprese in stato di insolvenza, appartenenti al medesimo gruppo e aventi ciascuna il centro degli interessi principali nello Stato italiano, possono essere assoggettate, in accoglimento di un unico ricorso, dinanzi ad un unico tribunale, a una procedura di liquidazione giudiziale unitaria quando risultino opportune forme di coordinamento nella liquidazione degli attivi, in funzione dell'obiettivo del migliore soddisfacimento dei creditori delle diverse imprese del gruppo, ferma restando l'autonomia delle rispettive masse attive e passive. A tal fine il tribunale tiene conto dei preesistenti reciproci collegamenti di natura economica o produttiva, della composizione dei patrimoni delle diverse imprese e della presenza dei medesimi amministratori.

2. In tal caso, il tribunale nomina, salvo che sussistano specifiche ragioni, un unico giudice delegato, un unico curatore, un comitato dei creditori per ciascuna impresa del gruppo.

3. Nel programma di liquidazione il curatore illustra le modalità del coordinamento nella liquidazione degli attivi delle diverse imprese. Le spese generali della procedura sono imputate alle imprese del gruppo in proporzione delle rispettive masse attive.

4. Se le diverse imprese del gruppo hanno il proprio centro degli interessi principali in circoscrizioni giudiziarie diverse, il tribunale competente è quello dinanzi al quale è stata depositata la prima domanda di liquidazione giudiziale. Qualora la domanda di accesso alla procedura sia presentata contemporaneamente da più imprese dello stesso gruppo, è competente il tribunale individuato ai sensi dell'articolo 27, in relazione al centro degli interessi principali della società o ente o persona fisica che, in base alla pubblicità prevista dall'articolo 2497 *bis* del codice civile, esercita l'attività di direzione e coordinamento oppure, in mancanza, dell'impresa che presenta la più elevata esposizione debitoria in base all'ultimo bilancio approvato.

5. Quando ravvisa l'insolvenza di un'impresa del gruppo non ancora assoggettata alla procedura di liquidazione giudiziale, il curatore designato ai sensi del comma 2, segnala tale circostanza agli organi di amministrazione e controllo ovvero promuove direttamente l'accertamento dello stato di insolvenza di detta impresa.

288. Procedure concorsuali autonome di imprese appartenenti allo stesso gruppo. – 1. Nel caso in cui più imprese appartenenti a un medesimo gruppo siano assoggettate a separate procedure di liquidazione giudiziale ovvero a separate procedure di concordato preventivo, eventualmente dinanzi a tribunali diversi, gli organi di gestione delle diverse procedure cooperano per facilitare la gestione efficace di tali procedure.

Capo III
Procedure di regolazione della crisi o dell'insolvenza di imprese appartenenti ad un gruppo

289. Domanda di accesso e obblighi di informazione e collaborazione. – 1. La domanda di accesso a procedure di regolazione della crisi o dell'insolvenza presentata da un'impresa appartenente ad un gruppo deve contenere informazioni analitiche sulla struttura del gruppo e sui vincoli partecipativi o contrattuali esistenti tra le società e imprese e indicare il registro delle imprese o i registri delle imprese in cui è stata effettuata la pubblicità ai sensi dell'articolo 2497 *bis* del codice civile. L'impresa deve, inoltre, depositare il bilancio consolidato di gruppo, ove redatto. In ogni caso il tribunale ovvero, successivamente, il curatore o il commissario giudiziale possono, al fine di accertare l'esistenza di collegamenti di gruppo, richiedere alla CONSOB o a qualsiasi altra pubblica autorità e alle società fiduciarie le generalità degli effettivi titolari di diritti sulle azioni o sulle quote ad esse intestate. Le informazioni sono fornite entro quindici giorni dalla richiesta.

Capo IV
Norme comuni

290. Azioni di inefficacia fra imprese del gruppo. – 1. Nei confronti delle imprese appartenenti al medesimo gruppo possono essere promosse dal curatore, sia nel caso di apertura di una procedura unitaria, sia nel caso di apertura di una pluralità di procedure, azioni dirette a conseguire la dichiarazione di inefficacia di atti e contratti posti in essere nei cinque anni antecedenti il deposito dell'istanza di liquidazione giudiziale, che abbiano avuto l'effetto di spostare risorse a favore di un'altra impresa del gruppo con pregiudizio dei creditori, fatto salvo il disposto dell'articolo 2497, primo comma, del codice civile.

2. Spetta alla società beneficiaria provare di non essere stata a conoscenza del carattere pregiudizievole dell'atto o del contratto.

3. Il curatore della procedura di liquidazione giudiziale aperta nei confronti di una società appartenente ad un gruppo può esercitare, nei confronti delle altre società del gruppo, l'azione revocatoria prevista dall'articolo 166 degli atti compiuti dopo il deposito della domanda di apertura della liquidazione giudiziale o, nei casi di cui all'articolo 166, comma 1, lettere *a*) e *b*), nei due anni anteriori al deposito della domanda o nell'anno anteriore, nei casi di cui all'articolo 166, comma 1, lettere *c*) e *d*).

291. Azioni di responsabilità e denuncia di gravi irregolarità di gestione nei confronti di imprese del gruppo. – 1. Il curatore, sia nel caso di apertura di una procedura unitaria, sia nel caso di apertura di una pluralità di procedure, è legittimato ad esercitare le azioni di responsabilità previste dall'articolo 2497 del codice civile.

2. Il curatore è altresì legittimato a proporre, nei confronti di amministratori e sindaci delle società del gruppo non assoggettate alla procedura di liquidazione giudiziale, la denuncia di cui all'articolo 2409 del codice civile.

292. Postergazione del rimborso dei crediti da finanziamenti infragruppo. – 1. I crediti che la società o l'ente o la persona fisica esercente l'attività di direzione e o coordinamento vanta, anche a seguito di escussione di garanzie, nei confronti delle imprese sottoposte a direzione e coordinamento, o che queste ultime vantano nei confronti dei primi sulla base di rapporti di finanziamento contratti dopo il deposito della domanda che ha dato luogo all'apertura della liquidazione giudiziale o nell'anno anteriore, sono postergati rispetto al soddisfacimento degli altri creditori. Se tali crediti sono stati rimborsati nell'anno anteriore alla domanda che ha dato luogo all'apertura della liquidazione giudiziale, si applica l'articolo 164.

2. La disposizione di cui al comma 1, primo periodo, non si applica ai finanziamenti previsti dall'articolo 102.

Titolo VII
Liquidazione coatta amministrativa

Capo I
Natura e norme applicabili

293. Disciplina applicabile e presupposti. – 1. La liquidazione coatta amministrativa è il procedimento concorsuale amministrativo che si applica nei casi espressamente previsti dalla legge.

2. La legge determina le imprese soggette a liquidazione coatta amministrativa, i casi per i quali la liquidazione coatta amministrativa può essere disposta e l'autorità competente a disporla.

294. Rinvio alle norme speciali. – 1. La liquidazione coatta amministrativa è regolata dalle disposizioni del presente titolo, salvo che le leggi speciali dispongano diversamente.

2. I rinvii al regio decreto 16 marzo 1942, n. 267 contenuti in leggi speciali in materia di liquidazione coatta amministrativa si intendono fatti alle disposizioni del presente codice della crisi e dell'insolvenza e secondo le norme di coordinamento.

3. Le disposizioni di questo titolo non si applicano agli enti pubblici.

Capo II
Procedimento

295. Liquidazione coatta amministrativa e liquidazione giudiziale. – 1. Le imprese soggette a liquidazione coatta amministrativa non sono soggette a liquidazione giudiziale, salvo che la legge diversamente disponga.

2. Quando la legge ammette la procedura di liquidazione coatta amministrativa e quella di liquidazione giudiziale, la dichiarazione di apertura della liquidazione giudiziale preclude la liquidazione coatta amministrativa e il provvedimento che ordina la liquidazione coatta amministrativa preclude l'apertura della liquidazione giudiziale.

296. Rapporti tra concordato preventivo e liquidazione coatta amministrativa. – 1. Se la legge non dispone diversamente, le imprese soggette a liquidazione coatta amministrativa possono essere sempre ammesse alla procedura di concordato preventivo, osservato, per le imprese non assoggettabili a liquidazione giudiziale, l'articolo 297, comma 8.

297. Accertamento giudiziario dello stato di insolvenza anteriore alla liquidazione coatta amministrativa. – 1. Salva diversa disposizione delle leggi speciali, se un'impresa soggetta a liquidazione coatta amministrativa con esclusione della liquidazione giudiziale si trova in stato di insolvenza, il tribunale del luogo in cui essa ha il centro degli interessi principali, su ricorso di uno o più creditori o dell'autorità che ha la vigilanza sull'impresa o di questa stessa, dichiara tale stato con sentenza.

2. Il trasferimento del centro degli interessi principali intervenuto nell'anno antecedente il deposito della domanda per la dichiarazione dello stato di insolvenza non rileva ai fini della competenza.

3. Con la stessa sentenza o con successivo decreto, il tribunale adotta i provvedimenti conservativi che ritenga opportuni nell'interesse dei creditori fino all'inizio della procedura di liquidazione.

4. Prima di provvedere il tribunale deve sentire il debitore, con le modalità di cui all'articolo 40 e l'autorità che ha la vigilanza sull'impresa.

5. La sentenza è comunicata entro tre giorni, a norma dell'articolo 136 del codice di procedura civile, all'autorità competente perchè disponga la liquidazione o, se ne ritiene sussistenti i presupposti, l'avvio della risoluzione ai sensi del decreto di recepimento della direttiva 2014/59/UE. Essa è inoltre notificata, e resa pubblica a norma dell'articolo 45.

6. Contro la sentenza può essere proposto reclamo da qualunque interessato, a norma dell'articolo 51.

7. Il tribunale che respinge il ricorso per la dichiarazione d'insolvenza provvede con decreto motivato. Contro il decreto è ammesso reclamo a norma dell'articolo 50.

8. Il tribunale provvede su istanza del commissario giudiziale alla dichiarazione d'insolvenza a norma del presente articolo quando nel corso della procedura di concordato preventivo di un'impresa soggetta a liquidazione coatta amministrativa, con esclusione della liquidazione giudiziale, si verifica la cessazione della procedura e sussiste lo stato di insolvenza. Si applica, in ogni caso, il procedimento di cui al comma 4.

9. Le disposizioni di questo articolo non si applicano agli enti pubblici.

298. Accertamento giudiziario dello stato d'insolvenza successivo alla liquidazione coatta amministrativa. – 1. Se l'impresa, al tempo in cui è stata ordinata la liquidazione, si trovava in stato d'insolvenza e questa non è stata preventivamente dichiarata a norma dell'articolo 297, il tribunale del luogo in cui essa ha il centro degli interessi principali, su ricorso del commissario liquidatore o del pubblico ministero, accerta tale stato con sentenza in camera di consiglio, anche se la liquidazione è stata disposta per insufficienza di attivo.

2. Si applicano le norme dell'articolo 297, commi 3, 4, 5, 6 e 7.

3. Restano salve le diverse disposizioni delle leggi speciali relative all'accertamento dello stato di insolvenza successivo all'apertura della liquidazione coatta amministrativa.

299. Effetti dell'accertamento giudiziario dello stato d'insolvenza. – 1. Accertato giudizialmente lo stato d'insolvenza a norma degli articoli 297 e 298, sono applicabili, con effetto dalla data del provvedimento che ha accertato lo stato di insolvenza, le disposizioni del titolo V, capo I, sezione IV, anche nei riguardi dei soci a responsabilità illimitata, sostituito al deposito della domanda di apertura della liquidazione giudiziale il deposito della domanda per l'accertamento dello stato di insolvenza.

2. L'esercizio delle azioni di revoca degli atti compiuti in frode dei creditori compete al commissario liquidatore. Il termine di decadenza di cui all'articolo 170 decorre dalla data del provvedimento di nomina del commissario liquidatore, se successivo al provvedimento che accerta lo stato di insolvenza.

3. Il commissario liquidatore presenta al pubblico ministero la relazione prevista dall'articolo 130.

300. Provvedimento di liquidazione. – 1. Il provvedimento che ordina la liquidazione, entro dieci giorni dalla sua data, è pubblicato integralmente, a cura dell'autorità che lo ha emanato, nella *Gazzetta Ufficiale* della Repubblica italiana ed è comunicato per l'iscrizione all'ufficio del registro delle imprese, salve le altre forme di pubblicità disposte nel provvedimento.

301. Organi della liquidazione coatta amministrativa. – 1. Con il provvedimento che ordina la liquidazione o con altro successivo viene nominato un commissario liquidatore. È altresì nominato un comitato di sorveglianza di tre membri o cinque membri, scelti fra persone particolarmente esperte nel ramo di attività esercitato dall'impresa, possibilmente fra i creditori.

2. Qualora l'importanza dell'impresa lo consigli, possono essere nominati tre commissari liquidatori. In tal caso essi deliberano a maggioranza, e la rappresentanza è esercitata congiuntamente da due di essi. Nella liquidazione delle cooperative la nomina del comitato di sorveglianza è facoltativa.

302. Responsabilità del commissario liquidatore. – 1. Il commissario liquidatore è, per quanto attiene all'esercizio delle sue funzioni, pubblico ufficiale.

2. Durante la liquidazione l'azione di responsabilità contro il commissario liquidatore revocato è proposta dal nuovo liquidatore con l'autorizzazione dell'autorità che vigila sulla liquidazione.

3. Si applicano al commissario liquidatore le disposizioni degli articoli 129, 134 e 136, comma 1, intendendosi sostituiti nei poteri del tribunale e del giudice delegato quelli dell'autorità che vigila sulla liquidazione.

303. Effetti del provvedimento di liquidazione. – 1. Dalla data del provvedimento che ordina la liquidazione si applicano gli articoli 142, 144, 145, 146 e 147 e se l'impresa è una persona giuridica, cessano le funzioni delle assemblee e degli organi di amministrazione e di controllo, salvo il caso previsto dall'articolo 314.

2. Nelle controversie anche in corso, relative a rapporti di diritto patrimoniale, sta in giudizio il commissario liquidatore.

304. Effetti della liquidazione per i creditori e sui rapporti giuridici preesistenti. – 1. Dalla data del provvedimento che ordina la liquidazione si applicano le disposizioni del titolo V, capo I, sezioni III e V e le disposizioni dell'articolo 165.

2. Si intendono sostituiti nei poteri del tribunale e del giudice delegato l'autorità amministrativa che vigila sulla liquidazione, nei poteri del curatore il commissario liquidatore e, in quelli del comitato dei creditori, il comitato di sorveglianza.

305. Commissario liquidatore. – 1. Il commissario liquidatore procede a tutte le operazioni della liquidazione secondo le direttive dell'autorità che vigila sulla liquidazione e sotto il controllo del comitato di sorveglianza.

2. Il commissario prende in consegna i beni compresi nella liquidazione, le scritture contabili e gli altri documenti dell'impresa o dell'ente richiedendo, ove occorra, l'assistenza di un notaio.

3. Il commissario forma quindi l'inventario, nominando, se necessario, uno o più stimatori per la valutazione dei beni.

306. Relazione del commissario. – 1. L'imprenditore o, se l'impresa è una società o una persona giuridica, gli amministratori devono rendere al commissario liquidatore il conto della gestione relativo al tempo posteriore all'ultimo bilancio.

2. Il commissario è dispensato dal formare il bilancio annuale, ma deve presentare alla fine di ogni semestre all'autorità che vigila sulla liquidazione una relazione sulla situazione patrimoniale dell'impresa e sull'andamento della gestione, precisando la sussistenza di eventuali indicatori della crisi, accompagnata da un rapporto del comitato di sorveglianza. Nello stesso termine, copia della relazione è trasmessa al comitato di sorveglianza, unitamente agli estratti conto dei depositi postali o bancari relativi al periodo. Il

comitato di sorveglianza o ciascuno dei suoi componenti possono formulare osservazioni scritte. Altra copia della relazione è trasmessa, assieme alle eventuali osservazioni, per via telematica all'ufficio del registro delle imprese ed è trasmessa a mezzo di posta elettronica certificata ai creditori e ai titolari di diritti sui beni.

307. Poteri del commissario. – 1. L'azione di responsabilità contro gli amministratori e i componenti degli organi di controllo dell'impresa o dell'ente in liquidazione, a norma degli articoli 2393, 2394, 2476, settimo comma, 2497 del codice civile, è esercitata dal commissario liquidatore, previa autorizzazione dell'autorità che vigila sulla liquidazione.

2. Per il compimento degli atti previsti dall'articolo 132 di valore indeterminato o superiore a euro 1032,91 e per la continuazione dell'esercizio dell'impresa, il commissario deve essere autorizzato dall'autorità predetta, la quale provvede sentito il comitato di sorveglianza.

308. Comunicazione ai creditori e ai terzi. – 1. Entro un mese dalla nomina il commissario comunica a ciascun creditore, a mezzo posta elettronica certificata, se il destinatario ha un domicilio digitale e, in ogni altro caso, a mezzo lettera raccomandata presso la sede dell'impresa o la residenza del creditore, il suo indirizzo di posta elettronica certificata e le somme risultanti a credito di ciascuno secondo le scritture contabili e i documenti dell'impresa. Contestualmente il commissario invita i creditori a indicare, entro il termine di cui al comma 3, il loro indirizzo di posta elettronica certificata, con l'avvertimento sulle conseguenze di cui al comma 4 e relativo all'onere del creditore di comunicarne ogni variazione. La comunicazione s'intende fatta con riserva delle eventuali contestazioni.

2. Analoga comunicazione è fatta a coloro che possono far valere domande di rivendicazione, restituzione e separazione su cose mobili e immobili posseduti dall'impresa.

3. Entro quindici giorni dal ricevimento della comunicazione i creditori e le altre persone indicate dal comma 2 possono far pervenire al commissario mediante posta elettronica certificata le loro osservazioni o istanze.

4. Tutte le successive comunicazioni sono effettuate dal commissario all'indirizzo di posta elettronica certificata indicato ai sensi del comma 1. In caso di mancata indicazione dell'indirizzo di posta elettronica certificata o di mancata comunicazione della variazione, o nei casi di mancata consegna per cause imputabili al destinatario, esse si eseguono mediante deposito in cancelleria. Si applica l'articolo 104, commi 2, 3 e 4, in quanto compatibile.

309. Domande dei creditori e dei terzi. – 1. I creditori e le altre persone indicate nell'articolo 308 che non hanno ricevuto la comunicazione prevista dal predetto articolo possono chiedere mediante raccomandata, entro sessanta giorni dalla pubblicazione del provvedimento di liquidazione nella *Gazzetta Ufficiale*, il riconoscimento dei propri crediti e la restituzione dei loro beni, comunicando l'indirizzo di posta elettronica certificata. Si applica l'articolo 308, comma 4.

310. Formazione dello stato passivo. – 1. Salvo che le leggi speciali stabiliscano un maggior termine, entro novanta giorni dalla data del provvedimento di liquidazione, il commissario forma l'elenco dei crediti ammessi o respinti e delle domande indicate all'articolo 308, comma 2, accolte o respinte, e lo deposita nella cancelleria del tribunale dove ha il centro degli interessi principali. Il commissario trasmette l'elenco dei crediti ammessi o respinti a coloro la cui pretesa non sia in tutto o in parte ammessa a mezzo posta elettronica certificata ai sensi dell'articolo 308, comma 4. Con il deposito in cancelleria l'elenco diventa esecutivo.

2. Le impugnazioni, le domande tardive di crediti e le domande di rivendica e di restituzione sono disciplinate dagli articoli 206, 207, 208 e 210, sostituiti al giudice delegato il giudice incaricato per la trattazione di esse dal presidente del tribunale ed al curatore il commissario liquidatore.

3. Restano salve le disposizioni delle leggi speciali relative all'accertamento dei crediti chirografari nella liquidazione delle imprese che esercitano il credito.

311. Liquidazione dell'attivo. – 1. Il commissario ha tutti i poteri necessari per la liquidazione dell'attivo, salve le limitazioni stabilite dall'autorità che vigila sulla liquidazione.

2. In ogni caso per la vendita degli immobili e per la vendita dei mobili in blocco occorrono l'autorizzazione dell'autorità che vigila sulla liquidazione e il parere del comitato di sorveglianza.

3. Nel caso di società con soci a responsabilità limitata il presidente del tribunale può, su proposta del commissario liquidatore, ingiungere con decreto ai soci a responsabilità limitata e ai precedenti titolari delle quote o delle azioni di eseguire i versamenti ancora dovuti, quantunque non sia scaduto il termine stabilito per il pagamento.

312. Ripartizione dell'attivo. – 1. Le somme ricavate dalla liquidazione dell'attivo sono distribuite secondo l'ordine stabilito nell'articolo 221.

2. Previo parere del comitato di sorveglianza, e con l'autorizzazione dell'autorità che vigila sulla liquidazione, il commissario può distribuire ac-

conti parziali a tutti i creditori o ad alcune categorie di essi, anche prima che siano realizzate tutte le attività e accertate tutte le passività.

3. Le domande tardive per l'ammissione di crediti o per il riconoscimento dei diritti reali non pregiudicano le ripartizioni già avvenute, e possono essere fatte valere sulle somme non ancora distribuite, osservate le disposizioni dell'articolo 225.

4. Alle ripartizioni parziali si applicano le disposizioni dell'articolo 227.

313. Chiusura della liquidazione. – 1. Prima dell'ultimo riparto ai creditori, il bilancio finale della liquidazione, con il conto della gestione e il piano di riparto tra i creditori, accompagnati da una relazione del comitato di sorveglianza, devono essere sottoposti all'autorità che vigila sulla liquidazione, la quale ne autorizza il deposito presso la cancelleria del tribunale competente ai sensi dell'articolo 27 e liquida il compenso al commissario.

2. Dell'avvenuto deposito, a cura del commissario liquidatore, è data comunicazione ai creditori ammessi al passivo e ai creditori prededucibili con le modalità di cui all'articolo 308, comma 4 ed è data notizia mediante inserzione nella *Gazzetta Ufficiale* e nei giornali designati dall'autorità che vigila sulla liquidazione.

3. Gli interessati possono proporre le loro contestazioni con ricorso al tribunale nel termine perentorio di venti giorni, decorrente dalla comunicazione fatta dal commissario a norma del comma 1 per i creditori e dall'inserzione nella *Gazzetta Ufficiale* per ogni altro interessato. Le contestazioni sono comunicate, a cura del cancelliere, all'autorità che vigila sulla liquidazione, al commissario liquidatore e al comitato di sorveglianza, che nel termine di venti giorni possono presentare nella cancelleria del tribunale le loro osservazioni. Il tribunale provvede con decreto in camera di consiglio. Si applicano, in quanto compatibili, le disposizioni dell'articolo 124.

4. Decorso il termine senza che siano proposte contestazioni, il bilancio, il conto di gestione e il piano di riparto si intendono approvati, e il commissario provvede alle ripartizioni finali tra i creditori. Si applicano le norme dell'articolo 231 e, se del caso, degli articoli 2495 e 2496 del codice civile.

314. Concordato della liquidazione. – 1. L'autorità che vigila sulla liquidazione, su parere del commissario liquidatore, sentito il comitato di sorveglianza, può autorizzare l'impresa in liquidazione, uno o più creditori o un terzo a proporre al tribunale un concordato, a norma dell'articolo 240, osservate le disposizioni dell'articolo 265, se si tratta di società.

2. La proposta di concordato è depositata nella cancelleria del tribunale competente ai sensi dell'articolo 27 con il parere del commissario liqui-

datore e del comitato di sorveglianza, comunicata dal commissario a tutti i creditori ammessi al passivo con le modalità di cui all'articolo 308, comma 4, pubblicata mediante inserzione nella *Gazzetta Ufficiale* e deposito presso l'ufficio del registro delle imprese.

3. I creditori e gli altri interessati possono presentare nella cancelleria le loro opposizioni nel termine perentorio di trenta giorni, decorrente dalla comunicazione fatta dal commissario per i creditori e dall'esecuzione delle formalità pubblicitarie di cui al comma 2 per ogni altro interessato.

4. Il tribunale, sentito il parere dell'autorità che vigila sulla liquidazione, decide sulle opposizioni e sulla proposta di concordato con sentenza in camera di consiglio. Si applicano, in quanto compatibili, le disposizioni degli articoli 245, 246 e 247.

5. Gli effetti del concordato sono regolati dall'articolo 248.

6. Il commissario liquidatore con l'assistenza del comitato di sorveglianza sorveglia l'esecuzione del concordato.

315. Risoluzione e annullamento del concordato. – 1. Se il concordato non è eseguito, il tribunale, su ricorso del commissario liquidatore o di uno o più creditori, ne pronuncia la risoluzione con sentenza in camera di consiglio. Si applicano le disposizioni dall'articolo 250, commi 2, 3, 4, 5 e 6.

2. Su richiesta del commissario o dei creditori il concordato può essere annullato a norma dell'articolo 251.

3. Risolto o annullato il concordato, si riapre la liquidazione coatta amministrativa e l'autorità che vigila sulla liquidazione adotta i provvedimenti che ritiene necessari.

Capo III
Funzioni delle autorità amministrative di vigilanza per la crisi e l'insolvenza

316. Funzioni delle autorità amministrative di vigilanza. – 1. Oltre a quanto previsto nei precedenti articoli, le autorità amministrative di vigilanza sono altresì competenti a:

a) ricevere dagli organi interni di controllo dei soggetti vigilati, dai soggetti incaricati della revisione e dell'ispezione e dai creditori qualificati di cui all'articolo 15 la segnalazione dei fondati indizi di crisi secondo le disposizioni del titolo II del presente codice;

b) svolgere le funzioni attribuite agli organismi di composizione assistita della crisi, designando i componenti del collegio di cui all'articolo 17, comma 1, lettere *b*) e *c*), a seguito della richiesta di nomina del debitore o richiedendo direttamente la costituzione del collegio al referente, ai sensi dell'articolo

16. Per l'impresa minore è nominato, con i medesimi poteri del collegio, un commissario tra gli iscritti all'albo speciale di cui all'articolo 356. L'apertura della procedura di composizione assistita della crisi non costituisce causa di revoca degli amministratori e dei sindaci;

c) proporre domanda di accertamento dello stato di insolvenza con apertura della liquidazione coatta amministrativa.

Titolo VIII
Liquidazione giudiziale
e misure cautelari penali

317. Principio di prevalenza delle misure cautelari reali e tutela dei terzi. – 1. Le condizioni e i criteri di prevalenza rispetto alla gestione concorsuale delle misure cautelari reali sulle cose indicate dall'articolo 142 sono regolate dalle disposizioni del Libro I, titolo IV del decreto legislativo 6 settembre 2011, n. 159, salvo quanto previsto dagli articoli 318, 319 e 320.

2. Per misure cautelari reali di cui al comma 1 si intendono i sequestri delle cose di cui è consentita la confisca disposti ai sensi dell'articolo 321, comma 2, del codice di procedura penale, la cui attuazione è disciplinata dall'articolo 104 *bis* delle norme di attuazione, di coordinamento e transitorie del codice di procedura penale.

318. Sequestro preventivo. – 1. In pendenza della procedura di liquidazione giudiziale non può essere disposto sequestro preventivo ai sensi dell'articolo 321, comma 1, del codice di procedura penale sulle cose di cui all'articolo 142, sempre che la loro fabbricazione, uso, porto, detenzione e alienazione non costituisca reato e salvo che la fabbricazione, l'uso, il porto, la detenzione e l'alienazione possano essere consentiti mediante autorizzazione amministrativa.

2. Quando, disposto sequestro preventivo ai sensi dell'articolo 321, comma 1, del codice di procedura penale, è dichiarata l'apertura di liquidazione giudiziale sulle medesime cose, il giudice, a richiesta del curatore, revoca il decreto di sequestro e dispone la restituzione delle cose in suo favore.

3. Nel caso di cui al comma 2, il curatore comunica all'autorità giudiziaria che aveva disposto o richiesto il sequestro, la dichiarazione dello stato di insolvenza e di apertura della procedura della liquidazione giudiziale, il provvedimento di revoca o chiusura della liquidazione giudiziale, nonché l'elenco delle cose non liquidate e già sottoposte a sequestro. Il curatore provvede alla cancellazione delle iscrizioni e trascrizioni decorsi novanta giorni dalla comunicazione di cui al primo periodo.

4. Le disposizioni di cui ai commi 1 e 2 non si applicano quando sono sottoposte a sequestro preventivo le cose indicate all'articolo 146 e le cose

non suscettibili di liquidazione, per disposizione di legge o per decisione degli organi della procedura.

319. Sequestro conservativo. – 1. In pendenza della procedura di liquidazione giudiziale non può essere disposto sequestro conservativo ai sensi dell'articolo 316 del codice di procedura penale sulle cose di cui all'articolo 142.

2. Quando, disposto sequestro conservativo ai sensi dell'articolo 316 del codice di procedura penale, è dichiarata l'apertura di liquidazione giudiziale sulle medesime cose, si applica l'articolo 150 e il giudice, a richiesta del curatore, revoca il sequestro conservativo e dispone la restituzione delle cose in suo favore.

320. Legittimazione del curatore. – 1. Contro il decreto di sequestro e le ordinanze in materia di sequestro il curatore può proporre richiesta di riesame e appello nei casi, nei termini e con le modalità previsti dal codice di procedura penale. Nei predetti termini e modalità il curatore è legittimato a proporre ricorso per cassazione.

321. Liquidazione coatta amministrativa e misure di prevenzione. – 1. Le disposizioni che precedono si applicano in quanto compatibili alla liquidazione coatta amministrativa.

Titolo IX
Disposizioni penali

Capo I
Reati commessi dall'imprenditore in liquidazione giudiziale

322. Bancarotta fraudolenta. – 1. È punito con la reclusione da tre a dieci anni, se è dichiarato in liquidazione giudiziale, l'imprenditore che:

a) ha distratto, occultato, dissimulato, distrutto o dissipato in tutto o in parte i suoi beni ovvero, allo scopo di recare pregiudizio ai creditori, ha esposto o riconosciuto passività inesistenti;

b) ha sottratto, distrutto o falsificato, in tutto o in parte, con lo scopo di procurare a sé o ad altri un ingiusto profitto o di recare pregiudizi ai creditori, i libri o le altre scritture contabili o li ha tenuti in guisa da non rendere possibile la ricostruzione del patrimonio o del movimento degli affari.

2. La stessa pena si applica all'imprenditore, dichiarato in liquidazione giudiziale, che, durante la procedura, commette alcuno dei fatti preveduti dalla lettera *a*) del comma 1, ovvero sottrae, distrugge o falsifica i libri o le altre scritture contabili.

3. È punito con la reclusione da uno a cinque anni l'imprenditore in liquidazione giudiziale che, prima o durante la procedura, a scopo di favorire, a danno dei creditori, taluno di essi, esegue pagamenti o simula titoli di prelazione.

4. Salve le altre pene accessorie, di cui al capo III, titolo II, libro I del codice penale, la condanna per uno dei fatti previsti nel presente articolo importa l'inabilitazione all'esercizio di una impresa commerciale e l'incapacità ad esercitare uffici direttivi presso qualsiasi impresa fino a dieci anni.

323. Bancarotta semplice. – 1. È punito con la reclusione da sei mesi a due anni, se è dichiarato in liquidazione giudiziale, l'imprenditore che, fuori dai casi preveduti nell'articolo precedente:

a) ha sostenuto spese personali o per la famiglia eccessive rispetto alla sua condizione economica;

b) ha consumato una notevole parte del suo patrimonio in operazioni di pura sorte o manifestamente imprudenti;

c) ha compiuto operazioni di grave imprudenza per ritardare l'apertura della liquidazione giudiziale;

d) ha aggravato il proprio dissesto, astenendosi dal richiedere la dichiarazione di apertura della propria liquidazione giudiziale o con altra grave colpa;

e) non ha soddisfatto le obbligazioni assunte in un precedente concordato preventivo o liquidatorio giudiziale.

2. La stessa pena si applica all'imprenditore in liquidazione giudiziale che, durante i tre anni antecedenti alla dichiarazione di liquidazione giudiziale ovvero dall'inizio dell'impresa, se questa ha avuto una minore durata, non ha tenuto i libri e le altre scritture contabili prescritti dalla legge o li ha tenuti in maniera irregolare o incompleta.

3. Salve le altre pene accessorie di cui al capo III, titolo II, libro I del codice penale, la condanna importa l'inabilitazione all'esercizio di un'impresa commerciale e l'incapacità ad esercitare uffici direttivi presso qualsiasi impresa fino a due anni.

324. Esenzioni dai reati di bancarotta. – 1. Le disposizioni di cui agli articoli 322, comma 3 e 323 non si applicano ai pagamenti e alle operazioni computi in esecuzione di un concordato preventivo o di accordi di ristrutturazione dei debiti omologati o degli accordi in esecuzione del piano attestato ovvero del concordato minore omologato ai sensi dell'articolo 80, nonché ai pagamenti e alle operazioni di finanziamento autorizzati dal giudice a norma degli articoli 99, 100 e 101.

325. Ricorso abusivo al credito. – 1. Gli amministratori, i direttori generali, i liquidatori e gli imprenditori esercenti un'attività commerciale che ricorrono o continuano a ricorrere al credito, anche al di fuori dei casi di cui agli articoli 322 e 323, dissimulando il dissesto o lo stato d'insolvenza sono puniti con la reclusione da sei mesi a tre anni.

2. La pena è aumentata nel caso di società soggette alle disposizioni di cui al capo II, titolo III, parte IV, del testo unico delle disposizioni in materia di intermediazione finanziaria, di cui al decreto legislativo 24 febbraio 1998, n. 58, e successive modificazioni.

3. Salve le altre pene accessorie di cui al libro I, titolo II, capo III, del codice penale, la condanna importa l'inabilitazione all'esercizio di un'impresa commerciale e l'incapacità ad esercitare uffici direttivi presso qualsiasi impresa fino a tre anni.

326. Circostanze aggravanti e circostanza attenuante. – 1. Nel caso in cui i fatti previsti negli articoli 322, 323 e 325 hanno cagionato un danno patrimoniale di rilevante gravità, le pene da essi stabilite sono aumentate fino alla metà.

2. Le pene stabilite negli articoli suddetti sono aumentate:

a) se il colpevole ha commesso più fatti tra quelli previsti in ciascuno degli articoli indicati;

b) se il colpevole per divieto di legge non poteva esercitare un'impresa commerciale.

3. Nel caso in cui i fatti indicati nel comma 1 hanno cagionato un danno patrimoniale di speciale tenuità, le pene sono ridotte fino al terzo.

327. Denuncia di creditori inesistenti e altre inosservanze da parte dell'imprenditore in liquidazione giudiziale. – 1. È punito con la reclusione da sei mesi a un anno e sei mesi l'imprenditore in liquidazione giudiziale, il quale, fuori dei casi preveduti all'articolo 322, nell'elenco nominativo dei suoi creditori denuncia creditori inesistenti od omette di dichiarare l'esistenza di altri beni da comprendere nell'inventario, ovvero non osserva gli obblighi imposti dagli articoli 49, comma 3, lettera *c*) e 149.

2. Se il fatto è avvenuto per colpa, si applica la reclusione fino ad un anno.

328. Liquidazione giudiziale delle società in nome collettivo e in accomandita semplice. – 1. Nella liquidazione giudiziale delle società in nome collettivo e in accomandita semplice le disposizioni del presente capo si applicano ai fatti commessi dai soci illimitatamente responsabili.

Capo II
Reati commessi da persone diverse dall'imprenditore in liquidazione giudiziale

329. Fatti di bancarotta fraudolenta. – 1. Si applicano le pene stabilite nell'articolo 322 agli amministratori, ai direttori generali, ai sindaci e ai liquidatori di società in liquidazione giudiziale, i quali hanno commesso alcuno dei fatti preveduti nel suddetto articolo.

2. Si applica alle persone suddette la pena prevista dall'articolo 322, comma 1, se:

a) hanno cagionato, o concorso a cagionare, il dissesto della società, commettendo alcuno dei fatti previsti dagli articoli 2621, 2622, 2626, 2627, 2628, 2629, 2632, 2633 e 2634 del codice civile.

b) hanno cagionato con dolo o per effetto di operazioni dolose il dissesto della società.

3. Si applica altresì in ogni caso la disposizione dell'articolo 322, comma 4.

330. Fatti di bancarotta semplice. – 1. Si applicano le pene stabilite nell'articolo 323 agli amministratori, ai direttori generali, ai sindaci e ai liquidatori di società dichiarate in liquidazione giudiziale, i quali:

a) hanno commesso alcuno dei fatti preveduti nel suddetto articolo;

b) hanno concorso a cagionare od aggravare il dissesto della società con inosservanza degli obblighi ad essi imposti dalla legge.

331. Ricorso abusivo al credito. – 1. Si applicano le pene stabilite nell'articolo 325 agli amministratori ed ai direttori generali di società sottoposte a liquidazione giudiziale, i quali hanno commesso il fatto in esso previsto.

332. Denuncia di crediti inesistenti. – 1. Si applicano le pene stabilite nell'articolo 327 agli amministratori, ai direttori generali e ai liquidatori di società dichiarate in liquidazione giudiziale, che hanno commesso i fatti in esso indicati.

333. Reati dell'institore. – 1. All'institore dell'imprenditore, dichiarato in liquidazione giudiziale, il quale nella gestione affidatagli si è reso colpevole dei fatti preveduti negli articoli 322, 323, 325 e 327 si applicano le pene in questi stabilite.

334. Interesse privato del curatore negli atti della liquidazione giudiziale. – 1. Salvo che al fatto non siano applicabili gli articoli 315, 317, 318, 319, 321, 322 e 323 del codice penale, il curatore che prende interesse privato in qualsiasi atto della liquidazione giudiziale direttamente o per interposta persona o con atti simulati è punito con la reclusione da due a sei anni e con la multa non inferiore a euro 206.

2. La condanna importa l'interdizione dai pubblici uffici.

335. Accettazione di retribuzione non dovuta. – 1. Il curatore della liquidazione giudiziale che riceve o pattuisce una retribuzione, in danaro o in altra forma, in aggiunta di quella liquidata in suo favore dal tribunale o dal giudice delegato, è punito con la reclusione da tre mesi a due anni e con la multa da euro 103 a euro 516.

2. Nei casi più gravi alla condanna può aggiungersi l'inabilitazione temporanea all'ufficio di amministratore per la durata non inferiore a due anni.

336. Omessa consegna o deposito di cose della liquidazione giudiziale. – 1. Il curatore che non ottempera all'ordine del giudice di consegnare o depositare somme o altra cosa della liquidazione giudiziale, ch'egli detiene a causa del suo ufficio, è punito con la reclusione fino a due anni e con la multa fino a euro 1.032.

2. Se il fatto avviene per colpa, si applica la reclusione fino a sei mesi o la multa fino a euro 309.

337. Coadiutori del curatore. – 1. Le disposizioni degli articoli 333, 334 e 335, si applicano anche alle persone che coadiuvano il curatore nell'amministrazione della liquidazione giudiziale.

338. Domande di ammissione di crediti simulati o distrazioni senza concorso con l'imprenditore in liquidazione giudiziale. – 1. È punito con la reclusione da uno a cinque anni e con la multa da euro 51 a euro 516 chiunque, fuori dei casi di concorso in bancarotta, anche per interposta persona presenta domanda di ammissione al passivo della liquidazione giudiziale per un credito fraudolentemente simulato.

2. Se la domanda è ritirata prima della verificazione dello stato passivo, la pena è ridotta alla metà.

3. È punito con la reclusione da uno a cinque anni chiunque:

a) dopo l'apertura della procedura di liquidazione giudiziale, fuori dei casi di concorso in bancarotta o di favoreggiamento, sottrae, distrae, ricetta ovvero in pubbliche o private dichiarazioni dissimula beni del debitore assoggettato a liquidazione giudiziale;

b) essendo consapevole dello stato di dissesto dell'imprenditore distrae o ricetta merci o altri beni dello stesso o li acquista a prezzo notevolmente inferiore al valore corrente, se la apertura della liquidazione giudiziale si verifica.

4. La pena, nei casi previsti dalle lettere *a*) e *b*) del comma 3, è aumentata se l'acquirente è un imprenditore che esercita un'attività commerciale.

339. Mercato di voto. – 1. Il creditore che stipula con l'imprenditore in liquidazione giudiziale o con altri nell'interesse del predetto vantaggi a proprio favore per dare il suo voto nel concordato o nelle deliberazioni del comitato dei creditori, è punito con la reclusione da sei mesi a tre anni e con la multa non inferiore a euro 103.

2. La somma o le cose ricevute dal creditore sono confiscate.

3. La stessa pena si applica all'imprenditore in liquidazione giudiziale e a chi ha contrattato col creditore nell'interesse dell'imprenditore in liquidazione giudiziale.

340. Esercizio abusivo di attività commerciale. – 1. Chiunque esercita un'impresa commerciale, sebbene si trovi in stato di inabilitazione ad esercitarla per effetto di condanna penale, è punito con la reclusione fino a due anni e con la multa non inferiore a euro 103.

Capo III
Disposizioni applicabili nel caso di concordato preventivo, accordi di ristrutturazione dei debiti, piani attestati e liquidazione coatta amministrativa

341. Concordato preventivo e accordo di ristrutturazione con intermediari finanziari e convenzione di moratoria. – 1. È punito con la reclusione da uno a cinque anni l'imprenditore, che, al solo scopo di ottenere l'apertura della procedura di concordato preventivo o di ottenere l'omologazione di un accordo di ristrutturazione o il consenso alla sottoscrizione della convenzione di moratoria, si sia attribuito attività inesistenti, ovvero, per influire sulla formazione delle maggioranze, abbia simulato crediti in tutto o in parte inesistenti.

2. Nel caso di concordato preventivo si applicano:

a) le disposizioni degli articoli 329 e 330 agli amministratori, direttori generali, sindaci e liquidatori di società;

b) la disposizione dell'articolo 333 agli institori dell'imprenditore;

c) le disposizioni degli articoli 334 e 335 al commissario del concordato preventivo;

d) le disposizioni degli articoli 338 e 339 ai creditori.

3. Nel caso di accordi di ristrutturazione ad efficacia estesa o di convenzione di moratoria, nonché nel caso di omologa di accordi di ristrutturazione ai sensi dell'art. 48, comma 5, si applicano le disposizioni previste al comma 2, lettere *a*), *b*) e *d*).

342. Falso in attestazioni e relazioni. – 1. Il professionista che nelle relazioni o attestazioni di cui agli articoli 56 comma 4, 57, comma 4, 58 commi 1 e 2, 62, comma 2, lettera *d*), 87, commi 2 e 3, 88, commi 1 e 2, 90, comma 5, 100, commi 1 e 2, espone informazioni false ovvero omette di riferire informazioni rilevanti in ordine alla veridicità dei dati contenuti nel piano o nei documenti ad esso allegati, è punito con la reclusione da due a cinque anni e con la multa da 50.000 a 100.000 euro.

2. Se il fatto è commesso al fine di conseguire un ingiusto profitto per sé o per altri, la pena è aumentata.

3. Se dal fatto consegue un danno per i creditori la pena è aumentata fino alla metà.

343. Liquidazione coatta amministrativa. – 1. L'accertamento giudiziale dello stato di insolvenza a norma degli articoli 296 e 297 è equiparato alla dichiarazione di apertura della liquidazione giudiziale ai fini dell'applicazione delle disposizioni del presente titolo.

2. Nel caso di liquidazione coatta amministrativa si applicano al commissario liquidatore le disposizioni degli articoli 334, 335 e 336.

Capo IV
Reati commessi nelle procedure di composizione delle crisi da sovraindebitamento e reati commessi nella procedura di composizione della crisi

344. Sanzioni per il debitore e per i componenti dell'organismo di composizione della crisi. – 1. Salvo che il fatto costituisca più grave reato, è punito con la reclusione da sei mesi a due anni e con la multa da 1.000 a 50.000 euro il debitore che:

a) al fine di ottenere l'accesso alle procedure di composizione delle crisi da sovraindebitamento di cui alle sezioni II e III del capo II del titolo IV aumenta o diminuisce il passivo ovvero sottrae o dissimula una parte rilevante dell'attivo ovvero dolosamente simula attività inesistenti;

b) al fine di ottenere l'accesso alle procedure di cui alle sezioni II e III del capo II del titolo IV e di quelle di cui al capo IX del titolo V, produce documentazione contraffatta o alterata, ovvero sottrae, occulta o distrugge, in tutto o in parte, la documentazione relativa alla propria situazione debitoria ovvero la propria documentazione contabile;

c) nel corso delle procedure di cui alle sezioni II e III del capo II, effettua pagamenti in violazione del piano di ristrutturazione dei debiti o del concordato minore omologati;

d) dopo il deposito del piano di ristrutturazione dei debiti o della proposta di concordato minore, e per tutta la durata della procedura, aggrava la sua posizione debitoria;

e) intenzionalmente non rispetta i contenuti del piano di ristrutturazione dei debiti o del concordato minore.

2. Le pene previste dal comma 1 si applicano al debitore incapiente che, con la domanda di esdebitazione di cui all'articolo 283, produce documentazione contraffatta o alterata o sottrae, occulta o distrugge, in tutto o in parte, la documentazione relativa alla propria situazione debitoria ovvero la propria documentazione contabile ovvero omette, dopo il decreto di esdebitazione, la dichiarazione di cui al comma 7 del medesimo articolo 283, quando dovuta o in essa attesta falsamente fatti rilevanti.

3. Il componente dell'organismo di composizione della crisi che nella relazione di cui agli articoli 68, 76, 268 e 283 rende false attestazioni in ordine alla veridicità dei dati contenuti nella proposta di cui agli articoli 67 e 75, nella domanda di apertura della liquidazione controllata o nella domanda di esdebitazione di cui all'articolo 283, è punito con la reclusione da uno a tre anni e con la multa da 1.000 a 50.000 euro.

4. Le pene di cui al comma 2, si applicano al componente dell'organismo di composizione della crisi che cagiona danno ai creditori omettendo o rifiutando senza giustificato motivo un atto del suo ufficio.

345. Falso nelle attestazioni dei componenti dell'OCRI. – 1. Il componente dell'organismo di composizione della crisi di impresa che nell'attestazione di cui all'articolo 19, comma 3, espone informazioni false ovvero omette di riferire informazioni rilevanti in ordine alla veridicità dei dati contenuti nel piano o nei documenti ad esso allegati, è punito con la reclusione da due a cinque anni e con la multa da 50.000 a 100.000 euro.

2. Se il fatto è commesso al fine di conseguire un ingiusto profitto per sé o per altri, la pena è aumentata.

3. Se dal fatto consegue un danno per i creditori la pena è aumentata fino alla metà.

Capo V
Disposizioni di procedura

346. Esercizio dell'azione penale per reati in materia di liquidazione giudiziale. – 1. Per reati previsti negli articoli 322, 323, 329 e 330, l'azione penale è esercitata dopo la comunicazione della sentenza di apertura della liquidazione giudiziale di cui all'articolo 49.

2. È iniziata anche prima nel caso previsto dall'articolo 38 e in ogni altro in cui concorrano gravi motivi e già esista o sia contemporaneamente presentata domanda per ottenere la dichiarazione suddetta.

347. Costituzione di parte civile. – 1. Il curatore, il liquidatore giudiziale, il commissario liquidatore e il commissario speciale di cui all'articolo 37 del decreto legislativo 16 novembre 2015, n. 180, possono costituirsi parte civile nel procedimento penale per i reati preveduti nel presente titolo, anche contro l'imprenditore in liquidazione giudiziale.

2. I creditori possono costituirsi parte civile nel procedimento penale per bancarotta fraudolenta quando manca la costituzione del curatore, del commissario liquidatore o del commissario speciale di cui all'articolo 37 del decreto legislativo 16 novembre 2015, n. 180, quando non sia stato nominato il liquidatore giudiziale o quando intendono far valere un titolo di azione propria personale.

Titolo X
Disposizioni per l'attuazione del codice
della crisi e dell'insolvenza,
norme di coordinamento e disciplina transitoria

Capo I
Disposizioni generali, strumenti
di allerta e composizione assistita della crisi

348. Adeguamento delle soglie dell'impresa minore. – 1. Ogni tre anni il Ministro della giustizia può procedere all'aggiornamento dei valori di cui all'articolo 2, comma 1, lettera *d*), con decreto adottato sulla base della media delle variazioni degli indici ISTAT dei prezzi al consumo per le famiglie di operai ed impiegati intervenute nel periodo di riferimento.

349. Sostituzione dei termini fallimento e fallito. – 1. Nelle disposizioni normative vigenti i termini «fallimento», «procedura fallimentare», «fallito» nonché le espressioni dagli stessi termini derivate devono intendersi sostituite, rispettivamente, con le espressioni «liquidazione giudiziale», «procedura di liquidazione giudiziale» e «debitore assoggettato a liquidazione giudiziale» e loro derivati, con salvezza della continuità delle fattispecie.

350. Modifiche alla disciplina dell'amministrazione straordinaria. – 1. All'articolo 3, comma 1, del decreto legislativo 8 luglio 1999, n. 270, le parole «del luogo in cui essa ha la sede principale» sono sostituite dalle seguenti: «competente ai sensi dell'articolo 27, comma 1, del codice della crisi e dell'insolvenza».

2. All'articolo 2, comma 1, del decreto legge 23 dicembre 2003, n. 347, convertito, con modificazioni, in legge 18 febbraio 2004, n. 39, le parole «del luogo in cui ha la sede principale» sono sostituite dalle seguenti: «competente ai sensi dell'articolo 27, comma 1, del codice della crisi e dell'insolvenza».

351. Disposizioni sui compensi dell'OCRI. – 1. Gli importi spettanti all'OCRI per i costi amministrativi e i compensi dei componenti del collegio sono concordati con il debitore o, in difetto, liquidati dal presidente della sezione specializzata in materia di impresa del tribunale di cui all'articolo 17, comma 1, lettera *a*), o da un suo delegato, tenuto conto dell'impegno in concreto richiesto e degli esiti del procedimento, sulla base dei seguenti parametri:

a) in caso di mancata comparizione del debitore, il compenso minimo del curatore ridotto al cinquanta per cento, di cui la metà all'ufficio del referente e la restante metà suddivisa tra i componenti del collegio;

b) per la sola audizione del debitore, il compenso minimo del curatore, di cui un terzo all'ufficio del referente e due terzi da suddividere tra i componenti del collegio;

c) per il procedimento di composizione assistita della crisi, i compensi e i rimborsi delle spese previsti dal decreto del Ministro della giustizia 24 settembre 2014, n. 202, articoli 14, 15 e 16, in quanto compatibili, avuto riguardo all'attivo e al passivo del debitore risultanti dai dati acquisiti dall'organismo.

2. Ai costi fissi che gravano sulle camere di commercio per consentire il funzionamento degli OCRI si provvede mediante il versamento di diritti di segreteria determinati ai sensi dell'articolo 18 della legge n. 580 del 29 dicembre 1993.

352. Disposizioni transitorie sul funzionamento dell'OCRI. – 1. Sino alla istituzione presso il Ministero della giustizia dell'albo di cui all'articolo 356, i componenti del collegio di cui all'articolo 17, comma 1, lettere *a*) e *b*), sono individuati tra i soggetti iscritti all'albo dei dottori commercialisti e degli esperti contabili o all'albo degli avvocati i quali abbiano svolto funzioni di commissario giudiziale, attestatore o abbiano assistito il debitore nella presentazione della domanda di accesso in almeno tre procedure di concordato preventivo che abbiano superato la fase dell'apertura o tre accordi di ristrutturazione dei debiti che siano stati omologati.

353. Istituzione di un osservatorio permanente. – 1. Il Ministro della giustizia, con decreto adottato di concerto con il Ministro dell'economia e delle finanze e con il Ministro per lo sviluppo economico entro un anno dalla data di entrata in vigore del presente decreto, istituisce, anche ai fini di cui all'articolo 355, un osservatorio permanente sull'efficienza delle misure di allerta, delle procedure di composizione assistita della crisi di impresa di cui al titolo II.

2. Ai componenti dell'osservatorio non sono corrisposti compensi e gettoni di presenza, rimborsi spese ed altri emolumenti comunque denominati.

354. Revisione dei parametri. – 1. Al fine di migliorare la tempestività e l'efficienza delle segnalazioni dirette a favorire l'emersione precoce della crisi di impresa, sulla base dei dati elaborati dall'osservatorio di cui all'articolo 353, con regolamento adottato a norma dell'articolo 17, comma 2, della legge 23 agosto 1988, n. 400, si provvede all'eventuale revisione delle disposizioni contenute nell'articolo 15, con riferimento sia alla tipologia dei debiti sia all'entità degli stessi, nonché dei presupposti della tempestività dell'iniziativa ai sensi dell'articolo 24 ai fini delle misure premiali di natura fiscale di cui all'articolo 25.

355. Relazione al Parlamento. – 1. Entro due anni in sede di prima applicazione, e successivamente ogni tre anni, il Ministro della giustizia presenta al Parlamento una relazione dettagliata sull'applicazione del presente codice, tenuto conto dei dati elaborati dall'osservatorio di cui all'articolo 353.

Capo II
Albo degli incaricati della gestione e del controllo nelle procedure

356. Albo dei soggetti incaricati dall'autorità giudiziaria delle funzioni di gestione e di controllo nelle procedure di cui al codice della crisi e dell'insolvenza. – 1. È istituito presso il Ministero della giustizia un albo dei soggetti, costituiti anche in forma associata o societaria, destinati a svolgere, su incarico del tribunale, le funzioni di curatore, commissario giudiziale o liquidatore, nelle procedure previste nel codice della crisi e dell'insolvenza. È assicurato il collegamento dati con le informazioni contenute nel registro di cui all'articolo 125, comma 4. Il Ministero della giustizia esercita la vigilanza sull'attività degli iscritti all'albo.

2. Possono ottenere l'iscrizione i soggetti che, in possesso dei requisiti di cui all'articolo 358, comma 1, lettere *a*), *b*) e *c*), dimostrano di aver assolto gli obblighi di formazione di cui all'articolo 4, comma 5, lettere *b*), *c*) e *d*) del decreto del Ministro della giustizia 24 settembre 2014, n. 202 e successive modificazioni. Ai fini del primo popolamento dell'albo, possono ottenere l'iscrizione anche i soggetti in possesso dei requisiti di cui all'articolo 358, comma 1, let-

tere *a*), *b*) e *c*) che documentano di essere stati nominati, alla data di entrata in vigore del presente articolo, in almeno quattro procedure negli ultimi quattro anni, curatori fallimentari, commissari o liquidatori giudiziali. Costituisce condizione per il mantenimento dell'iscrizione l'acquisizione di uno specifico aggiornamento biennale, ai sensi del predetto decreto. La Scuola superiore della magistratura elabora le linee guida generali per la definizione dei programmi dei corsi di formazione e di aggiornamento. I requisiti di cui all'articolo 358, comma 1, lettera *b*), devono essere in possesso della persona fisica responsabile della procedura, nonché del legale rappresentante della società tra professionisti o di tutti i componenti dello studio professionale associato.

3. Costituisce requisito per l'iscrizione all'albo il possesso dei seguenti requisiti di onorabilità:

a) non versare in una delle condizioni di ineleggibilità o decadenza previste dall'articolo 2382 del codice civile;

b) non essere stati sottoposti a misure di prevenzione disposte dall'autorità giudiziaria ai sensi del decreto legislativo 6 settembre 2011, n. 159;

c) non essere stati condannati con sentenza passata in giudicato, salvi gli effetti della riabilitazione:

1) a pena detentiva per uno dei reati previsti dalle norme che disciplinano l'attività bancaria, finanziaria, mobiliare, assicurativa e dalle norme in materia di mercati e valori mobiliari, di strumenti di pagamento;

2) alla reclusione per uno dei delitti previsti nel titolo XI del libro V del codice civile o nel presente codice;

3) alla reclusione per un tempo non inferiore a un anno per un delitto contro la pubblica amministrazione, contro la fede pubblica, contro il patrimonio, contro l'ordine pubblico, contro l'economia pubblica ovvero per un delitto in materia tributaria;

4) alla reclusione per un tempo superiore a due anni per un qualunque delitto non colposo;

d) non avere riportato negli ultimi cinque anni una sanzione disciplinare più grave di quella minima prevista dai singoli ordinamenti professionali.

357. Funzionamento dell'albo. – 1. Con decreto del Ministro della giustizia, di concerto con il Ministro dell'economia e delle finanze, da adottare ai sensi dell'articolo 17, comma 3, della legge 23 agosto 1988, n. 400, entro il 1° marzo 2020, sono stabilite, in particolare:

a) le modalità di iscrizione all'albo di cui all'articolo 356;

b) le modalità di sospensione e cancellazione dal medesimo albo;

c) le modalità di esercizio del potere di vigilanza da parte del Ministero della giustizia.

2. Con lo stesso decreto è stabilito l'importo del contributo che deve essere versato per l'iscrizione e per il suo mantenimento, tenuto conto delle spese per la realizzazione, lo sviluppo e l'aggiornamento dell'albo. Le somme corrisposte a titolo di contributo sono versate all'entrata del bilancio dello Stato per essere riassegnate allo stato di previsione del Ministero della giustizia.

358. Requisiti per la nomina agli incarichi nelle procedure. – 1. Possono essere chiamati a svolgere le funzioni di curatore, commissario giudiziale e liquidatore, nelle procedure di cui al codice della crisi e dell'insolvenza:

a) gli iscritti agli albi degli avvocati, dei dottori commercialisti e degli esperti contabili e dei consulenti del lavoro;

b) gli studi professionali associati o società tra professionisti, sempre che i soci delle stesse siano in possesso dei requisiti professionali di cui alla lettera *a*), e, in tal caso, all'atto dell'accettazione dell'incarico, deve essere designata la persona fisica responsabile della procedura;

c) coloro che abbiano svolto funzioni di amministrazione, direzione e controllo in società di capitali o società cooperative, dando prova di adeguate capacità imprenditoriali e purché non sia intervenuta nei loro confronti dichiarazione di apertura della procedura di liquidazione giudiziale.

2. Non possono essere nominati curatore, commissario giudiziale o liquidatore, il coniuge, la parte di un'unione civile tra persone dello stesso sesso, il convivente di fatto, i parenti e gli affini entro il quarto grado del debitore, i creditori di questo e chi ha concorso al dissesto dell'impresa, nonché chiunque si trovi in conflitto di interessi con la procedura.

3. Il curatore, il commissario giudiziale e il liquidatore sono nominati dall'autorità giudiziaria tenuto conto:

a) delle risultanze dei rapporti riepilogativi di cui all'articolo 16 *bis*, commi 9 *quater*, 9 *quinquies* e 9 *septies*, del decreto legge 18 ottobre 2012, n. 179, convertito, con modificazioni, dalla legge 24 dicembre 2012, n. 228;

b) degli incarichi in corso, in relazione alla necessità di assicurare l'espletamento diretto, personale e tempestivo delle funzioni;

c) delle esigenze di trasparenza e di turnazione nell'assegnazione degli incarichi, valutata la esperienza richiesta dalla natura e dall'oggetto dello specifico incarico;

d) con riferimento agli iscritti agli albi dei consulenti del lavoro, dell'esistenza di rapporti di lavoro subordinato in atto al momento dell'apertura della liquidazione giudiziale, del deposito del decreto di ammissione al concordato preventivo o al momento della sua omologazione.

Capo III
Disciplina dei procedimenti

359. Area web riservata. – 1. L'area web riservata di cui all'articolo 40, comma 6, è realizzata dal Ministero dello sviluppo economico, sentita l'Agenzia per l'Italia digitale, avvalendosi delle strutture informatiche di cui all'articolo 6 *bis*, comma 4, del decreto legislativo 7 marzo 2005, n. 82 (Codice dell'amministrazione digitale).

2. Il Ministro dello sviluppo economico, di concerto con il Ministro della giustizia e con il Ministro per la pubblica amministrazione, sentito il Garante per la protezione dei dati personali, con decreto da adottarsi entro il 1° marzo 2020, definisce in particolare:

a) la codifica degli eventi che generano avvisi di mancata consegna, distinguendo tra quelli imputabili e quelli non imputabili al destinatario;

b) le modalità di inserimento automatico degli atti nell'area web riservata;

c) le modalità di accesso a ciascuna area da parte dei rispettivi titolari;

d) le modalità di comunicazione al titolare dell'area web riservata del link per accedere agevolmente all'atto oggetto della notifica, escludendo la rilevanza di questa comunicazione ai fini del perfezionamento della notifica, già avvenuta per effetto dell'inserimento di cui alla lettera seguente;

e) il contenuto e le modalità di rilascio alla cancelleria dell'attestazione dell'avvenuto inserimento dell'atto da notificare nell'area web riservata;

f) il contenuto della ricevuta di avvenuta notifica mediante inserimento nell'area web riservata e le modalità di firma elettronica;

g) il periodo di tempo per il quale è assicurata la conservazione dell'atto notificato nell'area web riservata.

h) le misure necessarie ad assicurare la protezione dei dati personali.

360. Disposizioni in materia di obbligatorietà del deposito con modalità telematiche degli atti del procedimento di accertamento dello stato di crisi o di insolvenza. – 1. Dopo l'articolo 16 *bis*, comma 4, del decreto legge 18 ottobre 2012, n. 179, convertito dalla legge 17 dicembre 2012, n. 221 è inserito il seguente comma:

«4 *bis*. Nei procedimenti giudiziali diretti all'apertura delle procedure concorsuali, in ogni grado di giudizio, gli atti dei difensori e degli ausiliari del giudice, nonché i documenti sono depositati esclusivamente con modalità telematiche, nel rispetto della normativa anche regolamentare concernente la sottoscrizione, la trasmissione e la ricezione dei documenti informatici. Si applica il secondo periodo del comma 4. Per il ricorso per cassazione, la disposizione acquista efficacia a decorrere dal sessantesimo giorno successivo alla pubblicazione nella *Gazzetta Ufficiale* del provvedimento del responsabile dei sistemi informativi automatizzati del Ministero della giustizia, da adottarsi entro un anno dall'entrata in vigore del codice della crisi di impresa e dell'insolvenza, adottato in attuazione dell'articolo 1 della legge delega 19 ottobre 2017, n. 155, attestante la piena funzionalità dei servizi di comunicazione.».

361. Norma transitoria sul deposito telematico delle notifiche. – 1. Quando la notificazione telematica di cui all'articolo 40, comma 5, non risulta possibile o non ha esito positivo, per causa imputabile al destinatario e sino all'emanazione del decreto di cui all'articolo 359, si applicano le disposizioni di cui all'articolo 40, comma 7.

362. Trattazione delle controversie concorsuali presso la Corte di cassazione. – 1. Presso la Corte di cassazione, alla sezione incaricata della trattazione delle controversie di cui al presente codice, sono destinati magistrati nel numero richiesto dalle esigenze del servizio, tenuto conto dei procedimenti pendenti e pervenuti e dell'urgenza della definizione.

2. L'assegnazione del personale di magistratura alla sezione di cui al comma 1 ha luogo nei limiti della dotazione organica vigente.

363. Certificazione dei debiti contributivi e per premi assicurativi. – 1. L'Istituto nazionale per la previdenza sociale e l'Istituto nazionale per gli infortuni sul lavoro, su richiesta del debitore o del tribunale, comunicano i crediti dagli stessi vantati nei confronti del debitore a titolo di contributi e premi assicurativi, attraverso il rilascio di un certificato unico.

2. L'INPS e l'INAIL, entro novanta giorni dall'entrata in vigore del presente articolo, definiscono i contenuti della comunicazione ed i tempi per il rilascio del certificato unico di cui al comma 1 con proprio provvedimento, approvato dal Ministero del lavoro e delle politiche sociali, di concerto con il Ministero dell'economia e delle finanze e, per i profili di competenza, con il Dipartimento della funzione pubblica.

364. Certificazione dei debiti tributari. – 1. Gli uffici dell'Amministrazione finanziaria e degli enti preposti all'accertamento dei tributi di loro competenza rilasciano, su richiesta del debitore o del tribunale, un certificato unico sull'esistenza di debiti risultanti dai rispettivi atti, dalle contestazioni in corso e da quelle già definite per le quali i debiti non sono stati soddisfatti.

2. L'Agenzia delle entrate adotta, entro novanta giorni dalla data di entrata in vigore del presente articolo, con proprio provvedimento, modelli per la certificazione dei carichi pendenti, risultanti al sistema informativo dell'anagrafe tributaria e dell'esistenza di contestazioni, nonché per le istruzioni

agli uffici locali dell'Agenzia delle entrate competenti al rilascio e definisce un fac-simile di richiesta delle certificazioni medesime da parte dei soggetti interessati, curando la tempestività di rilascio.

365. Informazioni sui debiti fiscali, contributivi e per premi assicurativi. – 1. A seguito della domanda di apertura della liquidazione giudiziale o del concordato preventivo e fino alla emanazione dei provvedimenti di cui agli articoli 363 e 364, la cancelleria acquisisce dagli uffici competenti idonea certificazione sui debiti fiscali, contributivi e per premi assicurativi.

366. Modifica all'articolo 147 del Testo unico in materia di spese di giustizia. – 1. L'articolo 147 del decreto del Presidente della Repubblica 30 maggio 2002, n. 115, è sostituito dal seguente:

«Art. 147 (L) (Recupero delle spese in caso di revoca della dichiarazione di apertura della liquidazione giudiziale). - 1. In caso di revoca della dichiarazione di apertura della liquidazione giudiziale, le spese della procedura e il compenso del curatore sono a carico del creditore istante quando ha chiesto con colpa la dichiarazione di apertura della liquidazione giudiziale; sono a carico del debitore persona fisica, se con il suo comportamento ha dato causa alla dichiarazione di apertura della liquidazione giudiziale. La corte di appello, quando revoca la liquidazione giudiziale, accerta se l'apertura della procedura è imputabile al creditore o al debitore.».

2. Le disposizioni dell'articolo 147 del decreto del Presidente della Repubblica n. 115 del 2002, come sostituito dal comma 1, si applicano anche in caso di revoca dei fallimenti adottati con provvedimento emesso a norma dell'articolo 18 del regio decreto 16 marzo 1942, n. 267.

367. Modalità di accesso alle informazioni sui debiti risultanti da banche dati pubbliche. – 1. Nei procedimenti di cui all'articolo 42, comma 1, le pubbliche amministrazioni che gestiscono le banche dati del Registro delle imprese, dell'Anagrafe tributaria e dell'Istituto nazionale di previdenza sociale trasmettono direttamente e automaticamente alla cancelleria, mediante il sistema di cooperazione applicativa ai sensi del decreto legislativo 7 marzo 2005, n. 82, Codice dell'amministrazione digitale, i dati e i documenti di cui ai commi 2, 3 e 4.

2. Il Registro delle imprese trasmette alla cancelleria i bilanci relativi agli ultimi tre esercizi, la visura storica, gli atti con cui sono state compiute le operazioni straordinarie e in particolare aumento e riduzione di capitale, fusione e scissione, trasferimenti di azienda o di rami di azienda. Ulteriori informazioni e documenti possono essere individuati con decreto non avente natura regolamentare del Ministero della giustizia, di concerto con il Ministero dello sviluppo economico.

3. L'Agenzia delle entrate trasmette alla cancelleria le dichiarazioni dei redditi concernenti i tre esercizi o anni precedenti, l'elenco degli atti sottoposti a imposta di registro e i debiti fiscali, indicando partitamente per questi ultimi interessi, sanzioni e gli anni in cui i debiti sono sorti. Con decreto del direttore generale della giustizia civile d'intesa con il direttore generale dell'Agenzia delle entrate possono essere individuati ulteriori documenti e informazioni.

4. L'Istituto nazionale di previdenza sociale trasmette alla cancelleria le informazioni relative ai debiti contributivi. Con decreto del direttore generale della giustizia civile d'intesa con il presidente del predetto Istituto possono essere individuati ulteriori documenti e informazioni.

5. Sino a quando non sono definiti dall'Agenzia per l'Italia digitale gli standard di comunicazione e le regole tecniche di cui all'articolo 71 del decreto legislativo 7 marzo 2005, n. 82, e, in ogni caso, quando l'amministrazione che gestisce la banca dati o il Ministero della giustizia non dispongono dei sistemi informatici per la cooperazione applicativa di cui al codice dell'amministrazione digitale, i dati, i documenti e le informazioni di cui al presente articolo sono acquisiti previa stipulazione, senza nuovi o maggiori oneri per la finanza pubblica, di una convenzione a titolo gratuito e senza nuovi o maggiori oneri per la finanza pubblica, finalizzata alla fruibilità informatica dei dati, sentito il Garante per la protezione dei dati personali.

6. Con le medesime modalità di cui al comma 1 sono altresì trasmesse alla cancelleria le ulteriori informazioni relative al debitore e rilevanti per la sussistenza dei requisiti eccedenti quelli di cui all'articolo 2, comma 1, lettera *d*), detenute dalle altre pubbliche amministrazioni individuate dal Ministero della giustizia. Si applica il comma 5.

7. Le disposizioni del presente articolo acquistano efficacia a decorrere dal sessantesimo giorno successivo alla pubblicazione nella *Gazzetta Ufficiale* del provvedimento del responsabile dei sistemi informativi automatizzati del Ministero della giustizia, da adottarsi entro un anno dall'entrata in vigore del presente codice, attestante la piena funzionalità del collegamento telematico, anche a seguito della stipulazione delle convenzioni di cui al comma 5.

Capo IV
Disposizioni in materia di diritto del lavoro

368. Coordinamento con la disciplina del diritto del lavoro. – 1. All'articolo 5, comma 3, della legge 23 luglio 1991 n. 223, dopo le parole «comma 12» sono aggiunte le seguenti: «nonché di violazione delle procedure di cui all'articolo 189, comma 6, del codice della crisi e dell'insolvenza».

2. All'articolo 10 del decreto legislativo 4 marzo 2015, n. 23, dopo le parole «comma 12» sono aggiunte le seguenti: «nonché di violazione delle procedure di cui all'articolo 189, comma 6, del codice della crisi e dell'insolvenza».

3. All'articolo 24 della legge 23 luglio 1991, n. 223 sono introdotte le seguenti modifiche:

a) al comma 1, dopo il primo periodo, è aggiunto il seguente: «Fermi i requisiti numerici e temporali prescritti dal presente comma, alle imprese in stato di liquidazione giudiziale si applicano le disposizioni di cui all'articolo 189, comma 6, del codice della crisi e dell'insolvenza.»;

b) al comma 1 *bis*, dopo il primo periodo, è aggiunto il seguente: «Ai datori di lavoro non imprenditori in stato di liquidazione giudiziale si applicano le disposizioni di cui all'articolo 189, comma 6, del codice della crisi e dell'insolvenza.»;

c) al comma 1 *quinquies*, dopo le parole: «procedure richiamate dall'articolo 4, comma 12,» sono aggiunte le seguenti: «nonché di violazione delle procedure di cui all'articolo 189, comma 6, del codice della crisi e dell'insolvenza.».

4. All'articolo 47 della legge 29 dicembre 1990, n. 428, sono apportate le seguenti modificazioni e integrazioni:

a) dopo il comma 1 è inserito il seguente:

«1 *bis*. Nei casi di trasferimenti di aziende nell'ambito di procedure di regolazione della crisi e dell'insolvenza di cui al presente codice, la comunicazione di cui al comma 1 può essere effettuata anche solo da chi intenda proporre offerta di acquisto dell'azienda o proposta di concordato preventivo concorrente con quella dell'imprenditore; in tale ipotesi l'efficacia degli accordi di cui ai commi 4 *bis* e 5 può essere subordinata alla successiva attribuzione dell'azienda ai terzi offerenti o proponenti.»;

b) il comma 4 *bis* è sostituito dal seguente:

«4 *bis*. Nel caso in cui sia stato raggiunto un accordo, nel corso delle consultazioni di cui ai precedenti commi, con finalità di salvaguardia dell'occupazione, l'articolo 2112 del codice civile, fermo il trasferimento al cessionario dei rapporti di lavoro, trova applicazione, per quanto attiene alle condizioni di lavoro, nei termini e con le limitazioni previste dall'accordo medesimo, da concludersi anche attraverso i contratti collettivi di cui all'articolo 51 del decreto legislativo 15 giugno 2015, n. 81, qualora il trasferimento riguardi aziende:

a) per le quali vi sia stata la dichiarazione di apertura della procedura di concordato preventivo in regime di continuità indiretta, ai sensi dell'articolo 84, comma 2, del codice della crisi e dell'insolvenza, con trasferimento di azienda successivo all'apertura del concordato stesso;

b) per le quali vi sia stata l'omologazione degli accordi di ristrutturazione dei debiti, quando gli accordi non hanno carattere liquidatorio;

c) per le quali è stata disposta l'amministrazione straordinaria, ai sensi del decreto legislativo 8 luglio 1999, n. 270, in caso di continuazione o di mancata cessazione dell'attività»;

c) il comma 5 è sostituito dal seguente:

«5. Qualora il trasferimento riguardi imprese nei confronti delle quali vi sia stata apertura della liquidazione giudiziale o di concordato preventivo liquidatorio, ovvero emanazione del provvedimento di liquidazione coatta amministrativa, nel caso in cui la continuazione dell'attività non sia stata disposta o sia cessata, i rapporti di lavoro continuano con il cessionario. Tuttavia, in tali ipotesi, nel corso delle consultazioni di cui ai precedenti commi, possono comunque stipularsi, con finalità di salvaguardia dell'occupazione, contratti collettivi ai sensi dell'articolo 51 del decreto legislativo 15 giugno 2015, n. 81, in deroga all'articolo 2112, commi 1, 3 e 4, del codice civile; resta altresì salva la possibilità di accordi individuali, anche in caso di esodo incentivato dal rapporto di lavoro, da sottoscriversi nelle sedi di cui all'articolo 2113, ultimo comma del codice civile.»;

d) dopo il comma 5 sono aggiunti i seguenti:

«5 *bis*. Nelle ipotesi previste dal comma 5, non si applica l'articolo 2112, comma 2, del codice civile e il trattamento di fine rapporto è immediatamente esigibile nei confronti del cedente dell'azienda. Il Fondo di garanzia, in presenza delle condizioni previste dall'articolo 2 della legge 29 maggio 1982, n. 297, interviene anche a favore dei lavoratori che passano senza soluzione di continuità alle dipendenze dell'acquirente; nei casi predetti, la data del trasferimento tiene luogo di quella della cessazione del rapporto di lavoro, anche ai fini dell'individuazione dei crediti di lavoro diversi dal trattamento di fine rapporto, da corrispondere ai sensi dell'articolo 2, comma 1, del decreto legislativo 27 gennaio 1992, n. 80. I predetti crediti per trattamento di fine rapporto e di cui all'articolo 2, comma 1, del decreto legislativo 27 gennaio 1992, n. 80 sono corrisposti dal Fondo di Garanzia nella loro integrale misura, quale che sia la percentuale di soddisfazione stabilita, nel rispetto dell'articolo 85, comma 7, del codice della crisi e dell'insolvenza, in sede di concordato preventivo.

5 *ter*. Qualora il trasferimento riguardi imprese nei confronti delle quali vi sia stata sottoposizione all'amministrazione straordinaria, nel caso in cui la continuazione dell'attività non sia stata disposta o sia cessata e nel corso della consultazione di cui ai precedenti commi sia stato raggiunto un accordo circa il mantenimento anche parziale dell'occupazione, ai lavoratori il cui rapporto di lavoro continua con l'acquirente non trova applicazione l'articolo 2112 del codice civile, salvo che dall'accordo risultino condizioni di miglior favore. Il predetto accordo può altresì prevedere che il trasferimento non riguardi il personale eccedentario e che quest'ultimo continui a rimanere, in tutto o in parte, alle dipendenze dell'alienante.»;

e) al comma 6 dopo le parole «i lavoratori che» è aggiunta la seguente: «comunque»;

f) all'articolo 11, comma 3, del decreto legge 23 dicembre 2013, n. 145, convertito, con modificazioni, dalla legge 21 febbraio 2014, n. 9, le parole «dell'articolo 2, comma 19, della legge 28 giugno 2012, n. 92» sono sostituite dalle seguenti: «dell'articolo 8 del decreto legislativo 4 marzo 2015, n. 22».

Capo V
Disposizioni di coordinamento in tema di liquidazione coatta amministrativa e in altre materie

369. Norme di coordinamento con le disposizioni del decreto legislativo 1 settembre 1993, n. 385. – 1. Al decreto legislativo 1 settembre 1993, n. 385, sono apportate le seguenti modificazioni:

a) all'articolo 39, comma 4, le parole «a revocatoria fallimentare» sono sostituite dalle seguenti «alla revocatoria di cui all'articolo 166 del codice della crisi e dell'insolvenza» e le parole «L'art. 67 della legge fallimentare» sono sostituite dalle seguenti: «L'articolo 166 del codice della crisi dell'insolvenza»;

b) all'articolo 69 *septiesdecies*, le parole «agli articoli 64, 65, 66 e 67, 216, primo comma, n. 1) e terzo comma e 217 della legge fallimentare» sono sostituite dalle seguenti: «agli articoli 163, 164, 165, 166, 338, comma 1, lettera *a*) e comma 3, e 339 del codice della crisi e dell'insolvenza»;

c) all'articolo 70, comma 7, le parole «il titolo IV della legge fallimentare e» sono soppresse;

d) all'articolo 80, comma 6, le parole «della legge fallimentare» sono sostituite dalle seguenti: «del codice della crisi e dell'insolvenza»;

e) all'articolo 82 sono apportate le seguenti modificazioni:

1) al comma 1, le parole «in cui essa ha la sede legale» sono sostituite dalle seguenti: «dove essa ha il centro degli interessi principali», le parole

«dell'art. 195, commi primo, secondo periodo, terzo, quarto, quinto, sesto e ottavo della legge fallimentare» sono sostituite dalle seguenti: «dell'articolo 296 del codice della crisi e dell'insolvenza»;

2) al comma 2, le parole «del luogo in cui la banca ha la sede legale» sono sostituite dalle seguenti: «del luogo in cui la banca ha il centro degli interessi principali», le parole «dell'art. 195, terzo, quarto, quinto e sesto comma della legge fallimentare» sono sostituite dalle seguenti: «dell'articolo 297 del codice della crisi e dell'insolvenza»;

3) al comma 3, le parole «nell'art. 203 della legge fallimentare» sono sostituite dalle seguenti: «nell'articolo 298 del codice della crisi e dell'insolvenza»;

f) all'articolo 83 sono apportate le seguenti modificazioni:

1) al comma 2, le parole: «dagli articoli 42, 44, 45 e 66, nonché dalle disposizioni del titolo II, capo III, sezione II e sezione IV della legge fallimentare» sono sostituite dalle seguenti: «dagli articoli 142, 144, 145 e 165, nonché dalle disposizioni del titolo V, capo I, sezione III e V del codice della crisi e dell'insolvenza»;

2) al comma 3, le parole «del luogo dove la banca ha la sede legale» sono sostituite dalle seguenti: «del luogo in cui la banca ha il centro degli interessi principali»;

3) al comma 3 *bis*, le parole «all'articolo 56, primo comma, della legge fallimentare» sono sostituite dalle seguenti: «all'articolo 155, comma 1, del codice della crisi e dell'insolvenza»;

g) all'articolo 86 sono apportate le seguenti modificazioni:

1) al comma 3, le parole «del luogo ove la banca ha la sede legale» sono sostituite dalle seguenti: «del luogo in cui la banca ha il centro degli interessi principali» e le parole «Si applica l'articolo 31 *bis*, terzo comma, della legge fallimentare, intendendosi sostituito al curatore il commissario liquidatore» sono sostituite dalle seguenti: «In pendenza della procedura e per il periodo di due anni dalla chiusura della stessa, il commissario liquidatore è tenuto a conservare i messaggi di posta elettronica certificata inviati e ricevuti»;

2) al comma 7, le parole «del luogo ove la banca ha la sede legale» sono sostituite dalle seguenti: «del luogo in cui la banca ha il centro degli interessi principali»;

h) all'articolo 87, al comma 2, le parole «del luogo ove la banca ha la sede legale» sono sostituite dalle seguenti: «del luogo in cui la banca ha il centro degli interessi principali» e le parole «l'articolo 99, commi 2 e seguenti, della legge fallimentare» sono sostituite dalle seguenti: «l'articolo 206, comma 2 e seguenti, del codice della crisi e dell'insolvenza»;

i) all'articolo 91 sono apportate le seguenti modificazioni:

1) al primo periodo del primo comma, le parole «dall'articolo 111 della legge fallimentare» sono sostituite dalle seguenti: «dall'articolo 221 del codice della crisi e dell'insolvenza» e, al secondo periodo, le parole «nell'articolo 111, comma primo, numero 1) della legge fallimentare» sono sostituite dalle seguenti: «nell'articolo 221, comma 1, lettera *a*), del codice della crisi e dell'insolvenza»;

2) al comma 1 *bis*, le parole «dall'articolo 111 della legge fallimentare» sono sostituite dalle seguenti: «dall'articolo 221 del codice della crisi e dell'insolvenza»;

3) al comma 3, le parole «dell'articolo 111, comma 1, numero 3) della legge fallimentare» sono sostituite dalle seguenti: «dall'articolo 221, comma 1, lettera *c*) del codice della crisi e dell'insolvenza»;

l) all'articolo 93 sono apportate le seguenti modificazioni:

1) al comma 1, le parole «del luogo dove l'impresa ha la sede legale» sono sostituite dalle seguenti: «del luogo dove l'impresa ha il centro degli interessi principali» e le parole «dell'art. 152, secondo comma, della legge fallimentare» sono sostituite dalle seguenti: «dell'articolo 265, comma 2, del codice della crisi e dell'insolvenza»;

2) al comma 3, ultimo periodo, le parole «dall'articolo 135 della legge fallimentare» sono sostituite dalle seguenti: «dall'articolo 248 del codice della crisi e dell'insolvenza»;

3) al comma 6, le parole «l'articolo 131 della legge fallimentare» sono sostituite dalle seguenti: «l'articolo 247 del codice della crisi e dell'insolvenza»;

m) all'articolo 94, comma 3, le parole «l'articolo 215 della legge fallimentare» sono sostituite dalle seguenti: «l'articolo 299 del codice della crisi e dell'insolvenza»;

n) all'articolo 99, comma 5, le parole «67 della legge fallimentare», ovunque ricorrano, sono sostituite dalle seguenti: «166 del codice della crisi e dell'insolvenza»;

o) all'articolo 104, comma 1, le parole «ha sede legale la capogruppo» sono sostituite dalle seguenti: «la capogruppo ha il centro degli interessi principali».

2. La disposizione di cui al comma 1, lettera *a*), si applica alle liquidazioni giudiziali aperte a seguito di domanda depositata o iniziativa comunque esercitata successivamente all'entrata in vigore del presente decreto.

3. La disposizione di cui al comma 1, lettera *b*), si applica agli accordi previsti dal capo 02-I del Testo unico bancario e alle prestazioni di sostegno finanziario in loro esecuzione, approvati successivamente all'entrata in vigore del presente decreto.

4. Le disposizioni di cui al comma 1, lettere *d*), *e*), *f*), *g*), *h*), *i*), *l*), *m*), *n*), e *o*), si applicano alle liquidazioni coatte amministrative disposte per effetto di domande depositate o iniziative comunque esercitate successivamente all'entrata in vigore del presente decreto.

370. Norme di coordinamento con le disposizioni del decreto legislativo 7 settembre 2005, n. 209. – 1. Al decreto legislativo 7 settembre 2005, n. 209, sono apportate le seguenti modificazioni:

a) all'articolo 238, le parole «non si applica il titolo III della legge fallimentare» sono sostituite dalle seguenti: «non si applicano le disposizioni dei capi I e III del titolo IV del codice della crisi e dell'insolvenza»;

b) all'articolo 245, comma 7, secondo periodo, le parole «della legge fallimentare» sono sostituite dalle seguenti: «del codice della crisi e dell'insolvenza»;

c) all'articolo 248 sono apportate le seguenti modificazioni:

1) al comma 1, le parole «dove l'impresa ha la sede legale» sono sostituite dalle seguenti: «dove l'impresa ha il centro degli interessi principali», le parole «dell'articolo 195, primo, secondo periodo, terzo, quarto, quinto e sesto comma, della legge fallimentare» sono sostituite dalle seguenti: «dell'articolo 297 del codice della crisi e dell'insolvenza»;

2) al comma 2, le parole «in cui l'impresa ha la sede legale» sono sostituite dalle seguenti: «dove l'impresa ha il centro degli interessi principali», le parole «dell'articolo 195, terzo, quarto, quinto e sesto comma, della legge fallimentare» sono sostituite dalle seguenti: «dell'articolo 297 del codice della crisi e dell'insolvenza»;

3) al comma 3, le parole «nell'articolo 5, secondo comma, della legge fallimentare» sono sostituite dalle seguenti: «nell'articolo 2, comma 1, lettera *b*), del codice della crisi e dell'insolvenza»;

4) al comma 4, le parole «nell'art. 203 della legge fallimentare» sono sostituite dalle seguenti: «nell'articolo 299 del codice della crisi e dell'insolvenza»;

d) all'articolo 249 sono apportate le seguenti modificazioni:

1) al comma 1, le parole «del luogo dove l'impresa ha la sede legale» sono sostituite dalle seguenti: «dove l'impresa ha il centro degli interessi principali»;

2) al comma 2, le parole «titolo II, capo III, sezione II e sezione IV, e dall'articolo 66 della legge fallimentare» sono sostituite dalle seguenti: «titolo V, capo I, sezione III e V del codice della crisi e dell'insolvenza e dall'articolo 165 del medesimo codice»;

e) all'articolo 252 sono apportate le seguenti modificazioni:

1) al comma 2, le parole «del luogo dove ha sede legale l'impresa» sono sostituite dalle seguenti: «dove l'impresa ha il centro degli interessi principali»;

2) al comma 8, le parole «del luogo ove l'impresa ha sede legale» sono sostituite dalle seguenti: «dove l'impresa ha il centro degli interessi principali»;

f) all'articolo 254, comma 2, le parole «dagli articoli 98 e 99 della legge fallimentare» sono sostituite dalle seguenti: «dagli articoli 206 e 207 del codice della crisi e dell'insolvenza»;

g) all'articolo 255, le parole «dalla legge fallimentare» sono sostituite dalle seguenti: «dal codice della crisi e dell'insolvenza»;

h) all'articolo 256, le parole «dagli articoli 98 e 99 della legge fallimentare» sono sostituite dalle seguenti: «dagli articoli 206 e 207 del codice della crisi e dell'insolvenza»;

i) all'articolo 257, comma 1, le parole «dall'articolo 35 della legge fallimentare» sono sostituite dalle seguenti: «dall'articolo 132 del codice della crisi e dell'insolvenza» e le parole «a quanto disposto dall'articolo 206, secondo comma, della medesima» sono sostituite dalle seguenti: «a quanto disposto dall'articolo 307, comma 2, del medesimo codice»;

l) all'articolo 258, comma 6, le parole «all'articolo 111, primo comma, numero 1, della legge fallimentare» sono sostituite dalle seguenti: «all'articolo 221, comma 1, lettera *a*), del codice della crisi e dell'insolvenza»;

m) all'articolo 260, al comma 1, primo periodo, le parole «dall'articolo 111 della legge fallimentare» sono sostituite dalle seguenti: «dall'articolo 221 del codice della crisi e dell'insolvenza» e, al comma 1, secondo periodo, le parole «nell'articolo 111, comma primo, numero 1) della legge fallimentare» sono sostituite dalle seguenti: «nell'articolo 221, comma 1, lettera *a*), del codice della crisi e dell'insolvenza»;

n) all'articolo 262, comma 1, le parole «dell'art. 152, secondo comma, della legge fallimentare» sono sostituite dalle seguenti: «dell'articolo 265, comma 2, del codice della crisi e dell'insolvenza» e le parole «del luogo dove l'impresa ha la sede legale» sono sostituite dalle seguenti: «dove l'impresa ha il centro degli interessi principali»;

o) all'articolo 263, comma 3, le parole «Si applica l'articolo 215 della legge fallimentare» sono sostituite dalle seguenti: «Si applicano gli articoli 250 e 251 del codice della crisi e dell'insolvenza»;

p) all'articolo 265, comma 3, le parole «all'articolo 213, secondo e terzo comma, della legge fallimentare» sono sostituite dalle seguenti: «all'articolo 313 del codice della crisi e dell'insolvenza»;

q) all'articolo 270, comma 1, le parole «dall'articolo 56 della legge fallimentare» sono sostituite dalle seguenti: «all'articolo 155 del codice della crisi e dell'insolvenza»;

r) all'articolo 276, comma 5, prima parte, le parole «67 della legge fallimentare», sono sostituite dalle seguenti: «166 del codice della crisi e dell'insolvenza» e le parole «per gli atti indicati ai numeri 1), 2) e 3) del primo comma dell'articolo 67 della legge fallimentare, che siano stati posti in essere nei cinque anni anteriori al provvedimento di liquidazione coatta, e per gli atti indicati al numero 4) del primo comma e dal secondo comma del medesimo articolo 67, che siano stati posti in essere nei tre anni anteriori» sono sostituite dalle seguenti: «per gli atti indicati all'articolo 166, comma 1, lettere *a*), *b*) e *c*) del codice della crisi e dell'insolvenza chesiano stati posti in essere nei cinque anni anteriori al provvedimento di liquidazione coatta, e per gli atti indicati all'articolo 166, comma 1, lettere *a*), *b*) e *c*) e comma 2 del codice della crisi e dell'insolvenza, che siano stati posti in essere nei tre anni anteriori»;

s) all'articolo 281, comma 1, le parole «tribunale nella cui circoscrizione ha sede legale tale società controllante» sono sostituite dalle seguenti: «tribunale dove tale società controllante ha il centro degli interessi principali».

2. Le disposizioni di cui al comma 1, lettere *b*), *c*), *d*), *e*), *f*), *g*), *h*), *i*), *l*), *m*), *n*), *o*), *p*), *q*), *r*) e *s*), si applicano alle liquidazioni coatte amministrative disposte per effetto di domande depositate o iniziative comunque esercitate successivamente all'entrata in vigore del presente decreto.

371. Norme di coordinamento con l'articolo 16 delle disposizioni di attuazione del codice civile. – 1. All'articolo 16 delle disposizioni di attuazione del codice civile, le parole «201, 207, 208, 209, 210, 212 e 213 del R.D. 16 marzo 1942, n. 267» sono sostituite dalle seguenti: «304, 308, 309, 310, 311, 312 e 313 del codice della crisi e dell'insolvenza».

2. Il comma 1 si applica alle liquidazioni generali del patrimonio disposte per effetto di domande depositate o iniziative comunque esercitate successivamente all'entrata in vigore del presente decreto.

372. Modifiche al codice dei contratti pubblici di cui al decreto legislativo 18 aprile 2016, n. 50. – 1. Al codice dei contratti pubblici di cui al decreto legislativo 18 aprile 2016, n. 50, sono apportate le seguenti modificazioni:

a) all'articolo 48, al comma 17, le parole «articolo 110, comma 5, in caso di fallimento, liquidazione coatta amministrativa, amministrazione controllata, amministrazione straordinaria, concordato preventivo ovvero procedura di insolvenza concorsuale o di liquidazione del mandatario ovvero, qualora si tratti di imprenditore individuale, in caso di morte, interdizione, inabilitazione o fallimento» sono sostituite dalle seguenti: «articolo 110, comma 6, in caso di liquidazione giudiziale, liquidazione coatta amministrativa, amministrazione straordinaria, concordato preventivo o di liquidazione del mandatario ovvero, qualora si tratti di imprenditore individuale, in caso di morte, interdizione, inabilitazione o liquidazione giudiziale» e, al comma 18, le parole «articolo 110, comma 5, in caso di fallimento, liquidazione coatta amministrativa, amministrazione controllata, amministrazione straordinaria, concordato preventivo ovvero procedura di insolvenza concorsuale o di liquidazione di uno dei mandanti ovvero, qualora si tratti di imprenditore individuale, in caso di morte, interdizione, inabilitazione o fallimento» sono sostituite dalle seguenti: «articolo 110, comma 6, in caso di liquidazione giudiziale, liquidazione coatta amministrativa, amministrazione straordinaria, concordato preventivo o di liquidazione di uno dei mandanti ovvero, qualora si tratti di imprenditore individuale, in caso di morte, interdizione, inabilitazione o liquidazione giudiziale»;

b) all'articolo 80, comma 5, la lettera *b*) è sostituita dalla seguente: «*b*) l'operatore economico sia stato sottoposto a liquidazione giudiziale o si trovi in stato di liquidazione coatta o di concordato preventivo o sia in corso nei suoi confronti un procedimento per la dichiarazione di una di tali situazioni, fermo restando quanto previsto dall'articolo 95 del codice della crisi di impresa e dell'insolvenza adottato in attuazione della delega di cui all'articolo 1 della legge 19 ottobre 2017, n. 155 e dall'articolo 110;»;

c) l'articolo 110 è sostituito dal seguente:

«Art. 110 (Procedure di affidamento in caso di liquidazione giudiziale dell'esecutore o di risoluzione del contratto e misure straordinarie di gestione). - 1. Fatto salvo quanto previsto ai commi 3 e seguenti, le stazioni appaltanti, in caso di liquidazione giudiziale, di liquidazione coatta e concordato preventivo, ovvero di risoluzione del contratto ai sensi dell'articolo 108 ovvero di recesso dal contratto ai sensi dell'articolo 88, comma 4 *ter*, del decreto legislativo 6 settembre 2011, n. 159, ovvero in caso di dichiarazione giudiziale di inefficacia del contratto, interpellano progressivamente i soggetti che hanno partecipato all'originaria procedura di gara, risultanti dalla relativa graduatoria, al fine di stipulare un nuovo contratto per l'affidamento dell'esecuzione o del completamento dei lavori, servizi o forniture.

2. L'affidamento avviene alle medesime condizioni già proposte dall'originario aggiudicatario in sede in offerta.

3. Il curatore della procedura di liquidazione giudiziale, autorizzato all'esercizio dell'impresa, può eseguire i contratti già stipulati dall'impresa assoggettata alla liquidazione giudiziale su autorizzazione del giudice delegato.

4. Alle imprese che hanno depositato la domanda di cui all'articolo 40 del codice della crisi di impresa e dell'insolvenza adottato in attuazione della delega di cui all'articolo 1 della legge 19 ottobre 2017, n. 155, si applica l'art. 95 del medesimo codice. Per la partecipazione alle procedure di affidamento di contratti pubblici tra il momento del deposito della domanda di cui al primo periodo ed il momento del deposito del decreto previsto dall'articolo 47 del codice della crisi di impresa e dell'insolvenza è sempre necessario l'avvalimento dei requisiti di un altro soggetto.

5. L'impresa ammessa al concordato preventivo non necessita di avvalimento di requisiti di altro soggetto.

6. L'ANAC può subordinare la partecipazione, l'affidamento di subappalti e la stipulazione dei relativi contratti alla necessità che l'impresa in concordato si avvalga di un altro operatore in possesso dei requisiti di carattere generale, di capacità finanziaria, tecnica, economica, nonché di certificazione, richiesti per l'affidamento dell'appalto, che si impegni nei confronti dell'impresa concorrente e della stazione appaltante a mettere a disposizione, per la durata del contratto, le risorse necessarie all'esecuzione dell'appalto e a subentrare all'impresa ausiliata nel caso in cui questa nel corso della gara, ovvero dopo la stipulazione del contratto, non sia per qualsiasi ragione più in grado di dare regolare esecuzione all'appalto o alla concessione quando l'impresa non è in possesso dei requisiti aggiuntivi che l'ANAC individua con apposite linee guida.

7. Restano ferme le disposizioni previste dall'articolo 32 del decreto legge 24 giugno 2014, n. 90, convertito, con modificazioni, dalla legge 11 agosto 2014, n. 114, in materia di misure straordinarie di gestione di imprese nell'ambito della prevenzione della corruzione»

2. Le disposizioni di cui al comma 1 si applicano alle procedure in cui il bando o l'avviso con cui si indice la gara è pubblicato successivamente alla data di entrata in vigore del presente codice, nonché, per i contratti non preceduti dalla pubblicazione di bandi o avvisi, alle procedure in cui, alla medesima data, non sono ancora stati inviati gli inviti a presentare le offerte.

Capo VI
Disposizioni di coordinamento
della disciplina penale

373. Coordinamento con le norme di attuazione del codice di procedura penale. – 1. All'articolo 104 *bis* delle norme di attuazione, di coordinamento e transitorie del codice di procedura penale approvate con decreto legislativo 28 luglio 1989, n. 271 sono apportate le seguenti modificazioni:

a) il comma 1 *bis* è sostituito dal seguente:

«1 *bis*. Si applicano le disposizioni di cui al Libro I, titolo III, del codice di cui al decreto legislativo 6 settembre 2011, n. 159, e successive modificazioni nella parte in cui recano la disciplina della nomina e revoca dell'amministratore, dei compiti, degli obblighi dello stesso e della gestione dei beni. Quando il sequestro è disposto ai sensi dell'articolo 321, comma 2, del codice ai fini della tutela dei terzi e nei rapporti con la procedura di liquidazione giudiziaria si applicano, altresì, le disposizioni di cui al titolo IV del Libro I del citato decreto legislativo.»;

b) il comma 1 *quater* è sostituito dal seguente:

«1 *quater*. Ai casi di sequestro e confisca in casi particolari previsti dall'articolo 240 *bis* del codice penale o dalle altre disposizioni di legge che a questo articolo rinviano, nonché agli altri casi di sequestro e confisca di beni adottati nei procedimenti relativi ai delitti di cui all'articolo 51, comma 3 *bis*, del codice, si applicano le disposizioni del titolo IV del Libro I del decreto legislativo 6 settembre 2011, n. 159. Si applicano inoltre le disposizioni previste dal medesimo decreto legislativo in materia di amministrazione e destinazione dei beni sequestrati e confiscati e di esecuzione del sequestro. In tali casi l'Agenzia nazionale per l'amministrazione e la destinazione dei beni sequestrati e confiscati alla criminalità organizzata coadiuva l'autorità giudiziaria nell'amministrazione e nella custodia dei beni sequestrati, fino al provvedimento di confisca emesso dalla corte di appello e, successivamente a tale provvedimento, amministra i beni medesimi secondo le modalità previste dal citato decreto legislativo 6 settembre 2011, n. 159. Restano comunque salvi i diritti della persona offesa dal reato alle restituzioni e al risarcimento del danno.».

Capo VII
Abrogazioni

374. Abrogazioni. – 1. Il comma 43 dell'articolo 23 del decreto legge 6 luglio 2011, n. 98, convertito con modificazioni, dalla legge 15 luglio 2011, n. 111 è abrogato.

Parte Seconda
Modifiche al codice civile

375. Assetti organizzativi dell'impresa. – 1. La rubrica dell'articolo 2086 del codice civile è sostituita dalla seguente: «Gestione dell'impresa».

2. All'articolo 2086 del codice civile, dopo il primo comma è aggiunto il seguente:

"L'imprenditore, che operi in forma societaria o collettiva, ha il dovere di istituire un assetto organizzativo, amministrativo e contabile adeguato alla natura e alle dimensioni dell'impresa, anche in funzione della rilevazione tempestiva della crisi dell'impresa e della perdita della continuità aziendale, nonché di attivarsi senza indugio per l'adozione e l'attuazione di uno degli strumenti previsti dall'ordinamento per il superamento della crisi e il recupero della continuità aziendale".

376. Crisi dell'impresa e rapporti di lavoro. – 1. All'articolo 2119 del codice civile, il secondo comma è sostituito dal seguente: «Non costituisce giusta causa di risoluzione del contratto la liquidazione coatta amministrativa dell'impresa. Gli effetti della liquidazione giudiziale sui rapporti di lavoro sono regolati dal codice della crisi e dell'insolvenza.».

377. Assetti organizzativi societari. – 1. All'articolo 2257 del codice civile, il primo comma è sostituito dal seguente:

«La gestione dell'impresa si svolge nel rispetto della disposizione di cui all'articolo 2086, secondo comma, e spetta esclusivamente agli amministratori, i quali compiono le operazioni necessarie per l'attuazione dell'oggetto sociale. Salvo diversa pattuizione, l'amministrazione della società spetta a ciascuno dei soci disgiuntamente dagli altri.».

2. All'articolo 2380 *bis* del codice civile, il primo comma è sostituito dal seguente:

«La gestione dell'impresa si svolge nel rispetto della disposizione di cui all'articolo 2086, secondo comma, e spetta esclusivamente agli amministratori, i quali compiono le operazioni necessarie per l'attuazione dell'oggetto sociale.».

3. All'articolo 2409 *novies*, primo comma, del codice civile, il primo periodo è sostituito dal seguente: «La gestione dell'impresa si svolge nel rispetto della disposizione di cui all'articolo 2086, secondo comma, e spetta esclusivamente al consiglio di gestione, il quale compie le operazioni necessarie per l'attuazione dell'oggetto sociale.».

4. All'articolo 2475 del codice civile, il primo comma è sostituito dal seguente:

«La gestione dell'impresa si svolge nel rispetto della disposizione di cui all'articolo 2086, secondo comma, e spetta esclusivamente agli amministratori, i quali compiono le operazioni necessarie per l'attuazione dell'oggetto sociale. Salvo diversa disposizione dell'atto costitutivo, l'amministrazione della società è affidata a uno o più soci nominati con decisione dei soci presa ai sensi dell'articolo 2479.».

5. All'articolo 2475 del codice civile, dopo il quinto comma è aggiunto il seguente: «Si applica, in quanto compatibile, l'articolo 2381.».

378. Responsabilità degli amministratori. – 1. All'articolo 2476 del codice civile, dopo il quinto comma è inserito il seguente:

«Gli amministratori rispondono verso i creditori sociali per l'inosservanza degli obblighi inerenti alla conservazione dell'integrità del patrimonio sociale. L'azione può essere proposta dai creditori quando il patrimonio sociale risulta insufficiente al soddisfacimento dei loro crediti. La rinunzia all'azione da parte della società non impedisce l'esercizio dell'azione da parte dei creditori sociali. La transazione può essere impugnata dai creditori sociali soltanto con l'azione revocatoria quando ne ricorrono gli estremi.».

2. All'articolo 2486 del codice civile dopo il secondo comma è aggiunto il seguente:

«Quando è accertata la responsabilità degli amministratori a norma del presente articolo, e salva la prova di un diverso ammontare, il danno risarcibile si presume pari alla differenza tra il patrimonio netto alla data in cui l'amministratore è cessato dalla carica o, in caso di apertura di una procedura concorsuale, alla data di apertura di tale procedura e il patrimonio netto determinato alla data in cui si è verificata una causa di scioglimento di cui all'articolo 2484, detratti i costi sostenuti e da sostenere, secondo un criterio di normalità, dopo il verificarsi della causa di scioglimento e fino al compimento della liquidazione.Se è stata aperta una procedura concorsuale e mancano le scritture contabili o se a causa dell'irregolarità delle stesse o per altre ragioni i netti patrimoniali non possono essere determinati, il danno è liquidato in misura pari alla differenza tra attivo e passivo accertati nella procedura.».

379. Nomina degli organi di controllo. – 1. All'articolo 2477 del codice civile il secondo e il terzo comma sono sostituiti dai seguenti:

"La nomina dell'organo di controllo o del revisore è obbligatoria se la società:

a) è tenuta alla redazione del bilancio consolidato;

b) controlla una società obbligata alla revisione legale dei conti;

c) ha superato per due esercizi consecutivi almeno uno dei seguenti limiti:

1) totale dell'attivo dello stato patrimoniale: 2 milioni di euro;
2) ricavi delle vendite e delle prestazioni: 2 milioni di euro;
3) dipendenti occupati in media durante l'esercizio:10 unità.

L'obbligo di nomina dell'organo di controllo o del revisore di cui alla lettera *c*) del terzo comma cessa quando, per tre esercizi consecutivi, non è superato alcuno dei predetti limiti.".

2. All'articolo 2477, quinto comma, del codice civile, dopo le parole «qualsiasi soggetto interessato» sono aggiunte le seguenti: «o su segnalazione del conservatore del registro delle imprese» e dopo il quinto comma è aggiunto il seguente: «Si applicano le disposizioni dell'articolo 2409 anche se la società è priva di organo di controllo.».

3. Le società a responsabilità limitata e le società cooperative costituite alla data di entrata in vigore del presente articolo, quando ricorrono i requisiti di cui al comma 1, devono provvedere a nominare gli organi di controllo o il revisore e, se necessario, ad uniformare l'atto costitutivo e lo statuto alle disposizioni di cui al predetto comma entro nove mesi dalla predetta data. Fino alla scadenza del termine, le previgenti disposizioni dell'atto costitutivo e dello statuto conservano la loro efficacia anche se non sono conformi alle inderogabili disposizioni di cui al comma 1. Ai fini della prima applicazione delle disposizioni di cui all'articolo 2477 del codice civile, commi secondo e terzo, come sostituiti dal comma 1, si ha riguardo ai due esercizi antecedenti la scadenza indicata nel primo periodo.

4. All'articolo 92 delle disposizioni per l'attuazione del codice civile e disposizioni transitorie, al primo comma, le parole «capi V e VI» sono sostituite dalle seguenti: «capi V, VI e VII».

380. Cause di scioglimento delle società di capitali. – 1. All'articolo 2484, primo comma, del codice civile dopo il numero 7) è aggiunto il seguente:

«7 *bis*) per l'apertura della procedura di liquidazione giudiziale e della liquidazione controllata.».

381. Disposizioni in materia di società cooperative ed enti mutualistici. – 1. All'articolo 2545 *terdecies*, primo comma, del codice civile, il secondo periodo è sostituito dal seguente: «Le cooperative che svolgono attività commerciale sono soggette anche a liquidazione giudiziale».

2. All'articolo 2545 *sexiesdecies*, primo comma, del codice civile, il primo periodo è sostituito dal seguente: «Fuori dai casi di cui all'articolo 2545 *septiesdecies*, in caso di irregolare funzionamento della società cooperativa,

l'autorità di vigilanza può revocare gli amministratori e i sindaci, affidare la gestione della società a un commissario, determinando i poteri e la durata, al fine di sanare le irregolarità riscontrate e, nel caso di crisi o insolvenza, autorizzarlo a domandare la nomina del collegio o del commissario per la composizione assistita della crisi stessa o l'accesso a una delle procedure regolatrici previste nel codice della crisi e dell'insolvenza.».

382. Sostituzione dei termini fallito e fallimento. – 1. All'articolo 2288 del codice civile, il primo comma è sostituito dal seguente: «È escluso di diritto il socio nei confronti del quale sia stata aperta o estesa la procedura di liquidazione giudiziale secondo il codice della crisi e dell'insolvenza».

2. All'articolo 2308 del codice civile, il primo comma è sostituito dal seguente: «La società si scioglie, oltre che per le cause indicate dall'articolo 2272, per provvedimento dell'autorità governativa nei casi stabiliti dalla legge e per l'apertura della procedura di liquidazione giudiziale».

3. All'articolo 2497 del codice civile, l'ultimo comma è sostituito dal seguente: «Nel caso di liquidazione giudiziale, liquidazione coatta amministrativa e amministrazione straordinaria di società soggetta ad altrui direzione e coordinamento, l'azione spettante ai creditori di questa è esercitata dal curatore o dal commissario liquidatore o dal commissario straordinario.».

383. Finanziamenti dei soci. – 1. All'articolo 2467, primo comma, del codice civile sono soppresse le parole «e, se avvenuto nell'anno precedente la dichiarazione di fallimento della società, deve essere restituito.».

384. Abrogazioni di disposizioni del codice civile. – 1. Dalla data dell'entrata in vigore del presente codice, l'articolo 2221 del codice civile è abrogato.

Parte Terza
Garanzie in favore degli acquirenti
di immobili da costruire

385. Modifiche all'articolo 3 del decreto legislativo n. 122 del 2005. – 1. All'articolo 3 del decreto legislativo 20 giugno 2005, n. 122 sono apportate le seguenti modificazioni:

a) il comma 1 è sostituito dal seguente:

«1. La fideiussione è rilasciata da una banca o da un'impresa esercente le assicurazioni; essa deve garantire, nel caso in cui il costruttore incorra in una situazione di crisi di cui al comma 2 o, nel caso di inadempimento all'obbligo assicurativo di cui all'articolo 4, la restituzione delle somme e del valore di ogni altro eventuale corrispettivo effettivamente riscossi e dei relativi interessi legali maturati fino al momento in cui la predetta situazione si è verificata.»;

b) il comma 3 è sostituito dal seguente:

«3. La fideiussione può essere escussa:

a) a decorrere dalla data in cui si è verificata la situazione di crisi di cui al comma 2 a condizione che, per l'ipotesi di cui alla lettera *a*) del medesimo comma, l'acquirente abbia comunicato al costruttore la propria volontà di recedere dal contratto e, per le ipotesi di cui alle lettere *b*), *c*) e *d*) del comma 2, il competente organo della procedura concorsuale non abbia comunicato la volontà di subentrare nel contratto preliminare;

b) a decorrere dalla data dell'attestazione del notaio di non aver ricevuto per la data dell'atto di trasferimento della proprietà la polizza assicurativa conforme al decreto ministeriale di cui all'articolo 4, quando l'acquirente ha comunicato al costruttore la propria volontà di recedere dal contratto di cui all'articolo 6.»;

c) il comma 7 è sostituito dal seguente:

«7. L'efficacia della fideiussione cessa nel momento in cui il fideiussore riceve dal costruttore o da un altro dei contraenti copia dell'atto di trasferimento della proprietà o di altro diritto reale di godimento sull'immobile o dell'atto definitivo di assegnazione il quale contenga la menzione di cui all'articolo 4, comma 1 *quater*.».

d) dopo il comma 7 è aggiunto il seguente:

«7 *bis*. Con decreto del Ministro della giustizia, di concerto con il Ministro dell'economia e delle finanze, da adottarsi entro novanta giorni dalla data di entrata in vigore della presente disposizione, è determinato il modello standard della fideiussione.».

386. Modifiche all'articolo 4 del decreto legislativo n. 122 del 2005. – 1. All'articolo 4 del decreto legislativo 20 giugno 2005, n. 122 sono apportate le seguenti modificazioni:

a) al comma 1, dopo le parole «all'atto del trasferimento della proprietà sono inserite le seguenti: «a pena di nullità del contratto che può essere fatta valere solo dall'acquirente,»;

b) dopo il comma 1 sono aggiunti i seguenti:

«1 *bis*. Con decreto del Ministro dello sviluppo economico, di concerto con il Ministro della giustizia e con il Ministro dell'economia e delle finanze, da adottarsi entro novanta giorni dalla data di entrata in vigore della presente disposizione, sono determinati il contenuto e le caratteristiche della polizza di assicurazione e il relativo modello standard.

1 *ter*. In caso di inadempimento all'obbligo previsto dal comma 1, l'acquirente che abbia comunicato al costruttore la propria volontà di recedere dal contratto di cui all'articolo 6 ha diritto di escutere la fideiussione ai sensi dell'articolo 3, comma 3, lettera *b*).

1 *quater*. L'atto di trasferimento deve contenere la menzione degli estremi identificativi della polizza assicurativa e della sua conformità al decreto previsto dal comma 1 *bis*».

387. Modifiche all'articolo 5 del decreto legislativo n. 122 del 2005. – 1. All'articolo 5 del decreto legislativo 20 giugno 2005, n. 122, dopo il comma 1 *bis*, è aggiunto il seguente:

«1 *ter*. Le modifiche apportate dal decreto legislativo di attuazione dell'articolo 12 della legge 19 ottobre 2017, n. 155 si applicano ai contratti aventi ad oggetto immobili da costruire per i quali il titolo abilitativo edilizio sia stato richiesto o presentato successivamente alla data di entrata in vigore del decreto stesso.».

388. Modifiche all'articolo 6 del decreto legislativo n. 122 del 2005. – 1. All'articolo 6, comma 1, del decreto legislativo 20 giugno 2005, n. 122 sono apportate le seguenti modificazioni:

a) all'alinea, dopo le parole «immobile oggetto del presente decreto», sono aggiunte le seguenti: «devono essere stipulati per atto pubblico o per scrittura privata autenticata»;

b) la lettera *g*) è sostituita dalla seguente:

«*g*) gli estremi della fideiussione di cui all'articolo 2 e l'attestazione della sua conformità al modello contenuto nel decreto di cui all'articolo 3, comma 7 *bis*;».

Parte Quarta
Disposizioni finali e transitorie

389. Entrata in vigore. – 1. Il presente decreto entra in vigore decorsi diciotto mesi dalla data della sua pubblicazione nella *Gazzetta Ufficiale*, salvo quanto previsto al comma 2.

2. Gli articoli 27, comma 1, 350, 356, 357, 359, 363, 364, 366, 375, 377, 378, 379, 385, 386, 387 e 388 entrano in vigore il trentesimo giorno successivo alla pubblicazione nella *Gazzetta Ufficiale* del presente decreto.

3. Le disposizioni di cui agli articoli 3 e 4 del decreto legislativo 20 giugno 2005, n. 122, come modificati dagli articoli 385 e 386 del presente codice, si applicano anche nelle more dell'adozione dei decreti di cui agli articoli 3, comma 7 *bis*, e 4, comma 1 *bis*, del predetto decreto legislativo e il contenuto della fideiussione e della polizza assicurativa è determinato dalle parti nel rispetto di quanto previsto dalle richiamate disposizioni.

390. Disciplina transitoria. – 1. I ricorsi per dichiarazione di fallimento e le proposte di concordato fallimentare, i ricorsi per l'omologazione degli accordi di ristrutturazione, per l'apertura del concordato preventivo, per l'accertamento dello stato di insolvenza delle imprese soggette a liquidazione coatta amministrativa e le domande di accesso alle procedure di composizione della crisi da sovraindebitamento depositati prima dell'entrata in vigore del presente decreto sono definiti secondo le disposizioni del regio decreto 16 marzo 1942, n. 267, nonché della legge 27 gennaio 2012, n. 3.

2. Le procedure di fallimento e le altre procedure di cui al comma 1, pendenti alla data di entrata in vigore del presente decreto, nonché le procedure aperte a seguito della definizione dei ricorsi e delle domande di cui al medesimo comma sono definite secondo le disposizioni del regio decreto 16 marzo 1942, n. 267, nonché della legge 27 gennaio 2012, n. 3.

3. Quando, in relazione alle procedure di cui ai commi 1 e 2, sono commessi i fatti puniti dalle disposizioni penali del titolo sesto del regio decreto 16 marzo 1942, n. 267, nonché della sezione terza del capo II della legge 27 gennaio 2012, n. 3, ai medesimi fatti si applicano le predette disposizioni.

391. Disposizioni finanziarie e finali. – 1. Per l'attuazione delle disposizioni di cui al presente decreto legislativo si provvede nel limite delle risorse finanziarie, umane e strumentali disponibili a legislazione vigente, senza nuovi o maggiori oneri per la finanza pubblica.

2. L'attuazione delle disposizioni di cui all'articolo 27 avviene nei limiti della dotazione organica del personale amministrativo e di magistratura.

1.

L. 27 luglio 1978, n. 392. Disciplina delle locazioni di immobili urbani (*Gazzetta Ufficiale* n. 211 del 29 luglio 1978) ([1]).

([1]) *Gli artt. 1, 3, 12 - 26, 54, 60 - 66, 75 - 78, 83 di questa legge sono stati abrogati dall'art. 14, comma 3, della L. 9 dicembre 1998, n. 431.*

(*Estratto*)

Titolo I
Del contratto di locazione

Capo I
Locazione di immobili urbani
adibiti ad uso di abitazione

2. Disciplina della sublocazione. – Il conduttore non può sublocare totalmente l'immobile, né può cedere ad altri il contratto senza il consenso del locatore.

Salvo patto contrario il conduttore ha la facoltà di sublocare parzialmente l'immobile, previa comunicazione al locatore con lettera raccomandata che indichi la persona del subconduttore, la durata del contratto ed i vani sublocati.

4. Recesso del conduttore. – È in facoltà delle parti consentire contrattualmente che il conduttore possa recedere in qualsiasi momento dal contratto dandone avviso al locatore, con lettera raccomandata, almeno sei mesi prima della data in cui il recesso deve avere esecuzione.

Indipendentemente dalle previsioni contrattuali il conduttore, qualora ricorrano gravi motivi, può recedere in qualsiasi momento dal contratto con preavviso di almeno sei mesi da comunicarsi con lettera raccomandata.

5. Inadempimento del conduttore. – Salvo quanto previsto dall'art. 55, il mancato pagamento del canone decorsi venti giorni dalla scadenza prevista, ovvero il mancato pagamento, nel termine previsto, degli oneri accessori quando l'importo non pagato superi quello di due mensilità del canone, costituisce motivo di risoluzione, ai sensi dell'art. 1455 del codice civile.

6. ([1]) **Successione nel contratto.** – In caso di morte del conduttore, gli succedono nel contratto il coniuge, gli eredi ed i parenti ed affini con lui abitualmente conviventi.

In caso di separazione giudiziale, di scioglimento del matrimonio o di cessazione degli effetti civili dello stesso, nel contratto di locazione succede al conduttore l'altro coniuge, se il diritto di abitare nella casa familiare sia stato attribuito dal giudice a quest'ultimo.

In caso di separazione consensuale o di nullità matrimoniale al conduttore succede l'altro coniuge se tra i due si sia così convenuto.

([1]) *La Corte costituzionale, con sentenza n. 404 del 7 aprile 1988, ha dichiarato la illegittimità costituzionale di questo articolo, primo comma, nella parte in cui non prevede tra i successibili nella titolarità del contratto di locazione, in caso di morte del conduttore, il convivente* more uxorio; *del terzo comma, nella parte in cui non prevede che il coniuge separato di fatto succeda al conduttore, se tra i due si sia così convenuto; dell'intero articolo, nella parte in cui non prevede la successione nel contratto di locazione al conduttore che abbia cessato la convivenza, a favore del già convivente quando vi sia prole naturale.*

7. Clausola di scioglimento in caso di alienazione. – È nulla la clausola che prevede la risoluzione del contratto in caso di alienazione della cosa locata.

8. Spese di registrazione. – Le spese di registrazione del contratto di locazione sono a carico del conduttore e del locatore in parti uguali.

9. Oneri accessori. – Sono interamente a carico del conduttore, salvo patto contrario, le spese relative al servizio di pulizia, al funzionamento e all'ordinaria manutenzione dell'ascensore, alla fornitura dell'acqua, dell'energia elettrica, del riscaldamento e del condizionamento dell'aria, allo spurgo dei pozzi neri e delle latrine, nonché alla fornitura di altri servizi comuni.

Le spese per il servizio di portineria sono a carico del conduttore nella misura del 90 per cento, salvo che le parti abbiano convenuto una misura inferiore.

Il pagamento deve avvenire entro due mesi dalla richiesta. Prima di effettuare il pagamento il conduttore ha diritto di ottenere l'indicazione specifica delle spese di cui ai commi precedenti con la menzione dei criteri di ripartizione. Il conduttore ha inoltre diritto di prendere visione dei documenti giustificativi delle spese effettuate.

Gli oneri di cui al primo comma addebitati dal locatore al conduttore devono intendersi corrispettivi di prestazioni accessorie a quella di locazione ai sensi e per gli effetti dell'art. 12 del D.P.R. 26 ottobre 1972, n. 633 ([1]).

La disposizione di cui al quarto comma non si applica ove i servizi accessori al contratto di locazione forniti siano per loro particolare natura e caratteristiche riferibili a specifica attività imprenditoriale del locatore e configurino oggetto di un autonomo contratto di prestazione dei servizi stessi ([1]).

([1]) *Questo comma è stato aggiunto dall'art. 67, comma 11, del D.L. 30 agosto 1993, n. 331, convertito, con modificazioni, nella L. 29 ottobre 1993, n. 427.*

10. Partecipazione del conduttore all'assemblea dei condomini. – Il conduttore ha diritto di voto, in luogo del proprietario dell'appartamento locatogli, nelle delibere dell'assemblea condominiale relative alle spese e alle modalità di gestione dei servizi di riscaldamento e di condizionamento d'aria.

Egli ha inoltre diritto di intervenire, senza diritto di voto, sulle delibere relative alla modificazione degli altri servizi comuni.

La disciplina di cui al primo comma si applica anche qualora si tratti di edificio non in condominio.

In tale ipotesi i conduttori si riuniscono in apposita assemblea convocati dal proprietario dell'edificio o da almeno tre conduttori.

Si osservano, in quanto applicabili, le disposizioni del codice civile sull'assemblea dei condomini.

11. Deposito cauzionale. – Il deposito cauzionale non può essere superiore a tre mensilità del canone. Esso è produttivo di interessi legali che debbono essere corrisposti al conduttore alla fine di ogni anno.

Capo II
Locazione di immobili urbani
adibiti ad uso diverso
da quello di abitazione

27. Durata della locazione. – La durata delle locazioni e sublocazioni di immobili urbani non può essere inferiore a sei anni se gli immobili sono adibiti ad una delle attività appresso indicate industriali, commerciali e artigianali di interesse turistico, quali agenzie di viaggio e turismo, impianti sportivi e ricreativi, aziende di soggiorno ed altri organismi di promozione turistica e simili ([1]).

La disposizione di cui al comma precedente si applica anche ai contratti relativi ad immobili adibiti all'esercizio abituale e professionale di qualsiasi attività di lavoro autonomo.

La durata della locazione non può essere inferiore a nove anni se l'immobile urbano, anche se ammobiliato, è adibito ad attività alberghiere, all'esercizio di imprese assimilate ai sensi dell'articolo 1786 del codice civile o all'esercizio di attività teatrali ([1]).

Se è convenuta una durata inferiore o non è convenuta alcuna durata, la locazione si intende pattuita per la durata rispettivamente prevista nei commi precedenti.

Il contratto di locazione può essere stipulato per un periodo più breve qualora l'attività esercitata o da esercitare nell'immobile abbia, per sua natura, carattere transitorio.

Se la locazione ha carattere stagionale, il locatore è obbligato a locare l'immobile, per la medesima stagione dell'anno successivo, allo stesso conduttore che gliene abbia fatta richiesta con lettera raccomandata prima della scadenza del contratto. L'obbligo del locatore ha la durata massima di sei anni consecutivi o di nove se si tratta di utilizzazione alberghiera.

È in facoltà delle parti consentire contrattualmente che il conduttore possa recedere in qualsiasi momento dal contratto dandone avviso al locatore, mediante lettera raccomandata, almeno sei mesi prima della data in cui il recesso deve avere esecuzione.

Indipendentemente dalle previsioni contrattuali il conduttore, qualora ricorrano gravi motivi, può recedere in qualsiasi momento dal contratto con preavviso di almeno sei mesi da comunicarsi con lettera raccomandata.

([1]) *Questo comma è stato così sostituito dall'art. 52, comma 1, dell'allegato 1 al D.L.vo 23 maggio 2011, n. 79.*

28. Rinnovazione del contratto. – Per le locazioni di immobili nei quali siano esercitate le attività indicate nei commi primo e secondo dell'art. 27, il contratto si rinnova tacitamente di sei anni in sei anni e, per quelle di immobili adibiti ad attività alberghiere o all'esercizio di attività teatrali ([1]), di nove anni in nove anni; tale rinnovazione non ha luogo se sopravviene disdetta da comunicarsi all'altra parte, a mezzo di lettera raccomandata, rispettivamente almeno 12 o 18 mesi prima della scadenza.

Alla prima scadenza contrattuale, rispettivamente di sei o di nove anni, il locatore può esercitare la facoltà di diniego della rinnovazione soltanto per i motivi di cui all'art. 29 con le modalità e i termini ivi previsti.

([1]) *Le parole*: «*o all'esercizio di attività teatrali*» *sono state inserite dall'art. 7, comma 1, lett.* b), *della L. 8 febbraio 2007, n. 9.*

29. Diniego di rinnovazione del contratto alla prima scadenza. – Il diniego della rinnovazione del contratto alla prima scadenza di cui all'articolo precedente è consentito al locatore ove egli intenda:

a) adibire l'immobile ad abitazione propria o del coniuge o dei parenti entro il secondo grado in linea retta;

b) adibire l'immobile all'esercizio, in proprio o da parte del coniuge o dei parenti entro il secondo grado in linea retta, di una delle attività indicate nell'art. 27 o, se si tratta di pubbliche amministrazioni, enti pubblici o di diritto pubblico, all'esercizio di attività tendenti al conseguimento delle loro finalità istituzionali;

c) demolire l'immobile per ricostruirlo, ovvero procedere alla sua integrale ristrutturazione o completo restauro, ovvero eseguire su di esso un intervento sulla base di un programma comunale pluriennale di attuazione ai sensi delle leggi vigenti. Nei casi suddetti il possesso della prescritta licenza o concessione è condizione per l'azione di rilascio; gli effetti del provvedimento di rilascio si risolvono se, prima della sua esecuzione, siano scaduti i termini della licenza o della concessione e quest'ultima non sia stata nuovamente disposta;

d) ristrutturare l'immobile al fine di rendere la superficie dei locali adibiti alla vendita conforme a quanto previsto nell'art. 12 della L. 11 giugno 1971, n. 426, e ai relativi piani comunali, sempre che le opere da effettuarsi rendano incompatibile la permanenza del conduttore nell'immobile. Anche in tal caso il possesso della prescritta licenza o concessione è condizione per l'azione di rilascio; gli effetti del provvedimento di rilascio si risolvono alle condizioni previste nella precedente lettera *c*) ([1]).

Per le locazioni di immobili adibiti all'esercizio di albergo, pensione o locanda, anche se ammobiliati, il locatore può negare la rinnovazione del contratto nelle ipotesi previste dall'art. 7 della L. 2 marzo 1963, n. 191, modificato dall'art. 4 *bis* del D.L. 27 giugno 1967, n. 460, convertito, con modificazioni, nella L. 28 luglio 1967, n. 628, qualora l'immobile sia oggetto di intervento sulla base di un programma comunale pluriennale di attuazione ai sensi delle leggi vigenti. Nei casi suddetti il possesso della prescritta licenza o concessione è condizione per l'azione di rilascio. Gli effetti del provvedimento di rilascio si risolvono alle condizioni previste nella precedente lettera *c*). Il locatore può altresì negare la rinnovazione se intende esercitare personalmente nell'immobile o farvi esercitare dal coniuge o da parenti entro il secondo grado in linea retta la medesima attività del conduttore, osservate le disposizioni di cui all'art. 5 della L. 2 marzo 1963, n. 191, modificato dall'art. 4 *bis* del D.L. 27 giugno 1967, n. 460, convertito, con modificazioni, nella L. 28 luglio 1967, n. 628.

Ai fini di cui ai commi precedenti il locatore, a pena di decadenza, deve dichiarare la propria volontà di conseguire, alla scadenza del contratto, la disponibilità dell'immobile locato; tale dichiarazione deve essere effettuata, con lettera raccomandata, almeno 12 o 18 mesi prima della scadenza, rispettivamente per le attività indicate nei commi primo e secondo dell'art. 27 e per le attività alberghiere.

Nella comunicazione deve essere specificato, a pena di nullità, il motivo, tra quelli tassativamente indicati nei commi precedenti, sul quale la disdetta è fondata.

Se il locatore non adempie alle prescrizioni di cui ai precedenti commi il contratto s'intende rinnovato a norma dell'articolo precedente.

(¹) *La Corte costituzionale, con sentenza n. 348 del 9 ottobre 1998, ha dichiarato l'illegittimità costituzionale di questa lettera, ultima parte, in relazione alla lettera* c), *ultima parte, di questo articolo, nella parte in cui prevede che la scadenza, nel corso del processo, del termine per l'inizio dei lavori, indicato nella licenza o concessione, impedisce l'emanazione del provvedimento di rilascio.*

30. Procedura per il rilascio. – Avvenuta la comunicazione di cui al terzo comma dell'art. 29 e prima della data per la quale è richiesta la disponibilità ovvero quando tale data sia trascorsa senza che il conduttore abbia rilasciato l'immobile, il locatore può convenire in giudizio il conduttore, osservando le norme previste dall'art. 447 *bis* del codice di procedura civile (¹).

(*Omissis*) (²).

[Competente per territorio è il giudice nella cui circoscrizione è posto l'immobile. Sono nulle le clausole derogative dalla competenza per territorio] (³).

Alla prima udienza, se il convenuto compare e non si oppone, il giudice ad istanza del locatore, pronunzia ordinanza di rilascio per la scadenza di cui alla comunicazione prevista dall'art. 29.

L'ordinanza costituisce titolo esecutivo e definisce il giudizio.

Nel caso di opposizione del convenuto il giudice esperisce il tentativo di conciliazione.

Se il tentativo riesce viene redatto verbale che costituisce titolo esecutivo. In caso contrario o nella contumacia del convenuto si procede a norma dell'art. 420 e seguenti del codice di procedura civile.

Il giudice, su istanza del ricorrente, alla prima udienza e comunque in ogni stato del giudizio, valutate le ragioni addotte dalle parti e le prove raccolte, può disporre il rilascio dell'immobile con ordinanza costituente titolo esecutivo.

(¹) *Le originarie parole «osservando le norme previste dall'art. 46» sono state sostituite dalle attuali dall'art. 89 della L. 26 novembre 1990, n. 353, a decorrere dal 30 aprile 1995.*

(²) *Questo comma è stato abrogato dall'art. 6 della L. 30 luglio 1984, n. 399.*

(³) *Questo comma è stato abrogato dall'art. 89 della L. 26 novembre 1990, n. 353, recante provvedimenti urgenti per il processo civile, a decorrere dal 30 aprile 1995. Da tale data si applica l'art. 447* bis *c.p.c.*

31. Sanzioni. – Il locatore che abbia ottenuto la disponibilità dell'immobile per uno dei motivi previsti dall'art. 29 e che, nel termine di sei mesi dall'avvenuta consegna, non abbia adibito l'immobile ad abitazione propria, del coniuge o dei parenti entro il secondo grado in linea retta, o non abbia adibito l'immobile ad esercizio in proprio di una delle attività indicate all'art. 27, ovvero non abbia rispettato i termini della concessione o quelli del piano comunale di intervento per quanto attiene l'inizio dei lavori di demolizione, ricostruzione, ristrutturazione o restauro dell'immobile ovvero, in caso di immobili adibiti ad esercizio di albergo, pensione o locanda, non abbia completato i lavori di ricostruzione nel termine stabilito dal Ministero del turismo e dello spettacolo, è tenuto, se il conduttore lo richiede, al ripristino del contratto, salvi i diritti acquistati da terzi in buona fede, e al rimborso delle spese di trasloco e degli altri oneri sopportati, ovvero al risarcimento del danno nei confronti del conduttore in misura non superiore a quarantotto mensilità del canone di locazione percepito prima della risoluzione del contratto, oltre alle indennità previste ai sensi dell'art. 34.

Il giudice, oltre a determinare il ripristino o il risarcimento del danno, ordina al locatore il pagamento di una somma da € 258 a € 1.032 da devolvere al comune nel cui territorio è sito l'immobile, ad integrazione del fondo sociale previsto dal Capo III della presente legge.

32. (¹) **Aggiornamento del canone.** – Le parti possono convenire che il canone di locazione sia aggiornato annualmente su richiesta del locatore per eventuali variazioni del potere di acquisto della lira.

Le variazioni in aumento del canone, per i contratti stipulati per durata non superiore a quella di cui all'articolo 27, (²) non possono essere superiori al 75 per cento di quelle, accertate dall'ISTAT, dell'indice dei prezzi al consumo per le famiglie di operai e di impiegati.

Le disposizioni del presente articolo si applicano anche ai contratti di locazione stagionale ed a quelli in corso al momento dell'entrata in vigore del limite di aggiornamento di cui al secondo comma del presente articolo (3).

(1) *Questo articolo è stato così sostituito dall'art. 1 del D.L. 7 febbraio 1985, n. 12, convertito, con modificazioni, nella L. 5 aprile 1985, n. 118.*

(2) *Le parole:«, per i contratti stipulati per durata non superiore a quella di cui all'articolo 27,» sono state inserite dall'art. 41, comma 16* duodecies, *lett.* a), *del D.L. 30 dicembre 2008, n. 207, convertito, con modificazioni, nella L. 27 febbraio 2009, n. 14.*

(3) *Le parole: «ed a quelli in corso al momento dell'entrata in vigore del limite di aggiornamento di cui al secondo comma del presente articolo» sono state aggiunte dall'art. 41, comma 16* duodecies, *lett.* b), *del D.L. 30 dicembre 2008, n. 207, convertito, con modificazioni, nella L. 27 febbraio 2009, n. 14.*

33. Canone delle locazioni stagionali. – Il canone delle locazioni stagionali può essere aggiornato con le modalità di cui all'art. 32.

34. Indennità per la perdita dell'avviamento. – In caso di cessazione del rapporto di locazione relativo agli immobili di cui all'art. 27, che non sia dovuta a risoluzione per inadempimento o disdetta o recesso del conduttore o a una delle procedure previste dal R.D. 16 marzo 1942, n. 267, il conduttore ha diritto, per le attività indicate ai nn. 1) e 2) dell'art. 27, ad una indennità pari a 18 mensilità dell'ultimo canone corrisposto; per le attività alberghiere l'indennità è pari a 21 mensilità (1).

Il conduttore ha diritto ad una ulteriore indennità pari all'importo di quelle rispettivamente sopra previste qualora l'immobile venga, da chiunque, adibito all'esercizio della stessa attività o di attività incluse nella medesima tabella merceologica che siano affini a quella già esercitata dal conduttore uscente ed ove il nuovo esercizio venga iniziato entro un anno dalla cessazione del precedente.

L'esecuzione del provvedimento di rilascio dell'immobile è condizionata dall'avvenuta corresponsione dell'indennità di cui al primo comma. L'indennità di cui al secondo comma deve essere corrisposta all'inizio del nuovo esercizio.

Nel giudizio relativo alla spettanza ed alla determinazione dell'indennità per la perdita dell'avviamento, le parti hanno l'onere di quantificare specificatamente l'entità della somma reclamata o offerta e la corresponsione dell'importo indicato dal conduttore o, in difetto, offerto dal locatore o comunque risultante dalla sentenza di primo grado consente, salvo conguaglio all'esito del giudizio, l'esecuzione del provvedimento di rilascio dell'immobile ([2]).

([1]) *La Corte costituzionale, con sentenza n. 542 del 14 dicembre 1989, ha dichiarato l'illegittimità costituzionale di questo articolo, nella parte in cui non prevede i provvedimenti della Pubblica Amministrazione tra le cause di cessazione del rapporto di locazione che escludono il diritto del conduttore alla indennità per la perdita dell'avviamento.*

([2]) *Questo comma è stato aggiunto dall'art. 9 del D.L. 30 dicembre 1988, n. 551, convertito, con modificazioni, nella L. 21 febbraio 1989, n. 61.*

35. Limiti. – Le disposizioni di cui all'articolo precedente non si applicano in caso di cessazione di rapporti di locazione relativi ad immobili utilizzati per lo svolgimento di attività che non comportino contatti diretti con il pubblico degli utenti e dei consumatori nonché destinati all'esercizio di attività professionali, ad attività di carattere transitorio, ed agli immobili complementari o interni a stazioni ferroviarie, porti, aeroporti, aree di servizio stradali o autostradali, alberghi e villaggi turistici.

36. Sublocazione e cessione del contratto di locazione. – Il conduttore può sublocare l'immobile o cedere il contratto di locazione anche senza il consenso del locatore, purché venga insieme ceduta o locata l'azienda, dandone comunicazione al locatore mediante lettera raccomandata con avviso di ricevimento. Il locatore può opporsi, per gravi motivi, entro trenta giorni dal ricevimento della comunicazione. Nel caso di cessione, il locatore, se non ha liberato il cedente, può agire contro il medesimo qualora il cessionario non adempia le obbligazioni assunte.

Le indennità previste dall'art. 34 sono liquidate a favore di colui che risulta conduttore al momento della cessazione effettiva della locazione.

37. Successione nel contratto. – In caso di morte del conduttore, gli succedono nel contratto coloro che, per successione o per precedente rapporto risultante da atto di data certa anteriore alla apertura della successione, hanno diritto a continuarne l'attività.

In caso di separazione legale o consensuale, di scioglimento o di cessazione degli effetti civili del matrimonio, il contratto di locazione si trasferisce al coniuge, anche se non conduttore, che continui nell'immobile la stessa attività già ivi esercitata assieme all'altro coniuge prima della separazione legale o consensuale ovvero prima dello scioglimento o della cessazione degli effetti civili del matrimonio.

Se l'immobile è adibito all'uso di più professionisti, artigiani o commercianti e uno solo di essi è titolare del contratto, in caso di morte gli succedono nel contratto, in concorso con gli aventi diritto di cui ai commi precedenti, gli altri professionisti, artigiani o commercianti.

Nelle ipotesi di recesso del titolare del contratto, succedono nello stesso gli altri professionisti, artigiani o commercianti. In tal caso il locatore può opporsi alla successione nel contratto, per gravi motivi, con le modalità di cui all'articolo precedente.

38. Diritto di prelazione. – Nel caso in cui il locatore intenda trasferire a titolo oneroso l'immobile locato, deve darne comunicazione al conduttore con atto notificato a mezzo di ufficiale giudiziario.

Nella comunicazione devono essere indicati il corrispettivo, da quantificare in ogni caso in denaro, le altre condizioni alle quali la compravendita dovrebbe essere conclusa e l'invito ad esercitare o meno il diritto di prelazione.

Il conduttore deve esercitare il diritto di prelazione entro il termine di sessanta giorni dalla ricezione della comunicazione, con atto notificato al proprietario a mezzo di ufficiale giudiziario, offrendo condizioni uguali a quelle comunicategli.

Ove il diritto di prelazione sia esercitato, il versamento del prezzo di acquisto, salvo diversa condizione indicata nella comunicazione del locatore, deve essere effettuato entro il termine di trenta giorni decorrenti dal sessantesimo giorno successivo a quello dell'avvenuta notificazione della comunicazione da parte del proprietario, contestualmente alla stipulazione del contratto di compravendita o del contratto preliminare.

Nel caso in cui l'immobile risulti locato a più persone, la comunicazione di cui al primo comma deve essere effettuata a ciascuna di esse.

Il diritto di prelazione può essere esercitato congiuntamente da tutti i conduttori, ovvero, qualora taluno vi rinunci, dai rimanenti o dal rimanente conduttore.

L'avente diritto che, entro trenta giorni dalla notificazione di cui al primo comma, non abbia comunicato agli altri aventi diritto la sua intenzione di avvalersi della prelazione, si considera avere rinunciato alla prelazione medesima.

Le norme del presente articolo non si applicano nelle ipotesi previste dall'art. 732 del codice civile, per le quali la prelazione opera a favore dei coeredi, e nell'ipotesi di trasferimento effettuato a favore del coniuge o dei parenti entro il secondo grado.

39. Diritto di riscatto. – Qualora il proprietario non provveda alla notificazione di cui all'articolo precedente, o il corrispettivo indicato sia superiore a quello risultante dall'atto di trasferimento a titolo oneroso dell'immobile, l'avente diritto alla prelazione può, entro sei mesi dalla trascrizione del contratto, riscattare l'immobile dall'acquirente e da ogni altro successivo avente causa.

Ove sia stato esercitato il diritto di riscatto, il versamento del prezzo deve essere effettuato entro il termine di tre mesi che decorrono, quando non vi sia opposizione al riscatto, dalla prima udienza del relativo giudizio, o dalla ricezione dell'atto notificato con cui l'acquirente o successivo avente causa comunichi prima di tale udienza di non opporsi al riscatto.

Se per qualsiasi motivo, l'acquirente o successivo avente causa faccia opposizione al riscatto, il termine di tre mesi decorre dal giorno del passaggio in giudicato della sentenza che definisce il giudizio.

40. Diritto di prelazione in caso di nuova locazione. – Il locatore che intende locare a terzi l'immobile, alla scadenza del contratto rinnovato ai sensi dell'art. 28, deve comunicare le offerte al conduttore, mediante raccomandata con avviso di ricevimento, almeno sessanta giorni prima della scadenza.

Tale obbligo non ricorre quando il conduttore abbia comunicato che non intende rinnovare la locazione e nei casi di cessazione del rapporto di locazione dovuti a risoluzione per inadempimento o recesso del conduttore o ad una delle procedure previste dal R.D. 16 marzo 1942, n. 267, e successive modificazioni, relative al conduttore medesimo.

Il conduttore ha diritto di prelazione se, nelle forme predette ed entro trenta giorni dalla ricezione della comunicazione di cui al primo comma, offra condizioni uguali a quelle comunicategli dal locatore.

Egli conserva tale diritto anche nel caso in cui il contratto tra il locatore e il nuovo conduttore sia sciolto entro un anno, ovvero quando il locatore abbia ottenuto il rilascio dell'immobile non intendendo locarlo a terzi, e, viceversa, lo abbia concesso in locazione entro i sei mesi successivi.

41. Norme applicabili. – Ai contratti previsti nell'art. 27 si applicano le disposizioni degli artt. da 7 a 11.

Le disposizioni di cui agli artt. 38, 39 e 40 non si applicano ai rapporti di locazione di cui all'art. 35.

42. Destinazione degli immobili a particolari attività. – I contratti di locazione e sublocazione di immobili urbani adibiti ad attività ricreative, assistenziali, culturali e scolastiche, nonché a sede di partiti o di sindacati, e quelli stipulati dallo Stato o da altri enti pubblici territoriali in qualità di conduttori, hanno la durata di cui al primo comma dell'art. 27.

A tali contratti si applicano le disposizioni degli artt. 32 e 41, nonché le disposizioni processuali di cui al titolo I, capo III (43 ss.), ed il preavviso per il rilascio di cui all'art. 28.

Capo III
Disposizioni processuali

43 - 44. (*Omissis*) ([1]).

([1]) *Questi articoli sono stati abrogati dall'art. 89 della L. 26 novembre 1990, n. 353, a decorrere dal 30 aprile 1995.*

45. Ricorso al giudice. – [Se il tentativo di conciliazione non riesce, o comunque decorso il termine di novanta giorni dalla presentazione della domanda di cui all'articolo precedente, le parti possono chiedere al giudice la determinazione del canone] ([1]).

[La controversia è di competenza del conciliatore qualora il canone di cui si chiede la determinazione, l'aggiornamento o l'adeguamento non sia superiore a lire 50.000 mensili; negli altri casi è di competenza del pretore] ([1]).

[Le controversie relative alle opere di conservazione dell'immobile di cui all'art. 23, alle indennità di cui all'art. 34 e alla indennità per i miglioramenti di cui agli artt. 1592 del c.c. e 12 del R.D.L. 18 gennaio 1937, n. 975, convertito, con modificazioni, nella L. 30 dicembre 1937, n. 2651, sono di competenza del pretore qualunque ne sia il valore] ([1]).

[Sono nulle le clausole derogative dalla competenza per territorio] ([1]).

In primo grado la parte può stare in giudizio personalmente, quando il valore della causa non eccede € 25,82 mensili nelle controversie aventi ad oggetto la determinazione, l'aggiornamento o l'adeguamento del canone, ed € 309,87 nelle controversie previste dal terzo comma ([2]).

Fino al termine del giudizio il conduttore è obbligato a corrispondere, salvo conguaglio, l'importo non contestato.

([1]) *Questo comma è stato abrogato dall'art. 89 della L. 26 novembre 1990, n. 353, a decorrere dal 30 aprile 1995.*

([2]) *Questo comma è stato così sostituito dall'art. 6 della L. 30 luglio 1984, n. 399.*

46 - 53. (*Omissis*) ([1]).

([1]) *Questi articoli sono stati abrogati dall'art. 89 della L. 26 novembre 1990, n. 353, a decorrere dal 30 aprile 1995.*

55. Termine per il pagamento dei canoni scaduti. – La morosità del conduttore nel pagamento dei canoni o degli oneri di cui all'art. 5 può essere sanata in sede giudiziale per non più di tre volte nel corso di un quadriennio se il conduttore alla prima udienza versa l'importo dovuto per tutti i canoni scaduti e per gli oneri accessori maturati sino a tale data, maggiorato degli interessi legali e delle spese processuali liquidate in tale sede dal giudice.

Ove il pagamento non avvenga in udienza, il giudice, dinanzi a comprovate condizioni di difficoltà del conduttore, può assegnare un termine non superiore a giorni novanta.

In tal caso rinvia l'udienza a non oltre dieci giorni dalla scadenza del termine assegnato.

La morosità può essere sanata, per non più di quattro volte complessivamente nel corso di un quadriennio, ed il termine di cui al secondo comma è di centoventi giorni, se l'inadempienza, protrattasi per non oltre due mesi, è conseguente alle precarie condizioni economiche del conduttore, insorte dopo la stipulazione del contratto e dipendenti da disoccupazione, malattie o gravi, comprovate condizioni di difficoltà.

Il pagamento, nei termini di cui ai commi precedenti, esclude la risoluzione del contratto.

56. ([1]) **Modalità per il rilascio.** – 1. Con il provvedimento che dispone il rilascio, il giudice, previa motivazione che tenga conto anche delle condizioni del conduttore comparate a quelle del locatore nonché delle ragioni per le quali viene disposto il rilascio stesso e, nei casi di finita locazione, del tempo trascorso dalla disdetta, fissa la data dell'esecuzione entro il termine massimo di sei mesi ovvero, in casi eccezionali, di dodici mesi dalla data del provvedimento.

2. Nelle ipotesi di cui all'articolo 55, per il caso in cui il conduttore non provveda al pagamento nel termine assegnato, la data dell'esecuzione non può essere fissata oltre sessanta giorni dalla scadenza del termine concesso per il pagamento.

3. Qualunque forma abbia il provvedimento di rilascio, il locatore e il conduttore possono, in qualsiasi momento e limitatamente alla data fissata per l'esecuzione, proporre al tribunale in composizione collegiale l'opposizione di cui all'articolo 6, comma 4, della legge 9 dicembre 1998, n. 431.

4. Trascorsa inutilmente la data fissata, il locatore promuove l'esecuzione ai sensi degli articoli 605 e seguenti del codice di procedura civile.

([1]) *Questo articolo è stato così sostituito dall'art. 7* bis *del D.L. 13 settembre 2004, n. 240, convertito, con modificazioni, nella L. 12 novembre 2004, n. 269.*

57. ([1]) **Esenzioni fiscali ed onorari professionali.** – Gli atti, i documenti ed i provvedimenti relativi alle controversie in materia di locazione il cui valore non eccede gli € 309,87, nonché i provvedimenti di cui all'articolo 44, sono esenti dall'imposta di bollo e di registro; negli stessi casi gli onorari di avvocato e procuratore sono ridotti alla metà.

È abrogata ogni altra disposizione incompatibile con la presente legge.

([1]) *Questo articolo è stato così sostituito dall'art. 6 della L. 30 luglio 1984, n. 399, in vigore dal 29 novembre 1984.*

Titolo II
Disciplina transitoria

Capo I
Contratti di locazione di immobili adibiti ad uso di abitazione

58. [1] [2] **Durata dei contratti in corso soggetti a proroga.** – I contratti di locazione e sublocazione di immobili urbani adibiti ad uso di abitazione e soggetti a proroga secondo la legislazione vigente si considerano prorogati ed hanno la durata prevista nell'art. 1 con le seguenti decorrenze:

a) dal 1° gennaio 1979, per i contratti stipulati anteriormente al 31 dicembre 1952;

b) dal 1° luglio 1979, per i contratti stipulati fra il 1° gennaio 1953 ed il 7 novembre 1963;

c) dal 1° gennaio 1980, per i contratti stipulati dopo il 7 novembre 1963.

(1) *La Corte costituzionale, con sentenza n. 22 del 22 febbraio 1980, ha dichiarato l'illegittimità costituzionale del combinato disposto degli artt. 58, 59, n. 1, 65, nella parte in cui esclude il diritto di recesso per necessità del locatore dai contratti in corso alla data del 30 luglio 1978 e non soggetti a proroga.*

(2) *La Corte costituzionale, con sentenza n. 250 del 15 luglio 1983, ha dichiarato l'illegittimità costituzionale del combinato disposto degli artt. 58, 59 nn. 2, 3, 4, 5, 6, 7 e 8 e 65, nella parte in cui esclude il diritto di recesso del locatore, per i motivi indicati nel citato art. 59 nn. 2, 3, 4, 5, 6, 7 e 8, dai contratti in corso alla data del 30 luglio 1978 e non soggetti a proroga.*

59. Recesso del locatore. – Nei casi di cui all'articolo precedente il locatore può recedere in ogni momento dal contratto dandone comunicazione al conduttore mediante lettera raccomandata e con un preavviso di almeno sei mesi:

1) quando abbia la necessità, verificatasi dopo la costituzione del rapporto locatizio, di destinare l'immobile ad uso abitativo, commerciale, artigianale o professionale proprio, del coniuge o dei parenti in linea retta entro il secondo grado [1];

2) quando, volendo disporre dell'immobile per abitazione propria, del coniuge o dei propri parenti in linea retta fino al secondo grado oppure quando, trattandosi di ente pubblico o comunque con finalità pubbliche, sociali, mutualistiche, cooperativistiche, assistenziali o di culto che voglia disporre dell'immobile per l'esercizio delle proprie funzioni, offra al conduttore altro immobile idoneo per cui sia dovuto un canone di locazione proporzionato alle condizioni del conduttore medesimo e comunque non superiore del 20 per cento al canone del precedente immobile e assuma a suo carico le spese di

trasloco. Quando l'opposizione del conduttore all'azione del locatore risulti infondata, questi potrà essere esonerato dalle spese di trasloco (2);

3) quando l'immobile locato sia compreso in un edificio gravemente danneggiato che debba essere ricostruito o del quale debba essere assicurata la stabilità e la permanenza del conduttore impedisca di compiere gli indispensabili lavori (2);

4) quando il proprietario intenda demolire o trasformare notevolmente l'immobile locato per eseguire nuove costruzioni o, trattandosi di appartamento sito all'ultimo piano, quando intenda eseguire sopraelevazioni a norma di legge, e per eseguirle sia indispensabile per ragioni tecniche lo sgombero dell'appartamento stesso (2);

5) quando l'immobile locato sia di interesse artistico o storico, ai sensi della L. 1° giugno 1939, n. 1089, nel caso in cui la competente sovraintendenza riconosca necessario ed urgente che si proceda a riparazioni o restauri, la cui esecuzione sia resa impossibile dallo stato di occupazione dell'immobile (2);

6) quando il conduttore può disporre di altra abitazione idonea alle proprie esigenze familiari nello stesso comune ovvero in un comune confinante (2);

7) quando il conduttore, avendo sublocato parzialmente l'immobile, non lo occupa nemmeno in parte, con continuità. Si presume l'esistenza della sublocazione quando l'immobile risulta occupato da persone che non sono alle dipendenze del conduttore o che non sono a questo legate da vincoli di parentela o di affinità entro il quarto grado, salvo che si tratti di ospiti transitori. La presunzione non si applica nei confronti delle persone che si sono trasferite nell'immobile assieme al conduttore (2);

8) quando il conduttore non occupa continuativamente l'immobile senza giustificato motivo (2).

Nelle ipotesi di cui ai numeri 4) e 5) del precedente comma, il possesso della licenza o concessione è condizione per l'azione di rilascio. Gli effetti del provvedimento di rilascio si risolvono alle condizioni previste nella lettera *c*) dell'art. 29.

Alla procedura per il rilascio dell'immobile si applicano le norme di cui ai precedenti artt. 30 e 56.

(1) *La Corte costituzionale, con sentenza n. 22 del 22 febbraio 1980, ha dichiarato l'illegittimità costituzionale del combinato disposto degli artt. 58, 59, n. 1, 65, nella parte in cui esclude il diritto di recesso per necessità del locatore dai contratti in corso alla data del 30 luglio 1978 e non soggetti a proroga.*

(2) *La Corte costituzionale, con sentenza n. 250 del 15 luglio 1983, ha dichiarato l'illegittimità costituzionale del combinato disposto degli artt. 58, 59 nn. 2, 3, 4, 5, 6, 7 e 8 e 65, nella parte in cui esclude il diritto di recesso del locatore, per i motivi indicati nel citato art. 59 nn. 2, 3, 4, 5, 6, 7 e 8, dai contratti in corso alla data del 30 luglio 1978 e non soggetti a proroga.*

Capo II
Contratti di locazione
di immobili adibiti ad uso
diverso da quello di abitazione

67. Contratti in corso soggetti a proroga. – I contratti di locazione di cui all'art. 27 in corso al momento dell'entrata in vigore della presente legge e soggetti a proroga secondo la legislazione vigente si considerano prorogati ed hanno la seguente durata:

a) anni 4, i contratti stipulati prima del 31 dicembre 1964;

b) anni 5, i contratti stipulati tra il 1° gennaio 1965 ed il 31 dicembre 1973;

c) anni 6, i contratti stipulati dopo il 31 dicembre 1973.

La durata di cui sopra decorre dal giorno e dal mese, successivi all'entrata in vigore della presente legge, corrispondenti a quelli di scadenza previsti nel contratto di locazione; ove tale determinazione non sia possibile, dallo stesso giorno di entrata in vigore della presente legge.

È in facoltà delle parti di stipulare anche prima della scadenza sopra prevista un nuovo contratto di locazione secondo le disposizioni del capo II, titolo I, della presente legge (27 ss.).

68. Aumenti del canone. – Nei contratti di locazione o sublocazione di cui al precedente articolo il canone corrisposto dal conduttore, calcolato al netto degli oneri accessori, può essere a richiesta del locatore, aumentato a decorrere dal primo giorno del mese successivo a quello di entrata in vigore della presente legge per il restante periodo di durata del contratto, nelle misure seguenti:

1) non superiore al 15 per cento all'anno, per i contratti stipulati anteriormente al 31 dicembre 1964;

2) non superiore al 10 per cento all'anno per i contratti stipulati fra il 1° gennaio 1965 ed il 31 dicembre 1973;

3) non superiore al 5 per cento all'anno per i contratti stipulati dopo il 31 dicembre 1973.

69. ([1]) ([2]) **Diritto di prelazione in caso di nuova locazione e indennità per l'avviamento commerciale.** – Nei contratti di locazione di immobili adibiti ad uso diverso da quello di abitazione, di cui agli articoli 67 e 71 della presente legge, il locatore comunica, mediante raccomandata con avviso di ricevimento da inviarsi entro il 28 febbraio 1987, se ed a quali condizioni intende proseguire la locazione ovvero le condizioni offerte da terzi per la locazione dell'immobile.

L'obbligo ricorre anche quando il locatore non intende proseguire nella locazione per i motivi indicati all'articolo 29.

Tale obbligo non ricorre quando il conduttore abbia comunicato al locatore che non intende rinnovare la locazione e nei casi di cessazione del rapporto per inadempimento o recesso del conduttore o qualora sia in corso una delle procedure previste dal R.D. 16 marzo 1942, n. 267, e successive modificazioni, a carico del conduttore medesimo.

Il conduttore deve rendere noto al locatore, entro trenta giorni dalla comunicazione di cui al primo comma, se intende proseguire la locazione alle nuove condizioni.

Il conduttore ha diritto di prelazione se, entro trenta giorni dalla ricezione della comunicazione di cui al primo comma, offre condizioni uguali a quelle comunicategli dal locatore. Egli conserva tale diritto anche nell'ipotesi di cui al quarto comma dell'art. 40.

Il conduttore, se non accetta le condizioni offerte dal locatore ovvero non esercita la prelazione, ha diritto ad un compenso pari a 24 mensilità, ovvero a trenta per le locazioni con destinazione alberghiera, del canone richiesto dal locatore od offerto dal terzo.

Se il locatore non intende proseguire nella locazione il conduttore può, entro trenta giorni dalla comunicazione del locatore o in mancanza di questa, se dovuta, dalla scadenza del termine di cui al primo comma, offrire un nuovo canone, impegnandosi a costituire, all'atto del rinnovo e per la durata del contratto, una polizza assicurativa oppure una fidejussione bancaria per una somma pari a 12 mensilità del canone offerto.

Se il locatore non intende proseguire nella locazione, sulla base delle condizioni offerte, al conduttore è dovuta l'indennità per l'avviamento commerciale nella misura di 24 mensilità, ovvero di 30 per le locazioni con destinazione alberghiera, del canone offerto ai sensi del comma precedente.

In mancanza dell'offerta del nuovo canone da parte del conduttore nonché nei casi di rilascio dell'immobile per i motivi di cui all'art. 29 salvo quelli di cui al primo comma, lettera *a*), è dovuta l'indennità per avviamento commerciale nella misura di 21 mensilità, ovvero di 25 per le locazioni con destinazione alberghiera, del canone corrente di mercato per i locali aventi le stesse caratteristiche. In caso di rilascio dell'immobile per i motivi di cui all'art. 29, primo comma, lettera *a*), la predetta indennità è calcolata con riferimento al canone corrisposto. L'indennità dovuta è complessivamente di 24 mensilità, ovvero di 32 per le locazioni con destinazione alberghiera, nei casi di cui al secondo comma dell'articolo 34.

L'esecuzione del provvedimento di rilascio dell'immobile è condizionata all'avvenuta corresponsione dell'indennità di cui ai precedenti commi sesto, ottavo e nono.

Per i contratti di cui agli artt. 67 e 71 le disposizioni del presente articolo sono sostitutive di quelle degli artt. 34 e 40.

Le disposizioni del presente articolo si applicano anche ai contratti relativi ad immobili utilizzati per lo svolgimento di attività di cui all'art. 27, primo comma, che non comportano contatti diretti con il pubblico degli utenti e dei consumatori, di attività professionali e di attività di cui all'art. 42. In tali casi, il compenso spettante al conduttore ai sensi dei precedenti commi sesto, ottavo e nono, è limitato a dodici mensilità. Il compenso non è dovuto qualora il locatore intenda ottenere la disponibilità dell'immobile per i motivi di cui all'art. 29 (3).

(1) *Questo articolo, già sostituito dall'art. 1 del D.L. 7 febbraio 1985, n. 12, convertito nella L. 5 aprile 1985, n. 118, è stato di nuovo così sostituito dall'art. 1 del D.L. 9 dicembre 1986, n. 832, convertito nella L. 6 febbraio 1987, n. 15.*

(2) *La Corte costituzionale, con sentenza n. 242 del 3 giugno 1992, ha dichiarato la illegittimità costituzionale di questo articolo, nella parte in cui non prevede che l'obbligo del locatore di corrispondere al conduttore la indennità per l'avviamento commerciale non ricorre quando causa di cessazione del rapporto è un provvedimento della pubblica amministrazione che esclude indefinitamente la utilizzazione economica dell'immobile.*

(3) *La Corte costituzionale con sentenza n. 882 del 26 luglio 1988, ha dichiarato l'illegittimità costituzionale di questo comma.*

70. Immobili destinati a particolari attività soggetti a proroga. – Ai contratti di locazione di cui all'art. 42 si applicano le disposizioni degli artt. 67 e 68.

71. Contratti in corso non soggetti a proroga. – Le disposizioni degli artt. 27 e 42, primo comma, si applicano anche ai contratti in corso al momento dell'entrata in vigore della presente legge e non soggetti a proroga legale, detraendosi, per la determinazione della durata prevista in detta disposizione, il periodo di locazione già trascorso dall'inizio della locazione o, in caso di intervenuto rinnovo contrattuale, dalla data di esso.

La durata non può comunque essere inferiore a due anni dalla data di entrata in vigore della presente legge.

Le disposizioni di cui ai commi precedenti si applicano anche ai contratti di cui sopra per i quali, alla data di entrata in vigore della presente legge, è in corso procedimento per convalida di licenza o di sfratto.

Il canone potrà essere aggiornato annualmente su richiesta del locatore dal giorno della scadenza contrattualmente prevista, in base al 75 per cento della variazione, accertata dall'ISTAT, dell'indice dei prezzi al consumo per le famiglie di operai ed impiegati verificatasi nell'anno precedente.

72. Mutamento della destinazione. – I nuovi contratti di locazione di immobili il cui uso venga mutato da quello preesistente di abitazione non possono prevedere, per un periodo di quattro anni dalla data di entrata in vigore della presente legge, un canone superiore a quello di cui agli artt. 12 e 24, tranne che siano intervenute radicali trasformazioni dell'immobile stesso autorizzate ai sensi delle vigenti leggi.

73. (1) (2) (3) **Norme applicabili.** – Per i contratti previsti negli artt. 67, 70 e, ferme restando le scadenze convenzionali, nell'articolo 71 il locatore può recedere in base ai motivi di cui all'articolo 29 e con il preavviso di cui all'art. 59. Nei casi previsti dalle lettere *a*), *b*) e dall'ultimo periodo del secondo comma dell'articolo 29 tale facoltà è riconosciuta soltanto ove ricorra la necessità del locatore o del coniuge o dei parenti entro il secondo grado in linea retta, verificatasi dopo la costituzione del rapporto locatizio. Si applicano le disposizioni degli articoli 30 e 31 e degli articoli da 35 a 39 nonché quelle dell'articolo 69, settimo, ottavo e nono comma (4).

(1) *Questo articolo è stato così modificato dall'art. 1* bis *del D.L. 30 gennaio 1979, n. 21, convertito, con modificazioni, nella L. 31 marzo 1979, n. 93.*

(2) *La Corte costituzionale, con sentenza n. 300 del 5 ottobre 1983, ha dichiarato l'illegittimità costituzionale dell'art. 69[7] (nel testo antecedente la novella del 1986) e dell'art. 73 (come modif. dall'art. 1* bis *del D.L. n. 21/79) nella parte in cui, relativamente alle ipotesi di recesso del locatore dai contratti disciplinati dall'art. 67 stessa legge 27 luglio 1978, n. 392, motivate con la sopravvenuta necessità di adibire l'immobile ad abitazione propria o del coniuge o dei parenti in linea retta entro il secondo grado, prevede che l'indennità per l'avviamento commerciale dovuta al conduttore sia determinata sulla base del canone corrente di mercato per i locali aventi le stesse caratteristiche, anziché con riferimento all'ultimo canone corrisposto.*

(3) *La Corte costituzionale, con sentenza n. 562 del 18 dicembre 1987, ha dichiarato l'illegittimità costituzionale dell'articolo, nella parte in cui non richiama espressamente l'obbligo di corrispondere l'indennità per la perdita dell'avviamento commerciale di cui all'art. 69, settimo, ottavo e nono comma della legge stessa nel testo originario.*

(4) *Il riferimento ai commi settimo, ottavo e nono deve ora intendersi ai commi nono, decimo ed undicesimo del medesimo articolo, così come sostituito dal D.L. 9 dicembre 1986, n. 832, convertito, con modificazioni, nella L. 6 febbraio 1987, n. 15.*

Capo III
Disposizioni processuali

74. Rinvio. – Le disposizioni degli artt. da 43 a 57 sono applicabili alle locazioni previste nei capi I e II del presente titolo (58 ss.).

Titolo IV
Disposizioni finali

79. ([1]) **Patti contrari alla legge.** – È nulla ogni pattuizione diretta a limitare la durata legale del contratto o ad attribuire al locatore un canone maggiore rispetto a quello previsto dagli articoli precedenti ovvero ad attribuirgli altro vantaggio in contrasto con le disposizioni della presente legge.

Il conduttore con azione proponibile fino a sei mesi dopo la riconsegna dell'immobile locato, può ripetere le somme sotto qualsiasi forma corrisposte in violazione dei divieti e dei limiti previsti dalla presente legge.

In deroga alle disposizioni del primo comma, nei contratti di locazione di immobili adibiti ad uso diverso da quello di abitazione, anche se adibiti ad attività alberghiera, per i quali sia pattuito un canone annuo superiore ad euro 250.000, e che non siano riferiti a locali qualificati di interesse storico a seguito di provvedimento regionale o comunale, è facoltà delle parti concordare contrattualmente termini e condizioni in deroga alle disposizioni della presente legge. I contratti di cui al periodo precedente devono essere approvati per iscritto ([2]).

([1]) *Questo articolo è stato abrogato, limitatamente alle locazioni abitative, dall'art. 14, comma 4, della L. 9 dicembre 1998, n. 431.*

([2]) *Questo comma è stato aggiunto dall'art. 18, comma 1, del D.L. 12 settembre 2014, n. 133, convertito, con modificazioni, nella L. 11 novembre 2014, n. 164. A norma dell'art. 18, comma 2, del medesimo provvedimento le disposizioni di cui al comma 1 non si applicano ai contratti in corso alla data di entrata in vigore della legge di conversione del presente decreto. Ai giudizi in corso alla data di entrata in vigore della legge di conversione del presente decreto continuano ad applicarsi ad ogni effetto le disposizioni previgenti.*

80. Uso diverso da quello pattuito. – Se il conduttore adibisce l'immobile ad un uso diverso da quello pattuito, il locatore può chiedere la risoluzione del contratto entro tre mesi dal momento in cui ne ha avuto conoscenza e comunque entro un anno dal mutamento di destinazione ([1]).

Decorso tale termine senza che la risoluzione sia stata chiesta, al contratto si applica il regime giuridico corrispondente all'uso effettivo dell'immobile. Qualora la destinazione ad uso diverso da quello pattuito sia parziale, al contratto si applica il regime giuridico corrispondente all'uso prevalente.

([1]) *La Corte costituzionale, con sentenza n. 185 del 18 febbraio 1988, ha dichiarato l'illegittimità costituzionale della frase: «e comunque entro un anno dal mutamento di destinazione».*

81. Pubblicazione dei dati ISTAT nella *Gazzetta Ufficiale*. – Le variazioni dell'indice dei prezzi al consumo per le famiglie di operai e impiegati accertate dall'ISTAT sono pubblicate nella *Gazzetta Ufficiale* della Repubblica italiana.

82. Giudizi in corso. – Ai giudizi in corso al momento dell'entrata in vigore della presente legge continuano ad applicarsi ad ogni effetto le leggi precedenti.

84. Abrogazione. – Sono abrogate tutte le disposizioni incompatibili con la presente legge.

85. Entrata in vigore. – La presente legge entra in vigore il giorno successivo alla sua pubblicazione nella *Gazzetta Ufficiale.*

2.

L. 9 dicembre 1998, n. 431. Disciplina delle locazioni e del rilascio degli immobili adibiti ad uso abitativo (Suppl. ord. alla *Gazzetta Ufficiale* Serie gen. - n. 292 del 15 dicembre 1998).

Capo I
Locazione di immobili adibiti ad uso abitativo

1. Ambito di applicazione. – 1. I contratti di locazione di immobili adibiti ad uso abitativo, di seguito denominati «contratti di locazione», sono stipulati o rinnovati, successivamente alla data di entrata in vigore della presente legge, ai sensi dei commi 1 e 3 dell'articolo 2.

2. Le disposizioni di cui agli articoli 2, 3, 4, 4 *bis*, (1) 7, 8 e 13 della presente legge non si applicano:

a) ai contratti di locazione relativi agli immobili vincolati ai sensi della legge 1 giugno 1939, n. 1089, o inclusi nelle categorie catastali A/1, A/8 e A/9, che sono sottoposti esclusivamente alla disciplina di cui gli articoli 1571 e seguenti del codice civile qualora non siano stipulati secondo le modalità di cui al comma 3 dell'art. 2 della presente legge;

b) agli alloggi di edilizia residenziale pubblica, ai quali si applica la relativa normativa vigente, statale e regionale;

c) agli alloggi locati esclusivamente per finalità turistiche.

3. Le disposizioni di cui agli articoli 2, 3, 4, 4 *bis* (1), 7 e 13 della presente legge non si applicano ai contratti di locazione stipulati dagli enti locali in qualità di conduttori per soddisfare esigenze abitative di carattere transitorio, ai quali si applicano le disposizioni di cui agli articoli 1571 e seguenti del codice civile. A tali contratti non si applica l'articolo 56 della legge 27 luglio 1978, n. 392.

4. A decorrere dalla data di entrata in vigore della presente legge, per la stipula di validi contratti di locazione è richiesta la forma scritta.

(1) *Le parole: «4* bis,*» sono state inserite dall'art. 2, comma 1, lett.* a), *della L. 8 gennaio 2002, n. 2.*

2. Modalità di stipula e di rinnovo dei contratti di locazione. – 1. Le parti possono stipulare contratti di locazione di durata non inferiore a quattro anni, decorsi i quali i contratti sono rinnovati per un periodo di quattro anni, fatti salvi i casi in cui il locatore intenda adibire l'immobile agli usi o effettuare sullo stesso le opere di cui all'articolo 3, ovvero vendere l'immobile alle condizioni e con le modalità di cui al medesimo articolo 3. Alla seconda scadenza del contratto, ciascuna delle parti ha diritto di attivare la procedura per il rinnovo a nuove condizioni o per la rinuncia al rinnovo del contratto, comunicando la propria intenzione con lettera raccomandata da inviare all'altra parte almeno sei mesi prima della scadenza. La parte interpellata deve rispondere a mezzo lettera raccomandata entro sessanta giorni dalla data di ricezione della raccomandata di cui al secondo periodo. In mancanza di risposta o di accordo il contratto si intenderà scaduto alla data di cessazione della locazione. In mancanza della comunicazione di cui al secondo periodo il contratto è rinnovato tacitamente alle medesime condizioni.

2. Per i contratti stipulati o rinnovati ai sensi del comma 1, i contraenti possono avvalersi dell'assistenza delle organizzazioni della proprietà edilizia e dei conduttori.

3. In alternativa a quanto previsto dal comma 1, le parti possono stipulare contratti di locazione, definendo il valore del canone, la durata del contratto, anche in relazione a quanto previsto dall'art. 5, comma 1, nel rispetto comunque di quanto previsto dal comma 5 del presente articolo, ed altre condizioni contrattuali sulla base di quanto stabilito in appositi accordi definiti in sede locale fra le organizzazioni della proprietà edilizia e le organizzazioni dei conduttori maggiormente rappresentative [, che provvedono alla definizione di contratti-tipo] (1). Al fine di promuovere i predetti accordi, i comuni, anche in forma associata, provvedono a convocare le predette organizzazioni entro sessanta giorni dalla emanazione del decreto di cui al comma 2 dell'articolo 4. I medesimi accordi sono depositati, a cura delle organizzazioni firmatarie, presso ogni comune dell'area territoriale interessata (2).

4. Per favorire la realizzazione degli accordi di cui al comma 3, i comuni possono deliberare, nel rispetto dell'equilibrio di bilancio, aliquote dell'imposta comunale sugli immobili (Ici) più favorevoli per i proprietari che concedono in locazione a titolo di abitazione principale immobili alle condizioni definite dagli accordi stessi. I comuni che adottano tali delibere possono

derogare al limite minimo stabilito, ai fini della determinazione delle aliquote, dalla normativa vigente al momento in cui le delibere stesse sono assunte. I comuni di cui all'articolo 1 del decreto legge 30 dicembre 1988, n. 551, convertito, con modificazioni, dalla legge 21 febbraio 1989, n. 61, e successive modificazioni, per la stessa finalità di cui al primo periodo possono derogare al limite massimo stabilito dalla normativa vigente in misura non superiore al 2 per mille, limitatamente agli immobili non locati per i quali non risultino essere stati registrati contratti di locazione da almeno due anni (3).

5. I contratti di locazione stipulati ai sensi del comma 3 non possono avere durata inferiore ai tre anni, ad eccezione di quelli di cui all'articolo 5. Alla prima scadenza del contratto, ove le parti non concordino sul rinnovo del medesimo, il contratto è prorogato di diritto per due anni fatta salva la facoltà di disdetta da parte del locatore che intenda adibire l'immobile agli usi o effettuare sullo stesso le opere di cui all'articolo 3, ovvero vendere l'immobile alle condizioni e con le modalità di cui al medesimo articolo 3. Alla scadenza del periodo di proroga biennale ciascuna delle parti ha diritto di attivare la procedura per il rinnovo a nuove condizioni o per la rinuncia al rinnovo del contratto comunicando la propria intenzione con lettera raccomandata da inviare all'altra parte almeno sei mesi prima della scadenza. In mancanza della comunicazione il contratto è rinnovato tacitamente alle medesime condizioni (4).

6. I contratti di locazione stipulati prima della data di entrata in vigore della presente legge che si rinnovino tacitamente sono disciplinati dal comma 1 del presente articolo.

(1) *Le parole fra parentesi quadre sono state soppresse dall'art. 2, comma 1, lett.* b), *della L. 8 gennaio 2002, n. 2.*

(2) *A norma dell'art. 1, comma 343, della L. 30 dicembre 2004, n. 311, le disposizioni degli articoli 52* bis *del testo unico delle disposizioni concernenti l'imposta di registro, di cui al decreto del Presidente della Repubblica 26 aprile 1986, n. 131, e 41* ter *del decreto del Presidente della Repubblica 29 settembre 1973, n. 600, non trovano applicazione nei confronti dei contratti di locazione di immobili ad uso abitativo stipulati o rinnovati a norma degli articoli 2, comma 3, e 4, commi 2 e 3, di questa legge.*

(3) *Si veda l'art. 2, comma 288, della L. 24 dicembre 2007, n. 244, il quale così dispone: «L'articolo 2, comma 4, della legge 9 dicembre 1998, n. 431, il quale prevede che i comuni, per favorire la realizzazione degli accordi tra le organizzazioni della proprietà edilizia e quelle dei conduttori, possono deliberare, nel rispetto dell'equilibrio di bilancio, aliquote dell'imposta comunale sugli immobili più favorevoli per i proprietari che concedono in locazione a titolo di abitazione principale immobili alle condizioni definite negli accordi stessi, con possibilità di deroga al limite minimo dell'aliquota, deve essere interpretato nel senso che tali aliquote possono arrivare fino all'esenzione dall'imposta».*

([4]) *A norma dell'art. 19 bis del D.L. 30 aprile 2019, n. 34, convertito, con modificazioni, nella L. 28 giugno 2019, n. 58, a decorrere dal 30 giugno 2019, questo periodo si interpreta nel senso che, in mancanza della comunicazione ivi prevista, il contratto è rinnovato tacitamente, a ciascuna scadenza, per un ulteriore biennio.*

3. Disdetta del contratto da parte del locatore. – 1. Alla prima scadenza dei contratti stipulati ai sensi del comma 1 dell'articolo 2 e alla prima scadenza dei contratti stipulati ai sensi del comma 3 del medesimo articolo, il locatore può avvalersi della facoltà di diniego del rinnovo del contratto, dandone comunicazione al conduttore con preavviso di almeno sei mesi, per i seguenti motivi:

a) quando il locatore intenda destinare l'immobile ad uso abitativo, commerciale, artigianale o professionale proprio, del coniuge, dei genitori, dei figli o dei parenti entro il secondo grado;

b) quando il locatore, persona giuridica, società o ente pubblico o comunque con finalità pubbliche, sociali, mutualistiche, cooperative, assistenziali, culturali o di culto intenda destinare l'immobile all'esercizio delle attività dirette a perseguire le predette finalità ed offra al conduttore altro immobile idoneo e di cui il locatore abbia la piena disponibilità;

c) quando il conduttore abbia la piena disponibilità di un alloggio libero ed idoneo nello stesso comune;

d) quando l'immobile sia compreso in un edificio gravemente danneggiato che debba essere ricostruito o del quale debba essere assicurata la stabilità e la permanenza del conduttore sia di ostacolo al compimento di indispensabili lavori;

e) quando l'immobile si trovi in uno stabile del quale è prevista l'integrale ristrutturazione, ovvero si intenda operare la demolizione o la radicale trasformazione per realizzare nuove costruzioni, ovvero, trattandosi di immobile sito all'ultimo piano, il proprietario intenda eseguire sopraelevazioni a norma di legge e per eseguirle sia indispensabile per ragioni tecniche lo sgombero dell'immobile stesso;

f) quando, senza che si sia verificata alcuna legittima successione nel contratto, il conduttore non occupi continuativamente l'immobile senza giustificato motivo;

g) quando il locatore intenda vendere l'immobile a terzi e non abbia la proprietà di altri immobili ad uso abitativo oltre a quello eventualmente adibito a propria abitazione. In tal caso al conduttore è riconosciuto il diritto di prelazione, da esercitare con le modalità di cui agli articoli 38 e 39 della legge 27 luglio 1978, n. 392.

2. Nei casi di disdetta del contratto da parte del locatore per i motivi di cui al comma 1, lettere *d*) ed *e*), il possesso, per l'esecuzione dei lavori

ivi indicati, della concessione o dell'autorizzazione edilizia è condizione di procedibilità dell'azione di rilascio. I termini di validità della concessione o dell'autorizzazione decorrono dall'effettiva disponibilità a seguito del rilascio dell'immobile. Il conduttore ha diritto di prelazione, da esercitare con le modalità di cui all'articolo 40 della legge 27 luglio 1978, n. 392, se il proprietario, terminati i lavori, concede nuovamente in locazione l'immobile. Nella comunicazione del locatore deve essere specificato, a pena di nullità, il motivo, fra quelli tassativamente indicati al comma 1, sul quale la disdetta è fondata.

3. Qualora il locatore abbia riacquistato la disponibilità dell'alloggio a seguito di illegittimo esercizio della facoltà di disdetta ai sensi del presente articolo, il locatore stesso è tenuto a corrispondere un risarcimento al conduttore da determinare in misura non inferiore a trentasei mensilità dell'ultimo canone di locazione percepito.

4. Per la procedura di diniego di rinnovo si applica l'articolo 30 della legge 27 luglio 1978, n. 392, e successive modificazioni.

5. Nel caso in cui il locatore abbia riacquistato, anche con procedura giudiziaria, la disponibilità dell'alloggio e non lo adibisca nel termine di dodici mesi dalla data in cui ha riacquistato la disponibilità, agli usi per i quali ha esercitato facoltà di disdetta ai sensi del presente articolo, il conduttore ha diritto al ripristino del rapporto di locazione alle medesime condizioni di cui al contratto disdettato o, in alternativa, al risarcimento di cui al comma 3.

6. Il conduttore, qualora ricorrano gravi motivi, può recedere in qualsiasi momento dal contratto, dando comunicazione al locatore con preavviso di sei mesi.

Capo II
Contratti di locazione stipulati in base ad accordi definiti in sede locale

4. Convenzione nazionale. – 1. Al fine di favorire la realizzazione degli accordi di cui al comma 3 dell'articolo 2, il Ministro dei lavori pubblici convoca le organizzazioni della proprietà edilizia e dei conduttori maggiormente rappresentative a livello nazionale entro sessanta giorni dalla data di entrata in vigore della presente legge e, successivamente, ogni tre anni a decorrere dalla medesima data, al fine di promuovere una convenzione, di seguito denominata «convenzione nazionale», che individui i criteri generali per la definizione dei canoni, anche in relazione alla durata dei contratti, alla rendita catastale dell'immobile e ad altri parametri oggettivi, nonché delle modalità per garantire particolari esigenze delle parti. In caso di mancanza di accordo delle parti, i predetti criteri generali sono stabiliti dal Ministro dei lavori pubblici, di concerto con il Ministro delle finanze, con il decreto di cui al comma 2 del presente articolo, sulla base degli orientamenti prevalenti espressi dalle predette organizzazioni. I criteri generali definiti ai sensi del presente comma costituiscono la base per la realizzazione degli accordi locali di cui al comma 3 dell'articolo 2 e il loro rispetto, unitamente all'utilizzazione dei tipi di contratto di cui all'articolo 4 *bis*, (1) costituisce condizione per l'applicazione dei benefici di cui all'articolo 8.

2. I criteri generali di cui al comma 1 sono indicati in apposito decreto del Ministro dei lavori pubblici, di concerto con il Ministro delle finanze, da emanare entro trenta giorni dalla conclusione della convenzione nazionale ovvero dalla constatazione, da parte del Ministro dei lavori pubblici, della mancanza di accordo delle parti, trascorsi novanta giorni dalla loro convocazione. Con il medesimo decreto sono stabilite le modalità di applicazione dei benefici di cui all'articolo 8 per i contratti di locazione stipulati ai sensi del comma 3 dell'articolo 2 in conformità ai criteri generali di cui al comma 1 del presente articolo (2).

3. Entro quattro mesi dalla data di emanazione del decreto di cui al comma 2, il Ministro dei lavori pubblici, di concerto con il Ministro delle finanze, fissa con apposito decreto le condizioni alle quali possono essere stipulati i contratti di cui al comma 3 dell'articolo 2 nonché dell'articolo 5 (3), nel caso in cui non vengano convocate da parte dei comuni le organizzazioni della proprietà edilizia e dei conduttori ovvero non siano definiti gli accordi di cui al medesimo comma 3 dell'articolo 2 (2).

4. Fermo restando quanto stabilito dall'articolo 60, comma 1, lettera *e*), del decreto legislativo 31 marzo 1998, n. 112, con apposito atto di indirizzo e coordinamento, da adottare con decreto del Presidente della Repubblica, previa deliberazione del Consiglio dei ministri, ai sensi dell'articolo 8 della legge 15 marzo 1997, n. 59, sono definiti, in sostituzione di quelli facenti riferimento alla legge 27 luglio 1978, n. 392, e successive modificazioni, criteri in materia di determinazione da parte delle regioni dei canoni di locazione per gli alloggi di edilizia residenziale pubblica. Gli attuali criteri di determinazione dei canoni restano validi fino all'adeguamento da parte delle regioni ai criteri stabiliti ai sensi del presente comma.

(1) *Le parole: «, unitamente all'utilizzazione dei tipi di contratto di cui all'articolo 4* bis,» *sono state aggiunte dall'art. 2, comma 1, lett.* c)*, della L. 8 gennaio 2002, n. 2.*

(2) *A norma dell'art. 1, comma 343, della L. 30 dicembre 2004, n. 311, le disposizioni degli articoli 52* bis *del testo unico delle disposizioni concernenti l'imposta di registro, di cui al decreto del Presidente della Repubblica 26 aprile 1986, n. 131, e 41* ter *del decreto del Presidente della Repubblica 29 settembre 1973, n. 600, non trovano applicazione*

nei confronti dei contratti di locazione di immobili ad uso abitativo stipulati o rinnovati a norma degli articoli 2, comma 3, e 4, commi 2 e 3, di questa legge.

(3) *Le parole: «nonché dell'articolo 5» sono state inserite dall'art. 7, comma 1, del D.L. 13 settembre 2004, n. 240, convertito, con modificazioni, nella L. 12 novembre 2004, n. 269.*

4 *bis.* (1) **Tipi di contratto.** – 1. La convenzione nazionale di cui all'articolo 4, comma 1, approva i tipi di contratto per la stipula dei contratti agevolati di cui all'articolo 2, comma 3, nonché dei contratti di locazione di natura transitoria di cui all'articolo 5, comma 1, e dei contratti di locazione per studenti universitari di cui all'articolo 5, commi 2 e 3.

2. I tipi di contratto possono indicare scelte alternative, da definire negli accordi locali, in relazione a specifici aspetti contrattuali, con particolare riferimento ai criteri per la misurazione delle superfici degli immobili.

3. In caso di mancanza di accordo delle parti, i tipi di contratto sono definiti con il decreto di cui all'articolo 4, comma 2.

(1) *Questo articolo è stato inserito dall'art. 1, comma 1, della L. 8 gennaio 2002, n. 2.*

5. Contratti di locazione di natura transitoria. – 1. Il decreto di cui al comma 2 dell'articolo 4 definisce le condizioni e le modalità per la stipula di contratti di locazione di natura transitoria anche di durata inferiore ai limiti previsti dalla presente legge per soddisfare particolari esigenze delle parti.

2. In alternativa a quanto previsto dal comma 1, possono essere stipulati contratti di locazione per soddisfare le esigenze abitative di studenti universitari sulla base dei tipi di contratto di cui all'art. 4 *bis* (1).

3. È facoltà dei comuni sede di università o di corsi universitari distaccati, eventualmente d'intesa con comuni limitrofi, promuovere specifici accordi locali per la definizione, sulla base dei criteri stabiliti ai sensi del comma 2 dell'articolo 4, dei canoni di (2) locazione di immobili ad uso abitativo per studenti universitari. Agli accordi partecipano, oltre alle organizzazioni di cui al comma 3 dell'articolo 2, le aziende per il diritto allo studio e le associazioni degli studenti nonché cooperative ed enti non lucrativi operanti nel settore.

(1) *Le parole: «dei tipi di contratto di cui all'art. 4* bis*» hanno sostituito le precedenti: «di contratti-tipo definiti dagli accordi di cui al comma 3» in virtù di quanto dispone l'art. 2, comma 1, lett.* d)*, n. 1, della L. 8 gennaio 2002, n. 2.*

(2) *Le parole: «dei canoni di» hanno sostituito le precedenti: «di contratti-tipo relativi alla» in virtù di quanto dispone l'art. 2, comma 1, lett.* d)*, n. 2, della L. 8 gennaio 2002, n. 2.*

Capo III
Esecuzione dei provvedimenti
di rilascio degli immobili adibiti
ad uso abitativo

6. Rilascio degli immobili. – 1. Nei comuni indicati all'articolo 1 del decreto legge 30 dicembre 1988, n. 551, convertito, con modificazioni, dalla legge 21 febbraio 1989, n. 61, e successive modificazioni, le esecuzioni dei provvedimenti di rilascio di immobili adibiti ad uso abitativo per finita locazione sono sospese per un periodo di centottanta giorni a decorrere dalla data di entrata in vigore della presente legge ([1]).

2. Il locatore ed il conduttore di immobili adibiti ad uso abitativo, per i quali penda provvedimento esecutivo di rilascio per finita locazione, avviano entro il termine di sospensione di cui al comma 1, a mezzo di lettera raccomandata con avviso di ricevimento, anche tramite le rispettive organizzazioni sindacali, trattative per la stipula di un nuovo contratto di locazione in base alle procedure definite all'articolo 2 della presente legge.

3. Trascorso il termine di cui al comma 1 ed in mancanza di accordo fra le parti per il rinnovo della locazione, i conduttori interessati possono chiedere, entro e non oltre i trenta giorni dalla scadenza del termine fissato dal comma 1, con istanza rivolta al pretore ([2]) competente ai sensi dell'articolo 26, primo comma, del codice di procedura civile, che sia nuovamente fissato il giorno dell'esecuzione. Si applicano i commi dal secondo al settimo dell'articolo 11 del decreto legge 23 gennaio 1982, n. 9, convertito, con modificazioni, dalla legge 25 marzo 1982, n. 94. Avverso il decreto del pretore ([2]) è ammessa opposizione al tribunale che giudica con le modalità di cui all'articolo 618 del codice di procedura civile. Il decreto con cui il pretore ([2]) fissa nuovamente la data dell'esecuzione vale anche come autorizzazione all'ufficiale giudiziario a servirsi dell'assistenza della forza pubblica.

4. Per i provvedimenti esecutivi di rilascio per finita locazione emessi dopo la data di entrata in vigore della presente legge, il conduttore può chiedere una sola volta, con istanza rivolta al pretore ([2]) competente ai sensi dell'articolo 26, primo comma, del codice di procedura civile, che sia nuovamente fissato il giorno dell'esecuzione entro un termine di sei mesi salvi i casi di cui al comma 5. Si applicano i commi dal secondo al settimo dell'articolo 11 del citato decreto legge n. 9 del 1982, convertito, con modificazioni ([2]), dalla legge n. 94 del 1982. Avverso il decreto del pretore ([2]) il locatore ed il conduttore possono proporre opposizione per qualsiasi motivo al tribunale che giudica con le modalità di cui all'articolo 618 del codice di procedura civile.

5. Il differimento del termine delle esecuzioni di cui ai commi 3 e 4 può essere fissato fino a diciotto mesi nei casi in cui il conduttore abbia compiuto i 65 anni di età, abbia cinque o più figli a carico, sia iscritto nelle liste di mobilità, percepisca un trattamento di disoccupazione o di integrazione salariale, sia formalmente assegnatario di alloggio di edilizia residenziale pubblica ovvero di ente previdenziale o assicurativo, sia prenotatario di alloggio cooperativo in corso di costruzione, sia acquirente di un alloggio in costruzione, sia proprietario di alloggio per il quale abbia iniziato azione di rilascio. Il medesimo differimento del termine delle esecuzioni può essere fissato nei casi in cui il conduttore o uno dei componenti il nucleo familiare, convivente con il conduttore da almeno sei mesi, sia portatore di *handicap* o malato terminale ([3]).

6. Durante i periodi di sospensione delle esecuzioni di cui al comma 1 del presente articolo e al comma 4 dell'articolo 11 del citato decreto legge n. 9 del 1982, convertito, con modificazioni, dalla legge n. 94 del 1982, nonché per i periodi di cui all'articolo 3 del citato decreto legge 30 dicembre 1988, n. 551, convertito, con modificazioni, dalla legge n. 61 del 1989, come successivamente prorogati, e comunque fino all'effettivo rilascio, i conduttori sono tenuti a corrispondere, ai sensi dell'articolo 1591 del codice civile, una somma mensile pari all'ammontare del canone dovuto alla cessazione del contratto, al quale si applicano automaticamente ogni anno aggiornamenti in misura pari al settantacinque per cento della variazione, accertata dall'Istituto nazionale di statistica (Istat), dell'indice dei prezzi al consumo per le famiglie di operai e impiegati verificatasi nell'anno precedente; l'importo così determinato è maggiorato del venti per cento. La corresponsione di tale maggiorazione esime il conduttore dall'obbligo di risarcire il maggior danno ai sensi dell'articolo 1591 del codice civile. Durante i predetti periodi di sospensione sono dovuti gli oneri accessori di cui all'articolo 9 della legge 27 luglio 1978, n. 392, e successive modificazioni. In caso di inadempimento, il conduttore decade dal beneficio, comunque concesso, della sospensione dell'esecuzione del provvedimento di rilascio, fatto salvo quanto previsto dall'articolo 55 della citata legge n. 392 del 1978 ([4]).

7. Fatto salvo quanto previsto dai commi 2 *bis* e 2 *ter* dell'articolo 1 del citato decreto legge n. 551 del 1988, convertito, con modificazioni, dalla legge n. 61 del 1989 nonché quanto previsto dai commi primo, secondo e terzo dell'art. 17 del citato decreto legge n. 9 del 1982, convertito, con modificazioni, dalla legge n. 94 del 1982, è data priorità ai destinatari di provvedimenti di rilascio con data di esecuzione fissata entro il termine di tre mesi.

([1]) *Si vedano anche i commi 20, 21 e 22 dell'art. 80 della L. 23 dicembre 2000, n. 388, che di seguito si riportano, con avvertenza che il termine di efficacia della sospensione di cui al comma 22 è stato prorogato dapprima al 31 dicembre 2001 dall'art. 1 del D.L.*

2 luglio 2001, n. 247, conv. in L. 4 agosto 2001, n. 332 e, successivamente, al 30 giugno 2002 dall'art. 1 del D.L. 27 dicembre 2001, n. 450, convertito, con modificazioni, in L. 27 febbraio 2002, n. 14 ed al 30 giugno 2003 dall'art. 1, comma 1, del D.L. 20 giugno 2002, n. 122, convertito, con modificazioni, in L. 1 agosto 2002, n. 185.

(2) *Ai sensi del D.L.vo 19 febbraio 1998, n. 51, l'ufficio del pretore è soppresso a decorrere dal 2 giugno 1999, fatta salva l'attività necessaria per l'esaurimento degli affari pendenti. Le relative competenze sono trasferite al tribunale ordinario, fuori dei casi in cui è diversamente disposto dal predetto provvedimento.*

(3) *A norma dell'art. 1 del D.L. 25 febbraio 2000, n. 32, convertito, con modificazioni, nella L. 20 aprile 2000, n. 97, il termine dilatorio previsto da questo comma non può comunque essere inferiore a nove mesi, fermo restando il limite massimo di diciotto mesi di cui al medesimo articolo 6, comma 5. A norma dell'art. 1, comma 2, del citato D.L., l'esecuzione dei provvedimenti di rilascio già emessi ai sensi di questo comma, è differita di nove mesi a partire dal 1° gennaio 2000.*

(4) *La Corte costituzionale, con sentenza n. 482 del 9 novembre 2000, ha dichiarato l'illegittimità costituzionale di questo comma, nella parte in cui esime il conduttore dall'obbligo di risarcire il maggior danno, ai sensi dell'art. 1591 del codice civile, anche nel periodo successivo alla scadenza del termine di sospensione della esecuzione stabilito* ope legis *o di quello giudizialmente fissato per il rilascio dell'immobile.*

7. (1) **Condizione per la messa in esecuzione del provvedimento di rilascio dell'immobile.** – 1. Condizione per la messa in esecuzione del provvedimento di rilascio dell'immobile locato è la dimostrazione che il contratto di locazione è stato registrato, che l'immobile è stato denunciato ai fini dell'applicazione dell'Ici e che il reddito derivante dall'immobile medesimo è stato dichiarato ai fini dell'applicazione delle imposte sui redditi. Ai fini della predetta dimostrazione, nel precetto di cui all'articolo 480 del codice di procedura civile devono essere indicati gli estremi di registrazione del contratto di locazione, gli estremi dell'ultima denuncia dell'unità immobiliare alla quale il contratto si riferisce ai fini dell'applicazione dell'Ici, gli estremi dell'ultima dichiarazione dei redditi nella quale il reddito derivante dal contratto è stato dichiarato nonché gli estremi delle ricevute di versamento dell'Ici relative all'anno precedente a quello di competenza.

(1) *La Corte costituzionale, con sentenza n. 333 del 5 ottobre 2001, ha dichiarato l'illegittimità costituzionale di questo articolo laddove subordina la messa in esecuzione del provvedimento di rilascio dell'immobile locato ad uso abitativo alla dimostrazione, da parte del locatore, della regolarità della propria posizione fiscale quanto al pagamento dell'imposta di registro sul contratto di locazione, dell'Ici gravante sull'immobile e dell'imposta sui redditi relativi ai canoni.*

Capo IV
Misure di sostegno
al mercato delle locazioni

8. Agevolazioni fiscali. – 1. Nei comuni di cui all'articolo 1 del decreto legge 30 dicembre 1988, n. 551, convertito, con modificazioni, dalla legge 21 febbraio 1989, n. 61, e successive modificazioni, il reddito imponibile derivante al proprietario dai contratti stipulati o rinnovati ai sensi del comma 3 dell'articolo 2 a seguito di accordo definito in sede locale e nel rispetto dei criteri indicati dal decreto di cui al comma 2 dell'articolo 4, ovvero nel rispetto delle condizioni fissate dal decreto di cui al comma 3 del medesimo articolo 4, determinato ai sensi dell'articolo 34 del testo unico delle imposte sui redditi, approvato con decreto del Presidente della Repubblica 22 dicembre 1986, n. 917, e successive modificazioni, è ulteriormente ridotto del 30 per cento. Per i suddetti contratti il corrispettivo annuo ai fini della determinazione della base imponibile per l'applicazione dell'imposta proporzionale di registro è assunto nella misura minima del 70 per cento.

[2. Il locatore, per usufruire dei benefici di cui al comma 1, deve indicare nella dichiarazione dei redditi gli estremi di registrazione del contratto di locazione nonché quelli della denuncia dell'immobile ai fini dell'applicazione dell'Ici] ([1]).

3. Le agevolazioni di cui al presente articolo non si applicano ai contratti di locazione volti a soddisfare esigenze abitative di natura transitoria, fatta eccezione per i contratti di cui al comma 2 dell'articolo 5 e per i contratti di cui al comma 3 dell'articolo 1.

4. Il Comitato interministeriale per la programmazione economica (Cipe), su proposta del Ministro dei lavori pubblici, di intesa con i Ministri dell'interno e di grazia e giustizia, provvede, ogni ventiquattro mesi, all'aggiornamento dell'elenco dei comuni di cui al comma 1, anche articolando ed ampliando i criteri previsti dall'articolo 1 del decreto legge 29 ottobre 1986, n. 708, convertito, con modificazioni, dalla legge 23 dicembre 1986, n. 899. La proposta del Ministro dei lavori pubblici è formulata avuto riguardo alle risultanze dell'attività dell'Osservatorio della condizione abitativa di cui all'articolo 12. Qualora le determinazioni del Cipe comportino un aumento del numero dei beneficiari dell'agevolazione fiscale prevista dal comma 1, è corrispondentemente aumentata, con decreto del Ministro delle finanze, di concerto con il Ministro del tesoro, del bilancio e della programmazione economica, la percentuale di determinazione della base imponibile prevista dal medesimo comma. Tale aumento non si applica ai contratti stipulati prima della data di entrata in vigore del predetto decreto del Ministro delle finanze.

5. Al comma 1 dell'articolo 23 del testo unico delle imposte sui redditi, approvato con decreto del Presidente della Repubblica 22 dicembre 1986, n. 917, sono aggiunti, in fine, i seguenti periodi: «I redditi derivanti da contratti di locazione di immobili ad uso abitativo, se non percepiti, non concorrono a formare il reddito dal momento della conclusione del procedimento giurisdizionale di convalida di sfratto per morosità del conduttore. Per le imposte versate sui canoni venuti a scadenza e non percepiti come da accertamento avvenuto nell'ambito del procedimento giurisdizionale di convalida di sfratto per morosità è riconosciuto un credito di imposta di pari ammontare».

6. - 7. (*Omissis*).

(¹) *A norma dell'art. 13, comma 4* octies*, del D.L. 30 dicembre 2016, n. 244, convertito, con modificazioni, nella L. 27 febbraio 2017, n. 19, questo comma è abrogato a decorrere dal periodo d'imposta successivo a quello in corso al 31 dicembre 2016.*

9. [**Disposizioni per i fondi per la previdenza complementare.** – 1. (*Omissis*)] (¹).

(¹) *Questo articolo è stato abrogato, a decorrere dal 1° gennaio 2001, dall'art. 7, comma 3, del D.L.vo 18 febbraio 2000, n. 47.*

10. Ulteriori agevolazioni fiscali. – 1. Con provvedimento collegato alla manovra finanziaria per il triennio 2000-2002 è istituito, a decorrere dall'anno 2001, un fondo per la copertura delle minori entrate derivanti dalla concessione, secondo modalità determinate dal medesimo provvedimento collegato, di una detrazione ai fini dell'imposta sul reddito delle persone fisiche in favore dei conduttori, appartenenti a determinate categorie di reddito, di alloggi locati a titolo di abitazione principale, da stabilire anche nell'ambito di una generale revisione dell'imposizione sugli immobili. Per gli esercizi successivi al triennio 2000-2002, alla dotazione del fondo si provvede con stanziamento determinato dalla legge finanziaria, ai sensi dell'articolo 11, comma 3, lettera *d*), della legge 5 agosto 1978, n. 468, e successive modificazioni.

2. Le detrazioni di cui al comma 1 non sono cumulabili con i contributi previsti dal comma 3 dell'articolo 11.

11. (¹) **Fondo nazionale.** – 1. Presso il Ministero dei lavori pubblici è istituito il Fondo nazionale per il sostegno all'accesso alle abitazioni in locazione, la cui dotazione annua è determinata dalla legge finanziaria, ai sensi dell'articolo 11, comma 3, lettera *d*), della legge 5 agosto 1978, n. 468, e successive modificazioni.

2. Per ottenere i contributi di cui al comma 3 i conduttori devono dichiarare sotto la propria responsabilità che il contratto di locazione è stato registrato.

3. Le somme assegnate al Fondo di cui al comma 1 sono utilizzate per la concessione ai conduttori aventi i requisiti minimi individuati con le modalità di cui al comma 4 di contributi integrativi per il pagamento dei canoni di locazione dovuti ai proprietari degli immobili, di proprietà sia pubblica sia privata, e, tenendo conto anche delle disponibilità del Fondo, per sostenere le iniziative intraprese dai Comuni e dalle regioni anche attraverso la costituzione di agenzie o istituti per la locazione o fondi di garanzia o attraverso attività di promozione in convenzione con imprese di costruzione ed altri soggetti imprenditoriali, cooperative edilizie per la locazione, tese a favorire la mobilità nel settore della locazione, attraverso il reperimento di alloggi da concedere in locazione a canoni concordati, ovvero attraverso la rinegoziazione delle locazioni esistenti per consentire alle parti, con il supporto delle organizzazioni di rappresentanza dei proprietari e degli inquilini, la stipula di un nuovo contratto a canone inferiore. Le procedure previste per gli sfratti per morosità si applicano alle locazioni di cui al presente comma, anche se per finita locazione ([2]). I comuni possono, con delibera della propria giunta, prevedere che i contributi integrativi destinati ai conduttori vengano, in caso di morosità, erogati al locatore interessato a sanatoria della morosità medesima, anche tramite l'associazione della proprietà edilizia dallo stesso locatore per iscritto designata, che attesta l'avvenuta sanatoria con dichiarazione sottoscritta anche dal locatore ([3]) ([4]).

4. Il Ministro dei lavori pubblici, entro novanta giorni dalla data di entrata in vigore della presente legge, previa intesa in sede di Conferenza permanente per i rapporti fra lo Stato, le regioni e le province autonome di Trento e di Bolzano, definisce, con proprio decreto, i requisiti minimi necessari per beneficiare dei contributi integrativi di cui al comma 3 e i criteri per la determinazione dell'entità dei contributi stessi in relazione al reddito familiare e all'incidenza sul reddito medesimo del canone di locazione.

5. Le risorse assegnate al Fondo di cui al comma 1 sono ripartite, entro il 31 marzo di ogni anno, tra le regioni e le province autonome di Trento e di Bolzano. A decorrere dall'anno 2005 la ripartizione è effettuata dal Ministro delle infrastrutture e dei trasporti, previa intesa con la Conferenza permanente per i rapporti tra lo Stato, le regioni e le province autonome di Trento e di Bolzano, sulla base dei criteri fissati con apposito decreto del Ministro delle infrastrutture e dei trasporti, previa medesima intesa ed in rapporto alla quota di risorse messe a disposizione dalle singole regioni e province autonome, ai sensi del comma 6 ([5]).

6. Le regioni e le province autonome di Trento e di Bolzano possono concorrere al finanziamento degli interventi di cui al comma 3 con proprie risorse iscritte nei rispettivi bilanci e definire, sentiti i comuni, la finalità di utilizzo del Fondo ottimizzandone l'efficienza, anche in forma coordinata con il Fondo per gli inquilini morosi incolpevoli istituito dall'articolo 6, com-

ma 5, del decreto legge 31 agosto 2013, n. 102, convertito con modificazioni dalla legge 28 ottobre 2013, n. 124 ([6]).

7. Le regioni e le province autonome di Trento e di Bolzano provvedono alla ripartizione fra i comuni delle risorse di cui al comma 6 nonché di quelle destinate al Fondo ad esse attribuite ai sensi del comma 5; le risorse destinate dalle regioni e dalle province autonome di Trento e di Bolzano alla costituzione di agenzie o istituti per la locazione o fondi di garanzia o alle attività di promozione in convenzione con imprese di costruzione ed altri soggetti imprenditoriali, cooperative edilizie per la locazione sono assegnate dalle stesse ai comuni sulla base di parametri che premino sia il numero di abbinamenti tra alloggi a canone concordato e nuclei familiari provenienti da alloggi di edilizia residenziale pubblica sovvenzionata o sottoposti a procedure di sfratto esecutivo, sia il numero di contratti di locazione a canone concordato complessivamente intermediati nel biennio precedente ([7]).

8. I comuni definiscono l'entità e le modalità di erogazione dei contributi di cui al comma 3, individuando con appositi bandi pubblici i requisiti dei conduttori che possono beneficiarne, nel rispetto dei criteri e dei requisiti minimi di cui al comma 4. I bandi per la concessione dei contributi integrativi devono essere emessi entro il 30 settembre di ogni anno con riferimento alle risorse assegnate, per l'anno di emissione del bando, dalla Legge finanziaria ([8]).

9. Per gli anni 1999, 2000 e 2001, ai fini della concessione dei contributi integrativi di cui al comma 3, è assegnata al Fondo una quota, pari a lire 600 miliardi per ciascuno degli anni 1999, 2000 e 2001, delle risorse di cui alla legge 14 febbraio 1963, n. 60, relative alle annualità 1996, 1997 e 1998. Tali disponibilità sono versate all'entrata del bilancio dello Stato per essere riassegnate, con decreti del Ministro del tesoro, del bilancio e della programmazione economica, ad apposita unità previsionale di base dello stato di previsione del Ministero dei lavori pubblici. Le predette risorse, accantonate dalla deliberazione del Cipe del 6 maggio 1998, non sono trasferite ai sensi dell'articolo 61 del decreto legislativo 31 marzo 1998, n. 112, e restano nella disponibilità della Sezione autonoma della Cassa depositi e prestiti per il predetto versamento.

10. Il Ministero dei lavori pubblici provvederà, a valere sulle risorse del Fondo di cui al comma 1, ad effettuare il versamento all'entrata del bilancio dello Stato nell'anno 2003 delle somme occorrenti per la copertura delle ulteriori minori entrate derivanti, in tale esercizio, dall'applicazione dell'articolo 8, commi da 1 a 4, pari a lire 67,5 miliardi, intendendosi ridotta per un importo corrispondente l'autorizzazione di spesa per l'anno medesimo determinata ai sensi del comma 1 del presente articolo.

11. Le disponibilità del Fondo sociale, istituito ai sensi dell'articolo 75 della legge 27 luglio 1978, n. 392, sono versate all'entrata del bilancio dello

Stato per essere riassegnate con decreto del Ministro del tesoro, del bilancio e della programmazione economica al Fondo di cui al comma 1.

(1) *Si veda l'art. 6, comma 4, del D.L. 31 agosto 2013, n. 102, convertito, con modificazioni, nella L. 28 ottobre 2013, n. 124, che così dispone:*

«4. Al Fondo nazionale per il sostegno all'accesso alle abitazioni in locazione, istituito dalla legge 9 dicembre 1998, n. 431 è assegnata una dotazione di 100 milioni di euro per ciascuno degli anni 2014 e 2015» (*).

(*) *Questo comma è stato così sostituito dall'art. 1, comma 1, del D.L. 28 marzo 2014, n. 47, convertito, con modificazioni, nella L. 23 maggio 2014, n. 80.*

(2) *Le parole: «nonché, qualora le disponibilità del Fondo lo consentano, per sostenere le iniziative intraprese dai comuni anche attraverso la costituzione di agenzie o istituti per la locazione o attraverso attività di promozione in convenzione con cooperative edilizie per la locazione, tese a favorire la mobilità nel settore della locazione attraverso il reperimento di alloggi da concedere in locazione per periodi determinati» sono state così sostituite dalle seguenti: «e, tenendo conto anche delle disponibilità del Fondo, per sostenere le iniziative intraprese dai Comuni e dalle regioni anche attraverso la costituzione di agenzie o istituti per la locazione o fondi di garanzia o attraverso attività di promozione in convenzione con imprese di costruzione ed altri soggetti imprenditoriali, cooperative edilizie per la locazione, tese a favorire la mobilità nel settore della locazione, attraverso il reperimento di alloggi da concedere in locazione a canoni concordati, ovvero attraverso la rinegoziazione delle locazioni esistenti per consentire alle parti, con il supporto delle organizzazioni di rappresentanza dei proprietari e degli inquilini, la stipula di un nuovo contratto a canone inferiore. Le procedure previste per gli sfratti per morosità si applicano alle locazioni di cui al presente comma, anche se per finita locazione» dall'art. 2, comma 1, lett.* a), *del D.L. 28 marzo 2014, n. 47, convertito, con modificazioni, nella L. 23 maggio 2014, n. 80.*

(3) *L'ultimo periodo di questo comma è stato aggiunto dall'art. 7, comma 2* bis, *del D.L. 13 settembre 2004, n. 240, convertito, con modificazioni, nella L. 12 novembre 2004, n. 269.*

(4) *A norma dell'art. 2, comma 1* bis), *del D.L. 28 marzo 2014, n. 47, convertito, con modificazioni, nella L. 23 maggio 2014, n. 80, l'applicazione da parte dei comuni, al fine di contrastare l'emergenza abitativa, delle disposizioni di cui al presente comma, costituisce titolo di preferenza nell'assegnazione di contributi pubblici per qualsiasi tipo di edilizia economica e popolare.*

(5) *Questo comma è stato così da ultimo sostituito dall'art. 7, comma 2, del D.L. 13 settembre 2004, n. 240, convertito, con modificazioni, nella L. 12 novembre 2004, n. 269.*

(6) *Le parole: «e definire, sentiti i comuni, la finalità di utilizzo del Fondo ottimizzandone l'efficienza, anche in forma coordinata con il Fondo per gli inquilini morosi incolpevoli istituito dall'articolo 6, comma 5, del decreto legge 31 agosto 2013, n. 102, convertito con modificazioni dalla legge 28 ottobre 2013, n. 124» sono state aggiunte dall'art. 2, comma 1, lett.* b), *del D.L. 28 marzo 2014, n. 47, convertito, con modificazioni, nella L. 23 maggio 2014, n. 80.*

(7) *Questo comma è stato così sostituito dall'art. 2, comma 1, lett.* c), *del D.L. 28 marzo 2014, n. 47, convertito, con modificazioni, nella L. 23 maggio 2014, n. 80.*

(8) *Questo periodo è stato aggiunto dall'art. 1, comma 1* bis, *del D.L. 20 ottobre 2008, n. 158, convertito, con modificazioni, nella L. 18 dicembre 2008, n. 199.*

Capo V
Disposizioni finali

12. Osservatorio della condizione abitativa. – 1. L'Osservatorio della condizione abitativa, istituito dall'articolo 59 del decreto legislativo 31 marzo 1998, n. 112, è costituito presso il Ministero dei lavori pubblici ed effettua la raccolta dei dati nonché il monitoraggio permanente della situazione abitativa. Il Ministro dei lavori pubblici con proprio decreto da emanare entro sessanta giorni dalla data di entrata in vigore della presente legge, definisce l'organizzazione e le funzioni dell'Osservatorio, anche ai fini del collegamento con gli osservatori istituiti dalle regioni con propri provvedimenti.

13. ([1]) **Patti contrari alla legge.** – 1. È nulla ogni pattuizione volta a determinare un importo del canone di locazione superiore a quello risultante dal contratto scritto e registrato. È fatto carico al locatore di provvedere alla registrazione nel termine perentorio di trenta giorni, dandone documentata comunicazione, nei successivi sessanta giorni, al conduttore ed all'amministratore del condominio, anche ai fini dell'ottemperanza agli obblighi di tenuta dell'anagrafe condominiale di cui all'articolo 1130, numero 6), del codice civile.

2. Nei casi di nullità di cui al comma 1 il conduttore, con azione proponibile nel termine di sei mesi dalla riconsegna dell'immobile locato, può chiedere la restituzione delle somme corrisposte in misura superiore al canone risultante dal contratto scritto e registrato.

3. È nulla ogni pattuizione volta a derogare ai limiti di durata del contratto stabiliti dalla presente legge.

4. Per i contratti di cui al comma 3 dell'articolo 2 è nulla ogni pattuizione volta ad attribuire al locatore un canone superiore a quello massimo definito dagli accordi conclusi in sede locale per immobili aventi le medesime caratteristiche e appartenenti alle medesime tipologie. Per i contratti stipulati in base al comma 1 dell'articolo 2, è nulla, ove in contrasto con le disposizioni della presente legge, qualsiasi pattuizione diretta ad attribuire al locatore un canone superiore a quello contrattualmente stabilito.

5. Per i conduttori che, per gli effetti della disciplina di cui all'articolo 3, commi 8 e 9, del decreto legislativo 14 marzo 2011, n. 23, prorogati dall'articolo 5, comma 1 *ter*, del decreto legge 28 marzo 2014, n. 47, convertito, con modificazioni, dalla legge 23 maggio 2014, n. 80, hanno versato, nel periodo intercorso dalla data di entrata in vigore del decreto legislativo n. 23 del 2011 al giorno 16 luglio 2015, il canone annuo di locazione nella misura stabilita dalla disposizione di cui al citato articolo 3, comma 8, del decreto legislativo n. 23 del 2011, l'importo del canone di locazione dovuto ovvero

dell'indennità di occupazione maturata, su base annua, è pari al triplo della rendita catastale dell'immobile, nel periodo considerato.

6. Nei casi di nullità di cui al comma 4 il conduttore, con azione proponibile nel termine di sei mesi dalla riconsegna dell'immobile locato, può richiedere la restituzione delle somme indebitamente versate. Nei medesimi casi il conduttore può altresì richiedere, con azione proponibile dinanzi all'autorità giudiziaria, che la locazione venga ricondotta a condizioni conformi a quanto previsto dal comma 1 dell'articolo 2 ovvero dal comma 3 dell'articolo 2. Tale azione è, altresì, consentita nei casi in cui il locatore non abbia provveduto alla prescritta registrazione del contratto nel termine di cui al comma 1 del presente articolo. Nel giudizio che accerta l'esistenza del contratto di locazione il giudice determina il canone dovuto, che non può eccedere quello del valore minimo definito ai sensi dell'articolo 2 ovvero quello definito ai sensi dell'articolo 5, commi 2 e 3, nel caso di conduttore che abiti stabilmente l'alloggio per i motivi ivi regolati. L'autorità giudiziaria stabilisce la restituzione delle somme eventualmente eccedenti.

7. Le disposizioni di cui al comma 6 devono ritenersi applicabili a tutte le ipotesi ivi previste insorte sin dall'entrata in vigore della presente legge.

8. I riferimenti alla registrazione del contratto di cui alla presente legge non producono effetti se non vi è obbligo di registrazione del contratto stesso.

([1]) *Questo articolo è stato così sostituito dall'art. 1, comma 59, della L. 28 dicembre 2015, n. 208.*

14. Disposizioni transitorie e abrogazione di norme. – 1. In sede di prima applicazione dell'articolo 4 della presente legge, non trova applicazione il termine di novanta giorni di cui al comma 2 del medesimo articolo 4.

2. Con l'attuazione del decreto legislativo 19 febbraio 1998, n. 51, nell'articolo 6 e nell'articolo 13, comma 5, della presente legge al pretore si intende sostituito il tribunale in composizione monocratica e al tribunale il tribunale in composizione collegiale.

3. Sono abrogati l'articolo 11 del decreto legge 11 luglio 1992, n. 333, convertito, con modificazioni, dalla legge 8 agosto 1992, n. 359, nonché gli articoli 1 *bis*, 2, 3, 4, 5 e 8 del decreto legge 30 dicembre 1988, n. 551, convertito, con modificazioni, dalla legge 21 febbraio 1989, n. 61.

4. Sono altresì abrogati gli articoli 1, 3, 12, 13, 14, 15, 16, 17, 18, 19, 20, 21, 22, 23, 24, 25, 26, 54, 60, 61, 62, 63, 64, 65, 66, 75, 76, 77, 78, 79, limitatamente alle locazioni abitative, e 83 della legge 27 luglio 1978, n. 392, e successive modificazioni.

5. Ai contratti per la loro intera durata ed ai giudizi in corso alla data di entrata in vigore della presente legge continuano ad applicarsi ad ogni effetto le disposizioni normative in materia di locazioni vigenti prima di tale data.

15. Copertura finanziaria. – 1. All'onere derivante dall'attuazione dei commi da 1 a 5 dell'articolo 8, valutato in lire 4 miliardi per l'anno 1999 e in lire 420 miliardi a decorrere dall'anno 2000, si provvede mediante utilizzo delle proiezioni per i medesimi anni degli stanziamenti iscritti, ai fini del bilancio triennale 1998-2000, nell'ambito dell'unità previsionale di base di parte corrente «Fondo speciale» dello stato di previsione del Ministero del tesoro, del bilancio e della programmazione economica per l'anno finanziario 1998, allo scopo parzialmente utilizzando, quanto a lire 4 miliardi per l'anno 1999 e quanto a lire 299 miliardi per l'anno 2000, l'accantonamento relativo al Ministero dei lavori pubblici, nonché, quanto a lire 107 miliardi per l'anno 2000, l'accantonamento relativo alla Presidenza del Consiglio dei ministri e, quanto a lire 14 miliardi per l'anno 2000, l'accantonamento relativo al Ministero di grazia e giustizia.

2. Il Ministro del tesoro, del bilancio e della programmazione economica è autorizzato ad apportare, con propri decreti, le occorrenti variazioni di bilancio.

3.

D.L. 20 ottobre 2008, n. 158. Misure urgenti per contenere il disagio abitativo di particolari categorie sociali (*Gazzetta Ufficiale* Serie gen. - n. 246 del 20 ottobre 2008), convertito, con modificazioni, nella L. 18 dicembre 2008, n. **199** (*Gazzetta Ufficiale* Serie gen. - n. 296 del 19 dicembre 2008).

1. 1. Al fine di ridurre il disagio abitativo e di favorire il passaggio da casa a casa per le particolari categorie sociali individuate dall'articolo 1, comma 1, della legge 8 febbraio 2007, n. 9, in attesa della realizzazione delle misure e degli interventi previsti dal Piano nazionale di edilizia abitativa di cui all'articolo 11 del decreto legge 25 giugno 2008, n. 112, convertito, con modificazioni, dalla legge 6 agosto 2008, n. 133, l'esecuzione dei provvedimenti di rilascio per finita locazione degli immobili adibiti ad uso abitativo, già sospesa fino al 15 ottobre 2008 ai sensi dell'articolo 22 *ter* del decreto legge 31 dicembre 2007, n. 248, convertito, con modificazioni, dalla legge 28 febbraio 2008, n. 31, è ulteriormente differita al 31 dicembre 2012 (1) (2), nei Comuni di cui all'articolo 1, comma 1, della L. 8 febbraio 2007, n. 9.

1 *bis*. Al comma 8 dell'articolo 11 della legge 9 dicembre 1998, n. 431, è aggiunto, in fine, il seguente periodo: «I bandi per la concessione dei contributi integrativi devono essere emessi entro il 30 settembre di ogni anno con riferimento alle risorse assegnate, per l'anno di emissione del bando, dalla Legge finanziaria».

1 *ter*. La sospensione di cui al comma l non si applica ai provvedimenti esecutivi disposti a seguito di disdetta del contratto da parte del locatore ai sensi dell'articolo 3 della legge 9 dicembre 1998, n. 431.

2. Fino alla scadenza del termine di cui al comma 1 trovano applicazione le disposizioni dell'articolo 1, commi 2, 4, 5 e 6,della legge 8 febbraio 2007, n. 9, nonché, limitatamente ai Comuni di cui all'articolo 1, comma 2, del decreto legge 27 maggio 2005, n. 86, convertito, con modificazioni, dalla legge 26 luglio 2005, n. 148, i benefici fiscali di cui all'articolo 2 della medesima legge n. 9 del 2007.

3. Alle minori entrate derivanti dall'attuazione del presente articolo, valutate in 2,29 milioni di euro per l'anno 2009 e in 4,54 milioni di euro per l'anno 2010, si provvede mediante corrispondente riduzione dell'autorizzazione di spesa di cui all'articolo 10, comma 5, del decreto legge 29 novembre 2004, n. 282, convertito, con modificazioni, dalla legge 27 dicembre 2004, n. 307, relativa al Fondo per interventi strutturali di politica economica.

4. Il Ministro dell'economia e delle finanze provvede al monitoraggio degli oneri di cui al presente articolo, anche ai fini dell'adozione dei provvedimenti correttivi di cui all'articolo 11 *ter*, comma 7, della legge 5 agosto

1978, n. 468, e successive modificazioni. Il Ministro dell'economia e delle finanze è autorizzato ad apportare, con propri decreti, le occorrenti variazioni di bilancio.

4 *bis*. Al fine di adeguare gli strumenti di vigilanza per la realizzazione del Piano casa di cui all'articolo 11 del decreto legge 25 giugno 2008, n. 112, convertito, con modificazioni, dalla legge 6 agosto 2008, n. 133, alla voce n. 668 dell'allegato A di cui all'articolo 24 del medesimo decreto legge n. 112 del 2008, relativa al regio decreto 28 aprile 1938, n. 1165, le parole: «Articoli da 118 a 138» sono sostituite dalle seguenti: «Articoli da 118 a 124».

(1) *Le parole: «al 31 dicembre 2010» sono state dapprima sostituite dalle parole: «al 31 dicembre 2011» dall'art. 2, comma 12* sexies, *del D.L. 29 dicembre 2010, n. 225, convertito, con modificazioni, nella L. 26 febbraio 2011, n. 10. Successivamente, le parole: «al 31 dicembre 2011» sono state sostituite dalle parole: «al 31 dicembre 2012» dall'art. 29, comma 16, del D.L. 29 dicembre 2011, n. 216, convertito, con modificazioni, nella L. 24 febbraio 2012, n. 14. A norma dello stesso art. 29, comma 16, ai fini della determinazione della misura dell'acconto dell'imposta sul reddito delle persone fisiche dovuto per l'anno 2013 non si tiene conto dei benefici fiscali di cui all'articolo 2, comma 1, della legge 8 febbraio 2007, n. 9. A norma dell'art. 4, comma 8, del D.L. 30 dicembre 2013, n. 150, convertito, con modificazioni, nella L. 27 febbraio 2014, n. 15, ai fini della determinazione della misura dell'acconto dell'imposta sul reddito delle persone fisiche dovuto per l'anno 2015 non si tiene conto dei benefici fiscali di cui all'articolo 2, comma 1, della legge 8 febbraio 2007, n. 9.*

(2) *A norma dell'art. 4, comma 8, del D.L. 30 dicembre 2013, n. 150, convertito, con modificazioni, nella L. 27 febbraio 2014, n. 15, questo termine è stato prorogato al 31 dicembre 2014.*

1 *bis*. 1. I provvedimenti giudiziari di rilascio per finita locazione degli immobili adibiti a uso abitativo sono valutati ai fini dell'attribuzione del punteggio per la predisposizione delle graduatorie per l'assegnazione degli alloggi di edilizia residenziale pubblica, solo se contengono l'esplicita enunciazione della data di registrazione del contratto di locazione e gli estremi della lettera raccomandata con avviso di ricevimento recante disdetta della locazione da parte del locatore.

1 *ter*. 1. All'articolo 11, comma 12, primo periodo, del decreto legge 25 giugno 2008, n. 112, convertito, con modificazioni, dalla legge 6 agosto 2008, n. 133, dopo le parole: «comma 1154 della legge 27 dicembre 2006, n. 296,» sono inserite le seguenti: «di cui all'articolo 3, comma 108, della legge 24 dicembre 2003, n. 350, sentite le Regioni,».

1 *quater*. 1. Gli immobili sottoposti a procedura esecutiva immobiliare o concorsuale, con le caratteristiche di quelli facenti parte del patrimonio di edilizia residenziale pubblica, e comunque non rientranti nelle categorie catastali A1 e A2, occupati a titolo di abitazione principale da un mutuatario insolvente, possono essere ceduti in proprietà agli istituti autonomi case popolari, comunque denominati o trasformati, che li acquistano a valere su risorse proprie e senza nuovi o maggiori oneri a carico della finanza pubblica, con le agevolazioni previste per l'acquisto della prima casa di abitazione, al fine di favorire la riduzione del disagio abitativo e la riduzione delle passività delle banche. Gli istituti autonomi case popolari, comunque denominati o trasformati, provvedono a stipulare contratti di locazione a canone sostenibile con i mutuatari che occupano gli alloggi a titolo di abitazione principale.

2. Sono definiti canoni sostenibili, per le finalità del presente articolo, i canoni di importo pari al 70 per cento del canone concordato calcolato ai sensi dell'articolo 2, comma 3, della legge 9 dicembre 1998, n. 431, e successive modificazioni, e comunque non inferiore al canone di edilizia residenziale pubblica vigente in ciascuna regione e provincia autonoma.

3. Il canone sostenibile corrisposto a fronte del contratto di locazione è computabile a parziale restituzione delle somme pagate dagli istituti autonomi case popolari, comunque denominati o trasformati, per l'estinzione del mutuo relativo all'immobile e degli oneri accessori corrisposti. Resta ferma la facoltà di riacquisto dell'immobile prioritariamente da parte del mutuatario insolvente alla scadenza del contratto di locazione secondo le modalità stabilite da leggi regionali.

2. 1. Il presente decreto entra in vigore il giorno stesso della sua pubblicazione nella *Gazzetta Ufficiale* della Repubblica italiana e sarà presentato alle Camere per la conversione in legge.

1.

L. 1 dicembre 1970, n. 898. Disciplina dei casi di scioglimento del matrimonio (*Gazzetta Ufficiale* n. 306 del 3 dicembre 1970).

(*Estratto*)

1. Il giudice pronuncia lo scioglimento del matrimonio contratto a norma del codice civile, quando, esperito inutilmente il tentativo di conciliazione di cui al successivo articolo 4, accerta che la comunione spirituale e materiale tra i coniugi non può essere mantenuta o ricostituita per l'esistenza di una delle cause previste dall'articolo 3.

2. Nei casi in cui il matrimonio sia stato celebrato con rito religioso regolarmente trascritto, il giudice, quando, esperito inutilmente il tentativo di conciliazione di cui al successivo articolo 4, accerta che la comunione spirituale e materiale tra i coniugi non può essere mantenuta o ricostituita per l'esistenza di una delle cause previste dall'articolo 3, pronuncia la cessazione degli effetti civili conseguenti alla trascrizione del matrimonio.

3. Lo scioglimento o la cessazione degli effetti civili del matrimonio può essere domandato da uno dei coniugi:

1) quando, dopo la celebrazione del matrimonio, l'altro coniuge è stato condannato, con sentenza passata in giudicato, anche per fatti commessi in precedenza:

a) all'ergastolo ovvero ad una pena superiore ad anni quindici, anche con più sentenze, per uno o più delitti non colposi, esclusi reati politici e quelli commessi per motivi di particolare valore morale e sociale;

b) a qualsiasi pena detentiva per il delitto di cui all'articolo 564 del codice penale e per uno dei delitti di cui agli articoli 519, 521, 523 e 524 del codice penale, ovvero per induzione, costrizione, sfruttamento o favoreggiamento della prostituzione;

c) a qualsiasi pena per omicidio volontario di un figlio ovvero per tentato omicidio a danno del coniuge o di un figlio;

d) a qualsiasi pena detentiva, con due o più condanne, per i delitti di cui all'articolo 582, quando ricorra la circostanza aggravante di cui al secondo comma dell'articolo 583, e agli articoli 570, 572 e 643 del codice penale, in danno del coniuge o di un figlio.

Nelle ipotesi previste alla lettera *d*), il giudice competente a pronunciare lo scioglimento o la cessazione degli effetti civili del matrimonio accerta, anche in considerazione del comportamento successivo del convenuto, la di lui inidoneità a mantenere o ricostituire la convivenza familiare. Per tutte le ipotesi previste dal numero 1) del presente articolo la domanda non è proponibile dal coniuge che sia stato condannato per concorso nel reato ovvero quando la convivenza coniugale è ripresa;

2) nei casi in cui:

a) l'altro coniuge è stato assolto per vizio totale di mente da uno dei delitti previsti nelle lettere *b*) e *c*) del numero 1) del presente articolo, quando il giudice competente a pronunciare lo scioglimento o la cessazione degli effetti civili del matrimonio accerta l'inidoneità del convenuto a mantenere o ricostituire la convivenza familiare;

b) è stata pronunciata con sentenza passata in giudicato la separazione giudiziale fra i coniugi, ovvero è stata omologata la separazione consensuale ovvero è intervenuta separazione di fatto quando la separazione di fatto stessa è iniziata almeno due anni prima del 18 dicembre 1970.

In tutti i predetti casi, per la proposizione della domanda di scioglimento o di cessazione degli effetti civili del matrimonio, le separazioni devono essersi protratte ininterrottamente da almeno dodici mesi dall'avvenuta comparizione dei coniugi innanzi al presidente del tribunale nella procedura di separazione personale e da sei mesi nel caso di separazione consensuale, anche quando il giudizio contenzioso si sia trasformato in consensuale ([1]), ovvero dalla data certificata nell'accordo di separazione raggiunto a seguito di convenzione di negoziazione assistita da un avvocato ovvero dalla data dell'atto contenente l'accordo di separazione concluso innanzi all'ufficiale dello stato civile ([2]). L'eventuale interruzione della separazione deve essere eccepita dalla parte convenuta;

c) il procedimento penale promosso per i delitti previsti dalle lettere *b*) e *c*) del numero 1) del presente articolo si è concluso con sentenza di non doversi procedere per estinzione del reato, quando il giudice competente a pronunciare lo scioglimento o la cessazione degli effetti civili del matrimonio ritiene che nei fatti commessi sussistano gli elementi costitutivi e le condizioni di punibilità dei delitti stessi;

d) il procedimento penale per incesto si è concluso con sentenza di proscioglimento o di assoluzione che dichiari non punibile il fatto per mancanza di pubblico scandalo;

e) l'altro coniuge, cittadino straniero, ha ottenuto all'estero l'annullamento o lo scioglimento del matrimonio o ha contratto all'estero nuovo matrimonio;

f) il matrimonio non è stato consumato;

g) è passata in giudicato sentenza di rettificazione di attribuzione di sesso a norma della legge 14 aprile 1982, n. 164 ([3]).

([1]) *Le parole «tre anni a far tempo dalla avvenuta comparizione dei coniugi innanzi al presidente del tribunale nella procedura di separazione personale anche quando il giudizio contenzioso si sia trasformato in consensuale» sono state così sostituite dalle attuali: «dodici mesi dall'avvenuta comparizione dei coniugi innanzi al presidente del tribunale nella procedura di separazione personale e da sei mesi nel caso di separazione consensuale, anche quando il giudizio contenzioso si sia trasformato in consensuale» dall'art. 1 della L. 6 maggio 2015, n. 55. A norma dell'art. 3 della medesima legge tali disposizioni si applicano ai procedimenti in corso alla data di entrata in vigore della presente legge* (G.U. *Serie gen. - n. 107 dell'11 maggio 2015), anche nei casi in cui il procedimento di separazione che ne costituisce il presupposto risulti ancora pendente alla medesima data.*

([2]) *Le parole: «, ovvero dalla data certificata nell'accordo di separazione raggiunto a seguito di convenzione di negoziazione assistita da un avvocato ovvero dalla data dell'atto contenente l'accordo di separazione concluso innanzi all'ufficiale dello stato civile.» sono state aggiunte dall'art. 12, comma 4, del D.L. 12 settembre 2014, n. 132, convertito, con modificazioni, nella L. 10 novembre 2014, n. 162, a decorrere dal trentesimo giorno successivo all'entrata in vigore della legge di conversione del presente decreto (Suppl. ord. alla G.U. Serie gen. - n. 261 del 10 novembre 2014).*

([3]) *La Corte costituzionale, con sentenza n. 170 dell'11 giugno 2014, ha dichiarato l'illegittimità costituzionale degli artt. 2 e 4 della L. 14 aprile 1982, n. 164, nella parte in cui non prevedono che la sentenza di rettificazione dell'attribuzione di sesso di uno dei coniugi, che provoca lo scioglimento del matrimonio o la cessazione degli effetti civili conseguenti alla trascrizione del matrimonio, consenta, comunque, ove entrambi lo richiedano, di mantenere in vita un rapporto di coppia giuridicamente regolato con altra forma di convivenza registrata, che tuteli adeguatamente i diritti ed obblighi della coppia medesima, con le modalità da statuirsi dal legislatore. L'art. 1, comma 27, della L. 20 maggio 2016, n. 76, ha poi stabilito che alla rettificazione anagrafica di sesso, ove i coniugi abbiano manifestato la volontà di non sciogliere il matrimonio o di non cessarne gli effetti civili, consegue l'automatica instaurazione dell'unione civile tra persone dello stesso sesso.*

4. ([1]) 1. La domanda per ottenere lo scioglimento o la cessazione degli effetti civili del matrimonio si propone al tribunale del luogo dell'ultima residenza comune dei coniugi ovvero, in mancanza, del luogo in cui il coniuge convenuto ha residenza o domicilio. Qualora il coniuge convenuto sia residente all'estero o risulti irreperibile, la domanda si propone al tribunale del luogo di residenza o di domicilio del ricorrente e, se anche questi è residente all'estero, a qualunque tribunale della Repubblica. La domanda congiunta può essere proposta al tribunale del luogo di residenza o di domicilio dell'uno o dell'altro coniuge (2).

2. La domanda si propone con ricorso, che deve contenere l'esposizione dei fatti e degli elementi di diritto sui quali la domanda di scioglimento del matrimonio o di cessazione degli effetti civili dello stesso è fondata.

3. Del ricorso il cancelliere dà comunicazione all'ufficiale dello stato civile del luogo dove il matrimonio fu trascritto per l'annotazione in calce all'atto.

4. Nel ricorso deve essere indicata l'esistenza di figli di entrambi i coniugi (3).

5. Il presidente del tribunale, nei cinque giorni successivi al deposito in cancelleria, fissa con decreto la data di comparizione dei coniugi davanti a sé, che deve avvenire entro novanta giorni dal deposito del ricorso, il termine per la notificazione del ricorso e del decreto ed il termine entro cui il coniuge convenuto può depositare memoria difensiva e documenti. Il presidente nomina un curatore speciale quando il convenuto è malato di mente o legalmente incapace.

6. Al ricorso e alla prima memoria difensiva sono allegate le ultime dichiarazioni dei redditi rispettivamente presentate.

7. I coniugi devono comparire davanti al presidente del tribunale personalmente, salvo gravi e comprovati motivi, e con l'assistenza di un difensore. Se il ricorrente non si presenta o rinuncia, la domanda non ha effetto. Se non si presenta il coniuge convenuto, il presidente può fissare un nuovo giorno per la comparizione, ordinando che la notificazione del ricorso e del decreto gli sia rinnovata. All'udienza di comparizione, il presidente deve sentire i coniugi prima separatamente poi congiuntamente, tentando di conciliarli. Se i coniugi si conciliano, il presidente fa redigere processo verbale della conciliazione.

8. Se la conciliazione non riesce, il presidente, sentiti i coniugi e i rispettivi difensori nonché, disposto l'ascolto del figlio minore che abbia compiuto gli anni dodici e anche di età inferiore ove capace di discernimento (4), dà, anche d'ufficio, con ordinanza i provvedimenti temporanei e urgenti che reputa opportuni nell'interesse dei coniugi e della prole, nomina il giudice istruttore e fissa l'udienza di comparizione e trattazione dinanzi a questo. Nello stesso modo il presidente provvede, se il coniuge convenuto non compare, sentito il ricorrente e il suo difensore. L'ordinanza del presidente può essere revocata o modificata dal giudice istruttore. Si applica l'articolo 189 delle disposizioni di attuazione del codice di procedura civile.

9. Tra la data dell'ordinanza, ovvero tra la data entro cui la stessa deve essere notificata al convenuto non comparso, e quella dell'udienza di com-

parizione e trattazione devono intercorrere i termini di cui all'articolo 163 *bis* del codice di procedura civile ridotti a metà.

10. Con l'ordinanza di cui al comma 8, il presidente assegna altresì termine al ricorrente per il deposito in cancelleria di memoria integrativa, che deve avere il contenuto di cui all'articolo 163, terzo comma, numeri 2), 3), 4), 5) e 6), del codice di procedura civile e termine al convenuto per la costituzione in giudizio ai sensi degli articoli 166 e 167, primo e secondo comma, dello stesso codice nonché per la proposizione delle eccezioni processuali e di merito che non siano rilevabili d'ufficio. L'ordinanza deve contenere l'avvertimento al convenuto che la costituzione oltre il suddetto termine implica le decadenze di cui all'articolo 167 del codice di procedura civile e che oltre il termine stesso non potranno più essere proposte le eccezioni processuali e di merito non rilevabili d'ufficio.

11. All'udienza davanti al giudice istruttore si applicano le disposizioni di cui agli articoli 180 e 183, commi primo, secondo, quarto, quinto, sesto e settimo, del codice di procedura civile. Si applica altresì l'articolo 184 del medesimo codice.

12. Nel caso in cui il processo debba continuare per la determinazione dell'assegno, il tribunale emette sentenza non definitiva relativa allo scioglimento o alla cessazione degli effetti civili del matrimonio. Avverso tale sentenza è ammesso solo appello immediato. Appena formatosi il giudicato, si applica la previsione di cui all'articolo 10.

13. Quando vi sia stata la sentenza non definitiva, il tribunale, emettendo la sentenza che dispone l'obbligo della somministrazione dell'assegno, può disporre che tale obbligo produca effetti fin dal momento della domanda.

14. Per la parte relativa ai provvedimenti di natura economica la sentenza di primo grado è provvisoriamente esecutiva.

15. L'appello è deciso in camera di consiglio.

16. La domanda congiunta dei coniugi di scioglimento o di cessazione degli effetti civili del matrimonio che indichi anche compiutamente le condizioni inerenti alla prole e ai rapporti economici, è proposta con ricorso al tribunale in camera di consiglio. Il tribunale, sentiti i coniugi, verificata l'esistenza dei presupposti di legge e valutata la rispondenza delle condizioni all'interesse dei figli, decide con sentenza. Qualora il tribunale ravvisi che le condizioni relative ai figli sono in contrasto con gli interessi degli stessi, si applica la procedura di cui al comma 8.

(¹) *Questo articolo è stato così sostituito dall'art. 2, comma 3* bis, *del D.L. 14 marzo 2005, n. 35, convertito, con modificazioni, nella L. 14 maggio 2005, n. 80. Tale sostituzione decorre dal 1° marzo 2006, e si applica ai procedimenti instaurati successivamente a tale data, secondo quanto dispone l'art. 2, comma 3* quinquies, *del medesimo provvedi-*

mento, come sostituito dall'art. 1, comma 6, della L. 28 dicembre 2005, n. 263, e successivamente modificato dall'art. 39 quater *del D.L. 30 dicembre 2005, n. 273, convertito, con modificazioni, nella L. 23 febbraio 2006, n. 51.*

(2) *La Corte costituzionale, con sentenza n. 169 del 23 maggio 2008, ha dichiarato l'illegittimità costituzionale di questo comma, limitatamente alle parole: «del luogo dell'ultima residenza comune dei coniugi ovvero, in mancanza,».*

(3) *Questo comma è stato così sostituito dall'art. 98, comma 1, lett.* a)*, del D.L.vo 28 dicembre 2013, n. 154, a decorrere dal trentesimo giorno successivo a quello della sua pubblicazione nella* Gazzetta Ufficiale *(G.U. n. 5 dell'8 gennaio 2014).*

(4) *Le parole: «qualora lo ritenga strettamente necessario anche in considerazione della loro età, i figli minori» sono state così sostituite dalle seguenti: «disposto l'ascolto del figlio minore che abbia compiuto gli anni dodici e anche di età inferiore ove capace di discernimento» dall'art. 98, comma 1, lett.* a)*, del D.L.vo 28 dicembre 2013, n. 154, a decorrere dal trentesimo giorno successivo a quello della sua pubblicazione nella* Gazzetta Ufficiale *(G.U. n. 5 dell'8 gennaio 2014).*

5. Il tribunale adito, in contraddittorio delle parti e con l'intervento obbligatorio del pubblico ministero, accertata la sussistenza di uno dei casi di cui all'articolo 3, pronuncia con sentenza lo scioglimento o la cessazione degli effetti civili del matrimonio ed ordina all'ufficiale dello stato civile del luogo ove venne trascritto il matrimonio di procedere all'annotazione della sentenza.

La donna perde il cognome che aveva aggiunto al proprio a seguito del matrimonio.

Il tribunale, con la sentenza con cui pronuncia lo scioglimento o la cessazione degli effetti civili del matrimonio, può autorizzare la donna che ne faccia richiesta a conservare il cognome del marito aggiunto al proprio quando sussista un interesse suo o dei figli meritevole di tutela.

La decisione di cui al comma precedente può essere modificata con successiva sentenza, per motivi di particolare gravità, su istanza di una delle parti.

La sentenza è impugnabile da ciascuna delle parti. Il pubblico ministero può, ai sensi dell'articolo 72 del codice di procedura civile, proporre impugnazione limitatamente agli interessi patrimoniali dei figli minori o legalmente incapaci.

Con la sentenza che pronuncia lo scioglimento o la cessazione degli effetti civili del matrimonio, il tribunale, tenuto conto delle condizioni dei coniugi, delle ragioni della decisione, del contributo personale ed economico dato da ciascuno alla conduzione familiare ed alla formazione del patrimonio di ciascuno o di quello comune, del reddito di entrambi, e valutati tutti i suddetti elementi anche in rapporto alla durata del matrimonio, dispone l'obbligo per un coniuge di somministrare periodicamente a favore dell'altro un assegno quando quest'ultimo non ha mezzi adeguati o comunque non può procurarseli per ragioni oggettive.

La sentenza deve stabilire anche un criterio di adeguamento automatico dell'assegno, almeno con riferimento agli indici di svalutazione monetaria. Il tribunale può, in caso di palese iniquità, escludere la previsione con motivata decisione.

Su accordo delle parti la corresponsione può avvenire in unica soluzione ove questa sia ritenuta equa dal tribunale. In tal caso non può essere proposta alcuna successiva domanda di contenuto economico.

I coniugi devono presentare all'udienza di comparizione avanti al presidente del tribunale la dichiarazione personale dei redditi e ogni documentazione relativa ai loro redditi e al loro patrimonio personale e comune. In caso di contestazioni il tribunale dispone indagini sui redditi, sui patrimoni e sull'effettivo tenore di vita, valendosi, se del caso, anche della polizia tributaria.

L'obbligo di corresponsione dell'assegno cessa se il coniuge, al quale deve essere corrisposto, passa a nuove nozze.

Il coniuge, al quale non spetti l'assistenza sanitaria per nessun altro titolo, conserva il diritto nei confronti dell'ente mutualistico da cui sia assistito l'altro coniuge. Il diritto si estingue se egli passa a nuove nozze.

6. L'obbligo, ai sensi degli articoli 315 *bis* e 316 *bis* ([1]) del codice civile, di mantenere, educare ed istruire i figli nati o adottati durante il matrimonio di cui sia stato pronunciato lo scioglimento o la cessazione degli effetti civili, permane anche nel caso di passaggio a nuove nozze di uno o di entrambi i genitori.

Il Tribunale che pronuncia lo scioglimento o la cessazione degli effetti civili del matrimonio applica, riguardo ai figli, le disposizioni contenute nel capo II, del titolo IX, del libro primo, del codice civile ([2]).

[In particolare il tribunale stabilisce la misura ed il modo con cui il genitore non affidatario deve contribuire al mantenimento, all'istruzione e all'educazione dei figli, nonché le modalità di esercizio dei suoi diritti nei rapporti con essi] ([3]).

[Il genitore cui sono affidati i figli, salva diversa disposizione del tribunale, ha l'esercizio esclusivo della potestà su di essi; egli deve attenersi alle condizioni determinate dal tribunale. Salvo che non sia diversamente stabilito, le decisioni di maggiore interesse per i figli sono adottate da entrambi i genitori. Il genitore cui i figli non siano affidati ha il diritto ed il dovere di vigilare sulla loro istruzione ed educazione e può ricorrere al tribunale quando ritenga che siano state assunte decisioni pregiudizievoli al loro interesse] ([3]).

[Qualora il genitore affidatario non si attenga alle condizioni dettate, il tribunale valuterà detto comportamento al fine del cambio di affidamento] ([3]).

L'abitazione nella casa familiare spetta di preferenza al genitore cui vengono affidati i figli o con il quale i figli convivono oltre la maggiore età. In ogni caso ai fini dell'assegnazione il giudice dovrà valutare le condizioni economiche dei coniugi e le ragioni della decisione e favorire il coniuge più debole. L'assegnazione, in quanto trascritta, è opponibile al terzo acquirente ai sensi dell'articolo 1599 del codice civile.

Il tribunale dà inoltre disposizioni circa l'amministrazione dei beni dei figli e, nell'ipotesi in cui l'esercizio della responsabilità genitoriale ([4]) sia affidato ad entrambi i genitori, circa il concorso degli stessi al godimento dell'usufrutto legale.

[In caso di temporanea impossibilità di affidare il minore ad uno dei genitori, il tribunale procede all'affidamento familiare di cui all'articolo 2 della legge 4 maggio 1983, n. 184] ([3]).

[Nell'emanare i provvedimenti relativi all'affidamento dei figli e al contributo per il loro mantenimento, il giudice deve tener conto dell'accordo fra le parti: i provvedimenti possono essere diversi rispetto alle domande delle parti o al loro accordo, ed emessi dopo l'assunzione di mezzi di prova dedotti dalle parti o disposti d'ufficio dal giudice, ivi compresa, qualora sia strettamente necessario anche in considerazione della loro età, l'audizione dei figli minori] ([3]).

[All'attuazione dei provvedimenti relativi all'affidamento della prole provvede il giudice del merito, e, nel caso previsto dal comma 8, anche d'ufficio. A tal fine copia del provvedimento di affidamento è trasmessa, a cura del pubblico ministero, al giudice tutelare] ([3]).

[Nel fissare la misura dell'assegno di mantenimento relativo ai figli il tribunale determina anche un criterio di adeguamento automatico dello stesso, almeno con riferimento agli indici di svalutazione monetaria] ([3]).

[In presenza di figli minori, ciascuno dei genitori è obbligato a comunicare all'altro, entro il termine perentorio di trenta giorni, l'avvenuto cambiamento di residenza o di domicilio. La mancata comunicazione obbliga al risarcimento del danno eventualmente verificatosi a carico del coniuge o dei figli per la difficoltà di reperire il soggetto] ([3]).

([1]) *Le parole*: *«147 e 148» sono state così sostituite dalle seguenti*: *«315* bis *e 316* bis*» dall'art. 98, comma 1, lett.* b)*, del D.L.vo 28 dicembre 2013, n. 154, a decorrere dal trentesimo giorno successivo a quello della sua pubblicazione nella* Gazzetta Ufficiale (G.U. *n. 5 dell'8 gennaio 2014*).

([2]) *Questo comma è stato così sostituito dall'art. 98, comma 1, lett.* b)*, del D.L.vo 28 dicembre 2013, n. 154, a decorrere dal trentesimo giorno successivo a quello della sua pubblicazione nella* Gazzetta Ufficiale (G.U. *n. 5 dell'8 gennaio 2014*).

(3) *Questo comma è stato abrogato dall'art. 98, comma 1, lett.* b), *del D.L.vo 28 dicembre 2013, n. 154, a decorrere dal trentesimo giorno successivo a quello della sua pubblicazione nella* Gazzetta Ufficiale (*G.U. n. 5 dell'8 gennaio 2014*).

(4) *La parola: «potestà» è stata così sostituita dalle seguenti: «responsabilità genitoriale» dall'art. 98, comma 1, lett.* b), *del D.L.vo 28 dicembre 2013, n. 154, a decorrere dal trentesimo giorno successivo a quello della sua pubblicazione nella* Gazzetta Ufficiale (G.U. *n. 5 dell'8 gennaio 2014*).

8. Il tribunale che pronuncia lo scioglimento o la cessazione degli effetti civili del matrimonio può imporre all'obbligato di prestare idonea garanzia reale o personale se esiste il pericolo che egli possa sottrarsi all'adempimento degli obblighi di cui agli articoli 5 e 6.

La sentenza costituisce titolo per l'iscrizione dell'ipoteca giudiziale ai sensi dell'articolo 2818 del codice civile.

Il coniuge cui spetta la corresponsione periodica dell'assegno, dopo la costituzione in mora a mezzo raccomandata con avviso di ricevimento del coniuge obbligato e inadempiente per un periodo di almeno trenta giorni, può notificare il provvedimento in cui è stabilita la misura dell'assegno ai terzi tenuti a corrispondere periodicamente somme di denaro al coniuge obbligato con l'invito a versargli direttamente le somme dovute, dandone comunicazione al coniuge inadempiente.

Ove il terzo cui sia stato notificato il provvedimento non adempia, il coniuge creditore ha azione diretta esecutiva nei suoi confronti per il pagamento delle somme dovutegli quale assegno di mantenimento ai sensi degli articoli 5 e 6.

Qualora il credito del coniuge obbligato nei confronti dei suddetti terzi sia stato già pignorato al momento della notificazione, all'assegnazione e alla ripartizione delle somme fra il coniuge cui spetta la corresponsione periodica dell'assegno, il creditore procedente e i creditori intervenuti nell'esecuzione, provvede il giudice dell'esecuzione.

Lo Stato e gli altri enti indicati nell'articolo 1 del testo unico delle leggi concernenti il sequestro, il pignoramento e la cessione degli stipendi, salari e pensioni dei dipendenti delle pubbliche amministrazioni, approvato con decreto del Presidente della Repubblica 5 gennaio 1950, n. 180, nonché gli altri enti datori di lavoro cui sia stato notificato il provvedimento in cui è stabilita la misura dell'assegno e l'invito a pagare direttamente al coniuge cui spetta la corresponsione periodica, non possono versare a quest'ultimo oltre la metà delle somme dovute al coniuge obbligato, comprensive anche degli assegni e degli emolumenti accessori.

Per assicurare che siano soddisfatte o conservate le ragioni del creditore in ordine all'adempimento degli obblighi di cui agli articoli 5 e 6, su richiesta dell'avente diritto, il giudice può disporre il sequestro dei beni del coniuge obbligato a somministrare l'assegno. Le somme spettanti al coniuge obbligato alla corresponsione dell'assegno di cui al precedente comma sono soggette a sequestro e pignoramento fino alla concorrenza della metà per il soddisfacimento dell'assegno periodico di cui agli articoli 5 e 6.

9. ([1]) ([2]) Qualora sopravvengano giustificati motivi dopo la sentenza che pronuncia lo scioglimento o la cessazione degli effetti civili del matrimonio, il tribunale, in camera di consiglio e, per i provvedimenti relativi ai figli, con la partecipazione del pubblico ministero, può, su istanza di parte, disporre la revisione delle disposizioni concernenti l'affidamento dei figli e di quelle relative alla misura e alle modalità dei contributi da corrispondersi ai sensi degli articoli 5 e 6.

In caso di morte dell'*ex* coniuge e in assenza di un coniuge superstite avente i requisiti per la pensione di reversibilità, il coniuge rispetto al quale è stata pronunciata sentenza di scioglimento o di cessazione degli effetti civili del matrimonio ha diritto, se non passato a nuove nozze e sempre che sia titolare di assegno ai sensi dell'articolo 5, alla pensione di reversibilità, sempre che il rapporto da cui trae origine il trattamento pensionistico sia anteriore alla sentenza ([3]).

Qualora esista un coniuge superstite avente i requisiti per la pensione di reversibilità, una quota della pensione e degli altri assegni a questi spettanti è attribuita dal tribunale, tenendo conto della durata del rapporto, al coniuge rispetto al quale è stata pronunciata la sentenza di scioglimento o di cessazione degli effetti civili del matrimonio e che sia titolare dell'assegno di cui all'articolo 5. Se in tale condizione si trovano più persone, il tribunale provvede a ripartire fra tutti la pensione e gli altri assegni, nonché a ripartire tra i restanti le quote attribuite a chi sia successivamente morto o passato a nuove nozze ([3]).

Restano fermi, nei limiti stabiliti dalla legislazione vigente, i diritti spettanti a figli, genitori o collaterali in merito al trattamento di reversibilità.

Alle domande giudiziali dirette al conseguimento della pensione di reversibilità o di parte di essa deve essere allegato un atto notorio, ai sensi della L. 4 gennaio 1968, n. 15, dal quale risultino tutti gli aventi diritto. In ogni caso, la sentenza che accoglie la domanda non pregiudica la tutela, nei confronti dei beneficiari, degli aventi diritto pretermessi, salva comunque l'applicabilità delle sanzioni penali per le dichiarazioni mendaci.

([1]) *Questo articolo, già sostituito dall'art. 2 della L. 1 agosto 1978, n. 436, è stato poi così nuovamente sostituito dall'art. 13 della L. 6 marzo 1987, n. 74.*

([2]) *Si veda l'art. 4 della L. 8 febbraio 2006, n. 54 che così dispone:*

«4. (Disposizioni finali). *1. Nei casi in cui il decreto di omologa dei patti di separazione consensuale, la sentenza di separazione giudiziale, di scioglimento, di annullamento o di cessazione degli effetti civili del matrimonio sia già stata emessa alla data di entrata in vigore della presente legge, ciascuno dei genitori può richiedere, nei modi previsti dall'articolo 710 del codice di procedura civile o dall'articolo 9 della legge 1° dicembre 1970, n. 898, e successive modificazioni, l'applicazione delle disposizioni della presente legge.*

«2. Le disposizioni della presente legge si applicano anche in caso di scioglimento, di cessazione degli effetti civili o di nullità del matrimonio, nonché ai procedimenti relativi ai figli di genitori non coniugati».

(3) *Ai sensi dell'art. 5, comma 1, della L. 28 dicembre 2005, n. 263, questo comma si interpreta nel senso che per titolarità dell'assegno ai sensi dell'articolo 5 deve intendersi l'avvenuto riconoscimento dell'assegno medesimo da parte del tribunale ai sensi del predetto articolo 5 della citata legge n. 898 del 1970.*

9 *bis*. A colui al quale è stato riconosciuto il diritto alla corresponsione periodica di somme di denaro a norma dell'art. 5, qualora versi in stato di bisogno, il tribunale, dopo il decesso dell'obbligato, può attribuire un assegno periodico a carico dell'eredità tenendo conto dell'importo di quelle somme, della entità del bisogno, dell'eventuale pensione di reversibilità, delle sostanze ereditarie, del numero e della qualità degli eredi e delle loro condizioni economiche. L'assegno non spetta se gli obblighi patrimoniali previsti dall'articolo 5 sono stati soddisfatti in unica soluzione.

Su accordo delle parti la corresponsione dell'assegno può avvenire in unica soluzione. Il diritto all'assegno si estingue se il beneficiario passa a nuove nozze o viene meno il suo stato di bisogno. Qualora risorga lo stato di bisogno l'assegno può essere nuovamente attribuito.

10. La sentenza che pronuncia lo scioglimento o la cessazione degli effetti civili del matrimonio, quando sia passata in giudicato, deve essere trasmessa in copia autentica, a cura del cancelliere del tribunale o della Corte che l'ha emessa, all'ufficiale dello stato civile del Comune in cui il matrimonio fu trascritto, per le annotazioni e le ulteriori incombenze di cui al regio decreto 9 luglio 1939, n. 1238 (1).

Lo scioglimento e la cessazione degli effetti civili del matrimonio, pronunciati nei casi rispettivamente previsti dagli articoli 1 e 2 della presente legge, hanno efficacia, a tutti gli effetti civili, dal giorno dell'annotazione della sentenza.

(1) *Si veda ora il D.P.R. 3 novembre 2000, n. 396.*

11. (*Omissis*) (1).

(1) *Questo articolo è stato abrogato dall'art. 14 della L. 6 marzo 1987, n. 74.*

12. Le disposizioni del codice civile in tema di riconoscimento del figlio nato fuori del matrimonio [1] si applicano, per quanto di ragione, anche nel caso di scioglimento o di cessazione degli effetti civili del matrimonio.

[1] *La parola: «naturale» è stata così sostituita dalle seguenti: «nato fuori del matrimonio» dall'art. 98, comma 1, lett.* c), *del D.L.vo 28 dicembre 2013, n. 154, a decorrere dal trentesimo giorno successivo a quello della sua pubblicazione nella* Gazzetta Ufficiale *(G.U. n. 5 dell'8 gennaio 2014).*

12 *bis*. Il coniuge nei cui confronti sia stata pronunciata sentenza di scioglimento o di cessazione degli effetti civili del matrimonio ha diritto, se non passato a nuove nozze e in quanto sia titolare di assegno ai sensi dell'articolo 5, ad una percentuale dell'indennità di fine rapporto percepita dall'altro coniuge all'atto della cessazione del rapporto di lavoro anche se l'indennità viene a maturare dopo la sentenza.

Tale percentuale è pari al quaranta per cento dell'indennità totale riferibile agli anni in cui il rapporto di lavoro è coinciso con il matrimonio.

12 *ter*. In caso di genitori rispetto ai quali sia stata pronunciata sentenza di scioglimento o di cessazione degli effetti civili del matrimonio, la pensione di reversibilità spettante ad essi per la morte di un figlio deceduto per fatti di servizio è attribuita automaticamente dall'ente erogante in parti uguali a ciascun genitore.

Alla morte di uno dei genitori, la quota-parte di pensione si consolida automaticamente in favore dell'altro.

Analogamente si provvede, in presenza della predetta sentenza, per la pensione di reversibilità spettante al genitore del dante causa secondo le disposizioni di cui agli articoli 83 e 87 del decreto del Presidente della Repubblica 29 dicembre 1973, n. 1092.

12 *quater*. Per le cause relative ai diritti di obbligazione di cui alla presente legge è competente anche il giudice del luogo in cui deve essere eseguita l'obbligazione dedotta in giudizio.

12 *quinquies*. Allo straniero, coniuge di cittadina italiana, la legge nazionale del quale non disciplina lo scioglimento o la cessazione degli effetti civili del matrimonio, si applicano le disposizioni di cui alla presente legge.

12 *sexies*. [1] [Al coniuge che si sottrae all'obbligo di corresponsione dell'assegno dovuto a norma degli articoli 5 e 6 della presente legge si applicano le pene previste dall'articolo 570 del codice penale].

[1] *Questo articolo è stato abrogato dall'art. 7, comma 1, lett.* b), *del D.L.vo 1 marzo 2018, n. 21.*

Il reato è ora previsto e punito dall'art. 570 bis *c.p.*

2.

D.L. 12 settembre 2014, n. 132. Misure urgenti di degiurisdizionalizzazione ed altri interventi per la definizione dell'arretrato in materia di processo civile (*Gazzetta Ufficiale* Serie gen. - n. 212 del 12 settembre 2014), convertito, con modificazioni, nella L. 10 novembre 2014, n. **162** (Suppl. ord. alla *Gazzetta Ufficiale* Serie gen. - n. 261 del 10 novembre 2014).

(*Estratto*)

Capo III

Ulteriori disposizioni per la semplificazione dei procedimenti di separazione personale e di divorzio

12. Separazione consensuale, richiesta congiunta di scioglimento o di cessazione degli effetti civili del matrimonio e modifica delle condizioni di separazione o di divorzio innanzi all'ufficiale dello stato civile. – 1. I coniugi possono concludere, innanzi al sindaco, quale ufficiale dello stato civile a norma dell'articolo 1 del decreto del Presidente della Repubblica 3 novembre 2000, n. 396, del comune di residenza di uno di loro o del comune presso cui è iscritto o trascritto l'atto di matrimonio, con l'assistenza facoltativa di un avvocato, un accordo di separazione personale ovvero, nei casi di cui all'articolo 3, primo comma, numero 2), lettera *b*), della legge 1° dicembre 1970, n. 898, di scioglimento o di cessazione degli effetti civili del matrimonio, nonché di modifica delle condizioni di separazione o di divorzio.

2. Le disposizioni di cui al presente articolo non si applicano in presenza di figli minori, di figli maggiorenni incapaci o portatori di handicap grave ai sensi dell'articolo 3, comma 3, della legge 5 febbraio 1992, n. 104, ovvero economicamente non autosufficienti.

3. L'ufficiale dello stato civile riceve da ciascuna delle parti personalmente, con l'assistenza facoltativa di un avvocato, la dichiarazione che esse vogliono separarsi ovvero far cessare gli effetti civili del matrimonio o ottenerne lo scioglimento secondo condizioni tra di esse concordate. Allo stesso modo si procede per la modifica delle condizioni di separazione o di divorzio. L'accordo non può contenere patti di trasferimento patrimoniale. L'atto contenente l'accordo è compilato e sottoscritto immediatamente dopo il ricevimento delle dichiarazioni di cui al presente comma. L'accordo tiene luogo dei provvedimenti giudiziali che definiscono, nei casi di cui al comma 1, i procedimenti di separazione personale, di cessazione degli effetti civili del matrimonio, di scioglimento del matrimonio e di modifica delle condizioni di separazione o di divorzio. Nei soli casi di separazione personale, ovvero

di cessazione degli effetti civili del matrimonio o di scioglimento del matrimonio secondo condizioni concordate, l'ufficiale dello stato civile, quando riceve le dichiarazioni dei coniugi, li invita a comparire di fronte a sé non prima di trenta giorni dalla ricezione per la conferma dell'accordo anche ai fini degli adempimenti di cui al comma 5. La mancata comparizione equivale a mancata conferma dell'accordo.

4. - 6. (*Omissis*).

7. Le disposizioni del presente articolo si applicano a decorrere dal trentesimo giorno successivo all'entrata in vigore della legge di conversione del presente decreto.

1.

D.L. 12 settembre 2014, n. 132. Misure urgenti di degiurisdizionalizzazione ed altri interventi per la definizione dell'arretrato in materia di processo civile (*Gazzetta Ufficiale* Serie gen. - n. 212 del 12 settembre 2014), convertito, con modificazioni, nella L. 10 novembre 2014, n. **162** (Suppl. ord. alla *Gazzetta Ufficiale* Serie gen. - n. 261 del 10 novembre 2014).

(*Estratto*)

Capo II
Procedura di negoziazione assistita
da uno o più avvocati

2. Convenzione di negoziazione assistita da uno o più avvocati. – 1. La convenzione di negoziazione assistita da uno o più avvocati è un accordo mediante il quale le parti convengono di cooperare in buona fede e con lealtà per risolvere in via amichevole la controversia tramite l'assistenza di avvocati iscritti all'albo anche ai sensi dell'articolo 6 del decreto legislativo 2 febbraio 2001, n. 96.

1 *bis*. È fatto obbligo per le amministrazioni pubbliche di cui all'articolo 1, comma 2, del decreto legislativo 30 marzo 2001, n. 165, di affidare la convenzione di negoziazione alla propria avvocatura, ove presente.

2. La convenzione di negoziazione deve precisare:

a) il termine concordato dalle parti per l'espletamento della procedura, in ogni caso non inferiore a un mese e non superiore a tre mesi, prorogabile per ulteriori trenta giorni su accordo tra le parti;

b) l'oggetto della controversia, che non deve riguardare diritti indisponibili o vertere in materia di lavoro.

3. La convenzione è conclusa per un periodo di tempo determinato dalle parti, fermo restando il termine di cui al comma 2, lettera *a*).

4. La convenzione di negoziazione è redatta, a pena di nullità, in forma scritta.

5. La convenzione è conclusa con l'assistenza di uno o più avvocati.

6. Gli avvocati certificano l'autografia delle sottoscrizioni apposte alla convenzione sotto la propria responsabilità professionale.

7. È dovere deontologico degli avvocati informare il cliente all'atto del conferimento dell'incarico della possibilità di ricorrere alla convenzione di negoziazione assistita.

3. Improcedibilità. – 1. Chi intende esercitare in giudizio un'azione relativa a una controversia in materia di risarcimento del danno da circolazione di veicoli e natanti deve, tramite il suo avvocato, invitare l'altra parte a stipulare una convenzione di negoziazione assistita. Allo stesso modo deve procedere, fuori dei casi previsti dal periodo precedente e dall'articolo 5, comma 1 *bis*, del decreto legislativo 4 marzo 2010 n. 28, chi intende proporre in giudizio una domanda di pagamento a qualsiasi titolo di somme non eccedenti cinquantamila euro. L'esperimento del procedimento di negoziazione assistita è condizione di procedibilità della domanda giudiziale. L'improcedibilità deve essere eccepita dal convenuto, a pena di decadenza, o rilevata d'ufficio dal giudice, non oltre la prima udienza. Il giudice quando rileva che la negoziazione assistita è già iniziata, ma non si è conclusa, fissa la successiva udienza dopo la scadenza del termine di cui all'articolo 2 comma 3. Allo stesso modo provvede quando la negoziazione non è stata esperita, assegnando contestualmente alle parti il termine di quindici giorni per la comunicazione dell'invito. Il presente comma non si applica alle controversie concernenti obbligazioni contrattuali derivanti da contratti conclusi tra professionisti e consumatori.

2. Quando l'esperimento del procedimento di negoziazione assistita è condizione di procedibilità della domanda giudiziale la condizione si considera avverata se l'invito non è seguito da adesione o è seguito da rifiuto entro trenta giorni dalla sua ricezione ovvero quando è decorso il periodo di tempo di cui all'articolo 2, comma 2, lettera *a*).

3. La disposizione di cui al comma 1 non si applica:

a) nei procedimenti per ingiunzione, inclusa l'opposizione;

b) nei procedimenti di consulenza tecnica preventiva ai fini della composizione della lite, di cui all'articolo 696 *bis* del codice di procedura civile;

c) nei procedimenti di opposizione o incidentali di cognizione relativi all'esecuzione forzata;

d) nei procedimenti in camera di consiglio;

e) nell'azione civile esercitata nel processo penale.

2.

D.L. 27 giugno 2015, n. 83. Misure urgenti in materia fallimentare, civile e processuale civile e di organizzazione e funzionamento dell'amministrazione giudiziaria (*Gazzetta Ufficiale* Serie gen. - n. 147 del 27 giugno 2015), convertito, con modificazioni, nella L. 6 agosto 2015, n. **132** (Suppl. ord alla *Gazzetta Ufficiale* Serie gen. - n. 192 del 20 agosto 2015).

(*Estratto*)

Titolo IV

Proroga di termini per l'efficienza della giustizia e disposizioni per il processo telematico nonché altre disposizioni in materia di giustizia

21 *bis*. Incentivi fiscali alla degiurisdizionalizzazione. – 1. Alle parti che corrispondono o che hanno corrisposto il compenso agli avvocati abilitati ad assisterli nel procedimento di negoziazione assistita ai sensi del capo II del decreto legge 12 settembre 2014, n. 132, convertito, con modificazioni, dalla legge 10 novembre 2014, n. 162, nonché alle parti che corrispondono o che hanno corrisposto il compenso agli arbitri nel procedimento di cui al capo I del medesimo decreto, è riconosciuto, in caso di successo della negoziazione, ovvero di conclusione dell'arbitrato con lodo, un credito di imposta commisurato al compenso fino a concorrenza di 250 euro, nel limite di spesa di 5 milioni di euro annui a decorrere dall'anno 2016 ([1]).

2. Con decreto del Ministro della giustizia, di concerto con il Ministro dell'economia e delle finanze, da adottare entro il 30 marzo 2016 ([2]), sono stabiliti le modalità e la documentazione da esibire a corredo della richiesta del credito di imposta e i controlli sull'autenticità della stessa.

3. Il Ministero della giustizia comunica all'interessato, entro il 30 aprile di ciascun anno successivo a quello di corresponsione dei compensi di cui al comma 1 ([3]), l'importo del credito di imposta effettivamente spettante in relazione a ciascuno dei procedimenti di cui ai capi I e II del decreto legge 12 settembre 2014, n. 132, convertito, con modificazioni, dalla legge 10 novembre 2014, n. 162, determinato in misura proporzionale alle risorse stanziate e trasmette, in via telematica, all'Agenzia delle entrate, l'elenco dei beneficiari e i relativi importi a ciascuno comunicati.

4. Il credito di imposta deve essere indicato nella dichiarazione dei redditi [per l'anno 2015] ([4]) ed è utilizzabile a decorrere dalla data di ricevimento della comunicazione di cui al comma 3 del presente articolo, in compensazione ai sensi dell'articolo 17 del decreto legislativo 9 luglio 1997, n. 241, e

successive modificazioni, nonché, da parte delle persone fisiche non titolari di redditi di impresa o di lavoro autonomo, in diminuzione delle imposte sui redditi. Il credito di imposta non dà luogo a rimborso e non concorre alla formazione del reddito ai fini delle imposte sui redditi, né del valore della produzione netta ai fini dell'imposta regionale sulle attività produttive e non rileva ai fini del rapporto di cui agli articoli 61 e 109, comma 5, del testo unico delle imposte sui redditi, di cui al decreto del Presidente della Repubblica 22 dicembre 1986, n. 917, e successive modificazioni.

5. Per l'attuazione del presente articolo è autorizzata la spesa di 5 milioni di euro annui a decorrere dall'anno 2016. Agli oneri per l'anno 2016 (5), si provvede mediante corrispondente riduzione del fondo di cui all'articolo 1, comma 96, della legge 23 dicembre 2014, n. 190.

6. Il Ministro dell'economia e delle finanze è autorizzato ad apportare, con propri decreti, le occorrenti variazioni di bilancio.

(1) *Questo comma è stato così sostituito dall'art. 1, comma 618, lett.* a)*, della L. 28 dicembre 2015, n. 208.*

(2) *Le parole: «sessanta giorni dalla data di entrata in vigore della legge di conversione del presente decreto» sono state così sostituite dalle parole: «il 30 marzo 2016» dall'art. 1, comma 618, lett.* b)*, della L. 28 dicembre 2015, n. 208.*

(3) *Le parole: «dell'anno 2016» sono state così sostituite dalle parole: «di ciascun anno successivo a quello di corresponsione dei compensi di cui al comma 1» dall'art. 1, comma 618, lett.* c)*, della L. 28 dicembre 2015, n. 208.*

(4) *Le parole fra parentesi quadrate sono state soppresse dall'art. 1, comma 618, lett.* d)*, della L. 28 dicembre 2015, n. 208.*

(5) *Le parole: «Agli oneri derivanti dall'attuazione del presente articolo, pari a 5 milioni di euro per l'anno 2016,» sono state così sostituite dalle parole: «Per l'attuazione del presente articolo è autorizzata la spesa di 5 milioni di euro annui a decorrere dall'anno 2016. Agli oneri per l'anno 2016» dall'art. 1, comma 618, lett.* e)*, della L. 28 dicembre 2015, n. 208.*

3.

D.M. 23 dicembre 2015. Incentivi fiscali nella forma del «credito d'imposta» nei procedimenti di negoziazione assistita (*Gazzetta Ufficiale* Serie gen. - n. 5 dell'8 gennaio 2016).

1. Definizioni e oggetto. – 1. Il presente decreto stabilisce le modalità e la documentazione da esibire a corredo della richiesta di credito di imposta da parte del richiedente, nonché i controlli sull'autenticità della stessa.

2. Ai fini del presente decreto, per "richiedente" si intende la parte che ha corrisposto, nell'anno precedente la presentazione della richiesta di credito di imposta ([1]), il compenso all'avvocato che lo ha assistito nel corso di uno o più procedimenti di negoziazione assistita conclusi con successo, ovvero agli arbitri nel procedimento di cui al capo I, del decreto- legge 12 settembre 2014, n. 132, convertito, con modificazioni, dalla legge 10 novembre 2014, n. 162, sempre che si sia concluso con lodo.

([1]) *Le parole: «nell'anno 2015» sono state così sostituite dalle seguenti: «nell'anno precedente la presentazione della richiesta di credito di imposta» dall'art. 1, comma 1, lett.* a)*, del D.M. 30 marzo 2017.*

2. Richiesta di attribuzione del credito di imposta. – 1. La richiesta di attribuzione del credito di imposta deve essere proposta compilando l'apposito modulo (FORM), disponibile [dal giorno 10 gennaio 2016] ([1]) in un'area dedicata, denominata "Incentivi fiscali alle misure di degiurisdizionalizzazione di cui al decreto legge n. 132 del 2014" del sito internet del Ministero della giustizia ("*www.giustizia.it*").

2. Alla richiesta deve essere allegata:

a) copia dell'accordo di negoziazione assistita e prova della trasmissione dello stesso al Consiglio dell'Ordine degli avvocati a norma dell'articolo 11 del decreto legge 12 settembre 2014, n. 132, convertito, con modificazioni, dalla legge 10 novembre 2014, n. 162, ovvero copia del lodo arbitrale che ha concluso il procedimento di cui al capo I del predetto decreto legge, nonché copia per immagine dell'originale o della copia autentica del provvedimento giudiziale di trasmissione del fascicolo adottato a norma dell'articolo 1, comma 2, del medesimo decreto legge;

b) copia della fattura, inerente la prestazione di cui sopra, rilasciata dall'avvocato o dall'arbitro;

c) copia della quietanza, del bonifico, dell'assegno o di altro documento attestante l'effettiva corresponsione del compenso nell'anno precedente la presentazione della richiesta di credito di imposta ([2]);

d) copia del documento di identità del richiedente;

3. In caso di definizione con successo di più negoziazioni assistite, ovvero di più arbitrati conclusi con lodo, per i quali è stato corrisposto un compenso all'avvocato o agli arbitri, è necessario compilare un numero di richieste corrispondente al numero di procedure.

(1) *Le parole tra parentesi quadrate sono state soppresse dall'art. 1, comma 1, lett.* b), *n.* 1) *del D.M. 30 marzo 2017.*

(2) *Le parole: «nell'anno 2015» sono state così sostituite dalle seguenti: «nell'anno precedente la presentazione della richiesta di credito di imposta» dall'art. 1, comma 1, lett.* b), *n.* 2) *del D.M. 30 marzo 2017.*

3. Modalità di trasmissione della richiesta. – 1. La richiesta del credito di imposta è trasmessa esclusivamente avvalendosi delle funzionalità del sito internet di cui all'articolo 2, comma 1. La trasmissione deve essere effettuata, per l'anno 2017, nel periodo compreso tra la data di pubblicazione nella *Gazzetta Ufficiale* del presente decreto e il 10 aprile dello stesso anno e, a decorrere dall'anno 2018, dal 10 gennaio al 10 febbraio di ogni anno (1). Le richieste trasmesse in violazione di quanto disposto dal periodo precedente sono inammissibili (1).

(1) *Il secondo periodo di questo comma: «La trasmissione deve essere effettuata non prima dell'11 gennaio 2016 e, a pena di decadenza, entro l'11 febbraio 2016» è stato così sostituito dagli attuali secondo e terzo periodo, dall'art. 1, comma 1, lett.* c) *del D.M. 30 marzo 2017.*

4. Limiti complessivi di spesa e relativo rispetto. – 1. Il credito di imposta, riconosciuto in caso di successo della negoziazione, ovvero di conclusione dell'arbitrato con lodo, è commisurato, secondo criteri di proporzionalità, al compenso corrisposto all'avvocato o all'arbitro fino alla concorrenza di 250 euro ed è determinato, secondo i medesimi criteri, in misura corrispondente alle risorse stanziate, nel limite di spesa di 5 milioni di euro annui a decorrere dall'anno 2016 (1).

2. Per consentire la regolazione contabile delle compensazioni esercitate ai sensi dell'art. 6 del presente decreto, le risorse stanziate sono trasferite sulla contabilità speciale n. 1778 "Agenzia delle entrate - fondi di bilancio", aperta presso la Banca d'Italia.

(1) *Le parole: «nel limite di spesa di 5 milioni di euro per l'anno 2016» sono state così sostituite dalle seguenti: «nel limite di spesa di 5 milioni di euro annui a decorrere dall'anno 2016» dall'art. 1, comma 1, lett.* d) *del D.M. 30 marzo 2017.*

5. Modalità di comunicazione dell'esito della richiesta. – 1. Il Ministero della giustizia - Dipartimento per gli affari di giustizia, entro il 30 aprile dell'anno in cui è presentata la richiesta (1), comunica al richiedente l'importo del credito di imposta effettivamente spettante in relazione a ciascuno dei procedimenti di cui ai capi I e II del decreto legge 12 settembre 2014, n. 132. La comunicazione ha luogo con le modalità pubblicate nell'area dedicata di cui all'articolo 2, comma 1.

(¹) *Le parole: «entro il 30 aprile 2016» sono state così sostituite dalle seguenti: «entro il 30 aprile dell'anno in cui è presentata la richiesta» dall'art. 1, comma 1, lett.* e) *del D.M. 30 marzo 2017.*

6. Procedure di utilizzo del credito di imposta. – 1. Il credito d'imposta deve essere indicato nella dichiarazione dei redditi per l'anno in cui è avvenuto il pagamento del compenso all'avvocato (¹) ed è utilizzabile in compensazione, ai sensi dell'art. 17 del decreto legislativo 9 luglio 1997, n. 241, e successive modificazioni, a decorrere dalla data di ricevimento della comunicazione ai beneficiari dell'importo spettante, effettuata dal Ministero della giustizia ai sensi dell'art. 5, comma 1, del presente decreto. A tal fine, il modello F24 deve essere presentato esclusivamente tramite i servizi telematici offerti dall'Agenzia delle entrate, pena il rifiuto dell'operazione di versamento. In alternativa, le persone fisiche non titolari di redditi di impresa o di lavoro autonomo possono utilizzare il credito spettante in diminuzione delle imposte dovute in base alla dichiarazione dei redditi.

2. L'ammontare del credito d'imposta utilizzato in compensazione tramite modello F24 non deve eccedere l'importo comunicato dal Ministero della giustizia, pena lo scarto dell'operazione di versamento. Ai fini del controllo di cui al periodo precedente, preventivamente alla comunicazione ai soggetti beneficiari di cui al comma 1, il Ministero della giustizia trasmette all'Agenzia delle entrate, con modalità telematiche definite d'intesa, l'elenco dei soggetti beneficiari e l'importo del credito spettante a ciascuno di essi, nonché le eventuali variazioni e revoche.

3. Il credito l'imposta non dà luogo a rimborso e non concorre alla formazione del reddito ai fini delle imposte sui redditi, né del valore della produzione netta ai fini dell'imposta regionale sulle attività produttive e non rileva ai fini del rapporto di cui agli articoli 61 e 109, comma 5, del testo unico delle imposte sui redditi, di cui al decreto del Presidente della Repubblica 22 dicembre 1986, n. 917, e successive modificazioni.

(¹) *Le parole: «per l'anno 2015» sono state così sostituite dalle seguenti: «per l'anno in cui è avvenuto il pagamento del compenso all'avvocato» dall'art. 1, comma 1, lett.* f) *del D.M. 30 marzo 2017.*

7. Controlli e cause di revoca del credito di imposta. – 1. Ai fini di cui all'articolo 6, nonché allo scopo di agevolare la raccolta dei dati per le finalità di cui all'articolo 11 del decreto legge n. 132 del 2014, convertito, con modificazioni, dalla legge n. 162 del 2014, i Consigli degli Ordini forensi trasmettono al Ministero della giustizia, con cadenza trimestrale, un elenco degli accordi di negoziazione loro comunicati a norma del predetto articolo 11, comma 1, classificandoli con le modalità indicate con provvedimento del capo del Dipartimento per gli affari di giustizia e del capo del Dipartimento dell'organizzazione giudiziaria. Nel medesimo provvedimento saranno indicate anche le modalità per la trasmissione dei dati di cui al presente articolo.

2. Il credito di imposta è revocato nel caso venga accertata l'insussistenza dei requisiti soggettivi ed oggettivi di cui al presente decreto, ovvero nel caso la documentazione presentata, di cui all'articolo 2, contenga elementi non veritieri o sia incompleta rispetto a quella richiesta. Sono fatte salve le eventuali conseguenze di legge civile, penale ed amministrativa e, in ogni caso, si provvede al recupero del beneficio indebitamente fruito, ai sensi dell'articolo 8.

8. Procedure di recupero del credito di imposta illegittimamente fruito. – 1. Qualora, a seguito dei controlli effettuati dal Ministero della giustizia, si accerti l'indebita fruizione, anche parziale, del credito d'imposta di cui al presente decreto, per il mancato rispetto delle condizioni richieste ovvero a causa della non eleggibilità delle spese sulla base delle quali è stato determinato il beneficio, il Ministero, ai sensi dell'art. 1, comma 6, del decreto legge 25 marzo 2010, n. 40, convertito, con modificazioni, dalla legge 22 maggio 2010, n. 73, provvede al recupero del relativo importo, maggiorato di interessi e sanzioni secondo legge.

2. Ai fini dei controlli di cui al comma 1, l'Agenzia delle entrate trasmette al Ministero della giustizia, entro il mese di marzo dell'anno successivo alla presentazione della richiesta di credito di imposta, con modalità telematiche definite d'intesa, l'elenco dei soggetti che hanno utilizzato il credito d'imposta attraverso le dichiarazioni dei redditi e i modelli F24 ricevuti nell'anno precedente, con i relativi importi (1).

3. L'Agenzia delle entrate comunica telematicamente al Ministero della giustizia l'eventuale indebita fruizione, totale o parziale, del credito d'imposta di cui all'art. 1, accertata nell'ambito dell'ordinaria attività di controllo.

(1) *Questo comma è stato così sostituito dall'art. 1, comma 1, lett.* g) *del D.M. 30 marzo 2017. Il testo previgente così disponeva:*

«2. Ai fini dei controlli di cui al comma 1, l'Agenzia delle entrate trasmette al Ministero della giustizia, entro il mese di marzo 2017, con modalità telematiche definite d'intesa, l'elenco dei soggetti che hanno utilizzato il credito d'imposta attraverso le dichiarazioni dei redditi e i modelli F24 ricevuti nell'anno 2016, con i relativi importi».

1.

L. 8 marzo 2017, n. 24. Disposizioni in materia di sicurezza delle cure e della persona assistita, nonché in materia di responsabilità professionale degli esercenti le professioni sanitarie (*Gazzetta Ufficiale* Serie gen. - n. 64 del 17 marzo 2017).

(*Estratto*)

1. Sicurezza delle cure in sanità. – 1. La sicurezza delle cure è parte costitutiva del diritto alla salute ed è perseguita nell'interesse dell'individuo e della collettività.

2. La sicurezza delle cure si realizza anche mediante l'insieme di tutte le attività finalizzate alla prevenzione e alla gestione del rischio connesso all'erogazione di prestazioni sanitarie e l'utilizzo appropriato delle risorse strutturali, tecnologiche e organizzative.

3. Alle attività di prevenzione del rischio messe in atto dalle strutture sanitarie e sociosanitarie, pubbliche e private, è tenuto a concorrere tutto il personale, compresi i liberi professionisti che vi operano in regime di convenzione con il Servizio sanitario nazionale.

2. Attribuzione della funzione di garante per il diritto alla salute al Difensore civico regionale o provinciale e istituzione dei Centri regionali per la gestione del rischio sanitario e la sicurezza del paziente. – 1. Le regioni e le province autonome di Trento e di Bolzano possono affidare all'ufficio del Difensore civico la funzione di garante per il diritto alla salute e disciplinarne la struttura organizzativa e il supporto tecnico.

2. Il Difensore civico, nella sua funzione di garante per il diritto alla salute, può essere adito gratuitamente da ciascun soggetto destinatario di prestazioni sanitarie, direttamente o mediante un proprio delegato, per la segnalazione di disfunzioni del sistema dell'assistenza sanitaria e sociosanitaria.

3. Il Difensore civico acquisisce, anche digitalmente, gli atti relativi alla segnalazione pervenuta e, qualora abbia verificato la fondatezza della segnalazione, interviene a tutela del diritto leso con i poteri e le modalità stabiliti dalla legislazione regionale.

4. In ogni regione è istituito, con le risorse umane, strumentali e finanziarie disponibili a legislazione vigente e comunque senza nuovi o maggiori oneri a carico della finanza pubblica, il Centro per la gestione del rischio sanitario e la sicurezza del paziente, che raccoglie dalle strutture sanitarie e sociosanitarie pubbliche e private i dati regionali sui rischi ed eventi avversi e sul contenzioso e li trasmette annualmente, mediante procedura telematica unificata a livello nazionale, all'Osservatorio nazionale delle buone pratiche sulla sicurezza nella sanità, di cui all'articolo 3.

5. (*Omissis*).

3. Osservatorio nazionale delle buone pratiche sulla sicurezza nella sanità. – 1. Entro tre mesi dalla data di entrata in vigore della presente legge, con decreto del Ministro della salute, previa intesa in sede di Conferenza permanente per i rapporti tra lo Stato, le regioni e le province autonome di Trento e di Bolzano, è istituito, senza nuovi o maggiori oneri per la finanza pubblica, presso l'Agenzia nazionale per i servizi sanitari regionali (AGENAS), l'Osservatorio nazionale delle buone pratiche sulla sicurezza nella sanità, di seguito denominato «Osservatorio».

2. L'Osservatorio acquisisce dai Centri per la gestione del rischio sanitario e la sicurezza del paziente, di cui all'articolo 2, i dati regionali relativi ai rischi ed eventi avversi nonché alle cause, all'entità, alla frequenza e all'onere finanziario del contenzioso e, anche mediante la predisposizione, con l'ausilio delle società scientifiche e delle associazioni tecnico-scientifiche delle professioni sanitarie di cui all'articolo 5, di linee di indirizzo, individua idonee misure per la prevenzione e la gestione del rischio sanitario e il monitoraggio delle buone pratiche per la sicurezza delle cure nonché per la formazione e l'aggiornamento del personale esercente le professioni sanitarie.

3. Il Ministro della salute trasmette annualmente alle Camere una relazione sull'attività svolta dall'Osservatorio.

4. L'Osservatorio, nell'esercizio delle sue funzioni, si avvale anche del Sistema informativo per il monitoraggio degli errori in sanità (SIMES), istituito con decreto del Ministro del lavoro, della salute e delle politiche sociali 11 dicembre 2009, pubblicato nella *Gazzetta Ufficiale* n. 8 del 12 gennaio 2010.

4. Trasparenza dei dati. – 1. Le prestazioni sanitarie erogate dalle strutture pubbliche e private sono soggette all'obbligo di trasparenza, nel rispetto del codice in materia di protezione dei dati personali, di cui al decreto legislativo 30 giugno 2003, n. 196.

2. La direzione sanitaria della struttura pubblica o privata, entro sette giorni dalla presentazione della richiesta da parte degli interessati aventi diritto, in conformità alla disciplina sull'accesso ai documenti amministrativi e a quanto previsto dal codice in materia di protezione dei dati personali, di cui al decreto legislativo 30 giugno 2003, n. 196, fornisce la documentazione sanitaria disponibile relativa al paziente, preferibilmente in formato elettronico; le eventuali integrazioni sono fornite, in ogni caso, entro il termine massimo di trenta giorni dalla presentazione della suddetta richiesta. Entro novanta giorni dalla data di entrata in vigore della presente legge, le strutture sanitarie pubbliche e private adeguano i regolamenti interni adottati in attuazione della legge 7 agosto 1990, n. 241, alle disposizioni del presente comma.

3. Le strutture sanitarie pubbliche e private rendono disponibili, mediante pubblicazione nel proprio sito internet, i dati relativi a tutti i risarcimenti erogati nell'ultimo quinquennio, verificati nell'ambito dell'esercizio della funzione di monitoraggio, prevenzione e gestione del rischio sanitario (risk management) di cui all'articolo 1, comma 539, della legge 28 dicembre 2015, n. 208, come modificato dagli articoli 2 e 16 della presente legge.

4. (*Omissis*).

5. Buone pratiche clinico-assistenziali e raccomandazioni previste dalle linee guida. – 1. Gli esercenti le professioni sanitarie, nell'esecuzione delle prestazioni sanitarie con finalità preventive, diagnostiche, terapeutiche, palliative, riabilitative e di medicina legale, si attengono, salve le specificità del caso concreto, alle raccomandazioni previste dalle linee guida pubblicate ai sensi del comma 3 ed elaborate da enti e istituzioni pubblici e privati nonché dalle società scientifiche e dalle associazioni tecnico-scientifiche delle professioni sanitarie iscritte in apposito elenco istituito e regolamentato con decreto del Ministro della salute, da emanare entro novanta giorni dalla data di entrata in vigore della presente legge, e da aggiornare con cadenza biennale. In mancanza delle suddette raccomandazioni, gli esercenti le professioni sanitarie si attengono alle buone pratiche clinico-assistenziali.

2. Nel regolamentare l'iscrizione in apposito elenco delle società scientifiche e delle associazioni tecnico-scientifiche di cui al comma 1, il decreto del Ministro della salute stabilisce:

a) i requisiti minimi di rappresentatività sul territorio nazionale;

b) la costituzione mediante atto pubblico e le garanzie da prevedere nello statuto in riferimento al libero accesso dei professionisti aventi titolo e alla loro partecipazione alle decisioni, all'autonomia e all'indipendenza, all'assenza di scopo di lucro, alla pubblicazione nel sito istituzionale dei bilanci preventivi, dei consuntivi e degli incarichi retribuiti, alla dichiarazione e regolazione dei conflitti di interesse e all'individuazione di sistemi di verifica e controllo della qualità della produzione tecnico-scientifica;

c) le procedure di iscrizione all'elenco nonché le verifiche sul mantenimento dei requisiti e le modalità di sospensione o cancellazione dallo stesso.

3. Le linee guida e gli aggiornamenti delle stesse elaborati dai soggetti di cui al comma 1 sono integrati nel Sistema nazionale per le linee guida (SNLG), il quale è disciplinato nei compiti e nelle funzioni con decreto del Ministro della salute, da emanare, previa intesa in sede di Conferenza permanente per i rapporti tra lo Stato, le regioni e le province autonome di Trento e di Bolzano, [con la procedura di cui all'articolo 1, comma 28, secondo periodo, della legge 23 dicembre 1996, n. 662, e successive modificazioni,] ([1]) entro centoventi giorni dalla data di entrata in vigore della presente legge. L'Istituto superiore di sanità pubblica nel proprio sito internet le linee guida e gli aggiornamenti delle stesse indicati dal SNLG, previa verifica della conformità della metodologia adottata a standard definiti e resi pubblici dallo stesso Istituto, nonché della rilevanza delle evidenze scientifiche dichiarate a supporto delle raccomandazioni.

4. Le attività di cui al comma 3 sono svolte nell'ambito delle risorse umane, finanziarie e strumentali già disponibili a legislazione vigente e comunque senza nuovi o maggiori oneri per la finanza pubblica.

([1]) *Le parole tra parentesi quadrate sono state soppresse dall'art. 11, comma 1, lett.* a), *della L. 11 gennaio 2018, n. 3.*

6. Responsabilità penale dell'esercente la professione sanitaria. – 1. Dopo l'articolo 590 *quinquies* del codice penale è inserito il seguente:

«Art. 590 *sexies* (Responsabilità colposa per morte o lesioni personali in ambito sanitario). - Se i fatti di cui agli articoli 589 e 590 sono commessi nell'esercizio della professione sanitaria, si applicano le pene ivi previste salvo quanto disposto dal secondo comma.

Qualora l'evento si sia verificato a causa di imperizia, la punibilità è esclusa quando sono rispettate le raccomandazioni previste dalle linee guida come definite e pubblicate ai sensi di legge ovvero, in mancanza di queste, le buone pratiche clinico-assistenziali, sempre che le raccomandazioni previste dalle predette linee guida risultino adeguate alle specificità del caso concreto».

2. All'articolo 3 del decreto legge 13 settembre 2012, n. 158, convertito, con modificazioni, dalla legge 8 novembre 2012, n. 189, il comma 1 è abrogato.

7. Responsabilità civile della struttura e dell'esercente la professione sanitaria. – 1. La struttura sanitaria o sociosanitaria pubblica o privata che, nell'adempimento della propria obbligazione, si avvalga dell'opera di esercenti la professione sanitaria, anche se scelti dal paziente e ancorché non dipendenti della struttura stessa, risponde, ai sensi degli articoli 1218 e 1228 del codice civile, delle loro condotte dolose o colpose.

2. La disposizione di cui al comma 1 si applica anche alle prestazioni sanitarie svolte in regime di libera professione intramuraria ovvero nell'ambito di attività di sperimentazione e di ricerca clinica ovvero in regime di convenzione con il Servizio sanitario nazionale nonché attraverso la telemedicina.

3. L'esercente la professione sanitaria di cui ai commi 1 e 2 risponde del proprio operato ai sensi dell'articolo 2043 del codice civile, salvo che abbia agito nell'adempimento di obbligazione contrattuale assunta con il paziente. Il giudice, nella determinazione del risarcimento del danno, tiene conto della condotta dell'esercente la professione sanitaria ai sensi dell'articolo 5 della presente legge e dell'articolo 590 *sexies* del codice penale, introdotto dall'articolo 6 della presente legge.

4. Il danno conseguente all'attività della struttura sanitaria o sociosanitaria, pubblica o privata, e dell'esercente la professione sanitaria è risarcito sulla base delle tabelle di cui agli articoli 138 e 139 del codice delle assicurazioni private, di cui al decreto legislativo 7 settembre 2005, n. 209, integrate, ove necessario, con la procedura di cui al comma 1 del predetto articolo 138 e sulla base dei criteri di cui ai citati articoli, per tener conto delle fattispecie da esse non previste, afferenti alle attività di cui al presente articolo.

5. Le disposizioni del presente articolo costituiscono norme imperative ai sensi del codice civile.

8. Tentativo obbligatorio di conciliazione. – 1. Chi intende esercitare un'azione innanzi al giudice civile relativa a una controversia di risarcimento del danno derivante da responsabilità sanitaria è tenuto preliminarmente a proporre ricorso ai sensi dell'articolo 696 *bis* del codice di procedura civile dinanzi al giudice competente.

2. La presentazione del ricorso di cui al comma 1 costituisce condizione di procedibilità della domanda di risarcimento. È fatta salva la possibilità di esperire in alternativa il procedimento di mediazione ai sensi dell'articolo 5, comma 1 *bis*, del decreto legislativo 4 marzo 2010, n. 28. In tali casi non trova invece applicazione l'articolo 3 del decreto legge 12 settembre 2014, n. 132, convertito, con modificazioni, dalla legge 10 novembre 2014, n. 162. L'improcedibilità deve essere eccepita dal convenuto, a pena di decadenza, o rilevata d'ufficio dal giudice, non oltre la prima udienza. Il giudice, ove rilevi che il

procedimento di cui all'articolo 696 *bis* del codice di procedura civile non è stato espletato ovvero che è iniziato ma non si è concluso, assegna alle parti il termine di quindici giorni per la presentazione dinanzi a sé dell'istanza di consulenza tecnica in via preventiva ovvero di completamento del procedimento.

3. Ove la conciliazione non riesca o il procedimento non si concluda entro il termine perentorio di sei mesi dal deposito del ricorso, la domanda diviene procedibile e gli effetti della domanda sono salvi se, entro novanta giorni dal deposito della relazione o dalla scadenza del termine perentorio, è depositato, presso il giudice che ha trattato il procedimento di cui al comma 1, il ricorso di cui all'articolo 702 *bis* del codice di procedura civile. In tal caso il giudice fissa l'udienza di comparizione delle parti; si applicano gli articoli 702 *bis* e seguenti del codice di procedura civile.

4. La partecipazione al procedimento di consulenza tecnica preventiva di cui al presente articolo, effettuato secondo il disposto dell'articolo 15 della presente legge, è obbligatoria per tutte le parti, comprese le imprese di assicurazione di cui all'articolo 10, che hanno l'obbligo di formulare l'offerta di risarcimento del danno ovvero comunicare i motivi per cui ritengono di non formularla. In caso di sentenza a favore del danneggiato, quando l'impresa di assicurazione non ha formulato l'offerta di risarcimento nell'ambito del procedimento di consulenza tecnica preventiva di cui ai commi precedenti, il giudice trasmette copia della sentenza all'Istituto per la vigilanza sulle assicurazioni (IVASS) per gli adempimenti di propria competenza. In caso di mancata partecipazione, il giudice, con il provvedimento che definisce il giudizio, condanna le parti che non hanno partecipato al pagamento delle spese di consulenza e di lite, indipendentemente dall'esito del giudizio, oltre che ad una pena pecuniaria, determinata equitativamente, in favore della parte che è comparsa alla conciliazione.

9. Azione di rivalsa o di responsabilità amministrativa. – 1. L'azione di rivalsa nei confronti dell'esercente la professione sanitaria può essere esercitata solo in caso di dolo o colpa grave.

2. Se l'esercente la professione sanitaria non è stato parte del giudizio o della procedura stragiudiziale di risarcimento del danno, l'azione di rivalsa nei suoi confronti può essere esercitata soltanto successivamente al risarcimento avvenuto sulla base di titolo giudiziale o stragiudiziale ed è esercitata, a pena di decadenza, entro un anno dall'avvenuto pagamento.

3. La decisione pronunciata nel giudizio promosso contro la struttura sanitaria o sociosanitaria o contro l'impresa di assicurazione non fa stato nel giudizio di rivalsa se l'esercente la professione sanitaria non è stato parte del giudizio.

4. In nessun caso la transazione è opponibile all'esercente la professione sanitaria nel giudizio di rivalsa.

5. In caso di accoglimento della domanda di risarcimento proposta dal danneggiato nei confronti della struttura sanitaria o sociosanitaria pubblica, ai sensi dei commi 1 e 2 dell'articolo 7, o dell'esercente la professione sanitaria, ai sensi del comma 3 del medesimo articolo 7, l'azione di responsabilità amministrativa, per dolo o colpa grave, nei confronti dell'esercente la professione sanitaria è esercitata dal pubblico ministero presso la Corte dei conti. Ai fini della quantificazione del danno, fermo restando quanto previsto dall'articolo 1, comma 1 *bis*, della legge 14 gennaio 1994, n. 20, e dall'articolo 52, secondo comma, del testo unico di cui al regio decreto 12 luglio 1934, n. 1214, si tiene conto delle situazioni di fatto di particolare difficoltà, anche di natura organizzativa, della struttura sanitaria o sociosanitaria pubblica, in cui l'esercente la professione sanitaria ha operato. L'importo della condanna per la responsabilità amministrativa e della surrogazione di cui all'articolo 1916, primo comma, del codice civile, per singolo evento, in caso di colpa grave, non può superare una somma pari al triplo del valore maggiore della retribuzione lorda o del corrispettivo convenzionale conseguiti nell'anno di inizio della condotta causa dell'evento o nell'anno immediatamente precedente o successivo (1). Per i tre anni successivi al passaggio in giudicato della decisione di accoglimento della domanda di risarcimento proposta dal danneggiato, l'esercente la professione sanitaria, nell'ambito delle strutture sanitarie o sociosanitarie pubbliche, non può essere preposto ad incarichi professionali superiori rispetto a quelli ricoperti e il giudicato costituisce oggetto di specifica valutazione da parte dei commissari nei pubblici concorsi per incarichi superiori.

6. In caso di accoglimento della domanda proposta dal danneggiato nei confronti della struttura sanitaria o sociosanitaria privata o nei confronti dell'impresa di assicurazione titolare di polizza con la medesima struttura, la misura della rivalsa e quella della surrogazione richiesta dall'impresa di assicurazione, ai sensi dell'articolo 1916, primo comma, del codice civile, per singolo evento, in caso di colpa grave, non possono superare una somma pari al triplo del valore maggiore del reddito professionale, ivi compresa la retribuzione lorda, conseguito nell'anno di inizio della condotta causa dell'evento o nell'anno immediatamente precedente o successivo (2). Il limite alla misura della rivalsa, di cui al periodo precedente, non si applica nei confronti degli esercenti la professione sanitaria di cui all'articolo 10, comma 2.

7. Nel giudizio di rivalsa e in quello di responsabilità amministrativa il giudice può desumere argomenti di prova dalle prove assunte nel giudizio instaurato dal danneggiato nei confronti della struttura sanitaria o sociosa-

nitaria o dell'impresa di assicurazione se l'esercente la professione sanitaria ne è stato parte.

([1]) *Le parole: «pari al valore maggiore della retribuzione lorda o del corrispettivo convenzionale conseguiti nell'anno di inizio della condotta causa dell'evento o nell'anno immediatamente precedente o successivo, moltiplicato per il triplo» sono state così sostituite dalle attuali: «pari al triplo del valore maggiore della retribuzione lorda o del corrispettivo convenzionale conseguiti nell'anno di inizio della condotta causa dell'evento o nell'anno immediatamente precedente o successivo» dall'art. 11, comma 1, lett. b), della L. 11 gennaio 2018, n. 3.*

([2]) *Le parole: «pari al valore maggiore del reddito professionale, ivi compresa la retribuzione lorda, conseguito nell'anno di inizio della condotta causa dell'evento o nell'anno immediatamente precedente o successivo, moltiplicato per il triplo» sono state così sostituite dalle attuali: «pari al triplo del valore maggiore del reddito professionale, ivi compresa la retribuzione lorda, conseguito nell'anno di inizio della condotta causa dell'evento o nell'anno immediatamente precedente o successivo» dall'art. 11, comma 1, lett. c), della L. 11 gennaio 2018, n. 3.*

10. Obbligo di assicurazione. – 1. Le strutture sanitarie e sociosanitarie pubbliche e private devono essere provviste di copertura assicurativa o di altre analoghe misure per la responsabilità civile verso terzi e per la responsabilità civile verso prestatori d'opera, ai sensi dell'articolo 27, comma 1 *bis*, del decreto legge 24 giugno 2014, n. 90, convertito, con modificazioni, dalla legge 11 agosto 2014, n. 114, anche per danni cagionati dal personale a qualunque titolo operante presso le strutture sanitarie o sociosanitarie pubbliche e private, compresi coloro che svolgono attività di formazione, aggiornamento nonché di sperimentazione e di ricerca clinica. La disposizione del primo periodo si applica anche alle prestazioni sanitarie svolte in regime di libera professione intramuraria ovvero in regime di convenzione con il Servizio sanitario nazionale nonché attraverso la telemedicina. Le strutture di cui al primo periodo stipulano, altresì, polizze assicurative o adottano altre analoghe misure per la copertura della responsabilità civile verso terzi degli esercenti le professioni sanitarie anche ai sensi e per gli effetti delle disposizioni di cui al comma 3 dell'articolo 7, fermo restando quanto previsto dall'articolo 9. Le disposizioni di cui al periodo precedente non si applicano in relazione agli esercenti la professione sanitaria di cui al comma 2.

2. Per l'esercente la professione sanitaria che svolga la propria attività al di fuori di una delle strutture di cui al comma 1 del presente articolo o che presti la sua opera all'interno della stessa in regime libero-professionale ovvero che si avvalga della stessa nell'adempimento della propria obbligazione contrattuale assunta con il paziente ai sensi dell'articolo 7, comma 3, resta fermo l'obbligo di cui all'articolo 3, comma 5, lettera *e*), del decreto legge 13 agosto

2011, n. 138, convertito, con modificazioni, dalla legge 14 settembre 2011, n. 148, all'articolo 5 del regolamento di cui al decreto del Presidente della Repubblica 7 agosto 2012, n. 137, e all'articolo 3, comma 2, del decreto legge 13 settembre 2012, n. 158, convertito, con modificazioni, dalla legge 8 novembre 2012, n. 189.

3. Al fine di garantire efficacia alle azioni di cui all'articolo 9 e all'articolo 12, comma 3, ciascun esercente la professione sanitaria operante a qualunque titolo in strutture sanitarie o sociosanitarie pubbliche o private provvede alla stipula, con oneri a proprio carico, di un'adeguata polizza di assicurazione per colpa grave.

4. Le strutture di cui al comma 1 rendono nota, mediante pubblicazione nel proprio sito internet, la denominazione dell'impresa che presta la copertura assicurativa della responsabilità civile verso i terzi e verso i prestatori d'opera di cui al comma 1, indicando per esteso i contratti, le clausole assicurative ovvero le altre analoghe misure che determinano la copertura assicurativa.

5. Con decreto da emanare entro novanta giorni dalla data di entrata in vigore della presente legge, il Ministro dello sviluppo economico, di concerto con il Ministro della salute, definisce i criteri e le modalità per lo svolgimento delle funzioni di vigilanza e controllo esercitate dall'IVASS sulle imprese di assicurazione che intendano stipulare polizze con le strutture di cui al comma 1 e con gli esercenti la professione sanitaria.

6. Con decreto del Ministro dello sviluppo economico, da emanare entro centoventi giorni dalla data di entrata in vigore della presente legge, di concerto con il Ministro della salute e con il Ministro dell'economia e delle finanze, previa intesa in sede di Conferenza permanente per i rapporti tra lo Stato, le regioni e le province autonome di Trento e di Bolzano, sentiti l'IVASS, l'Associazione nazionale fra le imprese assicuratrici (ANIA), le Associazioni nazionali rappresentative delle strutture private che erogano prestazioni sanitarie e sociosanitarie, la Federazione nazionale degli ordini dei medici chirurghi e degli odontoiatri, le Federazioni nazionali degli ordini e dei collegi delle professioni sanitarie e le organizzazioni sindacali maggiormente rappresentative delle categorie professionali interessate, nonché le associazioni di tutela dei cittadini e dei pazienti, sono determinati i requisiti minimi delle polizze assicurative per le strutture sanitarie e sociosanitarie pubbliche e private e per gli esercenti le professioni sanitarie, prevedendo l'individuazione di classi di rischio a cui far corrispondere massimali differenziati. Il medesimo decreto stabilisce i requisiti minimi di garanzia e le condizioni generali di operatività delle altre analoghe misure, anche di assunzione diretta del rischio, richiamate dal comma 1; disciplina altresì le regole per il trasferimento del rischio nel caso di subentro contrattuale di un'impresa di assicurazione nonché la previsione nel bilancio delle strutture

di un fondo rischi e di un fondo costituito dalla messa a riserva per competenza dei risarcimenti relativi ai sinistri denunciati. A tali fondi si applicano le disposizioni di cui all'articolo 1, commi 5 e 5 *bis*, del decreto legge 18 gennaio 1993, n. 9, convertito, con modificazioni, dalla legge 18 marzo 1993, n. 67.

7. Con decreto del Ministro dello sviluppo economico da emanare, di concerto con il Ministro della salute e sentito l'IVASS, entro centoventi giorni dalla data di entrata in vigore della presente legge, sono individuati i dati relativi alle polizze di assicurazione stipulate ai sensi dei commi 1 e 2, e alle altre analoghe misure adottate ai sensi dei commi 1 e 6 e sono stabiliti, altresì, le modalità e i termini per la comunicazione di tali dati da parte delle strutture sanitarie e sociosanitarie pubbliche e private e degli esercenti le professioni sanitarie all'Osservatorio. Il medesimo decreto stabilisce le modalità e i termini per l'accesso a tali dati.

11. Estensione della garanzia assicurativa. – 1. La garanzia assicurativa deve prevedere una operatività temporale anche per gli eventi accaduti nei dieci anni antecedenti la conclusione del contratto assicurativo, purché denunciati all'impresa di assicurazione durante la vigenza temporale della polizza. In caso di cessazione definitiva dell'attività professionale per qualsiasi causa deve essere previsto un periodo di ultrattività della copertura per le richieste di risarcimento presentate per la prima volta entro i dieci anni successivi e riferite a fatti generatori della responsabilità verificatisi nel periodo di efficacia della polizza, incluso il periodo di retroattività della copertura. L'ultrattività è estesa agli eredi e non è assoggettabile alla clausola di disdetta.

12. Azione diretta del soggetto danneggiato. – 1. Fatte salve le disposizioni dell'articolo 8, il soggetto danneggiato ha diritto di agire direttamente, entro i limiti delle somme per le quali è stato stipulato il contratto di assicurazione, nei confronti dell'impresa di assicurazione che presta la copertura assicurativa alle strutture sanitarie o sociosanitarie pubbliche o private di cui al comma 1 dell'articolo 10 e all'esercente la professione sanitaria di cui al comma 2 del medesimo articolo 10.

2. Non sono opponibili al danneggiato, per l'intero massimale di polizza, eccezioni derivanti dal contratto diverse da quelle stabilite dal decreto di cui all'articolo 10, comma 6, che definisce i requisiti minimi delle polizze assicurative per le strutture sanitarie e sociosanitarie pubbliche e private e per gli esercenti le professioni sanitarie di cui all'articolo 10, comma 2.

3. L'impresa di assicurazione ha diritto di rivalsa verso l'assicurato nel rispetto dei requisiti minimi, non derogabili contrattualmente, stabiliti dal decreto di cui all'articolo 10, comma 6.

4. Nel giudizio promosso contro l'impresa di assicurazione della struttura sanitaria o sociosanitaria pubblica o privata a norma del comma 1 è litisconsorte necessario la struttura medesima; nel giudizio promosso contro l'impresa di assicurazione dell'esercente la professione sanitaria a norma del comma 1 è litisconsorte necessario l'esercente la professione sanitaria. L'impresa di assicurazione, l'esercente la professione sanitaria e il danneggiato hanno diritto di accesso alla documentazione della struttura relativa ai fatti dedotti in ogni fase della trattazione del sinistro.

5. L'azione diretta del danneggiato nei confronti dell'impresa di assicurazione è soggetta al termine di prescrizione pari a quello dell'azione verso la struttura sanitaria o sociosanitaria pubblica o privata o l'esercente la professione sanitaria.

6. Le disposizioni del presente articolo si applicano a decorrere dalla data di entrata in vigore del decreto di cui al comma 6 dell'articolo 10 con il quale sono determinati i requisiti minimi delle polizze assicurative per le strutture sanitarie e sociosanitarie e per gli esercenti le professioni sanitarie.

13. Obbligo di comunicazione all'esercente la professione sanitaria del giudizio basato sulla sua responsabilità. – 1. Le strutture sanitarie e sociosanitarie di cui all'articolo 7, comma 1, e le imprese di assicurazione che prestano la copertura assicurativa nei confronti dei soggetti di cui all'articolo 10, commi 1 e 2, comunicano all'esercente la professione sanitaria l'instaurazione del giudizio promosso nei loro confronti dal danneggiato, entro quarantacinque giorni (1) dalla ricezione della notifica dell'atto introduttivo, mediante posta elettronica certificata o lettera raccomandata con avviso di ricevimento contenente copia dell'atto introduttivo del giudizio. Le strutture sanitarie e sociosanitarie e le imprese di assicurazione entro dieci giorni comunicano all'esercente la professione sanitaria, mediante posta elettronica certificata o lettera raccomandata con avviso di ricevimento, l'avvio di trattative stragiudiziali con il danneggiato, con invito a prendervi parte. L'omissione, la tardività o l'incompletezza delle comunicazioni di cui al presente comma preclude l'ammissibilità delle azioni di rivalsa o di responsabilità amministrativa di cui all'articolo 9.

(1) *Le parole: «entro dieci giorni» sono state così sostituite dalle attuali: «entro quarantacinque giorni» dall'art. 11, comma 1, lett.* d), *della L. 11 gennaio 2018, n. 3.*

14. Fondo di garanzia per i danni derivanti da responsabilità sanitaria. – 1. È istituito, nello stato di previsione del Ministero della salute, il Fondo di garanzia per i danni derivanti da responsabilità sanitaria. Il Fondo di garanzia è alimentato dal versamento di un contributo annuale dovuto dalle imprese autorizzate all'esercizio delle assicurazioni per la responsabilità civile per i danni causati da responsabilità sanitaria. A tal fine il predetto contributo è versato all'entrata del bilancio dello Stato per essere riassegnato al Fondo di garanzia. Il Ministero della salute con apposita convenzione affida alla Concessionaria servizi assicurativi pubblici (CONSAP) Spa la gestione delle risorse del Fondo di garanzia.

2. Con regolamento adottato con decreto del Ministro della salute, da emanare entro centoventi giorni dalla data di entrata in vigore della presente legge, di concerto con il Ministro dello sviluppo economico e con il Ministro e dell'economia e delle finanze, sentite la Conferenza permanente per i rapporti tra lo Stato, le regioni e le province autonome di Trento e di Bolzano e le rappresentanze delle imprese di assicurazione, sono definiti:

a) la misura del contributo dovuto dalle imprese autorizzate all'esercizio delle assicurazioni per la responsabilità civile per i danni causati da responsabilità sanitaria;

b) le modalità di versamento del contributo di cui alla lettera *a*);

c) i principi cui dovrà uniformarsi la convenzione tra il Ministero della salute e la CONSAP Spa;

d) le modalità di intervento, il funzionamento e il regresso del Fondo di garanzia nei confronti del responsabile del sinistro.

3. Il Fondo di garanzia di cui al comma 1 concorre al risarcimento del danno nei limiti delle effettive disponibilità finanziarie.

4. La misura del contributo di cui al comma 2, lettera *a*), è aggiornata annualmente con apposito decreto del Ministro della salute, da adottare di concerto con il Ministro dello sviluppo economico e con il Ministro dell'economia e delle finanze, in relazione alle effettive esigenze della gestione del Fondo di garanzia.

5. Ai fini della rideterminazione del contributo di cui al comma 2, lettera *a*), la CONSAP Spa trasmette ogni anno al Ministero della salute e al Ministero dello sviluppo economico un rendiconto della gestione del Fondo di garanzia di cui al comma 1, riferito all'anno precedente, secondo le disposizioni stabilite dal regolamento di cui al comma 2.

6. Gli oneri per l'istruttoria e la gestione delle richieste di risarcimento sono posti a carico del Fondo di garanzia di cui al comma 1.

7. Il Fondo di garanzia di cui al comma 1 risarcisce i danni cagionati da responsabilità sanitaria nei seguenti casi:

a) qualora il danno sia di importo eccedente rispetto ai massimali previsti dai contratti di assicurazione stipulati dalla struttura sanitaria o sociosanitaria pubblica o privata ovvero dall'esercente la professione sanitaria ai sensi del decreto di cui all'articolo 10, comma 6;

b) qualora la struttura sanitaria o sociosanitaria pubblica o privata ovvero l'esercente la professione sanitaria risultino assicurati presso un'impresa che al momento del sinistro si trovi in stato di insolvenza o di liquidazione coatta amministrativa o vi venga posta successivamente;

c) qualora la struttura sanitaria o sociosanitaria pubblica o privata ovvero l'esercente la professione sanitaria siano sprovvisti di copertura assicurativa per recesso unilaterale dell'impresa assicuratrice ovvero per la sopravvenuta inesistenza o cancellazione dall'albo dell'impresa assicuratrice stessa.

7 *bis*. Il Fondo di garanzia di cui al comma 1 assolve anche alla funzione di agevolare l'accesso alla copertura assicurativa da parte degli esercenti le professioni sanitarie che svolgono la propria attività in regime libero-professionale, ai sensi dell'articolo 10, comma 6 ([1]).

8. Il decreto di cui all'articolo 10, comma 6, prevede che il massimale minimo sia rideterminato in relazione all'andamento del Fondo per le ipotesi di cui alla lettera *a*) del comma 7 del presente articolo.

9. Le disposizioni di cui al presente articolo si applicano ai sinistri denunciati per la prima volta dopo la data di entrata in vigore della presente legge.

10. Il Ministro dell'economia e delle finanze è autorizzato ad apportare, con propri decreti, le occorrenti variazioni di bilancio.

([1]) *Questo comma è stato inserito dall'art. 11, comma 1, lett.* e), *della L. 11 gennaio 2018, n. 3.*

15. Nomina dei consulenti tecnici d'ufficio e dei periti nei giudizi di responsabilità sanitaria. – 1. Nei procedimenti civili e nei procedimenti penali aventi ad oggetto la responsabilità sanitaria, l'autorità giudiziaria affida l'espletamento della consulenza tecnica e della perizia a un medico specializzato in medicina legale e a uno o più specialisti nella disciplina che abbiano specifica e pratica conoscenza di quanto oggetto del procedimento, avendo cura che i soggetti da nominare, scelti tra gli iscritti negli albi di cui ai commi 2 e 3, non siano in posizione di conflitto di interessi nello specifico procedimento o in altri connessi e che i consulenti tecnici d'ufficio da nominare nell'ambito del procedimento di cui all'articolo 8, comma 1, siano in possesso di adeguate e comprovate competenze nell'ambito della conciliazione acquisite anche mediante specifici percorsi formativi.

2. Negli albi dei consulenti di cui all'articolo 13 delle disposizioni per l'attuazione del codice di procedura civile e disposizioni transitorie, di cui al regio decreto 18 dicembre 1941, n. 1368, e dei periti di cui all'articolo 67 delle norme di attuazione, di coordinamento e transitorie del codice di procedura penale, di cui al decreto legislativo 28 luglio 1989, n. 271, devo-

no essere indicate e documentate le specializzazioni degli iscritti esperti in medicina. In sede di revisione degli albi è indicata, relativamente a ciascuno degli esperti di cui al periodo precedente, l'esperienza professionale maturata, con particolare riferimento al numero e alla tipologia degli incarichi conferiti e di quelli revocati.

3. Gli albi dei consulenti di cui all'articolo 13 delle disposizioni per l'attuazione del codice di procedura civile e disposizioni transitorie, di cui al regio decreto 18 dicembre 1941, n. 1368, e gli albi dei periti di cui all'articolo 67 delle norme di attuazione, di coordinamento e transitorie del codice di procedura penale, di cui al decreto legislativo 28 luglio 1989, n. 271, devono essere aggiornati con cadenza almeno quinquennale, al fine di garantire, oltre a quella medico-legale, un'idonea e adeguata rappresentanza di esperti delle discipline specialistiche riferite a tutte le professioni sanitarie, tra i quali scegliere per la nomina tenendo conto della disciplina interessata nel procedimento.

4. Nei casi di cui al comma 1, l'incarico è conferito al collegio e, nella determinazione del compenso globale, non si applica l'aumento del 40 per cento per ciascuno degli altri componenti del collegio previsto dall'articolo 53 del testo unico delle disposizioni legislative e regolamentari in materia di spese di giustizia, di cui al decreto del Presidente della Repubblica 30 maggio 2002, n. 115.

16. Modifiche alla legge 28 dicembre 2015, n. 208, in materia di responsabilità professionale del personale sanitario. – 1. All'articolo 1, comma 539, lettera *a*), della legge 28 dicembre 2015, n. 208, il secondo periodo è sostituito dal seguente: «I verbali e gli atti conseguenti all'attività di gestione del rischio clinico non possono essere acquisiti o utilizzati nell'ambito di procedimenti giudiziari».

2. All'articolo 1, comma 540, della legge 28 dicembre 2015, n. 208, le parole da: «ovvero» fino alla fine del comma sono sostituite dalle seguenti: «, in medicina legale ovvero da personale dipendente con adeguata formazione e comprovata esperienza almeno triennale nel settore».

17. Clausola di salvaguardia. – 1. Le disposizioni della presente legge sono applicabili nelle regioni a statuto speciale e nelle province autonome di Trento e di Bolzano compatibilmente con i rispettivi statuti e le relative norme di attuazione, anche con riferimento alla legge costituzionale 18 ottobre 2001, n. 3.

18. Clausola di invarianza finanziaria. – 1. Le amministrazioni interessate provvedono all'attuazione delle disposizioni di cui alla presente legge nell'ambito delle risorse umane, strumentali e finanziarie disponibili a legislazione vigente e comunque senza nuovi o maggiori oneri per la finanza pubblica.

1.

L. 27 gennaio 2012, n. 3. Disposizioni in materia di usura e di estorsione, nonché di composizione delle crisi da sovraindebitamento (*Gazzetta Ufficiale* Serie gen. - n. 24 del 30 gennaio 2012).

(*Estratto*)

Capo II
Procedimenti di composizione della crisi da sovraindebitamento e di liquidazione del patrimonio (1)

(1) *La precedente rubrica:* «Procedimento per la composizione delle crisi da sovraindebitamento» *è stata così sostituita dall'attuale dall'art. 18, comma 1, lett.* a), *del D.L. 18 ottobre 2012, n. 179, convertito, con modificazioni, nella L. 17 dicembre 2012, n. 221. A norma dell'art. 18, comma 2, del medesimo decreto, tali disposizioni si applicano ai procedimenti instaurati dal trentesimo giorno successivo a quello della data di entrata in vigore della legge di conversione del predetto decreto.*

Sezione I
Procedure di composizione della crisi da sovraindebitamento (1)

(1) *Questa sezione è stata inserita dall'art. 18, comma 1, lett.* b), *del D.L. 18 ottobre 2012, n. 179, convertito, con modificazioni, nella L. 17 dicembre 2012, n. 221. A norma dell'art. 18, comma 2, del medesimo decreto, tali disposizioni si applicano ai procedimenti instaurati dal trentesimo giorno successivo a quello della data di entrata in vigore della legge di conversione del predetto decreto.*

§. 1
Disposizioni generali (1)

(1) *Questo paragrafo è stato inserito dall'art. 18, comma 1, lett.* c), *del D.L. 18 ottobre 2012, n. 179, convertito, con modificazioni, nella L. 17 dicembre 2012, n. 221. A norma dell'art. 18, comma 2, del medesimo decreto, tali disposizioni si applicano ai procedimenti instaurati dal trentesimo giorno successivo a quello della data di entrata in vigore della legge di conversione del predetto decreto.*

6. Finalità e definizioni ([1]). – 1. Al fine di porre rimedio alle situazioni di sovraindebitamento non soggette né assoggettabili a procedure concorsuali diverse da quelle regolate dal presente capo ([2]), è consentito al debitore concludere un accordo con i creditori nell'ambito della procedura di composizione della crisi disciplinata dalla presente sezione ([3]). Con le medesime finalità, il consumatore può anche proporre un piano fondato sulle previsioni di cui all'articolo 7, comma 1, ed avente il contenuto di cui all'articolo 8 ([4]).

2. Ai fini del presente capo, si intende:

a) per "sovraindebitamento": la situazione di perdurante squilibrio tra le obbligazioni assunte e il patrimonio prontamente liquidabile per farvi fronte, che determina la rilevante difficoltà di adempiere le proprie obbligazioni, ovvero la definitiva incapacità di adempierle regolarmente;

b) per "consumatore": il debitore persona fisica che ha assunto obbligazioni esclusivamente per scopi estranei all'attività imprenditoriale o professionale eventualmente svolta ([5]).

([1]) *La precedente rubrica: «Finalità» è stata così sostituita dall'attuale dall'art. 18, comma 1, lett.* d), *n. 1), del D.L. 18 ottobre 2012, n. 179, convertito, con modificazioni, nella L. 17 dicembre 2012, n. 221. A norma dell'art. 18, comma 2, del medesimo decreto, tali disposizioni si applicano ai procedimenti instaurati dal trentesimo giorno successivo a quello della data di entrata in vigore della legge di conversione del predetto decreto.*

([2]) *Le parole: «alle vigenti procedure concorsuali» sono state così sostituite dalle attuali: «a procedure concorsuali diverse da quelle regolate dal presente capo» dall'art. 18, comma 1, lett.* d), *n. 2), punto* a), *del D.L. 18 ottobre 2012, n. 179, convertito, con modificazioni, nella L. 17 dicembre 2012, n. 221. A norma dell'art. 18, comma 2, del medesimo decreto, tali disposizioni si applicano ai procedimenti instaurati dal trentesimo giorno successivo a quello della data di entrata in vigore della legge di conversione del predetto decreto.*

([3]) *Le parole: «dal presente capo» sono state così sostituite dalle attuali: «dalla presente sezione» dall'art. 18, comma 1, lett.* d), *n. 2), punto* b), *del D.L. 18 ottobre 2012, n. 179, convertito, con modificazioni, nella L. 17 dicembre 2012, n. 221. A norma dell'art. 18, comma 2, del medesimo decreto, tali disposizioni si applicano ai procedimenti instaurati dal trentesimo giorno successivo a quello della data di entrata in vigore della legge di conversione del predetto decreto.*

([4]) *Questo periodo è stato aggiunto dall'art. 18, comma 1, lett.* d), *n. 2), punto* c), *del D.L. 18 ottobre 2012, n. 179, convertito, con modificazioni, nella L. 17 dicembre 2012, n. 221. A norma dell'art. 18, comma 2, del medesimo decreto, tali disposizioni si applicano ai procedimenti instaurati dal trentesimo giorno successivo a quello della data di entrata in vigore della legge di conversione del predetto decreto.*

([5]) *Questo comma è stato così sostituito dall'art. 18, comma 1, lett.* d), *n. 3), del D.L. 18 ottobre 2012, n. 179, convertito, con modificazioni, nella L. 17 dicembre 2012, n. 221. A norma dell'art. 18, comma 2, del medesimo decreto, tali disposizioni si applicano ai procedimenti instaurati dal trentesimo giorno successivo a quello della data di entrata in vigore della legge di conversione del predetto decreto.*

7. Presupposti di ammissibilità. – 1. Il debitore in stato di sovraindebitamento può proporre ai creditori, con l'ausilio degli organismi di composizione della crisi di cui all'articolo 15 con sede nel circondario del tribunale competente ai sensi dell'articolo 9, comma 1, un accordo di ristrutturazione dei debiti e di soddisfazione dei crediti sulla base di un piano che, assicurato il regolare pagamento dei titolari di crediti impignorabili ai sensi dell'articolo 545 del codice di procedura civile e delle altre disposizioni contenute in leggi speciali, preveda scadenze e modalità di pagamento dei creditori, anche se suddivisi in classi, indichi le eventuali garanzie rilasciate per l'adempimento dei debiti e le modalità per l'eventuale liquidazione dei beni. È possibile prevedere che i crediti muniti di privilegio, pegno o ipoteca possono non essere soddisfatti integralmente, allorché ne sia assicurato il pagamento in misura non inferiore a quella realizzabile, in ragione della collocazione preferenziale sul ricavato in caso di liquidazione, avuto riguardo al valore di mercato attribuibile ai beni o ai diritti sui quali insiste la causa di prelazione, come attestato dagli organismi di composizione della crisi. In ogni caso, con riguardo ai tributi costituenti risorse proprie dell'Unione europea, all'imposta sul valore aggiunto ed alle ritenute operate e non versate, il piano può prevedere esclusivamente la dilazione del pagamento. Fermo restando quanto previsto dall'articolo 13, comma 1, il piano può anche prevedere l'affidamento del patrimonio del debitore ad un gestore per la liquidazione, la custodia e la distribuzione del ricavato ai creditori, da individuarsi in un professionista in possesso dei requisiti di cui all'articolo 28 del regio decreto 16 marzo 1942, n. 267. Il gestore è nominato dal giudice; si applicano gli articoli 35, comma 4 *bis*, 35.1 e 35.2 del decreto legislativo 6 settembre 2011, n. 159 ([1]) ([2]).

1 *bis*. Fermo il diritto di proporre ai creditori un accordo ai sensi del comma 1, il consumatore in stato di sovraindebitamento può proporre, con l'ausilio degli organismi di composizione della crisi di cui all'articolo 15 con sede nel circondario del tribunale competente ai sensi dell'articolo 9, comma 1, un piano contenente le previsioni di cui al comma 1 ([3]).

2. La proposta non è ammissibile quando il debitore, anche consumatore:

a) è soggetto a procedure concorsuali diverse da quelle regolate dal presente capo;

b) ha fatto ricorso, nei precedenti cinque anni, ai procedimenti di cui al presente capo;

c) ha subito, per cause a lui imputabili, uno dei provvedimenti di cui agli articoli 14 e 14 *bis*;

d) ha fornito documentazione che non consente di ricostruire compiutamente la sua situazione economica e patrimoniale ([4]).

2 *bis*. Ferma l'applicazione del comma 2, lettere *b*), *c*) e *d*), l'imprenditore agricolo in stato di sovraindebitamento può proporre ai creditori un accordo di composizione della crisi secondo le disposizioni della presente sezione ([5]).

([1]) *Le parole: «; si applicano gli articoli 35, comma 4* bis*, 35.1 e 35.2 del decreto legislativo 6 settembre 2011, n. 159» sono state inserite dall'art. 4, comma 1, lett. a), del D.L.vo 18 maggio 2018, n. 54, in vigore a decorrere dal trentesimo giorno successivo a quello della sua pubblicazione nella* Gazzetta Ufficiale *(G.U. Serie gen. - n. 121 del 26 maggio 2018).*

([2]) *Questo comma è stato così sostituito dall'art. 18, comma 1, lett.* e*), n. 1), del D.L. 18 ottobre 2012, n. 179, convertito, con modificazioni, nella L. 17 dicembre 2012, n. 221. A norma dell'art. 18, comma 2, del medesimo decreto, tali disposizioni si applicano ai procedimenti instaurati dal trentesimo giorno successivo a quello della data di entrata in vigore della legge di conversione del predetto decreto.*

([3]) *Questo comma è stato inserito dall'art. 18, comma 1, lett.* e*), n. 2), del D.L. 18 ottobre 2012, n. 179, convertito, con modificazioni, nella L. 17 dicembre 2012, n. 221. A norma dell'art. 18, comma 2, del medesimo decreto, tali disposizioni si applicano ai procedimenti instaurati dal trentesimo giorno successivo a quello della data di entrata in vigore della legge di conversione del predetto decreto.*

([4]) *Questo comma è stato così sostituito dall'art. 18, comma 1, lett.* e*), n. 3), del D.L. 18 ottobre 2012, n. 179, convertito, con modificazioni, nella L. 17 dicembre 2012, n. 221. A norma dell'art. 18, comma 2, del medesimo decreto, tali disposizioni si applicano ai procedimenti instaurati dal trentesimo giorno successivo a quello della data di entrata in vigore della legge di conversione del predetto decreto.*

([5]) *Questo comma è stato aggiunto dall'art. 18, comma 1, lett.* e*), n. 4), del D.L. 18 ottobre 2012, n. 179, convertito, con modificazioni, nella L. 17 dicembre 2012, n. 221. A norma dell'art. 18, comma 2, del medesimo decreto, tali disposizioni si applicano ai procedimenti instaurati dal trentesimo giorno successivo a quello della data di entrata in vigore della legge di conversione del predetto decreto.*

8. Contenuto dell'accordo o del piano del consumatore ([1]). – 1. La proposta di accordo o di piano del consumatore ([2]) prevede la ristrutturazione dei debiti e la soddisfazione dei crediti attraverso qualsiasi forma, anche mediante cessione dei crediti ([3]) futuri.

2. Nei casi in cui i beni e i redditi ([4]) del debitore non siano sufficienti a garantire la fattibilità dell'accordo o del piano del consumatore ([5]), la proposta deve essere sottoscritta da uno o più terzi che consentono il conferimento, anche in garanzia, di redditi o beni sufficienti per assicurarne l'attuabilità ([6]).

3. Nella proposta di accordo sono indicate eventuali limitazioni all'accesso al mercato del credito al consumo, all'utilizzo degli strumenti di pagamento elettronico a credito e alla sottoscrizione di strumenti creditizi e finanziari.

3 *bis*. Con riferimento alla proposta di accordo o di piano del consumatore presentata da parte di chi svolge attività d'impresa, possono prestare le garanzie di cui al comma 2 i consorzi fidi autorizzati dalla Banca d'Italia ai sensi dell'articolo 107 del testo unico delle leggi in materia bancaria e creditizia, di cui al decreto legislativo 1° settembre 1993, n. 385, e successive modificazioni, nonché gli intermediari finanziari iscritti all'albo previsto dall'articolo 106 del medesimo testo unico di cui al decreto legislativo n. 385 del 1993, e successive modificazioni, assoggettati al controllo della Banca d'Italia. Le associazioni antiracket e antiusura iscritte nell'albo tenuto presso il Ministero dell'interno possono destinare contributi per la chiusura di precedenti esposizioni debitorie nel percorso di recupero da sovraindebitamento così come definito e disciplinato dalla presente legge. Il rimborso di tali contributi è regolato all'interno della proposta di accordo o di piano del consumatore (7).

4. La proposta di accordo con continuazione dell'attività d'impresa e il piano del consumatore possono prevedere una moratoria fino ad un anno dall'omologazione per il pagamento dei creditori muniti di privilegio, pegno o ipoteca, salvo che sia prevista la liquidazione dei beni o diritti sui quali sussiste la causa di prelazione (8).

(1) *La precedente rubrica:* «Contenuto dell'accordo» *è stata così sostituita dall'attuale dall'art. 18, comma 1, lett.* f), *n. 1), del D.L. 18 ottobre 2012, n. 179, convertito, con modificazioni, nella L. 17 dicembre 2012, n. 221. A norma dell'art. 18, comma 2, del medesimo decreto, tali disposizioni si applicano ai procedimenti instaurati dal trentesimo giorno successivo a quello della data di entrata in vigore della legge di conversione del predetto decreto.*

(2) *Le parole: «o di piano del consumatore» sono state inserite dall'art. 18, comma 1, lett.* f), *n. 2), punto* a), *del D.L. 18 ottobre 2012, n. 179, convertito, con modificazioni, nella L. 17 dicembre 2012, n. 221. A norma dell'art. 18, comma 2, del medesimo decreto, tali disposizioni si applicano ai procedimenti instaurati dal trentesimo giorno successivo a quello della data di entrata in vigore della legge di conversione del predetto decreto.*

(3) *La parola: «redditi» è stata così sostituita dall'attuale: «crediti» dall'art. 18, comma 1, lett.* f), *n. 2), punto* b), *del D.L. 18 ottobre 2012, n. 179, convertito, con modificazioni, nella L. 17 dicembre 2012, n. 221. A norma dell'art. 18, comma 2, del medesimo decreto, tali disposizioni si applicano ai procedimenti instaurati dal trentesimo giorno successivo a quello della data di entrata in vigore della legge di conversione del predetto decreto.*

(4) *Le parole: «i beni o i redditi» sono state così sostituite dalle attuali: «i beni e i redditi» dall'art. 18, comma 1, lett.* f), *n. 3), punto* a), *del D.L. 18 ottobre 2012, n. 179, convertito, con modificazioni, nella L. 17 dicembre 2012, n. 221. A norma dell'art. 18, comma 2, del medesimo decreto, tali disposizioni si applicano ai procedimenti instaurati dal trentesimo giorno successivo a quello della data di entrata in vigore della legge di conversione del predetto decreto.*

(5) *Le parole: «del piano» sono state così sostituite dalle attuali: «dell'accordo o del piano del consumatore» dall'art. 18, comma 1, lett.* f), *n. 3), punto* b), *del D.L. 18 ottobre*

2012, n. 179, convertito, con modificazioni, nella L. 17 dicembre 2012, n. 221. A norma dell'art. 18, comma 2, del medesimo decreto, tali disposizioni si applicano ai procedimenti instaurati dal trentesimo giorno successivo a quello della data di entrata in vigore della legge di conversione del predetto decreto.

([6]) *Le parole: «l'attuabilità dell'accordo» sono state così sostituite dalle attuali: «assicurarne l'attuabilità» dall'art. 18, comma 1, lett.* f), *n. 3), punto* c), *del D.L. 18 ottobre 2012, n. 179, convertito, con modificazioni, nella L. 17 dicembre 2012, n. 221. A norma dell'art. 18, comma 2, del medesimo decreto, tali disposizioni si applicano ai procedimenti instaurati dal trentesimo giorno successivo a quello della data di entrata in vigore della legge di conversione del predetto decreto.*

([7]) *Questo comma è stato inserito dall'art. 21* septies *del D.L. 27 giugno 2015, n. 83, convertito, con modificazioni, nella L. 6 agosto 2015, n. 132.*

([8]) *Questo comma è stato così sostituito dall'art. 18, comma 1, lett.* f), *n. 4), del D.L. 18 ottobre 2012, n. 179, convertito, con modificazioni, nella L. 17 dicembre 2012, n. 221. A norma dell'art. 18, comma 2, del medesimo decreto, tali disposizioni si applicano ai procedimenti instaurati dal trentesimo giorno successivo a quello della data di entrata in vigore della legge di conversione del predetto decreto.*

9. Deposito della proposta ([1]). – 1. La proposta di accordo è depositata presso il tribunale del luogo di residenza o sede principale ([2]) del debitore. Il consumatore deposita la proposta di piano presso il tribunale del luogo ove ha la residenza ([3]). La proposta, contestualmente al deposito presso il tribunale, e comunque non oltre tre giorni, deve essere presentata, a cura dell'organismo di composizione della crisi, all'agente della riscossione e agli uffici fiscali, anche presso gli enti locali, competenti sulla base dell'ultimo domicilio fiscale del proponente e contenere la ricostruzione della sua posizione fiscale e l'indicazione di eventuali contenziosi pendenti ([3]).

2. Unitamente alla proposta devono essere depositati ([4]) l'elenco di tutti i creditori, con l'indicazione delle somme dovute, di tutti i beni del debitore ([5]) e degli eventuali atti di disposizione compiuti negli ultimi cinque anni, corredati delle dichiarazioni dei redditi degli ultimi tre anni e dell'attestazione sulla fattibilità del piano, nonché l'elenco delle spese correnti necessarie al sostentamento suo e della sua famiglia, previa indicazione della composizione del nucleo familiare corredata del certificato dello stato di famiglia.

3. Il debitore che svolge attività d'impresa deposita altresì le scritture contabili degli ultimi tre esercizi, unitamente a dichiarazione che ne attesta la conformità all'originale.

3 *bis*. Alla proposta di piano del consumatore è altresì allegata una relazione particolareggiata dell'organismo di composizione della crisi che deve contenere:

a) l'indicazione delle cause dell'indebitamento e della diligenza impiegata dal consumatore nell'assumere volontariamente le obbligazioni;

b) l'esposizione delle ragioni dell'incapacità del debitore di adempiere le obbligazioni assunte;

c) il resoconto sulla solvibilità del consumatore negli ultimi cinque anni;

d) l'indicazione della eventuale esistenza di atti del debitore impugnati dai creditori;

e) il giudizio sulla completezza e attendibilità della documentazione depositata dal consumatore a corredo della proposta, nonché sulla probabile convenienza del piano rispetto all'alternativa liquidatoria ([6]).

3 *ter*. Il giudice può concedere un termine perentorio non superiore a quindici giorni per apportare integrazioni alla proposta e produrre nuovi documenti ([6]).

3 *quater*. Il deposito della proposta di accordo o di piano del consumatore sospende, ai soli effetti del concorso, il corso degli interessi convenzionali o legali, a meno che i crediti non siano garantiti da ipoteca, da pegno o privilegio, salvo quanto previsto dagli articoli 2749, 2788 e 2855, commi secondo e terzo, del codice civile ([6]).

([1]) *La precedente rubrica: «Deposito della proposta di accordo» è stata così sostituita dall'attuale dall'art. 18, comma 1, lett.* g), *n. 1), del D.L. 18 ottobre 2012, n. 179, convertito, con modificazioni, nella L. 17 dicembre 2012, n. 221. A norma dell'art. 18, comma 2, del medesimo decreto, tali disposizioni si applicano ai procedimenti instaurati dal trentesimo giorno successivo a quello della data di entrata in vigore della legge di conversione del predetto decreto.*

([2]) *La parola: «principale» è stata inserita dall'art. 18, comma 1, lett.* g), *n. 2), punto* a), *del D.L. 18 ottobre 2012, n. 179, convertito, con modificazioni, nella L. 17 dicembre 2012, n. 221. A norma dell'art. 18, comma 2, del medesimo decreto, tali disposizioni si applicano ai procedimenti instaurati dal trentesimo giorno successivo a quello della data di entrata in vigore della legge di conversione del predetto decreto.*

([3]) *Questo periodo è stato aggiunto dall'art. 18, comma 1, lett.* g), *n. 2), punto* b), *del D.L. 18 ottobre 2012, n. 179, convertito, con modificazioni, nella L. 17 dicembre 2012, n. 221. A norma dell'art. 18, comma 2, del medesimo decreto, tali disposizioni si applicano ai procedimenti instaurati dal trentesimo giorno successivo a quello della data di entrata in vigore della legge di conversione del predetto decreto.*

([4]) *Le parole: «Il debitore, unitamente alla proposta, deposita» sono state così sostituite dalle attuali: «Unitamente alla proposta devono essere depositati» dall'art. 18, comma 1, lett.* g), *n. 3), punto 1), del D.L. 18 ottobre 2012, n. 179, convertito, con modificazioni, nella L. 17 dicembre 2012, n. 221. A norma dell'art. 18, comma 2, del medesimo decreto, tali disposizioni si applicano ai procedimenti instaurati dal trentesimo giorno successivo a quello della data di entrata in vigore della legge di conversione del predetto decreto.*

([5]) *Le parole: «dei beni» sono state così sostituite: «di tutti i beni del debitore» dall'art. 18, comma 1, lett.* g), *n. 3), punto 2), del D.L. 18 ottobre 2012, n. 179, convertito, con modificazioni, nella L. 17 dicembre 2012, n. 221. A norma dell'art. 18, comma 2, del medesimo decreto, tali disposizioni si applicano ai procedimenti instaurati dal trentesi-*

mo giorno successivo a quello della data di entrata in vigore della legge di conversione del predetto decreto.

(6) *Questo comma è stato aggiunto dall'art. 18, comma 1, lett.* g), *n. 4), del D.L. 18 ottobre 2012, n. 179, convertito, con modificazioni, nella L. 17 dicembre 2012, n. 221. A norma dell'art. 18, comma 2, del medesimo decreto, tali disposizioni si applicano ai procedimenti instaurati dal trentesimo giorno successivo a quello della data di entrata in vigore della legge di conversione del predetto decreto.*

§. 2
Accordo di composizione della crisi (1)

(1) *Questo paragrafo è stato inserito dall'art. 18, comma 1, lett.* h), *del D.L. 18 ottobre 2012, n. 179, convertito, con modificazioni, nella L. 17 dicembre 2012, n. 221. A norma dell'art. 18, comma 2, del medesimo decreto, tali disposizioni si applicano ai procedimenti instaurati dal trentesimo giorno successivo a quello della data di entrata in vigore della legge di conversione del predetto decreto.*

10. Procedimento. – 1. Il giudice, se la proposta soddisfa i requisiti previsti dagli articoli 7, 8 (1) e 9, fissa immediatamente con decreto l'udienza, disponendo la comunicazione, almeno trenta giorni prima del termine di cui all'articolo 11, comma 1, (2) ai creditori presso la residenza o la sede legale, anche per telegramma o per lettera raccomandata con avviso di ricevimento o per telefax o per posta elettronica certificata, della proposta e del decreto [contenente l'avvertimento dei provvedimenti che egli può adottare ai sensi del comma 3 del presente articolo] (3). Tra il giorno del deposito della documentazione di cui all'articolo 9 e l'udienza non devono decorrere più di sessanta giorni (4).

2. Con il decreto di cui al comma 1, il giudice:

a) stabilisce idonea forma di pubblicità della proposta e del decreto, oltre, nel caso in cui il proponente svolga attività d'impresa, la pubblicazione degli stessi nel registro delle imprese;

b) ordina, ove il piano preveda la cessione o l'affidamento a terzi di beni immobili o di beni mobili registrati, la trascrizione del decreto, a cura dell'organismo di composizione della crisi, presso gli uffici competenti;

c) dispone che, sino al momento in cui il provvedimento di omologazione diventa definitivo, non possono, sotto pena di nullità, essere iniziate o proseguite azioni esecutive individuali né disposti sequestri conservativi né acquistati diritti di prelazione sul patrimonio del debitore che ha presentato la proposta di accordo, da parte dei creditori aventi titolo o causa anteriore; la sospensione non opera nei confronti dei titolari di crediti impignorabili (5).

3. All'udienza il giudice, accertata la presenza di iniziative o atti in frode ai creditori, dispone la revoca del decreto di cui al comma 1 e ordina la cancellazione della trascrizione dello stesso, nonché la cessazione di ogni altra forma di pubblicità disposta ([6]).

3 *bis*. A decorrere dalla data del provvedimento di cui al comma 2 e sino alla data di omologazione dell'accordo gli atti eccedenti l'ordinaria amministrazione compiuti senza l'autorizzazione del giudice sono inefficaci rispetto ai creditori anteriori al momento in cui è stata eseguita la pubblicità del decreto ([7]).

4. Durante il periodo previsto dal comma 2, lettera *c*) ([8]), le prescrizioni rimangono sospese e le decadenze non si verificano.

5. Il decreto di cui al comma 1 deve intendersi equiparato all'atto di pignoramento ([9]).

6. Si applicano, in quanto compatibili, gli articoli 737 e seguenti del codice di procedura civile. Il reclamo si propone al tribunale e del collegio non può far parte il giudice che ha pronunciato il provvedimento.

([1]) *Le parole: «, 8» sono state inserite dall'art. 18, comma 1, lett.* i), *n. 1*), *punto* a), *del D.L. 18 ottobre 2012, n. 179, convertito, con modificazioni, nella L. 17 dicembre 2012, n. 221. A norma dell'art. 18, comma 2, del medesimo decreto, tali disposizioni si applicano ai procedimenti instaurati dal trentesimo giorno successivo a quello della data di entrata in vigore della legge di conversione del predetto decreto.*

([2]) *Le parole: «, almeno trenta giorni prima del termine di cui all'articolo 11, comma 1,» sono state inserite dall'art. 18, comma 1, lett.* i), *n. 1*), *punto* b), *del D.L. 18 ottobre 2012, n. 179, convertito, con modificazioni, nella L. 17 dicembre 2012, n. 221. A norma dell'art. 18, comma 2, del medesimo decreto, tali disposizioni si applicano ai procedimenti instaurati dal trentesimo giorno successivo a quello della data di entrata in vigore della legge di conversione del predetto decreto.*

([3]) *Le parole fra parentesi quadrate sono state soppresse dall'art. 18, comma 1, lett.* i), *n. 1*), *punto* c), *del D.L. 18 ottobre 2012, n. 179, convertito, con modificazioni, nella L. 17 dicembre 2012, n. 221. A norma dell'art. 18, comma 2, del medesimo decreto, tali disposizioni si applicano ai procedimenti instaurati dal trentesimo giorno successivo a quello della data di entrata in vigore della legge di conversione del predetto decreto.*

([4]) *Questo periodo è stato aggiunto dall'art. 18, comma 1, lett.* i), *n. 1*), *punto* d), *del D.L. 18 ottobre 2012, n. 179, convertito, con modificazioni, nella L. 17 dicembre 2012, n. 221. A norma dell'art. 18, comma 2, del medesimo decreto, tali disposizioni si applicano ai procedimenti instaurati dal trentesimo giorno successivo a quello della data di entrata in vigore della legge di conversione del predetto decreto.*

([5]) *Questo comma è stato così sostituito dall'art. 18, comma 1, lett.* i), *n. 2*), *del D.L. 18 ottobre 2012, n. 179, convertito, con modificazioni, nella L. 17 dicembre 2012, n. 221. A norma dell'art. 18, comma 2, del medesimo decreto, tali disposizioni si applicano ai procedimenti instaurati dal trentesimo giorno successivo a quello della data di entrata in vigore della legge di conversione del predetto decreto.*

([6]) *Questo comma è stato così sostituito dall'art. 18, comma 1, lett. i), n. 3), del D.L. 18 ottobre 2012, n. 179, convertito, con modificazioni, nella L. 17 dicembre 2012, n. 221. A norma dell'art. 18, comma 2, del medesimo decreto, tali disposizioni si applicano ai procedimenti instaurati dal trentesimo giorno successivo a quello della data di entrata in vigore della legge di conversione del predetto decreto.*

([7]) *Questo comma è stato inserito dall'art. 18, comma 1, lett. i), n. 4), del D.L. 18 ottobre 2012, n. 179, convertito, con modificazioni, nella L. 17 dicembre 2012, n. 221. A norma dell'art. 18, comma 2, del medesimo decreto, tali disposizioni si applicano ai procedimenti instaurati dal trentesimo giorno successivo a quello della data di entrata in vigore della legge di conversione del predetto decreto.*

([8]) *Le parole: «dal comma 3» sono state così sostituite dalle attuali: «dal comma 2, lettera c)» dall'art. 18, comma 1, lett. i), n. 5), del D.L. 18 ottobre 2012, n. 179, convertito, con modificazioni, nella L. 17 dicembre 2012, n. 221. A norma dell'art. 18, comma 2, del medesimo decreto, tali disposizioni si applicano ai procedimenti instaurati dal trentesimo giorno successivo a quello della data di entrata in vigore della legge di conversione del predetto decreto.*

([9]) *Questo comma è stato così sostituito dall'art. 18, comma 1, lett. i), n. 6), del D.L. 18 ottobre 2012, n. 179, convertito, con modificazioni, nella L. 17 dicembre 2012, n. 221. A norma dell'art. 18, comma 2, del medesimo decreto, tali disposizioni si applicano ai procedimenti instaurati dal trentesimo giorno successivo a quello della data di entrata in vigore della legge di conversione del predetto decreto.*

11. Raggiungimento dell'accordo. – 1. I creditori fanno pervenire, anche per telegramma o per lettera raccomandata con avviso di ricevimento o per telefax o per posta elettronica certificata, all'organismo di composizione della crisi, dichiarazione sottoscritta del proprio consenso alla proposta, come eventualmente modificata almeno dieci giorni prima dell'udienza di cui all'articolo 10, comma 1. In mancanza, si ritiene che abbiano prestato consenso alla proposta nei termini in cui è stata loro comunicata ([1]).

2. Ai fini dell'omologazione di cui all'articolo 12, è necessario che l'accordo sia raggiunto con i creditori rappresentanti almeno il sessanta per cento dei crediti. I creditori muniti di privilegio, pegno o ipoteca dei quali la proposta prevede l'integrale pagamento non sono computati ai fini del raggiungimento della maggioranza e non hanno diritto di esprimersi sulla proposta, salvo che non rinuncino in tutto o in parte al diritto di prelazione. Non hanno diritto di esprimersi sulla proposta e non sono computati ai fini del raggiungimento della maggioranza il coniuge del debitore, i suoi parenti e affini fino al quarto grado, i cessionari o aggiudicatari dei loro crediti da meno di un anno prima della proposta ([2]).

3. L'accordo non pregiudica i diritti dei creditori nei confronti dei coobbligati, fideiussori del debitore e obbligati in via di regresso.

4. L'accordo non determina la novazione delle obbligazioni, salvo che sia diversamente stabilito.

5. L'accordo cessa, di diritto, di produrre effetti ([3]) se il debitore non esegue integralmente, entro novanta giorni dalle scadenze previste, i pagamenti dovuti secondo il piano ([4]) alle amministrazioni pubbliche ([5]) e agli enti gestori di forme di previdenza e assistenza obbligatorie. L'accordo è altresì revocato se risultano compiuti durante la procedura atti diretti a frodare le ragioni dei creditori ([6]). Il giudice provvede d'ufficio con decreto reclamabile, ai sensi dell'articolo 739 del codice di procedura civile, innanzi al tribunale e del collegio non può far parte il giudice che lo ha pronunciato ([6]).

([1]) *Le parole: «almeno dieci giorni prima dell'udienza di cui all'articolo 10, comma 1. In mancanza, si ritiene che abbiano prestato consenso alla proposta nei termini in cui è stata loro comunicata» sono state aggiunte dall'art. 18, comma 1, lett.* l)*, n. 1), del D.L. 18 ottobre 2012, n. 179, convertito, con modificazioni, nella L. 17 dicembre 2012, n. 221. A norma dell'art. 18, comma 2, del medesimo decreto, tali disposizioni si applicano ai procedimenti instaurati dal trentesimo giorno successivo a quello della data di entrata in vigore della legge di conversione del predetto decreto.*

([2]) *Questo comma è stato così sostituito dall'art. 18, comma 1, lett.* l)*, n. 2), del D.L. 18 ottobre 2012, n. 179, convertito, con modificazioni, nella L. 17 dicembre 2012, n. 221. A norma dell'art. 18, comma 2, del medesimo decreto, tali disposizioni si applicano ai procedimenti instaurati dal trentesimo giorno successivo a quello della data di entrata in vigore della legge di conversione del predetto decreto.*

([3]) *Le parole: «è revocato di diritto» sono state così sostituite dalle attuali: «cessa, di diritto, di produrre effetti» dall'art. 18, comma 1, lett.* l)*, n. 3), punto* a)*, del D.L. 18 ottobre 2012, n. 179, convertito, con modificazioni, nella L. 17 dicembre 2012, n. 221. A norma dell'art. 18, comma 2, del medesimo decreto, tali disposizioni si applicano ai procedimenti instaurati dal trentesimo giorno successivo a quello della data di entrata in vigore della legge di conversione del predetto decreto.*

([4]) *Le parole: «secondo il piano» sono state inserite dall'art. 18, comma 1, lett.* l)*, n. 3), punto* b)*, del D.L. 18 ottobre 2012, n. 179, convertito, con modificazioni, nella L. 17 dicembre 2012, n. 221. A norma dell'art. 18, comma 2, del medesimo decreto, tali disposizioni si applicano ai procedimenti instaurati dal trentesimo giorno successivo a quello della data di entrata in vigore della legge di conversione del predetto decreto.*

([5]) *Le parole: «Agenzie fiscali» sono state così sostituite dalle attuali: «amministrazioni pubbliche» dall'art. 18, comma 1, lett.* l)*, n. 3), punto* c)*, del D.L. 18 ottobre 2012, n. 179, convertito, con modificazioni, nella L. 17 dicembre 2012, n. 221. A norma dell'art. 18, comma 2, del medesimo decreto, tali disposizioni si applicano ai procedimenti instaurati dal trentesimo giorno successivo a quello della data di entrata in vigore della legge di conversione del predetto decreto.*

([6]) *Questo periodo è stato aggiunto dall'art. 18, comma 1, lett.* l)*, n. 3), punto* d)*, del D.L. 18 ottobre 2012, n. 179, convertito, con modificazioni, nella L. 17 dicembre 2012, n. 221. A norma dell'art. 18, comma 2, del medesimo decreto, tali disposizioni si applicano ai procedimenti instaurati dal trentesimo giorno successivo a quello della data di entrata in vigore della legge di conversione del predetto decreto.*

12. Omologazione dell'accordo. – 1. Se l'accordo è raggiunto, l'organismo di composizione della crisi trasmette a tutti i creditori una relazione sui consensi espressi e sul raggiungimento della percentuale di cui all'articolo 11, comma 2, allegando il testo dell'accordo stesso. Nei dieci giorni successivi al ricevimento della relazione, i creditori possono sollevare le eventuali contestazioni. Decorso tale ultimo termine, l'organismo di composizione della crisi trasmette al giudice la relazione, allegando le contestazioni ricevute, nonché un'attestazione definitiva sulla fattibilità del piano.

2. Il giudice omologa l'accordo e ne dispone l'immediata pubblicazione utilizzando tutte le forme di cui all'articolo 10, comma 2, quando, risolta ogni altra contestazione, ha verificato il raggiungimento della percentuale di cui all'articolo 11, comma 2, e l'idoneità del piano ad assicurare il pagamento integrale dei crediti impignorabili, nonché dei crediti di cui all'articolo 7, comma 1, terzo periodo ([1]). Quando uno dei creditori che non ha aderito o che risulta escluso o qualunque altro interessato contesta la convenienza dell'accordo, il giudice lo omologa se ritiene che il credito può essere soddisfatto dall'esecuzione dello stesso in misura non inferiore all'alternativa liquidatoria disciplinata dalla sezione seconda ([1]). Si applicano, in quanto compatibili, gli articoli 737 e seguenti del codice di procedura civile. Il reclamo, anche avverso il provvedimento di diniego, si propone al tribunale e del collegio non può far parte il giudice che ha pronunciato il provvedimento.

3. L'accordo omologato è obbligatorio per tutti i creditori anteriori al momento in cui è stata eseguita la pubblicità di cui all'articolo 10, comma 2. I creditori con causa o titolo posteriore non possono procedere esecutivamente sui beni oggetto del piano ([2]).

3 *bis*. L'omologazione deve intervenire nel termine di sei mesi dalla presentazione della proposta ([3]).

4. Gli effetti di cui al comma 3 vengono meno in caso di risoluzione dell'accordo o di mancato pagamento dei crediti impignorabili, nonché dei crediti di cui all'articolo 7, comma 1, terzo periodo. L'accertamento del mancato pagamento di tali crediti è chiesto al tribunale con ricorso da decidere in camera di consiglio, ai sensi degli articoli 737 e seguenti del codice di procedura civile. Il reclamo, anche avverso il provvedimento di diniego, si propone al tribunale e del collegio non può far parte il giudice che ha pronunciato il provvedimento ([4]).

5. La sentenza di fallimento pronunciata a carico del debitore risolve l'accordo. Gli atti, i pagamenti e le garanzie posti in essere in esecuzione dell'accordo omologato non sono soggetti all'azione revocatoria di cui all'articolo 67 del regio decreto 16 marzo 1942, n. 267 ([5]). A seguito della

sentenza che dichiara il fallimento, i crediti derivanti da finanziamenti effettuati in esecuzione o in funzione dell'accordo omologato sono prededucibili a norma dell'articolo 111 del regio decreto 16 marzo 1942, n. 267 ([5]).

([1]) *L'originario primo periodo è stato così sostituito dagli attuali primo e secondo periodo dall'art. 18, comma 1, lett.* m), *n. 1), del D.L. 18 ottobre 2012, n. 179, convertito, con modificazioni, nella L. 17 dicembre 2012, n. 221. A norma dell'art. 18, comma 2, del medesimo decreto, tali disposizioni si applicano ai procedimenti instaurati dal trentesimo giorno successivo a quello della data di entrata in vigore della legge di conversione del predetto decreto.*

([2]) *Questo comma è stato così sostituito dall'art. 18, comma 1, lett.* m), *n. 2), del D.L. 18 ottobre 2012, n. 179, convertito, con modificazioni, nella L. 17 dicembre 2012, n. 221. A norma dell'art. 18, comma 2, del medesimo decreto, tali disposizioni si applicano ai procedimenti instaurati dal trentesimo giorno successivo a quello della data di entrata in vigore della legge di conversione del predetto decreto.*

([3]) *Questo comma è stato inserito dall'art. 18, comma 1, lett.* m), *n. 3), del D.L. 18 ottobre 2012, n. 179, convertito, con modificazioni, nella L. 17 dicembre 2012, n. 221. A norma dell'art. 18, comma 2, del medesimo decreto, tali disposizioni si applicano ai procedimenti instaurati dal trentesimo giorno successivo a quello della data di entrata in vigore della legge di conversione del predetto decreto.*

([4]) *Questo comma è stato così sostituito dall'art. 18, comma 1, lett.* m), *n. 4), del D.L. 18 ottobre 2012, n. 179, convertito, con modificazioni, nella L. 17 dicembre 2012, n. 221. A norma dell'art. 18, comma 2, del medesimo decreto, tali disposizioni si applicano ai procedimenti instaurati dal trentesimo giorno successivo a quello della data di entrata in vigore della legge di conversione del predetto decreto.*

([5]) *Questo periodo è stato aggiunto dall'art. 18, comma 1, lett.* m), *n. 5), del D.L. 18 ottobre 2012, n. 179, convertito, con modificazioni, nella L. 17 dicembre 2012, n. 221. A norma dell'art. 18, comma 2, del medesimo decreto, tali disposizioni si applicano ai procedimenti instaurati dal trentesimo giorno successivo a quello della data di entrata in vigore della legge di conversione del predetto decreto.*

§. 3
Piano del consumatore (1)

(1) *Questo paragrafo è stato inserito dall'art. 18, comma 1, lett. n), del D.L. 18 ottobre 2012, n. 179, convertito, con modificazioni, nella L. 17 dicembre 2012, n. 221. A norma dell'art. 18, comma 2, del medesimo decreto, tali disposizioni si applicano ai procedimenti instaurati dal trentesimo giorno successivo a quello della data di entrata in vigore della legge di conversione del predetto decreto.*

12 *bis*. Procedimento di omologazione del piano del consumatore. – 1. Il giudice, se la proposta soddisfa i requisiti previsti dagli articoli 7, 8 e 9 e verificata l'assenza di atti in frode ai creditori, fissa immediatamente con decreto l'udienza, disponendo, a cura dell'organismo di composizione della crisi, la comunicazione, almeno trenta giorni prima, a tutti i creditori della proposta e del decreto. Tra il giorno del deposito della documentazione di cui all'articolo 9 e l'udienza non devono decorrere più di sessanta giorni.

2. Quando, nelle more della convocazione dei creditori, la prosecuzione di specifici procedimenti di esecuzione forzata potrebbe pregiudicare la fattibilità del piano, il giudice, con lo stesso decreto, può disporre la sospensione degli stessi sino al momento in cui il provvedimento di omologazione diventa definitivo.

3. Verificata la fattibilità del piano e l'idoneità dello stesso ad assicurare il pagamento dei crediti impignorabili, nonché dei crediti di cui all'articolo 7, comma 1, terzo periodo, e risolta ogni altra contestazione anche in ordine all'effettivo ammontare dei crediti, il giudice, quando esclude che il consumatore ha assunto obbligazioni senza la ragionevole prospettiva di poterle adempiere ovvero che ha colposamente determinato il sovraindebitamento, anche per mezzo di un ricorso al credito non proporzionato alle proprie capacità patrimoniali, omologa il piano, disponendo per il relativo provvedimento una forma idonea di pubblicità. Quando il piano prevede la cessione o l'affidamento a terzi di beni immobili o di beni mobili registrati, il decreto deve essere trascritto, a cura dell'organismo di composizione della crisi. Con l'ordinanza di diniego il giudice dichiara l'inefficacia del provvedimento di sospensione di cui al comma 2, ove adottato.

4. Quando uno dei creditori o qualunque altro interessato contesta la convenienza del piano, il giudice lo omologa se ritiene che il credito possa essere soddisfatto dall'esecuzione del piano in misura non inferiore all'alternativa liquidatoria disciplinata dalla sezione seconda del presente capo.

5. Si applica l'articolo 12, comma 2, terzo e quarto periodo.

6. L'omologazione deve intervenire nel termine di sei mesi dalla presentazione della proposta.

7. Il decreto di cui al comma 3 deve intendersi equiparato all'atto di pignoramento.

12 *ter*. Effetti dell'omologazione del piano del consumatore. – 1. Dalla data dell'omologazione del piano i creditori con causa o titolo anteriore non possono iniziare o proseguire azioni esecutive individuali. Ad iniziativa dei medesimi creditori non possono essere iniziate o proseguite azioni cautelari né acquistati diritti di prelazione sul patrimonio del debitore che ha presentato la proposta di piano.

2. Il piano omologato è obbligatorio per tutti i creditori anteriori al momento in cui è stata eseguita la pubblicità di cui all'articolo 12 *bis*, comma 3. I creditori con causa o titolo posteriore non possono procedere esecutivamente sui beni oggetto del piano.

3. L'omologazione del piano non pregiudica i diritti dei creditori nei confronti dei coobbligati, fideiussori del debitore e obbligati in via di regresso.

4. Gli effetti di cui al comma 1 vengono meno in caso di mancato pagamento dei titolari di crediti impignorabili, nonché dei crediti di cui all'articolo 7, comma 1, terzo periodo. L'accertamento del mancato pagamento di tali crediti è chiesto al tribunale e si applica l'articolo 12, comma 4.

§. 4
Esecuzione e cessazione degli effetti dell'accordo di composizione della crisi e del piano del consumatore (1)

(1) *Questo paragrafo è stato inserito dall'art. 18, comma 1, lett.* o), *del D.L. 18 ottobre 2012, n. 179, convertito, con modificazioni, nella L. 17 dicembre 2012, n. 221. A norma dell'art. 18, comma 2, del medesimo decreto, tali disposizioni si applicano ai procedimenti instaurati dal trentesimo giorno successivo a quello della data di entrata in vigore della legge di conversione del predetto decreto.*

13. Esecuzione dell'accordo o del piano del consumatore (1). – 1. Se per la soddisfazione dei crediti sono utilizzati beni sottoposti a pignoramento ovvero se previsto dall'accordo o dal piano del consumatore (2), il giudice, su proposta dell'organismo di composizione della crisi, nomina un liquidatore che dispone in via esclusiva degli stessi e delle somme incassate. Si applica l'articolo 28 del regio decreto 16 marzo 1942, n. 267.

2. L'organismo di composizione della crisi risolve le eventuali difficoltà insorte nell'esecuzione dell'accordo e vigila sull'esatto adempimento dello stesso, comunicando ai creditori ogni eventuale irregolarità. Sulle contestazioni che hanno ad oggetto la violazione di diritti soggettivi e sulla sostituzione del liquidatore per giustificati motivi decide il giudice investito della procedura.

3. Il giudice, sentito il liquidatore e verificata la conformità dell'atto dispositivo all'accordo o al piano del consumatore (3), anche con riferimento

alla possibilità di pagamento dei crediti impignorabili e dei crediti di cui all'articolo 7, comma 1, terzo periodo (4), autorizza lo svincolo delle somme e ordina la cancellazione della trascrizione del pignoramento, delle iscrizioni relative ai diritti di prelazione, nonché di ogni altro vincolo, ivi compresa la trascrizione del decreto di cui agli articoli 10, comma 1 e 12 *bis*, comma 3, e la cessazione di ogni altra forma di pubblicità. In ogni caso il giudice può, con decreto motivato, sospendere gli atti di esecuzione dell'accordo qualora ricorrano gravi e giustificati motivi (5).

4. I pagamenti e gli atti dispositivi dei beni posti in essere in violazione dell'accordo o del piano del consumatore sono inefficaci rispetto ai creditori anteriori al momento in cui è stata eseguita la pubblicità di cui agli articoli 10, comma 2, e 12 *bis*, comma 3 (6).

4 *bis*. I crediti sorti in occasione o in funzione di uno dei procedimenti di cui alla presente sezione sono soddisfatti con preferenza rispetto agli altri, con esclusione di quanto ricavato dalla liquidazione dei beni oggetto di pegno e di ipoteca per la parte destinata ai creditori garantiti (7).

4 *ter*. Quando l'esecuzione dell'accordo o del piano del consumatore diviene impossibile per ragioni non imputabili al debitore, quest'ultimo, con l'ausilio dell'organismo di composizione della crisi, può modificare la proposta e si applicano le disposizioni di cui ai paragrafi 2 e 3 della presente sezione (7).

(1) *La rubrica:* «Esecuzione dell'accordo» *è stata così sostituita dall'attuale dall'art. 18, comma 1, lett.* p), *n. 1), del D.L. 18 ottobre 2012, n. 179, convertito, con modificazioni, nella L. 17 dicembre 2012, n. 221. A norma dell'art. 18, comma 2, del medesimo decreto, tali disposizioni si applicano ai procedimenti instaurati dal trentesimo giorno successivo a quello della data di entrata in vigore della legge di conversione del predetto decreto.*

(2) *Le parole: «o dal piano del consumatore,» sono state inserite dall'art. 18, comma 1, lett.* p), *n. 2), del D.L. 18 ottobre 2012, n. 179, convertito, con modificazioni, nella L. 17 dicembre 2012, n. 221. A norma dell'art. 18, comma 2, del medesimo decreto, tali disposizioni si applicano ai procedimenti instaurati dal trentesimo giorno successivo a quello della data di entrata in vigore della legge di conversione del predetto decreto.*

(3) *Le parole: «all'accordo e al piano» sono state così sostituite dalle attuali: «all'accordo e al piano del consumatore» dall'art. 18, comma 1, lett.* o), *n. 3, punto* a), *del D.L. 18 ottobre 2012, n. 179, convertito, con modificazioni, nella L. 17 dicembre 2012, n. 221. A norma dell'art. 18, comma 2, del medesimo decreto, tali disposizioni si applicano ai procedimenti instaurati dal trentesimo giorno successivo a quello della data di entrata in vigore della legge di conversione del predetto decreto.*

(4) *Le parole: «creditori estranei» sono state così sostituite dalle attuali: «crediti impignorabili e dei crediti di cui all'articolo 7, comma 1, terzo periodo» dall'art. 18, comma 1, lett.* p), *n. 3), punto* b), *del D.L. 18 ottobre 2012, n. 179, convertito, con modificazioni, nella L. 17 dicembre 2012, n. 221. A norma dell'art. 18, comma 2, del medesimo decreto, tali disposizioni si applicano ai procedimenti instaurati dal trentesimo giorno successivo a quello della data di entrata in vigore della legge di conversione del predetto decreto.*

(5) *Le parole: «, ivi compresa la trascrizione del decreto di cui agli articoli 10, comma 1 e 12* bis, *comma 3, e la cessazione di ogni altra forma di pubblicità. In ogni caso il giudice può, con decreto motivato, sospendere gli atti di esecuzione dell'accordo qualora ricorrano gravi e giustificati motivi» dall'art. 18, comma 1, lett.* p), *n. 3), punto* c), *del D.L. 18 ottobre 2012, n. 179, convertito, con modificazioni, nella L. 17 dicembre 2012, n. 221. A norma dell'art. 18, comma 2, del medesimo decreto, tali disposizioni si applicano ai procedimenti instaurati dal trentesimo giorno successivo a quello della data di entrata in vigore della legge di conversione del predetto decreto.*

(6) *Le parole: «dell'accordo e del piano sono nulli» sono state così sostituite dalle attuali: «dell'accordo o del piano del consumatore sono inefficaci rispetto ai creditori anteriori al momento in cui è stata eseguita la pubblicità di cui agli articoli 10, comma 2, e 12* bis, *comma 3» dall'art. 18, comma 1, lett.* p), *n. 4), del D.L. 18 ottobre 2012, n. 179, convertito, con modificazioni, nella L. 17 dicembre 2012, n. 221. A norma dell'art. 18, comma 2, del medesimo decreto, tali disposizioni si applicano ai procedimenti instaurati dal trentesimo giorno successivo a quello della data di entrata in vigore della legge di conversione del predetto decreto.*

(7) *Questo comma è stato inserito dall'art. 18, comma 1, lett.* p), *n. 5), del D.L. 18 ottobre 2012, n. 179, convertito, con modificazioni, nella L. 17 dicembre 2012, n. 221. A norma dell'art. 18, comma 2, del medesimo decreto, tali disposizioni si applicano ai procedimenti instaurati dal trentesimo giorno successivo a quello della data di entrata in vigore della legge di conversione del predetto decreto.*

14. Impugnazione e risoluzione dell'accordo. – 1. L'accordo può essere annullato dal tribunale su istanza di ogni creditore, in contraddittorio con il debitore, quando è stato dolosamente o con colpa grave (1) aumentato o diminuito il passivo, ovvero sottratta o dissimulata una parte rilevante dell'attivo ovvero dolosamente simulate attività inesistenti. Non è ammessa alcuna altra azione di annullamento.

1 *bis*. Il ricorso per l'annullamento deve proporsi nel termine di sei mesi dalla scoperta e, in ogni caso, non oltre due anni dalla scadenza del termine fissato per l'ultimo adempimento previsto (2).

2. Se il proponente non adempie [regolarmente] (3) agli obblighi derivanti dall'accordo, se le garanzie promesse non vengono costituite o se l'esecuzione dell'accordo diviene impossibile per ragioni non imputabili al debitore, ciascun creditore può chiedere al tribunale la risoluzione dello stesso.

3. Il ricorso per la risoluzione è proposto, a pena di decadenza, entro sei mesi dalla scoperta e, in ogni caso, (4) entro un anno dalla scadenza del termine fissato per l'ultimo adempimento previsto dall'accordo.

4. L'annullamento e la risoluzione dell'accordo non pregiudicano i diritti acquistati dai terzi in buona fede.

5. Nei casi previsti dai commi 1 e 2, si applicano, in quanto compatibili, gli articoli 737 e seguenti del codice di procedura civile. Il reclamo si propo-

ne al tribunale e del collegio non può far parte il giudice che ha pronunciato il provvedimento ([5]).

([1]) *Le parole: «o con colpa grave» sono state inserite dall'art. 18, comma 1, lett. q), n. 1), del D.L. 18 ottobre 2012, n. 179, convertito, con modificazioni, nella L. 17 dicembre 2012, n. 221. A norma dell'art. 18, comma 2, del medesimo decreto, tali disposizioni si applicano ai procedimenti instaurati dal trentesimo giorno successivo a quello della data di entrata in vigore della legge di conversione del predetto decreto.*

([2]) *Questo comma è stato inserito dall'art. 18, comma 1, lett. q), n. 2), del D.L. 18 ottobre 2012, n. 179, convertito, con modificazioni, nella L. 17 dicembre 2012, n. 221. A norma dell'art. 18, comma 2, del medesimo decreto, tali disposizioni si applicano ai procedimenti instaurati dal trentesimo giorno successivo a quello della data di entrata in vigore della legge di conversione del predetto decreto.*

([3]) *La parola fra parentesi quadrata è stata soppressa dall'art. 18, comma 1, lett. q), n. 3), del D.L. 18 ottobre 2012, n. 179, convertito, con modificazioni, nella L. 17 dicembre 2012, n. 221. A norma dell'art. 18, comma 2, del medesimo decreto, tali disposizioni si applicano ai procedimenti instaurati dal trentesimo giorno successivo a quello della data di entrata in vigore della legge di conversione del predetto decreto.*

([4]) *Le parole: «entro sei mesi dalla scoperta e, in ogni caso,» sono state inserite dall'art. 18, comma 1, lett. q), n. 4), del D.L. 18 ottobre 2012, n. 179, convertito, con modificazioni, nella L. 17 dicembre 2012, n. 221. A norma dell'art. 18, comma 2, del medesimo decreto, tali disposizioni si applicano ai procedimenti instaurati dal trentesimo giorno successivo a quello della data di entrata in vigore della legge di conversione del predetto decreto.*

([5]) *Questo periodo è stato inserito dall'art. 18, comma 1, lett. q), n. 5), del D.L. 18 ottobre 2012, n. 179, convertito, con modificazioni, nella L. 17 dicembre 2012, n. 221. A norma dell'art. 18, comma 2, del medesimo decreto, tali disposizioni si applicano ai procedimenti instaurati dal trentesimo giorno successivo a quello della data di entrata in vigore della legge di conversione del predetto decreto.*

14 *bis*. ([1]) **Revoca e cessazione degli effetti dell'omologazione del piano del consumatore.** – 1. La revoca e la cessazione di diritto dell'efficacia dell'omologazione del piano del consumatore hanno luogo ai sensi dell'articolo 11, comma 5.

2. Il tribunale, su istanza di ogni creditore, in contraddittorio con il debitore, dichiara cessati gli effetti dell'omologazione del piano nelle seguenti ipotesi:

a) quando è stato dolosamente o con colpa grave aumentato o diminuito il passivo, ovvero sottratta o dissimulata una parte rilevante dell'attivo ovvero dolosamente simulate attività inesistenti;

b) se il proponente non adempie agli obblighi derivanti dal piano, se le garanzie promesse non vengono costituite o se l'esecuzione del piano diviene impossibile anche per ragioni non imputabili al debitore.

3. Il ricorso per la dichiarazione di cui al comma 2, lettera *a*), è proposto, a pena di decadenza, entro sei mesi dalla scoperta e, in ogni caso, non oltre due anni dalla scadenza del termine fissato per l'ultimo adempimento previsto.

4. Il ricorso per la dichiarazione di cui al comma 2, lettera *b*), è proposto, a pena di decadenza, entro sei mesi dalla scoperta e, in ogni caso, entro un anno dalla scadenza del termine fissato per l'ultimo adempimento previsto dall'accordo.

5. La dichiarazione di cessazione degli effetti dell'omologazione del piano non pregiudica i diritti acquistati dai terzi in buona fede.

6. Si applica l'articolo 14, comma 5.

(1) *Questo articolo è stato inserito dall'art. 18, comma 1, lett.* r), *del D.L. 18 ottobre 2012, n. 179, convertito, con modificazioni, nella L. 17 dicembre 2012, n. 221. A norma dell'art. 18, comma 2, del medesimo decreto, tali disposizioni si applicano ai procedimenti instaurati dal trentesimo giorno successivo a quello della data di entrata in vigore della legge di conversione del predetto decreto.*

Sezione II

Liquidazione del patrimonio (1)

(1) *Questa sezione è stata inserita dall'art. 18, comma 1, lett.* s), *del D.L. 18 ottobre 2012, n. 179, convertito, con modificazioni, nella L. 17 dicembre 2012, n. 221. A norma dell'art. 18, comma 2, del medesimo decreto, tali disposizioni si applicano ai procedimenti instaurati dal trentesimo giorno successivo a quello della data di entrata in vigore della legge di conversione del predetto decreto.*

14 *ter*. Liquidazione dei beni. – 1. In alternativa alla proposta per la composizione della crisi, il debitore, in stato di sovraindebitamento e per il quale non ricorrono le condizioni di inammissibilità di cui all'articolo 7, comma 2, lettere *a*) e *b*), può chiedere la liquidazione di tutti i suoi beni.

2. La domanda di liquidazione è proposta al tribunale competente ai sensi dell'articolo 9, comma 1, e deve essere corredata dalla documentazione di cui all'articolo 9, commi 2 e 3.

3. Alla domanda sono altresì allegati l'inventario di tutti i beni del debitore, recante specifiche indicazioni sul possesso di ciascuno degli immobili e delle cose mobili, nonché una relazione particolareggiata dell'organismo di composizione della crisi che deve contenere:

a) l'indicazione delle cause dell'indebitamento e della diligenza impiegata dal debitore persona fisica nell'assumere volontariamente le obbligazioni;

b) l'esposizione delle ragioni dell'incapacità del debitore persona fisica di adempiere le obbligazioni assunte;

c) il resoconto sulla solvibilità del debitore persona fisica negli ultimi cinque anni;

d) l'indicazione della eventuale esistenza di atti del debitore impugnati dai creditori;

e) il giudizio sulla completezza e attendibilità della documentazione depositata a corredo della domanda.

4. L'organismo di composizione della crisi, entro tre giorni dalla richiesta di relazione di cui al comma 3, ne dà notizia all'agente della riscossione e agli uffici fiscali, anche presso gli enti locali, competenti sulla base dell'ultimo domicilio fiscale dell'istante.

5. La domanda di liquidazione è inammissibile se la documentazione prodotta non consente di ricostruire compiutamente la situazione economica e patrimoniale del debitore.

6. Non sono compresi nella liquidazione:

a) i crediti impignorabili ai sensi dell'articolo 545 del codice di procedura civile;

b) i crediti aventi carattere alimentare e di mantenimento, gli stipendi, pensioni, salari e ciò che il debitore guadagna con la sua attività, nei limiti di quanto occorra al mantenimento suo e della sua famiglia indicati dal giudice;

c) i frutti derivanti dall'usufrutto legale sui beni dei figli, i beni costituiti in fondo patrimoniale e i frutti di essi, salvo quanto disposto dall'articolo 170 del codice civile;

d) le cose che non possono essere pignorate per disposizione di legge.

7. Il deposito della domanda sospende, ai soli effetti del concorso, il corso degli interessi convenzionali o legali fino alla chiusura della liquidazione, a meno che i crediti non siano garantiti da ipoteca, da pegno o privilegio, salvo quanto previsto dagli articoli 2749, 2788 e 2855, commi secondo e terzo, del codice civile.

14 *quater*. Conversione della procedura di composizione in liquidazione. – 1. Il giudice, su istanza del debitore o di uno dei creditori, dispone, col decreto avente il contenuto di cui all'articolo 14 *quinquies*, comma 2, la conversione della procedura di composizione della crisi di cui alla sezione prima in quella di liquidazione del patrimonio nell'ipotesi di annullamento dell'accordo o di cessazione degli effetti dell'omologazione del piano del consumatore ai sensi dell'articolo 14 *bis*, comma 2, lettera *a*). La conversione è altresì disposta nei casi di cui agli articoli 11, comma 5, e 14 *bis*, comma 1, nonché di risoluzione dell'accordo o di cessazione degli effetti dell'omologazione del piano del consumatore ai sensi dell'articolo 14 *bis*, comma 2, lettera *b*), ove determinati da cause imputabili al debitore.

14 *quinquies*. Decreto di apertura della liquidazione. – 1. Il giudice, se la domanda soddisfa i requisiti di cui all'articolo 14 *ter*, verificata l'assenza di atti in frode ai creditori negli ultimi cinque anni, dichiara aperta la procedura di liquidazione. Si applica l'articolo 10, comma 6.

2. Con il decreto di cui al comma 1 il giudice:

a) ove non sia stato nominato ai sensi dell'articolo 13, comma 1, nomina un liquidatore, da individuarsi in un professionista in possesso dei requisiti di cui all'articolo 28 del regio decreto 16 marzo 1942, n. 267 si applicano gli articoli 35, comma 4 *bis*, 35.1 e 35.2 del decreto legislativo 6 settembre 2011, n. 159 (1);

b) dispone che, sino al momento in cui il provvedimento di omologazione diventa definitivo, non possono, sotto pena di nullità, essere iniziate o proseguite azioni cautelari o esecutive né acquistati diritti di prelazione sul patrimonio oggetto di liquidazione da parte dei creditori aventi titolo o causa anteriore;

c) stabilisce idonea forma di pubblicità della domanda e del decreto, nonché, nel caso in cui il debitore svolga attività d'impresa, l'annotazione nel registro delle imprese;

d) ordina, quando il patrimonio comprende beni immobili o beni mobili registrati, la trascrizione del decreto, a cura del liquidatore;

e) ordina la consegna o il rilascio dei beni facenti parte del patrimonio di liquidazione, salvo che non ritenga, in presenza di gravi e specifiche ragioni, di autorizzare il debitore ad utilizzare alcuni di essi. Il provvedimento è titolo esecutivo ed è posto in esecuzione a cura del liquidatore;

f) fissa i limiti di cui all'articolo 14 *ter*, comma 5, lettera *b*).

3. Il decreto di cui al comma 2 deve intendersi equiparato all'atto di pignoramento.

4. La procedura rimane aperta sino alla completa esecuzione del programma di liquidazione e, in ogni caso, ai fini di cui all'articolo 14 *undecies*, per i quattro anni successivi al deposito della domanda.

(1) *Le parole: «si applicano gli articoli 35, comma 4 bis, 35.1 e 35.2 del decreto legislativo 6 settembre 2011, n. 159;» sono state inserite dall'art. 4, comma 1, lett.* b), *del D.L.vo 18 maggio 2018, n. 54, in vigore a decorrere dal trentesimo giorno successivo a quello della sua pubblicazione nella* Gazzetta Ufficiale (G.U. *Serie gen. - n. 121 del 26 maggio 2018*).

14 *sexies*. Inventario ed elenco dei creditori. – 1. Il liquidatore, verificato l'elenco dei creditori e l'attendibilità della documentazione di cui all'articolo 9, commi 2 e 3, forma l'inventario dei beni da liquidare e comunica ai creditori e ai titolari dei diritti reali e personali, mobiliari e immobiliari, su immobili o cose mobili in possesso o nella disponibilità del debitore:

a) che possono partecipare alla liquidazione, depositando o trasmettendo, anche a mezzo di posta elettronica certificata e purché vi sia prova della ricezione, la domanda di partecipazione che abbia il contenuto previsto dall'articolo 14 *septies*, con l'avvertimento che in mancanza delle indicazioni di cui alla lettera *e*) del predetto articolo, le successive comunicazioni sono eseguite esclusivamente mediante deposito in cancelleria;

b) la data entro cui vanno presentate le domande;

c) la data entro cui sarà comunicata al debitore e ai creditori lo stato passivo e ogni altra utile informazione.

14 *septies*. Domanda di partecipazione alla liquidazione. – 1. La domanda di partecipazione alla liquidazione, di restituzione o rivendicazione di beni mobili o immobili è proposta con ricorso che contiene:

a) l'indicazione delle generalità del creditore;

b) la determinazione della somma che si intende far valere nella liquidazione, ovvero la descrizione del bene di cui si chiede la restituzione o la rivendicazione;

c) la succinta esposizione dei fatti e degli elementi di diritto che costituiscono la ragione della domanda;

d) l'eventuale indicazione di un titolo di prelazione;

e) l'indicazione dell'indirizzo di posta elettronica certificata, del numero di telefax o l'elezione di domicilio in un comune del circondario ove ha sede il tribunale competente.

2. Al ricorso sono allegati i documenti dimostrativi dei diritti fatti valere.

14 *octies*. Formazione del passivo. – 1. Il liquidatore esamina le domande di cui all'articolo 14 *septies* e, predisposto un progetto di stato passivo, comprendente un elenco dei titolari di diritti sui beni mobili e immobili di proprietà o in possesso del debitore, lo comunica agli interessati, assegnando un termine di quindici giorni per le eventuali osservazioni da comunicare con le modalità dell'articolo 14 *sexies*, comma 1, lettera *a*).

2. In assenza di osservazioni, il liquidatore approva lo stato passivo dandone comunicazione alle parti.

3. Quando sono formulate osservazioni e il liquidatore le ritiene fondate, entro il termine di quindici giorni dalla ricezione dell'ultima osservazione, predispone un nuovo progetto e lo comunica ai sensi del comma 1.

4. In presenza di contestazioni non superabili ai sensi del comma 3, il liquidatore rimette gli atti al giudice che lo ha nominato, il quale provvede alla definitiva formazione del passivo. Si applica l'articolo 10, comma 6.

14 *novies*. Liquidazione. – 1. Il liquidatore, entro trenta giorni dalla formazione dell'inventario, elabora un programma di liquidazione, che comunica al debitore ed ai creditori e deposita presso la cancelleria del giudice. Il programma deve assicurare la ragionevole durata della procedura.

2. Il liquidatore ha l'amministrazione dei beni che compongono il patrimonio di liquidazione. Fanno parte del patrimonio di liquidazione anche gli accessori, le pertinenze e i frutti prodotti dai beni del debitore. Il liquidatore cede i crediti, anche se oggetto di contestazione, dei quali non è probabile l'incasso nei quattro anni successivi al deposito della domanda. Le vendite e gli altri atti di liquidazione posti in essere in esecuzione del programma di liquidazione sono effettuati dal liquidatore tramite procedure competitive anche avvalendosi di soggetti specializzati, sulla base di stime effettuate, salvo il caso di beni di modesto valore, da parte di operatori esperti, assicurando, con adeguate forme di pubblicità, la massima informazione e partecipazione degli interessati. Prima del completamento delle operazioni di vendita, il liquidatore informa degli esiti delle procedure il debitore, i creditori e il giudice. In ogni caso, quando ricorrono gravi e giustificati motivi, il giudice può sospendere con decreto motivato gli atti di esecuzione del programma di liquidazione. Se alla data di apertura della procedura di liquidazione sono pendenti procedure esecutive il liquidatore può subentrarvi.

3. Il giudice, sentito il liquidatore e verificata la conformità degli atti dispositivi al programma di liquidazione, autorizza lo svincolo delle somme, ordina la cancellazione della trascrizione del pignoramento e delle iscrizioni relative ai diritti di prelazione, nonché di ogni altro vincolo, ivi compresa la trascrizione del decreto di cui all'articolo 14 *quinquies*, comma 1, dichiara la cessazione di ogni altra forma di pubblicità disposta.

4. I requisiti di onorabilità e professionalità dei soggetti specializzati e degli operatori esperti dei quali il liquidatore può avvalersi ai sensi del comma 1, nonché i mezzi di pubblicità e trasparenza delle operazioni di vendita sono quelli previsti dal regolamento del Ministro della giustizia di cui all'articolo 107, settimo comma, del regio decreto 16 marzo 1942, n. 267.

5. Accertata la completa esecuzione del programma di liquidazione e, comunque, non prima del decorso del termine di quattro anni dal deposito della domanda, il giudice dispone, con decreto, la chiusura della procedura.

14 *decies*. Azioni del liquidatore. – 1. Il liquidatore esercita ogni azione prevista dalla legge finalizzata a conseguire la disponibilità dei beni compresi nel patrimonio da liquidare e comunque correlata con lo svolgimento dell'attività di amministrazione di cui all'articolo 14 *novies*, comma 2. Il liquidatore può altresì esercitare le azioni volte al recupero dei crediti compresi nella liquidazione.

14 *undecies*. Beni e crediti sopravvenuti. – 1. I beni sopravvenuti nei quattro anni successivi al deposito della domanda di liquidazione di cui all'articolo 14 *ter* costituiscono oggetto della stessa, dedotte le passività incontrate per l'acquisto e la conservazione dei beni medesimi. Ai fini di cui al periodo precedente il debitore integra l'inventario di cui all'articolo 14 *ter*, comma 3.

14 *duodecies*. Creditori posteriori. – 1. I creditori con causa o titolo posteriore al momento dell'esecuzione della pubblicità di cui all'articolo 14 *quinquies*, comma 2, lettere *c*) e *d*), non possono procedere esecutivamente sui beni oggetto di liquidazione.

2. I crediti sorti in occasione o in funzione della liquidazione o di uno dei procedimenti di cui alla precedente sezione sono soddisfatti con preferenza rispetto agli altri, con esclusione di quanto ricavato dalla liquidazione dei beni oggetto di pegno ed ipoteca per la parte destinata ai creditori garantiti.

14 *terdecies*. Esdebitazione. – 1. Il debitore persona fisica è ammesso al beneficio della liberazione dei debiti residui nei confronti dei creditori concorsuali e non soddisfatti a condizione che:

a) abbia cooperato al regolare ed efficace svolgimento della procedura, fornendo tutte le informazioni e la documentazione utili, nonché adoperandosi per il proficuo svolgimento delle operazioni;

b) non abbia in alcun modo ritardato o contribuito a ritardare lo svolgimento della procedura;

c) non abbia beneficiato di altra esdebitazione negli otto anni precedenti la domanda;

d) non sia stato condannato, con sentenza passata in giudicato, per uno dei reati previsti dall'articolo 16;

e) abbia svolto, nei quattro anni di cui all'articolo 14 *undecies*, un'attività produttiva di reddito adeguata rispetto alle proprie competenze e alla situazione di mercato o, in ogni caso, abbia cercato un'occupazione e non abbia rifiutato, senza giustificato motivo, proposte di impiego;

f) siano stati soddisfatti, almeno in parte, i creditori per titolo e causa anteriore al decreto di apertura della liquidazione.

2. L'esdebitazione è esclusa:

a) quando il sovraindebitamento del debitore è imputabile ad un ricorso al credito colposo e sproporzionato rispetto alle sue capacità patrimoniali;

b) quando il debitore, nei cinque anni precedenti l'apertura della liquidazione o nel corso della stessa, ha posto in essere atti in frode ai creditori, pagamenti o altri atti dispositivi del proprio patrimonio, ovvero simulazioni di titoli di prelazione, allo scopo di favorire alcuni creditori a danno di altri.

3. L'esdebitazione non opera:

a) per i debiti derivanti da obblighi di mantenimento e alimentari;

b) per i debiti da risarcimento dei danni da fatto illecito extracontrattuale, nonché per le sanzioni penali ed amministrative di carattere pecuniario che non siano accessorie a debiti estinti;

c) per i debiti fiscali che, pur avendo causa anteriore al decreto di apertura delle procedure di cui alle sezioni prima e seconda del presente capo, sono stati successivamente accertati in ragione della sopravvenuta conoscenza di nuovi elementi.

4. Il giudice, con decreto adottato su ricorso del debitore interessato, presentato entro l'anno successivo alla chiusura della liquidazione, sentiti i creditori non integralmente soddisfatti e verificate le condizioni di cui ai commi 1 e 2, dichiara inesigibili nei suoi confronti i crediti non soddisfatti integralmente. I creditori non integralmente soddisfatti possono proporre reclamo ai sensi dell'articolo 739 del codice di procedura civile di fronte al tribunale e del collegio non fa parte il giudice che ha emesso il decreto.

5. Il provvedimento di esdebitazione è revocabile in ogni momento, su istanza dei creditori, se risulta:

a) che è stato concesso ricorrendo l'ipotesi del comma 2, lettera *b*);

b) che è stato dolosamente o con colpa grave aumentato o diminuito il passivo, ovvero sottratta o dissimulata una parte rilevante dell'attivo ovvero simulate attività inesistenti.

6. Si applicano, in quanto compatibili, gli articoli 737 e seguenti del codice di procedura civile. Il reclamo si propone al tribunale e del collegio non può far parte il giudice che ha pronunciato il provvedimento.

Sezione III
Disposizioni comuni ([1])

([1]) *Questa sezione, con gli articoli 15 e 16, sostituisce i precedenti articoli da 15 a 20, a norma dell'art. 18, comma 1, lett.* t), *del D.L. 18 ottobre 2012, n. 179, convertito, con modificazioni, nella L. 17 dicembre 2012, n. 221. A norma dell'art. 18, comma 2, del medesimo decreto, tali disposizioni si applicano ai procedimenti instaurati dal trentesimo giorno successivo a quello della data di entrata in vigore della legge di conversione del predetto decreto.*

15. Organismi di composizione della crisi. – 1. Possono costituire organismi per la composizione delle crisi da sovraindebitamento enti pubblici dotati di requisiti di indipendenza e professionalità determinati con il regolamento di cui al comma 3. Gli organismi di conciliazione costituiti presso le camere di commercio, industria, artigianato e agricoltura ai sensi dell'articolo 2 della legge 29 dicembre 1993, n. 580, e successive modificazioni, il segretariato sociale costituito ai sensi dell'articolo 22, comma 4, lettera *a*), della legge 8 novembre 2000, n. 328, gli ordini professionali degli avvocati, dei commercialisti ed esperti contabili e dei notai sono iscritti di diritto, a semplice domanda, nel registro di cui al comma 2.

2. Gli organismi di cui al comma 1 sono iscritti in un apposito registro tenuto presso il Ministero della giustizia.

3. I requisiti di cui al comma 1 e le modalità di iscrizione nel registro di cui al comma 2, sono stabiliti con regolamento adottato dal Ministro della giustizia, di concerto con il Ministro dello sviluppo economico ed il Ministro dell'economia e delle finanze, ai sensi dell'articolo 17, comma 3, della legge 23 agosto 1988, n. 400, entro novanta giorni dalla data di entrata in vigore del presente decreto. Con lo stesso decreto sono disciplinate le condizioni per l'iscrizione, la formazione dell'elenco e la sua revisione, la sospensione e la cancellazione degli iscritti, nonché la determinazione dei compensi e dei rimborsi spese spettanti agli organismi a carico dei soggetti che ricorrono alla procedura.

4. Dalla costituzione e dal funzionamento degli organismi indicati al comma 1 non devono derivare nuovi o maggiori oneri a carico della finanza pubblica, e le attività degli stessi devono essere svolte nell'ambito delle risorse umane, strumentali e finanziarie disponibili a legislazione vigente.

5. L'organismo di composizione della crisi, oltre a quanto previsto dalle sezioni prima e seconda del presente capo, assume ogni iniziativa funzionale alla predisposizione del piano di ristrutturazione e all'esecuzione dello stesso.

6. Lo stesso organismo verifica la veridicità dei dati contenuti nella proposta e nei documenti allegati, attesta la fattibilità del piano ai sensi dell'articolo 9, comma 2.

7. L'organismo esegue le pubblicità ed effettua le comunicazioni disposte dal giudice nell'ambito dei procedimenti previsti dalle sezioni prima e

seconda del presente capo. Le comunicazioni sono effettuate a mezzo posta elettronica certificata se il relativo indirizzo del destinatario risulta dal registro delle imprese ovvero dall'Indice nazionale degli indirizzi di posta elettronica certificata delle imprese e dei professionisti e, in ogni altro caso, a mezzo telefax o lettera raccomandata.

8. Quando il giudice lo dispone ai sensi degli articoli 13, comma 1, o 14 *quinquies*, comma 2, l'organismo svolge le funzioni di liquidatore stabilite con le disposizioni del presente capo. Ove designato ai sensi dell'articolo 7, comma 1, svolge le funzioni di gestore per la liquidazione.

9. I compiti e le funzioni attribuiti agli organismi di composizione della crisi possono essere svolti anche da un professionista o da una società tra professionisti in possesso dei requisiti di cui all'articolo 28 del regio decreto 16 marzo 1942, n. 267, e successive modificazioni, ovvero da un notaio, nominati dal presidente del tribunale o dal giudice da lui delegato. Fino all'entrata in vigore del regolamento di cui al comma 3, i compensi sono determinati secondo i parametri previsti per i commissari giudiziali nelle procedure di concordato preventivo, quanto alle attività di cui alla sezione prima del presente capo, e per i curatori fallimentari, quanto alle attività di cui alla sezione seconda del presente capo. I predetti compensi sono ridotti del quaranta per cento.

10. Per lo svolgimento dei compiti e delle attività previsti dal presente capo, il giudice e, previa autorizzazione di quest'ultimo, gli organismi di composizione della crisi possono accedere ai dati contenuti nell'anagrafe tributaria, compresa la sezione prevista dall'articolo 7, sesto comma, del decreto del Presidente della Repubblica 29 settembre 1973, n. 605, nei sistemi di informazioni creditizie, nelle centrali rischi e nelle altre banche dati pubbliche, ivi compreso l'archivio centrale informatizzato di cui all'articolo 30 *ter*, comma 2, del decreto legislativo 13 agosto 2010, n. 141, nel rispetto delle disposizioni contenute nel codice in materia di protezione dei dati personali, di cui al decreto legislativo 30 giugno 2003, n. 196, e del codice di deontologia e di buona condotta per i sistemi informativi gestiti da soggetti privati in tema di crediti al consumo, affidabilità e puntualità nei pagamenti, di cui alla deliberazione del Garante per la protezione dei dati personali 16 novembre 2004, n. 8, pubblicata nella *Gazzetta Ufficiale* n. 300 del 23 dicembre 2004.

11. I dati personali acquisiti a norma del presente articolo possono essere trattati e conservati per i soli fini e tempi della procedura e devono essere distrutti contestualmente alla sua conclusione o cessazione. Dell'avvenuta distruzione è data comunicazione al titolare dei suddetti dati, tramite lettera raccomandata con avviso di ricevimento o tramite posta elettronica certificata, non oltre quindici giorni dalla distruzione medesima.

16. Sanzioni. – 1. Salvo che il fatto costituisca più grave reato, è punito con la reclusione da sei mesi a due anni e con la multa da 1.000 a 50.000 euro il debitore che:

a) al fine di ottenere l'accesso alla procedura di composizione della crisi di cui alla sezione prima del presente capo aumenta o diminuisce il passivo ovvero sottrae o dissimula una parte rilevante dell'attivo ovvero dolosamente simula attività inesistenti;

b) al fine di ottenere l'accesso alle procedure di cui alle sezioni prima e seconda del presente capo, produce documentazione contraffatta o alterata, ovvero sottrae, occulta o distrugge, in tutto o in parte, la documentazione relativa alla propria situazione debitoria ovvero la propria documentazione contabile;

c) omette l'indicazione di beni nell'inventario di cui all'articolo 14 *ter*, comma 3;

d) nel corso della procedura di cui alla sezione prima del presente capo, effettua pagamenti in violazione dell'accordo o del piano del consumatore;

e) dopo il deposito della proposta di accordo o di piano del consumatore, e per tutta la durata della procedura, aggrava la sua posizione debitoria;

f) intenzionalmente non rispetta i contenuti dell'accordo o del piano del consumatore.

2. Il componente dell'organismo di composizione della crisi, ovvero il professionista di cui all'articolo 15, comma 9, che rende false attestazioni in ordine alla veridicità dei dati contenuti nella proposta o nei documenti ad essa allegati, alla fattibilità del piano ai sensi dell'articolo 9, comma 2, ovvero nella relazione di cui agli articoli 9, comma 3 *bis*, 12, comma 1 e 14 *ter*, comma 3, è punito con la reclusione da uno a tre anni e con la multa da 1.000 a 50.000 euro.

3. La stessa pena di cui al comma 2 si applica al componente dell'organismo di composizione della crisi, ovvero al professionista di cui all'articolo 15, comma 9, che cagiona danno ai creditori omettendo o rifiutando senza giustificato motivo un atto del suo ufficio.

17. ([1]) [**Compiti dell'organismo di composizione della crisi.** – 1. L'organismo di composizione della crisi, oltre a quanto previsto dagli articoli 11, 12 e 13, assume ogni opportuna iniziativa, funzionale alla predisposizione del piano di ristrutturazione, al raggiungimento dell'accordo e alla buona riuscita dello stesso, finalizzata al superamento della crisi da sovraindebitamento, e collabora con il debitore e con i creditori anche attraverso la modifica del piano oggetto della proposta di accordo.

2. Lo stesso organismo verifica la veridicità dei dati contenuti nella proposta e nei documenti allegati, attesta la fattibilità del piano ai sensi dell'ar-

ticolo 9, comma 2, e trasmette al giudice la relazione sui consensi espressi e sulla maggioranza raggiunta ai sensi dell'articolo 12, comma 1.

3. L'organismo esegue la pubblicità della proposta e dell'accordo, ed effettua le comunicazioni disposte dal giudice nell'ambito del procedimento previsto dal presente capo].

(1) *Questo articolo è stato abrogato dalla sostituzione degli originari articoli da 15 a 20 con l'attuale Sezione III, comprendente gli articoli 15 e 16, dall'art. 18, comma 1, lett.* t), *del D.L. 18 ottobre 2012, n. 179, convertito, con modificazioni, nella L. 17 dicembre 2012, n. 221. A norma dell'art. 18, comma 2, del medesimo decreto, tali disposizioni si applicano ai procedimenti instaurati dal trentesimo giorno successivo a quello della data di entrata in vigore della legge di conversione del predetto decreto.*

18. (1) [**Accesso alle banche dati pubbliche.** – 1. Per lo svolgimento dei compiti e delle attività previsti dal presente capo, il giudice e, previa autorizzazione di quest'ultimo, gli organismi di cui all'articolo 15 possono accedere ai dati contenuti nell'anagrafe tributaria, nei sistemi di informazioni creditizie, nelle centrali rischi e nelle altre banche dati pubbliche, nel rispetto delle disposizioni contenute nel codice in materia di protezione dei dati personali, di cui al decreto legislativo 30 giugno 2003, n. 196, e del codice di deontologia e di buona condotta per i sistemi informativi gestiti da soggetti privati in tema di crediti al consumo, affidabilità e puntualità nei pagamenti, di cui alla deliberazione del Garante per la protezione dei dati personali 16 novembre 2004, n. 8, pubblicata nella *Gazzetta Ufficiale* n. 300 del 23 dicembre 2004.

2. I dati personali acquisiti per le finalità di cui al comma 1 possono essere trattati e conservati per i soli fini e tempi della procedura e devono essere distrutti contestualmente alla sua conclusione o cessazione. Dell'avvenuta distruzione è data comunicazione al titolare dei suddetti dati, tramite lettera raccomandata con avviso di ricevimento o tramite posta elettronica certificata, non oltre quindici giorni dalla distruzione medesima].

(1) *Questo articolo è stato abrogato dalla sostituzione degli originari articoli da 15 a 20 con l'attuale Sezione III, comprendente gli articoli 15 e 16, dall'art. 18, comma 1, lett.* t), *del D.L. 18 ottobre 2012, n. 179, convertito, con modificazioni, nella L. 17 dicembre 2012, n. 221. A norma dell'art. 18, comma 2, del medesimo decreto, tali disposizioni si applicano ai procedimenti instaurati dal trentesimo giorno successivo a quello della data di entrata in vigore della legge di conversione del predetto decreto.*

19. (1) [**Sanzioni.** – 1. Salvo che il fatto costituisca più grave reato, è punito con la reclusione da sei mesi a due anni e con la multa da 1.000 a 50.000 euro il debitore che:

a) al fine di ottenere l'accesso alla procedura di composizione della crisi di cui al presente capo, aumenta o diminuisce il passivo ovvero sottrae o dissimula una parte rilevante dell'attivo ovvero dolosamente simula attività inesistenti;

b) al fine di ottenere l'accesso alla procedura di composizione della crisi di cui al presente capo, produce documentazione contraffatta o alterata, ovvero sottrae, occulta o distrugge, in tutto o in parte, la documentazione relativa alla propria situazione debitoria ovvero la propria documentazione contabile;

c) nel corso della procedura, effettua pagamenti non previsti nel piano oggetto dell'accordo, fatto salvo il regolare pagamento dei creditori estranei;

d) dopo il deposito della proposta di accordo di ristrutturazione dei debiti, e per tutta la durata della procedura, aggrava la sua posizione debitoria;

e) intenzionalmente non rispetta i contenuti dell'accordo.

2. Il componente dell'organismo di composizione della crisi che rende false attestazioni in ordine all'esito della votazione dei creditori sulla proposta di accordo formulata dal debitore ovvero in ordine alla veridicità dei dati contenuti in tale proposta o nei documenti ad essa allegati ovvero in ordine alla fattibilità del piano di ristrutturazione dei debiti proposto dal debitore è punito con la reclusione da uno a tre anni e con la multa da 1.000 a 50.000 euro.

3. La stessa pena di cui al comma 2 si applica al componente dell'organismo di composizione della crisi che cagiona danno ai creditori omettendo o rifiutando senza giustificato motivo un atto del suo ufficio].

(1) *Questo articolo è stato abrogato dalla sostituzione degli originari articoli da 15 a 20 con l'attuale Sezione III, comprendente gli articoli 15 e 16, dall'art. 18, comma 1, lett.* t), *del D.L. 18 ottobre 2012, n. 179, convertito, con modificazioni, nella L. 17 dicembre 2012, n. 221. A norma dell'art. 18, comma 2, del medesimo decreto, tali disposizioni si applicano ai procedimenti instaurati dal trentesimo giorno successivo a quello della data di entrata in vigore della legge di conversione del predetto decreto.*

20. (1) [**Disposizioni transitorie e finali.** – 1. Con uno o più decreti, il Ministro della giustizia stabilisce, anche per circondario di tribunale, la data a decorrere dalla quale i compiti e le funzioni che il presente capo attribuisce agli organismi di composizione della crisi di cui all'articolo 15 sono svolti in via esclusiva dai medesimi.

2. I compiti e le funzioni attribuiti agli organismi di composizione della crisi possono essere anche svolti da un professionista in possesso dei requisiti di cui all'articolo 28 del regio decreto 16 marzo 1942, n. 267, e successive modificazioni, ovvero da un notaio, nominati dal presidente del tribunale o dal giudice da lui delegato. Con decreto del Ministro della giustizia sono stabilite, in considerazione del valore della procedura e delle finalità sociali

della medesima, le tariffe applicabili all'attività svolta dai professionisti, da porre a carico dei soggetti che ricorrono alla procedura.

3. Il professionista di cui al comma 2 è equiparato, anche agli effetti penali, al componente dell'organismo di composizione della crisi.

4. Il Ministro della giustizia trasmette alle Camere una relazione annuale sullo stato di attuazione della presente legge].

(¹) *Questo articolo è stato abrogato dalla sostituzione degli originari articoli da 15 a 20 con l'attuale Sezione III, comprendente gli articoli 15 e 16, dall'art. 18, comma 1, lett.* t), *del D.L. 18 ottobre 2012, n. 179, convertito, con modificazioni, nella L. 17 dicembre 2012, n. 221. A norma dell'art. 18, comma 2, del medesimo decreto, tali disposizioni si applicano ai procedimenti instaurati dal trentesimo giorno successivo a quello della data di entrata in vigore della legge di conversione del predetto decreto.*

Capo III
Entrata in vigore

21. Entrata in vigore. – 1. La presente legge entra in vigore il trentesimo giorno successivo a quello della sua pubblicazione nella *Gazzetta Ufficiale*.

1.

D.L.vo 6 settembre 2005, n. 206. Codice del consumo, a norma dell'articolo 7 della legge 29 luglio 2003, n. 229 (Suppl. ord. alla *Gazzetta Ufficiale* Serie gen. - n. 235 dell'8 ottobre 2005) ed *errata corrige* in *Gazzetta Ufficiale* Serie gen. - n. 2 del 3 gennaio 2006 [1].

[1] *A norma dell'art. 20, comma 1, del D.L.vo 23 ottobre 2007, n. 221, ogni riferimento nel Codice del consumo al Ministero o Ministro delle attività produttive deve intendersi riferito al Ministero o al Ministro dello sviluppo economico.*

Parte I
Disposizioni generali

Titolo I
Disposizioni generali e finalità

1. Finalità ed oggetto. – 1. Nel rispetto della Costituzione ed in conformità ai principi contenuti nei trattati istitutivi delle Comunità europee, nel trattato dell'Unione europea, nella normativa comunitaria con particolare riguardo all'articolo 153 del Trattato istitutivo della Comunità economica europea, nonché nei trattati internazionali, il presente codice armonizza e riordina le normative concernenti i processi di acquisto e consumo, al fine di assicurare un elevato livello di tutela dei consumatori e degli utenti.

2. Diritti dei consumatori. – 1. Sono riconosciuti e garantiti i diritti e gli interessi individuali e collettivi dei consumatori e degli utenti, ne è promossa la tutela in sede nazionale e locale, anche in forma collettiva e associativa, sono favorite le iniziative rivolte a perseguire tali finalità, anche attraverso la disciplina dei rapporti tra le associazioni dei consumatori e degli utenti e le pubbliche amministrazioni.

2. Ai consumatori ed agli utenti sono riconosciuti come fondamentali i diritti:

a) alla tutela della salute;

b) alla sicurezza e alla qualità dei prodotti e dei servizi;

c) ad una adeguata informazione e ad una corretta pubblicità;

c bis) all'esercizio delle pratiche commerciali secondo principi di buona fede, correttezza e lealtà (1);

d) all'educazione al consumo;

e) alla correttezza, alla trasparenza ed all'equità nei rapporti contrattuali;

f) alla promozione e allo sviluppo dell'associazionismo libero, volontario e democratico tra i consumatori e gli utenti;

g) all'erogazione di servizi pubblici secondo standard di qualità e di efficienza.

(1) *Questa lettera è stata inserita dall'art. 2, comma 1, del D.L.vo 23 ottobre 2007, n. 221.*

3. Definizioni. – 1. Ai fini del presente codice ove non diversamente previsto, (1) si intende per:

a) consumatore o utente: la persona fisica che agisce per scopi estranei all'attività imprenditoriale, commerciale, artigianale (2) o professionale eventualmente svolta;

b) associazioni dei consumatori e degli utenti: le formazioni sociali che abbiano per scopo statutario esclusivo la tutela dei diritti e degli interessi dei consumatori o degli utenti;

c) professionista: la persona fisica o giuridica che agisce nell'esercizio della propria attività imprenditoriale, commerciale, artigianale (3) o professionale, ovvero un suo intermediario;

d) produttore: fatto salvo quanto stabilito nell'articolo 103, comma 1, lettera *d*), e nell'articolo 115, comma 2 *bis* (4), il fabbricante del bene o il fornitore del servizio, o un suo intermediario, nonché l'importatore del bene o del servizio nel territorio dell'Unione europea o qualsiasi altra persona fisica o giuridica che si presenta come produttore identificando il bene o il servizio con il proprio nome, marchio o altro segno distintivo;

e) prodotto: fatto salvo quanto stabilito nell'articolo 18, comma 1, lettera *c*), e (5) nell'articolo 115, comma 1, qualsiasi prodotto destinato al consumatore, anche nel quadro di una prestazione di servizi, o suscettibile, in condizioni ragionevolmente prevedibili, di essere utilizzato dal consumatore, anche se non a lui destinato, fornito o reso disponibile a titolo oneroso o gratuito nell'ambito di un'attività commerciale, indipendentemente dal fatto che sia nuovo, usato o rimesso a nuovo; tale definizione non si applica ai prodotti usati, forniti come pezzi d'antiquariato, o come prodotti da riparare o da rimettere a nuovo prima dell'utilizzazione, purché il fornitore ne informi per iscritto la persona cui fornisce il prodotto;

f) codice: il presente decreto legislativo di riassetto delle disposizioni vigenti in materia di tutela dei consumatori.

([1]) *Le parole: «ove non diversamente previsto,» sono state inserite dall'art. 3, comma 1, del D.L.vo 23 ottobre 2007, n. 221.*

([2]) *Le parole: «, commerciale, artigianale» sono state inserite dall'art. 3, comma 2, del D.L.vo 23 ottobre 2007, n. 221.*

([3]) *Le parole: «, commerciale, artigianale» sono state inserite dall'art. 3, comma 3, del D.L.vo 23 ottobre 2007, n. 221.*

([4]) *Le parole: «articolo 115, comma 1» sono state così sostituite dalle attuali: «articolo 115, comma 2* bis*» dall'art. 3, comma 4, del D.L.vo 23 ottobre 2007, n. 221.*

([5]) *Le parole: «nell'articolo 18, comma 1, lettera* c*), e» sono state inserite dall'art. 3, comma 5, del D.L.vo 23 ottobre 2007, n. 221.*

Parte II
Educazione, informazione, pratiche commerciali, pubblicità ([1])

([1]) *La precedente rubrica: «EDUCAZIONE, INFORMAZIONE, PUBBLICITÀ» è stata così sostituita dalla attuale dall'art. 1, comma 3, del D.L.vo 2 agosto 2007, n. 146.*

Titolo I
Educazione del consumatore

4. Educazione del consumatore. – 1. L'educazione dei consumatori e degli utenti è orientata a favorire la consapevolezza dei loro diritti e interessi, lo sviluppo dei rapporti associativi, la partecipazione ai procedimenti amministrativi, nonché la rappresentanza negli organismi esponenziali.

2. Le attività destinate all'educazione dei consumatori, svolte da soggetti pubblici o privati, non hanno finalità promozionale, sono dirette ad esplicitare le caratteristiche di beni e servizi e a rendere chiaramente percepibili benefici e costi conseguenti alla loro scelta; prendono, inoltre, in particolare considerazione le categorie di consumatori maggiormente vulnerabili.

Titolo II
Informazioni ai consumatori

Capo I
Disposizioni generali

5. Obblighi generali. – 1. Fatto salvo quanto disposto dall'articolo 3, comma 1, lettera *a*), ai fini del presente titolo, si intende per consumatore o utente anche la persona fisica alla quale sono dirette le informazioni commerciali.

2. Sicurezza, composizione e qualità dei prodotti e dei servizi costituiscono contenuto essenziale degli obblighi informativi.

3. Le informazioni al consumatore, da chiunque provengano, devono essere adeguate alla tecnica di comunicazione impiegata ed espresse in modo chiaro e comprensibile, tenuto anche conto delle modalità di conclusione del contratto o delle caratteristiche del settore, tali da assicurare la consapevolezza del consumatore.

Capo II
Indicazione dei prodotti

6. Contenuto minimo delle informazioni. – 1. I prodotti o le confezioni dei prodotti destinati al consumatore, commercializzati sul territorio nazionale, riportano, chiaramente visibili e leggibili, almeno le indicazioni relative:

a) alla denominazione legale o merceologica del prodotto;

b) al nome o ragione sociale o marchio e alla sede legale del produttore o di un importatore stabilito nell'Unione europea;

c) al Paese di origine se situato fuori dell'Unione europea ([1]);

d) all'eventuale presenza di materiali o sostanze che possono arrecare danno all'uomo, alle cose o all'ambiente;

e) ai materiali impiegati ed ai metodi di lavorazione ove questi siano determinanti per la qualità o le caratteristiche merceologiche del prodotto;

f) alle istruzioni, alle eventuali precauzioni e alla destinazione d'uso, ove utili ai fini di fruizione e sicurezza del prodotto.

([1]) *A norma dell'art. 31* bis *del D.L. 30 dicembre 2005, n. 273, convertito, con modificazioni, nella L. 23 febbraio 2006, n. 51, l'efficacia di questa disposizione decorre dal 1° gennaio 2007 e, comunque, a partire dall'entrata in vigore del decreto di cui all'articolo 10 di questo codice.*

7. Modalità di indicazione. – 1. Le indicazioni di cui all'articolo 6 devono figurare sulle confezioni o sulle etichette dei prodotti nel momento in cui sono posti in vendita al consumatore. Le indicazioni di cui al comma 1, lettera *f*), dell'articolo 6 possono essere riportate, anziché sulle confezioni o sulle etichette dei prodotti, su altra documentazione illustrativa che viene fornita in accompagnamento dei prodotti stessi.

8. Ambito di applicazione. – 1. Sono esclusi dall'applicazione del presente capo i prodotti oggetto di specifiche disposizioni contenute in direttive o in altre disposizioni comunitarie e nelle relative norme nazionali di recepimento.

2. Per i prodotti oggetto di disposizioni nazionali in materia di informazione del consumatore, le norme del presente capo si applicano per gli aspetti non disciplinati.

9. Indicazioni in lingua italiana. – 1. Tutte le informazioni destinate ai consumatori e agli utenti devono essere rese almeno in lingua italiana.

2. Qualora le indicazioni di cui al presente titolo siano apposte in più lingue, le medesime sono apposte anche in lingua italiana e con caratteri di visibilità e leggibilità non inferiori a quelli usati per le altre lingue.

3. Sono consentite indicazioni che utilizzino espressioni non in lingua italiana divenute di uso comune.

10. Attuazione. – 1. Con decreto del Ministro dello sviluppo economico ([1]), di concerto con il Ministro per le politiche comunitarie e con il Ministro della giustizia, sentito il parere della Conferenza unificata di cui all'articolo 8 del decreto legislativo 28 agosto 1997, n. 281, sono adottate le norme di attuazione dell'articolo 6, al fine di assicurare, per i prodotti provenienti da Paesi dell'Unione europea, una applicazione compatibile con i principi del diritto comunitario, precisando le categorie di prodotti o le modalità di presentazione per le quali non è obbligatorio riportare le indicazioni di cui al comma 1, lettere *a*) e *b*), dell'articolo 6. Tali disposizioni di attuazione disciplinano inoltre i casi in cui sarà consentito riportare in lingua originaria alcuni dati contenuti nelle indicazioni di cui all'articolo 6.

2. Fino alla data di entrata in vigore del decreto di cui al comma 1, restano in vigore le disposizioni di cui al decreto del Ministro dell'industria, del commercio e dell'artigianato 8 febbraio 1997, n. 101.

([1]) *Le parole: «delle attività produttive» sono state così sostituite dalle attuali: «dello sviluppo economico» dall'art. 1, comma 5, del D.L.vo 6 agosto 2015, n. 130.*

11. Divieti di commercializzazione. – 1. È vietato il commercio sul territorio nazionale di qualsiasi prodotto o confezione di prodotto che non riporti, in forme chiaramente visibili e leggibili, le indicazioni di cui agli articoli 6, 7 e 9 del presente capo.

12. Sanzioni. – 1. Fatto salvo quanto previsto nella parte IV, titolo II, e salvo che il fatto costituisca reato, per quanto attiene alle responsabilità del produttore, ai contravventori al divieto di cui all'articolo 11 si applica una sanzione amministrativa da 516 euro a 25.823 euro. La misura della sanzione è determinata, in ogni singolo caso, facendo riferimento al prezzo di listino di ciascun prodotto ed al numero delle unità poste in vendita.

2. Le sanzioni sono applicate ai sensi della legge 24 novembre 1981, n. 689. Fermo restando quanto previsto in ordine ai poteri di accertamento degli ufficiali e degli agenti di polizia giudiziaria dall'articolo 13 della predetta legge 24 novembre 1981, n. 689, all'accertamento delle violazioni provvedo-

no d'ufficio o su denunzia, gli organi di polizia amministrativa. Il rapporto previsto dall'articolo 17 della legge 24 novembre 1981, n. 689, è presentato all'ufficio della camera di commercio, industria, artigianato e agricoltura della provincia in cui vi è la residenza o la sede legale del professionista.

Capo III
Particolari modalità
di informazione

Sezione I
Indicazione dei prezzi
per unità di misura

13. Definizioni. – 1. Ai fini del presente capo si intende per:

a) prezzo di vendita: il prezzo finale, valido per una unità di prodotto o per una determinata quantità del prodotto, comprensivo dell'IVA e di ogni altra imposta;

b) prezzo per unità di misura: il prezzo finale, comprensivo dell'IVA e di ogni altra imposta, valido per una quantità di un chilogrammo, di un litro, di un metro, di un metro quadrato o di un metro cubo del prodotto o per una singola unità di quantità diversa, se essa è impiegata generalmente e abitualmente per la commercializzazione di prodotti specifici;

c) prodotto commercializzato sfuso: un prodotto che non costituisce oggetto di alcuna confezione preliminare ed è misurato alla presenza del consumatore;

d) prodotto venduto al pezzo: un prodotto che non può essere frazionato senza subire una modifica della sua natura o delle sue proprietà;

e) prodotto venduto a collo: insieme di pezzi omogenei contenuti in un imballaggio;

f) prodotto preconfezionato: l'unità di vendita destinata ad essere presentata come tale al consumatore ed alle collettività, costituita da un prodotto e dall'imballaggio in cui è stato immesso prima di essere posto in vendita, avvolta interamente o in parte in tale imballaggio ma comunque in modo che il contenuto non possa essere modificato senza che la confezione sia aperta o alterata.

14. Campo di applicazione. – 1. Al fine di migliorare l'informazione del consumatore e di agevolare il raffronto dei prezzi, i prodotti offerti dai commercianti ai consumatori recano, oltre alla indicazione del prezzo di vendita, secondo le disposizioni vigenti, l'indicazione del prezzo per unità di misura, fatto salvo quanto previsto all'articolo 16.

2. Il prezzo per unità di misura non deve essere indicato quando è identico al prezzo di vendita.

3. Per i prodotti commercializzati sfusi è indicato soltanto il prezzo per unità di misura.

4. La pubblicità in tutte le sue forme ed i cataloghi recano l'indicazione del prezzo per unità di misura quando è indicato il prezzo di vendita, fatti salvi i casi di esenzione di cui all'articolo 16.

5. La presente sezione non si applica:

a) ai prodotti forniti in occasione di una prestazione di servizi, ivi compresa la somministrazione di alimenti e bevande;

b) ai prodotti offerti nelle vendite all'asta;

c) agli oggetti d'arte e d'antiquariato.

15. Modalità di indicazione del prezzo per unità di misura. – 1. Il prezzo per unità di misura si riferisce ad una quantità dichiarata conformemente alle disposizioni in vigore.

2. Per le modalità di indicazione del prezzo per unità di misura si applica quanto stabilito dall'articolo 14 del decreto legislativo 31 marzo 1998, n. 114, recante riforma della disciplina relativa al settore del commercio.

3. Per i prodotti alimentari preconfezionati immersi in un liquido di governo, anche congelati o surgelati, il prezzo per unità di misura si riferisce al peso netto del prodotto sgocciolato.

4. È ammessa l'indicazione del prezzo per unità di misura di multipli o sottomultipli, decimali delle unità di misura, nei casi in cui taluni prodotti sono generalmente ed abitualmente commercializzati in dette quantità.

5. I prezzi dei prodotti petroliferi per uso di autotrazione, esposti e pubblicizzati presso gli impianti automatici di distribuzione dei carburanti, devono essere esclusivamente quelli effettivamente praticati ai consumatori. È fatto obbligo di esporre in modo visibile dalla carreggiata stradale i prezzi praticati al consumo.

16. Esenzioni. – 1. Sono esenti dall'obbligo dell'indicazione del prezzo per unità di misura i prodotti per i quali tale indicazione non risulti utile a motivo della loro natura o della loro destinazione, o sia di natura tale da dare luogo a confusione. Sono da considerarsi tali i seguenti prodotti:

a) prodotti commercializzati sfusi che, in conformità alle disposizioni di esecuzione della legge 5 agosto 1981, n. 441, e successive modificazioni, recante disposizioni sulla vendita a peso netto delle merci, possono essere venduti a pezzo o a collo;

b) prodotti di diversa natura posti in una stessa confezione;

c) prodotti commercializzati nei distributori automatici;

d) prodotti destinati ad essere mescolati per una preparazione e contenuti in un unico imballaggio;

e) prodotti preconfezionati che siano esentati dall'obbligo di indicazione della quantità netta secondo quanto previsto dall'articolo 9 del decreto legislativo 27 gennaio 1992, n. 109, e successive modificazioni, concernenti l'attuazione delle direttive comunitarie in materia di etichettatura dei prodotti alimentari;

f) alimenti precucinati o preparati o da preparare, costituiti da due o più elementi separati, contenuti in un unico imballaggio, che necessitano di lavorazione da parte del consumatore per ottenere l'alimento finito;

g) prodotti di fantasia;

h) gelati monodose;

i) prodotti non alimentari che possono essere venduti unicamente al pezzo o a collo.

2. Il Ministro dello sviluppo economico ([1]), con proprio decreto, può aggiornare l'elenco delle esenzioni di cui al comma 1, nonché indicare espressamente prodotti o categorie di prodotti non alimentari ai quali non si applicano le predette esenzioni.

([1]) *Le parole: «delle attività produttive» sono state così sostituite dalle attuali: «dello sviluppo economico» dall'art. 1, comma 5, del D.L.vo 6 agosto 2015, n. 130.*

17. Sanzioni. – 1. Chiunque omette di indicare il prezzo per unità di misura o non lo indica secondo quanto previsto dalla presente sezione è soggetto alla sanzione di cui all'articolo 22, comma 3, del decreto legislativo 31 marzo 1998, n. 114, da irrogare con le modalità ivi previste.

Titolo III
Pratiche commerciali,pubblicità
e altre comunicazioni commerciali (1)

(1) *Le parole: «PRATICHE COMMERCIALI,» sono state anteposte dall'art. 4, comma 1, del D.L.vo 23 ottobre 2007, n. 221.*

Capo I
Disposizioni generali

18. (1) **Definizioni.** – 1. Ai fini del presente titolo, si intende per:

a) «consumatore»: qualsiasi persona fisica che, nelle pratiche commerciali oggetto del presente titolo, agisce per fini che non rientrano nel quadro della sua attività commerciale, industriale, artigianale o professionale;

b) «professionista»: qualsiasi persona fisica o giuridica che, nelle pratiche commerciali oggetto del presente titolo, agisce nel quadro della sua attività commerciale, industriale, artigianale o professionale e chiunque agisce in nome o per conto di un professionista;

c) «prodotto»: qualsiasi bene o servizio, compresi i beni immobili, i diritti e le obbligazioni;

d) «pratiche commerciali tra professionisti e consumatori» (di seguito denominate: «pratiche commerciali»): qualsiasi azione, omissione, condotta o dichiarazione, comunicazione commerciale ivi compresa la pubblicità e la commercializzazione del prodotto, posta in essere da un professionista, in relazione alla promozione, vendita o fornitura di un prodotto ai consumatori;

d bis) «microimprese»: entità, società o associazioni che, a prescindere dalla forma giuridica, esercitano un'attività economica, anche a titolo individuale o familiare, occupando meno di dieci persone e realizzando un fatturato annuo oppure un totale di bilancio annuo non superiori a due milioni di euro, ai sensi dell'articolo 2, paragrafo 3, dell'allegato alla raccomandazione n. 2003/361/CE della Commissione, del 6 maggio 2003 (2);

e) «falsare in misura rilevante il comportamento economico dei consumatori»: l'impiego di una pratica commerciale idonea ad alterare sensibilmente la capacità del consumatore di prendere una decisione consapevole, inducendolo pertanto ad assumere una decisione di natura commerciale che non avrebbe altrimenti preso;

f) «codice di condotta»: un accordo o una normativa che non è imposta dalle disposizioni legislative, regolamentari o amministrative di uno Stato membro e che definisce il comportamento dei professionisti che si impegnano a rispettare tale codice in relazione a una o più pratiche commerciali o ad uno o più settori imprenditoriali specifici;

g) «responsabile del codice»: qualsiasi soggetto, compresi un professionista o un gruppo di professionisti, responsabile della formulazione e revisione di un codice di condotta ovvero del controllo del rispetto del codice da parte di coloro che si sono impegnati a rispettarlo;

h) «diligenza professionale»: il normale grado della specifica competenza ed attenzione che ragionevolmente i consumatori attendono da un professionista nei loro confronti rispetto ai principi generali di correttezza e di buona fede nel settore di attività del professionista;

i) «invito all'acquisto»: una comunicazione commerciale indicante le caratteristiche e il prezzo del prodotto in forme appropriate rispetto al mezzo impiegato per la comunicazione commerciale e pertanto tale da consentire al consumatore di effettuare un acquisto;

l) «indebito condizionamento»: lo sfruttamento di una posizione di potere rispetto al consumatore per esercitare una pressione, anche senza il ricorso alla forza fisica o la minaccia di tale ricorso, in modo da limitare notevolmente la capacità del consumatore di prendere una decisione consapevole;

m) «decisione di natura commerciale»: la decisione presa da un consumatore relativa a se acquistare o meno un prodotto, in che modo farlo e a quali condizioni, se pagare integralmente o parzialmente, se tenere un prodotto o disfarsene o se esercitare un diritto contrattuale in relazione al prodotto; tale decisione può portare il consumatore a compiere un'azione o all'astenersi dal compierla;

n) «professione regolamentata»: attività professionale, o insieme di attività professionali, l'accesso alle quali e il cui esercizio, o una delle cui modalità di esercizio, è subordinata direttamente o indirettamente, in base a disposizioni legislative, regolamentari o amministrative, al possesso di determinate qualifiche professionali.

(1) *Questo articolo è stato così sostituito dall'art. 1, comma 1, del D.L.vo 2 agosto 2007, n. 146.*

(2) *Questa lettera è stata inserita dall'art. 7, comma 1, del D.L. 24 gennaio 2012, n. 1, convertito, con modificazioni, nella L. 24 marzo 2012, n. 27.*

19. (1) **Ambito di applicazione.** – 1. Il presente titolo si applica alle pratiche commerciali scorrette tra professionisti e consumatori poste in essere prima, durante e dopo un'operazione commerciale relativa a un prodotto, nonché alle pratiche commerciali scorrette tra professionisti e microimprese. Per le microimprese la tutela in materia di pubblicità ingannevole e di pubblicità comparativa illecita è assicurata in via esclusiva dal decreto legislativo 2 agosto 2007, n. 145 (2).

2. Il presente titolo non pregiudica:

a) l'applicazione delle disposizioni normative in materia contrattuale, in particolare delle norme sulla formazione, validità od efficacia del contratto;

b) l'applicazione delle disposizioni normative, comunitarie o nazionali, in materia di salute e sicurezza dei prodotti;

c) l'applicazione delle disposizioni normative che determinano la competenza giurisdizionale;

d) l'applicazione delle disposizioni normative relative allo stabilimento, o ai regimi di autorizzazione, o i codici deontologici o altre norme specifiche che disciplinano le professioni regolamentate, per garantire livelli elevati di correttezza professionale.

3. In caso di contrasto, le disposizioni contenute in direttive o in altre disposizioni comunitarie e nelle relative norme nazionali di recepimento che disciplinano aspetti specifici delle pratiche commerciali scorrette prevalgono sulle disposizioni del presente titolo e si applicano a tali aspetti specifici.

4. Il presente titolo non è applicabile in materia di certificazione e di indicazioni concernenti il titolo degli articoli in metalli preziosi.

(1) *Questo articolo è stato così sostituito dall'art. 1, comma 1, del D.L.vo 2 agosto 2007, n. 146.*

(2) *Le parole: «, nonché alle pratiche commerciali scorrette tra professionisti e microimprese. Per le microimprese la tutela in materia di pubblicità ingannevole e di pubblicità comparativa illecita è assicurata in via esclusiva dal decreto legislativo 2 agosto 2007, n. 145.» sono state aggiunte dall'art. 7, comma 2, del D.L. 24 gennaio 2012, n. 1, convertito, con modificazioni, nella L. 24 marzo 2012, n. 27.*

Capo II
Pratiche commerciali scorrette (1)

(1) *L'attuale partizione sostituisce la precedente: «CAPO II CARATTERI DELLA PUBBLICITÀ - SEZIONE I PUBBLICITÀ INGANNEVOLE E COMPARATIVA» originariamente posizionata prima dell'art. 19, a norma dell'art. 1, comma 1, del D.L.vo 2 agosto 2007, n. 146.*

20. (1) **Divieto delle pratiche commerciali scorrette.** – 1. Le pratiche commerciali scorrette sono vietate.

2. Una pratica commerciale è scorretta se è contraria alla diligenza professionale, ed è falsa o idonea a falsare in misura apprezzabile il comportamento economico, in relazione al prodotto, del consumatore medio che essa raggiunge o al quale è diretta o del membro medio di un gruppo qualora la pratica commerciale sia diretta a un determinato gruppo di consumatori.

3. Le pratiche commerciali che, pur raggiungendo gruppi più ampi di consumatori, sono idonee a falsare in misura apprezzabile il comportamen-

to economico solo di un gruppo di consumatori chiaramente individuabile, particolarmente vulnerabili alla pratica o al prodotto cui essa si riferisce a motivo della loro infermità mentale o fisica, della loro età o ingenuità, in un modo che il professionista poteva ragionevolmente prevedere, sono valutate nell'ottica del membro medio di tale gruppo. È fatta salva la pratica pubblicitaria comune e legittima consistente in dichiarazioni esagerate o in dichiarazioni che non sono destinate ad essere prese alla lettera.

4. In particolare, sono scorrette le pratiche commerciali:

a) ingannevoli di cui agli articoli 21, 22 e 23 o

b) aggressive di cui agli articoli 24, 25 e 26.

5. Gli articoli 23 e 26 riportano l'elenco delle pratiche commerciali, rispettivamente ingannevoli e aggressive, considerate in ogni caso scorrette.

(1) *Questo articolo è stato così sostituito dall'art. 1, comma 1, del D.L.vo 2 agosto 2007, n. 146.*

Sezione I
Pratiche commerciali
ingannevoli (1)

(1) *L'attuale partizione sostituisce la precedente*: «CAPO *II CARATTERI DELLA PUBBLICITÀ -* SEZIONE *I PUBBLICITÀ INGANNEVOLE E COMPARATIVA» originariamente posizionata prima dell'art. 19, a norma dell'art. 1, comma 1, del D.L.vo 2 agosto 2007, n. 146.*

21. (1) **Azioni ingannevoli.** – 1. È considerata ingannevole una pratica commerciale che contiene informazioni non rispondenti al vero o, seppure di fatto corretta, in qualsiasi modo, anche nella sua presentazione complessiva, induce o è idonea ad indurre in errore il consumatore medio riguardo ad uno o più dei seguenti elementi e, in ogni caso, lo induce o è idonea a indurlo ad assumere una decisione di natura commerciale che non avrebbe altrimenti preso:

a) l'esistenza o la natura del prodotto;

b) le caratteristiche principali del prodotto, quali la sua disponibilità, i vantaggi, i rischi, l'esecuzione, la composizione, gli accessori, l'assistenza post-vendita al consumatore e il trattamento dei reclami, il metodo e la data di fabbricazione o della prestazione, la consegna, l'idoneità allo scopo, gli usi, la quantità, la descrizione, l'origine geografica o commerciale o i risultati che si possono attendere dal suo uso, o i risultati e le caratteristiche fondamentali di prove e controlli effettuati sul prodotto;

c) la portata degli impegni del professionista, i motivi della pratica commerciale e la natura del processo di vendita, qualsiasi dichiarazione o simbolo relativi alla sponsorizzazione o all'approvazione dirette o indirette del professionista o del prodotto;

d) il prezzo o il modo in cui questo è calcolato o l'esistenza di uno specifico vantaggio quanto al prezzo;

e) la necessità di una manutenzione, ricambio, sostituzione o riparazione;

f) la natura, le qualifiche e i diritti del professionista o del suo agente, quali l'identità, il patrimonio, le capacità, lo status, il riconoscimento, l'affiliazione o i collegamenti e i diritti di proprietà industriale, commerciale o intellettuale o i premi e i riconoscimenti;

g) i diritti del consumatore, incluso il diritto di sostituzione o di rimborso ai sensi dell'articolo 130 del presente Codice.

2. È altresì considerata ingannevole una pratica commerciale che, nella fattispecie concreta, tenuto conto di tutte le caratteristiche e circostanze del caso, induce o è idonea ad indurre il consumatore medio ad assumere una decisione di natura commerciale che non avrebbe altrimenti preso e comporti:

a) una qualsivoglia attività di commercializzazione del prodotto che ingenera confusione con i prodotti, i marchi, la denominazione sociale e altri segni distintivi di un concorrente, ivi compresa la pubblicità comparativa illecita;

b) il mancato rispetto da parte del professionista degli impegni contenuti nei codici di condotta che il medesimo si è impegnato a rispettare, ove si tratti di un impegno fermo e verificabile, e il professionista indichi in una pratica commerciale che è vincolato dal codice.

3. È considerata scorretta la pratica commerciale che, riguardando prodotti suscettibili di porre in pericolo la salute e la sicurezza dei consumatori, omette di darne notizia in modo da indurre i consumatori a trascurare le normali regole di prudenza e vigilanza.

3 *bis*. È considerata scorretta la pratica commerciale di una banca, di un istituto di credito o di un intermediario finanziario che, ai fini della stipula di un contratto di mutuo, obbliga il cliente alla sottoscrizione di una polizza assicurativa erogata dalla medesima banca, istituto o intermediario ovvero all'apertura di un conto corrente presso la medesima banca, istituto o intermediario ([2]) ([3]).

4. È considerata, altresì, scorretta la pratica commerciale che, in quanto suscettibile di raggiungere bambini ed adolescenti, può, anche indirettamente, minacciare la loro sicurezza.

4 *bis*. È considerata, altresì, scorretta la pratica commerciale che richieda un sovrapprezzo dei costi per il completamento di una transazione elettronica con un fornitore di beni o servizi ([4]).

([1]) *Questo articolo è stato così sostituito dall'art. 1, comma 1, del D.L.vo 2 agosto 2007, n. 146.*

(2) *Le parole: «ovvero all'apertura di un conto corrente presso la medesima banca, istituto o intermediario» sono state aggiunte dall'art. 28, comma 3, del D.L. 24 gennaio 2012, n. 1, convertito, con modificazioni, nella L. 24 marzo 2012, n. 27.*

(3) *Questo comma è stato inserito dall'art. 36* bis *del D.L. 6 dicembre 2011, n. 201, convertito, con modificazioni, nella L. 22 dicembre 2011, n. 214.*

(4) *Questo comma è stato aggiunto dall'art. 15, comma 5 quater, del D.L. 18 ottobre 2012, n. 179, convertito, con modificazioni, nella L. 17 dicembre 2012, n. 221.*

22. (1) **Omissioni ingannevoli.** – 1. È considerata ingannevole una pratica commerciale che nella fattispecie concreta, tenuto conto di tutte le caratteristiche e circostanze del caso, nonché dei limiti del mezzo di comunicazione impiegato, omette informazioni rilevanti di cui il consumatore medio ha bisogno in tale contesto per prendere una decisione consapevole di natura commerciale e induce o è idonea ad indurre in tal modo il consumatore medio ad assumere una decisione di natura commerciale che non avrebbe altrimenti preso (2).

2. Una pratica commerciale è altresì considerata un'omissione ingannevole quando un professionista occulta o presenta in modo oscuro, incomprensibile, ambiguo o intempestivo le informazioni rilevanti di cui al comma 1, tenendo conto degli aspetti di cui al detto comma, o non indica l'intento commerciale della pratica stessa qualora questi non risultino già evidente dal contesto nonché quando, nell'uno o nell'altro caso, ciò induce o è idoneo a indurre il consumatore medio ad assumere una decisione di natura commerciale che non avrebbe altrimenti preso.

3. Qualora il mezzo di comunicazione impiegato per la pratica commerciale imponga restrizioni in termini di spazio o di tempo, nel decidere se vi sia stata un'omissione di informazioni, si tiene conto di dette restrizioni e di qualunque misura adottata dal professionista per rendere disponibili le informazioni ai consumatori con altri mezzi.

4. Nel caso di un invito all'acquisto sono considerate rilevanti, ai sensi del comma 1, le informazioni seguenti, qualora non risultino già evidenti dal contesto:

a) le caratteristiche principali del prodotto in misura adeguata al mezzo di comunicazione e al prodotto stesso;

b) l'indirizzo geografico e l'identità del professionista, come la sua denominazione sociale e, ove questa informazione sia pertinente, l'indirizzo geografico e l'identità del professionista per conto del quale egli agisce;

c) il prezzo comprensivo delle imposte o, se la natura del prodotto comporta l'impossibilità di calcolare ragionevolmente il prezzo in anticipo, le modalità di calcolo del prezzo e, se del caso, tutte le spese aggiuntive di spedizione, consegna o postali oppure, qualora tali spese non possano ragionevolmente essere calcolate in anticipo, l'indicazione che tali spese potranno essere addebitate al consumatore;

d) le modalità di pagamento, consegna, esecuzione e trattamento dei reclami qualora esse siano difformi dagli obblighi imposti dalla diligenza professionale;

e) l'esistenza di un diritto di recesso o scioglimento del contratto per i prodotti e le operazioni commerciali che comportino tale diritto.

5. Sono considerati rilevanti, ai sensi del comma 1, gli obblighi di informazione, previsti dal diritto comunitario, connessi alle comunicazioni commerciali, compresa la pubblicità o la commercializzazione del prodotto.

(1) *Questo articolo è stato così sostituito dall'art. 1, comma 1, del D.L.vo 2 agosto 2007, n. 146.*

(2) *Per pratica commerciale ingannevole in materia di prodotti alimentari, si veda l'art. 5 della L. 3 febbraio 2011, n. 4.*

22 *bis*. (1) **Pubblicità ingannevole delle tariffe marittime.** – 1. È considerata ingannevole la pubblicità che, riguardando le tariffe praticate da compagnie marittime che operano sul territorio italiano direttamente o in code-sharing, reclamizzi il prezzo del biglietto dovuto alla compagnia marittima separatamente dagli oneri accessori, dalle tasse portuali e da tutti gli oneri comunque destinati a gravare sul consumatore, dovendo la compagnia marittima pubblicizzare un unico prezzo che includa tutte queste voci.

(1) *Questo articolo è stato inserito dall'art. 22 della L. 23 luglio 2009, n. 99.*

23. (1) **Pratiche commerciali considerate in ogni caso ingannevoli.** – 1. Sono considerate in ogni caso ingannevoli le seguenti pratiche commerciali:

a) affermazione non rispondente al vero, da parte di un professionista, di essere firmatario di un codice di condotta;

b) esibire un marchio di fiducia, un marchio di qualità o un marchio equivalente senza aver ottenuto la necessaria autorizzazione;

c) asserire, contrariamente al vero, che un codice di condotta ha l'approvazione di un organismo pubblico o di altra natura;

d) asserire, contrariamente al vero, che un professionista, le sue pratiche commerciali o un suo prodotto sono stati autorizzati, accettati o approvati, da un organismo pubblico o privato o che sono state rispettate le condizioni dell'autorizzazione, dell'accettazione o dell'approvazione ricevuta;

e) invitare all'acquisto di prodotti ad un determinato prezzo senza rivelare l'esistenza di ragionevoli motivi che il professionista può avere per ritenere che non sarà in grado di fornire o di far fornire da un altro professionista quei prodotti o prodotti equivalenti a quel prezzo entro un periodo e in quantità ragionevoli in rapporto al prodotto, all'entità della pubblicità fatta del prodotto e al prezzo offerti;

f) invitare all'acquisto di prodotti ad un determinato prezzo e successivamente:

1) rifiutare di mostrare l'articolo pubblicizzato ai consumatori, oppure

2) rifiutare di accettare ordini per l'articolo o di consegnarlo entro un periodo di tempo ragionevole, oppure

3) fare la dimostrazione dell'articolo con un campione difettoso, con l'intenzione di promuovere un altro prodotto;

g) dichiarare, contrariamente al vero, che il prodotto sarà disponibile solo per un periodo molto limitato o che sarà disponibile solo a condizioni particolari per un periodo di tempo molto limitato, in modo da ottenere una decisione immediata e privare i consumatori della possibilità o del tempo sufficiente per prendere una decisione consapevole;

h) impegnarsi a fornire l'assistenza post-vendita a consumatori con i quali il professionista ha comunicato prima dell'operazione commerciale in una lingua diversa dalla lingua ufficiale dello Stato membro in cui il professionista è stabilito e poi offrire concretamente tale servizio soltanto in un'altra lingua, senza che questo sia chiaramente comunicato al consumatore prima del suo impegno a concludere l'operazione;

i) affermare, contrariamente al vero, o generare comunque l'impressione che la vendita del prodotto è lecita;

l) presentare i diritti conferiti ai consumatori dalla legge come una caratteristica propria dell'offerta fatta dal professionista;

m) salvo quanto previsto dal decreto legislativo 31 luglio 2005, n. 177, e successive modificazioni, impiegare contenuti redazionali nei mezzi di comunicazione per promuovere un prodotto, qualora i costi di tale promozione siano stati sostenuti dal professionista senza che ciò emerga dai contenuti o da immagini o suoni chiaramente individuabili per il consumatore;

n) formulare affermazioni di fatto inesatte per quanto riguarda la natura e la portata dei rischi per la sicurezza personale del consumatore o della sua famiglia se egli non acquistasse il prodotto;

o) promuovere un prodotto simile a quello fabbricato da un altro produttore in modo tale da fuorviare deliberatamente il consumatore inducendolo a ritenere, contrariamente al vero, che il prodotto è fabbricato dallo stesso produttore;

p) avviare, gestire o promuovere un sistema di promozione a carattere piramidale nel quale il consumatore fornisce un contributo in cambio della possibilità di ricevere un corrispettivo derivante principalmente dall'entrata di altri consumatori nel sistema piuttosto che dalla vendita o dal consumo di prodotti;

q) affermare, contrariamente al vero, che il professionista è in procinto di cessare l'attività o traslocare;

r) affermare che alcuni prodotti possono facilitare la vincita in giochi basati sulla sorte;

s) affermare, contrariamente al vero, che un prodotto ha la capacità di curare malattie, disfunzioni o malformazioni;

t) comunicare informazioni inesatte sulle condizioni di mercato o sulla possibilità di ottenere il prodotto allo scopo d'indurre il consumatore all'acquisto a condizioni meno favorevoli di quelle normali di mercato;

u) affermare in una pratica commerciale che si organizzano concorsi o promozioni a premi senza attribuire i premi descritti o un equivalente ragionevole;

v) descrivere un prodotto come gratuito o senza alcun onere, se il consumatore deve pagare un supplemento di prezzo rispetto al normale costo necessario per rispondere alla pratica commerciale e ritirare o farsi recapitare il prodotto;

z) includere nel materiale promozionale una fattura o analoga richiesta di pagamento che lasci intendere, contrariamente al vero, al consumatore di aver già ordinato il prodotto;

aa) dichiarare o lasciare intendere, contrariamente al vero, che il professionista non agisce nel quadro della sua attività commerciale, industriale, artigianale o professionale, o presentarsi, contrariamente al vero, come consumatore;

bb) lasciare intendere, contrariamente al vero, che i servizi post-vendita relativi a un prodotto siano disponibili in uno Stato membro diverso da quello in cui è venduto il prodotto.

(¹) *Questo articolo è stato così sostituito dall'art. 1, comma 1, del D.L.vo 2 agosto 2007, n. 146.*

Sezione II
Pratiche commerciali aggressive ([1])

([1]) *L'attuale partizione sostituisce la precedente: «CAPO II CARATTERI DELLA PUBBLICITÀ - SEZIONE I PUBBLICITÀ INGANNEVOLE E COMPARATIVA» originariamente posizionata prima dell'art. 19, a norma dell'art. 1, comma 1, del D.L.vo 2 agosto 2007, n. 146.*

24. ([1]) **Pratiche commerciali aggressive.** – 1. È considerata aggressiva una pratica commerciale che, nella fattispecie concreta, tenuto conto di tutte le caratteristiche e circostanze del caso, mediante molestie, coercizione, compreso il ricorso alla forza fisica o indebito condizionamento, limita o è idonea a limitare considerevolmente la libertà di scelta o di comportamento del consumatore medio in relazione al prodotto e, pertanto, lo induce o è idonea ad indurlo ad assumere una decisione di natura commerciale che non avrebbe altrimenti preso.

([1]) *Questo articolo è stato così sostituito dall'art. 1, comma 1, del D.L.vo 2 agosto 2007, n. 146.*

25. ([1]) **Ricorso a molestie, coercizione o indebito condizionamento.** – 1. Nel determinare se una pratica commerciale comporta, ai fini del presente capo, molestie, coercizione, compreso il ricorso alla forza fisica, o indebito condizionamento, sono presi in considerazione i seguenti elementi:

a) i tempi, il luogo, la natura o la persistenza;

b) il ricorso alla minaccia fisica o verbale;

c) lo sfruttamento da parte del professionista di qualsivoglia evento tragico o circostanza specifica di gravità tale da alterare la capacità di valutazione del consumatore, al fine di influenzarne la decisione relativa al prodotto;

d) qualsiasi ostacolo non contrattuale, oneroso o sproporzionato, imposto dal professionista qualora un consumatore intenda esercitare diritti contrattuali, compresi il diritto di risolvere un contratto o quello di cambiare prodotto o rivolgersi ad un altro professionista;

e) qualsiasi minaccia di promuovere un'azione legale ove tale azione sia manifestamente temeraria o infondata.

([1]) *Questo articolo è stato così sostituito dall'art. 1, comma 1, del D.L.vo 2 agosto 2007, n. 146.*

26. ([1]) **Pratiche commerciali considerate in ogni caso aggressive.** – 1. Sono considerate in ogni caso aggressive le seguenti pratiche commerciali:

a) creare l'impressione che il consumatore non possa lasciare i locali commerciali fino alla conclusione del contratto;

b) effettuare visite presso l'abitazione del consumatore, ignorando gli inviti del consumatore a lasciare la sua residenza o a non ritornarvi, fuorché nelle circostanze e nella misura in cui siano giustificate dalla legge nazionale ai fini dell'esecuzione di un'obbligazione contrattuale;

c) effettuare ripetute e non richieste sollecitazioni commerciali per telefono, via fax, per posta elettronica o mediante altro mezzo di comunicazione a distanza, fuorché nelle circostanze e nella misura in cui siano giustificate dalla legge nazionale ai fini dell'esecuzione di un'obbligazione contrattuale, fatti salvi l'articolo 58 e l'articolo 130 del decreto legislativo 30 giugno 2003, n. 196;

d) imporre al consumatore che intenda presentare una richiesta di risarcimento del danno in virtù di una polizza di assicurazione di esibire documenti che non possono ragionevolmente essere considerati pertinenti per stabilire la fondatezza della richiesta, o omettere sistematicamente di rispondere alla relativa corrispondenza, al fine di dissuadere un consumatore dall'esercizio dei suoi diritti contrattuali;

e) salvo quanto previsto dal decreto legislativo 31 luglio 2005, n. 177, e successive modificazioni, includere in un messaggio pubblicitario un'esortazione diretta ai bambini affinché acquistino o convincano i genitori o altri adulti ad acquistare loro i prodotti reclamizzati;

f) esigere il pagamento immediato o differito o la restituzione o la custodia di prodotti che il professionista ha fornito, ma che il consumatore non ha richiesto, salvo quanto previsto dall'articolo 66 *sexies*, comma 2 ([2]);

g) informare esplicitamente il consumatore che, se non acquista il prodotto o il servizio saranno in pericolo il lavoro o la sussistenza del professionista;

h) lasciare intendere, contrariamente al vero, che il consumatore abbia già vinto, vincerà o potrà vincere compiendo una determinata azione un premio o una vincita equivalente, mentre in effetti non esiste alcun premio né vincita equivalente oppure che qualsiasi azione volta a reclamare il premio o altra vincita equivalente è subordinata al versamento di denaro o al sostenimento di costi da parte del consumatore.

([1]) *Questo articolo è stato così sostituito dall'art. 1, comma 1, del D.L.vo 2 agosto 2007, n. 146.*

([2]) *Le parole: «salvo quanto previsto dall'articolo 54, comma 2, secondo periodo» sono state così sostituite dalle attuali: «salvo quanto previsto dall'articolo 66* sexies, *comma 2» dall'art. 1, comma 3, del D.L.vo 21 febbraio 2014, n. 21. A norma dell'art. 2, comma 1, del medesimo decreto, tali disposizioni entrano in vigore dal 13 giugno 2014 e si applicano ai contratti conclusi dopo tale data.*

Capo III
Applicazione ([1])

([1]) *Questa partizione è stata introdotta dall'art. 1, comma 1, del D.L.vo 2 agosto 2007, n. 146.*

27. ([1]) **Tutela amministrativa e giurisdizionale.** – 1. L'Autorità garante della concorrenza e del mercato, di seguito denominata «Autorità», esercita le attribuzioni disciplinate dal presente articolo anche quale autorità competente per l'applicazione del regolamento 2006/2004/CE del Parlamento europeo e del Consiglio, del 27 ottobre 2004, sulla cooperazione tra le autorità nazionali responsabili dell'esecuzione della normativa che tutela i consumatori, nei limiti delle disposizioni di legge.

1 *bis*. Anche nei settori regolati, ai sensi dell'articolo 19, comma 3, la competenza ad intervenire nei confronti delle condotte dei professionisti che integrano una pratica commerciale scorretta, fermo restando il rispetto della regolazione vigente, spetta, in via esclusiva, all'Autorità garante della concorrenza e del mercato, che la esercita in base ai poteri di cui al presente articolo, acquisito il parere dell'Autorità di regolazione competente. Resta ferma la competenza delle Autorità di regolazione ad esercitare i propri poteri nelle ipotesi di violazione della regolazione che non integrino gli estremi di una pratica commerciale scorretta. Le Autorità possono disciplinare con protocolli di intesa gli aspetti applicativi e procedimentali della reciproca collaborazione, nel quadro delle rispettive competenze ([2]).

2. L'Autorità, d'ufficio o su istanza di ogni soggetto o organizzazione che ne abbia interesse, inibisce la continuazione delle pratiche commerciali scorrette e ne elimina gli effetti. A tale fine, l'Autorità si avvale dei poteri investigativi ed esecutivi di cui al citato regolamento 2006/2004/CE anche in relazione alle infrazioni non transfrontaliere. Per lo svolgimento dei compiti di cui al comma 1 l'Autorità può avvalersi della Guardia di finanza che agisce con i poteri ad essa attribuiti per l'accertamento dell'imposta sul valore aggiunto e dell'imposta sui redditi. L'intervento dell'Autorità è indipendente dalla circostanza che i consumatori interessati si trovino nel territorio dello Stato membro in cui è stabilito il professionista o in un altro Stato membro.

3. L'Autorità può disporre, con provvedimento motivato, la sospensione provvisoria delle pratiche commerciali scorrette, laddove sussiste particolare urgenza. In ogni caso, comunica l'apertura dell'istruttoria al professionista e, se il committente non è conosciuto, può richiedere al proprietario del mezzo che ha diffuso la pratica commerciale ogni informazione idonea ad identificarlo. L'Autorità può, altresì, richiedere a imprese, enti o persone che ne siano in possesso le informazioni ed i documenti rilevanti al fine dell'ac-

certamento dell'infrazione. Si applicano le disposizioni previste dall'articolo 14, commi 2, 3 e 4, della legge 10 ottobre 1990, n. 287.

4. In caso di inottemperanza, senza giustificato motivo, a quanto disposto dall'Autorità ai sensi dell'articolo 14, comma 2, della legge 10 ottobre 1990, n. 287, l'Autorità applica una sanzione amministrativa pecuniaria da 2.000,00 euro a 20.000,00 euro. Qualora le informazioni o la documentazione fornite non siano veritiere, l'Autorità applica una sanzione amministrativa pecuniaria da 4.000,00 euro a 40.000,00 euro.

5. L'Autorità può disporre che il professionista fornisca prove sull'esattezza dei dati di fatto connessi alla pratica commerciale se, tenuto conto dei diritti o degli interessi legittimi del professionista e di qualsiasi altra parte nel procedimento, tale esigenza risulti giustificata, date le circostanze del caso specifico. Se tale prova è omessa o viene ritenuta insufficiente, i dati di fatto sono considerati inesatti. Incombe, in ogni caso, al professionista l'onere di provare, con allegazioni fattuali, che egli non poteva ragionevolmente prevedere l'impatto della pratica commerciale sui consumatori, ai sensi dell'articolo 20, comma 3.

6. Quando la pratica commerciale è stata o deve essere diffusa attraverso la stampa periodica o quotidiana ovvero per via radiofonica o televisiva o altro mezzo di telecomunicazione, l'Autorità, prima di provvedere, richiede il parere dell'Autorità per le garanzie nelle comunicazioni.

7. Ad eccezione dei casi di manifesta scorrettezza e gravità della pratica commerciale, l'Autorità può ottenere dal professionista responsabile l'assunzione dell'impegno di porre fine all'infrazione, cessando la diffusione della stessa o modificandola in modo da eliminare i profili di illegittimità. L'Autorità può disporre la pubblicazione della dichiarazione dell'impegno in questione a cura e spese del professionista. In tali ipotesi, l'Autorità, valutata l'idoneità di tali impegni, può renderli obbligatori per il professionista e definire il procedimento senza procedere all'accertamento dell'infrazione.

8. L'Autorità, se ritiene la pratica commerciale scorretta, vieta la diffusione, qualora non ancora portata a conoscenza del pubblico, o la continuazione, qualora la pratica sia già iniziata. Con il medesimo provvedimento può essere disposta, a cura e spese del professionista, la pubblicazione della delibera, anche per estratto, ovvero di un'apposita dichiarazione rettificativa, in modo da impedire che le pratiche commerciali scorrette continuino a produrre effetti.

9. Con il provvedimento che vieta la pratica commerciale scorretta, l'Autorità dispone inoltre l'applicazione di una sanzione amministrativa pecuniaria da 5.000,00 euro a 5.000.000 euro ([3]), tenuto conto della gravità e della durata della violazione. Nel caso di pratiche commerciali scorrette ai sensi dell'articolo 21, commi 3 e 4, la sanzione non può essere inferiore a 50.000,00 euro.

10. Nei casi riguardanti comunicazioni commerciali inserite sulle confezioni di prodotti, l'Autorità, nell'adottare i provvedimenti indicati nei commi 3 e 8, assegna per la loro esecuzione un termine che tenga conto dei tempi tecnici necessari per l'adeguamento.

11. L'Autorità garante della concorrenza e del mercato, con proprio regolamento, disciplina la procedura istruttoria, in modo da garantire il contraddittorio, la piena cognizione degli atti e la verbalizzazione.

12. In caso di inottemperanza ai provvedimenti d'urgenza e a quelli inibitori o di rimozione degli effetti di cui ai commi 3, 8 e 10 ed in caso di mancato rispetto degli impegni assunti ai sensi del comma 7, l'Autorità applica una sanzione amministrativa pecuniaria da 10.000 a 5.000.000 euro (4). Nei casi di reiterata inottemperanza l'Autorità può disporre la sospensione dell'attività d'impresa per un periodo non superiore a trenta giorni.

13. [I ricorsi avverso le decisioni adottate dall'Autorità sono soggetti alla giurisdizione esclusiva del giudice amministrativo] (5). Per le sanzioni amministrative pecuniarie conseguenti alle violazioni del presente decreto si osservano, in quanto applicabili, le disposizioni contenute nel capo I, sezione I, e negli articoli 26, 27, 28 e 29 della legge 24 novembre 1981, n. 689, e successive modificazioni. Il pagamento delle sanzioni amministrative di cui al presente articolo deve essere effettuato entro trenta giorni dalla notifica del provvedimento dell'Autorità.

14. Ove la pratica commerciale sia stata assentita con provvedimento amministrativo, preordinato anche alla verifica del carattere non scorretto della stessa, la tutela dei soggetti e delle organizzazioni che vi abbiano interesse, è esperibile in via giurisdizionale con ricorso al giudice amministrativo avverso il predetto provvedimento.

15. È comunque fatta salva la giurisdizione del giudice ordinario in materia di atti di concorrenza sleale, a norma dell'articolo 2598 del codice civile, nonché, per quanto concerne la pubblicità comparativa, in materia di atti compiuti in violazione della disciplina sul diritto d'autore protetto dalla legge 22 aprile 1941, n. 633, e successive modificazioni, e dei marchi d'impresa protetto a norma del decreto legislativo 10 febbraio 2005, n. 30, e successive modificazioni, nonché delle denominazioni di origine riconosciute e protette in Italia e di altri segni distintivi di imprese, beni e servizi concorrenti.

(1) *Questo articolo è stato così sostituito dall'art. 1, comma 1, del D.L.vo 2 agosto 2007, n. 146.*

(2) *Questo comma è stato inserito dall'art. 1, comma 6, lett.* a), *del D.L.vo 21 febbraio 2014, n. 21.*

(3) *Le parole: «500.000,00 euro» sono state così sostituite dalle attuali: «5.000.000 euro» dall'art. 1, comma 6, lett,* b), *del D.L.vo 21 febbraio 2014, n. 21.*

(4) *Le parole: «150.000 euro» sono state così sostituite dalle attuali: «5.000.000 euro» dall'art. 1, comma 6, lett, c), del D.L.vo 21 febbraio 2014, n. 21.*

(5) *Questo periodo è stato abrogato dall'art. 4, comma 1, dell'Allegato 4 del D.L.vo 2 luglio 2010, n. 104, a decorrere dal 16 settembre 2010.*

27 *bis*. (1) **Codici di condotta.** – 1. Le associazioni o le organizzazioni imprenditoriali e professionali possono adottare, in relazione a una o più pratiche commerciali o ad uno o più settori imprenditoriali specifici, appositi codici di condotta che definiscono il comportamento dei professionisti che si impegnano a rispettare tali codici con l'indicazione del soggetto responsabile o dell'organismo incaricato del controllo della loro applicazione.

2. Il codice di condotta è redatto in lingua italiana e inglese ed è reso accessibile dal soggetto o organismo responsabile al consumatore, anche per via telematica.

3. Nella redazione di codici di condotta deve essere garantita almeno la protezione dei minori e salvaguardata la dignità umana.

4. I codici di condotta di cui al comma 1 sono comunicati, per la relativa adesione, agli operatori dei rispettivi settori e conservati ed aggiornati a cura del responsabile del codice, con l'indicazione degli aderenti.

5. Dell'esistenza del codice di condotta, dei suoi contenuti e dell'adesione il professionista deve preventivamente informare i consumatori.

(1) *Questo articolo è stato inserito dall'art. 1, comma 2, del D.L.vo 2 agosto 2007, n. 146.*

27 *ter*. (1) **Autodisciplina.** – 1. I consumatori, i concorrenti, anche tramite le loro associazioni o organizzazioni, prima di avviare la procedura di cui all'articolo 27, possono convenire con il professionista di adire preventivamente, il soggetto responsabile o l'organismo incaricato del controllo del codice di condotta relativo ad uno specifico settore la risoluzione concordata della controversia volta a vietare o a far cessare la continuazione della pratica commerciale scorretta.

2. In ogni caso il ricorso ai sensi del presente articolo, qualunque sia l'esito della procedura, non pregiudica il diritto del consumatore di adire l'Autorità, ai sensi dell'articolo 27, o il giudice competente.

3. Iniziata la procedura davanti ad un organismo di autodisciplina, le parti possono convenire di astenersi dall'adire l'Autorità fino alla pronuncia definitiva, ovvero possono chiedere la sospensione del procedimento innanzi all'Autorità, ove lo stesso sia stato attivato anche da altro soggetto legittimato, in attesa della pronuncia dell'organismo di autodisciplina. L'Autorità, valutate tutte le circostanze, può disporre la sospensione del procedimento per un periodo non superiore a trenta giorni.

(1) *Questo articolo è stato inserito dall'art. 1, comma 2, del D.L.vo 2 agosto 2007, n. 146.*

27 *quater*. ([1]) Oneri di informazione. – 1. L'Autorità garante della concorrenza e del mercato e le associazioni o le organizzazioni imprenditoriali e professionali di cui all'articolo 27 *bis*, comunicano periodicamente al Ministero dello sviluppo economico le decisioni adottate ai sensi del presente titolo.

2. Il Ministero dello sviluppo economico provvederà affinché sul proprio sito siano disponibili:

a) le informazioni generali sulle procedure relative ai meccanismi di reclamo e ricorso disponibili in caso di controversie, nonché sui codici di condotta adottati ai sensi dell'articolo 27 *bis*;

b) gli estremi delle autorità, organizzazioni o associazioni presso le quali si possono ottenere ulteriori informazioni o assistenza;

c) gli estremi e la sintesi delle decisioni significative riguardo a controversie, comprese quelle adottate dagli organi di composizione extragiudiziale.

([1]) *Questo articolo è stato inserito dall'art. 1, comma 2, del D.L.vo 2 agosto 2007, n. 146.*

Titolo IV ([1])
Particolari modalità della comunicazione pubblicitaria

([1]) *La precedente denominazione: «Capo III» è stata così sostituita dalla attuale denominazione: «Titolo IV» dall'art. 1, comma 4, del D.L.vo 2 agosto 2007, n. 146.*

Capo I ([1])
Rafforzamento della tutela del consumatore in materia di televendite

([1]) *La precedente denominazione: «Sezione I» è stata così sostituita dalla attuale denominazione: «Capo I» dall'art. 1, comma 4, del D.L.vo 2 agosto 2007, n. 146.*

28. Ambito di applicazione. – 1. Le disposizioni del presente capo ([1]) si applicano alle televendite, come definite nel regolamento in materia di pubblicità radiotelevisiva e televendite, adottato dall'Autorità per le garanzie nelle comunicazioni con delibera n. 538/01/CSP del 26 luglio 2001, comprese quelle di astrologia, di cartomanzia ed assimilabili e di servizi relativi a concorsi o giochi comportanti ovvero strutturati in guisa di pronostici. Le medesime disposizioni si applicano altresì agli spot di televendita.

([1]) *La precedente parola: «sezione» è stata così sostituita dalla parola: «capo» dall'art. 1, comma 5, del D.L.vo 2 agosto 2007, n. 146.*

29. Prescrizioni. – 1. Le televendite devono evitare ogni forma di sfruttamento della superstizione, della credulità o della paura, non devono contenere scene di violenza fisica o morale o tali da offendere il gusto e la sensibilità dei consumatori per indecenza, volgarità o ripugnanza.

30. Divieti. – 1. È vietata la televendita che offenda la dignità umana, comporti discriminazioni di razza, sesso o nazionalità, offenda convinzioni religiose e politiche, induca a comportamenti pregiudizievoli per la salute o la sicurezza o la protezione dell'ambiente. È vietata la televendita di sigarette o di altri prodotti a base di tabacco.

2. Le televendite non devono contenere dichiarazioni o rappresentazioni che possono indurre in errore gli utenti o i consumatori, anche per mezzo di omissioni, ambiguità o esagerazioni, in particolare per ciò che riguarda le caratteristiche e gli effetti del servizio, il prezzo, le condizioni di vendita o di pagamento, le modalità della fornitura, gli eventuali premi, l'identità delle persone rappresentate.

31. Tutela dei minori. – 1. La televendita non deve esortare i minorenni a stipulare contratti di compravendita o di locazione di prodotti e di servizi. La televendita non deve arrecare pregiudizio morale o fisico ai minorenni e deve rispettare i seguenti criteri a loro tutela:

a) non esortare i minorenni ad acquistare un prodotto o un servizio, sfruttandone l'inesperienza o la credulità;

b) non esortare i minorenni a persuadere genitori o altri ad acquistare tali prodotti o servizi;

c) non sfruttare la particolare fiducia che i minorenni ripongono nei genitori, negli insegnanti o in altri;

d) non mostrare minorenni in situazioni pericolose.

32. Sanzioni. – 1. Salvo che il fatto costituisca reato, e fatte salve le disposizioni ed il regime sanzionatorio stabiliti per i contratti a distanza, così come disciplinati alla parte III, titolo III, capo I, sezione II, dall'articolo 50 all'articolo 61, del codice, nonché le ulteriori disposizioni stabilite in materia di pubblicità, alle televendite sono applicabili altresì le sanzioni di cui all'articolo 2, comma 20, lettera *c*), della legge 14 novembre 1995, n. 481, e di cui all'articolo 1, comma 31, della legge 31 luglio 1997, n. 249.

Parte III
Il rapporto di consumo

Titolo I
Dei contratti del consumatore
in generale

33. Clausole vessatorie nel contratto tra professionista e consumatore. – 1. Nel contratto concluso tra il consumatore ed il professionista si considerano vessatorie le clausole che, malgrado la buona fede, determinano a carico del consumatore un significativo squilibrio dei diritti e degli obblighi derivanti dal contratto.

2. Si presumono vessatorie fino a prova contraria le clausole che hanno per oggetto, o per effetto, di:

a) escludere o limitare la responsabilità del professionista in caso di morte o danno ([1]) alla persona del consumatore, risultante da un fatto o da un'omissione del professionista;

b) escludere o limitare le azioni o i diritti del consumatore nei confronti del professionista o di un'altra parte in caso di inadempimento totale o parziale o di adempimento inesatto da parte del professionista;

c) escludere o limitare l'opportunità da parte del consumatore della compensazione di un debito nei confronti del professionista con un credito vantato nei confronti di quest'ultimo;

d) prevedere un impegno definitivo del consumatore mentre l'esecuzione della prestazione del professionista è subordinata ad una condizione il cui adempimento dipende unicamente dalla sua volontà;

e) consentire al professionista di trattenere una somma di denaro versata dal consumatore se quest'ultimo non conclude il contratto o recede da esso, senza prevedere il diritto del consumatore di esigere dal professionista il doppio della somma corrisposta se è quest'ultimo a non concludere il contratto oppure a recedere;

f) imporre al consumatore, in caso di inadempimento o di ritardo nell'adempimento, il pagamento di una somma di denaro a titolo di risarcimento, clausola penale o altro titolo equivalente d'importo manifestamente eccessivo;

g) riconoscere al solo professionista e non anche al consumatore la facoltà di recedere dal contratto, nonché consentire al professionista di trattenere anche solo in parte la somma versata dal consumatore a titolo di corrispettivo per prestazioni non ancora adempiute, quando sia il professionista a recedere dal contratto;

h) consentire al professionista di recedere da contratti a tempo indeterminato senza un ragionevole preavviso, tranne nel caso di giusta causa;

i) stabilire un termine eccessivamente anticipato rispetto alla scadenza del contratto per comunicare la disdetta al fine di evitare la tacita proroga o rinnovazione;

l) prevedere l'estensione dell'adesione del consumatore a clausole che non ha avuto la possibilità di conoscere prima della conclusione del contratto;

m) consentire al professionista di modificare unilateralmente le clausole del contratto, ovvero le caratteristiche del prodotto o del servizio da fornire, senza un giustificato motivo indicato nel contratto stesso;

n) stabilire che il prezzo dei beni o dei servizi sia determinato al momento della consegna o della prestazione;

o) consentire al professionista di aumentare il prezzo del bene o del servizio senza che il consumatore possa recedere se il prezzo finale è eccessivamente elevato rispetto a quello originariamente convenuto;

p) riservare al professionista il potere di accertare la conformità del bene venduto o del servizio prestato a quello previsto nel contratto o conferirgli il diritto esclusivo d'interpretare una clausola qualsiasi del contratto;

q) limitare la responsabilità del professionista rispetto alle obbligazioni derivanti dai contratti stipulati in suo nome dai mandatari o subordinare l'adempimento delle suddette obbligazioni al rispetto di particolari formalità;

r) limitare o escludere l'opponibilità dell'eccezione d'inadempimento da parte del consumatore;

s) consentire al professionista di sostituire a sé un terzo nei rapporti derivanti dal contratto, anche nel caso di preventivo consenso del consumatore, qualora risulti diminuita la tutela dei diritti di quest'ultimo;

t) sancire a carico del consumatore decadenze, limitazioni della facoltà di opporre eccezioni, deroghe alla competenza dell'autorità giudiziaria, limitazioni all'adduzione di prove, inversioni o modificazioni dell'onere della prova, restrizioni alla libertà contrattuale nei rapporti con i terzi;

u) stabilire come sede del foro competente sulle controversie località diversa da quella di residenza o domicilio elettivo del consumatore;

v) prevedere l'alienazione di un diritto o l'assunzione di un obbligo come subordinati ad una condizione sospensiva dipendente dalla mera volontà del professionista a fronte di un'obbligazione immediatamente efficace del consumatore. È fatto salvo il disposto dell'articolo 1355 del codice civile;

v bis) imporre al consumatore che voglia accedere ad una procedura di risoluzione extragiudiziale delle controversie prevista dal titolo II *bis* della parte V, di rivolgersi esclusivamente ad un'unica tipologia di organismi ADR o ad un unico organismo ADR ([2]);

v ter) rendere eccessivamente difficile per il consumatore l'esperimento della procedura di risoluzione extragiudiziale delle controversie prevista dal titolo II *bis* della parte V (²).

3. Se il contratto ha ad oggetto la prestazione di servizi finanziari a tempo indeterminato il professionista può, in deroga alle lettere *h*) e *m*) del comma 2:

a) recedere, qualora vi sia un giustificato motivo, senza preavviso, dandone immediata comunicazione al consumatore;

b) modificare, qualora sussista un giustificato motivo, le condizioni del contratto, preavvisando entro un congruo termine il consumatore, che ha diritto di recedere dal contratto.

4. Se il contratto ha ad oggetto la prestazione di servizi finanziari il professionista può modificare, senza preavviso, sempreché vi sia un giustificato motivo in deroga alle lettere *n*) e *o*) del comma 2, il tasso di interesse o l'importo di qualunque altro onere relativo alla prestazione finanziaria originariamente convenuti, dandone immediata comunicazione al consumatore che ha diritto di recedere dal contratto.

5. Le lettere *h*), *m*), *n*) e *o*) del comma 2 non si applicano ai contratti aventi ad oggetto valori mobiliari, strumenti finanziari ed altri prodotti o servizi il cui prezzo è collegato alle fluttuazioni di un corso e di un indice di borsa o di un tasso di mercato finanziario non controllato dal professionista, nonché la compravendita di valuta estera, di assegni di viaggio o di vaglia postali internazionali emessi in valuta estera.

6. Le lettere *n*) e *o*) del comma 2 non si applicano alle clausole di indicizzazione dei prezzi, ove consentite dalla legge, a condizione che le modalità di variazione siano espressamente descritte.

(¹) *Nella stesura originaria di questo comma, la parola: «danno» era stata pubblicata come: «dando». In fase di verifica del testo, la redazione aveva individuato l'errore materiale e l'articolo 5, comma 1, del D.L.vo 23 ottobre 2007, n. 221, ha ora definitivamente corretto il termine: «dando» con: «danno».*

(²) *Questa lettera è stata aggiunta dall'art. 1, comma 9, del D.L.vo 6 agosto 2015, n. 130. A norma dell'art. 2, comma 1, dello stesso provvedimento le disposizioni concernenti l'attuazione del regolamento (UE) n. 524/2013 del Parlamento europeo e del Consiglio, del 21 maggio 2013, relativo alla risoluzione delle controversie online dei consumatori, si applicano a decorrere dal 9 gennaio 2016.*

34. Accertamento della vessatorietà delle clausole. – 1. La vessatorietà di una clausola è valutata tenendo conto della natura del bene o del servizio oggetto del contratto e facendo riferimento alle circostanze esistenti al momento della sua conclusione ed alle altre clausole del contratto medesimo o di un altro collegato o da cui dipende.

2. La valutazione del carattere vessatorio della clausola non attiene alla determinazione dell'oggetto del contratto, né all'adeguatezza del corrispettivo dei beni e dei servizi, purché tali elementi siano individuati in modo chiaro e comprensibile.

3. Non sono vessatorie le clausole che riproducono disposizioni di legge ovvero che siano riproduttive di disposizioni o attuative di principi contenuti in convenzioni internazionali delle quali siano parti contraenti tutti gli Stati membri dell'Unione europea o l'Unione europea.

4. Non sono vessatorie le clausole o gli elementi di clausola che siano stati oggetto di trattativa individuale.

5. Nel contratto concluso mediante sottoscrizione di moduli o formulari predisposti per disciplinare in maniera uniforme determinati rapporti contrattuali, incombe sul professionista l'onere di provare che le clausole, o gli elementi di clausola, malgrado siano dal medesimo unilateralmente predisposti, siano stati oggetto di specifica trattativa con il consumatore.

35. Forma e interpretazione. – 1. Nel caso di contratti di cui tutte le clausole o talune clausole siano proposte al consumatore per iscritto, tali clausole devono sempre essere redatte in modo chiaro e comprensibile.

2. In caso di dubbio sul senso di una clausola, prevale l'interpretazione più favorevole al consumatore.

3. La disposizione di cui al comma 2 non si applica nei casi di cui all'articolo 37.

36. Nullità di protezione. – 1. Le clausole considerate vessatorie ai sensi degli articoli 33 e 34 sono nulle mentre il contratto rimane valido per il resto.

2. Sono nulle le clausole che, quantunque oggetto di trattativa, abbiano per oggetto o per effetto di:

a) escludere o limitare la responsabilità del professionista in caso di morte o danno alla persona del consumatore, risultante da un fatto o da un'omissione del professionista;

b) escludere o limitare le azioni del consumatore nei confronti del professionista o di un'altra parte in caso di inadempimento totale o parziale o di adempimento inesatto da parte del professionista;

c) prevedere l'adesione del consumatore come estesa a clausole che non ha avuto, di fatto, la possibilità di conoscere prima della conclusione del contratto.

3. La nullità opera soltanto a vantaggio del consumatore e può essere rilevata d'ufficio dal giudice.

4. Il venditore ha diritto di regresso nei confronti del fornitore per i danni che ha subito in conseguenza della declaratoria di nullità delle clausole dichiarate abusive.

5. È nulla ogni clausola contrattuale che, prevedendo l'applicabilità al contratto di una legislazione di un Paese extracomunitario, abbia l'effetto di privare il consumatore della protezione assicurata dal presente titolo, laddove il contratto presenti un collegamento più stretto con il territorio di uno Stato membro dell'Unione europea.

37. Azione inibitoria. – 1. Le associazioni rappresentative dei consumatori, di cui all'articolo 137, le associazioni rappresentative dei professionisti [e le camere di commercio, industria, artigianato e agricoltura] (1), possono convenire in giudizio il professionista o l'associazione di professionisti che utilizzano, o che raccomandano l'utilizzo di condizioni generali di contratto e richiedere al giudice competente che inibisca l'uso delle condizioni di cui sia accertata l'abusività ai sensi del presente titolo.

2. L'inibitoria può essere concessa, quando ricorrono giusti motivi di urgenza, ai sensi degli articoli 669 *bis* e seguenti del codice di procedura civile.

3. Il giudice può ordinare che il provvedimento sia pubblicato in uno o più giornali, di cui uno almeno a diffusione nazionale.

4. Per quanto non previsto dal presente articolo, alle azioni inibitorie esercitate dalle associazioni dei consumatori di cui al comma 1, si applicano le disposizioni dell'articolo 140.

(1) *Le parole tra parentesi quadrate sono state soppresse dall'art. 5, comma 4, lett.* a), *del D.L.vo 25 novembre 2016, n. 219.*

37 *bis*. (1) Tutela amministrativa contro le clausole vessatorie. – 1. L'Autorità garante della concorrenza e del mercato, sentite le associazioni di categoria rappresentative a livello nazionale [e le camere di commercio interessate o loro unioni,] (2) d'ufficio o su denuncia, ai soli fini di cui ai commi successivi, dichiara la vessatorietà delle clausole inserite nei contratti tra professionisti e consumatori che si concludono mediante adesione a condizioni generali di contratto o con la sottoscrizione di moduli, modelli o formulari. Si applicano le disposizioni previste dall'articolo 14, commi 2, 3 e 4, della legge 10 ottobre 1990, n. 287, secondo le modalità previste dal regolamento di cui al comma 5. In caso di inottemperanza, a quanto disposto dall'Autorità ai sensi dell'articolo 14, comma 2, della legge 10 ottobre 1990, n. 287, l'Autorità applica una sanzione amministrativa pecuniaria da 2.000 euro a 20.000 euro. Qualora le informazioni o la documentazione fornite non siano veritiere, l'Autorità applica una sanzione amministrativa pecuniaria da 4.000 euro a 40.000 euro.

2. Il provvedimento che accerta la vessatorietà della clausola è diffuso anche per estratto mediante pubblicazione su apposita sezione del sito internet istituzionale dell'Autorità, sul sito dell'operatore che adotta la clausola ritenuta vessatoria e mediante ogni altro mezzo ritenuto opportuno in relazione all'esigenza di informare compiutamente i consumatori a cura e spese dell'operatore. In caso di inottemperanza alle disposizioni di cui al presente comma, l'Autorità applica una sanzione amministrativa pecuniaria da 5.000 euro a 50.000 euro.

3. Le imprese interessate hanno facoltà di interpellare preventivamente l'Autorità in merito alla vessatorietà delle clausole che intendono utilizzare nei rapporti commerciali con i consumatori secondo le modalità previste dal regolamento di cui al comma 5. L'Autorità si pronuncia sull'interpello entro il termine di centoventi giorni dalla richiesta, salvo che le informazioni fornite risultino gravemente inesatte, incomplete o non veritiere. Le clausole non ritenute vessatorie a seguito di interpello non possono essere successivamente valutate dall'Autorità per gli effetti di cui al comma 2. Resta in ogni caso ferma la responsabilità dei professionisti nei confronti dei consumatori.

4. In materia di tutela giurisdizionale, contro gli atti dell'Autorità, adottati in applicazione del presente articolo, è competente il giudice amministrativo. È fatta salva la giurisdizione del giudice ordinario sulla validità delle clausole vessatorie e sul risarcimento del danno.

5. L'Autorità, con proprio regolamento, disciplina la procedura istruttoria in modo da garantire il contraddittorio e l'accesso agli atti, nel rispetto dei legittimi motivi di riservatezza. Con lo stesso regolamento l'Autorità disciplina le modalità di consultazione con le associazioni di categoria rappresentative a livello nazionale [e con le camere di commercio interessate o loro unioni] ([3]) attraverso l'apposita sezione del sito internet di cui al comma 2 nonché la procedura di interpello. Nell'esercizio delle competenze di cui al presente articolo, l'Autorità può sentire le autorità di regolazione o vigilanza dei settori in cui i professionisti interessati operano [, nonché le camere di commercio interessate o le loro unioni] ([4]).

6. Le attività di cui al presente articolo sono svolte con le risorse umane, strumentali e finanziarie già disponibili a legislazione vigente.

([1]) *Questo articolo è stato inserito dall'art. 5 del D.L. 24 gennaio 2012, n. 1, convertito, con modificazioni, nella L. 24 marzo 2012, n. 27.*

([2]) *Le parole tra parentesi quadrate sono state soppresse dall'art. 5, comma 4, lett. b), del D.L.vo 25 novembre 2016, n. 219.*

([3]) *Le parole tra parentesi quadrate sono state soppresse dall'art. 5, comma 4, lett. c), del D.L.vo 25 novembre 2016, n. 219.*

([4]) *Le parole tra parentesi quadrate sono state soppresse dall'art. 5, comma 4, lett. d), del D.L.vo 25 novembre 2016, n. 219.*

38. Rinvio. – 1. Per quanto non previsto dal presente (1) codice, ai contratti conclusi tra il consumatore ed il professionista si applicano le disposizioni del codice civile.

(1) *La parola: «presente» è stata inserita dall'art. 6, comma 1, del D.L.vo 23 ottobre 2007, n. 221.*

Titolo II
Esercizio dell'attività commerciale

Capo I
Disposizioni generali

39. Regole nelle attività commerciali. – 1. Le attività commerciali sono improntate al rispetto dei principi di buona fede, di correttezza e di lealtà, valutati anche alla stregua delle esigenze di protezione delle categorie di consumatori.

Capo II
Promozione delle vendite

Sezione I
Credito al consumo

40. (1) [**Credito al consumo.** – 1. Il Comitato interministeriale per il credito e il risparmio (CICR) provvede ad adeguare la normativa nazionale alla direttiva 98/7/CE del Parlamento europeo e del Consiglio, del 16 febbraio 1998, che modifica la direttiva 87/102/CEE, relativa al ravvicinamento delle disposizioni legislative, regolamentari e amministrative degli Stati membri in materia di credito al consumo, con particolare riguardo alla previsione di indicare il Tasso annuo effettivo globale (TAEG) mediante un esempio tipico].

(1) *Questo articolo è stato abrogato dall'art. 3, comma 1, lett. a), del D.L.vo 13 agosto 2010, n. 141.*

41. (1) [**Tasso annuo effettivo globale e pubblicità.** – 1. Ai fini di cui all'articolo 40, il CICR, apporta, ai sensi degli articoli 122, comma 2, e 123, comma 2, del testo unico della legge in materia bancaria e creditizia, di cui al decreto legislativo 1° settembre 1993, n. 385, e successive modificazioni, le necessarie modifiche alla disciplina recata dal decreto del Ministro del tesoro in data 8 luglio 1992, pubblicato nella *Gazzetta Ufficiale* della Repubblica italiana n. 169 del 20 luglio 1992].

(1) *Questo articolo è stato abrogato dall'art. 3, comma 1, lett. a), del D.L.vo 13 agosto 2010, n. 141.*

42. ([1]) [**Inadempimento del fornitore.** – 1. Nei casi di inadempimento del fornitore di beni e servizi, il consumatore che abbia effettuato inutilmente la costituzione in mora ha diritto di agire contro il finanziatore nei limiti del credito concesso, a condizione che vi sia un accordo che attribuisce al finanziatore l'esclusiva per la concessione di credito ai clienti del fornitore. La responsabilità si estende anche al terzo, al quale il finanziatore abbia ceduto i diritti derivanti dal contratto di concessione del credito].

([1]) *Questo articolo è stato abrogato dall'art. 3, comma 1, lett.* a)*, del D.L.vo 13 agosto 2010, n. 141.*

43. Rinvio al testo unico bancario. – Per la [restante]([1]) disciplina del credito al consumo si fa rinvio ai capi II e III del titolo VI del citato decreto legislativo n. 385 del 1993, e successive modificazioni, nonché agli articoli 144 e 145 del medesimo testo unico per l'applicazione delle relative sanzioni.

([1]) *La parola tra parentesi quadrate è stata soppressa dall'art. 3, comma 1, lett.* a)*, del D.L.vo 13 agosto 2010, n. 141.*

Titolo III
Modalità contrattuali

44. Contratti negoziati nei locali commerciali. Rinvio. – 1. Ove non diversamente disciplinato dal presente codice, per la disciplina del settore del commercio si fa rinvio al decreto legislativo 31 marzo 1998, n. 114, recante riforma della disciplina relativa al settore del commercio, a norma dell'articolo 4, comma 4, della legge 15 marzo 1997, n. 59.

Capo I
Dei diritti dei consumatori nei contratti ([1])

([1]) *Questo Capo, limitatamente agli articoli da 45 a 67, è stato così sostituito, dall'art. 1 del D.L.vo 21 febbraio 2014, n. 21. A norma dell'art. 2, comma 1, del medesimo provvedimento, tali modifiche entrano in vigore dal 13 giugno 2014 e si applicano ai contratti conclusi dopo tale data.*

45. Definizioni. – 1. Ai fini delle Sezioni da I a IV del presente capo, si intende per:

a) «consumatore»: la persona fisica, di cui all'articolo 3, comma 1, lettera *a*);

b) «professionista»: il soggetto, di cui all'articolo 3, comma 1, lettera *c*);

c) «bene»: qualsiasi bene mobile materiale ad esclusione dei beni oggetto di vendita forzata o comunque venduti secondo altre modalità dalle autorità giudiziarie; rientrano fra i beni oggetto della presente direttiva l'acqua, il gas e l'elettricità, quando sono messi in vendita in un volume delimitato o in quantità determinata;

d) «beni prodotti secondo le indicazioni del consumatore»: qualsiasi bene non prefabbricato prodotto in base a una scelta o decisione individuale del consumatore;

e) «contratto di vendita»: qualsiasi contratto in base al quale il professionista trasferisce o si impegna a trasferire la proprietà di beni al consumatore e il consumatore ne paga o si impegna a pagarne il prezzo, inclusi i contratti che hanno come oggetto sia beni che servizi;

f) «contratto di servizi»: qualsiasi contratto diverso da un contratto di vendita in base al quale il professionista fornisce o si impegna a fornire un servizio al consumatore e il consumatore paga o si impegna a pagarne il prezzo;

g) «contratto a distanza»: qualsiasi contratto concluso tra il professionista e il consumatore nel quadro di un regime organizzato di vendita o di prestazione di servizi a distanza senza la presenza fisica e simultanea del professionista e del consumatore, mediante l'uso esclusivo di uno o più mezzi di comunicazione a distanza fino alla conclusione del contratto, compresa la conclusione del contratto stesso;

h) «contratto negoziato fuori dei locali commerciali»: qualsiasi contratto tra il professionista e il consumatore:

1) concluso alla presenza fisica e simultanea del professionista e del consumatore, in un luogo diverso dai locali del professionista;

2) per cui è stata fatta un'offerta da parte del consumatore, nelle stesse circostanze di cui al numero 1;

3) concluso nei locali del professionista o mediante qualsiasi mezzo di comunicazione a distanza immediatamente dopo che il consumatore è stato avvicinato personalmente e singolarmente in un luogo diverso dai locali del professionista, alla presenza fisica e simultanea del professionista e del consumatore; oppure;

4) concluso durante un viaggio promozionale organizzato dal professionista e avente lo scopo o l'effetto di promuovere e vendere beni o servizi al consumatore;

i) «locali commerciali»:

1) qualsiasi locale immobile adibito alla vendita al dettaglio in cui il professionista esercita la sua attività su base permanente; oppure;

2) qualsiasi locale mobile adibito alla vendita al dettaglio in cui il professionista esercita la propria attività a carattere abituale;

l) «supporto durevole»: ogni strumento che permetta al consumatore o al professionista di conservare le informazioni che gli sono personalmente indirizzate in modo da potervi accedere in futuro per un periodo di tempo adeguato alle finalità cui esse sono destinate e che permetta la riproduzione identica delle informazioni memorizzate;

m) «contenuto digitale»: i dati prodotti e forniti in formato digitale;

n) «servizio finanziario»: qualsiasi servizio di natura bancaria, creditizia, assicurativa, servizi pensionistici individuali, di investimento o di pagamento;

o) «asta pubblica»: metodo di vendita in cui beni o servizi sono offerti dal professionista ai consumatori che partecipano o cui è data la possibilità di partecipare all'asta di persona, mediante una trasparente procedura competitiva di offerte gestita da una casa d'aste e in cui l'aggiudicatario è vincolato all'acquisto dei beni o servizi;

p) «garanzia»: qualsiasi impegno di un professionista o di un produttore (il «garante»), assunto nei confronti del consumatore, in aggiunta agli obblighi di legge in merito alla garanzia di conformità, di rimborsare il prezzo pagato, sostituire, riparare, o intervenire altrimenti sul bene, qualora esso non corrisponda alle caratteristiche, o a qualsiasi altro requisito non relativo alla conformità, enunciati nella dichiarazione di garanzia o nella relativa pubblicità disponibile al momento o prima della conclusione del contratto;

q) «contratto accessorio»: un contratto mediante il quale il consumatore acquista beni o servizi connessi a un contratto a distanza o negoziato fuori dei locali commerciali e in cui tali beni o servizi sono forniti dal professionista o da un terzo in base ad un accordo tra il terzo e il professionista.

46. Ambito di applicazione. – 1. Le disposizioni delle Sezioni da I a IV del presente Capo si applicano, a qualsiasi contratto concluso tra un professionista e un consumatore, inclusi i contratti per la fornitura di acqua, gas, elettricità o teleriscaldamento, anche da parte di prestatori pubblici, nella misura in cui detti prodotti di base sono forniti su base contrattuale.

2. In caso di conflitto tra le disposizioni delle Sezioni da I a IV del presente Capo e una disposizione di un atto dell'Unione europea che disciplina settori specifici, quest'ultima e le relative norme nazionali di recepimento prevalgono e si applicano a tali settori specifici.

3. Le disposizioni delle Sezioni da I a IV del presente Capo non impediscono ai professionisti di offrire ai consumatori condizioni contrattuali più favorevoli rispetto alla tutela prevista da tali disposizioni.

47. Esclusioni. – 1. Le disposizioni delle Sezioni da I a IV del presente Capo non si applicano ai contratti:

a) per i servizi sociali, compresi gli alloggi popolari, l'assistenza all'infanzia e il sostegno alle famiglie e alle persone temporaneamente o permanentemente in stato di bisogno, ivi compresa l'assistenza a lungo termine;

b) di assistenza sanitaria, per i servizi prestati da professionisti sanitari a pazienti, al fine di valutare, mantenere o ristabilire il loro stato di salute, ivi compresa la prescrizione, la somministrazione e la fornitura di medicinali e dispositivi medici, sia essa fornita o meno attraverso le strutture di assistenza sanitaria;

c) di attività di azzardo che implicano una posta di valore pecuniario in giochi di fortuna, comprese le lotterie, i giochi d'azzardo nei casinò e le scommesse;

d) di servizi finanziari;

e) aventi ad oggetto la creazione di beni immobili o la costituzione o il trasferimento di diritti su beni immobili;

f) per la costruzione di nuovi edifici, la trasformazione sostanziale di edifici esistenti e per la locazione di alloggi a scopo residenziale;

g) che rientrano nell'ambito di applicazione della disciplina concernente i contratti del turismo organizzato, di cui al Capo I del Titolo VI dell'Allegato 1 al decreto legislativo 23 maggio 2011, n. 79 (1) (2);

h) che rientrano nell'ambito di applicazione della disciplina concernente la tutela dei consumatori per quanto riguarda taluni aspetti dei contratti di multiproprietà, dei contratti relativi ai prodotti per le vacanze di lungo termine e dei contratti di rivendita e di scambio, di cui agli articoli da 69 a 81 *bis* del presente Codice;

i) stipulati con l'intervento di un pubblico ufficiale, tenuto per legge all'indipendenza e all'imparzialità, il quale deve garantire, fornendo un'informazione giuridica completa, che il consumatore concluda il contratto soltanto sulla base di una decisione giuridica ponderata e con conoscenza della sua rilevanza giuridica;

l) di fornitura di alimenti, bevande o altri beni destinati al consumo corrente nella famiglia e fisicamente forniti da un professionista in giri frequenti e regolari al domicilio, alla residenza o al posto di lavoro del consumatore;

m) di servizi di trasporto passeggeri, fatti salvi l'articolo 51, comma 2, e gli articoli 62 e 65;

n) conclusi tramite distributori automatici o locali commerciali automatizzati;

o) conclusi con operatori delle telecomunicazioni impiegando telefoni pubblici a pagamento per il loro utilizzo o conclusi per l'utilizzo di un solo collegamento tramite telefono, Internet o fax, stabilito dal consumatore.

2. Le disposizioni delle Sezioni da I a IV del presente Capo non si applicano ai contratti negoziati fuori dei locali commerciali in base ai quali il corrispettivo che il consumatore deve pagare non è superiore a 50 euro. Tuttavia, si applicano le disposizioni del presente Capo nel caso di più con-

tratti stipulati contestualmente tra le medesime parti, qualora l'entità del corrispettivo globale che il consumatore deve pagare, indipendentemente dall'importo dei singoli contratti, superi l'importo di 50 euro.

(1) *Questa lettera è stata così sostituita dall'art. 2, comma 1, del D.L.vo 21 maggio 2018, n. 62.*

(2) *A norma dell'art. 3, comma 1, del D.L.vo 21 maggio 2018, n. 62, le disposizioni di cui al citato decreto entrano in vigore il 1° luglio 2018 e si applicano ai contratti conclusi a decorrere da tale data.*

Sezione I

Informazioni precontrattuali per i consumatori nei contratti diversi dai contratti a distanza o negoziati fuori dei locali commerciali

48. Obblighi d'informazione nei contratti diversi dai contratti a distanza o negoziati fuori dei locali commerciali. – 1. Prima che il consumatore sia vincolato da un contratto diverso da un contratto a distanza o negoziato fuori dei locali commerciali o da una corrispondente offerta, il professionista fornisce al consumatore le seguenti informazioni in modo chiaro e comprensibile, qualora esse non siano già apparenti dal contesto:

a) le caratteristiche principali dei beni o servizi, nella misura adeguata al supporto e ai beni o servizi;

b) l'identità del professionista, l'indirizzo geografico in cui è stabilito e il numero di telefono e, ove questa informazione sia pertinente, l'indirizzo geografico e l'identità del professionista per conto del quale egli agisce;

c) il prezzo totale dei beni o servizi comprensivo delle imposte o, se la natura dei beni o dei servizi comporta l'impossibilità di calcolare ragionevolmente il prezzo in anticipo, le modalità di calcolo del prezzo e, se applicabili, tutte le spese aggiuntive di spedizione, consegna o postali oppure, qualora tali spese non possano ragionevolmente essere calcolate in anticipo, l'indicazione che tali spese potranno essere addebitate al consumatore;

d) se applicabili, le modalità di pagamento, consegna ed esecuzione, la data entro la quale il professionista si impegna a consegnare i beni o a prestare il servizio e il trattamento dei reclami da parte del professionista;

e) oltre a un richiamo dell'esistenza della garanzia legale di conformità per i beni, l'esistenza e le condizioni del servizio postvendita e delle garanzie commerciali, se applicabili;

f) la durata del contratto, se applicabile, o, se il contratto è a tempo indeterminato o è un contratto a rinnovo automatico, le condizioni di risoluzione del contratto;

g) se applicabile, la funzionalità del contenuto digitale, comprese le misure applicabili di protezione tecnica;

h) qualsiasi interoperabilità pertinente del contenuto digitale con l'*hardware* e il *software*, di cui il professionista sia a conoscenza o di cui ci si può ragionevolmente attendere che sia venuto a conoscenza, se applicabili.

2. Gli obblighi di informazione precontrattuali, di cui al comma 1, si applicano anche ai contratti per la fornitura di acqua, gas o elettricità, quando non sono messi in vendita in un volume limitato o in quantità determinata, di teleriscaldamento o di contenuto digitale non fornito su un supporto materiale.

3. Gli obblighi di informazione precontrattuali, di cui al comma 1, non si applicano ai contratti che implicano transazioni quotidiane e che sono eseguiti immediatamente al momento della loro conclusione.

4. È fatta salva la possibilità di prevedere o mantenere obblighi aggiuntivi di informazione precontrattuale per i contratti ai quali si applica il presente articolo.

5. Sono fatte salve le disposizioni di cui agli articoli da 6 a 12 del presente Codice.

Sezione II
Informazioni precontrattuali
per il consumatore
e diritto di recesso nei contratti a distanza
e nei contratti negoziati
fuori dei locali commerciali

49. Obblighi di informazione nei contratti a distanza e nei contratti negoziati fuori dei locali commerciali. – 1. Prima che il consumatore sia vincolato da un contratto a distanza o negoziato fuori dei locali commerciali o da una corrispondente offerta, il professionista fornisce al consumatore le informazioni seguenti, in maniera chiara e comprensibile:

a) le caratteristiche principali dei beni o servizi, nella misura adeguata al supporto e ai beni o servizi;

b) l'identità del professionista;

c) l'indirizzo geografico dove il professionista è stabilito e il suo numero di telefono, di fax e l'indirizzo elettronico, ove disponibili, per consentire al consumatore di contattare rapidamente il professionista e comunicare efficacemente con lui e, se applicabili, l'indirizzo geografico e l'identità del professionista per conto del quale agisce;

d) se diverso dall'indirizzo fornito in conformità della lettera *c*), l'indirizzo geografico della sede del professionista a cui il consumatore può indirizzare eventuali reclami e, se applicabile, quello del professionista per conto del quale agisce;

e) il prezzo totale dei beni o dei servizi comprensivo delle imposte o, se la natura dei beni o servizi comporta l'impossibilità di calcolare ragionevolmente il prezzo in anticipo, le modalità di calcolo del prezzo e, se del caso, tutte le spese aggiuntive di spedizione, consegna o postali e ogni altro costo oppure, qualora tali spese non possano ragionevolmente essere calcolate in anticipo, l'indicazione che tali spese potranno essere addebitate al consumatore; nel caso di un contratto a tempo indeterminato o di un contratto comprendente un abbonamento, il prezzo totale include i costi totali per periodo di fatturazione; quando tali contratti prevedono l'addebitamento di una tariffa fissa, il prezzo totale equivale anche ai costi mensili totali; se i costi totali non possono essere ragionevolmente calcolati in anticipo, devono essere fornite le modalità di calcolo del prezzo;

f) il costo dell'utilizzo del mezzo di comunicazione a distanza per la conclusione del contratto quando tale costo è calcolato su una base diversa dalla tariffa di base;

g) le modalità di pagamento, consegna ed esecuzione, la data entro la quale il professionista si impegna a consegnare i beni o a prestare i servizi e, se del caso, il trattamento dei reclami da parte del professionista;

h) in caso di sussistenza di un diritto di recesso, le condizioni, i termini e le procedure per esercitare tale diritto conformemente all'articolo 54, comma 1, nonché il modulo tipo di recesso di cui all'allegato I, parte B;

i) se applicabile, l'informazione che il consumatore dovrà sostenere il costo della restituzione dei beni in caso di recesso e in caso di contratti a distanza qualora i beni per loro natura non possano essere normalmente restituiti a mezzo posta;

l) che, se il consumatore esercita il diritto di recesso dopo aver presentato una richiesta ai sensi dell'articolo 50, comma 3, o dell'articolo 51, comma 8, egli è responsabile del pagamento al professionista di costi ragionevoli, ai sensi dell'articolo 57, comma 3;

m) se non è previsto un diritto di recesso ai sensi dell'articolo 59, l'informazione che il consumatore non beneficerà di un diritto di recesso o, se del caso, le circostanze in cui il consumatore perde il diritto di recesso;

n) un promemoria dell'esistenza della garanzia legale di conformità per i beni;

o) se applicabili, l'esistenza e le condizioni dell'assistenza postvendita al consumatore, dei servizi postvendita e delle garanzie commerciali;

p) l'esistenza di codici di condotta pertinenti, come definiti all'articolo 18, comma 1, lettera *f*), del presente Codice, e come possa esserne ottenuta copia, se del caso;

q) la durata del contratto, se applicabile, o, se il contratto è a tempo indeterminato o è un contratto a rinnovo automatico, le condizioni per recedere dal contratto;

r) se applicabile, la durata minima degli obblighi del consumatore a norma del contratto;

s) se applicabili, l'esistenza e le condizioni di depositi o altre garanzie finanziarie che il consumatore è tenuto a pagare o fornire su richiesta del professionista;

t) se applicabile, la funzionalità del contenuto digitale, comprese le misure applicabili di protezione tecnica;

u) qualsiasi interoperabilità pertinente del contenuto digitale con l'*hardware* e il *software*, di cui il professionista sia a conoscenza o di cui ci si può ragionevolmente attendere che sia venuto a conoscenza, se applicabile;

v) se applicabile, la possibilità di servirsi di un meccanismo extra-giudiziale di reclamo e ricorso cui il professionista è soggetto e le condizioni per avervi accesso.

2. Gli obblighi di informazione precontrattuali, di cui al comma 1, si applicano anche ai contratti per la fornitura di acqua, gas o elettricità, quando non sono messi in vendita in un volume limitato o in quantità determinata, di teleriscaldamento o di contenuto digitale non fornito su un supporto materiale.

3. Nel caso di un'asta pubblica, le informazioni di cui al comma 1, lettere *b*), *c*) e *d*), possono essere sostituite dai corrispondenti dati della casa d'aste.

4. Le informazioni di cui al comma 1, lettere *h*), *i*) e *l*), possono essere fornite mediante le istruzioni tipo sul recesso di cui all'allegato I, parte A. Il professionista ha adempiuto agli obblighi di informazione di cui al comma 1, lettere *h*), *i*) e *l*), se ha presentato dette istruzioni al consumatore, debitamente compilate.

5. Le informazioni di cui al comma 1 formano parte integrante del contratto a distanza o del contratto negoziato fuori dei locali commerciali e non possono essere modificate se non con accordo espresso delle parti.

6. Se il professionista non adempie agli obblighi di informazione sulle spese aggiuntive o gli altri costi di cui al comma 1, lettera *e*), o sui costi della restituzione dei beni di cui al comma 1, lettera *i*), il consumatore non deve sostenere tali spese o costi aggiuntivi.

7. Nel caso di utilizzazione di tecniche che consentono una comunicazione individuale, le informazioni di cui al comma 1 sono fornite, ove il consumatore lo richieda, in lingua italiana.

8. Gli obblighi di informazione stabiliti nella presente sezione si aggiungono agli obblighi di informazione contenuti nel decreto legislativo 26 marzo 2010, n. 59, e successive modificazioni, e nel decreto legislativo 9 aprile 2003, n. 70, e successive modificazioni, e non ostano ad obblighi di informazione aggiuntivi previsti in conformità a tali disposizioni.

9. Fatto salvo quanto previsto dal comma 8, in caso di conflitto tra una disposizione del decreto legislativo 26 marzo 2010, n. 59, e successive modificazioni, e del decreto legislativo 9 aprile 2003, n. 70, e successive modificazioni, sul contenuto e le modalità di rilascio delle informazioni e una disposizione della presente sezione, prevale quest'ultima.

10. L'onere della prova relativo all'adempimento degli obblighi di informazione di cui alla presente sezione incombe sul professionista.

50. Requisiti formali per i contratti negoziati fuori dei locali commerciali. – 1. Per quanto riguarda i contratti negoziati fuori dei locali commerciali il professionista fornisce al consumatore le informazioni di cui all'articolo 49, comma 1, su supporto cartaceo o, se il consumatore è d'accordo, su un altro mezzo durevole. Dette informazioni devono essere leggibili e presentate in un linguaggio semplice e comprensibile.

2. Il professionista fornisce al consumatore una copia del contratto firmato o la conferma del contratto su supporto cartaceo o, se il consumatore è d'accordo, su un altro mezzo durevole, compresa, se del caso, la conferma del previo consenso espresso e dell'accettazione del consumatore in conformità all'articolo 59, comma 1, lettera *o*).

3. Se un consumatore vuole che la prestazione dei servizi ovvero la fornitura di acqua, gas o elettricità, quando non sono messi in vendita in un volume limitato o in quantità determinata, o di teleriscaldamento inizi durante il periodo di recesso previsto all'articolo 52, comma 2, il professionista esige che il consumatore ne faccia esplicita richiesta su un supporto durevole.

4. Per i contratti negoziati fuori dei locali commerciali in cui il consumatore ha chiesto espressamente i servizi del professionista ai fini dell'effettuazione di lavori di riparazione o manutenzione e in virtù dei quali il professionista e il consumatore adempiono immediatamente ai propri obblighi contrattuali e l'importo a carico del consumatore non supera i 200 euro:

a) il professionista fornisce al consumatore, prima che questi sia vincolato dal contratto, le informazioni di cui all'articolo 49, comma 1, lettere *b*) e *c*), e le informazioni concernenti il prezzo o le modalità di calcolo del prezzo, accompagnate da una stima del prezzo totale, su supporto cartaceo o, se il consumatore è d'accordo, su un altro mezzo durevole. Il professionista fornisce le informazioni di cui all'articolo 49, comma 1, lettere *a*), *h*) ed *m*), ma può scegliere di non fornirle su formato cartaceo o su un altro mezzo durevole se il consumatore ha espressamente acconsentito;

b) la conferma del contratto fornita conformemente al comma 2 del presente articolo contiene tutte le informazioni di cui all'articolo 49, comma 1.

51. Requisiti formali per i contratti a distanza. – 1. Per quanto riguarda i contratti a distanza il professionista fornisce o mette a disposizione del consumatore le informazioni di cui all'articolo 49, comma 1, in modo appropriato al mezzo di comunicazione a distanza impiegato in un linguaggio semplice e comprensibile. Nella misura in cui dette informazioni sono presentate su un supporto durevole, esse devono essere leggibili.

2. Se un contratto a distanza che deve essere concluso con mezzi elettronici impone al consumatore l'obbligo di pagare, il professionista gli comunica in modo chiaro ed evidente le informazioni di cui all'articolo 49, comma 1, lettere *a*), *e*), *q*) ed *r*), direttamente prima che il consumatore inoltri l'ordine. Il professionista garantisce che, al momento di inoltrare l'ordine, il consumatore riconosca espressamente che l'ordine implica l'obbligo di pagare. Se l'inoltro dell'ordine implica di azionare un pulsante o una funzione analoga, il pulsante o la funzione analoga riportano in modo facilmente leggibile soltanto le parole "ordine con obbligo di pagare" o una formulazione corrispondente inequivocabile indicante che l'inoltro dell'ordine implica l'obbligo di pagare il professionista. Se il professionista non osserva il presente comma, il consumatore non è vincolato dal contratto o dall'ordine.

3. I siti di commercio elettronico indicano in modo chiaro e leggibile, al più tardi all'inizio del processo di ordinazione, se si applicano restrizioni relative alla consegna e quali mezzi di pagamento sono accettati.

4. Se il contratto è concluso mediante un mezzo di comunicazione a distanza che consente uno spazio o un tempo limitato per visualizzare le informazioni, il professionista fornisce, su quel mezzo in particolare e prima della conclusione del contratto, almeno le informazioni precontrattuali riguardanti le caratteristiche principali dei beni o servizi, l'identità del professionista, il prezzo totale, il diritto di recesso, la durata del contratto e, nel caso di contratti a tempo indeterminato, le condizioni di risoluzione del contratto, conformemente all'articolo 49, comma 1, lettere *a*), *b*), *e*), *h*) e *q*). Le altre informazioni di cui all'articolo 49, comma 1, sono fornite dal professionista in un modo appropriato conformemente al comma 1 del presente articolo.

5. Fatto salvo il comma 4, se il professionista telefona al consumatore al fine di concludere un contratto a distanza, all'inizio della conversazione con il consumatore egli deve rivelare la sua identità e, ove applicabile, l'identità

della persona per conto della quale effettua la telefonata, nonché lo scopo commerciale della chiamata e l'informativa di cui all'articolo 10 del decreto del Presidente della Repubblica 7 settembre 2010, n. 178.

6. Quando un contratto a distanza deve essere concluso per telefono, il professionista deve confermare l'offerta al consumatore, il quale è vincolato solo dopo aver firmato l'offerta o dopo averla accettata per iscritto; in tali casi il documento informatico può essere sottoscritto con firma elettronica ai sensi dell'articolo 21 del decreto legislativo 7 marzo 2005, n. 82, e successive modificazioni. Dette conferme possono essere effettuate, se il consumatore acconsente, anche su un supporto durevole.

7. Il professionista fornisce al consumatore la conferma del contratto concluso su un mezzo durevole, entro un termine ragionevole dopo la conclusione del contratto a distanza e al più tardi al momento della consegna dei beni oppure prima che l'esecuzione del servizio abbia inizio. Tale conferma comprende:

a) tutte le informazioni di cui all'articolo 49, comma 1, a meno che il professionista non abbia già fornito l'informazione al consumatore su un mezzo durevole prima della conclusione del contratto a distanza; e

b) se del caso, la conferma del previo consenso espresso e dell'accettazione del consumatore conformemente all'articolo 59, lettera *o*).

8. Se un consumatore vuole che la prestazione di servizi ovvero la fornitura di acqua, gas o elettricità, quando non sono messi in vendita in un volume limitato o in quantità determinata, o di teleriscaldamento inizi durante il periodo di recesso previsto all'articolo 52, comma 2, il professionista esige che il consumatore ne faccia richiesta esplicita.

9. Il presente articolo lascia impregiudicate le disposizioni relative alla conclusione di contratti elettronici e all'inoltro di ordini per via elettronica conformemente agli articoli 12, commi 2 e 3, e 13 del decreto legislativo 9 aprile 2003, n. 70, e successive modificazioni.

52. Diritto di recesso. – 1. Fatte salve le eccezioni di cui all'articolo 59, il consumatore dispone di un periodo di quattordici giorni per recedere da un contratto a distanza o negoziato fuori dei locali commerciali senza dover fornire alcuna motivazione e senza dover sostenere costi diversi da quelli previsti all'articolo 56, comma 2, e all'articolo 57.

2. Fatto salvo l'articolo 53, il periodo di recesso di cui al comma 1 termina dopo quattordici giorni a partire:

a) nel caso dei contratti di servizi, dal giorno della conclusione del contratto;

b) nel caso di contratti di vendita, dal giorno in cui il consumatore o un terzo, diverso dal vettore e designato dal consumatore, acquisisce il possesso fisico dei beni o:

1) nel caso di beni multipli ordinati dal consumatore mediante un solo ordine e consegnati separatamente, dal giorno in cui il consumatore o un terzo, diverso dal vettore e designato dal consumatore, acquisisce il possesso fisico dell'ultimo bene;

2) nel caso di consegna di un bene costituito da lotti o pezzi multipli, dal giorno in cui il consumatore o un terzo, diverso dal vettore e designato dal consumatore, acquisisce il possesso fisico dell'ultimo lotto o pezzo;

3) nel caso di contratti per la consegna periodica di beni durante un determinato periodo di tempo, dal giorno in cui il consumatore o un terzo, diverso dal vettore e designato dal consumatore, acquisisce il possesso fisico del primo bene;

c) nel caso di contratti per la fornitura di acqua, gas o elettricità, quando non sono messi in vendita in un volume limitato o in quantità determinata, di teleriscaldamento o di contenuto digitale non fornito su un supporto materiale, dal giorno della conclusione del contratto.

3. Le parti del contratto possono adempiere ai loro obblighi contrattuali durante il periodo di recesso. Tuttavia, nel caso di contratti negoziati fuori dei locali commerciali, il professionista non può accettare, a titolo di corrispettivo, effetti cambiari che abbiano una scadenza inferiore a quindici giorni dalla conclusione del contratto per i contratti di servizi o dall'acquisizione del possesso fisico dei beni per i contratti di vendita e non può presentarli allo sconto prima di tale termine.

53. Non adempimento dell'obbligo d'informazione sul diritto di recesso. – 1. Se in violazione dell'articolo 49, comma 1, lettera *h*), il professionista non fornisce al consumatore le informazioni sul diritto di recesso, il periodo di recesso termina dodici mesi dopo la fine del periodo di recesso iniziale, come determinato a norma dell'articolo 52, comma 2.

2. Se il professionista fornisce al consumatore le informazioni di cui al comma 1 entro dodici mesi dalla data di cui all'articolo 52, comma 2, il periodo di recesso termina quattordici giorni dopo il giorno in cui il consumatore riceve le informazioni.

54. Esercizio del diritto di recesso. – 1. Prima della scadenza del periodo di recesso, il consumatore informa il professionista della sua decisione di esercitare il diritto di recesso dal contratto. A tal fine il consumatore può:

a) utilizzare il modulo tipo di recesso di cui all'allegato I, parte B; oppure *b*) presentare una qualsiasi altra dichiarazione esplicita della sua decisione di recedere dal contratto.

2. Il consumatore ha esercitato il proprio diritto di recesso entro il periodo di recesso di cui all'articolo 52, comma 2, e all'articolo 53 se la comunicazione relativa all'esercizio del diritto di recesso è inviata dal consumatore prima della scadenza del periodo di recesso.

3. Il professionista, oltre alle possibilità di cui al comma 1, può offrire al consumatore l'opzione di compilare e inviare elettronicamente il modulo di recesso tipo riportato all'allegato I, parte B, o una qualsiasi altra dichiarazione esplicita sul sito web del professionista. In tali casi il professionista comunica senza indugio al consumatore una conferma di ricevimento, su un supporto durevole, del recesso esercitato.

4. L'onere della prova relativa all'esercizio del diritto di recesso conformemente al presente articolo incombe sul consumatore.

55. Effetti del recesso. – 1. L'esercizio del diritto di recesso pone termine agli obblighi delle parti:

a) di eseguire il contratto a distanza o negoziato fuori dei locali commerciali; oppure

b) di concludere un contratto a distanza o negoziato fuori dei locali commerciali nei casi in cui un'offerta sia stata fatta dal consumatore.

56. Obblighi del professionista nel caso di recesso. – 1. Il professionista rimborsa tutti i pagamenti ricevuti dal consumatore, eventualmente comprensivi delle spese di consegna, senza indebito ritardo e comunque entro quattordici giorni dal giorno in cui è informato della decisione del consumatore di recedere dal contratto ai sensi dell'articolo 54. Il professionista esegue il rimborso di cui al primo periodo utilizzando lo stesso mezzo di pagamento usato dal consumatore per la transazione iniziale, salvo che il consumatore abbia espressamente convenuto altrimenti e a condizione che questi non debba sostenere alcun costo quale conseguenza del rimborso. Nell'ipotesi in cui il pagamento sia stato effettuato per mezzo di effetti cambiari, qualora questi non siano stati ancora presentati all'incasso, deve procedersi alla loro restituzione. È nulla qualsiasi clausola che preveda limitazioni al rimborso nei confronti del consumatore delle somme versate in conseguenza dell'esercizio del diritto di recesso.

2. Fatto salvo il comma 1, il professionista non è tenuto a rimborsare i costi supplementari, qualora il consumatore abbia scelto espressamente un tipo di consegna diversa dal tipo meno costoso di consegna offerto dal professionista.

3. Salvo che il professionista abbia offerto di ritirare egli stesso i beni, con riguardo ai contratti di vendita, il professionista può trattenere il rimborso finché non abbia ricevuto i beni oppure finché il consumatore non abbia dimostrato di aver rispedito i beni, a seconda di quale situazione si verifichi per prima.

57. Obblighi del consumatore nel caso di recesso. – 1. A meno che il professionista abbia offerto di ritirare egli stesso i beni, il consumatore restituisce i beni o li consegna al professionista o a un terzo autorizzato dal professionista a ricevere i beni, senza indebito ritardo e in ogni caso entro quattordici giorni dalla data in cui ha comunicato al professionista la sua decisione di recedere dal contratto ai sensi dell'articolo 54. Il termine è rispettato se il consumatore rispedisce i beni prima della scadenza del periodo di quattordici giorni. Il consumatore sostiene solo il costo diretto della restituzione dei beni, purché il professionista non abbia concordato di sostenerlo o abbia omesso di informare il consumatore che tale costo è a carico del consumatore. Nel caso di contratti negoziati fuori dei locali commerciali in cui i beni sono stati consegnati al domicilio del consumatore al momento della conclusione del contratto, il professionista ritira i beni a sue spese qualora i beni, per loro natura, non possano essere normalmente restituiti a mezzo posta.

2. Il consumatore è responsabile unicamente della diminuzione del valore dei beni risultante da una manipolazione dei beni diversa da quella necessaria per stabilire la natura, le caratteristiche e il funzionamento dei beni. Il consumatore non è in alcun caso responsabile per la diminuzione del valore dei beni se il professionista ha omesso di informare il consumatore del suo diritto di recesso a norma dell'articolo 49, comma 1, lettera *h*).

3. Qualora un consumatore eserciti il diritto di recesso dopo aver presentato una richiesta in conformità dell'articolo 50, comma 3, o dell'articolo 51, comma 8, il consumatore versa al professionista un importo proporzionale a quanto è stato fornito fino al momento in cui il consumatore ha informato il professionista dell'esercizio del diritto di recesso, rispetto a tutte le prestazioni previste dal contratto. L'importo proporzionale che il consumatore deve pagare al professionista è calcolato sulla base del prezzo totale concordato nel contratto. Se detto prezzo totale è eccessivo, l'importo proporzionale è calcolato sulla base del valore di mercato di quanto è stato fornito.

4. Il consumatore non sostiene alcun costo per:

a) la prestazione di servizi o la fornitura di acqua, gas o elettricità, quando non sono messi in vendita in un volume limitato o in quantità determinata, o di teleriscaldamento, in tutto o in parte, durante il periodo di recesso quando:

1) il professionista ha omesso di fornire informazioni in conformità all'articolo 49, comma 1, lettere *h*) ed *l*); oppure

2) il consumatore non ha espressamente chiesto che la prestazione iniziasse durante il periodo di recesso in conformità all'articolo 50, comma 3, e dell'articolo 51, comma 8; oppure

b) la fornitura, in tutto o in parte, del contenuto digitale che non è fornito su un supporto materiale quando:

1) il consumatore non ha dato il suo previo consenso espresso circa l'inizio della prestazione prima della fine del periodo di quattordici giorni di cui all'articolo 52;

2) il consumatore non ha riconosciuto di perdere il diritto di recesso quando ha espresso il suo consenso; oppure

3) il professionista ha omesso di fornire la conferma conformemente all'articolo 50, comma 2, o all'articolo 51, comma 7.

5. Fatto salvo quanto previsto nell'articolo 56, comma 2, e nel presente articolo, l'esercizio del diritto di recesso non comporta alcuna responsabilità per il consumatore.

58. Effetti dell'esercizio del diritto di recesso sui contratti accessori. – 1. Fatto salvo quanto previsto dal decreto legislativo 13 agosto 2010, n. 141, e successive modificazioni, in materia di contratti di credito ai consumatori, se il consumatore esercita il suo diritto di recesso da un contratto a distanza o concluso fuori dei locali commerciali a norma degli articoli da 52 a 57, eventuali contratti accessori sono risolti di diritto, senza costi per il consumatore, ad eccezione di quelli previsti dall'articolo 56, comma 2, e dall'articolo 57.

59. Eccezioni al diritto di recesso. – 1. Il diritto di recesso di cui agli articoli da 52 a 58 per i contratti a distanza e i contratti negoziati fuori dei locali commerciali è escluso relativamente a:

a) i contratti di servizi dopo la completa prestazione del servizio se l'esecuzione è iniziata con l'accordo espresso del consumatore e con l'accettazione della perdita del diritto di recesso a seguito della piena esecuzione del contratto da parte del professionista;

b) la fornitura di beni o servizi il cui prezzo è legato a fluttuazioni nel mercato finanziario che il professionista non è in grado di controllare e che possono verificarsi durante il periodo di recesso;

c) la fornitura di beni confezionati su misura o chiaramente personalizzati;

d) la fornitura di beni che rischiano di deteriorarsi o scadere rapidamente;

e) la fornitura di beni sigillati che non si prestano ad essere restituiti per motivi igienici o connessi alla protezione della salute e sono stati aperti dopo la consegna;

f) la fornitura di beni che, dopo la consegna, risultano, per loro natura, inscindibilmente mescolati con altri beni;

g) la fornitura di bevande alcoliche, il cui prezzo sia stato concordato al momento della conclusione del contratto di vendita, la cui consegna possa avvenire solo dopo trenta giorni e il cui valore effettivo dipenda da fluttuazioni sul mercato che non possono essere controllate dal professionista;

h) i contratti in cui il consumatore ha specificamente richiesto una visita da parte del professionista ai fini dell'effettuazione di lavori urgenti di riparazione o manutenzione. Se, in occasione di tale visita, il professionista fornisce servizi oltre a quelli specificamente richiesti dal consumatore o beni diversi dai pezzi di ricambio necessari per effettuare la manutenzione o le riparazioni, il diritto di recesso si applica a tali servizi o beni supplementari;

i) la fornitura di registrazioni audio o video sigillate o di *software* informatici sigillati che sono stati aperti dopo la consegna;

l) la fornitura di giornali, periodici e riviste ad eccezione dei contratti di abbonamento per la fornitura di tali pubblicazioni;

m) i contratti conclusi in occasione di un'asta pubblica;

n) la fornitura di alloggi per fini non residenziali, il trasporto di beni, i servizi di noleggio di autovetture, i servizi di *catering* o i servizi riguardanti le attività del tempo libero qualora il contratto preveda una data o un periodo di esecuzione specifici;

o) la fornitura di contenuto digitale mediante un supporto non materiale se l'esecuzione è iniziata con l'accordo espresso del consumatore e con la sua accettazione del fatto che in tal caso avrebbe perso il diritto di recesso.

Sezione III
Altri diritti del consumatore

60. Ambito di applicazione. – 1. Gli articoli 61 e 63 si applicano ai contratti di vendita. Detti articoli non si applicano ai contratti per la fornitura di acqua, gas o elettricità, quando non sono messi in vendita in un volume limitato o in quantità determinata, di teleriscaldamento o di contenuto digitale non fornito su un supporto materiale.

2. Gli articoli 62, 64 e 65 si applicano ai contratti di vendita, ai contratti di servizio e ai contratti di fornitura di acqua, gas, elettricità, teleriscaldamento o contenuto digitale.

61. Consegna. – 1. Salva diversa pattuizione delle parti del contratto di vendita, il professionista è obbligato a consegnare i beni al consumatore senza ritardo ingiustificato e al più tardi entro trenta giorni dalla data di conclusione del contratto.

2. L'obbligazione di consegna è adempiuta mediante il trasferimento della disponibilità materiale o comunque del controllo dei beni al consumatore.

3. Se il professionista non adempie all'obbligo di consegna dei beni entro il termine pattuito ovvero entro il termine di cui al comma 1, il consumatore lo invita ad effettuare la consegna entro un termine supplementare appropriato alle circostanze. Se il termine supplementare così concesso scade senza che i beni gli siano stati consegnati, il consumatore è legittimato a risolvere il contratto, salvo il diritto al risarcimento dei danni.

4. Il consumatore non è gravato dall'onere di concedere al professionista il termine supplementare di cui al comma 3 se:

a) il professionista si è espressamente rifiutato di consegnare i beni, ovvero;

b) se il rispetto del termine pattuito dalle parti per la consegna del bene deve considerarsi essenziale, tenuto conto di tutte le circostanze che hanno accompagnato la conclusione del contratto, ovvero;

c) se il consumatore ha informato il professionista, prima della conclusione del contratto, che la consegna entro o ad una data determinata è essenziale.

5. Nei casi previsti dal comma 4, se non riceve in consegna il bene entro il termine pattuito con il professionista ovvero entro il termine di cui al comma 1, il consumatore è legittimato a risolvere immediatamente il contratto, salvo il diritto al risarcimento dei danni.

6. Nel caso di risoluzione posta in essere dal consumatore a norma dei commi 3 e 5, il professionista è tenuto a rimborsargli senza indebito ritardo tutte le somme versate in esecuzione del contratto.

7. È fatta salva la possibilità per il consumatore di far valere i diritti di cui al Capo XIV del Titolo II del Libro IV del codice civile.

62. Tariffe per l'utilizzo di mezzi di pagamento. – 1. Ai sensi dell'articolo 3, comma 4, del decreto legislativo 27 gennaio 2010, n. 11, i professionisti non possono imporre ai consumatori, in relazione all'uso di determinati strumenti di pagamento, spese per l'uso di detti strumenti, ovvero nei casi espressamente stabiliti, tariffe che superino quelle sostenute dal professionista.

2. L'istituto di emissione della carta di pagamento riaccredita al consumatore i pagamenti in caso di addebitamento eccedente rispetto al prezzo pattuito ovvero in caso di uso fraudolento della propria carta di pagamento da parte del professionista o di un terzo. L'istituto di emissione della carta di pagamento ha diritto di addebitare al professionista le somme riaccreditate al consumatore.

63. Passaggio del rischio. – 1. Nei contratti che pongono a carico del professionista l'obbligo di provvedere alla spedizione dei beni il rischio della perdita o del danneggiamento dei beni, per causa non imputabile al venditore, si trasferisce al consumatore soltanto nel momento in cui quest'ultimo, o un terzo da lui designato e diverso dal vettore, entra materialmente in possesso dei beni.

2. Tuttavia, il rischio si trasferisce al consumatore già nel momento della consegna del bene al vettore qualora quest'ultimo sia stato scelto dal consumatore e tale scelta non sia stata proposta dal professionista, fatti salvi i diritti del consumatore nei confronti del vettore.

64. Comunicazione telefonica. – 1. Qualora il professionista utilizza una linea telefonica allo scopo di essere contattato dal consumatore per telefono in merito al contratto concluso, il consumatore non è tenuto a pagare più della tariffa di base quando contatta il professionista, fermo restando il diritto dei fornitori dei servizi di comunicazione elettronica di applicare una tariffa per dette telefonate.

65. Pagamenti supplementari. – 1. Prima che il consumatore sia vincolato dal contratto o dall'offerta, il professionista chiede il consenso espresso del consumatore per qualsiasi pagamento supplementare oltre alla remunerazione concordata per l'obbligo contrattuale principale del professionista. Se il professionista non ottiene il consenso espresso del consumatore ma l'ha dedotto utilizzando opzioni prestabilite che il consumatore deve rifiutare per evitare il pagamento supplementare, il consumatore ha diritto al rimborso di tale pagamento.

Sezione IV
Disposizioni generali

66. Tutela amministrativa e giurisdizionale. – 1. Al fine di garantire il rispetto delle disposizioni contenute nelle Sezioni da I a IV del presente Capo da parte degli operatori, trovano applicazione le disposizioni di cui agli articoli 27, 139, 140, 140 *bis*, 141 e 144 del presente Codice.

2. L'Autorità Garante della Concorrenza e del Mercato, d'ufficio o su istanza di ogni soggetto o organizzazione che ne abbia interesse, accerta le violazioni delle norme di cui alle Sezioni da I a IV del presente Capo nonché dell'articolo 141 *sexies*, commi 1, 2 e 3 ([1]), ne inibisce la continuazione e ne elimina gli effetti.

3. In materia di accertamento e sanzione delle violazioni, si applica l'articolo 27, commi da 2 a 15, del presente Codice.

4. L'Autorità Garante della Concorrenza e del Mercato svolge le funzioni di autorità competente ai sensi dell'articolo 3, lettera *c*), del regolamento (CE) n. 2006/2004 del Parlamento europeo e del Consiglio, del 27 ottobre 2004, nelle materie di cui alle Sezioni da I a IV del presente Capo.

5. È comunque fatta salva la giurisdizione del giudice ordinario. È altresì fatta salva la possibilità di promuovere la risoluzione extragiudiziale delle controversie inerenti al rapporto di consumo, nelle materie di cui alle sezioni da I a IV del presente capo, mediante il ricorso alle procedure di cui alla parte V, titolo II *bis*, del presente codice ([2]).

([1]) *Le parole: «nonché dell'articolo 141* sexies*, commi 1, 2 e 3» sono state inserite dall'art. 1, comma 6, del D.L.vo 6 agosto 2015, n. 130. A norma dell'art. 2, comma 1, dello stesso provvedimento le disposizioni concernenti l'attuazione del regolamento (UE) n. 524/2013 del Parlamento europeo e del Consiglio, del 21 maggio 2013, relativo alla risoluzione delle controversie online dei consumatori, si applicano a decorrere dal 9 gennaio 2016.*

([2]) *Questo comma è stato così sostituito dall'art. 1, comma 7, del D.L.vo 6 agosto 2015, n. 130. A norma dell'art. 2, comma 1, dello stesso provvedimento le disposizioni concernenti l'attuazione del regolamento (UE) n. 524/2013 del Parlamento europeo e del Consiglio, del 21 maggio 2013, relativo alla risoluzione delle controversie online dei consumatori, si applicano a decorrere dal 9 gennaio 2016.*

66 *bis*. Foro competente. – 1. Per le controversie civili inerenti all'applicazione delle Sezioni da I a IV del presente capo la competenza territoriale inderogabile è del giudice del luogo di residenza o di domicilio del consumatore, se ubicati nel territorio dello Stato.

66 *ter*. Carattere imperativo. – 1. Se il diritto applicabile al contratto è quello di uno Stato membro dell'Unione europea, i consumatori residenti in Italia non possono rinunciare ai diritti conferiti loro dalle disposizioni delle Sezioni da I a IV del presente Capo.

2. Eventuali clausole contrattuali che escludano o limitino, direttamente o indirettamente, i diritti derivanti dalle disposizioni delle Sezioni da I a IV del presente Capo, non vincolano il consumatore.

66 *quater*. Informazione e ricorso extragiudiziale. – 1. Le comunicazioni e i documenti relativi ai contratti negoziati fuori dai locali commerciali e ai contratti a distanza, ivi compresi i moduli, i formulari, le note d'ordine, la pubblicità o le comunicazioni sui siti Internet, devono contenere un riferimento al presente Capo.

2. L'operatore può adottare appositi codici di condotta, secondo le modalità di cui all'articolo 27 *bis*.

3. Per la risoluzione delle controversie sorte dall'esatta applicazione dei contratti disciplinati dalle disposizioni delle sezioni da I a IV del presente capo è possibile ricorrere alle procedure di risoluzione extragiudiziale delle controversie, di cui alla parte V, titolo II *bis*, del presente codice ([1]).

([1]) *Questo comma è stato così sostituito dall'art. 1, comma 8, del D.L.vo 6 agosto 2015, n. 130. A norma dell'art. 2, comma 1, dello stesso provvedimento le disposizioni concernenti l'attuazione del regolamento (UE) n. 524/2013 del Parlamento europeo e del Consiglio, del 21 maggio 2013, relativo alla risoluzione delle controversie online dei consumatori, si applicano a decorrere dal 9 gennaio 2016.*

66 *quinquies*. Fornitura non richiesta. – 1. Il consumatore è esonerato dall'obbligo di fornire qualsiasi prestazione corrispettiva in caso di fornitura non richiesta di beni, acqua, gas, elettricità, teleriscaldamento o contenuto digitale o di prestazione non richiesta di servizi, vietate dall'articolo 20, comma 5, e dall'articolo 26, comma 1, lettera *f*), del presente Codice. In tali casi, l'assenza di una risposta da parte del consumatore in seguito a tale fornitura non richiesta non costituisce consenso.

2. Salvo consenso del consumatore, da esprimersi prima o al momento della conclusione del contratto, il professionista non può adempiere eseguendo una fornitura diversa da quella pattuita, anche se di valore e qualità equivalenti o superiori.

67. Tutela in base ad altre disposizioni. – 1. Le disposizioni delle Sezioni da I a IV del presente Capo non escludono né limitano i diritti che sono attribuiti al consumatore da altre norme dell'ordinamento giuridico di fonte comunitaria o adottate in conformità a norme comunitarie.

2. Per quanto non previsto dalle Sezioni da I a IV del presente Capo, si applicano le disposizioni del codice civile in tema di validità, formazione o efficacia dei contratti.

3. Ai contratti di cui alla sezione III del presente Capo si applicano altresì le disposizioni di cui agli articoli 18, 19 e 20 del decreto legislativo 31 marzo 1998, n. 114, e successive modificazioni, recante riforma della disciplina relativa al settore del commercio, a norma dell'articolo 4, comma 4, della legge 15 marzo 1997, n 59.

Sezione IV *bis*
Commercializzazione
a distanza di servizi finanziari
ai consumatori ([1])

([1]) *Questa Sezione è stata inserita dall'art. 9, comma 1, del D.L.vo 23 ottobre 2007, n. 221.*

67 *bis*. Oggetto e campo di applicazione. – 1. Le disposizioni della presente sezione si applicano alla commercializzazione a distanza di servizi finanziari ai consumatori, anche quando una delle fasi della commercializzazione comporta la partecipazione, indipendentemente dalla sua natura giuridica, di un soggetto diverso dal fornitore.

2. Per i contratti riguardanti servizi finanziari costituiti da un accordo iniziale di servizio seguito da operazioni successive o da una serie di operazioni distinte della stessa natura scaglionate nel tempo, le disposizioni della presente sezione si applicano esclusivamente all'accordo iniziale. Se non vi è accordo iniziale di servizio, ma le operazioni successive o distinte della stessa natura scaglionate nel tempo sono eseguite tra le stesse parti contrattuali, gli articoli 67 *quater*, 67 *quinquies*, 67 *sexies*, 67 *septies*, 67 *octies*, 67 *novies* e 67 *decies* si applicano solo quando è eseguita la prima operazione. Tuttavia, se nessuna operazione della stessa natura è eseguita entro un periodo di un anno, l'operazione successiva è considerata come la prima di una nuova serie di operazioni e, di conseguenza, si applicano le disposizioni degli articoli 67 *quater*, 67 *quinquies*, 67 *sexies*, 67 *septies*, 67 *octies*, 67 *novies* e 67 *decies*.

3. Ferme restando le disposizioni che stabiliscono regimi di autorizzazione per la commercializzazione dei servizi finanziari in Italia, sono fatte salve, ove non espressamente derogate, le disposizioni in materia bancaria, finanziaria, assicurativa, dei sistemi di pagamento e di previdenza individuale, nonché le competenze delle autorità indipendenti di settore.

67 *ter*. Definizioni. – 1. Ai fini della presente sezione si intende per:

a) contratto a distanza: qualunque contratto avente per oggetto servizi finanziari, concluso tra un fornitore e un consumatore ai sensi dell'articolo 50, comma 1, lettera *a*);

b) servizio finanziario: qualsiasi servizio di natura bancaria, creditizia, di pagamento, di investimento, di assicurazione o di previdenza individuale;

c) fornitore: qualunque persona fisica o giuridica, soggetto pubblico o privato, che, nell'ambito delle proprie attività commerciali o professionali, è il fornitore contrattuale dei servizi finanziari oggetto di contratti a distanza;

d) consumatore: qualunque soggetto di cui all'articolo 3, comma 1, lettera *a*) del presente codice;

e) tecnica di comunicazione a distanza: qualunque mezzo che, ai sensi dell'articolo 50, comma 1, lettera *b*), del presente codice, possa impiegarsi per la commercializzazione a distanza di un servizio finanziario tra le parti;

f) supporto durevole: qualsiasi strumento che permetta al consumatore di memorizzare informazioni a lui personalmente dirette in modo che possano essere agevolmente recuperate durante un periodo di tempo adeguato ai fini cui sono destinate le informazioni stesse, e che consenta la riproduzione immutata delle informazioni memorizzate;

g) operatore o fornitore di tecnica di comunicazione a distanza: qualunque persona fisica o giuridica, pubblica o privata, la cui attività commerciale o professionale consista nel mettere a disposizione dei fornitori una o più tecniche di comunicazione a distanza;

h) reclamo del consumatore: una dichiarazione, sostenuta da validi elementi di prova, secondo cui un fornitore ha commesso o potrebbe commettere un'infrazione alla normativa sulla protezione degli interessi dei consumatori;

i) interessi collettivi dei consumatori: gli interessi di un numero di consumatori che sono stati o potrebbero essere danneggiati da un'infrazione.

67 *quater*. Informazione del consumatore prima della conclusione del contratto a distanza. – 1. Nella fase delle trattative e comunque prima che il consumatore sia vincolato da un contratto a distanza o da un'offerta, gli sono fornite le informazioni riguardanti:

a) il fornitore;

b) il servizio finanziario;

c) il contratto a distanza;

d) il ricorso.

2. Le informazioni di cui al comma 1, il cui fine commerciale deve risultare in maniera inequivocabile, sono fornite in modo chiaro e comprensibile con qualunque mezzo adeguato alla tecnica di comunicazione a distanza utilizzata, tenendo debitamente conto in particolare dei doveri di correttezza e buona fede nella fase precontrattuale e dei principi che disciplinano la protezione degli incapaci di agire e dei minori.

3. Le informazioni relative agli obblighi contrattuali, da comunicare al consumatore nella fase precontrattuale, devono essere conformi agli obblighi contrattuali imposti dalla legge applicabile al contratto a distanza anche qualora la tecnica di comunicazione impiegata sia quella elettronica.

4. Se il fornitore ha sede in uno Stato non appartenente all'Unione europea, le informazioni di cui al comma 3 devono essere conformi agli obblighi contrattuali imposti dalla legge italiana qualora il contratto sia concluso.

67 *quinquies*. Informazioni relative al fornitore. – 1. Le informazioni relative al fornitore riguardano:

a) l'identità del fornitore e la sua attività principale, l'indirizzo geografico al quale il fornitore è stabilito e qualsiasi altro indirizzo geografico rilevante nei rapporti tra consumatore e fornitore;

b) l'identità del rappresentante del fornitore stabilito nello Stato membro di residenza del consumatore e l'indirizzo geografico rilevante nei rapporti tra consumatore e rappresentante, quando tale rappresentante esista ([1]);

c) se il consumatore ha relazioni commerciali con un professionista diverso dal fornitore, l'identità del professionista, la veste in cui agisce nei confronti del consumatore, nonché l'indirizzo geografico rilevante nei rapporti tra consumatore e professionista;

d) se il fornitore è iscritto in un registro commerciale o in un pubblico registro analogo, il registro di commercio in cui il fornitore è iscritto e il numero di registrazione o un elemento equivalente per identificarlo nel registro;

e) qualora l'attività del fornitore sia soggetta ad autorizzazione, gli estremi della competente autorità di controllo.

([1]) *Questa lettera è stata così sostituita dall'art. 5, comma 1, lett.* a), *della L. 15 dicembre 2011, n. 217.*

67 *sexies*. Informazioni relative al servizio finanziario. – 1. Le informazioni relative al servizio finanziario riguardano:

a) una descrizione delle principali caratteristiche del servizio finanziario;

b) il prezzo totale che il consumatore dovrà corrispondere al fornitore per il servizio finanziario, compresi tutti i relativi oneri, commissioni e spese e tutte le imposte versate tramite il fornitore o, se non è possibile indicare il prezzo esatto, la base di calcolo del prezzo, che consenta al consumatore di verificare quest'ultimo;

c) se del caso, un avviso indicante che il servizio finanziario è in rapporto con strumenti che implicano particolari rischi dovuti a loro specifiche caratteristiche o alle operazioni da effettuare, o il cui prezzo dipenda dalle fluttuazioni dei mercati finanziari su cui il fornitore non esercita alcuna influenza, e che i risultati ottenuti in passato non costituiscono elementi indicativi riguardo ai risultati futuri;

d) l'indicazione dell'eventuale esistenza di altre imposte e costi non versati tramite il fornitore o non fatturati da quest'ultimo;

e) qualsiasi limite del periodo durante il quale sono valide le informazioni fornite;

f) le modalità di pagamento e di esecuzione, nonché le caratteristiche essenziali delle condizioni di sicurezza delle operazioni di pagamento da effettuarsi nell'ambito dei contratti a distanza;

g) qualsiasi costo specifico aggiuntivo per il consumatore relativo all'utilizzazione della tecnica di comunicazione a distanza, se addebitato;

h) l'indicazione dell'esistenza di collegamenti o connessioni con altri servizi finanziari, con la illustrazione degli eventuali effetti complessivi derivanti dalla combinazione.

67 *septies*. Informazioni relative al contratto a distanza. – 1. Le informazioni relative al contratto a distanza riguardano:

a) l'esistenza o la mancanza del diritto di recesso conformemente all'articolo 67 *duodecies* e, se tale diritto esiste, la durata e le modalità d'esercizio, comprese le informazioni relative all'importo che il consumatore può essere tenuto a versare ai sensi dell'articolo 67 *ter decies*, comma 1, nonché alle conseguenze derivanti dal mancato esercizio di detto diritto;

b) la durata minima del contratto a distanza, in caso di prestazione permanente o periodica di servizi finanziari;

c) le informazioni relative agli eventuali diritti delle parti, secondo i termini del contratto a distanza, di mettere fine allo stesso prima della scadenza o unilateralmente, comprese le penali eventualmente stabilite dal contratto in tali casi;

d) le istruzioni pratiche per l'esercizio del diritto di recesso, comprendenti tra l'altro il mezzo, inclusa in ogni caso la lettera raccomandata con avviso di ricevimento, e l'indirizzo a cui deve essere inviata la comunicazione di recesso;

e) lo Stato membro o gli Stati membri sulla cui legislazione il fornitore si basa per instaurare rapporti con il consumatore prima della conclusione del contratto a distanza;

f) qualsiasi clausola contrattuale sulla legislazione applicabile al contratto a distanza e sul foro competente;

g) la lingua o le lingue in cui sono comunicate le condizioni contrattuali e le informazioni preliminari di cui al presente articolo, nonché la lingua o le lingue in cui il fornitore, con l'accordo del consumatore, si impegna a comunicare per la durata del contratto a distanza.

67 *octies*. Informazioni relative al ricorso. – 1. Le informazioni relative al ricorso riguardano:

a) l'esistenza o la mancanza di procedure extragiudiziali di reclamo e di ricorso accessibili al consumatore che è parte del contratto a distanza e, ove tali procedure esistono, le modalità che consentono al Consumatore di avvalersene;

b) l'esistenza di fondi di garanzia o di altri dispositivi di indennizzo.

67 *novies*. Comunicazioni mediante telefonia vocale. – 1. In caso di comunicazioni mediante telefonia vocale:

a) l'identità del fornitore e il fine commerciale della chiamata avviata dal fornitore sono dichiarati in maniera inequivoca all'inizio di qualsiasi conversazione con il consumatore;

b) devono essere fornite, previo consenso del consumatore, solo le informazioni seguenti:

1) l'identità della persona in contatto con il consumatore e il suo rapporto con il fornitore;

2) una descrizione delle principali caratteristiche del servizio finanziario;

3) il prezzo totale che il consumatore dovrà corrispondere al fornitore per il servizio finanziario, comprese tutte le imposte versate tramite il fornitore o, se non è possibile indicare il prezzo esatto, la base di calcolo del prezzo, che consenta al consumatore di verificare quest'ultimo;

4) l'indicazione dell'eventuale esistenza di altre imposte e/o costi non versati tramite il fornitore o non fatturati da quest'ultimo;

5) l'esistenza o la mancanza del diritto di recesso conformemente all'articolo 67 *duodecies* e, se tale diritto esiste, la durata e le modalità d'esercizio, comprese le informazioni relative all'importo che il consumatore può essere tenuto a versare ai sensi dell'articolo 67 *ter decies*, comma 1.

2. Il fornitore comunica al consumatore che altre informazioni sono disponibili su richiesta e ne precisa la natura. Il fornitore comunica in ogni caso le informazioni complete quando adempie ai propri obblighi ai sensi dell'articolo 67 *undecies.*

67 *decies*. Requisiti aggiuntivi in materia di informazioni. – 1. Oltre alle informazioni di cui agli articoli 67 *quater*, 67 *quinquies*, 67 *sexies*, 67 *septies* e 67 *octies* sono applicabili le disposizioni più rigorose previste dalla normativa di settore che disciplina l'offerta del servizio o del prodotto interessato.

2. Il Ministero dello sviluppo economico comunica alla Commissione europea le disposizioni nazionali sui requisiti di informazione preliminare

che sono aggiuntive rispetto a quelle di cui all'articolo 3, paragrafo 1, della direttiva 2002/65/CE.

3. Le autorità di vigilanza del settore bancario, assicurativo, finanziario e della previdenza complementare comunicano al Ministero dello sviluppo economico le disposizioni di cui al comma 2, per le materie di rispettiva competenza.

4. Le informazioni di cui al comma 2 sono messe a disposizione dei consumatori e dei fornitori, anche mediante l'utilizzo di sistemi telematici, a cura del Ministero dello sviluppo economico.

67 *undecies*. Comunicazione delle condizioni contrattuali e delle informazioni preliminari. – 1. Il fornitore comunica al consumatore tutte le condizioni contrattuali, nonché le informazioni di cui agli articoli 67 *quater*, 67 *quinquies*, 67 *sexies*, 67 *septies*, 67 *octies*, 67 *novies* e 67 *decies*, su supporto cartaceo o su un altro supporto durevole, disponibile e accessibile per il consumatore in tempo utile, prima che lo stesso sia vincolato da un contratto a distanza o da un'offerta.

2. Il fornitore ottempera all'obbligo di cui al comma 1 subito dopo la conclusione del contratto a distanza, se quest'ultimo è stato concluso su richiesta del consumatore utilizzando una tecnica di comunicazione a distanza che non consente di trasmettere le condizioni contrattuali né le informazioni ai sensi del comma 1.

3. In qualsiasi momento del rapporto contrattuale il consumatore, se lo richiede, ha il diritto di ricevere le condizioni contrattuali su supporto cartaceo. Inoltre lo stesso ha il diritto di cambiare la tecnica di comunicazione a distanza utilizzata, a meno che ciò non sia incompatibile con il contratto concluso o con la natura del servizio finanziario prestato.

67 *duodecies*. Diritto di recesso. – 1. Il consumatore dispone di un termine di quattordici giorni per recedere dal contratto senza penali e senza dover indicare il motivo.

2. Il predetto termine è esteso a trenta giorni per i contratti a distanza aventi per oggetto le assicurazioni sulla vita di cui al decreto legislativo 7 settembre 2005, n. 209, recante Codice delle assicurazioni private, e le operazioni aventi ad oggetto gli schemi pensionistici individuali.

3. Il termine durante il quale può essere esercitato il diritto di recesso decorre alternativamente:

a) dalla data della conclusione del contratto, tranne nel caso delle assicurazioni sulla vita, per le quali il termine comincia a decorrere dal momento in cui al consumatore è comunicato che il contratto è stato concluso;

b) dalla data in cui il consumatore riceve le condizioni contrattuali e le informazioni di cui all'articolo 67 *undecies*, se tale data è successiva a quella di cui alla lettera *a*).

4. L'efficacia dei contratti relativi ai servizi di investimento è sospesa durante la decorrenza del termine previsto per l'esercizio del diritto di recesso.

5. Il diritto di recesso non si applica:

a) ai servizi finanziari, diversi dal servizio di gestione su base individuale di portafogli di investimento se gli investimenti non sono stati già avviati, il cui prezzo dipende da fluttuazioni del mercato finanziario che il fornitore non è in grado di controllare e che possono aver luogo durante il periodo di recesso, quali ad esempio i servizi riguardanti:

1) operazioni di cambio;

2) strumenti del mercato monetario;

3) valori mobiliari;

4) quote di un organismo di investimento collettivo;

5) contratti a termine fermo (*futures*) su strumenti finanziari, compresi gli strumenti equivalenti che si regolano in contanti;

6) contratti a termine su tassi di interesse (FRA);

7) contratti *swaps* su tassi d'interesse, su valute o contratti di scambio connessi ad azioni o a indici azionari (*equity swaps*);

8) opzioni per acquistare o vendere qualsiasi strumento previsto dalla presente lettera, compresi gli strumenti equivalenti che si regolano in contanti. Sono comprese in particolare in questa categoria le opzioni su valute e su tassi d'interesse;

b) alle polizze di assicurazione viaggio e bagagli o alle analoghe polizze assicurative a breve termine di durata inferiore a un mese;

c) ai contratti interamente eseguiti da entrambe le parti su esplicita richiesta scritta del consumatore prima che quest'ultimo eserciti il suo diritto di recesso, [nonché ai contratti di assicurazione obbligatoria della responsabilità civile per i danni derivanti dalla circolazione dei veicoli a motore e dei natanti, per i quali si sia verificato l'evento assicurato] ([1]);

d) alle dichiarazioni dei consumatori rilasciate dinanzi ad un pubblico ufficiale a condizione che il pubblico ufficiale confermi che al consumatore sono garantiti i diritti di cui all'articolo 67 *undecies*, comma 1.

6. Se esercita il diritto di recesso, il consumatore invia, prima dello scadere del termine e secondo le istruzioni che gli sono state date ai sensi dell'articolo 67 *septies*, comma 1, lettera *d*), una comunicazione scritta al fornitore, mediante lettera raccomandata con avviso di ricevimento o altro mezzo indicato ai sensi dell'articolo 67 *septies*, comma 1, lettera *d*).

7. Il presente articolo non si applica alla risoluzione dei contratti di credito disciplinata dagli articoli 67, comma 6, e 77.

8. Se ad un contratto a distanza relativo ad un determinato servizio finanziario è aggiunto un altro contratto a distanza riguardante servizi finanziari prestati da un fornitore o da un terzo sulla base di un accordo tra il terzo e il fornitore, questo contratto aggiuntivo è risolto, senza alcuna penale, qualora il consumatore eserciti il suo diritto di recesso secondo le modalità fissate dal presente articolo.

(¹) *Le parole fra parentesi quadrate sono state soppresse dall'art. 5, comma 1, lett. b), della L. 15 dicembre 2011, n. 217.*

67 *ter decies*. Pagamento del servizio fornito prima del recesso. – 1. Il consumatore che esercita il diritto di recesso previsto dall'articolo 67 *duodecies*, comma 1, è tenuto a pagare solo l'importo del servizio finanziario effettivamente prestato dal fornitore conformemente al contratto a distanza. L'esecuzione del contratto può iniziare solo previa richiesta del consumatore. Nei contratti di assicurazione l'impresa trattiene la frazione di premio relativa al periodo in cui il contratto ha avuto effetto.

2. L'importo di cui al comma 1 non può:

a) eccedere un importo proporzionale all'importanza del servizio già fornito in rapporto a tutte le prestazioni previste dal contratto a distanza;

b) essere di entità tale da poter costituire una penale.

3. Il fornitore non può esigere dal consumatore il pagamento di un importo in base al comma 1 se non è in grado di provare che il consumatore è stato debitamente informato dell'importo dovuto, in conformità all'articolo 67 *septies*, comma 1, lettera *a*). Egli non può tuttavia in alcun caso esigere tale pagamento se ha dato inizio all'esecuzione del contratto prima della scadenza del periodo di esercizio del diritto di recesso di cui all'articolo 67 *duodecies*, comma 1, senza che vi fosse una preventiva richiesta del consumatore.

4. Il fornitore è tenuto a rimborsare al consumatore, entro e non oltre trenta giorni (¹), tutti gli importi da questo versatigli in conformità del contratto a distanza, ad eccezione dell'importo di cui al comma 1. Il periodo decorre dal giorno in cui il fornitore riceve la comunicazione di recesso. L'impresa di assicurazione deve adempiere alle obbligazioni derivanti dal contratto, concernenti il periodo in cui il contratto medesimo ha avuto effetto.

5. Il consumatore paga al fornitore il corrispettivo di cui al comma 1 e gli restituisce qualsiasi bene o importo che abbia ricevuto da quest'ultimo entro e non oltre trenta giorni (²) dall'invio della comunicazione di recesso. Non sono ripetibili gli indennizzi e le somme eventualmente corrisposte dall'impresa agli assicurati e agli altri aventi diritto a prestazioni assicurative.

6. Per i finanziamenti diretti principalmente a permettere di acquistare o mantenere diritti di proprietà su terreni o edifici esistenti o progettati, o di rinnovare o ristrutturare edifici, l'efficacia del recesso è subordinata alla restituzione di cui al comma 5.

(1) *Le parole: «entro quindici giorni» sono state così sostituite dalle attuali: «entro e non oltre trenta giorni» dall'art. 5, comma 1, lett.* c), *della L. 15 dicembre 2011, n. 217.*

(2) *Le parole: «entro quindici giorni» sono state così sostituite dalle attuali: «entro e non oltre trenta giorni» dall'art. 5, comma 1, lett.* d), *della L. 15 dicembre 2011, n. 217.*

67 *quater decies*. Pagamento dei servizi finanziari offerti a distanza. – 1. Il consumatore può effettuare il pagamento con carte di credito, debito o con altri strumenti di Pagamento, ove ciò sia previsto tra le modalità di pagamento, che gli sono comunicate ai sensi dell'articolo 67 *sexies*, comma 1, lettera *f*).

2. Fatta salva l'applicazione dell'articolo 12 del decreto legge 3 maggio 1991, n. 143, convertito, con modificazioni, dalla legge 5 luglio 1991, n. 197, l'ente che emette o fornisce lo strumento di pagamento riaccredita al consumatore i pagamenti non autorizzati o dei quali questi dimostri l'eccedenza rispetto al prezzo pattuito ovvero l'effettuazione mediante l'uso fraudolento della propria carta di pagamento da parte del fornitore o di un terzo. L'ente che emette o fornisce lo strumento di pagamento ha diritto di addebitare al fornitore le somme riaccreditate al consumatore.

3. Fermo restando quanto previsto dal decreto legislativo 7 marzo 2005, n. 82, e successive modifiche ed integrazioni, sul valore probatorio della firma elettronica e dei documenti elettronici, è in capo all'ente che emette o fornisce lo strumento di pagamento, l'onere di provare che la transazione di pagamento è stata autorizzata, accuratamente registrata e contabilizzata e che la medesima non è stata alterata da guasto tecnico o da altra carenza. L'uso dello strumento di pagamento non comporta necessariamente che il pagamento sia stato autorizzato.

4. Relativamente alle operazioni di pagamento da effettuarsi nell'ambito di contratti a distanza, il fornitore adotta condizioni di sicurezza conformi a quanto disposto ai sensi dell'articolo 146 del testo unico delle leggi in materia bancaria e creditizia, di cui al decreto legislativo 1° settembre 1993, n. 385, avendo riguardo, in particolare, alle esigenze di integrità, di autenticità e di tracciabilità delle operazioni medesime.

67 *quinquies decies*. Servizi non richiesti. – 1. Il consumatore non è tenuto ad alcuna prestazione corrispettiva in caso di fornitura non richiesta. In ogni caso, l'assenza di risposta non implica consenso del consumatore.

2. Salve le sanzioni previste dall'articolo 67 *septies decies*, ogni servizio non richiesto di cui al presente articolo costituisce pratica commerciale scorretta ai sensi degli articoli 21, 22, 23, 24, 25 e 26.

67 *sexies decies*. Comunicazioni non richieste. – 1. L'utilizzazione da parte di un fornitore delle seguenti tecniche di comunicazione a distanza richiede il previo consenso del consumatore:

a) sistemi di chiamata senza intervento di un operatore mediante dispositivo automatico;

b) telefax.

2. Le tecniche di comunicazione a distanza diverse da quelle indicate al comma 1, quando consentono una comunicazione individuale, non sono autorizzate se non è stato ottenuto il consenso del consumatore interessato.

3. Le misure di cui ai commi 1 e 2 non comportano costi per i consumatori.

3 *bis*. È fatta salva la disciplina prevista dall'articolo 130, comma 3 *bis*, del codice in materia di protezione dei dati personali, di cui al decreto legislativo 30 giugno 2003, n. 196, e successive modificazioni, per i trattamenti dei dati inclusi negli elenchi di abbonati a disposizione del pubblico ([1]).

([1]) *Questo comma è stato aggiunto dall'art. 6, comma 2, lett.* a bis), *del D.L. 13 maggio 2011, n. 70, convertito, con modificazioni, nella L. 12 luglio 2011, n. 106.*

67 *septies decies*. Sanzioni. – 1. Salvo che il fatto costituisca reato, il fornitore che contravviene alle norme di cui alla presente sezione, ovvero che ostacola l'esercizio del diritto di recesso da parte del consumatore ovvero non rimborsa al consumatore le somme da questi eventualmente pagate, è punito con la sanzione amministrativa pecuniaria, per ciascuna violazione, da euro cinquemila a euro cinquantamila.

2. Nei casi di particolare gravità o di recidiva, nonché nell'ipotesi della violazione dell'articolo 67 *novies decies*, comma 3, i limiti minimo e massimo della sanzione indicata al comma l sono raddoppiati.

3. Le autorità di vigilanza dei settori bancario, assicurativo, finanziario e della previdenza complementare e, ciascuna nel proprio ambito di competenza, accertano le violazioni alle disposizioni di cui alla presente sezione e le relative sanzioni sono irrogate secondo le procedure rispettivamente applicabili in ciascun settore.

4. Il contratto è nullo, nel caso in cui il fornitore ostacola l'esercizio del diritto di recesso da parte del contraente ovvero non rimborsa le somme da questi eventualmente pagate, ovvero viola gli obblighi di informativa pre-

contrattuale in modo da alterare in modo significativo la rappresentazione delle sue caratteristiche.

5. La nullità può essere fatta valere solo dal consumatore e obbliga le parti alla restituzione di quanto ricevuto. Nei contratti di assicurazione l'impresa è tenuta alla restituzione dei premi pagati e deve adempiere alle obbligazioni concernenti il periodo in cui il contratto ha avuto esecuzione. Non sono ripetibili gli indennizzi e le somme eventualmente corrisposte dall'impresa agli assicurati e agli altri aventi diritto a prestazioni assicurative. È fatto salvo il diritto del Consumatore ad agire per il risarcimento dei danni.

6. Sono fatte salve le sanzioni previste nel decreto legislativo 30 giugno 2003, n. 196.

67 *octies decies*. Irrinunciabilità dei diritti. – 1. I diritti attribuiti al consumatore dalla presente sezione sono irrinunciabili. È nulla ogni pattuizione che abbia l'effetto di privare il consumatore della protezione assicurata dalle disposizioni della presente sezione. La nullità può essere fatta valere solo dal consumatore e può essere rilevata d'ufficio dal giudice.

2. Ove le parti abbiano scelto di applicare al contratto una legislazione diversa da quella italiana, al consumatore devono comunque essere riconosciute le condizioni di tutela previste dalla presente sezione.

67 *novies decies*. Ricorso giurisdizionale o amministrativo. – 1. Le associazioni dei consumatori iscritte all'elenco di cui all'articolo 137, sono legittimate a proporre alle competenti autorità di vigilanza, nell'ambito delle rispettive attribuzioni, al fine di tutelare gli interessi collettivi dei consumatori, reclamo per l'accertamento di violazioni delle disposizioni della presente sezione.

2. Le associazioni dei consumatori iscritte all'elenco di cui all'articolo 137, sono legittimate a proporre all'autorità giudiziaria l'azione inibitoria per far cessare le violazioni delle disposizioni della presente sezione nei confronti delle imprese o degli intermediari ai sensi dell'articolo 140.

3. Le autorità di vigilanza nei settori bancario, assicurativo, finanziario e della previdenza complementare, nell'esercizio dei rispettivi poteri, anche al di fuori dell'ipotesi di cui al comma 1, ordinano ai soggetti vigilati la cessazione o vietano l'inizio di pratiche non conformi alle disposizioni della presente sezione.

4. Sono fatte salve, ove non espressamente derogate, le disposizioni in materia bancaria, finanziaria, assicurativa e dei sistemi di pagamento, ivi comprese le attribuzioni delle rispettive autorità di vigilanza di settore.

67 *vicies*. Composizione extragiudiziale delle controversie. – 1. Il Ministero dell'economia e delle finanze, il Ministero dello sviluppo economico ed il Ministero della giustizia, sentite le autorità di vigilanza di settore, possono promuovere, nell'ambito degli ordinari stanziamenti di bilancio, l'istituzione di adeguate ed efficaci procedure extragiudiziali di reclamo e di ricorso per la composizione di controversie riguardanti i consumatori, conformi ai principi previsti dall'ordinamento comunitario e da quello nazionale e che operano nell'ambito della rete europea relativa ai servizi finanziari (FIN NET).

2. Gli organi di composizione extragiudiziale delle controversie comunicano ai Ministeri di cui al comma 1 le decisioni significative che adottano sulla commercializzazione a distanza dei servizi finanziari.

67 *vicies semel*. Onere della prova. – 1. Sul fornitore grava l'onere della prova riguardante:

a) l'adempimento agli obblighi di informazione del consumatore;

b) la prestazione del consenso del consumatore alla conclusione del contratto;

c) l'esecuzione del contratto;

d) la responsabilità per l'inadempimento delle obbligazioni derivanti dal contratto.

2. Le clausole che hanno per effetto l'inversione o la modifica dell'onere della prova di cui al comma 1 si presumono vessatorie ai sensi dell'articolo 33, comma 2, lettera *t*).

67 *vicies bis*. Misure transitorie. – 1. Le disposizioni della presente sezione si applicano anche nei confronti dei fornitori stabiliti in un altro Stato membro che non ha ancora recepito la direttiva 2002/65/CE e in cui non vigono obblighi corrispondenti a quelli in essa previsti.

Capo II
Commercio elettronico

68. Rinvio. – 1. Alle offerte di servizi della società dell'informazione, effettuate ai consumatori per via elettronica, si applicano, per gli aspetti non disciplinati dal presente codice, le disposizioni di cui al decreto legislativo 9 aprile 2003, n. 70, recante attuazione della direttiva 2000/31/CE del Parlamento europeo e del Consiglio, dell'8 giugno 2000, relativa a taluni aspetti giuridici dei servizi della società dell'informazione, in particolare il commercio elettronico, nel mercato interno.

Titolo IV
Disposizioni relative ai singoli contratti

Capo I
Contratti di multiproprietà,
contratti relativi ai prodotti
per le vacanze di lungo termine,
contratti di rivendita e di scambio (1)

(1) *Questo capo è stato così sostituito dall'art. 2, comma 1, del D.L.vo 23 maggio 2011, n. 79.*

69. Definizioni. – 1. Ai fini del presente capo si intende per:

a) "contratto di multiproprietà": un contratto di durata superiore a un anno tramite il quale un consumatore acquisisce a titolo oneroso il diritto di godimento su uno o più alloggi per il pernottamento per più di un periodo di occupazione;

b) "contratto relativo a un prodotto per le vacanze di lungo termine": un contratto di durata superiore a un anno ai sensi del quale un consumatore acquisisce a titolo oneroso essenzialmente il diritto di ottenere sconti o altri vantaggi relativamente ad un alloggio, separatamente o unitamente al viaggio o ad altri servizi;

c) "contratto di rivendita": un contratto ai sensi del quale un operatore assiste a titolo oneroso un consumatore nella vendita o nell'acquisto di una multiproprietà o di un prodotto per le vacanze di lungo termine;

d) "contratto di scambio": un contratto ai sensi del quale un consumatore partecipa a titolo oneroso a un sistema di scambio che gli consente l'accesso all'alloggio per il pernottamento o ad altri servizi in cambio della concessione ad altri dell'accesso temporaneo ai vantaggi che risultano dai diritti derivanti dal suo contratto di multiproprietà;

e) "operatore": il "professionista", di cui all'articolo 3, comma 1, lettera *c*);

f) "consumatore": la persona fisica, di cui all'articolo 3, comma 1, lettera *a*);

g) "contratto accessorio": un contratto ai sensi del quale il consumatore acquista servizi connessi a un contratto di multiproprietà o a un contratto relativo a un prodotto per le vacanze di lungo termine e forniti dall'operatore o da un terzo sulla base di un accordo tra il terzo e l'operatore;

h) "supporto durevole": qualsiasi strumento che permetta al consumatore o all'operatore di memorizzare informazioni a lui personalmente dirette in modo che possano essere utilizzate per riferimento futuro per un periodo di tempo adeguato ai fini cui sono destinate le informazioni e che consenta la riproduzione immutata delle informazioni memorizzate;

i) "codice di condotta": un accordo o un insieme di regole che definisce il comportamento degli operatori che si impegnano a rispettare tale codice in relazione a una o più pratiche commerciali o ad uno o più settori d'attività specifici;

l) "responsabile del codice": qualsiasi soggetto, compresi un operatore o un gruppo di operatori responsabile dell'elaborazione e della revisione di un codice di condotta o del controllo dell'osservanza del codice da parte di coloro che si sono impegnati a rispettarlo.

2. Nel calcolo della durata di un contratto di multiproprietà o di un contratto relativo a un prodotto per le vacanze di lungo termine, quale definito al comma 1, rispettivamente alle lettere *a*) e *b*), si tiene conto di qualunque disposizione del contratto che ne consenta il rinnovo tacito o la proroga.

70. Pubblicità. – 1. Se un contratto di multiproprietà, un contratto relativo a un prodotto per le vacanze di lungo termine o un contratto di rivendita o di scambio viene offerto al consumatore in persona nell'ambito di una promozione o di un'iniziativa di vendita, l'operatore indica chiaramente nell'invito lo scopo commerciale e la natura dell'evento. Le informazioni di cui all'articolo 71, comma 1, sono a disposizione del consumatore in qualsiasi momento durante l'evento.

2. È fatto obbligo all'operatore di specificare in ogni pubblicità la possibilità di ottenere le informazioni di cui all'articolo 71, comma 1, e di indicare le modalità sul come ottenerle.

3. Una multiproprietà o un prodotto per le vacanze di lungo termine non sono commercializzati o venduti come investimenti.

71. Informazioni precontrattuali. – 1. In tempo utile prima che il consumatore sia vincolato da un contratto o da un'offerta, l'operatore fornisce al consumatore, in maniera chiara e comprensibile, informazioni accurate e sufficienti, secondo le seguenti modalità:

a) nel caso di un contratto di multiproprietà, tramite il formulario informativo di cui all'allegato II *bis* e le informazioni elencate nella parte 3 di detto formulario;

b) nel caso di un contratto relativo a un prodotto per le vacanze di lungo termine, tramite il formulario informativo di cui all'allegato II *ter* e le informazioni elencate nella parte 3 di detto formulario;

c) nel caso di un contratto di rivendita, tramite il formulario informativo di cui all'allegato II *quater* e le informazioni elencate nella parte 3 di detto formulario;

d) nel caso di un contratto di scambio, tramite il formulario informativo di cui all'allegato II *quinquies* e le informazioni elencate nella parte 3 di detto formulario.

2. Le informazioni di cui al comma 1 sono fornite a titolo gratuito dall'operatore su carta o altro supporto durevole facilmente accessibile al consumatore.

3. Le informazioni di cui al comma 1, sono redatte nella lingua italiana e in una delle lingue dello Stato dell'Unione europea in cui il consumatore risiede oppure di cui è cittadino, a scelta di quest'ultimo, purché si tratti di una lingua ufficiale della Unione europea.

72. Requisiti del contratto. – 1. Il contratto deve essere redatto per iscritto, a pena di nullità, su carta o altro supporto durevole, nella lingua italiana e in una delle lingue dello Stato dell'Unione europea in cui il consumatore risiede oppure di cui è cittadino, a sua scelta, purché si tratti di una lingua ufficiale della Unione europea.

2. Nel caso di un contratto di multiproprietà relativo a un bene immobile specifico, è fatto obbligo all'operatore di fornire al consumatore anche una traduzione conforme del contratto nella lingua dello Stato dell'Unione europea in cui è situato l'immobile.

3. In ogni caso, per qualsiasi tipo di contratto disciplinato dal presente Capo, all'operatore che svolge la propria attività di vendita nel territorio nazionale è fatto obbligo di fornire al consumatore il relativo contratto anche nella lingua italiana.

4. Le informazioni di cui all'articolo 71, comma 1, costituiscono parte integrante e sostanziale del contratto e non possono essere modificate salvo qualora vi sia l'accordo esplicito delle parti oppure qualora le modifiche siano causate da circostanze eccezionali e imprevedibili, indipendenti dalla volontà dell'operatore, le cui conseguenze non avrebbero potuto essere evitate neanche con la dovuta diligenza. Tali modifiche, indicate espressamente nel contratto, sono comunicate al consumatore su carta o altro supporto durevole a lui facilmente accessibile, prima della conclusione del contratto.

5. Il contratto contiene, oltre alle informazioni di cui all'articolo 71, comma 1, i seguenti ulteriori elementi:

a) l'identità, il luogo di residenza e la firma di ciascuna delle parti;

b) la data e il luogo di conclusione del contratto.

6. Prima della conclusione del contratto l'operatore informa il consumatore sulle clausole contrattuali concernenti l'esistenza del diritto di recesso, la durata del periodo di recesso di cui all'articolo 73 e il divieto di versare acconti durante il periodo di recesso di cui all'articolo 76, le quali devono

essere sottoscritte separatamente dal consumatore. Il contratto include un formulario separato di recesso, come riportato nell'allegato II *sexies*, inteso ad agevolare l'esercizio del diritto di recesso in conformità all'articolo 73.

7. Il consumatore riceve una copia o più copie del contratto all'atto della sua conclusione.

72 *bis*. Obbligo di fideiussione per i contratti di multiproprietà. – 1. L'operatore non avente la forma giuridica di società di capitali ovvero con un capitale sociale versato inferiore a 5.500.000 euro e non avente sede legale e sedi secondarie nel territorio dello Stato è obbligato a prestare idonea fideiussione bancaria o assicurativa a garanzia della corretta esecuzione del contratto.

2. L'operatore è in ogni caso obbligato a prestare fideiussione bancaria o assicurativa allorquando l'alloggio oggetto del contratto di multiproprietà sia in corso di costruzione, a garanzia dell'ultimazione dei lavori.

3. Delle fideiussioni deve farsi espressa menzione nel contratto di multiproprietà a pena di nullità.

4. Le garanzie di cui ai commi 1 e 2 non possono imporre al consumatore la preventiva esclusione dell'operatore.

73. Diritto di recesso. – 1. Al consumatore è concesso un periodo di quattordici giorni, naturali e consecutivi, per recedere, senza specificare il motivo, dal contratto di multiproprietà, dal contratto relativo a prodotti per le vacanze di lungo termine, dal contratto di rivendita e di scambio.

2. Il periodo di recesso si calcola:

a) dal giorno della conclusione del contratto definitivo o del contratto preliminare;

b) dal giorno in cui il consumatore riceve il contratto definitivo o il contratto preliminare, se posteriore alla data di cui alla lettera *a*).

3. Il periodo di recesso scade:

a) dopo un anno e quattordici giorni a decorrere dalla data di cui al comma 2 del presente articolo se il formulario di recesso separato previsto all'articolo 72, comma 4, non è stato compilato dall'operatore e consegnato al consumatore per iscritto, su carta o altro supporto durevole;

b) dopo tre mesi e quattordici giorni a partire dalla data di cui al comma 2 del presente articolo se le informazioni di cui all'articolo 71, comma 1, incluso il formulario informativo applicabile di cui agli allegati da III a VI, non sono state fornite al consumatore per iscritto, su carta o altro supporto durevole.

4. Se il formulario separato di recesso previsto all'articolo 72, comma 4, è stato compilato dall'operatore e consegnato al consumatore per iscritto, su carta o altro supporto durevole, entro un anno dalla data di cui al comma

2 del presente articolo, il periodo di recesso inizia a decorrere dal giorno in cui il consumatore riceve tale formulario. Analogamente, se le informazioni di cui all'articolo 71, comma 1, incluso il formulario informativo applicabile di cui agli allegati da III a VI, sono state fornite al consumatore per iscritto, su carta o altro supporto durevole, entro tre mesi dal giorno di cui al comma 2 del presente articolo, il periodo di recesso inizia a decorrere dal giorno in cui il consumatore riceve tali informazioni.

5. Nel caso in cui il contratto di scambio sia offerto al consumatore contestualmente al contratto di multiproprietà, ai due contratti si applica un unico periodo di recesso conformemente al comma 1. Il periodo di recesso per i due contratti è calcolato secondo le disposizioni del comma 2.

74. Modalità di esercizio ed effetti del diritto di recesso. – 1. Il diritto di recesso da parte del consumatore si esercita dandone comunicazione scritta, su carta o altro supporto durevole che assicuri la prova della spedizione anteriore alla scadenza del periodo di recesso, alla persona indicata nel contratto o, in mancanza, all'operatore.

2. All'uopo, il consumatore può utilizzare il formulario di recesso di cui all'allegato VII fornito dall'operatore a norma dell'articolo 72, comma 4.

3. L'esercizio del diritto di recesso da parte del consumatore, nei modi indicati al comma 1, pone fine all'obbligo delle parti di eseguire il contratto.

4. Il consumatore che esercita il diritto di recesso, non sostiene alcuna spesa, non è tenuto a pagare alcuna penalità, né è debitore del valore corrispondente all'eventuale servizio reso prima del recesso.

75. Acconti. – 1. Per i contratti di multiproprietà, relativi a prodotti per le vacanze di lungo termine e di scambio è vietato qualunque versamento di danaro a titolo di acconto, prestazione di garanzie, l'accantonamento di denaro sotto forma di deposito bancario, il riconoscimento esplicito di debito od ogni altro onere da parte di un consumatore a favore dell'operatore o di un terzo prima della fine del periodo di recesso in conformità dell'articolo 73.

2. Per i contratti di rivendita è vietata qualunque forma di versamento di denaro a titolo di acconto, prestazione di garanzie, l'accantonamento di denaro sotto forma di deposito bancario, il riconoscimento esplicito del debito od ogni altro onere da parte di un consumatore a favore dell'operatore o di un terzo prima che la vendita abbia effettivamente luogo o che sia posta fine in altro modo al contratto di rivendita.

76. Disposizioni specifiche concernenti i contratti relativi a prodotti per le vacanze di lungo termine. – 1. Per i contratti relativi a prodotti per le vacanze di lungo termine, il pagamento è effettuato secondo scadenze periodiche. È vietato qualsiasi pagamento del prezzo specificato nel contratto che non sia conforme al piano di pagamento periodico concordato. I pagamenti, comprese le quote di affiliazione, sono ripartiti in rate annuali, ciascuna di pari valore, fermo restando gli adeguamenti riferiti ai sistemi di indicizzazione previsti dalla legge. L'operatore invia una richiesta scritta di pagamento, su carta o altro supporto durevole, almeno quattordici giorni, naturali e consecutivi, prima di ciascuna data di esigibilità.

2. Fatto salvo quanto previsto dall'articolo 73, a partire dal secondo pagamento rateale, il consumatore può porre fine al contratto senza incorrere in penali dando preavviso all'operatore entro quattordici giorni, naturali e consecutivi, dalla ricezione della richiesta di pagamento per ciascuna rata.

77. Risoluzione dei contratti accessori. – 1. L'esercizio da parte del consumatore del diritto di recesso dal contratto di multiproprietà o dal contratto relativo a un prodotto per le vacanze di lungo termine comporta automaticamente e senza alcuna spesa per il consumatore la risoluzione di tutti i contratti di scambio ad esso accessori e di qualsiasi altro contratto accessorio.

2. Fatto salvo quanto previsto dagli articoli 125 *ter* e 125 *quinquies* del decreto legislativo 1° settembre 1993, n. 385, in materia di contratti di credito ai consumatori, se il prezzo è interamente o parzialmente coperto da un credito concesso al consumatore dall'operatore o da un terzo in base a un accordo fra il terzo e l'operatore, il contratto di credito è risolto senza costi per il consumatore qualora il consumatore eserciti il diritto di recesso dal contratto di multiproprietà, dal contratto relativo a prodotti per le vacanze di lungo termine, o dal contratto di rivendita o di scambio.

78. Carattere imperativo delle disposizioni e applicazione in casi internazionali. – 1. Sono nulle le clausole contrattuali o i patti aggiunti di rinuncia del consumatore ai diritti previsti dal presente capo o di limitazione delle responsabilità previste a carico dell'operatore.

2. Per le controversie derivanti dall'applicazione del presente capo, la competenza territoriale inderogabile è del giudice del luogo di residenza o di domicilio del consumatore, se ubicati nel territorio dello Stato.

3. Ove le parti abbiano scelto di applicare ai contratti di cui al presente capo, una legislazione diversa da quella italiana, al consumatore devono comunque essere riconosciute le condizioni di tutela previste dal presente capo.

4. Ove la legge applicabile sia quella di un paese extracomunitario, i consumatori non possono essere privati della tutela garantita dal presente codice, nel caso di:

a) uno qualsiasi dei beni immobili interessati è situato sul territorio nazionale o di uno Stato dell'Unione europea;

b) nel caso di un contratto non direttamente collegato a beni immobili, l'operatore svolga attività commerciali o professionali in Italia o in uno Stato dell'Unione europea o diriga tali attività, con qualsiasi mezzo, verso l'Italia o uno Stato dell'Unione europea e il contratto rientri nell'ambito di dette attività.

79. Tutela amministrativa e giurisdizionale. – 1. Al fine di garantire il rispetto delle disposizioni contenute nel presente capo da parte degli operatori, i consumatori possono utilizzare gli strumenti specifici di cui agli articoli 27, 139, 140 e 140 *bis* del presente Codice.

2. È comunque fatta salva la giurisdizione del giudice ordinario.

80. Informazioni per i consumatori e ricorso extragiudiziale. – 1. L'operatore può adottare appositi codici di condotta, secondo le modalità di cui all'articolo 27 *bis*.

2. Per la risoluzione delle controversie sorte dall'esatta applicazione dei contratti disciplinati dal presente capo è possibile ricorrere alle procedure di mediazione, di cui al decreto legislativo 4 marzo 2010, n. 28. È fatta salva la possibilità di utilizzare le procedure di negoziazione volontaria e paritetica previste dall'articolo 2, comma 2, dello stesso decreto legislativo 4 marzo 2010, n. 28.

81. Sanzioni. – 1. Salvo che il fatto costituisca reato, l'operatore che contravviene alle norme di cui agli articoli 70, commi 1 e 2, 71, 72, 72 *bis*, 75, 76 e 77, è punito, per ogni singola violazione, con la sanzione amministrativa pecuniaria da 1.000 euro a 5.000 euro.

2. Si applica la sanzione amministrativa accessoria della sospensione dall'esercizio dell'attività da 30 giorni a sei mesi all'operatore che abbia commesso una ripetuta violazione delle disposizioni di cui al comma 1.

3. Ai fini dell'accertamento dell'infrazione e dell'applicazione della sanzione, si applica l'articolo 66 ([1]).

([1]) *Le parole: «l'articolo 62, comma 3» sono state così sostituite dalle attuali: «l'articolo 66» dall'art. 1, comma 4, del D.L.vo 21 febbraio 2014, n. 21. A norma dell'art. 2, comma 1, del medesimo decreto, tali disposizioni entrano in vigore dal 13 giugno 2014 e si applicano ai contratti conclusi dopo tale data.*

81 *bis*. Tutela in base ad altre disposizioni. – 1. Le disposizioni del presente capo non escludono, né limitano i diritti che sono attribuiti al consumatore da altre norme dell'ordinamento giuridico.

2. Per quanto non previsto dal presente capo, si applicano le disposizioni del codice civile in tema di contratti.

Capo II
Servizi turistici

82 - 100. (*Omissis*).[1]

[1] *Questi articoli sono stati abrogati dall'art. 3, comma 1, lett.* m), *del D.L.vo 23 maggio 2011, n. 79.*

Titolo V
Erogazione di servizi pubblici

Capo I
Servizi pubblici

101. Norma di rinvio. – 1. Lo Stato e le regioni, nell'ambito delle rispettive competenze, garantiscono i diritti degli utenti dei servizi pubblici attraverso la concreta e corretta attuazione dei principi e dei criteri previsti della normativa vigente in materia.

2. Il rapporto di utenza deve svolgersi nel rispetto di standard di qualità predeterminati e adeguatamente resi pubblici.

3. Agli utenti è garantita, attraverso forme rappresentative, la partecipazione alle procedure di definizione e di valutazione degli standard di qualità previsti dalle leggi.

4. La legge stabilisce per determinati enti erogatori di servizi pubblici l'obbligo di adottare, attraverso specifici meccanismi di attuazione diversificati in relazione ai settori, apposite carte dei servizi.

Parte IV
Sicurezza e qualità

Titolo I
Sicurezza dei prodotti

102. Finalità e campo di applicazione. – 1. Il presente titolo intende garantire che i prodotti immessi sul mercato ovvero in libera pratica siano sicuri.

2. Le disposizioni del presente titolo si applicano a tutti i prodotti definiti all'articolo 103, comma 1, lettera *a*). Ciascuna delle sue disposizioni si applica laddove non esistono, nell'ambito della normativa vigente, disposizioni specifiche aventi come obiettivo la sicurezza dei prodotti.

3. Se taluni prodotti sono soggetti a requisiti di sicurezza prescritti da normativa comunitaria, le disposizioni del presente titolo si applicano unicamente per gli aspetti ed i rischi o le categorie di rischio non soggetti a tali requisiti.

4. Ai prodotti di cui al comma 3 non si applicano l'articolo 103, comma 1, lettere *b*) e *c*), e gli articoli 104 e 105.

5. Ai prodotti di cui al comma 3 si applicano gli articoli da 104 a 108 se sugli aspetti disciplinati da tali articoli non esistono disposizioni specifiche riguardanti lo stesso obiettivo.

6. Le disposizioni del presente titolo non si applicano ai prodotti alimentari di cui al regolamento (CE) n. 178/2002, del Parlamento europeo e del Consiglio, del 28 gennaio 2002.

103. Definizioni. – 1. Ai fini del presente titolo si intende per:

a) prodotto sicuro: qualsiasi prodotto, come definito all'articolo 3, comma 1, lettera *e*), che, in condizioni di uso normali o ragionevolmente prevedibili, compresa la durata e, se del caso, la messa in servizio, l'installazione e la manutenzione, non presenti alcun rischio oppure presenti unicamente rischi minimi, compatibili con l'impiego del prodotto e considerati accettabili nell'osservanza di un livello elevato di tutela della salute e della sicurezza delle persone in funzione, in particolare, dei seguenti elementi:

1) delle caratteristiche del prodotto, in particolare la sua composizione, il suo imballaggio, le modalità del suo assemblaggio e, se del caso, della sua installazione e manutenzione;

2) dell'effetto del prodotto su altri prodotti, qualora sia ragionevolmente prevedibile l'utilizzazione del primo con i secondi;

3) della presentazione del prodotto, della sua etichettatura, delle eventuali avvertenze e istruzioni per il suo uso e la sua eliminazione, nonché di qualsiasi altra indicazione o informazione relativa al prodotto;

4) delle categorie di consumatori che si trovano in condizione di rischio nell'utilizzazione del prodotto, in particolare dei minori e degli anziani;

b) prodotto pericoloso: qualsiasi prodotto che non risponda alla definizione di prodotto sicuro di cui alla lettera *a*);

c) rischio grave: qualsiasi rischio grave compreso quello i cui effetti non sono immediati, che richiede un intervento rapido delle autorità pubbliche;

d) produttore: il fabbricante del prodotto stabilito nella Comunità e qualsiasi altra persona che si presenti come fabbricante apponendo sul prodotto il proprio nome, il proprio marchio o un altro segno distintivo, o colui che rimette a nuovo il prodotto; il rappresentante del fabbricante se quest'ultimo non è stabilito nella Comunità o, qualora non vi sia un rappresentante stabilito nella Comunità, l'importatore del prodotto; gli altri operatori professionali della catena di commercializzazione nella misura in cui la loro attività possa incidere sulle caratteristiche di sicurezza dei prodotti;

e) distributore: qualsiasi operatore professionale della catena di commercializzazione, la cui attività non incide sulle caratteristiche di sicurezza dei prodotti;

f) richiamo: le misure volte ad ottenere la restituzione di un prodotto pericoloso che il fabbricante o il distributore ha già fornito o reso disponibile ai consumatori;

g) ritiro: qualsiasi misura volta a impedire la distribuzione e l'esposizione di un prodotto pericoloso, nonché la sua offerta al consumatore.

2. La possibilità di raggiungere un livello di sicurezza superiore o di procurarsi altri prodotti che presentano un rischio minore non costituisce un motivo sufficiente per considerare un prodotto come non sicuro o pericoloso.

104. Obblighi del produttore e del distributore. – 1. Il produttore immette sul mercato solo prodotti sicuri.

2. Il produttore fornisce al consumatore tutte le informazioni utili alla valutazione e alla prevenzione dei rischi derivanti dall'uso normale o ragionevolmente prevedibile del prodotto, se non sono immediatamente percettibili senza adeguate avvertenze, e alla prevenzione contro detti rischi. La presenza di tali avvertenze non esenta, comunque, dal rispetto degli altri obblighi previsti nel presente titolo.

3. Il produttore adotta misure proporzionate in funzione delle caratteristiche del prodotto fornito per consentire al consumatore di essere informato sui rischi connessi al suo uso e per intraprendere le iniziative opportune per evitare tali rischi, compresi il ritiro del prodotto dal mercato, il richiamo e l'informazione appropriata ed efficace dei consumatori.

4. Le misure di cui al comma 3 comprendono:

a) l'indicazione in base al prodotto o al suo imballaggio, dell'identità e degli estremi del produttore; il riferimento al tipo di prodotto o, eventualmente, alla partita di prodotti di cui fa parte, salva l'omissione di tale indicazione nei casi in cui sia giustificata;

b) i controlli a campione sui prodotti commercializzati, l'esame dei reclami e, se del caso, la tenuta di un registro degli stessi, nonché l'informazione ai distributori in merito a tale sorveglianza.

5. Le misure di ritiro, di richiamo e di informazione al consumatore, previste al comma 3, hanno luogo su base volontaria o su richiesta delle competenti autorità a norma dell'articolo 107. Il richiamo interviene quando altre azioni non siano sufficienti a prevenire i rischi del caso, ovvero quando i produttori lo ritengano necessario o vi siano tenuti in seguito a provvedimenti dell'autorità competente.

6. Il distributore deve agire con diligenza nell'esercizio della sua attività per contribuire a garantire l'immissione sul mercato di prodotti sicuri; in particolare è tenuto:

a) a non fornire prodotti di cui conosce o avrebbe dovuto conoscere la pericolosità in base alle informazioni in suo possesso e nella sua qualità di operatore professionale;

b) a partecipare al controllo di sicurezza del prodotto immesso sul mercato, trasmettendo le informazioni concernenti i rischi del prodotto al produttore e alle autorità competenti per le azioni di rispettiva competenza;

c) a collaborare alle azioni intraprese di cui alla lettera *b*), conservando e fornendo la documentazione idonea a rintracciare l'origine dei prodotti per un periodo di dieci anni dalla data di cessione al consumatore finale.

7. Qualora i produttori e i distributori sappiano o debbano sapere, sulla base delle informazioni in loro possesso e in quanto operatori professionali, che un prodotto da loro immesso sul mercato o altrimenti fornito al consumatore presenta per il consumatore stesso rischi incompatibili con l'obbligo generale di sicurezza, informano immediatamente le amministrazioni competenti, di cui all'articolo 106, comma 1, precisando le azioni intraprese per prevenire i rischi per i consumatori.

8. In caso di rischio grave, le informazioni da fornire comprendono almeno:

a) elementi specifici che consentano una precisa identificazione del prodotto o del lotto di prodotti in questione;

b) una descrizione completa del rischio presentato dai prodotti interessati;

c) tutte le informazioni disponibili che consentono di rintracciare il prodotto;

d) una descrizione dei provvedimenti adottati per prevenire i rischi per i consumatori.

9. Nei limiti delle rispettive attività, produttori e distributori collaborano con le Autorità competenti, ove richiesto dalle medesime, in ordine alle azioni intraprese per evitare i rischi presentati dai prodotti che essi forniscono o hanno fornito.

105. Presunzione e valutazione di sicurezza. – 1. In mancanza di specifiche disposizioni comunitarie che disciplinano gli aspetti di sicurezza, un prodotto si presume sicuro quando è conforme alla legislazione vigente nello Stato membro in cui il prodotto stesso è commercializzato e con riferimento ai requisiti cui deve rispondere sul piano sanitario e della sicurezza.

2. Si presume che un prodotto sia sicuro, per quanto concerne i rischi e le categorie di rischi disciplinati dalla normativa nazionale, quando è conforme alle norme nazionali non cogenti che recepiscono le norme europee i cui riferimenti sono stati pubblicati dalla Commissione europea nella *Gazzetta Ufficiale* delle Comunità europee a norma dell'articolo 4 della direttiva 2001/95/CE, del Parlamento europeo e del Consiglio, del 3 dicembre 2001.

3. In assenza delle norme di cui ai commi 1 e 2, la sicurezza del prodotto è valutata in base alle norme nazionali non cogenti che recepiscono norme europee, alle norme in vigore nello Stato membro in cui il prodotto è commercializzato, alle raccomandazioni della Commissione europea relative ad orientamenti sulla valutazione della sicurezza dei prodotti, ai codici di buona condotta in materia di sicurezza vigenti nel settore interessato, agli ultimi ritrovati della tecnica, al livello di sicurezza che i consumatori possono ragionevolmente attendersi.

4. Fatte salve le disposizioni di cui ai commi 1, 2 e 3, le Autorità competenti adottano le misure necessarie per limitare o impedire l'immissione sul mercato o chiedere il ritiro o il richiamo dal mercato del prodotto, se questo si rivela, nonostante la conformità, pericoloso per la salute e la sicurezza del consumatore.

106. Procedure di consultazione e coordinamento. – 1. I Ministeri dello sviluppo economico (1), della salute, del lavoro e delle politiche sociali, dell'interno, dell'economia e delle finanze, delle infrastrutture e trasporti, nonché le altre amministrazioni pubbliche di volta in volta competenti per materia alla effettuazione dei controlli di cui all'articolo 107, provvedono, nell'ambito delle ordinarie disponibilità di bilancio e secondo le rispettive competenze, alla realizzazione di un sistema di scambio rapido di informazioni mediante un adeguato supporto informativo operante in via telematica, anche attraverso il Sistema pubblico di connettività, in conformità alle prescrizioni stabilite in sede comunitaria che consenta anche l'archiviazione e la diffusione delle informazioni.

2. I criteri per il coordinamento dei controlli previsti dall'articolo 107 sono stabiliti in una apposita conferenza di servizi fra i competenti uffici dei Ministeri e delle amministrazioni di cui al comma 1, convocata almeno due volte l'anno dal Ministro dello sviluppo economico ([1]); alla conferenza partecipano anche il Ministro della giustizia e le altre amministrazioni di cui al comma 1 di volta in volta competenti per materia.

3. La conferenza di cui al comma 2, tiene conto anche dei dati raccolti ed elaborati nell'ambito del sistema comunitario di informazione sugli incidenti domestici e del tempo libero.

4. Alla conferenza di cui al comma 2, possono presentare osservazioni gli organismi di categoria della produzione e della distribuzione, nonché le associazioni di tutela degli interessi dei consumatori e degli utenti iscritte all'elenco di cui all'articolo 137, secondo modalità definite dalla conferenza medesima.

([1]) *Le parole: «delle attività produttive» sono state così sostituite dalle attuali: «dello sviluppo economico» dall'art. 1, comma 5, del D.L.vo 6 agosto 2015, n. 130.*

107. Controlli. – 1. Le amministrazioni di cui all'articolo 106, comma 1, controllano che i prodotti immessi sul mercato siano sicuri. Il Ministero dello sviluppo economico ([1]) comunica alla Commissione europea l'elenco delle amministrazioni di cui al periodo che precede, nonché degli uffici e degli organi di cui esse si avvalgono, aggiornato annualmente su indicazione delle amministrazioni stesse.

2. Le amministrazioni di cui all'articolo 106 possono adottare tra l'altro le misure seguenti:

a) per qualsiasi prodotto:

1) disporre, anche dopo che un prodotto è stato immesso sul mercato come prodotto sicuro, adeguate verifiche delle sue caratteristiche di sicurezza fino allo stadio dell'utilizzo o del consumo, anche procedendo ad ispezioni presso gli stabilimenti di produzione e di confezionamento, presso i magazzini di stoccaggio e presso i magazzini di vendita;

2) esigere tutte le informazioni necessarie dalle parti interessate;

3) prelevare campioni di prodotti per sottoporli a prove ed analisi volte ad accertare la sicurezza, redigendone processo verbale di cui deve essere rilasciata copia agli interessati;

b) per qualsiasi prodotto che possa presentare rischi in determinate condizioni:

1) richiedere l'apposizione sul prodotto, in lingua italiana, di adeguate avvertenze sui rischi che esso può presentare, redatte in modo chiaro e facilmente comprensibile;

2) sottoporne l'immissione sul mercato a condizioni preventive, in modo da renderlo sicuro;

c) per qualsiasi prodotto che possa presentare rischi per determinati soggetti:

1) disporre che tali soggetti siano avvertiti tempestivamente ed in una forma adeguata di tale rischio, anche mediante la pubblicazione di avvisi specifici;

d) per qualsiasi prodotto che può essere pericoloso:

1) vietare, per il tempo necessario allo svolgimento dei controlli, delle verifiche o degli accertamenti sulla sicurezza del prodotto, di fornirlo, di proporne la fornitura o di esporlo;

2) disporre, entro un termine perentorio, l'adeguamento del prodotto o di un lotto di prodotti già commercializzati agli obblighi di sicurezza previsti dal presente titolo, qualora non vi sia un rischio imminente per la salute e l'incolumità pubblica;

e) per qualsiasi prodotto pericoloso:

1) vietarne l'immissione sul mercato e adottare le misure necessarie a garantire l'osservanza del divieto;

f) per qualsiasi prodotto pericoloso già immesso sul mercato rispetto al quale l'azione già intrapresa dai produttori e dai distributori sia insoddisfacente o insufficiente:

1) ordinare o organizzare il suo ritiro effettivo e immediato e l'informazione dei consumatori circa i rischi da esso presentati. I costi relativi sono posti a carico del produttore e, ove ciò non sia in tutto o in parte possibile, a carico del distributore;

2) ordinare o coordinare o, se del caso, organizzare con i produttori e i distributori, il suo richiamo anche dai consumatori e la sua distruzione in condizioni opportune. I costi relativi sono posti a carico dei produttori e dei distributori.

3. Nel caso di prodotti che presentano un rischio grave le amministrazioni di cui all'articolo 106 intraprendono le azioni necessarie per applicare, con la dovuta celerità, opportune misure analoghe a quelle previste al comma 2, lettere da *b*) a *f*), tenendo conto delle linee-guida che riguardano la gestione del RAPEX di cui all'allegato II.

4. Le amministrazioni competenti quando adottano misure analoghe a quelle di cui al comma 2 ed in particolare a quelle di cui alle lettere *d*), *e*) e *f*), tenendo conto del principio di precauzione, agiscono nel rispetto del Trat-

tato istitutivo della Comunità europea, in particolare degli articoli 28 e 30, per attuarle in modo proporzionato alla gravità del rischio.

5. Le amministrazioni competenti, nell'ambito delle misure adottate sulla base del principio di precauzione e, senza maggiori oneri per la finanza pubblica, incoraggiano e favoriscono l'azione volontaria dei produttori e dei distributori di adeguamento agli obblighi imposti dal presente titolo, anche mediante l'eventuale elaborazione di codici di buona condotta ed accordi con le categorie di settore.

6. Per le finalità di cui al presente titolo e senza oneri aggiuntivi per la finanza pubblica, le amministrazioni di cui all'articolo 106, comma 1, si avvalgono della collaborazione dell'Agenzia delle dogane e della Guardia di finanza, le quali hanno accesso al sistema di scambio rapido delle informazioni gestite dal sistema RAPEX, di cui all'allegato II, ed agiscono secondo le norme e le facoltà ad esse attribuite dall'ordinamento.

7. Le misure di cui al presente articolo possono riguardare, rispettivamente:

a) il produttore;

b) il distributore, e, in particolare, il responsabile della prima immissione in commercio;

c) qualsiasi altro detentore del prodotto, qualora ciò sia necessario al fine di collaborare alle azioni intraprese per evitare i rischi derivanti dal prodotto stesso.

8. Per armonizzare l'attività di controllo derivante dal presente titolo con quella attuata per i prodotti per i quali gli obblighi di sicurezza sono disciplinati dalla normativa antincendio, il Ministero dell'interno si avvale, per gli aspetti di coordinamento, del proprio Dipartimento dei vigili del fuoco, del soccorso pubblico e della difesa civile-direzione centrale per la prevenzione e la sicurezza tecnica del Corpo nazionale dei vigili del fuoco, nonché degli organi periferici del Corpo nazionale dei vigili del fuoco per gli interventi sul territorio, nell'ambito delle dotazioni organiche esistenti e, comunque, senza oneri aggiuntivi a carico del bilancio dello Stato.

9. Il Ministero della salute, ai fini degli adempimenti comunitari derivanti dalle norme sulla sicurezza dei prodotti e dal presente titolo, si avvale anche dei propri uffici di sanità marittima, aerea e di frontiera nell'ambito delle dotazioni organiche esistenti e, comunque, senza oneri aggiuntivi a carico del bilancio dello Stato.

10. Fatti salvi gli obblighi previsti dalla normativa vigente, i soggetti di cui al comma 1 sono tenuti a non divulgare le informazioni acquisite che, per loro natura, sono coperte dal segreto professionale, a meno che la loro

divulgazione sia necessaria alla tutela della salute o della pubblica o privata incolumità.

(1) *Le parole: «delle attività produttive» sono state così sostituite dalle attuali: «dello sviluppo economico» dall'art. 1, comma 5, del D.L.vo 6 agosto 2015, n. 130.*

108. Disposizioni procedurali. – 1. Il provvedimento adottato ai sensi dell'articolo 107 che limita l'immissione sul mercato di un prodotto o ne dispone il ritiro o il richiamo, deve essere adeguatamente motivato, con l'indicazione dei termini e delle Autorità competenti cui è possibile ricorrere e deve essere notificato entro sette giorni dall'adozione.

2. Fatti salvi i casi di grave o immediato pericolo per la salute o per la pubblica o privata incolumità, prima dell'adozione delle misure di cui all'articolo 107, commi 2 e 3, agli interessati deve essere consentito di partecipare alla fase del procedimento amministrativo e di presenziare agli accertamenti riguardanti i propri prodotti, in base agli articoli 7 e seguenti della legge 7 agosto 1990, n. 241; in particolare, gli interessati possono presentare all'Autorità competente osservazioni scritte e documenti.

3. Gli interessati possono presentare osservazioni scritte anche in seguito all'emanazione del provvedimento, anche quando, a causa dell'urgenza della misura da adottare, non hanno potuto partecipare al procedimento.

3 *bis*. La procedura istruttoria per l'adozione dei provvedimenti emanati ai sensi dell'articolo 107, è stabilita con regolamento emanato ai sensi dell'articolo 17, comma 1, della legge 23 agosto 1988, n. 400, su proposta dell'Amministrazione competente, in modo da garantire il contraddittorio, la piena cognizione degli atti e la verbalizzazione (1).

(1) *Questo comma è stato aggiunto dall'art. 13, comma 1, del D.L.vo 23 ottobre 2007, n. 221.*

109. Sorveglianza del mercato. – 1. Per esercitare un'efficace sorveglianza del mercato, volta a garantire un elevato livello di protezione della salute e della sicurezza dei consumatori, le amministrazioni di cui all'articolo 106, anche indipendentemente dalla conferenza di servizi, assicurano:

a) l'istituzione, l'aggiornamento periodico e l'esecuzione di programmi settoriali di sorveglianza per categorie di prodotti o di rischi, nonché il monitoraggio delle attività di sorveglianza, delle osservazioni e dei risultati;

b) l'aggiornamento delle conoscenze scientifiche e tecniche relative alla sicurezza dei prodotti;

c) esami e valutazioni periodiche del funzionamento delle attività di controllo e della loro efficacia, come pure, se del caso, la revisione dei metodi dell'organizzazione della sorveglianza messa in opera.

2. Le Amministrazioni di cui all'articolo 106 assicurano, altresì, la gestione dei reclami presentati dai consumatori e dagli altri interessati con riguardo alla sicurezza dei prodotti e alle attività di controllo e sorveglianza. Le modalità operative di cui al presente comma vengono concordate in sede di conferenza di servizi.

3. Le strutture amministrative competenti a svolgere l'attività di cui al comma 2 vanno rese note in sede di conferenza di servizi convocata dopo la data di entrata in vigore del codice. In quella sede sono definite le modalità per informare i consumatori e le altre parti interessate delle procedure di reclamo.

4. Dall'attuazione del presente articolo non devono derivare nuovi o maggiori oneri per la finanza pubblica.

110. Notificazione e scambio di informazioni. – 1. Il Ministero dello sviluppo economico ([1]) notifica alla Commissione europea, precisando le ragioni che li hanno motivati, i provvedimenti di cui all'articolo 107, commi 2, lettere *b*), *c*), *d*), *e*) e *f*), e 3, nonché eventuali modifiche e revoche, fatta salva l'eventuale normativa comunitaria specifica vigente sulla procedura di notifica.

2. I provvedimenti, anche concordati con produttori e distributori, adottati per limitare o sottoporre a particolari condizioni la commercializzazione o l'uso di prodotti che presentano un rischio grave per i consumatori, vanno notificati alla Commissione europea secondo le prescrizioni del sistema RAPEX, tenendo conto dell'allegato II della direttiva 2001/95/CE, di cui all'allegato II.

3. Se il provvedimento adottato riguarda un rischio che si ritiene limitato al territorio nazionale, il Ministero dello sviluppo economico ([1]) procede, anche su richiesta delle altre amministrazioni competenti, alla notifica alla Commissione europea qualora il provvedimento contenga informazioni suscettibili di presentare un interesse, quanto alla sicurezza dei prodotti, per gli altri Stati membri, in particolare se tale provvedimento risponde ad un rischio nuovo, non ancora segnalato in altre notifiche.

4. Ai fini degli adempimenti di cui al comma 1, i provvedimenti adottati dalle amministrazioni competenti di cui all'articolo 106 devono essere comunicati tempestivamente al Ministero dello sviluppo economico ([1]); analoga comunicazione deve essere data a cura delle cancellerie ovvero delle segreterie degli organi giurisdizionali, relativamente ai provvedimenti, sia a carattere provvisorio, sia a carattere definitivo, emanati dagli stessi nell'ambito degli interventi di competenza.

5. Il Ministero dello sviluppo economico ([1]) comunica all'amministrazione competente le decisioni eventualmente adottate dalla Commissione europea relativamente a prodotti che presentano un rischio grave per la salute e la sicurezza dei consumatori in diversi Stati membri e che quindi ne-

cessitano, entro un termine di venti giorni, dell'adozione di provvedimenti idonei. È fatto salvo il rispetto del termine eventualmente inferiore previsto nella decisione della Commissione europea.

6. Le Autorità competenti assicurano alle parti interessate la possibilità di esprimere entro un mese dall'adozione della decisione di cui al comma 5, pareri ed osservazioni per il successivo inoltro alla Commissione.

7. Sono vietate le esportazioni al di fuori dell'Unione europea di prodotti pericolosi oggetto di una decisione di cui al comma 5, a meno che la decisione non disponga diversamente.

(1) *Le parole: «delle attività produttive» sono state così sostituite dalle attuali: «dello sviluppo economico» dall'art. 1, comma 5, del D.L.vo 6 agosto 2015, n. 130.*

111. Responsabilità del produttore. – 1. Sono fatte salve le disposizioni di cui al titolo secondo in materia di responsabilità per danno da prodotti difettosi.

112. Sanzioni. – 1. Salvo che il fatto costituisca più grave reato, il produttore o il distributore che immette sul mercato prodotti pericolosi in violazione del divieto di cui all'articolo 107, comma 2, lettera *e*), è punito con l'arresto da sei mesi ad un anno e con l'ammenda da 10.000 euro a 50.000 euro.

2. Salvo che il fatto costituisca più grave reato, il produttore che immette sul mercato prodotti pericolosi, è punito con l'arresto fino ad un anno e con l'ammenda da 10.000 euro a 50.000 euro.

3. Salvo che il fatto costituisca più grave reato, il produttore o il distributore che non ottempera ai provvedimenti emanati a norma dell'articolo 107, comma 2, lettere *b*), numeri 1) e 2), *c*) e *d*), numeri 1) e 2), è punito con l'ammenda da 10.000 euro a 25.000 euro (1).

4. Il produttore o il distributore che non assicura la dovuta collaborazione ai fini dello svolgimento delle attività di cui all'articolo 107, comma 2, lettera *a*), è soggetto alla sanzione amministrativa da 2.500 euro a 40.000 euro.

5. Salvo che il fatto costituisca reato, il produttore che violi le disposizioni di cui all'articolo 104, commi 2, 3, 5, 7, 8 e 9, ed il distributore che violi le disposizioni di cui al medesimo art. 104, commi 6, 7, 8 e 9, sono soggetti ad una sanzione amministrativa compresa fra 1.500 euro e 30.000 euro.

(1) *Questo reato è stato depenalizzato a norma dell'art. 1, comma 1, del D.L.vo 15 gennaio 2016, n. 8 (G.U. Serie gen. n. 17 del 22 gennaio 2016).*

A norma del medesimo art. 1, comma 5, la sanzione amministrativa pecuniaria è ora così determinata nella somma da euro 10.000 ad euro 50.000.

Ai sensi dell'art. 8, del medesimo provvedimento, le disposizioni che sostituiscono sanzioni penali con sanzioni amministrative si applicano anche alle violazioni commesse anteriormente alla data di entrata in vigore del decreto stesso, sempre che il proce-

dimento penale non sia stato definito con sentenza o con decreto divenuti irrevocabili. Se i procedimenti penali per i reati depenalizzati dal presente decreto sono stati definiti, prima della sua entrata in vigore, con sentenza di condanna o decreto irrevocabili, il giudice dell'esecuzione revoca la sentenza o il decreto, dichiarando che il fatto non è previsto dalla legge come reato e adotta i provvedimenti conseguenti. Il giudice dell'esecuzione provvede con l'osservanza delle disposizioni dell'articolo 667, comma 4, del codice di procedura penale. Ai fatti commessi prima della data di entrata in vigore del presente decreto non può essere applicata una sanzione amministrativa pecuniaria per un importo superiore al massimo della pena originariamente inflitta per il reato, tenuto conto del criterio di ragguaglio di cui all'articolo 135 del codice penale. A tali fatti non si applicano le sanzioni amministrative accessorie introdotte dal presente decreto, salvo che le stesse sostituiscano corrispondenti pene accessorie.

113. Rinvio. – 1. Sono fatte salve le specifiche norme di settore che, con riferimento a particolari categorie merceologiche, obbligano a specifici standard di sicurezza.

2. Sono fatte salve le disposizioni regionali che disciplinano i controlli di competenza.

Titolo II
Responsabilità per danno da prodotti difettosi

114. Responsabilità del produttore. – 1. Il produttore è responsabile del danno cagionato da difetti del suo prodotto.

115. Prodotto e produttore ([1]). – 1. Prodotto, ai fini del presente titolo, è ogni bene mobile, anche se incorporato in altro bene mobile o immobile.

2. Si considera prodotto anche l'elettricità.

2 *bis*. Produttore, ai fini del presente titolo, è il fabbricante del prodotto finito o di una sua componente, il produttore della materia prima, nonché, per i prodotti agricoli del suolo e per quelli dell'allevamento, della pesca e della caccia, rispettivamente l'agricoltore, l'allevatore, il pescatore ed il cacciatore ([2]).

([1]) *Questa rubrica è stata così sostituita dall'art. 14, comma 1, del D.L.vo 23 ottobre 2007, n. 221.*

([2]) *Questo comma è stato aggiunto dall'art. 14, comma 2, del D.L.vo 23 ottobre 2007, n. 221.*

116. Responsabilità del fornitore. – 1. Quando il produttore non sia individuato, è sottoposto alla stessa responsabilità il fornitore che abbia distribuito il prodotto nell'esercizio di un'attività commerciale, se ha omesso di comunicare al danneggiato, entro il termine di tre mesi dalla richiesta, l'identità e il domicilio del produttore o della persona che gli ha fornito il prodotto.

2. La richiesta deve essere fatta per iscritto e deve indicare il prodotto che ha cagionato il danno, il luogo e, con ragionevole approssimazione, la data dell'acquisto; deve inoltre contenere l'offerta in visione del prodotto, se ancora esistente.

3. Se la notificazione dell'atto introduttivo del giudizio non è stata preceduta dalla richiesta prevista dal comma 2, il convenuto può effettuare la comunicazione entro i tre mesi successivi.

4. In ogni caso, su istanza del fornitore presentata alla prima udienza del giudizio di primo grado, il giudice, se le circostanze lo giustificano, può fissare un ulteriore termine non superiore a tre mesi per la comunicazione prevista dal comma 1.

5. Il terzo indicato come produttore o precedente fornitore può essere chiamato nel processo a norma dell'articolo 106 del codice di procedura civile e il fornitore convenuto può essere estromesso, se la persona indicata comparisce e non contesta l'indicazione. Nell'ipotesi prevista dal comma 3, il convenuto può chiedere la condanna dell'attore al rimborso delle spese cagionategli dalla chiamata in giudizio.

6. Le disposizioni del presente articolo si applicano al prodotto importato nella Unione europea, quando non sia individuato l'importatore, anche se sia noto il produttore.

117. Prodotto difettoso. – 1. Un prodotto è difettoso quando non offre la sicurezza che ci si può legittimamente attendere tenuto conto di tutte le circostanze, tra cui:

a) il modo in cui il prodotto è stato messo in circolazione, la sua presentazione, le sue caratteristiche palesi, le istruzioni e le avvertenze fornite;

b) l'uso al quale il prodotto può essere ragionevolmente destinato e i comportamenti che, in relazione ad esso, si possono ragionevolmente prevedere;

c) il tempo in cui il prodotto è stato messo in circolazione.

2. Un prodotto non può essere considerato difettoso per il solo fatto che un prodotto più perfezionato sia stato in qualunque tempo messo in commercio.

3. Un prodotto è difettoso se non offre la sicurezza offerta normalmente dagli altri esemplari della medesima serie.

118. Esclusione della responsabilità. – 1. La responsabilità è esclusa:

a) se il produttore non ha messo il prodotto in circolazione;

b) se il difetto che ha cagionato il danno non esisteva quando il produttore ha messo il prodotto in circolazione;

c) se il produttore non ha fabbricato il prodotto per la vendita o per qualsiasi altra forma di distribuzione a titolo oneroso, né lo ha fabbricato o distribuito nell'esercizio della sua attività professionale;

d) se il difetto è dovuto alla conformità del prodotto a una norma giuridica imperativa o a un provvedimento vincolante;

e) se lo stato delle conoscenze scientifiche e tecniche, al momento in cui il produttore ha messo in circolazione il prodotto, non permetteva ancora di considerare il prodotto come difettoso;

f) nel caso del produttore o fornitore di una parte componente o di una materia prima, se il difetto è interamente dovuto alla concezione del prodotto in cui è stata incorporata la parte o materia prima o alla conformità di questa alle istruzioni date dal produttore che la ha utilizzata.

119. Messa in circolazione del prodotto. – 1. Il prodotto è messo in circolazione quando sia consegnato all'acquirente, all'utilizzatore, o a un ausiliario di questi, anche in visione o in prova.

2. La messa in circolazione avviene anche mediante la consegna al vettore o allo spedizioniere per l'invio all'acquirente o all'utilizzatore.

3. La responsabilità non è esclusa se la messa in circolazione dipende da vendita forzata, salvo che il debitore abbia segnalato specificamente il difetto con dichiarazione resa all'ufficiale giudiziario all'atto del pignoramento o con atto notificato al creditore procedente e depositato presso la cancelleria del giudice dell'esecuzione entro quindici giorni dal pignoramento stesso.

120. Prova. – 1. Il danneggiato deve provare il difetto, il danno, e la connessione causale tra difetto e danno.

2. Il produttore deve provare i fatti che possono escludere la responsabilità secondo le disposizioni dell'articolo 118. Ai fini dell'esclusione da responsabilità prevista nell'articolo 118, comma 1, lettera *b*), è sufficiente dimostrare che, tenuto conto delle circostanze, è probabile che il difetto non esistesse ancora nel momento in cui il prodotto è stato messo in circolazione.

3. Se è verosimile che il danno sia stato causato da un difetto del prodotto, il giudice può ordinare che le spese della consulenza tecnica siano anticipate dal produttore.

121. Pluralità di responsabili. – 1. Se più persone sono responsabili del medesimo danno, tutte sono obbligate in solido al risarcimento.

2. Colui che ha risarcito il danno ha regresso contro gli altri nella misura determinata dalle dimensioni del rischio riferibile a ciascuno, dalla gravità delle eventuali colpe e dalla entità delle conseguenze che ne sono derivate. Nel dubbio la ripartizione avviene in parti uguali.

122. Colpa del danneggiato. – 1. Nelle ipotesi di concorso del fatto colposo del danneggiato il risarcimento si valuta secondo le disposizioni dell'articolo 1227 del codice civile.

2. Il risarcimento non è dovuto quando il danneggiato sia stato consapevole del difetto del prodotto e del pericolo che ne derivava e nondimeno vi si sia volontariamente esposto.

3. Nell'ipotesi di danno a cosa, la colpa del detentore di questa è parificata alla colpa del danneggiato.

123. Danno risarcibile. – 1. È risarcibile in base alle disposizioni del presente titolo:

a) il danno cagionato dalla morte o da lesioni personali;

b) la distruzione o il deterioramento di una cosa diversa dal prodotto difettoso, purché di tipo normalmente destinato all'uso o consumo privato e così principalmente utilizzata dal danneggiato.

2. Il danno a cose è risarcibile solo nella misura che ecceda la somma di euro trecentottantasette.

124. Clausole di esonero da responsabilità. – 1. È nullo qualsiasi patto che escluda o limiti preventivamente, nei confronti del danneggiato, la responsabilità prevista dal presente titolo.

125. Prescrizione. – 1. Il diritto al risarcimento si prescrive in tre anni dal giorno in cui il danneggiato ha avuto o avrebbe dovuto avere conoscenza del danno, del difetto e dell'identità del responsabile.

2. Nel caso di aggravamento del danno, la prescrizione non comincia a decorrere prima del giorno in cui il danneggiato ha avuto o avrebbe dovuto avere conoscenza di un danno di gravità sufficiente a giustificare l'esercizio di un'azione giudiziaria.

126. Decadenza. – 1. Il diritto al risarcimento si estingue alla scadenza di dieci anni dal giorno in cui il produttore o l'importatore nella Unione europea ha messo in circolazione il prodotto che ha cagionato il danno.

2. La decadenza è impedita solo dalla domanda giudiziale, salvo che il processo si estingua, dalla domanda di ammissione del credito in una procedura concorsuale o dal riconoscimento del diritto da parte del responsabile.

3. L'atto che impedisce la decadenza nei confronti di uno dei responsabili non ha effetto riguardo agli altri.

127. Responsabilità secondo altre disposizioni di legge. – 1. Le disposizioni del presente titolo non escludono né limitano i diritti attribuiti al danneggiato da altre leggi.

2. Le disposizioni del presente titolo non si applicano ai danni cagionati dagli incidenti nucleari previsti dalla legge 31 dicembre 1962, n. 1860, e successive modificazioni.

3. Le disposizioni del presente titolo non si applicano ai prodotti messi in circolazione prima del 30 luglio 1988.

Titolo III
Garanzia legale di conformità e garanzie commerciali per i beni di consumo

Capo I
Della vendita dei beni di consumo

128. Ambito di applicazione e definizioni. – 1. Il presente capo disciplina taluni aspetti dei contratti di vendita e delle garanzie concernenti i beni di consumo. A tali fini ai contratti di vendita sono equiparati i contratti di permuta e di somministrazione nonché quelli di appalto, di opera e tutti gli altri contratti comunque finalizzati alla fornitura di beni di consumo da fabbricare o produrre.

2. Ai fini del presente capo si intende per:

a) beni di consumo: qualsiasi bene mobile, anche da assemblare, tranne:

1) i beni oggetto di vendita forzata o comunque venduti secondo altre modalità dalle autorità giudiziarie, anche mediante delega ai notai;

2) l'acqua e il gas, quando non confezionati per la vendita in un volume delimitato o in quantità determinata;

3) l'energia elettrica;

b) venditore: qualsiasi persona fisica o giuridica pubblica o privata che, nell'esercizio della propria attività imprenditoriale o professionale, utilizza i contratti di cui al comma 1;

c) garanzia convenzionale ulteriore: qualsiasi impegno di un venditore o di un produttore, assunto nei confronti del consumatore senza costi supplementari, di rimborsare il prezzo pagato, sostituire, riparare, o intervenire altrimenti sul bene di consumo, qualora esso non corrisponda alle condizioni enunciate nella dichiarazione di garanzia o nella relativa pubblicità;

d) riparazione: nel caso di difetto di conformità, il ripristino del bene di consumo per renderlo conforme al contratto di vendita.

3. Le disposizioni del presente capo si applicano alla vendita di beni di consumo usati, tenuto conto del tempo del pregresso utilizzo, limitatamente ai difetti non derivanti dall'uso normale della cosa.

129. Conformità al contratto. – 1. Il venditore ha l'obbligo di consegnare al consumatore beni conformi al contratto di vendita.

2. Si presume che i beni di consumo siano conformi al contratto se, ove pertinenti, coesistono le seguenti circostanze:

a) sono idonei all'uso al quale servono abitualmente beni dello stesso tipo;

b) sono conformi alla descrizione fatta dal venditore e possiedono le qualità del bene che il venditore ha presentato al consumatore come campione o modello;

c) presentano la qualità e le prestazioni abituali di un bene dello stesso tipo, che il consumatore può ragionevolmente aspettarsi, tenuto conto della natura del bene e, se del caso, delle dichiarazioni pubbliche sulle caratteristiche specifiche dei beni fatte al riguardo dal venditore, dal produttore o dal suo agente o rappresentante, in particolare nella pubblicità o sull'etichettatura;

d) sono altresì idonei all'uso particolare voluto dal consumatore e che sia stato da questi portato a conoscenza del venditore al momento della conclusione del contratto e che il venditore abbia accettato anche per fatti concludenti.

3. Non vi è difetto di conformità se, al momento della conclusione del contratto, il consumatore era a conoscenza del difetto non poteva ignorarlo con l'ordinaria diligenza o se il difetto di conformità deriva da istruzioni o materiali forniti dal consumatore.

4. Il venditore non è vincolato dalle dichiarazioni pubbliche di cui al comma 2, lettera *c*), quando, in via anche alternativa, dimostra che:

a) non era a conoscenza della dichiarazione e non poteva conoscerla con l'ordinaria diligenza;

b) la dichiarazione è stata adeguatamente corretta entro il momento della conclusione del contratto in modo da essere conoscibile al consumatore;

c) la decisione di acquistare il bene di consumo non è stata influenzata dalla dichiarazione.

5. Il difetto di conformità che deriva dall'imperfetta installazione del bene di consumo è equiparato al difetto di conformità del bene quando l'installazione è compresa nel contratto di vendita ed è stata effettuata dal venditore o sotto la sua responsabilità. Tale equiparazione si applica anche nel caso in cui il prodotto, concepito per essere installato dal consumatore, sia da questo installato in modo non corretto a causa di una carenza delle istruzioni di installazione.

130. Diritti del consumatore. – 1. Il venditore è responsabile nei confronti del consumatore per qualsiasi difetto di conformità esistente al momento della consegna del bene.

2. In caso di difetto di conformità, il consumatore ha diritto al ripristino, senza spese, della conformità del bene mediante riparazione o sostituzione, a norma dei commi 3, 4, 5 e 6, ovvero ad una riduzione adeguata del prezzo o alla risoluzione del contratto, conformemente ai commi 7, 8 e 9.

3. Il consumatore può chiedere, a sua scelta, al venditore di riparare il bene o di sostituirlo, senza spese in entrambi i casi, salvo che il rimedio richiesto sia oggettivamente impossibile o eccessivamente oneroso rispetto all'altro.

4. Ai fini di cui al comma 3 è da considerare eccessivamente oneroso uno dei due rimedi se impone al venditore spese irragionevoli in confronto all'altro, tenendo conto:

a) del valore che il bene avrebbe se non vi fosse difetto di conformità;

b) dell'entità del difetto di conformità;

c) dell'eventualità che il rimedio alternativo possa essere esperito senza notevoli inconvenienti per il consumatore.

5. Le riparazioni o le sostituzioni devono essere effettuate entro un congruo termine dalla richiesta e non devono arrecare notevoli inconvenienti al consumatore, tenendo conto della natura del bene e dello scopo per il quale il consumatore ha acquistato il bene.

6. Le spese di cui ai commi 2 e 3 si riferiscono ai costi indispensabili per rendere conformi i beni, in particolare modo con riferimento alle spese effettuate per la spedizione, per la mano d'opera e per i materiali.

7. Il consumatore può richiedere, a sua scelta, una congrua riduzione del prezzo o la risoluzione del contratto ove ricorra una delle seguenti situazioni:

a) la riparazione e la sostituzione sono impossibili o eccessivamente onerose;

b) il venditore non ha provveduto alla riparazione o alla sostituzione del bene entro il termine congruo di cui al comma 5 ([1]);

c) la sostituzione o la riparazione precedentemente effettuata ha arrecato notevoli inconvenienti al consumatore.

8. Nel determinare l'importo della riduzione o la somma da restituire si tiene conto dell'uso del bene.

9. Dopo la denuncia del difetto di conformità, il venditore può offrire al consumatore qualsiasi altro rimedio disponibile, con i seguenti effetti:

a) qualora il consumatore abbia già richiesto uno specifico rimedio, il venditore resta obbligato ad attuarlo, con le necessarie conseguenze in ordine alla decorrenza del termine congruo di cui al comma 5 ([2]), salvo accettazione da parte del consumatore del rimedio alternativo proposto;

b) qualora il consumatore non abbia già richiesto uno specifico rimedio, il consumatore deve accettare la proposta o respingerla scegliendo un altro rimedio ai sensi del presente articolo.

10. Un difetto di conformità di lieve entità per il quale non è stato possibile o è eccessivamente oneroso esperire i rimedi della riparazione o della sostituzione, non dà diritto alla risoluzione del contratto.

(1) *Le parole: «comma 6» sono state così sostituite dalle attuali: «comma 5» dall'art. 15, comma 1, del D.L.vo 23 ottobre 2007, n. 221.*

(2) *Le parole: «comma 6» sono state così sostituite dalle attuali: «comma 5» dall'art. 15, comma 2, del D.L.vo 23 ottobre 2007, n. 221.*

131. Diritto di regresso. – 1. Il venditore finale, quando è responsabile nei confronti del consumatore a causa di un difetto di conformità imputabile ad un'azione o ad un'omissione del produttore, di un precedente venditore della medesima catena contrattuale distributiva o di qualsiasi altro intermediario, ha diritto di regresso, salvo patto contrario o rinuncia, nei confronti del soggetto o dei soggetti responsabili facenti parte della suddetta catena distributiva.

2. Il venditore finale che abbia ottemperato ai rimedi esperiti dal consumatore, può agire, entro un anno dall'esecuzione della prestazione, in regresso nei confronti del soggetto o dei soggetti responsabili per ottenere la reintegrazione di quanto prestato.

132. Termini. – 1. Il venditore è responsabile, a norma dell'articolo 130, quando il difetto di conformità si manifesta entro il termine di due anni dalla consegna del bene.

2. Il consumatore decade dai diritti previsti dall'articolo 130, comma 2, se non denuncia al venditore il difetto di conformità entro il termine di due mesi dalla data in cui ha scoperto il difetto. La denuncia non è necessaria se il venditore ha riconosciuto l'esistenza del difetto o lo ha occultato.

3. Salvo prova contraria, si presume che i difetti di conformità che si manifestano entro sei mesi dalla consegna del bene esistessero già a tale data, a meno che tale ipotesi sia incompatibile con la natura del bene o con la natura del difetto di conformità.

4. L'azione diretta a far valere i difetti non dolosamente occultati dal venditore si prescrive, in ogni caso, nel termine di ventisei mesi dalla consegna del bene; il consumatore, che sia convenuto per l'esecuzione del contratto, può tuttavia far valere sempre i diritti di cui all'articolo 130, comma 2, purché il difetto di conformità sia stato denunciato entro due mesi dalla scoperta e prima della scadenza del termine di cui al periodo precedente.

133. Garanzia convenzionale. – 1. La garanzia convenzionale vincola chi la offre secondo le modalità indicate nella dichiarazione di garanzia medesima o nella relativa pubblicità.

2. La garanzia deve, a cura di chi la offre, almeno indicare:

a) la specificazione che il consumatore è titolare dei diritti previsti dal presente paragrafo e che la garanzia medesima lascia impregiudicati tali diritti;

b) in modo chiaro e comprensibile l'oggetto della garanzia e gli elementi essenziali necessari per farla valere, compresi la durata e l'estensione territoriale della garanzia, nonché il nome o la ditta e il domicilio o la sede di chi la offre.

3. A richiesta del consumatore, la garanzia deve essere disponibile per iscritto o su altro supporto duraturo a lui accessibile.

4. La garanzia deve essere redatta in lingua italiana con caratteri non meno evidenti di quelli di eventuali altre lingue.

5. Una garanzia non rispondente ai requisiti di cui ai commi 2, 3 e 4, rimane comunque valida e il consumatore può continuare ad avvalersene ed esigerne l'applicazione.

134. Carattere imperativo delle disposizioni. – 1. È nullo ogni patto, anteriore alla comunicazione al venditore del difetto di conformità, volto ad escludere o limitare, anche in modo indiretto, i diritti riconosciuti dal presente paragrafo. La nullità può essere fatta valere solo dal consumatore e può essere rilevata d'ufficio dal giudice.

2. Nel caso di beni usati, le parti possono limitare la durata della responsabilità di cui all'articolo 132, comma primo, ad un periodo di tempo in ogni caso non inferiore ad un anno.

3. È nulla ogni clausola contrattuale che, prevedendo l'applicabilità al contratto di una legislazione di un Paese extracomunitario, abbia l'effetto di privare il consumatore della protezione assicurata dal presente paragrafo, laddove il contratto presenti uno stretto collegamento con il territorio di uno Stato membro dell'Unione europea.

135. Tutela in base ad altre disposizioni. – 1. Le disposizioni del presente capo non escludono né limitano i diritti che sono attribuiti al consumatore da altre norme dell'ordinamento giuridico.

2. Per quanto non previsto dal presente titolo, si applicano le disposizioni del codice civile in tema di contratto di vendita.

Parte V
Associazioni dei consumatori e accesso alla giustizia

Titolo I
Le associazioni rappresentative a livello nazionale

136. Consiglio nazionale dei consumatori e degli utenti. – 1. È istituito presso il Ministero dello sviluppo economico (1) il Consiglio nazionale dei consumatori e degli utenti, di seguito denominato: «Consiglio».

2. Il Consiglio, che si avvale, per le proprie iniziative, della struttura e del personale del Ministero dello sviluppo economico (1), è composto dai rappresentanti delle associazioni dei consumatori e degli utenti inserite nell'elenco di cui all'articolo 137 e da un rappresentante designato dalla Conferenza di cui all'articolo 8 del decreto legislativo 28 agosto 1997, n. 281 ed è presieduto dal Ministro dello sviluppo economico (1) o da un suo delegato. Il Consiglio è nominato con decreto del Presidente del Consiglio dei Ministri, su proposta del Ministro delle attività produttive, e dura in carica tre anni.

3. Il Consiglio invita alle proprie riunioni rappresentanti delle associazioni di tutela ambientale riconosciute e delle associazioni nazionali delle cooperative dei consumatori. Possono altresì essere invitati i rappresentanti di enti ed organismi che svolgono funzioni di regolamentazione o di normazione del mercato, delle categorie economiche e sociali interessate, delle pubbliche amministrazioni competenti, nonché esperti delle materie trattate.

4. È compito del Consiglio:

a) esprimere pareri, ove richiesto, sugli schemi di atti normativi che riguardino i diritti e gli interessi dei consumatori e degli utenti;

b) formulare proposte in materia di tutela dei consumatori e degli utenti, anche in riferimento ai programmi e alle politiche comunitarie;

c) promuovere studi, ricerche e conferenze sui problemi del consumo e sui diritti dei consumatori e degli utenti, ed il controllo della qualità e della sicurezza dei prodotti e dei servizi;

d) elaborare programmi per la diffusione delle informazioni presso i consumatori e gli utenti;

e) favorire iniziative volte a promuovere il potenziamento dell'accesso dei consumatori e degli utenti ai mezzi di giustizia previsti per la soluzione delle controversie;

f) favorire ogni forma di raccordo e coordinamento tra le politiche nazionali e regionali in materia di tutela dei consumatori e degli utenti, assumendo anche iniziative dirette a promuovere la più ampia rappresentanza degli interessi dei consumatori e degli utenti nell'ambito delle autonomie locali. A tale fine il presidente convoca una volta all'anno una sessione a carattere programmatico cui partecipano di diritto i presidenti degli organismi rappresentativi dei consumatori e degli utenti previsti dagli ordinamenti regionali e delle province autonome di Trento e di Bolzano;

g) stabilire rapporti con analoghi organismi pubblici o privati di altri Paesi e dell'Unione europea;

h) segnalare alla Presidenza del Consiglio dei Ministri – Dipartimento della funzione pubblica, eventuali difficoltà, impedimenti od ostacoli, relativi all'attuazione delle disposizioni in materia di semplificazione procedimentale e documentale nelle pubbliche amministrazioni. Le segnalazioni sono verificate dal predetto Dipartimento anche mediante l'Ispettorato della funzione pubblica e l'Ufficio per l'attività normativa e amministrativa di semplificazione delle norme e delle procedure.

(1) *Le parole: «delle attività produttive» sono state così sostituite dalle attuali: «dello sviluppo economico» dall'art. 1, comma 5, del D.L.vo 6 agosto 2015, n. 130.*

137. (1) **Elenco delle associazioni dei consumatori e degli utenti rappresentative a livello nazionale.** – 1. Presso il Ministero dello sviluppo economico (2) è istituito l'elenco delle associazioni dei consumatori e degli utenti rappresentative a livello nazionale.

2. L'iscrizione nell'elenco è subordinata al possesso, da comprovare con la presentazione di documentazione conforme alle prescrizioni e alle procedure stabilite con decreto del Ministro dello sviluppo economico (2), dei seguenti requisiti:

a) avvenuta costituzione, per atto pubblico o per scrittura privata autenticata, da almeno tre anni e possesso di uno statuto che sancisca un ordinamento a base democratica e preveda come scopo esclusivo la tutela dei consumatori e degli utenti, senza fine di lucro;

b) tenuta di un elenco degli iscritti, aggiornato annualmente con l'indicazione delle quote versate direttamente all'associazione per gli scopi statutari;

c) numero di iscritti non inferiore allo 0,5 per mille della popolazione nazionale e presenza sul territorio di almeno cinque regioni o province autonome, con un numero di iscritti non inferiore allo 0,2 per mille degli abitanti di ciascuna di esse, da certificare con dichiarazione sostitutiva dell'atto di notorietà resa dal legale rappresentante dell'associazione con le modalità di cui agli articoli 46 e seguenti del testo unico delle disposizioni legislative e regolamentari in materia di documentazione amministrativa, di cui al decreto del Presidente della Repubblica 28 dicembre 2000, n. 445;

d) elaborazione di un bilancio annuale delle entrate e delle uscite con indicazione delle quote versate dagli associati e tenuta dei libri contabili, conformemente alle norme vigenti in materia di contabilità delle associazioni non riconosciute;

e) svolgimento di un'attività continuativa nei tre anni precedenti;

f) non avere i suoi rappresentanti legali subito alcuna condanna, passata in giudicato, in relazione all'attività dell'associazione medesima, e non rivestire i medesimi rappresentanti la qualifica di imprenditori o di amministratori di imprese di produzione e servizi in qualsiasi forma costituite, per gli stessi settori in cui opera l'associazione.

3. Alle associazioni dei consumatori e degli utenti è preclusa ogni attività di promozione o pubblicità commerciale avente per oggetto beni o servizi prodotti da terzi ed ogni connessione di interessi con imprese di produzione o di distribuzione.

4. Il Ministero dello sviluppo economico (2) provvede annualmente all'aggiornamento dell'elenco.

5. All'elenco di cui al presente articolo possono iscriversi anche le associazioni dei consumatori e degli utenti operanti esclusivamente nei territori ove risiedono minoranze linguistiche costituzionalmente riconosciute, in possesso dei requisiti di cui al comma 2, lettere *a*), *b*), *d*), *e*) e *f*), nonché con un numero di iscritti non inferiore allo 0,5 per mille degli abitanti della regione o provincia autonoma di riferimento, da certificare con dichiarazione sostitutiva dell'atto di notorietà resa dal legale rappresentante dell'associazione con le modalità di cui agli articoli 46 e seguenti del citato testo unico, di cui al decreto del Presidente della Repubblica n. 445 del 2000.

6. Il Ministero dello sviluppo economico (2) comunica alla Commissione europea l'elenco di cui al comma 1, comprensivo anche degli enti di cui all'articolo 139, comma 2, nonché i relativi aggiornamenti al fine dell'iscrizione nell'elenco degli enti legittimati a proporre azioni inibitorie a tutela degli interessi collettivi dei consumatori istituito presso la stessa Commissione europea.

(1) *A norma dell'art. 1, comma 125, della L. 4 agosto 2017, n. 124, a decorrere dall'anno 2018, i soggetti di cui a questo articolo, nonché le associazioni, le Onlus e le fondazioni che intrattengono rapporti economici con le pubbliche amministrazioni e con i soggetti di cui all'articolo 2 bis del decreto legislativo 14 marzo 2013, n. 33, nonché con società controllate di diritto o di fatto direttamente o indirettamente da pubbliche amministrazioni, ivi comprese quelle che emettono azioni quotate in mercati regolamentati e le società da loro partecipate, e con società in partecipazione pubblica, ivi comprese*

quelle che emettono azioni quotate in mercati regolamentati e le società da loro partecipate, pubblicano entro il 28 febbraio di ogni anno, nei propri siti o portali digitali, le informazioni relative a sovvenzioni, contributi, incarichi retribuiti e comunque a vantaggi economici di qualunque genere ricevuti dalle medesime pubbliche amministrazioni e dai medesimi soggetti nell'anno precedente. Le imprese che ricevono sovvenzioni, contributi, incarichi retribuiti e comunque vantaggi economici di qualunque genere dalle pubbliche amministrazioni e dai soggetti di cui al primo periodo sono tenute a pubblicare tali importi nella nota integrativa del bilancio di esercizio e nella nota integrativa dell'eventuale bilancio consolidato. L'inosservanza di tale obbligo comporta la restituzione delle somme ai soggetti eroganti entro tre mesi dalla data di cui al periodo precedente. Qualora i soggetti eroganti appartengano alle amministrazioni centrali dello Stato ed abbiano adempiuto agli obblighi di pubblicazione previsti dall'articolo 26 del decreto legislativo 14 marzo 2013, n. 33, le somme di cui al terzo periodo sono versate ad apposito capitolo dell'entrata del bilancio dello Stato per essere riassegnate ai pertinenti capitoli degli stati di previsione delle amministrazioni originariamente competenti per materia. Nel caso in cui i soggetti eroganti non abbiano adempiuto ai prescritti obblighi di pubblicazione di cui all'articolo 26 del decreto legislativo 14 marzo 2013, n. 33, le somme di cui al terzo periodo sono versate all'entrata del bilancio dello Stato per essere riassegnate al fondo per la lotta alla povertà e all'esclusione sociale, di cui all'articolo 1, comma 386, della legge 28 dicembre 2015, n. 208.

([2]) *Le parole: «delle attività produttive» sono state così sostituite dalle attuali: «dello sviluppo economico» dall'art. 1, comma 5, del D.L.vo 6 agosto 2015, n. 130.*

138. ([1]) [**Agevolazioni e contributi.** – 1. Le agevolazioni e i contributi previsti dalla legge 5 agosto 1981, n. 416, e successive modificazioni, in materia di disciplina delle imprese editrici e provvidenze per l'editoria, sono estesi, con le modalità ed i criteri di graduazione definiti con apposito decreto del Presidente del Consiglio dei Ministri, alle attività editoriali delle associazioni iscritte nell'elenco di cui all'articolo 137].

([1]) *Questo articolo è stato abrogato dall'art. 32, comma 1, lett.* m), *del D.L.vo 15 maggio 2017, n. 70, a decorrere dal 1° gennaio 2019.*

Titolo II
Accesso alla giustizia (1)

(1) *La rubrica: «LE AZIONI INIBITORIE E L'ACCESSO ALLA GIUSTIZIA» è stata così sostituita dalla rubrica: «ACCESSO ALLA GIUSTIZIA» dall'art. 2, comma 449, della L. 24 dicembre 2007, n. 244. Ai sensi dell'art. 2, comma 447, della predetta legge, così come modificato dall'art. 19 del D.L. 30 dicembre 2008, n. 207, convertito, con modificazioni, nella L. 27 febbraio 2009, n. 14, le disposizioni di cui a questo articolo entrano in vigore decorsi diciotto mesi dopo l'entrata in vigore della legge n. 244/2007, avvenuta il 1° gennaio 2008.*

139. (1) [**Legittimazione ad agire.** – 1. Le associazioni dei consumatori e degli utenti inserite nell'elenco di cui all'articolo 137 sono legittimate ad agire, ai sensi dell'articolo 140, (2) a tutela degli interessi collettivi dei consumatori e degli utenti. Oltre a quanto disposto dall'articolo 2, le dette associazioni sono legittimate ad agire nelle ipotesi di violazione degli interessi collettivi dei consumatori contemplati nelle materie disciplinate dal presente codice, nonché dalle seguenti disposizioni legislative:

a) legge 6 agosto 1990, n. 223, e successive modificazioni, ivi comprese quelle di cui al testo unico della radiotelevisione, di cui al decreto legislativo 31 luglio 2005, n. 177, (3) e legge 30 aprile 1998, n. 122, concernenti l'esercizio delle attività televisive;

b) decreto legislativo 30 dicembre 1992, n. 541, come modificato dal decreto legislativo 18 febbraio 1997, n. 44, e legge 14 ottobre 1999, n. 362, concernente la pubblicità dei medicinali per uso umano;

b bis) decreto legislativo 26 marzo 2010, n. 59, recante attuazione della direttiva 2006/123/CE relativa ai servizi nel mercato interno (4);

b ter) regolamento (UE) n. 524/2013 del Parlamento europeo e del Consiglio, del 21 maggio 2013, sulla risoluzione delle controversie online per i consumatori (regolamento sull'ODR per i consumatori) (5).

b quater) regolamento (UE) 2018/302 del Parlamento europeo e del Consiglio, del 28 febbraio 2018, recante misure volte a impedire i blocchi geografici ingiustificati e altre forme di discriminazione basate sulla nazionalità, sul luogo di residenza o sul luogo di stabilimento dei clienti nell'ambito del mercato interno (6).

2. Gli organismi pubblici indipendenti nazionali e le organizzazioni riconosciuti in altro Stato dell'Unione europea ed inseriti nell'elenco degli enti legittimati a proporre azioni inibitorie a tutela degli interessi collettivi dei consumatori, pubblicato nella *Gazzetta Ufficiale* delle Comunità europee, possono agire, ai sensi del presente articolo e secondo le modalità di cui all'articolo 140, nei confronti di atti o comportamenti lesivi per i con-

sumatori del proprio Paese, posti in essere in tutto o in parte sul territorio dello Stato].

([1]) *Questo articolo è stato abrogato dall'art. 5, comma 1, della L. 12 aprile 2019, n. 31, a decorrere da dodici mesi dalla pubblicazione della medesima legge nella* Gazzetta Ufficiale *(G.U. Serie gen. - n. 92 del 18 aprile 2019). A norma dell'art. 7, comma 2, della medesima legge, tali disposizioni, si applicano alle condotte illecite poste in essere successivamente alla data della sua entrata in vigore. Alle condotte illecite poste in essere precedentemente continuano ad applicarsi le disposizioni vigenti prima della medesima data di entrata in vigore.*

([2]) *Le parole: «, ai sensi dell'articolo 140,» sono state inserite dall'art. 16, comma 1, del D.L.vo 23 ottobre 2007, n. 221.*

([3]) *Le parole: «, e successive modificazioni, ivi comprese quelle di cui al testo unico della radiotelevisione, di cui al decreto legislativo 31 luglio 2005, n. 177,» sono state inserite dall'art. 16, comma 1, del D.L.vo 23 ottobre 2007, n. 221.*

([4]) *Questa lettera è stata aggiunta dall'art. 85, comma 5* bis, *del D.L.vo 26 marzo 2010, n. 59, come inserito dall'art. 20, comma 1, lett.* e), *del D.L.vo 6 agosto 2012, n. 147.*

([5]) *Questa lettera è stata aggiunta dall'art. 1, comma 4, del D.L.vo 6 agosto 2015, n. 130. A norma dell'art. 2, comma 1, dello stesso provvedimento le disposizioni concernenti l'attuazione del regolamento (UE) n. 524/2013 del Parlamento europeo e del Consiglio, del 21 maggio 2013, relativo alla risoluzione delle controversie online dei consumatori, si applicano a decorrere dal 9 gennaio 2016.*

([6]) *Questa lettera è stata aggiunta dall'art. 6, comma 1, lett.* a), *della L. 3 maggio 2019, n. 37.*

140. ([1]) [**Procedura.** – 1. I soggetti di cui all'articolo 139 sono legittimati nei casi ivi previsti ([2]) ad agire a tutela degli interessi collettivi dei consumatori e degli utenti richiedendo al tribunale:

a) di inibire gli atti e i comportamenti lesivi degli interessi dei consumatori e degli utenti;

b) di adottare le misure idonee a correggere o eliminare gli effetti dannosi delle violazioni accertate;

c) di ordinare la pubblicazione del provvedimento su uno o più quotidiani a diffusione nazionale oppure locale nei casi in cui la pubblicità del provvedimento può contribuire a correggere o eliminare gli effetti delle violazioni accertate.

2. Le associazioni di cui al comma 1, nonché i soggetti di cui all'articolo 139, comma 2, possono attivare, prima del ricorso al giudice, la procedura di conciliazione dinanzi alla camera di commercio, industria, artigianato e agricoltura competente per territorio, a norma dell'articolo 2, comma 4, lettera *a*), della legge 29 dicembre 1993, n. 580, nonché agli altri organismi di composizione extragiudiziale per la composizione delle controversie in materia

di consumo a norma dell'articolo 141. La procedura è, in ogni caso, definita entro sessanta giorni.

3. Il processo verbale di conciliazione, sottoscritto dalle parti e dal rappresentante dell'organismo di composizione extragiudiziale adito, è depositato per l'omologazione nella cancelleria del tribunale del luogo nel quale si è svolto il procedimento di conciliazione.

4. Il tribunale, in composizione monocratica, accertata la regolarità formale del processo verbale, lo dichiara esecutivo con decreto. Il verbale di conciliazione omologato costituisce titolo esecutivo.

5. In ogni caso l'azione di cui al comma 1 può essere proposta solo dopo che siano decorsi quindici giorni dalla data in cui le associazioni abbiano richiesto al soggetto da esse ritenuto responsabile, a mezzo lettera raccomandata con avviso di ricevimento, la cessazione del comportamento lesivo degli interessi dei consumatori e degli utenti.

6. Il soggetto al quale viene chiesta la cessazione del comportamento lesivo ai sensi del comma 5, o che sia stato chiamato in giudizio ai sensi del comma 1, può attivare la procedura di conciliazione di cui al comma 2 senza alcun pregiudizio per l'azione giudiziale da avviarsi o già avviata. La favorevole conclusione, anche nella fase esecutiva, del procedimento di conciliazione viene valutata ai fini della cessazione della materia del contendere.

7. Con il provvedimento che definisce il giudizio di cui al comma 1 il giudice fissa un termine per l'adempimento degli obblighi stabiliti e, anche su domanda della parte che ha agito in giudizio, dispone, in caso di inadempimento, il pagamento di una somma di denaro da 516 euro a 1.032 euro, per ogni inadempimento ovvero giorno di ritardo rapportati alla gravità del fatto. In caso di inadempimento degli obblighi risultanti dal verbale di conciliazione di cui al comma 3 le parti possono adire il tribunale con procedimento in camera di consiglio affinché, accertato l'inadempimento, disponga il pagamento delle dette somme di denaro. Tali somme di denaro sono versate all'entrata del bilancio dello Stato per essere riassegnate con decreto del Ministro dell'economia e delle finanze al fondo da istituire nell'ambito di apposita unità previsionale di base dello stato di previsione del Ministero dello sviluppo economico ([3]), per finanziare iniziative a vantaggio dei consumatori.

8. Nei casi in cui ricorrano giusti motivi di urgenza, l'azione inibitoria si svolge a norma degli articoli da 669 *bis* a 669 *quaterdecies* del codice di procedura civile.

9. Fatte salve le norme sulla litispendenza, sulla continenza, sulla connessione e sulla riunione dei procedimenti, le disposizioni di cui al presente articolo non precludono il diritto ad azioni individuali dei consumatori che siano danneggiati dalle medesime violazioni.

10. Per le associazioni di cui all'articolo 139 l'azione inibitoria prevista dall'articolo 37 in materia di clausole vessatorie nei contratti stipulati con i consumatori, si esercita ai sensi del presente articolo.

11. Resta ferma la giurisdizione esclusiva del giudice amministrativo in materia di servizi pubblici ai sensi dell'articolo 133, comma 1, lettera *c*) del codice del processo amministrativo ([4]).

12. Restano salve le procedure conciliative di competenza dell'Autorità per le garanzie nelle comunicazioni di cui all'articolo 1, comma 11, della legge 31 luglio 1997, n. 249].

([1]) *Questo articolo è stato abrogato dall'art. 5, comma 1, della L. 12 aprile 2019, n. 31, a decorrere da dodici mesi dalla pubblicazione della medesima legge nella* Gazzetta Ufficiale (G.U. *Serie gen. - n. 92 del 18 aprile 2019). A norma dell'art. 7, comma 2, della medesima legge, tali disposizioni, si applicano alle condotte illecite poste in essere successivamente alla data della sua entrata in vigore. Alle condotte illecite poste in essere precedentemente continuano ad applicarsi le disposizioni vigenti prima della medesima data di entrata in vigore.*

([2]) *Le parole: «nei casi ivi previsti» sono state inserite dall'art. 17, comma 1, del D.L.vo 23 ottobre 2007, n. 221.*

([3]) *Le parole: «delle attività produttive» sono state così sostituite dalle attuali: «dello sviluppo economico» dall'art. 1, comma 5, del D.L.vo 6 agosto 2015, n. 130.*

([4]) *Questo comma è stato così sostituito dall'art. 3, comma 17* bis, *dell'Allegato 4 al D.L.vo 2 luglio 2011, n. 104, così come inserito dall'art. 1, comma 3, lett.* a), *n. 3), del D.L.vo 15 novembre 2011, n. 195.*

140 *bis*. ([1]) [**Azione di classe.** – 1. I diritti individuali omogenei dei consumatori e degli utenti di cui al comma 2 nonché gli interessi collettivi ([2]) sono tutelabili anche attraverso l'azione di classe, secondo le previsioni del presente articolo. A tal fine ciascun componente della classe, anche mediante associazioni cui dà mandato o comitati cui partecipa, può agire per l'accertamento della responsabilità e per la condanna al risarcimento del danno e alle restituzioni.

2. L'azione di classe ha per oggetto l'accertamento della responsabilità e la condanna al risarcimento del danno e alle restituzioni in favore degli utenti consumatori ([3]). L'azione tutela:

a) i diritti contrattuali di una pluralità di consumatori e utenti che versano nei confronti di una stessa impresa in situazione omogenea ([4]), inclusi i diritti relativi a contratti stipulati ai sensi degli articoli 1341 e 1342 del codice civile;

b) i diritti omogenei ([5]) spettanti ai consumatori finali di un determinato prodotto o servizio ([6]) nei confronti del relativo produttore, anche a prescindere da un diretto rapporto contrattuale;

c) i diritti omogenei ([7]) al ristoro del pregiudizio derivante agli stessi consumatori e utenti da pratiche commerciali scorrette o da comportamenti anticoncorrenziali.

3. I consumatori e utenti che intendono avvalersi della tutela di cui al presente articolo aderiscono all'azione di classe, senza ministero di difensore anche tramite posta elettronica certificata e fax ([8]). L'adesione comporta rinuncia a ogni azione restitutoria o risarcitoria individuale fondata sul medesimo titolo, salvo quanto previsto dal comma 15. L'atto di adesione, contenente, oltre all'elezione di domicilio, l'indicazione degli elementi costitutivi del diritto fatto valere con la relativa documentazione probatoria, è depositato in cancelleria, anche tramite l'attore, nel termine di cui al comma 9, lettera *b*). Gli effetti sulla prescrizione ai sensi degli articoli 2943 e 2945 del codice civile decorrono dalla notificazione della domanda e, per coloro che hanno aderito successivamente, dal deposito dell'atto di adesione.

4. La domanda è proposta al tribunale ordinario avente sede nel capoluogo della regione in cui ha sede l'impresa, ma per la Valle d'Aosta è competente il tribunale di Torino, per il Trentino-Alto Adige e il Friuli-Venezia Giulia è competente il tribunale di Venezia, per le Marche, l'Umbria, l'Abruzzo e il Molise è competente il tribunale di Roma e per la Basilicata e la Calabria è competente il tribunale di Napoli. Il tribunale tratta la causa in composizione collegiale.

5. La domanda si propone con atto di citazione notificato anche all'ufficio del pubblico ministero presso il tribunale adìto, il quale può intervenire limitatamente al giudizio di ammissibilità.

6. All'esito della prima udienza il tribunale decide con ordinanza sull'ammissibilità della domanda, ma può sospendere il giudizio quando sui fatti rilevanti ai fini del decidere è in corso un'istruttoria davanti a un'autorità indipendente ovvero un giudizio davanti al giudice amministrativo. La domanda è dichiarata inammissibile quando è manifestamente infondata, quando sussiste un conflitto di interessi ovvero quando il giudice non ravvisa l'omogeneità dei diritti individuali ([9]) tutelabili ai sensi del comma 2, nonché quando il proponente non appare in grado di curare adeguatamente l'interesse della classe.

7. L'ordinanza che decide sulla ammissibilità è reclamabile davanti alla corte d'appello nel termine perentorio di trenta giorni dalla sua comunicazione o notificazione se anteriore. Sul reclamo la corte d'appello decide con ordinanza in camera di consiglio non oltre quaranta giorni dal deposito del ricorso. Il reclamo dell'ordinanza ammissiva non sospende il procedimento davanti al tribunale.

8. Con l'ordinanza di inammissibilità, il giudice regola le spese, anche ai sensi dell'articolo 96 del codice di procedura civile, e ordina la più opportuna pubblicità a cura e spese del soccombente.

9. Con l'ordinanza con cui ammette l'azione il tribunale fissa termini e modalità della più opportuna pubblicità, ai fini della tempestiva adesione degli appartenenti alla classe. L'esecuzione della pubblicità è condizione di procedibilità della domanda. Con la stessa ordinanza il tribunale:

a) definisce i caratteri dei diritti individuali oggetto del giudizio, specificando i criteri in base ai quali i soggetti che chiedono di aderire sono inclusi nella classe o devono ritenersi esclusi dall'azione;

b) fissa un termine perentorio, non superiore a centoventi giorni dalla scadenza di quello per l'esecuzione della pubblicità, entro il quale gli atti di adesione, anche a mezzo dell'attore, sono depositati in cancelleria. Copia dell'ordinanza è trasmessa, a cura della cancelleria, al Ministero dello sviluppo economico che ne cura ulteriori forme di pubblicità, anche mediante la pubblicazione sul relativo sito internet.

10. È escluso l'intervento di terzi ai sensi dell'articolo 105 del codice di procedura civile.

11. Con l'ordinanza con cui ammette l'azione il tribunale determina altresì il corso della procedura assicurando, nel rispetto del contraddittorio, l'equa, efficace e sollecita gestione del processo. Con la stessa o con successiva ordinanza, modificabile o revocabile in ogni tempo, il tribunale prescrive le misure atte a evitare indebite ripetizioni o complicazioni nella presentazione di prove o argomenti; onera le parti della pubblicità ritenuta necessaria a tutela degli aderenti; regola nel modo che ritiene più opportuno l'istruzione probatoria e disciplina ogni altra questione di rito, omessa ogni formalità non essenziale al contraddittorio.

12. Se accoglie la domanda, il tribunale pronuncia sentenza di condanna con cui liquida, ai sensi dell'articolo 1226 del codice civile, le somme definitive dovute a coloro che hanno aderito all'azione o stabilisce il criterio omogeneo di calcolo per la liquidazione di dette somme. In questo ultimo caso il giudice assegna alle parti un termine, non superiore a novanta giorni, per addivenire ad un accordo sulla liquidazione del danno ([10]). Il processo verbale dell'accordo, sottoscritto dalle parti e dal giudice, costituisce titolo esecutivo ([10]). Scaduto il termine senza che l'accordo sia stato raggiunto, il giudice, su istanza di almeno una delle parti, liquida le somme dovute ai singoli aderenti ([10]). In caso di accoglimento di un'azione di classe proposta nei confronti di gestori di servizi pubblici o di pubblica utilità, il tribunale tiene conto di quanto riconosciuto in favore degli utenti e dei consumatori danneggiati nelle relative carte dei servizi eventualmente emanate. La sen-

tenza diviene esecutiva decorsi centottanta giorni dalla pubblicazione. I pagamenti delle somme dovute effettuati durante tale periodo sono esenti da ogni diritto e incremento, anche per gli accessori di legge maturati dopo la pubblicazione della sentenza.

13. La corte d'appello, richiesta dei provvedimenti di cui all'articolo 283 del codice di procedura civile, tiene altresì conto dell'entità complessiva della somma gravante sul debitore, del numero dei creditori, nonché delle connesse difficoltà di ripetizione in caso di accoglimento del gravame. La corte può comunque disporre che, fino al passaggio in giudicato della sentenza, la somma complessivamente dovuta dal debitore sia depositata e resti vincolata nelle forme ritenute più opportune.

14. La sentenza che definisce il giudizio fa stato anche nei confronti degli aderenti. È fatta salva l'azione individuale dei soggetti che non aderiscono all'azione collettiva. Non sono proponibili ulteriori azioni di classe per i medesimi fatti e nei confronti della stessa impresa dopo la scadenza del termine per l'adesione assegnato dal giudice ai sensi del comma 9. Quelle proposte entro detto termine sono riunite d'ufficio se pendenti davanti allo stesso tribunale; altrimenti il giudice successivamente adìto ordina la cancellazione della causa dal ruolo, assegnando un termine perentorio non superiore a sessanta giorni per la riassunzione davanti al primo giudice.

15. Le rinunce e le transazioni intervenute tra le parti non pregiudicano i diritti degli aderenti che non vi hanno espressamente consentito. Gli stessi diritti sono fatti salvi anche nei casi di estinzione del giudizio o di chiusura anticipata del processo].

(1) *Questo articolo, inserito dall'art. 2, comma 446, della L. 24 dicembre 2007, n. 244, sostituito dall'art. 49 della L. 23 luglio 2009, n. 99, è stato abrogato dall'art. 5, comma 1, della L. 12 aprile 2019, n. 31, a decorrere da dodici mesi dalla pubblicazione della medesima legge nella* Gazzetta Ufficiale (G.U. *Serie gen. - n. 92 del 18 aprile 2019). A norma dell'art. 7, comma 2, della medesima legge, tali disposizioni, si applicano alle condotte illecite poste in essere successivamente alla data della sua entrata in vigore. Alle condotte illecite poste in essere precedentemente continuano ad applicarsi le disposizioni vigenti prima della medesima data di entrata in vigore.*

(2) *Le parole*: «*nonché gli interessi collettivi*» *sono state inserite dall'art. 6, comma 1, lett.* a), *del D.L. 24 gennaio 2012, n. 1, convertito, con modificazioni, nella L. 24 marzo 2012, n. 27.*

(3) *Questo periodo è stato premesso dall'art. 6, comma 1, lett.* b), *del D.L. 24 gennaio 2012, n. 1, convertito, con modificazioni, nella L. 24 marzo 2012, n. 27.*

(4) *La parola*: «*identica*» *è stata così sostituita dalla parola*: «*omogenea*» *dall'art. 6, comma 1, lett.* c), *del D.L. 24 gennaio 2012, n. 1, convertito, con modificazioni, nella L. 24 marzo 2012, n. 27.*

([5]) *La parola: «identici» è stata così sostituita dalla parola: «omogenei» dall'art. 6, comma 1, lett.* d)*, del D.L. 24 gennaio 2012, n. 1, convertito, con modificazioni, nella L. 24 marzo 2012, n. 27.*

([6]) *Le parole: «o servizio» sono state inserite dall'art. 6, comma 1, lett.* d)*, del D.L. 24 gennaio 2012, n. 1, convertito, con modificazioni, nella L. 24 marzo 2012, n. 27.*

([7]) *La parola: «identici» è stata così sostituita dalla parola: «omogenei» dall'art. 6, comma 1, lett.* e)*, del D.L. 24 gennaio 2012, n. 1, convertito, con modificazioni, nella L. 24 marzo 2012, n. 27.*

([8]) *Le parole: «anche tramite posta elettronica certificata e fax» sono state inserite dall'art. 6, comma 1, lett.* f)*, del D.L. 24 gennaio 2012, n. 1, convertito, con modificazioni, nella L. 24 marzo 2012, n. 27.*

([9]) *Le parole: «l'identità dei diritti individuali» sono state così sostituite dalle parole: «l'omogeneità dei diritti individuali» dall'art. 6, comma 1, lett.* g)*, del D.L. 24 gennaio 2012, n. 1, convertito, con modificazioni, nella L. 24 marzo 2012, n. 27*

([10]) *Questo periodo è stato inserito dall'art. 6, comma 1, lett.* h)*, del D.L. 24 gennaio 2012, n. 1, convertito, con modificazioni, nella L. 24 marzo 2012, n. 27.*

Titolo II *bis*

Risoluzione extragiudiziale delle controversie ([1])

([1]) *Questo Titolo è stato inserito dall'art. 1, comma 1, del D.L.vo 6 agosto 2015, n. 130. A norma dell'art. 2, comma 1, dello stesso provvedimento le disposizioni concernenti l'attuazione del regolamento (UE) n. 524/2013 del Parlamento europeo e del Consiglio, del 21 maggio 2013, relativo alla risoluzione delle controversie online dei consumatori, si applicano a decorrere dal 9 gennaio 2016.*

141. ([1]) ([2]) **Disposizioni generali: definizioni ed ambito di applicazione. –** 1. Ai fini del presente titolo, si intende per:

a) «consumatore»: la persona fisica, di cui all'articolo 3, comma 1, lettera *a*);

b) «professionista»: il soggetto, di cui all'articolo 3, comma 1, lettera *c*);

c) «contratto di vendita»: il contratto di cui all'articolo 45, comma 1, lettera *e*);

d) «contratto di servizi»: il contratto di cui all'articolo 45, comma 1, lettera *f*);

e) «controversia nazionale»: una controversia relativa ad obbligazioni contrattuali derivanti da un contratto di vendita o di servizi, nell'ambito della quale il consumatore, quando ordina i beni o i servizi, risiede nello stesso Stato membro dell'Unione europea in cui è stabilito il professionista;

f) «controversia transfrontaliera»: una controversia relativa ad obbligazioni contrattuali derivanti da un contratto di vendita o di servizi, nell'ambito della quale il consumatore, quando ordina i beni o i servizi, risiede in uno Stato membro dell'Unione europea diverso da quello in cui è stabilito il professionista;

g) «procedura ADR»: una procedura di risoluzione extragiudiziale delle controversie conforme ai requisiti di cui al presente titolo ed eseguita da un organismo ADR-Alternative Dispute Resolution;

h) «organismo ADR»: qualsiasi organismo, a prescindere dalla sua denominazione, istituito su base permanente, che offre la risoluzione di una controversia attraverso una procedura ADR ed è iscritto nell'elenco di cui all'articolo 141 *decies*;

i) «autorità competente»: le autorità indicate dall'articolo 141 *octies*;

l) «domanda»: la domanda presentata all'organismo per avviare la procedura ADR;

m) «servizi non economici di interesse generale»: i servizi di interesse generale che non sono prestati a fini economici, a prescindere dalla forma giuridica sotto la quale tali servizi sono prestati, e, in particolare i servizi prestati, senza corrispettivo economico, da pubbliche amministrazioni o per conto delle stesse.

2. Ai fini del presente titolo il professionista si considera stabilito:

a) se si tratta di una persona fisica, presso la sua sede di attività;

b) se si tratta di una società o di un'altra persona giuridica o di un'associazione di persone fisiche o giuridiche, presso la sua sede legale, la sua amministrazione centrale o la sua sede di attività, comprese le filiali, le agenzie o qualsiasi altra sede.

3. Ai fini del presente titolo, l'organismo ADR si considera stabilito:

a) se è gestito da una persona fisica, nel luogo in cui svolge le attività ADR;

b) se è gestito da una persona giuridica o da un'associazione di persone fisiche o di persone giuridiche, nel luogo in cui tale persona giuridica o associazione di persone fisiche o giuridiche svolge le attività ADR o ha la sua sede legale;

c) se è gestito da un'autorità o da un altro ente pubblico, nel luogo in cui tale autorità o altro ente pubblico ha la propria sede.

4. Le disposizioni di cui al presente titolo, si applicano alle procedure volontarie di composizione extragiudiziale per la risoluzione, anche in via telematica, delle controversie nazionali e transfrontaliere, tra consumatori e professionisti residenti e stabiliti nell'Unione europea, nell'ambito delle quali l'organismo ADR propone una soluzione o riunisce le parti al fine di agevolare una soluzione amichevole e, in particolare, agli organismi di mediazione per la trattazione degli affari in materia di consumo iscritti nella sezione speciale di cui all'articolo 16, commi 2 e 4, del decreto legislativo 4 marzo 2010, n. 28, e agli altri organismi ADR istituiti o iscritti presso gli

elenchi tenuti e vigilati dalle autorità di cui al comma 1, lettera *i*), previa la verifica della sussistenza dei requisiti e della conformità della propria organizzazione e delle proprie procedure alle prescrizioni del presente titolo. Le disposizioni di cui al presente titolo si applicano, altresì, alle eventuali procedure, previste ai sensi del comma 7, in cui l'organismo ADR adotta una decisione.

5. Le disposizioni di cui al presente titolo si applicano altresì alle procedure di conciliazione paritetica di cui all'articolo 141 *ter*.

6. Sono fatte salve le seguenti disposizioni che prevedono l'obbligatorietà delle procedure di risoluzione extragiudiziale delle controversie:

a) articolo 5, comma 1 *bis*, del decreto legislativo 4 marzo 2010, n. 28, che disciplina i casi di condizione di procedibilità con riferimento alla mediazione finalizzata alla conciliazione delle controversie civili e commerciali;

b) articolo 1, comma 11, della legge 31 luglio 1997, n. 249, che prevede il tentativo obbligatorio di conciliazione nel settore delle comunicazioni elettroniche;

c) articolo 2, comma 24, lettera *b*), della legge 14 novembre 1995, n. 481, che prevede il tentativo obbligatorio di conciliazione nelle materie di competenza dell'Autorità di regolazione per energia, reti e ambiente, e le cui modalità di svolgimento sono regolamentate dall'Autorità di regolazione per energia, reti e ambiente con propri provvedimenti.

7. Le procedure svolte nei settori di competenza dell'Autorità per l'energia elettrica, il gas ed il sistema idrico, della Banca d'Italia, dell'Istituto per la vigilanza sulle assicurazioni, (3) della Commissione nazionale per la società e la borsa e dell'Autorità per le garanzie nelle comunicazioni, ivi comprese quelle che prevedono la partecipazione obbligatoria del professionista, sono considerate procedure ADR ai sensi del presente Codice, se rispettano i principi, le procedure e i requisiti delle disposizioni di cui al presente titolo.

8. Le disposizioni di cui al presente titolo non si applicano:

a) alle procedure presso sistemi di trattamento dei reclami dei consumatori gestiti dal professionista;

b) ai servizi non economici d'interesse generale;

c) alle controversie fra professionisti;

d) alla negoziazione diretta tra consumatore e professionista;

e) ai tentativi di conciliazione giudiziale per la composizione della controversia nel corso di un procedimento giudiziario riguardante la controversia stessa;

f) alle procedure avviate da un professionista nei confronti di un consumatore;

g) ai servizi di assistenza sanitaria, prestati da professionisti sanitari a pazienti, al fine di valutare, mantenere o ristabilire il loro stato di salute, compresa la prescrizione, la somministrazione e la fornitura di medicinali e dispositivi medici;

h) agli organismi pubblici di istruzione superiore o di formazione continua.

9. Le disposizioni di cui al presente titolo non precludono il funzionamento di eventuali organismi ADR istituiti nell'ambito delle norme e provvedimenti, di cui ai commi 7 e 8, ed in cui i funzionari pubblici sono incaricati delle controversie e considerati rappresentanti sia degli interessi dei consumatori e sia degli interessi dei professionisti.

10. Il consumatore non può essere privato in nessun caso del diritto di adire il giudice competente qualunque sia l'esito della procedura di composizione extragiudiziale.

(1) *Questo articolo è stato così sostituito dall'art. 1, comma 2, del D.L.vo 6 agosto 2015, n. 130 ed inserito* sub *titolo* II bis *dopo la modifica apportata dall'art. 1, comma 1, dello stesso provvedimento. A norma dell'art. 2, comma 1, del medesimo provvedimento le disposizioni concernenti l'attuazione del regolamento (UE) n. 524/2013 del Parlamento europeo e del Consiglio, del 21 maggio 2013, relativo alla risoluzione delle controversie online dei consumatori, si applicano a decorrere dal 9 gennaio 2016.*

(2) *La denominazione: «Autorità per l'energia elettrica, il gas e il sistema idrico» ovunque ricorre è stata così sostituita dalla attuale: «Autorità di regolazione per energia, reti e ambiente» dall'art. 1, comma 528, della L. 27 dicembre 2017, n. 205, a decorrere dal 1° gennaio 2018.*

(3) *Le parole: «dell'Istituto per la vigilanza sulle assicurazioni,» sono state aggiunte dall'art. 4, comma 6, lett.* a)*, del D.L.vo 21 maggio 2018, n. 68.*

141 *bis*. (1) Obblighi, facoltà e requisiti degli organismi ADR. – 1. È fatto obbligo agli organismi ADR di:

a) mantenere un sito web aggiornato che fornisca alle parti un facile accesso alle informazioni concernenti il funzionamento della procedura ADR e che consenta ai consumatori di presentare la domanda e la documentazione di supporto necessaria in via telematica;

b) mettere a disposizione delle parti, su richiesta delle stesse, le informazioni di cui alla lettera *a*), su un supporto durevole, così come definito dall'articolo 45, comma 1, lettera *l*);

c) consentire al consumatore la possibilità, ove applicabile, di presentare la domanda anche in modalità diverse da quella telematica;

d) consentire lo scambio di informazioni tra le parti per via elettronica o, se applicabile, attraverso i servizi postali;

e) accettare sia le controversie nazionali sia quelle transfrontaliere, comprese le controversie oggetto del regolamento (UE) n. 524/2013, anche attraverso il ricorso a reti di organismi ADR;

f) adottare i provvedimenti necessari a garantire che il trattamento dei dati personali avvenga nel rispetto delle regole di cui al decreto legislativo 30 giugno 2003, n. 196, e successive modificazioni.

2. Gli organismi ADR possono, salve le diverse prescrizioni contenute in altre norme applicabili ovvero nelle deliberazioni delle autorità di regolazione di settore, mantenere e introdurre norme procedurali che consentano loro di rifiutare il trattamento di una determinata controversia per i seguenti motivi:

a) il consumatore non ha tentato di contattare il professionista interessato per discutere il proprio reclamo né cercato, come primo passo, di risolvere la questione direttamente con il professionista;

b) la controversia è futile o temeraria;

c) la controversia è in corso di esame o è già stata esaminata da un altro organismo ADR o da un organo giurisdizionale;

d) il valore della controversia è inferiore o superiore a una soglia monetaria prestabilita a un livello tale da non nuocere in modo significativo all'accesso del consumatore al trattamento dei reclami;

e) il consumatore non ha presentato la domanda all'organismo ADR entro un limite di tempo prestabilito, che non deve essere inferiore a un anno dalla data in cui il consumatore ha presentato il reclamo al professionista;

f) il trattamento di questo tipo di controversia rischierebbe di nuocere significativamente all'efficace funzionamento dell'organismo ADR.

3. Qualora, conformemente alle proprie norme procedurali, un organismo ADR non è in grado di prendere in considerazione una controversia che gli è stata presentata, tale organismo ADR fornisce a entrambe le parti una spiegazione motivata delle ragioni della sua decisione di non prendere in considerazione la controversia entro ventuno giorni dal ricevimento del fascicolo della domanda. Tali norme procedurali non devono nuocere in modo significativo all'accesso da parte dei consumatori alle procedure ADR, compreso in caso di controversie transfrontaliere.

4. È fatto obbligo agli organismi ADR di prevedere e garantire che le persone fisiche da essi incaricate della risoluzione delle controversie siano:

a) in possesso delle conoscenze e delle competenze in materia di risoluzione alternativa o giudiziale delle controversie dei consumatori, inclusa una comprensione generale del diritto provvedendo, se del caso, alla loro formazione;

b) nominate per un incarico di durata sufficiente a garantire l'indipendenza dell'attività da svolgere, non potendo essere sostituito o revocato nell'incarico senza una giusta causa;

c) non soggette ad istruzioni dell'una o dell'altra delle parti o dei loro rappresentanti;

d) retribuite indipendentemente dall'esito della procedura.

5. È fatto altresì obbligo alle persone fisiche incaricate della risoluzione delle controversie, di comunicare tempestivamente all'organismo ADR tutte le circostanze, emerse durante l'intera procedura ADR, idonee ad incidere sulla loro indipendenza e imparzialità o capaci di generare conflitti di interessi con l'una o l'altra delle parti della controversia che sono chiamate a risolvere. In tale ipotesi, se le parti non sono soddisfatte delle prestazioni o del funzionamento della procedura medesima, l'organismo ADR deve:

a) sostituire la persona fisica interessata, affidando la conduzione della procedura ADR ad altra persona fisica; o in mancanza

b) garantire che la persona fisica interessata si astenga dal condurre la procedura ADR e, se possibile, proporre alle parti di presentare la controversia ad un altro organismo ADR competente a trattare la controversia; o in mancanza

c) consentire alla persona fisica interessata di continuare a condurre la procedura solo se le parti, dopo essere state informate delle circostanze e del loro diritto di opporsi, non hanno sollevato obiezioni.

6. Resta fermo il diritto delle parti di ritirarsi in qualsiasi momento dalla procedura ADR, salvo quanto previsto dall'articolo 141 *quater*, comma 5, lettera *a*).

7. Nell'ipotesi prevista dal comma 5, qualora l'organismo ADR sia costituito da una sola persona fisica, si applicano unicamente le lettere *b*) e *c*) del medesimo comma.

8. Qualora le persone fisiche incaricate della procedura ADR siano assunte o retribuite esclusivamente da un'organizzazione professionale o da un'associazione di imprese di cui il professionista è membro, è assicurato che, oltre ai requisiti del presente titolo e quelli generali di cui ai commi 4 e 9, esse abbiano a loro disposizione risorse di bilancio distinte e apposite che siano sufficienti ad assolvere i loro compiti. Il presente comma non si applica qualora le persone fisiche interessate facciano parte di un organismo collegiale composto da un numero uguale di rappresentanti dell'organizzazione professionale e dell'associazione di imprese da cui sono assunte o retribuite e di una o più associazioni dei consumatori e degli utenti di cui all'articolo 137.

9. È fatto obbligo agli organismi ADR in cui le persone fisiche incaricate della risoluzione delle controversie fanno parte di un organismo collegiale, disporre che il collegio sia composto da un numero uguale di rappresentanti degli interessi dei consumatori e di rappresentanti degli interessi dei professionisti.

10. Se gli organismi ADR, ai fini del comma 4, lettera *a*), del presente articolo, provvedono alla formazione delle persone fisiche incaricate della risoluzione extragiudiziale delle controversie, le autorità competenti provvedono a monitorare i programmi di formazione istituiti dagli organismi ADR in base alle informazioni comunicate loro ai sensi dell'articolo 141 *nonies*, comma 4, lettera *g*). I programmi di formazione possono essere promossi ed eseguiti dalle stesse autorità competenti, di cui all'articolo 141 *octies*. Restano ferme le disposizioni in materia di formazione dei mediatori di cui ai commi 4 *bis*, 5 e 6 dell'articolo 16 del decreto legislativo 4 marzo 2010, n. 28.

(1) *Questo articolo è stato inserito dall'art. 1, comma 3, del D.L.vo 6 agosto 2015, n. 130. A norma dell'art. 2, comma 1, dello stesso provvedimento le disposizioni concernenti l'attuazione del regolamento (UE) n. 524/2013 del Parlamento europeo e del Consiglio, del 21 maggio 2013, relativo alla risoluzione delle controversie online dei consumatori, si applicano a decorrere dal 9 gennaio 2016.*

141 *ter*. (1) **Negoziazioni paritetiche.** – 1. Le procedure svolte dinanzi agli organismi ADR in cui parte delle persone fisiche incaricate della risoluzione delle controversie sono assunte o retribuite esclusivamente dal professionista o da un'organizzazione professionale o da un'associazione di imprese di cui il professionista è membro, sono considerate procedure ADR, ai sensi del presente Codice, se, oltre all'osservanza delle disposizioni di cui al presente titolo, rispettano i seguenti ulteriori requisiti specifici di indipendenza e trasparenza:

a) le persone fisiche incaricate della risoluzione delle controversie devono far parte di una commissione paritetica composta da un numero uguale di rappresentanti delle associazioni dei consumatori e degli utenti, di cui all'articolo 137, e di rappresentanti del professionista, e sono nominate a seguito di una procedura trasparente;

b) le persone fisiche incaricate della risoluzione delle controversie devono ricevere un incarico di almeno tre anni per garantire l'indipendenza della loro azione;

c) è fatto obbligo al rappresentante delle associazioni dei consumatori e degli utenti, di cui all'articolo 137, di non avere alcun rapporto lavorativo con il professionista, con un'organizzazione professionale o un'associazione di imprese di cui il professionista sia membro, per l'intera durata dell'incarico e per un periodo di tre anni decorrenti dalla cessazione del proprio incarico nell'organismo ADR, né di avere contributi finanziari diretti da parte degli stessi; gli eventuali contributi erogati dal professionista o dall'organizzazione professionale o dall'associazione di imprese di cui il professionista fa parte, quale parziale rimborso all'associazione dei consumatori per gli oneri sostenuti per prestare assistenza gratuita al consumatore nella procedura ADR, devono essere erogati in modo trasparente, informandone l'autorità competente o secondo le procedure dalla stessa stabilite;

d) è fatto, altresì, obbligo al rappresentante del professionista, se tale rapporto lavorativo non era già in corso al momento di conferimento dell'incarico, di non avere alcun rapporto lavorativo con il professionista, con un'organizzazione professionale o un'associazione di imprese di cui il professionista sia membro, per un periodo di tre anni decorrenti dalla cessazione del proprio incarico nell'organismo ADR;

e) l'organismo di risoluzione delle controversie, ove non abbia distinta soggettività giuridica rispetto al professionista o all'organizzazione professionale o all'associazione di imprese di cui il professionista fa parte, deve essere dotato di sufficiente autonomia e di un organo paritetico di garanzia privo di collegamenti gerarchici o funzionali con il professionista, deve essere chiaramente separato dagli organismi operativi del professionista ed avere a sua disposizione risorse finanziarie sufficienti, distinte dal bilancio generale del professionista, per lo svolgimento dei suoi compiti.

2. Rientrano nelle procedure di cui al comma 1 esclusivamente le negoziazioni paritetiche disciplinate da protocolli di intesa stipulati tra i professionisti o loro associazioni e un numero non inferiore a un terzo delle associazioni dei consumatori e degli utenti, di cui all'articolo 137, nonché quelle disciplinate da protocolli di intesa stipulati nel settore dei servizi pubblici locali secondo i criteri a tal fine indicati nell'accordo sancito in sede di Conferenza unificata Stato-regioni e Stato-città ed autonomie locali del 26 settembre 2013, pubblicato nella *Gazzetta Ufficiale* n. 254 del 29 ottobre 2013.

([1]) Questo articolo è stato inserito dall'art. 1, comma 3, del D.L.vo 6 agosto 2015, n. 130. A norma dell'art. 2, comma 1, dello stesso provvedimento le disposizioni concernenti l'attuazione del regolamento (UE) n. 524/2013 del Parlamento europeo e del Consiglio, del 21 maggio 2013, relativo alla risoluzione delle controversie online dei consumatori, si applicano a decorrere dal 9 gennaio 2016.

141 *quater*. ([1]) Trasparenza, efficacia, equità e libertà. – 1. È fatto obbligo agli organismi ADR, di rendere disponibili al pubblico sui loro siti web, su supporto durevole su richiesta e in qualsiasi altra modalità funzionale al perseguimento delle finalità di trasparenza, efficacia, equità e libertà, informazioni chiare e facilmente comprensibili riguardanti:

a) le modalità di contatto, l'indirizzo postale e quello di posta elettronica;

b) il proprio inserimento nell'elenco di cui all'articolo 141 *decies*, secondo comma;

c) le persone fisiche incaricate della procedura ADR, i criteri seguiti per il conferimento dell'incarico nonché per la loro successiva designazione e la durata del loro incarico;

d) la competenza, l'imparzialità e l'indipendenza delle persone fisiche incaricate della procedura ADR qualora siano assunte o retribuite esclusivamente dal professionista;

e) l'eventuale appartenenza a reti di organismi ADR che agevolano la risoluzione delle controversie transfrontaliere;

f) il settore di competenza specifica, incluso, eventualmente, il limite di valore di competenza;

g) le norme che disciplinano la procedura di risoluzione stragiudiziale della controversia per la quale l'organismo di ADR è stato iscritto e i motivi per cui l'organismo ADR può rifiutare di trattare una determinata controversia ai sensi dell'articolo 141 *bis*, comma 2;

h) le lingue nelle quali possono essere presentati i reclami all'organismo ADR e secondo le quali si svolge la procedura ADR;

i) se l'organismo ADR risolve le controversie in base a disposizioni giuridiche, considerazioni di equità, codici di condotta o altri tipi di regole;

l) eventuali attività che le parti sono tenute a rispettare prima di avviare la procedura ADR, incluso il tentativo di risoluzione della controversia mediante negoziazione diretta con il professionista;

m) la possibilità o meno per le parti di ritirarsi dalla procedura;

n) gli eventuali costi che le parti dovranno sostenere, comprese le norme sulla ripartizione delle spese al termine della procedura;

o) la durata media della procedura ADR;

p) l'effetto giuridico dell'esito della procedura ADR;

q) l'esecutività della decisione ADR, nei casi eventualmente previsti dalle norme vigenti.

2. È fatto obbligo agli organismi ADR di rendere disponibili al pubblico sui loro siti web, su un supporto durevole su richiesta e in altra modalità funzionale al perseguimento delle finalità di trasparenza, le relazioni annuali d'attività. Tali relazioni, con riferimento alle controversie sia nazionali che transfrontaliere, devono comprendere le seguenti informazioni:

a) numero di reclami ricevuti e tipologie di controversie cui si riferiscono;

b) eventuali cause sistematiche o significative generatrici delle controversie tra consumatori e professionisti; tali informazioni possono essere accompagnate, se del caso, da raccomandazioni idonee ad evitare o risolvere problematiche analoghe in futuro, a migliorare le norme dei professionisti e ad agevolare lo scambio di informazioni e di migliori prassi;

c) la percentuale di controversie che l'organismo ADR ha rifiutato di trattare e la quota in percentuale dei tipi di motivo per i rifiuti di cui all'articolo 141 *bis*, comma 2;

d) nel caso di procedure di cui dell'articolo 141 *ter*, le quote percentuali di soluzioni proposte a favore del consumatore e a favore del professionista, e di controversie risolte con una composizione amichevole;

e) la quota percentuale delle procedure ADR interrotte e, se noti, i motivi della loro interruzione;

f) il tempo medio necessario per la risoluzione delle controversie;

g) la percentuale di rispetto, se nota, degli esiti delle procedure ADR;

h) l'eventuale cooperazione con organismi ADR all'interno di reti di organismi ADR che agevolano la risoluzione delle controversie transfrontaliere.

3. Le procedure ADR devono rispettare le seguenti prescrizioni:

a) essere disponibili e facilmente accessibili online e offline per entrambe le parti, a prescindere dalla loro ubicazione;

b) consentire la partecipazione alle parti senza obbligo di assistenza legale; è fatto sempre salvo il diritto delle parti di ricorrere al parere di un soggetto indipendente o di essere rappresentate o assistite da terzi in qualsiasi fase della procedura;

c) essere gratuite o disponibili a costi minimi per i consumatori;

d) l'organismo ADR che ha ricevuto una domanda dà alle parti comunicazione dell'avvio della procedura relativa alla controversia non appena riceve il fascicolo completo della domanda;

e) concludersi entro il termine di novanta giorni dalla data di ricevimento del fascicolo completo della domanda da parte dell'organismo ADR; in caso di controversie particolarmente complesse, l'organismo ADR può, a sua discrezione, prorogare il termine fino a un massimo di novanta giorni; le parti devono essere informate di tale proroga e del nuovo termine di conclusione della procedura.

4. Nell'ambito delle procedure ADR deve essere garantito altresì che:

a) le parti abbiano la possibilità, entro un periodo di tempo ragionevole di esprimere la loro opinione, di ottenere dall'organismo ADR le argomentazioni, le prove, i documenti e i fatti presentati dall'altra parte, salvo che la parte non abbia espressamente richiesto che gli stessi debbano restare riservati, le eventuali dichiarazioni rilasciate e opinioni espresse da esperti e di poter esprimere osservazioni in merito;

b) le parti siano informate del fatto che non sono obbligate a ricorrere a un avvocato o consulente legale, ma possono chiedere un parere indipendente o essere rappresentate o assistite da terzi in qualsiasi fase della procedura;

c) alle parti sia notificato l'esito della procedura ADR per iscritto o su un supporto durevole, e sia data comunicazione dei motivi sui quali è fondato.

5. Nell'ipotesi di procedure ADR volte a risolvere la controversia proponendo una soluzione, gli organismi ADR garantiscono che:

a) le parti abbiano la possibilità di ritirarsi dalla procedura in qualsiasi momento. Le parti sono informate di tale diritto prima dell'avvio della procedura. Nel caso in cui è previsto l'obbligo del professionista di aderire alle procedure ADR, la facoltà di ritirarsi dalla procedura spetta esclusivamente al consumatore;

b) le parti, prima di accettare o meno o di dare seguito a una soluzione proposta, siano informate del fatto che:

1) hanno la scelta se accettare o seguire la soluzione proposta o meno;

2) la partecipazione alla procedura non preclude la possibilità di chiedere un risarcimento attraverso un normale procedimento giudiziario;

3) la soluzione proposta potrebbe essere diversa dal risultato che potrebbe essere ottenuto con la decisione di un organo giurisdizionale che applichi norme giuridiche;

c) le parti, prima di accettare o meno o di dare seguito a una soluzione proposta, siano informate dell'effetto giuridico che da ciò consegue;

d) le parti, prima di accogliere una soluzione proposta o acconsentire a una soluzione amichevole, dispongano di un periodo di riflessione ragionevole.

(1) *Questo articolo è stato inserito dall'art. 1, comma 3, del D.L.vo 6 agosto 2015, n. 130. A norma dell'art. 2, comma 1, dello stesso provvedimento le disposizioni concernenti l'attuazione del regolamento (UE) n. 524/2013 del Parlamento europeo e del Consiglio, del 21 maggio 2013, relativo alla risoluzione delle controversie online dei consumatori, si applicano a decorrere dal 9 gennaio 2016.*

141 *quinquies*. (1) **Effetti della procedura ADR sui termini di prescrizione e decadenza.** – 1. Dalla data di ricevimento da parte dell'organismo ADR, la relativa domanda produce sulla prescrizione gli effetti della domanda giudiziale. Dalla stessa data, la domanda impedisce altresì la decadenza per una sola volta.

2. Se la procedura ADR fallisce, i relativi termini di prescrizione e decadenza iniziano a decorrere nuovamente dalla data della comunicazione alle parti della mancata definizione della controversia con modalità che abbiano valore di conoscenza legale.

3. Sono fatte salve le disposizioni relative alla prescrizione e alla decadenza contenute negli accordi internazionali di cui l'Italia è parte.

(¹) *Questo articolo è stato inserito dall'art. 1, comma 3, del D.L.vo 6 agosto 2015, n. 130. A norma dell'art. 2, comma 1, dello stesso provvedimento le disposizioni concernenti l'attuazione del regolamento (UE) n. 524/2013 del Parlamento europeo e del Consiglio, del 21 maggio 2013, relativo alla risoluzione delle controversie online dei consumatori, si applicano a decorrere dal 9 gennaio 2016.*

141 *sexies*. (¹) **Informazioni e assistenza ai consumatori.** – 1. I professionisti stabiliti in Italia che si sono impegnati a ricorrere ad uno o più organismi ADR per risolvere le controversie sorte con i consumatori, sono obbligati ad informare questi ultimi in merito all'organismo o agli organismi competenti per risolvere le controversie sorte con i consumatori. Tali informazioni includono l'indirizzo del sito web dell'organismo ADR pertinente o degli organismi ADR pertinenti.

2. Le informazioni di cui al comma 1 devono essere fornite in modo chiaro, comprensibile e facilmente accessibile sul sito web del professionista, ove esista, e nelle condizioni generali applicabili al contratto di vendita o di servizi stipulato tra il professionista ed il consumatore.

3. Nel caso in cui non sia possibile risolvere una controversia tra un consumatore e un professionista stabilito nel rispettivo territorio in seguito a un reclamo presentato direttamente dal consumatore al professionista, quest'ultimo fornisce al consumatore le informazioni di cui al comma 1, precisando se intenda avvalersi dei pertinenti organismi ADR per risolvere la controversia stessa. Tali informazioni sono fornite su supporto cartaceo o su altro supporto durevole.

4. È fatta salva l'applicazione delle disposizioni relative all'informazione dei consumatori sulle procedure di ricorso extragiudiziale contenute in altri provvedimenti normativi.

5. Con riferimento all'accesso dei consumatori alle controversie transfrontaliere, salvo quanto previsto dalla normativa di settore, gli stessi possono rivolgersi al Centro nazionale della rete europea per i consumatori (ECC-NET) per essere assistiti nell'accesso all'organismo ADR che opera in un altro Stato membro ed è competente a trattare la loro controversia transfrontaliera. Il medesimo Centro nazionale è designato anche come punto di contatto ODR ai sensi dell'articolo 7, paragrafo 1, del regolamento

(UE) n. 524/2013 del Parlamento europeo e del Consiglio del 21 maggio 2013, relativo alla risoluzione delle controversie online dei consumatori.

6. È fatto obbligo agli organismi ADR e al Centro nazionale della rete europea per i consumatori (ECC-NET) di rendere disponibile al pubblico sui propri siti web, fornendo un link al sito della Commissione europea, e laddove possibile su supporto durevole nei propri locali, l'elenco degli organismi ADR elaborato e pubblicato dalla Commissione ai sensi dell'articolo 20, paragrafo 4, della direttiva 2013/11/UE del Parlamento europeo e del Consiglio del 21 maggio 2013, sulla risoluzione alternativa delle controversie dei consumatori.

7. L'elenco degli organismi ADR di cui al comma 6 è posto a disposizione delle associazioni di consumatori e delle associazioni di categoria di professionisti che possono renderlo disponibile al pubblico sui loro siti web o in qualsiasi altro modo esse ritengano appropriato.

8. Sul sito istituzionale di ciascuna autorità competente è assicurata la pubblicazione delle informazioni sulle modalità di accesso dei consumatori alle procedure ADR per risolvere le controversie contemplate dal presente titolo.

9. Le autorità competenti incoraggiano le associazioni dei consumatori e degli utenti, di cui all'articolo 137, e le organizzazioni professionali, a diffondere la conoscenza degli organismi e delle procedure ADR e a promuovere l'adozione dell'ADR da parte di professionisti e consumatori. Detti organismi sono altresì incoraggiati a fornire ai consumatori le informazioni relative agli organismi ADR competenti quando ricevono i reclami dai consumatori.

(1) *Questo articolo è stato inserito dall'art. 1, comma 3, del D.L.vo 6 agosto 2015, n. 130. A norma dell'art. 2, comma 1, dello stesso provvedimento le disposizioni concernenti l'attuazione del regolamento (UE) n. 524/2013 del Parlamento europeo e del Consiglio, del 21 maggio 2013, relativo alla risoluzione delle controversie online dei consumatori, si applicano a decorrere dal 9 gennaio 2016.*

141 *septies*. (1) **Cooperazione.** – 1. Le autorità competenti assicurano la cooperazione tra gli organismi ADR nella risoluzione delle controversie transfrontaliere e i regolari scambi con gli altri Stati membri dell'Unione europea delle migliori prassi per quanto concerne la risoluzione delle controversie transfrontaliere e nazionali.

2. Se esiste una rete europea di organismi ADR che agevola la risoluzione delle controversie transfrontaliere in un determinato settore, le autorità competenti incoraggiano ad associarsi a detta rete gli organismi ADR che trattano le controversie di tale settore.

3. Le autorità competenti incoraggiano la cooperazione tra organismi ADR e autorità nazionali preposte all'attuazione degli atti giuridici dell'Unione sulla tutela dei consumatori. Tale cooperazione comprende, in particolare, lo scambio di informazioni sulle prassi vigenti in settori commerciali specifici nei confronti delle quali i consumatori hanno ripetutamente presentato reclami. È incluso anche lo scambio di valutazioni tecniche e informazioni, se già disponibili, da parte delle autorità nazionali agli organismi ADR che ne necessitano per il trattamento di singole controversie.

4. La cooperazione e lo scambio di informazioni di cui ai commi 1, 2 e 3 devono avvenire nel rispetto delle norme sulla protezione dei dati personali di cui al decreto legislativo 30 giugno 2003, n. 196.

5. Sono fatte salve le disposizioni in materia di segreto professionale e commerciale applicabili alle autorità nazionali di cui al comma 3. Gli organismi ADR sono sottoposti al segreto d'ufficio e agli altri vincoli equivalenti di riservatezza previsti dalla normativa vigente.

(1) Questo articolo è stato inserito dall'art. 1, comma 3, del D.L.vo 6 agosto 2015, n. 130. A norma dell'art. 2, comma 1, dello stesso provvedimento le disposizioni concernenti l'attuazione del regolamento (UE) n. 524/2013 del Parlamento europeo e del Consiglio, del 21 maggio 2013, relativo alla risoluzione delle controversie online dei consumatori, si applicano a decorrere dal 9 gennaio 2016.

141 *octies*. (1) (2) **Autorità competenti e punto di contatto unico.** – 1. Per lo svolgimento delle funzioni di cui agli articoli 141 *nonies* e 141 *decies*, sono designate le seguenti autorità competenti:

a) Ministero della giustizia unitamente al Ministero dello sviluppo economico, con riferimento al registro degli organismi di mediazione relativo alla materia del consumo, di cui all'articolo 16, commi 2 e 4, del decreto legislativo 4 marzo 2010, n. 28;

b) Commissione nazionale per le società e la borsa (CONSOB), di cui all'articolo 1 della legge 7 giugno 1974, n. 216, con riferimento ai sistemi di risoluzione stragiudiziale delle controversie disciplinati ai sensi dell'articolo 2 del decreto legislativo 8 ottobre 2007, n. 179, e dei regolamenti attuativi, e con oneri a carico delle risorse di cui all'articolo 40, comma 3, della legge 23 dicembre 1994, n. 724, e successive modificazioni, nonché dei soggetti che si avvalgono delle procedure medesime;

b bis) l'Istituto per la vigilanza sulle assicurazioni (IVASS) di cui all'art. 13 del decreto legge 6 luglio 2012, n. 95, convertito, con modificazioni, dalla legge 7 agosto 2012, n. 135, con riferimento ai sistemi di risoluzione stragiudiziale delle controversie disciplinati ai sensi dell'art. 187 *ter* del decreto legislativo 7 settembre 2005, n. 209, e dei regolamenti attuativi, e con oneri a carico delle risorse di cui agli articoli 335 e 336 dello stesso decreto legislativo 7 settembre 2005 n. 209 (3);

c) Autorità di regolazione per energia, reti e ambiente (AEEGSI), di cui all'articolo 2 della legge 14 novembre 1995, n. 481, per il settore di competenza;

d) Autorità per le garanzie nelle comunicazioni (AGCOM), di cui all'articolo 1 della legge 31 luglio 1997, n. 249, per il settore di competenza;

e) Banca d'Italia, con riferimento ai sistemi di risoluzione stragiudiziale delle controversie disciplinati ai sensi dell'articolo 128 *bis* del decreto legislativo 1° settembre 1993, n. 385;

f) altre autorità amministrative indipendenti, di regolazione di specifici settori, ove disciplinino specifiche procedure ADR secondo le proprie competenze;

g) Ministero dello sviluppo economico, con riferimento alle negoziazioni paritetiche di cui all'articolo 141 *ter* relative ai settori non regolamentati o per i quali le relative autorità indipendenti di regolazione non applicano o non adottano specifiche disposizioni, nonché con riferimento agli organismi di conciliazione istituiti ai sensi dell'articolo 2, comma 2, lettera *g*) e comma 4, della legge 29 dicembre 1993, n. 580, limitatamente alle controversie tra consumatori e professionisti, non rientranti nell'elenco di cui alla lettera *a*).

2. Il Ministero dello sviluppo economico è designato punto di contatto unico con la Commissione europea.

3. Al fine di definire uniformità di indirizzo nel compimento delle funzioni delle autorità competenti di cui al comma 1 è istituito presso il Ministero dello sviluppo economico un tavolo di coordinamento e di indirizzo. Lo stesso è composto da un rappresentante per ciascuna autorità competente. Al Ministero dello sviluppo economico è attribuito il compito di convocazione e di raccordo. Al tavolo sono assegnati compiti di definizione degli indirizzi relativi all'attività di iscrizione e di vigilanza delle autorità competenti, nonché ai criteri generali di trasparenza e imparzialità, e alla misura dell'indennità dovuta per il servizio prestato dagli organismi ADR. Ai componenti del predetto tavolo di coordinamento ed indirizzo non spetta alcun compenso, gettone di presenza o altro emolumento comunque denominato e a qualsiasi titolo dovuto.

(1) *Questo articolo è stato inserito dall'art. 1, comma 3, del D.L.vo 6 agosto 2015, n. 130. A norma dell'art. 2, comma 1, dello stesso provvedimento le disposizioni concernenti l'attuazione del regolamento (UE) n. 524/2013 del Parlamento europeo e del Consiglio, del 21 maggio 2013, relativo alla risoluzione delle controversie online dei consumatori, si applicano a decorrere dal 9 gennaio 2016.*

(2) *La denominazione: «Autorità per l'energia elettrica, il gas e il sistema idrico» ovunque ricorre è stata così sostituita dalla attuale: «Autorità di regolazione per energia, reti e ambiente» dall'art. 1, comma 528, della L. 27 dicembre 2017, n. 205, a decorrere dal 1° gennaio 2018.*

(3) *Questa lettera è stata aggiunta dall'art. 4, comma 6, lett. b), del D.L.vo 21 maggio 2018, n. 68.*

141 *novies*. (1) Informazioni da trasmettere alle autorità competenti da parte degli organismi di risoluzione delle controversie. – 1. Gli organismi di risoluzione delle controversie che intendono essere considerati organismi ADR ai sensi del presente titolo e inseriti in elenco conformemente all'articolo 141 *decies*, comma 2, devono presentare domanda di iscrizione alla rispettiva autorità competente, indicando:

a) il loro nome o denominazione, le informazioni di contatto e l'indirizzo del sito web;

b) informazioni sulla loro struttura e sul loro finanziamento, comprese le informazioni sulle persone fisiche incaricate della risoluzione delle controversie, sulla loro retribuzione, sul loro mandato e sul loro datore di lavoro;

c) le proprie norme procedurali;

d) le loro tariffe, se del caso;

e) la durata media delle procedure di risoluzione delle controversie;

f) la lingua o le lingue in cui possono essere presentati i reclami e in cui viene svolta la procedura di risoluzione delle controversie;

g) una dichiarazione sui tipi di controversie trattati mediante la procedura di risoluzione delle controversie;

h) i motivi per cui un organismo di risoluzione delle controversie può rifiutare il trattamento di una determinata controversia a norma dell'articolo 141 *bis*, comma 2;

i) una dichiarazione motivata dell'organismo di possedere o meno i requisiti di un organismo ADR che rientra nell'ambito d'applicazione della presente direttiva, e di rispettare o meno i requisiti di qualità di cui al presente titolo.

2. Qualora le informazioni di cui alle lettere da *a*) ad *h*) del comma 1 vengano modificate, gli organismi ADR informano senza indugio l'autorità competente in merito a tali modifiche.

3. Gli organismi di risoluzione delle controversie dinanzi ai quali si svolgono le procedure di cui all'articolo 141 *ter*, oltre a comunicare ai requisiti di cui al comma 1, devono altresì trasmettere le informazioni necessarie a valutare la loro conformità ai requisiti specifici aggiuntivi di indipendenza e di trasparenza di cui al comma 1 dell'articolo 141 *ter*.

4. A far data dal secondo anno di iscrizione al relativo elenco, con cadenza biennale, ogni organismo ADR trasmette alla rispettiva autorità competente informazioni concernenti:

a) il numero di reclami ricevuti ed i tipi di controversie alle quali si riferiscono;

b) la quota percentuale delle procedure ADR interrotte prima di raggiungere il risultato;

c) il tempo medio necessario per la risoluzione delle controversie ricevute;

d) la percentuale di rispetto, se nota, degli esiti delle procedure ADR;

e) eventuali problematiche sistematiche o significative che si verificano di frequente e causano controversie tra consumatori e professionisti. Le informazioni comunicate al riguardo possono essere accompagnate da raccomandazioni sul modo di evitare o risolvere problematiche analoghe in futuro;

f) se del caso, una valutazione dell'efficacia della loro cooperazione all'interno di reti di organismi ADR che agevolano la risoluzione delle controversie transfrontaliere;

g) se prevista, la formazione fornita alle persone fisiche incaricate delle risoluzioni delle controversie di cui all'articolo 141 *bis*, comma 4, lettera *a*);

h) la valutazione dell'efficacia della procedura ADR offerta dall'organismo e di eventuali modi per migliorarla.

(¹) *Questo articolo è stato inserito dall'art. 1, comma 3, del D.L.vo 6 agosto 2015, n. 130. A norma dell'art. 2, comma 1, dello stesso provvedimento le disposizioni concernenti l'attuazione del regolamento (UE) n. 524/2013 del Parlamento europeo e del Consiglio, del 21 maggio 2013, relativo alla risoluzione delle controversie online dei consumatori, si applicano a decorrere dal 9 gennaio 2016.*

141 *decies*. (¹) **Ruolo delle autorità competenti.** – 1. Presso ciascuna autorità competente è istituito, rispettivamente con decreto ministeriale o con provvedimenti interni, l'elenco degli organismi ADR deputati a gestire le controversie nazionali e transfrontaliere che rientrano nell'ambito di applicazione del presente titolo e che rispettano i requisiti previsti. Ciascuna autorità competente definisce il procedimento per l'iscrizione e verifica il rispetto dei requisiti di stabilità, efficienza, imparzialità, nonché il rispetto del principio di tendenziale non onerosità, per il consumatore, del servizio.

2. Ogni autorità competente provvede all'iscrizione, alla sospensione e alla cancellazione degli iscritti e vigila sull'elenco nonché sui singoli organismi ADR.

3. Ciascuna autorità competente sulla base di propri provvedimenti, tiene l'elenco e disciplina le modalità di iscrizione degli organismi ADR. Tale elenco comprende:

a) il nome, le informazioni di contatto e i siti internet degli organismi ADR di cui al comma 1;

b) le loro tariffe, se del caso;

c) la lingua o le lingue in cui possono essere presentati i reclami e in cui è svolta la procedura ADR;

d) i tipi di controversie contemplati dalla procedura ADR;

e) i settori e le categorie di controversie trattati da ciascun organismo ADR;

f) se del caso, l'esigenza della presenza fisica delle parti o dei loro rappresentanti, compresa una dichiarazione dell'organismo ADR relativa alla possibilità di svolgere la procedura ADR in forma orale o scritta;

g) i motivi per cui un organismo ADR può rifiutare il trattamento di una determinata controversia a norma dell'articolo 141 *bis*, comma 2.

4. Se un organismo ADR non soddisfa più i requisiti di cui al comma 1, l'autorità competente interessata lo contatta per segnalargli tale non conformità, invitandolo a ovviarvi immediatamente. Se allo scadere di un termine di tre mesi l'organismo ADR continua a non soddisfare i requisiti di cui al comma 1, l'autorità competente cancella l'organismo dall'elenco di cui al comma 2. Detto elenco è aggiornato senza indugio e le informazioni pertinenti sono trasmesse al Ministero dello sviluppo economico quale punto di contatto unico con la Commissione europea.

5. Ogni autorità competente notifica senza indugio l'elenco di cui ai commi 1 e 3, e ogni suo successivo aggiornamento, al Ministero dello sviluppo economico quale punto di contatto unico con la Commissione europea.

6. L'elenco e gli aggiornamenti di cui ai commi 2, 3 e 4 relativi agli organismi ADR stabiliti nel territorio della Repubblica italiana sono trasmessi alla Commissione europea dal Ministero dello sviluppo economico quale punto di contatto unico.

7. Ogni autorità competente mette a disposizione del pubblico l'elenco consolidato degli organismi ADR, elaborato dalla Commissione europea e notificato al Ministero dello sviluppo economico quale punto di contatto unico, fornendo sul proprio sito internet un link al pertinente sito internet della Commissione europea. Inoltre, ogni autorità competente mette a disposizione del pubblico tale elenco consolidato su un supporto durevole.

8. Entro il 9 luglio 2018 e successivamente ogni quattro anni, il Ministero dello sviluppo economico, quale punto di contatto unico, con il contributo delle altre autorità competenti, pubblica e trasmette alla Commissione europea

una relazione sullo sviluppo e sul funzionamento di tutti gli organismi ADR stabiliti sul territorio della Repubblica Italiana. In particolare, tale relazione:

a) identifica le migliori prassi degli organismi ADR;

b) sottolinea le insufficienze, comprovate da statistiche, che ostacolano il funzionamento degli organismi ADR per le controversie sia nazionali che transfrontaliere, se del caso;

c) elabora raccomandazioni su come migliorare l'efficacia e l'efficienza del funzionamento degli organismi ADR, se del caso.

(¹) *Questo articolo è stato inserito dall'art. 1, comma 3, del D.L.vo 6 agosto 2015, n. 130. A norma dell'art. 2, comma 1, dello stesso provvedimento le disposizioni concernenti l'attuazione del regolamento (UE) n. 524/2013 del Parlamento europeo e del Consiglio, del 21 maggio 2013, relativo alla risoluzione delle controversie online dei consumatori, si applicano a decorrere dal 9 gennaio 2016.*

Parte VI
Disposizioni finali

142. Modifiche al codice civile. – 1. Gli articoli 1469 *bis*, 1469 *ter*, 1469 *quater*, 1469 *quinquies* e 1469 *sexies* del codice civile sono sostituiti dal seguente:

«Art. 1469 *bis*. *Contratti del consumatore*. Le disposizioni del presente titolo si applicano ai contratti del consumatore, ove non derogate dal codice del consumo o da altre disposizioni più favorevoli per il consumatore.».

143. Irrinunciabilità dei diritti. – 1. I diritti attribuiti al consumatore dal codice sono irrinunciabili. È nulla ogni pattuizione in contrasto con le disposizioni del codice.

2. Ove le parti abbiano scelto di applicare al contratto una legislazione diversa da quella italiana, al consumatore devono comunque essere riconosciute le condizioni minime di tutela previste dal codice.

144. Aggiornamenti. – 1. Ogni intervento normativo incidente sul codice, o sulle materie dallo stesso disciplinate, va attuato mediante esplicita modifica, integrazione, deroga o sospensione delle specifiche disposizioni in esso contenute.

144 *bis*. (¹) **Cooperazione tra le autorità nazionali per la tutela dei consumatori.** – 1. Il Ministero dello sviluppo economico, salve le disposizioni in materia bancaria, finanziaria, assicurativa e di sistemi di pagamento e le competenze delle autorità indipendenti di settore, che continuano a svolgere le funzioni di autorità competente ai sensi dell'articolo 3, lettera c), del regolamento (CE) n. 2006/2004 del Parlamento europeo e del Consiglio, del 27 ottobre 2004, nonché le disposizioni vigenti nelle ulteriori materie per le quali è prevista la competenza di altre autorità nazionali, svolge le funzioni di autorità competente, ai sensi del medesimo articolo 3, lettera c), del citato regolamento (CE) n. 2006/2004, in materia di:

[*a*) servizi turistici, di cui alla parte III, titolo IV, capo II] ([2]);

[*b*) clausole abusive nei contratti stipulati con i consumatori, di cui alla parte III, titolo I] ([2]);

c) garanzia nella vendita dei beni di consumo, di cui alla parte IV, titolo III, capo I;

d) credito al consumo, di cui alla parte III, titolo II, capo II, sezione I;

e) commercio elettronico, di cui alla parte III, titolo III, capo II;

[*f*) contratti negoziati fuori dai locali commerciali, di cui alla parte III, titolo III, capo I, sezione I] ([2]);

[*g*) contratti a distanza, di cui alla parte III, titolo III, capo I, sezione II] ([2]);

h) contratti di multiproprietà, contratti relativi ai prodotti per le vacanze di lungo termine, contratti di rivendita e di scambio, di cui alla parte III, titolo IV, capo I ([3]).

2. Il Ministero dello sviluppo economico esercita tutti i poteri di cui al citato regolamento (CE) n. 2006/2004, nelle materie di cui al comma 1, anche con riferimento alle infrazioni lesive degli interessi collettivi dei consumatori in ambito nazionale.

3. Per lo svolgimento dei compiti di cui ai commi 1 e 2, il Ministero dello sviluppo economico può avvalersi delle camere di commercio, industria, artigianato e agricoltura, nonché del Corpo della Guardia di finanza che agisce con i poteri ad esso attribuiti per l'accertamento dell'imposta sul valore aggiunto e delle imposte sui redditi. Può inoltre definire forme di collaborazione con altre pubbliche amministrazioni. Limitatamente ai poteri di cui all'articolo 139, può avvalersi delle associazioni dei consumatori e degli utenti di cui all'articolo 137.

4. Ferme restando la disciplina sanzionatoria in materia di indicazione dei prezzi di cui all'articolo 17 del presente codice e le disposizioni di cui all'articolo 22, comma 3, del decreto legislativo 31 marzo 1998, n. 114, ai fini dell'applicazione del regolamento (CE) n. 2006/2004 il Ministero dello sviluppo economico, per lo svolgimento delle funzioni di cui al comma 1, può avvalersi, in particolare, dei comuni.

5. Le procedure istruttorie relative ai poteri di cui al comma 2, nonché relativamente all'applicazione delle sanzioni di cui ai commi 6 e 7, sono stabilite con regolamento emanato ai sensi dell'articolo 17, comma 1, lettera d), della legge 23 agosto 1988, n. 400, in modo da garantire il contraddittorio, la piena cognizione degli atti e la verbalizzazione.

6. Nei casi di rifiuto, omissione o ritardo, senza giustificato motivo, di esibire i documenti o di fornire le informazioni richieste, nell'ambito delle proprie competenze, dal Ministero dello sviluppo economico, riguardanti fattispecie di infrazioni nazionali o intracomunitarie, nonché nel caso in cui siano esibiti documenti o fornite informazioni non veritiere, si applicano le sanzioni di cui all'articolo 27, comma 4.

7. Nei casi di inottemperanza ad impegni assunti nei confronti del Ministero dello sviluppo economico dai soggetti interessati, per porre fine a infrazioni nazionali o intracomunitarie, si applicano le sanzioni di cui all'articolo 27, comma 12.

8. Ai sensi degli articoli 3, lettera c), e 4, del citato regolamento (CE) n. 2006/2004, in materia di pratiche commerciali scorrette di cui alla parte II, titolo III, si applicano le disposizioni di cui all'articolo 27, commi 1 e 2, in relazione alle funzioni di autorità competente attribuite all'Autorità garante della concorrenza e del mercato. Per i profili sanzionatori, nell'ambito delle proprie competenze, l'Autorità garante della concorrenza e del mercato provvede ai sensi dell'articolo 27.

9. Il Ministero dello sviluppo economico designa l'ufficio unico di collegamento responsabile dell'applicazione del citato regolamento (CE) n. 2006/2004.

9 *bis*. L'Autorità garante della concorrenza e del mercato è designata quale organismo responsabile ai sensi dell'articolo 7,paragrafo 1, del regolamento (UE) 2018/302. In relazione al regolamento (UE) 2018/302, l'Autorità garante della concorrenza e del mercato svolge le funzioni di autorità competente ai sensi dell'articolo 3, lettera *c*), del regolamento (CE) n. 2006/2004 del Parlamento europeo e del Consiglio, del 27 ottobre 2004, sulla cooperazione tra le autorità nazionali responsabili dell'esecuzione della normativa che tutela i consumatori. In materia di accertamento e sanzione delle violazioni del medesimo regolamento (UE) 2018/302, si applica l'articolo 27, commi da 2 a 15, del presente codice ([4]).

9 *ter*. Il Centro nazionale della rete europea per i consumatori (ECC-NET) è designato quale organismo competente a fornire assistenza ai consumatori in caso di controversia tra un consumatore e un professionista ai sensi dell'articolo 8 del regolamento (UE) 2018/302. Per le finalità di cui al primo periodo si applica la procedura di cui all'articolo 30, comma 1 *bis*, del decreto legislativo 26 marzo 2010, n. 59 ([4]).

([1]) *Questo articolo inserito dall'art. 19 della L. 6 febbraio 2007, n. 13 è stato da ultimo così sostituito dall'art. 22, comma 1, lett. b) della L. 7 luglio 2009, n. 88.*

(²) *Questa lettera è stata soppressa dall'art. 1, comma 5, del D.L.vo 21 febbraio 2014, n. 21. A norma dell'art. 2, comma 1, del medesimo decreto, tali disposizioni entrano in vigore dal 13 giugno 2014 e si applicano ai contratti conclusi dopo tale data.*

(³) *Le parole: «contratti relativi all'acquisizione di un diritto di godimento ripartito di beni immobili, di cui alla parte III, titolo IV, capo I» sono state così sostituite dalle attuali: «contratti di multiproprietà, contratti relativi ai prodotti per le vacanze di lungo termine, contratti di rivendita e di scambio, di cui alla parte III, titolo IV, capo I» dall'art. 1, comma 5, del D.L.vo 21 febbraio 2014, n. 21. A norma dell'art. 2, comma 1, del medesimo decreto, tali disposizioni entrano in vigore dal 13 giugno 2014 e si applicano ai contratti conclusi dopo tale data.*

(⁴) *Questo comma è stato aggiunto dall'art. 6, comma 1, lett. b), della L. 3 maggio 2019, n. 37.*

145. Competenze delle regioni e delle province autonome. – 1. Sono fatte salve le disposizioni adottate dalle regioni e dalle province autonome di Trento e di Bolzano nell'esercizio delle proprie competenze legislative in materia di educazione e informazione del consumatore.

146. Abrogazioni. – 1. Dalla data di entrata in vigore del presente codice sono abrogati:

a) il decreto del Presidente della Repubblica 24 maggio 1988, n. 224, così come modificato dal decreto legislativo 2 febbraio 2001, n. 25, recante attuazione della direttiva 85/374/CEE, relativa al ravvicinamento delle disposizioni legislative, regolamentari e amministrative degli Stati membri in materia di responsabilità per danno da prodotti difettosi, ai sensi dell'articolo 15 della legge 16 aprile 1987, n. 183;

b) la legge 10 aprile 1991, n. 126, così come modificata dalla legge 22 febbraio 1994, n. 146, recante norme per l'informazione del consumatore;

c) il decreto legislativo 15 gennaio 1992, n. 50, recante attuazione della direttiva 85/577/CEE, in materia di contratti negoziati fuori dei locali commerciali;

d) decreto legislativo 25 gennaio 1992, n. 74, così come modificato dal decreto legislativo 25 febbraio 2000, n. 67, recante attuazione della direttiva 84/450/CEE, in materia di pubblicità ingannevole e comparativa;

e) decreto legislativo 17 marzo 1995, n. 111, così come modificato dalla legge 5 marzo 2001, n. 57, recante attuazione della direttiva 90/314/CEE, concernente i viaggi, le vacanze ed i circuiti «tutto compreso»;

f) la legge 30 luglio 1998, n. 281, recante disciplina dei diritti dei consumatori e degli utenti, così come modificata dalla legge 24 novembre 2000, n. 340, dal decreto legislativo 23 aprile 2001, n. 224, e dall'articolo 11 della legge 1° marzo 2002, n. 39, recante disposizioni per l'adempimento di obblighi derivanti dall'appartenenza dell'Italia alle Comunità europee - legge comunitaria 2001, sono fatte salve le disposizioni di cui all'articolo 7, con riferimento alle attività promozionali del Consiglio nazionale dei consumatori e degli utenti di cui all'articolo 136 e alle agevolazioni di cui all'articolo 138;

g) il decreto legislativo 9 novembre 1998, n 427, recante attuazione della direttiva 94/47/CE, concernente la tutela dell'acquirente per taluni aspetti dei contratti relativi all'acquisizione di un diritto di godimento a tempo parziale di beni immobili;

h) il decreto legislativo 22 maggio 1999, n 185, recante attuazione della direttiva 97/7/CE, relativa alla protezione dei consumatori in materia di contratti a distanza;

i) il decreto legislativo 25 febbraio 2000, n 63, recante attuazione della direttiva 98/7/CE, che modifica la direttiva 87/102/CEE, in materia di credito al consumo;

l) il decreto legislativo 25 febbraio 2000, n. 67, recante attuazione della direttiva 97/55/CE, che modifica la direttiva 84/450/CEE, in materia di pubblicità ingannevole e comparativa;

m) il decreto legislativo 25 febbraio 2000, n. 84, recante attuazione della direttiva 98/6/CE, relativa alla protezione dei consumatori in materia di indicazione dei prezzi offerti ai medesimi;

n) il decreto legislativo 23 aprile 2001, n. 224, recante attuazione della direttiva 98/27/CE, relativa a provvedimenti inibitori a tutela degli interessi dei consumatori;

o) il decreto legislativo 21 maggio 2004, n. 172, recante attuazione della direttiva 2001/95/CE, relativa alla sicurezza generale dei prodotti;

p) il comma 7 dell'articolo 18 del decreto legislativo 31 marzo 1998, n. 114, recante riforma della disciplina relativa al settore del commercio, a norma dell'articolo 4, comma 4, della legge 15 marzo 1997, n. 59;

q) il comma 9 dell'articolo 19 del decreto legislativo 31 marzo 1998, n. 114, recante riforma della disciplina relativa al settore del commercio, a norma dell'articolo 4, comma 4, della legge 15 marzo 1997, n. 59;

r) commi 4 e 5 dell'articolo 125 del testo unico delle leggi in materia bancaria e creditizia, di cui al decreto legislativo 1° settembre 1993, n. 385, e successive modificazioni;

s) gli articoli 1519 *bis*, 1519 *ter*, 1519 *quater*, 1519 *quinquies*, 1519 *sexies*, 1519 *septies*, 1519 *octies* e 1519 *nonies* del codice civile;

t) la legge 6 aprile 2005, n. 49, recante modifiche all'articolo 7 del decreto legislativo 25 gennaio 1992, n. 74, in materia di messaggi pubblicitari ingannevoli diffusi attraverso mezzi di comunicazione.

2. Dalla data di entrata in vigore del presente codice restano abrogati:

a) il decreto del Presidente della Repubblica 23 agosto 1982, n. 903, recante attuazione della direttiva 79/581/CEE, relativa alla indicazione dei prezzi dei prodotti alimentari ai fini della protezione dei consumatori;

b) il decreto legislativo 25 gennaio 1992, n. 76, recante attuazione della direttiva 88/315/CEE, concernente l'indicazione dei prezzi dei prodotti alimentari ai fini della protezione dei consumatori;

c) il decreto legislativo 27 gennaio 1992, n. 78, recante attuazione della direttiva 88/314/CEE, concernente l'indicazione dei prezzi dei prodotti non alimentari ai fini della protezione dei consumatori;

d) il decreto legislativo 17 marzo 1995, n. 115, recante attuazione della direttiva 92/59/CEE, relativa alla sicurezza generale dei prodotti.

(*Si omettono gli allegati*)

1.

L. 20 maggio 2016, n. 76. Regolamentazione delle unioni civili tra persone dello stesso sesso e disciplina delle convivenze (*Gazzetta Ufficiale* Serie gen. - n. 118 del 21 maggio 2016).

1. 1. La presente legge istituisce l'unione civile tra persone dello stesso sesso quale specifica formazione sociale ai sensi degli articoli 2 e 3 della Costituzione e reca la disciplina delle convivenze di fatto.

2. Due persone maggiorenni dello stesso sesso costituiscono un'unione civile mediante dichiarazione di fronte all'ufficiale di stato civile ed alla presenza di due testimoni.

3. L'ufficiale di stato civile provvede alla registrazione degli atti di unione civile tra persone dello stesso sesso nell'archivio dello stato civile.

4. Sono cause impeditive per la costituzione dell'unione civile tra persone dello stesso sesso:

a) la sussistenza, per una delle parti, di un vincolo matrimoniale o di un'unione civile tra persone dello stesso sesso;

b) l'interdizione di una delle parti per infermità di mente; se l'istanza d'interdizione è soltanto promossa, il pubblico ministero può chiedere che si sospenda la costituzione dell'unione civile; in tal caso il procedimento non può aver luogo finché la sentenza che ha pronunziato sull'istanza non sia passata in giudicato;

c) la sussistenza tra le parti dei rapporti di cui all'articolo 87, primo comma, del codice civile; non possono altresì contrarre unione civile tra persone dello stesso sesso lo zio e il nipote e la zia e la nipote; si applicano le disposizioni di cui al medesimo articolo 87;

d) la condanna definitiva di un contraente per omicidio consumato o tentato nei confronti di chi sia coniugato o unito civilmente con l'altra parte; se è stato disposto soltanto rinvio a giudizio ovvero sentenza di condanna di primo o secondo grado ovvero una misura cautelare la costituzione dell'unione civile tra persone dello stesso sesso è sospesa sino a quando non è pronunziata sentenza di proscioglimento.

5. La sussistenza di una delle cause impeditive di cui al comma 4 comporta la nullità dell'unione civile tra persone dello stesso sesso. All'unione civile tra persone dello stesso sesso si applicano gli articoli 65 e 68, nonché le disposizioni di cui agli articoli 119, 120, 123, 125, 126, 127, 128, 129 e 129 *bis* del codice civile.

6. L'unione civile costituita in violazione di una delle cause impeditive di cui al comma 4, ovvero in violazione dell'articolo 68 del codice civile, può essere impugnata da ciascuna delle parti dell'unione civile, dagli ascendenti prossimi, dal pubblico ministero e da tutti coloro che abbiano per impugnarla un interesse legittimo e attuale. L'unione civile costituita da una parte durante l'assenza dell'altra non può essere impugnata finché dura l'assenza.

7. L'unione civile può essere impugnata dalla parte il cui consenso è stato estorto con violenza o determinato da timore di eccezionale gravità determinato da cause esterne alla parte stessa. Può essere altresì impugnata dalla parte il cui consenso è stato dato per effetto di errore sull'identità della persona o di errore essenziale su qualità personali dell'altra parte. L'azione non può essere proposta se vi è stata coabitazione per un anno dopo che è cessata la violenza o le cause che hanno determinato il timore ovvero sia stato scoperto l'errore. L'errore sulle qualità personali è essenziale qualora, tenute presenti le condizioni dell'altra parte, si accerti che la stessa non avrebbe prestato il suo consenso se le avesse esattamente conosciute e purché l'errore riguardi:

a) l'esistenza di una malattia fisica o psichica, tale da impedire lo svolgimento della vita comune;

b) le circostanze di cui all'articolo 122, terzo comma, numeri 2), 3) e 4), del codice civile.

8. La parte può in qualunque tempo impugnare il matrimonio o l'unione civile dell'altra parte. Se si oppone la nullità della prima unione civile, tale questione deve essere preventivamente giudicata.

9. L'unione civile tra persone dello stesso sesso è certificata dal relativo documento attestante la costituzione dell'unione, che deve contenere i dati anagrafici delle parti, l'indicazione del loro regime patrimoniale e della loro residenza, oltre ai dati anagrafici e alla residenza dei testimoni.

10. Mediante dichiarazione all'ufficiale di stato civile le parti possono stabilire di assumere, per la durata dell'unione civile tra persone dello stesso sesso, un cognome comune scegliendolo tra i loro cognomi. La parte può anteporre o posporre al cognome comune il proprio cognome, se diverso, facendone dichiarazione all'ufficiale di stato civile.

11. Con la costituzione dell'unione civile tra persone dello stesso sesso le parti acquistano gli stessi diritti e assumono i medesimi doveri; dall'unione civile deriva l'obbligo reciproco all'assistenza morale e materiale e alla coabitazione. Entrambe le parti sono tenute, ciascuna in relazione alle proprie sostanze e alla propria capacità di lavoro professionale e casalingo, a contribuire ai bisogni comuni.

12. Le parti concordano tra loro l'indirizzo della vita familiare e fissano la residenza comune; a ciascuna delle parti spetta il potere di attuare l'indirizzo concordato.

13. Il regime patrimoniale dell'unione civile tra persone dello stesso sesso, in mancanza di diversa convenzione patrimoniale, è costituito dalla comunione dei beni. In materia di forma, modifica, simulazione e capacità per la stipula delle convenzioni patrimoniali si applicano gli articoli 162, 163, 164 e 166 del codice civile. Le parti non possono derogare né ai diritti né ai doveri previsti dalla legge per effetto dell'unione civile. Si applicano le disposizioni di cui alle sezioni II, III, IV, V e VI del capo VI del titolo VI del libro primo del codice civile.

14. Quando la condotta della parte dell'unione civile è causa di grave pregiudizio all'integrità fisica o morale ovvero alla libertà dell'altra parte, il giudice, su istanza di parte, può adottare con decreto uno o più dei provvedimenti di cui all'articolo 342 *ter* del codice civile.

15. Nella scelta dell'amministratore di sostegno il giudice tutelare preferisce, ove possibile, la parte dell'unione civile tra persone dello stesso sesso. L'interdizione o l'inabilitazione possono essere promosse anche dalla parte dell'unione civile, la quale può presentare istanza di revoca quando ne cessa la causa.

16. La violenza è causa di annullamento del contratto anche quando il male minacciato riguarda la persona o i beni dell'altra parte dell'unione civile costituita dal contraente o da un discendente o ascendente di lui.

17. In caso di morte del prestatore di lavoro, le indennità indicate dagli articoli 2118 e 2120 del codice civile devono corrispondersi anche alla parte dell'unione civile.

18. La prescrizione rimane sospesa tra le parti dell'unione civile.

19. All'unione civile tra persone dello stesso sesso si applicano le disposizioni di cui al titolo XIII del libro primo del codice civile, nonché gli articoli 116, primo comma, 146, 2647, 2653, primo comma, numero 4), e 2659 del codice civile.

20. Al solo fine di assicurare l'effettività della tutela dei diritti e il pieno adempimento degli obblighi derivanti dall'unione civile tra persone dello stesso sesso, le disposizioni che si riferiscono al matrimonio e le disposizio-

ni contenenti le parole «coniuge», «coniugi» o termini equivalenti, ovunque ricorrono nelle leggi, negli atti aventi forza di legge, nei regolamenti nonché negli atti amministrativi e nei contratti collettivi, si applicano anche ad ognuna delle parti dell'unione civile tra persone dello stesso sesso. La disposizione di cui al periodo precedente non si applica alle norme del codice civile non richiamate espressamente nella presente legge, nonché alle disposizioni di cui alla legge 4 maggio 1983, n. 184. Resta fermo quanto previsto e consentito in materia di adozione dalle norme vigenti.

21. Alle parti dell'unione civile tra persone dello stesso sesso si applicano le disposizioni previste dal capo III e dal capo X del titolo I, dal titolo II e dal capo II e dal capo V *bis* del titolo IV del libro secondo del codice civile.

22. La morte o la dichiarazione di morte presunta di una delle parti dell'unione civile ne determina lo scioglimento.

23. L'unione civile si scioglie altresì nei casi previsti dall'articolo 3, numero 1) e numero 2), lettere *a*), *c*), *d*) ed *e*), della legge 1° dicembre 1970, n. 898.

24. L'unione civile si scioglie, inoltre, quando le parti hanno manifestato anche disgiuntamente la volontà di scioglimento dinanzi all'ufficiale dello stato civile. In tale caso la domanda di scioglimento dell'unione civile è proposta decorsi tre mesi dalla data della manifestazione di volontà di scioglimento dell'unione.

25. Si applicano, in quanto compatibili, gli articoli 4, 5, primo comma, e dal quinto all'undicesimo comma, 8, 9, 9 *bis*, 10, 12 *bis*, 12 *ter*, 12 *quater*, 12 *quinquies* e 12 *sexies* della legge 1° dicembre 1970, n. 898, nonché le disposizioni di cui al Titolo II del libro quarto del codice di procedura civile ed agli articoli 6 e 12 del decreto legge 12 settembre 2014, n. 132, convertito, con modificazioni, dalla legge 10 novembre 2014, n. 162.

26. La sentenza di rettificazione di attribuzione di sesso determina lo scioglimento dell'unione civile tra persone dello stesso sesso.

27. Alla rettificazione anagrafica di sesso, ove i coniugi abbiano manifestato la volontà di non sciogliere il matrimonio o di non cessarne gli effetti civili, consegue l'automatica instaurazione dell'unione civile tra persone dello stesso sesso.

28. Fatte salve le disposizioni di cui alla presente legge, il Governo è delegato ad adottare, entro sei mesi dalla data di entrata in vigore della presente legge, uno o più decreti legislativi in materia di unione civile tra persone dello stesso sesso nel rispetto dei seguenti principi e criteri direttivi:

a) adeguamento alle previsioni della presente legge delle disposizioni dell'ordinamento dello stato civile in materia di iscrizioni, trascrizioni e annotazioni;

b) modifica e riordino delle norme in materia di diritto internazionale privato, prevedendo l'applicazione della disciplina dell'unione civile tra persone dello stesso sesso regolata dalle leggi italiane alle coppie formate da persone dello stesso sesso che abbiano contratto all'estero matrimonio, unione civile o altro istituto analogo;

c) modificazioni ed integrazioni normative per il necessario coordinamento con la presente legge delle disposizioni contenute nelle leggi, negli atti aventi forza di legge, nei regolamenti e nei decreti.

29. I decreti legislativi di cui al comma 28 sono adottati su proposta del Ministro della giustizia, di concerto con il Ministro dell'interno, il Ministro del lavoro e delle politiche sociali e il Ministro degli affari esteri e della cooperazione internazionale.

30. Ciascuno schema di decreto legislativo di cui al comma 28, a seguito della deliberazione del Consiglio dei ministri, è trasmesso alla Camera dei deputati e al Senato della Repubblica perchè su di esso siano espressi, entro sessanta giorni dalla trasmissione, i pareri delle Commissioni parlamentari competenti per materia. Decorso tale termine il decreto può essere comunque adottato, anche in mancanza dei pareri. Qualora il termine per l'espressione dei pareri parlamentari scada nei trenta giorni che precedono la scadenza del termine previsto dal comma 28, quest'ultimo termine è prorogato di tre mesi. Il Governo, qualora non intenda conformarsi ai pareri parlamentari, trasmette nuovamente i testi alle Camere con le sue osservazioni e con eventuali modificazioni, corredate dei necessari elementi integrativi di informazione e motivazione. I pareri definitivi delle Commissioni competenti per materia sono espressi entro il termine di dieci giorni dalla data della nuova trasmissione. Decorso tale termine, i decreti possono essere comunque adottati.

31. Entro due anni dalla data di entrata in vigore di ciascun decreto legislativo adottato ai sensi del comma 28, il Governo può adottare disposizioni integrative e correttive del decreto medesimo, nel rispetto dei principi e criteri direttivi di cui al citato comma 28, con la procedura prevista nei commi 29 e 30.

32. - 33. (*Omissis*)

34. Con decreto del Presidente del Consiglio dei ministri, su proposta del Ministro dell'interno, da emanare entro trenta giorni dalla data di entrata in vigore della presente legge, sono stabilite le disposizioni transitorie necessarie per la tenuta dei registri nell'archivio dello stato civile nelle more dell'entrata in vigore dei decreti legislativi adottati ai sensi del comma 28, lettera *a*).

35. Le disposizioni di cui ai commi da 1 a 34 acquistano efficacia a decorrere dalla data di entrata in vigore della presente legge.

36. Ai fini delle disposizioni di cui ai commi da 37 a 67 si intendono per «conviventi di fatto» due persone maggiorenni unite stabilmente da legami affettivi di coppia e di reciproca assistenza morale e materiale, non vincolate da rapporti di parentela, affinità o adozione, da matrimonio o da un'unione civile.

37. Ferma restando la sussistenza dei presupposti di cui al comma 36, per l'accertamento della stabile convivenza si fa riferimento alla dichiarazione anagrafica di cui all'articolo 4 e alla lettera *b*) del comma 1 dell'articolo 13 del regolamento di cui al decreto del Presidente della Repubblica 30 maggio 1989, n. 223.

38. I conviventi di fatto hanno gli stessi diritti spettanti al coniuge nei casi previsti dall'ordinamento penitenziario.

39. In caso di malattia o di ricovero, i conviventi di fatto hanno diritto reciproco di visita, di assistenza nonché di accesso alle informazioni personali, secondo le regole di organizzazione delle strutture ospedaliere o di assistenza pubbliche, private o convenzionate, previste per i coniugi e i familiari.

40. Ciascun convivente di fatto può designare l'altro quale suo rappresentante con poteri pieni o limitati:

a) in caso di malattia che comporta incapacità di intendere e di volere, per le decisioni in materia di salute;

b) in caso di morte, per quanto riguarda la donazione di organi, le modalità di trattamento del corpo e le celebrazioni funerarie.

41. La designazione di cui al comma 40 è effettuata in forma scritta e autografa oppure, in caso di impossibilità di redigerla, alla presenza di un testimone.

42. Salvo quanto previsto dall'articolo 337 *sexies* del codice civile, in caso di morte del proprietario della casa di comune residenza il convivente di fatto superstite ha diritto di continuare ad abitare nella stessa per due anni o per un periodo pari alla convivenza se superiore a due anni e comunque non oltre i cinque anni. Ove nella stessa coabitino figli minori o figli disabili del convivente superstite, il medesimo ha diritto di continuare ad abitare nella casa di comune residenza per un periodo non inferiore a tre anni.

43. Il diritto di cui al comma 42 viene meno nel caso in cui il convivente superstite cessi di abitare stabilmente nella casa di comune residenza o in caso di matrimonio, di unione civile o di nuova convivenza di fatto.

44. Nei casi di morte del conduttore o di suo recesso dal contratto di locazione della casa di comune residenza, il convivente di fatto ha facoltà di succedergli nel contratto.

45. Nel caso in cui l'appartenenza ad un nucleo familiare costituisca titolo o causa di preferenza nelle graduatorie per l'assegnazione di alloggi di

edilizia popolare, di tale titolo o causa di preferenza possono godere, a parità di condizioni, i conviventi di fatto.

46. Nella sezione VI del capo VI del titolo VI del libro primo del codice civile, dopo l'articolo 230 *bis* è aggiunto il seguente: (*Omissis*)

47. (*Omissis*)

48. Il convivente di fatto può essere nominato tutore, curatore o amministratore di sostegno, qualora l'altra parte sia dichiarata interdetta o inabilitata ai sensi delle norme vigenti ovvero ricorrano i presupposti di cui all'articolo 404 del codice civile.

49. In caso di decesso del convivente di fatto, derivante da fatto illecito di un terzo, nell'individuazione del danno risarcibile alla parte superstite si applicano i medesimi criteri individuati per il risarcimento del danno al coniuge superstite.

50. I conviventi di fatto possono disciplinare i rapporti patrimoniali relativi alla loro vita in comune con la sottoscrizione di un contratto di convivenza.

51. Il contratto di cui al comma 50, le sue modifiche e la sua risoluzione sono redatti in forma scritta, a pena di nullità, con atto pubblico o scrittura privata con sottoscrizione autenticata da un notaio o da un avvocato che ne attestano la conformità alle norme imperative e all'ordine pubblico.

52. Ai fini dell'opponibilità ai terzi, il professionista che ha ricevuto l'atto in forma pubblica o che ne ha autenticato la sottoscrizione ai sensi del comma 51 deve provvedere entro i successivi dieci giorni a trasmetterne copia al comune di residenza dei conviventi per l'iscrizione all'anagrafe ai sensi degli articoli 5 e 7 del regolamento di cui al decreto del Presidente della Repubblica 30 maggio 1989, n. 223.

53. Il contratto di cui al comma 50 reca l'indicazione dell'indirizzo indicato da ciascuna parte al quale sono effettuate le comunicazioni inerenti al contratto medesimo. Il contratto può contenere:

a) l'indicazione della residenza;

b) le modalità di contribuzione alle necessità della vita in comune, in relazione alle sostanze di ciascuno e alla capacità di lavoro professionale o casalingo;

c) il regime patrimoniale della comunione dei beni, di cui alla sezione III del capo VI del titolo VI del libro primo del codice civile.

54. Il regime patrimoniale scelto nel contratto di convivenza può essere modificato in qualunque momento nel corso della convivenza con le modalità di cui al comma 51.

55. Il trattamento dei dati personali contenuti nelle certificazioni anagrafiche deve avvenire conformemente alla normativa prevista dal codice

in materia di protezione dei dati personali, di cui al decreto legislativo 30 giugno 2003, n. 196, garantendo il rispetto della dignità degli appartenenti al contratto di convivenza. I dati personali contenuti nelle certificazioni anagrafiche non possono costituire elemento di discriminazione a carico delle parti del contratto di convivenza.

56. Il contratto di convivenza non può essere sottoposto a termine o condizione. Nel caso in cui le parti inseriscano termini o condizioni, questi si hanno per non apposti.

57. Il contratto di convivenza è affetto da nullità insanabile che può essere fatta valere da chiunque vi abbia interesse se concluso:

a) in presenza di un vincolo matrimoniale, di un'unione civile o di un altro contratto di convivenza;

b) in violazione del comma 36;

c) da persona minore di età;

d) da persona interdetta giudizialmente;

e) in caso di condanna per il delitto di cui all'articolo 88 del codice civile.

58. Gli effetti del contratto di convivenza restano sospesi in pendenza del procedimento di interdizione giudiziale o nel caso di rinvio a giudizio o di misura cautelare disposti per il delitto di cui all'articolo 88 del codice civile, fino a quando non sia pronunciata sentenza di proscioglimento.

59. Il contratto di convivenza si risolve per:

a) accordo delle parti;

b) recesso unilaterale;

c) matrimonio o unione civile tra i conviventi o tra un convivente ed altra persona;

d) morte di uno dei contraenti.

60. La risoluzione del contratto di convivenza per accordo delle parti o per recesso unilaterale deve essere redatta nelle forme di cui al comma 51. Qualora il contratto di convivenza preveda, a norma del comma 53, lettera *c*), il regime patrimoniale della comunione dei beni, la sua risoluzione determina lo scioglimento della comunione medesima e si applicano, in quanto compatibili, le disposizioni di cui alla sezione III del capo VI del titolo VI del libro primo del codice civile. Resta in ogni caso ferma la competenza del notaio per gli atti di trasferimento di diritti reali immobiliari comunque discendenti dal contratto di convivenza.

61. Nel caso di recesso unilaterale da un contratto di convivenza il professionista che riceve o che autentica l'atto è tenuto, oltre che agli adempimenti di cui al comma 52, a notificarne copia all'altro contraente all'indirizzo risultante dal contratto. Nel caso in cui la casa familiare sia nella disponibilità esclusiva del recedente, la dichiarazione di recesso, a pena di

nullità, deve contenere il termine, non inferiore a novanta giorni, concesso al convivente per lasciare l'abitazione.

62. Nel caso di cui alla lettera *c*) del comma 59, il contraente che ha contratto matrimonio o unione civile deve notificare all'altro contraente, nonché al professionista che ha ricevuto o autenticato il contratto di convivenza, l'estratto di matrimonio o di unione civile.

63. Nel caso di cui alla lettera *d*) del comma 59, il contraente superstite o gli eredi del contraente deceduto devono notificare al professionista che ha ricevuto o autenticato il contratto di convivenza l'estratto dell'atto di morte affinché provveda ad annotare a margine del contratto di convivenza l'avvenuta risoluzione del contratto e a notificarlo all'anagrafe del comune di residenza.

64. Dopo l'articolo 30 della legge 31 maggio 1995, n. 218, è inserito il seguente: (*Omissis*)

65. In caso di cessazione della convivenza di fatto, il giudice stabilisce il diritto del convivente di ricevere dall'altro convivente e gli alimenti qualora versi in stato di bisogno e non sia in grado di provvedere al proprio mantenimento. In tali casi, gli alimenti sono assegnati per un periodo proporzionale alla durata della convivenza e nella misura determinata ai sensi dell'articolo 438, secondo comma, del codice civile. Ai fini della determinazione dell'ordine degli obbligati ai sensi dell'articolo 433 del codice civile, l'obbligo alimentare del convivente di cui al presente comma è adempiuto con precedenza sui fratelli e sorelle.

66. Agli oneri derivanti dall'attuazione dei commi da 1 a 35 del presente articolo, valutati complessivamente in 3,7 milioni di euro per l'anno 2016, in 6,7 milioni di euro per l'anno 2017, in 8 milioni di euro per l'anno 2018, in 9,8 milioni di euro per l'anno 2019, in 11,7 milioni di euro per l'anno 2020, in 13,7 milioni di euro per l'anno 2021, in 15,8 milioni di euro per l'anno 2022, in 17,9 milioni di euro per l'anno 2023, in 20,3 milioni di euro per l'anno 2024 e in 22,7 milioni di euro annui a decorrere dall'anno 2025, si provvede:

a) quanto a 3,7 milioni di euro per l'anno 2016, a 1,3 milioni di euro per l'anno 2018, a 3,1 milioni di euro per l'anno 2019, a 5 milioni di euro per l'anno 2020, a 7 milioni di euro per l'anno 2021, a 9,1 milioni di euro per l'anno 2022, a 11,2 milioni di euro per l'anno 2023, a 13,6 milioni di euro per l'anno 2024 e a 16 milioni di euro annui a decorrere dall'anno 2025, mediante riduzione del Fondo per interventi strutturali di politica economica, di cui all'articolo 10, comma 5, del decreto legge 29 novembre 2004, n. 282, convertito, con modificazioni, dalla legge 27 dicembre 2004, n. 307;

b) quanto a 6,7 milioni di euro annui a decorrere dall'anno 2017, mediante corrispondente riduzione delle proiezioni, per gli anni 2017 e 2018, dello stanziamento del fondo speciale di parte corrente iscritto, ai fini del bilancio triennale 2016-2018, nell'ambito del programma «Fondi di riserva e speciali» della missione «Fondi da ripartire» dello stato di previsione del Ministero dell'economia e delle finanze per l'anno 2016, allo scopo parzialmente utilizzando l'accantonamento relativo al medesimo Ministero.

67. Ai sensi dell'articolo 17, comma 12, della legge 31 dicembre 2009, n. 196, il Ministro del lavoro e delle politiche sociali, sulla base dei dati comunicati dall'INPS, provvede al monitoraggio degli oneri di natura previdenziale ed assistenziale di cui ai commi da 11 a 20 del presente articolo e riferisce in merito al Ministro dell'economia e delle finanze. Nel caso si verifichino o siano in procinto di verificarsi scostamenti rispetto alle previsioni di cui al comma 66, il Ministro dell'economia e delle finanze, sentito il Ministro del lavoro e delle politiche sociali, provvede, con proprio decreto, alla riduzione, nella misura necessaria alla copertura finanziaria del maggior onere risultante dall'attività di monitoraggio, delle dotazioni finanziarie di parte corrente aventi la natura di spese rimodulabili, ai sensi dell'articolo 21, comma 5, lettera *b*), della legge 31 dicembre 2009, n. 196, nell'ambito dello stato di previsione del Ministero del lavoro e delle politiche sociali.

68. Il Ministro dell'economia e delle finanze riferisce senza ritardo alle Camere con apposita relazione in merito alle cause degli scostamenti e all'adozione delle misure di cui al comma 67.

69. Il Ministro dell'economia e delle finanze è autorizzato ad apportare, con propri decreti, le occorrenti variazioni di bilancio.

2.

D.P.C.M. 23 luglio 2016, n. 144. Regolamento recante disposizioni transitorie necessarie per la tenuta dei registri nell'archivio dello stato civile, ai sensi dell'articolo 1, comma 34, della legge 20 maggio 2016, n. 76 (*Gazzetta Ufficiale* Serie gen. - n. 175 del 28 luglio 2016).

1. Richiesta di costituzione dell'unione civile. – 1. Al fine di costituire un'unione civile, ai sensi della legge 20 maggio 2016, n. 76, di seguito denominata legge, due persone maggiorenni dello stesso sesso fanno congiuntamente richiesta all'ufficiale dello stato civile del comune di loro scelta.

2. Nella richiesta ciascuna parte deve dichiarare:

a) il nome e il cognome, la data e il luogo di nascita; la cittadinanza; il luogo di residenza;

b) l'insussistenza delle cause impeditive alla costituzione dell'unione di cui all'articolo 1, comma 4, della legge.

3. L'ufficiale dello stato civile, verificati i presupposti di cui al comma 1, redige immediatamente processo verbale della richiesta e lo sottoscrive unitamente alle parti, che invita, dandone conto nel verbale, a comparire di fronte a sé in una data, indicata dalle parti, immediatamente successiva al termine di cui all'articolo 2, comma 1, per rendere congiuntamente la dichiarazione costitutiva dell'unione.

4. Se una delle parti, per infermità o altro comprovato impedimento, è nell'impossibilità di recarsi alla casa comunale, l'ufficiale si trasferisce nel luogo in cui si trova la parte impedita e riceve la richiesta di cui al presente articolo, ivi presentata congiuntamente da entrambe le parti.

2. Verifiche. – 1. Entro quindici giorni dalla presentazione della richiesta, l'ufficiale dello stato civile verifica l'esattezza delle dichiarazioni di cui all'articolo 1, comma 2, e può acquisire d'ufficio eventuali documenti che ritenga necessari per provare l'inesistenza delle cause impeditive indicate nell'articolo 1, comma 4, della legge.

2. Ai fini di cui al comma 1 l'ufficiale adotta ogni misura per il sollecito svolgimento dell'istruttoria e può chiedere la rettifica di dichiarazioni erronee o incomplete nonché l'esibizione di documenti.

3. Se è accertata l'insussistenza dei presupposti o la sussistenza di una causa impeditiva, l'ufficiale ne dà a ciascuna delle parti immediata comunicazione.

3. Costituzione dell'unione e registrazione degli atti nell'archivio dello stato civile. – 1. Le parti, nel giorno indicato nell'invito, rendono personalmente e congiuntamente, alla presenza di due testimoni, avanti all'ufficiale dello stato civile del comune ove è stata presentata la richiesta, la dichiarazione di voler costituire un'unione civile. Nella dichiarazione le parti confermano l'assenza di cause impeditive di cui all'articolo 1, comma 4, della legge.

2. L'ufficiale, ricevuta la dichiarazione di cui al comma 1, fatta menzione del contenuto dei commi 11 e 12 dell'articolo 1 della legge, redige apposito processo verbale, sottoscritto unitamente alle parti e ai testimoni, cui allega il verbale della richiesta.

3. La registrazione degli atti dell'unione civile, costituita ai sensi del comma 2, è eseguita mediante iscrizione nel registro provvisorio delle unioni civili di cui all'articolo 9. Gli atti iscritti sono inoltre oggetto di annotazione nell'atto di nascita di ciascuna delle parti. A tal fine, l'ufficiale che ha redatto il processo verbale di cui al comma 2 lo trasmette immediatamente al comune di nascita di ciascuna delle parti, conservandone l'originale nei propri archivi.

4. Nella dichiarazione di cui al presente articolo le parti possono rendere la dichiarazione di scelta del regime patrimoniale della separazione dei beni ai sensi dell'articolo 1, comma 13, della legge.

5. La mancata comparizione, senza giustificato motivo, di una o di entrambe le parti nel giorno indicato nell'invito equivale a rinuncia. L'ufficiale redige processo verbale, sottoscritto anche dalla parte e dai testimoni ove presenti, e lo archivia unitamente al verbale della richiesta nel registro provvisorio.

6. Se una delle parti, per infermità o per altro comprovato impedimento, è nell'impossibilità di recarsi alla casa comunale, l'ufficiale si trasferisce nel luogo in cui si trova la parte impedita e, ivi, alla presenza di due testimoni, riceve la dichiarazione costitutiva di cui al presente articolo.

7. Nel caso di imminente pericolo di vita di una delle parti l'ufficiale dello stato civile riceve la dichiarazione costitutiva anche in assenza di richiesta, previo giuramento delle parti stesse sulla sussistenza dei presupposti per la costituzione dell'unione e sull'assenza di cause impeditive di cui all'articolo 1, comma 4, della legge.

4. Scelta del cognome comune. – 1. Nella dichiarazione di cui all'articolo 3, le parti possono indicare il cognome comune che hanno stabilito di assumere per l'intera durata dell'unione ai sensi dell'articolo 1, comma 10, della legge. La parte può dichiarare all'ufficiale di stato civile di voler anteporre o posporre il proprio cognome, se diverso, a quello comune.

2. A seguito della dichiarazione di cui al comma 1 i competenti uffici procedono alla annotazione nell'atto di nascita e all'aggiornamento della scheda anagrafica.

5. Unione costituita a seguito della rettificazione di sesso di uno dei coniugi. – 1. I coniugi che, a seguito della rettificazione di sesso di uno di loro, intendano avvalersi di quanto disposto dall'articolo 1, comma 27, della legge, rendono personalmente apposita dichiarazione congiunta all'ufficiale dello stato civile del comune nel quale fu iscritto o trascritto l'atto di matrimonio.

2. Per l'eventuale scelta del cognome comune si applica l'articolo 4.

3. Gli atti dell'unione civile di cui al presente articolo sono annotati nell'atto di matrimonio delle parti e nei relativi atti di nascita.

6. Scioglimento dell'unione civile per accordo delle parti. – 1. L'accordo delle parti concluso, ai sensi dell'articolo 12 del decreto legge 12 settembre 2014, n. 132, convertito, con modificazioni, dalla legge 10 novembre 2014, n. 162, ai fini dello scioglimento dell'unione civile è ricevuto dall'ufficiale di stato civile del comune di residenza di una delle parti o del comune presso cui è iscritta o trascritta la dichiarazione costitutiva dell'unione. L'accordo è iscritto nel registro provvisorio delle unioni civili ed è annotato negli atti di nascita di ciascuna delle parti, a cura dei competenti uffici.

2. L'accordo raggiunto a seguito della convenzione di negoziazione assistita, conclusa ai sensi dell'articolo 6 del decreto legge 12 settembre 2014, n. 132, convertito, con modificazioni, dalla legge 10 novembre 2014, n. 162, deve essere trascritto nel registro provvisorio delle unioni civili ed annotato negli atti di nascita di ciascuna delle parti, a cura dei competenti uffici.

3. Qualora lo scioglimento abbia ad oggetto l'unione civile costituita con le modalità di cui al precedente articolo 5, lo scioglimento è annotato anche nell'atto di matrimonio delle parti.

4. Ai fini dello scioglimento di cui all'articolo 1, comma 24, della legge, si osservano, in quanto compatibili, le disposizioni del presente articolo.

7. Documento attestante la costituzione dell'unione. – 1. Spetta all'ufficiale dello stato civile il rilascio del documento attestante la costituzione dell'unione, recante i dati anagrafici delle parti, l'indicazione del regime patrimoniale e della residenza, oltre ai dati anagrafici ed alla residenza dei testimoni ai sensi dell'articolo 1, comma 9, della legge.

2. Nei documenti e atti in cui è prevista l'indicazione dello stato civile, per le parti dell'unione civile sono riportate, a richiesta degli interessati, le seguenti formule: «unito civilmente» o «unita civilmente».

8. Trascrizioni e nulla osta. – 1. Sono trascritte negli archivi dello stato civile le unioni civili costituite all'estero secondo la legge italiana davanti al capo dell'ufficio consolare, competente in base alla residenza di una delle due parti.

2. Lo straniero che vuole costituire in Italia un'unione civile deve presentare all'ufficiale dello stato civile, nella richiesta di cui all'articolo 1, anche una dichiarazione dell'autorità competente del proprio Paese dalla quale risulti che, giusta le leggi cui è sottoposto, nulla osta all'unione civile.

3. Nelle more dell'adozione dei decreti legislativi di cui all'articolo 1, comma 28, lettera *a*), della legge gli atti di matrimonio o di unione civile tra persone dello stesso sesso formati all'estero, sono trasmessi dall'autorità consolare, ai sensi dell'articolo 17 del decreto del Presidente della Repubblica 3 novembre 2000, n. 396, ai fini della trascrizione nel registro provvisorio di cui all'articolo 9.

9. Registro provvisorio delle unioni civili e formule. – 1. È istituito presso ciascun comune il registro provvisorio delle unioni civili.

2. Gli atti di stato civile di cui al presente decreto sono redatti secondo le apposite formule da approvare con decreto del Ministro dell'interno, ai sensi dell'articolo 12 del decreto del Presidente della Repubblica 3 novembre 2000, n. 396, adottato entro il termine di cinque giorni dalla data di entrata in vigore del presente decreto.

10. Disposizioni finali. – 1. Le disposizioni del presente regolamento si applicano fino all'entrata in vigore dei decreti legislativi previsti nell'articolo 1, comma 28, della legge.

2. All'attuazione delle disposizioni del presente regolamento si provvede con le risorse umane, strumentali e finanziarie disponibili a legislazione vigente e, comunque, senza nuovi o maggiori oneri a carico della finanza pubblica.

11. Entrata in vigore. – 1. Il presente decreto entra in vigore il giorno successivo a quello della sua pubblicazione nella *Gazzetta Ufficiale* della Repubblica italiana.

INDICE CRONOLOGICO

INDICE CRONOLOGICO

1933

1942

1947

1970

1978

1983

1995

1998

2005

2006

2008

2012

2013

2014

2015

2016

2017

2018

2019

INDICE ANALITICO-ALFABETICO

INDICE ANALITICO-ALFABETICO

AVVERTENZA. I numeri rimandano agli articoli dei codici o delle relative norme di attuazione, e sono preceduti dalla abbreviazione opportuna.

A

Indici

B

C

Indici

E

F

Indici

G

M

Mostre:

Motivo:

Mulini:

Muro:

Musei:

N

P

Q

R

S

Indici

T

U

Indici

V

Z